MICHELIN

France

le guide MICHELIN 2013

HOTELS & RESTAURANTS

Sommaire

→ Contents

Mode d'emploi

INFORMATIONS TOURISTIQUES

Distances depuis les villes principales, offices de tourisme, sites touristiques locaux, moyens de transports, golfs et loisirs...

NOUVEAU

Nouvel établissement dans le guide

L'HÉBERGEMENT

De 🏨 à 🏠, ⌂ : catégories de confort.
En rouge 🏨 ... 🏠, ⌂ : les plus agréables.

LES MEILLEURES ADRESSES À PETITS PRIX

Bib Hôtel.
Bib Gourmand.

LES RESTAURANTS

De ✕✕✕✕✕ à ✕ : catégories de confort. En rouge ✕✕✕✕✕ ... ✕ : les plus agréables.

LES TABLES ÉTOILÉES

✿✿✿ Vaut le voyage.
✿✿ Mérite un détour.
✿ Très bonne cuisine.
(Entre parenthèses : nom du chef-propriétaire)

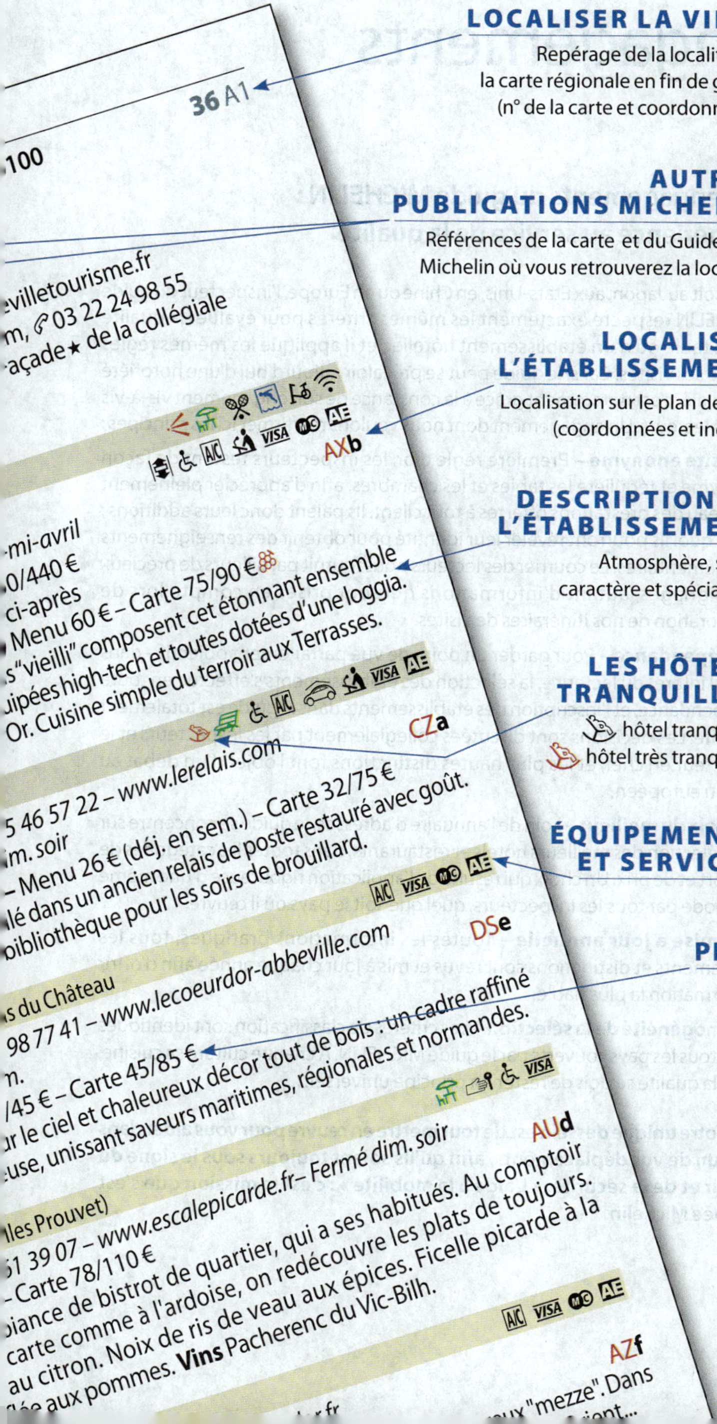

LOCALISER LA VILLE

Repérage de la localité sur la carte régionale en fin de guide (n° de la carte et coordonnées).

AUTRES PUBLICATIONS MICHELIN

Références de la carte et du Guide Vert Michelin où vous retrouverez la localité.

LOCALISER L'ÉTABLISSEMENT

Localisation sur le plan de ville (coordonnées et indice).

DESCRIPTION DE L'ÉTABLISSEMENT

Atmosphère, style, caractère et spécialités.

LES HÔTELS TRANQUILLES

hôtel tranquille.

hôtel très tranquille.

ÉQUIPEMENTS ET SERVICES

PRIX

Engagements

Les engagements du guide MICHELIN : l'expérience au service de la qualité

Qu'il soit au Japon, aux Etats-Unis, en Chine ou en Europe, l'inspecteur du guide MICHELIN respecte exactement les mêmes critères pour évaluer la qualité d'une table ou d'un établissement hôtelier, et il applique les mêmes règles lors de ses visites. Car si le guide peut se prévaloir aujourd'hui d'une notoriété mondiale, c'est notamment grâce à la constance de son engagement vis-à-vis de ses lecteurs. Un engagement dont nous voulons réaffirmer ici les principes :

La visite anonyme – Première règle d'or, les inspecteurs testent de façon anonyme et régulière les tables et les chambres, afin d'apprécier pleinement le niveau des prestations offertes à tout client. Ils paient donc leurs additions ; après quoi ils pourront révéler leur identité pour obtenir des renseignements supplémentaires. Le courrier des lecteurs nous fournit par ailleurs de précieux témoignages, autant d'informations qui sont prises en compte lors de l'élaboration de nos itinéraires de visites.

L'indépendance – Pour garder un point de vue parfaitement objectif – dans le seul intérêt du lecteur –, la sélection des établissements s'effectue en toute indépendance, et l'inscription des établissements dans le guide est totalement gratuite. Les décisions sont discutées collégialement par les inspecteurs et le rédacteur en chef, et les plus hautes distinctions font l'objet d'un débat au niveau européen.

Le choix du meilleur – Loin de l'annuaire d'adresses, le guide se concentre sur une sélection des meilleurs hôtels et restaurants, dans toutes les catégories de confort et de prix. Un choix qui résulte de l'application rigoureuse d'une même méthode par tous les inspecteurs, quel que soit le pays où il œuvre.

Une mise à jour annuelle – Toutes les informations pratiques, tous les classements et distinctions sont revus et mis à jour chaque année afin d'offrir l'information la plus fiable.

L'homogénéité de la sélection – Les critères de classification sont identiques pour tous les pays couverts par le guide MICHELIN. A chaque culture sa cuisine, mais la qualité se doit de rester un principe universel…

Car notre unique dessein est de tout mettre en œuvre pour vous aider dans chacun de vos déplacements, afin qu'ils soient toujours sous le signe du plaisir et de la sécurité. « L'aide à la mobilité » : c'est la mission que s'est donnée Michelin.

Édito

Cher lecteur,

Toujours au fait de l'actualité en matière de bonnes tables et d'hébergements de qualité, le guide MICHELIN vous propose sa nouvelle édition, enrichie et mise à jour.

De millésime en millésime, vous savez que sa vocation reste immuable, et ce depuis sa création : vous accompagner dans tous vos déplacements en sélectionnant le meilleur, dans toutes les catégories de confort et de prix.

Pour ce faire, le guide MICHELIN s'appuie sur un « carnet de route » éprouvé, dont le premier critère, indéfectible, est l'inspection sur le terrain : toutes les adresses sélectionnées sont rigoureusement testées par nos inspecteurs professionnels, qui n'ont de cesse de dénicher les nouveaux établissements et de vérifier le niveau des prestations de ceux figurant déjà dans nos pages.

Au sein de cette sélection, le guide reconnaît ainsi, chaque année, les tables les plus savoureuses, en leur décernant nos étoiles ✿ : une, deux ou trois, celles-ci distinguent les établissements qui révèlent la meilleure qualité de cuisine – dans tous les styles –, en tenant compte du choix des produits, de la créativité, de la maîtrise des cuissons et des saveurs, du rapport qualité/prix, ainsi que de la constance de la prestation. Chaque année, le guide s'étoffe ainsi de nombreuses tables remarquées pour l'évolution de leur cuisine, à découvrir au fil de ses pages… et de vos voyages.

Autres petits symboles à suivre absolument : les Bib Gourmand ☺ et les Bib Hôtel, qui repèrent les bonnes adresses à prix modérés : ils vous garantissent des prestations de qualité à des tarifs ajustés.

Car notre engagement est bien de rester attentifs aux évolutions du monde… et aux exigences de tous nos lecteurs, tant en terme de qualité que de budget. Autant dire que nous attachons donc beaucoup d'intérêt à recueillir votre propre opinion sur les adresses de notre sélection. N'hésitez pas à nous écrire ; votre participation nous est très utile pour orienter nos visites et améliorer sans cesse la qualité de notre information. Pour toujours mieux vous accompagner...

Merci de votre fidélité, et bonne route avec le guide MICHELIN, millésime 2013 !

Consultez le Guide Michelin sur **restaurant.michelin.fr**
et écrivez-nous à : **leguidemichelin-france@tp.michelin.com**

Classement & distinctions

LES CATÉGORIES DE CONFORT

Le guide MICHELIN retient dans sa sélection les meilleures adresses dans chaque catégorie de confort et de prix. Les établissements sélectionnés sont classés selon leur confort et cités par ordre de préférence dans chaque catégorie.

		Grand luxe et tradition
		Grand confort
		Très confortable
		De bon confort
		Assez confortable
		Maison d'hôtes
sans rest		**L'hôtel n'a pas de restaurant**
avec ch		**Le restaurant possède des chambres**

LES DISTINCTIONS

Pour vous aider à faire le meilleur choix, certaines adresses particulièrement remarquables ont reçu cette année une distinction.

LES ÉTOILES : LES MEILLEURES TABLES

Les étoiles distinguent les établissements, tous styles de cuisine confondus, qui proposent la meilleure qualité de cuisine. Les critères retenus sont : le choix des produits, la personnalité de la cuisine, la maîtrise des cuissons et des saveurs, le rapport qualité-prix ainsi que la régularité.

Chaque restaurant étoilé est accompagné de trois spécialités représentatives de sa cuisine. Il arrive parfois qu'elles ne puissent être servies : c'est souvent au profit d'autres savoureuses recettes inspirées par la saison.

✿✿✿	**Cuisine remarquable, cette table vaut le voyage**
27	On y mange toujours très bien, parfois merveilleusement.
✿✿	**Cuisine excellente, cette table mérite un détour**
82	
✿	**Une très bonne cuisine dans sa catégorie**
487	

Certaines années, des « espoirs » peuvent être attribués à des tables prometteuses qui pourront accéder à la distinction « une étoile » dès lors que la constance de leur prestation, dans le temps et sur l'ensemble de la carte, se sera confirmée. Par cette mention spéciale, nous entendons ainsi vous faire connaître les tables qui constituent, à nos yeux, les « espoirs » de la gastronomie de demain.

LES BIBS : LES MEILLEURES ADRESSES À PRIX MODÉRÉS

Bib Gourmand

632 Établissement proposant une cuisine de qualité au prix maximum de 31 € en province et 35 € à Paris (prix d'un repas hors boisson).
En province, il s'agit le plus souvent d'une cuisine de type régional.

Bib Hôtel

230 Établissement offrant une prestation de qualité avec une majorité de chambres au prix maximum de 75 € en province et 90 € dans les grandes villes et stations touristiques importantes (prix pour 2 personnes, hors petit-déjeuner).

LES ADRESSES LES PLUS AGRÉABLES

Le rouge signale les établissements particulièrement agréables. Cela peut tenir au caractère de l'édifice, à l'originalité du décor, au site, à l'accueil ou aux services proposés.

à **Hôtels agréables**

Maisons d'hôtes agréables

à **Restaurants agréables**

LES MENTIONS PARTICULIÈRES

En dehors des distinctions décernées aux établissements, les inspecteurs MICHELIN apprécient d'autres critères souvent importants dans le choix d'un établissement.

SITUATION

Vous cherchez un établissement tranquille ou offrant une vue attractive ?
Suivez les symboles suivants :

Hôtel tranquille / Hôtel très tranquille

Vue intéressante / Vue exceptionnelle

CARTE DES VINS

Vous cherchez un restaurant dont la carte des vins offre un choix particulièrement intéressant ? Suivez le symbole suivant :

Carte des vins particulièrement attractive

Toutefois, ne comparez pas la carte présentée par le sommelier d'un grand restaurant avec celle d'une auberge dont le patron se passionne pour les vins de sa région.

NOUVEAU !

N **Nouvel établissement dans le guide**

Équipements & services

30 ch	Nombre de chambres
	Jardin de repos – Parc
	Repas servi au jardin ou en terrasse
	Piscine de plein air / couverte
Spa	Bel espace de bien-être et de relaxation
	Salle de remise en forme – Court de tennis
	Ascenseur – Aménagements pour personnes à mobilité réduite
A/C	Air conditionné
	Connexion Internet Wifi/ADSL dans les chambres
	Salons pour repas privés
	Salles de conférences
	Restaurant proposant un service voiturier (pourboire d'usage)
P P	Parking / parking clos réservé à la clientèle
	Garage (généralement payant)
	Accès interdit aux chiens
M	Station de métro la plus proche
Ouvert / Fermé mai-oct	Période d'ouverture ou de fermeture communiquée par l'hôtelier

TABLES D'HÔTES

Les tables d'hôtes sont réservées exclusivement aux résidents.
Elles ne sont généralement proposées que le soir, le plus souvent sur réservation et pas forcément tous les jours.
Aussi, pensez à vérifier les jours de fermeture et à réserver votre dîner si vous souhaitez profiter de la table lors de votre séjour.

Prix

Les prix indiqués dans ce guide ont été établis à l'automne 2012. Ils sont susceptibles de modifications, notamment en cas de variation des prix des biens et des services. Ils s'entendent taxes et service compris. Aucune majoration ne doit figurer sur votre note sauf éventuellement la taxe de séjour. Les hôteliers et restaurateurs se sont engagés, sous leur propre responsabilité, à appliquer ces prix aux clients. À l'occasion de certaines manifestations : congrès, foires, salons, festivals, événements sportifs..., les prix demandés par les hôteliers peuvent être sensiblement majorés. Par ailleurs, renseignez-vous pour connaître les éventuelles conditions avantageuses accordées par les hôteliers.

RÉSERVATION ET ARRHES

Pour la confirmation de la réservation certains établissements demandent le numéro de carte de paiement ou un versement d'arrhes. Il s'agit d'un dépôt-garantie qui engage l'établissement comme le client. Bien demander à l'hôtelier de vous fournir dans sa lettre d'accord toutes précisions utiles sur la réservation et les conditions de séjour.

CARTES DE PAIEMENT

	Cartes de paiement acceptées :
VISA MC AE D	Visa – MasterCard – American Express – Diners Club
	Cartes de paiement non acceptées

CHAMBRES

ch – 50/80 €	Prix des chambres minimum / maximum pour 1 personne
ch – 60/100 €	Prix des chambres minimum / maximum pour 2 personnes
suites – 400/600 €	Prix des suites minimum / maximum pour 2 personnes
9 €	Prix du petit-déjeuner
ch	Petit-déjeuner compris

DEMI-PENSION

½ P	De nombreux établissements proposent des prix spéciaux lors d'un séjour en demi-pension. Les prix de demi-pension comprennent une chambre double occupée par deux personnes pour un séjour de trois jours minimum, un repas et un petit-déjeuner. Une personne seule occupant une chambre double se voit souvent appliquer une majoration. La plupart des hôtels de séjour pratiquent également la pension complète.

RESTAURANT

Formule 13 €	Formule entrée-plat ou plat-dessert au déjeuner en semaine
	Menu à moins de 20 €
Menu 15 € (déj.)	Menu uniquement servi au déjeuner
Menu 17 € (sem.)	Menu uniquement servi en semaine
Menu 16/38 €	Menu le moins cher / le plus cher
Carte 24/48 €	Repas à la carte hors boisson : le premier prix correspond à un repas simple comprenant une entrée, un plat et un dessert. Le deuxième prix concerne un repas plus complet (avec spécialité) comprenant deux plats, fromage et dessert.
bc	Boisson comprise

Informations sur les localités

GÉNÉRALITÉS

63300	Numéro de code postal de la localité *les deux premiers chiffres correspondent au numéro de département*
✉ 57130 Ars	Numéro de code postal et nom de la commune de destination
P SP	Préfecture – Sous-préfecture
337 E5	Numéro de la carte « DEPARTEMENTS France » MICHELIN et coordonnées permettant de se repérer sur la carte
101 26	Numéro de la carte « Banlieue de Paris » MICHELIN et coordonnées permettant de se repérer sur la carte
Jura	Voir le Guide Vert MICHELIN de la région
1057 h.	Nombre d'habitants (source : www.insee.fr)
alt. 75	Altitude de la localité
Sta. therm.	Station thermale
1200/1900 m	Altitude de la station et altitude maximum atteinte par les remontées mécaniques
2	Nombre de téléphériques ou télécabines
14	Nombre de remonte-pentes et télésièges
	Ski de fond
BY**b**	Lettres repérant un emplacement sur le plan de ville
9	Golf et nombre de trous
	Panorama, point de vue
	Aéroport – Localité desservie par train-auto *Renseignements au numéro de téléphone indiqué*
	Transports maritimes
	Transports maritimes pour passagers seulement
i	Information touristique

INFORMATIONS TOURISTIQUES

INTÉRÊT TOURISTIQUE

★★★	Vaut le voyage
★★	Mérite un détour
★	Intéressant

Les musées sont généralement fermés le mardi

SITUATION DU SITE

	A voir dans la ville
	A voir aux environs de la ville
N, S, E, O	La curiosité est située : au Nord, au Sud, à l'Est, à l'Ouest
② ④	On s'y rend par la sortie ② ou ④ repérée par le même signe sur le plan du guide
6 km	Distance en kilomètres

Légende des plans

Hôtels
Restaurants

CURIOSITÉS

Bâtiment intéressant
Édifice religieux intéressant :
- Catholique – Protestant

VOIRIE

Autoroute, double chaussée de type autoroutier
4 4 Échangeurs numérotés : complet, partiels
Grande voie de circulation
Sens unique – Rue réglementée ou impraticable
Rue piétonne – Tramway
R. Pasteur P PR Rue commerçante – Parking – Parking Relais
Porte – Passage sous voûte – Tunnel
Gare et voie ferrée – Auto-Train
Funiculaire – Téléphérique, télécabine
B Pont mobile – Bac pour autos

SIGNES DIVERS

Information touristique
Mosquée – Synagogue
Tour – Ruines – Moulin à vent – Château d'eau
Jardin, parc, bois – Cimetière – Calvaire
Stade – Golf – Hippodrome – Patinoire
Piscine de plein air, couverte
Vue – Panorama – Table d'orientation
Monument – Fontaine – Usine
Centre commercial – Cinéma Multiplex
Port de plaisance – Phare – Tour de télécommunications
S.N.C.F. Aéroport – Station de métro – Gare routière
Transport par bateau : passagers et voitures, passagers seulement
3 Pastille de sortie de ville
Bureau principal de poste restante et Téléphone
Hôpital – Marché couvert – Caserne
Bâtiment public repéré par une lettre :
A C - Chambre d'agriculture – Chambre de commerce
G H J - Gendarmerie – Hôtel de ville – Palais de justice
M P T - Musée – Préfecture, sous-préfecture – Théâtre
U - Université, grande école
POL. - Police (commissariat central)
4m5 18T 18 Passage bas (inf. à 4 m 50) – Charge limitée (inf. à 19 t)

How to use this guide

TOURIST INFORMATION

Distances from the main towns, tourist offices, local tourist attractions, means of transport, golf courses and leisure activities...

NEW

New establishment in the guide.

LODGING

From 🏨🏨🏨🏨🏨 to 🏠, ⌂: categories of comfort.
In red 🏨🏨🏨🏨🏨 ... 🏠, ⌂: the most pleasant.

GOOD FOOD & ACCOMMODATION AT MODERATE PRICES

Bib Hotel.
Bib Gourmand.

RESTAURANTS

From XXXXX to X: categories of comfort.
In red XXXXX ... X: the most pleasant.

STARS

✿✿✿ Worth a special journey.
✿✿ Worth a detour.
✿ A very good restaurant.
(In brackets: name of the Chef-owner)

LOCATING THE TOWN

Locate the town on the map at the end of the guide (map number and coordinates).

OTHER MICHELIN PUBLICATIONS

References for the Michelin map and Green Guide which cover the area.

LOCATING THE ESTABLISHMENT

Located on the town plan (coordinates and letters giving the location).

DESCRIPTION OF THE ESTABLISHMENT

Atmosphere, style, character and specialities.

QUIET HOTELS

quiet hotel.

very quiet hotel.

FACILITIES & SERVICES

PRICES

Commitments

The MICHELIN guide's commitments:

Experienced in quality

Whether it is in Japan, the USA, China or Europe our inspectors use the same criteria to judge the quality of the hotels and restaurants and use the same methods of visiting. The guide can only boast this worldwide reputation thanks to its commitment to the readers and we would like to stress these here:

Anonymous inspections – our inspectors make regular and anonymous visits to hotels and restaurants to gauge the quality of products and services offered to an ordinary customer. They settle their own bill and may then introduce themselves and ask for more information about the establishment. Our readers' comments are also a valuable source of information, which we can then follow up with another visit of our own.

Independence – To remain totally objective for our readers, the selection is made with complete independence. Entry into the guide is free. All decisions are discussed with the Editor and our highest awards are considered at a European level.

Selection and choice – The guide offers a selection of the best hotels and restaurants in every category of comfort and price. This is only possible because all the inspectors rigorously apply the same methods.

Annual updates – All the practical information, the classifications and awards are revised and updated every single year to give the most reliable information possible.

Consistency – The criteria for the classifications are the same in every country covered by the MICHELIN guide.

The sole intention of Michelin is to make your travels both safe and enjoyable.

Dear reader

Dear reader,

Having kept up-to-date with the latest developments in the hotel and restaurant scenes, we are pleased to present this new, improved and updated edition of the MICHELIN guide.

Since the very beginning, our ambition has remained the same each year: to accompany you on all of your journeys and to help you choose the best establishments to both stay and eat in, across all categories of comfort and price; whether that's a friendly guesthouse or luxury hotel, a lively gastropub or fine dining restaurant.

To this end, the MICHELIN guide is a tried-and-tested travel planner, its primary objective being to provide first-hand experience for you, our readers. All of the establishments selected have been rigorously tested by our team of professional inspectors, who are constantly seeking out new places and continually assessing those already listed.

Every year the guide recognises the best places to eat, by awarding them one ✿, two ✿✿ or three ✿✿✿ stars. These lie at the heart of the selection and highlight the establishments producing the best quality cuisine – in all styles – taking into account the quality of ingredients, creativity, mastery of techniques and flavours, value for money and consistency.

Other symbols to look out for are the Bib Gourmand and the Bib Hotel, which point out establishments that represent particularly good value; here you'll be guaranteed excellence but at moderate prices.

We are committed to remaining at the forefront of the culinary world and to meeting the demands of our readers. As such, we are very interested to hear your opinions on the establishments listed in our guide. Please don't hesitate to contact us, as your contributions are invaluable in directing our work and improving the quality of our information.

We continually strive to help you on your journeys.

Thank you for your loyalty and happy travelling with the 2013 edition of the MICHELIN guide.

Consult the MICHELIN guide at **restaurant.michelin.fr**
and write to us at: **leguidemichelin-france@tp.michelin.com**

Classification & awards

CATEGORIES OF COMFORT

The MICHELIN guide selection lists the best hotels and restaurants in each category of comfort and price. The establishments we choose are classified according to their levels of comfort and, within each category, are listed in order of preference.

- **Luxury in the traditional style**
- **Top class comfort**
- **Very comfortable**
- **Comfortable**
- **Quite comfortable**
- **Guesthouse**
- sans rest — **This hotel has no restaurant**
- avec ch — **This restaurant also offers accommodation**

THE AWARDS

To help you make the best choice, some exceptional establishments have been given an award in this year's guide.

THE STARS: THE BEST CUISINE

MICHELIN stars are awarded to establishments serving cuisine, of whatever style, which is of the highest quality. The cuisine is judged on the quality of ingredients, the flair and skill in their preparation, the combination of flavours, the value for money and the consistency of culinary standards.

For every restaurant awarded a star we include 3 specialities that are typical of their cooking style. These specific dishes may not always be available.

27 — **Exceptional cuisine, worth a special journey**
One always eats extremely well here, sometimes superbly.

82 — **Excellent cooking, worth a detour**

487 — **A very good restaurant in its category**

In certain years the « Rising Stars » can be awarded to places which have the potential to become « One Star » as soon as the consistency of their entire menu is confirmed. With this special mention we wish to share with you the restaurants, that are, in your eyes, the « Rising Stars » of future gastronomy.

THE BIB : GOOD FOOD AND ACCOMMODATION AT MODERATE PRICES

Bib Gourmand
632 Establishment offering good quality cuisine at a maximum price of 31 € or 35 € in the Paris region (price of a meal not including drinks).
Outside the Paris region, these establishments generally specialise in regional cooking.

Bib Hotel
230 Establishment offering good levels of comfort and service, with most rooms priced at a maximum price of 75 € or under 90 € in the main cities and popular tourist resorts (price of a room for 2 people not including breakfast).

PLEASANT HOTELS AND RESTAURANTS

Symbols shown in red indicate particularly pleasant or restful establishments: the character of the building, its décor, the setting, the welcome and services offered may all contribute to this special appeal.

to **Pleasant hotels**
Pleasant guesthouses
to **Pleasant restaurants**

OTHER SPECIAL FEATURES

As well as the categories and awards given to the establishment, MICHELIN inspectors also make special note of other criteria which can be important when choosing an establishment.

LOCATION

If you are looking for a particularly restful establishment, or one with a special view, look out for the following symbols:

Quiet hotel / Very quiet hotel
Interesting view / Exceptional view

WINE LIST

If you are looking for an establishment with a particularly interesting wine list, look out for the following symbol:

Particularly interesting wine list
This symbol might cover the list presented by a sommelier in a luxury restaurant or that of a simple inn where the owner has a passion for wine. The two lists will offer something exceptional but verydifferent, so beware of comparing them by each other's standards.

NEW!

New establishment in the guide

Facilities & services

30 ch	Number of rooms
	Garden – Park
	Meals served in garden or on terrace
	Swimming pool: outdoor or indoor
	An extensive facility for relaxation and well-being
	Exercise room – Tennis court
	Lift – Establishment at least partly accessible to those of restricted mobility
	Air conditioning
	Wireless/broadband connection in bedrooms
	Private dining rooms
	Equipped conference room
	Restaurant offering valet parking (tipping customary)
	Car park / Enclosed car park for customers only
	Garage (additional charge in most cases)
	No dogs allowed
	Nearest metro station
Ouvert / Fermé mai-oct	Dates when open or closed as indicated by the hotelier.

TABLES D'HÔTES

Tables d'hôtes serve meals – generally dinner – to residents and by reservation only.

Meals are not always available every day of the week, so don't forget to check opening times and to reserve a table if you wish to dine during your stay.

Prices

Prices quoted in this guide were supplied in autumn 2012. They are subject to alteration if goods and service costs are revised.
By supplying the information, hotels and restaurants have undertaken to maintain these rates for our readers.
In some towns, when commercial, cultural or sporting events are taking place the hotel rates are likely to be considerably higher.
Out of season, certain establishments offer special rates. Ask when booking.

RESERVATION AND DEPOSITS

Some establishments will ask you to confirm your reservation by giving your credit card number or require a deposit which confirms the commitment of both the customer and the establishment. Ask the hotelier to provide you with all the terms and conditions applicable to your reservation in their written confirmation.

CREDIT CARDS

	Credit cards accepted by the establishment:
VISA MC AE DC	Visa – MasterCard – American Express – Diners Club
(no card symbol)	Credit cards not accepted

ROOMS

ch – 🚹 50/80 €	Lowest price / highest price for a single room
ch – 🚹🚹 60/100 €	Lowest price / highest price for a double or a twin room
suites – 🚹🚹 400/600 €	Lowest price / highest price for a suite
☕ 9 €	Price of breakfast
ch ☕	Breakfast included

HALF BOARD

½ P	Many hotels offer a special rate for a stay of three or more nights which comprises double room occupied by two people for a minimum stay of three nights, dinnert and breakfast. If a single person occupies a double room a supplement may apply. Most of the hotels also offer full board terms on request.

RESTAURANT

Formule 13 €	2 course meal, on weekday lunchtimes
(coins symbol)	Menu for less than 20 €
Menu 15 € (déj.)	Set menu served only at lunchtime
Menu 17 € (sem.)	Set menu served only on weekdays
Menu 16/38 €	Cheapest set meal / Highest set menu
Carte 24/48 €	A la carte meal, drinks not included. The first figure is for a plain meal and includes first course, main dish of the day and dessert. The second price is for a fuller meal (with speciality) including starter, main course, cheese and dessert.
bc	House wine included

Information on localities

GENERAL INFORMATION

63300	Local postal number *the first two numbers are the same as the département number*
✉ 57130 Ars	Postal number and the name of the postal area
P ◇SP◇	Prefecture – Sub-prefecture
337 E5	Number of the appropriate sheet and grid square reference of the Michelin road map in the "DEPARTEMENTS France" MICHELIN series
101 26	"Outskirts of Paris" map number and co-ordinates indicating the position
Jura	See the regional MICHELIN Green Guide
1057 h.	Population (source: www.insee.fr)
alt. 75	Altitude (in metres)
Sta. therm.	Spa
1200/1900 m	Altitude of resort and highest point reached by lifts
2	Number of cable-cars
14	Number of ski and chair-lifts
	Cross-country skiing
BY**b**	Letters giving the location of a place on a town plan
9	Golf course and number of holes
	Panoramic view, viewpoint
	Airport – Places with motorail pick-up point. *Further information from phone number listed*
	Shipping line – Passenger transport only
i	Tourist information

TOURIST INFORMATION

STAR-RATING

★★★	Highly recommended
★★	Recommended
★	Interesting *Museums and art galleries are generally closed on Tuesday*

LOCATION

	Sights in town
	On the outskirts
N, S, E, O	The sight lies north, south, east or west of the town
② ④	Signs ② or ④ on the town plan show the road leading to a place of interest and correspond to the same signs on MICHELIN road maps.
6 km	Distance in kilometres

Town plan key

- Hotels
- Restaurants

SIGHTS

Place of interest
Interesting place of worship:
- Catholic – Protestant

ROAD

Motorway, dual carriageway
Numbered junctions : complete, limited
Major thoroughfare
One-way street – Unsuitable for traffic or street subject to restrictions
Pedestrian street – Tramway
R. Pasteur — Shopping street – Car park – Park and Ride
Gateway – Street passing under arch – Tunnel
Station and railway – Motorail
Funicular – Cable-car
Lever bridge – Car ferry

VARIOUS SIGNS

Tourist Information Centre
Mosque – Synagogue
Tower – Ruins – Windmill – Water tower
Garden, park, wood – Cemetery – Cross
Stadium – Golf course – Racecourse – Skating rink
Outdoor or indoor swimming pool
View – Panorama – Viewing table
Monument – Fountain – Factory
Shopping centre – Multiplex Cinema
Pleasure boat harbour – Lighthouse – Communications tower
S.N.C.F. — Airport – Underground station – Coach station
Ferry services : passengers and cars, passengers only
Reference number common to town plans
Main post office with poste restante and telephone
Hospital – Covered market – Barracks
Public buildings located by letter :

A C - Chamber of Agriculture – Chamber of Commerce
G H J - Gendarmerie – Town Hall – Law Courts
M P T - Museum – Prefecture or sub-prefecture – Theatre
U - University, College
POL. - Police (in large towns police headquarters)

18T 18 — Low headroom (15 ft. max.) – Load limit (under 19 t)

Distinctions 2013

→ Awards 2013

Les Tables étoilées 2013

La couleur correspond à l'établissement le plus étoilé de la localité.
Paris
La localité possède au moins un restaurant 3 étoiles
Rouen
La localité possède au moins un restaurant 2 étoiles
Rennes
La localité possède au moins un restaurant 1 étoile
Bondues
Lille
Gruson
Valenciennes
Ligny-en-Cambrésis
Rethondes
St-Jean-aux-Bois
Courcelles-sur-Vesle
Reuilly-Sauvigny
Reims
Montchenot
Vinay
Épernay
Châlons-en-Champagne
Zoufftgen
Hagondange
Metz
Faulquemont
Stiring-Wendel
Sarreguemines
Phalsbourg
Bitche
Untermuhlthal
Lembach
Gundershoffen
Languimberg
Marlenheim
La Wantzenau
Strasbourg
Saverne
Belleville
Obernai
Rosheim
Lunéville
C
Épinal
Colombey-les-Deux-Églises
Sens
Illhaeusern
Joigny
Mulhouse
Riedisheim
Sierentz
Vauchoux
Danjoutin
Prenois
St-Père
La Bussière-sur-Ouche
Dijon
Montbéliard
Sevenans
Chamesol
Pernand-Vergelesses
Saulieu
Sampans
Bonnétage
Dole
Villers-le-Lac
Nevers
Beaune
Levernois
Port-Lesney
Morteau
Puligny-Montrachet
Chassagne-Montrachet
Chagny
Arbois
Malbuisson
Montceau-les-Mines
St-Rémy
Tournus
D
Vichy
Ambierle
Roanne
Vonnas
Veyrier-du-Lac
Annecy
Chamonix-Mont-Blanc
Chasselay
Clermont-Ferrand
Chamalières
Megève
Bort-l'Étang
Jongieux
Lyon
St-Just-St-Rambert
St Martin-de-Belleville
Le Bourget-du-Lac
Courchevel 1850
Sarpoil
Charbonnières-les-Bains
Vienne
Val-Thorens
St-Bonnet-le-Froid
St-Donat-s-l'Herbasse
Uriage-les-Bains
Le Puy-en-Velay
Corrençon-en-Vercors
Les Deux-Alpes
Alleyras
Valence
Chaudes-Aigues
St-Agrève
Crest
Granges-les-Beaumont
Pont-de-l'Isère
Aumont-Aubrac
Les Baux-de-Provence
B
La Turbie
Menton
Monte-Carlo
Moustiers-Ste-Marie
E
Collias
Bonnieux
Vence
Èze
Gignac
Garons
Draguignan
Callas
Nice
Tourtour
Montpellier
Arles
Le Cannet
Lorgues
Sète
Les Arcs
Cannes
L'Île Rousse
Erbalunga
Béziers
Marseille
Lumio
St-Florent
La Napoule
Calvi
Narbonne
Le Castellet
Ste-Maxime
St-Tropez
Perpignan
Île de Porquerolles
Bormes-les-Mimosas
Collioure
Ajaccio
Propriano
Cala Rossa
Porto-Vecchio

Les Tables étoilées 2013

La couleur correspond à l'établissement
le plus étoilé de la localité.

Île-de-France

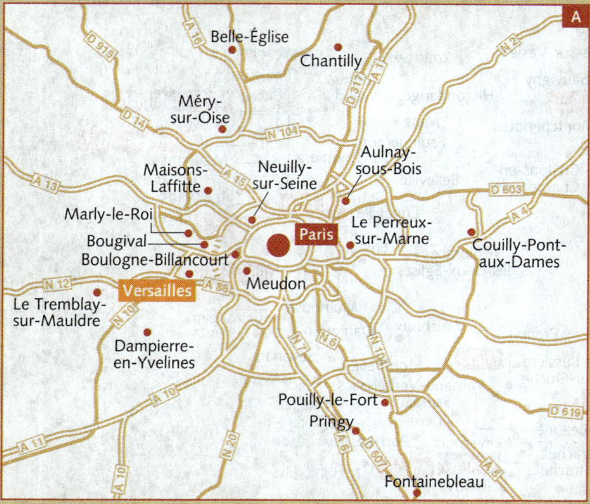

Provence

Alsace

Rhône-Alpes

Côte-d'Azur

Les Tables étoilées

→ Starred establishments

✿✿✿ 2013

Baerenthal / Untermuhlthal (57)	L'Arnsbourg
Chagny (71)	Maison Lameloise
Eugénie-les-Bains (40)	Les Prés d'Eugénie - Michel Guérard
Fontjoncouse (11)	Auberge du Vieux Puits
Illhaeusern (68)	Auberge de l'Ill
Joigny (89)	La Côte St-Jacques
Laguiole (12)	Bras
Lyon (69)	Paul Bocuse
Marseille (13)	Le Petit Nice
Megève (74)	Flocons de Sel
Monte-Carlo (MC)	Le Louis XV-Alain Ducasse
Paris 1er	Le Meurice
Paris 4e	L'Ambroisie
Paris 7e	Arpège
Paris 8e	Alain Ducasse au Plaza Athénée
Paris 8e	Épicure au Bristol
Paris 8e	Ledoyen
Paris 8e	Pierre Gagnaire
Paris 16e	Astrance
Paris 16e	Le Pré Catelan
Paris 17e	Guy Savoy
Roanne (42)	Troisgros
Saint-Bonnet-le-Froid (43)	Régis et Jacques Marcon
Saint-Tropez (83)	Résidence de la Pinède **N**
Saulieu (21)	Le Relais Bernard Loiseau
Valence (26)	Pic
Vonnas (01)	Georges Blanc

→ **N** pour « nouveau » : établissement bénéficiant d'une nouvelle distinction.

→ **N** for « *new* » : newly awarded distinction.

✿✿ 2013

Annecy (74) — Le Clos des Sens
Annecy / Veyrier-du-Lac (74) — Yoann Conte **N**
Arbois (39) — Jean-Paul Jeunet
Arles (13) — L'Atelier de Jean-Luc Rabanel
Les Baux-de-Provence (13) — L'Oustaù de Baumanière
Béthune / Busnes (62) — Le Château de Beaulieu
Bonnieux (84) — La Bastide de Capelongue
Le-Bourget-du-Lac (73) — Le Bateau Ivre
Cannes (06) — La Palme d'Or
Cannes / Le Cannet (06) — Villa Archange
Carantec (29) — Patrick Jeffroy
Carcassonne (11) — Le Parc Franck Putelat
Le Castellet / Circuit Paul Ricard (83) — Monte Cristo
Chamonix-Mont-Blanc (74) — Albert 1er
Chasselay (69) — Guy Lassausaie
Chaudes-Aigues (15) — Serge Vieira
Courchevel / Courchevel 1850 (73) — Le Chabichou
Courchevel / Courchevel 1850 (73) — Cheval Blanc
Courchevel / Courchevel 1850 (73) — Le Strato
Courchevel / Courchevel 1850 (73) — Pierre Gagnaire pour les Airelles
Courchevel / Courchevel 1850 (73) — La Table du Kilimandjaro **N**
Dijon (21) — William Frachot **N**
Èze (06) — Château de la Chèvre d'Or
Gundershoffen (67) — Le Cygne
Le Havre (76) — Jean-Luc Tartarin
Honfleur (14) — SaQuaNa
Île de Noirmoutier / L'Herbaudière (85) — La Marine **N**
L'Isle-Jourdain / Pujaudran (32) — Le Puits St-Jacques
Jongieux (73) — Auberge Les Morainières
Lorient (56) — L'Amphitryon
Lyon (69) — Auberge de l'Ile
Lyon (69) — Mère Brazier
Lyon / Charbonnières-les-Bains (69) — La Rotonde
Magescq (40) — Relais de la Poste
Mandelieu / La Napoule (06) — L'Oasis
Menton (06) — Mirazur
Monte-Carlo (MC) — Joël Robuchon Monte-Carlo
Nantes / Haute-Goulaine (44) — Manoir de la Boulaie
Nice (06) — Chantecler
Nîmes / Garons (30) — Alexandre
Obernai (67) — La Fourchette des Ducs
Onzain (41) — Domaine des Hauts de Loire
Paris 1er — Carré des Feuillants
Paris 1er — Le Grand Véfour
Paris 1er — Sur Mesure par Thierry Marx
Paris 2e — Passage 53
Paris 6e — Relais Louis XIII
Paris 7e — L'Atelier de Joël Robuchon - St-Germain
Paris 7e — Jean-François Piège
Paris 8e — Apicius
Paris 8e — L'Atelier de Joël Robuchon - Étoile
Paris 8e — Le Cinq
Paris 8e — Lasserre
Paris 8e — Senderens
Paris 8e — Taillevent
Paris 16e — L'Abeille
Paris 17e — Michel Rostang
Pauillac (33) — Château Cordeillan Bages
La Plaine-sur-Mer (44) — Anne de Bretagne
Plomodiern (29) — Auberge des Glazicks
Pont-du-Gard / Collias (30) — Hostellerie Le Castellas
Porto-Vecchio (2A) — Casadelmar
Puymirol (47) — Michel Trama
Reims (51) — L'Assiette Champenoise
Reims (51) — Le Parc Les Crayères
Rennes / Noyal-sur-Vilaine (35) — Auberge du Pont d'Acigné **N**
La Rochelle (17) — Christopher Coutanceau
Romans-sur-Isère / Granges-les-Beaumont (26) — Les Cèdres
Rouen (76) — Gill
Saint-Émilion (33) — Hostellerie de Plaisance
Saint-Just-Saint-Rambert (42) — Le Neuvième Art
Saint-Martin-de-Belleville (73) — La Bouitte
Saint-Sulpice-le-Verdon (85) — Thierry Drapeau
Toulouse (31) — Michel Sarran
Toulouse / Colomiers (31) — L'Amphitryon

→ **N** pour « nouveau » : établissement bénéficiant d'une nouvelle distinction.
→ **N** for « *new* » : newly awarded distinction.

La Turbie (06)	Hostellerie Jérôme
Uriage-les-Bains (38)	Les Terrasses
Val-Thorens (73)	L'Oxalys
Vence (06)	Le Saint-Martin
Versailles (78)	Gordon Ramsay au Trianon
Vézelay / Saint-Père (89)	L'Espérance
Vienne (38)	La Pyramide

✿2013

Agen (47)	Mariottat
Agen / Moirax (47)	Auberge Le Prieuré
Ainhoa (64)	Ithurria
Aix-en-Provence (13)	Le Clos de la Violette
Aix-en-Provence (13)	Pierre Reboul
Ajaccio (2A)	Palm Beach
Albertville (73)	Million
Albi (81)	David Enjalran - L'Esprit du Vin
Alleyras (43)	Le Haut-Allier
Ambierle (42)	Le Prieuré
Amboise (37)	Château de Pray
Ambronay (01)	Auberge de l'Abbaye
Amiens / Dury (80)	L'Aubergade
Andrézieux-Bouthéon (42)	Les Iris
Angers (49)	Le Favre d'Anne
Angers (49)	Une Île
Annecy (74)	Le Belvédère
Annecy (74)	La Ciboulette
Ansouis (84)	La Closerie **N**
Antibes (06)	Le Figuier de St-Esprit
Antibes / Cap d'Antibes (06)	Bacon
Antibes / Cap d'Antibes (06)	Les Pêcheurs
Arcachon (33)	Le Patio
Les Arcs (83)	Le Relais des Moines **N**
Arles (13)	La Chassagnette
Arles (13)	Le Cilantro
Astaffort (47)	Une Auberge en Gascogne
Aulnay-sous-Bois (93)	Auberge des Saints Pères
Aumont-Aubrac (48)	Cyril Attrazic
Avignon (84)	Christian Étienne
Avignon (84)	Le Diapason
Avignon (84)	La Vieille Fontaine
Avignon (84)	Le Saule Pleureur
Bagnoles-de-l'Orne (61)	Le Manoir du Lys
Barneville-Carteret / Carteret (50)	La Marine
Le Bar-sur-Loup (06)	L'Hostellerie du Château
La Baule (44)	Castel Marie-Louise
Les Baux-de-Provence (13)	La Cabro d'Or
Bayeux (14)	Château de Sully
Bayeux / Audrieu (14)	Château d'Audrieu
Bayonne (64)	Auberge du Cheval Blanc
Beaulieu-sur-Mer (06)	Restaurant des Rois
Beaune (21)	Le Bénaton
Beaune (21)	Le Clos du Cèdre **N**
Beaune (21)	Loiseau des Vignes
Beaune / Levernois (21)	Hostellerie de Levernois
Beaune / Pernand-Vergelesses (21)	Le Charlemagne
Belcastel (12)	Vieux Pont
Belfort / Danjoutin (90)	Le Pot d'Étain
Belfort / Sevenans (90)	Auberge de la Tour Penchée
Belle-Église (60)	La Grange de Belle-Église
Belleville (54)	Le Bistroquet
Bergerac / Moulin de Malfourat (24)	La Tour des Vents
Beuvron-en-Auge (14)	Le Pavé d'Auge
Les Bézards (45)	Auberge des Templiers
Béziers (34)	Octopus
Biarritz (64)	L'Atelier **N**
Biarritz (64)	Du Palais
Biarritz (64)	L'Impertinent **N**
Biarritz (64)	Les Rosiers
Biarritz / Arcangues (64)	Le Moulin d'Alotz
Biarritz / Lac de Brindos (64)	Château de Brindos **N**
Bidart (64)	Table des Frères Ibarboure
Billiers (56)	Domaine de Rochevilaine
Biot (06)	Les Terraillers
Bitche (57)	Le Strasbourg
Blainville-sur-Mer (50)	Le Mascaret
Blois (41)	Au Rendez-vous des Pêcheurs
Blois (41)	L'Orangerie du Château
Bonnétage (25)	L'Étang du Moulin
Bordeaux (33)	7ème Péché
Bordeaux (33)	Le Chapon Fin
Bordeaux (33)	Le Gabriel
Bordeaux (33)	Le Pavillon des Boulevards

➜ **N** pour « nouveau » : établissement bénéficiant d'une nouvelle distinction.
➜ **N** for « *new* » : newly awarded distinction.

Bordeaux (33)	Le Pressoir d'Argent
Bordeaux / Bouliac (33)	Le Saint-James
Bordeaux / Cenon (33)	La Cape
Bordeaux / Lormont (33)	Jean-Marie Amat
Bordeaux / Martillac (33)	Les Sources de Caudalie
Bormes-les-Mimosas (83)	La Rastègue
Bosdarros (64)	Auberge Labarthe
Bougival (78)	Le Camélia
Boulogne-Billancourt (92)	Au Comte de Gascogne
Boulogne-Billancourt (92)	Ma Sa **N**
Boulogne-sur-Mer (62)	La Matelote
Le Bourg-Dun (76)	Auberge du Dun
Bourg-en-Bresse / Péronnas (01)	La Marelle
Bourges (18)	Le Cercle **N**
Bourges (18)	Le d'Antan Sancerrois
Le-Bourget-du-Lac (73)	Auberge Lamartine
Le-Bourget-du-Lac (73)	La Grange à Sel
Le-Bourget-du-Lac / Les Catons (73)	Atmosphères
Bozouls (12)	Le Belvédère
Brantôme / Champagnac-de-Belair (24)	Le Moulin du Roc
Bray-et-Lû (95)	Les Jardins d'Epicure
Brest (29)	L'Armen
Brest (29)	Le M
Le Breuil-en-Auge (14)	Le Dauphin
Breuillet (17)	L'Aquarelle
Briollay (49)	Château de Noirieux
Brive-la-Gaillarde / Varetz (19)	Château de Castel Novel
Bully (69)	Auberge du Château
La Bussière-sur-Ouche (21)	Abbaye de la Bussière
La Cadière-d'Azur (83)	Hostellerie Bérard
Caen (14)	Ivan Vautier
Caen (14)	Stéphane Carbone - Restaurant Incognito
Caen (14)	À Contre Sens
Cahors / Lamagdelaine (46)	Marco
Cahors / Mercuès (46)	Château de Mercuès
Cahuzac-sur-Vère (81)	Château de Salettes
Cahuzac-sur-Vère (81)	La Falaise
Callas (83)	Hostellerie Les Gorges de Pennafort
Calvi (2B)	La Table de Bastien
Calvinet (15)	Beauséjour
Cancale (35)	Le Coquillage
Cancale (35)	La Table de Breizh Café **N**
Cannes (06)	Le Park 45
Carcassonne (11)	La Barbacane
Carcassonne (11)	Domaine d'Auriac
Carcassonne (11)	Michel Del Burgo **N**
Carcassonne / Aragon (11)	La Bergerie
Carcassonne / Pezens (11)	L'Ambrosia
Cassis (13)	La Villa Madie
Castres (81)	Bistrot Saveurs
Cavaillon (84)	Prévôt **N**
La Celle (83)	Hostellerie de l'Abbaye de la Celle
Cergy-Pontoise / Méry-sur-Oise (95)	Le Chiquito
Chaintré (71)	La Table de Chaintré
Châlons-en-Champagne (51)	Jacky Michel
Chalon-sur-Saône / Saint-Rémy (71)	L'Amaryllis
Chambéry (73)	Côté Marché **N**
Chamesol (25)	Mon Plaisir
Chamonix-Mont-Blanc (74)	Auberge du Bois Prin
Chamonix-Mont-Blanc (74)	Le Bistrot
Chantilly (60)	Carmontelle
Chantilly (60)	La Table du Connétable **N**
La Chapelle-de-Guinchay (71)	La Poularde
Charolles (71)	Frédéric Doucet
Chartres (28)	Le Grand Monarque
Chassagne-Montrachet (21)	Le Chassagne
Château-Arnoux-Saint-Auban (04)	La Bonne Étape
Chenonceaux (37)	Auberge du Bon Laboureur
Cherbourg-Octeville (50)	Le Pily
Clères / Frichemesnil (76)	Au Souper Fin
Clermont / Étouy (60)	L'Orée de la Forêt
Clermont-Ferrand (63)	Apicius
Clermont-Ferrand (63)	Fleur de Sel
Clermont-Ferrand (63)	Jean-Claude Leclerc
Clermont-Ferrand (63)	Le Pré - Xavier Beaudiment
Clermont-Ferrand / Chamalières (63)	Radio **N**
La Colle-sur-Loup (06)	Alain Llorca
Collioure (66)	Relais des Trois Mas
Colmar (68)	L'Atelier du Peintre
Colmar (68)	JY'S
Colmar (68)	Rendez-vous de Chasse
Colombey-les-Deux-Églises (52)	Hostellerie la Montagne
Compiègne / Rethondes (60)	Alain Blot
Condom (32)	La Table des Cordeliers
Conques (12)	Hervé Busset
Conteville (27)	Auberge du Vieux Logis
Couilly-Pont-aux-Dames (77)	Auberge de la Brie
Courcelles-sur-Vesle (02)	Château de Courcelles

→ **N** pour « nouveau » : établissement bénéficiant d'une nouvelle distinction.

→ **N** for « *new* » : newly awarded distinction.

Courchevel / Courchevel 1850 (73) Le Kintessence **N**
Courchevel / Le-Praz (73) Azimut
Courchevel / La Tania (73) Le Farçon
Crest (26) Kléber **N**
Le Croisic (44) Le Fort de l'Océan
Cucuron (84) La Petite Maison de Cucuron
Curzay-sur-Vonne (86) La Cédraie
Dampierre-en-Yvelines (78) La Table des Blot - Auberge du Château
Les Deux-Alpes (38) Le P'tit Polyte
Dieppe (76) Les Voiles d'Or
Dijon (21) Le Pré aux Clercs
Dijon (21) Stéphane Derbord
Dijon / Prenois (21) Auberge de la Charme
Dole (39) La Chaumière
Dole / Sampans (39) Château du Mont Joly
Douvaine (74) Ô Flaveurs
Draguignan (83) Côté Rue **N**
Épernay (51) Les Berceaux
Épernay / Vinay (51) Hostellerie La Briqueterie
Épinal (88) Les Ducs de Lorraine
Erbalunga (2B) Le Pirate
Eygalières (13) Maison Bru
Èze (06) Château Eza
Èze-Bord-de-Mer (06) La Table de Patrick Raingeard **N**
Faulquemont (57) Toya
Flers / La Ferrière-aux-Étangs (61) Auberge de la Mine
Fleurie (69) Le Cep
Fontainebleau (77) L'Axel **N**
Forbach / Stiring-Wendel (57) La Bonne Auberge
Gargas (84) Domaine de la Coquillade
Gérardmer / Bas-Rupts (88) Les Bas-Rupts
Gérardmer / Xonrupt-Longemer (88) Les Jardins de Sophie **N**
Gignac (34) Restaurant de Lauzun
Gordes (84) Les Bories
La Gouesnière (35) Maison Tirel-Guérin
Grasse (06) La Bastide St-Antoine
Grasse / Magagnosc (06) Au Fil du Temps
Guéthary (64) Brikéténia
Gujan-Mestras (33) La Guérinière
Hagondange (57) Quai des Saveurs
Hendaye (64) Maison Eguiazabal-Le Bar à Vin **N**
Hennebont (56) Château de Locguénolé
Ile de Porquerolles (83) Le Mas du Langoustier
L'Île-Rousse (2B) Pasquale Paoli
L'Isle-sur-la-Sorgue (84) Le Vivier

Issoire / Sarpoil (63) La Bergerie
Issoudun (36) La Cognette
Issoudun / Saint-Valentin (36) Au 14 Février
Jarnac / Bourg-Charente (16) La Ribaudière
Joucas (84) Hostellerie Le Phébus et Spa
Kaysersberg (68) Chambard
Lacave (46) Château de la Treyne
Lacave (46) Pont de l'Ouysse
Lachassagne (69) La Table de Lachassagne
Langon (33) Claude Darroze
Languimberg (57) Chez Michèle
Lannion / La Ville Blanche (22) La Ville Blanche
Lastours (11) Le Puits du Trésor
Laventie (62) Le Cerisier
Lembach (67) Auberge du Cheval Blanc
Lezoux / Bort-l'Étang (63) Château de Codignat
Lièpvre / La Vancelle (67) Auberge Frankenbourg
Ligny-en-Cambrésis (59) Château de Ligny
Lille (59) La Laiterie
Lille / Bois-Grenier (59) La Table des Jardins
Lille / Bondues (59) Val d'Auge
Lille / Gruson (59) L'Arbre
Limoges (87) Amphitryon
Loiré (49) Auberge de la Diligence
Lorgues (83) Bruno
Lorient (56) Henri et Joseph
Lourmarin (84) Auberge La Fenière
Lumio (2B) Chez Charles
Lunéville (54) Château d'Adoménil
Lyon (69) Au 14 Février
Lyon (69) L'Effervescence **N**
Lyon (69) Le Gourmet de Sèze
Lyon (69) Les Loges
Lyon (69) Maison Clovis
Lyon (69) Pierre Orsi
Lyon (69) Les Terrasses de Lyon
Lyon (69) Les Trois Dômes
Lyon (69) Têtedoie
Lyon / Rillieux-la-Pape (69) Larivoire
Mâcon (71) Pierre
Maisons-Laffitte (78) Tastevin
Malbuisson (25) Le Bon Accueil
Manosque (04) Dominique Bucaille **N**
Le Mans (72) Le Beaulieu
Marlenheim (67) Le Cerf
Marly-le-Roi (78) Le Village
Marseille (13) L'Épuisette
Marseille (13) Michel - Brasserie des Catalans **N**
Mayenne (53) L'Éveil des Sens

→ **N** pour « nouveau » : établissement bénéficiant d'une nouvelle distinction.
→ **N** for « *new* » : newly awarded distinction.

Metz (57) La Citadelle
Meudon (92) L'Escarbille
Missillac (44) La Bretesche **N**
Montargis (45) La Gloire
Montauban (82) Abbaye des Capucins Spa et Resort
Montauroux (83) Auberge Eric Maio
Montbazon (37) Olivier Arlot - La Chancelière
Montbéliard (25) Le St-Martin
Montceau-les-Mines (71) Le France
Mont-de-Marsan (40) Les Clefs d'Argent
Monte-Carlo (MC) Vistamar
Monte-Carlo (MC) Yoshi
Montpellier (34) Le Jardin des Sens
Montpellier (34) La Réserve Rimbaud
Montreuil (62) Château de Montreuil
Montreuil / La Madelaine-sous-Montreuil (62) La Grenouillère
Montrevel-en-Bresse (01) Léa
Morteau (25) Auberge de la Roche
Mougins (06) Le Mas Candille
Moustiers-Sainte-Marie (04) La Bastide de Moustiers
Mulhouse (68) Il Cortile
Mulhouse / Riedisheim (68) La Poste
Munster / Wihr-au-Val (68) Nouvelle Auberge
Mûr-de-Bretagne (22) Auberge Grand'Maison
Nantes (44) L'Atlantide
Narbonne (11) La Table Saint-Crescent
Neuilly-sur-Seine (92) La Truffe Noire
Neuville-de-Poitou (86) St-Fortunat
Nevers (58) Jean-Michel Couron
Névez / Raguenès-Plage (29) Ar Men Du
Nice (06) Aphrodite
Nice (06) L'Aromate
Nice (06) Le Bistrot Gourmand
Nice (06) Flaveur
Nice (06) Keisuke Matsushima
Nice (06) L'Univers - Christian Plumail
Obernai (67) Le Bistro des Saveurs
Orange / Sérignan-du-Comtat (84) Le Pré du Moulin
Orléans (45) Le Lièvre Gourmand
Paris 1er Le Baudelaire
Paris 1er La Dame de Pic **N**
Paris 1er Kei
Paris 1er Yam'Tcha
Paris 2e Le Céladon
Paris 2e Pur'
Paris 4e Benoit
Paris 4e Le Sergent Recruteur **N**
Paris 5e Itinéraires **N**
Paris 5e Sola
Paris 5e La Tour d'Argent
Paris 5e La Truffière
Paris 6e Hélène Darroze
Paris 6e Paris
Paris 6e Le Restaurant
Paris 6e Ze Kitchen Galerie
Paris 7e Aida
Paris 7e Auguste
Paris 7e Les Fables de La Fontaine
Paris 7e Gaya Rive Gauche par Pierre Gagnaire
Paris 7e Il Vino d'Enrico Bernardo
Paris 7e Le Jules Verne
Paris 7e Le Divellec
Paris 7e 35° Ouest
Paris 7e Le Violon d'Ingres
Paris 8e L'Arôme
Paris 8e 114, Faubourg **N**
Paris 8e Le Chiberta
Paris 8e La Cuisine au Royal Monceau **N**
Paris 8e Le Diane
Paris 8e Dominique Bouchet
Paris 8e Il Carpaccio **N**
Paris 8e L'Instant d'Or **N**
Paris 8e Laurent
Paris 8e Stella Maris
Paris 8e La Table du Lancaster
Paris 8e Le 39V
Paris 9e Jean
Paris 9e Le Lumière
Paris 12e Au Trou Gascon
Paris 14e Cobéa
Paris 15e Le Quinzième - Cyril Lignac
Paris 16e Akrame
Paris 16e Antoine
Paris 16e etc...
Paris 16e La Grande Cascade
Paris 16e Hiramatsu
Paris 16e Le Pergolèse
Paris 16e Relais d'Auteuil
Paris 16e Shang Palace
Paris 16e Les Tablettes de JL Nomicos
Paris 17e Agapé
Paris 17e Bigarrade
Paris 17e La Fourchette du Printemps
Paris 17e Frédéric Simonin
Paris 17e Jacques Faussat - La Braisière
Peillon (06) Auberge de la Madone
Périgueux (24) L'Essentiel
Périgueux / Champcevinel (24) La Table du Pouyaud

→ **N** pour « nouveau » : établissement bénéficiant d'une nouvelle distinction.
→ **N** for « *new* » : newly awarded distinction.

Périgueux / Chancelade (24) Château des Reynats
Perpignan (66) La Galinette
Le Perreux-sur-Marne (94) Les Magnolias
Perros-Guirec (22) La Clarté
Perros-Guirec (22) L'Agapa
Le-Petit-Pressigny (37) La Promenade
Phalsbourg (57) Au Soldat de l'An II
Pierrefonds / Saint-Jean-aux-Bois (60) Auberge à la Bonne Idée
Plancoët (22) Maison Crouzil et Hôtel L'Écrin
Poitiers / Saint-Benoît (86) Passions et Gourmandises
La Pomarède (11) Hostellerie du Château de la Pomarède
Pont-Aven (29) Le Moulin de Rosmadec
Pont-de-l'Arche (27) L'Auberge de la Pomme
Port-Lesney (39) Château de Germigney
Port-Louis (56) Avel Vor
Porto-Vecchio/Cala Rossa (2A) Grand Hôtel de Cala Rossa
Porto-Vecchio (2A) U Santa Marina
Port-sur-Saône / Vauchoux (70) Château de Vauchoux
Pouilly-le-Fort (77) Le Pouilly
Pringy (77) L'Inédit
Propriano (2A) Le Lido
Pujaut (30) Entre Vigne et Garrigue
Puligny-Montrachet (21) Le Montrachet
Le Puy-en-Velay (43) François Gagnaire
Quiberon / Portivy (56) Le Petit Hôtel du Grand Large
Quimper (29) L'Ambroisie
Reims (51) Le Foch
Reims (51) Le Millénaire
Reims / Montchenot (51) Le Grand Cerf
Rennes (35) La Coquerie
Rennes / Saint-Grégoire (35) Le Saison
Reuilly-Sauvigny (02) Auberge Le Relais
Rhinau (67) Au Vieux Couvent
Riquewihr (68) La Table du Gourmet
Riquewihr / Zellenberg (68) Maximilien
La Roche-l'Abeille (87) Le Moulin de la Gorce
Rodez (12) Goûts et Couleurs
Romorantin-Lanthenay (41) Grand Hôtel du Lion d'Or
Roscoff (29) Le Brittany
Rosheim (67) Hostellerie du Rosenmeer
Rostrenen (22) L'Éventail des Saveurs
Rouen (76) Origine
Rouffach (68) Philippe Bohrer
Le Rouret (06) Le Clos St-Pierre
Les Sables-d'Olonne / à l'anse de Cayola (85) Cayola
Saint-Agrève (07) Faurie
Saint-Brieuc (22) Aux Pesked
Saint-Brieuc / Sous-la-Tour (22) La Vieille Tour
Saint-Céré (46) Les Trois Soleils de Montal
Saint-Chamond (42) Les Ambassadeurs
Saint-Donat-sur-l'Herbasse (26) Chartron **N**
Saint-Florent (2B) La Roya
Saint-Jean-Cap-Ferrat (06) Grand Hôtel du Cap Ferrat
Saint-Jean-de-Luz (64) Zoko Moko **N**
Saint-Jean-Pied-de-Port (64) Les Pyrénées
Saint-Joachim (44) La Mare aux Oiseaux
Saint-Julien-en-Genevois / Bossey (74) La Ferme de l'Hospital
Saint-Malo (35) Le Chalut
Saint-Malo / Saint-Servan-sur-Mer (35) Le St-Placide
Saint-Médard (46) Gindreau
Saint-Pée-sur-Nivelle (64) L'Auberge Basque
Saint-Rémy-de-Provence (13) La Maison de Bournissac
Saint-Rémy-de-Provence (13) La Maison Jaune
Saint-Tropez (83) Villa Belrose
Sainte-Maxime (83) La Badiane
Saintes (17) La Table de Marion
Sainte-Sabine (24) Étincelles-La Gentilhommière
Sancerre (18) La Tour
Sarlat-la-Canéda (24) Le Grand Bleu
Sarreguemines (57) Auberge St-Walfrid
Saumur (49) Le Gambetta
La Saussaye (27) Manoir des Saules
Sauveterre-de-Rouergue (12) Le Sénéchal
Saverne (67) Kasbür **N**
Sens (89) La Madeleine
Sète (34) La Coquerie
Sierentz (68) Auberge St-Laurent
Sousceyrac (46) Au Déjeuner de Sousceyrac
Strasbourg (67) Au Crocodile
Strasbourg (67) Buerehiesel
Strasbourg (67) La Cambuse
Strasbourg (67) Gavroche **N**
Strasbourg (67) Girardin - La Casserole
Strasbourg (67) Umami
Strasbourg / La Wantzenau (67) Relais de la Poste
Talloires (74) L'Auberge du Père Bise
Tarare (69) Jean Brouilly

→ **N** pour « nouveau » : établissement bénéficiant d'une nouvelle distinction.
→ **N** for « *new* » : newly awarded distinction.

Tarascon (13)	Méo **N**
Terrasson-Lavilledieu (24)	L'Imaginaire
Thoiry (01)	Les Cépages
Thonon-les-Bains (74)	Le Prieuré
Toulouse (31)	Metropolitan
Toulouse (31)	Stéphane Tournié
	Les Jardins de l'Opéra
Toulouse / Aureville (31)	En Marge
Toulouse / Rouffiac-Tolosan (31)	Ô Saveurs
Le Touquet-Paris-Plage (62)	Westminster
Tournus (71)	Aux Terrasses
Tournus (71)	Greuze
Tournus (71)	Meulien **N**
Tournus (71)	Quartier Gourmand **N**
Tourrettes-sur-Loup (06)	Clovis
Tours (37)	Charles Barrier
Tours (37)	La Roche Le Roy
Tours / Rochecorbon (37)	Les Hautes Roches
Tourtour (83)	Les Chênes Verts
Trébeurden (22)	Manoir de Lan-Kerellec
Tréguier (22)	Aigue Marine
Le Tremblay-sur-Mauldre (78)	Numéro 3
Trémolat (24)	Le Vieux Logis
Vaison-la-Romaine (84)	Le Moulin à Huile
Vaison-la-Romaine / Roaix (84)	Le Grand Pré
Val-d'Isère (73)	L'Atelier d'Edmond
Val-d'Isère (73)	Les Barmes de l'Ours
Valence (26)	La Cachette
Valence (26)	Flaveurs
Valence / Pont-de-l'Isère (26)	Michel Chabran
Valenciennes (59)	Le Musigny
Valmont (76)	Le Bec au Cauchois
Vannes (56)	La Gourmandière - La Table d'Olivier
Vannes / Saint-Avé (56)	Le Pressoir
Vaux-en-Beaujolais (69)	Auberge de Clochemerle
Vence (06)	Les Bacchanales
Ventabren (13)	La Table de Ventabren
Versailles (78)	L'Angélique
Vichy (03)	Maison Decoret
Vienne / Chonas-l'Amballan (38)	Domaine de Clairefontaine
Villard-de-Lans / Corrençon-en-Vercors (38)	Le Bois Fleuri
Villefranche-sur-Saône (69)	Le Juliénas - Fabrice Roche
Villeneuve-lès-Avignon (30)	Le Prieuré
Villeneuve-sur-Lot (47)	La Table des Sens
Villers-le-Lac (25)	Le France
Viré (71)	Frédéric Carrion Cuisine Hôtel
Zoufftgen (57)	La Lorraine

LES ESPOIRS 2013 POUR ✿

→ The 2013 Rising Stars for ✿

Antibes (06)	L'Armoise
Beaune / Pommard (21)	Christophe Quéant-Château de Pommard
Briançon (05)	Le Pêché Gourmand
Chinon / Seuilly (37)	Le Plaisir Gourmand
Grenoble (38)	Sens
Strasbourg (67)	1741

→ **N** pour « nouveau » : établissement bénéficiant d'une nouvelle distinction.

→ **N** for « *new* » : newly awarded distinction.

Localités possédant au moins un établissement avec un Bib Gourmand
Steenvoorde
Coudekerque-Branche
Calais
Wierre-Effroy
Godewaersvelde
Condette
Busnes
Isbergues
Argoules
Favières
St-Jouin-Bruneval
Cherbourg-Octeville
Auderville
Le Havre
St-Valery-en-Caux
Houlgate
Clères
Lyons-la-Forêt
Dives-sur-Mer
St-Étienne-du-Vauvray
Beauvais
Tremblay-en-France
Grandcamp-Maisy
Touques
Montreuil
St-Suliac
Bayeux
La Croix-St-Leufroy
Gasny
Asnières-s-Seine
St-Lunaire
Caen
Hérouville-St-Clair
Bois-Colombes
PARIS
Trégastel
Ploubalay
Villedieu-les-Poêles
Le-Val-André
Bourth
La Garenne-Colombes
St-Thégonnec
Cesson
Cancale
Vire
Flers
Chandai
Puteaux
Guingamp
Servon
Le Pin-la-Garenne
Crozon
St-Brieuc
Juvigny-ss-Andaine
Alençon
Boulogne-Billancourt
Douarnenez
Bagnoles-de-l'Orne
Bellême
Noce
Châtillon
Ty-Sanquer
Guilliers
Rennes
Ste-Geneviève-des-Bois
Fouesnant
Pont-Scorff
Évron
Sillé-le-Guillaume
St-Mandé
Pont-Aven
Baden
La Guerche-de-Bretagne
Le Mans
Champagné
Maisons-Alfort
Port-Manech
Lorient
Coudray
Guécélard
Orléans
Lomener
Auray
Vannes
St-Herblain
Vern-d'Anjou
Quiberon
Mesquer
Luché-Pringé
Le Croisic
Nozay
Ancenis
Angers
Tours
D
Pontchâteau
Couëron
Varades
Nantes
St-Georges-des-Sept-Voies
La Bernerie-en-Retz
Vertou
Vierzon
L'Herbaudière
Geneston
Doué-la-Fontaine
Cholet
Bouin
Château-Thébaud
Thouars
St-Jean-de-Monts
Châtellerault
La Garnache
Coëx
Aizenay
Bonneuil-Matours
Les Sables-d'Olonne
Velluire
Montmorillon
Coulombiers
Coulon
La Rochelle
Chénérailles
St-Étienne-de-Fursac
Châtelaillon-Plage
Trizay
Luxé
Limoges
Le Gua
Saintes
St-Palais-sur-Mer
Cognac
La Roche-l'Abeille
Royan
Pons
Angoulême
Montgibaud
St-Ybard
Thénac
Brive-la-Gaillarde
Montendre
Périgueux
Mur-de-Barrez
Ménestérol
St-Geniès
Libourne
St-Julien-de-Lampon
Bordeaux
La Roque-Gageac
Bouliac
Domme
Coirac
Daglan
Gramat
St-Macaire
Espalion
Anglars-Juillac
Cahors
Valady
Casteljaloux
Limogne-en-Quercy
Bach
Rodez
Agen
Monteils
Bozouls
Montréal
Dunes
Villefranche-de-Rouergue
Guiche
Dax
Lannepax
Castéra-Verduzan
St-Sulpice
Réalmont
Bayonne
Pouillon
Préneron
L'Union
Les Salvages
Burlats
Biarritz
Salies-de-Béarn
Castanet-Tolosan
Puylaurens
St-Pée-s-Nivelle
Martres-Tolosane
Muret
Dourgne
Cruzy
Ossès
Tarbes
Pamiers
Conilhac-Corbières
St-Étienne-de-Baïgorry
Lorp-Sentaraille
Limoux
Bizanet
Rabat-les-Trois-Seigneurs
Cucugnan
Aulon
Tarascon-sur-Ariège
Ax-les-Thermes
Villefranche-de-Conflent
Rasiguères
Perpignan
Bib Gourmand 2013

A Alsace
Niedersteinbach
Altwiller
Reipertswiller
Graufthal
Weyersheim
Saverne
La Wantzenau
Birkenwald
Strasbourg
Natzwiller
Ottrott
Entzheim
Fouday
Barr
Saulxures
Itterswiller
Scherwiller
St-Hippolyte
Blienschwiller
Riquewihr
Sélestat
Ingersheim
Bergheim
Labaroche
Colmar
Muhlbach-sur-Munster
Eguisheim
Turckheim
Kruth
Berrwiller
Zimmerbach
B Auvergne
Vallon-en-Sully
Chevagnes
Reugny
Vichy
Orcines
La Courteix
Clermont-Ferrand
Mazaye
Bouzel
Le Mont-Dore
Sauxillanges
Boudes
Chassignolles
Vergongheon
Dunières
Beauzac
Salers
St-Flour
Saugues
St-Bonnet-le-Froid
Vic-sur-Cère
Aurillac
St-Julien-Chapteuil
Montsalvy
Pailherols
Vieillevie
Le Puy-en-Velay
Tourcoing
Liessies
Charleville-Mézières
Carignan
Laon
Ste-Menéhould
Volmunster
St-Ouen-sur-Morin
Nancy
St-Quirin
A
Nogent-sur-Seine
Rouvres-en-Xaintois
Pont-Ste-Marie
Bar-sur-Aube
Le Valtin
Gérardmer
Vagney
Col de la Schlucht
La Bresse
Le Ménil
Auxerre
Combeaufontaine
Belfort
Dijon
Saules
Ornans
C
Parcey
Valdahon
Port-Lesney
Chalon-sur-Saône
Granges-Ste-Marie
Pupillin
Jougne
Mirebel
Courlaoux
Bonlieu
Balanod
Vichy
Clermont-Ferrand
Aix-les-Bains
B
E
Grenoble
Le Puy-en-Velay
Valence
La Garde
Langogne
Montélimar
Villefort
Chabrits
Florac
Cocurès
St-Jean-du-Bruel
Méjannes-lès-Alès
Gaujac
F
Ferrières-les-Verreries
Combes
Nîmes
Vailhan
Montpellier
Nice
Aix-en-Provence
Sète
Marseille
Pézenas
Sérignan
St-André
San-Martino-di-Lota
Oletta
Soccia
Ajaccio

C Bourgogne

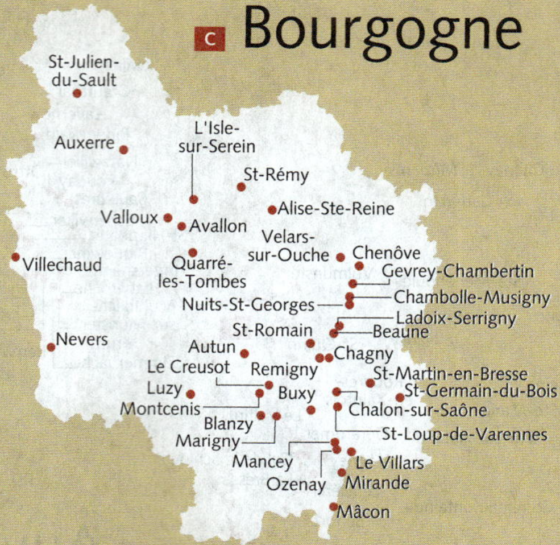

D Centre

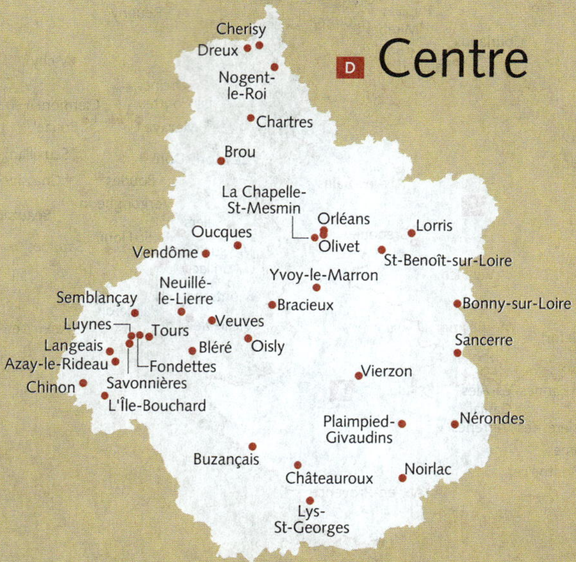

Bib Gourmand 2013

• Localités possédant au moins un établissement avec un Bib Gourmand.

E Rhône-Alpes

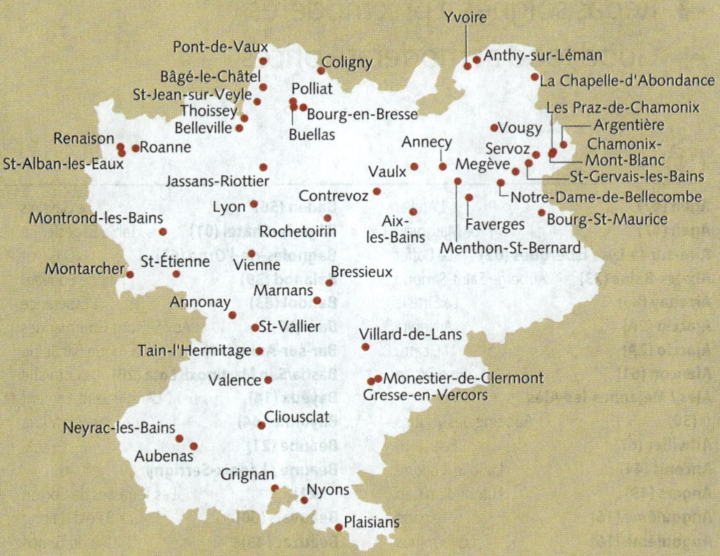

F Provence Alpes Côte d'Azur

Bib Gourmand

→ Repas soignés à prix modérés
→ Good food at moderate prices

Agen (47)	L'Atelier
Agen (47)	Le Margoton
Aire-sur-la-Lys / Isbergues (62)	Le Buffet
Aix-les-Bains (73)	Auberge Saint-Simond
Aizenay (85)	La Sittelle
Ajaccio (2A)	A Nepita
Ajaccio (2A)	U Licettu
Alençon (61)	Rive Droite
Alès / Méjannes-lès-Alès (30)	Auberge des Voutins
Altwiller (67)	L'Écluse 16
Ancenis (44)	La Toile à Beurre
Angers (49)	Autour d'un Cep
Angoulême (16)	Agape
Angoulême (16)	Le Terminus
Annecy (74)	Café Brunet
Annecy (74)	Contresens
Annecy (74)	L'Esquisse
Annonay (07)	Marc et Christine
Antibes (06)	Oscar's
Arbois / Pupillin (39)	Le Grapiot
Argentière (74)	La Remise
Argoules (80)	Auberge du Coq-en-Pâte
Asnières-sur-Seine (92)	La Petite Auberge
Aubagne (13)	Les Arômes
Aubenas (07)	Le Coyote
Aubenas (07)	M Restaurant **N**
Auderville (50)	La Malle aux Épices
Aulon (65)	Auberge des Aryelets **N**
Auray (56)	Terre-Mer
Aurillac (15)	Quatre Saisons
Autun (71)	Le Chapitre
Auxerre (89)	Le Bourgogne
Avallon (89)	Le Gourmillon **N**
Avallon / Valloux (89)	Auberge des Chenêts
Avignon (84)	L'Essentiel
Avignon (84)	Hiély-Lucullus **N**
Ax-les-Thermes (09)	Le Chalet
Azay-le-Rideau (37)	L'Aigle d'Or
Azay-le-Rideau (37)	Auberge Pom'Poire **N**
Bach (46)	Auberge «Lou Bourdié» **N**
Baden (56)	Le Gavrinis
Bâgé-le-Châtel (01)	La Table Bâgésienne
Bagnoles-de-l'Orne (61)	Ô Gayot
Balanod (39)	Philippe Bouvard
Bandol (83)	L'Espérance
Barr (67)	Aux Saisons Gourmandes
Bar-sur-Aube (10)	La Toque Baralbine
Bastia/San Martino di Lota (2B)	La Corniche
Bayeux (14)	L'Angle Saint-Laurent **N**
Bayonne (64)	François Miura
Beaune (21)	Koki
Beaune / Ladoix-Serrigny (21)	Les Terrasses de Corton
Beauvais (60)	La Baie d'Halong
Beauzac (43)	L'Air du Temps
Belfort (90)	Les Capucins **N**
Bellême (61)	Relais Saint-Louis
Bellême / Nocé (61)	Auberge des 3 J
Belleville (69)	Le Beaujolais
Belley / Contrevoz (01)	Auberge de Contrevoz
Bergheim (68)	Wistub du Sommelier
La Bernerie-en-Retz (44)	L'Artimon
Berrwiller (68)	L'Arbre Vert
Béthune / Busnes (62)	Le Jardin d'Alice
Beuil (06)	L'Escapade
Biarritz (64)	Le Clos Basque **N**
Birkenwald (67)	Au Chasseur
Bizanet (11)	La Table du Château
Bléré (37)	La Boulaye
Blienschwiller (67)	Le Pressoir de Bacchus
Bois-Colombes (92)	Le Chefson
Bonlieu (39)	La Poutre
Bonneuil-Matours (86)	Le Pavillon Bleu
Bonneville / Vougy (74)	Le Bistro du Capucin
Bonnieux (84)	L'Arôme **N**
Bonny-sur-Loire (45)	Restaurant des Voyageurs
Bordeaux (33)	L'Air de Famille **N**
Bordeaux (33)	Le Bistrot du Gabriel
Bordeaux (33)	Julien Cruège

→ **N** pour « nouveau » : établissement bénéficiant d'une nouvelle distinction.

→ **N** for « *new* » : newly awarded distinction.

Bordeaux / Bouliac (33) Café de l'Espérance
Boudes (63) Le Boudes La Vigne
Bouin (85) Le Martinet
Boulogne-Billancourt (92) Le Bistrot
Bourg-en-Bresse (01) Mets et Vins
Bourg-Saint-Maurice (73) L'Arssiban **N**
Bourth (27) Auberge Chantecler
Bouzel (63) L'Auberge du Ver Luisant
Bozouls (12) À la Route d'Argent
Bracieux (41) Le Rendez-vous des Gourmets
La Bresse (88) Le Clos des Hortensias
Bressieux (38) Auberge du Château
Briançon (05) Le Pêché Gourmand
Briançon / Puy-Saint-Pierre (05) La Maison de Catherine
Brive-la-Gaillarde (19) Bistrot Chambon **N**
Brive-la-Gaillarde (19) La Toupine
Brou (28) L'Ascalier
Buellas (01) L'Auberge Bressane de Buellas
Buxy (71) Aux Années Vins
Buzançais (36) L'Hermitage
Cabourg / Dives-sur-Mer (14) Chez le Bougnat
Caen (14) ArchiDona
Caen (14) Le Bouchon du Vaugueux
Caen (14) Café Mancel
Caen / Hérouville-Saint-Clair (14) L'Espérance
Cahors (46) La Garenne
Cahors (46) L'Ô à la Bouche
Cairanne (84) Coteaux et Fourchettes
Calais (62) Au Côte d'Argent
Calais (62) Histoire Ancienne
Cancale (35) Côté Mer
Cancale (35) La Maison de la Marine **N**
Cancale (35) Le Surcouf
Cannes (06) Aux Bons Enfants
Cannes / Le Cannet (06) Bistrot des Anges
Carignan (08) La Gourmandière
Caseneuve (84) Le Sanglier Paresseux
Casteljaloux (47) La Vieille Auberge
Castellane / La Garde (04) Auberge du Teillon
Castéra-Verduzan (32) Le Florida
Castres / Burlats (81) Le Castel de Burlats **N**
Castres / Les Salvages (81) Les Mets d'Adélaïde **N**
Caussade / Monteils (82) Le Clos Monteils
Chagny (71) Pierre et Jean
Challans / La Garnache (85) Le Petit St-Thomas
Chalon-sur-Saône (71) Auberge des Alouettes
Chalon-sur-Saône (71) Parcours
Chalon-sur-Saône / Saint-Loup-de-Varennes (71) Le Saint-Loup
Chambolle-Musigny (21) Le Millésime
Chamonix-Mont-Blanc (74) Atmosphère
Chamonix-Mont-Blanc (74) La Maison Carrier
Chamonix-Mont-Blanc / Les Praz-de-Chamonix (74) La Cabane des Praz
Champagné (72) Le Cochon d'Or
Chandai (61) L'Écuyer Normand
La Chapelle-d'Abondance (74) Les Cornettes
La Chapelle-d'Abondance (74) L'Ensoleillé
La Chapelle-d'Abondance (74) Les Gentianettes
Charleville-Mézières (08) La Table d'Arthur «R»
Chartres (28) Les Feuillantines
Chassignolles (43) Auberge de Chassignolles
Château-Arnoux-Saint-Auban (04) La Magnanerie
Château-Gontier / Coudray (53) L'Amphitryon **N**
Châteauroux (36) Jeux 2 Goûts
Châtelaillon-Plage (17) Les Flots
Châtellerault (86) Bernard Gautier
Châtillon (92) Barbezingue
Chénérailles (23) Le Coq d'Or
Cherbourg-Octeville (50) Café de Paris
Chevagnes (03) Le Goût des Choses
Chinon (37) Au Chapeau Rouge
Chinon (37) L'Océanic
Cholet (49) Le Pouce Pied
Clères (76) Auberge du Moulin
Clermont-Ferrand (63) Amphitryon Capucine
Clermont-Ferrand (63) Bath's **N**
Clermont-Ferrand (63) L'Écureuil **N**
Clermont-Ferrand / Orcines (63) Auberge de la Baraque
Cliousclat (26) La Fontaine **N**
Cliousclat (26) La Treille Muscate
Cognac (16) Le P'tit Yeuse
Coirac (33) Le Flore
Col de la Schlucht (88) Le Collet
Coligny (01) Au Petit Relais
Colmar (68) Aux Trois Poissons
Colmar (68) Chez Hansi
Colmar (68) Côté Cour
Colmar / Ingersheim (68) La Taverne Alsacienne
Combeaufontaine (70) Le Balcon
Condette (62) L'Orée du Bois **N**
Conilhac-Corbières (11) Auberge Côté Jardin

→ **N** pour « nouveau » : établissement bénéficiant d'une nouvelle distinction.
→ **N** for « *new* » : newly awarded distinction.

Cosne-Cours-sur-Loire / Villechaud (58)	Le Chat	
Coulombiers (86)	Auberge Le Centre Poitou	
Coulon (79)	Le Central	
Le Creusot (71)	Le Restaurant	
Le Creusot / Montcenis (71)	Le Montcenis	
Le Croisic (44)	Le Saint-Alys	**N**
La Croix-Saint-Leufroy (27)	Le Cheval Blanc	
Crozon (29)	Le Mutin Gourmand	
Cruzy (34)	Le Terminus	**N**
Cucugnan (11)	La Table du Curé	
Daglan (24)	Le Petit Paris	
Dax (40)	L’Amphitryon	**N**
Deauville / Touques (14)	L’Orangeraie	
Dijon / Chenôve (21)	Auberge du Clos du Roy	
Dijon / Velars-sur-Ouche (21)	L’Auberge Gourmande	
Dinard / Saint-Lunaire (35)	Le Décollé	**N**
Dole / Parcey (39)	Les Jardins Fleuris	
Domme (24)	Cabanoix et Châtaigne	**N**
Douarnenez (29)	L’Insolite	
Doué-la-Fontaine (49)	Auberge Bienvenue	
Dourgne (81)	Hostellerie de la Montagne Noire	
Draguignan (83)	Lou Galoubet	
Draguignan / Flayosc (83)	L’Oustaou	
Dreux (28)	Le Saint-Pierre	
Dreux / Cherisy (28)	Le Vallon de Chérisy	
Dunes (82)	Les Templiers	
Dunières (43)	La Tour	
Dunkerque / Coudekerque-Branche (59)	Le Soubise	
Eguisheim (68)	La Grangelière	
Eguisheim (68)	Le Pavillon Gourmand	
Espalion (12)	Le Méjane	
Évron (53)	Au Relais du Gué de Selle	
Évron (53)	La Toque des Coëvrons	
Faverges (74)	Florimont	
Favières (80)	La Clé des Champs	
Fayence (83)	La Table d’Yves	
Ferrières-les-Verreries (34)	La Cour-Mas de Baumes	
Flers (61)	Au Bout de la Rue	
Fleurville / Mirande (71)	La Marande	
Florac (48)	L’Adonis	
Florac / Cocurès (48)	La Lozerette	
Fontaine-de-Vaucluse (84)	Philip	**N**
Fontenay-le-Comte / Velluire (85)	Auberge de la Rivière	
Fouday (67)	Julien	
Fouesnant / Cap-Coz (29)	Belle-Vue	
Fouesnant / Cap-Coz (29)	La Pointe du Cap Coz	
Fréjus (83)	L’Amandier	
La Garenne-Colombes (92)	Le Saint-Joseph	
Gasny (27)	Auberge du Prieuré Normand	
Gassin (83)	La Verdoyante	
Gaujac (30)	La Maison	**N**
Geneston (44)	Le Pélican	**N**
Gérardmer (88)	L’Assiette du Coq à l’Âne	
Gevrey-Chambertin (21)	Chez Guy	
Gilette / Vescous (06)	La Capeline	
Godewaersvelde (59)	L’Estaminet du Centre	
Gramat (46)	Le Relais des Gourmands	**N**
Grandcamp-Maisy (14)	La Marée	
Gresse-en-Vercors (38)	Le Chalet	
Grignan (26)	Le Poème de Grignan	
Grimaud (83)	La Bretonnière	
Le Gua (17)	Le Moulin de Châlons	
Guécélard (72)	La Botte d’Asperges	
La Guerche-de-Bretagne (35)	La Calèche	
Guiche (64)	Le Gantxo	**N**
Guilliers (56)	Au Relais du Porhoët	
Guingamp (22)	Le Clos de la Fontaine	
Le Havre (76)	La Petite Auberge	
Houlgate (14)	L’Éden	
L’Île-Bouchard (37)	Auberge de l’Ile	**N**
Île de Noirmoutier / L’Herbaudière (85)	La Table d’Élise	
L’Isle-sur-Serein (89)	Auberge du Pot d’Étain	
Les Issambres (83)	Chante-Mer	**N**
Itterswiller (67)	Winstub Arnold	
Jassans-Riottier (01)	L’Embarcadère	
Jougne (25)	La Couronne	
Juvigny-sous-Andaine (61)	Au Bon Accueil	**N**
Kruth (68)	Les Quatre Saisons	
Labaroche (68)	La Rochette	
Lamalou-les-Bains / Combes (34)	Auberge de Combes	
Langeais (37)	Au Coin des Halles	
Langogne (48)	Domaine de Barrès	
Langon / Saint-Macaire (33)	Abricotier	
Lannepax (32)	Les Caprices d’Antan	
Laon (02)	Zorn - La Petite Auberge	**N**
Libourne (33)	Chez Servais	
Liessies (59)	Le Carillon	
Limoges (87)	La Cuisine	
Limoges (87)	Le Vanteaux	
Limogne-en-Quercy (46)	Au Rince Cochon	**N**
Limoux (11)	L’Odalisque	
Limoux (11)	Tantine et Tonton	
Lons-le-Saunier / Courlaoux (39)	L’Épicurien	
Lorient (56)	L’Alto	
Lorient (56)	Le Yachtman	
Lorris (45)	Guillaume de Lorris	
Louviers / Saint-Étienne-du-Vauvray (27)	La Ferme de la Haute Crémonville	
Le Luc (83)	Le Gourmandin	

→ **N** pour « nouveau » : établissement bénéficiant d'une nouvelle distinction.

→ **N** for « *new* » : newly awarded distinction.

Luché-Pringé (72)	Auberge du Port des Roches
Luynes (37)	Le XII de Luynes **N**
Luzy (58)	Le Morvan
Lyon (69)	L'Art et la Manière
Lyon (69)	Brasserie Léon de Lyon
Lyon (69)	Daniel et Denise
Lyon (69)	Daniel et Denise Saint-Jean **N**
Lyon (69)	Le Jean Moulin **N**
Lyon (69)	M
Lyon (69)	Mon Bistrot à Moi
Lyon (69)	Les Oliviers
Lyon (69)	L'Ouest
Lyon (69)	L'Ourson qui Boit
Lyon (69)	Palégrié **N**
Lyon (69)	Ponts et Passerelles
Lyon (69)	33 Cité
Lyons-la-Forêt (27)	Le Grand Cerf
Lys-Saint-Georges (36)	Auberge La Forge
Mâcon (71)	L'Ambroisie
Mâcon (71)	Le Poisson d'Or
Maisons-Alfort (94)	La Bourgogne
Malbuisson / Granges-Sainte-Marie (25)	Auberge du Coude
Mandelieu / La Napoule (06)	Les Bartavelles
Mandelieu / La Napoule (06)	Le Bistrot L'Étage
Manosque (04)	Sens et Saveurs
Le Mans (72)	La Réserve
Mansle / Luxé (16)	Auberge du Cheval Blanc
Marigny (71)	L'Atelier du Goût
Marnans (38)	Auberge de Marnans «Atelier Nicolas Grandclaude»
Marseille (13)	Axis **N**
Marseille (13)	La Cantinetta **N**
Marseille (13)	Le Malthazar **N**
Martigues (13)	Le Bouchon à la Mer
Martres-Tolosane (31)	Le Castet
Mazaye (63)	Auberge de Mazayes
Megève (74)	Flocons Village
Mende / Chabrits (48)	La Safranière
Menthon-Saint-Bernard (74)	Le Confidentiel
Mesquer (44)	La Vieille Forge **N**
Mirebel (39)	Mirabilis
Monestier-de-Clermont (38)	Au Sans Souci
Montarcher (42)	Le Clos Perché **N**
Montbard / Saint-Rémy (21)	La Mirabelle
Montceau-les-Mines / Blanzy (71)	Le Plessis
Le Mont-Dore (63)	La Golmotte
Montendre (17)	La Quincaillerie
Montgibaud (19)	Le Tilleul de Sully
Montmorillon (86)	Le Lucullus
Montpellier (34)	Mia **N**
Montpon-Ménestérol / Ménestérol (24)	Auberge de l'Eclade
Montréal (32)	Daubin **N**
Montreuil (93)	L'Amourette **N**
Montrond-les-Bains (42)	Carré Sud
Montsalvy (15)	L'Auberge Fleurie
Mortagne-au-Perche / Le Pin-la-Garenne (61)	La Croix d'Or
La Motte-d'Aigues (84)	Le Lac
Moustiers-Sainte-Marie (04)	La Treille Muscate
Muhlbach-sur-Munster (68)	Perle des Vosges
Mur-de-Barrez (12)	Auberge du Barrez
Muret (31)	La Villa 31
Nancy (54)	V Four
Nantes (44)	La Divate **N**
Nantes (44)	L'Océanide
Nantes / Château-Thébaud (44)	Auberge La Gaillotière
Nantes / Couëron (44)	Le François II
Nantes / Saint-Herblain (44)	Les Caudalies
Nantes / Vertou (44)	Le Laurier Fleuri **N**
Natzwiller (67)	Auberge Metzger
Nérondes (18)	Le Lion d'Or
Neuillé-le-Lierre (37)	Auberge de la Brenne
Nevers (58)	Le Bengy **N**
Neyrac-les-Bains (07)	Brioude
Nice (06)	Au Rendez-vous des Amis
Nice (06)	Bistrot d'Antoine
Niedersteinbach (67)	Au Cheval Blanc
Nîmes (30)	Aux Plaisirs des Halles
Nîmes (30)	Tendances Lisita **N**
Nogent-le-Roi (28)	Relais des Remparts
Nogent-sur-Seine (10)	Beau Rivage
Notre-Dame-de-Bellecombe (73)	La Ferme de Victorine
Nozay (44)	La Pierre Bleue **N**
Nuits-Saint-Georges (21)	La Cabotte
Nyons (26)	La Charrette Bleue **N**
Obernai / Ottrott (67)	À l'Ami Fritz
Oisly (41)	Saint-Vincent
Oletta (2B)	A Magina
Orléans (45)	La Dariole
Orléans (45)	Eugène
Orléans (45)	La Parenthèse **N**
Orléans / La Chapelle-Saint-Mesmin (45)	Côté Saveurs **N**
Orléans / Olivet (45)	La Laurendière
Ornans (25)	Le Courbet
Ornans / Saules (25)	La Griotte
Ossès (64)	La Ferme Gourmande

➔ **N** pour « nouveau » : établissement bénéficiant d'une nouvelle distinction.
➔ **N** for « *new* » : newly awarded distinction.

Oucques (41)	Le Commerce
Pailherols (15)	L'Auberge des Montagnes
Pamiers (09)	Restaurant de France
Paris 1er	La Régalade St-Honoré
Paris 1er	Zen
Paris 2e	Brasserie Gallopin **N**
Paris 2e	Café Moderne
Paris 2e	Zinc Opéra **N**
Paris 3e	Ambassade d'Auvergne
Paris 5e	Aux Verres de Contact **N**
Paris 5e	Bibimbap
Paris 5e	Bistro des Gastronomes
Paris 5e	Ribouldingue
Paris 5e	Terroir Parisien **N**
Paris 6e	La Ferrandaise
Paris 6e	Fish La Boissonnerie
Paris 6e	La Maison du Jardin
Paris 6e	La Marlotte
Paris 6e	Le Timbre
Paris 7e	L'Affriolé
Paris 7e	Au Bon Accueil
Paris 7e	Café Constant
Paris 7e	Chez les Anges
Paris 7e	Le Clos des Gourmets
Paris 7e	Les Cocottes
Paris 7e	Florimond **N**
Paris 7e	Pottoka **N**
Paris 8e	Chez Cécile - La Ferme des Mathurins **N**
Paris 8e	Pomze **N**
Paris 9e	L'Office **N**
Paris 9e	Le Pantruche
Paris 9e	Le Pré Cadet
Paris 10e	Café Panique
Paris 10e	Chez Casimir
Paris 10e	Chez Marie-Louise
Paris 10e	Zerda
Paris 11e	Auberge Pyrénées Cévennes
Paris 11e	Bistrot Paul Bert
Paris 11e	Caffé dei Cioppi
Paris 11e	Mansouria
Paris 11e	Tintilou
Paris 11e	Villaret
Paris 12e	L'Auberge Aveyronnaise
Paris 12e	Jean-Pierre Frelet
Paris 13e	Les Cailloux
Paris 13e	Impérial Choisy
Paris 13e	Lao Lane Xang 2
Paris 13e	L'Ourcine
Paris 14e	Le Bistro T
Paris 14e	La Cantine du Troquet
Paris 14e	La Cerisaie
Paris 14e	Le Cornichon **N**
Paris 14e	Kigawa
Paris 14e	L'Ordonnance
Paris 14e	La Régalade
Paris 15e	L'Atelier du Parc
Paris 15e	Beurre Noisette
Paris 15e	La Cantine du Troquet Dupleix **N**
Paris 15e	Le Caroubier
Paris 15e	Le Casse Noix
Paris 15e	L'Inattendu
Paris 15e	Stéphane Martin
Paris 15e	Le Troquet
Paris 16e	A et M Restaurant
Paris 16e	Atelier Vivanda **N**
Paris 17e	Bistro Sormani **N**
Paris 17e	Le Bouchon et l'Assiette **N**
Paris 17e	Le Clou de Fourchette **N**
Paris 17e	Le Dodin de Mark Singer **N**
Paris 17e	L'Entredgeu
Paris 17e	L'Escient **N**
Paris 17e	Graindorge
Paris 20e	Le Baratin **N**
Paris 20e	Chatomat
Périgueux (24)	Le Grain de Sel
Perpignan (66)	Les Antiquaires
Perpignan (66)	Le Garriane
La-Petite-Pierre / Graufthal (67)	Au Cheval Blanc
Pézenas (34)	L'Entre Pots
Plaimpied-Givaudins (18)	Aux Marais
Plaisians (26)	Auberge de la Clue
Pléneuf-Val-André / Le-Val-André (22)	Au Biniou
Ploemeur / Lomener (56)	Le Vivier
Ploubalay (22)	Restaurant de la Gare
Polliat (01)	Téréjina-Hôtel de la Place
Pons (17)	Restaurant de Bordeaux
Pont-Aven (29)	Sur le Pont ...
Pontchâteau (44)	Le 11 **N**
Pont-de-Vaux (01)	Le Raisin
Pontgibaud / La Courteix (63)	L'Ours des Roches
Pont-Scorff (56)	L'Art Gourmand
Port-Lesney (39)	Le Bistrot Pontarlier
Port-Manech (29)	Restaurant du Port et de l'Aven
Pouillon (40)	L'Auberge du Pas de Vent
Puteaux (92)	L'Escargot 1903 **N**
Le Puy-en-Velay (43)	Comme à la Maison
Le Puy-en-Velay (43)	Tournayre
Puylaurens (81)	Cap de Castel
Puy-l'Évêque / Anglars-Juillac (46)	Clau del Loup
Puy-Saint-Vincent (05)	La Pendine
Quarré-les-Tombes (89)	Le Morvan
Quiberon (56)	La Chaumine
Quimper / Ty-Sanquer (29)	Auberge de Ti-Coz

→ **N** pour « nouveau » : établissement bénéficiant d'une nouvelle distinction.

→ **N** for « *new* » : newly awarded distinction.

Rasiguères (66) Le Relais de Sceaury
Rayol-Canadel-sur-Mer (83) Le Relais des Maures
Réalmont (81) Les Secrets Gourmands
Reipertswiller (67) La Couronne
Remigny (71) L'Escale
Renaison (42) Jacques Cœur
Rennes (35) Le Quatre B
Reugny (03) La Table de Reugny
Rians (83) La Roquette
Riquewihr (68) Le Sarment d'Or
Roanne (42) Le Central
Roanne (42) Le Tourdion **N**
La Roche-l'Abeille (87) La Table du Moulin
La Rochelle (17) La Cuisine de Jules
Rodez (12) Les Jardins de l'Acropolis
La Roque-Gageac (24) La Belle Étoile
Roure (06) Auberge le Robur
Rouvres-en-Xaintois (88) Burnel
Royan (17) Les Filets Bleus
Les Sables-d'Olonne (85) La Pilotine
Saint-Alban-les-Eaux (42) Le Petit Prince
Saint-Amand-Montrond / Noirlac (18) Auberge de l'Abbaye de Noirlac
Saint-André (66) La Table de Cuisine
Saint-Benoît-sur-Loire (45) Grand St-Benoît
Saint-Bonnet-le-Froid (43) André Chatelard
Saint-Bonnet-le-Froid (43) Bistrot la Coulemelle
Saint-Bonnet-le-Froid (43) Le Fort du Pré
Saint-Brieuc (22) Ô Saveurs
Saint-Brieuc / Cesson (22) La Croix Blanche
Saint-Chély-d'Apcher / La Garde (48) Le Rocher Blanc
Saint-Crépin (05) Les Tables de Gaspard
Saint-Étienne (42) Insens **N**
Saint-Étienne-de-Baïgorry (64) Arcé **N**
Saint-Flour (15) Grand Hôtel de l'Étape
Saint-Geniès (24) Le Château
Saint-Georges-des-Sept-Voies (49) Auberge de la Sansonnière **N**
Saint-Germain-du-Bois (71) Hostellerie Bressane
Saint-Gervais-les-Bains (74) Le Sérac
Saint-Gilles-Croix-de-Vie / Coëx (85) Le Balata
Saint-Girons / Lorp-Sentaraille (09) La Petite Maison
Saint-Hippolyte (68) Winstub Rabseppi-Stebel
Saint-Jean-de-Monts (85) Le Petit St-Jean
Saint-Jean-du-Bruel (12) Midi-Papillon
Saint-Jean-sur-Veyle (01) Le Grand Saint Jean Baptiste
Saint-Jouin-Bruneval (76) Le Belvédère
Saint-Julien-Chapteuil (43) Vidal
Saint-Julien-de-Lampon (24) La Gabarre
Saint-Julien-du-Sault (89) Les Bons Enfants
Saint-Julien-en-Champsaur (05) Les Chenets
Saint-Mandé (94) L'Ambre d'Or
Saint-Martin-en-Bresse (71) Au Puits Enchanté
Saint-Ouen-sur-Morin (77) Auberge de la Source **N**
Saint-Palais-sur-Mer (17) Les Agapes
Saint-Palais-sur-Mer (17) Restaurant de la Plage
Saint-Pée-sur-Nivelle (64) Ttotta **N**
Saint-Quirin (57) Hostellerie du Prieuré
Saint-Raphaël / Valescure (83) Le Jardin de Sébastien
Saint-Rémy-de-Provence / Maillane (13) L'Oustalet Maïanen
Saint-Romain (21) Les Roches
Saint-Suliac (35) La Ferme du Boucanier
Saint-Sulpice (81) Auberge de la Pointe
Saint-Thégonnec (29) Auberge Saint-Thégonnec
Saint-Valery-en-Caux (76) Le Port
Saint-Vallier (26) Le Bistrot d'Albert
Sainte-Cécile-les-Vignes (84) Campagne, Vignes et Gourmandises
Sainte-Geneviève-des-Bois (91) La Table d'Antan
Sainte-Menéhould (51) Le Cheval Rouge
Saintes (17) L'Adresse
Saintes (17) Clos des Cours
Saintes / Thénac (17) L'Atelier Gourmand de Jean-Yves
Salers (15) Le Bailliage
Salies-de-Béarn (64) Restaurant des Voisins
Sancerre (18) La Pomme d'Or
Saugues (43) La Terrasse
Saulxures (67) La Belle Vue
Sauxillanges (63) Restaurant de la Mairie
Saverne (67) Le Clos de la Garenne **N**
Savonnières (37) La Maison Tourangelle
Scherwiller (67) Auberge Ramstein
Sélestat (67) La Vieille Tour
Semblançay (37) La Mère Hamard
Sérignan (34) L'Harmonie
Serre-Chevalier / Le Monêtier-les-Bains (05) La Table du Chazal
Servon (50) Auberge du Terroir
Servoz (74) Les Gorges de la Diosaz
Sète (34) Paris Méditerranée
Sillé-le-Guillaume (72) Le Bretagne

➜ **N** pour « nouveau » : établissement bénéficiant d'une nouvelle distinction.
➜ **N** for « *new* » : newly awarded distinction.

Soccia (2A) A Merendella **N**
La Souterraine / Saint-Étienne-de-Fursac (23) Nougier
Steenvoorde (59) Auprès de mon Arbre
Strasbourg (67) Le Bistrot du Boulanger **N**
Strasbourg (67) La Table de Christophe **N**
Strasbourg (67) Le Tire Bouchon **N**
Strasbourg / Entzheim (67) Steinkeller **N**
Strasbourg / La Wantzenau (67) Au Pont de l'Ill **N**
Tain-l'Hermitage (26) Le Mangevins **N**
Tain-l'Hermitage (26) Le Quai
Tarascon-sur-Ariège (09) Saveurs du Manoir
Tarascon-sur-Ariège / Rabat-les-Trois-Seigneurs (09) La Table de la Ramade
Tarbes (65) Le Petit Gourmand **N**
Tarbes (65) Trait Blanc
Tende / Casterino (06) Les Mélèzes
Le Thillot / Le Ménil (88) Les Sapins **N**
Thoissey (01) Côté Saône
Thonon-les-Bains / Anthy-sur-Léman (74) L'Auberge d'Anthy **N**
Thouars (79) Hôtellerie St-Jean **N**
Toulouse / Castanet-Tolosan (31) La Table des Merville
Toulouse / L'Union (31) La Bonne Auberge
Tourcoing (59) La Baratte
La Tour-du-Pin / Rochetoirin (38) Le Rochetoirin
Tournus / Mancey (71) Auberge du Col des Chèvres
Tournus / Ozenay (71) Le Relais d'Ozenay
Tournus / Le Villars (71) L'Auberge des Gourmets
Tours (37) L'Arche de Meslay
Tours (37) L'Arôme
Tours (37) Le Bistrot de la Tranchée
Tours (37) Casse-Cailloux
Tours (37) La Deuvalière
Tours (37) Le Saint-Honoré
Tours / Fondettes (37) Auberge de Port Vallières
Trégastel (22) Le Macareux
Tremblay-en-France (93) La Jument Verte
Trizay (17) Les Jardins du Lac
Troyes / Pont-Sainte-Marie (10) Bistrot DuPont
La Turbie (06) Café de la Fontaine
Turckheim (68) À l'Homme Sauvage
Uchaux (84) Côté Sud
Uzerche / Saint-Ybard (19) Auberge Saint-Roch
Vagney (88) Les Lilas
Vailhan (34) L'Auberge du Presbytère **N**
Vaison-la-Romaine (84) Le Brin d'Olivier
Vaison-la-Romaine / Roaix (84) Bistro Préface
Valady (12) Auberge de l'Ady
Valdahon (25) Relais de Franche Comté
Valence (26) Le 7
Vallon-en-Sully (03) Auberge des Ris **N**
Le Valtin (88) Auberge du Val Joli
Vannes (56) Le Vent d'Est
Varades (44) La Closerie des Roses
Vaulx (74) Par Monts et Par Vaulx
Venarey-les-Laumes / Alise-Sainte-Reine (21) Auberge du Cheval Blanc
Vence (06) La Litote
Vence (06) Le Vieux Couvent
Vendôme (41) Le Terre à TR
Vergongheon (43) La Petite École
Vern-d'Anjou (49) Le Pigeon Blanc
Veuves (41) L'Auberge de la Croix Blanche
Vic-Fezensac / Préneron (32) Auberge La Baquère
Vichy (03) L'Alambic
Vichy (03) La Table d'Antoine **N**
Vichy (03) La Table de Marlène
Vic-sur-Cère (15) Bel Horizon
Vic-sur-Cère / Col-de-Curebourse 15) Hostellerie Saint-Clément
Vieillevie (15) La Terrasse
Vienne (38) Saveurs du Marché
Vierzon (18) Les Petits Plats de Célestin
Villard-de-Lans (38) Les Trente Pas
Villars (84) La Table de Pablo
Villedieu-les-Poêles (50) Manoir de l'Acherie
Villefort (48) Balme
Villefranche-de-Conflent (66) Auberge Saint-Paul
Villefranche-de-Rouergue (12) Côté Saveurs
Vire (14) Manoir de la Pommeraie **N**
Volmunster (57) L'Argousier
Weyersheim (67) Auberge du Pont de la Zorn
Wierre-Effroy (62) La Ferme du Vert
Yvoire (74) Le Pré de la Cure
Yvoy-le-Marron (41) Auberge du Cheval Blanc
Zimmerbach (68) Au Raisin d'Or

➜ **N** pour « nouveau » : établissement bénéficiant d'une nouvelle distinction.
➜ **N** for « *new* » : newly awarded distinction.

Bib Hôtel

→ Bonnes nuits à petits prix en province

→ Good accommodation at moderate prices outside the Paris region

Aguessac (12)	Auberge le Rascalat
Aire-sur-l'Adour / Ségos (32)	Minvielle et les Oliviers
Aix-les-Bains (73)	Auberge St-Simond
Alençon (61)	Hôtel des Ducs
Angers (49)	Le Progrès
Argentat (19)	Sablier du Temps
Argenton-sur-Creuse (36)	Le Cheval Noir
Arles (13)	Muette **N**
Aubeterre-sur-Dronne (16)	Hostellerie du Périgord
Aubusson (23)	La Bauze
Aurec-sur-Loire (43)	Les Cèdres Bleus
Autrans (38)	Les Tilleuls
Availles-Limouzine (86)	La Chatellenie
Avallon / Pontaubert (89)	Les Fleurs **N**
Azay-le-Rideau (37)	Hôtel de Biencourt
Azay-le-Rideau (37)	Hôtel des Châteaux
Baix (07)	Les Quatre Vents
Balot (21)	Auberge de la Baume
Ban-de-Laveline (88)	Auberge Lorraine
Baratier (05)	Les Peupliers
Barr (67)	Château d'Andlau
Beaugency (45)	Sologne
Beaune / Levernois (21)	Le Parc
Beauzac (43)	L'Air du Temps
Beauzac / Bransac (43)	La Table du Barret
Bénodet (29)	Domaine de Kereven
Bergerac (24)	Europ Hôtel
Bielle (64)	L'Ayguelade
Bitche (57)	Le Strasbourg
Blienschwiller (67)	Winzenberg
Bollezeele (59)	Hostellerie St-Louis
Bonneval-sur-Arc (73)	À la Pastourelle
Bourbonne-les-Bains (52)	Hérard **N**
Bourges (18)	Le Christina
Bozouls (12)	À la Route d'Argent
Bretenoux / Port-de-Gagnac (46)	Auberge du Vieux Port
Buis-les-Baronnies (26)	Les Arcades-Le Lion d'Or
Buzançais (36)	L'Hermitage
Caen (14)	Hôtel des Quatrans
Calès (46)	Le Petit Relais
Calvinet (15)	Beauséjour
Cambo-les-Bains (64)	Ursula
Cancale (35)	Le Chatellier
Cannes (06)	Florian
Le Cergne (42)	Bel'Vue
Cernay (68)	Hostellerie d'Alsace
Chagny (71)	Hôtel de la Poste
Chamonix-Mont-Blanc / Les Tines (74)	Excelsior
Champlive (25)	Auberge du Château de Vaite
Chandolas (07)	Auberge les Murets
Châteaudun (28)	Entre Beauce et Perche
Château-Gontier / Coudray (53)	L'Amphitryon
Châtelaillon-Plage (17)	L'Acadie St-Victor
Chauvigny (86)	Lion d'Or
Cherbourg-Octeville (50)	Louvre
Chézery-Forens (01)	Commerce
Chinon (37)	Diderot
Cholet (49)	Park Hotel **N**
Colmar / Sainte-Croix-en-Plaine (68)	Au Moulin
Concarneau (29)	Hôtel des Halles
Coti-Chiavari (2A)	Le Belvédère
Coulombiers (86)	Auberge Le Centre Poitou
Coulon (79)	Le Central
La Courtine (23)	Au Petit Breuil
Crozon (29)	Hôtel de la Presqu'île
Cruis (04)	Auberge de l'Abbaye
Dambach-la-Ville (67)	Le Vignoble

→ **N** pour « nouveau » : établissement bénéficiant d'une nouvelle distinction.

→ **N** for « *new* » : newly awarded distinction.

Donzy (58)	Le Grand Monarque
Doué-la-Fontaine (49)	Auberge Bienvenue
Drusenheim (67)	Auberge du Gourmet
Entraygues-sur-Truyère / Le Fel (12)	Auberge du Fel
Erquy (22)	Beauséjour
Le Falgoux (15)	Hôtel des Voyageurs
La Ferté-Saint-Cyr (41)	Saint-Cyr
Feurs (42)	Etésia
Gérardmer (88)	Gérard d'Alsace
Gérardmer (88)	Les Reflets du Lac
Gimel-les-Cascades (19)	Hostellerie de la Vallée
Guebwiller (68)	Domaine du Lac
Guéret (23)	Auclair
Guilliers (56)	Au Relais du Porhoët
Hagetmau (40)	Le Jambon
Hesdin (62)	Trois Fontaines
Les Houches (74)	Auberge Le Montagny
Île-de-Sein (29)	Ar Men
L'Isle-d'Abeau (38)	Le Relais du Çatey
L'Isle-sur-Serein (89)	Auberge du Pot d'Étain
Jarnac / Bassac (16)	L'Essille
Jonzac / Clam (17)	Le Vieux Logis
Jougne (25)	La Couronne
Kaysersberg (68)	Constantin
Kruth (68)	Les Quatre Saisons
Lacapelle-Viescamp (15)	Hôtel du Lac
Lac Chambon (63)	Le Grillon
Laguiole (12)	Régis
Lamoura (39)	La Spatule
Lanarce (07)	Le Provence
Légny (69)	Côté Hôtel
Lembach (67)	Au Heimbach **N**
Lodève (34)	Paix
Loudéac (22)	Voyageurs
Luz-Saint-Sauveur / Esquièze-Sère (65)	Terminus
Mansle (16)	Beau Rivage
Mauriac (15)	Auv'Hôtel
Meaulne (03)	Au Cœur de Meaulne
Melle (79)	Les Glycines
Métabief (25)	Étoile des Neiges
Meyrueis (48)	Family Hôtel
Meyrueis (48)	Mont Aigoual
Mirepoix (09)	Les Minotiers
Mittelhausen (67)	À l'Étoile
Molsheim (67)	Le Bugatti
Les Molunes (39)	Le Pré Fillet
Monestier-de-Clermont (38)	Au Sans Souci
Montargis / Amilly (45)	Le Belvédère
Montauban (82)	Hôtel du Commerce
Montceau-les-Mines (71)	Nota Bene
Montélier (26)	La Martinière
Montigny-la-Resle (89)	Le Soleil d'Or
Montmelard (71)	Le St-Cyr
Montsalvy (15)	L'Auberge Fleurie
Morteau (25)	La Guimbarde
Mulhouse / Frœningen (68)	Auberge de Froeningen
Munster (68)	Deybach
Najac (12)	L'Oustal del Barry
Nantua (01)	L'Embarcadère
Natzwiller (67)	Auberge Metzger
Le Neubourg (27)	Acadine Hôtel
Neufchâteau (88)	Le Romain et H. Le Richevaux
Niedersteinbach (67)	Au Cheval Blanc
Niort (79)	Sandrina **N**
Nogent-le-Rotrou (28)	Hôtel du Perche
Nogent-le-Rotrou (28)	Sully
Nogent-sur-Seine (10)	Beau Rivage
Nontron (24)	Grand Hôtel
Le Nouvion-en-Thiérache (02)	Paix
Noyalo (56)	L'Hortensia
Oberhaslach (67)	Hostellerie St-Florent
Obersteinbach (67)	Anthon
Omonville-la-Petite (50)	Fossardière
Oyonnax / Lac Genin (01)	Auberge du Lac Genin
Pailherols (15)	L'Auberge des Montagnes
Paimpol / Ploubazlanec (22)	Les Agapanthes
Paray-le-Monial (71)	Terminus
Pau (64)	Le Bourbon
Pégomas (06)	Bosquet
Pierrefort (15)	Hôtel du Midi
Plaine-de-Walsch (57)	Étable Gourmande
Poitiers (86)	Hôtel de l'Europe
Pont-Aven (29)	Les Ajoncs d'Or
Pont-de-Vaux (01)	Les Platanes
Pont-de-Vaux (01)	Le Raisin
Pont-du-Bouchet (63)	La Crémaillère
Pont-du-Château (63)	L'Estredelle
Pont-du-Gard / Collias (30)	Le Gardon
Port-Manech (29)	Hôtel du Port et de l'Aven
Le Pouldu (29)	Le Panoramique
Quarré-les-Tombes (89)	Le Morvan
Quédillac (35)	Le Relais de la Rance
Quintin (22)	Hôtel du Commerce
Rehaupal (88)	Auberge du Haut-Jardin
Reipertswiller (67)	La Couronne
Rennes (35)	Hôtel des Lices
Ribeauvillé (68)	Cheval Blanc
Ribérac (24)	Rêv'Hôtel **N**
Rieumes (31)	Auberge les Palmiers

→ **N** pour « nouveau » : établissement bénéficiant d'une nouvelle distinction.

→ **N** for « *new* » : newly awarded distinction.

Riom-Ès-Montagnes (15)	St-Georges
La Rochette (73)	Hôtel du Parc
Romagnieu (38)	Auberge les Forges de la Massotte
Ronchamp / Le Rhien (70)	Rhien Carrer **N**
Roure (06)	Auberge le Robur
Rouvres-en-Xaintois (88)	Burnel
Royan (17)	Rêve de Sable
Les Sables-d'Olonne (85)	Antoine
Les Sables-d'Olonne (85)	Les Embruns
Saillagouse (66)	Planes (La Vieille Maison Cerdane)
Saint-Agnan (58)	La Vieille Auberge
Saint-Ambroix / Larnac (30)	Le Clos des Arts
Saint-Chély-d'Apcher / La Garde (48)	Le Rocher Blanc
Saint-Flour (15)	L'Ander
Saint-Flour (15)	Auberge de la Providence
Saint-Gervais-les-Bains / Le Fayet (74)	Hôtel des Deux Gares
Saint-Guénolé (29)	Ondines
Saint-Jean-de-Maurienne (73)	St-Georges
Saint-Jean-du-Bruel (12)	Midi-Papillon
Saint-Jean-en-Royans / Col de la Machine (26)	Hôtel du Col de la Machine
Saint-Lary (09)	Auberge de l'Isard
Saint-Malo (35)	Le Nautilus
Saint-Malo (35)	San Pedro
Saint-Rémy-de-Provence (13)	Canto Cigalo **N**
Saint-Rémy-de-Provence (13)	L'Amandière
Sainte-Menéhould (51)	Le Cheval Rouge
Saintes (17)	L'Avenue
Salins-les-Bains (39)	Charles Sander
Sand (67)	La Charrue
Sarlat-la-Canéda (24)	Le Mas de Castel
Sarlat-la-Canéda (24)	Le Mas del Pechs
Saugues (43)	La Terrasse
Saverne (67)	Le Clos de la Garenne
Scherwiller (67)	Auberge Ramstein
Sermersheim (67)	Au Relais de l'Ill
Servon (50)	Auberge du Terroir
Solignac (87)	St-Éloi
Souillac (46)	Le Quercy
Sousceyrac (46)	Au Déjeuner de Sousceyrac
Strasbourg / Entzheim (67)	Père Benoit
Sully-sur-Loire (45)	La Closeraie
Tain-l'Hermitage (26)	Les 2 Coteaux
Thann (68)	Aux Sapins
Le Thillot / Le Ménil (88)	Les Sapins
Thizy (69)	La Terrasse
Thury (21)	Manoir Bonpassage
Tournon-sur-Rhône (07)	Les Amandiers
Tours (37)	Hôtel du Manoir
Tours (37)	Ronsard
Uzès (30)	Le Patio de Violette
Valgorge (07)	Le Tanargue
Valleraugue (30)	Auberge Cévenole
Vaux-sous-Aubigny (52)	Le Vauxois
Viaduc-de-Garabit (15)	Beau Site
Vic-en-Bigorre (65)	Réverbère
Vichy (03)	Arverna
Vic-sur-Cère / Col-de-Curebourse (15)	Hostellerie Saint-Clément
Villé (67)	La Bonne Franquette
Visan (84)	Hôtel du Midi **N**
Vittel (88)	Providence
Vougeot / Gilly-lès-Cîteaux (21)	L'Orée des Vignes
Wissembourg (67)	Au Moulin de la Walk
Yvetot (76)	L'OH

→ **N** pour « nouveau » : établissement bénéficiant d'une nouvelle distinction.

→ **N** for « *new* » : newly awarded distinction.

Hébergements agréables

→ Pleasant accommodation

Antibes / Cap d'Antibes (06) Hôtel du Cap-Eden-Roc
La Baule (44) Hermitage Barrière
Beaulieu-sur-Mer (06) La Réserve de Beaulieu et Spa
Biarritz (64) Hôtel du Palais
Cannes (06) Inter Continental Carlton
Cannes (06) Majestic Barrière
Cannes (06) Martinez
Courchevel / Courchevel 1850 (73) Les Airelles
Courchevel / Courchevel 1850 (73) Cheval Blanc
Courchevel / Courchevel 1850 (73) Le K 2
Deauville (14) Normandy-Barrière
Deauville (14) Royal-Barrière
Évian-les-Bains (74) Royal
Monte-Carlo (MC) Hermitage
Monte-Carlo (MC) Hôtel de Paris
Nice (06) Negresco
Paris 1er Mandarin Oriental
Paris 1er Le Meurice
Paris 8e Le Bristol
Paris 8e Four Seasons George V
Paris 8e Plaza Athénée
Paris 8e Le Royal Monceau
Paris 16e Raphael
Paris 16e Shangri-La
Saint-Jean-Cap-Ferrat (06) Grand Hôtel du Cap Ferrat
Saint-Tropez (83) Byblos
Saint-Tropez (83) Château de la Messardière
Tourrettes (83) Terre Blanche Hôtel Spa Golf Resort

Aix-en-Provence (13) Villa Gallici
Antibes / Cap d'Antibes (06) Cap d'Antibes Beach Hôtel
Antibes / Cap d'Antibes (06) Impérial Garoupe
Avallon / Vault-de-Lugny (89) Château de Vault de Lugny
Avignon (84) La Mirande
Bagnols (69) Château de Bagnols
Beaune (21) Le Cep
Beaune / Levernois (21) Hostellerie de Levernois
Belle-Ile / Port-Goulphar (56) Castel Clara
Béthune / Busnes (62) Le Château de Beaulieu
Les Bézards (45) Auberge des Templiers
Bidarray (64) Ostapé
Billiers (56) Domaine de Rochevilaine
Bordeaux (33) Grand Hôtel de Bordeaux et Spa
Bordeaux / Martillac (33) Les Sources de Caudalie
Briollay (49) Château de Noirieux
Brive-la-Gaillarde / Varetz (19) Château de Castel Novel
Cahors / Mercuès (46) Château de Mercuès
Calvi (2B) La Villa
Cannes (06) Five Hotel et Spa
Carcassonne (11) Hôtel de La Cité
Le Castellet / Circuit Paul Ricard (83) Hôtel du Castellet
Cavalière (83) Le Club de Cavalière et Spa
Chamonix-Mont-Blanc (74) Hameau Albert 1er
Chantilly (60) Auberge du Jeu de Paume
La Chapelle-en-Serval (60) Mont Royal
Colroy-la-Roche (67) Hostellerie La Cheneaudière
Courchevel / Courchevel 1850 (73) Amanresorts Le Mélézin
Courchevel / Courchevel 1850 (73) Le Kilimandjaro
Courchevel / Courchevel 1850 (73) Le Lana
Courchevel / Courchevel 1850 (73) Le Strato

Crozet (01)	Jiva Hill Park Hôtel
Curzay-sur-Vonne (86)	Château de Curzay
Dinard (35)	Grand Hôtel Barrière de Dinard
Divonne-les-Bains (01)	Le Grand Hôtel
Eugénie-les-Bains (40)	Les Prés d'Eugénie
Évian-les-Bains (74)	Ermitage
Èze (06)	Château de la Chèvre d'Or
Èze-Bord-de-Mer (06)	Cap Estel
Forcalquier / Mane (04)	Couvent des Minimes
Gargas (84)	Domaine de la Coquillade
Gordes (84)	La Bastide de Gordes et Spa
Grasse (06)	La Bastide St-Antoine
Honfleur (14)	La Ferme St-Siméon
Île de Ré / La Flotte (17)	Richelieu
Joigny (89)	La Côte St-Jacques
Juan-les-Pins (06)	Juana
Lacave (46)	Château de la Treyne
Ligny-en-Cambrésis (59)	Château de Ligny
Lille (59)	Barrière Lille
Lille (59)	L'Hermitage Gantois
Luynes (37)	Domaine de Beauvois
Lyon (69)	Cour des Loges
Lyon (69)	Villa Florentine
Lyon / Charbonnières-les-Bains (69)	Le Pavillon de la Rotonde
Megève (74)	Le Fer à Cheval
Megève (74)	Les Fermes de Marie
Megève (74)	Lodge Park
Mirambeau (17)	Château de Mirambeau
Monestier (24)	Château des Vigiers
Montbazon (37)	Château d'Artigny
Monte-Carlo (MC)	Métropole
Monte-Carlo (MC)	Monte Carlo Bay Hotel and Resort
Monte-Carlo / Monte-Carlo-Beach (MC)	Monte-Carlo Beach Hôtel
Montpellier / Castelnau-le-Lez (34)	Domaine de Verchant
Mougins (06)	Le Mas Candille
Obernai (67)	Le Parc
Onzain (41)	Domaine des Hauts de Loire
Paris 1er	Le Burgundy
Paris 1er	Costes
Paris 3e	Pavillon de la Reine
Paris 8e	Champs-Élysées Plaza
Paris 8e	Fouquet's Barrière
Paris 8e	Lancaster
Paris 9e	Scribe
Paris 16e	St-James Paris
Perros-Guirec (22)	L'Agapa
Porticcio (2A)	Le Maquis
Porto-Vecchio (2A)	Casadelmar
Porto-Vecchio (2A)	Don Cesar
Porto-Vecchio (2A)	Grand Hôtel de Cala Rossa
Puymirol (47)	Michel Trama
Quiberon (56)	Sofitel Diététique
Quiberon (56)	Sofitel Thalassa
Ramatuelle (83)	La Réserve Ramatuelle
Reims (51)	Château Les Crayères
Roanne (42)	Troisgros
Saint-Émilion (33)	Hostellerie de Plaisance
Saint-Jean-Cap-Ferrat (06)	Royal Riviera
Saint-Jean-Cap-Ferrat (06)	La Voile d'Or
Saint-Tropez (83)	La Bastide de St-Tropez
Saint-Tropez (83)	Résidence de la Pinède
Saint-Tropez (83)	Sezz
Saint-Tropez (83)	Villa Belrose
Saint-Tropez (83)	Villa Marie
Saulieu (21)	Le Relais Bernard Loiseau
Strasbourg (67)	Régent Petite France
Talloires (74)	L'Auberge du Père Bise
Le Touquet-Paris-Plage (62)	Westminster
Valence (26)	Pic
Val-Thorens (73)	Altapura
Versailles (78)	Trianon Palace
Vienne (38)	La Pyramide
Villeneuve-lès-Avignon (30)	Le Prieuré
Vonnas (01)	Georges Blanc
Vougeot / Gilly-lès-Cîteaux (21)	Château de Gilly

Aigues-Mortes (30)	Villa Mazarin
Aillant-sur-Tholon (89)	Domaine du Roncemay
Aix-en-Provence (13)	Le Pigonnet
Ajaccio (2A)	Dolce Vita
Ajaccio (2A)	Palazzu U Domu
Albi (81)	La Réserve
Alpe-d'Huez (38)	Au Chamois d'Or
Amboise (37)	Le Choiseul
Amboise (37)	Le Manoir Les Minimes
Amboise / Saint-Règle (37)	Château des Arpentis
Amiens (80)	Marotte
Annesse-et-Beaulieu (24)	Château de Lalande
Arles (13)	L'Hôtel Particulier
Avignon / Le Pontet (84)	Auberge de Cassagne et Spa
Bagnoles-de-l'Orne (61)	Le Manoir du Lys
Bagnols-sur-Cèze (30)	Château de Montcaud

Bandol (83) — Île Rousse
Barbizon (77) — Hôtellerie du Bas-Bréau
Barbotan-les-Thermes (32) — La Bastide
Barneville-Carteret / Carteret (50) — La Marine
La Baule (44) — Castel Marie-Louise
Les Baux-de-Provence (13) — La Cabro d'Or
Bayeux (14) — Château de Sully
Bayeux / Audrieu (14) — Château d'Audrieu
Beaune (21) — L'Hôtel
Bélesta (66) — Riberach
Belleville / Pizay (69) — Château de Pizay
Bénodet / Sainte-Marine (29) — Villa Tri Men
Bergerac / Saint-Nexans (24) — La Chartreuse du Bignac
Besançon (25) — Le Sauvage
Béthune / Gosnay (62) — La Chartreuse du Val St-Esprit
Biarritz (64) — Beaumanoir
Biarritz / Lac de Brindos (64) — Château de Brindos
Bidart (64) — Hostellerie des Frères Ibarboure
Bonifacio (2A) — U Capu Biancu
Bonnieux (84) — La Bastide de Capelongue
Bordeaux / Bouliac (33) — Le Saint-James
Boulogne-sur-Mer (62) — La Matelote
Le-Bourget-du-Lac (73) — Ombremont
Brantôme (24) — Le Moulin de l'Abbaye
Brantôme / Champagnac-de-Belair (24) — Le Moulin du Roc
La Bussière-sur-Ouche (21) — Abbaye de la Bussière
La Cadière-d'Azur (83) — Hostellerie Bérard
Callas (83) — Hostellerie Les Gorges de Pennafort
Calvi (2B) — La Signoria
Cancale (35) — Les Maisons de Bricourt
Carantec (29) — Hôtel de Carantec
Carcassonne (11) — 111
Carcassonne (11) — Domaine d'Auriac
Carpentras / Mazan (84) — Château de Mazan
Les Carroz-d'Arâches (74) — Les Servages d'Armelle
Cassel (59) — Châtellerie de Schoebeque
La Celle (83) — Hostellerie de l'Abbaye de la Celle
Cergy-Pontoise / Méry-sur-Oise (95) — Château de Méry
Chagny (71) — Maison Lameloise
Chambolle-Musigny (21) — Château André Ziltener
Chambretaud (85) — Château du Boisniard
Chamonix-Mont-Blanc (74) — Grand Hôtel des Alpes
Château-Arnoux-Saint-Auban (04) — La Bonne Étape
Chenonceaux (37) — Auberge du Bon Laboureur
La Clusaz (74) — Au Cœur du Village
Cognac (16) — Château de l'Yeuse
Coise-Saint-Jean-Pied-Gauthier (73) — Château de la Tour du Puits
La Colle-sur-Loup (06) — Alain Llorca
Colmar (68) — Les Têtes
Colombey-les-Deux-Églises (52) — Hostellerie la Montagne
Condrieu (69) — Hôtellerie Beau Rivage
Connelles (27) — Le Moulin de Connelles
Cordon (74) — Le Cerf Amoureux
Cordon (74) — Les Roches Fleuries
Courcelles-sur-Vesle (02) — Château de Courcelles
Courchevel / Courchevel 1850 (73) — La Sivolière
Crillon-le-Brave (84) — Crillon le Brave
Le Croisic (44) — Le Fort de l'Océan
La Croix-Valmer / Gigaro (83) — Château de Valmer
Cruseilles (74) — Domaine du Château des Avenières
Deauville (14) — Les Manoirs de Tourgéville
Les Deux-Alpes (38) — Chalet Mounier
Dinard (35) — Royale Emeraude
Épernay / Champillon (51) — Royal Champagne
Épernay / Vinay (51) — Hostellerie La Briqueterie
Èze (06) — Château Eza
Fère-en-Tardenois (02) — Château de Fère
Fouday (67) — Julien
Gérardmer (88) — Le Manoir au Lac
Gérardmer / Bas-Rupts (88) — Les Bas-Rupts
Les Gets (74) — Labrador
Gordes (84) — Les Bories et Spa
Le Grau-du-Roi / Port-Camargue (30) — Spinaker
Gray / Rigny (70) — Château de Rigny
Grenoble (38) — Le Grand Hôtel
Gressy (77) — Le Manoir de Gressy
Guidel (56) — Le Domaine de Kerbastic
Hennebont (56) — Château de Locguénolé
Honfleur / Cricquebœuf (14) — Manoir de la Poterie et Spa
Hossegor (40) — Les Hortensias du Lac
Igé (71) — Château d'Igé
Ile de Bendor (83) — Delos
Ile de Porquerolles (83) — Le Mas du Langoustier
Île de Ré / Saint-Martin-de-Ré (17) — Hôtel de Toiras
Ile d'Oléron / Dolus-d'Oléron (17) — Le Grand Large
Joucas (84) — Hostellerie Le Phébus et Spa
Juan-les-Pins (06) — Belles Rives
Jumièges (76) — Domaine Le Clos des Fontaines
Jungholtz (68) — Les Violettes

Lacave (46) Pont de l'Ouysse
Laguiole (12) Bras
Langeais / Saint-Patrice (37) Château de Rochecotte
Lezoux / Bort-l'Étang (63) Château de Codignat
Limoges / Saint-Martin-du-Fault (87) Chapelle St-Martin
Locquirec (29) Le Grand Hôtel des Bains
Lorgues (83) Château de Berne
Lunéville (54) Château d'Adoménil
Lyon (69) Le Royal Lyon
Magescq (40) Relais de la Poste
La Malène (48) Château de la Caze
Manigod (74) Chalet Hôtel Croix-Fry
Marlenheim (67) Le Cerf
Marseille (13) Le Petit Nice
Massignac (16) Domaine des Étangs
Megève (74) Alpaga
Megève (74) Chalet du Mont d'Arbois
Megève (74) Chalet St-Georges
Megève (74) Mont-Blanc
Méribel (73) Allodis
Méribel (73) Le Grand Cœur et Spa
Méribel (73) L'Hélios
Meursault (21) Château de Cîteaux-La Cueillette
Mirepoix (09) Relais Royal
Missillac (44) La Bretesche
Moëlan-sur-Mer (29) Manoir de Kertalg
Moissac (82) Le Manoir St-Jean
Molitg-les-Bains (66) Château de Riell
Montbazon (37) Domaine de la Tortinière
Montélimar (26) Le Domaine du Colombier
Montreuil (62) Château de Montreuil
Montreuil / La Madelaine-sous-Montreuil (62) La Grenouillère
Mougins (06) Hôtel de Mougins
Moustiers-Sainte-Marie (04) La Bastide de Moustiers
Nans-les-Pins (83) Domaine de Châteauneuf
Nice (06) La Pérouse
Nieuil (16) Château de Nieuil
Nîmes (30) Jardins Secrets
Niort (79) La Chamoiserie
Noizay (37) Château de Noizay
Obernai (67) À la Cour d'Alsace
Obernai / Ottrott (67) Hostellerie des Châteaux
Oletta (2B) U Palazzu Serenu
Olmeto (2A) Marinca
Paris 6e L'Abbaye
Paris 6e Esprit St-Germain
Paris 6e L'Hôtel
Paris 6e Relais Christine
Paris 6e Relais St-Germain
Paris 7e Duc de St-Simon
Paris 8e Hôtel de Sers
Paris 8e Intercontinental Avenue Marceau
Paris 8e La Maison Champs-Élysées
Paris 9e Banke
Paris 11e Les Jardins du Marais
Paris 16e Dokhan's Radisson Blu
Paris 16e Keppler
Paris 16e Sezz
Paris 16e Square
Paris 17e Mac Mahon
Paris 17e Regent's Garden
Paris 18e Kube
Pauillac (33) Château Cordeillan Bages
Pérouges (01) Ostellerie du Vieux Pérouges
La Plaine-sur-Mer (44) Anne de Bretagne
Pons / Mosnac (17) Moulin du Val de Seugne
Pont-du-Gard / Castillon-du-Gard (30) Le Vieux Castillon
Pont-du-Gard / Collias (30) Hostellerie Le Castellas
Pornichet (44) Sud Bretagne
Port-en-Bessin (14) La Chenevière
Port-Lesney (39) Château de Germigney
Porto-Vecchio (2A) La Plage Casadelmar
Propriano (2A) Miramar Boutique Hôtel
Rayol-Canadel-sur-Mer (83) Le Bailli de Suffren
Reims (51) L'Assiette Champenoise
Ribeauvillé (68) Le Clos St-Vincent
Rodez (12) Ferme de Bourran
Roscoff (29) Le Brittany
Royat (63) Princesse Flore
Saint-Arcons-d'Allier (43) Les Deux Abbesses
Saint-Émilion (33) Château Grand Barrail
Saint-Florent (2B) Demeure Loredana
Saint-Florent (2B) La Dimora
Saint-Germain-en-Laye (78) La Forestière
Saint-Germain-en-Laye (78) Pavillon Henri IV
Saint-Jean-de-Luz (64) Grand Hôtel Loreamar Thalasso et Spa
Saint-Jean-de-Luz (64) Parc Victoria
Saint-Jean-de-Luz (64) Zazpi
Saint-Malo (35) Le Nouveau Monde
Saint-Omer / Tilques (62) Château Tilques
Saint-Paul (06) La Colombe d'Or
Saint-Paul (06) Le Mas de Pierre
Saint-Paul (06) Le Saint-Paul
Saint-Paul-Trois-Châteaux (26) Villa Augusta
Saint-Rémy-de-Provence (13) Le Château des Alpilles
Saint-Rémy-de-Provence (13) Château de Roussan

Saint-Rémy-de-Provence (13) Hostellerie du Vallon de Valrugues
Saint-Rémy-de-Provence (13) Hôtel de l'Image
Saint-Tropez (83) La Ferme d'Augustin
Saint-Tropez (83) Kube
Saint-Tropez (83) Mas de Chastelas
Saint-Tropez (83) Muse
Saint-Tropez (83) Pan Deï Palais
Saint-Tropez (83) La Tartane Saint-Amour
Saint-Tropez (83) Villa Cosy
Saint-Tropez (83) Le Yaca
Saint-Valery-sur-Somme (80) Les Corderies
Sainte-Anne-la-Palud (29) La Plage
Sainte-Lucie-de-Porto-Vecchio (2A) Le Pinarello
Sainte-Preuve (02) Domaine du Château de Barive
Saintes (17) Relais du Bois St-Georges
Saintes-Maries-de-la-Mer (13) Mas de la Fouque
Salon-de-Provence (13) Abbaye de Sainte-Croix
Le Sambuc (13) Le Mas de Peint
Sanary-sur-Mer (83) Hostellerie La Farandole
Sarlat-la-Canéda (24) Clos La Boëtie
Saumur (49) Château de Verrières
Saumur / Chênehutte-les-Tuffeaux (49) Le Prieuré
La Saussaye (27) Manoir des Saules
Sélestat (67) Hostellerie Abbaye de la Pommeraie
Strasbourg (67) Le Bouclier d'Or
Strasbourg (67) Cour du Corbeau
Strasbourg (67) Régent Contades
Strasbourg / Plobsheim (67) Le Kempferhof
Tarbes (65) Le Rex Hôtel
Théoule-sur-Mer / Miramar (06) Tiara Yaktsa
Thuret (63) Château la Canière
Tournus (71) Hôtel de Greuze
Tours (37) Château Belmont
Tours / Joué-lès-Tours (37) Château de Beaulieu
Tours / Rochecorbon (37) Les Hautes Roches
Tourtour (83) La Bastide de Tourtour
Trébeurden (22) Manoir de Lan-Kerellec
Trébeurden (22) Ti al Lannec
Trégunc (29) Auberge Les Grandes Roches
Trémolat (24) Le Vieux Logis
Trigance (83) Château de Trigance
Troyes (10) Le Champ des Oiseaux
Troyes (10) La Maison de Rhodes
Uriage-les-Bains (38) Grand Hôtel
Verdun / Les Monthairons (55) Hostellerie du Château des Monthairons
Verneuil-sur-Avre (27) Le Clos
Vézelay / Saint-Père (89) L'Espérance
Ville-d'Avray (92) Les Étangs de Corot
Villiers-le-Mahieu (78) Château de Villiers-le-Mahieu
Ygrande (03) Château d'Ygrande

Aix-en-Provence (13) Cézanne
Ajaccio (2A) Les Mouettes
Alençon / Saint-Paterne (72) Château de St-Paterne
Alleyras (43) Haut-Allier
Amboise (37) Château de Pray
Anduze / Tornac (30) Le Ranquet
Arcachon (33) Ville d'Hiver
Argelès-sur-Mer (66) Auberge du Roua
Argenton-sur-Creuse / Bouesse (36) Château de Bouesse
Arles (13) Cloître
Auch (32) Château les Charmettes
Auxerre (89) Le Parc des Maréchaux
Bagnoles-de-l'Orne (61) Bois Joli
Barcelonnette / Jausiers (04) Villa Morelia
Barneville-Carteret / Carteret (50) Hôtel Des Ormes
La Baule (44) Brittany
Les Baux-de-Provence (13) Mas de l'Oulivié
Beaune / Challanges (21) Château de Challanges
Beaune / Montagny-lès-Beaune (21) Le Clos
Beaune / Savigny-lès-Beaune (21) Le Hameau de Barboron
Beaurepaire (85) Château de la Richerie
Bédarieux / Hérépian (34) Le Couvent d'Hérépian
Belle-Ile / Bangor (56) La Désirade
Belvès (24) Clément V
Bermicourt (62) La Cour de Rémi
Biarritz (64) Le Château du Clair de Lune
Biarritz (64) Silhouette
Bidart (64) Villa L'Arche
Bize-Minervois (11) La Bastide Cabezac
Bonifacio (2A) A Cheda
Bonifacio (2A) Genovese
Bonnat (23) L'Orangerie
Bormes-les-Mimosas (83) Le Domaine du Mirage
Le Boulou (66) Relais des Chartreuses
Bourbon-l'Archambault (03) Grand Hôtel Montespan-Talleyrand

Bourges (18) Hôtel d'Angleterre
Bourges (18) Villa C
Brantôme (24) Moulin de Vigonac
Brantôme / Bourdeilles (24) Hostellerie Les Griffons
Cambremer (14) Château Les Bruyères
Canet-en-Roussillon / Canet-Plage (66) Le Mas de la Plage
Cangey (37) Le Fleuray
Carcassonne (11) Hôtel du Château
Carsac-Aillac (24) La Villa Romaine
Céret (66) Le Mas Trilles
Chablis (89) Hostellerie des Clos
Chablis (89) Hôtel du Vieux Moulin
Chamonix-Mont-Blanc / Le Lavancher (74) Les Chalets de Philippe
Charleville-Mézières (08) Le Dormeur du Val
Charolles (71) Hôtel de la Poste
Châteaudun / Flacey (28) Domaine de Moresville
Châtillon-sur-Chalaronne (01) La Tour
La Clusaz (74) Les Chalets de la Serraz
Concarneau (29) Sables Blancs
Conques (12) Hervé Busset
Crépon (14) Ferme de la Rançonnière
Deauville (14) 81 L'Hôtel
Dinard (35) Villa Reine Hortense
Dirac (16) Domaine du Châtelard
Duingt (74) Clos Marcel
Épernay (51) Jean Moët
Épernay (51) La Villa Eugène
Erbalunga (2B) Castel'Brando
Eugénie-les-Bains (40) La Maison Rose
Fayence (83) Moulin de la Camandoule
Fontaine-de-Vaucluse (84) Hôtel du Poète
Forcalquier (04) La Bastide Saint Georges
Fréjus (83) L'Aréna
La Gacilly (56) Grée des Landes
Gensac (33) Château de Sanse
Gex / Échenevex (01) Auberge des Chasseurs
Giromagny (90) Le Saut de la Truite
Goumois (25) Taillard
Grignan (26) Le Clair de la Plume
Grimaud (83) Le Verger Maelvi
Guéthary (64) Villa Catarie
Guingamp (22) La Demeure
Gundershoffen (67) Le Moulin
Hardelot-Plage (62) Les Jardins d'Hardelot
Hauteluce (73) La Ferme du Chozal
Le Havre (76) Vent d'Ouest
Hesdin / Gouy-Saint-André (62) Le Clos de la Prairie
Honfleur (14) Absinthe
Honfleur (14) La Chaumière
Honfleur (14) L'Écrin
Honfleur (14) La Maison de Lucie
Honfleur (14) Les Maisons de Léa
Honfleur / Barneville-la-Bertran (14) Auberge de la Source
Ile de Port-Cros (83) Le Manoir
Île de Ré / Saint-Martin-de-Ré (17) La Baronnie Hôtel et Spa
Île de Ré / Saint-Martin-de-Ré (17) Clos St-Martin
L'Île-Rousse (2B) Palazzu Pigna
Juan-les-Pins (06) Ste-Valérie
Juan-les-Pins (06) La Villa
Lacabarède (81) Demeure de Flore
Lapoutroie (68) Les Alisiers
Le Lavandou (83) Baptistin
Levie (2A) A Pignata
Limoux (11) Grand Hôtel Moderne et Pigeon
Lyons-la-Forêt (27) La Licorne
Maisonnais (18) La Maison d'Orsan
Marsolan (32) Lous Grits
Martel (46) Relais Ste-Anne
Maussane-les-Alpilles / Paradou (13) Du Côté des Olivades
Mauzac-et-Saint-Meyme-de-Rozens (24) La Métairie
Megève (74) Au Coin du Feu
Mende (48) Hôtel De France
Ménerbes (84) La Bastide de Marie
Méribel (73) Le Savoy
Meyronne (46) La Terrasse
Moëlan-sur-Mer (29) Les Moulins du Duc
Monpazier (24) Edward 1er
Montpellier (34) Aragon
Montsoreau (49) La Marine de Loire
Morzine (74) Bergerie
Moudeyres (43) Le Pré Bossu
Nancy (54) Hôtel d'Haussonville
Nantes (44) Sozo Hotel
Nîmes (30) La Maison de Sophie
Nitry (89) Auberge La Beursaudière
Obernai / Ottrott (67) À l'Ami Fritz
Oradour-sur-Vayres (87) La Bergerie des Chapelles
Orgon (13) Le Mas de la Rose
Osthouse (67) À la Ferme
Paris 1er Le Pradey
Paris 1er Thérèse
Paris 2e Hôtel de Noailles
Paris 2e La Maison Favart
Paris 3e Jules et Jim
Paris 3e Le Petit Moulin
Paris 4e Bourg Tibourg
Paris 5e Seven
Paris 6e La Belle Juliette
Paris 6e Odéon St-Germain
Paris 6e Récamier
Paris 7e Le Bellechasse
Paris 8e Le A
Paris 8e Le 123
Paris 8e Chambiges Élysées
Paris 8e Cristal
Paris 8e François 1er
Paris 8e Hôtel du Ministère

Paris 8e Le Mathurin
Paris 8e Pershing Hall
Paris 9e Athénée
Paris 9e Secret de Paris
Paris 11e Gabriel
Paris 15e Ares
Paris 15e Platine
Paris 15e Vice Versa
Paris 17e L'Edmond
Paris 17e Hidden
Paris 17e Hôtel de Banville
Paris 17e Les Jardins de la Villa
Paris 18e L'Hôtel Particulier Montmartre
Paris 20e Mama Shelter
Peillon (06) Auberge de la Madone
Perpignan (66) La Fauceille
Perros-Guirec (22) Le Manoir du Sphinx
Perros-Guirec / Ploumanach (22) Castel Beau Site
Petit-Bersac (24) Château Le Mas de Montet
La Plagne / Plagne-Bellecôte (73) Carlina
Plougrescant (22) Manoir de Kergrec'h
Pont-Audemer (27) Belle Isle sur Risle
Le Pradet / Les Oursinières (83) L'Escapade
Le Puy-en-Velay (43) Hôtel du Parc
Pyla-sur-Mer (33) La Co(o)rniche
Quimper (29) Manoir-Hôtel des Indes
Ramatuelle (83) La Bastide de Ramatuelle
Ramatuelle (83) La Vigne de Ramatuelle
Rennes (35) Le Coq-Gadby
Rennes / Saint-Grégoire (35) Les Patios
Les Riceys (10) Marius
Rocamadour (46) Les Vieilles Tours
La Rochelle (17) La Monnaie
Rodez (12) Château de Labro
Romans-sur-Isère (26) L'Orée du Parc
Roscoff (29) Le Temps de Vivre
Le Rouret (06) Hôtel du Clos
Roussillon (84) Le Clos de la Glycine
Sabres (40) Auberge des Pins
Saint-Affrique-les-Montagnes (81) Domaine de Rasigous
Saint-Amour-Bellevue (71) Auberge du Paradis
Saint-Bernard (01) Le Clos du Chêne
Saint-Cirq-Lapopie / Tour-de-Faure (46) Le Saint Cirq
Saint-Étienne-de-Baïgorry (64) Arcé
Saint-Jean-de-Luz (64) La Devinière
Saint-Laurent-des-Arbres (30) Le Saint-Laurent
Saint-Paul (06) La Grande Bastide
Saint-Paul (06) Le Hameau
Saint-Rémy-de-Provence (13) Gounod
Saint-Rémy-de-Provence (13) La Maison de Bournissac
Saint-Saud-Lacoussière (24) Hostellerie St-Jacques
Saint-Tropez (83) Benkiraï
Saint-Tropez (83) Pastis
Saint-Tropez (83) Le Pré de la Mer
Saint-Valery-sur-Somme (80) Les Pilotes
Sainte-Anne-d'Auray (56) L'Auberge
Salers (15) Le Bailliage
Salers / Le Theil (15) Hostellerie de la Maronne
Sare (64) Arraya
Saulxures (67) La Belle Vue
Saumur (49) St-Pierre
Sauternes (33) Relais du Château d'Arche
Sauveterre (30) Château de Varenne
Sélestat / Rathsamhausen (67) Les Prés d'Ondine
Sélestat / Le Schnellenbuhl (67) Hôtel de l'Illwald
La Souterraine (23) Château de la Cazine
Toulouse (31) Garonne
Toulouse (31) Le Grand Balcon
Tournus / Brancion (71) La Montagne de Brancion
La Trinité-sur-Mer (56) Le Lodge Kerisper
Troyes (10) Le Relais St-Jean
Turquant (49) Demeure de la Vignole
Uchaux (84) Château de Massillan
Uzès (30) Hostellerie Provençale
Valaurie (26) Le Moulin de Valaurie
Valenciennes (59) Auberge du Bon Fermier
Vannes (56) Villa Kerasy
Vannes / Arradon (56) Le Parc er Gréo
Villeneuve-lès-Avignon (30) La Suite
Villiers-sur-Marne (52) La Source Bleue
Viré (71) Frédéric Carrion Cuisine Hôtel
Williers (08) Chez Odette
Yvoire (74) Villa Cécile

Avensan (33) Le Clos de Meyre
Bastelica (2A) Artemisia
Biarritz (64) Maison Garnier
Bonnieux (84) Le Clos du Buis
Bormes-les-Mimosas (83) Hostellerie du Cigalou
Boulbon (13) La Bastide de Boulbon
Briançon (05) La Chaussée
Cancale (35) Auberge de la Motte Jean
Cauterets (65) Lion d'Or
Clermont-l'Hérault / Saint-Saturnin-de-Lucian (34) Hôtel du Mimosa

Cliousclat (26)	La Treille Muscate
Cluses (74)	La Ferme du Lac
Colmar (68)	Hôtel Quatorze
Crest-Voland (73)	Le Caprice des Neiges
Cuq-Toulza (81)	Cuq en Terrasses
Deauville (14)	Villa Joséphine
Douarnenez / Tréboul (29)	Ty Mad
Épernay / Avize (51)	Les Avisés
Eygalières (13)	Mas dou Pastré
Florac / Cocurès (48)	La Lozerette
Forcalquier (04)	Auberge Charembeau
La Garde-Guérin (48)	Auberge Régordane
Gérardmer / Bas-Rupts (88)	Auberge de la Poulcière
Gordes (84)	La Ferme de la Huppe
Le Grand-Bornand / Le Chinaillon (74)	Les Cimes
Graveson (13)	Le Cadran Solaire
Île de Ré / Ars-en-Ré (17)	Le Sénéchal
Île de Ré / Saint-Martin-de-Ré (17)	La Maison Douce
L'Isle-sur-la-Sorgue (84)	Le Mas des Grès
Lyons-la-Forêt (27)	Les Lions de Beauclerc
Le Mans / Saint-Saturnin (72)	Domaine de Chatenay
Marseille (13)	Mama Shelter
Maubec (84)	La Bastide du Bois Bréant
Meung-sur-Loire (45)	Relais Louis XI
Montpellier (34)	Baudon de Mauny
Moustiers-Sainte-Marie (04)	La Ferme Rose
Nyons (26)	Une Autre Maison
Obernai (67)	Le Pavillon 7
Paris 1er	Le Crayon
Paris 1er	Hôtel O
Paris 5e	Le Petit Paris
Paris 6e	Apostrophe
Paris 6e	Legend
Paris 8e	Le Pavillon des Lettres
Paris 9e	Relais Madeleine
Paris 11e	Angely
Paris 11e	Original
Paris 16e	Windsor Home
Plan-de-la-Tour (83)	Mas des Brugassières
Puligny-Montrachet (21)	La Chouette
Puycelci (81)	L'Ancienne Auberge
Puylaurens (81)	Cap de Castel
Rocamadour (46)	Troubadour
Roquebrune (06)	Roquebrune
Saint-Alban-sur-Limagnole (48)	Relais St-Roch
Saint-Céré (46)	Villa Ric
Saint-Chély-d'Apcher / La Garde (48)	Le Rocher Blanc
Saint-Laurent-du-Verdon (04)	Le Moulin du Château
Saint-Prix (95)	Hostellerie du Prieuré
Saint-Rémy-de-Provence (13)	Sous les Figuiers
Sainte-Maxime / Val (83)	La Villa
Salers (15)	Saluces
Sancerre / Saint-Thibault (18)	Hôtel de la Loire
Seillans (83)	Hôtel des Deux Rocs
Serre-Chevalier / Le Monêtier-les-Bains (05)	Alliey
Strasbourg (67)	Chut - Au Bain aux Plantes
Sully-sur-Loire (45)	La Closeraie
Le Thor (84)	La Bastide Rose
Le Touquet-Paris-Plage (62)	Castel Victoria
Tréguier (22)	Kastell Dinec'h
Turenne (19)	Maison des Chanoines
Viscos (65)	La Grange aux Marmottes
Wierre-Effroy (62)	La Ferme du Vert

Agen / Pont-du-Casse (47)	Château de Cambes
Alès / Saint-Hilaire-de-Brethmas (30)	Comptoir St-Hilaire
Alleins (13)	Domaine de Méjeans
Allex (26)	Petite Aiguebonne
Alluyes (28)	Moulin de la Ronce
Amboise (37)	Le Vieux Manoir
Annecy / Veyrier-du-Lac (74)	Le Clos du Lac
Apt / Saignon (84)	Chambre de Séjour avec Vue
Arbois (39)	Closerie les Capucines
Argelès-sur-Mer (66)	Château Valmy
Arras (62)	La Corne d'Or
Aujols (46)	Lou Repaou
Aureille (13)	Le Balcon des Alpilles
Autun (71)	Le Moulin Renaudiots
Auxerre / Appoigny (89)	Le Puits d'Athie
Auxerre / Villefargeau (89)	Le Petit Manoir des Bruyères
Ayguesvives (31)	La Pradasse
Baden (56)	Le Val de Brangon
Bagnères-de-Bigorre (65)	Les Petites Vosges
Le Barroux (84)	Aube Safran
Bastia (2B)	Château Cagninacci
La Bastide-Clairence (64)	Maison Maxana
Bayeux (14)	Manoir Sainte Victoire
Bayeux (14)	Tardif Noble Guesthouse
Bazas / Bernos-Beaulac (33)	Dousud
Bazouges-la-Pérouse (35)	Château de la Ballue
Beaulieu-sur-Dordogne / Brivezac (19)	Château de la Grèze
Beaulieu-sur-Layon (49)	Château Soucherie
Beaumont-du-Périgord (24)	Le Coteau de Belpech
Beaune (21)	Les Jardins de Loïs

Beaune (21) Maison Fatien
Beaune (21) La Terre d'Or
Beaune / Meursanges (21) Charm'Attitude
Belle-Ile / Le Palais (56) Château de Bordenéo
Bénodet / Sainte-Marine (29) La Ferme Saint-Vennec
Beuvron-en-Auge (14) Le Pavé d'Hôtes
Béziers / Villeneuve-lès-Béziers (34) La Chamberte
Biarritz (64) Nere-Chocoa
Biarritz (64) Villa Le Goëland
Biarritz / Arcangues (64) Les Volets Bleus
Biron (24) Le Prieuré
Bonneuil (16) Le Maine Pertubaud-Jenssen
Bordeaux (33) La Maison Bord'Eaux
Boulbon (13) La Maison Saint -Jean
La Bourboule (63) La Lauzeraie
Bras (83) Une Campagne en Provence
Le Bugue (24) Maison Oléa
Le Buisson-de-Cadouin / Paleyrac (24) Le Clos Lascazes
Cancale (35) Les Rimains
Cancon / Saint-Eutrope-de-Born (47) Domaine du Moulin de Labique
Carpentras (84) Château du Martinet
Carpentras / Beaumes-de-Venise (84) Le Clos Saint Saourde
Carpentras / Beaumes-de-Venise (84) Les Remparts
Caudebec-en-Caux (76) Manoir de Rétival
Cerdon (45) Les Vieux Guays
Chadurie (16) Le Logis de Puygâty
Charolles (71) Le Clos de l'Argolay
Chassagne-Montrachet (21) Château de Chassagne-Montrachet
Châteauneuf-Villevieille (06) La Parare
Chaumont-sur-Tharonne (41) Le Mousseau
Cholet (49) Demeure l'Impériale
Collonges-la-Rouge (19) Jeanne
Compiègne (60) Du Palais au Jardin
Cordes-sur-Ciel / Campes (81) Le Domaine de la Borie Grande
Coutances (50) Manoir de L'Ecoulanderie
Cucugnan (11) La Tourette
Cucuron (84) Le Pavillon de Galon
Cult (70) Les Egrignes
Cuzance (46) Manoir de Malagorse
Danizy (02) Domaine le Parc
Deauville (14) Manoir de Benerville
Derchigny (76) Manoir de Graincourt
Dieppe (76) La Villa Florida
Dieulefit (26) La Bergerie de Féline
Dinard / Saint-Lunaire (35) Villa Christilla
Drain (49) Le Mésangeau
Eccica-Suarella (2A) Carpe Diem Palazzu
Les Échelles / Saint-Christophe-la-Grotte(73) La Ferme Bonne de la Grotte
Ennordres (18) Les Chatelains
Épernay / Ay (51) Le Manoir des Charmes
Épernay / Mutigny (51) Manoir de Montflambert
Épinal / Fontenay (88) La Grange
Eu (76) Manoir de Beaumont
Eygalières (13) Le Jardin de Tim
Èze / Col d'Èze (06) La Bastide aux Camélias
Faverney / Breurey-lès-Faverney (70) Château de la Presle
Fontaine-sous-Jouy (27) Clos de Mondétour
Fontenay-le-Comte (85) Le Logis de la Clef de Bois
Fréland (68) La Haute Grange
Fresne-Cauverville (27) Le Clos de l'Ambroisie
Garrigues (34) Château Roumanières
Génissac (33) L'Arbre Rouge
Gramat (46) Moulin de Fresquet
Grasse (06) La Bastide St-Mathieu
Grasse (06) Moulin St-François
Grez-en-Bouère (53) Château de Chanay
Grignan (26) La Maison du Moulin
Guebwiller / Murbach (68) Le Schaeferhof
Guéthary (64) Arguibel
Heuchin (62) Maison de Plumes
Honfleur (14) À L'École Buissonnière
Honfleur (14) Le Clos Bourdet
Honfleur (14) La Petite Folie
Île de Groix (56) Le Sémaphore de la Croix
L'Isle-sur-la-Sorgue (84) Le Clos Violette
L'Isle-sur-la-Sorgue (84) La Maison sur la Sorgue
Jarnac (16) Château Saint-Martial
Lagrave (81) Château de Touny
Lailly-en-Val (45) Domaine de Montizeau
Lascabanes (46) Le Domaine de Saint-Géry
Latillé (86) La Gentilhommière
Lavannes (51) La Closerie des Sacres
Leugny (89) La Borde
Libourne / La Rivière (33) Château de La Rivière
Lille (59) La Maison Carrée
Lille (59) La Maison du Champlain
Linières-Bouton (49) Château de Boissimon
Lissac-sur-Couze (19) Château de Lissac
Listrac-Médoc (33) Les Cinq Sens
Logonna-Daoulas (29) Le Domaine de Moulin Mer
Louhans / Bruailles (71) La Ferme de Marie-Eugénie
Lyon / Écully (69) Les Hautes Bruyères
Le Mans / Savigné-l'Évêque (72) La Villa des Arts
Marquay (24) Maison de Marquay
Marseille (13) Au Vieux Panier
Maussane-les-Alpilles / Paradou (13) La Maison du Paradou
Mazamet (81) La Villa de Mazamet
Merry-sur-Yonne (89) Le Charme Merry
Modène (84) La Villa Noria
Monestier (24) Château des Baudry
Monhoudou (72) Château de Monhoudou

Restaurants agréables

→ Pleasant restaurants

XXXXX

Antibes / Cap d'Antibes (06)	Eden Roc
Les Baux-de-Provence (13)	L'Oustaù de Baumanière
Illhaeusern (68)	Auberge de l'Ill
Lyon (69)	Paul Bocuse
Monte-Carlo (MC)	Le Louis XV-Alain Ducasse
Paris 1er	Le Meurice
Paris 5e	La Tour d'Argent
Paris 8e	Alain Ducasse au Plaza Athénée
Paris 8e	Le Cinq
Paris 8e	Épicure au Bristol
Paris 8e	Lasserre
Paris 8e	Ledoyen
Paris 8e	Taillevent
Paris 16e	Le Pré Catelan
Reims (51)	Le Parc Les Crayères
Saint-Jean-Cap-Ferrat (06)	Grand Hôtel du Cap Ferrat
Valence (26)	Pic

XXXX

Baerenthal / Untermuhlthal (57)	L'Arnsbourg
Beaulieu-sur-Mer (06)	Restaurant des Rois
Beaune / Levernois (21)	Hostellerie de Levernois
Béthune / Busnes (62)	Le Château de Beaulieu
Biarritz (64)	Du Palais
Bordeaux (33)	Le Pressoir d'Argent
Briollay (49)	Château de Noirieux
Cahors / Mercuès (46)	Château de Mercuès
Cannes (06)	La Palme d'Or
Carcassonne (11)	La Barbacane
Le Castellet / Circuit Paul Ricard (83)	Monte Cristo
Chagny (71)	Maison Lameloise
Chamonix-Mont-Blanc (74)	Albert 1er
Chantilly (60)	La Table du Connétable
Chasselay (69)	Guy Lassausaie
Courchevel / Courchevel 1850 (73)	Le Kintessence
Courchevel / Courchevel 1850 (73)	Pierre Gagnaire pour les Airelles
Deauville (14)	Royal-Barrière
Eugénie-les-Bains (40)	Les Prés d'Eugénie - Michel Guérard
Évian-les-Bains (74)	L'Edouard VII
Grasse (06)	La Bastide St-Antoine
Honfleur (14)	La Ferme St-Siméon
Joigny (89)	La Côte St-Jacques
Laguiole (12)	Bras
Lyon (69)	Pierre Orsi
Lyon / Charbonnières-les-Bains (69)	La Rotonde
Mandelieu / La Napoule (06)	L'Oasis
Marseille (13)	Le Petit Nice
Mirambeau (17)	Château de Mirambeau
Monte-Carlo (MC)	Grill de l'Hôtel de Paris
Monte-Carlo (MC)	Joël Robuchon Monte-Carlo
Montpellier (34)	Le Jardin des Sens
Nice (06)	Chantecler
Nîmes / Garons (30)	Alexandre
Onzain (41)	Domaine des Hauts de Loire
Paris 1er	Le Grand Véfour
Paris 4e	L'Ambroisie
Paris 8e	Apicius
Paris 16e	L'Abeille
Paris 16e	La Grande Cascade
Porto-Vecchio (2A)	Casadelmar
Reims (51)	L'Assiette Champenoise
Roanne (42)	Troisgros
La Rochelle (17)	Christopher Coutanceau
Romans-sur-Isère / Granges-les-Beaumont (26)	Les Cèdres
Saint-Bonnet-le-Froid (43)	Régis et Jacques Marcon
Saint-Émilion (33)	Hostellerie de Plaisance
Saint-Tropez (83)	Résidence de la Pinède
Saint-Tropez (83)	Les Trois Saisons

Saint-Tropez (83)	Villa Belrose
Saulieu (21)	Le Relais Bernard Loiseau
Talloires (74)	L'Auberge du Père Bise
Tourrettes (83)	Faventia
Versailles (78)	Gordon Ramsay au Trianon
Vézelay / Saint-Père (89)	L'Espérance
Vienne (38)	La Pyramide
Vonnas (01)	Georges Blanc

XXX

Agen (47)	Mariottat
Aillant-sur-Tholon (89)	Domaine du Roncemay
Albi (81)	La Réserve
Alleyras (43)	Le Haut-Allier
Alpe-d'Huez (38)	Au Chamois d'Or
Amboise (37)	Château de Pray
Amboise (37)	Le 36
Annecy (74)	Le Clos des Sens
Annecy / Veyrier-du-Lac (74)	Yoann Conte
Antibes / Cap d'Antibes (06)	Bacon
Antibes / Cap d'Antibes (06)	Le Pavillon
Antibes / Cap d'Antibes (06)	Les Pêcheurs
Avignon (84)	Christian Étienne
Avignon (84)	La Vieille Fontaine
Avignon (84)	La Mirande
Avignon / Le Pontet (84)	Auberge de Cassagne
Bagnoles-de-l'Orne (61)	Le Manoir du Lys
Bagnols-sur-Cèze (30)	Les Jardins de Montcaud
Balleroy (14)	Manoir de la Drôme
Barbizon (77)	Hôtellerie du Bas-Bréau
Barbotan-les-Thermes (32)	La Bastide
Barneville-Carteret / Carteret (50)	La Marine
La Baule (44)	Castel Marie-Louise
Les Baux-de-Provence (13)	La Cabro d'Or
Bayeux (14)	Château de Sully
Bayeux / Audrieu (14)	Château d'Audrieu
Belle-Église (60)	La Grange de Belle-Église
Belle-Ile / Port-Goulphar (56)	Le Bleu Manière Verte
Belleville / Pizay (69)	Château de Pizay
Béthune / Gosnay (62)	Robert II
Les Bézards (45)	Auberge des Templiers
Bidarray (64)	Ostapé
Bidart (64)	Table des Frères Ibarboure
Billiers (56)	Domaine de Rochevilaine
Biot (06)	Les Terraillers
Bonnieux (84)	La Bastide de Capelongue
Bordeaux (33)	Le Gabriel
Bordeaux / Bouliac (33)	Le Saint-James
Bordeaux / Martillac (33)	Les Sources de Caudalie
Boulogne-sur-Mer (62)	La Matelote
Bourg-en-Bresse / Péronnas (01)	La Marelle
Le-Bourget-du-Lac (73)	Auberge Lamartine
Le-Bourget-du-Lac (73)	Le Bateau Ivre
Bourron-Marlotte (77)	Les Prémices
Brantôme (24)	Le Moulin de l'Abbaye
Brantôme / Champagnac-de-Belair (24)	Le Moulin du Roc
Brive-la-Gaillarde / Varetz (19)	Château de Castel Novel
La Bussière-sur-Ouche (21)	Abbaye de la Bussière
La Cadière-d'Azur (83)	Hostellerie Bérard
Callas (83)	Hostellerie Les Gorges de Pennafort
Calvi (2B)	La Palmeraie
Calvi (2B)	La Villa
Cannes (06)	Fouquet's
Cannes (06)	Relais Martinez
Cannes / Le Cannet (06)	Villa Archange
Carantec (29)	Patrick Jeffroy
Carcassonne (11)	Domaine d'Auriac
Carcassonne (11)	Le Parc Franck Putelat
Cassis (13)	La Villa Madie
Cavalière (83)	Le Club de Cavalière et Spa
La Celle (83)	Hostellerie de l'Abbaye de la Celle
Chablis (89)	Hostellerie des Clos
Chalon-sur-Saône / Saint-Rémy (71)	L'Amaryllis
Chantilly (60)	Le Verbois
La Chapelle-en-Serval (60)	L'Opéra
Chartres (28)	Le Grand Monarque
Château-Arnoux-Saint-Auban (04)	La Bonne Étape
Chaudes-Aigues (15)	Serge Vieira
Chenonceaux (37)	Auberge du Bon Laboureur
Clisson (44)	La Bonne Auberge
Cognac (16)	Château de l'Yeuse
Colombey-les-Deux-Églises (52)	Hostellerie la Montagne
Colroy-la-Roche (67)	Hostellerie La Cheneaudière
Compiègne / Rethondes (60)	Alain Blot
Condrieu (69)	Hôtellerie Beau Rivage
Connelles (27)	Le Moulin de Connelles
Conques (12)	Hervé Busset
Conteville (27)	Auberge du Vieux Logis
Courcelles-sur-Vesle (02)	Château de Courcelles
Courchevel / Courchevel 1850 (73)	Amanresorts Le Mélézin
Courchevel / Courchevel 1850 (73)	Cheval Blanc
Courchevel / Courchevel 1850 (73)	Le Strato

Courchevel / Courchevel 1850 (73) 1850
Courchevel / Courchevel 1850 (73) La Table du Kilimandjaro
Crillon-le-Brave (84) Crillon le Brave
Le Croisic (44) Le Fort de l'Océan
Cruseilles (74) Domaine du Château des Avenières
Curzay-sur-Vonne (86) La Cédraie
Dijon (21) Le Pré aux Clercs
Dole / Sampans (39) Château du Mont Joly
Dunkerque / Coudekerque-Branche (59) Le Soubise
Épernay / Vinay (51) Hostellerie La Briqueterie
Évian-les-Bains (74) La Suite
Évian-les-Bains (74) La Table
Eygalières (13) Maison Bru
Èze (06) Château de la Chèvre d'Or
Èze (06) Château Eza
Èze-Bord-de-Mer (06) La Table de Patrick Raingeard
Fère-en-Tardenois (02) Château de Fère
Fontjoncouse (11) Auberge du Vieux Puits
Forbach / Stiring-Wendel (57) La Bonne Auberge
Forcalquier / Mane (04) Le Cloître
Gargas (84) Domaine de la Coquillade
Gérardmer / Bas-Rupts (88) Les Bas-Rupts
Gordes (84) La Bastide de Gordes et Spa
Gordes (84) Les Bories
La Gouesnière (35) Maison Tirel-Guérin
Goumois (25) Taillard
Le Grau-du-Roi / Port-Camargue (30) Spinaker
Grimaud (83) Les Santons
Gundershoffen (67) Le Cygne
Hennebont (56) Château de Locguénolé
Igé (71) Château d'Igé
Ile de Bendor (83) Le Delos
Ile de Porquerolles (83) Le Mas du Langoustier
Île de Ré / La Flotte (17) Richelieu
Ile d'Oléron / Dolus-d'Oléron (17) Le Grand Large
L'Isle-Jourdain / Pujaudran (32) Le Puits St-Jacques
Jarnac / Bourg-Charente (16) La Ribaudière
Joucas (84) Hostellerie Le Phébus et Spa
Juan-les-Pins (06) Passagère
Lacave (46) Château de la Treyne
Langeais / Saint-Patrice (37) Château de Rochecotte
Lezoux / Bort-l'Étang (63) Château de Codignat
Ligny-en-Cambrésis (59) Château de Ligny
Lille (59) À L'Huîtrière
Limoges / Saint-Martin-du-Fault (87) Chapelle St-Martin
Loiré (49) Auberge de la Diligence
Lorgues (83) L'Orangerie
Lourmarin (84) Auberge La Fenière
Lunéville (54) Château d'Adoménil
Luynes (37) Domaine de Beauvois
Lyon (69) Auberge de l'Ile
Lyon (69) Les Loges
Lyon (69) Mère Brazier
Lyon (69) Les Terrasses de Lyon
Lyon (69) Les Trois Dômes
Lyon (69) Têtedoie
Magescq (40) Relais de la Poste
La Malène (48) Château de la Caze
Le Mans (72) Le Beaulieu
Marlenheim (67) Le Cerf
Marseille (13) Les Trois Forts
Megève (74) Flocons de Sel
Megève (74) 1920
Menton (06) Mirazur
Méribel (73) Le Grand Cœur
Méribel (73) L'Hélios
Meursault (21) Château de Cîteaux-La Cueillette
Missillac (44) La Bretesche
Molitg-les-Bains (66) Château de Riell
Monestier (24) Les Fresques
Monte-Carlo (MC) Vistamar
Monte-Carlo / Monte-Carlo-Beach (MC) Elsa
Montélimar (26) Le Domaine du Colombier
Montluçon (03) Grenier à Sel
Montpellier / Lattes (34) Domaine de Soriech
Montreuil (62) Château de Montreuil
Montreuil / La Madelaine-sous-Montreuil (62) La Grenouillère
Mougins (06) Le Jardin
Mougins (06) Le Mas Candille
Moulins (03) Le Clos de Bourgogne
Moustiers-Sainte-Marie (04) La Bastide de Moustiers
Mulhouse (68) Il Cortile
Nans-les-Pins (83) Domaine de Châteauneuf
Nantes / Haute-Goulaine (44) Manoir de la Boulaie
Noizay (37) Château de Noizay
Obernai (67) La Fourchette des Ducs
Obernai / Ottrott (67) À l'Ami Fritz
Orléans / Olivet (45) Le Rivage
Ozoir-la-Ferrière (77) La Gueulardière
Paris 1er Le Dali
Paris 1er Sur Mesure par Thierry Marx
Paris 2e Pur'
Paris 6e Paris
Paris 7e Le Jules Verne
Paris 8e La Cuisine au Royal Monceau
Paris 8e Les Enfants Terribles
Paris 8e 1728
Paris 8e Senderens
Paris 8e La Table du Lancaster

Paris 16e Prunier
Paris 16e Shang Palace
Pau (64) Au Fin Gourmet
Pauillac (33) Château Cordeillan Bages
Perros-Guirec (22) L'Agapa
Phalsbourg (57) Au Soldat de l'An II
La Plaine-sur-Mer (44) Anne de Bretagne
Pont-Aven (29) Le Moulin de Rosmadec
Pont-du-Gard / Castillon-du-Gard (30) Le Vieux Castillon
Pont-du-Gard / Collias (30) Hostellerie Le Castellas
Port-en-Bessin (14) La Chenevière
Porticcio (2A) L'Arbousier
Port-Lesney (39) Château de Germigney
Port-Louis (56) Avel Vor
Porto-Vecchio (2A) Le Belvédère
Porto-Vecchio (2A) Grand Hôtel de Cala Rossa
Port-sur-Saône / Vauchoux (70) Château de Vauchoux
Le Puy-en-Velay (43) François Gagnaire
Puymirol (47) Michel Trama
Questembert (56) Le Bretagne et sa Résidence
Ramatuelle (83) La Réserve Ramatuelle
Rayol-Canadel-sur-Mer (83) La Praya
Reims / Montchenot (51) Le Grand Cerf
Rennes (35) La Fontaine aux Perles
Rennes / Saint-Grégoire (35) Le Saison
Reuilly-Sauvigny (02) Auberge Le Relais
Riquewihr (68) La Table du Gourmet
Roanne / Villerest (42) Château de Champlong
La Roche-l'Abeille (87) Le Moulin de la Gorce
Roscoff (29) Le Brittany
Les Sables-d'Olonne / à l'anse de Cayola (85) Cayola
Saint-Germain-en-Laye (78) Cazaudehore
Saint-Germain-en-Laye (78) Pavillon Henri IV
Saint-Jean-Cap-Ferrat (06) La Table du Royal
Saint-Jean-Cap-Ferrat (06) La Voile d'Or
Saint-Jean-de-Luz (64) Les Lierres
Saint-Joachim (44) La Mare aux Oiseaux
Saint-Paul (06) Le Saint-Paul
Saint-Paul (06) La Table de Pierre
Saint-Paul-Trois-Châteaux (26) David Mollicone
Saint-Saturnin-lès-Apt (84) Domaine des Andéols
Saint-Sulpice-le-Verdon (85) Thierry Drapeau
Saint-Tropez (83) L'Olivier
Saint-Tropez (83) Pan Deï Palais
Sainte-Anne-d'Auray (56) L'Auberge
Sainte-Anne-la-Palud (29) La Plage
Sainte-Preuve (02) Les Epicuriens
Salon-de-Provence (13) La Table de l'Abbaye
Saumur / Chênehutte-les-Tuffeaux (49) Le Prieuré
La Saussaye (27) Manoir des Saules
Sélestat (67) Hostellerie de l'Abbaye la Pommeraie
Sierentz (68) Auberge St-Laurent
Strasbourg (67) Buerehiesel
Strasbourg (67) 1741
Toulon (83) Les Pins Penchés
Toulouse / Colomiers (31) L'Amphitryon
Tournus (71) Greuze
Tours / Rochecorbon (37) Les Hautes Roches
Tourtour (83) La Bastide de Tourtour
Trébeurden (22) Manoir de Lan-Kerellec
Trébeurden (22) Ti al Lannec
Trégunc (29) Auberge Les Grandes Roches
Trémolat (24) Le Vieux Logis
La Turbie (06) Hostellerie Jérôme
Uriage-les-Bains (38) Les Terrasses
Vannes / Saint-Avé (56) Le Pressoir
Verdun / Les Monthairons (55) Hostellerie du Château des Monthairons
Verneuil-sur-Avre (27) Le Clos
Ville-d'Avray (92) Le Corot
Villeneuve-le-Comte (77) A la Bonne Marmite
Villeneuve-lès-Avignon (30) Le Prieuré
Vougeot / Gilly-lès-Cîteaux (21) Clos Prieur
Zoufftgen (57) La Lorraine

Aigues-Mortes (30) La Table
Aire-sur-la-Lys / Isbergues (62) Le Buffet
Aix-en-Provence (13) Pierre Reboul
Aix-en-Provence (13) Villa Gallici
Ajaccio (2A) Palm Beach
Albertville / Monthion (73) Les 16 Clochers
Albi (81) David Enjalran - L'Esprit du Vin
Alès / Saint-Privat-des-Vieux (30) Le Vertige des Senteurs
Ambronay (01) Auberge de l'Abbaye
Anduze / Tornac (30) Le Ranquet
Annecy / Pringy (74) Le Clos du Château
Ansouis (84) La Closerie
Antibes (06) Bastion
Antibes / Cap d'Antibes (06) Le Pavillon Beach
Arcachon (33) Le Patio
Arles (13) L'Atelier de Jean-Luc Rabanel
Arles (13) L'Hôtel Particulier
Aubigny-sur-Nère (18) La Chaumière

Auxerre (89) Le Jardin Gourmand
Avallon / Valloux (89) Auberge des Chenêts
Azay-le-Rideau / Saché (37) Auberge du XIIe Siècle
Bagnères-de-Luchon (31) L'Heptameron des Gourmets
Bandol (83) Les Oliviers
Bayonne (64) Auberge du Cheval Blanc
Beaune (21) Loiseau des Vignes
Bédoin (84) Le Mas des Vignes
Belcastel (12) Vieux Pont
Belfort / Sevenans (90) Auberge de la Tour Penchée
Belgentier (83) Le Moulin du Gapeau
Bénodet / Sainte-Marine (29) Les Trois Rochers
Biarritz (64) Campagne et Gourmandise
Biarritz (64) Philippe
Biarritz / Arcangues (64) Le Moulin d'Alotz
Blainville-sur-Mer (50) Le Mascaret
Bonifacio (2A) A Cheda
Bonifacio (2A) U Capu Biancu
Bonne / Pont de Fillinges (74) Le Pré d'Antoine
Le-Bourget-du-Lac (73) La Grange à Sel
Brantôme / Bourdeilles (24) Hostellerie Les Griffons
Le Breuil-en-Auge (14) Le Dauphin
Cahors / Caillac (46) Le Vinois
Cambremer (14) Château Les Bruyères
Cancale (35) Le Coquillage
Cannes (06) Carlton
Carcassonne (11) Michel Del Burgo
Carpentras / Mazan (84) L'Ingénue
Carsac-Aillac (24) La Villa Romaine
Chaintré (71) La Table de Chaintré
Chamonix-Mont-Blanc (74) La Maison Carrier
Chamonix-Mont-Blanc / Le Lavancher (74) Les Chalets de Philippe
Chamonix-Mont-Blanc / Les Praz-de-Chamonix (74) La Cabane des Praz
La Chapelle-de-Guinchay (71) La Poularde
Château-Gontier / Coudray (53) L'Amphitryon
Châtillon-sur-Chalaronne (01) La Tour
Chaudefonds-sur-Layon (49) La Table du Square
Chénas (69) Platanes de Chénas
Clermont-Ferrand (63) Le Pré - Xavier Beaudiment
La Colle-sur-Loup (06) Alain Llorca
Concarneau (29) Le Nautile
Corbeil-Essonnes (91) Aux Armes de France
Couilly-Pont-aux-Dames (77) Auberge de la Brie
La Crau (83) Auberge du Fenouillet
Crépon (14) Ferme de la Rançonnière
Cucuron (84) La Petite Maison de Cucuron
Les Deux-Alpes (38) Le P'tit Polyte
Dieppe / Offranville (76) Le Colombier
Dijon (21) La Maison des Cariatides
Dijon (21) William Frachot
Dirac (16) Domaine du Châtelard
Erquy / Saint-Aubin (22) Relais St-Aubin
Eugénie-les-Bains (40) La Ferme aux Grives
Èze (06) Les Remparts
Falicon (06) Parcours Live
Fayence (83) Le Castellaras
Fayence (83) Moulin de la Camandoule
Fleurville / Mirande (71) La Marande
Florac / Cocurès (48) La Lozerette
Fontevraud-l'Abbaye (49) Licorne
La Gacilly (56) Les Jardins Sauvages
Gex / Échenevex (01) Auberge des Chasseurs
Gordes (84) La Ferme de la Huppe
Gordes (84) Le Mas Tourteron
Goult (84) La Bartavelle
Grenoble (38) Sens
Groisy (74) Auberge de Groisy
Honfleur (14) La Chaumière
Hossegor (40) Jean des Sables
Ile d'Oléron / Le Château-d'Oléron (17) Jardins d'Aliénor
Illzach (68) La Closerie
L'Isle-sur-la-Sorgue (84) La Prévôté
L'Isle-sur-Serein (89) Auberge du Pot d'Étain
Issoire / Perrier (63) La Cour Carrée
Issoudun / Saint-Valentin (36) Au 14 Février
Jongieux (73) Auberge Les Morainières
Joucas (84) Le Café de la Fontaine
Juan-les-Pins (06) Le Bistrot Terrasse
Kilstett (67) Au Cheval Noir
Lapoutroie (68) Les Alisiers
Levie (2A) A Pignata
Lièpvre / La Vancelle (67) Auberge Frankenbourg
Lille / Bois-Grenier (59) La Table des Jardins
La Londe-les-Maures (83) Cédric Gola
Lons-le-Saunier / Courlaoux (39) L'Épicurien
Lyon (69) Brasserie Léon de Lyon
Lyon (69) La Rémanence
Lyons-la-Forêt (27) La Licorne
Mâcon (71) Le Poisson d'Or
Maisonnais (18) La Maison d'Orsan
Malbuisson (25) Le Bon Accueil
Manigod (74) La Table de Marie-Ange
Manosque (04) Dominique Bucaille
Manosque (04) Sens et Saveurs
Le Mans (72) La Maison d'Élise
Maussane-les-Alpilles / Paradou (13) Du Côté des Olivades
Megève (74) Les Enfants Terribles
Megève (74) La Sauvageonne - Chez Nano
Ménerbes (84) La Bastide de Marie
Méribel (73) Le Plantin
Merkwiller-Pechelbronn (67) Auberge Baechel-Brunn
Meudon (92) L'Escarbille
Meyronne (46) La Terrasse
Mirepoix (09) Relais Royal
Moëlan-sur-Mer (29) Le Raphaël
Monpazier (24) Eléonore

Montauroux (83) Auberge Eric Maio
Montbazon (37) Olivier Arlot - La Chancelière
Monte-Carlo (MC) Café de Paris
Monte-Carlo (MC) Maya Bay
Monte-Carlo (MC) La Trattoria
Monte-Carlo (MC) Yoshi
Monte-Carlo / Monte-Carlo-Beach (MC) La Vigie
Montner (66) Auberge du Cellier
Montpellier / Castelnau-le-Lez (34) Domaine de Verchant
Montrevel-en-Bresse (01) Léa
Morteau (25) Auberge de la Roche
Moudeyres (43) Le Pré Bossu
Mougins (06) La Place de Mougins
Moustiers-Sainte-Marie (04) La Ferme Ste-Cécile
Mulhouse / Rixheim (68) Le 7ème Continent
Nantes (44) L'Abélia
Nexon (87) Les Chaumières de Nexon
Nice (06) La Réserve de Nice
Nieuil (16) La Grange aux Oies
Ollioules (83) L'Atelier du Vigneron
Ollioules (83) La Table de Terrebrune
Orange (84) Le Mas des Aigras - Table du Verger
Orgon (13) Le Potager du Mas
Orléans / La Chapelle-Saint-Mesmin (45) Côté Saveurs
Paris 1er Camélia
Paris 1er La Dame de Pic
Paris 1er Kinugawa
Paris 2e Mori Venice Bar
Paris 4e Le Sergent Recruteur
Paris 6e Le Restaurant
Paris 6e La Société
Paris 7e Il Vino d'Enrico Bernardo
Paris 7e Jean-François Piège
Paris 7e Les Ombres
Paris 8e Les 110 de Taillevent
Paris 8e 114, Faubourg
Paris 8e Il Carpaccio
Paris 8e Mini Palais
Paris 8e Pershing Hall
Paris 8e Le Relais Plaza
Paris 8e Restaurant de Sers
Paris 8e Le 39V
Paris 9e L'Opéra
Paris 16e Cristal Room Baccarat
Paris 17e Frédéric Simonin
Paris 17e Timgad
Peillon (06) Auberge de la Madone
Pérouges (01) Ostellerie du Vieux Pérouges
Perpignan (66) La Passerelle
Perros-Guirec / Ploumanach (22) La Table de mon Père
Pornic (44) Beau Rivage
Porto-Vecchio (2A) Le Grill
Porto-Vecchio (2A) U Santa Marina
Pouilly-le-Fort (77) Le Pouilly
Le Pradet / Les Oursinières (83) La Chanterelle
Ramatuelle (83) L'Écurie du Castellas
La Rivière-Thibouville (27) Le Manoir du Soleil d'Or
La Rochelle (17) Les Flots
Le Rouret (06) Le Clos St-Pierre
Roussillon (84) David
Royat (63) La Table d'Isidore
Sabres (40) Auberge des Pins
Saint-Amour-Bellevue (71) Auberge du Paradis
Saint-Arcons-d'Allier (43) Les Deux Abbesses
Saint-Étienne-de-Baïgorry (64) Arcé
Saint-Galmier (42) Le Bougainvillier
Saint-Geniès (24) Le Château
Saint-Jean-Cap-Ferrat (06) Club Dauphin
Saint-Jean-Cap-Ferrat (06) La Pergola
Saint-Jean-de-Beauregard (91) L'Atelier Gourmand
Saint-Malo / Saint-Servan-sur-Mer (35) Le St-Placide
Saint-Martin-de-Belleville (73) La Bouitte
Saint-Pée-sur-Nivelle (64) L'Auberge Basque
Saint-Rémy-de-Provence (13) Le Château des Alpilles
Saint-Rémy-de-Provence (13) La Maison de Bournissac
Saint-Tropez (83) Colette
Saintes-Maries-de-la-Mer (13) Mas de la Fouque
Le Sambuc (13) Le Mas de Peint
Sartène (2A) Santa Barbara
Sassetot-le-Mauconduit (76) Le Relais des Dalles
Saulxures (67) La Belle Vue
Saverne (67) Le Clos de la Garenne
Sélestat / Le Schnellenbuhl (67) Auberge de l'Illwald
Serre-Chevalier / Le Monêtier-les-Bains (05) La Table du Chazal
Sessenheim (67) L'Auberge au Boeuf
Strasbourg (67) La Cambuse
Le Thillot / Le Ménil (88) Les Sapins
Toulouse / Aureville (31) En Marge
Tournus (71) Aux Terrasses
Tournus / Brancion (71) La Montagne de Brancion
Uchaux (84) Côté Sud
Uzès (30) L'Artemise
Vaison-la-Romaine / Roaix (84) Le Grand Pré
Val-d'Isère (73) L'Atelier d'Edmond
Ventabren (13) La Table de Ventabren
Verdun-sur-le-Doubs (71) Hostellerie Bourguignonne
Vienne-en-Val (45) Auberge de Vienne
Villiers-sur-Marne (52) La Source Bleue
Viré (71) Frédéric Carrion Cuisine Hôtel
Willgottheim (67) La Cour de Lise
Ygrande (03) Château d'Ygrande

Spa

→ Bel espace de bien-être et de relaxation
→ Extensive facility for relaxation and well-being

Spa

Agde / Le Cap-d'Agde (34)	Palmyra Golf Hôtel
Aix-en-Provence (13)	Aquabella
Aix-les-Bains (73)	Mercure Ariana
Aix-les-Bains (73)	Radisson Blu
Alpe-d'Huez (38)	Au Chamois d'Or
Amboise / Saint-Ouen-les-Vignes (37)	L'Aubinière
Andorra-la-Vella (AN)	Andorra Park H.
Andorra-la-Vella (AN)	Plaza
Anglet (64)	Atlanthal
Annecy (74)	Les Trésoms
Antibes (06)	Royal
Antibes / Cap d'Antibes (06)	Hôtel du Cap-Eden-Roc
Arles (13)	Le Calendal
Arzon / Port du Crouesty (56)	Miramar
Avignon (84)	Novotel Centre
Avignon / Le Pontet (84)	Auberge de Cassagne et Spa
Bandol (83)	Île Rousse
Barbizon (77)	Les Pléiades
Barbotan-les-Thermes (32)	La Bastide
Barcelonnette / Jausiers (04)	Villa Morelia
Bastia (2B)	Ostella
Les Baux-de-Provence (13)	L'Oustaù de Baumanière
Les Baux-de-Provence (13)	La Cabro d'Or
Les Baux-de-Provence (13)	Le Manoir
Beaulieu-sur-Mer (06)	La Réserve de Beaulieu et Spa
Bédarieux / Hérépian (34)	Le Couvent d'Hérépian
Belle-Ile / Port-Goulphar (56)	Castel Clara
Belleville / Pizay (69)	Château de Pizay
Besançon / Geneuille (25)	Château de la Dame Blanche
Biarritz (64)	Le Biarritz
Biarritz (64)	Hôtel du Palais
Biarritz (64)	Sofitel Le Miramar Thalassa Sea et Spa
Billiers (56)	Domaine de Rochevilaine
Bordeaux (33)	Grand Hôtel de Bordeaux et Spa
Bordeaux / Martillac (33)	Les Sources de Caudalie
La Cadière-d'Azur (83)	Hostellerie Bérard
Calais / Coquelles (62)	Holiday Inn
Calvi (2B)	La Signoria
Calvi (2B)	La Villa
Canet-en-Roussillon / Canet-Plage (66)	Les Flamants Roses
Cannes (06)	Five Hotel et Spa
Cannes (06)	Majestic Barrière
Cannes (06)	Martinez
Cannes (06)	Radisson Blu 1835 Hotel et Thalasso
Carnac (56)	Carnac Thalasso et Spa Resort
Carnac (56)	Celtique
Le Castellet / Circuit Paul Ricard (83)	Hôtel du Castellet
Cavalière (83)	Le Club de Cavalière et Spa
Chambéry / Barberaz (73)	Altédia Lodge
Chambretaud (85)	Château du Boisniard
Chamonix-Mont-Blanc (74)	Les Aiglons
Chamonix-Mont-Blanc (74)	Hameau Albert 1er
Chamonix-Mont-Blanc (74)	Le Morgane
Chantilly (60)	Auberge du Jeu de Paume
Chantilly / Gouvieux (60)	Château de Montvillargenne
La Chapelle-en-Serval (60)	Mont Royal
Chartres (28)	Le Grand Monarque
Château-Thierry (02)	Ile de France
Châtel (74)	Macchi
Châtel-Guyon (63)	Splendid
La Châtre / Pouligny-Notre-Dame (36)	Les Dryades
Chorges (05)	Ax'Hôtel
La Clusaz (74)	Au Cœur du Village
Contrexéville (88)	Cosmos
Courban (21)	Château de Courban

Marne-la-Vallée / Magny-le-Hongre (77)	Magic Circus
Marne-la-Vallée / Magny-le-Hongre (77)	Radisson Blu at Disneyland
Marseille (13)	Sofitel Vieux Port
Marsolan (32)	Lous Grits
Maussane-les-Alpilles / Paradou (13)	B design et Spa
Megève (74)	Alpaga
Megève (74)	Chalet du Mont d'Arbois
Megève (74)	Flocons de Sel
Megève (74)	Le Fer à Cheval
Megève (74)	Les Fermes de Marie
Megève (74)	Lodge Park
Megève (74)	Mont-Blanc
Les Menuires (73)	Chalet Hôtel Kaya
Méribel (73)	Allodis
Méribel (73)	Le Grand Cœur et Spa
Méribel (73)	L'Hélios
Méribel / Altiport-de-Méribel (73)	Altiport Hôtel
Meursault (21)	Château de Cîteaux-La Cueillette
Mirmande (26)	Hôtel de Mirmande
Missillac (44)	La Bretesche
Mittelhausen (67)	À l'Étoile
Moissac (82)	Le Moulin de Moissac
Molsheim (67)	Diana
Montauban (82)	Abbaye des Capucins Spa et Resort
Montbazon (37)	Château d'Artigny
Monte-Carlo (MC)	Fairmont Monte-Carlo
Monte-Carlo (MC)	Hermitage
Monte-Carlo (MC)	Hôtel de Paris
Monte-Carlo (MC)	Métropole
Monte-Carlo (MC)	Monte Carlo Bay Hotel and Resort
Monte-Carlo (MC)	Port Palace
Monte-Carlo / Monte-Carlo-Beach (MC)	Monte-Carlo Beach Hôtel
Montpellier / Baillargues (34)	Golf Hôtel de Massane
Montpellier / Castelnau-le-Lez (34)	Domaine de Verchant
Montpellier / Castries (34)	Disini
Morsbronn-les-Bains (67)	La Source des Sens
Mosnes (37)	Domaine des Thômeaux
Mougins (06)	Le Mas Candille
Mougins (06)	Royal Mougins Golf Resort
Moulins (03)	Paris
Moulon (33)	5 Lasserre
Munster (68)	Verte Vallée
Nantes / Orvault (44)	Quintessia
Nice (06)	Boscolo Exedra
Nice (06)	Hi Hôtel
Nîmes (30)	Jardins Secrets
Nîmes (30)	Vatel
Obernai (67)	Le Parc
Obernai / Ottrott (67)	Hostellerie des Châteaux
Obernai / Ottrott (67)	Le Clos des Délices
Olmeto (2A)	Marinca
Ouistreham / Riva-Bella (14)	Riva Bella
Pailherols (15)	L'Auberge des Montagnes
Paris 1er	Le Burgundy
Paris 1er	Mandarin Oriental
Paris 1er	Le Meurice
Paris 1er	Renaissance Paris Vendôme
Paris 1er	The Westin Paris
Paris 2e	Park Hyatt
Paris 3e	Pavillon de la Reine
Paris 6e	Le Six
Paris 8e	Le Bristol
Paris 8e	Fouquet's Barrière
Paris 8e	Four Seasons George V
Paris 8e	L'Hôtel du Collectionneur
Paris 8e	Le Mathurin
Paris 8e	Plaza Athénée
Paris 8e	Le Royal Monceau
Paris 9e	Intercontinental Le Grand
Paris 9e	Scribe
Paris 16e	Le Metropolitan Radisson Blu
Paris 16e	Shangri-La
Paris 16e	Square
Paris 16e	Villa et Hôtel Majestic
Pas-de-la Casa (AN)	Grau Roig
Pau (64)	Parc Beaumont
Perros-Guirec (22)	L'Agapa
La-Petite-Pierre (67)	Au Lion d'Or
La-Petite-Pierre (67)	La Clairière
Pézenas (34)	Distillerie de Pézenas
Le Pian-Médoc (33)	Golf du Médoc Hôtel et Spa
La Plagne / Plagne-Bellecôte (73)	Carlina
Ploërmel (56)	Le Roi Arthur
Plouider (29)	La Butte
Pornic (44)	Alliance
Porticcio (2A)	Radisson Blu
Porticcio (2A)	Sofitel Thalassa
Porto-Vecchio (2A)	Casadelmar
Porto-Vecchio (2A)	Don Cesar
Porto-Vecchio (2A)	Grand Hôtel de Cala Rossa
Propriano (2A)	Neptune
Provins (77)	Aux Vieux Remparts
Quiberon (56)	Sofitel Diététique
Quiberon (56)	Sofitel Thalassa
Ramatuelle (83)	La Réserve Ramatuelle
Rennes (35)	Le Coq-Gadby
Rennes (35)	Novotel Centre Gare
La Rochelle (17)	La Monnaie

Roissy-en-France (95) Novotel Convention et Wellness
Roissy-en-France (95) Relais Spa
Roscoff (29) Le Brittany
Rouen (76) Hôtel de Bourgtheroulde
Rouffach (68) Château d'Isenbourg
Royan (17) Cordouan
Rueil-Malmaison (92) Le Relais de la Malmaison
Les Sables-d'Olonne (85) Mercure Thalassa
Saint-Aignan (41) Les Jardins de Beauval
Saint-Brevin-les-Pins (44) Hôtel du Beryl
Saint-Cyprien (66) La Lagune
Saint-Cyprien / Saint-Cyprien-Plage (66) Mas d'Huston
Saint-Émilion (33) Château Grand Barrail
Saint-Gervais-en-Vallière / Chaublanc (71) Le Moulin d'Hauterive
Saint-Gervais-les-Bains / Le Bettex (74) Arbois-Bettex
Saint-Jean-Cap-Ferrat (06) Grand Hôtel du Cap Ferrat
Saint-Jean-Cap-Ferrat (06) Royal Riviera
Saint-Jean-de-Luz (64) Grand Hôtel Loreamar Thalasso et Spa
Saint-Jean-de-Luz (64) Hélianthal
Saint-Jean-de-Monts (85) Atlantic Hôtel Thalasso
Saint-Laurent-de-Cerdans (66) Domaine de Falgos
Saint-Malo (35) Grand Hôtel des Thermes
Saint-Martin-de-Belleville (73) La Bouitte
Saint-Paul (06) Le Mas de Pierre
Saint-Raphaël / Valescure (83) Golf Hôtel de Valescure
Saint-Rémy-de-Provence (13) Hostellerie du Vallon de Valrugues
Saint-Saturnin-lès-Apt (84) Domaine des Andéols
Saint-Tropez (83) Byblos
Saint-Tropez (83) Château de la Messardière
Saint-Tropez (83) Sezz
Saint-Tropez (83) Villa Marie
Saint-Valery-sur-Somme (80) Les Corderies
Sainte-Preuve (02) Domaine du Château de Barive
Saintes-Maries-de-la-Mer (13) Mas de la Fouque
Salers (15) Le Bailliage
Salzuit (43) Domaine St Roch
Sanary-sur-Mer (83) Hostellerie La Farandole
Saulieu (21) Le Relais Bernard Loiseau
Serre-Chevalier / Le Monêtier-les-Bains (05) Alliey
Soldeu (AN) Sport Hotel Hermitage
Soldeu / El Tarter (AN) Nordic
Strasbourg (67) Le Bouclier d'Or
Strasbourg / Ostwald (67) Château de l'Ile
Thannenkirch (68) Touring-Hôtel Le Clos des Sources
Tignes (73) Les Campanules
Tignes (73) Les Suites du Montana
Tignes (73) Village Montana
Tignes / Val-Claret (73) Les Suites du Nevada
Le Touquet-Paris-Plage (62) Mercure Grand Hôtel
Le Touquet-Paris-Plage (62) Westminster
Tourrettes (83) Terre Blanche Hôtel Spa Golf Resort
Tours / Joué-lès-Tours (37) Château de Beaulieu
Trébeurden (22) Ti al Lannec
Uchaud (30) Le Huit
Uriage-les-Bains (38) Grand Hôtel
Uzès (30) L'Artemise
Val-d'Isère (73) Avenue Lodge
Val-d'Isère (73) Les Barmes de l'Ours
Val-d'Isère (73) Le Blizzard
Val-d'Isère (73) Le Savoie
Val-d'Isère (73) Le Tsanteleina
Val-Thorens (73) Altapura
Val-Thorens (73) Fitz Roy
Vence (06) Château Saint-Martin et Spa
Versailles (78) Trianon Palace
Vichy (03) Vichy Spa Hôtel Les Célestins
Ville-d'Avray (92) Les Étangs de Corot
Villers-sur-Mer (14) Domaine de Villers
Villiers-le-Mahieu (78) Château de Villiers-le-Mahieu
Vittel (88) L'Orée du Bois
Vonnas (01) Georges Blanc
Vosne-Romanée (21) Le Richebourg
Yvoire (74) Villa Cécile

Pour en savoir plus

→ Further information

Vignobles & Spécialités régionales

→ Vineyards & Regional Specialities

① NORMANDIE

Demoiselles de Cherbourg à la nage,
Andouille de Vire, Sole dieppoise,
Poulet Vallée d'Auge,
Tripes à la mode de Caen,
Canard à la rouennaise,
Agneau de pré-salé,
Camembert, Livarot,
Pont-l'Évêque, Neufchâtel,
Tarte aux pommes au calvados,
Crêpes à la normande, Douillons

② BRETAGNE

Fruits de mer, Crustacés, Huîtres de Belon,
Galettes au sarrazin/blé noir, Charcuteries,
Andouille de Guéméné, St-Jacques à la bretonne,
Homard à l'armoricaine,
Poissons : bar, turbot, lieu jaune,
maquereau, etc., Cotriade, Kig Ha Farz,
Légumes : artichaut, chou-fleur, etc.,
Crêpes, Gâteau breton, Far, Kouing-aman

③ VAL DE LOIRE

Rillettes de Tours, Andouillette au vouvray,
Poissons de rivière : brochet, sandre, etc.,
Saumon beurre blanc, Gibier de Sologne,
Fromages de chèvre : Ste-Maure, Valençay,
Crémet d'Angers, Macarons, Nougat glacé,
Pithiviers, Tarte tatin

④ SUD-OUEST

Garbure, Ttoro, Jambon de Bayonne,
Foie gras, Omelette aux truffes,
Pipérade, Lamproie à la bordelaise,
Poulet basquaise, Cassoulet,
Confit de canard ou d'oie,
Cèpes à la bordelaise,
Tomme de brebis, Roquefort,
Gâteau basque, Pruneaux à l'armagnac

⑤ CENTRE-AUVERGNE

Cochonnailles, Tripous,
Champignons : cèpes, girolles, etc.,
Pâté bourbonnais, Aligot, Potée auvergnate,
Chou farci, Pounti, Lentilles du Puy,
Cantal, St-Nectaire, Fourme d'Ambert,
Flognarde, Gâteau à la broche

⑬ NORD-PICARDIE

Moules, Ficelle picarde,
Flamiche aux poireaux,
Poissons : sole, turbot, etc.,
Potjevlesch, Waterzoï,
Gibier d'eau,
Lapin à la bière, Hochepot,
Boulette d'Avesnes,
Maroilles, Gaufres

⑫ BOURGOGNE

Jambon persillé,
Gougère,
Escargots de Bourgogne,
Œufs en meurette,
Pochouse, Coq au vin,
Jambon chaud à la crème,
Viande de charolais,
Bœuf bourguignon,
Époisses, Poire dijonnaise,
Desserts au pain d'épice

⑪ ALSACE-LORRAINE

Charcuterie, Presskopf,
Quiche lorraine, Tarte à l'oignon,
Grenouilles, Asperges,
Poissons : sandre, carpe, anguille,
Coq au riesling, Spaetzle,
Choucroute, Baeckeoffe,
Gibiers : biche, chevreuil, sanglier,
Munster, Kougelhopf,
Tarte aux mirabelles ou aux quetsches, Vacherin glacé

⑩ FRANCHE-COMTÉ/JURA

Jésus de Morteau, Saucisse de Montbéliard,
Croûte aux morilles, Soufflé au fromage,
Poissons de lac et rivières : brochet, truite,
Grenouilles, Coq au vin jaune, Comté, Vacherin,
Morbier, Cancoillotte, Gaudes au maïs

⑨ LYONNAIS-PAYS BRESSAN

Rosette de Lyon, Grenouilles de la Dombes,
Gâteau de foies blonds, Quenelles de brochet,
Saucisson truffé pistaché, Poularde demi-deuil,
Tablier de sapeur, Cardons à la mœlle,
Volailles de Bresse à la crème,
Cervelle de canut, Bugnes

⑧ SAVOIE-DAUPHINÉ

Gratin de queues d'écrevisses,
Poissons de lac : omble chevalier, perche, féra.
Ravioles du Royans, Fondue, Raclette, Tartiflette,
Diots au vin blanc, Fricassée de caïon,
Potée savoyarde, Farçon, Farcement,
Gratin dauphinois, Beaufort, Reblochon,
Tomme de Savoie, St-Marcellin, Gâteau de Savoie,
Gâteau aux noix, Tarte aux myrtilles

⑦ PROVENCE-MÉDITERRANÉE

Aïoli, Pissaladière, Salade niçoise, Bouillabaisse,
Anchois de Collioure, Loup grillé au fenouil,
Brandade nîmoise, Bourride sétoise,
Pieds paquets à la marseillaise, Petits farcis niçois,
Daube provençale, Agneau de Sisteron,
Picodon, Crème catalane, Calissons, Fruits confits

⑥ CORSE

Jambon, Figatelli,
Lonzo, Coppa,
Langouste,
Omelette au brocciu,
Civet de sanglier,
Chevreau,
Fromages de brebis (Niolu),
Flan de châtaignes,
Fiadone

→ Vignobles → Vineyards	→ Spécialités régionales → Regional specialities
BORDEAUX Pomerol Tursan	⑥ CORSE Jambon

Choisir le bon vin

→ Choosing a good wine

	2001	2002	2003	2004	2005	2006	2007	2008	2009	2010	2011
Alsace	Grandes	Bonnes	Bonnes	Bonnes	Grandes	Bonnes	Grandes	Grandes	Grandes	Bonnes	Bonnes
Bordeaux rouge	Bonnes	Bonnes	Bonnes	Bonnes	Grandes	Grandes	Moyennes	Bonnes	Grandes	Bonnes	Bonnes
Bourgogne blanc	Moyennes	Grandes	Bonnes	Bonnes	Grandes	Bonnes	Moyennes	Bonnes	Grandes	Bonnes	Bonnes
Bourgogne rouge	Moyennes	Grandes	Bonnes	Bonnes	Grandes	Bonnes	Moyennes	Grandes	Grandes	Bonnes	Moyennes
Beaujolais	Bonnes	Bonnes	Grandes	Bonnes	Grandes	Bonnes	Bonnes	Bonnes	Grandes	Bonnes	Bonnes
Champagne	Moyennes	Bonnes	Grandes	Bonnes	Bonnes	Bonnes	Moyennes	Grandes	Bonnes	Moyennes	Moyennes
Côtes du Rhône septentrionales	Bonnes	Bonnes	Bonnes	Bonnes	Grandes	Grandes	Bonnes	Moyennes	Grandes	Grandes	Bonnes
Côtes du Rhône méridionales	Grandes	Moyennes	Bonnes	Bonnes	Grandes	Bonnes	Bonnes	Moyennes	Grandes	Grandes	Moyennes
Jura	Moyennes	Grandes	Bonnes	Moyennes	Grandes	Grandes	Moyennes	Grandes	Grandes	Bonnes	Bonnes
Provence	Grandes	Moyennes	Bonnes	Bonnes	Bonnes	Bonnes	Bonnes	Bonnes	Grandes	Bonnes	Bonnes
Languedoc	Bonnes	Moyennes	Bonnes	Bonnes	Bonnes	Bonnes	Bonnes	Bonnes	Grandes	Bonnes	Bonnes
Roussillon	Bonnes	Moyennes	Bonnes	Bonnes	Bonnes	Bonnes	Bonnes	Bonnes	Grandes	Bonnes	Bonnes
Sud-Ouest	Grandes	Grandes	Bonnes	Bonnes	Grandes	Bonnes	Bonnes	Grandes	Grandes	Grandes	Bonnes
Val de Loire *Anjou-Touraine*	Bonnes	Bonnes	Grandes	Bonnes	Grandes	Bonnes	Moyennes	Bonnes	Grandes	Bonnes	Bonnes

Grandes années → Great years
Bonnes années → Good years
Années moyennes → Average years

Les grandes années depuis 1970 :
→ The greatest vintages since 1970:
1970 1975 1982 1985 1989 1990 1996 2005

Classification Officielle
→ Official classification

AOP : appellation origine protégée / *Protected designation of origin*
IGP : indication géographique protégée / *Protected geographic indication*

ASSOCIER LES METS & LES VINS

→ Suggestions for complementary dishes and wines

CRUSTACÉS & COQUILLAGES Blancs secs → SHELLFISH : Dry whites	Alsace Bordeaux Bourgogne Côtes du Rhône Provence Languedoc-Roussillon Val de Loire	Sylvaner/Riesling Entre-deux-Mers Chablis/Mâcon Villages St Joseph Cassis/Palette Picpoul de Pinet Muscadet/Montlouis
POISSONS Blancs secs → FISH : Dry whites	Alsace Bordeaux Bourgogne Côtes du Rhône Provence Corse Languedoc-Roussillon Val de Loire	Riesling Pessac-Léognan/Graves Meursault/Chassagne-Montrachet Hermitage/Condrieu Bellet/Bandol Patrimonio Coteaux du Languedoc Sancerre/Menetou-Salon
VOLAILLES & CHARCUTERIES Blancs et rouges légers → POULTRY : Whites and light reds	Alsace Champagne Bordeaux Bourgogne Beaujolais Côtes du Rhône Provence Corse Languedoc-Roussillon Val de Loire	Pinot gris/Pinot noir Coteaux Champenois blanc et rouge Côtes de Bourg/Blaye/Castillon Mâcon/St Romain Beaujolais Villages Tavel (rosé)/Côtes du Ventoux Coteaux d'Aix-en-Provence Coteaux d'Ajaccio/Porto-Vecchio Faugères Anjou/Vouvray
VIANDES Rouges → MEATS : Reds	Bordeaux/Sud-Ouest Bourgogne Beaujolais Côtes du Rhône Provence Languedoc-Roussillon Val de Loire	Médoc/St Émilion/Buzet Volnay/Hautes Côtes de Beaune Moulin à Vent/Morgon Vacqueyras/Gigondas Bandol/Côtes de Provence Fitou/Minervois Bourgueil/Saumur
GIBIER Rouges corsés → GAME : Hearty reds	Bordeaux/Sud-Ouest Bourgogne Côtes du Rhône Languedoc-Roussillon Val de Loire	Pauillac/St Estèphe/Madiran/Cahors Pommard/Gevrey-Chambertin Côte-Rotie/Cornas Corbières/Collioure Chinon
FROMAGES Blancs et rouges → CHEESES : Whites and reds	Alsace Bordeaux Bourgogne Beaujolais Côtes du Rhône Languedoc-Roussillon Jura/Savoie Val de Loire	Gewurztraminer St Julien/Pomerol/Margaux Pouilly-Fuissé/Santenay St Amour/Fleurie Hermitage/Châteauneuf-du-Pape St Chinian Vin Jaune/Chignin Pouilly-Fumé/Valençay
DESSERTS Vins de desserts → DESSERTS : Dessert wines	Alsace Champagne Bordeaux/Sud-Ouest Bourgogne Jura/Bugey Côtes du Rhône Languedoc-Roussillon Val de Loire	Muscat d'Alsace/Crémant d'Alsace Champagne blanc et rosé Sauternes/Monbazillac/Jurançon Crémant de Bourgogne Vin de Paille/Cerdon Muscat de Beaumes-de-Venise Banyuls/Maury/Muscats/Limoux Coteaux du Layon/Bonnezeaux

→ Région vinicole → Region of production

→ Appellation → Appellation

L'Aventure Michelin

Tout commence avec des balles en caoutchouc ! C'est ce que produit, vers 1880, la petite entreprise clermontoise dont héritent André et Édouard Michelin.

Les deux frères saisissent vite le potentiel des nouveaux moyens de transport. L'invention du pneumatique démontable pour la bicyclette est leur première réussite. Mais c'est avec l'automobile qu'ils donnent la pleine mesure de leur créativité. Tout au long du 20e s., Michelin n'a cessé d'innover pour créer des pneumatiques plus fiables et plus performants, du poids lourd à la F 1, en passant par le métro et l'avion.

Très tôt, Michelin propose à ses clients des outils et des services destinés à faciliter leurs déplacements, à les rendre plus agréables... et plus fréquents. Dès 1900, le Guide Michelin fournit aux chauffeurs tous les renseignements utiles pour entretenir leur automobile, trouver où se loger et se restaurer. Il deviendra la référence en matière de gastronomie. Parallèlement, le Bureau des itinéraires offre aux voyageurs conseils et itinéraires personnalisés.

En 1910, la première collection de cartes routières remporte un succès immédiat ! En 1926, un premier guide régional invite à découvrir les plus beaux sites de Bretagne. Bientôt, chaque région de France a son Guide Vert. La collection s'ouvre ensuite à des destinations plus lointaines de New York en 1968... à Taïwan en 2011.

Au 21e s., avec l'essor du numérique, le défi se poursuit pour les cartes et guides Michelin qui continuent d'accompagner le pneumatique. Aujourd'hui comme hier, la mission de Michelin reste l'aide à la mobilité, au service des voyageurs.

MICHELIN AUJOURD'HUI

N°1 MONDIAL DES PNEUMATIQUES

- 69 sites de production dans 18 pays
- 115 000 employés de toutes cultures, sur tous les continents
- 6 000 personnes dans les centres de Recherche & Développement

Avancer
monde où la

Mieux avancer, c'est d'abord innover pour mettre au point des pneus qui freinent plus court et offrent une meilleure adhérence, quel que soit l'état de la route.

LA JUSTE PRESSION

BONNE PRESSION

- Sécurité
- Longévité
- Consommation de carburant optimale

-0,5 bar

- Durée de vie des pneus réduite de 20% (- 8 000 km)

-1 bar

- Risque d'éclatement
- Hausse de la consommation de carburant
- Distance de freinage augmentée sur sol mouillé

ensemble vers un mobilité est plus sûre

C'est aussi aider les automobilistes à prendre soin de leur sécurité et de leurs pneus. Pour cela, Michelin organise partout dans le monde des opérations **"Faites le plein d'air"** pour rappeler à tous que la juste pression est vitale.

L'USURE

COMMENT DETECTER L'USURE ?

Vos pneus MICHELIN sont munis d'indicateurs d'usure : ce sont de petits pains de gomme moulés au fond des sculptures et d'une hauteur de 1,6mm. Lorsque la profondeur des sculptures est au même niveau que les indicateurs, les pneus sont usés et doivent être remplacés

Les pneus constituent le seul point de contact entre le véhicule et la route, un pneu usé peut être dangereux sur chaussée mouillée.

PNEU NEUF

PNEU USÉ
(1,6 mm de sculpture)

Ci-contre, la zone de contact réelle photographiée sur chaussée mouillée.

Mieux avancer,
c'est développer une mobilité durable.

INNOVATION ET ENVIRONNEMENT

Chaque jour, Michelin innove pour réduire la quantité de matières premières utilisée dans la fabrication des pneumatiques, et développe dans ses usines les énergies renouvelables. La conception des pneus MICHELIN permet déjà d'économiser des milliards de litres de carburant, et donc des milliards de tonnes de CO2.

De même, Michelin choisit d'imprimer ses cartes et guides sur des « papiers issus de forêts gérées durablement ». L'obtention de la certification ISO14001 atteste de son plein engagement dans une éco-conception au quotidien.

Un engagement que Michelin confirme en diversifiant ses supports de publication et en proposant des solutions numériques pour trouver plus facilement son chemin, dépenser moins de carburant.... et profiter de ses voyages !

Comme vous, Michelin s'engage dans la préservation de notre planète.

Chattez avec Bibendum

Rendez-vous sur :
www.michelin.com/corporate/fr
Découvrez l'actualité et
l'histoire de Michelin.

QUIZZ

Michelin développe des pneumatiques pour tous les types de véhicules. Amusez-vous à identifier le bon pneu...

Résultat : A-6 / B-4 / C-2 / D-1 / E-3 / F-7 / G-5

En choisissant les pneus MICHELIN PRIMACY 3, vous bénéficiez de la sécurité puissance 3 : excellence en freinage sur sol sec*, en freinage sur sol mouillé* et en virages sur sol mouillé*. Vous profitez par ailleurs de l'expertise de MICHELIN en longévité et économies de carburant. Découvrez comment le bon pneu peut tout changer sur **www.michelin.fr**

MICHELIN
Une meilleure façon d'avancer

*Performances basées sur les tests indépendants de TÜV SÜD et IDIADA en 2011 sur les dimensions 205/55 R 16 V et 225/45 R 17 W.

Localités de A à Z

➜ Towns from A to Z

ABBEVILLE – 80 Somme – 301 E7 – 24 325 h. – alt. 8 m 36 A1
– ✉ 80100 Nord Pas-de-Calais Picardie

Paris 186 – Amiens 51 – Boulogne-sur-Mer 79 – Rouen 106

1, place de l'Amiral Courbet, ✆ 03 22 24 27 92, www.abbeville-tourisme.com

d'Abbeville, à abbeville, Route du Val, par rte St-Valéry-s-Somme : 4 km, ✆ 03 22 24 98 58

Vitraux contemporains★★ de l'église du St-Sépulcre - Façade★ de la collégiale St-Vulfran - Musée Boucher de Perthes★.

Vallée de la Somme★ - Château de Bagatelle★.

Mercure Hôtel de France
19 pl. du Pilori – ✆ 03 22 24 00 42 – www.mercure.com
72 ch – 102/135 € 108/155 € – 15 €
Rest – Formule 19 € – Menu 24 € – Carte 29/47 €
Belle cure de jouvence pour cet immeuble en brique rouge : chambres contemporaines, junior suite avec baignoire balnéo, et bar feutré. Au restaurant, cuisine traditionnelle.

Relais Vauban sans rest
4 bd Vauban – ✆ 03 22 25 38 00 – www.relais-vauban.com – Fermé 24 fév.-3 mars et 21 déc.-6 janv.
22 ch – 40/63 € 43/66 € – 9 €
Sur un boulevard passant, en centre-ville, ce petit hôtel dispose de chambres fonctionnelles et bien insonorisées, à la tenue impeccable. Accueil charmant.

à St-Riquier 9 km à l'Est par D 925 – 1 266 h. – alt. 29 m – ✉ 80135

le Beffroi, ✆ 03 22 28 91 72, www.saint-riquier.com

Jean de Bruges sans rest
18 pl. de l'Église – ✆ 03 22 28 30 30 – www.hotel-jean-de-bruges.com
11 ch – 95/130 € 95/130 € – 14 €
Sur le parvis de l'abbatiale, élégante demeure du 17e s. en pierres blanches. Chambres de caractère décorées de meubles anciens ; salle des petits-déjeuners sous verrière.

L'ABERGEMENT-CLÉMENCIAT – 01 Ain – 328 C4 – rattaché à Châtillon-sur-Chalaronne

ABLIS – 78 Yvelines – 311 G4 – 3 247 h. – alt. 151 m – ✉ 78660 18 A2

Paris 62 – Chartres 31 – Mantes-la-Jolie 64 – Orléans 79

Hôtel de Ville, ✆ 01 30 46 06 06, www.ablis.fr

à l'Ouest 6 km par D 168

Château d'Esclimont
ch,
2 r. du Château-d'Esclimont ✉ 28700 St-Symphorien-le-Château – ✆ 02 37 31 15 15 – www.esclimont.fr
48 ch – 188/388 € 188/388 € – 4 suites – 24 €
Rest – Menu 39/83 € – Carte 66/82 €
Goûtez à la vie de château en cette demeure des 15 e et 16e s., ancienne résidence des La Rochefoucauld. Magnifique parc avec étang, rivière et jardin à la française. Cuisine actuelle servie dans la salle de style 18e s. ou dans celle réputée pour ses cuirs de Cordoue.

ABRESCHVILLER – 57 Moselle – 307 N7 – 1 510 h. – alt. 340 m – ✉ 57560 27 D2
Alsace Lorraine

Paris 433 – Baccarat 46 – Lunéville 62 – Phalsbourg 23

2, place Norbert Prévot, ✆ 03 87 03 77 26, www.abreschviller.fr

Auberge de la Forêt
276 r. des Verriers, 0,5 km à Lettenbach – ✆ 03 87 03 71 78 – www.aubergedelaforet57.com – Fermé 8-19 oct., 1er-20 janv., mardi soir et lundi
Rest – Formule 14 € – Menu 30/46 € – Carte 37/62 €
Elle en impose, cette auberge, avec sa tourelle, au cœur de la vallée d'Abreschviller. Fini les allures de bistrot de campagne, place à un style moderne et cossu, élégant, en phase avec la cuisine, bien dans son époque.

ACCOLAY – 89 Yonne – **319** F6 – 452 h. – alt. 125 m – ✉ 89460 **7** B2
Bourgogne
Paris 188 – Avallon 31 – Auxerre 23 – Tonnerre 40

Hostellerie de la Fontaine

16 r. de Reigny – ☎ 03 86 81 54 02 – www.hostelleriedelafontaine.fr – Ouvert 12 fév.-15 déc. et fermé dim. soir hors saison, mardi sauf le soir en saison et lundi
Rest – Formule 14 € bc – Menu 30/46 € – Carte 33/51 €
Maison bourguignonne au cœur d'un paisible village de la vallée de la Cure. On y sert une cuisine traditionnelle dans les anciens chais ou, si le temps le permet, dans l'agréable jardin fleuri.

ACQUIGNY – 27 Eure – **304** H6 – 1 605 h. – alt. 19 m – ✉ 27400 **33** D2
Normandie Vallée de la Seine
Paris 105 – Évreux 22 – Mantes-la-Jolie 54 – Rouen 38

L'Hostellerie d'Acquigny

1 r. d'Évreux – ☎ 02 32 50 20 05 – www.hostellerie-acquigny.fr – Fermé de mi-juil. à mi-août, 2 sem. en janv., dim. soir, lundi et mardi
Rest – Formule 25 € – Menu 34/78 € bc – Carte 37/87 €
Dans cette sympathique auberge de village, le chef concocte une cuisine de saison qui magnifie la saveur de beaux produits... Quant à ses suggestions du jour, elles complètent une carte déjà fort alléchante. C'est bon, tout simplement !

AFFIEUX – 19 Corrèze – **329** L2 – 372 h. – alt. 480 m – ✉ 19260 **25** C2
Paris 472 – Brive-la-Gaillarde 64 – Limoges 83 – Tulle 39

Le Cantou

au bourg – ☎ 05 55 98 13 67 – www.auberge-du-cantou-correze.fr – Fermé 2-10 janv., dim. soir et merc.
Rest – Menu 12 € (déj. en sem.), 23/45 € bc
L'hiver, on apprécie la petite salle rustique et son cantou ; l'été, on lui préfère la véranda. Mais en toute saison, on se régale de plats hauts en saveurs qui transcendent le terroir, telle cette "destructuration de carré d'agneau"...

AGAY – 83 Var – **340** Q5 – alt. 20 m – ✉ 83530 Côte d'Azur **42** E2
Paris 880 – Cannes 34 – Draguignan 43 – Fréjus 12
place Giannetti, ☎ 04 94 82 01 85, www.agay.fr
Massif de L'Estérel★★★.

Les Flots Bleus

rest,
83 rte St-Barthélémy, Anthéor Plage – ☎ 04 94 44 80 21 – www.hotel-cote-azur.com – Ouvert 26 mars-21 oct.
18 ch – †63/71 € ††63/71 € – ☕ 8 € – ½ P **Rest** – Menu 24/57 € – Carte 38/64 €
Au pied d'un imposant viaduc ferroviaire, face à la mer, un hôtel aux chambres simples et originales : "Soleillou", "Laurier rose", "Papillon"... Au restaurant, véranda lumineuse, terrasse sous les platanes et cuisine non dénuée de créativité.

Villa Matuzia

15 bd Ste-Guitte – ☎ 04 94 82 79 95 – www.matuzia.com – Fermé 1 sem. en mars, 15-30 nov., dim. soir sauf de juin à oct. et lundi
Rest *(nombre de couverts limité, réserver)* – Formule 20 € – Menu 29/60 € – Carte 42/65 €
Un décor de bonbonnière, un petit jardin noyé sous la verdure, une terrasse éclairée le soir à la bougie... et des assiettes tout en fraîcheur qui font plaisir aux yeux autant qu'aux papilles. L'occasion d'une jolie escapade sur la côte, au pied du massif de l'Esterel.

AGDE – 34 Hérault – **339** F9 – 24 031 h. – alt. 5 m – Casino : au Cap d'Agde BY – ✉ 34300 Languedoc Roussillon **23** C2
Paris 754 – Béziers 24 – Lodève 60 – Millau 118
place belle Agathoise, ☎ 04 67 62 91 99, www.capdagde.com
18 du Cap-d'Agde, au Cap-d'Agde, 4 avenue des Alizés, S : 4 km par D 32, ☎ 04 67 26 54 40
Ancienne cathédrale St-Étienne★.

LE CAP D'AGDE

Acadiens (Allée des)	CX	3
Alfonse (Av. du Chevalier d')	AX	4
Alizés (Av. des)	AXY	
Antilles (Rd-Pt des)	AY	6
Beaupré (Quai du)	CX	7
Belle Isle (Av. de)	ABX	
Bon Accueil (Rd-Pt du)	BX	9
Bouteillou (Rd-Pt du)	CX	10
Cantinières (Av. des)	CX	
Capelet (Quai du)	AX	12
Challiès (Av. du Passeur)	ABY	
Chandelles (R. des)	BX	15
Contrebandiers (Av. des)	BCX	
Corsaires (R. des)	AY	
Courette (R. de la)	CX	17
Dominico (Quai Di)	BX	18
Estacade (R. de l')	BY	19
Falaise (R. de la)	CY	21
Flânerie (Allée de la)	CX	23
Fouquet (Rd-Pt Nicolas)	BX	24
Gabelle (R. de la)	BX	26
Galères (Av. des)	CX	
Gallo-Romains (R. des)	AX	
Garnison (R. de la)	CXY	
Gentilshommes (Cours des)	CXY	
Gouverneur (R. du)	CX	
Grenadiers (R. des)	CX	31
Hallebardes (Av. des)	CX	32
Hune (R. de la)	BX	34
Iles-d'Amérique (Av. des)	AY	36
Ile (Av. de l')	BCY	
Jetée (Av. de la)	CY	
Joutes (Quai des)	BX	39
Labech (R. du)	BX	
Louisiane (Allée de la)	CX	40
Méditerranée (Av. de la)	CX	
Miquel (Quai Jean)	BCX	
Outre-Mer (Av. d')	AY	
Pacifique (R. du)	AY	
Phocéens (Quai des)	CY	42
Radoub (Rd-Pt du)	CY	43
St-Martin-des-Vignes (R.)	AX	
St-Martin (Quai)	BX	48
Sarret-de-Coussergue (R.)	ABX	
Sergents (Av. des)	BCX	
Soldats (Av. des)	CX	
Surintendant (Av. du)	BX	
Tambour (R. du)	BX	51
Tirème (Quai de la)	CXY	56
Tours-de-St-Martin (Rd-Pt des)	AX	53
Trinquette (Quai de la)	CX	54
Vaisseaux (R. des)	CX	
Vent-des-Dames (R. du)	BX	
Vieux Cap (Quai du)	BY	
Volvire-de-Brassac (R.)	AX	
2-Frères (R. des)	CY	
4-Cantons (Allée des)	CX	60

A

X

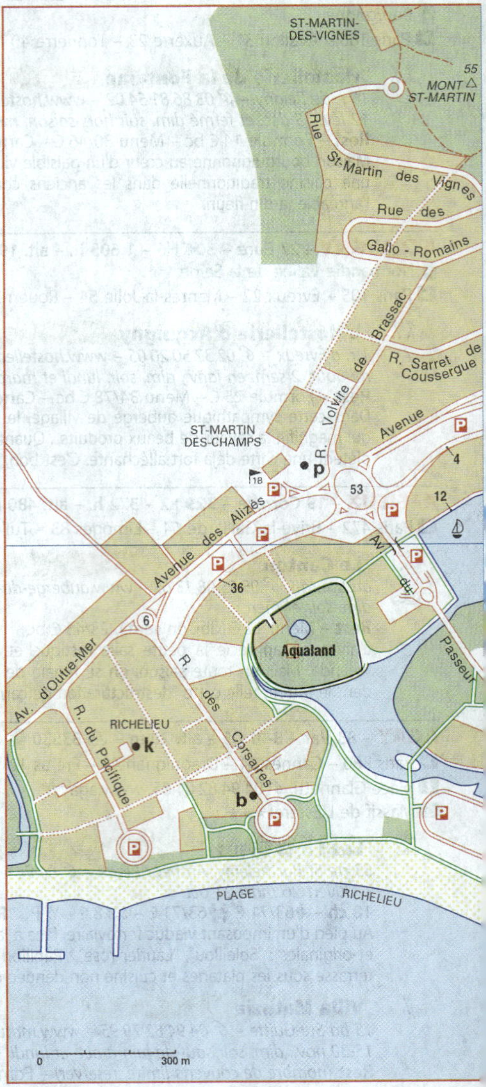

Y

A

Le Bistrot d'Hervé

47 r. Brescou – ✆ 04 67 62 30 69 – www.bistroherve.com – Fermé merc. soir, sam. midi et dim.

Rest *(nombre de couverts limité, réserver)* – Menu 16 € (déj. en sem.)/29 € – Carte 43/54 €

Voilà un sympathique bistrot ! Dans un décor contemporain, on déguste une appétissante cuisine d'aujourd'hui : terrine de foie gras et chutney de figues, pièce de thon snackée avec sa galette de socca, etc. Aux beaux jours, profitez de la terrasse à l'ombre des parasols et de la glycine.

La Table de Stéphane

2 r. des Moulins-à-Huile, (ZI Les Sept Fonts)
– ✆ 04 67 26 45 22 – www.latabledestephane.com
– Fermé 2-16 janv., sam. midi, dim. soir et lundi

Rest – Formule 15 € – Menu 23 € (dîner), 28/65 € bc – Carte 38/94 €
Dans la zone industrielle des Sept Fonts, une table dans l'air du temps, proposant notamment poissons et produits de la mer locaux. Bon choix de vins du Languedoc-Roussillon.

au Grau d'Agde 4 km au Sud-Ouest par D 32^E – ✉ 34300

L'Adagio

3 quai Cdt-Méric – ✆ 04 67 21 13 00 – www.ladagio.net – Fermé 18-27 déc., 2-31 janv., dim. soir, lundi et merc. sauf le soir en juil.-août

Rest – Formule 15 € – Menu 28/54 € – Carte 37/51 €

Sur un quai jalonné de restaurants, optez donc pour cette table, vous ne le regretterez pas ! Le chef réalise une cuisine régionale, plutôt soignée, à base de produits frais. À la belle saison, installez-vous sur la terrasse face à l'Hérault.

au Cap d'Agde 5 km au Sud-Est par D 32^E10 – ✉ 34300

rond-point du Bon Accueil, ✆ 04 67 01 04 04, www.capdagde.com

Ephèbe d'Agde★★ au musée de l'Ephèbe.

Plans pages précédentes

Palmyra Golf Hôtel sans rest

4 av. des Alizés – ✆ 04 67 01 50 15 – www.palmyragolf.com – Ouvert de début avril à mi-nov. AXp

32 ch – †125/245 € ††125/245 € – 2 suites – ☕ 16 €

Une architecture assez soignée de style méditerranéen (tons ocre, arcades) et un environnement très calme : les chambres, spacieuses, ouvrent sur le grand patio ou le golf...

Capaô

r. des Corsaires – ✆ 04 67 26 99 44 – www.capao.com – Ouvert avril-oct.

55 ch – †85/165 € ††85/165 € – ☕ 12 € AYb

Rest *Capaô Beach* ✆ 04 67 26 41 25 *(Ouvert fin avril-mi sept. et fermé lundi soir et mardi soir)* – Carte 30/75 €

Ambiance estivale dans ce complexe hôtelier proche de la plage Richelieu. Les chambres sont fonctionnelles et avec balcon. Sauna, hammam, fitness, activités sportives, etc. Au Capaô Beach, salades et poissons grillés les pieds dans le sable...

La Bergerie du Cap sans rest

4 av. de Cassiopée - CX – ✆ 04 67 01 71 35 – www.labergerieducap.com – Ouvert de fin avril à début nov.

12 ch – †94/229 € ††94/268 € – ☕ 14 €

Un lieu original au Cap, avec un certain cachet : à l'extérieur de la station, une ancienne bergerie du 18e s., aux abords très fleuris. Patio avec piscine.

Hélios sans rest

12 r. du Labech – ✆ 04 67 01 37 68 – www.hotel-helios.com – Ouvert 1er avril-1er nov.

40 ch – †65/140 € ††65/140 € – ☕ 10 € BXe

Un hôtel familial bien tenu, dans une zone résidentielle à l'entrée de la station. Chambres avec terrasse en rez-de-jardin, transats et jeux pour enfants, piscine sécurisée...

Les Grenadines sans rest

6 impasse Marie-Céleste – ✆ 04 67 26 27 40 – www.hotelgrenadines.com – Ouvert 8 fév.-10 nov. AYk

20 ch – †60/120 € ††60/120 € – ☕ 10 €

Adresse plaisante pour son ambiance familiale et ses chambres pratiques. La proximité des plages, de l'Aqualand et de l'île des Loisirs séduira petits et grands.

AGEN P – 47 Lot-et-Garonne – 336 F4 – 33 920 h. – alt. 50 m – ✉ 47000 4 C2

Aquitaine

Paris 662 – Auch 74 – Bordeaux 141 – Pau 159

d'Agen-la-Garenne : ✆ 05 53 77 00 88, SO : 3 km.

38, rue Garonne, ✆ 05 53 47 36 09, www.ot-agen.org

Agen Bon-Encontre, à Bon-Encontre, rte de Saint Ferréol, par rte de Toulouse : 7 km, ✆ 05 53 96 95 78

de Pleneselve, à Bon-Encontre, au NE par D 656 et rte secondaire : 8 km, ✆ 05 53 67 52 65

Musée des Beaux-Arts★★ AXYM - Parc de loisirs Walibi★ 4 km par ⑤.

Banabéra (R.) .... AX 2
Barbusse (Av. H.) .... BX 3
Beauville (R.) .... AY 4
Cessac (R. de) .... AY 5
Chaudordy (R.) .... AY 6
Colmar (Av. de) .... BZ 7
Cornières (R. des) .... AX 8
Desmoulins (R. C.) .... BX 9
Docteur-P.-Esquirol (Pl.) .. AY 10
Dolet (R. E.) .... AY 13
Durand (Pl. J.-B.) .... AX 14
Floirac (R.) .... AX 17
Garonne (R.) .... AX 18
Héros-de-la-Résistance (R. des) .... BX 20
Jacquard (R.) .... ABX 21
Laitiers (Pl. des) .... AX 22
Lattre-de-Tassigny (R. Maréchal-de) .... AY 24
Lomet (R.) .... AY 27
Moncorny (R.) .... AY 28
Montesquieu (R.) .... AXY 30
Président-Carnot (Bd du) .... BXY
Puits-du-Saumon (R.) .... AX 31
Rabelais (Pl.) .... BX 32
République (Bd de la) ...... ABX
Richard-Cœur-de-Lion (R.) .... AY 33
Tissidre (Av. A.) .... AZ 34
Vivent (R. Louis) .... AY 35
Voltaire (R.) .... AX 36
Washington (Cours) .... BY 37
9e-de-Ligne (Cours du) ..... AYZ 38
14-Juillet (Cours du) ...... BX 39
14-Juillet (Pl. du) .... BX 41

Château des Jacobins sans rest

pl. des Jacobins – ✆ 05 53 47 03 31
– www.chateau-des-jacobins.com AY**f**

13 ch – †80/90 € ††130/140 € – ☕ 10 €

Il règne dans cet hôtel particulier (construit en 1830 pour le comte de Cassaigneau) un bel esprit "demeure bourgeoise" : meubles anciens, tissus raffinés et chambres spacieuses, d'une tenue irréprochable.

Mariottat (Éric Mariottat)

25 r. L.-Vivent – 05 53 77 99 77 – www.restaurant-mariottat.com – Fermé 1er-8 avril, 28 oct.-4 nov., 2-14 janv., merc. midi de nov. à avril, sam. midi, dim. soir et lundi AYs

Rest – Menu 27 € (déj. en sem.), 49/85 € – Carte 69/80 €

Dans cette maison de maître du 19e s., tout est raffiné et soigné : l'accueil et le service, la cuisine de saison – fine et subtile –, la carte des vins étoffée et la jolie terrasse... Les gourmets agenais sont séduits ; les autres aussi !

➜ Œuf de poule cuit à 65°C, purée de ratte aux truffes. Assiette tout canard, servie dans tous ses états. Dessert "vert". **Vins** Côtes de Duras, Buzet.

Le Washington

7 cours Washington – 05 53 48 25 50 – www.le-washington.com – Fermé 2 sem. en août, sam. et dim. AYr

Rest – Formule 15 € bc – Menu 21/38 € – Carte 35/85 €

Dans cette demeure bourgeoise édifiée par l'architecte Charles Garnier, on redécouvre lamproie à la bordelaise, cassolette de Saint-Jacques, feuilleté de lotte, etc. Une agréable adresse traditionnelle.

La Table d'Armandie

1350 av. du Midi – 05 53 96 15 15 – www.latabledarmandie.fr – Fermé 6-19 août, dim., lundi et fériés AZa

Rest – Menu 16 € (déj.), 20/55 € – Carte 45/70 €

Non loin du stade de rugby, la Table d'Armandie valorise les saveurs et produits du terroir. Le chef se décarcasse et concocte un beau menu régional à prix doux ; on se régale en profitant du spectacle des cuisines ouvertes sur la salle.

Le Margoton

52 r. Richard-Cœur-de-Lion – 05 53 48 11 55 – www.lemargoton.com – Fermé 15 juil.- 1er août, 23 déc.-3 janv., 12-19 mars, sam. midi, dim. et lundi

Rest – Menu 17 € (déj. en sem.), 25/35 € – Carte 40/51 € AYe

Au cœur de la vieille ville, un joli restaurant dont la déco mêle le charme de l'ancien à des touches plus actuelles. Côté cuisine, les plats rivalisent de saveur : ris de veau sauce au porto, soufflé au Grand Marnier...

La Part des Anges

14 r. Émile-Sentini – 05 53 68 31 00 – www.lapartdesanges.eu – Fermé 26 août-3 sept., vacances de fév., dim. et lundi BXu

Rest – Menu 15 € (déj. en sem.)/21 € – Carte 25/40 €

Pistache et chocolat : les couleurs de la salle mettent déjà en appétit ! Ici, on se sent un peu comme chez des amis et l'on savoure de copieux plats du terroir, à prix doux. Jolie terrasse intime.

L'Atelier

14 r. du Jeu-de-Paume – 05 53 87 89 22 – Fermé sam. midi et dim. AYg

Rest – Menu 17 € (déj. en sem.), 27/34 € – Carte 40/52 €

Dans cet atelier-là, c'est Marjorie qui cuisine et Stéphane qui veille sur la salle. Est-ce la touche féminine ? La cuisine est légère, rafraîchissante, tout en étant généreuse. Indéniablement, ces petits plats ensoleillent nos papilles.

à Pont-du-Casse 6 km par ② et D 656 – 4 305 h. – alt. 67 m – ✉ 47480

Château de Cambes sans rest

allée de Cambillou – 05 53 95 38 73 – www.chateau-de-cambes.com – Fermé déc. et janv.

5 ch – 145 € 145 €

À seulement 6 km du centre d'Agen, un beau château restauré par un couple de jeunes retraités passionnés par les vieilles pierres. L'immense parc, l'élégance subtile des très grandes chambres, le calme, les balades à vélo (prêt au château)... On se sent si bien !

à Moirax 9 km par ④, N 21 et D 268 – 1 127 h. – alt. 154 m – ✉ 47310

Le bourg, 05 53 87 03 69, www.moirax.com

Auberge Le Prieuré (Benjamin Toursel)
Le Bourg – ✆ 05 53 47 59 55 – www.aubergeduprieuredemoirax.fr – Fermé dim. soir, lundi et mardi
Rest *(nombre de couverts limité, réserver)* – Menu 25 € (déj. en sem.), 55/70 €
Une cuisine spontanée, pleine d'audace, presque en mouvement ! On la déguste dans une belle maison de village plusieurs fois centenaire, qui a conservé le charme de l'ancien.
➜ Maquereau de ligne, livèche et yaourt. Cochon ibérique et encornets. Fruits rouges et violette. **Vins** Côtes de Gascogne, Côtes de Duras.

au Sud-Ouest 12 km par ④, rte d'Auch (N 21) puis D 268 – ✉ 47310 Laplume

Château de Lassalle ch,
Brimont – ✆ 05 53 95 10 58 – www.chateaudelassalle.com – Fermé vacances de Noël et 1 sem. vacances de fév.
17 ch – 99/219 € 99/219 € – 11 € – ½ P
Rest *(réserver)* – Formule 20 € – Menu 24 € – Carte 28/42 €
Une belle demeure du 18e s. nichée dans un parc de 8 ha, très prisée lors des mariages. Chambres douillettes et classiques (mobilier de style, pierre, tons clairs), restaurant traditionnel... Quiétude, charme et caractère !

à Boé 4 km par ④ , N 21 – 5 361 h. – alt. 46 m – ✉ 47550

Halte Nautique de Boé Montalembert, ✆ 05 53 96 04 00

Imagine
au Lac de Passeigne, par rte du Lac – ✆ 05 53 68 58 16 – uneaubergeengascogne.com – Fermé janv., dim. soir et lundi
Rest – Formule 15 € – Menu 27/43 € – Carte 35/54 €
Imaginez une jolie maison épurée au bord du lac et au milieu de la verdure, où les gens se sentent bien... Non, ce n'est pas un rêve, et ici la carte fait la part belle au poisson et aux produits de saison, avec une touche méditerranéenne. Frais et bon.

AGNEAUX – 50 Manche – 303 F5 – rattaché à St-Lô

AGNIERES-EN-DEVOLUY – 05 Hautes-Alpes – 334 D4 – 270 h. – alt. 1 263 m – ✉ 05250 — 40 B1

Paris 690 – Gap 42 – Marseille 204 – Vizille 73

Le Refuge de l'Eterlou sans rest
La Joue du Loup, 4 km à l'Est – ✆ 04 92 23 33 80 – www.hotel-eterlou.com – Ouvert 31 juin-1er sept. et 20 déc.-20 avril
30 ch – 60/70 € 80/90 € – 9 €
Sur les hauteurs de cette station reliée à Superdévoluy, ce chalet moderne a tout de la bonne étape pour un séjour à la montagne, en toute simplicité et à prix doux. Avis aux skieurs : les pistes sont à deux pas !

AGUESSAC – 12 Aveyron – 338 K6 – 849 h. – alt. 375 m – ✉ 12520 — 29 D2

Paris 628 – Florac 76 – Mende 87 – Millau 9

Auberge le Rascalat rest,
2 km rte de Verrières par D 809 – ✆ 06 87 35 64 17 – www.auberge-lerascalat.fr – Ouvert 1er mars-31 déc.
14 ch – 64/74 € 64/74 € – 12 €
Rest *(fermé lundi midi et mardi midi)* – Menu 25/68 € – Carte 37/62 €
Entre Causses et rivière, cet ancien moulin à huile de noix se niche dans la verdure, au grand calme. Chambres champêtres, piscine à débordement et cuisine régionale : c'est vraiment bucolique !

AHETZE – 64 Pyrénées-Atlantiques – **342** C2 – **1 697 h.** – **alt. 28 m** – ✉ **64210** **3** A3

Paris 767 – Bordeaux 207 – Pau 127 – Donostia-San Sebastián 52

La Ferme Ostalapia avec ch
chemin d'Ostalapia, 3 km au Sud par D 855 – ✆ 05 59 54 73 79 – www.ostalapia.fr – Fermé 17-31 janv., merc. hors saison et le midi en juil.-août
8 ch – †65/155 € ††65/155 € – ☕ 10 € **Rest** – Formule 15 € – Carte 30/49 €
Ancienne ferme du pays dont la réputation locale n'est plus à faire. On y sert une bonne cuisine du terroir dans un décor typiquement basque. Terrasse au pied des vignes, face aux montagnes. Chambres coquettes et rustiques, bien tenues.

AIGUEBELETTE-LE-LAC – 73 Savoie – **333** H4 – **229 h.** – **alt. 410 m** – ✉ **73610** Alpes du Nord **46** F2

Paris 552 – Belley 34 – Chambéry 22 – Grenoble 76

Lac★ - Panorama★★ sur la route du col de l'Épine N.

à St-Alban-de-Montbel (rive Ouest) 7 km par D 921 – 605 h. – alt. 400 m – ✉ 73610

Les Lodges du Lac
La Curiaz, D 921 – ✆ 04 79 36 00 10 – www.leslodgesdulac.com
13 ch – †55/75 € ††55/75 € – ☕ 8 € – ½ P
Rest *(fermé 1 sem. en mars, 1er-20 oct., 1 sem. en déc., lundi et dim. soir du 30 sept. au 1er juin)* – Menu 14 € (déj. en sem.), 23/30 € – Carte 27/40 €
Hôtel situé en retrait du lac. Chambres joliment décorées dans le bâtiment principal ; celles de l'annexe, plus simples, donnent de plain-pied sur le jardin. Cuisine traditionnelle et spécialités savoyardes... à apprécier sous la véranda l'été venu.

à la Combe (rive Est) 4 km par D 921d – ✉ 73610

La Combe "chez Michelon" avec ch
– ✆ 04 79 36 05 02 – www.chez-michelon.fr – Fermé de mi-déc. à début fév., mardi sauf le midi d'avril à sept. et merc. d'oct. à mars
5 ch – †60 € ††74 € – ☕ 9 € – ½ P
Rest – Formule 20 € – Menu 24/49 € – Carte 38/59 €
Dans cette accueillante maison, la vue sur le lac est imprenable ! On y savoure des plats traditionnels et les poissons des lacs d'Annecy ou du Bourget accompagnés d'une sublime carte de vins régionaux. L'été, installez-vous sur la terrasse, à l'ombre d'un marronnier.

AIGUEBELLE – 83 Var – **340** N7 – rattaché au Lavandou

AIGUES-MORTES – 30 Gard – **339** K7 – **8 116 h.** – **alt. 3 m** – ✉ **30220** **23** C2
Languedoc Roussillon

Paris 745 – Arles 49 – Montpellier 38 – Nîmes 42

place Saint-Louis, ✆ 04 66 53 73 00, www.ot-aiguesmortes.fr

Remparts★★ et tour de Constance★★ : ✳★★ - Eglise Notre-Dame des Sablons★.

Villa Mazarin
35 bd Gambetta – ✆ 04 66 73 90 48 – www.villamazarin.com
23 ch – †120/350 € ††120/350 € – ☕ 14 €
Rest ***La Table*** – voir les restaurants ci-après
Au cœur d'Aigues, une demeure du 15e s. tout en pierre blonde. Escalier à balustres, mobilier ancien, piscine intérieure, jardinet... on apprécie l'élégance et la discrétion des lieux.

Canal sans rest
440 rte de Nîmes – ✆ 04 66 80 50 04 – www.hotelcanal.fr – Fermé 11 nov.-18 déc. et 8 janv.-8 fév.
25 ch – †77/160 € ††77/160 € – ☕ 12 €
À l'entrée de la ville, face au canal (hors les murs, donc), un hôtel moderne assez agréable : décor sobre, piscine, solarium, copieux petit-déjeuner...

St-Louis
10 r. Am.-Courbet – 04 66 53 72 68 – www.lesaintlouis.fr – Ouvert d'avril à oct.
22 ch – 75/98 € 87/113 € – 10 € – ½ P
Rest *(fermé sam. midi, lundi et mardi)* – Menu 19 € (déj. en sem.), 26/36 € – Carte 37/46 €
Intra-muros, à deux pas de la tour de Constance, cette bâtisse du 18e s. allie simplicité et charme de l'ancien : un joli escalier dessert les chambres, apprêtées aux couleurs de la Provence. Au restaurant, décor vert amande, agréable patio et saveurs du Sud...

La Table – Hôtel Villa Mazarin
35 bd Gambetta – 04 66 73 90 48 – www.villamazarin.com – Fermé 22 fév.-13 mars, 7-16 déc., jeudi midi en juil.-août, mardi sauf le soir en saison et lundi
Rest – Menu 29/75 € – Carte 39/71 €
Bel esprit baroque dans ce restaurant, pour une cuisine fine et goûteuse. Filets de saint-pierre marinés à l'huile d'olive et au citron, pigeonneau des Corbières délicatement rôti... La carte met déjà en appétit !

Les Arcades avec ch
23 bd Gambetta – 04 66 53 81 13 – www.les-arcades.fr – Fermé mardi midi, jeudi midi et lundi sauf le soir en juil.-août
9 ch – 100/104 € 106/108 € – 10 €
Rest – Menu 20 € (déj. en sem.), 35/45 € – Carte 42/56 €
Sous les arcades d'une maison du 16e s., où s'épanouissent quelques tables aux beaux jours... Cette table rustique propose une bonne cuisine régionale, attachée aux produits de saison. Les quelques chambres sont spacieuses, avec un certain cachet (tons pastel).

AILLANT-SUR-THOLON – 89 Yonne – 319 D4 – 1 418 h. – alt. 112 m – 89110 — 7 B1

Paris 144 – Auxerre 20 – Briare 70 – Clamecy 61
1, cours de la Halle aux Grains, 03 86 63 54 17, www.ot-aillant.com
du Roncemay, Domaine et Golf du Roncemay, Chassy, 03 86 73 50 50

au Sud-Ouest 7 km par D 955, D 57 et rte secondaire

Domaine du Roncemay
89110 Chassy – 03 86 73 50 50 – www.roncemay.com – Ouvert de mars à nov.
16 ch – 100/320 € 100/320 € – 2 suites – 18 € – ½ P
Rest *Domaine du Roncemay* – voir les restaurants ci-après
Idéal pour les golfeurs, au cœur d'un 18-trous, cet élégant château et ses dépendances assez pittoresques. Les chambres sont d'un grand confort, certaines avec des salles de bains en pierre de Bourgogne. Le hammam est superbe.

Domaine du Roncemay
89110 Chassy – 03 86 73 50 50 – www.roncemay.com – Ouvert de mars à nov.
Rest *(dîner seult)* – Formule 19 € – Menu 36/54 € – Carte environ 58 €
Une cuisine de tradition et des vins de Bourgogne (auxerrois, chablis), face au tapis vert du golf du Roncemay. Formule bistrot pour les sportifs, entre deux putts.

AIMARGUES – 30 Gard – 339 K6 – 4 224 h. – alt. 6 m – 30470 — 23 C2

Paris 740 – Aigues-Mortes 16 – Alès 62 – Montpellier 40

Un Mazet sous les Platanes
3 bd St-Louis – 04 66 51 73 03 – Fermé 15 déc.-6 janv., lundi soir, sam. midi et dim.
Rest – Formule 17 € – Menu 28/36 € – Carte 40/57 €
Une petite maison basse sur un cours planté de... platanes. Son décor comme sa cuisine sont chaleureux, entre recettes camarguaises et produits de la mer. Belle terrasse.

AINHOA – 64 Pyrénées-Atlantiques – 342 C5 – 672 h. – alt. 130 m – 64250 — 3 A3

Pays Basque et Navarre
Paris 791 – Bayonne 28 – Biarritz 29 – Cambo-les-Bains 11
Village basque caractéristique ★.

Ithurria

pl. du Fronton – *05 59 29 92 11* – *www.ithurria.com* – *Ouvert 6 avril-3 nov.*
28 ch – 95/135 € 135/165 € – 13 €
Rest *Ithurria* – voir les restaurants ci-après
Rest *Ithurria Côté Bistrot* *(fermé merc. et jeudi sauf de mi-juil. à fin août, dim. et le soir)* – Carte environ 30 €
Un village typique, son incontournable fronton de pelote et... juste en face, cette ancienne ferme rouge et blanche (17e s.). On voudrait se coiffer d'un béret basque dans ce décor ! Belle parenthèse traditionnelle, donc, entre les murs de ce confortable hôtel-restaurant... À noter : un sympathique bistrot.

Argi Eder

rte de la Chapelle – *05 59 93 72 00* – *www.argi-eder.com* – *Ouvert 28 mars-3 nov.*
19 ch – 95/130 € 95/130 € – 7 suites – 13 € – ½ P
Rest *(fermé merc. sauf le soir en juil.-août, lundi midi et vend. midi)* – Menu 29/70 € – Carte 32/56 €
À flanc de colline, une grande bâtisse régionale et sa piscine dans un parc arboré et fleuri. Vastes chambres avec balcon et joli salon-bar (collection d'armagnacs). Au restaurant, on apprécie les recettes traditionnelles. Pour l'anecdote, Argi Eder signifie "belle lumière".

La Maison Oppoca

r. Principale – *05 59 29 90 72* – *www.oppoca.com* – *Fermé 6 janv.-13 mars*
10 ch – 77/137 € 87/157 € – 11 € – ½ P
Rest *(fermé le midi sauf dim. du 1er avril au 15 oct., dim. soir du 16 oct. au 31 mars, mardi midi et lundi)* – Formule 22 € – Menu 27/60 € – Carte 35/50 €
Rest *Le Pilotari* *(ouvert avril-oct. et fermé lundi)* – Menu 22 € (déj.) – Carte 30/41 €
Cette belle maison basque du 17e s. abrite des chambres confortables et spacieuses (parquets anciens, tons lin et crème). Au restaurant gastronomique, deux ambiances – rustique ou contemporaine – et des mets alliant saveurs basques et exotiques. Côté bistrot, spécialités régionales (piperade, axoa...).

Ithurria (Xavier Isabal) – Hôtel Ithurria

pl. du Fronton – *05 59 29 92 11* – *www.ithurria.com* – *Ouvert 6 avril-3 nov. et fermé jeudi midi et merc. sauf du 13 juil. au 31 août*
Rest *(réserver)* – Menu 39/63 € – Carte 55/90 €
Tomettes, poutres, cuivres et assiettes anciennes, vieux fourneaux... La couleur, mais aussi le goût du Pays basque : ici, on déguste une cuisine classique qui fait la part belle aux produits du terroir et du marché, travaillés avec grand soin.
➜ Œufs brouillés aux truffes. Ragoût de queues de langoustines aux pâtes fraîches. Gâteau basque à la crème. **Vins** Irouléguy, Jurançon.

AIRAINES – 80 Somme – 301 E8 – 2 254 h. – alt. 30 m – ✉ 80270 — 36 A1

Nord Pas-de-Calais Picardie
Paris 172 – Abbeville 22 – Amiens 30 – Beauvais 69
place de la Mairie, 03 22 29 34 07, www.ccsoa.fr

à Allery 5 km à l'Ouest par D 936 – 800 h. – alt. 50 m – ✉ 80270

Relais Forestier du Pont d'Hure

rte du Tréport – *03 22 29 42 10* – *www.pontdhure.com* – *Fermé mardi et le soir sauf sam.*
Rest – Menu 19 € (sem.), 24/39 € – Carte 23/67 €
Atmosphère pavillon de chasse (trophées, mobilier rustique) pleine de charme après une balade en forêt... Au programme, rôtisserie et grillades au feu de bois.

AIRAN – 14 Calvados – 303 L5 – 653 h. – alt. 25 m – ✉ 14370 — 32 B2

Paris 243 – Alençon 124 – Caen 22 – Rouen 137

Domaine de la Hurel sans rest

30 hameau de Coupigny – *02 31 44 68 85* – *www.domainedelahurel.com*
5 ch – 80 € 95 €
Touristes, randonneurs ou... cavaliers, cette adresse convient à tous ; ces derniers pouvant loger leurs chevaux. Une adresse très nature donc, avec de belles chambres cosy, un parc avec un étang pour pêcher, des prairies. Un grand bol d'air !

AIRE-SUR-L'ADOUR – 40 Landes – 335 J12 – 6 275 h. – alt. 80 m 3 B3

– ✉ 40800 Aquitaine

Paris 722 – Auch 84 – Condom 68 – Dax 77

20, bis rue Carnot, ✆ 05 58 71 64 70

Sarcophage de Ste-Quitterie★ dans l'église St-Pierre-du-Mas.

à Ségos (32 Gers) 9 km par N 134 et D 260 – 249 h. – alt. 111 m – ✉ 32400

Domaine de Bassibé

– ✆ 05 62 09 46 71 – www.bassibe.fr – Ouvert de Pâques à mi-nov. et fermé mardi et merc. sauf juil.-août

9 ch – 140/165 € 165/180 € – 6 suites – 17 € – ½ P **Rest** – Menu 49/56 €

Bassibé : "Là où l'on est bien" en patois. Dans cette ancienne ferme en pleine campagne, on cultive le romantisme et l'art de bien vivre. Les chambres, coquettes et champêtres, invitent à une douce paresse...

Minvielle et les Oliviers

rest, VISA AE

– ✆ 05 62 09 40 90

18 ch – 45/51 € 52/59 € – 7 € – ½ P

Rest *(fermé sam. midi et dim. soir)* – Formule 14 € bc – Menu 20/32 € – Carte 35/54 €

Dans ce petit village du Gers, une bâtisse moderne d'esprit régional. Décor provençal dans les chambres de l'annexe (plus récentes) et grand balcon. Cuisine traditionnelle au restaurant.

AIRE-SUR-LA-LYS – 62 Pas-de-Calais – 301 H4 – 9 785 h. – alt. 30 m 30 B2

– ✉ 62120 Nord Pas-de-Calais Picardie

Paris 236 – Arras 56 – Boulogne-sur-Mer 68 – Calais 60

Grand-Place "le Baillage", ✆ 03 21 39 65 66, www.ot-airesurlalys.fr

Bailliage★ - Tour★ de la Collégiale St-Pierre★.

Hostellerie des 3 Mousquetaires

Château de la Redoute, rte de Béthune (D 943) – ✆ 03 21 39 01 11 – www.hostelleriedes3mousquetaires.com – Fermé 2-14 janv.

28 ch – 95/155 € 115/155 € – 2 suites – 15 € – ½ P

Rest ***Les Saveurs du Parc*** – voir les restaurants ci-après

Construite sur les ruines d'une fortification de Vauban, cette demeure du 19e s. avec son joli parc a désormais tout d'un havre de paix ! La décoration des chambres (lits à baldaquin, objets chinés) respire la douceur d'antan.

Les Saveurs du Parc – Hostellerie des 3 Mousquetaires

Château de la Redoute, rte de Béthune (D 943) – ✆ 03 21 39 01 11 – www.hostelleriedes3mousquetaires.com – Fermé 2-14 janv., dim. soir et lundi midi

Rest – Menu 22 € (sem.), 30/75 € – Carte 51/69 €

La patte du chef ? Une cuisine teintée d'exotisme – sucré-salé –, bien ficelée et assez fine. Dans la salle, à la décoration tendance, deux vues s'offrent aux clients : les fourneaux ou la nature. Inutile de préciser où regarderont les plus gourmands !

à Isbergues 6 km au Sud-Est par D 187 – 9 320 h. – alt. 25 m – ✉ 62330

Le Buffet avec ch

rest, VISA

22 r. de la Gare – ✆ 03 21 25 82 40 – www.le-buffet.com – Fermé 1er-20 août, dim. soir et lundi

5 ch – 62 € 70 € – 11 €

Rest – Formule 16 € – Menu 19 € (sem.), 30/89 € bc – Carte 50/67 €

L'ancien buffet de la gare a aujourd'hui fière allure ! Dans un cadre élégant (mobilier de style, poutres, etc.), on déguste une savoureuse cuisine régionale, qui suit le rythme des saisons : Thierry Wident travaille avec les meilleurs producteurs locaux. Si besoin, quelques chambres permettent de prolonger l'étape.

AIX (ÎLE-D') – 17 Charente-Maritime – 324 C3 – voir à Île-d'Aix

AIX-EN-PROVENCE – 13 Bouches-du-Rhône – 340 H4 – 141 895 h. 40 B3

– alt. 206 m – Casino AV – ✉ 13100 Provence

Paris 752 – Avignon 82 – Marseille 30 – Nice 177

300, Avenue Giuseppe Verdi, ✆ 04 42 16 11 61, www.aixenprovencetourism.com

Set Golf, 1335 chemin de Granet, O : 6 km par D 17, ✆ 04 42 29 63 69

d'Aix-Marseille, à Les Milles, Domaine de Riquetti, par rte de Marignane et D 9 : 8 km, ✆ 04 42 24 20 41

Sainte-Victoire Golf Club, à Fuveau, "Lieu dit ""Château l'Arc""", par rte d'Aubagne et D 6 : 14 km, ✆ 04 42 29 83 43

Le Vieil Aix★★ - Cours Mirabeau★★ - Cathédrale St-Sauveur★ : triptyque du Buisson Ardent★★ - Cloître★BXB8 - Place Albertas★BY3 - Place★ de l'hôtel de ville BY37 - Cour★ de l'hôtel de ville BYH - Quartier Mazarin★ : fontaine des Quatre-Dauphins★BYD - Musée Granet★CYM6 - Musée des Tapisseries★BXM2 - Fondation Vasarely★AVM5.

Villa Gallici

18 bis av. de la Violette – ✆ 04 42 23 29 23 – www.villagallici.com – Fermé 22-27 déc. et 2-30 janv. BVk

16 ch – †230/780 € ††230/780 € – 6 suites – ☕ 30 € – ½ P

Rest *Villa Gallici* – voir les restaurants ci-après

Cyprès, fontaine, piscine, cigales... Un morceau de Provence idyllique en cette discrète villa juchée sur les hauteurs d'Aix. Les chambres, raffinées, distillent un charme très 19e s. Ravissant !

Grand Hôtel Roi René

24 bd du Roi-René – ✆ 04 42 37 61 00 – www.grand-hotel-roi-rene-aix-en-provence.com BZb

131 ch – †165/390 € ††165/390 € – 3 suites – ☕ 24 €

Rest *La Table du Roi* – Formule 34 € – Menu 42 € – Carte environ 50 €

Ce Grand Hôtel inspiré de l'architecture régionale des 17e et 18e s. est né en 1929 mais il n'a pas pris une ride ! Les chambres y sont cossues et très contemporaines – préférez celles donnant sur le patio et la piscine – et le restaurant arbore des accents lounge...

AIX-EN-PROVENCE

Berger (Av. G.) . . . . BV 7
Brossolette (Av.) . . . . AV 13
Club Hippique (Av.) . . . . . . AV 18
Dalmas (Av. J.) . . . . AV 23
Ferrini (Av. F.) . . . . AV 30
Fourane (Av. de la) . . . . . . AV 32
Galice (Rte de) . . . . AV 33
Isaac (Av. J.) . . . . BV 41
Malacrida (Av. H.) . . . . BV 48
Minimes (Crs des) . . . . AV 52
Moulin (Av. J.) . . . . BV 56
Pigonnet (Av. du) . . . . AV 62
Poilus (Bd des) . . . . BV 67
Prados (Av. E.) . . . . AV 68
Solari (Av. Ph.) . . . . AV 76

AIX-EN-PROVENCE

Agard (Passage)	CY	2
Albertas (Pl.)	BY	3
Aude (R.)	BY	4
Bagniers (R. des)	BY	5
Bellegarde (Pl.)	CX	7
Bon Pasteur (R.)	BX	9
Boulégon (R.)	BX	12
Brossolette (Av.)	AZ	13
Cardeurs (Pl. des)	BY	16
Clemenceau (R.)	BY	18
Cordeliers (R. des)	BY	20
Couronne (R. de la)	BY	21
Curie (R. Pierre-et-Marie)	BX	22
Espariat (R.)	BY	26
Fabrot (R.)	BY	28
Foch (R. du Maréchal)	BY	30
Hôtel de Ville (Pl.)	BY	37
Italie (R. d')	CY	42
Lattre-de-Tassigny (Av. de)	AY	46
De-la-Roque (R. J.)	BX	25
Matheron (R.)	BY	49
Méjanes (R.)	BY	51
Minimes (Crs des)	AY	52
Mirabeau (Cours)	BCY	
Montigny (R. de)	BY	55
Napoléon-Bonaparte (Av.)	AY	57
Nazareth (R.)	BY	58
Opéra (R. de l')	CY	62
Pasteur (Av.)	BX	64
Paul-Bert (R.)	BX	66
Prêcheurs (Pl. des)	CY	70
Richelme (Pl.)	BY	72
Saporta (R. G.-de)	BX	75
Thiers (R.)	CY	80
Verdun (Pl. de)	CY	85
4-Septembre (R.)	BZ	87

Le Pigonnet

5 av. du Pigonnet ✉ *13090 – ✆ 04 42 59 02 90 – www.hotelpigonnet.com*

43 ch – †150/440 € ††195/440 € – ☕ 25 € **AVa**

Rest ***Le Riviera*** – voir les restaurants ci-après

Dans un beau parc verdoyant, une grande maison au calme, où Cézanne lui-même s'imprégna des parfums et couleurs de la Provence... Chambres romantiques et élégantes.

Hôtel de Gantès sans rest

1 r. Fabrot – ✆ 04 42 90 31 60 – www.hoteldegantes.com **BYq**

11 ch – †199/800 € ††199/800 € – ☕ 11 €

Emplacement rêvé sur le célèbre cours Mirabeau pour cet hôtel particulier de 1671. Surprise en haut de l'escalier d'honneur : les chambres se révèlent très contemporaines et sont autant de variations sur des thèmes originaux (cinéma, théâtre, Picasso, etc.), avec terrasse au dernier étage... Un fort bel ensemble.

Aquabella
2 r. des Étuves – 04 42 99 15 00 – www.aquabella.fr AXa
110 ch – 125/185 € 145/235 € – 16 €
Rest *L'Orangerie* – Formule 24 € bc – Menu 29/49 € bc – Carte 38/55 €
Aux portes de la vieille ville, cet imposant hôtel moderne jouxte les Thermes Sextius (nombreux soins). Préférez les chambres aux derniers étages, avec balcon et vue sur la cité. Restaurant à la structure "verre et acier", prolongé d'une belle terrasse ; cuisine traditionnelle.

Cézanne sans rest
40 av. Victor-Hugo – 04 42 91 11 11 – www.hotelaix.com/cezanne BZh
53 ch – 200/250 € 200/250 € – 2 suites – 20 €
Belles chambres design pour cet hôtel situé entre la gare et le centre-ville. Business center, open bar, garage gratuit et petit-déjeuner maison servi jusqu'à midi. Accueil et service aux petits soins.

St-Christophe
2 av. Victor-Hugo – 04 42 26 01 24 – www.hotel-saintchristophe.com
67 ch – 90/160 € 102/190 € – 13 € – ½ P BYa
Rest *Brasserie Léopold* – Formule 20 € – Menu 23 € – Carte 26/48 €
Au cœur de la ville, des chambres très variées : grandes, petites, d'esprit provençal, très années 1930 ou au contraire résolument contemporaines. Joli cadre Art déco à la brasserie du rez-de-chaussée, dont les tables gagnent le trottoir en été.

Escale Océania (N) sans rest
12 av. de la Cible – 04 42 37 58 58 – www.oceaniahotels.com BVx
90 ch – 86/145 € 86/145 € – 11 €
À deux pas de l'autoroute et du centre-ville, des chambres fonctionnelles et bien insonorisées – même côté route. Envie de vous détendre après une réunion de travail dans l'une des salles de séminaire ? Faites donc quelques brasses dans la piscine ! Idéal pour la clientèle d'affaires.

Mozart (N) sans rest
49 cours Gambetta – 04 42 21 62 86 – www.hotelmozart.fr – Fermé 11 janv.-3 fév.
48 ch – 63/74 € 77/89 € – 9 € BVm
Ici, point de notes de musique ou de partitions, mais des chambres d'inspiration provençale, sobres et bien tenues. Aux beaux jours, prenez donc votre petit-déjeuner sur la terrasse. Une adresse parfaite pour un séjour à prix sages.

Le Globe sans rest
74 cours Sextius – 04 42 26 03 58 – www.hotelduglobe.com – Fermé de mi-déc. à mi-janv. AYe
46 ch – 62/82 € 78/82 € – 8 €
Accueil sympathique dans ce petit hôtel proposant des chambres fonctionnelles et bien insonorisées. Terrasse-solarium sur le toit d'où se déploie une belle vue.

L'Épicerie sans rest
12 r. du Cancel – 06 08 85 38 68 – www.unechambreenville.eu BXa
4 ch – 100/130 € 100/130 €
Maison du 18e s. au cœur de la vieille ville. Chambres joliment décorées (boutis, mobilier chiné, baignoire à l'ancienne, etc.) et petit-déjeuner servi dans un décor d'épicerie d'antan !

Le Clos de la Violette
10 av. de la Violette , (transfert prévu à l'hôtel Renaissance en été 2013 - 320 av. Wolfgang Amadeus Mozart) – 04 42 23 30 71 – www.closdelaviolette.fr – Fermé 1er-17 août, 26 fév.-12 mars, dim. et lundi BVa
Rest – Formule 54 € – Menu 90 € – Carte 84/116 €
Romarin et basilic frais, huile d'olive, échalote confite… Le fil d'Ariane d'une bonne cuisine ancrée dans le Sud, mais ouverte à toutes les tendances, sans jamais se perdre. Attention, l'établissement devrait déménager au cours de l'été 2013 dans l'enceinte du futur hôtel Renaissance.
➜ Supions de Méditerranée à la brandade et ravioles aux olives noires. Pigeon en sanguette paysanne. Biscuit sablé à la cannelle, framboises et marmelade à la sarriette.
Vins Coteaux d'Aix-en-Provence, Palette.

XXX **Le Riviera** – Hôtel Le Pigonnet
5 av. du Pigonnet ✉ 13090 – ✆ 04 42 59 61 07 – www.hotelpigonnet.com – Fermé dim. soir en mars **AVa**
Rest – Menu 49 € (déj.), 68/85 € – Carte 55/109 €
Un endroit superbe ! La salle, d'un parfait classicisme, est tout entourée de portes-fenêtres ouvrant sur le charmant jardin, ses allées ombragées et ses massifs bien taillés... L'incarnation d'un bel art de vivre, dont témoigne aussi la carte, tenante d'une gastronomie fine et subtile, teintée de touches méditerranéennes.

XX **Villa Gallici** – Hôtel Villa Gallici
18 bis av. de la Violette – ✆ 04 42 23 29 23 – www.villagallici.com – Fermé 22-27 déc., 2-30 janv., lundi midi et merc. midi sauf en juil. **BVk**
Rest *(nombre de couverts limité, réserver)* – Formule 55 € – Menu 70 € (déj.), 95/120 €
Luxe et tradition, sans ostentation. Un décor raffiné et élégant au service d'une cuisine classique gorgée de soleil réalisée par un chef amoureux des bons produits. Les platanes, la jolie terrasse... On dirait le Sud !

XX **Pierre Reboul**
11 Petite-Rue-St-Jean – ✆ 04 42 20 58 26 – www.restaurant-pierre-reboul.com – Fermé 25 août-10 sept., 21 déc.-14 janv., mardi midi, dim. et lundi **CYa**
Rest – Menu 42/142 €
Dans la vieille ville, un lieu original et stylé : voûtes blanches, voilages intimes, mobilier design... Effets de miroir avec la cuisine, avant tout créative, mêlant notes ludiques et effets graphiques (menu unique). Beaux accords mets-vins.
➜ Cuisine du marché. **Vins** Coteaux d'Aix-en-Provence.

XX **Le Formal**
32 r. Espariat – ✆ 04 42 27 08 31 – www.restaurant-leformal.com – Fermé 2 sem. en août, sam. midi, dim. et lundi **BYw**
Rest *(nombre de couverts limité, réserver)* – Formule 23 € – Menu 28 € (déj.), 39/76 € – Carte environ 45 €
Une adresse installée dans de belles caves voûtées du 15e s. Le chef propose une cuisine d'inspiration provençale avec un grand souci de la qualité.

XX **Côté Cour** N
19 cours Mirabeau – ✆ 04 42 93 12 51 – www.restaurantcotecour.fr **BYc**
Rest – Formule 23 € – Menu 29 € (déj. en sem.)/39 € – Carte 41/67 €
Originale, cette verrière dans la cour d'un hôtel particulier ! C'est le domaine de Ronan Kernen, qui s'est fait connaître à travers l'émission Top Chef en 2011. Sa cuisine se révèle personnelle et bien tournée, à l'instar de ces noix de Saint-Jacques, purée de carottes, gingembre, mandarine et beurre d'algues.

X **Yamato**
21 av. des Belges – ✆ 04 42 38 00 20 – www.restaurant-yamato.com – Fermé mardi midi et lundi **AZe**
Rest – Carte 44/102 €
Table japonaise proposant une cuisine fine et soignée, très fraîche (bons desserts "fusion"). Belle cave au sous-sol. La propriétaire assure l'accueil en costume traditionnel. Intéressante carte des vins comptant plus de 200 références.

X **Ze Bistro**
31 bis r. Manuel – ✆ 04 42 39 81 88 – www.zebistro.com – Fermé août, vacances de Noël, vacances de fév., sam. et dim. **CYn**
Rest *(nombre de couverts limité, réserver)* – Menu 29/51 € – Carte 38/67 €
Habitués, ne vous trompez pas d'adresse : ce sympathique bistrot contemporain a déménagé en 2012 ! Entre ces nouveaux murs, au décor sobre et moderne, la cuisine joue toujours la carte de la qualité : le jeune chef s'approvisionne au marché et auprès des producteurs locaux, et sait mettre les ingrédients en valeur…

X **Le Poivre d'Ane**
40 pl. des Cardeurs – ✆ 04 42 21 32 66 – www.restaurantlepoivredane.com – Fermé vacances de Noël, 11 janv.-début fév. et merc. **BYu**
Rest *(dîner seult) (nombre de couverts limité, réserver)* – Menu 29/45 € – Carte 41/50 €
Sur une place touristique du centre-ville, un petit restaurant tenu par une équipe jeune et dynamique. Décor seventies et cuisine tendance, à prix raisonnable.

L'Épicurien (N)
13 pl. des Cardeurs – ✆ 06 89 33 49 83 – Fermé 1 sem. en avril, 1 sem. en fév., dim. et lundi BYp

Rest *(nombre de couverts limité, réserver)* – Formule 30 € – Menu 32/46 € – Carte 38/46 €

Rillettes de maquereau et leur crème de betterave ; aile de raie et son risotto au safran ; etc. Au cœur de la vieille ville, cet Épicurien – né en 2012 – joue la carte des bonnes saveurs du marché ! Petite salle rustique et grande terrasse ombragée.

Ze Bis (N)
7 r. de la Couronne – ✆ 04 42 90 03 47 – www.zebis.fr – Fermé dim. et lundi

Rest – Carte 30/40 € BYd

Nostalgie quand tu nous tiens ! Ici, on joue à fond la carte "recettes de grands-mères" avec des petits plats mijotés et servis en cocotte, ou des cuissons à la broche : pieds et paquets marseillais, farcis niçois, poulet fermier noir des Dombes... Et l'on se régale dans un décor de bistrot rétro.

au Canet 8 km par ② par D 7n – ✉ 13100 Beaurecueil

L'Auberge Provençale
imp. de Provence, au lieu-dit Le Canet-de-Meyreuil – ✆ 04 42 58 68 54 – www.auberge-provencale.fr – Fermé 15-31 juil., 25-28 déc., mardi sauf le midi d'oct. à mai et merc.

Rest – Menu 26/50 € – Carte environ 59 €

Dans cette jolie auberge provençale, proche de la N 7, on apprécie une cuisine traditionnelle soignée, ancrée dans la région et accompagnée d'un beau choix de vins issus de la France entière.

à Beaurecueil 10 km par ②, N 7 et D 58 – 612 h. – alt. 254 m – ✉ 13100

La Table de Beaurecueil
66 rte de Meyreuil, allée des Muriers – ✆ 04 42 66 94 98 – www.latabledebeaurecueil.com – Fermé dim. soir, lundi et merc.

Rest – Formule 25 € – Menu 35 € (sem.), 55/70 € – Carte 55/65 €

Dans une ancienne bergerie au décor résolument contemporain, on apprécie une cuisine dans l'air du temps teintée de notes régionales.

au Sud-Ouest 5 km par ③, D9 ou A 51, sortie Les Milles - ✉ 13546 Aix-en-Provence

Château de la Pioline
ch, ch,

260 r. Guillaume-du-Vair – ✆ 04 42 52 27 27 – www.chateaudelapioline.com

31 ch – 168/600 € 168/600 € – 20 €

Rest ***Le Médicis*** *(fermé dim.)* – Formule 19 € – Menu 25 € (déj. en sem.), 35/48 € – Carte 49/67 €

On accède par une allée de platanes à cette belle et vaste demeure classée du 18e s. Jardin à la française, escalier d'honneur, terrasse sous les tilleuls, belle piscine... et des chambres qui cultivent cette forme de simplicité qui va si bien à l'esprit provençal.

Arbois
rest,

97 r. du Dr.-Albert-Aynaud, 10 km à l'Ouest, dir. Europôle de l'Arbois – ✆ 04 42 58 59 60 – www.hotelarbois.com

54 ch – 80/159 € 80/159 € – 2 suites – 12 € – ½ P

Rest *(fermé sam. et dim. hors saison) (réservation conseillée)* – Formule 17 € – Menu 25 € – Carte 27/45 €

Pour un voyage d'affaires ou une étape (la gare TGV est toute proche), cet hôtel récent propose des chambres confortables. Bonnes prestations, dont un espace fitness. Cuisine régionale servie dans un restaurant au décor lumineux et vitaminé, ou en terrasse.

à Celony 3 km par D 7n – ✉ 13090 Aix en Provence

Le Mas d'Entremont
ch,

315 rte d'Avignon – ✆ 04 42 17 42 42 – www.masdentremont.com – Ouvert 15 mars-31 oct. AVg

14 ch – 167/280 € 197/280 € – 6 suites – 19 € – ½ P

Rest – Formule 40 € – Menu 44/49 € – Carte 55/68 €

Sur les hauteurs d'Aix, une bastide nichée dans un parc avec bassin, colonnes et jets d'eau. Les chambres y sont confortables et bien tenues ; plus spacieuses et modernes dans les maisonnettes du parc. Carte classique au restaurant.

AIX-LES-BAINS – 73 Savoie – 333 I3 – 26 819 h. – alt. 200 m – Stat. therm. : fin janv.-mi-déc. – Casinos : Grand Cercle CZ, Nouveau Casino AX – ✉ 73100 46 F2

Alpes du Nord

Paris 539 – Annecy 34 – Bourg-en-Bresse 115 – Chambéry 18

de Chambéry-Savoie : ✆ 04 79 54 49 54, à Viviers-du-Lac 8 km par ③.

place Maurice Mollard, ✆ 04 79 88 68 00, www.aixlesbains.com

d'Aix-les-Bains, Avenue du Golf, par rte de Chambéry : 3 km, ✆ 04 79 61 23 35

Esplanade du Lac★ - Escalier★ de l'Hôtel de Ville CZH - Musée Faure★ - Vestiges Romains★ - Casino Grand Cercle★.

Lac du Bourget★★ - Abbaye de Hautecombe★★ - Les Bauges★.

Plan page suivante

Radisson Blu
ch, rest, VISA AE
av. Ch.-de-Gaulle – ✆ 04 79 34 19 19 – www.radissonblu.com/hotel-aixlesbains CZx
92 ch – 115/190 € 115/190 € – 10 suites
Rest – Formule 19 € – Menu 25 € bc – Carte 34/54 €
À deux pas du casino où se produisirent jadis Sarah Bernhardt et Luis Mariano, cet hôtel propose des chambres fonctionnelles et très confortables. De quoi faire des rêves de paillettes... À moins que vous ne préfériez vous détendre dans le jardin japonais ou profiter des spécialités de la brasserie en terrasse.

Mercure Ariana
ch, rest, VISA AE
111 av. de Marlioz, à Marlioz : 1,5 km – ✆ 04 79 61 79 79 – www.mercure.com AXa
60 ch – 115/190 € 130/205 € – 18 € – ½ P
Rest – Menu 28 € – Carte 28/41 €
Dans le parc des thermes de Marlioz, cet établissement dispose de chambres spacieuses et d'un centre de balnéothérapie dernier cri, décoré à la manière d'un bateau. Au restaurant, cuisine traditionnelle et terrasse avec vue sur les arbres centenaires.

Le Manoir
rest, VISA AE
37 r. Georges-1er – ✆ 04 79 61 44 00 – www.hotel-lemanoir.com – Fermé déc., 1 sem. en janv. CZr
69 ch – 99/149 € 99/179 € – 4 suites – 14 € – ½ P
Rest – Formule 20 € – Menu 29/49 € – Carte 30/60 €
Sur les hauteurs de la ville, un Manoir aménagé dans les dépendances des anciens palaces Splendide et Royal. Les chambres y sont calmes et bien tenues. Il fait bon se délasser dans le décor oriental de l'espace bien-être. Dépaysement garanti !

Agora
rest, VISA AE
1 av. de Marlioz – ✆ 04 79 34 20 20 – www.hotel-agora.com CZu
62 ch – 76/123 € 88/135 € – 15 € – ½ P
Rest – Formule 16 € – Menu 18 € (déj. en sem.)/34 € – Carte environ 37 €
Ne vous attendez pas à voir des philosophes haranguer la foule, comme le faisaient ceux de l'Antiquité, sur l'agora d'Athènes... Aux grands discours, préférez donc les chambres rénovées – plus fonctionnelles et contemporaines – de cet établissement. Restauration traditionnelle.

Grand Hôtel du Parc
rest, VISA AE
28 r. de Chambéry – ✆ 04 79 61 29 11 – www.grand-hotel-du-parc.com – Fermé 20 déc.-6 janv. CZn
43 ch – 51/95 € 63/107 € – 12 € – ½ P
Rest ***La Bonne Fourchette*** *(fermé merc. midi hors saison, dim. soir et lundi)* – Menu 23 € (déj. en sem.), 30/72 € – Carte 52/71 €
Style contemporain, baroque ou victorien... Dans cet immeuble de 1817, on aime le mélange des genres ! Les chambres y sont spacieuses et fonctionnelles. Restaurant gastronomique au cadre feutré.

Question de standing : n'attendez pas le même service dans un ✗ ou un 🏠 que dans un ✗✗✗✗✗ ou un 🏠🏠🏠🏠🏠.

AIX-LES-BAINS

Auberge St-Simond

130 av. St-Simond – ✆ 04 79 88 35 02 – www.saintsimond.com – Fermé 15 déc.-31 janv., lundi midi d'oct. à avril et dim. soir AXe
25 ch – †65/85 € ††68/89 € – ☕ 11 €
Rest *Auberge Saint-Simond* – voir les restaurants ci-après
Une auberge récente non loin de la voie ferrée, appréciée pour son ambiance conviviale, ses chambres confortables et bien tenues – entièrement rénovées dans le bâtiment principal –, et son jardin avec une jolie piscine.

Revotel sans rest

198 r. de Genève – ✆ 04 79 35 03 37 – www.revotel.fr – Fermé 26 nov.-15 fév.
17 ch – †38/47 € ††38/47 € – ☕ 7 € CZv
Un rêve pour les amoureux du vintage ! Cet hôtel entièrement meublé dans le style des années 1970 dispose de chambres petites mais bien tenues. Un vrai bon plan pour se loger à moindre coût dans le centre d'Aix-les-Bains.

Le 59 Restaurant

59 r. du Casino – ✆ 04 79 88 29 75 – www.boris-campanella.fr – Fermé vacances de Pâques et de la Toussaint, dim. et lundi CZr
Rest – Formule 19 € – Menu 23 € (déj. en sem.), 38/72 € – Carte 58/80 €
Dans cette ancienne épicerie, on travaille en famille ! Derrière les fourneaux, le chef – ancien du Martinez à Cannes – travaille avec sa femme, tandis que son frère s'occupe de la salle. Les gourmands y apprécient une cuisine du marché avec des produits triés sur le volet. Une des meilleures tables de la ville.

Auberge Saint-Simond – Auberge St-Simond

130 av. St-Simond – ✆ 04 79 88 35 02 – www.saintsimond.com – Fermé 15 déc.-31 janv., lundi midi d'oct. à avril et dim. soir AXe
Rest – Formule 19 € – Menu 23 € (déj. en sem.), 29/39 € – Carte 35/48 €
Une salle jaune poussin, une jolie vue sur le jardin planté d'oliviers, de platanes et de lavande... Cette auberge récente mise sur des valeurs sûres : tradition, simplicité, fraîcheur et préparations maison. Bonne sélection de vins légers.

AIZENAY – 85 Vendée – 316 G7 – 7 930 h. – alt. 62 m – ✉ 85190 34 B3

▶ Paris 435 – Challans 26 – Nantes 60 – La Roche-sur-Yon 18
ℹ Rond Point de la Gare, ✆ 02 51 94 62 72, www.vieetboulogne.fr

La Sittelle

33 r. du Mar.-Leclerc – ✆ 02 51 34 79 90 – Fermé 1 sem. en mai, 12-31 août, 1 sem. en janv., lundi, mardi et le soir sauf sam.
Rest *(nombre de couverts limité, réserver)* – Menu 25/36 €
Suspendez le temps et faites halte dans cette agréable demeure bourgeoise. La cuisine, classique, savoureuse et juste, trahit le bien joli parcours du chef... et vous ravit, tout simplement !

AJACCIO – 2A Corse-du-Sud – 345 B8 – voir à Corse

ALBAN – 81 Tarn – 338 G7 – 991 h. – alt. 600 m – ✉ 81250 29 C2

▶ Paris 723 – Albi 29 – Castres 54 – Toulouse 106
ℹ 21, place des Tilleuls, ✆ 05 63 55 93 90

Au Bon Accueil avec ch

49 av. de Millau – ✆ 05 63 55 81 03 – www.hotel-bardy.fr – Fermé janv.
11 ch – †49/75 € ††49/75 € – ☕ 8 € – ½ P
Rest *(fermé dim. soir et vend.)* – Menu 17/42 € – Carte 23/48 €
Pratique pour l'étape, entre Albi et Millau. Dans cette petite auberge rustique, on déguste une généreuse cuisine traditionnelle et l'on savoure un repos mérité dans des chambres petites mais bien pratiques, plus au calme sur l'arrière.

ALBERT – 80 Somme – 301 I8 – 9 959 h. – alt. 65 m – ✉ 80300 36 B1

Nord Pas-de-Calais Picardie

▶ Paris 156 – Amiens 30 – Arras 50 – St-Quentin 53
ℹ 6, rue Émile Zola, ✆ 03 22 64 10 30, www.ville-albert.fr

à Authuille **5 km au Nord par D 50 – 167 h. – alt. 85 m – ✉ 80300**

XX **Auberge de la Vallée d'Ancre**

6 r. Moulin – ✆ 03 22 75 15 18 – Fermé 2 sem. en sept., vacances scolaires de fév., dim. soir, merc. soir et lundi

Rest – Menu 23/33 € – Carte environ 35 €

Perdue en pleine campagne, cette sympathique auberge de pays n'en est pas moins prisée ! L'accueil y est charmant, et dans sa cuisine ouverte – où le saluent les clients – le chef prépare une généreuse cuisine traditionnelle. Beau plateau de fromages.

ALBERTVILLE – 73 Savoie – 333 L3 – 18 967 h. – alt. 344 m 46 F2

– ✉ 73200 Alpes du Nord

Paris 581 – Annecy 46 – Chambéry 51 – Chamonix-Mont-Blanc 64

place de l'Europe, ✆ 04 79 32 04 22, www.albertville.com

Bourg de Conflans★, porte de Savoie ★ Grande Place★ - Route du fort du Mont ★★

Million

8 pl. de la Liberté – ✆ 04 79 32 25 15 – www.hotelmillion.com – Fermé 29 avril-13 mai et 28 oct.-11 nov.

24 ch – †88/128 € ††133/186 € – ☕ 12 €

Rest *Million* ✿ – voir les restaurants ci-après

Cette belle bâtisse de 1770 illustre une certaine tradition de l'hôtellerie française, cossue et bourgeoise. Deux types de chambres : certaines au cachet d'antan (cheminée, mobilier en bois, parquet...) ; d'autres un peu plus modernes.

XXX ✿ **Million** (José de Anacleto) – Hôtel Million

8 pl. de la Liberté – ✆ 04 79 32 25 15 – www.hotelmillion.com – Fermé 29 avril-13 mai, 28 oct.-11 nov., sam. midi, dim. soir et lundi

Rest – Menu 33 € (sem.), 58/84 € – Carte 83/94 €

Noble et feutrée, voilà une délicate table de tradition. Sauces savoureuses, jus parfaitement réduits, produits nobles, etc. Le chef rappelle que le bel ouvrage est la condition de la finesse… et du plaisir. Cadre classique à l'unisson.

→ Écrevisses d'eau douce, légumes du potager et julienne aux diots de Savoie. Pigeon et foie gras aux truffes, échalote confite au vinaigre de Xérès. Paris-brest traditionnel, crème pralinée et croustillant de nougatine. **Vins** Chignin-Bergeron, Mondeuse.

X **Le Bistrot Gourmand**

8 pl. Charles-Albert – ✆ 04 79 32 79 06 – Fermé août, vacances de Noël, dim. soir, mardi soir et merc.

Rest – Formule 17 € – Menu 25/45 € – Carte 40/70 €

Terrine de chevreuil, magret de canard, tarte Tatin... Ce bistrot simple et convivial connaît ses classiques. Les prix relativement doux et l'accueil sympathique de la propriétaire ajoutent à l'intérêt de l'adresse.

à Monthion **7 km au Sud par rte de Chambéry (sortie 26) et D 64 – 460 h. – alt. 375 m – ✉ 73200**

XX **Les 16 Clochers**

91 chemin des 16 Clochers – ✆ 04 79 31 30 39 – http://les16clochers.fr – Fermé 1 sem. en sept., vacances de Noël, dim. soir, lundi et mardi

Rest – Menu 24 € (déj. en sem.), 36/55 € – Carte 57/71 €

Qui dit mieux ? Ce restaurant gastronomique jouit d'une vue sur les seize clochers de la vallée ! C'est en terrasse que l'on profite le mieux du panorama, mais on appréciera aussi la salle, rustique et chaleureuse. Cuisine de bonne facture, accueil charmant.

ALBI P – 81 Tarn – 338 E7 – 48 858 h. – alt. 174 m – ✉ 81000 29 C2

Midi Toulousain

Paris 694 – Béziers 150 – Clermont-Ferrand 286 – Toulouse 76

place Sainte-Cécile, ☎ 05 63 36 36 00, www.albi-tourisme.fr

Albi Lasbordes, Château de Lasbordes, O : 4 km par r. de la Berchère, ☎ 05 63 54 98 07

de Florentin-Gaillac, à Marssac-sur-Tarn, Al Bosc, par rte de Toulouse : 11 km, ☎ 05 63 55 20 50

Circuit automobile ☎ 05 63 43 23 00, 2 km par ⑤.

Cathédrale Ste-Cécile★★★ : Jubé et Choeur★★★, Orgue★, Maître-autel★ - Palais de la Berbie★ : musée Toulouse-Lautrec★★ - Le Vieil Albi★★ : hôtel Reynès★ ZC - Pont Vieux★ - Pharmacie des Pénitents★ - ≤★ depuis les moulins albigeois.

Plan page suivante

La Réserve

81 rte de Cordes, 3 km par ⑥ – ☎ 05 63 60 80 80 – www.lareservealbi.com – Ouvert de mai à oct.

20 ch – †180/498 € ††180/498 € – 2 suites – ☐ 20 € – ½ P

Rest ***La Réserve*** – voir les restaurants ci-après

Dans un grand parc verdoyant au bord du Tarn, cette villa a du charme ! Meubles chinés et contemporains, tissus et papiers peints élégants : les chambres sont raffinées et donnent sur la jolie piscine ou la rivière. Et quand l'heure des gourmandises est venue, on n'est pas dépourvu...

Hostellerie St-Antoine sans rest

17 r. St-Antoine – ☎ 05 63 54 04 04 – www.hotel-saint-antoine-albi.com – Fermé 20 déc.-5 janv. Zd

40 ch – †107/197 € ††127/267 € – 2 suites – ☐ 19 €

Un hôtel fondé en 1734 – l'un des plus vieux de France –, qui cultive très joliment l'atmosphère cossue des maisons d'antan... Mobilier ancien, jolies tissus et très agréable jardin... Un cocon douillet !

Chiffre

50 r. Séré-de-Rivières – ☎ 05 63 48 58 48 – www.hotelchiffre.com – Fermé 15 déc.-15 janv. Zb

36 ch – †69/126 € ††76/136 € – 1 suite – ☐ 11 €

Rest *(fermé dim. et lundi) (dîner seult)* – Menu 25/27 € – Carte 32/51 €

En ville mais à l'écart de l'agitation, un ex-relais de poste avec son joli patio fleuri. Les chambres, assez sobres, sont avant tout fonctionnelles. Pour les pensionnaires, une offre de restauration traditionnelle bien pratique.

Mercure

41 bis r. Porta – ☎ 05 63 47 66 66 – www.lemoulin-albi.fr Yn

56 ch – †103/123 € ††120/140 € – ☐ 15 €

Rest *(fermé 20 déc.-4 janv., sam. midi, dim. midi et le soir du vend. au dim. du 1er oct. au 28 fév.)* – Formule 19 € – Menu 26/30 € bc – Carte 29/40 €

Un moulin à farine du 18e s. dominant le Tarn et... de petites chambres toutes identiques, fonctionnelles et confortables. Au restaurant, une carte bistrotière originale, qui change des standards de la chaîne.

Grand Hôtel d'Orléans

pl. Stalingrad – ☎ 05 63 54 16 56 – www.hotel-orleans-albi.com Xe

54 ch – †65/99 € ††75/112 € – 2 suites – ☐ 10 € – ½ P

Rest *(fermé lundi midi d'avril à oct., sam. sauf le soir d'avril à oct. et dim.)* – Formule 19 € – Menu 25/48 € – Carte 34/50 €

Depuis 1902, de père en fils, on prend soin des voyageurs venus chercher la tranquillité au pays de Lautrec ! Les chambres sont fonctionnelles et décorées dans un esprit contemporain et, pour les hôtes studieux, on compte aussi de nombreuses salles de réunion.

Cantepau sans rest

9 r. Cantepau – ☎ 05 63 60 75 80 – www.hotelcantepau.fr – Fermé 23-31 déc.

33 ch – †69/92 € ††69/92 € – ☐ 10 € Va

Un petit hôtel familial et accueillant, dans une rue tranquille. Côté déco, beaucoup de rotin, des tons crème et tabac, d'inspiration coloniale... C'est simple, impeccablement tenu et plaisant.

ALBI

Alsace-Lorraine (Bd)	V	
Andrieu (Bd Ed.)	X	2
Archevêché (Pl. de l')	Y	3
Berchère (R. de la)	Z	
Bodin (Bd P.)	X	5
Cantepau (R. de)	V	
Carnot (Bd)	X	
Castelviel (R. du)	Y	7
Choiseul (Quai)	Y	8
Croix-Blanche (R. de la)	Z	9
Croix-Verte (R.)	V, YZ	12
Dembourg (Av.)	V	13
Dr-Camboulives (R. du)	Z	14
Empeyralots (R. d')	Z	15
Foch (Av. Mar.)	X	
Gambetta (Av.)	X	
Gaulle (Av. Gén.-de)	X	
Genève (R. de)	Z	17
Gorsse (Pl. H. de)	Y	18
Grand (R. E.)	Y	
Hôtel-de-Ville (R. de l')	Z	19
Jean-Jaurès (Pl.)	Z	
Joffre (Av. Mar.)	X	22
Lacombe (Bd)	X	23
Lamothe (R. de)	V, Y	
Lapérouse (Pl.)	Z	
Lattre-de-Tassigny (Av. Mar.-de)	V	24
Loirat (Av. du)	V	
Lude (Bd du)	X	
Malroux (R. A.)	Y	25
Maquis (Pl. du)	X	26
Mariès (R.)	Y	
Montebello (Bd)	X	27
Moulin (Lices J.)	Z	
Nobles (R. des)	Z	28
Oulmet (R. de l')	Z	29
Palais (Pl. du)	Z	30
Palais (R. du)	Z	31
Partisans (Espl. des)	Y	
Pénitents (R. des)	Z	33
Peyrolière (R.)	YZ	34
Pompidou (Lices G.)	YZ	
Porta (R.)	Y	
Porte-Neuve (R. de la)	Z	35
Puech-Bérenguier (R.)	Z	37
République (R. de la)	V, Y	
Rinaldi (R.)	Y	
Rivière (R. de la)	Y	40
Roquelaure (R.)	Z	41
Ste-Cécile (Pl.)	Y	46
Ste-Cécile (R.)	Z	47
Ste-Claire (R.)	Y	48
St-Afric (R.)	Y	42
St-Amarand (Pl.)	V	69
St-Antoine (R.)	Z	43
St-Clair (R.)	Z	44
St-Julien (R.)	Y	45
Saunal (R. de)	Z	49
Savary (R. H.)	Z	51
Sel (R. du)	Z	52
Séré-de-Rivière (R.)	Z	53
Sibille (Bd Gén.)	Z	
Soult (Bd)	VX	
Strasbourg (Bd de)	V, Y	54
Teyssier (Av. Col.)	X	
Thomas (Av. A.)	V	57
Timbal (R.)	Z	58
Toulouse-Lautrec (R. H.-de)	Z	60
Valmy (Bd)	VX	
Verdier (Av. F.)	X	62
Verdun (Pl. de)	X	63
Verdusse (R. de)	Z	64
Vigan (Pl. du)	Z	65
Visitation (R. de la)	Y	67
8-Mai-1945 (Pl. du)	X	

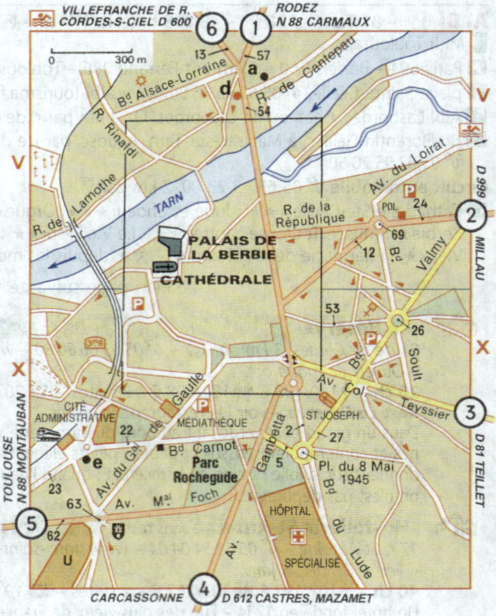

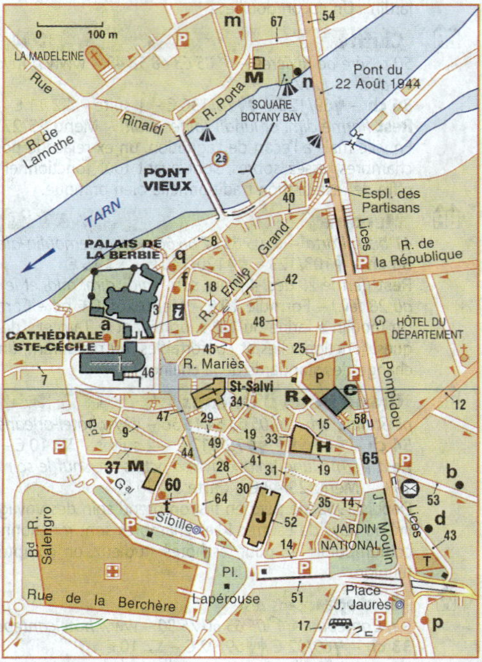

XXX **La Réserve** – Hôtel La Réserve
81 rte de Cordes, 3 km par ⑥ – ✆ 05 63 60 80 80 – www.lareservealbi.com – Ouvert de mai à oct.
Rest *(fermé merc. et le midi du lundi au vend.)* – Menu 45 € – Carte 55/81 €
De grandes baies vitrées donnant sur le parc verdoyant, une belle terrasse et une cheminée qui réchauffe l'hiver : cette Réserve est élégante l'on y savoure une cuisine du marché assez sage, mais bien agréable...

XX **David Enjalran - L'Esprit du Vin**
11 quai Choiseul – ✆ 05 63 54 60 44 – www.lespritduvin-albi.fr – Fermé dim. et lundi
Rest *(nombre de couverts limité, réserver)* – Formule 25 € – Menu 29 € (déj.), 75/105 € — **Yq**
Une table chaleureuse au sein d'une maison du vieil Albi. Le chef propose une cuisine fine et créative, au fil de menus "surprise" inspirés par ses produits de prédilection (pas de carte). Beau choix de vins "coup de cœur". Avis aux amateurs, il propose aussi des cours de cuisine.
➜ Triptyque de homard breton, émulsion coco-banane et moutarde de mangue. Burger de filet de bœuf, foie gras poêlé et truffe noire. Gaspacho de pêche blanche, financier à la noisette et glace à la lavande. **Vins** Gaillac.

XX **Le Jardin des Quatre Saisons**
5 r. de la Pompe – ✆ 05 63 60 77 76 – www.lejardindes4saisons.fr. – Fermé dim. soir et lundi — **Vd**
Rest – Formule 14 € – Menu 28/39 €
En hiver comme en été, ce restaurant est toujours aussi agréable. La cuisine, généreuse et authentique, ressemble au patron, un enfant du pays. Sous les voûtes du salon privé, on organise des dégustations de vin – l'autre passion dudit patron !

XX **L'Épicurien**
42 pl. Jean-Jaurès – ✆ 05 63 53 10 70 – www.restaurantlepicurien.com – Fermé dim. et lundi — **Zp**
Rest – Formule 17 € – Menu 28/68 € – Carte 35/60 €
C'est l'adresse branchée d'Albi et côté déco, il règne un bel esprit nordique ! Cadre épuré et chaleureux, baies vitrées et... vue sur les cuisines, où le chef concocte de beaux plats dans l'air du temps, gourmands, copieux et bien ficelés.

XX **Le Lautrec**
13 r. Toulouse-Lautrec – ✆ 05 63 54 86 55 – www.restaurant-le-lautrec.com – Fermé 24 août-10 sept., vacances de la Toussaint, 20-27 fév., dim. sauf le midi de sept. à juin et lundi — **Zt**
Rest – Formule 16 € – Menu 18 € (sem.), 28/52 € bc – Carte 46/54 €
Les anciennes écuries de la famille Lapérouse, où trône un vieux puits : pittoresque ! Le chef s'approvisionne essentiellement chez les petits producteurs locaux et réalise une cuisine métissée, gorgée de saveurs et de soleil méditerranéen.

X **La Table du Sommelier**
20 r. Porta – ✆ 05 63 46 20 10 – www.latabledusommelier.com – Fermé dim. et lundi
Rest – Formule 14 € – Menu 18 € (déj. en sem.), 30/45 € bc – Carte 34/54 € — **Ym**
L'enseigne et les caisses de bois empilées dans l'entrée annoncent la couleur : ici, on savoure des petits plats bistrotiers accompagnés de bons crus (choix étoffé de vins au verre). Et l'été, vive la terrasse !

X **La Fourchette Adroite**
7 pl. de l'Archevêché – ✆ 05 63 49 77 81 – Fermé 7-15 oct. et 20 janv.-4 fév.
Rest – Formule 14 € – Menu 17 € (déj.), 26/49 € bc – Carte 37/50 € — **Yf**
On se croirait dans un loft ! Heureusement, ce lieu est aussi tendance que convivial. On y sert une cuisine créative, basée sur les produits : bien en phase avec le concept.

X **Stéphane Laurens**
10 pl . Monseigneur-Mignot – ✆ 05 63 43 62 41 – www.stephanelaurens.com – Fermé 1 sem. en mars, 1 sem. en sept. et dim. — **Ya**
Rest – Formule 12 € – Menu 20 € – Carte 33/49 €
Au pied de la cathédrale, un lieu raffiné qui mêle avec élégance le cachet de l'ancien (poutres et pierres apparentes) à une déco minimaliste. L'assiette épouse la tendance et, pour les assoiffés chic, il y a même un bar à eau.

à Castelnau-de-Lévis 7 km par ⑥, D 600 et D 1 – 1 501 h. – alt. 221 m – ✉ 81150

La Taverne avec ch
r. Aubijoux – ✆ 05 63 60 90 16 – www.tavernebesson.com – Fermé vacances de fév.
8 ch – 🛉74 € 🛉🛉94 € – ☕ 12 € – ½ P
Rest *(fermé dim. soir d'oct. à avril et lundi)* – Menu 25 € (sem.), 36/62 € – Carte 51/77 €
Cette Taverne a élu domicile dans une ancienne coopérative boulangère, d'où les fours en brique que l'on peut voir dans l'une des deux salles à manger. Côté cuisine, c'est terroir et tradition, et il y aussi des chambres, bien agréables.

ALENÇON P – 61 Orne – **310** J4 – 27 325 h. – alt. 135 m – ✉ 61000 **33** C3
Normandie Cotentin
Paris 190 – Chartres 119 – Évreux 119 – Laval 90
place de la Magdeleine, ✆ 02 33 80 66 33, www.paysdalencontourisme.com
d'Alençon-en-Arçonnay, à Arçonnay, Le Petit Maleffre, par rte du Mans : 3 km, ✆ 02 33 28 56 67
Église Notre-Dame★ - Musée des Beaux-Arts et de la Dentelle★ : collection de dentelles★ BZ **M²**.

Mercure sans rest
187 av. Gén-Leclerc, 2 km par ④ – ✆ 02 33 28 64 64 – www.mercure.com – Fermé 22 déc.-7 janv.
53 ch – 🛉77/84 € 🛉🛉81/87 € – ☕ 10 €
En périphérie de la ville (direction Le Mans), un Mercure fonctionnel et bien tenu. Les chambres du 2e étage sont plus contemporaines.

Hôtel des Ducs sans rest
50 av. Wilson – ✆ 02 33 29 03 93 – www.hoteldesducs-alencon.fr AY**r**
28 ch – 🛉63/73 € 🛉🛉71/81 € – ☕ 9 €
Un bon petit hôtel, face la gare. Les chambres sont fonctionnelles et colorées ; assez spacieuses dans la catégorie supérieure.

Ibis sans rest
13 pl. Poulet-Malassis – ✆ 02 33 80 67 67 – www.ibishotel.com CZ**y**
52 ch – 🛉73 € 🛉🛉73 € – ☕ 10 €
En plein centre, tout près des commerces, cafés et restaurants, un Ibis moderne parfait pour la clientèle d'affaires ou de passage. L'ensemble est très bien tenu. À noter : au bar, on vous propose plus de 80 whiskys !

Au Petit Vatel
72 pl. Cdt-Desmeulles – ✆ 02 33 26 23 78 – Fermé 17 juil.-7 août, 19 fév.-6 mars, dim. soir, mardi soir et merc. BZ**s**
Rest – Formule 19 € bc – Menu 22/41 € – Carte 35/68 €
Terrine de gibier, rognons de veau à la moutarde, millefeuille aux poires... Tradition et terroir dans cette maison de ville qui se révèle assez champêtre.

Rive Droite
31 r. du Pont-Neuf – ✆ 02 33 27 79 73 – www.rivedroiterestaurant.com – Fermé 2-10 janv., dim. et lundi CZ**b**
Rest – Menu 20 € (déj. en sem.) – Carte 30/54 €
Une élégante maison chargée d'histoire – QG du général Leclerc à la Libération puis musée de la Dentelle –, et de gourmandises ! Le chef réalise une cuisine de saison et son menu change tous les mois... Fin et frais.

au Nord 3 km par ① D 438 et rte secondaire

Château de Sarceaux
r. des Fourneaux ✉ 61250 Valframbert – ✆ 02 33 28 85 11 – www.chateau-de-sarceaux.com – Fermé 7 janv.-15 fév.
5 ch ☕ – 🛉125/165 € 🛉🛉125/165 € **Table d'hôte** – Menu 50 € bc
Dans un parc de 12 ha, un ancien pavillon de chasse (18e s.) mais surtout une véritable demeure de famille : tissus imprimés, boiseries pastel, parquets, tableaux et mobilier des aïeux... La noble et sobre élégance du pays d'Alençon.

ALENÇON

Argentan (R. d') . . . . AY 2
Basingstoke (Av. de) . . . . AY 3
Bercail (R. du) . . . . BZ 4
Capucins (R. des) . . . . CZ 6
Clemenceau (Cours) . . . . . BCZ
Duchamp (Bd) . . . . AY 8
Écusson (R. de l') . . . . AY 9
Fresnay (R. de) . . . . BZ 13
Grandes-Poteries (R. des) . . BZ 14
Grande-Rue . . . . BZ 15
Halle-au-Blé (Pl. de la) . . . . . BZ 17
Lattre-de-Tassigny (R. du Mar.-de) . . . . BCZ 19
Leclerc (Av. du Gén.) . . . . . . AY 20
La Magdeleine (Pl.) . . . . CZ 18
Mans (R. du) . . . . AY 24
Marguerite-de-Lorraine (Pl.) . BZ 25
Porte-de-la-Barre (R.) . . . . . . BZ 30
Poterne (R. de la) . . . . CZ 33
Quakenbruck (Av. de) . . . . . . AY 34
Rhin-et-Danube (Av.) . . . . AY 35
Sieurs (R. aux) . . . . BZ
Tisons (R. des) . . . . AY 39
1er Chasseurs (Bd) . . . . AY 40
14e Hussards (R. du) . . . . AY 42

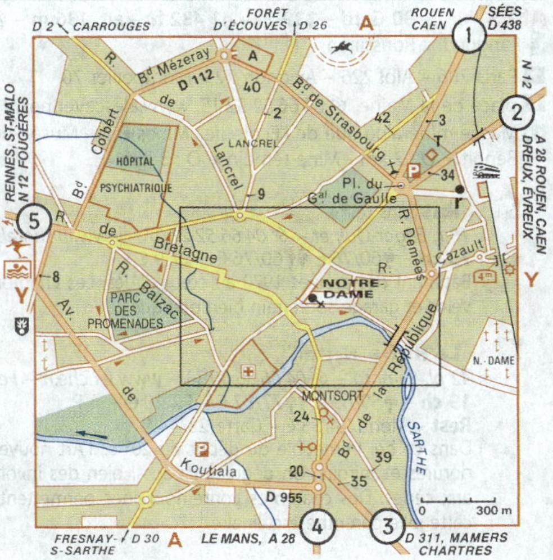

à St-Paterne (72 Sarthe) 4 km par ③ – 1 591 h. – alt. 160 m – ✉ 72610

Château de St-Paterne

4 r. de la Gaieté – ✆ 02 33 27 54 71 – www.chateau-saintpaterne.com – Fermé 17 déc.-15 mars

11 ch – †140/280 € ††140/280 € – ☕ 13 €

Rest *(fermé le midi) (résidents seult)* – Menu 47 €

Des toits élancés, de hautes cheminées : ce château est né entre Moyen Âge et Renaissance ! Jusqu'à nos jours il devait témoigner d'un certain art de vivre, car son décor plein de style a été porté à la pointe du goût contemporain... Le dîner est servi aux chandelles. Superbement romantique !

ALÉRIA – 2B Haute-Corse – **345** G7 – voir à Corse

ALÈS – 30 Gard – 339 J4 – 41 432 h. – alt. 136 m – ✉ 30100 23 C1

Languedoc Roussillon

▶ Paris 706 – Albi 226 – Avignon 72 – Montpellier 70

ℹ place de la Mairie, ✆ 04 66 52 32 15, www.alescevennes.fr

Musée minéralogique de l'Ecole des Mines★ N - Musée-bibliothèque Pierre-André-Benoit★ O : 2 km - Mine-témoin★ O : 3 km.

Ibis sans rest

18 r. Edgar-Quinet – ✆ 04 66 52 27 07 – www.ibishotel.com **Be**

75 ch – †60/76 € ††60/76 € – ☕ 9 €

Bâtiment des années 1970 au cœur d'Alès. Les chambres sont fonctionnelles. Local à vélos et garage souterrain bien pratiques.

Le Riche avec ch

42 pl. Sémard – ✆ 04 66 86 00 33 – www.leriche.fr – Fermé août **Bn**

19 ch – †59/69 € ††77/87 € – ☕ 10 € – ½ P

Rest – Menu 24/55 € – Carte 23/44 €

Dans ce bel immeuble du début du 20e s., l'Art nouveau flamboie de tous ses stucs, dorures et miroirs. On déguste ici aussi bien des involtinis au pélardon que du lapin aux cèpes. Des chambres contemporaines permettent de ne pas refermer trop vite cette jolie parenthèse culinaire.

ALÈS

Albert-1er (R.) . . . . . B 2
Audibert (R. Cdt) . . . . . A 3
Avéjan (R. d') . . . . . B
Barbusse (Pl. Henri) . . . . . B 4
Docteur-Serres (R.) . . . . . B
Edgar-Quinet (R.) . . . . . B
Hôtel-de-Ville (Pl. de l') . . . . . A 5
Lattre-de-Tassigny (Av. de) . . . B 6
Leclerc (Pl. Gén.) . . . . . B 8
Louis-Blanc (Bd) . . . . . B
Martyrs-de-la-Résistance (Pl.) . B 9
Michelet (R.) . . . . . B 10
Paul (R. Marcel) . . . . . B 12
Péri (Pl. Gabriel) . . . . . B 13
Rollin (R.) . . . . . A 14
St-Vincent (R.) . . . . . B 15
Semard (Pl. Pierre) . . . . . B 16
Soleil (R. du Faubourg du) . . . . B 17
Stalingrad (Av. de) . . . . . B 18
Taisson (R.) . . . . . B 19
Talabot (Bd) . . . . . B 20

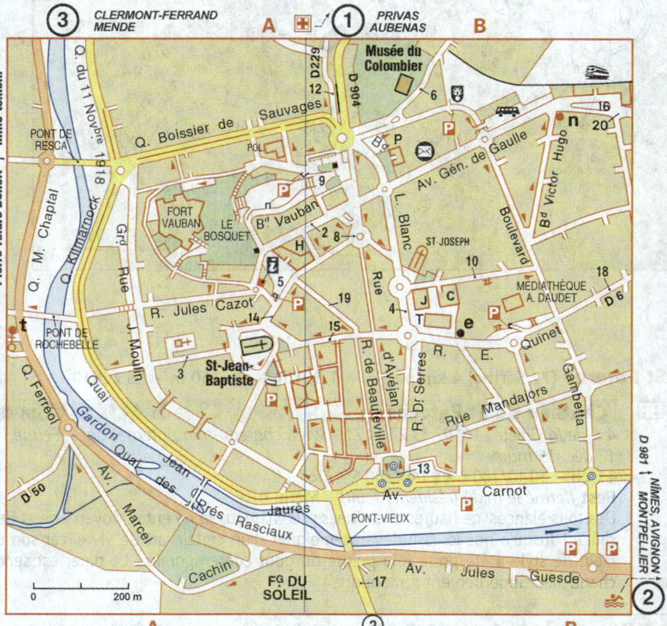

L'Atelier des Saveurs
16 fg de Rochebelle – 04 66 86 27 77 – www.latelierdessaveurs.net – Fermé 26 août-15 sept., sam. midi, dim. soir et lundi
Rest – Formule 18 € – Menu 29/62 € – Carte 50/61 €
Dans cet atelier, point de marteau ou de tournevis, les outils sont des ustensiles de cuisine ! Derrière l'établi – pardon, les fourneaux –, le chef concocte des recettes à la fois créatives et ancrées dans le terroir. Sa carte change tous les mois. Aux beaux jours, installez-vous dans le joli patio.

At

à St-Martin-de-Valgalgues 2 km par ① – 4 162 h. – alt. 148 m – ✉ 30520

Le Mas de la Filoselle
ch, ch,
344 r. du 19-mars-1962 – 06 61 23 19 75 – www.filoselle.free.fr – Fermé janv.
4 ch – †77 € ††90 € **Table d'hôte** – Menu 26 €
On se sent très vite chez soi dans cette ancienne magnanerie perchée sur les hauteurs du village. Ravissantes chambres thématiques (Lavande, Olivier, etc.) et beau jardin en terrasses. À la table d'hôte, le soir, on apprécie les produits du terroir (sur réservation).

à St-Privat-des-Vieux 4 km par ②, rte de Montélimar, D 216 et rte secondaire – 4 430 h. – alt. 180 m – ✉ 30340

Le Vertige des Senteurs
35 chemin de l'Usclade – 04 66 91 08 84 – www.vertige-des-senteurs.fr – Fermé 1er-10 janv., sam. midi en juil.-août, dim. soir et lundi
Rest – Formule 19 € – Menu 38 €, 58/75 €
Un joli mas au cœur des Cévennes, où se marient murs de pierre et décoration contemporaine... On y savoure des plats inventifs et soignés, et à l'heure de l'apéritif, on s'installe dans l'agréable patio où flotte comme un air de vacances !

à Méjannes-lès-Alès 7,5 km par ② et D 981 – 1 073 h. – alt. 141 m – ✉ 30340

Auberge des Voutins
rte d'Uzès – 04 66 61 38 03 – Fermé mardi midi, dim. soir et lundi sauf fériés
Rest – Menu 29/60 € – Carte 55/65 €
Sur la route entre Alès et Uzès, faites étape dans cette belle maison de pays. On y savoure une appétissante cuisine traditionnelle, et le décor se révèle rustique à souhait avec son plafond… en voutins. À la belle saison, installez-vous sur la terrasse à l'ombre du joli tilleul.

à St-Hilaire-de-Brethmas 3 km par ② et D 936 – 4 160 h. – alt. 125 m – ✉ 30560

Comptoir St-Hilaire
Mas de la Rouquette, 2 km à l'Est – 06 04 59 94 66 – www.comptoir-saint-hilaire.com
5 ch – †250/425 € ††250/425 € **Table d'hôte** – Formule 25 € – Menu 50 €
La décoratrice Catherine Painvin a entièrement repensé ce mas du 17e s. : chambres et suites follement originales, luxe omniprésent mais discret, à l'unisson du superbe parc avec les Cévennes à perte de vue... À la table d'hôte, on apprécie la cuisine régionale dont quelques spécialités mettant la truffe à l'honneur.

Auberge de St-Hilaire
5 r. André-Schenk – 04 66 30 11 42 – www.auberge-saint-hilaire.com – Fermé dim. soir et lundi
Rest – Menu 30 € bc/70 € – Carte 47/66 €
Une bonne table des environs d'Alès. Derrière les fourneaux, le chef concocte une savoureuse cuisine où les classiques de la région ont la part belle. Le Sud est donc dans l'assiette, mais aussi sur la terrasse où trône un bel olivier, à moins que vous ne préfériez la salle, lumineuse à souhait.

ALFORTVILLE – 94 Val-de-Marne – **312** D3 – **101** 27 – voir à Paris, Environs

---

ALGAJOLA – 2B Haute-Corse – **345** C4 – voir à Corse

ALISE-STE-REINE – 21 Côte-d'Or – **320** G4 – rattaché à Venarey-les-Laumes

ALIX – 69 Rhône – **327** G4 – 683 h. – alt. 287 m – ✉ 69380 **43** E1

Paris 442 – L'Arbresle 12 – Lyon 28 – Villefranche-sur-Saône 12

Le Vieux Moulin

chemin du Vieux-Moulin – ✆ 04 78 43 91 66 – www.lemoulindalix.com – Fermé lundi et mardi

Rest – Formule 16 € – Menu 25/52 € – Carte 27/51 €

Ce moulin rhodanien en pierre a conservé tout son charme rustique ; c'est un endroit paisible et plaisant, idéal pour savourer les mets traditionnels du chef et ses suggestions du jour. L'été, cap sur la jolie terrasse ombragée.

ALLAS-LES-MINES – 24 Dordogne – **329** H6 – rattaché à St-Cyprien

ALLEINS – 13 Bouches-du-Rhône – **340** F3 – 2 426 h. – alt. 180 m – ✉ 13980 **42** E1

Provence

Paris 725 – Aix-en-Provence 34 – Avignon 47 – Marseille 63

Domaine de Méjeans sans rest

quartier des Méjeans, 3 km par rte de Sénas D 71B – ✆ 04 90 57 31 74 – www.domainedemejeans.com

5 ch – 180/265 € 180/265 €

Une allée de peupliers mène à ce domaine paisible et raffiné : parc luxuriant, étang, piscine, cuisine d'été et... chambres aux noms et aux coloris délicats de bonbons du Sud.

ALLERY – 80 Somme – **301** E8 – rattaché à Airaines

ALLEVARD – 38 Isère – **333** J5 – 3 768 h. – alt. 470 m – Sports d'hiver : au Collet d'Allevard 1 450/2 100 m 13 – Stat. therm. : mi-avril-mi-oct. – Casino – ✉ 38580 Alpes du Nord **46** F2

Paris 593 – Albertville 50 – Chambéry 33 – Grenoble 40

place de la Résistance, ✆ 04 76 45 10 11, www.allevard-les-bains.com

Route du Collet★★ par D525A.

Les Alpes

pl. du Temple – ✆ 04 76 45 94 10 – www.lesalpesallevard.com – Fermé 2 sem. en avril, 2 sem. en nov., vend. hors saison et dim. soir

13 ch – 63 € 63 € – 10 € – ½ P

Rest – Menu 16 € (déj. en sem.), 31/44 € – Carte 30/70 €

Cet hôtel-restaurant familial, repérable à sa façade jaune et verte, se trouve au cœur de la station thermale. Les chambres, propres et colorées, ont pris récemment un petit coup de jeune. Les curistes apprécient.

Le Trianon

av. des Bains – ✆ 04 76 71 96 17 – www.letrianon-allevard.fr – Fermé 4 nov.-4 déc., mardi sauf juil.-août et dim. soir

Rest – Formule 16 € – Menu 21 € (déj. en sem.), 34/42 € – Carte 33/50 €

Sans rivaliser avec celui de Versailles, ce Trianon (1900) n'en est pas moins élégant ! Dans une salle lumineuse et colorée, on apprécie une cuisine dans l'air du temps qui valorise les produits du terroir. Aux beaux jours, on profite de la belle terrasse fleurie. Accueil et service aux petits soins.

à Pinsot 7 km au Sud par D 525 A – 197 h. – alt. 730 m – ✉ 38580

Pic de la Belle Étoile

– ✆ 04 76 45 89 45 – www.pbetoile.com – Fermé 26 avril-13 mai, 19 juil.-7 août, 25 oct.-5 nov., vend. soir, sam. et dim. sauf du 12-14 juil., 9-18 août, 21 déc.-4 janv. et 16 fév.-15 mars

40 ch – 73/107 € 92/150 € – 13 € – ½ P

Rest – Formule 18 € – Menu 24/47 €

À l'entrée du village, le jardin de cette imposante maison régionale dégringole jusqu'à un torrent. On profite du paysage dans des chambres simples et propres ; il y a une piscine, un hammam, un sauna... Un bon point de chute pour sillonner la région ou profiter des eaux thermales.

au Sud 17 km par D 525A et rtre secondaire - ✉ 38580 Allevard

Auberge Nemoz
au hameau "La Martinette" – ✆ 04 76 45 03 10 – www.auberge-nemoz.com – Fermé avril et nov.
5 ch – 78/88 € 88/98 €
Table d'hôte – Formule 19 € – Menu 19/32 € – Carte 38/48 €
Dans la vallée du Haut-Bréda, ce chalet en bois a su se parer de meubles anciens et d'objets de famille. Au programme, la convivialité d'une cuisine rustique (raclette), des promenades à cheval et en hiver, en raquettes !

ALLEX – 26 Drôme – 332 C5 – 2 497 h. – alt. 160 m – ✉ 26400 44 B3

Ardèche Drôme
Paris 588 – Lyon 126 – Romans-sur-Isère 46 – Valence 24
avenue Henri Seguin, ✆ 04 75 62 73 13

La Petite Aiguebonne sans rest
chemin d'Aiguebonne, 2 km à l'Est par D 93 – ✆ 04 75 62 60 68 – www.petite-aiguebonne.com
6 ch – 100/125 € 125/145 €
Zanzibar, Pondichéry, Louisiane... Dans cette ferme du 13e s., la déco des chambres parcourt le monde ; tandis que dans le jardin une roulotte attend les plus téméraires. Et si, au réveil, vous avez envie de partir à l'aventure, pensez aux sentiers de la réserve naturelle de Ramières.

ALLEYRAS – 43 Haute-Loire – 331 E4 – 173 h. – alt. 779 m – ✉ 43580 6 C3

Paris 549 – Brioude 71 – Langogne 43 – Le Puy-en-Velay 32

Le Haut-Allier
2 km au Pont d'Alleyras, au Nord par D 40 – ✆ 04 71 57 57 63 – www.hotel-lehautallier.com – Ouvert 22 mars-15 nov. et fermé lundi et mardi sauf juil.-août et fériés
12 ch – 95/135 € 95/135 € – 16 € – ½ P
Rest *Le Haut-Allier* – voir les restaurants ci-après
Aux confins des gorges de l'Allier, comme au bout du monde... Dans cet environnement, cet hôtel fait preuve d'un confort bourgeois sans ostentation, d'une tenue parfaite et d'un calme salutaire. Et il serait dommage de se priver du restaurant !

Le Haut-Allier (Philippe Brun)
2 km au Pont d'Alleyras, au Nord par D 40 – ✆ 04 71 57 57 63 – www.hotel-lehautallier.com – Ouvert 22 mars-15 nov. et fermé lundi et mardi sauf le soir en juil.-août et fériés
Rest – Menu 48/98 € – Carte 70/92 €
Dans ces rudes contrées, le cadre, raffiné et élégant, ne manque pas d'étonner ! La cuisine est plutôt inventive, volontiers recherchée, et met en valeur de très beaux produits du terroir avec une pointe d'exotisme.
→ Symbiose d'écrevisses et mousserons des prés : influence thaïe et herbes odorantes. Pigeonneau en croustines, cuisses en ravioles, foie gras et xérès. Harmonie de baies rouges et noires des monts du Velay. **Vins** Saint-Joseph, Vin de pays de l'Hérault.

LES ALLUES – 73 Savoie – 333 M5 – rattaché à Méribel

ALLUYES – 28 Eure-et-Loir – 311 E6 – 719 h. – alt. 120 m – ✉ 28800 11 B1

Châteaux de la Loire
Paris 118 – Blois 82 – Chartres 29 – Orléans 75

Moulin de la Ronce sans rest
2 r. du Gué, 2,5 km au Nord-Ouest – ✆ 06 31 17 48 80 – www.moulin-de-la-ronce.com
3 ch – 130 € 150 €
La propriétaire a eu le coup de foudre pour ce moulin à eau du 16e s. et on la comprend. Sa restauration a encore décuplé le charme des lieux, dans un esprit contemporain d'un goût très sûr. Le petit-déjeuner, les promenades en barque, le parc... un enchantement !

ALLY – 15 Cantal – 330 B3 – 663 h. – alt. 720 m – ✉ 15700 5 A3

Paris 532 – Aurillac 46 – Clermont-Ferrand 119 – Tulle 71

Château de la Vigne sans rest

1 km au Nord-Est par D 680 – ✆ 04 71 69 00 20 – www.chateaudelavigne.com – Ouvert de Pâques à la Toussaint

3 ch – 120/140 € 120/140 € – 9 €

Un beau jardin à la française face au panorama des monts du Cantal, des murs robustes remontant au 15e s., des fresques médiévales, de délicieux décors 18e s. ou Directoire : ce château invite à un véritable voyage au pays du temps jadis...

ALOXE-CORTON – 21 Côte-d'Or – 320 J7 – rattaché à Beaune

ALPE D'HUEZ – 38 Isère – 333 J7 – 1 479 h. – alt. 1 860 m – Sports d'hiver : 1 860/3 330 m 18 63 – ✉ 38750 Alpes du Nord 45 C2

Paris 625 – Le Bourg-d'Oisans 12 – Briançon 71 – Grenoble 63

Altiport ✆ 04 76 11 21 73, SE.

place Paganon, ✆ 04 76 11 44 44, www.alpedhuez.com

Pic du Lac Blanc ★★★ par téléphérique - Route de Villars-Reculas★ 4 km par D 211B.

Au Chamois d'Or

rd-pt des pistes – ✆ 04 76 80 31 32 – www.chamoisdor-alpedhuez.com – Ouvert 1er juin-20 août et 15 déc.-20 avril

40 ch – 260/410 € 280/430 € – 5 suites – ½ P

Rest ***Au Chamois d'Or*** – voir les restaurants ci-après

Un grand chalet en bois aux balcons ciselés : sous la neige, une véritable image d'Épinal... Des feux crépitent, le décor évoque une demeure particulière, les enfants peuvent s'amuser dans "leur" salon (jeux, TV, etc.) et leurs parents profiter du spa : Alpes et havre sont des mots qui vont très bien ensemble...

Le Printemps de Juliette

av. des Jeux – ✆ 04 76 11 44 38 – www.leprintempsdejuliette.com

7 ch – 100/310 € 100/310 € – 1 suite

Rest *(Fermé sam. dim. en mai, oct. et nov.)* – Formule 27 € – Menu 31/36 € – Carte 31/56 €

Le printemps en toutes saisons – et plus encore en hiver – dans ce beau chalet niché au cœur de la station : tons clairs et jouets à l'ancienne y cultivent l'innocence de l'enfance... Une véritable bonbonnière. Restaurant traditionnel.

Le Dôme

pl. du Cognet – ✆ 04 76 80 32 11 – www.dome-alpedhuez.com – Ouvert de déc. à avril et juil.-août

24 ch – 90/204 € 108/204 € – 15 € – ½ P

Rest *(ouvert de déc. à avril et fermé le midi en sem. sauf vacances scolaires)* – Menu 30/35 € – Carte 27/52 €

L'hôtellerie est une histoire de famille dans cet établissement transmis de pères en fils depuis 1923. Crépis et lambris : les chambres cultivent l'esprit montagnard avec simplicité (la plupart avec balcon). Fondues et autres spécialités au restaurant.

Au Chamois d'Or – Hôtel Au Chamois d'Or

rd-pt des pistes – ✆ 04 76 80 31 32 – www.chamoisdor-alpedhuez.com – Ouvert 1er juin-20 août et 15 déc.-20 avril

Rest – Formule 38 € – Menu 49/70 € – Carte 36/83 €

Cette jolie table n'est pas le moindre atout du Chamois d'Or : dans le décor chaleureux et feutré d'une salle tout en bois, on apprécie des saveurs au naturel, composées avec un soin indéniable. Romantique le soir venu...

Au P'tit Creux

chemin des Bergers – ✆ 04 76 80 62 80 – Fermé mai, nov., lundi soir et mardi soir hors saison et lundi midi et mardi midi en saison

Rest *(réserver)* – Menu 43 € – Carte 29/60 €

Loin de combler seulement les p'tits creux, ce chalet du vieux village fait œuvre de gastronomie : crème de lentilles au lard grillé ; filet de sandre aux moules ; vacherin aux mangues... De jolies saveurs dans un décor régional.

à Huez 3,5 km au Sud-Ouest par D 211 – 1 338 h. – alt. 1 495 m – ✉ 38750

L'Ancolie
av. de l'Église – ✆ 04 76 11 13 13 – www.ancolie-hotel.com – Ouvert 1er juin-23 août, 2-30 sept. et début déc.-fin avril
16 ch – †69/138 € ††85/158 € – ½ P
Rest *(fermé le midi en hiver et merc.)* – Menu 23/49 € – Carte 35/50 €
Une bonne option que cet hôtel simple et bien tenu, aux tarifs compétitifs : dans le cadre préservé du village d'Huez, on profite du calme et du caractère d'un chalet mêlant la pierre et le bois, et dont les chambres se montrent plutôt coquettes. Restaurant traditionnel.

ALPUECH – 12 Aveyron – **338** J2 – rattaché à Laguiole

ALTENSTADT – 67 Bas-Rhin – **315** L2 – rattaché à Wissembourg

ALTKIRCH – 68 Haut-Rhin – **315** H11 – 5 774 h. – alt. 312 m – ✉ 68130 **1** A3
Alsace Lorraine
Paris 457 – Basel 33 – Belfort 35 – Montbéliard 52
10, place des trois Rois, ✆ 03 89 40 02 90, www.sundgau-sudalsace.fr
de la Largue, à Seppois-le-Bas, Rue du Golf, S : 23 km par D 432, ✆ 03 89 07 67 67

Auberge Sundgovienne
1 rte de Belfort, 4 km à l'Ouest par D 419 – ✆ 03 89 40 97 18 – www.auberge-sundgovienne.fr – Fermé, 22-29 juil., 20 déc.-21 janv.
27 ch – †59/74 € ††74/94 € – 1 suite – 10 € – ½ P
Rest ***Auberge Sundgovienne*** – voir les restaurants ci-après
Cette grande construction d'apparence quelque peu banale est une vraie trouvaille : le parc paysagé est idéal pour se mettre au vert ; les chambres, urbaines et contemporaines, sont plaisantes et raffinées ; quant au restaurant, il se prête à la gourmandise.

Auberge Sundgovienne
1 rte de Belfort, 4 km à l'Ouest par D 419 – ✆ 03 89 40 97 18 – www.auberge-sundgovienne.fr – Fermé 22-29 juil., 20 déc.-21 janv., mardi midi, dim. soir et lundi
Rest – Menu 15 € (sem.), 24/54 € – Carte 31/61 €
Ce restaurant d'hôtel est très sympathique : tout y est avenant, contemporain et cosy, et l'on y apprécie une bonne cuisine d'aujourd'hui, concoctée par un chef soucieux de bien faire.

à Wahlbach 10 km à l'Est par D 419 et D 19B – 474 h. – alt. 320 m – ✉ 68130

Auberge de la Gloriette avec ch rest, ch,
9 r. Principale – ✆ 03 89 07 81 49 – www.lagloriette68.com – Fermé 2 sem. en sept., lundi et mardi
8 ch – †55/80 € ††65/95 € – 9 € – ½ P
Rest – Formule 15 € – Menu 28 € (sem.), 30/50 € – Carte 30/65 €
Dans cette maison ancienne règne une sympathique atmosphère familiale. On y sert une cuisine traditionnelle simple et l'on propose aussi des chambres d'esprit rustique, parfois un peu vieillottes mais bien tenues.

ALTWILLER – 67 Bas-Rhin – **315** F3 – 422 h. – alt. 220 m – ✉ 67260 **1** A1
Paris 412 – Le Haras 10 – Metz 86 – Nancy 73

L'Écluse 16
Bonne Fontaine, 3,5 km au Sud-Est – ✆ 03 88 00 90 42 – www.ecluse16.com – Fermé 1 sem. fin août, 1 sem. vacances de la Toussaint, 26 déc.-3 janv., vacances de fév., mardi et merc.
Rest – Menu 19 € (sem.), 31/45 €
Filet de bœuf avec ses pommes de terre rissolées et sa sauce façon béarnaise, crumble de mirabelles, etc. On se régale de belles saveurs dans cet ancien relais de chevaux de halage, bordant le canal des houillères de la Sarre à quelques pas... d'une écluse.

ALVIGNAC – 46 Lot – **337** G3 – 675 h. – alt. 400 m – ✉ 46500 **29** C1
Paris 529 – Brive-la-Gaillarde 52 – Cahors 65 – Figeac 43
Rue de la Mairie, mairie, ✆ 05 65 33 60 62, http://alvignac.pagesperso-orange.fr

Hôtel du Château
rte de Rocamadour Padirac – 05 65 33 60 14 – www.hotel-alvignac.com – Ouvert Pâques à Toussaint
28 ch – 46/58 € 46/58 € – 7 € – ½ P
Rest – Menu 14 € (déj. en sem.), 20/30 € – Carte 22/44 €
Adossée à l'église, une bâtisse séculaire dont la façade en pierre est tapissée de vigne vierge. Les chambres y sont fonctionnelles et bien tenues. Cuisine du terroir au restaurant. Agréable jardin.

AMBÉRIEUX-EN-DOMBES – 01 Ain – 328 C5 – 1 592 h. – alt. 296 m – 01330 43 E1

Paris 437 – Bourg-en-Bresse 40 – Lyon 35 – Mâcon 43
267, rue Jean-Marie Vianney, 04 74 08 10 76, www.cc-porteouestdeladombes.com

Auberge des Bichonnières
545 rte du 3-Septembre-1944 – 04 74 00 82 07 – www.aubergedesbichonnieres.com – Fermé 20 déc.-25 janv., dim. soir et lundi
9 ch – 58/75 € 65/90 € – 9 €
Rest ***Auberge des Bichonnières*** – voir les restaurants ci-après
Cette ancienne ferme typique de la Dombes abrite des chambres proprettes, ornées de fresques représentant des scènes champêtres. On est en pleine campagne, au calme...

Auberge des Bichonnières
545 rte du 3-Septembre-1944 – 04 74 00 82 07 – www.aubergedesbichonnieres.com – Fermé 20 déc.-25 janv., dim. soir, mardi midi et lundi
Rest *(nombre de couverts limité, réserver)* – Menu 28/39 € – Carte 40/54 €
Une petite auberge traditionnelle, agréable et rustique. En été, on s'attable volontiers dans la cour fleurie, impatients de déguster les spécialités du chef : croustillant de tête de veau, lapin au basilic, grenouilles, volaille au vin jaune...

AMBERT – 63 Puy-de-Dôme – 326 J9 – 6 962 h. – alt. 535 m – 63600 6 C2

Auvergne
Paris 438 – Brioude 63 – Clermont-Ferrand 77 – Thiers 53
4, place de Hôtel de Ville, 04 73 82 61 90, www.ambert-tourisme.fr
Église St-Jean★ - Vallée de la Dore★ N et S - Moulin Richard-de-Bas★ 5,5 km à l'Est par D 996 - Musée de la Fourme et du fromage - Train panoramique★ (juil.-août).

Les Copains avec ch — rest, ch
42 bd Henri-IV – 04 73 82 01 02 – www.hotelrestaurantlescopains.com – Fermé 26 avril-5 mai, 6 sept.-6 oct., 1er-10 mars, dim. soir, sam. et fériés le soir
11 ch – 52/54 € 64/66 € – 8 € – ½ P
Rest – Formule 13 € – Menu 28/58 € – Carte 37/44 €
En face de la pittoresque mairie en rotonde célébrée par Jules Romains dans *Les Copains*. Le décor, gris et rouge, est d'inspiration japonaise. Au menu : spécialités régionales, dont l'incontournable fourme d'Ambert. Les assiettes sont généreuses.

AMBIALET – 81 Tarn – 338 G7 – 444 h. – alt. 220 m – 81430 29 C2

Midi Toulousain
Paris 718 – Albi 23 – Castres 55 – Lacaune 52
le bourg, 05 63 55 39 14, www.ambialet.fr
Site★.

Hôtel du Pont
– 05 63 55 32 07 – www.hotel-du-pont.com – Ouvert de mi-fév. à mi-nov.
20 ch – 60/71 € 60/71 € – 8,50 € – ½ P
Rest – Formule 15 € – Menu 21/48 € – Carte 38/57 €
Au bord du Tarn, un hôtel-restaurant tenu par la même famille depuis sept générations ! Jolie vue sur Ambialet, son église et son prieuré ; chambres donnant sur la campagne ou sur la rivière et bungalows familiaux, plus simples mais plus spacieux. Une bonne étape.

AMBIERLE – 42 Loire – 327 C3 – 1 816 h. – alt. 467 m – 42820 44 A1

Lyon et sa région
Paris 379 – Lapalisse 33 – Roanne 18 – Thiers 81
Église★.

Le Prieuré (Thierry Fernandes)

r. de la Mairie – 04 77 65 63 24 – www.restaurant-le-prieure-ambierle.com – Fermé dim. soir, mardi et merc.

Rest – Menu 30 € (sem.), 42/75 € – Carte environ 92 €

Une étape gourmande, où le chef s'exprime pleinement dans une cuisine tout en subtilité : saveurs et produits choisis composent des assiettes étonnantes. Intérieur zen et élégant.

➜ Duo de foie gras de canard, chutney de fruits acidulés. Ris de veau rôti et caramélisé dans son jus au vin de la Côte Roannaise. Sphère au chocolat noir, craquant de lait et chantilly pralinée. **Vins** Côte Roannaise.

AMBOISE – 37 Indre-et-Loire – 317 O4 – 12 505 h. – alt. 60 m – ✉ 37400 — 11 A1

Châteaux de la Loire

Paris 223 – Blois 36 – Loches 37 – Tours 27

quai Général de Gaulle, 02 47 57 09 28, www.amboise-valdeloire.com

Château★★ : ★★ de la terrasse, ★★ de la tour des Minimes - Clos-Lucé★ - Pagode de Chanteloup★ 3 km par ④.

Le Choiseul

36 quai Charles-Guinot – 02 47 30 45 45 – www.le-choiseul.com — **Bv**

30 ch – 🚹110/315 € 🚹🚹110/315 € – 3 suites – ☕ 22 € – ½ P

Rest *Le 36* – voir les restaurants ci-après

Une belle propriété face à la Loire, avec un petit parc fleuri et une piscine. Les chambres sont tout à fait dans l'esprit des lieux : classiques et bourgeoises, avec cheminées en marbre, toile de Jouy, trumeaux, etc.

Le Manoir Les Minimes sans rest

34 quai Charles-Guinot – 02 47 30 40 40 – www.manoirlesminimes.com – Fermé 20 janv.-13 fév. — **Bx**

13 ch – 🚹135/210 € 🚹🚹135/210 € – 2 suites – ☕ 15 €

Cette demeure du 18e s. située en bord de Loire vous accueille avec élégance. De superbes meubles de style habillent ses beaux salons bourgeois et ses chambres raffinées.

Concorde (R. de la) . . . . B 4	J.-J. Rousseau (R.) . . . . B 7	Orange (R. d') . . . . B 15
Debré (Pl. M.) . . . . B 5	Martyrs-de-la-R. (Av.) . . . . A 12	Victor-Hugo (R.) . . . . B
François-1er (R.) . . . . B 6	Nationale (R.) . . . . AB	Voltaire (R.) . . . . A 19

Le Manoir St-Thomas sans rest

1 Mail St-Thomas – 02 47 23 21 82 – www.manoir-saint-thomas.com – Fermé janv. Bd

8 ch – 114/179 € 129/199 € – 2 suites – 15 €

Ce manoir Renaissance met tout en œuvre pour le confort de ses clients. Jardin avec piscine, agréables salons et chambres de caractère (antiquités, poutres apparentes ou plafonds peints, etc.).

Novotel

17 r. des Sablonnières, 2 km au Sud par ③ rte de Chenonceaux – 02 47 57 42 07 – www.novotel.com

121 ch – 120/160 € 120/160 € – 15 €

Rest – Formule 18 € – Carte 20/45 €

Ce bâtiment domine Amboise et la vallée de la Loire. Chambres spacieuses et de style actuel, à l'image du dernier concept de la chaîne ; certaines ont vue sur le château. Salle trendy et carte "Novotel Café", conformes au nouveau look de l'enseigne.

Le Pavillon des Lys sans rest

9 r. d' Orange – 02 47 30 01 01 – www.pavillondeslys.com – Fermé 20 nov.-10 déc. et 15 janv.-7 fév.

6 ch – 98/185 € 98/185 € – 2 suites – 14 €

À deux pas du château d'Amboise et du Clos-Lucé, cette belle demeure du 18e s. abrite des chambres joliment décorées. Il fait bon se détendre sur l'agréable terrasse ou dans l'un des salons raffinés. Une bonne adresse.

Château de Pray

r. du Cèdre, 3 km, rte de Chargé par ② et D 751 – 02 47 57 23 67 – www.chateaudepray.fr – Fermé 19 nov.-5 déc. et 2-23 janv.

19 ch – 135/305 € 135/305 € – 16 € – ½ P

Rest *Château de Pray* – voir les restaurants ci-après

D'imposantes tours rondes, un grand parc arboré, quelques lits à baldaquin... Sur des fondations médiévales, ce petit château date essentiellement du 17e s. : à la croisée des époques, caractère et agrément !

Le Clos d'Amboise sans rest

27 r. Rabelais – 02 47 30 10 20 – www.leclosamboise.com Bb

19 ch – 110/310 € 110/310 € – 1 suite – 13 €

Un beau parc avec piscine chauffée et de coquettes chambres font l'attrait de cette maison de maître proche du château. Il fait bon se détendre devant la cheminée du salon. Agréable sauna.

Domaine de l'Arbrelle

Berthellerie, par D31 – 02 47 57 57 17 – www.arbrelle.com – Fermé 15 déc.-1er fév.

21 ch – 72/159 € 72/159 € – 13 € – ½ P

Rest *(dîner seult)* – Menu 29/47 € – Carte 52/58 €

Au cœur d'un parc et en lisière de forêt, une ferme restaurée, au grand calme. Les chambres, confortables à souhait, ont un petit côté chalet à la campagne.

Le Vinci Loire Valley sans rest

12 av. Émile-Gounin, 1 km au Sud par ④ – 02 47 57 10 90 – www.vinciloirevalley.com

26 ch – 89/106 € 89/106 € – 13 €

Dans les faubourgs de la ville, cet hôtel est idéalement situé sur la route des châteaux de la Loire. Décor contemporain dans les chambres, confortables et bien équipées.

Le Vieux Manoir sans rest

13 r. Rabelais – 02 47 30 41 27 – www.le-vieux-manoir.com – Ouvert 15 mars-15 nov. Ay

5 ch – 145/175 € 145/190 €

Dans un jardin à la française, cette maison bourgeoise du 18e s. est meublée avec style et tendue de beaux tissus. Chambres à la mode rétro : armoires et tableaux anciens.

Au Charme Rabelaisien sans rest

25 r. Rabelais – ✆ 02 47 57 53 84 – www.au-charme-rabelaisien.com – Ouvert 15 mars-2 nov. **Be**

3 ch – 85/95 € 157/170 €

Cette demeure bourgeoise qui abrita banque, école et étude notariale, propose aujourd'hui des chambres soignées. Accueil familial et tranquillité ; petit jardin avec piscine.

Château de Pray – Hôtel Château de Pray

r. du Cèdre, 3 km, rte de Chargé par ② et D 751 – ✆ 02 47 57 23 67 – www.chateaudepray.fr – Fermé 19 nov.-13 déc., 2 janv.-1er fév., mardi sauf le soir de mai à sept., merc. midi d'avril à oct. et lundi

Rest – Menu 55/68 € – Carte 76/95 €

Un décor châtelain, très classique, pour une cuisine qui flirte joliment avec notre époque. Finesse d'exécution, équilibre des saveurs, approvisionnement auprès de producteurs locaux... en un mot, c'est très bon !

➜ Langoustine royale pochée, chou chinois, kombu et lemon cress. Pigeonneau du pays de Racan rôti sur l'os, champignons et chou pointu. Soufflé chaud au cassis de Touraine, sorbet au cassis frais. **Vins** Montlouis, Vouvray.

Le 36 – Hôtel Le Choiseul

36 quai Charles-Guinot – ✆ 02 47 30 45 45 – www.le-choiseul.com **Bv**

Rest – Formule 28 € – Menu 36 € (déj. en sem.), 48/82 € – Carte 58/77 €

Jardin d'hiver et, le soir, belle salle classique donnant sur la Loire... Au 36, on savoure une cuisine d'aujourd'hui, fine et bien ficelée, dans une atmosphère cossue et romantique.

Le Lion d'Or (N)

17 quai Charles-Guinot – ✆ 02 47 57 00 23 – www.liondor-amboise.com – Fermé 18 fév.-4 mars, 18 nov.-9 déc., dim. soir et lundi **Ba**

Rest – Formule 15 € – Menu 20/52 €

À deux pas du Clos-Lucé, vous mangez sous l'œil de Léonard de Vinci ! Son portrait est, en effet, accroché au mur de ce restaurant résolument contemporain. Le chef y concocte des recettes dans l'air du temps où les beaux produits sont légion. Dans l'assiette, c'est parfumé et coloré. Ambiance conviviale.

à Limeray **7 km par ① et D 952 – 1 143 h. – alt. 70 m – ✉ 37530**

Auberge de Launay avec ch

9 r. de la Rivière – ✆ 02 47 30 16 82 – www.aubergedelaunay.com – Fermé de mi-déc. à mi-janv.

15 ch – 59/78 € 59/78 € – 10 € – ½ P

Rest *(fermé lundi midi, sam. midi et dim.)* – Menu 20 € (déj.), 27/39 €

Cette ancienne ferme du 18e s. abrite une jolie salle campagnarde et une véranda lumineuse. Cuisine actuelle, spécialités et vins de Loire et agréable terrasse aux beaux jours. Chambres sobres, tenues avec un soin méticuleux.

à St-Ouen-les-Vignes **6,5 km par ① et D 431 – 1 031 h. – alt. 80 m – ✉ 37530**

L'Aubinière avec ch

29 r. Jules Gautier – ✆ 02 47 30 15 29 – www.aubiniere.com – Fermé 1er janv.-10 fév.

11 ch – 115/230 € 115/250 € – 1 suite – 18 € – ½ P

Rest – Formule 18 € – Menu 25 € (déj. en sem.), 38/92 € bc – Carte 50/91 €

Une belle salle contemporaine et lumineuse, une terrasse donnant sur un jardin, une cuisine de saison qui ne triche pas sur la qualité des produits et une cave riche en vins régionaux, chambres coquettes et cosy en sus : cette auberge a vraiment tout pour plaire !

à St-Règle **3 km au Sud-Est par D 31 – 463 h. – alt. 80 m – ✉ 37530**

Château des Arpentis sans rest

– ✆ 02 47 23 00 00 – www.chateaudesarpentis.com – Fermé janv. et fév.

12 ch – 135/195 € 135/195 €

Un château entouré de douves, dans un parc de 30 ha, au grand calme. Les chambres sont raffinées et tendues de superbes tissus. On accède à la piscine par l'un des souterrains !

AMBRONAY – 01 Ain – 328 F4 – 2 328 h. – alt. 250 m – ✉ 01500 44 B1

Franche-Comté Jura

Paris 463 – Belley 53 – Bourg-en-Bresse 28 – Lyon 59

Auberge de l'Abbaye (Ivan Lavaux)

47 pl. des Anciens-Combattants – ✆ 04 74 46 42 54 – www.aubergedelabbaye-ambronay.com – Fermé 4-12 mars, 29 avril-7 mai, 29 juil.-20 août, 28 oct.-6 nov., dim. soir, lundi et mardi

Rest *(nombre de couverts limité, réserver)* – Formule 29 € bc – Menu 39/46 €

Une auberge contemporaine intime et épurée (murs blancs, sculptures en métal). Le chef annonce de vive voix le menu du jour, élaboré à partir de superbes produits : poissons sauvages, légumes oubliés, etc. Beaucoup de soin, point de superflu : savoureux !

➜ Cuisine du marché. **Vins** Bugey, Roussette du Bugey.

L'AMÉLIE-SUR-MER – 33 Gironde – 335 E2 – rattaché à Soulac-sur-Mer

AMIENS P – 80 Somme – 301 G8 – 133 998 h. – Agglo. 163 158 h. – alt. 34 m – ✉ 80000 36 B2

Nord Pas-de-Calais Picardie

Paris 142 – Lille 123 – Reims 173 – Rouen 122

6 bis, rue Dusevel, ✆ 03 22 71 60 50, www.amiens-tourisme.com

18 d'Amiens, à Querrieu, D 929, par rte d'Albert : 7 km, ✆ 03 22 93 04 26

9 de Salouel, à Salouel, Rue Robert Mallet, SO : 5 km, ✆ 03 22 95 40 49

Cathédrale Notre-Dame★★★ (stalles★★★) - Hortillonnages★ - Hôtel de Berny★ CY M[3] - Quartier St-Leu★ - Musée de Picardie★★ - Théâtre de marionnettes "ché cabotans d'Amiens" CY T[2].

Plans pages suivantes

Marotte (N) sans rest — CZ **a**

3 r. Marotte – ✆ 03 60 12 50 00 – www.hotel-marotte.com

12 ch – †320/535 € ††320/535 € – ☕ 25 €

Bel établissement inauguré fin 2012 au cœur de la ville. Il prend ses aises dans une bâtisse de brique rouge du 19e s. (avec une extension contemporaine), dont il conserve le cachet – boiseries, moulures, etc. – et même l'esprit de demeure privée. Élégance, atmosphère feutrée et accueil charmant...

Mercure — CY **b**

21 r. Flatters – ✆ 03 22 80 60 60 – www.mercure.com

98 ch – †99/149 € ††99/164 € – 4 suites – ☕ 15 €

Rest – Formule 14 € – Menu 28 € – Carte 26/48 €

À 200 m de la cathédrale, profitez de grandes chambres à la décoration actuelle (mobilier contemporain) ; coin salon pour les catégories supérieures. Bel espace séminaires.

Ibis Styles Cathédrale sans rest — BY **r**

17 pl. au Feurre – ✆ 03 22 22 00 20 – www.ibisstyles.com

47 ch ☕ – †98/138 € ††118/138 €

En plein centre-ville, le charme d'un bel édifice du 18e s. avec le confort du 21e s ! Les chambres, contemporaines, sont bien équipées et insonorisées. Une bonne adresse pour une escapade dans la capitale picarde.

Le Saint-Louis sans rest — CZ **h**

24 r. des Otages – ✆ 03 22 91 76 03 – www.amiens-hotel.fr – Fermé vacances de Noël

24 ch – †71/115 € ††71/115 € – ☕ 8,50 €

Entre la maison de Jules Verne et la tour Perret, cet hôtel est idéalement situé. Les chambres sont plutôt spacieuses et bien tenues. Agréable salle de petit-déjeuner.

Victor Hugo sans rest — CY **v**

2 r. de l'Oratoire – ✆ 03 22 91 57 91 – www.hotel-a-amiens.com

10 ch – †46 € ††46/50 € – ☕ 8 €

Un hôtel familial à deux pas de la cathédrale gothique et de son célèbre Ange pleureur. On accède aux chambres, simples et bien tenues, par un joli escalier en bois. Tarifs raisonnables.

XXX **Le Vivier**

593 rte de Rouen – ✆ 03 22 89 12 21 – www.restaurantlevivier-amiens.com – Fermé 30 juil.-24 août, 24 déc.-4 janv., dim. et lundi AZd

Rest – Menu 30 € (sem.), 45/75 € – Carte 47/97 €

Un vivier à crustacés, au centre de ce restaurant, donne le ton ! Ici, on célèbre la mer et ses saveurs avec raffinement : salade de foie gras aux langoustines, blanc de turbot aux girolles... Le cadre pour ce délicieux moment pourra être, au choix, un élégant jardin d'hiver, une salle bistrot ou plus feutrée.

XX **La Table du Marais**

472 chaussée Jules-Ferry, par ③ – ✆ 03 22 46 17 44 – www.latabledumarais.fr – Fermé 28 juil.-21 août, 29 déc.-14 janv., vacances de fév., dim. et lundi

Rest – Formule 27 € – Menu 32 € (déj. en sem.) – Carte 47/61 €

Un paysage de verdure, une terrasse tournée vers les étangs... Aux portes de la ville, on est déjà à la campagne ! La carte, dans l'air du temps, change régulièrement, pour le plaisir des gourmands.

XX **L'Orée de la Hotoie**

17 r. Jean-Jaurès – ✆ 03 22 91 37 05 – www.loreedelahotoie.fr – Fermé 26 juil.-18 août, 20-27 déc., sam. midi, dim. soir et lundi BYf

Rest – Menu 20 € (sem.), 29/58 € – Carte 35/53 €

Il fait bon se restaurer dans cette maison aux abords du joli parc de la Hotoie. On y savoure une cuisine de saison, généreuse et soignée, concoctée par un chef passionné, qui sait révéler l'âme des bons produits.

XX **Au Relais des Orfèvres**

14 r. des Orfèvres – ✆ 03 22 92 36 01 – www.restaurant-relais-orfevres.fr – Fermé 3 sem. en août, 2 sem. en fév., sam. midi, dim. et lundi CYm

Rest – Formule 25 € bc – Menu 32/54 € – Carte 57/66 €

Après avoir visité la superbe cathédrale, prenez place dans cette jolie salle contemporaine. Le chef, qui aime jouer avec les épices, signe une cuisine créative, bien ficelée et très soignée. Ambiance jeune et animée.

X **Le Bouchon**

10 r. A.-Fatton – ✆ 03 22 92 14 32 – www.lebouchon.fr – Fermé dim. soir

Rest – Menu 18 € (déj. en sem.), 28/42 € bc – Carte 27/72 € CYt

Proche de la gare, ce restaurant a l'avantage d'être toujours ouvert (sauf le dimanche soir) ! Un sympathique bistrot – à la déco moderne – avec une carte au diapason : cuisine traditionnelle, suggestions du marché et quelques plats canailles. De quoi satisfaire bien des gourmands.

rte de Roye 7 km par ③, N 29 et D 934

Novotel

ch,

7 r. des Indres-Noires ✉ 80440 Boves – ✆ 03 22 50 42 42 – www.novotel.com

94 ch – †128/155 € ††128/155 € – ☕ 15 € **Rest** – Formule 18 € – Carte 18/45 €

Dans une zone commerciale et proche de l'A 29 menant au Havre, cet hôtel des années 1970 a été rénové dans un esprit contemporain. Les chambres sont très confortables et fonctionnelles. Agréable terrasse au bord de la piscine.

à Dury 6 km par ④ – 1 284 h. – alt. 115 m – ✉ 80480

XXX **L'Aubergade** (Éric Boutté)

78 rte Nationale – ✆ 03 22 89 51 41 – www.aubergade-dury.com – Fermé 14-29 avril, 11-26 août, 22 déc.-5 janv., dim. et lundi

Rest – Menu 42/78 € – Carte 75/95 €

Une collection de guides MICHELIN, une salle mêlant blancheur immaculée et tons chauds... Voilà pour le cadre de cette adresse considérée, à juste titre, comme la bonne table de la région. Le chef privilégie les produits de saison ; sa cuisine est actuelle, fine et savoureuse.

→ Mosaïque de foie gras et thon en feuille de nori. Véritable chou farci, "hommage à Jean Delaveyne". Boule craquante de chocolat et crème Carambar.

- Aguesseau (Pl.) ..... CY 3
- Alsace-Lorraine (Bd d') ..... CY 5
- Beauvais (R. de) ..... BY
- Briand (Pl. A.) ..... CXY 10
- Cange (Pt du) ..... CY 15
- Catelas (R. Jean) ..... BY
- Cauvin (R. E.) ..... CY 17
- Célestins (Bd des) ..... CX 19
- Chapeau-des-Violettes (R.) ..... BY 20
- Châteaudun (Bd de) ..... AZ 21
- Chaudronniers (R. des) ..... BY 23
- Cormont (R.) ..... CY 27
- Courbet (R. de l'Amiral) ..... CY 29
- Défontaine (R. du Cdt) ..... BY 31
- Delambre (R.) ..... BY 32
- Denfert-Rochereau (R.) ..... AZ 33
- Déportés (R. des) ..... CX 34
- Dodane (Pont de la) ..... CY 36
- Dodane (R. de la) ..... CY 35
- Don (Pl. du) ..... CY 37
- Duméril (R.) ..... BY 38
- Engoulvent (R. d') ..... CY 40
- Fil (Pl. au) ..... BY 43
- Fiquet (Pl. Alphonse) ..... CZ 44
- Flatters (R.) ..... CY 45
- Francs-Mûriers (R. des) ..... CY 51
- Fusillés (Bd des) ..... CX 52
- Gambetta (Pl.) ..... BY 53
- Gde-Rue de la Veillère ..... BY 57
- Gloriette (R.) ..... CY 54
- Goblet (Pl. René) ..... CY 55
- Granges (R. des) ..... CY 58
- Gresset (R.) ..... BY 59

ABBEVILLE
ARRAS
N 25 DOULLENS
C
D
CAMBRAI
ALBERT D 929
1
2
3
X
Y
Z
CITADELLE
FAUBOURG
ST-PIERRE
R. Léon Dupontreue
D 919
R. de Doullens
Rue Berryer
R. Vauban
Av. du Gal de Gaulle
Chée St-Pierre
ST-PIERRE
R. des Bonnards
R. Valentin
Haüy
Beauvillé
ST-VICTOR
D 1
R. Onfray
DAOURS CORBIE
R. Éloi Morel
R. Abbé de l'Epée
SOMME
PARC ST-PIERRE
Bd Baraban
R. des Archers
ST-LEU
St-Leu
Bd du Cange
R. Belu
Boulevard
Étang de Rivery
Maison des hortillonnages
Île aux Fagots
HORTILLONNAGES
Chemin de Halage
Port d'Amont
ISAM
ANCIEN ÉVÊCHÉ
CATHÉDRALE NOTRE-DAME
MARIE SANS CHEMISE
Pl. St. Michel
Rue de la Somme
Verdun
Daussy
R. Lapostelle
R. Neuve Dejean
R. de la Vallée
Legrand
R. Dejean
R. Lamartine
Tour Perret
COMITÉ DÉPARTEMENTAL DU TOURISME
R. Allart
R. Lamarck
R. E. Zola
Belfort
NORD
Rue Riolan
Foucault
R. Ch. de
R. de Castille
Bd de Albert 1er
Verne
J.
M
Pl. du Mal Joffre
Vulfran Warmé
STE-ANNE
Vascosan
R. de Blamont
R. Jules Barni
R. du Pinceau
R. Vaquette
R. Just Hauy
Fg DE NOYON
R. Daire
R. Voiture
D 7
108
SAINS-EN-A.
ST-QUENTIN D 1029
COMPIÈGNE

La Bonne Auberge VISA

63 rte Nationale – 03 22 95 03 33 – Fermé 15 juil.-6 août, vacances de fév., dim. et lundi
Rest – Formule 22 € – Menu 27 € (déj. en sem.)/37 € – Carte 40/55 €
Une auberge pimpante et typique, très fleurie l'été venu. Vous y apprécierez une cuisine traditionnelle actualisée.

AMILLY – 45 Loiret – **318** N4 – rattaché à Montargis

AMMERSCHWIHR – 68 Haut-Rhin – **315** H8 – 1 889 h. – alt. 215 m **2** C2
– 68770 Alsace Lorraine
Paris 441 – Colmar 9 – Gérardmer 49 – St-Dié 44

Aux Armes de France avec ch VISA AE

1 Grand'Rue – 03 89 47 10 12 – www.armesfrance.fr
10 ch – 73/88 € 73/93 € – 12 € – ½ P
Rest *(fermé merc.)* – Menu 19 € (déj. en sem.), 43/54 € – Carte 43/91 €
Dans ce beau village de la route des vins, cette grande maison blanche cultive un certain esprit de tradition : décor bourgeois et cuisine classique (pressé de grenouilles au riesling, gratin de homard, choucroute garnie...). À l'étage, les chambres d'esprit rustique permettent de faire une étape.

AMNÉVILLE – 57 Moselle – **307** H3 – 10 107 h. – alt. 162 m – Stat. therm. : début mars-début déc. – Casino – 57360 Alsace Lorraine **26** B1
Paris 319 – Briey 17 – Metz 21 – Thionville 16
2, rue du casino, 03 87 70 10 40, www.amneville.com
d'Amneville, BP 99, S : 2 km, 03 87 71 30 13
Parc zoologique du bois de Coulange★★.
Parc d'attraction Walibi-Schtroumpf★ 3 km S.

au Parc de Loisirs 2,5 km, bois de Coulange au Sud – 57360 Amnéville

Amnéville Plaza ch, VISA AE

– 03 87 71 82 86 – www.amneville-plaza.com
78 ch – 120/350 € 140/370 € – 16 € – ½ P
Rest – Menu 19 € (déj. en sem.), 25/35 € – Carte 28/36 €
Vous voilà en plein cœur du parc de loisirs d'Amnéville. Cet hôtel créé en 2010 est directement relié au casino et à une salle de spectacle. Le parti pris est contemporain, voire avant-gardiste : chambres design très confortables, restaurant au cadre ludique, espace détente, salles de séminaire...

Diane sans rest VISA AE

r. de la Source – 03 87 70 16 33 – www.accueil-amneville.com
48 ch – 79 € 88 € – 3 suites – 10 €
Lui aussi au cœur du parc de loisirs, près des thermes, cet hôtel a pour avantage d'être parfaitement intégré à la forêt. Un style sobre et contemporain, très "green". On prend son petit-déjeuner en regardant la verdure.

Marso VISA AE

bois de Coulange – 03 87 15 15 40 – www.hotel-marso.com
50 ch – 87 € 87 € – 14 € – ½ P
Rest *(fermé sam. midi et lundi)* – Menu 21/48 € – Carte 24/53 €
Le point fort de cet hôtel récent ? Sa situation, tout près du parc de loisirs (piste de ski artificielle, zoo, cinéma...). Avec des chambres fonctionnelles (toutes avec une petite terrasse), un salon de coiffure, un restaurant et un bar à l'ambiance jazzy, nul besoin de ressortir...

La Forêt VISA AE

1 r. de la Source – 03 87 70 34 34 – www.restaurant-laforet.com – Fermé 29 juil.-12 août, 23 déc.-6 janv., dim. soir, fériés le soir et lundi
Rest – Menu 20 € (sem.), 34/40 € – Carte 35/63 €
Un cadre contemporain et volontiers dépouillé, pour des recettes empreintes de classicisme (foie gras maison, salade de homard, bourride, etc.) et accompagnées de jolis crus. Pour un repas face au bois de Coulange, dans une ambiance familiale.

AMOU – 40 Landes – 335 G13 – 1 577 h. – alt. 44 m – ✉ 40330 Aquitaine 3 B3

Paris 760 – Aire-sur-l'Adour 51 – Dax 31 – Mont-de-Marsan 47

10, place de la poste, ✆ 05 58 89 02 25, www.amoutourisme.com

Le Commerce

2 pl. de la Poste, (près de l'église) – ✆ 05 58 89 02 28 – www.hotel-lecommerceamou.com – Fermé 6-28 nov., 21 fév.-7 mars, dim. soir et lundi sauf juil.-août

15 ch – ♦65/70 € ♦♦65/100 € – ☕ 7 € – ½ P

Rest – Menu 16 € (sem.), 26/35 € – Carte 25/56 €

Le charme des anciennes auberges de village, la touche contemporaine et familiale en plus... Chambres cosy, d'une excellente tenue ; agréable bar aux tons taupe. Spécialités maison (pâté, terrine et confit) servies dans une salle joliment campagnarde.

Au Feu de Bois

20 av. des Pyrénées – ✆ 05 58 89 06 76 – www.hotel-aufeudebois.fr – Fermé 24 déc.-6 janv. et merc. soir hors saison

11 ch – ♦50/65 € ♦♦50/80 € – ☕ 7 € – ½ P

Rest – Formule 12 € bc – Menu 23/35 € – Carte 22/44 €

Cet ancien relais routier, transformé en un sympathique hôtel familial, dispose de chambres fonctionnelles et confortables. Au restaurant, on apprécie les spécialités régionales. De quoi ne pas avoir envie de reprendre la route...

AMPHION-LES-BAINS – 74 Haute-Savoie – 328 M2 – ✉ 74500 46 F1

Alpes du Nord

Paris 573 – Annecy 81 – Évian-les-Bains 4 – Genève 40

215, rue de la Plage, ✆ 04 50 70 00 63, www.ot-publier.com

La Plage

rest,

431 r. de la Plage – ✆ 04 50 70 00 06 – www.hotelplage74.com – Fermé 30 oct.-5 mai

39 ch – ♦65/85 € ♦♦76/130 € – ☕ 11 € – ½ P

Rest *(fermé dim. soir et lundi)* – Formule 20 € – Menu 28/42 € – Carte 37/58 €

Une hostellerie tenue par la même famille depuis quatre générations, au grand calme. Chambres fraîches et bien équipées, jardin au bord du lac et charmant restaurant traditionnel sur pilotis, face à la Suisse.

Le Tilleul avec ch

rest,

252 av. de la Rive, RN 5 – ✆ 04 50 70 00 39 – www.letilleul.com – Fermé vacances de la Toussaint et 21 déc.-7 janv.

21 ch – ♦61/75 € ♦♦75/95 € – ☕ 9 € – ½ P

Rest *(fermé dim. soir et lundi sauf juil.-août)* – Formule 19 € – Menu 29/49 € – Carte 38/64 €

Une auberge de bord de route qui ne paie pas de mine, mais dans laquelle on mange bien. Cadre rustique et plats classiques 100 % maison ; spécialités de perche et féra du Léman. Pour l'étape, des chambres simples et bien insonorisées.

AMPUIS – 69 Rhône – 327 H7 – 2 626 h. – alt. 150 m – ✉ 69420 44 B2

Lyon et sa région

Paris 492 – Condrieu 5 – Givors 17 – Lyon 37

Le Domaine des Vignes sans rest

41 rte Taquière - D 386 – ✆ 04 74 59 21 24 – www.hoteldomainedesvignes.com

12 ch – ♦77 € ♦♦92 € – ☕ 6 €

Une bonne adresse que ce petit hôtel récent, au cœur du célèbre vignoble du côte-rôtie. Les chambres sont d'un agréable style contemporain. Ne manquez pas les dégustations de vins du domaine.

ANCELLE – 05 Hautes-Alpes – 334 F5 – 854 h. – alt. 1 340 m – ✉ 05260 41 C1

Alpes du Sud

Paris 671 – Digne-les-Bains 104 – Gap 19 – Marseille 199

Mairie, ✆ 04 92 50 89 51, www.ancelle.fr

Les Autanes N ch,
le village – ✆ 04 92 50 82 82 – www.hotel-les-autanes.com – Fermé 1er-12 avril et 11 nov.-21 déc.
32 ch – 76/120 € 76/120 € – 11 € – ½ P
Rest – Menu 29/31 € – Carte 29/58 €
Une vraie affaire de famille ! Cet hôtel-restaurant a été créé par l'aïeul des actuels propriétaires, qui a également œuvré à la création de la station de ski. Tout près des pistes, le refuge est chaleureux, mêlant décor montagnard, espace bien-être et restaurant traditionnel. Un cadre bien agréable.

ANCENIS – 44 Loire-Atlantique – **316** I3 – 7 543 h. – alt. 13 m **34** B2
– ✉ 44150 Pays de la Loire
Paris 347 – Angers 55 – Châteaubriant 48 – Cholet 49
27, rue du Château, ✆ 02 40 83 07 44, www.pays-ancenis-tourisme.fr

Hôtel de La Loire rest,
2 km à l'Est, par D 723 rte d'Angers – ✆ 02 40 96 00 03 – www.hotel-loire.net – Fermé 23 déc.-1er janv.
42 ch – 65/80 € 67/85 € – 10 € – ½ P
Rest *(fermé sam. midi et dim.)* – Formule 13 € – Menu 16 € (déj. en sem.), 23/35 € – Carte 39/46 €
Aux portes de la ville, cet hôtel abrite des chambres fonctionnelles et bien tenues (quelques familiales), la plupart avec balcon ou terrasse privative côté jardin. Cadre moderne au restaurant, cuisine traditionnelle.

La Charbonnière
au bord de la Loire par bd Joubert – ✆ 02 40 83 25 17 – www.restaurant-la-charbonniere.com – Fermé merc. soir et dim. soir
Rest – Menu 16 € (déj. en sem.)/26 € – Carte 35/70 €
Espace, tranquillité... La véranda et la terrasse dressée dans le jardin offrent une jolie perspective sur la Loire et le pont suspendu. Cuisine dans l'air du temps avec des produits régionaux.

La Toile à Beurre
82 r. St-Pierre – ✆ 02 40 98 89 64 – www.latoileabeurre.com – Fermé 2 sem. en mai, 1 sem. en oct., dim. soir, merc. soir et lundi
Rest – Formule 17 € – Menu 20 € (déj. en sem.), 29/55 € – Carte 60/76 €
Pierres, poutres et tomettes font le cachet rustique de cette maison de 1753, bordée d'une jolie terrasse. Cuisine traditionnelle franche et goûteuse (poissons de la Loire).

LES ANDELYS – 27 Eure – **304** I6 – 8 235 h. – alt. 28 m – ✉ 27700 **33** D2
Normandie Vallée de la Seine
Paris 93 – Évreux 38 – Gisors 30 – Mantes-la-Jolie 54
rue Philippe Auguste, ✆ 02 32 54 41 93, http://office-tourisme.ville-andelys.fr
Ruines du Château Gaillard★★ ★★ - Château Gaillon★- Église Notre-Dame★.

La Chaîne d'Or avec ch
25 r. Grande – ✆ 02 32 54 00 31 – www.hotel-lachainedor.com – Fermé 20-28 déc., 3-25 janv., dim. soir et mardi du 15 oct.-15 avril et merc.
12 ch – 94/149 € 94/149 € – 12 € – ½ P
Rest – Formule 20 € – Menu 30 € (déj. en sem.)/65 € – Carte 59/80 €
Une charmante maison de maître en bord de Seine, dans la ravissante ville des Andelys. On s'installe dans la salle rustique pour savourer une terrine de lièvre, ou bien une poitrine de porc confite au miel... Et pour prolonger l'étape, les chambres sont douillettes (certaines donnant sur le fleuve).

ANDLAU – 67 Bas-Rhin – **315** I6 – 1 833 h. – alt. 215 m – ✉ 67140 **2** C1
Alsace Lorraine
Paris 501 – Erstein 25 – Le Hohwald 8 – Molsheim 25
place de la mairie, ✆ 03 88 08 22 57, www.pays-de-barr.com
Église St-Pierre-et-St-Paul★ : portail★★, crypte★.

Zinckhotel sans rest
13 r. de la Marne – ✆ 03 88 08 27 30 – www.zinckhotel.com
18 ch – †62/107 € ††77/107 € – ☕ 9 €
Sur la route des Vins, dans le village d'Andlau, un ancien moulin et son extension ultra-contemporaine. Chambres zen, pop, jazzy, Empire... Insolite et décalé !

Kastelberg
10 r. Gén.-Koenig – ✆ 03 88 08 97 83 – www.kastelberg.com – Fermé janv. et fév.
29 ch – †62/69 € ††70/82 € – ☕ 11 € – ½ P
Rest *(dîner seult)* – Menu 19 €, 29/48 € – Carte 24/58 €
Adossé aux vignes, un grand bâtiment néo-alsacien, aux chambres sobres et fonctionnelles, mansardées ou avec balcon. Au restaurant, décor classique et cuisine familiale du terroir.

ANDORRE (PRINCIPAUTE D') – 343 H9 – voir en fin de guide

ANDREZÉ – 49 Maine-et-Loire – 317 D5 – 1 814 h. – alt. 87 m – ✉ 49600 34 B2

▶ Paris 371 – Angers 80 – Nantes 62 – La Roche-sur-Yon 84

Le Château de la Morinière
– ✆ 02 41 75 40 30 – www.chateau-de-la-moriniere.com
5 ch ☕ – †79/99 € ††79/99 € **Table d'hôte** – Menu 36 € bc
Construit sur les ruines d'un château médiéval, cet édifice romantique d'architecture Napoléon III domine la vallée. Les chambres sont poétiquement décorées sur le thème des fées, des éléments... Dîner aux chandelles autour de la table d'hôte. Cours de cuisine.

ANDRÉZIEUX-BOUTHÉON – 42 Loire – 327 E6 – 9 675 h. – alt. 395 m – ✉ 42160 44 A2

▶ Paris 460 – Lyon 76 – Montbrison 20 – Roanne 71
ℹ 11, rue Charles-de-Gaulle, ✆ 04 77 55 37 03, www.paysdesaintgalmier.fr
◉ Lac de retenue de Grangent★★ S : 9 km Lyon Drôme Ardèche.

Les Iris (Lionel Githenay) avec ch
32 av. J.-Martouret, (en direction de la gare) – ✆ 04 77 36 09 09 – www.les-iris.com – Fermé 18-27 août, 2-11 janv. et dim. soir
10 ch – †77 € ††85 € – ☕ 12 €
Rest *(fermé dim. soir, mardi midi et lundi)* – Menu 33 € (déj. en sem.), 48/95 € – Carte 70/90 €
Cette jolie maison apparaît très coquette dans son jardin fleuri. Elle cache une table gastronomique elle-même éprise de beaux effets visuels : les assiettes flattent l'œil. Chambres toutes simples pour l'étape.
→ Salade de homard, confiture de pomme à l'eau de mirabelle, légumes, herbes et fleurs du moment. Pigeon rôti à la livèche et racine de persil. Moelleux au potimarron, crème catalane et glace aux cèpes. **Vins** Côtes du Forez.

ANDUZE – 30 Gard – 339 I4 – 3 303 h. – alt. 135 m – ✉ 30140 23 C2

Languedoc Roussillon
▶ Paris 718 – Alès 15 – Florac 68 – Montpellier 60
ℹ plan de Brie, ✆ 04 66 61 98 17, www.ot-anduze.fr
◉ Bambouseraie de Prafrance★★ N : 3 km par D 129.
◎ Grottes de Trabuc★★ NO : 11 km - Le Mas soubeyran : musée du Désert★ (souvenirs protestants 17e-18e s.) NO : 7 km.

au Nord-Ouest par rte de St-Jean-du-Gard – ✉ 30140 Anduze

La Porte des Cévennes
à 3 km – ✆ 04 66 61 99 44 – www.porte-cevennes.com – Ouvert 1er avril-14 oct.
34 ch – †88/92 € ††88/92 € – ☕ 10 € – ½ P
Rest *(dîner seult)* – Menu 25/32 € – Carte 33/46 €
Non loin de la bambouseraie où fut tourné Le Salaire de la peur, paisible maison disposant de grandes chambres fonctionnelles, pour la moitié tournées vers la vallée du Gardon. Table traditionnelle au décor champêtre, et terrasse panoramique en prime.

Le Moulin de Corbes avec ch

à 4 km – ✆ 04 66 61 61 83 – www.moulin-corbes.com

5 ch – 90 € 100 € – 12 € – ½ P

Rest *(nombre de couverts limité, réserver)* – Menu 40 €

Le Gardon coule à ses pieds... Cette maison d'aspect traditionnel abrite trois grandes salles ensoleillées (murs jaunes, larges fenêtres sur la verdure). Cuisine de produits : poissons de Bretagne, viandes de l'Aubrac, etc. Quelques chambres, fonctionnelles et calmes.

à Tornac **6 km au Sud-Est par D 982 – 880 h. – alt. 140 m – ✉ 30140**

Le Ranquet

4161 rte de St-Hippolyte-du-Fort, 2 km – ✆ 04 66 77 51 63 – www.ranquet.com – Fermé 2-16 janv.

10 ch – 145/195 € 145/195 € – 17 € – ½ P

Rest *Le Ranquet* – voir les restaurants ci-après

Le maquis et des bosquets de chênes, un grand jardin (avec une belle piscine où paresser), des murets de pierres sèches… Ce mas cévenol embaume le bel air de la région. Et chaque chambre dispose d'une terrasse privative !

Le Ranquet

4161 rte de St-Hippolyte-du-Fort, 2 km – ✆ 04 66 77 51 63 – www.ranquet.com – Fermé 2-16 janv., lundi, mardi et merc. sauf le soir de mai à sept.

Rest – Menu 38/82 € – Carte 68/95 €

Produits du pays, légumes du potager, herbes du jardin aromatique... À la croisée des Cévennes et de la Méditerranée, cette table gastronomique cultive le goût des bons produits et de la fraîcheur. Cadre chaleureux.

ANET – 28 Eure-et-Loir – 311 E2 – 2 626 h. – alt. 73 m – ✉ 28260 11 B1

Normandie Vallée de la Seine

Paris 76 – Chartres 51 – Dreux 16 – Évreux 37

8, rue Delacroix, ✆ 02 37 41 49 09, www.anet-tourisme-culture.com

Château★ Normandie Vallée de la Seine.

Le Manoir d'Anet

3 pl. du Château – ✆ 02 37 41 91 05 – www.lemanoirdanet.com – Fermé 2 sem. en nov., 1 sem. en fév. et mardi

Rest – Formule 20 € bc – Menu 26 € (sem.), 37/50 € – Carte 54/74 €

Idéalement situé face au château de Diane de Poitiers ! On remarque d'abord la terrasse puis le salon de thé où l'on peut commander crêpes et salades. La salle à manger se révèle rustique et coquette, agréable pour apprécier une cuisine traditionnelle de bonne facture.

ANGERS P – 49 Maine-et-Loire – 317 F4 – 147 305 h. – Agglo. 218 616 h. – alt. 41 m – ✉ 49000 35 C2

Pays de la Loire

Paris 294 – Laval 79 – Le Mans 97 – Nantes 88

Aéroport d'Angers-Loire, ✆ 02 41 33 50 20, 20 km par ①.

7, place Kennedy, ✆ 02 41 23 50 00, www.angersloiretourisme.com

18 d'Avrille, à Avrillé, Château de la Perrière, NO : 5 km par D 175, ✆ 02 41 69 22 50

18 d'Angers, à Brissac-Quincé, Moulin de Pistrait, par rte de Cholet et D 751 : 8 km, ✆ 02 41 91 96 56

18 Golf d'Anjou, à Champigné, Route de Cheffes, N : 24 km par D 775 et D 768, ✆ 02 41 42 01 01

Château★★★ : tenture de l'Apocalypse★★★, tenture de la Passion et Tapisseries mille-fleurs★★, ★ de la tour du Moulin - Vieille ville★ : cathédrale★, galerie romane★★ de la préfecture★ BZP, galerie David d'Angers★ BZB, - Maison d'Adam★ BYZK - Hôtel Pincé★ - Choeur★★ de l'église St-Serge★ - Musée Jean Lurçat et de la Tapisserie contemporaine★★ dans l'ancien hôpital St-Jean★ - La Doutre★ AY - Musée régional de l'Air★.

Parc Terra Botanica★ - Château de Pignerolle★ : musée européen de la Communication★★ E : 8 km par D 61.

Plans pages suivantes

Barangé (Bd Ch.) .... DX 3
Barra (R.) .... DV 4
Baumette (Pr. de la) .... DX 6
Bedier (Bd J.) .... EX 7
Bon-Pasteur (Bd) .... DV 9
Bouchemaine (Rte de) .... DX 10
Chalouère (R. de la) .... EV 13
Chaumin (Bd E.) .... EX 17
Doyenné (Bd du) .... EV 24
Dunant (Bd H.) .... EV 26
Estienne d'Orves (Bd) .... EX 29
Félix-Faure (Q.) .... EV 30
Joxe (Av. J.) .... EV 35
Larevellière (R.) .... EV 37
Lattre-de-Tassigny (Bd de) .... EX 39
Letanduère (R. de) .... EX 41
Lizé (R. du Gén.) .... DV 44
Meignanne (R. de la) .... DV 46
Millot (Bd J.) .... EX 48
Monplaisir (Bd de) .... EV 51
Montaigne (Av.) .... EX 50
Moulin (Bd J.) .... DEV 52
Portet (Bd J.) .... DX 61
Pyramide (Rte de la) .... EX 63
Rabelais (R.) .... EX 65
Ramon (Bd G.) .... EV 67
St-Jacques (R.) .... DV 76
Saumuroise (R.) .... EX 87
Strasbourg (Bd de) .... DEX 88

Hôtel d'Anjou

1 bd Mar.-Foch – ✆ 02 41 21 12 11 – www.hoteldanjou.fr CZh

53 ch – 90/170 € 100/180 € – 14 €

Rest *La Salamandre* – voir les restaurants ci-après

Au cœur d'Angers, cet hôtel né en 1845 conserve son cadre historique, mêlant les inspirations Renaissance, classique et Art déco. Les chambres sont cossues et bien insonorisées. Patine et confort...

Hôtel de France

8 pl. de la Gare – ✆ 02 41 88 49 42 – www.hoteldefrance-angers.com AZt

55 ch – 82/203 € 82/203 € – 19 €

Rest – Formule 25 € – Carte environ 35 €

Face à la gare, derrière une belle façade classique, hôtel tenu en famille depuis 1893. Chambres cossues, contemporaines au dernier étage. Produits locaux et bio au petit-déjeuner.

Mercure Centre Foch sans rest

18 bd Foch – ✆ 02 41 87 37 20 – www.mercure.com CZw

80 ch – 70/205 € 70/205 € – 15 €

Situation privilégiée sur un boulevard animé du centre-ville. Chambres spacieuses, bien insonorisées, habillées de bois wengé et de prune. Intéressants tarifs week-end.

Hôtel du Mail sans rest

8 r. des Ursules – ✆ 02 41 25 05 25 – www.hoteldumail.fr CYb

26 ch – 67/77 € 77/107 € – 10 €

Hôtel de caractère établi dans une discrète demeure du 17e s. (ancien couvent). Chambres classiques, de taille très variable. Avantage d'un parking en centre-ville.

ANGERS

Alsace (R. d') .... CZ
Aragon (Av. Yolande d') . AY 2
Baudrière (R.) .... BY 5
Beaurepaire (R.) .... AY
Bichat (R.) .... AY 8
Bon-Pasteur (Bd du) .... AY 9
Bout-du-Monde (Prom. du) .... AY 12
Bressigny (R.) .... CZ
Chaperonnière (R.) .... BYZ 15
Commerce (R. du) ...... CY 19
David-d'Angers (R.) .... CY 21
Denis-Papin (R.) .... BZ 22
Droits-de-l'Homme (Av. des) .... CY 25
Espine (R. de l') .... BY 27
Estoile (Sq. J. de l') ..... AY 28
Foch (Bd du Mar.) .... BCZ
Freppel (Pl.) .... BY 31
Gare (R. de la) .... BZ 32
Laiterie (Pl.) .... AY
Lenepveu (R.) .... CY 40
Lices (R. des) .... BZ
Lionnaise (R.) .... AY
Lise (R. P.) .... CY 43
Marceau (R.) .... AZ 45
Mirault (Bd) .... BY 49
Mondain-Chanlouineau (Sq.) .... BY 51
Oisellerie (R.) .... BY 53
Parcheminerie (R.) ..... BY 54
Pasteur (Av.) .... CY 55
Pilori (Pl. du) .... CY 56
Plantagenêt (R.) .... BY 57
Pocquet-de-Livonnières (R.) .... CY 58
Poëliers (R. des) .... CY 59
Pompidou (Allées) ...... CY 60
Prés.-Kennedy (Place du) AZ 62
Ralliement (Pl. du) ..... BY 66
Résistance-et-de-la-Déport. (Bd) .... CY 68
Robert (Bd) .... BY 69
La Rochefoucauld Liancourt (Pl.) .... ABY 38
Roë (R. de la) .... BY 70
Ronceray (Bd du) ...... AY 71
Ste-Croix (Pl.) .... BZ 86
St-Aignan (R.) .... AY 72
St-Aubin (R.) .... BZ 73
St-Étienne (R.) .... CY 75
St-Julien (R.) .... BCZ
St-Laud (R.) .... BY 77
St-Lazare (R.) .... AY 79
St-Martin (R.) .... BZ 80
St-Maurice (Mtée) ...... BY 82
St-Maurille (R.) .... CY 83
St-Michel (Bd) .... CY 84
St-Samson (R.) .... CY 85
Talot (R.) .... BZ 89
Tonneliers (R. des) ..... AY 90
Ursules (R. des) .... CY 91
Voltaire (R.) .... BZ 93
8-Mai-1945 (Av. du) .... CZ 94

🏨 **Le Progrès** sans rest

26 r. Denis Papin – ☎ 02 41 88 10 14 – www.hotelleprogres.com
– Fermé 2-18 août et 20 déc.-1er janv. AZ**f**

41 ch – †50/76 € ††66/85 € – ☕ 9 €

À deux pas de la gare, adresse accueillante aux chambres claires et simples (murs blancs, tissus colorés, mobilier fonctionnel). Petit-déjeuner servi devant une courette fleurie.

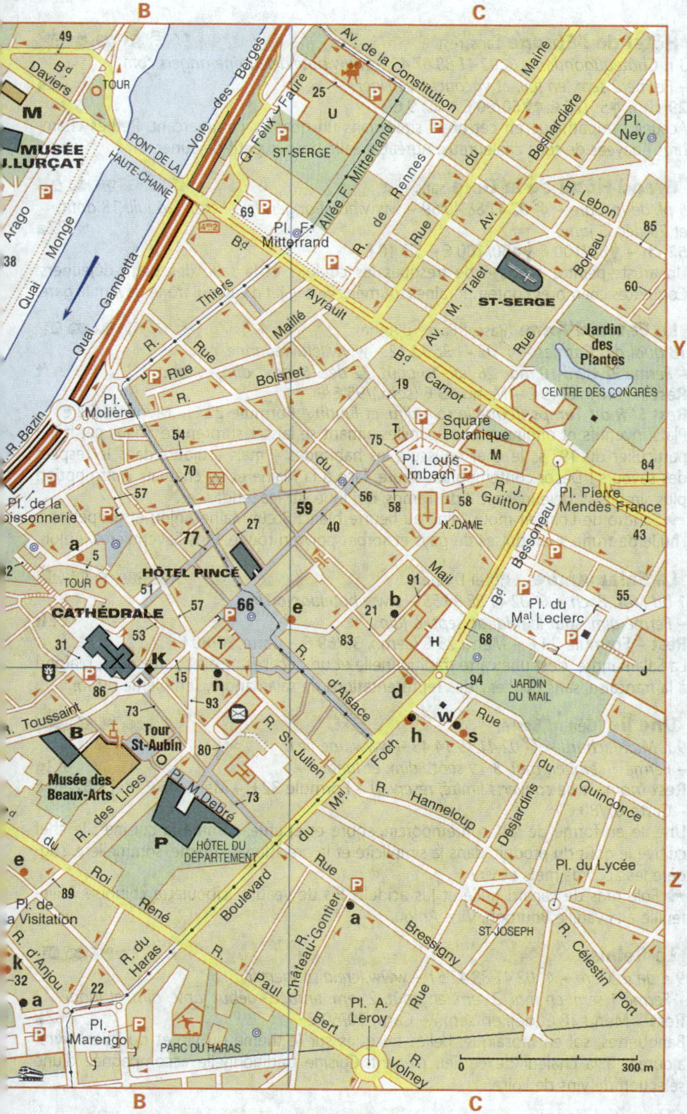

🏠 **Le Continental** sans rest

14 r. Louis-de-Romain – ✆ 02 41 86 94 94
– www.hotellecontinental.com BYZn

25 ch – 👤60/80 € 👥64/84 € – ☕ 10 €

Situation très centrale, chambres aux couleurs ensoleillées, bonne insonorisation, salle des petits-déjeuners lumineuse et prix sages.

Hôtel de l'Europe sans rest

3 r. Châteaugontier – ✆ 02 41 88 67 45 – www.hoteldeleurope-angers.com – Fermé 2 sem. en juil. et vacances de Noël CZa

29 ch – †55/75 € ††60/80 € – ☕ 9 €

Accueil sympathique en cet hôtel situé dans un quartier commerçant. Petites chambres égayées de tons chaleureux. Agréable salle pour le petit-déjeuner.

Grand Hôtel de la Gare sans rest

5 pl. de la Gare – ✆ 02 41 88 40 69 – www.hotel-angers.fr – Fermé 26 juil.-18 août, et 20 déc.-6 janv. BZa

52 ch – †80/100 € ††80/100 € – ☕ 10 €

Un artiste-peintre a égayé de fresques les couloirs et la salle des petits-déjeuners. Coquettes chambres contemporaines tournées vers le jet d'eau qui trône devant la gare.

Le Favre d'Anne (Pascal Favre d'Anne)

18 quai des Carmes – ✆ 02 41 36 12 12 – www.lefavredanne.fr – Fermé 28 avril-10 mai, 28 juil.-16 août, 22 déc.-6 janv., dim. et lundi AYt

Rest – Formule 45 € – Menu 65 € (sem.)/95 €

Rest *L' R du Temps* *(fermé le soir, dim. et lundi)* – Formule 22 € – Menu 24/32 €

Plats inventifs et originaux pour papilles aimant se laisser surprendre : dans cet hôtel particulier du 19e s., le chef bouscule les habitudes – mais toujours dans le respect des saveurs ! Décor contemporain épuré, face à la Maine et au château. Autre option plus simple au déjeuner à L'R du Temps, qui joue sur les tendances.

➜ Sandre de Loire et mousseline au beurre blanc. Bœuf Maine-Anjou et galipettes à l'huile de truffe. Framboises du pays et sorbet poivron rouge. **Vins** Savennières, Anjou.

La Salamandre – Hôtel D'Anjou

1 bd Mar.-Foch – ✆ 02 41 88 99 55 – www.hoteldanjou.fr – Fermé dim. sauf le midi de sept. à juin CZh

Rest – Formule 24 € – Menu 29 € (sem.), 39/69 € – Carte 50/80 €

La Salamandre, c'est une carte traditionnelle et un décor François Ier : fresques, plafond à la française, sans oublier... des représentations de salamandre, l'emblème du roi.

Une Île (Gérard Bossé)

9 r. Max-Richard – ✆ 02 41 19 14 48 – www.une-ile.fr – Fermé 1 sem. en mai, 3-19 sept., dim. et lundi AZg

Rest *(nombre de couverts limité, réserver)* – Formule 32 € – Menu 45 € (déj.), 52/90 € – Carte 67/80 €

Une île en forme de loft contemporain, sobre et épurée, comme la cuisine : le chef cultive le goût du produit, dans la simplicité et la précision. Madame, sommelière, suggère les accords mets et vins.

➜ Foie gras de canard grillé et jus acidulé. Ris de veau et ciboulette chinoise. Millefeuille à la vanille Bourbon. **Vins** Anjou.

Le Relais

9 r. de la Gare – ✆ 02 41 88 42 51 – www.lerelaisangers.fr – Fermé 1 sem. en mai, 3 sem. en août, 2 sem. fin déc.- début janv., dim. et lundi

Rest – Menu 18 € (déj. en sem.) – Carte 30/60 € BZk

Banquettes, sol en mosaïque, belles fresques sur le thème du vin et du "bien vivre" ajoutent à la chaleur de ce lieu élégant. Cuisine traditionnelle accompagnée d'une sélection de vins de Loire.

Provence Caffé

9 pl. du Ralliement, (1er étage) – ✆ 02 41 87 44 15 – www.provence-caffe.com – Fermé dim. et lundi BCYe

Rest – Formule 17 € – Menu 21 € (sem.), 27/33 € – Carte environ 32 €

Mobilier design, éclairage tamisé et fond musical : ambiance lounge pour ce Caffé qui manifeste un fort tropisme vers le Sud (épices, poisson, notes méditerranéennes, etc.).

Le Crèmet d'Anjou
21 r. Delaâge – ✆ 02 41 88 38 38 – www.cremet-anjou.fr – Fermé 20 juil.-20 août, 1er-8 janv., sam. et dim. BZe

Rest – Formule 14 € – Menu 22/30 € – Carte environ 36 €

Du nom d'un fameux dessert régional, une bonne petite adresse réputée pour son ambiance conviviale et ses robustes plats traditionnels (produits fermiers, préparations maison).

Autour d'un Cep
9 r. Baudrière – ✆ 02 41 42 61 00 – Fermé 1 sem. vacances de printemps, mi-août à mi-sept., 1er-8 janv., sam. midi, dim. et lundi BYa

Rest *(nombre de couverts limité, réserver)* – Formule 17 € – Menu 20 € (déj. en sem.)/29 €

Un petit restaurant épatant, tenu par deux jeunes associés : l'un bon cuisinier, respectueux de la tradition ; l'autre bon sommelier et fils de vigneron. Un duo complémentaire...

Chez Rémi
7 bis bd Mar.-Foch – ✆ 02 41 24 95 44 – Fermé de mi-juil. à mi-août, sam., dim. et lundi CZs

Rest *(nombre de couverts limité, réserver)* – Formule 17 € – Menu 28 € (dîner)/33 €

Un long bistrot habillé de bois, façon cale de bateau. Idéal pour se régaler entre amis de bons petits plats, signés par un jeune chef qui œuvre devant les clients. Tout est fait maison (produits frais, bio). L'affaire rencontre un vif succès.

à Trélazé par ③ – 12 181 h. – alt. 20 m – ✉ 49800

Hôtel de Loire
328 r. Jean-Jaurès – ✆ 02 41 81 89 18 – www.hoteldeloire.com

49 ch – †81/119 € ††88/126 € – ☕ 8,50 €

Rest – Formule 14 € – Menu 17 € (déj. en sem.), 22/37 € – Carte 30/48 €

Cet hôtel créé en 2005 en périphérie d'Angers (sur un axe assez fréquenté) abrite des chambres fonctionnelles et bien tenues, mais préférez celles – plus calmes – sur l'arrière du bâtiment. Carte brasserie au restaurant.

à Beaucouzé 7 km par ⑤ – 5 020 h. – alt. 54 m – ✉ 49070

L'Hoirie
2 r. Henri-Faris, (zone commerciale, D 723) – ✆ 02 41 72 06 09 – Fermé dim. soir et lundi

Rest – Menu 26 € (sem.), 37/57 € – Carte 47/59 €

Maison de style régional dans une zone d'activités facile d'accès. Au menu : une cuisine actuelle à prix sages. Service agréable.

à St-Jean-de-Linières 8 km par ⑤, D 323 et D 723 – 1 696 h. – alt. 75 m – ✉ 49070

Auberge de la Roche
rte Nationale – ✆ 02 41 39 72 21 – www.auberge.de.la.roche.com – fermé dim. soir et lundi

Rest – Menu 22 € (sem.), 29/42 € – Carte 40/64 €

Bavarois de poivron et sa crème d'ail, caviar d'aubergine... une cuisine dans l'air du temps dans une maison ancienne. Côté véranda, ardoise plus simple le midi.

ANGERVILLE – 91 Essonne – 312 A6 – 3 573 h. – alt. 141 m – ✉ 91670 18 B3

▶ Paris 70 – Ablis 29 – Chartres 46 – Étampes 21

Hôtel de France
2 pl. du Marché – ✆ 01 69 95 11 30 – www.hotelfrance3.com – Fermé lundi midi et dim.

21 ch – †77/110 € ††110/148 € – ☕ 14 €

Rest – Formule 15 € – Menu 30 € – Carte 40/62 €

Tomettes vernies du 16e s., petits coins-salons, objets chinés, chambres coquettes et confortables ornées de mobilier de style... Voilà une bien charmante auberge, où l'on apprécie de bonnes recettes traditionnelles.

ANGLARDS-DE-ST-FLOUR – 15 Cantal – 330 G5 – rattaché à Viaduc de Garabit

ANGLARS-JUILLAC – 46 Lot – 337 D5 – rattaché à Puy-l'Évêque

ANGLES-SUR-L'ANGLIN – 86 Vienne – 322 L4 – 389 h. – alt. 100 m — 39 D1
– ✉ 86260 Poitou-Charentes

Paris 336 – Châteauroux 78 – Châtellerault 34 – Montmorillon 34

2 rue du four Banal, ✆ 05 49 48 86 87, www.anglessuranglin.com

Site★ - Ruines du château★.

Le Relais du Lyon d'Or
ch, VISA AE

4 r. d'Enfer – ✆ 05 49 48 32 53 – www.lyondor.com

10 ch – 89/139 € 89/139 € – 14 €

Rest *(ouvert 26 mars-6 nov.) (dîner seult)* – Carte environ 35 €

Une maison du 14e s. avec un délicieux jardin et des chambres pleines de cachet (mobilier chiné, tissus choisis, etc.). Le soir, autour de l'âtre et de petits plats traditionnels, règne une sympathique atmosphère "auberge"...

ANGLET – 64 Pyrénées-Atlantiques – 342 C4 – 37 661 h. – alt. 20 m — 3 A3
– ✉ 64600 Pays Basque et Navarre

Paris 769 – Bayonne 5 – Biarritz 4 – Cambo-les-Bains 18

de Biarritz-Anglet-Bayonne ✆ 05 59 43 83 83, 2 km au SO.

1, avenue de la Chambre d'Amour, ✆ 05 59 03 77 01, www.anglet-tourisme.com

27 de Chiberta, 104 boulevard des Plages, N : 5 km par D 5, ✆ 05 59 52 51 10

Plan : voir Biarritz-Anglet-Bayonne

Hôtel De Chiberta et du Golf
ch, AC ch, rest, P VISA AE

104 bd des Plages

– ✆ (00-00 33) 05 59 58 48 48 – www.hotel-chiberta-biarritz.com/ ABX

90 ch – 120/245 € 135/270 € – 14 € – ½ P

Rest – Menu 28 € – Carte 32/45 €

Situé le long du prestigieux golf de Chiberta, ce bâtiment des années 1920 abrite des chambres – rénovées en 2012 – confortables et bien tenues. Cuisine basque servie dans la véranda ou sur la jolie terrasse ombragée, face au lac.

Atlanthal
Spa AC rest, P VISA AE

153 bd des Plages – ✆ 0825 12 64 64 – www.biarritz-thalasso.com ABX

99 ch – 115/238 € 164/392 € **Rest** – Menu 18/29 € – Carte environ 43 €

Un temple du bien-être : centre de thalasso, véritable club de sport dans un cadre contemporain. Vue sur l'Atlantique depuis certaines chambres. Cuisine traditionnelle dans une salle d'esprit bistrot. Plats basques et bar à tapas pour les petites faims.

La Fleur de Sel
VISA AE

5 av. de la Fôret – ✆ 05 59 63 88 66 – www.lafleurdeselanglet.fr – Fermé 1 sem. en juin, 2 sem. en nov., vacances scolaires de fév., merc. midi en été, dim. soir, mardi midi et lundi BX**a**

Rest – Formule 21 € – Menu 35/45 € – Carte 35/45 €

Cette maison conviviale abrite une salle spacieuse et lumineuse, ouverte sur une terrasse. Décor un brin champêtre et cuisine traditionnelle au diapason du marché.

ANGOULÊME P – 16 Charente – 324 K6 – 42 242 h. – Agglo. 109 009 h. — 39 C3
– alt. 98 m – ✉ 16000 Poitou-Charentes

Paris 447 – Bordeaux 119 – Limoges 105 – Niort 116

d'Angoulême-Brie Champniers : ✆ 05 45 69 88 09, 15 km au NE

7 bis, rue du Chat - Place des Halles, ✆ 05 45 95 16 84, www.angouleme-tourisme.com

18 de l'Hirondelle, Chemin de l'Hirondelle, S : 2 km, ✆ 05 45 61 16 94

Site★ - La Ville haute★★ - Cathédrale St-Pierre★★ : façade★★ YF - La Cité de la bande dessinée et de l'image★★Y - Musée d'Angoulême★ : Le Casque d'Agris★★.

Mercure Hôtel de France
AC VISA AE

1 pl. des Halles-Centrales – ✆ 05 45 95 47 95 Y**e**

86 ch – 95/150 € 105/160 € – 3 suites – 15 €

Rest *(fermé sam. midi et fériés)* – Menu 20 € – Carte 22/33 €

Dans la ville haute, tout près des remparts, un grand édifice classique (19e s.) ouvrant sur un agréable jardin. Ce Mercure a été entièrement rénové début 2011 dans un style contemporain.

ANGOULÊME

Aguesseau (Rampe d') . . . . . Y 2
Arsenal (R. de l') . . . . Z 4
Basseau (R. de) . . . . X 6
Beaulieu (Rempart de) . . . . . Y 8
Belat (R. de) . . . . Z 10
Bouillaud (Pl.) . . . . Z 12
Briand (Bd A.) . . . . Y 14
Chabasse (Bd R.) . . . . X 17
Churchill (Bd W.) . . . . Z 20
Corderie (R. de la) . . . . Y 24
Desaix (Rempart) . . . . Z 26
Dr-E.-Roux (Bd du) . . . . Z 28
Fontaine-du-Lizier (R.) . . . . . Y 30
Frères-Lumière (R. des) . . . . Y 32
Gambetta (Av.) . . . . Y 34
Gaulle (Av. du Gén.-de) . . . . . Y 36
Guérin (R. J.) . . . . Y 37
Guillon (Pl. G.) . . . . Y 38
Iéna (R. d') . . . . Z 40
Lattre-de-Tassigny
(Av. du Mar. de) . . . . . . X, Y 42
Liedot (Bd) . . . . X 44
Louvel (Pl. F.) . . . . Y 46
Marengo (Pl.) . . . . YZ 47
Midi (Rempart du) . . . . Y 48
Monlogis (R.) . . . . X 50
Papin (R. D.) . . . . Y 52
Paris (R. de) . . . . Y
Pasteur (Bd) . . . . Y 53
Périgueux (R. de) . . . . X 55
Postes (R. des) . . . . Y 57
Renoleau (R. A.) . . . . Z 58
République (Bd de la) . . . . X, Y 59
La Rochefoucauld (R. de la) . Y 41
Saintes (R. de) X
St-André (R.) . . . . Y 60
St-Antoine (R.) . . . . X 61
St-Martial (Pl. et R.) . . . . Z 65
St-Roch (R.) . . . . X, Y 67
Soleil (R. du) . . . . Y 70
Tharaud (Bd J. et J.) . . . . Z 72
Turenne (R. de) . . . . Y 73
3-Fours (R. des) . . . . Y 75
8-Mai-1945 (Bd du) . . . . X 80

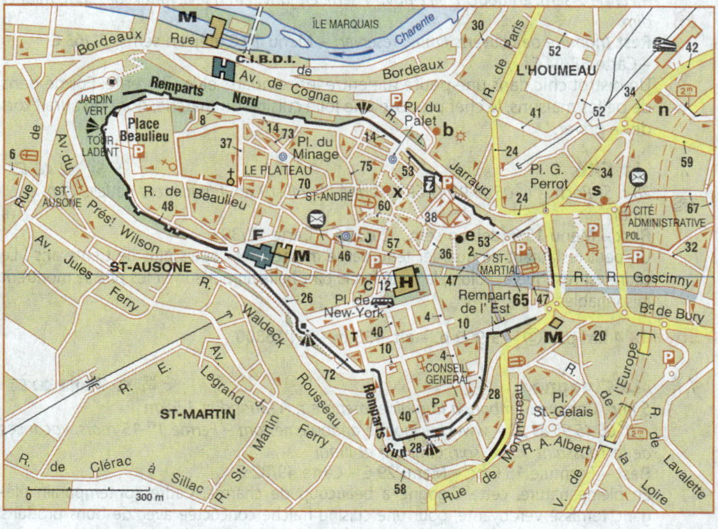

L'Épi d'Or sans rest

66 bd René-Chabasse – ✆ 05 45 95 67 64 – www.hotel-epidor.fr Xv

33 ch – †75/85 € ††75/85 € – ☕ 10 €

Un bâtiment des années 1970 sur un boulevard d'accès au centre-ville. Cet Épi brille comme un sou neuf depuis qu'il a été entièrement rénové – avec un soin particulier apporté à l'isolation phonique. Un bon point de chute.

Champ Fleuri sans rest
chemin de l'Hirondelle, 2 km au Sud du plan – ✆ 06 85 34 47 68 – www.champ-fleuri.com
5 ch – 🚹80/90 € 🚹🚹90/100 €
À deux pas du golf, cette jolie maison ancienne se trouve en pleine nature, mais ménage une vue superbe sur Angoulême... La ville à la campagne ! Les chambres sont raffinées, dans une veine champêtre ; pour la détente, jardin et piscine.

La Ruelle
6 r. Trois-Notre-Dame – ✆ 05 45 95 15 19 – www.restaurant-laruelle.com
– Fermé 29 juil.-14 août, 2 sem. en janv., sam. midi, dim. et lundi Y**x**
Rest – Menu 20 € (déj. en sem.), 42/52 € – Carte 60/80 €
Une ancienne ruelle et ses maisons mitoyennes – avec leurs façades tout en pierre – réunies en un même espace... Sans doute le plus beau restaurant de la ville ! La cuisine gastronomique du jeune chef ne laisse pas non plus indifférent.

Le Terminus
3 pl. de la Gare – ✆ 05 45 95 27 13 – www.le-terminus.com
– Fermé 31 déc.-6 janv. et dim. Y**n**
Rest – Formule 15 € – Menu 20 € (déj.), 25/31 € – Carte 43/74 €
Arrêt recommandé face à la gare : cette brasserie contemporaine affectionne le terroir, et plus encore les produits de la mer, venus tout droit de l'Atlantique (tartare de bar à la coriandre fraîche, rouget rôti en tapenade d'anchois...).

Agape
16 pl. du Palet – ✆ 05 45 95 18 13 – www.l-agape.com
– Fermé 2 sem. en août, 1er-12 nov., 1 sem. en janv. et en fév., lundi soir, sam. midi et dim. Y**b**
Rest *(nombre de couverts limité, réserver)* – Menu 19 € (déj. en sem.), 31/63 € – Carte 38/94 €
Un bistrot chic dans une petite rue entre les remparts et la Charente. Formé dans de belles maisons, le chef propose une jolie cuisine du marché, dont on aurait tort de se priver.

La Cité
28 r. St-Roch – ✆ 05 45 92 42 69 – Fermé 28 juil.-19 août, vacances de fév., dim. et lundi Y**s**
Rest – Menu 15 € (déj. en sem.), 20/30 € – Carte 27/39 €
Un petit restaurant de quartier tenu par le même chef depuis plus de trente ans ! Le cadre est rustique et coloré, la carte fait la part belle au poisson et les prix se montrent raisonnables.

à Soyaux **4 km par ③ – 9 959 h. – alt. 133 m – ✉ 16800**

La Cigogne
5 imp. Cabane-Bambou, à la mairie, prendre r. A.-Briand et 1,5 km – ✆ 05 45 95 89 23 – www.la-cigogne-angouleme.com – Fermé 1er-15 mars, vacances de la Toussaint, merc. soir, dim. soir et lundi
Rest – Formule 15 € bc – Menu 29 € – Carte 49/82 €
En pleine nature, cette Cigogne a beaucoup de charme. Cadre contemporain élégant, terrasse verdoyante, pour une cuisine fraîche concoctée avec de bons produits locaux. Agneau du Poitou et légumes à la plancha, lasagnes de langoustine...

à Roullet **14 km par ⑤ et N 10, dir. Bordeaux – 3 856 h. – alt. 50 m – ✉ 16440**

La Vieille Étable
1,5 km rte de Mouthiers – ✆ 05 45 66 31 75 – www.hotel-vieille-etable.com – Fermé dim. soir d'oct. à mi-mai
31 ch – 🚹90/135 € 🚹🚹90/150 € – ☕ 14 € – ½ P
Rest – Formule 16 € – Menu 21 € (sem.), 40/60 € – Carte 52/72 €
Une Vieille Étable ? Une belle ferme charentaise du 18e s., dans un grand parc arboré. Les chambres sont aménagées dans les dépendances, un peu à la manière d'un motel ! Calme et fonctionnel. Cuisine traditionnelle au restaurant.

ANNECY 🅿 – 74 Haute-Savoie – 328 J5 – 50 254 h. – Agglo. 153 288 h. 46 F1
– alt. 448 m – Casino : l'Impérial – ✉ 74000 Alpes du Nord

Paris 536 – Aix-les-Bains 34 – Genève 42 – Lyon 138

d'Annecy-Haute-Savoie ✆ 04 50 27 30 06, 4 km par N 508 BU et D 14.

1, rue Jean Jaurès, ✆ 04 50 45 00 33, www.lac-annecy.com

du Belvédère, à Saint-Martin-Bellevue, Chef Lieu, par rte de la Roche-sur-Foron : 6 km, ✆ 04 50 60 31 78

du Lac d'Annecy, à Veyrier-du-Lac, Route du Golf, par rte de Talloires : 10 km, ✆ 04 50 60 12 89

de Giez-Lac-d'Annecy, à Giez, par rte d'Albertville : 24 km, ✆ 04 50 44 48 41

Le Vieil Annecy★★ : Descente de Croix★ dans l'église St-Maurice EY**E**, Palais de l'Isle★★ EY**M²**, rue Ste-Claire★ - pont sur le Thiou ≤★ EY**N** - Musée-château d'Annecy★ - Les Jardins de l'Europe★ - Les bords du lac★★ ≤★.

Tour du lac★★★ - Gorges du Fier★★ : 11 km par D 16 BV - Col de la Forclaz★★ - Forêt du crêt du Maure★ : ≤★★ 3 km par D 41 CV.

Plans pages 140, 141

L'Impérial Palace

allée de l'Impérial – ✆ 04 50 09 30 00 – www.hotel-imperial-palace.com

91 ch – 🚹310/465 € 🚹🚹310/465 € – 8 suites – ☕ 25 € CV**s**

Rest ***La Voile*** – voir les restaurants ci-après

1913 : l'année de naissance de ce grand hôtel qui trône majestueusement dans un vaste parc, au bord du lac. L'Art déco et la sobriété contemporaine se mêlent harmonieusement ; les chambres, spacieuses, donnent pour la plupart sur les flots et tout est pensé pour votre agrément : casino, institut de beauté...

Les Trésoms

3 bd de la Corniche – ✆ 04 50 51 43 84 – www.lestresoms.com CV**f**

53 ch – 🚹149/279 € 🚹🚹159/279 € – ☕ 25 € – ½ P

Rest ***La Rotonde*** *(fermé sam. midi, dim. soir, lundi et le midi du 15 juil. au 30 août)* – Formule 29 € – Menu 49/107 € – Carte environ 95 €

Rest ***La Coupole*** *(fermé mardi, merc., jeudi et le midi sauf en juil.-août)* – Menu 33 € – Carte 43/59 €

Au-dessus du lac, dans un environnement boisé, cette demeure des années 1930 conserve un certain charme Art déco, mais son aménagement est résolument actuel... et très confortable. Spa, piscines intérieure et extérieure : détente !

Le Pré Carré sans rest

27 r. Sommeiller – ✆ 04 50 52 14 14 – www.hotel-annecy.net EX**b**

27 ch – 🚹158/208 € 🚹🚹188/238 € – 2 suites – ☕ 17 €

Près de la vieille ville et du lac, un bel hôtel d'esprit sobre et feutré. Design, confort très douillet (lits king size) et farniente (jacuzzi, sauna...) : beaucoup de fraîcheur et d'élégance.

Splendid sans rest

4 quai E.-Chappuis – ✆ 04 50 45 20 00 – www.splendidhotel.fr EY**d**

47 ch – 🚹99/144 € 🚹🚹99/159 € – ☕ 14 €

Idéalement situé entre le centre historique et le lac, cet hôtel d'esprit Art déco se révèle fort avenant : grandes chambres contemporaines et parfaitement insonorisées ; bar très agréable. Un lieu chic et chaleureux.

Novotel Atria

1 pl. Marie-Curie – ✆ 04 50 33 54 54 – www.novotel.com DX**h**

95 ch – 🚹95/189 € 🚹🚹95/189 € – ☕ 15 € – ½ P

Rest – Formule 18 € – Carte 21/46 €

Attenant au palais des congrès, un Novotel de dernière génération. Un endroit confortable, tant pour la clientèle d'affaires que pour les familles.

Allobroges Park sans rest

11 r. Sommeiller – ✆ 04 50 45 03 11 – www.allobroges.com DY**n**

49 ch – 🚹79/125 € 🚹🚹89/159 € – ☕ 10 €

Idéal pour le business, un hôtel de centre-ville avec des chambres agréables, misant sur une déco chaleureuse et chic (bois wengé, coloris rouge, chocolat et beige...).

ANNECY

Carlton sans rest
5 r. des Glières – ✆ 04 50 10 09 09 – www.bestwestern-carlton.com DYg
55 ch – †119/126 € ††128/152 € – ☐ 16 €
Tout près de la gare, un hôtel début 20e s. tenu par la même famille depuis plus de 50 ans ! Les chambres sont très bien tenues ; certaines ont été rénovées dans un style sobre fort plaisant.

Marina Bay sans rest
61 r. Centrale, à Annecy-le-Vieux par ② – ✆ 04 50 23 29 26 – www.marinabay-hotel.com
57 ch – †60/80 € ††70/170 € – ☐ 8,50 €
Un établissement récent, idéal pour une villégiature à proximité du lac et de ses plages... Les chambres sont pratiques – plus raffinées et confortables dans l'annexe. On peut louer vélos et bateaux sur place.

Mercure sans rest
26 r. Vaugelas – ✆ 04 50 45 59 80 – www.mercure.com DYa
39 ch – †78/165 € ††78/165 € – ☐ 14 €
Au cœur de la ville – vous êtes à deux pas des canaux et de la cathédrale –, un Mercure confortable et bien tenu, dans la veine fonctionnelle et contemporaine propre à la chaîne.

Bonlieu sans rest
5 r. Bonlieu – ✆ 04 50 45 17 16 – www.annecybonlieuhotel.fr – Fermé 2-25 nov.
35 ch – †96/114 € ††104/122 € – ☐ 12 € EXa
Dans une rue calme du centre, un petit hôtel d'affaires sympathique, tenu en famille. Les chambres, plaisantes et de bon confort, affichent un style résolument contemporain.

ANNECY

Aléry (Av. d') . . . . **BV** 4
Aléry (Gde-R. d') . . . . **BV** 7
Balmettes (Fg des) . . . . **CV** 10
Beauregard (Av. de) . . . . **BV** 13
Bel-Air (R. du) . . . . **CU** 15
Bordeaux (R. Henry) . . . . . . **CU** 18
Boschetti (Av. Lucien) . . . . **BCV** 21
Chambéry (Av. de) . . . . **BV** 23
Chevêne (Av. de) . . . . **BV** 29
Corniche (Bd de la) . . . . **CV** 32
Crête (R. de la) . . . . **BU** 38
Crêt-de-Maure (Av. du) . . . . . **CV** 35
Fins Nord (Ch. des) . . . . . . **BCU** 45
Hirondelles (Av. des) . . . . . . **BV** 52
Leclerc (R. du Mar.) . . . . **BU** 59
Loverchy (Av. de) . . . . **BV** 63
Martyrs-de-la-Déportation (R. des) . . . . **CU** 64
Mendès-France (Av. Pierre) . **BV** 65
Mermoz (R. Jean) . . . . **CU** 66
Novel (Av. de) . . . . **CU** 69
Perréard (Av. Germain) . . . . **BU** 73
Pont-Neuf (Av. du) . . . . **BV** 77
Prélevet (Av. de) . . . . **BV** 79
Prés-Riants (R. des) . . . . **CU** 81
Saint-Exupéry (R. A.-de) . . . . **CU** 86
Stade (Av. du) . . . . **BCU** 92
Theuriet (R. André) . . . . **CV** 93
Thônes (Av. de) . . . . **CU** 94
Trésum (Av. de) . . . . **CV** 97
Trois-Fontaines (Av. des) . . . . **BV** 98
Val-Vert (R. du) . . . . **BV** 99

Kyriad Centre sans rest

1 fg Balmettes – ✆ 04 50 45 04 12 – www.annecy-hotel-kyriad.com DY**t**

25 ch – †65/97 € ††65/97 € – ☕ 9 €

Idéalement située dans le vieil Annecy, cette bâtisse du 16e s. abrite des chambres chaleureuses, nettes et pratiques : on s'y sent bien.

Palais de L'Isle sans rest

13 r. Perrière – ✆ 04 50 45 86 87 – www.palaisannecy.com EY**k**

34 ch – †77/82 € ††94/142 € – ☕ 14 €

Au cœur du quartier historique, un lieu atypique. Il y a ce d'abord ce dédale de couloirs – héritage de l'architecture ancienne du bâtiment –, puis des chambres design (mobilier Starck, Knoll...), dont certaines donnent sur le canal.

XXX ✿✿ **Le Clos des Sens** (Laurent Petit) avec ch

13 r. J.-Mermoz – ✆ 04 50 23 07 90 – www.closdessens.com – Fermé 1er-15 janv., dim. sauf le soir en juil.-août, mardi midi et lundi CUu

10 ch – †190/300 € ††190/300 € – ☕ 22 €

Rest – Menu 48 € (sem.), 88/140 € – Carte 80/105 €

Épuré et raffiné, le cadre sert à merveille la cuisine subtile et inventive de Laurent Petit, lequel fait la part belle aux aromates. Quant à la terrasse dominant Annecy, elle est si jolie... Une table superbe, une magnifique sélection de vins et des chambres aux allures de cocon luxueux et design : l'expérience se révèle magique !

➜ Écrevisse et caviar "mis en boîte". Moelleux de féra du lac, écailles croustillantes et carré rôti. Papier de sucre, citron kalamensi. **Vins** Chignin-Bergeron, Gringet de Savoie.

XXX ✿ **La Ciboulette** (Georges Paccard)

10 r. Vaugelas, (cour du Pré Carré) – ✆ 04 50 45 74 57 – www.laciboulette-annecy.com – Fermé 23 fév.-4 mars, 1er-20 juil., vacances de la Toussaint, dim. et lundi

Rest – Menu 33 € (sem.)/70 € – Carte 75/85 € EYv

Boiseries contemporaines en chêne, verrière, cour fleurie... C'est le frère du propriétaire, architecte, qui a créé ce lieu feutré, élégant et presque intemporel. Dans l'assiette, on découvre une fine cuisine de saison, dont le beau classicisme n'a vraiment rien de figé. Un très bon moment !

➜ Jambonnettes de grenouilles, crème de petits pois et espuma à la sarriette. Bar de ligne cuit à la plancha, croquant de tomate au sérac, vinaigrette olive et basilic. Cristalline de fruits rouges au basilic, fraîcheur limoncello. **Vins** Chignin-Bergeron, Mondeuse d'Arbin.

XXX ✿ **Le Belvédère** (Vincent Lugrin) avec ch

7 chemin Belvédère, 2 km, rte Semnoz au Sud-Est par r. Marquisat – ✆ 04 50 45 04 90 – www.belvedere-annecy.com – Fermé janv., mardi sauf le soir de juin à sept., dim. soir et merc. CVt

4 ch – †125/200 € ††125/200 € – ☕ 12 €

Rest – Menu 32 € (déj. en sem.), 52/98 €

Une maison perchée sur les hauteurs, une terrasse avec une vue superbe sur le lac, un cadre cossu... mais avant tout une cuisine de chef, séduisante, bien dans son époque et sagement créative. Pour l'étape, d'agréables chambres tendance.

➜ Mi-cuit de foie gras à la vanille Bourbon et compotée de figues. Omble chevalier au jus de carcasses d'écrevisses. Cigare de chocolat noir fourré d'une mousse café. **Vins** Gringet de Savoie, Mondeuse d'Arbin.

XXX **La Voile** – Hôtel L'Impérial Palace

allée de l'Impérial – ✆ 04 50 09 30 00 – www.hotel-imperial-palace.com

Rest – Formule 24 € – Menu 30/34 € – Carte 42/65 € CVs

Croustillant de chèvre aux pommes, côtes d'agneau et écrasé de pommes de terre à l'huile de l'olive... Une belle cuisine classique à déguster dans un cadre élégant et lumineux, ouvert sur sur le lac. Beau brunch le dimanche midi.

XX **Le Bilboquet**

14 fg Ste-Claire – ✆ 04 50 45 21 68 – www.restaurant-lebilboquet.fr – Fermé dim. sauf le soir en juil.-août et lundi DYm

Rest – Menu 22 € (déj.), 29/59 € – Carte 42/59 €

Un petit restaurant contemporain, chic et chaleureux. Le chef réalise une sympathique cuisine mêlant tradition et saisons. On pourra donc apprécier une fricassée de crevettes à la plancha, un poisson du lac, un foie gras maison, etc.

XX **Auberge du Lyonnais** avec ch

9 r. de la République – ✆ 04 50 51 26 10 – www.auberge-du-lyonnais.com – Fermé 11-22 nov. et 18-28 janv. DYp

10 ch – †60/70 € ††65/120 € – ☕ 8 €

Rest – Menu 25 € (sem.), 36/43 € – Carte 45/60 €

Dans le quartier historique, une vieille bâtisse nichée entre deux bras du canal du Thiou. Atmosphère marine à souhait, banc d'écailler et terrasse au bord de l'eau : la carte valorise les produits de la mer, cela va sans dire ! Et il y a aussi de petites chambres au joli décor alpin, pratiques pour l'étape.

Auberge de Savoie

1 pl. St-François-de-Sales – ✆ 04 50 45 03 05 – www.auberge-de-savoie.fr – Fermé 28 oct.-14 nov., 7-16 janv., mardi sauf juil.-août et merc. EY**n**

Rest – Formule 22 € – Menu 28/65 € – Carte 61/89 €

Adossé à l'église St-François, ce petit restaurant est coquet et chaleureux, avec ses boiseries claires. Cuisine d'aujourd'hui concoctée avec de beaux produits, chariot de pâtisseries, jolie terrasse et accueil souriant : une bonne auberge.

La Brasserie St-Maurice

7 r. Collège-Chapuisien – ✆ 04 50 51 24 49 – www.stmau.com – Fermé dim. soir et lundi EY**r**

Rest – Menu 19 € (déj.)/39 € – Carte 32/59 €

Velouté de potiron, saint-jacques poêlées ou encore filet de caille rôtie : une table traditionnelle dans une maison datant de 1675. Pour ne rien gâcher, on savoure de doux nectars, bien choisis par un propriétaire passionné de vins.

Café Brunet

18 pl. Gabriel-Fauré – ✆ 04 50 27 65 65 – www.closdessens.com – Fermé 1er-17 janv., dim. sauf en juil.-août et lundi CU**a**

Rest – Menu 22/29 € – Carte environ 33 €

Un vrai havre de paix que ce café de 1875 qui a su conserver son âme de bistrot authentique et convivial : terrasse... On laisse le temps filer en savourant une sympathique cuisine canaille et de bons petits plats mijotés.

Contresens

10 r. de la Poste – ✆ 04 50 51 22 10 – www.closdessens.com – Fermé 1er-23 janv., dim. et lundi DY**b**

Rest – Menu 29 € – Carte environ 34 €

Ce néobistrot chic ? Une valeur sûre qui n'a pas fini d'enchanter le "Tout-Annecy". Une cuisine à "Contresens" qui mixe terroir et inventivité de manière toujours ludique, de bons produits et... le sens du goût !

Nature et Saveur

pl. des Cordeliers – ✆ 04 50 45 82 29 – www.nature-saveur.com – Fermé vacances de Noël, dim. et lundi DY**r**

Rest *(déj. seult) (nombre de couverts limité, réserver)* – Menu 34/44 € bc

Une cuisine créative et très personnelle, misant avant tout sur le goût et la qualité nutritionnelle de produits bio et fermiers : tel est le credo de Laurence Salomon, naturopathe et chef passionnée.

Canopy

10 allée des Tilleuls, (centre commercial Annecy-le-Vieux) – ✆ 04 50 09 88 08 – www.canopy-zeresto.com – Fermé 3 sem. en août, lundi soir, mardi soir, merc. soir et dim.

Rest – Formule 16 € – Menu 20 € (déj.), 25/36 € – Carte 28/52 €

Un mur végétal, une atmosphère naturelle et reposante, mais surtout des produits bio, des herbes et des fleurs au service d'une cuisine fusion colorée et pleine de goût : la jolie "canopée" d'un chef sincèrement concerné par l'écologie.

L'Esquisse

21 r. Royale – ✆ 04 50 44 80 59 – www.esquisse-annecy.fr – fermé 2 sem. fin août, 23-26 déc., merc. et dim. DY**f**

Rest *(nombre de couverts limité, réserver)* – Formule 21 € – Menu 29/60 €

Le décor ? Chaleureux et zen, avec d'exquises esquisses... celles du père de Magali, la femme du chef. Sa cuisine ? Mûrie dans de grandes maisons, délicieusement épurée, délicate et privilégiant le goût simple et vrai des produits du marché. N'esquivez pas l'Esquisse !

à Veyrier-du-Lac 5,5 km par ② – 2 134 h. – alt. 504 m – ✉ 74290

rue de la Tournette, ✆ 04 50 60 22 71, www.rivepleinsoleil.com

Le Clos du Lac sans rest

50 r. de la Corniche, 2 km par rte de Mont-Veyrier – ✆ 06 20 60 04 58 – www.annecyleclosdulac.com – Fermé 14 oct.-19 déc. et 6 janv.-13 fév.

3 ch – 150/170 € 150/170 € – 13 €

Une vue à couper le souffle sur le lac et... cette belle villa d'architecte, au luxe épuré. Asia, Vintage ou Riva : les chambres ont toutes leur personnalité et toutes sont élégantes et feutrées. Un lieu tendance, idéal pour se ressourcer.

Yoann Conte avec ch

13 Vieille-Route-des-Pensières – ✆ 04 50 09 97 49 – www.yoann-conte.com
8 ch – 350/450 € 350/450 € – 30 €
Rest *(fermé dim. soir sauf de juin à août, lundi et mardi)* – Menu 70 € bc (déj. en sem.), 109/189 € – Carte 100/140 €
Yoann Conte écrit une nouvelle page de cette institution du lac d'Annecy. À la suite de Marc Veyrat, qui en fit la renommée, le chef érige cette superbe villa bleue en véritable fief de la grande cuisine, en symbiose avec les produits du lac, les herbes et fleurs des alpages... Un travail inspiré et de grande qualité ! Beau confort côté hôtel.
➜ Féra fumée, jus de persil, huile d'olive-citron. Filet de perche du lac Léman, carotte dans tous ses états et jus de poulet à la mélisse. Tarte crémeuse au vin de Seyssel, framboises, glace citron-mélisse et muscade. **Vins** Roussette de Savoie, Mondeuse.

à Sévrier 6 km au Sud par ③ – 3 835 h. – alt. 456 m – ✉ 74320

2000, Route d'Albertville, ✆ 04 50 52 40 56, www.lac-annecy.com
Musée de la Cloche★.

Auberge de Létraz

921 rte d'Albertville – ✆ 04 50 52 40 36 – www.auberge-de-letraz.com – Fermé mi-nov. à mi-déc.
23 ch – 83/231 € 98/246 € – ½ P
Rest *B. Collon* – voir les restaurants ci-après
Un jardin face au lac et cette belle auberge aux jolis airs de chalet. Dans les chambres, claires, confortables et dont certaines donnent sur les flots, tout invite au repos ! À l'heure du déjeuner ou du dîner, place à la gourmandise...

B. Collon – Auberge de Létraz

921 rte d'Albertville – ✆ 04 50 52 40 36 – www.auberge-de-letraz.com – Fermé de mi-nov. à mi-déc., dim. soir et lundi d'oct. à mai
Rest – Menu 41/71 € – Carte 78/92 €
Filet de sandre à l'estragon, poularde de Bresse aux morilles... une belle cuisine traditionnelle, qu'on savoure en contemplant le lac, joyau d'Annecy !

à Pringy 8 km au Nord par ① et rte secondaire – 3 492 h. – alt. 483 m – ✉ 74370

Le Clos du Château

70 rte de Cuvat, dir. Promery – ✆ 04 50 66 82 23 – www.le-clos-du-chateau.com – Fermé 28 juil.-27 août, 22 déc.-4 janv., dim. soir, merc. soir et lundi
Rest – Formule 20 € – Menu 23 € (déj. en sem.), 34/58 € – Carte 47/61 €
Un lieu contemporain et confortable, des serveurs aux petits soins et, last but not least, une cuisine bien dans son époque, délicate et goûteuse, mitonnée par un jeune chef talentueux. À noter, un menu du marché à prix très doux.

ANNEMASSE – 74 Haute-Savoie – 328 K3 – 31 293 h. – Agglo. 106 673 h. – alt. 432 m – Casino : Grand Casino – ✉ 74100 Alpes du Nord

46 F1

Paris 538 – Annecy 46 – Bonneville 22 – Genève 8
place de la Gare, ✆ 04 50 95 07 10, www.annemasse-lesvoirons.com

Mercure Porte de Genève

rest, ch,

9 r. des Jardins, par rte Gaillard ✉ 74240 – ✆ 04 50 92 05 25 – www.mercure.com
78 ch – 69/192 € 69/192 € – 18 € **Rest** – Formule 16 € – Carte 21/43 €
Pour une étape non loin de l'autoroute, ce Mercure, situé en bord de rivière, propose des chambres assez spacieuses, confortables et bien insonorisées. Le plus : la piscine extérieure.

La Place sans rest

10 pl. Jean-Deffaugt – ✆ 04 50 92 06 44 – www.laplacehotel.com
43 ch – 58/65 € 58/79 € – 8 €
Un beau salon design, des chambres d'esprit contemporain, sobres et épurées, et un accueil des plus sympathiques, voici une étape centrale agréable sur la route de la Suisse.

à Juvigny **5 km à l'Est par D 1206 et rte secondaire – 641 h. – alt. 499 m – ✉ 74100**

Auberge des Groulines

235 route des Groulines, (Les Curtines) – ✆ 04 50 37 03 96 – www.auberge-des-groulines.fr – Fermé 9-15 juilllet, 3-17 sept. et 2 au 14 janv., dim. soir, mardi midi et lundi

Rest – Menu 26 € (sem.), 34/47 € – Carte 39/54 €

Un marbré de lapereau au basilic, un risotto crémeux aux pieds-de-mouton, de la joue de bœuf fondante... Dans cette jolie maison au charme campagnard, le chef valorise le terroir et la tradition avec générosité.

à Gaillard **3 km au Sud-Ouest – 11 144 h. – alt. 425 m – ✉ 74240**

La Pagerie

12 r. de la Libération – ✆ 04 50 38 34 00 – www.restaurant-lapagerie.com – Fermé dim. et lundi

Rest – Menu 28 € (sem.), 51/89 €

Le chef de ce restaurant feutré et charmant est un passionné ! Inspiré par les produits de la région (poissons du lac, légumes, bœuf simmenthal, escargots de Magland), il réalise une cuisine traditionnelle fine et soignée.

ANNESSE-ET-BEAULIEU – 24 Dordogne – 329 E5 – 1 485 h. – alt. 95 m – ✉ 24430 Annesse et Beaulieu

4 C1

Paris 509 – Angoulême 91 – Bordeaux 120 – Périgueux 15

Gravelle, le Bourg, ✆ 05 53 54 61 22, www.ccaiv.fr

Château de Lalande

ch, rest,

57 rte de St-Astier – ✆ 05 53 54 52 30 – www.chateau-lalande-perigord.com – Fermé 3-18 mars

17 ch – 115/158 € 115/158 € – 1 suite – 15 € – ½ P

Rest – Menu 38/46 € – Carte 50/57 €

À 12 km de Périgueux, dans un écrin de verdure, cette noble demeure du 18e s. a conservé son cachet d'antan. On s'y repose dans des chambres empreintes de classicisme : mobilier de style, parquet, tentures, etc. L'été, on profite de la belle piscine. Beaucoup de charme et de personnalité en ces lieux...

ANNONAY – 07 Ardèche – 331 K2 – 16 923 h. – alt. 350 m – ✉ 07100

44 B2

Ardèche Drôme

Paris 529 – St-Étienne 44 – Valence 56 – Yssingeaux 57

place des Cordeliers, ✆ 04 75 33 24 51, www.ot-annonay.fr

du Domaine de Saint-Clair, Le Pelou, par rte de Serrières et D 820 : 6 km, ✆ 04 75 67 03 84

d'Albon, à Saint-Rambert-d'Albon, Château de Senaud, E : 19 km par D 82, ✆ 04 75 03 03 90

Marc et Christine

29 av. Marc-Seguin – ✆ 04 75 33 46 97 – www.marcetchristine.fr – Fermé 4-11 mars, 29 avril-6 mai, 19 août-2 sept., dim. soir et lundi

Rest – Menu 22/47 € – Carte 37/53 €

Ici, le temps ne semble pas avoir de prise... Délicieusement vieille France, le décor comble les nostalgiques ! Comme la cuisine, qui cultive la tradition au fil des saisons et avec gourmandise. Belle carte des vins.

Opus Wine

17 pl. des Cordeliers – ✆ 04 75 32 04 62 – Fermé 5-27 août, dim. et lundi

Rest – Formule 16 € bc – Menu 26/36 € – Carte 27/41 €

Sur la place principale, un bistrot à vin pur jus : grand bar en bois, petites tables serrées, bouteilles de rouge et ardoises du jour. Un opus bien interprété.

au Golf de Gourdan 6,5 km au Nord par D 519 et D 820 – ✉ 07430 Annonay

Domaine du Golf de Saint Clair
rte du Golf – ✆ (00-33) 04 75 67 01 00 – www.domainestclair.fr
54 ch – †98/140 € ††160 € – 5 suites – ☕ 14 € – ½ P
Rest *(fermé dim. soir hors saison)* – Formule 26 € – Menu 32 € (sem.), 36/32 € – Carte 36/44 €
Sur le site du golf 18 trous, très tranquille, ce complexe moderne dispose de chambres spacieuses et confortables, la plupart avec balcon. Espace bien-être. Restauration traditionnelle.

à St-Marcel-lès-Annonay 8,5 km au Nord-Ouest par D 206 et D 820 – 1 351 h. – alt. 450 m – ✉ 07100

Auberge du Lac
Le Ternay – ✆ 04 75 67 12 03 – www.aubergedulac.fr – Fermé janv. et vacances de la Toussaint
12 ch – †85/97 € ††125/165 € – ☕ 13 € – ½ P
Rest *(fermé dim. soir, mardi midi et lundi)* – Menu 39/51 €
Au-dessus des eaux du lac du Ternay, une villa ocre nichée parmi les pins, à flanc de rocher. On s'y repose dans des chambres coquettes, aux accents champêtres. Solarium sur le toit, piscine à débordement. Restaurant d'esprit provençal, avec terrasse panoramique.

ANNOT – 04 Alpes-de-Haute-Provence – **334** I9 – 1 046 h. – alt. 708 m **41** C2
– ✉ 04240 Alpes du Sud
Paris 812 – Castellane 31 – Digne-les-Bains 69 – Manosque 112
Grand Marché, ✆ 04 92 83 23 03, www.annot.com
Vieille ville★ - Clue de Rouaine★ S : 4 km.

L'Avenue
av. de la Gare – ✆ 04 92 83 22 07 – www.hotel-avenue.com – Ouvert d'avril à fin oct.
9 ch – †67/90 € ††67/100 € – ☕ 9 €
Rest *(fermé le midi)* – Menu 27 € – Carte 39/50 €
Posez vos valises dans ce sympathique établissement familial à la tenue irréprochable. Les chambres sont agréables – et pratiques pour randonner aux Grès d'Annot ! Le soir, le chef propose une goûteuse cuisine avec l'accent du Midi.

ANSE – 69 Rhône – **327** H4 – 5 604 h. – alt. 170 m – ✉ 69480 **43** E1
Paris 436 – Bourg-en-Bresse 57 – Lyon 27 – Mâcon 51
place du 8 mai 1945, ✆ 04 74 60 26 16, www.tourismepierresdorees.com

St-Romain
rte des Graves – ✆ 04 74 60 24 46 – www.hotel-saint-romain.fr – fermé 2 sem. en août
23 ch – †60/135 € ††65/135 € – ☕ 9 € – ½ P
Rest *(fermé dim. soir)* – Formule 16 € – Menu 18 € (déj. en sem.)/44 € – Carte 35/60 €
Une grande ferme beaujolaise en pierre avec des chambres rénovées en 2011 dans un style contemporain... Beaucoup de beige, des douches à l'italienne au rez-de-chaussée et des baignoires à l'étage : un hôtel-restaurant sympathique.

Au Colombier
126 allée Colombier, (Pont St-Bernard) – ✆ 04 74 67 04 68 – www.aucolombier.com – Fermé janv., dim. soir et lundi d'oct. à mai
Rest – Formule 20 € – Menu 28/65 € – Carte 43/75 €
Petits plats bien dans l'air du temps dans cette guinguette branchée des bords de Saône. Une terrasse sous les tilleuls et les platanes, une jolie paillotte et une belle cheminée pour les repas hivernaux... Comme qui dirait, un chouette endroit !

ANSOUIS – 84 Vaucluse – **332** F11 – 1 117 h. – alt. 380 m – ✉ 84240 **40** B2
Provence
Paris 751 – Aix-en-Provence 35 – Avignon 79 – Marseille 63
place du Château, ✆ 04 90 09 86 98, www.ansouis.fr

La Closerie (Olivier Alemany)
bd des Platanes – ✆ 04 90 09 90 54 – www.lacloserieansouis.com – Fermé 2 janv.-2 fév., dim. soir, merc. et jeudi
Rest *(nombre de couverts limité, réserver)* – Menu 26/65 € – Carte 46/63 €
Cette Closerie est un hymne à la Provence ! Au piano, le chef compose des recettes riches en saveurs avec des produits d'une grande fraîcheur. Une douce mélodie que les gourmands ne manquent pas d'apprécier dans la salle provençale ou, l'été, sur la jolie terrasse face au Luberon.
➜ Pâté bourgeois de canard aux pistaches. Agneau de Provence rôti, fricassée de jeunes légumes et polenta dorée au thym. Pain perdu caramélisé et sabayon glacé à la fleur d'oranger.

ANTHY-SUR-LÉMAN – **74 Haute-Savoie** – **328** L2 – **rattaché à Thonon-les-Bains**

ANTIBES – **06 Alpes-Maritimes** – **341** D6 – **75 553 h. – alt. 2 m – Casino : "la Siesta" bord de mer par ① – ✉ 06600** Côte d'Azur **42** E2

Paris 909 – Aix-en-Provence 160 – Cannes 11 – Nice 21
11, place du Général-de-Gaulle, ✆ 04 97 23 11 11, www.antibesjuanlespins.com
Vieille ville★: Promenade Amiral-de-Grasse ≤★ DXY - Château Grimaldi (Déposition de Croix★, Musée donation Picasso★) DX - Musée Peynet et de la Caricature★ DX **M²** - Marineland★ 4 km par ①.

Plans pages suivantes

Royal
– ✆ 04 83 61 91 91 – www.royal-antibes.com DY**b**
39 ch – 130/290 € 130/290 € – 24 suites – 25 €
Rest ***Café Royal*** – voir les restaurants ci-après
Rest ***Royal Beach*** ✆ 04 93 67 14 06 *(ouvert d'avril à oct. et fermé le soir de sept. à mai)* – Carte 40/65 €
Ouvert en 2011, cet hôtel épouse les dernières normes des grands hôtels internationaux : esprit contemporain, spa, restaurants, plage aménagée... Une certaine idée du luxe qui séduira la clientèle de la Côte d'Azur.

Mas Djoliba sans rest
29 av. de Provence – ✆ 04 93 34 02 48 – www.hotel-djoliba.com – Ouvert 4 mars-4 nov. CY**d**
13 ch – 90/105 € 90/200 € – 13 €
Relaxez-vous entre palmiers et bougainvillées, à la piscine ou dans les jolies chambres de cette villa 1920 ; celle du dernier étage dispose d'une agréable terrasse offrant une vue exquise sur le cap.

Josse sans rest
8 bd James-Wyllie – ✆ 04 92 93 38 38 – www.hotel-josse.com BU**s**
25 ch – 95/190 € 95/190 € – 2 suites – 15 €
Près de la plage de la Salis – un emplacement privilégié –, dans une construction des années 1970 toute blanche, des chambres très contemporaines et confortables, toutes avec balcon. Certaines ont même vue sur la Grande Bleue !

Le Petit Castel sans rest
22 chemin des Sables – ✆ 04 93 61 59 37 – www.lepetitcastel.fr BU**b**
16 ch – 92/178 € 98/188 €
Dans ce petit pavillon blanc niché au cœur d'un quartier résidentiel, le propriétaire vous accueille avec le sourire et met même des vélos à votre disposition ! Les chambres sont petites, mais bien tenues.

Le Ponteil sans rest
11 impasse Jean-Mensier – ✆ 04 93 34 67 92 – www.leponteil.com – Fermé 12 nov.-31 janv. CY**g**
12 ch – 70/96 € 79/126 €
Cette jolie villa des années 1920 a des airs de maison de vacances : est-ce le pin parasol, l'élégant palmier, la plage toute proche, la douce quiétude ? Ou peut-être les chambres, fraîches et avenantes ? Un peu tout cela sûrement...

ANTIBES

Châtaignier (Av. du) . . . . **AU** 13
Contrebandiers (Ch. des) . . . . . **BV** 16
Ferrié (Av. Gén.) . . . . **AU** 26
Gardiole-Bacon (Bd) . . . . **BUV** 31
Garoupe (Bd de la) . . . . **BV** 33
Garoupe (Ch. de la) . . . . **BV** 34
Grec (Av. Jules) . . . . **ABU** 38
Malespine (Av.) . . . . **BV** 50
Phare (Rte du) . . . . **BV** 62
Raymond (Ch.) . . . . **BV** 64
Reibaud (Av.) . . . . **AU** 65
Salis (Av. de la) . . . . **BV** 77
Sella (Av. André) . . . . **BV** 78
Tamisier (Ch. du) . . . . **BV** 79
Tour-Gandolphe (Av. de la) . . . . **BV** 82
Vautrin (Bd. du Gén.) . . . . **BU** 84
11-Novembre (Av. du) . . . . **BU** 91

Flèche noire Sens unique en saison

Modern Hôtel sans rest

1 r. Fourmilière – ✆ 04 92 90 59 05 – www.modernhotel06.com – Fermé 15 déc.-15 janv.

17 ch – 🚹68/82 € 🚹🚹68/150 € – ☕ 7 € **CXa**

À l'entrée de la zone piétonne, des chambres petites et sobres, mais pratiques et... très centrales !

Comment choisir, dans une localité, entre deux adresses de même catégorie (nombre de 🏠 ou de ✕) ? Sachez que les établissements sont classés par ordre de préférence au sein de chaque catégorie : les meilleures adresses d'abord.

ANTIBES

Albert 1er (Bd) . . . . CDY
Alger (R. d') . . . . CX 3
Arazy (R.) . . . . DXY 4
Barnaud (Pl. Amiral) . . . . DY 6
Barquier (Av.) . . . . DY 8
Bas-Castelet (R. du) . . . . DY 9
Bateau (R. du) . . . . DX 10
Clemenceau (R. G.) . . . . DX 14
Dames-Blanches (Av. des) . . CY 19
Directeur Chaudon (R.) . . . . CY 20
Docteur Rostan (R. du) . . . . DX 24
Gambetta (Av.) . . . . CX 30
Gaulle (Pl. du Gén.-de) . . . . CXY
Grand-Cavalier (Av. du) . . . . CX 37
Guynemer (Pl.) . . . . CX 40
Haut-Castelet (R. du) . . . . . . DY 42
Horloge (R. de l') . . . . DX 43
Martyrs-de-la-Résistance
(Pl. des) . . . . CDX 51
Masséna (Cours) . . . . DX 52
Meissonnier (Av.) . . . . CDY 54
Nationale (Pl.) . . . . DX 55
Orme (R. de l') . . . . DX 57
République (R. de la) . . . . . CDX 67
Revely (R. du) . . . . DX 68
Revennes (R. des) . . . . DY 69
St-Roch (Av.) . . . . CX 72
Saleurs (Rampe des) . . . . . . DX 75
Tourraque (R. de la) . . . . DY 83
Vautrin (Bd du Gén.) . . . . . . CX 84
8-Mai 1945
(Square du) . . . . DX 90
24-Août (Av. du) . . . . CY 92

XXX **Le Figuier de St-Esprit** (Christian Morisset)

14 r. St-Esprit – ✆ 04 93 34 50 12 – www.christianmorisset.fr – Fermé 25 fév.-7 mars, 24 juin-2 juil., 4-27 nov., lundi midi et merc. midi de mai à oct., merc. de déc. à avril et mardi DXa

Rest – Formule 35 € – Menu 65/95 € – Carte 80/105 €

Dans le vieil Antibes, cette maison de pays embaume la Provence : avec de beaux produits locaux, le chef réalise des mets d'aujourd'hui. Saveurs fines, joli patio, accueil décontracté... l'opération du St-Esprit ?

➜ Cannelloni de supions à l'encre de seiche, jus de coquillages au basilic. Selle d'agneau des Alpilles cuite en terre d'argile de Vallauris, jus au thym. Moelleux au chocolat. **Vins** Bellet, Coteaux varois en Provence.

XXX **Les Vieux Murs**
25 promenade Amiral-de-Grasse – ✆ 04 93 34 06 73 – www.lesvieuxmurs.com – Fermé lundi DYf
Rest – Formule 29 € – Menu 34 € (déj.), 44/90 € – Carte 51/106 €
Les vieux murs sont désormais peints en orange et cette maison située sur les remparts possède une belle terrasse face à la Méditerranée. Dans l'assiette ? Une sympathique cuisine méridionale mettant en valeur les produits de la mer.

XX **Le Bastion**
1 av. Général-Maizière – ✆ 04 93 34 59 86 – www.restaurant-bastion.com
Rest – Formule 22 € – Menu 40 € – Carte 45/74 € DYu
Sur la terrasse, face à la mer, le temps semble s'arrêter... À l'intérieur, changement radical d'atmosphère : c'est chic, design et il y a même un bar lounge ! Quant à la cuisine – inventive –, elle fait des clins d'œil aux cinq continents.

XX **Oscar's**
8 r. Rostan – ✆ 04 93 34 90 14 – www.oscars-antibes.com – Fermé 1er-15 juin, 20 déc.-5 janv., dim. et lundi DXs
Rest *(nombre de couverts limité, réserver)* – Formule 18 € bc – Menu 29/56 € – Carte 38/66 €
Avec ses sculptures à la mode antique, le cadre un peu kitsch ravira les amateurs du genre ! L'accueil est charmant et, côté papilles, la Botte et la Provence vous font de bien gourmands appels du pied... et les pâtes sont faites maison.

XX **Le Don Juan Chez Florent**
17 r. Thuret – ✆ 04 93 34 58 63 – www.restaurantdonjuan.com – Fermé 2 sem. fin déc. et merc. de sept. à mai DXb
Rest – Menu 25/39 € – Carte 50/65 €
Spécialité de ce Don Juan : les produits de la mer, plus particulièrement le poisson de Méditerranée en provenance de la criée de Sète. On le savoure dans une atmosphère contemporaine et... marine !

XX **Café Royal** – Hôtel Royal
16 bd du Mar.-Leclerc – ✆ 04 83 61 91 91 – www.royal-antibes.com DYb
Rest – Carte 40/65 €
Au sein de l'hôtel Royal, ce restaurant contemporain – esprit design et lounge – propose une cuisine internationale teintée de saveurs provençales et méditerranéennes. Vue imprenable sur la mer.

X **L'Armoise**
2 r. de la Tourraque – ✆ 04 92 94 96 13 – Fermé 1er-15 juil., vacances de Noël, le midi sauf sam. et dim. de sept. à juin, le midi en juil.-août et lundi DYe
Rest *(nombre de couverts limité, réserver)* – Menu 45/80 €
Une savoureuse cuisine du marché... à côté du beau marché provençal où le chef fait ses achats chaque jour. Légumes d'une prime fraîcheur, pêche locale, etc. : un joli panier ciselé avec soin, pour des plaisirs simples mais réels, qui ne demandent qu'à s'épanouir. Accueil chaleureux.

rte de Nice par ① et D 6007 – ✉ 06600 Antibes

Bleu Marine sans rest
614 chemin des Quatre Chemins, (près de l'hôpital) – ✆ 04 93 74 84 84 – www.bleumarineantibes.com
18 ch – †61/69 € ††71/89 € – ☐ 8 €
Un hôtel récent à proximité de l'hôpital. Les chambres sont simples, pratiques et très propres ; préférez celles des étages supérieures, pour la vue sur la mer.

CAP D'ANTIBES – 06 Alpes-Maritimes – ✉ 06160 Juan les Pins 42 E2

Paris 922 – Antibes 6 – Marseille 174 – Nice 35
Plateau de la Garoupe ✳★★ - Jardin Thuret★ BV - ≤★ Pointe Bacon - ≤★ de la plate-forme du bastion (musée naval) ABV.

Hôtel du Cap-Eden-Roc

bd JF-Kennedy – 04 93 61 39 01 – www.hotel-du-cap-eden-roc.com – Ouvert 19 avril-20 oct. **BVx**

109 ch – 510/2020 € 510/2020 € – 9 suites

Rest *Eden Roc* – voir les restaurants ci-après

Passage obligé de la jet-set et des stars de cinéma, ce majestueux palace du 19e s. est niché dans un parc verdoyant et paisible, face à la mer. S'il ne fallait retenir qu'eux : la piscine à débordement, idyllique, et le spa, superbe. Classicisme, luxe et raffinement... Un lieu mythique et magique.

Impérial Garoupe

770 chemin Garoupe – 04 92 93 31 61 – www.imperial-garoupe.com – Ouvert 27 avril-12 oct. **BVr**

30 ch – 310/735 € 310/735 € – 5 suites – 35 € – ½ P

Rest *Le Pavillon* Rest *Le Pavillon Beach* – voir les restaurants ci-après

Au bout du cap, la Garoupe, son phare, sa chapelle de pêcheurs et cette belle demeure méditerranéenne au cœur d'une végétation luxuriante (superbes cactus et plantes grasses). Contemporaines ou classiques, les chambres sont très raffinées ; toutes possèdent un balcon, une terrasse ou un jardinet privé.

Cap d' Antibes Beach Hôtel

10 bd du Mar.-Juin – 04 92 93 13 30 – www.ca-beachhotel.com – Ouvert 1er avril-31 oct. **BVe**

22 ch – 390/950 € 390/950 € – 5 suites – 29 € – ½ P

Rest *Les Pêcheurs* ✿ – voir les restaurants ci-après

Rest *Le Cap* *(fermé le soir sauf de juin à sept.)* – Carte 55/76 €

Chic balnéaire contemporain, design épuré, superbe jardin noyé sous les essences méditerranéennes, plage privée de sable fin et vue imprenable sur le cap et les îles de Lérens : une certaine idée du luxe...

Vogue Hôtel

46 bd de la Garoupe – 04 93 67 15 30 – www.voguehotel.fr – Ouvert 1er avril-5 nov.

20 ch – 165/650 € 165/650 € – 19 € **BVs**

Rest *(ouvert 1er mai-30 sept. et fermé dim. soir et lundi) (nombre de couverts limité, réserver)* – Menu 35 € – Carte 35/64 €

Voguer dans cette grande villa méditerranéenne ; prendre le temps de faire escale dans l'une des chambres cossues (progressivement rénovées dans un style design) et intimes (terrasse privée) ; s'adonner aux joies du farniente au bord de la piscine à débordement ou sur la plage de l'hôtel...

La Baie Dorée

579 bd la Garoupe – 04 93 67 30 67 – www.baiedoree.com **BVv**

11 ch – 265/760 € 265/760 € – 4 suites

Rest *(ouvert d'avril à sept.)* – Menu 50 € – Carte 48/78 €

Une villa typiquement provençale, baignée de soleil et... les pieds dans l'eau. Les chambres, accueillantes et soignées, ont toutes une terrasse ou un balcon donnant sur la baie. Quant à la piscine extérieure, face à la mer, elle est tout simplement sublime ! Plage et pontons privés.

Beau Site sans rest

141 bd Kennedy – 04 93 61 53 43 – www.hotelbeausite.net – Ouvert 5 mars-5 nov.

30 ch – 80/150 € 90/175 € – 2 suites – 13 € **BVt**

Terrasse ombragée d'essences méditerranéennes, agréable piscine et charmantes chambres d'esprit classique ou provençal chic : un joli pavillon blanc aux volets bleus, pour un séjour très Sud !

La Garoupe et Gardiole sans rest

60 chemin de la Garoupe – 04 92 93 33 33 – www.hotel-lagaroupe-gardiole.com – Ouvert début avril à mi-oct. **BVk**

37 ch – 80/178 € 100/178 € – 12 €

Piscine, jardin paisible et belle terrasse sous une pergola : le charme typique des jolies maisons balnéaires des années 1920... Chambres fraîches à la Garoupe et rustiques à la Gardiole.

Eden Roc – Hôtel du Cap-Eden-Roc
bd JF-Kennedy – ✆ 04 93 61 39 01 – www.hotel-du-cap-eden-roc.com – Ouvert 19 avril-20 oct. BVz
Rest – Menu 145 € (dîner)/178 € – Carte 110/174 €
Superbe villa isolée sur un roc, en bordure de mer. Atmosphère huppée, cuisine méridionale subtile et terrasse exquise donnant sur la piscine à débordement... Tellement French Riviera !

Bacon – soir,
664 bd Bacon – ✆ 04 93 61 50 02 – www.restaurantdebacon.com – Ouvert 1er mars-31 oct. et fermé mardi midi et lundi BUm
Rest – Menu 55 € (déj. en sem.)/85 € – Carte 100/260 €
Une grande salle habillée de blanc, des œuvres d'art contemporain et une vue superbe sur la baie des Anges... La Méditerranée est reine ici, et plus encore dans l'assiette : l'un des plus beaux choix de poissons sur la Côte d'Azur, cuisinés avec art, dans leur prime fraîcheur. Une institution.
➜ Délices de loup aux truffes du haut Var. Bouillabaisse. Millefeuille tiède. **Vins** Bellet, Côtes de Provence.

Les Pêcheurs – Cap d'Antibes Beach Hôtel
10 bd du Mar.-Juin – ✆ 04 92 93 13 30 – www.lespecheurs-lecap.com – Ouvert 1er avril-31 oct. BVu
Rest *(dîner seult)* – Menu 85/110 € – Carte 99/135 €
Superbement ancrés au bord des flots, les Pêcheurs mettent évidemment à l'honneur le poisson de la Méditerranée grillé aux herbes. Les belles saveurs du Sud, la mer... Un petit paradis très Côte d'Azur.
➜ Carpaccio de crevettes marinées aux saveurs du Sud. Poisson de la pêche locale grillé ou rôti. Pompon de framboises fourré d'un crémeux léger au citron de pays, glace au thym. **Vins** Bellet, Côtes de Provence.

Le Pavillon – Hôtel Impérial Garoupe
– ✆ 04 92 93 31 64 – www.imperial-garoupe.com – Ouvert 27 avril-12 oct., fermé le midi du 15 juin au 15 sept. et merc. sauf juil.-août BVr
Rest – Menu 65 € – Carte 90/117 €
La terrasse sous les arbres est un hymne au romantisme, surtout éclairée à la bougie la nuit venue... Moment d'exception porté par une cuisine méridionale originale et inspirée, très respectueuse des produits de saison.

Le Pavillon Beach – Hôtel Impérial Garoupe
770 chemin Garoupe – ✆ 04 92 90 23 97 – www.imperial-garoupe.com – Ouvert 16 juin-14 sept. BVr
Rest *(déj. seult)* – Carte 50/72 €
Une carte méditerranéenne fraîche et raffinée, pour un restaurant de plage séduisant et huppé... On y accède par un petit chemin privé et l'on est très vite happé par la vue sublime sur la Grande Bleue.

ANTONY – 92 Hauts-de-Seine – 311 J3 – 101 25 – Voir à Paris, Environs

ANTRAIGUES-SUR-VOLANE – 07 Ardèche – 331 I5 – 560 h. – alt. 470 m 44 A3
– ✉ 07530 Ardèche Drôme
Paris 637 – Aubenas 15 – Lamastre 58 – Langogne 67
le Village, ✆ 04 75 88 23 06, www.aubenas-vals.com

La Remise
au pont de l'Huile – ✆ 04 75 38 70 74 – Fermé 17-29 juin, 2-14 sept., 16 déc.-4 janv., vend. hors saison, jeudi soir et dim. soir
Rest *(réservation conseillée le soir)* – Menu 25/35 €
Ici, le patron propose de vive voix ses recettes du terroir concoctées en fonction du marché. Bonne franquette et nappes à carreaux dans une vieille grange ardéchoise.

ANZIN-ST-AUBIN – 62 Pas-de-Calais – 301 J6 – rattaché à Arras

AOSTE – 38 Isère – 333 G4 – 2 463 h. – alt. 221 m – ✉ 38490 45 C2
Alpes du Nord
Paris 512 – Belley 25 – Chambéry 37 – Grenoble 55

à la Gare de l'Est 2 km au Nord-Est sur D 1516 – ✉ 38490 Aoste

XXX **Au Coq en Velours** avec ch

1800 rte de St-Genix – ✆ 04 76 31 60 04 – www.au-coq-en-velours.com – Fermé janv., jeudi soir (sauf hôtel), dim. soir et lundi

7 ch – ††68/78 € – ☕ 10 € – ½ P **Rest** – Formule 23 € – Menu 31/59 €

Entre Bresse et Dauphiné, cette bonne auberge de village est tenue par la même famille depuis 1900. Le "coq en velours" est une spécialité du lieu, et la décoration contemporaine ose quelques allusions à l'animal. Pour la nuit, des chambres spacieuses sont disponibles, bien au calme face au jardin.

APPOIGNY – 89 Yonne – 319 E4 – rattaché à Auxerre

APT – 84 Vaucluse – 332 F10 – 11 405 h. – alt. 250 m – ✉ 84400 42 E1

Provence

Paris 728 – Aix-en-Provence 56 – Avignon 54 – Digne-les-Bains 91

20, avenue Ph. de Girard, ✆ 04 90 74 03 18, www.ot-apt.fr

Sainte Anne N sans rest

62 pl. Faubourg-du-Ballet – ✆ 04 90 74 18 04 – www.apt-hotel.fr – Fermé en mars

7 ch – †79/89 € ††139/149 € – ☕ 10 €

Cette maison du 19e s. abrite des chambres confortables et bien tenues. À noter, le délicieux petit-déjeuner avec pain, confitures et gâteaux maison. Une adresse parfaite pour partir à la découverte de la ville et visiter la Maison du parc régional du Lubéron toute proche.

Le Couvent sans rest

36 r. Louis-Rousset – ✆ 04 90 04 55 36 – www.loucouvent.com

5 ch ☕ – †95/130 € ††98/135 €

Cet ancien couvent (17e s.) typiquement provençal a perdu en austérité ce qu'il a gagné en sobre élégance. Chambres de charme, petit-déjeuner sous les voûtes du réfectoire.

à Saignon 4 km au Sud-Est par D 48 – 1 032 h. – alt. 450 m – ✉ 84400

Chambre de Séjour avec Vue sans rest

r. de la Burgade – ✆ 04 90 04 85 01 – www.chambreavecvue.com – Ouvert de mars à nov.

5 ch ☕ – †90/100 € ††100/110 €

Dans un charmant village, une maison d'hôtes atypique, à la fois lieu d'échange culturel et résidence d'artistes. Chambres design décorées dans un style industriel chic.

X **La Petite Cave**

r. le Quai – ✆ 04 90 76 64 92 – www.lapetitecave-saignon.com – Ouvert mars-déc. et fermé dim. et lundi

Rest *(dîner seult) (nombre de couverts limité, réserver)* – Menu 29 €

Vous aimez les lieux atypiques ? Dans ce cas, cette cave médiévale et son décor contemporain devraient vous plaire ! On y savoure une alléchante cuisine dans l'air du temps, déclinée sous la forme de menus du marché qui changent toutes les semaines. Le tout accompagné de crus de la région.

ARAGON – 11 Aude – 344 E3 – rattaché à Carcassonne

ARBOIS – 39 Jura – 321 E5 – 3 494 h. – alt. 350 m – ✉ 39600 16 B2

Franche-Comté Jura

Paris 407 – Besançon 46 – Dole 34 – Lons-le-Saunier 40

17, rue de l'Hôtel de Ville, ✆ 03 84 66 55 50, www.arbois.com

Maison paternelle de Pasteur★ - Reculée des Planches★★ et grottes des Planches★ E : 4,5 km par D 107 - Cirque du Fer à Cheval★ S : 7 km par D 469 puis 15 mn - Église Saint-Just★.

Hôtel des Messageries sans rest

r. de Courcelles – ✆ 03 84 66 15 45 – www.hoteldesmessageries.com – Fermé déc. et janv.

26 ch – †32/56 € ††37/74 € – ☕ 11 €

Sur l'axe principal du bourg, un relais de poste où règne une atmosphère familiale. Les chambres sont simples et très bien tenues (plus calmes sur l'arrière), et les prix assez doux.

Closerie les Capucines sans rest

7 r. de la Bourgogne – ☎ 03 84 66 17 38 – www.closerielescapucines.com – Fermé 23 déc.-31 janv.

5 ch – †120/135 € ††120/135 €

Ce couvent du 17e s. se niche dans une ruelle calme du centre-ville. Charme authentique, élégance contemporaine dans les chambres, patio, jardin exquis... Un moment béni, une coupure salutaire !

Jean-Paul Jeunet avec ch

9 r. de l'Hôtel-de-Ville – ☎ 03 84 66 05 67 – www.jeanpauljeunet.com – Fermé déc., janv., mardi et merc. sauf le soir de juil. à mi-sept.

12 ch – †100/170 € ††135/170 € – 17 € – ½ P

Rest – Menu 65/145 € – Carte 88/116 €

À l'origine, l'établissement n'était qu'un simple bistrot de village fondé par le père de Jean-Paul Jeunet... Celui-ci en a fait une véritable institution jurassienne, tout à la fois étape chaleureuse et ode gourmande au terroir brillamment mêlée d'inventivité.

➜ Écrevisses, artichaut de Macau et citron. Poularde de Bresse au vin jaune et morilles. Variation sur la morille et les légumes racines. **Vins** Arbois-Pupillin, Côtes du Jura.

Le Prieuré

– ☎ 03 84 66 05 67 – www.jeanpauljeunet.com – Fermé déc., janv., mardi et merc. de mi-sept. à juin

7 ch – †72/95 € ††88/150 € – 17 €

À 200 m de la maison mère, cette demeure du 17e s. distille son charme suranné dans des chambres confortables. Quant au jardin, il est ravissant.

Les Caudalies avec ch

20 av. Pasteur – ☎ 03 84 73 06 54 – www.lescaudalies.fr – Fermé 18 fév.-5 mars, vacances de la Toussaint, mardi sauf juil.-août et lundi

9 ch – †57/98 € ††75/130 € – 12 € – ½ P

Rest – Formule 17 € – Menu 27 € bc (déj. en sem.), 40/75 € bc – Carte 44/58 €

Au cœur des vignobles, une maison bourgeoise revue et joliment corrigée à la mode contemporaine... À sa tête œuvre un savant sommelier (finaliste Meilleur Ouvrier de France en 2011), qui a constitué une carte des vins de 400 références, superbe contrepoint à une cuisine tout en finesse. Pour une étape romantique, les chambres sont charmantes.

La Balance Mets et Vins

47 r. de Courcelles – ☎ 03 84 37 45 00 – www.labalance.fr – Fermé 13-23 avril, 27 juil.-6 août, 20 déc.-30 janv., dim. de sept. à juin et lundi

Rest – Formule 17 € – Menu 26/58 € – Carte 38/61 €

Des mets en accord avec les vins du Jura, de jolis plats végétariens, le tout relevé de quelques épices du monde et d'un cadre chaleureux... ça balance pas mal, à Arbois !

Le Caveau d'Arbois

3 rte de Besançon – ☎ 03 84 66 10 70 – www.caveau-arbois.com – Fermé 5-19 mars, 3-27 déc., dim. soir et lundi

Rest – Formule 15 € – Menu 23/38 € – Carte 28/48 €

Dans cette maison de pays, le chef – un ancien ingénieur textile – sait tisser de beaux liens entre sa cuisine du terroir jurassien et les crus régionaux... Sympathique et chaleureux !

à Planches-Près-Arbois 4 km au Sud-Est – 94 h. – alt. 340 m – ✉ 39600

Castel Damandre

18 r. de la Cascade – ☎ 03 84 66 08 17 – www.casteldamandre.com – Fermé 15-26 déc. et janv.

20 ch – †70/160 € ††80/160 € – 2 suites – 14 € – ½ P

Rest ***Castel Damandre*** – voir les restaurants ci-après

L'attrait des vieilles pierres au cœur d'un cirque où coulent de jolies cascades... Autant dire que ce Castel cultive son charme bucolique, avec des chambres cosy (certaines avec baldaquin) et un grand calme.

Castel Damandre
18 r. de la Cascade – 03 84 66 08 17 – www.casteldamandre.com – Fermé 15-26 déc., janv. et le midi sauf dim.
Rest – Menu 45/79 € – Carte 57/78 €
Des produits de qualité travaillés avec précision : dans ce charmant restaurant – d'esprit champêtre et romantique –, on savoure une fine cuisine d'aujourd'hui, valorisant le terroir avec goût.

à Pupillin **3 km au Sud par D 469 et D 248 – 250 h. – alt. 450 m – 39600**

Le Grapiot
r. Bagier – 03 84 37 49 44 – www.legrapiot.com – Fermé 3-14 juil., 24 déc.-22 janv., mardi hors saison et merc.
Rest – Menu 17 € bc (déj. en sem.), 28/60 € bc – Carte 30/45 €
Épure contemporaine, charme des vieilles pierres : le décor est planté. Ici, le chef travaille de bons produits et revisite le terroir avec finesse. Au sommet du grapiot ("la route montante" en patois) et de la gourmandise !

ARBONNE – 64 Pyrénées-Atlantiques – 342 C4 – rattaché à Biarritz

L'ARBRESLE – 69 Rhône – 327 G4 – 6 039 h. – alt. 230 m – 69210 43 E1

Lyon et sa région
Paris 453 – Lyon 28 – Mâcon 68 – Roanne 58
18, place Sapéon, 04 74 01 48 87, www.arbresletourisme.fr

Capucin
27 r. P.-Brossolette – 04 37 58 02 47 – www.restaurantlecapucin.fr – Fermé 1er-23 août, 25 fév.-11 mars, dim. et lundi
Rest – Menu 15 € bc (déj. en sem.), 21/42 € – Carte 30/43 €
Dans une rue piétonne du centre-ville, une maison du 17e s. bien conviviale. On y savoure une cuisine traditionnelle, à l'image d'un foie gras aux figues et d'un bœuf aux morilles. Le chef propose aussi un menu du marché, à prix attractif.

ARCACHON – 33 Gironde – 335 D7 – 11 441 h. – alt. 5 m – Casino BZ – 33120 3 B2

Aquitaine
Paris 650 – Agen 196 – Bayonne 181 – Bordeaux 67
esplanade Georges Pompidou, 05 57 52 97 97, www.arcachon.com
d'Arcachon, à La Teste-de-Buch, 35 boulevard d'Arcachon, 05 56 54 44 00
Front de mer★ : ★ de la jetée - Boulevard de la Mer★ - La Ville d'Hiver★ - Musée de la maquette marine : port★ BZ M.

Plan page suivante

Ville d'Hiver
20 av. Victor-Hugo – 05 56 66 10 36 – www.hotelvilledhiver.com BZf
18 ch – 140/240 € 140/240 € – 12 €
Rest – Menu 25 € (déj. en sem.) – Carte 33/62 €
Dans un quartier plein de cachet, un hôtel bourré de charme au cœur d'un beau jardin. À l'image de la station, il cultive un style balnéaire à la fois chic et décontracté... Les chambres sont si douillettes, l'espace détente bien reposant, et le restaurant prend des airs de néobistrot. Vivement conseillé !

Point France sans rest
1 r. Grenier – 05 56 83 46 74 – www.hotel-point-france.com – Ouvert de mars à début nov. BZq
34 ch – 90/205 € 105/205 € – 15 €
Juste derrière le front de mer et à proximité du palais des congrès, un agréable hôtel avec des chambres fraîches, spacieuses et bien insonorisées, toutes avec balcon. Petit plus bien sympathique : le petit-déjeuner généreux.

Hôtel de La Plage sans rest
10 av. Nelly-Deganne – 05 56 83 06 23 – www.hotelarcachon.com BZt
53 ch – 83/118 € 88/123 € – 13 €
À 50 m du casino et à 150 m de la mer, cet établissement a été totalement rénové en 2011 et affiche un chaleureux style bord de mer (lambris clairs, rotin)... Plaisant, bien insonorisé : idéal pour un séjour d'affaires ou d'agrément.

Abatilles (Av. des)	AX	2	Lattre-de-Tassigny (R. Mar.-de)	AZ	38
Balde (Allée Jean)	AX	6	Legallais (R. François)	AZ	39
Bellevue (Av. de)	AY	9	Lyautey (Av. Mar.)	AXY	41
Chapelle (Allée de la)	AZ	16	Michelet (R. Jules)	BX	51
Expert (R. Roger)	AZ	21	Molière (R.)	BZ	53
Figuier (Rd-Pt du)	AY	23	Parc Péreire (Av. du)	AX	59
Gambetta (Av.)	BZ		Plage (Bd de la)	ABZ	
Gaulle (Av. Gén.-de)	BZ	25	Pompidou (Espl. G.)	BZ	64
Héricart-de-Thury (Crs)	BZ	31	Prés. Roosevelt (Pl.)	BZ	65
Lamarque-de-Plaisance (Cours)	ABZ		St-François-Xavier (Av.)	AY	67
Lamartine (AV. de)	BZ	35	Thiers (Pl.)	BZ	71

Le Patio (Thierry Renou)

10 bd de la Plage – 05 56 83 02 72 – www.lepatio-thierryrenou.com
– Fermé 2-20 mars, 25 oct.-15 nov., dim. soir et lundi BX**t**

Rest – Menu 34 € (sem.), 60/90 € – Carte 80/105 €

Asperge des Landes, agneau de Pauillac, huîtres du bassin, etc. Cette table honore les beaux produits aquitains, avec finesse et esthétisme. L'œuvre d'un chef passionné et généreux ! Décor contemporain raffiné... assorti d'un agréable patio.

➔ Huîtres "XXL" fumées, cromesquis de gros gris, beurre d'escargot et pignons de pin à l'orange. Risotto de homard breton au safran. Sphère guanaja croustillante, cœur passion arrosé de chocolat chaud. **Vins** Pessac-Léognan.

Chez Yvette BZ**b**

59 bd Gén.-Leclerc – ✆ 05 56 83 05 11 – Fermé janv.

Rest – Menu 25 € – Carte 35/90 €

Une institution locale, gérée par une famille d'ostréiculteurs depuis une quarantaine d'années et réputée pour ses produits de la mer. Le cadre est nautique, et l'ambiance animée.

aux Abatilles 2 km au Sud-Ouest – ✉ 33120 Arcachon

Les Bains d' Arguin AX**b**

9 av. du Parc, (réouverture en avril après rénovation) – ✆ 05 57 72 06 72 – www.hotel-bainsdarguin-arcachon.com

94 ch – 🛉135/163 € 🛉🛉163/198 € – ☕ 15 € – ½ P

Rest *Côté d'Arguin* – Formule 25 € – Menu 32 € – Carte 32/61 €

Entre mer et pinède, un hôtel imposant associé à un centre de thalassothérapie. Les chambres sont fraîches et confortables, et l'on profite aussi d'une belle piscine, d'un solarium et d'un restaurant où produits de la mer et menus diététiques sont à l'honneur.

Parc sans rest AX**s**

5 av. du Parc – ✆ 05 56 83 10 58 – www.hotelduparc-arcachon.com – Ouvert 1er mai-30 sept.

30 ch ☕ – 🛉71/99 € 🛉🛉80/111 €

Construit dans les années 1970 par le père de l'actuel patron, cet hôtel a fait peau neuve en 2011... Entouré de pins, au calme, il est vraiment agréable ; les chambres (avec balcon) sont spacieuses, et il y a même une piscine et un jacuzzi.

au Moulleau 5 km au Sud-Ouest – ✉ 33120 Arcachon

Yatt sans rest AY**h**

253 bd Côte-d'Argent – ✆ 05 57 72 03 72 – www.yatt-hotel.com – Ouvert 1er mars-2 nov.

28 ch – 🛉55/117 € 🛉🛉55/117 € – ☕ 8 €

À 50 m de la plage et en plein cœur du Moulleau, un petit hôtel avec des chambres simples et très bien tenues, au décor nautique. Familial et convivial.

ARCANGUES – 64 Pyrénées-Atlantiques – 342 C4 – rattaché à Biarritz

ARC-EN-BARROIS – 52 Haute-Marne – 313 K6 – 758 h. – alt. 270 m – ✉ 52210 Champagne Ardenne 14 C3

Paris 263 – Bar-sur-Aube 55 – Châtillon-sur-Seine 44 – Chaumont 24

place Moreau, ✆ 03 25 02 52 17

d'Arc-en-Barrois, Club House, S : 1 km par D 6, ✆ 03 25 01 54 54

Hôtel du Parc

1 pl. Moreau – ✆ 03 25 02 53 07 – www.relais-sud-champagne.com – Fermé de mars à début avril, mardi et merc. de début sept. à fin fév., dim. soir, lundi d'avril à mi-juin et mardi midi d'avril à fin août

16 ch – 🛉63/68 € 🛉🛉63/68 € – ☕ 8,50 € – ½ P

Rest – Formule 15 € – Menu 20/45 € – Carte 29/60 €

Cet ancien relais de poste, au cœur du village, daterait du 17e s. Il dispose de petites chambres simples, aux couleurs chaleureuses. Au restaurant, on apprécie une cuisine traditionnelle dans une salle cossue (parquet, mobilier de style)... À moins que vous ne préfériez la brasserie et son décor contemporain.

ARC-ET-SENANS – 25 Doubs – 321 E4 – 1 468 h. – alt. 231 m – ✉ 25610 16 B2

Franche-Comté Jura

Paris 396 – Besançon 37 – Pontarlier 62 – Salins-les-Bains 16

Porche de la Saline, ✆ 03 81 57 43 21

Saline Royale★★.

Port-Lesney★.

Le Relais d'Arc et Senans

9 pl. de l'Église – ✆ 03 81 57 40 60 – www.le-relais-darc-et-senans – Fermé 6-14 oct. et 23 déc.-23 janv., dim. soir et lundi

Rest – Formule 14 € – Menu 26/35 € – Carte environ 32 €

Une maison franc-comtoise à 800 m de la Saline royale (classée au patrimoine de l'Unesco). Salle rustique et cuisine actuelle privilégiant les produits locaux.

ARCHAMPS – 74 Haute-Savoie – 328 J4 – rattaché à St-Julien-en-Genevois

---

ARCINS – 33 Gironde – 335 G4 – rattaché à Margaux

LES ARCS – 83 Var – 340 N5 – 6 305 h. – alt. 80 m – ✉ 83460 Côte d'Azur 41 C3

Paris 848 – Cannes 59 – Draguignan 11 – Fréjus 25

Polyptyque★ dans l'église - Chapelle Ste-Roseline★ NE : 4 km.

Le Relais des Moines (Sébastien Sanjou)

5 km à l'Est par rte de Ste-Roseline – ✆ 04 94 47 40 93 – www.lerelaisdesmoines.com – Fermé mardi de sept. à juin et lundi

Rest – Formule 26 € bc – Menu 39/120 € bc – Carte 65/76 €

Une cuisine très généreuse en saveurs : telle est la marque de Sébastien Sanjou. Au cœur de chaque assiette trône un beau produit, travaillé avec soin dans le respect du goût ! Le charme du décor – une bergerie tout en pierre (16e s.) et une terrasse digne d'un nid de verdure – ajoute aux plaisirs du moment.

➜ Foie gras de canard cuit vapeur, anguille fumée et tartare d'huître. Poitrine de cochon fermier confite et laquée, panisse et carotte pourpre. Sphère choco-or.

Logis du Guetteur avec ch

ch, rest,

au village médiéval – ✆ 04 94 99 51 10 – www.logisduguetteur.com – Fermé 2 sem. en janv.

13 ch – †90/154 € ††90/154 € – ☕ 17 € – ½ P

Rest – Formule 28 € – Menu 31/110 € – Carte 65/107 €

Une robuste demeure médiévale (11e s.), perchée à l'aplomb du village... En terrasse, où l'on guette le panorama à loisir, ou sous les voûtes séculaires du bâtiment, on savoure une cuisine généreuse, marquée par le terroir. Agréable esprit provençal dans les chambres.

ARC-SUR-TILLE – 21 Côte-d'Or – 320 L5 – 2 471 h. – alt. 219 m – ✉ 21560 8 D1

Paris 323 – Avallon 119 – Besançon 97 – Dijon 13

Auberge Les Marronniers d'Arc

ch, ch,

16 r. de Dijon – ✆ 03 80 37 09 62 – www.hotel-restaurant-lesmarronniers.com

19 ch – †65/85 € ††70/85 € – ☕ 10 € – ½ P

Rest – Menu 22 € (déj. en sem.), 36/48 € – Carte 35/64 €

Une auberge tenue en famille, avec des chambres bien tenues et un restaurant donnant la priorité aux poissons et fruits de mer. L'été, on dresse une terrasse à l'ombre des marronniers centenaires.

ARDENTES – 36 Indre – 323 H6 – 3 755 h. – alt. 172 m – ✉ 36120 12 C3

Limousin Berry

Paris 275 – Argenton-sur-Creuse 43 – Bourges 66 – Châteauroux 14

La Gare

2 av. de la Gare – ✆ 02 54 36 20 24 – www.restaurantdelagare.net – Fermé 20 juil.-9 août, 23 fév.-8 mars, mardi soir, dim. soir et lundi

Rest – Formule 10 € bc – Menu 13 € bc (déj. en sem.), 20/35 € – Carte 21/33 €

Repris en 2010 par un jeune couple motivé, ce restaurant rustique n'a pas changé, et pourtant... On y sert toujours une sympathique cuisine traditionnelle, mais il flotte dans l'air un joli parfum de fraîcheur et de nouveauté !

ARDRES – 62 Pas-de-Calais – 301 E2 – 4 213 h. – alt. 11 m – ✉ 62610 30 A1

Nord Pas-de-Calais Picardie

Paris 273 – Calais 18 – Arras 93 – Boulogne-sur-Mer 38

place d'Armes, ✆ 03 21 35 28 51, www.ardres-tourisme.fr

Le François 1er

pl. des Armes – 03 21 85 94 00 – www.lefrancois1er.com – Fermé 30 mars-1er avril, 2-16 sept., 24 déc.-10 janv. et lundi

Rest *(déj. seult) (réserver)* – Menu 26/49 € – Carte 53/66 €

En 1520, la ville accueillit une entrevue entre Henri VIII et François 1er… d'où le nom du restaurant. Dans un cadre historique, la cuisine joue la carte de la tradition : croustillant de crustacés, carré d'agneau en croûte d'herbes, etc.

ARÊCHES – 73 Savoie – 333 M3 – alt. 1 080 m – Sports d'hiver : 1 050/2 350 m 15 – ✉ 73270 Beaufort sur Doron Alpes du Nord 45 D1

Paris 606 – Albertville 26 – Chambéry 77 – Megève 42

route Grand Mont, 04 79 38 15 33, www.areches-beaufort.com

Hameau de Boudin★ E : 2 km.

Auberge du Poncellamont

– 04 79 38 10 23 – www.jean.peretto.free.fr – Ouvert 20 mai-20 sept. et 20 déc.-20 avril et fermé dim. soir, lundi midi et merc. hors saison

14 ch – 55/85 € 60/100 € – 11 € – ½ P

Rest *(dîner seult en hiver)* – Menu 18/36 € – Carte 38/47 €

Dans le bas du village, au bord du torrent du Poncellamont, un imposant chalet savoyard, abritant des chambres toutes simples, certaines mansardées ou avec balcon, tout à fait dans le ton de cette petite station de montagne.

ARÈS – 33 Gironde – 335 E6 – 5 548 h. – alt. 6 m – ✉ 33740 Pays Basque et Navarre 3 B1

Paris 627 – Arcachon 47 – Bordeaux 48

place Alfred Weiss, 05 56 60 18 07, www.ares-tourisme.com

des Aiguilles Vertes, à Lanton, Route de Bordeaux, SE : 12 km, 05 56 82 95 71

St-Éloi avec ch

11 bd Aérium – 05 56 60 20 46 – www.le-saint-eloi.com – Fermé 5 janv.-10 fév., dim. soir et lundi

8 ch – 55/70 € 60/88 € – 8 € – ½ P

Rest – Menu 18 € (déj. en sem.), 29/60 € – Carte 48/55 €

Ici, le vin a son importance... Avec une carte comptant près de 180 références, on trouve facilement son bonheur pour accompagner les bons petits plats traditionnels et régionaux du chef... Et dans cette jolie maison blanche entourée de pins, on peut aussi faire étape dans une chambre plaisante et très bien tenue.

ARGELÈS-GAZOST – 65 Hautes-Pyrénées – 342 L6 – 3 297 h. – alt. 462 m – Stat. therm. : mi-avril-fin oct. – Casino – ✉ 65400 Midi Toulousain 28 A3

Paris 863 – Lourdes 13 – Pau 58 – Tarbes 32

15, place République, 05 62 97 00 25, www.argeles-gazost.com

Le Miramont

44 av. des Pyrénées – 05 62 97 01 26 – www.bestwestern-lemiramont.com – Fermé de mi-nov. à mi-déc.

19 ch – 60/165 € 70/165 € – 13 € – ½ P

Rest *Le Casaou* – voir les restaurants ci-après

Cet hôtel-restaurant des années 1930 dénote par rapport au style architectural régional. Avec son joli jardin et ses chambres de bon confort, c'est un bon point point de départ pour aller en cure thermale ou pour visiter la vallée des Gaves.

Les Cimes

rest, rest,

1 pl. d'Ourout – 05 62 97 00 10 – www.hotel-lescimes.com – Fermé 20 oct.-25 déc.

23 ch – 50/59 € 65/80 € – 10 € – ½ P

Rest – Formule 12 € – Menu 18/28 € – Carte 25/40 €

Grand édifice disposant de chambres confortables, à l'ancienne ou dans l'air du temps. Petit-déjeuner dans l'agréable patio fleuri ; piscine couverte. Carte traditionnelle au restaurant ouvert sur la verdure.

Soleil Levant rest, VISA AE

17 av. des Pyrénées – ✆ 05 62 97 08 68 – www.hotel-soleil-levant-argeles.fr – Fermé 23 nov.-23 déc. et 2 janv.-2 fevrier

32 ch – †50/60 € ††50/60 € – ☕ 8,50 € – ½ P

Rest – Menu 14 € (sem.), 23/45 € – Carte 31/61 €

Adresse familiale depuis trois générations, située dans la ville basse. Chambres fonctionnelles et pratiques ; certaines ont vue sur les montagnes Hautacam ou mont de Gez. Cuisine traditionnelle au restaurant.

Le Casaou – Hôtel Le Miramont VISA AE

44 av. des Pyrénées – ✆ 05 62 97 01 26 – www.bestwestern-lemiramont.com – Fermé de mi-nov. à mi-déc. et merc. sauf le soir en juil.-août

Rest *(réserver)* – Formule 17 € – Menu 21/32 € bc

Pas besoin d'être résident de l'hôtel Miramont pour apprécier la cuisine de son chef. Ce dernier rend hommage au terroir pyrénéen, bien sûr, mais n'hésite pas à faire quelques innovations bienvenues.

à St-Savin **3 km au Sud par D 101 – 372 h. – alt. 580 m – ✉ 65400**

Site★ de la chapelle de Piétat S : 1 km.

Le Viscos avec ch rest, VISA AE

1 r. Lamarque – ✆ 05 62 97 02 28 – www.hotel-leviscos.com – Fermé 3 sem. en janv., lundi sauf le soir en juil. août et dim. soir

10 ch – †83/123 € ††83/123 € – ☕ 14 € – ½ P

Rest – Formule 17 € – Menu 29/89 € – Carte 32/96 €

Auberge familiale cultivant la tradition du bon accueil et de la table depuis 1840. Cuisine actuelle axée terroir ; belle salle ouverte sur la terrasse avec vue sur les cimes. Chambres douillettes.

ARGELÈS-SUR-MER – 66 Pyrénées-Orientales – 344 J7 – 10 033 h. – alt. 19 m – Casino : à Argelès-Plage BV – ✉ 66700 Languedoc Roussillon 22 B3

Paris 872 – Céret 28 – Perpignan 22 – Port-Vendres 9

place de l'Europe, ✆ 04 68 81 15 85, http://fr.argeles-sur-mer.com

Plans pages suivantes

Le Cottage sans rest VISA

21 r. Arthur-Rimbaud – ✆ 04 68 81 07 33 – www.hotel-lecottage.com – Ouvert mi-avril à mi-oct. DYa

28 ch – †70/240 € ††70/240 € – 5 suites – ☕ 14 €

Dans une zone résidentielle, un hôtel avec des chambres coquettes, lumineuses et calmes, très souvent avec un balcon ou une terrasse donnant sur le joli jardin. Côté détente : piscine, minigolf, jacuzzi et hammam.

Château Valmy sans rest VISA

chemin de Valmy – ✆ 04 68 95 95 25 – www.chateau-valmy.com – Ouvert d'avril à nov. AXa

5 ch ☕ – †160/370 € ††160/370 €

Pour l'anecdote, ce beau château d'allure majestueuse et peu commune a été érigé en 1900 par un architecte... danois. Aujourd'hui, c'est une maison de charme pour hôtes chic, au cœur d'un vignoble de 30 ha. Superbes chambres zen et épurées, vue splendide sur la mer et dégustation de vins au chai : du style !

Cayrou VISA

18 r. du 14-Juillet – ✆ 04 68 81 34 08 – www.le-cayrou.com – Fermé dim.

Rest – Menu 22 € (déj. en sem.)/39 € CYb

Jambon de pays, saumon à l'oseille avec ses tagliatelles fraîches, clafoutis... Une cuisine simple, bien faite et respectueuse des produits, avec des vins régionaux disponibles au verre. Il fait bon s'attabler dans cette jolie maison !

à Argelès-Plage **2,5 km à l'Est – ✉ 66700 Argelès-sur-Mer – 9 869 h. – ✉ 66700**
Languedoc Roussillon

SE : Côte Vermeille★★.

ARGELÈS-SUR-MER

Albères (Bd des) . . . . **BV** 2
Arrivée (Rond-Point de l') . . . . **BV** 6
Buisson (Allée Ferdinand) . . . . **AV** 10
Charlemagne (Av. de) . . . . **BX** 16
Corbières (Av. des) . . . . **BV** 17
Gaulle (Av. du Gén.-de) . . . . **BV** 21
Grau (Av. du) . . . . **BX** 24
Méditerranée (Bd de la) . . . . . . **BV** 29
Mimosas (Av. des) . . . . **BV** 30
Pins (Allée des) . . . . **BV** 37
Pins (Av. des) . . . . **BV** 38
Platanes (Av. des) . . . . **BV** 39
Port (R. du) . . . . **BX** 40
Racou (Allée du) . . . . **BVX** 42
Ste-Madeleine (Chemin) . . . . **AX** 43
Trabucaires (R. des) . . . . **AV** 44
14-Juillet (R. du) . . . . **AV** 49

Grand Hôtel du Lido

50 bd de la Mer – ✆ 04 68 81 10 32 – www.hotel-le-lido.com – Ouvert 26 avril-29 sept.
66 ch – 84/230 € 84/230 € – 12 € – ½ P BV**u**
Rest – Formule 20 € bc – Menu 29 € (déj.), 32/49 € – Carte 40/61 €
Au bord de l'eau, le Lido est idéal pour des vacances en famille : chambres avec balcon, la plupart tournés vers la mer, restaurant traditionnel, plage privée...

Plage des Pins sans rest

allée des Pins – ✆ 04 68 81 09 05 – www.plage-des-pins.com – Ouvert 1er juin-29 sept.
50 ch – 71/156 € 82/168 € – 12 € BV**r**
On vient là pour la plage, c'est vrai ; voilà qui tombe bien, puisque l'hôtel se trouve sur le front de mer. Depuis le balcon de sa chambre – plutôt sobre –, on a parfois vue sur la Méditerranée... La piscine vaut également le coup d'œil.

L'Amadeus

av. des Platanes – ✆ 04 68 81 12 38 – www.lamadeus.com – Fermé 2 janv.-13 fév., lundi et mardi sauf 15 juin-15 sept. BV**n**
Rest – Formule 15 € – Menu 25/40 € – Carte 36/74 €
Sur la rue longeant les plages, un restaurant à la déco actuelle avec une agréable terrasse en zone piétonne. L'assiette mêle sagement tradition et nouveauté, pour un repas bien sympathique.

ARGELÈS-SUR-MER

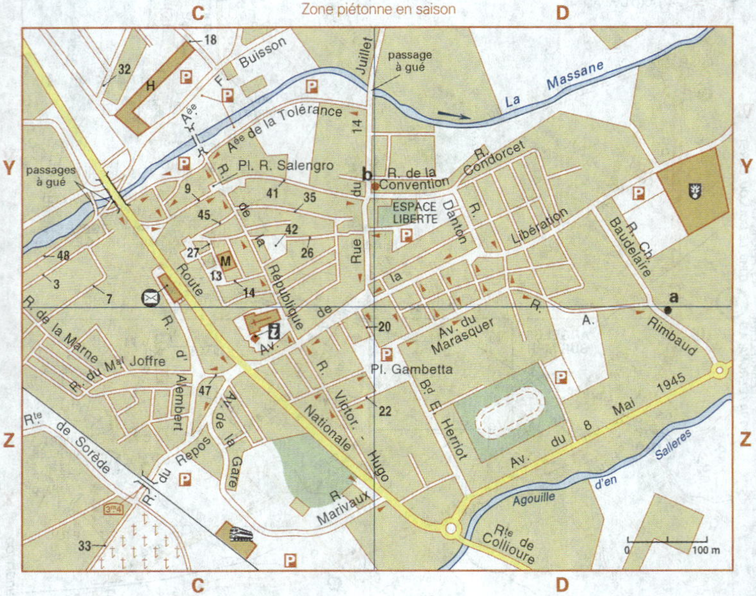

rte de Collioure 4 km au Sud-Est - DZ – ✉ 66700 Argelès-sur-Mer

Les Mouettes sans rest

La Corniche – ✆ 04 68 81 82 83 – www.hotel-lesmouettes.com
– Ouvert 12 avril-12 oct.
31 ch – 99/260 € 99/260 € – 14 €
Face à la mer, au-dessus de la route de Collioure, un hôtel contemporain et chaleureux dans un beau jardin. Les chambres et studios ont tous une terrasse ou une loggia et, pour la détente, on profite du jacuzzi, du hammam et de la piscine.

à l'Ouest 1,5 km par rte de Sorède et rte secondaire

Auberge du Roua

46 chemin du Roua ✉ 66700 Argelès-sur-Mer – ✆ 04 68 95 85 85
– www.aubergeduroua.com – Fermé 11 nov.-27 déc., 3-15 janv. AX**h**
14 ch – 79/139 € 79/139 € – 3 suites – 11 € – ½ P
Rest ***Auberge du Roua*** – voir les restaurants ci-après
La campagne, les vignes, une délicieuse piscine dans un jardin fleuri et... le calme ! Un joli programme pour un joli mas du 17e s., qui joue le contraste de l'authenticité et de l'épure contemporaine. En deux mots : du Sud et du style !

Auberge du Roua

46 chemin du Roua ✉ 66700 Argelès-sur-Mer – ✆ 04 68 95 85 85
– www.aubergeduroua.com – Fermé 15 nov.-20 janv. et le midi sauf dim. et fériés
Rest – Menu 21/53 € – Carte 44/67 € AX**h**
Charlotte de rougets en escabèche et petits légumes printaniers, pigeonneau rôti et sa crème de petits pois... des saveurs franches et fraîches ! Le cadre est vraiment intime (pierres, poutres, voûtes...) et l'on se fait plaisir.

ARGENTAN – 61 Orne – 310 I2 – 14 356 h. – alt. 160 m – ✉ 61200 33 C2

Normandie Cotentin

Paris 191 – Alençon 46 – Caen 59 – Dreux 115

Place du Marché - Chapelle Saint Nicolas, ☎ 02 33 67 12 48, www.argentan.fr

des Haras, à Nonant-le-Pin, Les Grandes Bruyères, E : 22 km, ☎ 02 33 27 00 19

Église St-Germain★.

Ariès

ch,

r. de la Beurrerie, 1 km par D 916 – ☎ 02 33 39 13 13 – www.arieshotel.fr

43 ch – †54/62 € ††54/62 € – ☕ 8 € – ½ P

Rest *(fermé sam. et dim.)* – Formule 13 € – Menu 16/23 € – Carte 22/31 €

Un hôtel des années 1980 en périphérie de la ville. Chambres très simples et fonctionnelles, aux prix mesurés.

La Renaissance avec ch

20 av. 2e-Division-Blindée – ☎ 02 33 36 14 20 – www.hotel-larenaissance.com – Fermé 29 juil.-18 août,1 sem. en fév., sam. midi, dim. soir et lundi

14 ch – †74/87 € ††79/92 € – ☕ 12 €

Rest – Formule 18 € – Menu 27/67 € – Carte environ 63 €

La bonne table d'Argentan. On passe un agréable moment dans cette maison élégante et feutrée, où l'on veille au plaisir du client. Derrière les fourneaux, le chef signe une cuisine inventive, à la fois technique et esthétique. Quelques jolies chambres pour l'étape.

au Nord-Est 11 km par D 926 et D 729

Pavillon de Gouffern

l'Orée du bois – ☎ 02 33 36 64 26 – www.pavillondegouffern.com

20 ch – †110/140 € ††120/220 € – ☕ 12 € – ½ P

Rest – Formule 30 € – Menu 40/65 € bc – Carte 44/55 €

Dans son vaste parc, ce pavillon de chasse tout en colombages (19e s.) exprime la noble richesse du pays d'Argentan, où abondent les prairies grasses et les bois touffus... Salons, chambres, restaurant : les lieux respirent l'aisance, dans une agréable veine contemporaine.

à Fontenai-sur-Orne 4,5 km au Sud-Ouest – 250 h. – alt. 65 m – ✉ 61200

La Table de Catherine et H. Le Faisan Doré avec ch

– ☎ 02 33 67 18 11 – www.latabledecatherine.com

16 ch – †62/155 € ††67/175 € – ☕ 9 € – ½ P

Rest *(fermé 5-18 août et dim. soir)* – Formule 13 € – Menu 20 € (sem.), 27/39 € – Carte 28/50 €

Sur l'axe Argentan-Flers, on reconnaît cette auberge traditionnelle à sa façade en colombages. Surprise au restaurant : des couleurs vives et de grandes fleurs sur les murs... une certaine fraîcheur pour une cuisine assez classique. Pour la nuit, préférez les chambres rénovées.

ARGENTAT – 19 Corrèze – 329 M5 – 3 052 h. – alt. 183 m – ✉ 19400 25 C3

Limousin Berry

Paris 503 – Aurillac 54 – Brive-la-Gaillarde 45 – Mauriac 49

place da Maïa, ☎ 05 55 28 16 05, www.tourisme-argentat.com

Le Sablier du Temps

ch, rest,

13 av. J.-Vachal – ☎ 05 55 28 94 90 – www.sablier-du-temps.com – Fermé 2 janv.-6 fév.

24 ch – †52/95 € ††60/95 € – ☕ 10 € – ½ P

Rest *(fermé vend. d'oct. à avril)* – Formule 13 € – Menu 16 € (déj. en sem.), 24/50 € – Carte 35/59 €

Ici, le temps s'écoule lentement... Cet hôtel proche du centre-ville est à la fois convivial et familial, avec son jardin, sa piscine et ses chambres modernes et colorées. Côté restaurant, le patron œuvre lui-même en cuisine. Une bonne adresse.

Fouillade
11 pl. Gambetta – ✆ 05 55 28 10 17 – www.fouillade.com – Fermé 15 déc.-4 janv. et vacances de fév.
15 ch – 54 € 56/76 € – 7 € – ½ P
Rest *(fermé dim. soir et lundi sauf juil.-août)* – Formule 15 € – Menu 27/40 € – Carte 19/47 €
Immanquable, cet hôtel-restaurant centenaire se dresse sur une agréable petite place du centre ; on ne peut rater sa riante terrasse ! Avant tout fonctionnelles, les chambres sont propres et bien tenues.

Saint-Jacques
39 av. Foch – ✆ 05 55 28 89 87 – lesaintjacques-argentat.fr – Fermé 7-28 oct., 25 fév.-18 mars, dim. soir d'oct. à mai et lundi
Rest – Formule 14 € – Menu 19 € (sem.), 34/65 € – Carte 55/72 €
Homard, truffes, langoustines... Le chef affectionne les produits nobles et réalise une cuisine goûteuse, dans l'air du temps. Une table accueillante, au cadre lumineux et avec une belle terrasse ombragée.

Auberge des Gabariers
15 quai Lestourgie – ✆ 05 55 28 05 87 – www.aubergedesgabariers.com – Ouvert 1er avril-1er nov. et fermé mardi soir et merc. sauf juil.-août
Rest – Formule 16 € – Menu 27/36 € – Carte 36/50 €
Pour essayer une cuisine typique, entre Corrèze et Périgord, et célébrer confits, foie gras et cèpes, arrêtez-vous dans cette jolie maison du 16e s. au bord de la Dordogne. Bien agréable, la terrasse à l'ombre du tilleul.

ARGENTEUIL – **95 Val-d'Oise** – **305** E7 – **101** 14 – **voir à Paris, Environs**

ARGENTIÈRE – **74 Haute-Savoie** – **328** O5 – **alt. 1 252 m** – **Sports d'hiver : voir Chamonix** – ✉ **74400** Alpes du Nord **45** D1

Paris 619 – Annecy 106 – Chamonix-Mont-Blanc 10 – Vallorcine 10

Aiguille des Grands Montets★★★ : ✻★★★ - Réserve naturelle des Aiguilles Rouges★★★ N : 3 km - Col de la Balme★★ : ✻★★.

Grands Montets sans rest
340 chemin des Arberons – ✆ 04 50 54 06 66 – www.hotel-grands-montets.com – Ouvert 22 juin-2 sept. et 20 déc.-1er mai
45 ch – 103/186 € 115/230 € – 3 suites
Non loin du téléphérique et au calme, ce beau chalet distille le charme patiné des demeures savoyardes d'antan. Chambres au joli décor montagnard, mais aussi piscine couverte, fitness, hammam et jacuzzi... pour une atmosphère très cocooning.

Montana
24 clos du Montana – ✆ 04 50 54 14 99 – www.hotel-montana.fr – Ouvert 29 juin-30 sept. et 23 déc.-8 mai
20 ch – 120/180 € 136/200 € – 4 suites – ½ P
Rest *(ouvert 22 juin-15 sept.) (dîner seult) (résidents seult)* – Menu 39 €
Un chalet vert à l'entrée de la station, apprécié pour son atmosphère familiale et amicale. Certaines chambres ont été joliment rénovées en 2010 dans un style montagne à la fois chic et contemporain : préférez ces dernières ! Pour les résidents, un sympathique restaurant traditionnel en saison.

La Remise
1124 rte d'Argentière – ✆ 04 50 34 06 96 – www.laremise.eu – Fermé 21 mai-7 juin, 29 oct.-16 nov. et lundi
Rest – Menu 19 € (déj. en sem.), 29/58 € – Carte 45/65 €
Une Remise charmante et chaleureuse : des poutres, une cheminée et... de la gourmandise à tous les étages. En cuisine, Francine concocte des petits plats séduisants, tandis que Sébastien, son mari, vous accueille avec le sourire.

ARGENTON-SUR-CREUSE – **36 Indre** – **323** F7 – **5 160 h.** – **alt. 100 m** – ✉ **36200** Limousin Berry **11** B3

Paris 297 – Châteauroux 32 – Limoges 93 – Montluçon 103

13, place de la République, ✆ 02 54 24 05 30, www.ot-argenton-sur-creuse.fr

Vieux pont ≤★ - ≤★ de la terrasse de la chapelle N.-D.-des-Bancs.

Manoir de Boisvilliers sans rest

11 r. Moulin-de-Bord – ✆ 02 54 24 13 88 – www.manoir-de-boisvilliers.com – Fermé 20 déc.-10 janv.

16 ch – 52 € 80/130 € – 8 €

Une demeure bourgeoise (18e s.) tout près de la Creuse, au calme. Ethniques, rustiques ou classiques, les chambres sont agréables et feutrées... Et il fait bon paresser dans le jardin, autour de la piscine.

Le Cheval Noir

27 r. Auclert-Descottes – ✆ 02 54 24 00 06 – www.le-chevalnoir.fr – Fermé dim. soir hors saison

20 ch – 46/70 € 60/80 € – 8 €

Rest ***Le Cheval Noir*** – voir les restaurants ci-après

Cet ancien relais de poste – sa jolie façade ne trompe pas – appartient à la même famille depuis plus d'un siècle. Les chambres sont agréables, dans une veine actuelle pleine de fraîcheur. Une étape toujours bien vivante !

Le Cheval Noir

27 r. Auclert-Descottes – ✆ 02 54 24 00 06 – www.le-chevalnoir.fr – Fermé nov., janv. et dim. soir hors saison

Rest – Formule 13 € – Menu 17 € (déj. en sem.), 24/35 € – Carte 25/40 €

Envie de tradition ? Sous ce nom qui fit autrefois florès sur les routes de France, une grande salle de banquet (décor modernisé) et une carte qui fait la part belle aux produits du marché. Formule déjeuner très attractive.

à Bouësse 11 km à l'Est par D 927 – 378 h. – alt. 185 m – ✉ 36200

Château de Bouesse

1 route d'Argenton – ✆ 02 54 25 12 20 – www.chateau-bouesse.com – Ouvert 5 avril-1er janv. et fermé lundi et mardi sauf du 16 mai au 30 sept.

11 ch – 95/140 € 95/140 € – 1 suite – 13 € – ½ P

Rest *(fermé mardi sauf le soir de juin à sept. et lundi)* – Menu 25 € (déj. en sem.), 37/55 € – Carte 55/65 €

Jeanne d'Arc aurait séjourné dans ce château du Moyen-Âge entouré d'un parc. Qu'importe le mythe, les amateurs de mobilier ancien et de style médieval se feront plaisir, surtout dans la magnifique chambre du donjon. Décor 18e s. au restaurant pour une cuisine du moment.

ARGENT-SUR-SAULDRE – 18 Cher – 323 K1 – 2 223 h. – alt. 171 m – ✉ 18410 Limousin Berry 12 C2

Paris 171 – Bourges 57 – Cosne-Cours-sur-Loire 46 – Gien 22

Relais du Cor d'Argent avec ch

39 r. Nationale – ✆ 02 48 73 63 49 – www.lecordargent.com – Fermé 2-11 juil., 15-25 oct., 19 fév.-22 mars, mardi et merc.

7 ch – 44/56 € 44/58 € – 8 € – ½ P

Rest – Menu 19 € (sem.), 29/60 € – Carte 40/72 €

Un Cor d'Argent fleuri et rustique... On s'installe dans une des salles, décorées dans un esprit relais de chasse, ou sur l'agréable terrasse pour savourer une cuisine traditionnelle variant selon le marché et les saisons. À moins que vous ne préfériez le menu végétarien... Petites chambres fonctionnelles pour l'étape.

ARGOULES – 80 Somme – 301 E5 – 339 h. – alt. 18 m – ✉ 80120 36 A1

Nord Pas-de-Calais Picardie

Paris 217 – Abbeville 34 – Amiens 82 – Calais 93

Abbaye★★ et jardins★★ de Valloires NO : 2 km.

Auberge du Coq-en-Pâte

37 Grande-Rue, (rte de Valloires) – ✆ 03 22 29 92 09 – Fermé 4-12 sept., 16-24 oct., 3 sem. en janv., dim. soir, lundi et mardi sauf fériés

Rest *(nombre de couverts limité, réserver)* – Menu 20 € – Carte 28/42 €

Dans les années 1930, cette auberge typiquement régionale fut offerte par le châtelain d'Argoules à sa cuisinière. Plusieurs décennies plus tard, on perpétue l'amour de la bonne chère avec des plats qui magnifient le terroir picard, entre tradition et modernité. Une adresse sympathique.

ARLES – 13 Bouches-du-Rhône – 340 C3 – 52 979 h. – alt. 13 m   40 A3
– ✉ 13200 Provence

Paris 719 – Aix-en-Provence 77 – Avignon 37 – Marseille 94

boulevard des Lices, ✆ 04 90 18 41 20, www.arlestourisme.com

Arènes★★ - Théâtre antique★★ - Cloître St-Trophime★★ et église★ : portail★★ - Les Alyscamps★ - Palais Constantin★ Y S - Hôtel de ville : voûte★ du vestibule Z H - Cryptoportiques★ Z E - Musée départemental Arles antique★★ (sarcophages★★) - Museon Arlaten★ Z M^6 - Musée Réattu★ Y M^4 - Ruines de l'abbaye de Montmajour★ 5 km par ①.

L'Hôtel Particulier
4 r. de la Monnaie – ✆ 04 90 52 51 40 – www.hotel-particulier.com **Zd**
14 ch – 259/429 € 259/429 € – 5 suites – 22 € – ½ P
Rest ***L'Hôtel Particulier*** – voir les restaurants ci-après
Superbe hôtel particulier du quartier de la Roquette, mariant l'ancien et le moderne avec élégance. Chambres claires et luxueuses, massages et soins.

Jules César (N)
bd des Lices – ✆ 04 90 52 52 52 – www.hotel-julescesar.fr – Fermé dim. soir de nov. à mars **Zv**
49 ch – 144/250 € 144/250 € – 4 suites – 20 €
Rest ***Lou Marquès*** *(fermé sam. midi, dim. soir et lundi de nov. à mars)* – Formule 21 € – Menu 28/75 € – Carte 54/100 €
À côté de l'office de tourisme, cet ancien couvent de carmélites (17e s.) cache des chambres spacieuses et rétro à souhait (dessus-de-lit fleuris, tapisseries, mobilier ancien, etc.), pour les amateurs d'atmosphère surannée... Il fait bon se promener dans le joli jardin ombragé ou faire quelques brasses dans la piscine.

Nord Pinus
pl. du Forum – ✆ 04 90 93 44 44 – www.nord-pinus.com – Ouvert 1er Mars-15 nov. **Zt**
24 ch – 160/210 € 160/340 € – 2 suites – 20 €
Rest *(fermé dim. et lundi)* – Formule 29 € – Menu 42 € – Carte environ 55 €
Le superbe décor de cette institution arlésienne (mobilier signé du 20e siècle, collection de photographies) distille une atmosphère rétro. Idéal pour se balader en ville.

Cloître (N) sans rest
18 r. du Cloître – ✆ 04 88 09 10 00 **Zq**
20 ch – 75/90 € 90/160 € – 13 €
Montez dans la machine à remonter le temps ! Jouxtant le cloître de l'église St-Trophime, cet hôtel – créé en 2012 – revisite le style des années 1950 : mobilier et coloris sont très séduisants. En prime, la terrasse sur le toit offre une belle vue sur la ville. Très bon rapport charme-prix.

Le Calendal
5 r. Porte-de-Laure – ✆ 04 90 96 11 89 – www.lecalendal.com **Zs**
38 ch – 59/79 € 99/149 € – 12 € **Rest** – Carte 27/35 €
De petites chambres provençales avec vue sur les arènes ou le jardin. Parcours thermal "romain" au spa, restauration traditionnelle, terrasse ombragée...

Mireille
2 pl. St-Pierre, à Trinquetaille – ✆ 04 90 93 70 74 – www.hotel-mireille.com – Fermé 2 janv.-28 fév. **Yh**
34 ch – 75/140 € 85/165 € – 15 € – ½ P
Rest *(fermé dim. soir) (dîner seult)* – Menu 27 €, 34/34 € – Carte 36/53 €
Ne vous fiez pas à l'emplacement de cet hôtel. Les chambres y sont, au choix, modernes ou provençales ; l'accueil agréable et le petit-déjeuner de qualité. Terrasse sous les mûriers pour les amateurs de cuisine méridionale.

Amphithéâtre sans rest
5 r. Diderot – ✆ 04 90 96 10 30 – www.hotelamphitheatre.fr **Zn**
30 ch – 59/69 € 69/99 € – 3 suites – 8 €
Chambres colorées (bois peint, fer forgé) dans un bel immeuble du 17e s., plus grandes et raffinées dans l'hôtel particulier mitoyen. Jolie salle des petits-déjeuners.

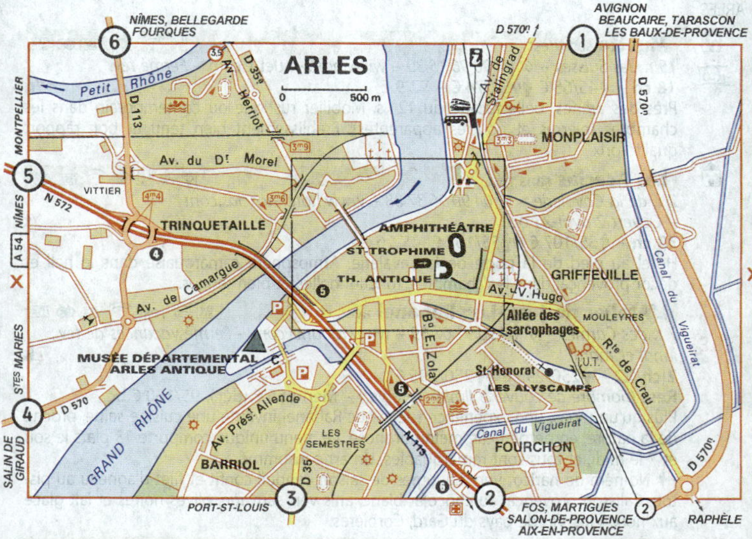

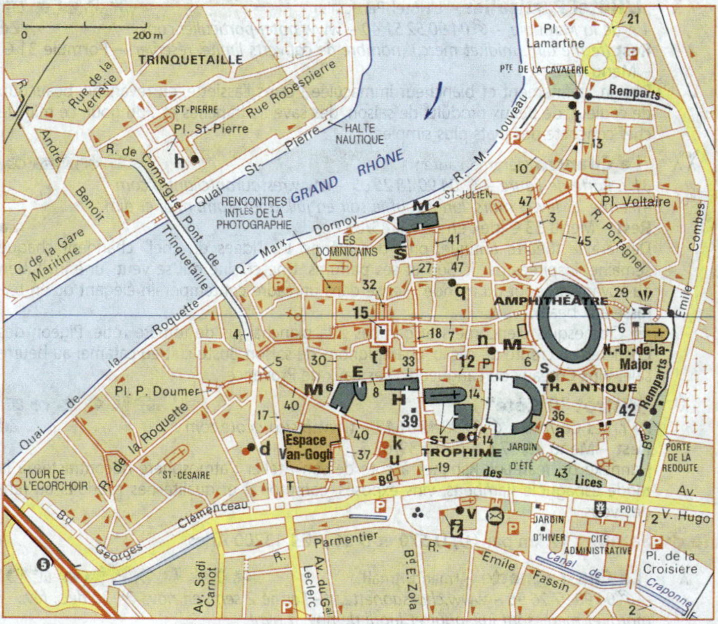

Alyscamps (Av. des)	Z	2	Forum (Pl. du)	Z	15	Plan de la Cour (R. du)	Z	33
Amphithéâtre (R. de l')	Z	3	Gambetta (R.)	Z	17	Porte de Laure (R.)	Z	36
Anatole-France (R.)	Z	4	Hôtel de Ville (R. de l')	Z	18	Président Wilson (R. du)	Z	37
Antonelle (Pl.)	Z	5	Jean-Jaurès (R.)	Z	19	Réattu (R.)	Y	41
Arènes (Rd-Pt des)	YZ	6	Lamartine (Av.)	Y	21	Redoute (Pl. de la)	Z	42
Arènes (R. des)	YZ	7	Lices (Bd des)	Z		République (Pl. de la)	Z	39
Balze (R.)	Z	8	Maïsto (R. Dominique)	Y	27	République (R. de la)	Z	40
Blum (R. Léon)	Y	10	Major (Pl. de la)	Y	29	Vauban (Montée)	Z	43
Calade (R. de la)	Z	12	Mistral (R. Frédéric)	Z	30	Voltaire (R.)	Y	45
Cavalerie (R. de la)	Y	13	Place (R. de la)	Y	32	4-Septembre (R. du)	Y	47
Cloître (R. du)	Z	14						

Muette sans rest
15 r. des Suisses – ✆ 04 90 96 15 39 – www.hotel-muette.com – Fermé fév.
18 ch – 45/65 € 58/74 € – 9 € **Yq**
Près des arènes, belle façade du 12e s. Mobilier rustique ou contemporain dans les chambres (pierres et poutres apparentes). Établissement bien tenu et bon rapport qualité-prix.

Les Acacias sans rest
2 r. de la Cavalerie – ✆ 04 90 96 37 88 – www.hotel-acacias.com
– Ouvert 2 avril-25 oct. **Yt**
33 ch – 55/107 € 55/107 € – 6 €
Hôtel au pied de la porte de la Cavalerie. Atmosphère camarguaise dans le hall et décor provençal dans les chambres, fonctionnelles et bien tenues.

L'Atelier de Jean-Luc Rabanel avec ch — rest,
7 r. des Carmes – ✆ 04 90 91 07 69 – www.rabanel.com – Fermé vacances de fév., lundi et mardi **Zk**
2 ch – 250/295 € 250/295 €
Rest *(nombre de couverts limité, réserver)* – Menu 55 € (déj.), 95/160 € bc
Plus qu'un repas, une expérience ! Jean-Luc Rabanel invente une cuisine saine, proche de la nature, en perpétuelle métamorphose. Le menu unique comporte 13 plats le soir et 7 le midi, et tous sont remarquables. Un art consommé...
→ No-nem de haricot vert. Légumes de saison, fenouil confit et filet d'agneau au pistou. Calisson provençal au chocolat blanc, anis vert sauvage, olives noires et lait glacé aux noix. **Vins** Vin de pays du Gard, Corbières.

L'Hôtel Particulier – L'Hôtel Particulier
4 r. de la Monnaie – ✆ 04 90 52 51 40 – www.hotel-particulier.com **Zd**
Rest *(fermé dim. midi et merc.) (nombre de couverts limité, réserver)* – Formule 31 € – Menu 45 €
Design, raffinement et blancheur immaculée ! Dans l'assiette, en revanche, beaucoup de couleur, de beaux produits de saison, des saveurs franches et... du goût. Le midi, le chef concocte des plats plus simples.

Le Cilantro (Jérôme Laurent)
31 r. Porte-de-Laure – ✆ 04 90 18 25 05 – www.restaurantcilantro.com
– Fermé 23 fév.-5 mars, lundi sauf le soir en juil.-août, sam. midi et dim.
Rest – Menu 33 € (déj. en sem.), 45/85 € **Za**
Derrière le théâtre antique, près des arènes, les "Idées du chef" changent chaque semaine, inspirées par le Sud et ses parfums. Une cuisine qui se veut "une invitation au voyage au goût du monde", servie dans un cadre contemporain élégant ou en terrasse aux beaux jours.
→ Cromesquis d'encornets et gambas à la plancha, jus de tomate rôtie. Pigeon des Costières en croûte de cacao, champignons de saison. Juste cuit au caramel au beurre salé. **Vins** Coteaux du Languedoc, Les Baux de Provence.

Bistrot "À Côté"
21 r. des Carmes – ✆ 04 90 47 61 13 – www.bistro-acote.com **Zu**
Rest – Menu 29/37 € – Carte 39/63 €
L'annexe de Jean-Luc Rabanel, à côté de son Atelier : atmosphère décontractée à la mode espagnole (jambons, vins exposés, comptoir...) et qualité des produits au rendez-vous.

rte du Sambuc 17 km par ④, D 570 et D 36 – ✉ 13200 Arles

La Chassagnette (Armand Arnal)
– ✆ 04 90 97 26 96 – www.chassagnette.fr – Fermé 2 sem. en nov., 24-30 déc., fév., mardi et merc. sauf juil.-août et lundi de nov. à avril
Rest *(nombre de couverts limité, réserver)* – Menu 60/125 € bc – Carte 60/70 €
Un lieu magique que ce mas isolé ! Le chef mise sur une cuisine épurée, dans le respect des saisons et des produits du potager et du verger, pour une explosion de saveurs naturelles.
→ Velouté d'herbes amères et brousse de chèvre. Pigeon des Costières, sauce salmis, betterave et blette à la sauge rouge. Soufflé petits pois et sorbet "Hierba Buena". **Vins** Vin de pays d'Oc, Côtes du Rhône-Villages.

ARNAGE – **72 Sarthe** – **310** K7 – **rattaché au Mans**

ARNAY-LE-DUC – 21 Côte-d'Or – 320 G7 – 1 674 h. – alt. 375 m – ✉ 21230 8 C2

Bourgogne

Paris 285 – Autun 28 – Beaune 36 – Chagny 38

6, place Bonaventure-des-Périers, BP 28, 03 80 90 07 55, www.arnay-le-duc.com

Chez Camille

1 pl. Edouard-Herriot – 03 80 90 01 38 – www.chez-camille.fr

11 ch – 86 € 86 € – 11 € – ½ P **Rest** – Menu 23/102 € – Carte 50/71 €

Un hôtel-restaurant de tradition au cœur du village. Les chambres sont toutes différentes (mobilier de style), confortables et bien tenues, certaines avec un petit salon.

LES ARQUES – 46 Lot – 337 D4 – 195 h. – alt. 254 m – ✉ 46250 28 B1

Périgord Quercy

Paris 569 – Cahors 28 – Gourdon 27 – Villefranche-du-Périgord 19

Musée Zadkine★ - Église St-Laurent★ : Christ★ et Pietà★ - Fresques murales★ de l'église St-André-des-Arques.

La Récréation

le bourg – 05 65 22 88 08 – www.restaurant-traiteur-lot.com – Ouvert de mars à oct. et fermé merc. et jeudi

Rest – Menu 26 € (déj. en sem.)/35 €

L'école est finie ! Dans cette sympathique maison, l'ancienne salle de classe est devenue celle du restaurant, et le préau, une jolie terrasse. Mais ici point de nostalgie : le décor tout comme la cuisine sont bien dans l'air du temps.

ARRADON – 56 Morbihan – 308 O9 – rattaché à Vannes

ARRAS P – 62 Pas-de-Calais – 301 J6 – 42 049 h. – Agglo. 86 643 h. – alt. 72 m – ✉ 62000 Nord Pas-de-Calais Picardie 30 B2

Paris 179 – Amiens 69 – Calais 110 – Charleville-Mézières 159

place des Héros, 03 21 51 26 95, www.ot-arras.fr

18 d'Arras, à Anzin-Saint-Aubin, Rue Briquet Taillandier, NO : 5 km par D 341, 03 21 50 24 24

Grand'Place★★★ et Place des Héros★★★ - Hôtel de Ville et beffroi★ BY **H** - Ancienne abbaye St-Vaast★★ : musée des Beaux-Arts★- Carrière Wellington★.

Plans pages suivantes

Hôtel de l'Univers

ch, rest, P VISA AE

3 pl. de la Croix-Rouge – 03 21 71 34 01 – www.hotel-univers-arras.com

38 ch – 79/179 € 79/179 € – 15 € BZ**v**

Rest – Formule 18 € bc – Menu 26/45 € – Carte 45/75 €

À deux pas du beffroi de la ville, cette élégante demeure du 17e s. abrita jadis un monastère, puis un hôpital... Désormais, on s'y ressource, paisiblement, dans un décor soigné (objets ethniques et contemporains). Spécialités régionales au restaurant.

Mercure Atria

58 bd Carnot – 03 21 23 88 88 – www.mercure.com CZ**b**

80 ch – 89/160 € 89/160 € – 15 €

Rest *(fermé sam., dim. midi et fériés le midi)* – Menu 15 € – Carte 23/40 €

Derrière sa façade de verre et de brique, cet hôtel du centre d'affaires – tout proche de la gare – abrite des chambres fonctionnelles et contemporaines. Le lieu est parfait pour organiser des séminaires. Restauration traditionnelle.

Hôtel D'Angleterre

7 pl. Foch – 03 21 51 51 16 – www.hotelangleterre.info CZ**r**

19 ch – 93/180 € 104/180 € – 9 €

Rest *Saint-James* *(fermé dim. soir)* – Formule 16 € – Menu 21/32 € – Carte 31/43 €

Face à la gare TGV, cet édifice en brique (1929) dispose de chambres spacieuses et bien tenues. Avant d'aller se restaurer ou en fin de journée, il fait bon se détendre dans le salon un rien British !

ARRAS

Adam (R. Paul) .... AY 2
Agaches (R. des) .... BY 3
Albert-Ier-de-Belgique (R.) BY 4
Ancien-Rivage (Pl. de l') .. BY 5
Barbot (R. du Gén.)....... BY 6
Baudimont (Rd-Pt) .... AY 7
Carabiniers-d'Artois (R. des)............... AY 8
Cardinal (R. du) .... CZ 9
Delansorne (R. D.) .... BZ 10
Doumer (R. P.)........... BY 11
Droits de l'Homme (Av. des)............... CY 12
Ernestale (R.)............ BZ 13
Ferry (R. J.) .... AY 15
Foch (R. Maréchal) ...... CZ 16
Gambetta (R.) .... BCZ
Gouvernance (R. de la).... BY 18
Guy Mollet (Pl.) .... CY 19
Kennedy (Av. J.) .... AZ 24
Legrelle (R. E.) .... BCZ 25
Madeleine (Pl. de la)...... BY 28
Marché-au-Filé (R. du) .... BY 30
Marseille (Pl. de) .... BZ 31
Robespierre (R.) .... BZ 34
Ronville (R.) .... CZ 35
Ste-Claire (R.) .... AZ 37
Ste-Croix (R.)............ CY 39
St-Aubert (R.) .... BY
Strasbourg (Bd de) ...... CZ 42
Taillerie (R. de la)........ CY 43
Teinturiers (R. des) ...... BY 45
Théâtre (Pl. et R.) .... BZ 47
Verdun (Cours de)........ AZ 49
Victor-Hugo (Pl.) .... AZ 51
Wacquez-Glasson (R.) .... CZ 52
Wetz-d'Amain (Pl. du)..... BY 53
29-Juillet (R. du) .... BY 54
33e (Pl. du) .... BY 55

Holiday Inn Express sans rest

3 r. du Dr Brassart – ✆ 03 21 60 88 88 – www.holidayinn-arras.com **CZt**

98 ch ☕ – 🛉99/150 € 🛉🛉99/150 €

Bâtiment moderne à proximité immédiate de la gare, cet Holiday Inn propose des chambres assez spacieuses et de bon confort. L'établissement se prête parfaitement à un voyage d'affaires.

Ibis sans rest

11 r. de la Justice – ✆ 03 21 23 61 61 – www.ibishotel.com **CZn**

63 ch – 🛉65/115 € 🛉🛉65/115 € – ☕ 9 €

Entre la Grand'Place et celle des Héros, cet hôtel est idéalement situé. Les chambres, de dimensions modestes, sont fonctionnelles et bien insonorisées. Une bonne adresse pour une escapade dans la capitale de l'Artois.

La Corne d'Or sans rest

1 pl. Guy-Mollet – ✆ 03 21 58 85 94 – www.lamaisondhotes.com
– Fermé fin juil. à mi-août CYa

5 ch – †75/92 € ††85/120 € – ☕ 9 €

Au cœur de la cité, savourez l'atmosphère romantique et le doux raffinement de cet hôtel particulier dont la structure actuelle date du 18e s. En haut du magnifique escalier à tête de lion, on découvre de coquettes chambres classiques ou contemporaines ainsi qu'un loft mansardé. De belles nuits en perspective...

XXX **La Faisanderie**
45 Grand'Place – ✆ 03 21 48 20 76 – www.restaurant-la-faisanderie.com – Fermé 29 juil.-19 août, 18 fév.-4 mars, jeudi midi, dim. soir, lundi et soirs fériés
Rest – Formule 25 € – Menu 29/42 € CY**f**
À l'angle de la Grand'Place, la cave de cette maison du 17e s. est le repaire des gourmands ! En sous-sol, dans une belle salle voûtée tout en briques rouges et colonnes de pierres, on sert une cuisine actuelle.

X **La Clef des Sens** Ⓝ
60 pl. des Héros – ✆ 03 21 51 00 50 – www.laclefdessens.com – Fermé 24 déc.-6 janv.
Rest – Formule 22 € – Menu 27 € – Carte 27/51 € CZ**m**
Cette Clef sait ouvrir l'appétit ! Le jeune chef signe une jolie cuisine canaille (fricassée de rognons au porto, aïoli de cabillaud...) dont on profite dans un chaleureux décor Belle Époque. Une adresse sympathique.

à Mercatel 8 km par ③, D 917 et D 34 – 616 h. – alt. 88 m – ✉ 62217

XX **Mercator**
24 r. de la Mairie – ✆ 03 21 73 48 33 – www.le-mercator.fr – Fermé 22-29 mars, 1er-16 août, mardi soir, merc. soir, jeudi soir, dim. soir, sam. midi et lundi
Rest – Formule 25 € – Menu 29/41 € – Carte 34/75 €
Mariage réussi pour cette auberge où madame est en cuisine et monsieur s'occupe des vins ! Les plats traditionnels s'accommodent très bien avec un large choix de crus bordelais ou bourguignons. Décor contemporain.

à Anzin-St-Aubin 5 km au Nord-Ouest par D 341 – 2 742 h. – alt. 71 m – ✉ 62223

Hôtel du Golf d'Arras sans rest
r. Briquet-Tallandier – ✆ 03 21 50 45 04 – www.golf-arras.com
62 ch – †99/125 € ††99/125 € – 2 suites – ☕ 14 €
À l'entrée d'un golf 18 trous, cette bâtisse en bois clair évoque La Nouvelle-Orléans. Les chambres, raffinées, donnent pour la plupart sur le green. Idéal pour se reposer tout en s'adonnant à son sport favori !

ARREAU – 65 Hautes-Pyrénées – 342 O7 – 786 h. – alt. 705 m – ✉ 65240 — 28 A3

Midi Toulousain

Paris 818 – Auch 91 – Bagnères-de-Luchon 34 – Lourdes 81

Château des Nestes, ✆ 05 62 98 63 15, www.vallee-aure.com

Vallée d'Aure★ S - ✲★★★ du col d'Aspin NO : 13 km.

Angleterre rest,
18 rte de Luchon – ✆ 05 62 98 63 30 – www.hotel-angleterre-arreau.com – Ouvert de mi-mai à mi-oct., week-ends et vacances scolaires de Noël, de fév. et fermé lundi en mai-juin et sept.
16 ch – †70/90 € ††80/100 € – ☕ 10 € – ½ P **Rest** *(dîner seult)* – Menu 22/36 €
Dans un petit village typique de la vallée, relais de poste transformé en hôtel de caractère. Un bel escalier dessert les chambres, cosy et bien tenues. Au restaurant, atmosphère feutrée, mi-contemporaine, mi-campagnarde.

ARROMANCHES-LES-BAINS – 14 Calvados – 303 I3 – 608 h. – alt. 15 m – ✉ 14117 — 32 B2

Normandie Cotentin

Paris 266 – Bayeux 11 – Caen 34 – St-Lô 46

2, rue du Maréchal Joffre, ✆ 02 31 22 36 45, www.ot-arromanches.fr

Musée du débarquement - La Côte du Bessin★ O.

La Marine rest,
1 quai du Canada – ✆ 02 31 22 34 19 – www.hotel-de-la-marine.fr – Ouvert 6 fév.-11 nov.
28 ch – †61/106 € ††61/106 € – ☕ 12 € – ½ P
Rest – Formule 19 € – Menu 24/38 € – Carte 38/63 €
Dans cet hôtel idéalement situé, la grande majorité des chambres offrent une vue imprenable sur la mer et les vestiges de l'immense port artificiel de 1944. Un ensemble bien tenu, dans un style marin accueillant.

à Manvieux **2,5 km au Sud-Ouest par D 516 et D 514 – 116 h. – alt. 53 m – ✉ 14117**

La Gentilhommière sans rest
4 route de Port-en-Bessin – ✆ 02 31 51 97 91
– www.lagentilhommiere-arromanches.com
5 ch – 70 € 70 €
Cette demeure en pierre du 18e s. garantit des nuits paisibles dans des chambres parfaitement tenues. Isabelle et Patricia, les deux sœurs qui tiennent cette chambre d'hôtes, sont charmantes ! Brioche, confitures et yaourt maison au petit-déjeuner.

à La Rosière **3 km au Sud-Ouest par rte de Bayeux – ✉14117 Tracy-sur-Mer**

La Rosière sans rest
14 rte de Bayeux – ✆ 02 31 22 36 17 – www.hotellarosierebayeux.com
– Ouvert 23 mars-11 nov.
24 ch – 62/120 € 62/125 € – 11 €
Un hôtel moderne en léger retrait de la route ; la mer n'est pas très loin. Les chambres sont agréables, très bien tenues, majoritairement de plain-pied, et donnent sur le jardin fleuri. Amabilité et discrétion.

ARS-EN-RÉ – **17 Charente-Maritime** – **324** A2 – **voir à Ile de Ré**

ARTRES – **59 Nord** – **302** J6 – **rattaché à Valenciennes**

ARVIEU – **12 Aveyron** – **338** H5 – **861 h. – alt. 730 m – ✉ 12120** **29** D2

Paris 663 – Albi 66 – Millau 59 – Rodez 31
Mairie, Le Bourg, ✆ 05 65 46 71 06

Au Bon Accueil
pl. du Marché – ✆ 05 65 46 72 13 – www.aubon-accueil.com – Fermé 15 janv.-15 fév.
11 ch – 46/48 € 46/48 € – 8 € – ½ P
Rest – Formule 13 € – Menu 20/34 € – Carte 25/42 €
Une charmante auberge sur la place principale du bourg. Les villageois conversent au bar ; les chambres sont simples et fraîches, certaines donnant sur une terrasse... Rustique et sympathique !

ARVIEUX – **05 Hautes-Alpes** – **334** I4 – **368 h. – alt. 1 550 m – ✉ 05350** **41** C1
Alpes du Sud

Paris 782 – Briançon 55 – Gap 80 – Marseille 254
la ville, ✆ 04 92 46 75 76, www.arvieux-izoard.com

La Ferme de l'Izoard
La Chalp, rte du Col – ✆ 04 92 46 89 00 – www.laferme.fr – Fermé avril et de oct. à mi-déc.
23 ch – 64/125 € 64/125 € – 3 suites – 11 € – ½ P
Rest *(fermé mardi midi et jeudi midi hors vacances scolaires)* – Formule 15 € – Menu 25/53 € – Carte 23/54 €
Cette ferme queyrassine traditionnelle abrite de grandes chambres décorées dans une veine locale ; celles-ci jouissent d'un balcon ou d'une terrasse avec vue sur la vallée. Jacuzzi et hammam. Spécialités du terroir au restaurant.

ARZ (ÎLE-D') – **56 Morbihan** – **308** O9 – **voir à Île-d'Arz**

ARZAY – **38 Isère** – **333** E5 – **215 h. – alt. 500 m – ✉ 38260** **44** B2

Paris 538 – Bourg-en-Bresse 132 – Grenoble 62 – Lyon 80

Château d'Arzay sans rest
156 r. de Vienne – ✆ 04 74 57 06 02 – www.chateaudarzay.fr – Fermé 24 déc.-2 janv.
3 ch – 120 € 120 €
Avec leur linge brodé, meubles chinés et ciels de lit, les chambres de cette jolie maison de maître du 19e s. sont d'un grand romantisme. Au fond du parc, à la lisière de la forêt, se cache une ravissante église (1750). Cosy et chaleureux.

ARZON – 56 Morbihan – **308** N9 – 2 132 h. – alt. 9 m – Casino – ✉ 56640 **9** A3

Bretagne Sud

Paris 487 – Auray 52 – Lorient 94 – Quiberon 81

rond-point du Crouesty, ☎ 02 97 53 69 69, www.crouesty.fr

Tumulus de Tumiac ou butte de César ※★ E : 2 km puis 30 mn.

au Port du Crouesty 2 km au Sud-Ouest – ✉ 56640 Arzon

Miramar rest, VISA AE

– *☎ 02 97 53 49 00 – www.miramarcrouesty.com – Fermé janv.*

104 ch – †114/266 € ††140/340 € – 12 suites – ☕ 20 €

Rest *Le Diététique* – Formule 29 € – Menu 42 € – Carte 29/60 €

Rest *Le Ruban Bleu* – Formule 29 € – Menu 42/75 € – Carte 43/80 €

Arrimé à la pointe de la presqu'île de Rhuys, cet hôtel profilé comme un paquebot dispose de vastes chambres tournées vers l'océan. Centre de thalassothérapie et spa. Cuisine de produits au Ruban Bleu et inventive au Diététique.

Le Crouesty sans rest VISA AE

r. du Croisty – ☎ 02 97 53 87 91 – www.hotellecrouesty.com

– Ouvert de mars à mi-nov.

26 ch – †69/185 € ††81/185 € – ☕ 11 €

Idéalement situé sur la presqu'île de Rhuys, tout près du port de plaisance d'Arzon et des plages. Les chambres – entièrement rénovées en 2011 – sont très bien tenues.

à Port Navalo 3 km à l'Ouest – ✉ 56640 Arzon

Grand Largue VISA AE

à l'embarcadère – ☎ 02 97 53 71 58 – www.grand.largue.fr

– Fermé 12 nov.-25 déc., 3 janv.-7 fév., mardi sauf juil.-août et lundi

Rest – Menu 38 € (sem.), 58/68 € – Carte 46/79 €

Rest *Le P'tit Zeph* ☎ 02 97 49 40 34 – Menu 28/38 € – Carte 38/47 €

À l'étage de cette villa, on savoure aussi bien la vue panoramique sur le golfe du Morbihan qu'une cuisine gastronomique basée sur les beaux produits de la mer (homard, bar de ligne, coquillages). Au rez-de-chaussée, un vent marin souffle sur le bistrot Le P'tit Zeph.

ASLONNES – 86 Vienne – **322** I6 – rattaché à Poitiers

ASNIÈRES-SUR-SEINE – 92 Hauts-de-Seine – **311** J2 – **101** 15 – voir à Paris, Environs

ASPRES-LES-CORPS – 05 Hautes-Alpes – **334** D4 – rattaché à Corps

ASTAFFORT – 47 Lot-et-Garonne – **336** F5 – 2 068 h. – alt. 65 m – ✉ 47220 **4** C2

Paris 674 – Agen 19 – Auvillar 29 – Condom 31

13 place de la Nation, ☎ 05 53 67 13 33, www.astaffort.com

Le Square VISA AE

5 pl. Craste – ☎ 05 53 47 20 40 – www.uneaubergeengascogne.com – Fermé janv.

12 ch – †85/195 € ††85/195 € – ☕ 15 €

Rest *Une Auberge en Gascogne* ✿ – voir les restaurants ci-après

Au cœur du bourg, il règne dans ces belles maisons une atmosphère douce et raffinée, très campagne chic : tissus choisis, matériaux nobles, etc. Une adresse élégante.

Une Auberge en Gascogne (Fabrice Biasiolo) – Hôtel Le Square

✿ *5 pl. Craste – ☎ 05 53 47 20 40* VISA AE

– www.uneaubergeengascogne.com – Fermé janv., dim. soir et merc. midi d'oct. à mai, mardi midi et lundi

Rest – Menu 25 € (déj. en sem.), 45/80 € ✿

Le chef aime surprendre : dans cet élégant restaurant, pas de carte mais un menu surprise décliné en trois, quatre ou six plats, qui magnifie les beaux produits du Sud-Ouest avec inventivité et finesse. Excellents accords mets-vins !

➜ Cuisine du marché.

Cochon, Canard et Compagnie

9 fg Corné, (face à la poste) – ✆ 05 53 67 10 27 – Fermé janv., dim. soir, mardi soir, jeudi midi d'oct. à mai et merc.

Rest – Menu 20 € (déj. en sem.), 27/35 € – Carte 32/46 €

L'enseigne parle d'elle-même : est-il besoin d'en rajouter ? Au moins faut-il insister : ce bistrot est une vraie ode au terroir. Produits bien choisis, petit espace épicerie fine... en bonne compagnie !

ATTICHY – 60 Oise – 305 J4 – 1 933 h. – alt. 73 m – ✉ 60350 37 C2

Paris 101 – Compiègne 18 – Laon 62 – Noyon 26

La Croix d'Or

13 r. Tondu-de-Metz – ✆ 03 44 42 15 37 – www.croixdor.fr – Fermé dim. soir, lundi et mardi

Rest – Formule 15 € – Menu 18 € (sem.), 34/46 €

Un restaurant dans un relais de poste du 19e s. On y savoure une cuisine aux accents régionaux.

ATTIGNAT – 01 Ain – 328 D3 – 2 850 h. – alt. 227 m – ✉ 01340 44 B1

Paris 420 – Bourg-en-Bresse 13 – Lons-le-Saunier 76 – Louhans 46

Laurent Perréal avec ch

rest,

481 Grande Rue, D 975 – ✆ 04 74 30 92 24 – Fermé 4-25 août, 20-30 déc. et dim. sauf fériés

12 ch – †68/72 € ††72/78 € – ☕ 10 € – ½ P

Rest – Formule 25 € – Menu 28/65 € – Carte 46/72 €

Grenouilles, volailles de Bresse, carpes, agneau du pays, crème d'Étrez... les incontournables de la région dans votre assiette ! Tout est travaillé avec soin par un chef au beau parcours. Quelques chambres pour l'étape.

AUBAGNE – 13 Bouches-du-Rhône – 340 I6 – 46 568 h. – alt. 102 m – ✉ 13400 Provence 40 B3

Paris 788 – Aix-en-Provence 39 – Brignoles 48 – Marseille 18

8, cours Barthélémy, ✆ 04 42 03 49 98, www.agglo-paysdaubagne.com

Souléia sans rest

4 cours Voltaire – ✆ 04 42 18 64 40 – www.hotel-souleia.com

72 ch ☕ – †90/100 € ††100/110 €

Cet hôtel moderne abrite des chambres fonctionnelles et bien tenues, certaines adaptées aux familles. Une option utile pour résider au cœur de la capitale du santon.

Les Arômes

8 r. Moussard – ✆ 04 42 03 72 93 – www.lesaromes.vpweb.fr – Fermé mardi soir, merc. soir, sam. midi, dim. et lundi

Rest *(nombre de couverts limité, réserver)* – Formule 25 € – Menu 31/49 € – Carte 42/62 €

Dans une ruelle de la vieille ville, ce restaurant familial a été joliment décoré par la maîtresse des lieux. Tous les parfums de la Provence se retrouvent à la carte et sur le menu du marché !

au Nord 4 km par D 44 et rte secondaire

Auberge La Ferme

La Font de Mai, chemin Ruissatel – ✆ 04 42 03 29 67 – www.aubergelaferme.com – Fermé août, vacances de fév., sam. midi, lundi et le soir sauf vend. et sam.

Rest *(réserver)* – Menu 50 € – Carte 39/62 €

Une demeure en pleine garrigue, au cœur du pays de Pagnol. Rien ne semble devoir changer, ni dans la salle (bibelots, assiettes décoratives, feu de cheminée l'hiver), ni sous le très vieux chêne de la terrasse. La Provence au menu !

AUBAZINE – 19 Corrèze – 329 L4 – 852 h. – alt. 345 m – ✉ 19190 25 C3

Périgord Quercy

Paris 480 – Aurillac 86 – Brive-la-Gaillarde 14 – St-Céré 50

Le Bourg, ✆ 05 55 25 79 93, www.cc-beynat.fr

d'Aubazine, à Beynat, Complexe Touristique Coiroux, E : 4 km, ✆ 05 55 27 26 93

Abbaye cistercienne St-Etienne★ : clocher★, mobilier★, tombeau de St-Étienne★★, armoire liturgique★.

Hôtel de la Tour

pl. de l'Église – ✆ 05 55 25 71 17 – www.hoteldelatour19.com – Fermé 2-14 janv., dim. soir et lundi midi sauf juil.-août

17 ch – †56/75 € ††56/75 € – ☕ 8 € – ½ P

Rest – Formule 24 € – Menu 28/33 € – Carte 31/51 €

Face à l'abbaye, vieille maison de caractère flanquée d'une tour. Chambres anciennes égayées de papiers peints colorés. Cuisine régionale servie dans des salles rustiques agrémentées de cuivres et d'étains.

AUBE – 61 Orne – 310 M2 – 1 409 h. – alt. 230 m – ✉ 61270 33 C3

Normandie Vallée de la Seine

Paris 144 – L'Aigle 7 – Alençon 55 – Argentan 47

Auberge St-James

62 rte de Paris – ✆ 02 33 24 01 40 – Fermé 1 sem. en fév., dim. soir, mardi soir et merc.

Rest – Menu 19/30 € – Carte 30/40 €

Le fait est méconnu : c'est dans ce village ornais que la comtesse de Ségur écrivit la plupart de ses romans. Sophie n'aurait sans doute pas été malheureuse dans cette auberge traditionnelle qui cultive le goût des terroirs de France.

AUBENAS – 07 Ardèche – 331 I6 – 11 365 h. – alt. 330 m – ✉ 07200 44 A3

Ardèche Drôme

Paris 627 – Alès 76 – Montélimar 41 – Privas 32

4, boulevard Gambetta, ✆ 04 75 89 02 03, www.aubenas-vals.com

Site★ - Façade★ du château.

Ibis sans rest

rte de Montélimar – ✆ 04 75 35 44 45 – www.ibishotel.com

63 ch – †73/80 € ††73/80 € – ☕ 9 €

À la sortie sud de la ville, des chambres conformes aux normes de la chaîne.

La Villa Tartary

64 r. de Tartary – ✆ 04 75 35 23 11 – www.restaurant-ardeche.com – Fermé 17-25 juin, 18 août-11 sept., 22 déc.-7 janv., dim. et lundi sauf fériés

Rest – Formule 17 € – Menu 28/38 €

De belles voûtes en pierres de taille, des cuisines ouvertes, un mobilier design, une terrasse face au château d'Aubenas... et à la carte, des saveurs retrouvées ou plus inventives.

M Restaurant (N)

17 r. Champalbert – ✆ 04 75 36 41 66 – Fermé 1 sem. en août, 24 déc.-2 janv., 1 sem. en janv., sam. soir, lundi soir et dim.

Rest – Formule 19 € – Menu 24 €

Vous aimez être étonné ? Dans ce cas, cette sympathique adresse, tout de blanc et rouge vêtue, devrait vous plaire... Dans ses cuisines ouvertes sur la salle, le jeune chef signe des recettes originales et pleines de parfums, et un savoureux menu surprise. Bon choix de vins au verre. Et l'on M aussi les petits prix !

Le Coyote

13 bd Jean-Mathon – ✆ 04 75 35 01 28 – www.restaurantlecoyote.com – Fermé 24 déc.-5 janv., dim. et lundi

Rest *(nombre de couverts limité, réserver)* – Formule 16 € – Menu 19 € (déj.), 25/33 € – Carte 25/45 €

Du foie gras et un chutney de figues, un confit de canard aux girolles fraîches, des Saint-Jacques aux truffes... des saveurs classiques et raffinées ; une atmosphère conviviale.

Notes de Saveurs (N)

16 r. Nationale – ✆ 04 75 93 94 46 – Fermé mardi de sept. à juin, merc. sauf le soir en juil.-août et dim.
Rest *(réservation conseillée)* – Formule 12 € – Carte 30/39 €
Assis dans la salle voûtée en pierre, face aux ruines de l'ancien couvent bénédictin, on savoure une cuisine où les produits de qualité ont la part belle : dans l'assiette, c'est généreux, gourmand, parfumé et original. Une adresse conviviale et agréable, lancée par un jeune couple en 2011.

AUBETERRE-SUR-DRONNE – 16 Charente – 324 L8 – 419 h. – alt. 72 m 39 C3

– ✉ 16390 Poitou-Charentes

Paris 494 – Angoulême 48 – Bordeaux 90 – Périgueux 54

place du Château, ✆ 05 45 98 57 18, www.pays-sud-charente.com

d'Aubeterre, à Saint-Séverin, Le Manoir de Longeveau, NE : 7 km par D 17 et D 78, ✆ 05 45 98 55 13

Église monolithe★★.

Hostellerie du Périgord avec ch

rest, VISA

(quartier Plaisance) – ✆ 05 45 98 50 46 – www.hostellerie-perigord.com – Fermé 2 sem. en janv., dim. soir et lundi
11 ch – †60 € ††70 € – ☕ 9 € – ½ P
Rest – Formule 13 € – Menu 17 € (déj.), 27/50 € bc
Au pied d'un des plus beaux villages de France – à découvrir –, un hôtel-restaurant familial dont la façade arbore volets colorés et vigne vierge... La tradition est à l'honneur à table (produits locaux) ; les chambres se révèlent confortables, dans une veine contemporaine assez fraîche.

AUBIGNY-SUR-NÈRE – 18 Cher – 323 K2 – 5 879 h. – alt. 180 m 12 C2

– ✉ 18700 Limousin Berry

Paris 180 – Orléans 67 – Bourges 48 – Cosne-Cours-sur-Loire 41

1, rue de l'Église, ✆ 02 48 58 40 20, www.tourisme-sauldre-sologne.com

La Chaumière

P VISA AE

2 r. Paul-Lasnier – ✆ 02 48 58 04 01 – www.hotel-restaurant-la-chaumiere.com – Fermé 4-18 août, 18 fév.-17 mars, dim. soir et lundi sauf juil.-août et fériés
19 ch – †61/86 € ††79/140 € – ☕ 9 € – ½ P
Rest *La Chaumière* – voir les restaurants ci-après
Une belle maison ancienne qui soigne son image champêtre : les chambres, habillées de pierre et de bois, sont confortables et cosy. Cerise sur le gâteau, l'accueil est charmant.

Villa Stuart

P VISA

12 av. de Paris – ✆ 02 48 58 93 30 – www.villastuart.com
5 ch ☕ – †74/91 € ††87/103 € **Table d'hôte** – Menu 30 € bc
Agréable séjour dans cette belle demeure bourgeoise. Chambres spacieuses et claires, décorées selon des thèmes variés (voyage, art, histoire...). Chefs en herbe, réjouissez-vous ! Le propriétaire réalise ses propres confitures et propose des cours de cuisine.

La Chaumière – Hôtel La Chaumière

A/C P VISA AE

2 r. Paul-Lasnier – ✆ 02 48 58 04 01 – www.hotel-restaurant-la-chaumiere.com – Fermé 4-18 août, 18 fév.-17 mars, dim. soir et lundi sauf juil.-août et fériés
Rest – Menu 22 € (sem.), 30/60 € – Carte 42/63 €
Ne vous fiez pas à la sobriété extérieure de cette chaumière. Sitôt le pas-de-porte franchi, murs en briques et colombages composent un décor des plus chaleureux. En cuisine, le chef concocte une cuisine fort agréable, qui met en valeur les saisons et les produits du marché.

Le Bien Aller

A/C VISA AE

3 r. des Dames – ✆ 02 48 58 03 92 – Fermé mardi midi et merc. midi en saison, mardi soir et merc. hors saison
Rest – Formule 18 € – Menu 24 € (déj. en sem.)/26 €
Le Bien Aller et... le bien manger ! Que vous aimiez l'esprit bistrot ou le baroque (deux atmosphères), composez votre menu à partir des suggestions à l'ardoise. Une fois servi, on savoure ces plats traditionnels où le terroir a la part belle... tout en contemplant les expositions de peintures et de photos.

AUBRAC – 12 Aveyron – 338 J3 – alt. 1 300 m – ✉ 12470 29 D1

Languedoc Roussillon

Paris 581 – Aurillac 97 – Mende 66 – Rodez 56

La Dômerie

1 r. Audrain – ✆ 05 65 44 28 42 – www.hoteldomerie.com – Ouvert 1er avril-16 oct.

23 ch – 🛉70/98 € 🛉🛉70/98 € – ☕ 12 € – ½ P

Rest ***La Dômerie*** – voir les restaurants ci-après

Au cœur d'Aubrac, une belle demeure en basalte et granit. Les chambres, d'esprit classique, rustique ou plus cosy, sont agréables. Et le restaurant réserve son lot de gourmandises... Une bonne étape.

La Dômerie

1 r. Audrain – ✆ 05 65 44 28 42 – www.hoteldomerie.com – Ouvert 1er avril-16 oct. et fermé le midi en sem. sauf juil.-août

Rest – Menu 23/36 € – Carte 27/47 €

Ici, la cuisine est simple, familiale et exclusivement réalisée avec des produits du terroir : le bœuf d'Aubrac et l'aligot sont des incontournables de la maison, ainsi que la tête de veau sauce gribiche. Traditionnel et copieux !

AUBUSSON – 23 Creuse – 325 K5 – 3 972 h. – alt. 440 m – ✉ 23200 25 C2

Limousin Berry

Paris 387 – Clermont-Ferrand 91 – Guéret 41 – Limoges 89

rue Vieille, ✆ 05 55 66 32 12, www.ot-aubusson.fr

Musée départemental de la Tapisserie★ (Centre Culturel Jean-Lurçat).

La Bauze sans rest

14 av. de la République – ✆ 05 55 66 46 00 – www.hotellabauze.fr

10 ch – 🛉60/70 € 🛉🛉60/70 € – ☕ 8 €

C'est une maison en pierre, typique du pays creusois. Les chambres sont décorées avec goût, dans un style frais et contemporain, et donnent toutes sur le jardin et son superbe séquoïa en bordure de rivière. Quiétude, sans aucun doute !

Le France

rest,

6 r. des Déportés – ✆ 05 55 66 10 22 – www.aubussonlefrance.com – Fermé 24 déc.-8 janv.

21 ch – 🛉69/100 € 🛉🛉69/100 € – ☕ 10 € – ½ P

Rest *(fermé dim. soir de début nov. à fin mai)* – Menu 20/41 € – Carte 23/55 €

Près de l'église Ste-Croix, une jolie demeure du 18e s. avec des chambres confortables et aménagées avec goût (meubles chinés, tissus choisis). Il y a aussi un restaurant du terroir et un agréable petit espace détente (sauna, hammam...).

AUCH P – 32 Gers – 336 F8 – 21 792 h. – alt. 169 m – ✉ 32000 28 B2

Midi Toulousain

Paris 713 – Agen 74 – Bordeaux 205 – Tarbes 74

1, rue Dessoles, ✆ 05 62 05 22 89, www.auch-tourisme.com

18 d'Auch-Embats, O : 5 km par D 924, ✆ 05 62 61 10 11

9 de Gascogne, à Masseube, Les Stournes, S : 25 km, ✆ 05 62 66 03 10

Cathédrale Ste-Marie★★ : stalles★★★, vitraux★★.

Château les Charmettes sans rest

21 rte de Duran, 2 km à l'Ouest par D 924 et D 148 – ✆ 05 62 62 10 10 – www.chateaulescharmettes.com – Ouvert 1er avril-30 nov.

6 ch – 🛉160/400 € 🛉🛉160/400 € – ☕ 20 €

Luxueux manoir ocre et bleu : chaque chambre est décorée selon une thématique différente (blues, fugue, concerto...). Suites avec jacuzzi. Parc, piscine... Une belle adresse.

Le Bartok

1 r. Gambetta – ✆ 05 62 05 87 82 – www.le-bartok.com – Fermé 2 sem. fin août, 31 déc.-7 janv., dim. et lundi AYa

Rest – Formule 11 € – Menu 14 € (déj. en sem.)/25 € – Carte environ 39 €

Dans ce couvent du 14e s., le décor est chaleureux et l'on découvre un patio fleuri. Le chef travaille de beaux produits frais, typiques d'une cuisine de marché.

AUCH

Alsace (Av. d') .... BY 2
Caillou (Pl. du) .... AZ 4
Caumont (R.) .... AZ 5
Convention (R. de la) .... AZ 7
Daumesnil (R.) .... BY 9
David (Pl. J.) .... AY 8
Dessoles (R.) .... AY 12
Espagne (R.) .... AZ 13
Fabre d'Églantine (R.) .... AZ 14
Gambetta (R.) .... AY
Lagarrasic (Allées) .... ABZ 17
Lamartine (R.) .... AY 15
Lartet (R. Ed.) .... AZ 16
Lissagaray (Q.) .... BYZ 18
Marceau (R.) .... BY 19
Marne (Av. de la) .... BY 22
Montebello (R.) .... BZ 23
Pasteur (R.) .... BZ 25
Pont-National (R. du) .... AZ 27
Pouy (R. du) .... BY 28
Prieuré (Pt du) .... AZ 29
Rabelais (R.) .... BZ 31
République (Pl. de la) .... AZ 33
Rousseau (R. A.) .... AZ 35
Salleneuve (R.) .... AY 38
Somme (R. de la) .... BY 40

La Table d'Oste

7 r. Lamartine – ✆ 05 62 05 55 62 – www.table-oste-restaurant.com – Fermé 1 sem. en mars, 1 sem. en juin, 1 sem. en oct., 1 sem. fin janv., merc. midi de déc. à juin, sam. soir de fin juin à déc., lundi midi et dim. **AYb**

Rest *(nombre de couverts limité, réserver)* – Menu 21 € (déj.), 26/36 € – Carte 25/50 €

Près de la cathédrale, ce restaurant familial joue la carte de la cuisine régionale, avec des recettes du terroir gascon et des spécialités de canard (magret, daube, confit, etc.). Authentique.

rte d'Agen 7 km par ① – ✉ 32810 Montaux-les-Créneaux

Le Papillon

N 21 – ✆ 05 62 65 51 29 – www.restaurant-lepapillon.com – Fermé 2 sem. en mars, 2 sem. en juil., une sem. en sept., dim. soir et lundi

Rest – Menu 15 € (déj. en sem.), 29/48 € – Carte 41/52 €

Bonne cuisine du chef qui joue sur un registre régional bien maîtrisé. Tout est fait maison. Aux beaux jours, profitez de la terrasse.

à St-Jean-le-Comtal 10 km au Sud-Ouest par ③, N 21 et D150 – 384 h. – alt. 190 m – ✉ 32550

XX **Le Château de Camille**

– ✆ 05 62 05 34 58 – www.lechateaudecamille.com – *Fermé mardi soir, merc. soir et jeudi soir d'oct. à mai, dim. soir et lundi*

Rest – Formule 15 € bc – Menu 26 € – Carte 32/41 €

Une belle bâtisse du 17e s., très élégante, dans un parc planté d'essences anciennes. Porc noir gascon, foie et magret de canard pour le terroir, et cuisine du marché.

AUDERVILLE – 50 Manche – 303 A1 – 276 h. – alt. 55 m – ✉ 50440 32 A1

Normandie Cotentin

Paris 382 – Caen 149 – Cherbourg 29 – Saint-Lô 113

3, rue du Port, ✆ 02 33 04 50 26, www.lahague-tourisme.com

X **Auberge de Goury**

Port de Goury – ✆ 02 33 52 77 01 – www.aubergedegoury.com – *Ouvert début fév.-11 nov. et fermé dim. soir et lundi*

Rest – Menu 23 € (sem.), 30/42 € – Carte 50/68 €

À la pointe de Goury – un lieu magnifique – cette jolie maison en granit. Le chef concocte une cuisine marine avec des beaux produits locaux, ainsi que quelques viandes... et tout cela cuit tranquillement dans la cheminée, au feu de bois.

X **La Malle aux Épices**

– ✆ 02 33 52 77 44 – www.lamalleauxepices.com – *Fermé mi-janv. à mi-fév., dim. soir, lundi soir et mardi*

Rest *(réserver)* – Formule 21 € – Menu 24 € – Carte 25/38 €

Atmosphère conviviale et invitation au voyage dans ce repaire villageois qui fait aussi office de point presse et café. De l'une des salles, on peut même voir le chef concocter ses plats savoureux aux délicieuses senteurs venues d'ailleurs...

AUDIERNE – 29 Finistère – 308 D6 – 2 263 h. – alt. 5 m – ✉ 29770 9 A2

Bretagne Sud

Paris 599 – Douarnenez 21 – Pointe du Raz 16 – Pont-l'Abbé 32

8, rue Victor Hugo, ✆ 02 98 70 12 20, www.audierne-tourisme.com

Site★ - Planète Aquarium★★.

Le Goyen

pl. Jean-Simon – ✆ 02 98 70 08 88 – www.le-goyen.com – *Ouvert 1er avril-14 nov.*

26 ch – †88/172 € ††95/193 € – ☕ 13 € – ½ P

Rest *Le Goyen* – voir les restaurants ci-après

On repère facilement cette bâtisse imposante plantée sur les quais, face au port et à l'estuaire du Goyen. Les chambres ont un joli petit côté "jeune fille" : meubles bourgeois, tentures fleuries et teintes douces...

Hôtel de la Plage

21 bd E. Brusq, (à la plage) – ✆ 02 98 70 01 07 – www.hotel-finistere.com – *Ouvert d'avril à nov.*

22 ch – †52/98 € ††52/98 € – ☕ 10 € – ½ P

Rest *(dîner seult)* – Menu 26/42 € – Carte 28/38 €

L'hôtel a bonne mine, juste en face de la plage et de l'Océan. Chambres en bleu et blanc, restaurant panoramique, promenades à l'île de Sein : la douceur de vivre version bretonne.

Au Roi Gradlon

rest,

à la plage – ✆ 02 98 70 04 51 – www.auroigradlon.com – *Fermé 15 déc.-12 fév.*

19 ch – †49/84 € ††49/102 € – ☕ 11 € – ½ P

Rest *(fermé merc. hors saison)* – Formule 13 € bc – Menu 25/35 € – Carte 31/53 €

Un grand hôtel cubique, tout blanc, vraiment bien situé face à l'Atlantique ; d'ailleurs, la plupart des chambres – éblouissantes de blancheur – ont vue sur la mer. L'occasion de faire de belles balades et de s'oxygéner... La table met à l'honneur les produits de l'Océan.

XXX **L'Iroise**
8 quai Camille-Pelletan – ✆ 02 98 70 15 80 – www.restaurant-liroise.com – Fermé 1 sem. en nov., 3 sem. en janv., dim. soir et mardi sauf du 13 juil. au 31 août et lundi
Rest – Formule 25 € – Menu 29/45 € – Carte 47/66 €
Engageante, cette maison sur les quais. Et l'on n'est pas déçu ! La cuisine est raffinée, relevée d'épices douces et de parfums d'ailleurs. Beaux fromages, et une impressionnante carte des vins (sélection de bourgognes).

XXX **Le Goyen** – Hôtel Le Goyen
pl. Jean-Simon – ✆ 02 98 70 08 88 – www.le-goyen.com – Ouvert 1er avril-14 nov.
Rest – Formule 19 € – Menu 25 € (déj. en sem.), 32/87 € – Carte 53/80 €
Un restaurant au décor très classique, pour déguster face au ballet des bateaux des plats aussi élaborés qu'un tartare de cabillaud et sa crème d'asperges froide ou un soufflé glacé earl grey.

X **L'Auberge**
24 r. Guezno – ✆ 02 98 70 59 58 – Fermé janv., 2-10 fév., 2-10 juin, merc. et jeudi hors saison, lundi et mardi
Rest *(dîner seult)* – Carte 28/45 €
Cette demeure des 17e-18e s., c'est le coup de cœur de Jane, Anglaise amoureuse de la France, longtemps chef à Paris et... devenue bretonne en épousant Alexis. Elle concocte une cuisine traditionnelle très goûteuse, d'esprit bio. So pretty !

AUDINCOURT – 25 Doubs – **321** L2 – 14 731 h. – alt. 323 m – ✉ 25400 **17** C1
Franche-Comté Jura
Paris 476 – Basel 96 – Belfort 21 – Besançon 75
Église du Sacré-Coeur : baptistère★ AY B.

Voir plan de Montbéliard agglomération.

Les Tilleuls sans rest
51 r. du Mal. F.-Foch – ✆ 03 81 30 77 00 – www.hotel-lestilleuls.fr – Fermé 9-24 août et 20 déc.-2 janv. Ys
47 ch – †55/76 € ††77/83 € – ☕ 10 €
Principaux atouts de cet établissement : sa situation dans un quartier calme et ses chambres ouvrant sur la verdure. Au bâtiment principal s'ajoutent en effet deux annexes créées dans le jardin (avec piscine). Chambres simples et fonctionnelles.

à Taillecourt 1,5 km au Nord, rte de Sochaux – 1 031 h. – alt. 330 m – ✉ 25400

XXX **Auberge La Gogoline**
20 r. Croisée – ✆ 03 81 94 54 82 – Fermé 3-25 sept., sam. midi, dim. soir, lundi et mardi Yk
Rest – Menu 28 € (sem.), 38/54 € – Carte 50/70 €
Un grand jardin, un toit de chaume, un décor à la fois rustique et bourgeois : cette grande maison est digne d'une chaumière. La cuisine, ancrée dans la tradition et accompagnée de bons vins, va bien au lieu.

AUDRIEU – 14 Calvados – **303** I4 – rattaché à Bayeux

AUGEROLLES – 63 Puy-de-Dôme – **326** I8 – 893 h. – alt. 540 m – ✉ 63930 **6** C2
Paris 411 – Clermont-Ferrand 61 – Montluçon 149 – Roanne 65

X **Les Chênes**
rte de Courpière, 1 km à l'Ouest par D 42 – ✆ 04 73 53 50 34 – www.restaurant-les-chenes.com – Fermé 2-13 juil., 24 déc.-3 janv., 23-28 fév., mardi soir sauf juil.-août, sam. soir, dim. soir et lundi soir
Rest – Formule 12 € bc – Menu 19 € (sem.), 25/45 €
Les Chênes, c'est l'histoire d'une famille. Celle du chef qui, comme ses parents et grands-parents, défend les produits de sa région (viande label Rouge, miel, myrtilles, etc.). Les années passent, la tradition se perpétue... avec la certitude qu'il ne pouvait en être autrement !

AUGERVILLE-LA-RIVIÈRE – 45 Loiret – **318** L2 – 233 h. – alt. 100 m **12** C1
– ✉ 45330
Paris 92 – Orléans 76 – Évry 59 – Corbeil-Essonnes 62

Château d'Augerville rest,
pl. du Château – 02 38 32 12 07 – www.chateau-augerville.com
38 ch – 185/390 € 185/390 € – 2 suites – 18 €
Rest – Menu 20 € (déj.)/49 € – Carte 25/85 €
Des chambres signées par l'architecte Patrick Ribes, un domaine de 110 ha et un parcours 18 trous : ce superbe château Renaissance (16e-17e s.) prête à mener grand train – que l'on soit golfeur ou non. Cuisine de saison au restaurant.

AUJOLS – 46 Lot – 337 F5 – 291 h. – alt. 200 m – 46090 29 C1

Paris 599 – Agen 145 – Cahors 18 – Toulouse 114

Lou Repaou
r de la Croix Blanche – 05 65 22 03 47 – www.lourepaou.fr – Fermé janv.
5 ch – 95/140 € 105/150 € **Table d'hôte** – Menu 25/35 €
Déconnexion totale dans cette ancienne ferme baptisée Lou Repaou : "le repos" en patois. Les maîtres des lieux se sont inspirés de leurs voyages pour décorer les chambres aux noms évocateurs : Pérou, Mali, Australie... Dépaysement garanti.

AULLÈNE – 2A Corse-du-Sud – 345 D9 – voir à Corse

AULNAY – 17 Charente-Maritime – 324 H3 – 1 469 h. – alt. 63 m – 17470 38 B2

Poitou-Charentes
Paris 424 – Angoulême 66 – Niort 41 – Poitiers 87
290, avenue de l'Église, 05 46 33 14 44
Église St-Pierre★★.

Hôtel du Donjon sans rest
4 r. des Hivers – 05 46 33 67 67 – www.hoteldudonjon.com – Fermé une sem. en fév.
10 ch – 59/82 € 59/89 € – 8 €
Charmante maison saintongeaise non loin de l'église St-Pierre. Les chambres sont impeccablement tenues et décorées avec goût (pierres et poutres anciennes, mobilier rustique) ; quant au jardin, il se révèle bien agréable aux beaux jours.

AULNAY-SOUS-BOIS – 93 Seine-Saint-Denis – 305 F7 – 101 18 – voir à Paris, Environs

AULON – 65 Hautes-Pyrénées – 342 N7 – 79 h. – alt. 1 213 m – 65240 28 A3

Paris 830 – Bagnères-de-Luchon 44 – Col d'Aspin 24 – Lannemezan 38

Auberge des Aryelets
pl. du Village – 05 62 39 95 59 – Fermé de mi-nov. à mi-déc., dim. soir, lundi et mardi hors vacances scolaires et jours fériés
Rest – Formule 19 € – Menu 23/37 € – Carte 44/51 €
Prêt pour une ascension gourmande ? Dans ce village haut perché des Pyrénées, les bons petits plats se méritent ! Dans une salle au décor on ne peut plus rustique, on déguste une généreuse cuisine de pays où les produits de première qualité ont la part belle. Ambiance conviviale.

AUMALE – 76 Seine-Maritime – 304 K3 – 2 405 h. – alt. 130 m – 76390 33 D1

Normandie Vallée de la Seine
Paris 136 – Amiens 48 – Beauvais 49 – Dieppe 69
rue de l'Hotel de Ville, 02 35 93 41 68

Villa des Houx
6 av. du Gén.-de-Gaulle – 02 35 93 93 30 – www.villa-des-houx.com – Fermé en janv. et dim. soir du 15 sept. au 15 juin
22 ch – 72/100 € 78/110 € – 9 € – ½ P
Rest ***Villa des Houx*** – voir les restaurants ci-après
Cette bâtisse en impose, avec sa belle façade à colombages ! Une petite rivière coule paisiblement dans le parc... une impression de calme que l'on retrouve dans les chambres, de facture classique.

Villa des Houx

6 av. du Gén.-de-Gaulle – 02 35 93 93 30 – www.villa-des-houx.com – Fermé en janv., dim. soir et lundi du 15 sept. au 15 juin

Rest – Menu 17 € (sem.), 28/42 € – Carte 38/58 €

Ce restaurant d'hôtel propose une cuisine généreuse et amie du terroir. On ne triche pas avec les produits - beau poisson, jolis fromages - que l'on prépare avec un classicisme de bon aloi.

AUMONT-AUBRAC – 48 Lozère – 330 H6 – 1 123 h. – alt. 1 040 m – ✉ 48130 23 C1

Paris 549 – Aurillac 115 – Espalion 57 – Marvejols 25

rue de l'Église, 04 66 42 88 70, www.ot-aumont-aubrac.fr

Grand Hôtel Prouhèze

2 rte du Languedoc – 04 66 42 80 07 – www.prouheze.com – Fermé 11 nov.-7 déc. et 6 janv.-5 fév.

23 ch – 50/90 € 79/90 € – 13 € – ½ P

Rest ***Le Compostelle*** – voir les restaurants ci-après

Rest *(ouvert 6 avril-11 nov. et fermé le midi sauf sam., dim. et fériés)* – Menu 51/62 €

Sur la place de la gare, un hôtel tenu en famille, aux chambres traditionnelles et bien tenues. Au choix à l'heure des repas : restaurant ou bistrot. Une étape bienvenue au cœur de l'Aubrac.

Chez Camillou sans rest

10 rte du Languedoc – 04 66 42 80 22 – www.hotel-camillou.com – Ouvert 15 mars-10 nov.

34 ch – 74/165 € 74/165 € – 3 suites – 11 €

En léger retrait de la nationale et dans un environnement boisé, un hôtel récent avec des chambres agréables, d'esprit contemporain et frais. Le plus : un petit-déjeuner copieux (charcuteries et fromages locaux).

Cyril Attrazic

10 rte du Languedoc – 04 66 42 86 14 – www.chezcamillou.com – Fermé 10 janv.-14 fév.

Rest *(fermé dim. soir et mardi midi sauf juil.-août et lundi)* – Menu 30 € (déj. en sem.), 55/80 € – Carte 59/71 €

Rest ***Le Gabale*** – Formule 14 € – Menu 16/32 € – Carte 31/41 €

Un restaurant élégant et bien dans son époque... pour un chef inspiré ! Cyril Attrazic fait la part belle aux produits locaux et les travaille avec finesse et précision. Quant à son annexe La Gabale, elle embaume le terroir.

→ Nouilles de céleri, champignons et jus truffé. Bœuf d'Aubrac, oignons doux et beurre de pomme de terre. Sphère croustillante de chocolat noir, émulsion de thé et ganache glacée. **Vins** Vin de pays de Lozère.

Le Compostelle – Grand Hôtel Prouhèze

2 rte du Languedoc – 04 66 42 80 07 – www.prouheze.com – Fermé 11 nov.-7 déc., 6 janv.-5 fév., lundi soir, merc. midi et mardi

Rest – Formule 19 € – Menu 23/42 €

Aligot, chou farci, tripoux... tout l'Aubrac dans votre assiette ! Les recettes du terroir sont mises à l'honneur dans ce petit bistrot au charme très campagnard.

AUNAY-SUR-ODON – 14 Calvados – 303 I5 – 3 076 h. – alt. 188 m – ✉ 14260 Normandie Cotentin 32 B2

Paris 269 – Caen 36 – Falaise 42 – Flers 37

8, rue d'harcourt, 02 31 77 60 32, www.bocage-normand.com

St-Michel avec ch

6 r. de Caen – 02 31 77 63 16 – Fermé 3 sem. en janv., lundi sauf le soir en juil.-août et dim. soir de sept. à juin

6 ch – 51 € 51 € – 8,50 €

Rest – Menu 15 € (sem.), 25/45 € – Carte 37/52 €

Au centre du village, voilà une auberge familiale qui invite à réviser ses classiques en matière de terroir normand, le tout dans un décor contemporain et coloré. Chambres simples et pratiques pour l'étape.

AUPS – 83 Var – 340 M4 – 2 083 h. – alt. 496 m – ✉ 83630 Côte d'Azur 41 C3

Paris 818 – Aix-en-Provence 90 – Digne-les-Bains 78 – Draguignan 29

place Frédéric Mistral, ✆ 04 94 84 00 69, www.aups-tourisme.com

Restaurant des Gourmets

5 r. Voltaire – ✆ 04 94 70 14 97 – Fermé 24 juin-12 juil., 2-20 déc., dim. soir et lundi

Rest – Menu 19 € (sem.), 25/39 €

Adresse familiale dans ce village célèbre pour son marché aux truffes. Cadre coloré (fresques évoquant la Provence), goûteuse cuisine traditionnelle et joli chariot de fromages.

à Moissac-Bellevue 7 km à l'Ouest par D9 – 278 h. – alt. 599 m – ✉ 83630

Bastide du Calalou

rte de Baudinard – ✆ 04 94 70 17 91 – www.bastide-du-calalou.com

28 ch – †119/240 € ††119/295 € – 4 suites – ☐ 17 €

Rest *Bastide du Calalou* – voir les restaurants ci-après

Une grande bastide dans un écrin de verdure. Les chambres distillent un joli esprit d'antan, avec leurs mobilier et tableaux chinés par la propriétaire, ancienne décoratrice ; il fait bon se prélasser sous les oliviers, près de la belle piscine.

Bastide du Calalou

rte de Baudinard – ✆ 04 94 70 17 91 – www.bastide-du-calalou.com

Rest – Formule 25 € – Menu 30/75 € – Carte 42/69 €

Le décor est provençal mais on retient surtout la vue plongeante sur la campagne, dans cette salle aux allures de balcon. Gâteau de topinambours, filet de bœuf aux légumes oubliés, etc. : la carte explore la tradition.

AURAY – 56 Morbihan – 308 N9 – 12 187 h. – alt. 35 m – ✉ 56400 9 A3

Bretagne Sud

Paris 477 – Lorient 41 – Pontivy 54 – Quimper 102

20, rue du Lait-Chapelle de la congrégation, ✆ 02 97 24 09 75, www.auray-tourisme.com

Quartier St-Goustan★ - Promenade du Loch★ - Église St-Gildas★ - Église Ste-Avoye★ : Jubé★ et charpente★ de l'église 4 km au Sud-Est

Le Branhoc sans rest

5 rte du Bono, 1,5 km au Sud – ✆ 02 97 56 41 55 – www.auditel-hotel.fr

29 ch – †49/69 € ††56/82 € – ☐ 8 €

Tout près de la route, ce petit hôtel des années 1980 dispose de chambres fonctionnelles et bien tenues. Buffet au petit-déjeuner, à apprécier sur la terrasse aux beaux jours.

Closerie de Kerdrain

20 r. Louis Billet – ✆ 02 97 56 61 27 – www.lacloseriedekerdrain.com – Fermé 18-26 mars, 1 sem. fin sept., 2 sem. fin janv., dim. soir de sept. à juin et lundi

Rest – Menu 28 € (sem.), 45/85 € – Carte 67/104 €

Classique et raffiné : tel est ce beau manoir breton du 17e s. Le chef aime utiliser les herbes et les fleurs du jardin, le tout accompagné de bien beaux flacons.

Terre-Mer

16 r. du Jeu-de-Paume – ✆ 02 97 56 63 60 – Fermé 2 sem. en oct., 2 sem. en janv., sam. midi hors saison, dim. soir et lundi

Rest – Formule 19 € – Menu 29/49 €

Après un joli parcours international, Anthony Jehanno a repris l'adresse en 2010 avec son épouse Anne-Sophie. Le duo excelle à en faire une table aussi agréable que gourmande. Au menu : une cuisine très aromatique et soignée. Dans cette charmante maison de granit, la terre épouse la mer – et uniquement pour le meilleur !

La Chebaudière

6 r. Abbé Joseph Martin – ✆ 02 97 24 09 84 – Fermé 1 sem. en juin, 1 sem. en oct., 1 sem. en fév., mardi soir, dim. soir et merc.

Rest – Formule 16 € – Menu 20 € (sem.), 30/35 € – Carte 39/52 €

Néobistrot de quartier, où l'on aime à se retrouver autour d'un bon petit plat de saison, telles ces tagliatelles aux fèves et lardons et leur filet de merluchon à la vapeur...

au golf de St-Laurent 10 km à l'Ouest par D 22 et rte secondaire – ✉ 56400 Auray

Hôtel du Golf de St-Laurent sans rest
– ✆ 02 97 56 88 88 – www.hotel-golf-saint-laurent.com – *Ouvert 1er avril-1er oct.*
42 ch – †84/204 € ††84/204 € – ☕ 12 €
Sauna, jacuzzi, billard et piscine à deux pas du golf : dans cet hôtel, la détente n'est pas en option ! Chambres fonctionnelles, avec balcon ou terrasse.

AUREC-SUR-LOIRE – 43 Haute-Loire – 331 H1 – 5 557 h. – alt. 435 m – ✉ 43110

6 D2

Paris 536 – Firminy 11 – Le Puy-en-Velay 56 – St-Étienne 22
Château du Moine-Sacristain, ✆ 04 77 35 42 65

Les Cèdres Bleus ch, rest, rest,
23 r. de la Rivière – ✆ 04 77 35 48 48 – www.lescedresbleus.com – Fermé 16-29 août, 2 janv.-2 fév. et dim. soir
15 ch ☕ – †55 € ††94 € – ½ P
Rest *(fermé dim. soir, lundi midi et mardi midi)* – Formule 26 € – Menu 30 € (sem.)/ 95 € – Carte 52/77 €
Entre les gorges de la Loire et le lac de Grangent, un joli jardin où s'épanouissent des cèdres bleus, mais aussi une maison bourgeoise, son restaurant traditionnel et trois chalets en bois. Ces derniers abritent les chambres, bien tenues et très paisibles.

AUREILLE – 13 Bouches-du-Rhône – 340 E3 – 1 476 h. – alt. 134 m – ✉ 13930

42 E1

Paris 719 – Aix-en-Provence 59 – Avignon 38 – Marseille 73

Le Balcon des Alpilles sans rest
rte de Mouries, par D24 A – ✆ 04 90 59 94 24 – www.lebalcondesalpilles.fr – Ouvert 1er avril-1er nov.
5 ch ☕ – †120/130 € ††130/150 €
Ici les chambres portent des noms de fleurs. Le mas est décoré avec style ; oliviers, pins et lavandins parfument le jardin : tout est paisible. Superbe petit-déjeuner !

AUREVILLE – rattaché à Toulouse

AURIAC – 19 Corrèze – 329 N4 – 226 h. – alt. 608 m – ✉ 19220

25 C3

Limousin Berry

Paris 545 – Aurillac 58 – Limoges 153 – Tulle 61

Les Jardins Sothys
rte de Darazac-Le-Bourg – ✆ 05 55 91 96 89 – www.lesjardinssothys.com – Ouvert de mi-mars à mi-nov. et fermé mardi soir, dim. soir et lundi.
Rest – Formule 16 € – Menu 24 € (déj. en sem.)/34 € – Carte 29/35 €
Jardins japonais, des gouttes d'eau, des constellations... Un cadre contemporain, poétique et botanique, conçu par la célèbre marque de cosmétiques. Le chef donne au terroir corrézien un supplément d'originalité.

AURILLAC P – 15 Cantal – 330 C5 – 28 207 h. – alt. 610 m – ✉ 15000

5 B3

Auvergne

Paris 557 – Brive-la-Gaillarde 98 – Clermont-Ferrand 158 – Montauban 174
Aurillac ✆ 04 71 64 50 00, 3 km par ③.
7 rue des Carmes, ✆ 04 71 48 46 58, www.iaurillac.com
18 de Haute-Auvergne, à Arpajon-sur-Cère, La Bladade, SO par N 122 et D 153 : 7km, ✆ 04 71 47 73 75
9 de Vézac Aurillac, à Vézac, Mairie, SE par D 990 : 8 km, ✆ 04 71 62 44 11
Château St-Étienne : muséum des Volcans★.

Plan page suivante

Angoulême (Cours d') . . . . BY 2	Gambetta (Av.) . . . . BZ 23	Pupilles de la Nation (Av. des) . . . . AZ 33
Arbre Croumaly (R. de l') . . . . . AY 3	Gerbert (Pl.) . . . . BY 24	République (Av. de la) . . . . AZ
Carmes (R. des) . . . . BZ	Marchande (R.) . . . . BY 25	St-Géraud (Pl.) . . . . BY 34
Champeil (R. J.-B.) . . . . BY 6	Maynard (R. F.) . . . . AZ 26	St-Jacques (R.) . . . . BY 35
Château St-Étienne (R. du) . . . . BY 7	Monastère (R. du) . . . . BY 27	Square (Pl. du) . . . . BY 36
Consulat (R. du) . . . . BY 8	Monthyon (Cours) . . . . BY 28	Vaissière (R. Robert de la) . . . . AY 37
Coste (R. de la) . . . . BY 9	Mont Mouchet (R. du) . . . . AZ 29	Vermenouze (R. Arsène) . . . . . BY 38
Duclaux (R. Émile) . . . . BY 13	Noailles (R. de) . . . . BY 30	Veyre (Av. J.-B.) . . . . BY 39
Fargues (R. des) . . . . BY 18	Pavatou (Bd du) . . . . BY 31	14-Juillet (R. du) . . . . BZ 40
Ferry (R. Jules) . . . . BZ 19	Prés.-Delzons (R. du) . . . . BY 32	139e-R.-I. (R. du) . . . . BZ 44
Frères (R. des) . . . . BY 22		

Grand Hôtel de Bordeaux sans rest

2 av. de la République – ✆ 04 71 48 01 84 – www.hotel-de-bordeaux.fr – Fermé 21 déc.-1er janv. BYr

34 ch – 68/89 € 77/99 € – 2 suites – 11 €

C'est probablement l'une des meilleures adresses de la ville. Dans ce bel immeuble du début du 20e s. aux chambres claires et agréables, tout n'est qu'élégance et raffinement, avec une pointe d'originalité. À noter, la qualité de l'accueil.

Delcher

20 r. Carmes – ✆ 04 71 48 01 69 – www.hotel-delcher.com – Fermé 20-29 avril, 14-31 juil. et 20 déc.-7 janv. BZq

23 ch – 53 € 58 € – 8 € – ½ P

Rest *(fermé sam., dim. et fériés)* – Formule 17 € – Menu 21/40 € – Carte 29/39 €

L'artiste danois Gorm Hansen a séjourné dans cet hôtel-restaurant en 1912 et payé son séjour en fresques décrivant les paysages environnants. Hormis celles-ci, l'hôtel est plutôt simple ; les chambres les plus calmes et les plus récentes sont situées dans une annexe, sur l'arrière du bâtiment.

La Thomasse
28 r. du Dr-Louis-Mallet – 04 71 48 26 47 – www.hotel-la-thomasse.com – Fermé 26 avril-12 mai et 21 déc.-2 janv. AZa
21 ch – 84/94 € 84/148 € – 12 € – ½ P
Rest *(fermé sam. et dim.) (dîner seult)* – Menu 26/31 € – Carte 30/38 €
Un bâtiment couvert de lierre, dans un quartier résidentiel, loin de l'agitation du centre-ville. Les chambres imposent leur style, à la fois coloré et actuel ; de quoi plaire à la clientèle d'affaires pour laquelle une salle de réunion a été récemment créée.

Quatre Saisons
10 r. Champeil – 04 71 64 85 38 – http://quatresaisons.onlc.fr – Fermé 19-25 août, 25 oct.-2 nov., 1 sem. en fév., dim. soir, mardi midi et lundi BYt
Rest – Formule 19 € – Menu 25/60 € – Carte 43/55 €
Le cadre a été entièrement rénové en 2010 mais la priorité reste la goûteuse cuisine du marché, réalisée avec des produits ultrafrais, dont les légumes du potager ! Pour une cuisine des quatre saisons, bien entendu...

à Vézac **par 10 km par ③, D 920 et D 990 – 1 124 h. – alt. 650 m – ✉ 15130**

Château de Salles
rte du Château – 04 71 62 41 41 – www.longitudehotels.com – Ouvert 18 mai- 19 oct.
24 ch – 109/169 € 109/179 € – 9 suites – 20 € – ½ P
Rest – Formule 24 € – Menu 27/46 € – Carte environ 50 €
Ce château du 15e s. et son parc offrent une vue ravissante sur les monts du Cantal. Équipements très complets : chambres réparties dans plusieurs bâtiments au calme, piscine, tennis, billard, restaurant et salle de réception. Pour les amateurs, le golf de Vézac est tout près.

AURON – 06 Alpes-Maritimes – 341 C2 – alt. 1 100 m – Sports d'hiver : 41 C-D2
1 600/2 450 m 17 – ✉ 06660 St Etienne de Tinee Alpes du Sud
Paris 914 – Marseille 263 – Nice 93 – Borgo San Dalmazzo 206
Grange Cossa, boulevard Riou, 04 93 23 02 66

Le Chalet d'Auron
voie du Berger – 04 93 23 00 21 – www.chaletdauron.com – Ouvert 19 juil.-25 août et 14 déc.-31 mars
15 ch – 280/480 € 280/480 € – 2 suites – ½ P
Rest – Formule 24 € – Carte 37/67 €
Un vrai chalet, douillet, confortable et raffiné. Du bois, encore du bois, des tons chauds et des petits plats du terroir bien sympathiques après une journée de ski : beaucoup de charme et... la montagne à perte de vue !

AUSSOIS – 73 Savoie – 333 N6 – 677 h. – alt. 1 489 m – Sports d'hiver : 45 D2
1 500/2 750 m 10 – ✉ 73500 Alpes du Nord
Paris 670 – Albertville 97 – Chambéry 110 – Lanslebourg-Mont-Cenis 17
route des Barrages, 04 79 20 30 80, www.aussois.com
Ensemble fortifié de l'Esseillon★★ S : 4 km - Redoute Marie-Thérèse★- Monolithe de Sardières★ NE : 3 km.

Hôtel du Soleil
15 r. de l'Église – 04 79 20 32 42 – www.hotel-du-soleil.com
22 ch – 52/172 € 76/172 € – 11 € – ½ P
Rest *(fermé de mi-avril à mi-juin et de mi-oct. à mi-déc.) (dîner seult) (réserver)* – Menu 17/38 € – Carte 39/60 €
Ce plaisant hôtel abrite des chambres de style rétro, tournées vers la montagne. Il fait bon se ressourcer au sauna ou au hammam. Cuisine traditionnelle au restaurant (salaisons, produits du marché, etc.). Accueil sympathique.

AUTHUILLE – 80 Somme – 301 J7 – rattaché à Albert

AUTRANS – 38 Isère – 333 G6 – 1 676 h. – alt. 1 050 m – Sports d'hiver : 45 C2
1 050/1 650 m 12 – ✉ 38880 Alpes du Nord
Paris 586 – Grenoble 36 – Romans-sur-Isère 58 – St-Marcellin 47
rue du Cinéma, 04 76 95 30 70, www.autrans.com

La Poste
1 place Julien Bertrand – 04 76 95 31 03 – www.hotel-barnier.com – Ouvert 11 mai-18 oct. et 4 déc.-16 avril
28 ch – 65/90 € 70/106 € – 10 € – ½ P
Rest *(fermé dim. soir, mardi midi sauf juil.-août et du 20 déc. au 14 mars et lundi)* – Menu 25/40 € – Carte 38/51 €
Au cœur de ce village du Vercors, un sympathique hôtel-restaurant qui respire la tradition : il est tenu par la même famille depuis quatre générations ! Partout le bois domine, avec chaleur et... non sans fraîcheur.

Les Tilleuls
la Côte – 04 76 95 32 34 – www.hotel-tilleuls.com – Fermé 8-29 avril, 4-26 nov., mardi soir et merc. hors saison et hors vacances scolaires
18 ch – 61/74 € 68/88 € – 2 suites – 10 € – ½ P
Rest *Les Tilleuls* – voir les restaurants ci-après
Dans une zone résidentielle assez tranquille, cette imposante maison de style régional compte de nombreux habitués. Suites familiales, bonne literie, rénovations régulières : une vraie satisfaction pour les clients.

Les Tilleuls
la Côte – 04 76 95 32 34 – www.hotel-tilleuls.com – Fermé 8-29 avril, 4-26 nov., mardi soir et merc. hors saison et hors vacances scolaires
Rest – Menu 25/48 € – Carte 37/56 €
Le patron, son fils et son beau-fils concoctent une sympathique cuisine traditionnelle et régionale – avec une spécialité maison, la caillette. On apprécie ces petits plats dans une salle d'esprit montagnard, comme il se doit !

AUTUN – 71 Saône-et-Loire – **320** F8 – 14 496 h. – alt. 326 m – 71400 — 8 C2

Bourgogne

Paris 287 – Avallon 78 – Chalon-sur-Saône 51 – Dijon 85

13, rue du Général Demetz, 03 85 86 80 38, www.autun-tourisme.com

d'Autun, Le Plan d'Eau du Vallon, par rte de Chalon-s-Saône : 3 km, 03 85 52 09 28

Cathédrale St-Lazare★★ (tympan★★★, chapiteau★★) - Musée Rolin★ (la Tentation d'Eve★★, Nativité au cardinal Rolin★★, vierge d'Autun★★) BZ **M²** - Porte St-André★ - Grilles★ du lycée Bonaparte AZ **B** - Manuscrits★ (bibliothèque de l'Hôtel de Ville) BZ **H.**

La Tête Noire
3 r. Arquebuse – 03 85 86 59 99 – www.hoteltetenoire.fr – Fermé 21 déc.-26 janv.
31 ch – 68/82 € 79/100 € – 12 € – ½ P — BZ**n**
Rest – Formule 17 € – Menu 22/47 € – Carte 26/66 €
Dans le centre-ville, un hôtel classique et familial dont les chambres, colorées et lumineuses, s'avèrent pratiques et bien insonorisées. Le petit-déjeuner est vraiment copieux : charcuterie, fromage, fruits et bonnes confitures !

Ibis
2 km rte Chalon par ③ – 03 85 52 00 00 – www.ibishotel.com
46 ch – 59/69 € 59/69 € – 9 €
Rest *(fermé dim.) (dîner seult)* – Carte 20/30 €
Un Ibis pratique, près du plan d'eau du Vallon, à quelques minutes des zones commerciales et à deux pas du centre historique d'Autun.

Le Moulin Renaudiots
chemin du Vieux-Moulin, 5 km au Sud-Est par N 80 et D 978 – 03 85 86 97 10 – www.moulinrenaudiots.com – Ouvert avril-nov.
5 ch – 130/150 € 130/150 € **Table d'hôte** – Menu 52 € bc
Une magnifique villa couverte de vigne vierge, avec son jardin à la française. L'intérieur, élégamment minimaliste, ose le cuir blanc et le béton ciré. Le petit-déjeuner est excellent et plusieurs fois par semaine, les propriétaires font table d'hôte, exprimant ainsi leur amour d'une chère raffinée.

AUTUN

Rue	Carreau	N°
Arbalète (R. de l')	BZ	2
Arquebuse (R. de l')	BZ	3
Cascade (R. de la)	BZ	4
Chauchien (Gde-Rue)	BZ	6
Cocand (R.)	AZ	7
Cordeliers (R. des)	BZ	9
Cordiers (R. aux)	BZ	12
Dijon (R. de)	BY	13
Dr-Renaud (R.)	AZ	15
Eumène (R.)	AY	16
Gaillon (R. de)	BY	18
Gaulle (Av. Ch.-de)	AYZ	19
Grange-Vertu (Rue de la)	AY	21
Guérin (R.)	BY	23
Jeannin (R.)	BZ	26
Lattre-de-Tassigny (R. de)	BZ	27
Laureau (Bd)	BY	28
Marbres (R. des)	BZ	29
Martin (R. Maître G.)	BY	43
Notre-Dame (R.)	AZ	31
Paris (R. de)	ABY	32
Passage couvert	BZ	33
Pernette (R.)	AZ	35
Raquette (R.)	BZ	37
St-Saulge (R.)	AZ	40
Vieux-Colombier (R. du)	BZ	42

Maison Sainte-Barbe sans rest

7 pl. Ste-Barbe – 03 85 86 24 77 – www.maisonsaintebarbe.com BZt

4 ch – 70/75 € 70/75 €

Cette ancienne maison canoniale (15e-18e s.) attend ses hôtes au pied de la cathédrale, un lieu chargé d'histoire que les propriétaires ne cessent d'embellir (vieux meubles, esprit familial, joli jardin...). Prochaine étape : l'aménagement de la belle chapelle attenante qui date du 12e s.

Le Chalet Bleu

3 r. Jeannin – 03 85 86 27 30 – www.lechaletbleu.com

– Fermé 1er-5 janv., 16 fév.-12 mars, lundi soir, dim. soir et mardi BYZs

Rest – Menu 18 € (sem.), 32/60 € – Carte 37/57 €

Un restaurant où le terroir rencontre la tradition ; le chef, qui est également pâtissier, travaille des produits de qualité. Une fois par semaine, un menu spécial décline un thème : asperges, truffes, foie gras, homard, fraises...

Le Chapitre
13 pl. du Terreau – ✆ 03 85 52 04 01 – www.restaurantlechapitre.com – Fermé 19-28 déc., 15 fév.-6 mars, dim. soir, mardi midi et lundi BZ**d**
Rest – Formule 20 € – Menu 29/48 € – Carte 37/45 €
Beaucoup de goût(s) pour cette table en prise sur les tendances. La salle affiche un bel esprit contemporain, tout en offrant une jolie vue sur le parvis de la cathédrale.

AUVERS – 77 Seine-et-Marne – **312** D5 – rattaché à Milly-la-Forêt (Essonne)

AUVERS-SUR-OISE – 95 Val-d'Oise – **305** E6 – **106** 6 – **101** 3 – voir à Paris, Environs

---

AUVILLAR – 82 Tarn-et-Garonne – **337** B7 – 959 h. – alt. 141 m – ✉ 82340 **28** B2
Midi Toulousain
Paris 652 – Agen 28 – Auch 62 – Montauban 42
place de la Halle, ✆ 05 63 39 89 82, www.auvillar.com

L'Horloge avec ch
pl. de l'Horloge – ✆ 05 63 39 91 61 – www.horlogeauvillar.monsite.orange.fr – Fermé 20 déc.-8 janv.
10 ch – †59/65 € ††59/85 € – ☐ 11 € – ½ P
Rest *(fermé vend. midi et sam. midi)* – Formule 15 € – Menu 19 € (sem.)/42 € – Carte 24/65 €
Rest *Le Bouchon* *(fermé vend., sam., dim. et fériés) (déj. seult)* – Formule 15 € – Carte 24/65 €
Jouxtant l'élégante tour de l'Horloge, cette maison est ravissante, avec ses volets vert tendre et sa terrasse sous les platanes... Le chef privilégie les producteurs locaux et concocte une jolie cuisine de saison, saine et savoureuse. À l'heure du déjeuner, le Bouchon propose des petits plats bistrot orientés terroir. Pour l'étape, des chambres agréables.

à Bardigues 4 km au Sud par D 11 – 257 h. – alt. 160 m – ✉ 82340

Auberge de Bardigues
au bourg – ✆ 05 63 39 05 58 – www.aubergedebardigues.com – Fermé dim. soir et lundi
Rest – Formule 14 € – Menu 18 € (sem.), 29/62 € bc – Carte 32/53 €
Au cœur d'un village rural, cette bâtisse contemporaine (avec une grande terrasse ouverte sur la campagne) est une sympathique halte bistronomique. Ciril concocte de bons petits plats, et son frère Fabien, sommelier, vous conseille de jolis crus.

AUXERRE P – 89 Yonne – **319** E5 – 36 702 h. – alt. 130 m – ✉ 89000 **7** B1
Bourgogne
Paris 166 – Bourges 144 – Chalon-sur-Saône 176 – Dijon 152
1, quai de la République, ✆ 03 86 52 06 19, www.ot-auxerre.fr
Cathédrale St-Étienne★★ (vitraux★★, crypte★, trésor★) - Ancienne abbaye St-Germain★★ (crypte★★).
Gy-l'Évêque : Christ aux Orties★ de la chapelle 9,5 km par ③.

Le Parc des Maréchaux sans rest
6 av. Foch – ✆ 03 86 51 43 77 – www.hotel-parcmarechaux.com AZ**u**
25 ch – †100/156 € ††100/156 € – ☐ 13 €
Demeure Napoléon III aux jolies chambres cosy, meublées dans le style Empire ; plus de calme côté parc. Bar feutré habillé de velours rouge.

Normandie sans rest
41 bd Vauban – ✆ 03 86 52 57 80 – www.hotelnormandie.fr – Fermé 16 déc.-2 janv. AY**b**
47 ch – †75/99 € ††80/130 € – ☐ 10 €
Cette demeure bourgeoise du 19e s. a tout pour plaire : cour paisible, chambres coquettes et colorées, billard, fitness, salon et salle de petit-déjeuner d'esprit Art déco...

Le Maxime sans rest
2 quai de la Marine – ✆ 03 86 52 14 19 – www.lemaxime.com BY**f**
26 ch – †96/115 € ††96/115 € – ☐ 13 €
Au 19e s., ce grenier à sel des bords de l'Yonne s'est mué en hôtel. Chambres coquettes et feutrées (tons gris, taupe...), avec vue sur le fleuve ou la cour.

AUXERRE

Boucheries (R. des) .... BZ 3
Bourbotte (Av.) .... BY 4
Chesnez (R. M. des) .... AZ 5
Coche-d'Eau (Pl. du) .... BY 8
Cochois (R.) .... BY 9
Diderot (R.) .... AZ 10
Dr-Labosse (R. du) .... BY 11
Draperie (R. de la) .... AZ 12
Eckmühl (R. d') .... AZ 14
Fécauderie (R.) .... AZ 16
Foch (Av.) .... AZ 18
Grand-Caire (R. du) .... AY 20
Horloge (R. de l') .... AZ 22
Hôtel-de-Ville (Pl. de l') ...... AZ 23
Jean-Jaurès (Av.) .... BY 26
Jean-Jaurès (Pl.) .... BZ 27
Leclerc (Pl. du Mar.) .... AZ 34
Lepère (Pl. Ch.) .... AZ 35
Maison-Fort (R.) .... BY 36
Marine (R. de la) .... BY 37
Mont-Brenn (R. du) .... BY 38
Paris (R. de) .... AY
Puits-des-Dames (R. du) ...... BZ 40
St-Germain (R.) .... ABY 44
St-Nicolas (Pl.) .... BY 45
Schaeffer (R. René) .... AZ 46
Surugue (Pl. Ch.) .... AZ 47
Temple (R. du) .... AZ
Tournelle (Av. de la) .... BY 48
Yonne (R. de l') .... BY 52
24-Août (R. du) .... AZ 54

XX Le Jardin Gourmand

56 bd Vauban – ✆ 03 86 51 53 52 – www.lejardingourmand.com – Fermé 18-26 mars, 17 juin-2 juil., 2-10 sept., 18 nov.-3 déc., dim. soir sauf juil.-août, lundi et mardi AY**d**

Rest *(nombre de couverts limité, réserver)* – Menu 54 € (déj. en sem.), 70/118 € – Carte 82/105 €

Cette ancienne maison de vigneron distille charme classique et fantaisie contemporaine... On y savoure une bonne cuisine du marché, qui varie avec les saisons. Raffiné.

XX La Salamandre

84 r. de Paris – ✆ 03 86 52 87 87 – www.lasalamandre-auxerre.fr – Fermé merc. soir, sam. midi, dim. et fériés AY**a**

Rest – Menu 32/68 € – Carte 51/93 €

Poissons (sauvages), coquillages et crustacés : dans ce restaurant du vieil Auxerre, on respire le bon air de la mer ! Décor contemporain.

Le Bourgogne

15 r. de Preuilly – ✆ 03 86 51 57 50 – www.lebourgogne.fr
– Fermé 15-21 avril, 5-18 août, 23 déc.-5 janv., jeudi soir, dim. et lundi BZ**e**
Rest *(nombre de couverts limité, réserver)* – Menu 29/65 € – Carte 50/68 €
Cadre élégant et feutré, belle terrasse et petits plats du marché aussi appétissants sur l'ardoise que dans l'assiette : reconversion réussie pour cet ancien garage !

Le Rendez-Vous

37 r. du Pont – ✆ 03 86 51 46 36 – www.restaurant-le-rendez-vous.com
– Fermé 22 avril-1er mai, 15-28 juil., 24 déc.-6 janv., le soir en sem. de mi-oct. à mi-mai, sam., dim. et fériés BZ**r**
Rest – Menu 32/49 € – Carte 28/56 €
Rendez-vous au pied de l'église St-Pierre, où le chef mijote de savoureuses spécialités bourguignonnes (joue de bœuf, œufs en meurette...) dans une atmosphère conviviale.

à Champs-sur-Yonne 10 km par ② et D 606 – 1 586 h. – alt. 110 m – ✉ 89290

Mas des Lilas sans rest

1 r. du Pont, (au Hameau de la Cour Barrée) – ✆ 03 86 53 60 55
– www.lemasdeslilas.com
16 ch – †57/64 € ††64 € – ☕ 8,50 €
Ces pavillons nichés dans un jardin fleuri abritent de petites chambres climatisées et bien tenues, toutes de plain-pied et avec terrasse ouverte sur la verdure.

à Vincelottes 16 km par ② D 606 et D 38 – 339 h. – alt. 110 m – ✉ 89290

Auberge Les Tilleuls avec ch

12 quai de l'Yonne – ✆ 03 86 42 22 13 – www.auberge-les-tilleuls.com – Fermé 16 déc.-13 fév., lundi soir d'oct. à Pâques, fériés le soir, mardi et merc.
5 ch ☕ – †71/84 € ††85/105 € – ½ P
Rest – Formule 17 € bc – Menu 29/55 € – Carte 38/96 €
Pause bucolique au bord de l'Yonne. Ici, le chef mise sur les bons produits et concocte une savoureuse cuisine traditionnelle ou des recettes plus actuelles. Terrasse à fleur d'eau et bon choix de bourgognes. Chambres pour l'étape.

à Villefargeau 5,5 km par ④ – 894 h. – alt. 130 m – ✉ 89240

Le Petit Manoir des Bruyères

5 allée de Charbuy Les Bruyères, 4 km à l'Ouest par D 22 ou rte secondaire
– ✆ 03 86 41 32 82 – www.petit-manoir-bruyeres.com
4 ch ☕ – †150/220 € ††150/220 € **Table d'hôte** – Menu 46 €
À l'orée du bois, ce manoir au toit vernissé est un véritable havre de paix. Chambres raffinées (18e s.) et suite royale "Montespan". Cueillette des champignons en saison... Table d'hôte richement dressée devant la cheminée Louis XIII ; plats bourguignons.

à Appoigny 8 km par ⑤ et D 606 – 3 141 h. – alt. 110 m – ✉ 89380

ℹ 4, rue du Fer à Cheval, ✆ 03 86 53 20 90, www.appoigny.com

Le Puits d'Athie

1 r. de l'Abreuvoir – ✆ 03 86 53 10 59 – www.puitsdathie.com
5 ch ☕ – †80/180 € ††80/180 €
Table d'hôte – Formule 22 € bc – Menu 49 € bc
Les chambres de cette demeure bourguignonne possèdent un charme rare (meubles chinés), en particulier "Mykonos", habillée de bleu et blanc, et "Porte d'Orient", décorée d'une porte du Rajasthan. La patronne concocte des plats régionaux ou méditerranéens.

AVAILLES-LIMOUZINE – 86 Vienne – 322 J8 – 1 314 h. – alt. 142 m 39 C2

– ✉ 86460

▶ Paris 413 – Chauvigny 61 – Poitiers 66 – Saint-Junien 40

ℹ 6, rue Principale, ✆ 05 49 48 63 05, www.office-de-tourisme-availles-limouzine.fr

Gardez le contact
avec votre auto !
GOLDEN RULES#7
N'utilisez pas votre téléphone portable lorsque vous conduisez.
Retrouvez l'ensemble des Golden Rules sur www.goldenrules-fia-michelin.com
FIA ACTION FOR ROAD SAFETY
MICHELIN

La Chatellenie

1 r. du Commerce – ✆ 05 49 84 31 31 – www.lachatellenie.fr
– Fermé 17 fév.-4 mars et 23-29 déc.
9 ch – †51 € ††58 € – ☕ 8 € – ½ P
Rest *(fermé sam. midi sauf juil.-août, dim. soir et lundi)* – Formule 13 €
– Menu 18 € (sem.), 26/47 € – Carte 32/46 €
Sortez des sentiers battus : ce petit relais de poste (repris en 2010 par un jeune couple dynamique) se prête à une escapade à l'ancienne, sur les chemins détournés qui relient Poitiers et Limoges. Un joli escalier en bois mène aux chambres. Viande et légumes du pays : à table, la tradition aussi a du bon.

AVALLON – 89 Yonne – 319 G7 – 7 252 h. – alt. 250 m – ✉ 89200 7 B2

Bourgogne

Paris 222 – Auxerre 51 – Beaune 103 – Chaumont 134
6, rue Bocquillot, ✆ 03 86 34 14 19, www.avallonnais-tourisme.com
Site★ - Ville fortifiée★ : Portails★ de l'église St-Lazare - Miserere★ du musée de l'Avallonnais - Vallée du Cousin★ S par D 427.

Dak'Hôtel sans rest

119 r. de Lyon – ✆ 03 86 31 63 20 – www.dak-hotel.com
27 ch – †62 € ††67 € – ☕ 9 €
Un hôtel fonctionnel tout près de la route, avec piscine et jardin. Les chambres sont bien entretenues et insonorisées. Pratique et sympathique !

Le Gourmillon

8 r. de Lyon – ✆ 03 86 31 62 01 – www.legourmillon.com
– Fermé 2 sem. en janv., jeudi soir hors saison et dim. soir
Rest – Formule 15 € – Menu 20/28 €
– Carte 22/38 €
Dans cette ancienne quincaillerie, les saveurs ne sont pas... en toc ! Au cœur de la cité, le Gourmillon décline produits du terroir et saveurs traditionnelles avec générosité (joues de porc braisées, couronne de Saint-Jacques au gingembre et baies roses, etc.). Prix doux, accueil et service aux petits soins.

à Pontaubert 5 km à l'Ouest par D 606 et D 957 – 391 h. – alt. 160 m – ✉ 89200

Les Fleurs avec ch

69 rte de Vézelay – ✆ 03 86 34 13 81 – www.hotel-lesfleurs.com
– Fermé 18 déc.-3 fév.
7 ch – †66/70 € ††66/70 € – ☕ 9 € – ½ P
Rest *(fermé jeudi sauf le soir du 1er mai au 15 sept. et merc.)* – Menu 20/47 €
– Carte 29/58 €
Une sympathique auberge familiale, proposant une cuisine dans l'air du temps, où les produits de la mer ont la part belle. L'été, on profite du jardin. Chambres bien tenues.

dans la Vallée du Cousin 6 km à l'Ouest par D 606 et D 957, Pontaubert et D 427 – ✉ 89200 Avallon

Hostellerie du Moulin des Ruats

9 r. des Isles Labaumes – ✆ 03 86 34 97 00 – www.moulindesruats.com
– Ouvert de mi-fév. au 11 nov.
25 ch – †85/160 € ††85/160 € – ☕ 13 € – ½ P
Rest *(fermé lundi et le midi sauf dim.)* – Menu 37 €
– Carte 50/88 €
Au calme dans la vallée du Cousin, ce moulin du 18e s. invite à la détente : atmosphère feutrée dans le bar-bibliothèque et chambres au charme surrané. On dîne dans une salle ouverte sur le domaine ou en terrasse ; cuisine classique, au diapason des lieux.

à Vault de Lugny 6 km au Nord-Ouest par D 606 et D 128 – 327 h. – alt. 148 m – ✉ 89200

Château de Vault de Lugny
rest,

11 r. du Château – ✆ 03 86 34 07 86 – www.lugny.fr
VISA
– Ouvert 29 mars-3 nov. et fermé jeudi sauf juil.-août
14 ch – †280/360 € ††280/450 € – 1 suite – ☕ 25 € – ½ P
Rest *(nombre de couverts limité, réserver)* – Menu 29 € (sem.), 49/150 € bc – Carte 82/122 €
Dans son immense parc aux arbres centenaires, une fois ses douves en eau et ses tours crénelées franchies, ce château du 16e s. n'est que raffinement : tentures, lits à baldaquin, objets d'art... sans oublier la piscine logée sous des voûtes de pierre séculaires, et le restaurant où les légumes du superbe potager sont à l'honneur ! Idyllique.

Chaque restaurant étoilé est accompagné de trois plats évoquant le style de sa cuisine. Si elles ne figurent pas toujours à la carte, c'est souvent au profit d'autres savoureuses recettes, inspirées par la saison. N'hésitez pas à les découvrir !

à Valloux 6 km au Nord-Ouest par D 606 – ✉ 89200

Auberge des Chenêts
AC VISA AE

10 rte Nationale 6 – ✆ 03 86 34 23 34 – Fermé 24 juin-9 juil., 11 nov.-4 déc., mardi de sept. à avril, dim. soir et lundi
Rest – Formule 18 € – Menu 26/58 € – Carte 55/65 €
On oublie vite la route toute proche, lorsque l'on s'attable près de la cheminée de cette agréable auberge ! Au menu : de bons petits plats d'inspiration bourguignonne, joliment tournés et parfumés. La belle carte des vins fait honneur à la région.

à l'Est 6 km par D 606– ✉ 89200 Avallon

Le Relais Fleuri
AC P VISA AE

La Cerce – ✆ 03 86 34 02 85 – www.relais-fleuri.com
48 ch – †86/99 € ††86/99 € – ☕ 14 € – ½ P
Rest *Le Relais Fleuri* – voir les restaurants ci-après
Il suffit de sortir de l'autoroute A 6 (direction Avallon) pour trouver le repos dans ce Relais aux airs de motel de campagne (chambres de plain-pied, parc de 4 ha, tennis et piscine chauffée). Idéal pour une étape revigorante.

Le Relais Fleuri
AC P VISA AE

La Cerce – ✆ 03 86 34 02 85 – www.relais-fleuri.com
Rest – Formule 19 € – Menu 25/59 € – Carte 33/66 €
Un certain esprit champêtre (cheminée, poutres, cuivres) règne ici, au restaurant du Relais Fleuri. On y apprécie une cuisine régionale et de bons bourgognes.

AVENSAN – 33 Gironde – 335 G4 – 2 174 h. – alt. 25 m – ✉ 33480
3 B1

Paris 589 – Bordeaux 30 – Mérignac 28 – Pessac 34

Le Clos de Meyre sans rest
P VISA AE

16 rte de Castelnau – ✆ 05 56 58 22 84 – www.chateaumeyre.com
– Ouvert 1er mars-1er nov.
9 ch ☕ – †85/149 € ††115/159 €
Entre vignobles de Margaux et de Haut-Médoc, ce château du 18e s. a de l'allure. On y produit du vin depuis trois siècles, mais on y cultive aussi le sens de l'accueil. Chambres de caractère (plus fonctionnelles à l'annexe), piscine, roseraie...

AVIGNON P – 84 Vaucluse – **332** B10 – **89 592 h.** – **Agglo. 440 651 h.** **42** E1
– **alt. 21 m** – ✉ **84000** Provence

Paris 682 – Aix-en-Provence 82 – Arles 37 – Marseille 98

d'Avignon : ✆ 04 90 81 51 51, 9 km par ③ et N 7.

✆ 3635 et tapez 42 (0,34 €/mn)

41, cours Jean Jaurès, ✆ 04 32 74 32 74, www.avignon-tourisme.com

de Châteaublanc, à Morières-lès-Avignon, Les Plans, E : 8 km par D 58, ✆ 04 90 33 39 08

du Grand Avignon, à Vedène, Les Chênes Verts, E : 9 km par D 28, ✆ 04 90 31 49 94

Palais des Papes★★★ : ≤★★ de la terrasse des Dignitaires - Rocher des Doms ≤★★ - Pont St-Bénézet★★ - Remparts★ - Vieux hôtels★ (rue Roi-René) EZ **F²** - Coupole★ de la cathédrale Notre-Dame-des-Doms - Façade★ de l'hôtel des Monnaies EY **K** - Vantaux★ de l'église St-Pierre EY - Retable★ de l'église St-Didier EZ - Musées : Petit Palais★★ EY, Calvet★ EZ **M²**, Lapidaire★ EZ **M⁴**, Louis Vouland (faïences★) DYZ**M⁵** - Fondation Angladon-Dubrujeaud★★ EZ **M¹**.

Plans pages suivantes

La Mirande
4 pl. Amirande – ✆ *04 90 14 20 20* – *www.la-mirande.fr* EY**g**
25 ch – †350/650 € ††350/650 € – 1 suite – ☕ 26 €
Rest ***La Mirande*** – voir les restaurants ci-après
Cet hôtel particulier du 17ᵉ s. est absolument superbe : pierres ouvragées, déluge d'objets d'art et de tentures dans l'esprit provençal du 18ᵉ s. et un délicieux jardin clos, qui s'épanouit à l'ombre du palais des Papes. Raffinement exquis !

Hôtel d'Europe
12 pl. Crillon – ✆ *04 90 14 76 76* – *www.heurope.com* EY**d**
39 ch – †194/564 € ††194/564 € – 5 suites – ☕ 21 €
Rest ***La Vieille Fontaine*** ✿ – voir les restaurants ci-après
Près des remparts, cet hôtel particulier du 16ᵉ s. s'ouvrit à la clientèle dès 1799. Bonaparte, Hugo ou encore Dalí y séjournèrent. Les chambres se révèlent classiques et soigneusement tenues. Au dernier étage, les suites toisent le palais des Papes...

Cloître St-Louis
20 r. Portail-Boquier – ✆ *04 90 27 55 55* – *www.cloitre-saint-louis.com* EZ**s**
80 ch – †220/360 € ††220/360 € – ☕ 18 €
Rest *(fermé 26 oct.-6 nov., 15 fév.-9 mars, sam. midi et dim. midi)* – Formule 19 € – Menu 37 € (dîner) – Carte 40/48 €
Un bâtiment du 16ᵉ s. doublé d'une... aile ultracontemporaine signée Jean Nouvel. Quel alliage ! S'il conserve beaucoup de son atmosphère recueillie d'antan, cet ancien noviciat jésuite – et son cloître tout en pierre – tutoie la modernité avec réussite. Belle escale à la croisée des époques, au cœur d'Avignon.

Novotel Centre N
20 bd St-Roch – ✆ *04 32 74 70 10* – *www.novotel.com* EZ**t**
124 ch – †130/250 € ††130/250 € – 6 suites – ☕ 15 €
Rest – Formule 18 € – Menu 25/32 € – Carte 22/36 €
Créé fin 2011, un établissement évidemment très contemporain, séduisant par la qualité de ses prestations (espaces lumineux, spa, etc.) et sa situation, au pied des remparts, non loin du centre-ville.

Mercure Pont d'Avignon sans rest
r. Ferruce, (quartier Balance) – ✆ *04 90 80 93 93* – *www.mercure.com* EY**r**
87 ch – †120/175 € ††120/175 € – ☕ 14 €
Voilà qui s'appelle être au cœur du sujet : ce Mercure se trouve à mi-chemin entre le palais des Papes et le "pont d'Avignon" (le pont St-Bénézet de son vrai nom). Parfait pour découvrir la ville, donc. Un programme de rénovation est prévu pour les chambres, certes un peu datées mais parfaitement tenues.

Bristol sans rest
44 cours Jean-Jaurès – ✆ *04 90 16 48 48* – *www.bristol-avignon.com* EZ**m**
65 ch – †71/98 € ††95/139 € – 2 suites – ☕ 12 €
Au cœur de l'animation urbaine, un hôtel très engageant avec sa façade aux accents bourgeois. Les chambres allient sobriété et confort. Une bonne option pour qui veut pouvoir parcourir la ville à pied.

AVIGNON

Amandier (Av. de l') . . . **CX**
Aulnes (Av. des) . . . . . **CX**
Avignon (Av. d') . . . . . . **CX**
Croix Rouge (Av. de la) **BX**
Docteur-Pons (Rte Touristique) . . . **BV**
Eisenhower (Av.) . . . . . **AX**
Europe (Pont de l') . . . **AX**
Ferry (Bd J.) . . . . **AX**
Folie (Av. de la) . . . . . **BCX** 29
Foncouverte (Av. de) **BCX** 31
Gaulle (Rocade Ch.-de) . . **ABX**
Lyon (Rte de) . . . . **BV**
Marseille (Rte de) . . . **BCX** 51
Monclar (Av.) . . . . **AX**
Monod (Bd J.) . . . . . . **AX** 58
Montfavet (Rte de) . . **BCX** 60
Morières (Rte de) . . . . **BCV**
Moulin Notre-Dame (Av. du) . . . . **BX** 61
Réalpanier (Carr.) . . . . . **CV**
Reine-Jeanne (Av. de la) . . . . **BX** 81
Royaume (Pont du) . . . **AV** 92
St-Chamand (Av.) . . . . **BX** 95
St-Ruf (Av.) . . . . **AX**
Semard (Av. P.) . . . . **BX**
Sixte-Isnard (Bd) . . . . . **BX** 112
Souspirous (Av. de) . . . . **CX**
Tarascon (Av. de) . . . . . . **AX**
1re Division Blindée (Bd de la) . . . . **BX** 125

LES ANGLES

Pinède (Ch. de la) . . . . **AV**

LE PONTET

Delorme (Av. Th.) . . . . . **CV**
Gaulle (Av. Ch. de) . . . . **CV**
Goutarel (Av. G.) . . . . . **CV** 38
Lascours (Av. F.) . . . . . . **CV**
Pasteur (Av. L.) . . . . . . **CV**

VILLENEUVE-LÈS-AVIGNON

Camp de Bataille (R.) . **AV** 15
Chartreux (Ch. des) . . . **AV** 16
Ducros (Bd Edmond) . **AV**
Fort St-André (Montée du) . . . . **AV** 32
Gaulle (Av. Ch.-de) . . . . **AV** 36
Hôpital (R. de l') . . . . . . **AV** 43
Joffre (Rte) . . . . **AV**
Leclerc (Av. Gén.) . . . . . **AV**
Monnaie (R. de la) . . . . **AV** 57
Pasteur (Av.) . . . . **AV**
Péri (Av. G.) . . . . **AV**
Ravoux (Av. Paul) . . . . . **AV**
République (R. de la) . . **AV** 87
Tour (Montée de la) . . . **AV** 115
Verdun (Av. de) . . . . . . **AV** 117

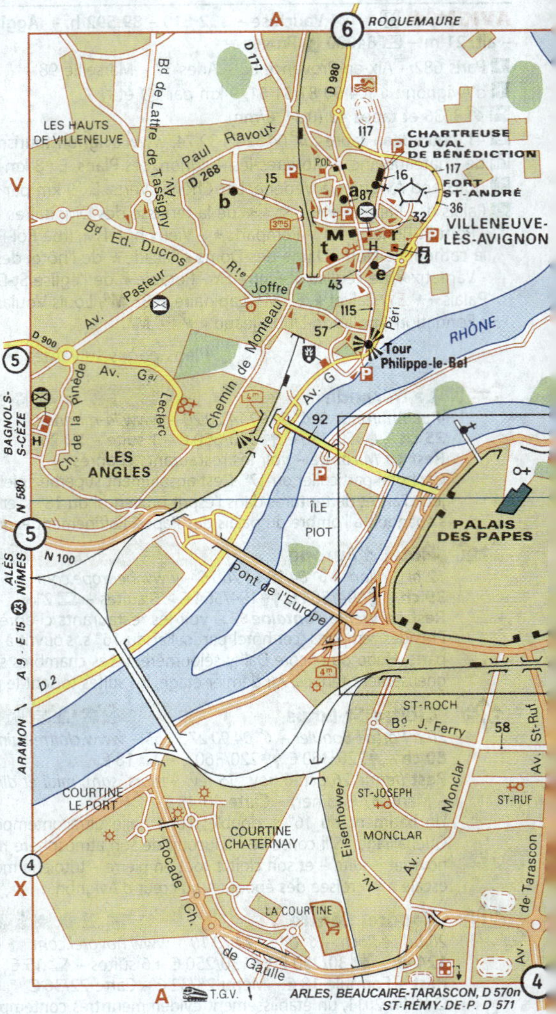

Hôtel de l'Horloge sans rest

1 r. F.-David, (pl. de l'Horloge) – ☎ 04 90 16 42 00 – www.hotel-avignon-horloge.com

66 ch – 99/263 € 99/263 € – 16 € **EYz**

Au cœur de la vie touristique et culturelle avignonnaise, un établissement à la fois classique et chaleureux. Une préférence pour les chambres qui ouvrent sur la jolie place de l'Horloge et celles qui jouissent d'une terrasse privative...

Blauvac sans rest

11 r. de la Bancasse – ☎ 04 90 86 34 11 – www.hotel-blauvac.com **EYm**

16 ch – 70/90 € 75/95 € – 8 €

Simple, originale et fort bien tenue : une bonne petite adresse dans une ruelle tranquille du vieil Avignon. Nous sommes ici dans l'ancienne résidence du marquis de Blauvac (17e s.), qui conserve quelques éléments de son charme rustique (pierres apparentes). Plusieurs chambres familiales. Les tarifs restent mesurés.

Le Colbert sans rest

7 r. Agricol-Perdiguier – ✆ 04 90 86 20 20 – www.avignon-hotel-colbert.com – Ouvert 25 mars-31 oct. EZa

14 ch – †72/92 € ††78/98 € – ☕ 12 €

Murs patinés, affiches du festival, quelques objets chinés, un agréable patio... Dans cet hôtel traditionnel, la simplicité est vertu et l'on se sent un peu comme à la maison ! Prix doux pour la ville.

Hôtel de Garlande (N) sans rest

20 r. Galante – ✆ 04 90 80 08 85 – www.hoteldegarlande.com – Fermé fév.

11 ch – †59/149 € ††59/149 € – ☕ 8 € EYh

Dans une rue piétonne du centre historique, un petit hôtel convivial... à l'accent provençal. La maison est ancienne car elle date du 18e s. Bon rapport qualité-prix.

AVIGNON

Amirande (Pl. de l') .... EY 2
Arroussaire (Av. de l') .... FZ 3
Aubanel (R. Théodore) .... EZ 5
Balance (R. de la) .... EY 7
Bancasse (R.) .... EY 9
Bertrand (R.) .... FY 10
Bon Martinet (R. du) .... FZ 13
Campane (R.) .... FY 14
Collège d'Annecy (R.) .... EZ 18
Collège du Roure (R. du) ..... EY 19
Corps Saints (Pl. des) .... EZ 20
David (R. Félicien) .... EY 22
Dorée (R.) .... EY 23
Folco-de-Baroncelli (R.) ...... EY 28
Fourbisseurs (R. des) .... EY 34
Four de la Terre (R. du) ...... FZ 35
Four (R. du) .... FY 33
Galante (R.) .... EY 37
Grande Fusterie (R. de la) .... EY 39
Grottes (R. des) .... EY 41
Italiens (Av. des) .... GY 44
Jean-Jaurès (Cours) .... EZ
Jérusalem (Pl.) .... FY 45
Ledru-Rollin (R.) .... FY 47
Manivet (R. P.) .... EFZ 48
Marchands (R. des) .... EY 49
Masse (R. de la) .... FZ 52
Molière (R.) .... EY 54
Monclar (Av.) .... EZ 55
Mons (R. de) .... EY 59
Muguet (R.) .... GY 62
Ortolans (R. des) .... EZ 63
Palais (Pl. du) .... EY 64
Palapharnerie (R.) .... FY 66
Petite Calade (R. de la) ...... EY 67
Petite Fusterie (R. de la) ..... EY 68

Petite Saunerie (R. de la) .... FY 70
Pétramale (R.) .... EZ 72
Peyrollerie (R.) .... EY 73
Pont (R. du) .... EY 74
Président-Kennedy (Cours) .... EZ 76
Prévot (R.) .... EZ 77
Rascas (R. de) .... GY 79
Rempart de l'Oulle (R. du) .... DY 82
Rempart du Rhône (R. du) .... EY 83
Rempart St-Michel (R. du) .... FZ 84
Rempart St-Roch (R. du) .... DEZ 86
République (R. de la) .... EYZ
Rhône (Pte du) .... EY 88
Rouge (R.) .... EY 90
Ste-Catherine (R.) .... FY 109
St-Agricol (R.) .... EY 94
St-Christophe (R.) .... FZ 97
St-Dominique (Bd) .... DZ 98
St-Étienne (R.) .... EY 99
St-Jean le Vieux (Pl.) .... FY 101
St-Jean le Vieux (R.) .... FY 102
St-Joseph (R.) .... FY 104
St-Michel (R.) .... EZ 105
St-Pierre (Pl.) .... EY 106
St-Ruf (Av.) .... FZ 108
Saraillerie (R. de la) .... EYZ 110
Taulignan (R. de) .... EY 113
Tour (R. de la) .... GY 116
Vernet (R. Horace) .... EZ 118
Vernet (R. Joseph) .... EYZ
Viala (R. Jean) .... EY 119
Vice-Légat (R.) .... EY 120
Vieux Sextier (R. du) .... EFY 122
Vilar (R. Jean) .... EY 123
Violette (R.) .... EZ 124
3 Pilats (R. des) .... FY 127
3 Faucons (R. des) .... EZ 126

La Banasterie sans rest

11 r. de la Banasterie – ✆ 06 87 72 96 36 – www.labanasterie.com **EYd**

5 ch – 110/190 € 110/190 €

Derrière le palais des Papes, une jolie demeure en pierre blonde datant du 16e s. Intimes et cosy, les chambres se révèlent romantiques – certaines ont même un balcon... Un vrai nid douillet.

La Mirande – Hôtel La Mirande

4 pl. Amirande – ✆ 04 90 14 20 20 – www.la-mirande.fr – Fermé 7 janv.-13 fév., mardi et merc. **EYg**

Rest – Formule 42 € – Menu 62/115 €

L'œuvre du soleil, le chatoiement des couleurs, la générosité des saveurs : les assiettes respirent le Sud, ses produits et ses traditions. Le décor est délicieux : superbe salle 18e s. ou ravissant jardin...

Christian Étienne

10 r. Mons – ✆ 04 90 86 16 50 – www.christian-etienne.fr – Fermé vacances de la Toussaint, dim. et lundi sauf en juil. **EYh**

Rest – Menu 35 € (déj.), 70/135 €

Le poids des ans ne semble avoir aucune prise sur cette belle table, qui comme le bon vin paraît se bonifier... Fidèle à son art, Christian Étienne rend un vibrant hommage à sa Provence natale, sans cesser de se renouveler. Le tout dans un cadre rare : celui d'une demeure médiévale chargée d'histoire.

➜ Duo de tartare de tomates bicolore. Saint-pierre poêlé à la sauge. Autour du chocolat. **Vins** Châteauneuf-du-Pape, Cairanne.

La Vieille Fontaine – Hôtel D'Europe

12 pl. Crillon – ✆ 04 90 14 76 76 – www.heurope.com – Fermé 21 avril-2 mai, 1er août-3 sept., 27 oct.-5 nov., 2-8 janv., 24 fév.-5 mars, dim. et lundi

Rest – Menu 37 € (déj.), 48/130 € – Carte 83/137 € **EYd**

Boiseries, moulures, cheminée... et une calme terrasse sous un platane centenaire, au cœur de l'hôtel. Ce cadre classique est tout approprié pour la dégustation d'une cuisine d'une belle facture, fine et sapide.

➜ Fraîcheur de homard bleu, salade d'herbes, beignets de légumes croquants et gelée à la citronnelle. Foie gras de canard poêlé, haricots cocos, truffe d'été et amandes fraîches. Soufflé au Grand Marnier.

Le Diapason (Erwan Houssin)

1764 av. du Moulin-Notre-Dame - BX – ✆ 04 90 81 00 00 – www.lediapason-restaurant.com – Fermé 1 sem. en août, 4 sem. en janv., dim. soir et mardi de sept. à juin, dim. en juil.-août et lundi

Rest – Menu 32 € (déj. en sem.), 42/74 €

Aux portes de la ville... et déjà à la campagne ! L'escapade prend des accents champêtres, mais sachez que la maison est résolument contemporaine et même minérale. Esprit d'avant-garde également en cuisine, où règne un couple passionné – lui au chaud, elle à la pâtisserie. Deux talents au diapason !

➜ Foie gras de canard au vin doux de Rasteau et raisin muscat. Saint-pierre aux girolles, bouillon de bœuf et bonite. Tarte au chocolat guanaja et truffe melanosporum. **Vins** Bandol.

Hiély-Lucullus

5 r. de la République, (1er étage) – ✆ 04 90 86 17 07 – www.hiely-lucullus.com – Fermé jeudi midi, sam. midi et merc. **EYn**

Rest – Formule 25 € – Menu 29/46 €

Une institution depuis 1938 ! La carte préserve jalousement les spécialités d'André et Pierre Hiély qui firent la renommée du lieu (pieds et paquets à la provençale, baba Lucullus, etc.). Le décor, lui, distille le charme de la Belle Époque version Art nouveau. Indémodable et toujours à la recherche de la qualité.

L'Essentiel

2 r. Petite-Fusterie – ✆ 04 90 85 87 12 – www.restaurantlessentiel.com – Fermé vacances de la Toussaint et de fév., merc. et dim. **EYy**

Rest – Formule 17 € – Menu 31/43 € – Carte 40/56 €

Comme son nom l'indique, cette table va à l'essentiel... des saveurs, et réjouira les amateurs d'une cuisine généreuse et ensoleillée. Le décor, lui, joue la carte de la modernité épurée. Aux beaux jours, on s'installe dans le joli patio.

Le Numéro 75

75 r. Guillaume-Puy – 04 90 27 16 00 – www.numero75.com
– Fermé dim. sauf en juil. FZb

Rest – Menu 30 € (déj.)/35 € – Carte 33/47 €

Une demeure bourgeoise du 19e s. noyée sous la glycine : joli décor pour un repas en terrasse... Cette adresse connaît un franc succès dans la ville : la faute à son cadre chaleureux et à sa cuisine du marché pleine de sincérité !

Le Moutardier du Pape

15 pl. du Palais-des-Papes – 04 90 85 34 76 – www.restaurant-moutardier.fr

Rest – Menu 35 € – Carte 45/85 € EYz

Moutardier du pape ? Une charge jadis très prisée et joliment évoquée par les fresques de la salle. Mais ce qui rend cette adresse incontournable, c'est sa terrasse qui fait face au palais des Papes : magique ! Cuisine au goût du jour.

Les 5 Sens

18 r. Joseph-Vernet, (pl. Plaisance) – 04 90 85 26 51 – www.restaurantles5sens.com
– Fermé dim. et lundi EYa

Rest – Formule 21 € – Menu 39/58 € – Carte environ 68 €

À l'écart sur une placette discrète, un restaurant gastronomique au cadre original, chaleureux et feutré avec ses notes japonisantes. Meilleur Ouvrier de France Traiteur, le chef travaille en artisan et aime faire des clins d'œil à son Sud-Ouest d'origine, patrie du... cassoulet.

La Fourchette

17 r. Racine – 04 90 85 20 93 – www.lafourchetteavignon.fr
– Fermé 3-25 août, sam. et dim. EYu

Rest *(nombre de couverts limité, réserver)* – Menu 33 € – Carte environ 42 €

Collection de fourchettes et de guides MICHELIN, vieilles photos, bibelots, etc. : un bistrot au décor chargé, charmant et très chaleureux. Au menu, une cuisine traditionnelle aux savoureux accents du Sud. L'adresse affiche souvent complet !

C O 2 N

3 bis r. de la Petite-Calade – 04 90 86 20 74 – www.restaurant-lacuisinedolivier.fr
– Fermé 24 août-2 sept., dim. et lundi sauf juil. EYr

Rest – Formule 17 € – Menu 20 € (déj.)/36 €

Pile dans la tendance, un néobistrot convivial, parfait pour une bouffée de bonheur (et pas de dioxyde de carbone) autour de bons petits plats : terrine de lapin ou salade d'ananas, c'est simplement bon ! Excellent rapport qualité-prix au déjeuner.

Le 46

46 r. de la Balance – 04 90 85 24 83 – www.restaurantbrunel.fr
– Fermé vacances de Noël, lundi soir, mardi soir, merc. soir et dim. EYe

Rest – Formule 16 € – Menu 35 € (dîner) – Carte environ 30 €

Plancher en bois, suspensions en métal, chaises Starck, etc. : mi-resto, mi-bistrot, ce 46 se montre agréable... et sans faire son numéro ! Côté assiette également, la simplicité est de mise, au service de la tradition et du goût.

dans l'île de la Barthelasse **5 km au Nord par D 228 et rte secondaire – ✉ 84000 Avignon**

La Ferme

110 chemin des Bois – 04 90 82 57 53 – www.hotel-laferme.com

22 ch – †69/77 € ††75/99 € – ☕ 11 € – ½ P

Rest – Formule 20 € – Menu 22/40 € – Carte 22/47 €

Idéal pour se mettre au vert sans trop s'éloigner du centre-ville. Chambres simples et bien tenues, au mobilier de style provençal. Cuisine traditionnelle servie dans une salle campagnarde (poutres apparentes, cheminée et vieilles pierres). Terrasse ombragée.

au Pontet 6 km vers ② par rte de Lyon – 16 891 h. – alt. 40 m – ✉ 84130

Auberge de Cassagne & Spa
450 allée de Cassagne – ✆ 04 90 31 04 18
– www.aubergedecassagne.com – Fermé 6-31 janv.
35 ch – 179/479 € 179/479 € – 8 suites – 25 € – ½ P
Rest ***Auberge de Cassagne*** – voir les restaurants ci-après
Atmosphère chaleureuse dans cette bastide de 1850, qui préserve son charme champêtre aux abords d'Avignon – abords aujourd'hui urbanisés. Patio verdoyant, décors classiques, esprit provençal, spa de qualité, souci du client... Un havre fort agréable à l'écart de la ville.

Les Agassins CVu
52 av. Ch.-de-Gaulle – ✆ 04 90 32 42 91 – www.agassins.com
26 ch – 160/440 € 160/440 € – 19 € – ½ P
Rest – Formule 19 € – Menu 25 € (déj. en sem.), 32/62 € – Carte 51/62 €
Une grande maison d'inspiration régionale dans un jardin fleuri. Les chambres, contemporaines, bénéficient presque toutes d'une petite terrasse. Restaurant ensoleillé et, aux beaux jours, tables dressées dans la cour arborée ; cuisine provençale.

Auberge de Cassagne – Hôtel Auberge de Cassagne & Spa
450 allée de Cassagne – ✆ 04 90 31 04 18
– www.aubergedecassagne.com – Fermé 6-31 janv.
Rest – Formule 38 € – Menu 55/97 € – Carte 86/108 €
Poutres, tomettes, cheminée... Dans la tradition de ces auberges bourgeoises dédiées aux plaisirs de la table, le classicisme est ici de mise, de même les produits nobles et certaines recettes plus rustiques.

à l'aéroport 8 km par ③ – ✉ 84140

Paradou
137 Allée de la Chartreuse – ✆ 04 90 84 18 30 – www.hotel-paradou.fr
60 ch – 85/150 € 85/165 € – 13 € – ½ P
Rest *(fermé dim. sauf le soir d'avril à sept.)* – Menu 19/45 € – Carte 23/49 €
Certes, cet hôtel-restaurant est né dans les années 1980, tout près de l'aéroport, mais son architecture et ses décors respectent l'esprit de la région (arcades, toits de tuiles, mobilier de fer forgé...). Entretien très soigné.

rte de Carpentras 12 km par ② D 942, sortie Althen-des-Paluds

Le Saule Pleureur (Laurent Azoulay)
145 chemin de Beauregard – ✆ 04 90 62 01 35 – www.le-saule-pleureur.com
– Fermé lundi et mardi sauf fériés et sauf juil.-août
Rest *(nombre de couverts limité, réserver)* – Formule 25 € – Menu 35 € (déj. en sem.), 50/90 €
Un beau jardin fleuri, une grande villa... On oublie immédiatement la route toute proche pour jouir de l'essentiel : la cuisine généreuse, délicate et sagement créative du chef. ➜ Tomate de Provence dans tous ses états. Côte et couenne de cochon fermier du Ventoux confites à la réglisse. Les chocolats dans tous leurs états. **Vins** Ventoux, Vacqueyras.

*Voir aussi ressources hôtelières de **Villeneuve-lès-Avignon***

AVIZE – 51 Marne – **306** G9 – rattaché à Épernay

AVRANCHES – 50 Manche – **303** D7 – 8 090 h. – alt. 108 m **32** A3
– ✉ 50300 Normandie Cotentin
Paris 337 – Caen 105 – Rennes 85 – St-Lô 58
2, rue Général-de-Gaulle, ✆ 02 33 58 00 22, www.ot-avranches.com
Manuscrits★★ du Mont-St-Michel (musée) - Jardin des Plantes : ☼★ - La "plate-forme" ☼★.

La Croix d'Or

83 r. de la Constitution – ✆ 02 33 58 04 88 – www.hotel-restaurant-avranches-croixdor.fr – Fermé 1er-23 janv. et dim. soir du 15 oct. au 1er avril

27 ch – 67/74 € 82/94 € – 10 € – ½ P

Rest ***La Croix d'Or*** – voir les restaurants ci-après

Façade à colombages, cuivres, mobilier ancien... un relais de poste du 17e s., une certaine image de la Normandie. Le décor des chambres (aménagées en partie dans les anciennes écuries) est plus actuel. Choisissez-les côté jardin !

La Ramade sans rest

2 r. de la Côte, 1 km au Nord-Ouest, à Marcey-les-Grèves – ✆ 02 33 58 27 40 – www.laramade.fr – Fermé 23 nov.-1er déc., 29 déc.-31 janv. et dim. de nov. à mars

12 ch – 70/140 € 78/150 € – 11 €

Une demeure bourgeoise des années 1950, sur la route de Granville. Les chambres portent des noms de fleurs, qui inspirent leur décor assez douillet. Salon de thé l'après-midi, cocktails et vins en soirée.

La Croix d'Or – Hôtel La Croix d'Or

83 r. de la Constitution – ✆ 02 33 58 04 88 – www.hotel-restaurant-avranches-croixdor.com – Fermé 1er-23 janv. et dim. soir du 15 oct. au 1er avril

Rest – Menu 18 € (déj. en sem.), 27/54 € – Carte 44/66 €

Vieilles pierres, poutres, cuivres, mobilier normand... on se retrempe avec bonheur dans l'esprit de la région, et l'on trempe avec encore plus de plaisir son pain dans les plats en sauce de la carte, évidemment traditionnelle.

AX-LES-THERMES – **09 Ariège – 343 J8 – 1 384 h. – alt. 720 m – Sports d'hiver : au Saquet par route du plateau de Bonascre★ (8km) et télécabine 1 400/2 400 m 1 16 – Stat. therm. : toute l'année – Casino – ✉ 09110** **29 C3**

Midi Toulousain

Paris 803 – Andorra-la-Vella 59 – Carcassonne 106 – Foix 44

Tunnel de Puymorens : péage en 2012, aller simple : autos 6,40 €, auto et caravane 13 €, P.L 21,30 à 34,90 €, deux-roues 3,80 €.
Tarifs spéciaux A.R : renseignements ✆ 04 68 04 97 20.

6, avenueThéophile Delcassé, ✆ 05 61 64 60 60, www.vallees-ax.com

Vallée d'Orlu★ au SE.

Le Chalet

4 av. Turrel – ✆ 05 61 64 24 31 – www.le-chalet.fr – Fermé 20 avril-4 mai et 9 nov.-12 déc.

19 ch – 63/82 € 63/82 € – 9 € – ½ P

Rest ***Le Chalet*** – voir les restaurants ci-après

Un hôtel sympathique à deux pas des télécabines conduisant aux pistes. Sachez que les chambres de l'annexe sont plus récentes et spacieuses (certaines avec balcon).

Le Chalet

4 av. Turrel – ✆ 05 61 64 24 31 – www.le-chalet.fr – Fermé 20 avril-4 mai, 9 nov.-12 déc., dim. soir et lundi soir hors vacances scolaires et lundi midi

Rest – Formule 22 € – Menu 29/52 € – Carte environ 43 €

Asperges blanches et jambon noir de Bigorre, épaule d'agneau confite, croquant au chocolat amer... Dans ce Chalet contemporain, on revisite le terroir à travers des assiettes fortement dosées en goût ! En terrasse, on domine la rivière.

AY – **51 Marne – 306 F8 – rattaché à Épernay**

AYGUESVIVES – **31 Haute-Garonne – 343 H4 – 2 319 h. – alt. 164 m – ✉ 31450** Midi Toulousain **29 C2**

Paris 704 – Colomiers 36 – Toulouse 25 – Tournefeuille 38

La Pradasse sans rest

39 chemin de Toulouse, D 16 – 06 19 21 36 71 – www.lapradasse.com

5 ch – 85/89 € 99/109 €

Dans cette grange superbement restaurée, les chambres rivalisent de charme : brique, bois, fer forgé, baignoire sur pieds ou douche à l'italienne... Et le parc est délicieux, avec son étang.

AY-SUR-MOSELLE – 57 Moselle – 307 I3 – 1 561 h. – alt. 160 m 26 B1

– 57300

Paris 327 – Briey 31 – Metz 17 – Saarlouis 56

Le Martin Pêcheur

1 rte d'Hagondange – 03 87 71 42 31 – www.restaurant-martin-pecheur.fr – Fermé 29 avril-6 mai, 19 août-2 sept., 28 oct.-4 nov., 17-24 fév., merc. soir, sam. midi, dim. soir et lundi

Rest – Formule 30 € – Menu 40 € (déj. en sem.), 50/100 € bc – Carte 56/73 €

Entre canal et Moselle, une ancienne maison de pêcheurs (1928) avec un beau jardin où l'on s'attable en été. Grenouilles, écrevisses, médaillons de chevreuil... la tradition se mêle aux tendances actuelles. Cave bien fournie !

AZAY-LE-RIDEAU – 37 Indre-et-Loire – 317 L5 – 3 418 h. – alt. 51 m 11 A2

– 37190 Châteaux de la Loire

Paris 265 – Châtellerault 61 – Chinon 21 – Loches 58

4, rue du Château, 02 47 45 44 40, www.ot-paysazaylerideau.com

Château★★★ - Façade★ de l'église St-Symphorien.

Le Grand Monarque

3 pl. de la République – 02 47 45 40 08 – www.legrandmonarque.com – Fermé 24 déc.-28 fév.

25 ch – 68/145 € 78/165 € – 12 €

Rest *(fermé dim. et lundi) (dîner seult)* – Menu 29/35 €

À deux pas du château et au cœur de la ville, ce Grand Monarque cultive joliment son charme tourangeau : pierres et poutres apparentes, mobilier ancien, cour ombragée pour prendre le frais ou salon avec cheminée à l'arrivée des premiers frimas, restaurant traditionnel...

Hôtel des Châteaux

2 rte de Villandry – 02 47 45 68 00 – www.hoteldeschateaux.com – Ouvert 5 mars-3 nov.

27 ch – 62/89 € 68/89 € – 10 € – ½ P

Rest *(fermé dim.) (dîner seult)* – Menu 24/40 €

Une étape idéale sur la route des châteaux de la Loire ! Cet hôtel rénové dans un esprit contemporain dispose de chambres confortables et bien tenues. Au dîner, on savoure les petits plats traditionnels de la maîtresse de maison. Accueil aimable et très bon petit-déjeuner.

Hôtel de Biencourt sans rest

7 r. Balzac – 02 47 45 20 75 – www.hotelbiencourt.com – Ouvert 1er avril-10 nov.

17 ch – 64/76 € 64/76 € – 9 €

Près du château, une maison tourangelle du 18e s., autrefois école primaire. Les chambres sont sobres, avec de beaux planchers. Agréable patio fleuri et bon petit-déjeuner.

L'Aigle d'Or

10 av. A.-Riché – 02 47 45 24 58 – www.laigle-dor.fr – Fermé 4-11 sept., 12-29 nov., 3 janv.-8 fév., lundi soir de déc. à avril, mardi soir sauf juil.-août, dim. soir et merc.

Rest *(réserver)* – Formule 23 € – Menu 28/72 € bc – Carte 37/62 €

À quelques centaines de mètres du château, voilà une adresse en or ! Dans cette maison de pays, on s'installe au coin de la cheminée ou sur la terrasse ombragée pour déguster une belle cuisine qui revisite la tradition. Au piano, le chef joue une savoureuse mélodie ! Le tout à petits prix.

Côté Cour N

19 r. Balzac – 02 47 45 30 36 – www.cotecour-azay.com – Ouvert 16 fév.-14 nov. et fermé dim. soir, lundi soir et jeudi soir d'oct. à mars, mardi soir et merc.

Rest – Formule 16 € – Menu 22 € – Carte environ 35 €

Œuf poché et huile de truffe, fricassée de veau et petits légumes, moelleux au chocolat et framboises, etc. Autant de recettes goûteuses et bien ficelées ! Et la maison est plutôt jolie, tout en pierres apparentes et poutres, avec une agréable terrasse juste devant... les grilles du parc du château.

à Saché 6,5 km à l'Est par D 17 – 1 254 h. – alt. 78 m – ✉ 37190

Auberge du XIIe Siècle

1 r. du Château – 02 47 26 88 77 – Fermé 27 mai-5 juin, 2-11 sept., 12-20 nov., 2-22 janv., dim. soir, mardi midi et lundi

Rest *(réserver)* – Menu 37/87 €

À deux pas du château qui l'accueillit si souvent, Balzac avait ses habitudes dans cette vénérable auberge à colombages. On marche sur ses pas dans ce cadre historique préservé, où l'on apprécie une cuisine empreinte de classicisme. Beaucoup de cachet !

au Nord-Ouest 4 km par D 57 et rte secondaire - ✉ 31190 Azay-le-Rideau

Auberge Pom' Poire avec ch — rest,

21 rte de Vallères – 02 47 45 83 00 – www.aubergepompoire.com – Fermé 2-22 janv., 27 fév.-5 mars, dim. soir sauf juil.-août, lundi et mardi sauf le soir d'avril à juin et sept.

6 ch – †70/85 € ††75/85 € – ☕ 10 € – ½ P

Rest – Formule 19 € – Menu 27/58 € – Carte 31/51 €

Au milieu des poiriers et des pommiers se cache parfois une bonne adresse... Un joli fruit coloré et acidulé : voilà ce qui pourrait symboliser la cuisine du chef. Du peps, de la justesse, de la subtilité : ses assiettes, composées avec de beaux produits fermiers, débordent de saveurs ! Un hôtel-restaurant à croquer.

BACH – 46 Lot – 337 G5 – 173 h. – alt. 300 m – ✉ 46230 29 C1

Paris 602 – Cahors 32 – Montauban 65 – Toulouse 117

le Bourg, 05 65 31 60 55

Auberge "Lou Bourdié" N

– 05 65 31 77 46 – Fermé 20 août-10 sept. et 23 déc.-6 janv.

Rest *(déj. seult) (réserver)* – Menu 15/45 € – Carte 20/50 €

Dans la salle – rustique à souhait – de cette auberge familiale, on se régale d'une cuisine authentique et généreuse, réalisée "à la fortune du pot". Civet, poule farcie, confit... On retrouve les saveurs d'antan. Une adresse comme on n'en fait plus !

BADEN – 56 Morbihan – 308 N9 – 4 077 h. – alt. 28 m – ✉ 56870 9 A3

Paris 473 – Auray 9 – Lorient 52 – Quiberon 40

Le Gavrinis

1 r. de L'Île-Gavrinis, à Toulbroch, 2 km par rte de Vannes – 02 97 57 00 82 – www.gavrinis.com – Fermé 15-30 nov. et 2 janv.-5 fév.

18 ch – †59/125 € ††59/125 € – ☕ 12 € – ½ P

Rest *Le Gavrinis* – voir les restaurants ci-après

Cette maison néobretonne des années 1970, ceinte d'un beau jardin, dispose de chambres fraîches (bois blond, teintes claires), ou plus simples mais bien tenues.

Le Val de Brangon — ch,

Lieu-dit Brangon, 2 km à l'Est par D 101 et C 204 – 02 97 57 06 05 – www.levaldebrangon.com – Fermé 14 janv.-12 fév.

5 ch ☕ – †160/200 € ††170/210 €

Table d'hôte – Menu 40 € bc – Carte 66/75 €

Avant d'embarquer pour l'île aux Moines, arrêtez-vous dans cette longère de 1824 admirablement restaurée. Décoration élégante (pierres d'origine, objets chinées, œuvres d'art), grand jardin et piscine chauffée. Cuisine de saison fraîche et légère.

Le Gavrinis – Hôtel Le Gavrinis

1 r. de L'Île-Gavrinis, à Toulbroch, 2 km par rte de Vannes – ✆ 02 97 57 00 82 – www.gavrinis.com – Fermé 15-30 nov., 2 janv.-5 fév., dim. soir de mi-sept. à mi-juin, lundi sauf le soir de mi-juin à mi-sept. et sam. midi

Rest – Formule 15 € – Menu 19 € (déj. en sem.), 24/52 € – Carte 37/66 €

L'enseigne rend hommage à l'île de Gavrinis toute proche. Il faut dire qu'ici on cultive l'âme bretonne et la fierté d'un terroir riche et vivant : millefeuille de sardines et pissaladière ; poitrine de porc fermier confite et laquée... À savourer dans un décor soigné où dominent le bois flotté et les teintes douces.

BAERENTHAL – 57 Moselle – 307 Q5 – 741 h. – alt. 220 m – ✉ 57230 27 D1

Paris 449 – Bitche 15 – Haguenau 33 – Strasbourg 62

1, rue du Printemps d'Alsace, ✆ 03 87 06 50 26, www.baerenthal.eu/office-du-tourisme

Le Kirchberg sans rest

8 imp. de la Forêt – ✆ 03 87 98 97 70 – www.le-kirchberg.com – Fermé 1er janv.-9 fév.

20 ch – †43/55 € ††55/70 € – ☕ 8 €

Envie de calme et d'air pur ? Cet hôtel des années 1990, sur les hauteurs d'un paisible village du parc naturel des Vosges du Nord, vous procurera les deux. Chambres fonctionnelles (certaines avec kitchenette) ; préférez-les sur l'arrière, elles ont une jolie vue.

à Untermuhlthal 4 km au Sud-Est par D 87 – ✉ 57230 Baerenthal

L'Arnsbourg (Jean-Georges Klein)

18 Untermuhlthal – ✆ 03 87 06 50 85 – www.arnsbourg.com – Fermé 27 août-11 sept., 31 déc.-22 janv., mardi et merc.

Rest *(réserver)* – Menu 70 € (déj. en sem.), 145/175 € – Carte 95/185 €

C'était en 1900 un simple relais de bûcherons au cœur de la forêt. De là, sans doute, l'âme de défricheur de Jean-Georges Klein, toujours à l'affût de la nouveauté. Car voilà bien une cuisine de créateur, aux solides racines : celles du massif vosgien et de ses ensorcelants parfums… qui portent l'assiette à la cime du raffinement et de l'avant-garde.

➜ Émulsion de pomme de terre et truffe. Saint-pierre infusé au laurier en croûte de sel. Tartelette tiède au chocolat, râpée de fève tonka et crème glacée au grué de cacao. **Vins** Riesling, Pinot gris.

K

5 Untermuhlthal – ✆ 03 87 27 05 60 – www.arnsbourg.com – Fermé 27 août-11 sept., 31 déc.-22 janv., mardi et merc.

6 ch – †270/320 € ††270/320 € – 6 suites – ☕ 29 €

Il fallait un hôtel à l'image de la cuisine de Jean-Georges Klein, c'est chose faite. Architecture contemporaine tout en transparence, agencement design, grand confort : une communion hi-tech avec la nature environnante...

BÂGÉ-LE-CHÂTEL – 01 Ain – 328 C3 – 792 h. – alt. 209 m – ✉ 01380 44 B1

Paris 396 – Bourg-en-Bresse 35 – Mâcon 11 – Pont-de-Veyle 7

2, rue Marsale, ✆ 03 85 30 56 66

La Table Bâgésienne

19 Grande-Rue – ✆ 03 85 30 54 22 – www.latablebagesienne.com – Fermé 1er-15 août, 23-29 déc., 23 fév.-10 mars, mardi et merc.

Rest – Menu 19 € (déj. en sem.), 27/60 € – Carte 46/72 €

La façade de cet ancien relais de poste est bien engageante ! Une fois passée la porte, on découvre une déco contemporaine (tons gris, lin et cacao) et une généreuse cuisine bressane que le chef n'hésite pas à interpréter à sa façon.

BAGES – 11 Aude – 344 I4 – rattaché à Narbonne

BAGNÈRES-DE-BIGORRE – 65 Hautes-Pyrénées – 342 M4 28 A3

– 8 040 h. – alt. 551 m – Stat. therm. : début mars-fin nov. – Casino – ✉ 65200

Midi Toulousain

Paris 829 – Lourdes 24 – Pau 66 – St-Gaudens 65

3, allées Tournefort, ✆ 05 62 95 50 71, www.bagneresdebigorre-lamongie.com

de la Bigorre, à Pouzac, Quartier Serre Devant, NE par D 938 : 3 km, ✆ 05 62 91 06 20

Parc thermal de Salut★ par Av. Pierre-Noguès - Grotte de Médous★★ SE : 2,5 km par D 935.

Les Petites Vosges sans rest
17 bd Carnot – ✆ 05 62 91 55 30 – www.lespetitesvosges.com – Fermé 12-30 nov.
4 ch – 75 € 80/95 €
Pimpante maison où meubles chinés et contemporains s'harmonisent avec originalité. Les chambres y sont confortables et bien tenues. La propriétaire saura vous conseiller de belles randonnées dans les environs.

Le Jardin des Brouches
22 bd Carnot – ✆ 05 62 91 07 95 – www.lejardindesbrouches.fr – Fermé merc. soir sauf vacances scolaires, merc. midi et dim. soir
Rest – Menu 20 € (déj. en sem.), 30/55 €
Près des thermes, une maison dont le jardin est joliment fleuri et l'intérieur provençal. De beaux produits, deux menus renouvelés régulièrement : une cuisine plaisante !

L' Auberge Gourmande
1 bd d'Hyperon – ✆ 05 62 95 52 01 – Fermé 15-30 nov., lundi sauf juil.-août et mardi
Rest – Menu 19/60 € – Carte 35/64 €
Près des thermes, cette jolie maison de pays abrite une salle élégante (murs jaunes, lustres en cuivre...). Cuisine d'esprit terroir.

à Lesponne 8 km au Sud par D 935 et D 29 – ✉ 65710 Campan

Domaine de Ramonjuan
– ✆ 05 62 91 75 75 – www.ramonjuan.com
15 ch – 66/106 € 66/106 € – 11 € – ½ P
Rest *(fermé 10-26 nov., dim. et lundi) (dîner seult) (résidents seult)* – Menu 23 €
Ferme de montagne muée en hôtel disposant de bons équipements de loisirs. Chambres claires et joliment arrangées, beaucoup de matières et teintes naturelles (lin, rotin...). Cuisine régionale dans la véranda ou sur la terrasse d'été.

BAGNÈRES-DE-LUCHON – 31 Haute-Garonne – **343** B8 – 2 600 h. **28** B3
– alt. 630 m – Sports d'hiver : à Superbagnères, 1 440/2 260 m 1 14 – Stat. therm. : début mars à mi-nov. – Casino – ✉ 31110 Midi Toulousain
Paris 814 – St-Gaudens 48 – Tarbes 98 – Toulouse 141
18, allée d'Étigny, BP 29, ✆ 05 61 79 21 21, www.luchon.com
de Luchon, Route de Montauban, ✆ 05 61 79 03 27

Hôtel d'Étigny rest, rest,
face établ. thermal – ✆ 05 61 79 01 42 – www.hotel-etigny.com – Ouvert 4 mai-19 oct.
63 ch – 55/115 € 65/125 € – 5 suites – 10 € – ½ P
Rest – Formule 16 € – Menu 22/49 € – Carte 37/62 €
En face des thermes, cet ancien hôtel particulier (19e s.) est tenu par la même famille depuis quatre générations. Chambres classiques, peu à peu rénovées dans un style contemporain ; au restaurant, la carte est classique, elle aussi.

Acta sans rest
19 allées d'Etigny – ✆ 05 61 79 56 97 – www.hotelluchon.com
47 ch – 75/105 € 90/130 € – 12 €
En plein centre-ville, cet hôtel répond aux attentes de la clientèle d'affaires et des vacanciers. Chambres agréables et bien équipées ; piscine intérieure idéale après le ski.

La Rencluse rest, rest,
à St-Mamet – ✆ 05 61 79 02 81 – www.hotel-larencluse.com – Ouvert 5 mai-13 oct. et vacances de fév.
24 ch – 48/55 € 55/60 € – 8 € – ½ P
Rest – Menu 17 € (sem.), 19/23 € – Carte 25/44 €
Voilà une sympathique auberge familiale sur la route de l'Espagne. Les chambres, de style montagnard, sont bien mignonnes, parfois mansardées (plus simples à l'annexe) ; certaines ont d'ailleurs une jolie vue sur les sommets. L'été, on s'installe sous la pergola pour déguster des plats traditionnels.

Pavillon Sévigné

2 av. Jacques-Barrau – (00-+33) 05 61 79 31 50 – www.pavillonsevigne.com
5 ch – 75/85 € 85/95 € **Table d'hôte** – Menu 30 € bc
Ce ravissant manoir du 19e s. ne manque pas d'attraits : fresques murales, escalier en bois, meubles anciens... et confort moderne ! Pour ne rien gâcher, l'accueil est délicieux. À la table d'hôte, menu unique. Qu'il fait bon s'installer dans la salle à manger...

L'Heptameron des Gourmets

3 bd Charles-de-Gaulle – 05 61 79 78 55 – www.heptamerondesgourmets.com
Rest *(dîner seult) (réserver)* – Menu 60 €
Original : le chef et sa femme vous reçoivent... chez eux, au rez-de-chaussée de leur maison, dans une atmosphère très raffinée. Monsieur concocte un menu unique du marché (en sept services) et vous propose de choisir votre vin à la cave.

à St-Paul-d'Oueil 8 km par D 618 et D 51 – 53 h. – alt. 1 000 m – ✉ 31110

Maison Jeanne sans rest

– 05 61 79 81 63 – www.maison-jeanne-luchon.com
4 ch – 79 € 82/139 €
La montagne, un jardin et cette belle maison de pays, idéale pour se ressourcer. L'accueil est chaleureux et les chambres vraiment jolies (poutres apparentes, meubles anciens...).

BAGNOLES-DE-L'ORNE – 61 Orne – 310 G3 – 2 454 h. – alt. 140 m 32 B3

– Stat. therm. : début mars-mi-nov. – Casino A – ✉ 61140 Normandie Cotentin
Paris 236 – Alençon 48 – Argentan 39 – Domfront 19
place du Marché, 02 33 37 85 66, www.bagnolesdelorne.com
de Bagnoles-de-l'Orne, Route de Domfront, 02 33 37 81 42
Site★ - Lac★ - Parc de l'établissement thermal★.

BAGNOLES-DE-L'ORNE

Bois-Motté (Bd du) . . . . A 2
Casinos (R. des) . . . . A 3
Château (Av. du) . . . . A 4
Dr-Pierre-Noal (Av. du) . . . . A 7
Dr-Poulain (Av. du) . . . . A 8
Gaulle (Pl. Général-de) . . . . B 9
Hartog (Bd G.) . . . . A 13
Lemeunier-de-la-Raillère (Bd) . . . . . . B 14
Rozier (Av. Ph.-du) . . . . A 15
Sergenterie-de-Javains (R.) . . . . . . A 18

Le Manoir du Lys

2 km rte Juvigny-sous-Andaine par ③ – ✆ 02 33 37 80 69 – www.manoir-du-lys.fr – Fermé 4 janv.-13 fév., dim. soir et lundi de nov. à avril

23 ch – 99/225 € 125/225 € – 7 suites – 16 € – ½ P

Rest ***Le Manoir du Lys*** – voir les restaurants ci-après

Au milieu des bois et dans un superbe parc, cette belle demeure normande est empreinte de quiétude... Les chambres du manoir affichent un raffinement classique ou plus contemporain, toujours chaleureux ; dans le pavillon, des suites spacieuses.

Bois Joli

av. Ph.-du-Rozier – ✆ 02 33 37 92 77 – www.hotelboisjoli.com Aw

20 ch – 97/172 € 135/172 € – 11 € – ½ P

Rest – Formule 18 € – Menu 27/72 € – Carte 27/76 €

Élégante maison anglo-normande (19e s.) dans un parc arboré. Avec ses meubles anciens, ses lambris d'origine et ses chambres si romantiques, elle distille une vraie atmosphère rétro... Près de la cheminée en bois sculpté, on savoure une agréable cuisine traditionnelle et de bons vins.

Nouvel Hôtel

8 av. Dr-P.-Noal – ✆ 02 33 30 75 00 – www.lenouvelhotel.fr – Ouvert d'avril à oct.

30 ch – 78/122 € 89/125 € – 10 € – ½ P Ae

Rest – Menu 19 € (sem.), 24/36 € – Carte 34/55 €

Une jolie villa du début du 20e s. avec des chambres pratiques, plaisantes et bien insonorisées, ainsi qu'un restaurant adapté aux curistes (menus traditionnels, diététiques et végétariens). Petits plus charmants : le salon avec son piano et le jardin, si paisible...

Bagnoles Hôtel

6 pl. de la République – ✆ 02 33 37 86 79 – www.bagnoles-hotel.com At

20 ch – 78/98 € 78/108 € – 9 € – ½ P

Rest ***Bistrot Gourmand*** – voir les restaurants ci-après

Au cœur de la station, un hôtel avec des chambres avant tout fonctionnelles mais agréables et colorées, le plus souvent avec balcon ou terrasse. Celles du 3e étage sont mansardées : bien plaisant.

Ô Gayot

2 av. de la Ferté-Macé – ✆ 02 33 38 44 01 – www.ogayot.com – Fermé dim. soir du 15 nov. au 1er avril Au

15 ch – 55/95 € 55/95 € – 9 € – ½ P

Rest ***Ô Gayot*** – voir les restaurants ci-après

Au centre de la station thermale, hôtel au concept "tout en un" : chambres épurées sur le thème de l'eau ou de la forêt ; bar, salon de thé, boutique de produits régionaux et même un bistrot contemporain et gourmand.

Le Roc au Chien

10 r. Prof.-Louvel – ✆ 02 33 37 97 33 – www.hotelrocauchien.fr – Ouvert 9 mars-10 nov. As

36 ch – 55/72 € 65/95 € – 10 € – ½ P

Rest – Formule 16 € – Menu 19 € (sem.), 27/39 € – Carte 42/55 €

La comtesse de Ségur aurait séjourné dans ce sympathique hôtel-restaurant. Dans la bâtisse principale, une jolie tourelle en brique et des chambres rustiques ; à l'annexe, ces dernières sont plus actuelles... Agréable jardin.

Les Camélias

av. Château-de-Couterne – ✆ 02 33 37 93 11 – www.cameliashotel.com – Ouvert 14 fév.-30 nov. Ab

20 ch – 54/72 € 66/76 € – 9 € – ½ P

Rest – Formule 13 € – Menu 21 € (sem.), 30/34 € – Carte 21/40 €

Au cœur d'un quartier pavillonnaire, une élégante maison normande du début du 20e s. On profite de la grande quiétude des lieux, du joli jardin, du restaurant traditionnel et des chambres douillettes, pratiques et fraîches...

Le Normandie

2 av. du Dr-Lemuet – ✆ 02 33 30 71 30 – www.hotel-le-normandie.com – Fermé déc. et janv. **Bv**

22 ch – †55/130 € ††55/130 € – ☕ 10 € – ½ P

Rest – Formule 11 € bc – Menu 21 € (déj. en sem.), 32/48 € – Carte 40/54 €

Cet ancien relais de poste a gardé tout son cachet d'antan. Chambres confortables et bien dans l'air du temps (mobilier en bois patiné, couleurs pastel) ; au restaurant, plats régionaux et de saison.

Le Manoir du Lys (Franck Quinton) – Hôtel Le Manoir du Lys

2 km rte Juvigny-sous-Andaine par ③ – ✆ 02 33 37 80 69 – www.manoir-du-lys.fr – Fermé 4 janv.-13 fév., dim. soir de nov. à avril, merc. midi de mai à oct., mardi midi et lundi

Rest – Menu 47/95 € – Carte 62/85 €

De la pierre, des boiseries claires et une terrasse agréable pour une atmosphère élégante et chaleureuse... Le chef concocte une cuisine fine et goûteuse qui valorise les beaux produits régionaux – en particulier les champignons de la forêt des Andaines !

➜ Andouille de Vire en papillote transparente et foin vert, crème au camembert et langoustine. Pigeonneau rôti entier, artichauts aux truffes d'été. Macaron crème tendre, champignons des bois et sorbet aux trompettes.

Bistrot Gourmand – Bagnoles Hôtel

6 pl. de la République – ✆ 02 33 37 86 79 – www.bagnoles-hotel.com – Fermé 20 janv.- 8 fév. **At**

Rest – Formule 16 € – Menu 22 € – Carte 28/43 €

Dans ce Bistrot gourmand, le chef prépare une cuisine qui suit le marché et les saisons... C'est frais et sympathique.

Ô Gayot – Hôtel Ô Gayot

2 av. de la Ferté-Macé – ✆ 02 33 38 44 01 – www.ogayot.com – Fermé dim. soir et lundi midi du 15 nov. au 1er avril et jeudi sauf août **Au**

Rest – Formule 16 € – Menu 20 € (sem.)/25 € – Carte 25/43 €

Une jolie maison en pierre et son bistrot chic, pile dans l'air du temps. Dans l'assiette, de bonnes recettes... bistrotières, qui changent toutes les semaines. Œuf mollet et crème de champignons, baba au calvados... Régal et gourmandise !

BAGNOLS – 69 Rhône – **327** G4 – 714 h. – alt. 400 m – ✉ 69620 **43** E1

Lyon et sa région

Paris 444 – Lyon 30 – Tarare 20 – Villefranche-sur-Saône 14

Château de Bagnols

le bourg – ✆ 04 74 71 40 00 – www.chateaudebagnols.com

16 ch – †560/1960 € ††560/1960 € – 5 suites – ☕ 32 €

Rest – Menu 65/85 € – Carte 73/183 €

Jardins ouverts sur la campagne beaujolaise, accès par pont-levis, fresques Renaissance, superbes chambres et restaurant gastronomique dans la majestueuse salle des gardes : grand style et vie de château !

BAGNOLS-SUR-CÈZE – 30 Gard – **339** M4 – 18 105 h. – alt. 51 m **23** D1 – ✉ 30200 Languedoc Roussillon

Paris 653 – Alès 54 – Avignon 34 – Nîmes 56

Quartier Espace Saint-Gilles, ✆ 04 66 89 54 61, www.tourisme-bagnolssurceze.com

Musée d'Art moderne Albert-André★.

Site★ de Roques-sur-Cèze.

Château du Val de Cèze

69 r. Léon Fontaine, 1 km rte d'Avignon – ✆ 04 66 89 61 26 – www.sud-provence.com – Fermé 21 déc.-6 janv.

22 ch – †87/127 € ††87/132 € – 1 suite – ☕ 12 € – ½ P

Rest *(fermé dim.)* – Formule 20 € – Menu 26/37 € – Carte 35/52 € le midi

Ce château du 17e s. et son parc sont très prisés par la clientèle d'affaires (séminaires, réunions...). Les chambres, sobres et confortables, disposent toutes d'une terrasse. Bonne option pour organiser un repas que le restaurant, dont le chef propose une cuisine assez soignée.

rte d'Alès 5 km Ouest par D 6 et D 143

Château de Montcaud ch,
Hameau de Combe ✉ 30200 Bagnols-sur-Cèze
– ✆ 04 66 89 60 60 – www.chateau-de-montcaud.com – Ouvert 20 avril-19 oct.
26 ch – †160/310 € ††200/390 € – 2 suites – ☕ 26 € – ½ P
Rest *Les Jardins de Montcaud* – voir les restaurants ci-après
Rest *Bistrot Il Giardino* *(ouvert 2 mai-30 août) (déj. seult)* – Formule 23 €
– Carte 32/48 €
Cette noble demeure du 19e s., au cœur d'un parc arboré, est un havre de paix. Meubles de style et tons chauds rehaussent l'élégance des chambres. À l'heure des repas, on a le choix entre le restaurant gastronomique et le "bistrot" italien, où le brunch dominical s'accompagne de concerts de jazz en été. Agréable !

Les Jardins de Montcaud – Hôtel Château de Montcaud
Hameau de Combe ✉ 30200 Bagnols-sur-Cèze
– ✆ 04 66 89 60 60 – www.chateau-de-montcaud.com – Ouvert 20 avril-19 oct.
Rest *(dîner seult)* – Menu 49/99 € – Carte 52/76 €
Comme il fait bon se promener dans ces Jardins de Montcaud ! On y déguste une savoureuse cuisine méridionale teintée d'exotisme, en s'installant dans la jolie salle d'inspiration provençale ou dans le patio des plus agréables. Une bonne adresse.

BAIE DES TRÉPASSÉS – 29 Finistère – 308 C6 – rattaché à Pointe du Raz

---

BAILLARGUES – 34 Hérault – 339 J7 – rattaché à Montpellier

BAILLEUL – 59 Nord – 302 E3 – 13 989 h. – alt. 44 m – ✉ 59270 30 B2

Nord Pas-de-Calais Picardie

Paris 244 – Armentières 13 – Béthune 31 – Dunkerque 44

3, Grand'place, ✆ 03 28 43 81 00, www.montsdeflandre.fr

✳★ du beffroi.

Belle Hôtel sans rest
19 r. de Lille – ✆ 03 28 49 19 00 – www.bellehotel.fr – Fermé 2 sem. en août et 23 déc.-5 janv.
31 ch – †89/99 € ††89/99 € – ☕ 15 €
Deux jolies maisons typiquement flamandes. Chambres spacieuses et raffinées (meubles de style) dans l'une ; plus fonctionnelles mais tout aussi confortables dans l'autre.

BAIX – 07 Ardèche – 331 K5 – 1 029 h. – alt. 80 m – ✉ 07210 44 B3

Paris 588 – Crest 30 – Montélimar 22 – Privas 18

Les Quatre Vents sans rest
rte Chomérac, 2 km au Nord-Ouest – ✆ 04 75 85 80 64 – www.hotel-les4vents.fr – Fermé 24 déc.-17 janv.
20 ch – †53/63 € ††61/63 € – ☕ 8 €
Une bonne affaire que cet hôtel qui pratique des prix très compétitifs pour la région. Les chambres sont simples mais fort bien tenues, l'accueil est agréable et, l'été, on peut prendre son petit-déjeuner en terrasse.

Les Quatre Vents
rte Chomérac, 2 km au Nord-Ouest – ✆ 04 75 85 84 49
– restaurantles4vents.sharepoint.com – Fermé une sem. vacances de Noël, dim. soir et lundi
Rest – Formule 14 € – Menu 19 € (déj. en sem.), 24/60 € bc – Carte 39/59 €
Au restaurant : charpente apparente, décor revu et coloré, orné de tableaux et d'un trompe-l'oeil, cuisine actuelle.

BALANOD – 39 Jura – 315 h. – alt. 250 m – ✉ 39160 **16** A3

Paris 447 – Besançon 123 – Bourg-en-Bresse 33 – Lons-le-Saunier 33

XX **Philippe Bouvard**

Grande Rue – ☎ 03 84 48 73 65 – Fermé 16 sept.-2 oct., 2-17 janv., dim. soir, mardi soir, merc. soir et lundi

Rest – Formule 13 € bc – Menu 26/37 € – Carte 32/55 €

Une petite auberge chaleureuse et conviviale, portée par un chef passionné et généreux qui... n'a pas la grosse tête. Parmi ses spécialités, le soufflé au comté, mais il cherche à donner au terroir des accents de nouveauté.

BALARUC-LES-BAINS – 34 Hérault – **339** H8 – 6 622 h. – alt. 3 m – Stat. therm. : début mars à mi-déc. – Casino – ✉ 34540 Languedoc Roussillon **23** C2

Paris 781 – Agde 32 – Béziers 52 – Frontignan 8

Pavillon Sévigné, ☎ 04 67 46 81 46, www.balaruc-les-bains.com

XXX **Le St-Clair**

quai du Port – ☎ 04 67 48 48 91 – www.restaurant-saintclair.com – Fermé 6 janv.-10 fév.

Rest – Menu 22 € (déj. en sem.), 33/89 € – Carte 52/102 €

Une maison élégante sur les quais ; la terrasse sous les palmiers ouvre sur le bassin de Thau... On y apprécie une bonne cuisine de la mer.

BALDERSHEIM – 68 Haut-Rhin – **315** I10 – rattaché à Mulhouse

---

BÂLINES – 27 Eure – **304** F9 – rattaché à Verneuil-sur-Avre

---

BALLEROY – 14 Calvados – **303** G4 – 832 h. – alt. 70 m – ✉ 14490 **32** B2

Normandie Cotentin

Paris 276 – Bayeux 16 – Caen 42 – St-Lô 23

Château ★.

XXX **Manoir de la Drôme**

129 r. des Forges – ☎ 02 31 21 60 94 – www.manoir-de-la-drome.com – Fermé 7 janv.-8 fév., mardi midi, dim. soir, lundi et merc.

Rest – Menu 29 € (déj. en sem.), 49/70 € – Carte 65/80 €

Cette demeure de caractère (17e s.) fut la propriété d'un maître de forge. D'une élégance incontestable avec son agréable jardin fleuri où passe la Drôme, c'est le cadre parfait pour un repas d'un beau classicisme.

BALOT – 21 Côte-d'Or – **320** G3 – 91 h. – alt. 272 m – ✉ 21330 **8** C1

Paris 235 – Auxerre 74 – Chaumont 74 – Dijon 82

Auberge de la Baume

r. d'en haut – ☎ 03 80 81 40 15 – www.aubergedelabaume.com – Fermé 24 déc.-3 janv.

10 ch – †52/65 € ††52/65 € – ☕ 9 € – ½ P

Rest – Menu 17 € (déj. en sem.), 26/35 € – Carte 23/38 €

Une auberge de village typique, en face de l'église... Accueil prévenant, chambres pratiques et bien tenues et, pour le cachet, une belle collection de soupières anciennes, dans une salle à manger rustique à souhait.

BAN-DE-LAVELINE – 88 Vosges – **314** K3 – 1 293 h. – alt. 427 m – ✉ 88520 **27** D3

Paris 411 – Colmar 59 – Épinal 67 – St-Dié 14

XX **Auberge Lorraine** avec ch

5 r. du 8-mai – ☎ 03 29 51 78 17 – www.auberge-lorraine.biz – Fermé 27 août-10 sept. et 28 janv.-11 fév.

7 ch – †51/60 € ††51/60 € – ☕ 11 € – ½ P

Rest *(fermé dim. soir et lundi)* – Formule 14 € – Menu 20/45 € – Carte 30/45 €

En 2010, cette auberge du pays vosgien a été reprise par un jeune couple, qui propose une cuisine traditionnelle en prise sur les saisons (sauté de joue de bœuf, vacherin glacé). À l'étage, on trouve des chambres assez spacieuses et douillettes.

BANDOL – 83 Var – 340 J7 – 8 394 h. – alt. 1 m – Casino – ✉ 83150 **40 B3**

Côte d'Azur

Paris 818 – Aix-en-Provence 68 – Marseille 48 – Toulon 18

Accès par transports maritimes

Accès à l'Ile de Bendor par vedette (traversée 7mn) ☎ 04 94 29 44 34.

allées Vivien, ☎ 04 94 29 41 35, www.bandol.fr

de Frégate, à Saint-Cyr-sur-Mer, Route de Bandol, par rte de Marseille : 4 km, ☎ 04 94 29 38 00

Allées Jean-Moulin★.

Île Rousse

25 bd Louis-Lumière – ☎ 04 94 29 33 00 – www.ile-rousse.com

62 ch – †210/510 € ††210/510 € – 5 suites – ☕ 25 €

Rest *Les Oliviers* – voir les restaurants ci-après

Une situation idéale pour cet hôtel chic, zen et les pieds dans l'eau ! Le décor ultracontemporain, le superbe centre de thalasso... tout séduit. Même le hall d'accueil, ouvert sur la piscine d'eau de mer : on y oublie tout en une seconde.

Golf Hôtel

ch,

10 promenade de la Corniche, sur plage Renécros par bd L.-Lumière – ☎ 04 94 29 45 83 – www.golfhotel.fr – Ouvert d'avril à oct.

24 ch – †64/126 € ††64/126 € – ☕ 11 € – ½ P

Rest *(ouvert d'avril à fin sept. et fermé le soir sauf du 29 juin au 31 août)* – Menu 23 € – Carte 31/46 €

Une accueillante villa des années 1900 ancrée dans le sable fin, les pieds dans l'eau. Certaines chambres (la plupart contemporaines) disposent d'une loggia ou d'un balcon. Restaurant de plage en saison.

Les Galets

rest,

49 montée Voisin – ☎ 04 94 29 43 46 – www.lesgalets-bandol.com – Ouvert 20 janv.-10 déc.

21 ch – †85 € ††85/96 € – ☕ 9 € – ½ P

Rest *(fermé mardi et merc.)* – Formule 20 € – Menu 25 € (déj. en sem.), 35/35 € – Carte 45/54 €

Cet hôtel bâti à flanc de colline jouit d'une vue imprenable sur la mer. Chambres sobres et lumineuses, disposant presque toutes d'un balcon face à la Grande Bleue. Cuisine traditionnelle servie dans une salle chaleureuse ou sur la terrasse panoramique.

Les Oliviers – Hôtel Île Rousse

25 bd Louis-Lumière – ☎ 04 94 29 33 00 – www.ile-rousse.com

Rest *(dîner seult en juil.-août)* – Menu 75/90 € – Carte 70/95 €

La terrasse longe la piscine à débordement ; la salle surplombe la baie ; tons blancs et lignes zen nimbent les lieux de douceur... Un bel endroit, assurément, à l'unisson d'une cuisine qui embaume le Sud. Moment Méditerranée !

L'Espérance

21 r. du Dr L. Marçon – ☎ 04 94 05 85 29 – Fermé 1 sem. en juin, 1 sem. en oct., 2 sem. en janv., dim. soir et mardi d'oct. à juin et lundi

Rest *(nombre de couverts limité, réserver)* – Menu 31/62 € – Carte 47/55 €

Dans ce restaurant cosy, à l'écart de l'agitation touristique, le jeune chef élabore une cuisine raffinée, où explosent les parfums et les couleurs (herbes, fleurs).

L'Ardoise Ⓝ

25 r. du Dr L. Marçon – ☎ 04 94 32 28 58 – Fermé 2 sem. en janv.

Rest – Formule 15 € bc – Menu 24/38 € – Carte 28/42 €

Un petit bistrot proche du port. On y savoure une cuisine du marché qui varie au fil des saisons. Des recettes goûteuses à déguster dans une ambiance conviviale. Idéal pour reprendre des forces après une balade en bateau...

Le Clocher

1 r. de la Paroisse – ☎ 04 94 32 47 65 – www.leclocher.fr – Fermé le midi en été et mardi et merc. en hiver

Rest *(nombre de couverts limité, réserver)* – Formule 15 € bc – Menu 35 € – Carte 37/50 €

Un Clocher très bistrotier au cœur du vieux Bandol ! La cuisine varie au gré du marché et met en avant les saveurs méditerranéennes.

au Nord **1,5 km par D 559 rte de Sanary - ✉ 83110 Sanary-sur-Mer**

XX **Le Castel** avec ch

925 rte de la Canolle – ✆ 04 94 29 82 98 – Ouvert de début mars à fin nov.
9 ch ☕ – 🚹80 € 🚹🚹100 € – ½ P **Rest** *(réserver)* – Menu 35 € – Carte 55/71 €
Petite auberge familiale – avec sa coquette salle rustique –, où le chef concocte une cuisine traditionnelle, authentique et simple. Chambres sobres, la plupart de plain-pied.

BANGOR – 56 Morbihan – 308 L11 – voir à Belle-Ile-en-Mer

BANNALEC – 29 Finistère – 308 I7 – 5 308 h. – alt. 98 m – ✉ 29380 9 B2

▶ Paris 535 – Carhaix-Plouguer 51 – Châteaulin 67 – Concarneau 25
ℹ Place de la Libération, ✆ 02 98 39 43 34

rte de St-Thurien **4,5 km au Nord-Est par D 23 et rte secondaire – ✉ 29380 Bannalec**

Le Manoir du Ménec

– ✆ 02 98 39 47 47 – www.manoirdumenec.com – Fermé 3 janv.-12 fév.
15 ch ☕ – 🚹80/90 € 🚹🚹90/100 €
Rest *(fermé merc. hors saison) (dîner seult)* – Menu 32/45 € – Carte 30/60 €
Vastes chambres à l'ancienne dans le manoir, moins amples dans les dépendances, mais souvent dotées de lits à baldaquin. Espace détente. Table au goût du jour et au cadre rustique : poutres, vieilles pierres, âtre en granit.

BANNEGON – 18 Cher – 323 M6 – 267 h. – alt. 180 m – ✉ 18210 12 C3

▶ Paris 284 – Bourges 43 – Moulins 70 – St-Amand-Montrond 22
ℹ 20, rue de la mairie, ✆ 02 48 61 83 61, www.bannegon.fr

Moulin de Chaméron Ⓝ

2,5 km par rte de Neuilly-en-Dun et rte secondaire – ✆ 02 48 61 83 80
– www.moulindechameron.com – Ouvert 15 mars-17 nov.
13 ch – 🚹75/95 € 🚹🚹95/120 € – ☕ 13 € – ½ P
Rest ***Moulin de Chaméron*** – voir les restaurants ci-après
Entendez-vous le doux clapotis de l'eau ? Dans cette construction récente, à côté d'un ancien moulin, on se repose dans des chambres de caractère, au grand calme. Celles en rez-de-jardin disposent d'une petite terrasse avec vue sur la piscine. Idéal pour un séjour au vert !

XX **Moulin de Chaméron** Ⓝ

2,5 km par rte de Neuilly-en-Dun et rte secondaire – ✆ 02 48 96 41 17
– www.moulindechameron.com – Ouvert 15 mars-17 nov. et fermé mardi midi et lundi sauf le soir en saison
Rest – Menu 30/69 € – Carte 53/65 €
Dans un cadre bucolique à souhait, ce moulin du 18e s. abrite un agréable restaurant et son musée de la meunerie. Derrière les fourneaux, le chef réalise une cuisine d'aujourd'hui avec de bons produits. Aux beaux jours, au décor cosy des salles, on préfère la terrasse en bordure de rivière. Une bonne adresse.

BANYULS-SUR-MER – 66 Pyrénées-Orientales – 344 J8 – 4 686 h. – alt. 1 m – ✉ 66650 Languedoc Roussillon 22 B3

▶ Paris 887 – Cerbère 11 – Perpignan 37 – Port-Vendres 7
ℹ avenue de la République, ✆ 04 68 88 31 58, www.banyuls-sur-mer.com
👁 ✳★★ du cap Réderis E : 2 km.

Les Elmes

plage des Elmes – ✆ 04 68 88 03 12 – www.hoteldeselmes.com
31 ch – 🚹54/134 € 🚹🚹54/134 € – ☕ 10 € – ½ P
Rest ***Littorine*** – voir les restaurants ci-après
Un hôtel accueillant, en bord de plage. Les chambres sont très bien tenues et affichent un style frais et moderne ; après les bains de mer, on profite du jacuzzi et du sauna... Les vacances !

Littorine
plage des Elmes – ✆ 04 68 88 03 12 – www.hoteldeselmes.com
Rest – Formule 19 € bc – Menu 27/50 € – Carte 34/58 €
La propriétaire a du mal à reconnaître le restaurant de plage qu'elle a créé il y a plus de cinquante ans : ses enfants en ont fait un lieu contemporain et élégant, mais l'on s'y régale toujours d'une belle cuisine régionale et du marché, qui valorise le poisson. Les temps changent, et cela a du bon !

LA BARAQUE – 63 Puy-de-Dôme – 326 F8 – rattaché à Clermont-Ferrand

BARATIER – 05 Hautes-Alpes – 334 G5 – 511 h. – alt. 855 m – ✉ 05200 41 C1

Paris 705 – Gap 40 – Grenoble 143 – Marseille 215

Les Peupliers
chemin de Lesdier – ✆ 04 92 43 03 47 – www.hotel-les-peupliers.com – Fermé 3 sem. en avril et fin sept.-fin oct.
25 ch – †58 € ††74/89 € – ☕ 9 € – ½ P
Rest *Les Peupliers* – voir les restaurants ci-après
Dans un village tranquille, ce chalet aux abords verdoyants est très avenant avec ses chambres coquettes et montagnardes (certaines avec balcon et vue sur le lac), son espace détente et son restaurant. Et il y règne un vrai esprit familial !

Les Peupliers
chemin de Lesdier – ✆ 04 92 43 03 47 – www.hotel-les-peupliers.com – Fermé 3 sem. en avril, fin sept.-fin oct., mardi midi, merc. midi, jeudi midi sauf juil.-août
Rest – Menu 20/43 € – Carte 25/45 €
Une atmosphère résolument chaleureuse et montagnarde, pour une cuisine d'aujourd'hui qui fait la part belle aux produits du terroir régional... L'hiver, on se réfugie près de la cheminée ; l'été, on profite du panorama sur les sommets en terrasse.

BARBASTE – 47 Lot-et-Garonne – 336 D4 – 1 494 h. – alt. 45 m – ✉ 47230 4 C2

Aquitaine

Paris 703 – Agen 34 – Bordeaux 125 – Villeneuve-sur-Lot 50
place de la Mairie, ✆ 05 53 65 84 85

La Cascade aux Fées
3 r. de la Riberotte – ✆ 05 53 97 05 96 – www.cascade-aux-fees.com – Fermé janv.
4 ch – †80/110 € ††80/110 € – ☕ 9 € **Table d'hôte** – Menu 35 € bc
Bordant un superbe parc fleuri bordé par la Gélise, cette demeure du 18e s. cultive un joli esprit maison de famille : décors sobres et soignés (parquets, mobilier ancien), table d'hôte évidemment familiale, jolie piscine...

BARBAZAN – 31 Haute-Garonne – 343 B6 – 449 h. – alt. 464 m – ✉ 31510 28 B3

Paris 779 – Bagnères-de-Luchon 32 – Lannemezan 27 – St-Gaudens 14
route Loures - Maison De La Prade, ✆ 05 61 88 35 64, www.tourisme-barbazan

Hostellerie de l'Aristou avec ch
rte de Sauveterre – ✆ 05 61 88 30 67 – Fermé 4 nov.-13 fév., le midi du lundi au vend. de mai à août, mardi midi, dim. et lundi de sept. à avril
6 ch – †70/75 € ††70/75 € – ☕ 9 € – ½ P
Rest – Menu 25 € (sem.), 31/50 € – Carte 36/62 €
Une ferme du 19e s. au charme champêtre et bourgeois, dans laquelle on savoure une cuisine classique. Pour le repos, les chambres, d'esprit Louis XIV, cultivent leur joli cachet désuet.

BARBENTANE – 13 Bouches-du-Rhône – 340 D2 – 3 777 h. – alt. 40 m – ✉ 13570 42 E1

Provence

Paris 692 – Avignon 10 – Arles 33 – Marseille 103
4, le Cours, ✆ 04 90 90 85 86
Château★★.

Castel Mouisson sans rest
247 chemin sous les Roches – ✆ 04 90 95 51 17 – www.hotel-castelmouisson.com – Ouvert 15 mars-15 oct.
17 ch – †50 € ††69/74 € – ☕ 10 €
Cette maison provençale, au pied de la Montagnette, dispose de chambres proprettes, ouvertes sur le beau et vaste jardin arboré.

BARBERAZ – 73 Savoie – **333** I4 – rattaché à Chambéry

BARBEZIEUX-ST-HILAIRE – 16 Charente – **324** J7 – 4 727 h. – alt. 100 m **38** B3
– ✉ 16300 Poitou-Charentes
Paris 480 – Angoulême 36 – Bordeaux 84 – Cognac 36
Le Château Place Verdun, ✆ 05 45 78 91 04

La Boule d'Or rest, ch,
9 bd Gambetta – ✆ 05 45 78 64 13 – www.labouledor.net – Fermé 22 déc.-4 janv., vend. soir, sam. midi et dim. soir d'oct. à avril
18 ch – †59 € ††59 € – ☕ 7 € – ½ P
Rest – Formule 12 € – Menu 14/36 € – Carte 26/46 €
Une hostellerie d'autrefois (1852) au cœur de la "capitale" de la Petite Champagne cognaçaise. Les chambres sont simples mais assez spacieuses. Pause tradition au restaurant – l'été à l'ombre d'un marronnier centenaire...

à La Magdeleine 8 km au Nord-Ouest par D 1 et D 151 – 123 h. – alt. 153 m – ✉ 16240

Le Logis du Paradis ch,
– ✆ 05 45 35 39 43 – www.logisduparadis.com – Fermé 7 janv.-28 fév.
5 ch ☕ – †95/120 € ††105/130 € **Table d'hôte** – Menu 39 €
Idéale pour s'initier à l'art du cognac, une ancienne distillerie datant de 1712, au cœur du vignoble. Un couple d'Anglais a rénové cette belle maison avec passion : atmosphère cosy et feutrée ; dégustation près des vieux alambics.

BARBIZON – 77 Seine-et-Marne – **312** E5 – 1 425 h. – alt. 80 m – ✉ 77630 **19** C3
Île-de-France
Paris 56 – Étampes 41 – Fontainebleau 10 – Melun 13
34, rue Théodore Rousseau, ✆ 01 60 66 41 87, www.barbizon-tourisme.fr
Cély Golf Club, à Cély, Route de Saint Germain, O : 9 km par D64 et D11, ✆ 01 64 38 03 07
Auberge du Père Ganne★.

Hôtellerie du Bas-Bréau
22 r. Grande-Rue – ✆ 01 60 66 40 05 – www.bas-breau.com
17 ch – †150/200 € ††200/390 € – 3 suites – ☕ 21 €
Rest *Hôtellerie du Bas-Bréau* – voir les restaurants ci-après
Les séjours de R. L. Stevenson et de grands peintres ont fait la réputation du lieu. Les chambres sont d'une élégance classique, avec des meubles anciens et de jolis papiers peints et tissus imprimés, et donnent sur un parc abondamment fleuri.

Les Pléiades
21 Grande-Rue – ✆ 01 60 66 40 25 – www.hotel-les-pleiades.com
15 ch – †210/680 € ††210/680 € – 5 suites – ☕ 18 €
Rest *Les Pléiades* – voir les restaurants ci-après
Après une balade dans ce village aimé de Corot ou de Millet, l'étape est tentante dans cet hôtel des années 1920, désormais très contemporain : design minimaliste, espace bien-être et piscine, expositions diverses. Arty.

La Clé d'Or ch,
73 Grande-Rue – ✆ 01 60 66 40 96 – www.la-cledor.com
17 ch – †59/119 € ††79/119 € – ☕ 11 €
Rest *(fermé janv., lundi et mardi)* – Formule 21 € – Menu 29 € (sem.)/49 € – Carte 33/70 €
C'est au cœur du village que l'on découvre cet ancien relais de poste couvert de glycine en saison. Dans les chambres domine un charme presque rustique que l'on retrouve dans le jardin, ce qui est bien agréable.

Hôtellerie du Bas-Bréau – Hôtellerie du Bas Bréau
22 r. Grande-Rue – ✆ 01 60 66 40 05 – www.bas-breau.com
Rest – Formule 29 € – Menu 58 € – Carte 90/116 €
Une terrasse sous les marronniers, une belle cheminée... On vient ici pour honorer la grande tradition, avec le gibier comme spécialité, mais aussi les grenouilles à la française, le homard, le filet de bœuf à la moelle, et bien d'autres classiques !

Les Pléiades – Hôtel Les Pléiades
21 Grande-Rue – ✆ 01 60 66 40 25 – www.hotel-les-pleiades.com – Fermé dim. soir, merc. midi, lundi et mardi
Rest – Menu 84/98 € – Carte 70/90 €
Un décor très contemporain (tons sombres, éclairage étudié, œuvres modernes) dans un village aussi pittoresque, voilà qui est original ! Ce cadre élégant et feutré se prête à des repas intimes... Cuisine au goût du jour.

L'Ermitage Saint Antoine N
51 Grande-Rue – ✆ 01 64 81 96 96 – www.lermitagesaintantoine.com
Rest – Carte 30/36 €
On peut aimer la cuisine et être passionné par… les deux-roues ! À l'image du chef de ce sympathique bistrot qui expose certaines de ses pièces très rétro. Côté assiette, on se régale d'une bonne cuisine de bistrot : terrine de lapin, tortilla de confit de canard... Jolie terrasse dans le patio.

BARBOTAN-LES-THERMES – 32 Gers – 336 B6 – Stat. therm. : fin fév.-fin nov. – Casino – ✉ 32150 Cazaubon Midi Toulousain 28 A2

Paris 703 – Aire-sur-l'Adour 37 – Auch 75 – Condom 37

Maison du tourisme et du thermalisme, ✆ 05 62 69 52 13, http://barbotan-cazaubon.com

La Bastide
av. des Thermes – ✆ 05 62 08 31 00 – www.bastide-gasconne.com – Fermé 1er déc.-22 fév.
18 ch – 160/205 € 160/205 € – 8 suites – 20 € – ½ P
Rest *La Bastide* – voir les restaurants ci-après
Omniprésence de l'eau (avec de superbes fontaines dans les jardins à l'andalouse, une galerie menant aux thermes et au centre de balnéo) ; décor raffiné mêlant brique, bois, marbre et pierre ; chambres douillettes : cette bastide a un charme fou !

Les Fleurs de Lees
24 av. Henri-IV, rte d'Agen – ✆ 05 62 08 36 36 – www.fleursdelees.com – Ouvert avril-nov.
16 ch – 95 € 95 € – 10 €
Rest – Menu 22 € (sem.), 39 € bc/50 € bc – Carte 44/69 €
Pimpante maison au cœur de l'Armagnac. Chambres feutrées, parfois avec terrasse. Quelques grandes chambres à thème ("Afrique", "Asie", "Inde", etc.). Meubles et objets de Dubaï ornent le restaurant ; la cuisine panache parfums du monde et saveurs régionales.

Beauséjour
6 av. des Thermes – ✆ 05 62 08 30 30 – www.hotel-barbotan.com – Ouvert de mars à nov.
25 ch – 35/75 € 35/75 € – 9 € – ½ P **Rest** – Menu 20 € (déj. en sem.)/35 €
Grande maison de style régional renfermant des chambres classiques, coquettement rénovées, et un petit salon d'esprit british. Joli jardin arboré. Un menu unique (cuisine traditionnelle) est prévu pour les pensionnaires. Réservation obligatoire pour les autres.

La Bastide – Hôtel La Bastide
av. des Thermes – ✆ 05 62 08 31 00 – www.bastide-gasconne.com – Fermé 1er déc.-22 fév.
Rest – Menu 30/65 € – Carte environ 54 €
Un lieu élégant, qui a une âme, et deux concepts culinaires : d'une part une cuisine santé destinée aux curistes (carte renouvelée tous les jours) ; de l'autre des mets "d'appétit" mêlant avec raffinement terroir et air du temps.

BARCELONNETTE – 04 Alpes-de-Haute-Provence – 334 H6 – 2 741 h. 41 C2

– alt. 1 135 m – Sports d'hiver : Le Sauze/Super Sauze 1 400/2 400 m 23 et Pra-Loup 1 500/2 600 m 3 29 – ✉ 04400 Alpes du Sud

Paris 733 – Briançon 86 – Cannes 161 – Digne-les-Bains 88

place Frédéric Mistral, ✆ 04 92 81 04 71, www.barcelonnette.com

Église de St-Pons★ NO : 2 km.

Azteca sans rest

3 r. François-Arnaud – ✆ 04 92 81 46 36 – www.azteca-hotel.fr
– Fermé de mi-nov. à mi-déc.

27 ch – 61/110 € 61/110 € – 11 €

Jolie villa où meubles et objets artisanaux mexicains composent un décor original évoquant l'épopée des Barcelonnettes au Mexique (19e s.). Une partie des chambres décline ce thème.

à St-Pons 2 km au Nord-Ouest par D 900 et D 9 – 742 h. – alt. 1 157 m – ✉ 04400

Domaine de Lara sans rest

(à Lara), D 609 – ✆ 04 92 81 52 81 – www.domainedelara.com
– Fermé 25 juin-4 juil. et 12 nov.-19 déc.

5 ch – 95/103 € 100/108 €

Dans un parc avec une belle vue sur les sommets, bastide provençale et de caractère (poutres, tomettes, vieilles pierres, mobilier de famille, style cosy). Petit-déjeuner soigné.

au Sauze 4 km au Sud-Est par D 900 et D 209 – Sports d'hiver : 1 400/2 400 m 23 – ✉ 04400 Enchastrayes

Immeuble Perce-Neige, station du Sauze, ✆ 04 92 81 05 61

Montana Chalet sans rest

au centre de la station – ✆ 04 92 81 05 97 – www.montana-chalet.com
– Ouvert de mi-juin à mi-sept. et de mi-déc. à mi-avril

20 ch – 89/352 € 89/352 €

Un beau chalet en bois blond juste au pied des pistes, une cheminée où un feu crépite, des chambres chaleureuses avec balcon, des recettes traditionnelles au restaurant : l'équation montagnarde parfaite !

à Jausiers 8 km au Nord-Est par D 900 – 1 095 h. – alt. 1 240 m – ✉ 04850

Grande rue, ✆ 04 92 81 21 45, www.jausiers.com

Villa Morelia

– ✆ 04 92 84 67 78 – www.villa-morelia.com
– Fermé 1er-27 avril et 11 nov.-27 déc.

24 ch – 120/350 € 125/350 € – 22 € – ½ P

Rest *Villa Morelia* – voir les restaurants ci-après

Construite en 1900, cette fière villa "mexicaine" a conservé son cachet et propose des chambres chic, plus contemporaines à l'annexe. Au spa, pur moment de détente en perspective...

Villa Morelia

– ✆ 04 92 84 67 78 – www.villa-morelia.com
– Fermé 1er-27 avril, 11 nov.-27 déc., dim., lundi et mardi sauf de juin à sept.

Rest *(dîner seult) (réserver)* – Menu 45/54 €

Cette Villa Morelia distille un certain charme bourgeois... Un écrin flatteur pour une cuisine du marché fine, inventive et séduisante. De la fraîcheur, de belles saveurs : un moment gourmet et gourmand.

BARCUS – 64 Pyrénées-Atlantiques – 342 H5 – 738 h. – alt. 230 m – ✉ 64130 3 B3

Pays Basque et Navarre

Paris 813 – Mauléon-Licharre 14 – Oloron-Ste-Marie 18 – Pau 52

XX **Chilo** avec ch

– ✆ 05 59 28 90 79 – www.hotel-chilo.com – Fermé 8-20 janv., dim. soir, lundi sauf le soir de mai à sept. et mardi midi d'oct. à juin

8 ch – †50/87 € ††105/110 € – ☕ 11 € – ½ P

Rest – Formule 14 € – Menu 30/69 € – Carte 45/67 €

C'est ici, entre les murs de cette belle maison blanche aux volets bleus, que le destin de la famille Chilo s'écrit depuis 1937. Le chef réalise une cuisine traditionnelle avec les produits du terroir local ; à déguster dans une salle ouverte sur le jardin et la piscine, face aux montagnes. Chambres coquettes.

BARD – 42 Loire – 327 D6 – 619 h. – alt. 750 m – ✉ 42600 — 44 A2

▶ Paris 474 – Clermont-Ferrand 135 – Lyon 102 – St-Étienne 46

X **Auberge de la Grand'Font** (N)

1 r. de la Grand'Font – ✆ 04 77 76 21 40 – www.auberge-lagrandfont-42.com – Fermé 19 août-1er sept., 1er-5 janv., vacances d'hiver, lundi et mardi

Rest – Menu 15 € (déj. en sem.), 26/60 € – Carte 32/55 €

Jolie surprise que cette auberge rustique nichée à côté d'une belle église du 12e s. que l'on peut admirer depuis la véranda. Aux commandes, un chef passionné et exigeant – il a été récemment finaliste au concours du Meilleur Ouvrier de France – signe une cuisine appétissante, à la fois simple et originale...

BARDIGUES – 82 Tarn-et-Garonne – 337 B7 – rattaché à Auvillar

BARFLEUR – 50 Manche – 303 E1 – 648 h. – alt. 5 m – ✉ 50760 — 32 A1

Normandie Cotentin

▶ Paris 355 – Carentan 48 – Cherbourg 29 – St-Lô 75

ℹ 2, quai Henri Chardon, ✆ 02 33 54 02 48, www.ville-barfleur.fr

◉ Phare de la Pointe de Barfleur : ✳★★ N : 4 km - Intérieur★ de l'église de Montfarville 2 km S.

Le Conquérant sans rest

18 r. St-Thomas-Becket – ✆ 02 33 54 00 82 – www.hotel-leconquerant.com – Ouvert 29 mars-3 nov.

10 ch – †76 € ††76/118 € – ☕ 12 €

À deux pas du port, cette belle demeure en granit (17e s.) et son joli jardin à la française. Charmant accueil familial ; chambres classiques parfaitement tenues, plus au calme sur l'arrière.

XX **Moderne**

1 pl. Gén.-de-Gaulle – ✆ 02 33 23 12 44 – Fermé mardi soir et merc. sauf juil.-août

Rest – Menu 21/45 € – Carte 30/50 €

Huîtres chaudes en trois façons ; cabillaud, bar et lotte au beurre blanc... Une cuisine de la mer simple et goûteuse, concoctée avec de beaux produits locaux. Une bonne adresse rustique et marine, avec une jolie terrasse aux beaux jours.

LES BARILS – 27 Eure – 304 E9 – rattaché à Verneuil-sur-Avre

BARJAC – 30 Gard – 339 L3 – 1 546 h. – alt. 171 m – ✉ 30430 — 23 D1

▶ Paris 666 – Alès 34 – Aubenas 45 – Mende 114

ℹ place Charles Guynet, ✆ 04 66 24 53 44, www.tourisme-barjac-st-privat.com

Le Mas du Terme

4 km au Sud-Est par D 901 et rte secondaire – ✆ 04 66 24 56 31 – www.masduterme.com – Ouvert 15 mars-fin nov.

26 ch – †78/150 € ††78/450 € – ☕ 15 € – ½ P

Rest – Formule 29 € – Menu 37/43 € – Carte 45/56 €

Un jardin entouré de vignes et d'oliviers, de jolies piscines... Qu'il fait bon paresser au soleil de cette ancienne magnanerie et prendre le frais dans une chambre provençale, ou contemporaine (annexe récente). Cuisine du terroir sous de belles voûtes du 18e s.

BAR-LE-DUC P – 55 Meuse – 307 B6 – 15 895 h. – alt. 188 m – ✉ 55000 26 A2
Alsace Lorraine

Paris 255 – Metz 97 – Nancy 84 – Reims 113

7, rue Jeanne-d'Arc, ✆ 03 29 79 11 13, www.tourisme-barleduc.fr

de Combles-en-Barrois, à Combles-en-Barrois, 38 rue Basse, par rte de St-Dizier : 5 km, ✆ 03 29 45 16 03

"le Transi" (statue) ★★ dans l'église St-Étienne

Bistro St-Jean
132 bd de La Rochelle – ✆ 03 29 45 40 40 – www.bistrosaintjean.fr
– Fermé 12-31 juil., 26 janv.-5 fév., jeudi soir, sam. midi, dim. soir et lundi
Rest – Formule 25 € – Menu 32 € – Carte environ 44 €
Une ancienne épicerie pleine de saveur, devenue bistrot contemporain et coloré, pile dans la tendance. Son chef signe une cuisine fine et bien ficelée, qui respecte joliment les produits.

à Trémont-sur-Saulx 9,5 km au Sud-Ouest par D 3 – 659 h. – alt. 166 m – ✉ 55000

La Source
rest, rest, VISA AE
2 r. de Beurey – ✆ 03 29 75 45 22 – www.hotel-restaurant-lasource.fr
– Fermé 1er-25 août, 4-20 janv.
24 ch – †72/74 € ††82/84 € – ☕ 10 € – ½ P
Rest *(fermé vend. soir, dim. soir et lundi)* – Formule 26 € – Menu 37/56 € – Carte 32/68 €
Dans la campagne, un motel des années 1980 avec des chambres pratiques, agréables et très bien tenues, ainsi qu'un restaurant traditionnel (truffe en saison).

BARNEVILLE-CARTERET – 50 Manche – 303 B3 – 2 282 h. – alt. 47 m – ✉ 50270 32 A2
Normandie Cotentin

Paris 356 – Carentan 43 – Cherbourg 39 – Coutances 47

15, rue Guillaume Le Conquérant, ✆ 02 .3 3. 04 .9 0. 58, www.barneville-carteret.fr

de la Côte-des-Isles, à Saint-Jean-de-la-Rivière, Chemin des Mielles, SE : 5 km par D 90, ✆ 02 33 93 44 85

à Barneville-Plage – 2 282 h. – alt. 47 m – ✉ 50270

15, rue Guillaume Le Conquérant, ✆ 02 .3 3. 04 .9 0. 58, www.barneville-carteret.fr

Hôtel des Isles
VISA AE
9 bd Maritime – ✆ 02 33 04 90 76 – www.hoteldesisles.com
– Fermé de mi-fév. à mi-mars
30 ch – †110/135 € ††110/135 € – ☕ 13 € – ½ P
Rest – Formule 17 € – Menu 27/33 € – Carte 28/56 €
Face à la mer, ce joli petit hôtel en bois, avec des chambres cosy à l'esprit marin (du bleu, des couettes moelleuses et du mobilier en bois blanc). Atmosphère familiale et décontractée à la piscine, au jacuzzi et au restaurant (buffet d'entrées et de desserts à volonté).

à Carteret – 2 324 h. – ✉ 50270

Place du Dr Pipet, ✆ 04 73 79 52 84, www.sancy.com

Table d'orientation ★.

La Marine
VISA AE
11 r. de Paris – ✆ 02 33 53 83 31 – www.hotelmarine.com
– Fermé 23 déc.-15 fév.
26 ch – †100/274 € ††100/274 € – ☕ 17 € – ½ P
Rest *La Marine* ✿ – voir les restaurants ci-après
Quasiment les pieds dans l'eau ! Dans cette élégante maison immaculée, tenue par la même famille depuis 1876, les chambres sont très contemporaines, dans un esprit bains de mer chic et épuré. Et côté plage, elles ont toutes une jolie terrasse... Du style, indéniablement.

Hôtel des Ormes

quai Barbey-d'Aurevilly – ✆ 02 33 52 23 50 – www.hoteldesormes.fr – Fermé janv.
12 ch – 🚹125/185 € 🚹🚹125/185 € – ☕ 14 € – ½ P
Rest *(fermé dim. soir, lundi et mardi hors saison, lundi midi et mardi midi en saison)* – Formule 25 € – Menu 35/49 € – Carte 44/56 €
Face au port de plaisance, cette jolie demeure du 19e s. rénovée avec raffinement. Les chambres sont délicieusement cosy (tons beige et ivoire, meubles patinés), sans même parler du salon, du restaurant – si romantique – et du jardin verdoyant... Un bel esprit mêlant "brocante chic" et déco marine.

La Marine (Laurent Cesne) – Hôtel La Marine

11 r. de Paris – ✆ 02 33 53 83 31 – www.hotelmarine.com – Ouvert 10 mars-11 nov. et fermé dim. soir, jeudi midi et lundi en mars, oct. et nov., lundi midi et jeudi midi en avril, mai, juin et sept.
Rest – Menu 39 € (sem.), 54/90 € – Carte 70/107 €
Contemporain, chic et très bord de mer. Vue panoramique sur les flots et superbe terrasse, au service d'une cuisine bien iodée et très soignée. Le chef, talentueux et créatif, révèle son savoir-faire... Un beau moment de gastronomie !
→ Huître creuse en nage glacée, en cappuccino aux œufs de hareng, en ceviche au foie gras et grillée. Saint-pierre, poêlée de seiche et asperge verte, jus coco-curry. Soufflé au fruit de la passion, milk-shake banane-passion.

BARNEVILLE-LA-BERTRAN – **14 Calvados** – **303** N3 – **rattaché à Honfleur**

BARON – **60 Oise** – **305** H5 – **783 h.** – **alt. 80 m** – ✉ **60300** Île-de-France **36** B3

Paris 65 – Amiens 110 – Argenteuil 63 – Montreuil 55

Le Domaine de Cyclone sans rest

2 r. de la Gonesse – ✆ 06 08 98 05 50 – pagesperso-orange.fr/domaine.cyclone
5 ch ☕ – 🚹70/80 € 🚹🚹85/95 €
Cette belle demeure des 17-18e s. est devancée d'une tour du 12e s. où Jeanne d'Arc aurait dormi ! Le domaine est dédié aux chevaux de course, et le décor des chambres leur rend hommage.

LE BARP – **33 Gironde** – **335** G7 – **4 523 h.** – **alt. 72 m** – ✉ **33114** **3** B2

Paris 604 – Bordeaux 45 – Mérignac 41 – Pessac 32

Le Résinier avec ch

68 av. des Pyrénées, D 10 – ✆ 05 56 88 60 07 – www.leresinier.com – fermé dim. soir sauf juil.-août
11 ch – 🚹70/90 € 🚹🚹95/110 € – ☕ 10 € – ½ P
Rest – Formule 18 € – Menu 21 € (sem.), 37/70 € – Carte 38/51 €
Cette maison de pays, conviviale et sympathique avec sa terrasse sous une vigne, a des airs d'auberge d'autrefois ; on y sert une cuisine de tradition où le canard landais est roi... Confit, magret, foie gras : on ne sait que choisir. Quant aux chambres, d'esprit chaleureux et nature, elles sont bien agréables.

BARR – **67 Bas-Rhin** – **315** I6 – **6 789 h.** – **alt. 200 m** – ✉ **67140** **2** C1
Alsace Lorraine

Paris 495 – Colmar 43 – Le Hohwald 12 – Saverne 46

place de l'Hôtel de Ville, ✆ 03 88 08 66 65, www.pays-de-barr.com

Aux Saisons Gourmandes

23 r. Kirneck – ✆ 03 88 08 12 77 – www.saisons-gourmandes.com – Fermé 30 juin-25 juil., 7-17 janv., vacances de fév., dim. soir de nov. à mai, mardi et merc.
Rest – Menu 17 € (déj. en sem.), 26/42 € – Carte 33/50 €
Cette maison à colombages du centre-ville affiche un décor sobrement contemporain. Cuisine du marché au bon goût de tradition. Terrasse ombragée dans la cour intérieure.

rte du Mont Ste-Odile par D 854

Château d'Andlau
113 r. Vallée-St-Ulrich, à 2 km ✉ 67140 Barr – ✆ 03 88 08 96 78 – www.hotelchateauandlau.fr – Fermé 11-22 nov. et 1er-28 janv.
22 ch – †53/65 € ††62/79 € – ☕ 10 € – ½ P
Rest *(fermé lundi et le midi sauf dim. et fériés)* – Menu 24 € (dîner), 29/46 € – Carte 30/56 €
Nuits sereines en perspective dans ce sympathique hôtel au cadre bucolique et aux chambres fonctionnelles et confortables. Salle à manger bourgeoise, mets classiques et superbe carte des vins du monde, présentée comme un manuel d'œnologie et primée pour son originalité.

LE BARROUX – 84 Vaucluse – 332 D9 – 631 h. – alt. 325 m – ✉ 84330 42 E1
Provence
Paris 684 – Avignon 38 – Carpentras 12 – Vaison-la-Romaine 16

L'Aube Safran sans rest
450 chemin du Patifiage par rte de Suzette – ✆ 04 90 62 66 91 – www.aube-safran.com – Ouvert 30 mars-1er nov.
5 ch ☕ – †155/170 € ††165/180 €
Marie et François ont tout quitté pour s'installer dans ce joli mas, au pied du mont Ventoux. L'endroit est idyllique, les chambres raffinées et spacieuses. Cuisine à disposition pour les hôtes.

Gajulea
201 cours Louise-Raymond – ✆ 04 90 62 36 94 – www.gajulea.fr – Fermé trois sem. en mars et trois sem. en nov.
Rest *(fermé lundi et le midi sauf dim.) (nombre de couverts limité, réserver)* – Menu 41/67 €
Rest *Entre' Potes* ✆ 04 90 65 57 43 – Formule 16 € – Menu 25 € – Carte 25/40 €
Dans cet ancien entrepôt mué en restaurant cossu, on se régale de belles saveurs provençales et l'on peut boire un verre à l'Entre'Potes, le bistrot à vin... Vue sur la garrigue en terrasse !

BAR-SUR-AUBE – 10 Aube – 313 I4 – 5 345 h. – alt. 190 m 14 C3
– ✉ 10200 Champagne Ardenne
Paris 230 – Châtillon-sur-Seine 60 – Chaumont 41 – Troyes 53
3, rue du théatre, ✆ 03 25 27 24 25, www.tourisme.barsuraube.org
Église St-Pierre★.

Le St-Nicolas sans rest
2 r. du Gén.-de-Gaulle – ✆ 03 25 27 08 65 – www.lesaintnicolas.com
27 ch – †68 € ††72 € – ☕ 9 €
Les chambres de ces jolies maisons en pierre, assez simples mais agréables, s'articulent autour de la piscine. Un établissement calme, un peu à l'écart du centre-ville.

La Toque Baralbine
18 r. Nationale – ✆ 03 25 27 20 34 – www.latoquebaralbine.com – Fermé dim. soir et lundi sauf fériés
Rest – Formule 22 € – Menu 28/60 € – Carte 34/66 €
Inventer à partir de bases classiques, c'est le défi que relève le chef de ce restaurant chaleureux. Une cuisine en mouvement, où priment les saveurs franches de beaux produits : carpaccio de tête de veau, tian d'andouillette...

LE BAR-SUR-LOUP – 06 Alpes-Maritimes – 341 C5 – 2 805 h. – alt. 320 m 42 E2
– ✉ 06620 Côte d'Azur
Paris 916 – Grasse 10 – Nice 31 – Vence 15
place de la Tour, ✆ 04 93 42 72 21, www.lebarsurloup.fr
Site★ - Danse macabre★ (peintures sur bois) dans l'église St-Jacques - ★ de la place de l'église.

La Jarrerie

8 av. de l'Amiral-de-Grasse – ✆ 04 93 42 92 92 – www.restaurant-la-jarrerie.com – Fermé 1 sem. vacances de la Toussaint, janv., mardi et merc.

Rest – Formule 19 € bc – Menu 24 € bc (déj. en sem.), 29/41 € – Carte 43/56 €

Autrefois monastère, puis conserverie et parfumerie, ce restaurant traditionnel niché dans une bâtisse du 17e s. semble presque... médiéval ! Cheminée, pierres et poutres, rusticité de bon aloi : rien ne manque.

L'Hostellerie du Château avec ch

6 pl. Francis Paulet – ✆ 04 93 42 41 10 – www.lhostellerieduchateau.com

6 ch – †160/180 € ††160/260 € – ☕ 18 €

Rest *(fermé dim. soir, mardi de sept. à avril et lundi)* – Menu 32 € (déj. en sem.), 58/95 € – Carte 75/95 €

Ce robuste château (14e-15e s.) couronne le village face aux gorges du Loup. On s'y réfugie avec plaisir, à la découverte de saveurs subtiles et équilibrées, tirées de produits de qualité, et mises en valeur par des vins bien choisis – le propriétaire étant sommelier. Quant aux chambres, elles distillent un charme provençal...

➜ Tempura de cèpe et langoustine. Quasi de veau rôti au sautoir, gratin de salsifis à la crème de parmesan. Soufflé chaud au citron, caramel de citron et tarte revisitée.

L'École des Filles

380 av. Amiral-de-Grasse – ✆ 04 93 09 40 20 – www.restaurantecoledesfilles.fr – Fermé dim. soir, jeudi midi et lundi

Rest – Formule 24 € – Menu 42 € – Carte 46/54 €

Des ardoises, des plumiers, toutes sortes d'objets évoquent la rentrée des classes au siècle dernier. Désormais, filles – et garçons – viennent surtout y déguster une cuisine ensoleillée, parfois en terrasse, dans la cour de récréation...

BAR-SUR-SEINE – **10 Aube** – **313** G5 – **3 303 h.** – **alt. 157 m** – ✉ **10110** **13** B3

Champagne Ardenne

Paris 197 – Bar-sur-Aube 37 – Châtillon-sur-Seine 36 – St-Florentin 57

33, rue Gambetta, ✆ 03 25 29 94 43, www.ot-barsurseine.fr

Intérieur★ de l'église St-Étienne.

Hôtel du Commerce avec ch

30 r. de la République – ✆ 03 25 29 86 36 – www.hotelrestaurantducommerce.fr – Fermé vend. soir et dim.

13 ch – †50/52 € ††50/52 € – ☕ 8 € – ½ P

Rest – Menu 13 € (sem.), 21/40 € – Carte 31/49 €

Dans ce cadre rustique où règnent colombages et cheminée, les spécialités régionales sont reines : tête de veau, blanquettes, andouillette de Troyes... Les chambres, petites et simples, peuvent être pratiques pour l'étape.

près échangeur 9 km autoroute A5, Nord-Est par D 443

Le Val Moret

r. du Mar.-Leclerc ✉ 10110 Magnant – ✆ 03 25 29 85 12 – www.le-val-moret.com

42 ch – †67/98 € ††67/98 € – ☕ 10 €

Rest – Formule 15 € – Menu 17 € (sem.), 25/60 € – Carte 25/57 €

Près de l'autoroute (mais sans nuisances sonores), quatre bâtiments de type motel, aux chambres fonctionnelles et assez spacieuses. Espace détente, salle de séminaire, aire de jeux : un hôtel adapté aux familles et aux hommes d'affaires.

à Bourguignons 4 km au Nord par N 71 – 277 h. – alt. 156 m – ✉ 10110

Domaine de Foolz avec ch

D 671 – ✆ 03 25 29 78 86 – www.domainedefoolz.com – Fermé 19 août-5 sept., 2 janv.-8 fév., dim. soir, lundi et mardi

11 ch – †79/81 € ††79/81 € – ☕ 8 € – ½ P

Rest – Formule 13 € – Menu 23/48 € – Carte 27/55 €

Dans un cadre bucolique, cette maison champenoise concocte une savoureuse cuisine préparée à partir de bons produits, à déguster éventuellement avec l'un des nombreux champagnes proposés à la carte. Pour jouer l'homme des bois, le Domaine vous accueille dans ses charmants chalets disséminés dans le parc.

BAS-RUPTS – 88 Vosges – **314** J4 – rattaché à Gérardmer

BASSAC – 16 Charente – **324** I6 – rattaché à Jarnac

BASSE-GOULAINE – 44 Loire-Atlantique – **316** H4 – rattaché à Nantes

BASTELICA – 2A Corse-du-Sud – **345** D7 – voir à Corse

LA BASTIDE-CLAIRENCE – 64 Pyrénées-Atlantiques – **342** E2 – **984 h.** – alt. 50 m – ✉ 64240 Pays Basque et Navarre **3** B3

Paris 771 – Bayonne 27 – Irun 59 – Bordeaux 185

Place des Arceaux, ✆ 05 59 29 65 05, www.labastideclairence-pays-basque.com

Maison Maxana ch, VISA

r. Notre-Dame – ✆ 05 59 70 10 10 – www.maison-maxana.com

5 ch – 90/110 € 100/120 € **Table d'hôte** – Menu 35 €

Rêveries, Voyages... Le nom des chambres de cette maison basque donne le ton. Mariage réussi de meubles anciens, contemporains et d'objets ethniques, dans un esprit toujours zen. À la table d'hôte (sur réservation), plats mâtinés d'épices rapportées d'Afrique.

LA BASTIDE-DES-JOURDANS – 84 Vaucluse – **332** G11 – **1 314 h.** – alt. 412 m – ✉ 84240 **40** B2

Paris 762 – Aix-en-Provence 39 – Apt 40 – Digne-les-Bains 77

Auberge du Cheval Blanc avec ch VISA

– ✆ 04 90 77 81 08 – www.auberge-chevalblanc-labastide.fr – Fermé fév. et jeudi hors saison

4 ch – 80 € 80 € – 10 € – ½ P

Rest – Formule 19 € bc – Menu 31 € – Carte 40/58 €

Une demeure provençale, et sa salle aux couleurs du Midi, dans laquelle on sert une généreuse cuisine du terroir. Ici, pas de fausse note, tout est "raccord" ! Coquettes chambres pour prolonger le séjour.

LA BÂTIE-DIVISIN – 38 Isère – **333** G4 – **875 h.** – alt. 521 m – ✉ 38490 **45** C2

Paris 539 – Chambéry 41 – Grenoble 45 – Lyon 82

L'Olivier VISA AE

100 rte du Vernay, Les Etrets – ✆ 04 76 31 00 60 – www.restaurant-l-olivier.com – Fermé dim. soir et lundi

Rest – Formule 13 € – Menu 17/50 € – Carte 20/54 €

L'enseigne évoque l'un des produits préférés du chef, qui cuisine essentiellement à l'huile d'olive – entre autres passions, par exemple pour les effets visuels, avec des assiettes très graphiques. Salle à manger contemporaine et jardin-terrasse.

LA BÂTIE-NEUVE – 05 Hautes-Alpes – **334** F5 – rattaché à Gap

BATZ (ÎLE-DE-) – 29 Finistère – **308** G2 – voir à Île-de-Batz

BATZ-SUR-MER – 44 Loire-Atlantique – **316** B4 – **3 089 h.** – alt. 12 m – ✉ 44740 Pays de la Loire **34** A2

Paris 457 – La Baule 7 – Nantes 84 – Redon 64

25, rue de la Plage, ✆ 02 40 23 92 36, www.mairie-batzsurmer.fr

☀★★ de l'église St-Guenolé★ - Chapelle N.-D. du Mûrier★ - Excursions guidées★ dans les marais (musée des Marais salants) - La Côte Sauvage★.

Le Lichen sans rest VISA AE

4 rte de la Govelle, 2 km au Sud-Est par D 45 – ✆ 02 40 23 91 92 – www.le-lichen.com – fermé 15 nov.-15 déc.

17 ch – 65/260 € 65/260 € – 11 €

Sur la côte sauvage, vaste villa néobretonne (1956) jouissant du spectacle unique de l'océan. La moitié des chambres, certaines avec terrasse, donne sur les flots.

LA BAULE – 44 Loire-Atlantique – **316** B4 – **16 235 h.** – **alt. 31 m** – **Casino :** Grand Casino BZ – ✉ **44500** Pays de la Loire **34** A2

Paris 450 – Nantes 76 – Rennes 120 – St-Nazaire 19

8, place de la Victoire, ✆ 02 40 24 34 44, www.labaule.fr

de Guérande, à Guérande, Ville Blanche, par rte de Nantes : 6 km, ✆ 02 40 66 43 21

de La Baule, à Saint-André-des-Eaux, Domaine de Saint Denac, NE : 9 km, ✆ 02 40 60 46 18

Front de mer★ - Parc des Dryades★ DZ.

Plan page suivante

Hermitage Barrière

rest, VISA AE

5 espl. Lucien-Barrière – ✆ 02 40 11 46 46 – www.hermitage-barriere.com – Ouvert d'avril à fin sept., week-ends d'oct., vacances de la Toussaint BZ**h**

187 ch – 159/679 € 159/679 € – 14 suites – 27 € – ½ P

Rest *L'Eden Beach* – voir les restaurants ci-après

Rest *La Terrasse* *(dîner seult sauf haute saison)* – Menu 52 € – Carte environ 70 €

Malgré les modes et l'usure du temps, le charme reste intact dans ce palace des années 1920, dont la façade anglo-normande se dresse face à la plage, au mileu des pins. Vastes chambres classiques, piscine, hammam…

Royal-Thalasso Barrière

VISA AE

6 av. Pierre Loti – ✆ 02 40 11 48 48 – www.lucienbarriere.com – Fermé fin nov. à mi-déc. BZ**t**

85 ch – 159/379 € 299/679 € – 6 suites – 31 €

Rest *La Rotonde* Rest *Le Ponton* – voir les restaurants ci-après

Bien-être et confort dans cet édifice séculaire (1896) associé à un centre de thalassothérapie. Jacques Garcia a assuré la décoration des chambres il y a quelques années ; elles ouvrent sur le parc ou la baie...

Castel Marie-Louise

VISA AE

1 av. Andrieu – ✆ 02 40 11 48 38 – www.castel-marie-louise.com – Fermé 6 janv.-7 fév. BZ**g**

29 ch – 159/679 € 159/679 € – 2 suites – 26 € – ½ P

Rest *Castel Marie-Louise* ✿ – voir les restaurants ci-après

Le lieu reçut son nom en l'honneur d'une femme aimée, et il reste propice à la romance : architecture Belle Époque, tentures, mobilier ancien, table gastronomique, entre jardin arboré et bord de mer... Apposez-y à votre tour le nom de votre élu(e) !

Mercure Majestic

VISA AE

espl. Lucien-Barrière – ✆ 02 40 60 24 86 – www.hotelmercure-labaule.com

83 ch – 92/255 € 101/255 € – 16 € – ½ P BZ**e**

Rest *Le Ruban Bleu* – Formule 20 € – Menu 27/37 € – Carte 23/49 €

Une haute façade blanche signale cet hôtel né en 1930, non loin du casino, en bord de plage. L'esprit Art déco – chic et confort – plane toujours en partie sur les lieux, rénovés en 2004. Ambiance transatlantique au Ruban bleu ; cuisine régionale (produits de la mer).

Brittany sans rest

VISA AE

7 av. des Impairs – ✆ 02 40 60 30 25 – www.brittanylabaule.com BZ**b**

19 ch – 84/155 € 99/199 € – 13 €

Cette maison des années 1930 abrite des chambres raffinées et bien équipées (salles de bain avec balnéo). Un joli atout : le très agréable solarium sur le toit terrasse.

St-Christophe

VISA AE

pl. Notre-Dame – ✆ 02 40 62 40 00 – www.st-christophe.com BZ**u**

45 ch – 70/220 € 70/220 € – 12 € – ½ P

Rest *St-Christophe* – voir les restaurants ci-après

Quatre villas nichées au creux d'un jardin verdoyant… Le charme agit : architectures 1900 (tourelles, balcons de bois), mobilier ancien, aquarelles signées par la maîtresse de maison, etc.

Albatros (Allée des) .... BYZ 2	Heurteau (Av.) .... BZ 23	Neyman (Av. J.-de) .... CY 35
Armorique (Av. d') .... DZ 6	Hirondelles (Av. des) .... BZ 24	Notre-Dame (Pl.) .... BZ 36
Baguenaud (Av. de) .... CZ 7	Impairs (Av. des) .... BZ 25	Palmiers (Pl. des) .... DZ 38
Berry (Av. du) .... DZ 8	Isabelle (Av.) .... BZ 26	Pasteur (Av. Louis) .... BYZ 39
Chambord (Av. de) .... CY 10	Lajarrige (Av. L.) .... DZ	Pélicans (Av. des) .... BY 40
Champsavin (Bd Guy-de) ... AZ 12	Lattre-de-Tassigny (Av. Mar.-de) .... ABYZ	Rageot-de-la-Touche (Q.) .... AZ 41
Chateaubriand (Av. de) ..... CZ 13	Loiseau (Av. F.) .... BY 28	Rodes (Av. Gén.) .... ABZ 42
Chaumont (Av. de) .... DZ 14	Lorraine (Av. de) .... DZ 29	Sandeau (Av. Jules) .... CZ 46
Chenonceau (Av. de) ...... DYZ 15	Loti (Av. Pierre) .... BZ 30	Sand (Av. George) .... CDZ 44
Clemenceau (Av. G.) .... CY 16	Marguerite-Jean (Av.) ...... BY 32	Tamaris (Allée des) .... BCZ 47
Dr-Chevrel (Bd) .... BCY 18	Marie-Louise (Av.) .... BZ 33	Victoire (Pl. de la) .... CY 49
Escholiers (Pl. des) .... BCZ 19	Mouettes (Allées des) ...... BZ 34	Victor-Hugo (Av.) .... CZ 50
Gaulle (Av. Gén.-de) .... CYZ 21		

Lutetia ch, rest, VISA AE
13 av. Olivier-Guichard – 02 40 60 25 81 – www.lutetia-labaule.com CZr
26 ch – 69/195 € 69/195 € – 13 € – ½ P
Rest *(ouvert juil.-août sauf lundi midi et mardi midi)* – Formule 19 € – Menu 26 € (déj. en sem.), 39/55 € bc – Carte 45/62 €
Agréable adresse : derrière une façade Art déco, le Lutetia affiche un style contemporain et coloré ; en annexe, la Villa St-Bernard joue la thématique sportive (chambres "Golf", "Voile", etc.).

Alcyon sans rest VISA AE
19 av. des Pétrels – 02 40 60 19 37 – www.alcyon-hotel.com – Fermé 7-28 janv.
32 ch – 76/145 € 76/145 € – 13 € BYs
Près du marché, façade en angle garnie de balcons, à l'exception du dernier étage. Préférez les chambres rénovées et leur décoration zen et colorée. Bar agréable avec terrasse.

Villa Cap d'Ail sans rest VISA
145 av. du Mar.-de-Lattre-de-Tassigny – 02 40 60 29 30 – www.villacapdail.com
22 ch – 65/140 € 70/140 € – 10 € BZp
À 300 m de la plage, cette charmante villa des années 1920, décorée dans un style actuel (bois peint, tons gris), a conservé son charme originel. Les chambres y sont cosy et bien tenues. Accueil familial.

Hostellerie du Bois rest, VISA AE
65 av. Lajarrige – 02 40 60 24 78 – www.hostellerie-du-bois.com
– Ouvert 13 mars-15 nov. et vacances de Noël DZm
15 ch – 60/83 € 60/83 € – 8 € – ½ P
Rest *(dîner seult) (résidents seult)* – Menu 22 €
Maison à colombages (1923) au charme vieille France préservé, tant dans les chambres que dans le reste de l'hôtel, bien tenu et orné d'objets rapportés de voyages. Jardin. Petit-déjeuner servi dans une salle rustique et feutrée ; repas le soir, pour les résidents.

St-Pierre sans rest VISA
124 av. du Mar.-de-Lattre-de-Tassigny – 02 40 24 05 41
– www.hotel-saint-pierre.com BYZr
19 ch – 59/114 € 69/114 € – 11 €
Une villa typique des années trente, habillée de colombages bleus. Chambres cosy décorées dans le style baulois, agréable véranda, accueil charmant : une bonne adresse.

Castel Marie-Louise – Hôtel Castel Marie-Louise P VISA AE
1 av. Andrieu – 02 40 11 48 38
– www.castel-marie-louise.com – Fermé 6 janv.-7 fév., le midi sauf sam. en juil.-août et sauf dim. BZg
Rest – Menu 59/105 € – Carte 80/115 €
Dans ce manoir début de siècle très feutré, on dîne près des grandes baies ou en terrasse, sous les pins... L'image vivante d'une Belle Époque, pour une jolie cuisine inspirée des produits du moment.
➜ Queue de homard à la pistache, échalote au xérès. Bar et caviar d'Aquitaine, ravioles d'araignée de mer. Fraises flambées à la liqueur de rose. **Vins** Muscadet Sèvre-et-Maine, Anjou blanc.

La Rotonde – Hôtel Royal-Thalasso Barrière AC P VISA AE
6 av. Pierre-Loti – 02 40 11 48 48 – www.lucienbarriere.com
– Fermé fin nov.-mi déc. BZt
Rest – Formule 29 € – Menu 36 € (déj.)/52 € – Carte 47/139 €
Une Rotonde chic qui satisfait tous les palais ! Le chef et sa brigade concoctent une cuisine diététique, ainsi que de bons mets traditionnels : curistes et gourmets sont ravis.

Carpe Diem P VISA AE
29 av. Jean-Boutroux, 5 km au Nord par rte du golf de la Baule – 02 40 24 13 14
– www.le-carpediem.fr – Fermé 16 fév.-7 mars, mardi soir et merc. hors saison
Rest – Formule 17 € – Menu 20/49 €
Sur la route du golf, faites étape dans ce restaurant ! Ici, le mobilier contemporain cohabite avec la cheminée et les poutres apparentes. La carte laisse le choix entre des plats traditionnels ou plus créatifs.

XX **St-Christophe** – Hôtel St-Christophe

pl. Notre-Dame – ✆ 02 40 62 40 00 – www.st-christophe.com BZ**u**

Rest *(Fermé dim. soir, lundi de nov. à mars hors vacances scolaires et fériés)* – Formule 25 € – Menu 32/39 € – Carte 34/49 €

De la couleur et beaucoup de fraîcheur dans ce charmant bistrot chic... Le chef concocte une cuisine terre-mer qui varie au gré de son inspiration et des saisons, faisant le bonheur des habitués.

XX **L'Eden Beach** – Hôtel Hermitage Barrière

5 espl. Lucien-Barrière – ✆ 02 40 11 46 16 – www.hermitage-barriere.com – Ouvert d'avril à fin sept., week-ends d'oct. et vacances de la Toussaint BZ**h**

Rest – Formule 29 € – Menu 38 € – Carte 50/120 €

Face à la baie et presque les pieds dans l'eau... la carte met logiquement à l'honneur le poisson et les fruits de mer. En saison, le menu homard est fort apprécié !

X **14 Avenue** N

14 av. Pavie – ✆ 02 40 60 09 21 – www.14avenue-labaule.com – Fermé dim. soir, lundi et mardi sauf juil.-août BZ**a**

Rest – Formule 18 € – Menu 35 € – Carte 28/67 €

Voilà une adresse dont les amateurs de poisson vont faire leur cantine ! D'emblée, on vous présente la pêche du jour, d'une fraîcheur sans faille : langoustes de gros calibre, soles meunières, sardines de la Turballe... On se régale de beaux produits cuisinés dans le respect des saveurs.

X **Season's** N

av. du Jardin Public, (plage Benoît) – ✆ 02 40 60 71 68 – www.seasons-labaule.com – Fermé mardi et merc. sauf juil.-août AZ**f**

Rest – Menu 29/65 € – Carte 38/61 €

Un restaurant de plage, posé sur le sable, rien de mieux pour se sentir en vacances ! Sur la carte – créée par le chef Éric Guérin (St-Joachim) – on ose les associations de saveurs. À l'image de ce merlu rôti accompagné d'artichauts à la juive et de moutarde de cédrat confit. Décor cosy et accueil charmant.

X **Le Ponton** – Hôtel Royal-Thalasso Barrière

6 av. Pierre-Loti – ✆ 02 40 60 52 05 – www.lucienbarriere.com – Fermé de fin nov. à mi-déc., le soir d'oct. à mars et vacances scolaires BZ**t**

Rest – Menu 26 € – Carte 38/67 €

Un joli Ponton sur la plage, idéal pour savourer des produits de la mer et une cuisine de brasserie qui joue la carte de la simplicité.

LA BAUME – 74 Haute-Savoie – 328 M3 – 251 h. – alt. 730 m – ✉ 74430 46 F1

▶ Paris 597 – Annecy 95 – Genève 52 – Lyon 214

La Ferme aux Ours sans rest

La Voagère – ✆ 04 50 72 19 88 – www.lafermeauxours.com – Fermé nov.

3 ch – 95/105 € 105/115 €

Isolée et dominant la vallée, cette belle ferme savoyarde a été restaurée avec soin. Les chambres sont jolies et douillettes (boutis, rideaux brodés...), et l'on peut se détendre au sauna. La propriétaire, férue de randonnées, vous accueille avec beaucoup de gentillesse.

BAUME-LES-DAMES – 25 Doubs – 321 I2 – 5 267 h. – alt. 280 m – ✉ 25110 Franche-Comté Jura 17 C2

▶ Paris 440 – Belfort 62 – Besançon 30 – Lure 45

8, rue de Provence, ✆ 03 81 84 27 98, www.cc-paysbaumois.fr

du Château de Bournel, à Cubry, N : 20 km par D 50, ✆ 03 81 86 00 10

XXX **Hostellerie du Château d'As** avec ch

24 r. Château-Gaillard – ✆ 03 81 84 00 66 – www.chateau-das.fr – Fermé dim. soir, mardi midi et lundi

7 ch – 75/120 € 75/120 € – 12 € – ½ P

Rest – Menu 22 € (déj. en sem.), 34/75 € – Carte 47/61 €

Charmante atmosphère d'antan dans cette grande villa 1930 : décor bourgeois, rotonde, lustre en nacre... Aux commandes, deux frères signent à quatre mains une cuisine gastronomique soignée et savoureuse. Pour prolonger l'étape, des chambres spacieuses et fort bien tenues.

LES BAUX-DE-PROVENCE – 13 Bouches-du-Rhône – 340 D3 – 421 h. 42 E1

– alt. 185 m – ✉ 13520 Provence

Paris 712 – Arles 20 – Avignon 30 – Marseille 86

Rue Porte Mage - Maison du Roy, ✆ 04 90 54 34 39, www.lesbauxdeprovence.com

des Baux-de-Provence, Domaine de Manville, S : 2 km, ✆ 04 90 54 40 20

Site★★★ - Village★★★ : Place★ et église St-Vincent★ - Château★ : ★★ - Monument Charloun Rieu ★ - Tour Paravelle ★ - Musée Yves-Brayer★ - Cathédrale d'Images★ N : 1 km par D 27 - ★★★ sur le village N : 2,5 km par D 27.

dans le Vallon

L'Oustaù de Baumanière avec ch

– ✆ 04 90 54 33 07 – *www.oustaudebaumaniere.com*

– Fermé janv., fév., lundi soir et mardi en nov. et déc., jeudi midi et merc. en mars et d'oct. à déc.

15 ch – 220/588 € 220/588 € – 1 suite – 26 €

Rest – Menu 104 € (déj. en sem.), 163/195 € – Carte 135/220 €

Demeure du 16e s. aux voûtes séculaires, superbe terrasse avec les Alpilles en toile de fond : un lieu magique pour une cuisine gorgée de soleil. Belle cave. Confortables chambres et suites distinguées réparties entre la maison et le petit mas La Guigou.

➜ Œuf de poule, eau de tomate en consommé clair, jus d'un aïoli en chaud-froid. Rouget barbet, tomate, basilic et fleur de thym en vinaigrette tiède. Crêpe soufflée au Grand Marnier. **Vins** Les-Baux-de-Provence.

Le Manoir

à 1 km rte d'Arles par D 27 – ✆ 04 90 54 33 07 – www.oustaudebaumaniere.com

7 ch – 220/588 € 220/588 € – 7 suites – 26 €

Les chambres de cette élégante bastide conjuguent confort, raffinement et charme provençal d'antan. Parc arboré (dont un splendide platane séculaire) et jardin à la française.

rte d'Arles Sud-Ouest par D 27

La Cabro d'Or

à 1 km – ✆ 04 90 54 33 21 – www.lacabrodor.com

20 ch – 200/460 € 200/460 € – 5 suites – 26 € – ½ P

Rest ***La Cabro d'Or*** – voir les restaurants ci-après

Pour les amateurs de quiétude et de raffinement, une belle demeure couverte de lierre, avec des chambres provençales très chic (certaines avec terrasse) et un ravissant jardin fleuri, au pied des Baux.

Mas de l'Oulivié sans rest

Les Arcoules , à 2 km, par D78F – ✆ 04 90 54 35 78 – www.masdeloulivie.com

– Ouvert 22 mars-3 nov.

25 ch – 140/495 € 140/495 € – 2 suites – 17 €

Au cœur d'une oliveraie, un mas pour se relaxer : chambres provençales ou plus modernes, piscine dans le jardin, massages... Petite restauration au déjeuner pour les résidents.

Benvengudo

Vallon de l'Arcoule, à 2 km, par D78F – ✆ 04 90 54 32 54 – www.benvengudo.fr

– Ouvert 22 mars-3 nov.

22 ch – 130/250 € 130/250 € – 5 suites – 16 € – ½ P

Rest *(ouvert 5 avril-27 oct. et fermé le midi sauf de juin à sept.)* – Menu 45 € (dîner) – Carte environ 33 €

Dans son beau jardin paysager, cette bastide cache des chambres aussi jolies que confortables, déclinant le blanc sur tous les tons et avec fraîcheur... À noter : les chambres situées dans l'annexe sont plus anciennes. Cuisine régionale au restaurant.

La Cabro d'Or – Hôtel La Cabro d'Or

à 1 km – ✆ 04 90 54 33 21 – www.lacabrodor.com – Fermé mardi midi, dim. soir et lundi de nov. à mars

Rest – Menu 57 € (déj. en sem.), 81/127 € – Carte 112/126 €

Un site superbe, avec une terrasse à l'ombre de mûriers-platanes et une jolie vue sur ces rochers qui ont fait la célébrité de la région... comme l'huile d'olive, le fil d'or de la cuisine, aux saveurs de la Provence.

➜ Raviole de langoustine aux courgettes et aux poireaux, jus mousseux aux girolles. Dos de loup en peau croustillante, viennoise d'aubergine confite au vieux parmesan. Chocolat grand gru, crumble aux cacahouètes grillées. **Vins** Les Baux-de-Provence.

BAVAY – 59 Nord – 302 K6 – 3 520 h. – alt. 148 m – ✉ 59570 31 D2

Nord Pas-de-Calais Picardie

Paris 229 – Avesnes-sur-Helpe 24 – Lille 79 – Maubeuge 15

3 rue des Juifs, ✆ 03 27 39 81 65, www.patrimoineettourismeenbavaisis.fr

Le Bagacum

r. d'Audignies – ✆ 03 27 66 87 00 – www.bagacum.com – Fermé dim. soir et lundi sauf fériés

Rest – Menu 27 € (sem.), 35/51 € bc – Carte 41/59 €

Bagacum : le nom de la cité romaine devenue... Bavay. Pas étonnant que cette jolie grange du 19e s., rustique et joliment champêtre, cultive le goût de la belle tradition.

BAVELLA (COL DE) – 2A Corse-du-Sud – 345 E9 – voir à Corse

BAYARD (COL) – 05 Hautes-Alpes – 334 E5 – voir à Col Bayard

BAYEUX – 14 Calvados – 303 H4 – 13 348 h. – alt. 50 m – ✉ 14400 32 B2

Normandie Cotentin

Paris 265 – Caen 31 – Cherbourg 95 – Flers 69

3, rue Saint-Jean, ✆ 02 31 51 28 28, www.bayeux-bessin-tourism.com

AS Bayeux Omaha Beach Golf, à Port-en-Bessin, Ferme Saint Sauveur, par rte de Port-en-Bessin et D 514 : 11 km, ✆ 02 31 22 12 12

Tapisserie dite "de la reine Mathilde" ★★★ - Cathédrale Notre-Dame★★ - Musée-mémorial de la bataille de Normandie★ Y M1 - Maison à colombage★ (rue St-Martin) ZN.

Villa Lara sans rest

6 pl. de Québec – ✆ 02 31 92 00 55 – www.hotel-villalara.com – Ouvert de mars à nov. Zb

28 ch – †180/350 € ††180/350 € – 5 suites – ☕ 18 €

Un hôtel flambant neuf – ouvert en 2012 – à deux pas de la célèbre Tapisserie de Bayeux. Les chambres y sont raffinées et donnent toutes sur la cathédrale. Luxe discret et sens du détail concourent à faire de cette adresse l'un des meilleurs établissements de la ville. Copieux petit-déjeuner.

Le Lion d'Or

71 r. St-Jean – ✆ 02 31 92 06 90 – www.liondor-bayeux.fr Ze

27 ch – †90/145 € ††90/145 € – 1 suite – ☕ 13 € – ½ P

Rest *(fermé 23 déc.-14 janv., lundi sauf le soir de mi-mars à mi-nov., mardi midi, sam. midi et dim. soir)* – Formule 20 € – Menu 25 € (déj.), 28/52 € – Carte 46/55 €

Un porche, une cour pavée ; vous voilà prêt à faire un saut dans le passé. Dans le salon trônent dédicaces et portraits des personnalités passées ici... Les clients d'aujourd'hui apprécient le classicisme des chambres, le calme, le restaurant. Un établissement de tradition, au cœur de la première ville libérée de France.

Château de Bellefontaine sans rest

49 r. Bellefontaine – ✆ 02 31 22 00 10 – www.hotel-bellefontaine.com – Fermé 1er janv.-2 fév. Yv

20 ch – †70/115 € ††95/155 € – ☕ 14 €

Aux portes de Bayeux, dans un parc planté d'arbres centenaires, cette belle demeure classique (18e s.) distille charme bucolique, fraîcheur et confort. Les familles pourront opter pour les duplex créés dans les anciennes écuries. Accueil charmant.

Churchill sans rest

place de Québec – ✆ 02 31 21 31 80 – www.hotel-churchill.fr – Ouvert de mars à nov. Zh

32 ch – †93/110 € ††103/120 € – ☕ 12 €

Au cœur de la cité, cet hôtel a des allures de petit musée du 6 juin 1944 (photographies, documents, etc.). Les lieux ont une âme et les prestations sont agréables : mobilier de style, bar lumineux, épicerie fine... Parfait pour un séjour sur les traces du Débarquement.

BAYEUX

Aure (Bords de l') . . . . Z 2
Bienvenu (R. du) . . . . Z 3
Bois (Pl. au) . . . . Z 4
Bouchers (R. des) . . . . Z
Bourbesneur (R.) . . . . Z 6
Bretagne (R. de la) . . . . Z
Chanoines (R. des) . . . . Z 7
Chartier (R. A.) . . . . Z 8
Churchill (Bd W.) . . . . Y
Clemenceau (Av. G.) . . . . Z
Conseil (Av.) . . . . Y
Courseulles (R. de) . . . . Y 9
Cuisiniers (R. des) . . . . Z 12
Dais (R. Gén.-de) . . . . Z
Dr-Michel (R.) . . . . Y 13
Eindhoven (Bd) . . . . Y
Eisenhower (Rond-Point) . . . . Y 14
Foch (R. Mar.) . . . . Z 15
Franche (R.) . . . . Z
Gaulle (Pl. Ch.-de) . . . . Z
Laitière (R.) . . . . Z 16
Larcher (R.) . . . . Z
Leclerc (Bd Mar.) . . . . Y 17
Leforestier (R. Lambert) . . . . . Z 18
Liberté (Pl. de la) . . . . Z 19
Maîtrise (R. de la) . . . . Z 20
Marché (R. du) . . . . Z 21
Montgomery (Bd Mar.) . . . . . . Y 23
Nesmond (R. de) . . . . Z
Pigache (R. de la) . . . . Y 24
Pont-Trubert (R. du) . . . . Y 25
Poterie (R. de la) . . . . Z 28
Royale (R.) . . . . Z
Sadi-Carnot (Bd) . . . . Y 29
St-Jean (R.) . . . . Y, Z
St-Laurent (R.) . . . . Y, Z
St-Loup (R.) . . . . Y, Z 30
St-Malo (R.) . . . . Z
St-Martin (R.) . . . . Z
St-Patrice (R. et Pl.) . . . . Z 31
St-Quentin (R.) . . . . Y 41
Schumann (R. M.) . . . . Z 42
Tardif (R.) . . . . Z
Teinturiers (R. des) . . . . Z 32
Terres (R. des) . . . . Z 33
Vaucelles (Rond-Point de) . . . . . Y 35
Verdun (R. de) . . . . Y 37
Ware (Bd F.) . . . . Y 38
6-Juin (Bd du) . . . . Y

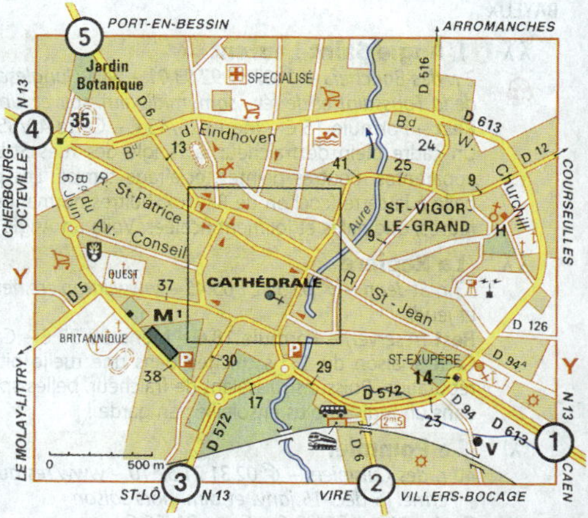

Hôtel d'Argouges sans rest

21 r. St-Patrice – ✆ 02 31 92 88 86 – www.hotel-dargouges.com – Ouvert de fév. à oct.

28 ch – 🛉70/151 € 🛉🛉70/151 € – ☕ 12 € **Zn**

Un style très hôtel particulier ; on pénètre dans une cour en plein centre-ville pour découvrir une belle bâtisse blanche (18ᵉ s.) et son jardin fleuri. L'ensemble est cossu, élégant et de bon ton. Les salons, d'origine, sont magnifiques !

Manoir Sainte Victoire sans rest

32 r. de la Juridiction – ✆ 02 31 22 74 69 – www.manoirsaintevictoire.com

3 ch ☕ – 🛉70/80 € 🛉🛉80/89 € **Za**

Dans le cœur historique de Bayeux, cette maison (15ᵉ et 17ᵉ s.) a le charme fou des vieilles bâtisses : les chambres, feutrées et toutes différentes, se trouvent dans la tour et donnent sur la cathédrale. Du cachet, c'est indéniable !

Tardif Noble Guesthouse sans rest

57 r. Larcher – ✆ 02 31 92 67 72 – www.nobleguesthouses.com **Zf**

5 ch – 🛉60/195 € 🛉🛉80/205 € – ☕ 9 €

Amoureux de demeures historiques, cette adresse est pour vous ! Un parc aux arbres centenaires, une architecture remarquable (18ᵉ s.), le tout près de la belle cathédrale. Une maison très reposante, avec un cachet certain.

XX **L'Angle Saint-Laurent** N

2 r. des Bouchers – ✆ 02 31 92 03 01 – www.langlesaintlaurent.com – Fermé vacances de la Toussaint et de fév., sam. midi, dim. soir et lundi Z**b**

Rest – Formule 15 € – Menu 25/45 € – Carte 40/55 €

Un cadre plein de fraîcheur, à l'angle des rues St-Laurent et des Bouchers : pierres apparentes, poutres peintes, éclairage tamisé. Les produits de la région ont la part belle à la carte (cochon de Bayeux, huîtres normandes...), à travers des recettes savoureuses, originales et joliment ficelées. Voilà un Angle au carré !

XX **La Rapière**

53 r. St-Jean – ✆ 02 31 21 05 45 – www.larapiere.net – Fermé 19 déc.-19 janv., merc. et jeudi Z**p**

Rest *(réserver)* – Formule 18 € – Menu 29/37 € – Carte 38/49 €

Cette maison du 15e s., nichée dans une ruelle pittoresque, s'est forgée une solide réputation. Poissons ruisselant de fraîcheur, belles spécialités normandes ou incursions dans un registre plus ensoleillé : en garde !

X **Le Pommier**

40 r. des Cuisiniers – ✆ 02 31 21 52 10 – www.restaurantlepommier.com – Fermé 15 déc.-15 janv. et dim. hors saison Z**s**

Rest – Menu 25/33 € – Carte 31/56 €

Un Pommier très normand ! Dans un joli décor de poutres et pierres, très frais, on déguste un velouté de crustacés à la crème fraîche d'Isigny, des tripes à la mode de Caen, un foie gras à la pomme, etc. Pour ne pas se lasser du goût de la région.

rte de Port-en-Bessin 3 km par ⑤

Château de Sully

rte de Port-en-Bessin ✉ 14400 Bayeux – ✆ 02 31 22 29 48 – www.chateau-de-sully.com – Fermé 1er déc.-30 janv.

21 ch – †170/240 € ††170/240 € – 2 suites – ☕ 19 € – ½ P

Rest *Château de Sully* – voir les restaurants ci-après

De lourdes grilles, une grande allée ; une très belle entrée en matière pour ce château du 18e s. plein de charme. Les chambres cultivent un luxe discret et l'on aime à flâner sous les frondaisons du parc. Piscine, jacuzzi... Histoire et détente !

XXX **Château de Sully**

rte de Port-en-Bessin ✉ 14400 Bayeux – ✆ 02 31 22 29 48 – www.chateau-de-sully.com – Fermé 1er déc.-30 janv. et le midi sauf dim.

Rest *(nombre de couverts limité, réserver)* – Menu 49/89 € – Carte 63/81 €

Dans le cadre classique et élégant de ce château du 18e s., on cultive le goût de la nature avec sensibilité : produits locaux – souvent bio –, créativité mesurée, finesse et harmonie... au rythme des saisons et de leurs caprices.

→ Maquereau poché et refroidi, gelée de concombre et menthe. Turbot poêlé au beurre et au chorizo servi dans un gaspacho, coques et courgettes. Fraises sur une mousse thym citron et sorbet du même fruit.

à Audrieu 13 km par ① et D 158 – 1 027 h. – alt. 71 m – ✉ 14250

Château d'Audrieu

– ✆ 02 31 80 21 52 – www.chateaudaudrieu.com – Fermé 2 déc.-12 fév.

25 ch – †165/550 € ††165/550 € – 4 suites – ☕ 26 € – ½ P

Rest *Château d'Audrieu* – voir les restaurants ci-après

Superbe ! Un château du 18e s., classé monument historique, au sein d'un parc ravissant. Jardin de fleurs blanches, de roses, d'herbes... Ce raffinement végétal n'a d'égal que les beaux salons et les chambres classiques. L'art de vivre à la française.

XXX **Château d'Audrieu**

– ✆ 02 31 80 21 52 – www.chateaudaudrieu.com – Fermé 2 déc.-12 fév., lundi et le midi sauf week-end et fériés

Rest – Menu 39/110 € – Carte 73/104 €

Le raffinement du cadre convie le siècle des Lumières à cette table tout aussi éclairée. Une cuisine bien maîtrisée qui met en valeur de très beaux produits avec créativité et finesse. Le tout accompagné d'un subtil choix de vins.

→ Foie gras poêlé, pastèque et melon confits à la mélisse. Turbot, mezzaluna aux épinards, jaune d'œuf confit et grains de caviar. Nage de fraises et son sorbet, perles du Japon et infusion fenouil.

BAYONNE - 64 Pyrénées-Atlantiques - **342** D2 - 44 900 h. - **3** A3
Agglo. 219 570 h. - alt. 3 m - ✉ 64100 Pays Basque et Navarre

Paris 765 - Bordeaux 183 - Biarritz 9 - Pamplona 109

de Biarritz-Anglet-Bayonne : ☎ 05 59 43 83 83, 5 km au SO par N 10 AZ.

place des Basques, ☎ 08 20 42 64 64, www.bayonne-tourisme.com

Makila Golf Club, à Bassussarry, Route de Cambo, S : 6 km par D 932, ☎ 05 59 58 42 42

Cathédrale Ste-Marie★ et Cloître★ **B** - Fêtes★ (début août) - Musée Bonnat★★ BY **M²** - Musée basque★★★.

Accès et sorties : voir à Biarritz.

La Villa Hôtel sans rest

12 chemin de Jacquette – ✆ 05 59 03 01 20 – www.bayonne-hotel-lavilla.com
10 ch – 🚹95/220 € 🚹🚹95/220 € – ☕ 15 € BZ**d**
Au calme dans son jardin d'inspiration italienne, cette maison de maître offre une jolie vue sur la Nive et les Pyrénées. On s'y repose dans de belles chambres à la décoration soignée, pourvues de meubles anciens chinés. Idéal pour une escapade au Pays basque.

Auberge du Cheval Blanc (Jean-Claude Tellechea)

68 r. Bourgneuf – ✆ 05 59 59 01 33 – www.cheval-blanc-bayonne.com – Fermé 2-11 juil., 25-29 juil., 12-20 nov., 27 fév.-19 mars, sam. midi, dim. soir et lundi
Rest – Menu 22 € (sem.), 40/80 € – Carte environ 44 € BZ**b**
Ce relais de poste du 18e s. est tenu par la même famille depuis 1959. La salle arbore les couleurs blanc et rouge du Pays basque... et la cuisine revisite avec saveur le répertoire régional, au profit des meilleurs produits bayonnais (sel, jambon, chocolat, irouléguy, etc.). Une valeur sûre.
➜ Pressé de truite confite au sel, foie gras et poires réduites au porto. Parmentier de xamango au jus de veau truffé. Soufflé chaud au Grand Marnier. **Vins** Irouléguy, Jurançon.

La Feuillantine

quai Amiral-Dubourdieu – ✆ 05 59 46 14 94 – www.lafeuillantine-bayonne.fr – Fermé 3-19 mars, une sem. début juil., 21-28 déc., merc. soir sauf juil. août et dim.
Rest – Formule 17 € – Menu 25 € (sem.), 47/67 € – Carte 49/71 € BY**f**
Hommage à Victor Hugo qui habita, enfant, le couvent des Feuillantines, lieu auquel il dédia un de ses poèmes... Derrière la jolie façade classée se cache un décor feutré (boiseries, photos du Pays basque prises par le maître des lieux) où l'on apprécie une cuisine du marché.

François Miura

24 r. Marengo – ✆ 05 59 59 49 89 – Fermé mars, 25-31 juil., 24 déc.-2 janv., dim. soir et merc. BZ**r**
Rest – Menu 22/34 € – Carte 44/57 €
Dans le vieux Bayonne, une cuisine du marché 100 % maison, simple et goûteuse ! Copieuses et bien ficelées, les assiettes combinent sans fausse note modernité et authenticité. Un peu comme le décor : des voûtes en pierres et briques alliées à un mobilier contemporain. Bon rapport qualité-prix.

L'Embarcadère

15 quai A.-Jauréguiberry – ✆ 05 59 25 60 13 – Fermé 2 sem. en janv., 1 sem. en oct. , dim. soir sauf juil.-août et lundi ABZ**e**
Rest – Carte 31/41 €
En bord de Nive, derrière une jolie façade, les gourmands s'installent dans un décor rustique. Aux fourneaux, un jeune chef et son beau-père réalisent une cuisine dans l'air du temps, où le poisson a la part belle. Alors, prêt à embarquer ?

La Grange

26 quai Galuperie – ✆ 05 59 46 17 84 – restaurant-lagrange-bayonne – Fermé dim. sauf fériés BZ**a**
Rest – Menu 23 € – Carte 37/59 €
Dans cet ancien magasin de primeurs, tresses de piments et objets chinés créent une atmosphère d'antan... On y déguste une savoureuse cuisine du marché et quelques spécialités de bistrot à l'accent basque. L'été, profitez de la terrasse sous les arcades. Accueil et service aux petits soins.

BAY-SUR-AUBE – 52 Haute-Marne – 313 K7 – 55 h. – alt. 320 m 14 C3

– ✉ 52160 Champagne Ardenne
Paris 312 – Châlons-en-Champagne 214 – Chaumont 65 – Langres 33

La Maison Jaune

11 r. du Four-Banal – ✆ 03 25 84 99 42 – Ouvert d'avril à oct.
4 ch ☕ – 🚹75/80 € 🚹🚹85 € **Table d'hôte** – Menu 30 € bc
Cette ancienne ferme ravira les amateurs d'art : superbe bibliothèque, tableaux partout – certains peints par la propriétaire –, mobilier chiné... Jolies chambres sur le thème des couleurs. Table d'hôte pleine de charme ; possibilité de panier pique-nique.

BAZAS – 33 Gironde – 335 J8 – 4 660 h. – alt. 70 m – ✉ 33430 Aquitaine 3 B2

Paris 637 – Agen 84 – Bergerac 105 – Bordeaux 62

1, place de la Cathédrale, ✆ 05 56 25 25 84, www.ville-bazas.fr

Cathédrale St-Jean★ - Château de Cazeneuve★★ SO : 11 km par D 9 - Château de Roquetaillade★★ NO : 2 km - Collégiale d'Uzeste★.

Les Remparts

49 pl. de la Cathédrale, (Espace Mauvezin) – ✆ 05 56 25 95 24 – www.restaurant-les-remparts.com – Fermé 2 sem. en nov., jeudi soir d' oct. à mai, dim. soir et lundi

Rest – Menu 26/56 €

Les Remparts, un restaurant traditionnel ? Que nenni ! Depuis 2011, une nouvelle équipe, très enthousiaste, fait régner un vent de fraîcheur en cuisine. Velouté de topinambour à la bière, poire pochée et caramel aux morilles, etc.

à Bernos-Beaulac 6 km au Sud par D932 – 1 134 h. – alt. 66 m – ✉ 33430

Dousud

au Doux Sud – ✆ 05 56 25 43 23 – www.dousud.fr

5 ch – 60/70 € 70/95 € **Table d'hôte** – Menu 20 € bc

Un nom tout trouvé pour cette jolie ferme landaise, au cœur d'un parc de 9 ha où trottent des chevaux. Les chambres, très douillettes, ont toutes une terrasse et, le soir, la propriétaire concocte une cuisine traditionnelle simple et saine. Un lieu charmant, idéal pour se mettre au vert en toute quiétude et à prix... doux !

BAZINCOURT-SUR-EPTE – 27 Eure – 304 K6 – rattaché à Gisors

BAZOUGES-LA-PÉROUSE – 35 Ille-et-Vilaine – 309 M4 – 1 880 h. – alt. 106 m – ✉ 35560 Bretagne Nord 10 D2

Paris 376 – Fougères 34 – Rennes 45 – Saint-Malo 53

2, place de l'Hôtel de Ville, ✆ 02 99 97 40 94, www.tourisme-paysdantrain.com

Château de la Ballue sans rest

4 km au Nord-Est par D 91 et rte secondaire – ✆ 02 99 97 47 86 – www.laballue.com

5 ch – 170/190 € 190/220 € – 18 €

De superbes jardins d'esprit baroque et à la française entourent ce château du 17e s. Grandes chambres raffinées : hauteur sous plafond, boiseries d'époque, mobilier ancien.

BEAUCAIRE – 30 Gard – 339 M6 – 15 857 h. – alt. 18 m – ✉ 30300 Languedoc Roussillon 23 D2

Paris 703 – Arles 18 – Avignon 27 – Nîmes 24

24, cours Gambetta, ✆ 04 66 59 26 57, www.ot-beaucaire.fr

Château★.

au Sud-Ouest 6 km (rte de St Gilles) puis à gauche, écluse de Nouriguier

Mas de Lafont sans rest

chemin du Mas d'Aillaud ✉ 30300 Beaucaire – ✆ 04 66 59 29 59 – www.masdelafont.com – Ouvert 1er mai-1er oct.

3 ch – 80/110 € 85/110 €

Entre vignes et abricotiers, un mas du 17e s. aux chambres spacieuses, ornées d'un superbe mobilier provençal. Toutes ouvrent sur le jardin. Cuisine à la disposition des hôtes.

BEAUCENS – 65 Hautes-Pyrénées – 342 L5 – 427 h. – alt. 450 m – ✉ 65400 Midi-Toulousain 28 A3

Paris 866 – Pau 59 – Tarbes 38 – Toulouse 191

Donjon des Aigles

Eth Béryè Petit
15 rte de Vielle – ✆ 05 62 97 90 02 – www.beryepetit.com
3 ch – 59/64 € 59/64 €
Table d'hôte *(ouvert vend. soir et sam. soir de nov. à avril)* – Menu 23 € bc
Ce petit verger ("Eth Beryè petit" en basque) est une accueillante maison bigourdane de 1790. Chambres cosy (parquet, tapis, mobilier ancien) ménageant un splendide panorama sur la vallée. Dîner et petit-déjeuner dans un joli salon au coin du feu ou en terrasse.

LE BEAUCET – 84 Vaucluse – 332 D10 – rattaché à Carpentras

BEAUCOUZÉ – 49 Maine-et-Loire – 317 F4 – rattaché à Angers

BEAUFORT – 73 Savoie – 333 M3 – 2 206 h. – alt. 750 m – ✉ 73270 45 D1

Alpes du Nord
Paris 601 – Albertville 21 – Chambéry 72 – Megève 37
Grande Rue, ✆ 04 79 38 37 57, www.areches-beaufort.com
Beaufortain★★.

Le Grand Mont
pl. de l'Église – ✆ 04 79 38 33 36 – www.hotelbeaufort.com – Fermé mi-avril à début mai et de mi-oct. à début nov.
15 ch – 59/65 € 68/72 € – 10 € – ½ P
Rest *(fermé dim. en hiver sauf vacances scolaires)* – Formule 15 € – Menu 21/38 € – Carte 21/46 €
Parfait pour une étape en toute simplicité dans la capitale du roi des fromages savoyards. Cette sympathique maison de village, à l'âme rustique, est dans la même famille depuis quatre générations. Le beaufort est évidemment à l'honneur au restaurant.

BEAUGENCY – 45 Loiret – 318 G5 – 7 738 h. – alt. 99 m – ✉ 45190 12 C2

Châteaux de la Loire
Paris 152 – Blois 35 – Châteaudun 42 – Orléans 31
3, place Dr Hyvernaud, ✆ 02 38 44 54 42, www.beaugency.fr
36 de Ganay, à Saint-Laurent-Nouan, Prieuré de Ganay, S : 7 km par D 925, ✆ 02 54 87 26 24
18 Les Bordes Golf International, à Saint-Laurent-Nouan, Les Petits Rondis, S : 9 km par D 925, ✆ 02 54 87 72 13
Église Notre-Dame★ - Donjon★ - Tentures★ dans l'hôtel de ville **H** - Musée régional de l'Orléanais★ dans le château.

Hostellerie de l'Écu de Bretagne
pl. Martroi – ✆ 02 38 44 67 60 – www.ecudebretagne.fr **n**
34 ch – 94/150 € 94/150 € – 14 € – ½ P
Rest – Formule 13 € – Menu 24/38 € – Carte 46/61 €
Au cœur de la cité médiévale, les diligences ne s'arrêtent plus devant cet ancien relais de poste du 17ᵉ s., mais les voyageurs y viennent encore quotidiennement ! Poutres et mobilier chiné dans les chambres. Un petit jardin et une piscine chauffée sont à la disposition des clients.

Grand Hôtel de l'Abbaye sans rest
2 quai de l'Abbaye – ✆ 02 38 45 10 10 – www.grandhoteldelabbaye.com
19 ch – 99/169 € 119/169 € – 16 € **s**
Une véritable demeure historique que cette ancienne abbaye des 12ᵉ-17ᵉ s. Vieilles pierres, escalier monumental, tomettes, mobilier de style... avec le dernier confort. De plus, la haute bâtisse borde la Loire et ses grèves.

Hôtel de la Sologne sans rest
6 pl. St-Firmin – ✆ 02 38 44 50 27 – www.hoteldelasologne.com – Fermé 20 déc.-8 janv. **e**
15 ch – 58/74 € 63/74 € – 10 €
Pour accéder à l'hôtel, montez l'escalier fleuri ! Vous voici dans deux maisons du 19ᵉ s., à deux pas de la tour St-Firmin. Sous l'égide d'un couple de propriétaires soucieux du bien-être de leurs clients, les chambres cultivent un vrai petit esprit bonbonnière : tons pastel, mobilier en bois peint...

BEAUGENCY

Abbaye (R. de l') 2
Bretonnerie (R. de la) 3
Change (R. du) 4
Châteaudun (R. de) 5
Cordonnerie (R. de la) 6
Dr-Hyvernaud (Pl.) 8
Dunois (Pl.) 9
Maille-d'Or (R. de la) 10
Martroi (Pl. du) . . . .
Pellieux (Passage) 12
Pont (R. du) . . . .
Puits-de-l'Ange (R. du) 14
Sirène (R. de la) 15
Traîneau (R. du) 17
Trois-Marchands (R. des) 18

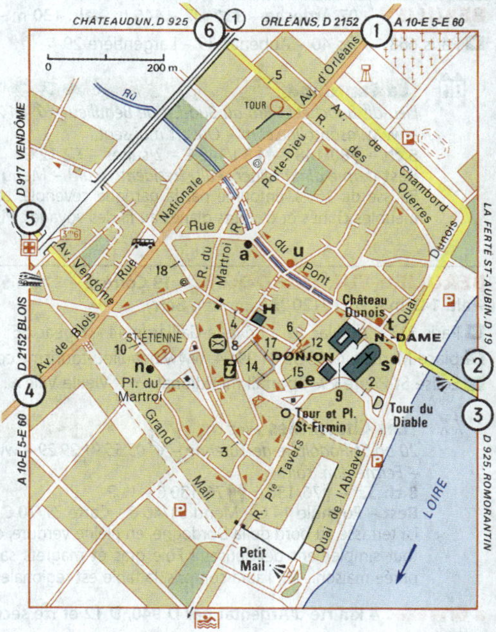

Le Relais des Templiers sans rest

68 r. du Pont – ✆ 02 38 44 53 78 – www.hotelrelaistempliers.com – Fermé 26 déc.-17 janv. **a**

15 ch – 49/52 € 56/62 € – 8 €

À deux pas du centre historique, cette bâtisse en pierre, au bord d'un ru fleuri, est parfaite pour partir à la découverte de la cité. Les amateurs de cyclisme peuvent même louer un vélo sur place ! Chambres confortables.

Le P'tit Bateau

54 r. du Pont – ✆ 02 38 44 56 38 – Fermé mardi hors saison et lundi **u**

Rest – Menu 39/68 € – Carte environ 48 €

Un jeune couple a pris le gouvernail de ce petit bateau où l'on apprécie une cuisine dans l'air du temps. Dans l'assiette, c'est généreux et savoureux. À l'image de ce saumon mi-cuit avec de la crème fraîche et un blinis aux cébettes. Agréable patio.

Le Relais du Château

8 r. du Pont – ✆ 02 38 44 55 10 – Fermé 2 sem. en janv., 1 sem. en mars, mardi soir d'oct. à juin, jeudi sauf le midi d'oct. à juin et merc. **t**

Rest – Menu 16 € (sem.), 23/38 € – Carte 30/48 €

Coquet petit restaurant situé dans une rue commerçante à proximité du donjon (11e s.) et décoré dans un style rustique. Cuisine traditionnelle changeant au fil des saisons.

à Tavers 3 km par ④ et rte secondaire – 1 321 h. – alt. 100 m – ✉ 45190

La Tonnellerie sans rest

12 r. des Eaux-Bleues, (près de l'église) – ✆ 02 38 44 68 15 – www.latonnelleriehotel.com – Fermé 16 déc.-11 fév.

18 ch – 90/105 € 95/180 € – 2 suites – 14 €

Tout le charme d'autrefois pour cette demeure de 1870 et son agréable jardin avec piscine. Les chambres, comme les salons, sont décorés dans un style "maison de famille".

BEAULIEU – 07 Ardèche – **331** H7 – 446 h. – alt. 130 m – ✉ 07460 **44** A3

Paris 668 – Alès 40 – Aubenas 39 – Largentière 29

La Santoline ch, rest,

Lieu-dit Bouchet, 1 km au Sud-Est de Beaulieu – 04 75 39 01 91 – www.lasantoline.com – Ouvert mai-sept.

5 ch – 80/148 € 80/148 € – 2 suites – 12 €

Rest *(fermé dim.) (dîner seult) (résidents seult)* – Menu 30 €

Bâtisse du 16e s. entourée par la garrigue cévenole. Les chambres sont décorées de meubles chinés et d'objets glanés au fil des voyages. Piscine dans la nature.

BEAULIEU-SUR-DORDOGNE – 19 Corrèze – **329** M6 – 1 283 h. **25** C3
– alt. 142 m – ✉ 19120 Limousin Berry

Paris 513 – Aurillac 65 – Brive-la-Gaillarde 44 – Figeac 56

place Marbot, 05 55 91 09 94, www.beaulieu-tourisme.com

Église St-Pierre★★ : portail méridional★★ - Vieille Ville★.

Les Charmilles avec ch

20 bd St-Rodolphe-de-Turenne – 05 55 91 29 29 – www.auberge-charmilles.com – Fermé dim. soir

8 ch – 76/130 € 76/130 € – ½ P

Rest – Formule 14 € – Menu 31/46 € – Carte 37/70 €

La terrasse au bord de la Dordogne, en pleine verdure, et la salle aux baies vitrées sont tout simplement délicieuses ! Foie gras et magrets sauce câline, salade aux gésiers, purée maison... On l'aura compris, la table est régionale.

à Brivezac 4 km rte d'Argentat par D 940, D 12 et rte secondaire – 186 h. – alt. 140 m – ✉ 19120

Château de la Grèze

– 05 55 91 08 68 – www.chateaudelagreze.com – Ouvert 15 mars-17 nov.

5 ch – 81/107 € 95/120 €

Table d'hôte *(fermé mardi, jeudi, sam. et dim. en juil.-août)* – Menu 27 € bc/34 €

Quel calme... Entourée d'un parc, cette élégante demeure du 18e s. abrite des chambres spacieuses au décor soigné ; les tissus d'indienne fleurissent sur les murs et la vue sur la vallée est imprenable. Piscine, promenades à pied ou à cheval, dîners à la table d'hôte : une vraie vie de gentilhomme.

BEAULIEU-SUR-LAYON – 49 Maine-et-Loire – **317** F5 – 1 448 h. **35** C2
– alt. 85 m – ✉ 49750

Paris 316 – Angers 25 – Nantes 95 – Niort 176

3, rue Saint-Vincent, 02 41 78 65 07, www.beaulieu-sur-layon.com

Château Soucherie N sans rest

2,5 km au Nord-Ouest par D 54 et D 209 – 02 41 78 31 18 – www.domaine-de-la-soucherie.fr – Fermé dim. d'oct. à avril et fériés

4 ch – 110 € 130 €

Sur les coteaux du Layon, un château au cœur d'un domaine viticole de 24 ha. Dans les chambres, raffinées à souhait, mobilier ancien et confort moderne se conjuguent à merveille ! Le plus : une visite de la propriété, avec dégustation, est proposée aux nouveaux arrivants. Une belle adresse.

BEAULIEU-SUR-MER – 06 Alpes-Maritimes – **341** F5 – 3 749 h. – Casino **42** E2
– ✉ 06310 Côte d'Azur

Paris 935 – Menton 20 – Monaco 10 – Nice 8

place Georges Clemenceau, 04 93 01 02 21, www.ot-beaulieu-sur-mer.fr

Site★ de la Villa Kerylos★ - Baie des Fourmis★.

BEAULIEU-SUR-MER

Albert-1er (Av.) . . . . Z
Alsace-Lorraine (Bd) . . . . . . Y
Bracco (R. J.) . . . . Y 3
Cavell (Av. Edith) . . . . Z 4
Charles II Comte de Provence (Av.) . . . . Z 6
Clemenceau (Pl. et R.) . . . . Y 5
Déroulède (Bd) . . . . Y
Doumer (R. Paul) . . . . Z 7
Dunan (Av. F.) . . . . Z
Edouard-VII (Bd) . . . . Y
Eiffel (R.) . . . . Z
Gaulle (Pl. Charles-de) . . . . Y
Gauthier (Bd Eugène) . . . . . Y 13
Hellènes (Av. des) . . . . Z 14
Joffre (Bd Maréchal) . . . . . . Z
Leclerc (Bd Maréchal) . . . . . Z
Marinoni (Bd) . . . . Y 19
May (Av. F.) . . . . Z 21
Myrtes (Ch. des) . . . . Y
Orangers (Montée des) . . . . Z 22
Rouvier (Promenade de M.) Z
St-Jean (Pont) . . . . Z
Whitechurch (Quai) . . . . Y
Yougoslavie (R. de) . . . . Z 27

La Réserve de Beaulieu & Spa

5 bd du Mar.-Leclerc – ✆ 04 93 01 00 01 – www.reservebeaulieu.com – Fermé 21 oct.-20 déc. **Zw**

34 ch – 140/1290 € 140/1290 € – 5 suites – 35 € – ½ P

Rest ***Restaurant des Rois*** – voir les restaurants ci-après

En bord de mer, à mi-chemin entre Nice et Monaco, une architecture digne d'un palais florentin (1880) et un décor fastueux : mobilier ancien, tapisseries, boiseries... Face à la Grande Bleue, la piscine d'eau de mer chauffée est superbe. L'une des plus belles adresses de la Riviera.

Carlton sans rest

7 av. Edith Cavell – ✆ 04 93 01 44 70 – www.carlton-beaulieu.com – Fermé 6 janv.-13 fév. **Zs**

34 ch – 79/210 € 79/210 € – 10 €

Chambres classiques au charme rétro, accueil bienveillant, jolie piscine : cette villa des années 1930, dans un quartier résidentiel proche de la plage et du casino, a bien des atouts !

Frisia sans rest

2 bd E- Gauthier – ✆ 04 93 01 01 04 – www.frisia-beaulieu.com – Fermé 11 nov.-18 déc. **Yr**

35 ch – 60/145 € 60/155 € – 1 suite – 9 €

Une bâtisse dans l'esprit des bains de mer avec sa terrasse sur le toit (solarium) et ses chambres fraîches et avenantes, dont certaines avec vue sur le port de plaisance et la Grande Bleue. Un bon établissement.

Comté de Nice sans rest

bd Marinoni – ✆ 04 93 01 19 70 – www.hotel-comtedenice.com – Fermé 9-29 déc. **Ya**

32 ch – 65/119 € 75/130 € – 10 €

Un petit hôtel sobre et très bien tenu, dans une rue commerçante du centre-ville. Chambres fraîches et assez spacieuses, à préférer côté mer pour plus de tranquillité.

Riviera sans rest
6 r. Paul-Doumer – ✆ 04 93 01 04 92 – www.hotel-riviera.fr – Fermé 20 oct.-27 déc.
14 ch – †60/105 € ††60/105 € – ☐ 9 € **Zb**
Une jolie villa 1930 et... ses fidèles, qui y séjournent parfois tout l'été ! Pas de secret : les prix sont doux, les chambres – certes petites – pratiques et impeccablement tenues, et l'accueil charmant.

Restaurant des Rois – Hôtel La Réserve de Beaulieu & Spa
5 bd du Mar.-Leclerc – ✆ 04 93 01 00 01
– www.reservebeaulieu.com – Fermé 21 oct.-20 déc. et le midi de mai à mi-oct.
Rest – Menu 170/230 € – Carte 170/215 € **Zw**
Au pied de ce véritable palais de bord de mer, une superbe terrasse face à la Méditerranée et, en guise de salle, une longue galerie au faste classique, ouverte sur les flots... Un superbe écrin pour une fine gastronomie, qui révèle les plus beaux produits des terroirs français.
➜ Courgette violon en royale, légumes de saison et leurs fanes. Rouget de roche poêlé, pomme de terre et fenouil fondants, parfum d'aïoli. Chocolat cœur fondant de caramel, opaline chocolat jivara lacté. **Vins** Côtes de Provence.

La Raison Gourmande
4 av. du Mar.-Foch – ✆ 04 93 01 13 12 – www.laraisongourmande.com
– Fermé dim. et lundi **Yn**
Rest – Formule 18 € – Menu 55/65 €
La gourmandise a ses raisons que la raison ne connaît pas ! Rien de conventionnel dans ce restaurant atypique : ni l'ambiance musicale, ni la décoration, d'esprit baroque, ni la gastronomie – un menu unique qui décline des recettes originales et inspirées... Formule bistrot au déjeuner.

Voir aussi ressources hôtelières à ***St-Jean-Cap-Ferrat***

BEAUMARCHÉS – 32 Gers – **336** C8 – **681 h.** – **alt. 175 m** – ✉ **32160** **28** A2
Midi Toulousain
Paris 755 – Agen 108 – Mont-de-Marsan 65 – Pau 64

à Cayron 5 km à l'Est par D 946 – ✉ 32230

Relais du Bastidou
2 km au Sud par rte secondaire – ✆ 05 62 69 19 94 – www.le-relais-du-bastidou.com
– Fermé 1er nov.-15 déc. et 1 sem. en fév.
8 ch – †65/75 € ††65/80 € – ☐ 10 € – ½ P
Rest *(fermé dim. soir et lundi sauf juil.-août) (réserver)* – Menu 20/42 € bc
– Carte 33/44 €
Calme garanti dans cette ancienne ferme isolée en pleine nature. Les chambres, installées dans la grange, sont joliment décorées dans un style champêtre. Sauna et jacuzzi. Cuisine du terroir, simple et plaisante, faisant honneur aux beaux produits du Gers.

BEAUMES-DE-VENISE – 84 Vaucluse – **332** D9 – rattaché à Carpentras

BEAUMONT-DE-LOMAGNE – 82 Tarn-et-Garonne – **337** B8 – **3 809 h.** **28** B2
– **alt. 400 m** – ✉ **82500** Midi Toulousain
Paris 662 – Agen 60 – Auch 51 – Toulouse 58
3, rue Pierre Fermat, ✆ 05 63 02 42 32, www.tourisme-en-lomagne.com

Le Commerce rest, rest,
58 r. Mar.-Foch – ✆ 05 63 02 31 02 – www.hotellecommerce.com
14 ch – †47/52 € ††50/55 € – ☐ 8 €
Rest *(fermé vend. et sam. sauf juil.-août et dim.) (dîner seult) (résidents seult)*
– Menu 18 €
À l'entrée du village, une auberge rustique tenue en famille. On vous y réserve un accueil charmant, et les chambres sont simples, propres et pratiques. Au restaurant, cuisine traditionnelle et du terroir.

BEAUMONT-DU-PERIGORD – 24 Dordogne – **329** F7 – 1 128 h. 4 C1
– alt. 160 m – ✉ 24440 Périgord Quercy

Paris 602 – Agen 93 – Bordeaux 153 – Périgueux 82

16, place Jean Moulin, ✆ 05 53 22 39 12, www.officedetourisme-beaumontduperigord.com

Le Coteau de Belpech

– ✆ 05 53 22 87 58 – *www.coteau-belpech.com*
4 ch – 103/131 € 112/140 € **Table d'hôte** – Menu 25/30 €
De quoi être aux anges... Sur un coteau, une chapelle romane du 11e s. restaurée par un couple amoureux des vieilles pierres. Chambres soignées, dont l'une dans le clocher avec une vue à 360° ! Cuisine traditionnelle de qualité à la table d'hôte.

BEAUMONT-EN-AUGE – 14 Calvados – **303** M4 – 459 h. – alt. 90 m 32 A3
– ✉ 14950 Normandie Vallée de la Seine

Paris 199 – Caen 42 – Deauville 12 – Le Havre 49

Auberge de l'Abbaye

2 r. de la Libération – ✆ 02 31 64 82 31 – www.aubergelabbaye.com
– Fermé 28 sept.-7 oct., 4 janv.-4 fév., lundi soir de nov. à mars, mardi sauf juil.-août et merc.
Rest – Menu 36/59 € – Carte 60/75 €
Elle est bien mignonne cette maison normande du 18e s. couverte de vigne vierge. L'intérieur, rustique à souhait, est tout aussi croquignolet. On y sert une bonne cuisine du terroir avec en vedette, langoustines, poissons, foie gras, fromages...

BEAUNE – 21 Côte-d'Or – **320** I7 – 22 516 h. – alt. 220 m – ✉ 21200 7 A3
Bourgogne

Paris 308 – Autun 49 – Chalon-sur-Saône 29 – Dijon 45

Porte Marie de Bourgogne 6, boulevard Perpeuil, ✆ 03 80 26 21 30, www.beaune-tourisme.fr

de Beaune Levernois, à Levernois, SE : 4 km par D 970, ✆ 03 80 24 10 29

Hôtel-Dieu★★★ : polyptyque du Jugement dernier★★★, Grand'salle salle ou chambre des pauvres★★★ - Collégiale Notre-Dame★ : tapisseries★★ - Hôtel de la Rochepot★ AY **B** - Remparts★.

Plan page suivante

Le Cep sans rest

27 r. Maufoux – ✆ 03 80 22 35 48 – www.hotel-cep-beaune.com AZ**z**
49 ch – 139/513 € 173/513 € – 15 suites – 20 €
Le Cep ? Une myriade d'hôtels particuliers et de maisons anciennes (16e et 18e s.) dont les vastes chambres ont des airs de musée – lustres à pampilles, plafonds à la française et moulures... Un bien bel endroit, idéalement situé pour visiter la ville à pied.

Hostellerie Le Cèdre

12 bd Mar.-Foch – ✆ 03 80 24 01 01 – www.lecedre-beaune.com AY**t**
40 ch – 175/330 € 175/330 € – 19 €
Rest *Le Clos du Cèdre* ✿ – voir les restaurants ci-après
Dans le jardin, un cèdre majestueux et... cette belle demeure bourgeoise (début 20e s.) empreinte de classicisme. Boiseries, moulures, mobilier de style et sens du confort : rien ne manque.

Hôtel de la Poste

5 bd Clemenceau – ✆ 03 80 22 08 11 – www.hoteldelapostebeaune.com
32 ch – 167/294 € 167/294 € – 4 suites – 15 € – ½ P AZ**f**
Rest *Le Bistro* – voir les restaurants ci-après
Rest – Menu 37/60 € – Carte 60/90 €
Un relais de poste du 19e s. intemporel et élégant ! Styles contemporain et Art déco se mêlent harmonieusement, le niveau de confort est très bon : un établissement plaisant à vivre.

BEAUNE

Alsace (R. d')	AZ 2	Dames (Rempart des)	AZ 13	Monge (Pl.)	AY 26
Belin (R.)	AZ 4	Dr-Jorrot (Pl. du)	BY 15	Monge (R.)	AZ 28
Bourgelat (R.)	AZ 5	Enfant (R. de l')	AY 16	Perpreuil (Bd.)	AZ 29
Carnot (Petite-Pl.)	AZ 6	Enfert (R. d')	AZ 17	Poterne (R.)	AZ 30
Carnot (Pl.)	AZ 7	Favart (R.)	AY 18	Rolin (R.)	AZ 31
Carnot (R.)	AZ 9	Fleury (Pl.)	AZ 19	Rousseau-Deslandes (R.)	BY 32
Château (R. du)	BY 10	Fraysse (R. E.)	AZ 21	Ste-Marguerite (R.)	AY 35
		Halle (Pl. de la)	AZ 23	St-Nicolas (R. du Fg)	AY 34
		Lorraine (R. de)	AY	Tonneliers (R. des)	AY 37
		Maufoux (R.)	AZ 25	Ziem (Pl.)	AZ 40

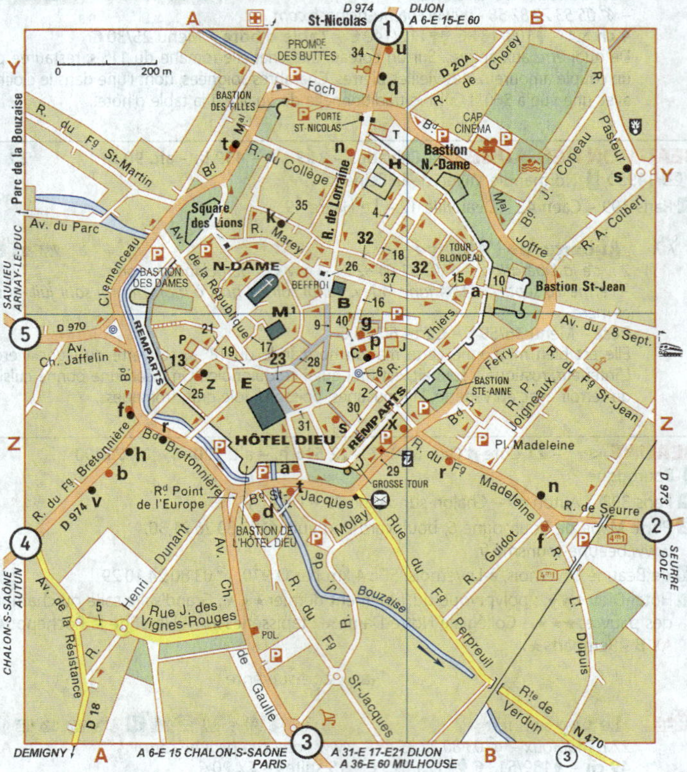

L'Hôtel

5 r. Samuel Legay – ✆ 03 80 25 94 14 – www.lhoteldebeaune.com – Fermé déc.

10 ch – 170/370 € 170/370 € – 25 € AZp

Rest ***Bistro de l'Hôtel*** – voir les restaurants ci-après

Luxueuses salles de bains, dressings, équipements high-tech et classicisme de bon aloi : les chambres de cette maison de maître du 19e s. sont très plaisantes... et le personnel aux petits soins !

Novotel

av. Charles-de-Gaulle, (près de l'échangeur A6-sortie 24.1), 2 km par ③ – ✆ 03 80 24 59 00 – www.novotel.com

127 ch – 129/175 € 139/175 € – 15 € **Rest** – Formule 16 € – Carte 20/45 €

Novotel de facture contemporaine, à la sortie de l'autoroute et à 2 km du centre-ville.

Henry II sans rest

12-14 r. du Faubourg-St-Nicolas – ✆ 03 80 22 83 84 – www.henry2.fr AYq

58 ch – 80/115 € 95/130 € – 14 €

Sur la route de Dijon, en sortie de ville, un bâtiment imposant dont les chambres, de tailles et de styles divers (néobaroque, Louis XV...), sont très bien tenues.

Belle Époque sans rest

15 r. du Faubourg-Bretonnière – ✆ 03 80 24 66 15 – www.hotel-belleepoque-beaune.com – Fermé 20-26 déc. AZh

22 ch – †96/107 € ††96/107 € – 3 suites – ☕ 10 €

Cette vieille maison a du cachet : verrière 1900, chambres rustiques (poutres et cheminées dans certaines) donnant sur la cour intérieure et bar au charme... rétro, évidemment !

Hôtel de la Paix sans rest

45 r. du Faubourg-Madeleine – ✆ 03 80 24 78 08 – www.hotelpaix.com BZn

40 ch – †70/135 € ††80/170 € – ☕ 14 €

Près du centre-ville, un accueillant hôtel familial en bordure de route... Les chambres, très bien insonorisées, sont pratiques, sobres et agréables, certaines avec poutres et pierres apparentes.

Grillon sans rest

21 rte Seurre, 1 km par ② – ✆ 03 80 22 44 25 – www.hotel-grillon.fr – Fermé 1er-7 déc. et fév.

20 ch – †70/80 € ††75/135 € – ☕ 10 €

Une belle demeure bourgeoise dans un jardin japonisant... et beaucoup de sérénité. Les chambres, d'un entretien sans faille, sont cosy côté maison et ultracontemporaines dans l'annexe. Et pour jouer les grillons, rendez-vous autour de la piscine !

Hostellerie de Bretonnière sans rest

43 r. du Faubourg-Bretonnière – ✆ 03 80 22 15 77 – www.hotelbretonniere.com – Fermé 30 janv.-12 fév. AZv

32 ch – †60/110 € ††60/110 € – ☕ 9,50 €

Sur la route de Chagny, ce relais de poste et ses dépendances cultivent un sympathique esprit motel : chambres sobres et pratiques, pour la plupart en rez-de-jardin, duplex familiaux...

La Villa Fleurie sans rest

19 pl. Colbert – ✆ 03 80 22 66 00 – www.lavillafleurie.fr – Fermé janv. BYs

10 ch – †73/103 € ††73/103 € – ☕ 8,50 €

Belles chambres classiques avec, très souvent, de jolis meubles anciens ; salon cosy et salle des petits-déjeuners vraiment charmante : cette Villa Fleurie a du cachet et... des airs de maison d'hôtes.

Alésia sans rest

4 av. de la Sablière, 1 km rte Dijon par ① – ✆ 03 80 22 63 27 – www.perso.wanadoo.fr/hotel.alesia/

16 ch – †60/95 € ††60/95 € – ☕ 10 €

Aux portes de Beaune, une bonne solution budget ! Accueil familial et chaleureux, chambres très bien tenues et navette gratuite vers le centre-ville.

La Terre d'Or sans rest

r. Izembart, (à la Montagne), 3 km par ③ et rte secondaire – ✆ 03 80 25 90 90 – www.laterredor.com

5 ch – †140/220 € ††140/220 € – ☕ 14 €

Jolies chambres (mobilier contemporain ou chiné), jardin dominant Beaune, étonnant espace détente dans une grotte naturelle et accueil délicieux... Une adresse en Or !

Maison Fatien sans rest

17 r. Ste-Marguerite – ✆ 03 80 22 82 84 – www.maisonfatien.com AYk

4 ch ☕ – †220/350 € ††220/350 €

Mobilier chiné, cheminées, lustres de Murano, baignoires sur pieds... le luxe sans tapage, dans une belle bâtisse en pierre. Au petit-déjeuner, on savoure de bons produits du terroir et, pour la détente, visite du domaine viticole familial, location de vélos, etc. L'une des meilleures adresses de Beaune !

Les Jardins de Loïs sans rest

8 bd Bretonnière – ✆ 03 80 22 41 97 – www.jardinsdelois.com AZr

5 ch ☕ – ††140/185 €

Dans cette élégante propriété viticole (18e s.), les chambres sont spacieuses et charmantes, dans un bel esprit maison de famille (mobilier ancien, tapisseries...). Dégustation des vins du domaine.

XXX **Le Jardin des Remparts**

10 r. Hôtel-Dieu – ✆ 03 80 24 79 41 – www.le-jardin-des-remparts.com – Fermé mi janv. à mi fév., lundi sauf juil.-août et dim. AZa

Rest – Menu 28 € (déj.), 49/89 € – Carte 67/91 €

Dans cette villa bourgeoise des années 1930, au pied des remparts, le chef réalise une cuisine fine et sagement créative, sans oublier de jeter quelques jolies œillades au terroir.

XXX **Le Bénaton** (Bruno Monnoir)

25 r. du Faubourg-Bretonnière – ✆ 03 80 22 00 26 – www.lebenaton.com – Fermé 1er-7 juil., 5-15 déc., vacances de fév., sam. midi d'avril à nov., jeudi sauf le soir d'avril à nov. et merc. AZb

Rest – Menu 34 € (déj. en sem.), 52/85 € – Carte 65/90 €

Inventivité, finesse, belle maîtrise des cuissons et jeu sur les textures : l'assiette révèle tout cela – et bien plus – dans un cadre élégant mêlant bois et pierres apparentes.

➜ Tête de veau et grosses langoustines frites à la moutarde. L'œuf parfait, morilles fraîches ou truffes. Gâteau au chocolat manjari coulant et crème glacée aux bourgeons de cassis. **Vins** Saint-Romain, Savigny-lès-Beaune.

XXX **L'Écusson**

2 r. du Lieutenant Dupuis – ✆ 03 80 24 03 82 – www.ecusson.fr – Fermé 18 fév.-12 mars, merc. et dim. BZf

Rest – Formule 25 € – Menu 38 € (sem.), 54/82 € – Carte 66/82 €

Un Écusson classique, aux couleurs de la gourmandise ! Le chef, passé par des maisons de renom, concocte une cuisine du marché fraîche, goûteuse et inspirée. En prime, la terrasse est agréable et la carte fait honneur aux beaux bourgognes.

XXX **Le Clos du Cèdre** – Hostellerie Le Cèdre

12 bd Mar.-Foch – ✆ 03 80 24 01 01 – www.lecedre-beaune.com – Fermé 6-20 janv. et le midi AYt

Rest – Menu 49/78 € – Carte 75/125 €

Une élégante maison de maître, cossue et pleine de cachet, dans un jardin verdoyant où l'on installe quelques tables l'été venu : un cadre parfait pour un beau moment de gastronomie, dans la tradition française, autour de recettes créatives et soignées...

➜ Langoustine et velouté de courge à la muscade et truffe de Bourgogne. Ris de veau cuit en cocotte, chou-rave et cèpes rôtis. Betterave confite au vinaigre de framboise, glace chocolat blanc.

XX **Loiseau des Vignes**

31 r. Maufoux – ✆ 03 80 24 12 06 – www.bernard-loiseau.com – Fermé fév., dim. et lundi AZz

Rest – Formule 20 € – Menu 28 € (déj.), 59/95 € – Carte 48/120 €

La griffe "Loiseau" (sous l'égide de la maison mère de Saulieu), une belle carte des vins – avec un choix rare de 70 vins au verre –, un lieu au cachet sûr (poutres, pierres) et surtout des assiettes pleines de caractère : les atouts de cette bonne table au cœur de la gastronomie bourguignonne.

➜ Œufs en meurette façon Bernard Loiseau. Quenelles de sandre façonnées à la cuillère, sauce homardine. Meringue vanillée et fruits rouges dans l'esprit d'un vacherin. **Vins** Chassagne-Montrachet, Chambolle-Musigny.

XX **Caveau des Arches**

10 bd Perpreuil – ✆ 03 80 22 10 37 – www.caveau-des-arches.com – Fermé 29 juil.-31 août, 22 déc.-25 janv., dim. et lundi ABZx

Rest – Formule 17 € – Menu 24/42 € – Carte 29/63 €

Insolite, ce restaurant logé dans un caveau souterrain en pierre (18e s.) intégrant les soubassements d'un pont du 15e s. Carte traditionnelle et bon choix de bourgognes.

XX **Auberge du Cheval Noir**

17 bd St-Jacques – ✆ 03 80 22 07 37 – www.restaurant-lechevalnoir.fr – Fermé 1er-14 mars, dim. soir de nov. à avril, mardi et merc. AZt

Rest – Menu 23 € (sem.), 36/69 € bc – Carte 30/57 €

Ne vous fiez pas à la façade un peu quelconque de cette maison : derrière, place à un restaurant épuré, intime et convivial tout à la fois. L'assiette, pile dans l'air du temps, s'y montre généreuse et pleine de fraîcheur.

Bistro de l'Hôtel – L'Hôtel
3 r. Samuel Legay – 03 80 25 94 10 – www.lhoteldebeaune.com – Fermé 18 déc.-2 janv. et dim. midi AZp
Rest – Formule 28 € – Menu 35 € (déj.)/40 € – Carte 42/87 €
Un "Bistro" chic pour une cuisine qui honore la tradition et les très beaux produits. Quant à la carte des vins, elle est élaborée avec soin par le patron – un vrai passionné !

Sushikai
50 r. du Faubourg-St-Nicolas – 03 80 24 02 87 – www.sushikai.fr – Fermé 1er-15 janv., merc. et jeudi AYu
Rest – Formule 19 € – Menu 25 € (déj. en sem.), 36/78 € bc – Carte 30/60 €
Bois sombre, galets, bambou et jardin japonais avec un petit pont : un restaurant zen et épuré pour déguster sushis, sashimis et autres tempuras, ainsi que des desserts fusion franco-nippons.

Le Bistro – Hôtel De la Poste
5 bd Clemenceau – 03 80 22 08 11 – www.hoteldelapostebeaune.com – Fermé mardi et le soir AZf
Rest – Formule 19 € – Menu 26 €
Le Bistro de l'hôtel de la Poste ? Un beau décor rétro tout en noir et blanc, face à un jardin verdoyant (terrasse), des petits plats de tradition et des vins du cru. Une bonne option pour un agréable déjeuner.

Via Mokis avec ch
1 r. Eugène Spüller – 03 80 26 80 80 – www.viamokis.com – Fermé 20-26 nov., 23-28 déc. et 6-20 janv. BYa
5 ch – †135/175 € ††145/210 € – ☕ 15 € – ½ P
Rest *(fermé le midi)* – Menu 26/49 € – Carte 34/65 €
Légumes retrouvés crus et cuits, magret de canard frotté aux épices... Dans ce joli bistrot design, le propriétaire concocte une cuisine fraîche et savoureuse, inspirée par ses voyages. Côté hôtel : grandes chambres épurées, salles de bains dernier cri et mini-spa très insolite, pour un voyage... immobile !

La Ciboulette
69 r. de Lorraine – 03 80 24 70 72 – Fermé 5-21 août, 4-27 fév., lundi et mardi
Rest – Menu 20/34 € – Carte 30/52 € AYn
Près de la porte Saint-Nicolas, un petit restaurant traditionnel, où la carte se mâtine de touches bourguignonnes. L'accueil est chaleureux, le décor frais et simple. Sympathique !

Ma Cuisine
passage Ste-Hélène – 03 80 22 30 22 – Fermé août, 24 déc.-1er janv., merc., sam. et dim. AZs
Rest *(nombre de couverts limité, réserver)* – Menu 28 € – Carte 35/70 €
Dans ce bistrot convivial, tout tourne autour du vin... avec un choix hors pair de quelque 800 crus ! Pour un moment sympathique.

Le Comptoir des Tontons
22 r. du Faubourg-Madeleine – 03 80 24 19 64 – www.lecomptoirdestontons.com – Fermé août, 1er-16 fév., dim. et lundi BZr
Rest – Menu 26/38 €
Dans ce bistrot authentique, la patronne – une autodidacte passionnée – cuisine de sympathiques plats du marché avec de bons produits locaux, souvent bio. Côté vins, flacons "nature"... le tout dans une atmosphère conviviale, très "Tontons flingueurs" (affiches, photos).

Koki
10 pl. Ziem – 03 80 24 06 61 – www.kokifoodshop.com – Fermé 1er-15 janv., mardi et merc. en hiver AZg
Rest *(nombre de couverts limité, réserver)* – Formule 15 € – Menu 18 € (sem.) – Carte environ 25 €
En centre-ville, un restaurant sympathique, contemporain et décontracté. Derrière le comptoir tournant (où les mets défilent joliment avant d'être choisis), le chef réalise une cuisine savoureuse et inventive... Ludique et frais !

Bissoh
1a r. du Faubourg-St-Jacques – ☎ 03 80 24 99 50 – www.bissoh.com – Fermé 1 sem. en juin, 3 sem. en janv., lundi et mardi AZ**d**
Rest – Menu 13 € (déj.), 37/78 € – Carte 25/50 €
Un restaurant tout simple, mais une cuisine nipponne recherchée, authentique et vraiment très soignée... Quant à la carte des vins, elle révèle la grande passion du chef et de sa femme – tous deux Japonais – pour les jolis nectars et les bons sakés.

à Savigny-lès-Beaune 7 km par ①, D 18 et D 2 – 1 371 h. – alt. 237 m – ✉ 21420

4, Place Fournier, ☎ 03 80 21 63 70, www.beaune-tourisme.fr

Le Hameau de Barboron sans rest
– ☎ 03 80 21 58 35 – www.hameaudebarboron.com
12 ch – †110/200 € ††110/200 € – ☕ 15 €
Charmant si... on aime la campagne et le calme ! Au milieu d'une réserve de chasse, de belles fermes fortifiées (16e s.) avec des chambres au cachet champêtre préservé.

La Cuverie
5 r. Chanoine-Donin – ☎ 03 80 21 50 03 – www.restaurantlacuverie.com – Fermé 26 août-1er sept., 22 déc.-12 janv., mardi et merc.
Rest – Formule 16 € – Menu 22 € (déj.), 33/45 € – Carte 32/47 €
Les propriétaires, jeunes et pleins d'allant, font souffler un vent de fraîcheur sur cette petite auberge rustique, à deux pas du château. En cuisine, monsieur remet au goût du jour de bons petits plats régionaux qui mettent en appétit.

à Pernand-Vergelesses 7 km au Nord par D18 – 262 h. – alt. 275 m – ✉ 21420

Le Charlemagne (Laurent Peugeot)
1 rte des Vergelesses – ☎ 03 80 21 51 45 – www.lecharlemagne.fr – Fermé 1er-15 janv., merc. sauf le soir de juin à sept. et mardi
Rest – Menu 31 € (déj. en sem.), 57/98 € – Carte 88/111 €
Une maison épurée, une terrasse face aux vignes dédiées à la production du corton-charlemagne : c'est dans ce lieu zen et contemporain que le chef signe une cuisine très créative... Certains chanceux pourront l'admirer de près : des tables d'hôte ont été installées à côté des fourneaux.
➜ Foie gras de canard et thon rouge cru, écume soja et shiso. Pintade de Bresse en croûte de noisettes, trait de potimarron et hydromel. Tarte aux pommes, sucre kurozato et crème légère au wasabi. **Vins** Pernand-Vergelesses, Beaune.

rte de Dijon 4 km par ①

Ermitage de Corton
✉ 21200 Chorey-lès-Beaune – ☎ 03 80 22 05 28 – www.ermitagecorton.com – Fermé 15-27 déc. et mi-fév. à mi-mars
9 ch – †110/180 € ††110/180 € – 3 suites – ☕ 17 € – ½ P
Rest *Ermitage de Corton* – voir les restaurants ci-après
Une vaste auberge entre nationale et vignoble, avec sa piscine, ses chambres et suites spacieuses, mélange harmonieux de style ancien et de facture contemporaine. Une étape bien agréable – et gourmande – sur la route de Dijon.

Ermitage de Corton
✉ 21200 Chorey-lès-Beaune – ☎ 03 80 22 05 28 – www.ermitagecorton.com – Fermé 15-27 déc., mi-fév. à mi-mars et merc. sauf le soir de nov. à mars
Rest – Formule 23 € – Menu 36 € (déj. en sem.), 47/76 € – Carte 50/79 €
Un établissement élégant au service d'une cuisine de saison et de beaux produits préparés avec soin. On craque pour un cabillaud au miel et au soja ou un parfait glacé au romarin ; formule plus simple au déjeuner.

à Aloxe-Corton 6 km par ① – 166 h. – alt. 255 m – ✉ 21420

Villa Louise sans rest
9 r. Franche – ☎ 03 80 26 46 70 – www.hotel-villa-louise.fr – Fermé 11 janv.-15 fév.
13 ch – †85/170 € ††85/170 € – ☕ 16 €
Une belle demeure vigneronne du 17e s. avec sa piscine nichée dans le pigeonnier et son beau jardin se perdant dans les parcelles de Corton... L'ambiance est cosy à souhait, et les chambres, toutes différentes, dégagent un vrai charme !

à Ladoix-Serrigny 7 km par ① et D 974 – 1 772 h. – alt. 200 m – ✉ 21550

Les Terrasses de Corton avec ch
38-40 rte de Beaune – ☎ 03 80 26 42 37 – www.terrasses-de-corton.com – Fermé 1er-8 mars, 23-27 déc., 21 janv.-28 fév., dim. soir de nov. à mars, jeudi midi et merc.
10 ch – †55 € ††67 € – ☕ 10 € – ½ P **Rest** – Menu 25/44 € – Carte 27/53 €
Au cœur d'un petit village de vignerons, cette auberge familiale est bien attachante... Côté mets et breuvages, la carte affiche un ancrage régional évident, proposant du gibier en saison et mettant en valeur les appellations produites par les vignerons voisins. À l'étage, chambres simples et bien tenues.

à Challanges 4 km par ② puis D 111 – ✉ 21200

Château de Challanges sans rest
478 r. des Templiers – ☎ 03 80 26 32 62 – www.chateaudechallanges.com
24 ch – †105/205 € ††105/205 € – 4 suites – ☕ 16 €
Cette gentilhommière de 1870 a un charme fou : classicisme, élégance châtelaine ou style néobaroque dans les chambres ; parc ravissant avec de jolies maisons en bois (idéales pour les familles). Et en été, on organise des vols en montgolfière dans les prairies...

à Levernois 5 km au Sud-Est par rte de Verdun-sur-le-Doubs, D 970 et D 111L - BZ – 275 h. – alt. 198 m – ✉ 21200

Hostellerie de Levernois
r. du Golf – ☎ 03 80 24 73 58 – www.levernois.com – Fermé 27 janv.-5 mars
25 ch – †135/305 € ††135/305 € – 1 suite – ☕ 22 € – ½ P
Rest *Hostellerie de Levernois* ✿ **Rest *Le Bistrot du Bord de l'Eau*** – voir les restaurants ci-après
Le chant de la rivière qui traverse le parc, une élégante gentilhommière du 19e s. et ses dépendances, un bistrot au bord de l'eau et un très bon "gastro"... Quant aux chambres, elles mêlent avec beaucoup de finesse le contemporain et l'ancien. En deux mots : style et caractère !

Golf Hôtel Colvert sans rest
23 r. du Golf – ☎ 03 80 24 78 20 – www.colvert-golf-hotel.com
24 ch – †100/135 € ††115/155 € – ☕ 14 €
Construction des années 1980 ouverte sur le golf, au calme. Les chambres, spacieuses et fonctionnelles, ont toutes un balcon côté green. Les plus : l'accueil sympathique et les séjours "œnologie".

Le Parc sans rest
13 r. du Golf – ☎ 03 80 24 63 00 – www.hotelleparc.fr – Fermé 27 janv.-5 mars
17 ch – †75/100 € ††75/100 € – ☕ 8,50 €
Quiétude champêtre ! Dans cette ferme du 18e s., couverte de lierre, les chambres sont classiques et douillettes. Le beau parc, la cour fleurie... c'est plaisant, tout simplement.

Hostellerie de Levernois – Hostellerie de Levernois
r. du Golf – ☎ 03 80 24 73 58 – www.levernois.com – Fermé 27 janv.-6 mars, merc. de nov. à mars et le midi sauf dim. et fériés
Rest – Menu 68 € (dîner)/103 € – Carte 90/111 €
Une cuisine très fine réalisée sur de belles bases classiques, dans un cadre à l'avenant : la maison est élégante (19e s.) ; la salle, contemporaine, donne sur le jardin à la française. Boutique et cave de dégustation.
➜ Risotto acquerello au vert, cuisses de grenouilles et escargots de Bourgogne. Bœuf charolais en poitrine poivrée, échalote confite et paleron fondant. Soufflé chaud au Grand Marnier, sorbet orange sanguine. **Vins** Vougeot, Volnay.

Le Bistrot du Bord de l'Eau – Hostellerie de Levernois
r. du Golf – ☎ 03 80 24 89 58 – www.levernois.com – Fermé 27 janv.-5 mars, le soir de nov. à mars sauf merc., mardi soir et merc. soir d'avril à oct., vend. et sam.
Rest – Formule 25 € – Menu 29 € (déj. en sem.), 34/38 €
Une belle âme rustique – des pierres, des poutres, une cheminée – pour une cuisine traditionnelle et des plats du terroir. Œufs façon meurette, poitrine de cochon, blanquette de veau... Gourmand et appétissant !

La Garaudière

10 Grand'Rue – ☎ 03 80 22 47 70 – Fermé de déc. à mi-janv., sam. midi, mardi midi d'avril à nov., dim. de mi-janv. à fin mars et lundi

Rest – Menu 18 € (sem.), 24/36 € – Carte 30/50 €

Une grange reconvertie en auberge rustique et sympathique : grillades au feu de bois dans la cheminée monumentale, plats régionaux... L'été, on s'installe sous la tonnelle.

à Meursanges 10 km au Sud-Est par D 111 – 482 h. – alt. 184 m – ✉ 21200

Charm'Attitude

2 r. du Gué – ☎ 03 80 26 53 27 – www.charmattitude.com – Fermé janv.

5 ch – 106/167 € 125/185 € **Table d'hôte** – Menu 45 € bc

Pour se mettre au vert à 10 km du centre-ville de Beaune. Dans cette belle demeure viticole (1871), rien ne manque : parc verdoyant, pierres et poutres apparentes, salles de bains ouvertes sur les chambres... À la table d'hôte, la cuisine s'inspire du terroir et les bourgognes sont bien choisis.

à Montagny-lès-Beaune 3 km par ③ et D 113 – 663 h. – alt. 206 m – ✉ 21200

Le Clos sans rest

22 r. Gravières – ☎ 03 80 25 97 98 – www.hotelleclos.com – Fermé 25 nov.-20 janv.

25 ch – 95/200 € 95/200 € – 14 €

Dans cette belle propriété vigneronne (1779), le jardin est splendide et les chambres ont vraiment du cachet (meubles chinés, pierres et poutres). Produits régionaux au petit-déjeuner.

Adélie sans rest

r. des Gravières – ☎ 03 80 22 37 74 – www.hoteladelie.com – Fermé 8-17 janv.

18 ch – 65 € 75/79 € – 10 €

Non loin de l'autoroute, cet hôtel d'étape demeure pourtant au calme. Les chambres sont petites mais très bien tenues et il y a même un jardin avec une aire de jeux pour les enfants.

à Pommard 4,5 km par ④ , N 74 et D 973 – 535 h. – alt. 250 m – ✉ 21630

Le Clos du Colombier sans rest

1 r. du Colombier – ☎ 03 80 22 00 27 – www.closducolombier.com – Fermé 20 déc.-15 janv.

10 ch – 115/210 € 115/210 € – 14 €

Au pied des vignes, une demeure de maître (1835) raffinée – beaux parquets et moulures, trumeaux, mobilier ancien – et pleine de personnalité... Il faut dire que la propriétaire est décoratrice et tient une jolie boutique au rez-de-chaussée. Nota : pas de télé !

Christophe Quéant-Château de Pommard

17 r. Marey-Monge – ☎ 03 80 20 62 33 – www.christophe-queant.com – Fermé 22-27 déc. et vacances de fév.

Rest – Menu 35/75 € – Carte 70/110 €

Au sein de cette importante propriété viticole – qui abrite aussi une galerie d'art –, une table soignée, qui joue la carte d'un élégant classicisme, nullement figé. Le midi, on s'attable dans l'orangerie face aux vignobles ; le soir, dans les beaux salons du château (18e s.). Une certaine idée de la Bourgogne...

Auprès du Clocher

1 r. de Nackenheim – ☎ 03 80 22 21 79 – www.aupresduclocher.com – Fermé 24 déc.-1er janv., mardi et merc.

Rest – Menu 25 € (déj. en sem.), 29/65 € – Carte 48/70 €

Au cœur du village, ce restaurant contemporain donne sur... l'église ; c'est charmant, bien sûr, mais on vient et revient pour la fine cuisine actuelle et les quelques recettes bourguignonnes du chef. Région, saisons : c'est bon !

à Bouze-lès-Beaune 6,5 km par ⑤ et D 970 – 328 h. – alt. 400 m – ✉ 21200

La Bouzerotte

– ☎ 03 80 26 01 37 – www.labouzerotte.com – Fermé 23 déc.-4 janv., vacances de fév., lundi et mardi

Rest *(réserver)* – Menu 25/32 € – Carte 54/81 €

Une auberge de campagne à l'entrée d'un petit village. Ici, le chef fait lui-même son marché et prépare une cuisine régionale immuable et alléchante, ainsi que d'appétissants plats de saison...

BEAUREPAIRE – 85 Vendée – 316 J6 – 2 153 h. – alt. 95 m – ✉ 85500 34 B3

Paris 371 – Cholet 33 – Nantes 59 – La Roche-sur-Yon 51

Château de la Richerie sans rest

4 km au Sud-Est par D 23 et D 37 – ✆ 02 51 07 06 06 – www.chateaularicherie.com – Fermé 15-30 déc.

14 ch – †60/68 € ††73/168 € – ☕ 12 €

Après trente ans passés en Afrique, les propriétaires ont élu domicile dans ce joli domaine, où bruisse une rivière... Leur petit château (1875) est fort paisible ; les chambres y sont élégantes et toutes différentes (mobilier de style, lits à baldaquin, souvenirs africains, etc.)... Un havre de paix !

BEAUSOLEIL – 06 Alpes-Maritimes – 341 F5 – 14 194 h. – alt. 89 m 42 E2

– ✉ 06240 Côte d'Azur

Paris 947 – Monaco 4 – Menton 11 – Monte-Carlo 2

32, boulevard de la République, ✆ 04 93 78 01 55, www.beausoleil-tourisme.com

Voir plan de Monaco (Principauté de).

Capitole sans rest

19 bd Gén.-Leclerc – ✆ 04 93 28 65 65 – www.hotel-capitole.fr DX**t**

19 ch – †99/115 € ††122/149 € – ☕ 10 €

Un immeuble rose de 1906, sur le boulevard délimitant la frontière entre Monaco et la France. Une bonne petite adresse proposant des chambres chaleureuses et confortables (certaines avec balcon).

Olympia sans rest

17 bis bd Gén.-Leclerc – ✆ 04 93 78 12 70 – www.olympiahotel.fr DX**t**

32 ch – †85/130 € ††85/160 € – 1 suite – ☕ 10 €

Un hôtel pratique pour les budgets un peu serrés (pour la riviera !), aisément reconnaissable à sa belle façade en pierres de taille et à sa corniche ouvragée.

BEAUVAIS P – 60 Oise – 305 D4 – 54 461 h. – Agglo. 58 371 h. 36 B2

– alt. 67 m – ✉ 60000 Nord Pas-de-Calais Picardie

Paris 87 – Amiens 63 – Boulogne-sur-Mer 182 – Compiègne 60

de Beauvais-Tillé ✆ 08 92 68 20 66, 3,5 km au NE

1, rue Beauregard,, ✆ 03 44 15 30 30, www.beauvaistourisme.fr

du Vivier, à Ons-en-Bray, RN 31, par rte de Gournay-en-Bray : 15 km, ✆ 03 44 84 24 11

Cathédrale St-Pierre★★★ : horloge astronomique★ - Église St-Étienne★ : vitraux★★ et arbre de Jessé★★★ - Musée départemental de l'Oise★ dans l'ancien palais épiscopal **M²**.

Plan page suivante

Hostellerie St-Vincent

241 r. de Clermont, 3 km par ③ (Espace St-Germain) – ✆ 03 44 05 49 99 – www.stvincent-beauvais.com

79 ch – †78/95 € ††78/95 € – 1 suite – ☕ 11 € – ½ P

Rest – Formule 13 € – Menu 19/29 € – Carte 24/44 €

À proximité de l'autoroute, voilà un hôtel fonctionnel avec des chambres bien tenues (de style contemporain dans la partie récente). Une adresse pratique pour prendre l'avion à Beauvais, par exemple.

La Maison Haute

128 r. de Paris, (quartier Voisinlieu), 1,5 km par ④ – ✆ 03 44 02 61 60 – www.lamaisonhaute.fr – Fermé 29 avril-10 mai , 22 juil.-21 août, 23 déc.-7 janv., sam. midi, dim. et lundi

Rest – Formule 34 € – Menu 40/44 € – Carte environ 55 €

Dans un quartier résidentiel, restaurant dont le décor contemporain s'accorde parfaitement à la cuisine dans l'air du temps. C'est soigné, généreux tout comme l'accueil, des plus aimables. Agréable terrasse.

La Baie d'Halong

49 r. de la Madeleine – ✆ 03 44 45 39 83 – Fermé 20 avril-4 mai, 12 juil.-16 août, 23 déc.-2 janv., sam. midi, dim. et lundi **a**

Rest *(nombre de couverts limité, réserver)* – Formule 23 € – Menu 29/39 €

Fermez les yeux, vous êtes en Asie. Dans ce restaurant, le chef prépare une excellente cuisine vietnamienne alliant bons produits frais et savants dosages d'épices. Attention, l'adresse fait souvent salle comble le soir, d'autant que l'accueil, d'une gentillesse exquise, invite à prendre des habitudes...

BEAUVAIS

Beauregard (R.)	2
Brière (Bd J.)	3
Carnot (R.)	
Clemenceau (Pl.)	4
Dr-Gérard (R.)	5
Dr-Lamotte (Bd du)	6
Dreux (R. Ph. de)	7
Gambetta	
Grenier-à-Sel (R.)	8
Guéhengnies (R. de)	9
Hachette (Pl. J.)	10
Halles (Pl. des)	12
Leclerc (R. Mar.)	13
Lignières (R. J. de)	15
Loisel (Bd A.)	16
Malherbe (R. de)	18
Nully-d'Hécourt (R.)	19
République (Av. de la)	20
St-André (Bd)	22
St-Laurent (R.)	23
St-Pierre (R.)	24
Scellier (Cours)	27
Taillerie (R. de la)	29
Tapisserie (R. de la)	30
Villiers-de-l'Isle-Adam (R.)	35
Vincent-de-Beauvais (R.)	26
Watrin (R. du Gén.)	36
27-Juin (R. du)	38

à l'Est 5 km par ④, D 1001 (direction Paris)

Mercure
21 av. de Montaigne – ✆ 03 44 02 80 80 – www.mercure.com
60 ch – 98/115 € 107/125 € – 16 € **Rest** – Menu 26 € – Carte 28/42 €
Dans une zone commerçante, ce bâtiment des années 1970 abrite des chambres spacieuses, contemporaines et bien insonorisées. Restauration traditionnelle.

BEAUVOIS-EN-CAMBRÉSIS – 59 Nord – 302 I7 – 2 124 h. – alt. 89 m – ✉ 59157 31 C3

Paris 190 – Arras 48 – Cambrai 12 – St-Quentin 40

La Buissonnière
92 r. Victor-Watremez – ✆ 03 27 85 29 97 – Fermé 3 sem. en août, dim. soir, merc. soir et lundi
Rest – Formule 18 € – Menu 22 € (sem.)/36 € – Carte 35/45 €
Un atelier de tulle devenu restaurant cosy. Ici, la cuisine traditionnelle s'enrichit des opportunités du marché et, en semaine, le chef propose aussi une formule brasserie (buffet et plats du jour).

Le Contemporain
4 r. Jean-Jaurès – ✆ 03 27 76 03 17 – www.lecontemporainrestaurant.fr – Fermé 20-30 août, mardi soir, merc. soir en hiver, sam. midi, dim. soir et lundi
Rest *(nombre de couverts limité, réserver)* – Menu 25 € (déj. en sem.), 38/46 € – Carte 52/67 €
Ah, les bonnes petites tomates du jardin rôties, les langoustines sur une tombée de fenouil, leur bouillon coco curry... C'est le genre de délices que l'on peut déguster dans cette maison de famille 19e s. Inspiré et contemporain !

BEAUZAC – 43 Haute-Loire – 331 G2 – 2 708 h. – alt. 565 m – ✉ 43590 6 C3

Lyon Drôme Ardèche

Paris 556 – Craponne-sur-Arzon 31 – Le Puy-en-Velay 45 – St-Étienne 44

Avenue Maréchal Leclerc, ✆ 04 71 61 50 74, www.beauzac.com

L'Air du Temps avec ch rest, rest,
à Confolent, 4 km à l'Est par D 461 – ✆ 04 71 61 49 05 – www.airdutemps-restaurant.fr – Fermé janv., vacances de printemps et de la Toussaint, dim. soir et lundi
8 ch – 50/55 € 50/55 € – 8 € – ½ P
Rest – Menu 13 € (déj. en sem.), 22/56 € – Carte 38/65 €
Dans ce petit hameau de la vallée de la Loire, une accueillante maison de pays, très lumineuse. La chef y concocte une savoureuse cuisine régionale, volontiers créative : ballotine de caille, tarte à la verveine du Velay, etc. Une étape très gourmande qu'on peut prolonger côté hôtel, coquet et confortable.

à Bransac 3 km au Sud par D 42 – ✉ 43590

La Table du Barret avec ch
– ✆ 04 71 61 47 74 – www.domainedubarret.com
6 ch – 48 € 58 € – 8 € – ½ P
Rest *(fermé mardi et merc. sauf fériés)* – Formule 15 € – Menu 26/86 € – Carte 51/92 €
Dans un paisible hameau proche de la Loire, une maison de pays engageante et colorée. On y apprécie une cuisine originale et généreuse, où le produit local est roi ; il n'y a qu'à goûter au bœuf braisé six heures au vin d'Auvergne pour s'en persuader ! Quelques chambres simples et tranquilles pour l'étape.

BEBLENHEIM – 68 Haut-Rhin – 315 H8 – 967 h. – alt. 212 m – ✉ 68980 2 C2

Alsace Lorraine

Paris 444 – Colmar 11 – Gérardmer 55 – Ribeauvillé 5

Le Clos des Raisins

5 r. des Raisins – 03 89 79 45 11 – www.clos-des-raisins.com – Fermé 7 janv.-3 mars
4 ch – 115/130 € 115/130 € **Table d'hôte** – Menu 38 €
On a du mal à croire que cette ancienne ferme vigneronne date de 1722 tant elle est pimpante ! Les chambres sont élégantes et simples, avec un petit côté rustique. De surcroît, on est au calme, tout près du centre du village, et le patron fait table d'hôte avec des produits du marché. Vive le terroir alsacien !

Auberge Le Bouc Bleu

2 r. 5-Décembre – 03 89 47 88 21 – Fermé merc. et jeudi
Rest *(nombre de couverts limité, réserver)* – Formule 28 € – Menu 37/53 €
Livres et objets anciens donnent un air de brocante à ce petit restaurant campagnard. L'endroit est tenu par un couple sympathique et l'on travaille en famille, en fonction du marché. La carte des vins fait le tour de France !

LE BEC-HELLOUIN – 27 Eure – 304 E6 – 419 h. – alt. 101 m – 27800 33 C2

Normandie Vallée de la Seine
Paris 153 – Bernay 22 – Évreux 46 – Lisieux 46
Abbaye★★.

Auberge de l'Abbaye

12 pl. Guillaume-le-Conquérant – 02 32 44 86 02 – www.hotelbechellouin.com – Fermé 15 déc.-25 janv.
10 ch – 60/135 € 60/135 € – 12 € – ½ P
Rest *(fermé mardi midi et lundi midi)* – Menu 15 € (déj. en sem.), 29/65 € – Carte 47/71 €
À deux pas de la célèbre abbaye, cette vénérable auberge normande accueille les voyageurs depuis le 18e s. ! Les chambres, dans leur jus, sont parfaites pour qui visite la région. Restaurant traditionnel.

BÉDARIEUX – 34 Hérault – 339 D7 – 6 564 h. – alt. 196 m – 34600 22 B2

Languedoc Roussillon
Paris 723 – Béziers 34 – Lodève 29 – Montpellier 70
1, rue de la République, 04 67 95 08 79, www.bedarieux.fr

La Forge

22 av. de l'Abbé-Tarroux – 04 67 95 13 13 – http://restaurantlaforge.perso.sfr.fr – Fermé 21 janv.-10 fév., dim. soir, merc. soir sauf juil.-août et lundi
Rest – Menu 17/36 € – Carte 39/50 €
Les assiettes ont remplacé les chevaux et l'enclume dans cette ancienne écurie devenue une forge, avant d'être transformée en restaurant ! Sous les hautes voûtes en pierre du 17e s., les gourmands dégustent une bonne cuisine du terroir. En été, on y apprécie la fraîcheur. Prix raisonnables.

à Hérépian 6 km au Sud-Est par D 908 – 1 503 h. – alt. 191 m – 34600

avenue Bédarieux, 04 67 23 23 96, www.ot-lamaloulesbains.fr

Le Couvent d'Hérépian sans rest

2 r. du Couvent – 04 67 23 36 30 – www.garrigaeresorts.com
7 ch – 129/299 € 129/299 € – 6 suites – 16 €
Esprit et élégance. Au cœur du village, ce couvent du 17e s. allie charme de l'ancien et confort haut de gamme (tons doux, beaux tissus, équipements high-tech). Idéal pour une romance...

L'Ocre Rouge avec ch

12 pl. de la Croix – 04 67 95 06 93 – www.locrerouge.fr – Fermé 15 nov.-15 janv., mardi midi et merc. midi hors saison, mardi soir de la Toussaint à mi-fév., dim. soir et lundi
5 ch – 56/79 € 62/87 €
Rest – Formule 20 € bc – Menu 26 € (sem.), 34/52 € – Carte 43/73 €
Un relais de poste à la façade... ocre rouge. Sous les voûtes des anciennes écuries ou dans la cour intérieure, on apprécie une cuisine de saison où dominent les produits frais et locaux. Quelques jolies chambres sous les toits.

BÉDOIN – 84 Vaucluse – 332 E9 – 3 132 h. – alt. 295 m – ✉ 84410 42 E1

Provence

Paris 692 – Avignon 43 – Carpentras 16 – Nyons 36

Espace Marie-Louis Gravier, ✆ 04 90 65 63 95, www.bedoin.org

Le Paty ≤★ NO : 4,5 km.

Les Pins

chemin des Crans, 1 km à l'Est par rte secondaire – ✆ 04 90 65 92 92 – www.hoteldespins.net – Ouvert de mars à nov.

26 ch – †65/150 € ††65/180 € – ☕ 10 € – ½ P

Rest *(ouvert de mi-mars à fin-oct. et fermé le midi en sem.)* – Menu 28/40 € – Carte 31/54 €

Au milieu d'une pinède, ce grand mas abrite de jolies chambres de style provençal, toutes différentes, et une très grande suite avec terrasse privative. Piscine et pièce d'eau. Au restaurant ou en pleine nature, on déguste une cuisine du marché aux accents du Sud.

rte du Mont-Ventoux 6 km à l'Est

Le Mas des Vignes

au virage de St-Estève – ✆ 04 90 65 63 91 – Ouvert avril-sept. et fermé le midi en juil.-août sauf dim. et fériés, mardi midi et lundi de sept. à juin

Rest – Formule 25 € – Menu 38/50 €

Dans ce joli mas, le chef travaille de bons produits frais et concocte une cuisine régionale fort sympathique... Et en terrasse, la vue sur la Provence est magnifique !

à Ste-Colombe 4 km à l'Est par rte du Mont-Ventoux – ✉ 84410

La Garance sans rest

Ste-Colombe – ✆ 04 90 12 81 00 – www.lagarance.fr – Ouvert 23 mars-4 nov.

14 ch – †65/75 € ††80/90 € – ☕ 11 €

Le Ventoux pour toile de fond, dans un hameau entre vignes et vergers... Cette ancienne ferme, simple mais bien tenue, est prisée des randonneurs. Chambres avec terrasse.

BÉHEN – 80 Somme – 301 D7 – 446 h. – alt. 105 m – ✉ 80870 36 A1

Paris 195 – Amiens 77 – Abbeville 19 – Berck 59

Château de Béhen

8 r. du Château – ✆ 03 22 31 58 30 – www.chateau-de-behen.com

7 ch ☕ – †109/131 € ††119/141 € **Table d'hôte** – Menu 41 € bc/51 € bc

Vivez la vie de château dans ce bel édifice du 18e s. au cœur d'un parc verdoyant. Belles boiseries, mobilier de style et chambres de caractère (mansardées au 2e étage). À la table d'hôtes, recettes traditionnelles servies dans la salle à manger classique.

BELCASTEL – 12 Aveyron – 338 G4 – 225 h. – alt. 406 m – ✉ 12390 29 C1

Midi Toulousain

Paris 623 – Decazeville 28 – Rodez 25 – Villefranche-de-Rouergue 36

Maison du Patrimoine, ✆ 05 65 64 46 11, www.mairie-belcastel.fr

Vieux Pont (Nicole Fagegaltier et Bruno Rouquier) avec ch

– ✆ 05 65 64 52 29 – www.hotelbelcastel.com – Fermé 2 janv.-18 mars, 25-30 juin, dim. soir sauf juil.-août, mardi midi et lundi

7 ch – †90/95 € ††95/110 € – ☕ 15 €

Rest *(nombre de couverts limité, réserver)* – Menu 30 € (déj. en sem.), 48/80 € – Carte 55/80 €

Dans ce ravissant village au bord de l'Aveyron, un vieux pont de pierre du 15e s. relie l'hôtel et son restaurant, au cadre moderne et élégant. Les beaux produits de la région y sont préparés avec un véritable sens de l'harmonie ! Une adresse de qualité où il fait également bon passer la nuit.

➜ Ris d'agneau rissolé, pulpe de potimarron et huile d'armoise. Veau de l'Aveyron et du Ségala, crumble aux câpres et huile aux feuilles de lime. Tarte au citron, tuile croustillante, crème au citron meringuée et sorbet citronnelle. **Vins** Marcillac, Vin d'Entraygues et du Fel.

BÉLESTA – 66 Pyrénées-Orientales – 344 G6 – 219 h. – alt. 390 m – ✉ 66720 Languedoc Roussillon 22 B3

Paris 877 – Canillo 134 – Montpellier 181 – Perpignan 30

Riberach

2A rte de Caladroy – ✆ 04 68 50 30 10 – www.riberach.com – Fermé 2 janv.-13 fév.
18 ch – 115/175 € 115/175 € – 1 suite – 15 € – ½ P
Rest *La Coopérative* – voir les restaurants ci-après
Au pied du château médiéval, l'ancienne coopérative viticole s'est muée en hôtel de charme. Matériaux bruts, terrasses privatives : les chambres sont zen, design... avec vue sur les vignes. La piscine, filtrée naturellement, est ravissante.

La Coopérative – Hôtel Riberach

2A rte de Caladroy – ✆ 04 68 50 30 10 – www.riberach.com – Fermé 2 janv.-13 fév.
Rest – Menu 30/69 € – Carte 57/69 €
Une table raffinée, qui met en avant les produits régionaux avec élégance. Poisson de petite pêche de Méditerranée cuit sur la peau, bien doré et surmonté de rondelles de bœuf séché ; superbe chariot de desserts... c'est bon, tout simplement !

BELFORT P – 90 Territoire de Belfort – 315 F11 – 50 199 h. – Agglo. 80 859 h. – alt. 360 m – ✉ 90000 Franche-Comté Jura 17 C1

Paris 422 – Basel 78 – Besançon 93 – Épinal 95

2 bis, rue Clemenceau, ✆ 03 84 55 90 90, www.belfort-tourisme.com

de Rougemont-le-Château, à Rougemont-le-Château, Route de Masevaux, NE : 16 km par D 83 et D 25, ✆ 03 84 23 74 74

Le Lion★★ - La Citadelle★★ : ✳★★ de la terrasse du fort - Vieille ville★ : porte de Brisach★ - Orgues★ de la cathédrale St-Christophe Y B - Fresque★ (parking rue de l'As-de-Carreau Z 6) - Cabinet d'un amateur★ : Donation Maurice Jardot M¹.

Novotel Atria

av. Espérance, (au centre des Congrès) – ✆ 03 84 58 85 00 – www.accorhotels.com
78 ch – 79/220 € 79/220 € – 1 suite – 15 € Yu
Rest – Formule 13 € – Menu 17 € – Carte 22/47 €
Intégré au centre des congrès, un hôtel très moderne, à la fois fonctionnel et confortable (particulièrement les chambres "Executive"). Novotel Café.

Boréal sans rest

2 r. Comte-de-la-Suze – ✆ 03 84 22 32 32 – www.hotelboreal.com – Fermé 20 déc.-5 janv. Zr
50 ch – 65/119 € 65/119 € – 2 suites – 11 €
Dans une rue résidentielle entre la gare SNCF et le centre-ville, un établissement bienvenu pour la clientèle d'affaires comme pour les touristes. Atmosphère contemporaine, accueil prévenant, entretien soigné : une bonne adresse.

Grand Hôtel du Tonneau d'Or sans rest

1 r. Reiset – ✆ 03 84 58 57 56 – www.tonneaudor.fr Ye
52 ch – 70/125 € 70/125 € – 13 €
Sa haute et longue façade (1907) ne manque pas de superbe, son hall transporte à la Belle Époque (escalier monumental, vitraux) : de prime abord, cet établissement a tout du grand hôtel d'antan. Point de nostalgie dans les chambres cependant, très fonctionnelles, spacieuses et parfaitement tenues.

Les Capucins

20 fg Montbéliard – ✆ 03 84 28 04 60 – www.capucins-hotel.fr Zn
37 ch – 63/77 € 70/84 € – 8,50 € – ½ P
Rest *Les Capucins* – voir les restaurants ci-après
Accueil sympathique dans cet hôtel-restaurant du centre-ville, repris en 2009 par un jeune couple. Son projet : rénover toutes les chambres dans un style sobre et moderne ; pour l'heure, la plupart restent traditionnelles – mais bien tenues.

BELFORT

- Ancêtres (Fg des) . . . . Y 3
- Armes (Pl. d') . . . . Y 5
- As-de-Carreau (R. de l') . . . . Z 6
- Auxelles (Via d') . . . . V 7
- Besançon (R. de) . . . . X 9
- Boulloche (Pt A.) . . . . V 10
- Bourgeois (Pl. des) . . . . Y 12
- Carnot (Bd) . . . . Z 15
- Château-d'Eau (Av. du) . . . . . . V 18
- Clemenceau (R. G.) . . . . Y 20
- Denfert-Rochereau (R.) . . . . Z 21
- Dr-Corbis (Pl. du) . . . . Z 23
- Dr-Fréry (R. du) . . . . Y 24
- Dreyfus-Schmidt (R.) . . . . Y 25
- Dunant (Bd H.) . . . . X 27
- Espérance (Av. de l') . . . . Y 28
- Foch (Av. Mar.) . . . . Z 29
- France (Fg de) . . . . Z 30
- Gaulard (R. du Gén.) . . . . Z 31
- Grande-Fontaine (Pl. de la) . . . . Z 32
- Grande-Fontaine (R.) . . . . Y 33
- Grand'Rue . . . . Y 34
- Joffre (Bd du Mar.) . . . . VY 37
- Kléber (R.) . . . . Y 40
- Lille (R. de) . . . . V 41
- Magasin (Q. du) . . . . Y 43
- Metz-Juteau (R.) . . . . Y 45
- Moulin (Av. J.) . . . . V 47
- Mulhouse (R. de) . . . . Y 46
- Pompidou (R. G.) . . . . Y 48
- République (Pl. de la) . . . . Y 49
- République (R. de la) . . . . Z 50
- Roussel (R. du Gén.) . . . . Y 51
- Sarrail (Av. du Gén.) . . . . Z 52
- Vauban (Q.) . . . . Y 60

Vauban sans rest
4 r. du Magasin – 03 84 21 59 37 – www.hotel-vauban.com – Fermé vacances de Noël, vacances de fév. et dim. soir Yh
14 ch – 63 € 68/78 € – 8,50 €
Cette charmante affaire familiale tient autant de l'hôtel que de la maison d'hôtes. Les chambres sont de celles qu'on réserve à des amis : chacune différente, toutes douillettes et ornées de tableaux peints par le patron, artiste à ses heures... Avec en prime un paisible jardin ombragé et bordé par la Savoureuse.

Le Pot au Feu (N)
27 bis Grand'rue – 03 84 28 57 84 – www.lepotaufeu.fr – Fermé 1 sem. en août, 1er-5 janv., sam. midi, lundi midi et dim. Ys
Rest – Formule 14 € – Menu 20 € (déj.), 30 € bc/57 € – Carte 32/63 €
Dans l'une des plus jolies rues de la vieille ville, au pied de la citadelle, un restaurant pittoresque, installé dans une belle cave tout en pierre, assez romantique le soir venu. Au menu, des recettes au goût d'autrefois, tels le pot-au-feu au foie gras et le baeckeofe, spécialités de la patronne.

Les Capucins – Hôtel Les Capucins
20 fg Montbéliard – 03 84 28 04 60 – www.capucins-hotel.fr – Fermé 3-25 août, 21 déc.-6 janv., sam., dim. et fériés Zn
Rest – Formule 16 € – Menu 29/36 € – Carte 35/54 €
Filet de sandre aux baies de cassis, médaillon de lotte à la crème d'oursin, carpaccio d'ananas au gingembre et à la cardamome, etc. Le bréviaire gourmand de ces Capucins, au décor classique et élégant, a conquis nombre d'adeptes dans la région !

à Danjoutin 3 km au Sud – 3 514 h. – alt. 354 m – ✉ 90400

Le Pot d'Étain (Philippe Zeiger)
4 av. de la République – 03 84 28 31 95 – www.lepotdetain90.fr – Fermé 1 sem. en mai, 2 sem. en juil., 1 sem. en janv., sam. midi, dim. soir et lundi Xv
Rest *(nombre de couverts limité, réserver)* – Menu 30 € bc (déj. en sem.), 49/80 € – Carte 70/95 €
Une vraie maison particulière à la sortie de Belfort, où il fait bon s'attabler pour un moment de belle gastronomie. Le chef maîtrise son art, signant une cuisine très précise, osant des mariages de saveurs inédits (terre/mer par exemple), revisitant les classiques avec brio (au dessert notamment). Très séduisant.
➜ Méli-mélo de légumes crus et cuits, vinaigrette à l'oxalys. Pigeonneau fermier en croûte de pistache, jus au kirsch. Forêt-noire revue et corrigée. **Vins** Charcenne blanc et rouge.

à Sevenans 7 km au Sud par D 19 – 744 h. – alt. 350 m – ✉ 90400

Auberge de la Tour Penchée (François Duthey)
2 r. de Delle – 03 84 56 06 52 – www.latourpenchee.com – Fermé 14-22 juil., 11-19 août, 17-24 fév., sam. midi, dim. soir et lundi
Rest *(nombre de couverts limité, réserver)* – Menu 25 € (déj. en sem.), 53/79 € – Carte 67/121 €
Une petite maison toute bleue, au décor délicieusement baroque : déluge de tissus de soie, de lustres à pendeloques, d'angelots peints, de miroirs vénitiens, etc. Beaucoup de chaleur pour déguster les créations d'un chef amoureux du produit. Autour de l'essentiel, ses assiettes révèlent des saveurs très justes.
➜ Variation autour des foies gras. Poisson de pêche. Déclinaison de chocolat en chaud et froid. **Vins** Château-Chalon.

BELGENTIER – 83 Var – 340 L6 – 2 411 h. – alt. 152 m – ✉ 83210 41 C3

Paris 826 – Draguignan 71 – Marseille 62 – Toulon 23

Le Moulin du Gapeau
pl. Granet – 04 94 48 98 68 – www.moulin-du-gapeau.fr – Fermé 15-30 mars, 15-30 nov., lundi midi en juil.-août, dim. soir, jeudi soir sauf juil.-août et merc.
Rest – Menu 29/87 € – Carte 48/81 €
Dans un moulin à huile du 17e s., avec de vieilles meules en décor. Ici, la cuisine est une histoire de famille : père et fils signent une cuisine savoureuse, à l'accent du Sud.

BELLEAU – 54 Meurthe-et-Moselle – **307** I6 – **797 h.** – **alt. 172 m** – ✉ **54610** **26** B2

Paris 340 – Metz 47 – Nancy 25 – Vandœuvre-lès-Nancy 35

Château de Morey ch,

19 r. St-Pierre, à Morey, par D 44 A – ✆ 03 83 31 50 98 – www.chateaudemorey.com

5 ch – 70 € 90 € **Table d'hôte** – Menu 25 € bc

Dans son parc aux arbres centenaires, ce château du 16ᵉ s. donne envie de se prendre pour des chevaliers. Ça tombe bien, les chambres sont grandes (pierres apparentes, mobilier ancien), et certaines conviennent parfaitement aux familles. Sans oublier piscine, VTT, salle de jeux... Table d'hôte sur réservation.

BELLE-ÉGLISE – 60 Oise – **305** E5 – **578 h.** – **alt. 69 m** – ✉ **60540** **36** B3

Paris 53 – Beauvais 32 – Compiègne 64 – Pontoise 29

La Grange de Belle-Église (Marc Duval)

28 bd René-Aimé-Lagabrielle – ✆ 03 44 08 49 00 – www.lagrangedebelleeglise.fr – Fermé 4-28 août, 18-25 fév., dim. soir, mardi midi et lundi

Rest – Menu 25 € (déj. en sem.), 42 € bc/80 € – Carte 100/160 €

Des mets soignés et savoureux, des produits nobles de grande qualité, une belle cave de bordeaux et de champagnes : la bonne chère revêt ici ses plus beaux atours classiques. Et le cadre ne manque pas de charmer : feutrée et élégante, la salle ouvre en partie sur un joli jardin...

➜ Homard bleu rôti, primeur de légumes et jus de minestrone. Feuilles de cabillaud croûtées, pannequet d'aubergine et jus d'olive. Dame guimauve en robe de framboise.

BELLEGARDE – 45 Loiret – **318** L4 – **1 721 h.** – **alt. 113 m** – ✉ **45270** **12** C2

Châteaux de la Loire

Paris 110 – Gien 41 – Montargis 24 – Nemours 41

12 bis, place Charles Desvergnes, ✆ 02 38 90 25 37, www.bellegarde-45.fr

Château★.

à Montliard 7 km au Nord-Ouest par D 44 – 225 h. – alt. 126 m – ✉ 45340

Château de Montliard sans rest

5 rte de Nesploy – ✆ 02 38 33 71 40 – www.chateau-de-montliard.com – Ouvert de Pâques à la Toussaint

4 ch – 65/100 € 75/110 €

Ce château ceint de douves vous fera voyager dans le temps ! Bel intérieur historique (escalier à vis, murs épais, vitraux). Chambres sobrement meublées, l'une avec cheminée.

BELLEGARDE-SUR-VALSERINE – 01 Ain – **328** H4 – **11 679 h.** – **alt. 350 m** – ✉ **01200** Franche-Comté Jura **45** C1

Paris 497 – Annecy 43 – Bourg-en-Bresse 73 – Genève 43

24, place Victor Bérard, ✆ 04 50 48 48 68, www.ot-bellegarde01.fr

Berges de la Valserine N : 2 km par N84.

à Lancrans 3 km au Nord par D 1084 et D 991 – 1 047 h. – alt. 500 m – ✉ 01200

Le Sorgia

39 Gde-Rue – ✆ 04 50 48 15 81 – Fermé 15 août-9 sept., 24 déc.-18 janv., dim. et lundi

17 ch – 60/65 € 60/65 € – 10 € – ½ P

Rest ***Le Sorgia*** – voir les restaurants ci-après

Au cœur du village, la même famille reçoit les visiteurs dans son auberge depuis 1890. Les chambres sont simples mais propres : une bonne adresse pour les amoureux de la nature et de la montagne.

Le Sorgia

39 Gde-Rue – ✆ 04 50 48 15 81 – Fermé 15 août-9 sept., 24 déc.-18 janv., sam. midi, dim. soir et lundi

Rest – Formule 16 € – Menu 28/55 € – Carte 30/52 €

Ce sympathique restaurant champêtre (entièrement rénové dans un style contemporain) donne sur le jardin et la terrasse fleurie. Au menu, produits frais et recettes du terroir : alléchant !

BELLE-ÎLE-EN-MER ★★ – 56 Morbihan – 308 L10 Bretagne Sud 9 B3

Accès par transports maritimes pour **Le Palais** (en été **réservation indispensable** pour le passage des véhicules).

depuis **Port-Navalo** - (mars-oct.) - Traversée 1h - Renseignements et tarifs ; Navix S.A. à Port-Navalo ✆ 0 825 132 100 (0,15 €/mn)

depuis **Vannes** - (mars-oct.) - Traversée 2h - Renseignements et tarifs : Navix S.A., Gare Maritime ✆ 0 825 132 100 (0,15 €/mn), www.navix.fr

depuis **Lorient** - Service saisonnier - Traversée 1h (passagers uniquement, réservation obligatoire) - Renseignements et Tarifs S.M.N. ✆ 0 820 056 000 (0,12 €/mn)

depuis **Quiberon** pour **Le Palais** et pour **Sauzon** - Service saisonnier - Traversée 20 mn - Renseignements et tarifs : S.M.N. ✆ 0 820 056 000 (0,12 €/mn)

depuis **Locmariaquer** ✆0 825 162 130 (0,15 €/mn) - **Auray Le Bono** 0 825 162 140 (0,15 €/mn) **- La Trinité-sur-Mer** - Traversée 1h (14 juil.-22 août) - ✆ 0 825 132 100 (0,15 €/mn) - Renseignements et tarifs : Navix S.A

depuis **Quiberon** (Port-Maria) - Traversée 45 mn - Renseignements et tarifs : Cie Océane (Quiberon) ✆ 0 820 056 156 (0,12 €/mn), www.compagnie-océane.fr.

quai Bonnelle, Le Palais, ✆ 02 97 31 81 93, www.belle-ile.com

Côte sauvage★★★- Pointe des Poulains★★.

BANGOR – 56 Morbihan – 926 h. – alt. 45 m – ✉ 56360

Paris 513 – Auray 34 – Rennes 162 – Vannes 53

Le Palais : citadelle Vauban★ NE : 3,5 km.

La Désirade

Le Petit Cosquet, 2 km à l'Ouest par rte Port Goulphar – ✆ 02 97 31 70 70 – www.hotel-la-desirade.com – Ouvert 30 mars-11 nov.

28 ch – 🚹98/181 € 🚹🚹98/181 € – 4 suites – ☕ 17 € – ½ P

Rest ***La Table de la Désirade*** – voir les restaurants ci-après

Un hôtel de charme réparti dans plusieurs maisons récentes de style néobreton. On savoure le calme dans un charmant salon cosy et des chambres habillées de lambris. Espace bien-être.

La Table de la Désirade – Hôtel La Désiderade

Le Petit Cosquet, 2 km à l'Ouest par rte Port Goulphar – ✆ 02 97 31 70 70 – www.hotel-la-desirade.com – Ouvert 30 mars-11 nov.

Rest *(fermé le midi sauf week-ends et vacances scolaires)* – Menu 32 € (dîner), 49/82 € – Carte 57/63 €

Sans doute l'une des meilleures tables de Belle-Île-en-Mer ! Derrière les fourneaux, le chef signe une cuisine dans l'air du temps en privilégiant les petits producteurs de l'île. Ainsi, dans un charmant décor, tout de bois et pierre vêtu, les désirs des gourmets ne tardent pas à devenir réalité...

LE PALAIS – 56 Morbihan – 2 545 h. – alt. 7 m – ✉ 56360

Paris 508 – Lorient 3 – Rennes 157 – Vannes 48

Citadelle Vauban★.

Citadelle Vauban Hôtel-Musée

– ✆ 02 97 31 84 17 – www.citadellevauban.com – Ouvert 3 mai-28 sept.

50 ch – 🚹125/325 € 🚹🚹125/325 € – 5 suites – ☕ 15 € – ½ P

Rest ***La Table du Gouverneur*** – voir les restaurants ci-après

Cet hôtel-musée a investi la citadelle Vauban. Les chambres, décorées sur le thème de la Compagnie des Indes, donnent presque toutes sur la mer et invitent à des rêves de voyage.

Le Clos Fleuri sans rest

rte de Sauzon, à Bellevue – ✆ 02 97 31 45 45 – www.hotel-leclosfleuri.com – Fermé 13 nov.-19 déc. et 4 janv.-14 fév.

18 ch – 🚹75/145 € 🚹🚹75/155 € – ☕ 11 €

Sur les hauteurs de la ville, cet hôtel typique de l'architecture locale abrite des petites chambres coquettes, certaines donnant sur le jardin, forcément fleuri !

Château de Bordenéo sans rest
2 km au Nord-Ouest par rte de Sauzon, à Bordenéo – ✆ 02 97 31 80 77 – www.chateau-bordeneo.fr
5 ch – 120/190 € 140/210 €
Cette gentilhommière du 19e s. rêve parmi les palmiers et les arbres exotiques, au grand calme... Ambiance feutrée dans les chambres, et repos absolu autour de la piscine intérieure et au sein de l'espace détente sous une rotonde de verre.

La Table du Gouverneur – Citadelle Vauban Hôtel-Musée
– ✆ 02 97 31 84 17 – www.citadellevauban.com – Ouvert 3 mai-28 sept.
Rest – Formule 25 € – Menu 45/70 € – Carte 50/69 €
C'est vrai que l'on se sent l'âme d'un gouverneur dans ce restaurant de la citadelle Vauban ! Dans un cadre d'une luxueuse austérité, on s'adonne au plaisir d'une cuisine d'aujourd'hui où les influences bretonnes ne sont jamais très loin...

L'Annexe
3 quai de l'Yser – ✆ 02 97 31 81 53 – Fermé mars, lundi et mardi du 15 nov. au 1er mars , merc.
Rest *(dîner seult)* – Carte 31/58 €
Ne cherchez pas le bâtiment principal de cette Annexe, il n'y en a pas... Dans cet ancien café de marins, datant des années 1950, le décor est resté dans son jus ! On vient ici pour la qualité des produits de la mer et l'atmosphère conviviale. Le must : viandes et poissons sont grillés dans la cheminée.

PORT-GOULPHAR – 56 Morbihan – ✉ 56360 Bangor

Paris 517 – Auray 38 – Rennes 166 – Vannes 57
Site★ : ★.

Castel Clara rest,
– ✆ 02 97 31 84 21 – www.castel-clara.com – Fermé mi-nov. à mi-déc.
57 ch – 120/425 € 185/425 € – 6 suites – 25 € – ½ P
Rest *Le Bleu Manière Verte* – voir les restaurants ci-après
Rest *Le Café Clara* *(fermé le soir sauf week-ends et vacances scolaires)* – Menu 39 €
Emplacement idyllique sur la côte sauvage, centre "thalasso", chambres et suites raffinées, beau panorama : le luxe discret... au bout du monde. Ou comment respirer l'air du large en gardant les pieds sur terre ! Restaurant gastronomique ; buffets de fruits de mer et de crustacés au Café Clara.

Le Grand Large rest,
chemin des Aiguilles de Port-Coton – ✆ 02 97 31 80 92 – www.hotelgrandlarge.com – Ouvert début mars à mi-nov.
34 ch – 60/389 € 85/389 € – 17 € – ½ P
Rest *Le Grand Phare* *(ouvert d'avril à oct. et fermé dim. soir, lundi et le midi sauf le dim.)* – Menu 65/90 € – Carte 72/108 €
Rest *Le Marie Galante* *(fermé lundi hors saison)* – Formule 21 € – Menu 25/33 € – Carte 34/60 €
Ce manoir, posé sur la Côte Sauvage, contemple l'océan et les aiguilles de Port-Coton. Les chambres, rénovées en 2010, donnent sur les flots ou la lande. Restauration dans l'air du temps au Grand Phare ou traditionnelle au Marie Galante.

Le Bleu Manière Verte – Castel Clara
– ✆ 02 97 31 84 21 – www.castel-clara.com – Fermé mi-nov. à mi-déc.
Rest *(dîner seult)* – Menu 59/140 € – Carte 68/91 €
Cette expression belliloise veut désigner la couleur indéfinissable de la mer... On pourra en effet ici deviser sur ses belles nuances : la salle offre une vue imprenable sur l'anse de Goulphar ! À la barre de ce bateau, le chef concocte des recettes originales, avec les meilleurs produits de l'île. Une jolie traversée.

SAUZON – 56 Morbihan – 887 h. – alt. 35 m – ✉ 56360

Paris 515 – Lorient 9 – Rennes 164 – Vannes 55
Site★ - Pointe des Poulains★★ : ★ NO : 3 km puis 30 mn - Port-Donnant : site★★ S : 6 km puis 30 mn.

XX **Roz Avel**

r. du Lieutenant-Riau, (derrière l'église) – ✆ 02 97 31 61 48 – Fermé 11 nov.-15 déc., 1er janv.-15 mars et merc.

Rest *(nombre de couverts limité, réserver)* – Formule 24 € – Menu 30/50 € – Carte 43/65 €

Dans cette maison de pays, le mobilier est bel et bien breton ! Derrière les fourneaux, le chef signe une cuisine joliment tournée qui fait la part belle aux produits de la mer. De quoi en perdre le sens de l'orientation, s'il n'y avait le Roz Avel (rose des vents)...

X **Café de la Cale**

quai Guerveur – ✆ 02 97 31 65 74 – cafedelacale.pagecom.fr – Ouvert d'avril à sept. et vacances scolaires

Rest *(réserver)* – Menu 20 € (dîner), 28 € – Carte 27/50 €

Face au port, une ancienne sardinerie transformée en bistrot marin. Ici, on joue des coudes pour apprécier la fraîcheur des poissons et des coquillages, issus pour partie de la pêche locale. À la carte, seule une viande subsiste : l'agneau de Belle-Île-en-Mer. Une adresse sympathique et authentique.

BELLÊME – **61 Orne** – **310** M4 – **1 547 h.** – **alt. 241 m** – ✉ **61130** **33** C3

Normandie Vallée de la Seine

Paris 168 – Alençon 42 – La Ferté-Bernard 23 – Le Mans 55

bd Bansard des Bois, ✆ 02 33 73 09 69, http://belleme.parc-naturel-perche.fr

18 De Bellême Saint-Martin, Les Sablons, SO : 2 km, ✆ 02 33 73 12 79

Forêt★.

XX **Relais Saint-Louis** avec ch

1 bd Bansard-des-Bois – ✆ 02 33 73 12 21 – www.relais-st-louis.com – Fermé 1 sem. en mars et 2 sem. en nov.

10 ch – †75/90 € ††75/90 € – ☕ 9 € – ½ P

Rest – Formule 16 € – Menu 20 € (déj. en sem.), 26/55 € – Carte 30/50 €

Pavé de bœuf au livarot, croustillant de boudin... Une agréable cuisine du terroir concoctée par un chef qui travaille en priorité avec les producteurs locaux. Et après les gourmandises, pourquoi ne pas prolonger l'étape ? Dans cet ancien relais de diligence, les chambres sont romantiques, et bien plaisantes.

à Nocé **8 km à l'Est par D 203 – 789 h. – alt. 120 m – ✉ 61340**

XX **Auberge des 3 J**

1 pl. du Dr-Gireaux – ✆ 02 33 73 41 03 – Fermé 23 sept.-10 oct., 4-18 janv., dim. soir, lundi et mardi

Rest – Menu 27/48 € – Carte 37/43 €

Terrine de sanglier, daube de porc au cidre... vont vraiment bien avec les tables joliment dressées de cette belle auberge rustique et feutrée. Les habitués en redemandent, et les nouveaux clients aussi. Accueil charmant !

BELLEU – **02 Aisne** – **306** C6 – **rattaché à Soissons**

BELLEVAUX – **74 Haute-Savoie** – **328** M3 – **1 322 h.** – **alt. 913 m** – **Sports d'hiver : 1 100/1 800 m** **23** – ✉ **74470** Alpes du Nord **46** F1

Paris 572 – Annecy 70 – Bonneville 29 – Genève 44

Immeuble les contamines, ✆ 04 50 73 71 53, www.bellevaux.com

Site★.

La Cascade

Chef-lieu – ✆ 04 50 73 70 22 – www.hotel-lacascade.com – Fermé 23 mars-6 avril et 28 sept.-2 nov.

12 ch – †45/55 € ††45/55 € – ☕ 8 € – ½ P

Rest – Formule 15 € – Menu 20/22 € – Carte 20/32 €

Au cœur de la petite station, cette jolie bâtisse de la fin du 19e s. abrite un hôtel-restaurant de tradition, tenu en famille. Les chambres sont simples et rustiques, d'une tenue irréprochable et toutes avec un balcon donnant sur les montagnes alentour. Bon rapport qualité-prix.

Les Moineaux

Le Borgel – ✆ 04 50 73 71 11 – www.hotel-les-moineaux.com – Ouvert 18 juin-8 sept. et 22 déc.-5 avril

14 ch – †49 € ††62 € – ☕ 7 € – ½ P **Rest** – Formule 19 € – Menu 25/40 €

En contrebas du village, deux chalets aux chambres pratiques et bien tenues, avec un balcon face aux sommets. Il règne ici une sympathique atmosphère familiale : les plus jeunes aimeront se retrouver autour du baby-foot !

à Hirmentaz 7 km au Sud-Ouest par D 26 et D 32 – ✉ 74470 Bellevaux

Le Christania

Hirmentaz – ✆ 04 50 73 70 77 – www.hotel-christania.com – Ouvert 1er juin-12 sept. et 16 déc.-31 mars

35 ch – †56/60 € ††63/65 € – ☕ 8,50 € – ½ P

Rest – Formule 19 € – Menu 22/35 € – Carte 28/40 €

Au pied des pistes, un chalet des années 1970, avec des chambres fraîches et sobres (la plupart avec balcon et mansardées au dernier étage), ainsi qu'un restaurant traditionnel donnant sur la piscine.

BELLEVESVRE – 71 Saône-et-Loire – 320 M8 – 274 h. – alt. 188 m – ✉ 71270 8 D3

▶ Paris 371 – Chalon-sur-Saône 51 – Dole 54 – Lons-le-Saunier 28

Le Temps de Vivre

16 Grande Rue – ✆ 03 85 72 36 44 – Fermé sam. midi, le soir de dim. à merc. et lundi

Rest *(nombre de couverts limité, réserver)* – Menu 20 € (déj. en sem.), 39 €

Dans cette maison bressane règne une délicieuse atmosphère champêtre : plafond à la française, tomettes, mobilier en chêne... Autour d'un menu unique, on savoure des plats soignés – tempura de courgettes et rougets, filet de caille aux champignons, etc. – qui mettent en valeur les herbes et légumes du potager.

BELLEVILLE – 54 Meurthe-et-Moselle – 307 H6 – 1 500 h. – alt. 190 m – ✉ 54940 26 B2

▶ Paris 359 – Metz 42 – Nancy 19 – Pont-à-Mousson 14

Le Bistroquet

97 rte Nationale – ✆ 03 83 24 90 12 – www.le-bistroquet.fr – Fermé sam. midi, dim. soir, mardi soir et lundi

Rest *(nombre de couverts limité, réserver)* – Menu 35 € (sem.), 55/75 € – Carte 75/95 €

Cette belle auberge a conservé son cadre bourgeois d'inspiration 1900 (miroirs, affiches et lustres). La cuisine est toujours aussi classique et bien ficelée, comme au temps de Marie-France Ponsard qui fit la renommée des lieux. Le soufflé chaud à la mirabelle de Lorraine par exemple...

→ Foie gras de canard lorrain poêlé. Minute de pigeon fermier des Vosges, jus corsé. Soufflé chaud à la liqueur de mirabelle de Lorraine. **Vins** Côtes de Toul gris et rouge.

La Moselle

1 r. Prosper Cabirol, (face à la gare) – ✆ 03 83 24 91 44 – www.restaurant-lamoselle.fr – Fermé 4-11 mars, 29 avril-6 mai, 19 août-9 sept., mardi soir, merc. soir, dim. soir et lundi

Rest – Menu 26 € (sem.), 34/54 € – Carte 43/78 €

Une petite adresse familiale au cadre agréable, avec ses panneaux ornés de vitraux rappelant le style de l'école de Nancy ; la cuisine est plutôt traditionnelle (baeckeofe de foie gras, pintade au vin jaune, etc.). Terrasse sympathique en été.

BELLEVILLE – 69 Rhône – 327 H3 – 7 541 h. – alt. 192 m – ✉ 69220 43 E1

Lyon et sa région

▶ Paris 416 – Bourg-en-Bresse 43 – Lyon 45 – Mâcon 31

ℹ 68, rue de la République, ✆ 04 74 66 44 67, www.ot-beaujolaisvaldesaone.fr

Le Clos Beaujolais ch,

Les Poutoux – 04 74 66 54 73 – www.closbeaujolais.com
4 ch – 72/88 € 78/92 € – ½ P **Table d'hôte** – Menu 25 € bc
Dans un quartier résidentiel, un relais de chasse du 16e s. paisible et charmant, tout en tomettes, plafonds à la française, colonnes de pierre... Les chambres sont simples et agréables ; dans l'une, le lit se cache dans une immense cheminée !

Le Beaujolais

40 r. du Mar.-Foch, (près de la gare) – 04 74 66 05 31 – www.restaurant-le-beaujolais.com – Fermé 3-10 mars, 4-25 août, 29 déc.-5 janv., dim. soir, lundi soir, mardi soir et merc.
Rest – Formule 13 € – Menu 16 € (déj. en sem.), 26/42 € – Carte 33/41 €
Avec un tel nom, ce Beaujolais se devait de faire honneur à cette région riche en saveurs et en bons vins ! Le sympathique couple à la tête de cette maison de pays l'a bien compris et vous propose une alléchante cuisine traditionnelle.

à Pizay 5 km au Nord-Ouest par D 18 et D 69 – 69220 St-Jean-d'Ardières

Château de Pizay

rte des Crus-du-Beaujolais – 04 74 66 51 41 – www.chateau-pizay.com – Fermé 18 déc.-4 janv.
62 ch – 280/480 € 280/480 € – 22 €
Rest *Château de Pizay* – voir les restaurants ci-après
Passé la grande allée bordée de platanes apparaît ce beau château (15e-17e s.) au cœur du vignoble. Ciels de lit et plafonds à la française ou charme plus contemporain : les chambres et suites sont toujours élégantes et soignées. Et pour se détendre, on hésite longtemps : spa, tennis, grande piscine...

Château de Pizay

rte des Crus-du-Beaujolais – 04 74 66 51 41 – www.chateau-pizay.com – Fermé 18 déc.-4 janv. et le midi en sem. sauf fériés
Rest – Menu 52/76 € – Carte 71/99 €
Un cadre châtelain qui sait mêler avec élégance charme historique et épure contemporaine. Un lieu majestueux, au service d'une cuisine classique d'une belle finesse.

BELLEY – 01 Ain – 328 H6 – 8 749 h. – alt. 279 m – 01300 — 45 C1

Franche-Comté Jura

Paris 507 – Aix-les-Bains 31 – Bourg-en-Bresse 83 – Chambéry 36

34, Grande Rue, 04 79 81 29 06, www.cc-belley-bas-bugey.com

Choeur★ de la cathédrale St-Jean - Charpente★ du château des Allymes.

au Sud-Est 3 km sur rte de Chambéry

La Fine Fourchette

N 504 – 04 79 81 59 33 – www.aubergedelafinefourchette.fr – Fermé 18-25 août, 23 déc.-2 janv., dim. soir et lundi
Rest – Menu 24/54 € – Carte 41/52 €
En surplomb de la route, ce pavillon au charme un peu rétro donne sur la campagne et le canal du Rhône. Le chef réalise une cuisine de tradition à base de produits frais ; les terrines et les pâtisseries sont faites maison.

à Contrevoz 9 km au Nord-Ouest sur D 32 – 530 h. – alt. 320 m – 01300

Auberge de Contrevoz

rte de Preveyzieu – 04 79 81 82 54 – www.auberge-de-contrevoz.com – Fermé 2-17janv., 2-17oct., mardi soir hors saison, merc. soir, dim. soir et lundi
Rest – Formule 15 € – Menu 21 € (déj. en sem.), 26/42 €
Terrine de bœuf aux olives et câpres, filet de féra et son risotto crémeux... La région et les beaux produits sont à l'honneur, la gourmandise se fait reine et, en saison, on se régale même de truffe du Bugey. Ah, terroir, mon beau terroir !

BELVES – 24 Dordogne – 329 H7 – 1 432 h. – alt. 175 m – 24170 — 4 D1

Périgord Quercy

Paris 552 – Bergerac 56 – Bordeaux 197 – Périgueux 66

1, rue des Filhols, 05 53 29 10 20, www.tourisme-belves.com

Clément V sans rest

15 r. J.-Manchotte – 05 53 28 68 80 – www.clement5.com

10 ch – 130/195 € 130/217 € – 13 €

Voilà une adresse que n'aurait certainement pas dédaignée Clément V... Dans ce village médiéval, ancien fief du pape, cette coquette maison propose des chambres de caractère, dont l'une aménagée dans une cave voûtée du 11e s. Petit-déjeuner servi sous la véranda ou dans la petite cour fleurie.

à Sagelat 2 km au Nord par D 53 – 354 h. – alt. 78 m – 24170

Auberge de la Nauze avec ch

Fongauffier – 05 53 28 44 81 – www.aubergedelanauze.fr – Fermé 26 juin-5 juil., 25 nov.-25 déc., 1 sem. en fév. , lundi sauf le soir en juil.-août, mardi soir et sam. midi de sept. à juin

8 ch – 40/65 € 40/68 € – 7 € – ½ P

Rest – Menu 15 € (déj.), 25/50 € – Carte 31/76 €

Les gourmands des environs ne s'y sont pas trompés… Si bien que la réputation de cette auberge dépasse désormais les frontières du département. Dans cette maison en pierre de pays, on s'attable autour de bons petits plats dans l'air du temps. L'auberge propose aussi des petites chambres, bien tenues.

BÉNESTROFF – 57 Moselle – 307 L5 – 518 h. – alt. 250 m – 57670 — 27 C2

Benestroff

Paris 414 – Grevenmacher 138 – Metz 89 – Saarbrücken 59

La Toque Blanche

49 Grand-Rue – 03 87 01 51 85 – www.latoque-blanche.fr – Fermé 26 déc.-3 janv., dim. soir, mardi soir et lundi

Rest – Formule 20 € – Menu 29 € (déj. en sem.), 38/60 € – Carte 44/58 €

L'ancien café du village a fait place à un lieu contemporain, auquel répond l'esprit de la cuisine, entre tradition et touches exotiques. Parmi les bons petits plats du chef : rognons de veau en cocotte, langoustines aux saveurs créoles, etc.

BÉNODET – 29 Finistère – 308 G7 – 3 271 h. – Casino – 29950 — 9 A2

Bretagne Sud

Paris 563 – Concarneau 19 – Fouesnant 8 – Pont-l'Abbé 13

29, avenue de la Mer, 02 98 57 00 14, www.benodet.fr

de l'Odet, Clohars Fouesnant, N : 4 km par D 34, 02 98 54 87 88

Pont de Cornouaille ★ - L'Odet★★ en bateau : 1h30.

Kastel

corniche de la Plage – 02 98 57 05 01 – www.hotel-kastel.com – Fermé 6-19 janv.

25 ch – 49/101 € 93/197 € – 15 € – ½ P

Rest – Formule 25 € – Menu 29/50 € – Carte 43/54 €

À proximité de la plage et du centre de thalassothérapie, cet hôtel joue l'épure contemporaine et c'est réussi. Après un soin à l'Espace Hydromarin, rien ne vaut la vue sur la mer dont on jouit dans chaque chambre !

Le Grand Hôtel Abbatiale

4 av. Odet – 02 98 66 21 66 – www.hotelabbatiale.com – Fermé 23-26 déc.

50 ch – 76/128 € 98/128 € – 12 € – ½ P

Rest *(dîner seult)* – Menu 24/34 € – Carte 37/66 €

L'atout majeur de cet hôtel de belle ampleur : son emplacement face au port, pour un séjour très balnéaire. Il y a deux types de chambres, certaines franchement fonctionnelles, d'autres plus contemporaines, assez élégantes. Au restaurant : tradition et produits de la mer.

Domaine de Kereven sans rest

2 km rte de Quimper – 02 98 57 02 46 – www.kereven.fr – Ouvert 19 avril-30 sept.

12 ch – 68/75 € 75/88 € – 10 €

Dans le grand parc ombragé, tout est paisible. Les chambres sont coquettes dans cette belle bâtisse régionale et l'on s'y sent bien. L'accueil est charmant et c'est avec le sourire que l'on vous prête un vélo pour découvrir les alentours.

Les Bains de Mer
rest,

11 r. Kerguelen – ✆ 02 98 57 03 41 – www.lesbainsdemer.com – Fermé de mi-déc. à mi-janv.
32 ch – †46/61 € ††53/75 € – ☐ 8,50 € – ½ P
Rest *(fermé sam. midi, mardi midi et vend. d'oct. à Pâques)* – Formule 11 € – Menu 17/55 € – Carte 24/47 €
Après un bon bain de mer, on a souvent besoin d'une chambre propre et fonctionnelle : c'est ce que l'on trouvera ici. L'occasion de découvrir la cité d'adoption d'Éric Tabarly ; ensuite, direction le restaurant et son décor coloré, histoire d'honorer la tradition bretonne.

Escapades
37 r. du Poulquer – ✆ 02 98 66 27 97 – www.escapades-benodet.com – Fermé 12 nov.-9 déc., dim. soir et lundi de sept. à juin
Rest – Formule 13 € – Menu 18 € – Carte 36/50 €
Au bout de la plage du Trez, deux chefs travaillent en duo dans ce sympathique bistrot contemporain. Le menu du jour s'affiche à l'ardoise ; au gré de leurs "escapades" : plancha de langoustines aux épices douces, suprême de volaille au cidre, etc.

Envie de partir à la dernière minute ?
Visitez les sites Internet des hôtels pour bénéficier de promotions tarifaires.

à Clohars-Fouesnant 3 km au Nord-Est par D 34 et rte secondaire – 2 156 h. – alt. 30 m – ✉ 29950

La Forge d'Antan
31 rte de Nors-Vraz – ✆ 02 98 54 84 00 – www.laforgedantan.com – Fermé mardi sauf le soir en juil.-août, dim. soir de sept. à juin et lundi
Rest – Formule 26 € – Menu 35/68 € – Carte 45/84 €
Dans cette plaisante auberge de campagne, on choisit son ambiance : cheminée cosy, vieilles pierres ou vue sur le jardin. Les produits de la mer dominent et ils sont très frais : croustillant de langoustines, velouté froid d'araignées, etc.

à Ste-Marine 5 km à l'Ouest par pont de Cornouaille – ✉ 29120 Combrit

Villa Tri Men
16 r. du Phare – ✆ 02 98 51 94 94 – www.trimen.fr – Fermé 10 nov.-20 déc. et 5 janv.-8 fév.
20 ch – †120/305 € ††120/305 € – ☐ 15 €
Rest *Les Trois Rochers* – voir les restaurants ci-après
Le jardin de cette belle villa 1920 descend en pente douce jusqu'à la mer, et l'on peut, en toute quiétude, y lire ou prendre un verre. Les chambres sont spacieuses et élégantes dans leur parti pris minimaliste.

La Ferme Saint-Vennec sans rest
r. de la Clarté – ✆ 02 98 56 74 53 – www.lafermesaintvennec.com
4 ch – †95/340 € ††95/340 € – ☐ 13 €
Ici tout est pittoresque et serein. Il faut dire que cette belle ferme de 1714 a été restaurée dans les règles de l'art. Pour se ressourcer, il y a de jolies chambres et de superbes cottages, le tout dans un grand parc. Accueil charmant !

Les Trois Rochers – Hôtel Villa Tri Men
16 r. du Phare – ✆ 02 98 51 94 94 www.trimen.fr – Ouvert 12 avril-10 nov. et fermé lundi sauf du 15 juin au 15 sept. et dim.
Rest *(dîner seult)* – Menu 37/72 € – Carte 55/77 €
Face au port de Bénodet, une adresse délicieuse, où la cuisine marie produits locaux, épices et herbes fraîches. Aux beaux jours, on profite de la terrasse, très agréable !

BÉNOUVILLE – 14 Calvados – 303 K4 – rattaché à Caen

BERCK-SUR-MER – 62 Pas-de-Calais – **301** C5 – 15 565 h. – alt. 5 m **30** A2
– Casino – ✉ 62600 Nord Pas-de-Calais Picardie

Paris 232 – Abbeville 48 – Arras 93 – Boulogne-sur-Mer 40

Place de l'entonnoir, ✆ 03 21 09 50 00, www.berck-tourisme.com

36 de Nampont Saint-Martin, à Nampont-Saint-Martin, Maison Forte, par D 940 et D 901 : 15 km, ✆ 03 22 29 92 90

Parc d'attractions de Bagatelle★ 5 km

à Berck-Plage – ✉ 62600

XX **La Verrière**

pl. 18-Juin – ✆ 03 21 84 27 25 – www.casinoberck.com – Fermé 17 fév.-11 mars, 17-25 nov., mardi soir, merc. soir d'oct. à mars, dim. soir et lundi sauf juil.-août

Rest – Formule 14 € bc – Menu 21/31 € – Carte 34/45 €

La gare routière est devenue un casino... et ce dernier abrite un restaurant fort sympathique ! Dans la salle, avec vue sur les cuisines, on regarde le chef et sa brigade concocter de bons petits plats dans l'air du temps. Accueil et service aux petits soins.

à Rang-du-Fliers 3 km à l'Est par D 317 – 4 065 h. – alt. 5 m – ✉ 62180

152, route de Merlimont, ✆ 03 21 84 34 00, www.ot-rangdufliers.com

Bienvenue au Tortillard N sans rest

240 r. Jules-Chochoy – ✆ 03 21 84 15 92 – www.letortillard.com – Fermé 1er-15 juin

4 ch – †68 € ††68/83 €

Inutile de se tortiller sur sa chaise, cette maison d'hôtes est une bonne option pour séjourner près de Berk-Plage : accueil charmant de sa propriétaire, décor chaleureux – il s'agit d'une ancienne grange –, sentier de randonnée et petit parc animalier (en libre accès) à deux pas, confitures maison au petit-déjeuner...

BERGERAC – 24 Dordogne – **329** D6 – 27 433 h. – alt. 37 m – ✉ 24100 **4** C1
Périgord Quercy

Paris 534 – Agen 91 – Angoulême 110 – Bordeaux 94

Bergerac-Dordogne-Périgord : ✆ 05 53 22 25 25, 3 km par ③.

97, rue Neuve d'Argenson, ✆ 05 53 57 03 11, www.bergerac-tourisme.com

9 Château les Merles, à Mouleydier, D 660, par rte de Sarlat : 15 km, ✆ 05 53 63 13 42

Le Vieux Bergerac★★ : musée du Tabac★★ (maison Peyrarède★) - Musée du Vin, de la Batellerie et de la Tonnellerie★**M³**.

Plan page suivante

La Flambée

49 av. Marceau-Feyry, 3 km par ① rte de Périgueux – ✆ 05 53 57 52 33 – www.laflambee.com – Fermé 4-17 mars

20 ch – †55/65 € ††68/78 € – 9 € – ½ P

Rest *La Flambée* – voir les restaurants ci-après

À la sortie de la ville, une ancienne ferme (18e s.) dans un parc arboré. Les chambres sont spacieuses, avec un mobilier de style colonial ; celles de l'ancien chai ont même une terrasse !

Hôtel de France sans rest

18 pl. Gambetta – ✆ 05 53 57 11 61 – www.hoteldefrance-bergerac.com – Fermé vacances de fév. AYb

20 ch – †65/85 € ††69/89 € – 9 €

En plein centre-ville, un hôtel face à la place du marché (mercredi et samedi). Préférez les chambres, plus calmes, côté piscine. Idéalement situé pour partir à la découverte de Bergerac.

Europ Hôtel sans rest

20 r. Petit-Sol – ✆ 05 53 57 06 54 – www.europ-hotel-bergerac.com AYv

22 ch – †50/55 € ††50/69 € – 8 €

Le jardin jouxtant la piscine est l'atout majeur de cet hôtel situé dans le quartier de la gare. Chambres fonctionnelles et bien tenues (climatisation et double-vitrage côté rue).

Beausoleil (Bd) .... AY	3	Fontaines (R. des) .... AZ	16	Pelissière (Pl.) .... AZ	25
Brèche (R. de la) .... AYZ	4	Grand'Rue .... AYZ		Pont (Pl. du) .... AZ	27
Candillac (R.) .... AZ	5	Lattre-de-Tassigny (Pl. de) .... AY	18	Résistance (R. de la) .... AY	30
Conférences (R. des) .... AZ	7	Maine-de-Biran (Bd) .... BY	19	Ste-Catherine (R.) .... AY	33
Dr-Simounet (R.) .... BY	12	Malbec (Pl.) .... AZ	20	St-Clar (R.) .... AZ	40
Ferry (Pl. J.) .... AY	13	Mounet-Sully (R.) .... AY	22	Salvette (Quai) .... AZ	34
Feu (Pl. du) .... AZ	14	Myrpe (Pl. de la) .... AZ	23	108e-R.-I. (Av. du) .... BY	35

XX **L'Imparfait** VISA AE

8 r. des Fontaines – ✆ 05 53 57 47 92 – www.imparfait.com – Fermé 23 déc.-7 janv.

Rest – Formule 28 € – Menu 33/45 € – Carte 31/67 € AZ**n**

Dans cette bâtisse médiévale du vieux Bergerac, l'art culinaire se conjugue au présent ! Cuisine goûteuse inspirée du terroir et teintée d'exotisme. Parfait rapport plaisir-prix.

XX **La Flambée** – Hôtel La Flambée VISA AE

49 av. Marceau-Feyry, 3 km par ① rte de Périgueux – ✆ 05 53 57 52 33 – www.laflambee.com – Fermé 4-17 mars

Rest – Menu 17 € bc (déj. en sem.), 27/35 € – Carte 25/41 €

Des pierres apparentes, des poutres et... une cheminée ! Dans ce cadre chaleureusement périgourdin, la cuisine a le bel accent du terroir – mais défend aussi le poisson, l'une des spécialités du chef. Amoureux du produit, ce dernier recherche avant tout la qualité : fromages fermiers, légumes bio, viande locale, etc.

X **Le Repaire de Savinien** VISA

15 r. Mounet-Sully – ✆ 05 53 24 35 46 – Fermé 28 avril-13 mai, 11-19 août, 17 nov.-2 déc., 24 janv.-4 fév., dim. et lundi AY**e**

Rest – Carte 30/36 €

Ambiance bistrot à quelques pas de l'église Notre-Dame. Ici, on mange au coude à coude après avoir trouvé son bonheur parmi les suggestions de l'ardoise : brioche au foie gras, saumon mariné... Ce Repaire est celui d'une bonne cuisine cuisine du marché aux accents du terroir !

X **La Table du Marché**

21 pl. Louis-de-la-Bardonnie – ✆ 05 53 22 49 46 – www.table-du-marche.com – Fermé 3-17 mars, 23 juin-3 juil., lundi hors saison et dim. AZ**f**

Rest – Formule 19 € – Menu 29/35 € – Carte 36/48 €

Impossible de ne pas remarquer cette maison d'angle à la façade rouge, face aux halles ! Dans ce bistrot à l'élégance toute contemporaine – un cadre soigné –, les recettes s'inspirent du marché… évidemment.

X **Le Vin'Quatre** N

14 r. St-Clar – ✆ 05 53 22 37 26 – Fermé merc. AZ**a**

Rest – Formule 14 € – Menu 25/32 € – Carte 36/45 €

Croustillant de gambas à la menthe poivrée, guacamole de betterave et poitrine de cochon laquée au tamarin, mijoté de lentilles vertes du Puy... Dans ce sympathique petit restaurant du Bergerac historique, le jeune chef concocte chaque jour de nouvelles recettes au gré de ses (bonnes) idées. Simple et percutant !

à St-Nexans 10 km par ③, N 21 et D 19 – 856 h. – alt. 120 m – ✉ 24520

La Chartreuse du Bignac

Le Bignac – ✆ 05 53 22 12 80 – www.abignac.com – Fermé 20 déc.-1er fév.

12 ch – †150/220 € ††150/220 € – 1 suite – ☕ 20 € – ½ P

Rest *(fermé mardi) (dîner seult)* – Menu 36/45 €

Une belle chartreuse du 18e s., posée sur un coteau dominant vignobles, vergers et bois... Quel site ! Il fait bon se prélasser dans le parc de 12 ha ou au bord de la piscine. Beaucoup de raffinement dans les chambres. Cuisine traditionnelle au restaurant.

au Moulin de Malfourat 8 km par ④, dir. Mont-de-Marsan et rte secondaire – ✉ 24240 Monbazillac

XXX **La Tour des Vents** (Marie Rougier Salvat)

– ✆ 05 53 58 30 10 – www.tourdesvents.com – Fermé 2 janv.-6 fév., dim. soir et mardi midi sauf juil.-août et lundi

Rest – Menu 33/56 € – Carte 55/85 €

Priorité à la qualité des produits, des cuissons et des assaisonnements : le chef réalise une belle cuisine traditionnelle, relevée d'une pointe d'originalité. En prime, la salle offre une vue imprenable sur les vignobles de Monbazillac.

→ Trilogie de foie gras de canard. Ris de veau en cocotte, jus à l'ancienne. Soufflé au Grand Marnier. **Vins** Bergerac rouge et blanc.

BERGÈRES-LÈS-VERTUS – 51 Marne – 306 F9 – rattaché à Vertus

BERGHEIM – 68 Haut-Rhin – 315 I7 – 1 906 h. – alt. 235 m – ✉ 68750 2 C2

Alsace Lorraine

Paris 449 – Colmar 18 – Ribeauvillé 4 – Sélestat 11

Chez Norbert sans rest

9 Grand-Rue – ✆ 03 89 73 31 15 – www.cheznorbert.com – Fermé 18 fév.-4 mars

12 ch – †60/115 € ††80/115 € – ☕ 15 €

Une ferme viticole reconvertie en hôtel, avec des chambres toutes différentes, dans un esprit d'autrefois... Elles sont disséminées dans plusieurs bâtisses des 17e et 18e s., auxquelles on accède par une mignonne cour intérieure.

X **La Bacchante**

11 Grand-Rue – ✆ 03 89 71 18 91 – Fermé 18 fév.-19 mars, vend. midi et mardi

Rest – Formule 17 € – Menu 26/49 € – Carte 40/49 €

Il faut pousser une grande porte ancienne en bois pour découvrir cette Bacchante, un antre rustique aux airs de chai niché dans une jolie cour fleurie. On y déguste de sympathiques plats traditionnels mâtinés de saveurs alsaciennes.

X **Wistub du Sommelier**

51 Grand-Rue – ✆ 03 89 73 69 99 – www.wistub-du-sommelier.com – Fermé vacances de fév., merc. et jeudi

Rest – Formule 17 € – Menu 21 € (sem.), 29/40 € – Carte 34/52 €

Comptoir du 19e s., boiseries, poêle en faïence et convivialité... Derrière cette jolie façade alsacienne se cache bien une wistub ! On passe un bon moment autour de vrais plats du terroir assortis d'incontournables vins régionaux.

BERGHOLTZ – 68 Haut-Rhin – **315** H9 – **1 067 h.** – **alt. 240 m** – ✉ 68500 **1** A3

▶ Paris 488 – Basel 55 – Colmar 31 – Strasbourg 101

La Petite Auberge

4 r. de l'Église – ✆ 03 89 28 52 90 – www.lapetiteauberge.fr – Fermé mardi et merc.

Rest – Menu 25 € (déj. en sem.), 38/72 € – Carte 53/64 €

Foie gras et son chutney de fruits secs ; magret de canard sur lit de petits légumes... Le chef concocte une cuisine gastronomique 100 % maison, avec une envie : "Faire ce qu'on m'a appris depuis que j'ai commencé ce métier." Pari tenu avec réussite !

BERGUES – 59 Nord – **302** C2 – **3 874 h.** – **alt. 4 m** – ✉ 59380 **30** B1

Nord Pas-de-Calais Picardie

▶ Paris 279 – Calais 52 – Dunkerque 9 – Hazebrouck 34

Place de la Républiquet, ✆ 03 28 68 71 06, www.bergues.fr

Couronne d'Hondschoote★.

Au Tonnelier ch,

4 r. Mont-de-Piété, (près de l'église) – ✆ 03 28 68 70 05 – www.autonnelier.com – Fermé 24 déc.-5 janv.

40 ch – 55/70 € 65/80 € – 11 €

Rest *(fermé vend. soir de nov. à mars et dim. soir)* – Formule 13 € – Menu 17 € (déj. en sem.), 19 € – Carte 23/40 €

Une agréable hostellerie familiale, au pied de l'église. Les chambres sont fonctionnelles et bien tenues ; au restaurant, on sert une cuisine généreuse fleurant bon le terroir.

Cornet d'Or

26 r. Espagnole – ✆ 03 28 68 66 27 – Fermé dim. soir et lundi

Rest – Formule 20 € – Menu 37/49 €

Ce restaurant a fière allure avec sa jolie façade flamande et son intérieur résolument bourgeois. La carte, généreuse et traditionnelle, sait valoriser des produits simples et bons. Une vraie corne d'abondance !

BERMICOURT – 62 Pas-de-Calais – **301** G5 – **156 h.** – **alt. 118 m** – ✉ 62130 **30** B2

▶ Paris 234 – Arras 50 – Lens 61 – Lille 100

La Cour de Rémi ch,

1 r. Baillet – ✆ 03 21 03 33 33 – www.lacourderemi.com

10 ch – 85/160 € 85/160 € – 13 €

Rest *(fermé sam. midi, dim. soir et lundi)* – Formule 18 € bc – Menu 30/35 € – Carte 35/45 €

Au bout d'une allée bordée de tilleuls et de châtaigniers, un joli château du 19e s. et ses dépendances... Les chambres, réparties dans la grange et les belles écuries en brique rouge, sont spacieuses, tout en sobriété et en élégance. Quant à Rémi, il fut le dernier exploitant de la ferme. Un bien bel hommage !

BERNAY – 27 Eure – **304** D7 – **10 285 h.** – **alt. 105 m** – ✉ 27300 **33** C2

Normandie Vallée de la Seine

▶ Paris 155 – Argentan 69 – Évreux 49 – Le Havre 72

29, rue Thiers, ✆ 02 32 43 32 08, www.bernaytourisme.fr

Boulevard des Monts★.

Château de Beaumesnil★★, SE : 13,5 km par D 71.

Acropole Hôtel sans rest

10 r. Grande-Malouve, 3 km au Sud-Ouest par rte de Broglie (D 438) – ✆ 02 32 46 06 06 – www.hotel-acropole.com

51 ch – 62/72 € 62/72 € – 9 €

C'est le genre d'établissement idéal pour un séjour d'affaires, dans une zone d'activités. Hébergement avant tout pratique, équipements fonctionnels et piscine couverte. Tout est prévu pour l'organisation de séminaires et la détente.

XXX **Hostellerie du Moulin Fouret**

2 r. du Moulin Fouret, 3,5 km au Sud par rte de St-Quentin-des-Isles – ✆ 02 32 43 19 95 – www.moulin-fouret.com – Fermé dim. soir et lundi sauf fériés

Rest – Formule 28 € – Menu 43/59 € – Carte 63/84 €

Du moulin, il reste les rouages... mais il s'agit avant tout d'une belle et grande maison couverte de vigne vierge, au bord de l'eau. Foie gras, pigeonneau en cocotte, baba au rhum en souvenir de Gaston Lenôtre : le régal est classique.

LA BERNERIE-EN-RETZ – **44 Loire-Atlantique** – **316** D5 – **2 541 h. – alt. 24 m** – ✉ **44760** **34** A2

Paris 434 – Nantes 46 – St-Herblain 46 – St-Nazaire 38

3, chaussée du Pays de Retz, ✆ 02 40 82 70 99, www.mairie-labernerie.fr

XX **L'Artimon**

17 r. Jean-du-Plessis – ✆ 02 51 74 61 60 – Fermé vacances de printemps, dim. soir et merc. de sept. à juin, mardi sauf le soir en juil.-août et lundi

Rest *(nombre de couverts limité, réserver)* – Menu 19 € (déj. en sem.), 29/38 €

Cet Artimon porte haut les valeurs de la bonne cuisine, attirant de loin les amateurs : il faut dire que le chef travaille en vrai artisan de beaux produits locaux. La petite salle – toute simple et d'esprit marin – ne désemplit pas !

BERNEX – **74 Haute-Savoie** – **328** N2 – **1 236 h. – alt. 955 m – Sports d'hiver : 1 000/2 000 m** 13 – ✉ **74500** Alpes du Nord **46** F1

Paris 590 – Annecy 97 – Évian-les-Bains 10 – Morzine 32

le Clos du Moulin, ✆ 04 50 73 60 72, www.bernex.fr

à La Beunaz 1,5 km au Nord-Ouest par D 52 – ✉74500 Bernex – alt. 1 000 m

Bois Joli

210 rte du Chenay – ✆ 04 50 73 60 11 – www.hotel-bois-joli.fr – Fermé 2 avril-3 mai et de mi-oct. à mi-déc.

20 ch – †65/76 € ††82/92 € – 1 suite – ☕ 10 € – ½ P

Rest *(fermé dim. soir et merc.)* – Menu 25 € (sem.), 30/49 € – Carte 31/50 €

Noyé dans la verdure et tout pimpant, ce beau chalet porte bien son nom... Les chambres, décorées à la mode savoyarde, ont toutes un balcon tourné vers la Dent d'Oche ou le mont Billiat. Espace bien-être, jolie piscine extérieure et restaurant traditionnel.

BERNIÈRES-SUR-MER – **14 Calvados** – **303** J4 – **2 351 h.** – ✉ **14990** **32** B2

Normandie Cotentin

Paris 252 – Caen 20 – Hérouville-Saint-Clair 21 – Le Havre 107

159, rue Victor Tesnières, ✆ 02 31 96 44 02, www.bernieres-sur-mer.com

XX **L'As de Trèfle**

420 r. Léopold Hettier – ✆ 02 31 97 22 60 – www.restaurantasdetrefle.com – Fermé 3 janv.-10 fév., lundi et mardi

Rest – Formule 18 € – Menu 24 € (sem.), 34/40 € – Carte 37/70 €

Autrefois d'inspiration mauresque, cette bâtisse de 1934 se révèle parfaitement contemporaine. Atout maître, la cuisine traditionnelle qui met la pêche locale à l'honneur : sole au beurre citronné, millefeuille de magret et d'andouille...

BERNOS-BEAULAC – **33 Gironde** – **335** J8 – **rattaché à Bazas**

BERRWILLER – **68 Haut-Rhin** – **315** H9 – **1 132 h. – alt. 260 m** – ✉ **68500** **1** A3

Paris 467 – Belfort 45 – Colmar 31 – Épinal 99

XX **L'Arbre Vert**

96 r. Principale – ✆ 03 89 76 73 19 – www.restaurant-koenig.com – Fermé 25 fév.-4 mars, 8-29 juil., jeudi soir, dim. soir et lundi

Rest – Menu 24/52 € – Carte 32/60 €

Cinquième génération et toujours très Vert ! Cet Arbre pourrait bien être généalogique, tant son histoire se confond avec celle de la famille Koenig... Au menu : toute la fraîcheur du terroir alsacien, avec de beaux vins du cru.

BESANÇON Ⓟ – 25 Doubs – **321** G3 – 117 392 h. – Agglo. 135 808 h. **16** B2
– alt. 250 m – Casino BY – ✉ 25000 Franche-Comté Jura

Paris 405 – Basel 167 – Bern 180 – Dijon 91

2, place de la 1ère Armée Française, ✆ 03 81 80 92 55, www.besancon-tourisme.com

de Besançon, à Mamirolle, La Chevillotte, E : 13 km par N 57, D 464 et D 104, ✆ 03 81 55 73 54

Site★★★ - Citadelle★★ : musée d'Histoire naturelle★ **M³**, musée comtois★ **M²**, musée de la Résistance et de la Déportation★ **M⁴** - Vieille ville★★ ABYZ : Palais Granvelle★, cathédrale★ (Vierges aux Saints★), horloge astronomique★, façades des maisons du 17e s.★ - Préfecture★ AZ **P** - Bibliothèque municipale★ BZ **B** - Grille★ de l'Hôpital St-Jacques AZ - Musée des Beaux-Arts et d'Archéologie★★.

Le Sauvage Ⓝ sans rest

6 r. du Chapître – ✆ 03 81 82 00 21 – www.hotel-lesauvage.com BZ**m**

24 ch – †89/175 € ††89/280 € – ☕ 12 €

Après cinq ans de travaux, l'hôtel Le Sauvage a ouvert fin 2011 dans le cadre rare de ce couvent du 19e s. magnifiquement mis en valeur. Réception dans l'ancienne chapelle, salons intimes, belles boiseries et mobilier chiné, vues sur le Doubs et les remparts : les lieux ne sont qu'élégance et quiétude. Une réussite.

Mercure Parc Micaud

3 av. Edouard-Droz – ✆ 03 81 40 34 34 – www.mercure.com BY**d**

91 ch – †77/180 € ††77/180 € – ☕ 16 €

Rest *(fermé sam. midi, dim. midi et fériés le midi)* – Formule 15 € – Carte 26/41 €

Atouts de l'établissement : son grand confort et sa situation – il n'est séparé de la vieille ville que par le Doubs et le beau parc Micaud. Restaurant traditionnel.

BESANÇON

Allende (Bd S.) . . . . . AX 2
Belfort (R. de) . . . . . BX
Brulard (R. Gén.) . . . . . AX 5
Carnot (Av.) . . . . . BX 7
Chaillot (R. de) . . . . . BX 12
Clemenceau (Av. Georges) . AX 15
Clerc (R. F.) . . . . . BX 16
Fontaine-Argent (Av.) . . . . . BX 19
Jouchoux (R. A.) . . . . . AX 25
Lagrange (Av. Léo) . . . . . AX 27
Montrapon (Av. de) . . . . . AX 34
Observatoire (Av. de l') . . . . . AX 35
Ouest (Bd) . . . . . AX 37
Paix (Av. de la) . . . . . BX 38
Vaite (Av. de la) . . . . . BX 55
Voirin (R.) . . . . . BX 57

BESANÇON

Hôtel de Paris sans rest

33 r. des Granges – ✆ 03 81 81 36 56 – www.besanconhoteldeparis.com

50 ch – †65/200 € ††81/200 € – ☕ 12 € ABYa

Un bel établissement, au cœur de la vieille ville bisontine. Murs anciens empreints d'une certaine noblesse, grandes cours intérieures, beaux volumes – le tout mis en valeur dans une veine contemporaine feutrée et élégante...

Florel (N) sans rest

6 r. de la Viotte – ✆ 03 81 80 41 08 – www.hotel-florel.fr BXn

53 ch – †69/129 € ††69/129 € – ☕ 12 €

Tout moderne et entièrement rénové en 2011, un hôtel bien confortable et idéalement situé pour les voyageurs : face à la gare et parfaitement insonorisé. Un bon point de chute.

Ibis Centre sans rest
21 r. Gambetta – ✆ 03 81 81 02 02 – www.ibis.com BYk
49 ch – †65/125 € ††65/125 € – ☕ 9 €
Central, aux prix mesurés, très bien tenu et avec un parking fort pratique : une bonne option que cet Ibis créé dans une ancienne usine d'aiguilles de montre du 19e s.

Hôtel du Nord sans rest
8 r. Moncey – ✆ 03 81 81 34 56 – www.hotel-du-nord-besancon.com BYr
44 ch – †53/63 € ††63/73 € – ☕ 8 €
Très bon rapport qualité-prix pour cet hôtel traditionnel situé en plein centre de Besançon. Entretien soigné, accueil charmant.

Le Manège
2 fg Rivotte – ✆ 03 81 48 01 48 – www.restaurant-le-manege.fr – Fermé 15-22 avril, 12-26 août, 2-15 janv., sam. midi, dim. soir et lundi BZu
Rest – Formule 14 € – Menu 29/49 € – Carte 36/53 €
Une vraie bonne table que cet ancien manège militaire (au pied de la citadelle), où l'on déguste une cuisine délicate et savoureuse, signée par un chef autodidacte, amoureux du travail bien fait. Une valeur sûre.

Le St-Pierre
104 r. Battant – ✆ 03 81 81 20 99 – www.restaurant-saintpierre.com – Fermé vacances de Pâques, 3 sem. en août, vacances de Noël, sam. midi, dim. et fériés
Rest *(réserver)* – Menu 40 € bc/75 € – Carte 75/87 € AYt
Une cuisine gastronomique mettant le poisson et les bons produits à l'honneur ; beaucoup de finesse relevée d'une pointe d'originalité ; un cadre élégant et cosy (pierres apparentes) : ce Saint-Pierre est un petit paradis des saveurs !

Le Poker d'As
14 sq. St-Amour – ✆ 03 81 81 42 49 – www.restaurant-lepokerdas.fr – Fermé 12 juil.-11 août, vacances de Noël, dim. et lundi BYu
Rest – Menu 23/55 € – Carte 33/75 €
Cette table tenue par toute une famille (le fils œuvre en cuisine) cultive une certaine identité franc-comtoise : décor rustique (tables sculptées dans le bois, cloches de vache, etc.) et, au menu, saveurs ancrées dans la tradition – mais pas seulement !

à Chalezeule 5,5 km par ① et D 217 – 1 180 h. – alt. 252 m – ✉ 25220

Les 3 Iles
1 r. des Vergers – ✆ 03 81 61 00 66 – www.hoteldes3iles.com – Fermé 26 déc.-6 janv.
17 ch – †70/90 € ††70/100 € – ☕ 8,50 € – ½ P **Rest** *(dîner seult)* – Menu 20 €
Calme et verdure alentour : tels sont les atouts de cet hôtel situé au cœur du petit village de Chalezeule, aux portes de Besançon. Optez pour l'une des cinq chambres "Club", plus spacieuses et confortables. Pour se restaurer, le soir, on peut profiter du menu régional proposé par le patron. Pourquoi aller en ville ?

à Montfaucon 9 km par ②, D 464 et D 146 – 1 520 h. – alt. 491 m – ✉ 25660

La Cheminée
rte du Belvédère – ✆ 03 81 81 17 48 – www.restaurantlacheminee.fr – Fermé 2-24 sept., dim. soir, merc. soir et lundi
Rest – Menu 24 € (sem.), 30/54 € – Carte 54/80 €
Pour une bouffée d'air pur en dehors de Besançon, voilà un chalet tout indiqué : sur les hauteurs du village, dominant les reliefs alentour, il offre un joli décor pour apprécier les spécialités régionales. En prime, une piscine ouverte aux clients du restaurant.

à Champvans-les-Moulins 8 km par ④ sur D 70 – 333 h. – alt. 252 m – ✉ 25170

La Source
4 r. des Sources – ✆ 03 81 59 90 57 – www.lasource-besancon.com – Fermé 7-28 janv., merc. soir sauf de juin à août, dim. soir et lundi
Rest – Formule 18 € – Menu 21 € (sem.), 27/34 € – Carte 33/46 €
Cette grande bâtisse moderne s'appuie sur de bonnes sources : rien d'impersonnel dans la salle, mais une grande charpente de bois, et, au menu, de bonnes saveurs traditionnelles. Qui plus est, la maison est tenue par un couple charmant.

à Geneuille 13 km par ⑤, N 57 et D 1 – 1 317 h. – alt. 220 m – ✉ 25870

Château de la Dame Blanche
– ✆ 03 81 57 64 64 – www.chateau-de-la-dame-blanche.com
26 ch – †83/155 € ††103/174 € – 2 suites – ☐ 13 € – ½ P
Rest ***Château de la Dame Blanche*** – voir les restaurants ci-après
Une superbe propriété dans la campagne bisontine, digne d'une image d'Épinal : cette belle demeure bourgeoise se dresse dans un grand parc boisé. Un lieu de douce villégiature : spa, grand calme et... pour les amoureux de nature, deux chambres perchées dans des cabanes en haut des arbres !

Château de la Dame Blanche
1 chemin de la Goulotte – ✆ 03 81 57 64 64 – www.chateau-de-la-dame-blanche.com – Fermé sam. midi et dim. soir
Rest – Formule 24 € – Menu 32/80 € – Carte 60/90 €
Une grande dame que cette demeure dont les décors cultivent un élégant classicisme. Le chef signe une cuisine gastronomique empreinte d'originalité – à l'instar de "coques d'oursins rassasiées de chair de tourteau et granny smith".

BESSE-ET-ST-ANASTAISE – 63 Puy-de-Dôme – **326** E9 – **1 636 h.** **5** B2
– **alt. 1 050 m** – **Sports d'hiver : à Super Besse** – ✉ **63610** Auvergne

Paris 462 – Clermont-Ferrand 46 – Condat 28 – Issoire 30

Église St-André★ - Rue de la Boucherie★ - Porte de ville★ - Lac Pavin★★ ≤★ et Puy de Montchal★★ ✻★★ SO : 4 km par D 978.

La Gazelle
rte Compains – ✆ 04 73 79 50 26 – www.lagazelle.fr – Fermé 30 mars-1er mai et 20 oct.-16 déc.
37 ch – †62/78 € ††62/78 € – ☐ 9 € – ½ P **Rest** *(dîner seult)* – Menu 21 €
Cet hôtel aux allures de grand chalet moderne offre une belle vue sur Besse "la médiévale". Les chambres, de style montagnard, disposent pour certaines d'un balcon. Au restaurant, on apprécie la cuisine traditionnelle et le superbe panorama.

Hostellerie du Beffroy avec ch
26 r. Abbé-Blot – ✆ 04 73 79 50 08 – www.lebeffroy.com
12 ch – †65/90 € ††65/120 € – ☐ 12 € – ½ P
Rest *(Ouvert 7 avril-11 nov. et fermé le midi du lundi au jeudi en juil.-août, lundi et mardi) (réserver)* – Menu 28/70 € – Carte 54/62 €
Une maison du 15e s. décorée de meubles patinés par les ans. On y déguste de beaux produits travaillés avec modernité : saumon fumé, agneau, parfait à la gentiane, etc. Chambres, un brin désuètes, mais bien tenues.

BESSINES-SUR-GARTEMPE – 87 Haute-Vienne – **325** F4 – **2 847 h.** **24** B1
– **alt. 335 m** – ✉ **87250**

Paris 355 – Argenton-sur-Creuse 58 – Bellac 29 – Guéret 55

6, avenue du 11 novembre, ✆ 05 55 76 09 28, www.tourisme-bessines87.fr

Bellevue
2 av. de Limoges – ✆ 05 55 76 01 99 – www.bellevue87.com – Fermé 10 janv.-10 fév.
12 ch – †59 € ††59 € – ☐ 10 € – ½ P
Rest – Menu 14 € (déj. en sem.), 24/55 € – Carte 34/45 €
Pratique pour l'étape, cette auberge de village tenue en famille... Les chambres sont simples et fraîches, et l'on peut se restaurer d'une sympathique cuisine régionale.

Château Constant
av. 11-Novembre-1918 – ✆ 05 55 76 78 42 – www.chateau-constant.com
5 ch ☐ – †75 € ††79/85 € **Table d'hôte** – Menu 22 € bc
Une Salvadorienne, des voyages à travers le monde... et ce joli manoir du 19e s. dont elle a fait un lieu douillet et accueillant, à son image. Les chambres sont spacieuses et mêlent les styles avec caractère, et on a toujours de quoi s'occuper (instruments de musique, ping-pong), musarder (beau parc) et se repaître (table d'hôte). Sympathique !

BÉTHUNE – 62 Pas-de-Calais – **301** I4 – 25 766 h. – Agglo. 350 068 h. **30** B2 – alt. 34 m – ✉ 62400 Nord Pas-de-Calais Picardie

Paris 214 – Arras 34 – Boulogne-sur-Mer 90 – Calais 83

3, rue Aristide Briand, ✆ 03 21 52 50 00, www.tourisme-bethune-bruay.fr

du Vert-Parc, à Illies, 3 route d'Ecuelles, par rte de Lille : 18 km, ✆ 03 20 29 37 87

B Hotel sans rest

3 pl. Francois-Mitterrand – ✆ 03 21 57 07 67 – www.b-hotel.fr

13 ch – †55 € ††55 € – ☕ 8 €

Face à la gare, cet hôtel propose des chambres bien insonorisées, modernes et fonctionnelles, rénovées en 2011-2012. Le rapport qualité-prix est intéressant.

Au Départ

1 pl. François-Mitterrand – ✆ 03 21 57 18 04 – www.restaurant-depart.fr – Fermé 25 fév.-5 mars, 5-28 août, sam. midi, dim. soir, lundi et mardi

Rest – Formule 20 € – Menu 32/58 € – Carte 55/82 €

À deux pas de la gare, on remarque de loin cette maison de pays avec sa façade noir et blanc. La salle, colorée et audacieuse, interpelle, tout comme la cuisine, généreuse et bien ficelée. Belle carte des vins.

à Labourse 4 km au Sud-Est par D 943 et D 65 – 2 253 h. – alt. 25 m – ✉ 62113

Terre et Mer

16 r. A.-Larue – ✆ 03 21 64 03 57 – www.restaurant-terre-et-mer.fr – Fermé 5-26 août, 1 sem. en fév., merc. soir, sam. midi, dim. soir et lundi

Rest – Formule 14 € – Menu 17 € (déj. en sem.), 28/45 € – Carte 38/65 €

Mur parementé de briques, cheminée en marbre, fleurs fraîches et tapisserie rayée composent le cadre de ce restaurant familial. On y déguste une cuisine traditionnelle où les jus courts et les émulsions ont la part belle. La carte varie au fil des saisons.

à Gosnay 5 km au Sud-Ouest par D 941 et D 181 – 1 052 h. – alt. 29 m – ✉ 62199

La Chartreuse du Val St-Esprit ch, ch,

1 r. Fouquières – ✆ 03 21 62 80 00 – www.lachartreuse.com

52 ch – †145/290 € ††145/290 € – 1 suite – ☕ 23 € – ½ P

Rest *Robert II* – voir les restaurants ci-après

Rest *La Distillerie* ✆ 03 21 62 89 89 – Formule 20 € – Menu 37 € – Carte 29/76 €

Rest *Le Vasco* *(Fermé sam. midi)* – Carte 30/55 €

Bâti sur les ruines d'une ancienne chartreuse dans un parc de 6 ha, ce château (1762) a beaucoup de charme et d'élégance. Les chambres arborent un style cossu : mobilier ancien, papiers peints et tentures dans la grande tradition... Un petit coin de paradis !

La Métairie

1 r. Fouquières – ✆ 03 91 80 11 20 – www.hotel-lametairie.com

40 ch – †115/205 € ††115/205 € – ☕ 17 €

Dans l'enceinte du domaine, deux bâtiments contemporains aux chambres assez cosy et très confortables.

Robert II – Hôtel La Chartreuse du Val St-Esprit

1 r. Fouquières – ✆ 03 21 62 80 00 – www.lachartreuse.com

Rest – Menu 68/135 € – Carte 58/130 €

Le Robert II fait dans l'exercice de style avec la découpe au guéridon et le flambage devant le client. La cuisine privilégie les saisons et les produits nobles : ris de veau, homard, bar, turbot… Quant à la carte des vins, elle est exceptionnelle : plus de 800 appellations !

à Busnes 14 km au Nord-Ouest par D 943 et D 187 – 1 255 h. – alt. 19 m – ✉ 62350

Le Château de Beaulieu

1098 rte de Lillers – ✆ 03 21 68 88 88 – www.lechateaudebeaulieu.fr

16 ch – †170/280 € ††170/280 € – 4 suites – ☕ 20 €

Rest *Meurin* **Rest *Le Jardin d'Alice*** – voir les restaurants ci-après

Promesse d'un week-end de charme dans cette élégante demeure en brique des 17e-19e s., sise dans un grand parc (jardin aromatique, vignes). D'esprit contemporain ou plus classiques, les chambres sont très confortables et d'une quiétude incomparable. Grand espace séminaires.

Meurin (Marc Meurin)

1098 rte de Lillers – ✆ 03 21 68 88 88 – www.lechateaudebeaulieu.fr – Fermé 29 juil.-19 août, 2-16 janv., dim. soir et lundi

Rest *(dîner seult sauf vend. et dim.)* – Menu 98/125 € – Carte 125/150 €

Moment de haute gastronomie dans le décor chic et feutré du Château de Beaulieu... Marc Meurin signe une cuisine d'excellente facture, fine et inventive. Bouillons, jus, produits, accords de saveurs, etc. Chaque assiette est un plaisir.

➜ Foie de canard grillé, bouillon thaï et agrumes. Saint-pierre aux lingots, pousses de tétragone et huile de chorizo. Parfum de rose : le merveilleux litchi-framboise.

Le Jardin d'Alice

1098 rte de Lillers – ✆ 03 21 68 88 88 – www.lejardindalice.fr

Rest – Formule 23 € – Menu 30/37 € – Carte 32/58 €

La seconde table du chef Marc Meurin, au sein du Château de Beaulieu, version bistrot coloré et décalé : nul doute que la pétillante héroïne de Lewis Carroll aurait apprécié l'endroit (déco branchée, joli jardin) et plus encore la belle cuisine traditionnelle. C'est très souvent complet, pensez à réserver...

LE BETTEX – 74 Haute-Savoie – **328** N5 – rattaché à St-Gervais-les-Bains

---

BEUIL – 06 Alpes-Maritimes – **341** C3 – 496 h. – alt. 1 450 m – Sports d'hiver : 1 470/2 100 m 26 – ✉ 06470 Alpes du Sud **41** D2

Paris 809 – Barcelonnette 80 – Digne-les-Bains 117 – Nice 79

quartier du Pissaïre, ✆ 04 93 02 32 58, www.beuil.fr

Site★ - Peintures★ de l'église.

L'Escapade

au village – ✆ 04 93 02 31 27 – www.hotelescapade.fr – Fermé 8-19 avril et 1er oct.-26 déc.

11 ch – †63/94 € ††63/94 € – ☕ 12 € – ½ P

Rest ***L'Escapade*** – voir les restaurants ci-après

Au cœur du village, un hôtel familial aux airs de bonne auberge de montagne. Sobre, bon marché et accueillante, l'Escapade est tout cela... et on aurait tort de se priver de son joli goût d'autrefois.

L'Escapade

au village – ✆ 04 93 02 31 27 – www.hotelescapade.fr – Fermé 8-19 avril et 1er oct.-26 déc.

Rest – Menu 24/29 € – Carte environ 46 €

Une bonne auberge que cette Escapade, où gourmandise et terroir sont célébrés avec générosité. Les habitués se retrouvent autour d'un plat de sanguins – ces champignons macérés dans l'huile et le vinaigre –, la spécialité de la maison.

LA BEUNAZ – 74 Haute-Savoie – **328** M2 – rattaché à Bernex

BEUVRON-EN-AUGE – 14 Calvados – **303** L4 – 230 h. – alt. 11 m – ✉ 14430 Normandie Vallée de la Seine **33** C2

Paris 219 – Cabourg 14 – Caen 32 – Lisieux 25

Village★ - Clermont-en-Auge★ NE : 3 km.

Le Pavé d'Hôtes sans rest

– ✆ 02 31 39 39 10 – www.pavedauge.com – Fermé 24 nov.-27 déc. et 1 sem. en fév.

5 ch ☕ – †78/123 € ††85/130 €

Pavé d'Hôtes pour Pavé d'Auge, cette charmante ferme normande du 19e s. est tenue par l'épouse du chef de ce délicieux restaurant. Pourquoi ne pas profiter de l'un et de l'autre ? Les chambres, toutes différentes, conjuguent raffinement et modernité. Excellent petit-déjeuner.

XXX **Le Pavé d'Auge** (Jérôme Bansard)

– ✆ 02 31 79 26 71 – www.pavedauge.com – Fermé 24 nov.-27 déc., 25 fév.-6 mars, mardi sauf du 15 juil. au 31 août et lundi

Rest – Menu 39/68 €

Chaleureux et typiquement normand (colombages, cheminée en pierre), ce restaurant occupe les anciennes halles du village. C'est ici une vocation que de susciter l'échange autour de bons produits ! Au menu, de beaux classiques préparés avec finesse et une interprétation savoureuse de la gastronomie régionale.

➜ Saint-Jacques dans un bouillon de cidre épicé. Croustillant de pied de cochon et de ris de veau, étuvée de champignons. Soufflés. **Vins** Vin de pays du Calvados.

BEUZEVILLE – **27 Eure** – **304** C5 – **4 070 h.** – **alt. 129 m** – ✉ **27210** **32** A3

Normandie Vallée de la Seine

Paris 179 – Bernay 38 – Deauville 26 – Évreux 76

52, rue Constant Fouché, ✆ 02 32 57 72 10, www.beuzeville-tourisme.com

XX **Auberge du Cochon d'Or**

64 r. des Anciens-d'AFN – ✆ 02 32 57 70 46 – www.le-cochon-dor.fr – Fermé 2-22 janv., dim. soir et lundi

Rest – Formule 14 € – Menu 19 € (sem.), 27/42 € – Carte 32/57 €

Croustillant de pied de cochon, fromages normands, teurgoule (cette spécialité régionale de riz au lait cuit plusieurs heures dans une jarre en grès)... Le bon goût du terroir dans cette auberge traditionnelle née au début du 20e s. !

à l'Ouest 3 km par N 175 – ✉ 14130 Quetteville

Hostellerie de la Hauquerie-Chevotel sans rest

Lieu-dit La Hocquerie – ✆ 02 31 65 62 40 – www.chevotel.com – Ouvert 15 mars-15 nov.

15 ch – †110/165 € ††110/165 € – 2 suites – ☕ 14 €

Avis aux amoureux du cheval : cet hôtel s'épanouit au sein d'un haras, avec même quelques chambres au-dessus des écuries ! Un endroit chic, cosy et très verdoyant : de quoi se laisser aller à une douce quiétude et piaffer de plaisir.

LES BÉZARDS – **45 Loiret** – **318** N5 – ✉ **45290** **12** D2

Paris 136 – Auxerre 79 – Gien 17 – Joigny 58

Auberge des Templiers

Boismorand, à 4 km de l'autoroute A 77, sortie 19 – ✆ 02 38 31 80 01 – www.lestempliers.com – Fermé 17 fév.-14 mars

22 ch – †195/295 € ††195/295 € – 6 suites – ☕ 25 € – ½ P

Rest *Auberge des Templiers* – voir les restaurants ci-après

Une superbe architecture tout en colombages (17e s.), du mobilier d'époque, plusieurs cottages aux toits de chaume répartis dans le parc, un accueil et des prestations dans la grande tradition française : tels sont les trésors de ces Templiers !

XXX **Auberge des Templiers**

Boismorand, à 4 km de l'autoroute A 77, sortie 19 – ✆ 02 38 31 80 01 – www.lestempliers.com – Fermé 17 fév.-14 mars

Rest – Menu 48 € (déj.), 78/128 € – Carte 85/150 €

Certaines beautés ne se démodent jamais... Dans un décor de tapisseries, de poutres et de cristal, on savoure une cuisine bien en prise avec son époque. Un savoureux décalage !

➜ Ravioles de champignons sauvages dans un velouté au jus de truffe. Ris de veau croustillant truffé en teriyaki au miel, crème de céleri aux truffes noires. Entremets de l'Auberge. **Vins** Pouilly-Fumé, Sancerre.

BÈZE – 21 Côte-d'Or – 320 L5 – 722 h. – alt. 217 m – ✉ 21310 Bourgogne 8 D2

Paris 337 – Dijon 34 – Dole 86 – Chenôve 47

Le Bourguignon
ch, rest,

8 r. Porte-de-Bessey – ✆ 03 80 75 34 51 – www.lebourguignon.com – Fermé nov.

25 ch – †51/71 € ††51/71 € – ☕ 9,50 € – ½ P

Rest – Menu 13 € (déj.), 23/43 € – Carte 27/64 €

Une auberge de village, jolie et typique. Les chambres sont fonctionnelles et bien tenues (les dernières rénovées étant les plus agréables) ; au restaurant, charme rustique, terroir et tradition.

BÉZIERS – 34 Hérault – 339 E8 – 70 957 h. – Agglo. 84 492 h. 22 B2
– alt. 17 m – ✉ 34500 Languedoc Roussillon

Paris 758 – Marseille 234 – Montpellier 71 – Perpignan 93

de Béziers-Cap d'Agde : ✆ 04 67 80 99 09, 10 km par ④.

1, avenue du Président Wilson, ✆ 04 67 76 20 20, www.beziers-mediterranee.com

de Saint-Thomas, Route de Pezenas, NE : 12 km, ✆ 04 67 39 03 09

Anc. cathédrale St-Nazaire★ : terrasse ≤★ - Musée du Biterois★ BZ **M³** - Jardin St Jacques ≤★.

Mercure sans rest

33 av. Camille-St-Saëns – ✆ 04 67 00 19 96 – www.mercure.com CYf

58 ch – †119/145 € ††119/180 € – ☕ 16 €

Situation idéale pour ce Mercure à côté du palais des congrès. Les chambres arborent un style "cabine de péniche du canal du Midi" : boiseries, hublots et formes arrondies !

Hôtel des Poètes sans rest

80 allées Paul-Riquet – ✆ 04 67 76 38 66 – www.hoteldespoetes.net CZt

14 ch – †45/70 € ††45/70 € – ☕ 8 €

Chambres contemporaines et soignées dans ce petit hôtel confortable du centre. La salle du petit-déjeuner, réchauffée l'hiver par une cheminée, s'ouvre sur le joli parc des Poètes... Idéal pour une promenade romantique !

Clemenceau (Av. G.) AX 9
Corneilhan (Rte de) AX 10
Devèze (Av. de la) AX 12
Dr-Mourrut (Bd) AX 15
Espagne (Rte d') AX 20
Four-à-Chaux (Bd du) AX 25
Genève (Bd de) AX 27
Hort-de-Monseigneur (R. de l') AX 29
Injalbert (Bd A.) AX 30
Jussieu (R. de) AX 33
Kennedy (Bd Prés.) AX 35
Lattre-de-Tassigny (Bd Mar.-de) AX 37
Malbosc (R. L.) AX 42
Nat (Bd Y.) AX 46
Noguères (Rond-Point Henri) AX 66
Pasquet (R. du Lt.) AX 48
Perréal (Bd E.) AX 50
Pont-Vieux (Av. du) AX 51
Port Neuf (Quai du) AX 52
Port-Notre-Dame (Av. du) AX 53
Sartre (Av. Fernand) AX 45
Sérignan (Rte de) AX 62
Verdier (Av. P.) AX 67
Voie Domitienne (Av. de la) AX 70

BÉZIERS

Abreuvoir (R. de l') .... **BZ** 2
Albert-1er (Av.) .... **CY** 3
Bonsi (R. de) .... **BZ** 4
Brousse (Av. Pierre) .... **BZ** 5
Canterelles (R.) .... **BZ** 6
Capus (R. du)............... **BZ** 7
Citadelle (R. de la) .... **BZ** 9
Drs-Bourguet (R. des)........ **BZ** 13
Estienne-d'Orves (Av. d') ... **BZ** 22
Flourens (R. Pierre)......... **BY** 23
Garibaldi (Pl.) .... **CZ** 26
Joffre (Av. Mar.)............. **CZ** 32
Massol (R.) .... **BZ** 43
Moulins (Rampe des)........ **BY** 44
Orb (R. de l') .... **BZ** 47
Péri (Pl. G.) .... **BYZ** 49
Puits-des-Arènes (R. du) ... **BZ** 54
République (R. de la) .... **BY** 55
Révolution (Pl. de la) .... **BZ** 57
Riquet (R. P.)............... **BY** 58
St-Jacques (R.) .... **BZ** 60
Strasbourg (Bd de) .... **CY** 64
Tourventouse (Bd) .... **BZ** 65
Victoire (Pl. de la) .... **BCY** 68
Viennet (R.) .... **BZ** 69
4-Septembre (R. du)........ **BY** 72
11-Novembre (Pl. du)....... **CY** 74

🏠 **Le Clos de Maussanne** ch, rest, VISA

Domaine de Montpeyraux, rte de Pézenas – ✆ 04 67 39 31 81
– www.leclosdemaussanne.com – Fermé 1er-15 mars et 1er-15 nov.
5 ch – 92/97 € 125 € – ½ P
Table d'hôte – Menu 29 €
En pleine nature à 5 km du centre de Béziers, dans un jardin clos de murs, cet ancien couvent abrite de grandes chambres au charme inclassable (meubles de style et antiquités). Table d'hôte où l'on goûte l'art de vivre méditerranéen avec plaisir !

XXX **L'Ambassade** VISA AE

22 bd de Verdun, (face à la gare) – ✆ 04 67 76 06 24
– www.restaurant-lambassade.com – Fermé dim. et lundi **CZn**
Rest – Menu 29 € (sem.), 45/115 € – Carte 55/101 €
Une "ambassade" bien nommée, car le chef est très actif dans la promotion de la gastronomie régionale. Au menu, de bons produits locaux interprétés au goût du jour, et une belle carte de vins languedociens.

Octopus (Fabien Lefebvre)

12 r. Boïeldieu – 04 67 49 90 00 – www.restaurant-octopus.com – Fermé 16 août-8 sept., vacances de Noël, dim. et lundi CYt

Rest – Formule 22 € bc – Menu 30 € bc (déj. en sem.), 45/75 € – Carte 56/82 €

Moment de belle gastronomie au cœur de Béziers : cet Octopus propose une savoureuse cuisine de saison, épurée et centrée sur le produit. Côté salle, le décor est sobre et agréable... mais l'été, préférez la terrasse dans le patio ! Belle sélection de vins "nature".

➜ Poissons de Méditerranée marinés. Poulet fermier cuit en terre d'argile. Boîte à bonbons. **Vins** Saint-Chinian, Corbières.

La Maison de Petit Pierre

22 av. Pierre-Verdier – 04 67 30 91 85 – www.lamaisondepetitpierre.fr – Fermé 17 août-4 sept, 24-30 decembre, 28 fév.-6 mars, lundi soir, mardi soir, merc. soir et dim.

Rest – Menu 15 € (déj.), 38/65 € – Carte 30/60 € AXd

Comme quoi la médiatisation a du bon ! Dans son restaurant non loin des arènes, Pierre Augé – finaliste de Top Chef 2010 – remporte un succès mérité. Les gens se pressent pour déguster sa cuisine, goûteuse et soignée, où les produits frais ont la priorité. Une bonne et sympathique adresse.

à Villeneuve-lès-Béziers 7 km par ③, D 612 et D 37 – 3 914 h. – alt. 6 m – ✉ 34420

24, rue la Fontaine, 04 67 39 48 83, www.villeneuve-les-beziers.fr

La Chamberte

r. de la Source – 04 67 39 84 83 – www.lachamberte.com

5 ch – 72 € 98 € – ½ P **Table d'hôte** – Menu 25 €

Couvert de verdure, cet ancien chai séduit d'emblée par son beau jardin-patio, véritable havre de paix. Le décor est aussi tendance que chaleureux (influences andalouse, exotique...). Table d'hôte dressée sous une belle charpente (plats du marché).

à Maraussan 6 km à l'Ouest par D 14 – 3 609 h. – alt. 38 m – ✉ 34370

Parfums de Garrigues

37 r. de l'Ancienne-Poste – 04 67 90 33 76 – www.parfumsdegarrigues.fr – Fermé dim. soir de sept. à juin, merc. midi en juil. août, lundi et mardi

Rest – Menu 27/65 € – Carte 38/59 €

Une bâtisse joliment restaurée, comptant une confortable salle d'esprit contemporain et une cour intérieure abritant une terrasse ombragée. Cuisine aux parfums de la garrigue, bien sûr !

BIARRITZ – **64 Pyrénées-Atlantiques – 342 C4 – 25 397 h. – alt. 19 m – Casino** 3 A3
– ✉ **64200** Pays Basque et Navarre

Paris 772 – Bayonne 9 – Bordeaux 190 – Pau 122

de Biarritz-Anglet-Bayonne : 05 59 43 83 83, 2 km ABX.

3635 (dîtes auto-train - 0,34 €/mn)

square d'Ixelles - Javalquinto, 05 59 22 37 10, www.biarritz.fr

de Biarritz, 2 avenue Edith Cavell, NE : 1 km, 05 59 03 71 80

d'Ilbarritz, à Bidart, Avenue du Château, S : 3 km par D 911, 05 59 43 81 30

d'Arcangues, à Arcangues, Jaureguiborde, SE : 8 km, 05 59 43 10 56

≤★★ de la Perspective - ≤★ du phare et de la Pointe St-Martin AX - Rocher de la Vierge★ - Musée de la mer★.

Plans pages suivantes

Hôtel du Palais

1 av. de l'Impératrice – 05 59 41 64 00 – www.hotel-du-palais.com

122 ch – 325/575 € 400/650 € – 30 suites – 35 € – ½ P EYk

Rest ***La Villa Eugénie*** – voir les restaurants ci-après

Rest ***La Rotonde*** – Menu 65 € – Carte 69/102 €

Un véritable palais de bord de mer... Résidence d'été construite par Napoléon III pour son épouse Eugénie, il accueillit toute la cour du Second Empire, avant d'être l'un des hauts lieux de la Belle Époque (il devint hôtel en 1893). Grand escalier magistral, antiquités, confort dans les moindres détails, somptueuse rotonde face à la plage... Luxe intemporel !

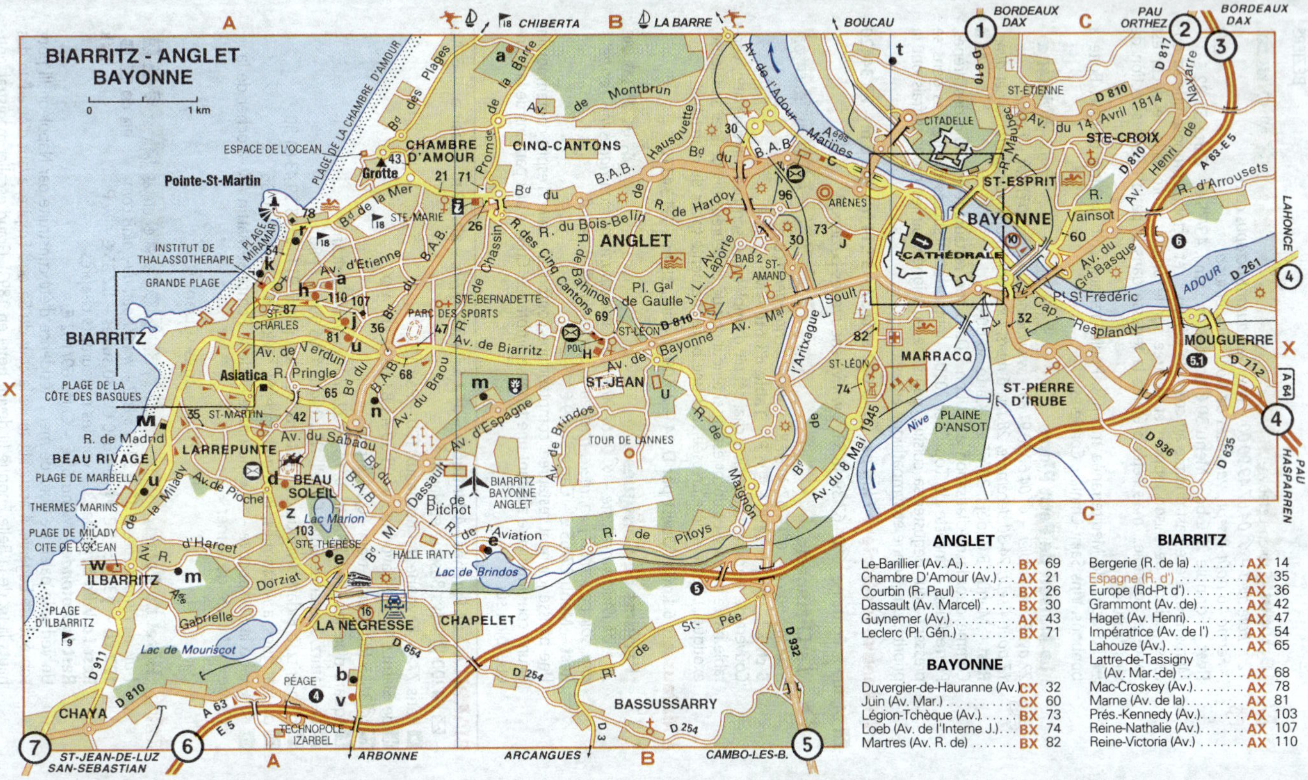

ANGLET

Le-Barillier (Av. A.)	BX	69
Chambre D'Amour (Av.)	AX	21
Courbin (R. Paul)	BX	26
Dassault (Av. Marcel)	BX	30
Guynemer (Av.)	AX	43
Leclerc (Pl. Gén.)	BX	71

BAYONNE

Duvergier-de-Hauranne (Av.)	CX	32
Juin (Av. Mar.)	CX	60
Légion-Tchèque (Av.)	BX	73
Loeb (Av. de l'Interne J.)	BX	74
Martres (Av. R. de)	BX	82

BIARRITZ

Bergerie (R. de la)	AX	14
Espagne (R. d')	AX	35
Europe (Rd-Pt d')	AX	36
Grammont (Av. de)	AX	42
Haget (Av. Henri)	AX	47
Impératrice (Av. de l')	AX	54
Lahouze (Av.)	AX	65
Lattre-de-Tassigny (Av. Mar.-de)	AX	68
Mac-Croskey (Av.)	AX	78
Marne (Av. de la)	AX	81
Prés.-Kennedy (Av.)	AX	103
Reine-Nathalie (Av.)	AX	107
Reine-Victoria (Av.)	AX	110

Atalaye (Pl.) .... DY 4	Gaulle (Bd du Gén.-de) .... EY 37	Mazagran (R.) .... EY 84
Barthou (Av. Louis) .... EY 11	Goélands (R. des) .... DY 40	Osuna (Av. d') .... EY 95
Beaurivage (Av.) .... DZ 12	Helder (R. du) .... EY 49	Port-Vieux (Pl. du) .... DY 99
Champ-Lacombe (R.) .... EZ 22	Hélianthe (Rd-Pt) .... DZ 50	Port-Vieux (R. du) .... DY 100
Clemenceau (Pl.) .... EY 25	Larralde (R.) .... EY 66	Rocher de la Vierge (Espl. du) .... DY 114
Édouard-VII (Av.) .... EY	Larre (R. Gaston) .... DY 67	Sobradiel (Pl.) .... EZ 117
Espagne (R. d') .... DZ 35	Leclerc (Bd Mar.) .... DEY 70	Verdun (Av. de) .... EY
Foch (Av. du Mar.) .... EZ	Libération (Pl. de la) .... EZ 72	Victor-Hugo (Av.) .... EYZ
Gambetta (R.) .... DEZ	Marne (Av. de la) .... EY 81	

Sofitel Le Miramar Thalassa Sea & Spa

13 r. Louison-Bobet rest,
– ✆ 05 59 41 30 01 – www.sofitel.com **AXk**
109 ch – 🚹170/1200 € 🚹🚹170/1200 € – 17 suites – ☕ 28 € – ½ P
Rest ***Le B*** ✆ 05 59 41 30 00 – Formule 44 € – Menu 58 € – Carte 60/75 €
Cet hôtel, situé face au rocher de la Vierge, abrite un centre de thalasso et un spa. Chambres spacieuses, certaines avec terrasse ouverte sur la mer ; accès direct à la plage. Au B, ambiance moderne ou feutrée. Cuisine gastronomique ou allégée.

Radisson Blu

rest, rest,
1 carrefour Hélianthe – ✆ 05 59 01 13 13 – www.radissonblu.fr/hotel-biarritz
150 ch – 🚹99/325 € 🚹🚹120/550 € – ☕ 23 € – ½ P **DZt**
Rest – Formule 18 € – Menu 32 € – Carte 26/52 €
Décor actuel dans les chambres spacieuses de cet hôtel idéal pour la clientèle d'affaires. Grande terrasse et piscine sur le toit. Lounge-bar et restaurant d'esprit trendy (cuisine du marché).

Beaumanoir sans rest

10 av. de Tamamès – ✆ 05 59 24 89 29 – www.lebeaumanoir.com
– Ouvert début avril à mi-nov. **AXn**
5 ch – 🚹250/500 € 🚹🚹250/500 € – 3 suites – ☕ 29 €
Mobilier baroque et design, salle à manger d'esprit orangeraie, bar à champagne et suites ! Un charme luxueux règne dans ces anciennes écuries, à deux pas du centre et des plages.

Le Café de Paris

5 pl. Bellevue – ✆ 05 59 24 19 53 – www.hotel-cafedeparis-biarritz.com EY**t**

19 ch – 195/420 € 255/430 € – 2 suites – 20 € – ½ P

Rest – Menu 21 € (déj. en sem.) – Carte 32/60 €

Ambiance jeune et animée dans cette institution de Biarritz au cadre résolument contemporain : mobilier design, murs ornés de peintures d'un artiste basque. Chambres avec vue sur l'Océan et le phare. Restaurant moderne avec belle terrasse ; carte brasserie.

Mercure Thalassa Regina et du Golf

52 av. de l'Impératrice – ✆ 05 59 41 33 00 – www.mercure.com – Fermé janv. AX**r**

65 ch – 75/455 € 75/455 € – 2 suites – 20 €

Rest *(dîner seult)* – Menu 37 € – Carte environ 40 €

Élégante résidence de style Second Empire. Confortables chambres, côté golf ou face à l'Océan, desservies par des coursives plongeant sur le bel atrium coiffé d'une verrière. Le restaurant séduit par son décor marin et son aménagement sous vélum.

Mercure Plaza Centre sans rest

10 av. Édouard-VII – ✆ 05 59 24 74 00 – www.groupe-segeric.com EY**p**

69 ch – 135/210 € 135/210 € – 17 €

L'esprit Art déco imprègne les lieux de cet hôtel mythique, tourné vers la plage et le casino. Jolies chambres au décor alliant modernité et années 1930. Soirées jazz.

Grand Tonic Hôtel

58 av. Édouard-VII – ✆ 05 59 24 58 58 – www.tonichotel.com EY**d**

63 ch – 100/450 € 100/450 € – 15 € – ½ P

Rest *La Maison Biarrotte* – Formule 20 € – Menu 25/35 € – Carte 22/69 €

Un hôtel élégant et moderne à deux pas de la Grande Plage. Chambres au design soigné, équipées de baignoires hydromassantes pour des réveils toniques ! Agréable salle cosy et cuisine du marché.

Silhouette

30 r. Gambetta – ✆ 05 59 24 93 82 – www.hotel-silhouette-biarritz.com EZ**f**

20 ch – 159/239 € 195/325 € – 13 € – ½ P

Rest *(Ouvert de mai à nov.)* – Formule 18 € bc – Menu 35/49 € – Carte 33/55 €

Une architecture noble et des décors originaux (notes colorées, papiers peints d'inspiration surréaliste, etc.) : cette demeure du 17e s. – ancienne propriété de la famille de Silhouette – a fait sa mue en 2011. Déco tendance et détente, surtout dans les chambres avec vue sur la mer...

Hôtel 7B (N) sans rest

7 r. de Gascogne – ✆ 05 59 50 07 77 – www.hotel7b.com EZ**x**

13 ch – 90/190 € 90/230 € – 14 €

Un hôtel résolument contemporain dans une rue tranquille du centre-ville. Dans les chambres, mobilier design et photos de sport automobile composent un décor assez branché. Aux beaux jours, on prend son petit-déjeuner – avec l'incontournable gâteau basque ! – dans le joli patio...

Édouard VII sans rest

21 av. Carnot – ✆ 05 59 22 39 80 – www.hotel-edouardvii.com EZ**k**

18 ch – 80/180 € 80/180 € – 10 €

Accueil sympathique en cette jolie villa biarrote de la fin du 18e s. Chambres claires, agréablement personnalisées dans un esprit maison bourgeoise.

Saint-Julien (N) sans rest

20 r. Carnot – ✆ 05 59 24 20 39 – www.saint-julien-biarritz.com – Fermé 24 fév.-20 mars EZ**a**

20 ch – 85/170 € 85/230 € – 11 €

Cet hôtel – entièrement rénové en 2011 – connaît une seconde jeunesse ! Les chambres y sont joliment décorées et bien insonorisées. Il fait bon laisser sa voiture au parking de l'établissement pour partir, à pied, à la découverte de la ville. L'été, petit-déjeuner servi en terrasse.

Mercure Le Président sans rest
18 pl. G.-Clemenceau – ✆ 05 59 24 66 40 – www.mercure.com EY**b**
69 ch – †125/185 € ††125/185 € – ☕ 17 €
Un hôtel des années 1970, mais une décoration et un confort très actuels : notes vives, surf à l'honneur et dominante de blanc dans les chambres (certaines avec vue sur la baie).

Alcyon sans rest
8 r. Maison-Suisse – ✆ 05 59 22 64 60 – www.hotel-alcyon-biarritz.com
– Fermé 22 déc.-21 mars EY**x**
15 ch – †85/190 € ††85/190 € – ☕ 11 €
Cet hôtel marie charme des maisons anciennes et confort moderne : salon contemporain, salle des petits-déjeuners design et chambres aux tons chauds, dans l'air du temps.

Le Biarritz
rest,
30 av. de la Milady – ✆ 05 59 23 83 03 – www.biarritz-thalasso.com AX**u**
49 ch – †93/251 € ††122/432 € – ☕ 13 € – ½ P
Rest – Menu 24 € (déj. en sem.) – Carte 23/42 €
À deux pas des thermes marins (accessibles à des tarifs préférentiels), cet hôtel propose de confortables chambres contemporaines d'esprit bord de mer. Le Ponton ouvre grand ses baies sur l'Océan. Terrasse aux beaux jours et carte actuelle.

Maïtagaria sans rest
34 av. Carnot – ✆ 05 59 24 26 65 – www.hotel-maitagaria.com
– Fermé 22 nov.-13 déc. EZ**m**
15 ch – †64/99 € ††79/115 € – ☕ 10 €
Demeure de style régional et d'esprit maison d'hôte. Le mobilier chiné des chambres (fonctionnelles ou plus confortables) est largement Art déco. Salon ouvert sur le jardin.

Windsor
ch,
19 bd du Gén.-de-Gaulle, (Grande Plage) – ✆ 05 59 24 08 52
– www.hotelwindsorbiarritz.com EY**a**
48 ch – †80/300 € ††80/300 € – ☕ 18 € – ½ P
Rest *Le Galion* ✆ 05 59 24 20 32 *(fermé dim. soir du 16 nov. au 29 fév., lundi sauf le soir du 1er juil. au 15 sept. et mardi midi)* – Formule 19 € – Menu 30 €
– Carte 43/56 €
Océan, ville ou cour : l'exposition des chambres – rénovées en 2012 – de cet établissement voisin de la Grande Plage varie. Situé à 50 m, le restaurant panoramique offre une vue sur l'Atlantique. Plats traditionnels axés sur les produits de la mer.

Maison Garnier sans rest
29 r. Gambetta – ✆ 05 59 01 60 70 – www.hotel-biarritz.com – Fermé 3-22 déc. et 6-19 janv. EZ**e**
7 ch – †65/120 € ††75/175 € – ☕ 13 €
Coquette villa biarrote du 19e s., agréablement aménagée. Mobilier ancien et décoration soignée font tout le cachet des chambres, assez grandes.

Oxo sans rest
38 av. de Verdun – ✆ 05 59 24 26 17 – www.hotel-oxo.com – Fermé 21 déc.-4 janv. EY**e**
20 ch – †59/105 € ††60/125 € – ☕ 8 €
Oxo... pour oxygène des montagnes et océan. Établissement situé sur un axe semi-piéton (face à la médiathèque) ; chambres d'esprit contemporain, mêlant gris souris et couleurs vives.

Villa Le Goëland sans rest
12 plateau de l'Atalaye – ✆ 06 87 66 22 19 – www.villagoeland.com – Fermé vacances de Noël et de fév. DY**w**
4 ch – †130/250 € ††130/280 € – ☕ 10 €
Grande villa érigée sur l'un des sites les plus agréables de Biarritz : le panorama, superbe, va de l'Espagne à la côte landaise. Certaines chambres ont une terrasse.

Nere-Chocoa sans rest
28 r. Larreguy – ✆ 06 08 33 84 35 – www.nerechocoa.com AX**e**
5 ch – †75/80 € ††75/80 € – ☕ 10 €
Cette maison basque entourée de chênes a hébergé des hôtes illustres, telle l'impératrice Eugénie. Ambiance galerie d'art contemporain (vernissages, expositions), grandes chambres.

La Ferme de Biarritz sans rest

15 r. Harcet – ✆ 05 59 23 40 27 – www.fermedebiarritz.com – Fermé 1er-16 déc.

5 ch – †55/90 € ††55/90 € – ☐ 8,50 € AX**m**

Près de la plage, ferme basque du 17e s. bien restaurée. Coquettes chambres mansardées, agrémentées de meubles anciens. Petit-déjeuner dans le jardin ou devant la cheminée.

La Villa Eugénie – Hôtel du Palais

1 av. de l'Impératrice – ✆ 05 59 41 64 00 – www.hotel-du-palais.com – Fermé fév., lundi et mardi de sept. à juin et le midi en juil.-août EY**k**

Rest – Menu 130 € – Carte 100/160 €

Pour marcher sur les traces de l'impératrice Eugénie, à laquelle Biarritz doit tant. Au cœur de son ancien palais, dans l'intimité d'élégants salons, on déguste une cuisine raffinée et... nullement figée : notes d'Asie, sucré-salé, épure, etc.

➜ Asperges vertes, foie gras et œuf poché, sauce ivoire à la truffe. Filets de rouget poêlés, chipirons et riz crémeux, sauce à l'encre au piment d'Espelette. L'instant au chocolat, sauce aux grains de café.

Philippe

30 av. du Lac-Marion – ✆ 05 59 23 13 12 – www.restaurant-biarritz.com – Fermé 2 sem. en mars, 2 sem. en nov., mardi d'oct. à juin et lundi sauf août AX**d**

Rest *(dîner seult) (nombre de couverts limité, réserver)* – Menu 55/100 € bc – Carte 36/95 €

Cuisines ouvertes, plats inventifs à base de produits bio, décor avant-gardiste dans un cadre style hangar : ce restaurant surprend et séduit. Dépôt-vente d'art contemporain.

Les Rosiers (Andrée et Stéphane Rosier)

32 av. Beau Soleil – ✆ 05 59 23 13 68 – www.restaurant-lesrosiers.fr – Fermé merc. midi en août, lundi sauf le soir en août et mardi sauf le soir en juil.-août

Rest – Menu 37 € (déj. en sem.)/75 € – Carte 65/85 € AX**z**

Cadre élégant, tout en sobriété, servant d'écrin à une séduisante cuisine "vérité" réalisée à quatre mains, avec une maîtrise technique évidente. Madame a été la première "Meilleure ouvrière de France" !

➜ Crabe en gelée de crustacés, caramel et bavarois de fenouil. Ris de veau cuit dans un beurre mousseux au thym frais, macaronis aux blettes. Chocolat au parfum d'expresso, glace caramel au beurre demi-sel. **Vins** Irouléguy, Jurançon.

L'Atelier (Alexandre Bousquet)

18 r. de la Bergerie – ✆ 05 59 22 09 37 – www.latelierbiarritz.com – Fermé 1 sem. en juin, 2 sem. en oct., 2 sem. en janv., sam. midi, dim. soir et lundi sauf vacances scolaires et fériés AX**h**

Rest – Formule 25 € – Menu 35 € (déj. en sem.), 58/95 € bc – Carte environ 61 €

Un véritable atelier culinaire, par un jeune chef passionné qui signe des recettes originales et décomplexées – mais pas complexes. Ses compositions se révèlent aussi intéressantes que savoureuses. Bref, cette table fait plaisir !

➜ Langoustines rôties, glace petits pois-menthe et mousse pamplemousse. Rouget de nos côtes cuit à l'unilatéral et mousseline au safran. Pithiviers pomme-raisin et crème glacée rhum-raisin.

L'Impertinent N (Fabian Feldmann)

5 r. d'Alsace – ✆ 05 59 51 03 67 – www.l-impertinent.fr – Fermé jeudi midi et merc.

Rest – Menu 28 € bc (déj. en sem.), 49/79 € – Carte 61/71 € AX**a**

Ici, point de conventions, le chef – d'origine allemande – laisse libre cours à sa créativité. Dans l'assiette, les produits, d'une très belle fraîcheur, sont parfaitement cuisinés et assaisonnés avec originalité. On est surpris, on se régale. Incontestablement, l'impertinence n'est pas contraire au talent !

➜ Huîtres, cédrat, céleri et pomme verte. Lieu jaune de ligne, variation d'asperges blanches et jaune d'œuf cuit à basse température. Le curry vert (dessert).

Sissinou

5 av. Mar.-Foch – ✆ 05 59 22 51 50 – www.sissinou.com – Fermé 23 juin-2 juil., vacances de la Toussaint et de fév., dim. et lundi sauf août et le midi en août

Rest – Formule 30 € – Menu 40 € (déj.)/58 € EZ**n**

Agréable atmosphère néobistrot (banquettes, teintes chatoyantes, service décontracté) et recettes actuelles, généreuses et gourmandes.

La Table d'Aranda

87 av. de la Marne – ✆ 05 59 22 16 04 – www.tabledaranda.fr – Fermé 2 sem. en janv., lundi sauf le soir en juil.-août et dim. AXj

Rest – Formule 15 € – Menu 20 € (déj.)/29 € – Carte 40/49 €

Bon bouche à oreille pour cette table vouée à la satisfaction de vos papilles... Ambiance rustique et basque (ancienne rôtisserie) ; cuisine personnelle, autour du sucré-salé.

Le Sin

1 av. de la Plage, (au 1er étage de la Cité de l'Océan) – ✆ 05 59 47 82 89 – www.le-sin.com – Fermé 8-29 janv., dim. soir et lundi sauf juil.-août AXw

Rest – Formule 30 € – Carte 45/62 €

Au sein de la Cité de l'Océan, immanquable avec son architecture en forme de vague – une création de Steven Holl –, le Sin offre une vue magnifique sur la mer et le château d'Ilbarritz. Derrière les fourneaux, le chef surfe joliment sur l'air du temps et valorise de beaux produits. L'été, profitez de la terrasse.

Léonie

7 av. Larochefoucauld – ✆ 05 59 41 01 26 – www.restaurant-leonie.com – Fermé 19-27 mars, 18 juin-3 juil., 26 nov.-11 déc., sam. midi, dim. soir et merc.

Rest – Formule 15 € – Menu 24/35 € – Carte 27/50 € AXu

Banquettes rouges et murs orange... Voilà un décor des plus chaleureux ! Dans l'assiette : plats bistrotiers, simples, goûteux et généreux.

Le Clos Basque

12 r. Louis Barthou – ✆ 05 59 24 24 96 – Fermé fin juin-début juil., fin oct. à mi-nov., fin fév. à mi-mars, dim. soir sauf juil.-août et lundi EYv

Rest *(nombre de couverts limité, réserver)* – Menu 26/31 €

Pierres apparentes et azulejos confèrent un esprit ibérique à la petite salle, où l'on mange au coude-à-coude. Derrière les fourneaux, le chef signe une goûteuse cuisine du marché teintée de notes basques. Pensez à réserver, c'est presque toujours complet – et la terrasse est un must !

Chez Ospi

6 r. Jean-Bart – ✆ 05 59 24 64 98 – www.chezospi.com – Fermé 1 sem. en mars, 1er-7 juil., 13 nov.-11 déc. , mardi et merc. de sept. à juin

Rest *(dîner seult en juil.-août)* – Formule 14 € – Menu 18 € (déj.)/56 € – Carte environ 40 € EYZh

Dans une petite rue du centre-ville, ce bistrot de quartier tout simple se révèle très gourmand. En cuisine œuvrent deux frères, qui composent une belle cuisine du marché – produits du terroir basque en tête. Ils ont de qui tenir, ils sont de la famille Ospital, célèbre pour sa charcuterie à Hasparren !

Chez Albert

au Port-des-Pêcheurs – ✆ 05 59 24 43 84 – www.chezalbert.fr – Fermé 26 nov.-11 fév. et merc. sauf juil.-août DYv

Rest – Carte 38/59 €

Si tous les chemins mènent à Rome, un seul conduit chez Albert. Dans cette adresse animée et décontractée, sur le vieux port des pêcheurs, les produits de la mer sont à l'honneur ! Mention spéciale pour les poissons sauvages.

au lac de Brindos 4 km au Sud-Est – ✉ 64600 Anglet

Château de Brindos

1 allée du Château – ✆ 05 59 23 89 80 – www.chateaudebrindos.com – Fermé 24 fév.-10 mars BXe

24 ch – †175/275 € ††220/340 € – 5 suites – ☕ 25 € – ½ P

Rest *Château de Brindos* ✿ – voir les restaurants ci-après

Bel établissement dressé au bord d'un lac privé de 10 ha. Les chambres tutoient la verdure ou les flots, mêlant confort contemporain et architecture éclectique : la bâtisse principale fut bâtie dans les années 1920 comme un lieu de fête.

Château de Brindos
1 allée du Château – ✆ 05 59 23 89 80 – www.chateaudebrindos.com – Fermé 1er-10 mars, dim. soir et lundi sauf de Pâques à la Toussaint BXe
Rest – Menu 35 € bc (déj. en sem.), 49/95 € – Carte 60/70 €
C'est d'abord un bel endroit – une élégante villégiature créée au début du 20e s. sur les rives d'un lac bucolique –, et c'est aussi une bonne table dont les assiettes se démarquent par leur qualité d'exécution et l'attention portée aux saveurs. Aux beaux jours, profitez de la terrasse au bord de l'eau...
➜ Huître en raviole iodée, cresson et pain de seigle. Merlu de nos côtes en papillote d'herbes fraîches, sauce bourride. Soufflé au chocolat, glace à la cerise.

rte d'Arbonne 4 km au Sud par La Négresse et D 255 – ✉ 64200 Biarritz

Le Château du Clair de Lune sans rest
48 av. Alan-Seeger – ✆ 05 59 41 53 20 – www.hotelclairlune.com AXb
17 ch – †90/120 € ††110/190 € – ☐ 11 €
Dans un joli parc où flâner au clair de lune, charmante demeure bourgeoise (1902) abritant des chambres raffinées ; décor plus contemporain dans le pavillon.

Campagne et Gourmandise
52 av. Alan-Seeger – ✆ 05 59 41 10 11 – www.campagneetgourmandise.com – Fermé dim. soir, lundi midi et merc. AXv
Rest – Menu 36/50 € – Carte 50/80 €
Cette ancienne ferme nichée dans un vaste jardin, face aux Pyrénées, propose une cuisine classique actualisée. Salle cosy, belle cheminée et jolie terrasse.

à Arbonne 7 km au Sud par La Négresse et D 255 – 1 993 h. – alt. 37 m – ✉ 64210

Laminak sans rest
rte de St-Pée – ✆ 05 59 41 95 40 – www.hotel-laminak.com
12 ch – †75 € ††90/105 € – ☐ 11 €
Jolie ferme du 18e s. dans un jardin verdoyant. Chambres au décor soigné ; petits-déjeuners (confitures maison) servis sous la véranda, ouverte sur la piscine.

à Arcangues 8 km par La Négresse, D 254 et D 3 – 3 116 h. – alt. 80 m – ✉ 64200
ℹ le bourg, ✆ 05 59 43 08 55, www.arcangues.fr

Les Volets Bleus sans rest
chemin Etchegaraya, 2 km au Sud sur ancienne rte de St-Pée – ✆ 06 07 69 03 85 – www.lesvoletsbleus.fr – Fermé janv. et fév.
5 ch ☐ – †98/164 € ††110/175 €
Quiétude, verdure, authenticité : les atouts de cette villa basque perdue en pleine campagne. Matériaux nobles, chambres spacieuses aux murs patinés, tomettes et boutis.

Le Moulin d'Alotz (Benoit Sarthou)
chemin Alotz-Errota, 3 km au Sud par rte d'Arbonne et rte secondaire – ✆ 05 59 43 04 54 – www.lemoulindalotz.com – Fermé 24 juin-3 juil., 12-21 nov., janv., merc. sauf le soir en juil.-août et mardi
Rest *(nombre de couverts limité, réserver)* – Carte environ 70 €
Atmosphère bucolique et romantique en ce moulin basque du 17e s. niché dans la verdure... Le chef signe une cuisine raffinée, remplie de sensibilité et d'émotion, qui régale le corps comme l'esprit ! Une belle adresse, très courue : il est parfois difficile d'y obtenir une table en saison.
➜ Homard caramélisé, bisque crémeuse et pinces croustillantes. Pigeonneau rôti, pastilla aux cuisses confites, beignet de datte et citron confit. Gâteau frangipane à la pistache, confit de tomate parfumé aux épices.

Voir aussi ressources hôtelières à ***Anglet***

BIDARRAY – **64 Pyrénées-Atlantiques – 342 D3 – 633 h. – alt. 110 m** 3 A3
– ✉ **64780** Pays Basque et Navarre
Paris 799 – Biarritz 37 – Cambo-les-Bains 17 – Pau 127

Ostapé
rte d'Itxassou, 4 km au Nord par D 349 – ✆ 05 59 37 91 91 – www.ostape.com – Ouvert de mars à nov.
22 suites – 170/530 € – 22 €
Rest *Ostapé* – voir les restaurants ci-après
Plusieurs villas de style basque se fondent dans un paysage verdoyant – un parc de 45 ha que l'on parcourt avec une golfette prêtée pour le séjour ! Avec ses chambres spacieuses et raffinées, ses belles prestations, voilà bien un domaine à part...

Ostapé
rte d'Itxassou, 4 km au Nord par D 349 – ✆ 05 59 37 91 91 – www.ostape.com – Ouvert de mars à nov., fermé merc. midi et mardi sauf juil.-août
Rest – Formule 30 € – Menu 39/75 € – Carte environ 58 €
Au sein d'un domaine bucolique, entre des murs du 17e s., cette table élégante revisite avec bonheur la gastronomie navarraise. Au menu : variations autour des bons produits locaux et incontournables tels que morue à la biscayenne ou gâteau basque.

BIDART – 64 Pyrénées-Atlantiques – 342 C4 – 6 117 h. – alt. 40 m – ✉ 64210 3 A3

Pays Basque et Navarre
Paris 778 – Bayonne 17 – Biarritz 7 – Pau 122
rue d'Erretegia, ✆ 05 59 54 93 85, www.bidarttourisme.com
d'Ilbarritz, Avenue du Château, N : 3 km par N 10 et D 911, ✆ 05 59 43 81 30
Chapelle Ste-Madeleine ✻★.

Hostellerie des Frères Ibarboure
chemin Ttalienea, 4 km au Sud par D 810, rte Ahetze et rte secondaire – ✆ 05 59 54 81 64 – www.freresibarboure.com – Fermé 18 nov.-6 déc. et 6-24 janv.
12 ch – 119/194 € 174/246 € – 15 €
Rest *Table des Frères Ibarboure* ✿ – voir les restaurants ci-après
Beaucoup de fraîcheur et de calme dans les chambres de cette grande demeure basque, qui est aussi une étape gastronomique reconnue dans la région. Bel atout : l'écrin de verdure du parc. Petit-déjeuner gourmand servi, l'été, au bord de la piscine.

Villa L'Arche sans rest
chemin Camboénéa – ✆ 05 59 51 65 95 – www.villalarche.com – Ouvert 16 fév.-20 nov.
8 ch – 125/180 € 160/295 € – 15 €
Une grande villa ornée de mosaïques bleues, comme une œuvre de Gaudí sur la falaise. L'intérieur a été entièrement refait dans un style design ; accès direct à la plage par un petit chemin.

Itsas Mendia (N) sans rest
11 av. de la Grande-Plage – ✆ 05 59 54 90 23 – www.hotelbidart.com – Fermé 4 janv.-16 fév.
15 ch – 95/349 € 105/349 € – 12 €
L'enseigne – "mer et montagne" en basque – ne ment pas ! Dans cet hôtel proche de l'Océan, on aperçoit les Pyrénées... Construit dans les années 1920 par l'arrière-grand-père de la propriétaire actuelle, l'établissement, entièrement rénové en 2010, n'a rien d'un musée. La preuve avec les chambres, résolument design.

Ouessant-Ty sans rest
3 r. Erretegia – ✆ 05 59 54 71 89 – www.ouessantty.com
12 ch – 69/110 € 69/110 € – 8,50 €
Un bâtiment tout blanc avec des volets bleus au centre du village, à deux pas des plages. Grandes chambres meublées de rotin et appart-hôtels à la semaine. Crêperie attenante.

Irigoian sans rest
av. de Biarritz – ✆ 05 59 43 83 00 – www.irigoian.com
5 ch – 95/120 € 95/130 € – 9 €
Ferme du 17e s. aux colombages bleus, typiquement basque, près d'un golf et de la plage. Jolies chambres simples, spacieuses et habillées de teintes pastel. Accueil convivial.

Table des Frères Ibarboure (Jean-Philippe et Xabi Ibarboure)
chemin Ttalienea, 4 km au Sud par D 810, rte Ahetze et rte secondaire – ✆ 05 59 54 81 64 – www.freresibarboure.com – Fermé 18 nov.-6 déc., 6-24 janv., lundi sauf le soir d'avril à nov. et merc. de sept. à juin
Rest – Menu 39 € (déj. en sem.), 58/108 € – Carte 71/100 €
La deuxième branche de la famille Ibarboure – l'autre faisant les beaux jours de Guéthary – confirme que la dynastie est incontournable dans le paysage de la gastronomie basque ! Sens des saveurs et de l'invention, qualité d'exécution et des produits : la table séduit, comme l'accueil et le cadre, délicieux face au jardin.
➜ Sublimation de tomates anciennes. Cochon kintoa : poitrine laquée, filet mignon rôti au chorizo et millefeuille d'oreille. Dégustation de grands crus de chocolats. **Vins** Irouléguy, Jurançon.

Villa Ilbarritz
av. de Biarritz – ✆ 05 59 23 82 07 – www.villa-ilbarritz.fr – Fermé le midi en juil.-août, sam. midi, dim. soir et lundi
Rest – Formule 19 € – Menu 22 € (déj.), 30/49 € – Carte 43/50 € le soir
Une belle villa autour d'un patio fleuri – atmosphère feutrée et contemporaine – pour une cuisine de produits sans chichis, qui mêle les influences avec éclectisme. Filet de bœuf à la bordelaise, crevettes tigrées à la plancha... Simple et goûteux !

BIEF – 25 Doubs – **321** K3 – rattaché à Villars-sous-Dampjoux

---

BIELLE – 64 Pyrénées-Atlantiques – **342** J6 – 450 h. – alt. 448 m – ✉ 64260 **3** B3
Aquitaine

Paris 803 – Laruns 9 – Lourdes 43 – Oloron-Ste-Marie 26

L'Ayguelade
1 km par rte de Pau – ✆ 05 59 82 60 06 – www.hotel-ayguelade.com – Fermé vacances de la Toussaint, janv., vend. soir et merc. sauf juil.-août et sam. midi
12 ch – †58/68 € ††58/78 € – ☕ 8 € – ½ P
Rest – Menu 18 € (déj. en sem.), 26/35 € – Carte 38/45 €
Cet hôtel situé sur la route d'Espagne, entièrement rénové en 2010, abrite des chambres à la fois fonctionnelles et coquettes (tissus et murs colorés, mobilier moderne), fort bien tenues. Restaurant traditionnel.

BIESHEIM – 68 Haut-Rhin – **315** J8 – rattaché à Neuf-Brisach

---

BIGNAN – 56 Morbihan – **308** O7 – rattaché à Locminé

BILLIERS – 56 Morbihan – **308** Q9 – 925 h. – alt. 20 m – ✉ 56190 **10** C3

Paris 461 – La Baule 42 – Nantes 87 – Redon 39

Domaine de Rochevilaine
à la Pointe de Pen Lan, 2 km par D 5 – ✆ 02 97 41 61 61 – www.domainerochevilaine.com
34 ch – †163/456 € ††163/456 € – 4 suites – ☕ 23 € – ½ P
Rest *Domaine de Rochevilaine* – voir les restaurants ci-après
Sur une pointe rocheuse fendant l'océan : l'âme du granit... alliée au luxe ! Le domaine consiste en un hameau (avec quelques bâtisses très anciennes), mêlant identité bretonne et décors ethniques – notamment au centre de balnéothérapie.

Les Glycines sans rest
17 pl. de l'Église – ✆ 02 97 45 69 68 – www.lesglycinesmorbihan.com
5 ch ☕ – †86/136 € ††96/136 €
Maison tout de bleu et de blanc sur la place du village. Salon avec piano, rempli de livres, bibelots et tableaux. Chambres hautes en couleur ; salle de jeu pour les enfants.

Domaine de Rochevilaine

à la Pointe de Pen Lan, 2 km par D 5 – 02 97 41 61 61 – www.domainerochevilaine.com

Rest – Menu 40 € (déj. en sem.), 76/105 € – Carte 81/89 €

Envie de saveurs iodées, de fruits de mer rosés et savoureux, de poisson encore nimbé de l'écume de la marée ? Cette table est tout indiquée, qui fait un sacerdoce de respecter le produit, au-dessus de tout. Vue sur les flots.

➜ Expression bretonne au gré du retour de pêche. Homard bleu de casier au beurre demi-sel, sauce coraillée. Les desserts bretons revisités.

BILLY – 41 Loir-et-Cher – 318 G8 – 849 h. – alt. 90 m – ✉ 41130 — 11 B1

Paris 252 – Blois 40 – Châteauroux 62 – Orléans 127

Le Pont de Sauldre

2 r. Nationale, 2 km au Nord rte de Selles-sur-Cher – 02 54 96 21 65 – www.lepontdesauldre.fr – Fermé dim. soir et lundi

Rest – Menu 17 € (sem.), 24/41 € – Carte 37/48 €

Attention les yeux ! Dans ce restaurant aux murs d'un rouge éclatant, on savoure une cuisine de tradition avec de beaux produits : galantine, jambon de pays, fromages de chèvre de la région, tarte au citron... Le chef fait même son pain ! Une bonne adresse pour se régaler à prix raisonnables.

BIOT – 06 Alpes-Maritimes – 341 D6 – 9 118 h. – alt. 80 m – ✉ 06410 — 42 E2

Côte d'Azur

Paris 910 – Antibes 6 – Cagnes-sur-Mer 9 – Cannes 17

46, rue Saint-Sébastien, 04 93 65 78 00

de Biot, Avenue Michard Pelissier, S : 1 km, 04 93 65 08 48

Musée national Fernand Léger★★ - Retable du Rosaire★ dans l'église.

Domaine du Jas sans rest

625 rte de la Mer, D 4 – 04 93 65 50 50 – www.domainedujas.com – Fermé 15 nov.-15 fév.

19 ch – 85/125 € 100/195 € – 15 €

Des chambres mignonnes et provençales (dont trois familiales et un duplex) dans de petites villas, avec balcon ou terrasse donnant sur la piscine, le jardin ou le village de Biot : vivez au rythme du Sud !

Bastide Valmasque sans rest

1110 rte d'Antibes, (au Golf de Biot), 1 km au Sud – 04 93 65 21 42 – www.bastidevalmasque.com

5 ch – 70/130 € 75/140 €

Quelque part entre Bollywood et la Provence, il y a cette bastide rouge. De ses voyages, le propriétaire a rapporté des meubles ethniques et le goût des couleurs, pour une déco contemporaine fraîche et inattendue... juste en face du golf.

Les Terraillers (Michaël Fulci)

11 rte Chemin-Neuf, au pied du village – 04 93 65 01 59 – www.lesterraillers.com – Fermé 27 oct.-30 nov., merc. et jeudi

Rest – Menu 43 € (déj.), 69/110 € – Carte 105/125 €

La spécialité de Biot ? Le verre bullé. Et dans cette sublime et authentique poterie du 16e s., on sert de bien jolis nectars dans de bien jolis flacons. Quant à l'assiette, elle porte en elle de belles saveurs du Sud, raffinées et goûteuses.

➜ Homard bleu rôti, purée de courge au gingembre, noix fraîches et émulsion iodée. Saint-pierre rôti à la poudre d'aubergine, copeaux de jambon ibérique. Sablé chocolat croustillant, dacquoise noisette et crème caramel. **Vins** Côtes de Provence, Bellet.

Chez Odile

au village, chemin des Bachettes – 04 93 65 15 63 – Fermé 10 déc.-31 janv., merc. et jeudi sauf juil.-août

Rest – Formule 19 € – Carte 32/49 €

Peynet, peintre des années 1960, avait son rond de serviette dans cette auberge rustique élevée au rang d'institution locale. Odile, joviale et passionnée, vous annonce le menu du marché (recettes du pays), le sourire aux lèvres.

BIOULE – 82 Tarn-et-Garonne – **337** F7 – 1 004 h. – alt. 84 m – ✉ 82800 **28** B2

Paris 613 – Cahors 53 – Montauban 22 – Toulouse 75

Les Boissières

708 rte de Caussade – ✆ 05 63 24 50 02 – www.lesboissieres.com – Fermé 2 sem. en août, vacances de la Toussaint, 2 sem. en fév., sam. midi, dim. soir et lundi

8 ch – 77/117 € 77/117 € – 11 € – ½ P

Rest – Formule 19 € – Menu 38/57 € – Carte environ 54 €

Au cœur d'un joli parc, cette maison de maître en brique et pierre du pays a de l'allure, sans parler de l'étable du 18e s., rénovée avec soin. Les chambres, confortables, mélangent avec raffinement le rustique et le moderne. Cuisine au goût du jour au restaurant.

BIRIATOU – 64 Pyrénées-Atlantiques – **342** B4 – rattaché à Hendaye

BIRKENWALD – 67 Bas-Rhin – **315** I5 – 291 h. – alt. 295 m – ✉ 67440 **1** A1

Paris 461 – Molsheim 23 – Saverne 12 – Strasbourg 34

Au Chasseur

7 r. de l'Église – ✆ 03 88 70 61 32 – www.chasseurbirkenwald.com – Fermé 1er-12 juil. et 20 déc.-15 janv.

19 ch – 70/95 € 95/105 € – 3 suites – 15 € – ½ P

Rest *Au Chasseur* – voir les restaurants ci-après

Dans un charmant village, une auberge régionale chaleureuse, proposant de belles chambres contemporaines, certaines tournées vers les Vosges. Parfait pour l'étape comme pour un plus long séjour...

Au Chasseur

7 r. de l'Église – ✆ 03 88 70 61 32 – www.chasseurbirkenwald.com – Fermé 1er-12 juil., 20 déc.-15 janv., mardi midi, merc. midi et lundi

Rest – Formule 15 € – Menu 29/42 € – Carte 35/53 €

Lambris peints, trophées de chasse... L'Alsace éternelle, toujours à l'affût de plaisirs gourmands : rognons aux spaetzele maison, foie gras au gewurztraminer, kougelhopf glacé, etc., sous l'égide de toute une famille amoureuse de son métier !

BIRON – 24 Dordogne – **329** G8 – 182 h. – alt. 200 m – ✉ 24540 **4** C2

Périgord Quercy

Paris 625 – Agen 76 – Bordeaux 172 – Périgueux 100

Le Prieuré sans rest

– ✆ 05 53 61 93 03 – www.leprieurebiron.com – Fermé janv.

5 ch – 115/155 € 125/165 €

Historique ! De belles chambres dans les dépendances d'un château, avec vue imprenable sur la campagne. À noter, la magnifique cheminée en bois dans la "Cardinal".

BISCARROSSE – 40 Landes – **335** E8 – 12 163 h. – alt. 22 m – Casino – ✉ 40600 Aquitaine **3** B2

Paris 656 – Arcachon 40 – Bayonne 128 – Bordeaux 74

55, place Georges Dufau, ✆ 05 58 78 20 96, www.biscarrosse.com

de Biscarrosse, 400, avenue du Golf, E : 9 km par D 83 et D 305, ✆ 05 58 09 84 93

à Ispe 6 km au Nord par D 652 et D 305 – ✉ 40600 Biscarosse

La Caravelle

5314 rte des lacs – ✆ 05 58 09 82 67 – www.lacaravelle.fr – Ouvert 1er mars-1er nov.

15 ch – 50 € 86/126 € – 8 € – ½ P

Rest *(fermé lundi midi et mardi midi sauf juil.-août)* – Formule 12 € – Menu 16/40 € – Carte 26/65 €

Un bel air de vacances règne sur cette maison blanche posée au bord de l'étang de Cazaux, au cœur de la pinède : des eaux claires, quelques palmiers, des transats et, pour la nuit, des chambres au décor simple et soigné. Restaurant traditionnel.

Au Golf 7 km au Nord-Ouest par D 652 et D 305

Le Parcours Gourmand

av. du Golf – ✆ 05 58 09 84 84 – www.biscarrossegolf.com – Fermé 2 janv.-12 fév., lundi soir, mardi soir et merc. soir hors saison, dim. soir

Rest – Menu 18 € (déj.), 28/35 € – Carte le midi

Une carte dans l'air du temps, valorisant les produits locaux, dans ce restaurant posé au départ du golf, au milieu de la pinède. Élégant décor épuré et terrasse avec vue sur les greens.

BITCHE – 57 Moselle – 307 P4 – 5 415 h. – alt. 300 m – ✉ 57230 27 D1

Alsace Lorraine

Paris 438 – Haguenau 43 – Sarrebourg 62 – Sarreguemines 33

4, rue du glacis du Château, ✆ 03 87 06 16 16, www.ot-paysdebitche.com

Holigest Golf de Bitche, 2 rue des Prés, E : 1 km par D 662, ✆ 03 87 96 15 30

Citadelle★ - Ligne Maginot : Gros ouvrage du Simserhof★ O : 4 km.

Le Strasbourg (Lutz Janisch) avec ch

24 r. du Col.-Teyssier – ✆ 03 87 96 00 44 – www.le-strasbourg.fr – Fermé 24-31 juil., vacances de la Toussaint, 1er-10 janv. et vacances de fév.

10 ch – †57/67 € ††67/77 € – ☕ 13 €

Rest *(fermé dim. soir, mardi midi et lundi)* – Menu 25 € (sem.), 35/56 € – Carte 47/61 €

Une véritable auberge du 21e s., sobre et épurée, bien en phase avec son époque. La cuisine est séduisante, soignée et généreuse. Quant aux prix, ils savent rester sages. Les chambres ont chacune leur style (Afrique, Asie, Provence, etc.), qu'elles cultivent avec discrétion.

➜ Tartare de bœuf bison. Dos d'agneau du Bliesgau. Variation autour du chocolat. Vins Pinot gris de Moselle.

La Tour

3 r. de la Gare – ✆ 03 87 96 29 25 – www.latour-bitche.fr – Fermé 18 fév.-5 mars, merc. soir du 15 nov. au 1er mars, mardi soir et lundi

Rest – Formule 11 € – Menu 14 € (sem.) – Carte 28/58 €

Entre gare et centre-ville, on reconnaît cette grande bâtisse à sa tourelle. Inspiration Belle Époque dans les trois salles à manger, parfaitement adaptées à une cuisine traditionnelle éprise de produits tripiers (tête de veau, rognons, cervelle, etc.).

BIZANET – 11 Aude – 344 I4 – 1 294 h. – alt. 42 m – ✉ 11200 22 B3

Paris 802 – Beziers 46 – Carcassonne 49 – Narbonne 15

Mairie, ✆ 04 68 45 11 85, www.bizanet.net

La Table du Château

16 r. de Paris – ✆ 04 68 93 51 19 – www.latableduchateau.fr – Fermé 15 fév.-20 mars, 11-20 nov., dim. soir de nov. à mars, mardi sauf le soir d'avril à oct. et lundi

Rest – Formule 17 € – Menu 29/37 € – Carte 38/54 €

Cette belle bâtisse a un certain charme avec ses pierres apparentes, son mobilier d'un rustique étudié et son agréable patio. Le chef puise son inspiration dans le terroir local : viandes cathares, fromage de brebis, herbes fraîches...

BIZANOS – 64 Pyrénées-Atlantiques – 342 J3 – rattaché à Pau

BIZE-MINERVOIS – 11 Aude – 344 I3 – 1 072 h. – alt. 58 m – ✉ 11120 22 B2

Languedoc Roussillon

Paris 792 – Béziers 33 – Carcassonne 49 – Narbonne 22

La Bastide Cabezac

18 Hameau de Cabezac, 3 km au Sud par D 5 – ✆ 04 68 46 66 10 – www.la-bastide-cabezac.com – Fermé 1er janv.-10 fév.

12 ch – †65/135 € ††65/135 € – ☕ 12 € – ½ P

Rest *(fermé le midi sauf dim.)* – Menu 24 € (dîner), 39/85 € bc – Carte 41/62 €

De la chaux, des tons chauds, des chambres aux noms évocateurs ("Catalane", "Provençale", etc.) : ce relais de poste du 18e s., repris en 2011 par un couple enthousiaste, est très plaisant et sent bon le Sud...

BLAGNAC – 31 Haute-Garonne – 343 G3 – rattaché à Toulouse

BLAINVILLE-SUR-MER – 50 Manche – **303** C5 – 1 583 h. – alt. 26 m – ✉ 50560 **32** A2

▶ Paris 347 – Caen 116 – St-Lô 41

ℹ 12 bis, route de la mer, ✆ 02 33 07 90 89, www.ot-blainvillesurmer.com

Le Mascaret (Philippe Hardy) avec ch

1 r. de Bas – ✆ 02 33 45 86 09 – www.restaurant-lemascaret.fr – Fermé 1 sem. en nov. et 2-22 janv.

5 ch – †105/135 € ††105/195 € – ☕ 15 €

Rest *(fermé dim. soir et merc. soir sauf du 15 juil. au 31 août et lundi)* – Formule 25 € – Menu 42/85 € – Carte 75/115 €

Une cour, un jardin d'herbes aromatiques et une cuisine précise et créative, mêlant avec bonheur les saveurs "terre et mer" : cette maison de pays a un charme fou ! Et comme il s'agit d'une ancienne pension de jeunes filles, on peut y faire halte très agréablement, dans une chambre originale et baroque.

➜ Ormeaux sauvages au cerfeuil tubéreux. Turbot de ligne rôti entier. Millefeuille vanille et cardamome.

LE BLANC – 36 Indre – **323** C7 – 6 946 h. – alt. 85 m – ✉ 36300 **11** B3

Limousin Berry

▶ Paris 326 – Bellac 62 – Châteauroux 61 – Châtellerault 52

ℹ place de la Libération, ✆ 02 54 37 05 13, www.tourisme-leblanc.fr

Le Cygne

8 av. Gambetta – ✆ 02 54 28 71 63 – www.lecygneleblanc.fr – Fermé 24 juin-9 juil., 1er-15 janv., dim. soir, lundi et mardi

Rest *(nombre de couverts limité, réserver)* – Menu 24/42 € – Carte 37/86 €

Dans une telle ville – Le Blanc – ce Cygne est forcément... immaculé et soigné ! La cuisine du chef, quant à elle, est colorée comme les saisons et évolue au gré du marché.

LE BLANC-MESNIL – 93 Seine-Saint-Denis – **305** F7 – **101** 17 – voir à Paris, Environs (Le Bourget)

BLANQUEFORT – 33 Gironde – **335** H5 – rattaché à Bordeaux

BLANZY – 71 Saône-et-Loire – **320** G9 – rattaché à Montceau-les-Mines

BLENDECQUES – 62 Pas-de-Calais – **301** G3 – rattaché à St-Omer

BLÉNEAU – 89 Yonne – **319** A5 – 1 439 h. – alt. 200 m – ✉ 89220 **7** A1

▶ Paris 156 – Auxerre 56 – Clamecy 59 – Gien 30

ℹ 1 place de la Libération, ✆ 03 86 74 82 28, www.bleneau.fr

Château de St Fargeau★★ Bourgogne

Blanche de Castille

17 r. d'Orléans – ✆ 03 86 74 92 63 – www.hotelblanchecastille.facite.com

13 ch – †57/85 € ††57/85 € – ☕ 8 € – ½ P

Rest *(fermé 2-10 sept., 23 déc.-5 janv., dim. et jeudi)* – Formule 13 € – Menu 17 € (sem.)/24 € – Carte 22/42 €

Un hôtel familial, dans un ancien relais de poste. Les chambres répondent aux doux noms de Blanche, Aurore ou Léonie ; celles du dernier étage sont mansardées. À la carte, escargots, andouillette et gigot à déguster dans un cadre classique ou en terrasse.

BLÉNOD-LÈS-PONT-À-MOUSSON – 54 Meurthe-et-Moselle – **307** H5 – rattaché à Pont-à-Mousson

BLÉRÉ – 37 Indre-et-Loire – **317** O5 – 5 161 h. – alt. 59 m – ✉ 37150 **11** A1

Châteaux de la Loire

▶ Paris 234 – Blois 48 – Château-Renault 36 – Loches 25

ℹ 8, rue Jean-Jacques Rousseau, ✆ 02 47 57 93 00, www.chenonceaux-blere-tourisme.com

à l'Ouest 6 km par D 976 et rte secondaire – 2 440 h. – alt. 90 m – ✉ 37270 Athee sur Cher

XX La Boulaye

lieu-dit La Boulaye – ✆ 02 47 50 29 21 – www.laboulaye.fr – Fermé vacances de la Toussaint, de Noël et de fév., mardi et merc.

Rest – Formule 22 € – Menu 27/38 €

Il faut se perdre un peu dans la campagne pour trouver cette grange du 17e s., qui se révèle romantique et chaleureuse... C'est la maîtresse des lieux qui cuisine et ses plats sont très personnels ; on la sent inspirée par le terroir. Ses créations sont généreuses, aromatiques et colorées.

BLESLE – 43 Haute-Loire – 331 B2 – 644 h. – alt. 520 m – ✉ 43450 5 B3

Auvergne

Paris 484 – Aurillac 92 – Brioude 23 – Issoire 39

place de l'Église, ✆ 04 71 76 26 90, www.tourismeblesle.fr

Église St-Pierre★.

La Bougnate

A/C ch, VISA

pl. Vallat – ✆ 04 71 76 29 30 – www.labougnate.fr – Fermé 15-30 nov. et 5 janv.-10 fév.

8 ch – †87/97 € ††87/97 € – ☕ 11 € – ½ P

Rest *(fermé dim. soir et lundi)* – Menu 39 € – Carte 31/47 €

Elle a du charme cette Bougnate, paisible petite auberge dans une vraie maison de village. Pour l'anecdote, l'affaire appartenait autrefois à Gérard Klein. Les chambres sont simples mais de bon goût, comme le salon et sa bibliothèque. À table, joli décor rustique, cuisine du terroir et vins choisis.

BLIENSCHWILLER – 67 Bas-Rhin – 315 I6 – 333 h. – alt. 230 m – ✉ 67650 2 C1

Paris 504 – Barr 51 – Erstein 26 – Obernai 19

13 rue du Winzenberg, ✆ 03 88 92 40 16

Winzenberg sans rest

P VISA AE

58 rte des Vins – ✆ 03 88 92 62 77 – www.winzenberg.fr – Fermé mi-fév. à mi-mars , 26 juil.-6 août et 24 déc.-3 janv.

12 ch – †44/52 € ††47/57 € – ☕ 8 €

Un hôtel familial aménagé dans une ancienne maison de vigneron. Derrière la belle façade fleurie, les chambres sont charmantes avec leur mobilier en bois peint. Un établissement très bien tenu.

X Le Pressoir de Bacchus

VISA

50 rte des Vins – ✆ 03 88 92 43 01 – Fermé 3-25 mars, 2 sem. en juil., lundi soir, merc. midi et mardi

Rest *(nombre de couverts limité, réserver)* – Formule 15 € – Menu 28/47 € – Carte 32/49 €

On se presse dans cette jolie maison de la route des vins : le week-end, il convient de réserver très à l'avance. Telle est la renommée de la cuisine de Sylvie Grucker, qui sait en effet accommoder la tradition régionale avec originalité et goût ! Et la carte des vins met à l'honneur les 27 vignerons de la commune...

BLOIS P – 41 Loir-et-Cher – 318 E6 – 46 013 h. – Agglo. 66 149 h. – alt. 73 m – ✉ 41000 11 A1

Châteaux de la Loire

Paris 182 – Le Mans 111 – Orléans 61 – Tours 66

23, place du Château, ✆ 02 54 90 41 41, www.bloispaysdechambord.com

18 du Château de Cheverny, à Cheverny, La Rousselière, par rte de Cheverny : 15 km, ✆ 02 54 79 24 70

Château★★★ : musée des Beaux-Arts★ - Le Vieux Blois★ : Église St-Nicolas★ - Cour avec galeries★ de l'hôtel d'Alluye YZ **E** - Jardins de l'Evêché ≤★ - Jardin des simples et des fleurs royales ≤★ **L** - Maison de la Magie Robert-Houdin★.

Plan page suivante

BLOIS

Abbé-Grégoire (Quai de l'). Z 2
Anne-de-Bretagne (R.). . . . Z 3
Augustin Thierry (Sq.) . . . . Z 4
Balzac (R. H. de) . . . . V 5
Beauvoir (R.) . . . . Y 6
Bourg-St-Jean (R. du) . . . . Y 10
Cartier (R. R.). . . . . V 13
Chemonton (R.). . . . . Y 16
Clouseau (Mail) . . . . Y 17
Commerce (R. du). . . . . Z
Cordeliers (R. des) . . . . Y 18
Curie (R. Pierre et Marie) . X 19
Déportés (Av. des). . . . . . . X 78
Dion (R. R.). . . . . V 20
Dupuis (Bd D.). . . . . X 21
Fontaine-des-Élus (R.) . . . . Z 22
Fossés-du-Château
(R. des) . . . . Z 23
Gambetta (Av.). . . . . X 25
Gaulle (Pont Ch.-de) . . . . . X 26
Gentils (Bd R.). . . . . X 27
Industrie (Bd de l') . . . . . . V 29
Jeanne-d'Arc (R.) . . . . Z 30
Laigret (Av. J.) . . . . Z 32
Leclerc (Av. du Mar.). . . . . X 33
Lices (Pl. des). . . . . Z 34
Lion-Ferré (R. du) . . . . Z 35
Maunoury (Av. du Mar.). . . . Y 39
Monsabre (R. du Père) . . . Z 41

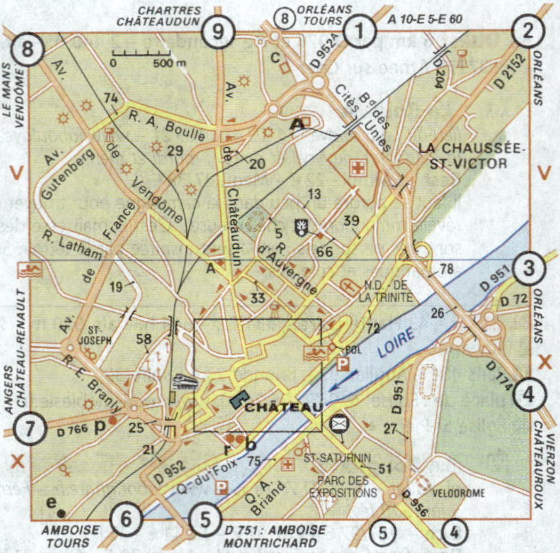

Orfèvres (R. des) . . . . Z 43
Papegaults (R. des). . . . . Y 44
Papin (Escaliers Denis) . . . . . Y 45
Papin (R. Denis). . . . . Z
Pierre-de-Blois (R.). . . . . Z 46
Poids-du-Roi (R. du) . . . . Z 47
Porte-Côté (R.) . . . . Z 48
Président-Wilson (Av.) . . . . X, Z 51
Puits-Châtel (R. du). . . . . Y 52
Remparts (R. des). . . . . Y 53
Résistance (Carrefour de la) . . Z 55
Ronsard (R. P. de) . . . . X 58
St-Honoré (R.) . . . . YZ 59
St-Jean (Q.) . . . . Y 60
St-Louis (Pl.) . . . . Y 62
St-Martin (R.) . . . . Z 63
Schuman (Av. R.). . . . . V 64
Signeuix (R. de) . . . . V 66
Trois-Marchands (R. des) . . . . Z 67
Trouessard (R.). . . . . Y 69
Vauvert (R.). . . . . Z 70
Verdun (Av. de) . . . . X 72
Vezin (R. A.) . . . . V 74
Villebois-Mareuil (Q.) . . . . . X, Z 75

Mercure Centre
28 quai St-Jean – 02 54 56 66 66 – www.mercure.com Yf
96 ch – 107/200 € 107/235 € – 16 € **Rest** *(dîner seult)* – Carte 23/47 €
Chambres contemporaines et suites originales, en partie desservies par une coursive ouvrant sur un atrium. Bar, piscine, sauna et hammam. Petite vue sur la Loire. Le restaurant est tourné vers le fleuve ; intéressante sélection de vins au verre.

Le Monarque
61 r. Porte-Chartraine – 02 54 78 02 35 – www.hotel-lemonarque.com – Fermé 23 déc.-28 janv. Ya
22 ch – 58/65 € 58/65 € – 8,50 € – ½ P
Rest – Formule 11 € – Menu 18/32 € bc
Non loin du centre piéton, un hôtel accueillant dans une bâtisse du 19e s. Décor sobre et contemporain, avec partout de nombreuses affiches de Tintin, la passion du patron ! Formules et menus traditionnels au restaurant.

Ibis sans rest
3 r. Porte-Côté – 02 54 74 01 17 – www.ibishotel.com Zx
56 ch – 69/92 € 69/92 € – 9 €
Une adresse centrale, dans un ancien hôtel particulier. Chambres fonctionnelles et bien insonorisées, accès Internet gratuit.

Anne de Bretagne sans rest
31 av. J.-Laigret – 02 54 78 05 38 – www.hotelannedebretagne.com – Fermé 24 nov.-8 déc. et vacances de fév. Zk
29 ch – 40/56 € 50/58 € – 8,50 €
Sur une place arborée voisine du château, une adresse familiale où il fait bon s'arrêter : salon cosy, chambres simples et joliment colorées, petit-déjeuner servi dehors l'été.

Le Clos Pasquier sans rest
12 imp. de l'Orée-du-Bois, à 5 km par r. Albert-1er – 02 54 58 84 08 – www.leclospasquier.fr
3 ch – 90/115 € 100/115 € – 1 suite
À l'orée de la forêt – au grand calme ! –, une belle demeure régionale (16e s.) dans un jardin soigné. Chambres jolies et cosy, alliant cachet de l'ancien et sobriété contemporaine.

Le Plessis sans rest
195 r. Albert-1er – 02 54 43 80 08 – www.leplessisblois.com Xe
5 ch – 110/130 € 120/140 €
Une propriété viticole joliment reconvertie : salon de lecture et petit-déjeuner façon brunch dans la maison principale (18e s.), chambres soignées aménagées dans le pressoir.

L'Orangerie du Château (Jean-Marc Molveaux)
1 av. J.-Laigret – 02 54 78 05 36 – www.orangerie-du-chateau.fr – Fermé 17 fév.-13 mars, dim. et lundi Ze
Rest – Menu 37 € (sem.), 56/82 € – Carte 80/100 €
Dans une dépendance du château (15e s.), avec une belle terrasse ouvrant sur le monument... L'esprit de la Renaissance n'est sans doute pas étranger à la cuisine, à la fois fine, légère et soignée.
➜ Homard bleu sur une fine gaufre, asperges et sauce tartare. Foie gras poêlé aux pêches, amandes et déglaçage au vin de Maury. Soufflé chaud au Grand Marnier. **Vins** Cour-Cheverny, Touraine Mesland.

Le Médicis avec ch
2 allée François 1er – 02 54 43 94 04 – www.le-medicis.com – Fermé 1er-8 juil., 30 oct.-5 nov., 2-23 janv., dim. soir d'oct. à juin et lundi Xp
10 ch – 79 € 130 € – 12 € – ½ P
Rest – Formule 25 € – Menu 33/76 € – Carte 45/82 €
Un décor classique (moulures colorées au plafond, mobilier Second Empire, véranda, etc.) pour une cuisine dans l'air du temps, accompagnée d'un bon choix de vins régionaux. Chambres agréables pour l'étape.

Au Rendez-vous des Pêcheurs (Christophe Cosme)
27 r. Foix – ✆ 02 54 74 67 48 – www.rendezvousdespecheurs.com – Fermé 4-20 août, 23 déc.-6 janv., dim. et lundi Xr
Rest *(nombre de couverts limité, réserver)* – Formule 20 € bc – Menu 35 € (sem.)/ 78 € – Carte 70/90 €
Un ancien repaire de pêcheurs dont le décor cultive un bel esprit bistrotier ! Poissons de la Loire, légumes bio de la région : les assiettes pétillent de fraîcheur et de saveurs, avec une originalité toute maîtrisée… Épatant.
➜ Fleur de courgette farcie aux légumes confits. Sandre aux agrumes, œuf neige au caviar. Millefeuille aux framboises. **Vins** Touraine.

Côté Loire "Auberge Ligérienne" avec ch
2 pl. de la Grève – ✆ 02 54 78 07 86 – www.coteloire.com – Fermé 1er-8 avril, 2-7 juin, 1er-6 sept., 17 nov.-3 déc. et 1er janv.-5 fév. Xb
8 ch – 57/89 € 57/89 € – 10 € – ½ P
Rest *(fermé sam. midi en juil.-août, dim. et lundi)* – Formule 20 € – Menu 30 € – Carte environ 45 €
Cette auberge fut fondée au 16e s. ! Poutres d'origine, vaisselier ancien, tables en bois verni, terrasse verdoyante et menu unique, évoluant au gré du marché et proposé à l'ardoise. Petites chambres rustiques à l'étage.

Le Bistrot de Léonard
8 r. Mar.-de Lattre-de-Tassigny – ✆ 02 54 74 83 04 – www.lebistrotdeleonard.com – Fermé 24 déc.-1er janv., sam. midi et dim. Zh
Rest – Carte 28/59 €
Sur les quais, derrière une jolie façade en bois, un bistrot... à la parisienne, avec des clins d'œil à Léonard de Vinci. À l'ardoise ? Des plats canailles (tartare, rognons...).

BLONVILLE-SUR-MER – 14 Calvados – 303 M3 – 1 592 h. – alt. 10 m 32 A3
– ✉ 14910
Paris 205 – Caen 46 – Deauville 5 – Le Havre 50
32 bis, avenue Michel d'Ornano, ✆ 02 31 87 91 14, www.blonville.org

L'Épi d'Or rest,
23 av. Michel-d'Ornano – ✆ 02 31 87 90 48 – www.hotel-normand.com – Fermé 16-27 déc. et 7 janv.-13 fév.
40 ch – 63/115 € 63/115 € – 9 € – ½ P
Rest *(fermé merc. et jeudi sauf juil.-août)* – Menu 20/55 € – Carte 30/65 €
Cette grande maison à la sortie de Blonville a vraiment le style de la région. Les chambres, toutes semblables, sont pratiques et très bien tenues. Un établissement familial qui comprend également un restaurant traditionnel et une brasserie.

BOÉ – 47 Lot-et-Garonne – 336 F5 – rattaché à Agen

BOIS-COLOMBES – 92 Hauts-de-Seine – 311 J2 – 101 15 – voir à Paris, Environs

---

BOIS DE BOULOGNE – 75 Ville-de-Paris – voir à Paris (Paris 16e)

BOIS-GRENIER – 59 Nord – 302 E4 – rattaché à Lille

BOIS-LE-ROI – 77 Seine-et-Marne – 312 F5 – 5 611 h. – alt. 80 m 19 C2
– ✉ 77590
Paris 58 – Fontainebleau 10 – Melun 10 – Montereau-Fault-Yonne 26
U.C.P.A. Bois-le-Roi, Base de loisirs, NO : 2 km, ✆ 01 64 81 33 31

La Marine
52 quai Olivier Metra – ✆ 01 60 69 61 38 – Fermé 23 oct.-9 nov., vacances de fév., dim. soir d'oct. à avril, lundi et mardi
Rest – Menu 29/34 € – Carte 45/75 €
Cette auberge jouit d'une situation attractive en bord de Seine, face à une écluse. Sympathique cuisine traditionnelle dans la salle sagement rustique ou sur la terrasse d'été.

BOIS-PLAGE-EN-RÉ – 17 Charente-Maritime – 324 B2 – voir à Île de Ré

BOISSET – 15 Cantal – **330** B6 – 613 h. – alt. 426 m – ✉ 15600 **5** A3

Paris 559 – Aurillac 31 – Calvinet 18 – Entraygues-sur-Truyère 48

Auberge de Concasty ch,

3 km au Nord-Est par D 64 – ✆ 04 71 62 21 16 – www.auberge-concasty.com – Ouvert 1er avril-25 nov.

11 ch – †86/168 € ††86/168 € – 1 suite – ☐ 17 € – ½ P

Rest *(fermé le midi)* – Menu 34 €

Ce domaine donnant sur la campagne cantalienne offre l'occasion d'une véritable bouffée d'air pur. Esprit nature et bio dans les chambres (plus spacieuses dans la remise et le sécadou) comme au restaurant. Massages sur demande.

BOISSIÈRES – 46 Lot – **337** E4 – 365 h. – alt. 229 m – ✉ 46150 **28** B1

Paris 573 – Cahors 16 – Fumel 43 – Souillac 64

Michel & Lydia

lieu-dit Bertouille, 1 km à l' Est par rte secondaire – ✆ 05 65 21 43 29 – www.micheletlydia.fr – Fermé 1er déc.-10 janv.

4 ch ☐ – †64 € ††78 € **Table d'hôte** *(fermé merc., jeudi et dim.)* – Menu 28 € bc

Dans cette belle demeure du Quercy, avec pigeonnier, Michel et Lydia sont aux petits soins ! Les chambres sont confortables et décorées de mobilier chiné. À table, on apprécie les produits du terroir dûment accompagnés de vins de Cahors.

BOLLENBERG – 68 Haut-Rhin – **315** H9 – rattaché à Rouffach

BOLLEZEELE – 59 Nord – **302** B2 – 1 391 h. – alt. 40 m – ✉ 59470 **30** B1

Paris 274 – Calais 45 – Dunkerque 24 – Lille 68

Hostellerie St-Louis rest,

47 r. de l'Église – ✆ 03 28 68 81 83 – www.hostelleriesaintlouis.com – Fermé 29 juil.-11 août, 23 déc.-17 janv.

25 ch – †52/78 € ††68/93 € – ☐ 10 € – ½ P

Rest *(fermé le midi sauf dim.)* – Menu 25 € (sem.), 35/48 € – Carte 40/49 €

Une élégante maison du 19e s., avec un jardin ravissant, un joli bassin et des chambres impeccablement tenues... Ici, on est vraiment au calme ! Cuisine traditionnelle au restaurant.

BONDUES – 59 Nord – **302** G3 – rattaché à Lille

BONIFACIO – 2A Corse-du-Sud – **345** D11 – voir à Corse

BONLIEU – 39 Jura – **321** F7 – 253 h. – alt. 785 m – ✉ 39130 **16** B3

Franche-Comté Jura

Paris 439 – Champagnole 23 – Lons-le-Saunier 32 – Morez 24

La Poutre avec ch

25 Grande-Rue – ✆ 03 84 25 57 77 – www.aubergedelapoutre.com – Ouvert de début mai à début nov. et fermé 1 sem. en juin, mardi et merc. sauf juil.-août et lundi midi en été

8 ch – †40/60 € ††40/65 € – ☐ 9 € – ½ P **Rest** – Menu 25/75 € – Carte 45/76 €

Au cœur du bourg, cette auberge familiale de 1740 cultive son charme rustique (poutres et vieilles pierres). Quant au chef, il vous régale d'une jolie cuisine d'aujourd'hui, savoureuse et raffinée.

BONNAT – 23 Creuse – **325** I3 – 1 297 h. – alt. 330 m – ✉ 23220 **25** C1

Paris 329 – Châtre 37 – Guéret 20 – Montluçon 72

L'Orangerie

3 bis r. de la Paix – ✆ 05 55 62 86 86 – www.hotel-lorangerie.fr – Ouvert de mars à oct.

30 ch – †87/117 € ††87/117 € – ☐ 12 € – ½ P

Rest *(fermé dim. soir, mardi midi et lundi hors saison)* – Menu 20 € (déj. en sem.), 30/56 € – Carte 49/55 €

Agréables salons, chambres confortables et douillettes, bon petit-déjeuner avec des cakes et confitures maison, table traditionnelle faisant la part belle aux légumes du potager : cette séduisante demeure bourgeoise tient ses promesses.

BONNATRAIT – 74 Haute-Savoie – **328** L2 – rattaché à Thonon-les-Bains

BONNE – 74 Haute-Savoie – **328** K3 – 2 630 h. – alt. 457 m – ✉ 74380 **46** F1

Paris 545 – Annecy 45 – Bonneville 16 – Genève 18

Baud

181 av. du Léman – ✆ 04 50 39 20 15 – www.hotel-baud.com

19 ch – †145/265 € ††145/265 € – ☕ 17 € – ½ P

Rest ***Baud*** – voir les restaurants ci-après

Il règne une atmosphère bien agréable dans cet hôtel-restaurant au design élégant (salons cossus, miroirs imposants, chambres grand confort). On se régale de produits artisanaux dès le petit-déjeuner.

Baud

181 av. du Léman – ✆ 04 50 39 20 15 – www.hotel-baud.com – Fermé dim. soir

Rest – Menu 26 € (déj. en sem.), 37/89 € – Carte 60/80 €

Imaginez de beaux produits frais mis en valeur par de jolies touches d'inventivité, des envolées aromatiques : escalope de foie gras et son crumble de rhubarbe, turbot au fumet de fleur d'hibiscus, sphère aux trois chocolats...

au Pont-de-Fillinges 2,5 km à l'Est – ✉ 74250

Le Pré d'Antoine

15 rte de Chez Radelet – ✆ 04 50 36 45 06 – www.lepredantoine.com – Fermé 1er-8 janv., 2 sem. fin juil., dim. soir et lundi

Rest – Formule 22 € – Menu 24 € (déj. en sem.), 39/55 € – Carte 51/67 €

On est bien loin du temps où Antoine, le grand-père des propriétaires, n'avait qu'un pré. Désormais, on déguste dans ce chalet moderne, décoré avec une originalité toute contemporaine, une cuisine traditionnelle fine et goûteuse.

BONNE-FONTAINE – 57 Moselle – **307** O6 – rattaché à Phalsbourg

BONNÉTAGE – 25 Doubs – **321** K3 – 768 h. – alt. 960 m – ✉ 25210 **17** C2

Paris 468 – Belfort 69 – Besançon 65 – Biel/Bienne 62

L'Étang du Moulin

5 chemin de l'Étang-du-Moulin, 1,5 km par D 236 et chemin privé – ✆ 03 81 68 92 78 – www.etang-du-moulin.fr – Fermé 21-29 déc., 6-23 janv., dim. de mi-nov. à mi-mars et lundi d'oct. à mi-juin

21 ch – †75/115 € ††95/160 € – ☕ 12 € – ½ P

Rest ***L'Étang du Moulin*** ✿ – voir les restaurants ci-après

Rest ***Le Bistrot*** *(fermé dim. soir de mi-nov. à mi-mars, lundi soir d'oct. à mi-juin, lundi midi, mardi midi, sam. soir et dim. midi)* – Menu 16 € (déj. en sem.)/24 € – Carte 27/43 €

La nature pour écrin ! Ce grand chalet se dresse au bord d'un étang dont seul le léger clapotis vient troubler le calme des environs... Les chambres ouvrent grand sur la nature (certaines avec balcon) et leur décor contemporain rend zen. Agréable espace bien-être.

L'Étang du Moulin (Jacques Barnachon)

✿

5 chemin de l'Étang-du-Moulin, 1,5 km par D 236 et chemin privé – ✆ 03 81 68 92 78 – www.etang-du-moulin.fr – Fermé 21-29 déc., 6-23 janv., merc. midi de mi-juin à sept., dim. soir de mi-nov. à mi-mars, lundi soir d'oct. à mi-juin, lundi midi et mardi midi

Rest – Menu 39/115 € – Carte 53/77 €

Comme un écho à un environnement très préservé, le terroir imprègne toute cette cuisine, de l'entrée jusqu'au dessert (parfumé à la liqueur de sapin par exemple). À noter : le menu dégustation entièrement dédié au foie gras. Service de qualité.

➜ Morilles cuites en ragoût au vin jaune et à la crème fraîche de Bonnétage. Ris de veau poêlé au miel de sapin, vinaigre balsamique et pomme fruit. Fraîcheur de gentiane, croquant de caramel aux bourgeons de sapin. **Vins** Charcenne, Arbois.

BONNEUIL – 16 Charente – **324** J6 – 261 h. – alt. 100 m – ✉ 16120 **39** B3

Paris 482 – Angoulême 34 – Poitiers 146 – Saintes 59

Le Maine Pertubaud-Jenssen sans rest

2 km à l'Est par D 699 – ✆ 05 45 96 99 50 – www.jenssen.fr – Fermé 12-18 août et 23 déc.-3 janv.

5 ch – 60/100 € 90/140 € – 12 €

Un véritable hameau au cœur du vignoble du Jenssen (24 ha), dont le cognac est produit et distillé sur place. La plupart des bâtiments datent du 18e s. (avec une villa moderne) et mêlent vieilles pierres – ce calcaire blond caractéristique de la Grande Champagne – et grand luxe. De quoi s'enivrer de confort.

BONNEUIL-MATOURS – 86 Vienne – **322** J4 – 2 028 h. – alt. 60 m – ✉ 86210 Poitou-Charentes **39** C1

Paris 322 – Bellac 79 – Le Blanc 51 – Châtellerault 17

Carrefour Maurice Fombeure, ✆ 05 49 85 08 62, www.bonneuil-matours.com

Le Pavillon Bleu

D 749, (face au pont) – ✆ 05 49 85 28 05 – www.le-pavillon-bleu.fr – Fermé merc. soir d'oct. au 15 juin, dim. soir et lundi

Rest – Formule 13 € – Menu 21/42 € – Carte 41/47 €

Des volets colorés, des poutres et des pierres apparentes, des tons gris et crème... Ne quittez pas ce village pittoresque sans découvrir sa jolie auberge. Les produits locaux y sont à l'honneur, avec beaucoup de goût !

BONNEVAL – 28 Eure-et-Loir – **311** E6 – 4 565 h. – alt. 128 m – ✉ 28800 **11** B1

Châteaux de la Loire

Paris 121 – Chartres 31 – Lucé 34 – Orléans 66

2, square Westerham, ✆ 02 37 47 55 89

Hostellerie du Bois Guibert

à Guibert, 2 km au Sud-Ouest – ✆ 02 37 47 22 33 – www.bois-guibert.com – Fermé 2 sem. fin nov. et 2 sem. fin janv.

12 ch – 71/145 € 71/145 € – 12 € – ½ P

Rest *(fermé dim. soir, mardi midi et lundi)* – Menu 25/69 € – Carte 48/74 €

Au cœur d'un parc ravissant, une gentilhommière du 18e s. d'une élégante simplicité ; dans l'annexe, des chambres spacieuses et modernes. Pour se restaurer, on optera pour la salle d'un beau classicisme ou le charme bucolique de la terrasse.

BONNEVAL-SUR-ARC – 73 Savoie – **333** P5 – 244 h. – alt. 1 800 m – Sports d'hiver : 1 800/3 000 m 11 – ✉ 73480 Alpes du Nord **45** D2

Paris 706 – Albertville 133 – Chambéry 146 – Lanslebourg 21

la Ciamarella, ✆ 04 79 05 95 95, www.bonneval-sur-arc.com

Vieux village★★.

À la Pastourelle

– ✆ 04 79 05 81 56 – www.pastourelle.com – fermé 1 sem. en juin et vacances de la Toussaint

12 ch – 60 € 66 € – 8 € – ½ P

Rest *(ouvert 22 déc.-20 avril) (dîner seult)* – Menu 12/21 € – Carte 13/38 €

Accueil avenant dans cette petite maison familiale de style montagnard. Les chambres y sont confortables et bien tenues. Au menu du restaurant, raclettes, fondues, crêpes et diots (la spécialité régionale), à savourer au coin du feu, dans une salle rustique à souhait. Une adresse authentique !

BONNEVILLE – 74 Haute-Savoie – **328** L4 – 11 874 h. – alt. 450 m – ✉ 74130 Alpes du Nord **46** F1

Paris 556 – Annecy 42 – Chamonix-Mont-Blanc 54 – Nantua 87

148, place de l'Hôtel de Ville, ✆ 04 50 97 38 37, www.bonneville.fr

à Vougy 5 km à l'Est par D 1205 – 1 451 h. – alt. 471 m – ✉ 74130

Le Capucin Gourmand
1520 rte de Genève, D 1205 – ✆ 04 50 34 03 50 – www.lecapucingourmand.com – Fermé 7-30 août, 1er-8 janv., sam. midi, dim. et lundi sauf fériés
Rest – Carte 38/56 €
Rest ***Le Bistro du Capucin*** – voir les restaurants ci-après
Ici, la cuisine est classique, accompagnée de vins choisis avec soin, à l'image de la salle aux tons café et de l'agréable salon à la cheminée monumentale.

Le Bistro du Capucin
1520 rte de Genève – ✆ 04 50 34 03 50 – www.lecapucingourmand.com – Fermé 7-30 août, 1er-8 janv., sam. midi, dim. et lundi sauf fériés
Rest – Formule 23 € – Menu 29 € – Carte 33/50 €
Cassolette d'escargots, salade de pissenlits à la féra fumée, tête de veau ou vacherin maison : ce capucin-là apprécie une bonne cuisine canaille, gourmande et généreuse. Le tout à prix doux.

BONNIEUX – 84 Vaucluse – 332 E11 – 1 424 h. – alt. 400 m – ✉ 84480 42 E1

Provence
Paris 721 – Aix-en-Provence 49 – Apt 12 – Carpentras 42
7, place Carnot, ✆ 04 90 75 91 90, www.tourisme-en-luberon.com
Terrasse ≤ ★.

La Bastide de Capelongue
rte de Lourmarin, (face au pont), 1,5 km par D 232 et voie secondaire – ✆ 04 90 75 89 78 – www.capelongue.com – Fermé de mi-nov. à mi-déc. et de mi-janv. à mi-fév.
17 ch – 160/380 € 160/380 € – 10 suites – 22 € – ½ P
Rest ***La Bastide de Capelongue*** – voir les restaurants ci-après
Au sommet des collines plantées de cèdres, ce petit hameau est un hymne à la Provence. La plupart des chambres, confortables et raffinées, jouissent d'une terrasse ou d'un balcon. Magnifique bassin de nage parmi la lavande. Idéal pour un bol d'air gorgé de soleil et de senteurs !

Le Clos du Buis sans rest
r. Victor-Hugo – ✆ 04 90 75 88 48 – www.leclosdubuis.fr – Ouvert de début mars à mi-nov.
8 ch – 92/138 € 92/138 €
À première vue, impossible de deviner que cette jolie maison (1850) avec son ravissant jardin fut une boulangerie. La preuve : un four à pain trône dans l'un des salons ! Mais inutile de vous réveiller aux aurores, tel le boulanger... Profitez plutôt des chambres confortables et bien tenues.

La Bastide de Capelongue (Edouard Loubet)
rte de Lourmarin, (face au pont), 1,5 km par D 232 et voie secondaire – ✆ 04 90 75 89 78 – www.capelongue.com – Fermé de mi-nov. à mi-déc., de mi-janv. à mi-fév., mardi midi et merc.
Rest – Menu 58 € (déj. en sem.), 140/190 € – Carte 128/158 €
De l'élégante salle, baignée de lumière, on aperçoit les champs de lavande... Édouard Loubet s'en inspire pour créer ses superbes assiettes, magnifiées par les produits du Luberon, notamment les herbes et les fleurs. Belle carte des vins faisant la part belle à la vallée du Rhône.
➜ Truffe de saison en croûte, coulis de maïs, pop-corn et feuille de pimprenelle. Loup saisi à la fleur de sel, légère infusion à la sauge et chips d'orange. Soufflé au cèdre des crêtes du Luberon, crème glacée aux clous de girofle. **Vins** Côtes du Luberon.

L'Arôme
2 r. Lucien-Blanc – ✆ 04 90 75 88 62 – www.larome-restaurant.com – Fermé 4 janv.-31 mars, jeudi sauf le soir d'avril à oct. et merc.
Rest – Menu 31/43 € – Carte 48/67 €
Au pied du village, cette adresse respire l'intimité avec le terroir. De la salle voûtée du 14e s. à la terrasse, le décor frais et champêtre est des plus charmants. La cuisine elle-même cultive l'authenticité : fraîcheur, goût, générosité, tels sont les leitmotiv du chef ! Le résultat est plein... d'arôme.

X **Le Fournil**

pl. Carnot – ✆ 04 90 75 83 62 – www.lefournil-bonnieux.com
– Fermé 27 nov.-9 fév., mardi d' oct. à Pâques, sam. midi de Pâques à sept. et lundi
Rest *(nombre de couverts limité, réserver)* – Formule 23 € – Menu 28 € (déj.)/45 € – Carte 34/53 €
Pittoresque, cette maison adossée à la colline avec sa terrasse, sur une placette, à l'ombre des platanes ! Les gourmands s'installent dans une salle troglodyte au décor contemporain pour savourer une cuisine méridionale avec de beaux produits. Une table provençale des plus originales.

BONNOEUVRE – 44 Loire-Atlantique – **316** I2 – 560 h. – alt. 46 m – ✉ 44540 — **34** B2

Paris 365 – Angers 70 – Nantes 55 – Rennes 87
4 rue de la Garenne, ✆ 02 40 97 03 16

Le Prieuré des Gourmands (N)

11 r. du Prieuré – ✆ 02 40 56 30 00 – www.prieuredesgourmands.com
– Fermé sem. du 15 août
10 ch – †82 € ††82 € – ☕ 9 € – ½ P
Rest *(fermé lundi et dim. soir)* – Menu 17 € bc (déj. en sem.), 28/38 € – Carte 40/49 €
Sur la place de l'église, un ancien prieuré transformé en hôtel-restaurant. Les chambres – confortables et épurées – donnent sur la campagne et un joli cours d'eau, pour des nuits au grand calme. Une adresse parfaite pour une escapade au vert.

BONNY-SUR-LOIRE – 45 Loiret – **318** O6 – 2 065 h. – alt. 190 m – ✉ 45420 — **12** D2

Paris 167 – Auxerre 64 – Cosne-Cours-sur-Loire 25 – Gien 24
29, Grande Rue, ✆ 02 38 31 57 71, www.bonny-sur-loire.fr

XX **Restaurant des Voyageurs** avec ch — AC rest,

10 Grande-Rue – ✆ 02 38 27 01 45 – www.hotel-restaurant-des-voyageurs.fr
– Fermé 24 août-6 sept., vacances de fév., dim. soir, mardi midi et lundi
6 ch – †50 € ††50/70 € – ☕ 7 €
Rest – Menu 20 € (sem.), 30/49 € – Carte 31/51 €
Que les personnes de la région se rassurent, inutile d'être en voyage pour se régaler dans cette auberge ! On y savoure une cuisine gourmande, où les produits de saison s'accordent avec justesse. Et si vous n'êtes pas du coin, vous pourrez profiter des quelques chambres, toutes simples, pour la nuit.

LE BONO – 56 Morbihan – **308** N9 – 2 198 h. – alt. 10 m – ✉ 56400 — **9** A3

Bretagne Sud
Paris 475 – Auray 6 – Lorient 49 – Quiberon 37

Alicia sans rest

1 r. du Gén.-de-Gaulle – ✆ 02 97 57 88 65 – www.hotel-alicia.com
– Fermé 22 déc.-20 janv.
21 ch – †72/99 € ††72/99 € – ☕ 9 €
À la sortie du village, un hôtel avec terrasse donnant sur la rivière du Bono. Les chambres, décorées dans un style contemporain classique, respirent le confort ; préférez celles avec vue sur le port.

BORDEAUX

Plans de la ville pages suivantes **3** B1

© R. Cimtract/Hemis.fr

P – **33 – Gironde – 236 725 h. – Agglo. 831 788 h. – alt. 4 m –** ✉ **33000** – **335** H5 – Aquitaine

Paris 579 – Lyon 537 – Nantes 323 – Strasbourg 970

12, Cours du 30 Juillet, ✆ 05 56 00 66 00, www.bordeaux-tourisme.com

Transports

Auto-train ✆ 3635 (dîtes auto-train - 0,34 €/mn)

Aéroport

Bordeaux-Mérignac : ✆ 05 56 34 50 00, **1** AU : 10 km

Casino

de Bordeaux-Lac, r. Cardinal Richaud ✆ 05 56 69 49 00 **2** BT

Quelques golfs

36 de Bordeaux-Lac, Avenue de Pernon, N : 5 km par D 209, ✆ 05 56 50 92 72

36 du Médoc, à Le Pian-Médoc, Chemin de Courmateau, par rte de Castelnau : 16 km, ✆ 05 56 70 11 90

27 de Pessac, à Pessac, Rue de la Princesse, SO : 16 km par D 1250, ✆ 05 57 26 03 33

Maison du vin de Bordeaux

Informations, dégustations (fermé week-ends et j. fériés)
1 cours du 30 Juillet ✆ 05 56 00 22 88.
Bar à vin ouvert tlj sauf le dim. de 11 h à 22 h.

A VOIR

Bordeaux du 18e siècle : le Grand théâtre★★ et ses alentours, dont la place de la Comédie et la place Gambetta, le cours de l'Intendance • Église Notre-Dame★**3** DX • Place de la Bourse★★ • Place du Parlement★ • Basilique St-Michel★ • Porte de la Grosse Cloche★**4** EY**N** • Fontaines du monument aux Girondins★, sur l'esplanade des Quinconces.

Quartier des Chartrons : entrepôts de vins • Balcons★ du cours Xavier-Arnozan • Entrepôt Lainé★, siège du musée d'Art contemporain★**2** BU**M²** • Musée des Chartrons**2** BU**M⁵**

Quartier Pey Berland : cathédrale St-André★ • Hôtel de Ville**3** DY**H** • Tour Pey Berland★**3** DY**Q** et ≤★★ • Musée des Beaux-Arts★**3** DY**M⁴** • Musée d'Aquitaine★★**3** DY**M¹** • Musée des Arts décoratifs★**3** DY**M³**

Bordeaux contemporain : quartier Mériadeck**3** CY : espaces verts et immeubles à l'architecture intéressante (Caisse d'Épargne, Bibliothèque, Hôtel de Région et Hôtel des Impôts).

Grand Hôtel de Bordeaux & Spa
2 pl. de la Comédie – ✆ 05 57 30 44 44 – www.ghbordeaux.com 3DXr
148 ch – †525 € ††525 € – 27 suites – ☕ 36 €
Rest *Le Pressoir d'Argent* ✿ **Rest *Le Bordeaux*** – voir les restaurants ci-après
Sa façade néoclassique (1776), en parfaite harmonie avec celle du Grand Théâtre, est un petit joyau. Dans les chambres règne une atmosphère cossue, chatoyante et feutrée ; quant au spa, il est immense et délicieux. Un établissement de prestige.

Burdigala
115 r. Georges Bonnac – ✆ 05 56 90 16 16 – www.burdigala.com 3CXr
75 ch – †260/375 € ††260/375 € – 8 suites – ☕ 23 €
Rest *La Table de Burdigala* – Formule 32 € – Menu 42/60 € – Carte 53/75 €
Burdigala ? Le nom de l'ancienne cité gallo-romaine ayant donné naissance à la ville et... cet hôtel de grand confort, qui cultive un chic contemporain très affirmé et chaleureux. Burdigala version 21e s. !

Seeko'o sans rest
54 quai de Bacalan – ✆ 05 56 39 07 07 – www.seekoo-hotel.com 2BTh
45 ch – †199/398 € ††199/398 € – ☕ 20 €
Seeko'o ? Un "iceberg" en inuit et cet incroyable iceberg des bords de Gironde. Design, épuré, pop : Seeko'o est tout cela ! Atout charme : les superbes salles de bains, ouvertes sur les chambres.

Normandie sans rest
7 cours 30-Juillet – ✆ 05 56 52 16 80 – www.hotel-de-normandie-bordeaux.com
82 ch – †99/165 € ††115/275 € – ☕ 17 € 3DXz
Élégance intemporelle d'un hôtel né avec le paquebot Normandie, dans les années 1930. Dans la plupart des chambres, on profite d'une vue sublime sur la place des Quinconces... Raffinement !

Mercure Bordeaux Centre
5 r. R.-Lateulade – ✆ 05 56 56 43 43 – www.mercure.com 3CYv
194 ch – †105/175 € ††105/175 € – 2 suites – ☕ 16 €
Rest *(fermé sam. et dim.)* – Menu 20 € – Carte 26/36 €
Un hôtel de chaîne confortable et agréablement décoré sur le thème du cinéma, avec des salles de séminaire bien équipées. Idéal pour la clientèle d'affaires.

Mercure Château Chartrons
81 cours St-Louis – ✆ 05 56 43 15 00 – www.hotel-chateau-chartrons-bordeaux.com
215 ch – †88/188 € ††88/188 € – 2 suites – ☕ 16 € 2BTk
Rest – Formule 14 € – Carte 23/45 €
Derrière cette étonnante façade victorienne (1850), des chambres de facture classique, spacieuses et bien insonorisées. Au restaurant, convivialité, tradition et, pour les amateurs de vins, cave de dégustation vraiment charmante.

Novotel Bordeaux Centre
45 cours du Mar.-Juin – ✆ 05 56 51 46 46 – www.novotel.com 3CYm
137 ch – †122/172 € ††122/172 € – ☕ 15 € **Rest** – Formule 18 € – Carte 21/37 €
Au cœur du centre d'affaires Mériadeck, un Novotel avec des chambres contemporaines bien insonorisées et de nombreuses salles de séminaire.

Bayonne Etche-Ona sans rest
4 r. Martignac – ✆ 05 56 48 00 88 – www.bordeaux-hotel.com – Fermé 21 déc.-3 janv.
57 ch – †190/207 € ††209/232 € – 4 suites – ☕ 14 € 3DXf
Deux bâtisses des 17e et 18e s. – dont l'une fut la propriété du prince des Asturies – pour un hôtel classique au charme un brin suranné, et empreint d'une certaine quiétude.

Majestic sans rest
2 r. Condé – ✆ 05 56 52 60 44 – www.hotel-majestic.com 3DXa
49 ch – †92/235 € ††92/235 € – ☕ 12 €
Un bel immeuble bordelais (18e s.) dont les chambres, d'esprit feutré, célèbrent sobrement la musique classique... Point d'orgue de cette partition sans défaut : le parking privé, bien utile en centre-ville.

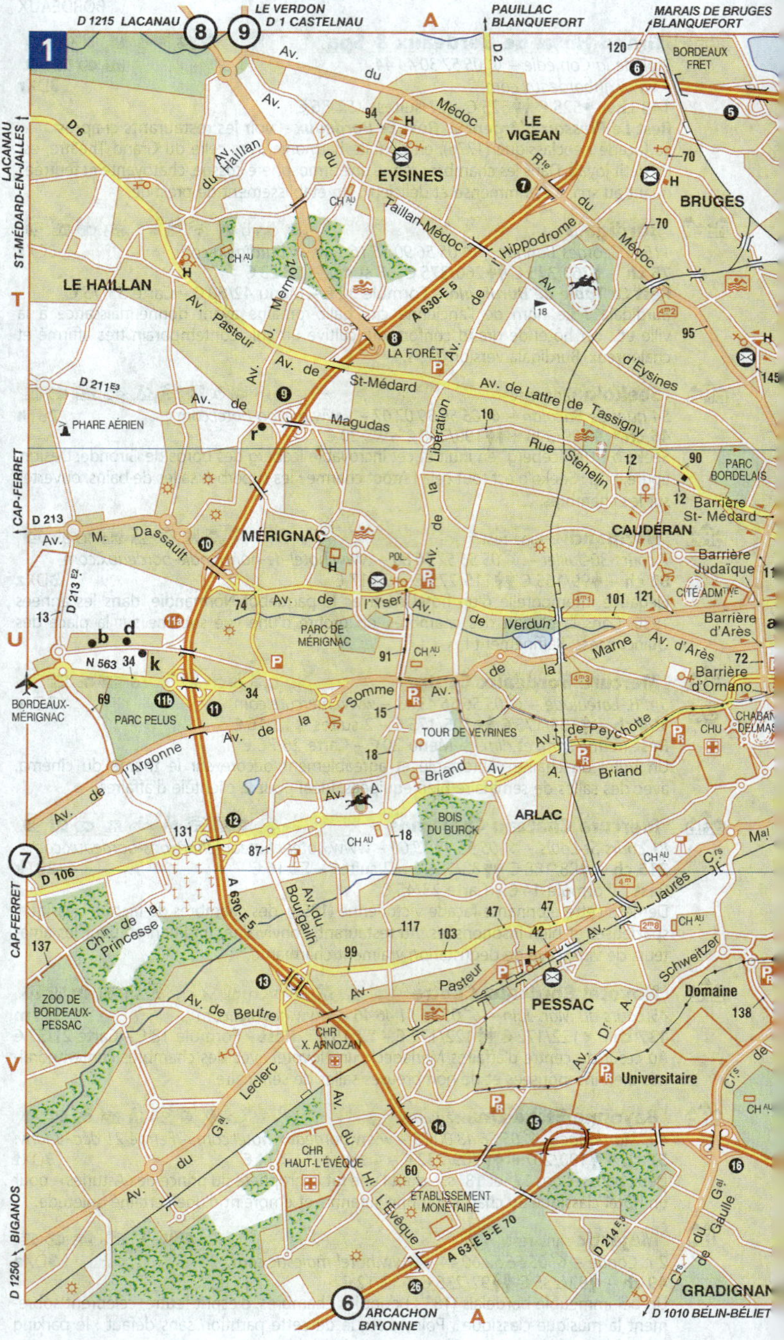
1
A
T
U
V
D 1215 LACANAU
LE VERDON
D 1 CASTELNAU
PAUILLAC
BLANQUEFORT
MARAIS DE BRUGES
BLANQUEFORT
BORDEAUX FRET
LACANAU
ST-MÉDARD-EN-JALLES
CAP-FERRET
BIGANOS
D 1250
ARCACHON
BAYONNE
D 1010 BELIN-BÉLIET
EYSINES
LE VIGEAN
BRUGES
LE HAILLAN
LA FORÊT
MÉRIGNAC
CAUDÉRAN
PHARE AÉRIEN
Barrière St-Médard
Barrière Judaïque
CITÉ ADMTIVE
Barrière d'Arès
Barrière d'Ornano
PARC BORDELAIS
PARC DE MÉRIGNAC
BORDEAUX-MÉRIGNAC
PARC PELUS
TOUR DE VEYRINES
BOIS DU BURCK
ARLAC
CHU
CHABAN DELMAS
PESSAC
Domaine Universitaire
ZOO DE BORDEAUX-PESSAC
CHR X. ARNOZAN
CHR HAUT-L'ÉVÊQUE
ÉTABLISSEMENT MONÉTAIRE
GRADIGNAN
Av. du Médoc
Rte du Médoc
Av. du Haillan
Taillan-Médoc
Hippodrome
Av. de la Libération
Av. Pasteur
Av. J. Mermoz
Av. de St-Médard
Av. de Lattre de Tassigny
Av. d'Eysines
Av. de Magudas
Rue Stehelin
Av. M. Dassault
Av. de l'Yser
Av. de Verdun
Av. de la Marne
Av. d'Arès
Av. de la Somme
Av. de Peychotte
Av. de l'Argonne
Av. A. Briand
Av. du Bourgailh
Chin de la Princesse
Av. de Beutre
Av. Jaurès
Av. Dr. A. Schweitzer
Av. du Gal Leclerc
Av. du Ht L'Évêque
Crs de Gaulle
Crs du Gal de Gaulle
A 630-E 5
A 63-E 5-E 70
D 2
D 6
D 211E3
D 213
D 213E2
N 563
D 106
D 214E9
POL
CH AU
CH AL
b
d
k
r
6
7
8
9
120
94
70
145
95
90
12
10
18
101
121
11
13
34
74
72
69
91
15
131
87
137
117
103
99
47
42
138
60
5
10
11
11a
11b
12
13
14
15
16
26

PARC FLORAL STADIUM
MACAU
BEC D'AMBES BASSENS
B
PARIS ANGOULÊME
1
2
PARC DES EXPOSITIONS
Le Lac
PALAIS DES CONGRÈS
CASINO
D 209
CARBON-BLANC
D 10
D 911
A 10-E 5 E 606
BORDEAUX-LAC
Secteur en Travaux
Bd du Parc des Expositions
Pont d'Aquitaine
A 630
LE LAC
Pl. de Latule
BACALAN
LORMONT
Daney
N 230
LES 4 PAVILLONS
T
LE BOUSCAT
Bd Godard
Pl. Ravesies
Crs St-Louis
Faure
Pont Lucien Faure
Quai de Brazza
PÉRIGUEUX N 89 LIBOURNE
Barrière du Médoc
LES CHARTRONS
PORT
CENON
Av. R. Cassagne
LA BASTIDE
D 241
GRD THÉATRE
D 936
3
BERGERAC
CATHÉDRALE
Quai de la Souys
Av. Pasteur
Observatoire
FLOIRAC
Av. G. Cabannes
N 230
U
Barrière de Pessac
Crs de la Somme
Barrière St-Genès
Gallieni
Barrière de-Bègles
M.I.N.
Bd J.-J. Bosc
GARONNE
Crs Gambetta
Barrière de Toulouse
Bd Albert 1er
Crs V. Hugo
BOULIAC
TALENCE
Pont François Mitterrand
Rte de Latresne
D 10 E4
Libération
Av. de Thouars
Leysotte
BÈGLES
Av. J. d'Arc
Rte de Toulouse
R. A. Labro
ST-BRIS
TARTIFUME
ARCINS
V
D 113
D 10
LATRESNE
PONT-DE-LA-MAYE
VILLENAVE-D'ORNON
A 630
D 113 E1
D 108
BORDEAUX
D 10 LANGON
SARCIGNAN
D 108 E1
0
2 km
4
5
LÉOGNAN D 651
D 1113 LA BRÈDE
A 62-E 72 PAU, TOULOUSE

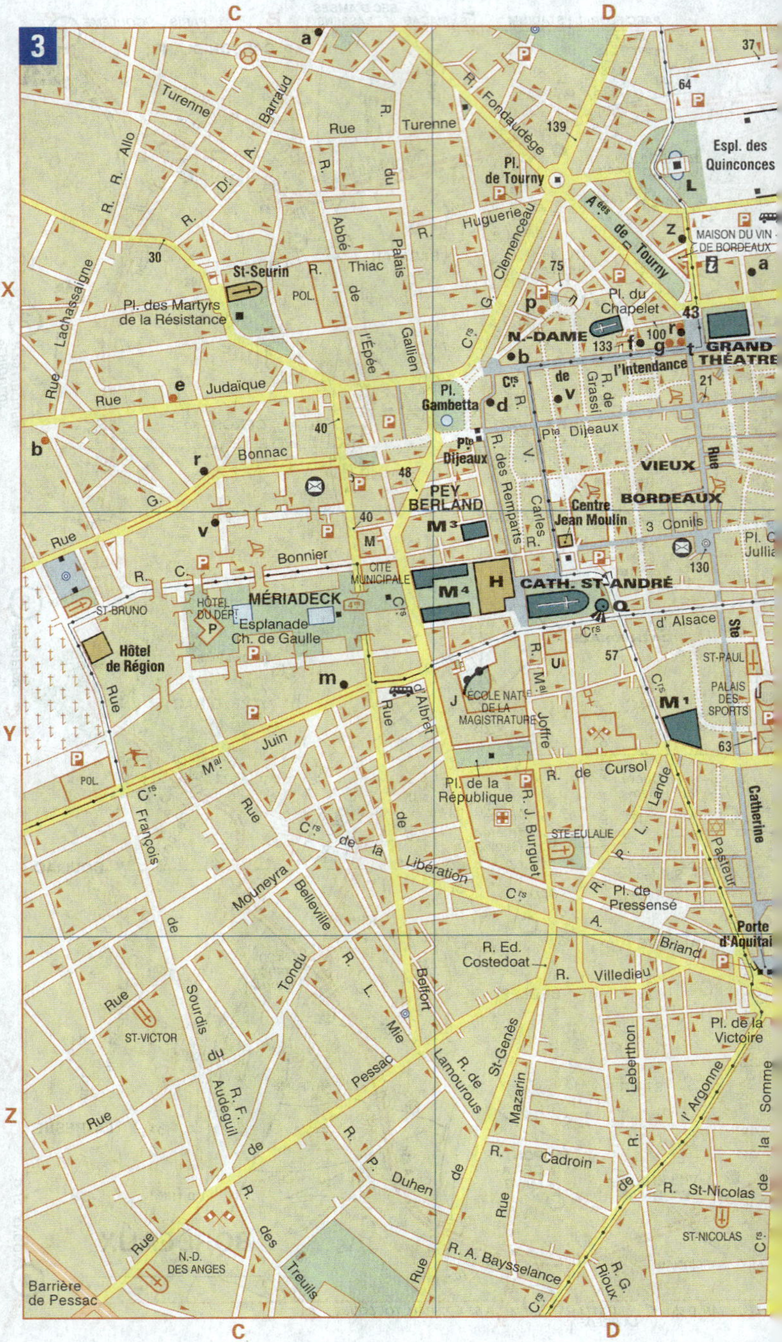
3
C
D
X
Y
Z
Turenne
R. Barraud
Rue Turenne
R. Fondaudège
Espl. des Quinconces
R. Allo
Pl. de Tourny
R. Huguerie
Crs G. Clemenceau
Aées de Tourny
MAISON DU VIN DE BORDEAUX
St-Seurin
Pl. des Martyrs de la Résistance
R. Abbé de l'Épée
R. du Palais Gallien
Thiac
POL.
Pl. du Chapelet
N.-DAME
GRAND THÉATRE
Crs de l'Intendance
R. de Grassi
Rue Lachassaigne
Rue Judaïque
Pl. Gambetta
Pte Dijeaux
Pte Dijeaux
VIEUX BORDEAUX
Rue Bonnac
PEY BERLAND
R. des Remparts
R. V. Carles
Centre Jean Moulin
3 Conils
Pl. C. Jullia
Rue G. Bonnier
CITÉ MUNICIPALE
CATH. ST-ANDRÉ
ST-BRUNO
HÔTEL DU DÉPT.
MÉRIADECK
Esplanade Ch. de Gaulle
Crs d'Alsace
Ste Catherine
ST-PAUL
PALAIS DES SPORTS
Hôtel de Région
Rue d'Albret
ÉCOLE NATLE DE LA MAGISTRATURE
R. Mal Joffre
Crs Mal Juin
R. de Cursol
Pl. de la République
R. J. Burguet
STE-EULALIE
R. L. Lande
Pasteur
Crs François de Sourdis
Rue Mouneyra
Crs de la Libération
Rue Belleville
Pl. de Pressensé
A. Briand
Porte d'Aquitaine
Tondu
R. L. Mie
Rue de Belfort
R. Ed. Costedoat
R. Villedieu
Pl. de la Victoire
ST-VICTOR
Crs de Pessac
R. de Lamourous
St-Genès
Mazarin
Leberthon
Crs de l'Argonne
Somme
R. F. Audeguil
R. P. Duhen
R. Cadroin
R. St-Nicolas
ST-NICOLAS
R. des Treuils
N.-D. DES ANGES
Barrière de Pessac
Rue de Ruat
R. A. Bayssellance
R. G. Rioux

E
F
4
BORDEAUX
0
300 m
X
Y
Z
LA BASTIDE
Jardin Botanique
Rue Reignier
R. G. Carde
Allée Jean Giono
R. Nuyens
Quai des Queyries
R. Léonce Motelay
R. Serr
STE-MARIE
Av. Thiers
R. Camelle
R. P. de la Bénauge
Pl. de Stalingrad
Quai Deschamps
Pont de Pierre
GARONNE
Pont St-Jean
Q. Louis XVIII
Pl. J. Jaurès
PL. DE LA BOURSE
Musée national des Douanes
ST-PIERRE
Pte Cailhau
Bordeaux monumental
Pl. du Palais
Q. Richelieu
Lorraine
Pl. Lafargue
R. Neuve
Pte des Salinières
Quai des Salinières
Q. de la Grave
Q. de la Monnaie
Q. Ste-Croix
ST-ÉLOI
Victor Hugo
R. des Faures
St-François
ST-MICHEL
Pl. Duburg
Pl. Canteloup
R. Leyteire
R. du Mirail
C. Sauvageau
THÉATRE PORT DE LA LUNE
CENTRE ANDRÉ MALRAUX
Ste-Croix
R. Peyronnet
Q. de Paludate
Pl. des Capucins
R. du Hamel
Pl. Léon Duguit
I. U. T. MONTAIGNE
R. des Douves
Pl. A. Meunier
R. de Tauzia
Crs de la Marne
Rue Kléber
Rue de Bègles
Rue l'Yser
Lafontaine
R. J. Steeg
Crs Barbey
Malbec
R. Eug. le Roy
Rue
ST-JEAN
62
06
36
132
14
109
110
112
129
52
4
7
126
102
65
33
118
120
49
142
u
f
b
m
e
q
z
a

RÉPERTOIRE DES RUES DE BORDEAUX

BÈGLES

Buisson (R. F.) BV 28
Capelle (Av. A.) BV 31
Chevalier-de-la-Barre (R. du) BV 42
Guesde (Av. J.) BV 76
Jeanne-d'Arc (Av.) BV
Labro (R. A.) BV
Mitterrand (Pont F.) BV
Toulouse (Rte de) BV
Victor-Hugo (Crs) BV

BORDEAUX

Abbé-de-l'Épée (R.) CX
Albert-1er (Bd) BV
Albret (Crs d') CY
Aliénor-d'Aquitaine (Bd) BT 3
Allo (R. R.) CX
Alsace-et-Lorraine (Crs d') DEY
Aquitaine (Pont d') BT
Arès (Av. d') AU
Arès (Barrière d') AU
Argentiers (R. des) EY 4
Argonne (Crs de l') DZ
Arsenal (R. de l') BU 6
Audeguil (R. F.) CZ
Ausone (R.) EY 7
Bacalan (Quai de) BT 9
Barbey (Crs) EFZ
Barthou (Av. L.) AU 12
Baysselance (R. A.) DZ
Bègles (Barrière de) BV
Bègles (R. de) EZ
Belfort (R. de) CYZ
Belleville (R.) CY
Bénauge (R. de la) FX
Bir-Hakeim (Pl. de) EY
Bonnac (R. G.) CXY
Bonnier (R. C.) CY
Bordelaise (Galerie) DX 21
Bosc (Bd J. J.) BU
Bourse (Pl. de la) EX
Boutaut (Allée de) BT 22
Brandenburg (BD) BT 24
Brazza (Quai de) BT 25
Briand (Crs A.) DYZ
Brienne (Quai de) BU 27
Burguet (R. J.) DY
Cadroin (R.) DZ
Camelle (R. P.) FX
Canteloup (Pl.) EY
Capdeville (R.) CX 30
Capucins (Pl. des) EZ
Carde (R. G.) FX
Carles (R. V.) DXY
Carpenteyre (R.) EFY 33
Chapeau-Rouge (Crs) EX 36
Chapelet (Pl. du) DX
Chartres (Allées de) DX 37
Chartrons (Quai des) BTU 39
Château-d'Eau (R. du) CXY 40
Clemenceau (Crs G.) DX
Comédie (Pl. de la) DX 43
Costedoat (R. E.) DZ
Croix-de-Seguey (R.) BU, CX 45
Cursol (R. de) DY
Daney (Bd) BT
Dassault (Av. M.) BT 46
Deschamps (Quai) FX
Dr-A.-Barraud (R.) CX
Dr-Nancel-Pénard (R.) CX 48
Domercq (R. C.) FZ 49
Domergue (Bd G.) BT 51
Douane (Quai de la) EX 52
Douves (R. des) EZ
Duburg (Pl.) EY
Duché (R. des Gén.) BT 55
Duffour-Dubergier (R.) DY 57
Duhen (R. P.) CDZ
Esprit-des-Lois (R. de l') EX 62
Faures (R. des) EY
Faure (R. L.) BT
Ferme-de-Richemont (Pl. de la) DY 63
Foch (R. Mar.) DX 64
Fondaudège (R.) CDX
Fusterie (R. de la) EY 65
Galin (R.) BU 66
Gallieni (Crs Mar.) ABU
Gambetta (Crs) BUV
Gambetta (Pl.) DX
Gaulle (Espl. Ch.-de) CY
Gautier (Bd A.) AU 72
Georges-V (Bd) BU 73
Godard (Bd) BT
Grands-Hommes (Pl. des) DX 75
Grassi (R. de) DX
Grave (Q. de la) EFY
Hamel (R. du) EZ
Huguerie (R.) DX
Intendance (Crs de l') DX
Jean-Jaurès (Pl.) EX
Joffre (R. du Mar.) DY
Johnston (R. D.) BU, CX 81
Joliot-Curie (Bd) BU 84
Judaïque (Barrière) AU
Judaïque (R.) CX
Juin (Crs Mar.) CY
Jullian (Pl. C.) DY
Kléber (R.) EZ
Lachassaigne (R.) CX
Lafargue (Pl.) EY
Lafontaine (R.) EZ
Lamourous (R. de) CDZ
Lande (R. P.-L.) DY
Lattre-de-Tassigny (Av. de) AT
Latule (Pl. de) BT
Leberthon (R.) DZ
Leclerc (Av. Gén.) AU 90
Leclerc (Bd Mar.) BU 93
Leyteire (R.) EYZ
Libération (Crs de la) CDY
Lombard (R.) BT 96
Louis-XVIII (Quai) EX
Malbec (R.) FZ
Marne (Crs de la) EZ
Martyrs-de-la-Résistance (Pl. des) CX
Mautrec (R.) DX 100
Mazarin (R.) DZ
Médoc (Barrière du) BU
Mérignac (Av. de) AU 101
Meunier (Pl. A.) FZ
Meynard (Pl.) EY 102
Mie (R. L.) CZ
Mirail (R. du) EY
Monnaie (Quai de la) FY
Motelay (R. Léonce) FX
Mouneyra (R.) CYZ
Neuve (R.) EY
Nuyens (R.) FX
Orléans (Allées d') EX 106
Ornano (Barrière d') AU
Palais Gallien (R. du) CX
Palais (Pl. du) EY
Paludate (Quai de) FZ
Parlement St-Pierre (R. du) EX 110
Parlement (Pl. du) EX 109
Pasteur (Crs) DY
Pas-St-Georges (R. du) EXY 112
Pessac (Barrière de) CZ
Pessac (R. de) CZ
Peyronnet (R.) FZ
Philippart (R. F.) EX 114
Pierre (Pont de) EFY
Pierre-1er (Bd) BT 115
Porte de la Monnaie (R.) FY 118
Porte Dijeaux (R. de la) DX
Président-Wilson (Bd) AU 119
Pressensé (Pl. de) DY
Queyries (Quai des) EFX
Quinconces (Espl. des) DX
Ravesies (Pl.) BT
Reignier (R.) FX
Remparts (R. des) DXY
Renaudel (Pl. P.) FZ 120
République (Av. de la) AU 121
République (Pl. de la) DY
Richelieu (Quai) EY
Rioux (R. G.) DZ
Roosevelt (Bd Franklin) BU 123
Rousselle (R. de la) EY 126
Roy (R. Eug. le) FZ
Ste-Catherine (R.) DXY
Ste-Croix (Quai) FY
St-François (R.) EY
St-Genès (Barrière) BU
St-Genès (R. de) CDZ
St-James (R.) EY
St-Jean (Pont) FY
St-Médard (Barrière) AU
St-Nicolas (R.) DZ
St-Pierre (Pl.) EX 129
St-Projet (Pl.) DY 130
St-Rémi (R.) EX 132
Salinières (Q. des) EY
Sarget (Passage) DX 133
Sauvageau (R. C.) EFY
Serr (R.) FX
Somme (Crs de la) DZ
Sourdis (R. F. de) CYZ
Souys (Quai de la) BU
Stalingrad (Pl. de) FX
Steeg (R. J.) EZ
Tauzia (R. de) FZ
Thiac (R.) CX
Thiers (Av.) FX, BU 134
Tondu (R. du) CZ
Toulouse (Barrière de) BU
Tourny (Allées de) DX
Tourny (Pl. de) DX
Tourville (Av. de) BT 136
Treuils (R. des) CZ
Turenne (R.) CDX
Verdun (Crs de) DX 139
Victoire (Pl. de la) DZ
Victor-Hugo (Crs) EY
Vilaris (R.) EZ 142
Villedieu (R.) DZ
Yser (Crs de l') EZ
3-Conils (R. des) DY

BRUGES

Gaulle (Av. Gén.-de) AT 70
Médoc (Rte du) AT
Parc des Expositions (Bd) BT
Quatre-Ponts (R. des) AT 120

CENON

Carnot (Av.) BT 32
Cassagne (Av. R.) BTU
Entre-Deux-Mers (Bd de l') BU 61
Jean-Jaurès (Av.) BU 79

EYSINES

Haillon (Av. du) AT
Hippodrome (Av. de l') AT
Libération (Av. de la) AT 94
Médoc (Av. du) AT
Mermoz (Av. J.) AT
Taillon-Médoc (Av. du) AT

FLOIRAC

Cabannes (Av. G.) ... BU
Gambetta (Crs) ... BU 67
Guesde (R. J.) ... BU 78
Pasteur (Av.) ... BU

GRADIGNAN

Gaulle (Crs Gén.-de) ... AV

LATRESNE

Latresne (Rte de) ... BV

LE BOUSCAT

Ezsines (Av. d') ... AT
Libération (Av. de la) ... AT 95
Louis-Blanc (Cours) ... BT 97
Tivoli (Av. de) ... BT 135
Zola (R. Émile) ... AT 145

LE HAILLAN

Pasteur (Av.) ... AT

LORMONT

Paris (Rte de) ... BT 108

MÉRIGNAC

Argonne (Av. de l') ... AU
Arlac (R. d') ... AU
Barbusse (Av. H.) ... AT 10
Beaudésert (Av. de) ... AU 13
Belfort (Av. de) ... AU 15
Bon-Air (Av.) ... AU 18
Briand (Av. A.) ... AU
Cassin (Av. R.) ... AU 34
Dassault (Av. M.) ... AU
Garros (Av. Rolland) ... AU 69
Gouraud (Pl. du Gén.) ... AU 74
Kaolack (Av. de) ... AU 87
Leclerc (Av. M.) ... AU 91
Libération (Av. de la) ... AU
Magudas (Av. de) ... AT
Marne (Av. de la) ... AU
Princesse (Chemin de la) ... AV
St-Médard (Av. de) ... AT
Somme (Av. de la) ... AU
Souvenir (Av. du) ... AU 131
Verdun (Av. de) ... AU
Yser (Av. de l') ... AU

PESSAC

Beutre (Av. de) ... AV
Bougailh (Av. du) ... AV
Dr-A.-Schweitzer (Av.) ... AV
Dr-Nancel-Pénard (Av.) ... AV 47
Eiffel (Av. Gustave) ... AV 60
Haut-l'Evêque (Av. du) ... AV
Jean-Jaurès (Av.) ... AV
Leclerc (Av. du Gén.) ... AV
Madran (R. de) ... AV 99
Montagne (R. P.) ... AV 103
Pasteur (Av.) ... AV
Pont-d'Orient (Av. du) ... AV 117
Transvaal (Av. du) ... AV 137

TALENCE

Gambetta (Crs) ... BV
Lamartine (R.) ... BV 88
Libération (Crs de la) ... BV
Roul (Av.) ... BV 124
Thouars (Av. de) ... BV
Université (Av. de l') ... AV 138

VILLENAVE D'ORNON

Leysotte (Chemin de) ... BV
Toulouse (Rte de) ... BV

Royal St-Jean sans rest
15 r. Charles-Domercq – ☎ 05 56 91 72 16 – www.bestwestern-hotel-royal-st-jean.com
37 ch – †89/210 € ††99/210 € – ☕ 14 € **4FZb**
À deux pas de la gare, un hôtel contemporain, coloré et bien insonorisé... Au petit-déjeuner, on savoure de bons canelés, puis l'on saute dans le tramway, tout proche.

Grand Hôtel Français sans rest
12 r. du Temple – ☎ 05 56 48 10 35 – www.grand-hotel-francais.com **3DXv**
35 ch ☕ – †126/176 € ††154/207 €
Dans un bel immeuble du 18e s., cet hôtel mise sur le cachet de l'ancien (parquet, meubles de style), mais aussi – dans les chambres du 3e étage – sur une allure ultracontemporaine. Du style !

L'Avant Scène sans rest
36 r. Borie – ☎ 05 57 29 25 39 – www.lavantscene.fr **2BUm**
9 ch – †104/175 € ††110/175 € – ☕ 15 €
Murs du 17e s., poutres, joli patio ; meubles signés Knoll ou Starck, chambres Bauhaus, fifties... Au cœur du quartier des Chartrons, une maison très "particulière", pour les amoureux des vieilles pierres et de design.

La Tour Intendance sans rest
16 r. de la Vieille Tour – ☎ 05 56 44 56 56 – www.hotel-tour-intendance.com
36 ch – †85/135 € ††115/165 € – ☕ 12 € **3DXd**
De jolies couleurs du Sud dans les chambres, du parquet, des pierres apparentes pour le cachet et parfois même une mezzanine... Dans ce petit hôtel, on se sent comme chez soi.

Continental sans rest
10 r. Montesquieu – ☎ 05 56 52 66 00 – www.hotel-le-continental.com **3DXb**
50 ch ☕ – †86/120 € ††96/135 € – 1 suite
Familial et pratique. Les chambres sont fraîches et très bien tenues, certaines (au 4e étage) avec balcon donnant sur les toits : jolie reconversion pour cet hôtel particulier du 18e s.

La Maison Bord'Eaux
113 r. du Dr.-Albert-Barrau – ☎ 05 56 44 00 45 – www.lamaisonbordeaux.com
5 ch – †130/215 € ††150/225 € – ☕ 15 € **3CXa**
Table d'hôte – Menu 35/150 € bc
De cette demeure du 18e s., le propriétaire a fait un lieu design, coloré et très élégant, d'esprit international et... bordelais. Le luxe raffiné d'un boutique-hôtel dans les chambres, le plaisir d'un bon dîner (sur demande) autour de grands vins de la région, à 10mn à pied du cœur de la ville.

XXXX **Le Pressoir d'Argent** – Grand Hôtel de Bordeaux & Spa

5 Cours de l'Intendance, (1er étage) – ✆ 05 57 30 43 04 – www.pressoir-argent.com – Fermé 5-13 mai, 28 juil.-26 août, 27 oct.-4 nov., dim., lundi et fériés **3DXg**

Rest *(dîner seult)* – Menu 90/160 € – Carte 91/144 €

Le Pressoir d'Argent ? Ce pourrait être un hommage au homard au pressoir, plat signature du chef. Ici, la cuisine de la mer est aussi précise que sincère... Quant au décor signé Jacques Garcia, il révèle l'esprit baroque et théâtral des lieux.

➜ Crabe royal cuit sur un lit de gros sel aux poivres et aux algues. Homard breton et ris de veau, sauce béarnaise au jus de presse. Citron et basilic, orange amère crémeuse et biscuit à la Mandarine Impériale. **Vins** Pessac-Léognan, Saint-Estèphe.

XXXX **Le Chapon Fin**

5 r. Montesquieu – ✆ 05 56 79 10 10 – www.chapon-fin.com – Fermé 21 juil.-20 août, dim., lundi et fériés **3DXp**

Rest – Menu 39 € (déj.), 65/95 € – Carte 84/123 €

Une institution locale, qui ravit par son décor de rocaille 1900 autant que par la finesse de sa cuisine, actuelle, sagement inventive et joliment acidulée. Quant à la sélection de bordeaux, elle est superbe !

➜ Langoustine et caviar d'Aquitaine "en boîte". Homard, pulpe de pomme de terre aux oignons et nage d'agrumes. Parfait noix de coco et nougatine, sorbet citron vert-estragon. **Vins** Côtes de Blaye, Haut Médoc.

XXX **Le Gabriel**

10 pl. de la Bourse, (2ème étage) – ✆ 05 56 30 00 70 – www.bordeaux-gabriel.fr

Rest *(Fermé 5-19 mars, 23 juil.-7 août, vacances de la Toussaint, vacances d'hiver, mardi midi, merc. midi, jeudi midi, dim. et lundi)* – Menu 110 € – Carte 90/100 € **4EXf**

Rest ***Le Bistrot du Gabriel*** – voir les restaurants ci-après

Cadre d'exception pour cet établissement, créé dans le pavillon central de la célèbre place de la Bourse. Ses délicieux salons 18e s. se prêtent à la dégustation d'une cuisine créative et haute en saveurs.

➜ Langoustines de Bretagne rôties, chou croquant à la mangue et vinaigrette passion. Bar de ligne poché au lait de nori, champignons et caviar d'Aquitaine. Finger au chocolat menthe fraîche et sorbet chlorophylle. **Vins** Pessac-Léognan, Bordeaux.

XXX **Le Pavillon des Boulevards** (Denis Franc)

120 r. Croix-de-Seguey – ✆ 05 56 81 51 02 – www.lepavillondesboulevards.fr – Fermé 15-31 août, 1er-8 janv., sam. midi, lundi midi et dim. **2BUa**

Rest – Menu 35 € (déj. en sem.), 80/120 € – Carte 100/110 €

Blancheur immaculée, terrasse verdoyante : un endroit apaisant, idéal pour savourer un beau moment de gastronomie. Ici, le chef connaît ses classiques et les revisite avec subtilité.

➜ Lisette glacée au soja et petits pois, langoustine poêlée, raviole de pomme verte au boudin béarnais. Turbot demi-sel aux huiles parfumées à l'orientale. Norvégienne framboise et glace yaourt au basilic. **Vins** Côtes de castillon, Bordeaux.

XXX **Jean Ramet**

7 pl. J.-Jaurès – ✆ 05 56 44 12 51 – www.restaurant-jean-ramet.com – Fermé dim. et lundi **4EXu**

Rest – Formule 25 € – Menu 31 € (déj.), 55/65 € – Carte 55/80 €

Tout près de la Garonne, une table chaleureuse et élégante. Sur les traces de Jean Ramet, le jeune chef concocte une agréable cuisine classique et de saison, en jouant sur les saveurs épicées.

XXX **L'Alhambra**

111bis r. Judaïque – ✆ 05 56 96 06 91 – Fermé 14 juil.-15 août, sam. midi, lundi midi et dim. **3CXe**

Rest – Formule 20 € – Menu 32/42 € – Carte 43/61 €

Quenelles de brochet, perdreau, gibier en saison : un vrai petit conservatoire de la cuisine classique, dans la grande tradition du Guide culinaire d'Escoffier ! Décor à l'avenant.

Le Clos d'Augusta
339 r. Georges-Bonnac – ✆ 05 56 96 32 51 – www.leclosdaugusta.fr – Fermé 27 juil.-20 août, 23-30 déc., sam. midi, dim., lundi et fériés **1AUa**
Rest – Menu 24 € (déj.), 45/65 € – Carte 56/70 €
Langoustines et leur cappuccino de pistache, turbot rôti et sa mousseline de betterave à la framboise : une cuisine créative pour les amateurs du genre, dans un lieu feutré et élégant.

L'Oiseau Bleu
127 av. Thiers – ✆ 05 56 81 09 39 – www.loiseaubleu.fr – Fermé 28 avril-9 mai, 4-26 août, 22-30 déc., dim. et lundi **4FXe**
Rest – Formule 20 € – Menu 23 € (déj. en sem.), 39/85 € bc – Carte 60/67 €
Ce bel oiseau – un ancien poste de police – hébergea peut-être quelque pervenche... C'est désormais un joli nid de gourmands, avec sa cuisine du moment et sa belle cave (300 références) créée dans... l'ancienne cellule de dégrisement !

Le Bordeaux – Grand Hôtel de Bordeaux & Spa
2 pl. de la Comédie – ✆ 05 57 30 43 46 – www.ghbordeaux.com **3DXr**
Rest – Formule 22 € – Carte 31/63 €
Cette élégante brasserie trône sur la place de la Comédie (belle terrasse). L'endroit tout indiqué pour savourer un bon plateau de fruits de mer ou des spécialités du Sud-Ouest.

La Tupina
6 r. Porte de la Monnaie – ✆ 05 56 91 56 37 – www.latupina.com **4FYq**
Rest – Formule 18 € – Menu 38 € bc (sem.)/65 € – Carte 48/93 €
Plus qu'une auberge joliment champêtre, une institution ! Le truculent patron, pétri de patrimoine gastronomique, défend le terroir avec conviction... Évidemment, on se régale de copieux plats du Sud-Ouest, mais aussi de viandes rôties.

C'Yusha
12 r. Ausone – ✆ 05 56 69 89 70 – www.cyusha.com – Fermé 3 sem. en août, 1 sem. en janv., 1 sem. à Pâques, vend. midi, sam. midi, dim. et lundi **4EYb**
Rest *(nombre de couverts limité, réserver)* – Menu 19 € (déj. en sem.), 33/45 € – Carte 48/56 €
Cuisine actuelle aux notes d'épices, de plantes et d'herbes, signée par un chef qui travaille seul, sous le regard des gourmands. Minimalisme et intimité (peu de couverts) : un lieu résolument contemporain.

Comptoir Cuisine
2 pl. de la Comédie – ✆ 05 56 56 22 33 – www.comptoircuisine.com **3DXt**
Rest – Formule 19 € – Menu 38/57 € bc – Carte 44/62 €
Chic, un néobistrot avec ses cuisines ouvertes et son atmosphère conviviale... autour du comptoir ! La carte est courte mais alléchante et le choix de vins au verre étoffé.

7ème Péché (Jan Schwitalla)
65 cours de Verdun – ✆ 05 56 06 42 16 – www.7peche.fr – Fermé 15 juil.-15 août, janv., mardi, merc. et le midi sauf dim. **2BUg**
Rest *(nombre de couverts limité, réserver)* – Menu 59/89 € – Carte 75/95 €
Un Péché épuré, feutré et résolument intime – une vingtaine de couverts... au service d'une belle cuisine créative. Jan Schwitalla mûrit longuement ses préparations, pour un résultat mêlant harmonieusement textures et saveurs audacieuses.
→ Œuf onsen aux parfums de sous-bois. Pigeon cuit à basse température, abats croustillants, poireau, oignon confit et jus de cuisson. Rhubarbe en déclinaison.

Gravelier
114 cours de Verdun – ✆ 05 56 48 17 15 – www.gravelier.com – Fermé 1er-29 août, une sem. vacances de fév., sam. et dim. **2BUr**
Rest – Menu 24 € (déj. en sem.), 39/55 € – Carte 62/71 €
Ambiance bistrot tendance – matériaux bruts (teck, zinc), couleurs vitaminées, vue sur les fourneaux – pour une cuisine inventive, où les saveurs du Sud-Ouest se mâtinent d'Asie.

Julien Cruège

245 r. de Turenne – ☎ 05 56 81 97 86 – www.juliencruege.fr – Fermé 27 juil.-19 août, 1 sem. vacances de Noël et de fév., sam., dim. et fériés **2BUb**

Rest – Menu 20 € (déj.), 29/50 € – Carte 42/70 €

Typiquement bordelaise, cette maison de la Croix-Blanche offre un cadre contemporain séduisant, convivial au déjeuner, romantique le soir... De quoi aiguiser son appétit pour déguster la savoureuse cuisine de Julien Cruège : de jolies recettes dans l'air du temps, soignées et d'un bon rapport qualité-prix !

Le Bistrot du Gabriel – Restaurant Le Gabriel

10 pl. de la Bourse, (1er étage) – ☎ 05 56 30 00 30 – www.bordeaux-gabriel.fr **4EXf**

Rest – Formule 22 € – Menu 29 € – Carte 41/53 €

Au bien nommé Bistrot du Gabriel, on se régale – sans se ruiner – d'un tartare de bœuf au couteau ou d'un saumon fumé maison, d'un bar grillé ou encore d'une entrecôte... Et le chariot des desserts est très appétissant !

Kuzina

22 r. Porte-de-la-Monnaie – ☎ 05 56 74 32 92 – www.latupina.com – Fermé dim. et lundi **4FYz**

Rest – Menu 18 € (déj.)/35 € – Carte 21/50 €

Kuzina ? La cuisine, en grec... Et dans ce petit restaurant au décor sympathique, des centaines de photos évoquent la patrie de Socrate et la Crète, où remontent les origines du propriétaire. À table, on se régale d'une cuisine de la mer simple, fraîche et inspirée du régime... crétois !

Café du Théâtre

pl. Pierre Renaudel – ☎ 05 57 95 77 20 – Fermé 3-11 mars, 27 juil.-26 août, sam. midi, dim. et lundi **4FZa**

Rest – Formule 16 € – Menu 20 € (déj.), 34/45 € – Carte 39/45 €

Du rouge, du noir, un grand comptoir... et une jolie cuisine bistronomique rehaussée de touches basques et méditerranéennes. Pas de relâche pour le jeune chef, qui assure même un service tardif les soirs de spectacle.

Moshi Moshi

pl. Fernand-Lafargue – ☎ 05 56 79 22 91 – www.restaurantmoshimoshi.com – Fermé dim. et lundi **4EYm**

Rest *(dîner seult) (nombre de couverts limité, réserver)* – Menu 49 € – Carte 49/78 €

LA table japonaise de Bordeaux ! Makis, sushis, mais aussi bœuf moshi moshi – dés de filet grillés avec des légumes frits... Une jolie palette de gastronomie nippone.

L'Air de Famille (N)

15 r. Albert-Pitres – ☎ 05 56 52 13 69 – www.lairdefamille.eresto.net – Fermé 28 juil.-21 août, 22 déc.-8 janv., dim. et lundi **2BUe**

Rest – Formule 15 € – Menu 17 € (déj.)/27 €

Non loin du quartier des Chartrons, les gourmands vont se trouver un air de famille ! Dans ce restaurant, nappes rouge bordeaux et casiers à vin composent un décor très local. Et tout est fait maison. Une cuisine de produit, généreuse et goûteuse, comme on l'aime. Excellent rapport qualité-prix.

Soléna (N)

5 r. Chauffour – ☎ 05 57 53 28 06 – www.solena-restaurant.com – Fermé 5-18 août, 18 fév.-3 mars, lundi, mardi et le midi sauf dim. **3CXj**

Rest – Menu 39/55 €

Après un bon parcours – notamment en Californie, où il a rencontré sa compagne, américaine, qui assure l'accueil –, ce jeune chef bordelais a créé cette table contemporaine d'esprit gastro. Au menu, des recettes bien pensées, savoureuses et généreuses. Priorité aux produits locaux !

La Petite Gironde

75 quai des Queyries – ☎ 05 57 80 33 33 – www.lapetitegironde.fr – Fermé 23 déc.-2 janv. et dim. soir **4EXb**

Rest – Menu 17 € (sem.), 27/33 € bc – Carte 32/51 €

Une terrasse au bord de la Garonne et beaucoup de convivialité ; une jolie cuisine régionale saupoudrée de quelques plats bistrotiers : cette Petite est vraiment gironde !

à Bordeaux-Lac (près parc des expositions) – ✉ 33300 Bordeaux

Pullman
av. J.-G.-Domergue – ✆ 05 56 69 66 66 – www.pullmanhotels.com **2BTu**
166 ch – 155/190 € 155/190 € – 19 suites – 25 €
Rest ***L'Aquitania*** – voir les restaurants ci-après
Un accès direct au palais des congrès, 2 000 m² de salles de réunion, des chambres design et un agréable restaurant traditionnel : cet hôtel a plus d'un atout et il est très apprécié de la clientèle d'affaires.

L'Aquitania
av. J.-G.-Domergue – ✆ 05 56 69 65 11 – www.pullmanhotels.com **2BTu**
Rest – Formule 25 € – Menu 29/64 € – Carte 42/109 €
L'Aquitania ? Une table prisée à Bordeaux-Lac. La clientèle d'affaires, notamment, apprécie son appétissante carte traditionnelle et son atmosphère feutrée.

par la rocade A 630 :

à Blanquefort 3 km au Nord, sortie n° 6 – 14 623 h. – alt. 17 m – ✉ 33290

Hostellerie Des Criquets
130 av. du 11-Novembre, D 210 – ✆ 05 56 35 09 24 – www.lescriquets.com
21 ch – 80 € 100 € – 14 € – ½ P
Rest ***Hostellerie Des Criquets*** – voir les restaurants ci-après
Atmosphère familiale et quiétude champêtre chez ces sympathiques Criquets – entièrement rénovés en 2012 –, avec des chambres douillettes pour paresser à la manière des cigales. Côté gourmandises, on n'est pas dépourvu car le restaurant est charmant !

Hostellerie Des Criquets
130 av. du 11-Novembre, D 210 – ✆ (00-33) 05 56 35 09 24 – www.lescriquets.com – Fermé sam. midi, dim. soir et lundi
Rest – Formule 17 € – Menu 20 € (déj. en sem.), 50/75 € – Carte 34/74 €
Cet élégant restaurant contemporain ouvre sur le jardin ; la carte suit joliment les saisons et, pour ne rien gâcher, le chef donne des cours de cuisine. Une agréable étape gastronomique aux portes de Bordeaux.

à Lormont Nord-Est, sortie n°2 – 19 955 h. – alt. 60 m – ✉ 33310

6, avenue de la Libération, ✆ 05 56 74 29 17, www.office-tourisme-lormont.com

Jean-Marie Amat
1 r. du Prince-Noir – ✆ 05 56 06 12 52 – www.jm-amat.com – Fermé 3 sem. en août, 1 sem. en déc., lundi d'oct. à mai, sam. de juin à sept. et dim. **2BTn**
Rest – Menu 30 € (déj. en sem.)/50 € – Carte 70/120 €
Les écuries d'un château ; un cube de verre et béton ; l'impression d'être suspendu au milieu de la verdure... Lorsqu'il a créé ce restaurant, Jean-Marie Amat a adopté un parti pris architectural vraiment original ! À l'image de sa belle cuisine du marché, saine et fraîche.
➜ Salade d'huîtres au caviar et crépinette grillée. Pigeon grillé aux épices, salade d'herbes et pastilla des cuisses. Ananas vanillé et glace piña colada. **Vins** Côtes de Blaye, Bordeaux supérieur.

à Cenon Est, sortie n° 25 – 22 200 h. – alt. 50 m – ✉ 33150

La Cape
allée de la Morlette – ✆ 05 57 80 24 25 – www.restaurant-lacape.com – Fermé 27 juil.-19 août, 22 déc.-7 janv., sam., dim. et fériés **2BUv**
Rest – Menu 26 € (déj. en sem.), 35/50 €
Un nouveau chef a endossé cette Cape en 2012, mais il travaillait depuis longtemps dans la maison... Esprit de continuité donc, avec toujours le même souci de qualité et de soin apporté à la cuisine ! Au menu : de belles saveurs du marché, rehaussées par une judicieuse sélection de vins bordelais.
➜ Gambas rôties et navet confit au mascarpone. Lotte piquée au chorizo, tomate saisie à la mozzarella. Rhubarbe confite, chamallow grillé et sorbet diabolo grenadine. **Vins** Bordeaux rouge et blanc.

Ze Rock
1 bis r. Aristide-Briand, (au parc Palmer) – ✆ 05 57 54 12 94
– Fermé 29 juil.-19 août et 23 déc.-7 janv., dim., lundi et fériés **2BTa**
Rest – Formule 15 € – Menu 18 € – Carte 29/39 €
Béton ciré et chaises Starck : une brasserie design du "clan" Nicolas Magie attenante au Rocher de Palmer. Cochonnaille basque, frites au couteau... la belle tradition apaise les faims de rocker, à prix vraiment minis !

à Bouliac **Sud-Est, sortie n° 23 – 3 071 h. – alt. 74 m – ✉ 33270**

Le Saint-James
3 pl. Camille-Hostein, (près de l'église) – ✆ 05 57 97 06 00
– www.saintjames-bouliac.com – Fermé 1er-19 janv. **2BUs**
18 ch – †198/463 € ††198/463 € – ☐ 25 €
Rest *Le Saint-James* ✿ – voir les restaurants ci-après
Conçue par Jean Nouvel, cette maison surplombant les vignes et la ville s'inspire des séchoirs à tabac typiques de la région. L'épure, la lumière et le design dominent avec élégance et harmonie...

Le Saint-James
3 pl. Camille-Hostein, (près de l'église) – ✆ 05 57 97 06 00
– www.saintjames-bouliac.com – Fermé vacances de printemps, 25 août-3 sept., vacances de la Toussaint, 1er-19 janv., dim. et lundi **5BUs**
Rest – Menu 47 € bc (déj.), 68/135 € – Carte 113/137 €
Un écrin design et baigné de lumière, dominant les environs... Voilà un bel endroit pour un repas de qualité, ancré dans la région : le chef, Nicolas Magie, originaire du Bordelais, rend un bel hommage aux produits aquitains, avec finesse, invention... et en accord avec les vins du cru !
→ Huîtres en deux textures, condiment radis et navet, béarnaise glacée. Homard breton, crème de riz grillé et caviar d'Aquitaine. Tube de cerises poêlées, crème glacée estragon et spoom de griotte acidulée.

Café de l'Espérance
10 r. de l'Esplanade, (derrière l'église) – ✆ 05 56 20 52 16 – www.cafe-esperance.com
Rest – Menu 15 € (déj. en sem.)/29 € – Carte 30/57 € **2BVr**
Buffets d'entrées et de desserts, grillades au feu de bois, frites maison... C'est simple, très frais, copieux et bon. Les nostalgiques des troquets de village seront comblés !

à Camblanes-et-Meynac **9 km au Sud-Est, sortie n° 22 par D 113 – 2 620 h. – alt. 50 m – ✉ 33360**

Le Bellevue
40 rte du Bourg – ✆ 05 56 20 77 14 – www.restaurant-le-bellevue.fr
– Fermé 29 avril-14 mai, 26 août-3 sept., vacances de la Toussaint, sam. midi, dim. soir et lundi
Rest – Formule 16 € – Menu 30 € (déj. en sem.), 34/50 € – Carte environ 44 €
Sticks de chèvre frais accompagnés d'une salade de fenouil, brochette de bœuf tendre et son émulsion à l'échalote : le chef respecte les produits, avec originalité et finesse. Savoureux !

à Martillac **9 km au Sud, sortie n° 18, D 1113 et rte secondaire – 2 377 h. – alt. 40 m – ✉ 33650**

Les Sources de Caudalie ch,
chemin de Smith-Haut-Lafitte – ✆ 05 57 83 83 83
– www.sources-caudalie.com – Fermé 7-30 janv.
42 ch – †280/340 € ††280/340 € – 7 suites – ☐ 24 € – ½ P
Rest *La Grand'Vigne* ✿ – voir les restaurants ci-après
Rest *La Table du Lavoir* – Formule 29 € – Menu 38/51 €
Au milieu des vignes, un domaine superbe dédié au bien-être par la... vinothérapie. Bois brut, meubles chinés, ambiances délicates, plaisirs gastronomiques : le luxe dans toute sa sobriété, en harmonie avec la nature.

La Grand'Vigne – Hôtel Les Sources de Caudalie
chemin de Smith-Haut-Lafitte – 05 57 83 83 83 – www.sources-caudalie.com – Fermé 7 janv.-1er fév., merc. midi, jeudi midi, vend. midi, lundi et mardi
Rest – Menu 65/95 € – Carte 79/102 €
Dans le cadre de cette charmante orangerie du 18e s., les assiettes ont le goût et les couleurs de la nature : l'œuvre d'un jeune chef inspiré, maître dans l'art d'associer saveurs et textures, pour le plaisir des sens. Un beau moment.
➜ "L'Aquitaine" en carpaccio de bœuf et grains de caviar primeur. Poitrine de pigeon rôtie, artichaut blanc fumé et pomme de terre fondante. Fine tarte aux cerises noires confites, crémeux citron et sorbet griotte. **Vins** Graves, Pessac-Léognan.

à Mérignac Ouest, sortie n° 9 – 66 488 h. – alt. 35 m – ✉ 33700

Kyriad Prestige ch,
116 av. Magudas – 05 57 92 00 00 – www.bordeaux-hotels.net 1ATr
75 ch – †90/124 € ††90/124 € – ☕ 14 € – ½ P
Rest *(fermé dim. et fériés)* – Menu 19/28 € – Carte 30/45 €
Tout près de l'autoroute, avec des chambres spacieuses et bien insonorisées. Pratique lors d'une étape familiale ou pour la clientèle d'affaires.

à l'aéroport de Bordeaux-Mérignac Ouest, sortie n° 11 en venant du Sud, sortie n° 11b en venant du Nord – ✉ 33700 Merignac

Novotel Aéroport
80 av. J.F.-Kennedy – 05 57 53 13 30 – www.accor-hotels.com 1AUk
137 ch – †123/159 € ††123/159 € – ☕ 15 € **Rest** – Formule 18 € – Carte 30/46 €
Novotel d'esprit contemporain, dont la plupart des chambres donnent sur le jardin. Pratique en famille : l'aire de jeux pour les enfants.

Ibis Styles Bordeaux Aéroport
95 av. J.F.-Kennedy – 05 56 55 93 42 – www.ibishotel.com 1AUd
81 ch ☕ – †75/120 € ††85/130 €
Rest *(fermé 1er-15 août, 25 déc.-1er janv., vend. soir, sam. et dim.)* – Formule 15 € – Menu 19 € – Carte environ 25 €
Cet hôtel affiche un esprit frais, jeune et pop : couleurs sobres et touches acidulées au programme !

L'Iguane
83 av. J.F.-Kennedy – 05 56 34 07 39 – www.liguane.fr – Fermé 29 juil.-2 sept., vend. soir, sam. et dim. 1AUb
Rest – Menu 25 € (sem.), 37/75 € – Carte 44/74 €
Rest *L'Olive de Mer* *05 56 12 99 99 (fermé dim. midi et sam. midi)* – Formule 17 € – Menu 22 € (déj. en sem.) – Carte 25/43 €
Contemporain, feutré et élégant, cet Iguane ! La cuisine mêle teintes du temps et nuances exotiques ; quant à la cave, elle recèle 500 références aux jolies robes chatoyantes. De couleur et de piquant, l'Olive de Mer n'en manque pas, avec ses saveurs méditerranéennes et son atmosphère design.

LES BORDES – 45 Loiret – 318 L5 – rattaché à Sully-sur-Loire

BORMES-LES-MIMOSAS – 83 Var – 340 N7 – 7 321 h. – alt. 180 m 41 C3
– ✉ 83230 Côte d'Azur
Paris 871 – Fréjus 57 – Hyères 21 – Le Lavandou 4
1, place Gambetta, 04 94 01 38 38, www.ville-bormes.fr
de Valcros, à La Londe-les-Maures, NO : 12 km, 04 94 66 81 02
Site★ - Les vieilles rues★ - ★ du château.

Hostellerie du Cigalou
pl. Gambetta, au vieux village – 04 94 41 51 27 – www.hostellerieducigalou.com – Fermé mi-nov. à mi-déc.
17 ch – †116/212 € ††116/289 € – 3 suites – ☕ 13 € – ½ P
Rest – Formule 17 € – Menu 21/39 € – Carte 38/60 €
La propriétaire de cette jolie maison a décoré son intérieur avec raffinement, mêlant styles provençal et baroque. Certaines chambres bénéficient d'une terrasse privative. Au restaurant, recettes à dominante régionale, dans une ambiance bistrot décontractée.

La Bastide des Vignes
464 chemin du Patelin – ✆ 04 94 71 20 29 – www.bastidedesvignes.fr – Ouvert 30 mars-3 nov.
5 ch – 120/140 € 120/140 € **Table d'hôte** – Menu 43 € bc
Un véritable havre de paix et de gentillesse que cette maison de vigneron de 1902, cernée par les vignes. Chambres aux couleurs de la Provence, ouvertes sur le luxuriant jardin (pas de TV). Dégustation de plats et vins régionaux à la table d'hôte (sur réservation).

Les Plumbagos sans rest
88 impasse du Pin, quartier Le Pin, par bd Mont des Roses – ✆ 06 09 82 42 86 – www.lesplumbagos.com – Ouvert mai-oct.
3 ch – 125/137 € 125/137 €
Une situation calme et privilégiée en surplomb de la baie, de coquettes chambres provençales et un agréable jardin : cette belle bâtisse des années 1920 ne manque pas d'atouts.

La Rastègue (Jérôme Masson)
48 bd du Levant, 2 km au Sud, quartier Le Pin – ✆ 04 94 15 19 41 – www.larastegue.com – Fermé 4-31 janv., le midi sauf dim. et lundi
Rest *(nombre de couverts limité, réserver)* – Menu 39/49 €
Priorité au goût ! Les cuisines, ouvertes sur la salle, permettent d'admirer le jeune chef à l'œuvre, accommodant bons produits et arômes avec précision et équilibre. Aucun artifice, beaucoup de simplicité et surtout de saveurs... Service attentionné.
➜ Parfait tiède de langoustines, le jus des têtes en bisque. Saint-pierre cuit sur sa peau, riste d'aubergine et sauce vierge. Fruits rouges, gelée de groseille et crème chiboust caramélisée. **Vins** Côtes de Provence.

au Sud 1 km – ✉ 83230 Bormes-les-Mimosas

Le Domaine du Mirage
38 r. Vue-des-Iles – ✆ 04 94 05 32 60 – www.domainedumirage.com – Ouvert 1er avril-15 oct.
35 ch – 116/235 € 116/235 € – 14 €
Rest – Menu 38 € (dîner) – Carte 40/60 €
Dominant la baie, une belle bâtisse de style victorien entourée d'un jardin fleuri. Chambres contemporaines, en majorité avec balcon ou terrasse face à la mer. Décor raffiné au restaurant, où l'on apprécie une cuisine qui fleure bon la Provence.

BORNY – 57 Moselle – 307 I4 – rattaché à Metz

BORT-L'ÉTANG – 63 Puy-de-Dôme – 326 H8 – rattaché à Lezoux

BOSDARROS – 64 Pyrénées-Atlantiques – 342 J5 – 1 018 h. – alt. 370 m – ✉ 64290 3 B3

Paris 790 – Lourdes 36 – Oloron-Ste-Marie 29 – Pau 14

Auberge Labarthe (Éric Dequin)
1 r. P.-Bidau – ✆ 05 59 21 50 13 – www.auberge-pau.com – Fermé 1 sem. en janv., dim. soir, lundi et mardi
Rest *(réserver)* – Menu 31 € (sem.), 51/75 € – Carte 76/88 €
Voilà une bien belle auberge ! Derrière l'église, arrêtez-vous dans cette accueillante maison à la façade fleurie. Les gourmands y savourent une généreuse cuisine régionale, avec des produits de qualité, dans une salle cosy et sagement contemporaine.
➜ Fraîcheur de tourteau, crème légère et gelée de crustacés. Suprême de pigeonneau truffé et petits légumes d'automne. Larme au chocolat et poire caramélisée au gingembre. **Vins** Jurançon.

BOSSEY – 74 Haute-Savoie – 328 J4 – rattaché à St-Julien-en-Genevois

LES BOSSONS – 74 Haute-Savoie – 328 O5 – rattaché à Chamonix

BOUDES – 63 Puy-de-Dôme – 326 G10 – 264 h. – alt. 466 m – ✉ 63340 5 B2

Auvergne

Paris 462 – Brioude 29 – Clermont-Fd 52 – Issoire 16

Le Boudes La Vigne avec ch
pl. de la Mairie – ✆ 04 73 96 55 66 – www.leboudeslavigne.pagesperso-orange.fr – Fermé 1er-11 juil., 25 août-5 sept., 26 déc.-17 janv., dim. soir, lundi et mardi sauf le soir en juil.-août
6 ch – 48 € 60 € – 6 € – ½ P **Rest** – Menu 23 € (sem.), 29/50 €
Cette sympathique auberge, bâtie sur d'anciennes fortifications, se trouve au cœur de ce village de vignerons où l'on produit... le boudes, l'un des cinq crus des côtes d'Auvergne. Derrière les fourneaux, le chef réalise une cuisine généreuse et parfumée, bien en prise avec son époque. Chambres toutes simples à l'étage.

BOUËSSE – 36 Indre – **323** G7 – rattaché à Argenton-sur-Creuse

BOUGIVAL – 78 Yvelines – **311** I2 – **101** 13 – voir à Paris, Environs

LA BOUILLADISSE – 13 Bouches-du-Rhône – **340** I5 – 5 906 h. – alt. 220 m – 13720 — **40** B3

Paris 776 – Aix-en-Provence 27 – Brignoles 43 – Marseille 31
place de la Libération, ✆ 04 42 62 97 08, www.ville-bouilladisse.com

La Fenière
8 r. J. Pourchier – ✆ 04 42 72 38 38 – www.hotelfeniere.com
12 ch – 60/80 € 65/80 € – 8 € – ½ P
Rest *(fermé 23 déc.-7 janv., dim. et lundi)* – Menu 18 € (déj. en sem.), 22/26 € – Carte 28/56 €
Un établissement tenu en famille, par une mère et ses deux filles, dont l'une s'occupe de l'hôtel et l'autre du restaurant (d'esprit provençal). Les chambres ne sont pas très grandes mais bien tenues, et l'on peut profiter du petit jardin et de sa piscine. Pour joindre l'utile à l'agréable, en toute simplicité.

BOUILLAND – 21 Côte-d'Or – **320** I7 – 190 h. – alt. 400 m – 21420 — **8** C2

Bourgogne
Paris 295 – Autun 54 – Beaune 17 – Bligny-sur-Ouche 13

Hostellerie du Vieux Moulin
1 r. de la Forge – ✆ 03 80 21 51 16 – www.moulin-de-bouilland.com – Ouvert 15 mars-23 nov. et 9-31 déc.
24 ch – 90/170 € 90/170 € – 2 suites – 18 € – ½ P
Rest *Hostellerie du Vieux Moulin* – voir les restaurants ci-après
Dans cette charmante vallée verdoyante, un ancien moulin au bord de la rivière et ses dépendances. Beaucoup de tranquillité et un très bon confort (chambres plus spacieuses dans la bâtisse principale). Excellent petit-déjeuner.

Hostellerie du Vieux Moulin
1 r. de la Forge – ✆ 03 80 21 51 16 – www.moulin-de-bouilland.com – Ouvert 15 mars-23 nov. et 9-31 déc., fermé le midi du lundi au jeudi
Rest – Formule 25 € – Menu 41/90 € – Carte 58/78 €
Une salle élégante et une très belle terrasse... Ce lieu ravit et met en appétit ! Les assiettes du chef ne déçoivent pas, car ce dernier concocte une cuisine d'aujourd'hui soignée et savoureuse.

Auberge St-Martin
17 rte de Beaune – ✆ 03 80 21 53 01 – www.auberge-saint-martin.net – Fermé 27 juin-4 juil., 2 déc.-5 fév., mardi et merc.
Rest – Menu 22/30 € – Carte 26/37 €
Une accueillante auberge (18e s.), campagnarde à souhait, en plein cœur d'un petit village près de Beaune. On y propose une appétissante cuisine traditionnelle, avec des spécialités telles que la terrine de faisan ou le coq au vin.

LA BOUILLE – 76 Seine-Maritime – **304** F5 – 788 h. – alt. 5 m – 76530 — **33** D2

Normandie Vallée de la Seine
Paris 132 – Bernay 44 – Elbeuf 12 – Louviers 32

Le St-Pierre
4 pl. du Bateau – 02 35 68 02 01 – www.restaurantlesaintpierre.com – Fermé vacances de la Tousaint, mardi sauf le midi de mai à août, dim. soir et lundi
Rest – Formule 18 € – Menu 25 € (sem.), 31/65 € – Carte 56/67 €
Une cuisine d'aujourd'hui réalisée avec de beaux produits, la Seine et les bateaux pour décor : un moment bien agréable ! Et l'été, la terrasse est charmante.

La Poste
6 pl. du Bateau – 02 35 18 03 90 – Fermé 20 déc.-10 janv., dim. soir, mardi soir et lundi
Rest – Menu 22 € (sem.), 37/45 € – Carte 60/80 €
Ce joli relais de poste (18e s.), ancré sur les quais, arbore fièrement ses colombages et honore la cuisine traditionnelle. À l'étage, on profite de la vue sur la Seine.

Les Gastronomes
1 pl. du Bateau – 02 35 18 02 07 – www.lesgastronomes-labouille.eu – Fermé 23 oct.-15 nov., 20 fév.-5 mars, merc. et jeudi sauf fériés
Rest – Menu 20 € (sem.), 30/46 € – Carte 43/52 €
Foie gras en terrine, sandre au beurre blanc, tarte Tatin : dans cette maison de pays, les patrons concoctent une jolie cuisine traditionnelle et vous reçoivent avec chaleur.

BOUIN – 85 Vendée – 316 E6 – 2 202 h. – alt. 5 m – ✉ 85230 — 34 A3
Pays de la Loire
Paris 435 – Challans 22 – Nantes 51 – Noirmoutier-en-l'Ile 29
Rue du Pays de Retz, 02 51 68 88 85, www.bouin.fr

Domaine le Martinet sans rest
pl. du Gén.-Charette – 02 51 49 23 23 – www.domaine-lemartinet.com – Fermé janv.
23 ch – †75/150 € ††75/150 € – ☐ 11 €
Dans un bourg tranquille du marais breton vendéen, un hôtel tenu par un jeune couple sympathique. Toutes les chambres – rénovées en 2011 et 2012 – sont spacieuses et confortables. Frais et plaisant !

Le Martinet
9 r. des Jardins – 02 51 49 23 48 – www.restaurant-lemartinet.com – Fermé janv., dim. soir hors saison, lundi midi et mardi midi
Rest – Menu 17/45 €
Dans sa jolie cabane de pêcheur – un ancien grenier à sel, pour être exact –, le chef réalise une cuisine traditionnelle... aux petits oignons ! Poissons extrafrais pêchés par son frère, légumes du potager et saveurs franches : gourmandise.

BOULBON – 13 Bouches-du-Rhône – 340 D2 – 1 536 h. – alt. 18 m – ✉ 13150 — 42 E1
Provence
Paris 703 – Avignon 18 – Marseille 113 – Nîmes 34

La Bastide de Boulbon
r. de l'Hôtel-de-Ville – 04 90 93 11 11 – www.labastidedeboulbon.com – Ouvert 30 mars-2 nov.
10 ch – †115/125 € ††145/165 € – ☐ 15 €
Rest *(fermé mardi soir) (dîner seult) (nombre de couverts limité, réserver)* – Menu 29/35 €
Au cœur d'un village, cette demeure bourgeoise (1850) aux allures de maison d'hôte invite à la détente, avec son beau jardin aux platanes bicentenaires. Chambres actuelles. Cuisine du marché servie dans une salle intime ou sur la terrasse ombragée.

La Maison Saint -Jean (N)
1 r. Mont Saint-Jean – 04 90 91 24 54 – www.lamaisonsaintjean.com – Ouvert 15 juin-15 sept.
4 ch ☐ – †135/175 € ††135/175 € **Table d'hôte** – Menu 37 €
Une belle demeure de caractère (1820) dans un village dominé par un imposant château fort. Les chambres y sont spacieuses et raffinées : mobilier chiné, tableaux anciens et touches contemporaines. Ravissant jardin ombragé. Une adresse qui respire la douceur de vivre...

BOULIAC – 33 Gironde – 335 H6 – rattaché à Bordeaux

BOULIGNEUX – 01 Ain – **328** C4 – rattaché à Villars-les-Dombes

BOULOGNE-BILLANCOURT – 92 Hauts-de-Seine – **311** J2 – **101** 24 – voir à Paris, Environs

BOULOGNE-SUR-MER – 62 Pas-de-Calais – 301 C3 – 43 310 h. – 30 A2

Agglo. 89 166 h. – alt. 58 m – Casino (privé) Z – ✉ 62200 Nord Pas-de-Calais Picardie

Paris 265 – Amiens 130 – Arras 122 – Calais 35

24, Parvis Nausicaä, ✆ 03 21 10 88 10, www.tourisme-boulognesurmer.com

Wimereux, Avenue François Mitterrand, par rte de Wimereux : 8 km, ✆ 03 21 32 43 20

Nausicaa★★ - Ville haute★★ : crypte et trésor★ de la basilique ≤★ du Beffroi Y H - Perspectives★ des remparts - Calvaire des marins ≤★ Y - Château-Musée★ : vases grecs★★, masques inuits et aléoutes★★ - Colonne de la Grande Armée★ : ✳★★ 5 km par ① - Côte d'Opale★ par ①.

Plan page suivante

La Matelote

70 bd Ste-Beuve – ✆ 03 21 30 33 33 – www.la-matelote.com Yq

35 ch – †105/205 € ††130/205 € – ☕ 16 €

Rest *La Matelote* ✿ – voir les restaurants ci-après

Fière bâtisse des années 1930 sur le front de mer, face au Nausicaa. Les chambres y sont confortables et très bien tenues. Espace détente de qualité (avec par exemple une piscine à contre-courant).

Métropole sans rest

51 r. Thiers – ✆ 03 21 31 54 30 – www.hotel-metropole-boulogne.com – Fermé 21 déc.-12 janv. Ze

25 ch – †65/82 € ††82/99 € – ☕ 11 €

Hôtel familial dans le centre-ville, près du port et des commerces, aux chambres spacieuses et confortables. Jolie salle des petits-déjeuners, ouverte sur le jardin.

Hamiot

rest, rest,

1 r. Faidherbe – ✆ 03 21 31 44 20 – www.hotelhamiot.com Zh

12 ch – †68/98 € ††90/110 € – ☕ 10 € – ½ P

Rest *Grand Restaurant* – voir les restaurants ci-après

Rest *Brasserie* – Formule 12 € – Menu 18 € (sem.), 26/33 € – Carte 20/48 €

Une véritable institution ! Ce bâtiment d'après-guerre donne sur le port de pêche et la criée. Les chambres sont confortables avec leur beau mobilier en bois. Une bonne adresse également pour les amateurs d'étape gastronomique.

La Matelote (Tony Lestienne) – Hôtel La Matelote

80 bd Ste Beuve – ✆ 03 21 30 17 97 – www.la-matelote.com – Fermé 22 déc.-20 janv. et jeudi midi Yq

Rest – Menu 34 € (sem.), 58/78 € – Carte 69/90 €

Du nom du fameux plat de poisson cuisiné au vin, cette table est tout entière dédiée aux produits de la mer, travaillés dans les règles de l'art et de la tradition. De belles saveurs iodées au menu ! Le cadre, cossu et feutré, a tout d'une bonbonnière. L'été, profitez de la terrasse.

→ Buisson de langoustines, tombée d'herbes fraîches et sauce safranée. Darne de turbot rôtie au thym. Millefeuille framboise.

Restaurant de la Plage

124 bd Ste-Beuve – ✆ 03 21 99 90 90 – www.restaurantdelaplage.fr – Fermé dim. soir et lundi soir Xv

Rest – Menu 34/55 € – Carte 49/83 €

Après une petite baignade, rien de mieux qu'un bon repas pour reprendre des forces ! Face à la plage, cette adresse fait honneur aux produits de la mer. Des saveurs iodées, fines et goûteuses, qui s'accordent parfaitement avec la belle carte des vins. Joli décor sur le thème balnéaire.

Grand Restaurant – Hôtel Hamiot

1 r. Faidherbe – ✆ 03 21 31 44 20 – www.hotelhamiot.com – Fermé dim. soir et merc.

Rest – Formule 19 € – Menu 22 € (sem.), 29/45 € – Carte 46/63 € Zh

On vient dans ce restaurant pour son atmosphère feutrée, sa vue sur l'animation portuaire, et surtout pour sa cuisine de la mer soignée : sole meunière, blanquette et bourride, plateau de fruits de mer... De quoi mettre l'eau à la bouche !

BOULOGNE-SUR-MER

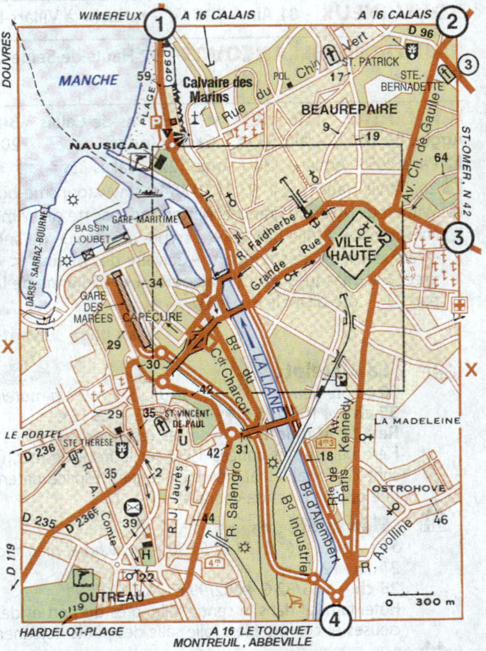

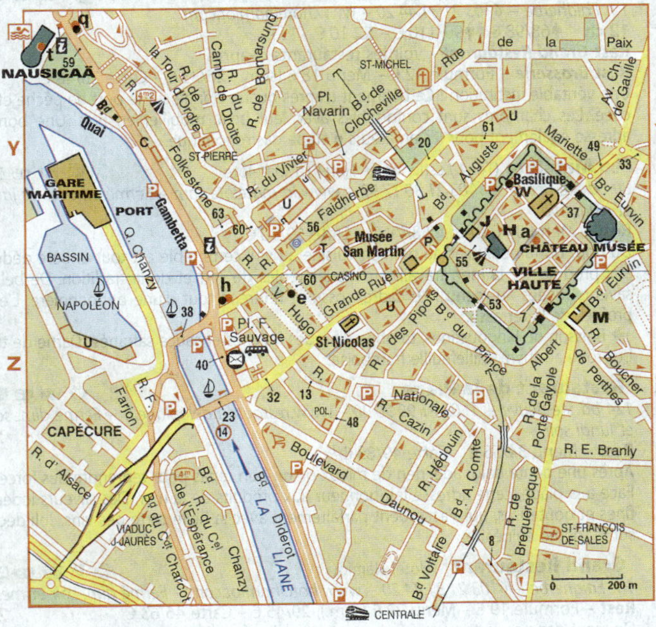

Restaurant de Nausicaa

bd Ste-Beuve – ✆ 03 21 33 24 24 – Fermé 7-27 janv., dim. soir hors saison et lundi soir
Rest – Menu 29 € – Carte 23/48 € **Yt**
Pause gourmande au Centre de la mer. Ici, l'ambiance est très animée : les deux salles, d'esprit brasserie, sont immenses, offrant une vue panoramique sur le port et la plage. Et la cuisine, traditionnelle, fait évidemment la part belle aux produits de la mer...

L'Ilot Vert N

36 r. de Lille – ✆ 03 21 92 01 62 – Fermé 18 août-8 sept., 23 déc.-6 janv., merc. et dim.
Rest – Formule 17 € – Menu 21 € (déj.)/29 € – Carte 36/55 € **Ya**
Une bonne surprise que ce restaurant coloré et convivial, où œuvre un jeune chef formé dans de belles maisons : il signe une cuisine bien d'aujourd'hui – avec une pointe de créativité –, joliment tournée et savoureuse, aux prix mesurés. Sympathique terrasse fleurie côté cour.

à Pont-de-Briques 5 km par ④ – ✉ 62360

Hostellerie de la Rivière avec ch

17 r. de la Gare – ✆ 03 21 32 22 81 – www.lhostelleriedelariviere.fr – Fermé 19 août-5 sept., 7-31 janv., dim. soir, mardi midi et lundi
8 ch – †95 € ††99/122 € – ☕ 13 € – ½ P
Rest – Formule 17 € – Menu 35/60 € – Carte 63/90 €
L'histoire ne dit pas si Napoléon, qui séjourna tout près, aurait aimé cette adresse. Quoi qu'il en soit, les gourmands d'aujourd'hui l'apprécient ! On y déguste de bonnes recettes du terroir et des produits de la mer. Formule bistrot au déjeuner. L'été venu, on s'installe dans le jardin.

à Hesdin-l'Abbé 9 km par ④ et D 901 – 1 882 h. – alt. 50 m – ✉ 62360

Cléry

r. du Château, au village – ✆ 03 21 83 19 83 – www.clery.najeti.fr
25 ch – †180/230 € ††180/230 € – 2 suites – ☕ 15 € – ½ P
Rest *Le Berthier* – voir les restaurants ci-après
Un charmant château romantique construit à la fin du 18e s., flanqué d'un cottage et d'une fermette. Il compte un agréable salon de lecture, un parc fleuri et un jardin potager, sans oublier des chambres d'un élégant classicisme.

Le Berthier

r. du Château, au village – ✆ 03 21 83 19 83 – www.clery.najeti.fr
Rest *(dîner seult)* – Menu 36/59 € – Carte 50/70 €
Le général Berthier aurait séjourné au château pendant le siège de Boulogne par Napoléon. À l'époque, si le restaurant avait existé, sans doute aurait-il apprécié la belle véranda donnant sur le parc et la carte classique : pavé de bar, pigeon des Flandres, etc.

LE BOULOU – 66 Pyrénées-Orientales – 344 I7 – 5 410 h. – alt. 90 m – Stat. therm. : début fév.-fin nov. – Casino – ✉ 66160 Languedoc Roussillon 22 B3

▶ Paris 869 – Argelès-sur-Mer 20 – Barcelona 169 – Céret 10
ℹ 1, rue du Château, ✆ 04 68 87 50 95, www.tourisme-leboulou.fr

au Sud-Est 4,5 km par D 900, D 618 et rte secondaire – ✉ 66160 Le Boulou

Relais des Chartreuses

106 av. d'En-Carbouner – ✆ 04 68 83 15 88 – www.relais-des-chartreuses.fr – Ouvert 5 mars-30 déc.
12 ch – †68/92 € ††84/173 € – 2 suites – ☕ 12 € – ½ P
Rest *(dîner seult)* – Menu 36 €
Une terrasse sous les tilleuls, la piscine, le jardin... et ce beau mas en pierre (17e s.), édifié à flanc de montagne. Dans les chambres, épure contemporaine et cachet de l'ancien se marient à merveille et l'on se sent bien !

à Vivès 5 km à l'Ouest par D 115 et D 73 – 167 h. – alt. 228 m – ✉ 66490

L'Hostalet de Vivès avec ch

r. de la Mairie – ✆ 04 68 83 05 52 – www.hostalet-vives.com – Fermé 13 janv.-28 fév., mardi hors saison et merc.

3 ch – †68/78 € ††68/78 € – ☕ 12 €

Rest – Menu 20 € (déj. en sem.)/32 € – Carte 29/54 €

Le village est charmant et cette ravissante maison en pierre (12e s.) l'est tout autant. Ode à la bonne chère catalane dans une atmosphère conviviale, musique et costumes traditionnels compris : un restaurant à l'ancienne, comme on n'en fait presque plus ! Quelques chambres pour l'étape.

BOURBACH-LE-BAS – 68 Haut-Rhin – **315** G10 – 620 h. – alt. 340 m – ✉ 68290 **1** A3

Paris 451 – Altkirch 27 – Belfort 26 – Mulhouse 25

A la Couronne d'Or avec ch

9 r. Principale – ✆ 03 89 82 51 77 – Fermé mardi soir et lundi

7 ch – †43 € ††59 € – ☕ 7 € – ½ P

Rest – Menu 10 € (déj. en sem.), 23/48 € – Carte 20/45 €

Dans ce village de la vallée de la Doller, une maison traditionnelle tenue en famille. Père et fils s'activent aux fourneaux – en l'occurrence dans de belles cuisines fonctionnelles – et concoctent de jolis plats avec des produits bien choisis (on va même glaner quelques cèpes en saison). Pour l'étape, des chambres un peu vieillottes, mais d'une propreté sans faille !

BOURBON-LANCY – 71 Saône-et-Loire – **320** C10 – 5 275 h. – alt. 240 m – Stat. therm. : début avril-fin oct. – Casino – ✉ 71140 Bourgogne **7** B3

Paris 308 – Autun 62 – Mâcon 110 – Montceau-les-Mines 55

place d'Aligre, ✆ 03 85 89 18 27, www.bourbon-lancy.com

de Givalois, Givallois, E : 3 km, ✆ 03 85 89 05 48

Maison de bois et tour de l'horloge ★.

La Tourelle du Beffroi sans rest

17 pl. de la Mairie – ✆ 03 85 89 39 20 – www.hotellatourelle.fr

8 ch – †60/75 € ††60/75 € – ☕ 12 €

Un emplacement agréable et pratique, près des remparts de la vieille ville et à l'ombre du beffroi, pour ce petit établissement aux allures de maison d'hôtes. Attention, les chambres sont parfois exiguës.

BOURBON-L'ARCHAMBAULT – 03 Allier – **326** F3 – 2 582 h. – alt. 367 m – Stat. therm. : début mars-début nov. – Casino – ✉ 03160 Auvergne **5** B1

Paris 292 – Montluçon 53 – Moulins 24 – Nevers 54

1, place de l'Hotel de Ville, ✆ 04 70 67 09 79, www.ot-bourbon.com

Nouveau parc ≤★ - Château ≤★.

Grand Hôtel Montespan-Talleyrand

pl. des Thermes – ✆ 04 70 67 00 24 – www.hotel-montespan.com – Ouvert 5 avril-20 oct.

38 ch – †66/71 € ††73/127 € – 2 suites – ☕ 13 € – ½ P

Rest *Le Talleyrand* – voir les restaurants ci-après

Mme de Sévigné et Talleyrand y logèrent, la Montespan y mourut... Cet hôtel – 11e-18e s. – est au cœur de la station thermale. Décor de caractère et chambres spacieuses. Depuis la piscine, la vue sur le château des ducs de Bourbon est superbe !

Le Talleyrand – Grand Hôtel Montespan-Talleyrand

pl. des Thermes – ✆ 04 70 67 00 24 – www.hotel-montespan.com – Ouvert 5 avril-20 oct.

Rest – Formule 15 € – Menu 21/45 € – Carte 37/53 €

À la table de la Montespan et de Talleyrand, le classicisme français et la tradition bourbonnaise sont à l'honneur, dans un cadre raffiné mêlant poutres et pierres. Du caractère !

BOURBONNE-LES-BAINS – 52 Haute-Marne – 313 O6 – 2 255 h. – alt. 290 m – Stat. therm. : début mars-fin nov. – Casino – ✉ 52400 14 D3

Champagne Ardenne

Paris 313 – Chaumont 55 – Dijon 124 – Langres 39

place des Bains, ✆ 03 25 90 01 71, www.tourisme-bourbonne.com

Hérard

29 Grande-Rue – ✆ 03 25 90 13 33 – www.hotelbourbonne.com

20 ch – 45/98 € 45/98 € – 2 suites – 10 €

Rest – Formule 13 € – Menu 29/44 € – Carte 26/55 €

Un hôtel dans une rue commerçante du centre-ville. On s'y repose dans des chambres thématiques (Africaine, NY, Bio...) et un brin ludiques. Cuisine du marché au restaurant. Idéal pour partir à la découverte de la station thermale.

Orfeuil

29 r. Orfeuil, (près des Thermes) – ✆ 03 25 90 05 71 – Ouvert 7 avril-23 nov.

30 ch – 52/65 € 65/75 € – 9 € – ½ P

Rest *(fermé merc. soir)* – Menu 16/28 € – Carte 24/44 €

À 200 m des thermes, voilà un établissement parfait pour les curistes. Les chambres y sont fonctionnelles et équipées d'une kitchenette. L'été, au calme d'un joli jardin, on profite de la piscine.

LA BOURBOULE – 63 Puy-de-Dôme – 326 D9 – 1 961 h. – alt. 880 m – Stat. therm. : début fév.-début oct. – Casino – ✉ 63150 Auvergne 5 B2

Paris 469 – Aubusson 82 – Clermont-Ferrand 50 – Mauriac 71

place de la République, ✆ 04 73 65 57 71, www.sancy.com/commune/bourboule

Parc Fenêstre★ - Murat-le-Quaire : musée de la Toinette★ N : 2 km.

Le Parc des Fées

107 quai du Mar.-Fayolle – ✆ 04 73 81 01 77 – www.parcdesfees.com – Fermé 9 nov.-22 déc.

42 ch – 65/75 € 80/90 € – 14 € – ½ P

Rest – Formule 18 € – Menu 24/45 € – Carte 34/49 €

Le meilleur hôtel de la ville a la Dordogne pour voisine ! Cette bâtisse de 1874 fait face à la rivière et dissimule sur l'arrière un joli parc. Belle hauteur sous plafond, moulures et un salon où il fait bon lire... Le tout très bien tenu.

Régina

48 av. Alsace-Lorraine – ✆ 04 73 81 09 22 – www.hotelregina-labourboule.com – Fermé 7-31 janv.

19 ch – 58/80 € 80/130 € – 8 € – ½ P

Rest *(fermé le midi hors saison)* – Menu 20/32 € – Carte 28/37 €

Hôtel parfait pour une étape, par exemple, sur la route du Mont-Dore. Un établissement traditionnel et fonctionnel.

Le Charlet

94 bd L.-Choussy – ✆ 04 73 81 33 00 – www.lecharlet.fr – Fermé 1er nov.-20 déc.

36 ch – 48/83 € 63/88 € – 10 € – ½ P

Rest – Menu 19/37 € – Carte 28/49 €

Preuve que le sens de l'accueil se transmet de génération en génération : Le Charlet est tenu par la même famille depuis 1928 ! D'ailleurs, ici, tout est fait pour les familles : jeux pour petits et grands, piscine... Restaurant traditionnel.

Aviation sans rest

r. de Metz – ✆ 04 73 81 32 32 – www.hotel-aviation.com – Fermé 20 oct.-20 déc.

43 ch – 52/63 € 58/69 € – 9 €

Toute proche du parc Fenestre, cette maison du début du 20e s. propose des chambres assez confortables. Cet établissement familial mise sur les loisirs : piscine, fitness, salle de jeux, billard... Idéal pour les vacances.

La Lauzeraie sans rest

577 chemin de la Suchère – ✆ 04 73 81 15 70 – www.lalauzeraie.net – Fermé 15 oct.-15 mars

3 ch – 80/100 € 99/125 €

Envie de vous ressourcer à côté des volcans d'Auvergne ? À 12 km de l'A 89, cette maison au toit de lauze est l'endroit rêvé avec son joli jardin et son bassin où cohabitent carpes et poissons rouges. Décoration soignée et accueil de qualité.

L'Amuse Bouche N

15 r. des Frères-Rozier – ✆ 04 73 21 68 85 – www.restaurant-lamusebouche.fr – Fermé de mi-nov. à mi-déc., mardi et merc. hors saison

Rest – Formule 25 € – Menu 35/94 € – Carte environ 41 €

Il est des couples qui se forment en cuisine... Elle a raccroché le tablier pour s'occuper de la salle, lui est resté derrière les fourneaux pour travailler des produits frais et servir bien plus qu'un amuse-bouche. Beaucoup de goût en cette adresse !

BOURDEILLES – 24 Dordogne – 329 E4 – rattaché à Brantôme

BOURG-ACHARD – 27 Eure – 304 E5 – 2 948 h. – alt. 124 m – ✉ 27310 33 C2

Normandie Vallée de la Seine

Paris 141 – Bernay 39 – Évreux 62 – Le Havre 62

L'Amandier

581 rte de Rouen – ✆ 02 32 57 11 49 – Fermé 5-14 août, 29 janv.-10 fév., dim. soir, mardi et merc.

Rest – Formule 20 € – Menu 29/50 € – Carte 56/71 €

De bien jolis fruits naissent de cet Amandier, dont le chef cuisine avec justesse et finesse des produits de qualité. Les assiettes sonnent juste et l'on passe un agréable moment... À l'heure de l'apéritif et du café, n'hésitez pas à profiter du jardin !

BOURG-CHARENTE – 16 Charente – 324 I5 – rattaché à Jarnac

LE BOURG-DUN – 76 Seine-Maritime – 304 F2 – 457 h. – alt. 17 m 33 C1

– ✉ 76740 Normandie Vallée de la Seine

Paris 188 – Dieppe 20 – Fontaine-le-Dun 7 – Rouen 56

route de Dieppe, ✆ 02 35 84 19 55

Tour★ de l'église.

Auberge du Dun (Pierre Chrétien)

3 rte de Dieppe, (face à l'église) – ✆ 02 35 83 05 84 – www.auberge-du-dun.fr – Fermé 5-15 nov., 2-12 janv., merc. sauf le midi du 1er mars au 15 oct., dim. soir et lundi

Rest *(réserver)* – Menu 31 € (sem.), 52/95 € – Carte 76/102 €

Cette coquette auberge dispose de deux jolies salles rustiques, dont l'une permet d'assister au spectacle des cuisines par une baie vitrée. Les mets sont soignés, œuvre d'un chef qui, depuis des décennies, ne cesse de prouver son savoir-faire.

➜ Rosace de Saint-Jacques marinées, grillons de pied de cochon frit. Blanc de turbot, pomme de terre charlotte écrasée et beurre citronné. Crêpes soufflées au calvados.

BOURG-EN-BRESSE P – 01 Ain – 328 E3 – 39 586 h. – Agglo. 57 799 h. 44 B1

– alt. 251 m – ✉ 01000 Bourgogne

Paris 424 – Annecy 113 – Genève 112 – Lyon 82

6, avenue Alsace Lorraine, BP 190, ✆ 04 74 22 49 40, www.bourgenbressetourisme.fr

de Bourg-en-Bresse, Parc de Loisirs de Bouvent, par rte de Nantua : 2 km, ✆ 04 74 24 65 17

Église de Brou★★ (tombeaux★★★, stalles★★, jubé★★, vitraux★★, chapelle et oratoires★★★, portail★) X B - Stalles★ de l'église Notre-Dame Y - Musée du monastère★ X E.

Mercure

10 av. Bad-Kreuznach – ✆ 04 74 22 44 88 – www.mercure-bourg-en-bresse.com

60 ch – †85/118 € ††85/118 € – ☕ 15 € Xe

Rest ***Chantecler*** – voir les restaurants ci-après

Cet hôtel de chaîne a fait peau neuve en 2011, affichant un style frais et design et un confort bien réjouissant (très grands lits). Pile dans la tendance : on sert des produits bio au petit-déjeuner.

Hôtel de France sans rest

19 pl. Bernard – ✆ 04 74 23 30 24 – www.bestwestern-hoteldefrance.com

42 ch – †85/101 € ††90/106 € – 2 suites – ☕ 14 € Yr

À deux pas de l'église Notre-Dame. Préférez les chambres rénovées de cet hôtel de tradition. Le hall a été restauré dans son esprit 1900 d'origine, les teintes sont actuelles, les parquets craquent : un certain cachet.

BOURG-EN-BRESSE

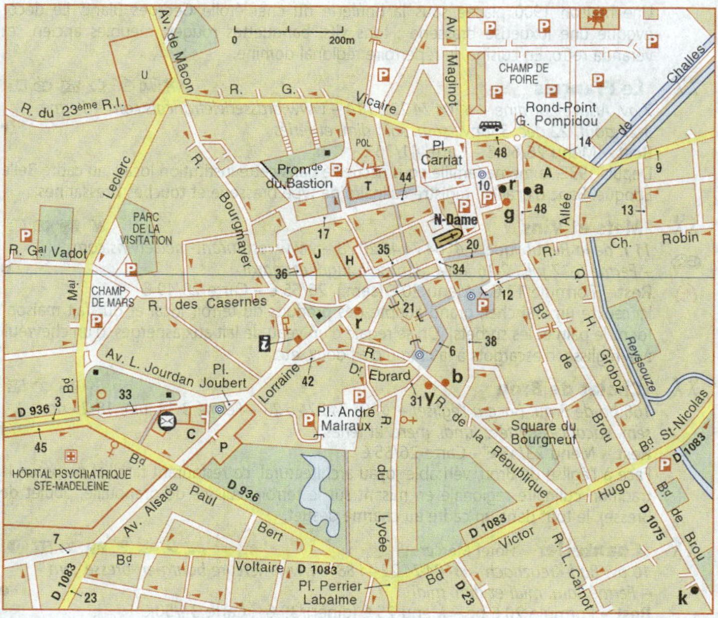

Le Griffon d'Or sans rest
10 r. du 4-septembre – 04 74 23 13 24 – www.hotelgriffondor.fr – Fermé 4-19 août et 22-29 déc. Ya
17 ch – 90/110 € 110/130 € – 13 €
La propriétaire, décoratrice, a entièrement rénové ce relais de poste du 18e s. : vieilles pierres et colombages trouvent une sobriété toute contemporaine (beaux matériaux et tissus). Et pour la détente : sauna, salon, billard, etc.

Kyriad
bd Kennedy – 04 74 22 50 88 – kyriad.com Xs
40 ch – 65/120 € 65/120 € – 10 €
Rest *(fermé sam. sauf vacances scolaires, dim. et fériés)* – Menu 30 € – Carte 34/44 €
Une construction des années 1980 – entièrement rénovée en 2012 –, toute proche du boulevard circulaire, aux chambres sobres et fonctionnelles. Du restaurant et de la terrasse, on a vue sur le jardin et la piscine.

Logis de Brou sans rest
132 bd de Brou – 04 74 22 11 55 – www.logisdebrou.net Zk
30 ch – 70/80 € 77/94 € – 11 €
Ce petit hôtel familial des années 1970 est bien situé pour visiter l'église de Brou, célèbre pour ses vitraux et ses sculptures. Les chambres, spacieuses et bien tenues, ont un petit côté suranné. Jardin fleuri et bon petit-déjeuner.

L'Auberge Bressane
166 bd de Brou – 04 74 22 22 68 – www.aubergebressane.fr – Fermé mardi
Rest – Formule 25 € – Menu 34/76 € – Carte 66/103 € Xf
Une table incontournable : la cuisine fait la part belle aux spécialités régionales (volaille de Bresse, cuisses de grenouille, écrevisses...) et les vieux millésimes abondent sur la carte des vins. Terrasse avec vue sur l'église de Brou.

Place Bernard
19 pl. Bernard – 04 74 45 29 11 – www.georgesblanc.com – Fermé 1er-15 nov.
Rest – Formule 18 € bc – Menu 25/47 € – Carte 37/60 € Yg
Une maison 1900 placée sous la houlette du chef étoilé Georges Blanc. Le décor évoque une luxueuse brasserie : tons vifs, banquettes rouges, meubles anciens et véranda rétro. En cuisine, le répertoire régional domine.

Le Français
7 av. Alsace-Lorraine – 04 74 22 55 14 – www.brasserielefrancais.com – Fermé 3-27 août, 22 déc.-3 janv., sam. soir, dim. et fériés Zr
Rest – Menu 26/60 € – Carte 41/76 €
Depuis 1932, la même famille vous accueille dans cette institution locale au cadre Belle Époque. Banc d'écailler, registre culinaire de type brasserie et touches bressannes.

Mets et Vins
11 r. de la République – 04 74 45 20 78 – www.restaurant-metsetvins.com – Fermé 8-17 juil., 2-16 janv., dim. soir, lundi et mardi Zb
Rest – Formule 13 € – Menu 20 € (sem.), 26/55 € – Carte 28/49 €
Ici œuvre un vrai chef, grand adepte des produits du terroir local et du "fait maison" (dont le pain et les sorbets). On se régale d'un veau de lait aux asperges, d'un chevreuil à la réglisse, d'escargots à la crème d'ail doux, etc.

Chalet de Brou
168 bd de Brou, (face à l'église) – 04 74 22 26 28 – Fermé 3-13 juin, 18-25 nov., 1 sem. vacances de fév., lundi, merc. et fériés Xf
Rest – Menu 23/45 € – Carte 26/55 €
Face à l'église de Brou, véritable joyau architectural, ce restaurant familial perpétue la tradition culinaire régionale en misant sur le terroir (cuisses de grenouille, poulet de Bresse), le tout dans un cadre au charme désuet.

Chantecler – Hôtel Mercure
10 av. Bad-Kreuznach – 04 74 22 44 88 – www.mercure-bourg-en-bresse.com – Fermé sam. midi et dim. midi Xe
Rest – Formule 20 € bc – Menu 25 € (dîner)/39 € – Carte 34/50 €
Un restaurant d'hôtel agréable, avec terrasse couverte et vue sur un jardin, décoré dans un esprit contemporain judicieux. Cuisine régionale soignée.

Les Quatre Saisons

6 r. de la République – 04 74 22 01 86 – www.philippeturc.fr – Fermé 1er-10 mai, 2-10 janv., sam. midi, dim. et lundi Zy

Rest – Menu 20 € (sem.), 30/55 € – Carte 30/56 €

Le patron, passionné de vins et de produits locaux, n'hésite pas à commenter aux clients ses préparations culinaires, volontiers recherchées (filet de féra aux noix fraîches, terrine de bouillabaisse à la gelée de gingembre...).

à Péronnas 3 km par ⑤, D 1083 – 6 054 h. – alt. 281 m – ✉ 01960

La Marelle (Didier Goiffon)

1593 av. de Lyon – 04 74 21 75 21 – www.lamarelle.fr – Fermé 25 avril-10 mai, 19 août-14 sept., 2-18 janv., dim. soir, mardi et merc.

Rest – Menu 39/90 € – Carte 65/85 €

De la terre jusqu'au ciel, retrouvez à la Marelle une séduisante cuisine inventive dans un cadre chaleureux et raffiné mêlant le rustique chic et le contemporain.

➜ Saint-Jacques cuites et crues et sorbet au corail. Volaille de Bresse. Poire aux morilles et vin jaune. **Vins** Bugey blanc, Bugey Mondeuse.

à Lalleyriat 7 km par ⑤, N 83 et D 22 – ✉ 01960

Le Nid à Bibi

Les Grandes Terres - 120 chemin des Sauvagères – 04 74 21 11 47 – www.lenidabibi.com

5 ch – 93/120 € 108/140 € **Table d'hôte** – Menu 25/35 €

Quiétude absolue, chambres coquettes et confortables, délicieux petit-déjeuner, pléiade d'activités, accueil adorable : on se sent ici comme dans sa propre maison de campagne ! La propriétaire est fine cuisinière et mitonne ratatouille, gratins et tartes avec légumes du potager et fruits du verger.

BOURGES P – 18 Cher – 323 K4 – 66 786 h. – Agglo. 82 595 h. – alt. 153 m – ✉ 18000 Limousin Berry 12 C3

Paris 244 – Châteauroux 65 – Dijon 254 – Nevers 69

21, rue Victor Hugo, 02 48 23 02 60, www.bourges-tourisme.com

Bourges Golf Club, rue Jacques Becker, S : 5 km par D 106, 02 48 21 20 01

Cathédrale St-Étienne★★★ : tour Nord ★★ Z - Jardins de l'Archevêché★ - Palais Jacques-Coeur★★ - Jardins des Prés-Fichaux★ - Maisons à colombage★ - Hôtel des Échevins★ : musée Estève★ Y M2 - Hôtel Lallemant★ Y M3 - Hôtel Cujas★ : Musée du Berry★ Y M1 - Muséum d'histoire naturelle★ Z - Les marais★ V - Promenade des remparts★.

Plans pages suivantes

Hôtel de Bourbon

bd de la République – 02 48 70 70 00 – www.hoteldebourbon.fr Yb

58 ch – 120/195 € 135/215 € – 4 suites – 17 €

Rest *L'Abbaye St-Ambroix* – voir les restaurants ci-après

Près du centre-ville, cette ancienne abbaye du 17e s. abrite un hôtel très agréable, dont les chambres sont feutrées, élégantes et confortables. Un lieu chargé d'histoire !

Hôtel d'Angleterre sans rest

1 pl. des Quatre-Piliers – 02 48 24 68 51 – www.bestwestern-angleterre-bourges.com – Fermé 26 déc.-2 janv. Yt

31 ch – 101/160 € 123/160 €

Cet hôtel bénéficie non seulement d'un bel emplacement, près du palais Jacques Cœur, mais aussi de chambres confortables et bien tenues. Une adresse très agréable.

Villa C sans rest

20 av. Henri-Laudier – 02 18 15 04 00 – www.hotelvillac.com Vb

10 ch – 95/285 € 115/305 € – 12 €

À quelques pas de la gare, une belle demeure du 19e s. distillant une sobre élégance contemporaine... Joli salon feutré, quelques chambres avec terrasse.

BOURGES

Baffier (R. J.) . . . X 3
Bérégovoy (Av. P.) . . . X 6
Deux-Ponts (R. des) . . . V 16
Dormoy (Av. M.) . . . V 19
Farman (Rd-Pt H.) . . . X 21
Foch (Bd du Mar.) . . . X 23
Frères-Voisin (Av. des) . . . X 25
Industrie (Bd de l') . . . X 30
Joffre (Bd du Mar.) . . . X 34
J.-J.-Rousseau (R.) . . . X 33
Laudier (Av. H.) . . . V 38
Liberté (Bd de la) . . . X 41
Mitterrand (Av. F.) . . . X 47
Orléans (Av. d') . . . V 48
Pignoux (R. de) . . . X 51
Près-le-Roi (Av. des) . . . V 53
Prospective (Av. de la) . . . V 56
Pyrotechnie (Pl. de la) . . . X 57
Santos-Dumont (Bd) . . . X 65
Sellier (R. H.) . . . X 66
Semard (Av. P.) . . . V 68

Le Christina sans rest

5 r. de la Halle – ✆ 02 48 70 56 50 – www.le-christina.com **Zm**

64 ch – †65/95 € ††65/95 € – ☕ 10 €

Près du centre-ville, face à la jolie halle au blé du 19e s. Les chambres sont fonctionnelles et bien tenues ; préférez les plus récentes.

Les Tilleuls sans rest

7 pl. Pyrotechnie – ✆ 02 48 20 49 04 – www.les-tilleuls.com **Xs**

39 ch – †62/80 € ††62/80 € – ☕ 8 €

Dans les faubourgs, adresse familiale où règne la simplicité. Les chambres sont situées dans une maison de maître (19e s.) et une annexe moderne. Agréable petit jardin et piscine.

BOURGES

Armuriers (R. des) . . . . Z 2
Auron (Bd d') . . . . Z
Barbès (R.) . . . . Z 4
Beaux-Arts (R. des) . . . . Y 5
Bourbonnoux (Prom.) . . . . YZ
Calvin (R.) . . . . Y 7
Cambournac (R.) . . . . Y 8
Champ-de-Foire (R. du) . . . . Z 12
Commerce (R. du) . . . . Y 13
Coursarlon (R.) . . . . Y
Cujas (Pl.) . . . . Y 15
Dr-Témoin (R. du) . . . . Y 17
Dormoy (Av. Marx) . . . . Y 19
Équerre (R. de l') . . . . Z 20
George-Sand (Escalier) . . . . Y 27
Hémerettes (R. des) . . . . Z 29
Jacobins (Cour des) . . . . Z 31
Jacques-Coeur (R.) . . . . Y 32
Jean-Jaurès (Av.) . . . . Y
Joyeuse (R.) . . . . Y 35
Juranville (Pl.) . . . . Z 36
J.-J. Rousseau (R.) . . . . Z 33
Leblanc (R. N.) . . . . YZ 40
Linières (R. de) . . . . Z 42
Louis XI (Av.) . . . . Z 43
Mallet (R. L.) . . . . Z 44
Marceau (Rampe) . . . . Z 45
Mirebeau (R.) . . . . Y
Moyenne (R.) . . . . YZ
Orléans (Av. d') . . . . Y 48
Pelvoysin (R.) . . . . Y 50
Poissonnerie (R. de la) . . . . Y 52
Prinal (R. du) . . . . Y 55
Rimbault (R. J.) . . . . Z 61
Strasbourg (Bd de) . . . . Z 71
Thaumassière (R. de la) . . . . Y 72
Tory (R. G.) . . . . Y 73
Victor-Hugo (R.) . . . . Z 74
3-Maillets (R. des) . . . . Z 75
4-Piliers (Pl. des) . . . . Z 76
95e-de-Ligne (Av. du) . . . . Z 78

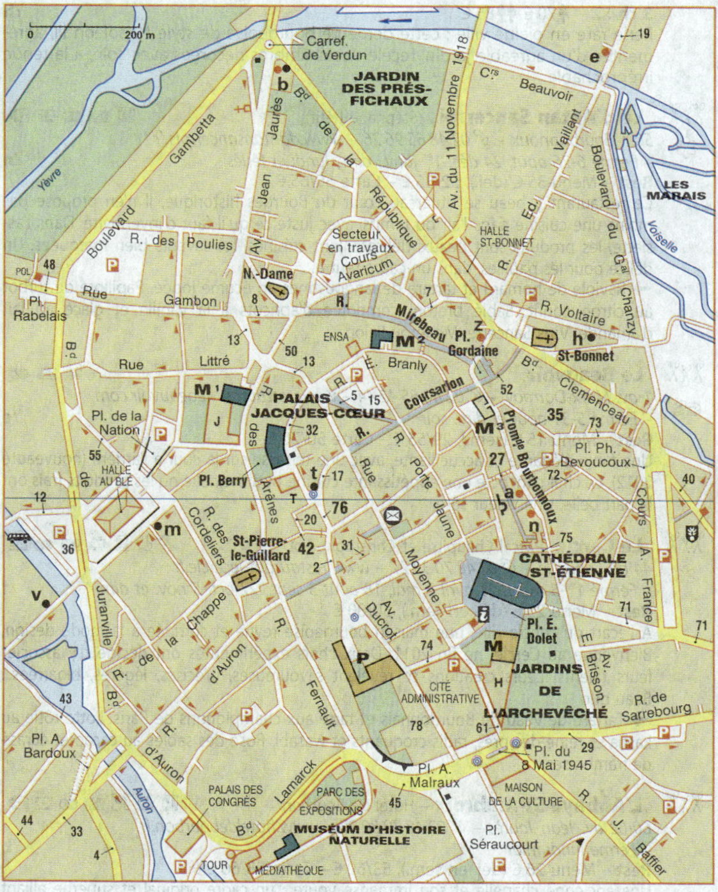

Le Berry

3 pl. du Gén.-Leclerc – ✆ 02 48 65 99 30 – www.le-berry.com **Va**

65 ch – 59/83 € 59/97 € – 8 € – ½ P

Rest *(fermé 24 déc.-1er janv., sam. midi et dim.)* – Formule 16 € – Carte 24/46 €

Face à la gare, un grand bâtiment moderne qui dissimule des chambres fraîches : couleurs vives, boiseries peintes et tableaux africains. Esprit ethnique et cuisine traditionnelle au restaurant.

Ibis

r. Jankélévitch, quartier Prado – 02 48 65 89 99 – www.ibishotel.com Zv

86 ch – 61/85 € 61/85 € – 9 € **Rest** *(dîner seult)* – Carte 19/29 €

Les points forts de cet Ibis : son accueil, ses chambres bien tenues et sa bonne situation ; 10mn de marche suffisent pour gagner la cathédrale ou le palais. Bar, salon et restaurant.

Le Cèdre Bleu sans rest

14 r. Voltaire – 02 48 25 07 37 – www.lecedrebleu.fr – Fermé 1er-23 août

3 ch – 70 € 85 € Yh

Perle rare en pleine ville : cette demeure bourgeoise de style Napoléon III, agrémentée d'un agréable jardin, recèle des chambres décorées avec soin, à la tenue irréprochable.

Le d'Antan Sancerrois (Stéphane Rétif)

50 r. Bourbonnoux – 02 48 65 96 26 – www.dantansancerrois.fr

– Fermé 6-26 août, 24 déc.-1er janv., dim., lundi et fériés Zn

Rest – Menu 35 € (déj.), 52/85 € – Carte 55/65 €

Ce restaurant a beau se situer au cœur du Bourges historique, il n'en propose pas moins une cuisine dans l'air du temps, avec juste ce qu'il faut d'inventivité. Dans l'assiette, les produits sont beaux, délicatement cuisinés, les saveurs bien marquées. Un délice pour les papilles, dans un cadre feutré.

➜ Raviole de homard et tartare de langoustines en écume iodée. Papillote de turbot au citron confit. Sablé breton, compotée d'abricots à la vanille et glace au lait d'amande. **Vins** Sancerre, Menetou-Salon.

Le Beauvoir

1 av. Marx-Dormoy – 02 48 65 42 44 – www.restaurant-lebeauvoir.com

– Fermé 5-31 août et dim. soir Ye

Rest – Menu 15 € (sem.), 29/55 € – Carte 50/70 €

Une table élégante et accueillante, avec une terrasse sur la cour à l'arrière (nouveauté 2012). Le chef concocte une appétissante cuisine traditionnelle où les produits frais ont la part belle. Une valeur sûre.

Le Cercle (Pascal Chaupitre et Christophe Lot)

44 bd Lahitolle – 02 48 70 33 27 – www.restaurant-lecercle.fr

– Fermé 1er-5 mars, 21 avril-2 mai, 18 août-3 sept., 27 oct.-5 nov. et dim. Xf

Rest – Menu 25 € (déj. en sem.), 50/80 €

À l'écart du centre-ville, une maison bourgeoise revue et corrigée à la mode design. Bienvenue au Cercle, né fin 2011. Deux chefs expérimentés ont décidé d'y associer leurs talents. Leurs créations se révèlent savoureuses, précises, légères, bigarrées... Beau duo !

➜ Tartare de veau du Bourdonnais et tarte aux champignons de Paris. Lotte rôtie au kasha et reine-des-prés, radis croquants et wasabi. Rose des sables au cacao et écrasé de framboises.

L'Abbaye St-Ambroix – Hôtel De Bourbon

60-62 av. Jean-Jaurès – 02 48 70 80 00 – www.hoteldebourbon.fr

– Fermé lundi midi Yb

Rest – Menu 26 € (déj. en sem.), 53/60 € – Carte 58/66 €

Une ancienne chapelle et son immense voûte : un cadre original et superbe alliant classique et contemporain. On y célèbre une cuisine du temps présent, tout simplement bonne.

Le Bourbonnoux

44 r. Bourbonnoux – 02 48 24 14 76 – www.bourbonnoux.com

– Fermé 1er-9 mars, 19-28 avril, 16 août-9 sept., sam. midi, dim. soir et vend.

Rest – Menu 13 € (sem.), 19/34 € – Carte 27/39 € Ya

Dans ce restaurant du quartier historique, les gourmands se régalent d'une appétissante cuisine traditionnelle : rognons de veau, ravioles de foie gras, gigolettes de pintade et sauce aux cèpes, etc. Des petits plats à savourer au beau milieu d'une collection de canards en porcelaine... pour un repas sans couacs !

La Prose
7 r. Jean-Girard – ✆ 02 48 70 70 30 – www.restaurant-la-prose.com – Fermé 13-26 sept. Yz
Rest – Menu 20 € (sem.), 25/44 € – Carte 32/63 €
Voilà une prose qui ne plaira pas qu'aux lettrés ! Dans ce restaurant au cadre design, une chef passionnée propose une jolie cuisine pleine de fraîcheur : millefeuille crabe et lentilles, filet de charolais au vin rouge, tiramisu griottes avec pain d'épices... Le tout accompagné d'un judicieux choix de vins.

LE BOURGET – 93 Seine-Saint-Denis – 305 F7 – 101 17 – voir à Paris, Environs

BOURG-ET-COMIN – 02 Aisne – 306 D6 – 721 h. – alt. 55 m – ✉ 02160 37 D2

Paris 141 – Reims 40 – Château-Thierry 54 – Laon 25

Auberge de la Vallée
6 r. d'Oeuilly – ✆ 03 23 25 81 58 – www.auberge-delavallee.com – Fermé janv., mardi soir et merc.
9 ch – †45 € ††50 € – ☐ 8,50 € – ½ P
Rest – Formule 9 € bc – Menu 13 € (sem.), 17/40 € – Carte 29/51 €
Sur le circuit-mémoire du Chemin des Dames et à deux pas de Center Parcs, une auberge familiale, avec des chambres fonctionnelles et bien tenues. Petit plus bucolique : l'étang dans le jardin !

LE BOURGET-DU-LAC – 73 Savoie – 333 I4 – 4 277 h. – alt. 240 m 46 F2
– ✉ 73370 Alpes du Nord

Paris 531 – Aix-les-Bains 10 – Annecy 44 – Belley 23
place Général Sevez, ✆ 04 79 25 01 99, www.bourgetdulactourisme.com
Lac★★ - Église : frise sculptée★ du choeur.

Ombremont
2 km au Nord par D 1504 – ✆ 04 79 25 00 23 – www.hotel-ombremont.com – Fermé 17-30 nov., 2-31 janv., lundi et mardi de déc. à avril
15 ch – †175/270 € ††175/370 € – 2 suites – ☐ 22 €
Rest *Le Bateau Ivre* – voir les restaurants ci-après
Dans un superbe parc arboré face au lac et au massif des Bauges, une vaste demeure de 1930. Les chambres, au décor soigné (style contemporain ou raffinement bourgeois), jouissent presque toutes d'une vue magnifique. L'été, profitez de la belle piscine.

Le Bateau Ivre (Jean-Pierre Jacob) – Hôtel Ombremont
2 km au Nord par D 1504 – ✆ 04 79 25 00 23 – www.hotel-ombremont.com – Fermé 17-30 nov., 2-31 janv., lundi sauf le soir de mi-juin à mi-sept., mardi sauf le soir de mai à oct. et jeudi midi de mai à oct.
Rest – Menu 48 € (déj. en sem.), 85/155 € – Carte 95/126 €
Arthur Rimbaud aurait sans doute apprécié la vue de ce Bateau Ivre, les yeux rivés sur le lac et le mont Revard... La cuisine de Jean-Pierre Jacob a la rigueur et le classicisme d'un poème en alexandrins, mais aussi l'esprit de nouveauté et la fraîcheur d'une œuvre portée par les saisons et l'invention. Une belle table.
➜ Brochet à l'émulsion crémeuse d'écrevisses. Lavaret doré, pommes de terre acidulées, jus de coco. Cèpe de la Dent du Chat au parfum de kalamensi. **Vins** Roussette de Savoie, Mondeuse d'Arbin.

Auberge Lamartine (Pierre Marin)
3,5 km au Nord par D 1504 – ✆ 04 79 25 01 03 – www.lamartine-marin.com – Fermé 2-8 sept., 23 déc.-23 janv., dim. soir, lundi et mardi sauf fériés
Rest – Menu 29 € (déj. en sem.), 47/85 € – Carte 69/79 €
Face au lac cher à Lamartine – auquel il dédiera l'un de ses plus célèbres poèmes en souvenir de ses amours passées –, cette table est une valeur sûre de la région : un charmant cadre classique, un service très agréable, et surtout une cuisine toujours inspirée et savoureuse... "Ô temps, suspends ton vol !"
➜ Féra fumée sur un pressé de légumes et de champignons. Pigeon rôti, condiments à la diable, polenta crémeuse aux cèpes et copeaux de parmesan. Sorbet aux agrumes, chocolat ivoire en émulsion. **Vins** Chignin-Bergeron, Vin de pays d'Allobrogie.

XX **La Grange à Sel**

La Croix Verte – ✆ 04 79 25 02 66 – www.lagrangeasel.com – Fermé 2 janv.-8 fév., mardi midi, dim. soir et lundi

Rest – Menu 29 € (déj. en sem.), 39/65 € – Carte 56/83 €

Pierres et poutres apparentes font le cachet de cette ancienne grange à sel du 17e s., bordée par un joli jardin où l'on s'attable aux beaux jours... Un chef de métier y propose une cuisine dans l'air du temps, bien maîtrisée et très savoureuse. Agréable terrasse dans le jardin.

➜ Émietté de chair de crabe, crémeux de crevettes grises et mikado au safran. Ris de veau, purée d'artichaut à l'huile de noix et jus aux bâtons de réglisse. Soufflé chaud à la Chartreuse. **Vins** Chignin-Bergeron, Mondeuse.

XX **Beaurivage** avec ch

1171 bd du Lac – ✆ 04 79 25 00 38 – www.beaurivage-bourget-du-lac.com – Fermé 29 oct.-9 nov., 18 déc.-17 janv., merc. sauf juil.-août, dim. soir et jeudi

4 ch – †75 € ††78 € – ☕ 9 €

Rest – Formule 23 € – Menu 25 € (déj. en sem.), 29/67 € – Carte 54/73 €

Il est des rivages difficiles à quitter ! Tel est le cas de ce restaurant dont la carte étoffée fait la part belle aux produits régionaux et aux poissons du lac. Aux beaux jours, profitez de l'agréable terrasse ombragée. Les chambres, confortables, jouissent d'une jolie vue.

aux Catons **2,5 km au Nord-Ouest par D 42 – ✉ 73370**

XX **Atmosphères** (Alain Périllat-Mercerot) avec ch

618 rte des Tournelles – ✆ 04 79 25 01 29 – www.atmospheres-hotel.com – Fermé 21 avril-6 mai, 27 oct.-12 nov., mardi midi et merc. midi en juil.-août, dim. de sept. à juin et lundi

4 ch – †120/140 € ††120/140 € – ☕ 13 €

Rest – Menu 28 € (déj. en sem.), 42/82 € – Carte 65/95 €

Atmosphère, atmosphère... Ici, pas de canal St-Martin en vue, mais le lac pour écrin somptueux d'une cuisine qui, sans renier des bases classiques, dévoile des recettes créatives et des saveurs délicates. Un très beau travail ! Chambres séduisantes, épurées et colorées.

➜ Écrevisses du lac Léman, tête de veau et consommé d'écrevisses. Lavaret du lac du Bourget cuit à basse température, millefeuille de vert et côtes de blette. Carré chocolat, croustillant praliné et glace noisette du Piémont. **Vins** Chignin-Bergeron, Mondeuse.

BOURGOIN-JALLIEU – 38 Isère – 333 E4 – 25 540 h. – alt. 235 m — 44 B2

– ✉ 38300 Lyon et sa région

Paris 503 – Bourg-en-Bresse 81 – Grenoble 66 – Lyon 43

1, place Carnot, ✆ 04 74 93 47 50, www.bourgoinjallieu.fr

des Trois Vallons, à L'Isle-d'Abeau, Le Rival, par rte de Lyon (D 1006) : 5 km, ✆ 04 74 43 28 84

Domaine des Séquoias

54 Vie-de-Boussieu, 2,5 km à l'Est par D 1006 et rte de Boussieu – ✆ 04 74 93 78 00 – www.domaine-sequoias.com – Fermé 3 sem. en août

19 ch – †135/240 € ††135/240 € – ☕ 18 €

Rest *Domaine des Séquoias* – voir les restaurants ci-après

Un hôtel élégant, bien au calme dans un grand parc. Vous pouvez choisir entre les chambres classiques et spacieuses de la Demeure, ou celles plus modernes et design de la Ferme. Indéniablement séduisant.

Dauphins sans rest

8 r. François-Berrier, 1,5 km à l'Ouest par D 312 – ✆ 04 74 93 00 58 – www.hoteldesdauphins.fr

20 ch – †58/78 € ††58/78 € – ☕ 9 €

Dans cette pimpante maison bourgeoise (1910) et ses deux annexes, on découvre des chambres coquettes, aux tons pastel et fort bien tenues. Pour la détente : terrasse face au jardin où trône un beau séquoïa, piscine et petit fitness.

XXX **Domaine des Séquoias** – Hôtel Domaine des Séquoias
54 Vie-de-Boussieu, 2,5 km à l'Est par D 1006 et rte de Boussieu – ☎ 04 74 93 78 00 – www.domaine-sequoias.com – Fermé 3 sem. en août, 23 déc.-8 janv., dim. soir, mardi midi et lundi
Rest – Formule 30 € – Menu 38/110 € – Carte 63/96 €
On passe un agréable moment au sein de cette belle maison de maître, d'une élégance toute classique. Le repas se décline au fil de mets savoureux et originaux, guidés par le souci du bon produit. Autre atout : un accueil charmant.

BOURG-ST-ANDÉOL – 07 Ardèche – 331 J7 – 7 293 h. – alt. 36 m – 44 B3

– ✉ 07700 Ardèche Drôme
Paris 640 – Aubenas 57 – Montélimar 26 – Orange 34
place du champs de Mars, ☎ 04 75 54 54 20, www.tourisme-bourg-saint-andeol.fr

Le Clos des Oliviers rest,
20 pl. du Champ-de-Mars – ☎ 04 75 54 50 12 – www.closdesoliviers.fr – Fermé 23 déc.-3 janv., sam. et dim. d'oct. à mars
24 ch – †53/60 € ††60/75 € – ☐ 8 € – ½ P
Rest – Formule 13 € – Menu 17/29 € – Carte 23/39 €
Sur la place principale du village, cette maison ancienne, bien rénovée, abrite de petites chambres fonctionnelles et colorées. Celles de l'annexe sont plus calmes. Au restaurant, terrasse au milieu des oliviers et... saveurs du Sud.

BOURG-ST-MAURICE – 73 Savoie – 333 N4 – 7 650 h. – alt. 850 m – 45 D2

– Sports d'hiver : aux Arcs – ✉ 73700 Alpes du Nord
Paris 635 – Albertville 54 – Aosta 79 – Chambéry 103
105, place de la Gare, ☎ 04 79 07 12 57, www.lesarcs.com
des Arcs, Chalet des Villards, S : 20 km, ☎ 04 79 07 43 95
Fresques★ de la chapelle St-Grat à Vulmix S : 4 km.

L'Autantic sans rest
69 rte d'Hauteville – ☎ 04 79 07 01 70 – www.hotel-autantic.fr
29 ch – †40/130 € ††40/130 € – ☐ 10 €
Authentique, ce chalet en pierre et bois ! Les chambres, mêlant murs immaculés, bois et fer forgé, sont petites et bien tenues. Préférez celles avec terrasse ou balcon. Agréable piscine couverte.

X **L'Arssiban**
253 av. Antoine-Borrel – ☎ 04 79 07 77 35 – Fermé 16 juin-11 juil., 27 oct.-7 nov., merc. soir, dim. soir et lundi
Rest – Menu 27/48 € – Carte 41/66 €
Savez-vous ce qu'est un arssiban ? C'est ce "banc-coffre" en pin typique de la Savoie ! Telle est la pièce maîtresse du chaleureux décor de ce chalet : voûtes en pierre, tables en bois... Adepte inconditionnel des produits frais, le chef explore la tradition avec savoir-faire. Une sympathique adresse.

X **Le Montagnole**
26 av. du Stade – ☎ 04 79 07 11 52 – www.restaurantlemontagnole.com – Fermé 27 mai-11 juin, 18 nov.-13 déc., lundi soir et mardi hors saison
Rest – Formule 14 € – Menu 19/42 € – Carte 30/55 €
Les propriétaires, tous deux artistes, exposent leurs œuvres picturales et poétiques dans la salle. Ce n'est pas la moindre coquetterie de ce restaurant pour lequel ils donnent beaucoup. Dans l'assiette : le goût de la tradition.

BOURGUEIL – 37 Indre-et-Loire – 317 J5 – 3 924 h. – alt. 42 m – ✉ 37140 – 11 A2

Châteaux de la Loire
Paris 281 – Angers 81 – Chinon 16 – Saumur 23
16, place de l'église, ☎ 02 47 97 91 39, www.ot-bourgueil.fr

XX **La Rose de Pindare**
4 pl. Hublin – ☎ 02 47 97 70 50 – www.larosedepindare.com – Fermé 1er-10 fév. et merc.
Rest – Menu 19/39 € – Carte 25/55 €
Anagramme de Pierre Ronsard – à deux lettres près –, La Rose de Pindare a conservé toute sa fraîcheur ! On s'installe dans une salle fleurie ou sur la terrasse pour déguster une cuisine dans l'air du temps, concoctée avec de beaux produits. Une bonne adresse.

Le Moulin Bleu

7 rte du Moulin-Bleu, 2 km au Nord par rte de Courléon – ✆ 02 47 97 73 13 – www.lemoulinbleu.com – Fermé de fin-déc. à mi-fév., 26 août-1er sept., dim. soir, lundi soir, mardi soir et merc.

Rest – Formule 19 € – Menu 24/54 € – Carte 34/56 €

Envie de manger dans un lieu insolite ? Dans ce cas, poussez la porte de ce moulin angevin (15e s.) avec vue sur le vignoble de Bourgueil ! Dans une salle rustique à souhait, on déguste une cuisine traditionnelle généreuse et goûteuse. Ambiance chaleureuse.

Auberge La Lande N

24 r. La Lande, (D 35) – ✆ 02 47 97 92 41 – Fermé dim. soir, mardi soir et lundi

Rest – Formule 18 € – Menu 20 € (sem.), 28/36 € – Carte 52/59 €

Au milieu des vignes, une maison de 1859 avec son jardinet... Dans la salle rétro, où flotte comme un esprit de famille, on déguste une cuisine bien inspirée : de fait, le chef travaille avec générosité et créativité les beaux produits frais. Comme quoi une adresse champêtre peut aussi être dans l'air du temps !

BOURGUIGNONS – 10 Aube – 313 G5 – rattaché à Bar-sur-Seine

BOURNEVILLE – 27 Eure – 304 D5 – 870 h. – alt. 124 m – ✉ 27500 32 B3

Paris 155 – Le Havre 45 – Rouen 43 – Brionne 25

6, Grande Rue, ✆ 02 32 57 32 23

Risle Seine

5 pl. de la Mairie – ✆ 02 32 42 30 22 – www.risle-seine.com – Fermé vacances de la Toussaint, de fév., mardi soir et merc.

Rest – Menu 18/32 € – Carte 20/35 €

Au cœur du village, une de ces bonnes auberges qui cultivent le goût de cuisiner : rosace d'andouille et de pomme, sauce au cidre ; filet de lotte à la crème safranée ; sablé aux fraises et à la rhubarbe... La tradition, et plus encore.

BOURRON-MARLOTTE – 77 Seine-et-Marne – 312 F5 – 2 766 h. – alt. 71 m – ✉ 77780 Île-de-France 19 C3

Paris 72 – Fontainebleau 9 – Melun 26 – Montereau-Fault-Yonne 26

37, rue Mürger, ✆ 01 64 45 88 86, http://bourronmarlotte.free.fr

Les Prémices

Château de Bourron – ✆ 01 64 78 33 00 – www.restaurant-les-premices.com – Fermé 1er-15 août, vacances de Noël, dim. soir, lundi et mardi

Rest – Menu 38/90 € bc – Carte 75/121 €

Dans les dépendances du château de Bourron (fin 16e-début 17e s.), salle moderne et terrasse fleurie. Cuisine inventive fervente des produits exotiques ; belle carte de vins.

BOURTH – 27 Eure – 304 E9 – 1 244 h. – alt. 182 m – ✉ 27580 33 C2

Paris 125 – L'Aigle 16 – Alençon 78 – Évreux 46

Auberge Chantecler

6 pl. de l'Église – ✆ 02 32 32 61 45 – www.auberge-chanteclerc.fr – Fermé dim. soir et lundi

Rest – Menu 17 € (déj. en sem.), 27/46 € – Carte 34/43 €

Une auberge facilement reconnaissable à sa façade en briques chaulées recouverte de fleurs en été. Ici, la tradition maintient le cap ! Langoustines à l'estragon, soufflé froid au calvados... hommage à la Normandie.

BOUSSAC – 23 Creuse – 325 K2 – 1 380 h. – alt. 376 m – ✉ 23600 25 C1

Limousin Berry

Paris 333 – Aubusson 50 – La Châtre 37 – Guéret 41

place de l'Hôtel de Ville, ✆ 05 55 65 05 95

Site★.

à Nouzerines 10 km au Nord-Ouest par D97 – 251 h. – alt. 407 m – ✉ 23600

La Bonne Auberge avec ch

1 r. des Lilas – ✆ 05 55 82 01 18 – www.la-bonne-auberge.net – Fermé 1er-5 mars, 26-30 août, 7-22 oct. et 1 sem. en fév.

6 ch – †66/82 € ††66/82 € – ☕ 10 € – ½ P

Rest *(fermé dim. soir et lundi)* – Formule 15 € – Menu 18 € (sem.), 27/48 € – Carte 31/64 €

C'est une jolie petite auberge de village, avenante et mignonne avec ses volets verts. On y sert une cuisine de tradition qui met à l'honneur les petits producteurs locaux et, pour le repos, les chambres sont coquettes et fraîches...

BOUSSENS – 31 Haute-Garonne – 1 088 h. – alt. 271 m – ✉ 31360 **28** B3

Paris 742 – Foix 101 – Toulouse 67

Hôtel du Lac

7 promenade du Lac – ✆ 05 61 90 01 85 – www.hotelrestaurantdulac.com – Fermé 3 sem. en nov. et 2 sem. en janv.

12 ch – ††58/65 € – ☕ 10 € – ½ P

Rest *(fermé dim. soir, lundi midi et vend.)* – Formule 16 € – Menu 22 € (sem.), 32/38 € – Carte 47/62 €

Un lac dans lequel barbotent quelques canards et, tout à côté, cet hôtel. Ici, les chambres sont simples, mais agréables et très bien entretenues. Au restaurant, le patron prend plaisir à vous concocter une cuisine classique.

BOUTERVILLIERS – 91 Essonne – **312** B5 – rattaché à Étampes

---

BOUZEL – 63 Puy-de-Dôme – **326** G8 – 701 h. – alt. 320 m – ✉ 63910 **6** C2

Paris 432 – Ambert 57 – Clermont-Ferrand 23 – Issoire 38

L'Auberge du Ver Luisant

2 r. Breuil – ✆ 04 73 62 93 83 – www.restaurantleverluisant.com – Fermé 22-29 avril, 16 août-5 sept., 1er-8 janv., dim. soir, mardi soir, merc. soir, jeudi soir et lundi

Rest – Formule 15 € – Menu 26/50 € – Carte 43/64 €

Voilà un ver luisant qui brille derrière les fourneaux ! Dans cette jolie maison de pays, on savoure une goûteuse cuisine traditionnelle, où transparaît tout l'amour du chef pour la gastronomie. Service attentionné et petits prix à la clé.

BOUZE-LÈS-BEAUNE – 21 Côte-d'Or – **320** I7 – rattaché à Beaune

---

BOUZIGUES – 34 Hérault – **339** G8 – rattaché à Mèze

BOUZY – 51 Marne – **306** G8 – 947 h. – alt. 111 m – ✉ 51150 **13** B2

Paris 168 – Châlons-en-Champagne 29 – Épernay 21 – Reims 27

Les Barbotines sans rest

1 pl. A. Tritant – ✆ 03 26 57 07 31 – www.lesbarbotines.com – Fermé 1er-14 août et 10 déc.-1er fév.

5 ch ☕ – †74 € ††98 €

Le village est classé grand cru, ce qui est déjà un bon prétexte pour s'arrêter dans cette belle maison de vigneron du 19e s. Les chambres sont coquettes (jolies couleurs, mobilier chiné) et l'on a pour vous toutes sortes d'attentions.

BOZOULS – 12 Aveyron – **338** I4 – 2 765 h. – alt. 530 m – ✉ 12340 **29** D1

Midi Toulousain

Paris 603 – Espalion 11 – Mende 94 – Rodez 22

7 bis, place de la Mairie, ✆ 05 65 51 28 00, www.bozouls.com

Trou de Bozouls ★.

À la Route d'Argent

rte d'Espalion – ✆ 05 65 44 92 27 – www.laroutedargent.com – Fermé janv. et fév.

21 ch – †48/65 € ††54/65 € – ☕ 9 € – ½ P

Rest ***À la Route d'Argent*** – voir les restaurants ci-après

Un hôtel-restaurant des années 1970 avec des chambres simples, pratiques et agréables, à préférer côté piscine ; même confort dans l'annexe.

Hameau des Brunes sans rest
hameau les Brunes, 5 km au Sud par D 920 et rte secondaire – ✆ 05 65 48 50 11 – www.lesbrunes.com
5 ch – 92/148 € 92/148 €
Avec sa tourelle, cette demeure du 18e s. est charmante, et la propriétaire est aux petits soins pour ses hôtes. Un jardin-verger ravissant, du mobilier ancien, des produits régionaux au petit-déjeuner et la campagne pour bel horizon : du caractère !

À la Route d'Argent – Hôtel À la Route d'Argent
rte d'Espalion – ✆ 05 65 44 92 27 – www.laroutedargent.com – Fermé janv., fév., lundi sauf le soir de mi-juil. à mi-août et dim. soir hors saison
Rest – Menu 21 € (sem.), 31/48 €
Sur cette Route d'Argent sympathique et intime, on se régale de plats taditionnels bien faits et copieux, qui varient au gré du marché : pavé de bœuf aux girolles, soupe de pêche glacée à l'infusion de menthe... Avis aux gourmands !

Le Belvédère (Guillaume Viala) avec ch
11 rte du Maquis Jean-Pierre, rte de St-Julien – ✆ 05 65 44 92 66 – www.belvedere-bozouls.com – Fermé 18 nov.-31 déc., mardi midi, dim. soir et lundi
9 ch – 59/79 € 65/79 € – 12 €
Rest *(nombre de couverts limité, réserver)* – Menu 26 € (déj. en sem.), 45/68 €
Auberge en pierre surplombant un cirque naturel grandiose (le "trou de Bozouls"). Arrivé en cuisine après un passage en fac, le jeune chef a visiblement trouvé sa voie : originale et pure, dominée par les légumes et les produits locaux. Pour l'étape, les chambres sont simples et bien tenues.
➜ Légumes du moment tiédis au gras de canard. Selle d'agneau allaiton de l'Aveyron rôtie, jus épicé. Spirale au chocolat lacté. **Vins** Vin de pays de l'Aveyron, Marcillac.

BRACIEUX – **41 Loir-et-Cher** – **318** G6 – **1 256 h.** – **alt. 70 m** – ✉ **41250** **11** B1
Châteaux de la Loire
Paris 185 – Blois 19 – Montrichard 39 – Orléans 64
10 Les Jardins du Moulin, ✆ 02 54 46 09 15, www.coeur-val-de-loire.com

L'Orée des Châteaux sans rest
9 bis rte de Blois – ✆ 02 54 46 40 19 – www.oree-des-chateaux.com – Ouvert 1er mars-30 nov.
11 ch – 50/59 € 59/69 € – 8,50 €
Ce petit hôtel familial ouvert en 2008 dispose de chambres lumineuses et pratiques. Une étape idéale sur la route des châteaux de la Loire.

Le Rendez-vous des Gourmets
20 r. Roger-Brun – ✆ 02 54 46 03 87 – Fermé vacances de printemps, 27 août-5 sept., vacances de la Toussaint, 23 déc.-20 janv., dim. soir sauf mi-juil. à mi-août, lundi midi du 15 juil. au 15 août, sam. midi et merc.
Rest – Formule 16 € – Menu 20 € (sem.), 24/65 € – Carte 46/68 €
Dans cette auberge familiale, le chef travaille les beaux produits dans la tradition (pièce de bœuf cuite au sautoir, charlotte écrasée et poêlée de champignons ; financier aux poires caramélisées façon Belle Hélène ; etc.). De fait, l'établissement s'est imposé comme un "rendez-vous des gourmets".

BRAM – **11 Aude** – **344** D3 – **3 262 h.** – **alt. 134 m** – ✉ **11150** **22** A2
Languedoc Roussillon
Paris 749 – Carcassonne 24 – Castres 67 – Montpellier 173

au Nord **rte de Castelnaudary : 4 km par D 4, N 6113 et rte secondaire** – ✉ **11150** Bram

Château de la Prade
– ✆ 04 68 78 03 99 – www.chateaulaprade.eu – Ouvert de mi-mars à mi-nov.
4 ch – 80/95 € 95/115 € **Table d'hôte** – Menu 26 €
Des paons, de superbes magnolias, des platanes centenaires... Le parc est ravissant, tout comme cette demeure bourgeoise en bordure du canal du Midi, classique et élégante, sans ostentation. Au petit-déjeuner, on se régale de confitures maison et, à la table d'hôtes, d'une cuisine du terroir.

BRANCION – **71 Saône-et-Loire** – **320** I10 – **rattaché à Tournus**

LA BRANDE – 36 Indre – 323 H7 – rattaché à Montipouret

BRANNE – 33 Gironde – 335 J6 – 1 253 h. – alt. 10 m – ✉ 33420 4 C1

Paris 593 – Bordeaux 35 – Bergerac 57 – Libourne 13

route Cabara, ✆ 05 57 74 90 24, www.tourismebrannais-entredeuxmers.com

Le Caffé Cuisine

7 pl. du Marché, (au pont) – ✆ 05 57 24 19 67 – fermé lundi hors saison et dim. soir

Rest – Menu 15 € (déj. en sem.)/28 € – Carte 30/45 €

Simple, frais et sans chichi ! Le chef valorise les produits et le terroir : canard des Landes, pêche du jour, agneau de la région... tout près du pont sur la Dordogne.

BRANSAC – 43 Haute-Loire – 331 G2 – rattaché à Beauzac

BRANTÔME – 24 Dordogne – 329 E3 – 2 140 h. – alt. 104 m – ✉ 24310 4 C1

Périgord Quercy

Paris 470 – Angoulême 58 – Limoges 83 – Nontron 23

boulevard Charlemagne, ✆ 05 53 05 80 63, http://perigord-dronne-belle.fr

Clocher★★ de l'église abbatiale - Bords de la Dronne★★.

Le Moulin de l'Abbaye

1 rte de Bourdeilles – ✆ 05 53 05 80 22 – www.moulinabbaye.com – Ouvert 1er avril-4 nov.

20 ch – 🚹151/605 € 🚹🚹151/605 € – ☕ 22 €

Rest *Le Moulin de l'Abbaye* – voir les restaurants ci-après

Un ravissant moulin et sa maison de meunier : voilà un cadre bucolique qui laisse rêveur ! Les chambres, empreintes de douceur romantique, sont bercées par le murmure d'une cascade. Quiétude, quand tu nous tiens...

Moulin de Vigonac

– ✆ 05 53 05 87 59 – www.moulindevigonac.com – Ouvert 15 mars-30 nov.

10 ch – 🚹120/290 € 🚹🚹120/290 € – ☕ 16 € – ½ P

Rest *(fermé mardi et le midi) (nombre de couverts limité, réserver)* – Menu 45/65 € – Carte 55/88 €

Esprit romantique en ce moulin du 16e s., bercé par la Dronne. Les chambres, confortables et bien tenues, sont joliment décorées. À la belle saison, on profite du parc et de la piscine. Restauration traditionnelle.

Charbonnel

57 r. Gambetta – ✆ 05 53 05 70 15 – www.lesfrerescharbonnel.com – fermé 18 nov.-15 déc., 10 fév.-12 mars, dim. soir d'oct. à juin et lundi

18 ch – 🚹60/145 € 🚹🚹75/145 € – ☕ 12 € – ½ P

Rest *Charbonnel* – voir les restaurants ci-après

Une maison de tradition qui épouse pleinement son époque : des chambres confortables et douillettes, une terrasse sur la Dronne et un restaurant traditionnel, le tout relooké avec fraîcheur... Une bonne étape !

Les Jardins de Brantôme (N)

33 r. Pierre-de-Mareuil – ✆ 05 53 05 88 16 – www.lesjardinsdebrantome.com – Fermé déc., janv. et merc. hors saison

7 ch – 🚹110/180 € 🚹🚹110/180 € – 1 suite – ☕ 14 €

Rest *Les Jardins de Brantôme* – voir les restaurants ci-après

Au cœur de la "Venise du Périgord", cette demeure du 18e s. a joui d'une belle réhabilitation : tons apaisants, matériaux de qualité, vieilles pierres et esprit d'aujourd'hui... avec un agréable salon (cheminée), un joli jardin et sa piscine. Une adresse où il fait bon séjourner.

Le Moulin de l'Abbaye

1 rte de Bourdeilles – ✆ 05 53 05 80 22 – www.moulinabbaye.com – Ouvert 1er avril-6 nov.

Rest – Menu 49 € (dîner)/79 € – Carte 62/91 €

Charme contemporain et intemporel, dépaysement en écoutant bruire la Dronne... et une cuisine qui épouse joliment l'air du temps. Pour savourer pleinement l'instant : oubliez votre montre !

Charbonnel – Hôtel Charbonnel
57 r. Gambetta – ✆ 05 53 05 70 15 – www.lesfrerescharbonnel.com – Fermé 18 nov.-15 déc., 10 fév.-12 mars, dim. soir d'oct. à juin et lundi
Rest – Formule 20 € bc – Menu 32 € (sem.), 42/68 € – Carte 44/116 €
Pigeon, foie gras, cèpes et truffes... des produits du terroir joliment relevés à la sauce contemporaine, pour une cuisine pleine de goût ! Atmosphère cosy et, aux beaux jours, jolie terrasse donnant sur la Dronne.

Les Jardins de Brantôme N
33-37 r. Pierre-de-Mareuil – ✆ 05 53 05 88 16 – www.lesjardinsdebrantome.com – Fermé déc., janv., jeudi hors saison et merc.
Rest – Menu 26 € (sem.), 29/42 € – Carte 37/47 €
Dans les Jardins de Brantôme s'épanouit une savoureuse cuisine du terroir. Le chef met un point d'honneur à privilégier les petits producteurs. Ainsi un porc fermier du Périgord caramélisé et ses légumes confits. Joli cadre rustique.

Au Fil du Temps
1 chemin du Vert-Galand – ✆ 05 53 05 24 12 – www.fildutemps.com – Fermé 16 déc.-14 janv., lundi et mardi de mai à oct.
Rest – Formule 16 € – Menu 21 € (déj. en sem.), 29/39 € – Carte 30/55 €
Au Fil du Temps, on ne se lasse pas de savourer de bons petits plats : tête de veau, tourin blanchi, aile de raie à la grenobloise, pannacotta... D'ailleurs, comment résister ? Avant d'avaler la moindre bouchée, la façade rouge nous fait de l'œil ! Et après avoir cédé, on paresse sous le tilleul ou au coin du feu.

Les Saveurs
6 r. Georges-Saumande – ✆ 05 53 05 54 23 – www.restaurant-les-saveurs.com – Fermé 2 sem. en nov., vacances de Noël, merc. soir, dim. soir sauf juil.-août et lundi
Rest – Menu 18 € (déj. en sem.), 28/48 € – Carte 39/63 €
Les Saveurs changent au cours des années... À l'image du chef, arrivé ici début 2012 ! Derrière les fourneaux, il réalise une cuisine d'aujourd'hui valorisant des produits frais. Ambiance bistrot chic.

à Champagnac de Belair 6 km au Nord-Est par D 78 et D 83 – 699 h. – alt. 135 m – ✉ 24530

Le Moulin du Roc
– ✆ 05 53 02 86 00 – www.moulinduroc.com – Ouvert 1er avril-1er nov.
15 ch – 🚹130/210 € 🚻130/210 € – ☕ 18 €
Rest *Le Moulin du Roc* ✿ – voir les restaurants ci-après
Le lieu est magique : un luxueux moulin à huile sur la Dronne, entouré de verdure. Les chambres sont superbes et l'on se perd dans un dédale d'escaliers ou dans le jardin au bord de l'eau...

Le Moulin du Roc (Alain Gardillou)
– ✆ 05 53 02 86 00 – www.moulinduroc.com – Ouvert 1er avril-1er nov. et fermé merc. midi et mardi
Rest – Menu 45 € bc (déj. en sem.), 68/105 € – Carte 70/100 €
On peut être un Roc et à la fois d'une grande délicatesse : preuve en est cette cuisine subtile, qui puise dans le terroir des saveurs sensibles... mais fortes. L'environnement verdoyant ajoute au plaisir du moment.
➜ Foie gras poêlé et pané à la noisette, terrine de poireaux vinaigrette. Tourtière de ris de veau, foie gras et truffe noire. Tarte soufflée au citron vert, fraises du Périgord et sorbet citron. **Vins** Côtes de Bergerac, Pécharmant.

à Bourdeilles 10 km au Sud-Ouest par D 78 – 771 h. – alt. 103 m – ✉ 24310

ℹ place des Tilleuls, ✆ 05 53 05 62 43, www.bourdeilles.com
Château★ : mobilier★★, cheminée★★ de la salle à manger.

Hostellerie Les Griffons
Le Pont – ✆ 05 53 45 45 35 – www.griffons.fr – Ouvert 6 avril-3 nov.
10 ch – 🚹94/117 € 🚻94/117 € – ☕ 13 € – ½ P
Rest *Hostellerie Les Griffons* – voir les restaurants ci-après
Charme des poutres et des vieilles pierres, vue sur la Dronne : au pied du château, cette maison bourgeoise du 16e s. cultive avec élégance un certain romantisme rural. Le matin, on prend son petit-déjeuner dans la véranda face à la rivière et au jardin.

Hostellerie Les Griffons

Le Pont – ✆ 05 53 45 45 35 – www.griffons.fr – Ouvert 13 avril-3 nov. et fermé le midi sauf dim. et fériés

Rest – Menu 36/54 €

Si vous souhaitez apprivoiser les Griffons – créatures légendaires décrites comme inapprochables – c'est l'occasion ou jamais ! Dans ce restaurant avec vue sur la Dronne, on savoure une bonne cuisine dans l'air du temps. Décor intime, avec cheminée, et véranda. Service attentionné.

BRAS – 83 Var – 340 K5 – 2 424 h. – alt. 280 m – ✉ 83149 41 C3

Paris 814 – Aix-en-Provence 55 – Marseille 62 – Toulon 61

Route de Brignoles, ✆ 04 94 37 23 40, www.ville-bras.fr

Une Campagne en Provence

Domaine Le Peyrourier, 3 km au Sud-Ouest par D 28 et rte secondaire – ✆ 04 98 05 10 20 – www.provence4u.com – Ouvert 23 mars-31 oct.

5 ch – 91/145 € 94/152 € **Table d'hôte** – Menu 35 € bc

Idéale pour une retraite au plus près de la campagne, cette ancienne ferme des Templiers, remontant au 12e s., se dresse parmi les prairies et les vignes. Chaleureux et charmant décor provençal. À la table d'hôte, cuisine régionale et vins de la propriété.

BRASSEMPOUY – 40 Landes – 335 G13 – 302 h. – alt. 120 m – ✉ 40330 3 B3

Aquitaine

Paris 754 – Bordeaux 175 – Mont-de-Marsan 39 – Pau 57

404, rue du Musée, ✆ 05 58 89 02 47

La Petite Couronne (N) sans rest

rte d'Amou, 3 km : au Nord, rte de St-Cricq-Chalosse par D 21 – ✆ 05 58 79 38 37 – www.lapetitecouronne.fr – Fermé 1 sem. en déc.

10 ch – 78/95 € 85/110 €

Défenseurs de la planète, cette adresse est faite pour vous ! En pleine campagne, l'établissement, tout en bois, joue la carte écolo, et les chambres, confortables et bien tenues, respectent les normes environnementales. Petit-déjeuner copieux, servi face à la piscine.

BRAY-ET-LU – 95 Val-d'Oise – 305 A6 – 106 – 971 h. – alt. 28 m – ✉ 95710 18 A1

Paris 70 – Rouen 61 – Gisors 26 – Pontoise 36

Les Jardins d'Epicure

16 Grande-Rue – ✆ 01 34 67 75 87 – www.lesjardinsdepicure.com – Fermé 2 janv.-7 fév., dim. et lundi

18 ch – 110/250 € 110/350 € – 15 €

Rest ***Les Jardins d'Epicure*** ✿ – voir les restaurants ci-après

Dans un joli parc que traverse une rivière, ces deux maisons de maître (19e s.) et leurs écuries abritent des chambres aux ambiances très variées : contemporaines, romantiques ou de style Napoléon III. De quoi satisfaire les épicuriens !

Les Jardins d'Epicure

16 Grande-Rue – ✆ 01 34 67 75 87 – www.lesjardinsdepicure.com – Fermé 2 janv.-7 fév., dim. soir, mardi midi et lundi

Rest – Menu 28 € (déj. en sem.), 39/125 € – Carte 83/101 €

Un cadre pour le moins original : les tables sont disposées autour d'une vraie piscine, dans une grande véranda ouverte sur le parc. En cuisine, le jeune chef travaille avec soin les beaux produits. Belle carte des vins.

→ Homard bleu grillé, raviole de ricotta et légumes du potager. Canette de Challans rôtie, pain perdu aux fruits secs et figue rôtie. Abricot parfumé au thym citron, biscuit moelleux à l'huile d'olive et sorbet orgeat.

BREBIÈRES – 62 Pas-de-Calais – 301 L5 – rattaché à Douai

BRÉHAT (ÎLE-DE) – 22 Côtes-d'Armor – 309 D1 – voir à Île-de-Bréhat

---

LA BREILLE-LES-PINS – 49 Maine-et-Loire – 317 J4 – 607 h. – alt. 105 m – ✉ 49390 35 C2

Paris 283 – Angers 70 – Baugé 31 – Chinon 29

4, rue Saumuroise, ✆ 02 41 52 02 82, www.ot-saumur.fr

L'Orée des Bois avec ch
2 r. Saumuroise – 02 41 38 85 45 – www.hotel-restaurant-loreedesbois.fr – Fermé 12-29 nov.
7 ch – 50 € 65 € – 8,50 €
Rest *(fermé lundi midi de nov. à mars, dim. soir et merc.)* – Menu 20 € (sem.)/25 €
Au cœur du village, dans un bâtiment des années 1980, le restaurant joue la carte du classicisme, mêlant meubles de style Louis XIII et rustiques. Quant aux assiettes, elles embaument les parfums du terroir. Chambres simples et bien tenues pour l'étape.

BRÉLÈS – 29 Finistère – 308 C4 – 832 h. – alt. 52 m – 29810 9 A1

Paris 616 – Brest 25 – Quimper 99 – Rennes 264

Auberge de Bel Air avec ch
rte de Lanildut – 02 98 04 36 01 – www.aubergedebelair.fr – Fermé 25 oct.-11 nov., vacances de la Toussaint et janv.
3 ch – 60/64 € 64/70 € – 8 €
Rest *(fermé mardi soir et merc. soir hors vacances scolaires, dim. soir et lundi)* – Formule 16 € – Menu 25 € (déj. en sem.), 39/60 € – Carte 32/52 €
C'est vrai que cette vieille ferme en granit, posée au bord de l'aber Ildut, est charmante avec son grand jardin et son étang. On peut y dormir bien sûr, mais surtout se régaler de cette cuisine traditionnelle de la mer qui est le sel de la terre bretonne.

BRÉLIDY – 22 Côtes-d'Armor – 309 C3 – 302 h. – alt. 100 m – 22140 9 B1

Paris 503 – Lannion 27 – Rennes 151 – St-Brieuc 55

Château de Brélidy
– 02 96 95 69 38 – www.chateau-brelidy.com – Ouvert de début avril à mi-déc.
14 ch – 89/109 € 110/180 € – 14 € – ½ P
Rest – Formule 25 € – Menu 34/66 € – Carte 39/51 €
Un authentique – et ravissant – château du 16e s. ! Les chambres ne sont pas très grandes mais décorées de meubles anciens. Une atmosphère historique que l'on retrouve au restaurant, dans les salons et dans le beau parc...

LA BRESSE – 88 Vosges – 314 J4 – 4 732 h. – alt. 636 m – Sports d'hiver : 650/1 350 m 28 – 88250 Alsace Lorraine 27 C3

Paris 437 – Colmar 52 – Épinal 52 – Gérardmer 13
2a, rue des Proyes, 03 29 25 41 29, www.labresse.net

Les Vallées
31 r. Paul Claudel – 03 29 25 41 39 – www.lesvallees-labresse.com
56 ch – 67/84 € 75/111 € – 13 € – ½ P
Rest – Formule 16 € – Menu 21 € (déj.), 23/49 € – Carte 30/45 €
Au cœur du bourg (à proximité du plus grand domaine skiable des Vosges : la Bresse-Hohneck), un vaste complexe hôtelier fréquenté hiver comme été : chambres fonctionnelles et bien tenues, nombreux équipements (espaces pour séminaires, grande piscine avec sauna, hammam et jacuzzi, restaurant du terroir, etc.).

La Table d'Angèle
30 Grande Rue – 03 29 25 41 97 – www.resto.fr/latabledangele – Fermé 15-30 juin, 15-30 nov., lundi et mardi
Rest – Formule 15 € – Menu 29/65 € bc – Carte 37/50 €
Petits appétits s'abstenir : les portions sont gargantuesques ! Ce bistrot contemporain, tenu par une famille sympathique (un couple et leur fils sommelier), explore le terroir avec générosité. Tout est fait maison, avec des produits frais.

au Nord-Est 7 km par rte de Gérardmer et C 12

Auberge des Jonquilles avec ch
4 chemin de la Retélère – 03 29 25 76 60 – www.aubergedesjonquilles.fr – Fermé de mi-nov. à mi-déc.
6 ch – 74 € 74 € – 8 € – ½ P
Rest – Menu 18 € (sem.), 24/35 € – Carte 30/48 €
Tel un bouquet de fleurs printanières sur un chemin de montagne, une heureuse surprise sur les hauteurs de la vallée : cette auberge n'a que la nature et le calme pour vis-à-vis. Le chef explore le terroir avec respect, les chambres sont idéales pour un séjour au grand air. Vive les Vosges !

au Sud 3 km, rte de Cornimont par D 486 – ✉ 88250 La Bresse

Le Clos des Hortensias

51 rte de Cornimont – ✆ 03 29 25 41 08 – Fermé 4-19 nov., merc. soir, dim. soir et lundi

Rest *(réserver)* – Menu 17 € (sem.), 24/41 €

À l'extérieur de La Bresse, arrêtez-vous dans cette demeure de prime abord banale. Vous ne le regretterez pas ! Des petits plats traditionnels concoctés avec soin et générosité, un accueil d'une amabilité rare par madame, une jolie salle bourgeoise... On est conquis.

BRESSIEUX – 38 Isère – 333 E6 – 88 h. – alt. 510 m – ✉ 38870

43 E2

Lyon et sa région

Paris 533 – Grenoble 50 – Lyon 76 – Valence 73

Auberge du Château

67 montée du Château – ✆ 04 74 20 91 01 – www.aubergedebressieux.fr – Fermé 29 oct.-14 nov., 25 fév.-13 mars, dim. soir hors saison, mardi et merc.

Rest – Menu 20 € (déj. en sem.), 28/62 € – Carte 39/58 €

Désormais, le village ne s'enorgueillit plus seulement de son château médiéval, il peut être fier de son auberge ! Produits des fermes environnantes, plats gourmands aux parfums méridionaux, vue sur les monts du Lyonnais : c'est savoureux.

BRESSON – 38 Isère – 333 H7 – rattaché à Grenoble

BREST – 29 Finistère – 308 E4 – 141 315 h. – Agglo. 201 666 h. – alt. 35 m – ✉ 29200

9 A2

Bretagne Nord

Paris 596 – Lorient 133 – Quimper 72 – Rennes 246

de Brest-Bretagne ✆ 02 98 32 86 00, 10 km au NE

8, avenue Georges Clémenceau, ✆ 02 98 44 24 96, www.brest-metropole-tourisme.fr

de Brest les Abers, à Plouarzel, Kerhoaden, NE : 24 km par D 5, ✆ 02 98 89 68 33

Océanopolis★★★ - Cours Dajot ≤★★ - Traversée de la rade★ - Arsenal et base navale ★ DZ - Musée des Beaux-Arts★ EZ **M¹** - Musée de la Marine★ DZ **M²** - Conservatoire botanique du vallon du Stang-Alar★.

Les Abers ★★

Plans pages suivantes

Océania

82 r. de Siam – ✆ 02 98 80 66 66 – www.oceaniahotels.com EY**r**

82 ch – †90/172 € ††90/172 € – ☕ 15 €

Rest *Nautilus* ✆ 02 98 80 90 67 – Formule 17 € – Menu 23 € (sem.) – Carte 31/51 €

Au cœur de Brest, entre l'hôtel de ville et le port, un bel immeuble avec des chambres contemporaines et parfaitement insonorisées, ainsi qu'un restaurant. Pour la clientèle d'affaires, un espace séminaire confortable.

L'Amirauté

41 r. Branda – ✆ 02 98 80 84 00 – www.oceaniahotels.com BX**t**

84 ch – †80/145 € ††80/145 € – ☕ 15 €

Rest *(fermé 15 juil.-25 août, 24 déc.-2 janv., sam., dim. et fériés)* – Formule 20 € – Menu 25 € (déj.), 33/43 €

Un hôtel récent, aux lignes élégantes, avec des chambres spacieuses, bien insonorisées et fonctionnelles, des salles de réunion et un restaurant. Le plus : un garage privé, très utile dans le quartier.

La Paix

32 r. Algésiras – ✆ 02 98 80 12 97 – www.hoteldelapaix-brest.com – Fermé 23 déc.-2 janv. EY**y**

29 ch – †69/180 € ††69/180 € – ☕ 12 €

Rest *Cosy* ✆ 02 98 43 26 17 *(fermé 15-31 août et 1er-15 janv.)* – Formule 17 € – Menu 27/36 € – Carte 25/53 €

En plein centre-ville, cet hôtel-restaurant familial a été rénové dans un style épuré, avec des chambres d'esprit contemporain, agréables et assez calmes.

BREST

Aiguillon (R. d') .... EZ
Albert-1er (Pl.) .... BZ
Algésiras (R. d') .... EY 2
Anatole-France (R.) .... AX
Beaumanoir (R.) .... AX 3
Blum (Bd Léon) .... BV
Botrel (R. Th.) .... BV
Bot (R. du) CV
Le Bris (R. J.-M.) .... EZ
Brossolette (R. Pierre) .... DZ
Bruat (R.) .... BX
Caffarelli (Porte) .... AX
Château (R. du) .... EYZ
Clemenceau (Av. G.) .... EY
Colbert (R.) .... EY 5
Collet (R. Yves) .... BX
Corniche (Rte de la) .... AX
Dajot (Cours) .... EZ
Denvers (R.) .... EZ

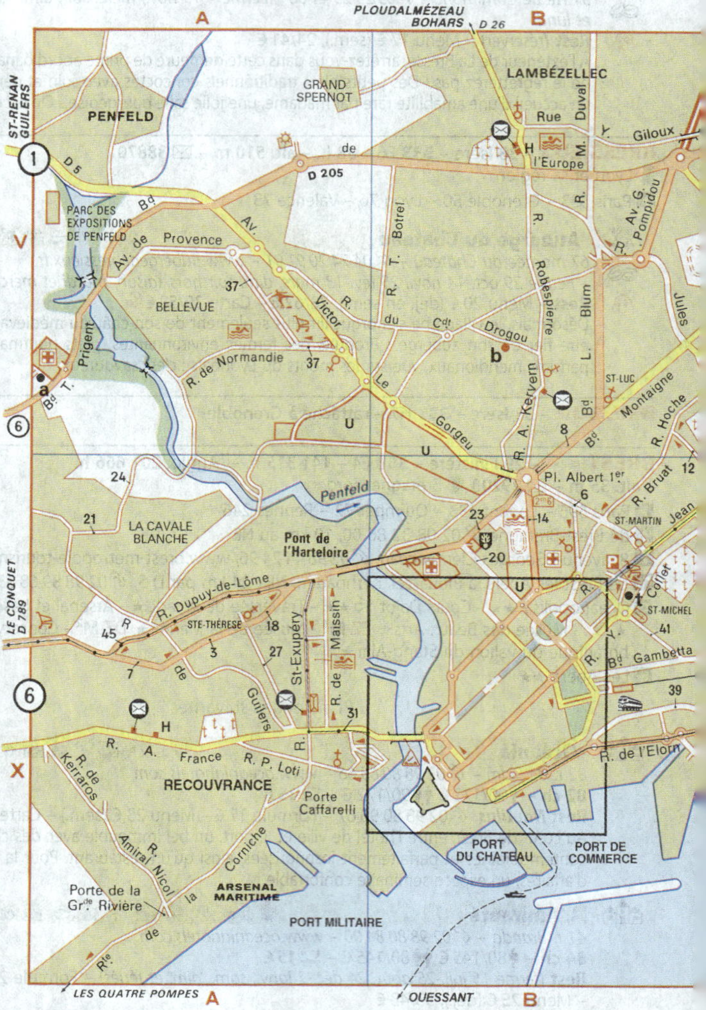

La Rade sans rest
6 r. de Siam – ✆ 02 98 44 47 76 – www.hoteldelarade.com DZf
48 ch – †55/69 € ††60/74 € – ☕ 8 €
À proximité du château et du pont de Recouvrance, cet hôtel frais et pimpant abrite des chambres sobres, élégantes et lumineuses. Une bonne petite adresse, très bien tenue.

Hôtel du Questel sans rest
120 r. F.-Thomas – ✆ 02 98 45 99 20 – www.hotel-du-questel.fr AVa
36 ch – †55/60 € ††60/70 € – ☕ 8,50 €
Très pratique, cet hôtel récent : non loin d'une rocade (mais au calme), il propose des chambres fonctionnelles et bien tenues, à prix doux. Sur demande, petit service snack.

Desmoulins (Av. C.) . . . . BX 6
Dr-Kerrien (R. du) . . . . AX 7
Doumer (R. Paul) . . . . BV 8
Dourjacq (Rte du) CV
Drogou (R. Com.) . . . . BV
Dupuy-de-Lôme (R.) . . . . AX
Duquesne (R.) . . . . EY

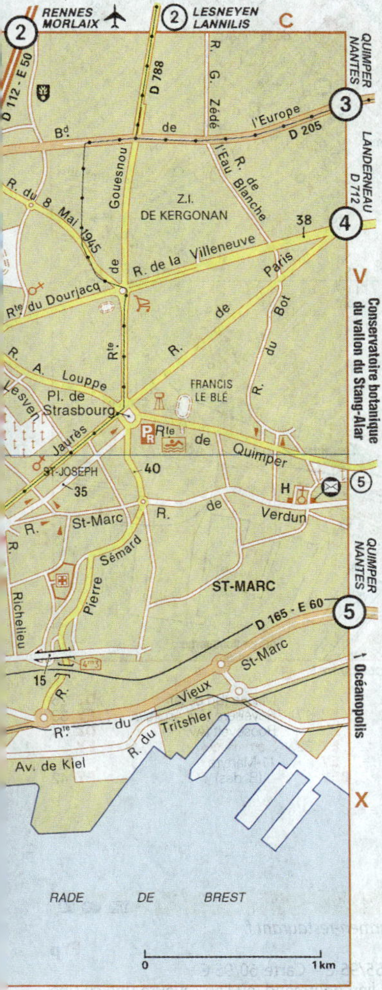

Duval (R. Marcellin) . . . . BV
Eau-Blanche (R. de l') CV
Elorn (R. de l') . . . . BX
Europe (Bd de l') . . . . ACV
Ferry (R. J.) . . . . BCX 12
Foch (Av. Mar.) . . . . BX 14
Forestou (Pont du) . . . . CX 15
Français-Libres (Bd des) . . . . DZ 16
Frégate-La-Belle-Poule (R. de la) . . . . EZ 17
Gallieni (R. du Mar.) . . . . AX 18
Gambetta (Bd) . . . . BX
Le Gorgeu (Av. Victor) . . . . AV
Gouesnou (Rte de) CV
Grande-Rivière (Porte de la) . . . . AX
Guilers (R. de) . . . . AX
Harteloire (Pt. de l') . . . . AX
Harteloire (R. de l') . . . . AX 20
Hoche (R.) . . . . BV
Jean-Jaurès (R.) . . . . EY
Kent (R. de) . . . . AX 21
Kérabécam (R. de) . . . . EY 22
Kérraros (R. de) . . . . AX
Kervern (R. Auguste) . . . . BV
Kiel (Av. de) CX
Lamotte-Picquet (R.) . . . . BX 23
Lesven (R. Jules) . . . . BCV
Libération (Av. de la) . . . . AX 24
Liberté (Pl. de la) . . . . EY
Loti (R. Pierre) . . . . AX
Louppe (R. Albert) CV
Lyon (R. de) . . . . DEY
Macé (R. Jean) . . . . EZ
Maissin (R. de) . . . . AX
Marine (Bd de la) . . . . DZ 25
Michelet (R.) . . . . DV
Montaigne (Bd) . . . . BV
Mouchotte (Bd Cdt) . . . . AX 27
Moulin (Bd Jean) . . . . DY
Nicol (R. de l'Amiral) . . . . AX
Normandie (R. de) . . . . AV
Paris (R. de) CV
Pompidou (R. G.) . . . . BV
Porte (R. de la) . . . . AX 31
Prigent (Bd T.) . . . . AV
Provence (Av. de) . . . . AV
Quimper (Rte de) CV
Recouvrance (Pt de) . . . . DZ
Réveillère (Av. Amiral) . . . . EY 33
Richelieu (R.) CX
Robespierre (R.) . . . . BY
Roosevelt (Av. Fr.) . . . . DZ 34
Saint-Exupéry (R.) . . . . AX
St-Marc (R.) CX
Salaün-Penquer (Av.) . . . . EZ
Sébastopol (R.) . . . . CX 35
Semard (R. Pierre) CX
Siam (R. de) . . . . EY
Strasbourg (Pl. de) CV
Tarente (Av. de) . . . . AV 37
Tourbihan (R. de) . . . . CV 38
Tourville (Porte) . . . . DZ
Tritshler (R. du) CX
Troude (R. Amiral) . . . . BX 39
Valmy (R. de) . . . . CX 40
Verdun (R. de) CX
Victor-Hugo (R.) . . . . BX 41
Vieux-St-Marc (R. du) CX
Villeneuve (R. de la) CV
Voltaire (R.) . . . . EZ
Wilson (Pl.) . . . . EZ
Zédé (R. G.) CV
Zola (R. Émile) . . . . EY
2e-R.C.I. (R. du) . . . . DY
8-Mai-1945 (R. du) CV
11-Martyrs (R. des) . . . . EY 42
19-Mars-1962 (R. du) . . . . AX 45

XXX **Le M** (Philippe Le Bigot)

22 r. du Cdt-Drogou – ✆ 02 98 47 90 00 – www.le-m.fr – Fermé 8-30 août, 7-23 janv. et dim. BV**b**

Rest – Formule 38 € – Menu 45 € (déj. en sem.), 58/78 €

Des associations de saveurs harmonieuses, une certaine recherche... Dans cette belle maison en granit typiquement bretonne, on déguste une cuisine d'aujourd'hui soignée et goûteuse. L'été, cap sur l'agréable terrasse. On M !

➜ Langoustines en kadaïf, chutney papaye. Barbue en mosaïque de légumes, beurre mousseux au gingembre. Opaline citron vert et fruit de la passion.

Algésiras (R. d') . . . . EY 2	Frégate-La-Belle-Poule (R. de la) . . . . EZ 17	Marine (Bd de la) . . . . DZ 25
Clemenceau (Av. G.) . . . . EY	Jean-Jaurès (R.) . . . . EY	Réveillère (Av. Amiral) . . . . . . EY 33
Colbert (R.) . . . . EY 5	Kérabécam (R. de) . . . . EY 22	Roosevelt (Av. Fr.) . . . . DZ 34
Foch (Av. Mar.) . . . . EY 14	Liberté (Pl. de la) . . . . EY	Siam (R. de) . . . . EY
Français-Libres (Bd des) . . . . DZ 16	Lyon (R. de) . . . . DEY	11-Martyrs (R. des) . . . . EY 42

L'Armen (Yvon Morvan)

VISA MC AE

21 r. de Lyon – ✆ 02 98 46 28 34 – www.armen-restaurant.fr
– Fermé 21 juil.-15 août, dim. et lundi EYp

Rest – Formule 28 € – Menu 34 € (déj.), 55/95 € – Carte 60/95 €

Moderne et élégant, cet Armen est un vrai lieu gourmand, où l'on savoure une cuisine gastronomique fine et inspirée. Le chef, formé à l'école des grands, met en valeur de beaux produits régionaux.

➜ Ormeaux des Abers. Feuilleté de pigeon farci au chou frisé au lard et foie gras. Avoine façon riz au lait.

L'Imaginaire

VISA MC AE

23 r. Fautras – ✆ 02 98 43 30 13 – www.imaginaire-restaurant.blogspot.com
– Fermé 10-30 août, 1er-16 janv., merc. soir, dim. soir et lundi EYe

Rest – Formule 20 € – Menu 41/66 € – Carte 45/58 €

Aux commandes de ce joli restaurant ? Un jeune couple plein d'allant : lui concocte une cuisine du marché inventive et très fraîche ; elle sélectionne de bons petits vins sortant des sentiers battus. Bel Imaginaire !

La Maison de l'Océan

2 quai de la Douane, port de commerce – ☎ 02 98 80 44 84 – www.maisondelocean.com EZs

Rest – Formule 15 € – Menu 18/40 € – Carte 28/58 €

Banc d'écailler, aquarium, esprit marin et... produits de la mer extrafrais : l'enseigne dit vrai ! Pas étonnant que cette Maison de l'Océan compte de nombreux habitués et qu'il y règne une atmosphère sympathique et conviviale.

au Nord 5 km par D 788 CV – ✉ 29850 Gouesnou

Escale Oceania

ch, ch, rest,

32 av. Baron Lacrosse – ☎ 02 98 02 32 83 – www.oceaniahotels.com

82 ch – 70/100 € 70/100 € – 11 €

Rest *(fermé le midi du 28 juil. au 19 août, sam., dim. et fériés)* – Formule 18 € – Carte 29/44 €

Dans une zone commerciale et industrielle, cet hôtel-restaurant des années 1970 est malgré tout au vert, avec son joli jardin. Chambres fonctionnelles et spacieuses, certaines donnant sur la piscine.

au port de plaisance du Moulin Blanc 7 km par ⑤ – ✉ 29200 Brest

Plaisance Hôtel

rest,

37 r. du Moulin Blanc – ☎ 02 98 42 33 33

45 ch – 67 € 82 € – 8 € – ½ P

Rest *(fermé dim. soir)* – Formule 14 € – Menu 17 € (déj. en sem.), 23/28 € – Carte 32/44 €

Au port de plaisance, cet hôtel-restaurant récent et accueillant propose des chambres pratiques, sobres et agréables, toutes identiques. Une adresse idéale pour visiter Océanopolis.

BRETENOUX – 46 Lot – 337 H2 – 1 342 h. – alt. 136 m – ✉ 46130 29 C1

Périgord Quercy

Paris 521 – Brive-la-Gaillarde 44 – Cahors 83 – Figeac 48

avenue de la Libération, ☎ 05 65 38 59 53, www.ot-bretenoux.com

Château de Castelnau-bretenoux★★ : ★ SO : 3,5 km.

au Port de Gagnac 6 km au Nord-Est par D 940 et D 14 – ✉ 46130 Gagnac-sur-Cère

Hostellerie Belle Rive

Port-de-Gagnac – ☎ 05 65 38 50 04 – www.bellerive-dordogne-lot.com – Fermé vacances de Noël

12 ch – 50/85 € 75/110 € – 1 suite – 10 € – ½ P

Rest *Hostellerie Belle Rive* – voir les restaurants ci-après

Une belle maison lotoise dressée sur les rives de la Cère. Les chambres y sont confortables, avec de jolies notes printanières.

Auberge du Vieux Port (N)

– ☎ 05 65 38 50 05 – www.auberge-vieuxport-lot.com – Fermé 1er-7 juil., 23-30 sept. et 23 déc.-20 janv.

8 ch – 60/100 € 65/100 € – 10 € – ½ P

Rest *Auberge du Vieux Port* – voir les restaurants ci-après

Entendez-vous le doux clapotis de l'eau ? Dans cette auberge au bord de la Cère, on se ressource loin de la ville et de la pollution. Les chambres – rénovées en 2012 – y sont confortables et bien tenues. Idéal pour un week-end au vert !

Hostellerie Belle Rive – Hostellerie Belle Rive

Port-de-Gagnac – ☎ 05 65 38 50 04 – www.bellerive-dordogne-lot.com – Fermé vacances de Noël, vend. soir, sam. midi et dim. soir de mi-avril à mi-juil. et de fin août à mi-oct., et le week-end de mi-oct. à mi-avril

Rest – Menu 18 € (déj. en sem.), 26/42 € – Carte 37/57 €

Croustillant de pied de porc, noisette d'agneau, nougat glacé maison, etc. Ici, on apprécie une cuisine de tradition au fil des jours... et de l'eau, car la jolie terrasse fleurie regarde la rivière.

Auberge du Vieux Port (N) – Hôtel Auberge du Vieux Port
– ✆ 05 65 38 50 05 – *www.auberge-vieuxport-lot.com – Fermé 1er-7 juil., 23-30 sept., 23 déc.-20 janv., dim. soir, sam. midi et lundi sauf le soir du 14 juil.-31 août*
Rest – Menu 16 € (sem.), 25/40 € – Carte 32/55 €
La table de l'Auberge du Vieux Port est à l'image de l'établissement : conviviale et attrayante. On y savoure une cuisine appuyée sur le terroir. Mention spéciale pour les ris d'agneau et la flambée quercynoise. Jolie salle avec cheminée, bien agréable l'hiver venu.

BRÉTIGNOLLES-SUR-MER – 85 Vendée – 316 E8 – 4 127 h. – alt. 14 m – ✉ 85470 Pays de la Loire 34 A3

Paris 465 – Challans 30 – Nantes 86 – La Roche-sur-Yon 44
1, boulevard du Nord, ✆ 02 51 90 12 78, www.payssaintgilles-tourisme.fr

J.-M. Pérochon et Hôtellerie des Brisants avec ch
63 av. de la Grand'Roche – ✆ *02 51 33 65 53 – www.lesbrisants.com – Fermé 12 nov.-5 déc. et 18 fév.-14 mars*
14 ch – †83/110 € ††83/110 € – ☐ 11 € – ½ P
Rest *(fermé lundi sauf le soir en juil.-août, dim. soir de sept. à juin et mardi midi)* – Formule 25 € bc – Menu 31/89 € bc – Carte 60/92 €
On vient pour la vue sur l'Atlantique, l'agréable cuisine du chef, dictée par la marée et pleine de saveurs... Puis on reste et l'on apprécie le grand confort des chambres, contemporaines et soignées.

BRETONVILLERS – 25 Doubs – 321 J3 – 220 h. – alt. 727 m – ✉ 25380 17 C2

Paris 479 – Besançon 67 – Fribourg 163 – Neuchâtel 75

Hôtel de Gigot rest,
à Gigot, 4,5 km au Sud-Ouest – ✆ *03 81 68 91 18 – www.hotel-gigot-vallee-dessoubre.com – Fermé vacances de la Toussaint, 15 janv.-28 fév., lundi soir, merc. soir et jeudi de mi-sept. à mi-mai*
15 ch ☐ – †50/56 € ††50/56 € – ½ P
Rest – Formule 14 € – Menu 20/34 € – Carte 21/53 €
Hôtel familial en pleine nature, au cœur de la magnifique vallée du Dessoubre, paradis des pêcheurs. Chambres fraîches et bien tenues. Dans un cadre rustique, on déguste une cuisine traditionnelle (spécialités : truite et grenouille).

BRETTEVILLE-SUR-LAIZE – 14 Calvados – 303 C2 – 1 617 h. – alt. 54 m – ✉ 14680 32 B2

Paris 245 – Caen 18 – Hérouville-Saint-Clair 23 – Lisieux 52

Château des Riffets sans rest
– ✆ *02 31 23 53 21 – www.chateau-des-riffets.com*
4 ch ☐ – †120 € ††120/170 €
Ce château du milieu du 19e s. est d'un grand charme : beaux planchers, mobilier d'époque, lits à baldaquin... La piscine et le parc (où l'on peut voir gambader des lapins) sont superbes !

LE BREUIL-EN-AUGE – 14 Calvados – 303 N4 – 958 h. – alt. 38 m – ✉ 14130 Normandie Vallée de la Seine 33 C2

Paris 196 – Caen 55 – Deauville 21 – Lisieux 10

Le Dauphin (Régis Lecomte)
2 r. de l'Église – ✆ *02 31 65 08 11 – www.ledauphin-restaurant.com – Fermé 14 nov.-6 déc., vacances de fév., dim. soir et lundi*
Rest – Menu 40/50 € – Carte 68/88 €
Cette maison à colombages incarne la Normandie rêvée, à la fois avenante et pleine de cachet. De très bons produits, une belle cuisine classique pétrie d'authenticité, c'est le genre d'endroit où dès le repas terminé, on a envie de revenir !
➜ Ragoût d'ormeaux puces et escargots. Pigeonneau rôti en cage et galet de girolles. Soufflé au calvados.

BREUILLET – 17 Charente-Maritime – 324 D5 – 2 600 h. – alt. 28 m – ✉ 17920 38 A3

Paris 509 – Poitiers 176 – La Rochelle 69 – Rochefort 39

L'Aquarelle (Xavier Taffart)

22 rte du Candé, (Transfert prévu au printemps 2013 : 71A rte du Montil, 17920 Breuillet) – ✆ 05 46 22 11 38 – www.laquarelle.net – Fermé avril, dim. soir, mardi midi et lundi

Rest – Menu 25 € (déj. en sem.), 40/85 € bc – Carte 55/71 €

L'Aquarelle d'un chef arrivé en pleine maturité : lorsque Xavier Taffart travaille ses beaux produits locaux, c'est en créateur sage et inspiré qu'il les réinterprète. Dans l'assiette, évidence, couleurs et... plaisir ! Attention, l'adresse doit déménager au cours du printemps 2013.

➜ Gambas bio fumées aux aiguilles de pin, crème de maïs et jambon ibérique. Homard en deux services. Gâteau de sable. **Vins** Vin de pays Charentais.

BREUREY-LES-FAVERNEY – 70 Haute-Saône – 314 E6 – rattaché à Faverney

BRIANÇON – 05 Hautes-Alpes – 334 H3 – 11 574 h. – alt. 1 321 m – Sports d'hiver : 1 200/2 800 m 10 54 – Casino – ✉ 05100 Alpes du Sud 41 C1

Paris 681 – Digne-les-Bains 145 – Gap 89 – Grenoble 119

✆ 3635 (dîtes auto-train - 0,34 €/mn)

1, place du Temple, ✆ 04 92 21 08 50, www.briancon.com

de Montgenèvre, à Montgenèvre, Route d'Italie, NE : 12 km, ✆ 04 92 21 94 23

Ville haute★★ : Grande Gargouille★, Statue "La France"★**B** - Chemin de ronde supérieur★, ≤★ de la porte de la Durance - Puy St-Pierre ※★★ de l'église SO : 3 km par Rte de Puy St-Pierre.

Croix de Toulouse ≤★★ par Av. de Toulouse et D232^{T} : 8,5 km.

Plan page suivante

Parc Hôtel sans rest

Central Parc – ✆ 04 92 20 37 47 – www.soleilvacances.com **Aa**

60 ch – †73/115 € ††82/146 € – ☐ 10 €

Cet établissement, certes fonctionnel et sans grand charme, ne manque cependant pas d'atouts : central, il abrite des chambres spacieuses, idéales pour les familles, et pratique des tarifs très attractifs pour la clientèle d'affaires.

La Chaussée

4 r. Centrale – ✆ 04 92 21 10 37 – www.hotel-de-la-chaussee.com – Fermé 16 avril-4 mai, 24 oct.-11 nov. **Ae**

14 ch – †65/72 € ††65/80 € – ☐ 10 € – ½ P

Rest *(fermé dim. soir hors saison, lundi midi, mardi soir et merc. midi)* – Menu 18 € (sem.), 24/42 € – Carte 26/45 €

D'emblée, on se sent bien dans cet hôtel familial transformé en "refuge montagnard" : meubles patinés par les ans, objets anciens, chambres coquettes et douillettes, belles salles de bains... Un endroit charmant !

Le Pêché Gourmand

2 rte de Gap – ✆ 04 92 21 33 21 – Fermé 15-30 nov., dim. de sept. à juin et lundi

Rest – Formule 22 € – Menu 29/55 € – Carte 50/65 € **Av**

Un joli moulin au bord de la Guisane, tenu par un jeune couple franco-australien amoureux de gastronomie. Sharon concocte une belle cuisine de saison, soignée et savoureuse, et Jimmy vous régale de ses pâtisseries, délicates et délicieuses. Péché gourmand et... péché mignon !

Au Plaisir Ambré N

26 Grande-Rue – ✆ 04 92 52 63 46 – Fermé jeudi midi et dim. midi sauf juil.-août et merc. **Ax**

Rest – Menu 20/46 €

Dans la cité Vauban, cette ancienne boucherie reste vouée aux bons produits. Fraîcheur : tel est le maître mot du chef, habile cuisinier qui sait révéler les meilleures saveurs. En salle, son épouse assure un accueil des plus souriants. Vous avez dit plaisir ?

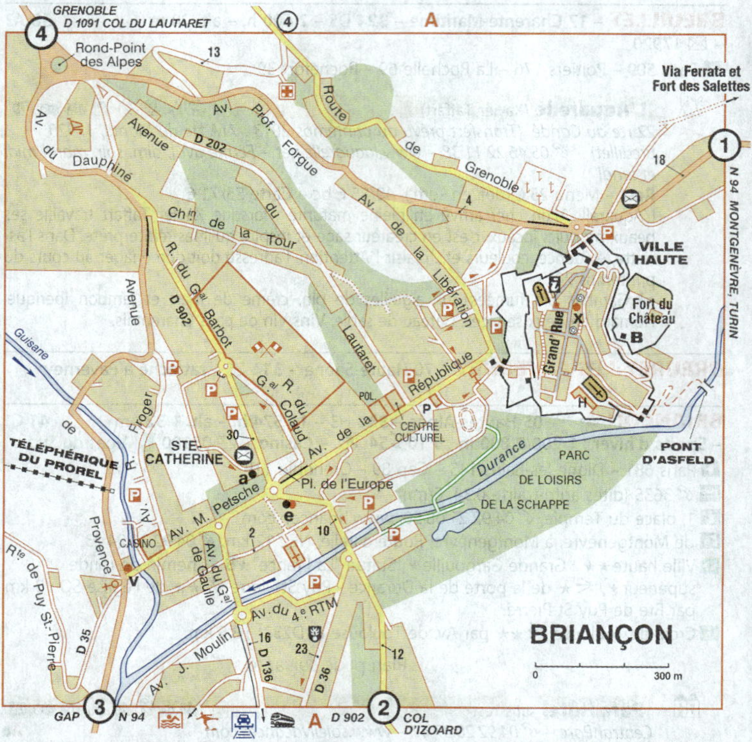

à Puy-St-Pierre 3 km à l'Ouest par D 135 – 508 h. – ✉ 05100

La Maison de Catherine

chemin des Blés – ✆ 04 92 20 40 89 – www.aubergecatherine.fr – Fermé 13-29 avril et 27 oct.-12 nov.

11 ch – †59/74 € ††59/74 € – ☕ 6 € – ½ P

Rest ***La Maison de Catherine*** – voir les restaurants ci-après

À 10mn de Briançon, la montagne est à vous : la Maison profite d'une vue grandiose sur les cimes et la vallée ! Accueil familial et ambiance cosy : bois clair, fleurs séchées, bibelots... Parfait pour se ressourcer.

La Maison de Catherine

chemin des Blés – ✆ 04 92 20 40 89 – www.aubergecatherine.fr – Fermé 13-29 avril, 27 oct.-19 nov., merc. midi, dim. soir et lundi

Rest – Menu 26/40 €

La Maison est posée sur les hauteurs ; son chef, passionné, tire le meilleur du pays (tourton, carré d'agneau au foin), pour un excellent rapport qualité-prix. En prime, un joli décor de bois blond. Allez respirer ce bon air de la montagne !

Question de standing : n'attendez pas le même service dans un ✗ ou un 🏠 que dans un ✗✗✗✗✗ ou un 🏠🏠🏠🏠🏠.

BRIANT – 71 Saône-et-Loire – **320** E12 – 227 h. – alt. 326 m – ✉ 71110 **8** C3

▶ Paris 399 – Clermont-Ferrand 161 – Dijon 176 – Mâcon 90

Auberge de Briant

Le Bourg – ✆ 03 85 25 98 69 – www.aubergedebriant.com – Fermé 7-30 janv., 2 sem. fin juin début juil., dim. soir, mardi soir et merc.

Rest – Menu 20 € (sem.), 28/48 € – Carte 30/46 €

Une auberge coquette au cœur d'un joli village, avec une terrasse sous un tilleul. Le chef concocte une bonne cuisine traditionnelle et valorise les produits du terroir ; l'accueil est charmant.

BRIARE – 45 Loiret – **318** N6 – 5 688 h. – alt. 135 m – ✉ 45250 **12** D2

Châteaux de la Loire

▶ Paris 155 – Auxerre 76 – Cosne-Cours-sur-Loire 31 – Gien 10

ℹ 1, place de Gaulle, ✆ 02 38 31 24 51, www.briare-le-canal.com

Le Domaine des Roches

2 r. de la Plaine – ✆ 02 38 05 09 00 – www.domainesdesroches.com

12 ch – †118/320 € ††118/320 € – 1 suite – ☕ 20 € – ½ P

Rest *(fermé dim. soir et lundi de nov. à mars)* – Menu 27 € (sem.), 33/38 € – Carte 36/53 €

Une belle demeure bourgeoise du 19e s., à la décoration classique, au milieu d'un grand parc. En sus des chambres, plusieurs cottages fonctionnels. Le restaurant, élégant, propose une cuisine d'aujourd'hui respectant les saisons.

BRICQUEBEC – 50 Manche – **303** C3 – 4 252 h. – alt. 145 m – ✉ 50260 **32** A1

Normandie Cotentin

▶ Paris 348 – Caen 115 – Cherbourg 26 – St-Lô 76

ℹ 13, place Sainte-Anne, ✆ 02 33 52 21 65

L'Hostellerie du Château

Cour du Château – ✆ 02 33 52 24 49 – www.lhostellerie-bricquebec.com – Fermé 18 déc.-31 janv.

17 ch – †75/105 € ††89/105 € – ☕ 10 € – ½ P

Rest – Formule 12 € – Menu 16 € – Carte 34/45 €

Au cœur de Bricquebec, dans un authentique château médiéval, cet hôtel-restaurant de tradition : les chambres sont classiques et confortables et l'on se sustente dans la salle des chevaliers, entre colonnes en pierre, armures et cheminée.

BRIDES-LES-BAINS – 73 Savoie – **333** M5 – 560 h. – alt. 580 m – Sports d'hiver : 1 450/2 700 m 15 32 – Stat. therm. : mi-mars-fin oct. – Casino – ✉ 73570 Alpes du Nord **46** F2

▶ Paris 612 – Albertville 32 – Annecy 77 – Chambéry 81

ℹ place du Centenaire, ✆ 04 79 55 20 64, www.brides-les-bains.com

Golf-Hôtel

av. Greyffié de Bellecombe – ✆ 04 79 55 28 12 – www.golf-hotel-brides.com – Fermé 27 oct.-20 déc.

52 ch – †62/156 € ††82/216 € – 2 suites – ☕ 11 €

Rest *(fermé le midi du 26 déc. au 6 janv.)* – Menu 26 € – Carte 28/45 €

Belle vue sur les glaciers de la Vanoise depuis cet hôtel des années 1920 qui propose des chambres contemporaines. Dans la grande salle de son restaurant, lumineuse, on peut opter pour des spécialités savoyardes ou un menu diététique.

Amélie

r. Émile-Machet – ✆ 04 79 55 30 15 – www.hotel-amelie.com – Fermé 27 oct.-20 déc.

41 ch – †70/126 € ††84/140 € – ☕ 13 € – ½ P

Rest ***Les Cerisiers*** ✆ 04 79 55 30 14 – Menu 23/46 € – Carte 30/58 €

Un hôtel des années 1990, situé au cœur du village, à deux pas de la télécabine menant à Méribel. Chambres bien insonorisées, salles de bains en marbre et agréable bar cosy. Au restaurant, spécialités du terroir et menus diététiques. L'été, barbecue au jardin.

Le Belvédère sans rest
r. Émile-Machet, quartier des Sources – ✆ 04 79 55 23 41
– www.hotel-73-belvedere.com – Fermé de fin oct. à mi-déc.
28 ch – 45/56 € 80/90 €
Voilà 20 ans que cette belle maison de 1830 ne résonne plus du bruit des machines à sous ! Ancien casino devenu hôtel, cet établissement dispose de chambres simples et bien tenues, dans un esprit chalet. Jacuzzi, hammam et piscine d'été chauffée.

BRIE-COMTE-ROBERT – 77 Seine-et-Marne – 312 E3 – 101 39 – voir à Paris, Environs

LA BRIGUE – 06 Alpes-Maritimes – 341 G3 – rattaché à Tende

BRINDAS – 69 Rhône – 327 H5 – 5 434 h. – alt. 326 m – ✉ 69126 43 E1

Paris 472 – Bourg-en-Bresse 94 – Lyon 16 – Saint-Étienne 51

La Maison de Franca
pl. des Ormeaux – ✆ 04 78 45 88 84 – Fermé 2 sem. en août, dim. et lundi
Rest *(nombre de couverts limité, réserver)* – Menu 17 € (déj.)/28 € – Carte environ 31 €
Une authentique trattoria dans un village du Lyonnais ! Les produits sont en provenance directe du nord de l'Italie et au menu, on trouve pâtes aux truffes ou au pesto, belles charcuteries, desserts de la Botte, etc. Ambiance conviviale.

BRINON-SUR-SAULDRE – 18 Cher – 323 J1 – 1 046 h. – alt. 147 m 12 C2
– ✉ 18410 Limousin Berry

Paris 190 – Bourges 66 – Cosne-Cours-sur-Loire 59 – Gien 37

Château des Bouffards rest,
8 km sur D 923 rte de Lamotte-Beuvron – ✆ 02 48 58 59 88 – www.bouffards.fr
5 ch – 71/95 € 71/107 € – ½ P **Table d'hôte** – Menu 26 € bc
En pleine campagne et au calme ! Maison bourgeoise au cœur d'un joli parc de trois hectares, avec piscine. Les chambres y sont spacieuses et confortables.

BRIOLLAY – 49 Maine-et-Loire – 317 F3 – 2 601 h. – alt. 20 m – ✉ 49125 35 C2

Paris 288 – Angers 15 – Château-Gontier 44 – La Flèche 45
Place O'Kelly, ✆ 02 41 42 16 84, www.briollay.fr
Plafond★★★ de la salle des Gardes du château de Plessis-Bourré NO : 10 km Châteaux de la Loire

par rte de Soucelles 3 km (D 109) – ✉ 49125 Briollay

Château de Noirieux ch, rest,
26 rte du Moulin – ✆ 02 41 42 50 05 – www.chateaudenoirieux.com
– Fermé 3-28 nov., 2 janv.-12 fév., dim. et lundi d'oct. à mai
19 ch – 175/430 € 175/430 € – 24 €
Rest *Château de Noirieux* ✿ – voir les restaurants ci-après
Rest *Côté Véranda* *(fermé mardi midi, sam. soir, dim. et lundi)* – Formule 29 € – Menu 35/52 €
La douceur angevine n'est pas un mythe... Sous les frondaisons du parc, avec au loin le Loir qui apparaît entre des rideaux d'arbres, tout n'est que quiétude. Et dans les chambres – superbes dans le château du 17e s. comme dans le manoir du 15e s. –, l'on voudrait réciter : "Mignonne, allons voir si la rose..."

Château de Noirieux
26 rte du Moulin – ✆ 02 41 42 50 05 – www.chateaudenoirieux.com – Fermé 3-28 nov., 2 janv.-12 fév., dim. soir d'oct. à mai, mardi midi et lundi
Rest – Formule 58 € – Menu 68/130 € – Carte 100/130 €
Dans un cadre éminemment classique, avec une vue dominante sur la campagne angevine... Plaisirs de toujours au gré des saisons et des meilleurs produits du terroir : le chef, Gérard Côme, signe une cuisine d'une très belle facture, subtile, appuyée sur la tradition mais nullement figée !
➜ Lasagne d'araignée de mer à la truffe en soupe mousseuse d'écrevisses. Zéphyr de homard bleu et sole de petit bateau, bouillon de poissons de roche au safran. Soufflé au Cointreau, cassolette de fruits rouges rôtis. **Vins** Anjou, Savennières Roche aux Moines.

BRION – 01 Ain – **328** G3 – rattaché à Nantua

BRIONNE – 27 Eure – **304** E6 – 4 326 h. – alt. 56 m – ✉ 27800 **33** C2
Normandie Vallée de la Seine
Paris 156 – Bernay 16 – Évreux 40 – Lisieux 40
1, rue du Général-de-Gaulle, ✆ 02 32 45 70 51, www.tourismecantondebrionne.com
du Champ de Bataille, à Le Neubourg, Château du Champ de Bataille, O : 18 km par D 137 et D 39, ✆ 02 32 35 03 72
Abbaye du Bec-Hellouin★★ N : 6 km - Harcourt : château★ et arboretum★ SE : 7 km.

Le Logis avec ch
1 pl. St-Denis – ✆ 02 32 44 81 73 – www.lelogisdebrionne.com – Fermé 28 juil.-18 août, 22 déc.-5 janv., sam. midi, mardi midi, dim. soir et lundi soir
12 ch – †88/94 € ††88/120 € – ☐ 13 € – ½ P
Rest – Menu 18 € (déj. en sem.), 32/75 €
Marbré de foie gras et queue de bœuf façon bortch ; barbue au beurre de cidre, pomme fourchette à l'andouille ; millefeuille praliné... Le type même de la bonne table généreuse ! Quelques chambres utiles pour l'étape.

BRIOUDE – 43 Haute-Loire – **331** C2 – 6 670 h. – alt. 427 m – ✉ 43100 **6** C3
Auvergne
Paris 479 – Clermont-Ferrand 69 – Le Puy-en-Velay 62 – St-Flour 52
place Lafayette, ✆ 04 71 74 97 49, www.ot-brioude.fr
Basilique St-Julien★★ (chevet★★, chapiteaux★★).
Lavaudieu : fresques★ de l'église et cloître★★ de l'ancienne abbaye 9,5 km à l'Est.

La Sapinière rest,
av. P.-Chambriard – ✆ 04 71 50 87 30 – www.hotel-sapiniere-brioude.com – Fermé fév. et dim. soir sauf juil.-août
11 ch – †88/98 € ††104/118 € – ☐ 12 € – ½ P
Rest *(ouvert de Pâques au 31 déc. et fermé 4-10 nov., dim. soir, lundi et le midi sauf dim.)* – Menu 25 € (sem.), 30/52 € – Carte 39/52 €
Comme un air de campagne, en plein cœur de la cité. Cette construction récente s'intègre parfaitement à un joli parc boisé ; les grandes chambres adoptent elles aussi un esprit champêtre. Belle piscine couverte, jacuzzi, restaurant...

Artemis ch, rest,
Parc des Conchettes, Rocade N 102 : 2 km au Nord-Ouest – ✆ 04 71 50 45 04 – www.artemis-hotel.com
40 ch – †65/85 € ††65/92 € – ☐ 11 € – ½ P
Rest *(fermé 24 déc.-1er janv.)* – Menu 16/34 € – Carte 32/61 €
Au bord de la nationale contournant Brioude, un hôtel récent tout à fait commode. Jardin, piscine, restaurant traditionnel et salles de séminaires.

Poste et Champanne
1 bd Dr-Devins – ✆ 04 71 50 14 62 – www.hotel-de-la-poste-brioude.com – Fermé 4-11 nov., vacances de fév., dim. soir et lundi midi
Rest – Menu 17 € (sem.), 25/52 € – Carte 30/50 €
Une adresse bien connue dans la région, tenue par deux sœurs. Il faut dire qu'elles ne sont pas avares de gentillesse et d'attentions ! Le cadre est rustique, à l'image de la cuisine du terroir, fort copieuse.

BRISSAC – 34 Hérault – **339** H5 – 615 h. – alt. 145 m – ✉ 34190 **23** C2
Languedoc Roussillon
Paris 732 – Alès 55 – Montpellier 41 – Le Vigan 25

Jardin aux Sources avec ch ch, ch,
30 av. du Parc – ✆ 04 67 73 31 16 – www.lejardinauxsources.com – Fermé 2-20 janv., 20 oct. -15 nov., dim. soir, lundi et merc. hors saison
3 ch ☐ – †85/95 € ††95/105 €
Rest *(nombre de couverts limité, réserver)* – Formule 23 € bc – Menu 33/94 € bc – Carte environ 43 €
Maison en pierre au cœur d'un pittoresque village. Jolie salle de restaurant voûtée avec vue sur les cuisines, ravissante terrasse et carte inventive. Chambres coquettes.

BRISSAC-QUINCÉ – 49 Maine-et-Loire – **317** G4 – **2 898 h.** – **alt. 65 m** – ✉ **49320** Châteaux de la Loire **35** C2

Paris 307 – Angers 18 – Cholet 62 – Saumur 39

8, place de la République, ✆ 02 41 91 21 50, www.ot-brissac-loire-aubance.fr

Château★★.

Le Castel sans rest

1 r. Louis Moron, (face au château) – ✆ 02 41 91 24 74 – www.hotel-lecastel.com

11 ch – †47/81 € ††47/81 € – ☐ 8 €

Petit hôtel familial commode pour faire étape, en lien avec la visite du château tout proche. Chambres classiques et bien tenues.

BRIVE-LA-GAILLARDE – 19 Corrèze – **329** K5 – **49 231 h.** – **alt. 142 m** – ✉ **19100** Périgord Quercy **24** B3

Paris 480 – Albi 218 – Clermont-Ferrand 170 – Limoges 92

✆ 3635 (dîtes auto-train - 0,34 €/mn)

place du 14 Juillet, ✆ 05 55 24 08 80, www.brive-tourisme.com

de Brive, Vallée de Planchetorte, SO : 5 km, ✆ 05 55 87 57 57

Musée de Labenche★.

La Truffe Noire

22 bd A.-France – ✆ (00-00 33) 05 55 92 45 00 – www.la-truffe-noire.com

27 ch – †98/125 € ††120/140 € – ☐ 12 € CYv

Rest – Formule 17 € – Menu 29 € (sem.), 42/65 € – Carte 49/74 €

Au seuil de la vieille ville, cette grande maison régionale du 19e s. mêle avec élégance le charme des belles boiseries au raffinement contemporain. Les chambres, sobres et chic, se révèlent reposantes ! Restaurant traditionnel.

BRIVE-LA-GAILLARDE

Blum (Av. L.) . . . . AX 4
Clemenceau (Bd) . . . . . . AX 6
Dalton (R. Gén.) . . . . AX 7
Dellessert (R. B.) . . . . . . AX 9
Dr-Marbeau (Bd) . . . . AX 10
Dormoy (Bd M.) . . . . AX 13
Dubois (Bd Cardinal) . . . . AX 15
Foch (Av. du Mar.) . . . . . AX 17
Germain (Bd Colonel) . . . AX 20
Grivel (Bd Amiral) . . . . . . AX 22
Hériot (Av. E) . . . . AX 24
Leclerc (Av. Mar.) . . . . . . AX 31
Michelet (Bd) . . . . AX 33
Paris (Av. de) . . . . AX 34
Pasteur (Av.) . . . . AX 35
Pompidou (Av. G.) . . . . . AX 37

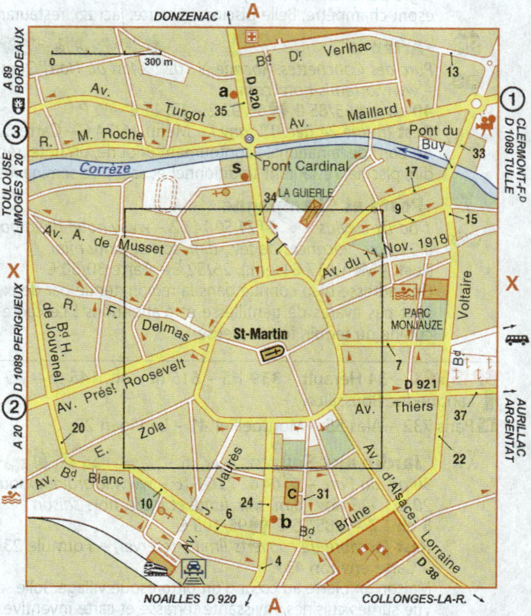

BRIVE-LA-GAILLARDE

Alsace-Lorraine (Av. d') . . . . . CZ 2
Anatole-France (Bd) . . . . CY 3
Dalton (R. Gén.) . . . . CY 7
Dauzier (Pl. J.-M.) . . . . CY 8
Dellessert (R. B.) . . . . CY 9
Dr-Massénat (R.) . . . . CY 12
Échevins (R. des) . . . . CZ 14
Faro (R. du Lt-Colonel) . . . . . CZ 16
Gambetta (R.) . . . . CZ
Gaulle (Pl. Ch. de) . . . . CZ 18
Halle (Pl. de la) . . . . CY 23
Herriot (Av. E.) . . . . CZ 24
Hôtel-de-Ville (Pl. de l') . . . . . CY 26
Hôtel-de-Ville (R. de l') . . . . . BZ 27
Latreille (Pl.) . . . . CZ 30
Lattre-de-Tassigny (Pl. de) . . . . CZ 29
Leclerc (Av. Mar.) . . . . CZ 31
Lyautey (Bd Mar.) . . . . BZ 32
Majour (R.) . . . . BYZ 36
Paris (Av. de) . . . . BY
Puyblanc (Bd de) . . . . CZ 19
Raynal (R. B.) . . . . CZ 40
République (Pl. de la) . . . . . . BZ 42
République (R. de la) . . . . BZ 43
Salan (R. du) . . . . CZ 45
Ségéral-Verninac (R.) . . . . BY 46
Teyssier (R.) . . . . CY 47
Toulzac (R.) . . . . CY 48
14 Juillet (Av. du) . . . . CY 21

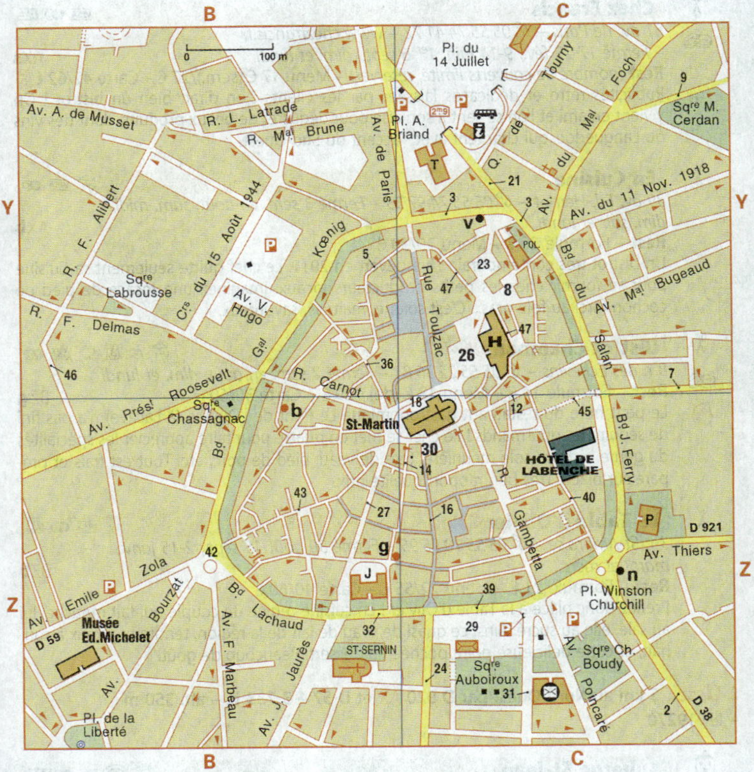

Le Collonges sans rest
3 pl. W.-Churchill – ✆ 05 55 74 09 58 – www.hotel-collonges.com CZn
24 ch – 60/90 € 65/120 € – ☐ 9 €
Bien situé, en léger retrait du boulevard qui ceinture le centre-ville, c'est l'hôtel idéal pour les hommes d'affaires. Les chambres sont à la fois confortables et fonctionnelles, sans fioriture. Prix raisonnables.

XX **La Toupine**
27 av. Pasteur – ✆ 05 55 23 71 58 – www.latoupine.fr – Fermé 1er-7 mai, 12-31 août, 26 fév.-4 mars, dim. et lundi AXa
Rest *(réserver)* – Formule 14 € – Menu 28/42 € – Carte 32/46 €
Un restaurant qui affirme son look minimaliste chic (inox, pierre et bois exotique). Au menu : râble de lapin au foie gras et au jambon de pays, seiche grillée au jus d'olive noire... Une bonne cuisine du marché, entre tradition et modernité.

Auberge de Chanlat

34 r. G-Buisson, au Sud du plan -2 km par rte de Noailles – ✆ 05 55 24 02 03 – Fermé 1er-7 janv., dim. soir, lundi et mardi

Rest – Formule 15 € – Menu 20 € (déj. en sem.)/28 € – Carte 30/70 €

Une auberge bien sympathique, postée sur les hauteurs de la ville. De la salle à manger, on embrasse tout le paysage. De belles viandes, des coquillages iodés, une omelette aux cèpes pourquoi pas... les propositions du chef font envie.

Chez Francis

61 av. de Paris – ✆ 05 55 74 41 72 – www.chezfrancis.fr – Fermé 17-22 fév., 9-14 juin, 1er-6 sept., dim. et lundi AX**s**

Rest *(nombre de couverts limité, réserver)* – Menu 17 € (sem.)/27 € – Carte 42/62 €

Publicités rétro et dédicaces laissées par les clients : on dirait bien un bistrot ! On y vient en ami et l'on se sent à son aise pour déguster de beaux produits, dont des vins du Languedoc, qui chantent avec l'accent du Sud-Ouest.

En Cuisine

39 av. Ed.-Herriot – ✆ 05 55 74 97 53 – Fermé 3 sem. en août, sam. midi, dim. soir et lundi AX**b**

Rest – Formule 20 € – Menu 29/39 €

Un bistrot très contemporain : il a ouvert en 2011. Le chef quitte seulement sa Cuisine pour se fournir chez les petits producteurs locaux. Imaginez une rosace de pied de cochon farci au foie gras... C'est soigné, maîtrisé, savoureux.

Bistrot Chambon (N)

8 r. des Echevins – ✆ 05 55 22 36 83 – Fermé 2 sem. en août, dim. et lundi

Rest – Formule 14 € – Menu 18 € (déj.)/29 € – Carte 30/60 € BZ**g**

Le petit frère du restaurant gastronomique Le Pont de l'Ouysse (à Lacave) n'a pas fini de séduire les gourmands ! Le chef se met en quatre pour faire apprécier les spécialités du genre bistrot : sole meunière, tête de veau, pied de porc, etc. Tout est frais et préparé sur place. Très bon rapport qualité-prix.

La Table d'Olivier (N)

3 r. St-Ambroise – ✆ 05 55 18 95 95 – Fermé 30 août-15 sept., 2-15 janv., mardi et merc. BZ**b**

Rest – Formule 21 € – Menu 22/55 € – Carte 40/60 €

Prenez donc place à la Table d'Olivier ! En cuisine œuvre un couple qui fait mouche, lui au salé, elle au sucré. Ainsi ce quasi de veau de lait de la région, tendre et juteux à souhait, et cette délicieuse poire pochée en dessert. Beaucoup de goût.

à Ussac 5 km au Nord-Ouest par D 920 AX et D 57 – 3 733 h. – alt. 350 m – ✉ 19270

Auberge St-Jean

5 pl. de l'Église – ✆ 05 55 22 87 55 – www.auberge-saint-jean.fr

22 ch – †59/62 € ††59/62 € – ☕ 8 € – ½ P

Rest – Menu 29/43 € – Carte environ 44 €

Au centre du village d'Ussac, une sympathique auberge familiale où l'on peut passer une nuit tranquille. Chambres modernes et confortables ; restaurant traditionnel. En été, on se met au vert, en terrasse...

rte d'Aurillac Est par D 921 CZ – ✉ 19360 Malemort

Auberge des Vieux Chênes

rest,

31 av. Honoré-de-Balzac, à 2,5km – ✆ 05 55 24 13 55 – www.auberge-des-vieux-chenes.com – Fermé dim. et fériés

16 ch – †58/68 € ††65/75 € – ☕ 9 € – ½ P

Rest – Formule 15 € – Menu 20 € (sem.), 26/37 € – Carte 36/53 €

Aux portes de Brive, un hôtel-restaurant comme autrefois, qui fait également bar-tabac et vente de journaux. Les petites chambres sont pratiques et bien équipées. Prix mesurés.

à Varetz 10 km par ③, D 901 et D 152 – 2 232 h. – alt. 109 m – ✉ 19240

Château de Castel Novel
– ✆ 05 55 85 00 01 – www.castelnovel.com – Fermé 1 sem. en nov., 1er-22 janv., 1 sem. en fév., dim. et lundi de sept. à juin
35 ch – †80/395 € ††100/415 € – 2 suites – ☕ 21 €
Rest ***Château de Castel Novel*** ✿ – voir les restaurants ci-après
Pour un séjour au calme, sur les pas de Colette... Cette dernière vécut ici, dans ce château fort en grès rose (13e-15e s.) si joliment romantique. Les chambres, très raffinées, donnent sur le ravissant parc. Du style, c'est indéniable !

Château de Castel Novel
– ✆ 05 55 85 00 01 – www.castelnovel.com – Fermé 1 sem. en nov., 1er-22 janv., 1 sem. en fév., le midi du lundi au jeudi en juil.-août, dim. soir et lundi de sept. à juin
Rest – Menu 38 € (déj. en sem.), 53/105 € – Carte 81/103 €
Ciel, un joli château ! Les amoureux d'histoire et de gastronomie sont comblés... Ils festoient dans un décor de rêve et savourent une belle cuisine d'aujourd'hui, qui met à l'honneur les produits du terroir.
➜ Œuf mollet moelleux, croûtons et lard de Colonnata, lait fumé mousseux. Noix de ris de veau braisée, girolles et émulsion de jus de veau à l'arabica. Soufflé chaud à l'armagnac, granité pamplemousse et cédrat confit. **Vins** Vin de pays de la Corrèze.

BRIVEZAC – 19 Corrèze – **329** M5 – rattaché à Beaulieu-sur-Dordogne

---

BROU – 28 Eure-et-Loir – **311** C6 – 3 503 h. – alt. 150 m – ✉ 28160 **11** B1
Normandie Vallée de la Seine
▶ Paris 142 – Chartres 38 – Châteaudun 22 – Le Mans 86
ℹ rue de la Chevalerie, ✆ 02 37 47 01 12, www.brou28.com

L'Ascalier
9 pl. du Dauphin – ✆ 02 37 96 05 52 – Fermé dim. soir, lundi soir et mardi
Rest *(réserver)* – Formule 14 € – Menu 20/40 € – Carte 23/48 €
Dans la région, tout le monde – ou presque – connaît cet Ascalier ! Ses atouts : une terrasse fleurie, un cadre contemporain et pimpant, de beaux produits régionaux, des menus à prix doux... et bien sûr un bel "escalier" qui mène aux salles de l'étage.

BROUCKERQUE – 59 Nord – **302** B2 – 1 280 h. – alt. 2 m – ✉ 59630 **30** B1
▶ Paris 283 – Calais 37 – Cassel 26 – Dunkerque 14

Middel Houck
pl. du Village – ✆ 03 28 27 13 46 – www.mh-receptions.com – Fermé 2 sem. en juil.-août et sam.
Rest *(déj. seult)* – Menu 18/50 € – Carte 34/43 €
Un relais de poste de 1789, rustique à souhait avec ses murs en brique et ses superbes poutres apparentes. L'assiette, traditionnelle, prend de jolis accents régionaux.

BROUILLAMNON – 18 Cher – **323** I4 – rattaché à Charost

LES BROUZILS – 85 Vendée – **316** I6 – 2 578 h. – alt. 64 m – ✉ 85260 **34** B3
▶ Paris 427 – Cholet 77 – Nantes 46 – La Roche-sur-Yon 37

Manoir de la Thébline sans rest
rte de l'Herbergement – ✆ 06 77 71 67 25 – www.manoirthebline.com
3 ch ☕ – †98 € ††98 €
Dans un grand parc verdoyant – avec un étang –, une jolie demeure du 19e s. où tout est pensé pour la détente : billard, bibliothèque, piscine et, évidemment, des chambres de facture classique, douillettes et parfaitement tenues.

BRUAILLES – 71 Saône-et-Loire – **320** L10 – rattaché à Louhans

---

BRUÈRE-ALLICHAMPS – 18 Cher – **323** K6 – rattaché à St-Amand-Montrond

BRUGAIROLLES – 11 Aude – 344 D4 – 251 h. – alt. 182 m – ✉ 11300 22 A3

Paris 770 – Carcassonne 33 – Castelnaudary 32 – Castres 82

Domaine Gayda

rte de Malvés – ✆ 04 68 20 65 87 – www.maisongayda.com – Fermé 7 janv.-12 fév., lundi et mardi

Rest – Menu 24 € bc (déj. en sem.)/39 € – Carte 40/56 €

Au-dessus du chai de ce domaine viticole, on découvre une jolie salle avec une véranda donnant sur les Pyrénées et les vignes. L'assiette varie avec les saisons et l'on peut aussi savourer des grillades dans les paillottes du jardin.

BRULLIOLES – 69 Rhône – 327 F5 – 752 h. – alt. 650 m – ✉ 69690 44 B1

Paris 485 – Clermont-Ferrand 138 – Lyon 43 – Saint-Étienne 75

L'Auberge

pl. Neuve – ✆ 04 72 54 55 24 – www.l-auberge.fr – Fermé vancances scolaires de la Toussaint, de fév. et 1 sem. en janv.

7 ch – 95/115 € 95/115 € – 13 € – ½ P

Rest *(fermé dim. soir, lundi et mardi)* – Formule 19 € – Menu 29 € (déj.), 36/80 € – Carte 37/50 €

Si vous allez par monts (en l'occurrence du Lyonnais) et par vaux, cette auberge contemporaine – créée en 2010 – tombe à point nommé. Son architecture respecte l'esprit du village, de même la cuisine (spécialités régionales). Les chambres sont confortables et agréables avec leur joli mobilier chiné.

BRÛLON – 72 Sarthe – 310 H7 – 1 522 h. – alt. 102 m – ✉ 72350 35 C1

Paris 239 – Laval 55 – Le Mans 41 – Nantes 167

2 place Albert Liébault, ✆ 02 43 95 05 10

Château de l'Enclos sans rest

2 av. de la Libération – ✆ 02 43 92 17 85 – www.chateau-enclos.com

5 ch – 120 € 120 €

Une véritable arche de Noé (lamas, ânes, poney...), une étonnante "kota" (maison lapone en bois) accrochée aux arbres, une roulotte tzigane... et aussi trois chambres plus académiques, mais tout aussi cosy. Cette belle maison bourgeoise (1870) se prête à un séjour bohème (testez la kota !).

BRY-SUR-MARNE – 94 Val-de-Marne – 312 E2 – 101 18 – voir à Paris, Environs

BUELLAS – 01 Ain – 328 D3 – 1 600 h. – alt. 225 m – ✉ 01310 43 E1

Lyon et sa région

Paris 424 – Annecy 120 – Bourg-en-Bresse 9 – Lyon 69

L'Auberge Bressane de Buellas

pl. du Prieuré, (10 rte de Buesle) – ✆ 04 74 24 20 20 – www.auberge-buellas.com – Fermé 25 fév.-8 mars, 1er-8 août, 28 oct.-7 nov., dim. soir, mardi et merc.

Rest – Formule 16 € bc – Menu 19/43 € – Carte 32/43 €

De belles recettes du terroir, un zeste de saveurs du Sud et une dose d'inventivité : on se régale dans cette auberge (une ex-boulangerie) au décor méridional. Service attentionné.

LE BUGUE – 24 Dordogne – 329 G6 – 2 800 h. – alt. 62 m – ✉ 24260 4 C3

Périgord Quercy

Paris 522 – Bergerac 47 – Brive-la-Gaillarde 72 – Périgueux 42

Rue Jardin Public, ✆ 05 53 07 20 48

de La Marterie, à Saint-Félix-de-Reillac-et-Mortemart, Domaine de la Marterie, N : 13 km par D 710, ✆ 05 53 05 61 00

Gouffre de Proumeyssac★★ S : 3 km.

rte de Sarlat 3 km à l'Est par D 703 et rte secondaire ✉ 24260

Maison Oléa sans rest

La Combe de Leygue – ✆ 05 53 08 48 93 – www.olea-dordogne.com – Fermé 21 déc.-4 janv.

5 ch – 75/85 € 75/105 €

Derrière cette architecture inspirée des anciennes granges à tabac se cache un rêve mauresque ! Chambres avec loggia orientées plein sud et vue sur la vallée de la Vézère.

BUIS-LES-BARONNIES – 26 Drôme – 332 E8 – 2 291 h. – alt. 365 m 44 B3
– ✉ 26170 Alpes du Sud

Paris 685 – Carpentras 39 – Nyons 29 – Orange 50

14, boulevard Eysserie, ✆ 04 75 28 04 59, www.buislesbaronnies.com

Vieille ville★.

Les Arcades-Le Lion d'Or sans rest

pl. du Marché – ✆ 04 75 28 11 31 – www.hotelarcades.fr – Ouvert de mars à nov.

14 ch – †60/76 € ††70/84 € – 1 suite – ☕ 10 €

Passez sous les arcades de la place principale (15e s.) pour entrer dans l'hôtel... Les amateurs de couleurs vives apprécieront les chaleureuses chambres provençales. Aux beaux jours, il fait bon profiter de la terrasse, face à la piscine, ou du charmant jardin intérieur à l'ombre d'une glycine.

LE BUISSON-CORBLIN – 61 Orne – 310 F2 – rattaché à Flers

LE BUISSON-DE-CADOUIN – 24 Dordogne – 329 G6 – 2 143 h. 4 C3
– alt. 63 m – ✉ 24480

Paris 532 – Bergerac 38 – Brive-la-Gaillarde 81 – Périgueux 52

place André Boissière, ✆ 05 53 22 06 09, www.pays-des-bastides.com

à Paleyrac 4 km au Sud-Est par D 25 et rte secondaire – ✉ 24480

Le Clos Lascazes sans rest

– ✆ 05 53 74 33 94 – www.clos-lascazes.com – Ouvert de mars à mi-nov.

5 ch – †72/96 € ††72/96 € – ☕ 9 €

Ces trois maisons, issues de trois siècles différents, abritent des chambres confortables et lumineuses. On s'y repose au grand calme. Et durant la journée, du premier au dernier rayon de soleil, on profite du parc et de la piscine. Bon petit-déjeuner.

BULGNEVILLE – 88 Vosges – 314 D3 – 1 400 h. – alt. 350 m – ✉ 88140 26 B3
Alsace Lorraine

Paris 342 – Belfort 133 – Épinal 55 – Langres 71

Rue Gustave Deleris, ✆ 03 29 09 14 67, www.mairie-bulgneville.fr

Benoit Breton sans rest

74 r. des Récollets – ✆ 03 29 09 21 72 – www.benoitbreton.fr

5 ch ☕ – †70/75 € ††75/80 €

Antiquaire de son métier, monsieur Breton a donné une âme à sa maison : chambres spacieuses, meubles et bibelots raffinés. Petits-déjeuners campagnards devant la jolie cheminée.

La Marmite Beaujolaise

34 r. de l'Hôtel-de-Ville – ✆ 03 29 09 16 58 – www.restaurant-lamarmitebeaujolaise.com – Fermé 1 sem. en oct. et nov., dim. soir et lundi

Rest – Menu 14 € (déj. en sem.), 22/38 € – Carte 38/50 €

Cette auberge propose une cuisine traditionnelle soignée et de beaux produits (grenouille, poisson, canard). Le cadre est à la fois rustique et raffiné, le sourire en plus !

BULLY – 69 Rhône – 327 G4 – 2 062 h. – alt. 313 m – ✉ 69210 43 E1

Paris 471 – Lyon 32 – Saint-Étienne 92 – Villeurbanne 41

Auberge du Château (Yannick Bourgeois-Faucon)

pl. de l'Église – ✆ 04 74 01 25 36 – www.aubergedu-chateau.com – Fermé 1 sem. en mai, 2 sem. en août, 2 sem. en déc., dim. et lundi

Rest – Menu 23 € (déj. en sem.), 39/69 € – Carte 55/75 €

En face de l'église du village, cet ancien bistrot s'est mué en élégant restaurant contemporain. La belle cuisine du chef n'hésite pas à créer la surprise avec ses menus, où produits de saison riment avec inspiration... Excellent rapport qualité-prix.

➜ Langoustines rôties, salade de pomme de terre aux condiments. Pigeon rôti, jus aux béatilles. Paris-brest. **Vins** Beaujolais, Chénas.

BURLATS – 81 Tarn – 338 F9 – rattaché à Castres

BURNHAUPT-LE-HAUT – 68 Haut-Rhin – **315** G10 – **1 596 h. – alt. 300 m** **1** A3
– ✉ 68520

▶ Paris 454 – Altkirch 16 – Belfort 32 – Mulhouse 17

Le Coquelicot ♿ ch, rest, VISA AE

au Pont d'Aspach, 1 km au Nord – ✆ 03 89 83 10 10 – www.lecoquelicot.fr – Fermé 26 déc.-6 janv.

26 ch – †72/82 € ††72/82 € – ☕ 12 € – ½ P

Rest *(fermé 3-20 août, sam. midi et dim. soir)* – Formule 10 € – Menu 28/58 € – Carte 31/53 €

Dans une zone commerciale, non loin d'axes routiers fréquentés, cet hôtel-restaurant dispose de chambres confortables et impeccablement tenues, dans un style hôtelier fonctionnel.

BUSNES – 62 Pas-de-Calais – **301** I4 – rattaché à Béthune

BUSSEAU-SUR-CREUSE – 23 Creuse – **325** J4 – ✉ 23150 Ahun **25** C1

Limousin Berry

▶ Paris 368 – Aubusson 27 – Guéret 17

Moutier d'Ahun : boiseries★★ de l'église SE : 5,5 km - Ahun : boiseries★ de l'église SE : 6 km Berry Limousin.

Le Viaduc avec ch ♿ rest, VISA

9 Busseau Gare – ✆ 05 55 62 57 20 – www.restaurant-leviaduc.com – Fermé 1 sem. en juin, 2 sem. en janv., dim. soir et lundi

5 ch – †48 € ††65 € – ☕ 7 € – ½ P

Rest – Formule 14 € – Menu 22 € bc/45 € – Carte 36/48 €

Rustique et sympathique, cette petite auberge de pays domine la vallée de la Creuse et offre une belle vue sur le viaduc... On y déguste une cuisine traditionnelle généreuse et, pour l'étape, les chambres sont simples et pratiques.

LA BUSSIÈRE-SUR-OUCHE – 21 Côte-d'Or – **320** I6 – **151 h. – alt. 320 m** **8** C2
– ✉ 21360 Bourgogne

▶ Paris 297 – Dijon 34 – Chalon-sur-Saône 63 – Beaune 34

Abbaye de la Bussière ♿ VISA AE

D 33 – ✆ 03 80 49 02 29 – www.abbayedelabussiere.fr – Fermé 7 janv.-13 fév.

18 ch – †205/215 € ††355/420 € – ☕ 22 €

Rest *Abbaye de la Bussière* ✿ – voir les restaurants ci-après

Rest *Le Bistrot* *(fermé le soir et dim.)* – Formule 25 € – Menu 29/33 €

Une abbaye cistercienne du 12ᵉ s. noyée dans la verdure. Si le cloître des moines a disparu, la quiétude reste entière : architectures gothiques, pièce d'eau, chambres luxueuses et... gourmandises !

Abbaye de la Bussière ♿ VISA AE

D 33 – ✆ 03 80 49 02 29 – www.abbayedelabussiere.fr – Fermé 7 janv.-13 fév., lundi, mardi et le midi sauf dim.

Rest – Menu 72/120 € – Carte 95/110 €

Sous les superbes voûtes en ogive de cette ancienne abbaye se joue une partition culinaire particulièrement harmonieuse... Le chef, fou amoureux des beaux produits, honore les saisons. Saveur, fraîcheur et inventivité : un beau moment.

➜ Crabe royal au poivre du Népal, betterave et gelée de Campari. Maigre de ligne au citron, pomme de terre confite et viennoise à l'ail. Abricot compoté au thym citron et orge perlé comme un riz au lait. **Vins** Vougeot, Meursault.

BUSSY-ST-GEORGES – 77 Seine-et-Marne – **312** F2 – **101** 20 – voir à Paris, Environs (Marne-la-Vallée)

BUXY – 71 Saône-et-Loire – **320** I9 – **2 180 h. – alt. 263 m** – ✉ 71390 **8** C3

▶ Paris 351 – Chagny 25 – Chalon-sur-Saône 17 – Montceau-les-Mines 33

ℹ place de la gare, ✆ 03 85 92 00 16

Aux Années Vins

2 Grande-Rue – ✆ 03 85 92 15 76 – www.aux-annees-vins.com – Fermé 26 août-4 sept., vacances de fév., merc. sauf le soir en juil.-août et mardi

Rest – Formule 18 € – Menu 24/59 € – Carte 36/60 €

Dans les anciennes fortifications du village, cette auberge chic est une ode aux jolis nectars (fresques, barriques, etc.) et... un repaire gourmand. Cuisine soignée mêlant terroir et saveurs iodées, beau choix de fromages affinés.

BUZANÇAIS – 36 Indre – 323 E5 – 4 501 h. – alt. 111 m – ✉ 36500 — 11 B3

▶ Paris 286 – Le Blanc 47 – Châteauroux 25 – Chatellerault 78

Mairie, ✆ 02 54 84 19 33, www.buzancais.fr

L'Hermitage

1 chemin de Vilaine – ✆ 02 54 84 03 90 – www.lhermitagehotel.com – Fermé janv., dim. soir sauf juil.-août et lundi midi

12 ch – 68/73 € 80/85 € – 11 € – ½ P

Rest *L'Hermitage* – voir les restaurants ci-après

Cette maison de maître est bucolique à souhait : les chambres, fraîches et classiques, donnent sur le jardin, où coule l'Indre... Apaisant et très accueillant !

L'Hermitage

1 chemin de Vilaine – ✆ 02 54 84 03 90 – www.lhermitagehotel.com – Fermé 2-23 janv., lundi hors saison et dim.

Rest *(réserver)* – Formule 18 € – Menu 24 € (sem.), 29/52 € – Carte 41/66 €

Un Hermitage gourmand, pour se régaler d'une jolie cuisine traditionnelle. Aux beaux jours, on s'installe sous la pergola pour profiter du doux bruissement de la rivière... Une adresse de qualité, où les clients sont choyés.

CABANAC-SÉGUENVILLE – 31 Haute-Garonne – 343 E2 – 169 h. – alt. 200 m – ✉ 31480 — 28 B2

▶ Paris 668 – Colomiers 39 – Montauban 46 – Toulouse 51

Château de Séguenville

rest,

par D 1 et D 89A – ✆ 05 62 13 42 67 – www.chateau-de-seguenville.com – Fermé 15 déc.-15 janv.

5 ch – 100/120 € 120/145 € – ½ P

Table d'hôte *(fermé sam. en juil.-août et dim.)* – Menu 30 €

Joli château gascon du 19e s. au milieu d'arbres centenaires. Fer forgé, mobilier chiné, baldaquin... les chambres sont bigarrées ; l'une d'elles ouvre sur une grande terrasse face aux Pyrénées ! Saveurs régionales à la table d'hôte.

CABESTANY – 66 Pyrénées-Orientales – 344 I6 – rattaché à Perpignan

---

CABOURG – 14 Calvados – 303 L4 – 4 005 h. – alt. 3 m – Casino – ✉ 14390 — 32 B2

Normandie Vallée de la Seine

▶ Paris 220 – Caen 24 – Deauville 23 – Lisieux 35

jpl Bruno Coquatrix, ✆ 02 31 06 20 00, www.cabourg.net

9 Public de Cabourg, Avenue de l'Hippodrome, 1 km par av. de l'Hippodrome, ✆ 02 31 91 70 53

18 de Cabourg Le Home, à Varaville, 38 avenue du Pdt René Coty, par rte de Caen : 3 km, ✆ 02 31 91 25 56

Plan page suivante

Grand Hôtel

ch,

prom. M.-Proust – ✆ 02 31 91 01 79 – www.mgallery.com — As

68 ch – 160/455 € 160/455 € – 2 suites – 24 € – ½ P

Rest *Grand Hôtel* – voir les restaurants ci-après

Rest *La Plage* *(ouvert de Pâques à sept. et fermé du lundi au vend. sauf juil.-août) (déj. seult)* – Carte 40/58 €

Ce palace du front de mer, hanté par le souvenir de Proust, a retrouvé son lustre dans une version ultracontemporaine : lignes épurées, mobilier haut de gamme... Le temps retrouvé ! D'avril à septembre, la Plage propose salades et poissons sur une superbe terrasse posée sur le sable.

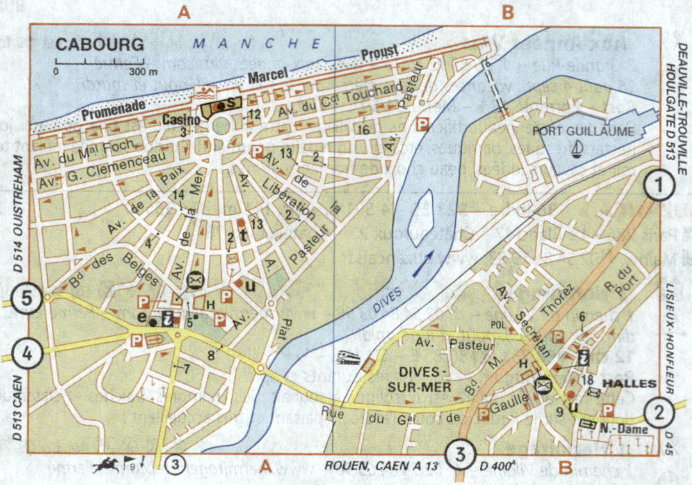

Bertaux-Levillain (Av. du Cdt) ..... A 2	Hippodrome (Av. de l') ..... A 7	Prempain (Av. A.) ..... A 3
Castelnau (Av. Gén.-de) ..... A 4	Leclerc (Av. du Gén.) ..... A 8	Prés. R.-Poincaré (Av. du) ..... A 13
Coquatrix (Pl. B.) ..... A 5	Manneville (R. Gaston) ..... B 9	République (Av. de la) ..... A 14
Hastings (R. d') ..... B 6	Mermoz (Av. Jean) ..... A 12	République (Pl. de la) ..... B 18
	Mer (Av. de la) ..... A	Roi-Albert-1er (Av. du) ..... B 16

Mercure Hippodrome sans rest

av. M.-d'Ornano, par av. Hippodrome A – *02 31 24 04 04*
– www.hotel-cabourg-hippodrome.com
75 ch – 120/190 € 120/190 € – 14 €
Dans cette région où le cheval est roi, rien d'étonnant à ce que ces deux bâtiments récents (d'inspiration normande) jouxtent l'hippodrome. Chambres de style contemporain et espace détente... pour se reposer de la frénésie des courses.

Hôtel du Golf

av. M.-d'Ornano, par av. Hippodrome A – *02 31 24 12 34*
– www.hotel-du-golf-cabourg.com – Fermé 25 nov.-15 déc. , 6-31 janv.
39 ch – 65/85 € 65/85 € – 8,50 € – ½ P
Rest – Formule 15 € – Menu 19/27 € – Carte 20/54 €
Entre golf et hippodrome, cet établissement comprend un restaurant et des chambres de plain-pied, simples et fonctionnelles, donnant sur le jardin ou la terrasse. Un hôtel qui convient aussi bien à des vacances sportives qu'aux voyages d'affaires.

Le Cottage sans rest

24 av. du Gén.-Leclerc – *02 31 91 65 61*
– www.hotel-cottage-cabourg.com Ae
13 ch – 59/99 € 59/99 € – 10 €
Il règne comme une atmosphère de maison d'hôtes dans ce cottage 1900. Les chambres, petites et colorées, ont été rafraîchies en 2011. Aux beaux jours, on prend le petit-déjeuner dans le jardin. En toute simplicité...

Grand Hôtel – Grand Hôtel

prom. Marcel-Proust – *02 31 91 01 79 – www.mgallery.com* As
Rest – Formule 33 € – Menu 41 € (déj.)/56 € – Carte 59/87 €
Le restaurant du Grand Hôtel de Cabourg a troqué ses atours nostalgiques pour un style moderne et coloré, mais toujours luxueux et feutré. En regardant la mer, on déguste une cuisine traditionnelle qui navigue sur les tendances.

XX **Le Bouche à Oreille**

10 av. des Dunettes – ✆ 02 31 91 26 80 – www.boucheaoreille-cabourg.fr – Fermé déc. et janv., mardi midi, dim. soir et lundi **Au**

Rest – Menu 28 € (déj. en sem.), 36/52 € – Carte environ 44 €

Le chef de cette élégante maison, face à la place du marché, travaille avec deux bateaux de pêche de Ouistreham. À la carte : des produits de la mer d'une éclatante fraîcheur, mais aussi de belles viandes, le tout préparé dans les règles de l'art.

X **Le Baligan**

8 av. Alfred-Piat – ✆ 02 31 24 10 92 – www.lebaligan.fr – Fermé 5 déc.-15 janv. et merc. sauf 1er juin-30 sept., feriés et vacances scolaires **At**

Rest – Menu 17 € (déj. en sem.), 28/50 € – Carte 24/56 €

Dans ce bistrot au décor marin (cannes à pêche, lithographies, fresque), on vous propose les produits de la criée locale ; fraîcheur garantie ! On peut manger en terrasse, parfois chauffée...

à Dives-sur-Mer Sud du plan – 5 935 h. – alt. 3 m – ✉ 14160

rue du Général-de-Gaulle, ✆ 02 31 91 24 66, www.dives-sur-mer.fr

Halles★.

X **Chez le Bougnat**

27 r. Gaston-Manneville – ✆ 02 31 91 06 13 – www.chezlebougnat.fr – Fermé 1er-24 mars et le soir du dim. au merc. sauf vacances scolaires

Rest – Menu 17 € (sem.)/28 € – Carte 25/45 € **Bu**

Cette ancienne quincaillerie est devenue un bistrot convivial souvent bondé. De vieilles affiches aux murs et un étonnant bric-à-brac d'objets chinés donnent le ton pour une cuisine bistrotière enlevée et généreuse. Un conseil : réservez !

au Hôme 2 km par ⑤ – ✉ 14390

XX **Au Pied des Marais**

26 av. du Prés.-Coty – ✆ 02 31 91 27 55 – www.aupieddesmarais.com – Fermé 18-27 juin, 10-26 déc., 27 janv.-12 fév., mardi et merc. sauf le soir en juil.-août

Rest – Menu 19 € (déj. en sem.), 34/54 € – Carte 43/73 €

Plats traditionnels, spécialités (dont de fameux pieds de cochon) et grillades au feu de bois, à apprécier dans un cadre rustique agrémenté de touches actuelles.

CABRIÈRES – 30 Gard – 339 L5 – 1 324 h. – alt. 120 m – ✉ 30210 23 D2

Paris 695 – Alès 64 – Arles 40 – Avignon 33

L'Enclos des Lauriers Roses — AC ch,

71 r. du 14-Juillet – ✆ 04 66 75 25 42 – www.hotel-lauriersroses.com – Ouvert 15 mars-4 nov.

23 ch – †80/120 € ††80/120 € – 4 suites – ☕ 15 € – ½ P

Rest – Formule 24 € – Menu 37 € – Carte 37/50 €

Des maisons gardoises dans un joli jardin planté de lauriers roses, quatre piscines, des chambres d'esprit provençal (la plupart avec terrasse) : un enclos bien agréable ! Au restaurant, le décor et les saveurs ont l'accent chantant du Sud.

CABRIÈRES-D'AVIGNON – 84 Vaucluse – 332 D10 – 1 854 h. – alt. 167 m 42 E1 – ✉ 84220 Provence

Paris 715 – Aix-en-Provence 74 – Avignon 34 – Marseille 88

La Bastide de Voulonne — rest, P

2133 rte des Beaumettes, 2,5 km au Sud-Ouest par D 148 – ✆ 04 90 76 77 55 – www.bastide-voulonne.com – Ouvert de mi-fév. à mi-nov.

13 ch – †105/150 € ††105/150 € – ☕ 12 € – ½ P

Rest *(fermé dim. sauf de juin à sept.) (dîner seult) (résidents seult)* – Menu 34 €

Au milieu des vignes et des arbres fruitiers, une ravissante bastide de 1764. Chambres coquettes et soignées, possibilité de séjours à thèmes (huile d'olive, truffes...). Le soir, les produits du terroir sont à la fête avec le menu unique de la table d'hôte.

CABRIÈS – 13 Bouches-du-Rhône – 340 H5 – 8 059 h. – alt. 177 m 40 B3 – ✉ 13480 Provence

Paris 773 – Avignon 100 – Marseille 21 – Toulon 86

avenue de provence, ✆ 04 86 67 73 75, www.cabries.fr

La Bastide de Cabriès avec ch
r. du Lac, par la D 9 – 04 42 69 07 81
– www.bastidecabries.com
12 ch – 100/140 € 100/140 € – 13 €
Rest *(fermé 1er-15 août, sam. midi et dim. soir)* – Formule 35 € – Menu 45/90 € – Carte 66/81 €
Cette bastide était autrefois une tisanerie. La quiétude infuse aujourd'hui les lieux – une salle élégante et sa terrasse sous les platanes –, où l'on apprécie une cuisine gastronomique passée au filtre des saveurs. Toutes différentes, les chambres se révèlent agréables. Sachez que la gare TGV d'Aix n'est qu'à 1 km !

CABRIS – 06 Alpes-Maritimes – 341 C6 – rattaché à Grasse

CADEROUSSE – 84 Vaucluse – 332 B9 – rattaché à Orange

LA CADIÈRE-D'AZUR – 83 Var – 340 J6 – 5 310 h. – alt. 144 m – ✉ 83740 40 B3

Côte d'Azur
Paris 815 – Aix-en-Provence 66 – Brignoles 53 – Marseille 45
place Général-de-Gaulle, 04 94 90 12 56, www.ot-lacadieredazur.fr
★ - Le Castelet : Village★ NE : 4 km.

Hostellerie Bérard
6 av. Gabriel-Péri – 04 94 90 11 43 – www.hotel-berard.com – Fermé 2 janv.-10 fév.
35 ch – 108/184 € 120/204 € – 2 suites – 21 €
Rest *Hostellerie Bérard* **Rest *Le Bistrot de Jef*** – voir les restaurants ci-après
Une de ces adresses qui honorent l'hôtellerie française... Elle réunit plusieurs maisons de ce joli village perché : charme des vieilles pierres, de l'esprit provençal et d'un accueil prévenant – sans compter les plaisirs gastronomiques –, sous l'égide de toute une famille animée par le désir de la qualité.

Hostellerie Bérard (Jean-François Bérard)
6 av. Gabriel-Péri – 04 94 90 11 43 – www.hotel-berard.com – Fermé 2 janv.-10 fév., mardi sauf le soir du 1er juil. au 15 sept. et lundi
Rest – Menu 49 € (sem.), 89/159 € – Carte 90/140 €
René et Jean-François Bérard : père et fils œuvrent dorénavant de concert, entre transmission et nouveauté. Jus corsés et émulsions subtiles, légumes et herbes du jardin... du beau travail au service du goût !
➜ Raviolis de céleri-rave à la truffe d'Aups. Poulette de Bresse fourrée sous la peau, farce à la brousse d'herbes. Chocolat au pluriel. **Vins** Bandol.

Le Bistrot de Jef – Hostellerie Bérard
16 av. Gabriel-Péri – 04 94 90 11 43 – www.hotel-berard.com
– Fermé 2 janv.-10 fév., jeudi sauf le soir du 1er juil. au 15 sept. et merc.
Rest – Formule 19 € bc – Menu 29 € – Carte 30/60 €
Une grande véranda ouverte sur les monts environnants, face à la piscine de l'hôtel. Ce bistrot est idéal pour un repas agréable et sympathique, autour de spécialités provençales et méditerranéennes.

CADILLAC – 33 Gironde – 335 J7 – 2 427 h. – alt. 16 m – ✉ 33410 3 B2

Aquitaine
Paris 607 – Bordeaux 41 – Langon 12 – Libourne 40
9, place de la Libération, 05 56 62 12 92, www.cadillac-tourisme.com

Château de la Tour
av. de la libération, (D 10) – 05 56 76 92 00
– www.hotel-restaurant-chateaudelatour.com
32 ch – 75/135 € 90/145 € – 11 €
Rest *Château de la Tour* – voir les restaurants ci-après
Entre le château et la Garonne, au cœur d'un joli parc, cet hôtel propose des chambres contemporaines et fraîches (côté parc). Sauna, belle piscine...

Château de la Tour
– 05 56 76 92 00 – www.hotel-restaurant-chateaudelatour.com
Rest – Formule 15 € – Menu 29 € (sem.)/49 € – Carte 44/54 €
Sous une belle charpente ou dans le joli parc verdoyant, on savoure ici une bien agréable cuisine traditionnelle concoctée avec des produits du terroir.

CAEN 🅿 – 14 Calvados – **303** J4 – **109 312 h.** – **Agglo. 198 225 h.** **32** B2
– **alt. 25 m** – ✉ **14000** Normandie Cotentin

Paris 236 – Alençon 105 – Cherbourg 125 – Le Havre 91

de Caen-Carpiquet : ✆ 02 31 71 20 10, 7 km par D 9.

Hotel d'Escoville - 12, place Saint-Pierre, ✆ 02 31 27 14 14, www.tourisme.caen.fr

de Caen, à Biéville-Beuville, Le Vallon, N : 5 km par D 60, ✆ 02 31 94 72 09

de Garcelles, à Garcelles-Secqueville, Route de Lorguichon, par rte de Falaise : 15 km, ✆ 02 31 39 09 09

Abbaye aux Hommes★★ : église St-Etienne★★ - Abbaye aux Dames★ : église de la Trinité★★ - Chevet★★, frise★★ et voûtes★★ de l'église St-Pierre★ - Église et cimetière St-Nicolas★ - Tour-lanterne★ de l'église St-Jean EZ - Hôtel d'Escoville★ DY **B** - Vieilles maisons★ (n° 52 et 54 rue St-Pierre) DY **K** - Musée des Beaux-Arts★★ dans le château★ DX **M**[1] - Mémorial★★★ AV - Musée de Normandie★ DX **M**[2].

CAEN

Baladas (Bd des) . . . . **AV** 6
Chemin-vert (R. du) . . . . **AV** 19
Chéron (Av. Henri) . . . . **AV** 20
Clemenceau (Av. G.) . . . . . . **BV** 22
Copernic (Av. N.) . . . . **ABV** 23
Côte-de-Nacre (Av. de la) . . . **AV** 24
Courseulles (Av. de) . . . . **AV** 25
Délivrande (R. de la) . . . . **AV** 29
Demi-Lune (Pl. de la) . . . . . . **BV** 30
Lyautey (Bd Mar.) . . . . **AV** 53
Montalivet (Cours) . . . . **BV** 59
Montgomery (Av. Mar.) . . . . **AV** 60
Mountbatten (Av. Am.) . . . . **AV** 62
Pasteur (R. L.) . . . . **BV** 63
Père-Ch.-de-Foucault (Av.) . . **AV** 64
Poincaré (Bd R.) . . . . **BV** 66
Pompidou (Bd G.) . . . . **AV** 67
Rethel (Bd de) . . . . **BV** 70
Richemond (Bd) . . . . **AV** 71
Rouen (Av. de) . . . . **BV** 95
Trouville (Rte de) . . . . **BV** 84

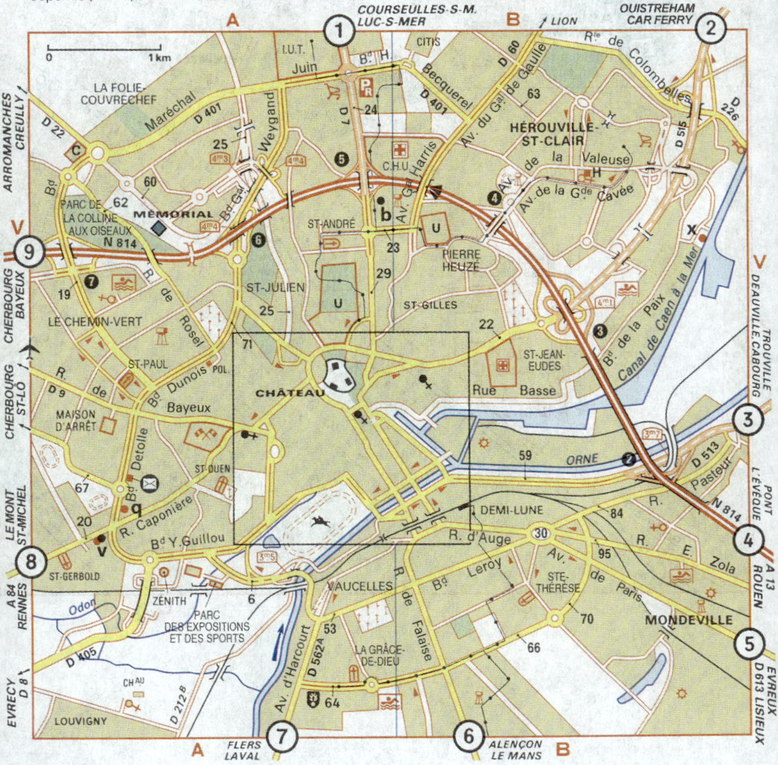

C
Mémorial
D
Jardin des Plantes
St-Julien
U
Esplanade de la Paix
R. L. Lecornu
R. du Gaillon
R. Bosnières
Rue des Rosiers
Rue Desmoueux
4 NATIONS
DONJON
Pte des Champs
CHÂTEAU
St-Georges
Pl. du Canada
R. I. Pierre
Av. du Canada
Les Fossés St-Julien
R. des Cordeliers
Rue de Géôle
Pte sur la Ville
ST-PIERRE
Cimetière St-Nicolas
Pl. St-Martin
R. Pasteur
R. des Croisiers
Gémare
R. Bicoquet
St-Martin
Pl. St-Sauveur
St-Sauveur
R. St-Pierre
R. Leclerc
R. Ecuyère
ST-ÉTIENNE
ABBAYE AUX HOMMES
ST-ÉTIENNE LE VIEUX
Esplanade J. M. Louvel
N.-D. de la Gloriette
Pl. de la République
Bd Mal du
Rue de l'Oratoire
Rue du Carel
Promde du Fort
Bd Bertrand
CONSEIL GÉNÉRAL
Pl. Gambetta
Sorel
Av. de l'Hippodrome
Scamaroni
R. F.
R. des Jacobins
R. J. Romain
Bd A. Briand
Guillou
Cours Gal de Gaulle
CENTRE DES CONGRÈS
Avenue Albert
Boulevard Yves
LA PRAIRIE
ORNE
Rue
X
Y
Z
C
D

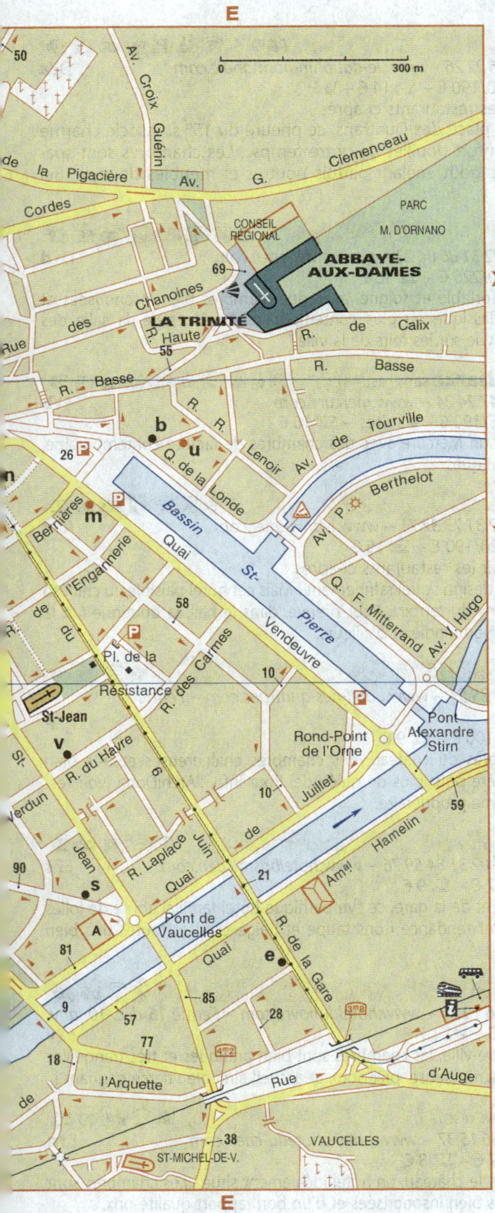

X

Y

Z

CAEN

Académie (R. de l') . . . . CY 2
Alliés (Bd des) . . . . DY 3
Bagatelle (Av. de) . . . . CX 4
Barbey-d'Aurevilly (R.) . . . . . . CX 7
Bayeux (R. de) . . . . CX 8
Bir-Hakeim (Pont de) . . . . EZ 9
Brunet (R. H.) . . . . EYZ 10
Caponière (R.) . . . . CY 12
Carrières-St-Julien (R. des) . CDX 13
Caumont (R. A. de) . . . . CY 15
Chanoine X. de St-Paul (R.) . CDX 16
Chaussée-Ferrée (R. de la) . . . EZ 18
Churchill (Pont) . . . . EZ 21
Courtonne (Pl.) . . . . EY 26
Creully (Av. de) . . . . CX 27
Decaen (R. Gén.) . . . . EZ 28
Délivrande (R. de la) . . . . DX 29
Docteur-Rayer (R.) . . . . CX 32
Doumer (R. Paul) . . . . DY 33
Écuyère (R.) . . . . CY
Édimbourg (Av. d') . . . . DX 35
Falaise (R. de) . . . . EZ 38
Foch (Pl. Mar.) . . . . DZ 39
Fontette (Pl.) . . . . CY 40
Froide (R.) . . . . DY 42
Fromages (R. aux) . . . . CY 43
Guillaume-le-Conquérant (R.) . CY 45
Guillouard (Pl. L.) . . . . CY 46
Juifs (R. aux) . . . . CX 47
Lair (R. P.-A.) . . . . DY 49
Lebisey (R. de) . . . . EX 50
Lebret (R. G.) . . . . DYZ 51
Leclerc (Bd Mar.) . . . . DYZ
Libération (Av. de la) . . . . DXY 52
Malherbe (Pl.) . . . . CDY 54
Manissier (R.) . . . . EX 55
Marot (R. J.) . . . . CY 56
Meslin (Q. E.) . . . . EZ 57
Miséricorde (R. de la) . . . . EYZ 58
Montalivet (Cours) . . . . EZ 59
Montoir-Poissonnerie (R.) . . . DY 61
Pémagnie (R.) . . . . CX 63
Petit-Vallerent (Bd du) . . . . . . CZ 65
Pont-St-Jacques (R. du) . . . . . DY 68
Reine-Mathilde (Pl.) . . . . EX 69
Sadi-Carnot (R.) . . . . DZ 72
St-Gabriel (R.) . . . . CX 74
St-Jean (R.) . . . . DEYZ
St-Manvieu (R.) . . . . CY 75
St-Michel (R.) . . . . EZ 77
St-Nicolas (R.) . . . . CY 78
St-Pierre (Pl.) . . . . DY 80
St-Pierre (R.) . . . . DY
Sévigné (Prom. de) . . . . EZ 81
Strasbourg (R. de) . . . . DY 83
Vaucelles (R. de) . . . . EZ 85
Vaugueux (R. du) . . . . DX 86
6-Juin (Av. du) . . . . DEYZ
11-Novembre (R. du) . . . . DEZ 90

Le Dauphin
29 r. Gémare – ✆ 02 31 86 22 26 – www.le-dauphin-normandie.com DYa
37 ch – 90/185 € 100/190 € – 14 € – ½ P
Rest *Le Dauphin* – voir les restaurants ci-après
Près du château et de la place des Quatrans, ce prieuré du 15e s. associe charme des vieilles pierres et confort douillet de notre temps... Les chambres sont spacieuses et décorées avec goût, mêlant parfois poutres et meubles de style. Bel espace bien-être.

Moderne sans rest
116 bd Mar.-Leclerc – ✆ 02 31 86 04 23 – www.hotel-caen.com DYd
40 ch – 95/155 € 130/225 € – 15 €
Un hôtel de tradition confortable et soigné, avec des chambres bien insonorisées et décorées dans un style classique ou plus contemporain. Au 5e étage, la salle des petits-déjeuners offre une vue sur les toits de la ville.

Mercure Port de Plaisance sans rest
1 r. Courtonne – ✆ 02 31 47 24 24 – www.mercure.com EYb
122 ch – 85/190 € 85/190 € – 4 suites – 16 €
Face au port de plaisance, un Mercure avec des chambres de facture contemporaine, confortables et toutes identiques.

Ivan Vautier
3 av. Henry-Chéron – ✆ 02 31 73 32 71 – www.ivanvautier.com AVv
19 ch – 105/150 € 120/190 € – 15 €
Rest *Ivan Vautier* ✿ – voir les restaurants ci-après
Épure, goût de l'époque et design : quel raffinement ! Mais cet hôtel paisible au chic "so international" a aussi le sens du terroir... Pour preuve, dans le hall, la boutique fait la part belle aux produits de Normandie et d'ailleurs.

Hôtel des Quatrans sans rest
17 r. Gemare – ✆ 02 31 86 25 57 – www.hotel-des-quatrans.com – Fermé 22 déc.-2 janv. DYp
47 ch – 70/100 € 70/100 € – 9 €
Au cœur du centre-ville, près du château, des chambres chaleureuses et très bien tenues, à préférer sur l'arrière pour plus de quiétude. Pour info, l'ArchiDona (voir restaurants) appartient au même propriétaire.

Bristol sans rest
31 r. du 11-Novembre – ✆ 02 31 84 59 76 – www.hotelbristolcaen.com EZs
24 ch – 61/87 € 70/97 € – 9 €
Tout près de l'hippodrome et de la gare, ce sympathique hôtel familial abrite de jolies chambres au style sagement tendance (tons taupe et beige clair) et toutes très bien insonorisées.

Hôtel du Havre sans rest
11 r. du Havre – ✆ 02 31 86 19 80 – www.hotelduhavre.com – Fermé 15 déc.-10 janv.
19 ch – 57/60 € 67/70 € – 7 € EZv
Dans ce petit hôtel du centre-ville, les chambres sont bien pratiques et très tranquilles côté église St-Jean. Tenue scrupuleuse, prix doux et accueil aimable : tiercé gagnant !

Hôtel du Château sans rest
5 av. du 6-Juin – ✆ 02 31 86 15 37 – www.hotel-chateau-caen.com EYn
24 ch – 57/67 € 67/77 € – 8 €
Entre le port de plaisance et le château, un hôtel idéalement situé ! Les chambres sont assez petites et sobres, mais bien insonorisées et d'un bon rapport qualité-prix.

Hôtel de France sans rest
10 r. de la Gare – ✆ 02 31 52 16 99 – www.hoteldefrance-caen.com EZe
47 ch – 69/86 € 69/86 € – 9 €
À deux pas de la gare, des chambres simples (dont certaines familiales), pratiques et très bien tenues... Idéal pour un rendez-vous d'affaires comme pour une étape d'agrément.

Ivan Vautier – Hôtel Ivan Vautier

3 av. Henry-Chéron – ✆ 02 31 73 32 71 – www.ivanvautier.com
– Fermé dim. soir et lundi AVv

Rest – Menu 29 € (déj. en sem.), 53/89 € – Carte 70/105 €

Limpidité, précision, maîtrise : dans ce restaurant élégant, sobre et contemporain, les assiettes ont du style, et ce sans renier la nature et la saveur des produits, au contraire... Ivan Vautier a du talent et sa cuisine de saison en témoigne !

➜ Tartare de langoustines mi-cuites et mi-crues aux saveurs de voyage. Turbot de côte et soupe de turbot à l'huile d'olive infusée au cacao. Millefeuille à la vanille "haut comme un gratte-ciel".

Stéphane Carbone - Restaurant Incognito

14 r. de Courtonne – ✆ 02 31 28 36 60 – www.stephanecarbone.fr
– Fermé le midi du 6 au 19 août, sam. midi et dim. EYu

Rest – Formule 26 € – Menu 37/96 € – Carte 70/91 €

Dans son beau restaurant contemporain près du bassin St-Pierre, Stéphane Carbone signe une cuisine créative, épurée et harmonieuse. D'une partie de la salle, vous pourrez même l'observer travailler... c'est un vrai plaisir !

➜ Langoustines poêlées minute, chiffonnade d'asperges vertes et espuma coco. Pomme de ris de veau cuit au sautoir, croustillant de tête de veau et mousseline de petits pois. Dôme de chocolat ivoire, biscuit et crémeux au chocolat mangaro. **Vins** Vin de pays du Calvados.

Le Dauphin – Hôtel Le Dauphin

29 r. Gémare – ✆ 02 31 86 22 26 – www.le-dauphin-normandie.com
– Fermé 16 juil.-5 août, sam. midi et dim. DYa

Rest – Formule 20 € – Menu 25/50 € – Carte 66/88 €

Amateurs de produits normands, cette adresse est faite pour vous ! Huîtres de la baie d'Isigny-sur-Mer, pigeon de la Suisse normande, andouille de Vire, etc. Les saveurs de la région ont la part belle, mais le chef sait aussi composer des recettes plus originales... Décor élégant et lumineux.

ArchiDona

17 r. Gémare – ✆ 02 31 85 30 30 – www.archidona.fr – Fermé dim. et lundi

Rest – Formule 16 € – Menu 20 € (déj. en sem.), 28/49 € DYh
– Carte 37/52 €

ArchiDona ? Du nom du village andalou dont est originaire le propriétaire de cet agréable restaurant. Tartare de saumon et son coulis de langoustine, lapin farci au pistou... la carte est alléchante et, l'été, il fait bon déjeuner en terrasse !

Villa Eugène

75 bd André-Detolle – ✆ 02 31 75 12 12 – www.villa-eugene.fr
– Fermé 6-23 août, 1 sem. en fév., sam. midi et dim. AVq

Rest – Formule 16 € – Menu 21 € (déj.) – Carte 29/45 €

Un décor tendance, une terrasse verdoyante protégée de la rue par des arbustes... pour une cuisine elle aussi tendance (nem au crabe, moelleux de maquereau aux épices, burger de canard, entre autres). Jolie carte des vins.

Le Carlotta

16 quai Vendeuvre – ✆ 02 31 86 68 99 – www.lecarlotta.fr – Fermé le dim.

Rest – Menu 25 € (sem.), 30/38 € – Carte 32/60 € EYm

Grande brasserie d'inspiration Art déco, appréciée pour son atmosphère animée autant que pour sa cuisine typique du genre... Bords de mer obligent, la carte fait la belle aux saveurs iodées et la véranda donne sur le port.

À Contre Sens (Anthony Caillot)

8 r. des Croisiers – ✆ 02 31 97 44 48 – www.acontresenscaen.fr
– Fermé août, vacances d'hiver, mardi midi, dim. et lundi DYr

Rest *(nombre de couverts limité, réserver)* – Menu 24 € (déj.), 40/60 €
– Carte 54/60 € le soir

À contre-sens peut-être, mais pas vis-à-vis de la gastronomie d'aujourd'hui ! Le chef de ce bistrot assez cosy cultive la gourmandise d'une manière toute personnelle et enlevée, avec audace et équilibre. Le tout à prix raisonnable : réservez...

➜ Raviole de moules de la baie du Mont-Saint-Michel et dashi au poisson fumé. Cabillaud cuit au plat, marinière de coques au safran normand. Coque chocolat au potimarron.

Café Mancel

au Château – ✆ 02 31 86 63 64 – www.cafemancel.com – Fermé vacances de fév., dim. soir et lundi DXt

Rest – Formule 18 € – Menu 24 € – Carte 28/45 €

Ce café du musée des Beaux-Arts est une vraie gourmandise : déco contemporaine, terrasse, soirées jazz et – last but not least – carte revisitant joliment le terroir normand.

Le Bouchon du Vaugueux

12 r. Graindorge – ✆ 02 31 44 26 26 – www.bouchonduvaugueux.com – Fermé 1er-8 sept., 22 déc.-2 janv., jours fériés, dim. et lundi DYg

Rest *(réserver)* – Formule 15 € – Menu 19/30 € – Carte 24/32 €

Sous des dehors simples, ce bistrot a l'âme d'un vrai bouchon, vous régalant de bons petits plats inspirés par le marché et les saisons, et présentés à l'ardoise. Autre bonne surprise : une jolie sélection de vins de petits producteurs.

à l'échangeur Caen-Université (bretelle du bd périphérique, sortie n° 5) – ✉ 14000 Caen

Novotel Côte de Nacre

av. de la Côte-de-Nacre – ✆ 02 31 43 42 00 – www.novotel.com AVb

126 ch – 81/172 € 81/172 € – 15 € **Rest** – Formule 18 € – Carte 23/40 €

Près du périphérique et du CHU, un Novotel de facture contemporaine avec des chambres spacieuses. Pratique, notamment pour la clientèle d'affaires.

à Hérouville St-Clair 3 km au Nord-Est – 21 893 h. – alt. 20 m – ✉ 14200

L'Espérance

512 r. Abbé-Alix, (au bord du canal) – ✆ 02 31 44 97 10 – www.restaurant-esperance.com – Fermé 16-30 août, 2-16 janv., dim. soir et lundi

Rest – Formule 21 € – Menu 29/44 € – Carte 36/52 € BVx

Millefeuille d'andouille de vire, aile de raie au beurre noisette et sa mousseline de carotte au cumin : on mange fort bien dans ce restaurant bucolique et charmant. Quant à la vue sur le canal, elle est si reposante...

à Bénouville 10 km par ② – 1 965 h. – alt. 8 m – ✉ 14970

Château ★ : escalier d'honneur ★★ - Pegasus Bridge ★.

La Glycine

11 pl. Commando-n° 4, (face à l'église) – ✆ 02 31 44 61 94 – www.la-glycine.com – Fermé 2 sem. à Noël et dim. soir d'oct. à mai

34 ch – 62 € 72 € – 7,50 € – ½ P

Rest ***La Glycine*** – voir les restaurants ci-après

Tout près du fameux Pegasus Bridge, ces deux maisons de pays offrent aussi un bon point d'ancrage pour visiter les plages du Débarquement. Les chambres sont très bien tenues, mais préférez celles de l'annexe, plus grandes et joliment épurées.

La Glycine

11 pl. Commando-n° 4, (face à l'église) – ✆ 02 31 44 61 94 – www.la-glycine.com – Fermé 2 sem. à Noël et dim. soir d'oct. à mai

Rest – Menu 20 € (sem.), 28/55 € – Carte 34/70 €

Les Glycines sentent bon et leur cuisine traditionnelle est vraiment appétissante. Ici, le chef fait la part belle aux produits de la mer et il y a même un menu homard !

à Fleury-sur-Orne 4 km par ⑦ – 4 014 h. – alt. 33 m – ✉ 14123

Auberge de l'Île Enchantée

1 r. St-André, (au bord de l'Orne) – ✆ 02 31 52 15 52 – www.aubergelileenchantee.com – Fermé 1er-15 aout, vacances scolaires de fév., mardi soir hors saison, merc. soir, dim. soir et lundi

Rest – Formule 15 € – Menu 24/42 € – Carte 42/56 €

Dans les années 1930, cette auberge à colombages – champêtre à souhait – était... un bar de pêcheurs ! Aujourd'hui, on y savoure une cuisine bien de notre époque en admirant l'Orne.

CAGNES-SUR-MER - 06 Alpes-Maritimes - 341 D6 - 48 024 h. - alt. 20 m 42 E2
- Casino - ✉ 06800 Côte d'Azur

Paris 915 - Antibes 11 - Cannes 21 - Grasse 25

6, boulevard Maréchal Juin, ✆ 04 93 20 61 64, www.cagnes-tourisme.com

Haut-de-Cagnes★ - Château-musée★ : patio★★, ✳★ de la tour - Musée Renoir.

Plan page suivante

Domaine Cocagne

30 chemin du Pain de Sucre, colline de la rte de Vence, 2 km par ①, D 36 et rte secondaire – ✆ 04 92 13 57 77 – www.domainecocagne.com

21 ch – 80/350 € 80/350 € – 9 suites – ½ P

Rest – Menu 35 € – Carte 40/65 €

Des palmiers, de la verdure, des chambres d'une blancheur immaculée, luxueuses et design, mais aussi un restaurant tout de rouge et de noir vêtu et... des expos d'art. Sud et tendance, ce beau pays de cocagne !

Tiercé sans rest

33 bd Kennedy – ✆ (00-33) 04 93 20 02 09 – www.hoteltiercebeach.com

23 ch – 75/141 € 85/141 € – 10 € BX**r**

Tiercé gagnant pour cet hôtel près de la plage et de l'hippodrome. Les chambres, de style contemporain, sont très confortables, et plusieurs d'entre elles ont vue sur la mer.

Splendid sans rest

41 bd Mar.-Juin – ✆ 04 93 22 02 00 – www.hotel-splendid-riviera.com BX**x**

26 ch – 73/99 € 92/120 € – 10 €

Dans un immeuble récent, cet hôtel du centre-ville dispose de chambres fonctionnelles et ensoleillées, qui donnent presque toutes sur l'arrière, profitant ainsi du calme.

Le Chantilly sans rest

31 chemin Minoterie – ✆ 04 93 20 25 50 – www.hotel-lechantilly.fr BX**b**

16 ch – 61/67 € 67/78 € – 8 €

Une sympathique villa balnéaire, baignée de verdure aux beaux jours. Les chambres, sobres et claires, sont d'une tenue parfaite et, au petit-déjeuner, on savoure un vrai thé en feuilles – un détail qui fait la différence pour les amateurs !

au Haut-de-Cagnes – ✉ 06800

Fleur de Sel

85 montée de la Bourgade – ✆ 04 93 20 33 33 – www.restaurant-fleurdesel.com – Fermé 7-14 juin, 5 -13 oct., 16- 26 déc., 6-12 janv., jeudi d'oct. à avril et merc.

Rest *(dîner seult)* – Menu 33/54 € – Carte 45/80 € AZ**m**

Dans ce charmant restaurant d'esprit très Sud, on savoure une cuisine méditerranéenne fraîche, colorée et généreuse, à l'instar d'un cabillaud en croûte de caviar d'aubergine servi avec une purée de pommes de terre maison vraiment onctueuse.

Josy-Jo

2 r. Planastel – ✆ 04 93 20 68 76 – www.restaurant-josyjo.com – Fermé mi-nov. au 25 déc., le midi en juil.-août, lundi de sept. à juin et dim. AZ**a**

Rest – Formule 29 € bc – Menu 42 € (déj.) – Carte 50/110 €

Un endroit rustique et chaleureux, tenu par Josy Bandecchi et sa fille Valérie. Ici, convivialité rime avec simplicité : service sans tralala, fameuses grillades et savoureux petits plats provençaux.

à Cros-de-Cagnes 2 km au Sud-Est – ✉ 06800 Cagnes sur Mer

La Bourride

(port du Cros) – ✆ 04 93 31 07 75 – www.labourride.com – Fermé vacances de fév., mardi soir et merc. BX**e**

Rest – Formule 29 € – Menu 40 € – Carte 56/92 €

Originaire de Concarneau, le patron a travaillé à Singapour avant de se poser près de la Grande Bleue pour concocter une belle cuisine du soleil. Spécialité éponyme de la maison : la bourride, cette bouillabaisse liée au jaune d'œuf et à l'aïoli.

CAGNES-VILLE

CROS-DE-CAGNES

HAUT-DE-CAGNES

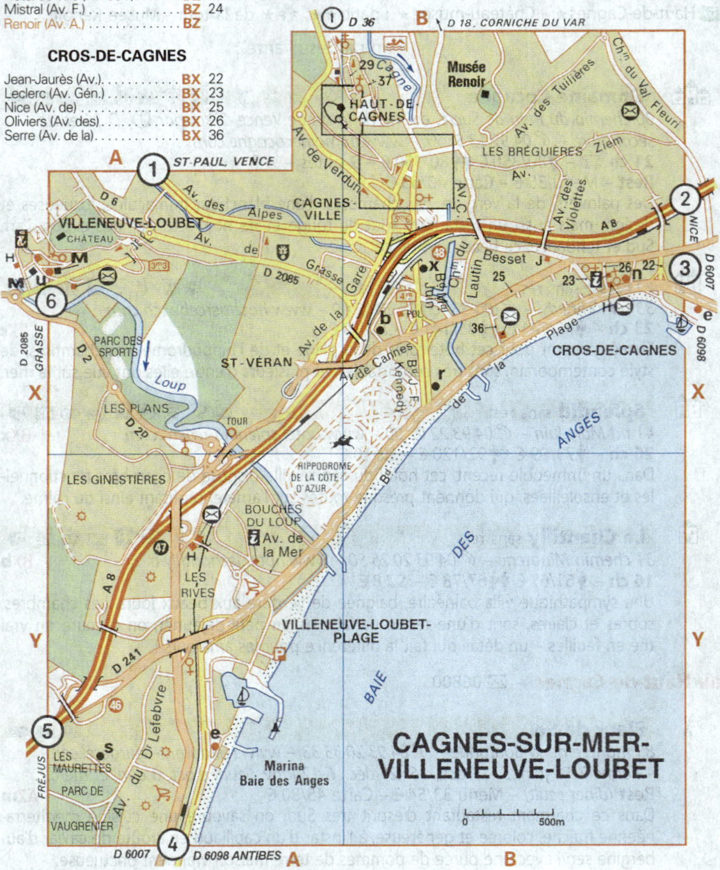

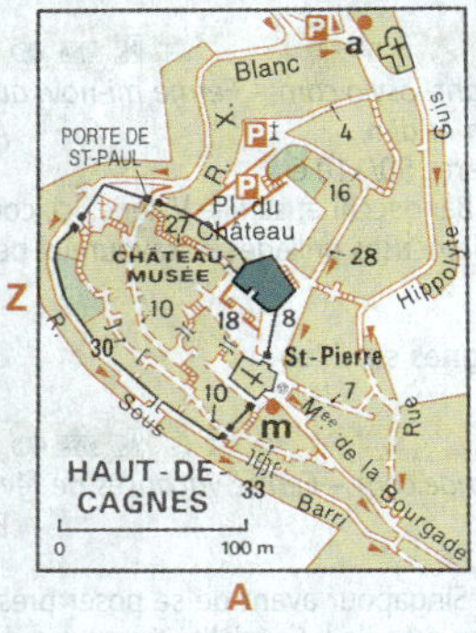

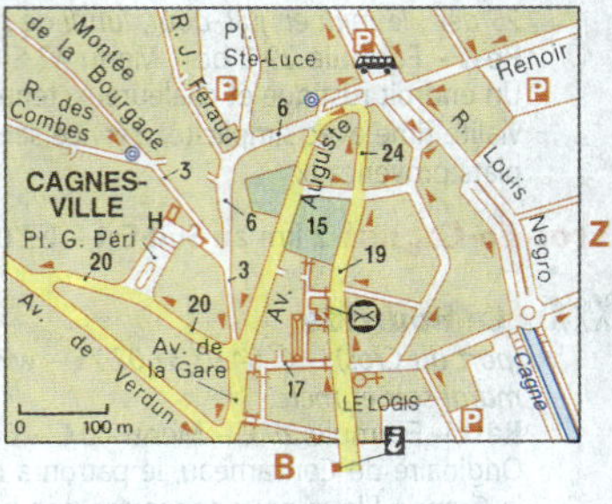

X **Bistrot de la Marine - Jacques Maximin**
96 bd de la Plage – ✆ 04 93 26 43 46 – www.bistrotdelamarine.com – Fermé mi-déc. à mi-janv., lundi et mardi BX**n**
Rest *(nombre de couverts limité, réserver)* – Formule 25 € – Carte 51/160 €
Sous l'égide du chef Jacques Maximin, un sympathique bistrot pensé dans un esprit "marin-malin". Poisson frais (en carpaccio, grillé, etc.), légumes locaux, produits du marché : le règne de la simplicité gourmande.

CAHORS P – 46 Lot – 337 E5 – 19 948 h. – alt. 135 m – ✉ 46000 28 B1

Périgord Quercy

Paris 575 – Agen 85 – Albi 110 – Brive-la-Gaillarde 98

place François Mitterrand, ✆ 05 65 53 20 65, www.tourisme-cahors.com

Pont Valentré★★ - Portail Nord★★ et cloître★ de la cathédrale St-Etienne★ BY E - ≤★ du pont Cabessut - Croix de Magne ≤★ O : 5 km par D 27 - Barbacane et tour St-Jean★ - ≤★ du nord de la ville.

Plan page suivante

Terminus
5 av. Ch.-de-Freycinet – ✆ 05 65 53 32 00 – www.balandre.com – Fermé 15-30 nov.
22 ch – †65/130 € ††70/130 € – ☐ 10 € AY**s**
Rest *Le Balandre* – voir les restaurants ci-après
Terminus, tout le monde descend ! Face à la gare, cet hôtel de 1911 conserve quelques vestiges de la Belle Époque. Les chambres sont spacieuses et parfaitement tenues. Préférez celles avec des vitraux et du mobilier ancien. Une bonne adresse.

La Chartreuse N
chemin de la Chartreuse – ✆ 05 65 35 17 37 – www.hotel-la-chartreuse.fr
50 ch – †72/99 € ††72/99 € – ☐ 10 € – ½ P AZ**e**
Rest – Formule 15 € – Menu 18/32 € – Carte 27/60 €
À l'écart de la ville, cette construction récente – qui n'a rien d'une chartreuse – abrite des chambres confortables, pour certaines ouvertes sur le Lot ! Salle de séminaire et restaurant face à la rivière. Parfait pour la clientèle d'affaires.

Jean XXII sans rest
2 r. E.-Albe – ✆ 05 65 35 07 66 – www.hotel-jeanxxii.com – Fermé dim. d'oct. à mai
9 ch – †53 € ††64/71 € – ☐ 7,50 € BY**v**
Voici un point de chute pratique et calme, au pied de la tour Jean XXII. Les murs de ce palais (13e s.), édifié par la famille du pontife, abritent des chambres confortables et fonctionnelles. Vos bagages posés, partez à la découverte de la cité !

XXX **Le Balandre** – Hôtel Terminus
5 av. Ch.-de-Freycinet – ✆ 05 65 53 32 00 – www.balandre.com – Fermé 15-30 nov., dim. sauf fériés et lundi AY**s**
Rest – Menu 20 € (déj.), 38/80 € – Carte 32/77 €
Vitraux, belle hauteur sous plafond, moulures... Le cadre de ce restaurant vaut le détour ! Aux fourneaux, les deux chefs (père et fils) revisitent la cuisine traditionnelle. Avis aux amateurs de vins : la cave recèle des merveilles !

XX **L'Ô à la Bouche**
56 allée Fénelon – ✆ 05 65 35 65 69 – Fermé vacances de Pâques et de la Toussaint, dim. et lundi BZ**a**
Rest – Formule 19 € – Menu 27 € – Carte 32/43 €
Tendron de veau de dix heures ; raviole aux aubergines et tomates ; tartelette aux figues et amandes, parfait glacé... Sous l'égide d'un jeune couple sympathique et voyageur, cette adresse met l'eau à la bouche !

XX **Le Marché**
27 pl. Chapou – ✆ 05 65 35 27 27 – www.restaurantlemarche.com – Fermé 21-29 avril, 28 oct.-12 nov., lundi sauf en août et dim. BZ**d**
Rest – Formule 16 € – Menu 35/48 € – Carte environ 48 €
Si vous allez au marché – mercredi et samedi matin – profitez-en pour déjeuner à côté ! Dans ce restaurant, où la carte change souvent, on ne sert que des produits frais. À apprécier dans un cadre à l'élégance toute contemporaine.

Augustins (R. des) . . . AY 2	Évêques (Côtes des) . . . AY 17	Monzie (Av. A.-de) . . . BZ 31
Badernes (R. des) . . . BZ 3	Foch (R. du Mar.) . . . BZ 18	Pelegry (R.) . . . BY 34
Blanqui (R.) . . . BZ 4	Gambetta (Bd) . . . AY, BZ	Portail-Alban (R. du) . . . BY 35
Bourthoumieux (R. P.) . . . AZ 5	Gaulle (Pl. Ch.-de) . . . AY 21	St-Barthélemy (R.) . . . BY 38
Champollion (Quai) . . . BZ 8	Joffre (R. du Mar.) . . . BZ 23	St-James (R.) . . . BZ 39
Château-du-Roi (R. du) . . . BY 9	Lastié (R.) . . . BZ 24	St-Priest (R.) . . . BZ 41
Clemenceau (R. G.) . . . BZ 10	Marot (R. Clément) . . . BY 26	St-Urcisse (R.) . . . BZ 42
Delmas (R. du Col.) . . . BZ 13	Mendès-France (R. P.) . . . AY 27	Vaxis (Cours) . . . BZ 44
Dr-Bergounioux (R.) . . . BZ 14	Mitterrand (Pl. F.) . . . BZ 30	Villars (R. René) . . . AY 46
Dr-J.-Ségala (R. du) . . . AY 15		

Au Fil des Douceurs

90 quai de la Verrerie – ✆ 05 65 22 13 04 – Fermé fin juin-début juil., 3 sem. en janv., dim. et lundi BY**x**

Rest – Formule 13 € – Menu 15 € (déj. en sem.), 25/50 € – Carte 31/70 €

Embarquement immédiat sur ce bateau avec vue imprenable sur le Lot et le vieux Cahors. Au fil de l'eau – mais bien amarré au quai –, vous apprécierez une agréable cuisine traditionnelle... et voguerez vers les douceurs.

Envie de partir à la dernière minute ?
Visitez les sites Internet des hôtels pour bénéficier de promotions tarifaires.

à Caillac 13 km par ①, rte de Bergerac et D145 – 581 h. – alt. 161 m – ✉ 46140

XX **Le Vinois** avec ch
Le bourg – ✆ 05 65 30 53 60 – www.levinois.com – Fermé 30 sept.-15 oct., 6-28 janv.
10 ch – †84/160 € ††97/160 € – ☕ 14 € – ½ P
Rest *(fermé dim. soir, mardi midi et lundi)* – Formule 19 € – Menu 36/75 € – Carte 55/72 €
Au cœur du vignoble de Cahors, ne ratez pas cette étonnante auberge, agencée de manière ultramoderne, et sa goûteuse cuisine, actuelle et soignée. L'hôtel joue aussi la carte de la modernité avec des chambres agréables et confortables.

à Mercuès 10 km par ① et D 811 – 1 064 h. – alt. 133 m – ✉ 46090

Château de Mercuès
– ✆ 05 65 20 00 01 – www.chateaudemercues.com – Ouvert de Pâques à la Toussaint
24 ch – †265/640 € ††265/640 € – 6 suites – ☕ 26 €
Rest *Château de Mercuès* ✿ – voir les restaurants ci-après
Ses imposantes tours rondes se dressent au-dessus de la vallée du Lot... La majesté de l'Histoire en ce château du 13e s., encore annobli par les interventions du designer François Champsaur, élégantes et inspirées. Le temps y suspend son vol !

Le Mas Azemar
r. du Mas-de-Vinssou – ✆ 05 65 30 96 85 – www.masazemar.com
5 ch ☕ – †114 € ††114 € **Table d'hôte** – Menu 34 €
Les propriétaires de cette maison de maître du 18e s., ancienne dépendance du château de Mercuès, sont passionnés d'art et de mobilier ancien. Une belle atmosphère... Cuisine traditionnelle familiale dans un cadre chaleureux et rustique : poutres, murs en pierre, cheminée, etc. Une adresse authentique.

XXXX ✿ **Château de Mercuès** – Hôtel Château de Mercuès
– ✆ 05 65 20 00 01 – www.chateaudemercues.com – Ouvert de Pâques à la Toussaint et fermé le midi sauf sam. et dim., dim. soir et lundi
Rest – Menu 70 € (dîner en sem.), 90/138 € – Carte 75/115 €
On peut aller conter l'amour courtois dans ce superbe château du 13e s., posté sur les hauteurs de Cahors, et aussi chanter les plaisirs d'une fine gastronomie, qui apprête bien joliment les produits du Quercy. Classique et soigné.
➜ Foie gras de canard aux noisettes, cappuccino de pomme de terre aux truffes. Noisette et carré d'agneau rôtis, pomme de terre frite en tempura. Crémeux cacahouète, caramel tendre comme une gourmandise d'enfance. **Vins** Cahors.

rte de Brive par ① et D 820 – ✉ 46000 Cahors

XX **La Garenne**
St-Henri, à 7 km – ✆ 05 65 35 40 67 – www.restaurantlagarenne-cahors.com – Fermé 27 juin-3 juil., 14-20 nov., fév., lundi soir, mardi soir et merc.
Rest – Menu 19 € (déj. en sem.), 29/55 € – Carte 39/58 €
Mangeoires, murs en pierre, charpentes apparentes, objets paysans... Ces anciennes écuries cultivent de glorieux temps oubliés ! Voilà qui se marie harmonieusement avec la cuisine du chef : des recettes tantôt classiques tantôt régionales, tels les magrets de canard ou les escalopes de foie gras poêlées au verjus...

à Lamagdelaine 7 km par ② – 757 h. – alt. 122 m – ✉ 46090

XXX ✿ **Marco** (Richard Marco) avec ch
chemin de l'École – ✆ 05 65 35 30 64 – www.restaurantmarco.com – Ouvert 21 mars-30 oct. et fermé dim. soir du 21 mars au 15 juin, jeudi midi et lundi sauf le soir du 15 juin au 15 sept., et mardi midi
5 ch – †95 € ††95/145 € – ☕ 12 €
Rest – Formule 30 € – Menu 48 € (déj. en sem.), 58/90 € – Carte 60/94 €
Monsieur Marco laisse la place à... Monsieur Marco ! Tel père, tel fils : dans cette maison, la cuisine est subtile, actuelle... Homard, turbot, foie gras : de bien belles saveurs pour un bien joli moment. Chambres soignées.
➜ Foie gras de canard à la braise, fond d'artichaut et cèpes. Ris de veau aux morilles, légumes croquants et pâtes fraîches. Tarte fine aux pommes, pignons de pin et glace au caramel. **Vins** Cahors.

CAHUZAC-SUR-VÈRE – 81 Tarn – 338 D7 – 1 046 h. – alt. 240 m – ✉ 81140 29 C2

Paris 655 – Albi 28 – Gaillac 11 – Montauban 60

Place Hautpoul, ✆ 05 63 33 68 91, www.cahuzac-sur-vere.fr

Château de Salettes

3 km au Sud par D 922 – ✆ 05 63 33 60 60 – www.chateaudesalettes.com – Fermé 4-10 mars, 1er-20 janv., dim., lundi, mardi et merc. du 20 janv. au 1er avril

15 ch – †135/270 € ††135/270 € – 3 suites – ☐ 20 €

Rest *Château de Salettes* ✿ – voir les restaurants ci-après

Il faut rentrer dans la cour pour découvrir ce beau château du 13e s. au milieu des vignes, entièrement remanié au fil du temps. À l'intérieur, un déco résolument contemporaine et design, des chambres spacieuses... en toute quiétude !

Château de Salettes

3 km au Sud par D 922 – ✆ 05 63 33 60 60 – www.chateaudesalettes.com – Fermé 4-10 mars, 1er-20 janv., le midi sauf vend., sam. et dim., mardi et merc. du 20 janv. au 1er avril, dim. soir et lundi d'oct. à mai

Rest – Formule 29 € bc – Menu 39/80 € – Carte 74/90 €

Un bel écrin épuré – presque dépouillé – qui sert à merveille l'intéressante cuisine du chef, créative et raffinée. Pour accompagner ces mets rares, on peut déguster des vins de la propriété.

➜ Foie gras au barbecue, melon au miel et poivre de Sarawak. Pigeon du mont Royal. Vacherin léger à la fraise. **Vins** Gaillac.

La Falaise (Guillaume Salvan)

rte de Cordes – ✆ 05 63 33 96 31 – www.lafalaiserestaurant.com – Fermé 19 nov.-11 déc., 15-29 janv., dim. soir, mardi midi et lundi

Rest – Menu 20 € (déj. en sem.), 35/58 € – Carte environ 61 €

À la sortie du village, une petite maison très chaleureuse, où le chef signe une cuisine séduisante, fine et maîtrisée. Joli choix de vins de Gaillac. En été, terrasse dressée sous les saules.

➜ Foie gras poêlé et pâté chaud au tandoori. Truite bio des Pyrénées à la ventrèche de cochon noir, jus d'alliaire et sabayon. Crémeux de cèpes aux lamelles de butternut, sorbet betterave et meringue aux trompettes. **Vins** Gaillac.

à Donnazac 5 km au Nord-Est par D 922 et rte secondaire – 87 h. – alt. 291 m – ✉ 81170

Les Vents Bleus sans rest

rte de Caussade – ✆ 05 63 56 86 11 – www.lesventsbleus.com – Ouvert 1er avril-31 oct.

5 ch ☐ – †90/120 € ††100/160 €

Au cœur du vignoble de Gaillac, une belle maison de maître (1844) flanquée d'un pigeonnier. Les chambres, aménagées dans le chai de la propriété, mêlent l'ancien et le confort d'aujourd'hui avec raffinement. Convivial et paisible !

CAILLAC – 46 Lot – 337 E5 – rattaché à Cahors

CAIRANNE – 84 Vaucluse – 332 C8 – 949 h. – alt. 136 m – ✉ 84290 40 A2

Provence

Paris 650 – Avignon 43 – Bollène 47 – Montélimar 51

Route de Sainte Cécile, ✆ 04 90 30 76 53, www.provenceweb.fr

Auberge Castel Mireïo

rte de Carpentras par D 8 – ✆ 04 90 30 82 20 – www.castelmireio.fr – Fermé 15 déc.-2 mars

9 ch – †69/75 € ††70/76 € – ☐ 9 € – ½ P

Rest *(fermé merc. soir et dim. soir de sept. à juin, le midi en juil.-août et lundi midi)* – Menu 20 € (déj. en sem.), 23/31 € – Carte 27/42 €

L'annexe récente de cette demeure familiale (19e s.) abrite des chambres simples, égayées de tissus provençaux ; chacune d'elles porte le nom d'un cépage. Restaurant rustique, affichant fièrement son carrelage centenaire ; copieux plats du terroir.

Coteaux et Fourchettes

rte de Violés, croisement de la Courançonne (D 8 et D 975) – 04 90 66 35 99 – Fermé 3-17 mars, 16-21 oct., dim. soir et lundi soir sauf juil.-août et jeudi

Rest – Formule 20 € – Menu 30/64 € – Carte 39/55 €

Jolie enseigne... Dans cet ancien caveau, le terroir s'exprime aussi bien par l'assiette – savoureuse – que par le flacon – excellent choix de vins locaux. Agréable décor contemporain, terrasse ouverte sur le vignoble.

Le Tourne au Verre

rte de Ste-Cécile – 04 90 30 72 18 – www.letourneauverre.com – Fermé 26 oct.-9 nov., le soir sauf vend., sam. d'oct. à avril, merc. midi et mardi de mai à sept. et merc. d'oct. à avril.

Rest – Formule 14 € – Menu 16 € (déj. en sem.)/27 €

Atmosphère bar à vins (tonneaux, grande cave vitrée comptant 650 références), belle terrasse sous les platanes, cuisine régionale et ardoise du jour... Un lieu sympathique !

CAJARC – 46 Lot – 337 H5 – 1 109 h. – alt. 160 m – 46160 — 29 C1

Périgord Quercy

Paris 586 – Cahors 52 – Figeac 25 – Rocamadour 59

Tour de Ville, 05 65 40 72 89, www.cajarc.fr

La Ségalière

380 av. François-Mitterrand, rte de Capdenac – 05 65 40 65 35 – www.lasegaliere.com – Ouvert d'avril à oct.

24 ch – 50/105 € 65/115 € – 10 € – ½ P

Rest *(fermé le midi sauf sam. et dim.)* – Menu 22/35 €

Adresse détente dans ce village qui vit naître Françoise Sagan. Cet hôtel moderne est agréable à vivre, et les chambres bien tenues. Les plus : la grande piscine et le jardin. La carte du restaurant allie tradition et créativité. Terrasse aux beaux jours.

L'Allée des Vignes (N)

32 bd Tour-de-Ville – 05 65 11 61 87 – www.alleedesvignes.com – Fermé janv., fév., lundi et mardi sauf juil. août

Rest – Formule 16 € – Menu 30/55 € bc – Carte 31/43 €

Dans cet ancien presbytère, les gourmands sont les nouveaux enfants de chœur... ou de cœur ! À sa tête, un couple voyageur et dynamique souhaite faire partager une nouvelle vision de la gastronomie, légère et ludique. Pari réussi : les assiettes ont du goût.

CALACUCCIA – 2B Haute-Corse – 345 D5 – voir à Corse

CALAIS – 62 Pas-de-Calais – 301 E2 – 74 336 h. – Agglo. 97 550 h. – alt. 5 m – Casino CX – 62100 — 30 A1

Nord Pas-de-Calais Picardie

Paris 290 – Boulogne-sur-Mer 35 – Dunkerque 46 – St-Omer 43

Tunnel sous la Manche : Terminal de Coquelles AU, renseignements **"Le Shuttle"** 0810 63 03 04.

12, boulevard Clemenceau, 03 21 96 62 40, www.calais-cotedopale.com

Monument des Bourgeois de Calais (Rodin)★★ - Phare ★★ DX - Cité internationale de la Dentelle et de la Mode★★ - Musée des Beaux-Arts et de la Dentelle★ CX **M²**.

Cap Blanc Nez★★ : 13 km par ④.

Plans pages suivantes

Meurice

5 r. E.-Roche – 03 21 34 57 03 – www.hotel-meurice.fr — CX**v**

39 ch – 92/162 € 92/162 € – ½ P

Rest *(fermé sam. midi)* – Formule 20 € – Menu 17/35 €

Près du musée des Beaux-Arts, l'hôtel le plus ancien de la ville (1771) a conservé son charme suranné. Pour abriter leurs rêves, les voyageurs ont le choix entre des chambres de style Empire ou contemporain. Restaurant traditionnel.

CALAIS

Bossuet (R.) . . . . BT 9
Cambronne (R.) . . . . AU 12
Chateaubriand (R.) . . . . BT 15
Égalité (Bd de l') . . . . BT 18
Einstein (Bd) . . . . AU 19
La-Fayette (Bd) . . . . AT 39
Fontinettes (R. des) . . . . . . ATU 25
Four-à-Chaux (R. du) . . . . AU 27
Gambetta (Bd Léon) . . . . AT 28
Gaulle (Bd du Gén.-de) . . . . . . AT 30
Hoche (R.) . . . . ATU 33
Jacquard (Bd) . . . . AT 34
Lattre-de-Tassigny (R. Mar.-de) . . . . AT 40
Lheureux (Quai L.) . . . . BU 41
Maubeuge (R. de) . . . . BT 43
Phalsbourg (R. de) . . . . BT 51
Prairies (R. des) . . . . AU 52
Ragueneau (R. de) . . . . BTU 57
Valenciennes (R. de) . . . . AU 69
Verdun (R. de) . . . . AT 73

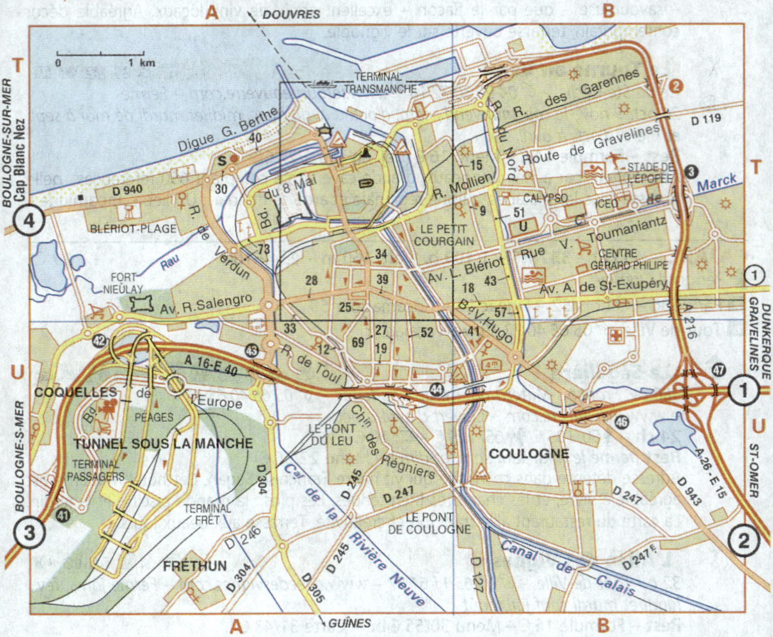

Mercure Centre sans rest
36 r. Royale – ✆ 03 21 97 68 00 – www.mercure.com CX**d**
41 ch – 🚹69/140 € 🚹🚹79/160 € – ☕ 15 €
Dans cet hôtel qui borde une artère commerçante, la plupart des chambres arborent un style contemporain : camaïeu de gris-marron, mobilier en bois et acier brossé, etc. L'adresse s'adapte aussi bien à la clientèle d'affaires que touristique.

Holiday Inn
bd des Alliés – ✆ 03 21 34 69 69 – www.holidayinn.fr/calais-nord CX**a**
63 ch – 🚹105/154 € 🚹🚹105/154 € – ☕ 15 €
Rest *(fermé sam. midi, dim. midi et fériés le midi)* – Formule 10 € – Menu 18/24 € – Carte 23/34 €
En face du port de plaisance, cette bâtisse imposante dispose de chambres fonctionnelles et confortables. La moitié d'entre elles donnent sur la mer.

Ibis Styles Ⓝ sans rest
46 r. Royale – ✆ 03 21 97 45 00 – www.accorhotels.com CX**m**
51 ch ☕ – 🚹69/130 € 🚹🚹69/130 €
Voilà un nouveau venu qui n'a rien à envier à ses aînés ! Au cœur de la ville, cet immeuble ancien – entièrement réhabilité en 2011 – s'offre une seconde jeunesse avec sa décoration résolument design. Préférez les chambres les plus spacieuses, certaines aménagées pour les familles. Tarifs compétitifs.

CALAIS

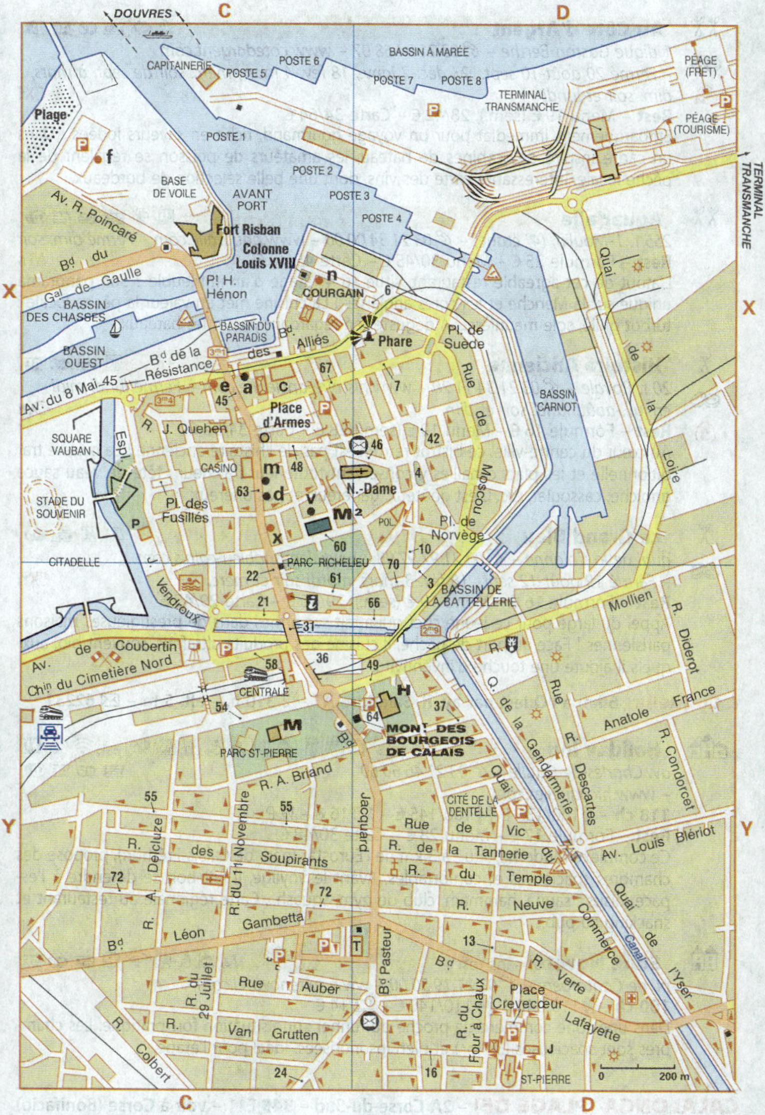

DOUVRES
C
D
X
Y
Plage
CAPITAINERIE
POSTE 5
POSTE 6
BASSIN À MARÉE
POSTE 7
POSTE 8
PÉAGE (FRET)
TERMINAL TRANSMANCHE
PÉAGE (TOURISME)
POSTE 1
POSTE 2
POSTE 3
POSTE 4
BASE DE VOILE
AVANT PORT
Fort Risban
Colonne Louis XVIII
TERMINAL TRANSMANCHE
Av. R. Poincaré
Bd du Gal de Gaulle
Pl. H. Hénon
COURGAIN
BASSIN DES CHASSES
BASSIN DU PARADIS
Bd des Alliés
Phare
Pl. de Suède
BASSIN OUEST
Bd de la Résistance
Av. du 8 Mai 45
Place d'Armes
Rue de Moscou
BASSIN CARNOT
Quai de la Loire
SQUARE VAUBAN
R. J. Quehen
Espl.
CASINO
STADE DU SOUVENIR
N.-Dame
Pl. des Fusillés
POL.
Pl. de Norvège
CITADELLE
PARC RICHELIEU
BASSIN DE LA BATTELLERIE
Vendroux
Mollien
R. Diderot
Av. de Coubertin
Chin du Cimetière Nord
CENTRALE
PARC ST-PIERRE
MONT DES BOURGEOIS DE CALAIS
Rue Anatole France
R. Condorcet
Q. de la Gendarmerie
R. A. Briand
Jacquard
CITÉ DE LA DENTELLE
Rue de Vic
R. de la Tannerie
R. du Temple
R. Neuve
Quai du Commerce
Av. Louis Blériot
R. Descartes
R. A. Delcluze
R. des Soupirants
R. du 11 Novembre
Bd Léon Gambetta
Bd Pasteur
R. du 29 Juillet
Rue Auber
R. Van Grutten
R. Colbert
R. du Four à Chaux
Place Crevecœur
R. Verte
Bd Lafayette
Canal
Quai de l'Yser
ST-PIERRE
200 m

XX **Le Channel**

3 bd de la Résistance – ✆ 03 21 34 42 30 – www.restaurant-lechannel.com – Fermé 2-4 janv., dim. soir et mardi CXe

Rest – Menu 21/54 € – Carte 48/165 €

À Calais, ce restaurant est une institution. Décor élégant, cuisine classique, produits de la mer issus de la pêche locale, et très belle carte des vins (cave ouverte sur la salle)... Voilà une plaisante escale avant la traversée du "channel" !

XX **Au Côte d'Argent**

1 digue Gaston Berthe – ✆ 03 21 34 68 07 – www.cotedargent.com – Fermé 20 août-10 sept., 23 déc.-7 janv., 18 fév.-4 mars, merc. soir de sept. à mars, dim. soir et lundi CXf

Rest – Menu 19 € (sem.), 28/42 € – Carte 34/64 €

Embarquement immédiat pour un voyage gourmand, riche en saveurs iodées ! Dans un cadre inspiré des cabines de bateau, les amateurs de poisson se régalent de la pêche locale. Intéressante carte des vins, dont une belle sélection de bordeaux.

XX **Aquar'aile**

255 r. J.-Moulin, (4e étage) – ✆ 03 21 34 00 00 – www.aquaraile.com – Fermé dim. soir

Rest – Formule 25 € – Menu 30/45 € – Carte 45/70 € ATs

L'atout de cet agréable restaurant, situé au 4e étage d'un immeuble ? Son panorama unique sur la Manche et les côtes anglaises ! La cuisine met en valeur la pêche locale : turbot grillé, sole meunière... À déguster en regardant passer les bateaux.

X **Histoire Ancienne**

20 r. Royale – ✆ 03 21 34 11 20 – www.histoire-ancienne.com – Fermé lundi midi en juil.-août, lundi soir et dim. CXx

Rest – Formule 16 € – Menu 19 € (sem.)/28 € – Carte 34/52 €

Au cœur du centre-ville, ce bistrot rétro n'est pas de l'histoire ancienne ! La cuisine traditionnelle et les plats canailles y conservent toute leur fraîcheur : tête de veau sauce gribiche, cassoulet, etc. C'est goûteux, généreux et pas onéreux.

X **Le Grand Bleu**

quai de la Colonne – ✆ 03 21 97 97 98 – www.legrandbleu-calais.com – Fermé 19 août-12 sept., 18 fév.-3 mars, mardi soir et merc. CXn

Rest – Formule 16 € – Menu 19 € (sem.), 29/46 € – Carte 29/45 €

Appel du large pour ce jeune chef qui a fait ses armes dans de prestigieuses maisons parisiennes ! Face au port de pêche, il cuisine des produits ultrafrais, souvent bio, auxquels il ajoute une touche d'inventivité.

à Coquelles 6 km a l'Ouest par av. R. Salengro AT – 2 310 h. – alt. 5 m – ✉ 62231

Holiday Inn ch, rest,

av. Charles-de-Gaulle – ✆ 03 21 46 60 60 – www.hicoquelles.com

118 ch – †100/135 € ††100/145 € – ☕ 16 € – ½ P

Rest – Formule 17 € – Menu 28 € – Carte 30/48 €

Ce complexe moderne, situé à 3 km de l'Eurostar (gare de Calais-Fréthun), propose des chambres spacieuses et confortables. Avant le voyage, il fait bon se détendre à l'espace loisirs : sauna, hammam, club de gym, squash... Carte régionale au restaurant et snacking au pub.

Suite Novotel sans rest

pl. de Cantorbery – ✆ 03 21 19 50 00 – www.suitenovotel.com

100 ch – †110/140 € ††110/140 € – ☕ 14 €

Dans une zone commerciale proche du tunnel : une situation fort pratique. Les chambres sont spacieuses (30 m²) et bien insonorisées. Idéal pour l'étape.

CALALONGA (PLAGE DE) – 2A Corse-du-Sud – **345** E11 – voir à Corse (Bonifacio)

CALA-ROSSA – 2A Corse-du-Sud – **345** F10 – voir à Corse (Porto-Vecchio)

CALÈS – **46 Lot** – **337** F3 – **164 h.** – **alt. 273 m** – ✉ **46350** **29** C1

Paris 528 – Cahors 52 – Gourdon 21 – Sarlat-la-Canéda 42

Le Petit Relais ch, VISA AE

au bourg – 05 65 37 96 09 – www.hotel-petitrelais.fr – Fermé 15 fév.-15 mars

13 ch – 45/55 € 60/69 € – 10 € – ½ P

Rest *(fermé lundi, mardi, merc., jeudi et vend. midi du 1er nov. au 15 mars)* – Menu 23/54 € – Carte 30/55 €

Au cœur du village, sur une petite place sympathique, une agréable maison en pierre aux chambres sobres et confortables. Recettes du terroir – et même un menu ch'ti – au restaurant.

CALLAS – **83 Var** – **340** O4 – **1 813 h.** – **alt. 398 m** – ✉ **83830** Côte d'Azur **41** C3

Paris 872 – Castellane 51 – Draguignan 14

place du 18 juin 1940, 04 94 39 06 77, http://callas-83.pagesperso-orange.fr

rte de Muy **7 km au Sud-Est par D 25 – ✉ 83830 Callas**

Hostellerie Les Gorges de Pennafort

D 25 – 04 94 76 66 51 – www.hostellerie-pennafort.com – Fermé 20 janv.-22 mars P VISA AE

13 ch – 135/220 € 185/220 € – 2 suites – 19 €

Rest ***Hostellerie Les Gorges de Pennafort*** – voir les restaurants ci-après

Si n'était le passage des voitures, le calme serait envoûtant dans ce site naturel qui ravit l'œil : les gorges de Pennafort, escarpées, rouges et noyées sous la végétation... Confort aux couleurs de la Provence ; belle piscine et espace bien-être de l'autre côté de la route.

Hostellerie Les Gorges de Pennafort P

D 25 – 04 94 76 66 51 – www.hostellerie-pennafort.com VISA AE

– Fermé 20 janv.-22 mars, lundi sauf le soir du 29 juil. au 18 août, dim. soir du 19 août au 27 juil. et merc. midi

Rest – Menu 49 € (déj. en sem.), 70/140 € – Carte 100/152 €

Un élégant décor contemporain, une terrasse sous les platanes... Le cadre séduit, la cuisine plus encore : fleurs, épices, herbes et touches personnelles du chef marient tradition et générosité.

➜ Raviolis de foie gras et parmesan. Ris de veau braisé et pousses d'épinard. Nage d'ananas, vanille et cardamome, pamplemousse rafraîchi au basilic. **Vins** Coteaux Varois en Provence.

CALVI – **2B Haute-Corse** – **345** B4 – voir à Corse

CALVINET – **15 Cantal** – **330** C6 – **481 h.** – **alt. 600 m** – ✉ **15340** **5** A3

Paris 576 – Aurillac 34 – Entraygues-sur-Truyère 32 – Figeac 40

Beauséjour (Louis-Bernard Puech) avec ch P VISA AE

– 04 71 49 91 68 – www.cantal-restaurant-puech.com – Fermé 3 janv.-21 fév., dim. soir sauf juil.-août, mardi midi de sept. à juin et lundi

8 ch – 60/75 € 60/75 € – 11 €

Rest *(nombre de couverts limité, réserver)* – Menu 27/65 € – Carte 53/63 €

Le chef le dit lui-même, il est un enfant du pays amoureux fou des produits de son terroir. Remis au goût du jour, ceux-ci n'en révèlent que plus de saveur, surtout accompagnés de vins régionaux à prix doux. Pour l'étape, des chambres contemporaines parées de couleurs toniques.

➜ Gaufre de foie de canard, caramel à la gentiane. Assiette "Tout Cochon" et sa truffade. Sablé à la châtaigne, poêlée de pommes reinette. **Vins** Marcillac, Côtes d'Auvergne

CAMARET-SUR-MER – **29 Finistère** – **308** D5 – **2 576 h.** – **alt. 4 m** – ✉ **29570** Bretagne Nord **9** A2

Paris 597 – Brest 4 – Châteaulin 45 – Crozon 11

15, quai Kleber, 02 98 27 93 60, www.camaretsurmer-tourisme.fr

Pointe de Penhir★★★ SO : 3,5 km.

Hôtel de France rest, VISA AE

quai G.-Toudouze – ✆ 02 98 27 93 06 – www.hotel-france-camaret.com – Fermé 15 déc.-7 janv.

20 ch – 65/120 € 65/120 € – 9,50 € – ½ P

Rest *(ouvert 5 avril-4 nov.)* – Formule 15 € – Menu 24/58 € – Carte 35/62 €

La mer, la mer, la mer. Influence marine dans les chambres bien tenues et insonorisées ; on choisit entre la vue sur les bateaux et un maximum de calme sur l'arrière du bâtiment. Fruits... de mer au restaurant.

Bellevue VISA AE

r. de la Rampe – ✆ 02 98 17 12 50 – Fermé 15 déc.-7 janv.

15 ch – 75/90 € 75/145 € – 11 €

Vue panoramique sur le port et tranquillité assurée dans les studios fonctionnels de cette annexe de l'hôtel de France. Pratique : ils sont équipés de cuisinettes.

Vauban ch, VISA

4 quai du Styvel – ✆ 02 98 27 91 36 – www.hotelvauban-camaret.fr – Fermé vacances de Noël

16 ch – 35/60 € 35/60 € – 8 € – ½ P

Rest *(ouvert avril-sept. et fermé dim. soir, mardi mid et lundi)* – Menu 13 € (déj.), 15/20 € – Carte 23/35 €

Les navigateurs ne s'y trompent pas en aimant faire escale ici : l'hôtel est plutôt modeste, mais ses prix sages et son accueil vraiment sympathique méritent qu'on y jette l'ancre. Plusieurs chambres ont vue sur la mer, moussaillons !

LA CAMBE – 14 Calvados – 303 F3 – 640 h. – alt. 25 m – ✉ 14230 32 B2

Normandie Cotentin

Paris 289 – Bayeux 26 – Caen 56 – Saint-Lô 31

Ferme Savigny sans rest

2,5 km par D 613 et D113 (direction Grandcamp-Maisy) – ✆ 02 31 21 12 33 – ferme-savigny.pagesperso-orange.fr

4 ch – 45/80 € 50/85 €

Un corps de ferme couvert de vigne vierge (16e-17e s.) : dans la tourelle se cache le bel escalier à vis qui dessert les chambres, joliment champêtres. Pour le petit-déjeuner, on se régale de confitures et de madeleines maison.

CAMBLANES-ET-MEYNAC – 33 Gironde – 335 I6 – rattaché à Bordeaux

---

CAMBO-LES-BAINS – 64 Pyrénées-Atlantiques – 342 D4 – 6 466 h. 3 A3 – alt. 67 m – Stat. therm. : début mars-mi-déc. – ✉ 64250 Pays Basque et Navarre

Paris 783 – Biarritz 21 – Pau 115

avenue de la Mairie, ✆ 05 59 29 70 25, www.cambolesbains.com

Epherra, à Souraïde, Urloko Bidea, O : 13 km par D 918, ✆ 05 59 93 84 06

Villa Arnaga★★.

Le Bellevue rest, rest, VISA

r. des Terrasses – ✆ 05 59 93 75 75 – www.hotel-bellevue64.fr – Fermé 8 janv.-12 fév.

7 suites – 60/115 € – 7 €

Rest *(fermé jeudi soir sauf juil.-août, dim. soir et lundi)* – Formule 13 € – Menu 20/42 € – Carte 37/49 €

Dans cette maison du 19e s., bien rénovée, on trouve des suites familiales d'esprit contemporain, spacieuses et bien tenues. Jardin verdoyant et transats autour de la piscine. Au restaurant, décor soigné et cuisine dans l'air du temps.

Ursula sans rest VISA AE

quartier Bas-Cambo, 2 km au Nord – ✆ 05 59 29 88 88 – www.hotel-ursula.fr – Fermé 20 déc.-4 janv.

15 ch – 59/68 € 65/75 € – 9 €

Petit hôtel familial, convivial et coloré, au cœur du pittoresque quartier du Bas-Cambo. Chambres très bien tenues et climatisées. Jambon et confitures maison au petit-déjeuner.

Auberge "Chez Tante Ursule"
fronton du Bas-Cambo, 2 km au Nord – 05 59 29 78 23 – www.auberge-tante-ursule.com – Fermé mardi
Rest – Formule 14 € – Menu 28/36 € – Carte 34/42 €
Il est des proches qu'on apprécie plus que d'autres... Chez Tante Ursule, on est sûr de se régaler de bonnes recettes régionales ! Au sein de cette maison basque du 19e s., voisine du fronton, la salle a été aménagée dans un ancien atelier de menuiserie. Original et authentique.

CAMBRAI – 59 Nord – 302 H6 – 32 518 h. – alt. 53 m – 59400 — 31 C3

Nord Pas-de-Calais Picardie
Paris 179 – Amiens 98 – Arras 36 – Lille 77
48, rue du Noyon, 03 27 78 36 15, www.tourisme-cambrai.fr
Mise au tombeau★★ de Rubens dans l'église St-Géry AY - Musée Beaux-Arts : clôture du choeur★, char de procession★ AZ **M.**

Plan page suivante

Beatus
718 av. de Paris, 1,5 km par ⑤ – 03 27 81 45 70 – www.beatus-cambrai.com
31 ch – †73/114 € ††78/114 € – 11 €
Rest *(fermé août, 24 déc.-1 janv. et week-ends) (dîner seult)* – Formule 17 € – Menu 22/39 € – Carte 31/59 €
Légèrement excentré, cet hôtel familial est niché dans un parc ombragé. Ici, on vient et revient pour l'accueil chaleureux et les chambres au calme (les plus récentes étant en outre très cosy). Le soir, les résidents profitent du restaurant traditionnel.

Le Clos St-Jacques sans rest
9 r. St-Jacques – 03 27 74 37 61 – www.leclosstjacques.com – Fermé 9-20 août et 23 fév.-4 mars BY**e**
5 ch – †88/126 € ††98/136 €
"Ce bel hôtel particulier aurait accueilli la confrérie de Saint-Jacques de Compostelle." Le propriétaire est un conteur né et ne manque pas d'anecdotes... Quant à sa femme, elle a insufflé une âme "déco" à la maison, tout en préservant son cachet originel. Le petit-déjeuner est excellent.

Au Fil de l'Eau
1 bd Dupleix – 03 27 74 65 31 – www.aufildeleau-cambrai.fr – Fermé 15 juil.-14 août, 16-21 fév., dim. soir, merc. soir et lundi AY**f**
Rest – Formule 22 € bc – Menu 27/52 € – Carte 32/52 €
Sympathique petit restaurant près d'une écluse du canal de St-Quentin. Ici convivialité rime avec déco colorée et saveurs traditionnelles iodées. Et pour cause, la propriétaire est originaire du Morbihan !

Maison Demarcq (N)
2 r. St-Pol – 03 27 37 77 78 – www.maisondemarcq.com – Fermé dim. soir et lundi AY**a**
Rest – Menu 29/69 € – Carte 39/46 €
Cette demeure bourgeoise a été marquée par l'histoire de la ville : Napoléon y a séjourné – tout près de l'endroit où aurait été signée la fameuse Paix des Dames (1529). Le décor cultive un élégant classicisme, et la cuisine se révèle inventive et soignée. Une belle adresse dans la capitale des "bêtises".

CAMBREMER – 14 Calvados – 303 M5 – 1 105 h. – alt. 100 m – 14340 — 33 C2

Paris 211 – Caen 38 – Deauville 28 – Falaise 38
rue Pasteur, 02 31 63 08 87, www.office-tourisme-cambremer.fr

Château Les Bruyères
rte du Cadran (D 85) – 02 31 32 22 45 – www.chateaulesbruyeres.com – Fermé 3 janv.-3 fév.
13 ch – †95/225 € ††160/225 € – 1 suite – 20 € – ½ P
Rest *Château Les Bruyères* – voir les restaurants ci-après
Au bout d'une grande allée, un charmant petit manoir en brique rouge, véritable concentré d'élégance bourgeoise. L'endroit est parfait pour un séjour romantique, comme une ode à la quiétude. Marcel Proust y a séjourné...

CAMBRAI

Albert-1er (Av.) . . . . BY 2
Alsace-Lorraine (R. d') . . . . BYZ 4
Berlaimont (Bd de) . . . . BZ 5
Briand (Pl. A.) . . . . AYZ 6
Cantimpré (R. de) . . . . AY 7
Capucins (R. des) . . . . AY 8
Château-de-Selles (R. du) . . . AY 10
Clefs (R. des) . . . . AY 12
Épée (R. de l') . . . . AZ 13
Fénelon (Gde-R.) . . . . AY 15
Fénelon (Pl.) . . . . AY 16
Feutriers (R. des) . . . . AY 17
Gaulle (R. Gén.-de) . . . . BZ 18
Grand-Séminaire (R. du) . . . . AZ 19
Lattre-de-Tassigny (R. Mar.-de) . . . . BZ 21
Leclerc (Pl. du Mar.) . . . . BZ 22
Lille (R. de) . . . . BY 23
Liniers (R. des) . . . . AZ 24
Moulin (Pl. J.) . . . . AZ 25
Nice (R. de) . . . . AY 27
Pasteur (R.) . . . . AY 29
Porte-de-Paris (Pl. de la) . . . . AZ 32
Porte-Notre-Dame (R.) . . . . . BY 31
Râtelots (R. des) . . . . AZ 33
Sadi-Carnot (R.) . . . . AY 35
St-Aubert (R.) . . . . AY 36
St-Géry (R.) . . . . AY 37
St-Ladre (R.) . . . . BZ 39
St-Martin (Mail) . . . . AZ 40
St-Sépulcre (Pl.) . . . . AZ 41
Selles (R. de) . . . . AY 43
Vaucelette (R.) . . . . AZ 45
Victoire (Av. de la) . . . . AZ 46
Watteau (R.) . . . . BZ 47
9-Octobre (Pl. du) . . . . AY 48

Château Les Bruyères

rte du Cadran (D 85) – ✆ 02 31 32 22 45 – www.chateaulesbruyeres.com – Fermé 3 janv.-3 fév., lundi et mardi d'oct. à avril

Rest *(dîner seult)* – Menu 35/85 €

"Manger au château" prend ici tout son sens. Le chef élabore des menus "terre et mer" selon les arrivages du marché, parfumés de plantes aromatiques et de fruits et légumes du potager. Originale, la belle sélection de cidres.

CAMPAGNE – 24 Dordogne – 329 G6 – rattaché au Bugue

CAMPES – 81 Tarn – 338 D6 – rattaché à Cordes-sur-Ciel

CAMPIGNY – 27 Eure – 304 D6 – rattaché à Pont-Audemer

CAMPSEGRET – 24 Dordogne – 329 E6 – 399 h. – alt. 130 m – ✉ 24140 **4** C1

Paris 578 – Agen 103 – Bordeaux 117 – Périgueux 36

les Courades, ✆ 05 53 24 20 39, www.bergerac-tourisme.com

La Libertie N sans rest

– ✆ *05 53 61 66 45 – www.lalibertie.com*

5 ch ☕ – ✝80/90 € ✝✝80/90 €

Ouvrir une maison d'hôtes, tel était le rêve de ce couple de Suédois tombé sous le charme du Sud-Ouest ! Leur choix s'est porté sur cette belle maison en pierre du pays de Bergerac. Les chambres, au charme simple, ouvrent toutes de plain-pied sur le joli jardin. Une certaine idée de La Libertie...

CANAPVILLE – 14 Calvados – 303 M4 – rattaché à Deauville

CANCALE – 35 Ille-et-Vilaine – 309 K2 – 5 374 h. – alt. 50 m – ✉ 35260 **10** D1

Bretagne Nord

Paris 398 – Avranches 61 – Dinan 35 – Fougères 73

44, rue du Port, ✆ 02 99 89 63 72, www.cancale-tourisme.fr

Site★ - Port de la Houle★ - ✳★ de la tour de l'église St-Méen - Pointe du Hock et sentier des Douaniers ≤★.

Pointe du Grouin★★.

Plan page suivante

Les Maisons de Bricourt

Lieu-dit Le Buot, par rte du Mont-St-Michel : 7 km par D 76, D 155 et voie secondaire – ✆ 02 99 89 64 76 – www.maisons-de-bricourt.com – Fermé 27 janv.-15 mars

11 ch – ✝190/320 € ✝✝190/320 € – 2 suites – ☕ 24 €

Rest *Le Coquillage* ✿ – voir les restaurants ci-après

Dans un parc (plantes aromatiques, animaux) dominant la baie du Mont-St-Michel, superbe villa de 1920 où séjourna Léon Blum. Chambres très raffinées, accueil soigné.

Le Continental

4 quai Thomas – ✆ 02 99 89 60 16 – www.hotel-cancale.com – Fermé 8 janv.-4 fév.

17 ch – ✝75/155 € ✝✝95/175 € – ☕ 14 € – ½ P **Zs**

Rest *L'Ormeau* – voir les restaurants ci-après

Une petite adresse sympathique : situation privilégiée face au port, chambres confortables et très bien tenues et, pour les gourmands, confitures maison au petit-déjeuner...

CANCALE

Bricourt (Pl.) .... Y 3
Calvaire (Pl. du) .... Z 4
Duguay-Trouin (Quai) .... Z 9
Duquesne (R.) .... Y 10
Du-Guesclin (R.) .... Y 8
Fenêtre (Jetée de la) .... Z 12
Gallais (R.) .... Y 13
Gambetta (Quai) .... Z 14
Hock (R. du) .... Z 16
Jacques-Cartier (Quai) .... Z 17
Juin (R. du Mar.) .... Z 18
Kennedy (Quai) .... Z 19
Leclerc (R. Gén.) .... YZ 20
Mennais (R. de la) .... Y 22
Port (R. du) .... Z
République (Pl. de la) .... Z 23
Rimains (R. des) .... Y 24
Roulette (R. de la) .... Z 25
Stade (R. du) .... Y 27
Surcouf (R.) .... Y 28
Thomas (Quai) .... Z 30

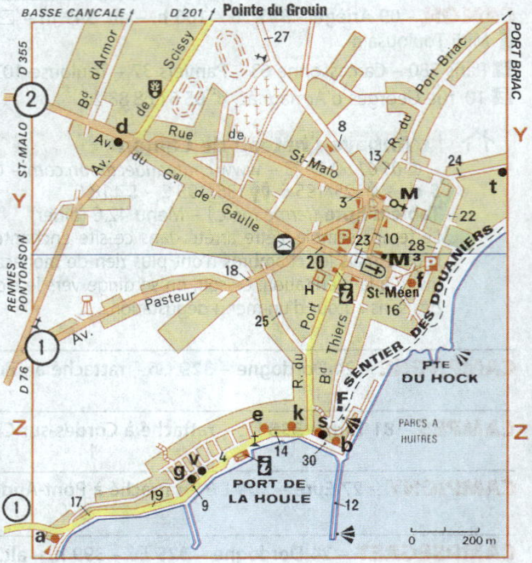

Le Manoir des Douets Fleuris

2 km par ② et D 355 – ✆ 02 23 15 13 81 – www.manoirdesdouetsfleuris.com – Ouvert mars-nov.

7 ch – 81/135 € 81/160 € – 3 suites – 13 € – ½ P

Rest *(fermé lundi hors saison et le midi sauf sam. et dim.)* – Menu 29/55 € – Carte 33/55 €

Un manoir du 17e s. dans la même famille depuis cinq générations... Chambres feutrées (dont une suite avec cheminée en granit), âtre monumental au salon : voilà une demeure qui a une âme ! À table, atmosphère bistrotière mariant vieilles pierres et plats traditionnels.

Auberge de la Motte Jean sans rest

4 km par ② et D 355 – ✆ 02 99 89 41 99 – www.hotel-mottejean.com – Fermé 1er déc.-31 janv.

13 ch – 88/140 € 88/140 € – 8 €

Au jardin ou au bord de l'étang, profitez des plaisirs de la campagne cancalaise ! Corps de ferme de 1707 doté de chambres classiques et romantiques ; accueil charmant.

Alg Hôtel sans rest

59 bis av. du Gén.-de-Gaulle – ✆ 02 99 89 50 00 – www.cancale.brit-hotel.fr – Fermé mi déc.-mi janv. **Yd**

30 ch – 49/85 € 59/119 € – 11 €

À l'entrée de Cancale, cet hôtel créé en 2010 a été entièrement pensé pour le bien-être. Chambres d'esprit zen, offre de soins et de massages, sauna, etc.

Duguay Trouin sans rest

11 quai Duguay-Trouin – ✆ 02 23 15 12 07 – www.hotelduguaytrouin.com

7 ch – 85 € 85/110 € – 9 € **Zg**

Hôtel du port de pêche où simplicité et gentillesse sont reines ! Chambres côté baie ou rochers, sobrement marines et décorées d'objets chinés dans de lointaines contrées...

Le Chatellier sans rest

2 km par ② et D 355 – ✆ 02 99 89 81 84 – www.hotellechatellier.com – Ouvert mars-nov.

13 ch – 59/75 € 69/100 € – 10 €

Belle demeure bretonne au charme familial préservé. Chambres sobres et cosy (mobilier patiné, parquet...), mansardées à l'étage ; certaines donnent sur l'agréable jardin.

Les Rimains sans rest
62 r. des Rimains – ✆ 02 99 89 64 76 – www.maisons-de-bricourt.com – Ouvert de mi-mars à mi-déc. Yt
4 ch – †190/330 € ††190/330 € – ☕ 24 €
Olivier Roellinger a fait de ce ravissant cottage des années 1930 – ceint d'un jardin surplombant la mer et longeant le chemin des douaniers –, une charmante maison d'hôtes. Chambres raffinées (meubles chinés).

Le Coquillage – Les Maisons de Bricourt
Lieu-dit Le Buot, par rte du Mont-St-Michel : 7 km par D 76, D 155 et voie secondaire – ✆ 02 99 89 25 25 – www.maisons-de-bricourt.com – Fermé 27 janv.-15 mars
Rest – Menu 27 € (déj. en sem.), 58/135 €
Poissons et coquillages d'une grande fraîcheur, relevés de savants mélanges d'épices : la figure tutélaire d'Olivier Roellinger plane sur cette table – un menu reprend d'ailleurs ses créations. Grande salle lumineuse ouvrant sur le jardin en bord de mer. Belle carte des vins (blancs de Loire).
➜ Salade de seiche, légumes du potager, herbes sauvages et huile de sureau. Blanc de barbue, poivre des mondes et parfum de combava. La roulante des gourmandises.

Le Querrien avec ch
7 quai Duguay-Trouin – ✆ 02 99 89 64 56 – www.le-querrien.com Zv
15 ch – †69/89 € ††109/169 € – ☕ 10 €
Rest – Menu 15 € (sem.), 20/32 € – Carte 35/65 €
Vous craignez de ne pas avoir le pied marin ? Plutôt que d'embarquer sur un bateau, entrez donc dans ce restaurant ! Dans la salle, au décor marin (boiseries, bouée, pagaie...), on savoure des produits de la mer au top de leur fraîcheur. Terrasse face à la baie et chambres pour prolonger la traversée.

Côté Mer
4 r. E.-Lamort, rte de la corniche – ✆ 02 99 89 66 08 – www.restaurant-cotemer.fr – Fermé 1 sem. fin juin, 2 sem. en nov., vacances de fév., mardi soir, dim. soir hors saison et merc. Za
Rest – Formule 24 € – Menu 29/74 € – Carte 40/73 €
Un charmant petit port, des maisons de pêcheurs, l'air iodé du large... À Cancale, impossible de ne pas regarder Côté Mer ! Dans ce restaurant, face à la baie, les poissons, coquillages et crustacés ont le vent en poupe à travers une cuisine goûteuse et soignée. Un bon rapport qualité-prix.

L'Ormeau – Hôtel Le Continental
4 quai Thomas – ✆ 02 99 89 60 16 – www.restautant-ormeau-cancale.fr – Fermé 8 janv.-4 fév., mardi et merc. sauf le soir de juin à sept. Zs
Rest – Menu 19 € (déj. en sem.), 23/72 € – Carte 45/75 €
Ce restaurant au cadre élégant (boiseries, miroirs et vue sur la flottille de pêche) comblera les amateurs de poisson et fruits de mer. En effet, comment refuser un plateau d'huîtres de Cancale, un filet de saint-pierre ou... des ormeaux ?

La Maison de la Marine Ⓝ avec ch
23 r. de la Marine – ✆ 02 99 89 88 53 – www.maisondelamarine.com – Fermé 2-20 mars, 15 nov.-10 déc., dim. soir et lundi hors saison Zf
5 ch ☕ – †115/125 € ††125/170 € **Rest** – Menu 27/69 € – Carte 43/72 €
Voilà une ancienne maison des affaires maritimes superbement reconvertie : décor de flibustiers intime, terrasse face au jardin, salon "so British"... Et l'on y déguste une savoureuse cuisine qui suit au plus près les saisons. Ne manquez pas le dessert surprise du chef ! Une bonne adresse pour se régaler à petits prix.

La Table de Breizh Café
7 quai Thomas, (1er étage) – ✆ 02 99 89 56 46 – www.breizhcafe.com – Fermé janv., mardi sauf juil.-août et merc. Zb
Rest *(nombre de couverts limité, réserver)* – Menu 38 € (déj. en sem.), 48/120 €
Quand breton rime avec nippon... À l'étage même d'une crêperie à laquelle elle est associée, cette table gastronomique est menée par un chef japonais ! Sa cuisine franco-nippone se révèle aussi soignée que séduisante, comme le cadre qui transporte au Japon... avec vue sur la baie du Mont-St-Michel. Belle expérience.
➜ Huître creuse de Cancale mi-cuite, chutney de tomate et huile d'olive au citron. Pavé de turbot poêlé, purée de céleri-rave et condiment au yuzukosho. Mousse de sucre noir d'Okinawa et brownie au café.

Le Surcouf
7 quai Gambetta – ✆ 02 99 89 61 75 – Fermé déc., janv., mardi et merc.
Rest – Menu 16/44 € – Carte 41/58 € **Zk**
Du nom du célèbre corsaire Robert Surcouf, sur le port, ce joli petit bistrot surfe sur le haut de la vague ! Dans un décor d'inspiration marine (préférez la salle de l'étage qui offre une meilleure vue sur la baie), on apprécie une savoureuse cuisine de la mer et de bons petits vins. Le tout à prix doux.

Le Troquet
19 quai Gambetta – ✆ 02 99 89 99 42 – Fermé mi-nov. à fin-janv., jeudi et vend. sauf vacances scolaires **Ze**
Rest – Formule 18 € – Menu 26/38 € – Carte 38/65 €
Un sympathique petit "Troquet" sur les quais, face à la baie. Le chef porte haut l'étendard du terroir local : poissons et crustacés de premier choix, selon les arrivages, dont les fameuses huîtres de Cancale. Le must : s'installer sur la terrasse et faire des rêves de voyage.

Breizh Café (N)
7 quai Thomas, (rez-de-chaussée) – ✆ 02 99 89 61 76 – www.breizhcafe.com – Fermé janv., mardi sauf juil.-août et merc. **Zk**
Rest – Carte 14/34 €
Sur le port de Cancale, ce Breizh Café n'a qu'une devise : "La crêpe autrement." Et pour cause : il est né... au Japon ! Son patron, Bertrand Larcher, a le premier exporté la galette bretonne à Tokyo, et après plusieurs enseignes nippones, a récidivé au sein de la mère patrie. La qualité est au rendez-vous.

à la Pointe du Grouin ★★ 4,5 km au Nord par D 201 – ✉ 35260 Cancale

La Pointe du Grouin
– ✆ 02 99 89 60 55 – www.hotelpointedugrouin.com – Ouvert 15 mars-15 nov.
15 ch – †90/100 € ††90/125 € – ☕ 10 € – ½ P
Rest *La Pointe du Grouin* – voir les restaurants ci-après
Il règne comme un délicieux parfum de bout du monde dans cette demeure bretonne perchée sur une falaise, face aux îles et au Mont-St-Michel. Les chambres sont romantiques à souhait... Un petit paradis !

La Pointe du Grouin
– ✆ 02 99 89 60 55 – www.hotelpointedugrouin.com – Fermé 16 nov.-15 mars, jeudi midi sauf du 14 juil. au 31 août et mardi
Rest – Menu 24/83 € – Carte 46/76 €
Une vue superbe sur la baie du Mont-St-Michel ! Sur la pointe du Grouin, ce restaurant est une ode à la tradition et aux produits marins... Filet de lieu, aile de raie, soupe de poisson, mais aussi filet mignon de porc : entre terre et mer, exactement.

CANCON – 47 Lot-et-Garonne – 336 F2 – 1 296 h. – alt. 199 m – ✉ 47290 4 C2
Paris 581 – Agen 51 – Bergerac 40 – Bordeaux 134
Place des halles, ✆ 05 53 01 09 89, www.cancon.fr

à St-Eutrope-de-Born 9 km au Nord-Est par D 124 et D 153 – 696 h. – alt. 95 m – ✉ 47210

Domaine du Moulin de Labique
rte de Villeréal – ✆ 05 53 01 63 90 – www.moulin-de-labique.net – Fermé 23 oct.-2 nov.
5 ch ☕ – †85 € ††110/135 € **Table d'hôte** – Menu 31 €
Tissus Liberty, toile de Jouy, meubles patinés par les ans... Un beau domaine au bord d'un ruisseau, dans un style "campagne chic" vraiment ravissant. Pour ne rien gâcher, les propriétaires sont très conviviaux et, au petit-déjeuner, rien de meilleur qu'une confiture maison ! Étang pour les amateurs de pêche.

CANDES-ST-MARTIN – 37 Indre-et-Loire – 317 J5 – 222 h. – alt. 35 m – ✉ 37500 Châteaux de la Loire 11 A2
Paris 290 – Angers 76 – Chinon 16 – Saumur 13
Collégiale★.

Auberge de la Route d'Or

2 pl. de l'Église – ✆ 02 47 95 81 10 – Ouvert début avril à mi-nov. et fermé lundi sauf le midi en juil.-août et mardi

Rest *(nombre de couverts limité, réserver)* – Menu 17 € (sem.), 25/34 € – Carte 39/50 €

Que les chercheurs d'or ne s'enthousiasment pas trop vite... Ici, point de métal précieux mais une appétissante cuisine traditionnelle qui s'inspire du terroir. À savourer dans le décor rustique de cette petite auberge du 17e s. au pied de l'église du village. Et aux beaux jours, profitez de la jolie terrasse !

CANDÉ-SUR-BEUVRON – 41 Loir-et-Cher – 318 E7 – 1 462 h. – alt. 70 m – ✉ 41120 — 11 A1

Paris 199 – Blois 15 – Chaumont-sur-Loire 7 – Montrichard 21

10, route de Blois, ✆ 02 54 44 00 44

La Caillère — ch, rest,

36 rte de Montils – ✆ 02 54 44 03 08 – www.lacaillere.com – fermé janv. et fév.

16 ch – †54/63 € ††63/75 € – ☕ 11 € – ½ P

Rest *(fermé merc. et le midi sauf sam. et dim.)* – Menu 20 € (sem.), 30/46 € – Carte 41/52 €

Isolée de la route par un rideau de verdure, cette ancienne ferme est flanquée d'une aile moderne abritant des chambres sobres et bien tenues. Cuisine traditionnelle de saison dans une salle au cachet campagnard (vieilles soupières, plafond à la française).

LE CANET – 13 Bouches-du-Rhône – 340 I5 – rattaché à Aix-en-Provence

CANET – 11 Aude – 344 I3 – rattaché à Narbonne

CANET-EN-ROUSSILLON – 66 Pyrénées-Orientales – 344 J6 – 13 052 h. – alt. 11 m – Casino BZ – ✉ 66140 — 22 B3

Paris 849 – Argelès-sur-Mer 21 – Narbonne 66 – Perpignan 11

1bis avenue de la Méditerranée, ✆ 04 68 86 72 00, www.mairie-canet-en-roussillon.fr

à Canet-Plage – ✉ 66140

Plan page suivante

Les Flamants Roses

1 voie des Flamants-Roses, par ① – ✆ 04 68 51 60 60 – www.hotel-flamants-roses.com

60 ch – †140/365 € ††140/365 € – 3 suites – ☕ 19 € – ½ P

Rest *L'Horizon* – Formule 23 € – Menu 29 € bc (déj. en sem.), 46/60 € – Carte environ 51 €

Hôtel récent bordant la plage et couplé à un centre de thalasso qui ravira les adeptes du genre : piscines intérieures, hammam et soins au top ! Quant aux chambres, ouvertes sur les flots ou le jardin, elles sont très chaleureuses.

Le Mas de la Plage — ch,

34 av. Roussillon – ✆ 04 68 80 32 63 – www.lemasdelaplageetdespins.com – Ouvert 20 mars-31 oct. — AYa

19 ch ☕ – †85/130 € ††90/130 € **Rest** *(dîner seult) (résidents seult)* – Menu 28 €

À deux pas de la plage, un mas familial simple et authentique – la maison de l'arrière-grand-père de l'actuel propriétaire. Chambres coquettes, jardin ravissant et menu unique au restaurant.

Ibis Styles sans rest

120 prom. de la Côte-Vermeille – ✆ 04 68 80 28 59 – www.allseasonshotels.com

48 ch ☕ – †89/135 € ††99/145 € — BZb

Un hôtel de bord de mer avec des chambres simples mais confortables (lits king size), à préférer côté Méditerranée, avec balcon.

Le Galion

20 bis av. du Grand-large – ✆ 04 68 80 28 23 – www.hotel-le-galion.com

28 ch – †68/149 € ††68/149 € – ☕ 11 € – ½ P — BZr

Rest – Formule 18 € bc – Menu 26 € (déj.)/32 € – Carte 28/44 €

Un Galion familial et pratique, avec des chambres sobres et fraîches (balcon)... Petits plus : la piscine chauffée et le parking clos.

CANET-PLAGE

Aigues Marines (R. des) .... BZ 2
Albères (R. des) .... BY 5
Amandiers (R. des) .... BY 6
Anémones (Bd des) .... AYZ 7
Balcons du Front de Mer (Av. des) BZ 8
Bourgogne-Morvan (R.) .... BZ 9
Capcir (Galerie du) .... BY 12
Cassanyes (Galerie) .... BY 14
Catalogne (Av. de la) .... BY 15
Cerdagne (R. de) .... BY 18
Cerisiers (R. des) .... BY 20
Champagne (R. de) .... BZ 22
Coquillages (R. des) .... BZ 25
Corbières (R. des) .... BY 28
Grande-Bretagne (R. de) .... BYZ 29
Gratia (Av. Edmond) .... BZ 30
Île-de-France (R.) .... BZ 32
Jouy d'Arnaud (R.) .... BY 33
Pountarrou (Av. du) .... AY 34
Pyrénées (R. des) .... BY 35
Sardane (R. de la) .... ABY 36

Le Don Quichotte

22 av. de Catalogne – ✆ 04 68 80 35 17 – www.ledonquichotte.com – Fermé mi-janv.-mi-fév., mardi hors saison et lundi BYr

Rest – Menu 20 € (déj. en sem.)/50 € – Carte 36/83 €

Dans ce restaurant frais et élégant, le patron privilégie les produits locaux. Sa cuisine traditionnelle prend de beaux accents catalans et, en passionné d'œnologie, il vous fait découvrir de jolis crus. Simple et bon !

CANGEY – 37 Indre-et-Loire – 317 P4 – 1 067 h. – alt. 85 m – ✉ 37530 11 A1

Châteaux de la Loire

Paris 210 – Amboise 12 – Blois 28 – Montrichard 26

de Fleuray, Route de Dame-Marie-les-Bois, N : 8 km par D 74, ✆ 02 47 56 07 07

Le Fleuray

7 km au Nord, par D 74 rte Dame-Marie-les-Bois – ✆ 02 47 56 09 25 – www.lefleurayhotel.com – Fermé 24 nov.-1er déc. et 21-28 déc.

23 ch – 88/148 € 88/148 € – 1 suite – 15 € – ½ P

Rest *(fermé le midi sauf dim.) (nombre de couverts limité, réserver)* – Menu 29/39 € – Carte 45/73 €

Une ferme restaurée, si charmante avec son verger et sa piscine ! On vous accueille avec le sourire, et les chambres, coquettes, ont des noms de fleurs... Restaurant façon jardin d'hiver, avec une belle vue sur la campagne.

CANNES – 06 Alpes-Maritimes – 341 D6 – 73 372 h. – alt. 2 m 42 E2 – Casinos : Palm Beach X, Croisette BZ – ✉ 06400 Côte d'Azur

Paris 898 – Aix-en-Provence 149 – Marseille 160 – Nice 33

1, boulevard de La Croisette, ✆ 04 92 99 84 22, www.cannes.travel

Riviera Golf Club, à Mandelieu, Avenue des Amazones, par rte de la Napoule : 8 km, ✆ 04 92 97 49 49

de Cannes Mougins, à Mougins, 175 avenue du Golf, NO : 9 km, ✆ 04 93 75 79 13

Royal Mougins Golf Club, à Mougins, 424 avenue du Roi, par rte de Grasse : 10 km, ✆ 04 92 92 49 69

Site★★ - Le front de Mer★★ : boulevard★★ et pointe★ de la croisette - ★ de la tour du Mont-Chevalier AZ - Musée de la Castre★★ AZ - Chemin des Collines★ NE : 4 km V - La Croix des Gardes X ★ O : 5 km puis 15 mn.

Plans pages suivantes

Martinez

73 bd de la Croisette – ✆ 04 92 98 73 00 – www.concorde-hotels.com/martinez

409 ch – 190/1250 € 190/1250 € – 14 suites – 39 € DZn

Rest *La Palme d'Or*

Rest *Relais Martinez* – voir les restaurants ci-après

Rest *Z. Plage* ✆ 04 92 98 74 22 *(ouvert début avril-mi-oct. et fermé le soir sauf les week-ends en juil.-août)* – Formule 36 € – Carte 85/180 €

Escale idyllique, ce palace Art déco rivalise de luxe et de style. Chambres et suites somptueuses, équipements high-tech, très belle piscine chauffée, grand spa avec des produits Lancaster et Sothys... L'esprit Côte d'Azur, assurément !

Majestic Barrière

10 bd de la Croisette – ✆ 04 92 98 77 00 – www.majestic-barriere.com – Fermé 2 sem. en déc. et 3 sem. en fév. BZn

289 ch – 200/1250 € 200/1250 € – 60 suites – 38 €

Rest *Fouquet's*

Rest *La Petite Maison de Nicole* – voir les restaurants ci-après

Rest *B. Sud* ✆ 04 92 98 77 32 *(ouvert 7 avril-30 sept.) (déj. seult)* – Carte 53/139 €

En face du palais des Festivals, sa façade immaculée évoque le faste des Années folles. Luxe, confort et raffinement contemporain à tous les étages, pour un séjour chic, à l'image de la Croisette.

CANNES

Albert-Édouard (Jetée) BZ
Alexandre-III (Bd) X 2
Alsace (Bd) BDY
Anc.-Combattants-d'Afrique-du-Nord (Av.) AYZ 4
André (R. du Cdt) CZ
Antibes (R. d') BCY
Bachaga-Saïd-Boualam (Av.) AY 5
Beauséjour (Av.) DYZ
Beau-Soleil (Bd) X 10
Belges (R. des) BZ 12
Blanc (R. Louis) AYZ
Broussailles (Av. des) V 16
Buttura (R.) BZ 17
Canada (R. du) DZ
Carnot (Bd) X
Carnot (Square) V 20
Castre (Pl. de la) AZ 21
Chabaud (R.) CY 22
Clemenceau (R. G.) AZ
Coteaux (Av. des) V
Croisette (Bd de la) BDZ
Croix-des-Gardes (Bd) VX 29
Delaup (Bd) AY 30
Dr-Pierre Gazagnaire (R.) AZ 32
Dr-R. Picaud (Av.) X
Dollfus (R. Jean) AZ 33
États-Unis (R. des) CZ 35
Favorite (Av. de la) X 38
Félix-Faure (R.) ABZ
Ferrage (Bd de la) ABY 40
Fiesole (Av.) X 43
Foch (R. du Mar.) BY 44
Gallieni (R. du Mar.) BY, X 48
Gaulle (Pl. Gén.-de) BZ 51
Gazagnaire (Bd Eugène) X
Grasse (Av. de) VX 53
Guynemer (Bd) AY
Hespérides (Av. des) X 55
Hibert (Bd Jean) AZ
Hibert (R.) AZ
Isola-Bella (Av. d') X
Jean-Jaurès (R.) BCY
Joffre (R. du Mar.) BY 60
Juin (Av. Mar.) DZ
Koening (Av. Gén.) DY
Lacour (Bd Alexandre) X 62
Latour-Maubourg (R.) DZ
Lattre-de-Tassigny (Av. de) AY 63
Laubeuf (Quai Max) AZ
Lérins (Av. de) X 65
Liberté-Charles de Gaulle (A. de la) AZ 70
Lorraine (Bd de) CDY
Macé (R.) CZ 66
Madrid (Av. de) DZ
Meynadier (R.) ABY
Midi (Bd du) X
Mimont (R. de) BY
Montfleury (Bd) CDY 74
Monti (R. Marius) AY 75
Mont-Chevalier (R. du) AZ 72
Noailles (Av. J.-de) X
Observatoire (Bd de l') X 84
Oxford (Bd d') V 87
Paillassou (Av. R. et I.) V 64
Pantiero (La) ABZ
Paradis-Terrestre (Corniches du) V 88
Pasteur (R.) DZ
Pastour (R. Louis) AY 90
Perier (Bd du) V 91
Perrissol (R. Louis) AZ 92
Petit-Juas (Av. du) VX
Pins (Bd des) X 95
Pompidou (Espl. G.) BZ
Prince-de-Galles (Av. du) X 97
République (Bd de la) X
Riouffe (R. Jean de) BY 98
Riou (Bd du) VX
Roi-Albert 1er (Av.) X
Rouguière (R.) BY 100
St-Antoine (R.) AZ 102
St-Nicolas (Av.) BY 105
St-Pierre (Quai) AZ
Sardou (R. Léandre) X 108
Serbes (R. des) BZ 110
Source (Bd de la) X 112
Stanislas (Pl.) AY
Strasbourg (Bd de) CDY
Teisseire (R.) CY 114
Tuby (Bd Victor) AYZ 115
Vallauris (Av. de) VX 116
Vallombrosa (Bd) AY 118
Vautrin (Bd Gén.) DZ
Vidal (R. du Cdt) CY 120
Wemyss (Av. Amiral Wester) X 122
1ère Division-Française (Bd de la) BCY 124

LE CANNET

Aubarède (Ch. de l') V 8
Bellevue (Pl.) V 13
Bréguières (Rte des) V 14
Cannes (R. de) V 19
Carnot (Bd) V
Cheval (Av. Maurice) V 23
Collines (Ch. des) V
Doumer (Bd Paul) V 31
Écoles (Av. des) V 34
Four-à-Chaux (Bd du) V 45
Gambetta (Bd) V 50
Gaulle (Av. Gén.-de) V
Jeanpierre (Av. Maurice) V 58
Mermoz (Av. Jean) V 67
Monod (Bd Jacques) V 68
Mont-Joli (Av. du) V 73
N.-D.-des-Anges (Av.) V 79
Olivetum (Bd d') V 86
Olivet (Ch. de l') V 85
Paris (R. de) V 89
Pinède (Av. de la) V 94
Pompidou (Av. Georges) V 96
République (Bd de la) V
Roosevelt (Av. Franklin) V 99
St-Sauveur (R.) V 106
Victoria (Av.) V
Victor-Hugo (R.) V 119

VALLAURIS

Cannes (Av. de) V 18
Clemenceau (Av. G.) V 25
Dr J. Ugo (Bd du) V 56
Golfe (Av. du) V 52
Picasso (Av. Pablo) V 93
Rouvier (Bd Maurice) V 102
Tapis-Vert (Av. du) V 113

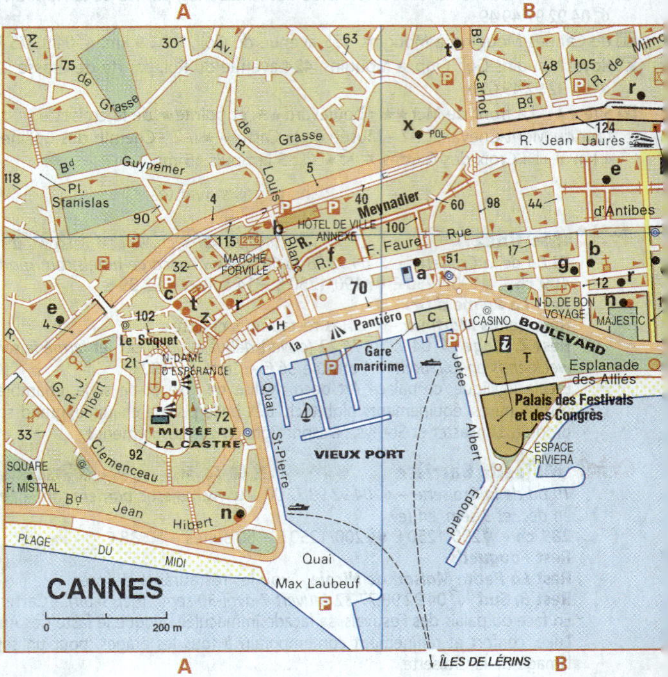

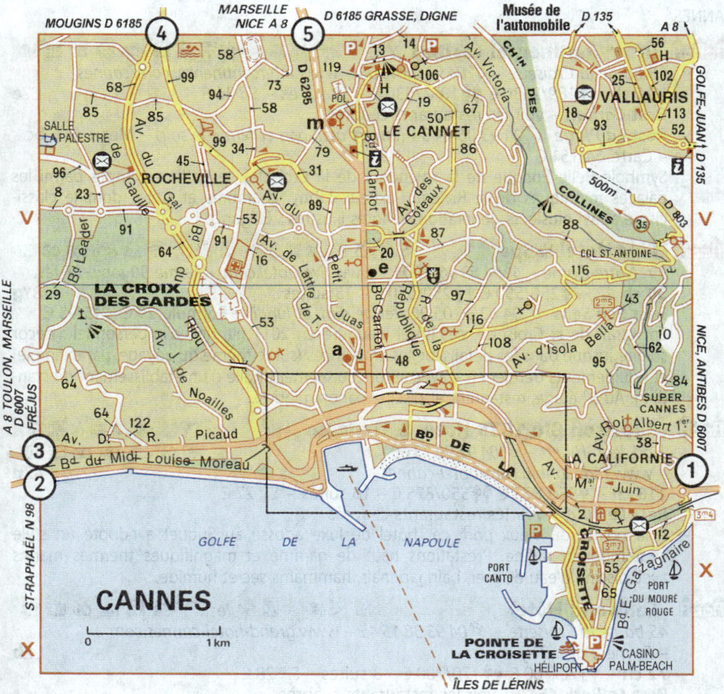
MOUGINS D 6185
MARSEILLE NICE A 8
D 6185 GRASSE, DIGNE
Musée de l'automobile
D 135
A 8
GOLFE-JUAN D 135
VALLAURIS
LE CANNET
ROCHEVILLE
SALLE LA PALESTRE
Av. du Gal de Gaulle
Bd Leader
LA CROIX DES GARDES
Av. de Lattre de T.
Bd Carnot
Av. des Coteaux
R. de la République
Petit Juas
Av. Victoria
CHIN DES COLLINES
COL ST-ANTOINE
Av. d'Isola Bella
SUPER CANNES
Av. Roi Albert 1er
LA CALIFORNIE
Av. Mal Juin
Bd de la Croisette
Bd du Midi Louise Moreau
Av. Dr. R. Picaud
Av. J. de Noailles
Bd du Riou
GOLFE DE LA NAPOULE
PORT CANTO
PORT DU MOURÉ ROUGE
Bd E. Gazagnaire
POINTE DE LA CROISETTE
HÉLIPORT
CASINO PALM-BEACH
ÎLES DE LÉRINS
CANNES
0 1 km
A 8 TOULON, MARSEILLE D 6007 FRÉJUS
ST-RAPHAËL N 98
NICE, ANTIBES D 6007
V
X
C
D

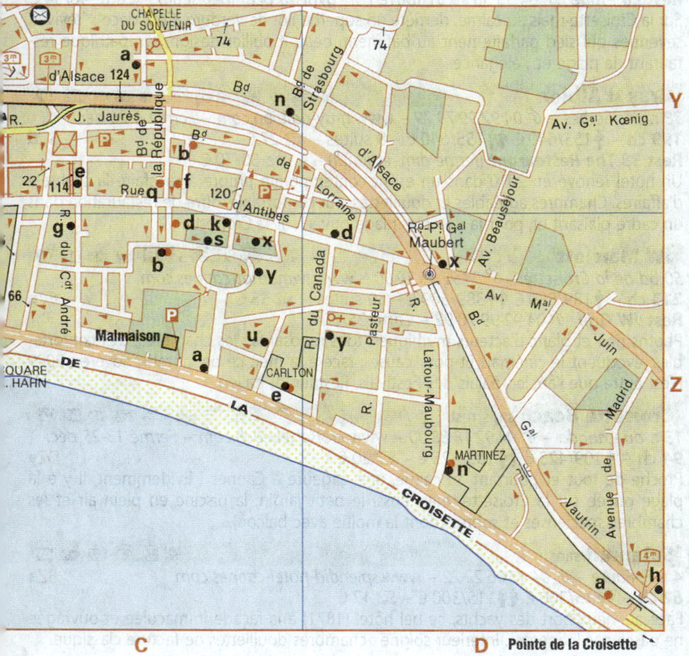
CHAPELLE DU SOUVENIR
Bd d'Alsace
R. J. Jaurès
Bd de la République
Bd de Strasbourg
Bd de Lorraine
Rue d'Antibes
Rd-Pt Gal Maubert
Av. Beauséjour
Av. Gal Kœnig
Av. Mal Juin
Bd Gal Vautrin
Avenue de Madrid
R. du Cdt André
R. du Canada
R. Pasteur
R. Latour-Maubourg
Malmaison
CARLTON
MARTINEZ
DE LA CROISETTE
SQUARE HAHN
Pointe de la Croisette
Y
Z
C
D

Inter Continental Carlton
58 bd de la Croisette – 04 93 06 40 06 – www.intercontinental.com/cannes
304 ch – 189/2530 € 189/2530 € – 39 suites – 36 € CZ**e**
Rest *Carlton* – voir les restaurants ci-après
Rest *La Plage* 04 93 06 44 94 *(ouvert avril-oct. et fermé le soir)* – Menu 44 € bc – Carte 64/151 €
Symbole Belle Époque de la splendeur de la Croisette, le Carlton compte parmi les palaces mythiques de la Riviera. Luxueux lobby, chambres et suites dont le classicisme a ravi plusieurs générations d'hôtes illustres... Élégance !

Five Hotel & Spa
1 r. Notre-Dame – 04 63 36 05 05 – www.five-hotel.com – Fermé 30 janv.-27 fév.
30 ch – 250/550 € 250/550 € – 15 suites BY**g**
Rest *Sea Sens* 04 63 36 05 06 *(fermé dim. et lundi)* – Formule 29 € – 45/95 €
En retrait de la Croisette, cet hôtel inauguré en 2011 n'a rien d'impersonnel : décor soigné jusque dans les détails, belles ambiances (sur le thème du voyage, par exemple) et équipements dernier cri – avec le fonctionnement huilé d'un établissement de standing. Au 5e étage, restaurant et piscine panoramiques...

Radisson Blu 1835 Hotel & Thalasso
1 bd Jean-Hibert – 04 92 99 73 00
– www.radissonblu.com/hotel-cannes AZ**n**
118 ch – 550/875 € 550/875 € – 16 suites – 27 €
Rest *Le 360°* – voir les restaurants ci-après
À la pointe du vieux port, cet hôtel de luxe adossé au Suquet a adopté un style contemporain raffiné. Prestations haut de gamme et magnifiques thermes marins avec piscine d'eau de mer, bain japonais, hammams sec et humide...

Le Grand Hôtel
45 bd de la Croisette – 04 93 38 15 45 – www.grand-hotel-cannes.com
– Fermé 8 déc.-21 janv. CZ**b**
72 ch – 170/700 € 170/700 € – 3 suites – 28 €
Rest *Le Park 45* – voir les restaurants ci-après
Rest *La Plage* 04 93 38 19 57 *(ouvert 1er avril-10 oct.) (déj. seult)* – Carte 48/54 €
Sur la Croisette mais au calme, derrière un superbe îlot de verdure. Côté déco : "revival" seventies qui sied parfaitement au bâtiment, beau mobilier design, sympathique restaurant de plage et... élégance.

Gray d'Albion
38 r. des Serbes – 04 92 99 79 79 – www.gray-dalbion.com – Fermé 6-26 déc.
199 ch – 155/640 € 155/640 € – 8 suites – 27 € BZ**d**
Rest *38 The Restaurant* *(fermé dim. et lundi)* – Carte 50/70 €
Un hôtel rénové en 2010 dans un esprit contemporain propre à satisfaire la clientèle d'affaires. Chambres agréables et douillettes, bar confortable, offre de restauration dans un cadre plaisant et, pour la détente, plage privée sur la Croisette.

JW Marriott
50 bd de la Croisette – 04 92 99 70 00 – www.jwmarriottcannes.com
213 ch – 189/589 € 389/589 € – 50 suites – 35 € CZ**a**
Rest *JW Grill* 04 92 99 70 92 – Carte 35/80 €
Photos noir et blanc d'acteurs mythiques, tons reposants : les chambres, très confortables, évoquent le cinéma... Et pour cause : face à la mer, ce bel hôtel rénové en 2009 n'est autre que l'ancien palais des Festivals. Restaurant italien.

Croisette Beach sans rest
13 r. du Canada – 04 92 18 88 00 – www.croisettebeach.com – Fermé 13-25 déc.
94 ch – 109/425 € 109/425 € – 20 € DZ**y**
Proche de tout et pourtant au calme, une gageure à Cannes ! Évidemment, il y a la plage privée sur la Croisette, mais aussi le petit jardin, la piscine en plein air et les chambres spacieuses et sobres (dont la moitié avec balcon)...

Splendid sans rest
4 r. F.-Faure – 04 97 06 22 22 – www.splendid-hotel-cannes.com BZ**a**
62 ch – 115/300 € 115/300 € – 17 €
Face au vieux port des yachts, ce bel hôtel (1871) à la façade immaculée et ouvragée ne passe pas inaperçu... Intérieur soigné ; chambres douillettes de facture classique.

3.14 Hôtel
5 r. F.-Einesy – ✆ 04 92 99 72 00 – www.3-14hotel.com – Fermé 12 déc.-22 janv.
94 ch – †180/410 € ††180/410 € – 15 suites – ☕ 25 € **CZu**
Rest *(fermé dim. et lundi) (dîner seult)* – Menu 35 € – Carte 46/73 €
Atmosphère jeune, festive, pop et décontractée – ici, on organise de nombreuses soirées musicales – dans ce bel hôtel très international. On y célèbre les cinq continents, en convoquant tour à tour le kitsch, le design chic, les matériaux nobles et la culture populaire. Dépaysant et frais !

Le Canberra sans rest
120 r. d'Antibes, (rond-point Duboys-d'Angers) – ✆ 04 97 06 95 00 – www.hotel-cannes-canberra.com **CZk**
30 ch – †140/500 € ††140/500 € – 5 suites – ☕ 21 €
Une jolie villa immaculée au charme un peu vintage. Dans les chambres, vastes et douillettes, place au glamour fifties et au raffinement de très belles salles de bains. On se sent bien en musardant près de la piscine... sous un ciel d'azur !

Eden Hôtel
133 r. d'Antibes – ✆ 04 93 68 78 00 – www.eden-hotel-cannes.com **DZd**
116 ch – †110/700 € ††110/700 € – 1 suite – ☕ 20 €
Rest *(dîner seult)* – Menu 27 € – Carte 35/47 €
Des chambres sobres et élégantes (mur camel, parquets en teck...) dont certaines avec balcon ; un bel espace détente dedans/dehors, avec deux piscines (l'une sur le toit), un hammam, un solarium et... un avant-goût du paradis.

Amarante
78 bd Carnot – ✆ 04 93 39 22 23 – www.jjwhotels.com **Ve**
71 ch – †150/280 € ††150/280 € – ☕ 20 €
Rest *(fermé déc., sam., dim. et fériés) (déj. seult)* – Formule 19 € – Menu 29 € – Carte 36/47 €
Sur un boulevard très fréquenté et légèrement excentré, Cet Amarante dispose de chambres d'une tenue parfaite et bien insonorisées, plus agréables côté piscine... Idéal pour la clientèle d'affaires.

Le Mondial sans rest
1 r. Teisseire – ✆ 04 93 68 70 00 – www.hotellemondial.com **CYe**
49 ch – †100/470 € ††130/470 € – ☕ 20 €
Dans ce bel immeuble Art déco, les chambres sont élégantes, spacieuses et cosy... Et il y a de ces petits détails qui font la différence, telles une cafetière individuelle, la vue sur la mer (côté rue) et, parfois, une baignoire balnéo.

Cavendish sans rest
11 bd Carnot – ✆ 04 97 06 26 00 – www.cavendish-cannes.com – Fermé 7 déc.-28 mars **BYt**
35 ch – †130/280 € ††130/280 € – ☕ 20 €
Un hôtel de tradition aux fonctionnement et services haut de gamme. Les chambres sont soignées ; bar à discrétion pour les résidents et délicieux petit-déjeuner.

Villa Garbo sans rest
64 bd d'Alsace – ✆ 04 93 46 66 00 – www.villagarbo-cannes.com – Fermé 7 déc.-28 mars **DZx**
11 suites – ††220/1070 € – 1 ch – ☕ 25 €
Une villa Belle Époque (1884) qui cultive son charme luxueux et raffiné, ainsi qu'un certain esprit maison d'hôtes... Design cosy, classicisme contemporain, équipement high-tech et prestations luxueuses : un grand hôtel, ce Garbo !

Château de la Tour sans rest
10 av. Font-de-Veyre, par ③ – ✆ 04 93 90 52 52 – www.hotelchateaudelatour.com – Fermé 5 fév.-4 mars
34 ch – †140/325 € ††140/325 € – ☕ 17 €
Un castel provençal (19e s.) dans un beau jardin, ou l'art de la quiétude. Les chambres, de grand confort, ont été aménagées dans un esprit néobaroque chatoyant... Avis aux amateurs !

Cézanne sans rest
40 bd d'Alsace – ✆ 04 92 59 41 00 – www.hotel-cezanne.com CYn
28 ch – 109/259 € 109/259 € – 17 €
Un hôtel de bon confort niché derrière un jardinet très soigné et vraiment plaisant... Le bar, ainsi que cinq petites suites, donnent sur ce dernier ; hammam et fitness.

Renoir sans rest
7 r. Edith-Cavell – ✆ 04 92 99 62 62 – www.hotel-renoir-cannes.com – Fermé 3-26 janv. BYx
21 ch – 139/289 € 139/289 € – 8 suites – 10 €
Une maison de caractère (1913) qui entretient savamment un certain esprit "Hollywood" : grandes photos noir et blanc de stars des années 1960, atmosphère contemporaine et touches néobaroques.

Victoria sans rest
rd-pt Duboys-d'Angers – ✆ 04 92 59 40 00 – www.cannes-hotel-victoria.com – Fermé 18 nov.-26 déc. CZx
25 ch – 110/435 € 110/435 € – 19 €
Tout près de la Croisette, dans un immeuble d'habitation. Les chambres sont sobres (tons beige et bleu) et confortables, à préférer côté jardin – avec balcon ! En prime, le bar donne sur la terrasse, face à la petite piscine.

America sans rest
13 r. St-Honoré – ✆ 04 93 06 75 75 – www.hotel-america.com – Fermé 15 déc.-15 janv. BZr
28 ch – 80/250 € 80/250 € – 15 €
Dans une petite rue calme proche de la Croisette. Les chambres, dans l'air du temps et d'une tenue irréprochable, sont bien insonorisées et généralement spacieuses. Good Morning America !

Fouquet's sans rest
2 rd-pt Duboys-d'Angers – ✆ 04 92 59 25 00 – www.le-fouquets.com – Ouvert de mai à oct. CZy
13 ch – 130/260 € 160/330 € – 15 €
Ce petit hôtel familial – qui compte une clientèle fidèle – a subi une belle cure de jouvence en 2010 : drapés rouges, balcons ouvragés... un vrai décor à l'italienne pour des chambres spacieuses et bien tenues.

La Villa Cannes Croisette sans rest
8 traverse Alexandre-III – ✆ 04 93 94 12 21 – www.hotel-villa-cannes.com
30 ch – 109/165 € 149/275 € – 18 € DZh
Deux villas dans un jardin, autour d'une sympathique piscine chauffée ; des vélos à disposition : parfait pour les vacances ! Les chambres sont fraîches et lumineuses, certaines disposant d'une terrasse.

Cannes Riviera sans rest
16 bd d'Alsace – ✆ 04 97 06 20 40 – www.cannesriviera.com BYr
61 ch – 85/210 € 90/225 € – 2 suites – 15 €
Sur la façade, le portrait géant de Marilyn Monroe attire l'œil, mais à l'intérieur on est bien en Provence. Chambres bien insonorisées ; piscine panoramique sur le toit.

Hôtel de Paris sans rest
34 bd d'Alsace – ✆ 04 93 38 30 89 – www.hoteldeparis.fr – Fermé 9-26 déc. et 6-22 janv. CYa
47 ch – 115/185 € 135/195 € – 3 suites – 15 €
Près d'un axe fréquenté, cet hôtel Belle Époque, heureusement bien insonorisé, dégage un certain charme bourgeois. Chambres très bien tenues ; piscine au milieu des palmiers.

Villa de l'Olivier sans rest
5 r. Tambourinaires – ✆ 04 93 39 53 28 – www.hotelolivier.com – Fermé 27 nov.-26 déc., 7-21 janv. et 28 janv.-28 fév. AZe
22 ch – 70/300 € 80/400 € – 13 €
Une hôtel familial et classique dans le quartier du Suquet. Les chambres sont coquettes (plus spacieuses et lumineuses à l'avant) et certaines ont même une terrasse avec vue sur l'Estérel... Petit-déjeuner dans la véranda ou près de la piscine.

La Villa Tosca sans rest

11 r. Hoche – 04 93 38 34 40 – www.villa-tosca.com – Fermé 12-26 déc.

22 ch – 61/98 € 82/144 € – 13 € BYe

Une Villa jeune et vraiment accueillante au cœur de la cité cannoise. Les chambres sont bien insonorisées d'une tenue irréprochable : un bon plan.

Le Mistral sans rest

13 r. des Belges – 04 93 39 91 46 – www.mistral-hotel.com – Fermé 12-26 déc. et 8-22 janv. BZb

10 ch – 59/109 € 69/149 € – 8,50 €

Derrière le palais des Festivals, un hôtel de poche où règne une sympathique atmosphère familiale. "Sirocco", "Alizée"... les chambres sont contemporaines et fraîches comme le vent, en hommage au premier nom de l'établissement, "Mistral".

Hôtel de Provence sans rest

9 r. Molière – 04 93 38 44 35 – www.hotel-de-provence.com – Fermé 8-22 janv.

32 ch – 85/139 € 105/275 € – 10 € CZs

Tout près de la Croisette ! Les chambres ont été rénovées en 2012 ; préférez celles avec balcon, qui donnent sur le charmant jardin planté de palmiers, face au sud.

Florian sans rest

8 r. Cdt-André – 04 93 39 24 82 – www.hotel-leflorian.com – Fermé 1er déc.-15 janv.

20 ch – 55/88 € 65/98 € – 6 € CZg

Un petit hôtel familial simple et sympathique. Les chambres (certaines avec balcon) sont modestes, mais d'une tenue impeccable, et les propriétaires si prévenants... On s'y sent bien et les prix sont très sages.

La Palme d'Or – Hôtel Martinez

73 bd de la Croisette – 04 92 98 74 14 – www.concorde-hotels.com/martinez – Fermé janv.-fév., mardi sauf de juin à oct., dim. et lundi DZn

Rest – Menu 69 € bc (déj.), 105/210 € – Carte 120/200 €

Dans le somptueux cadre Art déco du Martinez, on domine la Croisette tout en atteignant des sommets gastronomiques... Le chef signe ici une cuisine brillante, créative et gorgée de soleil, qui mérite bien sa Palme d'Or !

➜ Araignée de mer cuisinée comme une crème caramel. Noix de ris de veau enrobée au feu de la broche et nourrie d'un beurre d'écrevisse. Tarte cubique haut de forme, coulant au chocolat praliné. **Vins** Bellet, Vin de l'Île Saint Honorat.

Relais Martinez – Hôtel Martinez

73 bd de la Croisette – 04 92 98 74 12 – www.concorde-hotels.com/martinez

Rest – Menu 60 € bc – Carte 65/115 € DZn

Une atmosphère contemporaine et chic – celle du très raffiné Martinez – qui sait rester décontractée... La table se pare de jolis mets provençaux revus et corrigés.

Fouquet's – Hôtel Majestic Barrière

10 bd de la Croisette – 04 92 98 77 05 – www.majestic-barriere.com – Fermé 2 sem. en déc. et 3 sem. en fév. BZn

Rest – Formule 33 € bc – Menu 75 € – Carte 62/144 €

Au Fouquet's, le velours rouge et la cuisine très soignée rendent hommage au bel esprit brasserie de la maison parisienne éponyme... On se sustente dans l'éblouissement de la véranda, face à la Croisette.

Le Park 45 – Le Grand Hôtel

45 bd de la Croisette – 04 93 38 15 45 – www.grand-hotel-cannes.com – Fermé 8 déc.-21 janv. CZb

Rest – Formule 34 € – Menu 50/110 € – Carte 67/101 €

Riche d'une belle expérience, le chef exécute une cuisine toute de fraîcheur et de saveurs, et met le produit en valeur avec un plaisir évident. Décor épuré et terrasse ouverte sur le parc.

➜ Homard bleu à la nage, chèvre frais, pastèque et huile de basilic, gaspacho épicé. Chapon poché, fenouil confit à l'orange, sucs d'olives et bouillon de roche. Palet chocolat noir et crémeux à la menthe. **Vins** Bellet, Côtes de Provence.

XXX **Le Mesclun**

16 r. St-Antoine – ✆ 04 93 99 45 19 – www.lemesclun-restaurant.com – Fermé 30 juin-9 juil., 2 fév.-5 mars et dim. AZt

Rest *(dîner seult)* – Menu 39/49 € – Carte 80/130 €

Lumière tamisée, boiseries, couleurs chaudes, service prévenant... Une atmosphère cossue et cosy, idéale pour déguster une cuisine méditerranéenne de saison, goûteuse et soignée.

XX **Carlton** – Hôtel Carlton Inter Continental

58 bd de la Croisette – ✆ 04 93 06 40 21 – www.carlton-restaurant.com

Rest – Menu 40 € bc/66 € bc – Carte 70/119 € CZe

Dans l'enceinte du mythique Carlton, ce restaurant distille son charme classique et ensoleillé : véranda, terrasse braquée sur la Croisette... Un bel écrin pour une agréable cuisine traditionnelle et méridionale.

XX **Le 360°** – Radisson Blu 1835 Hotel & Thalasso

1 bd Jean-Hibert – ✆ 04 92 99 73 10 – www.radissonblu.com/hotel-cannes

Rest – Menu 39 € (déj.)/49 € – Carte 68/88 € AZn

Un cadre zen et épuré, une vue tout simplement époustouflante sur la baie de Cannes – 360° oblige ! – pour une cuisine qui vit avec son temps...

XX **La Petite Maison de Nicole** – Hôtel Majestic Barrière

10 bd de la Croisette – ✆ 04 92 98 77 89 – www.majestic-barriere.com – Fermé 2 sem. en déc. et 3 sem. en fév. BZn

Rest *(dîner seult)* – Carte 63/145 €

Voilages blancs, meubles en ferronnerie, vieux parquet et cuisine niçoise traditionnelle (pissaladière, petits farcis niçois, beignets de fleurs de courgette...) : on dirait le Sud !

XX **Mantel**

22 r. St-Antoine – ✆ 04 93 39 13 10 – www.restaurantmantel.com – Fermé mardi midi, jeudi midi, merc. et le midi en juil.-août AZc

Rest – Menu 30/57 € – Carte 69/106 €

Attention, l'entrée est volontairement discrète pour éviter toute confusion avec les "pièges à touristes" ! À l'intérieur, sobriété comtemporaine et, surtout, belle cuisine provençale.

XX **Le Restaurant Arménien**

82 bd de la Croisette – ✆ 04 93 94 00 58 – www.lerestaurantarmenien.com

Rest *(dîner seult)* – Menu 47 € DZa

Le menu du jour – un bel assortimement de mezze frais et subtils (menu végétarien possible) – mène sur les routes parfumées d'Arménie... On sert jusqu'à minuit, sourire compris : pas étonnant que l'adresse compte de nombreux fidèles !

XX **Relais des Semailles**

9 r. St-Antoine – ✆ 04 93 39 22 32 – www.lerelaisdessemailles.fr – Fermé fév. et lundi midi AZz

Rest – Formule 25 € bc – Menu 36/45 € – Carte 52/82 €

Poutres apparentes, bibelots, cheminée et meubles anciens... C'est cosy et vraiment idéal pour déguster de sympathiques plats traditionnels à l'accent provençal.

XX **Côté Jardin**

12 av. St-Louis – ✆ 04 93 38 60 28 – www.restaurant-cotejardin.com – Fermé vacances de la Toussaint, dim. et lundi sauf le soir en juil.-août Xa

Rest – Formule 24 € – Menu 31/40 €

Barigoule d'artichauts, poitrine de volaille et sa purée de pommes de terre, riz au lait... Dans ce sympathique restaurant au décor ensoleillé, on savoure une cuisine familiale simple et bien faite, à découvrir sur l'ardoise du jour.

X **L'Affable**

5 r. La Fontaine – ✆ 04 93 68 02 09 – www.restaurant-laffable.fr – Fermé août, sam. midi et dim. CZd

Rest – Formule 23 € – Menu 27 € (déj.)/42 € – Carte 67/81 €

Cet Affable a le vent en poupe et dévoile tous ses atouts : cuisines ouvertes, bel esprit néobistrot et courte carte qui change avec le marché... Bon appétit !

Caveau 30

45 r. F.-Faure – ✆ 04 93 39 06 33 – www.lecaveau30.com AZf

Rest – Formule 19 € – Menu 26/37 € – Carte 35/63 €

Une brasserie 1930 mettant à l'honneur des produits de la mer de première fraîcheur. La terrasse, bien agréable, donne sur le marché aux fleurs ; le service est diligent.

La Cave

9 bd de la République – ✆ 04 93 99 79 87 – www.restaurant-lacave.com – Fermé 19 août-2 sept., lundi midi, sam. midi et dim. CYq

Rest – Formule 21 € – Menu 26 € (déj.)/34 € – Carte 40/70 €

Un vrai petit bistrot convivial – banquettes en skaï et repas au coude-à-coude compris – avec ses classiques immuables, ses suggestions du jour à l'ardoise et sa carte des vins hexagonale vraiment bien ficelée.

Bistro Les Canailles

12 r. Jean-Daumas – ✆ 04 93 68 12 10 – www.bistro-lescanailles.com – Fermé dim. et lundi sauf congrès CYb

Rest – Carte 25/50 €

C'est ici que se retrouvent les "vrais" Cannois, dans ce bistrot chic... mais décontracté et sympathique. Au comptoir, atmosphère bar à vins autour de jolis nectars proposés au verre. Et à l'ardoise ? D'incontournables plats bistrotiers et canailles, ainsi qu'une jolie cuisine du marché, fraîche et bonne.

Aux Bons Enfants

80 r. Meynadier – Fermé 25 nov.-1er janv. et dim. AZr

Rest *(nombre de couverts limité, réserver)* – Formule 16 € – Menu 26 € – Carte 30/40 €

Le patron de ce sympathique bistrot ? Un vrai passionné, qui cultive avec bonheur l'art de recevoir et concocte une belles cuisine provençale, ainsi que des plats canailles bien gourmands. Pas de téléphone et paiement en liquide.

La Table du Chef

5 r. Jean-Daumas – ✆ 04 93 68 27 40 – Fermé 14-24 avril, 6-20 oct., 29 déc.-9 janv., mardi soir, merc. soir, dim. et lundi CYf

Rest *(nombre de couverts limité, réserver)* – Formule 24 € – Menu 29 € (déj.)/41 €

À deux pas de la rue d'Antibes, un discret bistrot de poche qui gagne à être connu : accueil prévenant, cuisine traditionnelle de qualité et, le soir, "menu surprise" unique composé de quatre plats.

au Cannet 3 km au Nord - V – 41 725 h. – alt. 80 m – ✉ 06110

avenue du Campon, ✆ 04 93 45 34 27, www.lecannet.fr

Villa Archange (Bruno Oger)

r. de l'Ouest, (par av. Campon-D 6285) – ✆ 04 92 18 18 28 – www.bruno-oger.com – Fermé dim., lundi et le midi sauf vend. et sam. Vm

Rest *(nombre de couverts limité, réserver)* – Menu 65 € (déj.), 95/190 € – Carte 115/135 €

Une jolie bâtisse du 18e s. décorée avec beaucoup de goût (parquets, tableaux, mobilier chiné...). Bruno Oger signe des plats très parfumés, savamment composés et extrêmement précis dans leur exécution, qui font pousser des ailes à la gastronomie méridionale !

➜ Cappuccino de grenouilles et palourdes à l'ail doux et au vin jaune. Jarret de veau cuisiné vingt-quatre heures, pommes écrasées à la truffe. Le grand traou mad. **Vins** Côtes de Provence.

Bistrot des Anges

r. de l'Ouest, (par av. Campon-D 6285) – ✆ 04 92 18 18 28 – www.bruno-oger.com – Fermé dim. soir d'oct. à mars Vm

Rest – Formule 24 € bc – Menu 29/39 € – Carte 41/68 €

Dans l'échelle séraphique, l'équipe de la Villa Archange pense brasserie : ici, décor de loft new-yorkais, formules ensoleillées et chariot de douceurs... angélique.

LE CANNET – 06 Alpes-Maritimes – **341** D6 – rattaché à Cannes

CAPBRETON – 40 Landes – **335** C13 – 7 864 h. – alt. 6 m – Casino – ✉ 40130 Aquitaine 3 A3

Paris 749 – Bayonne 22 – Biarritz 29 – Mont-de-Marsan 90

avenue Georges Pompidou, ✆ 05 58 72 12 11, www.capbreton-tourisme.com

de Seignosse, à Seignosse, Avenue du Belvédère, N : 8 km par D 152, ✆ 05 58 41 68 30

quartier la Pêcherie

Le Regalty

port de plaisance, (quai Mille-Sabords) – ✆ 05 58 72 22 80 – Fermé fin nov.-début déc., merc. soir, dim. soir de sept. à juin et lundi

Rest – Menu 19 € (sem.), 34/65 € – Carte 37/54 €

Au pied d'un immeuble moderne, une salle chaleureuse, en partie ouverte sur les cuisines. Un mur végétal borde la terrasse. Menu homard, belle carte des vins.

CAP COZ – 29 Finistère – **308** H7 – rattaché à Fouesnant

CAP-d'AGDE – 34 Hérault – **339** G9 – rattaché à Agde

CAP d'AIL – 06 Alpes-Maritimes – **341** F5 – 5 024 h. – alt. 51 m – ✉ 06320 Côte d'Azur 42 E2

Paris 945 – Monaco 3 – Menton 14 – Monte-Carlo 4

87bis, avenue du 3 Septembre, ✆ 04 93 78 02 33

Voir plan de Monaco (Principauté de)

Marriott Riviera la Porte de Monaco ch, rest,

au port – ✆ 04 92 10 67 67 – www.marriottportedemonaco.com AVn

171 ch – †169/509 € ††169/509 € – 15 suites – ☕ 24 €

Rest – Formule 25 € bc – Carte 35/50 €

Dans cet immeuble imposant – et moderne – qui fait face à la marina de Cap-d'Ail, le style est déjà monégasque... Conformément aux normes de la chaîne, les chambres sont très confortables. Pratique pour un voyage d'affaires.

CAP d'ANTIBES – 06 Alpes-Maritimes – **341** D6 – rattaché à Antibes

CAPDENAC-LE-HAUT – 46 Lot – **337** I4 – rattaché à Figeac

CAP-FERRET – 33 Gironde – **335** D7 – alt. 11 m – ✉ 33970 Aquitaine 3 B2

Paris 650 – Arcachon 66 – Bordeaux 71 – Lacanau-Océan 55

✳★ du phare.

La Frégate sans rest

34 av. de l'Océan – ✆ 05 56 60 41 62 – www.hotel-la-fregate.net – Fermé déc. et janv.

29 ch – †50/81 € ††50/81 € – ☕ 9 €

Autour d'une agréable piscine, ces deux maisons arborent un joli style balnéaire, chic et sobre à la fois... Beaucoup de blanc, deux appartements pour les séjours en famille et des parties communes chaleureuses : un endroit plaisant.

Le Pinasse Café

2 bis av. de l'Océan – ✆ 05 56 03 77 87 – www.pinassecafe.com

Rest – Formule 32 € – Menu 39 € – Carte 45/75 €

Avec sa terrasse idyllique donnant sur les flots, ce restaurant contemporain est une ode au bassin et à la dune du Pilat ! Poissons et crustacés du cru sont à l'honneur (huître en tête) et, pour l'anecdote iodée, la pinasse est le bateau traditionnel du littoral arcachonnais.

CAP GRIS-NEZ ★★ – 62 Pas-de-Calais – **301** C2 – ✉ 62179 Audinghen Nord Pas-de-Calais Picardie 30 A1

Paris 288 – Arras 139 – Boulogne-sur-Mer 21 – Calais 32

La Sirène

376 rte de la Plage – ✆ 03 21 32 95 97 – www.lasirene-capgrisnez.com – Fermé 24-28 juin, 30 sept.-4 oct., 16 déc.-24 janv., le soir de mi-sept. à fin mars, lundi sauf juil.-août et dim. soir

Rest – Menu 28 € – Carte 30/58 €

En front de mer, un paysage sauvage et préservé… Voilà qui transporte l'imagination, avant que la cuisine n'invite à une autre poésie, celle des papilles : sole meunière, homard grillé, etc. Ici, la tradition, c'est le poisson... À déguster dans un cadre contemporain épuré.

CAPINGHEM – 59 Nord – 302 F4 – rattaché à Lille

CAPPELLE-LA-GRANDE – 59 Nord – 302 C2 – rattaché à Dunkerque

CARANTEC – 29 Finistère – 308 H2 – 3 249 h. – alt. 37 m – ✉ 29660 9 B1

Bretagne Nord

Paris 552 – Brest 71 – Lannion 53 – Morlaix 14

4, rue Pasteur, ✆ 02 98 67 00 43, www.tourisme.morlaix.fr

de Carantec, Rue de Kergrist, S : 1 km par D 73, ✆ 02 98 67 09 14

Croix de procession★ dans l'église - "Chaise du Curé" (plate-forme) ★.

Pointe de Pen-al-Lann ★★ E : 1,5 km puis 15 mn.

L'Hôtel de Carantec

20 r. du Kelenn – ✆ 02 98 67 00 47 – www.hoteldecarantec.com – Fermé 18 nov.-12 déc., 23 janv.-13 fév., dim., lundi et mardi hors saison

12 ch – †98/195 € ††120/236 € – ☕ 18 €

Rest *Patrick Jeffroy* ✿✿ – voir les restaurants ci-après

Cette charmante maison de 1936 surplombe la baie de Morlaix. Les chambres, contemporaines et épurées, donnent toutes sur la Manche (terrasse au 1er étage). Le jardin descend vers la mer et l'on peut s'y installer, serein, pour lire, boire un verre.

La Baie de Morlaix sans rest

17 bis r. A.-Louppe – ✆ 02 98 67 07 64 – www.hotel-baiedemorlaix.com – Fermé première quinz. de janv.

16 ch – †58/75 € ††62/89 € – ☕ 8,50 €

Un bel établissement au cœur de la petite ville, dans une rue commerçante. Entièrement remis à neuf en 2010, il répond aux normes écocitoyennes. La plage n'est pas très loin, on peut y descendre à pied.

Patrick Jeffroy – L'Hôtel de Carantec

✿✿

20 r. du Kelenn – ✆ 02 98 67 00 47 – www.hoteldecarantec.com – Fermé 18 nov.-12 déc., 23 janv.-13 fév., dim. soir, lundi et mardi sauf fériés et sauf vacances scolaires de mi-sept. à mi-juin, lundi midi et mardi midi sauf fériés de mi-juin à mi-sept.

Rest *(réserver)* – Menu 48 € (déj. en sem.), 75/135 € – Carte 88/149 €

Si la vue sur la Manche coupe le souffle, la superbe cuisine de Patrick Jeffroy ne risque pas de couper l'appétit... Alliance subtile de classicisme et d'inventivité maîtrisée, mariage audacieux des plus beaux produits de la terre et de la mer bretonnes, elle ravit ! Service très prévenant.

→ Gâteau de sardines en escabèche de nori confite. Pigeon fermier au sang rôti en bécasse. Fin sablé à la fraise, crème vanille et glace rhubarbe.

CARCASSONNE P – 11 Aude – 344 F3 – 47 854 h. – alt. 110 m 22 B2

– ✉ 11000 Languedoc Roussillon

Paris 768 – Albi 110 – Narbonne 61 – Perpignan 114

de Carcassonne-en pays Cathare : ✆ 04 68 71 96 46, 3 km par ④.

28, rue de Verdun, ✆ 04 68 10 24 30, www.carcassonne-tourisme.com

de Carcassonne, Route de Saint Hilaire, S : 4 km par D 118 et D 104, ✆ 06 13 20 85 43

La Cité★★★ - Basilique St-Nazaire★ : vitraux★★, statues★★ - Musée du château Comtal : calvaire★ de Villanière - Montolieu★ (village du livre) - Les Quatres Châteaux de Lastours★.

Plan page suivante

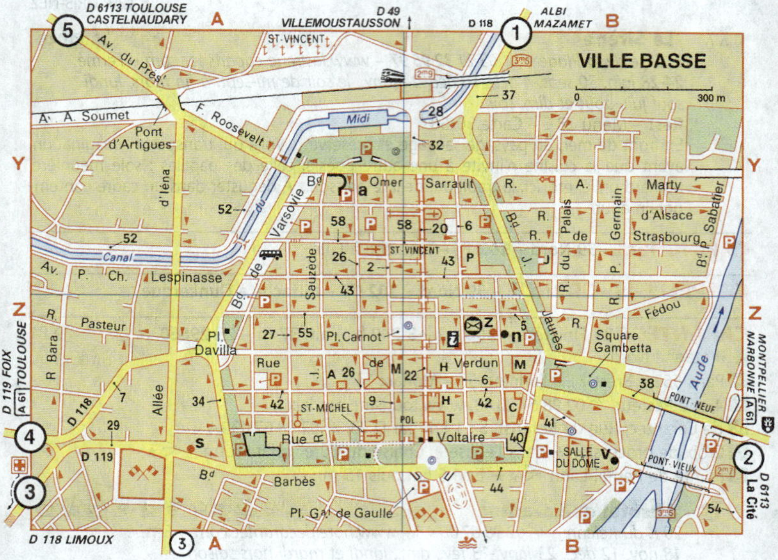

CARCASSONNE

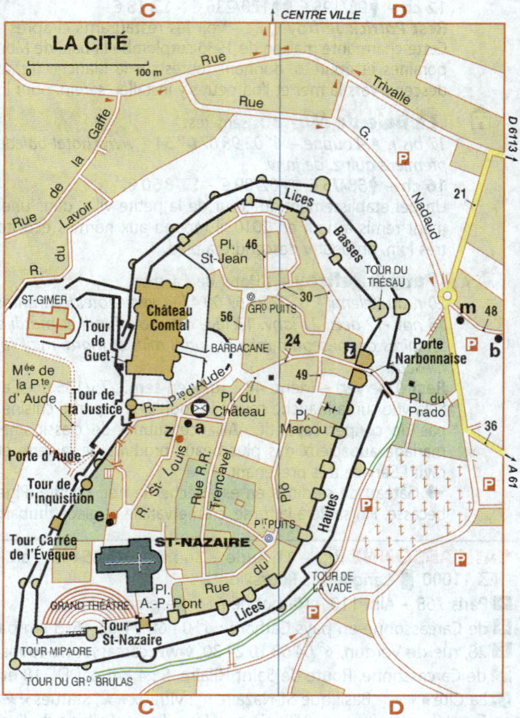

111

290 av. Général-Leclerc – ✆ 04 68 11 11 11 – www.hotel111.com
7 ch – †350/1000 € ††350/1000 € – 3 suites – ☕ 22 €
Rest *Michel Del Burgo* ✿ – voir les restaurants ci-après
Cet hôtel est un véritable rêve de designer ! On le croirait tout droit sorti d'un film de Kubrick... Dans les chambres, c'est un festival de matières, de formes courbes, de jeu de volumes. Tout est dernier cri, une véritable expérience !

Les Trois Couronnes

2 r. Trois-Couronnes – ✆ 04 68 25 36 10 – www.hotel-destroiscouronnes.com – Fermé 1er-13 janv. BZv
70 ch – †95/155 € ††95/155 € – ☕ 13 € – ½ P
Rest *(dîner seult de nov. à mars)* – Formule 14 € – Menu 28 € – Carte 32/50 € le soir
Joliment contemporain et... très bien situé : dans la plupart des chambres, on profite d'une loggia ouvrant sur la sublime cité médiévale hérissée de tourelles ! Autres atouts : la piscine panoramique (4e étage) et la terrasse braquée sur l'Aude, où l'on peut se restaurer.

Le Parc Franck Putelat

80 chemin des Anglais, au Sud de la Cité - C - (chambres prévues) – ✆ 04 68 71 80 80 – www.restaurantleparcfranckputelat.fr – Fermé janv., dim. et lundi sauf fériés
Rest – Menu 35 € bc (déj. en sem.), 67/135 €
Un restaurant contemporain et lumineux, au pied de la cité médiévale... C'est là que s'épanouit la cuisine de Franck Putelat, véritable concentré de justesse, de jeux de textures et de saveurs. Quand la maîtrise technique sublime le produit...
➜ Tartine de haricots de Castelnaudary confits à la sauge. Filet de bœuf piqué au lard gras et à la truffe noire, artichaut farci et crème brûlée à la moelle. Tarte citron, pâte sablée caramel et opaline citron vert.

Michel Del Burgo – Hôtel 111

290 av. Général-Leclerc – ✆ 04 68 11 11 11 – www.hotel111.com – Fermé 10-25 janv., dim. et lundi
Rest – Menu 29 € bc (déj. en sem.), 70/110 € – Carte 80/110 €
Retour aux sources pour Michel del Burgo, qui a retrouvé en 2012 la ville qui l'a révélé. Au sein de l'hôtel 111 – un écrin éminemment design –, le chef signe une cuisine inspirée et savoureuse. La précision au service des parfums !
➜ L'œuf de poule en chaud-froid au caramel de xérès. Poitrine de pigeonneau rôtie et laquée au miel d'acacia, navets confits au romarin et cacahouètes. Soufflé chaud au Grand Marnier.

Le Clos Occitan

68 bd Barbès – ✆ 04 68 47 93 64 – www.restaurant-carcassonne-closoccitan.com – Fermé 24 fév.-11 mars, sam. midi, dim. soir et lundi AZs
Rest – Formule 16 € bc – Menu 23 € (déj.), 33/43 € – Carte 34/54 €
Un garage reconverti en restaurant rustique. Le chef travaille des produits du marché et concocte une cuisine traditionnelle sympathique et très copieuse. Aux beaux jours, on investit la terrasse, Sud oblige !

Robert Rodriguez

39 r. Coste-Reboulh – ✆ 04 68 47 37 80 – www.restaurantrobertrodriguez.com – Fermé merc. soir et dim. BZz
Rest *(nombre de couverts limité, réserver)* – Formule 20 € – Menu 29 € (déj. en sem.), 50/50 € – Carte 36/66 €
Un bistrot authentique, convivial et décalé, pour une cuisine résolument bistronomique. Le chef privilégie le bio ; ses plats sont bourrés de générosité et comptent quelques belles canailles : cassoulet, parmentier, etc.

à l'entrée de la Cité près porte Narbonnaise

Mercure Porte de la Cité

18 r. Camille-St-Saëns – ✆ 04 68 11 92 82 – www.mercure-carcassonne.fr Db
80 ch – †108/198 € ††108/198 € – ☕ 14 €
Rest *(fermé dim. midi et sam. de nov. à fév.)* – Menu 17 € – Carte 28/64 €
Un Mercure aux portes de la cité. Les chambres, un peu petites mais joliment épurées, donnent – pour certaines – sur la piscine et les remparts tout proches.

Hôtel du Château sans rest
2 r. Camille-St-Saëns – ✆ 04 68 11 38 38 – www.hotelduchateau.net **Dm**
17 ch – 120/230 € 120/230 € – 12 €
Dans un îlot de verdure à l'abri de l'agitation touristique, cette belle demeure mêle l'ancien et le design avec raffinement. Au programme : hammam, massage et farniente, au pied du défilé des remparts... Petit plus : le bar ouvert 24h/24.

Montmorency sans rest
2 r. Camille-St-Saëns – ✆ 04 68 11 96 70 – www.hotelmontmorency.com **Dm**
30 ch – 70/160 € 70/160 € – 2 suites – 12 €
Chambres classiques ou pop dans cette bâtisse sur l'arrière de la maison principale.

dans la Cité – Circulation réglementée en été

Hôtel de La Cité
pl. Auguste-Pierre-Pont – ✆ 04 68 71 98 71 – www.hoteldelacite.com **Ce**
53 ch – 185/465 € 185/465 € – 7 suites – 28 €
Rest *La Barbacane* – voir les restaurants ci-après
Luxe, douceur et quiétude au cœur de la cité... Les chambres dégagent une atmosphère chaleureuse et, côté remparts, on profite du jardin et de la piscine. Une belle manière de vivre Carcassonne.

Le Donjon
2 r. Comte-Roger – ✆ 04 68 11 23 00 – www.hotel-donjon.fr **Ca**
59 ch – 125/205 € 125/205 € – 2 suites – 13 € – ½ P
Rest *(fermé dim. soir de nov. à mars)* – Formule 17 € – Menu 20/30 € – Carte 27/62 €
Trois maisons lovées au cœur des remparts, et partout des traces de l'architecture du 12e s. ! Ici des poutres, là de jolies pierres apparentes... Les chambres, toujours cosy, sont parfois très actuelles, tout comme la brasserie.

La Barbacane – Hôtel De La Cité
pl. Auguste-Pierre-Pont – ✆ 04 68 71 98 71 – www.hoteldelacite.com
– Fermé 19 fév.-15 mars, mardi et merc. **Ce**
Rest *(dîner seult)* – Menu 80/160 € bc – Carte 91/126 €
Vitraux, armoiries, confessionnal en bois sculpté... Une Barbacane joliment néogothique, en l'honneur d'une cuisine raffinée et savoureuse, qui revisite la tradition en beauté.
→ Foie gras de canard au naturel, magret mariné et marmelade de pamplemousse. Homard breton à la newburg, vermicelles liés au corail et girolles. Pêche du Roussillon en soufflé chaud, crème glacée à la verveine fraîche.

Comte Roger
14 r. St-Louis – ✆ 04 68 11 93 40 – www.comteroger.com – Fermé 17-25 nov., vacances de fév., dim. et lundi sauf fériés **Cz**
Rest – Formule 20 € – Menu 28 € (déj.)/39 € – Carte 42/62 €
Épure contemporaine, fraîcheur d'un très joli patio dans une ruelle animée de la cité. Monsieur le comte sait recevoir et sa cuisine épouse l'époque avec une certaine noblesse. Sans doute la seule bonne petite adresse du cœur touristique.

à Aragon 10 km par ① D 118 et D 935 – 426 h. – alt. 195 m – ✉ 11600

La Bergerie
allée Pech-Marie – ✆ 04 68 26 10 65 – www.labergeriearagon.com
– Fermé 15 oct.-1er nov. et 15 fév.-12 mars
8 ch – 100/120 € 110/130 € – 10 €
Rest *La Bergerie* – voir les restaurants ci-après
Un pittoresque village perché et cette bâtisse méridionale qui domine le vignoble de Cabardès. L'accueil est sympathique et prévenant, tout en restant décontracté ; les chambres, bien agréables, donnent sur les vignes... Nul besoin de compter les moutons pour s'endormir dans cette Bergerie !

XX **La Bergerie** (Fabien Galibert)
allée Pech-Marie – ✆ 04 68 26 10 65 – www.labergeriearagon.com – Fermé 15 oct.-1er nov., 15 fév.-12 mars, lundi midi de juin à sept., mardi et merc. sauf le soir de juin à sept.
Rest – Menu 27 € bc (déj. en sem.), 40/95 € bc – Carte 57/66 €
Des saveurs harmonieusement mariées, de l'originalité, de la technique... Le chef révèle son beau sens des produits et son seul souci : honorer la gastronomie avec générosité, faire plaisir, tout simplement.
➜ Terrine de foie gras aux artichauts. Tarte d'agneau et piperade. Feuilleté chocolat, cœur passion. **Vins** Cabardès.

au hameau de Montredon 4 km au Nord-Est par r. A. Marty BY – ✉ 11000 Carcassonne

XXX **Château St-Martin "Trencavel"**
– ✆ 04 68 71 09 53 – www.chateausaintmartin.net – fermé 6-20 mars, 1 sem. vacances de la Toussaint, 2-6 janv., dim. soir et merc.
Rest – Menu 34/60 € – Carte 50/70 €
Une belle demeure des 17e et 18e s. au fond d'un parc... Le chef réalise des mets classiques et raffinés, avec des produits bien choisis et subtilement cuisinés. Un joli moment de gastronomie.

au Sud par ③ 3 km et par D104 – ✉ 11000 Carcassonne

Domaine d'Auriac
rte de St-Hilaire – ✆ 04 68 25 72 22 – www.domaine-d-auriac.com – Fermé 3-11 nov., 5 janv.-10 fév., dim. soir et lundi d'oct. à avril sauf fériés
24 ch – †125/460 € ††125/460 € – ☕ 23 €
Rest *Domaine d'Auriac* – voir les restaurants ci-après
Rest *Bistrot d'Auriac* ✆ 04 68 25 37 19 *(fermé mardi soir, merc. soir, jeudi soir et lundi d'oct. à avril et dim. soir sauf fériés)* – Menu 19 € (déj.)/30 € – Carte 26/39 €
Un grand parc arboré, un golf 18 trous et cette très belle maison de maître du 19e s. en pierre blonde. Classicisme bourgeois ou simplicité méridionale dans les chambres, dont certaines très vastes et idéales pour les familles. Pour se restaurer : gastronomique ou club-house façon bistrot pour les golfeurs.

XXX **Domaine d'Auriac**
rte de St-Hilaire – ✆ 04 68 25 72 22 – www.domaine-d-auriac.com – Fermé 3-11 nov., 5 janv.-10 fév., dim. soir et lundi d'oct. à avril, lundi midi, mardi midi et merc. midi de mai à sept. sauf fériés
Rest – Menu 47 € bc (déj. en sem.), 67/165 € bc – Carte 80/88 €
Une demeure distinguée au cadre éminemment bourgeois : le décor sert à merveille l'assiette, tout en classicisme – mais relevée d'une pointe de modernité – et de belle facture.
➜ Assiette de dégustation autour de l'anchois de Collioure. Cassoulet du domaine. Soufflé au Grand Marnier. **Vins** Coteaux du Languedoc, Collioure.

à Cavanac 7 km par ③ et rte de St-Hilaire – 907 h. – alt. 138 m – ✉ 11570

Château de Cavanac
– ✆ 04 68 79 61 04 – www.chateau-de-cavanac.fr – Fermé 2 sem. en nov., janv. et fév.
24 ch – †70/180 € ††115/200 € – 4 suites – ☕ 12 €
Rest *Château de Cavanac* – voir les restaurants ci-après
Sur le domaine viticole du propriétaire, ce castel du 17e s. est ravissant. Les chambres portent des noms de fleurs et distillent un charme romantique, bucolique et frais...

XX **Château de Cavanac**
r. Étienne-Guizard – ✆ 04 68 79 61 04 – www.chateau-de-cavanac.fr – Fermé 2 sem. en nov., janv., fév. et lundi
Rest *(dîner seult sauf dim.)* – Menu 45 €
En lieu et place des écuries du château, cette auberge est vraiment pittoresque. Mangeoires, cuisiniers "en vitrine" s'activant sous l'œil amusé des gourmands et sympathique menu unique arrosé des vins du domaine. Un joli souvenir !

à Pezens 10 km au Nord-Ouest par ⑤ et D 6113 – 1 290 h. – alt. 117 m – ✉ 11170

L'Ambrosia (Daniel Minet)
carrefour la Madeleine, D 6113 – ✆ 04 68 24 92 53 – www.ambrosia-pezens.com – Fermé 1er-16 oct., 2-24 janv., merc. midi, dim. soir et lundi
Rest – Formule 25 € – Menu 44/72 € – Carte 68/87 €
En 2008, le jeune chef – il n'a alors que 22 ans ! – reprend cette affaire avec ses parents et révèle son talent très précoce : sa cuisine de produits, directe et parfumée, témoigne d'une belle sincérité. À toute âme bien née... Côté décor, la fraîcheur et l'épure priment aussi.
➜ Paella version 21e siècle. Agneau "voyage à Marrakech". Le "4C" chocolat, chicorée, caramel et café. **Vins** MInervois, Corbières.

à Moussoulens 14 km au Nord-Ouest par ⑤ et D 6113 – 925 h. – alt. 175 m – ✉ 11170

La Rougeanne sans rest
– ✆ 04 68 24 46 30 – www.larougeanne.com
5 ch – 85/115 € 90/120 €
Une maison qui met le cap au sud, en regardant amoureusement la Malepère et les Pyrénées. Olivier, Tomette, Romarin... les chambres sentent bon la garigue et évoquent les jours heureux des vacances familiales. On prend le petit-déjeuner dans la belle orangerie ou le jardin, on se prélasse. Du soleil et du style !

CARGÈSE – 2A Corse-du-Sud – 345 A7 – voir à Corse

CARHAIX-PLOUGUER – 29 Finistère – 308 J5 – 7 717 h. – alt. 138 m – ✉ 29270 Bretagne Sud 9 B2

Paris 506 – Brest 86 – Guingamp 49 – Lorient 74
rue Brizeux, ✆ 02 98 93 04 42, www.poher.com

Noz Vad sans rest
12 bd de la République – ✆ 02 98 99 12 12 – www.nozvad.com – Fermé 2 sem. en déc., 1 sem. en janv.
44 ch – 43/94 € 49/100 € – 8,50 €
Une maison solide, avec des chambres fonctionnelles, décorées de peintures et de photos sur le thème de la Bretagne. De quoi passer une "noz vad" ("bonne nuit" en breton) labellisée Celtia. Intéressant, surtout lors du festival.

à Port de Carhaix 6 km au Sud-Ouest par rte de Lorient – ✉ 29270 Carhaix Plouguer

Auberge du Poher
– ✆ 02 98 99 51 18 – www.auberge-du-poher.com – Fermé le soir
Rest *(réserver)* – Formule 13 € – Menu 17/32 € – Carte 24/48 €
Une gentille auberge contemporaine, à la décoration volontiers champêtre, avec un joli jardin. Truite aux amandes, andouillette rustique, terrine de la mer... c'est traditionnel, généreux, basé sur de beaux produits.

CARIGNAN – 08 Ardennes – 306 N5 – 3 167 h. – alt. 174 m – ✉ 08110 14 C1

Paris 264 – Charleville-Mézières 43 – Mouzon 8 – Montmédy 24

La Gourmandière
19 av. de Blagny – ✆ 03 24 22 20 99 – www.la-gourmandiere.com – Fermé lundi sauf fériés
Rest – Formule 22 € – Menu 30/81 € – Carte 38/73 €
Cette maison bourgeoise de 1890 choie ses convives : cuisine gourmande et généreuse (à base de produits du potager), belle carte des vins, et espace lounge. La chef est désormais épaulée par son fils qui réalise de savoureuses pâtisseries.

CARLA-BAYLE – 09 Ariège – 755 h. – alt. 354 m – ✉ 09130 28 B3

Paris 742 – Foix 33 – Toulouse 67

Auberge Pierre Bayle

– ✆ 05 61 60 63 95 – www.auberge-pierrebayle.fr – *Fermé janv. et lundi*

Rest – Formule 15 € bc – Menu 28/50 € – Carte 37/46 €

Sur la place de l'église de ce joli village perché, une auberge sympathique au service de jolies saveurs d'ici et d'ailleurs. Tartare de thon et d'espadon au wasabi, parmentier de canard aux panais : frais et plaisant...

CARNAC – 56 Morbihan – 308 M9 – 4 362 h. – alt. 16 m – Casino Z – ✉ 56340 9 B3

Bretagne Sud

Paris 490 – Auray 13 – Lorient 49 – Quiberon 19

74, avenue des Druides, ✆ 02 97 52 13 52, www.ot-carnac.fr

de Villarceaux, à Auray, Ploemel, N : 8 km par D 196, ✆ 02 97 56 85 18

Musée de préhistoire★★ **M** - Église St-Cornély★ **E** - Tumulus St-Michel★ : ≤★ - Alignements du Ménec★★ par D 196 : 1,5 km - Alignements de Kermario★★ par ② : 2 km - Alignements de Kerlescan★ par ② : 4,5 km.

Plan page suivante

Le Diana

21 bd de la Plage – ✆ 02 97 52 05 38 – www.lediana.com – *Ouvert 26 avril-5 oct.*

35 ch – †127/260 € ††142/260 € – 3 suites – ☕ 21 € – ½ P **Zr**

Rest *(dîner seult sauf dim.)* – Menu 20/71 € – Carte 50/69 €

Atmosphère cossue dans cet hôtel à l'architecture d'inspiration bretonne. Les chambres, plutôt spacieuses, donnent sur l'océan ou – plus au calme – sur le minigolf. Espace bien-être. Au restaurant, vue sur les flots et carte axée sur les produits de la mer.

Carnac Thalasso & Spa Resort

av. de l'Atlantique – ✆ 02 97 52 53 54 – www.thalasso-carnac.com – *Fermé 5-19 janv.* **Zs**

229 ch – †125/264 € ††132/270 € – 1 suite – ☕ 16 € – ½ P

Rest *Le Clipper* ✆ 02 97 52 53 00 – Formule 25 € – Menu 30 € – Carte 43/55 €

Rest *Secrets de Cuisine* ✆ 02 97 52 53 00 – Formule 25 € – Menu 30 € – Carte 43/55 €

Accès direct à la thalasso, piscine d'eau de mer, spa moderne, fitness, tennis et chambres avenantes : voilà un hôtel ressourçant ! Cuisine dans l'air du temps au Clipper, diététique aux Secrets de Cuisine.

Le Churchill sans rest

70 bd de la Plage, 1 km à l'Est par D 186 - Z – ✆ 02 97 52 50 20 – www.lechurchill.com – *Ouvert de fin mars à fin sept.*

28 ch – †155/295 € ††155/295 € – ☕ 19 €

À la pointe Churchill, un hôtel des années 1970 rénové sur le thème de la mer (photos de Philip Plisson). La majorité des chambres, confortables et bien tenues, donnent sur la mer. Pour se détendre, on profite de l'espace bien-être et de la piscine.

Celtique

82 av. des Druides – ✆ 02 97 52 14 15 – www.hotel-celtique.com **Zh**

55 ch – †95/220 € ††95/220 € – 12 suites – ☕ 15 € – ½ P

Rest *(dîner seult)* – Menu 31/58 €

À proximité de la plage, cet hôtel abrite des chambres fonctionnelles. Agréable espace bien-être : piscine couverte, sauna, spa, hammam... Au restaurant, on sert une cuisine d'aujourd'hui.

Tumulus

chemin du Tumulus – ✆ 02 97 52 08 21 – www.hotel-tumulus.com – *Fermé 5 nov.-8 fév.* **Yt**

24 ch – †95/175 € ††95/199 € – ☕ 16 € – ½ P

Rest *Tumulus* – voir les restaurants ci-après

Bien au calme, ce petit manoir des années 1920 est perché sur les hauteurs de Carnac. On loge dans des chambres confortables ; préférez les plus spacieuses, qui disposent d'une terrasse.

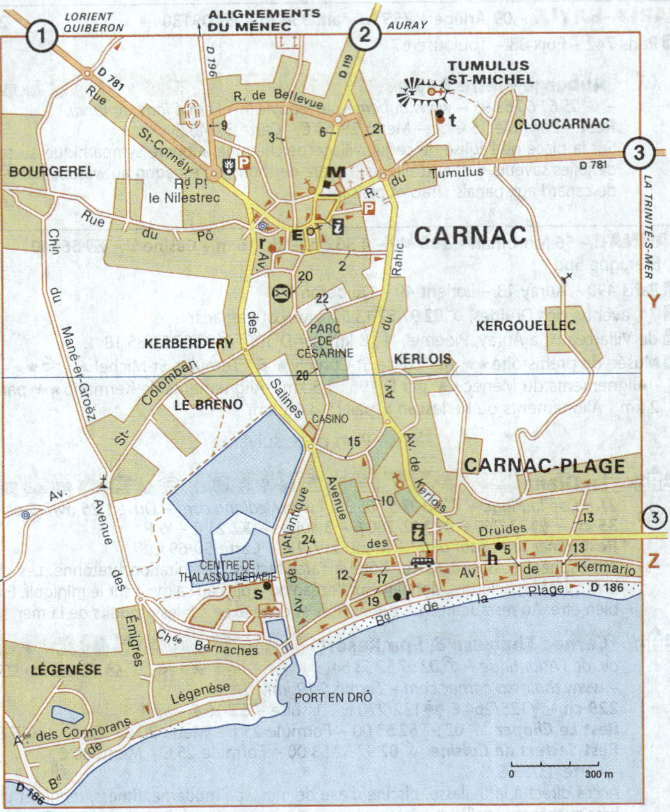

Colary (R.) . . . . Y 2
Courdiec (R. de) . . . . Y 3
Cromlech (Allée du) . . . . Z 5
Korrigans (R. des) . . . . Y 6
Ménec (R. du) . . . . Y 9
Menhirs (Allée des) . . . . Z 10
Miln (Av.) . . . . Z 12
Montagne (Allée de la) . . . . Z 13
Palud (Av. du) . . . . Z 15
Parc (Allée du) . . . . Z 17
Port en Dro (Av. de) . . . . Z 19
Poste (Av. de la) . . . . Y 20
Poul Person (R. de) . . . . Y 21
Roer (Av. du) . . . . Y 22
Talleyrand (Allée de) . . . . Z 24

La Côte

3 impasse er Forn, (alignements de Kermario), 2 km par ② – ✆ 02 97 52 02 80 – www.restaurant-la-cote.com – Fermé 1er-7 oct., 2 janv.-9 fév., dim. soir de sept. à juin, mardi midi et lundi

Rest – Menu 26 € (déj. en sem.), 36/85 €

Une salle dédiée au vin, une autre résolument contemporaine et ouvrant sur un jardin japonisant : cette ferme proche du site mégalithique de Kermario vit avec son temps. De même la carte, qui allie bons produits et imagination.

Tumulus – Hôtel Tumulus

chemin du Tumulus – ✆ 02 97 52 08 21 – www.hotel-tumulus.com – Fermé 6 nov.-11 fév., lundi midi et mardi midi

Yt

Rest – Formule 25 € – Menu 40/55 € – Carte 45/61 €

On pourrait contempler la baie de Quiberon par les jolies fenêtres de ce restaurant pendant des heures, sans se lasser. Dans l'assiette, ormeaux, poissons frais et saveurs franches de la Bretagne se mêlent avec invention.

La Calypso

158 r. du Pô, zone ostréïcole du Pô - Y – ✆ 02 97 52 06 14 – www.calypso-carnac.com – Fermé 1 sem. en juin, mi-nov.-fév., dim. soir sauf juil.-août et lundi

Rest – Carte 34/112 €

Les habitués ne s'y trompent pas : dans ce charmant bistrot marin, poissons, coquillages et crustacés sont d'une grande fraîcheur. Dans l'une des salles, dont le décor est à l'unisson, on fait même griller les mets dans la cheminée. Face au parc à huîtres, une adresse authentique à souhait !

Auberge le Râtelier avec ch

4 chemin du Douet – ✆ 02 97 52 05 04 – www.le-ratelier.com – Fermé mi-nov. à mi-déc. et janv. Yr

8 ch – 53/68 € 53/68 € – 8 € – ½ P

Rest *(fermé mardi et merc. d'oct. à Pâques, mardi midi et merc. midi en juin et sept.)* – Formule 19 € – Menu 23 € (sem.), 32/48 € – Carte 36/80 €

La façade en granit (19e s.) de cette auberge est recouverte de vigne vierge. Une touche bucolique qui séduit, tout comme l'ambiance conviviale et la cuisine, régionale et axée sur le poisson. Chambres rustiques à l'étage.

CARNON-PLAGE – 34 Hérault – 339 I7 – ✉ 34280 23 C2

Languedoc Roussillon

Paris 758 – Aigues-Mortes 20 – Montpellier 20 – Nîmes 56

rue du Levant, ✆ 04 67 50 51 15, www.officedutourismecarnon.com

Neptune

au port de plaisance – ✆ 04 67 50 88 00 – www.hotel-neptune.fr – Fermé 14 déc.-14 janv.

53 ch – 70/95 € 76/120 € – 12 € – ½ P

Rest *Le Trident* – voir les restaurants ci-après

Pour vivre l'agglomération montpelliéraine côté mer, cet hôtel moderne jouit d'une situation avantageuse directement sur le port de plaisance de Carnon. Chambres lumineuses et confortables, belle piscine et plage à moins de cinq minutes.

Le Trident – Hôtel Neptune

au port de plaisance – ✆ 04 67 50 92 57 – www.restaurant-trident.fr – Fermé 14 déc.-14 janv.

Rest *(fermé sam. midi et dim. soir sauf juil.-août)* – Formule 19 € – Menu 31/40 € – Carte 33/46 €

Alors que le dieu des mers lançait sa fourche contre ses ennemis, l'hôtel Neptune, sur le port de plaisance de Carnon, dévoile, lui, un Trident en forme de table agréable et amicale, autour de recettes traditionnelles bien tournées. Ne passez pas à côté du saumon fumé et des glaces maison. Terrasse face aux bateaux.

CARPENTRAS – 84 Vaucluse – 332 D9 – 29 271 h. – alt. 102 m 42 E1

– ✉ 84200 Provence

Paris 679 – Avignon 30 – Digne-les-Bains 139 – Gap 146

97, Place du 25 Août 1944, ✆ 04 90 63 00 78, www.carpentras-ventoux.com

18 Provence Country Club, à Saumane-de-Vaucluse, Route de Fontaine de Vaucluse, par rte de Cavaillon : 18 km, ✆ 04 90 20 20 65

Ancienne cathédrale St-Siffrein ★ : Synagogue ★.

Plan page suivante

Safari

1060 av.Jean-Henri-Fabre, par ③ – ✆ 04 90 63 35 35 – www.safarihotel.fr

35 ch – 70/120 € 85/120 € – 12 € – ½ P

Rest *Hibiscus* *(fermé dim. soir hors saison)* – Menu 19 € (sem.), 30/47 € – Carte 40/76 €

Aux portes de Carpentras, le meilleur hôtel de la localité, aussi confortable que contemporain. Fil rouge des décors : des pièces d'art africain, la passion du propriétaire. Détail marquant : de l'ascenseur, vitré, on admire le mont Ventoux...

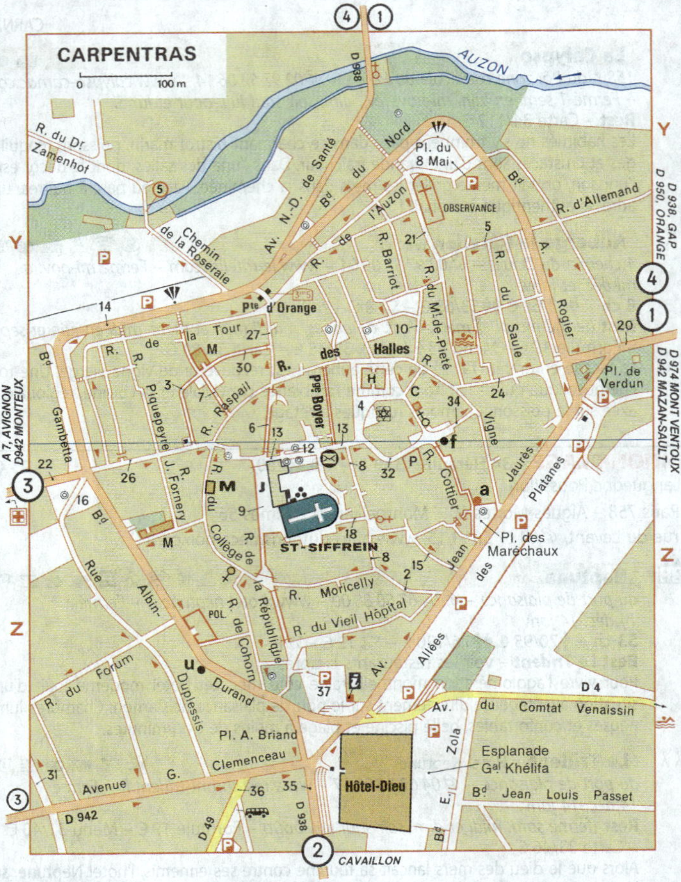

Le Comtadin sans rest

65 bd Albin-Durand – ✆ 04 90 67 75 00 – www.hotel-carpentras.com – Fermé 12-17 avril, déc., 15-24 fév. et dim. d'oct. à fév. **Zu**

19 ch – 70/125 € 85/125 € – 12 €

Au cœur de la capitale du Comtat Venaissin, un bel hôtel particulier de la fin du 18e s. Rien de daté dans le décor des chambres, chaleureuses et bien tenues. La plupart donnent sur le patio, où l'on prend le petit-déjeuner en été.

Château du Martinet sans rest

2807 rte de Mazan, 2,5 km par D 942 – ✆ 04 90 63 03 03 – www.chateau-du-martinet.fr – Ouvert avril-déc.

5 ch – 190/270 € 190/310 €

Un superbe château classé du 18e s. On flâne dans son immense parc ; on paresse dans l'une de ses somptueuses chambres ; on se fait groupie autour du piano... Charme et élégance.

Maison Trevier

36 pl. du Dr-Cavaillon – 04 90 51 99 98 – www.maison-trevier.com YZf
5 ch – 135/155 € 135/155 € – 12 €
Table d'hôte – Formule 19 € bc – Menu 28 € bc
Un hôtel particulier (1742) au cœur de la vieille ville. La propriétaire, esthète, passionnée de gastronomie et de voyages, a créé un lieu raffiné, mêlant rétro et contemporain. Elle propose des cours de cuisine et ouvre aussi sa table à ses hôtes (produits régionaux, vins naturels). Une maison à part.

Chez Serge

90 r. Cottier – 04 90 63 21 24 – www.chez-serge.com Za
Rest – Menu 15 € (déj.), 35/75 € – Carte 40/70 €
Serge Ghoukassian aime le vin (une passion et un métier, car il est un sommelier exigeant), les truffes et la gourmandise ; rien d'étonnant si son restaurant a autant de goût et de nez ! Le flacon séduit également : un joli décor de bistrot contemporain dans des murs du 16e s. parfaitement vieillis.

à Beaumes-de-Venise 10 km par ① D 7 puis D 21 – 2 283 h. – alt. 100 m – ✉ 84190

122 place du Marché, 04 90 62 94 39, www.ot-beaumesdevenise.com

Le Clos Saint Saourde sans rest

rte de St-Véran, 3 km au Sud-Est par D 21 et rte secondaire – 04 90 37 35 20 – www.leclossaintsaourde.com
5 ch – 180/470 € 180/470 €
Isolé dans la campagne, un mas du 18e s. tout en raffinement et caractère ! On hésite entre les chambres taillées dans la roche – superbes – et la somptueuse "cabane" en bois créée au fond du jardin (avec jacuzzi extérieur). Un lieu d'un grand charme, idéal pour jouer aux Robinson provençaux...

Les Remparts N sans rest

74 cours Louis-Pasteur – 04 90 62 75 49 – www.lamaisondesremparts.com
5 ch – 140/280 € 140/280 €
Une maison du 16e s. bâtie sur les anciens remparts de la cité... Voilà qui ne manque pas de cachet ! Les chambres – confortables et bien tenues – adoptent le style provençal avec élégance. Dès les premiers rayons de soleil, on profite du patio et de la piscine. Une belle adresse, authentique à souhait.

à Mazan 7 km à l'Est par D 942 – 5 641 h. – alt. 100 m – ✉ 84380

place du 8 Mai, 04 90 69 74 27, www.mazantourisme.com
Cimetière ★.

Château de Mazan

pl. Napoléon – 04 90 69 62 61 – www.chateaudemazan.com – Fermé 1er janv.-10 mars
28 ch – 110/285 € 130/285 € – 2 suites – 17 €
Rest *L'Ingénue* – voir les restaurants ci-après
Cette demeure de 1720 appartint au marquis de Sade. Moulures, tomettes, objets chinés, baignoires à l'ancienne : toute l'élégance d'une maison de famille provençale, noble et pure. À noter : les chambres en rez-de-jardin disposent d'une terrasse.

L'Ingénue

pl. Napoléon – 04 90 69 62 61 – www.chateaudemazan.com – Fermé 1er janv.-10 mars, le midi en sem., lundi d'oct. à avril et mardi sauf juil.-août
Rest – Menu 38/75 € – Carte 45/65 €
Nem croustillant de homard aux morilles, jus à la réglisse et mousseline de céleri ; douceur de pêche en sphère chocolatée... Gastronomie et invention prennent l'accent provençal dans cette belle demeure du 18e s., au cadre délicieux en salle comme en terrasse.

au Beaucet 11 km au Sud-Est par D 4 et D 39 – 373 h. – alt. 275 m – ✉ 84210

Auberge du Beaucet

r. Coste-Chaude – ✆ 04 90 66 10 82 – www.aubergedubeaucet.fr – Fermé 2-30 janv., mardi midi en hiver, dim. soir et lundi
Rest *(nombre de couverts limité, réserver)* – Formule 21 € – Menu 26 € (déj. en sem.), 39/52 €
Au cœur de ce pittoresque village perché, cette charmante auberge de campagne réserve un accueil particulièrement chaleureux. Décor soigné, bonne cuisine provençale : le plaisir est complet.

à Monteux 4,5 km au Sud-Ouest – 10 850 h. – alt. 42 m – ✉ 84170

Place Hôtel de Ville, ✆ 04 90 66 97 52, www.monteux.fr

Domaine de Bournereau sans rest

579 chemin de la Sorguette, rte d'Avignon et rte secondaire – ✆ 04 90 66 36 13 – www.bournereau.com – Fermé 28 oct.-15 déc.
11 ch – †120/180 € ††120/180 € – 1 suite – ☐ 15 €
Un majestueux platane centenaire trône au milieu de la cour de ce paisible mas provençal. Chambres colorées, spacieuses et confortables ; tenue impeccable.

CARQUEIRANNE – 83 Var – 340 L7 – 9 813 h. – alt. 30 m – ✉ 83320 41 C3

Paris 849 – Draguignan 80 – Hyères 7 – Toulon 16

à l'Est 2 km par D 559 - ✉83320 Carqueiranne

Val d'Azur sans rest

3 imp. de la Valérane – ✆ 06 09 07 23 87 – www.valdazur.com
5 ch ☐ – †80/135 € ††80/135 €
Sur les hauteurs de Carqueiranne, face à la mer, belle villa contemporaine disposant de confortables chambres au décor exotique et soigné (bain balnéo ou hammam).

LES CARROZ-D'ARÂCHES – 74 Haute-Savoie – 328 M4 – alt. 1 140 m 46 F1

– Sports d'hiver : 1 140/2 200 m 1 14 – ✉ 74300 Alpes du Nord
Paris 580 – Annecy 67 – Bonneville 25 – Chamonix-Mont-Blanc 47
9, place Ambiance, ✆ 04 50 90 00 04, www.lescarroz.com
18 de Pierre Carrée, à Flaine, E : 12 km par D 106, ✆ 04 50 90 85 44

Les Servages d'Armelle

rest,

841 rte des Servages – ✆ 04 50 90 01 62 – www.servages.com – Fermé mai et nov.
8 ch – †180/410 € ††180/870 € – 2 suites – ☐ 23 € – ½ P
Rest *Les Servages* *(fermé lundi mardi et merc. hors saison sauf fériés)* – Menu 30 € (sem.)/60 € – Carte 57/79 €
Un superbe chalet restauré avec des matériaux anciens. Chaque chambre mêle design, bois patiné et high-tech... et dispose d'une cheminée, allumée le soir avant votre retour ! Côté papilles, même raffinement. Produits de qualité et, une fois n'est pas coutume, beau choix de poissons.

La Croix de Savoie

768 rte du Pernand – ✆ 04 50 90 00 26 – www.lacroixdesavoie.fr
28 ch – †90/138 € ††90/138 € – ☐ 16 € – ½ P
Rest – Menu 27/54 € – Carte environ 45 €
Derrière cette façade de bois, très contemporaine, se cache un hôtel "bioclimatique", où tout a été conçu dans le souci de l'environnement. Calme, écolo et high-tech ! À table, honneur aux produits de saison, aux belles saveurs de la région et... vue sur les cimes.

CARRY-LE-ROUET – 13 Bouches-du-Rhône – 340 F6 – 6 320 h. – alt. 5 m 40 B3

– Casino – ✉ 13620 Provence
Paris 765 – Aix-en-Provence 39 – Marseille 34 – Martigues 20
avenue Aristide Briand, ✆ 04 42 13 20 36, www.otcarrylerouet.fr

Le Madrigal
4 av. du Dr.-Gérard-Montus – 04 42 44 58 63 – www.restaurant-lemadrigal.com – Fermé de mi-nov. à début déc., dim. soir et lundi de sept. à avril
Rest – Formule 19 € – Menu 34/59 € – Carte 45/70 €
Un madrigal, c'est historiquement une pièce musicale profane et galante. Et oui, ce Madrigal-là invite à la romance, en particulier sa terrasse qui offre une vue superbe sur la Grande Bleue ! Cuisine régionale de bonne facture.

CARSAC-AILLAC – 24 Dordogne – 329 I6 – 1 479 h. – alt. 80 m – ✉ 24200 4 D3

Périgord Quercy

Paris 536 – Brive-la-Gaillarde 59 – Gourdon 18 – Sarlat-la-Canéda 9

La Villa Romaine
St-Rome, 3 km par rte de Gourdon – 05 53 28 52 07 – www.lavillaromaine.com – Fermé 11 nov.-8 déc. et de mi-janv. à mi-fév.
15 ch – 115/165 € 115/195 € – 2 suites – 15 €
Rest ***La Villa Romaine*** – voir les restaurants ci-après
Bâtie sur un site gallo-romain proche de la Dordogne, cette ancienne métairie a effectivement un petit air italien, avec ses cyprès ! Terrasses, jardin et piscine sont très agréables.

La Villa Romaine
St-Rome, 3 km par rte de Gourdon – 05 53 28 52 07 – www.lavillaromaine.com – Ouvert 1er mai-3 nov. et fermé lundi et mardi sauf du 10 juil.-25 août
Rest *(dîner seult) (réserver)* – Menu 35/58 €
Tartare de bar à l'huile d'olive, carré d'agneau rôti aux herbes, belle ratatouille... Ici, on savoure une cuisine au bon goût du Sud, réalisée par un jeune chef appliqué. Pour ne rien gâcher, cette Villa Romaine est très plaisante. Un conseil : pensez à réserver, c'est souvent complet.

CARTERET – 50 Manche – 303 B3 – rattaché à Barneville-Carteret

CARVIN – 62 Pas-de-Calais – 301 K5 – 17 267 h. – alt. 31 m – ✉ 62220 31 C2

Paris 204 – Arras 35 – Béthune 28 – Douai 23

Parc Hôtel
Z.I. du Château – 03 21 79 65 65 – www.parc-hotel.com
46 ch – 58/83 € 69/94 € – 11 € – ½ P
Rest *(fermé dim. soir et soirs fériés)* – Formule 20 € – Menu 24/29 € – Carte 25/36 €
Près de l'autoroute, cet hôtel est idéal pour une étape dans la région. Les chambres sont bien tenues. Un conseil : préférez celles côté campagne ! Au restaurant, transformé en brasserie en 2012, on propose des formules à prix réduits pour le déjeuner. Jolie terrasse.

Le Charolais
Domaine de la Gloriette, 143 bis r. Mar.-Foch – 03 21 40 12 98 – www.le-charolais.fr – Fermé 3 sem. en août et le soir sauf sam.
Rest – Menu 15 € (sem.), 20/40 € – Carte 34/45 €
Le bœuf charolais est à l'honneur dans cette maison de style régional. Dans la salle, où des peintres locaux exposent, on goûte une cuisine traditionnelle. Le tout à petits prix.

CASAMOZZA – 2B Haute-Corse – 345 F4 – voir à Corse

CASCASTEL-DES-CORBIÈRES – 11 Aude – 344 H5 – 207 h. – alt. 140 m – ✉ 11360 22 B3

Paris 835 – Perpignan 52 – Carcassonne 70 – Narbonne 48

Domaine Grand Guilhem sans rest
1 chemin du Col-de-la-Serre – 04 68 45 86 67 – www.grandguilhem.com
4 ch – 100 € 110 €
Cette demeure en pierre (19e s.) a tout d'une maison de famille : les chambres sont coquettes et impeccablement tenues et, au petit-déjeuner, on se régale de bons produits locaux... Miel, fruits, jambon cru, viennoiseries, rien ne manque !

CASENEUVE – 84 Vaucluse – 332 F10 – 421 h. – alt. 595 m – ✉ 84750 40 B2

Paris 745 – Avignon 63 – Digne-les-Bains 83 – Marseille 121

Le Sanglier Paresseux

Le Village – ✆ 04 90 75 17 70 – www.sanglierparesseux.com – Fermé 23 déc.-31 janv., lundi soir de juin à août, merc. de sept. à mai, dim. soir et lundi midi

Rest – Formule 23 € – Menu 29/49 € – Carte environ 39 €

Brésilien, le chef a posé ses valises dans ce village du Vaucluse et repris l'ancienne auberge communale pour en faire un lieu plein de vie. Sa cuisine, assez personnelle, est tout simplement savoureuse. L'été, on s'installe sur la terrasse à l'ombre des canisses. Une vie de pacha... ou de sanglier paresseux.

CASSEL – 59 Nord – 302 C3 – 2 288 h. – alt. 175 m – ✉ 59670 30 B2

Nord Pas-de-Calais Picardie

Paris 250 – Calais 58 – Dunkerque 30 – Hazebrouck 11

20, Grand'Place, ✆ 03 28 40 52 55, www.cassel-horizons.com

Site★.

Châtellerie de Schoebeque sans rest

32 r. du Mar.-Foch – ✆ 03 28 42 42 67 – www.schoebeque.com

14 ch – †187/191 € ††187/191 € – ☕ 17 €

Ce bel hôtel particulier (18e s.) hébergea d'illustres hôtes, dont le roi George V. À votre tour de profiter de son charme paisible, de ses jolies chambres thématiques et de son centre de soins.

CASSIS – 13 Bouches-du-Rhône – 340 I6 – 7 758 h. – alt. 10 m – Casino 40 B3

– ✉ 13260 Provence

Paris 800 – Aix-en-Provence 51 – La Ciotat 10 – Marseille 30

Quai des Moulins, ✆ 08 92 25 98 92, www.ot-cassis.com

Site★ - Les Calanques★★ (1h en bateau) - Mt de la Saoupe ☼★★ : 2 km par D 41A.

Cap Canaille, la plus haute falaise maritime d'Europe, <★★★ 5 km par D41A - Sémaphore ☼★★★ - Corniche des Crêtes★★ de Cassis à la Ciotat.

Royal Cottage sans rest

6 av. du 11-Novembre – ✆ 04 42 01 33 34 – www.royal-cottage.com – Fermé 2-27 déc.

25 ch – †90/225 € ††90/225 € – ☕ 11 €

Bâtisse moderne sur les hauteurs disposant de chambres sobres avec balcon ou terrasse. Préférez celles avec vue sur le port. Belle piscine au milieu d'une luxuriante végétation.

Les Jardins de Cassis sans rest

r. Auguste-Favier – ✆ 04 42 01 84 85 – www.lesjardinsdecassis.com – Ouvert de mars à nov.

36 ch – †93/155 € ††93/155 € – ☕ 14 €

Bâtiments ocre sur les hauteurs de Cassis. Chambres coquettes, souvent avec terrasse privée. Beau jardin méridional.

La Villa Madie (Jean-Marc Banzo)

av. du Revestel, (anse de Corton), Sud-Est par D 41A – ✆ 04 96 18 00 00 – www.lavillamadie.com – Fermé de début janv. à mi-fév. et lundi et mardi d'oct. à avril

Rest – Menu 97 € (déj. en sem.)/130 € – Carte 100/120 €

Rest *La Petite Cuisine* – voir les restaurants ci-après

Vue sur le large et les pins, cadre design et épuré, terrasse dominant la mer... Un lieu exceptionnel, tourné tout entier vers la Grande Bleue, pour une cuisine qui navigue avec élégance sur les tendances.

→ Œuf de poule confit à basse température. Dos de loup de Méditerranée cuit en cocotte au fenouil, calamars et barigoule d'artichaut. Abricot laqué, pancake au pain d'épice, sorbet à la sauge. **Vins** Cassis, Bandol.

La Petite Cuisine – Restaurant La Villa Madie
av. du Revestel, (anse de Corton), Sud-Est par D 41A
– 04 96 18 00 00 – www.lavillamadie.com – Fermé de début janv. à mi-fév. et dim.
Rest *(déj. seult)* – Formule 40 € – Menu 45 € – Carte 45/56 €
À l'étage du restaurant gastronomique La Villa Madie, cette Petite Cuisine joue la carte de la simplicité, autour de bonnes grillades et des saveurs du marché ("selon la criée" et "retour du boucher"). Aux beaux jours, on profite de la terrasse face à la jolie crique aux eaux turquoise...

Romano N
15 quai Jean-Jacques-Barthélemy, (port de Cassis) – 04 42 01 08 16
– www.restaurant-romano.com – Fermé début janv. à mi-fév., dim. soir et mardi de nov. à avril
Rest – Formule 24 € – Menu 30 € – Carte 55/70 €
Un restaurant idéalement situé sur le port de Cassis. On y déguste une cuisine dans l'air du temps – à l'image de ce maquereau façon gravlax avec sa purée de betterave, et de ce tournedos d'espadon légèrement pané. Aux beaux jours, on profite de la grande terrasse avec vue sur les bateaux.

CASTAGNÈDE – 64 Pyrénées-Atlantiques – 342 G4 – rattaché à Salies-de-Béarn

CASTANET-TOLOSAN – 31 Haute-Garonne – 343 H3 – rattaché à Toulouse

CASTELJALOUX – 47 Lot-et-Garonne – 336 C4 – 4 773 h. – alt. 52 m 4 C2
– ✉ 47700 Aquitaine
Paris 674 – Agen 55 – Langon 55 – Marmande 23
Maison du Roy, 05 53 93 00 00, www.casteljaloux.com
de Casteljaloux, Route de Mont de Marsan, S : 4 km par D 933, 05 53 93 51 60

Les Cordeliers rest,
1 r. des Cordeliers – 05 53 93 02 19 – www.hotel-les-cordeliers.fr
– Fermé 15 déc.-15 janv.
24 ch – †45/60 € ††48/70 € – ☐ 8 € – ½ P
Rest *(fermé vend. midi et dim.)* – Formule 12 € – Menu 17 € (sem.)/30 €
– Carte 25/65 €
Sur la place principale de Casteljaloux, un hôtel-restaurant tout simple et pratique, avec des chambres fonctionnelles et bien tenues.

La Vieille Auberge
11 r. Posterne – 05 53 93 01 36 – www.la-vieille-auberge-47.com
– Fermé 24 juin-7 juil., 25 nov.-8 déc. et lundi
Rest – Formule 20 € – Menu 30/64 € – Carte 46/60 €
Charmante maison de pierre bordant une ruelle de la bastide. Le décor est bourgeois et, côté papilles, on se régale d'une cuisine classique, gourmande et soignée. Incontournables de la maison : les ris de veau et le baba au rhum.

CASTELLANE – 04 Alpes-de-Haute-Provence – 334 H9 – 1 553 h. 41 C2
– alt. 730 m – ✉ 04120 Alpes du Sud
Paris 797 – Digne-les-Bains 54 – Draguignan 59 – Grasse 64
rue Nationale, 04 92 83 61 14, www.castellane.org
de Taulane, à La Martre, Le Logis du Pin, E : 17 km par D 4085, 04 93 60 31 30
Site★ - Lac de Chaudanne★ 4 km.
- Grand canyon du Verdon★★★.

à la Garde 6 km par D 559 et D 4085 – 90 h. – alt. 928 m – ✉ 04120

Auberge du Teillon avec ch
rte Napoléon – 04 92 83 60 88 – www.auberge-teillon.com
– Ouvert 23 mars-15 nov. et fermé dim. soir hors saison, mardi midi en juil.-août et lundi
8 ch – †60/70 € ††60/70 € – ☐ 9 €
Rest – Formule 22 € – Menu 27/54 € – Carte 41/63 €
Des produits au top, des assiettes qui débordent de saveurs : cette auberge rustique célèbre la tradition avec un bel accent du Sud. Accueil tout sourire et ambiance conviviale. À l'étage, quelques petites chambres fraîches, pratiques pour l'étape.

LE CASTELLET – 83 Var – 340 J6 – 4 175 h. – alt. 252 m – ✉ 83330 40 B3

Côte d'Azur

Paris 816 – Aubagne 30 – Marseille 46 – Toulon 23

Circuit Paul Ricard ✆ 04 94 98 36 66

au Circuit Paul Ricard 11 km au Nord par D 226, D 26 et D N8 – ✉ 83330 Le Beausset

Hôtel du Castellet

3001 rte Hauts-du-Camp – ✆ 04 94 98 37 77 – www.hotelducastellet.net – Fermé 10 déc.-12 fév.

33 ch – †340/1200 € ††340/1200 € – 9 suites – ☕ 34 €

Rest ***Monte Cristo*** ✿✿ **Rest** ***San Felice*** – voir les restaurants ci-après

Trois cents hectares de pinède dominant l'arrière-pays varois, avec la Méditerranée à l'horizon. Si tous les paradis sont perdus, l'hôtel du Castellet en a conservé le goût : coursives, bassins, parterres de lavande... Félicité à la provençale !

Grand Prix

3100 rte des Hauts-du-Camp – ✆ 04 94 88 80 80 – www.grandprixhotel.fr – Fermé 20 déc.-14 janv.

117 ch ☕ – †145 € ††157 € – ½ P

Rest – Formule 19 € bc – Menu 29 € – Carte 35/50 €

Sur la route qui mène au circuit, au milieu de la forêt, cet hôtel est né en 2009 sous le patronage de la Formule 1 : fils rouges du décor, des photos de courses et un mobilier contemporain... fuselé comme un bolide. Équipements dernier cri.

Monte Cristo – Hôtel du Castellet

✿✿

3001 rte Hauts-du-Camp – ✆ 04 94 98 29 69 – www.hotelducastellet.com – Fermé 10 déc.-12 fév., dim. soir de mi-sept. à avril, le midi de mai à mi-sept., lundi et mardi

Rest – Menu 85 € (déj.), 165/185 € – Carte 140/180 €

La seule héroïne de ce Monte Cristo, c'est la grande cuisine ! Sous la conduite de Christophe Bacquié, cette table mérite assurément le détour, à deux pas du circuit du Castellet. Fin, délicat, précis : un beau travail sur les textures et les saveurs... un délice ! L'atmosphère feutrée ajoute encore au plaisir.

➜ Saint-pierre et chair de tourteau roulés façon sashimi. Merlu de ligne cuisiné au beurre mousseux et pommes de terre ratte écrasées à la fourchette. Soufflé chaud au Grand Marnier. **Vins** Vin de pays du Var, Bandol.

San Felice – Hôtel Du Castellet

3001 rte Hauts-du-Camp – ✆ 04 94 98 29 58 – www.hotelducastellet.com – Fermé 10 déc.-12 fév.

Rest – Formule 35 € – Menu 45 €

Sardines grillées espuma vodka, langouste de Méditerranée au barbecue, souris d'agneau confite huit heures... La San Felice n'est pas qu'un roman de Dumas, c'est aussi – au sein de l'hôtel du Castellet – un bistrot chic et inventif !

CASTELNAUDARY – 11 Aude – 344 C3 – 11 753 h. – alt. 175 m 22 A2

– ✉ 11400 Languedoc Roussillon

Paris 735 – Carcassonne 42 – Foix 70 – Pamiers 49

place de la République, ✆ 04 68 23 05 73, www.castelnaudary-tourisme.com

Hôtel du Canal sans rest

88-108 av. A.-Vidal – ✆ 04 68 94 05 05 – www.hotelducanal.com

38 ch – †54/69 € ††59/83 € – ☕ 6 €

Un hôtel familial fort sympathique, au bord du canal du Midi... Les chambres sont pratiques, sobres et très propres. On prend son petit-déjeuner tout près de l'eau et de la verdure, avant d'entamer une balade sur les berges.

Le Tirou

90 av. Mgr de Langle – ✆ 04 68 94 15 95 – www.letirou.com – Fermé 20-27 juin, 20 déc.-20 janv., lundi et le soir sauf sam.

Rest – Menu 24 € (sem.), 32/44 € – Carte 39/64 €

Une jolie ménagerie dans le jardin, des mets du terroir 100 % maison – le cassoulet est délicieux ! –, des produits et des vins du cru : cette auberge champêtre et familiale a tout pour plaire... et l'on peut aussi y acheter les conserves du chef.

CASTELNAU-DE-LÉVIS – 81 Tarn – 338 E7 – rattaché à Albi

CASTELNAU-DE-MONTMIRAL – 81 Tarn – 338 C7 – 950 h. – alt. 287 m – ✉ 81140 Midi Toulousain

29 C2

Paris 645 – Toulouse 69 – Cordes-sur-Ciel 22 – Gaillac 12

place de la Mairie, ✆ 05 63 33 15 11, www.castelnaudemontmiral-tourisme.com

Hôtel des Consuls sans rest

pl.des Arcades – ✆ 05 63 33 17 44 – www.hoteldesconsuls.com – Fermé vacances de Noël

16 ch – 59/64 € 79/85 € – 9 €

C'est l'un des plus beaux villages de France avec sa pittoresque bastide du 13e s. ! Les nouveaux propriétaires du lieu ont commencé à rénover entièrement ces maisons chargées d'histoire. C'est calme, reposant, avec un joli patio.

La Table des Consuls

pl. des Arcades – ✆ 05 63 40 63 55 – www.lesconsuls.com – Ouvert de mars à oct. et fermé dim. soir, lundi et mardi sauf juil.-août

Rest – Formule 13 € – Menu 16 € (sem.)/32 € – Carte 26/41 €

S'il y avait encore des consuls, ils ne manqueraient pas de se régaler dans ce restaurant au charme rustique ! Ici, tout est fait maison, souvent parfumé d'épices et d'herbes fraîches ; c'est copieux, généreux et sans esbroufe.

CASTELNAU-LE-LEZ – 34 Hérault – 339 I7 – rattaché à Montpellier

CASTÉRA-VERDUZAN – 32 Gers – 336 E7 – 937 h. – alt. 114 m – Stat. therm. : fin mars-mi-nov. – Casino – ✉ 32410

28 A2

Paris 720 – Agen 61 – Auch 26 – Condom 20

place du 8 juillet 1977, ✆ 05 62 68 10 66, www.tourisme-coeurdegascogne.com

Le Florida

2 r. du Lac – ✆ 05 62 68 13 22 – www.restaurant-florida.fr – Fermé vacances de fév., dim. soir et lundi

Rest – Menu 13 € (déj. en sem.), 26/40 € – Carte 39/53 €

Spécialités gersoises à savourer en hiver, réchauffé par le crépitement d'un bon feu de cheminée, et en été sur la terrasse ombragée et fleurie.

CASTERINO – 06 Alpes-Maritimes – 341 G3 – rattaché à Tende

CASTILLON-DU-GARD – 30 Gard – 339 M5 – rattaché à Pont-du-Gard

CASTRES – 81 Tarn – 338 F9 – 42 701 h. – alt. 170 m – ✉ 81100 Midi Toulousain

29 C2

Paris 718 – Albi 43 – Béziers 107 – Carcassonne 70

de Castres-Mazamet : ✆ 05 63 70 34 77, 8 km par ③.

2, place de la Republique, ✆ 05 63 62 63 62, www.tourisme-castres.fr

de Castres Gourjade, Domaine de Gourjade, N : 3 km par rte de Roquecourbe, ✆ 05 63 72 27 06

Musée Goya★ - Hôtel de Nayrac★ AY - Centre national et musée Jean-Jaurès AY.

Le Sidobre★ 9 km par ① - Musée du Protestantisme à Ferrières.

Plan page suivante

Grand Hôtel

11 r. de la Libération – ✆ 05 63 37 82 20 – www.grandhoteldecastres.com

50 ch – 92 € 97 € – 3 suites – 13 € BZn

Rest *Grand Hôtel* – voir les restaurants ci-après

À deux pas de la cathédrale, un vrai "Grand Hôtel" ! Fermé durant treize ans, il connaît une nouvelle jeunesse grâce au fils de l'ancienne propriétaire et à son épouse. De ce lieu classique, ils ont fait un endroit élégant, design et épuré... Bois précieux, matériaux choisis, excellente insonorisation : les chambres ont vraiment du style, sans ostentation.

Alsace-Lorraine (Pl.)	AZ 3	Guy (R. G.)	AZ 18	Sœur Audenet (R.)	BY 30
Bourgeois (Bd L.)	AY 9	Henri-IV (R.)	ABY	Thomas (R. F.)	AY 32
Cassin (Av. R.)	AZ 10	Jacobins (Quai des)	BY 19	Veaute (R. A.)	BZ 33
Chambre de l'Édit (R.)	AZ 11	Jean-Jaurès (Pl.)	BY 20	Vieux (Pont)	BY 34
Consulat (R. du)	AY 12	Neuf (Pont)	BZ 24	Villegoudou (R.)	BZ 37
Desplats (Av. Lt J.)	BY 13	Platé (R. de la)	AZ 26	Zola (R. Émile)	AY
Fuzies (R.)	BY 14	Sabatier (R.)	AZ 27	8-Mai-1945 (Pl. du)	BZ 40
Gambetta (R.)	AZ 16	Ste-Claire (Pl.)	BY 29		

Occitan

201 av. Ch.-de-Gaulle, par ③ – ✆ 05 63 35 34 20 – www.hotel-restaurant-l-occitan.fr – Fermé 21 déc.-3 janv.

64 ch – 🚹69/100 € 🚹🚹76/110 € – ☕ 11 € – ½ P

Rest *(fermé dim. midi de la Toussaint à Pâques et sam. midi)* – Menu 15 € (sem.), 18/49 € bc – Carte 27/57 €

Sur un axe passant mais très bien insonorisé, un hôtel-restaurant assez vaste, idéal pour les groupes. Les chambres, toutes climatisées, sont impeccablement tenues et arborent un style contemporain très frais. Et pour la détente, on profite de la piscine, du sauna et du jacuzzi...

Renaissance sans rest

17 r. Victor-Hugo – ✆ 05 63 59 30 42 – www.hotel-renaissance.fr – Fermé 24 déc.-6 janv. AZd

20 ch – 🚹70/120 € 🚹🚹70/120 € – 1 suite – ☕ 12 €

Derrière cette belle façade à colombages du 17e s. se cache un hôtel éclectique et charmant : les chambres ont toutes leur style (Empire, Napoléon III, Savane, etc.) et foisonnent de tableaux, meubles chinés et bibelots. Un lieu cosy !

Le Miredames

1 pl. R. Salengro – 05 63 71 38 18 – www.hotel-miredames.com BYf

14 ch – 58/62 € 66/72 € – 9 €

Rest – Formule 10 € – Menu 13 € bc (déj. en sem.), 18/31 € bc – Carte 27/37 €

Tout près du pont Vieux, dans des maisons anciennes, un hôtel avec des chambres avant tout pratiques.

Le Victoria

24 pl. du 8-Mai-1945 – 05 63 59 14 68 – Fermé sam. midi et dim. soir BZs

Rest – Formule 14 € – Menu 25/35 € – Carte 32/55 €

Au cœur de la ville, un restaurant de tradition : ici la cuisine est copieuse et semble immuable. Côté déco, une salle voûtée, des briques apparentes et un style... très classique.

Mandragore

1 r. Malpas – 05 63 59 51 27 – Fermé 1 sem. en mars, 1 sem. en sept., dim. et lundi BYe

Rest – Menu 14 € bc (déj.), 18/32 € – Carte 32/42 €

Une maison du vieux Castres où dominent bois blond et verre dépoli. Un cadre sobre et épuré, pour déguster une cuisine traditionnelle simple.

Grand Hôtel – Hôtel Grand Hôtel

11 r. de la Libération – 05 63 37 82 20 – www.grandhoteldecastres.com – Fermé sam., dim. et fériés BZn

Rest – Menu 20 € bc (déj.)/25 €

Pas de carte à rallonge dans ce joli bistrot épuré, mais un menu unique concocté selon l'humeur du chef et les produits qu'il déniche... Sa cuisine a le bon goût d'ici et d'ailleurs et s'accompagne de vins bien choisis.

Bistrot Saveurs (Simon Scott)

5 r. Ste-Foy – 05 63 50 11 45 – www.bistrot-saveurs.com – Fermé 1 sem. en mars, 3 sem. en août, 1 sem. en nov., sam., dim. et fériés

Rest – Menu 30 € (déj. en sem.), 40/110 € bc – Carte 80/95 € BYa

C'est en 2009 que ce chef britannique a pris ses quartiers dans ce restaurant zen et contemporain. Sa cuisine tout en finesse – sans cesse renouvelée sous forme de menu unique et impeccablement maîtrisée –, donne la priorité aux produits... Les saveurs tombent juste : so tasty !

→ Duo de foie gras de canard, "façon crumble" aux pommes et pain d'épice. Pigeon en deux services. Sphère de chocolat noir aux agrumes et espuma à l'orange amère. Vins Corbières.

La Table du Sommelier

6 pl. Pélisson – 05 63 82 20 10 – www.le-chais-du-sommelier.com – Fermé dim. et lundi AYt

Rest – Formule 14 € bc – Menu 20/40 € bc

Un néobistrot dédié au vin, juste en face du musée Jean-Jaurès... Côté déco, des casiers et des bouteilles et, côté papilles, une cuisine du marché qui s'accorde avec de jolis nectars : "autour du vin sec", "autour du vin de Gaillac", etc.

aux Salvages 5 km par ① et D 89 – **338** F9 – ✉ **81100 Castres**

1, place du 8 mai 1945, 05 63 35 07 83, http://burlats.com/

Les Mets d'Adélaïde N

36 av. Georges-Alquier – 05 63 35 78 42 – Fermé 1 sem. en oct., 1 sem. en janv., lundi et mardi

Rest – Formule 19 € – Menu 26/56 € – Carte 39/59 €

Nulle envie de retourner à l'école ? Parions que vous allez changer d'avis ! Ces Mets d'Adélaïde prennent leurs aises dans l'ancienne école du village. Mais point de nostalgie : le décor est épuré et le chef délivre une jolie leçon de gastronomie d'aujourd'hui. L'accueil mérite aussi une bonne appréciation !

à Burlats 9 km par ①, D 89 et D 58 – 1 894 h. – alt. 191 m – ✉ 81100

Le Castel de Burlats
8 pl. du 8-Mai-1945 – ✆ 05 63 35 29 20 – www.lecasteldeburlats.fr
– Fermé 1er-10 mars
10 ch – †75/90 € ††75/115 € – ☕ 10 € – ½ P
Rest *Le Castel de Burlats* – voir les restaurants ci-après
Dans ce charmant village de Burlats, au bord de l'Agout, un castel des 14e et 16e s. où règne une sympathique atmosphère maison d'hôtes. Très beau salon de style Renaissance et chambres spacieuses et au décor soigné, ouvertes sur le parc.

Le Castel de Burlats
8 pl. du 8-Mai-1945 – ✆ 05 63 35 29 20 – www.lecasteldeburlats.fr – Fermé 1er-10 mars, mardi sauf le soir de juin à sept. et lundi
Rest *(nombre de couverts limité, réserver)* – Formule 19 € – Menu 25/45 € – Carte 43/65 €
Après avoir travaillé auprès de Gilles Goujon, en sa célèbre auberge de Fontjoncouse, le chef vole dorénavant de ses propres ailes dans ce joli castel des 14e et 16e s. Sa marque ? Une cuisine adossée sur les saisons et une technique mise au service du goût. Très bon rapport qualité-prix. Jolie terrasse face à la nature.

à Lagarrigue 4 km par ③ – 1 790 h. – alt. 200 m – ✉ 81090

Montagne Noire sans rest
29 av. Castres, sur RN 112 – ✆ 05 63 35 52 00 – www.lamontagnenoire.com
30 ch – †80/150 € ††80/150 € – ☕ 13 €
En bordure de route passante, mais pourtant au calme. Les chambres sont pratiques, très propres et bien insonorisées ; pour les loisirs, il y a une piscine et... un billard. Petit plus qui compte : le copieux petit-déjeuner.

CASTRIES – 34 Hérault – 339 I6 – rattaché à Montpellier

LE CATEAU-CAMBRÉSIS – 59 Nord – 302 J7 – 6 998 h. – alt. 123 m 31 C3

– ✉ 59360 Nord Pas-de-Calais Picardie

▶ Paris 202 – Cambrai 24 – Hirson 44 – Lille 86

ℹ 9, place du Commandant Richez, ✆ 03 27 84 10 94, www.tourisme-lecateau.fr

Le Relais Fénelon
21 r. du Mar.-Mortier – ✆ 03 27 84 25 80 – www.hotel-restaurant-relais-fenelon.fr
– Fermé 6-29 août, dim. soir et lundi sauf fériés
Rest – Formule 18 € – Menu 23/33 € – Carte 35/42 €
Cette maison bourgeoise (19e s.) est une ode à la douceur de vivre et au charme provincial. En cuisine, les bons petits plats du chef mijotent longtemps... La tradition a du bon !

LE CATELET – 02 Aisne – 306 B2 – 193 h. – alt. 90 m – ✉ 02420 37 C1

▶ Paris 170 – Cambrai 22 – Le Cateau-Cambrésis 29 – Laon 66

La Coriandre
68 r. du Gén.-Augereau – ✆ 03 23 66 21 71 – www.restaurant-la-coriandre.com
– Fermé 30 juil.-20 août, 2-10 janv.,dim. soir, mardi soir, merc. soir et lundi
Rest – Formule 19 € – Menu 24 € (déj. en sem.), 29/60 € – Carte 57/71 €
Salade de homard à la crème de ciboulette, barbue dorée à l'huile d'olive, lasagnes de céleri, millefeuille à la vanille... On savoure une cuisine soignée, à l'accent méditerranéen, dans un cadre rustique. Une bonne adresse.

LES CATONS – 73 Savoie – 333 I4 – rattaché au Bourget-du-Lac

CAUDEBEC-EN-CAUX – 76 Seine-Maritime – 304 E4 – 2 294 h. – alt. 6 m 33 C1

– ✉ 76490 Normandie Vallée de la Seine

▶ Paris 162 – Lillebonne 17 – Le Havre 53 – Rouen 37

ℹ place du General de Gaulle, ✆ 02 32 70 46 32, www.tourismecauxseine.com

◉ Église Notre-Dame★.

◉ Vallon de Rançon★ NE : 2 km.

Normotel

18 quai Guilbaud – ✆ 02 35 96 20 11 – www.normotel-lamarine.fr – Fermé 23 déc.-7 janv.

31 ch – †75 € ††105 € – ☕ 9 € – ½ P

Rest *La Marine* *(fermé sam. midi et dim. soir)* – Formule 18 € – Menu 22/30 € – Carte 30/36 €

Sur la rue principale (face à la Seine), une grande bâtisse dont les chambres sont progressivement rénovées dans un esprit contemporain et épuré. Au restaurant, les petits plats traditionnels ont de jolis accents normands.

Le Normandie

19 quai Guilbaud – ✆ 02 35 96 25 11 – www.le-normandie.fr – Fermé 22 déc.-7 janv.

15 ch – †68/90 € ††68/90 € – ☕ 8 € – ½ P

Rest *(fermé lundi midi, merc. midi et dim. soir)* – Formule 15 € – Menu 24/43 € – Carte 35/61 €

Sur le quai longeant la Seine, un hôtel fonctionnel avec des chambres fraîches et très bien tenues. Restaurant traditionnel.

Le Cheval Blanc

4 pl. René Coty – ✆ 02 35 96 21 66 – www.le-cheval-blanc.fr – Fermé 25 déc.-3 janv.

14 ch – †56 € ††60 € – ☕ 7 € – ½ P

Rest *(fermé 21 déc.-3 janv., sam. midi, dim. soir et vend.)* – Formule 14 € – Menu 18 € (sem.), 29/32 €

Un Cheval Blanc simple et propre, avec des chambres correctement insonorisées et mansardées au deuxième étage, idéales pour se loger à bon compte. Cuisine du terroir préparée par le patron.

Manoir de Rétival

rest,

2 r. St-Clair – ✆ 06 50 23 43 63 – www.restaurant-ga.fr – Fermé 30 sept.-21 oct. et 19 fév.-4 mars

3 ch – †160/290 € ††160/310 € – ☕ 18 €

Table d'hôte – Menu 98 € bc/149 € bc

Quel charme... Ce manoir est superbe, avec sa tourelle, ses colombages, son beau jardin et sa chapelle. Les chambres cultivent un bel esprit maison de famille (parquet, jonc de mer, mobilier chiné, etc.) et la table d'hôte est agréable : le patron est un jeune chef allemand amoureux de la gastronomie française !

CAUREL – 22 Côtes-d'Armor – **309** D5 – 381 h. – alt. 188 m – ✉ 22530 **10** C2

▶ Paris 461 – Carhaix-Plouguer 45 – Guingamp 48 – Loudéac 24

Beau Rivage avec ch

au Lac de Guerlédan, 2 km par D 111 – ✆ 02 96 28 52 15 – www.le-beau-rivage.info – Fermé merc. midi

3 ch – †63 € ††63 € – ☕ 9 € – ½ P

Rest *(dîner seult sur réservation)* – Menu 20 € (sem.), 31/45 € – Carte 52/60 €

Les locaux, comme les touristes, apprécient cette maison au bord du lac de Guerlédan. Une bien jolie vue pour déguster une cuisine sagement traditionnelle. En complément, des chambres simples qui donnent aussi sur l'étendue d'eau.

CAUSSADE – 82 Tarn-et-Garonne – **337** F7 – 6 586 h. – alt. 109 m – ✉ 82300 Midi Toulousain **29** C2

▶ Paris 606 – Cahors 38 – Gaillac 51 – Montauban 28

ℹ 40 boulevard Didier Rey, ✆ 05 63 26 04 04, www.mairie-caussade.fr

Dupont

ch,

r. Récollets – ✆ 05 63 65 05 00 – www.hotel-restaurant-dupont.com – Fermé 21 déc.-10 janv.

30 ch – †50/65 € ††50/74 € – ☕ 8 € – ½ P

Rest *(fermé vend., sam. et dim.) (dîner seult)* – Carte 19/45 €

Au cœur de la petite capitale du chapeau de paille, un relais de poste du 18e s. avec des chambres simples et propres, ainsi qu'un restaurant traditionnel. Pratique lors d'une étape.

à Monteils 3 km au Nord-Est par D 17 – 1 300 h. – alt. 120 m – ✉ 82300

Le Clos Monteils

7 chemin du Moulin – ✆ 05 63 93 03 51 – Fermé 2-10 nov., mi-janv. à mi-fév., dim. soir, lundi et mardi

Rest *(nombre de couverts limité, réserver)* – Formule 18 € – Menu 29/54 €

Françoise et Bernard ont fait de cet ancien presbytère (1771) un lieu convivial et intime, à la façon d'une maison de famille. Elle vous accueille avec gentillesse, lui s'active aux fourneaux. Priorité au terroir et aux produits frais !

CAUTERETS – 65 Hautes-Pyrénées – 342 L7 – 1 118 h. – alt. 932 m – Sports d'hiver : 1 730/2 450 m 2 14 – Stat. therm. : début fév.-fin nov. – Casino – ✉ 65110 Midi Toulousain

28 A3

Paris 880 – Argelès-Gazost 17 – Lourdes 30 – Pau 75

place Foch, ✆ 05 62 92 50 50, www.cauterets.com

La station★ - Route et site du Pont d'Espagne★★★ (chutes du Gave) au Sud par D 920 - Cascade★★ et vallée★★ de Lutour S : 2,5 km par D 920.

Cirque du Lys★★.

Astérides-Sacca

ch, rest, rest, VISA AE

11 bd Latapie-Flurin – ✆ 05 62 92 50 02 – www.asterides-sacca.com – Fermé 10 oct.-10 déc.

51 ch – †52/76 € ††52/76 € – ☐ 8 € – ½ P **Rest** – Menu 18/36 € – Carte 32/52 €

Ces étoiles de mer (astérides) ont élu domicile à la montagne... Derrière une belle façade de style bigourdan, les chambres, fonctionnelles, sont décorées dans un esprit actuel. Cuisine traditionnelle au restaurant, au cadre chaleureux.

Lion d'Or

12 r. Richelieu – ✆ 05 62 92 52 87 – www.liondor.eu – Fermé 14 avril-7 mai et 7 oct.-21 déc.

18 ch – †76/160 € ††78/162 € – ☐ 11 € – ½ P

Rest *(fermé le midi et dim. soir sauf vacances scolaires) (résidents seult)* – Menu 23/29 € – Carte 24/30 €

Hôtel familial construit au 19e s. (portes-fenêtres, balconnets en fer forgé...). Chambres douillettes à la décoration soignée (objets chinés). Confitures et tourtes maison au petit-déjeuner. Cuisine de tradition servie dans une salle à manger ancienne.

Le Bois Joli sans rest

1 pl. du Mar.-Foch – ✆ 05 62 92 53 85 – www.hotel-leboisjoli.com – Fermé 21 avril-1er juin et 13 oct.-30 nov.

12 ch – †90/98 € ††100/118 € – ☐ 11 €

Au cœur de la station, bâtisse du 19e s. au cachet préservé. Chambres d'esprit chalet, très colorées et décorées suivant quatre thèmes : fleurs, animaux, arbres et monts.

L'Abri du Benques

2 km au Sud par D 920 au lieu-dit la Raillère – ✆ 05 62 92 50 15 – Fermé 1er-20 déc., 1er-15 janv., lundi soir, mardi soir et merc. sauf vacances scolaires

Rest – Formule 13 € – Menu 24/48 € – Carte 33/45 €

Sur la route du pont d'Espagne, dans un cadre magique – entre montagne et torrents –, ce restaurant au décor contemporain propose une cuisine actuelle signée par un jeune chef du pays.

CAVAILLON – 84 Vaucluse – 332 D10 – 24 723 h. – alt. 75 m – ✉ 84300 Provence

42 E1

Paris 702 – Aix-en-Provence 60 – Arles 44 – Avignon 25

place Francois Tourel, ✆ 04 90 71 32 01, www.cavaillon-luberon.com

Musée de l'Hôtel-Dieu : collection archéologique★ - ★ de la colline St-Jacques.

Prévôt (Jean-Jacques Prévôt)

353 av. de Verdun – ✆ 04 90 71 32 43 – www.restaurant-prevot.com – Fermé dim. et lundi sauf juil.-août et fériés

Rest – Menu 26 € (déj.), 46/115 € bc – Carte 60/80 €

Dans cette sympathique maison familiale, on célèbre avec passion le melon de Cavaillon – un menu entier lui est même dédié en saison. Truffes et légumes du pays occupent aussi une place de choix sur la carte, qui sait mettre de beaux produits en valeur. Un travail de qualité, sans fioritures, au service des saveurs !

➜ Mousseline de cigale de mer fourrée, carotte, courgette et fenouil. Carré d'agneau saisi aux herbes, artichauts à l'orange et fromage frais. Soupe de pêches glacée vanille-badiane, crème glacée à la lavande.

Carte sur Table (N)

35 r. Gustave-Flaubert – ✆ 04 90 78 15 27 – www.restaurant-carte-sur-table.com – Fermé 24-31 déc., dim. et lundi

Rest – Formule 16 € – Menu 28 € – Carte 34/43 €

Il souffle un vent nouveau sur cette adresse où l'on joue Carte sur Table ! Installé ici en 2012 après un beau parcours dans des maisons de qualité, un jeune couple entend y mettre à profit son expérience. Son credo : qualité de l'accueil et qualité de la cuisine (inspirée par les beaux produits frais).

à Cheval-Blanc 5 km à l'Est par D 973 – 4 163 h. – alt. 83 m – ✉ 84460

L'Auberge de Cheval Blanc

481 av. de la Canebière – ✆ 04 32 50 18 55 – www.auberge-de-chevalblanc.com – Fermé sam. midi, dim. soir et lundi de sept. à juin

Rest *(nombre de couverts limité, réserver)* – Menu 20 € (déj. en sem.), 30/69 € – Carte 44/62 €

Des produits frais, une agréable cuisine de saison : cette discrète auberge de bord de route promet un agréable moment gourmand... et sa terrasse est idyllique.

CAVALAIRE-SUR-MER – 83 Var – 340 O6 – 6 731 h. – alt. 2 m – Casino 41 C3

– ✉ 83240 Côte d'Azur

Paris 880 – Draguignan 55 – Fréjus 41 – Le Lavandou 21

Maison de la Mer, ✆ 04 94 01 92 10, www.cavalaire.fr

Massif des Maures★★★.

La Calanque

r. de la Calanque – ✆ 04 94 01 95 00 – www.residences-du-soleil.com/lacalanque – Ouvert 29 mars-14 oct.

28 ch – †169/370 € ††169/370 € – ☕ 20 € – ½ P

Rest – Menu 32 € (dîner)/59 € – Carte 49/62 €

Choisissez cet hôtel pour sa vue : il est perché sur une calanque du massif des Maures ! Les chambres, spacieuses et actuelles, dominent la Méditerranée. Restaurant et terrasse panoramiques ouverts sur la mer ; spécialités régionales.

CAVALIÈRE – 83 Var – 340 N7 – alt. 4 m – ✉ 83980 Le Lavandou 41 C3

Côte d'Azur

Paris 880 – Draguignan 68 – Fréjus 55 – Le Lavandou 7

Massif des Maures★★★.

Le Club de Cavalière & Spa

30 av. du Cap-Nègre – ✆ 04 98 04 34 34 – www.clubdecavaliere.com – Ouvert 8 mai-28 sept.

32 ch – ½ P seult 303/618 € – 5 suites

Rest ***Le Club de Cavalière & Spa*** – voir les restaurants ci-après

Une demeure élégante ouverte sur la plage. Du style, assurément : un vrai esprit bourgeois – tellement confortable – décliné dans une veine résolument contemporaine. Piscine, spa, sauna, jacuzzi, fitness, bateau privé... Détente assurée !

Le Club de Cavalière & Spa
30 av. du Cap-Nègre – ✆ 04 98 04 34 34 – www.clubdecavaliere.com – Ouvert 8 mai-28 sept.
Rest – Menu 63 € (déj.), 80/98 € – Carte 90/145 €
Ravioles aux langoustines et à la coriandre, bisque au curry ; loup de pleine mer en pavé rôti à la peau, escabèche croquante aux condiments... De beaux produits de la mer (et quelques viandes), cuisinés avec finesse. À apprécier face aux flots !

CAVANAC – 11 Aude – **344** E3 – rattaché à Carcassonne

CAYRON – 32 Gers – **336** C8 – rattaché à Beaumarchés

CEILLAC – 05 Hautes-Alpes – **334** I4 – 307 h. – alt. 1 640 m – Sports d'hiver : 1 700/2 500 m 6 – ✉ 05600 Alpes du Sud **41** C1

Paris 729 – Briançon 50 – Gap 75 – Guillestre 14
le village- Place Philippe Lamour, ✆ 04 92 45 05 74, www.ceillac-queyras.com
Site★ - Église St-Sébastien★.
Vallon du Mélezet★ - Lac Ste-Anne★★.

La Cascade
au pied du Mélezet, 2 km au Sud-Est – ✆ 04 92 45 05 92 – www.hotel-la-cascade.com – Ouvert 1er juin -15 sept. et 20 déc.-30 mars
22 ch – 50/56 € 59/82 € – 10 € – ½ P
Rest – Menu 15/24 € – Carte 25/34 €
Hôtel isolé dans un beau site alpestre. Des meubles ornés de sculptures au couteau, typiques du Queyras, décorent les chambres de style montagnard. Joli espace bien-être. Le restaurant et la terrasse offrent une jolie vue sur les montagnes ; cuisine régionale.

CEILLOUX – 63 Puy-de-Dôme – **326** I9 – 156 h. – alt. 615 m – ✉ 63520 **6** C2

Paris 464 – Clermont-Ferrand 50 – Cournon-d'Auvergne 36 – Riom 62

Domaine de Gaudon sans rest
4 km au Nord par D 304 – ✆ 04 73 70 76 25 – www.domainedegaudon.fr
5 ch – 90 € 110 €
Appel de la campagne ? Le Domaine de Gaudron, bordé d'un parc de 11 ha planté d'arbres centenaires, vit en symbiose avec la nature. Cette bâtisse du 19e s. offre un décor classique tout en boiseries. Bon accueil.

LA CELLE – 83 Var – **340** L5 – 1 293 h. – alt. 260 m – ✉ 83170 **41** C3

Paris 812 – Aix-en-Provence 63 – Draguignan 62 – Marseille 65
place des Ormeaux, ✆ 04 94 59 19 05, ot-lacelle.provenceverte.fr

Hostellerie de l'Abbaye de la Celle
10 pl. du Gén.-de-Gaulle – ✆ 04 98 05 14 14 – www.abbaye-celle.com – Fermé janv., mardi et merc. de mi-oct. à mi-avril sauf fériés
10 ch – 210/520 € 210/520 € – 22 €
Rest *Hostellerie de l'Abbaye de la Celle* – voir les restaurants ci-après
Cette ancienne hostellerie d'abbaye distille un bel esprit d'antan (murs du 18e s., imprimés délicats, etc.). Le matin, le soleil filtre à travers les persiennes et les grands arbres du jardin... La qualité du service ajoute encore au charme des lieux.

Hostellerie de l'Abbaye de la Celle
10 pl. du Gén.-de-Gaulle – ✆ 04 98 05 14 14 – www.abbaye-celle.com – Fermé janv., mardi et merc. de mi-oct. à mi-avril sauf fériés
Rest – Menu 46 € (déj. en sem.), 66/90 € – Carte 70/90 €
En cette demeure de charme, propriété du groupe Ducasse, la cuisine méridionale éclate de saveurs. Rien d'extravagant, une certaine simplicité même, mais tous les produits – dont de beaux légumes – s'expriment avec justesse.
➜ Légumes des jardins de Provence cuits à la barigoule. Épaule d'agneau confite, pomme de terre farcie et côte de sucrine. Savarin aux fruits de saison, crème légère vanillée. **Vins** Coteaux varois en Provence, Vin de pays du Var.

LA CELLE-LES-BORDES – 78 Yvelines – 311 H4 – 935 h. – alt. 125 m – ✉ 78720 18 B2

Paris 62 – Évry 49 – Nanterre 49 – Versailles 36

L'Auberge de l'Élan

5 r. du Village, (Les Bordes) – ✆ 01 34 85 15 55 – www.laubergedelelan-78.com – Fermé 16 août-5 sept., 19-26 déc., 3-11 janv., dim. soir, mardi et merc.

Rest – Menu 70 € – Carte environ 50 €

Maison de village où se mêlent déco rustique et objets modernes. Bon accueil ; cuisine du marché concoctée par le chef-patron. Vente de produits régionaux.

CELLES-SUR-BELLE – 79 Deux-Sèvres – 322 E7 – 3 761 h. – alt. 117 m – ✉ 79370 Poitou-Charentes 38 B2

Paris 400 – Couhé 37 – Niort 22 – Poitiers 69

rue des Halles, ✆ 05 49 29 15 10, www.paysmellois.org

Portail★ de l'église Notre-Dame.

Hostellerie de l'Abbaye

1 pl. des Époux-Laurant – ✆ 05 49 26 03 18 – www.hostellerie-de-abbaye.fr

19 ch – †50/78 € ††50/78 € – ☕ 8 €

Rest *Hostellerie de l'Abbaye* – voir les restaurants ci-après

Cette hostellerie traditionnelle s'épanouit au pied du clocher de la belle abbatiale (17e s.). Derrière ses murs en pierre, on découvre des chambres tout à fait contemporaines, fonctionnelles et confortables (certaines restent plus classiques).

Hostellerie de l'Abbaye

1 pl. des Époux-Laurant – ✆ 05 49 26 03 18 – www.hostellerie-de-abbaye.fr

Rest *(fermé sam. midi de sept. à mai et dim. soir)* – Formule 20 € – Menu 27/46 € – Carte 38/55 €

De la viande au poisson, les produits sont très frais et de qualité, et le chef démontre un vrai tour de main, revisitant la tradition au gré des saisons. Formule brasserie au déjeuner. Le tout à savourer dans une salle des plus chaleureuses ou sur la terrasse. Une bonne adresse.

CELLES-SUR-DUROLLE – 63 Puy-de-Dôme – 326 I7 – 1 793 h. – alt. 660 m – ✉ 63250 6 C2

Paris 460 – Clermont-Ferrand 55 – Moulins 140 – Saint-Étienne 101

Auberge du Palais

ch, ch,

4 pl. du Palais – ✆ 04 73 51 89 15 – www.aubergedupalais.com – Fermé 16-31 août et fév.

13 ch – †70/90 € ††75/95 € – ☕ 8 € – ½ P

Rest *(fermé lundi)* – Formule 13 € – Menu 29/42 € – Carte 42/49 €

Impossible de manquer cette auberge qui, sans être un palais, sait attirer l'attention ! Ainsi sa façade ocre, rappelant la terre d'Afrique, reste la meilleure des invitations. Les chambres y sont confortables et bien tenues. Restauration du terroir.

CELLETTES – 41 Loir-et-Cher – 318 F6 – 2 295 h. – alt. 78 m – ✉ 41120 11 A1

Paris 189 – Blois 9 – Orléans 68 – Romorantin-Lanthenay 36

2, rue de la Rozelle, ✆ 02 54 70 30 46, www.coeur-val-de-loire.com

La Vieille Tour

7 r. Nationale – ✆ 02 54 74 67 15 – www.vieilletour.fr – Fermé dim. soir, merc. et jeudi

Rest – Menu 25 € (sem.), 35/49 € – Carte 47/66 €

La vieille tour de cette maison du 15e s., visible de loin, vous guidera vers cette halte gourmande... Belle cuisine actuelle à savourer dans un cadre contemporain et épuré.

CELONY – 13 Bouches-du-Rhône – 340 H4 – rattaché à Aix-en-Provence

CÉNAC-ET-ST-JULIEN – 24 Dordogne – 329 I7 – 1 218 h. – alt. 70 m – ✉ 24250 4 D1

Paris 547 – Bordeaux 205 – Périgueux 73 – Cahors 71

La Guérinière

sur D 46 – ✆ 05 53 29 91 97 – www.la-gueriniere-dordogne.com – Ouvert 1er avril-2 nov.

5 ch – 80/95 € 80/105 € **Table d'hôte** *(fermé dim. soir)* – Menu 28 €

Située face à la bastide de Domme, cette chartreuse périgourdine profite d'un cadre verdoyant et serein. Chambres coquettes, grand parc, piscine et tennis. Le soir, recettes régionales servies dans un agréable décor rustique.

CENON – 33 Gironde – 335 H5 – rattaché à Bordeaux

CERDON – 45 Loiret – 318 L6 – 1 061 h. – alt. 145 m – ✉ 45620 12 C2

Paris 185 – Orléans 73 – Fleury-les-Aubrais 63 – Olivet 59

Les Vieux Guays

rte des Hauteraults, 3 km au Sud-Ouest par D 65 et rte secondaire – ✆ 02 38 36 03 76 – www.lesvieuxguays.com – Fermé 16 fév.-3 mars

5 ch – 80 € 80/120 € **Table d'hôte** – Menu 30 € bc

Superbe relais de chasse des années 1950, dans un parc avec étang, piscine et tennis. Les chambres y sont confortables, bien tenues et décorées avec raffinement. Un cadre rustique, où l'on apprécie une cuisine de saison, inspirée par le terroir.

CÉRÉ-LA-RONDE – 37 Indre-et-Loire – 317 Q5 – 437 h. – alt. 130 m – ✉ 37460 11 A2

Paris 232 – Blois 46 – Orléans 108 – Tours 52

Auberge de Montpoupon

Le Moulin Bailly – ✆ 02 47 94 20 08 – www.aubergedemontpoupon.com – Fermé 1er janv.-12 fév. et merc. de sept. à mars

Rest *(dîner seult en sem. hors saison)* – Formule 24 € – Menu 29/67 € – Carte environ 45 €

Comme confiée aux bons soins du château de Montpoupon (15e s.) qui s'élève tout près, cette auberge cultive un esprit très Val de Loire : cadre rustique et cuisine traditionnelle joliment travaillée ("chasse du moment" en saison). Service attentionné.

CÉRET – 66 Pyrénées-Orientales – 344 H8 – 7 675 h. – alt. 153 m – ✉ 66400 Languedoc Roussillon 22 B3

Paris 875 – Gerona 81 – Perpignan 34 – Port-Vendres 37

1, avenue Georges Clemenceau, ✆ 04 68 87 00 53, www.ot-ceret.fr

Vieux pont★ - Musée d'Art Moderne★★.

La Terrasse au Soleil

ch, ch,

1,5 km à l'Ouest par rte de Fontfrède – ✆ 04 68 87 01 94 – www.terrasse-au-soleil.com – Fermé 4 nov.-28 fév.

35 ch – 54/114 € 74/139 € – 2 suites – 12 € – ½ P

Rest *(fermé mardi midi, dim. soir et lundi d'oct. à avril)* – Formule 18 € – Menu 23 € (déj. en sem.), 28/35 € – Carte 36/60 €

Sur les hauteurs de Céret, cette jolie maison blanche appartenait à Charles Trenet. Pas de doute, cet endroit a le charme des grands classiques... et avec la terrasse donnant sur le Canigou, la piscine et le jacuzzi en plein air, y a de la joie !

Le Mas Trilles sans rest

au Pont de Reynès, 3 km après Céret direction Amélie-les-Bains – ✆ 04 68 87 38 37 – www.le-mas-trilles.com – Ouvert 3 mai-6 oct.

8 ch – 95/219 € 95/219 € – 2 suites – 13 €

Niché dans un vallon, ce beau mas du 17e s. a le sens de l'accueil... Les chambres (souvent avec terrasse ou jardin) cultivent un certain charme d'antan ; la piscine domine le Tech et, au petit-déjeuner, on se régale des fruits des vergers alentour.

Les Arcades sans rest

1 pl. Picasso – ✆ 04 68 87 12 30 – www.hotel-arcades-ceret.com – Fermé en fév.

30 ch – 46/63 € 46/63 € – 6,50 €

Hôtel modeste et familial, mais très bien tenu et pratique (kitchenette dans certaines chambres et parking en sous-sol). Au petit-déjeuner, on sert de bons produits locaux.

Le Chat qui Rit
1 rte de Céret, (à la Cabanasse), 1,5 km par rte Amélie – ✆ 04 68 87 02 22 – www.restaurant-le-chat-qui-rit.fr – Fermé 23-29 déc., 7-13 janv., 25 fév.-10 mars, 21-27 oct. , dim. soir, mardi soir et merc. sauf juil.-août
Rest – Formule 16 € – Menu 27/50 € – Carte 38/79 €
Aux environs de Céret, cette maison met les produits et saveurs catalans à l'honneur : effiloché d'agneau catalan à la crème d'ail, côte de veau de Cerdagne et flan d'aubergine, etc. Mention spéciale pour la terrasse verdoyante, où l'on peut paresser comme... un chat.

Del Bisbe avec ch
4 pl. Soutine – ✆ 04 68 87 00 85 – www.hotelceret.com – Ouvert de mai à oct. et fermé mardi et merc. (sauf hôtel)
9 ch – 50 € 65 € – 8 € **Rest** – Menu 28/38 € – Carte 38/51 €
Cette maison de l'évêque (sens de "Del Bisbe" en catalan) cultive son style rustique et authentique. On y savoure une cuisine catalane traditionnelle et l'été, il fait bon s'installer sous la treille... Chambres simples et propres, pour l'étape.

LE CERGNE – 42 Loire – 327 E3 – 713 h. – alt. 640 m – ✉ 42460 44 A1

Paris 414 – Charlieu 17 – Chauffailles 15 – Lyon 78

Bel'Vue
– ✆ 04 74 89 87 73 – www.lebelvue.com – Fermé 16-30 août, vacances de fév., vend. soir et dim. soir
15 ch – 62/95 € 62/105 € – 10 € – ½ P
Rest – Formule 16 € – Menu 23 € bc/65 € – Carte 47/59 €
Une maison, oui, mais surtout une âme... Dans ce village des monts du Haut-Beaujolais, elle abrite des chambres impeccables, toutes décorées avec goût (thème fleuri, coloré, oriental, etc.). Comme le nom l'indique, belle vue sur la vallée depuis la salle à manger panoramique (cuisine traditionnelle).

CERGY – 95 Val-d'Oise – 305 D6 – 106 5 – 101 2 – voir à Paris, Environs (Cergy-Pontoise)

CÉRILLY – 03 Allier – 326 D3 – 1 365 h. – alt. 340 m – ✉ 03350 Auvergne 5 B1

Paris 298 – Bourges 66 – Montluçon 41 – Moulins 47
place du Champ de Foire, ✆ 04 70 67 55 89, www.pays-de-troncais.com

Chez Chaumat
pl. Péron – ✆ 04 70 67 52 21 – www.chezchaumat.com – Fermé 1 sem. en juin, 1 sem. en sept., 1 sem. fin déc., dim. soir et lundi
8 ch – 46 € 55 € – 8 € – ½ P
Rest – Formule 13 € – Menu 17 € (sem.)/33 € – Carte 27/42 €
À proximité de la superbe forêt domaniale de Tronçais, cet établissement familial cultive un esprit auberge de campagne. Les chambres, sobres (sol en lino, murs crépis, mobilier en bois), sont bien insonorisées. Restauration traditionnelle.

CERNANS – 39 Jura – 321 F5 – 141 h. – alt. 645 m – ✉ 39110 16 B2

Paris 433 – Besançon 54 – Lons-le-Saunier 58 – Neuchâtel 122

La Grange Combaret ch,
21 rte de Salins – ✆ 03 84 73 52 90 – www.grange-combaret.com
4 ch – 48/72 € 64/110 € **Table d'hôte** – Menu 23 €
Si près du plancher des vaches ! Et pour cause, cette ancienne ferme se trouve au cœur d'une exploitation laitière et ses propriétaires ne sont autres que les éleveurs. Une grande salle à manger conviviale, des chambres fraîches et confortables pour une atmosphère très familiale. Côté gourmandises, bon petit-déjeuner et table d'hôte sur réservation.

CERNAY – 68 Haut-Rhin – 315 H10 – 11 288 h. – alt. 275 m – ✉ 68700 1 A3

Alsace Lorraine
Paris 461 – Altkirch 26 – Belfort 39 – Colmar 37
1, rue Latouche, ✆ 03 89 75 50 35

XX **Hostellerie d'Alsace** avec ch — rest, rest, VISA AE

61 r. Poincaré – ✆ 03 89 75 59 81 – www.hostellerie-alsace.fr – Fermé 29 avril-5 mai, 22 juil.-11 août, 23-31 déc., sam. et dim.

10 ch – †54 € ††68 € – ☕ 8 € – ½ P

Rest – Menu 21 € (sem.), 30/62 € – Carte 44/65 €

Dans cette grande maison à colombages, le chef propose une cuisine d'aujourd'hui valorisant le terroir local : carré d'agneau rôti en croûte d'herbes, lasagnes de Saint-Jacques, etc. Pour l'étape, des chambres fonctionnelles et d'un bon rapport qualité-prix.

CERNAY-LA-VILLE – 78 Yvelines – **311** H3 – **106** 29 – **101** 31 – **voir à Paris, Environs**

CERVIONE – 2B Haute-Corse – **345** F6 – **voir à Corse**

CESSON – 22 Côtes-d'Armor – **309** F3 – **rattaché à St-Brieuc**

CESSON-SÉVIGNÉ – 35 Ille-et-Vilaine – **309** M6 – **rattaché à Rennes**

CESTAYROLS – 81 Tarn – **338** D7 – **489 h.** – **alt. 233 m** – ✉ **81150** **29** C2

Paris 660 – Albi 19 – Castres 59 – Toulouse 71

X **Lou Cantoun** — VISA AE

Le village – ✆ 05 63 53 28 39 – www.loucantoun.fr – Fermé 1er-17 janv., mardi et merc.

Rest – Formule 14 € – Menu 26/50 € – Carte 37/73 €

Ne vous fiez pas à l'aspect banal de cette maison de village : l'intérieur, rustique à souhait, n'est pas dénué de charme, et la terrasse est très plaisante. Risotto de chou vert, merlu de ligne et sa réduction menthe-mangue, raie à l'abricot... Ici, tout est fait maison, même les desserts.

CEVINS – 73 Savoie – **333** L4 – **674 h.** – **alt. 400 m** – ✉ **73730** **46** F2

Paris 629 – Lyon 172 – Chambéry 63 – Annecy 57

XX **La Fleur de Sel** — VISA AE

Les Marais – ✆ 04 79 37 49 98 – www.restaurant-fleurdesel.fr – Fermé dim. soir, mardi soir et lundi

Rest – Formule 20 € – Menu 32 € (sem.), 45/65 € – Carte 58/77 €

Entre mer et montagne… Sur la route des stations, cette maison récente mêle le bois, la pierre et les inspirations marines (objets, peintures). On y apprécie une appétissante cuisine de saison, servie par des produits de qualité.

CHABLIS – 89 Yonne – **319** F5 – **2 383 h.** – **alt. 135 m** – ✉ **89800** **7** B1

Bourgogne

Paris 181 – Auxerre 21 – Avallon 39 – Tonnerre 18

1, rue du Maréchal de Lattre, ✆ 03 86 42 80 80, www.chablis.net

Hostellerie des Clos — ch, VISA AE

18 r. Jules-Rathier – ✆ 03 86 42 10 63 – www.hostellerie-des-clos.fr – Fermé 20 déc.-27 janv.

32 ch – †67/138 € ††69/160 € – 4 suites – ☕ 14 € – ½ P

Rest *Hostellerie des Clos* – voir les restaurants ci-après

Rest *Le Bistrot des Grands Crus* 8 r. Jules-Rathier, ✆ 03 86 42 19 41 *(fermé 20 déc.-1er fév.)* – Formule 12 € bc – Menu 21 € – Carte 24/44 €

Une agréable hostellerie au cœur de Chablis. On peut prendre ses aises au salon – avec feu de cheminée l'hiver – avant de gagner l'une des chambres, traditionnelles et cosy. Préférez les plus récentes.

Hôtel du Vieux Moulin sans rest — VISA AE

18 r. des Moulins – ✆ 03 86 42 47 30 – www.larochehotel.fr – Fermé 15 déc.-10 janv.

7 ch – †125/240 € ††125/240 € – 2 suites – ☕ 10 €

Subtile alliance de tradition (poutres, pierres) et de modernité (salles de bain design, écrans plats)... Une certaine idée du luxe, sans ostentation.

Hostellerie des Clos – Hostellerie des Clos

18 r. Jules-Rathier – ✆ 03 86 42 10 63 – www.hostellerie-des-clos.fr – Fermé 20 déc.-27 janv.

Rest – Menu 35 € (déj. en sem.), 44/85 € – Carte 58/100 €

Une certaine intimité règne dans ce clos, au décor élégant et feutré. On y déguste des vins de Chablis évidemment, et une cuisine empreinte de classicisme qui leur sied bien.

CHADURIE – 16 Charente – 324 K7 – 524 h. – alt. 150 m – ✉ 16250 39 C3

Paris 957 – Angoulême 21 – Barbezieux-St-Hilaire 31 – Périgueux 77

Le Logis de Puygâty

4 km au Nord par rte d'Angoulême et rte secondaire – ✆ 05 45 21 75 11 – www.logisdepuygaty.com – Fermé fév.

4 ch – 150/298 € 150/298 € – 14 € **Table d'hôte** – Menu 50 € bc

À l'issue d'une allée de cèdres, une ferme fortifiée du 15ᵉ s. idéale pour un séjour... fortifiant, dans le bon air des vignes et des bois. Les chambres, aménagées dans les dépendances, dégagent un charme fou : murs chaulés, bois patiné, toile de jute et lin, lavabos en pierre de Combe... En un mot : nature.

CHAGNY – 71 Saône-et-Loire – 320 I8 – 5 525 h. – alt. 215 m – ✉ 71150 7 A3

Paris 327 – Autun 44 – Beaune 15 – Chalon-sur-Saône 20

2, place des Halles, ✆ 03 85 87 25 95, www.beaune-tourisme.fr

Maison Lameloise

36 pl. d'Armes – ✆ 03 85 87 65 65 – www.lameloise.fr – Fermé 23 déc.-24 janv., mardi et merc. d'oct. à juin

16 ch – 130/320 € 130/320 € – 25 €

Rest *Maison Lameloise* – voir les restaurants ci-après

Cette haute maison bourguignonne – un ancien relais de poste fondé au 15ᵉ s. – incarne la grande hôtellerie de tradition ! Le restaurant vaut le voyage et le séjour est fort plaisant : les chambres sont à la fois classiques, raffinées et spacieuses...

Hôtel de la Poste sans rest

17 r. de la Poste – ✆ 03 85 87 64 40 – www.hoteldelaposte-chagny71.com – Fermé 23 août-2 sept. et 22 déc.-6 janv.

11 ch – 45/53 € 49/68 € – 8 €

Ce petit hôtel familial et bien tenu est situé en plein cœur du bourg, non loin de la Maison Lameloise. Une adresse calme et pratique aux chambres rénovées et nettes.

Maison Lameloise (Éric Pras) – Hôtel Maison Lameloise

36 pl. d'Armes – ✆ 03 85 87 65 65 – www.lameloise.fr – Fermé 23 déc.-24 janv., mardi et merc. d'oct. à juin, mardi midi, merc. midi et jeudi midi de juil. à sept.

Rest *(réserver)* – Menu 65 € (déj. en sem.), 120/180 € – Carte 130/185 €

Entouré par une équipe de grande valeur, Éric Pras dévoile des créations subtiles et réinterprète aussi les classiques qui ont fait la réputation de cette illustre maison… Au cœur de la gastronomie française, l'enseigne brille toujours d'un superbe éclat, pour un moment d'exception.

➜ Foie gras de canard en robe de pomme de terre et chou en vapeur. Saint-pierre cuit vapeur, mayonnaise chaude à la moutarde-verveine. Variation autour du chocolat, croustillant gianduja et crémeux guanaja. **Vins** Rully, Chassagne-Montrachet.

Pierre & Jean

2 r. de la Poste – ✆ 03 85 87 08 67 – www.pierrejean-restaurant.fr – Fermé 22 déc.-13 janv., dim. soir et lundi

Rest – Formule 19 € – Menu 29/32 € – Carte 37/49 €

"La cuisine d'en face" du Lameloise, du nom de ses fondateurs, aïeuls de Jacques. Un esprit bistrot moderne bien sympathique règne sous les belles charpentes de ce chai du 17ᵉ s., et comme les cuisines sont ouvertes, l'ambiance est animée !

L'Arôme

25 r. de la République – ✆ 03 85 46 29 67 – www.arome-chagny.fr – Fermé 15-30 août, 2-7 janv., vacances de fév., vacances de printemps, merc. soir, dim. soir et lundi

Rest – Formule 15 € – Menu 17 € (déj. en sem.), 23/45 €

Un bistrot chic et contemporain, pile dans l'air du temps. La carte est courte et réjouissante : le chef suit le marché et les saisons, réalisant une cuisine pleine d'arômes, tel ces ris de veau préparés dans les règles de l'art.

rte de Chalon **2 km au Sud-Est par N 6 et rte secondaire – ✉ 71150 Chagny**

Hostellerie du Château de Bellecroix

20 chemin de Bellecroix – ✆ 03 85 87 13 86 – www.chateau-bellecroix.com – Fermé 18 déc.-13 fév. et merc. sauf de juin à sept.

19 ch – †93/235 € ††93/235 € – 1 suite – ☕ 16 € – ½ P

Rest *(fermé lundi midi, jeudi midi et merc.)* – Menu 46/65 € – Carte 58/93 €

Cette ancienne propriété des chevaliers de Malte en impose ; de même son restaurant, avec sa cheminée et ses boiseries ouvragées. Au choix : le château du 18e s. ou la commanderie du 12e s. Les chambres de cette dernière sont plus spacieuses, avec davantage de caractère.

CHAILLES – **73 Savoie** – **333** H5 – **rattaché aux Échelles**

CHAILLY-SUR-ARMANÇON – **21 Côte-d'Or** – **320** G6 – **rattaché à Pouilly-en-Auxois**

CHAINTRÉ – **71 Saône-et-Loire** – **320** I12 – **530 h.** – **alt. 284 m** – **✉ 71570** **8** C3

Paris 397 – Bourg-en-Bresse 45 – Lyon 70 – Mâcon 10

La Table de Chaintré (Sébastien Grospellier)

72 pl. du Luminaire – ✆ 03 85 32 90 95 – www.latabledechaintre.com – Fermé 19 août-6 sept., 2-18 janv., dim. soir, lundi et mardi sauf fériés

Rest *(nombre de couverts limité, réserver)* – Formule 38 € – Menu 55 €

Un restaurant élégant, contemporain et très accueillant, au cœur du vignoble de Pouilly-Fuissé. Du rouge cardinal sur les murs ; de beaux produits du marché aux couleurs délicieuses : une dégustation raffinée, accompagnée de nectars des meilleurs vignerons français !

→ Pâté en croûte au ris de veau et aux cèpes. Lièvre à la royale. Tarte aux pommes et glace au caramel. **Vins** Mâcon-Chaintré, Fleurie.

LA CHAISE-DIEU – **43 Haute-Loire** – **331** E2 – **730 h.** – **alt. 1 080 m** – **✉ 43160** Auvergne **6** C3

Paris 503 – Ambert 29 – Brioude 35 – Issoire 59

Place de la Mairie, ✆ 04 71 00 01 16, www.la-chaise-dieu.info

Église abbatiale St-Robert★★ : tapisseries★★★.

L'Écho et l'Abbaye avec ch

pl. Écho – ✆ 04 71 00 00 45 – Ouvert 1er avril-11 nov. et fermé merc. sauf juil.-août

5 ch – †45/90 € ††50/135 € – ☕ 9 €

Rest *(nombre de couverts limité, réserver)* – Menu 19/55 € – Carte 39/50 €

Tables joliment dressées, cuisine traditionnelle réalisée par le patron, carte des vins étoffée, dont un bon choix de bordeaux : la clientèle V.I.P. du festival de musique apprécie. Chambres sobres et rustiques (avec deux chambres d'hôtes récemment créées).

CHALEZEULE – **25 Doubs** – **321** G3 – **rattaché à Besançon**

CHALLANGES – **21 Côte-d'Or** – **320** J7 – **rattaché à Beaune**

CHALLANS – **85 Vendée** – **316** E6 – **18 680 h.** – **alt. 8 m** – **✉ 85300** **34** A3

Pays de la Loire

Paris 436 – Cholet 84 – Nantes 58 – La Roche-sur-Yon 42

1C place de l'Europe, ✆ 02 51 93 19 75, www.otsi-challans.fr

L'Antiquité sans rest

14 r. Galliéni – ✆ 02 51 68 02 84 – www.hotelantiquite.com – Fermé 21 déc.-7 janv.

20 ch – 69/150 € 69/150 € – 10 €

Une maison vendéenne avenante dans une rue tranquille, pour une étape sympathique. Les chambres donnent toutes sur la cour et sont vraiment jolies (mobilier chiné ou patiné...) ; celles de l'annexe sont spacieuses et particulièrement soignées.

à la Garnache 6,5 km au Nord-Est – 4 430 h. – alt. 28 m – ✉ 85710

Le Petit St-Thomas

25 r. de Lattre-de-Tassigny – ✆ 02 51 49 05 99 – www.restaurant-petit-st-thomas.com – Fermé 24 juin-12 juil., 2-17 janv., dim. soir, merc. soir et lundi

Rest – Formule 19 € – Menu 26/52 € – Carte 48/59 €

Contemporain et chaleureux : un restaurant dans l'air du temps, avec une jolie véranda et une agréable terrasse. Au gré du marché, le chef concocte une cuisine soignée, gourmande et généreuse, qu'on déguste sans se faire prier !

rte de St-Gilles-Croix-de-Vie – ✉ 85300 Challans

Château de la Vérie

rte de Soullans, 2,5 km sur D 69 – ✆ 02 51 35 33 44 – www.chateau-de-la-verie.com

21 ch – 75/106 € 106/185 € – 15 € – ½ P

Rest *Château de la Vérie* – voir les restaurants ci-après

Une rivière, un étang, un parc immense (17 ha), et soudain apparaît ce beau château du 16e s. (classé monument historique), digne d'une rêverie romantique. Les chambres, d'esprit classique, sont agréables et douillettes... pour rêver encore.

Château de la Vérie

rte de Soullans, 2,5 km sur D 69 – ✆ 02 51 35 33 44 – www.chateau-de-la-verie.com – Fermé 1 sem. fin oct., 24-29 déc., dim. soir, mardi midi et lundi

Rest – Formule 17 € bc – Menu 32/57 € – Carte 53/67 €

Boiseries, cheminées anciennes, salles intimes... L'esprit château dans toute sa spendeur ! Ici, le chef réalise une cuisine du moment, goûteuse et soignée.

au Perrier 10 km au Sud – 1 847 h. – alt. 4 m – ✉ 85300

1, place de la mairie, ✆ 02 51 68 09 05, www.leperrier.fr

Les Tendelles N

1 rte de Grabat, 4 km rte de Challans – ✆ 02 51 35 36 94 – www.lestendelles.fr – Fermé 2 sem. en mars, 15-30 oct., mardi soir hors saison et merc.

Rest – Formule 18 € – Menu 25/48 € – Carte 32/52 €

Chaleureux décor rehaussé de coloris actuels, appétissante cuisine saisonnière et bon choix de vins régionaux : cette maison typiquement locale cumule les atouts.

CHALLES-LES-EAUX – 73 Savoie – 333 I4 – rattaché à Chambéry

CHÂLONS-EN-CHAMPAGNE P – 51 Marne – 306 I9 – 46 236 h. – alt. 83 m – ✉ 51000 Champagne Ardenne 13 B2

Paris 188 – Dijon 259 – Metz 157 – Nancy 162

3, quai des Arts, ✆ 03 26 65 17 89, www.chalons-tourisme.com

18 de la Grande-Romanie, à Courtisols, Route Départementale 994, par rte de Verdun : 15 km, ✆ 03 26 66 65 97

Cathédrale St-Étienne★★ - Église N.-D.-en-Vaux★ : intérieur★★ F - Statues-colonnes★★ du musée du cloître de N.-D.-en-Vaux★ AY M1.

Basilique N.-D.-de-l'Épine★★.

Plan page suivante

CHÂLONS-EN-CHAMPAGNE

Arche-de-Mauvillain (Pt de l') . BZ 2
Bourgeois (R. Léon) . . . . ABY
Brossolette (Av. Pierre) . . . . X 4
Chastillon (R. de) . . . . ABZ 6
Croix-des-Teinturiers (R.) . . . . AZ 9
Dr-Pellier (R. du) . . . . X 11
Flocmagny (R. du) . . . . BY 12
Foch (Pl. du Maréchal) . . . . . . AY 13
Gantelet (Rue du) . . . . AY 14
Gaulle
(Av. du Gén. Charles-de) . . BZ 15
Godart (Pl.) . . . . AY 17
Jacquiert (R. Clovis) . . . . X 18
Jeanne-d'Arc (Av.) . . . . X 21
Jean-Jaurès (R.) . . . . AZ 20
Jessaint (R. de) . . . . BZ 22
Libération (Pl. de la) . . . . AZ 24
Mariniers (Pt des) . . . . AY 26
Marne (R. de la) . . . . AY
Martyrs-de-la-Résistance
(R. des) . . . . BY 29
Orfeuil (R. d') . . . . AZ 31
Ormesson (Cours d') . . . . AZ 32
Prieur-de-la-Marne (R.) . . . . . . BY 36
Récamier (R. Juliette) . . . . AZ 38
République (Pl. de la) . . . . AZ 39
Roosevelt (Av. du Prés.) . . . . . . X 41
Simon (Av. Jacques) . . . . X 45
Vaux (R. de) . . . . AY 47
Vieilles-Postes (R. des) . . . . X 48
Vinetz (R. de) . . . . BZ 49
Viviers (Pt des) . . . . AY 50

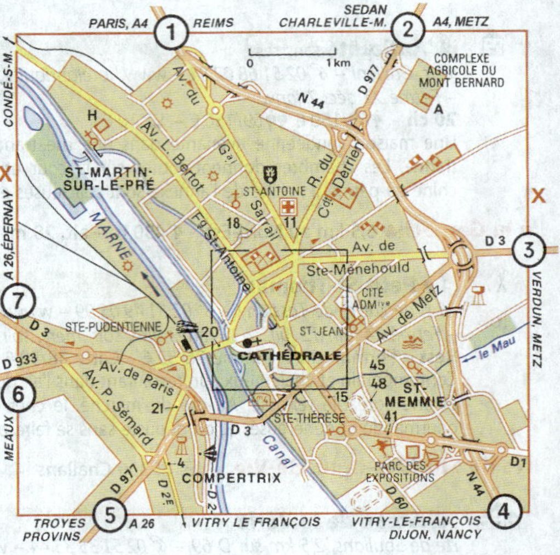

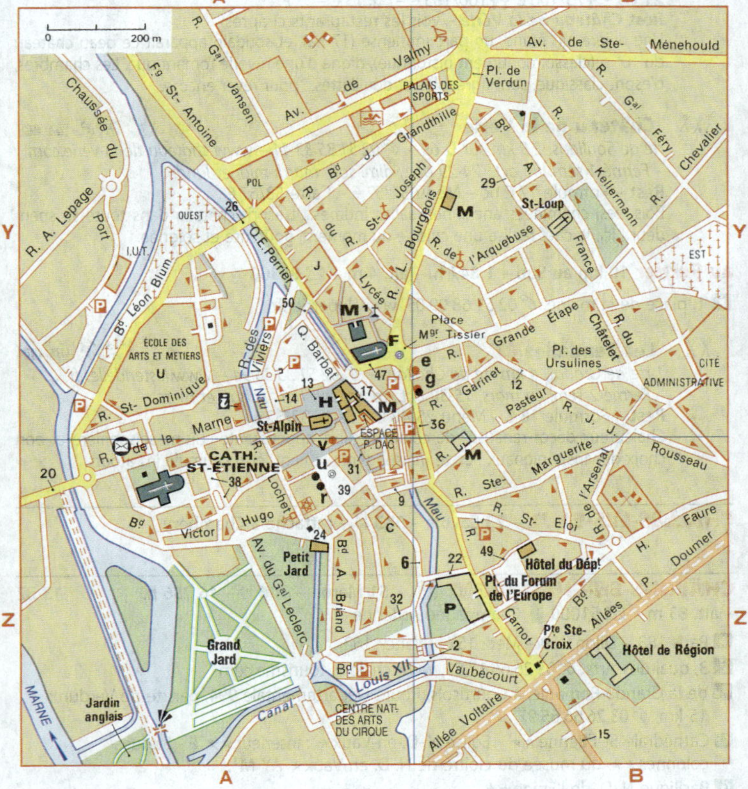

Hôtel D'Angleterre

19 pl. Mgr Tissier – 03 26 68 21 51 – www.hotel-dangleterre.fr – Fermé 28 juil.-20 août, vacances de Noël, dim. et fériés BYg
25 ch – 95/160 € 100/200 € – 16 €
Rest ***Jacky Michel*** – voir les restaurants ci-après
Rest ***Les Temps changent*** 1 r. Garinet, 03 26 66 41 09 *(fermé lundi midi, sam. midi, dim. et fériés)* – Formule 24 € – Menu 30 € (sem.)/34 €
Rien de perfide dans cette Albion, bien au contraire : les chambres sont très confortables, parfaitement tenues (style classique) et l'accueil se montre très aimable. Côté gastronomie, on a le choix entre la table de Jacky Michel et la brasserie.

Le Renard

24 pl. de la République – 03 26 68 03 78 – www.le-renard.com AZr
38 ch – 85/99 € 93/111 € – 11 € – ½ P
Rest *(fermé sam. midi et dim.)* – Formule 20 € – Menu 25/39 € – Carte 24/34 €
Rusé et résolument design ! Les chambres ont adopté un style contemporain sobre et épuré, tout comme le restaurant. Surprenant dans ces bâtiments du 15e s. de la place de la République, reliés entre eux par un jardin d'hiver...

Le Pot d'Étain sans rest

18 pl. de la République – 03 26 68 09 09 – www.hotel-lepotdetain.com
30 ch – 69/73 € 74/86 € – 10 € AZu
Cet hôtel du quartier historique de Châlons propose des chambres de taille certes réduite mais agréables, entre déco classique et néocoloniale. Lounge bar au rez-de-chaussée.

Jacky Michel – Hôtel D'Angleterre

19 pl. Mgr Tissier – 03 26 68 21 51 – www.hotel-dangleterre.fr – Fermé 28 juil.-20 août, vacances de Noël, lundi midi, sam. midi, dim. et fériés BYg
Rest – Menu 59/95 € – Carte 76/111 €
De belles tables en bois, des teintes chaudes, des boiseries... Ce restaurant parvient à être élégant sans être guindé. Le chef réalise une cuisine classique, maîtrisée, pour ainsi dire dans "les règles de l'art".
➜ Langoustines rôties aux légumes de saison, tomate à la citronnelle. Ris de veau braisé, carotte fane et fenouil confits au pain d'épice. Soufflé chaud au chocolat. **Vins** Champagne, Coteaux champenois.

Les Caudalies

2 r. de l'Abbé-Lambert – 03 26 65 07 87 – www.les-caudalies.com – Fermé 15-30 août, 23 déc.-4 janv., 15-28 fév., mardi soir et dim. AYVv
Rest – Formule 17 € – Menu 22 € (sem.), 27/47 € – Carte 29/59 €
On pourrait y venir rien que pour le cadre... Verrières colorées, magnifiques boiseries et décor Art nouveau : cette demeure du 19e s. est tout simplement superbe ! Au menu, cuisine du moment et spécialités de brasserie.

Au Carillon Gourmand

15 bis pl. Mgr Tissier – 03 26 64 45 07 – Fermé dim. soir, merc. soir et lundi
Rest – Formule 21 € – Menu 27/35 € – Carte 35/60 € BYe
Dans cette adresse chic et élégante, volontiers design, le carillon marque l'heure de la tradition revisitée. Hamburger de foie gras à la mangue caramélisée, râble de lapin farci aux pruneaux... voilà qui sonne bien aux oreilles !

à l'Épine 8,5 km par ③ – 635 h. – alt. 153 m – ✉ 51460

Basilique N.-Dame★★.

Aux Armes de Champagne

31 av. du Luxembourg – 03 26 69 30 30 – www.aux-armes-de-champagne.com – Fermé 7-23 juil., dim. soir et lundi hors saison
21 ch – 86/155 € 105/155 € – 14 € – ½ P
Rest ***Aux Armes de Champagne*** – voir les restaurants ci-après
Une coquette auberge champenoise littéralement au pied de la basilique Notre-Dame-de-l'Épine, chef-d'œuvre de l'art gothique (15e s.). Les chambres, classiques, conviennent aussi bien à un séjour touristique qu'à un voyage d'affaires. Restaurant gastronomique et bistrot.

XXX **Aux Armes de Champagne**

31 av. du Luxembourg – ✆ 03 26 69 30 30 – www.aux-armes-de-champagne.com – Fermé 9-23 juil., 20 fév.-13 mars, dim. soir et lundi

Rest – Menu 46/80 € – Carte 72/85 €

Un cadre joliment classique pour une cuisine du moment, préparée avec soin. À la carte : risotto au homard, bar rôti à l'ail doux et aux escargots, macarons aux fruits exotiques, etc.

à Matougues **11 km par ⑦ – 661 h. – alt. 82 m – ✉ 51510**

Auberge des Moissons rest, ch,

8 rte Nationale – ✆ 03 26 70 99 17 – www.auberge-des-moissons.com – Fermé 28 juil.-12 août et 22 déc.-13 janv.

27 ch – †70/79 € ††83/100 € – ☐ 10 € – ½ P

Rest *(fermé le midi et dim. soir)* – Menu 25/40 € – Carte 24/38 €

Dans cette ancienne ferme-auberge, on cultive l'art de recevoir de génération en génération. Les chambres, contemporaines, sont tout ce qu'il y a de plus confortable ; quant au restaurant, il est très champêtre... D'octobre à décembre, menu truffe avec la récolte de la maison !

CHALON-SUR-SAÔNE – 71 Saône-et-Loire – **320** J9 – **45 504 h.** – 8 C3

Agglo. 73 377 h. – alt. 180 m – ✉ 71100 Bourgogne

Paris 335 – Besançon 132 – Dijon 68 – Lyon 125

4, place du Port de Villiers, ✆ 03 85 48 37 97, www.chalon-sur-saone.net

de Chalon-sur-Saône, à Châtenoy-en-Bresse, Parc de Loisirs Saint Nicolas, ✆ 03 85 93 49 65

Musées : Denon★ BZ **M¹**, Nicéphore Niepce★★ BZ **M²** - Roseraie St-Nicolas★ SE : 4 km X.

Le St-Georges

32 av. J.-Jaurès – ✆ 03 85 90 80 50 – www.le-saintgeorges.fr AZ**s**

49 ch – †89 € ††105 € – ☐ 13 € – ½ P

Rest ***Le St-Georges*** – voir les restaurants ci-après

Près de la gare, derrière une belle façade classique, des chambres feutrées et contemporaines (rénovées en 2011), dont quelques junior suites. Au restaurant, la carte revisite la tradition.

À La Villa Boucicaut sans rest

33 bis av. Boucicaut – ✆ 03 85 90 80 45 – www.la-villa-boucicaut.fr AY

20 ch – †75 € ††99 € – ☐ 12 €

Un lieu reposant, à cinq minutes du centre-ville et tout près de la gare. Les propriétaires ont su créer un hôtel élégant et charmant, d'esprit maison de famille. Excellent petit-déjeuner servi en terrasse aux beaux jours.

XX **Le Bourgogne**

28 r. de Strasbourg – ✆ 03 85 48 89 18 – www.restau-lebourgogne-chalon.fr – Fermé 1er-5 mars, 7-21 juil., sam. midi, dim. soir et lundi CZ**t**

Rest – Formule 16 € bc – Menu 19/33 € – Carte 41/48 €

Le Bourgogne ? Une institution reprise par un jeune couple ! Des poutres apparentes, une atmosphère résolument rustique pour une agréable cuisine de tradition qui porte fièrement les couleurs de la région.

XX **Da Nunzio**

3 r. de Strasbourg – ✆ 03 85 48 39 83 – www.danunzio-restaurant.com – Fermé 2 sem. en mars et en sept., merc. et jeudi CZ**f**

Rest – Formule 17 € – Menu 29/75 € bc – Carte 36/56 €

Ode à l'Italie, tout en finesse et saveurs subtiles... Ici, on se régale d'une cuisine goûteuse, où pâtes et truffe tiennent le haut du pavé, sans parler des superbes vins italiens.

XX **Le St-Georges** – Hôtel Le St-Georges

32 av. J.-Jaurès – ✆ 03 85 90 80 50 – www.le-saintgeorges.fr AZ**s**

Rest – Menu 29 € (déj.), 45/52 € – Carte 36/59 €

Le St-Georges ? Une agréable brasserie, dont le chef – sous la houlette de Georges Blanc – concocte une cuisine traditionnelle faisant la part belle au terroir, ainsi que de bons petits plats bistrotiers.

CHALON-SUR-SAÔNE

Arnal (R. R.)	X	2
Banque (R. de la)	BZ	3
Blum (Av. L.)	X	4
Châtelet (Pl. du)	BZ	5
Châtelet (R. du)	CZ	6
Citadelle (R. de la)	BY	7
Coubertin (R. P. de)	X	8
Couturier (R. Ph.-L.)	BZ	9
Duhesme (R. du Gén.)	AY	12
Europe (Av. de l')	X	14
Evêché (R. de l')	CZ	15
Fèvres (R. aux)	CZ	16
Gaulle (Pl. Gén.-de)	BZ	17
Grande-R.	BCZ	18
Hôtel-de-Ville (Pl. de l')	BZ	19
Lardy (Av. P.)	X	20
Leclerc (R. Gén.)	BZ	
Lyon (R. de)	BZ	21
Mac-Orlan (R. P.)	X	22
Messiaen (R. O.)	AZ	24
Nugues (Av. P.)	X	25
Obélisque (Pl. de l')	BY	27
Pasteur (R.)	BZ	28
Poilus-d'Orient (R.)	X	29
Poissonnerie (R. de la)	CZ	31
Pompidou (Av. G.)	AZ	32
Pont (R. du)	CZ	35
Porte-de-Lyon (R.)	BZ	36
Port-Villiers (R. du)	BZ	37
Poterne (Q. de la)	CZ	38
Pretet (R. René)	AZ	40
République (Bd)	ABZ	42
Ste-Marie (Prom.)	CZ	47
St-Georges (R.)	BZ	45
St-Vincent (Pl. et R.)	CZ	46
Strasbourg (R. de)	CZ	48
Thénard (R. L.-J.)	X	49
Trémouille (R. de la)	BCY	51
8-Mai-1945 (Av.)	X	52
56e-R.I. (R. du)	X	54
134e-R.I. (R. du)	X	58

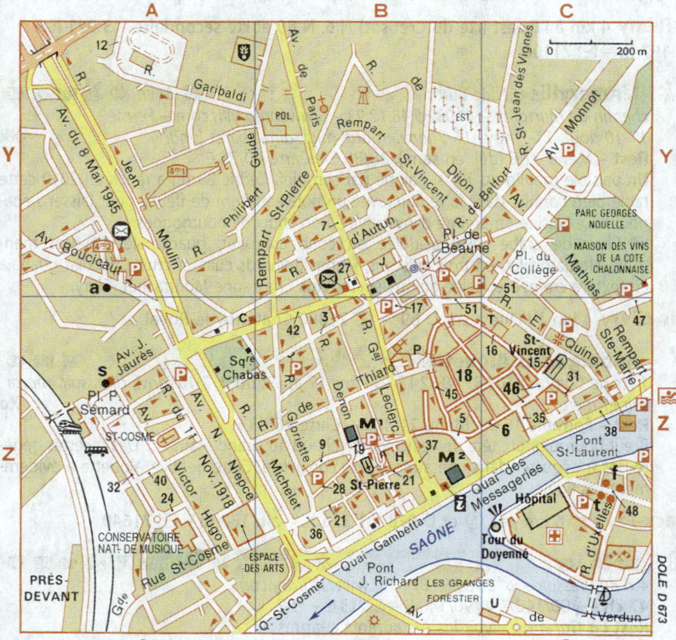

Le Bistrot

31 r. de Strasbourg – ✆ 03 85 93 22 01 – Fermé 11-25 août, vacances de fév., sam. et dim. CZf

Rest – Menu 22 € (sem.)/38 € – Carte 50/56 €

Ce beau néobistrot est vraiment chaleureux... Côté papilles, entre le risotto de noix de Saint-Jacques, la volaille de Bresse, les légumes du jardin et les beaux bourgognes de la cave vitrée, on se régale !

Parcours

32 r. de Strasbourg – ✆ 03 85 93 91 38 – www.restaurantparcours.com – Fermé 24 juin-13 juil., 24-31 déc., merc. et dim. CZt

Rest – Formule 20 € – Menu 24/31 € – Carte 40/49 €

Trouver LA bonne adresse dans une rue aux trente restaurants relève parfois du parcours du combattant... Ici, le chef travaille d'excellents produits de saison et concocte des plats aux saveurs fines et originales. Beau Parcours !

Chez Jules

11 r. de Strasbourg – ✆ 03 85 48 08 34 – www.restaurant-chezjules.com – Fermé 28 juil.-12 août, vacances de fév., sam. midi et dim. CZf

Rest – Menu 20 € (sem.), 25/38 € – Carte 30/48 €

Tradition ! Sur l'île St-Laurent, un Jules très sympa pour une assiette faisant la part belle aux spécialités locales... Et pour les amoureux du sucré, beau choix de desserts.

à St-Loup-de-Varennes 7 km par ③ – 1 130 h. – alt. 186 m – ✉ 71240

Le Saint-Loup

13 rte Nationale 6 – ✆ 03 85 44 21 58 – www.lesaintloup.fr – Fermé mardi soir, merc. soir, dim. soir et lundi

Rest – Formule 18 € – Menu 22 € (déj. en sem.), 30/54 € – Carte 34/58 €

Cuisses de grenouille, pigeonneau aux senteurs des bois... Une halte tout en terroir et gourmandise à deux pas du musée de la photographie. Champêtre et savoureux !

à St-Rémy 4 km à l'Ouest (rte du Creusot) N 6, N 80 et rte secondaire – 5 921 h. – alt. 187 m – ✉ 71100

L'Amaryllis (Cédric Burtin)

chemin de Martorey – ✆ 03 85 48 12 98 – www.lamaryllis.com – Fermé 1er-10 août, 1er-7 nov., 1er-7 janv., mardi midi, dim. soir et lundi Xk

Rest – Menu 27 € (déj. en sem.), 38/88 € – Carte 60/75 €

Un paisible moulin du 19e s. baigné par son bief. Cédric Burtin a repris en 2010 cette table bien connue dans la région, avec un nouveau nom de fleur... pour laisser s'épanouir une cuisine empreinte d'inventivité. Bon choix de bourgognes.

→ Chair de crabe royal acidulée en cône craquant, guacamole d'avocat mentholé. Homard bleu en trois cuissons, jeunes épinards cuits et crus. Chocolat guanaja en texture crémeuse, gelée granny smith. **Vins** Chassagne-Montrachet, Givry.

rte de Givry 4 km à l'Ouest sur D 69 – ✉ 71880 Châtenoy-le-Royal

Auberge des Alouettes

1 rte de Givry – ✆ 03 85 48 32 15 – Fermé 17 juil.-7 août, 2-16 janv., dim. soir, mardi soir et merc. Xe

Rest – Formule 16 € – Menu 21/48 € – Carte 28/63 €

Bœuf bourguignon, tête de veau, soufflé chaud au Grand Marnier... Des recettes généreuses à déguster dans une atmosphère conviviale. Cette gentille Alouette a évidemment ses fidèles !

à Dracy-le-Fort 6 km par ⑥ et D 978 – 1 326 h. – alt. 180 m – ✉ 71640

Le Dracy

4 r. du Pressoir – ✆ 03 85 87 81 81 – www.ledracy.com

47 ch – †90/140 € ††90/140 € – ☐ 13 € – ½ P

Rest *La Garenne* – voir les restaurants ci-après

Un ensemble moderne dans un environnement verdoyant : les lieux associent quiétude, décor soigné et confort contemporain (terrasse privative côté jardin). Agréable pour une parenthèse au vert.

La Garenne – Hôtel Le Dracy
4 r. du Pressoir – ✆ 03 85 87 81 81 – www.ledracy.com
Rest – Menu 22 € (déj. en sem.) – Carte 44/55 €
Pavé en croûte de pigeon au foie gras, suprême de volaille et clafoutis aux champignons... Une belle garenne, où l'on se régale d'une cuisine traditionnelle soignée et respectueuse des saisons.

à Sassenay 9 km au Nord-Est par D 5, rte de Seurre – 1 532 h. – alt. 178 m – ✉ 71530

Le Magny
29 Grande-Rue – ✆ 03 85 91 61 58 – www.lemagny.com
– Fermé 16-23 avril, 1er-20 août, 5-12 fév., dim. soir, mardi soir et lundi
Rest – Formule 15 € – Menu 23 € (sem.), 29/37 € – Carte 45/53 €
Cette auberge de village est fort avenante et l'on y mange bien. Escargots, volaille de Bresse... Avec de beaux produits, le chef concocte une cuisine régionale soignée.

CHAMAGNE – 88 Vosges – 314 F2 – rattaché à Charmes

CHAMALIÈRES – 63 Puy-de-Dôme – 326 F8 – rattaché à Clermont-Ferrand

---

CHAMANT – 60 Oise – 305 G5 – 904 h. – alt. 90 m – ✉ 60300 36 B3

Paris 57 – Amiens 111 – Beauvais 57 – Bobigny 44
21, rue Alain de Rothschild, ✆ 03 44 53 22 10, www.senlis-tourisme.fr

L'Aunette Cottage N sans rest
9-11 r. Alain-de-Rothschild – ✆ 03 44 72 73 47 – www.launettecottage.com
14 ch – †97/139 € ††125/152 € – ☕ 12 €
Nul besoin de partir en Angleterre pour goûter au charme d'un cottage ! Au cœur du village, cet hôtel dispose de chambres confortables, calmes et cosy. Le matin, on prend le petit-déjeuner devant la cheminée. Et dans la journée, on profite du joli jardin. Une bonne adresse.

CHAMBERET – 19 Corrèze – 329 L2 – 1 318 h. – alt. 450 m – ✉ 19370 25 C2

Paris 453 – Guéret 84 – Limoges 66 – Tulle 45
1, place de la Mairie, ✆ 05 55 98 30 12
Mont Gargan ✳★★ NO : 9 km Limousin Berry

Hôtel de France
AC rest,
5 pl. du Marché – ✆ 05 55 98 30 14 – www.hotelfrancechamberet.fr
– Fermé 23 déc.-27 janv.
15 ch – †44/55 € ††44/55 € – ☕ 8 € – ½ P
Rest *(fermé vend. soir et dim. soir de sept. à mai)* – Formule 13 € – Menu 21 € (sem.), 26/38 € – Carte 19/38 €
L'ambiance est familiale dans cette maison en pierre toute pimpante. Des chambres bien tenues, un café apprécié dans le village, une petite table traditionnelle : un vrai hôtel de France.

CHAMBÉRY P – 73 Savoie – 333 I4 – 56 476 h. – Agglo. 174 833 h. 46 F2
– alt. 270 m – Casino : à Challes-les-Eaux – ✉ 73000 Alpes du Nord

Paris 562 – Annecy 50 – Grenoble 55 – Lyon 101
de Chambéry-Aix-les-Bains : ✆ 04 79 54 49 54, à Viviers-du-Lac 8 km par ④.
5 bis place du Palais de Justice, ✆ 04 79 33 42 47, www.chambery-tourisme.com
du Granier Apremont, à Apremont, Chemin de Fontaine Rouge, SE : 8 km par D 201, ✆ 04 79 28 21 26
Vieille ville★★ : Château★, place St-Léger★, grilles★ de l'hôtel de Châteauneuf (n° 18 rue de la Croix-d'Or) - Crypte★ de l'église St-Pierre-de-Lémenc - Rue Basse-du-Château★ - Cathédrale métropolitaine St-François-de-Sales★ - Musée Savoisien★ **M1** - Musée des Beaux-Arts★ **M2**.

Plan page suivante

CHAMBÉRY

Allobroges (Q. des) .... A 2
Banque (R. de la) .... B 3
Basse-du-Château (R.) .... A 4
Bernardines (Av. des) .... A 6
Boigne (R. de) .... B
Borrel (Q. du Sénateur A.) .... B 7
Charvet (R. F.) .... B 9
Château (Pl. du) .... A 10
Colonne (Bd de la) .... B 12
Ducis (R.) .... B 13
Ducs-de-Savoie (Av. des) .... B 14
Europe (Espl. de l') .... B 16
Freizier (R.) .... AB 17
Gaulle (Av. Gén.-de) .... B 18
Italie (R. d') .... B 20
Jean-Jaurès (Av.) .... A 21
Jeu-de-Paume (Q. du) .... A 23
Juiverie (R.) .... A
Lans (R. de) .... A 24
Libération (Pl. de la) .... B 25
Maché (Pl.) .... A 27
Maché (R. du Fg) .... A 28
Martin (R. Cl.) .... B 30
Métropole (Pl.) .... B 31
Michaud (R.) .... B 32
Mitterrand (Pl. F.) .... B 33
Musée (Bd. du) .... AB 34
Ravet (Q. Ch.) .... B 35
St-François (R.) .... B 38
St-Léger (Pl.) .... B
St- Antoine (R.) .... A 36
Théâtre (Bd du) .... B 39
Vert (Av. du Comte) .... A 40

Hôtel des Princes sans rest
4 r. de Boigne – ✆ 04 79 33 45 36 – www.hoteldesprinces.com **Br**
45 ch – 76/89 € 85/110 € – 10 €
Nul doute que vous serez reçu, ici, comme un prince ! Au cœur de la cité, cet hôtel abrite des chambres en majorité contemporaines mais aussi d'inspiration africaine et savoyarde... Cité de montagne oblige.

Mercure sans rest
183 pl. de la Gare – ✆ 04 79 62 10 11 – www.mercure.com **As**
81 ch – 87/199 € 87/199 € – 18 €
Face à la gare, un hôtel à l'architecture résolument moderne (verre et béton). On s'y repose dans des chambres modernes, spacieuses et bien insonorisées. Lumineuse salle de petit-déjeuner. Cette adresse s'adapte aussi bien à la clientèle d'affaires que touristique.

Une nuit douillette sans se ruiner ? Repérez les Bib Hôtel.

Côté Marché (Alexandre Ongaro)

60 r. Vieille-Monnaie – 04 79 85 04 35 – www.cotemarche-restaurant.com – Fermé 2-7 janv., lundi et mardi Ba

Rest *(réserver)* – Menu 30 € bc (déj. en sem.), 45/60 €

Vous ferez bien un tour Côté Marché... Tenu par un jeune couple – lui en cuisine, elle en salle et aux vins –, ce restaurant s'impose comme l'une des bonnes adresses de Chambéry. Derrière les fourneaux, le chef réalise des recettes dans l'air du temps sans pour autant couper les ponts avec le terroir.

➜ Raviole ouverte d'écrevisses, cédrat, céleri et soupe de poisson safranée. Lavaret étuvé aux noisettes à 53 °C, poireau et beurre blanc au vin jaune. Macaron aux fruits exotiques, glace au poivre de Tasmanie.

Les Barjots

688 av. Les Follaz, (face au phare), 2 km au Nord-Ouest par D 1A – 04 79 75 27 99 – www.brasserielesbarjots.fr – Fermé 5-19 août et dim.

Rest – Formule 13 € – Menu 17 € (déj. en sem.), 29/38 € – Carte 27/84 €

Dans cette grande brasserie contemporaine tenue, entre autres, par deux anciens Barjots – surnom des membres de l'équipe de France de handball –, que les gourmands se rassurent : ça tourne rond ! À table, on savoure une bonne cuisine de brasserie, simple et bien ficelée. Spécialité : les viandes à la plancha.

Brasserie Le Z

12 av. des Ducs-de-Savoie – 04 79 85 96 87 – www.zorelle.fr Bz

Rest – Menu 16 € (déj. en sem.)/28 € – Carte 29/51 €

Le Z a beau être la dernière lettre de l'alphabet, ce restaurant n'est pas en reste quand il s'agit de cuisiner ! Dans un cadre plutôt branché, la carte revisite les spécialités de brasserie. Bon choix de fruits de mer.

à Sonnaz 8 km par ① sur D 991 – 1 430 h. – alt. 370 m – ✉ 73000

Auberge Le Régent

453 rte d'Aix-les-Bains – 04 79 72 27 70 – Fermé 15 août-5 sept., dim. soir, merc. et soirs fériés

Rest – Menu 29/46 € – Carte 40/59 €

Ça sent très bon par ici ! Dans cette ancienne ferme savoyarde (19e s.), on apprécie la cuisine traditionnelle. Aux beaux jours, profitez de la terrasse pour déguster votre repas à l'ombre des platanes et face au jardin.

à St-Alban-Leysse 4 km par ①, D 1006 et rte secondaire – 5 692 h. – alt. 285 m – ✉ 73230

L'Or du Temps

814 rte de Plainpalais – 04 79 85 51 28 – www.or-du-temps.com – Fermé 10-31 août et 1er-10 janv.

18 ch – †69/79 € ††69/80 € – ☕ 8,50 € – ½ P

Rest *(fermé sam. midi, dim. soir et lundi)* – Formule 17 € – Menu 35/52 € – Carte 40/62 €

Cette maison de pays offre une vue splendide sur le massif des Bauges. Les chambres y sont simples et bien tenues ; idéales pour une étape. À la carte du restaurant, une cuisine d'aujourd'hui aux notes créatives. À la belle saison, profitez de la terrasse !

Le Panoramic

260 chemin des Vignes, à Monterminod – 04 79 85 28 99 – www.lepanoramic73.com – Fermé dim. soir, mardi soir et lundi

Rest *(nombre de couverts limité, réserver)* – Formule 17 € – Menu 22/55 € – Carte 48/62 €

Sur les coteaux de Monterminod, où l'on produit l'excellente roussette de Savoie (vin blanc sec), ce chalet est bien connu des gourmands. Ici, le jeune chef, d'origine galloise, réalise une cuisine originale, fine et soignée. Un vrai refuge accroché à la montagne !

à Barberaz 3 km par ①, N 201 (sortie 19 : La Ravoire) – 4 635 h. – alt. 315 m – ✉ 73000

Altédia Lodge
61 r. de la République – ☎ 04 79 60 05 00 – www.hotel-altedia.com
26 ch – †82/130 € ††82/130 € – 10 suites – ☕ 13 €
Rest *La Maison Rouge* ☎ 04 79 60 07 00 – Formule 16 € – Menu 19 € (déj. en sem.), 32/39 € – Carte 24/58 €
Orange, vert, rouge, cet hôtel voit la vie en technicolor ! Fauteuils Louis XVI revisités par Starck, écrans plats et espace forme : voilà un lieu résolument moderne, fréquenté par une clientèle d'affaires.

Altédia Hôtel
41 ch – †49/78 € ††49/78 € – ☕ 8 €
L'annexe dispose de chambres familiales. Buffet au petit-déjeuner.

à Challes-les-Eaux 7 km par ② par D 1006 et rte secondaire – 5 073 h. – alt. 310 m – ✉ 73190
Place de la Liberté, ☎ 04 79 72 86 19, www.ville-challesleseaux.com

Château des Comtes de Challes
247 montée du Château – ☎ 04 79 72 72 72 – www.chateaudescomtesdechalles.com – Fermé 28 oct.-19 nov.
50 ch – †94/114 € ††128/158 € – 4 suites – ☕ 12 € – ½ P
Rest *Château des Comtes de Challes* – voir les restaurants ci-après
Dans le village de Challes-les-Eaux, on reconnaît ce château du 15e s. à ses deux tours en façade. Arbres centenaires, chapelle et, dans trois bâtiments différents, des chambres spacieuses alliant le cachet de l'histoire et le confort moderne.

XXX **Château des Comtes de Challes**
247 montée du Château – ☎ 04 79 72 72 72 – www.chateaudescomtesdechalles.com – Fermé 28 oct.-20 nov.
Rest – Formule 28 € – Menu 28 € (sem.), 44/58 € – Carte 64/75 €
Cheminée gothique, poutres anciennes, rideaux épais : un décor cossu et chaleureux, idéal pour faire banquet d'une cuisine gastronomique empreinte de classicisme, valorisant les produits nobles et régionaux.

par ③ : 3 km sur D 201 (sortie La Motte-Servolex) – ✉ 73000 Chambéry

Alexander Park Ⓝ
51 r. Alexander-Fleming – ☎ 04 79 68 60 00 – www.bestwestern.fr
100 ch – †93/159 € ††93/159 € – ☕ 14 € – ½ P
Rest – Menu 17 € – Carte 23/37 €
À la périphérie d'une zone commerciale proche de la voie rapide, un hôtel très fonctionnel et parfaitement insonorisé. Idéal pour un déplacement professionnel.

à Chambéry-le-Vieux 5 km par ③ par N 201 et rte secondaire (sortie Chambéry-le-Haut) – ✉ 73000

Château de Candie
r. du Bois-de-Candie – ☎ 04 79 96 63 00 – www.chateaudecandie.com
22 ch – †160/260 € ††160/260 € – 4 suites – ☕ 20 €
Rest *Château de Candie* – voir les restaurants ci-après
Dans cette maison forte bâtie au 14e s. par des croisés, l'esprit chevaleresque a laissé place au sens de l'accueil. Les chambres, cosy, allient styles ancien et contemporain. À noter : la superbe suite avec jacuzzi dans la tour... À défaut, vous pourrez profiter de la piscine, agréable à souhait.

XXX **Château de Candie**
r. du Bois-de-Candie – ☎ 04 79 96 63 00 – www.chateaudecandie.com
Rest – Formule 27 € – Menu 37 € (déj. en sem.), 56/78 € – Carte 72/83 €
À la table du Château de Candie, une cuisine dans l'air du temps axée sur des produits locaux de qualité. Belle sélection de vins savoyards. Agréable moment dans l'élégante salle habillée de boiseries.

CHAMBOLLE-MUSIGNY – 21 Côte-d'Or – 320 J6 – 317 h. – alt. 280 m 8 D1
– ✉ 21220 Bourgogne

▶ Paris 326 – Beaune 28 – Dijon 17

Château André Ziltener sans rest
r. de la Fontaine – ✆ 03 80 62 41 62 – www.chateau-ziltener.com
– Fermé 8 déc.-8 mars
8 ch – †180/250 € ††200/250 € – 2 suites – ☕ 18 €
Le luxe raffiné et sans tapage du style Louis XV, pour une belle demeure du 18e s., châtelaine à souhait ! Le bar à vins, élégant comme il se doit, permet de goûter la production du domaine.

Le Millésime
1 r. Traversière – ✆ 03 80 62 80 37 – Fermé 1er-15 août, 1er-15 janv., dim. et lundi
Rest – Formule 19 € – Menu 29/46 € – Carte 39/57 €
Dans ce bistrot de village métamorphosé en restaurant contemporain, le jeune chef, aussi talentueux que sympathique, n'a pas son pareil pour vous mettre en appétit. Velouté de lentilles, mousseline de haddock... des produits excellents pour une cuisine savoureuse et gourmande, à prix doux. Un bon Millésime !

Le Chambolle
28 r. Caroline-Aigle – ✆ 03 80 62 86 26 – www.restaurant-lechambolle.com
– Fermé 18 déc.-8 fév., dim. soir de déc. à mars, merc. et jeudi
Rest *(nombre de couverts limité, réserver)* – Menu 24/32 € – Carte 33/50 €
Un lieu chaleureux et rustique (imposante cheminée) pour s'attabler autour de petits plats de terroir accompagnés de vins du village. Accueil tout sourire.

LE CHAMBON-SUR-LIGNON – 43 Haute-Loire – 331 H3 – 2 690 h. 6 D3
– alt. 967 m – ✉ 43400 Ardèche Drôme

▶ Paris 573 – Annonay 48 – Lamastre 32 – Privas 75

ℹ 2, route de Tence, ✆ 04 71 59 71 56, www.ot-hautlignon.com

⛳18 du Chambon-sur-Lignon, La Pierre de la Lune, SE : 5 km par D 103, ✆ 04 71 59 28 10

Bel Horizon
chemin de Molle – ✆ 04 71 59 74 39 – www.belhorizon.fr – Fermé 2-28 janv. et dim. soir du 1er oct. au 30 avril
30 ch – †76/107 € ††76/111 € – ☕ 10 € – ½ P
Rest ***Bel Horizon*** – voir les restaurants ci-après
Atmosphère décontractée et... priorité aux loisirs, avec un centre de remise en forme très complet (jacuzzi, sauna, salle de sport, soins, etc.). Côté repos, des chambres d'esprit contemporain et des chalets confortables.

Bel Horizon
chemin de Molle – ✆ 04 71 59 74 39 – www.belhorizon.fr – Fermé 2-28 janv., dim. soir et lundi du 1er oct. au 30 avril
Rest – Menu 18 € – Carte 36/44 €
Après le sport ou le farniente – le lieu a été pensé pour la remise en forme et a même accueilli le XV de France avant la Coupe du monde de rugby de 2011 –, le réconfort de bons petits plats traditionnels. Un bel horizon...

à l'Est 3,5 km par D 157 et D 185 – ✉ 43400 Chambon-sur-Lignon

Clair Matin
ch, rest,
Les Barandons – ✆ 04 71 59 73 03 – www.hotelclairmatin.com
– Fermé 15 nov.-15 fév., lundi et mardi hors saison
25 ch – †65/130 € ††65/130 € – ☕ 12 € – ½ P
Rest – Formule 15 € – Menu 20 € (sem.)/39 € – Carte 35/51 €
Ce chalet isolé est vraiment accueillant, et la vue sur les Cévennes des plus agréables. Pour l'anecdote, la salle à manger est chauffée avec un impressionnant poêle scandinave. Quiétude et air pur garantis !

CHAMBOULIVE – 19 Corrèze – 329 L3 – 1 222 h. – alt. 429 m – ✉ 19450 25 C3
Limousin Berry

▶ Paris 463 – Bourganeuf 80 – Brive-la-Gaillarde 43 – Seilhac 10

ℹ place de l'Église, ✆ 05 55 20 47 60

Deshors Foujanet
rte Treignac – ✆ 05 55 21 62 05 – www.deshors-foujanet.com
– Fermé 1er-8 janv., vacances de fév., dim. soir sauf juil.-août et lundi midi
20 ch – 55/65 € 55/65 € – 8,50 € – ½ P
Rest – Formule 13 € – Menu 20/50 € bc – Carte 30/44 €
Au cœur du village, une hostellerie familiale dont les chambres sont peu à peu rénovées dans un esprit contemporain et fonctionnel. La piscine à l'arrière se révèle bien sympathique. Restaurant corrézien (tourtou aux rognons de veau, par exemple).

CHAMBRETAUD – 85 Vendée – 316 K6 – 1 460 h. – alt. 214 m – ✉ 85500 34 B3

Paris 373 – Angers 85 – Bressuire 50 – Cholet 21

Château du Boisniard
– ✆ 02 51 67 50 01 – www.chateau-boisniard.com – Fermé 1er-4 mars et 21 oct.-12 nov.
27 ch – 215/370 € 265/550 € – 24 € – ½ P
Rest *La Table du Boisniard* – voir les restaurants ci-après
Tout près du Puy du Fou, un château du 15e s. avec ses étangs, ses chambres au charme médiéval et ses beaux chalets sur pilotis – nature et contemporains – disséminés dans le parc : les amoureux d'échappées vertes et d'histoire seront comblés.

La Table du Boisniard – Hôtel Château du Boisniard
– ✆ 02 51 67 50 01 – www.chateau-boisniard.com
– Fermé 1er-4 mars, 21 oct.-12 nov. et dim. soir d'oct. à mars
Rest – Formule 25 € – Menu 28/65 € – Carte 50/60 €
La Table du Boisniard, ou le décor d'un château du 15e s. au service d'une cuisine traditionnelle goûteuse, soignée et parfumée. Parmentier de canard délicat, baba au rhum réalisé dans les règles de l'art... Un bon moment !

CHAMESOL – 25 Doubs – 321 K2 – 388 h. – alt. 730 m – ✉ 25190 17 C2

Paris 453 – Besançon 91 – Belfort 43 – Montbéliard 30

Mon Plaisir (Christian Pilloud)
22 lieu-dit Journal – ✆ 03 81 92 56 17 – www.restaurant-mon-plaisir.com
– Fermé 26 août-10 sept., 23-29 déc., dim. soir, lundi et mardi sauf fériés le midi
Rest – Menu 39/85 €
À l'entrée du village, cette accueillante maison de pays est tout entière dédiée à votre plaisir : ambiance cosy (confortable salon, élégante salle à manger bourgeoise) et belle cuisine du chef, fine et harmonieuse.
➜ Cuisine du marché. Vins Arbois.

CHAMONIX-MONT-BLANC – 74 Haute-Savoie – 328 O5 – 9 054 h. 45 D1
– alt. 1 040 m – Sports d'hiver : 1 035/3 840 m 12 33 – Casino AY – ✉ 74400

Alpes du Nord

Paris 610 – Albertville 65 – Annecy 97 – Aosta 57

Tunnel du Mont-Blanc : péage en 2012, aller simple : autos 38,90 €, auto et caravane 51,50 €, camions 141,30 € à 300,50 €, motos 25,80 €. Renseignements ATMB ✆ 04 50 55 55 00 et ✆ 0800 074 100.

85, place du Triangle de l'Amitié, ✆ 04 50 53 00 24, www.chamonix.com

de Chamonix, à Les Praz-de-Chamonix, 35 route du Golf, N : 3 km, ✆ 04 50 53 06 28

E : Mer de glace★★★ et le Montenvers★★★ par chemin de fer à crémaillère - SE : Aiguille du midi ★★★ par téléphérique (station intermédiaire : plan de l'Aiguille★★) - NO : Le Brévent ★★★ par téléphérique (station intermédiaire : Planpraz★★) - N : Col de Balme★★(Alpages de Charamillon).

Hameau Albert 1er
38 rte du Bouchet – ✆ 04 50 53 05 09 – www.hameaualbert.fr
– Fermé 3 nov.-6 déc. AXf
33 ch – 155/595 € 155/595 € – 2 suites – 24 €
Rest *Albert 1er* Rest *La Maison Carrier* – voir les restaurants ci-après
Ce "hameau" cultive avec bonheur tradition et modernité. À l'hôtel, les chambres sont superbes (belles boiseries) et l'on profite d'équipements dernier cri. À la "Ferme", décor contemporain mariant bois de vieux chalets d'alpage et design.

CHAMONIX-MONT-BLANC

Street	Grid	No.
Aiguille-du-Midi (Av.)	AY	2
Angeville (Rte H. d')	AX	3
Balmat (Pl. Jacques)	AY	5
Blanche (Rte)	AY	
Bois-du-Bouchet (Av. du)	AX	6
Cachat-le-Géant (Av.)	AX	7
Courmayeur (Av. de)	AY	9
Cour (Pont de)	AY	8
Cristalliers (Ch. des)	AX	10
Croix-des-Moussoux (Montée)	AZ	12
Croz (Av. Michel)	AY	13
Devouassoux (Ch. F.)	AY	14
Gaillands (Rte des)	AZ	18
Gare (Pl. de la)	AY	20
Helbronner (R.)	AY	
Lyret (R.)	AY	
Majestic (Allée du)	AY	21
Mollard (Ch. de la)	AX	23
Mont-Blanc (Av. et Pl.)	AX	24
Moussoux (Rte des)	AZ	26
Mummery (R.)	AX	27
Nants (Rte des)	AZ	
Paccard (R. du Dr)	AY	28
Pècles (Rte des)	AZ	29
Pèlerins (Rte des)	AZ	
Plage (Av. de la)	AX	
Ravanel-le-Rouge (Av.)	AY	31
Recteur-Payot (Allée)	AXY	32
Roumnaz (Rte de la)	AZ	33
Triangle-de-l'Amitié (Pl. du)	AX	34
Tunnel (Rte du)	AZ	
Vallot (R. J.)	AX	
Whymper (R.)	AX	37

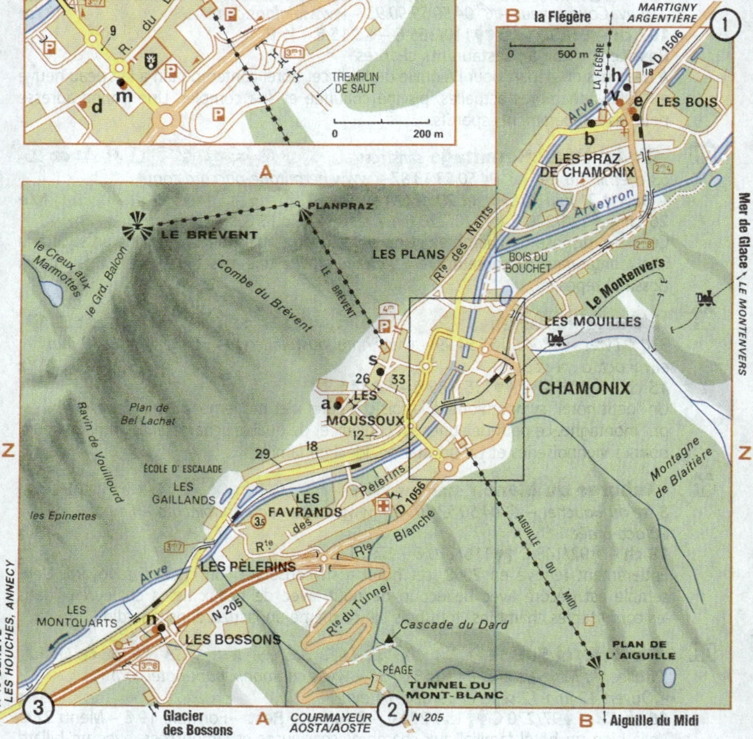

Grand Hôtel des Alpes sans rest

75 r. du Dr Paccard – ✆ 04 50 55 37 80 – www.grandhoteldesalpes.com – Fermé 15 avril-15 juin et 1er oct.-15 déc. AY**r**

27 ch – 168/600 € 168/600 € – 3 suites – 20 €

Ce "grand hôtel" mythique, bâti en 1840, a été merveilleusement restauré en 2004. Le résultat est à la fois intimiste et raffiné : hall cossu, bar feutré, élégants salons, chambres raffinées et des suites tout en bois rustique.

Auberge du Bois Prin

69 chemin de l'Hermine, (aux Moussoux) – ✆ 04 50 53 33 51 – www.boisprin.com – Fermé 29 avril-23 mai et 28 oct.-5 déc. AZ**a**

8 ch – 178/282 € 178/282 € – 2 suites – 18 € – ½ P

Rest *Auberge du Bois Prin* – voir les restaurants ci-après

Ce joli chalet perche sur les hauteurs de la station, offrant une vue imprenable sur Chamonix et le massif du Mont-Blanc. Décoration design, équipements high-tech et lambris se marient avec goût dans les chambres, luxueuses.

Le Morgane

145 av. de l'Aiguille du Midi – ✆ 04 50 53 57 15 – www.morgane-hotel-chamonix.com

56 ch – 115/225 € 135/430 € – 15 € AY**u**

Rest *Le Bistrot* – voir les restaurants ci-après

La nature est ici pleinement respectée : engagement environnemental (zéro carbone), cadre épuré et beaux matériaux (bois brut, pierre, coton bio). L'hôtel de montagne du 21e s. en quelque sorte.

Les Aiglons

270 av. Courmayeur – ✆ 04 50 55 90 93 – www.aiglons.com AY**m**

107 ch – 110/315 € 110/365 € – 15 € – ½ P

Rest *Le A* – voir les restaurants ci-après

À deux pas du départ pour l'Aiguille du Midi, cet hôtel contemporain a fait peau neuve en 2008 : chambres actuelles, piscine chauffée et spa complet. Une bonne adresse pour les tempéraments sportifs.

Chalet Hôtel Hermitage sans rest

63 chemin du Cé – ✆ 04 50 53 13 87 – www.hermitage-paccard.com – Ouvert 21 juin-30 sept. et 20 déc.-8 avril AX**e**

20 ch – 120/220 € 120/220 € – 7 suites – 15 €

Cet hôtel dispose de chambres et de suites confortables, décorées dans un style à la fois montagnard et contemporain, certaines avec une très belle vue sur le massif. Cossu et reposant.

L'Oustalet sans rest

330 r. Lyret – ✆ 04 50 55 54 99 – www.hotel-oustalet.com – Fermé 12 mai-13 juin et mi-oct. à mi-déc. AY**z**

15 ch – 90/147 € 115/185 € – 14 €

Un "petit hôtel" sympathique, à la fois chaleureux et moderne, qui a su conserver l'esprit montagne. Le petit-déjeuner est copieux et de qualité : charcuterie, fromage, œufs, bonnes viennoiseries et yaourt maison. Idéal en famille.

Auberge du Manoir sans rest

8 rte du Bouchet – ✆ 04 50 53 10 77 – www.aubergedumanoir.com – Fermé 20 oct.-6 déc. AX**b**

18 ch – 92/148 € 116/210 € – 15 €

Entièrement rénové en 2008, cet hôtel a su conserver son charme savoyard. L'ensemble est décoré avec beaucoup de goût, avec de beaux tissus chaleureux dans les confortables chambres "tout bois". Il y a même un jacuzzi dans le jardin...

Park Hotel Suisse ch, rest,

75 allée du Majestic – ✆ 04 50 53 07 58 – www.chamonix-park-hotel.com – Ouvert 12 juin-12 sept. et 19 déc.-1er avril AY**q**

66 ch – 97/270 € 134/292 € – 2 suites **Rest** – Formule 19 € – Menu 27 €

Voilà bien un hôtel familial aux chambres spacieuses et lambrissées, avec un billard dans le salon et un solarium sur le toit. Été comme hiver, on y admire toute la chaîne du Mont-Blanc.

La Savoyarde sans rest
28 rte Moussoux – ✆ 04 50 53 00 77 – www.lasavoyarde.com – Ouvert de juin à sept. et de déc. à avril AZ**s**
14 ch – †61/81 € ††99/139 € – ☕ 12 €
Cette coquette maison chamoniarde du 19e s. est située à 50 m du téléphérique du Brévent. Les chambres sont simples, lambrissées, parfois mansardées ou avec mezzanine.

Faucigny sans rest
118 pl. de l'Église – ✆ 04 50 53 01 17 – www.hotelfaucigny-chamonix.com – Fermé 3 sem. en nov. AX**m**
28 ch – †85/220 € ††85/220 € – ☕ 12 €
En centre-ville, un sympathique petit hôtel, soigneusement entretenu. Les chambres sont chaleureuses, certaines mansardées, d'autres familiales. Autres atouts : le salon avec cheminée et des prix raisonnables.

Hôtel de l'Arve
60 impasse des Anémones – ✆ 04 50 53 02 31 – www.hotelarve-chamonix.com – Fermé mi-oct. à mi-déc. AX**a**
37 ch – †66/131 € ††66/131 € – ☕ 12 €
Rest *Café de l'Arve* ✆ 04 50 53 58 57 – Formule 17 € – Menu 24/40 € – Carte 32/60 €
Cet hôtel familial propose des chambres de style savoyard, petites mais fonctionnelles, entourées d'un jardinet face au mont Blanc. Pour les loisirs : salle de fitness bien équipée, mur d'escalade et billard dans le salon. Restaurant d'esprit contemporain.

Albert 1er (Pierre Carrier et Pierre Maillet) – Hôtel Hameau Albert 1er
38 rte du Bouchet – ✆ 04 50 53 05 09 – www.hameaualbert.fr – Fermé 12-31 mai, 3 nov.-6 déc., mardi midi, jeudi midi et merc. AX**f**
Rest – Formule 39 € – Menu 56 € (sem.), 80/140 € – Carte 115/175 €
Beaucoup de subtilité et d'exigence, des bases classiques interprétées avec finesse, de très beaux produits : la cuisine raffinée de ce Hameau est une véritable référence gastronomique dans la région.
➜ Risotto à la truffe blanche d'Alba. Omble chevalier du lac Léman, céleri, chicorée, estragon et citron confit. Soufflé chaud à la Chartreuse verte, sorbet Chartreuse. **Vins** Mondeuse d'Arbin, Chignin.

Le Bistrot (Mickey Bourdillat) – Hôtel Le Morgane
151 av. de l'Aiguille du Midi – ✆ 04 50 53 57 64 – www.lebistrotchamonix.com
Rest – Formule 19 € – Menu 50/80 € – Carte 51/92 € AY**u**
Le Bistrot de Mickey Bourdillat affiche un esprit contemporain d'une sobre élégance. La cuisine, franche et joliment parfumée, mise sur le produit et va à l'essentiel.
➜ Gravlax de saumon et légumes acidulés. Pavé de veau rôti, risotto aux cèpes et tuile de parmesan. Entremets au chocolat et thé à la bergamote.

Auberge du Bois Prin – Hôtel Auberge du Bois Prin
69 chemin de l'Hermine, (aux Moussoux) – ✆ 04 50 53 33 51 – www.boisprin.com – Fermé 29 avril-23 mai, 28 oct.-5 déc., lundi midi, mardi midi et merc. midi AZ**a**
Rest – Formule 27 € – Menu 42/85 € bc – Carte 78/102 €
Une table amoureuse de la nature, des herbes alpestres et du bio. Il n'est qu'à admirer le potager au pied de l'auberge (dès que le tapis de neige s'esquive) et surtout les belles assiettes, précises et savamment composées. La vérité des saveurs… et des émotions !
➜ Foie gras confit au naturel, déclinaison croquante et glacée de cassis. Filet de féra au beurre de savagnin, étuvée de radis glaçon et émulsion de fanes. Choco-framboise, coque croquante et crémeuse au chocolat Samana. **Vins** Chignin-Bergeron, Mondeuse.

La Maison Carrier – Hôtel Hameau Albert 1er
44 rte du Bouchet – ✆ 04 50 53 00 03 – www.hameaualbert.fr – Fermé 2-19 juin, 3 nov.-6 déc., lundi sauf juil.-août et fériés AX**r**
Rest – Formule 19 € – Menu 24 € (déj. en sem.), 29/40 € – Carte 40/68 €
Un lieu magique, typiquement savoyard, où fument les charcuteries maison et où l'on s'attache à faire ressortir la vérité du produit. Résultat, de la gastronomie montagnarde à l'état pur, noble et généreuse.

XX **Le A** – Hôtel Les Aiglons

270 av. Courmayeur – ✆ 04 50 55 85 52 – www.restaurant-a-chamonix.com

Rest – Formule 17 € – Menu 28/56 € – Carte 29/48 € AY**m**

Le A des "Aiglons" n'hésite pas à proposer dans son cadre contemporain des spécialités originales, comme un hachis parmentier au foie gras et aux truffes ou un carré de porcelet au miel de montagne et aux épices douces.

XX **Atmosphère**

123 pl. Balmat – ✆ 04 50 55 97 97 – www.restaurant-atmosphere.com AY**n**

Rest – Formule 21 € – Menu 25/33 € – Carte 36/69 €

Cette adresse qui surplombe l'Arve ne manque pas d'atmosphère : une belle salle claire et de jolis produits travaillés avec justesse, entre tradition savoyarde et fine cuisine d'aujourd'hui.

XX **L'Impossible**

9 chemin du Cry – ✆ 04 50 53 20 36 – www.restaurant-impossible.com – Fermé 2 sem. en nov. et mardi soir hors saison AY**d**

Rest *(dîner seult) (réservation conseillée)* – Menu 24/35 € – Carte 39/51 €

À la carte de cette chaleureuse ferme du 18e s., beaucoup d'herbes et d'épices pour une cuisine italienne qui met à l'honneur de superbes produits bio : mousse de parmesan à la mocetta et au miel, linguine à l'espadon fumé, acquacotta...

X **Panier des 4 Saisons**

262 r. Dr-Paccard – ✆ 04 50 53 98 77 – www.restaurant-panierdes4saisons.com – Fermé mai, juin, de fin oct. à mi-déc. et dim. AY**x**

Rest – Menu 20 € (déj.), 30/45 € – Carte 33/59 €

Les quatre saisons s'illustrent avec gourmandise dans ce chaleureux restaurant d'un passage du centre-ville : crème brûlée au beaufort, darne de saumon au chili, gâteau de brochet à la marjolaine... Traditionnel et bien ficelé !

aux Praz-de-Chamonix 2,5 km au Nord – alt. 1 060 m – ✉ 74400 Chamonix Mont Blanc

La Flégère ★★ par téléphérique BZ.

Le Labrador sans rest

au golf – ✆ 04 50 55 90 09 – www.hotel-labrador.com – Fermé 21 avril-7 mai et 20 oct.-6 déc. BZ**h**

33 ch – †95/185 € ††130/220 € – 2 suites – ☕ 14 €

Ce grand chalet tout en bois, aux allures scandinaves, est situé en plein cœur du golf de Chamonix. Des chambres habillées de matériaux nobles, la vue sur le mont Blanc et la vallée est superbe. Un grand bol d'oxygène !

Eden

35 rte des Gaudenays – ✆ 04 50 53 18 43 – www.hoteleden-chamonix.com – Fermé 25 oct.-30 nov. BZ**e**

12 ch – †91/129 € ††100/138 € – 8 suites – ☕ 12 € – ½ P

Rest *Eden* – voir les restaurants ci-après

Ce sympathique hôtel propose des chambres pratiques, claires, pétillantes et colorées, et des appartements avec cuisine. Parfait pour des séjours familiaux.

Les Lanchers

1459 rte des Praz – ✆ 04 50 53 47 19 – www.hotel-lanchers-chamonix.com

19 ch – †65/105 € ††75/120 € – ☕ 10 € – ½ P BZ**b**

Rest – Formule 14 € – Menu 19/26 € – Carte 21/33 €

Des fresques typiques de la région égayent la façade de ce petit hôtel familial qui semble avoir trouvé un nouveau souffle. Les chambres sont simples et agréables et les spécialités savoyardes un vrai réconfort !

XX **La Cabane des Praz**

23 rte du Golf – ✆ 04 50 53 23 27 – www.restaurant-cabane.com BZ**v**

Rest – Formule 19 € – Menu 29 € – Carte 35/72 €

Superbement refaite, cette élégante cabane en rondins est à la fois chic et décontractée. En cuisine, le registre actuel rencontre la tradition et le terroir : tarte fine au reblochon, agneau fondant au miel... Fin, délicat et très parfumé.

Eden – Hôtel Eden
35 rte des Gaudenays – ✆ 04 50 53 18 43 – www.hoteleden-chamonix.com – Fermé 25 oct.-30 nov. et mardi BZe
Rest *(dîner seult)* – Menu 25/33 € – Carte 27/47 €
Un goût de paradis dans cet hôtel-restaurant où la carte saupoudre d'épices la tradition : moules façon thaïlandaise, filets de rouget à l'orientale, galettes au confit de canard et sa sauce aux prunes douces...

aux Tines **4 km par ①, D 1506 et rte secondaire – ✉ 74400 Chamonix Mont Blanc**

Excelsior
251 chemin de St-Roch – ✆ 04 50 53 18 36 – www.hotelexcelsior-chamonix.com – Fermé 4 nov.-10 déc.
36 ch – 60/80 € 70/95 € – 10 € – ½ P
Rest *Excelsior* – voir les restaurants ci-après
Au pied de l'aiguille Verte et du Dru, cette belle bâtisse jaune est tenue par la même famille depuis 1913. Les chambres habillées de bois clair sont plaisantes, tout comme les salons où crépite parfois un feu de cheminée.

Excelsior
251 chemin de St-Roch – ✆ 04 50 53 18 36 – www.hotelexcelsior-chamonix.com – Fermé 4 nov.-10 déc.
Rest – Formule 23 € – Menu 28/45 € – Carte 29/46 €
Le chef de ce sympathique établissement aime travailler des produits frais sur des bases classiques en glissant quelques notes surprenantes : lait battu au lard d'Arna, raviolis de queue de bœuf au foie gras, dacquoise gingembre-sésame...

au Lavancher **6 km par ①, D 1506 et rte secondaire – Sports d'hiver : voir Chamonix – ✉ 74400 Chamonix Mont Blanc**
★★.

Le Jeu de Paume
705 rte du Chapeau – ✆ 04 50 54 03 76 – www.jeudepaumechamonix.com – Ouvert 1er juin-15 sept. et 15 déc.-1er mai
23 ch – 140/255 € 140/255 € – 15 € – ½ P
Rest *Le Rosebud* – voir les restaurants ci-après
Billard, piscine couverte, sauna, jacuzzi, salons avec cheminée... Détente assurée dans ce chalet traditionnel au décor "tout bois" très raffiné. D'un regard, on embrasse les aiguilles ou la vallée.

Les Chalets de Philippe
700-718 rte du Chapeau – ✆ 06 07 23 17 26 – www.chaletsphilippe.com
12 ch – 90/370 € 125/810 € – 27 € – ½ P
Rest *Les Chalets de Philippe* – voir les restaurants ci-après
Ces chalets accrochés à flanc de montagne, parmi les sapins, forment un ensemble exceptionnel où cohabitent vieux bois, équipements de pointe, meubles chinés, objets rares... Le luxe à la montagne.

Les Chalets de Philippe – Hôtel Les Chalets de Philippe
700-718 rte du Chapeau – ✆ 06 07 23 17 26 – www.chaletsphilippe.com
Rest *(nombre de couverts limité, réserver)* – Formule 55 € – Menu 75/150 €
Le chef de ces Chalets, un ancien de l'Auberge de l'Ill, prépare des menus dégustation au gré de son inspiration et en fonction du marché. Une belle cuisine, qui sied à cet établissement de charme.

Le Rosebud – Hôtel Le Jeu de Paume
705 rte du Chapeau – ✆ 04 50 54 03 76 – www.jeudepaumechamonix.com – Ouvert 1er juin-15 sept., 15 déc.-1er mai, mardi midi et merc. midi
Rest – Menu 35/59 € – Carte 39/63 €
Le voyage commence face aux montagnes que l'on aperçoit à travers les baies vitrées puis continue à table, entre spécialités régionales, grands classiques et saveurs du monde, presque toujours rehaussés d'herbes et d'épices.

aux Bossons 3,5 km au Sud – alt. 1 005 m – ✉ 74400 Chamonix Mont Blanc

Aiguille du Midi

479 chemin Napoléon – ✆ 04 50 53 00 65 – www.hotel-aiguilledumidi.com – Fermé 1er avril-18 mai et 22 sept.-21 déc. AZn

39 ch – †60/152 € ††74/152 € – ☕ 13 € – ½ P

Rest ***Aiguille du Midi*** – voir les restaurants ci-après

Dans cet hôtel bâti en 1908, préférez les chambres récemment rénovées dans un style montagnard et design. Le salon panoramique fait face au glacier des Bossons.

Aiguille du Midi

479 chemin Napoléon – ✆ 04 50 53 00 65 – www.hotel-aiguilledumidi.com – Fermé 1er avril-18 mai, 22 sept.-21 déc. et merc. midi hors saison AZn

Rest – Formule 19 € – Menu 24/53 € – Carte 23/59 €

Les légumes du potager de cet hôtel-restaurant se retrouvent directement dans de belles spécialités savoyardes et traditionnelles : ravioles du Dauphiné, filet d'omble chevalier au beurre blanc, omelette au beaufort d'été.

CHAMOUILLE – 02 Aisne – 306 D6 – rattaché à Laon

CHAMPAGNAC-DE-BELAIR – 24 Dordogne – 329 F3 – rattaché à Brantôme

---

CHAMPAGNÉ – 72 Sarthe – 310 L6 – 3 693 h. – alt. 53 m – ✉ 72470 35 D1

Paris 205 – Alençon 67 – Le Mans 14 – Nantes 204

place de l'Église, ✆ 02 43 89 89 89

Le Cochon d'Or

49 rte de Paris, D 323 – ✆ 02 43 89 50 08 – www.lecochondor.fr – Fermé 29 juil.-19 août, lundi et le soir sauf sam.

Rest – Formule 16 € – Menu 20 € (déj. en sem.), 28/54 € – Carte 43/54 €

Le marché, les saisons, la tradition et le sens des produits : voilà le credo du chef, qui concocte une cuisine savoureuse, généreuse et fine. En prime, l'accueil est... en or !

CHAMPAGNEUX – 73 Savoie – 333 G4 – rattaché à St-Genix-sur-Guiers

---

CHAMPAGNEY – 70 Haute-Saône – 314 I6 – rattaché à Ronchamp

CHAMPAGNOLE – 39 Jura – 321 F6 – 8 088 h. – alt. 541 m – ✉ 39300 16 B3

Franche-Comté Jura

Paris 420 – Besançon 66 – Dole 68 – Genève 86

28 rue Baronne Delort, ✆ 03 84 52 43 67, www.juramontsrivieres.fr

Musée archéologique : plaques-boucles★.

Le Bois Dormant

rte de Pontarlier, 1,5 km – ✆ 03 84 52 66 66 – www.bois-dormant.com – Fermé 21-27 déc.

40 ch – †70 € ††80 € – ☕ 10 € – ½ P

Rest – Menu 19 € (sem.), 25/50 € – Carte 29/63 €

Dans un parc arboré, un hôtel au décor chaleureux. Bois blond, tons pastel... les chambres sont actuelles et pratiques ; il y a aussi une très jolie piscine côté jardin (avec jacuzzi, hammam et sauna) et un restaurant traditionnel.

rte de Genève 8 km au Sud – ✉39300 Champagnole

Auberge des Gourmets avec ch

1 la Billaude du haut, par N 5 – ✆ 03 84 51 60 60 – www.auberge-des-gourmets-jura.fr – Fermé 1er déc.-5 fév., dim. soir et lundi sauf vacances scolaires

6 ch – †78/88 € ††88/125 € – ☕ 10 € – ½ P

Rest – Formule 11 € – Menu 27/48 € – Carte 41/71 €

Dans cette jolie maison colorée, on sert une cuisine de tradition bonne et bien faite... Le cadre est chaleureux, élégant et, pour prolonger l'étape, les chambres sont coquettes (plus calmes côté terrasse).

CHAMPAGNY-EN-VANOISE – 73 Savoie – **333** N5 – 679 h. **45** D2
– alt. 1 240 m – ✉ 73350 Alpes du Nord

Paris 625 – Albertville 44 – Chambéry 94 – Moûtiers 19

Le Centre, ✆ 04 79 55 06 55, www.la-plagne.com

Retable★ dans l'église - Télécabine de Champagny★ : ≤★ - Champagny-le-Haut★★.

L'Ancolie ch, rest, VISA

Les Hauts du Crey – ✆ 04 79 55 05 00 – www.hotel-ancolie.com – Ouvert 21 juin-7 sept. et 21 déc.-13 avril

31 ch – †69/117 € ††69/143 € – ☕ 11 € – ½ P

Rest – Menu 22/35 € – Carte 28/44 €

La fleur sauvage a prêté son nom à cet hôtel perché sur les hauteurs, dernier lieu de vie avant les pistes ! L'étape est toute trouvée pour les skieurs et les randonneurs, qui apprécieront là un hébergement à la fois fonctionnel et confortable, avec un restaurant d'esprit savoyard.

Les Glières rest, VISA

à Planchamp – ✆ 04 79 55 05 52 – www.hotel-glieres.com – Ouvert 29 juin-24 août et 22 déc.-12 avril

20 ch – †61/100 € ††66/119 € – ☕ 10 € – ½ P

Rest *(fermé lundi en été)* – Formule 15 € – Menu 19/33 € – Carte 29/36 €

Non loin de la télécabine, dans un groupement de chalets bordant la station, des chambres mignonnes et chaleureuses, où dominent le bois et la couleur rouge. Après une journée sportive, il fait bon s'installer devant la cheminée du salon...

CHAMPCEVINEL – 24 Dordogne – **329** F4 – rattaché à Périgueux

CHAMPEIX – 63 Puy-de-Dôme – **326** F9 – 1 340 h. – alt. 456 m – ✉ 63320 **5** B2
Auvergne

Paris 440 – Clermont-Ferrand 30 – Condat 49 – Issoire 14

Rue des Halles, mairie, ✆ 09 61 03 27 58

Église de St-Saturnin★★ N : 10 km.

à Montaigut-le-Blanc 3 km à l'Ouest par D 996 – 752 h. – alt. 500 m – ✉ 63320

Le Chastel Montaigu sans rest

au château – ✆ 04 73 96 28 49 – www.lechastelmontaigu.com – Ouvert d'avril à oct.

4 ch ☕ – †125/135 € ††145/160 €

L'originalité de cette maison d'hôtes haut perchée : ses superbes chambres (lits à baldaquin) situées dans un donjon crénelé, avec vue plongeante sur les monts Dore et le Forez.

CHAMPIGNÉ – 49 Maine-et-Loire – **317** F3 – 2 071 h. – alt. 25 m – ✉ 49330 **35** C2

Paris 287 – Angers 24 – Château-Gontier 24 – La Flèche 41

Anjou Golf & Country Club, Route de Cheffes, S : 3 km par D 190, ✆ 02 41 42 01 01

au Nord-Ouest 3 km par D 768 et D 190 - ✉ 49330 Champigné

Château des Briottières rest, VISA

rte de Marigné – ✆ 02 41 42 00 02 – www.briottieres.com – Fermé vacances de fév.

17 ch – †164/252 € ††164/252 € – ☕ 19 €

Rest *(dîner seult) (résidents seult)* – Menu 50 €

Un raffinement très 18e s. règne dans ce château familial entouré d'un parc avec un étang. Chambres et salons sont décorés avec style et, le soir, on dîne aux chandelles.

CHAMPILLON – 51 Marne – **306** F8 – rattaché à Épernay

CHAMPLIVE – 25 Doubs – 321 H3 – 260 h. – alt. 404 m – ✉ 25360 17 C1

Paris 438 – Besançon 24 – Lausanne 121

Auberge du Château de Vaite avec ch

17 Grande-Rue – ✆ 03 81 55 20 66 – www.auberge-chateau-vaite.com – Fermé 24 déc.-3 fév.

9 ch – †56 € ††56 € – ☕ 8 € – ½ P **Rest** – Menu 12 € (déj. en sem.), 16/35 €

Une ancienne ferme au cœur du village ? Oui, mais surtout un restaurant hyper design, après une véritable mue très originale dans la région – et réussie. Pas de changement dans l'assiette : toujours la même cuisine traditionnelle bien tournée (truites, grenouilles, etc.). Beaucoup d'originalité côté chambres, avec des thèmes décalés (blanc, nature, salle de jeux...).

CHAMPS-SUR-YONNE – 89 Yonne – 319 E5 – rattaché à Auxerre

CHAMPTOCEAUX – 49 Maine-et-Loire – 317 B4 – 2 342 h. – alt. 68 m – ✉ 49270 Châteaux de la Loire 34 B2

Paris 357 – Ancenis 9 – Angers 65 – Beaupréau 30

Le Champalud, ✆ 02 40 83 57 49, www.champtoceaux.fr

de l'Ile d'Or, à La Varenne, O : 5 km par D 751, ✆ 02 40 98 58 00

Site★ - Promenade de Champalud★★.

Le Champalud

1 pl. du Chanoine-Bricard – ✆ 02 40 83 50 09 – www.lechampalud.com

19 ch – †62/105 € ††62/105 € – ☕ 10 € – ½ P

Rest *(fermé dim. soir d'oct. à juin)* – Formule 14 € – Menu 20/31 € bc – Carte 34/42 €

Au cœur du village, face à l'église, petit hôtel bien tenu, mêlant mobilier fonctionnel, poutres apparentes et vieilles pierres. Chambres spacieuses et bien équipées, plus récentes dans l'annexe. Côté restaurant, décor rustique et cuisine traditionnelle.

CHAMPVANS-LES-MOULINS – 25 Doubs – 321 F3 – rattaché à Besançon

CHANAS – 38 Isère – 333 B6 – 2 339 h. – alt. 150 m – ✉ 38150 43 E2

Paris 512 – Grenoble 89 – Lyon 57 – St-Étienne 75

Mercure

à l'échangeur A 7 – ✆ 04 74 84 27 50 – www.mercure.com

42 ch – †80/94 € ††88/102 € – ☕ 14 €

Rest *(fermé sam. midi et dim.)* – Formule 15 € – Menu 19 € – Carte 23/49 €

Pour une étape sur la route des vacances, cet hôtel a l'avantage de se trouver à proximité de l'autoroute. Chambres claires, fonctionnelles et bien insonorisées ; restaurant traditionnel.

CHANCELADE – 24 Dordogne – 329 E4 – rattaché à Périgueux

CHANDAI – 61 Orne – 310 N2 – 665 h. – alt. 200 m – ✉ 61300 33 C3

Paris 129 – L'Aigle 10 – Alençon 72 – Chartres 71

L'Écuyer Normand

23 rte de Paris, D 926 – ✆ 02 33 24 08 54 – www.ecuyer-normand.com – Fermé merc. soir, dim. soir et lundi

Rest – Formule 15 € – Menu 20 € (sem.), 29/43 € – Carte 60/78 €

Le pays des percherons n'est pas si lointain et cet Écuyer – une jolie auberge en brique – pourrait bien s'en faire un emblème : la puissance de la terre… apprivoisée. Hampe de bœuf grillée et petits légumes frais sautés au gingembre ; camembert au calvados en chapelure de pain d'épice maison, etc.

CHANDOLAS – 07 Ardèche – 331 H7 – 456 h. – alt. 115 m – ✉ 07230 44 A3

Paris 662 – Alès 43 – Aubenas 34 – Privas 66

Auberge les Murets

D 104, quartier Langarnayre – ✆ 04 75 39 08 32 – www.aubergelesmurets.com – Fermé 19 nov.-9 déc. et 2 janv.-3 fév.

10 ch – †68/78 € ††68/90 € – ☕ 10 € – ½ P

Rest ***Auberge les Murets*** – voir les restaurants ci-après

Les vignes et la nature à perte de vue pour cette jolie ferme cévenole du 18e s., avec ses chambres pimpantes, dont trois plus spacieuses et contemporaines. Bel espace détente : sauna, jacuzzi... Un endroit très sympathique !

Auberge les Murets

D 104, quartier Langarnayre – ✆ 04 75 39 08 32 – www.aubergelesmurets.com – Fermé 19 nov.-9 déc., 2 janv.-3 fév., lundi sauf le soir d'avril à oct., mardi de nov. à mars et mardi midi en oct.

Rest – Formule 17 € – Menu 19/37 € – Carte 24/32 €

Des voûtes et... le terroir ! La cuisine du chef, préparée en toute simplicité, joue agréablement avec la tradition et, l'été, il fait bon s'installer sous le mûrier.

CHANTEMERLE – 05 Hautes-Alpes – 334 H3 – rattaché à Serre-Chevalier

CHANTILLY – 60 Oise – 305 F5 – 10 952 h. – alt. 59 m – ✉ 60500 36 B3

Île-de-France

Paris 51 – Beauvais 55 – Compiègne 44 – Meaux 53

60, avenue du Maréchal Joffre, ✆ 03 44 67 37 37, www.chantilly-tourisme.com

Dolce Chantilly, à Vineuil-Saint-Firmin, Route d'Apremont, par rte d'Apremont : 3 km, ✆ 03 44 58 47 74

d'Apremont, à Apremont, CD 606, N : 7 km par D 606, ✆ 03 44 25 61 11

Les Golfs de Mont-Griffon, à Luzarches, Route Départementale 909, S : 11km par N 16, ✆ 01 34 68 10 10

Château★★★ - Parc★★ - Grandes Écuries★★ : musée vivant du Cheval★★ - L'Aérophile★ (vol en ballon captif) : ⋞★.

Site★ du château de la Reine-Blanche S : 5,5 km.

Auberge du Jeu de Paume (N)

4 r. du Connétable – ✆ 03 44 65 50 00 – www.aubergedujeudepaumechantilly.fr

67 ch – †550/750 € ††550/750 € – 25 suites – ☕ 32 €

Rest ***La Table du Connétable*** ✿ – voir les restaurants ci-après

Rest ***Le Jardin d'Hiver*** – Formule 32 € – Menu 47 € – Carte environ 55 €

Beaucoup de raffinement dans ce luxueux établissement inauguré fin 2012 au sein du Domaine de Chantilly, entre les Grandes Écuries et le château. Les chambres spacieuses et à l'élégance classique (avec vue sur la ville ou le parc), les deux restaurants, le spa de 600 m2... tout est princier.

La Table du Connétable (N) – Auberge du Jeu de Paume

4 r. du Connétable – ✆ 03 44 65 50 00 – www.aubergedujeudepaumechantilly.fr – Fermé août, mardi midi, merc. midi, jeudi midi, dim. et lundi

Rest – Menu 67 € (déj.), 88/125 € – Carte 100/150 €

Au sein de la luxueuse Auberge du Jeu de Paume, sur le domaine du château, une table feutrée et distinguée, et un beau moment de gastronomie : dans chaque assiette, le chef sait allier harmonie et saveurs vives, classicisme et originalité – le tout avec des produits de grande qualité.

➜ Saint-Jacques en carpaccio au caviar Impérial. Agneau du Quercy cuit au serpolet, carottes confites et yaourt brassé au cumin. Palet au chocolat grand cru samana.

Le Karément (N)

22 r. du Connétable – ✆ 03 44 57 02 25 – www.karement-chantilly.fr – Fermé dim. soir et lundi

Rest – Menu 20 € (sem.)/30 € – Carte 34/55 €

Face aux écuries du château, on mange Karément bien ! Dans la salle au décor contemporain, on apprécie une belle cuisine de bistrot. Pour l'anecdote : les légumes viennent du Potager des Princes tout proche… Un repas royal pour les végétariens, notamment, à qui l'on consacre plusieurs plats. Ambiance conviviale.

rte d'Apremont au Nord-Est par D 606

Dolce Chantilly

à 3 km – ✆ 03 44 58 47 77 – www.dolcechantilly.com – Fermé vacances de Noël
194 ch – 125/380 € 160/415 € – 6 suites – 21 €
Rest *Carmontelle* – voir les restaurants ci-après
Rest *Le Sulky* – Menu 44 € bc/64 € bc – Carte 45/70 €
Rest *Le Swing* *(fermé août, vacances de Noël et le soir)* – Formule 23 € – Menu 27 € (sem.)/37 € bc
Dans ce resort avec golf, terrain de polo, espace détente et salles de séminaire, on se met au vert… Et dans les chambres de ce grand bâtiment d'inspiration classique, spacieuses et modernes, un fil rouge logique vers Chantilly : le cheval.

Carmontelle – Hôtel Dolce Chantilly

à 3 km – ✆ 03 44 58 47 57 – www.dolcechantilly.com – Fermé vacances de Noël, sam. midi, dim. et lundi
Rest *(nombre de couverts limité, réserver)* – Menu 52 € bc (déj. en sem.), 74 € bc/ 125 € bc – Carte 110/140 €
Ce restaurant gastronomique, au cœur du Dolce Chantilly Resort, donne sur les greens. Le chef, Alain Montigny (Meilleur Ouvrier de France 2004), élabore une cuisine volontiers inventive et privilégie les produits nobles.
➜ Foie gras d'oie, gelée de volaille à l'arabica et meringue argentée. Ris de veau braisé au melon et porto, royale de petits pois. Rondin noisette, chocolat, caramel et glace gianduja.

Auberge La Grange aux Loups avec ch

8 r. du 11-novembre, à Apremont, 6 km ✉ 60300 – ✆ 03 44 25 33 79 – www.lagrangeauxloups.com – Fermé 24 sept.-7 oct., 2-17 janv., dim. soir et lundi
4 ch – 85 € 85 € – 10 € **Rest** – Menu 27/57 € – Carte 58/82 €
Auberge villageoise logée sous les poutres et solives d'une jolie salle rustique (cheminée centrale). Terrasse d'été et choix classique à la carte. Chambres calmes et bien tenues, installées dans une dépendance.

à Montgrésin 5 km au Sud-Est par D 924^A – ✉ 60560 Orry la Ville

Relais d'Aumale

37 pl. des Fêtes – ✆ 03 44 54 61 31 – www.relais-aumale.fr – Fermé 23 déc.-4 janv.
22 ch – 122/160 € 172/250 € – 2 suites – 12 €
Rest *Relais d'Aumale* – voir les restaurants ci-après
Cet ancien pavillon de chasse du duc d'Aumale se niche dans un jardin, à l'orée de la forêt de Chantilly. Les chambres sont confortables et joliment décorées par un designer suédois (tons passés, velours).

Relais d'Aumale

37 pl. des Fêtes – ✆ 03 44 54 61 31 – www.relais-aumale.fr – Fermé 23 déc.-4 janv.
Rest – Formule 29 € – Menu 39 € – Carte 60/78 €
Dans ce restaurant, deux styles de déco : l'une actuelle, l'autre châtelaine avec boiseries, plafond à la française et tableaux. La cuisine est traditionnelle, accompagnée d'une belle carte des vins, dont un excellent choix de bordeaux.

à Gouvieux 4 km à l'Ouest par D 909 – 9 457 h. – alt. 26 m – ✉ 60270

Château de Montvillargenne

6 av. François-Mathet – ✆ 03 44 62 37 37 – www.montvillargenne.com
120 ch – 225/400 € 225/400 € – 19 € – ½ P
Rest *(fermé le midi en sem.)* – Menu 45/85 € – Carte 60/90 €
Ce château est un bel exemple du style volontiers éclectique (colombages, meneaux, etc.) du début du 20e s. Les chambres, souvent très spacieuses, sont elles aussi décorées de différents styles : exotique, provençal, Directoire...

Château de la Tour
chemin du Château-de-la-Tour – ✆ 03 44 62 38 38 – www.lechateaudelatour.fr
41 ch – 170/245 € 170/245 € – ½ P
Rest ***Château de la Tour*** – voir les restaurants ci-après
Pour se mettre au vert pas trop loin de Paris, cette belle demeure du début du 20e s. et son extension contemporaine se cachent dans un joli parc de 5 ha. À l'intérieur, tout n'est que raffinement et confort bourgeois.

Le Pavillon St-Hubert
à Toutevoie – ✆ 03 44 57 07 04 – www.pavillon-saint-hubert.com – Fermé 2-20 janv.
18 ch – 65/80 € 65/80 € – 9 € – ½ P
Rest ***Le Pavillon St-Hubert*** – voir les restaurants ci-après
On accède à cette maison de caractère, blanche et fleurie, par son joli jardin situé au bord de l'Oise. Les chambres sont relativement petites mais confortables, avec de jolies teintes douces.

Château de la Tour – Hôtel Château de la Tour
chemin du Château-de-la-Tour – ✆ 03 44 62 38 38 – www.lechateaudelatour.fr
Rest – Menu 30 € bc/95 € bc – Carte 46/72 €
Dans cette superbe bâtisse de style anglo-normand, hauts plafonds ouvragés et cheminées en marbre servent de cadre à une cuisine empreinte de classicisme : foie gras, noix de Saint-Jacques à l'orange, croustillant de caille sauce griotte, etc.

Le Pavillon St-Hubert – Hôtel Le Pavillon St-Hubert
à Toutevoie – ✆ 03 44 57 07 04 – www.pavillon-saint-hubert.com – Fermé 2 janv.-8 fév., dim. soir et lundi
Rest – Menu 27 € (sem.), 36/50 € – Carte 44/75 €
Un restaurant meublé dans le style Louis XIII ; l'été, de la terrasse dressée à l'ombre des tilleuls, on regarde passer lentement les péniches. Carte et menus proposent de grands classiques : foie gras, sole meunière, ris de veau...

Ô Relais de la Côte
9 r. de Chantilly – ✆ 03 44 57 01 19 – Fermé fin juil. à début août, 24 déc.-2 janv., dim. soir, lundi soir et mardi
Rest *(nombre de couverts limité, réserver)* – Formule 28 € – Menu 34 € – Carte 35/50 €
À la sortie de la ville, restaurant au style actuel (murs blancs, tableaux modernes, mobilier contemporain), jouissant d'une belle terrasse arborée. Cuisine au goût du jour.

rte de Creil 4 km au Nord – ✉ 60740 St-Maximin

Le Verbois
6 r.la Grande Folie, D 1016 – ✆ 03 44 24 06 22 – www.leverbois.com – Fermé 12-29 août, 2-17 janv., dim. soir et lundi
Rest – Formule 30 € – Menu 36 € (sem.), 40/70 € – Carte 68/115 €
À l'orée de la forêt, ex-relais de chasse (1886) évoquant une maison de maître, agrandi d'une véranda cernée par le jardin. Tenue soignée. Cuisine du marché et de saison (gibier).

CHANTONNAY – 85 Vendée – 316 J7 – 8 168 h. – alt. 58 m – ✉ 85110 34 B3

Paris 410 – Nantes 79 – La Roche-sur-Yon 34 – Cholet 53
place de la Liberté, ✆ 02 51 09 45 77, www.ot-chantonnay.fr

Manoir de Ponsay
5 km à l'Est par rte de Pouzauges et rte secondaire – ✆ 02 51 46 96 71 – www.manoirdeponsay.com – Ouvert avril-sept.
5 ch – 66/180 € 66/180 € – 10 € **Table d'hôte** – Menu 33 € bc
Pour jouir de la vie de château en pleine nature, ce manoir classé, transmis de père en fils depuis 1644, est idéal : chambres spacieuses et chargées d'histoire, parc, piscine... et cuisine familiale à la table d'hôte (sur réservation).

CHAOURCE – 10 Aube – 313 E5 – 1 103 h. – alt. 150 m – ✉ 10210 13 B3

Champagne Ardenne
Paris 196 – Auxerre 66 – Bar-sur-Aube 58 – Châtillon-sur-Seine 52
2, Grande Rue, ✆ 03 25 40 97 22, www.tourisme-en-chaourcois.com
Église St-Jean-Baptiste★ : sépulcre★★.

Le Cadusia
21 rte de Troyes – 03 25 42 10 10 – www.le-cadusia.com
19 ch – 65/68 € 68/72 € – 9 € – ½ P
Rest – Formule 13 € – Menu 17/24 € – Carte 26/45 €
À la sortie de Chaource, sur la route de Troyes, cet hôtel-restaurant créé en 2010 ne passe pas inaperçu ! Le style des chambres est résolument contemporain ; à la carte, on a le choix entre rôtisserie et mets traditionnels.

à Maisons-lès-Chaource 6 km au Sud-Est par D 34 – 182 h. – alt. 235 m – 10210

Aux Maisons
11 r. des AFN – 03 25 70 07 19 – www.logis-aux-maisons.com – Fermé dim. soir
23 ch – 68/78 € 72/82 € – 10 € – ½ P
Rest *Aux Maisons* – voir les restaurants ci-après
Au centre du village, la même famille tient cet établissement depuis quatre générations ! Les chambres sont confortables, fonctionnelles et donnent sur la piscine ou sur les prairies, où se prélassent parfois des chevaux. Reposant.

Aux Maisons
11 r. des AFN – 03 25 70 07 19 – www.logis-aux-maisons.com – Fermé dim. soir
Rest – Formule 13 € – Menu 17 € (sem.), 25/68 € bc – Carte 46/62 €
Dans cette ancienne grange champenoise d'allure bourgeoise, le chef, en phase avec son époque, adapte les codes traditionnels : nems de chaource et de champignons, pastilla d'agneau, croustillant de homard...

LA CHAPELLE-AUX-CHASSES – 03 Allier – 326 I2 – 220 h. – alt. 225 m – 03230 6 C1

Paris 294 – Moulins 21 – Bourbon-Lancy 22 – Decize 25

Auberge de la Chapelle aux Chasses
Le Bourg – 04 70 43 44 71 – www.aubergedelachapelleauxchasses.com – Fermé vacances de Février, de la Toussaint, mardi et merc.
Rest *(réserver)* – Formule 16 € – Menu 22 € (sem.)/55 € – Carte 46/65 €
De cet ancien presbytère, les gourmands ont fait leur repaire ! Dans un cadre rustique, on déguste une appétissante cuisine du moment, qui évolue au gré des saisons : lasagnes de jarret de veau mijoté à la tomate, risotto aux langoustines et asperges... L'été, on profite de la terrasse ouverte sur le jardin.

LA CHAPELLE-D'ABONDANCE – 74 Haute-Savoie – 328 N3 – 832 h. – alt. 1 020 m – Sports d'hiver : 1 000/1 700 m 1 6 – 74360 Alpes du Nord 46 F1

Paris 600 – Annecy 108 – Châtel 6 – Évian-les-Bains 29
Chef-lieu, 04 50 73 51 41, www.lachapelle74.com

Les Cornettes
– 04 50 73 50 24 – www.lescornettes.com – Fermé de mi-avril à début mai et de mi-oct. à mi-déc.
42 ch – 75/110 € 125/165 € – 13 € – ½ P
Rest *Les Cornettes* – voir les restaurants ci-après
Une affaire de famille depuis 1894 : cinq générations ont forgé cet hôtel-restaurant plein de vie, qui abrite même un musée savoyard ! Les chambres sont accueillantes et bien tenues, le restaurant honore le terroir local. Une corne d'abondance...

Les Gentianettes
rte de Chevenne – 04 50 73 56 46 – www.gentianettes.fr – Ouvert 8 mai à mi-sept. et 20 déc. à Pâques
36 ch – 99/180 € 99/180 € – 14 € – ½ P
Rest *Les Gentianettes* – voir les restaurants ci-après
Meubles en sapin sculpté, cloches de vache et objets anciens célébrant la vie montagnarde : ce chalet a du cachet ! Les chambres sont charmantes, l'espace balnéo-piscine agréable et à l'heure des repas, la table cultive la tradition avec bonheur.

L'Ensoleillé

– ✆ 04 50 73 50 42 – www.hotel-ensoleille.com – Ouvert de mi-mai à mi-sept. et de mi-déc. à mi-avril

35 ch – 80/115 € 90/125 € – 12 € – ½ P

Rest ***L'Ensoleillé*** – voir les restaurants ci-après

Aux commandes de ce chalet ? Une famille dynamique qui a entamé de grandes rénovations. Chambres fonctionnelles avec balcon ; espace forme avec belle piscine couverte. Formule brasserie au déjeuner, cuisine soignée le soir et spécialités savoyardes à toute heure.

Les Cornettes – Hôtel Les Cornettes

– ✆ 04 50 73 50 24 – www.lescornettes.com – Fermé de mi-avril à début mai et de mi-oct. à mi-déc.

Rest – Menu 23 € (sem.), 31/65 € – Carte 34/78 €

Une table traditionnelle comme on n'en fait (presque) plus. Tout fait envie : terrine de queue de bœuf, tête de veau à l'ancienne, tranchettes de jambon "maison"... L'établissement dispose d'un boucher attitré, qui réalise d'authentiques salaisons !

Les Gentianettes – Hôtel Les Gentianettes

rte de Chevenne – ✆ 04 50 73 56 46 – www.gentianettes.fr – Ouvert 8 mai à mi-sept., 20 déc. à Pâques et fermé lundi midi et merc. midi sauf fév., juil. et août

Rest – Formule 20 € – Menu 27/43 € – Carte 45/70 €

La neige, la montagne, l'envie de paresser près de la cheminée autour de jolis plats... Ici, pas d'esbroufe, mais une cuisine traditionnelle pleine de finesse : on se régale ! Côté carnotzet (à l'étage inférieur), honneur aux spécialités savoyardes.

L'Ensoleillé – Hôtel L'Ensoleillé

– ✆ 04 50 73 50 42 – www.hotel-ensoleille.com – Ouvert de mi-mai à mi-sept. et de mi-déc. à mi-avril et fermé le mardi

Rest – Formule 16 € – Menu 22 € (sem.), 31/56 € – Carte 36/56 €

Cet imposant chalet n'a pas volé son nom : il jouit de l'ensoleillement exceptionnel de la vallée. On y apprécie une bonne cuisine du terroir alpin : savoureuses tommes de la vallée, charcuteries salées et séchées par le patron en personne, etc.

LA CHAPELLE-DE-GUINCHAY – 71 Saône-et-Loire – 320 I12 – 3 662 h. – alt. 200 m – ✉ 71570 8 C3

Paris 412 – Bourg-en-Bresse 50 – Caluire-et-Cuire 64 – Dijon 142

La Poularde (Olivier Muguet)

pl. de la Gare – ✆ 03 85 36 72 41 – http://lapoularde.free.fr – Fermé 5-23 août, 17-28 fév., dim. soir, mardi et merc.

Rest – Menu 35/60 € – Carte environ 75 €

Dès les amuse-bouches, on devine que la cuisine sera fine et raffinée, et l'on ne se trompe pas ! Le chef travaille seul des produits de grande qualité, avec beaucoup de délicatesse et de précision. Le tout dans un cadre zen et élégant.

→ Filet de thon mi-cuit fumé aux sarments, petits pois et vinaigrette d'herbes. Langoustines dorées, girolles et émulsion de foie gras. Figue pochée servie froide, crème aux zestes de citron vert. **Vins** Mâcon Pierreclos, Fleurie.

LA CHAPELLE-DES-MARAIS – 44 Loire-Atlantique – 316 C3 – 3 671 h. – alt. 5 m – ✉ 44410 Pays de la Loire 34 A2

Paris 442 – Nantes 67 – Rennes 96 – Vannes 53

16 rue de la Brière, ✆ 02 40 53 22 02, www.lachapelledesmarais.fr

Village de Kerhinet, ✆ 02 40 66 85 01, www.parc-naturel-briere.fr

Le Penlys (N)

41 r. de Penlys – ✆ 02 40 53 91 44 – www.restaurantlepenlys.com – Fermé 23 déc.-8 janv., lundi et le soir sauf sam.

Rest – Menu 14 € (déj. en sem.), 25/34 €

De cet ancien "routier" au cœur d'un village de Brière, ses nouveaux propriétaires ont fait un petit restaurant sans prétention, mais tout à fait sérieux : on y apprécie des recettes traditionnelles cuisinées sans chichis, dans une ambiance familiale qui va bien au décor, tout simple. Prix raisonnables.

LA CHAPELLE-EN-SERVAL – 60 Oise – **305** G6 – 2 799 h. – alt. 104 m **36** B3
– ✉ 60520

Paris 41 – Beauvais 64 – Chantilly 10 – Compiègne 43

Mont Royal
1 km à l'Est par D 118, rte de Plailly – ✆ 03 44 54 50 50 – www.tiara-hotels.com
104 ch – †160/400 € ††160/400 € – 4 suites – ☕ 25 € – ½ P
Rest ***L'Opéra*** – voir les restaurants ci-après
Ce superbe château de 1909 se dresse au milieu d'un grand parc arboré et s'inspire des châteaux du 18e s. Dès l'entrée, hauts plafonds, miroirs et mobilier de style donnent le ton : luxe et raffinement. Un havre de paix !

L'Opéra – Hôtel Mont Royal
1 km à l'Est par D 118, rte de Plailly – ✆ 03 44 54 50 50 – www.tiara-hotels.com – Fermé dim. et lundi
Rest *(dîner seult)* – Menu 65/95 € – Carte 73/80 €
Un lieu superbe, au charme très classique : l'ancienne salle de bal du château, construite en rotonde et ornée de boiseries, lustres à pendeloques, etc. La cuisine gastronomique y valorise les traditions régionales.

LA CHAPELLE-EN-VERCORS – 26 Drôme – **332** F4 – 675 h. – alt. 945 m **43** E2
– Sports d'hiver : au Col de Rousset 1 255/1 700 m 10 – ✉ 26420

Alpes du Nord

Paris 604 – Die 41 – Grenoble 60 – Romans-sur-Isère 47

place Piétri, ✆ 04 75 48 22 54, www.vercors.com

Chapelle-en-Vercors, S : 2 km, ✆ 04 75 48 19 86

Grotte de la Draye blanche★, 5 km au S par D 178.

Hôtel des Sports
av. des Grands Goulets – ✆ 04 75 48 20 39 – www.hotel-des-sports.com – Fermé 12 nov.-1er fév., dim. soir et lundi
10 ch – †55/57 € ††58/60 € – ☕ 8,50 € – ½ P
Rest – Menu 14 € (déj. en sem.), 18/32 € – Carte 35/42 €
À l'entrée du village, voici le pied-à-terre des cyclistes et randonneurs parcourant le Vercors. Mais que les non sportifs se rassurent, les chambres – très bien tenues – ne leur sont pas interdites ! Au restaurant, plats traditionnels et spécialités régionales redonnent des forces aux uns comme aux autres.

LA CHAPELLE-ST-MESMIN – 45 Loiret – **318** H4 – rattaché à Orléans

LA CHAPELLE-TAILLEFERT – 23 Creuse – **325** I4 – rattaché à Guéret

CHARBONNIÈRES-LES-BAINS – 69 Rhône – **327** H5 – rattaché à Lyon

CHARENTON-LE-PONT – 94 Val-de-Marne – **312** D3 – **101** 26 – voir à Paris, Environs

LA CHARITÉ-SUR-LOIRE – 58 Nièvre – **319** B8 – 5 203 h. – alt. 170 m **7** A2
– ✉ 58400 Bourgogne

Paris 212 – Auxerre 109 – Bourges 51 – Montargis 102

5, place Sainte-Croix, ✆ 03 86 70 15 06, www.lacharitesurloire-tourisme.com

Église N.-Dame★★ : ★★ sur le chevet - Esplanade rue du Clos ★.

Auberge de Seyr
4 Grande Rue – ✆ 03 86 70 03 51 – Fermé 22-29 mars, 16 août-6 sept., jeudi soir, dim. soir et lundi
Rest – Menu 13 € (sem.), 24/35 € – Carte 27/37 €
Un restaurant tout simple, dont les salles sont rustiques et chaleureuses (poutres peintes, murs blancs). Le chef concocte de bons petits plats traditionnels.

CHARLEVILLE-MÉZIÈRES P – 08 Ardennes – 306 K4 – 49 975 h. – 13 B1

Agglo. 61 166 h. – alt. 145 m – ✉ 08000 Champagne Ardenne

Paris 230 – Luxembourg 168 – Reims 85 – Sedan 26

4, place Ducale, ✆ 03 24 55 69 90, www.charleville-mezieres.org

des Sept-Fontaines, à Fagnon, Abbaye de Sept Fontaines, SO : 10 km par D 139, ✆ 03 24 37 38 24

des Ardennes, à Villers-le-Tilleul, Base de Loisirs des Poursaudes, S : 21 km par D 764 et D 33, ✆ 03 24 35 64 65

Place Ducale★★ - Musée de l'Ardenne★ BX **M**[1] - Musée Rimbaud BX **M**[2] - Basilique N.-D.-d'Espérance : vitraux★★ BZ.

Plan page suivante

Le Dormeur du Val sans rest

32 bis r. de la Gravière – ✆ 03 24 42 04 30 – hotel-dormeur-du-val.fr BY**d**

17 ch – †67/161 € ††67/161 € – ☐ 13 €

Ode à la poésie rimbaldienne dans cette ancienne imprimerie... Ici, le design et l'originalité arty sont de mise ; les chambres se font "Rime", "Strophe" ou "Poème".

Kyriad sans rest

pl. Bozzi – ✆ 03 24 26 32 32 – www.kyriad.fr ABX**n**

54 ch – †70/112 € ††70/112 € – ☐ 10 €

Un hôtel récent (2009) à côté de la cité administrative. La réception, la salle de petit-déjeuner – servi sous forme de buffet –, les chambres, tout est très contemporain, voire design. Dans son style, une adresse qui sort du lot.

La Clef des Champs

33 r. du Moulin – ✆ 03 24 56 17 50 – www.laclefdeschamps.fr – Fermé dim. soir

Rest – Formule 19 € – Menu 24/69 € – Carte 49/76 € BX**e**

Prenez la clef des champs près de la place Ducale, vous tomberez sous le charme de cette demeure du 17e s. Parquet, briques et poutres apparentes séduisent, tout comme la belle gastronomie contemporaine, teintée de touches japonisantes.

La Papillote

6 pl. du Théatre – ✆ 03 24 37 41 34 – Fermé août, sam. midi, dim. soir et lundi

Rest – Formule 19 € – Menu 29/50 € BX**b**

L'endroit est chaleureux comme tout avec ses poutres apparentes, sa cheminée et ses tables joliment dressées. Beaucoup de produits locaux, un registre traditionnel et un menu-carte à l'ardoise : on apprécie.

La Table d'Arthur "R"

9 r. Bérégovoy – ✆ 03 24 57 05 64 – Fermé vacances de printemps, 3 sem. en août, lundi soir, merc. soir, dim. et fériés BX**a**

Rest – Formule 20 € – Menu 27 € – Carte environ 33 €

Depuis 2010, cette table à la mode propose deux formules. Recettes traditionnelles et beaux flacons dans la cave voûtée ; au rez-de-chaussée, bistrot contemporain et grands classiques (tête de veau, steak tartare, etc.). Décontracté et original !

Amorini

46 pl. Ducale – ✆ 03 24 37 48 80 – Fermé 2 sem. en avril, 3 sem. en août, dim., lundi et le midi BX**t**

Rest – Carte 23/35 €

Goûtez à la "dolce vita" dans un cadre typiquement italien. Au menu, antipasti, charcuterie, bonnes pâtes et vins transalpins aux notes ensoleillées. Mamma mia, il y a aussi une petite épicerie !

à Montcy-Notre-Dame 4 km au Nord par D 1 BX – 1 551 h. – alt. 144 m – ✉ 08090

L'Auberge du Laminak

rte de Nouzonville – ✆ 03 24 33 37 55 – www.auberge-ardennes.com – Fermé 9-31 août, 2-8 janv., dim. soir, merc. soir et lundi

Rest *(nombre de couverts limité, réserver)* – Menu 29/50 € – Carte 34/42 €

Dans cette charmante auberge en lisière de forêt, le Pays basque rencontre les beaux produits des Ardennes. Résultat, des recettes savoureuses parfaitement maîtrisées, tels ce cabillaud en croûte de pancetta, cette poêlée de chipirons...

CHARLEVILLE-MÉZIÈRES

Arches (Av. d') .... BYZ
Arquebuse (R. de l') .... BX 2
Bérégovoy (R. P.) .... BX 3
Bourbon (R.) .... BX 4
Carré (R. Irénée) .... BX 5
Corneau (Av. G.) .... BY 6
Droits-de-l'Homme (Pl. des) BX 7
Fg de Pierre (R. du) .... BZ 8
Flandre (R. de) .... BX 9
Hôtel de Ville (Pl. de l') ..... BZ 10
Jean-Jaurès (Av.) .... BY
Leclerc (Av. Mar.) .... BY 19
Manchester (Av. de) .... AY 20
Mantoue (R. de) .... BX 21
Mitterrand (Av. F.) .... AX 22
Monge (R.) .... BZ 23
Montjoly (R. de) .... AX 24
Moulin (R. du) .... BX 25
Nevers (Pl. de) .... BX 27
Petit-Bois (Av. du) .... BX 28
République (R. de la) .... BX 30
Résistance (Pl. de la) .... BZ 31
St-Julien (Av. de) .... AY 32
Sévigné (R. Mme de) .... BY 33
Théâtre (R. du) .... BX 34
91e-Régt-d'Infanterie (Av. du) .... BZ 36

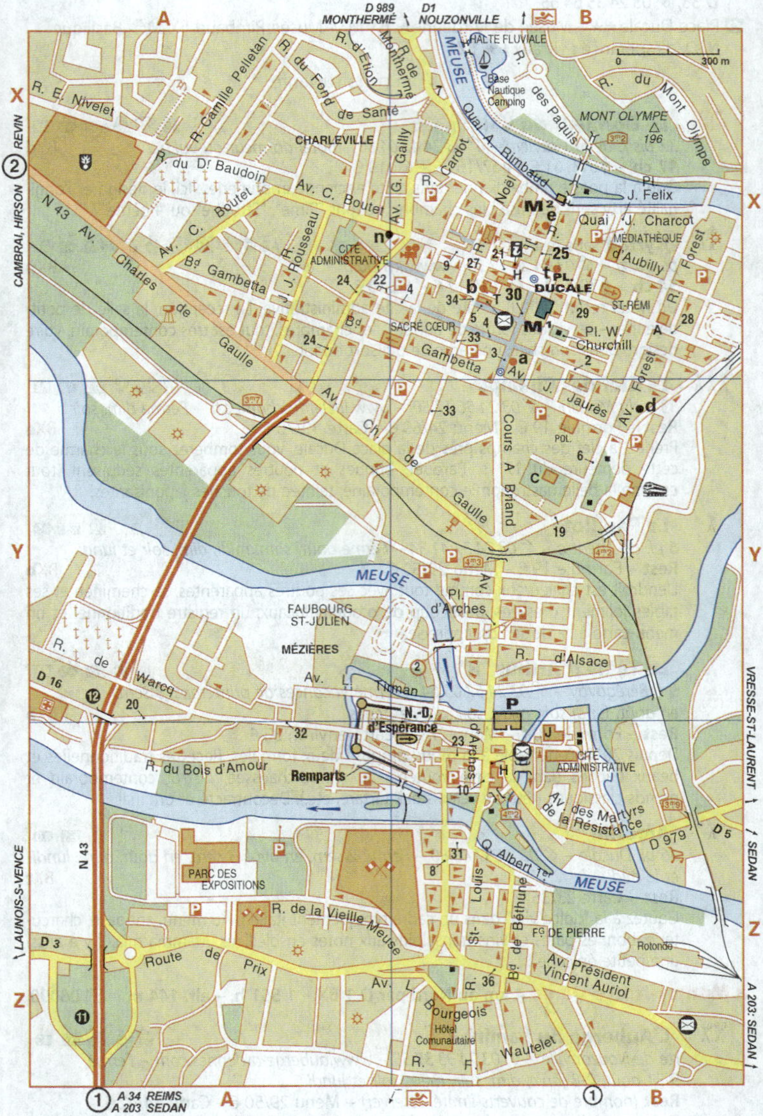

CHARLIEU – 42 Loire – 327 E3 – 3 680 h. – alt. 265 m – ✉ 42190 44 A1

Bourgogne

Paris 398 – Mâcon 77 – Roanne 18 – St-Étienne 102

place Saint-Philibert, ✆ 04 77 60 12 42, www.ville-charlieu.fr

Ancienne abbaye bénédictine★ : façade★★ - Couvent des Cordeliers★.

Relais de l'Abbaye

415 rte du Beaujolais – ✆ 04 77 60 00 88 – www.relais-abbaye.fr

28 ch – 74/130 € 78/180 € – 13 € – ½ P

Rest *Relais de l'Abbaye* – voir les restaurants ci-après

Un hôtel moderne à la sortie de la localité, avec sur l'arrière un grand jardin verdoyant (jeux pour les enfants). Deux générations de chambres coexistent : préférez les plus récentes, même si toutes sont bien tenues. Une bonne étape.

Relais de l'Abbaye

415 rte du Beaujolais – ✆ 04 77 60 00 88 – www.relais-abbaye.fr

Rest – Formule 14 € – Menu 17 € (déj. en sem.), 22/57 € – Carte 40/87 €

Dans ce Relais de facture moderne – et ouvert sur les prés environnants, ce qui est agréable –, la carte met à l'honneur les produits locaux et les mariages de saveurs : gambas et boudin noir, sandre et escargot, etc. Le tout bien ficelé.

rte de Pouilly 2,5 km au Sud-Ouest par D 487 et rte secondaire

Le Moulin de Rongefer

300 chemin de Rongefer – ✆ 04 77 60 01 57 – www.lemoulinderongefer.fr – Fermé 16 août-10 sept., 15 janv.-5 fév., dim. soir, mardi soir et merc.

Rest – Menu 19/59 € – Carte 40/73 €

Près d'une petite rivière – le Sornin –, cet ancien moulin tout en pierre cache une salle lumineuse et élégante. On y apprécie une cuisine gastronomique aux saveurs variées, avec par exemple un menu homard (lasagne des pinces au jus de truffes, queue "fumée" minute à la passion, etc.).

à St-Pierre-la-Noaille 5,5 km au Nord-Ouest par rte secondaire – 367 h. – alt. 287 m – ✉ 42190

Domaine du Château de Marchangy sans rest

– ✆ 04 77 69 96 76 – www.marchangy.com

4 ch – 95/125 € 100/125 €

On accède à cette belle demeure du 18e s. par une allée bordée de vieux chênes... Les chambres sont situées dans la maison de vigneron mitoyenne, couverte de vigne vierge. Meubles anciens, entretien impeccable, accueil charmant... et un grand parc offrant de belles échappées sur les monts du Forez. Bel endroit !

CHARMES – 88 Vosges – 314 F2 – 4 613 h. – alt. 282 m – ✉ 88130 27 C3

Alsace Lorraine

Paris 381 – Épinal 31 – Lunéville 40 – Nancy 43

19 rue Maurice Barrès, ✆ 03 29 66 01 86, www.tourisme-charmes.fr

à Chamagne 4 km au Nord par D 9 – 472 h. – alt. 265 m – ✉ 88130

Le Chamagnon

236 r. du Patis – ✆ 03 29 38 14 74 – www.lechamagnon.fr – Fermé 1er-24 juil., 23 oct.-3 nov., mardi soir, merc. soir, dim. soir et lundi

Rest – Formule 11 € – Menu 19/53 € – Carte 36/57 €

Dans le village de Claude Gellée dit "Le Lorrain", ce restaurant chaleureux (cave en exposition) propose une cuisine privilégiant le terroir et les excellents produits.

à Vincey 4 km au Sud-Est par N 57 – 2 273 h. – alt. 297 m – ✉ 88450

Relais de Vincey

33 r. de Lorraine – ✆ 03 29 67 40 11 – www.relaisdevincey.fr

41 ch – 63/101 € 73/139 € – 12 € – ½ P

Rest *Relais de Vincey* – voir les restaurants ci-après

Sur la route de Charmes, cet hôtel des années 1960 n'a cessé d'évoluer : deux piscines (extérieure et intérieure), d'agréables chambres contemporaines (bois exotique et tons chauds), tennis, fitness, etc. Une bonne étape.

XX **Relais de Vincey**

33 r. de Lorraine – ✆ 03 29 67 40 11 – www.relaisdevincey.fr – Fermé sam. midi et dim. soir

Rest – Formule 22 € – Menu 26 € (sem.), 36/39 € – Carte 39/57 €

Pour une étape entre Épinal et Nancy, au cœur des Vosges (spécialités traditionnelles) mais aussi un peu au milieu de l'océan – large choix de fruits de mer et décor aux notes nautiques (panneaux de bois, hublots, etc.).

CHARMES-SUR-RHÔNE – 07 Ardèche – 331 K4 – 2 411 h. – alt. 112 m 44 B3

– ✉ 07800 Ardèche Drôme

Paris 571 – Crest 23 – Montélimar 44 – Privas 29

XX **Le Carré d'Alethius** avec ch

4 r. Paul-Bertois – ✆ 04 75 78 30 52 – www.lecarredalethius.com – Fermé 1er-12 mars, 18 août-3 sept., 1er-8 janv., dim. soir, mardi mid et lundi

9 ch – †67/73 € ††76/82 € – ☕ 10 €

Rest – Formule 18 € – Menu 24 € (déj. en sem.), 39/80 € – Carte 44/59 €

Œuf de poule cuit à basse température, soupe de courge ; filet de dorade et légumes à la grecque... Une cuisine savoureuse et soignée (bon rapport qualité-prix), à apprécier dans un décor contemporain et lumineux. Chambres sobres et fraîches, certaines avec terrasse.

CHARNY-SUR-MEUSE – 55 Meuse – 307 D3 – rattaché à Verdun

CHAROLLES – 71 Saône-et-Loire – 320 F11 – 2 807 h. – alt. 279 m 8 C3

– ✉ 71120 Bourgogne

Paris 374 – Autun 80 – Chalon-sur-Saône 67 – Mâcon 55

24, rue Baudinot, ✆ 03 85 24 05 95, http://charolles.stationverte.com

Hôtel de la Poste

2 av. de la Libération, (près de l'église) – ✆ 03 85 24 11 32 – www.hotel-laposte-doucet.com – Fermé 1 sem. en juin, 3 sem. en nov., vacances de fév., mardi midi de juin à août, jeudi soir de sept. à mai, dim. soir et lundi

16 ch – †80/95 € ††95/160 € – ☕ 13 €

Rest *Frédéric Doucet* ✿ – voir les restaurants ci-après

Cet hôtel-restaurant jouit d'une solide réputation – méritée – dans la région. Les chambres, douillettes et sagement contemporaines, font quelques clins d'œil au passé (meubles de famille, lustres à pampilles).

Le Clos de l'Argolay sans rest

21 quai de la Poterne – ✆ 03 85 24 10 23 – www.closdelargolay.fr – Fermé janv.

3 ch ☕ – †99 € ††125 €

Dans la "Petite Venise" charolaise, une belle demeure du 18e s. avec son jardin odorant, ses suites et son duplex rivalisant de charme. Au petit-déjeuner, on se régale du bon chèvre de la fromagerie familiale... quoi de plus bucolique ?

XXX ✿ **Frédéric Doucet** – Hôtel De la Poste

2 av. de la Libération, (près de l'église) – ✆ 03 85 24 11 32 – www.hotel-laposte-doucet.com – Fermé 1 sem. en juin, 3 sem. en nov., vacances de fév., mardi midi de juin à août, jeudi soir de sept. à mai, dim. soir et lundi

Rest – Menu 28 € (sem.), 50/75 € – Carte 69/84 €

Le jeune chef a repris le restaurant familial il y a quelques années et, à force de passion, l'a fait entrer de plain-pied dans le 21e siècle. On passe un beau moment à cette table où techniques classiques et produits de tradition (le bœuf charolais, évidemment) se déclinent avec finesse et imagination.

→ Escargots de Bourgogne au beurre persillé. Entrecôte charolaise cuite simplement au beurre. Soufflé chaud au Grand Marnier. **Vins** Saint-Véran, Givry.

au Sud-Ouest 11 km par D 985 et D 270 – ✉ 71120 Changy

X **Le Chidhouarn**

les Tardes, par D 270 – ✆ 03 85 88 32 07 – restaurant-le-chidhouarn.com – Fermé 4-14 sept., 15 janv.-8 fév., dim. soir de nov. à avril, lundi et mardi

Rest – Formule 15 € bc – Menu 23 € (déj. en sem.), 30/53 € – Carte 26/46 €

Chidhouarn ? Le chaudron en breton. Dans cette enclave iodée en plein cœur du bocage charolais, les produits de la mer arrivent directement de Bretagne deux à trois fois par semaine. Extrafrais !

CHARQUEMONT – 25 Doubs – 321 K3 – 2 457 h. – alt. 864 m – ✉ 25140 17 C2

Paris 478 – Basel 98 – Belfort 66 – Besançon 75

Au Bois de la Biche avec ch

5 km au Sud-Est par D 10E et rte secondaire – ✆ 03 81 44 01 82 – www.boisdelabiche.fr – Fermé 2 janv.-3 fév., dim. soir de sept. à avril et lundi

3 ch – 56 € 56 € – ½ P **Rest** – Menu 22 € (sem.), 33/45 € – Carte 30/62 €

Avis aux amoureux de la montagne : en pleine nature, cet hôtel-restaurant offre une vue incomparable sur la vallée du Doubs et le Jura suisse... La cuisine est à la hauteur, au cœur de belles saveurs de la région ! Et qui sait, entre deux bouchées, peut-être apercevrez-vous une biche sortant du bois ? Accueil charmant.

CHARROUX – 03 Allier – 326 F5 – 385 h. – alt. 420 m – ✉ 03140 5 B1

Auvergne

Paris 344 – Clermont-Ferrand 61 – Montluçon 68 – Moulins 52

rue de Poulaillerie, ✆ 04 70 56 87 71

La Maison du Prince de Condé

8 pl. d'Armes – ✆ 04 70 56 81 36 – www.maison-conde.com

5 ch – 65/108 € 69/108 € **Table d'hôte** – Menu 35 €

Dans ce beau village médiéval, cette maison raconte cinq siècles d'histoire (13e-18e s.). Force des vieilles pierres, décors d'autrefois : une charmante étape au nord de l'Auvergne. À la table d'hôte, on apprécie une cuisine de saison et les spécialités du chef autour du foie gras.

Ferme Saint-Sébastien

chemin de Bourion – ✆ 04 70 56 88 83 – www.fermesaintsebastien.fr – Fermé 1er-10 juil., 16 déc.-25 janv., mardi sauf juil.-août et lundi

Rest *(réserver)* – Menu 28/68 € – Carte 40/52 €

Dans cette authentique ferme bourbonnaise, entièrement rénovée, il fait bon s'attabler autour des petits plats concoctés par la maîtresse des lieux... On y apprécie une cuisine d'aujourd'hui fleurant bon le terroir. Une bonne adresse.

à Valignat 8 km à l'Ouest sur D 183 – 72 h. – alt. 420 m – ✉ 03330

Château de l'Ormet sans rest

L'Ormet – ✆ 04 70 58 57 23 – www.chateaudelormet.com – Ouvert début avril à mi-nov.

4 ch – 71/87 € 79/95 €

"Champêtre", "Renaissance", "Romantique"... les chambres de cette gentilhommière bourbonnaise du 18e s. ont du caractère ! Toutes donnent sur le parc, où s'épanouit un potager bio et un insolite miniréseau ferroviaire, la passion du patron.

CHARTRES P – 28 Eure-et-Loir – 311 E5 – 39 122 h. – Agglo. 87 463 h. – alt. 142 m – Grand pélerinage des étudiants (fin avril-début mai) – ✉ 28000 11 B1

Île-de-France

Paris 89 – Évreux 78 – Le Mans 120 – Orléans 80

place de la Cathédrale, BP 50289, ✆ 02 37 18 26 26, www.chartres-tourisme.com

du Bois d'Ô, à Saint-Maixme-Hauterive, Ferme de Gland, par rte de Verneuil-sur-Avre : 26 km, ✆ 02 37 51 04 61

Cathédrale Notre-Dame★★★ : le portail Royal★★★, les vitraux★★★ - Vieux Chartres★ : église St-Pierre★, ★ sur l'église St-André, des bords de l'Eure - Musée des Beaux-Arts : émaux★ Y M2 - COMPA★ (Conservatoire du Machinisme agricole et des Pratiques Agricoles) 2 km par D24.

Plan page suivante

Le Grand Monarque

22 pl. des Épars – ✆ 02 37 18 15 15 – www.bw-grand-monarque.com Ze

50 ch – 135/260 € 135/260 € – 5 suites – 15 €

Rest ***Le Georges*** ✿ **Rest** ***La Cour du Monarque*** – voir les restaurants ci-après

L'hôtel de tradition par excellence, déjà recommandé par le guide Michelin 1900 ! Chambres spacieuses, élégantes et contemporaines, ou plus classiques. Un tour au luxueux spa s'impose avant d'aller dîner au Georges.

Mercure Cathédrale sans rest

3 r. du Gén.-Koenig – ✆ 02 37 33 11 11 – www.mercure.com **Yv**

67 ch – †116/145 € ††116/145 € – ☕ 14 €

Une situation avantageuse en centre-ville, des chambres modernes et bien insonorisées (avec vue sur la cathédrale pour la catégorie Privilège) : cet hôtel récent a de nombreux atouts. La nuit, on remarque de loin sa façade illuminée.

Châtelet sans rest

6 av. Jehan-de-Beauce – ✆ 02 37 21 78 00 – www.hotelchatelet.com **Yd**

48 ch – †85/108 € ††85/108 € – ☕ 13 €

Entre la gare et la cathédrale, un hôtel pratique. Les chambres sont spacieuses et décorées dans un style actuel ; le coin salon est agréable avec sa cheminée ; quant au parking et au garage, ils se révèlent bien utiles en ville !

L'Hôtel
28 r. du Gd-Faubourg – 02 37 18 52 77 – www.lhotel-chartres.com – Fermé 25 déc.-3 janv. Za
36 ch – 77/94 € 77/94 € – 1 suite – 10 € – ½ P
Rest ***L'Écume*** *(fermé 14-29 juil., 25 déc.-3 janv., 1 sem. en fév., dim. soir et fériés le soir)* – Formule 14 € – Menu 17 € (déj. en sem.)/30 € – Carte 27/47 €
Un établissement créé en 2008, avec des chambres contemporaines de bon standing (parquet, esprit design, couettes). Au dernier étage, on apprécie la vue sur les toits et la cathédrale.

Ibis Centre
14 pl. Drouaise – 02 37 36 06 36 – www.ibishotel.com Xb
82 ch – 66/92 € 66/92 € – 9 € **Rest** – Formule 15 € – Carte 17/32 €
À proximité du quartier historique et de la cathédrale, un hôtel aux chambres fonctionnelles et bien tenues. La terrasse du restaurant, dressée au bord de l'Eure, tire son attrait d'un pittoresque lavoir.

Le Georges – Hôtel Le Grand Monarque
22 pl. des Épars – 02 37 18 15 15 – www.bw-grand-monarque.com – Fermé dim. et lundi Ze
Rest – Menu 51/90 € – Carte 75/90 €
Cette table a su garder le goût feutré de la tradition. Le cadre est cossu, idéal pour la gastronomie classique que l'on vient y goûter. L'accent est mis sur de beaux produits, souvent locaux, et sur les grands crus.
➜ Le "pantin" de Chartres, pâté en croûte au foie gras de canard. Côte de veau "Grand Monarque". Soufflé chaud au Grand Marnier.

Les Feuillantines
4 r. du Bourg – 02 37 30 22 21 – Fermé 22-30 avril, 5-27 août, 30 déc.-7 janv., dim. et lundi Ya
Rest *(réserver)* – Formule 20 € – Menu 27/39 € – Carte 39/45 €
Tatin de boudin blanc, parmentier de canard, gâteau marron-chocolat... La carte est alléchante, la formule intéressante et l'ambiance chaleureuse ! Certes la rue qui mène à ce petit restaurant est pentue, mais quand il s'agit de gourmandise...

La Cour du Monarque – Hôtel Le Grand Monarque
22 pl. des Épars – 02 37 18 15 07 – www.bw-grand-monarque.com Ze
Rest – Menu 30 € bc (déj. en sem.) – Carte 25/68 €
Il faut traverser le hall de l'hôtel du Grand Monarque pour entrer dans sa "Cour". On vient dans cette jolie salle sous verrière pour savourer une cuisine de saison misant sur les beaux produits.

Esprit Gourmand
6 r. du Cheval-Blanc – 02 37 36 97 84 – Fermé 1er-12 mars, 6-29 oct., dim. soir, lundi et mardi Yh
Rest – Formule 16 € bc – Menu 25 € – Carte 27/49 €
Dans une petite rue proche de la cathédrale, cet accueillant bistrot, tenu par un jeune couple charmant, a vraiment l'esprit gourmand. Cuisine traditionnelle à déguster dans le calme de la cour intérieure quand le temps le permet.

à l'Est **4 km par ② puis D 910 – 28000 Chartres**

Novotel
av. Marcel Proust – 02 37 88 13 50 – www.novotel.com
112 ch – 110/150 € 120/170 € – 15 € **Rest** – Formule 22 € – Carte 25/49 €
Entre zone commerciale et voies rapides, un Novotel "seventies" entièrement rénové dans un esprit contemporain. Les plus : le patio, la piscine extérieure et les jeux pour enfants.

à Chazay **12 km à l'Ouest par D 24 et D 121 - 28300 St-Aubin-des-Bois**

L'Erablais sans rest
38 r. Jean Moulin – 02 37 32 80 53 – www.erablais.com – Fermé 21 déc.-6 janv.
3 ch – 45/47 € 52/57 €
Mais pourquoi ce nom ? La propriétaire se fera un plaisir de vous répondre, tout en vous faisant découvrir ses chambres, aménagées dans l'ancienne étable de cette ferme du 19e s. : "Pivoine", "Iris", "Hortensia"... paisible et bucolique.

à St-Luperce 13 km à l'Ouest par ⑥ puis D 121 et D 114 – 879 h. – alt. 152 m – ✉ 28190

La Ferme de Mousseau sans rest

Lieu-dit "Mousseau" – ✆ 02 37 26 85 01 – www.lafermedemousseau.com – Ouvert 15 mars-15 nov.

3 ch – 50/55 € 55/60 €

Pour un séjour à la campagne dans une "vraie" ferme (encore exploitée). Cadre rustique et confortable, petit-déjeuner alléchant – confitures, brioches maison – dans les anciennes écuries : rien ne manque !

LA CHARTRE-SUR-LE-LOIR – 72 Sarthe – **310** M8 – 1 465 h. – alt. 55 m **35** D2 – ✉ 72340 Pays de la Loire

Paris 217 – La Flèche 57 – Le Mans 49 – St-Calais 30

13, place de la République, ✆ 02 43 44 40 04, www.vallee-du-loir.com

Hôtel de France

20 pl. de la République – ✆ 02 43 44 40 16 – www.hoteldefrance-72.fr – Fermé 25 déc.-25 janv., dim. soir et lundi sauf le soir en juil.-août

21 ch – 59 € 65 € – 9 € – ½ P

Rest *(réserver)* – Formule 12 € – Menu 16 € (sem.), 28/40 € – Carte 29/60 €

Au bord du Loir, un de ces hôtels-restaurants traditionnels bien appréciés des touristes étrangers : il y règne en effet une vraie atmosphère vieille France... L'ensemble est très bien tenu et l'accueil est charmant.

CHARTRETTES – 77 Seine-et-Marne – **312** F5 – 2 529 h. – alt. 75 m **19** C2 – ✉ 77590

Paris 66 – Créteil 44 – Montreuil 60 – Vitry-sur-Seine 48

Château de Rouillon sans rest

41 av. Charles de Gaulle – ✆ 01 60 69 64 40 – www.chateauderouillon.net

4 ch – 90/110 € 98/118 €

Château du 17e s. et son majestueux parc à la française bordé par la Seine. Meubles de style et objets anciens composent un décor raffiné dans les chambres comme dans les salons.

CHASSAGNE-MONTRACHET – 21 Côte-d'Or – **320** I8 – 372 h. **7** A3 – alt. 200 m – ✉ 21190

Paris 327 – Beaune 16 – Dijon 64 – Lons-le-Saunier 125

Château de Chassagne-Montrachet sans rest

5 chemin du Château – ✆ 03 80 21 98 57 – www.chateaudechassagnemontrachet.com – Fermé 23 déc.-2 janv.

5 ch – 250 € 250 €

Ce prestigieux domaine viticole vous ouvre les portes de son château (fin 18e s.) et de ses caves. Belles chambres très contemporaines, salles de bains créées par le sculpteur Argueyrolles, expositions d'art dans les élégants salons...

Le Chassagne (Stéphane Léger)

4 imp. Chenevottes – ✆ 03 80 21 94 94 – www.stephaneleger.com – Fermé 28 juil.-12 août, 22 déc.-13 janv., merc. soir, dim. soir et lundi

Rest – Formule 27 € – Menu 58/96 € – Carte 60/110 €

Le Chassagne ? Une belle étape gourmande ! À l'étage d'une charmante maison, on découvre ce lieu sobre et élégant, qui se marie à merveille avec la cuisine actuelle de Stéphane Léger, raffinée et aboutie.

➜ Brochette d'escargots de Bourgogne à la réglisse et langoustines à la badiane. Pigeonneau fermier du Louhannais. Soufflé au citron vert et Grand Marnier. **Vins** Chassagne-Montrachet, Saint-Aubin.

CHASSELAY – 69 Rhône – **327** H4 – 2 689 h. – alt. 220 m – ✉ 69380 **43** E1

Paris 443 – L'Arbresle 15 – Lyon 21 – Villefranche-sur-Saône 18

Guy Lassausaie

r. de Belle-Sise – ✆ 04 78 47 62 59 – www.guy-lassausaie.com – Fermé 4-14 mars, 5-29 août, mardi et merc.

Rest – Menu 60/120 € – Carte 120/145 €

Au cœur du village, cette solide maison familiale vit avec son époque : sa séduisante cuisine, réalisée sur des bases classiques, le prouve – comme son décor, d'une élégance toute contemporaine.

➜ Gâteau de tourteau, avocat au caviar, salade de fèves et pois gourmands. Filet de bar cuit sur la peau, chipiron farci et velouté sarriette. Parfait glacé à la mandarine et pain de Gênes. **Vins** Fleurie, Saint-Véran.

CHASSENEUIL – 36 Indre – **323** E7 – 657 h. – alt. 140 m – ✉ 36800 **11** B3

Paris 299 – Châteauroux 27 – Guéret 99 – Orléans 173

Auberge des Saveurs

1 pl. de l'Église – ✆ 02 54 25 82 17 – www.auberge-des-saveurs.fr – Fermé mardi et merc.

Rest *(réserver)* – Menu 26/50 €

Un joli néobistrot, avec ses cuisines ouvertes sur la salle. Le chef, un jeune Hollandais passionné de gastronomie, concocte des plats savoureux, dans l'air du temps.

CHASSENEUIL-DU-POITOU – 86 Vienne – **322** I5 – rattaché à Poitiers

CHASSE-SUR-RHÔNE – 38 Isère – **333** B4 – rattaché à Vienne

CHASSIGNOLLES – 43 Haute-Loire – **331** C1 – 82 h. – alt. 922 m – ✉ 43440 **6** C2

Paris 506 – Clermont-Ferrand 92 – Le Puy-en-Velay 80 – Saint-Étienne 155

Auberge de Chassignolles avec ch ch,

(face à l'église) – ✆ 04 71 76 32 36 – www.aubergedechassignolles.com – Ouvert mi-juin à mi-sept. et fermé lundi et le midi sauf dim.

8 ch – †45/65 € ††45/65 € – ☕ 8 € – ½ P **Rest** *(réserver)* – Menu 25 €

Un jeune chef britannique et sa femme sont venus s'installer dans cette auberge au charme rétro. Une charcuterie délicieuse, un menu à l'ardoise composé à partir de beaux produits du terroir : tout est fait maison et c'est très bon ! Les chambres sont simples et fraîches, et l'on se réveille au son des cloches...

CHÂTEAU-ARNOUX-ST-AUBAN – 04 Alpes-de-Haute-Provence **41** C2
– **334** E8 – 5 318 h. – alt. 440 m – ✉ 04160 Alpes du Sud

Paris 719 – Digne-les-Bains 26 – Forcalquier 30 – Manosque 42

Ferme de Font Robert, ✆ 04 92 64 02 64, www.valdedurance-tourisme.com

4, place de la carrière, ✆ 02 96 73 49 57, www.tourisme-moncontour.com

Église St-Donat★ - Belvédère de la chapelle St-Jean★ - Site★ de Montfort.

La Bonne Étape

chemin du lac – ✆ 04 92 64 00 09 – www.bonneetape.com – Fermé 5 janv.-12 fév.

18 ch – †190/500 € ††190/500 € – ☕ 23 € – ½ P

Rest *La Bonne Étape* – voir les restaurants ci-après

Comment ne pas tomber sous le charme de cette demeure du 18e s. qui fleure bon la Provence ? Un beau jardin fleuri, un grand potager bio, des chambres spacieuses, du mobilier d'époque : une Bonne Étape dont on ne veut repartir !

La Bonne Étape (Jany Gleize)

chemin du lac – ✆ 04 92 64 00 09 – www.bonneetape.com – Fermé 5 janv.-12 fév., 18 nov.-3 déc., lundi et mardi hors saison sauf fériés

Rest – Menu 40 € (déj.), 75/115 € – Carte 65/115 €

On y apprécie une partition classique, à la croisée de la tradition gastronomique française et des incontournables de la cuisine provençale. Le cadre – belle interprétation bourgeoise du répertoire local – ajoute à l'agrément du moment.

➜ Salade de perdreau au jus de raisin parfumé de calament nepeta. Pièce d'agneau rôtie, sarriette, thym et laurier. Crème glacée au miel de lavande dans sa ruche. **Vins** Coteaux de Pierrevert, Palette.

La Magnanerie avec ch

Les Fillières, 2 km au Nord par N 85 – ✆ 04 92 62 60 11 – www.la-magnanerie.net – Fermé 28 avril-6 mai, 27 oct.-11 nov., 22-30 déc. et 24 fév.-4 mars, merc. midi, dim. soir et lundi

9 ch – †72/99 € ††72/99 € – ☕ 12 €

Rest – Menu 19 € (déj. en sem.), 29/54 € – Carte 49/71 €

Une équipe jeune et passionnée fait souffler un vent de modernité sur cet hôtel-restaurant ! À l'unisson du décor très contemporain, le jeune chef réalise un travail minutieux et inspiré, en jouant sur les associations de saveurs, les textures et les contrastes (acide/amer par exemple). Joli moment en perspective...

Au Goût du Jour

14 av. du Gén.-de-Gaulle – ✆ 04 92 64 48 48 – Fermé 6 janv.-12 fév.

Rest – Formule 19 € – Menu 24 €

Ne cherchez pas des plats particulièrement au goût du jour... Ici, le chef réalise une goûteuse cuisine du terroir. Dans l'assiette, les produits du marché et du jardin défilent au gré des saisons. Cadre tout en simplicité, aux couleurs de la Provence.

CHÂTEAUBOURG – 35 Ille-et-Vilaine – 309 N6 – 5 966 h. – alt. 50 m – ✉ 35220 — 10 D2

▶ Paris 329 – Angers 114 – Châteaubriant 52 – Fougères 44

Ar Milin'

30 r. de Paris – ✆ 02 99 00 30 91 – www.armilin.com – Fermé 21 déc.-6 janv. et 25 fév.-3 mars

32 ch – †88/132 € ††88/157 € – ☕ 12 € – ½ P

Rest *Ar Milin'* Rest *Bistrot du Moulin* – voir les restaurants ci-après

Un authentique moulin en pierre du 19e s., un parc immense où sont disséminées de monumentales œuvres d'art contemporain... et des chambres cosy réparties dans deux bâtiments : une douce idée de la tranquillité !

Ar Milin'

30 r. de Paris – ✆ 02 99 00 30 91 – www.armilin.com – Fermé 21 déc.-6 janv., 25 fév.-3 mars, mardi midi et lundi en juil.-août, dim. soir de nov. à mars et sam. midi

Rest – Menu 38/48 € – Carte 38/57 €

Dans cet ancien moulin, on profite d'une vue panoramique sur la Vilaine et l'immense parc. Le décor est épuré : un cadre sympathique pour des plats bien de notre époque, à l'instar de ces tomates confites au chèvre frais, ou encore de ces magrets de canard rôtis au miel et au sésame... Appétissant !

Bistrot du Moulin

30 r. de Paris – ✆ 02 99 00 30 91 – www.armilin.com – Fermé 21 déc.-6 janv., 25 fév.-3 mars, dim. midi de sept. à avril

Rest *(déj. seult)* – Formule 17 € – Menu 22 € – Carte environ 25 €

Un lieu simple et convivial, ouvert seulement au déjeuner... On vient y apprécier une cuisine bistrotière épurée, à prix raisonnables, et l'on profite avec bonheur de la terrasse au bord de la rivière.

à St-Didier 6 km à l'Est par D 33 – 1 740 h. – alt. 49 m – ✉ 35220

Pen'Roc

à La Peinière, D 105 – ✆ 02 99 00 33 02 – www.penroc.fr – Fermé 23 déc.-6 janv.

27 ch – †87/244 € ††99/244 € – ☕ 13 € – ½ P

Rest *Pen'Roc* – voir les restaurants ci-après

Ce Pen'Roc respire la sérénité : au programme, des chambres au décor soigné et un espace "détente et relaxation" comprenant piscine extérieure chauffée, sauna et jacuzzi, le tout en pleine campagne.

Pen'Roc

à La Peinière, D 105 – ✆ 02 99 00 33 02 – www.penroc.fr – Fermé 23 déc.-6 janv. et dim. soir hors saison

Rest – Formule 17 € – Menu 23 € (sem.), 34/85 € – Carte environ 64 €

Des petits salons intimes et feutrés, de jolies salles en enfilade et – le plus important ! – une assiette du moment pleine de saveurs, réalisée avec de bons produits du terroir, sans oublier un beau choix de vins... On passe ici un bon moment gourmand.

CHÂTEAUBRIANT – 44 Loire-Atlantique – **316** H1 – **12 077 h.** **34** B2
– **alt. 70 m** – ✉ **44110** Pays de la Loire
Paris 354 – Angers 72 – Laval 65 – Nantes 62
27, rue de Couëré, ✆ 02 40 28 20 90, www.tourisme-chateaubriant.fr
Château ★.

La Ferrière
rest,
r. Winston Churchill, au Sud par rte de Moisdon-la-Rivière (D 178) – ✆ 02 40 28 00 28 – www.hotellaferriere.fr
19 ch – †79/105 € ††79/105 € – ☐ 11 € – ½ P
Rest *(fermé dim. soir)* – Formule 17 € – Menu 22 € (sem.), 29/39 € – Carte 39/60 €
À la sortie de la cité, dans un parc planté d'arbres centenaires, une maison de maître de 1840 (pierre et brique, échauguettes, etc.), aux chambres classiques et assez spacieuses. Un peu moins de caractère dans l'annexe.

CHÂTEAU-CHALON – 39 Jura – **321** D6 – **170 h.** – **alt. 420 m** – ✉ **39210** **16** B3
Franche-Comté Jura
Paris 409 – Besançon 73 – Dole 51 – Lons-le-Saunier 14

Le Relais des Abbesses sans rest
r. de la Roche – ✆ 03 84 44 98 56 – www.chambres-hotes-jura.com – Ouvert de mars à mi-nov.
5 ch ☐ – †70/75 € ††72/80 €
Les propriétaires ont craqué pour cette maison de village surplombant les vignes et la vallée. Les chambres, baptisées Agnès, Marguerite et Eugénie offrent une superbe vue sur la Bresse ; Violette fait les yeux doux à Château-Chalon... Du cachet !

CHÂTEAU D'IF – **340** G6 Provence **40** B3
Accès par transports maritimes
au départ de **Marseille** pour le château d'If ★★ (✻ ★★★) 20 mn. Navettes Frioul If Express ✆ 04 96 11 03 50

LE CHÂTEAU D'OLÉRON – 17 Charente-Maritime – **324** C4 – voir à Île d'Oléron

CHÂTEAUDUN – 28 Eure-et-Loir – **311** D7 – **13 857 h.** – **alt. 140 m** **11** B2
– ✉ **28200** Châteaux de la Loire
Paris 131 – Blois 57 – Chartres 45 – Orléans 53
1, rue de Luynes, ✆ 02 37 45 22 46, www.tourisme-chateaudun.fr
Château ★★ - Vieille ville ★ : église de la Madeleine ★ - Promenade du Mail ≤ ★ - Musée des Beaux-Arts et d'Histoire naturelle : Collection d'oiseaux ★ **M.**

Entre Beauce et Perche sans rest
9 La Varenne-Hodier, 3 km au Nord par rte de Chartres N 10 – ✆ 02 37 66 30 00 – www.hotelchateaudunlogis.fr
65 ch – †63/98 € ††63/98 € – ☐ 9 €
Entre Beauce et Perche en effet, voilà un hôtel moderne, sobre et engageant. Les chambres sont claires et fonctionnelles ; l'ensemble convient parfaitement à une étape touristique ou un voyage d'affaires. Bon point, le parking sécurisé.

Aux Trois Pastoureaux
31 r. A. Gillet – ✆ 02 37 45 74 40 – www.aux-trois-pastoureaux.fr – Fermé 16 juil.-5 août, 25 déc.-5 janv., 24 fév.-4 mars, dim. et lundi
Rest – Menu 22/46 € – Carte 32/69 €
Boiseries, touches provençales et tableaux peints par un artiste local composent le décor du restaurant. Carte traditionnelle, menu médiéval et bon choix de vins au verre.

à Flacey 8 km au Nord par N 10 – 218 h. – alt. 157 m – ✉ 28800

Domaine de Moresville sans rest
rte de Brou, 3.5 km au Nord-Ouest par D110 – ✆ 02 37 47 33 94 – www.domaine-moresville.com
16 ch – †78/179 € ††80/179 € – 2 suites – ☐ 12 €
Au cœur d'un parc planté d'arbres centenaires, un château du 18e s. plein de charme. Caractère historique dans les jolis salons comme dans les chambres, tout confort (dont cinq aménagées dans l'orangerie). Sauna, jacuzzi.

CHÂTEAUFORT – 78 Yvelines – **311** I3 – **101** 22 – voir à Paris, Environs

CHÂTEAU-GAILLARD – 01 Ain – 328 E5 – 1 760 h. – alt. 253 m – ✉ 01500 44 B1

Paris 464 – Bourg-en-Bresse 32 – Grenoble 140 – Lyon 53

La Villa L

130 chemin des Vignes – ✆ 04 74 39 96 86 – www.lavillal.fr – Fermé 2 sem. en mars, 2 sem. en août, dim. et lundi

Rest – Menu 24/46 € – Carte 29/49 €

De comptables devenus restaurateurs, les propriétaires ont eux-même transformé cette villa (belle véranda ouverte sur la nature). Monsieur pour les vins – surtout régionaux –, madame en cuisine : une table agréable, d'un bon rapport qualité-prix.

CHÂTEAU-GONTIER – 53 Mayenne – 310 E8 – 11 532 h. – alt. 33 m 35 C1

– ✉ 53200 Pays de la Loire

Paris 288 – Angers 50 – Châteaubriant 56 – Laval 30

place André Counord, Couvent des Ursulines, ✆ 02 43 70 42 74, www.sudmayenne.com

Intérieur roman★ de l'église St-Jean-Baptiste.

Parc Hôtel sans rest

46 av. Joffre, au Sud par N 162 – ✆ 02 43 07 28 41 – www.parchotel.fr – Fermé 1er-10 mars, 19-30 avril et 23 déc.-5 janv.

21 ch – †69/90 € ††69/90 € – ☕ 10 €

Dans le parc arboré et près de la piscine chauffée, on oublie vite la route toute proche. Chambres de style classique, plus spacieuses dans la maison de maître du 19e s. Accueil charmant.

L'Aquarelle

2 r. Félix Marchand, 1 km au Sud par D 267, rte de Ménil – ✆ 02 43 70 15 44 – www.restaurant-laquarelle.com – Fermé 4-21 mars, 25 nov.-12 déc., dim. soir, mardi soir et merc.

Rest – Formule 11 € – Menu 14 € (déj.), 27/65 € bc

Cette Aquarelle-là est un bien joli tableau. Dans une maison au bord de la Mayenne, le chef réalise une cuisine raffinée (brochettes de homard persillé, mousse de caramel, etc.) au rythme des saisons. Belle vue sur la rivière depuis la salle et la terrasse...

à Coudray 7 km au Sud-Est par D 22 – 855 h. – alt. 68 m – ✉ 53200

L'Amphitryon avec ch

2 rte de Daon – ✆ 02 43 70 46 46 – www.lamphitryon53.fr – Fermé 1er-18 mai, vacances de la Toussaint et de Noël, dim. sauf le midi de mars à nov., mardi midi et lundi

6 ch – †65 € ††75 € – ☕ 9 €

Rest *(nombre de couverts limité, réserver)* – Formule 22 € – Menu 30/55 €

Par quel hasard un relais de poste du 19e s. devient-il un repaire de gourmands au 21e s. ? Grâce à un chef, bien sûr ! Lequel concocte des plats savoureux avec des produits de saison et du terroir. Pas de doute, cet Amphitryon sait recevoir.

CHÂTEAUMEILLANT – 18 Cher – 323 J7 – 2 082 h. – alt. 247 m 12 C3

– ✉ 18370 Limousin Berry

Paris 313 – Argenton-sur-Creuse 58 – Châteauroux 55 – La Châtre 19

69 Rue de la Libération, ✆ 02 48 61 39 89, ot.chateaumeillant.free.fr

Choeur★ de l'église St-Genès.

La Goutte Noire N avec ch

21 r. du Château – ✆ 02 48 96 98 87 – www.la-goutte-noire.fr – Fermé 2-22 janv., dim. soir et lundi

6 ch – †48/56 € ††58/66 € – ☕ 8 €

Rest – Menu 14 € (déj. en sem.), 20/48 € bc – Carte 35/55 €

Du nom du ruisseau qui coule dans le village, cette table ne manque pas d'attraits : une grande véranda très lumineuse, une cuisine qui explore le terroir avec goût et générosité (bons vins et fromages régionaux) et un accueil délicat. Chambres coquettes à l'étage.

CHÂTEAUNEUF-DE-GADAGNE – 84 Vaucluse – 84 C10 – 3 249 h. – alt. 90 m – ✉ 84470 42 E1

Paris 694 – Arles 47 – Avignon 13 – Marseille 95

Place du 11 Novembre- Le Thor, ✆ 04 90 33 92 31, www.oti-delasorgue.fr

La Maison de Celou

5 r. St Join, (Portail du Thor) – ✆ 04 90 16 08 61 – www.lamaisondecelou.com – Fermé vacances de la Toussaint, de Février, dim. midi en juil.-août, dim. soir, merc. soir de sept. à juin et lundi

Rest – Formule 14 € – Menu 17 € (déj. en sem.), 23/34 € – Carte 45/60 €

Dans la maison d'enfance de son père – vendue puis rachetée –, le chef concocte des recettes dans l'air du temps teintées de notes méridionales. Le tout à déguster dans une jolie salle ou sur la terrasse offrant un beau panorama sur le mont Ventoux et la montagne du Luberon !

CHÂTEAUNEUF-DU-FAOU – 29 Finistère – 308 I5 – 3 682 h. – alt. 130 m – ✉ 29520 Bretagne Sud 9 B2

Paris 526 – Brest 65 – Carhaix-Plouguer 23 – Châteaulin 24

Place Ar Segal, ✆ 02 98 81 83 90, www.chateauneuf-du-faou.com

Domaine de Trévarez★ S : 6 km.

Le Relais de Cornouaille

9 r. Paul-Sérusier, rte Carhaix – ✆ 02 98 81 75 36 – www.lerelaisdecornouaille.com – Fermé oct., dim. soir et sam. hors saison

30 ch – †47/50 € ††55/58 € – ☕ 8 € – ½ P

Rest – Formule 12 € – Menu 17 € (sem.), 19/37 € – Carte 18/50 €

Ambiance familiale dans ce sympathique hôtel à la façade fleurie. Il cumule les infrastructures les plus pratiques (chambres bien tenues, salles de réunion panoramiques, salle de banquet, restaurant traditionnel), la nature et les paysages.

CHÂTEAUNEUF-DU-PAPE – 84 Vaucluse – 332 B9 – 2 130 h. – alt. 87 m – ✉ 84230 Provence 42 E1

Paris 667 – Alès 82 – Avignon 19 – Carpentras 22

place du Portail, ✆ 04 90 83 71 08, www.ccpro.fr

<★★ du château des Papes.

Hostellerie Château des Fines Roches

rte de Sorgues et voie privée – ✆ 04 90 83 70 23 – www.chateaufinesroches.com

11 ch – †115/325 € ††115/325 € – ☕ 19 €

Rest *Hostellerie Château des Fines Roches* – voir les restaurants ci-après

Étonnante vision... À la fois médiéval, provençal et maure, ce castel du 19e s. ceint de tours crénelées surgit tel un mirage au milieu du fameux vignoble ! Un lieu raffiné, propice – si l'on souhaite – à une certaine fantaisie.

Hostellerie Château des Fines Roches

rte de Sorgues et voie privée – ✆ 04 90 83 70 23 – www.chateaufinesroches.com – Fermé dim. soir et lundi de nov. à avril

Rest – Formule 24 € – Menu 29 € (déj. en sem.), 38/90 € – Carte 64/95 €

À l'écart du village, sa terrasse verdoyante offre une vue plongeante sur le vignoble... Un décor parfait pour déguster quelque beau nectar du cru, accompagné par exemple d'une pièce de veau poêlée, aubergines et basilic, ou d'une tarte aux figues. Menu bistrot le midi et carte gastronomique le soir.

Le Verger des Papes

au château – ✆ 04 90 83 50 40 – www.vergerdespapes.com – Fermé 23 déc.-1er mars, dim. soir, lundi soir, mardi soir et merc. soir d'oct. à mars

Rest – Menu 20 € (déj. en sem.)/33 € – Carte 38/47 €

Quoi de plus plaisant que ce restaurant adossé aux remparts du château et sa terrasse réservant une vue à couper le souffle ? Cuisine provençale, bons produits et vins de la vallée du Rhône.

à l'Ouest 4 km par D 17 – ✉ 84230 Châteauneuf-du-Pape

La Sommellerie
rte de Roquemaure – ✆ 04 90 83 50 00 – www.la-sommellerie.fr – Fermé 2 janv.-6 fév.
15 ch – †76/129 € ††76/129 € – 1 suite – ☕ 15 € – ½ P
Rest *(fermé sam. midi, dim. soir et lundi hors saison)* – Formule 23 € – Menu 31 € (sem.), 48/90 € – Carte 50/77 €
Au cœur du vignoble de Châteauneuf, une bergerie du 17e s. joliment aménagée. Les chambres y sont rustiques et provençales. Il fait bon se détendre dans le jardin arboré. Cuisine méridionale servie, l'été, sous la pergola.

CHÂTEAUNEUF-VILLEVIEILLE – 06 Alpes-Maritimes – 341 E5 – 854 h. 41 D2

– alt. 600 m – ✉ 06390

Paris 957 – Menton 42 – Nice 22 – Puget-Théniers 81

La Parare sans rest
67 Calade du Pastre – ✆ 04 93 79 22 62 – www.laparare.com – Fermé 1er- 20 déc.
4 ch ☕ – ††130/160 €
Les amateurs de matériaux nobles seront comblés par cette surperbe bergerie du 17e s. Dans les chambres, soies chinoises, lin et kilims, et un très beau salon sous des voûtes. La piscine, entourée de pierres vénérables, ne dépare pas !

CHÂTEAUROUX P – 36 Indre – 323 G6 – 46 386 h. – alt. 155 m 12 C3

– ✉ 36000 Limousin Berry

Paris 265 – Blois 101 – Bourges 65 – Limoges 125

1, place de la Gare, ✆ 02 54 34 10 74, www.chateauroux-tourisme.com

du Val de l'Indre, à Villedieu-sur-Indre, Parc du Château, par rte de Loches : 13 km, ✆ 02 54 26 59 44

Déols : clocher★ de l'ancienne abbaye, sarcophage★ dans l'église St-Etienne.

Colbert
3 av. de la Châtre – ✆ 02 54 35 70 00 – www.hotel-colbert.fr BZa
74 ch – †78/133 € ††78/133 € – 16 suites – ☕ 14 € – ½ P
Rest *La Manufacture* *(fermé sam. midi)* – Formule 18 € – Menu 22/31 € – Carte 32/57 €
Nouveau souffle pour l'ancienne manufacture de tabac de la ville, fermée en 1997 : les aménagements sont très modernes et soignés (insonorisation et literie excellentes, quelques chambres en duplex). Le restaurant cultive "le pain, le vin et la broche" : on rôtit chaque jour un bon produit, tel le poulet du Berry !

Ibis sans rest
16 r. V. Hugo – ✆ 02 54 34 61 61 – www.ibishotel.com BYv
60 ch – †66/87 € ††66/87 € – ☕ 9 €
Central, fonctionnel et plutôt confortable. Un point de chute intéressant.

Élysée Hôtel sans rest
2 r. de la République – ✆ 02 54 22 33 66 – www.elysee-hotel-chateauroux.com
16 ch – †81/85 € ††85/91 € – ☕ 10 € AYs
En centre-ville, cet immeuble début de siècle a un petit air de Paris... L'hôtel a été entièrement rénové en 2010, en parfaite harmonie avec l'époque.

Jeux 2 Goûts
42 r. Grande – ✆ 02 54 27 66 28 – www.jeux2gouts.fr – Fermé 25 juil.-15 août, vacances de fév., dim. et lundi BYt
Rest – Formule 13 € – Menu 24/49 € – Carte 30/55 €
Du métier, du soin, le goût du Japon... De retour dans sa région natale après plusieurs années dans de belles maisons parisiennes, le jeune chef met Châteauroux en appétit : nems d'escargot, chutney d'échalote, sauce aigre douce ; émincé de joue de bœuf, choux rouge vinaigré ; etc.

CHÂTEAUROUX

Albert 1er (R.) .... BY 2
Argenton (Av. d') .... X 4
Augras (R. E.) .... X 5
Auvergne (R. d') .... X 7
Bourdillon (R.) .... BZ 8
Bryas (Bd de) .... X 9
Château-Raoul (R. du) .... AY 13
Châtellerault (R. de) .... AY 29
Châtre (Av. de la) .... X, BZ 14
Croix-Normand (Bd) .... BZ 17
Duchâteau (Av. G.) .... X 18
États-Unis (R. des) .... X, BY 20
Fontaine-St-Germain (R.) ...... X 22
Fournier (R. A.) .... BY 23
Gallieni (R.) .... BZ 24
Gambetta (Pl.) .... BY 25
Gare (R. de la) .... BY
Gaulle (Av. du Gén.-de) .... X 26
Grande (R.) .... BY 27
J.-J.-Rousseau (R.) .... AY 28
Kennedy (Av. J.-F.) ...... X, AZ 30
Ledru-Rollin (R.) .... BY 31
Lemoine (Av. Marcel) ... X, BY 32
Marins (Av. des) .... X, AY 33
Marins (Bd des) .... X 34
Mitterrand (Av. F.) .... X, AY 35
Moulin-Neuf (Bd du) .... X 36
Palais-de-Justice (R. du) .. ABZ 37
Pont-Neuf (Av. du) .... X, AY 40
République (Pl. de la) .... AY 44
Ste-Hélène (Pl.) .... BY 48
St-Denis (Bd) .... X 45
St-Luc (R.) .... BY 46
Tours (Av. de) .... X 50
Valla (Bd de la) .... X 51
Verdun (Av. de) .... X 52
Victoire et des Alliés
(Pl. de la) .... AY 53
Victor-Hugo (R.) .... ABY 54
3e-Rég.-Aviation-de-Chasse
(R. du) .... X 55
6-Juin 1944 Débarquement Allié
(Av. du) .... AY 58

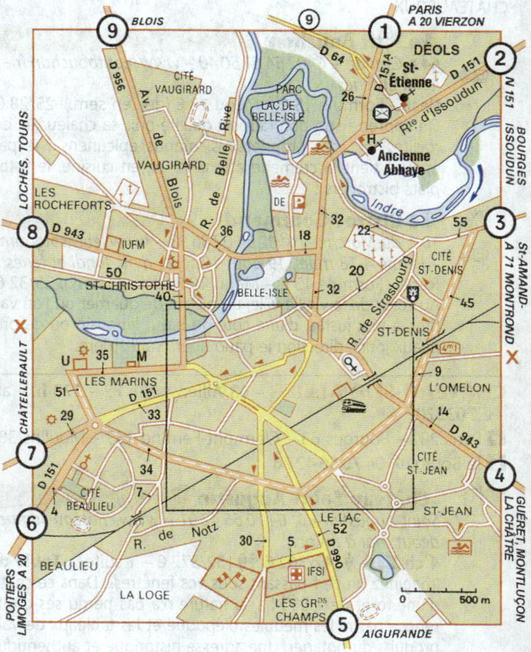

Le P'tit Bouchon

64 r. Grande – ✆ 02 54 61 50 40 – www.leptitbouchon.fr – Fermé 3 sem. en août, dim., lundi et fériés BYe

Rest – Formule 15 € – Menu 18 € (déj. en sem.), 25/28 € – Carte 26/36 €

On apprécie son bon rapport qualité-prix, sa chaleur (le décor fourmille d'objets hétéroclites) et... ses propriétaires, grands épicuriens : le patron conseille les vins, son épouse tient la crèmerie attenante et, en cuisine, le fiston fait mijoter de jolis petits plats bistrotiers !

Le Bistrot Gourmand

10 r. du Marché – ✆ 02 54 07 86 98 – www.lebistrotgourmand36.com – Fermé 4-18 mars, 19 août-10 sept., dim., lundi et fériés AYa

Rest – Formule 13 € – Menu 19 € (déj. en sem.), 25/32 € – Carte 26/62 €

Au cœur de la vieille ville, un bistrot de quartier où l'on va comme en voisin, pour profiter, à prix justes, d'une côte de bœuf limousin ou de profiteroles au chocolat… Aux beaux jours, direction le patio fleuri, sur l'arrière.

CHÂTEAU-SUR-ALLIER – 03 Allier – 326 F2 – 170 h. – alt. 180 m – ✉ 03320 5 B1

Paris 282 – Bourges 63 – Clermont-Ferrand 133 – Moulins 38

le Bourg, ✆ 04 70 66 42 76

Château Saint-Augustin (N)

Saint-Augustin – ✆ 04 70 66 42 01 – www.chateau-saint-augustin.fr – Ouvert de début mai à fin oct.

4 ch – †142/362 € ††152/372 € – 1 suite **Table d'hôte** – Menu 75 €

Imaginez un cerf passant sous vos fenêtres... Dans ce château classé de 1730, au cœur d'une forêt de 1 000 ha, la nature n'a pas perdu ses droits. Dans les chambres, on se repose parmi les meubles d'époque et les tableaux de valeur. À table, on apprécie les produits du potager. Une adresse historique et authentique.

CHÂTEAU-THÉBAUD – 44 Loire-Atlantique – 316 H5 – rattaché à Nantes

CHÂTEAU-THIERRY – 02 Aisne – 306 C8 – 14 683 h. – alt. 63 m – ✉ 02400 Champagne Ardenne 37 C3

Paris 95 – Épernay 56 – Meaux 48 – Reims 58

9, rue Domaine Vallée, ✆ 03 23 83 51 14

18 du Val Secret, Le Val Secret, N : 5 km, ✆ 03 23 83 07 25

Maison natale de La Fontaine - Vallée de la Marne★.

Ile de France ch, rest,

60 r. L. Lhermitte, rte de Soissons – ✆ 03 23 69 10 12 – www.hotel-iledefrance.com

32 ch – †85/97 € ††85/97 € – 4 suites – 13 €

Rest – Formule 20 € – Menu 25/45 € – Carte 40/59 €

Hôtel surplombant la vallée de la Marne. Mobilier en fer forgé, rustique ou plus contemporain dans les chambres, douillettes et confortables. Spa et centre de remise en forme. Au restaurant, la carte change avec les saisons ; agréable terrasse panoramique.

CHÂTEL – 74 Haute-Savoie – 328 O3 – 1 213 h. – alt. 1 180 m – Sports d'hiver : 1 100/2 200 m 2 42 – ✉ 74390 Alpes du Nord 46 F1

Paris 578 – Annecy 113 – Évian-les-Bains 34 – Morzine 38

14 rue de Thonon, ✆ 04 50 73 22 44, http://info.chatel.com

Site★ - Lac du pas de Morgins★ S : 3 km.

Macchi rest, rest,

94 chemin de l'Etringa – ✆ 04 50 73 24 12 – www.hotelmacchi.com – Ouvert 15 juin-15 sept. et 15 déc.-20 avril

30 ch – †67/269 € ††95/385 € – 16 € – ½ P

Rest *(dîner seult)* – Formule 20 € – Menu 25/75 € bc – Carte 56/70 €

Derrière une jolie façade arborant des fresques tyroliennes, un hôtel charmant dont les chambres ont été rénovées en 2010. Beau spa indien, piscine couverte... Cosy, élégant et dépaysant ! Au restaurant, plats traditionnels et incontournables montagnards.

Fleur de Neige

564 rte de Vonnes – ☎ 04 50 73 20 10 – www.hotel-fleurdeneige.fr – Ouvert 1er juil.-31 août et 21 déc.-31 mars

28 ch – 🛉67/144 € 🛉🛉95/205 € – ☕ 14 € – ½ P **Rest** *(fermé le midi)* – Menu 24 €

Dans ce joli chalet, la plupart des chambres ont été rénovées en 2010. Fraîches et pimpantes, elles sont vraiment confortables. Espace balnéo pour se détendre après le ski. Cuisine traditionnelle soignée.

Belalp

382 rte de Vonnes – ☎ 04 50 73 24 39 – www.hotelbelalp.com – Ouvert 1er juil.-24 août et 21 déc.-30 mars

25 ch – 🛉63/129 € 🛉🛉63/129 € – ☕ 9 € – ½ P

Rest *(fermé mardi)* – Formule 15 € – Menu 19/37 € – Carte 34/51 €

C'est un joli chalet aux volets verts, on y vient à ski et on y trouve un repos bien mérité dans une petite chambre, mignonne et très bien tenue (préférez-la côté vallée). Espace bien-être. Plats savoyards près de la cheminée ou dans la salle panoramique.

Le Kandahar

1620 rte de la Dranse, 1,5 km au Sud-Ouest par rte de la Béchigne – ☎ 04 50 73 30 60 – www.lekandahar.com – Fermé de mi-avril à mi-mai, 27 juin-11 juil. et 28 oct.-20 déc.

8 ch – 🛉45/59 € 🛉🛉58/84 € – ☕ 10 € – ½ P

Rest *(fermé dim. soir et merc. hors saison)* – Formule 12 € – Menu 15 € (déj. en sem.), 24/40 € – Carte 27/59 €

Kandahar ? Une cité afghane, une course à ski et cet accueillant chalet familial en contrebas de la station. Chambres petites mais pratiques, avec balcon ; navettes pour le Linga. Aucun doute au restaurant : on est en Savoie ! Une raclette près de la cheminée ?

Le Choucas sans rest

303 rte Vonnes – ☎ 04 50 73 22 57 – www.hotel-lechoucas.com – Ouvert 20 juin-15 sept. et 17 déc.-18 avril

12 ch – 🛉52/69 € 🛉🛉52/69 € – ☕ 8,50 €

Un chalet largement fleuri... voilà de quoi attirer les choucas, ces jolis oiseaux. Et pour les amateurs de montagne à prix modéré, les chambres sont pratiques et très bien tenues.

Le Vieux Four

55 rte du Boude – ☎ 04 50 73 30 56 – www.levieuxfour-chatel.com – Ouvert 3 déc.-20 avril, 10 juin-18 sept. et fermé lundi

Rest – Menu 15/45 € – Carte 25/50 €

Rustique et chaleureuse, cette vieille ferme (1852) joue la carte de l'authenticité et ravit ses hôtes. On admire les figurines nichées dans les mangeoires de l'étable, tout en se régalant de petits plats savoyards et du terroir.

CHÂTEL-GUYON – 63 Puy-de-Dôme – 326 F7 – 6 223 h. – alt. 430 m – Stat. therm. : mi-avril-fin oct. – Casino – ✉ 63140 Auvergne

5 B2

Paris 411 – Clermont-Ferrand 21 – Gannat 31 – Vichy 43

1, avenue de l'Europe, ☎ 04 73 86 01 17, www.ot-chatel-guyon.com

Splendid

5-7 r. d'Angleterre – ☎ 04 73 86 04 80 – www.hotelsplendid-chatelguyon.com

85 ch – 🛉135/165 € 🛉🛉135/165 € – 1 suite – ☕ 12 €

Rest *(fermé dim. soir et lundi de mi-nov. à fin mars)* – Formule 21 € – Menu 28 € (sem.) – Carte 28/58 €

Guy de Maupassant, qui fréquenta cet ancien palace bâti en 1872, a laissé son nom à l'un des salons. Charmantes chambres confortables et bien tenues. Majestueuse salle du 19e s. : colonnes, belle cheminée en bois sculpté, etc. Un établissement qui évolue avec son temps.

Le Bellevue

4 r. A. Punett – ☎ 04 73 86 07 62 – www.bellevue63.fr – Ouvert 1er avril-31 oct.

38 ch – 🛉88/105 € 🛉🛉88/105 € – ☕ 10 €

Rest *(résidents seult)* – Formule 15 € – Menu 28/39 € – Carte 37/49 €

Dominant la station thermale, cet hôtel 1930 invite au repos. Les chambres sont pratiques, et le cadre verdoyant. Restauration traditionnelle servie exclusivement aux résidents.

CHÂTELAILLON-PLAGE – 17 Charente-Maritime – 324 D3 – 6 081 h. – alt. 3 m – Casino – ✉ 17340 Poitou-Charentes
38 A2

Paris 482 – Niort 74 – Rochefort 22 – La Rochelle 19

5, avenue de Strasbourg, ✆ 05 46 56 26 97, www.chatelaillon-plage-tourisme.fr

Mercure Les Trois Iles

à la Falaise – ✆ 05 46 56 14 14 – www.3iles.fr

79 ch – 80/170 € 80/205 € – 15 € – ½ P

Rest ***Mercure Les Trois Iles*** – voir les restaurants ci-après

Oléron, Aix et Ré… de bien jolies îles à l'horizon. Les chambres sont contemporaines et confortables ; évidemment, on craque pour celles qui donnent sur la mer !

Ibis

ch,

à la Falaise, 1,5 km – ✆ 05 46 56 35 35

70 ch – 92/130 € 103/130 € – 10 € **Rest** – Formule 20 € – Carte 25/37 €

Loin de l'agitation touristique et face à la mer, cet hôtel moderne compte un centre de thalassothérapie et des chambres assez spacieuses, fraîches et pratiques.

Mercure Les Trois Iles

à la Falaise – ✆ 05 46 56 14 14 – www.3iles.fr

Rest – Formule 23 € – Menu 28/36 € – Carte 28/45 €

Poisson frais, fruits de mer et cuisine traditionnelle, avec la mer et la piscine pour horizon… Une sympathique escapade gourmande !

L'Acadie St-Victor avec ch

ch,

35 bd de la Mer – ✆ 05 46 56 25 13 – www.hotel-acadie.fr – Fermé 1er-15 mars, 20 oct.-15 nov., 17-28 fév., vend. soir d'oct. à avril, dim. soir et lundi sauf du 15 juin au 15 sept.

15 ch – 56/68 € 56/76 € – 9 € – ½ P

Rest – Formule 18 € – Menu 24 € (sem.), 30/42 € – Carte 31/63 €

Belle vue sur l'Océan depuis ce restaurant du front de mer et, côté papilles, honneur aux poissons et crustacés. Pour l'étape, les chambres sont simples mais bien pratiques.

Les Flots avec ch

ch, rest,

52 bd de la Mer – ✆ 05 46 56 23 42 – www.les-flots.fr – Fermé 16 déc.-31 janv. et mardi d'oct. à mars

10 ch – 66/101 € 66/101 € – 10 € – ½ P **Rest** – Menu 27 € – Carte 30/56 €

Un Bistrot marin ouvert sur l'immense plage et une carte pleine de fraîcheur, faisant évidemment la part belle aux produits iodés… Sur l'ardoise, des petits plats goûteux et gourmands mitonnés par un chef qui sait allier maîtrise et simplicité. Quant aux chambres, elles sont agréables et confortables.

LA CHÂTELAINE – 39 Jura – 321 E5 – 127 h. – alt. 560 m – ✉ 39600
16 B2

Paris 422 – Besançon 57 – Lons-le-Saunier 46

Séquoia sans rest

Grande Rue, (Domaine d'Artois) – ✆ 03 84 66 14 73 – www.hotel-sequoia-jura.com

20 ch – 79 € 89 € – 11 €

Un grand parc, un château du 15e s. et de jolies bâtisses en brique et bois réunies en un charmant hameau… Cachet, caractère, nature ! Dans les chambres, déco champêtre ou montagne, pour un esprit très cocooning.

LE CHÂTELARD – 73 Savoie – 333 J7 – 645 h. – alt. 750 m – ✉ 73630 Alpes du Nord
46 F2

Paris 595 – Chambéry 47 – Genève 75 – Lyon 143

rue Amédée 5, ✆ 04 79 54 84 28, www.lesbauges.com

Auberge Les Clarines avec ch

Les Granges – ✆ 04 79 54 80 80 – www.hotel-les-clarines.fr – Fermé 12 nov.-12 déc., mardi hors saison, dim. soir et lundi

6 ch – 50/80 € 50/80 € – 10 € – ½ P

Rest – Formule 16 € – Menu 23/28 € – Carte 18/48 €

Une ancienne ferme au cœur du massif des Bauges… L'adresse est prisée des randonneurs qui s'y régalent d'une bonne cuisine régionale dans un cadre rustique. Mention spéciale pour le poulet fermier en croûte de sel et le gâteau de Savoie. Chambres à la fois modernes et montagnardes.

CHÂTELLERAULT – 86 Vienne – 322 J4 – 32 718 h. – alt. 52 m 39 C1

– ✉ 86100 Poitou-Charentes

▶ Paris 304 – Châteauroux 98 – Cholet 134 – Poitiers 36

ℹ 24, place Dupleix, ✆ 05 49 21 05 47, www.ot-chatellerault.com

Villa Richelieu - Villa 61 et 63 sans rest

61-63 av. Richelieu – ✆ 06 70 15 30 90 – www.villarichelieu.com AYe

9 ch ☕ – 🚹85/117 € 🚹🚹100/130 €

Une option originale pour dormir à Châtellerault : une maison d'hôtes où on loge en toute indépendance. Deux bâtisses au choix – côté rue (n° 63) ou côté cour et piscine (n° 61) – mêlant murs en tuffeau et esprit urbain. Les propriétaires se rendent disponibles dès qu'il le faut.

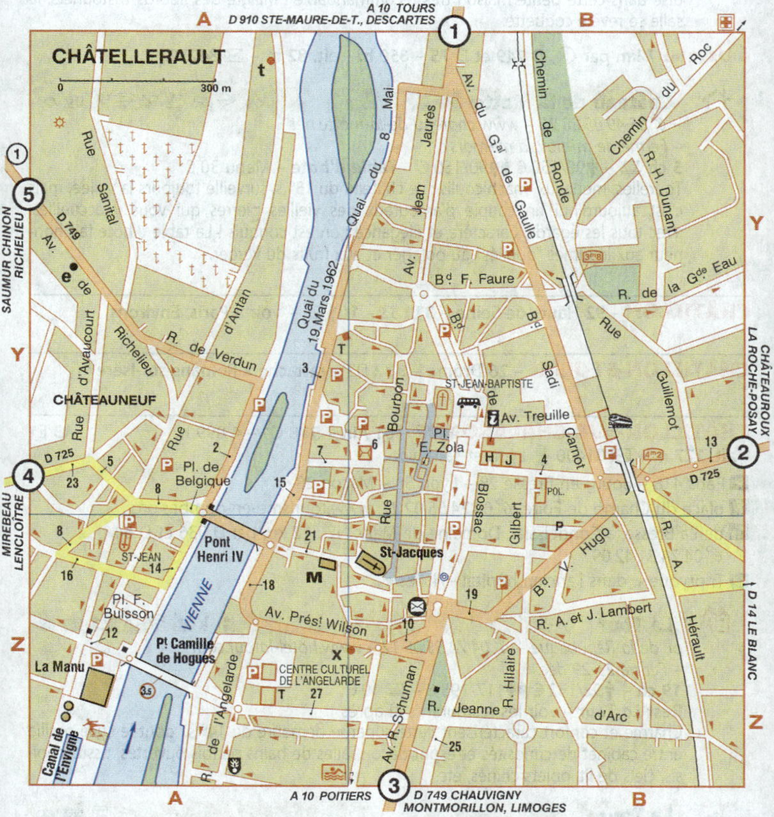

La Gourmandine avec ch

22 av. du Président Wilson – ✆ 05 49 21 05 85 – www.la-gourmandine.com – Fermé 2-7 janv. AZx

13 ch – †92/142 € ††102/152 € – ☕ 14 €

Rest *(fermé dim. soir et lundi midi)* – Formule 15 € – Menu 18 € (déj. en sem.), 25/68 € – Carte environ 55 €

Hauts plafonds, moulures, boiseries... une maison de maître estampillée 1905, pour une cuisine gastronomique d'aujourd'hui assez soignée. Et pour l'étape, des chambres aussi confortables que contemporaines (Boudoir, Romance, Chinoise, etc.), doublées d'un espace détente.

Bernard Gautier

189 r. d'Antran – ✆ 05 49 90 24 74 – Fermé 20 fév.-15 mars, 23 août-8 sept., dim. et lundi AYt

Rest – Formule 20 € bc – Menu 30/40 € – Carte 35/60 €

Terrine de langue de veau et légumes croquants, joue de porc aux agrumes et purée maison, feuilleté aux pommes caramélisées... Beaucoup de générosité et de gourmandise dans cette petite maison très recommandable ! Malgré des abords tristounets, la salle se révèle coquette.

à Usseau **7 km par ⑤, D 749 et D 75 – 650 h. – alt. 82 m – ✉ 86230**

Château de la Motte

– ✆ 05 49 85 88 25 – www.chateau-de-la-motte.net – Fermé de mi-nov. à mi-mars

5 ch ☕ – †90/150 € ††90/150 € **Table d'hôte** – Menu 30 €

Tourelles, meneaux, mâchicoulis : ce château du 15e s. surveille toujours la vallée, mais c'est aujourd'hui un couple d'amoureux des vieilles pierres qui vous y accueille... avec tous les égards. Caractère et élégance : on est conquis ! La table d'hôte fait honneur aux légumes "oubliés" du potager et aux fruits du verger.

CHÂTILLON – 92 Hauts-de-Seine – 311 J3 – 101 25 – voir à Paris, Environs

CHÂTILLON-ST-JEAN – 26 Drôme – 332 D3 – rattaché à Romans-sur-Isère

CHÂTILLON-SUR-CHALARONNE – 01 Ain – 328 C4 – 4 899 h. – alt. 177 m – ✉ 01400 Lyon et sa région 43 E1

Paris 418 – Bourg-en-Bresse 28 – Lyon 55 – Mâcon 28

place du Champ de Foire, ✆ 04 74 55 02 27, www.tourisme-en-dombes.org

de La Bresse, à Condeissiat, Domaine de Mary, NE : 12 km par D 936 et D 64, ✆ 04 74 51 42 09

Triptyque★ dans l'ancien hôpital - Halles★.

La Tour

pl. de la République – ✆ 04 74 55 05 12 – www.hotel-latour.com – Fermé 23-29 déc.

19 ch – †92/132 € ††117/195 € – ☕ 10 €

Rest ***La Tour*** – voir les restaurants ci-après

Charme et confort caractérisent cette superbe demeure du 14e s., dont le style oscille entre cabinet de curiosités et esprit déco : salles de bains parfois ouvertes, tissus choisis, ciels de lit, objets chinés, etc.

La Tour

pl. de la République – ✆ 04 74 55 05 12 – www.hotel-latour.com – Fermé 23-29 déc., dim. soir, lundi midi et merc. midi

Rest – Formule 18 € – Menu 22 € (sem.), 39/67 € – Carte 64/76 €

Dans cette Tour au cadre chamarré et un brin baroque, on sert des spécialités de poisson et... bressanes : poêlée de grenouilles, lièvre en estouffade, parmentier d'oie et de canard, etc.

à l'Abergement-Clémenciat 5 km au Nord-Ouest par D 7 et D 64^{C} – 787 h. – alt. 250 m – ✉ 01400

XXX **St-Lazare**

le Bourg – ✆ 04 74 24 00 23 – www.lesaintlazare.fr – Fermé 22 juil.-8 août, 1 sem. vacances de Noël, 1 sem. vacances de fév., dim. soir, merc. et jeudi
Rest *(réserver)* – Formule 19 € – Menu 29/50 €
Rest ***L'Épicerie*** *(nombre de couverts limité, réserver)* – Menu 13 € (déj. en sem.)/24 €
Cette maison est dans la famille depuis 1899 ! Elle a du charme avec sa salle à manger lumineuse, sa jolie terrasse qui donne sur un jardin méditerranéen et sa cuisine à base de produits frais. Dans l'ancienne Épicerie de la grand-mère, on sert des formules rapides, dont une le soir autour de la grenouille...

CHÂTILLON-SUR-INDRE – 36 Indre – **323** D5 – 2 833 h. – alt. 115 m **11** B3
– ✉ 36700 Limousin Berry
Paris 261 – Orléans 175 – Châteauroux 47 – Déols 51
5, place du vieux château, ✆ 02 54 38 74 19, www.chatillon-sur-indre.fr

La Poignardière

4 km au Nord-Est par D 975 et D 28 direction Le Tranger – ✆ 02 54 38 78 14 – www.lapoignardiere.fr – Ouvert de mars à nov.
5 ch – 90 € 100 € **Table d'hôte** – Menu 30 € bc
Certaines demeures distillent un charme indéfinissable. Est-ce la promenade en barque sur l'étang, la beauté des arbres centenaires ou l'élégance sobre de cette demeure 1900 ? Est-ce le jardin d'hiver si romantique ou le dîner traditionnel ? Peut-être un peu tout cela...

X **Auberge de la Tour**

2 rte du Blanc – ✆ 02 54 38 44 20 – www.auberge-de-la-tour36.fr – Fermé 17 sept.-4 oct., 7-22 janv., mardi d'oct. à mars, dim. soir et lundi
Rest – Menu 16/40 € – Carte 33/46 €
Après un joli parcours dans de grandes maisons, le chef est rentré chez lui pour fonder son propre restaurant... Ici, il réinterpète les saveurs de son enfance selon son inspiration du moment. Son leitmotiv ? Faire plaisir... Pari réussi !

CHÂTILLON-SUR-SEINE – 21 Côte-d'Or – **320** H2 – 5 613 h. – alt. 219 m **8** C1
– ✉ 21400 Bourgogne
Paris 233 – Auxerre 85 – Chaumont 60 – Dijon 83
place Marmont, ✆ 03 80 91 13 19, www.chatillonnais.fr
Source de la Douix★ - Musée★ du Châtillonnais : trésor de Vix★★.

La Côte d'Or

2 r. Charles-Ronot – ✆ 03 80 91 13 29 – www.hotel-delacotedor.fr – Fermé 1er janv.-16 fév., lundi et mardi sauf fériés
9 ch – 70/80 € 70/80 € – 10 € – ½ P
Rest ***La Côte d'Or*** – voir les restaurants ci-après
Ce relais de poste s'est transformé en sympathique hôtel-restaurant, avec des chambres classiques (mobilier ancien ou de style) et bien tenues, ainsi qu'un joli jardin planté de marronniers et d'érables... Le charme douillet d'antan !

XX **La Côte d'Or**

2 r. Charles-Ronot – ✆ 03 80 91 13 29 – www.hotel-delacotedor.fr – Fermé 1er janv.-16 fév., lundi et mardi sauf fériés
Rest – Menu 22 € (sem.), 35/45 € – Carte 40/60 €
On s'installe dans la belle salle rustique ou à l'ombre des arbres du jardin, puis on prend le temps de savourer l'appétissante cuisine traditionnelle et bourguignonne du chef. Les produits sont bien choisis... c'est simple et bon.

LA CHÂTRE – 36 Indre – **323** H7 – 4 477 h. – alt. 210 m – ✉ 36400 **12** C3
Limousin Berry
Paris 298 – Bourges 69 – Châteauroux 37 – Guéret 53
134, rue Nationale, ✆ 02 54 48 22 64, www.pays-george-sand.com
les Dryades, à Pouligny-Notre-Dame, Hôtel des Dryades, S : 9 km par D 940, ✆ 02 54 06 60 67

À l'Escargot
pl. du Marché – ✆ 02 54 48 03 85 – www.auberge-restaurant-escargot.com – Fermé 21 août-11 sept., 18 fév.-4 mars, dim. soir et lundi
Rest – Formule 17 € – Menu 28 € – Carte 40/46 €
Pour la petite histoire, les parents de George Sand se seraient connus dans cette auberge... Auraient-ils apprécié la sympathique cuisine traditionnelle qu'on y sert aujourd'hui ? Certainement !

à Pouligny-Notre-Dame 12 km au Sud par D 940 – 620 h. – alt. 376 m – ✉ 36160

Les Dryades
28 r. du Golf – ✆ 02 54 06 60 60 – www.les-dryades.fr
80 ch – †99 € ††169 € – 5 suites – ☕ 12 €
Rest – Menu 18 € (déj.), 36/51 € – Carte 38/70 €
Dans la mythologie grecque, les dryades étaient les nymphes protectrices de la forêt... Un nom tout trouvé pour ce bel hôtel contemporain donnant sur le golf verdoyant. Tons clairs et apaisants dans les chambres, spa très agréable.

CHÂTRES – 77 Seine-et-Marne – 312 F3 – 581 h. – alt. 116 m – ✉ 77610 19 C2
▶ Paris 49 – Boulogne-Billancourt 57 – Montreuil 44 – Saint-Denis 62

Le Portail Bleu
2 rte de Fontenay – ✆ 01 64 25 84 94 – www.leportailbleu.com
5 ch ☕ – †55 € ††72/80 € **Table d'hôte** – Menu 25 € bc
Cette ancienne ferme briarde (19e s.), impeccablement rénovée, abrite des chambres mansardées et douillettes, garnies de meubles et d'objets chinés avec passion.

CHAUBLANC – 71 Saône-et-Loire – 320 J8 – rattaché à St-Gervais-en-Vallière

CHAUDEFONDS-SUR-LAYON – 49 Maine-et-Loire – 317 E5 – 959 h. – alt. 45 m – ✉ 49290 35 C2
▶ Paris 325 – Angers 30 – Laval 101 – Nantes 89
ℹ Place du Centre, ✆ 02 41 78 04 10, www.loire-layon-tourisme.com

La Table du Square Ⓝ
au Domaine St-Pierre – ✆ 02 41 78 04 21 – www.latabledusquare.com – Fermé mardi soir, merc. soir, dim. et lundi
Rest *(nombre de couverts limité, réserver)* – Formule 15 € bc – Menu 67 € bc (dîner)/ 90 €
Au cœur du domaine viticole familial (Saint-Pierre, sur les coteaux du Layon), surplombant les vignes, le restaurant joue la carte des saveurs de saison – fort joliment tournées – et, évidemment, des vins du cru. Après le repas, il est même possible de visiter les chais et la cave. Vins et gastronomie ne font qu'un !

CHAUDES-AIGUES – 15 Cantal – 330 G5 – 940 h. – alt. 750 m – Stat. therm. : début avril-début nov. – Casino – ✉ 15110 Auvergne 5 B3
▶ Paris 538 – Aurillac 94 – Espalion 54 – St-Chély-d'Apcher 30
ℹ 29 Av Pierre Vialard, ✆ 04 71 23 52 75, www.chaudesaigues.com

Beauséjour
9 av. G.-Pompidou – ✆ 04 71 23 52 37 – www.hotel-beausejour-chaudes-aigues.com – Ouvert 1er avril-25 nov.
39 ch – †50/55 € ††60/72 € – ☕ 8 € – ½ P **Rest** – Menu 15/35 € – Carte 27/46 €
Près du centre thermal, une grande bâtisse blanche. Les chambres, simples, claires et confortables, donnent pour la grande majorité sur la rivière toute proche, au calme ; pour l'agrément, une piscine chauffée bien appréciable et sa jolie terrasse.

Serge Vieira avec ch
Château du Couffour, 2,5 km au Sud par rte de Rodez (D 921) – ✆ 04 71 20 73 85 – www.sergevieira.com – Ouvert 29 mars-30 nov. et fermé mardi et merc.
3 ch – †190 € ††190 € – ☕ 17 € **Rest** – Menu 65/98 €
Dans son vaisseau contemporain (pierre, fer et verre) construit à l'aplomb d'une forteresse des 14 et 16e s. et dominant l'Aubrac, Serge Vieira fait des merveilles. Sa cuisine révèle un grand savoir-faire... et elle a aussi une très belle âme ! Chambres agréables, conçues selon une démarche écologique.
➜ Langoustine de Loctudy pochée dans un bouillon parfumé. Selle d'agneau allaiton rôti au poivre maniguette. Barre moelleuse à la pêche, chocolat et sorbet pêche de vigne.

CHAUMONT Ⓟ – 52 Haute-Marne – 313 K5 – 23 411 h. – alt. 318 m **14** C3
– ✉ 52000 ▮ Champagne Ardenne

▶ Paris 264 – Épinal 128 – Langres 35 – St-Dizier 74

ℹ 37 rue de Verdun, ✆ 03 25 03 80 80, www.tourisme-chaumont-champagne.com

◉ Viaduc★ - Basilique St-Jean-Baptiste★.

France

25 r. Toupot de Béveaux – ✆ 03 25 03 01 11 – www.hotel-france-chaumont.fr

20 ch – †78/116 € ††84/130 € – 7 suites – ☕ 12 € **Zs**

Rest *(fermé 5-25 août, dim. et fériés) (dîner seult)* – Menu 22 € (sem.) – Carte 24/40 €

Tenu par la même famille depuis 60 ans, cet hôtel propose des chambres spacieuses faisant de discrètes allusions à des destinations lointaines. Bonne insonorisation. Côté restauration, on sert des plats traditionnels dans un cadre contemporain. Idéal pour la clientèle d'affaires.

Les Remparts

72 r. Verdun – ✆ 03 25 32 64 40 – www.hotel-les-remparts.fr – Fermé dim. sauf fériés
17 ch – †79/90 € ††88/100 € – ☕ 12 € **Zb**
Rest *Les Remparts* – voir les restaurants ci-après
En face d'un joli parc, des chambres colorées et confortables, agencées dans plusieurs immeubles. Un côté "labyrinthe" qui fait le charme du lieu... À noter aussi, un petit salon et un bar où il fait bon siroter un cocktail.

Les Remparts

72 r. Verdun – ✆ 03 25 32 64 40 – www.hotel-les-remparts.fr – Fermé dim. sauf fériés
Rest – Menu 23/54 € – Carte 42/77 € **Zb**
Au pied de cet hôtel de caractère, entre gare et centre-ville, une table traditionnelle où la cuisine classique et les produits du terroir sont à l'honneur (truffe, aile de raie au fromage de Langres, etc.). Ici, aucun rempart n'arrête le plaisir des papilles !

CHAUMONT-SUR-AIRE – 55 Meuse – 307 C5 – 167 h. – alt. 250 m – ✉ 55260 — 26 A2

Paris 270 – Bar-le-Duc 24 – St-Mihiel 25 – Verdun 33

Auberge du Moulin Haut avec ch

1 km à l'Est sur rte de St-Mihiel – ✆ 03 29 70 66 46 – www.moulinhaut.fr
10 ch – †75/90 € ††75/90 € – ☕ 10 € – ½ P
Rest *(fermé vacances de la Toussaint et de fév., dim. soir et lundi)* – Formule 15 € – Menu 29/59 € – Carte 37/63 €
Des pierres, des poutres apparentes, une cheminée, un joli moulin (18e s.), le doux bruissement de l'eau... Cet endroit est charmant, et l'on y savoure une bonne cuisine traditionnelle. Pour l'étape, des chambres au calme, côté jardin ou rivière.

CHAUMONT-SUR-THARONNE – 41 Loir-et-Cher – 318 I6 – 1 087 h. – alt. 122 m – ✉ 41600 Châteaux de la Loire — 12 C2

Paris 165 – Blois 52 – Orléans 35 – Romorantin-Lanthenay 32
10 rue de Romorantin, Mairie, ✆ 02 54 88 84 00, www.chaumont-sur-tharonne.fr

Le Mousseau sans rest

3 km par D 922 et rte secondaire – ✆ 02 54 88 53 92 – www.demeure-lemousseau.com
5 ch ☕ – †190/250 € ††190/250 €
Magnifique gentilhommière du 19e s. dans un immense parc au cœur de la Sologne sauvage. Les chambres sont cosy et soigneusement décorées : tissus choisis, mobilier de style... Une belle adresse.

CHAUMOUSEY – 88 Vosges – 314 G3 – rattaché à Épinal

CHAUNY – 02 Aisne – 306 B5 – 11 952 h. – alt. 50 m – ✉ 02300 — 37 C2

Nord Pas-de-Calais Picardie

Paris 124 – Compiègne 46 – Laon 35 – Noyon 18
place du Marché Couvert, ✆ 03 23 52 10 79

Toque Blanche avec ch

24 av. Victor-Hugo – ✆ 03 23 39 98 98 – www.toque-blanche.fr – Fermé 6-25 août, 2-5 janv., 22 fév.-2 mars, sam. midi, dim. soir et lundi
5 ch – †64/90 € ††75/90 € – ☕ 14 €
Rest – Menu 19 € (déj. en sem.), 31/75 € – Carte 68/79 €
Blottie dans un parc, cette belle demeure bourgeoise de 1827, reconstruite en 1920, révèle un agréable décor romantique. Goûteuse cuisine actuelle.

CHAUSEY (ÎLES) – 50 Manche – 303 B6 – voir à Îles Chausey

LA CHAUSSÉE-D'IVRY – 28 Eure-et-Loir – 311 E2 – 1 010 h. – alt. 57 m – ✉ 28260 — 11 B1

Paris 75 – Orléans 141 – Chartres 60 – Cergy 59

Le Gingko rest, VISA AE

505 r. des Moulins, (golf Parc de Nantilly) – 02 37 64 01 11 – www.hotel-gingko.com
20 ch – 79/164 € 79/164 € – 9 €
Rest ***Restaurant du Golf*** – Formule 19 € – Menu 25/36 € – Carte 30/50 €
Cette maison de maître du 19e s. – aux dépendances plus récentes – est parfaite pour les golfeurs : elle jouxte directement le golf ; l'accueil se fait d'ailleurs au club-house. Chambres spacieuses et confortables, cuisine traditionnelle au restaurant : tout est réuni pour un bon séjour sportif.

CHAUSSENAC – 15 Cantal – 330 B3 – 234 h. – alt. 692 m – 15700 5 A3

Paris 536 – Aurillac 51 – Clermont-Ferrand 133 – Limoges 166

La Fournio sans rest

Esclandines – 04 71 69 02 68 – www.lafournio.fr – Ouvert 2 avril-31 oct., vacances de printemps, de Noël et de fév.
3 ch – 65/90 € 70/95 €
Cette maison appartenait à la grand-mère du propriétaire. La voilà qui revit, décorée dans un charmant style maison de campagne (poutres, meubles de famille, objets chinés). Un lieu délicieux, parfait pour un week-end en amoureux.

CHAUSSIN – 39 Jura – 321 C5 – 1 611 h. – alt. 191 m – 39120 16 A2

Paris 354 – Beaune 52 – Besançon 76 – Chalon-sur-Saône 56

Chez Bach VISA AE

4 pl. Ancienne Gare – 03 84 81 80 38 – www.hotel-bach.com – Fermé 20 déc.-10 janv., vend. soir sauf du 14 juil. au 31 août et dim. soir
23 ch – 75/94 € 75/94 € – 12 € – ½ P
Rest ***Chez Bach*** – voir les restaurants ci-après
À la sortie de ce village situé aux confins de la Bresse, de la Bourgogne et du Jura, un hôtel-restaurant familial, avec des chambres classiques et douillettes. Une étape bien agréable.

Chez Bach VISA AE

4 pl. Ancienne Gare – 03 84 81 80 38 – www.hotel-bach.com – Fermé 20 déc.-10 janv., vend. soir sauf du 14 juil. au 31 août, merc. midi du 14 juil. au 31 août, dim. soir et lundi midi sauf fériés
Rest *(réserver)* – Formule 19 € – Menu 28/70 € – Carte 44/68 €
Ballottine de poulet de Bresse et salade de girolles fraîches, filet de féra du Léman, cassolette d'escargots de Bourgogne... Ce Bach-là compose un menu traditionnel accompagné de forts jolis breuvages, à déguster dans un cadre cossu.

CHAUVIGNY – 86 Vienne – 322 J5 – 6 848 h. – alt. 65 m – 86300 39 C1

Poitou-Charentes

Paris 333 – Bellac 64 – Le Blanc 36 – Châtellerault 30

5 rue Saint Pierre, 05 49 46 39 01, www.chauvigny.fr

Ville haute★ - Église St-Pierre★ : chapiteaux du choeur★★ - Donjon de Gouzon★.

St-Savin : abbaye★★ (peintures murales★★★).

Lion d'Or ch, rest, VISA AE

8 r. du Marché, (près de l'église) – 05 49 46 30 28 – Fermé 24 déc.-15 janv.
26 ch – 51 € 51 € – 8 € – ½ P
Rest – Formule 13 € – Menu 21/46 € – Carte 28/61 €
L'on y dort bien, dans cet ancien relais de poste (avec une annexe moderne) qui abrite des chambres simples et traditionnelles, aux tarifs mesurés pour une excellente tenue ! Aux commandes des cuisines, le patron ne manque pas de générosité.

CHAUX-NEUVE – 25 Doubs – 321 G6 – 259 h. – alt. 992 m – 25240 16 B3

Franche-Comté Jura

Paris 450 – Besançon 94 – Genève 78 – Lons-le-Saunier 68

Auberge du Grand Gît ch, VISA

8 r des Chaumelles – ✆ 03 81 69 25 75 – www.aubergedugrandgit.com – Ouvert 7 mai-29 sept., 21 déc.-30 mars

10 ch – †52 € ††55 € – ☕ 10 € – ½ P

Rest *(fermé dim. soir, lundi et le midi sauf dim.)* – Menu 20/40 € – Carte 28/41 €

Un chalet récent, posté près des tremplins de saut à ski. Il règne ici une agréable atmosphère familiale et un calme plaisant. Chambres simples, d'esprit montagnard. Le patron mitonne une appétissante cuisine régionale, servie dans une sympathique salle rustique.

CHAVANOZ – 38 Isère – 333 E3 – 4 234 h. – alt. 234 m – ✉ 38230 44 B1

Paris 494 – Lyon 49 – Grenoble 101 – Villeurbanne 38

Aux Berges du Rhône avec ch ch, VISA AE

hameau de Grange-Rouge, 2 km au Sud-Est par D 55 rte de Loyettes – ✆ 04 72 02 02 50 – www.aux-berges-du-rhone.com – Fermé dim. soir, merc. soir et lundi

7 ch ☕ – †97 € ††127 € – ½ P **Rest** – Menu 26 € (sem.), 31/74 € – Carte 43/59 €

Ce bâtiment récent, entouré d'un parc et proche du Rhône, a su adopter un style contemporain de bon goût. Moules, ravioles et girolles en gratin ; carpaccio de lotte fumée : exemples parmi d'autres d'un alléchant registre actuel. Pour faire une étape, des chambres confortables au décor épuré.

CHAVIGNOL – 18 Cher – 323 M2 – rattaché à Sancerre

CHAZAY – 28 Eure-et-Loir – 311 E5 – rattaché à Chartres

CHAZELLES-SUR-LYON – 42 Loire – 327 F6 – 5 097 h. – alt. 630 m 44 A2

– ✉ 42140 Lyon et sa région

Paris 487 – Lyon 46 – Montbrison 28 – Roanne 70

9, place Jean-Baptiste Galland, ✆ 04 77 54 98 86, www.tourismeforezenlyonnais.com

Château Blanchard (N) rest, VISA

36 rte St-Galmier – ✆ 04 77 54 28 88 – www.hotel-chateau-blanchard.com – Fermé 12 août-4 sept., 22 fév.-11 mars, dim. soir, vend. et lundi

12 ch – †65/75 € ††65/75 € – ☕ 8 € – ½ P

Rest – Formule 18 € – Menu 25 € (déj. en sem.), 41/69 € – Carte 55/64 €

Cette imposante villa des années 1920 ne manque pas d'allure : haute façade blanche ornée de sgraffites, jardin verdoyant, chambres spacieuses et, pour les repas, une superbe salle à manger parée de boiseries. Nous sommes à mi-route entre Lyon et St-Étienne.

CHAZEY-SUR-AIN – 01 Ain – 328 E5 – 1 424 h. – alt. 235 m – ✉ 01150 44 B1

Paris 469 – Bourg-en-Bresse 45 – Chambéry 87 – Lyon 43

La Louizarde VISA

3 km au Sud par D 62 et rte secondaire – ✆ 04 74 61 53 23 – Fermé 29 avril-4 mai, 1er-15 sept., 23-28 déc., mardi soir, merc. soir et jeudi soir d'oct. à mai, sam. midi, dim. soir et lundi

Rest – Formule 17 € – Menu 25/35 €

L'architecture de la maison, le décor d'esprit colonial et la magnifique terrasse ombragée ont de quoi séduire. La cuisine mêle les influences régionales à des notes plus actuelles comme le sucré-salé.

CHECY – 45 Loiret – 318 J4 – 8 201 h. – alt. 112 m – ✉ 45430 12 C2

Châteaux de la Loire

Paris 142 – Orléans 10 – Fleury-les-Aubrais 13 – Olivet 28

Le Week-End VISA

1 pl. du Cloître – ✆ 02 38 86 84 93 – www.restaurant-leweekend.com – Fermé dim. soir et lundi

Rest – Formule 30 € – Menu 42/65 € – Carte environ 65 €

Un week-end, arrêtez-vous dans cette charmante maison ! Retour de pêche selon la saison et beau choix de vins du Val de Loire (dégustation au caveau) à savourer dans un cadre épuré.

CHELLES – 60 Oise – 305 J4 – rattaché à Pierrefonds

CHEMILLÉ – 49 Maine-et-Loire – 317 E5 – 6 967 h. – alt. 84 m – ✉ 49120 35 C2

Paris 334 – Angers 44 – Nantes 80 – Niort 152

1, rue Arzillé, ✆ 02 41 46 14 64, www.ot-chemille.fr

L'Atelier des Saveurs Ⓝ

2 pl. des Halles – ✆ 02 41 30 58 79 – www.atelierdessaveurschemille.fr – Fermé 1 sem. en août, 1 sem. en fév., sam. midi, lundi, mardi et le soir sauf vend. et sam.

Rest – Menu 13 € (déj. en sem.), 19/45 € – Carte environ 34 €

À L'Atelier des Saveurs, le chef – tel l'artisan derrière son établi – travaille avec soin des recettes qui évoluent au fil des saisons. Ici, pas de carte à rallonge (deux menus en semaine, plus de choix le week-end), on privilégie la qualité. Et ce ne sont pas les nombreux habitués qui s'en plaindront.

CHÉNAS – 69 Rhône – 327 H2 – 510 h. – alt. 253 m – ✉ 69840 43 E1

Lyon et sa région

Paris 407 – Mâcon 18 – Bourg-en-Bresse 45 – Lyon 59

Les Platanes de Chénas

aux Deschamps, 2 km au Nord par D 68 – ✆ 03 85 36 79 80 – www.platanes-chenas.com – Fermé 18-30 déc., 1er fév.-10 mars, mardi et merc.

Rest – Menu 28/51 € – Carte 42/52 €

Dans ce joli village viticole dominant le Beaujolais, cette ancienne ferme est vraiment plaisante : évidemment, il y a une terrasse sous les platanes – charmante –, mais aussi de vastes salles feutrées et accueillantes. Quant à la cuisine régionale du chef, elle se révèle très goûteuse.

CHÊNEHUTTE-LES-TUFFEAUX – 49 Maine-et-Loire – 317 I5 – rattaché à Saumur

CHÉNÉRAILLES – 23 Creuse – 325 K4 – 742 h. – alt. 537 m – ✉ 23130 25 C1

Limousin Berry

Paris 369 – Aubusson 19 – La Châtre 63 – Guéret 32

32, route de gouzon, ✆ 05 55 62 91 22

Haut-relief★ dans l'église.

Le Coq d'Or

7 pl. du Champ-de-Foire – ✆ 05 55 62 30 83 – www.restaurant-coqdor-23.com – Fermé 23 juin-4 juil., 22 sept.-3 oct., 1er-22 janv., dim. soir, merc. soir et lundi

Rest – Formule 14 € – Menu 22/49 € – Carte 36/56 €

Une déco très... coquette, et pour cause : on trouve ici moult coqs rapportés des quatre coins du monde par les clients ! Dans l'assiette ? Une cuisine fine et maîtrisée, alliant saveurs du terroir et créativité. De quoi chanter "cocorico".

CHENNEVIÈRES-SUR-MARNE – 94 Val-de-Marne – 312 E3 – 101 28 – voir à Paris, Environs

CHENONCEAUX – 37 Indre-et-Loire – 317 P5 – 353 h. – alt. 62 m – ✉ 37150 11 A1

Châteaux de la Loire

Paris 234 – Amboise 12 – Château-Renault 36 – Loches 31

1, rue Bretonneau, ✆ 02 47 23 94 45, www.chenonceaux-blere-tourisme.com

Château de Chenonceau★★★.

Auberge du Bon Laboureur

6 r. Dr Bretonneau – ✆ 02 47 23 90 02 – www.bonlaboureur.com – Fermé 11 nov.-20 déc. et 6 janv.-14 fév.

22 ch – †95/155 € ††129/295 € – 4 suites – ☕ 15 € – ½ P

Rest *Auberge du Bon Laboureur* – voir les restaurants ci-après

Près du "château des Dames", un véritable hameau de jolies maisonnettes couvertes de vigne vierge : chaque chambre y distille un charme particulier, comme si tout un pittoresque village se faisait demeure de famille...

La Roseraie ch, ch, VISA AE

7 r. Dr Bretonneau – ✆ 02 47 23 90 09 – www.hotel-chenonceau.com
– Ouvert 1er mars-24 nov.
23 ch – 55/95 € 60/135 € – 11 € – ½ P
Rest *(fermé lundi midi, merc. midi et mardi)* – Formule 19 € – Menu 29/48 €
– Carte 44/56 €
Cet hôtel, tapissé de vigne vierge, ne manque pas de charme. Les chambres (progressivement rénovées) y sont coquettes et fleuries, comme le jardin, mais quoi de plus normal pour une Roseraie... Quant à la piscine, elle invite à la détente. Ambiance chaleureuse et familiale.

Auberge du Bon Laboureur (Antoine Jeudi) VISA AE

6 r. Dr Bretonneau – ✆ 02 47 23 90 02 – www.bonlaboureur.com
– Fermé 11 nov.-20 déc., 6 janv.-14 fév. et mardi midi
Rest – Menu 30 € (déj. en sem.), 49/90 € – Carte 70/100 €
Cette valeur sûre creuse un sillon très fertile : celui de la finesse et de la subtilité, au service du produit et des saisons. Le chef signe une cuisine sans fausse note, savoureuse et généreuse ; le tout accompagné d'un joli choix de vins. Une belle table dans un cadre élégant.
➜ Crème onctueuse d'écrevisse, concassé de tomate au basilic. Saint-pierre aux coquillages et aux champignons. Sablé aux fraises, crème de citronnelle et glace pistache. **Vins** Montlouis-sur-Loire, Bourgueil.

CHENÔVE – 21 Côte-d'Or – **320** K6 – **rattaché à Dijon**

CHERBOURG-OCTEVILLE – **50 Manche** – **303** C2 – **39 003 h.** – **32** A1
Agglo. 117 855 h. – alt. 10 m – Casino BY – ✉ **50100** Normandie Cotentin

Paris 359 – Brest 399 – Caen 125 – Laval 224
de Cherbourg-Maupertus : ✆ 02 33 88 57 60, 11 km par ①.
quai Alexandre III, ✆ 02 33 93 52 02, www.cherbourgtourisme.com
de Cherbourg, à La Glacerie, Domaine des Roches, par rte de Valognes et D 122 : 7 km, ✆ 02 33 44 45 48
Fort du Roule ≤★ - Château de Tourlaville : parc★ 5 km par ①.

Le Louvre sans rest VISA AE

2 r. H. Dunant – ✆ 02 33 53 02 28 – www.hotel-le-louvre.com – Fermé 19 déc.-2 janv.
40 ch – 69/75 € 75/81 € – 9 € AX**e**
Une situation aussi centrale que le Louvre à Paris, avec bien sûr beaucoup moins d'espace et de luxe. Mais pour les prix, les chambres se révèlent confortables, modernes et calmes.

La Renaissance sans rest VISA AE

4 r. de l'Église – ✆ 02 33 43 23 90 – www.hotel-renaissance-cherbourg.com
12 ch – 58/66 € 65/73 € – 8 € ABX**a**
En léger retrait des quais, un petit hôtel familial, gai et bien tenu pratiquant des tarifs très raisonnables. Mansardes au dernier étage...

Ambassadeur sans rest VISA AE

22 quai Caligny – ✆ 02 33 43 10 00 – www.ambassadeurhotel.com
– Fermé 20 déc.-5 janv. BX**v**
40 ch – 48/64 € 58/76 € – 8 €
Un hôtel tout simple et bon marché, face au port de pêche : en façade, les chambres ouvrent sur les quais et le bassin.

Angleterre sans rest VISA AE

8 r. P. Talluau – ✆ 02 33 53 70 06 – www.hotelangleterre-fr.com AX**k**
23 ch – 46/55 € 51/60 € – 7 €
Tout près du centre piétonnier et commerçant, un hôtel modeste mais bien tenu (bonne literie). Pratique pour l'étape, avant de prendre le bateau vers... l'Angleterre.

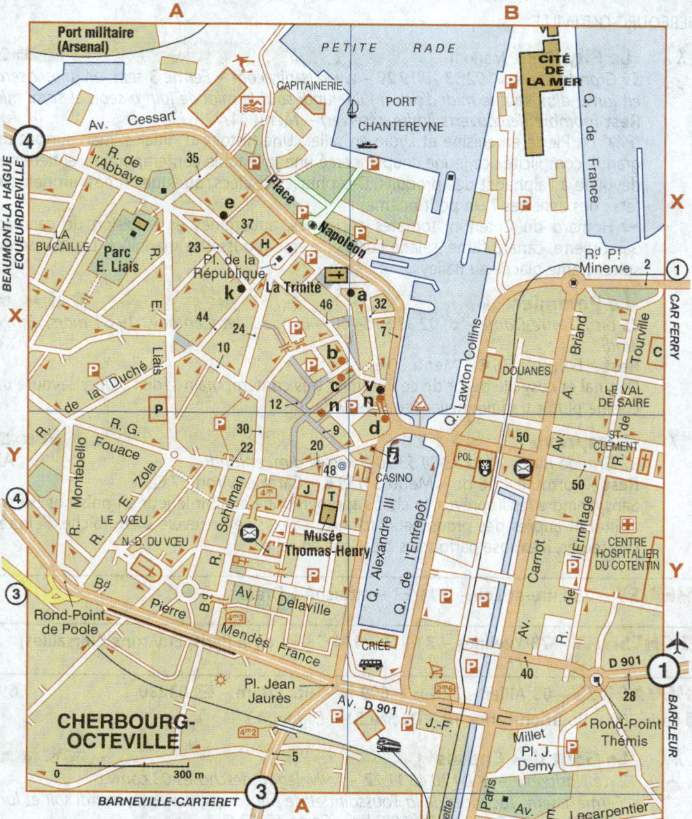

Amiot (Bd Félix) . . . . . BX 2
Atlantique
(Bd de l') . . . . AY 5
Caligny (Q. de) . . . . . . BX 7
Château (R. du) . . . . . . AY 9
Christine (R.) . . . . AX 10
Commerce (R. du) . . . AX 12
Foch (R. Mar.) . . . . AY 20
Gambetta (R.) . . . . AY 22
Grande-Vallée (R.). . . . AX 23
Lemonnier
(Av. Amiral) . . . . BY 28
Mahieu (R. A.) . . . . AY 30
Marine (R. de la) . . . . . BX 32
Onglet (R. de l') . . . . . . AX 35
Paix (R. de la) . . . . AX 37
Saline (R. de la) . . . . . . BY 40
Talluau (R. P.) . . . . AX 44
Tour-Carrée
(R.) . . . . AX 46
Tribunaux (R. des) . . . . AY 48
Val-de-Saire
(R. du) . . . . BY 50
La Vieille (R. Fr.) . . . . . AX 24

Café de Paris

40 quai Caligny – ✆ 02 33 43 12 36 – www.restaurantcafedeparis.com – Fermé 3 sem. en mars, 3 sem. en nov., lundi midi et dim. BXY**d**

Rest – Formule 19 € – Menu 23/39 € – Carte 31/65 €

Une vraie brasserie de la mer ! Banc d'écailler au rez-de-chaussée, vue sur le port à l'étage – avec le spectacle, à l'heure de la marée, des chalutiers gorgés à ras bord de poissons et crustacés... La cuisine est iodée, évidemment, et bien goûteuse.

Le Vauban

22 quai Caligny – ✆ 02 33 43 10 11 – www.levauban-cherbourg.fr – Fermé 28 août-5 sept., vacances de fév., sam. midi, dim. soir et lundi BX**n**

Rest – Formule 19 € – Menu 23/43 € – Carte 41/61 €

Face au pont mobile qui sépare les deux bassins portuaires : un vrai trait d'union avec la Manche... pour une belle cuisine de la mer – mais aussi quelques viandes, pour ceux qui préfèrent le plancher des vaches ! Priorité aux produits locaux : Saint-Jacques de Barfleur, carottes des sables de Créances, bœuf normand, etc.

Le Pily (Pierre Marion)

39 Grande Rue – 02 33 10 19 29 – www.le-pily.com – Fermé 3 sem. en juin, 2 sem. en janv., dim. sauf le midi d'oct. à juin, lundi sauf le midi de juin à sept. et sam. midi

Rest *(nombre de couverts limité, réserver)* – Menu 41/71 € AXb

"Pily" ou Pierre en cuisine et Lydie en salle... Une histoire d'initiales, mais surtout une grande complicité : ce jeune couple a créé une jolie table contemporaine, entièrement dévouée à l'alphabet des produits. Des phrases ciselées, quelques rimes, un rien d'effets : des assiettes ? Un petit poème.

➜ Homard du Cotentin, tomates anciennes, aubergines et émulsion de carapace. Saint-pierre, canard fumé, salade cuite et crème mousseuse marinière. Dacquoise noisette, crème glacée au Baileys.

Le Pommier

15 bis r. Notre-Dame – 02 33 53 54 60 – Fermé 3 sem. en nov., 19-31 mars, dim. et lundi AXYn

Rest – Formule 25 € – Menu 30 €

Original et cosy : le décor de ce Pommier très contemporain séduit... On y savoure une cuisine plutôt traditionnelle. Terrasse sur la rue.

L'Imprévu

32 Grande Rue – 02 33 04 53 90 – Fermé dim. et lundi AXc

Rest – Formule 17 € bc – Menu 31/35 € – Carte environ 37 €

Sans craindre les imprévus, le chef s'approvisionne au jour le jour en poissons (sa spécialité) et auprès des producteurs locaux : sa cuisine se révèle bien fraîche. Peintre à ses heures, il expose parfois ses créations en salle.

CHERISY – 28 Eure-et-Loir – **311** E3 – rattaché à Dreux

LE CHESNAY – 78 Yvelines – **311** I3 – **101** 23 – voir à Paris, Environs (Versailles)

CHEVAGNES – 03 Allier – **326** I3 – 699 h. – alt. 224 m – ✉ 03230 **6** C1

Paris 309 – Bourbon-Lancy 18 – Decize 31 – Digoin 43

Le Goût des Choses

12 rte Nationale – 04 70 43 11 12 – www.legoutdeschoses-03.com – Fermé 1 sem. vacances de la Toussaint et de printemps, dim. soir, mardi soir et lundi

Rest – Menu 25 € (sem.), 30/60 € bc – Carte 40/53 €

Vous n'avez pas le moral ? Prenez donc place dans cette jolie salle pleine de couleurs ! Dans l'assiette, la cuisine mêle tradition et modernité : c'est fin, délicat et parfumé. De quoi retrouver le goût des choses... Et il y a deux belles chambres d'hôtes pour qui souhaite rester.

CHEVAGNY-LES-CHEVRIÈRES – **320** I12 – rattaché à Mâcon

CHEVAL-BLANC – 84 Vaucluse – **332** D11 – rattaché à Cavaillon

---

CHEVERNY – 41 Loir-et-Cher – **318** F7 – rattaché à Cour-Cheverny

---

LE CHEYLARD – 07 Ardèche – **331** I4 – 3 289 h. – alt. 450 m – ✉ 07160 **44** A3

Ardèche Drôme

Paris 598 – Aubenas 50 – Lamastre 21 – Privas 47

rue du 5 Juillet 44, 04 75 29 18 71, www.ville-lecheylard.fr

Le Provençal

rest, ch,

17 av. de la Gare – 04 75 29 02 08 – www.hotelrestaurantleprovencal.com – Fermé 27 sept.-17 oct., 26 déc.-17 janv., vend. soir, dim. soir et lundi

10 ch – 56 € 66/90 € – 10 € – ½ P

Rest *(résidents seult)* – Formule 18 € – Menu 24/55 € bc – Carte 31/40 €

Bâtisse en pierre abritant de petites chambres simples et bien tenues. Garage à vélos apprécié des cyclistes qui parcourent la corniche de l'Eyrieux. Salles à manger sobrement rustiques, cuisine traditionnelle inspirée du terroir et sélection de vins du pays.

CHÉZERY-FORENS – 01 Ain – **328** I3 – 419 h. – alt. 585 m – ✉ 01410 **45** C1

Paris 506 – Bellegarde-sur-Valserine 17 – Bourg-en-Bresse 82 – Gex 39

Commerce avec ch
– *04 50 56 90 67 – www.hotelducommerce-blanc.fr – Ouvert fév.-sept. et fermé de mi-juin à mi-juil., dim. soir, mardi et merc. hors vacances d'été*
7 ch – 60 € 60 € – 8 € – ½ P
Rest – Menu 14 € (sem.), 26/50 € – Carte 24/48 €
Cette attachante maison propose une généreuse cuisine régionale (grenouille en saison) dans un décor campagnard ou sur la terrasse bercée par le bruit des eaux de la Valserine. Petites chambres bien tenues et accueil plein de gentillesse.

CHILLE – 39 Jura – **321** D6 – rattaché à Lons-le-Saunier

CHILLEURS-AUX-BOIS – 45 Loiret – **318** J3 – 1 860 h. – alt. 125 m – ✉ 45170 **12** C2

Paris 96 – Chartres 71 – Étampes 47 – Orléans 30

Le Lancelot
12 r. des Déportés – 02 38 32 91 15 – www.restaurant-le-lancelot.com – Fermé 5-26 août, 18 fév.-3 mars, merc. soir, dim. soir et lundi
Rest *(réserver)* – Formule 24 € – Menu 29 € (sem.), 44/78 € – Carte 45/80 €
Au centre du village, accueillante maison fleurie avec jardin et terrasse. La patronne propose ses créations personnelles et de vieilles recettes de famille.

CHINAILLON – 74 Haute-Savoie – **328** L5 – rattaché au Grand-Bornand

CHINON – 37 Indre-et-Loire – **317** K6 – 7 986 h. – alt. 40 m – ✉ 37500 **11** A3

Châteaux de la Loire

Paris 285 – Châtellerault 51 – Poitiers 80 – Saumur 29
place Hofheim, 02 47 93 17 85, www.chinon-valdeloire.com
Vieux Chinon★★ : Grand Carroi★★ A E - Château★★ : ≤★★.
Château d'Ussé★★ 14 km par ①.

Plan page suivante

Hôtel de France sans rest
47 pl. Gén.-de-Gaulle – 02 47 93 33 91 – www.bestwestern-hoteldefrance-chinon.com – Fermé 3 sem. en nov., 2 sem. en fév. et dim. soir de nov. à mars As
28 ch – 98/135 € 108/155 € – 2 suites
Dans ces deux maisons mitoyennes du 16e s., près du centre historique, les chambres sont confortables et certaines donnent sur le château. Jolie courette intérieure.

Diderot sans rest
4 r. de Buffon – 02 47 93 18 87 – www.hoteldiderot.com – Fermé 24 nov.-8 déc. et 20 janv.-10 fév. Bn
23 ch – 48/75 € 58/92 € – 10 €
Cette belle demeure du 18e s. propose des chambres joliment décorées dans un style ancien. Petit-déjeuner façon table d'hôte : produits fermiers et confitures maison.

Ibis Styles N
11 r. Digue-Saint-Jacques – 02 47 98 46 46 – www.all-seasons-hotels.com/fr/hotel-7864-ibis-styles-chinon – Fermé 22 déc.-2 janv.
55 ch – 85/115 € 95/125 €
Rest – Formule 15 € bc – Menu 17/35 € – Carte 25/34 €
À 10mn du centre-ville, cet hôtel – avec restaurant – a été refait à neuf en 2011. Au programme : fonctionnalité, calme et confort. La moitié des chambres donnent sur la campagne, l'autre sur la ville. Idéal pour la clientèle d'affaires comme touristique.

Carnot (R.) . . . . A 2
Caves-Painctes (Impasse) . . . . A 3
Commerce (R. du) . . . . A 4
Courances (R. des) . . . . B 5
Diderot (R.) . . . . B 6
Dr-Gendron (R.) . . . . A 7
Gaulle (Pl. Gén. de) . . . . A 8
Grand-Carroi (R.) . . . . A 9
Henri II Plantagenet (Pl.) . . . . A 10
Jeanne-d'Arc (Q.) . . . . AB
Jeanne-d'Arc (R.) . . . . A 13
J.-J.-Rousseau (R.) . . . . B
Lamproie (R. de la) . . . . B 14
Rabelais (R.) . . . . AB 17
Voltaire (R.) . . . . A 20
11-Novembre (R. du) . . . . . . B 23

L'Océanic

13 r. Rabelais – ✆ 02 47 93 44 55 – Fermé 26 août-3 sept., 21-27 oct., 1er-7 janv., 18-28 fév., dim. soir et lundi **Au**

Rest – Formule 17 € bc – Menu 26/36 € – Carte 37/64 €

Le vent de l'Océan souffle jusqu'à Chinon ! Comme l'enseigne l'indique, les produits de la mer sont ici à l'honneur. En cuisine, le chef prépare des poissons très frais, y ajoutant un zeste d'originalité, dont quelques touches d'épices et une pointe de sucré-salé. Bon rapport qualité-prix.

Au Chapeau Rouge

49 pl. du Gén.-de-Gaulle – ✆ 02 47 98 08 08 – www.auchapeaurouge.fr – Fermé 29 oct.-21 nov., 17 fév.-13 mars, mardi midi, dim. soir et lundi **Av**

Rest – Menu 21 € (déj. en sem.), 29/53 € – Carte 41/79 €

Chapeau Rouge, comme celui que portaient les cochers des messageries royales. Le château de Chinon est, en effet, tout proche de ce restaurant devant lequel murmure une fontaine. On y déguste une belle cuisine fidèle aux saisons, avec des produits du terroir triés sur le volet. Menu truffe en hiver.

Les Années Trente

78 r. Voltaire – ✆ 02 47 93 37 18 – www.lesannees30.com – Fermé 21 juin-6 juil., 16-28 nov., mardi sauf le soir de juil. à sept. et merc. **At**

Rest – Formule 18 € bc – Menu 28/44 € – Carte 36/57 €

Ne vous fiez pas au nom de cet établissement ! Ici, point d'esprit années 1930 mais un décor chaleureux : tuffeau, poutres et même une cheminée... Les gourmands y apprécient une appétissante cuisine centrée sur les produits frais. Terrasse pour les beaux jours.

L'Ardoise

42 r. Rabelais – ✆ 02 47 58 48 78 – Fermé janv., dim. soir et lundi **Ba**

Rest – Formule 15 € – Menu 18/36 € – Carte 35/70 €

Que de belles suggestions à L'Ardoise ! Canard en croûte de sel, dos de cabillaud cuit vapeur avec sauce soja et citronnelle aux épices du monde, crêpes à la truffe en saison... Passionné d'Asie, le chef signe des recettes bien ficelées, aux saveurs marquées. Accueil et service aux petits soins.

à Marçay 9 km par ③ et D 116 – 455 h. – alt. 65 m – ✉ 37500

Château de Marçay
rte du Château – ✆ 02 47 93 03 47 – www.chateaudemarcay.com – Fermé 19 nov.-6 déc., 7 janv.-7 fév. et 18 fév.-7 mars
26 ch – 170/305 € 170/305 € – 4 suites – 14 €
Rest ***La Table de Marçay*** – voir les restaurants ci-après
De nobles tours rondes, une belle pierre blanche... ce château des 12e-15e s. a fière allure ! Tout autour : le calme d'un grand parc et des vignes (dégustations), en face desquelles se dresse une annexe. Pour un séjour à l'image de la région.

La Table de Marçay – Hôtel Château de Marçay
rte du Château – ✆ 02 47 93 03 47 – www.chateaudemarcay.com – Fermé 19 nov.-6 déc., 7 janv.-7 fév., 18 fév.-7 mars, lundi et mardi de nov. à mars et le midi en sem. sauf fériés
Rest – Menu 45/100 € – Carte 61/109 €
Dîner au château... On y accède par une allée privée et la silhouette de ses tours transporte dans un roman de l'amour courtois. Le cadre est élégant et chaleureux, la cuisine empreinte de jolies saveurs et... auréolée de vins de Loire, bien sûr.

à Seuilly 8 km par ③, D 751e et et D 24 – 384 h. – alt. 45 m – ✉ 37500

Le Plaisir Gourmand
au Château du Coudray Montpensier, au Sud : 1 km – ✆ 02 47 98 00 86 – www.coudray-montpensier.fr – Fermé dim. soir, mardi midi et lundi
Rest – Menu 26 € (déj. en sem.), 39/125 € – Carte 63/84 €
Dans les dépendances du château de Coudray-Montpensier (15e s.), dont on peut admirer les hautes tours depuis la terrasse, une table gastronomique séduisante, dont la carte suit les saisons avec gourmandise. Ne sommes-nous pas au pays de Rabelais ? Mention spéciale pour le décor très contemporain.

CHISSAY-EN-TOURAINE – 41 Loir-et-Cher – 318 D7 – rattaché à Montrichard

CHISSEAUX – 37 Indre-et-Loire – 317 P5 – 637 h. – alt. 58 m – ✉ 37150 11 A1

Paris 235 – Amboise 14 – Loches 33 – Tours 37

Auberge du Cheval Rouge
30 r. Nationale – ✆ 02 47 23 86 67 – www.auberge-duchevalrouge.com – Fermé 20 déc.-10 janv., dim. soir d'oct. à avril, lundi et mardi sauf fériés
Rest – Formule 18 € – Menu 28/48 € – Carte 41/62 €
Sur la route des châteaux de la Loire, cet ancien café de village, transformé en une sympathique auberge, n'a rien perdu de son attractivité ! On y apprécie une cuisine copieuse et goûteuse dans un cadre rustique. Aux beaux jours, profitez de la terrasse, véritable écrin de verdure.

CHITENAY – 41 Loir-et-Cher – 318 F7 – 1 017 h. – alt. 90 m – ✉ 41120 11 A1

Paris 196 – Orléans 72 – Blois 15 – Romorantin-Lanthenay 39

Auberge du Centre rest,
34 Grande rue, (pl. de l'Église) – ✆ 02 54 70 42 11 – www.auberge-du-centre.com – Fermé fév.
26 ch – 65/117 € 75/134 € – 12 € – ½ P
Rest *(fermé dim. soir hors saison, lundi sauf le soir en saison et mardi midi)* – Formule 20 € – Menu 26 € (sem.), 33/51 € – Carte 34/52 €
À proximité des châteaux de la Loire, une engageante auberge de village dont la façade est couverte de vigne vierge. Chambres propres et mignonnes (motifs floraux, couleurs gaies) ; jardin arboré. Cuisine traditionnelle dans un cadre frais et cosy.

CHOLET – 49 Maine-et-Loire – 317 D6 – 54 121 h. – alt. 91 m – ✉ 49300 Pays de la Loire 34 B2

Paris 353 – Ancenis 49 – Angers 64 – Nantes 60
14, avenue Maudet, ✆ 02 41 49 80 00, www.ot-cholet.fr
de Cholet, Allée du Chêne Landry, ✆ 02 41 71 05 01
Musée d'Art et d'Histoire★ Z M.

Plan page suivante

San Benedetto sans rest

26 bd Gustave Richard – ✆ 02 41 62 07 20 – www.sanbenedetto-hotel.com

50 ch – †90/130 € ††100/150 € – ☕ 13 € Ze

C'est le plus ancien hôtel de la ville. Désormais, tout est très moderne, voire tendance, avec de beaux volumes. Les chambres, immaculées, sont ponctuées de touches colorées. Aux beaux jours, on prend le petit-déjeuner dans le joli patio.

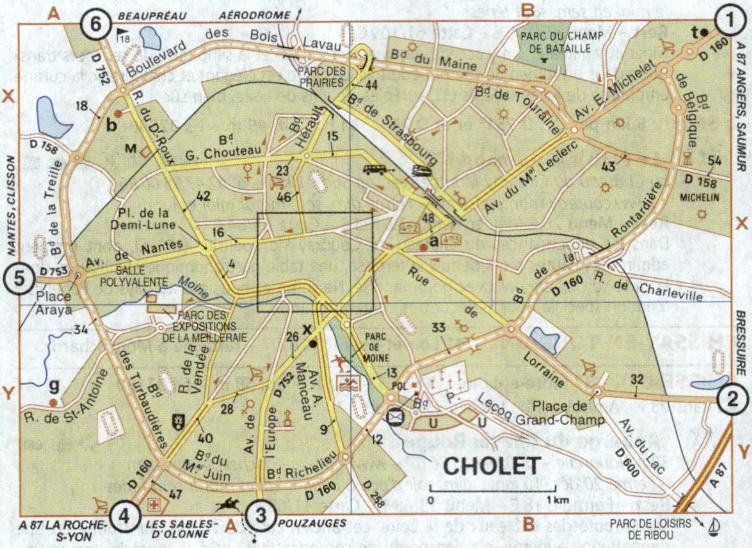

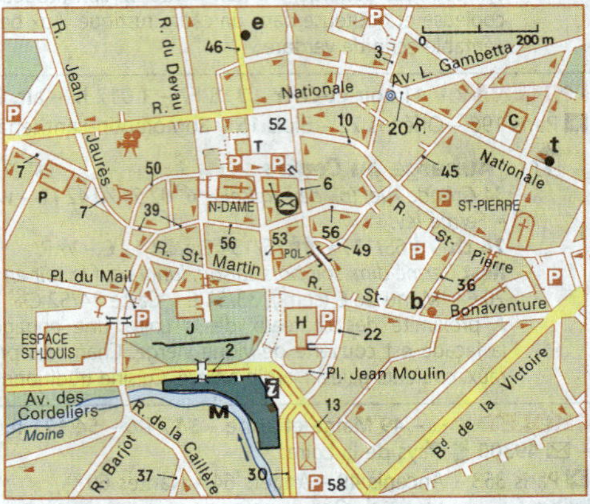

Ibis Styles rest,

45 av. d'Angers – ✆ 02 41 71 08 08 – www.all-seasons-hotels.com BXt

57 ch – 85/108 € 95/118 € – 2 suites

Rest *(fermé 25-31 déc., vend. soir, sam. et dim.)* – Formule 16 € – Menu 20 € (sem.), 25/38 € – Carte 30/44 €

Une fois à l'intérieur, on oublie la zone commerciale toute proche : le décor, où domine le bois canadien, est chaleureux. Les chambres sont modernes, confortables et bien insonorisées. Carte traditionnelle dans un cadre dépaysant avec charpente et verrière.

Park Hotel sans rest

4 av. Anatole-Manceau – ✆ 02 41 62 65 45 – www.park-hotel-cholet.fr – Fermé 21 déc.-6 janv. AYx

54 ch – 65/72 € 65/72 € – 9 €

Chambres fonctionnelles et bien insonorisées, grande salle de réunion et petit-déjeuner buffet : une adresse pratique et bien tenue, près de la patinoire de Cholet et du parc de Moine.

Demeure l'Impériale sans rest

28 r. Nationale – ✆ 02 41 58 84 84 – www.demeure-imperiale.com Zt

5 ch – 70 € 80/90 €

Accueil charmant dans cet hôtel particulier de 1860. Chambres lumineuses (fleurs, linge luxueux, parquet). Petit-déjeuner sous une verrière avec confiture et gâteaux maison.

La Grange

64 r. de St-Antoine – ✆ 02 41 62 09 83 – Fermé dim. soir, merc. soir et lundi

Rest – Menu 18 € (déj. en sem.), 29/53 € – Carte 47/62 € AYg

L'esprit nature domine dans cette ancienne ferme du pays. En terrasse, sous les poutres ou près de la cheminée, on se régale d'une cuisine respectant le rythme des saisons.

La Touchetière

41 r. du Dr-Roux – ✆ 02 41 62 55 03 – www.restaurant-cholet.com – Fermé 3 sem. en août, sam. midi, dim. soir et lundi soir AXb

Rest – Formule 24 € – Menu 29/76 € bc – Carte 35/66 €

Cette vieille auberge a su préserver son cachet rustique : poutres blanchies, cheminée allumée en hiver, terrasse fleurie... pour une cuisine traditionnelle teintée de modernité.

L'Ourdissoir

40 r. St-Bonaventure – ✆ 02 41 58 55 18 – Fermé 21 juil.-11 août, 1 sem. vacances de fév., dim. et lundi Zb

Rest – Menu 18 € (déj. en sem.), 29/54 € – Carte environ 45 €

De beaux murs en pierre, témoins du travail des tisserands de la ville du mouchoir. Le chef propose un menu découverte selon son inspiration et les propositions du marché.

Le Pouce Pied

1 r. du Lait-au-Beurre – ✆ 02 41 58 50 03 – www.lepoucepied.com – fermé 15 août-3 sept., sam. midi, dim. soir et lundi BXa

Rest *(nombre de couverts limité, réserver)* – Menu 18 € (déj. en sem.), 29/42 € – Carte 39/45 €

Un restaurant de poche un peu excentré, où les tables sont décorées de pouces-pieds ! La cuisine est alléchante et gorgée de saveurs, le tout à prix raisonnable.

à Nuaillé 7,5 km par ① et D 960 – 1 339 h. – alt. 133 m – ✉ 49340

Les Biches sans rest

2 r. d'Anjou – ✆ 02 41 62 38 99 – www.hoteldesbiches.com – Fermé vacances de Noël

12 ch – 56/63 € 65/71 € – 8 €

Un petit hôtel familial plaisant, avec ses chambres gaies, bien tenues et régulièrement rafraîchies. En été, les petits-déjeuners sont servis près de la piscine.

à Maulévrier 13 km par ② et D 20 – 3 072 h. – alt. 130 m – ✉ 49360

place de l'Hôtel de Ville, ✆ 02 41 55 06 50, www.maulevrier.fr

Château Colbert

pl. du Château – ✆ 02 41 55 51 33 – www.chateaucolbert.com
– Fermé 20 déc.-5 janv., 1er-17 mars et dim. soir
20 ch – 90/170 € 90/250 € – 1 suite – 12 € – ½ P
Rest ***Château Colbert*** – voir les restaurants ci-après
Ce château du 17e s. veille jalousement sur ses chambres meublées d'ancien. Celles du 1er étage sont magnifiques et donnent sur un splendide jardin japonais. Une belle manière de prolonger le rêve...

Château Colbert

pl. du Château – ✆ 02 41 55 51 33 – www.chateaucolbert.com
– Fermé 20 déc.-5 janv., 1er-17 mars et dim. soir
Rest – Menu 29 € (déj. en sem.), 33/75 € – Carte 52/60 €
Dans le restaurant de ce château, les hauts plafonds et les lustres en cristal Grand Siècle embellissent un peu plus des repas basés sur une cuisine actuelle inspirée du terroir.

CHOMELIX – 43 Haute-Loire – 331 E2 – 497 h. – alt. 910 m – ✉ 43500 6 C3

Paris 519 – Ambert 36 – Brioude 52 – Le Puy-en-Velay 30

Auberge de l'Arzon avec ch

pl. Fontaine – ✆ 04 71 03 62 35 – Ouvert de Paques à fin sept. et fermé dim. soir, lundi et mardi sauf hôtel en juil.-août
9 ch – 55/60 € 60/80 € – 7 € – ½ P
Rest *(fermé le midi sauf sam. et dim.)* – Menu 26 € (sem.), 36/48 € – Carte 28/45 €
Au cœur du village, cette bâtisse en pierre invite à un joli repas traditionnel, avec en vedette les champignons du pays. Le patron ramasse lui-même ses morilles ! Une dépendance située à l'arrière abrite des chambres très bien tenues.

CHONAS-L'AMBALLAN – 38 Isère – 333 B5 – rattaché à Vienne

CHORANCHE – 38 Isère – 333 F7 – 132 h. – alt. 280 m – ✉ 38680 43 E2

Alpes du Nord

Paris 588 – Grenoble 52 – Valence 48 – Villard-de-Lans 20

Grotte de Coufin★★.

Le Jorjane

Le village – ✆ 04 76 36 09 50 – www.lejorjane.com – Fermé 15-30 nov., dim. soir hors saison et lundi
7 ch – 45/57 € 45/57 € – 8 € – ½ P
Rest *(nombre de couverts limité, réserver)* – Menu 15/33 € – Carte 20/46 €
Dans ce célèbre village aux sept grottes, cette auberge familiale propose des chambres bien pratiques. Les motards y sont particulièrement chouchoutés ; il faut dire que le patron est passionné de moto et de cuisine (plats traditionnels, grillades, salades, etc.).

CHORGES – 05 Hautes-Alpes – 334 F5 – 2 567 h. – alt. 864 m – ✉ 05230 41 C1

Alpes du Sud

Paris 717 – Digne-les-Bains 98 – Gap 18 – Marseille 193

place Centrale, ✆ 04 92 50 64 25, www.otchorges.com

Ax'Hôtel

ZA La Grande-Ile – ✆ 04 92 21 45 17 – www.ax-hotel.com
39 ch – 82/97 € 82/97 € – 1 suite – 9 € – ½ P
Rest *(dîner seult)* – Menu 23/38 € – Carte 35/43 €
Né en 2010, un édifice entièrement habillé de bois clair, au calme, près de Gap. La décoration est contemporaine, rehaussée d'illustrations évoquant les beautés naturelles – à l'unisson des montagnes environnantes. Le superbe spa ajoute à l'intérêt de l'établissement, unique dans la région.

CIBOURE – 64 Pyrénées-Atlantiques – 342 C4 – rattaché à St-Jean-de-Luz

CIEURAC – 46 Lot – 337 F5 – 415 h. – alt. 247 m – ✉ 46230 28 B1

Périgord Quercy

Paris 589 – Cahors 16 – Montauban 53 – Toulouse 105

Table de Haute Serre

Château de Haute Serre – ✆ 05 65 20 80 20 – www.hauteserre.fr – Fermé 3 sem. en mars, 20 nov.-9 janv., jeudi hors saison, dim. soir et merc.

Rest – Formule 28 € – Menu 38/70 €

Dans l'ancien chai d'un château, ce restaurant au milieu des vignes a le charme de l'authenticité. Dans la salle, en revanche, la déco est résolument contemporaine : sol en béton, mobilier en alu... Le cadre parfait pour apprécier une cuisine ancrée dans son époque. Menu truffe en saison.

CINQ-CHEMINS – 74 Haute-Savoie – 328 L2 – rattaché à Thonon-les-Bains

LA CIOTAT – 13 Bouches-du-Rhône – 340 I6 – 33 812 h. – Casino 40 B3

– ✉ 13600 Provence

Paris 802 – Aix-en-Provence 53 – Brignoles 62 – Marseille 32

boulevard Anatole France, ✆ 04 42 08 61 32, www.tourisme-laciotat.com

Calanque de Figuerolles★ SO : 1,5 km puis 15 mn par D141 - Chapelle N.-D. de la Garde ≤★★ O : 2,5 km puis 15 mn.

à l'Ile Verte ≤★ en bateau 30 mn .

Vieux Port N sans rest

252 quai François-Mitterrand – ✆ 04 42 04 00 00 – www.bestwestern-laciotat.com

60 ch – †85/309 € ††85/309 € – 1 suite – ☐ 14 €

Cet hôtel, sur le port, porte bien son nom. Les chambres y sont spacieuses et fonctionnelles, la moitié dispose d'un balcon. Si vous aimez le calme et que la vue vous importe peu, préférez celles sur l'arrière du bâtiment. Le must : la piscine sur le toit et son magnifique panorama ! Bel espace détente.

au Liouquet 6 km à l'Est par D 559 (rte de Bandol) – ✉ 13600 La Ciotat

Roche Belle

Corniche du Liouquet – ✆ 04 42 71 47 60 – www.roche-belle.fr – Fermé 1er-15 nov., 12 fév.-5 mars, dim. sauf juil.-août, lundi et mardi midi

Rest *(nombre de couverts limité, réserver)* – Formule 20 € – Menu 35 € – Carte 39/56 €

Dans un chaleureux cadre provençal, une maisonnette couverte de vigne vierge et sa terrasse plantée d'oliviers. La cuisine est goûteuse, ensoleillée, et fleure bon le Midi.

CLAIRAC – 47 Lot-et-Garonne – 336 E3 – 2 432 h. – alt. 52 m – ✉ 47320 4 C2

Aquitaine

Paris 690 – Agen 42 – Marmande 24 – Nérac 35

18 rue Gambetta, ✆ 05 53 88 71 59, www.clairac.com

L'Auberge de Clairac

12 rte Tonneins – ✆ 05 53 79 22 52 – www.aubergedeclairac.fr – Fermé vacances de Toussaint, dim. soir, mardi soir et merc.

Rest – Formule 20 € bc – Menu 30 € – Carte 31/39 €

"Provençale", "Sud-Ouest", "Grand Large"... La propriétaire, fine cuisinière, concocte de jolies ardoises, sur des thèmes qui ravissent les habitués. Quant au menu, il change tous les deux ou trois mois, au gré des saisons.

CLAM – 17 Charente-Maritime – 324 H7 – rattaché à Jonzac

CLAMART – 92 Hauts-de-Seine – 311 J3 – 101 25 – voir à Paris, Environs

CLAMECY – 58 Nièvre – 319 E7 – 4 238 h. – alt. 144 m – ✉ 58500 7 B2

Bourgogne

Paris 208 – Auxerre 42 – Avallon 38 – Cosne-sur-Loire 52

7-9, rue du Grand Marché, ✆ 03 86 27 02 51, www.vaux-yonne.com

Carrières souterraines d'Aubigny★, Église St-Martin★.

Hostellerie de la Poste

9 pl. Emile-Zola – 03 86 27 01 55 – www.hostelleriedelaposte.fr
22 ch – 74/88 € 74/88 € – 10 € – ½ P
Rest *(fermé 2-12 janv.)* – Formule 22 € – Menu 26/47 € – Carte 44/55 €
Ex-relais de poste au cœur d'une jolie bourgade, tenu avec soin par un jeune couple. Coquettes petites chambres. Salle à manger feutrée, entre boiseries et pierres apparentes, et saveurs du terroir revisitées.

Deux Pièces Cuisine

7 r. de la Monnaie – 03 86 27 25 07 – www.2pieces-cuisine.fr – Fermé 18 mars-10 avril, déc., du lundi au jeudi d' oct. à mars sauf vacances scolaires et ouvert tous les soirs de mai à sept.
Rest *(nombre de couverts limité, réserver)* – Formule 24 € – Menu 32/42 € – Carte 41/60 €
Une véritable petite bonbonnière, où se côtoient bibelots, oursons et même coucou suisse... L'âme cosy des lieux a conquis la clientèle locale. Cuisine actuelle.

Angélus N

11 pl. St-Jean – 03 86 27 33 98 – www.restaurantlangelus.com – Fermé vacances de la Toussaint, de Noël, de fév., mardi soir sauf juil.-août, dim. soir et merc.
Rest *(nombre de couverts limité, réserver)* – Menu 20/35 € – Carte 31/53 €
Une maison à colombages au pied de l'église. On y savoure une bonne cuisine de produits – à l'image de ce croustillant de chavignol ou de cette escalope de saumon tout juste dorée avec des légumes. Aux beaux jours, on profite de la jolie terrasse.

CLARA – 66 Pyrénées-Orientales – 344 F7 – rattaché à Prades

LES CLAUX – 05 Hautes-Alpes – 334 I5 – rattaché à Vars

CLÉCY – 14 Calvados – 303 J6 – 1 238 h. – alt. 100 m – ✉ 14570 32 B2

Normandie Cotentin
Paris 268 – Caen 39 – Condé-sur-Noireau 10 – Falaise 31
place du Tripot, 02 31 69 79 95, www.ot-suisse-normande.com
de Clécy-Cantelou, Manoir de Cantelou, SO : 4 km par D 133, 02 31 69 72 72
Croix de la Faverie★.

Au Site Normand

2 r. des Chatelets – 02 31 69 71 05 – www.hotel-clecy.com – Fermé 15 déc.-10 fév.
19 ch – 60 € 68 € – 8 € – ½ P
Rest *Au Site Normand* – voir les restaurants ci-après
C'est l'histoire d'un enfant du pays qui désirait ouvrir un hôtel-restaurant à son image : charmant et accueillant. C'est chose faite ! Les chambres sont de taille modeste mais elles ont tout le confort désiré. Parfait pour une étape gourmande.

Au Site Normand

2 r. des Chatelets – 02 31 69 71 05 – www.hotel-clecy.com – Fermé 15 déc.-10 fév., dim. soir du 10 fév. au 30 mars et du 10 nov. au 15 déc.
Rest – Formule 18 € – Menu 24/49 € – Carte environ 36 €
Poulet fermier au beurre d'abricot et cerfeuil, enroulé de maquereau à la vinaigrette de carotte... Le chef revisite la tradition avec maîtrise à travers une carte qui change régulièrement. Pour mieux suivre les saisons !

CLÉMONT – 18 Cher – 323 J1 – 701 h. – alt. 141 m – ✉ 18410 12 C2

Paris 187 – Orléans 72 – Bourges 62 – Vierzon 71

Domaine des Givrys

4 km au Sud par D 79, rte de Ste-Montaine et rte secondaire – 02 48 58 80 74 – www.domainedesgivrys.com
5 ch – 59 € 59 € – 8 € – ½ P **Table d'hôte** – Menu 35 € bc
Douceur de vivre et sérénité en bordure d'étang et de rivière... Cette ancienne ferme, au cœur d'un vaste domaine, ravira les amoureux de la nature. Chambres sobres et classiques. Le terroir et la convivialité sont à l'honneur autour de la grande table d'hôte en chêne.

CLÈRES - 76 Seine-Maritime - 304 G4 - 1 345 h. - alt. 113 m - ✉ 76690 33 D1

Normandie Vallée de la Seine

Paris 155 - Dieppe 45 - Forges-les-Eaux 35 - Neufchâtel-en-Bray 36

59, avenue du Parc, ✆ 02 35 33 38 64, www.ot-cleres.fr

Parc zoologique★.

à Frichemesnil 4 km au Nord-Est par D 6 et D 100 - 418 h. - alt. 150 m - ✉ 76690

Au Souper Fin (Eric Buisset) avec ch

1 rte de Clères - ✆ 02 35 33 33 88 - www.souperfin.com - Fermé 5-29 août, vacances de Noël, dim. soir, merc. et jeudi

3 ch - 60 € 75 € - 12 €

Rest - Formule 29 € - Menu 35 € (sem.)/57 € - Carte 58/74 €

Des mariages de saveurs réfléchis et flatteurs, des produits de qualité, très frais, beaucoup de soin... L'enseigne ne ment pas et c'est logique, tant le chef et son épouse veillent à satisfaire toujours davantage leurs clients ! Cette excellente adresse propose aussi de jolies petites chambres... pour rester un jour de plus ?

➜ Rémoulade de chair de homard, la queue marinée à l'huile d'olive vierge. Côte de veau aux morilles et vin jaune. Millefeuille à la vanille.

au Sud 2 km sur D 155 - ✉ 76690 Clères

Auberge du Moulin

36 r. des Moulins-du-Tot - ✆ 02 35 33 62 76 - www.aubergedumoulin.org - Fermé 18 août-6 sept., mardi sauf le soir de mai à oct., dim. soir et lundi

Rest - Formule 19 € - Menu 28/48 € - Carte 39/59 €

Auberge sympathique tournée vers un vieux moulin bordé par une petite rivière dont le cours est ponctué de cressonnières. Cuisine actuelle où entre le terroir. Terrasse d'été.

CLERMONT - 60 Oise - 305 F4 - 10 384 h. - alt. 125 m - ✉ 60600 36 B2

Nord Pas-de-Calais Picardie

Paris 79 - Amiens 83 - Beauvais 27 - Compiègne 34

19, place de l'Hôtel de Ville, ✆ 03 44 50 40 25, www.mairie-clermont.fr

à Étouy 7 km au Nord-Ouest par D 151 - 793 h. - alt. 85 m - ✉ 60600

L'Orée de la Forêt (Nicolas Leclercq)

255 r. Forêt - ✆ 03 44 51 65 18 - www.loreedelaforet.fr - Fermé 26 juil.-27 août, 2-11 janv., sam. midi, dim. soir, vend. et soirs fériés

Rest - Menu 30 € (déj. en sem.), 47/97 € - Carte environ 92 €

Une maison de maître du début du 20e s., dans un paisible parc arboré. Le grand potager approvisionne la table en légumes frais ! Le millefeuille vanille est divin.

➜ Foie gras poêlé, gomasio et spéculos. Pigeonneau rôti, légumes du potager. Millefeuille vanillé.

CLERMONT-FERRAND P - 63 Puy-de-Dôme - 326 F8 - 138 588 h. - Agglo. 261 240 h. - alt. 401 m - ✉ 63000 5 B2

Auvergne

Paris 420 - Lyon 172 - Moulins 106 - ST-Étienne 147

de Clermont-Ferrand-Auvergne : ✆ 04 73 62 71 00, 6 km par D 766 CY.

place de la Victoire, ✆ 04 73 98 65 00, www.clermont-fd.com

Nouveau Golf de Charade, à Royat, O par D 5 : 8 km, ✆ 04 73 35 73 09

des Volcans, à Orcines, La Bruyère des Moines, NO : 9 km, ✆ 04 73 62 15 51

Circuit automobile de Charade, St Genès-Champanelle ✆ 04 73 29 52 95 AZ.

Le Vieux Clermont★ EFVX : Basilique de N.-D.-du-Port★★ (choeur★★★), Cathédrale★★ (vitraux★★), fontaine d'Amboise★, cour★ de la maison de Savaron EV - Cour★ dans l'Hôtel de Fonfreyde EV **M**[1], musée d'archéologie Bargoin★ FX - Le Vieux Montferrand★★ : hôtel de Lignat★, hôtel de Fontenilhes★, maison de l'Éléphant★, cour★ de l'hôtel Regin, porte★ de l'hôtel d'Albiat, - Bas-relief★ de la maison d'Adam et d'Ève - Musée d'art Roger-Quilliot - Belvédère de la D 941A ≤★★ AY.

Puy de Dôme ✻★★★ 15 km par ⑥ - Vulcania (Centre Européen du Vulcanisme). Parc Naturel régional des volcans d'Auvergne ★★★.

Plans pages suivantes

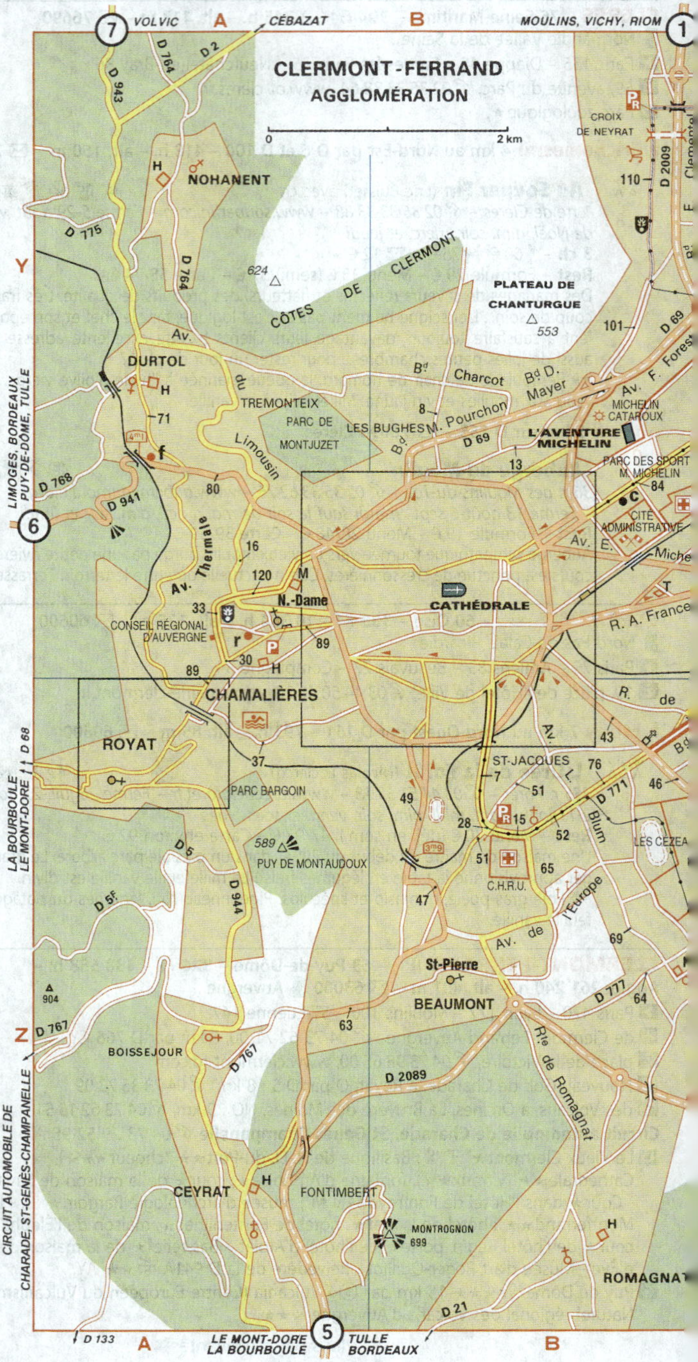
CLERMONT-FERRAND
AGGLOMÉRATION
0
2 km
VOLVIC
CÉBAZAT
MOULINS, VICHY, RIOM
CROIX DE NEYRAT
NOHANENT
CÔTES DE CLERMONT
PLATEAU DE CHANTURGUE
624
553
DURTOL
TREMONTEIX
PARC DE MONTJUZET
LES BUGHES
Av. du Limousin
Av. Thermale
Bd Charcot
Bd D. Mayer
Bd M. Pourchon
Av. F. Forest
MICHELIN CATAROUX
L'AVENTURE MICHELIN
PARC DES SPORT M. MICHELIN
CITÉ ADMINISTRATIVE
N.-Dame
CATHÉDRALE
CONSEIL RÉGIONAL D'AUVERGNE
CHAMALIÈRES
ROYAT
PARC BARGOIN
R. A. France
ST-JACQUES
Av. L. Blum
LES CEZEA
C.H.R.U.
Av. de l'Europe
589
PUY DE MONTAUDOUX
904
St-Pierre
BEAUMONT
Rte de Romagnat
BOISSEJOUR
CEYRAT
FONTIMBERT
MONTROGNON
699
ROMAGNAT
LIMOGES, BORDEAUX PUY-DE-DÔME, TULLE
LA BOURBOULE LE MONT-DORE
CIRCUIT AUTOMOBILE DE CHARADE, ST-GENÈS-CHAMPANELLE
LE MONT-DORE LA BOURBOULE
TULLE BORDEAUX
D 2089
D 21
D 133

AUBIÈRE

Cournon (av. de) . . . . CZ
Maerte (av. Roger) . . . . . . CZ 55
Mont-Mouchet (av. du). . . BZ 64
Moulin (av. Jean). . . . . CZ
Noëllet (av. Jean). . . . . BZ 69
Roussillon (av. du) . . . . CZ

BEAUMONT

Europe (av. de l') . . . . BZ
Leclerc (av. du Maréchal) . BZ 47
Mont-Dore (av. du). . . . . ABZ 63
Romagnat (route de). . . . . BZ

CHAMALIÈRES

Claussat (av. Joseph) . . . . AY 16
Europe (carrefour de l') . . . AY 30
Fontmaure (av. de) . . . . . . AY 33
Gambetta (bd). . . . . AZ 37
Royat (av. de). . . . . AY 89
Thermale (av.) . . . . AY
Voltaire (av.). . . . . AY 120

CLERMONT-FERRAND

Agriculture (av. de l') . . . . CY 3
Anatole-France (r.). . . . . . . BY
Bernard (bd Claude) . . . . . BZ 7
Bingen (bd Jacques) . . BCYZ
Blanzat (r. de). . . . . BY 8
Blériot (r. Louis) . . . . CY 10
Blum (av. Léon) . . . . BZ
Brezet (av. du) . . . . CY
Champfleuri (r.) . . . . BY 13
Charcot (bd). . . . . BY
Churchill (bd Winston) . . . BZ 15
Clementel (bd Etienne) . . . BY
Cugnot (r. Nicolas-Joseph) CY 22
Dunant (pl. Henri) . . . . BZ 28
Flaubert (bd Gustave) . . . . CZ 32
Forest (av. Fernand) . . . . . BY
Jouhaux (bd Léon) . . . . . . CY 40
Kennedy
(bd John-Fitzgerald) . . . CY 41
Kennedy (carrefour) . . . . . CY 42
Lafayette (bd) . . . . BZ 43
Landais (av. des). . . . . . . BCZ 46
Libération (av. de la) . . . . . BZ 49
Limousin (av. du). . . . . AY
Liondards (r. des). . . . . BZ 51
Loucheur (bd Louis) . . . . . BZ 52
Mabrut (r. Adrien). . . . . CY 53
Margeride (av. de la) . . . . . CZ 58
Mayer (bd Daniel) . . . . BY
Mermoz (av. Jean) . . . . CY
Michelin (av. Édouard) . . . BY
Montalembert (r.) . . . . BZ 64
Moulin (bd Jean). . . . . CY 39
Oradou (r. de l') . . . . BCZ
Pochet-Lagaye (bd Paul) . . BZ 76
Pompidou (bd Georges) . . CY
Pourchon (bd Maurice) . . . BY
Puy de Dôme (av. du) . . . . AY 80
Quinet (bd Edgar) . . . . CY
République (av. de la) . . . . BY 84
Saint-Jean (bd) . . . . CY 96
Sous les Vignes (r.) . . . . . . BY 101
Torpilleur Sirocco (r. du) . . BY 110
Verne (r. Jules) . . . . CY 117
Viviani (r.) . . . . CY

DURTOL

Paix (av. de la) . . . . AY 71

D
E
V
X
Parc de Monjuzet
Rue Paul
R. de Nohanent
Boulevard Lavoisier
R. G. Durant
Alyre
St-Alyre
ST ALYRE
Tiretaine
Blanzat
Pl. de
Notre Dame
R. du Belloy
Pont
R. du Pont Naturel
Diomede
R. du Clos
Boulevard
6
C
R. Pierre Besset
R. de Serbie
ST-EUTROPE
R. G. de Blauzat
92
Rue
R. H
R.
Peti
R.
Boulevard Berthelot
Rue Fontgiève
k
R. Amadéo
Rue G. Péri
R. A. Moinier
95
x
36
Marché St-Pierre
FONTAINE D'AMBOISE
VIEUX CLERMONT
57
CITÉ JUDICIAIRE
LA BOUTIQUE MICHELIN
R. Antoine Menat
STE-MARIE
SQUARE AMADÉO
Torrilhon
29
t
r
d
k
e
R. des Gras
M1
12
134
74
Mon de Savaron
Pl. de Victoi
f
R. J.B.
Av. F. Roosevelt
Rue Lamartine
a
St-Pierre-les Minimes
Pl. Sugny
16
t
T
Blatin
Place de Jaude
25
P
HÔTEL DU DEP!
93
Bd R.
Rue Bonnabaud
R. Rameau
Av. de Montjoly
Duclaux
R. L. Morel-Ladeuil
Julien
Avenue
Pl. L. Aragon
CENTRE JAUDE
Av. G. Clemenceau
R. Juin
Ma
38
Av. Pasteur
44
56
R. Eugène Gilbert
U
POL
Bd Ch. de Gaulle
Boulevard Pasteur
Pl. Galliéni
Av. Jean Jaurès
Boulevard A. Briand
Salins
R. des Salins
Drelon
Av. Marx
Pl. des Salins
(Pl. Gambetta)
MAISON DE LA CULTURE
Bd
A
Av. de la Libération
R. Abbé de l'Epée
m
PIERRE DE COUBERTIN
Bd Gambetta
R. de Bellevue
SAINTE JEANNE D'ARC
Dormoy
Boulevard Jean Jaurès
P

F
G
V
X
Boulevard
Av. Barbier Daubrée
J.-B. Dumas
R. de Chanteranne
POLYDÔME-COOPÉRATIVE DE MAI
Pl. du 1er Mai
MAISON DES SPORTS
Bughes
USINES
MICHELIN
Mal Leclerc
Pl. des Carmes-Déchaux
Chée Claudius
la République
Av. de R. de la Lieve
Barbusse
R. H. Barbusse
CENTRE G. COUTHON
Av. G. Couthon
Richepin
R. Montlosier
Montlosier
N.-D. DU PORT
R. des Jacobins
CHAPELLE DE LA VISITATION
Avenue
Av. E. de Michelin
R. du Port
Pl. Delille
Av. Charras
ST. JOSEPH
Châteaudun
ATHÉDRALE
R. Pascal
Trudaine
Bansac
Av. Grande de Bretagne
Av. d'Italie
Av. A. Charras
Elisabeth
Soviétique
POL
108
Bd R. Delarbre
Rue
Av. de l'Union
ST-GENÈS LES CARMES
62
SQUARE DE LA JEUNE RÉSISTANCE
R. Mal Joffre
Av. Carnot
Carnot
Sablon
P. Collomp
Paulines
MUSÉE ARGOIN
M
Rue d'Amboise
Av. des
Bd La Fayette
Jardin Lecoq
Crs.
Bd Gergovia
Av. Ph. Lebon
Blatin
Léon
Bd F. Mitterrand
R. Poincaré
Raynaud
Cote
Blum
ÉCOLE DES BEAUX ARTS
Viaduc St-Jacques
Boulevard
0
300 m
CLERMONT-FERRAND

Novotel

Z.I. du Brézet, r. G. Besse – ✆ 04 73 41 14 14 – www.novotel.com CY**a**
131 ch – 🚹105/215 € 🚹🚹105/215 € – ☕ 16 €
Rest *Le Jardin des Puys* ✆ 04 73 41 14 50 – Formule 18 € – Carte 23/48 €
En bordure d'autoroute, ce Novotel propose des chambres modernes et bien insonorisées ; préférez les plus récentes. Cuisine régionale au restaurant, ouvert sur la piscine.

Suite Novotel sans rest

52 av. de la République – ✆ 04 73 42 34 73 – www.suitenovotel.com BY**c**
91 ch – 🚹120/140 € 🚹🚹120/140 € – ☕ 14 €
Face au centre des congrès, un hôtel récent, facilement accessible par le tram. Les chambres sont actuelles et confortables – surtout les "suites" avec leur coin bureau. Boutique gourmande et espace business au rez-de-chaussée. Idéal pour la clientèle d'affaires.

Kyriad Prestige

ch, rest,
25 av. de la Libération – ✆ 04 73 93 22 22 – www.kyriad-prestige-clermont-ferrand.fr
81 ch – 🚹92/132 € 🚹🚹92/132 € – ☕ 14 € EX**m**
Rest – Formule 12 € – Menu 18/22 € – Carte 25/34 €
Ce bâtiment moderne, situé en centre-ville, abrite des chambres contemporaines colorées ; à partir du 3e étage, côté rue, elles bénéficient de la vue sur les volcans. Carte traditionnelle et formules buffets au restaurant, dans un décor d'inspiration bistrot.

Lafayette sans rest

53 av. de l'Union-Soviétique – ✆ 04 73 91 82 27 – www.hotel-le-lafayette.com – Fermé 23 déc.-2 janv. GV**a**
48 ch – 🚹69/119 € 🚹🚹69/119 € – ☕ 11 €
Hall contemporain, chambres actuelles (tons pastel, meubles de qualité) et bonne insonorisation caractérisent cet hôtel à 50 m de la gare.

Dav'Hôtel Jaude sans rest

10 r. des Minimes – ✆ 04 73 93 31 49 – www.davhotel.fr – Fermé 20 déc.-6 janv.
28 ch – 🚹61/73 € 🚹🚹64/79 € – ☕ 10 € EV**f**
Un établissement à quelques pas de la fameuse place de Jaude dont les jeux d'eau, la nuit venue, s'illuminent de couleurs différentes. À croire que la jeune artiste ayant relooké l'hôtel s'en est inspirée... avec des notes vives dans les chambres. Simple et vivifiant !

Hôtel des Puys

16 pl. Delille – ✆ 04 73 91 92 06 – www.hoteldespuys.com FV**n**
63 ch – 🚹91/159 € 🚹🚹91/159 € – ☕ 14 € – ½ P
Rest *(fermé sam. et dim.)* – Formule 15 € – Menu 19 € (sem.), 26/29 € – Carte environ 34 €
Si vous êtes perdu, demandez votre chemin aux Clermontois : ils connaissent tous la place Delille. Cet hôtel offre confort, modernité et... vue imprenable sur le puy de Dôme depuis la salle du petit-déjeuner, au 6e étage !

Le Relais Kennedy sans rest

bd Edgar-Quinet – ✆ 04 73 23 37 01 – www.relais-kennedy.com CY**e**
55 ch – 🚹85/92 € 🚹🚹95/100 € – ☕ 12 €
Vu de l'extérieur, cet hôtel a un petit je-ne-sais-quoi de colonial. Dans les chambres, spacieuses et confortables, l'atmosphère est à la fois douce et chaleureuse. Aux beaux jours, profitez de la piscine !

Ibis Montferrand

ch,
bd A.-Brugière – ✆ 04 73 23 00 04 CY**v**
77 ch – 🚹65/120 € 🚹🚹65/120 € – ☕ 9 €
Rest *(fermé sam. midi)* – Formule 15 € – Menu 19 € – Carte 20/32 €
À deux pas du quartier historique de Clermont-Ferrand, un bâtiment moderne en retrait d'un petit boulevard. Les chambres sont bien pensées : grand lit avec couette, espace de travail, mobilier en bois. Restaurant d'esprit bistrot, proposant par exemple bavette et andouillette.

Bordeaux sans rest

39 av. F.-Roosevelt – ✆ 04 73 37 32 32 – www.hoteldebordeaux.com
– Fermé 24 déc.-10 janv. DX**t**

31 ch – 65/95 € – 9 €

La capitale du vin est loin, mais que cela ne vous empêche pas de faire escale dans ce petit hôtel du centre-ville. Dominance des tons orangés dans les chambres, chaleureuses et confortables. Un établissement parfaitement tenu.

Jean-Claude Leclerc

12 r. St-Adjutor – ✆ 04 73 36 46 30 – www.restaurant-leclerc.com
– Fermé 28 avril-9 mai, 11 août-3 sept., dim. et lundi EV**k**

Rest – Menu 33 € (déj. en sem.), 49/99 € – Carte 77/104 €

Dans cet établissement proche du palais de justice, point de convocation à une audience, mais une invitation à l'épicurisme ! Voilà une table clermontoise très appréciée : tout en équilibre et très maîtrisées, les assiettes pétillent de saveurs... Atmosphère élégante et terrasse ombragée.

➜ Langoustines rôties en salade d'artichaut poivrade, croquant de sucrine au parfum de truffe noire. Pigeon rôti, foie gras chaud et girolles sautées. Croquant de gruétine, mangue-chocolat en fraîcheur passion. **Vins** Châteaugay, Vin de pays du Puy-de-Dôme.

Amphitryon Capucine

50 r. de Fontgiève – ✆ 04 73 31 38 39 – www.amphitryoncapucine.com
– Fermé 29 juil.-19 août, dim. et lundi DV**k**

Rest – Menu 24 € (déj. en sem.), 30/80 € – Carte 51/75 €

Aux commandes de cette table clermontoise œuvre un chef venu de... Marseille ! Il signe de jolies recettes du moment, marquées par l'esprit du Sud, fort bien cuisinées et riches en saveurs, à l'instar de ces fleurs de courgette farcies à la ratatouille. Cadre classique et feutré.

Apicius (Arkadiusz Zuchmanski)

16 r. Claussmann – ✆ 04 73 91 13 61 – www.apicius-clermont.com – Fermé 6-12 mai, 5-31 août, 1er-6 janv., sam., dim. et fériés FV**b**

Rest – Formule 35 € – Menu 49 € (sem.), 59/89 € – Carte 90/125 €

L'enseigne célèbre un fameux cuisinier de l'Antiquité, à juste titre : les assiettes, bien qu'actuelles, distillent des saveurs éternelles, celles des produits rendus dans leur vérité. Beau décor contemporain.

➜ Saint-Jacques marinées au citron vert, salade d'algues au sésame. Lièvre à la royale, gnocchis façon Apicius. Véritable baba gorgé d'un vieux rhum. **Vins** Côtes d'Auvergne Châteaugay, Saint-Pourçain.

Pavillon Lamartine

17 r. Lamartine – ✆ 04 73 93 52 25 – www.pavillonlamartine.com
– Fermé 28 avril-5 mai, 4-26 août , 22-30 déc., lundi soir, mardi soir, dim. et fériés

Rest – Formule 19 € – Carte 29/81 € DX**a**

Près de la place de Jaude, poussez la grille de ce Pavillon et découvrez un restaurant à l'élégance toute contemporaine. La cuisine, savoureuse et gourmande, s'inscrit dans l'air du temps. Et qui sait ? Peut-être aurait-elle inspiré le poète Alphonse de Lamartine !

Fleur de Sel (Patrice Eschalier)

8 r. Abbé-Girard – ✆ 04 73 90 30 59 – www.restaurantfleurdesel.com
– Fermé août, dim., lundi et fériés FX**a**

Rest *(nombre de couverts limité, réserver)* – Menu 32 € (sem.), 57/77 €
– Carte environ 80 €

Attention les yeux : ici, la façade jaune laisse place à un intérieur d'un blanc immaculé... L'effet de surprise passé, vous apprécierez une cuisine originale qui fait la part belle à des produits de la mer au top de leur fraîcheur : cap sur les saveurs !

➜ Gambas sautées minute à l'ail et au basilic sur une tatin à la tomate. Saint-pierre cuit au naturel au parfum thaï, épinards sautés au lait de coco. Tarte à la mangue et glace au chocolat blanc.

Goûts et Couleurs

6 pl. du Changil – ✆ 04 73 19 37 82 – www.restaurantgoutsetcouleurs.com – Fermé 6-12 mai, 5-25 août,1er-5 janv., lundi midi, sam. midi et dim. EV**r**

Rest – Formule 22 € – Menu 30/65 € – Carte 54/78 €

Sur une petite place, à l'abri des regards, un sympathique restaurant pour déguster une cuisine respectant le rythme des saisons. Dans la salle voûtée, l'ambiance est bigarrée juste ce qu'il faut. Ainsi donc, goûts et couleurs sont bien au rendez-vous !

Bath's

pl. du Marché-St-Pierre – ✆ 04 73 31 23 22 – www.baths.fr – Fermé 1 sem. en fév., 20 août-7 sept., dim., lundi et fériés EVe

Rest – Menu 18 € (déj. en sem.), 27/36 € – Carte 35/56 €

Dans une zone piétonne au pied du marché St-Pierre, il fait bon s'installer en terrasse... Les salles sont tout aussi agréables avec leur déco soignée et branchée. Un lieu très vivant ! On y savoure une cuisine du marché, simple et goûteuse. Original : l'Espagne est à l'honneur avec un menu et des vins ibériques.

Le Comptoir des Saveurs

5 r. Ste-Claire – ✆ 04 73 37 10 31 – www.le-comptoir-des-saveurs.fr – Fermé 1er-21 août, 15 fév.-1er mars, mardi soir, merc. soir, dim. et lundi

Rest – Formule 21 € – Menu 26/43 € EVx

Installez-vous donc au comptoir – ou dans la salle –, on vous servira des saveurs ! Ici, on picore de petites portions dégustation au fil d'un menu surprise spécialement composé par le chef. Un concept original, à découvrir dans une salle colorée.

L'Écureuil N

18 r. St-Adjutor – ✆ 04 73 37 83 86 – Fermé 3 août-9 sept., 31 déc.-13 janv., merc. et dim. EVt

Rest – Menu 13 € (déj. en sem.), 22/37 €

Lui voulait renouer avec ses origines en s'installant en Auvergne, elle y a apporté l'entrain de ses racines italiennes, assurant un service pétillant… Après s'être rencontrés dans une maison de renom, Benoît et Monika ont créé en 2011 cet Écureuil chaleureux et gourmand. Au menu : une bien jolie cuisine du marché !

La Suite N

16 r. St-Adjutor – ✆ 04 73 37 72 56 – Fermé dim. EVd

Rest – Formule 12 € – Menu 16/25 € – Carte 28/48 €

La Suite du parcours de Jean-Claude Leclerc qui a ouvert cette nouvelle adresse à côté de son restaurant éponyme. Dans un décor de bistrot urbain, on déguste une cuisine centrée sur le produit, un brin rustique : rognons, gratin dauphinois... Simple et goûteux.

à Chamalières – 17 050 h. – alt. 450 m – ✉ 63400

Radio

43 av. Pierre-et-Marie-Curie – ✆ 04 73 30 87 83 – www.hotel-radio.fr – Fermé 28 oct.-6 nov. et 2-14 janv. **Plan de Royat Bw**

25 ch – †88/135 € ††98/145 € – ☕ 14 €

Rest *Radio* ✿ – voir les restaurants ci-après

Héritage des années 1930, cet hôtel des hauteurs de Chamalières offre un beau témoignage du style Art déco – celui des années radio ! À l'exception des chambres, spacieuses et feutrées, qui sont décorées de manière contemporaine, le côté rétro domine... et séduit notamment la clientèle étrangère.

Radio – Hôtel Radio

43 av. Pierre-et-Marie-Curie – ✆ 04 73 30 87 83 – www.hotel-radio.fr – Fermé 28 oct.-6 nov., 2-14 janv., lundi midi, sam. midi et dim. **Plan de Royat Bw**

Rest – Menu 30 € (déj. en sem.), 53/89 € – Carte 70/100 € ✿

Dans ce bel hôtel qui a conservé son cachet Art déco, le restaurant plaira aux amateurs du style : lignes modernistes, alliance du verre et du miroir, sobriété du noir et blanc... Une source d'inspiration pour le chef ? Ses assiettes se révèlent esthétiques et recherchées, sans effets inutiles : de belles saveurs au menu.

→ Escargots aux girolles et éclats de noisette, crème de pomme de terre à la muscade. Saint-pierre sauvage, risotto de coquillettes, cèpes et cantal entre deux. Accord chocolat-mangue-cacahouète.

Ô Gré des Saveurs

22 r. du Pont-de-la-Gravière – ✆ 04 73 36 99 35 – www.ogredesaveurs.com – Fermé 1er-8 janv., 29 mai-5 juin, 7-25 août, 26-31 déc., mardi soir, dim. soir et lundi

Rest – Formule 14 € – Menu 16 € (sem.), 28/46 € – Carte 32/54 € AYr

C'est à une jolie pérégrination qu'invite cette enseigne, où se cache aussi – l'avez-vous vu ? – un ogre. Pour sa première affaire, un jeune chef venu de Bretagne réécrit chaque jour ce petit itinéraire gargantuesque en fonction du marché. Notez qu'aucun ogre ne se cache dans la salle, où règne une ambiance conviviale.

à Pérignat-lès-Sarliève 8 km – 2 707 h. – alt. 364 m – ✉ 63170

Plateau de Gergovie★ : ✲★★ S : 8 km.

Gergovie

25 allée du Petit-Puy – ☎ 04 73 79 09 95 – www.hotelgergovie-clermontferrand.com

59 ch – †85/160 € ††85/160 € – ☕ 14 € CZb

Rest *(fermé le midi du 15 juil. au 22 août, sam. et dim.)* – Formule 17 € – Carte 30/43 €

Malgré le nom de cet établissement, aucune bataille à l'horizon ! La guerre des Gaules est loin, et c'est dans un grand bâtiment récent, à l'écart de l'autoroute, que les voyageurs posent leurs bagages. Les chambres sont résolument design, avec balcon ou terrasse. Restaurant traditionnel.

rte de la Baraque – ✉ 63830 Durtol

Le Pré - Xavier Beaudiment

rte de la Baraque – ☎ 04 73 19 25 00 – www.restaurant-lepre.com – Fermé 1er-15 août, 1er-20 janv., dim. soir, lundi et mardi AYf

Rest – Formule 34 € – Menu 55/75 €

Concept audacieux adopté par ce jeune chef : pas de carte, mais un menu unique élaboré selon l'inspiration du moment, avec la complicité de tout un réseau de petits producteurs et... les herbes sauvages de la région. Une "cuisine d'instinct", alliée à un vrai sens des saveurs, qui fait mouche !

➜ Œuf de poule, lierre terrestre et noisette. Truite, jus d'oseille, céleri et pomme du verger. Chocolat chaud, carotte sauvage et poire. **Vins** Côtes d'Auvergne Châteaugay, Saint-Pourçain.

à La Baraque 6 km par ⑥ – ✉ 63870 Orcines

Le Relais des Puys

59 rte de la Baraque – ☎ 04 73 62 10 51 – www.relaisdespuys.com – Fermé mi-déc. à fin janv. et dim. soir hors saison

36 ch – †69/84 € ††69/84 € – ☕ 10 € – ½ P

Rest *Le Relais des Puys* – voir les restaurants ci-après

Depuis sept générations, la même famille veille sur ce relais de diligence devenu un hôtel-restaurant. Les chambres sont simples mais confortables et parfaitement tenues. Une bonne adresse sur la route du puy de Dôme.

Le Relais des Puys

59 rte de la Baraque – ☎ 04 73 62 10 51 – www.relaisdespuys.com – Fermé mi-déc. à fin janv., dim. soir hors saison et lundi midi

Rest – Formule 16 € – Menu 19/50 € – Carte 19/48 €

Voilà un restaurant simple et chaleureux où l'on mange bien. Il ne reste qu'à se mettre devant la cheminée ou sur la terrasse pour goûter le poulet fermier à la gentiane, une terrine de rouget aux lentilles ou un bon plateau de fromages.

à Orcines 8 km par ⑥ – 3 278 h. – alt. 810 m – ✉ 63870

3, rue de la poste, ☎ 04 73 62 20 08, www.orcines.fr

Les Hirondelles

34 rte de Limoges – ☎ 04 73 62 22 43 – www.hotel-leshirondelles.com – Ouvert 12 fév.-11 nov. et fermé dim. soir, mardi midi et lundi en fév.-mars

30 ch – †65/85 € ††70/90 € – ☕ 9 € – ½ P

Rest – Formule 17 € – Menu 20 € (sem.), 28/43 € – Carte 31/44 €

Postée en lisière du parc naturel régional des Volcans d'Auvergne, cette ancienne ferme – où venaient nicher des hirondelles, d'où le nom de l'établissement – abrite des chambres petites mais bien tenues. Sous les voûtes de l'ancienne étable, on sert une cuisine auvergnate.

Auberge de la Baraque

2 rte de Bordeaux – ☎ 04 73 62 26 24 – www.laubrieres.com – Fermé 8-24 juil., lundi, mardi et merc. sauf fériés

Rest – Menu 28/54 €

Cette baraque-là, tout comme les plats qu'on y prépare, ne sont pas faits de bric et de broc ! Dans le cadre rustique de cet ancien relais de diligence (1800), on apprécie une cuisine de qualité, savoureuse et bien présentée. Le tout à petits prix.

Auberge de la Fontaine du Berger

167 rte de Limoges – 04 73 62 10 52 – www.auberge.fr – Fermé 1er-6 mars, 17-24 avril, 28 août-4 sept., 23 déc.-16 janv., dim. soir, mardi soir et merc.

Rest – Menu 16 € (déj. en sem.), 24/29 € – Carte 30/55 €

Arrêtez-vous dans cette maison de pays aux volets rouges ! On y apprécie une jolie cuisine où les produits frais ont la part belle. Dans les assiettes, le goût est au rendez-vous. À l'image de ce tartare de thon avec des chips de pommes de terre ou ce filet de saint-pierre accompagné d'épinards et d'agrumes...

CLERMONT-L'HÉRAULT – 34 Hérault – 339 F7 – 7 627 h. – alt. 92 m – 34800 Languedoc Roussillon

23 C2

Paris 718 – Béziers 46 – Lodève 24 – Montpellier 42

Place Jean Jaurès, 04 67 96 23 86, www.clermont-l-herault.com

Église St-Paul★.

Le Tournesol

2 r. Roger Salengro – 04 67 96 99 22 – www.letournesol.fr

Rest – Formule 13 € – Menu 16 € (déj. en sem.), 24/39 € – Carte 29/70 €

Prenez une jolie véranda, ajoutez du mobilier en teck et une grande terrasse plantée d'oliviers… et vous obtiendrez une certaine idée des vacances ! Dans ce restaurant du centre-ville, où le Midi s'invite dans l'assiette, le chef signe une cuisine traditionnelle gorgée de soleil. Une bonne adresse.

à St-Saturnin-de-Lucian 10 km au Nord par D 609, D 908, D 141 et D 130 – 307 h. – alt. 150 m – 34725

Grotte de Clamouse★★ NE : 12 km - St-Guilhem-le-Désert : site★★, église abbatiale★ NE : 17 km.

Hôtel du Mimosa sans rest

10 pl. de la Fontaine – 04 67 88 62 62 – www.hoteldumimosa.blogspot.com – Ouvert avril à nov.

7 ch – 68/95 € 68/95 € – 10 €

Ravissante demeure séculaire (16e s.) sur la place du village. Dans les chambres, spacieuses, se côtoient mobilier en bois et fer forgé, vieilles pierres et cheminées d'origine. Accueil à partir de 17h.

à Brignac 3 km à l'Est par D 4 – 682 h. – alt. 60 m – 34800

La Missare sans rest

9 rte de Clermont – 04 67 96 07 67 – http://la.missare.free.fr

4 ch – 75 € 75 €

La Missare ("le loir" en languedocien...) allie charme et sérénité : chambres spacieuses, meubles chinés – le maître des lieux est antiquaire –, beau jardin envahi de fleurs, piscine... Un conseil : ne passez pas à côté du petit-déjeuner maison !

CLERVAL – 25 Doubs – 321 I2 – 1 038 h. – alt. 285 m – 25340 Franche-Comté Jura

17 C2

Paris 459 – Besançon 58 – Delémont 103 – Neuchâtel 111

place de l'Hotel de Ville, 03 81 97 81 80, www.clerval.fr

La Bonne Auberge

2 rte de Besançon – 03 81 97 81 01 – Fermé 4-10 mars, 3-9 juin, 27 sept.-6 oct., 24-29 déc., sam. midi, dim. soir et vend.

Rest – Formule 11 € bc – Menu 28/35 € – Carte 33/39 €

Voilà une enseigne qui donne le ton ! Dans cette belle maison en pierre, à la sortie du village et à deux pas du Doubs, on savoure de bons petits plats traditionnels. Les préparations sont maîtrisées, les produits de qualité. Accueil sympathique.

CLICHY – 92 Hauts-de-Seine – 311 J2 – 101 15 – voir à Paris, Environs

CLIOUSCLAT – 26 Drôme – **332** C5 – 628 h. – alt. 235 m – ✉ 26270 **44** B3

Paris 586 – Valence 31 – Montélimar 24

La Treille Muscate

Le village – ✆ 04 75 63 13 10 – www.latreillemuscate.com – Fermé 5 déc.-12 fév.

11 ch – †70/150 € ††70/150 € – 1 suite – ☕ 12 € – ½ P

Rest ***La Treille Muscate*** – voir les restaurants ci-après

Cette belle bâtisse en pierre est tout imprégnée de douceur provençale : le jardin ouvre sur les vergers alentour, les chambres sont raffinées... La tranquillité avec l'accent du Sud.

La Treille Muscate

Le village – ✆ 04 75 63 13 10 – www.latreillemuscate.com – Fermé 5 déc.-12 fév. et lundi

Rest – Menu 20 € (déj. en sem.), 31/36 € – Carte environ 43 €

La terrasse, au cœur du village, dégage le charme de l'authenticité ; la salle voûtée est très cosy... Produits frais, saveurs régionales revisitées par le chef : l'assiette est au diapason. Tout est fait maison et cela se sent !

La Fontaine

Le village – ✆ 04 75 63 07 38 – www.lafontaine-cliousclat.fr – Fermé vacances de la Toussaint, de Noël, de fév.; dim. soir et mardi soir de sept. au 15 juin et merc.

Rest – Formule 13 € – Menu 21 € (déj. en sem.), 28/37 € – Carte 32/42 €

Un bistrot de village vraiment sympathique. Regardez, depuis la salle, on aperçoit le chef s'activer en cuisine autour des bons produits... Et savourez, car ses petits plats du terroir sont alléchants ! Jolie terrasse sur la rue.

CLISSON – 44 Loire-Atlantique – **316** I5 – 6 778 h. – alt. 34 m – ✉ 44190 **34** B2

Pays de la Loire

Paris 396 – Nantes 31 – Niort 130 – Poitiers 151

place du Minage, ✆ 02 40 54 02 95, www.valleedeclisson.fr

Site★ - Domaine de la Garenne-Lemot★.

Villa Saint-Antoine

8 r. St-Antoine – ✆ 02 40 85 46 46 – www.hotel-villa-saint-antoine.com

43 ch – †89/135 € ††89/135 € – ☕ 12 € – ½ P

Rest – Formule 14 € – Menu 29/38 € – Carte 37/49 €

Au cœur de Clisson – petite ville dont l'architecture s'inspire de la Toscane –, cette ancienne filature propose de belles chambres contemporaines rendant hommage à l'art italien. Terrasse au bord de l'eau. Cuisine d'aujourd'hui dans un décor de brasserie.

La Bonne Auberge

1 r. Olivier-de-Clisson – ✆ 02 40 54 01 90 – Fermé 6-29 août, 1er-19 janv., mardi midi, dim. soir, merc. soir et lundi

Rest – Formule 15 € – Menu 22 € (déj. en sem.), 44/70 € – Carte 65/84 €

Cette maison bourgeoise compte trois salles à manger élégantes et chaleureuses (boiseries blondes), dont une véranda ouverte sur un petit jardin. Carte fidèle à son classicisme.

à Gétigné 3 km au Sud-Est par D 149 et rte secondaire – 3 378 h. – alt. 26 m – ✉ 44190

La Gétignière

3 r. de la Navette – ✆ 02 40 36 05 37 – www.lagetigniere.com – Fermé vacances de Noël, dim. soir, mardi soir et lundi

Rest – Formule 18 € – Menu 22 € (sem.), 26/95 € bc – Carte 47/61 €

Jolie maison fleurie au cœur du village. Salle contemporaine (murs gris, mobilier design) et terrasse ouvrant sur un petit jardin japonisant. Cuisine actuelle.

CLOHARS-FOUESNANT – 29 Finistère – **308** G7 – rattaché à Bénodet

CLUNY – 71 Saône-et-Loire – **320** H11 – **4 624 h.** – **alt. 248 m** – ✉ **71250** **8** C3

Bourgogne

Paris 384 – Mâcon 25 – Chalon-sur-Saône 49 – Montceau-les-Mines 44

6, rue Mercière, ✆ 03 85 59 05 34, www.cluny-tourisme.com

Anc. abbaye★★ : clocher de l'Eau Bénite★★ - Musée Ochier★ **M** - Clocher★ de l'église St-Marcel.

Château de Cormatin★★ (cabinet de St-Cécile★★★) N : 13 km - Communauté de Taizé N : 10 km.

Hôtel de Bourgogne

VISA AE

pl. l'Abbaye – ✆ 03 85 59 00 58 – www.hotel-cluny.com – Fermé 1er déc.-9 fév. et 17-24 fév. **n**

14 ch – †93/103 € ††93/133 € – 2 suites – ☕ 11 €

Rest ***Restaurant de Bourgogne*** – voir les restaurants ci-après

En face de l'abbaye bénédictine, une maison de caractère où Lamartine avait ses habitudes. Les chambres sont classiques et bien tenues ; l'accueil fort aimable. La bonne adresse de la cité.

Hostellerie d'Héloïse avec ch

rest, VISA AE

7 rte de Mâcon – ✆ 03 85 59 05 65 – www.hostelleriedheloise.com – Fermé 30 juin-10 juil. et 20 déc.-31 janv. **y**

13 ch – †55/70 € ††65/70 € – ☕ 10 € – ½ P

Rest *(fermé dim. soir, jeudi midi et merc.)* – Formule 19 € bc – Menu 27/50 € – Carte 35/46 €

Un établissement convivial et joliment rétro ! Les Héloïse et Abélard d'aujourd'hui pourront y savourer une cuisine traditionnelle et régionale d'une belle finesse... Et pour l'étape, quelques chambres bien tenues.

Restaurant de Bourgogne – Hôtel De Bourgogne

VISA AE

pl. l'Abbaye – ✆ 03 85 59 00 58 – www.hotel-cluny.com – Fermé 1er déc.-10 fév., 22-29 juil., mardi et merc. **n**

Rest – Formule 19 € – Menu 26/48 € – Carte 40/63 €

Une table de tradition à deux pas de la célèbre abbaye. Le chef travaille de bons produits du terroir : croustine de chèvre chaud du Clunisois et mesclun aux épices douces, filet de bœuf charolais et réduction de vin rouge du Mâconnais, etc.

Avril (R. d') 2
Conant (Espace K. J.) 3
Filaterie (R.) 4
Gaulle (Av. Ch.-de) 5
Lamartine (R.) 6
Levée (R. de la) 8
Marché (Pl. du) 9
Mercière (R.) 12
Prud'hon (R.) 14
Pte des Prés (R.) 13
République (R.) 15

LA CLUSAZ – 74 Haute-Savoie – **328** L5 – **1 876 h.** – **alt. 1 040 m** – **Sports d'hiver : 1 100/2 600 m** 8 49 – 74220 Alpes du Nord **46** F1

Paris 564 – Albertville 40 – Annecy 32 – Chamonix-Mont-Blanc 60

161, place de l'église, 04 50 32 65 00, www.laclusaz.com

Est : Vallon des Confins★ - Vallée de Manigod★ Sud 7,5 km : Col des Aravis ★★

Au Cœur du Village

26 Montée du Château – 04 50 01 50 01 – www.hotel-aucoeurduvillage.fr – Fermé en mai

37 suites – 240/720 € – 20 ch – 25 €

Rest ***Le 5*** – voir les restaurants ci-après

Le bois, le métal et le grès se mêlent... Mariage des matières et des styles – design, alpestre – réussi pour le meilleur hôtel de la station. Ouvert fin 2010, cet établissement a déjà fait battre le cœur de plus d'une personne !

Beauregard

ch, rest,

90 sentier du Bossonet – 04 50 32 68 00 – www.hotel-beauregard.fr – Fermé 15 oct.-20 nov.

95 ch – 85/395 € 85/395 € – 15 € – ½ P

Rest – Formule 18 € – Menu 24 € (déj.), 26 €

Un grand chalet typique, au pied des pistes. Après une journée de ski, on se détend au salon ou dans la vaste piscine couverte. Une terrasse en plein soleil ? Pas de doute, c'est l'endroit idéal pour faire un repas traditionnel.

Les Sapins

rest,

105 chemin des Riffroids – 04 50 63 33 33 – www.clusaz.com – Ouvert 15 juin-8 sept. et 15 déc.-15 avril

24 ch – 70/190 € 70/190 € – 12 € – ½ P

Rest – Menu 22/28 € – Carte 28/51 €

Le charme d'un joli chalet familial surplombant le village... Bois blond et tomettes au salon, accès direct aux pistes : rien ne manque et l'on se sent bien. Un grand creux ? On se repaît de tartiflettes et de fondues en profitant de la vue sur les pentes enneigées.

Alp'Hôtel

192 rte col des Aravis – 04 50 02 40 06 – www.clusaz.com – Ouvert 15 juin-20 sept. et 15 déc.-20 avril

15 ch – 75/220 € 100/270 € – 14 € – ½ P

Rest *(ouvert 15 juin-15 sept.)* – Formule 18 € – Menu 25 € – Carte 30/53 €

Haut chalet au cœur de la station. Dans les chambres (toutes avec balcon) règne une agréable atmosphère savoyarde. Le restaurant est un vrai lieu de vie. Chaleureux !

Le 5 – Hôtel Au Cœur du Village

26 Montée du Château – 04 50 01 50 01 – www.hotel-aucoeurduvillage.fr/fr/restaurant-le-5 – Fermé en mai

Rest – Formule 35 € – Menu 55/140 € – Carte 68/137 €

Sous l'égide d'un Meilleur Ouvrier de France 2011, ce restaurant chic, au cœur de la station, propose un grand choix de poissons et de viandes. Dans la salle, avec vue sur les cuisines, l'ambiance est animée. Aux beaux jours, préférez la terrasse à l'étage.

rte du Col des Aravis 4 km au Sud par D 909 – 74220 La Clusaz :

Les Chalets de la Serraz

3862 rte du Col des Aravis – 04 50 02 48 29 – www.laserraz.com – Fermé 14 avril-17 mai et 15 sept.-20 oct.

10 ch – 110/165 € 145/225 € – ½ P

Rest *(dîner seult)* – Menu 38 € – Carte 43/63 €

Une ancienne ferme, la montagne à perte de vue et des chambres douillettes. Dans le jardin, de charmants chalets abritent les duplex (terrasse privative). Cuisine traditionnelle au restaurant. On s'y sent comme de vraies marmottes !

CLUSES – 74 Haute-Savoie – **328** M4 – **17 468 h.** – **alt. 486 m** – 74300 **46** F1

Alpes du Nord

Paris 570 – Annecy 56 – Chamonix-Mont-Blanc 41 – Thonon-les-Bains 59

100, place du 11 Novembre, 04 50 96 69 69, www.cluses.com

Bénitier★ de l'église.

La Ferme du Lac
550 av. Louis-Coppel, lacs de Thyez – ✆ 04 50 18 94 00 – www.fermedulac.com – Fermé 2 sem. en août
20 ch – †80/125 € ††90/125 € – ☕ 10 € – ½ P
Rest *(fermé sam. midi et dim.)* – Formule 17 € – Menu 20 € (déj.)/30 €
Dans un quartier calme, face aux lacs de Thyez, ce chalet ouvert en 2011 est charmant. Du bois, du cachet et des équipements high-tech : les chambres sont confortables et vraiment propices au repos, tout comme l'espace bien-être.

Le St-Vincent
14 r. Fg St-Vincent, au Sud-Est par rte de Chamonix – ✆ 04 50 96 17 47 – www.le-saint-vincent.com – Fermé 12-19 août, sam. midi et dim.
Rest – Formule 19 € – Menu 29/46 € – Carte 37/54 €
Un esprit "nouvelle auberge", une atmosphère chaleureuse et une cuisine soignée et délicate, que le jeune chef concocte avec de beaux produits : la valeur sûre de Cluses !

COCHEREL – 27 Eure – 304 I7 – rattaché à Pacy-sur-Eure

COCURÈS – 48 Lozère – 330 J8 – rattaché à Florac

COËX – 85 Vendée – 316 E7 – rattaché à St-Gilles-Croix-de-Vie

COGNAC – 16 Charente – 324 I5 – 18 729 h. – alt. 25 m – ✉ 16100 38 B3

Poitou-Charentes

Paris 478 – Angoulême 45 – Bordeaux 120 – Niort 83
16, rue du 14 juillet, ✆ 05 45 82 10 71, www.tourism-cognac.com
Du Cognac, à Saint-Brice, La Maurie, E : 8 km rte de Bourg-de-Charente, ✆ 05 45 32 18 17

Le Valois sans rest
35 r. du 14 Juillet – ✆ 05 45 36 83 00 – www.hotellevalois.com – Fermé 23 déc.-4 janv.
46 ch – †74 € ††80/120 € – ☕ 9 € Za
À deux pas des chais de Cognac, dans un immeuble des années 1980, des chambres fonctionnelles et assez spacieuses (une partie dans l'annexe voisine). L'entretien se révèle très soigné.

Héritage
25 r. d'Angoulême – ✆ 05 45 82 01 26 – www.hheritage.com – Fermé 16 fév.-4 mars
19 ch – †65 € ††70 € – ☕ 8 € Yz
Rest *(fermé dim. et lundi)* – Formule 18 € – Menu 22 € – Carte 26/42 €
Des couleurs très flashy, une myriade de styles, plein de contrastes... Cet hôtel particulier du Second Empire (1865) bouscule son héritage avec décalage, jeunesse et chaleur. Cuisine traditionnelle au restaurant.

Les Pigeons Blancs avec ch
110 r. Jules-Brisson – ✆ 05 45 82 16 36 – www.pigeons-blancs.com – Fermé 15-30 nov. et dim. soir d'oct. à avril Yd
6 ch – †60/95 € ††75/115 € – ☕ 12 € – ½ P
Rest *(fermé dim. soir et lundi midi)* – Formule 25 € – Menu 35/59 € – Carte 45/74 €
Séparé du centre-ville par la Charente, un relais de poste du 17e s. dans un petit parc clos de mur. Un antre dédié à la tradition, sous l'égide de toute une famille (deux frères et leur sœur) très attachée au lieu.

Le Bistro de Claude
35 r. Grande – ✆ 05 45 82 60 32 – www.bistro-de-claude.com – Fermé 3 sem. en août, sam. et dim. Yn
Rest – Formule 18 € – Menu 21 € (déj.)/29 € – Carte 35/78 €
Vous ne connaissez pas Claude ? Son bistro est à son image : chaleureux, franc et... gourmand, avec de belles assiettes fort bien mijotées (lotte rôtie à l'espagnole, entrecôte du Limousin à la plancha, etc.). Tout Cognac connaît Claude !

COGNAC

Angoulême (R. d') . . . . Y
Armes (Pl. d') . . . . Y
Bazoin (R. Abel) . . . . Y 6
Boucher (R. Cl.) . . . . Y 7
Briand (R. A.) . . . . Y
Canton (R. du) . . . . Y 8
Champ de Mars (Allées du) . . Z 9
Château (Quai du) . . . . Y 10
Cordeliers (R. des) . . . . Y 11
Corderie (Allées de la) . . . . . . Z 12
François-1er (R.) . . . . Y 13
Germain (R. H.) . . . . Y 14
Grande Rue . . . . Y 15
Isle d'Or (R. de l') . . . . Y 16
Lusignan (R. de) . . . . Y 20
Magdeleine (R.) . . . . Y 21
Martell (Pl. Ed.) . . . . Z 22
Monnet (Pl. Jean) . . . . Z 23
Palais (R. du) . . . . Y 24
Victor-Hugo (Av.) . . . . Z
14-Juillet (R. du) . . . . Z 26

La Courtine
allée Fichon, parc François 1er – 05 45 82 34 78 – www.restaurant-la-courtine.fr – Fermé 24 déc.-9 janv. Yt

Rest – Formule 19 € – Menu 27 € bc – Carte 26/44 €

Pour s'encanailler sur les rives de la Charente, une ancienne guinguette dans un site préservé... Le décor tout en bois fait remonter le temps, de même que la cuisine simple et traditionnelle, aux prix mesurés. À noter : la jolie terrasse face au ponton et, régulièrement, des soirées jazz !

au Sud-Est 3 km par ① rte d'Angoulême et rte de Rouillac (D 15) – ✉ 16100 Châteaubernard

Château de l'Yeuse
65 r. de Bellevue, (quartier l'Échassier) – 05 45 36 82 60 – www.yeuse.fr – Fermé 18 déc.-2 fév.

21 ch – 115/196 € 115/196 € – 3 suites – 19 € – ½ P

Rest ***Le P'tit Yeuse*** **Rest** ***Château de l'Yeuse*** – voir les restaurants ci-après

Atmosphère romantique en cette gentilhommière du 19e s. agrandie d'une aile moderne. Mobilier ancien et décor raffiné dans les chambres ; belle collection de cognacs dans le salon : beaucoup de charme !

Domaine de l'Échassier
72 r. Bellevue, (quartier l'Echassier) – 05 45 35 01 09 – www.echassier.com – Fermé 22 fév.-4 mars, 28 oct.-4 nov., 24-30 déc. et dim. d' oct. à avril

22 ch – 78/95 € 95/115 € – 13 € – ½ P **Rest** *(dîner seult)* – Menu 37/41 €

En périphérie de Cognac, une construction des années 1980, d'esprit classique. Les chambres sont spacieuses et calmes, certaines avec balcon ou terrasse face au joli jardin. Le restaurant gastronomique ouvre lui aussi sur la verdure... pour une cuisine rythmée par les saisons.

Château de l'Yeuse – Hôtel Château de l'Yeuse
65 r. de Bellevue, (quartier l'Échassier) – 05 45 36 82 60 – www.yeuse.fr – Fermé 18 déc.-2 fév., le midi, dim. sauf du 14 juil. au 25 août et lundi hors saison

Rest – Menu 55 € – Carte 70/95 €

Dans cette jolie demeure bourgeoise dominant la Charente, le chef réalise des préparations précises à partir de produits de qualité, qu'il sélectionne grâce à son réseau de producteurs locaux. Beaucoup d'harmonie et d'élégance : une belle maison.

Le P'tit Yeuse – Hôtel Château de l'Yeuse
65 r. Bellevue, (quartier l'Échassier) – 05 45 36 82 60 – www.yeuse.fr – Fermé 18 déc.-2 fév., lundi, sam., dim. et le soir

Rest – Formule 24 € – Menu 28 €

Au Château de l'Yeuse, on a le choix entre le gastro et ce bistrot qui propose une cuisine généreuse, d'un excellent rapport qualité-prix. Œufs mollets, asperges au jambon cru, poitrine de cochon caramélisée... Ce P'tit Yeuse a tout d'un grand !

COGOLIN – 83 Var – 340 O6 – 11 104 h. – alt. 20 m – ✉ 83310 41 C3

Côte d'Azur

Paris 864 – Fréjus 33 – Ste-Maxime 13 – Toulon 60

place de la République, 04 94 55 01 10, www.cogolin-provence.com

Bliss sans rest
pl. de la République – 04 94 54 15 17 – www.bliss-hotel.com

24 ch – 69/205 € 75/235 € – 14 €

Bliss... ou "béatitude" en français : cet hôtel se prête à un séjour zen, dans un décor très actuel (tons taupe, mobilier minimaliste, bois clair). Idéalement situé en centre-ville.

La Grange des Agapes
7 r. du 11-Novembre, (pl. de la Mairie) – 04 94 54 60 97 – www.grangeagapes.com – Fermé 24 déc.-3 janv. et le midi du 1er-15 août, dim. et lundi

Rest – Menu 22 € (déj.), 28/42 € – Carte 52/63 €

Une adresse qui a la cote : la salle est agréable (à l'étage, avec vue sur les fourneaux) et la cuisine, régionale, allie simplicité et authenticité. Le chef propose des cours.

Grain de Sel

6 r. du 11-Novembre, (derrière la mairie) – ✆ 04 94 54 46 86 – www.grainsel-cogolin.fr – Fermé vend. midi et lundi sauf le soir en juil. août

Rest *(nombre de couverts limité, réserver)* – Formule 22 € – Menu 29 € – Carte environ 40 €

Au cœur de Cogolin, ce tout petit bistrot provençal ne manque pas de sel : un jeune couple en a repris les rênes en 2011 – elle en salle, lui en cuisine, pour cultiver toutes les saveurs du Sud.

COIRAC – 33 Gironde – 335 J6 – 210 h. – alt. 100 m – ✉ 33540 — 4 C2

Paris 598 – Bordeaux 49 – Langon 20 – Périgueux 131

Le Flore

1 Petit-Champ-du-Bourg – ✆ 05 56 71 57 47 – Fermé mardi soir, merc. soir, dim. soir et lundi

Rest – Formule 15 € – Menu 18 € (déj. en sem.), 30/42 € – Carte 36/42 €

Bonne petite table de campagne autour d'une cuisine du marché savoureuse et généreuse. Les propriétaires sont très accueillants et il y a même une terrasse donnant sur un petit verger.

COISE-ST-JEAN-PIED-GAUTHIER – 73 Savoie – 333 J4 – 1 174 h. – alt. 292 m – ✉ 73800 — 46 F2

Paris 582 – Albertville 32 – Chambéry 23 – Grenoble 55

Château de la Tour du Puits

1 km par rte du Puits – ✆ 04 79 28 88 00 – www.chateaupuit.fr – Ouvert 1er mai-15 sept.

7 ch – †170/310 € ††170/310 € – ☕ 25 € – ½ P

Rest *(fermé dim. sauf juil.-août et lundi) (dîner seult) (résidents seult)* – Menu 45/95 € – Carte 75/100 €

Ce gracieux château rebâti au 18e s. dresse sa tour en poivrière au milieu d'un superbe parc arboré. Chambres décorées avec soin (boutis, mobilier chiné...). Héliport. Fine cuisine actuelle réalisée avec de bons produits ; jolie terrasse sous une tonnelle.

COL BAYARD – 05 Hautes-Alpes – 334 E5 – alt. 1 248 m – ✉ 05000 Gap — 41 C1

Alpes du Sud

Paris 658 – Gap 7 – La Mure 56 – Sisteron 60

à Laye 2,5 km au Nord par N 85 – 238 h. – alt. 1 170 m – ✉ 05500

La Laiterie du Col Bayard

– ✆ 04 92 50 50 06 – www.laiterie-col-bayard.com – Fermé 11 nov.-21 déc. et lundi sauf vacances scolaires

Rest – Menu 18/45 € bc – Carte 18/49 €

Une étape incontournable pour les amateurs de fromage ! Associé à une laiterie et à une belle boutique de produits régionaux, tout près du col Bayard, le restaurant joue la carte de la qualité version affinage : au menu, fondues, raclettes, etc., et un plateau de plus de 60 fromages, la plupart des Alpes bien sûr !

COL DE CUREBOURSE – 15 Cantal – 330 D5 – rattaché à Vic-sur-Cère

COL DE LA CROIX-FRY – 74 Haute-Savoie – 328 L5 – rattaché à Manigod

COL DE LA FAUCILLE ★★ – 01 Ain – 328 J2 – alt. 1 320 m – Sports d'hiver : (Mijoux-Lelex-la Faucille) 900/1 680 m 3 29 – ✉ 01170 Gex — 46 F1

Franche-Comté Jura

Paris 480 – Bourg-en-Bresse 108 – Genève 29 – Gex 11

Descente sur Gex★★ (N 5) ✳★★ SE : 2 km - Mont-Rond★★ (accès par télécabine - gare à 500 m au SO du col).

La Mainaz

col de la Faucille, 1 km au Sud par D 1005 – ✆ 04 50 41 31 10 – www.la-mainaz.com – Fermé 17 juin-4 juil., 28 oct.-6 déc., dim. soir et lundi sauf vacances scolaires
21 ch – †88/123 € ††88/123 € – ☕ 13 € – ½ P
Rest – Formule 28 € – Menu 37/50 € – Carte 39/80 €
Atout incontestable de ce grand chalet en bois : la vue exceptionnelle sur le Léman et les Alpes. Il y règne comme une ambiance de pension de famille (certaines chambres récentes sont moins rétro). Tradition encore au restaurant panoramique.

La Couronne

– ✆ 04 50 41 32 65 – www.hotel-de-la-couronne.com – Ouvert 15 mai-30 sept. et 15 déc.-31 mars
15 ch – †68/78 € ††68/78 € – ☕ 9 € – ½ P
Rest *(fermé merc. en juin et le midi en hiver et juil.-août)* – Formule 19 € – Menu 27 € (dîner)/39 € – Carte 34/62 €
Quelle ambiance chaleureuse dans ce grand chalet au sommet du col de la Faucille ! On se réchauffe devant la cheminée ou on se prélasse dans les chambres d'esprit montagnard (les plus récentes). Pour se restaurer, deux options, dont le carnotzet avec ses spécialités fromagères.

COL DE LA MACHINE – 26 Drôme – 332 F4 – rattaché à St-Jean-en-Royans

COL DE LA SCHLUCHT – 88 Vosges – 314 K4 – alt. 1 258 m – ✉ 88400 27 D3

– Sports d'hiver : 1 150/1 250 m ⛷ Alsace Lorraine

▶ Paris 441 – Colmar 37 – Épinal 56 – Gérardmer 16

◉ Route des Crêtes★★★ N et S - Le Hohneck ✳★★★ S : 5 km.

Le Collet

9937 rte de Colmar, (au Collet), 2 km sur rte de Gérardmer – ✆ 03 29 60 09 57 – www.chalethotel-lecollet.com
25 ch – †78 € ††85/88 € – 6 suites – ☕ 15 € – ½ P
Rest *Le Collet* – voir les restaurants ci-après
Un beau chalet, au cœur du parc régional des Ballons des Vosges. Les chambres, très douillettes, fourmillent de détails soignés (tissu des Vosges brodé, bois, pierre) et les environs... de sapins !

Le Collet

9937 rte de Colmar, (au Collet), 2 km sur rte de Gérardmer – ✆ 03 29 60 09 57 – www.chalethotel-lecollet.com
Rest – Formule 16 € – Menu 26/52 € – Carte 35/51 €
Une "cuisine du terroir relookée", selon les propres mots du chef, qu'inspirent les choses "vraies", les légumes du potager et les produits de la ferme. Le goût des bonnes choses, dans un joli décor montagnard.

COL DU DONON – 67 Bas-Rhin – 315 G5 – alt. 718 m – ✉ 67130 1 A2

Grandfontaine Alsace Lorraine

▶ Paris 402 – Lunéville 61 – St-Dié 41 – Sarrebourg 39

◉ ✳★★ sur la chaîne des Vosges.

Le Donon

– ✆ 03 88 97 20 69 – www.ledonon.com – Fermé 22-25 déc.
22 ch – †74/82 € ††74/82 € – 1 suite – ☕ 10 € – ½ P
Rest *(fermé lundi, mardi et merc.)* – Menu 20/30 €
Sur le col, au milieu de la forêt, une imposante bâtisse abritant des chambres douillettes, d'esprit traditionnel, et des studios avec mansarde. Jolie piscine, sauna, jacuzzi. Cadre rustique et esprit régional au restaurant.

COL DU PAVILLON – 69 Rhône – 327 F3 – rattaché à Cours

COLIGNY – 01 Ain – 328 F2 – 1 148 h. – alt. 298 m – ✉ 01270 44 B1

Paris 407 – Bourg-en-Bresse 24 – Lons-le-Saunier 39 – Mâcon 57

Au Petit Relais

Grande-Rue – ✆ 04 74 30 10 07 – www.aupetitrelais.fr – Fermé 2-12 avril, 23 sept.-3 oct., 2-5 déc., dim. soir, merc. soir et jeudi

Rest *(nombre de couverts limité, réserver)* – Menu 20 € (déj. en sem.), 29/66 € – Carte 48/88 €

Ce Petit Relais propose une cuisine particulièrement goûteuse où se côtoient homard, poissons nobles, spécialités de la Bresse et vins choisis. La salle à manger est pimpante et l'été, on dresse la terrasse dans la cour intérieure.

COLLÉGIEN – 77 Seine-et-Marne – 312 F2 – 101 19 – voir à Paris, Environs (Marne-la-Vallée)

LA COLLE-SUR-LOUP – 06 Alpes-Maritimes – 341 D5 – 7 640 h. – alt. 90 m – ✉ 06480 Côte d'Azur 42 E2

Paris 919 – Antibes 15 – Cagnes-sur-Mer 7 – Cannes 26

28, rue Maréchal Foch, ✆ 04 93 32 68 36, www.lacollesurloup.fr

Alain Llorca

350 rte de St-Paul – ✆ 04 93 32 02 93 – www.alainllorca.com

10 ch – †170/270 € ††170/270 € – ☕ 20 € – ½ P

Rest *Alain Llorca* – voir les restaurants ci-après

Un "hôtel de chef" en pleine nature, à quelques minutes de St-Paul-de-Vence. Les chambres, élégantes, offrent de très beaux volumes et sont réparties dans deux jolies villas provençales.

L'Abbaye

541 bd Teisseire, rte de Grasse – ✆ 04 93 32 68 34 – www.hotelabbaye.com – Fermé en nov.

15 ch – †95/115 € ††145/215 € – ☕ 11 €

Rest *(fermé lundi et mardi)* – Formule 18 € – Menu 23 € (déj. en sem.), 29/39 € – Carte 44/59 €

Dans cette abbaye séculaire, qui appartenait autrefois aux moines de l'île St-Honorat, règne paradoxalement un esprit design et très tendance. Beaucoup de classe et d'originalité, pour un mélange des genres réussi.

Marc Hély sans rest

535 rte de Cagnes, 800 m au Sud-Est par D 6 – ✆ 04 93 22 64 10 – www.hotel-marc-hely.com – Ouvert fév.-oct.

11 ch – †80/140 € ††80/140 € – ☕ 12 €

Cette grande maison, un peu en retrait de la route principale, bénéficie d'une très belle vue sur St-Paul-de-Vence. C'est calme, bien tenu, et les chambres sont décorées dans un style provençal simple et de bon ton.

Alain Llorca – Hôtel Alain Llorca

350 rte de St-Paul – ✆ 04 93 32 02 93 – www.alainllorca.com

Rest – Menu 38 € (déj.), 50/130 € – Carte 59/106 €

Ceux qui connaissaient déjà Alain Llorca, en particulier grâce au Moulin de Mougins, ont le plaisir de le retrouver ici chez lui, pour une véritable ode à la cuisine méditerranéenne, revisitée avec une sensibilité contemporaine. À noter : spécialité de viandes et crustacés rôtis sur le gril. Terrasse panoramique.

→ Fleurs de courgette farcies aux champignons et aux truffes. Quasi de veau rôti, vitello tonnato comme un condiment et légumes de saison. Baba au rhum. **Vins** Bellet, Bandol.

Le Blanc Manger

1260 rte de Cagnes – ✆ 04 93 22 51 20 – www.leblancmanger.fr – Fermé lundi et mardi

Rest *(nombre de couverts limité, réserver)* – Formule 25 € bc – Menu 35/60 € – Carte 52/65 €

Ce petit restaurant n'est pas sans évoquer une bonbonnière avec son mobilier en fer forgé, ses tons rouille et ses photophores. Dans l'assiette, une "cuisine d'auteur" au féminin, inspirée par la Provence.

COLLEVILLE-SUR-MER – 14 Calvados – 303 G3 – 171 h. – alt. 42 m 32 B2
– ✉ 14710 Normandie Cotentin

Paris 281 – Caen 49 – Cherbourg 84 – Saint-Lô 39

Domaine de L'Hostréière sans rest

rte du Cimetière Américain – ✆ 02 31 51 64 64 – www.domainedelhostreiere.com – Ouvert de mi-avril à fin oct.

18 ch – †89/115 € ††89/115 € – ☕ 11 €

Si vous cherchez le cimetière américain, vous êtes sans doute tout proche de cet engageant complexe hôtelier. Un jardin fleuri, une belle piscine, des chambres spacieuses : tout est réuni pour un repos bien mérité sur les chemins de l'Histoire.

COLLIAS – 30 Gard – 339 L5 – rattaché à Pont-du-Gard

COLLIOURE – 66 Pyrénées-Orientales – 344 J7 – 2 940 h. – alt. 2 m – Casino 22 B3
– ✉ 66190 Languedoc Roussillon

Paris 879 – Argelès-sur-Mer 7 – Céret 36 – Perpignan 30

place du 18 Juin, ✆ 04 68 82 15 47, www.collioure.com

Site★★ - Retables★ dans l'église Notre-Dame-des-Anges.

COLLIOURE

Aire (R. de l') . . . . . B 2
Amirauté (Q. de l') . . . . . B 3
Arago (R. François) . . . . . B 4
Argelès (Rte d') . . . . . A
Dagobert (R.) . . . . . B 7
Démocratie (R. de la) . . . . . B 8
Égalité (R. de l') . . . . . B 9
Ferry (R. Jules) . . . . . AB 13
Galère (R. de la) . . . . . A
Gaulle (Av. du Gén.) . . . . . B
Jean-Jaurès (Pl.) . . . . . B 14
Lamartine (R.) . . . . . B 15
Leclerc (Pl. Gén.) . . . . . AB 17
Maillol (Av. Aristide) . . . . . A
Mailly (R.) . . . . . B 19
Michelet (R. Jules) . . . . . A 20
Miradou (Av. du) . . . . . A 23
Pasteur (R.) . . . . . B
Pla de Las Fourques (R. du) . . . . . A
République (R. de la) . . . . . AB
Rolland (R. Romain) . . . . . A
Rousseau (R. J.-J.) . . . . . AB 29
St-Vincent (R.) . . . . . B 30
Soleil (R. du) . . . . . B 33
La Tour d'Auvergne (R. de) . . . . . B 16
Vauban (R.) . . . . . B 34
8 Mai 1945 (Pl. du) . . . . . B 35
18-Juin (Pl. du) . . . . . B 40

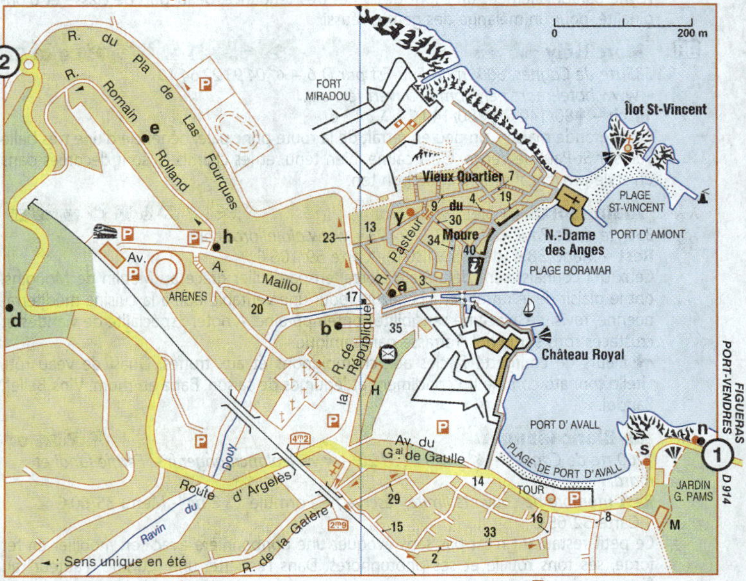

Relais des Trois Mas
rte de Port-Vendres – ✆ 04 68 82 05 07 – www.relaisdestroismas.com – Fermé déc. et janv. **Bn**
21 ch – †150/475 € ††150/475 € – 2 suites – ☕ 18 €
Rest *La Balette* ✿ – voir les restaurants ci-après
De ces mas enchâssés dans la roche, la vue est imprenable sur la baie de Collioure et Notre-Dame-des-Anges ! Les chambres s'égayent de tissus catalans ; le jardin, la piscine complètent ce décor inspiré.

Casa Païral sans rest
imp.des Palmiers – ✆ 04 68 82 05 81 – www.hotel-casa-pairal.com – Ouvert 28 mars-11 nov. **Ab**
27 ch – †89/295 € ††89/295 € – ☕ 14 €
Une jolie demeure du 19e s. avec son traditionnel patio à l'andalouse, son jardin planté de magnolias et d'essences méditerranéennes... Du caractère et la saveur des vacances ! Les chambres, plus sobres, sont néanmoins très soignées.

L'Arapède
ch,
rte Port-Vendres – ✆ 04 68 98 09 59 – www.arapede.com – Fermé 13 nov.-11 fév.
20 ch – †70/120 € ††90/120 € – ☕ 12 € – ½ P **Ad**
Rest *(fermé lundi d'oct. à mai et le midi sauf week-ends et fériés)* – Menu 28/50 € – Carte 44/54 €
À la sortie de Collioure, un hôtel-restaurant récent. Dans les chambres, simplicité de bon aloi, mobilier de style catalan et... vue sur la mer et la piscine à débordement ! Un lieu sympa.

Madeloc sans rest
r. R. Rolland – ✆ 04 68 82 07 56 – www.madeloc.com – Ouvert début fév.-11 nov.
23 ch – †70/185 € ††70/185 € – ☕ 12 € **Ae**
Sur les hauteurs de la ville, dans un quartier résidentiel, un hôtel pratique et frais, avec des chambres agréables (certaines avec terrasse), un jacuzzi, une piscine panoramique et même un jardin à flanc de colline.

La Frégate
ch,
24 quai de l'Amirauté – ✆ 04 68 82 06 05 – www.fregate-collioure.com – Fermé 11 nov. à début fév. **Ba**
26 ch – †60/115 € ††85/115 € – 1 suite – ☕ 8 €
Rest *(fermé dim. soir, merc. soir et jeudi d'oct. à avril)* – Formule 12 € – Menu 22 € bc (dîner) – Carte 24/53 €
Idéalement situé face au château, un hôtel-restaurant joliment rénové en 2009, avec des chambres sobres, claires et modernes. Une valeur simple et sûre.

Méditerranée sans rest
av. A. Maillol – ✆ 04 68 82 08 60 – www.mediterranee-hotel.com – Ouvert avril-nov.
23 ch – †80/120 € ††80/120 € – ☕ 10 € **Ah**
Pratique ! Un hôtel des années 1970 avec des chambres simples et très propres, toutes avec balcon ou petite terrasse. Pour le farniente, on profite du solarium et du jardin en terrasses.

La Balette – Hôtel Relais des Trois Mas
✿
rte de Port-Vendres – ✆ 04 68 82 05 07 – www.relaisdestroismas.com – Fermé déc., janv., mardi midi, merc. midi et lundi sauf d'avril à sept. **Bn**
Rest – Formule 30 € bc – Menu 46/95 € – Carte 75/110 €
Tous les parfums de la région catalane inspirent cette table baignée de soleil qui regarde la belle Collioure, les pieds dans l'eau. On travaille dans le respect des produits, et la carte des vins, avec quelque 500 références, mérite qu'on s'y attarde.
➜ Anchois marinés au vinaigre de Banyuls. Rouget barbet, marmelade de fenouil, pomme de terre confite et raviole au jus de bouillabaisse. Vacherin de cerises burlat et napoléon de Céret. **Vins** Côtes du Roussillon, Vin de pays des Côtes Catalanes.

Le Neptune
rte Port-Vendres – ✆ 04 68 82 02 27 – www.leneptune-collioure.com – Fermé mardi sauf en saison **Bs**
Rest – Menu 39/79 € – Carte 55/97 €
Exceptionnel ! Face au vieux port, un lieu magique avec ses terrasses nichées dans la roche, au cœur d'un beau jardin. Un restaurant ? Plutôt trois ! Selon son envie, on dînera d'une belle cuisine locale, de plats plus simples d'esprit brasserie, ou – en saison – de jolies spécialités de la mer (espace lounge).

Le 5ème Péché

18 r. de la Fraternité – ✆ 04 68 98 09 76 – www.le5peche.com – Fermé janv.-mars, mardi midi, dim. soir et lundi By

Rest *(nombre de couverts limité, réserver)* – Formule 18 € – Menu 24 € (déj.), 34/55 €

Un chef tokyoïte passionné de mets français et de vins... et sa petite table du vieux Collioure : quand le Japon rencontre la Catalogne ! Alors bien sûr, on déguste ici une cuisine fusion, où le poisson ultrafrais est roi.

COLLONGES-AU-MONT-D'OR – 69 Rhône – 327 I5 – rattaché à Lyon

COLLONGES-LA-ROUGE – 19 Corrèze – 329 K5 – 464 h. – alt. 230 m 25 C3

– ✉ 19500 Périgord Quercy

Paris 505 – Brive-la-Gaillarde 21 – Cahors 105 – Figeac 75

le Bourg, ✆ 05 55 25 47 57, www.ot-collonges.fr

Village★★ : tympan★ et clocher★ de l'église, castel de Vassinhac★ - Saillac : tympan★ de l'église S : 4 km.

Jeanne

ch,

au bourg – ✆ 05 55 25 42 31 – www.jeannemaisondhotes.com

5 ch – 98 € 98 € **Table d'hôte** – Menu 35 € bc

Rouge, elle l'est aussi cette fière demeure en pierres flanquée d'une tour (15e s.). D'emblée, on se sent le bienvenu et les chambres séduisent avec leur mobilier d'antiquaire, leur cheminée, leurs poutres... Un style élégant et rustique que l'on retrouve à la table familiale, au jardin. Ah, les beaux jours !

Le Relais de St-Jacques de Compostelle avec ch

– ✆ 05 55 25 41 02 – www.hotel-relaisstjacques.fr – Fermé de nov. à mars

10 ch – 55/90 € 55/90 € – ½ P

Rest *(fermé le mardi en juil.-août)* – Formule 15 € – Menu 19/29 € – Carte 35/55 €

Dans cette bâtisse du 15e s., la cuisine du terroir est à l'honneur. Chausson de foie gras, brouillade aux truffes, ris de veau... voilà quelques-unes des spécialités de la maison ! Pélerin ou non, on peut également faire étape dans l'une des chambres du Relais, simples et bien tenues.

COLMAR P – 68 Haut-Rhin – 315 I8 – 67 214 h. – Agglo. 91 699 h. 2 C2

– alt. 194 m – ✉ 68000 Alsace Lorraine

Paris 450 – Basel 68 – Freiburg-im-Breisgau 51 – Nancy 140

32, Cours Sainte Anne, ✆ 03 89 20 68 92, www.ot-colmar.fr

18 d'Ammerschwihr, à Ammerschwihr, Allée du Golf, NO : 9 km par D 415 puis D 11, ✆ 03 89 47 17 30

Musée d'Unterlinden★★★ (retable d'Issenheim★★★) - Ville ancienne★★ : Maison Pfister★★ BZ **W**, Collégiale St-Martin★ BY, Maison des Arcades★ CZ**K**, Maison des Têtes★ BY **Y** - Ancienne Douane★ BZ **D**, Ancien Corps de Garde★ BZ **B** - Vierge au buisson de roses★★ et vitraux★ de l'église des Dominicains BY - Vitrail de la Grande Crucifixion★ du temple St-Matthieu CY - La "petite Venise"★ : ★ du pont St-Pierre BZ , quartier de la Krutenau★, rue de la Poissonnerie★, façade du tribunal civil★ BZ **J** - Maison des vins d'Alsace par ①.

Plans pages suivantes

Les Têtes

19 r. des Têtes – ✆ 03 89 24 43 43 – www.maisondestetes.com – Fermé fin janv. à début mars BYy

21 ch – 135/148 € 135/148 € – 15 € – ½ P

Rest ***La Maison des Têtes*** *(fermé dim. soir, mardi midi et lundi)* – Menu 25/65 € – Carte 32/63 €

À l'attrait historique de cette superbe demeure, bâtie au 17e s. sur les vestiges du mur d'enceinte de Colmar, s'ajoute le raffinement du décor. On retrouve cette même élégance et ce caractère si typiquement alsaciens dans la salle de restaurant de la fin du 19e s. Ravissante cour intérieure.

Grand Hôtel Bristol

7 pl. de la Gare – ✆ 03 89 23 59 59 – www.grand-hotel-bristol.com AZ**g**
91 ch – 128/195 € 128/195 € – 17 € – ½ P
Rest *Rendez-vous de Chasse* ✿ – voir les restaurants ci-après
Rest *L'Auberge* ✆ 03 89 23 17 57 – Formule 14 € – Menu 23/31 € – Carte 28/55 €
Face à la gare, cet immeuble de style Belle Époque est fort engageant. Beaucoup de confort dans les chambres contemporaines ou plus classiques et de beaux équipements, que ce soit pour les séminaires ou la détente. À l'Auberge, joli cadre 1900, plats et vins d'Alsace.

Le Colombier sans rest

7 r. Turenne – ✆ 03 89 23 96 00 – www.hotel-le-colombier.fr – Fermé 24 déc.-2 janv.
36 ch – 89/199 € 89/199 € – 13 € BZ**u**
Qui pourrait croire que cette bâtisse régionale du 15e s., pleine de charme avec son escalier Renaissance et son patio, dissimule pareille modernité ? L'intérieur a été entièrement conçu par un designer italien et c'est très réussi !

Hostellerie Le Maréchal

4 pl. des Six Montagnes Noires – ✆ 03 89 41 60 32 – www.le-marechal.com
30 ch – 95 € 110/225 € – 16 € – ½ P BZ**b**
Rest *A l'Échevin* – voir les restaurants ci-après
Les chambres de ces maisons de la "Petite Venise" sont garnies de meubles de style (Louis XV, Louis XVI) et répondent aux noms évocateurs de Lully, Mozart, Bizet... Le petit-déjeuner, copieux à souhait, ne joue pas les arlésiennes.

St-Martin sans rest

38 Grand'Rue – ✆ 03 89 24 11 51 – www.hotel-saint-martin.com – Fermé 23-26 déc. et 1er janv.-22 mars BCZ**e**
40 ch – 85/110 € 95/145 € – 13 €
Dans le quartier historique, ces quatre maisons des 14e et 17e s. entourent une cour intérieure avec tourelle et escalier Renaissance. Les chambres, toutes différentes, ont le charme un peu rétro du style alsacien.

Hôtel Quatorze sans rest

14 r. des Augustins – ✆ 03 89 20 45 20 – www.hotelquatorze.com – Fermé 3-14 fév.
13 ch – 116/145 € 145/190 € – 18 € BY**t**
Un boutique-hôtel urbain et contemporain, en plein cœur de la vieille ville. Le mari de la propriétaire est designer ; il a décoré les chambres dans des dégradés de blanc et de gris et a même dessiné le mobilier. Petit-déjeuner bio.

Turenne sans rest

10 rte Bâle – ✆ 03 89 21 58 58 – www.turenne.com CZ**x**
82 ch – 65/99 € 65/105 € – 8,50 €
Architecture d'inspiration régionale, chambres fonctionnelles, copieux buffet au petit-déjeuner et prix sages : une adresse pratique à deux pas de la "Petite Venise".

Rendez-vous de Chasse – Grand Hôtel Bristol

✿

7 pl. de la Gare – ✆ 03 89 23 15 86 – www.grand-hotel-bristol.com AZ**g**
Rest – Formule 36 € – Menu 55/78 € – Carte 68/97 €
Des lithographies de Daumier observent cette salle à la fois bourgeoise et cossue. Elles doivent souvent envier ceux qui peuvent prendre part au festin proposé par le chef, dans une veine classique de fort belle facture.
➜ Terrine de foie gras d'oie au naturel, gelée aux truffes. Médaillons de homard, ravioles aux épinards et bouillon de gruyère. Soufflé au Grand Marnier, sorbet aux fruits du soleil. **Vins** Riesling.

A l'Échevin – Hostellerie Le Maréchal

4 pl. des Six Montagnes Noires – ✆ 03 89 41 60 32 – www.le-marechal.com – Fermé 14-31 janv. BZ**b**
Rest – Formule 19 € – Menu 26 € (déj. en sem.), 34/78 € – Carte 42/65 €
Cet Échevin, posé sur les bords de la Lauch, comblera les amateurs de classicisme. À la carte, de beaux produits régionaux : foie gras, sandre, écrevisses, pigeonneau, etc. Le soir, on dîne aux chandelles au son de la musique... classique.

COLMAR

Agen (R. d')	BY	
Alsace (Av. d')	CYZ	
Ancienne Douane (Pl. de l')	CZ	2
Augustins (R. des)	BZ	3
Bagatelle (R. de la)	AY	
Bains (R. des)	BY	5
Bâle (Route de)	CZ	
Bartholdi (R.)	BCZ	
Blés (R. des)	BZ	9
Boulangers (R. des)	BY	12
Brasseries (R. des)	CY	13
Bruat (R.)	BZ	14
Cathédrale (Pl. de la)	BY	17
Cavalerie (R. de la)	BCY	
Champ-de-Mars (Bd du)	BYZ	18
Chauffour (R.)	BZ	20
Clefs (R. des)	BCY	
Clemenceau (Av. Georges)	BCZ	
Écoles (R. des)	BZ	22
Est (R. de l')	CYZ	
Fleischhauer (R.)	BCY	
Fleurent (R. J.-B.)	BY	24
Fleurs (R. des)	CZ	
Florimont (R. du)	AY	25
Foch (Av.)	BZ	
Fribourg (Av. de)	CZ	
Gare (Pl. et R. de la)	AZ	
Gaulle (Av. Gén.-de)	ABYZ	
Golbéry (R.)	BY	
Grad (R. Charles)	AY	
Grand'Rue	BCZ	31
Grenouillère (R. de la)	CYZ	32
Herse (R. de la)	BZ	33
Ingersheim (Rte d')	ABY	
Jeanne d'Arc (Pl.)	CY	
Joffre (Av.)	BZ	
Kléber (R.)	BY	35
Ladhof (R. du)	CY	36
Lasch (R. Georges)	AZ	37
Lattre-de-Tassigny (Av. J. de)	ABY	43
Leclerc (Bd du Gén.)	BZ	45
Liberté (Av. de la)	AZ	
Logelbach (R. du)	AY	
Manège (R. du)	BZ	49
Marchands (R. des)	BYZ	50
Marché-aux-Fruits (Pl. du)	BZ	51
Marne (Av. de la)	BZ	
Messimy (R.)	ABZ	52
Molly (R. Berthe)	BYZ	54
Mouton (R. du)	CY	57
Mulhouse (R. de)	AZ	
Neuf-Brisach (Rte de)	CY	
Nord (R. du)	BCY	
Poincaré (Av. Raymond)	ABZ	
Poissonnerie (R. et Q. de la)	BCZ	62
Preiss (R. Jacques)	ABZ	63
Rapp (Pl.)	BZ	
Rapp (R.)	BCY	
Reims (R. de)	BZ	65
République (Av. de la)	ABZ	
Ribeauvillé (R. de)	BY	67
Roesselman (R.)	BY	69
Rouffach (Rte de)	AZ	
St-Jean (R.)	BZ	71
St-Joseph (Pl. et R.)	AY	
St-Josse (R.)	CZ	
St-Léon (R.)	AY	
St-Nicolas (R.)	BY	73
St-Pierre (Bd et Pont)	BCZ	
Schlumberger (R. Camille)	ABZ	
Schwendi (R.)	CZ	
Sélestat (Rte de)	CY	
Semm (R. de la)	CZ	
Serruriers (R. des)	BY	75
Sinn (Quai de la)	BY	77
Six-Montagnes-Noires (Pl. des)	BZ	79
Stanislas (R.)	BY	
Tanneurs (R. des)	CZ	82
Têtes (R. des)	BY	83
Thann (R. de)	CY	
Tir (R. du)	AZ	
Turckheim (R. de)	AY	
Turenne (R.)	BCZ	
Unterlinden (Pl. d')	BY	85
Val St-Grégoire (R. du)	AY	
Vauban (R.)	CY	
Voltaire (R.)	ABZ	
Weinemer (R.)	BZ	86
1ère Armée Française (R. de la)	BY	
2 Février (Pl. du)	CY	87
5e Division-Blindée (R. de la)	BY	95
18 Novembre (Pl. du)	BY	97

B
C
NANCY
ST-DIÉ-DES-V.
STRASBOURG
SÉLESTAT
R. d'Agen
R. Fleischhauer
R. de la 1ère Armée Française
CITÉ ADMINISTRATIVE
ST-LEON
Rte de Sélestat
R. Henry Wilhelm
R. de la Cavalerie
MANUFACTURE
VÉLODROME
POL
ST-ANTOINE LADHOF
Route d'Ingersheim
Logelbach
R. Stanislas
R. Golbery
R. Rapp
R. de Thann
R. du Nord
MUSÉE D'UNTERLINDEN
Rte de Neuf-Brisach
Avenue d'Alsace
R. Vauban
Église des Dominicains
R. des Clefs
ST-MARTIN
Pl. Jeanne d'Arc
St-Matthieu
R. de l'Est
Ancien Hôpital
Place Rapp
Av. de la République
CHAMP DE MARS
Av. de la Marne
Quartier des Tanneurs
Lauch
R. St-Josse
R. Schwendi
Fontaine Roesselmann
VENISE
PETITE
Quartier de la Krutenau
R. Turenne
R. des Fleurs
JARDIN MEQUILLET
I.U.F.M.
Bd Joffre
Pont St-Pierre
Bd Saint-Pierre
R. Bartholdi
HÔTEL DU DÉPARTEMENT
R. de la Semm
Route de Bâle
Av. de Fribourg
Poincaré
Av. Foch
Av. Georges Clemenceau
R. de la Semm
D 13
D 4II
MARAICHERS
FREIBURG-IM-B.
NEUF-BRISACH
MULHOUSE A 35
BÂLE
Y
Z

JY'S (Jean-Yves Schillinger)
17 r. de la Poissonnerie – 03 89 21 53 60 – www.jean-yves-schillinger.com – Fermé 17 fév.-7 mars, lundi sauf le soir de juin à août et dim. BZg
Rest – Menu 39 € (déj. en sem.), 59/78 € – Carte 70/90 €
JY'S pour Jean-Yves Schillinger ! C'est dans une jolie maison de 1750 à la façade en trompe-l'œil que se cache l'adresse branchée de Colmar, où officie ce chef inventif et bouillonnant d'idées. Décor ultracontemporain signé Olivier Gagnère.
→ Tapas. Rouget barbet et émulsion de noix de coco aux feuilles de kaffir. Cristalline au citron, meringue, cake au citron et sorbet vodka-citronnelle. **Vins** Riesling, Pinot noir.

Aux Trois Poissons
15 quai de la Poissonnerie – 03 89 41 25 21 – Fermé 2-16 août, dim. et lundi
Rest – Menu 22 € (sem.), 30/49 € – Carte 30/75 € CZt
L'ambiance est sympathique dans cette belle maison à colombages du 16e s. De la matelote au riesling en passant par la bouillabaisse, poissons et produits de la mer sont déclinés sous toutes les formes.

Côté Cour
1 r. St-Martin, (pl. de la Cathédrale) – 03 89 21 19 18 – www.cotecour-cotefour.fr – Fermé dim. BYg
Rest – Formule 19 € – Menu 29 € – Carte 33/55 €
Au cœur de la vieille ville, on entre dans cette maison côté cour, justement... Des fresques, des affiches publicitaires, de la convivialité, on est bien dans une brasserie ! Tartare de pot-au-feu, sandre aux fruits coques... Appétissant.

Le Théâtre
1 r. des Bains – 03 89 29 29 29 – www.restaurantletheatre.net BYa
Rest – Formule 15 € – Menu 29 € – Carte 30/49 €
Face au théâtre, ce restaurant animé a été repris en 2010 par M. Staub (les cocottes...). Le lieu s'inspire des bistrots à l'ancienne et l'on y sert une tarte flambée aux escargots !

L'Atelier du Peintre (Loïc Lefebvre)
1 r. Schongauer – 03 89 29 51 57 – www.atelier-peintre.fr – Fermé 3 sem. en août, 2 sem. en fév., dim. et lundi BZv
Rest – Formule 20 € – Menu 25 € (déj.), 37/72 € – Carte 55/65 €
Dans cet Atelier élégant, où les murs s'égayent de nombreux tableaux, le chef, Loïc Lefebvre, brosse un portrait convaincant de la gastronomie française actuelle. Une jolie palette contemporaine !
→ Foie gras de canard poêlé à l'amaretto, fricassée de girolles, amandes et émulsion de pomme de terre. Saint-Jacques, mousseline de butternut, crevettes grises et jus infusé de cannelle. Jaune comme citron et blanc comme neige. **Vins** Riesling, Pinot noir.

Chez Hansi
23 r. des Marchands – 03 89 41 37 84 – Fermé 1 sem. en juin, janv., merc. et jeudi
Rest – Menu 20/40 € – Carte 35/45 € BZe
Cette maison à colombages typique du vieux Colmar est un vrai concentré d'Alsace ! On vous sert en costume traditionnel une véritable cuisine régionale, simple et savoureuse : choucroute, poulet poché au riesling, spaetzele...

La Petite Venise
4 r. de la Poissonnerie – 03 89 41 72 59 – www.restaurantpetitevenise.com – Fermé 24 juin-8 juil., dim. midi, jeudi midi et merc. sauf déc. BZt
Rest *(dîner seult en juil.-août)* – Carte 25/40 €
Dans la "Petite Venise", cette maison du 17e s. du même nom invite à goûter des recettes alsaciennes transmises de génération en génération, préparées au gré des saisons. Une adresse nostalgique et attachante, entre bistrot et winstub.

Bartholdi
2 r. des Boulangers – 03 89 41 07 74 – www.restaurant-bartholdi.fr – Fermé 15-29 juil., vacances de fév., dim. soir et lundi BYe
Rest – Menu 23/53 € – Carte 24/66 €
Amoureux des vins alsaciens, vous trouverez forcément votre bonheur dans cette maison aux allures de winstub : le choix de crus régionaux est immense ! La cuisine est classique et sait faire la part belle aux spécialités régionales.

Wistub Brenner

1 r. Turenne – ✆ 03 89 41 42 33 – www.wistub-brenner.fr – Fermé 24-30 juin, 12-19 nov., 13-26 janv., mardi et merc. sauf d'avril à déc. BZu

Rest – Menu 23/27 €

Du mobilier chaleureux et rustique, des nappes à carreaux, on est bien dans cette authentique Wistub, qui a également pour elle une sympathique terrasse. La cuisine, on ne peut plus régionale, est à l'avenant : presskopf (hure de porc en gelée), salade au munster pané, choucroute !

L'Épicurien

11 r. Wickram – ✆ 03 89 41 14 50 – Fermé 1 sem. en juin, 1er-15 juil., 1 sem. en nov., 1 sem. en fév. , dim. et lundi CZa

Rest – Menu 13 € (déj. en sem.)/25 € – Carte 32/47 €

Ce bistrot à vin convivial est tout proche de la petite Venise. Un cadre aussi sympathique que la cuisine du chef et ses produits de qualité. La sélection de vins impressionne, avec environ 200 références. Pour changer un peu des winstubs !

à Horbourg 4 km à l'Est par rte de Neuf-Brisach - CY – 4 976 h. – alt. 188 m – ✉ 68180 Horbourg Wihr

L'Europe

15 rte Neuf-Brisach – ✆ 03 89 20 54 00 – www.hotel-europe-colmar.com – Fermé 4-24 janv.

116 ch – 69/119 € 89/159 € – 4 suites – 13 € – ½ P

Rest *Eden des Gourmets* *(fermé mardi et merc.)* – Formule 18 € – Menu 23 € (sem.), 43/55 € – Carte 38/52 €

Rest *L'Europe* *(Ouvert mardi et merc.)* – Formule 14 € – Carte 22/36 €

Cet imposant hôtel de style néo-alsacien, un peu en dehors de la ville, propose des chambres de bon confort. Mention spéciale pour les deux belles suites, plus design. Tout est parfaitement conçu pour l'organisation de séminaires, mais les loisirs et la gastronomie (à l'Eden des Gourmets) ne sont pas en reste.

à Ste-Croix-en-Plaine 10 km par ③ – 2 661 h. – alt. 192 m – ✉ 68127

Au Moulin

rte d'Herrlisheim, par D 1 – ✆ 03 89 49 31 20 – www.aumoulin.net – Ouvert 1er avril-22 déc.

16 ch – 48/75 € 64/75 € – 9 €

Rest *(ouvert 1er mai-15 oct. et fermé le midi et dim.) (résidents seult)* – Carte 24/41 €

Lorsqu'on arrive dans cet ancien moulin à grain du 15e s., on est tout de suite frappé par l'ambiance familiale qui y règne. Les chambres, confortables, ont vue sur les Vosges et les résidents pourront goûter à la cuisine maison dans un cadre très couleur locale. Il y a même un petit musée d'objets alsaciens !

à Wettolsheim 4,5 km par ⑤ et D 1bis II – 1 693 h. – alt. 220 m – ✉ 68920

La Palette avec ch

9 r. Herzog – ✆ 03 89 80 79 14 – www.lapalette.fr – Fermé 19-25 août, 23-26 déc., 1er-6 janv. et 18-24 fév.

16 ch – 71/79 € 79/118 € – 11 € – ½ P

Rest *(fermé dim. soir, mardi midi et lundi)* – Menu 15 € (déj. en sem.), 19/68 € – Carte 36/61 €

Le chef a beau être savoyard, on déguste ici une belle cuisine traditionnelle alsacienne qui ne dédaigne pas les clins d'œil à la modernité. La carte des vins est très complète et met à l'honneur les vignerons du village. Chambres claires et fraîches pour l'étape.

à Ingersheim 4 km au Nord-Ouest - AY – 4 732 h. – alt. 220 m – ✉ 68040

La Taverne Alsacienne

99 r. de la République – ✆ 03 89 27 08 41 – Fermé 9-30 juil., 2-16 janv., jeudi soir, dim. soir et lundi

Rest – Formule 11 € – Menu 18 € (déj. en sem.), 21/54 € – Carte 36/60 €

Au bord de la Fecht, la réputation de cette taverne n'est plus à faire. Même ceux qui ne connaissent rien à la cuisine alsacienne seront conquis par sa divine choucroute traditionnelle (entre autres délices) accompagnée de beaux vins d'Alsace.

COLOMBES – 92 Hauts-de-Seine – 312 C2 – **voir à Paris, Environs**

COLOMBEY-LES-DEUX-ÉGLISES – 52 Haute-Marne – 313 J4 – 676 h. – alt. 353 m – ✉ 52330 Champagne Ardenne — 14 C3

Paris 248 – Bar-sur-Aube 16 – Châtillon-sur-Seine 63 – Chaumont 26

Place de l'Eglise, ✆ 03 25 03 80 80, www.colombey-les-deux-eglises.com

Mémorial du Général-de-Gaulle et la Boisserie (musée).

Hostellerie la Montagne

10 r. Pisseloup – ✆ 03 25 01 51 69 – www.hostellerielamontagne.com – Fermé 7-30 janv., lundi et mardi

9 ch – 120/150 € 120/150 € – 1 suite – 14 € – ½ P

Rest *Hostellerie la Montagne* – voir les restaurants ci-après

Jardin et verger, décor à l'ancienne plein d'élégance (mobilier en chêne, cheminées, salles de bains rétro...). Non loin du cimetière où repose le général de Gaulle, cette demeure en pierre cultive joliment les charmes de la France éternelle.

Hostellerie la Montagne (Jean-Baptiste Natali)

10 r. Pisseloup – ✆ 03 25 01 51 69 – www.hostellerielamontagne.com – Fermé 7-30 janv., lundi et mardi

Rest – Menu 28 € (déj. en sem.), 53/85 € – Carte 87/101 €

Dans ce paisible village cher à de Gaulle, les beaux produits de nos terroirs... mais surtout un savoir-faire sans nostalgie, car la cuisine est ici affaire d'invention. La gastronomie française à l'heure contemporaine – et de même pour le décor !

➜ Grosse langoustine rôtie, bouillon de poule infusé à la coco et girolles. Carré de porcelet, croustillant de pomme de terre aux petits légumes confits. Tarte soufflée au citron-basilic, fraises en confiture. **Vins** Coteaux champenois, Champagne.

À La Table du Général (N)

57 r. du Général-de-Gaulle – ✆ 03 25 01 51 69 – Ouvert 1er avril-30 nov. et fermé lundi hors saison

Rest *(déj. seult)* – Formule 14 € – Menu 18 €

Envie de déguster les plats préférés du général de Gaulle ? Poussez donc la porte de ce petit bistrot qui fait de la résistance pour proposer, intactes, les bonnes recettes de la tradition (blanquette de veau et daube de bœuf étaient les chouchous du grand homme). Un endroit sympathique où les prix le sont tout autant.

COLOMIERS – 31 Haute-Garonne – 343 F3 – rattaché à Toulouse

COLROY-LA-ROCHE – 67 Bas-Rhin – 315 H6 – 481 h. – alt. 475 m – ✉ 67420 — 1 A2

Paris 412 – Lunéville 70 – St-Dié 33 – Sélestat 31

Hostellerie La Cheneaudière

3 r. Vieux-Moulin – ✆ 03 88 97 61 64 – www.cheneaudiere.com

25 ch – 145/260 € 145/260 € – 7 suites – 25 € – ½ P

Rest *Hostellerie La Cheneaudière* – voir les restaurants ci-après

À flanc de colline, cette imposante demeure d'esprit traditionnel se révèle chic et accueillante. Que ce soit dans les chambres spacieuses aux teintes apaisantes ou dans les beaux espaces communs, on ressent comme un sentiment d'exclusivité...

Hostellerie La Cheneaudière

3 r. Vieux-Moulin – ✆ 03 88 97 61 64 – www.cheneaudiere.com

Rest *(dîner seult sauf week-ends et fériés)* – Menu 55/99 € – Carte 81/113 €

Dans cet établissement élégant, les salles à manger affichent clairement un style cossu. La carte, courte et raffinée, fait d'alléchantes propositions : variations autour du foie gras, fricassée de homard, pigeon de ferme rôti et farci...

COLY – 24 Dordogne – 329 I5 – rattaché au Lardin-St-Lazare

LA COMBE – 73 Savoie – 333 H4 – rattaché à Aiguebelette-le-Lac

COMBEAUFONTAINE – 70 Haute-Saône – 314 D6 – 551 h. – alt. 259 m – ✉ 70120 — 16 B1

Paris 336 – Besançon 72 – Épinal 83 – Gray 40

42 Grande Rue, ✆ 03 84 92 11 80

Le Balcon avec ch

2 Grande-Rue – ✆ 03 84 92 11 13 – www.le-balcon-70.fr – Fermé 24 juin-4 juil., 30 sept.-3 oct., 26 déc.-17 janv., dim. soir, mardi midi et lundi

15 ch – 🛉49/79 € 🛉🛉49/79 € – ☕ 10 € – ½ P

Rest – Menu 27/62 € – Carte 50/75 €

Dans le jardinet de cette auberge coule une jolie fontaine... Une fois en salle, on se régale de plats classiques ou plus inventifs, dans un cadre champêtre et soigné (nappes blanches, cuivres et meubles cirés). Chambres sur l'arrière, au calme.

COMBLOUX – 74 Haute-Savoie – **328** M5 – 2 082 h. – alt. 980 m – Sports d'hiver : 1 000/1 930 m 1 34 – ✉ 74920 Alpes du Nord **46** F1

Paris 593 – Annecy 80 – Bonneville 37 – Chamonix-Mont-Blanc 31

49, chemin des Passerands, ✆ 04 50 58 60 49, www.combloux.com

✳★★★ - Table d'orientation★ de la Cry.

Aux Ducs de Savoie

au Bouchet – ✆ 04 50 58 61 43 – www.ducs-de-savoie.com – Ouvert 2 juin-5 oct. et 16 déc.-24 avril

50 ch – 🛉140/220 € 🛉🛉140/220 € – ☕ 18 € – ½ P

Rest – Menu 31/40 € – Carte 40/51 €

Un vaste chalet tout en bois dans un superbe cadre alpin. Atmosphère conviviale et feutrée, piscine face au mont Blanc, sauna, jacuzzi et restaurant de tradition dans une salle panoramique : une agréable villégiature.

Au Cœur des Prés rest,

152 chemin du Champet – ✆ 04 50 93 36 55 – www.hotelaucoeurdespres.com – Ouvert de fin mai à fin sept. et de mi-déc. à début avril

33 ch ☕ – 🛉125/160 € 🛉🛉125/160 € – ½ P

Rest *(dîner seult) (résidents seult)* – Menu 28 €

Sur les hauts de Combloux, un beau chalet traditionnel tenu en famille, avec des chambres fraîches et pimpantes – dans un esprit montagnard et bucolique –, un restaurant classique et un joli jardin avec piscine... Les habitués sont nombreux et on les comprend !

Le Coin Savoyard

300 rte de la Cry, (Cuchet) – ✆ 04 50 58 60 27 – www.coin-savoyard.com – Ouvert 10 juin-18 sept. et 15 déc.-10 avril

14 ch – 🛉102/126 € 🛉🛉102/165 € – ☕ 12 € – ½ P

Rest *(fermé lundi midi en hiver sauf vacances scolaires et lundi en juin et sept.)* – Carte 23/49 €

Un hôtel-restaurant de caractère – une ferme du 19e s. –, où règne une atmosphère rustique à souhait. Sous ses allures d'auberge savoyarde, il abrite de confortables chambres, qui donnent toutes sur les monts. Et à l'heure du repas, spécialités régionales devant la cheminée ou dans le jardin.

Joly Site

81 rte de Sallanches – ✆ 04 50 58 60 07 – www.hotelcombloux.com

10 ch – 🛉75/115 € 🛉🛉75/115 € – ☕ 9 € – ½ P

Rest *Joly Site* – voir les restaurants ci-après

Au cœur du village, un sympathique hôtel avec des chambres fonctionnelles, dans un style montagnard sobre et plaisant. Oui, c'est bien un Joli Site !

Joly Site – Hôtel Joly Site

81 rte de Sallanches – ✆ 04 50 58 60 07 – www.hotelcombloux.com

Rest – Menu 18/36 €

Il charme, ce restaurant rustique et chaleureux... Des poutres, des bibelots, mais surtout la cuisine goûteuse et bien ficelée de deux jeunes femmes pleines d'allant, qui mettent le terroir et les spécialités savoyardes à l'honneur.

COMBOURG – 35 Ille-et-Vilaine – **309** L4 – 5 572 h. – alt. 45 m – ✉ 35270 **10** D2

Bretagne Nord

Paris 387 – Avranches 58 – Dinan 25 – Fougères 49

23, place Albert Parent, ✆ 02 99 73 13 93, www.combourg.org

des Ormes, à Dol-de-Bretagne, Epiniac, N : 13 km par D 795, ✆ 02 99 73 54 44

Château★.

Hôtel du Château

1 pl. Chateaubriand – 02 99 73 00 38 – www.hotelduchateau.com – Fermé 6 déc.-5 janv.
33 ch – 59/140 € 70/140 € – 11 € – ½ P
Rest *Restaurant du Château* – voir les restaurants ci-après
Une belle maison ancienne au pied du château célébré par Chateaubriand... Chambres de bonne tenue, fraîches et douillettes, de style bucolique ou plus contemporain. Une bonne petite adresse de campagne !

Restaurant du Château

1 pl. Chateaubriand – 02 99 73 00 38 – www.hotelduchateau.com – Fermé 6 déc.-5 janv., dim. soir sauf juil.-août, lundi midi, mardi midi et sam. midi
Rest – Formule 16 € – Menu 19 € (sem.), 26/55 € – Carte 50/74 €
Cannellonis de lapin à la moutarde, pressé de volaille... Pour savourer cette alléchante cuisine mâtinée de notes régionales, on s'installe dans la grande et accueillante salle bourgeoise, ou au jardin lorsque le temps le permet.

COMPIÈGNE – 60 Oise – 305 H4 – 40 860 h. – Agglo. 70 610 h. – alt. 41 m – 60200 Nord Pas-de-Calais Picardie 36 B2

Paris 81 – Amiens 80 – Beauvais 61 – St-Quentin 74
place de l'Hôtel de Ville, 03 44 40 01 00, www.compiegne-tourisme.fr
de Compiègne, Avenue Royale, E : par avenue Royale, 03 44 38 48 00
du Château d'Humières, à Monchy Humières, Rue de Gournay, NO : 9 km par D202, 03 44 86 48 22
Palais★★★ : musée de la voiture★★, musée du Second Empire★★ - Hôtel de ville★ BZ **H** - Musée de la Figurine historique★ BZ **M** - Musée Vivenel : vases grecs★★ AZ **M[1]**.
Forêt★★ (les Beaux Monts) - Rethondes : Clairière de l'Armistice★★ (statue du Maréchal Foch, dalle commémorative, wagon du Maréchal Foch).

Les Beaux Arts (N) sans rest

33 cours Guynemer – 03 44 92 26 26 – www.bw-lesbeauxarts.com AY**t**
36 ch – 81/111 € 91/141 € – 14 suites – 12 €
Nul besoin d'être artiste dans l'âme pour séjourner dans cet hôtel sur les quais de l'Oise. Les chambres, au style légèrement ethnique, disposent pour certaines d'une kitchenette. Avantage non négligeable : le garage, bien pratique en centre-ville. Une bonne adresse.

Hôtel du Nord

rest,
1 pl. de la Gare – 03 44 83 22 30 – www.hoteldunordcompiegne.com
20 ch – 79/99 € 89/109 € – 10 € – ½ P AY**b**
Rest – Formule 20 € – Menu 25 € (sem.), 37/55 € bc – Carte 45/125 €
À côté de la gare, un hôtel entièrement rénové en 2012. Les chambres y sont fonctionnelles et bien tenues. Idéal pour partir à la découverte de la ville. Au restaurant, cuisine dans l'air du temps.

Du Palais au Jardin (N) sans rest

3 r. Henri-de-Serroux – 06 16 76 19 24 – www.dupalaisaujardin.com – Fermé 1er-15 juil. et 15-30 août BZ**x**
5 ch – 100/130 € 120/150 €
Dans cet ancien hôtel particulier du 19e s., à deux pas du château, le passé impérial de Compiègne n'est pas un mythe ! Des chambres, spacieuses et raffinées, au salon avec son piano à queue, en passant par la salle Napoléon III, chaque pièce est une parenthèse hors du temps...

L'Hostellerie du Royal Lieu avec ch

9 r. de Senlis, par r. de Paris (AZ) 2 km au Sud-Ouest – 03 44 20 10 24 – www.host-royallieu.com
15 ch – 90/100 € 90/100 € – 14 € – ½ P
Rest – Formule 26 € – Menu 35/75 € – Carte 56/75 €
Une hostellerie de tradition (19e s.) postée en lisière de forêt. Dans un beau décor classique – ou sous les arbres centenaires l'été –, on déguste une cuisine fidèle aux saisons. Les chambres jouent la carte du style, de la fraîcheur et du confort.

COMPIÈGNE

Austerlitz (R. d') . . . . AZ 2
Boucheries (R. des) . . . . AZ 3
Capucins (R. des) . . . . AZ 4
Change (Pl. du) . . . . AZ 5
Clemenceau (Av. G.) . . . . BY 6
Harlay (R. de) . . . . AY 8
Hôtel-de-Ville (Pl. de l') . . . . . . AZ 10
Legendre (R. J.) . . . . BZ 12
Lombards (R. des) . . . . BZ 13
Magenta (R.) . . . . BZ 14
Notre-Dame-de-Bon-Secours (R.) . . . . AZ 15
Noyon (R. de) . . . . AY 16
Paris (R. de) . . . . AZ 17
Pierrefonds (R. de) . . . . BZ 18
St-Antoine (R.) . . . . AZ 19
St-Corneille (R.) . . . . AZ 20
St-Jacques (Pl.) . . . . BZ 22
Soissons (R. de) . . . . BY 24
Solferino (R.) . . . . AYZ 25
Sorel (R. du Prés.) . . . . AZ 26
Sous-Préfecture (R. de la) . . . BZ 27
54e-Rgt.-d'Infanterie (Pl.) . . . . AY 30

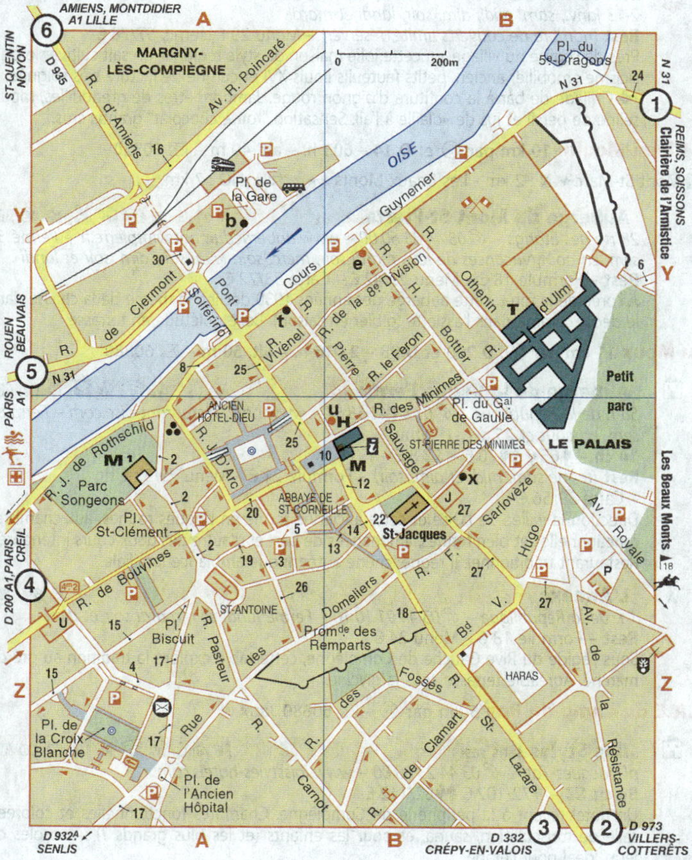

Rive Gauche

13 cours Guynemer – 03 44 40 29 99 – http://rivegauche.pagesperso-orange.fr – Fermé lundi BYe

Rest – Menu 38/48 € – Carte 78/92 €

Tartare de bar sauvage au citron vert ; râble de lapin farci aux légumes provençaux, tomates confites et gnocchis au jus de veau... Le chef signe une cuisine soignée sur la rive gauche de l'Oise. Belle carte des vins.

Bistrot du Terroir

13 r. Eugène-Floquet – 03 44 40 06 36 – www.bistrot-du-terroir.fr – Fermé dim. et fériés

Rest – Formule 16 € bc – Menu 22 € bc/28 € bc – Carte 26/59 € BZu

Au cœur de la vieille ville, un sympathique bistrot dans une ancienne imprimerie... Ici, on ne compose plus de textes mais de goûteuses recettes avec des produits de qualité. À l'image de ce paleron de bœuf avec sa purée ou de cette mousse de pomme. Un tirage des plus savoureux !

à Rethondes 10 km par ② – 715 h. – alt. 38 m – ✉ 60153

St-Crépin-aux-Bois : mobilier★ de l'église NE : 4 km.

Alain Blot

21 r. du Mar.-Foch – ✆ 03 44 85 60 24 – www.alainblot.com – Fermé 1er-15 sept., 2-13 janv., sam. midi, dim. soir, lundi et mardi

Rest *(nombre de couverts limité, réserver)* – Menu 29 € (sem.), 57/78 €

Près de l'église du village, en cette jolie maison de style régional, on sait cultiver le classicisme : mobilier ancien, petits fauteuils Louis XVI et cuisine de facture très soignée. ➜ Grillade de bar à la confiture d'oignon rouge. Jambonnettes de grenouilles, mousseline de persil et jus de volaille à l'ail. Sensation "toute chocolat" grands crus.

à Vieux-Moulin 10 km par ③ et D 14 – 603 h. – alt. 49 m – ✉ 60350

Mont St-Marc★ N : 2 km - Les Beaux-Monts★★ : ≤★ NO : 7 km.

Auberge du Mont St-Pierre

28 rte des Étangs – ✆ 03 44 85 60 00 – www.aubergedumontsaintpierre.fr – Fermé 3 sem. en août, vacances de fév., mardi soir, merc. soir, jeudi soir, dim. soir et lundi

Rest – Formule 18 € – Menu 29/42 € – Carte 53/72 €

À l'orée de la forêt, cette auberge des années 1930 décline le thème de la chasse dans le décor comme dans l'assiette (gibier en saison). Belle quiétude en terrasse.

au Meux 11 km par ⑤, D 200 et D 98 – 2 016 h. – alt. 50 m – ✉ 60880

Auberge de la Vieille Ferme N

58 r. de la République – ✆ 03 44 41 58 54 – www.hotel-restaurant-oise.com – Fermé 3 sem. en août et 25 déc.-1er janv.

14 ch – †65 € ††70 € – ☕ 8 € – ½ P

Rest *(fermé sam. midi et dim. soir)* – Formule 21 € – Menu 29/53 € bc – Carte 39/56 €

Direction la vallée de l'Oise et cette ancienne ferme en briques rouges, aux chambres fonctionnelles et bien tenues, aménagées de part et d'autre des deux cours intérieures. Restaurant traditionnel. Il règne ici une authentique ambiance familiale.

L'Annexe

1 r. de la République – ✆ 03 44 91 10 10 – Fermé lundi soir, mardi soir et dim.

Rest – Formule 18 € – Menu 24 €

Sous l'égide du Rive Gauche de Compiègne, cette table explore la tradition au gré du marché. Agréable terrasse sous la glycine.

Z.A.C du Camp du Roy 5 km par ⑥ - ✉ 60880 Jaux

Ibis Styles sans rest

pl. Jacques-Tati – ✆ 03 44 23 80 80 – www.ibisstyles-hotels.com

58 ch ☕ – †72/102 € ††82/112 €

Un hôtel récent à la périphérie de Compiègne. Chambres fonctionnelles et colorées, salle de musculation, sauna, et pour les enfants (et les plus grands ?) : consoles de jeux. Idéal pour l'étape.

COMPS-LA-GRAND-VILLE – 12 Aveyron – 526 h. – alt. 670 m – ✉ 12120 — 29 C1

Paris 678 – Montpellier 181 – Rodez 20 – Toulouse 152

Le Clos d'Albray sans rest

3 pl. Notre-Dame – ✆ 05 65 74 38 77 – http://leclosdalbray.free.fr

3 ch ☕ – †80/95 € ††90/105 €

Ce petit château en pierre (1772) ne laisse pas indifférent : serait-ce le mobilier chiné, la majestueuse cheminée dans la salle du petit-déjeuner, la bibliothèque ou le jardin ravissant ? Oui, mais aussi ce supplément d'âme qu'on nomme le caractère.

COMPS-SUR-ARTUBY – 83 Var – 340 O3 – 328 h. – alt. 898 m – ✉ 83840 — 41 C2

Alpes du Sud

Paris 892 – Castellane 29 – Digne-les-Bains 82 – Draguignan 31

Balcons de la Mescla★★★ NO : 14,5 km - Tunnels de Fayet ≤★★★ O : 20 km.

Grand Hôtel Bain

av. de Fayet – 04 94 76 90 06 – www.grand-hotel-bain.fr – Fermé 11 nov.-26 déc.
17 ch – 68 € 68 € – 10 € – ½ P **Rest** – Menu 19/40 € – Carte 27/55 €
Inscrite dans le Livre des records, cette auberge traditionnelle, peinte d'une diligence, est exploitée par la même famille depuis... 1737 ! Chambres simples de style rustique provençal.

CONCARNEAU – 29 Finistère – 308 H7 – 19 352 h. – alt. 4 m – 29900 9 B2

Bretagne Sud

Paris 546 – Brest 96 – Lorient 49 – Quimper 22

Accès par transports maritimes

pour **Beg Meil** (juil.-août) - Traversée 25 mn - Renseignements et tarifs : Vedettes Glenn, face au port de Plaisance à Concarneau 02 98 97 10 31

pour **les Iles Glénan** (avril à sept.) - Traversée 1 h 10 mn - Renseignements et tarifs : Vedettes de l'Odet 02 98 57 00 58

pour **La Rivière de l'Odet** (avril à sept.) - Traversée 4 h AR - Renseignements et tarifs : voir ci-dessus (Vedettes Glenn), au Port de pêche de Bénodet.

quai d'Aiguillon, 02 98 97 01 44, www.tourismeconcarneau.fr

Ville Close★★ C - Musée de la Pêche★ **M**[1] - Pont du Moros ★ B - Fête des Filets bleus★ (fin août).

Plan page suivante

Les Sables Blancs

plage des Sables Blancs – 02 98 50 10 12 – www.hotel-les-sables-blancs.com
18 ch – 95/160 € 110/390 € – 2 suites – 15 € – ½ P **An**
Rest *Le Nautile* – voir les restaurants ci-après
Comme un paquebot sur la plage des Sables-Blancs, à la fois hôtel et restaurant distingué. Les chambres, claires et tendance, adoptent un style contemporain chic. Leurs terrasses face au large permettent de prendre un véritable bain de lumière !

L'Océan

rest,
plage des Sables Blancs – 02 98 50 53 50 – www.hotel-ocean.com **Ar**
70 ch – 85/145 € 95/162 € – 12 € – ½ P
Rest *(fermé déc., janv. et 2 sem. en fév., dim. d'oct. à mars, sam. midi et lundi midi)* – Formule 22 € – Menu 30/50 € – Carte 35/73 €
L'Océan ! Voilà l'atout majeur de cet imposant bâtiment moderne. Au salon, au restaurant – cuisine iodée – comme dans les chambres (avec un balcon pour celles qui donnent sur la plage), il est partout. Fonctionnel, spacieux et bien équipé : un hôtel pour un séjour reposant.

France et Europe sans rest

9 av. de la Gare – 02 98 97 00 64 – www.hotel-france-europe.com – Fermé 20 déc.-20 janv. **Cb**
22 ch – 72/95 € 77/95 € – 10 €
Un hôtel sympathique situé entre le port et la ville close. Quoique situé près d'un axe passant, il ne subit pas les nuisances sonores grâce à une bonne insonorisation. Parfait pour découvrir la ville.

Hôtel des Halles sans rest

r. Charles Linement, (pl. de l'Hôtel de Ville) – 02 98 97 11 41 – www.hoteldeshalles.com **Cs**
25 ch – 47/51 € 63/66 € – 9 €
Lambris lasurés, couleurs vives, photos de voiliers : pas de doute, on est en bord de mer. Il règne une ambiance familiale dans cet hôtel très central, ce qui ajoute à la sensation de villégiature. Petit-déjeuner maison !

Le Nautile – Hôtel Les Sables Blancs

plage des Sables Blancs – 02 98 50 10 12 – www.hotel-les-sables-blancs.com
Rest – Formule 22 € – Menu 28 € (déj. en sem.), 43/90 € **An**
On dirait un vaisseau prêt à s'élancer sur l'océan. À l'intérieur, tout respire cette élégance marine qui évoque les croisières des années 1930. Les produits de la mer, eux aussi, se parent d'une certaine noblesse.

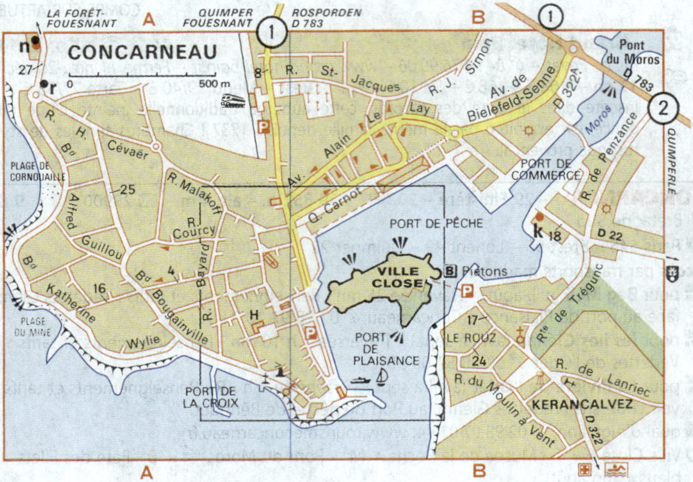

Ville close: Circulation réglementée l'été

La Coquille

1 quai du Moros – ✆ 02 98 97 08 52 – www.lacoquille-concarneau.com – Fermé 1 sem. en nov., 1 sem. en janv., dim. soir et lundi **Bk**

Rest – Menu 29/45 € – Carte 39/77 €

Rest *Le Bistrot* *(déj. seult)* – Formule 15 € – Menu 20 €

Dans la pure tradition bretonne, directement sur le port de pêche. On vient pour des poissons et des crustacés pleins de fraîcheur, accompagnés de produits du marché. Le midi, on se presse au Bistrot pour les suggestions à l'ardoise et l'ambiance franchement conviviale.

Les bonnes adresses à petit prix ? Suivez les Bibs : «Bib Gourmand» rouge pour les tables, et «Bib Hôtel» bleu pour les chambres.

L'Amiral

1 av. P. Guéguin – ✆ 02 98 60 55 23 – www.restaurant-amiral.com – Fermé 3 sem. en nov., vacances de fév., dim. soir et lundi sauf juil.-août Ct
Rest – Formule 16 € – Menu 19 € (sem.), 27/41 € – Carte 32/54 €
Un restaurant vraiment engageant, tout en boiseries sombres et allusions marines élégantes. Bien situé, face à la ville close, il propose tous les grands classiques d'une cuisine de la mer. En vedette, un menu homard à prix étudié.

Le Buccin

1 r. Duguay-Trouin – ✆ 02 98 50 54 22 – www.restaurantlebuccin.fr – Fermé lundi sauf le soir en saison, sam. midi et dim. soir Cv
Rest – Formule 13 € – Menu 25 € (déj.), 34/38 € – Carte 39/52 €
Dans une petite rue légèrement en retrait du port de plaisance, voilà un restaurant chaleureux qui propose plusieurs menus intéressants au gré du marché, et des marées. Pour le homard et les coquillages, réservez le matin même.

CONCHES-EN-OUCHE – 27 Eure – 304 F8 – 5 007 h. – alt. 123 m – 33 D2

– ✉ 27190 Normandie Vallée de la Seine
Paris 118 – Bernay 34 – Dreux 49 – Évreux 18
place A. Briand, ✆ 02 32 30 76 42, www.conches-en-ouche.fr
Église Ste-Foy★.

La Grand'Mare avec ch

13 av. Croix-de-Fer – ✆ 02 32 30 23 30 – Fermé dim. soir et lundi
9 ch – †59/108 € ††59/118 € – ☕ 8 € – ½ P
Rest – Menu 14 € (déj. en sem.), 18/36 € – Carte 41/52 €
La mare se trouve juste à côté ! Dans cette maison à colombages du 19e s., le cadre est rustique et soigné, écrin parfait pour une cuisine traditionnelle qui sait aller de l'avant. Et pour prolonger cette partie de campagne, quelques chambres ont été créées en 2012...

CONCHY-LES-POTS – 60 Oise – 305 H3 – 609 h. – alt. 106 m – ✉ 60490 – 36 B2

Paris 100 – Compiègne 28 – Amiens 55 – Beauvais 68

Le Relais

D 1017 – ✆ 03 44 85 01 17 – Fermé 2 sem. fin juil.-début août, vacances de fév., dim. soir, merc. soir, lundi et mardi
Rest – Formule 20 € – Menu 30/84 € – Carte 53/80 €
N'hésitez pas à pousser la porte de cet ancien relais routier peint en jaune : la salle à manger s'avère coquette et lumineuse, et la cuisine, traditionnelle et généreuse.

CONCREMIERS – 36 Indre – 323 C7 – 640 h. – alt. 82 m – ✉ 36300 – 11 B3

Paris 337 – Châteauroux 66 – Châtellerault 65 – Orléans 212

Château de Forges sans rest

1 km à l'Ouest par D 53 – ✆ 02 54 37 40 03 – www.chateaudeforges.fr
3 ch ☕ – †150 € ††160 €
Une nuit dans un beau château fort médiéval, cela vous tente ? Les preux chevaliers et gentes dames n'en oublient pas pour autant les joies du confort moderne : hammam, bain balnéo... et profitent d'un copieux petit-déjeuner du terroir, avant de repartir vers d'autres aventures.

CONDÉ-NORTHEN – 57 Moselle – 307 J4 – 594 h. – alt. 208 m – ✉ 57220 – 27 C1

Paris 350 – Metz 21 – Pont-à-Mousson 52 – Saarlouis 38

La Grange de Condé

41 r. des Deux-Nieds – ✆ 03 87 79 30 50 – www.lagrangedeconde.com – Fermé 3-20 janv.
17 ch – †115 € ††115 € – 3 suites – ☕ 12 € – ½ P
Rest – Formule 10 € – Menu 17/49 € – Carte 37/84 €
L'ancien corps de ferme familial (1682) s'est transformé en hôtel-restaurant. Les chambres sont spacieuses et classiques, avec des lits de belle ampleur. Pour se détendre : sauna, jacuzzi et hammam.

CONDETTE – 62 Pas-de-Calais – 301 C4 – 2 575 h. – alt. 35 m – ✉ 62360 — 30 A2

Nord Pas-de-Calais Picardie

▶ Paris 245 – Amiens 117 – Arras 125 – Lille 128

ℹ Mairie, ✆ 03 21 32 88 88

L'Orée du Bois

20 r. de la Marne – ✆ 03 21 87 34 73 – Fermé dim. soir et lundi

Rest – Formule 19 € bc – Menu 28/50 € – Carte 31/56 €

Ce chef, au parcours sans faute, a posé ses valises à L'Orée du Bois. Non pas qu'il eut peur d'entrer dans la forêt… Avec ses savoureuses recettes dans l'air du temps, il est capable d'appâter n'importe qui. Mais voilà, Antoine Ducrocq est de ceux qui régalent les gourmands avec de beaux produits de saison !

CONDOM – 32 Gers – 336 E6 – 7 099 h. – alt. 81 m – ✉ 32100 — 28 A2

Midi Toulousain

▶ Paris 729 – Agen 41 – Mont-de-Marsan 80 – Toulouse 121

ℹ 5, place St Pierre, ✆ 05 62 28 00 80, www.tourisme-tenareze.com

Cathédrale St-Pierre★ : Cloître★ Y - Villa romaine de Seviac ★ SO : par D15.

Les Trois Lys

38 r. Gambetta – ✆ 05 62 28 33 33 – www.lestroislys.com — Ya

10 ch – †90 € ††110/190 € – ☕ 9 €

Rest *(fermé lundi midi, jeudi midi et dim. sauf juil.-août)* – Menu 35 €

Cet hôtel particulier du 18e s. abrite des chambres personnalisées avec de beaux meubles anciens ou ethniques. Jolie piscine sur l'arrière. Cuisine simple servie dans la salle ou sur la terrasse en teck dressée dans la cour. Bar cosy.

CONDOM

- Aquitaine (Av. d') .... Y 2
- Armuriers (R. des) .... Y 5
- Barlet (Pont) .... Y 7
- Bonnamy (R.) .... YZ 8
- Buzon (R. et Quai) .... Z 12
- Carmes (Pont des) .... Z 14
- Cazaubon (R. H.) .... Z 16
- Charron (R.) .... Y 19
- Cordeliers (R. des) .... Z 21
- Foch (R. Mar.) .... Y 22
- Gaichies (R.) .... Y 24
- Gambetta (R. L.) .... Y 26
- Jean-Jaurès (R.) .... Z 28
- Lannelongue (Pl.) .... Y 31
- Lion-d'Or (Pl. du) .... Y 35
- Monnaie (R. de la) .... YZ 38
- Paix (R. de la) .... Z 40
- Roquepine (R. de) .... Z 44
- Roques (R.) .... Y 47
- Saint-Exupéry (R.) .... Z 50
- St-Pierre (Pl.) .... Y 53

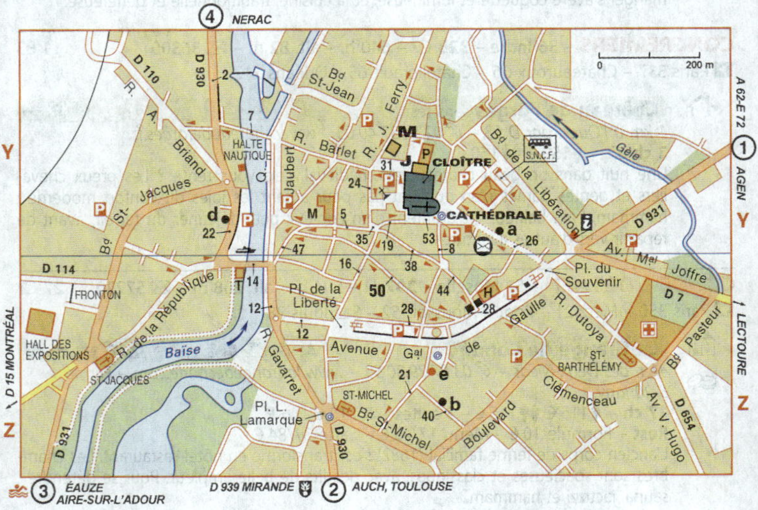

Continental ch,
20 r. du Mar.-Foch – ✆ 05 62 68 37 00 – www.lecontinental.net – Fermé 15-28 déc.
24 ch – †50/72 € ††50/72 € – 1 suite – ☐ 9 € Yd
Rest – Formule 12 € – Menu 14 € (déj. en sem.), 22/33 € – Carte 26/40 €
La Baïse coule au pied de cet hôtel. Les chambres, confortables et bien tenues, donnent pour la plupart sur une cour joliment aménagée (terrasse). Plats traditionnels dans un décor actuel, clair et lumineux.

Logis des Cordeliers sans rest
2 bis r. de la Paix – ✆ 05 62 28 03 68 – www.logisdescordeliers.com – Fermé 2 janv.-3 fév. Zb
21 ch – †48/70 € ††48/70 € – ☐ 8 €
Bâtiment des années 1970 situé dans un quartier tranquille. Chambres fonctionnelles ; optez pour celles donnant sur la piscine, agrémentées de petits balcons. Ambiance familiale.

La Table des Cordeliers (Éric Sampietro)
1 r. des Cordeliers – ✆ 05 62 68 43 82 – www.latabledescordeliers.com – Fermé 2 sem. en janv., dim. soir et lundi Ze
Rest – Menu 18 € (déj. en sem.), 30/100 € bc – Carte 63/78 €
Dans cet ancien couvent, la cuisine se fonde sur le produit pour des mariages inventifs, osant l'alliance entre le sucré et le salé. Au salon, on admire la belle collection d'armagnacs.
➜ Raviole de homard au beurre salé, purée d'artichaut. Pigeon entier rôti, foie chaud et carottes pourpres. Tarte croustillante au chocolat, praline à l'ancienne. **Vins** Vin de pays des Côtes de Gascogne.

CONDRIEU – 69 Rhône – **327** H7 – 3 830 h. – alt. 150 m – ✉ 69420 **44** B2
Lyon et sa région
Paris 497 – Annonay 34 – Lyon 41 – Rive-de-Gier 21
place du Séquoïa, ✆ 04 74 56 62 83
Calvaire ≤★.

Hôtellerie Beau Rivage
2 r. Beau Rivage – ✆ 04 74 56 82 82 – www.hotel-beaurivage.com
20 ch – †120/160 € ††120/160 € – 10 suites – ☐ 19 €
Rest *Hôtellerie Beau Rivage* – voir les restaurants ci-après
Dans l'un des plus fameux vignobles des côtes du Rhône, cet hôtel familial semble rêvasser au bord du fleuve... Une douceur de vivre que l'on retrouve au jardin et dans les chambres, élégantes. Belle manière de découvrir cette région viticole.

Hôtellerie Beau Rivage
2 r. Beau Rivage – ✆ 04 74 56 82 82 – www.hotel-beaurivage.com
Rest – Menu 38 € (déj.), 60/89 € bc – Carte 68/99 €
Une table classique et soignée, où les mets tirent partie des produits régionaux : rigotte de Condrieu (chèvre), fleurs de courgette, tapenade, etc. Les grandes baies vitrées et la terrasse permettent de profiter d'une vue exquise sur le fleuve.

CONFLANS-STE-HONORINE – 78 Yvelines – **311** I2 – **101** 3 – voir à Paris, Environs

CONILHAC-CORBIÈRES – 11 Aude – **344** H3 – 853 h. – alt. 125 m – ✉ 11200 **22** B3
Paris 802 – Béziers 59 – Carcassonne 31 – Montpellier 120

Auberge Côté Jardin avec ch ch,
D 6113 – ✆ 04 68 27 08 19 – www.auberge-cotejardin.com – Fermé dim. soir sauf de mai à sept., lundi sauf le soir en saison et mardi midi
12 ch – †62/135 € ††62/135 € – ☐ 12 € – ½ P
Rest – Formule 20 € bc – Menu 29/55 € – Carte 58/66 €
Bordant la nationale, mais en pleine nature : de la verdure, des fleurs, un endroit plein de fraîcheur et... de gourmandise. La carte est colorée et généreuse, et pour faire étape, on profite de chambres simples et cosy (certaines donnant sur les vignes).

CONLEAU – 56 Morbihan – **308** O9 – rattaché à Vannes

CONNELLES - 27 Eure - 304 H6 - 202 h. - alt. 15 m - ✉ 27430 33 D2

Paris 111 - Les Andelys 13 - Évreux 34 - Rouen 33

Le Moulin de Connelles

40 rte d'Amfreville-sous-les-Monts - ☎ 02 32 59 53 33 - www.moulin-de-connelles.fr - Fermé 25 nov.-7 déc.

7 ch - 140/225 € 140/225 € - 5 suites - 17 € - ½ P

Rest *Le Moulin de Connelles* - voir les restaurants ci-après

Sur un bras de la Seine, cet authentique manoir anglo-normand est un vrai joyau romantique ! Le parc est ravissant, l'accueil charmant et les chambres - classiques ou contemporaines - sont toujours d'un goût exquis. Tout est si délicat...

Le Moulin de Connelles

40 rte d'Amfreville-sous-les-Monts - ☎ 02 32 59 53 33 - www.moulin-de-connelles.fr - Fermé 25 nov. -7 déc. et au déj. du lundi au jeudi

Rest - Menu 35 € (sem.), 46/78 €

Dans cet ancien et superbe moulin surplombant un petit bras de la Seine, on se croirait presque à Chenonceau. Ici, le décor comme l'assiette ne sont qu'élégance et finesse, classicisme de bon aloi et douceur feutrée... Un joli songe à faire tout éveillé !

CONQUES - 12 Aveyron - 338 G3 - 280 h. - alt. 350 m - ✉ 12320 29 C1

Midi Toulousain

Paris 601 - Aurillac 53 - Espalion 42 - Figeac 43

rue Gonzague Florens, ☎ 05 65 72 85 00, www.tourisme-conques.fr

Site★★ - Village★ - Abbatiale Ste-Foy★★ : tympan du portail occidental★★★ et trésor de Conques★★★ - Le Cendié★ O : 2 km par D 232 - Site du Bancarel★ S : 3 km par D 901.

Ste-Foy sans rest

r. Principale - ☎ 05 65 69 84 03 - www.hotelsaintefoy.com - Ouvert 1er mai-17 oct.

17 ch - 97/167 € 105/175 € - 13 €

Cette demeure du 17e s. (belle façade à colombages) contemple la sublime abbatiale. Aux beaux jours, le patio sent la glycine et il fait bon y entendre bruire la fontaine ; les chambres sont rustiques et charmantes : tout est plaisant !

Auberge St-Jacques

r. Gonzague-Florent - ☎ 05 65 72 86 36 - www.aubergestjacques.fr - Fermé 2 janv.-2 fév., dim. soir et lundi du 15 nov. au 31 mars

Rest - Formule 12 € - Menu 19/38 € - Carte 25/46 €

Dans ce superbe village sur la route de Compostelle, un restaurant rustique pour une cuisine d'inspiration régionale, simple et copieuse. Installé sur la terrasse, on admire l'abbatiale.

au Sud 3 km sur D 901 - ✉ 12320 Conques

Hervé Busset

Domaine de Cambelong - ☎ 05 65 72 84 77 - www.moulindecambelong.com - Ouvert 24 mars-1er nov. et fermé lundi hors saison

8 ch - 130/330 € 130/400 € - 1 suite - 20 € - ½ P

Rest *Hervé Busset* ✿ - voir les restaurants ci-après

Dans l'un des derniers moulins à eau du 18e s. en bordure du Dourdou, les chambres jouent la carte du contraste, affichant un style résolument contemporain et design... Calme, reposant et singulier.

Hervé Busset

Domaine de Cambelong - ☎ 05 65 72 84 77 - www.moulindecambelong.com - Ouvert 24 mars-1er nov. et fermé mardi midi, merc. midi et lundi hors saison

Rest - Menu 35 € (déj. en sem.), 55/95 € - Carte 63/107 €

Épure contemporaine et élégance au service d'une cuisine de chef, créative, maîtrisée et soignée. Hervé Busset, passionné par les herbes, les plantes régionales et les beaux produits, n'a de cesse d'innover et... c'est réussi !

➜ Filet de truite d'Estaing, crème de sureau. Agneau allaiton d'Aveyron. Le hérisson comme une omelette norvégienne, glace au mélilot. **Vins** Marcillac.

LE CONQUET – 29 Finistère – 308 C4 – 2 635 h. – alt. 30 m – ✉ 29217 9 A2

Bretagne Nord

▶ Paris 619 – Brest 24 – Brignogan-Plages 59 – St-Pol-de-Léon 85

ℹ parc de Beauséjour, ✆ 02 98 89 11 31, www.leconquet.fr

Site★.

Île d'Ouessant★★ - Les Abers★★.

à la Pointe de St-Mathieu 4 km au Sud – ✉ 29217 Plougonvelin

Phare ✳★★ – Ruines de l'église abbatiale★.

Hostellerie de la Pointe St-Mathieu

– ✆ *02 98 89 00 19 – www.pointe-saint-mathieu.com – Fermé 18 fév.-17 mars* VISA AE

23 ch – 🚹80/110 € 🚹🚹80/110 € – ☕ 13 €

Rest ***Hostellerie de la Pointe St-Mathieu*** – voir les restaurants ci-après

Sémaphores, vestiges d'abbaye... Pas de doute, vous êtes au bout du monde, dans un paysage de tempête. Heureusement, cet hôtel d'apparence austère se révèle élégant et contemporain, tout en teintes douces. Autre refuge, l'espace bien-être.

Vent d'Iroise sans rest VISA AE

– ✆ *02 98 89 45 00 – www.hotel-vent-iroise.com – Fermé vend., sam. et dim. de mi fév. à mi mars*

24 ch – 🚹54/145 € 🚹🚹54/145 € – ☕ 9 €

Idéalement placé pour partir en balade sur les sentiers de la pointe St-Mathieu, cet hôtel récent conviendra à ceux qui recherchent un maximum de calme. Un style dépouillé et plaisant, pour communier avec la mer.

Hostellerie de la Pointe St-Mathieu VISA AE

– ✆ *02 98 89 00 19 – www.pointe-saint-mathieu.com – Fermé 18 fév.-17 mars et dim. soir*

Rest – Formule 24 € – Menu 31/78 € – Carte 37/106 €

Vieilles pierres, cheminée monumentale et poutres se marient admirablement avec un mobilier franchement contemporain. Saint-Jacques, ormeaux, homard, foie gras de Bretagne : le chef met en valeur toute la noblesse du terroir.

LES CONTAMINES-MONTJOIE – 74 Haute-Savoie – 328 N6 – 1 189 h. – alt. 1 164 m – Sports d'hiver : 1 165/2 500 m 4 22 – ✉ 74170 46 F1

Alpes du Nord

▶ Paris 606 – Annecy 93 – Bonneville 50 – Chamonix-Mont-Blanc 33

ℹ 18, route de Notre-Dame de la Gorge, ✆ 04 50 47 01 58, www.lescontamines.com

Le Signal★ (par télécabine).

Gai Soleil rest, VISA

288 chemin des Loyers – ✆ 04 50 47 02 94 – www.gaisoleil.com – Ouvert 15 juin-15 sept. et 20 déc.-15 avril

18 ch – 🚹60/85 € 🚹🚹70/95 € – ☕ 12 € – ½ P

Rest *(fermé le midi sauf du 26 janv. au 9 fév., du 16 au 23 mars et du 15 juin au 15 sept.)* – Formule 15 € – Menu 19/28 € – Carte 22/33 €

Un joli chalet dominant la station, superbement fleuri en saison, tout comme son agréable jardin. Les chambres, d'esprit montagne, sont simples et d'une tenue parfaite ; dans une salle rustique et chaleureuse, on sert des petits plats traditionnels (surtout pour les pensionnaires).

L'Ô à la Bouche VISA

510 rte Notre-Dame-de-la-Gorge – ✆ 04 50 47 81 67 – www.lo-contamines.com – Fermé 5 nov.-15 déc. et lundi hors saison

Rest *(réserver)* – Menu 19 € (déj.), 28/48 € – Carte 30/48 €

Un lieu, deux atmosphères, mais toujours l'eau à la bouche... Cadre contemporain autour d'une cuisine gastronomique fraîche et goûteuse ; au sous-sol (et seulement l'hiver), raclettes, fondues, grillades et convivialité toute montagnarde !

CONTES – 06 Alpes-Maritimes – 341 E5 – 6 947 h. – alt. 250 m – ✉ 06390 41 D2

Côte d'Azur

▶ Paris 954 – Antibes 43 – Marseille 206 – Nice 21

ℹ 5, place Jean Allardi, ✆ 04 93 79 13 99

La Fleur de Thym

3 bd Charles Alunni – ✆ 04 93 79 47 33 – www.lafleurdethym.fr – Fermé 24 déc.-10 janv., dim. soir en hiver, mardi soir et merc.

Rest – Formule 20 € – Menu 28/49 € – Carte 40/55 €

Si vous passez sur cette route du pays des Paillons, vous pouvez vous arrêter dans cet établissement tenu par un couple impliqué. On y travaille les produits de saison et l'accueil est souriant.

CONTEVILLE – 27 Eure – 304 C5 – 896 h. – alt. 33 m – ✉ 27210 — 32 A3

Normandie Vallée de la Seine

Paris 181 – Évreux 102 – Le Havre 34 – Honfleur 15

Auberge du Vieux Logis (Eric Boilay)

48 rte de l'Estuaire – ✆ 02 32 57 60 16 – Fermé 1 sem. en mars, 2 sem. en oct., 1 sem. en janv., mardi sauf juil.-août, dim. soir et lundi

Rest – Menu 39 € (sem.)/59 € – Carte 86/106 €

Au cœur d'un charmant village normand... La cuisine est classique, toujours à la recherche de cuissons précises et de saveurs justes. Des mets goûteux réalisés à partir des meilleurs produits, souvent issus de la pêche locale.

➜ Carpaccio de veau et langoustine aux truffes. Sandre au miroir de vin rouge sur un lit de cocos et de lentilles à l'andouille de Vire. Soufflé glacé et chaud au pommeau de Normandie, marmelade de pommes acidulées.

au Marais Vernier 8 km à l'Est par D 312 et D 90 – 496 h. – alt. 10 m – ✉ 27680

Auberge de l'Etampage avec ch

42 quartier de l'Eglise – ✆ 02 32 57 61 51 – Fermé 23 déc.-1er fév., dim. soir et merc.

3 ch – †40 € ††40 € – ☕ 8 € – ½ P **Rest** – Menu 21/31 € – Carte 36/44 €

Les propriétaires de cette auberge à colombages sont très attachés à l'idée d'un bistrot de campagne. Desossé de poulet fermier au cidre, tarte aux pommes... Pas de doute, la cuisine du terroir aime les produits frais. Des chambres à prix doux viennent compléter cette charmante adresse.

CONTRES – 41 Loir-et-Cher – 318 F7 – 3 413 h. – alt. 98 m – ✉ 41700 — 11 A1

Paris 203 – Blois 22 – Châteauroux 79 – Montrichard 23

Le Manoir de Contres

23 r. des Combattants-en-Afrique-du-Nord – ✆ 02 54 78 45 39 – www.manoirdecontres.com – Fermé 25 déc.-13 fév.

9 ch ☕ – †130/150 € ††160/180 €

Rest *(fermé le midi sauf dim. et fériés)* – Menu 30/45 €

Il ne s'agit pas ici d'être pour ou Contres ! Dans ce ravissant manoir (1818), près des châteaux de la Loire et à 20mn du zoo de Beauval, il suffit de poser ses bagages. Les chambres sont cossues, spacieuses et très confortables. Restauration traditionnelle à apprécier, aux beaux jours, sur la terrasse.

Hôtel de France

rte de Blois – ✆ 02 54 79 50 14 – www.hoteldefrance-contres.com – Fermé de fin janv. à début mars

33 ch ☕ – †85/106 € ††97/118 € – 2 suites – ½ P

Rest *(fermé mardi midi et lundi)* – Formule 22 € – Menu 27 € (sem.), 40/52 € – Carte 48/63 €

Une bonne adresse familiale au centre de Contres. Chambres confortables, la plupart donnant sur le jardin et la piscine. Au restaurant, la carte est traditionnelle.

La Botte d'Asperges

52 r. P.-H.-Mauger – ✆ 02 54 79 50 49 – www.labotte-dasperges.com – Fermé 19 août-2 sept., 2-17 janv., dim. soir et lundi

Rest – Menu 19 € (sem.), 24/55 € – Carte environ 46 €

Rassurez-vous, ce restaurant est ouvert même en dehors de la saison des asperges ! Les gourmands s'y régalent d'une cuisine savoureuse : charlotte de rillettes de saumon et rouget, dos de carrelet en croûte de mozzarella et olives... Service et accueil aux petits soins dans un cadre convivial.

CONTREVOZ – 01 Ain – 328 G6 – rattaché à Belley

CONTREXÉVILLE – 88 Vosges – 314 D3 – 3 440 h. – alt. 342 m – Stat. therm. : début avril-fin oct. – Casino – ✉ 88140 Alsace Lorraine 26 B3

Paris 337 – Épinal 47 – Langres 75 – Nancy 83

cours d'honneur, ✆ 03 29 08 08 68, www.tourisme-lorraine.fr

de Vittel Ermitage, N : 7 km, ✆ 03 29 08 81 53

du Bois de Hazeau, Centre Préparation Olympique, par D 429 : 4 km, ✆ 03 29 08 20 85

Cosmos

13 r. de Metz – ✆ 03 29 07 61 61 – www.hotelcontrexeville.com – Ouvert 1er avril-31 oct.

77 ch – †84 € ††106 € – 6 suites – ☕ 13 € – ½ P

Rest – Formule 22 € – Menu 30/45 € – Carte environ 36 €

L'atmosphère vieille France de cet hôtel aux chambres confortables nous transporte à la Belle Époque. Un endroit idéal pour les adeptes de fitness et de balnéothérapie. Menus classiques et diététiques servis dans une grande salle à manger rétro à souhait.

COQUELLES – 62 Pas-de-Calais – 301 D2 – rattaché à Calais

CORBEIL-ESSONNES – 91 Essonne – 312 D4 – 101 37 – voir à Paris, Environs

CORBIGNY – 58 Nièvre – 319 F8 – 1 632 h. – alt. 203 m – ✉ 58800 Bourgogne 7 B2

Paris 236 – Autun 76 – Avallon 38 – Clamecy 28

8, rue de l'Abbaye, ✆ 03 86 20 02 53, www.lepayscorbigeois.fr

Hôtel de L'Europe

7 Grande Rue – ✆ 03 86 20 09 87 – www.bourgogne-hotel-restaurant-morvan.com – Fermé 22 déc.-2 janv. et en fév.

18 ch – †50/57 € ††65/79 € – ☕ 9 € – ½ P

Rest ***Le Cépage*** – voir les restaurants ci-après

Un sympathique hôtel-restaurant familial dont les chambres sont très propres et confortables, bien qu'assez petites. Confitures maison au petit-déjeuner.

Le Cépage

7 Grande Rue – ✆ 03 86 20 09 87 – www.bourgogne-hotel-restaurant-morvan.com – Fermé 23 déc.-3 janv. et en fév.

Rest *(fermé dim. soir sauf juil.-août)* – Menu 20/58 € bc – Carte 26/42 €

Voilà un cépage qui tient ses promesses ! Dans la salle – avec poutres et pierres apparentes – ou sur la terrasse, on déguste une bonne cuisine traditionnelle où le terroir a la part belle. Dans l'assiette, c'est savoureux et généreux. Belle carte des vins.

CORDES-SUR-CIEL – 81 Tarn – 338 D6 – 1 006 h. – alt. 279 m – ✉ 81170 Midi Toulousain 29 C2

Paris 655 – Albi 25 – Rodez 78 – Toulouse 82

place Jeanne Ramel-Cals, ✆ 05 63 56 00 52, www.cordessurciel.fr

Site★★ - La Ville haute★★ : maisons gothiques★★.

Hostellerie du Vieux Cordes

21 r. St-Michel – ✆ 05 63 53 79 20 – www.hostelleriehvc.com – Fermé 2 janv.-13 fév.

19 ch – †64/178 € ††64/178 € – ☕ 13 € – ½ P

Rest *(fermé merc. midi de mai à sept., dim. soir de déc. à avril, mardi midi et lundi)* – Formule 15 € bc – Menu 22/32 € – Carte 40/46 €

Un monastère du 13e s. au cœur de la cité médiévale. Le bel escalier à vis ; les chambres fraîches conservant leur petit cachet ancien ; le joli patio et sa superbe glycine odorante, sous laquelle on prend ses repas aux beaux jours : tout cela est bien agréable.

rte d'Albi

L'Envolée sauvage

La Borie – ✆ 05 63 56 88 52 – www.lenvolee-sauvage.com

5 ch ☕ – †120/150 € ††120/150 € **Table d'hôte** – Menu 30/40 €

Rencontre du terroir et du raffinement pour cette ferme du 18e s. Authenticité des vieilles pierres, plaisir de la piscine, charme des chambres cosy : on n'a plus du tout envie de s'envoler ! Les produits de la ferme (fruits, légumes, foie gras maison) garnissent la table d'hôte.

à Campes **3 km au Nord-Est par D 922, D 98 et rte secondaire – ✉ 81170**

Le Domaine de la Borie Grande

St- Marcel-Campes – ✆ 05 63 56 58 24 – www.laboriegrande.com

5 ch – 125/140 € 140/190 € – ½ P **Table d'hôte** – Menu 45 € bc

Une adresse secrète et raffinée, en pleine campagne. Dans cette demeure du 18e s., la vue sur Cordes est superbe et les propriétaires reçoivent leurs hôtes en amis. Ils leur réservent de très belles chambres – décorées à la façon des maisons de famille d'antan –, ainsi qu'une suite aux airs de loft. On ne vient pas ici par hasard et l'on aimerait tant pouvoir rester !

CORDON – 74 Haute-Savoie – 328 M5 – 995 h. – alt. 871 m – ✉ 74700 — 46 F1

Alpes du Nord

Paris 589 – Annecy 76 – Bonneville 33 – Chamonix-Mont-Blanc 32

Place du Mont-Blanc, ✆ 04 50 58 01 57, www.cordon.fr

Site★.

Les Roches Fleuries

90 rte de la Scie – ✆ 04 50 58 06 71 – www.rochesfleuries.com – Ouvert mi-mai à mi-sept. et mi-déc. à mi-avril

20 ch – 140/295 € 140/295 € – 4 suites – 20 € – ½ P

Rest *(fermé dim. soir, mardi midi et lundi)* – Menu 34/67 €

Perché sur les hauteurs de Cordon, ce chalet est ravissant et la vue y est superbe ! Décor chaleureux (boiseries et élégant mobilier régional ancien), restaurant feutré, chambres douillettes et jolie piscine, idéale après une journée sur les pistes... Une certaine idée du luxe made in Savoie !

Le Cerf Amoureux

à Nant-Cruy, 2 km au Sud (rte Combloux) – ✆ 04 50 47 49 24 – www.lecerfamoureux.com – Fermé avril et 16 sept.-8 oct.

9 ch – 155/295 € 155/295 € – 2 suites – 17 € – ½ P

Rest *(fermé dim. et lundi hors vacances scolaires) (dîner seult) (résidents seult)* – Menu 36 €

Un beau chalet – tout de pierre et de bois vêtu – raffiné et très cosy. Délicieuses chambres avec balcon donnant sur les Aravis ou le mont Blanc ; repas "familial amélioré" (dixit le propriétaire) dans une salle de caractère ; espace bien-être... Est-ce l'amour qui rend ce Cerf si charmant ?

La Joubarbe au Balcon du Mont Blanc

2087 rte des Miaz – ✆ 04 50 91 15 35 – www.lajoubarbe.com

10 ch – 130/238 € 140/248 € – ½ P

Rest *(dîner seult) (résidents seult)* – Menu 27 €

Esprit des lieux ? Un beau chalet sur les hauteurs, où règne une charmante atmosphère maison d'hôtes de luxe. Les chambres, de style montagnard épuré, ont toutes un balcon ou une terrasse pour profiter de la vue imprenable sur les monts... Et autour de la table, des plats familiaux et un joli choix de vins.

Le Chamois d'Or

4080 rte de Cordon – ✆ 04 50 58 05 16 – www.hotel-chamoisdor.com – Ouvert 1er juin à mi-sept. et 22 déc. à début avril

27 ch – 95/140 € 135/190 € – 1 suite – 16 € – ½ P

Rest *(fermé merc. midi et jeudi midi)* – Formule 20 € – Menu 25 € (sem.), 28/32 € – Carte 34/56 €

Piscine, tennis, fitness, sauna, jacuzzi, billard, restaurant traditionnel... Dans ce chalet familial, tout est pensé pour la détente. Quiétude et douceur dans les chambres et suites, dans un esprit montagnard élégant (tissus choisis). Pour paresser au coin du feu, le salon est idéal !

Le Cordonant

120 rte des Miaz – ✆ 04 50 58 34 56 – www.lecordonant.fr – Ouvert de mi-mai à fin sept. et de mi-déc. à mi-avril

16 ch – 75/95 € 85/105 € – 10 € – ½ P

Rest ***Le Cordonant*** – voir les restaurants ci-après

Un grand et beau chalet d'esprit familial, de jolies chambres avec des meubles en bois peint, un jardin et une terrasse donnant sur la vallée de Sallanches, les aiguilles de Varens et le massif du Mont-Blanc... Une bonne adresse pour un séjour montagnard.

Le Cordonant

120 rte des Miaz – ✆ 04 50 58 34 56 – www.lecordonant.fr – Ouvert de mi-mai à fin sept. et de mi-déc. à mi-avril

Rest – Menu 25/35 € – Carte 31/46 €

Blotti au coin du feu, ou en terrasse, on se laisse porter par la douce atmosphère savoyarde des lieux. Un cadre délicieux pour (re)découvrir la saveur d'une copieuse cuisine familiale aux couleurs de la région.

CORENC – 38 Isère – 333 H6 – rattaché à Grenoble

CORMEILLES – 27 Eure – 304 C6 – 1 185 h. – alt. 80 m – ✉ 27260 32 A3

Normandie Vallée de la Seine

Paris 181 – Bernay 26 – Lisieux 19 – Pont-Audemer 17

14, place du Mont Mirel, ✆ 02 32 56 02 39, www.office-tourisme-cormeilles.com

L'Auberge du Président

70 r. de l'Abbaye – ✆ 02 32 57 80 37 – www.hotel-cormeilles.com – Fermé 3-10 janv.

14 ch – †68/88 € ††88/95 € – ☐ 10 € – ½ P

Rest *(fermé dim. soir d'oct. à mars et lundi midi) (réservation indispensable le midi)* – Menu 20 € (sem.), 25/38 € – Carte environ 45 €

L'enseigne rend hommage au président René Coty qui séjourna dans cette auberge. La façade à colombages n'a pas changé depuis la IVe République, mais les chambres respirent la fraîcheur, dans une jolie veine cosy qui fait que l'on s'y sent bien. Pause terroir au restaurant.

Gourmandises

29 r. de l'Abbaye – ✆ 02 32 42 10 96 – Fermé dim. soir, lundi, mardi et merc. midi hors saison

Rest – Formule 21 € – Menu 29 € (déj. en sem.), 39/47 € – Carte environ 50 €

En 2009, Alain Lamaison, après avoir dirigé les cuisines de plusieurs belles maisons, décide de s'adonner à ces Gourmandises. Résultat : une salle à manger en teintes douces, judicieusement épurée, des produits régionaux de qualité et de beaux plats de saison.

CORMERY – 37 Indre-et-Loire – 317 N5 – 1 655 h. – alt. 59 m – ✉ 37320 11 B2

Châteaux de la Loire

Paris 254 – Blois 63 – Château-Renault 48 – Loches 22

1, rue des moulins, ✆ 02 47 43 30 84

Auberge du Mail

2 pl. du Mail – ✆ 02 47 43 40 32 – www.aubergedumail-cormery.com – Fermé 20-27 avril, 26 août-1er sept., 24-31 déc., le soir de mi-oct. à fin mars sauf vend. et sam., sam. midi, merc. soir et jeudi

Rest – Formule 18 € – Menu 21 € (sem.), 31/41 € – Carte 35/51 €

Dans cette maison de pays, proche de l'abbaye – célèbre pour ses macarons –, on déguste une cuisine de tradition avec de beaux produits frais. Mention spéciale pour le beau plateau de fromages et le chariot de desserts ! L'été, on s'installe sur la terrasse à l'ombre des tilleuls et de la glycine.

CORNILLON – 30 Gard – 339 L3 – 892 h. – alt. 168 m – ✉ 30630 23 D1

Provence

Paris 666 – Avignon 50 – Alès 47 – Bagnols-sur-Cèze 17

La Vieille Fontaine avec ch

r. du Château – ✆ 04 66 82 20 56 – www.lavieillefontaine.net – Ouvert de Pâques à oct. et fermé lundi, mardi, merc. sauf juil.-août

8 ch – †105/155 € ††105/155 € – ☐ 10 € – ½ P

Rest *(dîner seult sauf dim.)* – Menu 40 €

Maison de caractère adossée aux murailles médiévales. Dans la salle voûtée, on déguste une cuisine de tradition, dont la spécialité de la maison : les moules farcies à la diable. Piscine et jardin dominant la vallée ; chambres coquettes pour l'étape.

CORPS – 38 Isère – 333 I9 – 493 h. – alt. 939 m – ✉ 38970 Alpes du Sud 45 C3

Paris 626 – Gap 39 – Grenoble 64 – La Mure 24

rue des fossés, ✆ 04 76 30 03 85, www.paysdecorps.fr

Barrage★★ et pont★ du Sautet O : 4 km.

Hôtel du Tilleul

r. des Fosses – ✆ 04 76 30 00 43 – www.hotel-restaurant-du-tilleul.com – Fermé 20 oct.-20 déc.

18 ch – †48/53 € ††53/69 € – ☕ 8,50 € – ½ P

Rest – Menu 17/40 € – Carte 18/30 €

Un vieux village fort animé en été, peut-être en raison de son emplacement sur la route Napoléon. Les chambres sont fraîches et bien tenues (plus calmes à l'annexe) et le restaurant permet de découvrir le terroir local. Accueil charmant.

à Aspres-les-Corps 5 km au Sud-Est par N 85 et D 58 – 135 h. – alt. 930 m – ✉ 05800

Château d'Aspres

– ✆ 04 92 55 28 90 – www.chateau-daspres.com – Ouvert 1er mars-15 nov., 30 déc.-2 janv. et fermé dim. soir et lundi du 1er mars au 31 mai

8 ch – †88 € ††88/118 € – 3 suites – ☕ 12 € – ½ P

Rest – Menu 24/40 € – Carte 34/80 €

Cette demeure seigneuriale (12e-17e s.) domine la vallée du Champsaur. Portraits d'ancêtres, lourdes tentures, meubles d'époque : une décoration bourgeoise également à l'honneur dans les chambres. La vue sur le paysage environnant est superbe.

CORRENÇON-EN-VERCORS – 38 Isère – 333 G7 – rattaché à Villard-de-Lans

CORRÈZE – 19 Corrèze – 329 M3 – 1 168 h. – alt. 455 m – ✉ 19800 25 C3

Limousin Berry

Paris 480 – Aubusson 96 – Brive-la-Gaillarde 45 – Tulle 19

2, avenue de la gare, ✆ 05 55 21 32 82

Le Parc des 4 Saisons

16 av. de la Gare – ✆ 05 55 21 44 59 – www.leparc.info

5 ch ☕ – †58/88 € ††65/95 € **Table d'hôte** – Menu 35 € bc

Le jeune couple qui a aménagé cette ancienne maison de notable a voulu créer une chambre d'hôtes "écolo". Objets chinés, chambres pimpantes et confortables, parc agréable, piscine chauffée à l'énergie solaire : tout est prévu pour votre confort. Table d'hôte (sur réservation) trois soirs par semaine.

CORSE

15 B2

© C. Moirenc/Hemis.fr

Corse – **305 674 h.** – **345** – Corse

Transports maritimes

- Depuis la France continentale les relations avec la Corse s'effectuent à partir de Marseille, Nice et Toulon.
- au départ de **Marseille** - SNCM - 61 bd des Dames (2e) ✆ 0 825 888 088 (0,15 €/mn) et 3260 dîtes "SNCM". CMN - 4 quai d'Arenc (2e) ✆0 810 201 320
- au départ de **Nice** - SNCM - Ferryterranée quai du Commerce ✆ 04 93 13 66 59 ou dîtes SNCM (0,15 €/mn). CORSICA FERRIES - Port de Commerce✆0 825 095 095 (0,15 €/mn)
- au départ de **Toulon** - SNCM - 49 av. Infanterie de Marine (15 mars-15 sept.) ✆ 0 825 888 088 (0,15 €/mn). CORSICA FERRIES - Gare Maritime ✆ 0 825 095 095 (0,15 €/mn).

Aéroports

- La Corse dispose de quatre aéroports assurant des relations avec le continent, l'Italie et une partie de l'Europe :
- Ajaccio ✆ 04 95 23 56 00, Calvi ✆ 04 95 65 88 44, Bastia ✆ 04 95 54 54 54, et Figari-Sud-Corse ✆ 04 95 71 10 10 (Bonifacio et Porto-Vecchio).
- Voir aussi au texte de ces localités.

Quelques golfs

- 9 Bastia, (voir à la localité), ✆04 95 38 33 99
- 18 de Sperone à Bonifacio, (voir à la localité), ✆04 95 73 17 13

AJACCIO P – 2A Corse-du-Sud – **345** B8 – **64 306 h.** – **Casino** Z **15** A3
– ✉ **20000**

Bastia 147 – Bonifacio 131 – Calvi 166 – Corte 80

d'Ajaccio-Napoléon Bonaparte : ✆ 04 95 23 56 00, 7 km par ①.

3, boulevard du Roi Jérôme, ✆ 04 95 51 53 03, www.ajaccio-tourisme.com

Vieille Ville★ - Musée Fesch★★ : peintures italiennes★★★ - Maison Bonaparte★ - Salon Napoléonien★ (1er étage de l'hôtel de ville) - Jetée de la Citadelle ≤★ - Place Gén.-de-Gaulle ou Place du Diamant ≤★.

Golfe d'Ajaccio★★ . Aux Iles sanguinaires★★.

Palazzu U Domu sans rest

17 r. Bonaparte – ✆ 04 95 50 00 20 – www.hotel-palazzudomu-ajaccio.com

45 ch – †129/355 € ††129/355 € – ☕ 16 € Ze

Le palais du comte Pozzo di Borgo (18e s.) est résolument feutré et raffiné : escalier d'époque, teintes sombres, expos d'art contemporain. Trois catégories de chambres, suites. Sans doute le meilleur hôtel du centre-ville.

Les Mouettes sans rest

9 cours Lucien-Bonaparte, par ② – ✆ 04 95 50 40 40 – www.hotellesmouettes.fr – Fermé 12 nov.-27 mars

28 ch – †105/345 € ††105/345 € – ☕ 19 €

Une grande demeure rose de 1880, une vue superbe sur la piscine et la plage privée. Chambres sobres et spacieuses, la plupart avec loggia, pour rêver en regardant les mouettes.

Impérial sans rest

6 bd Albert 1er – ✆ 04 95 21 50 62 – www.hotelimperial-ajaccio.fr – Ouvert de mars à oct. Ya

44 ch – †73/160 € ††73/160 € – ☕ 11 €

Une façade pimpante, en lisière de la ville, sur la promenade menant aux Sanguinaires. Le hall est "impérial" ; sorte d'hommage à Napoléon. Chambres bien tenues, plage à deux pas.

Albert-1er (Bd) . . . . . Y 2
Bévérini Vico (Av.) . . . . . Y 4
Colonna d'Ornano (Av. du Col.) . . . . . Y 10
Griffi (Square P.) . . . . . Y 22
Leclerc (Cours Gén.) . . . . . Y 25
Madame-Mère (Bd) . . . . . Y 29
Maillot (Bd H.) . . . . . Y 30
Masséria (Bd) . . . . . Y 32
Napoléon-III (Av.) . . . . . Y 37
Napoléon (Cours) . . . . . Y
Nicoli (Cours J.) . . . . . Y 38
Paoli (Bd D.) . . . . . Y 41
St-Jean (Montée) . . . . . Y 51

Amirauté sans rest
20 bd Georges Pompidou, par ① – ✆ 04 95 27 22 57 – www.corsica-hotels.fr
72 ch – 🚹59/178 € 🚹🚹59/178 € – ☕ 10 €
Vaste immeuble moderne en sortie de ville, vers l'aéroport. Les chambres y sont fonctionnelles. Piscine et terrasse tournées vers la mer.

San Carlu Citadelle sans rest
8 bd Casanova – ✆ 04 95 21 13 84 – www.hotel-sancarlu.com Zf
40 ch – 🚹50/170 € 🚹🚹50/200 € – ☕ 9 €
Au cœur du vieil Ajaccio et à deux pas de la plage St-François, cet hôtel offre une vue superbe sur la citadelle et la mer. Les chambres ont été rénovées en 2011 dans une veine sobre et épurée.

Kallisté sans rest
51 cours Napoléon – ✆ 04 95 51 34 45 – www.hotel-kalliste-ajaccio.com
45 ch ☕ – 🚹63/76 € 🚹🚹79/94 € Zb
Cet édifice (19e s.) du cours Napoléon a conservé ses murs de brique et de granit et ses plafonds voûtés. Chambres spartiates, idéales pour une étape ou un court séjour.

XX **L'Altru Versu**

bd Nicéphore-Sephanopoli-de-Comnene, Les Sept Chapelles, rte des Iles Sanguinaires – 04 95 50 05 22 – www.laltruversu.com – Fermé fév., mardi et merc. sauf le soir en saison
Rest – Formule 18 € – Carte 36/55 €
De la lumineuse salle à manger à fleur d'eau, la vue sur le golfe est superbe. Parfums de clémentine et de myrte... La carte "terre et mer" donne une autre idée de la Corse.

X **A Nepita**

4 r. San-Lazaro – 04 95 26 75 68 – Fermé août, 23-30 déc., lundi soir, mardi soir, merc. soir, sam. midi et dim. Yf
Rest *(réserver)* – Formule 18 € – Menu 22 € (déj. en sem.), 29/33 €
Dans ce petit établissement, un chef d'expérience concocte chaque jour un menu unique autour de deux plats au choix, au gré du marché et de ses envies. Fraîcheur et saveur !

X **L'Amuse Bouche**

3 bd Pugliesi-Conti – 04 95 52 11 43 – Fermé juil., dim. et lundi Ys
Rest – Menu 42/53 €
Amuse-bouches et produits bien sélectionnés pour une cuisine aux parfums de la Méditerranée. Cadre intime et service prévenant.

Plaine de Cuttoli **15 km par ① par rte de Bastia, rte de Cuttoli (D 1) puis rte de Bastelicaccia – ✉ 20167 Mezzavia**

XX **U Licettu** avec ch

– 04 95 25 61 57 – www.u-licettu.com – Fermé 1er janv.-15 fév., dim. soir et lundi hors saison
5 ch – †75/90 € ††75/90 € **Rest** *(réserver)* – Menu 42 € bc
Une villa dominant le golfe et noyée sous les fleurs, quelques chambres face au jardin, un accueil charmant, une cuisine corse copieuse et savoureuse (charcuteries maison, viandes rôties dans la cheminée, brocciu frais du matin même...) : autant de bonnes raisons de ne pas prendre le maquis !

à Pisciatello **12 km par ① et N 196 – ✉ 20117 Cauro**

X **Auberge du Prunelli**

– 04 95 20 02 75 – http://www.facebook.com/auberge.duprunelli – Fermé mardi
Rest – Menu 20 € (déj.)/31 € bc – Carte 23/39 €
À deux pas d'un petit pont sur le Prunelli, une auberge corse du 19e s. avec sa treille. Légumes du potager et incontournables (omelette au brocciu, cabri rôti, figatelli).

rte des îles Sanguinaires **par ② – ✉ 20000 Ajaccio :**

Dolce Vita

à 9 km – 04 95 52 42 42 – www.hotel-dolcevita.com – Ouvert d'avril à oct.
32 ch – †230/480 € ††320/480 € – 28 € – ½ P
Rest ***La Mer*** – voir les restaurants ci-après
La vie est douce dans cet hôtel à fleur d'eau : beau jardin, piscine et plage privée. Chambres spacieuses et contemporaines, toutes avec vue sur la Méditerranée...

Cala di Sole

à 6 km – 04 95 52 01 36 – www.caladisole.fr – Ouvert avril-sept.
31 ch – †90/190 € ††130/255 € – 12 € **Rest** *(ouvert juin-sept.)* – Carte 40/60 €
Pour un séjour tonique les pieds dans l'eau : piscine, fitness, plongée, jet-ski et planche à voile. Chambres avec terrasse ou loggia donnant sur la mer. En saison, grillades et salades servies midi et soir à la paillotte de l'hôtel, située sur la plage.

XXX **La Mer** – Hôtel Dolce Vita

à 9 km – 04 95 52 42 42 – www.hotel-dolcevita.com – Ouvert d'avril à oct.
Rest – Menu 48 € – Carte 52/75 €
La Mer et toutes ses splendeurs : on s'installe en terrasse, face aux Sanguinaires, pour déguster de beaux produits marins... Par temps frais, on apprécie la douceur bourgeoise qui règne dans la salle.

Palm Beach avec ch

à 5 km – ✆ 04 95 52 01 03 – www.palm-beach.fr

8 ch – 120/580 € 140/600 € – 1 suite – 21 €

Rest *(Ouvert mars à oct. et fermé le midi)* – Menu 69/89 € – Carte 80/105 €

Rest *Le Sari* *(fermé lundi et le soir)* – Formule 15 € – Menu 23 € – Carte 48/60 €

Le restaurant embrasse le golfe d'Ajaccio, la Grande Bleue vient caresser sa terrasse… Une situation idyllique pour savourer une cuisine gastronomique raffinée, mettant en valeur de beaux produits. Menu plus simple au déjeuner au Sari. Chambres contemporaines et épurées, face à la mer.

➜ Huîtres et Saint-Jacques au sel marin et citron corse. Ragoût d'agneau, gnocchis d'aubergine grillée et condiment riviera. Socca à la châtaigne et tarte fine pomme-coing à la vanille. **Vins** Patrimonio, Ajaccio.

ALÉRIA – 2B Haute-Corse – 345 G7 – 1 996 h. – alt. 20 m – ✉ 20270 15 B2

Bastia 71 – Corte 50 – Porto Vecchio 72

Casa Luciani RN 198, ✆ 04 95 57 01 51

Fort de Matra ★ - Musée Jérôme-Carcopino collection de céramiques attiques ★★ - Ville antique ★.

L'Atrachjata sans rest

100 av. Saint A. Sauli, (N 198) – ✆ 04 95 57 03 93 – www.hotel-atrachjata.net

29 ch – 49/159 € 49/159 € – 2 suites – 8 €

Au cœur de la Costa Serena, un hôtel familial accueillant situé en bordure de route. Les chambres fonctionnelles et bien tenues (à choisir de préférence sur l'arrière) conviendront parfaitement pour une étape.

L'Empereur

(N 198) – ✆ 04 95 57 02 13 – www.hotel-empereur.com

32 ch – 45/90 € 55/90 € – 7 € – ½ P

Rest – Menu 16 € (sem.), 22/25 € – Carte 24/38 €

À trois minutes de la plage, au bord de la nationale qui traverse le village, cette construction de style motel propose des chambres spacieuses et fonctionnelles donnant pour la plupart sur la piscine. Les duplex conviendront particulièrement aux vacances en famille.

ALGAJOLA – 2B Haute-Corse – 345 C4 – 299 h. – alt. 2 m – ✉ 20220 15 A1

Bastia 76 – Calvi 16 – L'Ile-Rousse 10

Place de la Gare, ✆ 04 95 62 78 32

Citadelle ★.

Stellamare sans rest

chemin Santa Lucia – ✆ 04 95 60 71 18 – www.stellamarehotel.com – Ouvert 26 avril-6 oct.

16 ch – 70/140 € 70/140 € – 11 €

Sur les hauteurs de la station, un beau jardin très engageant, puis cette grande maison qui abrita jadis les locaux de l'ORTF. Chambres plaisantes et cosy donnant sur la mer ou la montagne.

Serenada sans rest

– ✆ 04 95 36 43 64 – www.hotel-serenada.com – Ouvert de mai à oct.

12 ch – 92/225 € 92/225 €

Presque les pieds dans l'eau, un hôtel récent vraiment accueillant. Les chambres sont très confortables, bien insonorisées et décorées dans un style sobre et contemporain.

AULLÈNE – 2A Corse-du-Sud – 345 D9 – 182 h. – alt. 825 m – ✉ 20116 15 B3

Ajaccio 73 – Bonifacio 84 – Corte 103 – Porto-Vecchio 59

San Larenzu sans rest

Pasta di Grano, (près de la Poste) – ✆ 04 95 78 63 12 – www.sanlarenzu.com

5 ch – 60/81 € 65/107 €

En route pour le GR 20 ? Laurent propose des chambres bien tenues et... vend aussi sa charcuterie artisanale ! Bon petit-déjeuner (miel et confitures corses) face aux montagnes.

BARCAGGIO – 2B Haute-Corse – 345 F1 – ✉ 20275 Ersa 15 B1

▶ Bastia 55

Petra Cinta sans rest

au port – ✆ 04 95 36 87 45 – www.hotelpetracinta.free.fr – Fermé oct. à mai

9 ch – †55/105 € ††75/120 € – ☕ 6,50 €

Dans cette jolie maison blanche, en retrait du pittoresque port, les chambres sont décorées avec goût, vraiment avenantes, et certaines sont même conçues pour les familles. Tout est doux et reposant, à prix raisonnable.

BASTELICA – 2A Corse-du-Sud – 345 D7 – 542 h. – alt. 800 m – ✉ 20119 15 B2

▶ Ajaccio 43 – Corte 69 – Propriano 70 – Sartène 82

Route panoramique★ du plateau d'Ese.

A 400 m du col de Mercujo : belvédère ≤★★ et SO : 13,5 km.

Artemisia

Boccialacce, rte du Col de Scalella – ✆ 04 95 28 19 13 – www.hotel-artemisia.com – Fermé de début nov. à mi-déc.

10 ch – †95/195 € ††95/195 € – ☕ 13 €

Rest *(dîner seult) (réserver)* – Carte 29/44 €

Le charme de la différence ! Né en 2010, cet hôtel associe architecture contemporaine et esprit loft. Dans les chambres, les lits placés devant de grandes baies tutoient la montagne. Le patron, enfant du village, conseille balades et adresses d'artisanat. Recettes corses à l'heure du dîner. Détente absolue...

Chez Paul

– ✆ 04 95 28 71 59

Rest – Formule 12 € – Menu 17/30 €

Dans cette auberge, on se régale d'une bonne cuisine corse (charcuterie maison, daube de veau, cannellonis au brocciu) depuis quatre générations ! Dans l'assiette, c'est généreux et savoureux. Aux beaux jours, on profite de la terrasse avec vue plongeante sur le village et la vallée du Prunelli.

BASTIA P – 2B Haute-Corse – 345 F3 – 43 545 h. – ✉ 20200 15 B1

▶ Ajaccio 148 – Bonifacio 171 – Calvi 92 – Corte 69

✈ de Bastia-Poretta ✆ 04 95 54 54 54, 20 km par ②.

ℹ place Saint-Nicolas, ✆ 04 95 54 20 40, www.bastia-tourisme.com

Golf Club Borgo, Borgo Castellarese, S : 20 km par rte Aéroport, ✆ 04 95 38 33 99

Terra-Vecchia★ : le vieux port★★, oratoire de l'Immaculée Conception★ - Terra-Nova★ : Assomption de la Vierge★★ dans l'église Ste-Marie, décor★★ rococo dans la chapelle Ste-Croix.

Église Ste-Lucie ≤★★ 6 km NO par D 31 X - ✻★★★ de la Serra di Pigno 14 km par ③ - ≤★★ du col de Teghime 10 km par ③.

Les Voyageurs sans rest

9 av. du Mar.-Sébastiani – ✆ 04 95 34 90 80 – www.hotel-lesvoyageurs.com

24 ch – †60/85 € ††75/100 € – ☕ 10 € Xr

Entre le port et la gare, cet hôtel accueille les voyageurs – touristes et clientèle d'affaires – depuis plus d'un siècle ! Chaque chambre arbore un décor différent, sur le thème de l'ailleurs ou du cinéma. Sympathique.

Corsica Hôtels Bastia Centre sans rest

av. J.-Zuccarelli, par ③ – ✆ 04 95 55 05 10 – www.corsica-hotels.fr

71 ch – †53/127 € ††63/127 € – ☕ 15 €

Sur les hauteurs de la ville, un hôtel récent et fonctionnel. Les chambres, rénovées en 2010, sont calmes et confortables. Petits plus bien appréciables : un parking, un garage et une carte snacking le soir.

Posta Vecchia sans rest

8 r. Posta Vecchia – ✆ 04 95 32 32 38 – www.hotel-postavecchia.com – Fermé 21 déc.-12 janv. Ys

50 ch – †50/112 € ††50/114 € – ☕ 8 €

Au cœur de Terra-Vecchia (la vieille ville bastiaise), un immeuble traditionnel avec ses volets bleus et sa belle teinte terre de Sienne. Les chambres sont petites, mais coquettes et avenantes.

Campinchi (R. César) . . . . . Y
Carbuccia (R. Gén.-de) . . . . . Z 2
Casanova (R. L.) . . . . . Z 3
Chanoine Colombani (R.) . . . . . X 4
Chanoine Leschi (R.) . . . . . X 5
Dr-Favale (Cours du) . . . . . Z 6
Donjon (Pl. du) . . . . . Z 7
Evêché (R. de l') . . . . . Z 8
Gaudin (Bd A.) . . . . . Z
Giraud (Bd Gén.) . . . . . YZ 9
Landry (R. A.) . . . . . X 15
Leclerc (Sq. du Mar.) . . . . . X 17
Luccioni (R. José) . . . . . X 18
Marché (Pl. du) . . . . . Y 19
Marine (R. de la) . . . . . Z 20
Napoléon (R.) . . . . . Y 23
Neuve-St-Roch (R.) . . . . . Y 25
Paoli (Bd) . . . . . YZ
Pierangeli (Cours H.) . . . . . Y 29
St-François (R.) . . . . . Y 32
St-Michel (R.) . . . . . Z 34
St-Roch (R.) . . . . . Y 35
Salicetti (R.) . . . . . Y 37
Sari (Av. Émile) X
Sébastiani (Av. Mar.) . . . . . X 38
Terrasses (R. des) . . . . . Y 39
Zéphyrs (R. des) . . . . . Y 42

Chez Huguette

quai Sud, au Vieux-Port – ✆ 04 95 31 37 60 – www.chezhuguette.fr – Fermé 1er-15 déc., dim. sauf le soir du 15 juin au 15 sept. et ouvert du lundi au sam. du 15 fév. au 15 juin et du 15 sept. au 15 nov. **Zt**

Rest – Carte 39/59 €

Un restaurant épuré, face aux nombreuses embarcations du vieux port. Cet agréable voisinage donne le ton à la cuisine, qui met à l'honneur fruits de mer et poissons frais. Et pour cause, trois à quatre fois par semaine, Huguette et son mari se fournissent directement chez les pêcheurs de Macinaggio !

La Table du Marché St Jean

pl. du Marché – ✆ 04 95 31 64 25 – Fermé 1 sem. début janv. et dim. **Ya**

Rest – Menu 30/65 € – Carte 38/58 €

Un jeune chef plein d'allant, une équipe dynamique... Cette Table a pris un nouveau départ en 2010 et elle n'a rien perdu de son charme. Poissons et fruits de mer extra-frais, petits plats préparés en toute simplicité, jolie terrasse sous les platanes et banc d'écailler : on passe un bon moment.

Le Guasco

6 r. Dragon – ✆ 04 95 31 44 70 – Fermé dim. et lundi **Za**

Rest – Formule 23 € – Menu 37 € – Carte 30/46 €

Dans cet ancien moulin à huile, tout est chaleureux : la déco, bien sûr – avec ses pierres apparentes, ses poutres, sa meule si pittoresque et sa presse à olives –, mais aussi l'appétissant menu autour du veau insulaire et de la langoustine du cap Corse. L'un des meilleurs restaurants de Bastia.

A Vista

8 r. St-Michel, (La Citadelle) – ✆ 04 95 47 39 91 – www.restaurantavista.com – Fermé 1er-15 janv. et nov. **Zv**

Rest – Formule 17 € – Carte 43/68 €

La terrasse de ce restaurant ? Un petit paradis avec une superbe vue sur la mer... Sans parler du décor résolument contemporain, de l'atmosphère chaleureuse et – bien sûr – de la bonne cuisine méditerranéenne du chef, concoctée avec de beaux poissons et légumes (souvent bio) de l'île.

à Palagaccio 2,5 km par ① – ✉ 20200 San Martino di Lota

L'Alivi

rte du Cap – ✆ 04 95 55 00 00 – www.hotel-alivi.com – Ouvert 15 mars-31 oct.

36 ch – 🚹80/210 € 🚹🚹95/210 € – 1 suite – ☕ 15 € – ½ P

Rest ***L'Archipel*** – voir les restaurants ci-après

La vie en bleu ! À 5 min du centre-ville, en direction du cap Corse, cet hôtel est une ode à la mer. Accès direct à la plage et vue plongeante sur les flots, qu'on paresse au solarium, crawle dans la piscine ou prenne l'air sur la terrasse de sa jolie chambre...

L'Archipel – Hôtel L'Alivi

rte du Cap – ✆ 04 95 55 00 10 – www.hotel-alivi.com – Ouvert 15 mars-31 oct. et fermé lundi sauf le soir en juil.-août et dim. soir

Rest – Carte 36/56 €

Pâtes aux langoustes, loup en croûte de sel... Cette cuisine du Sud est très appétissante, et on la déguste dans un cadre magique, face à l'archipel toscan et presque les pieds dans l'eau. Une impression de bout du monde !

à Pietranera 3 km par ① – ✉ 20200 San Martino di Lota

Pietracap sans rest

sur D 131 – ✆ 04 95 31 64 63 – www.hotel-pietracap.com – Ouvert avril-nov.

39 ch – 🚹97/224 € 🚹🚹97/224 € – ☕ 16 €

Parc luxuriant, vue sur la mer... un havre de paix ! Les chambres sont spacieuses, la plupart avec balcon donnant sur la verdure et la Grande Bleue. Au petit-déjeuner, goûtez la bonne confiture d'orange maison (avec les agrumes du jardin).

Cyrnea sans rest

– ✆ 04 95 31 41 71 – www.hotelcyrnea.monsite.wanadoo.fr – Fermé 1er déc.-15 janv.

19 ch – 🚹50/84 € 🚹🚹50/86 € – ☕ 6 €

À côté de l'église et en bord de route, un petit hôtel avec des chambres simples, pratiques et bien tenues, certaines avec vue sur la mer. Atout charme : un jardin en terrasses qui mène directement à la plage.

à Miomo 5,5 km par ① – ✉ 20200 Santa Maria di Lota

Torremare ch, rest,
2 rte Bord de Mer – ☎ 04 95 33 47 20 – www.hotel-torremare-corse.com – Ouvert de début mai à fin sept.
7 ch – †80/150 € ††80/150 € – ☕ 10 € – ½ P **Rest** – Carte 26/46 €
Sur la plage ! Ce petit hôtel-restaurant ne pouvait rêver meilleure situation... Toutes les chambres, lumineuses et épurées, donnent sur la mer. Simple et plaisant.

à San-Martino-di-Lota 13 km par ① et D 131 – 2 743 h. – alt. 350 m – ✉ 20200

La Corniche
hameau de Castagneto – ☎ 04 95 31 40 98 – www.hotel-lacorniche.com – Fermé 1er janv.-7 fév.
20 ch – †49/106 € ††52/120 € – ☕ 10 € – ½ P
Rest *La Corniche* – voir les restaurants ci-après
Perchée sur les hauteurs du village, à flanc de colline, cette jolie maison toute jaune offre une vue à couper le souffle sur la vallée, la mer et, au loin, l'île d'Elbe. Déco colorée dans les chambres, jolie piscine et... prix assez doux.

Château Cagninacci sans rest
Hameau de Mola – ☎ 06 78 29 03 94 – www.chateaucagninacci.com – Ouvert 15 mai-1er oct.
4 ch ☕ – †110/145 € ††110/145 €
À flanc de montagne et au grand calme, ce joli couvent du 17e s. cultive un certain esprit monacal et hors du temps. Superbes chambres meublées à l'ancienne, donnant – comme la terrasse – sur la mer et l'île d'Elbe... Un cachet indéniable !

La Corniche – Hôtel La Corniche
hameau de Castagneto – ☎ 04 95 31 40 98 – www.hotel-lacorniche.com – Fermé 1er janv.-7 fév., dim. soir de nov. à avril, lundi sauf le midi de sept. à juil., le midi de nov. à avril et mardi midi
Rest – Formule 23 € – Menu 30/69 € – Carte 40/68 €
Une maison chaleureuse accrochée à la montagne et donnant sur la mer, une belle terrasse sous les platanes... et ce n'est pas tout ! On déguste ici une cuisine traditionnelle généreuse et authentique. Que diriez-vous de beignets de fromage corse ou d'une assiette d'agneau confit aux herbes du maquis ?

rte d'Ajaccio 4 km par ② – ✉ 20600 Bastia

Ostella
av. Sampiero-Corso – ☎ 04 95 30 97 70 – www.hotel-ostella.com
52 ch – †60/99 € ††99/150 € – 2 suites – ☕ 12 €
Rest *Ostella* – voir les restaurants ci-après
Ne vous fiez pas à son aspect un peu banal dans la banlieue de Bastia, cet hôtel est vraiment sympathique : agréable spa, joli jardin, piscine couverte, solarium, chambres fraîches et colorées...

Ostella
av. Sampiero-Corso – ☎ 04 95 30 97 70 – www.hotel-ostella.com – Fermé sam. et dim.
Rest – Formule 19 € bc – Menu 25 € – Carte 30/48 €
Cadre immaculé et espace lounge : un lieu dans l'air du temps, pour une cuisine soignée, qui fait la part belle aux préparations au wok ou à la plancha et s'accompagne de vins corses bien choisis.

rte de l'aéroport de Bastia-Poretta 18 km par ②, N 193 et D 507 ✉ 20290 Lucciana

Poretta sans rest
rte de l'aéroport – ☎ 04 95 36 09 54 – www.hotel-poretta.com
43 ch – †68/78 € ††78/90 € – ☕ 9 €
En retrait de la route, un hôtel récent dissimulé derrière des palmiers. Les chambres, de style contemporain, sont fonctionnelles et propres. Également des duplex – rénovés en 2012 –, bien pratiques lors d'une étape en famille.

Bonifacio – 2A Corse-du-Sud – 345 D11 – 2 919 h. – alt. 55 m – ✉ 20169 15 B3

Ajaccio 132 – Corte 150 – Sartène 50
Figari-Sud-Corse : ✆ 04 95 71 10 10, 21 km au N.
2, rue Fred Scamaroni, ✆ 04 95 73 11 88
de Sperone, Domaine de Sperone, E : 6 km, ✆ 04 95 73 17 13
Site★★★ - Ville haute★★ : Place du marché ≤★★ - Trésor★ des églises de Bonifacio (Palazzu Publicu) - Eglise St-Dominique★ - Esplanade St-Francois ≤★★ - Cimetière marin★.
Grottes marines et la côte★★.

Genovese sans rest
quartier de la Citadelle, (ville haute) – ✆ 04 95 73 12 34 – www.hotel-genovese.com – Fermé déc. et janv.
15 ch – †140/350 € ††140/350 € – 3 suites – ☐ 20 €
Dans les remparts du fort, un établissement au minimalisme chic et moderne, propice à la détente. Belles chambres réparties autour de la cour, orientées côté citadelle ou port.

A Cheda
rte de Porto-Vecchio, 2 km au Nord-Est par N 198 – ✆ 04 95 73 03 82 – www.acheda-hotel.com
10 ch – †150/575 € ††150/575 € – 6 suites – ☐ 10 € – ½ P
Rest *A Cheda* – voir les restaurants ci-après
Pour se couper du monde : un jardin planté d'essences du Sud et des chambres délicieuses (terrasse privative, sauna) dans des maisonnettes.

Santa Teresa sans rest
quartier St-François, (ville haute) – ✆ 04 95 73 11 32 – www.hotel-santateresa.com – Ouvert 10 avril-12 oct.
43 ch – †105/195 € ††105/195 € – ☐ 15 €
Hôtel imposant surplombant les falaises. Chambres contemporaines très soignées ; certaines offrent une vue plongeante sur la Grande Bleue, avec la Sardaigne au loin !

A Trama
2 km à l'Est par rte Santa Manza – ✆ 04 95 73 17 17 – www.a-trama.com – Fermé 5 janv.-2 fév.
31 ch – †83/183 € ††93/193 € – ☐ 12 € – ½ P
Rest *(ouvert 1er avril-31 oct.) (dîner seult)* – Menu 36 € – Carte 38/50 €
Les chambres sont disséminées dans cinq bungalows, au cœur d'un beau jardin planté d'oliviers et de palmiers. Décor soigné (mosaïques) et terrasses privées. Courte carte et cuisine méditerranéenne servies sous une véranda face à la piscine.

A Madonetta sans rest
r. Paul-Nicolaï – ✆ 04 95 10 36 39 – www.amadonetta.com
22 ch – †72/195 € ††72/195 € – 2 suites – ☐ 12 €
Un hôtel récent proche de la marina et assez calme. Chambres contemporaines et fonctionnelles, certaines avec mezzanine. Agréable spa (bain à remous, hammam, solarium).

Domaine de Licetto
2 km au Sud-Est par rte de Pertusato – ✆ 04 95 73 19 48 – www.licetto.com
19 ch – †55/90 € ††70/110 € – ☐ 10 €
Rest *Domaine de Licetto* – voir les restaurants ci-après
Un établissement familial sur la route menant au sémaphore et au cap de Pertusato. Les chambres – rénovées peu à peu – sont spacieuses, fonctionnelles et bien tenues. Pour plus d'indépendance : quelques studios au milieu du maquis. Une adresse idéale pour se ressourcer au grand calme.

A Cheda – Hôtel A Cheda
rte de Porto-Vecchio, 2 km au Nord-Est par N 198 – ✆ 04 95 73 03 82 – www.acheda-hotel.com – Fermé 2 janv.-11 fév., le midi et mardi d'oct. à mai, dim. soir, lundi soir et merc. soir de nov. à mars
Rest – Menu 42/80 € – Carte environ 70 €
Bois, pierre, mosaïque... Un restaurant intime et une terrasse charmante, face à la piscine ! Tartare de veau bio, langoustines au four... On apprécie une belle cuisine d'aujourd'hui, qui met à l'honneur les produits corses.

Le Voilier
quai Comparetti – ✆ 04 95 73 07 06 – www.restaurant-levoilier-bonifacio.com – Fermé 14 janv.-14 fév., dim. soir et merc. hors saison
Rest – Formule 25 € – Menu 35 € – Carte 50/133 €
Voguez sans crainte vers cette étape gourmande ! Décor élégant et terrasse sur la marina, cuisine iodée d'une grande fraîcheur, embellie de légumes et d'herbes aromatiques.

Stella d'Oro
7 r. Doria, (ville haute) – ✆ 04 95 73 03 63 – Ouvert début avril-fin sept.
Rest – Formule 28 € – Carte 45/100 €
Une maison ancienne (poutres, pressoir à olives et meule en pierre) dans la vieille ville. Cuisine savoureuse faisant la part belle à la pêche locale et aux langoustes.

Domaine de Licetto
2 km au Sud-Est par rte de Pertusato – ✆ 04 95 73 19 48 – www.licetto.com – Ouvert 1er avril-30 oct. et fermé dim.
Rest (*dîner seult*) – Menu 39 € bc, 80 € bc/110 €
Sur une route isolée, une adresse sympathique, où l'on sert une cuisine familiale préparée avec les légumes et les herbes du potager. Réservez à l'avance.

à Gurgazu 6 km au Nord-Est par rte de Santa-Manza – ✉ 20169 Bonifacio

Hôtel du Golfe
Golfe Sant' Amanza – ✆ 04 95 73 05 91 – www.hoteldugolfe-bonifacio.com – Ouvert d'avril à mi-nov.
12 ch – ½ P seult 70/86 € **Rest** – Formule 15 € – Carte 28/48 €
Cette affaire familiale nichée dans un site sauvage du golfe de Santa Manza, à 50 m de la mer, séduit les amateurs de quiétude et de simplicité. Salle de restaurant conviviale et terrasse face à la côte. Appétissante cuisine, régionale et sans prétention.

au Nord-Est 10 km par rte de Porto-Vecchio (N 198) et rte secondaire – ✉ 20169 Bonifacio :

U Capu Biancu
Domaine de Pozzoniello – ✆ 04 95 73 05 58 – www.ucapubiancu.com – Ouvert 27 avril-12 oct.
40 ch – †195/985 € ††195/985 € – 2 suites – ☕ 28 € – ½ P
Rest *U Capu Biancu* – voir les restaurants ci-après
Dans un splendide jardin méditerranéen, au-dessus des eaux turquoise du golfe de Santa-Manza. Suites luxueuses et chambres côté mer ou côté maquis, piscine à débordement, espace détente... Un endroit idyllique !

U Capu Biancu
Domaine de Pozzoniello – ✆ 04 95 73 05 58 – www.ucapubiancu.com – Ouvert 27 avril-11 oct.
Rest – Menu 70 € – Carte 60/195 €
Il y a le soleil, la mer et la Corse tout entière dans cet agréable restaurant... Le chef travaille des produits nobles et met en valeur le terroir ; il réalise des plats de tradition très appétissants.

CALACUCCIA – 2B Haute-Corse – 345 D5 – 316 h. – alt. 830 m – ✉ 20224 15 A2

Bastia 78 – Calvi 97 – Corte 35 – Piana 68
29B avenue Valdoniello, ✆ 04 95 47 12 62
Lac de Calacuccia★ - Tour du lac de barrage ★★ - Défilé de la Scala di Santa Regina★★ NE : 5 km.

Acqua Viva sans rest
– ✆ 04 95 48 06 90 – www.acquaviva-fr.com
14 ch – †65/75 € ††65/79 € – ☕ 9 €
Au débouché de la Scala di Santa Regina – taillée, dit-on, par la Vierge en personne –, un petit hôtel familial simple et engageant, avec des chambres d'une tenue irréprochable. Aux beaux jours, le petit-déjeuner est servi sous la glycine...

Auberge Casa Balduina sans rest
lieu-dit Le Couvent – ✆ 04 95 48 08 57 – www.casabalduina.com – Ouvert de Pâques à oct.
7 ch – †62/75 € ††62/75 € – ☕ 9 €
Nichée dans un joli jardin, cette maison propose des chambres petites mais coquettes. Idéal pour une étape entre randonnée et canyoning.

CALVI – 2B Haute-Corse – **345** B4 – **5 377 h.** – ✉ **20260** **15** A1
Bastia 92 – Corte 88 – L'Ile-Rousse 25 – Porto 73
de Calvi-Ste-Catherine : ✆ 04 95 65 88 44, par ①.
Port de Plaisance, ✆ 04 95 65 16 67
Citadelle★★ : fortifications★ - La Marine★.
Intérieur★ de l'église St-Jean-Baptiste - La Balagne★★★.. La Balagne★★★.

La Villa
chemin de Notre-Dame-de-la-Serra, 1 km par ①
– *✆ 04 95 65 10 10 – www.hotel-lavilla.com – Fermé 3 janv.-28 fév.*
36 ch – †120/660 € ††120/660 € – 18 suites – ☕ 31 €
Rest *La Table de Bastien* ✿ – voir les restaurants ci-après
Rest *La Terrasse* *(ouvert 15 juin-15 sept.)* – Carte 40/75 €
La vieille ville et toute la baie semblent se prosterner devant cette Villa juchée sur les hauteurs ! Ce palace au luxe discret, digne d'un couvent comme d'une villa romaine, distille l'essence de l'Île de Beauté...

En saison: circulation modifiée

Alsace-Lorraine (R.) 2
Anges (R. des) 3
Armes (Pl. d') 4
Clemenceau (R. G.)
Colombo (R.) 6
Crudelli (Pl.) 7
Dr-Marchal (Pl. du) 8
Fil (R. du) 9
Joffre (R.) 10
Montée des Écoles (Chemin de) 12
Napoléon (Av.) 15
République (Av. de la) 16
Wilson (Bd)

Regina sans rest
av. Santa Maria, par ① – ✆ 04 95 65 24 23 – www.reginahotelcalvi.com
44 ch – 🛉70/320 € 🛉🛉70/320 € – ☕ 12 €
En léger surplomb de la ville, cet hôtel récent offre une vue partielle sur le port et le golfe de Calvi. Grandes chambres modernes tournées vers la mer ou la jolie piscine.

Mariana sans rest
av. Santa-Maria, par ① – ✆ 04 95 65 31 38 – www.hotel-mariana.com
53 ch – 🛉60/195 € 🛉🛉70/195 € – 2 suites – ☕ 12 €
Hôtel récent surplombant le golfe de Calvi, avec des chambres fonctionnelles – la plupart avec une loggia privée côté mer. Dans l'aile la plus récente, elles sont contemporaines et chics. Piscine et solarium sur le toit-terrasse.

Hostellerie de l'Abbaye sans rest
rte de Santore – ✆ 04 95 65 04 27 – www.hostellerie-abbaye.com – Ouvert avril-oct.
43 ch – 🛉120/250 € 🛉🛉120/250 € – ☕ 16 € **a**
Une abbaye franciscaine du 16e s. couverte de lierre, son beau jardin ombragé et odorant... et, en son sein, des chambres classiques et confortables. Un bon hôtel de tradition.

Le Rocher (N) sans rest
1 bd Wilson – ✆ 04 95 65 20 04 – www.hotel-le-rocher.com – Ouvert avril-oct.
20 ch – 🛉85/270 € 🛉🛉85/270 € – ☕ 12 €
Un hôtel idéalement situé, à deux pas de la citadelle et du port de Calvi. Les chambres se révèlent cosy et confortables, toutes avec balcon. Et au 5e étage, les plus spacieuses regardent la mer !

L'Onda sans rest
av. Christophe-Colomb, 1 km par ① – ✆ 04 95 65 35 00 – www.hotel-londa.com – Ouvert mai-oct.
24 ch – 🛉60/145 € 🛉🛉60/145 € – ☕ 8,50 €
À proximité de la plage et de la pinède, un petit immeuble des années 1980, engageant avec sa façade jaune vif. Chambres simples et un peu rétro, très bien tenues, toutes avec balcon. Parfait pour une étape.

La Table de Bastien – Hôtel La Villa
chemin de Notre-Dame-de-la-Serra, 1 km par ① – ✆ 04 95 65 10 10 – www.hotel-lavilla.com – Fermé 3 janv.-28 fév. et le midi de mi-juin à mi-sept.
Rest – Menu 70 € (dîner) – Carte 105/160 €
Au sein de la Villa, dont le luxueux décor s'efface devant la majesté du panorama – la baie, la forteresse, les montagnes... –, cette Table cultive logiquement les beautés de l'île : le meilleur du terroir corse et de la pêche locale, rendus avec finesse. Pour un beau moment.
➜ Risotto carnaroli crémeux à la truffe noire. Pavé de denti de nos côtes. Soufflé chaud au whisky corse. **Vins** Patrimonio, Figari.

Emile's
quai Landry – ✆ 04 95 65 09 60 – www.restaurant-emiles.com – Fermé nov. mardi et merc. **k**
Rest – Menu 35 € bc, 60/110 € – Carte 72/109 €
Sur un quai planté de palmiers, à l'étage d'une maison typique qui domine la citadelle et le port... La cuisine s'y fait voyageuse : les produits méditerranéens (beaux poissons) rencontrent les arômes des épices lointaines.

Calellu
quai Landry – ✆ 04 95 65 22 18 – Ouvert avril-31 oct. et fermé dim. soir et lundi midi en sept.-oct. **d**
Rest – Carte 45/76 €
Rouget poêlé à la calvaise ; filet de saint-pierre sauce araignée... Une cuisine de la mer soignée et savoureuse – le chef privilégie les produits locaux – face au port de plaisance.

Aux Bons Amis
r. Clemenceau – ✆ 04 95 65 05 01 – Ouvert 15 mars-15 oct. , fermé jeudi sauf le soir en saison et lundi midi en saison **z**
Rest – Menu 21 € – Carte 44/67 €
De cet ancien bar du centre-ville, le patron a fait un chaleureux petit restaurant au décor marin. Spécialité de la maison ? Les produits de la mer, évidemment ! Pour preuve, le vivier à langoustes et homards.

au Sud-Ouest 5 km par ① rte de l'aéroport et chemin privé - ✉ 20260 Calvi

La Signoria
rte de la forêt de Bonifato – ✆ 04 95 65 93 00 – www.hotel-la-signoria.com – Ouvert début avril à début janv.
17 ch – 200/670 € 200/670 € – 10 suites – 32 € – ½ P
Rest ***La Palmeraie*** – voir les restaurants ci-après
Nichée dans une pinède, cette demeure du 18e s. incarne à elle seule la Méditerranée : de l'ocre, du bleu, un mobilier corse d'époque, un beau jardin paysagé et... des senteurs infinies, dans la plus grande quiétude !

La Palmeraie – Hôtel La Signoria
rte de la forêt de Bonifato – ✆ 04 95 65 93 00 – www.hotel-la-signoria.com – Ouvert début avril à début janv.
Rest – Menu 58 € (dîner) – Carte 75/150 €
Esprit boudoir, terrasse donnant sur un superbe jardin méridional : un lieu élégant pour une cuisine gastronomique soignée, plus ambitieuse le soir. La carte honore la terre et la mer, les produits nobles et les belles saveurs régionales.

CARGÈSE – 2A Corse-du-Sud – 345 A7 – 1 117 h. – alt. 75 m – ✉ 20130 15 A2

Ajaccio 51 – Calvi 106 – Corte 119 – Piana 21
rue du Dr Dragacci, ✆ 04 95 26 41 31, www.ouestcorsica.com
Église grecque ★ - Site★★ depuis le belvédère de la pointe Molendino E : 3 km.

Thalassa
plage du Pero, 1,5 km au Nord – ✆ 04 95 26 40 08 – www.thalassalura.com – Ouvert mai-oct.
25 ch – 95/125 € 95/125 € – ½ P
Rest *(fermé mai) (dîner seult) (résidents seult)*
Sympathique ambiance de pension de famille dans cet hôtel donnant directement sur une plage magnifique. Chambres fonctionnelles côté mer, avec un balcon ou un jardinet ; parfait pour un séjour balnéaire. Cuisine traditionnelle corse.

CASAMOZZA – 2B Haute-Corse – 345 F4 – ✉ 20290 Lucciana 15 B1

Bastia 20 – Corte 49 – Vescovato 6

Chez Walter
ch, ch,
N 193 – ✆ 04 95 36 00 09 – www.hotel-chez-walter.com
64 ch – 78/80 € 95/98 € – 2 suites – 8 € – ½ P
Rest *(fermé 20 déc.-10 janv. et dim. sauf le soir en août)* – Menu 23/35 € – Carte 40/60 €
Non loin de l'aéroport de Bastia-Poretta, un complexe hôtelier récent au cœur d'un jardin méditerranéen. Plats traditionnels et pizzas au restaurant, piscine, tennis et fitness : les loisirs à l'honneur... et un grand espace séminaires.

CERVIONE – 2B Haute-Corse – 345 F6 – 1 670 h. – alt. 350 m – ✉ 20221 15 B2

Bastia 52 – Ajaccio 140 – Biguglia 45 – Corte 78

à Prunete 5,5 km à l'Est par D 71 – ✉ 20221

Casa Corsa sans rest
Acqua Nera – ✆ 04 95 38 01 40 – www.casa-corsa.net
5 ch – 62 € 70 €
Une étape idéale sur la côte, entre Bastia et Aléria. Dans cette villa typiquement méditerranéenne, les chambres ont un petit côté provençal. Au programme : petit-déjeuner sous la tonnelle, promenade parmi les arbres fruitiers...

CORTE – 2B Haute-Corse – 345 D6 – 6 744 h. – alt. 396 m – ✉ 20250 15 B2

Corse

Bastia 69 – Bonifacio 150 – Calvi 88 – L'Ile-Rousse 63
la Citadelle de Corté, ✆ 04 95 46 26 70
Ville haute★ : chapelle Ste-Croix★, citadelle★ ★, Belvédère ★ - Musée de la Corse★★.
★★ du Monte Cecu N : 7 km - SO : gorges de la Restonica★★.

Duc de Padoue sans rest
2 pl. de Padoue – ✆ 04 95 46 01 37 – www.ducdepadoue.com – Ouvert avril-nov.
11 ch – ☐ – 66/93 € 77/94 €
Au cœur de la ville et tout près de la citadelle, une jolie bâtisse du 19e s. entièrement rénovée en 2009, avec de belles chambres d'esprit contemporain, aux couleurs douces et reposantes. Un bon hôtel.

Le 24
24 cours Paoli – ✆ 04 95 46 02 90 – restaurant-le24.fr – Fermé fév. et dim. de nov. à mai
Rest – Formule 16 € bc – Menu 18/24 € – Carte 34/57 €
Une petite adresse sympathique mêlant habilement déco joliment contemporaine et vieilles pierres. Menu du terroir corse et cuisine dans l'air du temps mâtinée de touches asiatiques ; alléchantes propositions à l'ardoise.

dans les Gorges de La Restonica Sud-Ouest sur D 623 – ✉ 20250 Corte

Dominique Colonna sans rest
à 2 km – ✆ 04 95 45 25 65 – www.dominique-colonna.com – Ouvert avril-nov.
28 ch – 90/295 € 90/295 € – 1 suite – ☐ 13 €
À l'entrée des gorges, mais surtout au bord de la rivière, entre rochers et pins : un lieu qui ravira les amoureux de nature et de quiétude ! Les chambres sont confortables et l'on profite d'une agréable piscine chauffée.

COTI-CHIAVARI – 2A Corse-du-Sud – 345 B9 – 734 h. – alt. 625 m – ✉ 20138 — 15 A3

Ajaccio 42 – Propriano 38 – Sartène 50

Le Belvédère
– ✆ 04 95 27 10 32 – www.lebelvederedecoti.com – Ouvert 1er mars-11 nov.
13 ch – ½ P seult 60 €
Rest *(fermé le midi sauf dim. de mars à mai) (réserver)* – Menu 27/30 €
Véritable nid d'aigle dans le maquis, cette maison familiale offre une vue époustouflante sur le golfe d'Ajaccio ! C'est peu dire que l'on est ici accueilli "comme à la maison", en particulier au restaurant, où mère et filles proposent une cuisine des plus authentiques : daube de veau, travers de porc au miel, etc.

ECCICA-SUARELLA – 2A Corse-du-Sud – 345 C8 – 862 h. – alt. 300 m – ✉ 20117 — 15 A3

Ajaccio 19 – Corte 87 – Ghisonaccia 129 – Propriano 52

Carpe Diem Palazzu
– ✆ 04 95 10 96 10 – www.carpediem-palazzu.com – Fermé 22 déc.-10 janv.
5 ch – 320/430 € 320/430 € – ☐ 21 € **Table d'hôte** – Carte 48/68 €
Pierre brute et bois omniprésents, mobilier chiné ou de style ; les suites de cette maison de maître du 18e s. sont décorées avec goût. Délicieux jardin, petite piscine et hammam. Menu unique proposant le meilleur du terroir corse, avec un pointe de créativité.

ERBALUNGA – 2B Haute-Corse – 345 F3 – ✉ 20222 — 15 B1

Bastia 11 – Rogliano 30
Chapelle N.-D. des Neiges ★ 3 km à l'Ouest.

Castel'Brando sans rest
Rte du Cap – ✆ 04 95 30 10 30 – www.castelbrando.com – Ouvert 20 mars- 10 nov.
38 ch – 96/176 € 96/176 € – 6 suites – ☐ 14 €
Dans cette maison de maître édifiée par un médecin des armées napoléoniennes, tout est ravissant : le jardin luxuriant et ses jolis palmiers, les chambres raffinées (certaines dans des villas annexes), les piscines, l'espace forme et massage, la véranda... On aimerait rester toujours !

XX **Le Pirate**
au port – ✆ 04 95 33 24 20 – www.restaurantlepirate.com – Fermé janv.-fév., lundi et mardi hors saison
Rest – Menu 42 € (déj.), 75/90 € – Carte 80/100 €
Dans ce petit restaurant du port, original et pittoresque, le chef concocte une belle cuisine d'aujourd'hui, fine et précise. Le meilleur de la pêche locale, la viande des petits producteurs alentour : on ne triche pas avec les produits et cela se sent ! Et pour l'anecdote, le capitaine Crochet (ou du moins sa statue grandeur nature) veille sur les lieux...
➜ Risotto crémeux de poulpe à l'encre de seiche. Filets de rouget du Cap Corse légèrement fumés et foie gras poêlé. L'illusion de l'œuf sur le plat. **Vins** Coteaux du Cap Corse rouge, Calvi blanc.

ERSA – 2B Haute-Corse – **345** F2 – 152 h. – alt. 454 m – ✉ 20275 — 15 B1

Bastia 48 – Ajaccio 195

Le Saint-Jean
Botticella – ✆ 04 95 47 71 71 – www.lesaintjean.net – Ouvert mars-oct.
9 ch – †70/100 € ††75/135 € – ☐ 8 € – ½ P
Rest *(dîner seult)* – Menu 18 € – Carte 24/34 €
Au bout du cap Corse, cette maison de maître a été joliment rénovée ! Mexicaine, Maroc, Mer, etc. : les chambres sont toutes différentes et dominent le maquis et le cap. Le soir, lorsqu'il fait beau, on peut dîner sur la terrasse, face à l'île de la Giraglia...

ÉVISA – 2A Corse-du-Sud – **345** B6 – 184 h. – alt. 850 m – ✉ 20126 — 15 A2

Ajaccio 71 – Calvi 96 – Corte 70 – Piana 33
Forêt d'Aïtone★★ - Cascades d'Aïtone★ NE : 3 km puis 30 mn.
Col de Vergio ★★ NE : 10 km.

Scopa Rossa
– ✆ 04 95 26 20 22 – www.hotelscoparossa.com – Ouvert mars-nov.
28 ch – †49/63 € ††52/85 € – ☐ 8 € – ½ P **Rest** – Menu 22 € – Carte 26/41 €
Un hôtel des années 1970, idéal pour un séjour en famille et les randonneurs à l'orée de la forêt d'Aïtone. Les chambres y sont simples et bien tenues. Recettes du terroir au restaurant.

FAVONE – 2A Corse-du-Sud – **345** F9 – ✉ 20135 Conca — 15 B3

Ajaccio 128 – Bonifacio 58

U Dragulinu sans rest
– ✆ 04 95 73 20 30 – www.hoteludragulinu.com – Ouvert 27 avril-30 oct.
34 ch ☐ – †100/220 € ††110/230 €
Cet hôtel familial jouit d'un emplacement idyllique, idéal pour un séjour balnéaire. Chambres fonctionnelles ouvertes sur le parc ou la plage...

FELICETO – 2B Haute-Corse – **345** C4 – 211 h. – alt. 350 m – ✉ 20225 — 15 A1

Bastia 76 – Calvi 26 – Corte 72 – L'Ile-Rousse 15

Mare e Monti sans rest
– ✆ 04 95 63 02 00 – www.hotel-maremonti.com – Ouvert 15 avril-15 oct.
16 ch – †79/139 € ††79/139 € – ☐ 13 €
Fortune faite dans la canne à sucre, les ancêtres de la famille revinrent de Porto Rico et édifièrent cette jolie maison de maître (1870), entre mer et montagne. Bel escalier, fresques et voûtes : un "palais américain" plein de cachet.

L'ILE-ROUSSE – 2B Haute-Corse – **345** C4 – 3 063 h. – ✉ 20220 — 15 A1

Bastia 67 – Calvi 25 – Corte 63
Avenue Calizi, ✆ 04 95 60 04 35, www.ot-ile-rousse.fr
Marché couvert★ - Ile de la Pietra★.
La Balagne★★★.

Perla Rossa sans rest

30 r. Notre-Dame – ✆ 04 95 48 45 30 – www.hotelperlarossa.com – Ouvert de mi-avril à mi-oct.

8 ch – †180/490 € ††180/990 € – 2 suites – ☕ 18 €

Au cœur de la cité balnéaire, cette belle maison du 18e s. a du caractère, avec ses grandes chambres contemporaines, lumineuses et épurées. Sur la terrasse, très belle vue sur la baie, pour s'émerveiller d'être en Corse !

Santa Maria sans rest

rte du Port – ✆ 04 95 63 05 05 – www.hotelsantamaria.com

56 ch – †77/210 € ††80/210 € – ☕ 15 €

Sur la langue de terre conduisant à la presqu'île de la Pietra (le joyau de l'Île-Rousse), un hôtel moderne bien agréable, avec des chambres confortables et raffinées dont la plupart donnent sur la mer ou le jardin méditerranéen. Accès direct à une petite plage aménagée.

Cala di l'Oru sans rest

bd Pierre Pasquini – ✆ 04 95 60 14 75 – www.hotel-caladiloru.com – Ouvert de mars à oct.

26 ch – †66/122 € ††69/142 € – ☕ 8,50 €

Dans un quartier résidentiel, un hôtel décoré avec goût et des chambres avenantes donnant sur la mer ou la montagne. Les fils de la propriétaire exposent photos et œuvres d'art contemporain, et il y a aussi un joli jardin méridional.

L'Amiral sans rest

bd Ch.-Marie Savelli – ✆ 04 95 60 28 05 – www.hotel-amiral.com – Ouvert avril-sept.

19 ch – †80/140 € ††80/140 € – ☕ 11 €

Embarquez à bord de cet hôtel très marin, presque les pieds dans l'eau : terrasse en teck, esprit bateau et chambres agréables et fonctionnelles, plus contemporaines côté plage.

La Pietra

chemin du Phare – ✆ 04 95 63 02 30 – www.hotel-lapietra.com – Ouvert d'avril à oct.

42 ch – †70/125 € ††70/125 € – ☕ 10 € **Rest** *(dîner seult)* – Carte 38/48 €

Sur la route du phare de la Pietra, juste après le port, un hôtel-restaurant des années 1970 avec des chambres entièrement rénovées en 2011, toutes avec un balcon donnant sur la mer ou la tour génoise (15e s.). Un lieu calme et sympathique.

Escale Côté Sud sans rest

22 r. Notre-Dame – ✆ 04 95 63 01 70 – www.hotel-cotesud.com

14 ch – †85/214 € ††85/214 € – ☕ 12 €

À deux pas de la plage et au cœur de la vieille ville, un hôtel d'esprit contemporain avec des chambres confortables, dont quelques-unes, plus spacieuses, donnent sur la Grande Bleue. Snacking au bar lounge, avec vue sur la mer.

Pasquale Paoli (Ange Cananzi)

2 pl. Paoli – ✆ 04 95 47 67 70 – www.pasquale-paoli.com – Fermé mi-janv. à fin fév., le midi en juil.-août, dim. et lundi

Rest *(nombre de couverts limité, réserver)* – Menu 50/85 € – Carte 60/110 €

Un concentré de Corse à l'état pur, porté par deux passionnés : l'un en salle (décor dédié à Pascal Paoli) ; l'autre en cuisine, travaillant les meilleurs produits des petits producteurs locaux avec justesse et finesse. Sur la terrasse, sous les platanes, la vie est très belle...

➜ Denti de pêche locale fumé au bois de châtaignier. Risotto arborio au foie de veau corse fermier, artichauts violets et jus de veau. Pastizzu au pain au levain et caramel d'agrumes.

Le Bistrot de la Place

3 pl. Paoli – ✆ 04 95 60 12 90 – Fermé dim. soir et lundi du 15 sept. au 15 juin

Rest – Carte 50/75 €

Sur la place Paoli – si typique –, un restaurant rustique et chaleureux. On sert une sympathique cuisine du marché, ainsi que des plats de tradition incontournables, tels les abats. Le tout avec les conseils avisés de la propriétaire en matière de vins.

à Monticello 4,5 km au Sud-Est par D 63 – 1 691 h. – alt. 220 m – ✉ 20220

A Piattatella sans rest

chemin St-François – ✆ 04 95 60 07 00 – www.apiattatella.com – Ouvert avril-oct.

13 ch – †168/338 € ††168/338 € – ☐ 18 €

A Piattatella, c'est une "cachette" en langue corse. Un nom tout trouvé pour ce bel hôtel niché sur les hauteurs du village, au cœur d'un jardin paisible et ravissant. Les paysages de Balagne, la piscine à débordement, l'élégance sobre et contemporaine et ce parfait sentiment d'exclusivité : tout est là...

A Pasturella avec ch

pl. du Village – ✆ 04 95 60 05 65 – www.a-pasturella.com – Fermé de mi-nov. à mi-déc. et 1 sem. vacances scolaires de fév.

12 ch – †68/102 € ††78/115 € – ☐ 12 € – ½ P

Rest *(fermé dim. soir de mi-déc. à fin mars)* – Formule 30 € – Menu 40 € – Carte 40/90 €

Sur la place de ce beau village perché trône ce restaurant très apprécié dans la région. On y honore le poisson (pêche du jour) et la tradition ; pour les petits appétits, tous les plats sont disponibles en demi-portion... Pour prolonger l'étape, des chambres sobres et élégantes.

à Pigna 8 km au Sud-Ouest par N 197 et D 151 – 100 h. – alt. 400 m – ✉ 20220

Palazzu Pigna

– ✆ 04 95 47 32 78 – www.hotel-corse-palazzu.com – Ouvert avril à oct.

3 ch – †137/152 € ††137/152 € – 2 suites – ☐ 15 €

Rest *(nombre de couverts limité, réserver)* – Formule 24 € – Carte 43/63 €

Au cœur de Pigna, cette belle maison de maître du 18e s. offre une vue superbe sur la plaine et la mer. Toutes les chambres sont empreintes de charme et de sérénité et certaines ont même une terrasse ; au restaurant, cuisine simple au milieu des vieilles poutres... Authentique et chaleureux.

A Mandria di Pigna

– ✆ 04 95 32 71 24 – www.amandria.com – Ouvert avril-oct. et fermé lundi sauf juil.-août

Rest – Menu 39 € – Carte 37/78 €

À l'entrée de ce village attachant, une bergerie contemporaine qui ne l'est pas moins. Courgettes, tomates et herbes aromatiques du potager, agneau cuit au feu de bois, cochon de lait à la broche, fromages : le terroir corse !

LEVIE – 2A Corse-du-Sud – **345** D9 – 755 h. – alt. 645 m – ✉ 20170 **15** B3

- Ajaccio 101 – Bonifacio 57 – Porto-Vecchio 39 – Sartène 28
- rue Sorba, ✆ 04 95 78 31 70
- Musée de l'Alta Rocca★ : christ en ivoire★.
- Sites★★ de Cucuruzzu et Capula O : 7 km.

A Pignata

5 km rte des sites de Cucuruzzu et Capula – ✆ 04 95 78 41 90 – www.apignata.com – Ouvert avril-oct. et week-ends hors saison

17 ch ☐ – ††180/400 € – ½ P

Rest *A Pignata* – voir les restaurants ci-après

Pour se ressourcer au grand calme, plusieurs maisons en pierre de pays, en pleine forêt... Les chambres, élégantes (gris et bruns chauds), ouvrent sur la verdure du massif de Bavella ; l'une d'elles est même perchée dans les arbres.

A Pignata

5 km rte des sites de Cucuruzzu et Capula – ✆ 04 95 78 41 90 – www.apignata.com – Ouvert avril-oct. et week-ends hors saison

Rest – Menu 45 €

Dans ce restaurant rustique, en pleine nature, la cuisine familiale a le bon goût de la tradition... Les produits sont d'une qualité exceptionnelle ; d'ailleurs, la charcuterie est fabriquée à partir des cochons de l'exploitation familiale !

La Pergola

r. Sorba – 04 95 78 41 62 – Ouvert de mai à sept.
Rest *(nombre de couverts limité, réserver)* – Formule 14 € – Menu 19 €
Ne ratez pas l'entrée de ce petit restaurant discret ! On s'y régale de spécialités corses (terrine de sanglier, plats mijotés) à prix très digestes. Agréable tonnelle.

LUMIO – 2B Haute-Corse – 345 B4 – 1 250 h. – alt. 150 m – 20260 15 A1

Bastia 82 – Calvi 10 – L'Ile-Rousse 16

Chez Charles

rte de Calvi – 04 95 60 61 71 – www.hotelcorse-chezcharles.com – Ouvert 10 avril-2 janv.
29 ch – 120/350 € 120/350 € – 19 €
Rest *Chez Charles* – voir les restaurants ci-après
Agréable escapade en cet hôtel au décor contemporain et design, ouvrant sur le golfe de Calvi et la montagne (suites avec terrasse, piscine à débordement). Et à l'heure des gourmandises, faites donc un tour au restaurant...

Chez Charles

rte de Calvi – 04 95 60 61 71 – www.hotelcorse-chezcharles.com – Ouvert 10 avril-2 janv.
Rest – Formule 25 € – Menu 64/98 € – Carte 70/100 €
Un restaurant au décor contemporain, une jolie terrasse : un cadre idéal pour déguster une cuisine qui respire la Méditerranée et le terroir corse. Le jeune chef, venu de Marseille, signe en effet une cuisine généreuse, fine et pleine de parfums...
→ Foie gras de canard mariné au rappu sur une transparence d'hibiscus. Denti cuit en pâte de sel, légumes de saison aux parfums du maquis. Citron bio d'Aregno revisité comme une tarte légère. **Vins** Calvi, Patrimonio.

Le Matahari

plage de l'Arinella – 04 95 60 78 47 – www.lematahari.com – Ouvert de début avril à fin sept. et fermé lundi soir
Rest *(réserver)* – Menu 42 € (dîner) – Carte 55/65 €
Posée sur la plage de l'Arinella, cette Matahari est une séductrice pleine d'exotisme : les pieds dans le sable, à la lueur des bougies, on se régale de bons produits de la mer, d'incontournables spécialités insulaires et de plats aux influences asiatiques... Le soir, réservation indispensable.

MACINAGGIO – 2B Haute-Corse – 345 F2 – 20248 15 B1

Bastia 37 – Ajaccio 184
port de plaisnce, 04 95 35 40 34

U Libecciu

rte de la Plage – 04 95 35 43 22 – www.u-libecciu.com – Ouvert 1er avril-15 oct.
30 ch – 66/94 € 70/130 € – 10 suites – 10 €
Rest *(dîner seult)* – Formule 20 € – Menu 20/25 € – Carte 28/36 €
Près du port, un petit hôtel-restaurant d'esprit pension de famille, avec des chambres simples et spacieuses (avec terrasse), ainsi que des appartements loués à la semaine. Agréable piscine dans le jardin.

U Ricordu

rest,

– 04 95 35 40 20 – www.hotel-uricordu.com – Ouvert 30 mars-3 nov.
60 ch – 66/138 € 76/148 €
Rest *(ouvert 15 avril-15 oct.)* – Menu 22 € – Carte 31/45 €
Après une balade vivifiante sur le sentier des douaniers, on regagne sa chambre fraîche et pimpante avec plaisir, côté piscine ou côté montagne... Une bonne adresse pour une étape au cap Corse !

MARINE-D'ALBO – 2B Haute-Corse – **345** F3 – **103 h.** – **alt. 110 m** – ✉ **20217** **15** B1

Bastia 40 – Ajaccio 181

Morganti

Marina D'albu ✉ 20217 Ogliastro – ✆ 04 95 37 85 10 – www.restaurantmorganti.com – Fermé 20 déc.-1er fév. et du dim. soir au vend. midi de début nov. à fin mars

Rest – Menu 22 € – Carte 39/61 €

Un restaurant tout simple, avec une jolie terrasse bordée de mûriers-platanes. Ici, on cuisine du poisson extrafrais en arrivage direct de Balagne et du cap Corse, pour des assiettes généreuses et vraiment respectueuses du produit.

MURO – 2B Haute-Corse – **345** C4 – **264 h.** – **alt. 350 m** – ✉ **20225** **15** A1

Bastia 105 – Ajaccio 160

Casa Theodora sans rest

Piazza a u Duttore – ✆ 04 95 61 78 32 – www.a-casatheodora.com – Ouvert mai à fin oct.

9 ch – †140/220 € ††140/270 € – ☕ 15 €

Palazzo du 16e s. réhabilité, portant le nom de l'éphémère roi de Corse, hôte des lieux en 1736. Architecture génoise, trompe-l'œil et fresques baroques, petite piscine intérieure.

NONZA – 2B Haute-Corse – **345** F3 – **67 h.** – **alt. 100 m** – ✉ **20217** **15** B1

Bastia 33 – Rogliano 49 – Saint-Florent 20

Casa Maria sans rest

au pied de la tour génoise – ✆ 04 95 37 80 95 – www.casamaria.fr – Ouvert d'avril à oct.

5 ch ☕ – †85/95 € ††85/95 €

Au pied d'une tour génoise et au cœur de ce joli village piétonnier, cette maison de maître (18e s.) est une bien agréable étape sur la route du cap : accueil chaleureux, chambres fraîches, mobilier ancien et... belle vue sur la mer.

OLETTA – 2B Haute-Corse – **345** F4 – **1 369 h.** – **alt. 250 m** – ✉ **20232** **15** B1

Bastia 18 – Calvi 78 – Corte 72 – L'Ile-Rousse 53

U Palazzu Serenu

– ✆ 04 95 38 39 39 – www.upalazzuserenu.com

8 ch ☕ – †175/375 € ††190/390 € – ½ P

Rest *U Palazzu Serenu* – voir les restaurants ci-après

Embrassant le golfe de St-Florent et les paysages superbes du Nebbio, ce palais d'inspiration toscane (17e s.) est un joyau ! Œuvres d'art contemporain et grand style, tout se mêle avec raffinement. Sérénité, charme et luxe discret...

A Magina

– ✆ 04 95 39 01 01 – Ouvert avril-mi-oct. et fermé lundi sauf juil.-août

Rest – Menu 28 € – Carte 38/55 €

Une vue à couper le souffle sur le golfe de St-Florent, pour une vraie cuisine corse préparée en famille et servie dans un cadre contemporain. Le soir, depuis la terrasse, sublime coucher de soleil...

U Palazzu Serenu – Hôtel U Palazzu Serenu

– ✆ 04 95 38 39 39 – www.upalazzuserenu.com

Rest – Menu 45/98 € – Carte 55/77 €

Espadon en carpaccio et sa marinade de tomates confites et copeaux de tomme corse, loup accompagné d'une caponata de légumes de saison... Une belle cuisine méditerranéenne, fraîche et épurée, dans un lieu à l'avenant, élégant et contemporain.

OLMETO – 2A Corse-du-Sud – **345** C9 – **1 230 h.** – **alt. 320 m** – ✉ **20113** **15** A3

Ajaccio 64 – Propriano 8 – Sartène 20

Montée de L'église, ✆ 04 95 74 65 87, www.oti-sartenaisvalinco.com

à Olmeto-Plage 9 km au Sud-Ouest par D 157 – ✉ 20113

Ruesco
Capicciolo – ✆ 04 95 76 70 50 – www.hotel-ruesco.com – Ouvert 1er avril-10 oct.
25 ch – 🚹135/205 € 🚹🚹135/205 € – 3 suites – ☕ 13 €
Rest – Menu 25 € (déj.) – Carte 30/65 €
Dans une crique privée à l'issue d'une route étroite... Cet hôtel dispose de suites luxueuses et de chambres classiques ouvrant sur la mer et le jardin. La paillotte, entre piscine et plage, propose une carte simple mais aussi de la langouste et des poissons nobles.

au Sud 5 km par N 196 et rte secondaire – ✉ 20113 Olmeto

Marinca
Lieu-dit Vitricella – ✆ 04 95 70 09 00 – www.hotel-marinca.com – Ouvert 20 avril-7 oct.
54 ch ☕ – 🚹255/390 € 🚹🚹380/750 € – 4 suites – ½ P
Rest *(dîner seult)* – Menu 59 €
Rest *Le Diamant Noir* *(dîner seult)* – Menu 69/89 € – Carte 60/90 €
Au bord d'une crique, dans un parc fleuri, avec trois piscines à débordement descendant vers la plage privée... Dans les chambres, déco raffinée et vue sur la mer ! Au restaurant, belle terrasse de style mauresque. Pour le dîner, le Diamant Noir sert des plats plus élaborés.

PATRIMONIO – 2B Haute-Corse – 345 F3 – 665 h. – alt. 100 m – ✉ 20253 15 B1

Bastia 16 – St-Florent 6 – San-Michele-de-Murato 22
Église St-Martin★.

Vignoble sans rest
Santa Maria – ✆ 04 95 37 18 48 – www.hotel-du-vignoble.com – Ouvert d'avril à oct.
12 ch – 🚹50/90 € 🚹🚹50/90 € – ☕ 6 €
Au cœur du village, une belle maison de 1846 entièrement rénovée... Résultat : un lieu confortable et chaleureux avec ses murs patinés, ses meubles en fer forgé et sa boutique permettant de découvrir les vins de l'exploitation familiale.

Osteria di San Martinu
Santa Maria – ✆ 04 95 37 11 93 – Ouvert 1er mai-30 sept. et fermé merc. en sept.
Rest – Carte 25/40 €
L'été, dans ce restaurant simple et chaleureux – à l'occasion, la patron pousse même la chansonnette ! –, on s'installe sous la pergola autour de grillades et de plats corses accompagnés de vin de Patrimonio, produit par le frère dudit patron.

PERI – 2A Corse-du-Sud – 345 C7 – 1 731 h. – alt. 450 m – ✉ 20167 15 A2

Ajaccio 26 – Corte 71 – Propriano 82 – Sartène 94

Chez Séraphin
(au village) – ✆ 04 95 25 68 94 – Ouvert début avril à début oct. et fermé lundi
Rest *(réserver)* – Menu 45 € bc
Typique maison corse dans un charmant village à flan de montagne. Menu unique appétissant : beignets aux fleurs d'acacia, tarte aux herbes du jardin, agneau rôti, etc.

PIANA – 2A Corse-du-Sud – 345 A6 – 450 h. – alt. 420 m – ✉ 20115 15 A2

Ajaccio 72 – Calvi 85 – Évisa 33 – Porto 13
Place de la mairie, ✆ 04 95 27 84 42
Golfe de Porto★★★.

Capo Rosso
rte des Calanche – ✆ 04 95 27 82 40 – www.caporosso.com – Ouvert début avril-20 oct.
46 ch ☕ – 🚹110/170 € 🚹🚹170/320 € – ½ P **Rest** – Carte 38/70 €
Vue imprenable sur le golfe de Porto et les calanques depuis la piscine et les vastes chambres, toutes avec balcon et décorées dans un élégant style contemporain. Au restaurant panoramique, cuisine de qualité à base de pêche locale et de produits du terroir.

Le Scandola sans rest
rte de Cargèse – 04 95 27 80 07 – www.hotelscandola.com – Ouvert 1er avril-15 oct.
14 ch – 70/100 € 70/140 € – 12 €
Au cœur d'un site exceptionnel, face à la presqu'île de Scandola. Une vue superbe dont on ne se lasse pas dans les chambres, elles-mêmes décorées avec soin et une pointe de romantisme...

PORTICCIO – 2A Corse-du-Sud – 345 B8 – 20166 — 15 A3

Ajaccio 19 – Sartène 68
le village Les Echoppes, 04 95 25 10 09, www.porticcio-corsica.com

Le Maquis
– 04 95 25 05 55 – www.lemaquis.com – Fermé janv.-fév.
20 ch – 160/900 € 280/900 € – 5 suites – 28 €
Rest *L'Arbousier* – voir les restaurants ci-après
Cette demeure d'inspiration génoise, nichée dans un jardin luxuriant, est un petit bijou. Chambres spacieuses, décorées de mobilier ancien, avec une vue superbe sur la mer ; splendides piscines... Prenons le Maquis !

Sofitel Thalassa — ch, rest,
domaine de la Pointe – 04 95 29 40 40 – www.sofitel.com – Fermé 10 nov.-26 déc.
96 ch – 180/765 € 180/765 € – 2 suites – 25 €
Rest – Menu 57 € – Carte 60/100 €
Complexe hôtelier voué à Neptune : situation isolée à la pointe du cap de Porticcio, institut de thalassothérapie, sports nautiques et chambres tournées vers la mer. Piscine à débordement. Carte traditionnelle et plats diététiques à déguster face aux flots.

L'Arbousier – Hôtel Le Maquis
– 04 95 25 05 55 – www.lemaquis.com – Fermé janv.-fév.
Rest – Menu 80 € – Carte 81/106 €
Savourer des langoustines, du homard et des poissons de petits pêcheurs locaux en regardant la mer... quel délice ! Une institution locale.

à Agosta-Plage 2 km au Sud – 20128 Albitreccia

Radisson Blu N
– 04 95 23 92 07 – www.radissonblu.com
165 ch – 150/455 € 180/470 € – 5 suites – 20 €
Rest *A Muvra* – Menu 40 € – Carte 41/59 €
Inauguré en 2012 face à la plage, l'établissement compte le plus grand nombre de chambres en Corse. Tout en lignes épurées et confort, elles ouvrent sur la baie d'Ajaccio – et les Sanguinaires à l'horizon – ou le maquis. Spa de 900 m², club enfants, salles de séminaires, restaurant, etc. De belles prestations.

Kallisté sans rest
rte du Vieux-Molini – 04 95 25 54 19 – www.cyrnos.net – Ouvert 1er avril-1er nov.
7 ch – 79/139 € 89/149 €
Une villa sur les hauteurs, avec une belle vue sur le golfe d'Ajaccio. Chambres sobres, meublées de teck, certaines avec terrasse. Grande piscine et jardin face à la mer.

PORTO – 2A Corse-du-Sud – 345 B6 – 544 h. – 20150 Ota — 15 A2

Ajaccio 84 – Calvi 73 – Corte 93 – Évisa 23
PortoMarina Porto, 04 95 26 10 55, www.porto-tourisme.com
Tour génoise★.
Golfe de Porto★★★ : les Calanche★★★ - NO : réserve de Scandola★★★, golfe★★ de Girolata.

Eden Park
4 km par rte de Calvi – 04 95 26 10 60 – www.hotels-porto.com – Ouvert 1er mai-30 sept.
35 ch – 155/300 € 155/300 € – ½ P
Rest *Eden Park* – voir les restaurants ci-après
Sur la route de Calvi, un vaste établissement composé de bungalows nichés dans un jardin luxuriant, au grand calme. Bel espace lounge et palmiers autour de la piscine. Que demander de plus ?

Capo d'Orto sans rest
rte de Calvi – ✆ 04 95 26 11 14 – www.hotel-capo-dorto.com – Ouvert 10 avril-20 oct.
39 ch – 75/160 € 75/160 €
Un hôtel sur la route de Calvi, surplombant le golfe. Les chambres, confortables et fonctionnelles, donnent sur la mer. Bel espace piscine.

Le Subrini sans rest
à la Marine – ✆ 04 95 26 14 94 – www.hotels-porto.com – Ouvert 20 avril-15 oct.
24 ch – 96/170 € 96/170 €
Un édifice en pierre de taille tout proche de la mer, face à la tour génoise. Décoration simple et chambres fonctionnelles avec vue sur la marina.

Le Belvédère sans rest
à la Marine – ✆ 04 95 26 12 01 – www.hotelrestaurant-lebelvedere-porto.com – Ouvert 1er avril-31 oct.
20 ch – 55/130 € 55/130 € – 12 €
Au pied de la tour de Porto, un hôtel en pierre rouge, à l'entrée discrète. Chambres simples et confortables, certaines avec vue sur le port et les montagnes.

Bella Vista sans rest
rte de Calvi – ✆ 04 95 26 11 08 – www.hotel-corse.com – Ouvert d'avril à oct.
17 ch – 55/106 € 60/106 € – 12 €
L'enseigne ne ment pas : la vue est belle, c'est incontestable, sur le Capo d'Orto... En outre, il règne dans ce petit hôtel une ambiance familiale. Chambres accueillantes et bon petit-déjeuner. L'une des adresses les plus plaisantes de Porto.

Le Romantique sans rest
à la Marine – ✆ 04 95 26 10 85 – www.hotel-romantique.com – Ouvert 20 avril-15 oct.
8 ch – 75/97 € 75/97 € – 9 €
Cet hôtel dispose de chambres spacieuses et bien tenues ; les balcons donnent tous sur une petite marina et un bois d'eucalyptus.

Eden Park – Hôtel Eden Park
4 km par rte de Calvi – ✆ 04 95 26 10 60 – www.hotels-porto.com – Ouvert 23 avril-8 oct.
Rest – Menu 29/65 € – Carte 61/106 €
Au sein de l'hôtel Eden Park, face au jardin et à la piscine, on déguste une cuisine gastronomique joliment maîtrisée, dont les recettes mêlent tradition et modernité : sashimis revisités, côte de veau corse cuite au sautoir et pommes grenaille, etc., avec un menu "détox" pour les amateurs. Menu plus simple au déjeuner.

PORTO-POLLO – 2A Corse-du-Sud – 345 B9 – alt. 140 m – ✉ 20140 — 15 A3

Ajaccio 52 – Sartène 31

Le Golfe
– ✆ 04 95 74 01 66 – www.hotel-corse-porto-pollo.com – Ouvert de mars à nov.
14 ch – 105/390 € 105/390 € – 4 suites – ½ P
Rest – Menu 17/29 € – Carte 25/80 €
Un bâtiment récent juste à côté du port. Les chambres sont sobres et élégantes, avec une jolie vue sur le golfe de Valinco où l'on peut se promener avec le bateau de l'hôtel. Brasserie lounge proposant une cuisine régionale soignée et des produits de la mer.

Les Eucalyptus sans rest
– ✆ 04 95 74 01 52 – www.hoteleucalyptus.com – Ouvert 15 avril-8 oct.
32 ch – 60/96 € 80/120 € – 10 €
Cet hôtel familial, entièrement rénové en 2011, domine le golfe de Valinco. De la plupart des chambres, on contemple la plage, toute proche...

PORTO-VECCHIO – 2A Corse-du-Sud – 345 E10 – 11 005 h. – alt. 40 m – ✉ 20137 — 15 B3

Ajaccio 141 – Bonifacio 28 – Corte 121 – Sartène 59
Figari-Sud-Corse : ✆ 04 95 71 10 10, 23 km au SO.
Avenue du Maréchal Leclerc, ✆ 04 95 70 09 58, www.ot-portovecchio.com
La Citadelle★.
Golfe de Porto-Vecchio★★ - Castellu d'Arraghju★ ★★ N : 7,5 km.

Casadelmar rest,
7 km par rte de la plage de Palombaggia – 04 95 72 34 34 – www.casadelmar.fr – Ouvert 6 avril-4 nov.
34 ch – 400/990 € 400/990 € – 17 suites
Rest ***Casadelmar*** – voir les restaurants ci-après
Rest ***Le Grill & Lounge Bar*** *(ouvert 1er mai-30 sept. et fermé le soir sauf juil.-août)* – Carte 90/110 €
Un long parallélépipède de bois, dans un parc planté de figuiers, de grenadiers et d'oliviers. Des lignes géométriques étudiées, des espaces design... et partout – notamment de la piscine à débordement –, une vue magique sur la baie de Porto-Vecchio : la Corse à l'heure contemporaine *"and so chic"* !

Don Cesar N
r. du Cdt.-Quilici – 04 95 76 09 09 – www.hoteldoncesar.com – Ouvert 28 avril-3 nov.
37 ch – 310/980 € 310/980 € – 2 suites
Rest – Menu 50/75 € – Carte 78/92 €
Dans cet hôtel créé en 2012 dans l'esprit méditerranéen, le luxe a donné rendez-vous au raffinement. Les chambres sont superbes et spacieuses (50 m² au minimum) et leurs balcons se tournent vers le golfe de Porto-Vecchio... pour rêver éveillé. Piscine, spa, jardin paysager, etc., ajoutent à la beauté des lieux.

Le Belvédère ch, ch,
5 km par rte de la plage de Palombaggia – 04 95 70 54 13 – www.hbcorsica.com – Fermé 5 janv.-14 mars
15 ch – 105/440 € 105/440 € – 4 suites – 20 € – ½ P
Rest ***Le Belvédère*** – voir les restaurants ci-après
Rest ***La Brocherie-Mari e Tarra*** – Carte 60/137 €
Franchissez le lourd portail en bois sculpté et pénétrez dans une oasis de verdure. Les chambres sont disséminées dans plusieurs pavillons : l'île de Beauté en toute tranquillité. Outre le restaurant gastronomique, jolie formule à la Brocherie (cabri et cochon de lait au feu de bois).

Les Bergeries de Palombaggia ch,
12 km par rte de Palombaggia – 04 95 70 03 23 – www.hotel-palombaggia.com – Ouvert mi-avril à fin-oct.
12 ch – 169/495 € 169/495 € – 2 suites – 23 € – ½ P
Rest ***La Table de Mina*** *(fermé lundi)* – Menu 46 € (dîner) – Carte 46/72 €
Parmi les oliviers et les cyprès, plusieurs maisonnettes construites dans l'esprit des anciennes bergeries, mais très confortables... luxueuses même ! Matériaux bruts, vue sur la mer (en étage), cuisine fraîcheur au restaurant, etc. : pour une belle et discrète villégiature à deux pas de la célèbre plage de Palombaggia.

Alta Rocca sans rest
6 km par rte de Palombaggia – 04 95 70 22 01 – www.hotelaltarocca.com – Ouvert de début mai à fin oct.
14 ch – 187/289 € 222/392 € – 2 suites – 18 €
Belle villa à flanc de colline, avec une vue superbe sur la baie de Porto-Vecchio. Chambres très confortables avec balcon et terrasse. Belle piscine à débordement.

Le Goéland ch,
à la Marine – 04 95 70 14 15 – www.hotelgoeland.com – Ouvert 22 mars-6 nov.
34 ch – 120/420 € 120/420 €
Rest – Formule 22 € – Menu 30 € – Carte 40/68 €
Cet hôtel agréable a le pied marin : lampes-tempêtes, meubles aux peintures patinées... Mais aussi plage privée et ponton d'amarrage ! Le grand restaurant s'ouvre totalement sur le golfe et le jardin ; cuisine corse et plats méditerranéens affichés à l'ardoise.

Golfe Hôtel
r. du 9 Septembre 1943 – 04 95 70 48 20 – www.golfehotel-corse.com – Fermé vacances de Noël
45 ch – 82/326 € 100/395 € – ½ P
Rest *(fermé sam. de nov. à mars et dim.) (dîner seult)* – Menu 32 € (sem.) – Carte environ 45 €
Sur la route du port, cet hôtel propose des chambres décorées avec soin (mobilier épuré, tons gris et blanc) disséminées autour de la piscine et du jardin. Viandes grillées et poissons à la plancha servis dans une belle salle moderne et colorée.

San Giovanni

rte d'Arca, 3 km au Sud-Ouest par D 659 – ✆ 04 95 70 22 25 – www.hotel-san-giovanni.com – Ouvert 1er mars-11 nov.

30 ch – †75/140 € ††85/150 € – ☕ 12 € – ½ P **Rest** *(résidents seult)*

L'hôtel de loisirs par excellence, charmant et familial, au calme dans un très beau jardin fleuri. La plupart des chambres ont une terrasse ou un petit jardin privatif. Mieux vaut réserver ! Petit-déjeuner et cuisine traditionnelle servis sous la pergola.

Alcyon sans rest

9 r. du Mar.-Leclerc, (près de la poste) – ✆ 04 95 70 50 50 – www.hotel-alcyon.com

40 ch – †85/192 € ††85/192 € – ☕ 10 €

Un établissement moderne en centre-ville, abritant des chambres fonctionnelles et bien rénovées. Certaines, plus spacieuses, peuvent convenir aux familles.

Les Jardins de Mathieu

Pascialella de Muratello, 12 km à l'Ouest par D 159 et rte secondaire – ✆ 04 95 26 78 41 – www.lesjardinsdemathieu.net – Ouvert 1er avril-15 nov.

4 ch ☕ – †120/250 € ††120/250 € – ½ P **Table d'hôte** – Menu 35 € bc

Une sympathique maison au cœur du maquis corse. Depuis les chambres, à l'épure toute contemporaine, on aperçoit le golfe de Porto-Vecchio... Piscine chauffée, jacuzzi, etc. Idéal pour se ressourcer dans un écrin de verdure ! Recettes du terroir et produits du potager autour de la table d'hôte.

Casadelmar – Hôtel Casadelmar

7 km par rte de la plage de Palombaggia – ✆ 04 95 72 34 34 – www.casadelmar.fr – Ouvert 6 avril-4 nov. et fermé le midi

Rest – Menu 95/205 €

Dans le cadre ultracontemporain de ce luxueux hôtel, une table brillante : la vue sur la baie ensorcelle, la cuisine transporte... au cœur de la Méditerranée. Le chef Davide Bisetto magnifie les terroirs corse et italien, en signant une cuisine inventive qui ne ressemble qu'à elle-même.

➜ Tortellinis d'osso-buco, fondue au fromage d'ubriaco et vieux balsamique. Pigeon poché au vernaccia, crème de chou-fleur à l'anis. Cassata myrte-myrtille et raisin-violette. **Vins** Patrimonio, Sartène.

Le Belvédère – Hôtel Belvédère

5 km par rte de la plage de Palombaggia – ✆ 04 95 70 54 13 – www.hbcorsica.com – Fermé 5 janv.-14 mars

Rest *(fermé merc. midi, lundi, mardi hors saison et le midi sauf dim. en saison)* – Formule 35 € – Menu 95/120 € – Carte 103/134 €

La mer vient flirter avec les tables, les monts se découpent sur le ciel lointain... la terrasse est idyllique ! Au cœur du golfe de Porto-Vecchio, cette enclave discrète joue la carte des beaux produits et de la gastronomie d'aujourd'hui.

Le Troubadour

13 r. du Gén.- Leclerc, (près de la poste) – ✆ 04 95 70 08 62 – Fermé 25 nov.-17 déc. et dim.

Rest *(dîner seult)* – Menu 35 € – Carte 30/60 €

Rest *L' Atelier du troubadour* *(déj. seult)* – Formule 17 € – Carte 27/37 €

Cette jolie maison corse de la vieille ville est une ode à la tradition et à la simplicité : viandes et poissons à la plancha, pâtes fraîches... Le meilleur de l'esprit brasserie !

Tamaricciu

15 km par rte de la plage de Palombaggia – ✆ 04 95 70 49 89 – www.tamaricciu.com – Ouvert 10 avril-11 nov. et fermé le soir sauf de mi-juin à début sept.

Rest – Menu 89 € – Carte 51/63 €

Sur la sublime plage de Palombaggia, face à la mer turquoise, on déguste des pâtes fraîches, des poissons frais du jour et de délicieux desserts. Ambiance détendue le midi et plus raffinée le soir.

au golfe de Santa Giulia **8 km au Sud par N 198 et rte secondaire – ✉ 20137 Porto-Vecchio**

Moby Dick
– ✆ *04 95 70 70 00 – www.sud-corse.fr – Ouvert de mi-avril à mi-oct.*
44 ch – ½ P seult 244/580 € **Rest** – Carte 42/84 €
Emplacement idyllique, sur la lagune, pour cet hôtel – rénové en 2012 – séparé du golfe aux couleurs polynésiennes par une plage de sable fin. Chambres spacieuses à choisir côté mer ou côté jardin. Grand buffet pour le déjeuner, cuisine méditerranéenne à l'honneur le soir.

Castell' Verde
– ✆ *04 95 70 71 00 – www.sud-corse.com – Ouvert de mi-avril à mi oct.*
32 ch – ½ P seult 94/188 €
Rest *Le Costa Rica* ✆ 04 95 72 24 51 – Menu 35 € – Carte 40/60 €
Dans un parc protégé de 5 ha, de spacieux bungalows à portée de la Grande Bleue. Chambres contemporaines. Deux piscines, dont une chauffée ; accès direct à la plage. Sur la terrasse qui surplombe la baie, la cuisine s'inspire également de la mer.

Alivi sans rest
Marina di Santa Giulia – ✆ 04 95 52 01 68 – www.santa-giulia.fr
– Ouvert 1er avril-3 nov.
10 ch – †135/375 € ††155/395 € – ☕ 18 €
Pour passer ses vacances au calme, un hôtel contemporain entre mer et maquis, aux chambres reposantes avec une petite terrasse. Piscine circulaire face à la baie de Santa Giulia.

U Santa Marina
Marina di Santa Giulia – ✆ 04 95 70 45 00 – www.usantamarina.com
– Ouvert 25 mars-1er nov. et fermé le midi
Rest – Menu 69/125 € – Carte 90/120 €
La vue sur le golfe y est délicieuse, plus encore la cuisine, signée par un jeune chef breton parfaitement acclimaté ! Chaque assiette témoigne d'un bel engagement. Si l'on pouvait aussi croquer le soleil couchant... Restauration légère sur la plage le midi ; grill côté piscine.
➜ Ormeaux sauvages de Bretagne et moules corses. Pavé de loup de ligne farci de vert de courgette cuit en coque d'argile. Coque de chocolat grand cru, parfait glacé à la vanille Bourbon. **Vins** Sartène, Porto-Vecchio.

Les Hauts de Santa Giulia
– ✆ *04 95 70 40 84 – Ouvert 21 mai-22 sept. et fermé lundi*
Rest *(dîner seult) (réserver)* – Carte 60/75 €
Un restaurant original, avec son mobilier chiné des années 1960 et sa terrasse sous les canisses. Cuisine parfumée et raffinée, aux influences asiatiques et méditerranéennes.

à Cala Rossa **10 km au Nord-Est par N 198 et D 468 – ✉ 20137 Lecci**

Grand Hôtel de Cala Rossa
– ✆ *04 95 71 61 51 – www.cala-rossa.com*
– Ouvert 1er avril-31 oct.
31 ch ☕ – †200/1225 € ††290/1530 € – 9 suites
Rest *Grand Hôtel de Cala Rossa* ✿ – voir les restaurants ci-après
À demeure d'exception, écrin splendide : un jardin luxuriant, un ponton privé sur la plage et un spa luxueux. Cet hôtel empreint de classicisme a quelque chose d'intemporel...

Grand Hôtel de Cala Rossa
– ✆ *04 95 71 61 51 – www.cala-rossa.com – Ouvert 1er avril-31 oct.*
Rest *(dîner seult)* – Menu 90/150 € – Carte 105/130 € ✿✿
Dans ce domaine privé, la table se pare d'élégance – belle terrasse à l'ombre des pins parasols – et la cuisine méditerranéenne s'incarne dans le raffinement. Saveurs et parfums rendent hommage aux meilleurs produits.
➜ L'assiette du potager. Chapon de mer cuit à basse température en croûte de gambas et de calamars. Soufflé chaud au cédrat. **Vins** Patrimonio, Figari.

à la presqu'île du Benedettu **10 km au Nord-Est par N 198 et D 468 – ✉ 20137 Porto-Vecchio**
ℹ Mairie, ✆ 04 95 71 05 75, www.lecci-sudcorse.com

La Plage Casadelmar

– ✆ *04 95 71 02 30 – www.laplagecasadelmar.fr – Ouvert 12 avril-3 nov.*
12 ch – 380/950 € 380/950 € – 3 suites – 34 €
Rest ***Le Grill*** – voir les restaurants ci-après
Fermez les yeux et imaginez une superbe plage de sable fin en accès direct... Tel est l'un des atouts de ce bel établissement niché sur un petit cap du golfe de Porto-Vecchio. Un lieu à part, dont le design contemporain cultive un minimalisme chic et apaisant...

Le Grill – Hôtel La Plage Casadelmar

– ✆ *04 95 71 02 30 – www.laplagecasadelmar.fr – Ouvert 12 avril-3 nov.*
Rest – Carte 75/105 €
La salle et la terrasse sont posées juste au-dessus d'une plage discrète du golfe de Porto-Vecchio. Comment se lasser de la vue sur la côte et la mer ? Au sein de ce bel hôtel contemporain, la cuisine évolue au gré du marché et de la pêche, avec des spécialités à la broche (coquelet, jarret de veau, cochon noir, etc.).

PROPRIANO – 2A Corse-du-Sud – 345 C9 – 3 292 h. – alt. 5 m – ✉ 20110 15 A3

Ajaccio 74 – Bonifacio 62 – Corte 139 – Sartène 13
Port de Plaisance, ✆ 04 95 76 01 49, www.oti-sartenaisvalinco.com

Miramar Boutique Hôtel

rte de la Corniche – ✆ 04 95 76 06 13
– www.miramarboutiquehotel.com – Ouvert de mi-mai à début oct.
21 ch – 300/420 € 300/420 € – 5 suites – 20 € – ½ P **Rest** – Carte 40/70 €
Au cœur d'un parc luxuriant, cette villa aux murs chaulés offre une vue plongeante sur le golfe de Valinco. Beaucoup de charme : objets chinés, espace et raffinement... Carte simple et légère le midi ; poisson à la plancha, terroir corse et langouste grillée le soir.

Le Lido

42 av. Napoléon-III – ✆ 04 95 76 06 37 – www.le-lido.com – Ouvert de mai à sept.
11 ch – 110/225 € 110/225 € – 12 €
Rest ***Le Lido*** – voir les restaurants ci-après
Sur une presqu'île, une maison les pieds dans l'eau, fondée en 1932... Bois exotique, objets chinés et mosaïques portugaises dans les chambres, qui donnent directement sur la plage ou sur le patio.

Neptune sans rest

39 r. du 9-Septembre – ✆ 04 95 76 10 20 – www.hotels-propriano.com
40 ch – 50/120 € 60/150 € – 11 €
Près du port et de la plage, cette bâtisse récente propose des chambres fonctionnelles, certaines avec vue sur la mer. Petit-déjeuner face au golfe de Valinco. Grand spa de 200 m².

Chez Parenti

10 av. Napoléon – ✆ 04 95 76 12 14 – www.chezparenti.fr – Ouvert 1er avril-15 oct. et fermé dim. soir et lundi sauf le soir en saison
Rest – Menu 46/58 € – Carte 48/58 €
Pour une envie de poisson frais ou de homard (en vivier), ce restaurant, tenu depuis 1935 par la famille Parenti, dispose d'une agréable terrasse sur le port de plaisance.

Le Lido – Hôtel Le Lido

42 av. Napoléon-III – ✆ 04 95 76 06 37 – www.le-lido.com – Ouvert de mai à sept. et fermé le midi
Rest *(nombre de couverts limité, réserver)* – Menu 75 €
Une superbe escale face aux flots, un accueil prévenant, un menu unique et très bien ficelé pour une cuisine délicate et pleine de saveurs… Le Lido ? Le goût de la Corse, entre terre, mer et création contemporaine.
→ Cuisine du marché.

Terra Cotta

29 av. Napoléon – ✆ 04 95 74 23 80 – Ouvert de mi-mars à fin nov. et fermé dim. sauf le soir en juil.-août
Rest – Formule 23 € – Menu 44/65 € bc – Carte environ 53 €
Dans ce charmant petit restaurant du port, le frère du patron fournit la pêche du jour. Pagre, liche, chapon, mustelle et autres poissons frais sont préparés avec grand soin.

Tempi Fà

7 av. Napoléon-III – ✆ 04 95 76 06 52 – www.tempi-fa.com – Ouvert 2 avril-31 oct.
Rest – Menu 30 € – Carte 42/50 €
Tempi fà ou « au temps d'avant » en corse... C'est exactement là où ramène cette épicerie-bistrot ! On entre par la boutique, dont le décor original reproduit une place de village, avec un vrai marché local (charcuteries, fromages, vin de myrte, etc.). Et tous ces beaux produits sont proposés à la dégustation...

ST-FLORENT – 2B Haute-Corse – 345 E3 – 1 636 h. – ✉ 20217 15 B1

Bastia 22 – Calvi 70 – Corte 75 – L'Ile-Rousse 45
centre Administratif, ✆ 04 95 37 06 04
Église Santa Maria Assunta★★ - Vieille Ville★.
Les Agriates★.

Demeure Loredana sans rest

Cisterninu Suttanu – ✆ 04 95 37 22 22 – www.demeureloredana.com – Ouvert 1er avril-15 nov.
15 ch – †195/390 € ††195/440 € – 6 suites – ☕ 23 €
Une demeure de caractère qui rivalise de détails raffinés. La déco mêle les styles... avec style et, dans le salon douillet et cossu, on se prend à rêver de l'Empire des Indes. Vue sur la mer, piscine à débordement : le luxe, tout simplement !

La Dimora sans rest

4,5 km par D 82 rte d'Oletta – ✆ 04 95 35 22 51 – www.ladimora.fr – Ouvert 20 avril-20 oct.
15 ch – †145/350 € ††145/350 € – 2 suites – ☕ 19 €
Matériaux nobles, authenticité et luxe contemporain discret... Dans l'arrière-pays, cette villa du 18e s. distille un vrai charme et vous reçoit en ami ; la piscine, l'espace bien-être et le jardin invitent délicatement au farniente.

La Roya

plage de la Roya, 1 km par rte de Calvi puis rte secondaire – ✆ 04 95 37 00 40 – www.hotelroya.com – Ouvert 27 mars-31 oct.
29 ch – †150/400 € ††150/400 € – 3 suites – ☕ 27 € – ½ P
Rest ***La Roya*** ✿ – voir les restaurants ci-après
Sur la plage de sable fin de la Roya (accès direct) et dans un jardin ravissant embaumant les senteurs méditerranéennes, cet hôtel récent est un havre de paix. Les lits sont si douillets qu'on pourrait ne plus quitter la chambre, mais la Corse est si belle...

Dolce Notte sans rest

rte de Bastia – ✆ 04 95 37 06 65 – www.hotel-dolce-notte.com – Ouvert avril-oct.
20 ch – †72/172 € ††72/172 € – ☕ 9 €
En bord de mer, une maison corse avec des chambres donnant toutes sur les flots (balcon ou terrasse). Certaines arborent un style marin ; d'autres sont plus contemporaines (galets, voûtes, bois flotté) et toutes sont plaisantes.

Tettola sans rest

1 km au Nord sur D 81 – ✆ 04 95 37 08 53 – www.tettola.com – Ouvert avril-oct.
29 ch – †71/162 € ††81/182 € – ☕ 12 €
Un petit hôtel d'esprit familial donnant sur une plage de galets. Accueil aimable et chambres claires et bien tenues, plus calmes et spacieuses côté mer. Pratique pour l'étape.

La Florentine sans rest

1 km au Nord par D 81 – ✆ 04 95 37 00 99 – www.hotellaflorentine.fr – Ouvert avril-oct.
20 ch – †110/260 € ††110/260 € – ☕ 15 €
Jardin fleuri, terrasse ombragée, délicieuse piscine, couleurs chatoyantes, visite des plages du golfe sur le bateau de l'hôtel, chambres fraîches et confortables... Autant d'atouts pour ce sympathique établissement de bord de mer.

Maxime sans rest

St Florent – ✆ 04 95 37 05 30 – Ouvert mars-nov.
19 ch – †57/85 € ††57/85 € – ☕ 9 €
Au cœur de la ville et au bord d'un petit canal (amarrage possible), une bâtisse blanche aux volets bleus et des propriétaires fort accueillants ! Chambres simples, pratiques et propres, le plus souvent avec une loggia ou un balcon.

La Maison Rorqual

rte de la Roya – ✆ 04 95 37 05 37 – www.maison-rorqual.com
5 ch – 🚹230/480 € 🚹🚹230/480 € – ☕ 15 € **Table d'hôte** – Menu 50 € bc/60 € bc
Un hymne à l'authenticité corse ! Des pierres, une grande cheminée, une bibliothèque, un parc verdoyant et sa piscine à débordement, des chambres élégantes et raffinées, parfois baroques... tout est si soigné. Une des plus belles maisons d'hôtes de l'île de Beauté !

La Roya – Hôtel La Roya

plage de la Roya, 1 km par rte de Calvi puis rte secondaire – ✆ 04 95 37 00 40 – www.hotelroya.com – Ouvert 27 mars-31 oct.
Rest – Menu 55/95 € – Carte 70/95 €
Atmosphère contemporaine et raffinée, terrasse dans le joli jardin, face à la plage : un cadre idyllique au service d'une cuisine fine et créative concoctée par un jeune chef... breton ! Carte plus simple le midi en saison.
➜ Foie gras, cerise et pain d'épice. Pêche locale. Tour au chocolat flambée au Cointreau. Vins Patrimonio.

La Rascasse

promenade des Quais, (1er étage) – ✆ 04 95 37 06 09 – www.larascasse137.com – Ouvert d'avril à mi-oct. et fermé lundi sauf le soir de juin à sept.
Rest – Menu 48/78 € – Carte 55/72 €
Rest *Le 137* ✆ 04 95 37 06 99 – Menu 29 € – Carte 39/59 €
Envie d'un dîner gastronomique honorant les beaux produits et le poisson extrafrais ? La Rascasse s'ouvre à vous, face au port (salle à l'étage). Et pour un repas plus simple, dans une atmosphère conviviale et décontractée, son petit frère, le 137 (au rez-de-chaussée), est tout indiqué !

STE-LUCIE-DE-PORTO-VECCHIO – 2A Corse-du-Sud – 345 F9 – ✉ 20144 15 B3

Corse
Ajaccio 157 – Ghisonaccia 42 – Porto-Vecchio 16 – Sartène 76
Mairie annexe, ✆ 04 95 71 48 99, www.zonza-saintelucie.com

Le Pinarello

Pinarello – ✆ 04 95 71 44 39 – www.lepinarello.com – Ouvert de mi-avril à mi-oct.
27 ch – 🚹218/776 € 🚹🚹235/855 € – 7 suites – ☕ 24 €
Rest *(fermé le soir)* – Carte 30/40 €
Bel ensemble au luxe discret dans un cadre de rêve... Chambres et suites contemporaines, magnifique vue sur le golfe, centre de soins. Le midi, snacking sur la terrasse face à la plage.

Le Rouf

Pinarello – ✆ 04 95 71 50 48 – Ouvert avril-sept.
Rest – Carte 63/182 €
Dans une maison de 1857, où les tables sont dressées face à la mer. Rougets et chapons, papillotes de mérou et langouste grillée : ici on ne travaille que la meilleure qualité.

La Fleur de Sel

Pinarello – ✆ 04 95 71 06 49 – Ouvert 15 mars-1er oct.
Rest *(nombre de couverts limité, réserver)* – Menu 39/75 € – Carte 52/76 €
Face à la Méditerranée, une terrasse romantique noyée sous les jasmins, les roses et les oliviers. Cuisine terre et mer réalisée avec des produits triés sur le volet. Le tout à prix doux.

STE-MARIE-SICCHÉ – 2A Corse-du-Sud – 345 C8 – 419 h. – alt. 420 m – ✉ 20190 15 A3

Ajaccio 36 – Sartène 51

Santa Maria

– ✆ 04 95 25 72 65 – www.santa-maria-hotel.com
22 ch ☕ – 🚹61/72 € 🚹🚹76/97 € – ½ P
Rest – Formule 17 € – Menu 19/25 € – Carte 25/41 €
Ambiance de pension de famille dans cet hôtel des années 1970 prisé des randonneurs. Les chambres sont simples et bien tenues, certaines avec balcon. Salle à manger rustique où l'on sert une cuisine familiale : charcuteries maison et spécialités corses.

SANT'ANTONINO – **2B Haute-Corse** – **345** C4 – **92 h.** – **alt. 500 m** – ✉ **20220** **15** A1

Bastia 99 – Ajaccio 155 – Corte 74

I Scalini

haut du village – ✆ 04 95 47 12 92 – www.i-scalini.com – Ouvert de mai à sept., fermé le mardi en mai et juin, mardi soir et merc. soir en sept.

Rest *(nombre de couverts limité, réserver)* – Carte 34/50 €

Dans ce superbe village de Balagne, ce repaire gourmand se mérite : on y accède par un escalier étroit, mais une fois installé sur la terrasse, on est époustouflé par la vue superbe sur la montagne et la mer, et séduit par les incontournables saveurs corses, ainsi que des plats plus osés, volontiers sucrés-salés.

SARTÈNE – **2A Corse-du-Sud** – **345** C10 – **3 144 h.** – **alt. 310 m** – ✉ **20100** **15** A3

Ajaccio 84 – Bonifacio 50 – Corte 149

cours sœur Amélie, ✆ 04 95 77 15 40, www.oti-sartenaisvalinco.com

Vieille ville★★ - Musée de Préhistoire corse★.

Santa Barbara

1 km à l'Est par N 196 et rte secondaire – ✆ 04 95 77 09 06 – www.santabarbara.fr – Ouvert Pâques-15 oct. et fermé lundi sauf le soir en juil.-août

Rest – Menu 34 € – Carte 39/70 €

Une villa dans un jardin exquis ouvrant sur Sartène et la vallée... Autres atouts : la cuisine mêlant recettes traditionnelles et spécialités corses, accueil et service aux petits soins.

SOCCIA – **2A Corse-du-Sud** – **345** C6 – **143 h.** – **alt. 670 m** – ✉ **20125** **15** A2

Ajaccio 69 – Calvi 130 – Corte 106 – Vico 18

Umbriccia, ✆ 04 95 28 30 08

A Merendella (N)

rte de l'Eglise – ✆ 04 95 28 34 91 – www.a-merendella-soccia.fr – Ouvert d'avril à oct. et le week-end en hiver, fermé le merc. sauf juil.-août

Rest – Formule 24 € – Menu 30/36 € – Carte 20/36 €

Un sentiment de plénitude avec la nature : voilà ce que dégagent ce village corse isolé dans la montagne et cette authentique auberge. Les légumes du potager, la charcuterie, les recettes traditionnelles comme l'agneau fermier ou le veau en civet embaument le terroir insulaire. Une belle expérience corse !

SOLENZARA – **2A Corse-du-Sud** – **345** F8 – **1 169 h.** – ✉ **20145** **15** B3

Ajaccio 118 – Bonifacio 68 – Sartène 77

La Solenzara sans rest

quartier du Palais – ✆ 04 95 57 42 18 – www.lasolenzara.com – Ouvert mi-mars à fin oct.

28 ch – 85/145 € 85/145 €

Grande demeure de style génois (18e s.) entourée d'un jardin. Chambres spacieuses, claires et sobres ; vue sur la mer à l'arrière. Espace bien-être, belle piscine à débordement.

Maison Rocca Serra sans rest

Scaffa Rossa, 1,5 km au Nord – ✆ 04 95 57 44 41

4 ch – 100 € 100 €

Une grande bâtisse dans un jardin, d'où l'on accède directement à de petites criques privées... Chambres avec terrasse, décorées de mobilier ancien ; petit-déjeuner sous la véranda.

A Mandria

1 km au Nord – ✆ 04 95 57 41 95 – Fermé déc., janv., dim. soir et lundi hors saison

Rest – Formule 18 € – Menu 29/35 € – Carte 31/55 €

Un restaurant au cadre pittoresque, proposant des grillades, des buffets de hors-d'œuvres et des spécialités corses. La pergola jouxte le potager.

ZONZA – **2A Corse-du-Sud** – **345** E9 – **2 323 h.** – **alt. 780 m** – ✉ **20124** **15** B3

Ajaccio 93 – Bonifacio 67 – Porto-Vecchio 40 – Sartène 38

Col et aiguilles de Bavella★★★ NE : 9 km.

Le Tourisme sans rest

rte de Quenza – ✆ 04 95 78 67 72 – www.hoteldutourisme.fr – Ouvert d'avril à oct.
16 ch – 85/159 € 100/169 €
Cet ancien relais de diligences (1875) a conservé sa fontaine d'origine. Chambres sobres et colorées avec balcon. Jardin et belle piscine chauffée avec vue sur la forêt de Zonza. Accueil charmant.

CORTE – **2B Haute-Corse** – **345** D6 – **voir à Corse**

CORVOL-D'EMBERNARD – **58 Nièvre** – **319** D8 – **104 h.** – **alt. 260 m** **7** B2
– ✉ **58210**
Paris 236 – Cosne-Cours-sur-Loire 48 – Dijon 168 – Nevers 45

Le Colombier de Corvol

– ✆ 03 86 29 79 60 – www.lecolombierdecorvol.com
5 ch – 105 € 105/115 € **Table d'hôte** – Menu 45 € bc
Ferme de caractère (1812) tenue par un couple belge amoureux d'art contemporain et de cuisine : chambres simples ornées d'œuvres, galerie dans une ancienne étable (expositions durant l'été) et table d'hôte orchestrée par monsieur, "amateur de plats en sauce".

COSNE-COURS-SUR-LOIRE – **58 Nièvre** – **319** A7 – **10 741 h.** **7** A2
– ✉ **58200** Bourgogne
Paris 186 – Auxerre 83 – Bourges 61 – Montargis 76
place de l'Hôtel de Ville, ✆ 03 86 28 11 85, www.ot-cosnesurloire.com
du Sancerrois, à Sancerre, N : 10 km par D 955, ✆ 02 48 54 11 22
Cheminée★ du musée.

Au Bistrot d'Anatole

6 r. Anatole-France – ✆ 03 86 27 12 95 – www.chez-anatole.com – Fermé 19 août-3 sept., 24-30 déc., 25 fév.-4 mars, dim. soir, mardi soir, merc. soir et lundi
Rest – Formule 17 € – Menu 20 € (déj.)/28 €
Un bistrot contemporain dans une petite rue du centre-ville. On y savoure les classiques du genre comme ce paleron de bœuf fondant à souhait et sa purée de pommes de terre, ou cet artichaut poivrade accompagné d'une tartine de Chavignol. Accueil souriant et ambiance conviviale.

à Villechaud **4 km au Sud par D 243** – ✉ **58200**

Le Chat

42 r. des Guérins – ✆ 03 86 28 49 03 – Fermé 1er-8 janv., 15-31 août, dim. soir, lundi et mardi sauf fériés
Rest – Formule 19 € – Menu 26 € (déj. en sem.), 29/40 €
Comment un ancien bar de village – baptisé Le Chat depuis 1856, tout de même – se mue-t-il en bonne table ? Demandez donc au chef, aussi sympathique que travailleur, qui sait faire rimer créativité et convivialité. On en ronronne de plaisir.

LE COTEAU – **42 Loire** – **327** D3 – **rattaché à Roanne**

LA CÔTE-ST-ANDRÉ – **38 Isère** – **333** E5 – **4 810 h.** – **alt. 370 m** **44** B2
– ✉ **38260** Lyon et sa région
Paris 525 – Grenoble 50 – Lyon 67 – La Tour-du-Pin 33
place Hector Berlioz, ✆ 04 74 20 61 43, www.tourisme-bievre-liers.fr

France avec ch

16 pl. de l'Église – ✆ 04 74 20 25 99 – www.hoteldefrance-csa.fr – Fermé 1 sem. en mai, 1er-8 juil., 2-11 janv.
15 ch – 55/75 € 68/78 € – 10 € – ½ P
Rest *(fermé dim. soir et lundi)* – Formule 25 € – Menu 39/75 € – Carte 69/86 €
Sacré coup de jeune pour ce restaurant au cœur de la cité natale de Berlioz : il affiche dorénavant un décor contemporain engageant. La cuisine s'est mise au diapason, au service des produits frais (homard, pigeonneau, saumon, foie gras, etc.). Des chambres simples permettent de faire étape.

COTI-CHIAVARI – **2A Corse-du-Sud** – **345** B9 – **voir à Corse**

COTINIÈRE – **17 Charente-Maritime** – **324** C4 – **voir à Île d'Oléron**

COUDEKERQUE-BRANCHE – 59 Nord – **302** C1 – rattaché à Dunkerque

COUDRAY – 53 Mayenne – **310** F8 – rattaché à Château-Gontier

LE COUDRAY-MONTCEAUX – 91 Essonne – **312** D4 – **106** 44 – voir à Paris, Environs (Corbeil-Essonnes)

COUËRON – 44 Loire-Atlantique – **316** F4 – rattaché à Nantes

COUILLY-PONT-AUX-DAMES – 77 Seine-et-Marne – **312** G2 – 2 106 h. – alt. 50 m – ✉ 77860 Île-de-France **19** C2

Paris 45 – Coulommiers 20 – Lagny-sur-Marne 12 – Meaux 9

Auberge de la Brie (Alain Pavard)
14 av. Alphonse Boulingre, (D 436) – ✆ 01 64 63 51 80 – www.aubergedelabrie.com – Fermé 3-28 août, 23 déc.-8 janv., dim. et lundi
Rest *(nombre de couverts limité, réserver)* – Formule 35 € – Menu 47/70 € – Carte 70/100 €
Parmi les atouts que compte cette coquette maison briarde : son cadre contemporain raffiné, sa délicieuse cuisine actuelle personnalisée et son accueil tout sourire.
➜ Millefeuille de homard aux tomates confites, vinaigrette "échalotée" de petits légumes. Ris de veau braisé au jus, macaronis farcis et gratinés. Soufflé chaud au Grand Marnier, sorbet orange.

COUIZA – 11 Aude – **344** E5 – 1 178 h. – alt. 228 m – ✉ 11190 Languedoc Roussillon **22** B3

Paris 785 – Carcassonne 41 – Foix 75 – Perpignan 88

Château des Ducs de Joyeuse
allée du Château – ✆ 04 68 74 23 50 – www.chateau-des-ducs.com – Ouvert 22 mars-5 nov.
35 ch – †95/125 € ††95/215 € – ☐ 14 €
Rest *Château des Ducs de Joyeuse* – voir les restaurants ci-après
Construit pendant la Renaissance (16e s.), ce beau château fortifié n'en est pas moins totalement médiéval ! Pierres, poutres, baldaquins, salles voûtées... tout y est. Le parc longe joliment la rivière et ici, on sent bien.

Château des Ducs de Joyeuse
allée du Château – ✆ 04 68 74 23 50 – www.chateau-des-ducs.com – Ouvert 22 mars-5 nov. et fermé le midi sauf sam. et dim.
Rest – Menu 31/56 € – Carte 42/52 €
Tartine mangue-crevettes, noisette d'agneau aux herbes fraîches et sa compotée de légumes de Méditerranée... Dans ce cadre châtelain, on se régale d'une sympathique cuisine d'aujourd'hui. Le passé recontre le présent et c'est plutôt réussi.

COULANDON – 03 Allier – **326** G3 – rattaché à Moulins

COULLONS – 45 Loiret – **318** L6 – 2 424 h. – alt. 166 m – ✉ 45720 **12** C2

Paris 165 – Aubigny-sur-Nère 18 – Gien 16 – Orléans 60

La Canardière
1 r. de la Mairie – ✆ 02 38 29 23 47 – www.restaurantlacanardiere.fr – Fermé 12 août-4 sept., 24 déc.- 8 janv., dim. soir, merc. soir, lundi et mardi
Rest – Menu 29/69 € – Carte 47/69 €
Rest *Le Bistrot* – Formule 16 € – Menu 18/30 €
Le cadre a beau être rustique, avec ses poutres et sa cheminée en cuivre, la cuisine n'en est pas moins dans l'air du temps : légumes, herbes du jardin et respect des saisons. Autre option : l'ardoise du Bistrot, dans une atmosphère conviviale.

COULOMBIERS – 86 Vienne – **322** H6 – 1 086 h. – alt. 141 m – ✉ 86600 **39** C2

Paris 352 – Couhé 25 – Lusignan 8 – Parthenay 44

Auberge Le Centre Poitou avec ch

39 r. Nationale – ✆ 05 49 60 90 15 – www.centre-poitou.com – Fermé dim. soir et lundi de sept. à juin

13 ch – †56/99 € ††56/99 € – ☕ 10 € – ½ P

Rest – Formule 16 € bc – Menu 29/81 € – Carte 66/77 €

Une bonne auberge tenue par la même famille depuis 1870 ! L'accueil n'est pas un vain mot et, dans l'assiette, on se régale d'une cuisine bien gourmande, concoctée avec de beaux produits. Tout est fait maison, même les viennoiseries du petit-déjeuner... Car on peut aussi faire étape dans une chambre cosy et charmante.

COULOMMIERS – 77 Seine-et-Marne – **312** H3 – 14 163 h. – alt. 85 m – ✉ 77120 Île-de-France **19** D2

Paris 62 – Châlons-en-Champagne 111 – Meaux 26 – Melun 46

7, rue du Général-de-Gaulle, ✆ 01 64 03 88 09, www.coulommiers.fr

à Pommeuse Ouest : 6,5 km – 2 756 h. – alt. 67 m – ✉ 77515

Le Moulin de Pommeuse sans rest

32 av. Gén. Huerne – ✆ 01 64 75 29 45 – www.le-moulin-de-pommeuse.com

5 ch ☕ – †56/60 € ††75/87 €

Ce moulin à eau du 14e s. abrite de jolies chambres aux noms évocateurs : Semailles, Moisson, Batteuse... Petit salon aménagé dans l'ex-machinerie et parc agrémenté d'une île.

COULON – 79 Deux-Sèvres – **322** C7 – 2 211 h. – alt. 6 m – ✉ 79510 Poitou-Charentes **38** B2

Paris 418 – Fontenay-le-Comte 25 – Niort 11 – La Rochelle 63

14, place de l'Eglise, ✆ 05 49 35 90 26, www.ville-coulon.fr

Marais poitevin★★.

Le Central

4 r. d'Autremont – ✆ 05 49 35 90 20 – www.hotel-lecentral-coulon.com

13 ch – †58/65 € ††68/92 € – ☕ 10 € – ½ P

Rest *Le Central* – voir les restaurants ci-après

Au cœur de ce charmant petit village de la Venise verte, des chambres chaleureuses, revues dans un esprit campagnard chic (mobilier patiné, ciels de lit ou boiseries, etc.) : cette auberge familiale – depuis trois générations – a su évoluer avec son temps !

Au Marais sans rest

46 quai Louis Tardy – ✆ 05 49 35 90 43 – www.hotel-aumarais.com

18 ch – †55/70 € ††69/80 € – ☕ 9 €

Face à l'embarcadère pour le Marais mouillé, deux anciennes maisons de bateliers transformées en hôtel. Agréables chambres mêlant classique et contemporain, certaines avec vue sur la Sèvre.

Le Central – Hôtel Le Central

4 r. d'Autremont – ✆ 05 49 35 90 20 – www.hotel-lecentral-coulon.com – Fermé 1er-12 mars, 30 sept.-15 oct., dim. soir et lundi

Rest – Formule 16 € – Menu 19 € (sem.), 29/43 € – Carte 38/56 €

Pour une escapade champêtre au cœur de la Venise verte... Poutres blanchies, vaisselier à l'ancienne. La cuisine cultive elle aussi la tradition, autour de quelques produits fétiches : anguilles, escargots, fromage de chèvre, etc. Une valeur sûre, petite boussole dans la géographie poitevine.

COUPELLE-VIEILLE – 62 Pas-de-Calais – **301** F4 – 528 h. – alt. 147 m – ✉ 62310 **30** A2

Paris 232 – Abbeville 58 – Arras 64 – Boulogne-sur-Mer 48

Le Fournil
r. St-Omer – ✆ 03 21 04 47 13 – www.restaurant-lefournil.com – Fermé mardi soir, dim. soir, fériés le soir et lundi
Rest – Formule 15 € – Menu 18 € (sem.), 26/33 € – Carte 36/57 €
Les apparences sont parfois trompeuses ! Ainsi, Le Fournil n'est pas installé dans une ancienne boulangerie mais dans un relais de poste du 19e s. On y savoure une cuisine traditionnelle accompagnée de bons vins... Terrasse avec vue sur le jardin.

COURBAN – **21 Côte-d'Or** – **320** I2 – **166 h.** – **alt. 262 m** – ✉ **21520** **8** C1
Paris 252 – Dijon 101 – Chaumont 43 – Langres 58

Château de Courban
7 r. du Lavoir – ✆ 03 80 93 78 69 – www.chateaudecourban.com
24 ch – †130/320 € ††130/320 € – ☐ 16 € – ½ P
Rest – Menu 42/78 € – Carte 45/85 €
Charmante, champêtre, authentique et confortable : telle est cette belle gentilhommière de 1837 ! Les jardins, la piscine à débordement, le spa et le restaurant traditionnel aux airs d'orangerie ajoutent encore au cachet du lieu.

COURBEVOIE – **92 Hauts-de-Seine** – **311** J2 – **101** 15 – **voir à Paris, Environs**

COURCELLES-DE-TOURAINE – **37 Indre-et-Loire** – **317** K4 – **462 h.** **11** A2
– **alt. 85 m** – ✉ **37330**
Paris 267 – Angers 74 – Chinon 46 – Saumur 46
du Château des Sept-Tours, E : 7 km, ✆ 02 47 24 69 75

au golf **7 km à l'Est dir. Ambillou puis Château La Vallière** – ✉ **37330 Courcelles-de-Touraine :**

Château des Sept Tours
rest, rest,
Le Vivier des Landes - D34 – ✆ 02 47 24 69 75 – www.7tours.com
– Ouvert de début mars à fin oct.
22 ch – †150/270 € ††150/270 € – ☐ 20 € – ½ P
Rest *(fermé mardi midi, dim. soir et lundi)* – Formule 23 € – Menu 42/68 € – Carte 32/56 €
Ce beau château du 15e s., entouré d'un golf 18 trous, est impressionnant avec ses... sept tours ! Chambres agréables et fonctionnelles. Cuisine gastronomique servie dans une salle bourgeoise ou sous la véranda. Petite restauration au Club House, situé dans une ancienne chapelle.

COURCELLES-SUR-VESLE – **02 Aisne** – **306** D6 – **337 h.** – **alt. 75 m** **37** C2
– ✉ **02220**
Paris 122 – Fère-en-Tardenois 20 – Laon 35 – Reims 39

Château de Courcelles
8 r. du Château – ✆ 03 23 74 13 53 – www.chateau-de-courcelles.fr
15 ch – †195/365 € ††195/365 € – 3 suites – ☐ 20 €
Rest ***Château de Courcelles*** – voir les restaurants ci-après
De longues enfilades de fenêtres, des toits à la Mansart, des allées de buis taillé... la parfaite image d'un château français du 17e s., fréquenté en leurs temps par Crébillon, Rousseau ou encore Cocteau. Grand style dans les chambres et belles prestations.

Château de Courcelles
8 r. du Château – ✆ 03 23 74 13 53 – www.chateau-de-courcelles.fr
Rest – Menu 55/95 € – Carte 90/148 €
Le Grand Siècle loin de Versailles, fastueux sans être opulent... et un beau jardin d'hiver, d'inspiration Second Empire. Le décor ajoute à la noblesse de la cuisine, soignée, inventive et judicieuse.
➜ Foie gras de canard en habit vert. Ris et rognon de veau cuits meunière, céleri confit à la vanille. Le chocophile. **Vins** Champagne.

COURCHEVEL – **73 Savoie** – **333** M5 – **Sports d'hiver : 1 100/2 750 m** 11 **45** D2
54 – ✉ **73120** Alpes du Nord
Paris 660 – Albertville 52 – Chambéry 99 – Moûtiers 25
Altiport ✆ 04 79 08 31 23, S : 4 km
le Cœur de Courchevel, ✆ 04 79 08 00 29, www.courchevel.com

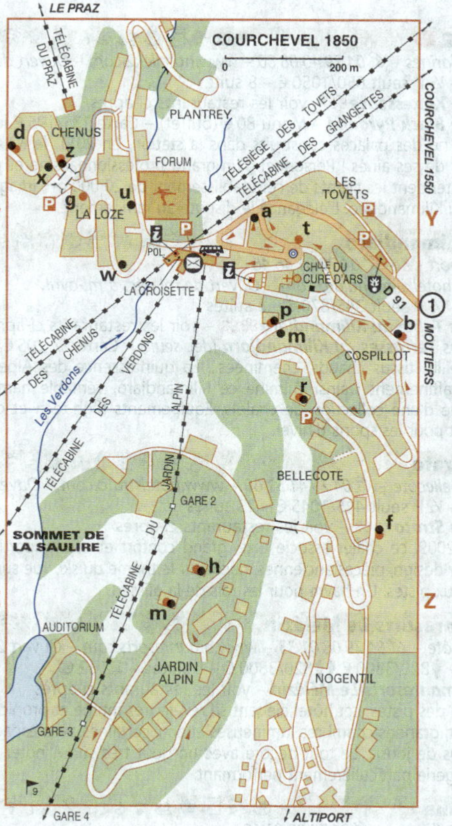

à Courchevel 1850 – alt. 1 850 m – ✉ 73120

◉ ☀★ - Belvédère la Saulire★★★ (télécabine).

Les Airelles

Au Jardin Alpin – ✆ 04 79 00 38 38 – www.airelles.fr – Ouvert de mi-déc. à mi-avril **Zh**

37 ch – ½ P seult 800/2690 € – 15 suites

Rest *Pierre Gagnaire pour les Airelles* ✿✿ – voir les restaurants ci-après

Rest *La Table du Jardin Alpin* – Menu 170/190 € – Carte 280/600 €

Rest *Le Coin Savoyard* *(dîner seult)* – Carte environ 200 €

Le palace des neiges par excellence. Derrière le ballet des voituriers en tenue de chasseur alpin et la magnifique façade de style austro-hongrois, tout n'est que luxe et raffinement : un superbe univers à la tyrolienne, ouaté comme un tapis de neige et… infiniment chaleureux. Quant au service, il est bien digne d'un tel établissement.

Cheval Blanc

au Jardin Alpin – ✆ 04 79 00 50 50 – www.chevalblanc.com – Ouvert 12 déc.-6 avril **Zm**

32 ch – ½ P seult 720/1395 € – 4 suites

Rest *Le 1947* ✿✿ – voir les restaurants ci-après

Rest *Le White* ✆ 04 79 23 14 01 – Carte 85/180 €

Du nom du célèbre château bordelais, un hôtel très "grand cru" ! Au sortir des pistes, on se réfugie avec plaisir dans ce chalet aménagé dans un superbe esprit contemporain, qui investit et réinvente tout l'imaginaire de l'hiver... Luxe et confort dans les moindres détails, avec un spa délicieux et deux restaurants pour toutes les envies.

Le K 2 (N)

r. des Clarines – *04 79 40 08 80* – *www.hotellek2.com* – *Ouvert de mi-déc. à mi-avril*
26 ch – ½ P seult 650/1050 € – 8 suites **Yb**
Rest *Le Kintessence* – voir les restaurants ci-après
Rest *Le Black Pyramid* – Menu 80 € (buffet) – Carte 135/195 € le soir
Dernier né des palaces construits dans la station, en 2011, le K2 n'a pas de leçon à recevoir de ses aînés ! Personnel d'un grand professionnalisme et prestations d'excellence attendent les clients de cet établissement de 20 000 m^2, imaginé par les concepteurs du Kilimandjaro. L'élégance le dispute au raffinement...

Le Kilimandjaro

rte Altiport - Z – *04 79 01 46 46*
– *www.hotelkilimandjaro.com* – *Ouvert de mi-déc. à mi-avril*
32 ch – ½ P seult 345/870 € – 3 suites
Rest *La Table du Kilimandjaro* – voir les restaurants ci-après
Rest *Les Terrasses du Kilimandjaro* *(déj. seult)* – Carte 77/205 €
Bois vieillis, tissus chauds, cheminées... La quintessence des Alpes, rendue avec un grand raffinement : ainsi culmine ce Kilimandjaro, véritable hameau de montagne constitué d'une collection de chalets. Équipements high-tech et confort absolu : un sommet pour les sports d'hiver.

Le Strato

rte de Bellecôte – *04 79 41 51 60* – *www.hotelstrato.com* – *Ouvert 15 déc.-3 avril*
25 ch – ½ P seult 445/1045 € – 23 suites **Zf**
Rest *Le Strato* – voir les restaurants ci-après
Né fin 2009, ce chalet associe luxe, grand confort et esprit sportif : spa de 800 m^2, mobilier design, pièces anciennes, décor sur le thème du ski, vue sur la vallée et... accès direct aux pistes. Un havre pour les rois de la glisse !

Amanresorts Le Mélézin

r. Bellecôte – *04 79 08 01 33* – *www.amanresorts.com* – *Ouvert 20 déc.-8 avril*
23 ch – †820/3800 € ††820/3800 € – 8 suites – ☕ 32 € **Yr**
Rest *Amanresorts Le Mélézin* – voir les restaurants ci-après
Au pied des pistes, cet hôtel élégant se révèle très intime et propice à la détente : spa complet, grandes chambres lumineuses et zen, certaines avec espace "day bed" (dédié au repos de jour)... Le tout décoré avec un goût très sûr. À noter aussi, le service de conciergerie particulièrement performant.

Le Lana

rte de Bellecôte – *04 79 08 01 10* – *www.lelana.com* **Yp**
55 ch – ½ P seult 385/505 € – 30 suites
Rest *La Table du Lana* – voir les restaurants ci-après
Rest *Le Saint Nicolas* *(dîner seult)* – Carte 55/95 €
L'un des premiers hôtels de la station, et toujours le chouchou de la jet-set ! Un soin tout particulier a été apporté aux décors – design et ultracossus – des chambres et des suites. Quant au spa, il est si agréable qu'il en ferait presque oublier les joies du ski...

Annapurna

rte Altiport - Z – *04 79 08 04 60*
– *www.annapurna-courchevel.com* – *Ouvert de mi-déc. à mi-avril*
64 ch ☕ – †310/865 € ††555/880 € – 7 suites – ½ P
Rest – Formule 41 € – Menu 70 € (déj.) – Carte 56/224 €
Cet Annapurna-là n'a presque rien à envier à celui de l'Himalaya ! L'hôtel – le plus haut de la station – tutoie les cimes, dans un environnement immaculé. Décor d'esprit montagnard dans les chambres, qui dominent les pistes côté sud. Depuis la grande salle du restaurant ou sa terrasse, on admire la Saulire tout en reprenant des forces (cuisine traditionnelle).

Les Suites de la Potinière

r. du Plantret – *04 79 08 00 16* – *www.suites-potiniere.com* – *Ouvert de mi-déc. à fin avril* **Yu**
12 ch – †1200/2700 € ††1200/2700 € – 4 suites – ☕ 30 € **Rest** – Carte 54/89 €
Luxe discret, raffinement et élégance en cet hôtel contemporain proche de la Croisette. Suites spacieuses dont certaines avec cheminée, œuvres d'art dans le hall, etc. Midi et soir, les skieurs peuvent se restaurer au séduisant bar-lounge.

Saint-Roch
rest,

rte de Bellecôte – 04 79 08 02 66 – www.lesaintroch.com – Ouvert de mi-déc. à mi-avril

19 suites – ½ P seult 580/995 € – 5 ch **Ym**

Rest *(dîner seult)* – Menu 80 € – Carte 70/120 €

Oubliez l'esprit montagnard dans cet hôtel ostensiblement chic et moderne, au décor parfois très original. Chaque chambre dispose de son hammam. Au restaurant, tout de noir vêtu, carte aux notes contemporaines.

Le Chabichou

r. des Chenus – 04 79 08 00 55 – www.chabichou-courchevel.com – Ouvert juin-sept. et déc.-avril **Yz**

33 ch – 136/1010 € 179/1500 € – 8 suites

Rest *Le Chabichou* **Rest *Le Chabotté*** – voir les restaurants ci-après

Telle une hermine qui se pare de blanc l'hiver venu, un grand chalet immaculé comme la neige... Jolie osmose avec la montagne pour cet hôtel cossu, au décor très savoyard et chaleureux (omniprésence du bois). Et après une journée de ski, rien de tel pour se délasser qu'un passage au spa de 1 200 m² !

La Sivolière

r. des Chenus – 04 79 08 08 33 – www.hotel-la-sivoliere.com – Ouvert 11 déc.-13 avril

24 ch – 505/905 € 890/1310 € – 12 suites – ½ P **Yd**

Rest *1850* – voir les restaurants ci-après

Sur les hauteurs de la station, au grand calme, ce chalet de caractère distille un charme sûr. Décor contemporain et raffiné dans les espaces communs ; montagnard et cosy dans les chambres. Les must : le superbe spa et la piscine face à la forêt.

La Pomme de Pin
ch,

r. Chenus – 04 79 08 36 88 – www.pommedepin.com – Ouvert 14 déc.-8 avril

48 ch – 350/645 € 360/655 € – 1 suite – ½ P **Yx**

Rest – Formule 28 € – Carte 51/74 €

Avec son architecture en bois et verre, cette pomme de pin-là n'est pas difficile à trouver au milieu des chalets traditionnels ! Les chambres, spacieuses et de style montagnard, offrent une vue de carte postale ; de même que la terrasse, orientée plein sud et très prisée par les skieurs.

La Loze sans rest

r. Park-City – 04 79 08 28 25 – www.la-loze.com – Ouvert de mi-déc. à mi-avril

27 ch – 190/520 € 190/520 € – 1 suite **Yw**

Hôtel tourné vers les pistes, autrichien dans l'âme : bois couleur pain d'épice, chambres cosy ornées de frises et personnel en costume tyrolien. Dans le salon, on aime profiter de la cheminée où le feu crépite. Une certaine idée du bonheur...

Courcheneige

r. de Nogentil – 04 79 08 02 59 – www.courcheneige.com – Ouvert de mi-déc. à début avril

86 ch – ½ P seult 150/300 € **Rest** – Menu 29 € – Carte 35/50 €

Il règne une ambiance jeune, sportive et sympathique, dans ce chalet posé au beau milieu des pistes. Chambres de style régional, simples et bien tenues. La terrasse du restaurant offre une vue imprenable sur les sommets ; carte de type brasserie et spécialités savoyardes.

Les Monts Charvin sans rest

impasse des Verdons – 04 79 04 19 10 – www.lesmontscharvin-courchevel1850.com – Ouvert juil.-août et déc.-avril **Ya**

19 ch – 155/555 € 155/555 € – 17 €

Petit hôtel familial et authentique, au cœur de la station : coquette décoration alpestre, salon avec feu de cheminée, tenue impeccable. Tarifs intéressants pour Courchevel.

Pierre Gagnaire pour les Airelles – Hôtel Les Airelles

Au Jardin Alpin – 04 79 00 38 38 – www.airelles.fr – Ouvert de mi-déc. à mi-avril **Zh**

Rest *(dîner seult)* – Menu 230 € (sem.)/395 € – Carte 315/350 €

Dans le décor fastueux des Airelles, une avalanche de saveurs ! Rien ne semble pouvoir brider l'inventivité de Pierre Gagnaire et de ses équipes : produits rares et superbes, mariages subtils et inattendus, etc. Une leçon de liberté, mais qui a un prix : l'addition atteint les sommets…

➜ Le cocktail de poche. Le "Grand Menu". Le "Grand Dessert" de Pierre Gagnaire. **Vins** Chignin-Bergeron, Seyssel.

Le Kintessence – Hôtel le K2
r. des Clarines – 04 79 40 08 80 – www.hotellek2.com – Ouvert de mi-déc. à mi-avril
Rest *(dîner seult)* – Menu 195 € – Carte 155/200 € Yb
Le chef a vite trouvé ses marques dans ce restaurant créé fin 2011 ! Avec assurance et maîtrise, il revisite les plats montagnards en y apportant une touche de modernité. Sa patte ? Des variations savoureuses autour d'un même produit... pour en exprimer la quintessence.
→ Homard bleu mi-cuit, poché et poêlé. Carré d'agneau rôti au thym et ris doré aux graines de moutarde. Citron en texture crémeuse et pain de Gênes au thym.

Le 1947 – Hôtel Cheval Blanc
au Jardin Alpin – 04 79 23 14 01 – www.chevalblanc.com – Ouvert 12 déc.-6 avril et fermé lundi Zm
Rest *(dîner seult)* – Menu 395 €
1947... le millésime mythique du Cheval Blanc et, au sein de l'hôtel du même nom, cette table exclusive placée sous l'égide de Yannick Alléno. Au menu : rien qu'une succession de grands plats, nobles et particulièrement fins. Évidemment, le Cheval Blanc domine la carte des vins.
→ Délicate gelée de jambon ibérique, albumine de moule à la crème de riz. Dos de chevreuil cuit au feu de bois, coqueline de pomme de terre à la truffe noire. Fuseau à la truffe noire, chocolat au lait et citron. **Vins** Roussette de Savoie, Vin de pays d'Allobrogie.

1850 – Hôtel La Sivolière
r. des Chenus – 04 79 08 08 33 – www.hotel-la-sivoliere.com – Ouvert 11 déc.-13 avril Yd
Rest – Formule 25 € – Menu 90 € (dîner) – Carte 75/140 €
Le chef concocte ici une carte tendance à base de bons produits (ravioles de chèvre frais à la truffe noire, pot-au-feu d'aujourd'hui, île flottante au coulis de pop-corn, etc.). Pour autant, les amateurs de spécialités savoyardes ne sont pas oubliés !

Amanresorts Le Mélézin – Hôtel Amanresorts Le Mélézin
r. Bellecôte – 04 79 08 01 33 – www.amanresorts.com – Ouvert 20 déc.-8 avril Yr
Rest – Carte 68/104 €
L'endroit respire l'élégance ! Outre la cuisine traditionnelle, les spécialités thaïlandaises sont à l'honneur ; quant à la qualité du service, elle est vraiment exceptionnelle.

Le Strato – Hôtel Le Strato
rte de Bellecôte – 04 79 41 51 60 – www.hotelstrato.com – Ouvert 15 déc.-3 avril
Rest – Menu 155/195 € – Carte 164/333 € Zf
Saveurs subtiles, compositions ciselées, créativité tout en finesse : le ski alpin pourrait symboliser la cuisine du Strato, qui slalome avec grâce et précision entre inspirations provençales et influences hivernales... Une prestation de haut niveau !
→ King crabe d'Alaska, saumon gravlax et caviar osciètre. Homard bleu rôti en médaillon, texture crémeuse de salsifis, châtaigne et truffe. Millefeuille tradition Baumanière, crème légère à la vanille de Tahiti. **Vins** Chignin-Bergeron.

La Table du Kilimandjaro – Hôtel Le Kilimandjaro
rte de l'Altiport - Z – 04 79 01 46 46 – www.hotelkilimandjaro.com – Ouvert de mi-déc. à mi-avril
Rest *(dîner seult)* – Menu 95/160 € – Carte 130/200 €
Une vue superbe sur les sommets et... une belle illustration de la haute gastronomie. Les produits sont superbes, travaillés avec art, pour le seul plaisir des sens. Le service prévenant et le cadre chaleureux (bois brut, cheminée, terrasse ouverte sur les pistes) ajoutent à l'agrément du moment.
→ Crémeux de chou-fleur et caviar de France, huître végétale et fleur de bourrache. Filets de sole meunière, citron, persil plat et blettes au mascarpone. Frécinette rôtie au rhum vieux, chichi et sorbet coco.

La Table du Lana – Hôtel Le Lana
rte de Bellecôte – 04 79 08 01 10 – www.lelana.com – Ouvert 14 déc.-6 avril
Rest – Formule 45 € – Menu 90 € – Carte 75/135 € Yp
Bois vieilli et tissus épais : voici le décor cossu de la Table du Lana, feutrée et gastronomique le soir, plus décontractée au déjeuner – en particulier sur la terrasse ensoleillée, face aux pistes. Belle carte des vins.

XXX ✿✿ **Le Chabichou** (Michel Rochedy) – Hôtel Le Chabichou VISA MC AE
r. des Chenus – ✆ 04 79 08 00 55 – www.chabichou-courchevel.com – Ouvert juil.-août et déc.-avril Yz
Rest – Menu 60 € (déj.), 110/210 € – Carte 157/242 € ✿
Le Chabichou, c'est avant tout une cuisine empreinte de classicisme, où les produits nobles tiennent le premier rang et où les mets sont composés dans les règles de l'art : au service des saveurs, tout simplement. Décor montagnard, comme il se doit.
➜ Pressé de foie gras et de féra fumée, gelée citron, sorbet aux herbes des montagnes. Chevreuil de Sologne aux truffes, sauce ambrée chocolat et réglisse. Tatin banane et chocolat, glace à la noix de muscade. **Vins** Vin de pays des Allobroges, Mondeuse d'Arbin.

XX **Le Genépi** VISA MC AE
r. Park City – ✆ 04 79 08 08 63 – www.legenepi-courchevel.com – Ouvert sept.-avril et fermé sam. et dim. de sept. à nov. Yg
Rest – Formule 28 € – Menu 30 € (déj. en sem.) – Carte 43/87 €
Accueil sympathique en ce petit restaurant familial : le feu crépite dans le salon. Le chef, né à Courchevel, propose une cuisine régionale bien ficelée (menu skieur à midi). Une valeur sûre.

XX **La Saulire** AC VISA MC AE
pl. Rocher – ✆ 04 79 08 07 52 – www.lasaulire.com – Ouvert déc.-avril Yt
Rest – Formule 20 € – Menu 30 € (déj.), 38 € – Carte 50/108 € ✿
Un décor tout de bois blond, rehaussé de vieux objets montagnards... C'est dans ce cadre authentique qu'il faut être vu à Courchevel, en atteste le passage de la jet-set et des têtes couronnées ! Menu du jour à midi et recettes à base de truffes du Périgord ou fondue le soir.

X **Le Chabotté** – Hôtel Le Chabichou VISA MC AE
r. des Chenus – ✆ 04 79 01 46 86 – www.chabichou-courchevel.com – Ouvert juin-sept. et déc.-avril Yz
Rest – Formule 22 € – Menu 27 € (déj.), 29/42 € – Carte 45/85 €
Le Chabotté du Chabichou ? Une formule assez futée, créée dans une extension contemporaine construite... sous les pistes de ski. Après l'effort, le réconfort : tartiflette, raclette et viandes à la broche (entrecôte, gigot d'agneau, etc.).

à Courchevel 1650 par ① : 4 km – ✉ 73120

Manali ch, rest, VISA MC AE
r. de la Rosière – ✆ 04 79 08 07 07 – www.hotelmanali.com – Ouvert déc.-avril
32 ch – ½ P seult 235/495 € – 5 suites
Rest – Carte 60/118 €
Du nom d'un village himalayen, un luxueux chalet mâtiné d'exotisme : au gré des chambres, le bois montagnard rencontre des inspirations indiennes (frises sculptées) ou canadiennes (rondins de bois). Au restaurant, décor Bollywood et cuisine actuelle teintée d'épices. Dépaysement garanti !

Le Portetta VISA MC
r. du Marquis – ✆ 04 79 08 01 47 – www.leportetta.com – Ouvert 10 déc.-15 avril
38 ch – †222/444 € ††370/740 € – 6 suites – ½ P
Rest – Menu 60 € (dîner) – Carte 45/71 €
Aux pieds des pistes, cet hôtel offre un décor montagnard on ne peut plus cosy, avec espace détente (fitness, hammam, spa, sauna, etc.), terrasse ensoleillée, accueil aimable... Un bien agréable refuge.

Le Seizena sans rest VISA MC AE
✆ 04 79 08 26 36 – www.hotelseizena.com – Ouvert de mi-déc. à mi-avril et juil.-août
20 ch – †230/330 € ††230/330 €
Un hommage original et réussi au Cessna et à l'aéronautique : chambres modernes évoquant des cabines, salles de bains façon cockpit, hélices, maquettes d'avions…

au Praz (Courchevel 1300) 8 km par ① – ✉ 73120 St Bon Tarentaise

Les Peupliers

✆ 04 79 08 41 47 – www.lespeupliers.com – Fermé mai-juin et les week-ends de sept. à nov.
35 ch – 90/220 € 110/320 € – ☕ 15 €
Rest *La Table de mon Grand-Père* – Menu 30 € – Carte 34/72 €
Cet hôtel familial situé à deux pas d'un petit lac abrite des chambres chaleureuses et lambrissées ; elles sont dotées de balcons côté sud. Accueil sympathique. Jolies boiseries savoyardes et plats traditionnels à La Table de mon Grand-Père.

Azimut (François Moureaux)

Immeuble l'Or Blanc – ✆ 04 79 06 25 90 – www.restaurantazimut.com – Ouvert de mi-déc. à fin avril et fermé lundi midi et merc. midi
Rest *(réserver)* – Formule 27 € – Menu 30/90 € – Carte 50/90 €
Une adresse sympathique, aux prix mesurés, où l'on déguste une cuisine très sûre, simple et actuelle, à base d'excellents produits. Le tout accompagné de bons vins du Jura – région où l'établissement prend ses quartiers d'été. Accueil très aimable.
➜ Marbré de ris de veau et sot-l'y-laisse. Saint-Jacques à la crème de porto et étuvée d'endives. Parfait glacé au vin jaune et financier aux noix. **Vins** Mondeuse, Vin de pays des Allobroges.

Le Bistrot du Praz

– ✆ 04 79 08 41 33 – www.bistrotdupraz.fr – Fermé mai et oct.
Rest – Formule 24 € – Menu 30/50 € – Carte 48/92 €
Dans le village du Praz, petit chalet au cadre savoyard chaleureux, proposant une cuisine de bistrot bien gourmande et un menu qui évolue au fil des saisons. Ne passez pas à côté des spécialités de foie gras (froid ou chaud).

à la Tania 12 km par ① – ✉ 73120

imm Folières, ✆ 04 79 08 40 40, www.latania.com

Le Farçon (Julien Machet)

immeuble la Kalinka – ✆ 04 79 08 80 34 – www.lefarcon.fr – Ouvert de mi-juin à mi-sept., de début déc. à mi-avril et fermé lundi midi et dim. en été
Rest – Formule 25 € – Menu 45/120 € – Carte 70/120 €
Si l'agréable décor façon chalet (dû au père du chef, menuisier de son état) honore la Savoie, la cuisine explore un territoire de saveurs plus large, avec inventivité, soin et finesse. Pour une savoureuse escapade à l'écart de Courchevel.
➜ Homard canadien, citron, poivre vert et nuage de chocolat blanc. Râble de lapin farci de beaufort et polenta. Banane et noix de coco sur l'idée d'un voyage au Vietnam. **Vins** Vin de pays des Allobroges, Apremont.

COUR-CHEVERNY – 41 Loir-et-Cher – 318 F6 – 2 703 h. – alt. 86 m 11 AB1 – ✉ 41700

Paris 194 – Blois 14 – Châteauroux 88 – Orléans 73

12, rue du Chêne des Dames, ✆ 02 54 79 95 63, www.bloispaysdechambord.com

Château de Cheverny★★★ S : 1 km - Porte★ de la chapelle du château de Troussay SO : 3,5 km - Château de Beauregard★ Châteaux de la Loire

St-Hubert

122 rte Nationale – ✆ 02 54 79 96 60 – www.hotel-sthubert.com – Fermé 25 nov.-13 déc.
21 ch – 55/62 € 61/72 € – ☕ 10 € – ½ P
Rest *(fermé dim. soir nov. à mars)* – Menu 19 € (sem.), 25/39 € – Carte 37/48 €
Un petit hôtel placé sous la protection du patron des chasseurs – logique dans une localité avec une telle tradition de vénerie ! Plaisante ambiance provinciale, âtre au salon... Salle de restaurant lumineuse et colorée ; cuisine traditionnelle et gibier en saison.

à Cheverny 1 km au Sud – 939 h. – alt. 110 m – ✉ 41700

Château du Breuil rest,
23 rte de Fougères, Ouest : 3 km par D 52 et voie privée – ✆ 02 54 44 20 20 – www.chateau-hotel-du-breuil.com – Fermé janv.
35 ch – 140/230 € 140/230 € – 4 suites – 16 € – ½ P
Rest *(dîner seult)* – Menu 40/60 €
Visitez Cheverny et logez au Breuil : un parc arboré de 30 ha préserve ce petit château (18e s.) du monde extérieur. Décor soigné ; quelques belles chambres dans les anciennes granges, côté verger. Cuisine traditionnelle au restaurant.

COURCOURONNES – 91 Essonne – 312 D4 – 101 36 – voir à Paris, Environs (Évry)

COURLAOUX – 39 Jura – 321 C7 – rattaché à Lons-le-Saulnier

COURMES – 06 Alpes-Maritimes – 341 D5 – 98 h. – alt. 630 m – ✉ 06620 42 E2

Côte d'Azur

Paris 942 – Marseille 214 – Monaco 71 – Nice 57

Auberge de Courmes avec ch
3 r. des Platanes – ✆ 04 93 77 64 70 – www.aubergedecourmes.com – Fermé 15 déc.-31 janv.
5 ch – 60 € 65 € – ½ P
Rest *(fermé merc. sauf juil.-août et mardi)* – Formule 18 € – Menu 23 €
Gaspacho de tomate, filet de loup à la plancha, clafoutis aux fraises... Dans cette auberge communale reprise par un jeune couple sympathique, on savoure une agréable petite cuisine de terroir et de tradition. Jolie terrasse et, pour l'étape, des chambres très sobres.

COURS – 69 Rhône – 327 E3 – 3 916 h. – alt. 543 m – ✉ 69470 44 A1

Paris 416 – Chauffailles 17 – Lyon 75 – Mâcon 70

au col du Pavillon 4 km à l'Est par D 64 – alt. 755 m – ✉ 69470 Cours la Ville

Le Pavillon rest,
– ✆ 04 74 89 83 55 – www.hotel-pavillon.com
21 ch – 47 € 57 € – 8,50 € – ½ P
Rest *(fermé dim. soir)* – Formule 12 € – Menu 17/36 € – Carte 33/49 €
Pour une véritable cure de repos parmi les sapins, au col du Pavillon, bon point de départ pour de nombreuses randonnées. Une cuisine simple et classique, des chambres confortables (avec terrasse ou balcon) : les amateurs sont comblés.

COURSAC – 24 Dordogne – 329 E5 – 1 837 h. – alt. 200 m – ✉ 24430 4 C1

Paris 556 – Angoulême 91 – Bordeaux 127 – Périgueux 14

Le Clos Bruyols sans rest
7 impasse de Bruyols – ✆ 05 53 07 56 61 – www.le-clos-bruyols.com – Fermé déc.
4 ch – 90 € 90/140 €
De chaque pièce de cette métairie, la propriétaire a fait un lieu unique (objets chinés, mobilier ancien). Mention spéciale pour la suite du colombier ! Billard, sauna... pour se détendre sans voir le temps passer.

COURSEULLES-SUR-MER – 14 Calvados – 303 J4 – 4 185 h. – ✉ 14470 32 B2

Normandie Cotentin

Paris 252 – Arromanches-les-Bains 14 – Bayeux 24 – Cabourg 41

5, rue du 11 novembre, ✆ 02 31 37 46 80, www.courseulles-sur-mer.com

Clocher★ de l'église de Bernières-sur-Mer E : 2,5 km - Tour★ de l'église de Ver-sur-Mer O : 5 km par D 514.

Château★★ de Fontaine-Henry S : 6,5 km.

XX **La Pêcherie** avec ch — rest, ch, VISA AE

pl. 6-Juin – 02 31 37 45 84 – www.la-pecherie.fr
7 ch – 65/110 € 65/110 € – 12 € – ½ P
Rest – Formule 20 € – Menu 30/38 € – Carte 32/67 €
Derrière la façade à colombages, un intérieur empreint de nostalgie : horloges, portraits, poutres, jolie verrière... Poissons et crustacés sont à la fête, préparés par un chef qui aime son métier. Quelques chambres sont disponibles, pour rester tout près de la plage !

LA COURTEIX – 63 Puy-de-Dôme – 326 E8 – rattaché à Pontgibaud

---

COURTENAY – 45 Loiret – 318 P3 – 3 886 h. – alt. 146 m – ✉ 45320 12 D2

Paris 118 – Auxerre 56 – Nemours 44 – Orléans 101
Place Honoré Combe, 02 38 97 27 87, www.courtenay45.fr
18 de Clairis, à Savigny-sur-Clairis, Domaine de Clairis, N : 7 km, 03 86 86 33 90

à Ervauville 9 km au Nord-Ouest par N 60, D 32 et D 34 – 554 h. – alt. 152 m – ✉ 45320

XXX **Le Gamin** — VISA

Le Bourg – 02 38 87 22 02 – restaurant-le-gamin.fr – Fermé 15-30 juil., 6-22 nov., dim. soir, lundi et mardi
Rest *(nombre de couverts limité, réserver)* – Menu 70 € bc
Pour une soirée romantique, une épicerie transformée en élégante auberge, avec terrasse et joli jardin. La cuisine est séduisante, employant volontiers des produits nobles.

LA COURTINE – 23 Creuse – 325 K6 – 870 h. – alt. 789 m – ✉ 23100 25 D2

Paris 424 – Aubusson 38 – La Bourboule 53 – Guéret 80
mairie, 05 55 66 76 58

XX **Au Petit Breuil** avec ch — VISA

rte de Felletin – 05 55 66 76 67 – www.lepetitbreuil.com – Fermé 19 déc.-12 janv., vend. soir du 15 sept. au 15 avril et dim. soir
9 ch – 52 € 62 € – 7 € – ½ P
Rest – Menu 14 € (sem.), 18/46 € – Carte 24/41 €
Un restaurant contemporain et lumineux ouvrant sur la verdure. Salade de ris de veau, foie gras chaud et, en saison, champignons : dans l'assiette, de jolies spécialités traditionnelles et régionales. Pour l'étape, des chambres simples.

COUTANCES – 50 Manche – 303 D5 – 9 390 h. – alt. 91 m – ✉ 50200 32 A2

Normandie Cotentin
Paris 335 – Avranches 52 – Cherbourg 76 – St-Lô 28
place Georges Leclerc, 02 33 19 08 10, www.tourisme-coutances.fr
Cathédrale★★★ : tour-lanterne★★★, parties hautes★★ - Jardin des Plantes★.

Cositel — AC rest, P VISA AE

29 r. de St-Malo – 02 33 19 15 00 – www.cositel.fr
55 ch – 69/104 € 69/104 € – 11 € – ½ P
Rest *(fermé sam. midi et dim. midi)* – Formule 14 € – Menu 24 € (sem.)/36 € – Carte 23/46 €
Sur les hauteurs de la ville, au milieu des champs (et de quelques maisons), cet hôtel moderne se révèle agréable : un ensemble bien pensé, fonctionnel et lumineux. Au restaurant, on peut admirer la cité couvée par la silhouette de sa cathédrale... Réservez à l'avance pour le festival Jazz sous les pommiers !

Manoir de L'Ecoulanderie sans rest — P

r. de la Broche – 02 33 45 05 05 – www.l-b-c.com
4 ch – 160 € 160/200 €
Un enchantement ! Cette demeure blanche (17e s.) et son jardin, tout en fleurs et bassins, dominent la ville et sa superbe cathédrale. On peut même en admirer les tours effilées depuis la piscine ! "Sous-bois", "La Source", "La Suite" : les chambres sont idéales pour une romance au charme d'antan...

à Gratot 4 km à l'Ouest et D 244 – 663 h. – alt. 83 m – ✉ 50200

Le Tourne-Bride

85 r. d'Argouges – ✆ 02 33 45 11 00 – Fermé 2 sem. début juil., 24 fév.-12 mars, dim. soir et lundi

Rest – Formule 14 € – Menu 19/37 € – Carte 33/54 €

Près des ruines romantiques du château de Gratot, ce restaurant – et bar-tabac – fait œuvre de tradition : le chef cultive les classiques (telles les tripes à la mode de Caen !) avec fraîcheur et bonhomie.

CRAPONNE-SUR-ARZON – 43 Haute-Loire – 331 F2 – 2 156 h. – alt. 915 m – ✉ 43500 Auvergne 6 C2_3

Paris 473 – Clermont-Ferrand 110 – Le Puy-en-Velay 39 – St-Etienne 60

6, place du Fort, ✆ 04 71 03 23 14, www.otcraponne.com

L'Instant Gourmand

2 av. du Petit-Quina, (Zone d'activité de Rechimas) – ✆ 04 71 03 65 98 – www.restaurant-linstantgourmand-43.com – Fermé mardi soir, merc. soir, dim. soir et lundi

Rest – Formule 13 € bc – Menu 25/55 € – Carte 29/41 €

Un Instant Gourmand fait d'une cuisine plutôt contemporaine qui met en valeur les produits du Forez et du Velay. Le cadre est agréable et c'est la compagne du chef qui veille à votre bien-être. À noter : une jolie petite terrasse.

LA CRAU – 83 Var – 340 L7 – 16 815 h. – alt. 36 m – ✉ 83260 41 C3

Paris 847 – Brignoles 41 – Draguignan 71 – Hyères 9

Place du Maréchal de Lattre de Tassigny, ✆ 04 94 66 14 48, www.la-crau.fr

Auberge du Fenouillet

20 av. du Gén.-de-Gaulle – ✆ 04 94 66 76 74 – Fermé 3-12 janv., mardi midi, dim. soir et lundi

Rest – Formule 32 € – Menu 48 € – Carte 34/74 €

Après un CAP d'ébénisterie, le jeune chef a finalement préféré la cuisine, les bons produits et les vins. Sa cuisine, enlevée et ludique (émulsions, cuissons à l'azote, etc.), est bien celle d'un passionné ! Il a créé cette belle auberge avec sa compagne – une adresse d'aujourd'hui fort appréciée dans la région.

CRAVANT – 89 Yonne – 319 F5 – 805 h. – alt. 120 m – ✉ 89460 7 B1

Bourgogne

Paris 185 – Auxerre 19 – Avallon 33 – Clamecy 35

4, rue d'Orléans, ✆ 03 86 42 25 71, www.coeurdelyonne.com

Hostellerie St-Pierre

5 r. de l'Église – ✆ 03 86 42 31 67 – www.hostellerie-st-pierre.com – Fermé 20 déc.-10 janv.

7 ch – †64/69 € ††64/69 € – ☕ 9 € – ½ P

Rest *(fermé dim. hors saison) (dîner seult) (nombre de couverts limité, réserver)* – Menu 35 €

Cet hôtel familial vous réserve un accueil chaleureux ; les chambres, petites mais coquettes, sont disposées autour d'une cour fleurie. Sauna et fitness dans la cave voûtée. Au restaurant, cuisine du marché et vieux millésimes à prix doux.

CRAVANT-LES-CÔTEAUX – 37 Indre-et-Loire – 317 L6 – 719 h. – alt. 50 m – ✉ 37500 11 A3

Paris 284 – Orléans 160 – Tours 45 – Joué-lès-Tours 37

Manoir des Berthaisières sans rest

D 21 – ✆ 02 47 98 35 07 – www.lesberthaisieres.com

3 ch ☕ – †65/105 € ††75/125 € – 1 suite

Au cœur d'une immense propriété cultivant du cabernet-franc, ce petit manoir fortifié propose plusieurs chambres, une suite familiale et un gîte. Piscine, fitness et jacuzzi.

CRÈCHES-SUR-SAÔNE – 71 Saône-et-Loire – 320 I12 – rattaché à Mâcon

CRÉDIN – 56 Morbihan – 308 O6 – 1 476 h. – alt. 124 m – ✉ 56580 10 C2

▶ Paris 451 – Rennes 100 – Vannes 49 – Pontivy 19

La Maison Blanche aux Volets Bleus

à Blézouan, 2,5 km à l'Est par D11 et rte secondaire – ✆ 02 97 38 58 61 – www.lamaisonblancheauxvoletsbleus.com – Fermé 1 sem. en août, 2 sem. en nov., déc., janv. et 2 sem. en fév.

4 ch – ½ P seult 110/125 € **Table d'hôte**

Une Maison Blanche aux Volets Bleus dans un joli hameau... C'est dans cette atmosphère cosy que les Delhange – un charmant couple de Belges – vous reçoivent. Passionnés de cuisine, ils organisent des ateliers culinaires... Esprit de famille à la table d'hôte.

CREIL – 60 Oise – 305 F5 – 34 327 h. – alt. 30 m – ✉ 60100 Île-de-France 36 B3

▶ Paris 63 – Beauvais 45 – Chantilly 9 – Clermont 17

41, place du Général-de-Gaulle, ✆ 03 44 55 16 07, www.tourismecreil.fr

d'Apremont, à Apremont, CD 606, SE : 6 km par D 1330, ✆ 03 44 25 61 11

La Ferme de Vaux

11-19 rte de Vaux, par D 120, direction Verneuil – ✆ 03 44 64 77 00 – www.la-ferme-de-vaux.com – Fermé 4-19 août

28 ch – †73 € ††81 € – ☕ 9 € – ½ P

Rest *(fermé dim. soir et sam.)* – Menu 19/38 € – Carte 40/53 €

Cette ancienne ferme francilienne (19e s.), construite autour d'une cour fermée, se situe entre Chantilly et Senlis : une étape pratique pour le tourisme. Les chambres sont simples et bien tenues, plus spacieuses au rez-de-chaussée. Restauration traditionnelle.

CRÉMIEU – 38 Isère – 333 E3 – 3 337 h. – alt. 200 m – ✉ 38460 44 B2

Lyon et sa région

▶ Paris 488 – Belley 49 – Bourg-en-Bresse 64 – Grenoble 86

9, place de la Nation Charles de Gaulle, ✆ 04 74 90 45 13, www.tourisme-cremieu.fr

Halles★.

Auberge de la Chaite avec ch

pl. des Tilleuls – ✆ 04 74 90 76 63 – www.aubergedelachaite.com – Fermé 20 avril-6 mai, 25 août-2 sept., 20 déc.-15 janv., merc. midi, dim. soir et lundi

9 ch – †60 € ††65/75 € – ☕ 10 €

Rest – Menu 20 € (sem.), 30/40 € – Carte 30/58 €

Face à la Porte de la Loi, cette maison de pays propose une cuisine très traditionnelle dans un cadre rustique (ou en terrasse quand le temps le permet). Chambres simples au charme désuet pour l'étape.

CRENEY-PRÈS-TROYES – 10 Aube – 313 E4 – rattaché à Troyes

CREON – 33 Gironde – 335 I6 – 4 138 h. – alt. 110 m – ✉ 33670 Aquitaine 3 B1

▶ Paris 597 – Arcachon 88 – Bordeaux 25 – Langon 32

62, boulevardd Victor Hugo, ✆ 05 56 23 23 00, www.tourisme-creonnais.com

Château Camiac

ch, rest,

rte de la forêt, (D 121) – ✆ 05 56 23 20 85 – www.chateaucamiac.com – Ouvert 2 mai-2 oct.

13 ch – †160/280 € ††160/280 € – 1 suite – ☕ 16 € – ½ P

Rest *(fermé mardi et le midi en sem.)* – Menu 40 € – Carte 61/76 €

Un beau château des 18e et 19e s., au cœur du vignoble bordelais et d'un parc de 8 ha. Meubles de style, confort et authenticité : une étape pleine de charme... Les sportifs sauront profiter de la grande piscine et du tennis.

CRÉON-D'ARMAGNAC – 40 Landes – 335 K11 – 325 h. – alt. 130 m – ✉ 40240 4 C2

▶ Paris 700 – Bordeaux 122 – Condom 47 – Mont-de-Marsan 36

Le Poutic
1,5 km au Sud, rte de Cazaubon, par D 51 – ✆ 05 58 44 66 97 – www.chambre-hotes-landes.fr
4 ch – 55/67 € 60/72 €
Table d'hôte *(fermé sam. et dim.)* – Menu 28 € bc/45 € bc
Des chênes, des tilleuls, un beau parc et des chambres soignées... Dans cette belle ferme landaise, on savoure la douceur de vivre et les plaisirs gourmands (week-ends foie gras, armagnac...). La table d'hôte met la volaille landaise – dont le canard – à l'honneur.

CRÉPON – 14 Calvados – 303 I4 – 216 h. – alt. 52 m – ✉ 14480 32 B2

Normandie Cotentin

Paris 257 – Bayeux 13 – Caen 23 – Deauville 66

Ferme de la Rançonnière
rte d'Arromanches-les-Bains – ✆ 02 31 22 21 73 – www.ranconniere.fr
35 ch – 62/182 € 62/182 € – 2 suites – 12 € – ½ P
Rest ***Ferme de la Rançonnière*** – voir les restaurants ci-après
Charme et caractère ! Imaginez une ferme médiévale fortifiée qui aurait conservé tout son cachet : pierres robustes, poutres patinées, mobilier d'époque... Les chambres sont à l'avenant et dégagent un luxe discret et authentique. Au cœur du Bessin.

Manoir de Mathan
à 600 m.
21 ch – 102/196 € 102/196 € – 2 suites – 12 €
Assurance de nuits très calmes dans les grandes chambres de cette ancienne métairie du 18e s. (à 600 m de la Rançonnière), dont le décor de bois et de pierre fait remonter le temps...

Ferme de la Rançonnière – Hôtel Ferme de la Rançonnière
rte d'Arromanches-les-Bains – ✆ 02 31 22 21 73 – www.ranconniere.fr – Fermé 3 sem. en janv.
Rest – Formule 24 € – Menu 30/41 € – Carte 40/60 €
Un cadre historique admirablement préservé : grande cheminée, belles voûtes en pierre... Le cadre idéal pour une cuisine traditionnelle et raffinée : terrine de pavé d'Isigny, gourmandise de lotte en aïoli, etc., et même un menu médiéval !

CRESSERONS – 14 Calvados – 303 J4 – rattaché à Douvres-la-Délivrande

---

CREST – 26 Drôme – 332 D5 – 7 857 h. – alt. 196 m – ✉ 26400 44 B3

Ardèche Drôme

Paris 585 – Die 37 – Gap 129 – Grenoble 114

place du Docteur Rozier, ✆ 04 75 25 11 38, www.crest-tourisme.com

du Domaine de Sagnol, à Gigors-et-Lozeron, Domaine de Sagnol, NE : 19 km par D 731, ✆ 04 75 40 98 00

Donjon★ : ✻★.

La Saleine (N)
quartier Saleine, 1 km à l'Ouest par D 93 – ✆ 04 75 57 90 68 – www.la-saleine.com
20 ch – 60 € 67 € – 10 € – ½ P
Rest – Formule 14 € – Menu 17 € (sem.), 24/35 € – Carte 26/49 €
Entre la vallée du Rhône et le massif du Vercors, cet hôtel-restaurant est idéal pour sillonner la région. Les chambres, sobres et lumineuses, permettent de se reposer avant de repartir pour de nouvelles découvertes ! Restaurant traditionnel.

Kléber (Sébastien Bonnet)
6 r. A.-Dumont – ✆ 04 75 25 11 69 – www.le-kleber.com – Fermé 2-11 janv., dim. soir hors saison, merc. midi et lundi
Rest – Formule 25 € – Menu 42/82 € bc – Carte 60/80 €
Dans cette maison du centre-ville, on sait réveiller les papilles ! De l'entrée au dessert, le jeune chef redouble d'efforts pour satisfaire les gourmands avec des plats fins et goûteux, à déguster dans un cadre contemporain.
→ Queue de bœuf au foie gras de canard. Suprême de pigeonneau servi rosé, cuisse confite et jus corsé au vin de Brézème. Tartelette au caramel et fruits secs, glace praliné et citron.

à La Répara-Auriples 8 km au Sud par D 538 et D 166 rte d'Autichamp – 235 h. – alt. 350 m – ✉ 26400

Le Prieuré des Sources

lieu dit Bouchassagne – ☎ *04 75 25 03 46* – *www.prieuredessources.com*
5 ch – 150/225 € 150/225 € – 15 € – ½ P
Table d'hôte – Formule 22 € – Menu 48 €
Zen, restons zen… Dans cet ancien prieuré, l'ambiance monacale a laissé place à une déco tout droit venue d'Asie. Les grandes et belles chambres, la salle voûtée ou la piscine donnant sur les champs sont autant d'invitations au repos et à l'apaisement. Une adresse authentique teintée d'exotisme.

CREST-VOLAND – 73 Savoie – 333 M3 – 390 h. – alt. 1 230 m – Sports d'hiver : 1 230/2 000 m 17 – ✉ 73590 Alpes du Nord — 46 F1

Paris 588 – Albertville 24 – Annecy 53 – Chamonix-Mont-Blanc 47
Maison de Crest-Voland, ☎ 04 79 31 62 57, www.valdarly-montblanc.com

Le Caprice des Neiges

1175 rte des Saisies , à 1 km – ☎ *04 79 31 62 95* – *www.hotel-capricedesneiges.com – Ouvert de déc. à mi-avril et de mai à mi-sept.*
16 ch – 60/135 € 60/135 € – 12 € – ½ P
Rest *Le Caprice des Neiges* – voir les restaurants ci-après
Un grand chalet fleuri en été, couvert de neige ouatée en hiver, à l'atmosphère chaleureuse et familiale. Les chambres sont habillées de bois brut et, après le ski, on se prélasse devant la cheminée. Sympathique caprice !

Mont Bisanne

– ☎ *04 79 31 60 26* – *www.mont-bisanne.com – Ouvert de mi-déc. à mi-avril et de début juil. à fin août*
14 ch – 50/70 € 70/110 € – 8,50 € – ½ P
Rest *La Table de Diamant* – voir les restaurants ci-après
Avec ce chalet, face au télésiège, vous serez le premier en haut des pistes ! Les chambres, d'esprit savoyard, simples et fonctionnelles (lambris et mobilier vernis), et la vue étendue sur l'espace skiable : tout invite à profiter de la montagne.

Le Caprice des Neiges – Hôtel Le Caprice des Neiges

1175 rte des Saisies, à 1 km – ☎ *04 79 31 62 95*
– *www.hotel-capricedesneiges.com – Ouvert de déc. à mi-avril et de mai à mi-sept. et fermé le midi du lundi au jeudi*
Rest – Formule 15 € – Menu 22/42 € – Carte 37/50 €
Un restaurant de style savoyard, avec des baies vitrées donnant sur le massif des Aravis. Une truite de Marlens marinée aux baies roses, une bonne petite brioche et un sorbet citron : le chef trouve son inspiration entre terroir et tradition.

La Table de Diamant – Hôtel Mont Bisanne

– ☎ *04 79 31 60 26* – *www.mont-bisanne.com – Ouvert mi-déc. à mi-avril et début juil. à fin août*
Rest – Menu 14 € (déj.), 24/52 € – Carte 22/50 €
Son nom rend hommage à l'espace Diamant, le grand domaine skiable local. Pour autant, la carte sait sortir des pistes balisées sans craindre le hors-piste, car le chef fait montre d'un beau savoir-faire quand il s'agit de renouveler le registre traditionnel. Une table agréable.

CRÉTEIL – 94 Val-de-Marne – 312 D3 – 101 27 – voir à Paris, Environs

---

CREULLY – 14 Calvados – 303 I4 – 1 610 h. – alt. 27 m – ✉ 14480 — 32 B2

Normandie Cotentin

Paris 253 – Bayeux 14 – Caen 20 – Deauville 62

Hostellerie St-Martin avec ch
6 pl. Edmond Paillaud – ✆ 02 31 80 10 11 – www.hostelleriesaintmartin.com – Fermé 22 déc.-12 janv.
12 ch – †56/81 € ††59/81 € – ☕ 8 € – ½ P
Rest – Formule 11 € – Menu 16 € (sem.), 22/16 € – Carte 22/81 €
Il a du caractère ce restaurant avec ses belles salles voûtées du 16e s., autrefois anciennes halles du village. La cuisine est traditionnelle : fruits de mer, feuilleté d'andouille, faisan au chou, etc. À l'étage, des chambres toutes simples, parfaites pour cette étape gastronomique.

LE CREUSOT – 71 Saône-et-Loire – 320 G9 – 22 840 h. – Agglo. 90 584 h. – alt. 348 m – ✉ 71200 Bourgogne 8 C3

Paris 316 – Autun 30 – Beaune 46 – Chalon-sur-Saône 38
Château de la Verrerie, ✆ 03 85 55 02 46, www.creusot.net/otsi
Château de la Verrerie★.
Mont St-Vincent★ ✻★★.

La Petite Verrerie
4 r. J. Guesde – ✆ 03 85 73 97 97 – www.hotelfp-lecreusot.com – Fermé 22 déc.-3 janv.
37 ch – †72/148 € ††86/148 € – 6 suites – ☕ 15 € – ½ P
Rest *(fermé sam. midi et dim.)* – Menu 31 € (sem.), 34/110 € – Carte 31/44 €
Jadis, cette jolie maison bourgeoise était la pharmacie des usines ! Aujourd'hui, c'est un hôtel avec des chambres classiques et confortables, des salles de réception et un restaurant célébrant le terroir bourguignon et la tradition. Une autre manière de se soigner.

Le Restaurant
r. des Abattoirs – ✆ 03 85 56 32 33 – Fermé août, lundi soir, sam. et dim.
Rest *(nombre de couverts limité, réserver)* – Menu 24/48 €
Le quartier des abattoirs s'est mué en zone industrielle, mais ici le sens des beaux produits perdure... Design (avec, pour la touche rétro, le comptoir en bois et zinc), ce Restaurant est tout trouvé pour savourer une fine cuisine du moment accompagnée de jolis crus.

à Montcenis 3 km à l'Ouest par D 784 – 2 212 h. – alt. 400 m – ✉ 71710

Le Montcenis
2 pl. du Champ-de-Foire – ✆ 03 85 55 44 36 – www.restaurantlemontcenis.fr – Fermé 3 sem. en août, lundi et mardi
Rest *(nombre de couverts limité, réserver)* – Formule 17 € – Menu 22 € (déj. en sem.), 29/56 € – Carte 39/52 €
Du cachet dans le décor (cave voûtée, pierres et poutres) comme dans l'assiette. Le chef travaille de beaux produits et change sa carte cinq fois par an, histoire de titiller les gourmands. Alléchant !

à Torcy 4 km au Sud par D 28 – 3 096 h. – alt. 310 m – ✉ 71210

Le Vieux Saule
lieu dit le Vieux Saule – ✆ 03 85 55 09 53 – www.restaurant-vieux-saule.com – Fermé 2 sem. en juil., 2-14 janv., dim. soir et lundi
Rest – Menu 19 € (sem.), 33/53 € – Carte 50/74 €
Sandre en feuille de chou, râble de lapin farci aux légumes, crépinette de pied de cochon aux morilles... On vient ici pour la tradition et l'on n'est pas déçu !

CREUTZWALD – 57 Moselle – 307 L3 – 13 525 h. – alt. 210 m – ✉ 57150 27 C1

Paris 376 – Metz 53 – Neunkirchen 61 – Saarbrücken 37
Hôtel de Ville, ✆ 03 87 81 89 89, www.creutzwald.fr

Auberge Richebourg
– ✆ 03 87 90 17 54 – www.aubergerichebourg.com – Fermé 1er-21 août, sam. midi, dim. soir et lundi
Rest – Menu 25 € (sem.), 36/60 € – Carte 41/54 €
Façade rouge brique et décor contemporain, cette table suit la tendance. Dans l'assiette, c'est la même chose : pigeon au chutney de cerises, joue de bœuf mijotée, pastilla au chocolat... Quant à la terrasse, elle est bien agréable.

CREUZIER-LE-VIEUX – 03 Allier – 326 H5 – rattaché à Vichy

CRICQUEBOEUF – 14 Calvados – 303 M3 – rattaché à Honfleur

CRILLON – 60 Oise – 305 C3 – 438 h. – alt. 110 m – ✉ 60112 36 A2

Paris 103 – Aumale 33 – Beauvais 16 – Breteuil 33

La Petite France

7 r. Moulin – ☎ 03 44 81 01 13 – www.lapetitefrance-restaurant.com – Fermé 8-21 juil., dim. soir, merc. soir, lundi et mardi

Rest – Menu 16 € (sem.), 25 € bc/37 € – Carte 38/54 €

Cette accueillante auberge située dans un village du Beauvaisis abrite deux salles à manger rustiques. Carte traditionnelle dont la tête de veau ravigote, spécialité maison.

CRILLON-LE-BRAVE – 84 Vaucluse – 332 D9 – 452 h. – alt. 340 m 42 E1

– ✉ 84410 Provence

Paris 687 – Avignon 41 – Carpentras 14 – Nyons 37

Crillon le Brave

pl. de l'Église – ☎ 04 90 65 61 61 – www.crillonlebrave.com – Fermé 1er déc. -13 mars

26 ch – 280/620 € 280/620 € – 6 suites – 19 €

Rest ***Crillon le Brave*** – voir les restaurants ci-après

Un village perché, le mont Ventoux à perte de vue et ces belles bastides en pierre... Les chambres sont tout imprégnées de Provence et le jardin à l'italienne descend jusqu'à la piscine. Magnifique, rare !

Crillon le Brave

pl. de l'Église – ☎ 04 90 65 61 61 – www.crillonlebrave.com – Fermé 1er déc.-13 mars

Rest – Formule 35 € – Menu 39 € (déj.)/55 € – Carte 60/80 €

Niché au cœur d'un village tout en pierres, avec un grand morceau de Provence pour horizon (quelle terrasse romantique !), ce restaurant très élégant cultive évidemment le goût du Sud. À la carte : produits locaux et vins du cru.

CRISENOY – 77 Seine-et-Marne – 312 F4 – rattaché à Melun

LE CROISIC – 44 Loire-Atlantique – 316 A4 – 4 064 h. – alt. 6 m – ✉ 44490 34 A2

Pays de la Loire

Paris 459 – La Baule 9 – Nantes 86 – Redon 66

6 rue du Pilori, ☎ 02 40 23 00 70, www.tourisme-lecroisic.fr

du Croisic, Golf de la Pointe, O : 3 km, ☎ 02 40 23 14 60

Océarium★ - ★ du Mont-Lénigo.

Le Fort de l'Océan

pointe du Croisic- AY – ☎ 02 40 15 77 77 – www.hotelfortocean.com

9 ch – 200/360 € 230/360 € – 21 €

Rest ***Le Fort de l'Océan*** – voir les restaurants ci-après

Un fortin en granit (17e s.) isolé sur la côte sauvage : dans les chambres très confortables et feutrées (joli décor à l'ancienne), on admire à loisir l'océan se déchaînant sur les chaos de rochers… et le contraste est délicieux.

L'Océan N

à Port-Lin – ☎ 02 40 62 90 03 – www.restaurantlocean.com AZv

8 ch – 130/330 € 130/330 € – 2 suites – 15 €

Rest ***Le Bistrot de l'Océan*** **Rest** ***L'Océan*** – voir les restaurants ci-après

Une situation unique pour cet hôtel, à même les rochers de la côte sauvage, magnifiquement illuminés le soir venu. Rénové en 2011, il abrite des chambres spacieuses, élégantes et confortables ; toutes disposent d'un grand balcon donnant sur les flots. Une séduisante adresse.

Les Vikings sans rest

à Port-Lin – ☎ 02 40 62 90 03 – www.hotel-les-vikings.com AZe

24 ch – 80/111 € 80/111 € – 14 €

Un bâtiment moderne au Croisic, en retrait de l'océan, mais la plupart des chambres – avec balcon ou bow-window – dominent la côte sauvage. Assez soigné et lumineux.

Les Nids sans rest

15 r. Pasteur, à Port-Lin – ☎ 02 40 23 00 63 – www.hotellesnids.com – Ouvert 6 avril-11 nov. AZf

24 ch – 61/84 € 61/90 € – 10 €

L'immeuble est moderne, les chambres simplement décorées et l'ambiance familiale. Avec le jardinet, l'aire de jeu et la piscine couverte, les enfants seront ravis !

LE CROISIC

Aiguillon (Quai d') . . . . AY 2
Cordiers (R. des) . . . . BY 6
Europe (R. de l') . . . . AY 7
Gaulle (Pl. du Gén.-de) . . . . . AZ 9
Grande-Rue . . . . AY 12
Lénigo (Quai du) . . . . AY 13
Lepré (Pl. Donatien) . . . . AY 16
Mail de Broc (R. du) . . . . AY 17
Petite Chambre (Q. de la) . . BY 20
Pilori (R. du) . . . . BY 22
Poilus (R. des) . . . . BZ 23
Port Charly (Quai) . . . . AY 26
Port Ciguet (Quai du) . . . . . . AY 27
Port Lin (Av. de) . . . . AZ 28
Rielle (Quai Hervé) . . . . BY 32
Saint-Christophe (R.) . . . . . . BY 33
Saint-Goustan (Av. de) . . . . . AY 35
18-Juin-1940 (Pl. du) . . . . BZ 36

XXX **Le Fort de l'Océan** – Hôtel Le Fort de l'Océan

✿ *pointe du Croisic- AY – ✆ 02 40 15 77 77 – www.hotelfortocean.com – Fermé 12 nov.-19 déc., 4 janv.-4 fév., mardi du 9 sept. au 9 juil., lundi et le midi sauf sam. et dim.*

Rest – Menu 69/85 € – Carte 90/115 €

Au pied de cet ancien fort "à la Vauban", un jeune chef et son équipe concoctent une cuisine de la mer pleine d'idées et de saveurs : que de vitalité ! Cadre classique, face au jardin enserré dans les fortifications.

➜ Foie gras de canard confit au sel de Guérande. Bar en crêpe roulée, bouillon d'algues et topinambour. Fraises en nage, en tartare et en sorbet.

XXX **L'Océan** – Hôtel L'Océan
à Port-Lin – ☎ 02 40 62 90 03 – www.restaurantlocean.com AZ**v**
Rest – Carte 70/120 €
Quelle vue ! La verrière – de 30 m de long – face au large offre un panorama à couper le souffle. Ici, on savoure les produits de la mer "tout frais pêchés". Mention spéciale pour le bar en croûte de sel et la sole meunière. Et le soir, on dîne tout en regardant le soleil se coucher sur les flots...

XX **Le Lénigo**
11 quai Lénigo – ☎ 02 40 23 00 31 – www.le-lenigo.fr – Ouvert 15 fév.-14 nov., fermé mardi sauf août et lundi AY**b**
Rest – Menu 27/40 € – Carte 28/60 €
Face à la criée, embarquez dans ce restaurant tenu par toute une famille très sympathique. Atmosphère marine (bois vernis, hublots) et cuisine de la mer fraîche et soignée.

X **Le Bistrot de l'Océan** (N) – Hôtel l'Océan
à Port-Lin – ☎ 02 40 62 90 03 – www.restaurantlocean.com AZ**v**
Rest – Carte 40/60 €
Petit frère de L'Océan, le bistrot est également calé sur les horaires des marées. Toujours aussi frais, les poissons sont en revanche cuisinés avec plus de simplicité. Le tout à prix raisonnables. L'été, on profite de la grande terrasse face au large.

X **Le Saint-Alys** (N)
3 quai Hervé-Rielle – ☎ 02 40 23 58 40 – Fermé 25 juin-8 juil., 19-26 nov., 30 janv.-13 fév., dim. soir, mardi soir et merc.
Rest *(nombre de couverts limité, réserver)* – Formule 19 € BY**d**
– Menu 27/37 € – Carte 40/55 €
Face au port de plaisance, dans cette maison balayée par les vents, les papilles s'arriment aux bons petits plats du chef ! Ravioles de langoustines parfumées à l'estragon, carré d'agneau mi-fumé poêlé à l'ail rose, etc. Les présentations sont soignées et les saveurs tiennent le cap.

LA CROIX-FRY (COL DE) – 74 Haute-Savoie – 328 L5 – rattaché à Manigod

---

LA CROIX-ST-LEUFROY – 27 Eure – 304 H7 – 1 078 h. – alt. 24 m – ✉ 27490 Normandie Vallée de la Seine 33 D2

Paris 98 – Rouen 46 – Évreux 18 – Mantes-la-Jolie 47

XX **Le Cheval Blanc**
27 r. de Louviers – ☎ 02 32 34 82 86 – Fermé 23 déc.-15 janv., dim. soir, mardi soir et merc.
Rest – Formule 19 € bc – Menu 27/37 € – Carte 34/44 €
Terrine de foie de volaille, cuisse de pintade farcie et sa sauce au foie gras, camembert au calvados... Aucun doute, dans cette maison de pays joliment rustique, la tradition gourmande est au rendez-vous !

LA CROIX-VALMER – 83 Var – 340 O6 – 3 351 h. – alt. 120 m – ✉ 83420 41 C3

Côte d'Azur

Paris 873 – Draguignan 48 – Fréjus 35 – Le Lavandou 27
102 Rue Louis Martin, ☎ 04 94 55 12 12, www.lacroixvalmer.fr
Gassin Golf Country Club, à Gassin, Route de Ramatuelle, N : 8 km, ☎ 04 94 55 13 44

L'Orangeraie
545 bd Georges-Selliez, (rte de Ramatuelle) – ☎ 04 94 55 27 27 – www.hotel-lorangeraie.com – Ouvert 29 mars-12 oct.
31 ch – †95/239 € ††95/299 € – ☕ 18 € – ½ P
Rest *(ouvert 1er mai-28 sept. et fermé mardi)* – Menu 30 € – Carte 37/62 €
Couvent, puis orphelinat, puis hôtel à la Belle Époque. Hall majestueux et vastes chambres romantiques, la plupart tournées vers la palmeraie et la mer : du lustre et du cachet ! Petite restauration en été dans un cadre historique.

Les Trois Îles sans rest
1799 bd du Littoral, Le Vergeron, rte de Gigaro – ☎ 04 94 49 03 73 – www.3iles.com – Ouvert mi-mars à mi-oct.
5 ch ☕ – †135/270 € ††135/270 €
En face des îles d'Or, cette belle villa récente niche dans un charmant jardin fleuri, à flanc de colline. Les chambres sont chic et de bon goût, et l'on est aux petits soins.

à Gigaro 5 km au Sud-Est par rte secondaire – ✉ 83420 La Croix Valmer

Château de Valmer
plage de Gigaro – ✆ 04 94 55 15 15 – www.chateauvalmer.com – Ouvert de début mai à début oct.
41 ch – 235/610 € 235/610 € – 1 suite – 28 € – ½ P
Rest ***La Palmeraie*** – voir les restaurants ci-après
Une belle allée de palmiers qui se fraie un chemin entre les vignes : la première image offerte par ce domaine viticole du 19e s. Tout y confirme l'impression liminaire : raffinement, lumière, esprit azuréen... et pour une nuit très romantique, deux magnifiques cabanes perchées dans les arbres !

La Pinède-Plage
ch, ch, rest,
plage de Gigaro – ✆ 04 94 55 16 16 – www.pinedeplage.com – Ouvert de début mai à début oct.
32 ch – 235/605 € 235/605 € – 28 € **Rest** – Carte 60/76 €
Cet hôtel-restaurant porte bien son nom : ombragé de pins parasols et directement sur la plage, face aux îles d'Or ! Un établissement avec beaucoup de charme et de belles chambres ouvertes sur le large... Impression d'être loin de tout : parfait pour les vacances.

La Palmeraie – Hôtel Château de Valmer
plage de Gigaro – ✆ 04 94 55 15 15 – www.chateauvalmer.com – Ouvert de début mai à début oct. et fermé mardi
Rest *(dîner seult)* – Menu 62 € – Carte 71/83 €
Artichauts violets "cuits, crus, frits" aux agrumes du château ; loup côtier à la plancha ; fraîcheur de pêches blanches… une carte éprise de Provence, dans un cadre séduisant (superbe terrasse). Et l'on peut découvrir les vins du domaine !

CROS-DE-CAGNES – 06 Alpes-Maritimes – **341** D6 – rattaché à Cagnes-sur-Mer

---

LE CROTOY – 80 Somme – **301** C6 – 2 265 h. – alt. 1 m – ✉ 80550 **36** A1
Nord Pas-de-Calais Picardie
Paris 210 – Abbeville 22 – Amiens 75 – Berck-sur-Mer 29
1, rue Carnot, ✆ 03 22 27 05 25, www.crotoybaiedesomme.com

Auberge de la Marine N
1 r. Florentin-Lefils – ✆ 03 22 27 92 44 – Fermé 1 sem. en juin, 1 sem. en nov., 1er-21 janv., merc. sauf juil.-août et mardi
Rest – Formule 19 € – Menu 25 € (sem.)/35 €
Cette petite maison régionale, proche des quais, est une vraie auberge marine : la déco évoque toute la baie de Somme ! La cuisine joue la carte de la tradition et des produits régionaux : agneau des prés salés, oreilles de cochon (l'épinard de la mer), pêche locale, etc. Accueil et service aux petits soins.

CROZANT – 23 Creuse – **325** G2 – 538 h. – alt. 263 m – ✉ 23160 **25** C1
Limousin Berry
Paris 329 – Argenton-sur-Creuse 31 – La Châtre 46 – Guéret 41
Ruines★.

Auberge de la Vallée
14 r. Guillaumin – ✆ 05 55 89 80 03 – www.laubergedelavallee.fr – Fermé 15 juin-1er juil., 1er-20 sept., mardi et merc.
Rest – Menu 18 € (sem.), 35/50 € – Carte 48/67 €
Viandes d'éleveurs locaux, fromages de la région et légumes de son grand potager : le chef aime les beaux produits, dont il tire une bonne cuisine traditionnelle. Une sympathique auberge de campagne !

CROZET – 01 Ain – **328** J3 – 1 839 h. – alt. 540 m – ✉ 01170 **46** F1
Paris 537 – Bourg-en-Bresse 105 – Genève 16 – Lyon 153

Jiva Hill Park Hôtel
rte d'Harée – ✆ 04 50 28 48 48 – www.jivahill.com
34 ch – 241/370 € 241/370 € – 25 € – ½ P
Rest ***Shamwari*** – voir les restaurants ci-après
Raffinement, luxe et lignes contemporaines à 10mn de l'aéroport de Genève. Cet hôtel, pensé comme un lodge sud-africain, est placé sous le signe de la sophistication chic.

Shamwari – Jiva Hill Park Hôtel
rte d'Harée – ✆ 04 50 28 48 47 – www.jivahill.com
Rest – Menu 34 € (déj. en sem.), 49/98 € – Carte 83/134 €
Ce restaurant est décoré dans un style lodge, comme l'hôtel Jiva Hill Park où il se situe ; sa terrasse panoramique face au mont Blanc impressionne... Un lieu dans l'air du temps, comme sa goûteuse cuisine.

CROZON – 29 Finistère – 308 E5 – 7 697 h. – alt. 85 m – ✉ 29160 — 9 A2

Bretagne Sud

▶ Paris 587 – Brest 60 – Châteaulin 35 – Douarnenez 40

ℹ boulevard de Pralognan, ✆ 02 98 27 07 92, www.officedetourisme-crozon-morgat.fr

Retable★ de l'église.

Circuit des Pointes★★★.

Hôtel de la Presqu'île
pl. de l'Église – ✆ 02 98 27 29 29 – www.hotel-lapresquile.fr – Fermé 3 sem. en mars et 3 sem. en oct.
13 ch – †55/87 € ††55/87 € – ☕ 11 € – ½ P
Rest *Le Mutin Gourmand* – voir les restaurants ci-après
Cette maison bretonne sur la place de l'église était autrefois la mairie de Crozon. Transformation réussie car l'établissement a été décoré avec goût. Restaurant gourmand, petites chambres plaisantes et ambiance marine.

Le Mutin Gourmand – Hôtel de la Presqu'île
pl. de l'Église – ✆ 02 98 27 06 51 – Fermé 3 sem. en mars, 3 sem. en oct., dim. soir et mardi midi hors saison, lundi sauf le soir en saison
Rest – Menu 25/46 € – Carte 37/52 €
Ici, poissons et crustacés sont extrafrais ! Avec une araignée de mer, le chef imagine des cannellonis façon thaï : une autre manière d'appréhender la cuisine bretonne. Belle sélection de vins du Languedoc et de la Loire.

au Fret 5,5 km au Nord par D 155 et D 55 – ✉ 29160 Crozon

Hostellerie de la Mer
11 quai du Fret – ✆ 02 98 27 61 90 – www.hostelleriedelamer.com
24 ch – †58/85 € ††58/105 € – ☕ 11 € – ½ P
Rest *(fermé 5 janv.-6 fév., sam. midi, dim. soir et lundi midi hors saison)* – Formule 19 € – Menu 27/75 € – Carte 40/150 €
Face au port et à la rade de Brest, cette hostellerie ose le compromis entre style contemporain et néobreton. Beau panorama de certaines chambres et du restaurant où l'on honore, en toute logique, la mer.

CRUGNY – 51 Marne – 306 E7 – 600 h. – alt. 100 m – ✉ 51170 — 13 B2

Champagne Ardenne

▶ Paris 135 – Châlons-en-Champagne 71 – Reims 28 – Soissons 39

La Maison Bleue
46 r. Haute – ✆ 03 26 50 84 63 – www.la-maison-bleue.com
4 ch ☕ – †70/110 € ††90/130 € **Table d'hôte** – Menu 40 €
Au milieu d'un parc paisible baigné par un étang, cette accueillante maison se prête à un séjour agréable : piscine, jacuzzi et chambres confortables ; la plus spacieuse, sous les toits, donnant sur la vallée de l'Ardre... À la table d'hôte, cuisine traditionnelle mâtinée d'exotisme.

CRUIS – 04 Alpes-de-Haute-Provence – 334 D8 – 603 h. – alt. 728 m – ✉ 04230 — 40 B2

Alpes du Sud

▶ Paris 732 – Digne-les-Bains 42 – Forcalquier 22 – Manosque 42

Auberge de l'Abbaye avec ch
– 04 92 77 01 93 – *www.auberge-abbaye-cruis.monsite-orange.fr – Fermé vacances de la Toussaint, de mi-déc. à mi-mars, dim. soir, mardi soir et merc. de sept. à juin et le midi du lundi au jeudi en juil.-août*
8 ch – 55/75 € 55/75 € – 12 € – ½ P
Rest *(nombre de couverts limité, réserver)* – Formule 25 € – Menu 32/57 €
Une sympathique auberge familiale avec sa terrasse ombragée face à l'église. En cuisine, le chef concocte de bons petits plats où les produits du terroir (canard, caille, agneau de Sisteron...) sont à l'honneur. Chambres simples mais impeccablement tenues. Pain maison au petit-déjeuner. Une adresse authentique !

CRUSEILLES – 74 Haute-Savoie – 328 J4 – 3 722 h. – alt. 781 m – 74350 46 F1

Alpes du Nord

Paris 537 – Annecy 19 – Bellegarde-sur-Valserine 44 – Bonneville 37

126 route Annecy, 04 50 27 70 96, www.ccpaysdecruseilles.org

L'Ancolie avec ch
au parc des Dronières, Nord-Est : 1 km par D 15 – 04 50 44 28 98 – www.lancolie.com – Fermé vacances de la Toussaint et 23 janv.-12 fév.
10 ch – 98/138 € 98/138 € – 16 € – ½ P
Rest *(fermé dim. soir, mardi midi et lundi)* – Formule 24 € – Menu 30 € (déj. en sem.), 45/74 € – Carte 63/70 €
Au bord d'un petit lac, en toute quiétude, un agréable chalet où règne une charmante atmosphère savoyarde. À table, on déguste de bons petits plats traditionnels, tels ces médaillons de mignons de veau aux morilles ou ces filets de féra... Terrasse panoramique et, pour l'étape, jolies chambres lambrissées.

aux Avenières 6 km au Nord par D 41 et rte secondaire – 74350 Cruseilles

Domaine du Château des Avenières
1060 rte du Château, (Lieu-Dit Chenaz) – 04 50 44 02 23 – www.avenieres.com – Fermé vacances de la Toussaint
14 ch – 180/380 € – 6 suites – 20 € – ½ P
Rest *Domaine du Château des Avenières* – voir les restaurants ci-après
Bâti en 1907, ce manoir baroque semble nimbé de mystère. Son parc représentant un papillon, ses chambres de caractère – l'une d'elles dispose même d'un observatoire ! –, son annexe au chic très contemporain... sans parler de la vue imprenable sur la chaîne des Aravis : tout ici est romantique et romanesque.

Domaine du Château des Avenières
1060 rte du Château, (Lieu-Dit Chenaz) – 04 50 44 02 23 – www.avenieres.com – Fermé vacances de la Toussaint
Rest – Formule 45 € – Menu 57/110 € – Carte 72/86 €
Un lieu superbe, atypique et rococo, pour une cuisine créative et colorée, qui mêle les saveurs avec originalité. Que diriez-vous d'un roulé de saumon fumé maison, accompagné d'un sorbet au fenouil et de fleurs de pensées ?

au Nord 5 km par D 1201 – 74350 Cruseilles

Rey sans rest
131 rte d'Annecy, au Col du Mont Sion – 04 50 44 13 29 – www.hotel-rey.com – Fermé 23 déc.-10 janv.
30 ch – 79/121 € 82/123 € – 9 €
Séparé de la route par le jardin et le court de tennis, avec ses chambres classiques et fonctionnelles, cet hôtel est parfait pour un voyage d'affaires comme pour un séjour sportif.

La Clef des Champs
131 rte d'Annecy, au col du Mont Sion – 04 50 44 13 11 – Fermé 26 déc.-15 janv., dim. soir, lundi et mardi
Rest – Formule 18 € bc – Menu 26 € bc (déj. en sem.), 34/51 € – Carte 60/68 €
Prenez la clef des champs juste en face de l'hôtel Rey. Le cadre est chaleureux et la cuisine traditionnelle et gourmande : rognons au madère, soufflé chaud aux framboises, jambon de sanglier et gibier en saison...

CRUZY – 34 Hérault – 339 C8 – 957 h. – alt. 92 m – ✉ 34310 22 B2

Paris 787 – Albi 130 – Carcassonne 59 – Montpellier 98

Le Terminus

av. de la Gare, 1,5 km au Sud-Est, rte de Quarante par D 37 – ✆ 04 67 89 71 26 – www.leterminus-cote-gare.fr – Fermé 1 sem. vacances de printemps, 16 sept.-4 oct., 9-22 janv., dim. soir, mardi soir et merc. soir hors saison, mardi midi en été et lundi

Rest – Formule 12 € – Menu 23/37 € – Carte 32/54 €

Terminus ! Tous les gourmands sont invités à descendre dans cette gare reconvertie en un petit bistrot convivial. Il est des arrêts indispensables, celui-ci en est un avec sa généreuse cuisine traditionnelle : gigot d'agneau et purée maison, baba au rhum... Bon rapport saveurs-prix !

CUCUGNAN – 11 Aude – 344 G5 – 139 h. – alt. 310 m – ✉ 11350 22 B3

Languedoc Roussillon

Paris 847 – Carcassonne 77 – Limoux 79 – Perpignan 42

Circuit des Corbières cathares★★.

La Tourette sans rest

4 passage de la Vierge – ✆ 06 09 64 60 47 – www.latourette.eu

2 ch – †90/120 € ††100/120 €

Une jolie maison lovée au cœur de ce village pittoresque, au calme. "Indienne", "Indigo"... chaque chambre est une invitation raffinée au voyage et, au petit-déjeuner, on se régale de préparations maison. Chaleureux et tellement Sud !

Auberge du Vigneron avec ch

– ✆ 04 68 45 03 00 – www.auberge-vigneron.com – Ouvert 16 mars-10 nov.

7 ch – †55/70 € ††59/75 € – 9 € – ½ P

Rest *(fermé lundi)* – Menu 21/38 € – Carte 34/55 €

Une affaire de famille ! En cuisine, la chef et sa fille concoctent des plats traditionnels mais originaux... Sur la terrasse, la vue sur les vignobles est superbe et, pour l'étape, les chambres sont joliment arrangées.

Auberge de Cucugnan avec ch

2 pl. Fontaine – ✆ 04 68 45 40 84 – www.auberge-de-cucugnan.com – Fermé 29 déc.-2 mars

9 ch – †52 € ††52 € – 8 € – ½ P

Rest *(fermé jeudi sauf juil.-août)* – Formule 11 € – Menu 19/52 € bc – Carte 23/46 €

Dans cette maison de pays au cœur du village, le temps semble s'être arrêté : on savoure tranquillement une cuisine traditionnelle simple dans une ambiance rustique (normal pour une ancienne grange)... Pour faire étape, les chambres sont sobres et très propres.

La Table du Curé avec ch

1 chemin de Padern – ✆ 04 68 45 01 46 – www.auberge-la-table-du-cure.com – Fermé 10 nov.-31 janv. et merc. sauf en juil.

3 ch – †55/65 € ††55/65 € – 8 € – ½ P

Rest – Formule 17 € – Menu 27/52 € bc – Carte 21/49 €

Fruits et légumes cathares, agneau catalan, pain et pâtes du moulin de Cucugnan : de beaux produits ancrés dans le terroir, au service d'une cuisine traditionnelle goûteuse et généreuse ! Dans sa maison rustique, ce curé sait recevoir... et peut même vous héberger dans de jolies chambres, épurées et nettes.

à Duilhac-sous-Peyrepertuse 4 km au Nord-Ouest par D 14 – 132 h. – alt. 336 m – ✉ 11350

Hostellerie du Vieux Moulin sans rest

24 r. de la Fontaine – ✆ 04 68 45 03 00 – www.auberge-vigneron.com – Ouvert 1er avril-11 nov.

14 ch – †55 € ††59 € – 7 €

C'est un moulin en pierre, aux volets bleus, digne des contes d'Alphonse Daudet. Les chambres, impeccablement tenues, sont simples mais ont une âme – un petit côté rustique vraiment charmant.

CUCURON – 84 Vaucluse – 332 F11 – 1 844 h. – alt. 350 m – ✉ 84160 42 E1

Provence

Paris 739 – Apt 25 – Cavaillon 39 – Digne-les-Bains 109

Cours Pourrieres, ✆ 04 90 77 28 37, www.cucuron-luberon.com

Le Pavillon de Galon sans rest

chemin de Galon – ✆ 04 90 77 24 15 – www.pavillondegalon.com

3 ch – 190/280 € 200/290 €

Un magnifique parc classé (jardin à la française, vignes, verger, buis, oliviers et autres arbres plusieurs fois centenaires...) entoure ce pavillon de chasse du 18e s. Un domaine très privé, aux chambres raffinées.

La Petite Maison de Cucuron (Éric Sapet)

pl. de l'Étang – ✆ 04 90 68 21 99 – www.lapetitemaisondecucuron.com – Fermé lundi et mardi

Rest *(nombre de couverts limité, réserver)* – Menu 46/68 €

Il était une fois une petite maison jaune, près d'un étang, dans laquelle un excellent cordon bleu magnifiait les produits du marché. À sa table, tous revenaient aussi souvent qu'ils le pouvaient. Mais gare à ceux qui oubliaient de réserver car cette adresse affichait souvent complet !

➜ Pressé de tomate, aubergine, origan et brousse du Rove. Lièvre à la royale en deux recettes. Profiteroles à la pâte de coing, chantilly, crème du Jura, glace aux pommes Tatin et caramel au beurre salé. **Vins** Luberon, Coteaux d'Aix-en-Provence.

L'Horloge

55 r. Léonce Brieugne – ✆ 04 90 77 12 74 – www.restaurant-lhorloge-cucuron.com – Fermé mardi de nov. à avril et merc.

Rest – Formule 15 € – Menu 49 € – Carte 31/54 €

Changement d'heure en cette Horloge : depuis 2011, un jeune couple règne sur cet ancien pressoir à huile du 16e s. Le nouveau chef et patron signe de bons petits plats aux accents provençaux.

CUERS – 83 Var – 340 L6 – 10 041 h. – alt. 140 m – ✉ 83390 — 41 C3

Paris 834 – Brignoles 25 – Draguignan 59 – Marseille 84

Place de la Convention, ✆ 04 94 48 56 27, www.ot-cuers.fr

Hôtellerie Kouros

Zac les Défens – ✆ 04 94 66 69 25 – www.hotelleriekouros.fr – Fermé dim. et lundi hors saison

8 ch – 72/130 € 72/130 € – 10 € **Rest** – Formule 15 € – Menu 30 €

Une vraie hôtellerie d'aujourd'hui, tout en matières et tons naturels. "Patmos", "Rhodes", "Samos", etc. : chaque chambre porte le nom d'une île grecque, hommage aux origines des propriétaires.

Le Lingousto (N)

934 av. Eugénie-et-Henri-Majastre, 2 km à l'Est par rte de Pierrefeu – ✆ 04 94 28 69 10 – www.lingousto.fr – Fermé 2-15 janv.

12 ch – 80/120 € 80/170 € – 2 suites – 13 € – ½ P

Rest *(fermé dim. soir)* – Formule 22 € – Menu 34/75 € – Carte environ 75 €

Une charmante bastide – rénovée en 2011 – au beau milieu des vignes. Les chambres y sont confortables et bien tenues ; certaines disposent même d'une terrasse. Piscine, fitness, restaurant... Idéal pour goûter à l'art de vivre provençal !

Le Verger des Kouros

quartier des Cauvets, 2 km par rte de Solliès-Pont D 97 – ✆ 04 94 28 50 17 – www.levergerdeskouros.com – Fermé merc. hors saison

Rest – Formule 18 € – Menu 22 € (déj. en sem.)/38 €

Point de statues d'éphèbes, mais trois frères d'origine grecque à la tête de ce restaurant gastronomique qui cultive... le goût de la Méditerranée ! Recettes provençales, poisson des côtes, légumes de la région, etc. Et l'élégante terrasse, aux airs de villégiature, ancre résolument dans le Sud.

CUGNAUX – 31 Haute-Garonne – 15 862 h. – alt. 165 m – ✉ 31270 — 28 B2

Paris 690 – Auch 79 – Foix 78 – Montauban 67

Domaine de Dubac sans rest

80 rte de Tournefeuille – ✆ 05 61 92 58 42 – www.domainededubac.com

3 ch – 88 € 98/104 €

Le propriétaire est né là, dans cette vaste propriété. C'est sans doute pour cela que le lieu a du caractère avec ses belles chambres soigneusement décorées. Le matin, on se régale de gâteaux maison, de thés parfumés, d'œufs du poulailler...

CUISEAUX – 71 Saône-et-Loire – 320 M11 – 1 760 h. – alt. 280 m – ✉ 71480 8 D3

Bourgogne

Paris 395 – Chalon-sur-Saône 60 – Lons-le-Saunier 26 – Mâcon 74

rue des Lombards, ✆ 03 85 72 76 09

Vuillot

36 r. Edouard Vuillard – ✆ 03 85 72 71 79 – www.hotelvuillot.fr – Fermé 22 nov.-1er déc. et 1er-13 janv.

16 ch – 52/62 € 60/70 € – 8,50 € – ½ P

Rest *Vuillot* – voir les restaurants ci-après

Lors d'une étape dans ce bourg qui a conservé les vestiges de ses anciennes fortifications, cette maison bourguignonne en belles pierres du pays propose des chambres colorées, simples et fonctionnelles.

Vuillot

36 r. Edouard Vuillard – ✆ 03 85 72 71 79 – www.hotelvuillot.fr – Fermé 22 nov.-1er déc., 1er-13 janv., dim. soir sauf juil.-août et lundi midi

Rest – Formule 13 € – Menu 26/40 € – Carte 34/81 €

Dans cet hôtel-restaurant, on honore la tradition bressane avec de bons produits régionaux (poulet, écrevisses...).

CUISERY – 71 Saône-et-Loire – 320 J10 – 1 641 h. – alt. 211 m – ✉ 71290 8 C3

Bourgogne

Paris 367 – Chalon-sur-Saône 35 – Lons-le-Saunier 50 – Mâcon 38

32, place d'Armes, ✆ 03 85 40 11 70, http://si.cuisery.pagesperso-orange.fr

Hostellerie Bressane

56 rte de Tournus – ✆ 03 85 32 30 66 – www.hostellerie-bressane.fr – Fermé janv., merc. et jeudi

15 ch – 68/100 € 78/120 € – 11 € – ½ P

Rest *Hostellerie Bressane* – voir les restaurants ci-après

Hostellerie de tradition dans une bâtisse de la fin du 19e s. Les chambres sont spacieuses et agréables, certaines sous les combles des anciennes écuries. Le jardin se révèle charmant.

Hostellerie Bressane

56 rte de Tournus – ✆ 03 85 32 30 66 – www.hostellerie-bressane.fr – Fermé janv., merc. et jeudi

Rest – Formule 26 € – Menu 30/55 € – Carte 40/55 €

Un restaurant classique et élégant, une jolie terrasse sous un superbe platane... pour une fine cuisine de tradition, qui valorise le terroir avec subtilité. En prime, un service souriant et attentionné.

CULT – 70 Haute-Saône – 321 E3 – 221 h. – alt. 270 m – ✉ 70150 16 B2

Paris 367 – Besançon 35 – Dole 44 – Vesoul 56

Les Egrignes sans rest

2 rte d'Hugier – ✆ 03 84 31 92 06 – www.les-egrignes.com – Ouvert 1er mars-12 nov.

3 ch – 90/100 € 90/100 €

Belle demeure de caractère (1849) entourée d'un parc fleuri et ombragé. Chambres très spacieuses, décorées avec raffinement, comme l'élégant salon. Délicieux petit-déjeuner.

CUQ-TOULZA – 81 Tarn – 338 D9 – 674 h. – alt. 203 m – ✉ 81470 29 C2

Paris 713 – Albi 72 – Castelnaudary 35 – Toulouse 47

Cuq en Terrasses

ch, rest,

Sud-Est : 2,5 km par D 45 – ✆ 05 63 82 54 00 – www.cuqenterrasses.com – Ouvert 1er avril-15 oct.

6 ch – 95/155 € 105/165 € – 2 suites – 15 € – ½ P

Rest *(fermé merc.) (dîner seult) (résidents seult)* – Menu 36 €

Sur les hauteurs du village, cette charmante maison du 18e s. est une perle : insolite jardin en terrasses, chambres calmes au décor raffiné, très "maison de famille". Côté papilles, le chef met en valeur les produits du potager et concocte une sympathique cuisine méditerranéenne, réservée aux pensionnaires.

CUREBOURSE (COL DE) – 15 Cantal – 330 D5 – rattaché à Vic-sur-Cère

CURTIL-VERGY – 21 Côte-d'Or – **320** J6 – rattaché à Nuits-St-Georges

CURZAY-SUR-VONNE – 86 Vienne – **322** G6 – 463 h. – alt. 125 m – ✉ 86600 **39** C1

Paris 364 – Lusignan 11 – Niort 54 – Parthenay 34

Château de Curzay ch, P VISA AE
rte de Jazeneuil – ✆ 05 49 36 17 00 – www.chateau-curzay.com
– Ouvert 1er avril-31 déc.
20 ch – 210/380 € 210/380 € – 2 suites – 25 €
Rest *La Cédraie* ✿ – voir les restaurants ci-après
Rest *La Table d'à Côté* *(fermé lundi et mardi sauf juil.-août)* – Menu 35 €
Superbe château (1710) au cœur d'un beau parc de 120 ha traversé par une rivière et abritant un haras. Chambres classiques au port tout aristocratique ; cuisine inventive ou saveurs traditionnelles ; bien-être et détente : on se rêve châtelain(e) !

La Cédraie – Hôtel Château de Curzay P VISA AE
✿
rte de Jazeneuil – ✆ 05 49 36 17 00 – www.chateau-curzay.com
– Ouvert 1er avril-31 déc. et fermé lundi, mardi et merc. sauf juil.-août et fériés
Rest – Menu 35 € (déj.)/86 € – Carte 80/90 €
Dans le décor noble et altier de ce château du 18e s., une belle cuisine qui joue la carte des saisons et de l'invention, en lien avec le terroir poitevin et le littoral atlantique. Aux beaux jours, profitez de la terrasse installée au pied du monument, face aux frondaisons du parc...
➜ Araignée de mer en fin velouté, royale de crevette au gingembre, chanterelles et truffe. Noisettes d'agneau rôties, bonbon croustillant d'épaule aux épices. Macaronade glacée à la rose, cœur coulant à la fraise.

CUSSAY – 37 Indre-et-Loire – **317** N6 – 583 h. – alt. 105 m – ✉ 37240 **11** B3

Paris 303 – Joué-lès-Tours 62 – Orléans 179 – Tours 67

La Ferme Blanche P
La Chaume-Brangerie – ✆ 06 61 72 68 30 – www.la-ferme-blanche.com – Ouvert d'avril à oct.
3 ch – 140 € 140 € **Table d'hôte** – Menu 35 €
Un peu à l'écart du village, au grand calme, une ferme en pierre (18e s.) joliment restaurée. Ambiance "campagne chic" dans les chambres aussi bien qu'au salon. À la table d'hôte, on profite d'une cuisine traditionnelle inspirée du terroir tourangeau.

CUSSEY-SUR-L'OGNON – 25 Doubs – **321** F2 – 929 h. – alt. 227 m – ✉ 25870 **16** B2

Paris 412 – Besançon 14 – Gray 37 – Vesoul 45

Château de Moncley★ Franche-Comté Jura

La Vieille Auberge VISA AE
1 grande rue – ✆ 03 81 48 51 70 – www.la-vieille-auberge.fr
– Fermé 20 août-10 sept., 23 déc.-8 janv., dim. soir et lundi
Rest – Formule 18 € bc – Menu 23 € (déj. en sem.), 26/55 € – Carte 47/59 €
À l'entrée du village, une auberge ancienne tapissée de lierre, simple et engageante. On y apprécie une cuisine ancrée dans la région (spécialité de grenouilles en saison). Pour une escapade champêtre aux portes de Besançon.

CUTS – 60 Oise – **305** J3 – 951 h. – alt. 79 m – ✉ 60400 **37** C2

Paris 115 – Chauny 16 – Compiègne 26 – Noyon 10

Auberge Le Bois Doré avec ch rest, P VISA
5 r. Ramée, D 934 – ✆ 03 44 09 77 66 – www.leboisdore.fr – Fermé 26 août-3 sept., 24 fév.-7 mars, dim. soir, mardi soir et lundi
3 ch – 49 € 64 € – 9 € – ½ P
Rest – Formule 10 € – Menu 18 € (déj. en sem.), 21/38 € – Carte 30/44 €
Sur la façade, une belle fresque en faïence représente l'établissement au début du 20e s. On cultive la tradition dans cette auberge plus que centenaire. Quelques chambres pour prolonger l'étape.

CUTXAN – 32 Gers – **336** B6 – rattaché à Barbotan-les-Thermes

CUVES – 50 Manche – 303 F7 – 353 h. – alt. 78 m – ✉ 50670 — 32 A2

Paris 334 – Avranches 23 – Domfront 42 – Fougères 47

Le Moulin de Jean

Nord-Est : 2 km sur D 48 – ✆ 02 33 48 39 29 – www.lemoulindejean.com – Fermé 2-23 janv., lundi et mardi d'oct. à mars sauf vacances scolaires

Rest – Formule 30 € – Menu 36/78 € bc – Carte 41/57 €

Dans un site bucolique, ancien moulin où se marient harmonieusement pierres, parquet et mise de table actuelle. Salon cosy devant une cave à vins vitrée. Cuisine du moment.

CUVILLY – 60 Oise – 305 H3 – 607 h. – alt. 78 m – ✉ 60490 — 36 B2

Paris 93 – Compiègne 21 – Amiens 54 – Beauvais 61

L'Auberge Fleurie

64 rte de Flandres, D 1017 – ✆ 03 44 85 06 55 – www.auberge-fleurie-gastronomie-60.com – Fermé 30 août-27 sept., 18 fév.-1er mars, mardi soir, merc. soir, jeudi soir, dim. soir et lundi

Rest – Menu 15 € (sem.), 29/39 € – Carte 36/76 €

Ancien relais de poste – fondé par un grognard de Napoléon – puis ferme, cette maison tapissée non pas de fleurs mais de vigne vierge est désormais une sympathique auberge. Les gourmands s'y régalent de bons petits plats, réalisés dans la tradition picarde. Cadre rustique.

CUZANCE – 46 Lot – 337 F2 – 528 h. – alt. 233 m – ✉ 46600 — 29 C1

Paris 507 – Cahors 80 – Sarlat-la-Canéda 40 – Tulle 61

Manoir de Malagorse

Sud-Est 4,5 km par D103 rte de Rignac – ✆ 05 65 27 14 83 – www.manoir-de-malagorse.fr

5 ch – 130/185 € 130/185 € **Table d'hôte** – Menu 42 €

Ce domaine de 5 ha situé en pleine campagne vous promet un séjour mémorable : chambres personnalisées et salon-bibliothèque cosy logés dans une bâtisse régionale en pierre (19e s.). La table d'hôte met à l'honneur les fruits et légumes du Causse.

DABISSE – 04 Alpes-de-Haute-Provence – 334 D9 – ✉ 04190 Les Mees — 40 B2

Paris 734 – Digne-les-Bains 34 – Forcalquier 20 – Manosque 27

18, Boulevard de la République, ✆ 04 92 34 03 01, www.lesmees-tourisme04.com

Le Vieux Colombier (N)

rte d'Oraison, 2 km au Sud par D 4 – ✆ 04 92 34 32 32 – www.levieuxcolombier.over-blog.fr – Fermé 1er-10 oct., 2-10 janv., dim. soir, lundi et mardi

Rest – Menu 20 € (sem.), 26/52 € – Carte 36/42 €

Au Vieux Colombier, on ne prend pas les gourmands pour des pigeons ! Dans l'assiette, les recettes traditionnelles font mouche : produits de qualité, cuissons et assaisonnements soignés, etc. Décor classique et terrasse à l'ombre des marronniers ; service agréable.

DACHSTEIN – 67 Bas-Rhin – 315 J5 – 1 579 h. – alt. 160 m – ✉ 67120 — 1 A1

Paris 477 – Molsheim 6 – Saverne 28 – Sélestat 40

Auberge de la Bruche

1 r. Principale – ✆ 03 88 38 14 90 – www.auberge-bruche.com – Fermé 2-14 août, 27 déc.-6 janv., sam. midi, dim. soir et merc.

Rest – Menu 30/75 € bc – Carte 44/61 €

Croustillant de foie d'oie avec sa poêlée de champignons, civet de homard au chardonnay du Languedoc accompagné de gnocchis... Carte actuelle dans cette auberge fleurie, à deux pas de la porte du village et de la Bruche, un joli cours d'eau.

DAGLAN – 24 Dordogne – 337 D3 – 555 h. – alt. 101 m – ✉ 24250 — 4 D2

Périgord Quercy

Paris 558 – Bordeaux 203 – Cahors 51 – Sarlat-la-Canéda 23

le Bourg, ✆ 05 53 29 88 84, www.maisonpierreseche.com

Le Petit Paris

au bourg – ✆ 05 53 28 41 10 – www.le-petit-paris.fr – Ouvert 14 fév.-11 nov. et fermé dim. soir sauf juil.-août et lundi

Rest *(nombre de couverts limité, réserver)* – Menu 29/41 €

Au cœur d'un charmant village périgourdin, une table sympathique devancée par une grande terrasse. Ici, le chef – un enfant du pays – met un point d'honneur à valoriser les produits de sa région. C'est actuel, frais et savoureux !

LA DAILLE – 73 Savoie – **333** O5 – rattaché à Val-d'Isère

DAMBACH-LA-VILLE – 67 Bas-Rhin – **315** I7 – 1 946 h. – alt. 210 m – ✉ 67650 Alsace Lorraine **2** C1

Paris 443 – Obernai 24 – Saverne 61 – Sélestat 8

11, Place du Marché, ✆ 03 88 92 61 00, www.pays-de-barr.com

Le Vignoble sans rest

1 r. de l'Église – ✆ 03 88 92 43 75 – www.hotel-vignoble-alsace.fr – Fermé de janv. à début fév.

7 ch – 60/65 € 70/72 € – 9 €

Attenante à l'église du village, cette ancienne grange alsacienne (1765) abrite des chambres coquettes et rustiques. Aux beaux jours, il fait bon profiter de la cour et du jardinet. Accueil chaleureux.

DAMGAN – 56 Morbihan – **308** P9 – 1 574 h. – ✉ 56750 **9** B3

Paris 469 – Muzillac 10 – Redon 46 – La Roche-Bernard 25

rue de Kerifeu, ✆ 02 97 41 11 32, www.ot-damgan.com

Hôtel de la Plage sans rest

38 bd de l'Océan – ✆ 02 97 41 10 07 – www.hotel-morbihan.com – Ouvert 8 fév.-10 nov.

16 ch – 80/135 € 80/135 € – 1 suite – 13 €

Cet hôtel n'est séparé de la plage que par une petite rue. Les chambres, peu à peu redécorées dans un style épuré, donnent sur la mer. Salle de détente (sauna et soins). Par beau temps, petit-déjeuner en terrasse.

L'Albatros

1 bd de l'Océan – ✆ 02 97 41 16 85 – www.hotel-albatros-damgan.com – Ouvert fin mars-début nov.

27 ch – 51/67 € 58/84 € – 10 € – ½ P

Rest – Formule 15 € – Menu 20 € (déj. en sem.), 29/41 € – Carte 33/49 €

L'atout majeur de cet hôtel est son emplacement, juste en face de la plage et des voiliers. La majorité des chambres, très bien tenues, donnent sur l'Océan. Au restaurant, grandes baies vitrées ouvrant sur les flots, plateaux de fruits de mer et poisson frais.

DAMPIERRE-EN-YVELINES – 78 Yvelines – **311** H3 – **101** 31 – voir à Paris, Environs

---

DANIZY – 02 Aisne – **306** C5 – 558 h. – alt. 54 m – ✉ 02800 **37** C2

Paris 148 – Amiens 111 – Laon 32 – Saint-Quentin 28

Domaine le Parc

r. du Quesny – ✆ 03 23 56 55 23 – www.domaineleparc.fr – Fermé 22 déc.-4 janv.

5 ch – 75/95 € – ½ P **Table d'hôte** – Menu 38 € bc

Belle demeure du 18e s. nichée dans un magnifique parc boisé. Esprit classique et romantique dans les chambres, dont certaines regardent la vallée de l'Oise. Séduisante cuisine familiale concoctée par le sympathique propriétaire, originaire de Hollande.

DANJOUTIN – 90 Territoire de Belfort – **315** F11 – rattaché à Belfort

DANNEMARIE – 68 Haut-Rhin – 315 G11 – 2 323 h. – alt. 320 m – ✉ 68210 1 A3

Paris 447 – Basel 43 – Belfort 25 – Colmar 58

Ritter

5 r. de la Gare – ✆ 03 89 25 04 30 – Fermé 17 juil.-2 août, 18-31 déc., 19 fév.-7 mars, lundi soir, jeudi soir et mardi

Rest – Formule 11 € – Menu 27/59 € bc – Carte 31/53 €

Face à l'ancienne gare (désormais une médiathèque), il y a l'ancien théâtre... devenu restaurant ! Rien ne se crée, tout se transforme, et l'on savoure ici une honnête cuisine traditionnelle et du terroir. Spécialité de la maison ? La carpe frite en filet, encore meilleure sur la jolie terrasse.

Wach

13 pl. de l'Hôtel de Ville – ✆ 03 89 25 00 01 – Fermé 5-20 août, 23 déc.-14 janv. et lundi

Rest *(déj. seult)* – Formule 11 € – Menu 13 € (sem.), 17/36 € – Carte 32/48 €

Dans ce modeste restaurant règne une plaisante atmosphère familiale... On y déguste une sympathique cuisine traditionnelle et régionale, accompagnée de nectars bien choisis (avec une prédilection pour les bordeaux et corbières).

DAX – 40 Landes – 335 E12 – 21 003 h. – alt. 12 m – Stat. therm. : à St-Paul-lès-Dax : toute l'année – Casinos : La Potinière, et à St-Paul-lès-Dax – ✉ 40100 3 B3

Aquitaine

Paris 727 – Biarritz 61 – Bordeaux 144 – Mont-de-Marsan 54

11, cours Foch, ✆ 05 58 56 86 86, www.dax-tourisme.com

Le Grand Hôtel

rest,

r. de la Source – ✆ 05 58 90 53 00 – www.thermes-dax.com – Fermé 16 déc.-6 janv.

128 ch – †73/88 € ††81/95 € – 8 suites – ☕ 8 € – ½ P Bf

Rest – Formule 12 € – Menu 18/27 € – Carte environ 30 €

Au cœur de la cité, cet établissement fera le bonheur des curistes. Ici, nul besoin de sortir pour faire ses soins : il suffit de descendre au sous-sol pour accéder aux thermes. Les chambres, simples et bien tenues, disposent pour certaines d'une kitchenette. Restauration traditionnelle.

La Néhé sans rest

18 r. de la Fontaine-Chaude – ✆ 05 58 90 16 46 – www.hotel-nehe-dax.com

20 ch – †49/51 € ††56/63 € – ☕ 6,50 € Bg

Un hôtel tout près de la fontaine d'eau chaude, appelée aussi source de la Nèhe – du nom d'une naïade. Les chambres sont petites, mais fonctionnelles et bien tenues. Idéal pour une escale dans la cité thermale.

L'Amphitryon

38 cours Galliéni – ✆ 05 58 74 58 05 – Fermé 21 août-6 sept., 1er-30 janv., sam. midi, dim. soir et lundi Be

Rest *(nombre de couverts limité, réserver)* – Menu 20 € (sem.), 30/40 € – Carte 36/47 €

Cet amphitryon-là est un hôte de choix ! Dans ce restaurant de poche, à la décoration marine, on déguste une cuisine traditionnelle à l'accent du Sud-Ouest. Les assiettes sont copieuses, généreuses et soignées... à prix doux.

La Tête de l'Art

2 pl. Camille-Bouvet, (marché couvert) – ✆ 05 58 74 00 13 – Fermé 14-22 juil., 16-22 août, 1-14 fév., merc. soir, dim. soir et lundi Bv

Rest – Menu 17 € (déj. en sem.) – Carte 34/49 €

"Si l'art avait une tête, quelle serait-elle ?" Voilà une question digne de l'épreuve de philo au bac ! Rassurez-vous, ici, on ne vous demandera pas de disserter mais de savourer une agréable cuisine traditionnelle. Mention spéciale pour les viandes cuites à la broche et les poissons à la plancha. Terrasse sur cour.

à St-Paul-lès-Dax – 12 343 h. – alt. 21 m – ✉ 40990

68, avenue de la Résistance, ✆ 05 58 91 60 01, www.stpaullesdaxtourisme.fr

DAX

Rue	Plan	N°
Aspremont (R. d')	A	2
Augusta (Cours J.)	B	3
Baignots (Allée des)	B	4
Bouvet (Pl. C.)	B	5
Carmes (R. des)	B	6
Carnot (Bd)	A	10
Cazade (R.)	B	12
Chanoine-Bordes (Pl.)	B	13
Chaulet (Av. G.)	AB	14
Clemenceau (Av. G.)	AB	15
Doumer (Av. P.)	A	16
Ducos (Pl. R.)	B	18
Foch (Cours Mar.)	B	19
Francis Plante (Av.)	A	35
Fusillés (R. des)	B	22
Gaulle (Espl. Gén.-de)	B	23
Lorrin (Bd C.)	A	26
Manoir (Bd Y.-du)	AB	28
Milliés-Lacroix (Av. E.)	AB	30
Neuve (R.)	B	31
Pasteur (Cours)	B	34
Sablar (Av. du)	B	37
St-Pierre (Pl.)	B	38
St-Pierre (R.)	B	39
St-Vincent-de-Paul (Av.)	AB	44
St-Vincent (R.)	B	40
Sully (R.)	B	47
Thiers (Pl.)	B	49
Toro (R. du)	B	50
Tuilleries (Av. des)	AB	51
Verdun (Cours de)	B	52
Victor-Hugo (Av.)	AB	54

ST-PAUL-LÈS-DAX

Rue	Plan	N°
Foch (R. Mar.)	A	20
Lahillade (R. G.)	A	24
Liberté (Av. de la)	A	25
Loustalot (R. René)	A	27
Résistance (Av. de la)	A	36
St-Vincent-de-Paul (Av.)	A	45
Tambour (R. du)	B	47

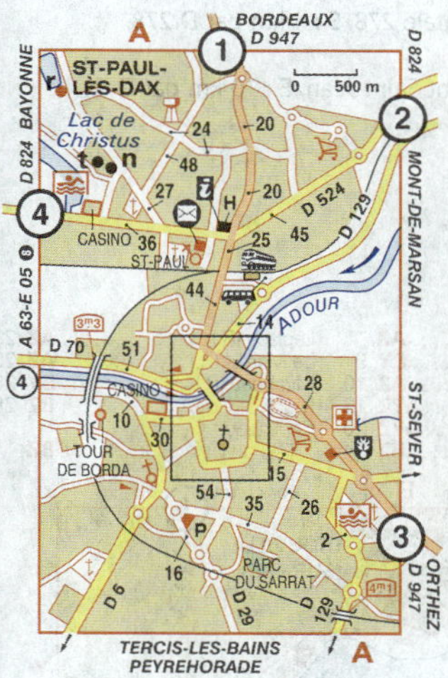

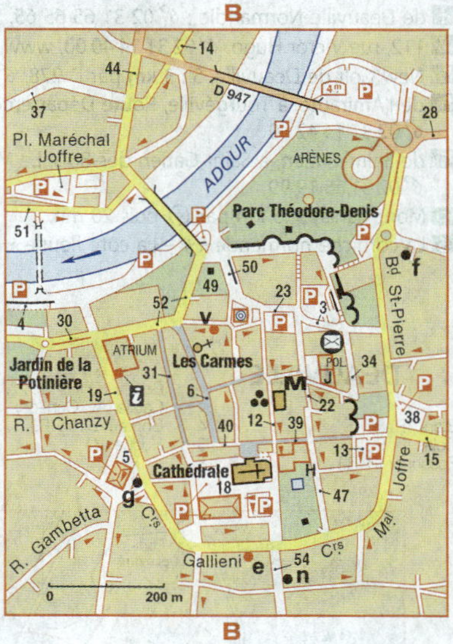

Calicéo

355 r. du Centre-Aéré, au lac de Christus – 05 58 90 66 00
– www.hotelcaliceo.com **An**
148 suites – 125/165 € – 49 ch – 10 €
Rest – Formule 14 € – Menu 19/30 € – Carte 21/40 €
Architecture originale pour cet hôtel des années 1990 qui a la forme d'un calice ! Avec son centre de balnéothérapie intégré, cet établissement fait la joie des curistes. Les chambres, dont un grand nombre de suites, sont fonctionnelles. Restauration traditionnelle ou diététique. Le tout au cœur de la forêt des Landes.

Hôtel du Lac

266 allée de Christus – 05 58 90 60 00 – www.brithotel.fr
– Ouvert 3 mars-24 nov. **At**
209 ch – 55/77 € 60/88 € – 10 € – ½ P
Rest *L'Arc-en-Ciel* 05 58 90 63 00 – Formule 15 € – Menu 20/25 €
– Carte 25/37 €
Cet imposant ensemble hôtelier et thermal propose des chambres, confortables et bien tenues, donnant sur le lac Christus. Au restaurant, on apprécie la cuisine traditionnelle dans un cadre contemporain. Pratique pour les curistes.

XXX **Le Moulin de Poustagnacq**

– ✆ 05 58 91 31 03 – www.moulindepoustagnacq.com – *Fermé vacances de la Toussaint, 20-30 déc., vacances de fév., mardi midi, dim. soir et lundi* **Ar**

Rest – Menu 29/69 € – Carte 70/85 €

Envie de manger au bord de l'eau ? Dans ce cas, faites un tour dans cet ancien moulin ! Le chef travaille les produits frais et livre une cuisine traditionnelle teintée d'un joli accent régional. Aux beaux jours, installez-vous sur la terrasse face au lac. Ambiance bucolique garantie.

DEAUVILLE – **14 Calvados** – **303** M3 – **3 915 h.** – **alt. 2 m** – **Casino** AZ **32** A3

– ✉ **14800** Normandie Vallée de la Seine

Paris 202 – Caen 50 – Évreux 101 – Le Havre 44

de Deauville-Normandie : ✆ 02 31 65 65 65, 5 km par ② BY.

112, rue Victor Hugo, ✆ 02 31 14 40 00, www.deauville.org

New Golf de Deauville, S : 3 km par D 278, ✆ 02 31 14 24 24

de l'Amirauté, à Tourgéville, Route Départementale 278, S : 4 km par D 278, ✆ 02 31 14 42 00

de Saint-Gatien, à Saint-Gatien-des-Bois, Le Mont Saint Jean, E : 10 km par D 74, ✆ 02 31 65 19 99

Mont Canisy★ 5 km par ④ puis 20 mn.

La corniche normande★★ - La côte fleurie★★

DEAUVILLE

Blanc (R. E.) .... AZ 4
Colas (R. E.) .... AZ 5
Fossorier (R. R.) .... ABZ 8
Fracasse (R. A.) .... AZ
Gambetta (R.) .... BY 9
Gaulle (Av. Gén.-de) .... AZ 10
Gontaut-Biron (R.) .... AYZ 13
Hoche (R.) .... AYZ 20
Le-Hoc (R. D.) .... BZ 24
Laplace (R.) .... AZ 23
Le Marois (R.) .... AZ 25
Mirabeau (R.) .... BY 26
Morny (Pl. de) .... BZ 28
République (Av. de la) .... ABZ

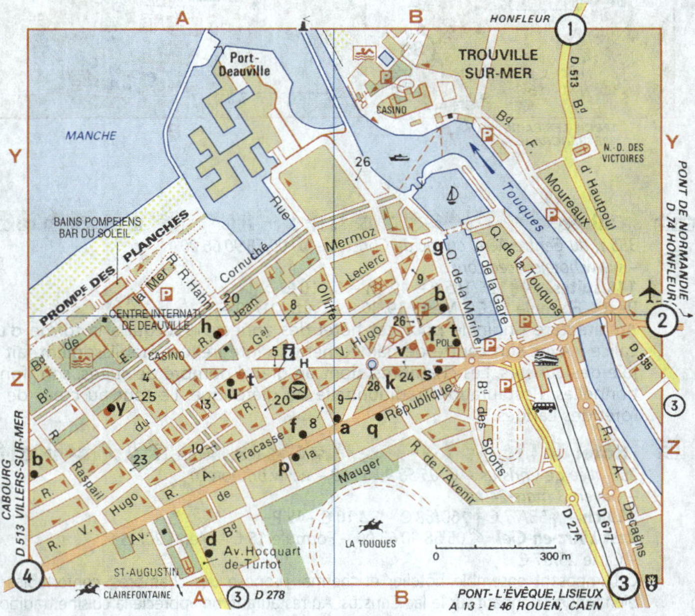

Normandy-Barrière

38 r. J. Mermoz – 02 31 98 66 22 – www.lucienbarriere.com AZh
259 ch – 341/920 € 341/920 € – 31 suites – 30 €
Rest *La Belle Époque* – voir les restaurants ci-après
Un fier manoir anglo-normand reconnaissable entre mille : né en 1912, cet hôtel mythique est l'emblème de la station ! Toile de Jouy, boiseries... les chambres sont cosy, raffinées, et pour se détendre, on n'a que l'embarras du choix : piscine, tennis, centre de remise en forme...

Royal-Barrière

rest,

bd Eugène-Cornuché – 02 31 98 66 33 – www.lucienbarriere.com – Ouvert de mars à nov.
253 ch – 222/685 € 222/685 € – 17 suites – 30 € AZy
Rest *L'Etrier* – voir les restaurants ci-après
Rest *Côté Royal* *(fermé de dim. à jeudi sauf en juil.-août) (dîner seult)* – Menu 50 € – Carte 68/86 €
Imposante bâtisse 1900 appréciée par la jet-set et les stars du cinéma. Dans les chambres, luxueuses et chaleureuses, on se sent comme dans un petit palace ; certaines donnent sur la mer. Du style et du caractère, sans conteste !

81 L'Hôtel sans rest

81 av. de la République – 02 31 14 01 50 – www.81lhotel.com AZp
20 ch – 141/295 € 141/295 € – 14 €
Grand manoir anglo-normand (1906) à la déco atypique et intemporelle tout à la fois. Parquets et moulures d'époque, mobilier de style laqué argent, pampilles et reproductions de Lichtenstein... pour un esprit contemporain et cosy !

Almoria sans rest

37 av. de la République – 02 31 14 32 32 – www.almoria-deauville.com
60 ch – 80/240 € 80/240 € – 13 € BZq
Confort et épure : le credo de cet hôtel récent. Quelques chambres ont un accès direct au patio, où l'on prend son petit-déjeuner aux beaux jours.

Mercure Deauville Hôtel du Yacht Club sans rest

2 r. Breney – 02 31 87 30 00 – www.accorhotels.com
53 ch – 95/215 € 95/215 € – 16 € BYb
Une bâtisse de style régional, pour un Mercure fonctionnel et contemporain donnant sur un jardin intérieur ou sur la marina. Et au petit-déjeuner, on peut manger bio !

L'Augeval sans rest

15 av. Hocquart de Turtot – 02 31 81 13 18 – www.augeval.com AZd
40 ch – 98/142 € 124/170 € – 2 suites – 14 €
Près de l'hippodrome et des haras, un agréable manoir normand, un brin rétro, et une villa d'esprit contemporain, le Trait d'Union... Après une journée de balade, rendez-vous près de la piscine ou au sauna.

Le Trophée sans rest

81 r. du Gén.-Leclerc – 02 31 88 45 86 – www.letrophee.com AZu
35 ch – 95/243 € 95/243 € – 14 €
Tout près des mythiques planches et du centre-ville. Donnant sur la rue ou la piscine, les chambres sont confortables et sobres, certaines avec baignoire balnéo. Et l'on peut aussi profiter du sauna et du hammam.

Continental sans rest

1 r. Désiré Le Hoc – 02 31 88 21 06 – www.hotel-continental-deauville.com
42 ch – 69/115 € 69/115 € – 9 € BZs
Construit en 1865 sur une avenue animée, cet hôtel est l'un des pionniers de la station. Les chambres y sont assez spacieuses, confortables et bien tenues ; pour la couleur locale, on vend même de bons produits régionaux !

Villa Joséphine sans rest

23 r. des Villas – 02 31 14 18 00 – www.villajosephine.fr – Fermé janv. AZb
9 ch – 119/169 € 142/349 € – 22 €
Dans un quartier résidentiel, une charmante villa normande classée (fin 19e s.), entourée d'un jardin ravissant. Tout y est cosy et délicat (couleurs poudrées, mobilier de style, portraits de famille...), dans un esprit maison d'hôtes.

Marie-Anne sans rest
142 av. de la République – 02 31 88 35 32 – www.hotelmarieanne.com – Fermé 1er-24 janv. AZ**f**
25 ch – 87/150 € 137/199 € – 13 €
Une villa à deux pas du casino, du golf et de l'hippodrome... Les chambres sont spacieuses et élégantes, plus calmes sur l'arrière ; à l'annexe, côté jardinet, plus de simplicité.

Ibis
9 quai de la Marine – 02 31 14 50 00 – www.ibishotel.com BZ**t**
95 ch – 71/122 € 78/122 € – 9 €
Rest – Formule 13 € – Menu 19/21 € – Carte 20/29 €
Ibis d'esprit régional, juste à côté du port de plaisance. Pour les familles, les chambres en duplex sont idéales.

Le Chantilly sans rest
120 av. République – 02 31 88 79 75 – www.hotel-chantilly.com BZ**a**
17 ch – 66/83 € 70/97 € – 8,50 €
Petit hôtel familial tout près de l'hippodrome de la Touques et du centre-ville. Les chambres, très bien tenues, sont plus tranquilles sur l'arrière.

Manoir de Benerville sans rest
– 02 31 14 68 80 – www.manoir-de-benerville.com
5 ch – 190/320 €
Sur les hauteurs de Deauville, cette villa anglo-normande (1874) cultive un style très "maison de poupée"... Du rose, des fleurs, la mer ou le joli parc en toile de fond... au grand calme !

L'Etrier – Hôtel Royal-Barrière
bd Eugène-Cornuché – 02 31 98 66 33 – www.lucienbarriere.com – Ouvert de mars à nov. et fermé le midi sauf sam. et dim. AZ**y**
Rest – Menu 67/115 € – Carte 89/110 €
Boiseries, lustres, tentures épaisses, etc. Mettre le pied à l'Étrier, c'est entrer dans un univers délicieusement cosy et très "palace", où l'on apprécie une cuisine mêlant beaux produits et influences du moment.

La Belle Époque – Hôtel Normandy-Barrière
38 r. J. Mermoz – 02 31 98 66 22 – www.lucienbarriere.com AZ**h**
Rest – Menu 55/65 € – Carte 67/107 €
Le restaurant Belle Époque de l'élégant hôtel Normandy, qui se prête à la dégustation d'une sympathique cuisine de tradition. L'été, on dresse les tables dans la cour fleurie...

Le Spinnaker
52 r. Mirabeau – 02 31 88 24 40 – www.spinnakerdeauville.com – Fermé 10-19 juin, 11-20 nov., 20 janv.-5 fév., lundi et mardi sauf juil.-août BZ**v**
Rest – Menu 26 € (déj. en sem.)/55 € – Carte 56/98 €
Feutré et actuel, ce "spi" ne vous fera pas gagner de régates, mais saura vous régaler d'une savoureuse cuisine de la mer, teintée de touches asiatiques et méditerranéennes, et d'excellents desserts. Service prévenant.

Augusto Chez Laurent
27 r. Désiré Le Hoc – 02 31 88 34 49 – www.restaurant-augusto.com – Fermé mardi sauf vacances scolaires et lundi sauf fériés BZ**k**
Rest – Formule 19 € – Menu 23 € (déj.), 40/60 € – Carte 47/85 €
Connue pour ses spécialités de homard et de poisson, cette institution tient le cap de la cuisine iodée depuis plus de 35 ans. Décor chic façon bateau.

La Flambée
81 r. Général Leclerc – 02 31 88 28 46 – www.laflambee-deauville.com
Rest – Formule 21 € bc – Menu 28/49 € – Carte 39/76 € AZ**t**
Une grande cheminée où l'on prépare de belles grillades sous vos yeux : cette Flambée ne peut être que gourmande et conviviale ! Bains de mer obligent, coquillages et crustacés tiennent aussi le haut du pavé (vivier).

L'Essentiel

29/31 r. Mirabeau – 02 31 87 22 11 – www.lessentiel-deauville.com – Fermé 2 sem. en janv.,1 sem. en juin, 1 sem. en déc., lundi et mardi sauf en saison et fériés

Rest – Formule 19 € – Menu 26 € (déj.)/55 € – Carte 49/65 € BZf

Ce bistrot contemporain célèbre le mariage réussi de l'Hexagone et de l'Asie. Mira – coréenne – et Charles – français – œuvrent à quatre mains à la ville comme en cuisine et concoctent de jolis plats fusion... Une belle invitation au voyage !

Le Comptoir et la Table

1 quai de la Marine – 02 31 88 92 51 – Fermé 15-30 nov. et merc. BYg

Rest – Formule 15 € – Menu 20 € (déj. en sem.)/30 € – Carte 45/70 €

Un bistrot dans son jus "fifties" : fresque au plafond évoquant la vie trouvillaise, comptoir en bois et... de la convivialité à revendre. Le lieu idéal pour savourer des petits plats bistrotiers (ardoise), tout simplement frais et bons.

à Touques 2,5 km par ③ – 4 027 h. – alt. 10 m – ✉ 14800

place Lemercier, 02 31 88 70 93

Les Landiers

90 r. Louvel-et-Brière – 02 31 87 41 08 – www.restaurant-deauville.com – Fermé 20-30 juin, 2-10 janv., dim. soir, mardi et merc. sauf vacances scolaires

Rest – Formule 25 € – Menu 29/45 €

Tout près de Deauville, une maison typiquement normande et des saveurs traditionnelles fleurant bon l'iode. L'accueil est charmant et, sur demande, on sert aussi des spécialités des pays de l'Est, car madame est ukrainienne.

L'Orangeraie

12 quai Monrival – 02 31 81 47 81 – www.lorangeraie-touques.com – Fermé jeudi sauf vacances scolaires et merc.

Rest – Formule 16 € – Menu 26/45 € – Carte 43/71 €

Dans cette maison rustique (15e s.), on savoure une cuisine traditionnelle et de saison qui fait preuve de beaucoup de générosité. Au dessert, pas de carte mais un plateau dégustation qui ravira les gourmands.

à Canapville 6 km par ③ – 226 h. – alt. 10 m – ✉ 14800

Auberge du Vieux Tour

36 rte départementale 677 – 02 31 65 21 80 – www.levieuxtour.com – Fermé 1 sem. fin juin, vacances de Noël, de fév., mardi hors saison et merc. sauf fériés

Rest – Menu 24 € (sem.), 29/55 € – Carte 34/55 €

Une chaumière rustique près de la départementale, mais au calme et très accueillante ! Les patrons – de vrais passionnés – font surtout appel aux producteurs locaux et vous concoctent une sympathique cuisine de tradition.

au New Golf 3 km au Sud par D 278 - BAZ – ✉ 14800 Deauville

Hôtel du Golf-Barrière

ch, rest,

– 02 31 14 24 00 – www.lucienbarriere.com – Fermé de mi-nov. à fin-déc.

178 ch – †209/680 € ††209/680 € – 25 €

Rest *Le Club House* – voir les restaurants ci-après

Rest *Le Lassay* 02 31 14 24 48 *(dîner seult)* – Menu 44/65 € – Carte 51/73 €

Surplombant la côte et en pleine campagne, ce superbe hôtel typiquement normand (1929) est un havre de paix ! Golf de 27 trous, vue sur la mer, espace... un lieu chic mais décontracté, décoré dans un esprit Art déco.

Le Club House – Hôtel Du Golf-Barrière

– 02 31 14 24 23 – www.lucienbarriere.com – Fermé de mi-nov. à fin-déc.

Rest *(déj. seult)* – Formule 22 € – Menu 26 € – Carte 35/50 €

Un Club House tout près du golf, où il fait bon se restaurer d'une sympathique cuisine traditionnelle (tartares, salades, pâtes)... Formule snacking jusqu'à 17 h.

au Sud 6 km par D 278 et chemin de l'Orgueil – ✉ 14800 Deauville

Les Manoirs de Tourgéville

6 km au Sud par D 278 et chemin de l'Orgueil – ✆ 02 31 14 48 68 – www.lesmanoirstourgeville.com

35 suites – ††230/580 € – 22 ch – ☕ 25 € – ½ P

Rest ***1899*** – voir les restaurants ci-après

En plein bocage du pays d'Auge, ce manoir est vraiment séduisant : chambres raffinées, apaisantes et spacieuses (nombreux duplex et triplex) ; piscine, vélo, massage, tennis, cinéma... Se lasser d'un tel endroit ? Impossible !

1899 – Hôtel Les Manoirs de Tourgéville

6 km au Sud par D 278 et chemin de l'Orgueil – ✆ 02 31 14 48 68 – www.lesmanoirstourgeville.com – Fermé dim. et lundi d'oct. à mars

Rest *(dîner seult)* – Menu 32 € – Carte 50/80 €

Le 1899 ? Un restaurant chic, sobre et gourmand. Au déjeuner, la carte est volontairement courte (plats légers, snacking), mais à l'heure du dîner, l'assiette se pare de jolis mets cuisinés sur des bases traditionnelles.

DECIZE – 58 Nièvre – 319 D11 – 5 792 h. – alt. 197 m – ✉ 58300 7 B3

Bourgogne

Paris 270 – Châtillon-en-Bazois 34 – Luzy 44 – Moulins 35

place du Champ de Foire, ✆ 03 86 25 27 23, www.ville-decize.fr

Le Charolais

33 bis rte Moulins – ✆ 03 86 25 22 27 – Fermé 1er-9 janv., 1 sem. en fév., dim. soir, lundi et mardi

Rest – Menu 18/52 € – Carte 32/80 €

Dans cet agréable restaurant, le jeune chef mitonne des plats bien dans leur époque. Et dès que le temps le permet, place aux grillades et à la cuisine à la plancha... en terrasse.

LA DÉFENSE – 92 Hauts-de-Seine – 311 J2 – 101 14 – voir à Paris, Environs

---

DELLE – 90 Territoire de Belfort – 315 G11 – 5 953 h. – alt. 364 m – ✉ 90100 17 D1

Paris 448 – Besançon 108 – Belfort 25 – Bâle 97

Rue Joachim, ✆ 03 84 36 03 06, www.delle.fr

Hostellerie des Remparts

1 pl. Raymond Forni – ✆ 03 84 56 32 61 – www.hostellerie-des-remparts.fr – Fermé 3 sem. en août, 1 sem. en fév. et lundi

Rest – Formule 11 € – Menu 14 € (déj. en sem.), 29/48 € – Carte 33/47 €

Cette bâtisse de 1576 fait partie du patrimoine local. On prend place, au choix, sous la charpente de l'étage, très rustique ; dans la salle du bas, plus moderne ; ou aux beaux jours sur la terrasse en bord de rivière. La cuisine ? Celle d'un chef aussi jovial que généreux. Tout est dit.

DELME – 57 Moselle – 307 J5 – 951 h. – alt. 220 m – ✉ 57590 27 C2

Paris 364 – Château-Salins 12 – Metz 33 – Nancy 36

33, rue Raymond Poincaré, ✆ 03 87 01 37 19, http://communedelme.free.fr

A la XIIe Borne

6 pl. de la République – ✆ 03 87 01 30 18 – www.12eme-borne.com – Fermé 2 sem. en juil. et 1er-15 janv.

15 ch – †62/75 € ††62/75 € – ☕ 8 € – ½ P

Rest ***A la XIIe Borne*** – voir les restaurants ci-après

Une auberge accueillante, tenue par la même famille depuis 1954 ! Les chambres, fonctionnelles et bien tenues, sont appréciées de la clientèle d'affaires en semaine ; quelques familiales plus spacieuses.

A la XIIe Borne

6 pl. de la République – ✆ 03 87 01 30 18 – www.12eme-borne.com – Fermé 2 sem. en juil., 1er-15 janv., dim. soir, mardi soir et lundi

Rest – Formule 8,50 € – Menu 11 € (déj. en sem.), 23/50 € – Carte 47/65 €

Dans ce restaurant au cachet traditionnel, on savoure une bonne cuisine régionale, parfois relevée d'épices. Tarte à la tomate et fromage de chèvre frais, pintadeau farci au foie gras de canard, île flottante... Formule rapide au déjeuner.

DERCHIGNY – 76 Seine-Maritime – 304 H2 – 559 h. – alt. 100 m – ✉ 76370 33 D1

Paris 206 – Barentin 64 – Dieppe 10 – Rouen 74

Manoir de Graincourt

10 pl. Ludovic Panel – ☎ 02 35 84 12 88 – www.manoir-de-graincourt.fr

5 ch – 95/130 € 95/130 € **Table d'hôte** – Menu 37 € bc

Pour l'anecdote, Renoir séjourna dans ce manoir typiquement normand (19e s.). Les chambres, thématiques (meubles de famille ou chinés, beaux tissus, etc.), donnent sur un joli jardin clos ; la table d'hôte permet de savourer des plats traditionnels dans la belle cuisine rustique, mais pensez à réserver !

DESCARTES – 37 Indre-et-Loire – 317 N7 – 3 817 h. – alt. 50 m – ✉ 37160 11 B3

Châteaux de la Loire

Paris 292 – Châteauroux 94 – Châtellerault 24 – Chinon 51

rue, Blaise Pascal, ☎ 02 47 92 42 20, www.ville-descartes.fr

Moderne avec ch

15 r. Descartes – ☎ 02 47 59 72 11 – www.modernehotel.fr – Fermé 1er-15 août

11 ch – 44/48 € 50/54 € – 8 € – ½ P

Rest – Formule 12 € – Menu 17/40 € – Carte 27/48 €

À deux pas de la maison natale de René Descartes (devenue musée), ce restaurant sert une cuisine traditionnelle à base de produits frais. Quelques chambres toutes simples pour dépanner.

DESVRES – 62 Pas-de-Calais – 301 E3 – 5 172 h. – alt. 98 m – ✉ 62240 30 A2

Nord Pas-de-Calais Picardie

Paris 263 – Arras 98 – Boulogne 19 – Calais 40

41 bis, rue des Potiers, ☎ 03 21 92 09 09, www.paysfaiencedesvres.fr

Le Moulin aux Draps

rte Crémarest, 1,5 km par D 254E – ☎ 03 21 10 69 59 – www.hotel-moulinauxdraps.com – Fermé 23 déc.-7 janv.

20 ch – 85/155 € 85/155 € – 12 € – ½ P

Rest *Le Moulin aux Draps* – voir les restaurants ci-après

Au cœur de la forêt domaniale et près d'un moulin du 15e s., on est ici dans un environnement préservé. Un peu comme à la ferme, le confort en plus ! Les chambres sont plaisantes, douillettes et mansardées à l'étage. Parfait pour se reposer au grand calme.

Le Moulin aux Draps

rte Crémarest, 1,5 km par D 254E – ☎ 03 21 10 69 59 – www.hotel-moulinauxdraps.com – Fermé 23 déc.-7 janv., dim. soir, mardi midi et lundi

Rest – Menu 22/29 € – Carte 45/56 €

Ici, point de moulin à paroles, on fait silence pour savourer la cuisine régionale ! Et pour cause, en terrasse ou devant la cheminée en faïence, difficile de résister au chaud-froid de saumon fumé, au filet de bœuf sauce vigneronne ou à la tartelette de camembert... Une bonne adresse.

DEUIL-LA-BARRE – 95 Val-d'Oise – 305 E7 – 101 5 – rattaché à Paris, Environs

LES DEUX-ALPES (Alpes de Mont-de-Lans et de Vénosc) 45 C2

– 38 Isère – 333 J7 – Sports d'hiver : 1 300/3 600 m 7 42 – ✉ 38860

Alpes du Nord

Paris 640 – Le Bourg-d'Oisans 26 – Grenoble 78

4, place des Deux-Alpes, ☎ 04 76 79 22 00, www.les2alpes.com

des Deux-Alpes, Rue des Vikings, E : 2 km, ☎ 04 76 80 52 89

Belvédères : de la Croix★, des Cîmes★ - Croisière Blanche★★★.

Plan page suivante

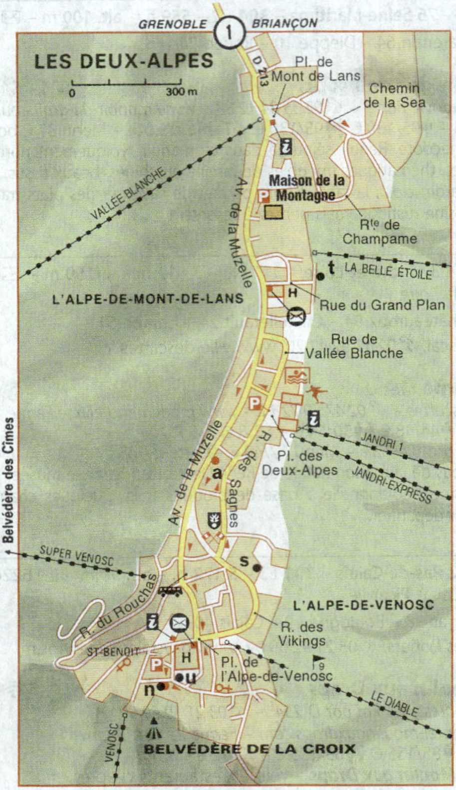

Chalet Mounier

rest, VISA AE

2 r. de la Chapelle – 04 76 80 56 90 – www.chalet-mounier.com
– Ouvert 21 juin-1er sept. et 15 déc.-29 avril n

36 ch – 203/245 € 290/350 € – 6 suites

Rest ***Le P'tit Polyte*** – voir les restaurants ci-après

Rest *(dîner seult)* – Menu 35 €

Tout en haut de la station, sur le site d'une ferme d'alpage, l'aîné des hôtels de la station, né dès les années 1930 : les lieux ont la tradition de l'accueil chevillée au corps – des chevilles en bois, évidemment ! Tout pour un beau séjour à la montagne : grand confort, piscines, sauna, fitness, table gastronomique...

Souleil'Or

rest, P VISA AE

10 r. Grand Plan – 04 76 79 24 69 – www.le-souleil-or.fr
– Ouvert 15 juin-31 août et 1er déc.-13 avril t

42 ch – 105/175 € 120/235 €

Rest *(ouvert 20 déc.-13 avril et fermé vend. midi en hiver)* – Menu 36 € (dîner) – Carte 25/35 € le midi

Skieurs en hiver, randonneurs en été : au pied des pistes, ce grand chalet vit montagne ! La plupart des chambres ouvrent sur un balcon, pour un bol d'air maximal... et l'on se réfugie avec plaisir dans sa chambre, où lambrissé rime avec douillet.

Les Mélèzes rest,

17 r. des Vikings – ✆ 04 76 80 50 50 – www.hotelmelezes.com – Ouvert 15 déc.-28 avril

34 ch – 75/87 € 133/176 € – 13 € – ½ P **s**

Rest – Formule 19 € – Menu 34/78 € – Carte 33/50 €

On peut rejoindre les skis aux pieds ce chalet construit dans les années 1960 au débouché des pistes. La plupart des chambres, d'esprit montagnard, ouvrent au sud. Quelques "suites" familiales. Deux options selon le repas : brasserie au déjeuner, spécialités savoyardes et classiques le soir.

Serre-Palas sans rest

13 pl. de l'Alpe de Venosc – ✆ 04 76 80 56 33 – www.hotelserre-palas.fr – Ouvert 15 juin-28 août, 27 oct.-4 nov. et 1er déc.-28 avril **u**

24 ch – 28/70 € 40/120 €

Un bon rapport qualité-prix pour cet hôtel proche de la télécabine de Venosc. Côté sud, chaque chambre a son propre balcon face au massif de la Muzelle. Ambiance dans le ton : déco et mobilier montagnards !

Le P'tit Polyte – Hôtel Chalet Mounier

2 r. de la Chapelle – ✆ 04 76 80 56 90 – www.chalet-mounier.com – Ouvert 21 juin-1er sept., 15 déc.-29 avril et fermé lundi et le midi sauf dim. et fériés

Rest – Menu 56/95 € – Carte 60/80 € **n**

P'tit par le nom, mais grand par la qualité : ce noble chalet, au décor très contemporain, réserve une belle expérience autour de produits d'une parfaite fraîcheur et d'une cuisine tout en maîtrise. Finesse et justesse...

➜ Œuf cuisiné en neige, bouillon infusé, mouillettes et viande des Grisons. Féra du Léman pochée au beurre noisette, consommé de poulet rôti. Banana split "cubik". **Vins** Vin de pays d'Allobrogie.

Le Diable au Cœur

au sommet de la télécabine du Diable – ✆ 04 76 79 99 50 – www.lediableaucoeur.com – Ouvert 20 juin-1er sept. et 1er déc.-30 avril

Rest *(déj. seult) (réserver)* – Menu 25 € – Carte 26/45 €

Direction 2 400 m ! Empruntez la télécabine du Diable pour rejoindre ce joli Cœur : un charmant îlot de bois blond qui semble tutoyer les Écrins... La belle cuisine traditionnelle ajoute au plaisir du voyage.

Le Raisin d'Ours

98 av. de la Muzelle – ✆ 04 76 79 29 56 – www.leraisindours.fr – Fermé mai, sept. et oct. **a**

Rest – Formule 20 € bc – Menu 26/39 € – Carte 26/50 €

Le Raisin d'Ours ? Un arbuste du sud des Alpes et un écho à la vigne : double clin d'œil aux origines des propriétaires, jeune couple bourguignon-savoyard ! Le fruit de leur rencontre séduit : une table d'aujourd'hui, chaleureuse et plutôt soignée.

DHUIZON – 41 Loir-et-Cher – 318 G6 – 1 429 h. – alt. 93 m – ✉ 41220 12 C2

Paris 174 – Beaugency 23 – Blois 29 – Orléans 46

au Nord-Est 4 km par rte de Villeny et rte secondaire

La Maison de Capucine

Ferme de l'Aunay, (Le Thou) – ✆ 06 13 43 58 98 – www.lamaisondecapucine.com – Ouvert avril-nov.

4 ch – 150/180 € 150/180 € **Table d'hôte** – Menu 150 €

En pleine forêt et vraiment au calme ! Cette jolie ferme solognote, parfaitement rénovée, abrite des chambres au charme champêtre (poutres, parquet, tomettes...). À la table d'hôte, cuisine bourgeoise bien maîtrisée variant autour de beaux produits de saison.

DIE – 26 Drôme – 332 F5 – 4 357 h. – alt. 415 m – ✉ 26150 44 B3

Alpes du Sud

Paris 623 – Gap 92 – Grenoble 110 – Montélimar 73

rue des Jardins, ✆ 04 75 22 03 03, www.diois-tourisme.com

Mosaïque★ dans l'hôtel de ville.

Paysages du Diois★★.

L' Escale de Die
av. de la Clairette – ✆ 04 75 22 00 95 – www.lescale-de-die.fr – Fermé vacances de fév. et de la Toussaint et merc.
9 ch – 68/78 € 68/78 € – 8 € – ½ P
Rest – Menu 15 € (déj. en sem.), 25/38 € – Carte 27/48 €
Il règne une ambiance familiale dans cette maison à la façade fleurie. Chambres parfaitement tenues et confortables. Préférez celles donnant sur le massif du Vercors. Au restaurant, on sert une cuisine traditionnelle. Une escale bien agréable.

DIEBOLSHEIM – 67 Bas-Rhin – **315** J7 – 639 h. – alt. 163 m – 67230 — 1 B2
Paris 529 – Colmar 55 – Freiburg im Breisgau 59 – Strasbourg 44

Ambiance Jardin sans rest
12 r. de L'Abbé-Wendling – ✆ 03 88 74 84 85 – www.ambiance-jardin.com
4 ch – 75 € 95 €
De cette grange, les propriétaires ont fait une charmante maison d'hôtes, qui foisonne d'antiquités. Chambres aux tons pastel, spacieuses et cosy. Beau jardin.

DIEFFENBACH-AU-VAL – 67 Bas-Rhin – **315** H7 – 621 h. – alt. 350 m — 2 C1
– 67220
Paris 538 – Colmar 33 – Lahr 65 – Strasbourg 53

La Romance sans rest
17 r. de Neuve-Église – ✆ (00-0033) 03 88 85 67 09 – www.la-romance.net
5 ch – 90/100 € 95/105 €
Au bout d'un chemin privé qui longe la forêt, cette charmante maison à colombages respire la sérénité. Chambres soignées et joliment colorées. Aux beaux jours, on peut prendre le petit-déjeuner au jardin.

DIEFFENTHAL – 67 Bas-Rhin – **315** I7 – 255 h. – alt. 185 m – 67650 — 2 C1
Paris 441 – Lunéville 100 – St-Dié 45 – Sélestat 7

Le Verger des Châteaux
2 rte Romaine – ✆ 03 88 92 49 13 – www.verger-des-chateaux.fr
32 ch – 65/99 € 65/99 € – 9 € – ½ P
Rest *(fermé lundi midi)* – Formule 11 € – Menu 19/29 € – Carte 29/44 €
Une imposante bâtisse bordant le fameux vignoble alsacien. Les chambres sont spacieuses, équipées de mobilier en bois blond ; mansardes familiales au dernier étage. Salle à manger donnant sur la campagne ; registre culinaire traditionnel. Winstub au décor coloré.

DIEFMATTEN – 68 Haut-Rhin – **315** G10 – 277 h. – alt. 300 m – 68780 — 1 A3
Paris 450 – Belfort 25 – Colmar 48 – Mulhouse 21

Auberge du Cheval Blanc avec ch
rest,
17 r. Hecken – ✆ 03 89 26 91 08 – www.auchevalblanc.fr
– Fermé 15-30 juil. et 1 sem. en fév.
5 ch – 54 € 54 € – 12 €
Rest *(fermé lundi et mardi)* – Formule 15 € bc – Menu 23/72 € – Carte 50/69 €
La déclinaison de foie gras ? L'un des grands classiques de cette élégante maison alsacienne, où la cuisine gastronomique épouse les saisons – notamment autour de menus à thème (truffe, bouillabaisse, etc.) et de vins bien choisis. Pour l'étape, d'agréables chambres fonctionnelles.

DIEPPE – 76 Seine-Maritime – **304** G2 – 32 670 h. – alt. 6 m – Casino Municipal AY – 76200 Normandie Vallée de la Seine — 33 D1
Paris 197 – Abbeville 68 – Caen 176 – Le Havre 111
pont Jehan Ango, ✆ 02 32 14 40 60, www.dieppetourisme.com
de Dieppe-Pourville, Route de Pourville, O : 2 km par D 74, ✆ 02 35 84 25 05
Église St-Jacques★ - Chapelle N.-D.-de-Bon-Secours ★ - Musée★ du château (ivoires dieppois★).

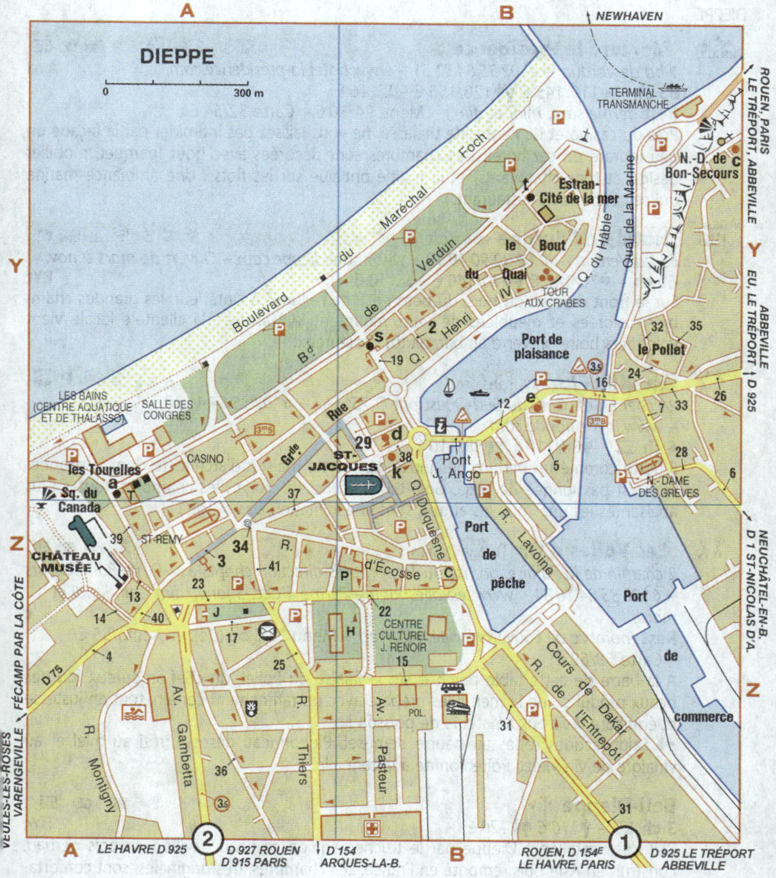

Ango (R. J.) .... BY 2
Barre (R. de la) .... AZ 3
Barre (R. du Fg-de-la) .... AZ 4
Belleteste
(R. Jean-Antoine) .... BY 5
Bonne-Nouvelle (R.) .... BY 6
Brunel (R. J.) .... BY 7
Carénage (Q. du) .... BY 12
Chastes (R. de) .... AZ 13
Citadelle (Ch. de la) .... AZ 14
Clemenceau (Bd G.) .... BZ 15
Colbert (Pont) .... BY 16
Desmarets (R.) .... AZ 17
Duquesne (R.) .... BY 19
Gaulle (Bd Gén.-de) .... ABZ 22
Grande-Rue .... ABY
Groulard (R. C.) .... AZ 23
Guerrier (R.) .... BY 24
Joffre (Bd Mar.) .... AZ 25
Leclerc (Av. Gén.) .... BY 26
Levasseur (R.) .... BY 28
Nationale (Pl.) .... BY 29
Normandie-Sussex (Av.) ...... BZ 31
Petit-Fort (R. du) .... BY 32
Polet (Gde-R. du) .... BY 33
Puits-Salé (Pl. du) .... AZ 34
Quiquengrogne (R.) .... BY 35
République (R. de la) .... AZ 36
St-Jacques (R.) .... AYZ 37
St-Jean (R.) .... BY 38
Sygogne (R. de) .... AZ 39
Toustain (R.) .... AZ 40
Victor-Hugo (R.) .... AZ 41

Aguado sans rest

30 bd Verdun – ✆ 02 35 84 27 00 – www.hotelsdieppe.com BYs

56 ch – †60/146 € ††60/146 € – ☕ 10 €

Étonnant : l'immeuble enjambe une rue reliant le front de mer à la ville ! Quant aux chambres, bien insonorisées, elles sont décorées avec soin dans des styles variés... La moitié d'entre elles donnent sur la Manche, un plaisir à prolonger au petit-déjeuner.

Une bonne table sans se ruiner ? Repérez les Bib Gourmand.

Mercure la Présidence

1 bd de Verdun – ✆ 02 35 84 31 31 – www.hotel-la-presidence.com AYa
85 ch – †110/145 € ††120/155 € – ☕ 16 €
Rest *(fermé sam. midi et dim.)* – Menu 24/30 € – Carte 32/54 €
Près du casino et du centre de thalasso, ne vous laissez pas intimider par la façade un peu ingrate de cet hôtel : les chambres sont décorées avec goût (parquet, mobilier design et tons chatoyants) et la moitié ont vue sur les flots... Une ambiance marine qui se confirme au restaurant.

Hôtel de l'Europe sans rest

63 bd Verdun – ✆ 02 32 90 19 19 – www.hoteldieppe.com – Ouvert de mars à nov.
60 ch – †70/140 € ††70/140 € – ☕ 10 € BYt
Sur le front de mer, du bois, du béton et... de l'allure ! À l'intérieur, les grandes chambres, colorées et meublées de rotin, regardent la Manche ; la clientèle locale vient volontiers boire un verre au bar, plutôt chaleureux.

La Villa Florida sans rest

24 chemin du Golf, au Sud-Ouest par D 75 - AZ – ✆ 02 35 84 40 37 – www.lavillaflorida.com
4 ch ☕ – †88/110 € ††88/110 €
Il flotte comme un parfum des Indes dans cette maison d'architecte dont la propriétaire est passionnée de yoga. Golf, Lotus, Bleue et... Yoga : les chambres, toutes plus apaisantes les unes que les autres, sont une invitation au voyage !

Les Voiles d'Or (Tristan Arhan)

2 chemin de la Falaise, par rte du Tréport puis direction chapelle N.-D.-de-Bon-Secours – ✆ 02 35 84 16 84 – www.lesvoilesdor.fr – Fermé 4 déc.-3 janv., dim. soir, lundi et mardi BYc
Rest *(nombre de couverts limité, réserver)* – Menu 38 € bc (déj. en sem.)/55 € – Carte 58/68 €
À la barre de cette table perchée sur la falaise du Pollet, un chef amoureux fou des beaux produits... de la mer. Il les prépare avec un raffinement certain, tout en justesse et équilibre. Avis aux amateurs de poisson !
➜ Saint-Jacques rôties au beurre demi-sel. Pigeonneau désossé, rôti au miel et au vinaigre de vin vieux. Poire confite à la cannelle.

Bali-Dieppe

3 ch ☕ – †*110 €* ††*120 €* BYc
Bali s'est installée à Dieppe par le truchement de ce beau pavillon en bois nerbau, construit en Asie puis remonté en France. Les chambres, très originales, sont confortables et exotiques. Dépaysement garanti !

Le Coup de Torchon

4 r. Vauquelin – ✆ 02 35 85 94 84 – Fermé 1er-8 août, mardi soir et merc.
Rest – Formule 14 € – Carte 36/51 € BYd
Coup de torchon dans cette rue un peu austère : derrière une façade rose, la cuisine de ce bistrot chic met en valeur d'excellents produits, parfois dieppois. Les ardoises murales vous font d'alléchantes propositions... à quoi bon résister ?

La Marmite Dieppoise

8 r. St-Jean – ✆ 02 35 84 24 26 – Fermé 1er-11 mars, 18 nov.-3 déc., jeudi soir hors saison, dim. soir et lundi BYk
Rest – Formule 20 € – Menu 30/45 € – Carte 34/60 €
Ici, la fameuse marmite dieppoise tient la vedette et les produits de la mer arrivent directement du port de pêche tout proche. Dîner aux chandelles les vendredis et samedis.

Bistrot du Pollet

23 r. Tête de Boeuf – ✆ 02 35 84 68 57 – www.bistrotdupollet.fr – Fermé 2 sem. en avril, 24 août-17 septembe, 1er-8 janv., dim. et lundi BYe
Rest *(nombre de couverts limité, réserver)* – Formule 19 € – Carte 27/45 €
Sur l'île portuaire du Pollet, ce bistrot de la mer joue la carte du chic contemporain. À l'ardoise, on découvre les suggestions du jour, souvent de beaux poissons pêchés non loin de là, tel cet appétissant lieu jaune au beurre d'araignée...

à Martin-Église **6 km au Sud-Est par D 1 - BYZ – 1 547 h. – alt. 11 m – ✉ 76370**

XX **Auberge du Clos Normand** avec ch

22 r. Henri IV – ✆ 02 35 40 40 40 – www.closnormand.fr
– Fermé 15 nov.-5 déc. et 15 fév.-1er mars
10 ch – 69 € 69 € – 8 €
Rest *(fermé mardi midi, merc. midi et lundi)* – Menu 23/33 € – Carte 39/49 €
Dans un jardin bordé par une rivière, cet ancien relais de poste (15e s.) est le repaire idéal des amateurs de cuisine traditionnelle ! Devant la grande cheminée en brique de Dieppe, on déguste des huîtres, des ris de veau et autres magrets... Quelques chambres calmes et feutrées dans les dépendances.

à Offranville **6 km par ②, D 927 et D 54 – 3 319 h. – alt. 80 m – ✉ 76550**

XX **Le Colombier**

r. Loucheur, (parc du Colombier) – ✆ 02 35 85 48 50
– www.restaurant-normandie-offranville-colombier.over-blog.com
– Fermé 28 oct.-15 nov., 24 fév.-14 mars, mardi sauf juil.-août, dim. soir et merc.
Rest – Formule 20 € – Menu 26 € (sem.), 39/66 €
Dans cette vénérable maison normande du 16e s., l'imposante cheminée à colonnes se fond dans un beau décor contemporain. Saint-Jacques à la compote de poire, "poissons d'ici", pomme façon tatin... C'est fin, harmonieux et sagement original.

à Pourville-sur-Mer **5 km à l'Ouest par D 75 AZ – ✉ 76550 Hautot sur Mer**

XX **Le Trou Normand**

128 r. des Verts Bois – ✆ 02 35 84 59 84 – Fermé 26 août-10 sept., 29 déc.-18 janv., dim. soir et lundi
Rest – Menu 25/40 € – Carte 44/63 €
Cette auberge est toute proche de la plage où débarquèrent, en 1942, les Canadiens de l'opération Jubilee. Dans un cadre moderne, on déguste une bonne cuisine traditionnelle, à moins de préférer la petite carte "terre et mer" qui varie au gré du marché.

DIEULEFIT – 26 Drôme – 332 D6 – 3 028 h. – alt. 366 m – ✉ 26220 44 B3

Ardèche Drôme

Paris 614 – Crest 30 – Montélimar 29 – Nyons 30

1, place Abbé Magnet, ✆ 04 75 46 42 49, www.paysdedieulefit.eu

au Poët-Laval **5 km à l'Ouest par D 540 – 922 h. – alt. 311 m – ✉ 26160**

Site★.

Les Hospitaliers

– ✆ 04 75 46 22 32 – www.hotel-les-hospitaliers.com
– Ouvert 23 mars- 4 nov.
22 ch – 78/160 € 78/160 € – 15 € – ½ P
Rest *(fermé lundi et mardi sauf du 1er juil. au 10 sept.)* – Formule 27 €
– Menu 42/55 € – Carte 66/76 €
Référence aux Hospitaliers qui, au 12e s., s'installèrent dans le village. L'établissement, composé d'un bel ensemble de maisons en pierre sèche, abrite des chambres de caractère. Cuisine de saison au restaurant.

au Nord **9 km par D 538, D 110 et D 245 - ✉ 26460 Truinas**

La Bergerie de Féline

Les Charles – ✆ 04 75 49 12 78 – www.labergeriedefeline.com
5 ch – 130/210 € 130/210 € **Table d'hôte** – Menu 30 € bc
Vue sur le Vercors, belle piscine, hamac au fond du jardin... Dans cette bergerie du 18e s., la vie est bien douce ! Les chambres allient chaleur du bois brut et mobilier design. Autour de la table d'hôte, on savoure une bonne cuisine familiale.

DIGNE-LES-BAINS P – 04 Alpes-de-Haute-Provence – 334 F8 41 C2

– 17 172 h. – alt. 608 m – Stat. therm. : début mars-fin nov. – ✉ 04000 Alpes du Sud

Paris 744 – Aix-en-Provence 109 – Avignon 167 – Cannes 135

place du Tampinet, ✆ 04 92 36 62 62, www.ot-dignelesbains.fr

de Digne-les-Bains, 57 route du Chaffaut, par rte de Nice et D 12 : 7 km, ✆ 04 92 30 58 00

Musée départemental★ - Cathédrale N.D.-du-Bourg★ - Dalles à ammonites géantes★ N : 1 km par D 900A.

★ du Relais de Télévision.

Le Grand Paris

19 bd Thiers – ✆ 04 92 31 11 15 – www.hotel-grand-paris.com – Ouvert 1er avril-30 nov.

16 ch – 85/130 € 95/160 € – 4 suites – 20 € – ½ P

Rest ***Le Grand Paris*** – voir les restaurants ci-après

Charme et authenticité pour ce couvent du 17e s. aux chambres délicieusement vieille France... Ici, on cultive le sens de l'accueil et la belle tradition hôtelière.

Le Grand Paris

19 bd Thiers – ✆ 04 92 31 11 15 – www.hotel-grand-paris.com – Ouvert 1er avril-30 nov. et fermé lundi midi, mardi midi, merc. midi et jeudi midi hors saison

Rest – Formule 29 € – Menu 39/75 € – Carte 64/79 €

Une maison pleine de cachet, avec un petit côté "à l'ancienne" tout à fait plaisant. La chef revisite les recettes classiques de son père (jadis aux fourneaux) ; ses plats sont savoureux. Ici, la tradition se perpétue d'une bien jolie façon.

rte de Nice 2 km par N 85 – ✉ 04000 Digne-les-Bains

Villa Gaïa

24 rte de Nice – ✆ 04 92 31 21 60 – www.hotel-villagaia-digne.com – Ouvert 15 avril-1er juil. et 8 juil.-27 oct.

10 ch – 79/99 € 90/115 € – 12 € – ½ P

Rest *(fermé merc.) (dîner seult) (résidents seult)* – Menu 26 €

Cette accueillante maison de maître du début du 18e s. a conservé le charme d'autrefois : un grand parc, une bibliothèque et des chambres de style rétro (sans TV !). Cuisine régionale au restaurant.

DIGOIN – 71 Saône-et-Loire – 320 D11 – 8 460 h. – alt. 232 m – ✉ 71160 7 B3

Bourgogne

Paris 337 – Autun 69 – Charolles 26 – Moulins 57

21 rue Nationale, ✆ 03 85 53 00 81, www.ccval.fr

à Vigny-les-Paray 9 km au Nord-Est par D 994 et D 52 – ✉ 71160

Auberge de Vigny

– ✆ 03 85 81 10 13 – www.aubergedevigny.fr – Fermé 9-30 oct., 2-20 janv., dim. soir de nov. à mars, lundi et mardi

Rest – Formule 17 € – Menu 26/37 € – Carte 35/45 €

Dans cette ancienne salle de classe décorée avec soin, on sert désormais une cuisine qui joue parfois avec les codes de la tradition (un bourguignon de calamars !). Pour une étape champêtre et souriante...

DIJON P – 21 Côte-d'Or – 320 K6 – 152 110 h. – Agglo. 237 924 h. 8 D1

– alt. 245 m – ✉ 21000 Bourgogne

Paris 311 – Auxerre 152 – Besançon 94 – Genève 192

Dijon-Bourgogne ✆ 03 80 67 67 67, 6 km par ⑤.

11, rue des Forges, ✆ 08 92 70 05 58, www.dijon-tourisme.com

de Dijon Bourgogne, à Norges-la-Ville, Bois de Norges, par de Langres : 15 km, ✆ 03 80 35 71 10

de Quetigny, à Quetigny, Rue du Golf, E : 5 km par D 107, ✆ 03 80 48 95 20

Circuit automobile de Dijon-Prenois ✆ 03 80 35 32 22, 16 km par ⑧

Palais des Ducs et des États de Bourgogne★★ : Musée des Beaux-Arts★★ (tombeaux des Ducs de Bourgogne★★★) - Rue des Forges★ - Eglise Notre-Dame★ - Plafonds★ du Palais de Justice DY **J** - Chartreuse de Champmol★ : Puits de Moïse★★★, Portail de la Chapelle★ A - Église St-Michel★ - Jardin de l'Arquebuse★ CY - Rotonde★★ dans la cathédrale St-Bénigne - Musée de la Vie bourguignonne★ DZ **M7** - Musée Archéologique★ CY **M2** - Musée Magnin★ DY **M5** - Jardin des Sciences★ CY **M8**.

DIJON

Rue	Plan	N°
Aiguillottes (Bd des)	A	2
Albert-1er (Av.)	A	
Allobroges (Bd des)	A	3
Auxonne (R. d')	B	
Bachelard (Bd Gaston)	A	4
Bellevue (R. de)	A	5
Bertin (Av. J.B.)	B	6
Bourroches (Bd des)	A	
Briand (Av. A.)	B	8
Camus (Av. Albert)	B	12
Castel (Bd du)	A	13
Champollion (Av.)	B	15
Chanoine-Bardy (Imp.)	B	16
Chanoine-Kir (Bd)	A	17
Chateaubriand (R. de)	B	19
Chevreul (R.)	AB	
Chèvre-Morte (Bd de)	A	20
Chicago (Bd de)	B	
Churchill (Bd W.)	B	24
Clomiers (Bd des)	A	26
Concorde (Av. de la)	B	28
Cracovie (R. de)	B	
Dijon (R. de)	A	
Dr-Petitjean (Bd du)	B	
Doumer (Bd Paul)	B	
Drapeau (Av. du)	B	
Dumont (R. Ch.)	AB	
Eiffel (Av. G.)	A	
Einstein (Av. Albert)	A	36
Europe (Bd de l')	B	38
Europe (Rd-Pt de l')	B	40
Faubourg-St-Martin (R. du)	A	
Fauconnet (R. Gén.)	AB	42
Fontaine-des-Suisses (Bd)	B	44
Fontaine-lès-Dijon (R.)	A	43
France-Libre (Pl. de la)	AB	45
Gabriel (Bd)	B	46
Gallieni (Bd Mar.)	AB	48
Gaulle (Crs Gén.-de)	B	50
Gorgets (Bd des)	A	52
Gray (R. de)	B	
Jeanne-d'Arc (Bd)	B	55
Jean-Jaurès (Av.)	A	
Joffre (Bd Mar.)	B	
Jouvence (R. de)	A	
Kennedy (Bd J.)	A	56
Langres (Av. de)	B	
Longvic (R. de)	B	
Magenta (R.)	B	58
Maillard (Bd)	A	60
Malines (R. de)	B	
Mansard (Bd)	B	62
Mayence (R. de)	B	
Mirande (R. de)	B	
Mont-Blanc (Av. du)	B	65
Moulins (R. des)	A	
Moulin (R. Jean)	B	63
Nation (Rd-Pt de la)	B	66
Orfèvres (R. des)	A	68
Ouest (Bd de l')	A	69
Parc (Cours du)	B	70
Pascal (Bd)	B	
Poincaré (Av. R.)	B	71
Pompidou (Rd-Pt Georges)	B	72
Pompidou (Voie Georges)	B	
Pompon (Bd F.)	A	73
Prat (Av. du Colonel)	B	75
Rembrandt (Bd)	B	78
Rolin (Q. Nicolas)	A	79
Roosevelt (Av. F. D.)	B	80
Saint-Exupéry (Pl.)	B	85
Salengro (Pl. R.)	B	
Schuman (Bd Robert)	B	88
Stalingrad (Av. de)	B	
Stearinerie (R. de la)	A	
Strasbourg (Bd de)	B	90
Sully (R.)	B	
Talant (R. de)	A	
Trimolet (Bd)	B	91
Troyes (Bd de)	A	
Université (Bd de l')	B	
Valendons (Bd des)	A	
Valendons (R. des)	A	
Victor-Hugo (Av.)	A	
1er-Consul (Av. du)	A	
8-Mai-1945 (Rd-Pt du)	B	96
26e-Dragons (R. du)	B	98

DIJON

Adler (Pl. E.) . . . . EZ
Albert-1er (Av.) . . . . CY
Arquebuse (R. de l') . . . . CY
Audra (R.) . . . . CY
Auxonne (R. d') . . . . EZ
Barabant (Pl. Henri) . . . . DZ
Baudin (R. J.-B.) . . . . EYZ
Berbisey (R.) . . . . CYZ
Berlier (R.) . . . . DEY
Bordot (R.) . . . . DZ
Bossuet (R. et Pl.) . . . . CDY
Bouhey (Pl. J.) . . . . EX
Bourg (R. du) . . . . DY
Briand (Av. A.) . . . . EX 8
Brosses (Bd de) . . . . CY 9
Buffon (R.) . . . . DY
Cabet (R. P.) . . . . EY
Carnot (Bd) . . . . DEY
Castell (Bd du) . . . . CZ
Cellerier (R. J.) CX
Chabot-Charny (R.) . . . . DYZ
Champagne (Bd de) . . . . EX 14
Charrue (R.) . . . . DY 18
Chouette (R. de la) . . . . DY 21
Clemenceau (Bd G.) . . . . EX
Colmar (R. de) . . . . EX
Comte (R. A.) . . . . DY 27
Condorcet (R.) . . . . CY
Cordeliers (Pl. des) . . . . DY
Courtépée (R.) . . . . DX
Darcy (Pl.) . . . . CY
Daubenton (R.) . . . . CZ
Davout (R.) . . . . EY
Devosge (R.) . . . . CDXY
Diderot (R.) . . . . EY
Dr-Chaussier (R.) . . . . CY 32
Dubois (Pl. A.) . . . . CY 33
Dumont (R. Ch.) . . . . DZ
École-de-Droit (R.) . . . . DY 35
Égalité (R. de l') CX
Févret (R.) . . . . DZ
Foch (Av. Mar.) . . . . CY 43
Fontaine-lès-Dijon (R.) CX
Forges (R. des) . . . . DY
Fremiet (R. A.) . . . . DX
Gagnereaux (R.) . . . . DX
Garibaldi (Av.) . . . . DX
Gaulle (Crs Général-de) . . . . DZ
Godrans (R. des) . . . . DY 51
Grangier (Pl.) . . . . DY 54
Gray (R. de) . . . . EY
Guillaume-Tell (R.) . . . . CY
Hôpital (R. de l') . . . . CZ
Ille (R. de l') . . . . CZ
Jeannin (R.) . . . . DEY
Jean-Jaurès (Av.) . . . . CZ
Jouvence (R. de) . . . . DX
J.-J.-Rousseau (R.) . . . . DY
Ledru-Rollin (R.) . . . . EXY
Libération (Pl. de la) . . . . DY 57
Liberté (R. de la) . . . . CY
Longvic (R. de) . . . . DEZ
Magenta (R.) . . . . EZ 58
Manutention (R. de la) . . . . CZ
Marceau (R.) . . . . DX
Mariotte (R.) . . . . CY
Marne (Bd de la) . . . . EX
Metz (R. de) . . . . EY
Michelet (R.) . . . . CY 64
Mirande (R. de) . . . . EY
Monge (R.) . . . . CY
Montchapet (R. de) CX
Mulhouse (R. de) . . . . EXY
Musette (R.) . . . . DY
Parmentier (R.) . . . . EX
Pasteur (R.) . . . . DYZ
Perrières (R. des) . . . . CY
Perspective (Pl. de la) . . . . CZ
Petit-Citeaux (R. du) . . . . CZ
Petit-Potet (R. du) . . . . DY 71
Piron (R.) . . . . DY
Préfecture (R. de la) . . . . DY
Prés.-Wilson (Pl.) . . . . DZ
Prévert (Pl. J.) . . . . CZ
Raines (R. du Fg) . . . . CYZ
Rameau (R.) . . . . DY 77
République (Pl. de la) . . . . DX
Rolin (Quai N.) . . . . CZ
Roses (R. des) CX

Roussin (R. Amiral) . . . . DY
Rude (Pl. F.) . . . . DY
Rude (R. F.) . . . . DY 81
Ste-Anne (R.) . . . . DYZ
St-Bénigne (Pl.) . . . . CY 82
St-Bernard (Pl.) . . . . DY 83
St-Michel (Pl.) . . . . DY 86
Sambin (R.) . . . . DX
Sévigné (Bd de) . . . . CY
Suquet (Pl.) . . . . CZ
Tanneries (Rd-Pt des) . . . . CZ
Théâtre (Pl. du) . . . . DY

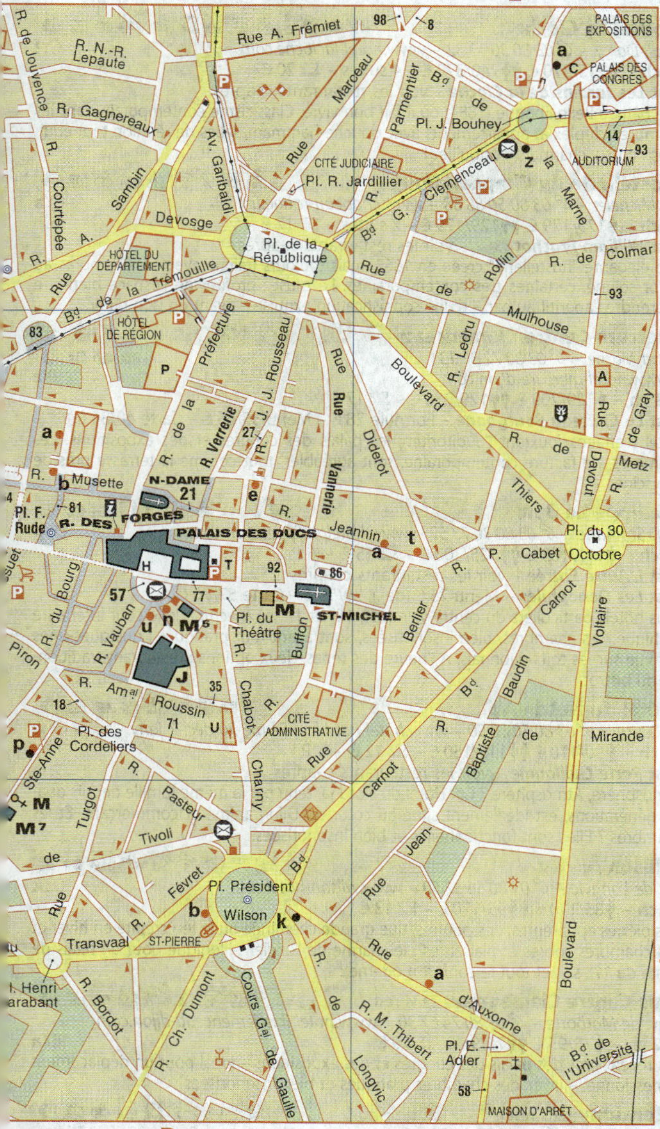
D
E
X
Y
Z
R. de Jouvence
R. N.-R. Lepaute
Rue A. Frémiet
98
8
PALAIS DES EXPOSITIONS
PALAIS DES CONGRÈS
R. Gagnereaux
Marceau
Parmentier
Bd de la Marne
Pl. J. Bouhey
14
93
AUDITORIUM
R. Courtépée
Sambin
Av. Garibaldi
Rue
CITÉ JUDICIAIRE
Pl. R. Jardillier
Clemenceau
R. G.
Devosge
Pl. de la République
HÔTEL DU DÉPARTEMENT
Trémouille
Rue de Rollin
R. de Colmar
Bd de la
HÔTEL DE RÉGION
83
Préfecture
J. J. Rousseau
Rue
de Mulhouse
93
R. Ledru
Boulevard
A
Rue Davout
Rue de Gray
R. de la
R. Verrerie
27
Rue Vannerie
Diderot
R. de Thiers
Metz
R. Musette
N-DAME
21
Pl. F. Rude
81
R. DES FORGES
PALAIS DES DUCS
Jeannin
Pl. du 30 Octobre
P. Cabet
H
T
92
86
57
77
M
ST-MICHEL
Pl. du Théâtre
Buffon
Berlier
Carnot
Voltaire
R. du Bourg
R. Vauban
M5
Piron
J
R. Amal Roussin
35
18
71
Chabot
CITÉ ADMINISTRATIVE
Bd Baudin
R. Baptiste
de Mirande
Pl. des Cordeliers
Ste-Anne
Charny
Rue Carnot
M
M7
Turgot
R. Pasteur
Tivoli
Jean-
Février
Pl. Président Wilson
Rue
Rue
Transvaal
ST-PIERRE
R. Bordot
Ch. Dumont
Cours Gal de Gaulle
R. de Longvic
R. M. Thibert
d'Auxonne
Pl. E. Adler
Boulevard
Bd de l'Université
58
MAISON D'ARRÊT

Sofitel La Cloche
14 pl. Darcy – 03 80 30 12 32 – www.hotel-lacloche.com CYf
64 ch – 215/370 € 240/370 € – 4 suites – 20 €
Rest *Les Jardins de la Cloche* – voir les restaurants ci-après
Une bâtisse Belle Époque (1884) où il fait bon vivre. Classicisme contemporain dans les chambres, duplex et appartements avec douche-hammam, salles de réunion tout équipées : cossu, charmant et douillet !

Hostellerie du Chapeau Rouge
5 r. Michelet – 03 80 50 88 88 – www.chapeau-rouge.fr CYa
29 ch – 129/179 € 129/179 € – 2 suites – 17 €
Rest *William Frachot* – voir les restaurants ci-après
Une élégante "hostellerie" créée en 1863, mais toujours fraîche avec ses chambres au décor soigné, certaines très contemporaines. Le must : profiter de l'espace bien-être et prendre l'apéritif au bar – d'une sophistication exquise – avant un bon dîner.

Mercure-Centre Clemenceau
22 bd Marne – 03 80 72 31 13 – www.hotel-mercure-dijon.com EXz
123 ch – 129/209 € 129/250 € – 17 €
Rest *Le Château Bourgogne* – Formule 28 € – Menu 35/65 € – Carte 40/84 €
Hôtel d'affaires jouxtant l'auditorium, les palais des congrès et des expositions. Les chambres, de facture contemporaine, sont agréables, tout comme la terrasse près de la piscine.

Philippe Le Bon
18 r. Ste-Anne – 03 80 30 73 52 – www.hotelphilippelebon.com DYp
41 ch – 112/165 € 125/300 € – 15 € – ½ P
Rest *L'Autre Entrée* – voir les restaurants ci-après
Rest *Les Oenophiles* – Menu 25 € (déj.), 39/59 € – Carte 57/70 €
Trois hôtels particuliers du centre-ville (15e, 16e et 17e s.) avec une jolie cour intérieure gothique. Les chambres, bien insonorisées, sont avant tout pratiques ; quelques-unes ont vue sur les toits dijonnais. À l'heure des repas, deux options : restaurant traditionnel ou bistrot.

Hôtel du Nord
pl. Darcy – 03 80 50 80 50 – www.hotel-nord.fr – Fermé 20 déc.-7 janv. CYw
27 ch – 90/110 € 115/150 € – 12 € – ½ P
Rest *Porte Guillaume* – voir les restaurants ci-après
Atmosphère, Atmosphère ? Cet Hôtel du Nord-là, tenu par la même famille depuis quatre générations, est idéalement situé au cœur du Dijon animé et commerçant. Et les chambres ? Elles sont fonctionnelles et bien insonorisées.

Wilson sans rest
1 r. de Longvic – 03 80 66 82 50 – www.wilson-hotel.com DZk
27 ch – 85/110 € 95/110 € – 13 €
Des pierres apparentes, des poutres, une grande cheminée où le feu crépite en hiver et des chambres sobres et plaisantes : le charme de l'ancien – logique pour un relais de poste du 17e s. – et tout le confort moderne !

Ibis-Centre Clemenceau sans rest
2 av. de Marbotte – 03 80 74 67 30 – www.hotel-ibisclemenceau-dijon.com EXa
102 ch – 75/95 € 75/95 € – 9 €
Ibis récent près des palais des congrès et des expositions – idéal pour un déplacement professionnel –, avec des chambres pratiques et bien insonorisées.

Montigny sans rest
8 r. Montigny – 03 80 30 96 86 – www.hotelmontigny.com – Fermé 22 déc.-7 janv. CYe
28 ch – 59/61 € 64/66 € – 8 €
Non loin du centre-ville, avec un parking fermé. Les chambres, d'une tenue irréprochable, sont fonctionnelles et bien insonorisées. Simple, accueillant et pratique !

Victor Hugo sans rest
23 r. Fleurs – 03 80 43 63 45 – www.hotelvictorhugo-dijon.com CXb
23 ch – 41 € 53/58 € – 6 €
Petit hôtel dans une rue calme et résidentielle, à cinq minutes à pied du centre-ville. Les chambres, sobres mais très bien tenues, sont plus spacieuses côté cour... Quant aux prix, ils sont vraiment attractifs.

Le Pré aux Clercs (Jean-Pierre et Alexis Billoux) avec ch
13 pl. de la Libération – ✆ 03 80 38 05 05 – www.jeanpierrebilloux.com – Fermé 11-22 août et 17-28 fév. DYn
5 ch – 120/150 € 180/330 € – 19 €
Rest *(fermé dim. soir et lundi sauf fériés)* – Menu 32 € (déj. en sem.), 54/98 € – Carte 75/115 €
Au rythme des saisons, les Billoux père et fils composent une partition culinaire d'un beau classicisme, où pointe aussi la fantaisie. Décor signé Hardouin-Mansart pour les scènes d'extérieur (la terrasse donnant sur la belle place de la Libération) ; raffinement cossu à l'intérieur... Un opéra de saveurs ! Pour prolonger l'étape, cinq chambres contemporaines.
➜ Langoustines rôties, jus à la badiane et foie gras chaud de canard. Lièvre à la royale. Tube cacao, confiture de lait, émulsion caramel et nougatine de noisettes.

Stéphane Derbord
10 pl. Wilson – ✆ 03 80 67 74 64 – www.restaurantstephanederbord.fr – Fermé 28 juil.-16 août, 2-7 janv., 17-25 fév., dim. et lundi DZb
Rest – Menu 28 € (déj. en sem.), 53/102 € – Carte 80/100 €
Dans cet élégant restaurant contemporain, Stéphane Derbord revisite avec brio la cuisine régionale et du marché. Ses mets s'allient avec finesse et précision, en écho à une très belle cave (millésimes anciens et grands crus).
➜ Tomates farcies aux escargots de Bourgogne, gelée de tomate chaude. Sandre mariné à la sarriette et huile de citron. Dacquoise au pain d'épice et confiture de cassis, crémeux et sorbet cassis. **Vins** Marsannay, Saint-Aubin.

La Dame d'Aquitaine
23 pl. Bossuet – ✆ 03 80 30 45 65 – www.ladamedaquitaine.fr – Fermé le midi du 20 juil. au 20 août, lundi midi et dim. CYm
Rest – Menu 22 € (déj. en sem.), 31/46 € – Carte 47/73 €
Des voûtes, des arcs, des jeux de lumière dans une crypte du 13e s. et une cuisine classique, pour les amateurs de... classicisme.

Les Jardins de la Cloche – Hôtel Sofitel La Cloche
14 pl. Darcy – ✆ 03 80 30 12 32 – www.hotel-lacloche.com
Rest – Formule 27 € – Menu 36/48 € bc – Carte 65/100 € CYf
Makis de mangue et concombre, ravioles de volaille, croustillant au spéculos... Une cuisine dans l'air du temps pour une table d'affaires élégante, avec une jolie terrasse. Et le dimanche, on brunche !

William Frachot – Hostellerie du Chapeau Rouge
5 r. Michelet – ✆ 03 80 50 88 88 – www.chapeau-rouge.fr – Fermé 1er-21 janv., dim. et lundi CYa
Rest – Menu 39 € (déj.), 50/115 € – Carte 82/101 €
Un décor contemporain qui puise aux sources de la nature, très minéral et très végétal, orné notamment de troncs d'arbre... Un bel écrin pour la cuisine de William Frachot, éprise d'essentiel, inspirée, voyageuse et aboutie. Écorce des saveurs, saveurs corsées !
➜ Ris de veau, fèves et pamplemousse, mousse carbonara. Pièce de veau, jus aux morilles. Fraises dans une boule de sucre, mousse de fraise et sorbet basilic. **Vins** Meursault, Gevrey-Chambertin.

La Maison des Cariatides
28 r. Chaudronnerie – ✆ 03 80 45 59 25 – www.lamaisondescariatides.fr – Fermé 2 sem. en août, dim. et lundi DYe
Rest – Formule 21 € – Menu 35 € (déj. en sem.)/49 € – Carte 44/82 € le soir
Dans cette belle maison (1603) du quartier des antiquaires, la salle évoque... un loft très contemporain : le contraste séduit ! Quant à la cuisine, fraîche et bien dans notre époque, elle se révèle soignée et s'accompagne de bons bourgognes à prix raisonnable.

Au 3 Vauban
3 r. Vauban – ✆ 03 80 30 28 09 – www.au3vauban.com – Fermé 4-19 août, 1er-8 janv., 1 sem. vacances de fév., lundi soir, mardi soir, merc. soir et dim.
Rest – Formule 19 € – Menu 25 € (déj.), 35/70 € – Carte 48/60 € DYu
Un lieu baroque et cosy tout près du palais ducal, idéal pour savourer une cuisine fraîche et parfumée. Millefeuille de tartare de tomates vertes et jaunes, filet de canette et sa polenta, chariot de desserts... Un bon fortifiant que ce Vauban !

XX **Porte Guillaume** – Hôtel du Nord
pl. Darcy – ✆ 03 80 50 80 50 – www.hotel-nord.fr – Fermé 20 déc.-7 janv.
Rest – Formule 23 € – Menu 27/45 € – Carte 31/58 € CYw
Une table de tradition vraiment intemporelle ! Œufs en meurette, coq au vin, poire pochée à la vanille... et il y a même un bar à vins dans le caveau voûté, qui ravira les amateurs de bourgognes.

XX **Ma Bourgogne**
1 bd P. Doumer – ✆ 03 80 65 48 06 – Fermé 1 sem. vacances de printemps, 3 sem. en août, sam. et dim. Be
Rest *(déj. seult) (nombre de couverts limité, réserver)* – Formule 20 € – Menu 27/31 € – Carte 36/45 €
Ma Bourgogne : tout est dit ! On savoure de bonnes spécialités régionales préparées dans les règles de l'art, ainsi que de jolis plats traditionnels.

X **Le Petit Vatel**
73 r. d'Auxonne – ✆ 03 80 65 80 64 – Fermé sam. midi et dim. sauf fériés
Rest – Formule 17 € – Menu 31/44 € – Carte 51/63 € EZa
Restaurant de quartier sympathique, rustique et accueillant ; la carte est traditionnelle – référence au célèbre Vatel oblige ! – et le pain est fait maison.

X **La Fringale**
53 r. Jeannin – ✆ 03 80 67 69 37 – Fermé août, lundi soir et dim. EYa
Rest – Formule 15 € – Menu 18/28 € – Carte 32/89 €
Une belle cuisine de la mer avec de bons poissons frais en arrivage direct de Guilvinec, des desserts maison simples mais bien faits : pour remédier à une fringale, cette institution dijonnaise est tout indiquée ! Déco contemporaine.

X **DZ'envies**
12 r. Odebert – ✆ 03 80 50 09 26 – www.dzenvies.com – Fermé 1er-15 janv. et dim.
Rest – Formule 16 € – Menu 18 € (déj.), 20/36 € – Carte 30/44 € DYa
Sur la place du marché – où se tient un excellent marché ! –, une table contemporaine aux airs de cantine épurée et branchée. Au menu, une agréable cuisine de notre temps à prix raisonnable.

X **Chez Septime**
11 av. Junot – ✆ 03 80 66 72 98 – www.chezseptime.fr – Fermé 3-15 août, dim. et lundi Bn
Rest – Formule 14 € – Menu 19 € (déj. en sem.) – Carte environ 37 €
Un cadre très tendance (avec Superman qui vole sur un mur), une cuisine du moment à base de produits frais, une belle sélection de vins au verre : ce restaurant contemporain attire les branchés comme les gourmets !

X **Masami**
79 r. Jeannin – ✆ 03 80 65 21 80 – www.restaurantmasami.com – Fermé 2 sem. en août et dim. EYt
Rest – Formule 15 € – Menu 19 € (déj.), 24/49 € – Carte 28/52 €
Un petit restaurant japonais au cadre épuré, où l'on savoure une cuisine nippone authentique à prix raisonnable. Sashimis, glace maison au thé vert matcha... La carte est savoureuse et, pour ne rien gâcher, l'accueil se révèle très sympathique.

X **L'Autre Entrée** – Hôtel Philippe Le Bon
18 r. Ste-Anne – ✆ 03 80 30 53 55 – www.hotelphilippelebon.com – Fermé lundi
Rest – Formule 15 € – Menu 19 € – Carte 25/45 € DYp
Un bistrot convivial et très tendance, pour se retrouver entre amis autour d'un cocktail ou d'un verre de vin, de tapas, d'assiettes charcutières et d'autres petits plats...

X **Victor & Gustave**
26 r. Odebert – ✆ 03 80 30 77 13 – Fermé dim. et lundi DYb
Rest – Formule 12 € – Carte 30/40 €
Dans ce bistrot de poche sur la place du marché, face aux halles, le jeune chef sait cuisiner et cela se sent ! Sa carte est courte, bien ficelée et s'accompagne d'une formule du jour et d'un bon choix de vins au verre.

au Parc de la Toison d'Or **5 km au Nord par D 974 – ✉ 21000 Dijon**

Holiday Inn
1 pl. Marie de Bourgogne – ✆ 03 80 60 46 00 – www.holidayinn.com **Br**
100 ch – †139/189 € ††139/189 € – ☕ 17 €
Rest *(fermé sam. midi et dim. midi)* – Menu 24 € (déj.)/49 € – Carte 35/60 €
Un Holiday Inn de facture contemporaine, derrière le centre commercial de la Toison-d'Or. Idéal pour la clientèle d'affaires et très pratique sur le chemin du nouveau tramway.

à Chenôve **6 km par ⑥ – 14 111 h. – alt. 263 m – ✉ 21300**

L'Escargotière
120 av. Roland-Carraz – ✆ 03 80 54 04 04 – www.hotel-escargotiere.fr – Fermé 20 déc.-3 janv.
41 ch – †66/71 € ††69/75 € – 3 suites – ☕ 9 € – ½ P
Rest *La Véranda* – voir les restaurants ci-après
Un hôtel d'affaires en bord de route, avec des chambres pratiques et bien insonorisées, ainsi qu'un agréable restaurant. Parfait pour les séminaires.

Le Clos du Roy
35 av. du 14-Juillet – ✆ 03 80 51 33 66 – www.restaurant-closduroy.com – Fermé 5-26 août, merc. soir, dim. soir et lundi
Rest – Formule 19 € – Menu 26/61 € – Carte 54/63 €
Un restaurant simple et lumineux dans le quartier dit des "Grands-Crus" – proximité de la route des vins oblige. Le chef y concocte une cuisine gastronomique très personnelle et ne travaille que des produits de toute première fraîcheur.

Auberge du Clos du Roy
2 pl. Anne Laprévote – ✆ 03 80 27 17 39 – www.aubergeduclosduroy.com – Fermé 2-25 août, dim. et le soir sauf vend. et sam.
Rest – Formule 16 € – Carte 25/38 €
Mais qu'est devenu le café de la place du village ? Un néobistrot fort sympathique, entre poutres, vieilles pierres, cuisine canaille et petits plats de tradition. Les prix sont sages, la carte des vins 100 % locale... c'est généreux et bon !

La Véranda – Hôtel L'Escargotière
120 av. Roland-Carraz – ✆ 03 80 54 04 04 – www.hotel-escargotiere.fr – Fermé 20 déc.-3 janv.
Rest – Formule 17 € – Menu 22 € – Carte 27/40 €
Un restaurant aux airs de jardin d'hiver, où l'on savoure une sympathique cuisine traditionnelle... Les grillades, plats à la broche et autres escargots tiennent une place de choix.

à Marsannay-la-Côte **8 km par ⑥ – 5 095 h. – alt. 275 m – ✉ 21160**

41, rue de Mazy, ✆ 03 80 52 27 73, www.ot-marsannay.com

Les Gourmets
8 r. Puits-de-Têt, (près de l'église) – ✆ 03 80 52 16 32 – www.les-gourmets.com – Fermé 22 juil.-7 août, lundi et mardi
Rest – Formule 19 € bc – Menu 27/89 € – Carte 60/76 €
À l'ombre du clocher de ce joli village de la côte de Nuits se cachent ces beaux Gourmets : on s'y régale d'une cuisine goûteuse, fraîche et très soignée. À noter : la formule (au déjeuner en semaine) à prix très doux...

à Talant **4 km – 11 638 h. – alt. 354 m – ✉ 21240**

Table d'orientation ≤★.

La Bonbonnière sans rest
24 r. Orfèvres, (au vieux village) – ✆ 03 80 57 31 95 – www.labonbonnierehotel.fr **As**
20 ch – †85/95 € ††85/100 € – ☕ 11 €
Dans un charmant village à quelques minutes du centre de Dijon, ce petit hôtel familial domine la ville et le lac Kir. Chambres spacieuses et bien tenues, agréable jardin... Une étape sympathique !

à Velars-sur-Ouche 11 km par ⑦et A 38 – 1 719 h. – alt. 280 m – ✉ 21370

XX **L'Auberge Gourmande**

17 allée de la Cude – ✆ 03 80 33 62 51 – www.auberge-velars.com – Fermé 16 août-13 sept., 2-18 janv., dim. soir, mardi et merc.

Rest – Menu 20 € (sem.), 29/54 € – Carte 29/55 €

Une auberge de campagne comme on les aime ! L'atmosphère est cossue et chaleureuse ; la cuisine du terroir, bien généreuse, fait honneur aux saisons... et les patrons – de vrais passionnés d'œnologie – savent dénicher de bons vins.

à Prenois 12 km par ⑧par D 971 et D 104 – 404 h. – alt. 485 m – ✉ 21370

XXX **Auberge de la Charme** (Nicolas Isnard et David Le Comte)

12 r. de la Charme – ✆ 03 80 35 32 84 – www.aubergedelacharme.com – Fermé 21-30 déc., dim. soir, lundi et mardi

Rest *(réserver)* – Menu 31 € bc (déj. en sem.), 45/85 €

Dans un village réputé gourmand, cette ancienne forge en pierre cultive un esprit jeune et frais. À quatre mains, les propriétaires réalisent une cuisine du marché délicate, spontanée et inventive... à découvrir dans un menu surprise !

➜ Risotto d'escargots de Bourgogne. Pêche du jour, légumes croquants et émulsion citronnelle. Notre version de la tarte au chocolat. **Vins** Marsannay rosé, Monthélie.

rte de Troyes 4 km par ⑧ – ✉ 21121 Daix

XX **Les Trois Ducs**

5 rte de Troyes – ✆ 03 80 56 59 75 – www.restaurant-lestroisducs.com – Fermé 28 juil.-20 août, 20 déc.-5 janv., sam., dim. et lundi

Rest – Formule 24 € – Menu 26 € (déj.), 33/45 € – Carte 40/55 €

Une élégance très contemporaine, rehaussée de tableaux modernes, pour ce confortable restaurant. À déguster, par exemple : déclinaison autour de la tomate, poisson du marché, charolais snacké... Et ce en terrasse dès les beaux jours.

à Hauteville-lès-Dijon 6 km par ⑧ et D 107F – 1 060 h. – alt. 402 m – ✉ 21121

XX **La Musarde** avec ch — rest, rest,

7 r. des Riottes – ✆ 03 80 56 22 82 – www.lamusarde.fr – Fermé 23 déc.-10 janv.

13 ch – †55/59 € ††70/79 € – ☕ 11 € – ½ P

Rest *(fermé dim. soir, mardi midi et lundi)* – Formule 22 € – Menu 37/79 € bc – Carte 55/74 €

Grand calme, verdure, salle à manger ouverte sur la belle terrasse et le jardin, cuisine traditionnelle... Tout semble réuni pour musarder sans retenue dans cette ferme du 19e s. Chambres simples et bien tenues.

DINAN – 22 Côtes-d'Armor – 309 J4 – 11 039 h. – alt. 92 m – ✉ 22100 10 C2

Bretagne Nord

Paris 400 – Rennes 54 – St-Brieuc 61 – St-Malo 32

9, rue du Château, ✆ 02 96 87 69 76, www.dinan-tourisme.com

La Corbinais Golf Club, à Saint-Michel-de-Plélan, La Corbinais, O : 15 km, ✆ 02 96 27 64 81

de Saint-Malo, à Le Tronchet, rte de Dol-de-Bretagne : 19 km, ✆ 02 99 58 96 69

de Trémereuc, à Trémereuc, 14 rue de Dinan, par rte de Dinard : 11 km, ✆ 02 96 27 10 40

Vieille ville★★ : Tour de l'Horloge ✳★★ **R**, Jardin anglais ≤★★, place des Merciers★ BZ , rue du Jerzual★ BY, - Promenade de la Duchesse-Anne ≤★, Tour du Gouverneur ≤★★, Tour Ste-Catherine ≤★★ - Château★ : ✳★.

Jerzual

26 quai Talards, (au port) – ✆ 02 96 87 02 02 – www.bestwesterndinan.fr

52 ch – †90/210 € ††90/210 € – ☕ 14 € – ½ P BYb

Rest *Jerzual* – voir les restaurants ci-après

Face au port, au bord de la Rance, un hôtel très confortable : derrière la façade traditionnelle (pierre et ardoise), les chambres se révèlent spacieuses, contemporaines et feutrées. Un ensemble parfaitement tenu et fort plaisant.

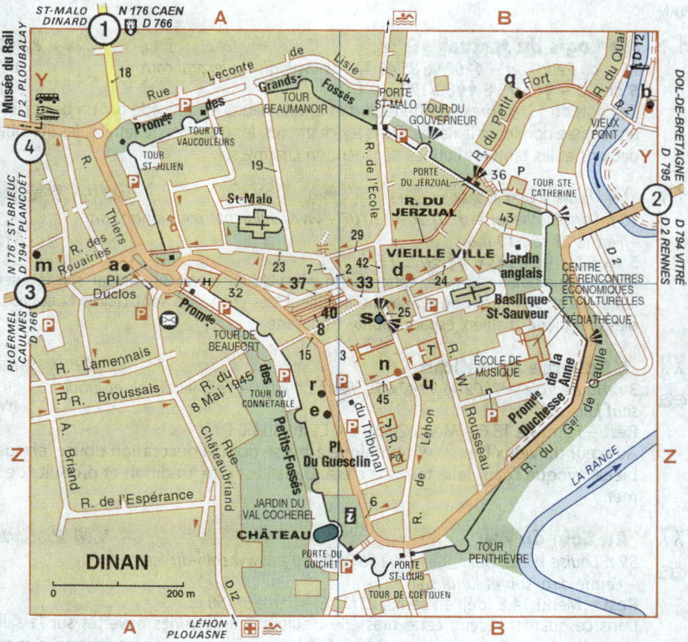

Apport (R. de l')	ABY	2	Garaye (R. Comte de la)	AY	19	Michel (R.)	BY	36
Champ Clos (Pl. du)	ABZ	3	Grande-R.	AY	23	Mittrie (R. de la)	AZ	37
Château (R. du)	BZ	6	Haute-Voie (R.)	BY	24	Petit-Pain (R. du)	AZ	40
Cordeliers (Pl. des)	AY	7	Horloge (R. de l')	BZ	25	Poissonnerie (R. de la)	BY	42
Cordonnerie (R. de la)	AZ	8	Lainerie (R. de la)	BY	29	Rempart (R. du)	BY	43
Ferronerie (R. de la)	AZ	15	Marchix (R. du)	AYZ	32	Ste-Claire (R.)	BZ	45
Gambetta (R.)	AY	18	Merciers (Pl. des)	BYZ	33	St-Malo (R.)	BY	44

Le d'Avaugour sans rest

1 pl. du Champ Clos – ✆ 02 96 39 07 49 – www.avaugourhotel.com – Ouvert 1er mars-31 oct. AZ**r**

24 ch – †90/190 € ††90/190 € – ☕ 15 €

Cette belle bâtisse en pierre du pays, adossée aux remparts de la ville, abrite de jolies chambres, décorées dans un style simple et romantique d'esprit breton. Aux beaux jours, on prend son petit-déjeuner dans le charmant jardin fleuri.

Le Challonge sans rest

29 pl. Duguesclin – ✆ 02 96 87 16 30 – www.hotel-dinan.fr AZ**e**

18 ch – †66/72 € ††77/88 € – ☕ 10 €

En centre-ville, cet hôtel à la longue façade classique vous accueille chaleureusement. Les chambres, confortables et bien insonorisées, ont un petit air british.

Arvor sans rest

5 r. Pavie – ✆ 02 96 39 21 22 – www.hotelarvordinan.com – Fermé 2-31 janv. BZ**u**

24 ch – †66/95 € ††75/115 € – ☕ 9 €

Un portail Renaissance sculpté donne accès à ce bâtiment du 18e s. – rénové en 2012 – qui fut autrefois un couvent et cultive aujourd'hui une charmante simplicité. Les chambres comme le salon sont décorés avec des meubles chinés chez les antiquaires.

Ibis sans rest

1 pl. Duclos – ✆ 02 96 39 46 15 – www.ibis.com AY**a**

62 ch – †60/105 € ††60/105 € – ☕ 9 €

Fonctionnel et récemment rénové, un hôtel bien placé, à proximité des remparts et du château, disposant de chambres spacieuses et climatisées.

Le Logis du Jerzual sans rest

25 r. du Petit-Fort – 02 96 85 46 54 – www.logis-du-jerzual.com BYq

5 ch – 65/75 € 80/120 €

Ce Logis du 15e s., dressé entre le port et la ville haute, est précédé par un beau jardin en terrasse dominant la Rance. Dans les chambres, les meubles de famille, les lits à baldaquins et les tentures fleuries dégagent un charme sûr.

La Villa Côté Cour sans rest

10 r. Lord-Kitchener – 02 96 39 30 07 – www.villa-cote-cour-dinan.com – Fermé 23 fév.-10 mars AYm

5 ch – 69/233 € 89/239 €

Dans le quartier de la gare, cette charmante villa en granit séduit par son intérieur lumineux et son jardin où embaume un tilleul. Les chambres sont claires et confortables (baignoires balnéo, espace sauna). Reposant.

L'Auberge du Pélican

3 r. Haute Voie – 02 96 39 47 05 – Fermé 4 janv.-4 fév., jeudi soir et lundi sauf juil.-août BYd

Rest – Formule 13 € – Menu 20/59 € – Carte 30/60 €

Au cœur du vieux Dinan, sympathique adresse dont la décoration douce, en tons bleus, évoque l'eau. Jolie terrasse d'été. Dans l'assiette, tradition et produits de la mer.

Au Coin du Feu

39 r. Louise Weiss, par ③ – 02 96 85 02 90 – www.coin-du-feu.com – Fermé dim. soir et lundi soir

Rest – Menu 14 € (déj. en sem.), 25/35 € – Carte 38/58 €

Dans ce quartier récent, cette brasserie d'aujourd'hui (cuisines ouvertes sur la salle, four à bois) a vite conquis son public grâce à sa copieuse cuisine traditionnelle et son atmosphère conviviale.

Jerzual – Hôtel Jerzual

26 quai Talards, (au port) – 02 96 87 02 02 – www.bestwesterndinan.fr

Rest – Formule 15 € – Menu 21/28 € – Carte 28/42 € BYb

Brandade de haddock, bar grillé à l'huile d'olive, carré de veau et sa poêlée de champignons... Dans ce chaleureux restaurant où le bois domine, le chef concocte une bonne cuisine traditionnelle et renouvelle sa carte avec les saisons.

Le Cantorbery

6 r. Ste-Claire – 02 96 39 02 52 – Fermé 1er-15 mars, 15-30 nov., dim. de nov. à mars et merc. de mars à juin et de sept. à oct. BZn

Rest – Menu 17 € (déj.), 28/39 € – Carte 35/55 €

Maison de ville du 17e s. abritant une salle rustique où rôtissent les grillades dans la grande cheminée en pierre (à l'étage, pièce avec boiseries d'époque). Plats traditionnels.

DINARD – **35 Ille-et-Vilaine** – **309** J3 – **10 724 h.** – **alt. 25 m** – **Casino** BY **10** C1
– **35800** Bretagne Nord

Paris 408 – Dinan 22 – Dol-de-Bretagne 31 – Rennes 73

de Dinard-Pleurtuit-St-Malo 02 99 46 18 46, 5 km par ①.

2, boulevard Féart, 02 99 46 94 12, www.ot-dinard.com

Dinard Golf, à Saint-Briac-sur-Mer, Boulevard de la Houle, O : 7 km, 02 99 88 32 07

de Tréméreuc, à Tréméreuc, 14 rue de Dinan, par rte de Dinan : 6 km, 02 96 27 10 40

Pointe du Moulinet ≤★★ - Grande Plage ou Plage de l'Écluse★ - Promenade du Clair de Lune★ - Pointe de la Vicomté★★ - La Rance★★ en bateau - St-Lunaire : pointe du Décollé ≤★★ et grotte des Sirènes★ 4,5 km par ② - Usine marémotrice de la Rance : digue ≤★ SE : 4 km.

Pointe de la Garde Guérin★ : ✳★★ par ② : 6 km puis 15 mn.

DINARD

Abbé-Langevin (R.) . . . . AY 2
Albert-1er (Bd). . . . . BY 3
Anciens Combattants
(R. des) . . . . AZ 5
Barbine (R. de) . . . . AZ 7
Boutin (Pl. J.). . . . . BY 9
Clemenceau (R. G.) . . . . BY 10
Coppinger (R.). . . . . BY 12
Corbinais (R. de la) . . . . AZ 13
Croix-Guillaume (R.) . . . . AZ 15
Douet-Fourche (R. du) . . . . . AZ 17
Dunant (R. H.) . . . . AY 19
Féart (Bd) . . . . BYZ
Français-Libres (R.) . . . . . . ABZ 22
Gaulle (Pl. du Gén.-de) . . . . . BZ 25
Giraud (Av. du Gén.) . . . . BZ 26
Leclerc (R. Mar.). . . . . BYZ 28
Levasseur (R.). . . . . BY 29
Lhotelier (Bd). . . . . AY 31
Libération (Bd de la) . . . . AZ 32
Malouine (R. de la) . . . . BY 34
Mettrie (R. de la). . . . . BZ 35
Pionnière (R. de la). . . . . . . ABY 38
Prés.-Wilson
(Bd) . . . . BY 40
Renan (R. E.) . . . . AY 43
République (Pl. de la) . . . . . . BY 44
St-Lunaire (R. de) . . . . AY 48
Vallée (R. de la). . . . . BYZ 50
Verney (R. Y.). . . . . BY 52

Grand Hôtel Barrière de Dinard

46 av. George-V – ✆ 02 99 88 26 26
– www.lucienbarriere.com – Ouvert 22 mars-17 nov. BYv
89 ch – 170/520 € 170/520 € – 25 € – ½ P
Rest *Le Blue B* – voir les restaurants ci-après
Rest *333 Café* *(déj. seult)* – Formule 20 € – Carte 35/50 €
Ce "grand hôtel" du 19e s., qui domine la promenade maritime du Clair-de-Lune, accueille les stars de cinéma lors du Festival du film britannique. Décor soigné, chambres sobres et raffinées : un endroit cosy.

Royale Emeraude sans rest
1 bd Albert-1er – ✆ 02 99 46 19 19 – www.royalemeraudedinard.com BYa
47 ch – 124/438 € 139/438 € – 20 €
Agatha Christie aurait adoré ce bel hôtel en pierre et brique rouge de 1876 ! On y verrait d'ailleurs très bien Hercule Poirot ou Miss Marple y dénouer une intrigue. D'autant plus que certaines chambres se déclinent sur les thèmes de l'Inde ou de l'Orient-Express. Sans parler du salon : "so British" !

Novotel Thalassa rest,
1 av. du Château Hébert – ✆ 02 99 16 78 10
– www.accorthalassa.com – Fermé 1er-25 déc. AYr
173 ch – 145/290 € 145/290 € – 19 € – ½ P
Rest – Formule 22 € – Menu 31 € – Carte 29/62 €
Sur la pointe de St-Énogat – quel cadre ! –, cet hôtel dispose d'un superbe centre de thalassothérapie ; repos dans des chambres contemporaines, ou façon chalet dans l'aile annexe. Cuisine diététique les yeux rivés sur la Manche : telle est la carte du restaurant.

Villa Reine Hortense sans rest
19 r. Malouine – ✆ 02 99 46 54 31 – www.villa-reine-hortense.com
– Ouvert début avril à début oct. BYe
7 ch – 160/260 € 160/260 € – 1 suite – 18 €
Toute la splendeur de la Belle Époque revit dans cette villa typique de la "perle" de la Côte d'Émeraude. Les chambres, élégantes et luxueuses, regardent la plage.

La Vallée
6 av. George V – ✆ 02 99 46 94 00 – www.hoteldelavallee.com
– Fermé 6 janv.-13 fév. BYg
23 ch – 80/180 € 80/180 € – 14 € – ½ P
Rest *(fermé dim. soir, lundi et mardi sauf juil.-août et fériés)* – Formule 22 € – Menu 29/43 € – Carte 39/57 €
Bâtisse au charme typique des stations balnéaires. Les chambres, élégantes et contemporaines, arborent une couleur différente selon l'étage (rouille, turquoise, vert anis). Au restaurant, cap sur les produits de la mer et les petits plats bistrotiers.

Crystal sans rest
15 r. Malouine – ✆ 02 99 46 66 71 – www.crystal-hotel.com BYn
19 ch – 85/150 € 85/150 € – 12 €
Les chambres de cet hôtel des années 1970 sont vastes et bien tenues, certaines avec vue sur la plage et la pointe de la Malouine.

Balmoral sans rest
26 r. du Mar.-Leclerc – ✆ 02 99 46 16 97 – www.hotel-dinard-balmoral.com
29 ch – 65/119 € 65/119 € – 10 € BYt
Petit immeuble des années 1900 joliment mis en valeur, frais et pimpant. Les chambres sont sobres, claires et bien équipées. Accueil aimable et tenue exemplaire.

Le Blue B – Grand Hôtel Barrière de Dinard
46 av. George-V – ✆ 02 99 88 26 26 – www.lucienbarriere.com
– Ouvert 22 mars-17 nov. BYv
Rest *(dîner seult)* – Menu 29 € (sem.), 40/50 € – Carte 45/110 €
Moulures, grand miroir : l'élégance du Second Empire revue et corrigée par le décorateur Jacques Garcia. C'est dans ce cadre opulent qu'on savoure la belle cuisine du moment du chef et... la vue sur la mer.

Didier Méril avec ch rest,
1 pl. Gén.-de-Gaulle – ✆ 02 99 46 95 74 – www.restaurant-didier-meril.com
6 ch – 65/85 € 65/160 € – 12 € – ½ P BZn
Rest – Formule 22 € – Menu 29 € (sem.), 35/75 € – Carte 53/103 €
Si vous aimez les beaux paysages, installez-vous dans la salle panoramique de ce restaurant : la vue sur la baie du Prieuré y est superbe ! Les yeux rivés sur le large, les gourmands apprécient la cuisine traditionnelle du chef. Chambres cosy à l'étage.

à St-Lunaire 5 km par ② par D786 – 2 309 h. – alt. 20 m – ✉ 35800

72, boulevard du Général-de-Gaulle, ✆ 02 99 46 31 09, www.saint-lunaire.com

Villa Christilla sans rest
319 bd de la Plage – ✆ 02 99 16 62 71 – www.villa-christilla.fr – Ouvert de mi-mars à mi-nov.
4 ch – 95/125 € 105/135 €
Non loin d'une jolie plage, une villa construite à la fin du 19e s. par un marin cap-hornier. Tout l'esprit d'une maison de maître version bord de mer : un bel endroit, particulièrement dans les chambres nichées sous les toits ! Et ses propriétaires, originaires du Nord, sauront vous faire partager leur amour de la région...

Le Décollé
1 Pointe-du-Décollé – ✆ 02 99 46 01 70 – www.restaurantdudecolle.com – Fermé 12 nov.-1er fév., merc., jeudi en mars, mardi sauf juil.-août et lundi
Rest *(réserver)* – Formule 19 € – Menu 31/44 € – Carte 40/72 €
La carte fait la part belle aux produits de la mer, tandis que le sobre décor s'efface devant la vue superbe sur la Côte d'Émeraude... L'établissement jouit d'une situation privilégiée sur la pointe du Décollé ! En terrasse, le spectacle est total.

DIOU – 36 Indre – **323** I4 – rattaché à Issoudun

DIRAC – 16 Charente – **324** L6 – 1 513 h. – alt. 147 m – ✉ 16410 **39** C3
Poitou-Charentes
Paris 462 – Angoulême 11 – Périgueux 76 – Poitiers 126

Domaine du Châtelard
– ✆ 05 45 70 76 76 – www.domaineduchatelard.com – Fermé 15-24 oct. et 2-24 janv.
10 ch – 75/143 € 88/153 € – 13 € – ½ P
Rest ***Domaine du Châtelard*** – voir les restaurants ci-après
Des bois, des prairies, un lac... Le domaine est superbe (80 ha) et cette "gentilhommière" pleine de cachet ! Une ode à la vie au grand air et à la nature, des chambres mêlant classicisme et douceur champêtre : une certaine idée du chic.

Domaine du Châtelard
– ✆ 05 45 70 76 76 – www.domaineduchatelard.com – Fermé 15-24 oct., 2-24 janv., dim. soir et lundi sauf juil.-août
Rest – Formule 26 € – Menu 39/59 €
Gaspacho de fenouil, thon en marinade asiatique... Dans cette belle "maison de campagne", le chef choisit bien ses produits et réalise une cuisine dans l'air du temps, fraîche et fine. Le must ? Déjeuner sur la terrasse, avec vue sur le lac.

DISNEYLAND RESORT PARIS – 77 Seine-et-Marne – **312** F2 – **106** 22 – voir à Paris, Environs (Marne-La-Vallée)

DIVES-SUR-MER – 14 Calvados – **303** L4 – rattaché à Cabourg

---

DIVONNE-LES-BAINS – 01 Ain – **328** J2 – 7 926 h. – alt. 486 m – Stat. therm. : fin mars-mi-nov. – Casino – ✉ 01220 Franche-Comté Jura **46** F1
Paris 488 – Bourg-en-Bresse 129 – Genève 18 – Gex 9
4, rue des Bains, ✆ 04 50 20 01 22, www.divonnelesbains.fr
18 de Divonne-les-Bains, Route de Gex, O : 2 km, ✆ 04 50 40 34 11
27 de Maison-Blanche, à Échenevex, SO : 11 km, ✆ 04 50 42 44 42

Le Grand Hôtel sans rest
av. des Thermes – ✆ 04 50 40 34 34
– www.domainedivonne.com
129 ch – 129/380 € 129/380 € – 12 suites – 22 €
Ce "palace" de 1931 se dresse au cœur d'un parc planté d'immenses cèdres. Un cadre très Art déco, style qui domine dans certaines chambres ; d'autres sont plus contemporaines, mais tout aussi raffinées et spacieuses. Casino et golf.

Château de Divonne
115 r. des Bains – 04 50 20 00 32 – www.chateau-divonne.com
29 ch – 185/390 € 185/390 € – 4 suites – 23 € – ½ P
Rest *Château de Divonne* – voir les restaurants ci-après
Perchée au-dessus de la ville, cette imposante demeure du 19e s. se niche au cœur d'un superbe parc arboré. Belle hauteur sous plafond, escalier monumental, mobilier ancien dans les chambres : un style très châtelain !

La Villa du Lac
93 chemin du Chatelard – 04 50 20 90 00 – www.lavilladulac.com
88 ch – 110/155 € 110/155 € – 15 € **Rest** – Menu 20/25 € – Carte 31/43 €
Un ensemble moderne et fonctionnel, au calme, entre lac et ville. Les chambres (toutes avec balcon) sont bien pratiques, sans oublier les salles de séminaire équipées dernier cri et un spa très complet.

Le Jura sans rest
54 r. d'Arbère – 04 50 20 05 95 – www.hotel-divonne.com
21 ch – 73/139 € 80/146 € – 11 €
Un hôtel familial aux chambres bien tenues. Celles de l'annexe sont plus confortables et contemporaines ; elles ont même une terrasse. Le petit-déjeuner est servi dans la véranda... avec vue sur le jardin.

Château de Divonne – Hôtel Château de Divonne
115 r. des Bains – 04 50 20 00 32
– www.chateau-divonne.com
Rest – Formule 29 € – Menu 39 € (déj. en sem.), 76/92 € – Carte 76/97 €
La salle à manger de ce chateau est vraiment élégante mais le point fort reste sa terrasse panoramique, enchanteresse. La cuisine, goûteuse et particulièrement soignée, marie les saveurs du Sud et du Jura.

Le Rectiligne
2981 rte du Lac – 04 50 20 06 13 – www.lerectiligne.fr – Fermé dim. et lundi de sept. à mai
Rest – Formule 29 € – Menu 34 € (déj. en sem.), 45/85 € – Carte 53/92 € le soir
Au bord du lac, cette bâtisse blanche abrite un restaurant résolument moderne. Côté déco, tons pastel, mur d'eau et cave vitrée et, dans l'assiette, même esprit : cuisson à basse température, azote liquide...

Le Pavillon du Golf
av. des Thermes – 04 50 40 34 13 – www.domaine-de-divonne.com – Ouvert de mi-mars à mi-déc. et fermé lundi et mardi de mi-oct. à fin avril
Rest – Menu 27 € (déj.)/37 € – Carte 38/55 €
Cette ancienne ferme borde en effet le parcours de golf. Les lieux sont élégants : cheminée, fleurs fraîches, charmante terrasse... Au menu, une appétissante cuisine actuelle et, pour le déjeuner, une formule plus simple appréciée des golfeurs.

Gourmand'in
76 Grande Rue – 04 50 28 93 02 – coulisses-gourmandes.fr – Fermé 1er-15 août, 1 sem. en janv.
Rest – Formule 14 € – Menu 17 € (déj. en sem.), 30/59 € bc – Carte 33/55 €
Côté rue, le Gourmand'in, un bistrot sympathique et sobre, où le chef concocte une bonne cuisine de tradition. Côté cour, les Coulisses Gourmandes, une école de cuisine ludique.

DIZY – 51 Marne – 306 F8 – rattaché à Épernay

DOLANCOURT – 10 Aube – 313 H4 – 146 h. – alt. 112 m – ✉ 10200 13 B3

Champagne Ardenne
Paris 229 – Châlons-en-Champagne 92 – Saint-Dizier 63 – Troyes 45

Moulin du Landion
5 r. St-Léger – 03 25 27 92 17 – www.moulindulandion.com – Fermé 2-20 janv.
16 ch – 71/119 € 71/119 € – 11 € – ½ P
Rest – Menu 32/45 € – Carte 35/46 €
Dans ce moulin du 17e s. accolé à un bâtiment plus récent, les chambres sont classiques et confortables, avec des balcons donnant sur le parc ou la rivière. Nigloland n'est pas très loin, ce qui ravira les enfants.

DOL-DE-BRETAGNE – 35 Ille-et-Vilaine – 309 L3 – 5 163 h. – alt. 20 m – ✉ 35120 Bretagne Nord 10 D2

Paris 378 – Alençon 154 – Dinan 26 – Fougères 54

5, place de la Cathédrale, ☎ 02 99 48 15 37, www.pays-de-dol.com

des Ormes, Epiniac, S : 9 km par D 795, ☎ 02 99 73 54 44

Cathédrale St-Samson★★ - Cathédraloscope★ - Collection★ du musée Les "Trésors du mariage ancien" - Promenade des Douves : ≤★ - Mont-Dol ✻★ 4,5 km NO par D 155.

Les Ormes

rest, rest,

Domaine des Ormes, 7 km au Sud par rte de Combourg – ☎ 02 99 73 53 40 – www.lesormes.com

45 ch – †70/95 € ††85/115 € – ☕ 12 € – ½ P **Rest** *(dîner seult)* – Carte 30/40 €

Un domaine familial de 200 ha ! Activités sportives et ludiques à foison (équitation, golf, cabanes dans les arbres, etc.) et repos mérité dans des chambres sobres et pratiques. Pause gourmande simple et traditionnelle ; détente au bar, face à la piscine.

à Mont-Dol 3 km au Nord par D 155 – 1 247 h. – alt. 10 m – ✉ 35120

Château de Mont-Dol

1 r. de la Mairie – ☎ 02 99 80 74 24 – www.chateaumontdol.com – Fermé 15 nov.-15 déc. et janv.

5 ch ☕ – ††87/98 € **Table d'hôte** – Menu 36 € bc

Accueil charmant dans cette demeure bourgeoise du 19e s. située entre le Mont-St-Michel et St-Malo. Chambres cosy : mobilier de famille ou chiné. Table tenue par un chef ayant œuvré dans des maisons étoilées ; produits de la mer et légumes du potager à l'honneur.

DOLE – 39 Jura – 321 C4 – 24 906 h. – alt. 220 m – ✉ 39100 16 B2

Franche-Comté Jura

Paris 363 – Beaune 65 – Besançon 55 – Dijon 50

6, place Grévy, ☎ 03 84 72 11 22, www.tourisme-paysdedole.fr

Public du Val d'Amour, à Parcey, Chemin du Camping, S : 9 km par D 405 et N 5, ☎ 03 84 71 04 23

Le Vieux Dole★★ BZ : Collégiale Notre-Dame★ - Grille★ en fer forgé de l'église St-Jean-l'Evangéliste AZ - Le musée des Beaux-Arts★.

Fôret de Chaux★.

Plan page suivante

Au Moulin des Écorces

14 allée du Pont-Roman – ☎ 03 84 72 72 00 – www.aumoulindesecorces.fr

17 ch – †82/107 € ††87/107 € – 1 suite – ☕ 12 € BZa

Rest *(fermé dim. soir et lundi)* – Menu 22/65 € – Carte 40/64 €

Minimaliste et chic ! Ce moulin au bord du Doubs a été restauré avec beaucoup de goût et ses chambres cultivent un bel esprit contemporain. Ici, on peut déjeuner tranquillement sur la terrasse, bercé par le bruissement de l'eau, ou manger sur le pouce (côté bistrot) avant de partir en vadrouille...

La Cloche sans rest

1 pl. Grévy – ☎ 03 84 82 06 06 – www.la-cloche.fr – Fermé 23 déc.-2 janv.

30 ch – †70/120 € ††85/135 € – ☕ 12 € BYv

Stendhal aurait séjourné dans cet hôtel voisin du cours St-Mauris. Les chambres sont très bien tenues et affichent un style actuel et chaleureux.

La Chaumière (Joël Césari) avec ch

ch,

346 av. du Mar.-Juin, 3 km par ③ – ☎ 03 84 70 72 40 – Fermé vacances de la Toussaint et de Noël, dim. sauf hôtel en juil.-août, lundi midi et sam. midi

19 ch – †80/125 € ††90/125 € – ☕ 12 €

Rest – Formule 22 € bc – Menu 36 € (sem.), 56/85 € – Carte 63/90 €

Cachet des pierres apparentes, touches contemporaines et chambres confortables : une élégante auberge du 21e s. La cuisine de Joël Césari, inventive et renouvelée au gré du marché, s'accompagne de beaux vins du Jura, choisis par un sommelier ravi de prodiguer ses conseils avisés.

➜ Escargots, fine gelée de persil et crème glacée à la gentiane. Poularde aux morilles et au vin jaune. Crème brûlée au vin jaune, croquant de morilles et glace aux baies de genièvre. **Vins** Arbois.

DOLE

Arènes (R. des) . . . . ABZ
Besançon (R. de) . . . . BYZ
Béthouart (R. du Gén.) . . . . . BZ 2
Boyvin (R.) . . . . BZ 4
Chifflot (R. L.) . . . . AZ 5
Duhamel (Av. J) . . . . AZ 6
Gouvernement (R. du) . . . . . BY 9
Grande-Rue . . . . BZ 10
Jean-Jaurès (Av.) . . . . BY 13
Juin (Av. du Mar.) . . . . BZ 14
Lattre de Tassigny (Av. du Mar.de) . . . . BY 15
Messageries (R. des) . . . . . . AY 16
Nationale, Charles-de-Gaulle (Pl.) . . . . BZ 17
Parlement (R. du) . . . . BZ 18
Rockefeller (R. J.) . . . . BY 21
Sous-Préfecture (R. de la) . . . . BY 22

La Romanée

13 r. des Vieilles-Boucheries – ✆ 03 84 79 19 05 – www.laromanee.info – Fermé 23-27 déc., 2-24 janv., dim. soir, mardi soir et merc. BZn

Rest – Formule 20 € – Menu 20 € (sem.), 27/43 € – Carte 27/46 €

Cette boucherie de 1717 est pleine de charme (salle voûtée) et le jeune chef, originaire de Guérande, fait la part belle au... poisson, sans pour autant laisser les fous de viande au port.

Le Grévy

2 av. Eisenhower – ✆ 03 84 82 44 42 – Fermé 3-18 août, 21 déc.-1er janv., sam. et dim.

Rest – Formule 16 € – Carte 22/57 € BYt

Banquettes, nappes à carreaux... un bistrot façon bouchon lyonnais. Évidemment, les tripes et autres plats canailles du Rhône et du Jura sont à l'honneur, mais le poisson n'est pas en reste.

Iida-Ya
18 r. Arney – ✆ 03 84 70 98 73 – www.iida-ya.fr – Fermé 17 déc.-6 janv. et lundi
Rest – Formule 15 € – Menu 22 € (dîner), 28/60 € bc – Carte 29/57 € BYb
Sushis, makis, tempura... Dans son restaurant zen et chic – et sous vos yeux –le jeune chef nippon concocte des mets très raffinés ! Belle maîtrise de la tradition, saveurs au top : le pays du Soleil-Levant réveille les papilles de Dole.

à Rochefort-sur-Nenon 7 km par ② par D 673 – 561 h. – alt. 210 m – ✉ 39700

Fernoux-Coutenet
10 r. Barbière – ✆ 03 84 70 60 45 – www.hotelfernoux-coutenet.com – Fermé 27 oct.-4 nov. et 16 déc.-6 janv.
11 ch – †60/64 € ††64/68 € – ☕ 8,50 € – ½ P
Rest *(fermé sam. midi et dim.)* – Formule 13 € – Menu 15 € (déj.)/28 € – Carte 25/50 €
Hôtel familial, simple et fonctionnel, où l'on peut aussi se restaurer d'une sympathique petite cuisine traditionnelle. Les propriétaires sont avenants ; les chambres agréables et bien tenues et il y a même un espace jeu pour les enfants.

à Parcey 8 km par ③ rte de Lons-le-Saunier – 943 h. – alt. 197 m – ✉ 39100

Les Jardins Fleuris
35 Route Nationale 5 – ✆ 03 84 71 04 84 – www.restaurant-jardins-fleuris.com – Fermé 3-16 juil., 13 nov.-3 déc., dim. soir et mardi
Rest – Menu 18/45 € – Carte 33/56 €
Poêlée d'escargots, mignon de cochon, tarte Tatin... Au menu, des recettes traditionnelles, des plats canailles bien ficelés et de la gourmandise. L'accueil est charmant, ce qui ne gâche rien !

à Sampans 6,5 km au Nord par ① – 883 h. – alt. 222 m – ✉ 39100

Château du Mont Joly (Romuald Fassenet) avec ch
6 r. du Mont-Joly – ✆ 03 84 82 43 43 rest, rest, rest,
– www.chateaumontjoly.com – Fermé 24 déc.-17 janv., merc. sauf le soir en juil.-août et mardi
7 ch – †95/155 € ††95/200 € – ☕ 14 €
Rest – Menu 30 € (déj. en sem.), 37 € bc/90 € – Carte 80/90 €
Une maison de maître (18e s.) fort bien nommée... L'élégance et le raffinement contemporain servent à merveille une cuisine de haute volée ; la tradition s'habille de modernité pour révéler toute sa subtilité. Après cette belle émotion culinaire, quel plaisir de prolonger son séjour : les chambres sont très agréables et l'on s'y sent vraiment bien !
➜ Escargots en viennoise de persil, émulsion fenouil et absinthe. Suprême de volaille de Bresse cuite en vessie, morilles à la crème et au vin jaune. Coque framboise et chocolat blanc à la fève tonka. **Vins** Côtes du Jura.

DOLUS-D'OLÉRON – 17 Charente-Maritime – **324** C4 – voir à Île d'Oléron

---

DOMFRONT-EN-CHAMPAGNE – 72 Sarthe – **310** J6 – 978 h. – alt. 131 m – ✉ 72240 35 C1
Paris 216 – Alençon 54 – Laval 77 – Le Mans 20

Midi
33 r. du Mans, D 304 – ✆ 02 43 20 52 04 – www.restaurantdumidi.com – Fermé 15-31 août, 15 fév.-15 mars, lundi, mardi et le soir sauf vend. et sam.
Rest – Menu 12 € (déj.), 20/35 € – Carte environ 33 €
Terrine de campagne maison ; pièce de bœuf au poivre ; paris-brest... Dans cette auberge de village, le chef concocte des recettes traditionnelles dans les règles. Une adresse sympathique.

DOMMARTEMONT – 54 Meurthe-et-Moselle – **307** I6 – rattaché à Nancy

---

DOMME – 24 Dordogne – **329** I7 – 989 h. – alt. 250 m – ✉ 24250 4 D1
Périgord Quercy
Paris 538 – Sarlat-la-Canéda 12 – Cahors 51 – Fumel 50
place de la Halle, ✆ 05 53 31 71 00
La bastide★ : ❋★★★.

XXX **L'Esplanade** avec ch

2 r. Pontcarral – ✆ 05 53 28 31 41 – www.esplanade-perigord.com – Fermé 4 nov.-14 déc., 19 janv.-14 fév., lundi sauf le soir de mai à sept. et merc. midi hors saison

15 ch – 90/160 € 90/160 € – 13 € – ½ P

Rest – Menu 35/70 € – Carte 48/89 €

Une belle demeure ancienne, perchée sur les remparts, avec une terrasse sous les tilleuls. La cuisine est sincère, sans artifice, et fait apprécier les saveurs franches de la tradition. Chambres bourgeoises, certaines avec une jolie vue sur la vallée de la Dordogne.

X **Cabanoix et Châtaigne**

3 r. Geoffroy-de-Vivans – ✆ 05 53 31 07 11 – www.restaurantcabanoix.com – Fermé 1 sem. en juin, 1 sem. en sept., 15 déc.-1er mars, mardi midi, merc. et sam. sauf le soir en juil.-août

Rest – Formule 24 € – Menu 30/54 €

Une vraie carte postale du Périgord... Au cœur de cette superbe bastide, Cabanoix et Châtaigne exalte les charmes de la région. Pour le chef, travailler dans le respect de la terre et des saisons est une priorité. Son tour de main fait le reste : les assiettes débordent de saveurs ! Tout le Périgord... à prix doux.

DOMPAIRE – 88 Vosges – 314 F3 – 1 076 h. – alt. 300 m – ✉ 88270 26 B3

Paris 366 – Épinal 21 – Luxeuil-les-Bains 61 – Nancy 64

XX **Le Commerce** avec ch

pl. Gén. Leclerc – ✆ 03 29 36 50 28 – Fermé 22 déc.-12 janv., dim. soir sauf hôtel et lundi

7 ch – 39/44 € 44/48 € – 7 € – ½ P

Rest – Menu 14 € (déj. en sem.), 22/35 € – Carte 31/43 €

La salle à manger, avec sa grande baie vitrée ouverte sur le jardin, est d'un commerce agréable. Cuisine régionale et produits locaux. Chambres simples et spacieuses pour une étape entre Vittel et Épinal.

DOMPIERRE-SUR-BESBRE – 03 Allier – 326 J3 – 3 184 h. – alt. 234 m – ✉ 03290 6 C1

Paris 324 – Bourbon-Lancy 19 – Decize 46 – Digoin 27

145, Grande Rue, ✆ 04 70 34 61 31, www.ot-valdebesbre.com

XX **Auberge de l'Olive** avec ch

av. de la Gare – ✆ 04 70 34 51 87 – www.auberge-olive.fr – Fermé 22 sept.-7 oct., 2-10 janv., dim. soir de nov. à mars et vend. sauf juil.-août

17 ch – 62 € 62 € – 8 € – ½ P

Rest – Menu 20 € (sem.), 28/51 € – Carte 41/70 €

Au bord de la route, une auberge recouverte de lierre... On y apprécie une cuisine traditionnelle actualisée, à déguster sous la lumineuse véranda ou dans la salle rustique. Chambres confortables et fonctionnelles, non loin du parc d'attractions et animalier du PAL.

DOMPIERRE-SUR-VEYLE – 01 Ain – 328 E4 – 1 208 h. – alt. 285 m – ✉ 01240 Lyon et sa région 44 B1

Paris 439 – Belley 70 – Bourg-en-Bresse 18 – Lyon 58

X **L'Auberge de Dompierre**

7 pl. E Brazier – ✆ 04 74 30 31 19 – www.aubergededompierresurveyle.com – Fermé 1 sem. en avril, 3 sem. en août, 23-31 déc. et sam.

Rest *(déj. seult) (réserver)* – Menu 13 € bc (sem.), 28/38 € – Carte 30/38 €

Sur la place de l'église du village natal d'Eugénie Brazier, cette auberge familiale est tenue par un jeune couple... bien inspiré. Au menu, spécialités de la Dombes et quelques plats ibériques, hommage aux origines du patron.

DONCHERY – 08 Ardennes – 306 L4 – rattaché à Sedan

DONNAZAC – 81 Tarn – 338 D7 – rattaché à Cahuzac-sur-Vère

DONNEMARIE-DONTILLY – 77 Seine-et-Marne – 312 H5 – 2 788 h. – alt. 89 m – ✉ 77520 19 D2

▶ Paris 92 – Créteil 79 – Evry 67 – Melun 46

ℹ boulevard d'Haussonville, ✆ 01 60 67 32 32, www.donnemarie-dontilly.fr

La Croix Blanche N

2 pl. du Marché – ✆ 01 64 60 67 86 – Fermé 3 sem. en juil.-août, 2 sem. en fév., dim. soir de nov. à fév., lundi soir, mardi soir et merc.

Rest – Formule 21 € – Menu 34/55 €

Aucun doute, vous allez marquer votre passage dans ce restaurant d'une croix blanche ! Derrière les fourneaux, le chef met un point d'honneur à utiliser de beaux produits de saison. Dans l'assiette, le goût est au rendez-vous, comme avec ce suprême de volaille aux petits légumes... Une bonne adresse.

DONON (COL DU) – 67 Bas-Rhin – 315 G5 – voir à Col du Donon

DONZENAC – 19 Corrèze – 329 K4 – 2 492 h. – alt. 204 m – ✉ 19270 24 B3

Périgord Quercy

▶ Paris 469 – Brive-la-Gaillarde 11 – Limoges 81 – Tulle 27

ℹ 2, rue des Pénitents, ✆ 05 55 85 65 35, www.tourisme-donzenac-vigeois.fr

Les Pans de Travassac★.

Le Périgord

9 av. de Paris – ✆ 05 55 85 72 34 – Fermé vacances de la Toussaint, vacances de fév., dim. soir, lundi soir et merc.

Rest – Formule 17 € – Menu 22/40 € – Carte 35/50 €

Si vous passez par ce restaurant couvert de vigne vierge, n'hésitez surtout pas à goûter la tête de veau sauce gribiche, c'est l'une des spécialités de la maison et elle est fameuse ! Rustique dans le bon sens du terme.

au Nord-Est sur D 920, près sortie 47 A20, dir. Sadroc

Relais du Bas Limousin

à Lafonsalade – ✆ 05 55 84 52 06 – www.relaisbaslimousin.fr – Fermé 1 sem. en nov., dim. soir sauf en juil.-août et lundi midi

22 ch – †52/80 € ††58/80 € – ☕ 10 € – ½ P

Rest – Formule 13 € – Menu 18 € (déj. en sem.), 26/34 € – Carte 32/58 €

Cette auberge d'inspiration régionale, y compris en cuisine, se trouve en léger retrait de la route Limoges-Brives. L'ensemble est engageant, avec des chambres fonctionnelles, et l'on s'y met en quatre pour la satisfaction des clients.

DONZY – 58 Nièvre – 319 B7 – 1 635 h. – alt. 188 m – ✉ 58220 Bourgogne 7 A2

▶ Paris 203 – Auxerre 66 – Bourges 73 – Clamecy 39

ℹ 18, rue du Général Leclerc, ✆ 03 86 39 45 29, http://officetourismedonziais.com

Le Grand Monarque

10 r. de l'Étape, (près de l'église) – ✆ 03 86 39 35 44 – www.legrandmonarque-donzy.fr – Fermé 2-15 nov. et 2-15 janv.

11 ch – †49/75 € ††58/75 € – ☕ 10 € – ½ P

Rest *(fermé mardi midi, dim. soir et lundi)* – Formule 14 € – Menu 20/27 € – Carte 33/45 €

Dans un paisible village, ancien relais de poste remontant au 16e s. Les chambres sont desservies par un escalier à vis et certaines arborent murs en pierre et ciel de lit. Le restaurant conserve un authentique fourneau à charbon ; plats du terroir.

LE DORAT – 87 Haute-Vienne – 325 D3 – 1 792 h. – alt. 209 m – ✉ 87210 24 B1

Limousin Berry

▶ Paris 369 – Bellac 13 – Le Blanc 49 – Guéret 68

ℹ 17, place de la Collégiale, ✆ 05 55 60 76 81, www.ledorat.reseaudescommunes.fr

Collégiale St-Pierre★★.

La Marmite

29 av. de la Gare – ✆ 05 55 60 66 94 – www.restaurant87-lamarmite.com – Fermé 27 sept.-6 oct., 24-29 déc., mardi et merc.

Rest – Menu 12/36 € – Carte 30/40 €

Une maison d'après-guerre assez discrète, mais une salle chaleureuse, rustique et... pleine d'âme ! Le chef concocte une cuisine traditionnelle privilégiant le bœuf limousin et l'agneau, ainsi que de grandes assiettes bien généreuses, pour les gourmands pressés.

DOUAI – 59 Nord – **302** G5 – **42 461 h.** – **Agglo. 511 345 h.** – **alt. 31 m** **31** C2
– ✉ **59500** Nord Pas-de-Calais Picardie

Paris 194 – Arras 26 – Lille 42 – Tournai 39

70, place d'Armes, ✆ 03 27 88 26 79, www.ville-douai.fr

de Thumeries, à Thumeries, N : 15 km par D 8, ✆ 03 20 86 58 98

Beffroi★ BY **D** - Musée de la Chartreuse★★.

Centre historique minier de Lewarde★★ SE : 8 km par ②.

Armes (Pl. d')	BY	2
Bellain (R. de)	BY	3
Bellegambe (R. J.)	BY	4
Béthune (R. de)	AX	5
Boutique (R. A.)	BX	7
Brebières (R. de)	AZ	8
Canteleu (R. du)	BY	9
Carnot (Pl.)	BY	
Chartreux (R. des)	AX	10
Clocher-St-Pierre (R. du)	BY	14
Cloche (R. de la)	AY	13
Cloris (R. de la)	AY	15
Comédie (R. de la)	AZ	17
Dubois (R. P.)	BX	18
Faidherbe (Bd)	BY	19
Foulons (R. des)	AZ	20
Gambetta (R. L.)	BY	21
Gouvernement (R. du)	BY	23
Leclerc (Av. Mar.)	BY	24
Madeleine (R. de la)	BY	25
Mairie (R. de la)	BY	26
Malvaux (R. des)	BX	27
Marceline (R.)	BX	28
Massue (R. de la)	AY	29
Merlin-de-Douai (R.)	BY	30
Ocre (R. d')	AX	33
Orchies (R. d')	BX	34
Paris (R. de)	BZ	
Phalempin (Bd Paul)	BY	35
Pont-St-Vaast (R. du)	BX	36
Raches (R. de)	BX	37
St-Christophe (R.)	BY	39
St-Jacques (R.)	BY	40
St-Michel (R.)	BX	41
St-Samson (R.)	AY	44
St-Sulpice (R.)	BX	45
Université (R. de l')	BZ	46
Valenciennes (R. de)	BZ	49
Victor-Hugo (R.)	BY	50

La Terrasse — rest,

36 terrasse St-Pierre – ✆ 03 27 88 70 04 – www.laterrasse.fr **BYa**

21 ch – †58/105 € ††95/125 € – ☐ 11 €

Rest – Menu 18/90 € – Carte 54/100 €

Dans une ruelle jouxtant la collégiale St-Pierre, voilà bien un hôtel-restaurant des plus traditionnels, avec ses chambres très rétro (mais leur rénovation a commencé). À table, honneur au classicisme et à Bacchus, avec une carte des vins comptant 900 références !

à Brebières 7 km par ③ – 4 910 h. – alt. 48 m – ✉ 62117

Air Accueil

D 950 – ✆ 03 21 50 01 02 – www.air-accueil-restaurant.com – Fermé vacances de Pâques, août, dim. soir et lundi

Rest – Menu 28/55 € – Carte 50/60 €

Dans cette vaste auberge de bord de route, au charme un brin rétro, la carte fait honneur au patrimoine culinaire français. Une étape toujours bien appréciée.

DOUAINS – 27 Eure – 304 I7 – rattaché à Vernon

DOUARNENEZ – 29 Finistère – 308 F6 – 14 842 h. – alt. 25 m – ✉ 29100 **9 A2**

Bretagne Sud

Paris 585 – Brest 76 – Lorient 88 – Quimper 23

1, rue Docteur Mével, ✆ 02 98 92 13 35, www.douarnenez-tourisme.com

Boulevard Jean-Richepin et nouveau port★ ≤★ Y - Port du Rosmeur★ - Musée à flot★★ - collection★ au musée du bateau - Ploaré : tour★ de l'église S : 1 km - Pointe de Leydé★ ≤★ NO : 5 km.

Le Clos de Vallombreuse

7 r. d'Estienne-d'Orves – ✆ 02 98 92 63 64 – www.closvallombreuse.com

25 ch – †55/165 € ††65/165 € – ☐ 13 € – ½ P **Yx**

Rest *Le Clos de Vallombreuse* – voir les restaurants ci-après

Splendeur d'antan dans cette belle villa balnéaire du 19e s. Esprit douillet dans les chambres – classiques dans la maison et plus contemporaines dans l'extension –, superbe piscine tournée vers la baie de Douarnenez... Du caractère !

DOUARNENEZ

Anatole-France (R.)	Y	2
Baigneurs (R. des)	Y	5
Barré (R. J.)	YZ	7
Berthelot (R.)	Z	8
Centre (R. du)	Y	10
Croas-Talud (R.)	Z	14
Duguay-Trouin (R.)	YZ	15
Enfer (Pl. de l')	YZ	16
Grand-Port (Quai du)	Y	19
Grand-Port (R. du)	Y	20
Jaurès (R. Jean)	YZ	
Jean-Bart (R.)	Y	24
Kerivel (R. E.)	YZ	21
Laënnec (R.)	Z	25
Lamennais (R.)	Z	27
Marine (R. de la)	Y	32
Michel (R. L.)	Y	36
Monte-au-Ciel (R.)	Z	37
Péri (Pl. Gabriel)	Y	42
Petit-Port (Quai du)	Y	43
Plomarc'h (R. des)	YZ	44
Stalingrad (Pl.)	Z	65
Vaillant (Pl. E.)	Y	59
Victor-Hugo (R.)	Z	60
Voltaire (R.)	Y	62

Sens unique en saison: flèche noire

Hôtel de France
4 r. Jean-Jaurès – 02 98 92 00 02 – www.lafrance-dz.com – Fermé 3-18 nov., 22-27 déc. et 11-26 fév. Yr
23 ch – 55/65 € 60/86 € – 8,50 € – ½ P
Rest ***L'Insolite*** – voir les restaurants ci-après
Dans cet Hôtel de France, les chambres jouent les contrastes, mélange de style contemporain dépouillé, de couleurs vives et de mobilier breton. Il souffle un vent de fraîcheur sur cet établissement né en 1878...

Le Clos de Vallombreuse – Hôtel Le Clos de Vallombreuse
7 r. d'Estienne-d'Orves – 02 98 92 63 64 – www.closvallombreuse.com Yx
Rest – Formule 17 € – Menu 22 € (sem.), 30/60 € – Carte 45/62 €
Cette jolie villa du 19e s. distille un charme bourgeois, mais c'est aussi un repaire de gourmands. Le chef réalise une belle cuisine de la mer autour de plats inspirés par le marché et attentifs aux saisons : frais et bon !

L'Insolite – Hôtel de France
4 r. Jean-Jaurès – 02 98 92 00 02 – www.lafrance-dz.com – Fermé 3-18 nov., 22-27 déc. et 11-26 fév. Yr
Rest – Formule 15 € – Menu 18 € (déj. en sem.), 29/65 € – Carte 40/85 €
Insolites, cet espuma de pâté Hénaff et ces chips de vitelote massala tandoori… Ici, le terroir flirte avec les épices et les inventions originales. La faute aux deux jeunes chefs, passionnés et formés dans de belles maisons. À découvrir !

Le Kériolet avec ch
29 r. Croas-Talud – 02 98 92 16 89 – www.hotel-keriolet.com – Fermé 1er-10 fév. et lundi midi hors saison Za
8 ch – 55/60 € 55/60 € – 7 € – ½ P
Rest – Formule 14 € – Menu 20/38 € – Carte 26/51 €
Allez, on embarque ! Cuisine traditionnelle, produits du terroir et pêche locale en vue dans ce restaurant discrètement marin. On peut y dormir aussi, il y a des chambres toutes simples.

Quai 29
11 quai du Petit-Port – 09 81 92 96 22 – Ouvert de fin fév. à mi-oct. et fermé mardi soir et merc. Yb
Rest – Formule 15 € – Menu 18 € (déj. en sem.) – Carte 25/42 €
C'est un peu la version bistrot de L'Insolite, le restaurant de l'hôtel de France ; d'ailleurs, les propriétaires sont les mêmes. Bien protégé par la baie vitrée, on nargue la tempête devant tapas, fruits de mer et formule à la plancha.

à Tréboul 3 km au Nord-Ouest – 29100 Douarnenez

Thalasstonic ch, rest,
r. des Professeurs Curie – 02 98 74 45 45 – www.hotel-douarnenez.com
50 ch – 89/140 € 89/140 € – 6 suites – 13 € – ½ P
Rest ***L'Armor*** 02 98 74 45 63 – Formule 21 € – Menu 28/39 € – Carte 30/36 €
Cet hôtel respire l'air marin et vous garantit un séjour "tonic" dans des chambres spacieuses style "bateau". Plage et centre de thalassothérapie à proximité. Pour prolonger ces délicieux effets thérapeutiques, pourquoi ne pas essayer les préparations traditionnelles ou diététiques du restaurant ?

Ty Mad
plage St-Jean, (près de la chapelle St-Jean) – 02 98 74 00 53 – www.hoteltymad.com – Ouvert 9 mars-12 nov.
14 ch – 63/110 € 91/210 € – 1 suite – 14 € – ½ P
Rest *(fermé mardi, merc., jeudi sauf de juil. à sept. et vacances scolaires et lundi) (dîner seult)* – Menu 32 € – Carte 37/51 €
Ty mad : bonne maison en breton. Il faut dire que l'hôtel a du charme avec ses matériaux naturels (pierre et bois) et sa décoration franchement zen ; même la cour a des allures de jardin japonais. Cuisine bio aux herbes fraîches et piscine à contre-courant : on se sent bien.

DOUBS – 25 Doubs – **321** I5 – rattaché à Pontarlier

DOUCIER – 39 Jura – 321 E7 – 296 h. – alt. 526 m – ✉ 39130 16 B3

Franche-Comté Jura

Paris 427 – Champagnole 21 – Lons-le-Saunier 25

Lac de Chalain★★ N : 4 km Franche-Comté Jura

Le Comtois avec ch
ch, VISA

806 r. des Trois Lacs – ✆ 03 84 25 71 21 – www.lecomtoisdoucier.com – Fermé dim. soir, lundi et mardi

6 ch – 53/55 € 64/66 € – ½ P **Rest** – Formule 15 € – Menu 23/43 €

Une jolie auberge de campagne tenue par un couple charmant... Dans une autre vie, monsieur était boulanger-traiteur ; aujourd'hui, avec sa cuisine à base de plantes et d'herbes du pays, il honore les recettes régionales. Attrayante sélection de vins du Jura et, pour l'étape, chambres simples à l'étage.

DOUÉ-LA-FONTAINE – 49 Maine-et-Loire – 317 H5 – 7 477 h. – alt. 75 m 35 C2 – ✉ 49700

Châteaux de la Loire

Paris 322 – Angers 40 – Châtellerault 86 – Cholet 50

30, place des Fontaines, ✆ 02 41 59 20 49, www.ot-douelafontaine.fr

Zoo de Doué★★.

Auberge Bienvenue
VISA AE

104 rte de Cholet, (face au zoo) – ✆ 02 41 59 22 44 – www.aubergebienvenue.com – Fermé 22 déc.-14 janv., dim. soir et lundi

11 ch – 66/115 € 66/115 € – 4 suites – 11 € – ½ P

Rest *Auberge Bienvenue* – voir les restaurants ci-après

Entre la Loire et les vignobles d'Anjou, cette auberge abrite des chambres calmes, spacieuses et bien tenues – plus contemporaines dans l'annexe. Piscine couverte, jacuzzi, jardin... Un pied-à-terre idéal pour visiter le zoo local ou découvrir les roseraies.

Auberge Bienvenue
VISA AE

104 rte de Cholet, (face au zoo) – ✆ 02 41 59 22 44 – www.aubergebienvenue.com – Fermé 22 déc.-14 janv., dim. soir et lundi

Rest – Menu 27/56 € – Carte 45/54 €

Ici, vous serez toujours le bienvenu ! Confortablement installé sous les poutres et les arcades de la grande salle, on est contraint... de constater que la tradition a toujours du bon, surtout en cuisine. Ne passez pas à côté du bœuf au tanin d'Anjou. Bon rapport qualité-prix.

DOURGNE – 81 Tarn – 338 E10 – 1 293 h. – alt. 250 m – ✉ 81110 29 C2

Midi Toulousain

Paris 742 – Carcassonne 52 – Castelnaudary 35 – Toulouse 67

1, avenue du Maquis, ✆ 05 63 74 27 19, www.paysdedourgne-tourisme.com

Hostellerie de la Montagne Noire avec ch
rest,

15 pl. des Promenades – ✆ 05 63 50 31 12 VISA

– www.montagnenoire.net – Fermé 1 sem. fin juin et 1 sem. fin août, dim. soir et lundi

9 ch – 52/55 € 55/60 € – 8 € – ½ P

Rest – Formule 14 € – Menu 17 € (sem.), 24/35 €

Dans cette vieille maison en pierre, il fait bon s'installer autour de la généreuse et savoureuse cuisine traditionnelle du chef. L'été, on apprécie aussi la jolie terrasse sur la place bordée de platanes et, pour faire étape, les chambres sont modestes mais pratiques.

DOUSSARD – 74 Haute-Savoie – 328 K6 – 3 473 h. – alt. 456 m – ✉ 74210 46 F1

Alpes du Nord

Paris 555 – Albertville 27 – Annecy 20 – Megève 42

Arcalod
ch, rest, VISA

104 rte de la Gare – ✆ 04 50 44 30 22 – www.hotelarcalod.fr – Ouvert 20 mai-23 sept.

33 ch – 70/90 € 75/110 € – 12 € – ½ P

Rest – Menu 21 € (sem.), 23/33 € – Carte 27/37 €

Un chalet familial vraiment sympathique : les chambres sont fraîches, calmes et agréables ; les propriétaires organisent de nombreuses activités gratuites (randonnée, tir à l'arc, vélo...), et il y aussi le jardin arboré, la grande piscine, le restaurant traditionnel...

DOUVAINE – 74 Haute-Savoie – 328 K3 – 4 876 h. – alt. 428 m – ✉ 74140 46 F1

▶ Paris 555 – Annecy 63 – Chamonix-Mont-Blanc 87 – Genève 18

ℹ 35 rue du Centre, ☎ 04 50 94 10 55, www.douvaine.fr

Ô Flaveurs (Jérôme Mamet)

Château de Chilly, 2 km au Sud-Est par rte de Crépy – ☎ 04 50 35 46 55 – www.oflaveurs.com – Fermé 24 juil.-6 août, 1er-10 janv., mardi et merc.

Rest – Menu 38 € (déj. en sem.), 69/98 €

Pierres apparentes, poutres, cheminée : un petit château du 15e s. authentique, élégant et romantique à souhait. Autour d'un menu surprise, on découvre la cuisine pleine de saveurs et de fraîcheur d'un chef inventif et talentueux.

➜ Foie gras de canard aux parfums de sous bois. Cabillaud cuit à basse température, cocos de Paimpol, émulsion au piment d'Espelette. Tartare de tomate et framboises aux olives noires confites. **Vins** Mondeuse.

Le 111

111 r. du Centre – ☎ 04 50 85 06 25 – www.le111.fr – Fermé 25 juil.-10 août, 1er-10 janv., mardi et merc.

Rest – Formule 14 € bc – Menu 28/35 € – Carte environ 30 €

Un lieu convivial ! Du bois, de la pierre et... un propriétaire sommelier qui délivre des conseils fort avisés. Faites donc un tour à la cave pour choisir votre nectar, avant de vous régaler d'une belle cuisine traditionnelle.

DOUVRES-LA-DÉLIVRANDE – 14 Calvados – 303 J4 – 4 905 h. – alt. 19 m – ✉ 14440 Normandie Cotentin 32 B2

▶ Paris 246 – Bayeux 26 – Caen 15 – Deauville 48

ℹ 41, rue Général-de-Gaulle, ☎ 02 31 37 93 10

à Cresserons 2 km à l'Est par D 35 – 1 210 h. – alt. 9 m – ✉ 14440

La Valise Gourmande

7 rte de Lion-sur-Mer – ☎ 02 31 37 39 10 – www.lavalisegourmande-caen.com – Fermé dim. soir, mardi midi et lundi

Rest *(réserver)* – Menu 30/50 € – Carte 38/68 €

Une adresse aussi charmante que gourmande. Blotti au fond d'un délicieux jardin clos, ce prieuré du 18e s. semble attendre votre visite. Un accueil très souriant, un repas classique de qualité, des prix sages : on passe un bon moment.

DRACY-LE-FORT – 71 Saône-et-Loire – 320 I9 – rattaché à Chalon-sur-Saône

DRAGUIGNAN – 83 Var – 340 N4 – 36 601 h. – alt. 178 m – ✉ 83300 41 C3

Côte d'Azur

▶ Paris 862 – Fréjus 30 – Marseille 124 – Nice 89

ℹ 2, avenue Lazare Carnot, ☎ 04 98 10 51 05, www.dracenie.com

18 de Saint Endréol, à La Motte, Route de Bagnols en Forêt, par rte du Muy et D 47 : 15 km, ☎ 04 94 51 89 89

Musée des Arts et Traditions populaires de moyenne Provence★ **M²**.

Site★ de Trans-en-Provence S : 5 km.

Ibis Styles sans rest

11 bd G. Clemenceau – ☎ 04 94 50 95 09 – www.ibis.com Zn

38 ch – †99/134 € ††109/144 €

Entièrement rénové et idéalement situé en centre-ville, cet hôtel bénéficie de chambres spacieuses, bien équipées et insonorisées, dans un esprit assez tendance.

La Source Saint-Michel (N) sans rest

299 chemin de Seyran – ☎ 04 94 84 59 05 – www.lasourcesaintmichel.com – Fermé 21 oct.-6 janv.

4 ch – †95/135 € ††95/135 €

À l'écart de la ville, entre champs d'oliviers et allées de platanes, cette demeure bourgeoise toute blanche (19e s.) distille le charme d'antan : tomettes, mobilier d'époque, cheminées, etc. L'accueil charmant et les cours d'œnologie proposés permettent de s'initier à l'art de vivre de la région...

DRAGUIGNAN

Cisson (R.) . . . . YZ 3
Clemenceau (Bd) . . . . Z
Clément (R. P.) . . . . Z 4
Droits-de-l'Homme (Parvis des) . . . . Z 5
Gay (Pl. C.) . . . . Y 6
Grasse (Av. de) . . . . Y 8
Joffre (Bd. Mar.) . . . . Z 9
Juiverie (R. de la) . . . . Y 12
Kennedy (Bd J.) . . . . Z 13
Leclerc (Bd Gén.) . . . . Z 14
Marchands (R. des) . . . . Y 15
Marché (Pl. du) . . . . Y 16
Martyrs-de-la-Résistance (Bd des) . . . . Z 17
Marx-Dormoy (Bd) . . . . Z 18
Mireur (R. F.) . . . . Y 19
Observance (R. de l') . . . . Y 20
République (R. de la) . . . . Z 23
Rosso (Av. P.) . . . . Z 24

Côté Rue (Benjamin Collombat)

42 Grande-Rue – ✆ 04 83 11 50 55 – www.restaurant-coterue.com
– Fermé 1 sem. en avril, 3 sem. en août, 1 sem. en janv., dim. et lundi **Ya**

Rest – Formule 20 € – Menu 27/63 € – Carte 55/70 €

Derrière la massive porte en bois de cette maison bourgeoise du 19e s., un cadre très moderne – et agréable – et une cuisine non moins contemporaine : précise, technique, fine et soucieuse des meilleurs produits, elle se révèle dans l'assiette aussi belle que sapide...

➜ Légumes oubliés servis tièdes et jus de betterave. Joue de bœuf en cannelloni, carotte fondante, oignon confit et jus d'un bourguignon. Parfait praliné glacé, sablé et gelée de citron.

Lou Galoubet

23 bd Jean-Jaurès – ✆ 04 94 68 08 50 – www.lougaloubet.com
– Fermé 1 sem. aux vacances de fév. et de printemps, 15-30 août, sam. midi, dim. soir, mardi soir et merc. **Ze**

Rest – Formule 19 € – Menu 28/46 € – Carte 38/64 €

Une fois passé la porte, on découvre aussitôt les cuisines. Une belle entrée en matière, à l'unisson des assiettes qui vont à l'essentiel : terroir, saison et fraîcheur. Salle lumineuse.

rte de Flayosc 4 km par ③ et D 557 – ✉ 83300 Draguignan

Les Oliviers sans rest

rte de Flayosc, D 557 – ✆ 04 94 68 25 74 – www.hotel-les-oliviers.com
12 ch – †59/75 € ††59/75 € – ☕ 7 €
Un jeune couple charmant a récemment repris cet hôtel : si la simplicité est de mise, un vrai esprit chaleureux règne sur les lieux, parfaitement tenus. Le jardin fleuri abrite une piscine et l'on y sert le petit-déjeuner en été.

à Flayosc 7 km par ③ et D 557 – 4 446 h. – alt. 310 m – ✉ 83780

place Pied Barri, ✆ 04 94 70 41 31, www.dracenie.com

L'Oustaou

5 pl. Joseph-Brémond, (au village) – ✆ 04 94 70 42 69 – Fermé vacances de la Toussaint et de fév., dim. soir, mardi et merc. hors saison
Rest – Formule 19 € – Menu 30/45 € – Carte 40/60 €
Qu'il est agréable de prendre son temps à la terrasse de cette auberge familiale, face à la place du village au caractère bien méridional... Au menu : des variations originales inspirées de recettes régionales, conçues par un jeune chef formé "chez les grands". Pensez à réserver !

DRAIN – 49 Maine-et-Loire – **317** B4 – 1 877 h. – alt. 53 m – ✉ 49530 **34** B2

Paris 359 – Cholet 60 – Nantes 41 – Saint-Herblain 48

Le Mésangeau

5 km au Sud par D 154 – ✆ 02 40 98 21 57 – www.loire-mesangeau.com
5 ch ☕ – †80/100 € ††90/110 € – ½ P **Table d'hôte** – Menu 35 € bc
Vaste gentilhommière de 1830, au sein d'un agréable parc (étang, chapelle, bassecour, collection de voitures anciennes). Chambres spacieuses et confortables, ornées de mobilier et objets de style. Table d'hôte rustique : belle cheminée en pierre et plats du terroir.

DREUX – 28 Eure-et-Loir – **311** E3 – 30 690 h. – alt. 82 m – ✉ 28100 **11** B1

Normandie Vallée de la Seine

Paris 78 – Chartres 36 – Évreux 44 – Mantes-la-Jolie 43

9 cour de l'Hôtel-Dieu, ✆ 02 37 46 01 73, www.ot-dreux.fr

Beffroi★ AY **B** - Glaces peintes★★ de la chapelle royale St-Louis AY.

Le Beffroi sans rest

12 pl. Métézeau – ✆ 02 37 50 02 03 – www.hotelbeffroi.fr – Fermé 22 juil.-16 août
15 ch – †78 € ††78 € – ☕ 9 € AZ**e**
Les chambres de cet hôtel central – sur la place du Beffroi – donnent sur la Blaise ou sur l'église St-Pierre et se révèlent traditionnelles et bien tenues ; au salon, le style est rustique. Une adresse pratique dans la région.

Le Saint-Pierre

19 r. Sénarmont – ✆ 02 37 46 47 00 – www.lesaint-pierre.com
– Fermé 15 juil.-4 août, 16-25 fév., jeudi soir, dim. soir et lundi BY**r**
Rest – Formule 15 € – Menu 19 € (sem.), 27/36 € – Carte 33/43 €
Près de l'église, dans une rue commerçante, la propriétaire de cet agréable restaurant vous accueille avec le sourire. Le chef réalise une cuisine traditionnelle bien ficelée (navarin d'agneau, faux-filet béarnaise...) et à prix très sages.

à Chérisy 4,5 km par ② – 1 842 h. – alt. 88 m – ✉ 28500

Le Vallon de Chérisy

12 rte de Paris – ✆ 02 37 43 70 08 – www.le-vallon-de-cherisy.fr
– Fermé 16 juil.-6 août, dim. soir, mardi soir et merc.
Rest – Menu 29/56 € – Carte 35/59 €
Dans cette auberge à colombages, la cuisine, copieuse et volontiers rustique, s'inspire des saisons et met en avant les produits locaux (dont les légumes). Crousti-fondant de pied de cochon, joue de bœuf aux olives... Gourmand et bon !

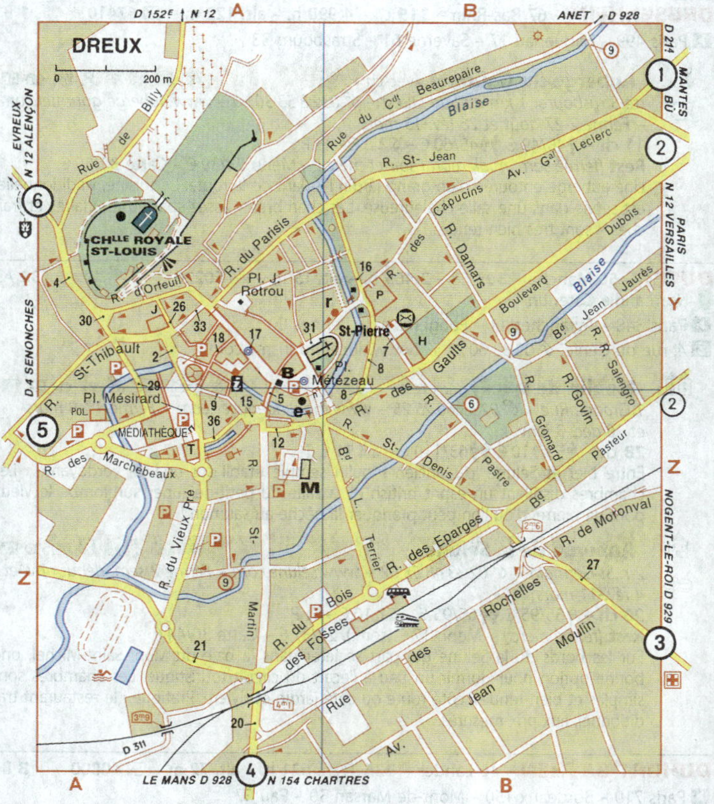

Anatole-France (Pl.)	AY	2	Fusillés (Pl. des)	AZ	15	Parisis (R.)	AY	
Bois-Sabot (R. du)	AY	4	Gaulle (R. du Gén.-de)	BY	16	Prés.-Kennedy (Av. du)	BZ	27
Chartraine (R. Porte)	AZ	5	Gd-R. M.-Viollette	AY	17	Renan (R. Ernest)	AZ	29
Châteaudun (R. de)	BY	7	Illiers (R.)	AY	18	Sainte-Barbe (Pl.)	AY	30
Doguereau (R.)	BY	8	Marceau (Av. du Gén.)	AZ	20	Senarmont (R. de)	AY	31
Embûches (R. des)	AYZ	9	Melsungen (Av. de)	AZ	21	Tanneurs (R. aux)	AY	33
Esmery-Caron (R.)	AZ	12	Palais (R. du)	AY	26	Teinturiers (R. des)	AZ	36

à Ste-Gemme-Moronval **6 km par ②, N 12, D 912 et D 308¹ – 953 h. – alt. 79 m – ✉ 28500**

XXX **L'Escapade**

pl. du Dr. Charles Jouve – ✆ 02 37 43 72 05 – Fermé 19 août-10 sept., 19 fév.-5 mars, dim. soir, lundi soir et mardi

Rest – Menu 35 € – Carte 50/92 €

Faites une escapade dans cette auberge champêtre vraiment accueillante : la carte met l'accent sur la fraîcheur et la tradition, et la terrasse est si plaisible...

à Vernouillet-centre **2 km au Sud par D 311 AZ – 11 607 h. – alt. 97 m – ✉ 28500**

XX **Auberge de la Vallée Verte** avec ch

6 r. Lucien Dupuis, (près de l'église) – ✆ 02 37 46 04 04 – www.aubergevalleeverte.fr – Fermé 4-26 août, 22 déc.-6 janv. et dim.

15 ch – †75/95 € ††85/105 € – ☐ 10 € – ½ P **Rest** – Menu 32/56 € bc – Carte 43/63 €

Poutres apparentes, cheminée et jolis tableaux participent à l'atmosphère sereine de ce restaurant, où l'on savoure une cuisine de saison réalisée à partir de produits locaux. Les chambres, plus grandes dans l'annexe, sont simples et bien tenues, avec un jardin pour se ressourcer.

DRUSENHEIM – 67 Bas-Rhin – 315 L4 – 4 990 h. – alt. 122 m – ✉ 67410 1 B1

Paris 499 – Haguenau 17 – Saverne 61 – Strasbourg 33

Auberge du Gourmet avec ch

rte Strasbourg, 1 km au Sud-Ouest – ✆ 03 88 53 30 60 – www.auberge-gourmet.com – Fermé 2-27 août et 26 fév.-15 mars

11 ch – †40/49 € ††45/60 € – ☕ 8 € – ½ P

Rest *(fermé sam. midi, mardi soir et merc.)* – Menu 21/39 € – Carte 30/65 €

Une auberge entourée d'un grand jardin l'isolant de la route. La cuisine, traditionnelle, est servie dans une salle chaleureuse. Les chambres – assez spacieuses, claires et fraîches – sont très bien tenues.

DUCEY – 50 Manche – 303 E8 – 2 465 h. – alt. 15 m – ✉ 50220 32 A3

Normandie Cotentin

Paris 348 – Avranches 11 – Fougères 41 – Rennes 80

4, rue du Génie, ✆ 02 33 60 21 53, www.ducey-tourisme.com

Moulin de Ducey sans rest

1 Grande Rue – ✆ 02 33 60 25 25 – www.moulindeducey.com – Fermé 1er-9 mars et 20 déc.-3 janv.

28 ch – †59/110 € ††63/110 € – ☕ 11 €

Entre bief et Sélune, cet ancien moulin semble établi sur une île verdoyante... Les chambres distillent un esprit british et la salle du petit-déjeuner surplombe le vieux pont de pierre, d'où l'on peut pratiquer la pêche au saumon !

Auberge de la Sélune

2 r. St-Germain – ✆ 02 33 48 53 62 – www.selune.com – Fermé 2 sem. début nov. et 4 fév.-11 mars

20 ch – †65/95 € ††65/95 € – ☕ 10 € – ½ P

Rest *(fermé merc.)* – Menu 17 € (sem.), 27/37 € – Carte 30/44 €

Sur les bords de la Sélune qui part se jeter dans la baie du Mont-Saint-Michel, une bonne option pour dormir un peu à l'écart du circuit touristique. Les chambres sont simples et bien tenues, côté route ou côté jardin et rivière. Pratique : le restaurant traditionnel, aux prix mesurés.

DUHORT-BACHEN – 40 Landes – 335 J12 – 621 h. – alt. 72 m – ✉ 40800 3 B3

Paris 710 – Bordeaux 150 – Mont-de-Marsan 30 – Pau 57

Les Arcades

232 pl. de la Mairie – ✆ 05 58 71 85 59 – Fermé 1 sem. en sept., 26-30 déc., mardi soir, dim. soir et lundi

Rest – Formule 10 € – Menu 20 € bc/35 € – Carte 25/35 €

Dire que cette adresse porte haut les couleurs du terroir est un euphémisme ! Dans une ambiance champêtre ou installés sous les arcades, les gourmands dégustent de bonnes recettes traditionnelles. Qui plus est, un vendredi soir par mois, un producteur du coin est mis en lumière lors d'une soirée thématique.

DUILHAC-SOUS-PEYREPERTUSE – 11 Aude – 344 G5 – rattaché à Cucugnan

DUINGT – 74 Haute-Savoie – 328 K6 – 891 h. – alt. 450 m – ✉ 74410 46 F1

Alpes du Nord

Paris 548 – Albertville 34 – Annecy 12 – Megève 48

51, rue du Vieux Village, ✆ 04 50 77 64 75, www.duingt.fr

Clos Marcel

410 allée de la Plage – ✆ 04 50 68 67 47 – www.closmarcel.com – Fermé 27 oct.-6 déc.

14 ch – †140/225 € ††140/225 € – 1 suite – ☕ 16 €

Rest *Comptoir du Lac* – voir les restaurants ci-après

Sur un site privilégié au bord du lac d'Annecy (ponton privé), une architecture repensée dans un esprit écologique, des chambres design et confortables : un Clos Marcel résolument 21e s.

Comptoir du Lac
410 allée de la Plage – 04 50 68 14 10 – www.comptoirdulac.com – Fermé 27 oct.-6 déc., dim. soir de déc. à avril
Rest – Formule 32 € – Menu 39/43 € – Carte environ 50 €
Un restaurant aux airs de grande verrière indus' et contemporaine, cerné par la verdure, la montagne et le lac... Un endroit vraiment sympathique, pour une cuisine traditionnelle qui l'est elle aussi !

DUNES – 82 Tarn-et-Garonne – 337 A7 – 1 155 h. – alt. 120 m – ✉ 82340 — 28 B2

Paris 655 – Agen 21 – Auvillar 13 – Miradoux 12

Les Templiers
1 pl. des Martyrs – 05 63 39 86 21 – Fermé vacances de la Toussaint, 20-27 fév., mardi soir, sam. midi, dim. soir et lundi
Rest – Menu 21 € (sem.), 30/50 € – Carte environ 50 €
Au centre de cette jolie bourgade, dans une maison du 16e s. au charme préservé. Les grands principes du chef : "la tradition, qui garantit la qualité" et "l'innovation, qui préserve de la routine". Un gage d'authenticité et de surprise... L'été, on se régale en profitant de la terrasse sous les arcades.

DUNIÈRES – 43 Haute-Loire – 331 I2 – 2 939 h. – alt. 760 m – ✉ 43220 — 6 D3

Paris 549 – Le Puy-en-Velay 52 – St-Agrève 30 – St-Étienne 37

La Tour avec ch — rest,
7 ter r. Fraisse, (D 61) – 04 71 66 86 66 – www.hotelrestaurantlatour.com – Fermé 1er-25 mars, 24 août-3 sept., 18-25 nov., 31 déc.-5 janv., vend. soir d'oct. à mai, dim. soir et lundi
11 ch – †58/64 € ††58/64 € – ☕ 10 € – ½ P
Rest – Formule 15 € – Menu 26/59 € – Carte 46/66 €
Les produits locaux (lentilles vertes du Puy, escargots de Grazac, pintade fermière, etc.) se transforment en mets alléchants sous l'impulsion du chef. C'est bon, soigné, généreux, avec en prime, un beau chariot de fromages auvergnats. Tout est sympathique, y compris les chambres, bien pratiques.

DUNKERQUE – 59 Nord – 302 C1 – 92 923 h. – Agglo. 181 699 h. – alt. 4 m – Casino : à Malo-les-Bains – ✉ 59140 Nord Pas-de-Calais Picardie — 30 B1

Paris 288 – Amiens 205 – Calais 47 – Ieper 56
rue de l'Amiral Ronarc'h, 03 28 66 79 21, www.dunkerque-tourisme.fr
de Dunkerque, à Coudekerque, Fort Vallières, SE : 1 km par D 72, 03 28 61 07 43
Port★★ - Musée d'Art contemporain★ : jardin des sculptures★ CDY - Musée des Beaux-Arts★ CDZ **M²** - Musée portuaire★ CZ **M³** .

Plans pages suivantes

Borel sans rest — CYu
6 r. L'Hermite – 03 28 66 51 80 – www.hotelborel.fr
48 ch – †82 € ††92 € – ☕ 11 €
Tout près du port de plaisance, cet hôtel est vraiment agréable : chambres parfaitement tenues, petits salons cosy, copieux petit-déjeuner... Une bonne étape à prix raisonnable.

Ibis — CYs
13 r. Leughenaer – 03 28 66 29 07 – www.ibishotel.com
120 ch – †65/95 € ††65/95 € – ☕ 9 €
Rest *(dîner seult)* – Formule 15 € – Carte 21/32 €
Un hôtel de chaîne des années 1970, bien tenu et entièrement rénové entre 2007 et 2010. Formule "pasta" (lasagnes, pâtes...) à l'heure du dîner, pratique pour les résidents.

Le Corsaire — CYb
97 Entrée du Port – 03 28 59 03 61 – www.lecorsaire-dk.com – Fermé dim. soir et merc.
Rest – Menu 19 € (sem.), 29/43 € – Carte 30/60 €
En lieu et place d'une ancienne station météo (1868), ce restaurant domine le port de plaisance. Ici, la carte suit l'air du temps, sans intempéries...

DUNKERQUE

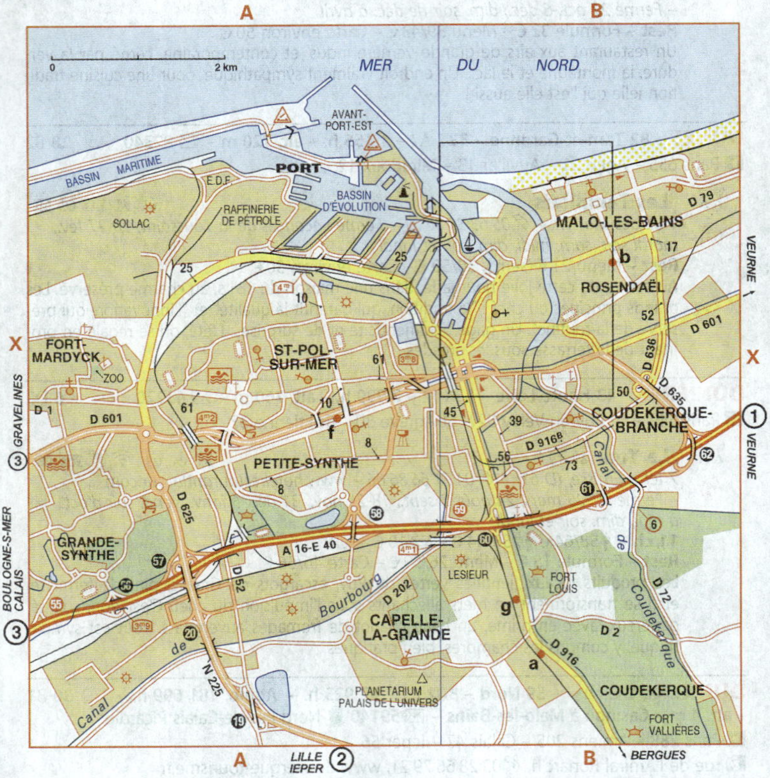

Le Vent d'Ange

1449 av. de Petite Synthe – ✆ 03 28 25 28 98 – www.leventdange.com
– Fermé 15-30 août, 3-16 janv., mardi soir, dim. soir et lundi AXf
Rest – Formule 17 € – Menu 20 € (sem.), 24/55 €
Vent d'Ange ? Parce que le décor s'inspire des jolis angelots du baroque italien... et parce que la cuisine, fraîche comme un petit vent de printemps, fleure bon l'air du temps.

L'Estouffade

2 quai de la Citadelle – ✆ 03 28 63 92 78 – www.estouffade.com
– Fermé 27 fév.-5 mars, dim. soir et lundi CZr
Rest – Menu 29/60 € – Carte 40/60 €
Croquettes de crevettes grises, noix de Saint-Jacques accompagnées d'une émulsion d'amandes... Tout près du port, ce restaurant met la mer à l'honneur ! Accueil charmant.

L'Essentiel

451 r. Winston-Churchill – ✆ 03 28 60 51 32 – www.restaurant-lessentiel.fr
– Fermé 19 fév.-5 mars, 12 août-3 sept., sam. midi, dim. soir et lundi BXb
Rest – Menu 26/50 € – Carte 35/53 €
À 500 m de la mer, dans un quartier peu touristique, une bonne surprise que cette assiette qui sait maîtriser l'essentiel : une cuisine d'aujourd'hui, pleine de mesure et de naturel (poisson frais). Décor moderne et ambiance feutrée.

DUNKERQUE

Albert-1er (R.) . . . . CZ 2
Alexandre-III (Bd) . . . . CZ 3
Arbres (R. des) . . . . CDY 6
Asseman (Pl. P.) . . . . DY 8
Bergues (R. du Canal de) . . . . . CZ 9
Bollaert (Pl. Émile) . . . . CZ 12
Calonne (Pl.) . . . . DZ 16
Carnot (Bd) . . . . DY 18
Carton-Lurat (Av.) . . . . DZ 19
Clemenceau (R.) . . . . CZ 21
Écluse-de-Bergues (R.) . . . . CZ 26
Faidherbe (Av.) . . . . DY
Fusillés-Marins (R.) . . . . CZ 30
Gare (Pl. de la) . . . . CZ 32
Gaulle (Pl. du Gén.-de) . . . . CZ 33
Geeraert (Av. Adolphe) . . . . DY
Hermitte (R. l') . . . . CY 35
Hollandais (Quai des) . . . . CZ 36
Hôtel-de-Ville (R. de l') . . . . DY 37
Jardins (Quai des) . . . . CZ 38
Jean-Bart (Pl.) . . . . CZ 41
Jean-Jaurès (Bd.) . . . . CZ 40
Jeu-de-Paume (R. du) . . . . CZ 42
Leclerc (R. du Mar.) . . . . CY 43
Leughenaer (R. du) . . . . CY 44
Lille (R. de) . . . . CZ 45
Magasin-Général (R.) . . . . CZ 48
Malo (Av. Gaspard) . . . . DY 49
Mar.-de-France (Av. des) . . . . . . DY 51
Mer (Digue de) . . . . DY
Minck (Pl. du) . . . . CY 53
Paris (R. de) . . . . CZ 54
Prés.-Poincaré (R. du) . . . . CZ 57
Prés.-Wilson (R. du) . . . . CZ 58
Quatre-Écluses
(Quai) . . . . CZ 59
Thiers (R.) . . . . CZ 65
Turenne (Pl.) . . . . DY 67
Valentin (Pl. C.) . . . . CZ 68
Verley (Bd Paul) . . . . DY 69
Victoire (Pl. et R. de la) . . . . . . CDY 70
Victor-Hugo (Bd) . . . . CZ 72

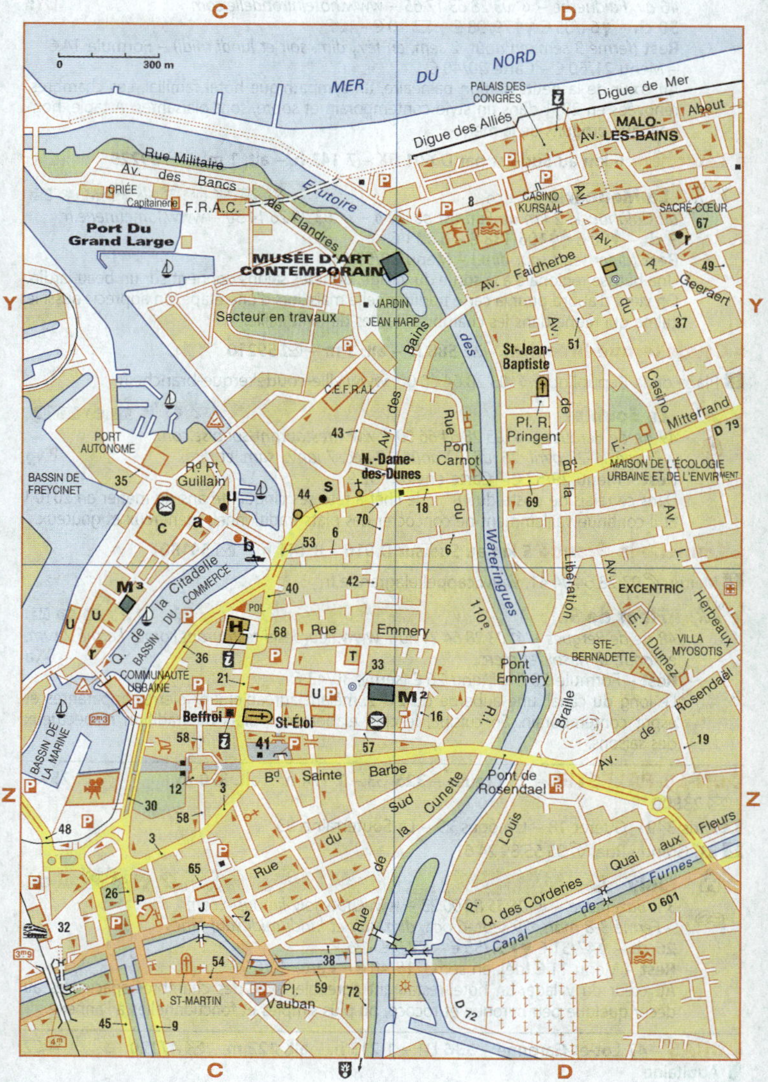

L'Auberge de Jules

9 r. de la Poudrière – 03 28 63 68 80 – Fermé 3 sem. en août, 1 sem. en janv., sam. midi, dim. et fériés CYa
Rest – Formule 20 € – Menu 25/32 € – Carte 30/45 €
Un bistrot gourmand, convivial et... familial. La patronne accommode le poisson tout frais pêché par son père et son frère. Quant à son "jules", il s'occupe des desserts.

à Malo-les-Bains – 59240

L'Hirondelle

rest, ch,

46 av. Faidherbe – 03 28 63 17 65 – www.hotelhirondelle.com DYr
50 ch – 64/85 € 79/98 € – 10 € – ½ P
Rest *(fermé 3 sem. en août, 2 sem. en fév., dim. soir et lundi midi)* – Formule 14 € – Menu 21/60 € – Carte 20/40 €
Au cœur de la petite station balnéaire, un sympathique hôtel familial. Les chambres, rénovées en 2011 dans un style contemporain et sobre, sont plaisantes. À table, honneur aux produits de la mer.

à Téteghem 6 km au Sud-Est par D 601 BX – 7 143 h. – alt. 1 m – 59229

La Meunerie avec ch

ch,

au Galghouck, 2 km au Sud-Est par D 4 – 03 28 26 14 30 – www.lameunerie.fr
9 ch – 90 € 106/138 € – 11 €
Rest *(dîner seult sauf dim.)* – Menu 39/55 € bc
Une bâtisse régionale à la sortie du village, dont les salons donnent sur un beau jardin. On vient d'abord pour la carte traditionnelle mais, lors d'une étape, on apprécie aussi le calme qui règne dans les chambres, toutes de belle taille.

à Coudekerque-Branche – 22 588 h. – alt. 1 m – 59210

Place de la République, 03 28 64 60 00, www.ville-coudekerque-branche.fr

Le Soubise

49 rte de Bergues – 03 28 64 66 00 – www.restaurant-soubise.com – Fermé 11-23 avril, 26 juil.-22 août, 19 déc.-7 janv., sam. et dim. BXg
Rest – Menu 29/52 € – Carte environ 52 €
Dans ce relais de poste du 18e s., le chef a fêté ses cinquante ans de métier en 2010 ! Et il continue vaillamment de concocter des plats traditionnels, généreux et goûteux.

à Cappelle-la-Grande 5 km au Sud sur D 916 – 8 141 h. – 59180

Mairie, 03 28 64 94 41, www.cappellelagrande.fr

Fleur de Sel

48 rte de Bergues – 03 28 64 21 80 – www.fleurdesel-restaurant.com – Fermé 2 sem. en août, dim. soir et merc. BXa
Rest – Formule 20 € – Menu 26 € (sem.), 30/43 €
Le long du canal, une auberge du 21e s. mêlant agréablement pierres apparentes et esprit contemporain. En cuisine, le chef élabore des plats de tradition respectueux des saisons.

DUN-LE-PALESTEL – 23 Creuse – 325 G3 – 1 174 h. – alt. 370 m – 23800 25 C1

Paris 349 – Guéret 18 – Limoges 29 – La Souterraine 83

81, Grande Rue, 05 55 89 24 61

Joly

ch,

3 r. Bazenerye – 05 55 89 00 23 – www.hoteljoly-limousin.com – Fermé 3-8 mars, 29 sept.-6 oct., dim. soir et lundi midi sauf fériés
26 ch – 47/51 € 51/55 € – 9 € – ½ P
Rest – Menu 11 € (déj. en sem.), 15/40 € – Carte 40/65 €
Au cœur du village, un hôtel-restaurant agréable, avec des chambres spacieuses au décor quelque peu baroque et rococo, ou plus simples et fonctionnelles à l'annexe.

DURAS – 47 Lot-et-Garonne – 336 D1 – 1 213 h. – alt. 122 m – 47120 4 C2

Aquitaine

Paris 577 – Agen 90 – Marmande 23 – Périgueux 88

14, boulevard Jean Brisseau, 05 53 83 63 06, www.paysdeduras.com

Hostellerie des Ducs

bd. J.-Brisseau – ☎ 05 53 83 74 58 – www.hostellerieducs-duras.com
18 ch – †49/95 € ††75/150 € – ☐ 11 € – ½ P
Rest *Hostellerie des Ducs* – voir les restaurants ci-après
Un presbytère voisin du château et deux dépendances, dont une bâtisse du 13e s. Avec poutres et vieilles pierres, certaines chambres tirent joliment parti du caractère des lieux ; d'autres sont plus simples mais agréables.

Hostellerie des Ducs

bd. J.-Brisseau – ☎ 05 53 83 74 58 – www.hostellerieducs-duras.com – Fermé dim. soir d'oct. à juin, lundi sauf le soir de juil. à sept. et sam. midi
Rest – Formule 34 € – Menu 17/49 € – Carte 48/95 €
Dans la cuisine des ducs, le père et le fils s'activent aux fourneaux et vous concoctent des plats du terroir généreux et appétissants, avec de beaux produits. Quant au grand-père, il prépare le pain maison... Classique et authentique.

DURY – 80 Somme – 301 G8 – rattaché à Amiens

EAUX-PUISEAUX – 10 Aube – 313 D5 – 233 h. – alt. 220 m – ✉ 10130 13 B3

Champagne Ardenne
▶ Paris 161 – Auxerre 53 – Sens 63 – Troyes 32

L'Étape Gourmande

6 Gde-Rue – ☎ 03 25 80 36 96 – www.letape-gourmande.fr
14 ch – †52/59 € ††55/65 € – ☐ 8,50 € – ½ P
Rest *(fermé dim. soir, lundi et le midi sauf vend. et dim.)* – Formule 15 € – Menu 24/40 € – Carte 35/53 €
Ouvert sur la nature, cet hôtel récent propose des chambres fonctionnelles et parfaitement tenues. L'accueil est prévenant et l'endroit plutôt calme : une étape reposante.

EAUZE – 32 Gers – 336 C6 – 3 953 h. – alt. 164 m – ✉ 32800 28 A2

Midi Toulousain
▶ Paris 719 – Auch 58 – Mont-de-Marsan 64 – Toulouse 131
ℹ 2, rue Felix Soules, ☎ 05 62 09 85 62, www.mairie-eauze.fr
◉ Trésor ★★.

La Vie en Rose

22 r. Saint-July – ☎ 05 62 09 83 29 – Fermé vacances de printemps et de la Toussaint, mardi soir et merc.
Rest – Menu 14 € bc (sem.), 28/44 € – Carte 40/58 €
L'intérieur de ce restaurant a du charme et invite à apprécier, en toute sérénité, une cuisine mettant à l'honneur le terroir. Vins de Gascogne et accueil convivial.

EBERSMUNSTER – 67 Bas-Rhin – 315 J7 – 460 h. – alt. 165 m – ✉ 67600 2 C1

Alsace Lorraine
▶ Paris 508 – Obernai 23 – St-Dié-des-Vosges 55 – Strasbourg 40

Restaurant des Deux Clefs

23 r. du Gén.-Leclerc – ☎ 03 88 85 71 55 – www.restaurantauxdeuxclefs.fr – Fermé 23 juil.-4 août, 24 déc.-10 janv., lundi et merc. sauf fériés
Rest – Formule 21 € – Menu 33/36 € – Carte 34/49 €
Ici, les poissons d'eau douce sont à l'honneur : friture, anguille, etc. On les déguste dans un restaurant au sobre décor alsacien, agrémenté d'une salle winstub.

ECCICA-SUARELLA – 2A Corse-du-Sud – 345 C8 – voir à Corse

LES ÉCHELLES – 73 Savoie – 333 H5 – 1 224 h. – alt. 386 m – ✉ 73360 Les Echelles 45 C2

Alpes du Nord
▶ Paris 552 – Chambéry 24 – Grenoble 40 – Lyon 92
ℹ rue Stendhal, ☎ 04 79 36 56 24, www.savoie-mont-blanc.com

à Chailles 5 km au Nord – ✉ 73360

Auberge du Morge avec ch
D 1006, Gorges de Chailles – ✆ 04 79 36 62 76 – www.aubergedumorge.com – Fermé 30 nov.-31 janv., jeudi midi et merc.
7 ch – †53/55 € ††58/64 € – ☕ 9 € – ½ P **Rest** – Carte 28/56 €
Auberge à l'entrée des gorges de Chailles, près d'un torrent apprécié des pêcheurs. On y déguste des recettes traditionnelles dans un décor champêtre. Chambres au charme d'antan, très bien tenues.

à St-Christophe-la-Grotte **5 km au Nord-Est par D 1006 et rte secondaire – 506 h. – alt. 425 m – ✉ 73360**

La Ferme Bonne de la Grotte
2027 rte du Pont-Romain – ✆ 06 67 02 98 68 – www.gites-savoie.com
4 ch ☕ – †81/91 € ††81/96 € – ½ P **Table d'hôte** – Menu 21 € bc
Cette ancienne ferme du 18e s. adossée à une falaise est le point de départ d'une randonnée vers la superbe grotte de St-Christophe. Chambres coquettes et chaleureuses. Plats régionaux servis dans un charmant cadre rehaussé de meubles authentiquement savoyards.

ECHENEVEX – 01 Ain – 328 J3 – rattaché à Gex

LES ÉCHETS – 01 Ain – 328 C5 – alt. 276 m – ✉ 01700 Miribel 43 E1

▶ Paris 454 – L'Arbresle 28 – Bourg-en-Bresse 47 – Lyon 20

Christophe Marguin avec ch
916 rte de Strasbourg – ✆ 04 78 91 80 04 – www.christophe-marguin.com – Fermé 3-25 août, 21 déc.-5 janv., sam. midi, dim. soir et lundi
6 ch – †65/90 € ††65/90 € – ☕ 12 € – ½ P
Rest – Formule 23 € – Menu 28 € (sem.), 46/90 € – Carte 53/81 €
Une table élégante de la région lyonnaise, avec des boiseries, une bibliothèque et une cave riche en bordeaux et bourgognes. Cuisine classique et spécialités régionales (grenouilles, volaille à la crème, cervelle de canut). Quelques chambres permettent de prolonger l'étape.

ÉCHIROLLES – 38 Isère – 333 H7 – rattaché à Grenoble

ÉCULLY – 69 Rhône – 327 H5 – rattaché à Lyon

ÉGLETONS – 19 Corrèze – 329 N3 – 4 439 h. – alt. 650 m – ✉ 19300 25 C3

Limousin Berry

▶ Paris 499 – Aubusson 75 – Aurillac 97 – Limoges 112

ℹ rue Joseph Vialaneix, ✆ 05 55 93 04 34, www.mairie-egletons.fr

Ibis
rte Ussel par D 1089 : 1,5 km – ✆ 05 55 93 25 16 – www.ibishotel.com
41 ch – †70/75 € ††70/75 € – ☕ 9 € **Rest** – Menu 19 €
En pleine campagne haut-corrézienne, cet Ibis se démarque par ses grandes chambres (lits avec couettes) et son mobilier moderne. Le plan d'eau ajoute un supplément d'âme au lieu. La salle à manger intègre un salon avec cheminée ; carte traditionnelle.

EGUISHEIM – 68 Haut-Rhin – 315 H8 – 1 622 h. – alt. 210 m – ✉ 68420 2 C2

Alsace Lorraine

▶ Paris 452 – Belfort 68 – Colmar 7 – Gérardmer 52

ℹ 22a, Grand'Rue, ✆ 03 89 23 40 33, www.ot-eguisheim.fr

Circuit des remparts★ - Route des Cinq Châteaux★ SO : 3 km.

Hostellerie du Château sans rest
2 r. du Château – ✆ 03 89 23 72 00 – www.hostellerieduchateau.com
11 ch – †68/125 € ††70/140 € – ☕ 11 €
Sur une petite place pittoresque, cette vieille demeure à colombages cache un hôtel qui sort du lot : ses chambres, d'inspiration ethnique, sont lumineuses et très accueillantes. En un mot : une âme chaleureuse.

St-Hubert sans rest

6 r. Trois Pierres – ✆ 03 89 41 40 50 – www.hotel-st-hubert.com – Fermé 30 juin-9 juil., 11-22 nov. et 6 janv.-15 mars

13 ch – 77/87 € 105/123 € – 2 suites – 11 €

Les vignes, la quiétude... pour un hôtel aux airs de gros pavillon, où l'on cultive avec bonheur l'esprit maison d'hôtes. Dormez tranquille sous l'œil bienveillant de saint Hubert (patron des chasseurs, dont la statue trône dans l'entrée) : les chambres sont agréables, certaines avec une petite terrasse.

Hostellerie du Pape

10 Grand'Rue – ✆ 03 89 41 41 21 – www.hostellerie-pape.com

47 ch – 59/119 € 69/149 € – 11 € – ½ P

Rest – Formule 11 € – Menu 21/56 € – Carte 28/55 €

Non loin du château du pape Léon IX, un hôtel-restaurant de tradition, avec des chambres spacieuses, pratiques et bien tenues... Préférez les plus récentes, rénovées avec goût dans un joli style montagne (bois clair, tissus alsaciens, etc.).

Hostellerie des Comtes

2 r. des Trois Châteaux – ✆ 03 89 41 16 99 – www.hostellerie-des-comtes.fr – Fermé janv.

17 ch – 55/89 € 55/89 € – 9 € – ½ P

Rest – Formule 11 € – Menu 15 € (déj. en sem.), 20/27 € – Carte 31/43 €

L'auberge de village typique : des chambres fonctionnelles et bien propres (dont quelques-unes avec une grande terrasse), un restaurant champêtre et familial, pour une bonne petite étape.

Auberge des Trois Châteaux

26 Grand'Rue – ✆ 03 89 23 11 22 – www.auberge-3-chateaux.com – Fermé 1 sem. en juil., 1 sem. en nov., 2 sem. en janv.

12 ch – 52/69 € 57/69 € – 8 € – ½ P

Rest *(fermé mardi soir et merc.)* – Menu 19/37 € – Carte 28/42 €

Au cœur du village, trois maisons du 17e s. au charme typiquement alsacien. Les chambres, rustiques, sont bien tenues et progressivement rafraîchies. Restaurant traditionnel, convivial pour un repas.

La Grangelière

59 r. Rempart-Sud – ✆ 03 89 23 00 30 – www.lagrangeliere.fr – Fermé jeudi hors saison, dim. soir et merc.

Rest – Formule 15 € – Menu 28/49 € – Carte 30/64 €

Des poules, il y en a partout dans cette attachante auberge : sur les murs, les rideaux, les tables... un peu comme dans la salle à manger d'une grand-tante collectionneuse. D'ailleurs, il règne ici une authentique atmosphère familiale, et l'on se régale d'une cuisine du terroir gourmande et inspirée !

Au Vieux Porche

16 r. des Trois Châteaux – ✆ 03 89 24 01 90 – www.auvieuxporche.fr – Fermé 15 fév.-15 mars, mardi et merc.

Rest – Menu 23/45 € – Carte 30/50 €

Cette demeure typique (1707) est installée sur le domaine viticole de la famille de la gérante. Son compagnon concocte de bons plats classiques et régionaux, mais il est également vigneron... Est-il vraiment besoin de préciser qu'ici, on se régale aussi de jolis crus ?

Le Pavillon Gourmand

101 r. Rempart-Sud – ✆ 03 89 24 36 88 – http://pavillon.schubnel.pagesperso-orange.fr – Fermé 25 juin-3 juil., 8 janv.-13 fév., mardi et merc.

Rest – Menu 17/60 € bc – Carte 24/60 €

Dans cette maison de village (1683), rustique comme il se doit, on savoure une cuisine traditionnelle et régionale soignée. Terrine de campagne aux pépites de foie gras, poulet au riesling, tarte flambée aux myrtilles... Gourmandises !

EICHHOFFEN – 67 Bas-Rhin – **315** I6 – 562 h. – alt. 200 m – ✉ 67140 — 2 C1

▶ Paris 497 – Colmar 43 – Offenburg 50 – Strasbourg 38

Les Feuilles d'Or sans rest

52 r. du Vignoble – ☎ 03 88 08 49 80 – www.lesfeuillesdor-alsace.com

5 ch ☕ – 🚹80/85 € 🚹🚹80/85 €

Bordée par les vignes du Moenchberg, cette maison d'aspect traditionnel est agréable et cosy, mêlant confort actuel et charme rustique (poutres apparentes). Chambres spacieuses.

EMBRUN – 05 Hautes-Alpes – **334** G5 – 6 188 h. – alt. 871 m – ✉ 05200 — 41 C1

Alpes du Sud

▶ Paris 706 – Barcelonnette 55 – Briançon 48 – Digne-les-Bains 97

ℹ place Général-Dosse, ☎ 04 92 43 72 72, www.tourisme-embrun.com

◉ Cathédrale N.-D. du Réal★ : trésor★, portail★ - Peintures murales★ dans la chapelle des Cordeliers - Rue de la Liberté et Rue Clovis-Huques★.

rte de Gap 3 km au Sud-Ouest par N 94 – ✉ 05200 Embrun

Les Bartavelles

Clos des Pommiers, (RN 94) – ☎ 04 92 43 20 69 – www.bartavelles.com – Fermé 5-20 janv.

42 ch – 🚹88/118 € 🚹🚹88/118 € – 1 suite – ☕ 12 € – ½ P

Rest *La Table de Paul* – voir les restaurants ci-après

Mélèze sculpté et pierres sèches locales : décor typé dans cette maison et ses trois bungalows... Chambre ou duplex, on a le choix ; quant au spa, il se révèle des plus agréables !

La Table de Paul – Hôtel Les Bartavelles

Clos des Pommiers, (RN 94) – ☎ 04 92 43 20 69 – www.bartavelles.com – Fermé 5-20 janv., dim. soir et lundi midi d'oct. à mai

Rest – Formule 21 € – Menu 25/49 € – Carte 38/60 €

Salade périgourdine, ravioles de brousse des Hautes-Alpes... Une cuisine de tradition bien copieuse dans ce sympathique hôtel-restaurant, au décor très nature.

ENGHIEN-LES-BAINS – 95 Val-d'Oise – **305** E7 – **101** 5 – voir à Paris, Environs

ENNORDRES – 18 Cher – **323** K2 – 220 h. – alt. 166 m – ✉ 18380 — 12 C2

▶ Paris 191 – Bourges 44 – Orléans 102 – Vierzon 38

Les Chatelains

7 km à l'Est par D 171 – ☎ 02 48 58 40 37 – www.leschatelains.com

5 ch ☕ – 🚹79 € 🚹🚹85 € **Table d'hôte** – Menu 30 € bc

Au carrefour du Berry et de la Sologne, une ferme restaurée dans laquelle le charme d'antan (mobilier d'antiquaire et esprit brocante) rivalise avec la gentillesse des propriétaires des lieux. Cerise sur le gâteau : la table d'hôte, joliment champêtre, et la cuisine de tradition.

ENSISHEIM – 68 Haut-Rhin – **315** I9 – 7 205 h. – alt. 217 m – ✉ 68190 — 1 A3

Alsace Lorraine

▶ Paris 487 – Strasbourg 100 – Colmar 27 – Freiburg im Breisgau 68

Le Domaine du Moulin

44 r. 1ère Armée – ☎ 03 89 83 42 39 – www.hotel-domainedumoulin-alsace.com

65 ch – 🚹93/127 € 🚹🚹103/140 € – ☕ 14 € – ½ P

Rest *La Villa du Meunier* ☎ 03 89 81 15 10 *(fermé sam. midi)* – Formule 14 € – Menu 20/56 € – Carte 26/60 €

Le jardin, l'étang, la piscine et... cette grande maison récente et confortable, d'esprit alsacien. Dans les chambres, les meubles en bois, conçus sur mesure, évoquent l'univers des moulins. Quant au restaurant, il s'agit d'une authentique maison du meunier.

ENTRAYGUES-SUR-TRUYÈRE – 12 Aveyron – **338** H3 – 1 224 h. – alt. 236 m – ✉ 12140 Midi Toulousain — 29 C1

▶ Paris 600 – Aurillac 45 – Figeac 58 – Rodez 43

ℹ 2, rue du Docteur Versepuech, ☎ 05 65 44 56 10, www.tourisme-entraygues.com

◉ Vieux Quartier : Rue Basse★ - Pont gothique★.

◉ Vallée du Lot★★.

La Rivière

60 av. du Pont-de-Truyère – ✆ 05 65 66 16 83 – www.hotellariviere.com – Fermé 2 sem. en déc., 2 sem. en fév.

31 ch – 69/79 € 94/144 € – 12 € – ½ P

Rest ***La Rivière*** – voir les restaurants ci-après

Cet hôtel des bords de la Truyère cultive son style local (toit en lauzes, grande façade blanche) et... le goût de l'époque : les chambres, lumineuses et épurées, se révèlent fort agréables à vivre. Une belle étape dans la région.

Les Deux Vallées

7 av. du Pont-de-Truyère – ✆ 05 65 44 52 15 – www.hotel-les2vallees.com – Fermé fév., 27 oct.-12 nov., vacances de Noël, dim. soir, vend. soir et sam. d'oct. à avril

20 ch – 52 € 52 € – 8 € – ½ P

Rest – Formule 13 € – Menu 18/38 € – Carte 29/60 €

Au cœur d'Entraygues, une maison régionale en pierre, avec des chambres fraîches, pratiques et très bien insonorisées ; au restaurant, cuisine traditionnelle et atmosphère campagnarde.

La Rivière – Hôtel La Rivière

60 av. du Pont-de-Truyère – ✆ 05 65 66 16 83 – www.hotellariviere.com – Fermé 2 sem. en déc. et 2 sem. en fév.

Rest *(dîner seult)* – Menu 32/100 € – Carte environ 42 €

Ouvert sur la verdure, un restaurant contemporain élégant et plaisant. On y apprécie une cuisine d'aujourd'hui raffinée, mêlant produits nobles et du terroir aveyronnais.

au Fel **10 km à l'Ouest par D 107 et D 573 – 167 h. – alt. 530 m – ✉ 12140**

Auberge du Fel

Le Fel – ✆ 05 65 44 52 30 – www.auberge-du-fel.com – Ouvert 13 avril-10 nov.

10 ch – 59/70 € 59/70 € – 8,50 € – ½ P

Rest ***Auberge du Fel*** – voir les restaurants ci-après

Dans un hameau surplombant le Lot, une maison coiffée de lauzes avec une agréable terrasse sous une treille. Les chambres sont joliment arrangées et la tenue irréprochable.

Auberge du Fel

Le Fel – ✆ 05 65 44 52 30 – www.auberge-du-fel.com – Ouvert 13 avril-10 nov. et fermé le midi hors saison sauf dim.

Rest – Menu 22 € (dîner en sem.), 27/44 € – Carte 19/37 €

Dans cette agréable auberge, pounti, truffade et cabécou arrosés du vin du Fel vous attendent. Tout est fait maison et cela fleure bon le terroir ! Une halte sympathique dans ce joli petit village de vignerons.

ENTZHEIM – 67 Bas-Rhin – 315 J5 – rattaché à Strasbourg

ÉPENOUX – 70 Haute-Saône – 314 E7 – rattaché à Vesoul

ÉPERNAY – 51 Marne – 306 F8 – 24 317 h. – alt. 75 m – ✉ 51200 13 B2

Champagne Ardenne

Paris 143 – Châlons-en-Champagne 35 – Château-Thierry 57 – Reims 28

7, avenue de Champagne, ✆ 03 26 53 33 00, www.ot-epernay.fr

Caves de Champagne★★ - Collection archéologique★ au musée municipal.

Plan page suivante

La Villa Eugène sans rest

82 av. de Champagne, 1 km par ② – ✆ 03 26 32 44 76 – www.villa-eugene.com

15 ch – 129/344 € 129/344 € – 17 €

Cette belle demeure bourgeoise appartenait à un certain Eugène... Mercier, de la célèbre maison champenoise ! À méditer au bar à champagne, puis dans les chambres de style colonial ou Louis XVI. On prend son petit-déjeuner sous une jolie verrière, face à la piscine et au jardin.

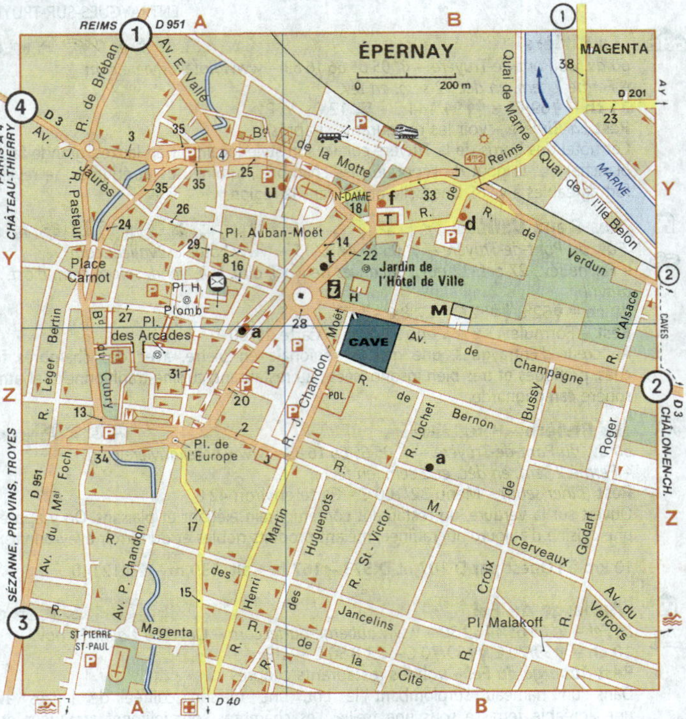

Archers (R. des) . . . . **AZ** 2	Mercier (R. E.) . . . . **AZ** 20	République (Pl.) . . . . **BYZ** 28
Bourgeois (Pl. Léon) . . . . **AY** 4	Moët (R. Jean) . . . . **BY** 22	St-Laurent (R.) . . . . **AY** 3
Flodoard (R.) . . . . **AY** 8	Moulin Brûlé (R. du) . . . . **AY** 24	St-Martin (R.) . . . . **AY** 29
Gallice (R.) . . . . **AZ** 13	Moulin (R. Jean) . . . . **BY** 23	St-Thibault (R.) . . . . **AZ** 31
Gambetta (R.) . . . . **BY** 14	Perrier (Rempart) . . . . **AY** 25	Semard (R. Pierre) . . . . **BY** 33
Hôpital Auban-Moët (R.) . . . . . . **AZ** 15	Plomb (Pl. Hugues) . . . . **AY**	Sézanne (R. de) . . . . **AZ** 34
Leclerc (R. Gén.) . . . . **AY** 16	Porte Lucas (R.) . . . . **AY** 26	Tanneurs (R. des) . . . . **AY** 35
Louis (R. Charles) . . . . **AZ** 17	Prof. Langevin (R.) . . . . **AY** 27	Thévenet (Av.) . . . . **BY** 38
Mendès-France (Pl.) . . . . **BY** 18		

Jean Moët sans rest

7 r. Jean-Moët – ✆ 03 26 32 19 22 – www.hoteljeanmoet.com **BYt**

12 ch – 🚹125/260 € 🚹🚹125/260 € – ☕ 15 €

C'est en plein centre d'Épernay, non loin du théâtre et du jardin de l'Hôtel-de-Ville, que ce bel hôtel particulier a ouvert en 2010. On "bullera" avec plaisir dans ses chambres raffinées et confortables. Tiens, un bar à champagne...

Le Clos Raymi sans rest

3 r. Joseph de Venoge – ✆ 03 26 51 00 58 – www.closraymi-hotel.com – Fermé 22 déc.-8 janv. **BZa**

7 ch – 🚹115/175 € 🚹🚹115/175 € – ☕ 15 €

Cette jolie maison de maître en briques rouges fut celle de la famille Chandon. L'ambiance est agréable au salon (moulures, œuvres d'art), et dans les chambres, claires et bien aménagées. Par beau temps, petit-déjeuner en terrasse !

Les Berceaux

13 r. des Berceaux – ✆ 03 26 55 28 84 – www.lesberceaux.com **AZa**

28 ch – 🚹95/110 € 🚹🚹95/110 € – ☕ 12 €

Rest *Les Berceaux* ✿ Rest *Bistrot le 7* – voir les restaurants ci-après

Au cœur de la pétillante cité, voilà un hôtel qui annonce la couleur dès le hall d'entrée : le sol vitré révèle de mousseuses bouteilles. Les chambres sont confortables, prélude à une belle étape gastronomique, qu'elle soit bistrot ou gastro.

XXX **Les Berceaux** (Patrick Michelon) – Hôtel Les Berceaux

13 r. des Berceaux – ✆ 03 26 55 28 84
– www.lesberceaux.com
– Fermé 12-27 août, 11 fév.-5 mars, lundi et mardi AZa

Rest – Menu 38 € (déj. en sem.), 69/81 € – Carte environ 80 €

Le chef Patrick Michelon s'attache à faire ressortir le meilleur de la gastronomie champenoise, dans une veine authentiquement classique et avec maîtrise : qualité des produits, finesse des préparations... Le cadre est tout aussi élégant.

➜ Cassolette d'escargots au champagne. Cabillaud sauvage au beurre de truffe, fondue d'épinards et asperges vertes. Tatin d'abricot au romarin destructurée, glace caramel au beurre demi-sel. **Vins** Champagne.

XX **Le Théâtre**

8 pl. P. Mendès-France – ✆ 03 26 58 88 19
– www.epernay-rest-letheatre.com
– Fermé 15 juil.-5 août, 22-28 déc., 16 fév.-6 mars, dim. soir, mardi soir et merc.

Rest – Formule 20 € – Menu 25 € (sem.), 32/50 € – Carte 40/56 € BYf

Près du théâtre, voici l'une des plus anciennes brasseries d'Épernay (début du 20e s.), tout en moulures et hauts plafonds – relevés par des tons gris et rouge plus contemporains. En cuisine, tradition rime avec saisons...

XX **La Table Kobus**

3 r. Dr Rousseau – ✆ 03 26 51 53 53 – www.latablekobus.com
– Fermé 2 sem. en avril, 3 sem. en août, 23 déc.-8 janv., jeudi soir, dim. soir et lundi

Rest – Menu 20 € (sem.), 30/50 € – Carte 47/66 € ABYu

Dans cette sympathique brasserie 1900, on peut déguster du champagne en apportant ses propres bouteilles et ce, sans payer de droit de bouchon ! Les Sparnaciens s'y précipitent.

XX **La Grillade Gourmande**

16 r. de Reims – ✆ 03 26 55 44 22 – www.lagrilladegourmande.com
– Fermé 15-31 août, 1 sem. à Noël, 17 fév.-4 mars, dim. et lundi BYd

Rest – Menu 19/55 € – Carte 30/52 €

Les spécialités du lieu ? Poêlée d'écrevisses au champagne, pigeonneau au foie gras, ris de veau à la bourgeoise... et des grillades préparées en salle, à la cheminée. Le restaurant a changé de look en 2010 : sobriété et élégance au service de la gourmandise.

XX **Bistrot le 7** – Hôtel Les Berceaux

13 r. des Berceaux – ✆ 03 26 55 28 84 – www.lesberceaux.com AZa

Rest – Formule 21 € – Menu 29 € – Carte 38/60 €

Aux Berceaux, il y a aussi l'option Bistrot ! Foie gras maison, sole meunière, escargots persillés, picatta de veau... le 7 ou la simplicité dans le raffinement. Avec une belle sélection de champagnes.

à Dizy 3 km par ① – 1 647 h. – alt. 77 m – ✉ 51530

Les Grains d'Argent

1 allée du Petit Bois – ✆ 03 26 55 76 28 – www.lesgrainsdargent.com
– Fermé 24 déc.-3 janv.

20 ch – †110/235 € ††110/235 € – ☕ 16 € – ½ P

Rest ***Les Grains d'Argent*** – voir les restaurants ci-après

Un petit peu en dehors d'Épernay, cette hôtellerie contemporaine se dresse au pied des vignes lourdes de grains d'or, ou d'argent. Les chambres sont plutôt plaisantes et c'est avec une certaine effervescence que l'on gagne le bar à champagne.

XXX **Les Grains d'Argent**

1 allée du Petit Bois – ✆ 03 26 55 76 28 – www.lesgrainsdargent.com – Fermé 24 déc.-3 janv., sam. midi et dim.

Rest – Formule 30 € – Menu 55/95 € – Carte 64/89 €

À look contemporain, cuisine de tradition ; tel est l'élégant paradoxe de ce restaurant. Avec de belles saveurs de saison – en été par exemple, une salade de homard aux truffes –, le champagne de vigneron indépendant fait merveille.

à Champillon 6 km par ① – 519 h. – alt. 210 m – ✉ 51160

Royal Champagne

D 201 – ✆ 03 26 52 87 11 – www.royalchampagne.com – Ouvert 15 fév.-30 nov.

24 ch – †280/660 € ††280/660 € – 4 suites – ☕ 25 € – ½ P

Rest *(fermé lundi midi et mardi midi)* – Formule 33 € – Menu 80 € (dîner)/110 € – Carte 88/106 €

Cet ancien relais de poste surplombe Épernay. Un luxe feutré émane des lieux, où dominent les belles matières. Pour s'abîmer en toute sérénité dans la contemplation du vignoble de Champagne et de la vallée de la Marne...

rte de Reims 8 km par ① – ✉ 51160 St-Imoges

La Maison du Vigneron

D 951 – ✆ 03 26 52 88 00 – www.lamaisonduvigneron.com – Fermé 2 sem. en août, 1 sem. en fév., dim. soir, lundi soir, mardi soir et merc.

Rest – Formule 20 € – Menu 33/55 € – Carte 63/73 €

Un jeune chef a repris cette auberge forestière en 2010 et elle est toujours autant appréciable. Poutres, lustres en fer forgé, cheminée : tout est en place pour un déjeuner ou un dîner dans le respect de la tradition.

à Ay 4 km au Nord-Est par D 201 – 4 116 h. – alt. 76 m – ✉ 51160

Castel Jeanson sans rest

24 r. Jeanson – ✆ 03 26 54 21 75 – www.casteljeanson.fr – Fermé 22 déc.-21 janv.

16 ch – †118/155 € ††118/155 € – 1 suite – ☕ 13 €

Lire, se reposer, siroter un thé ou un verre de champagne du domaine, voilà ce qu'on aime faire dans cet hôtel particulier du 19e s. Remarquable, la superbe verrière de style Art nouveau côté piscine.

Le Manoir des Charmes sans rest

83 bd Charles de Gaulle – ✆ 03 26 54 58 49 – www.lemanoirdescharmes.com – Fermé 24 déc.-10 janv.

5 ch ☕ – †125/145 € ††125/145 €

Cette jolie maison bâtie en 1906 porte bien son nom. "Paradis", "Romance", "Songes", "Secrète"... chaque chambre a été décorée avec soin par la propriétaire. Le petit-déjeuner se prend sous une magnifique verrière. Que d'attentions !

Le Vieux Puits - Clos St-Georges

7 r. Jules-Lobet – ✆ 03 26 56 96 53 – www.levieuxpuits.com – Fermé 2 sem. en août, 22 déc.-12 janv., dim. soir hors saison, merc. soir et lundi

Rest – Formule 28 € – Menu 40/50 € – Carte 62/78 €

Blottie au cœur d'un jardin ombragé et fleuri, cette jolie maison de maître cultive une douce atmosphère bourgeoise. Cuisine traditionnelle et beau choix de champagnes.

à Mutigny 8 km au Nord-Est par D 201 et rte secondaire – 235 h. – alt. 221 m – ✉ 51160

Manoir de Montflambert sans rest

– ✆ 03 26 52 33 21 – www.manoirdemontflambert.fr

5 ch ☕ – †114/129 € ††119/134 €

Il a belle allure, ce manoir du 17e s. dans son grand parc. Les chambres sont romantiques à souhait – meubles patinés, tentures fleuries, baldaquins – et donnent sur la cour, la forêt ou... les vignes, car on est ici dans un domaine viticole !

à Vinay 6 km par ③ – 522 h. – alt. 102 m – ✉ 51530

Hostellerie La Briqueterie

4 rte de Sézanne – ✆ 03 26 59 99 99 – www.labriqueterie.fr – Fermé 13 déc.-14 janv.

40 ch – †190/460 € ††190/460 € – ☕ 22 €

Rest *Hostellerie La Briqueterie* ✿ – voir les restaurants ci-après

Un havre de paix raffiné et cosy au cœur du vignoble ! Au salon, l'ambiance est feutrée, presque "british", parfait pour déguster une coupe de champagne en toute tranquillité. Dans les chambres, teintes douces et belles matières...

Hostellerie La Briqueterie
4 rte de Sézanne – 03 26 59 99 99 – www.labriqueterie.fr – Fermé 13 déc.-14 janv. et sam. midi
Rest – Formule 38 € – Menu 60 € (sem.), 80/110 € – Carte 92/116 €
Un décor très cossu et classique, une cuisine gastronomique soignée, qui met l'accent sur des produits nobles ; tout cela donne envie de s'arrêter parmi les vignes, sur la route de Sézanne. Sans oublier les quelque 850 références de vins présentes à la carte...
➜ Crabe royal gratiné et glacé, beurre tiède citronné à la muscade et au persil plat. Dos de bar en croûte d'algue, purée de fenouil, sauce champagne et coquillages. Soufflé chaud de saison. **Vins** Champagne.

à Avize 10 km au Sud-Est par D 40 et D 10 – 1 709 h. – alt. 114 m – ✉ 51190

2, Place Charles de Gaulle, 03 26 57 98 67, www.ot-epernay.com

Les Avisés (N)
59 r. de Cramant – 03 26 57 70 06 – www.selosse-lesavises.com – Fermé 2 sem. en août, vacances de Noël et de fév., mardi et merc.
10 ch – †230/380 € ††230/380 € – ☕ 20 €
Rest – Menu 37 € (déj.)/58 €
Au cœur de la côte des Blancs – berceau du chardonnay –, une demeure néoclassique aux chambres confortables et élégantes, certaines avec vue sur le vignoble. Le restaurant cultive l'esprit d'une table d'hôte, autour d'un menu unique concocté avec soin. Une personne avisée en vaut deux : voilà une adresse de charme !

ÉPINAL P – 88 Vosges – 314 G3 – 32 845 h. – alt. 324 m – ✉ 88000 — 27 C3

Alsace Lorraine

Paris 385 – Belfort 96 – Colmar 88 – Mulhouse 106

6, place Saint-Goëry, 03 29 82 53 32, www.tourisme-epinal.com

18 des Images d'Épinal, par rte de St-Dié-des-Vosges : 3 km, 03 29 31 37 52

Vieille ville★ : Basilique★ - Parc du château★ - Musée départemental d'art ancien et contemporain★ - Imagerie d'Épinal.

Plan page suivante

Le Manoir
5 av. Provence – 03 29 29 55 55 – www.manoir-hotel.com — BZn
10 ch – †115/155 € ††115/155 € – 2 suites – ☕ 15 €
Rest *Les Ducs de Lorraine* – voir les restaurants ci-après
Une institution à Épinal que cette belle demeure bourgeoise pleine du cachet du 19e s. Architecture éclectique, grand escalier de bois, déluge de tableaux, tapis, mobilier ancien, etc. : le charme d'une grande dame des Vosges.

Mercure
13 pl. E. Stein – 03 29 29 12 91 – www.mercure.com — AZe
60 ch – †85/165 € ††85/165 € – ☕ 17 €
Rest *(fermé vend. soir, sam. et dim.)* – Formule 19 € – Menu 26 € – Carte 24/32 €
À deux pas du musée d'Art et de la Moselle (vue sur le canal à l'arrière), dans un immeuble du 19e s., des chambres très confortables, au vrai cachet contemporain. Agréables prestations : piscine, sauna, hammam, jacuzzi, restaurant traditionnel, etc.

Les Ducs de Lorraine (Claudy Obriot et Stéphane Ringer) – Hôtel Le Manoir
5 av. Provence – 03 29 29 56 00 – www.ducsdelorraine.fr – Fermé 30 juil.-20 août, 1er-8 janv. et dim. — BZn
Rest – Menu 40 € (déj. en sem.), 68/98 € – Carte 90/130 €
La grande salle à l'ancienne (avec des clins d'œil très mode), les tables soigneusement dressées, la fine gastronomie, le délicieux chariot de desserts : une belle image d'Épinal ! Rien de figé en cette table lorraine renommée, mais une inspiration sans cesse renouvelée, beaucoup de fraîcheur et une exécution minutieuse.
➜ Déclinaison de foie gras en cinq façons. Tournedos de pigeon fourré au foie blond. Soufflé à la mirabelle. **Vins** Côtes de Toul, Moselle.

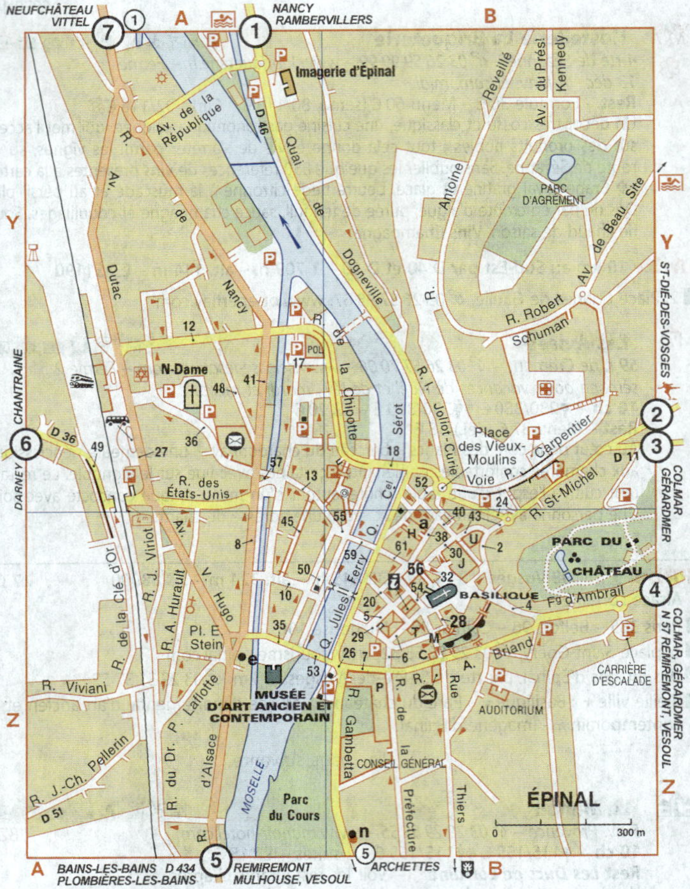

Abbé-Friesenhauser (R.) . . . . . . BZ 2
Ambrail (R. d') . . . . BZ 4
Bassot (Pl. Cl.) . . . . BZ 5
Blaudez (R. F.) . . . . BZ 6
Boegner (R. du Pasteur) . . . . . . BZ 7
Bons-Enfants (Quai des) . . . . . . AZ 8
Boudiou (Pt et R. du) . . . . AZ 10
Boulay-de-la-Meurthe (R.) . . . . . AY 12
Bourg (R. L.) . . . . AY 13
Clemenceau (Pl.) . . . . AY 17
Clemenceau (Pont) . . . . BY 18
Comédie (R. de la) . . . . BZ 20
Entre-les-Deux-Portes (R.) . . . BYZ 24
États-Unis (R. des) . . . . AY
Foch (Pl.) . . . . BZ 26
Gaulle (Av. du Gén.-de) . . . . . . AY 27
Gelée (R. Cl.) . . . . BZ 28
Georgin (R.) . . . . BZ 29
Halles (R. des) . . . . BZ 30
Henri (Pl. E.) . . . . BZ 32
Lattre (Av. Mar.-de) . . . . AY 36
Leclerc (R. Gén.) . . . . BZ 38
Lormont (R.) . . . . BZ 40
Lyautey (R. Mar.) . . . . AY 41
Maix (R. de la) . . . . BZ 43
Minimes (R. des) . . . . AZ 45
Neufchâteau (R. F. de) . . . . AY 48
N.-D.-de-Lorette (R.) . . . . AY 49
Pinau (Pl.) . . . . AZ 50
Poincaré (R. Raymond) . . . . BY 52
Sadi-Carnot (Pont) . . . . AZ 53
St-Goery (R.) . . . . BZ 54
Schwabisch Hall (Pl. de) . . . . . . BZ 55
La Tour (R. G. de la) . . . . AZ 35
Vosges (Pl. des) . . . . BZ 56
4-Nations (Pl. des) . . . . AY 57
170e Régt-d'Inf. (Pont du) . . . . . BZ 59
170e-Régt-d'Inf. (R. du) . . . . . . BZ 61

Le Petit Robinson

24 r. Raymond Poincaré – ✆ 03 29 34 23 51 – www.lepetitrobinson.fr
– Fermé vacances scolaires sauf juil., sam. et dim. BZ**a**

Rest – Menu 20/40 € – Carte 32/61 €

Filets de sole belle meunière, caille rôtie glacée au miel des Vosges, tournedos aux morilles, etc. Tenu par un couple très aimable, ce Petit Robinson n'est pas en mal de bonnes saveurs traditionnelles ! Une valeur sûre à Épinal.

au Nord 3 km par ① D 46 - ✉ 88000 Épinal

La Fayette rest,
3 r. Bazaine (Le-Saut-le-Cerf) – ✆ 03 29 81 15 15 – www.bestwestern-lafayette-epinal.com
57 ch – 104/127 € 104/127 € – 1 suite – 12 €
Rest – Menu 19/43 € – Carte 40/50 €
Aux portes d'Épinal, dans une zone commerciale, cet hôtel moderne mérite attention : il recèle de beaux espaces, feutrés et confortables, un spa agréable (bassin à contre-courant, sauna, jacuzzi), le tout parfaitement tenu. Restaurant traditionnel.

à Chaumousey 10 km par ⑥ et D 460 – 857 h. – alt. 360 m – ✉ 88390

Le Calmosien
37 r. d'Epinal – ✆ 03 29 66 80 77 – www.calmosien.com – Fermé 13-30 juil., dim. soir et lundi
Rest – Menu 23/63 € – Carte 45/57 €
Tout près de l'église de ce village vosgien – la campagne à 10mn d'Épinal –, une jolie maison de maître au cadre classique (tons pastel, tableaux, etc.) pour une cuisine de facture traditionnelle : filet de bar à l'oseille, carré d'agneau au thym...

à Golbey 4 km au Nord par ⑦ – 8 230 h. – alt. 320 m – ✉ 88190

Atrium sans rest
89 r. de Lorraine – ✆ 03 29 81 15 20 – www.hotel-atrium.fr
22 ch – 65/70 € 70/79 € – 8 €
Dans une zone d'activités en périphérie d'Épinal, un hôtel aux allures de motel, à la fois simple et bien pensé : parfait pour la clientèle d'affaires.

à Fontenay 13 km au Nord-Est par D 420 – 494 h. – alt. 390 m – ✉ 88600

La Grange
chemin de Framont – ✆ 03 29 43 20 55 – www.la-grange-aux-arts.com
5 ch – 99 € 115 € **Table d'hôte** – Menu 28 € bc
Japonaise, africaine, indienne, mauresque... Chaque chambre invite au voyage, avec beaucoup de goût ! Ce n'est pas le moindre attrait de cette villa contemporaine, lumineuse et paisible, dont la charmante propriétaire est également artiste et galeriste.

L'ÉPINE – 51 Marne – 306 I9 – rattaché à Châlons-en-Champagne

ÉPINEAU-LES-VOVES – 89 Yonne – 319 D4 – rattaché à Joigny

ERBALUNGA – 2B Haute-Corse – 345 F3 – voir à Corse

ERMENONVILLE – 60 Oise – 305 H6 – 949 h. – alt. 92 m – ✉ 60950 36 B3

Île-de-France

▶ Paris 51 – Beauvais 70 – Compiègne 42 – Meaux 25
ℹ 1, rue René de Girardin, ✆ 03 44 54 01 58, otsi-ermenonville.jimdo.com
◉ Mer de Sable★ - Forêt d'Ermenonville★ - Abbaye de Chaalis★★ N : 3 km.

Le Relais de la Croix d'Or avec ch rest,
2 r. Prince Radziwill – ✆ 03 44 54 00 04 – www.lacroixdor.net – Fermé 22 juil.-5 août, dim. soir et lundi
8 ch – 71 € 79 € **Rest** – Formule 20 € – Menu 35/72 € – Carte 54/81 €
Atmosphère rustique – poutres, pierres apparentes, cave voûtée – en cette auberge dédiée à la tradition (produits de saison). Terrasse en bord de bassin. Chambres pratiques.

ERMITAGE-DU-FRÈRE-JOSEPH – 88 Vosges – 314 J5 – rattaché à Ventron

ERNÉE – 53 Mayenne – 310 D5 – 5 780 h. – alt. 120 m – ✉ 53500 34 B1

Pays de la Loire

▶ Paris 304 – Domfront 47 – Fougères 22 – Laval 31
ℹ place de l'Hôtel de Ville, ✆ 02 43 08 71 17, www.ville-ernee.fr

Le Grand Cerf avec ch
19 r. Aristide-Briand – 02 43 05 13 09 – www.legrandcerf.net – Fermé 3-13 août, 15-31 janv., vend. soir, dim. soir et lundi midi
9 ch – 58/80 € 60/80 € – 8,50 € – ½ P
Rest – Formule 16 € – Menu 19 € (sem.), 28/38 € – Carte 33/48 €
Dans un ancien relais de poste (1870), cette auberge de village a le charme de l'authenticité : murs en pierres apparentes, tissus de Mayenne... Le tout agrémenté de sculptures d'un artiste local. Derrière les fourneaux, les deux chefs revisitent la cuisine classique. Un duo gagnant, assurément...

ERQUY – 22 Côtes-d'Armor – 309 H3 – 3 802 h. – alt. 12 m – 22430 10 C1

Bretagne Nord
Paris 451 – Dinan 46 – Dinard 39 – Lamballe 21
3, rue du 19 Mars 1962, 02 96 72 30 12, www.erquy-tourisme.com
Cap d'Erquy ★ NO : 3,5 km puis 30 mn.

Beauséjour sans rest
21 r. Corniche – 02 96 72 30 39 – www.beausejour-erquy.com – Ouvert 1er avril-15 nov.
15 ch – 60/80 € 60/95 € – 11 €
À 100 m de la plage, un hôtel-restaurant familial avec des chambres colorées, avenantes et bien tenues (dont la moitié donne sur le port de pêche) et une table traditionnelle bien iodée.

à St-Aubin 3 km au Sud-Est par rte secondaire – 22430 Erquy

Relais St-Aubin
D 68 – 02 96 72 13 22 – www.relais-saint-aubin.fr – Fermé 15 nov.-15 déc., 15 janv.-15 fév., mardi sauf juil.-août et lundi
Rest – Formule 17 € – Menu 23/44 € – Carte 29/60 €
Charmant et si bucolique, ce prieuré en pierre (17e s.) recouvert de vigne vierge ! Le jardin est ravissant et la déco vraiment originale : juke-box battant au rythme des fifties, mobilier rustique ou breton... Quant à l'assiette, elle est tout aussi plaisante et fait honneur aux belles saveurs de tradition.

ERSA – 2B Haute-Corse – 345 F2 – voir à Corse

ERSTEIN – 67 Bas-Rhin – 315 J6 – 10 630 h. – alt. 150 m – 67150 1 B2

Alsace Lorraine
Paris 514 – Colmar 49 – Molsheim 24 – St-Dié 69
16, rue du Général-de-Gaulle, 03 88 98 14 33, www.cc-pays-erstein.fr

Crystal
41-43 av. de la Gare – 03 88 64 81 00 – www.hotelcrystal.fr – Fermé 27 juil.-5 août et 23 déc.-2 janv.
65 ch – 78/90 € 95/130 € – 3 suites – 13 € – ½ P
Rest *Le B* – voir les restaurants ci-après
On peut sans hésiter faire une étape dans cet hôtel-restaurant récent, tout près de la voie rapide. Les chambres sont fonctionnelles (plus spacieuses au 3e étage) et l'on organise des sorties et des dégustations de vin.

Jean-Victor Kalt
41 av. de la Gare – 03 88 98 09 54 – Fermé 29 juil.-22 août, dim. soir, merc. soir et lundi sauf fériés
Rest – Formule 24 € – Menu 32/72 € – Carte 60/82 €
Le chef aime son métier et le prouve : il élabore, au gré du marché, une belle cuisine classique et, lorsqu'il vient saluer ses hôtes, il prodigue de judicieux conseils.

Le B – Hôtel Crystal
41-43 av. de la Gare – 03 88 64 81 00 – www.hotelcrystal.fr – Fermé 27 juil.-5 août, 23 déc.-13 janv., vend. soir, sam. midi et dim.
Rest – Formule 12 € – Menu 27 € (sem.)/35 € – Carte 32/50 €
Au sein de l'hôtel Crystal, un cadre plaisant, assez élégant et feutré, pour une cuisine traditionnelle qui mise sur la fraîcheur : saumon mariné à la citronnelle, lotte rôtie et pak choï, macaron framboise mangue hibiscus, etc.

ERVAUVILLE – 45 Loiret – **318** O3 – rattaché à Courtenay

ESCOIRE – 24 Dordogne – **329** G4 – 462 h. – alt. 100 m – ✉ 24420 **4** C1

Paris 485 – Bordeaux 147 – Périgueux 13 – Sarlat-la-Canéda 72

Château d'Escoire sans rest

– ✆ 05 53 05 99 80 – *www.escoire-lechateau.com – Ouvert Pâques à mi-nov.*

5 ch – 70/75 € 90/100 €

Dans un parc de 9 ha, une demeure romantique (18e s.) dominant le village. On s'y repose dans des chambres spacieuses et bien tenues. Aux beaux jours, il fait bon profiter de la piscine ou se balader dans le jardin à la française.

ESPALION – 12 Aveyron – **338** I3 – 4 409 h. – alt. 342 m – ✉ 12500 **29** D1

Midi Toulousain

Paris 592 – Aurillac 72 – Figeac 93 – Mende 101

23, place du Plô, ✆ 05 65 44 10 63, www.ot-espalion.fr

Église de Perse★ SE : 1 km.

Hôtel de France sans rest

36 bd J.-Poulenc – ✆ 05 65 44 06 13 – www.hoteldefrance12.fr

23 ch – 45/55 € 49/65 € – 8 €

Juste en face de la mairie, cet hôtel a été agrandi et totalement rénové en 2010 et 2011. Les chambres sont simples et fonctionnelles ; préférez celles des 2e et 3e étages, d'esprit plus contemporain. Un bon point de chute au cœur de cette jolie cité.

Le Méjane

r. Méjane – ✆ 05 65 48 22 37 – www.restaurant-mejane.fr – Fermé 4-28 mars, 24-31 juin, lundi soir en juil.-août, merc. sauf juil.-août, dim. soir et lundi midi

Rest – Formule 18 € – Menu 27/57 € – Carte environ 48 €

Le Méjane, c'est d'abord un endroit agréable et feutré, d'une sobre élégance contemporaine. Et c'est surtout une cuisine qui ravit, soignée, fraîche et savoureuse : terrine de foie gras de canard maison, noix de veau de l'Aveyron jus à l'estragon...

ESPALY-ST-MARCEL – 43 Haute-Loire – **331** F3 – rattaché au Puy-en-Velay

ESPELETTE – 64 Pyrénées-Atlantiques – **342** D2 – 1 960 h. – alt. 77 m **3** A3

– ✉ 64250 Pays Basque et Navarre

Paris 775 – Bordeaux 215 – Pau 134 – Donostia-San Sebastián 78

145, route Karrika Nagusia, ✆ 05 59 93 95 02, www.espelette.fr

Euzkadi rest, ch,

285 Karrika Nagusia – ✆ 05 59 93 91 88 – www.hotel-restaurant-euzkadi.com – Fermé 1er nov.-24 déc., mardi hors saison et lundi

27 ch – 52/69 € 65/85 € – 9 € – ½ P

Rest – Menu 19 € (sem.), 28/36 € – Carte 23/46 €

Dans la capitale du piment, une belle façade à la gloire du pays. La plupart des chambres arborent un style basque épuré : murs blancs et poutres. La piscine est agréable...

ESSOYES – 10 Aube – **313** H5 – 693 h. – alt. 170 m – ✉ 10360 **13** B3

Champagne Ardenne

Paris 222 – Chaumont 65 – Dijon 120 – Troyes 49

Hôtel des Canotiers rest,

1 r. Pierre-Renoir – ✆ 03 25 38 61 08 – www.hoteldescanotiers.com – Fermé 17 déc.-4 janv., 15 fév.-6 mars, mardi midi et lundi d'oct. à mai

14 ch – 64/77 € 77 € – 10 € – ½ P

Rest – Formule 17 € – Menu 25/46 € – Carte 30/62 €

Pratiques et propres, les chambres de cet hôtel donnent pour la plupart sur la vallée de l'Ource et sur le village où repose Auguste Renoir, le célèbre peintre des Canotiers et des Jeunes Filles au piano.

ESTAING – 12 Aveyron – **338** I3 – 603 h. – alt. 313 m – ✉ 12190 **29** D1

Midi Toulousain

Paris 602 – Aurillac 63 – Conques 33 – Espalion 10

24, rue François d'Estaing, ✆ 05 65 44 03 22

Le Manoir de la Fabrègues

rte d'Espalion, 3 km – ✆ 05 65 66 37 78 – www.manoirattitude.com – Ouvert de mi-fév. à mi-nov.

10 ch – 70/90 € 80/90 € – 1 suite – 9 € – ½ P

Rest *(fermé merc. en juil.-août) (dîner seult)* – Menu 26/39 € bc – Carte 30/41 €

Les propriétaires ont su insuffler l'esprit d'une maison d'hôtes à ce manoir du 15e s. (pierres du pays, poutres apparentes, cantou). Quant aux chambres, elles ont toute leur style : baroque, Empire, etc.

L'Auberge St-Fleuret

19 r. François d'Estaing, (face à la mairie) – ✆ 05 65 44 01 44 – www.auberge-st-fleuret.com – Ouvert d'avril à oct.

14 ch – 48/58 € 48/58 € – 10 € – ½ P

Rest *(fermé lundi midi, mardi midi et merc. midi)* – Menu 19 € (sem.), 28/42 € – Carte 32/47 €

Face à la mairie, ce relais de poste du 19e s. est désormais une sympathique auberge de tradition, avec des chambres colorées et pratiques. Terrasse surplombant la piscine.

ESTISSAC – 10 Aube – 313 C4 – 1 804 h. – alt. 133 m – ✉ 10190 — 13 B3

Paris 158 – Châlons-en-Champagne 105 – Sens 44 – Troyes 23

Communauté de communes des Portes du Pays d'Othe, ✆ 03 25 40 42 42

Domaine du Voirloup

3 pl. Betty Dié – ✆ 03 25 43 14 27 – www.vrlp.com

4 ch – 65/120 € 70/120 € – ½ P **Table d'hôte** – Menu 30 € bc

Dans le superbe parc de cette grande demeure bourgeoise de 1904 courent un ruisseau, une cascade et des canaux. Les chambres, joliment colorées, s'appellent Orient, Occident et Midi. À table, les menus changent selon le marché et, au petit-déjeuner, on savoure des gâteaux et confitures maison.

ESTIVAREILLES – 03 Allier – 326 C4 – rattaché à Montluçon

ESTRABLIN – 38 Isère – 333 C4 – rattaché à Vienne

ESTRÉES-ST-DENIS – 60 Oise – 305 G4 – 3 594 h. – alt. 70 m – ✉ 60190 — 36 B2

Paris 81 – Beauvais 46 – Clermont 21 – Compiègne 17

du Château d'Humières, à Monchy Humières, Rue de Gournay, NE : 11 k m, ✆ 03 44 86 48 22

Moulin Brûlé

70 av. de Flandre – ✆ 03 44 41 97 10 – www.lemoulinbrule.fr – Fermé août, 1er-7 janv., dim. soir, lundi et mardi

Rest *(réserver)* – Formule 17 € – Menu 22/65 € – Carte 35/55 €

Logé dans une ancienne épicerie, un restaurant mi-contemporain, mi-champêtre, agrémenté d'une terrasse fermée. Plats actuels et beau choix de bordeaux et de vins de Loire.

ÉTAMPES – 91 Essonne – 312 B5 – 22 182 h. – alt. 80 m – ✉ 91150 — 18 B3

Île-de-France

Paris 51 – Chartres 59 – Évry 35 – Fontainebleau 45

2, place de l'Hôtel de Ville, ✆ 01 69 92 69 00, www.mairie-etampes.fr

de Belesbat, à Boutigny-sur-Essonne, Domaine de Belesbat, E : 17 km par D 837 et D 153, ✆ 01 69 23 19 10

Collégiale Notre-Dame★.

Ibis N sans rest

14 r. du Rempart – ✆ 01 69 92 16 50 – www.ibishotel.com

67 ch – 70/82 € 70/82 € – 9 €

À deux pas de la gare RER et du centre-ville, des chambres fonctionnelles et bien tenues. Préférez celles – plus calmes – sur l'arrière du bâtiment. Parfait pour la clientèle d'affaires.

à Ormoy-la-Rivière 5 km au Sud par D 49 et rte secondaire – 944 h. – alt. 81 m – ✉ 91150

Le Vieux Chaudron

45 Grande-Rue – ✆ 01 64 94 39 46 – www.levieuxchaudron.com – Fermé 29 juil.-20 août, 23 déc.-1er janv., jeudi soir, dim. soir et lundi

Rest – Formule 28 € – Menu 36/53 €

Une petite auberge face à l'église, au cadre campagnard agrémenté d'une belle cheminée et d'une terrasse au calme. Appétissantes recettes dans l'air du temps et gibier en saison.

à Boutervilliers 9 km à l'Ouest par D 191 – 365 h. – alt. 151 m – ✉ 91150

rue de la Mairie, ✆ 01 64 95 42 09

Le Bouche à Oreille N

11 r. de la Chapelle – ✆ 01 64 95 69 50 – www.bao-restaurant.fr – Fermé dim. soir, lundi soir et mardi

Rest – Formule 24 € – Menu 32/40 € – Carte 48/76 €

Aux portes de la Beauce, le jeune chef signe une cuisine de belle facture, savoureuse et teintée d'originalité, comme ce bœuf et foie gras poêlé façon burger. Décor à l'élégance un rien bourgeoise ; accueil et service aux petits soins.

ÉTANG-DE-HANAU – 57 Moselle – 307 Q4 – rattaché à Philippsbourg

LES ÉTANGS-DES-MOINES – 59 Nord – 302 M7 – rattaché à Fourmies

ÉTAPLES – 62 Pas-de-Calais – 301 C4 – 11 491 h. – alt. 10 m – ✉ 62630 30 A2

Nord Pas-de-Calais Picardie

Paris 228 – Abbeville 55 – Arras 101 – Calais 67

boulevard Bigot Descelers, ✆ 03 21 09 56 94, www.etaples-tourisme.com

Aux Pêcheurs d'Étaples

quai Canche – ✆ 03 21 94 06 90 – www.auxpecheursdetaples.fr – Fermé 3 sem. en janv. et dim. soir de janv. à mars

Rest – Formule 18 € – Menu 21/39 € – Carte 29/74 €

Au rez-de-chaussée, une grande poissonnerie ; au premier étage, un restaurant de poissons et fruits de mer... Difficile de faire plus frais ! Mention spéciale pour la bouillabaisse du pêcheur et le blanc de turbot grillé ou vapeur du chef. En prime : vue sur l'aérodrome du Touquet... entre ciel et mer.

ÉTEL – 56 Morbihan – 308 L9 – 2 063 h. – alt. 20 m – ✉ 56410 9 B2

Bretagne Sud

Paris 494 – Lorient 26 – Quiberon 24 – Vannes 37

place des Thoniers, ✆ 02 97 55 23 80, www.etel-tourisme.com

Le Trianon rest,

14 r. du Gén.-Leclerc – ✆ 02 97 55 32 41 – www.letrianon56.com – Fermé janv.

22 ch – †68/120 € ††68/120 € – ☐ 10 € – ½ P

Rest *(fermé dim. soir et lundi midi hors saison)* – Formule 15 € – Menu 25 € (déj. en sem.)/38 € – Carte 20/45 €

Près du port de pêche, des chambres rétro, forcément un peu hors du temps mais parfaitement tenues ! L'été, le jardin invite à la détente. Restauration traditionnelle servie dans un cadre rustique.

ÉTOUY – 60 Oise – 305 F4 – rattaché à Clermont

ÉTRÉAUPONT – 02 Aisne – 306 F3 – 874 h. – alt. 127 m – ✉ 02580 37 D1

Paris 184 – Avesnes-sur-Helpe 24 – Hirson 16 – Laon 44

Clos du Montvinage ch,

8 r. Albert Ledant – ✆ 03 23 97 91 10 – www.hotel-clos-du-montvinage.com – Fermé 7-18 août, 23 déc.-8 janv., dim. soir, lundi midi et merc. midi

20 ch – †64/100 € ††76/112 € – ☐ 11 € – ½ P

Rest – Formule 20 € – Menu 22/47 € bc – Carte 25/45 €

Cette maison de maître du 19e s. est vraiment avenante et ses chambres thématiques (montagne, bourgeoise, etc.) sont très bien tenues. Pour vos loisirs : belle salle de billard, tennis, vélos et croquet dans le parc.

ÉTRETAT – 76 Seine-Maritime – **304** B3 – **1 502 h.** – **alt. 8 m** – **Casino** **33** C1
– ✉ **76790** Normandie Vallée de la Seine

Paris 206 – Bolbec 30 – Fécamp 16 – Le Havre 29

place Maurice Guillard, ✆ 02 35 27 05 21, www.etretat.net

d'Étretat, Route du Havre, ✆ 02 35 27 04 89

Le Clos Lupin★ - Falaise d'Aval★★★ - Falaise d'Amont★★.

Dormy House
rte du Havre – *✆ 02 35 27 07 88* – *www.dormy-house.com*
60 ch – 68/210 € 78/210 € – 3 suites – 17 € – ½ P
Rest *(fermé 5 janv.-2 fév.)* – Menu 28 € (déj. en sem.), 32/73 € – Carte environ 59 €
À flanc de falaise, cette House domine Étretat et la falaise d'Amont. Dans le jardin, la vue à travers les pins se révèle poétique avec, au loin, les bruits de la plage... Les chambres se répartissent entre le manoir de 1870 et plusieurs dépendances. À l'heure des repas, choisissez la salle panoramique !

Domaine St-Clair
chemin de St-Clair – *✆ 02 35 27 08 23* – *www.hoteletretat.com*
21 ch – 90/550 € 90/550 € – 14 € – ½ P
Rest *(fermé lundi midi, mardi midi, merc. midi et jeudi midi)* – Formule 25 € – Menu 35/75 € – Carte 68/76 €
Sur les hauteurs, à l'issue d'un chemin tortueux, un lieu à part, où l'on renoue avec les plaisirs de la Belle Époque... Le domaine réunit un castel et une villa : autant d'espaces intimes et charmants, décorés dans un esprit baroque, canaille ou moderne ! Les échappées sur la côte invitent, elles, à la contemplation... Restaurant gastronomique.

Villa sans Souci sans rest
27 ter r. Guy de Maupassant – *✆ 02 35 28 60 14* – *www.villa-sans-souci.fr*
4 ch – 60/90 € 95/165 €
Monsieur est amateur de voitures anciennes, madame de l'Afrique et tous deux partagent la passion du cinéma. Dans son grand parc arboré, cette villa début de siècle fourmille d'objets chinés et respire, tout simplement, l'amour de la vie ! Chaque chambre est dédiée à un film célèbre : à vous de jouer...

Le Galion
bd R. Coty – *✆ 02 35 29 48 74* – *www.etretat-legalion.fr* – *Fermé 15 déc.-20 janv., mardi et merc. sauf vacances scolaires*
Rest – Menu 25/45 € – Carte 38/60 €
Le trésor de ce galion-là ne se trouve pas à fond de cale, mais au plafond : une forêt de poutres sculptées du 14e s., provenant d'une maison de Lisieux. La cuisine, traditionnelle, se distingue dans cette cité très touristique.

ÉTUPES – **25 Doubs** – **321** L1 – **rattaché à Sochaux**

EU – **76 Seine-Maritime** – **304** I1 – **7 426 h.** – **alt. 19 m** – ✉ **76260** **33** D1
Normandie Vallée de la Seine

Paris 176 – Abbeville 34 – Amiens 88 – Dieppe 33

place Guillaume le Conquérant, ✆ 02 35 86 04 68, www.ville-eu.fr

Collégiale Notre-Dame et St-Laurent★ - Chapelle du Collège★.

Manoir de Beaumont sans rest
rte de Beaumont, 3 km par D 49 puis direction Ferme de Beaumont – *✆ 02 35 50 91 91* – *www.demarquet.eu* – *Fermé janv.*
3 ch – 40/51 € 51/62 €
Dans cette demeure située à un saut de biche de la forêt d'Eu et à 5mn des plages, les propriétaires vous accueillent en amis. Les chambres délicieusement rétro, le salon Louis XVI et le joli parc ajoutent encore au charme du lieu.

EUGÉNIE-LES-BAINS – **40 Landes** – **335** I12 – **470 h.** – **alt. 65 m** – **Stat. therm. : mi-fév.-début déc.** – ✉ **40320** Aquitaine **3** B3

Paris 731 – Aire-sur-l'Adour 12 – Dax 71 – Mont-de-Marsan 26

147, rue René Vielle, ✆ 05 58 51 13 16, www.ville-eugenie-les-bains.fr

Les Greens d'Eugénie, à Bahus-Soubiran, Golf du Tursan, S : 4 km par D 11 et D 62, ✆ 05 58 51 11 63

Les Prés d'Eugénie
pl. de l'Impératrice – 05 58 05 06 07 – www.michelguerard.com – Fermé 7 janv.-14 mars
15 ch – 280/420 € 280/420 € – 15 suites – 45 €
Rest ***Les Prés d'Eugénie - Michel Guérard*** – voir les restaurants ci-après
Les Prés du bonheur ! Demeure du 19e s. élégamment décorée, parc et "ferme thermale" : heureux mariage entre maison de ville et maison des champs, entre plaisir et forme.

Le Couvent des Herbes
– www.michelguerard.com – Fermé 6 janv.-7 fév.
4 ch – 360/420 € 360/420 € – 4 suites – 30 €
Napoléon III fit amoureusement restaurer pour Eugénie ce joli couvent du 18e s. Autour d'un jardin d'Éden, les chambres sont la séduction même.

La Maison Rose
– 05 58 05 06 07 – www.michelguerard.com – Fermé 15 déc.-10 fév.
24 ch – 160/230 € 160/230 € – 5 suites – 20 €
Rest *(menu minceur pour résidents seult)* – Menu 45 €
À côté des thermes, cette maison à la façade rose a des allures de guesthouse ! Les chambres sont confortables et bien tenues. Fleurs fraîches et meubles en rotin ajoutent au romantisme des lieux.

Les Prés d'Eugénie - Michel Guérard
pl. de l'Impératrice – 05 58 05 06 07 – www.michelguerard.com – Fermé 7 janv.-14 mars, lundi soir et le midi en sem. sauf du 9 juil. au 25 août et sauf fériés
Rest – Menu 120 € bc (sem.), 165/190 € – Carte 140/180 €
Une signature à jamais associée à l'aventure de la Nouvelle Cuisine ! Une œuvre sensible, légère et inventive… une véritable ode aux saveurs, rendues dans une veine naturaliste. Mention spéciale pour la magie des lieux, occasion d'une véritable parenthèse bucolique.
➜ L'œuf poule au caviar à la coque et chaud-froid de pomme de terre sous la cendre. Filet de bœuf sur le bois et sous les feuilles, jus de viande et jus de raisin. Belles fraises de jardin en melba toquées d'un sorbet d'herbes. **Vins** Tursan blanc, Vin de pays des Terroirs Landais rouge.

La Ferme aux Grives avec ch
– 05 58 05 05 06 – www.michelguerard.com – Fermé 6 janv.-7 fév., mardi soir et merc. sauf du 11 juil. au 27 août et fériés
4 suites – 500/600 € – 40 € **Rest** – Menu 48 €
Cette vieille auberge de village a retrouvé ses couleurs d'antan. Jardin potager, vieilles poutres et tomettes... Un cadre idéal pour savourer une cuisine du terroir joliment ressuscitée. Suites exquises, pour des nuits paisibles.

ÉVIAN-LES-BAINS – 74 Haute-Savoie – 328 M2 – 8 139 h. – alt. 370 m – Stat. therm. : mi-janv.-mi-déc. – Casino B – 74500 Alpes du Nord

46 F1

Paris 577 – Genève 44 – Montreux 40 – Thonon-les-Bains 10
place d'Allinges, 04 50 75 04 26, www.eviantourism.com
Évian Masters Golf Club, Rive Sud du Lac de Genève, par rte de Thonon : 1 km, 04 50 75 46 66
Lac Léman★★★ - Promenade en bateau★★★ - L'escalier d'honneur★ de l'hôtel de ville.
Falaises★★.

Plan page suivante

Royal
13 av. des Mateirons – 04 50 26 85 00 – www.evianresort.com – Ouvert mars-oct.
152 ch – 220/2985 € 300/3050 € – 31 suites – 27 € Cz
Rest ***L'Edouard VII***
Rest ***La Suite*** – voir les restaurants ci-après
Rest ***La Véranda*** – Formule 45 € – Menu 63 €
Un parc majestueux, une vue superbe sur les montagnes, trois restaurants, des chambres et salons garnis de mobilier de style... Plaisir ultime, l'institut de remise en forme propose des soins très complets. Ce luxueux palace né en 1907 mérite son nom.

ÉVIAN-LES-BAINS

Abondance (Av. d') . . . . C 2
Bennevy (Bd de) . . . . AB 5
Besson (Quai Ch.) . . . . B 6
Clermont (R. de) . . . . B 10
Cordeliers (R. des) . . . . C 12
Cottet (Pl. Ch.) . . . . B 15
Folliet (R. Gaspard) . . . . B 19
Grottes (Av. des) . . . . C 22
Larringes (Av. de) . . . . A 25
Libération (Pl. de la) . . . . C 26
Mateirons (Av. des) . . . . B 27
Monnaie (R. de la) . . . . B 29
Narvik (Av. de) . . . . B 31
Nationale (R.) . . . . B 33
Neuvecelle (Av. de) . . . . C 36
Port (Pl. du) . . . . C 37
Sources (Av. des) . . . . B 39
Vallées (Av. des) . . . . AB 40

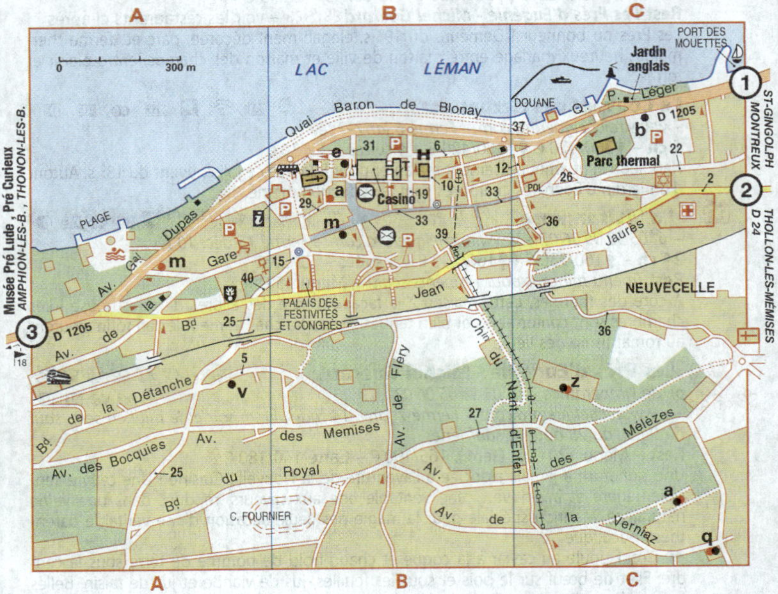

Ermitage

1230 av. du Léman – ✆ 04 50 26 85 00 – www.evianermitage.com **Ca**

80 ch – 184/410 € 184/410 € – 6 suites – 25 € – ½ P

Rest *La Table* Rest *La Bibliothèque* – voir les restaurants ci-après

Cet imposant bâtiment Belle Époque se dresse sur les hauteurs d'Évian, dans un écrin de verdure. L'intérieur a été entièrement refait dans un style épuré, à partir de matériaux évoquant la nature (bois précieux, ardoise, galets...).

Hilton

27 quai Paul Léger – ✆ 04 50 84 60 00 – www.evianlesbains.hilton.com

165 ch – 119/600 € 139/620 € – 5 suites – ½ P **Cb**

Rest *Riva* ✆ 04 50 84 60 30 – Formule 17 € – Carte 38/58 €

Un bâtiment imposant, au cadre design et ultracontemporain. La majorité des chambres disposent d'un balcon face au lac. Un endroit parfait pour le farniente chic, avec une belle piscine et un superbe espace fitness.

La Verniaz et ses Chalets

rte d'Abondance – ✆ 04 50 75 04 90 – www.verniaz.com – Ouvert 12 fév.-6 nov.

32 ch – 95/149 € 95/274 € – 6 suites – 16 € – ½ P **Cq**

Rest *La Verniaz et ses Chalets* – voir les restaurants ci-après

Cet ensemble de maisons et de chalets disséminés dans un très beau parc noyé sous les fleurs dégage un charme vieille France. De grandes chambres, des meubles anciens, la vue sur le lac : le temps semble suspendu...

Littoral sans rest

9 av. de Narvik – ✆ 04 50 75 64 00 – www.hotel-littoral-evian.com
– Fermé 20 oct.-11 nov. **Be**

30 ch – 84/110 € 84/110 € – 10 €

Pour trouver cet hôtel des années 1990, cherchez le casino, il est situé juste à côté. L'ensemble est cosy et chaleureux, dans un esprit montagne contemporain (bois et boutis dans les chambres) : comme une invitation au cocooning...

L'Oasis sans rest
11 bd Bennevy – ✆ 04 50 75 13 38 – www.oasis-hotel.com
– Ouvert 1er avril-30 sept. **Av**
16 ch – 77/152 € 77/152 € – 13 €
Sur les hauteurs d'Évian, un hôtel charmant aux chambres coquettes et douillettes, dont certaines font face au lac. Le jardin est bien agréable et de la terrasse, la vue est magnifique.

Continental sans rest
65 r. Nationale – ✆ 04 50 75 37 54 – www.hotel-continental-evian.com **Bm**
32 ch – 52/70 € 58/95 € – 8,50 €
Ce petit hôtel familial, logé dans un édifice de 1868, est situé dans une rue piétonne, bien pratique lorsque l'on fait une cure. Chambres bien tenues, au mobilier ancien chiné par le propriétaire ; celles du 4e étage ont vue sur le lac.

L'Edouard VII – Hôtel Royal
13 av. des Mateirons – ✆ 04 50 26 85 00 – www.evianresort.com – Ouvert mars-oct. et fermé du mardi au jeudi sauf vacances scolaires, dim. et lundi **Cz**
Rest *(dîner seult) (nombre de couverts limité, réserver)* – Menu 85/150 € – Carte 80/100 €
Le restaurant Art déco du célèbre hôtel Royal, intime et feutré : on y goûte aussi bien la gastronomie, très actuelle, que la vue de la terrasse sur le jardin.

La Table – Hôtel Ermitage
1230 av. du Léman – ✆ 04 50 26 85 54 – www.evianermitage.com **Ca**
Rest *(dîner seult)* – Menu 53/90 € – Carte 61/96 €
La Table gastronomique de l'Ermitage décline les teintes feutrées pour mieux mettre en valeur les terroirs français et la qualité de leurs produits.

La Suite – Hôtel Royal
13 av. des Mateirons – ✆ 04 50 26 85 00 – www.evianresort.com
– Ouvert mars-oct. **Cz**
Rest – Menu 43 € – Carte 55/85 €
La salle à manger du palace Royal, décorée de fresques de Gustave Jaulnes, est toujours aussi belle et imposante. C'est dans ce décor historique, face au lac, que l'on apprécie une cuisine délicate et bien ficelée.

La Verniaz et ses Chalets – Hôtel La Verniaz et ses Chalets
rte d'Abondance – ✆ 04 50 75 04 90 – www.verniaz.com
– Ouvert 12 fév.-6 nov. et fermé lundi et mardi d'oct. à avril **Cq**
Rest – Menu 38/85 € – Carte 55/75 €
Le chef de La Verniaz a un nom prédestiné ! M. Léman prépare une cuisine classique à base de très beaux produits dont des poissons du... Léman. Selon les saisons, on s'installe sur la terrasse fleurie ou dans une salle très cosy.

La Bibliothèque – Hôtel Ermitage
1230 av. du Léman – ✆ 04 50 26 85 00 – www.evianermitage.com **Ca**
Rest *(déj. seult)* – Menu 29 € – Carte 38/55 €
Ambiance lounge dans la Bibliothèque de l'Ermitage, idéale pour un tête-à-tête amoureux ou une réunion en petit comité. On feuillette le menu, succession de plats à base de produits bio, comme un livre ouvert face au lac.

Histoire de Goût
1 av. Gén.-Dupas – ✆ 04 50 70 09 98 – www.restaurant-histoiredegout.com
– Fermé 2 sem. en janv. et lundi **Am**
Rest – Formule 19 € bc – Menu 30/41 € – Carte 45/54 €
Casiers à vin et beau comptoir "pin et zinc" illustrent la passion du patron pour le vin. Le jeune chef travaille de beaux produits (poisson du lac, bœuf, cuisses de grenouille) pour un résultat fin et... de bon goût.

Instant Gourmand
10 r. de l'Église – ✆ 04 50 04 74 98 – www.instantgourmand.fr – Fermé 1 sem. fin août, vacances de la Toussaint, dim. et lundi **Ba**
Rest *(nombre de couverts limité, réserver)* – Formule 11 € – Menu 25 € (dîner) – Carte 40/48 €
Dans ce restaurant de poche, la cuisine est fine et subtile, parfois ludique, valorisant le terroir avec une pointe de créativité et des touches asiatiques, origines du chef obligent (bouillon parfumé, citronnelle, litchis...).

ÉVISA – 2A Corse-du-Sud – 345 B6 – voir à Corse

ÉVOSGES – 01 Ain – 328 F5 – 135 h. – alt. 750 m – ✉ 01230 45 C1

Paris 481 – Aix-les-Bains 69 – Belley 37 – Bourg-en-Bresse 57

L'Auberge Campagnarde

Le village – ✆ 04 74 38 55 55 – Ouvert de mi-fév. à mi-nov. et fermé mardi soir et merc.

15 ch – †45/85 € ††65/90 € – ☕ 10 € – ½ P

Rest ***L'Auberge Campagnarde*** – voir les restaurants ci-après

Dans ce village perché du Bugey, cette auberge est tenue par la même famille depuis cinq générations. L'accueil est toujours aussi chaleureux et l'on vient pour se reposer dans des chambres simples mais impeccables. Minigolf, piscine.

L'Auberge Campagnarde

Le village – ✆ 04 74 38 55 55 – Ouvert de mi-fév. à mi-nov. et fermé mardi soir et merc.

Rest – Menu 23 € (déj. en sem.), 29/65 €

L'auberge porte bien son nom, avec sa salle à manger champêtre à souhait et sa terrasse fleurie. Les produits sont frais et la cuisine, à la fois généreuse et féminine, a l'accent du terroir.

ÉVREUX P – 27 Eure – 304 G7 – 51 193 h. – alt. 64 m – ✉ 27000 33 D2

Normandie Vallée de la Seine

Paris 100 – Alençon 119 – Caen 135 – Chartres 78

3, place de Gaulle, ✆ 02 32 24 04 43, www.grandevreuxtourisme.fr

d'Évreux, Chemin du Valème, par rte de Lisieux : 3 km, ✆ 02 32 39 66 22

Cathédrale Notre-Dame★★ - Châsse★★ dans l'église St-Taurin - Musée★★ **M.**

Hôtel Palais des Congrès

bd Normandie – ✆ 02 32 38 77 77 – www.bwevreux.com AZs

60 ch – †79/112 € ††85/120 € – ☕ 15 € – ½ P

Rest – Menu 19/24 € – Carte 25/40 €

Près du palais des congrès et au bord d'une petite rivière, un hôtel récent et fonctionnel, parfaitement adapté aux attentes de la clientèle d'affaires.

L'Orme sans rest

13 r. Lombards – ✆ 02 32 39 34 12 – www.hotel-de-lorme.fr BYt

39 ch – †55/71 € ††60/74 € – ☕ 9 €

Un hôtel central, pratique et bien agréable : les chambres sont spacieuses, sobres et très propres ; l'accueil se révèle des plus aimables.

La Gazette

7 r. St-Sauveur – ✆ 02 32 33 43 40 – www.restaurant-lagazette.fr – Fermé 1er-22 août, sam. midi, dim. et lundi AYf

Rest – Formule 19 € – Menu 22/58 € – Carte 39/72 €

Dans cette petite maison à colombages, la déco – tendance – mêle harmonieusement l'épure et le charme des vieilles poutres... Quant à la cuisine de saison, elle honore les beaux produits. De quoi faire parler les gazettes !

Ô Saveurs

1 r. du Maréchal-Joffre – ✆ 02 32 31 61 05 – www.osaveurs.wifeo.com – Fermé 2 sem. en août, dim. soir et lundi BYu

Rest – Formule 17 € – Menu 27/60 € – Carte 42/58 €

Pastilla de chèvre au miel, croustillant au chocolat et son émulsion de pistache... Le chef connaît ses classiques et les relève d'un soupçon d'air du temps. Son restaurant est à l'avenant, mêlant charme rustique et esprit contemporain.

La Croix d'Or

3 r. Joséphine – ✆ 02 32 33 06 07 – www.la-croix-dor.fr – Fermé 3 sem. en août, 24 déc.-1er janv., 1 sem. en fév., merc. soir, dim. soir et lundi AZe

Rest – Menu 15 € (déj. en sem.), 19/34 € – Carte 27/55 €

Atmosphère animée autour du comptoir... façon brasserie ! Et le parallèle ne s'arrête pas là : pour preuve, les grands salons, le banc d'écailler, le vivier à homards et la carte faisant honneur aux produits de la mer...

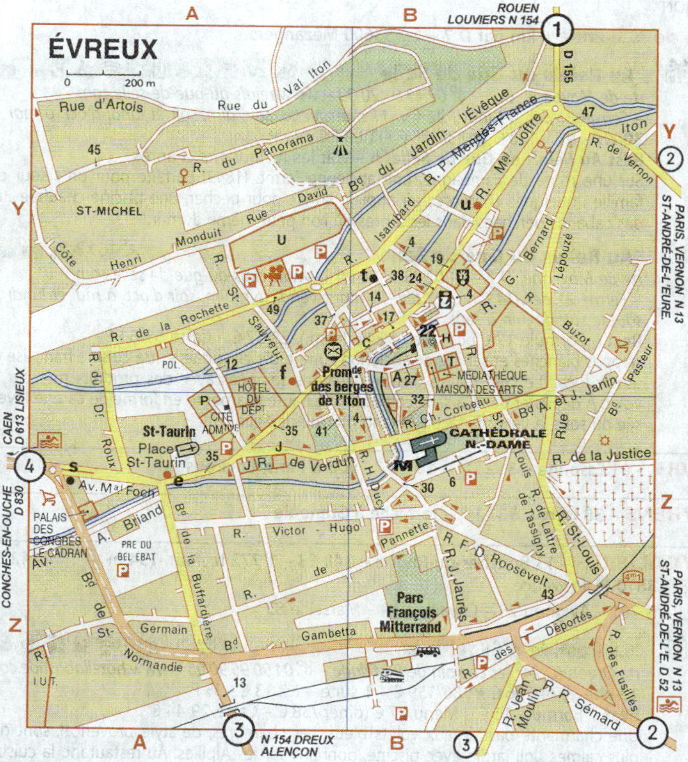

Borville-Dupuis (R.)	BY 4	Feray (R. Édouard)	BY 19	Leclerc (R. Gén.)	AY 37
Chambaudoin (Bd)	BZ 6	Gaulle (Pl. de)	BY 22	Lombards (R. des)	BY 38
Chartraine (R.)	BZ 8	Grand-Carrefour (Pl. du)	BY 24	Meilet (R. du)	AZ 41
Chauvin (Bd G.)	AY 12	Grenoble (R. de)	BY 27	Résistance (R. de la)	BZ 43
Cités Unies (Bd des)	AZ 13	Harpe (R. de la)	BZ 30	St-Michel (R. de)	AY 45
Clemenceau (Pl.)	BY 14	Horloge (R. de l')	BZ 32	Vigor (R.)	BY 47
Dr-Oursel (R.)	BY 17	Joséphine (R.)	AZ 35	7e-Chasseurs (R. du)	AY 49

ÉVRON – 53 Mayenne – 310 G6 – 7 099 h. – alt. 114 m – ✉ 53600 35 C1

Pays de la Loire

Paris 250 – Alençon 58 – La Ferté-Bernard 98 – Laval 32

place de la Basilique, ✆ 02 43 01 63 75, www.coevrons-tourisme.com

Basilique Notre-Dame★ : chapelle N.-D.-de l'Épine★★.

La Toque des Coëvrons

4 r. des Prés – ✆ 02 43 01 62 16 – www.latoquedescoevrons.com
– Fermé 28 juil.-13 août, 28 fév.-14 mars, merc. soir, dim. soir et lundi

Rest – Formule 16 € – Menu 20 € (sem.), 27/46 € – Carte 35/50 €

Le chef, toqué de recettes traditionnelles et amoureux de sa région, mitonne de goûteux petits plats avec des produits locaux, à l'image des fromages issus des fermes locales. Dans la salle rustique à souhait (tomettes, poutres…), on apprécie toute l'ambiance chaleureuse de cette adresse authentique.

Si vous recherchez un hébergement particulièrement agréable pour un séjour de charme, préférez les établissements classés en rouge : ⌂, 🏠… 🏨.

rte de Mayenne 6 km par D 7 – ✉ 53600 Mézangers

Au Relais du Gué de Selle

rte de Mayenne, D 7 – ✆ 02 43 91 20 00 – www.relais-du-gue-de-selle.com – Fermé 21 déc.-14 janv., 22 fév.-11 mars, vend. soir, dim. soir et lundi d'oct. à mai
30 ch – †61/128 € ††83/278 € – ☐ 11 € – ½ P
Rest *Au Relais du Gué de Selle* – voir les restaurants ci-après
Sur une route de campagne, une ancienne ferme (1843) parfaite pour un séjour en famille : quelques chambres en duplex, un lac pour pêcher, une piscine chauffée... et des cabanes perchées dans les arbres où l'on peut même dormir !

Au Relais du Gué de Selle

rte de Mayenne, D 7 – ✆ 02 43 91 20 00 – www.relais-du-gue-de-selle.com – Fermé 21 déc.-14 janv., 22 fév.-11 mars, vend. soir, dim. soir d'oct. à mai et lundi sauf le soir de juin à sept.
Rest – Formule 17 € bc – Menu 24 € (sem.), 28/57 € – Carte 55/64 €
Nappes blanches et service à l'ancienne : une table classique, entre cuisine française et terroir local. Le chef réalise des préparations soignées avec des produits triés sur le volet. À déguster dans la salle coiffée d'une haute charpente en forme de carène inversée ou sous la véranda face à l'étang du Gué-de-Selle...

ÉVRY – 91 Essonne – 312 D4 – 101 37 – voir à Paris, Environs

EYBENS – 38 Isère – 333 H7 – rattaché à Grenoble

EYGALIÈRES – 13 Bouches-du-Rhône – 340 E3 – 1 772 h. – alt. 134 m 42 E1

– ✉ 13810 Provence
Paris 701 – Avignon 28 – Cavaillon 14 – Marseille 83

La Bastide d'Eygalières

rte Orgon (D 24B) et chemin de Pestelade – ✆ 04 90 95 90 06 – www.hotellabastide.com
13 ch – †74/106 € ††86/159 € – 1 suite – ☐ 13 € – ½ P
Rest – Formule 16 € – Menu 27 € (dîner)/38 € – Carte 29/44 €
Une charmante bastide aux volets bleus. Les chambres, de style provençal, sont des plus calmes. Joli jardin avec piscine, donnant sur les Alpilles. Au restaurant, la cuisine privilégie les légumes et les produits bio.

Mas dou Pastré sans rest

quartier St-Sixte, 1,5 km par rte Orgon (D 24B) – ✆ 04 90 95 92 61 – www.masdupastre.com – Fermé 15 nov.-15 déc.
14 ch – †110/165 € ††125/165 € – 2 suites – ☐ 15 €
Cette ancienne bergerie a l'âme d'une "guesthouse" un peu insolite : décoration provençale à l'ancienne, meubles et bibelots chinés, jardin... et trois roulottes typiquement gitanes !

Le Jardin de Tim Ⓝ sans rest

av. Léon-Blum – ✆ 04 32 61 91 87 – www.lejardindetim.com – Fermé de janv. à mi-mars
5 ch ☐ – †120/350 € ††120/350 €
Une belle bâtisse (1870) dans ce village peuplé d'antiquaires et d'artisans d'art. On y accède par un discret portail s'ouvrant sur un joli jardin. Les chambres, ornées de bibelots anciens et de tableaux contemporains, portent des noms de thés : Darjeeling, Earl Grey, Sencha... De bien charmantes infusions !

Maison Bru (Wout Bru) avec ch

3,5 km rte d'Orgon – ✆ 04 90 90 60 34 – www.chezbru.com – Fermé 1er-18 mars dim. soir, mardi midi d'oct. à avril et lundi sauf le soir de mai à sept.
14 ch – †150/300 € ††150/300 € – 2 suites – ☐ 20 €
Rest – Formule 55 € – Menu 95/170 € – Carte 110/160 €
Bel endroit que ce mas en pierre blanche cerné par des oliviers centenaires... Au restaurant, décor contemporain et terrasse regardant les Alpilles ; cuisine au goût du jour. Côté hôtel, des chambres superbes et très design, ainsi qu'une délicieuse piscine.
➜ King crabe à la mousse de pomme de terre aux truffes. Cochon de lait au jus de porto, mousse de lait parfumée au romarin. Biscuit aux amandes parfumé à l'amaretto et mousse mascarpone **Vins** Vin de pays des Alpilles, Vin de pays des Bouches du Rhône.

La Petite Table

av. du Gén.-de-Gaulle, angle rte d'Orgon – ✆ 04 90 38 19 23 – www.la-petite-table-eygalieres.com – Fermé vacances de la Toussaint et de fév., lundi soir d'oct. à mars, mardi soir, sam. midi et merc. sauf du 15 juin au 15 sept.
Rest – Formule 23 € – Menu 46/65 € – Carte 60/90 €
Œuf "parfait" aux asperges et soupe de morilles, filet de bœuf – une partie cuite à la plancha, l'autre en tartare –, etc. Dans cette sympathique maison de village, on se régale d'une jolie cuisine dans l'air du temps.

La Brasserie d'Eygalières

1 r. de la République – ✆ 04 90 95 93 17 – www.chezbru.com – Fermé 10 nov.-2 déc. et mardi sauf en saison
Rest – Formule 18 € – Menu 29/36 € – Carte 30/50 €
Au cœur du village, un lieu décontracté aux allures de brasserie chic. Cuisine actuelle concoctée à partir de produits méridionaux. Agréable patio et terrasse sur la rue.

Bistrot l'Aubergine (N) avec ch

AC ch, ch, VISA
18 av. Jean-Jaurès – ✆ 04 90 95 98 89 – www.laubergine-eygalieres.com – Ouvert de mi-mars à mi-nov. et fermé merc. sauf le soir en juil.-août
4 ch – †120/140 € ††120/140 € – ☐ 12 € **Rest** – Formule 25 € – Carte 39/53 €
Une belle terrasse, un décor de bistrot cosy, des produits de qualité cuisinés sans chichis. Il n'en faut pas plus pour passer un agréable moment... Dans l'assiette, c'est frais et parfumé comme, par exemple, cette belle tranche de thon avec sa croûte d'épices parfaitement relevée. On se régale !

EYMET – 24 Dordogne – 329 D8 – 2 563 h. – alt. 54 m – ✉ 24500 4 C2

Périgord Quercy
▶ Paris 560 – Arcachon 72 – Bayonne 239 – Bordeaux 101
ℹ 45, place Gambetta, ✆ 05 53 23 74 95, http://fr.eymetperigord.com

La Cour d'Eymet avec ch

rest, VISA
32 bd National – ✆ 05 53 22 72 83 – www.lacourdeymet.com – Fermé 25 juin-5 juil., 15 fév.-10 mars, dim., lundi, mardi de nov. à mars, dim. soir et merc. d'avril à oct.
3 ch ☐ – †80 € ††100 €
Rest *(nombre de couverts limité, réserver)* – Menu 20 € (déj. en sem.), 35/52 € – Carte 40/60 €
Sur la rue principale du bourg, une maison de style régional, flanquée d'une petite cour où l'on dresse quelques tables aux beaux jours. Les gourmands s'y régalent d'une cuisine soignée à base d'excellents produits. Le tout accompagné de vins du pays. Quelques chambres spacieuses et plutôt coquettes.

EYMOUTIERS – 87 Haute-Vienne – 325 H6 – 2 033 h. – alt. 417 m – ✉ 87120 25 C2

Limousin Berry
▶ Paris 434 – Guéret 63 – Limoges 45 – Tulle 71
ℹ 17 avenue de la Paix, ✆ 05 55 69 27 81, www.tourisme-eymoutiers.fr

La Cave

VISA
2 r. Karl-Marx – ✆ 05 55 69 45 34 – Fermé janv.
Rest – Menu 27 € – Carte environ 30 €
Le patron, autodidacte, est animé d'une véritable passion pour la cuisine et le vin ! On approuve son idée d'un restaurant mi-brasserie (salades, tapas, planches de charcuterie et viandes grillées), mi-gastro, où tout est fait maison.

EYRAGUES – 13 Bouches-du-Rhône – 340 D2 – rattaché à St-Rémy-de-Provence

---

LES EYZIES-DE-TAYAC – 24 Dordogne – 329 H6 – 839 h. – alt. 70 m – ✉ 24620 4 C3

Périgord Quercy
▶ Paris 536 – Brive-la-Gaillarde 62 – Fumel 62 – Périgueux 47
Musée national de Préhistoire★★ - Château de Commarque★★ - Grotte du Grand Roc★★ : ≤★ - Grotte de Font-de-Gaume★★.

Les Glycines

4 av. de Laugerie, rte de Périgueux – ✆ 05 53 06 97 07 – www.les-glycines-dordogne.com – Ouvert 15 avril-17 nov. et 26 déc.-2 fév.

23 ch – ♦100/240 € ♦♦100/240 € – ☕ 17 € – ½ P

Rest ***Les Glycines*** – voir les restaurants ci-après

Cet ancien relais de poste au bord de la Vézère embaume la nature, avec son parc, sa tonnelle de glycine et son potager. Les chambres, refaites en 2012, sont très confortables ; préférez les plus spacieuses.

Hostellerie du Passeur

pl. de la Mairie – ✆ 05 53 06 97 13 – www.hostellerie-du-passeur.com – Ouvert de Pâques à la Toussaint

19 ch – ♦70/120 € ♦♦85/120 € – ☕ 13 € – ½ P

Rest *(fermé mardi midi, jeudi midi et sam. midi sauf juil.-août)* – Formule 12 € – Menu 27/46 €

Sur la place de la mairie, cette imposante demeure périgourdine a tout pour elle : chambres coquettes (certaines de style contemporain et très colorées), restauration traditionnelle et même une boutique de produits du terroir et d'arts de la table.

Moulin de la Beune

2 r. du Moulin Bas – ✆ 05 53 06 94 33 – www.moulindelabeune.com – Ouvert 8 avril-20 oct.

20 ch – ♦55/64 € ♦♦64/72 € – ☕ 8 € – ½ P

Rest ***Au Vieux Moulin*** – voir les restaurants ci-après

Au milieu du luxuriant jardin coule une rivière, la Beune. Puis il y a ces deux anciens moulins, cultivant avec bonheur leur ravissant charme champêtre et leur bel esprit maison de famille... Un lieu délicat, plaisant et reposant.

Le Cro Magnon

54 av. de la Préhistoire – ✆ 05 53 06 97 06 – www.hotel-cromagnon.com – Ouvert 4 mars-1er nov.

15 ch – ♦65/80 € ♦♦82/95 € – ☕ 10 € – ½ P

Rest *(fermé le midi sauf juil.-août)* – Formule 20 € – Menu 25/38 €

Cette demeure adossée aux rochers n'a rien de préhistorique, avec ses chambres spacieuses, son joli salon avec cheminée et sa piscine. Repas traditionnels servis dans la véranda ou en terrasse.

Les Glycines – Hôtel Les Glycines

4 av. de Laugerie, rte de Périgueux – ✆ 05 53 06 97 07 – www.les-glycines-dordogne.com – Ouvert 15 avril-17 nov. et 26 déc.-2 fév.

Rest *(fermé dim. soir de nov. à mars, mardi midi et lundi sauf août)* – Menu 55/95 €

Pour trouver ce restaurant, il suffit de suivre l'odeur de la glycine ! Ici, les gourmands savourent une alléchante cuisine dans l'air du temps. Les produits sont de qualité et les vins bien choisis. Aux beaux jours, profitez de la terrasse.

Au Vieux Moulin – Hôtel Moulin de la Beune

2 r. du Moulin-Bas – ✆ 05 53 06 94 33 – www.moulindelabeune.com – Ouvert 8 avril-20 oct.

Rest *(fermé mardi midi, merc. midi et sam. midi)* – Menu 19/48 € – Carte 46/78 €

Une roue à aubes, le doux bruissement de l'eau et un décor rustique à souhait... Ce moulin est charmant et l'on y savoure une cuisine du terroir goûteuse et bien tournée. Aux beaux jours, on dresse les tables au bord de la rivière pour un repas des plus bucoliques. La carte des vins fait la part belle aux bordeaux.

à l'Est 7 km par rte de Sarlat – ✉ 24620 Les Eyzies-de-Tayac

La Métairie

Lieu-dit Beyssac, sur D 47 – ✆ 05 53 29 65 32 – www.restaurant-la-metairie.com – Fermé janv. et mardi hors saison

Rest – Menu 15 € (déj. en sem.), 22/41 € – Carte 28/48 €

Au pied de la falaise, l'ancienne ferme du château de Beyssac, entourée d'un parc. Pour preuve, les mangeoires, soigneusement préservées, qui participent à l'atmosphère rustique du lieu. On y savoure une appétissante cuisine traditionnelle avec de beaux produits du terroir. L'été, on s'installe sur la terrasse.

à l'Est **8 km par rte de Sarlat, C 3 dir. Meyrals et rte secondaire – ✉ 24220 Meyrals :**

Ferme Lamy
– *✆ 05 53 29 62 46 – www.ferme-lamy.com – Ouvert 30 mars-4 nov.*
12 ch – †118/190 € ††118/190 € – ☕ 13 €
Rest *(dîner pour résidents seult)* – Menu 25 €
Une ferme en pleine campagne. Les chambres y sont confortables et bien tenues. Aux beaux jours, on prend le petit-déjeuner en terrasse face au jardin fleuri.

ÈZE – **06 Alpes-Maritimes** – **341** F5 – **2 823 h.** – **alt. 390 m** – ✉ **06360** **42** E2
Côte d'Azur
Paris 938 – Cap d'Ail 6 – Menton 17 – Monaco 8
place du Général-de-Gaulle, ✆ 04 93 41 26 00, www.eze-riviera.com
Site★★ - Sentier Frédéric Nietzsche★ - Le vieux village★ - Jardin exotique ★★★.
"Belvédère" d'Èze ★★ O : 4 km.

Château de la Chèvre d'Or ch, rest,
r. du Barri, (accès piétonnier) – ✆ 04 92 10 66 66
– www.chevredor.com – Ouvert mars-nov.
30 ch – †280/900 € ††280/900 € – 7 suites – ☕ 45 €
Rest *Château de la Chèvre d'Or* ✿✿
Rest *Les Remparts* – voir les restaurants ci-après
Rest *L'Eden* *(ouvert 2 mars-15 oct.) (dîner seult)* – Carte 120/150 €
Exceptionnel, divin, enchanteur... Un îlot céleste, agrippé aux rochers au-dessus de la mer ! La plupart des chambres, disséminées dans le village, jouissent d'une vue splendide, tout comme les restaurants.

Château Eza
r. Pise, (accès piétonnier) – ✆ 04 93 41 12 24 – www.chateaueza.com – Fermé 1er nov.-20 déc.
10 ch – †203/1200 € ††300/1200 € – 2 suites – ☕ 25 €
Rest *Château Eza* ✿ – voir les restaurants ci-après
Dans cette demeure du 14e s. perchée entre ciel et mer, la vue sur la côte est... époustouflante ! Quant à la décoration des chambres, elle mêle charme des pierres anciennes et raffinement contemporain : c'est élégant et subtil.

XXX ✿✿ **Château de la Chèvre d'Or** – Hôtel Château de la Chèvre d'Or
r. du Barri, (accès piétonnier) – ✆ 04 92 10 66 66
– www.chevredor.com – Ouvert 8 mars-23 nov. et fermé lundi midi, mardi midi et merc. midi en juil.-août et merc. en mars
Rest *(réserver)* – Menu 75 € (déj. en sem.)/230 € – Carte 200/250 €
À hôtel d'exception, table d'exception ! Pour cette institution de la gastronomie azuréenne, choisir l'excellence va de soi. Produits de premier ordre, mets fins et délicats, fraîcheur, couleurs… avec le décor et le service d'une grande maison.
➜ Risotto crémeux, carpaccio de loup, araignée de mer et caviar. Suprême de pigeon de Bresse caramélisé aux épices et semoule d'orge aux petits légumes. Tarte au citron de Menton meringuée revisitée. **Vins** Bellet, Côtes de Provence.

XXX ✿ **Château Eza** – Hôtel Château Eza
r. Pise, (accès piétonnier) – ✆ 04 93 41 12 24 – www.chateaueza.com – Fermé 1er nov.-20 déc., lundi et mardi de janv. à mars
Rest – Menu 49 € (déj.), 59/110 € – Carte 73/121 €
Une expérience saisissante... Évidemment, il y a la mer à perte de vue, mais aussi la belle cuisine d'un chef qui a le souci de bien faire. Des saveurs pleines de finesse et un très bon rapport plaisir-prix.
➜ Artichaut poivrade cuisiné comme une barigoule, beurre battu à la truffe. Rumsteak d'agneau, croustillant acidulé à la chair de courgettes, jus corsé à la menthe. Tiramisu aux fraises, madeleine au citron, sorbet romarin.

XX **Les Remparts** – Hôtel Château de la Chèvre d'Or
r. du Barri, (accès piétonnier) – ✆ 04 92 10 66 66
– www.chevredor.com – Ouvert 1er avril-1er nov.
Rest *(déj. seult)* – Carte 100/120 €
Une cuisine méridionale chic, servie le midi et en saison sur une terrasse sublime, posée en bordure de falaise avec une vue magique sur la baie des Anges...

Troubadour

r. du Brec, (accès piétonnier) – ✆ 04 93 41 19 03 – Fermé 3-11 mars, 1er-5 juil., 17 nov.-16 déc., dim. et lundi

Rest *(réserver)* – Menu 39/42 € – Carte 44/74 €

Dans une demeure ancienne, ce restaurant cultive son charme rustique. Le chef réalise une belle cuisine classique aux accents de Provence : une bonne table au cœur du vieux village !

au Col d'Èze 3 km au Nord-Ouest – ✉ 06360 Eze

Hermitage

1951 av. des Diables-Bleus, par la D 2564 (Grande Corniche) direction Nice – ✆ 04 93 41 00 68 – www.ezehermitage.com

16 ch – †80/120 € ††95/135 € – ☕ 13 € – ½ P

Rest *Hermitage* – voir les restaurants ci-après

À deux pas du parc de la Grande-Corniche, cette maison locale est chaleureuse et engageante : les chambres sont petites mais propres, très bien insonorisées et non dénuées de charme... La propriétaire aime chiner et s'est chargée de la déco.

La Bastide aux Camélias sans rest

23c rte de l'Adret – ✆ 04 93 41 13 68 – www.bastideauxcamelias.com

5 ch ☕ – †130/160 € ††130/160 €

Une belle villa provençale dans un écrin de verdure, avec des chambres méridionales, élégantes et très cosy. Pour la détente : piscine, hammam, sauna, jacuzzi... Une chambre d'hôtes très agréable !

Hermitage – Hôtel Hermitage

1951 av. des Diables-Bleus, par la D 2564 (Grande Corniche) direction Nice – ✆ 04 93 41 00 68 – www.ezehermitage.com

Rest – Formule 18 € – Menu 32 € – Carte 37/58 €

Dans ce sympathique restaurant d'hôtel, le chef concocte une alléchante cuisine gorgée de soleil et de fraîcheur... La salle est ravissante et très originale avec ses meubles patinés ; l'été, on profite du joli jardin.

ÈZE-BORD-DE-MER – 06 Alpes-Maritimes – 341 F5 – ✉ 06360 Eze 42 E2

Côte d'Azur

▶ Paris 959 – Menton 22 – Monaco 8 – Nice 14

Cap Estel

1312 av. Raymond-Poincaré – ✆ 04 93 76 29 29 – www.capestel.com – Fermé 2 janv.-1er mars et 20 juil.-24 août

14 suites – ††490/10300 € – 4 ch – ☕ 36 €

Rest *La Table de Patrick Raingeard* ✿ – voir les restaurants ci-après

Paradisiaque ! Sur une presqu'île privée, cette maison enchanteresse, construite par un prince russe à la fin du 19e s, cultive l'art du luxe discret. Salons magnifiques, chambres et suites somptueuses, parc, spa... pour un séjour de rêve, à l'abri des regards.

La Table de Patrick Raingeard – Hôtel Cap Estel

✿

1312 av. Raymond-Poincaré – ✆ 04 93 76 29 29 – www.capestel.com – Fermé 2 janv.-1er mars et 20 juil.-24 août

Rest – Menu 39 € (déj. en sem.), 49/95 € – Carte 79/105 €

Dans le cadre luxueux de l'hôtel Cap Estel, cerné par la mer, Patrick Raingeard rend un bel hommage à la Méditerranée et ses rives : la qualité des produits, l'exécution soignée, la pointe d'inventivité qui rehausse l'ensemble, tout invite à un repas privilégié...

➜ Tartare de loup sauvage au caviar osciètre. Saint-Jacques rôties aux kumquats. Soufflé au Grand Marnier et sorbet mandarine.

FALAISE – 14 Calvados – 303 K6 – 8 333 h. – alt. 132 m – ✉ 14700 32 B2

Normandie Cotentin

▶ Paris 264 – Argentan 23 – Caen 36 – Flers 37

ℹ boulevard de la Libération, ✆ 02 31 90 17 26, www.falaise-tourisme.com

◉ Château Guillaume-Le-Conquérant★ - Église de la Trinité★.

L'Attache

rte de Caen, 1,5 km au Nord par N158 – ✆ 02 31 90 05 38 – Fermé 15-30 sept., mardi et merc. sauf fériés
Rest *(nombre de couverts limité, réserver)* – Menu 20/62 € – Carte 47/71 €
À la sortie de la ville, sur la route de Caen, on découvre cette maison bien avenante. Le chef, passionné de plantes et de légumes oubliés, a même publié des livres sur le sujet. Son credo, tradition et fraîcheur !

La Fine Fourchette

52 r. Georges-Clemenceau – ✆ 02 31 90 08 59 – www.fine-fourchette.fr – Fermé 18 fév.-8 mars et mardi soir hors saison
Rest – Menu 18/54 € – Carte 38/64 €
Sur la traversée du bourg, cette maison en pierre des années 1950 est une institution dans la région. Elle retrouve une nouvelle jeunesse, avec l'arrivée du fils du chef en cuisine, qui insuffle modernité et simplicité à la carte.

à St-Pierre-Canivet 4 km au Nord par N 158 et D 6 – 371 h. – alt. 150 m – ✉ 14700

Domaine de la Tour sans rest

– ✆ 02 31 20 53 07 – www.domainedelatour.fr
5 ch – 65/105 € 70/110 €
Très nature, ces chambres dans le pavillon de chasse et les écuries du Château de la Tour. Tout est prévu pour un séjour au calme et en famille : chambres aménagées avec goût mais sans luxe ostentatoire, jeux pour enfants, fitness, parc...

LE FALGOUX – 15 Cantal – 330 D4 – 146 h. – alt. 930 m – Sports d'hiver : 1 050 m 1 – ✉ 15380

5 B3

Paris 533 – Aurillac 57 – Mauriac 29 – Murat 34
Vallée du Falgoux★.
Cirque du Falgoux★★ SE : 6 km - Puy Mary ✱★★★ : 1 h AR du Pas de Peyrol★★ SE : 12 km Auvergne

Hôtel des Voyageurs

– ✆ 04 71 69 51 59 – Fermé 5 nov.-25 janv. et merc. hors saison
14 ch – 47 € 47 € – 8 € – ½ P **Rest** – Menu 19/28 € – Carte 19/34 €
Une auberge typique avec son restaurant traditionnel, sur la place du village, juste en face de l'église. Les chambres, claires et fonctionnelles, offrent une vue magnifique sur les hauteurs du Puy Mary. Un concentré d'Auvergne !

FALICON – 06 Alpes-Maritimes – 341 E5 – 1 919 h. – alt. 396 m – ✉ 06950

42 E2

Côte d'Azur
Paris 935 – Cannes 42 – Nice 12 – Sospel 41

Parcours Live

1 pl. Marcel Eusebi – ✆ 04 93 84 94 57 – www.restaurant-parcours.com – Fermé 3 sem. en janv., mardi midi, merc. midi, jeudi midi et lundi
Rest – Menu 43/76 €
Séduisant cocktail : écrans plasma retransmettant l'activité des cuisines, très agréable salle contemporaine avec une large baie vitrée donnant sur les vallons environnants et... plats d'aujourd'hui, composés avec des produits régionaux.

LE FAOU – 29 Finistère – 308 F5 – 1 759 h. – alt. 10 m – ✉ 29590

9 A2

Bretagne Sud
Paris 560 – Brest 30 – Châteaulin 20 – Landerneau 23
39, rue du Gal-de-Gaulle, ✆ 02 98 81 06 85, www.cc-aulne-maritime.fr
Site★.

Hôtel de Beauvoir

11 pl. de la Mairie – ✆ 02 98 81 90 31 – www.hotel-beauvoir.com – Fermé 15-29 déc. et dim. soir de fin sept. à fin mai
32 ch – 65/75 € 80/95 € – ½ P
Rest ***La Vieille Renommée*** – voir les restaurants ci-après
Grand hôtel né au 19e s. au cœur d'un village éminemment breton, au fond de l'estuaire du Faou. Les chambres sont classiques, le restaurant très agréable et l'accueil des plus aimables...

La Vieille Renommée – Hôtel de Beauvoir
11 pl. de la Mairie – ✆ 02 98 81 90 31 – www.hotel-beauvoir.com – Fermé 15-29 déc., dim. soir de fin sept. à fin mai et lundi midi
Rest – Menu 17 € (déj. en sem.), 26/53 € – Carte 27/60 €
Une maison de tradition, classique comme il se doit et où la table est dressée avec soin... Le chef concocte une cuisine de qualité, assortie d'une belle carte des vins. Une renommée bien présente.

FARROU – 12 Aveyron – 338 E4 – rattaché à Villefranche-de-Rouergue

LA FAUCILLE (COL DE) – 01 Ain – 328 J2 – voir à Col de la Faucille

FAULQUEMONT – 57 Moselle – 307 K4 – 5 511 h. – alt. 275 m – ✉ 57380 27 C1

Paris 367 – Metz 38 – Château-Salins 29 – Pont-à-Mousson 46

au Nord 3 km par rte de St-Avold et golf – ✉ 57380 Faulquemont

Hostellerie du Chambellan
av. Jean-Monnet, (au golf de Faulquemont) – ✆ 03 87 00 10 80 – www.lechambellan.com – Fermé 24 déc.-2 janv.
44 ch – †99/125 € ††104/130 € – ☕ 11 €
Rest *Toya* – voir les restaurants ci-après
Rest *La Mezzanine* ✆ 03 87 91 51 08 *(fermé 2 sem. en août, 24 déc.-2 janv., 1 sem. en fév., sam. midi, dim. soir et lundi)* – Carte 25/50 €
Juste à côté du golf de Faulquemont, ce bâtiment récent propose des chambres à la fois sobres, contemporaines et confortables ; certaines ont vue sur les greens. Cuisine de brasserie et pizzas servies à la Mezzanine.

Toya (Loïc Villemin) – Hostellerie du Chambellan
av. Jean-Monnet, (au golf de Faulquemont) – ✆ 03 87 89 34 22 – www.lechambellan.com – Fermé 2 sem. en août, 24 déc.-2 janv., 1 sem. en fév., dim. soir, lundi et mardi
Rest – Menu 49/85 €
Toya ? Un célèbre lac volcanique au nord du Japon et... cette table tendance zen (grande ouverte sur la verdure) pour une éruption de saveurs ! Beaux produits, technique soignée, inspiration maîtrisée, etc. Le jeune chef sait associer savoir-faire et sagesse.
➜ Daurade. Canette. Chocolat.

FAVERGES – 74 Haute-Savoie – 328 K6 – 6 657 h. – alt. 507 m – ✉ 74210 45 C1

Alpes du Nord
Paris 562 – Albertville 20 – Annecy 27 – Megève 35
place Marcel Piquand, ✆ 04 50 44 60 24, www.pays-de-faverges.com

Florimont
1006 r. du Champ-Canon, (rte d'Albertville) – ✆ 04 50 44 50 05 – www.hotelflorimont.com – Fermé 6 déc.-10 janv.
27 ch – †70/90 € ††80/120 € – ☕ 12 € – ½ P
Rest *Florimont* – voir les restaurants ci-après
Le Florimont ? Un mot-valise composé de "fleur" et "mont" pour une enseigne qui dit vrai. Vue sur le mont Blanc, situation privilégiée près d'un golf et, pour ne rien gâcher, des chambres parfaitement tenues et un restaurant bien gourmand !

Hôtel de Genève sans rest
34 r. de la République – ✆ 04 50 32 46 90 – www.hotellegeneve.com – Fermé 22 déc.-6 janv.
30 ch – †60/87 € ††60/87 € – ☕ 9 €
Un hôtel central reconnaissable entre mille avec sa jolie façade décorée de fleurs peintes. Des chambres pratiques (bien insonorisées côté rue) et très bien tenues ; une formule "soirée étape" intéressante... un bon point de chute !

Florimont – Hôtel Florimont
1006 r. du Champ-Canon, (rte d'Albertville) – ✆ 04 50 44 50 05 – www.hotelflorimont.com – Fermé 6 déc.-10 janv., dim. soir, lundi midi et sam.
Rest – Menu 28/45 € – Carte 56/67 €
De beaux produits, des cuissons et des techniques maîtrisées, de la recherche et du caractère : la cuisine du chef est gourmande et pleine de saveurs ; quant au cadre, d'esprit montagnard, il ne manque pas de chaleur.

au Tertenoz 4 km au Sud-Est par D 12 et rte secondaire – ✉ 74210 Seythenex

Au Gay Séjour avec ch
– ✆ 04 50 44 52 52 – *www.hotel-gay-sejour.com* – *Fermé dim. soir et lundi sauf juil.-août*
11 ch – †75/88 € ††89/105 € – ☕ 15 € – ½ P
Rest – Formule 30 € – Menu 39/82 € – Carte 48/63 €
Cette ferme-auberge du 17ᵉ s. a fière allure : belle vue sur la vallée, décor contemporain haut en couleurs... pour une cuisine traditionnelle fort alléchante ! Pour dépanner, des chambres simples.

FAVERNEY – 70 Haute-Saône – 314 E6 – 1 012 h. – alt. 235 m – ✉ 70160 16 B1

Franche-Comté Jura

Paris 364 – Besançon 70 – Lure 48 – Vesoul 21

place de la Mairie, ✆ 03 84 91 30 71

à Breurey-lès-Faverney 3 km au Sud-Est par D 434 et D 6 – 562 h. – alt. 233 m – ✉ 70160

Château de la Presle
3 r. Louis-Pergaud – ✆ *03 84 91 41 70* – *www.chateaudelapresle.com*
5 ch ☕ – †100/125 € ††115/140 € – ½ P **Table d'hôte** – Menu 45 € bc
Vous rêvez d'un week-end de charme à la campagne ? Ce château du 19ᵉ s., dans un parc de 6 ha, devrait vous plaire ! Les chambres sont ravissantes (toile de Jouy, style gustavien, etc.), sans parler du salon avec piano, du billard sous les combles et de l'espace bien-être. Cuisine bourgeoise servie dans une salle élégante.

FAVIÈRES – 80 Somme – 301 C6 – 462 h. – alt. 1 m – ✉ 80120 36 A1

Paris 212 – Abbeville 22 – Amiens 77 – Berck-Plage 27

Le Crotoy : Butte du Moulin ≤★ SO : 5 km Picardie Flandres Artois

Les Saules
1075 r. des Forges – ✆ *03 22 27 04 20* – *www.hotel-baie-somme.com*
21 ch – †70/95 € ††70/95 € – ☕ 12 € – ½ P
Rest – Formule 15 € – Menu 25/34 € – Carte 28/41 €
Tranquillité assurée dans cette maison proche du parc ornithologique du Marquenterre. Chambres fonctionnelles avec vue sur le jardin ou la campagne environnante. Dîner servi aux résidents.

La Clé des Champs
pl. des Frères-Caudron – ✆ *03 22 27 88 00* – *www.restaurant-lacledeschamps.fr* – *Fermé 1 sem. en août, 2 sem. en janv., lundi et mardi sauf fériés*
Rest – Menu 16 € (sem.), 22/42 €
Cette ancienne ferme picarde est désormais une bonne adresse gourmande. Près de la cheminée, on se régale de jolis plats du marché : sole, asperges, escalope de foie gras...

FAVONE – 2A Corse-du-Sud – 345 F9 – voir à Corse

FAYENCE – 83 Var – 340 P4 – 4 928 h. – alt. 350 m – ✉ 83440 41 C3

Côte d'Azur

Paris 884 – Castellane 55 – Draguignan 30 – Fréjus 36

place Léon Roux, ✆ 04 94 76 20 08, www.ville-fayence.fr

≤★ de la terrasse de l'Église.

La Bégude du Pascouren sans rest
74 chemin de la Bane, 7,5 km au Sud par D 562 (rte de Draguignan) – ✆ *04 94 68 63 03* – *www.chambres-hotes-labegudedupascouren.fr*
5 ch ☕ – †123/172 € ††126/175 €
Une partie de pétanque, quelques brasses dans la piscine chauffée, un tour en vélo (gracieusement prêté) puis une sieste dans sa chambre ou au jardin... Cette villa offre tous les plaisirs de la Provence.

La Table d'Yves
1357 rte de Fréjus, 2 km par D 563 – ✆ 04 94 76 08 44 – www.latabledyves.com – Fermé en nov., jeudi sauf le soir en saison et merc.
Rest – Menu 30/53 € – Carte 41/63 €
Les vignes et le village de Fayence pour décor ! L'été, on s'installe sur la terrasse de cette jolie maison aux volets bleus en laissant le temps filer... Douce quiétude et agréables saveurs : Yves Merville concocte de bonnes recettes aux accents du terroir, avec de jolis produits du marché. On se régale !

La Farigoulette
1 pl. du Château – ✆ 04 94 84 10 49 – www.lafarigoulette.com – Fermé 1er-25 déc., 15 fév.-6 mars, mardi sauf juil.-août et merc.
Rest – Formule 18 € – Menu 29/37 € – Carte 36/67 €
Des murs en pierre, des poutres… et une collection de cocottes anciennes (une passion du chef) : cette ancienne bergerie, postée sur les hauteurs du vieux village, cultive le sens de la tradition ! Au menu, de bonnes recettes du terroir cuisinées avec des produits frais.

Le Temps des Cerises
2 pl. République – ✆ 04 94 76 01 19 – www.restaurantletempsdescerises.fr – Fermé 12 nov.-21 déc., mardi et le midi du 15 juin au 1er sept. sauf dim.
Rest – Menu 32/45 € – Carte environ 48 €
Une terrasse sous la tonnelle, des cuisines ouvertes sur la salle et des tableaux peints par le père du chef : l'ambiance est chaleureuse et provençale, même si ce dernier est d'origine hollandaise ! Parfaitement acclimaté aux fourneaux, il y chante "le temps des cerises" sans nostalgie.

à l'Ouest par rte de Seillans (D 19) et rte secondaire – ✉ 83440 Fayence

Moulin de la Camandoule
chemin de Notre Dame, à 2 km – ✆ 04 94 76 00 84 – www.camandoule.com
9 ch – †60/98 € ††70/148 € – 1 suite – ☕ 14 € – ½ P
Rest *Moulin de la Camandoule* – voir les restaurants ci-après
Ce moulin à huile du 17e s., alimenté en eau par un aqueduc auquel on prête des origines romaines, se dresse dans un bel écrin de verdure. Mobilier ancien dans les chambres. L'âme des vieilles pierres... portée par une jeune équipe dynamique !

Moulin de la Camandoule – Hôtel Moulin de la Camandoule
à 2 km – ✆ 04 94 76 00 84 – www.camandoule.com – Fermé jeudi sauf le soir en juil.-août et merc. de sept. à juin
Rest – Formule 21 € bc – Menu 30/57 € – Carte 41/67 €
Beaucoup de cachet dans cet ancien moulin : rustique son mécanisme tout en rouages et poulies ; rustiques ses poutres, sa cheminée, ses vieux objets... La carte est exactement dans le ton : terroir et tradition provençale.

Le Castellaras
461 chemin Peymeyan, à 4 km – ✆ 04 94 76 13 80 – www.restaurant-castellaras.com – Fermé de nov. à mi-mars, mardi sauf le soir en juil.-août et lundi
Rest – Menu 35 € (déj.), 45/68 € – Carte 55/75 €
Maison de caractère dans un jardin arboré, avec une superbe terrasse et le village pour toile de fond. Décor soigné et cuisine généreuse... aux couleurs de la Provence.

LE FAYET – 74 Haute-Savoie – 074 08 – rattaché à St-Gervais-les-Bains

FÉCAMP – 76 Seine-Maritime – 304 C3 – 19 348 h. – alt. 15 m – Casino AZ 33 C1
– ✉ 76400 Normandie Vallée de la Seine

Paris 201 – Amiens 165 – Caen 113 – Dieppe 66
Quai Sadi Carnot, ✆ 02 35 28 51 01, www.fecamptourisme.com
Abbatiale de la Trinité★ - Palais Bénédictine★★ - Musée des Terres-Neuvas et de la Pêche★ M3 - Chapelle N.-D.-du-Salut ✳★★ N : 2 km par D 79 BY.

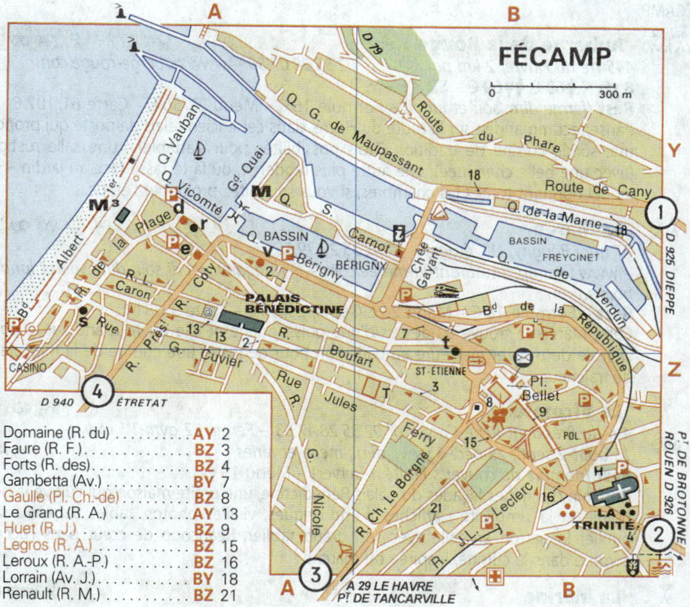

- Domaine (R. du) . . . . AY 2
- Faure (R. F.) . . . . BZ 3
- Forts (R. des) . . . . BZ 4
- Gambetta (Av.) . . . . BY 7
- Gaulle (Pl. Ch.-de) . . . . BZ 8
- Le Grand (R. A.) . . . . AY 13
- Huet (R. J.) . . . . BZ 9
- Legros (R. A.) . . . . BZ 15
- Leroux (R. A.-P.) . . . . BZ 16
- Lorrain (Av. J.) . . . . BY 18
- Renault (R. M.) . . . . BZ 21

Le Grand Pavois sans rest

15 quai de la Vicomté – ✆ 02 35 10 01 01 – www.hotel-grand-pavois.com

35 ch – †95/130 € ††95/130 € – ☕ 15 € **AYr**

Sa façade moderne pavoise sur les quais – une situation idéale ! Les prestations sont de qualité : décor contemporain, confort (excellente literie, bonne insonorisation), accueil aimable... et le petit-déjeuner se prend face aux bateaux. L'un des meilleurs hôtels de la région.

La Ferme de la Chapelle

2 km au Nord par rte du Phare et D 79 – ✆ 02 35 10 12 12 – www.fermedelachapelle.fr – Fermé 1 sem. en nov., 2 sem. en janv.

22 ch – †85/95 € ††85/95 € – ☕ 10 € – ½ P

Rest *(fermé dim. soir et lundi)* – Formule 17 € – Menu 27 € – Carte 28/37 €

Prenez de la hauteur ! On ne peut manquer, sur les falaises qui dominent Fécamp, cette ancienne ferme seigneuriale du 16e s. bordée par la chapelle Notre-Dame-du-Salut, dédiée à la protection des marins. L'hôtel lui-même, classique et surtout bien calme, est gardien du sommeil !

Hôtel d'Angleterre

91 r. de la Plage – ✆ 02 35 28 01 60 – www.hotelangleterre.com **AYs**

27 ch – †68/93 € ††68/93 € – 2 suites – ☕ 8,50 €

Rest *(fermé 15-31 déc.) (dîner seult)* – Menu 25 €

Un hôtel accueillant, non loin de la plage : les chambres, gaies et cosy, sont agréables après une journée de baignade. Au rez-de-chaussée, on trouve un pub très fréquenté et une crêperie non moins sympathique !

Vent d'Ouest sans rest

3 av. Gambetta – ✆ 02 35 28 04 04 – www.hotelventdouest.tm.fr – Fermé dim. soir sauf de juil. à sept. **BYt**

15 ch – †46/60 € ††60/75 € – ☕ 7 €

Entre le port et le centre-ville, cet hôtel tout simple pratique des tarifs compétitifs : les chambres sont certes petites, mais fraîches et tenues avec un soin appuyé (jolies photos marines).

XXX **Auberge de la Rouge** avec ch

445 rte du Havre, 2 km par ③ – ✆ 02 35 28 07 59 – www.auberge-rouge.com

8 ch – †69 € ††69 € – ☕ 8 € – ½ P

Rest *(fermé dim. soir et lundi)* – Formule 16 € – Menu 22/56 € – Carte 61/107 €

Pause recommandée sur la route du Havre, dans cet ancien relais de poste qui propose une solide cuisine de tradition. Trois possibilités pour s'attabler : une salle rustique (avec une belle cheminée), une autre plus moderne, ou la terrasse face au jardin – sur lequel donnent toutes les chambres, si vous souhaitez prolonger l'étape...

XX **La Marée**

77 quai Bérigny, (1er étage) – ✆ 02 35 29 39 15 – www.fecamp-restaurant-la-maree.com – Fermé janv., jeudi soir, dim. soir et lundi hors saison AY**v**

Rest – Formule 18 € – Menu 23 € (sem.), 29/36 € – Carte 33/51 €

Cette Marée se trouve au-dessus d'une poissonnerie et elle ouvre grand sur le port ! Difficile de trouver meilleure embarcation pour déguster une cuisine de la mer pleine de fraîcheur.

X **Le Vicomté**

4 r. du Président-René-Coty – ✆ 02 35 28 47 63 – Fermé 22 avril-1er mai, 15 août-2 sept., 23 déc.-6 janv., dim., merc. et fériés AY**e**

Rest *(nombre de couverts limité, réserver)* – Menu 19 €

Non loin des riches façades du palais Bénédictine, une petite maison qui cultive la bonhomie et la simplicité : affiches humoristiques, vieilles photos, tables serrées... sans oublier le patron en salle avec son grand tablier. Beaucoup de cœur dans l'accueil comme dans la cuisine, inspirée du marché !

X **La Marine**

23 quai de la Vicomté – ✆ 02 35 28 15 94 – Fermé mardi soir de sept. à juin et merc.

Rest – Menu 15 € (sem.), 20/33 € – Carte 28/44 € AY**d**

Une adresse simple et sympathique, menée par une équipe soucieuse du plaisir des clients. L'enseigne dit tout : priorité au poisson et aux fruits de mer ! La salle de l'étage réserve une petite vue sur le port de plaisance.

FEGERSHEIM – 67 Bas-Rhin – 315 K6 – rattaché à Strasbourg

LE FEL – 12 Aveyron – 338 H3 – rattaché à Entraygues-sur-Truyères

FELDBACH – 68 Haut-Rhin – 315 H11 – 458 h. – alt. 410 m – ✉ 68640 1 A3

Alsace Lorraine

▶ Paris 461 – Altkirch 14 – Basel 34 – Belfort 46

XX **Cheval Blanc**

1 r. Bisel – ✆ 03 89 25 81 86 – Fermé 24 juin-8 juil., 20 janv.-4 fév., lundi et mardi

Rest – Menu 12 € (déj. en sem.), 16/42 € – Carte 22/52 €

Quelques recettes actuelles ponctuent la carte mi-traditionnelle, mi-régionale de cette maison typique du Sundgau. Très beau choix de vins. Il y a une âme en cet établissement...

FELICETO – 2B Haute-Corse – 345 C4 – voir à Corse

FENOUILLET – 31 Haute-Garonne – 343 G2 – 5 162 h. – alt. 125 m – ✉ 31150 28 B2

▶ Paris 671 – Albi 82 – Montauban 49 – Toulouse 13

XX **Le Virgil**

40 r. Jean-Jaurès – ✆ 05 61 09 14 72 – www.levirgil.com – Fermé 12-20 août, dim. et lundi

Rest – Formule 17 € bc – Menu 28/35 € – Carte environ 45 €

"Virgil", c'est la contraction de Virginie et Gilles, le charmant couple aux commandes de ce restaurant. Ici, on se retrouve autour de plats du terroir simples et copieux.

FÈRE-EN-TARDENOIS – 02 Aisne – 306 D7 – 3 311 h. – alt. 180 m – ✉ 02130 Nord Pas-de-Calais Picardie 37 C3

Paris 111 – Château-Thierry 23 – Laon 55 – Reims 50

18, rue Etienne-Moreau-Nelaton, ✆ 03 23 82 31 57

de Champagne, à Villers-Agron-Aiguizy, Moulin de Neuville, E : 17 km par D 2, ✆ 03 23 71 62 08

Château de Fère★ : Pont-galerie★★ N : 3 km.

Château de Fère

rte de Fismes, 3 km au Nord par D 967 – ✆ 03 23 82 21 13 – www.chateaudefere.com – Fermé 2 janv.-2 fév.

23 ch – 185/550 € 185/550 € – 6 suites – 22 €

Rest *Château de Fère* – voir les restaurants ci-après

Non loin se dressent les vestiges du château d'Anne de Montmorency. En pleine forêt et au grand calme, cette belle demeure du 16e s. est chargée d'histoire, mais vit au présent : piscine, spa, chambres confortables...

Château de Fère

rte de Fismes, 3 km au Nord par D 967 – ✆ 03 23 82 21 13 – www.chateaudefere.com – Fermé 2 janv.-2 fév. et lundi midi sauf fériés

Rest – Menu 38 € (déj. en sem.), 58/90 € – Carte 80/125 €

Fresque à la gloire de Jean de La Fontaine, cuisine classique et carte des vins mettant superbement à l'honneur la Champagne : aucun doute, la tradition a du bon !

FERNEY-VOLTAIRE – 01 Ain – 328 J3 – 7 965 h. – alt. 430 m – ✉ 01210 46 F1 Franche-Comté Jura

Paris 499 – Bellegarde-sur-Valserine 37 – Genève 10 – Gex 10

de Genève-Cointrin ✆ (00 41 22) 717 71 11, 4 km au S.

26, Grand'Rue, ✆ 04 50 28 09 16

de Gonville, à Saint-Jean-de-Gonville, SO : 14 km par D 35 et D 984, ✆ 04 50 56 40 92

Château★.

Genève★★★.

Novotel

ch, rest,

rte de Meyrin, par D 35 – ✆ 04 50 40 85 23 – www.novotel.com

80 ch – 94/204 € 94/204 € – 15 €

Rest – Formule 18 € – Menu 23 € – Carte 22/36 €

Novotel proche de la frontière suisse avec des chambres contemporaines et fonctionnelles (bois clair et tendance zen)... Ici, tout est prévu pour les affaires et la détente.

Hôtel de France

1 r. de Genève – ✆ 04 50 40 63 87 – www.hotelfranceferney.com – Fermé 7-11 mai, 1er-15 août et 24 déc.-7 janv.

14 ch – 73/100 € 93/115 € – 10 € – ½ P

Rest *Restaurant de France* – voir les restaurants ci-après

Cette maison du 18e s. a su se moderniser tout en conservant le charme de l'ancien (pierres et poutres, escalier d'époque). Les chambres sont coquettes avec leurs boutis et leurs meubles de famille.

Le Pirate

1 chemin de la Brunette – ✆ 04 50 40 63 52 – www.lepirate.fr – Fermé 1er-21 août, 2-8 janv., dim. et lundi

Rest – Formule 28 € – Menu 32 € (déj.), 40 € bc/65 € – Carte 44/71 €

Cette adresse dédiée aux produits de la mer est une institution. Corsaires et flibustiers d'un soir viennent y déguster poissons, coquillages et crustacés. Bien agréables, la profusion de plantes vertes dans le jardin d'hiver et la terrasse.

Restaurant de France – Hôtel de France

1 r. de Genève – ✆ 04 50 40 63 87 – www.hotelfranceferney.com – Fermé 8-13 mai, 1er-15 août, 24 déc.-10 janv., sam. midi, dim. et lundi

Rest – Formule 23 € – Menu 28 € (déj.), 41 € bc/68 € – Carte 48/69 €

Le restaurant de l'hôtel de France est vraiment chaleureux avec ses belles poutres. La carte, plutôt actuelle, change selon les saisons, inspirée par les marchés du pays de Gex.

Le Chanteclair

13 r. Versoix – 04 50 40 79 55 – Fermé 1 sem. en mai, 3 sem. en août, dim. et lundi
Rest – Formule 25 € – Menu 30 € (déj.), 38/62 € – Carte 48/55 € le soir
Voilà un restaurant de poche résolument contemporain et feutré (tons gris, plancher sombre, peinture abstraite), où l'on vient déguster de beaux produits frais relevés d'influences diverses : terroir, Asie, Méditerranée.

FERRETTE – 68 Haut-Rhin – **315** H12 – 873 h. – alt. 470 m – ✉ 68480 **1** A3
Alsace Lorraine
Paris 467 – Altkirch 20 – Basel 28 – Belfort 52
3A route de Lucelle, 03 89 08 23 88, www.sundgau-sudalsace.fr
de la Largue, à Seppois-le-Bas, Rue du Golf, O : 10 km par D 473 et D 24, 03 89 07 67 67
Site★ - Ruines du Château ≤★.

à Lutter 8 km au Sud-Est par D 23 – 299 h. – alt. 428 m – ✉ 68480

L'Auberge Paysanne avec ch

1 r. de Wolschwiller – 03 89 40 71 67 – www.auberge-hostellerie-paysanne.com – Fermé 17 juin-9 juil., 23 déc.-14 janv., mardi midi et lundi
7 ch – †56/66 € ††56/66 € – ☐ 9 € – ½ P
Rest – Formule 11 € – Menu 13 € (déj. en sem.), 25/43 € – Carte 25/45 €
Non loin de la frontière suisse, une maison pleine d'âme (vieilles photos, poêle en faïence, etc.) et tenue en famille. Le chef, d'origine méditerranéenne, concocte une cuisine traditionnelle aux légères fragrances du Sud. Pour faire étape, les chambres sont modestes, mais parfaitement tenues.

Hostellerie Paysanne

1 r. de Wolschwiller – 03 89 40 71 67 – www.auberge-hostellerie-paysanne.com – Fermé 17 juin-9 juil., 23 déc.-14 janv.
9 ch – †56/76 € ††66/76 € – ☐ 9 €
Cette ferme alsacienne (1618), démontée puis reconstruite dans le village, n'est autre que l'annexe de l'Auberge Paysanne. Les chambres, décorées dans un esprit campagne, sont simples et agréables.

LA FERRIÈRE-AUX-ÉTANGS – 61 Orne – **310** F3 – rattaché à Flers

---

FERRIÈRES-EN-GÂTINAIS – 45 Loiret – **318** N3 – 3 335 h. – alt. 96 m **12** D2
– ✉ 45210 Bourgogne
Paris 99 – Auxerre 81 – Fontainebleau 40 – Montargis 12
place des Églises, 02 38 96 58 86, www.tourisme-ferrieres-loiret.fr
Croisée du transept★ de l'église St-Pierre et St-Paul.

L'Abbaye

Carrefour des Trois Platanes – 02 38 96 53 12 – www.hotel-abbaye.fr
30 ch – †75/86 € ††75/86 € – ☐ 10 €
Rest *L'Abbaye* – voir les restaurants ci-après
Cet hôtel, entièrement rénové, doit son nom à l'abbaye bénédictine de St-Pierre-et-St-Paul. Idéal pour une étape ou un court séjour dans la région.

L'Abbaye

Carrefour des Trois Platanes – 02 38 96 53 12 – www.hotel-abbaye.fr
Rest – Formule 14 € – Menu 24 € (sem.), 34/60 € – Carte 29/49 €
Cuisse de canard confite et ses pommes de terre en persillade, filet de bœuf au roquefort, cassolette d'escargots... Une cuisine traditionnelle dans un restaurant classique, avec une terrasse très prisée dès les premiers beaux jours.

FERRIÈRES-LES-VERRERIES – 34 Hérault – **339** H5 – 62 h. – alt. 320 m **23** C2
– ✉ 34190 Languedoc Roussillon
Paris 747 – Alès 47 – Florac 86 – Montpellier 41

La Cour-Mas de Baumes avec ch

4 km à l'Est par D 107E4 – 04 66 80 88 80 – www.oustaldebaumes.com – Fermé janv., fév. sauf week-ends, dim. soir et lundi du 1er nov. au 15 mars

7 ch – 99 € 107 € – ½ P

Rest *(nombre de couverts limité, réserver)* – Formule 23 € – Menu 29/52 € – Carte 43/58 €

Le ciel et la garrigue pour horizon... Renouez avec les éléments dans ce mas du 15e s. isolé sur un causse. Dans le décor élégant du restaurant, on déguste une cuisine très soignée, toute de saison et de fraîcheur. Les chambres sont propices à une escapade romantique...

LA FERTÉ-BEAUHARNAIS – 41 Loir-et-Cher – 318 I6 – 521 h. – alt. 101 m – 41210 Châteaux de la Loire — 12 C2

Paris 183 – Blois 46 – Orléans 45 – Vierzon 56

Château de la Ferté Beauharnais sans rest

172 r. du Prince-Eugène – 02 54 83 72 18

3 ch – 145 € 145 €

Ce château fut la résidence de la famille de Beauharnais, et notamment de Joséphine, première épouse de Napoléon. On s'y repose dans des chambres de style (parquet, moulures, cheminée). Grand parc où il fait bon se promener.

LA FERTÉ-BERNARD – 72 Sarthe – 310 M5 – 9 278 h. – alt. 90 m – 72400 Pays de la Loire — 35 D1

Paris 164 – Alençon 56 – Chartres 79 – Châteaudun 65

15, place de la Lice, 02 43 71 21 21, www.tourisme-lafertebernard.fr

du Perche, à Souancé-au-Perche, La Vallée des Aulnes, NE : 21 km par D 923 et D137, 02 37 29 17 33

Église N.-D.-des Marais★★.

La Perdrix

2 r. de Paris – 02 43 93 00 44 – http://laperdrix.monsite-orange.fr – Fermé de mi-janv. à mi-fév., lundi soir et mardi

Rest – Formule 18 € – Menu 29/40 € – Carte environ 52 €

À la limite du centre-ville, un décor très classique pour une cuisine non moins traditionnelle : jambonnette de volaille farcie et braisée au vin de Touraine ; douceur au chocolat noir et nougat...

Le Dauphin

3 r. d'Huisne, (accès piétonnier) – 02 43 93 00 39 – www.restaurant-du-dauphin.com – Fermé jeudi soir, dim. soir et lundi

Rest – Menu 18 € (sem.), 29/49 € – Carte 45/60 €

Croustillant de volaille et sa crème de lentilles, dorade sébaste au combava, tiramisu au chocolat blanc, etc. Des saveurs dans l'air du temps dans une jolie maison du... 16e s. qui a su conserver son cachet d'antan (pierres, poutres, cheminée).

LA FERTÉ-MACÉ – 61 Orne – 310 G3 – 6 013 h. – alt. 250 m – 61600 Normandie Cotentin — 32 B3

Paris 227 – Alençon 46 – Argentan 33 – Domfront 23

11, rue de la Victoire, 02 33 37 10 97, www.tourisme-lafertemace.fr

Auberge d'Andaines

rte de Bagnoles-de-l'Orne, 2 km au Sud par D 916 – 02 33 37 20 28 – www.aubergeandaines.com – Fermé 18 janv.-10 fév.

15 ch – 48/75 € 48/75 € – 8 € – ½ P

Rest *(fermé vend. de mi-oct. à fin mars)* – Formule 10 € – Menu 17/38 € – Carte 30/50 €

D'un côté, la route ; de l'autre, la forêt des Andaines et ses 8 000 ha de sous-bois rocailleux... Cette auberge traditionnelle fait le lien entre nature et modernité, en toute simplicité.

LA FERTÉ-ST-AUBIN – 45 Loiret – 318 I5 – 7 105 h. – alt. 114 m 12 C2

– ✉ 45240 Châteaux de la Loire

Paris 153 – Blois 62 – Orléans 23 – Romorantin-Lanthenay 45

rue des Jardins, ✆ 02 38 64 67 93, www.otsilafertesaintaubin.fr

des Aisses, Domaine des Aisses, SE : 3 km par N 20, ✆ 02 38 64 80 87

de Sologne, Route de Jouy-le-Potier, N-O : 5 km, ✆ 02 38 76 57 33

Château★.

L'Orée des Chênes

3,5 km au Nord-Est par rte de Marcilly – ✆ 02 38 64 84 00 – www.loreedeschenes.com

26 ch – 90/160 € 90/160 € – 15 € – ½ P

Rest ***L'Orée des Chênes*** – voir les restaurants ci-après

Un agréable parc, un étang, une piscine et... ces jolies maisons solognotes, avec des chambres accueillantes, feutrées, chics et bucoliques. Quiétude, verdure et confort !

L'Orée des Chênes

3,5 km au Nord-Est par rte de Marcilly – ✆ 02 38 64 84 00 – www.loreedeschenes.com

Rest – Menu 26 € (sem.), 41/54 € – Carte 49/69 €

Cachet et caractère pour cette table qui cultive avec élégance son atmosphère champêtre. Le chef concocte une cuisine de saison très joliment présentée. L'hiver, on savoure le repas en regardant crépiter le feu dans la belle cheminée.

à Ménestreau-en-Villette 7 km à l'Est par D 17 – 1 469 h. – alt. 122 m – ✉ 45240

La Ferme des Foucault sans rest

Les Foucault, au Nord par D 64 et rte secondaire – ✆ 02 38 76 94 41 – www.ferme-des-foucault.com – Fermé de début janv. à mi-fév.

3 ch – 80/90 € 85/95 €

Ancienne ferme à colombages nichée au cœur de la forêt. Ses chambres, coquettes et très spacieuses, sont meublées dans un style rustique ; l'une d'elles dispose d'une terrasse.

Le Relais de Sologne

63 pl. du 8-Mai-1945 – ✆ 02 38 76 97 40 – www.lerelaisdesologne.com – Fermé 1 sem. en août, 1 sem. vacances de Noël, vacances de fév., dim. soir, lundi soir, mardi soir et merc.

Rest – Menu 27/45 € – Carte 50/65 €

Voilà une auberge où les petits producteurs occupent le devant de la scène ! Le chef y tient tout particulièrement, lui qui signe une cuisine dans l'air du temps, avec du gibier en saison – Sologne oblige –, et agrémentée de notes exotiques... Inspirations rapportées de ses voyages.

LA FERTÉ-ST-CYR – 41 Loir-et-Cher – 318 H6 – 989 h. – alt. 82 m 12 C2

– ✉ 41220

Paris 170 – Blois 32 – Orléans 37 – Romorantin-Lanthenay 35

Saint-Cyr sans rest

15 r. de Bretagne – ✆ 02 54 87 90 51 – www.hotel-st-cyr.com – Fermé 20 déc.-4 janv. et 31 janv.-15 mars

20 ch – 61 € 69/77 € – 10 €

Voilà un sympathique petit hôtel familial ! Les chambres y sont confortables et chaleureuses. Aux beaux jours, on se détend sur la jolie terrasse. Boutique de produits du terroir et location de vélos.

LA FERTÉ-SOUS-JOUARRE – 77 Seine-et-Marne – 312 H2 – 9 050 h. 19 D1

– alt. 58 m – ✉ 77260

Paris 67 – Melun 70 – Reims 83 – Troyes 116

34, rue des Pelletiers, ✆ 01 60 01 87 99, www.la-ferte-sous-jouarre.fr

Château des Bondons

47 r. des Bondons, 2 km à l'Est par D 70, rte de Montménard – ✆ 01 60 22 00 98 – www.chateaudesbondons.com

11 ch – 130/290 € 130/290 € – 3 suites – 15 €

Rest ***Le Castel*** – voir les restaurants ci-après

Dans son parc planté d'arbres vénérables, ce château du 18e s. dégage un charme bourgeois : meubles de style, chambres avec ciel de lit, cheminée... Pour découvrir la région ou, à une vingtaine de minutes de route, Disneyland Paris !

Auberge de Condé rest,

1 av. de Montmirail – 01 60 24 50 05 – www.auberge-de-conde.com
14 ch – 95/115 € 95/125 € – 15 € – ½ P
Rest *Auberge de Condé* – voir les restaurants ci-après
Rest *Le Bistrot des Peintres* *(ouvert lundi et mardi)* – Formule 17 € – Menu 23 €
À deux pas de Paris et le charme de la campagne... Dans cet hôtel, les citadins en peine – et les autres – viennent se ressourcer dans de belles chambres contemporaines, spacieuses et confortables. Deux options pour se restaurer : la table gastronomique ou le bistrot.

Best Hôtel N sans rest

32 av. F.-Roosevelt – 01 60 61 53 60 – www.besthotel.fr/la-ferte
43 ch – 59/68 € 65/69 € – 8,50 €
Né en 2012 à l'entrée de la ville, un hôtel fonctionnel, simple et pratique, idéal pour la clientèle de passage.

Auberge de Condé – Hôtel Auberge de Condé

1 av. de Montmirail – 01 60 24 50 05 – www.auberge-de-conde.com
Rest *(fermé dim. soir, lundi et mardi)* – Formule 28 € – Menu 50/65 € – Carte 49/73 €
Cette auberge longtemps réputée – elle fut rendue célèbre dans les années 1960 par le grand chef Alexis Tingaud – connaît aujourd'hui une renaissance : qualité y rime désormais avec modernité, et le standing des lieux demeure.

Le Castel – Hôtel Château des Bondons

47 r. des Bondons, 2 km à l'Est par D 70, rte de Montménard – 01 60 22 00 98 – www.chateaudesbondons.com
Rest *(fermé janv., lundi et mardi)* – Menu 55/90 € – Carte 61/141 €
Nappes blanches, beau parquet, baies vitrées : les amateurs de classicisme élégant seront comblés. Idem avec la sole pochée au champagne, le civet de homard, le magret de canard à la bière de la Brie...

FEURS – 42 Loire – 327 E5 – 7 741 h. – alt. 343 m – 42110 — 44 A2

Lyon et sa région

Paris 433 – Lyon 69 – Montbrison 24 – Roanne 38

place du Forum, 04 77 26 05 27, www.feurs-tourisme.fr

Etésia sans rest

4 chemin des monts, rte de Roanne – 04 77 27 07 77 – www.hotel-etesia.fr – Fermé 22-29 déc.
15 ch – 55/62 € 62/68 € – 9 €
À la sortie de la ville, un hôtel moderne particulièrement bien tenu et confortable. L'accueil sympathique des propriétaires ajoute à l'intérêt de l'étape, comme le jardin arboré avec sa piscine. Bon rapport qualité-prix.

Chalet de la Boule d'Or

42 r. Cassin, (rte de Lyon) – 04 77 26 20 68 – www.chaletlabouledor.com – Fermé 1 sem. en avril, 29 juil.-25 août, 1 sem. en fév., merc. soir, dim. soir et lundi
Rest *(réserver)* – Menu 18 € (sem.), 29/56 € – Carte 37/60 €
Au menu de ce restaurant traditionnel, une cuisine sûre de ses classiques : foie gras maison, filet de bœuf et gratin dauphinois aux morilles, fromages fermiers, etc. Une adresse bien appréciée dans la région.

à Salt-en-Donzy 5 km rte de Lyon – 517 h. – alt. 337 m – 42110

L'Assiette Saltoise

au bourg – 04 77 26 04 29 – www.assiette-saltoise.com – Fermé 1er-4 janv., mardi sauf le midi de mai à oct. et merc.
Rest – Formule 13 € – Menu 22/31 € – Carte 26/35 €
Au pied de l'église du village, un petit restaurant sympathique qui fait la part belle à la tradition. Aux beaux jours, profitez du décor de la terrasse sous les tilleuls.

à Naconne 3 km au Nord-Ouest par N 89 et D 112 – ✉ 42110

Brin de Laurier

– *✆ 04 77 26 07 50 – www.brindelaurier.com*
– Fermé 29 avril-9 mai, 25 août-6 sept., 22 déc.-9 janv., sam. midi, dim. soir et lundi
Rest – Menu 17 € (déj. en sem.), 28/48 € – Carte environ 46 €
Thierry Laurier aime la couleur et ça se voit : il a peint sa propriété de tons chatoyants ! Il aime aussi les bons produits, la fraîcheur, les recettes qui changent... Sa table est vive et parfumée. Deux ambiances : une salle principale élégante et intime, et une terrasse sous des glycines aux accents provençaux.

FEYTIAT – 87 Haute-Vienne – 325 E6 – 5 867 h. – alt. 365 m – ✉ 87220 — 24 B2

Paris 398 – Limoges 9 – Saint-Junien 41 – Panazol 5

Prieuré du Puy Marot

allée du Puy-Marot, 2 km au Nord-Est par rte de St-Just-le-Martel (D 98)
– ✆ 05 55 48 33 97
3 ch ☕ – †75 € ††85 € **Table d'hôte** – Menu 30 € bc
Surplombant la vallée de la Valoine, ce prieuré du 12e s., plusieurs fois remanié, coule des jours paisibles au milieu d'un beau jardin. Du style, un accueil charmant et ce petit supplément d'âme qui fait la différence. Le soir, cuisine traditionnelle.

FIGEAC – 46 Lot – 337 I4 – 9 847 h. – alt. 214 m – ✉ 46100 — 29 C1

Périgord Quercy

Paris 578 – Aurillac 64 – Rodez 66 – Villefranche-de-Rouergue 36
place Vival, ✆ 05 65 34 06 25, www.tourisme-figeac.com
Le vieux Figeac★★ : hôtel de la Monnaie★ M1, musée Champollion★★ M2 près de la place aux Ecritures★ - Chapelle N.D.-de-Pitié★ dans l'église St-Sauveur.

Le Pont d'Or

2 av. Jean-Jaurès – ✆ 05 65 50 95 00 – www.hotelpontdor.com **x**
35 ch – †78/164 € ††78/164 € – ☕ 12 € – ½ P
Rest – Menu 14 € (déj. en sem.), 22/32 € – Carte 27/39 €
Cet hôtel borde le Célé, face à la vieille ville. Les chambres y sont confortables ; préférez celles avec vue sur la rivière. Sauna, piscine et fitness sur le toit. Au restaurant, on apprécie les recettes traditionnelles.

Le Champollion sans rest

3 pl. Champollion – ✆ 05 65 34 04 37 – hotelchampollion@orange.fr **v**
10 ch – †48/53 € ††48/53 € – ☕ 8 €
Une maison médiévale sur la jolie place Champollion, face au "moucharabieh typographique" (2009) qui rehausse la façade du musée éponyme. Chambres fonctionnelles, en noir et blanc.

Hôtel des Bains sans rest

1 r. Griffoul – ✆ 05 65 34 10 89 – www.hoteldesbains.fr – Fermé 14 déc.-6 janv. et le week-end du 12 nov. au 27 fév. **n**
19 ch – †48/59 € ††48/72 € – ☕ 8 €
Un hôtel familial face à la vieille ville. Cet ancien établissement de bains publics abrite des chambres simples et bien tenues. Terrasse au bord de la rivière.

La Dînée du Viguier

4 r. Boutaric – ✆ 05 65 50 08 08 – www.ladineeduviguier.fr – Fermé 20-28 nov., 15 janv.-6 fév., lundi sauf le soir d'avril à sept., dim. soir d'oct. à mars et sam. midi
Rest – Formule 19 € – Menu 29/74 € – Carte 59/70 € **s**
Au cœur de la cité médiévale, dans l'ancienne salle des gardes du château du Viguier : haut plafond de poutres peintes, cheminée au manteau sculpté... et cuisine pourtant bien dans l'air du temps ! Belle carte des vins.

Aujou (R. d')
Baduel (R.) 2
Balène (R.) 3
Barthal (Pl.) 4
Bonhore (R.) 5
Canal (R. du) 6
Carnot (Pl.) 7
Caviale (R.) 9
Champollion (Pl. et R. des Frères) 12
Clermont (R.) 13
Colomb (R. de) 14
Crussol (R. du) 15
Delzhens (R.) 17
Ecritures (Pl. des) 18
Ferrer (R.) 19
Gambetta (R.) 20
Herbes (Pl. aux) 23
Laurière (R.) 24
Michelet (Pl. E.) 26
Ortabadial (R.) 29
Raison (Pl. de la) 32
Roquefort (R.) 33
St-Jacques (R.) 34
St-Thomas (R.) 35
Seguier (R.) 36
Tomfort (R.) 37
Vival (Pl.) 39
11-Novembre (R. du) 41
16-Mai (R. du) 42

à Capdenac-le-Haut 5 km par ② – ✉ 46100

Le Relais de la Tour ch, rest, VISA

pl. Lucter – ✆ 05 65 11 06 99 – www.lerelaisdelatour.fr – Fermé vacances de la Toussaint et de fév.

11 ch – 55/63 € 65/91 € – ½ P

Rest *(fermé vend. soir, dim. soir et lundi)* – Formule 10 € bc – Menu 21 € (déj. en sem.), 27/34 € – Carte 23/33 €

Cette maison villageoise du 15ᵉ s., entièrement restaurée, fait face à une tour médiévale qui surplombe la vallée du Lot. Chambres sobrement décorées. Plats du terroir au restaurant.

FISMES – 51 Marne – **306** E7 – 5 377 h. – alt. 70 m – ✉ 51170 **13** B2

Champagne Ardenne

Paris 131 – Château-Thierry 42 – Compiègne 69 – Laon 37

28, rue René Letilly, ✆ 03 26 48 81 28, www.fismes-tourisme.fr

La Boule d'Or A/C rest, Wi-Fi P VISA MC AE

11 r. Lefèvre – ✆ 03 26 48 11 24 – www.boule-or.com – Fermé 23 janv.-11 fév., mardi midi, dim. soir et lundi

8 ch – †59/62 € ††62/68 € – ☕ 8,50 € – ½ P

Rest – Formule 15 € – Menu 22/33 € – Carte 42/55 €

Pour une étape sur le chemin des rois de France, entre Reims et Soisson, cet hôtel, avec ses petites chambres bien tenues, représente une bonne option. Cuisine traditionnelle au restaurant.

FITOU – **11 Aude** – **344** I5 – **918 h.** – **alt. 38 m** – ✉ **11510** **22** B3

Languedoc Roussillon

Paris 823 – Carcassonne 90 – Narbonne 40 – Perpignan 29

Fort de Salses★★ SO : 11 km.

Le Toit Vert avec ch Wi-Fi P VISA MC

chemin les Pujades – ✆ 04 68 70 47 38 – www.letoitvert.com – Fermé 4 nov.-21 mars, mardi, merc. et jeudi

3 ch ☕ – †50 € ††60/80 € **Rest** – Formule 25 € – Menu 30 €

Si elle n'est pas dans son atelier de céramique, la propriétaire aide sa fille en salle, avec gentillesse et simplicité. Quant à son mari, il vous propose une carte des vins et un petit menu renouvelés très régulièrement. Lotte à la bahianaise, ravioles de crevette ou encore pudding... C'est frais et sympathique. Pour l'étape, des chambres acidulées.

FLACEY – **28 Eure-et-Loir** – **311** E7 – **rattaché à Châteaudun**

FLAGEY-ÉCHEZEAUX – **21 Côte-d'Or** – **320** J7 – **rattaché à Vougeot**

FLAMANVILLE – **50 Manche** – **303** A2 – **1 720 h.** – **alt. 74 m** – ✉ **50340** **32** A1

Normandie Cotentin

Paris 371 – Barneville-Carteret 23 – Cherbourg 27 – Valognes 36

1, rue du Château, ✆ 02 33 52 61 23

Bel Air sans rest Wi-Fi P VISA MC AE

2 r. du Château – ✆ 02 33 04 48 00 – www.hotelbelair-normandie.com – Fermé 15 déc.-15 fév.

11 ch – †75/105 € ††75/105 € – ☕ 11 €

Une jolie dépendance du château, appréciée pour son grand calme. Les chambres, toutes différentes, sont propres et coquettes, dans un esprit province. Accueil charmant.

Le Sémaphore VISA MC

Chasse de la Houe – ✆ 02 33 52 18 98 – www.restaurantlesemaphore.com – Fermé 17 déc.-12 fév., mardi sauf le soir en juil.-août, dim. soir et lundi

Rest – Formule 13 € – Menu 22/33 € – Carte 30/50 €

Vue sublime sur la Manche et les îles anglo-normandes depuis cet ancien sémaphore perché sur une falaise. Dans l'assiette, tradition, produits de la mer et influences du Périgord, région dont le chef est originaire.

FLAYOSC – **83 Var** – **340** N4 – **rattaché à Draguignan**

LA FLÈCHE SP – **72 Sarthe** – **310** I8 – **15 228 h.** – **alt. 33 m** – ✉ **72200** **35** C2

Pays de la Loire

Paris 244 – Angers 52 – Laval 70 – Le Mans 44

boulevard de Montréal, ✆ 02 43 94 02 53, www.tourisme-lafleche.fr

Prytanée militaire★ - Boiseries★ de la chapelle N.-D.-des-Vertus - Parc zoologique du Tertre Rouge★ 5 km par ② puis D 104.

Bazouges-sur-le-Loir : pont ≤★, 7 km par ④.

Le Relais Cicero sans rest Wi-Fi VISA MC AE

18 bd Alger – ✆ 02 43 94 14 14 – www.cicero.fr – Fermé 1er-15 août et 23 déc.-6 janv.

21 ch – †71/142 € ††71/142 € – ☕ 13 € **Ya**

Un joli ensemble au cœur de la ville : réunis par une cour fleurie, les bâtiments d'un couvent du 17e s. et d'une imprimerie du 19e s. (le cicéro est une unité de mesure en typographie). Vieilles pierres et grand calme, donc, pour cette hôtellerie au charme d'antan.

Boierie (R. de la) . . . . Z 2
Carnot (R.) . . . . Y 3
Collège (R. du) . . . . Y 4
Dauversière (R. de la) . . . . Y 5
Foch (Promenade du Mar.) . . . . Z 14
Gallieni (R. du Mar.) . . . . . Z 9
Grande-Rue . . . . Y
Grollier (R.) . . . . YZ 10
Henri-IV (Pl.) . . . . Y 12
Marché-au-Blé (Pl.) . . . . . . Y 13
Moulin (Bd Jean) . . . . Y 16
Ravenel (R.) . . . . Y 17
Rhin-et-Danube (Av.) . . . . Y 18
Thury-Harcourt (Av. de) . . . . Z 19
Verdier (R. R.) . . . . Y 20

Le Vert Galant sans rest

70 Grande Rue – ✆ 02 43 94 00 51 – www.vghotel.com Yr

25 ch – †75/88 € ††85/98 € – ☕ 12 €

Dans la principale rue commerçante de La Flèche, non loin du prytanée, un authentique relais de poste du 18e s. avec son porche qui dessert la cour à l'arrière. Les chambres sont simples, avec quelques notes exotiques à travers le mobilier.

Le Moulin des Quatre Saisons

r. Gallieni – ✆ 02 43 45 12 12 – www.camilleconstantin.com

– Fermé vacances de la Toussaint, dim. soir, merc. soir et lundi Ze

Rest – Menu 29 € (sem.), 43/76 € – Carte 49/78 €

Une flèche en plein cœur, au cœur de La Flèche : en plein centre-ville, ce beau moulin du 17e s. forme comme une île bucolique sur les eaux du Loir ! Un cadre rare pour apprécier une jolie cuisine gastronomique où se reflète l'air du temps. Côté vins, la Loire et l'Autriche – pays d'origine de la propriétaire – ont la cote.

Un classement passé en rouge désigne une maison particulièrement charmante : 🏠 XXX.

FLÉCHIN – 62 Pas-de-Calais – 301 G4 – 521 h. – alt. 96 m – ✉ 62960 30 B2

Paris 246 – Arras 63 – Lens 55 – Lille 72

La Maison

20 r. Haute – ✆ 03 21 12 69 33 – www.lamaisonrestaurant.com
– Fermé 26-29 déc., sam. midi, dim. soir, lundi et merc.

Rest *(nombre de couverts limité, réserver)* – Menu 17 € (déj. en sem.), 29/70 €

C'est une belle maison 1900 : parquet d'époque, objets chinés, superbe lustre Gallet... Le chef concocte une cuisine où se mêlent produits du terroir et bio, légumes oubliés et épices. En plus, on vous reçoit comme si vous étiez des amis !

FLERS – 61 Orne – 310 F2 – 15 592 h. – alt. 270 m – ✉ 61100 32 B2

Normandie Cotentin

Paris 234 – Alençon 73 – Argentan 42 – Caen 60

2 Place du Dr Vayssières, ✆ 02 33 65 06 75, www.flers-tourisme.fr

du Houlme, à La Selle-la-Forge, Le Bourg, par rte de Bagnoles-de-l'Orne : 4 km, ✆ 02 33 64 42 83

Le Galion sans rest

5 r. V. Hugo – ✆ 02 33 64 47 47 – www.hotellegalion.fr
– Fermé 23 déc.-1er janv.

31 ch – †62 € ††67 € – ☕ 9 €

Une construction assez moderne dans une rue calme : un hôtel bien pensé, sobrement décoré et dont l'ambiance se révèle feutrée. Une bonne option pour une étape à Flers.

Beverl'inn

9 r. Chaussée – ✆ 02 33 96 79 79 – www.beverlinn.com
– Fermé 22 déc.-5 janv.

16 ch – †45/48 € ††45/51 € – ☕ 6 € – ½ P

Rest *(fermé sam. midi et dim.)* – Formule 11 € bc – Menu 16/26 € – Carte environ 28 €

Un petit hôtel tout simple, bien tenu et bon marché, à deux pas du centre-ville. Grillades au feu de bois au restaurant.

Au Bout de la Rue

60 r. de la Gare – ✆ 02 33 65 31 53 – www.auboutdelarue.com
– Fermé 29 avril-9 mai, 4-25 août, 2-8 janv., merc. soir, sam. midi, dim. et fériés

Rest – Formule 17 € – Menu 22 € – Carte 27/45 €

Gagnez le bout de la rue pour découvrir ce bistrot plutôt chic, où un jeune chef signe des recettes pétillantes et maîtrisées : bouillon d'étrille au parfum de fenouil et tourteau à l'orange ; sphère au chocolat et crémeux à la châtaigne...

Auberge du Relais Fleuri

115 r. Schnetz, à l'Ouest – ✆ 02 33 65 23 89 – www.aubergelerelaisfleuri.fr
– Fermé 24-30 déc., 20 juil.-8 août, vend. soir, dim. soir et lundi

Rest – Formule 12 € – Menu 17 € (sem.)/31 € – Carte 36/57 €

Une grande envie de bien faire, un joli réseau de producteurs locaux (œufs, beurre frais, pigeon, fromages, etc.) et une carte de saison... Pas de doute, ce relais normand est une bonne auberge d'aujourd'hui ! Quelques tables sous le tilleul.

au Buisson-Corblin 4 km à L'Est par D 924 – ✉ 61100 Flers

Auberge des Vieilles Pierres

– ✆ 02 33 65 06 96 – www.aubergedesvieillespierres.fr
– Fermé 6-26 août, vacances de fév., dim. soir, mardi soir et lundi

Rest – Formule 16 € – Menu 25 € (sem.), 30/60 € – Carte 42/58 €

Saint-Jacques poêlées et marmelade d'endives à l'orange ; demi-perdreau, confit d'oignon rouge, crème pimentée... Sous l'égide d'un couple de bons professionnels, cette auberge a su conquérir une clientèle fidèle dans la région.

à La Ferrière-aux-Étangs 10 km au Sud-Est par D 18 et D 825 – 1 561 h. – alt. 304 m – ✉ 61450

Auberge de la Mine (Hubert Nobis)
le Gué-Plat, à 3 km par rte de Dompierre – ✆ 02 33 66 91 10 – www.aubergedelamine.com – Fermé 15 juil.-7 août, 6-28 janv., dim. soir, lundi et mardi
Rest – Formule 20 € – Menu 26 € (sem.)/66 € – Carte 66/75 €
Ce tout petit coin de Normandie connut la prospérité après la découverte d'un filon de fer... Dans l'ancienne cantine des mineurs, Hubert Norbis cultive toujours les richesses de la terre avec une main de velours : technique éprouvée, parfums équilibrés... le terroir normand cuisiné comme un trésor.
➜ Barre de foie gras en gelée de poiré et cacao. Ris de veau piqué à l'andouille de Vire et braisé au foin. La pomme de sept heures, sauce caramel et sorbet riz au lait. **Vins** Vin de pays du Calvados.

FLEURIE – 69 Rhône – **327** H2 – 1 250 h. – alt. 320 m – ✉ 69820 **43** E1
Lyon et sa région
Paris 410 – Bourg-en-Bresse 46 – Lyon 58 – Mâcon 22

Hôtel des Grands Vins sans rest
r. Grappe Fleurie, 1 km au Sud par D 119^E – ✆ 04 74 69 81 43 – www.hoteldesgrandsvins.com – Fermé 15 déc.-31 janv.
20 ch – 74/86 € 74/86 € – 10 €
Le jardin borde les vignes, et l'on est vraiment au calme dans ce petit hôtel tenu en famille. Les chambres sont simples et nettes ; on profite du bassin de nage à contre-courant et, après ces quelques brasses, on peut déguster et acheter les vins du domaine.

Domaine du Clos des Garands sans rest
Les Garands, 1 km à l'Est par D 32 – ✆ 04 74 69 80 01 – www.closdesgarands.fr
4 ch – 95/115 € 95/115 €
Au cœur de 6 ha de vignes et d'un beau jardin, cette maison bourgeoise est un havre de paix. Dans les chambres – toutes différentes et très soignées –, vue imprenable sur Fleurie et les monts du Beaujolais. Dégustation de vins de la propriété.

Le Cep (Chantal Chagny)
pl. de l'Église – ✆ 04 74 04 10 77 – Fermé 1er-10 juil., 15 déc.-15 janv., dim. et lundi
Rest *(réserver)* – Carte 40/73 €
Foin du décor élégant ou de la brigade stylée ! Cette institution régionale, tenue par Mme Chagny depuis plus de quarante ans, a renoncé au luxe pour mieux retrouver les saveurs d'une authentique cuisine du terroir, fine et juste. Quant au choix de beaujolais, il est excellent.
➜ Cuisses de grenouille au beurre en persillade, jeune salade en vinaigrette. Pigeonneau nourri aux grains, jus simple au poivre concassé. Cassis de Lancié en sorbet, pulpe acidulée et glace vanille. **Vins** Beaujolais blanc, Fleurie.

FLEURVILLE – 71 Saône-et-Loire – **320** J11 – 470 h. – alt. 174 m – ✉ 71260 **8** C3
Bourgogne
Paris 375 – Cluny 26 – Mâcon 18 – Pont-de-Vaux 8

Château de Fleurville
r. du Glamont – ✆ 03 85 27 91 30 – www.chateau-de-fleurville.com – Fermé 12 nov.-1er mars
14 ch – 120/155 € 155/195 € – 1 suite – 15 € – ½ P
Rest *(dîner seult)* – Menu 66 € – Carte 77/88 €
Dans son ravissant parc, un petit château du 17e s. en pierre bourguignonne, flanqué d'une jolie tour. Dans les chambres, tissus tendus et meubles anciens ; pour la détente, piscine, tennis et restaurant gastronomique.

à Mirande 3 km au Nord-Ouest – ✉ 71260 Montbellet – ✉ 71260

La Marande avec ch rest,
rte de Lugny – ✆ 03 85 33 10 24 – www.hotel-restaurant-la-marande.com – Fermé 3 sem. en janv., 25 fév.-3 mars, mardi sauf le soir en juil.-août et lundi
5 ch – 75 € 75 € – 8 € **Rest** – Menu 28/70 € – Carte 46/59 €
"Marander" en patois local veut dire… aller manger ! Dans cette belle maison bourgeoise, les tables sont dressées avec une élégance toute contemporaine. Préparations maîtrisées et subtiles, assiettes visuellement flatteuses ; le chef est passé par de grandes maisons et cela se sent. Chambres pour l'étape.

FLEURY-LA-FORÊT – 27 Eure – 304 J5 – 273 h. – alt. 161 m – ✉ 27480 33 D2

Normandie Vallée de la Seine
Paris 108 – Beauvais 49 – Évreux 99 – Rouen 42

Château de Fleury la Forêt sans rest
4 rte de Lyons, 1,5 km au Sud-Ouest par D 14 – ✆ 02 32 49 63 91 – www.chateau-fleury-la-foret.com
3 ch – 80 € 80 €
Pour une escapade très normande ! Le château (16e-18e s.) est superbe avec ses chambres meublées d'époque et – fait original – sa collection de poupées et d'objets anciens. Le petit-déjeuner dans la cuisine historique est un grand moment.

FLEURY-SUR-ORNE – 14 Calvados – 303 J5 – rattaché à Caen

FLORAC – 48 Lozère – 330 J9 – 1 921 h. – alt. 542 m – ✉ 48400 23 C1

Languedoc Roussillon
Paris 622 – Alès 65 – Mende 38 – Millau 84
33, avenue J. Monestier, ✆ 04 66 45 01 14, www.mescevennes.com
Corniche des Cévennes★.

Gorges du Tarn
48 r. Pêcher – ✆ 04 66 45 00 63 – www.hotel-gorgesdutarn.com – Ouvert de Pâques à la Toussaint et fermé merc.
23 ch – 60/86 € 70/86 € – 9 € – ½ P
Rest ***L'Adonis*** – voir les restaurants ci-après
Une sympathique auberge de village à l'entrée (ou à la sortie) des gorges du Tarn. Côté chambres, préférez les plus récentes, au style contemporain et frais (plus spacieuses à l'annexe), puis faites un tour au restaurant !

L'Adonis – Hôtel Gorges du Tarn
48 r. Pêcher – ✆ 04 66 45 00 63 – www.hotel-gorgesdutarn.com – Ouvert de Pâques à la Toussaint et fermé jeudi midi, sam. midi et merc.
Rest – Menu 26/50 € – Carte 40/50 €
De bons produits cévenols pour une cuisine actuelle ; un service très attentionné et une jolie sélection de vins régionaux : un Adonis tout en gourmandise, feutré et accueillant.

à Cocurès 5,5 km au Nord-Est par D 806 et D 998 – 196 h. – alt. 600 m – ✉ 48400

La Lozerette
– ✆ 04 66 45 06 04 – www.lalozerette.com – Ouvert du 22 mars à la Toussaint
20 ch – 60/87 € 60/87 € – 9 € – ½ P
Rest ***La Lozerette*** – voir les restaurants ci-après
Dans ce hameau cévenol, une jolie demeure avec des chambres d'esprit chalet, lumineuses et toutes avec un petit balcon en bois. Une déco simple mais vraiment mignonne, pour un lieu attachant.

La Lozerette
– ✆ 04 66 45 06 04 – www.lalozerette.com – Ouvert du 22 mars à la Toussaint et fermé mardi soir hors saison, mardi midi et merc. midi
Rest – Menu 17 € (sem.), 25/50 € – Carte 34/45 €
Dans cette charmante auberge, la propriétaire est sommelière : elle se fera un plaisir de vous guider dans l'accord de votre nectar avec la cuisine du chef, concoctée à base des meilleurs produits régionaux. Le plateau de fromages est superbe... Savoureux !

FLUMET – 73 Savoie – **333** M3 – **862 h. – alt. 920 m** **46** F1
– **Sports d'hiver : 1 000/2 070 m** 12 – 73590 Alpes du Nord

Paris 582 – Albertville 22 – Annecy 51 – Chamonix-Mont-Blanc 43

avenue de Savoie, 04 79 31 61 08, www.flumet-montblanc.com

Cœur de Marie

aux Glières, 5 km au Nord par D 909 rte de la Giettaz – 04 79 31 38 84 – www.chalet-marie.com – Fermé en mai

5 ch – 59/69 € 69/86 € **Table d'hôte** – Menu 25 € bc

Les mains vertes sauront que le "cœur de Marie" est une jolie fleur ancienne... Doux auspices pour ce chalet de 1810, qui se révèle très cosy, tout en bois doré, rideaux brodés et bibelots choisis. À l'étage, au coin du feu, la table d'hôte honore les spécialités savoyardes.

FOIX P – 09 Ariège – **343** H7 – **9 861 h. – alt. 375 m** – 09000 **29** C3
Midi Toulousain

Paris 762 – Andorra-la-Vella 102 – Carcassonne 89 – St-Girons 45

29, rue Delcassé, 05 61 65 12 12, www.tourisme-foix-varilhes.fr

de l'Ariège, à La Bastide-de-Sérou, Unjat, par rte de St-Girons : 15 km, 05 61 64 56 78

Site★ - ★ de la tour du château - Route Verte★★ O par D17 A.

Rivière souterraine de Labouiche★ NO : 6,5 km par D1.

Hôtel du Lac

ch, ch, rest, VISA

rte de Toulouse, 3 km par ① – 05 61 65 17 17 – www.hoteldulac-foix.fr

35 ch – 69/85 € 69/85 € – 10 € – ½ P

Rest *(fermé 24 déc.-1er janv. et dim. d'oct. à juin) (dîner seult)* – Menu 29 € – Carte environ 37 €

Tout près du lac et de ses nombreuses activités nautiques. Bungalows dans le jardin et chambres dans la bâtisse principale, dont certaines rafraîchies en 2010. Au restaurant, vue sur l'eau et cuisine bistrotière.

Eychenne sans rest

VISA AE

11 r. N. Peyrevidal – 05 61 65 00 04 – www.hotel-eychenne.com **Ab**

16 ch – 42/45 € 52/59 € – 6 €

Au pied du château, cet hôtel ne passe pas inaperçu avec sa tour en bois et son bar de village façon pub anglais... Chambres simples et pratiques (plus spacieuses dans la tour).

FOIX

Alsace-Lorraine (Bd) . . . . B 2
Bayle (R.) . . . . B
Chapeliers (R. des) . . . . A 3
Delcassé (R. Th.) . . . . B 4
Delpech (R. Lt P.) . . . . A 5
Duthil (Pl.) . . . . B 6
Fauré (Cours G.) . . . . AB 7
Labistour (R. de) . . . . B 8
Lazéma (R.) . . . . A 9
Lérida (Av. de) . . . . A 10
Lespinet (R. de) . . . . A 13
Marchands (R. des) . . . . B 12
Préfecture (R. de la) . . . . A 14
Rocher (R. du) . . . . A 20
St-Jammes (R.) . . . . A 22
St-Volusien (Pl.) . . . . A 23
Salenques (R. des) . . . . A 24

Phoebus
3 cours Irénée Cros – ✆ 05 61 65 10 42 – www.ariege.com/le-phoebus – Fermé 28 juil.-19 août, sam. midi, dim. soir et lundi Ba
Rest – Formule 19 € – Menu 29/87 € bc – Carte 30/70 €
Le chef privilégie les produits régionaux et concocte une cuisine actuelle. Vue sur l'Ariège et le château ; accueil soigné et pensé notamment pour les non-voyants (carte en braille).

FONDAMENTE – 12 Aveyron – 338 K7 – 308 h. – alt. 430 m – ✉ 12540 29 D2
Paris 679 – Albi 109 – Millau 43 – Montpellier 98

Baldy avec ch rest, ch,
Vallée de Sorgues, (Bourg Fondamente) – ✆ 05 65 99 37 38 – www.hotel-sorgues.com – hotel : ouvert de Pâques à fin sept. et fermé dim. soir et lundi
9 ch – †50/75 € ††50/75 € – ☐ 10 € – ½ P
Rest *(ouvert de Pâques au 11 nov. et fermé dim. soir, jeudi midi et lundi) (réserver)* – Formule 17 € – Menu 27 € (déj.), 31/65 €
Dans cette sympathique auberge familiale, le chef – un ancien boucher – mise sur la fraîcheur des produits et propose une carte régionale, courte mais très alléchante. Pour l'étape, petites chambres simples et bien tenues.

FONDETTES – 37 Indre-et-Loire – 317 M4 – rattaché à Tours

FONS – 46 Lot – 337 H4 – 394 h. – alt. 260 m – ✉ 46100 29 C1
Paris 562 – Cahors 66 – Toulouse 190 – Villefranche-de-Rouergue 47

Domaine de la Piale sans rest
La Piale, 1 km au Sud – ✆ 05 65 40 19 52 – www.domainedelapiale.com
4 ch ☐ – †90/125 € ††90/125 €
Une adresse idéale pour se mettre au vert. Ambiance familiale et agréable cadre rustique et campagnard (poutres, pierres apparentes). Les chambres occupent une ancienne grange.

FONTAINEBLEAU – 77 Seine-et-Marne – 312 F5 – 15 268 h. 19 C3
– alt. 75 m – ✉ 77300 Île-de-France
Paris 64 – Melun 18 – Montargis 51 – Orléans 89
4, rue Royale, ✆ 01 60 74 99 99, www.fontainebleau-tourisme.com
U.C.P.A. Bois-le-Roi, à Bois-le-Roi, Base de loisirs, par rte de Melun : 10 km, ✆ 01 64 81 33 31
Palais★★★ : Grands appartements★★★ (Galerie François 1er★★★, Salle de Bal★★★) - Jardins★ - Musée napoléonien d'Art et d'Histoire militaire : collection de sabres et d'épées★ **M¹** - Forêt★★★ - Gorges de Franchard★★ 5 km par ⑥.

Grand Hôtel de l'Aigle Noir sans rest
27 pl. Napoléon-Bonaparte – ✆ 01 60 74 60 00 – www.hotelaiglenoir.fr AZa
53 ch – †110/180 € ††110/180 € – 4 suites – ☐ 17 €
Tout près du château, cet hôtel particulier construit au 18e s. cultive une ambiance feutrée et élégante. Les chambres ont été décorées avec soin, en particulier avec quelques beaux meubles de style Empire.

Mercure ch,
41 r. Royale – ✆ 01 64 69 34 34 – www.mercure.com AZd
97 ch – †115/160 € ††115/160 € – ☐ 19 €
Rest *(fermé 27 juil.-18 août et 20 déc.-5 janv., dim. midi, vend. soir et sam.)* – Carte 35/45 €
Cet établissement confortable et de qualité propose des chambres fonctionnelles. Détendez-vous devant la cheminée du salon ou profitez de l'ambiance cosy du bar. Cuisine traditionnelle dans la salle contemporaine prolongée d'une terrasse avec vue sur le parc.

Hôtel de Londres sans rest
1 pl. du Gén.-de-Gaulle – ✆ 01 64 22 20 21 – www.hoteldelondres.com – Fermé 12-19 août et 23 déc.-6 janv. AZv
16 ch – †100/175 € ††135/205 € – ☐ 14 €
Cet hôtel, face au château, existe depuis le 16e s. Chambres amples et insonorisées, élégamment décorées : beaux tissus, meubles rustiques et de style, gravures de chasse.

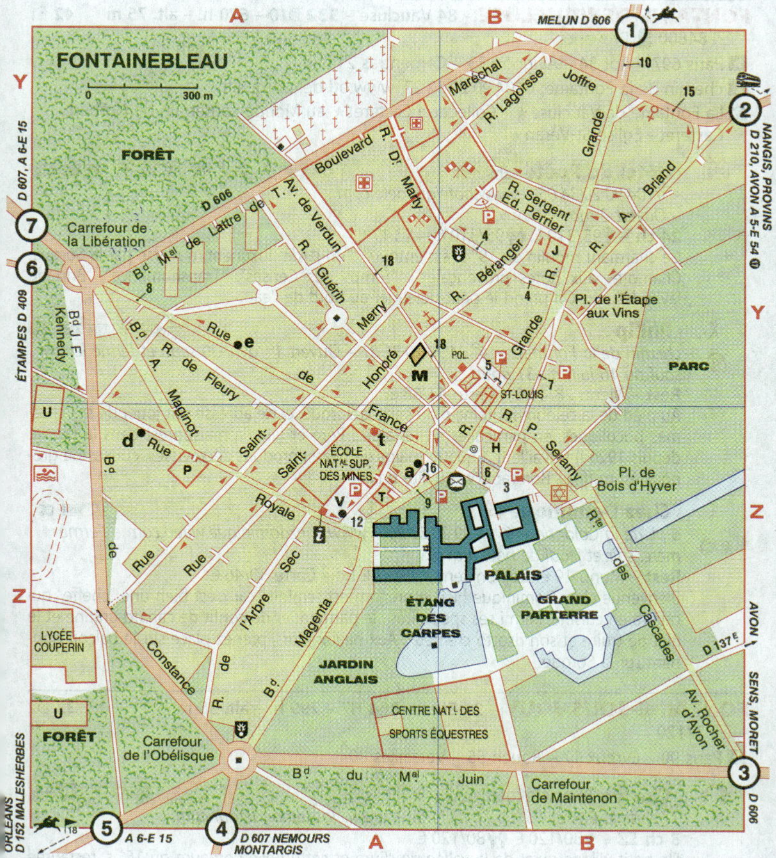

Armes (Pl. d') . . . . **BZ** 3
Bois (R. des) . . . . **BY** 4
Briand (R. Aristide) . . . . **BY**
Calas (R. du Commissaire) . . . . **BY** 5
Chancellerie (R. de la) . . . . **BZ** 6
Château (R. du) . . . . **BY** 7
Churchill (Bd W.) . . . . **AY** 8
Dénecourt (R.) . . . . **AZ** 9
Étape aux Vins (Pl. de l') . . . . **BY**
Foch (Bd du Mar.) . . . . **BY** 10
France (R. de) . . . . **AYZ**
Gaulle (Pl. Gén.-de) . . . . **AZ** 12
Grande (R.) . . . . **BY**
Leclerc (Bd du Mar.) . . . . **BY** 15
Napoléon Bonaparte (Pl.) . . . . **AZ** 16
Paroisse (R. de la) . . . . **AY** 18

Victoria sans rest

112-122 r. de France – 01 60 74 90 00 – www.hotelvictoria.com **AYe**

35 ch – 88/160 € 88/160 € – 12 €

Sur une rue menant au centre-ville et au château, un hôtel composé de deux maisons reliées sur l'arrière par un parc. Les chambres – plus spacieuses au n° 122 qu'au n° 112 – sont confortables et bien tenues. Accueil et service aux petits soins.

L'Axel (Kunihisa Goto)

43 r. de France – 01 64 22 01 57 – www.laxel-restaurant.com – Fermé 3 sem. en août, 2 sem. en janv., lundi sauf le soir de mi-mars à fin oct., merc. midi et mardi

Rest – Menu 30 € (déj. en sem.), 48/80 € – Carte 78/92 € **AZt**

Dans une rue menant au château, poussez la porte de cette élégante façade blanche ! À l'intérieur, le décor, presque zen, n'est pas sans rappeler les origines du chef, japonais. Dans les assiettes, cuissons, textures et autres mariages de saveurs sont tout en délicatesse et équilibre. Joli moment en perspective...

➜ Saint-Jacques d'Erquy en carpaccio, rémoulade de topinambour et caviar d'Aquitaine. Ris de veau braisé et paille de pomme de terre. Tarte aux pommes et caramel, sorbet granny smith.

FONTAINE-DE-VAUCLUSE – 84 Vaucluse – 332 D10 – 670 h. – alt. 75 m 42 E1

– ✉ 84800 Provence

▶ Paris 697 – Apt 34 – Avignon 33 – Carpentras 21

ℹ chemin de la Fontaine, ✆ 04 90 20 32 22, www.oti-delasorgue.fr

La Fontaine de Vaucluse★ - Collection Casteret★ au Monde souterrain de Norbert Casteret - Église St-Véran★.

Hôtel du Poète sans rest

– ✆ 04 90 20 34 05 – www.hoteldupoete.com

– Ouvert 2 mars-30 nov.

24 ch – 95/310 € 95/310 € – 17 €

Ce charmant moulin du 19e s. est entouré d'un jardin luxuriant, traversé par la Sorgue. Chambres aux notes provençales : "Temps des Cerises", "Transhumance", "Brin de lavande", etc. On prend le petit-déjeuner au bord de l'eau.

Philip

chemin de la Fontaine – ✆ 04 90 20 31 81 – Ouvert 1er avril-30 sept. et fermé le soir sauf du 16 juin au 31 août

Rest – Menu 28/40 € – Carte 44/68 €

Au pied de la célèbre fontaine d'où jaillit la Sorgue, cette adresse sait jouer de ses charmes bucoliques, en particulier en terrasse... Père et fille (la maison est dans la famille depuis 1926 !) travaillent à quatre mains de beaux produits : écrevisses, cuisses de grenouilles, truffes... Bon rapport qualité-prix.

Chez Dominique (N)

6 pl. de la Colonne – ✆ 04 90 20 33 26 – www.chezdominique.wifeo.com – Fermé merc. soir et jeudi de nov. à avril

Rest – Menu 19 € (déj. en sem.), 25/37 € bc – Carte 30/46 €

Bienvenue chez Dominique ! Ici, le prénom est féminin, car c'est bien une "cheffe" qui œuvre en cuisine. Parmi ses spécialités : le parmentier de confit de canard gratiné et le filet de truite et son risotto crémeux. Aux beaux jours, prenez place sur le balcon donnant sur la Sorgue.

FONTAINE-SOUS-JOUY – 27 Eure – 304 H7 – 799 h. – alt. 35 m 33 D2

– ✉ 27120

▶ Paris 90 – Évreux 17 – Rouen 55 – Versailles 80

Clos de Mondétour sans rest

17 r. de la Poste – ✆ 06 71 13 11 57 – www.closdemondetour.com

3 ch – 80/120 € 80/120 €

Un petit village quiet de la vallée de l'Eure et cette belle demeure du 16e s. restaurée avec goût. Toile de Jouy, objets chinés, superbe cheminée dans le salon, patine de l'ancien : un esprit maison de famille vraiment charmant !

FONTANGES – 15 Cantal – 330 D4 – rattaché à Salers

LE FONTANIL – 38 Isère – 333 H6 – rattaché à Grenoble

FONTANS – 48 Lozère – 330 I6 – 212 h. – alt. 1 030 m – ✉ 48700 23 C1

▶ Paris 560 – Mende 35 – Montpellier 216 – Le Puy-en-Velay 79

La Grange d'Émilie ch,

Le Comte de Fontans, 500 m à l'Est au croisement D 7 et D 4

– ✆ 04 66 47 30 82 – www.chambrehote-emilie.com

– Ouvert 1er avril-3 nov.

5 ch – 95/115 € 115/125 € **Table d'hôte** – Menu 35 € bc

De la ferme familiale, Émilie et son mari ont fait une maison d'hôtes accueillante et une table honorant le terroir. Bois, pierre et poutres : la décoration raffinée mêle le charme rustique, l'esprit champêtre et l'épure contemporaine... Un lieu attachant !

FONTENAI-SUR-ORNE – 61 Orne – 310 I2 – rattaché à Argentan

FONTENAY – 88 Vosges – 314 H3 – rattaché à Épinal

FONTENAY-LE-COMTE – 85 Vendée – 316 L9 – 14 334 h. 34 B3

– alt. 21 m – ✉ 85200 Pays de la Loire

▶ Paris 442 – Cholet 103 – La Rochelle 51 – La Roche-sur-Yon 64

ℹ 8, rue de Grimouard, ✆ 02 51 69 44 99, www.tourisme-sudvendee.com

👁 Clocher★ de l'église N.-Dame **B** - Intérieur★ du château de Terre-Neuve.

Le Rabelais

19 r. Ouillette – ✆ 02 51 69 86 20 – www.hotel-lerabelais.com BZa

54 ch – †79/100 € ††89/110 € – ☕ 10 € – ½ P

Rest *Le Rabelais* – voir les restaurants ci-après

Une bâtisse de style vendéen à l'entrée de la vieille ville. Dans les chambres en rez-de-jardin, atmosphère nature ; à l'étage, ambiance plus urbaine et design. Jusque dans l'espace détente règnent le confort et le bien-être.

Le Logis de la Clef de Bois sans rest

5 r. du Département – ✆ 02 51 69 03 49 – www.clef-de-bois.com – Ouvert avril-déc.

4 ch ☕ – †115/135 € ††115/135 € AYb

Un hôtel particulier raffiné (17e s. et 18e s.) avec parquet et cheminées d'origine, bibliothèque, billard... "Simenon", "Queneau", "Ragon" : les chambres ont du caractère et la suite "Rabelais" évoque la commedia dell'arte avec originalité.

Le Vieux Pressoir

5 r. du Dr René Laforge – ✆ 02 51 69 47 90 – www.levieux-pressoir.com – Fermé 22 juil.-12 août, 26-30 déc., dim. soir et lundi

Rest – Formule 15 € – Menu 24/37 € – Carte 33/48 €

Cuisse de pintade à l'estragon, fricassée d'escargots, œufs cocotte au jambon de Vendée : la carte fait honneur à la tradition, sans oublier de saluer la région... dans un cadre frais et lumineux.

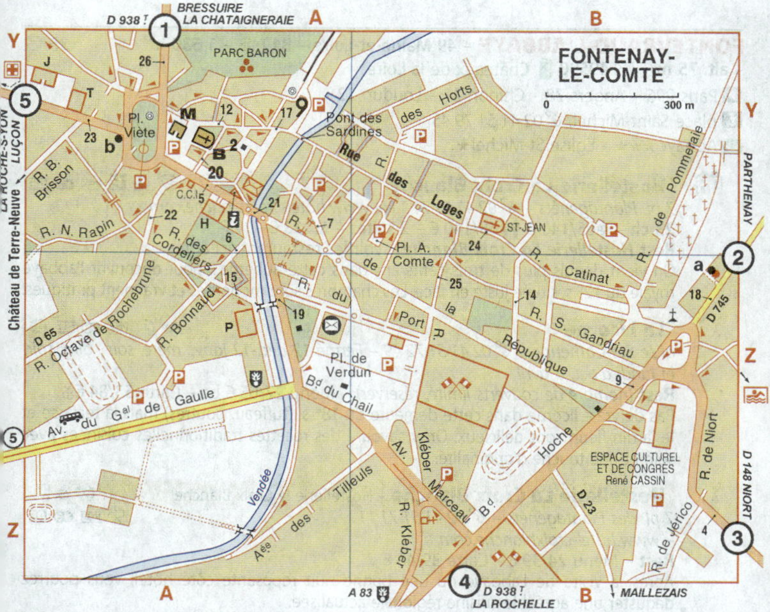

Belliard (Pl.) .... AY 2
Capitale du Bas Poitou (Bd de la) .... BZ 4
Clemenceau (R. G.) .... AY 5
Collardeau (R.) .... AY 6
Dr-Audé (R. du) .... AY 7
Du Guesclin (Bd) .... BZ 9
Guillemet (R.) .... AY 12
Jacobins (R. des) .... BZ 14
Lamy (R. P.) .... AZ 15
Orfèvres (R. des) .... AY 17
Ouillette (R. de l') .... BZ 18
Poey d'Avant (Quai) .... AZ 19
Pont aux Chèvres (R.) .... AY 20
Pont-Neuf .... AY 21
Puits St-Martin (R.) .... AY 22
Rabelais (R.) .... AY 23
République (R. de la) .... ABZ
St-Jean (R.) .... BY 24
St-Nicolas (R.) .... BZ 25
Tiraqueau (R.) .... AY 26

Le Rabelais – Hôtel Le Rabelais
19 r. Ouillette – ✆ 02 51 69 86 20 – www.hotel-lerabelais.com BZa
Rest – Formule 16 € – Menu 20/27 € – Carte 27/43 €
Le Rabelais saura combler les appétits gargantuesques : buffets et cuisine traditionnelle dans un cadre lumineux, avec une jolie terrasse donnant sur la piscine...

à St-Hilaire-des-Loges 11 km par ② – 1 906 h. – alt. 48 m – ✉ 85240

Le Pantagruelion
9 r. Octroi – ✆ 02 51 00 59 19 – Fermé 1er-15 juil., 1 sem. en fév., sam. midi, dim. soir et merc.
Rest – Formule 17 € – Menu 26/37 € – Carte 35/51 €
Poutres, pierres apparentes... une atmosphère rustique à souhait pour déguster de sympathiques recettes traditionnelles valorisant les bons produits du terroir.

à Velluire 11 km par ④, D 938 ter et D 68 – 545 h. – alt. 9 m – ✉ 85770

Auberge de la Rivière avec ch
r. du Port-de-la-Fouarne – ✆ 02 51 52 32 15 – www.hotel-riviere-vendee.com – Fermé 18 fév.-8 mars, 19 nov.-5 déc., dim. soir d'oct. à mai et lundi sauf le soir de mai à sept.
11 ch – †55/88 € ††65/98 € – ☕ 11 € – ½ P
Rest – Formule 19 € – Menu 26/55 €
Dans cette auberge bucolique, au bord de la rivière, le chef a plus d'un tour dans son four : sauté de veau à la mode italienne, tendre et savoureux ; délicat ballotin de saumon aux herbes aromatiques... Des assiettes gourmandes ! Et pour l'étape, des chambres coquettes et au calme.

FONTETTE – 89 Yonne – 319 F7 – rattaché à Vézelay

FONTEVRAUD-L'ABBAYE – 49 Maine-et-Loire – 317 J5 – 1 530 h. – alt. 75 m – ✉ 49590 Châteaux de la Loire

35 C2

Paris 296 – Angers 78 – Chinon 21 – Loudun 22
place Saint-Michel, ✆ 02 41 51 79 45
Abbaye★★★ - Église St-Michel★.

Hostellerie La Croix Blanche
7 pl. Plantagenêts – ✆ 02 41 51 71 11 – www.hotel-croixblanche.com
23 ch – †65/140 € ††65/140 € – 2 suites – ☕ 13 € – ½ P
Rest *Hostellerie La Croix Blanche* – voir les restaurants ci-après
On vient depuis plus de trois cents ans dans cette auberge... pour découvrir l'abbaye royale du 12e s. située juste en face. Les chambres sont modernes et vraiment pratiques.

La Licorne
allée Ste-Catherine – ✆ 02 41 51 72 49 – Fermé 12 déc.-12 janv., merc. soir , dim. soir, et lundi d'oct. à avril
Rest *(nombre de couverts limité, réserver)* – Menu 27/65 € bc – Carte 53/84 €
Pas de vraie licorne dans cette demeure du 18e s. (tuffeau, poutres) mais la terrasse et le jardin fleuri sont délicieux. On y savoure des recettes traditionnelles cuisinées avec soin et une touche d'originalité.

Hostellerie La Croix Blanche – Hostellerie la Croix Blanche
7 pl. des Plantagenêts – ✆ 02 41 51 71 11 – www.hotel-croixblanche.com
Rest – Menu 24/39 € – Carte 39/46 €
Après la visite de l'abbaye ou une bonne nuit reposante côté hôtel, vous pourrez déguster une agréable cuisine régionale actualisée.

FONTJONCOURSE – 11 Aude – 344 H4 – 136 h. – alt. 298 m – ✉ 11360

22 B3

Languedoc Roussillon
Paris 822 – Carcassonne 56 – Narbonne 32 – Perpignan 65

Auberge du Vieux Puits (Gilles Goujon) avec ch

5 av. St-Victor – ✆ 04 68 44 07 37 – www.aubergeduvieuxpuits.fr – Fermé 2 janv.-11 mars, mardi sauf le soir du 20 juin au 4 sept., dim. soir du 5 sept. au 19 juin et lundi

8 ch – 245/275 € 245/275 € – 25 €

Rest – Menu 78 € (déj. en sem.), 145/175 € – Carte 150/160 €

Le produit est la star de cette cuisine inspirée qui porte certaines émotions gustatives à l'incandescence. Saisons, terroir, invention : Gilles Goujon excelle dans l'équilibre, avec précision et humilité, entouré d'une équipe proche du client. Hébergement de qualité, mêlant cadre rustique et décor contemporain.

→ Œuf de poule "pourri" de truffes sur une purée de champignons et truffe. Rouget barbet, pomme bonne bouche fourrée d'une brandade en "bullinada". Fraises mara des bois aux olives noires confites, sorbet thym citron. **Vins** Corbières, Vin de pays des Côtes Catalanes.

La Maison des Chefs

(à 300 m dans le village) – ✆ 04 68 44 07 37 – www.aubergeduvieuxpuits.fr – Fermé 1er janv.-15 mars, dim. soir, lundi et mardi du 9 sept. au 19 juin

6 ch – 160 € 160 € – 25 €

Les chambres de cette annexe sont placées sous le patronage des grands chefs : ustensiles, vestes signées Bocuse, Troigros, etc. Cours de cuisine.

FONT-ROMEU – 66 Pyrénées-Orientales – 344 D7 – 2 003 h. – alt. 1 800 m – Sports d'hiver : 1 900/2 250 m 1 23 – Casino – ✉ 66120 22 A3

Languedoc Roussillon

Paris 858 – Andorra la Vella 73 – Ax-les-Thermes 56 – Bourg-Madame 18

82, avenue Emmanuel Brousse, ✆ 04 68 30 68 30, www.font-romeu.fr

de Font-Romeu, Espace Sportif Colette Besson, N : 1 km, ✆ 04 68 30 10 78

Camaril★★★, retable★ et chapelle★ de l'Ermitage - ✳★★ Calvaire.

Le Grand Tétras sans rest

14 av. Emmanuel-Brousse – ✆ 04 68 30 01 20 – www.hotelgrandtetras.fr

36 ch – 76/109 € 76/109 € – 10 €

Au cœur de la station, cet hôtel familial est vraiment plaisant. Les chambres sont décorées dans un esprit montagne, certaines avec balcon et vue sur les Pyrénées... et il y a même un jacuzzi extérieur et une piscine couverte sur le toit.

Sun Valley

3 av. Espagne – ✆ 04 68 30 21 21 – www.hotelsunvalley.fr – Fermé nov.

41 ch – 75/92 € 89/98 € – 11 € – ½ P

Rest *(dîner seult) (résidents seult)* – Menu 25 €

Animations en saison, billard, cheminée, bel espace bien-être et relaxation au dernier étage... un hôtel de montagne orienté loisirs, idéal pour les groupes.

Clair Soleil

29 av. François Arago, rte Odeillo : 1 km – ✆ 04 68 30 13 65 – www.hotel-clair-soleil.com – Fermé 15 avril-20 mai et 30 oct.-18 déc.

29 ch – 52/62 € 52/62 € – 8,50 € – ½ P

Rest *(fermé le midi du lundi au jeudi)* – Menu 22/38 € – Carte 37/43 €

Belle vue sur la vallée, atmosphère familiale et accueil aux petits soins... un hôtel sympathique, avec des chambres peu à peu rénovées dans un style frais.

La Chaumière

96 av. Emmanuel-Brousse – ✆ 04 68 30 04 40 – www.lachaumiere-font-romeu.fr – Fermé de mi-juin à début juil., vacances de la Toussaint, dim. soir et mardi hors vacances scolaires, lundi

Rest – Formule 17 € – Menu 22 € – Carte 35/51 €

Dans ce restaurant chaleureux, le truculent patron a installé une... cave à jambon pour conserver de vraies merveilles. Voilà qui en dit long sur son amour des produits. Mets catalans, délicieuses tapas, vins régionaux et bodega sur la terrasse !

à Via 5 km au Sud par D 29 – ✉ 66120 Font Romeu Odeillo Via

L'Oustalet

rest,

av. du Mar. Leclerc – ✆ 04 68 30 11 32 – www.hoteloustalet.com – Fermé 15 avril-8 mai et 15 oct.-15 nov.

27 ch – 47/62 € 47/62 € – 8 € – ½ P

Rest *(dîner seult) (résidents seult)* – Menu 14 €

Étape idéale pour les skieurs et les randonneurs. Ce joli chalet propose des chambres simples et engageantes (la plupart avec balcon) et les pensionnaires peuvent dîner sur place. Accueil aimable, prix doux : un endroit sympathique... et il y a même une piscine extérieure.

FONTVIEILLE – 13 Bouches-du-Rhône – 340 D3 – 3 594 h. – alt. 20 m 42 E1

– ✉ 13990 Provence

Paris 712 – Arles 12 – Avignon 30 – Marseille 92

avenue des Moulins, ✆ 04 90 54 67 49

Moulin de Daudet ★.

Chapelle St-Gabriel★ N : 5 km.

La Regalido

r. Frédéric-Mistral – ✆ 04 90 54 60 22 – www.laregalido.com – Fermé 3 janv.-12 fév.

14 ch – 179/300 € 179/300 € – 4 suites – 15 € – ½ P

Rest *(fermé mardi midi, jeudi midi et lundi)* – Menu 36 € (sem.)/55 € – Carte 46/69 €

Ce vieux moulin à huile, blotti au cœur d'un jardin fleuri, est un régal ! Chambres contemporaines, sobres et élégantes, piscine et minispa. Côté restaurant, salle voûtée et terrasse pour une cuisine mêlant racines provençales et influences originales.

Le Val Majour sans rest

22 rte d'Arles – ✆ 04 90 54 62 33 – www.levalmajour.com

32 ch – 65/160 € 65/160 € – 10 €

Cet hôtel des années 1960 propose des chambres confortables et bien tenues, certaines avec un balcon tourné vers le parc. Agréable piscine.

La Peiriero

36 av. des Baux – ✆ 04 90 54 76 10 – www.hotel-peiriero.com – Ouvert 15 fév.-15 nov.

42 ch – 99/215 € 99/215 € – 14 € – ½ P

Rest *(ouvert 1er avril-31 oct.)* – Formule 20 € – Menu 30/42 € – Carte 35/41 €

Plaisant hôtel au milieu d'une pinède, bercé par le chant des cigales. Chambres de style provençal. Minigolf et jeu d'échecs géant. Cuisine traditionnelle au restaurant, avec une ravissante terrasse ouverte sur le parc.

Hostellerie de la Tour

ch,

3 r. Plumelets – ✆ 04 90 54 72 21 – www.hotel-delatour.com – Ouvert 15 mars-30 oct.

10 ch – 67 € 77 € – 11 € – ½ P

Rest *(dîner seult)* – Menu 28/35 € – Carte environ 31 €

Près de la tour des Abbés, petite auberge dont les chambres, fonctionnelles et confortables, entourent la piscine et le coquet jardin. Les amateurs de bouillabaisse ou de petits farcis se retrouveront sous les poutres de la salle.

Le Patio

117 rte du Nord – ✆ 04 90 54 73 10 – www.lepatio-alpilles.com – Fermé vacances de la Toussaint, de fév., dim. soir et mardi soir hors saison, jeudi en saison et merc.

Rest – Formule 22 € – Menu 32/57 € – Carte 57/67 €

Cette jolie bergerie du 18e s. s'égaye d'un bien agréable patio planté d'acacias et de palmiers. Cuisine aux parfums de la Provence tels que le basilic, la lavande, l'olive ou l'amande douce...

La Table du Meunier

42 cours Hyacinthe-Bellon – ✆ 04 90 54 61 05 – Fermé nov., 20-29 déc., fév., mardi sauf juil.-août et merc.

Rest *(nombre de couverts limité, réserver)* – Menu 21/35 € – Carte environ 36 €

Non loin du moulin d'Alphonse Daudet, plus de meunier mais une cuisine provençale bien copieuse. Salle dans un poulailler de 1765 et charmante terrasse.

FORBACH – 57 Moselle – 307 M3 – 21 595 h. – Agglo. 87 061 h. 27 C1
– alt. 222 m – ✉ 57600 Alsace Lorraine

Paris 385 – Metz 59 – St-Avold 23 – Sarreguemines 21

Château Barrabino - Av St Rémi, ☎ 03 87 85 02 43, www.tourisme.forbach.com

Le Schlossberg
13 r. du Parc – ☎ 03 87 87 88 26 – www.restaurantleschlossberg.com – Fermé 23 juil.-8 août, dim. soir, mardi soir et merc.

Rest – Menu 19 € (déj. en sem.), 30/53 € – Carte 51/71 €

Bâti en pierre du pays, un restaurant adossé au parc du Schlossberg. La cuisine, bien que traditionnelle, se pare de touches contemporaines. Les plus : l'accueil charmant et la terrasse sous les tilleuls.

à Stiring-Wendel 3 km au Nord-Est par D 603 – 12 337 h. – alt. 240 m – ✉ 57350

7, rue Saint François, ☎ 03 87 87 07 65

La Bonne Auberge (Lydia Egloff)
15 r. Nationale – ☎ 03 87 87 52 78 – Fermé 15-31 août, 27 déc.-7 janv., sam. midi, dim. soir et lundi

Rest – Menu 45 € (déj. en sem.), 70/110 € – Carte 75/95 €

Lydia Egloff prépare une cuisine inventive aux saveurs complexes, tandis que sa sœur vous accueille avec grâce. Une serre en guise de jardin d'hiver, des baies vitrées, un décor original, une belle carte des vins : l'enseigne dit la vérité !

→ Pascaline d'escargots en pistou végétal. Homard "thé au lait". Savarin choco-chantilly et lait de poule glacé. **Vins** Côtes de Toul.

à Rosbrück 6 km au Sud-Ouest – 769 h. – alt. 200 m – ✉ 57800

Auberge Albert Marie
1 r. Nationale – ☎ 03 87 04 70 76 – Fermé sam. midi, dim. soir et lundi

Rest – Menu 28 € bc (déj. en sem.), 40/60 € – Carte 48/93 €

Salle à manger bourgeoise, plafond à caissons, boiseries sombres : la tradition – savoureuse – est également à l'honneur sur la carte. Depuis quarante ans, cette maison enchante ses hôtes et n'usurpe guère sa belle réputation !

FORCALQUIER – 04 Alpes-de-Haute-Provence – 334 C9 – 4 640 h. 40 B2
– alt. 550 m – ✉ 04300 Provence

Paris 747 – Aix-en-Provence 80 – Apt 42 – Digne-les-Bains 50

13, place du Bourguet, ☎ 04 92 75 10 02, www.forcalquier.com

Site ★ - Cimetière classé ★ - ✳ ★ de la terrasse N.-D. de Provence.

Mane ★ - St-Michel-l'Observatoire ★ - Observatoire de Haute-Provence ★.

La Bastide Saint Georges sans rest
rte de Banon, 2 km par D 950 – ☎ 04 92 75 72 80 – www.bastidesaintgeorges.com – Fermé 17 nov.-25 déc. et 3 janv.-1er mars

21 ch – †120/255 € ††120/255 € – 1 suite – ☕ 17 €

Beaucoup de charme en ce domaine ! Les chambres sont décorées avec goût – et au naturel : bois, pierre, lin –, la plupart avec terrasse. Piscine, spa et massages. Idéal pour un séjour farniente.

Les Terrasses de la Bastide
Domaine Bastide St-Georges, rte de Banon – ☎ 04 92 73 32 35 – www.lesterrassesdelabastide.com – Fermé 25 nov.-23 déc., dim. soir, mardi midi et lundi soir sauf de mai à sept., merc. midi en saison et lundi midi

Rest – Menu 25/37 € – Carte 27/47 €

Entendez-vous les cigales chanter ? Installés sur la belle terrasse, face au jardin, les gourmands se régalent d'une bonne cuisine méditerranéenne. La spécialité du chef : les pieds et paquets. Et si d'aventure le temps n'était pas de la partie, réfugiez-vous dans la salle décorée sur le thème de l'olive.

à l'Est 4 km par D 4100 et rte secondaire – ✉ 04300 Forcalquier

Auberge Charembeau sans rest
Lieu-dit Charambau, rte de Niozelles – ☎ 04 92 70 91 70 – www.charembeau.com – Ouvert 1er mars-15 nov.

25 ch – †70/79 € ††70/135 € – ☕ 11 €

Une ferme du 18e s. dans un charmant parc vallonné. On s'y repose, au grand calme, dans des chambres de style provençal. Tennis, piscine : comme une invitation à la détente...

à Mane 4 km au Sud par D 4100 – 1 367 h. – alt. 500 m – ✉ 04300

Couvent des Minimes
chemin des Jeux-de-Maï – ✆ *04 92 74 77 77*
– www.couventdesminimes-hotelspa.com
42 ch – †150/530 € ††195/530 € – 4 suites – ☐ 25 €
Rest ***Le Cloître*** – voir les restaurants ci-après
Rest ***Le Pesquier*** – Formule 35 € – Menu 39/48 € – Carte 44/61 €
Ancien couvent des Minimes (1862) superbement transformé en hôtel de luxe. Dans les chambres, le décor est sobre et raffiné : chêne massif, tons chauds... Il fait bon se promener dans le jardin pour admirer ses nombreuses essences ou profiter du spa signé L'Occitane. Une belle adresse.

Mas du Pont Roman sans rest
chemin de Châteauneuf, rte d'Apt – ✆ *04 92 75 49 46* – *www.pontroman.com*
10 ch – †80/95 € ††95/110 € – ☐ 9 €
Suivez la route bordée de platanes, près d'un vieux pont roman, vous trouverez ce mas en pierre au cœur d'un joli jardin. Les chambres, de style provençal, sont ravissantes et bien tenues. Terrain de pétanque, piscines balnéo et à contre-courant viendront à bout des plus stressés...

Le Cloître – Hôtel Couvent des Minimes
chemin des Jeux-de-Maï – ✆ *04 92 74 77 77* – *www.couventdesminimes-hotelspa.com*
– Fermé janv., lundi et mardi sauf du 15 juil.-13 août
Rest *(dîner seult)* – Menu 59/120 € – Carte 84/94 €
Poêlée provençale, olives et croustillant de parmesan, selle d'agneau rôtie en croûte d'herbes... La cuisine méditerranéenne du Cloître ravit ; quant à la terrasse ombragée, elle est divine !

LA FORÊT-FOUESNANT – 29 Finistère – **308** H7 – 3 299 h. – alt. 19 m **9** B2
– ✉ 29940 Bretagne Sud

Paris 552 – Concarneau 8 – Pont-l'Abbé 22 – Quimper 16

2, rue du Vieux Port, ✆ 02 98 51 42 07, www.foret-fouesnant-tourisme.com

Auberge St-Laurent
6 rte de Beg-Menez, 2 km rte de Concarneau, par la côte – ✆ *02 98 56 98 07*
– Fermé lundi et mardi sauf juil.-août
Rest – Formule 17 € – Menu 26/44 € – Carte 28/48 €
Il est bon, parfois, de se délasser loin des circuits touristiques, de lézarder en terrasse, de profiter d'un jardin fleuri : ça ouvre l'appétit ! On n'en apprécie que mieux la cuisine du moment, parfois agrémentée de saveurs asiatiques.

FORGES-LES-EAUX – 76 Seine-Maritime – **304** J4 – 3 505 h. – alt. 161 m **33** D1
– **Casino** – ✉ 76440 Normandie Vallée de la Seine

Paris 117 – Abbeville 73 – Amiens 72 – Rouen 44

rue Albert Bochet, ✆ 02 35 90 52 10, www.forgesleseaux-tourisme.fr

Le Continental sans rest
av. des Sources, rte de Dieppe – ✆ *02 32 89 50 50* – *www.domainedeforges.com*
44 ch – †62/79 € ††72/79 € – ☐ 8 €
Cette belle construction des années 1920 se trouve à deux pas du parc thermal et du casino. Les chambres sont spacieuses et contemporaines ; quant au salon et à la salle de petit-déjeuner, ils sont bien agréables.

FORT-MAHON-PLAGE – 80 Somme – **301** C5 – 1 311 h. – alt. 2 m **36** A1
– **Casino** – ✉ 80120 Nord Pas-de-Calais Picardie

Paris 225 – Abbeville 41 – Amiens 90 – Berck-sur-Mer 19

1000, avenue de la Plage, ✆ 03 22 23 36 00, www.fort-mahon-plage.com

18 de Belle-Dune, Promenade du Marquenterre, (près de l'Aquaclub), ✆ 03 22 23 45 50

Parc ornithologique du Marquenterre★★ S : 15 km.

Auberge Le Fiacre
à Routhiauville, 2 km au Sud-Est par rte de Rue – 03 22 23 47 30 – www.lefiacre.fr – Fermé 16 déc.-2 fév.
11 ch – 106/125 € 106/125 € – 3 suites – 15 € – ½ P
Rest *Auberge Le Fiacre* – voir les restaurants ci-après
Idéal pour se mettre au vert et découvrir la baie de Somme ! Dans cet ancien relais de poste du Marquenterre, on apprécie les chambres douillettes et le joli jardin. Sans oublier la piscine, même si la mer n'est pas très loin.

La Terrasse
1461 av de la Plage – 03 22 23 37 77 – www.hotellaterrasse.com – Fermé 7-27 janv.
56 ch – 45/109 € 45/109 € – 11 € – ½ P
Rest *La Terrasse* – voir les restaurants ci-après
Dans cet hôtel du front de mer, les chambres sont confortables et donnent sur le large ou, plus au calme, sur la cour. Parfait pour passer quelques jours dans cette petite station posée sur une plage immense.

Auberge Le Fiacre – Hôtel Auberge Le Fiacre
à Routhiauville, 2 km au Sud-Est par rte de Rue – 03 22 23 47 30 – www.lefiacre.fr – Ouvert 16 mars-10 nov. et fermé le midi du lundi au jeudi
Rest – Menu 29/52 € – Carte 49/65 €
Dans cet ancien relais du 18e s., les fiacres ne s'arrêtent plus depuis longtemps ! En revanche, les gourmands sont toujours aussi nombreux à venir déguster une savoureuse cuisine traditionnelle à l'accent ch'ti. Cadre rustique.

La Terrasse – Hôtel La Terrasse
1461 av. de la Plage – 03 22 23 37 77 – www.hotellaterrasse.com – Fermé 7-27 janv.
Rest – Menu 16/60 € bc – Carte 30/60 €
De cette Manche que l'on voit par les baies vitrées proviennent de beaux produits que le chef met à l'honneur. Du homard bien sûr, mais aussi des huîtres, du bar rôti, de la sole, des maquereaux, le tout iodé à souhait.

LA FOSSETTE (PLAGE DE) – **83 Var** – **340** N7 – **rattaché au Lavandou**

FOS-SUR-MER – **13 Bouches-du-Rhône** – **340** E5 – **15 453 h.** – **alt. 11 m** **40** A3
– 13270 Provence
Paris 750 – Aix-en-Provence 55 – Arles 42 – Marseille 51
Place de l'Hotel de Ville, 04 42 47 71 96, www.fos-sur-mer.fr
Village ★.

Ariane Fos
chemin du Plan-d'Arenc, 3 km par rte d'Istres – 04 42 05 00 57 – www.arianefoshotel.com
72 ch – 88/142 € 93/142 € – 11 € – ½ P
Rest *(fermé sam. et dim.)* – Formule 16 € – Carte 27/35 €
Près de l'étang de l'Estomac, un hôtel confortable, pratique pour les réunions d'affaires ou les réceptions. Chambres spacieuses et fonctionnelles, équipements pour les séminaires, restaurant traditionnel.

FOUDAY – **67 Bas-Rhin** – **315** H6 – **354 h.** – 67130 Alsace Lorraine **1** A2
Paris 412 – St-Dié 34 – Saverne 55 – Sélestat 37

Julien
D 1420 – 03 88 97 30 09 – www.hoteljulien.com – Fermé 6-26 janv.
59 ch – 120/182 € 120/182 € – 17 € – ½ P
Rest *Julien* – voir les restaurants ci-après
Un bien beau chalet, impressionnant dans son magnifique parc fleuri traversé par la Bruche. Les chambres sont raffinées, mariant la chaleur du bois à la richesse des étoffes, certaines avec jacuzzi. L'espace bien-être est superbe !

Julien
D 1420 – 03 88 97 30 09 – www.hoteljulien.com – Fermé 6-26 janv. et mardi
Rest – Menu 15 € (déj. en sem.), 20/56 € – Carte 28/65 €
Serveuses en habit traditionnel, décor bourgeois typique des Vosges (tout en bois !) : tout respire ici l'authenticité. À table, tradition française et terroir alsacien donnent ce qu'ils ont de meilleur. C'est copieux et goûteux à souhait.

FOUESNANT – 29 Finistère – 308 G7 – 9 356 h. – alt. 30 m – ✉ 29170 9 B2

Bretagne Sud

Paris 555 – Carhaix-Plouguer 69 – Concarneau 11 – Quimper 16

Espace Kernevelech, ✆ 02 98 51 18 88, www.tourisme-fouesnant.fr

de Cornouaille, à La Forêt-Fouesnant, Manoir du Mesmeur, E : 4 km par D 44, ✆ 02 98 56 97 09

L'Orée du Bois sans rest

VISA

4 r. Kergoadig, (près église) – ✆ 02 98 56 00 06 – www.hotel-oreedubois.com

15 ch – †40/80 € ††40/80 € – ☕ 8 €

Voilà un petit hôtel frais et sympathique où l'on vous accueille avec un grand sourire ! Les chambres sont simples, évoquant les délices de la mer toute proche. Prix tout doux, comme le climat...

au Cap Coz 2,5 km au Sud-Est par rte secondaire – ✉ 29170 Fouesnant

La Pointe du Cap Coz

VISA AE

153 av. de la Pointe-du-Cap-Coz – ✆ 02 98 56 01 63 – www.hotel-capcoz.com – Fermé 25-30 nov. et 1er janv.-12 fév.

17 ch – †64/105 € ††74/105 € – ☕ 12 € – ½ P

Rest *La Pointe du Cap Coz* – voir les restaurants ci-après

Cette bâtisse bretonne se dresse à l'extrémité de la pointe du Cap-Coz, sur une bande de sable prise entre l'Atlantique et l'anse de Port-la-Forêt. Les chambres vivent en symbiose avec les flots... Décoration sobre et élégante, d'esprit bord de mer.

Belle-Vue

P VISA

30 descente Belle-Vue – ✆ 02 98 56 00 33 – www.hotel-belle-vue.com – Ouvert 1er mars-1er nov.

18 ch – †65/99 € ††69/99 € – ☕ 11 € – ½ P

Rest *Belle-Vue* – voir les restaurants ci-après

Quelle vue sur la baie de la Forêt-Fouesnant ! Les chambres sont pimpantes avec leurs couleurs claires et gaies et, bien entendu, elles donnent sur les flots ou le jardin. S'installer sur la terrasse face à la plage est un vrai plaisir...

La Pointe du Cap Coz – Hôtel De la Pointe du Cap Coz

VISA AE

153 av. de la Pointe du Cap Coz – ✆ 02 98 56 01 63 – www.hotel-capcoz.com – Fermé 25-30 nov., 1er janv.-12 fév., lundi sauf le soir en juil.-août, dim. soir de sept. à juin, merc. en juil.-août et mardi midi

Rest – Menu 29/59 € – Carte 50/85 €

Une petite maison blanche qui semble posée sur l'océan... C'est là, presque au bout du monde, qu'on apprécie la délicieuse cuisine du chef. Ce dernier valorise les produits de la pêche, sans pour autant oublier le terroir breton !

Belle-Vue – Hôtel Belle-Vue

P VISA

30 descente Belle-Vue – ✆ 02 98 56 00 33 – www.hotel-belle-vue.com – Ouvert 1er mars-1er nov., fermé mardi en mars et oct. et lundi

Rest – Formule 16 € – Menu 26/44 € – Carte 30/99 €

Une adresse sympathique, juste en face de la plage. D'autant plus sympathique quand on déguste des langoustines bien fraîches, accompagnées d'une mayonnaise maison, du poisson frais ou un bon dessert. Pas de doute, le chef connaît son affaire !

à Beg-Meil 5 km au Sud par D 45 – ✉ 29170

Bistrot Chez Hubert

VISA

16 r. des Glénan – ✆ 02 98 94 98 04 – www.bistrotchezhubert.fr – Fermé 24 juin-6 juil., 11 nov.-4 déc., mardi de sept. à juin et lundi

Rest – Formule 15 € – Carte 34/56 €

Un bistrot de famille : c'est l'arrière-grand-mère du chef qui le fonda en 1903. La cuisine bourgeoise y a toujours cours : poisson, gibier en saison et, en spécialité, pied de porc désossé farci au foie gras. Formule tapas au bar.

à la Pointe de Mousterlin 6 km au Sud-Ouest par D 145 et D 134 – ✉ 29170 Fouesnant

La Pointe de Mousterlin
108 rte de la Pointe – ✆ 02 98 56 04 12 – www.mousterlinhotel.com
– Fermé 23 fév.-10 mars, mardi midi, dim. soir et lundi du 17 oct. au 12 avril
43 ch – 🛉65/80 € 🛉🛉89/125 € – 1 suite – ☕ 15 € – ½ P
Rest ***La Pointe de Mousterlin*** – voir les restaurants ci-après
Une dune plantée de pins et puis... la plage. L'hôtel est grand, avec des chambres spacieuses et agréables. De surcroît, les possibilités de loisirs sont nombreuses pour les amoureux de la mer et de la nature.

XX **La Pointe de Mousterlin**
108 rte de la Pointe – ✆ 02 98 56 04 12 – www.mousterlinhotel.com
– Fermé 23 fév.-10 mars, mardi midi, dim. soir et lundi du 17 oct. au 12 avril
Rest – Menu 27/48 € – Carte 48/71 €
Le chef a beau être anglais, sa cuisine a l'accent du terroir... marin, mais pas seulement ! Oui, il y a les fruits de mer, le poisson frais, mais aussi du lapin braisé, de l'andouille aux pommes caramélisées...

FOUGÈRES

– 35 Ille-et-Vilaine – **309** O4 – **19 820 h.** – **alt. 115 m** **10** D2
– ✉ **35300** Bretagne Nord
Paris 326 – Avranches 44 – Laval 53 – Le Mans 132
2, rue Nationale, ✆ 02 99 94 12 20, www.ot-fougeres.fr
Château★★ - Église St-Sulpice★ - Jardin public★ : ≤★ - Vitraux★ de l'église St-Léonard - Rue Nationale★.

Hôtel des Voyageurs sans rest

10 pl. Gambetta – ✆ 02 99 99 08 20 – www.hotel-fougeres.fr – Fermé 22 déc.-2 janv.
32 ch – ♦58/126 € ♦♦72/146 € – ☕ 12 € BYe
Établissement centenaire situé au cœur de la ville haute, bien tenu et peu à peu renové. De colorées et fonctionnelles, les chambres y gagnent un esprit contemporain, plus cosy.

Haute Sève

37 bd Jean-Jaurès – ✆ 02 99 94 23 39 – www.lehauteseve.fr – Fermé 23 juil.-23 août, 1er-20 janv., dim. soir et lundi BYz
Rest – Formule 21 € bc – Menu 26 € (sem.), 33/45 € – Carte 37/45 €
Surprenant décalage ! La façade à colombages de ce restaurant cache une salle relookée dans un esprit contemporain. On y sert une cuisine régionale actualisée avec des produits soigneusement choisis. Une bonne adresse.

FOUGEROLLES – 70 Haute-Saône – **314** G5 – **3 839 h. – alt. 311 m** – ✉ **70220** Franche-Comté Jura **17** C1

Paris 374 – Épinal 49 – Luxeuil-les-Bains 10 – Remiremont 25
1, rue de la Gare, ✆ 03 84 49 12 91, www.otsi-fougerolles.net
Ecomusée du Pays de la Cerise et de la Distillation★.

Au Père Rota

8 Grande-Rue – ✆ 03 84 49 12 11 – Fermé 2-7 sept., 26 déc.-30 janv., dim. soir, lundi et mardi
Rest – Formule 21 € – Menu 28 € (sem.), 36/70 € – Carte 44/75 €
Au pays de la cerise et du kirsch, le Père Rota est incontournable. Ici, point de révolution, mais des traditions et un savoir-faire des plus solides. La cave abrite de véritables trésors. Les amateurs d'authenticité apprécieront...

LA FOUILLOUSE – 42 Loire – **327** E7 – **rattaché à St-Étienne**

FOURAS – 17 Charente-Maritime – **324** D4 – **4 092 h. – alt. 5 m – Casino** – ✉ **17450** Poitou-Charentes **38** A2

Paris 485 – Châtelaillon-Plage 18 – Rochefort 15 – La Rochelle 34
avenue du Bois Vert, ✆ 05 46 84 60 69, www.rochefort-ocean.com
Donjon ✻★.

Grand Hôtel des Bains sans rest

15 r. du Gén.-Bruncher – ✆ 05 46 84 03 44 – www.grandhotel-desbains.fr – Ouvert 1er mars-15 nov.
31 ch – ♦47/100 € ♦♦47/100 € – ☕ 9 €
Le "plus" de cet ancien relais de poste ? La chambre 1, face à la mer. Les autres donnent côté rue (double-vitrage) ou sur le patio fleuri, agréable l'été – d'autant que l'on y prend le petit-déjeuner.

FOURMIES – 59 Nord – **302** M7 – **13 010 h. – alt. 200 m** – ✉ **59610** Nord Pas-de-Calais Picardie **31** D3

Paris 214 – Avesnes-sur-Helpe 16 – Charleroi 60 – Hirson 14
20a rue Jean Jaurès, ✆ 03 27 61 16 79, www.mairie-fourmies.fr
Musée du textile et de la vie sociale★.

aux Étangs-des-Moines 2 km à l'Est par D 964 et rte secondaire – ✉ 59610 Fourmies

Ibis sans rest

r. des Étangs des Moines – ✆ 03 27 60 21 54
31 ch – ♦60/68 € ♦♦60/68 € – ☕ 9 €
En lisière de forêt, relais motard dont le propriétaire organise des excursions "moto verte". Chambres fonctionnelles et bien tenues, donnant sur les étangs ou la verdure.

FOURNET-BLANCHEROCHE – 25 Doubs – **321** K3 – **337 h. – alt. 970 m** – ✉ **25140** **17** C2

Paris 486 – Besançon 74 – Delémont 74 – Neuchâtel 39
1, place François Joubert, ✆ 03 81 68 64 57

L'Authentique (N)

4 bis r. du Lt.-Col.-Loichot – ✆ 06 71 92 61 37 – www.chambres-hotes-lauthentique.com

5 ch – 70/80 € 70/80 € **Table d'hôte** – Menu 22 €

Besoin d'un grand bol d'air ? Dans ce chalet flambant neuf, les chambres, toutes de plain-pied, ont une terrasse s'ouvrant sur la forêt ! Il fait bon profiter du coin détente : hammam, jacuzzi... À la table d'hôte, on apprécie une cuisine régionale et familiale. Une adresse auhentique, oui.

FOUSSEMAGNE – 90 Territoire de Belfort – 315 G11 – 982 h. – alt. 350 m – ✉ 90150 17 D1

Paris 451 – Belfort 14 – Besançon 110 – Delémont 57

11, rue d'Alsace, ✆ 03 84 23 34 40, www.foussemagne.com

Le Relais d' Alsace (N) VISA

28 r. d'Alsace – ✆ 03 84 19 40 06 – Fermé 3 sem. en août, dim. soir, lundi et mardi

Rest – Formule 13 € – Menu 25/29 € – Carte 30/43 €

Tout en pans de bois, ce relais de poste ne peut mentir sur son âge : plus d'un siècle ! Un jeune couple le fait aujourd'hui revivre avec beaucoup de fraîcheur. La carte explore la tradition – mais pas seulement – en privilégiant les produits locaux. Une belle alliance.

FRANCESCAS – 47 Lot-et-Garonne – 336 E5 – 698 h. – alt. 109 m – ✉ 47600 4 C2

Paris 720 – Agen 28 – Condom 18 – Nérac 14

Le Relais de la Hire VISA AE

11 r. Porte-Neuve – ✆ 05 53 65 41 59 – www.la-hire.com – Fermé 27 oct.-4 nov., vacances de fév., dim. soir, mardi soir, merc. soir et lundi

Rest *(réserver)* – Formule 15 € – Menu 30/56 € – Carte environ 43 €

Confortable décor classique, charmante terrasse au cœur des plantes aromatiques – dont un bel arbre poivrier du Sichuan – que le chef utilise dans ses recettes... Il fait bon s'installer ici, autour de plats régionaux qui suivent l'air du temps.

FRÉHEL – 22 Côtes-d'Armor – 309 H3 – 1 532 h. – alt. 72 m – Casino – ✉ 22240 Bretagne Nord 10 C1

Paris 433 – Dinan 38 – Lamballe 28 – St-Brieuc 40

place de Chambly, ✆ 02 96 41 57 23

✻★★★.

Fort La Latte★★ : site★★, ✻★★ SE : 5 km.

Le Victorine VISA

3 pl. Chambly – ✆ 02 96 41 55 55 – www.levictorine.net – Fermé 3 sem. en nov., 2 sem. vacances de fév., dim. soir et lundi sauf de mi-juil. à fin août

Rest – Formule 15 € – Menu 21 € (déj. en sem.)/35 € – Carte 24/44 €

Sur la place du village, un restaurant traditionnel tenu en famille. Le chef concocte des plats bien généreux et vous régalera peut-être d'une terrine de caille au foie gras, d'un lieu jaune à la nantaise ou d'un lapin aux pruneaux...

FRÉJUS – 83 Var – 340 P5 – 52 203 h. – alt. 20 m – ✉ 83600 Côte d'Azur 41 C3

Paris 868 – Cannes 40 – Draguignan 31 – Hyères 90

✆ 3635 (dîtes auto-train - 0,34 €/mn)

249, rue Jean Jaurès, ✆ 04 94 51 83 83, www.frejus.fr

de Roquebrune, à Roquebrune-sur-Argens, Quartier des Planes, O : 6 km par D 8, ✆ 04 94 19 60 35

de Valescure, à Saint-Raphaël, Route des golfs, NE : 8 km, ✆ 04 94 82 40 46

Groupe épiscopal★★ : baptistère★★, cloître★, cathédrale★ - Ville romaine★ A : arènes★ - Parc zoologique★ N : 5 km par ③.

Plans pages suivantes

FRÉJUS

Agachon (Av. de l') . . . . A 2
Alger (Bd) . . . . B 5
Brosset (Av. du Gén.) . . . . . AB 13
Carrara (R. Jean) . . . . A 16
Decuers (Bd S.) . . . . A 23
Donnadieu (R.) . . . . B 24
Einaudi (R. Albert) . . . . A 25
Europe (Av. de l') . . . . A 26
Fabre (Av. Hippolyte) . . . . B 27
Garros (R. Roland) . . . . B 32
Libération (Bd de la) . . . . B 40
Papin (R. Denis) . . . . B 46
Triberg (R. de) . . . . A 53
Verdun (Av. de) . . . . A 56
Victor-Hugo (Av.) . . . . B 60
XVe-Corps (Av. du) . . . . A 62

ST-RAPHAËL

Coty (Promenade René) . . . . B 20
Gaulle (Av. du Gén.-de) . . . . . B 33
Leclerc (Av. Mar.) . . . . B 39
Mimosas (Bd des) . . . . B 43
Myrtes (Av. des) . . . . B 45
Poincaré (Av. Raymond) . . . . B 47
Rivière (Av. Théodore) . . . . . . B 51
Valescure (Av. de) . . . . B 54

L'Aréna

145 r. du Gén.-de-Gaulle – ✆ 04 94 17 09 40 – www.hotel-frejus-arena.com

39 ch – 73/180 € 73/180 € – 15 € – ½ P **Cr**

Rest *(fermé nov.)* – Formule 21 € – Menu 28/67 € – Carte 39/69 €

Chambres cosy (tissus régionaux, mobilier peint, faïence...), patio odorant, piscine bleu azur : un pur concentré de Provence dans cette délicieuse maison proche des arènes. Cuisine du Sud au restaurant.

L'Amandier

19 r. Marc-Antoine Desaugiers – ✆ 04 94 53 48 77 – www.restaurant-lamandier.com – Fermé vacances de la Toussaint, 31 déc.-10 janv., lundi midi, merc. midi et dim.

Rest *(nombre de couverts limité, réserver)* – Formule 22 € – Menu 27/39 € – Carte 39/49 € **Dv**

Une adresse sympathique à deux pas de la mairie. Deux salles sobrement rustiques, dont une voûtée. Cuisine méridionale tout simplement bonne et belle, sélection de vins.

à Fréjus-Plage AB – ✉ 83600 Fréjus

L'Oasis sans rest

imp. Charcot – ✆ 04 94 51 50 44 – www.hotel-oasis.net – Ouvert 9 fév.-11 nov.

27 ch – 51/75 € 51/75 € – 8 € **Bh**

Il règne une ambiance familiale dans cet hôtel des années 1950, situé dans un quartier calme. Chambres fonctionnelles d'esprit néorustique. Petit-déjeuner sous la pergola en saison.

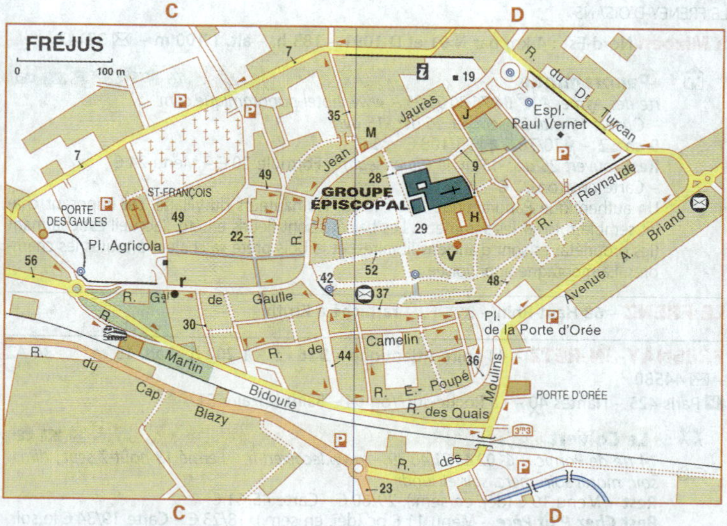

Voir plan de St-Raphaël

Aubenas (R. Joseph)	C	7	Formigé (Pl.)	D	29	Liberté (Pl. de la)	C	42
Beausset (R. du)	D	9	Gallus (R.)	C	30	Montgolfier (R.)	C	44
Clemenceau (Pl. G.)	D	19	Girardin (R.)	C	35	Portalet (Passage du)	D	48
Craponne (R.)	C	22	Glacière (Pl. de la)	D	36	Potiers (R. des)	C	49
Decuers (Bd S.)	D	23	Grisolle (R.)	D	37	Sieyès (R.)	D	52
Fleury (R. de)	D	28	Jean-Jaurès (R.)	C		Verdun (Av. de)	C	56

Atoll sans rest

923 bd de la Mer – ✆ 04 94 51 53 77 – www.atollhotel.fr At

32 ch – †48/79 € ††48/79 € – ☕ 6,50 €

À proximité des plages et de la marina, petit établissement familial tout simple abritant des chambres fonctionnelles et bien tenues. Une adresse utile pour une étape dans le secteur.

Le Mérou Ardent

157 bd la Libération – ✆ 04 94 17 30 58 – Fermé 1 sem. en juin, 20 nov.-25 déc., sam. midi, lundi midi et jeudi midi en juil.-août, merc. et jeudi de sept. à juin Be

Rest – Menu 19/36 € – Carte 21/50 €

Sympathique restaurant du front de mer où la carte, plutôt traditionnelle, privilégie les recettes de poisson. Aux beaux jours, service en terrasse, face à la plage.

FRÉLAND – 68 Haut-Rhin – 315 H7 – 1 424 h. – alt. 425 m – ✉ 68240 — 2 C2

Alsace Lorraine

Paris 438 – Colmar 20 – Mulhouse 63 – Strasbourg 91

La Haute Grange sans rest

la Chaude Côte – ✆ 03 89 71 90 06 – www.lahautegrange.fr – Fermé janv. et fév.

4 ch ☕ – †95/130 € ††115/150 €

Un indéniable cachet ! Adossée à une colline, cette maison ancienne est bucolique et charmante. Les propriétaires l'ont décorée avec soin, mêlant raffinement contemporain et patine des ans. Après une nuit sereine – les chambres sont épurées et toutes différentes –, on savoure un délicieux petit-déjeuner.

LE FRENEY-D'OISANS – 38 Isère – 333 J7 – 272 h. – alt. 926 m – ✉ 38142 — 45 C2

Paris 626 – Bourg-d'Oisans 12 – La Grave 16 – Grenoble 64

Le Village, ✆ 04 76 80 05 82, www.lefreney-d-oisans.com

Barrage du Chambon ★★ SE : 2 km - Gorges de l'Infernet ★ SO : 2 km Alpes du Nord

à Mizoën Nord-Est : 4 km par N 91 et D 1091 – 183 h. – alt. 1 100 m – ✉ 38142

Panoramique
rte des Aymes – ✆ *04 76 80 06 25* – *www.hotel-panoramique.com*
– Ouvert 15 mai-27 sept. et 26 déc.-15 avril
9 ch – 70/78 € 98/108 € – ½ P
Rest *(ouvert 26 déc.-15 avril) (dîner seult)* – Formule 20 € – Menu 24 €
– Carte environ 27 €
Un authentique Panoramique ! Perché sur les hauteurs du village, cet imposant chalet semble tutoyer les sommets... Les balcons sont fleuris en été, l'accueil est charmant (les propriétaires sont d'anciens libraires) et le bois prête sa chaleur à toutes les chambres. La montagne apprivoisée...

LE FRENZ – 68 Haut-Rhin – **315** F9 – rattaché à Kruth

FRESNAY-EN-RETZ – 44 Loire-Atlantique – **316** E5 – 1 202 h. – alt. 15 m – ✉ 44580 **34** A2
Paris 425 – Nantes 40 – La Roche-sur-Yon 64 – Saint-Nazaire 51

Le Colvert
14 rte de Pornic – ✆ *02 40 21 46 79* – *www.lecolvert.fr* – *Fermé 13 août-7 sept., dim. soir, mardi soir, merc. soir et lundi*
Rest – Menu 19 € (déj. en sem.), 29/60 € – Carte 45/61 €
Rest *Chez P'tit Père* – Menu 11 € bc (déj. en sem.), 18/23 € – Carte 19/34 € le soir
Nul besoin de se hausser du col pour pénétrer dans ce restaurant gastronomique, qui a opéré une jolie mue : fini la salle rustique, place à un décor contemporain intime et... à des saveurs qui aiment flirter avec la nouveauté. Dans l'annexe, Chez P'tit Père, priorité aux petits plats traditionnels et aux bons vins.

FRESNE-CAUVERVILLE – 27 Eure – **304** C6 – 206 h. – alt. 160 m – ✉ 27260 **33** C2
Paris 155 – Caen 75 – Évreux 59 – Rouen 81

Le Clos de l'Ambroisie
La Forge Subtile, 500 m au Sud-Est – ✆ *02 32 42 76 40* – *www.closdelambroisie.fr*
4 ch – 60 € 70 € **Table d'hôte** – Menu 28 € bc
Une magnifique longère du 18e s. – un ancien pressoir – au milieu d'un beau jardin fleuri, comme une invitation à la détente... Thématiques colorées et souvent florales dans les chambres et cuisine traditionnelle teintée d'exotisme à la table d'hôte (sur réservation).

LE FRET – 29 Finistère – **308** D5 – rattaché à Crozon

FRICHEMESNIL – 76 Seine-Maritime – **304** G4 – rattaché à Clères

FROENINGEN – 68 Haut-Rhin – **315** H10 – rattaché à Mulhouse

FROIDETERRE – 70 Haute-Saône – **314** H6 – rattaché à Lure

FRONTONAS – 38 Isère – **333** E4 – 1 865 h. – alt. 260 m – ✉ 38290 **44** B2
Paris 495 – Ambérieu-en-Bugey 44 – Lyon 34 – La Tour-du-Pin 26

Auberge du Ru
Le Bergeron – ✆ *04 74 94 25 71* – *www.aubergeduru.fr* – *Fermé 8-30 juil., 25 fév.-12 mars, dim. soir, lundi et mardi*
Rest – Formule 21 € bc – Menu 27/60 € bc – Carte 31/43 €
Décor frais et original (tons mode, clins d'œil culinaires, toiles monochromes) et saveurs du moment sont au menu de cette petite maison régionale. Le patron, sommelier professionnel, saura vous conseiller de jolis côtes-du-rhône.

LA FUSTE – 04 Alpes-de-Haute-Provence – **334** D10 – rattaché à Manosque

FUTEAU – 55 Meuse – **307** B4 – rattaché à Ste-Menehould (51 Marne)

FUVEAU – 13 Bouches-du-Rhône – **340** I5 – **9 070 h.** – **alt. 283 m** – ✉ **13710** **40** B3

▶ Paris 765 – Brignoles 53 – Manosque 73 – Marseille 36

ℹ 5 cours Victor Leydet, ✆ 04 42 50 49 77, www.fuveau-tourisme.com

Aix Ste-Victoire ch, rest, VISA AE

375 R.D 6, (face au golf de la Sainte-Victoire) – ✆ 04 42 68 19 19 – www.monalisa.fr – Fermé 21 déc.-6 janv.

81 ch – †85/125 € ††85/125 € – ☐ 12 € – ½ P

Rest *(fermé sam. midi et dim.)* – Formule 16 € – Menu 20 € – Carte environ 30 €

Pour les amateurs de 18-trous ou... de séminaires professionnels, un hôtel récent et confortable situé entre le golf de la Ste-Victoire (belle vue sur la montagne de certaines chambres) et une petite zone d'activités. Équipements pour affaires.

LA GACILLY – 56 Morbihan – **308** S8 – **2 245 h.** – **alt. 22 m** – ✉ **56200** **10** C2

Bretagne Sud

▶ Paris 415 – Nantes 96 – Rennes 64 – Vannes 65

ℹ Place de la Ferronnerie, ✆ 02 99 08 21 75, www.paysdelagacilly.com

La Grée des Landes VISA AE

1,5 km au Sud-Est par rte de Cournon – ✆ 02 99 08 50 50 – www.lagreedeslandes.com – Fermé 2-7 janv.

29 ch – †115/145 € ††115/145 € – ☐ 14 € – ½ P

Rest ***Les Jardins Sauvages*** – voir les restaurants ci-après

Un vrai concept que cet "éco-hôtel spa" Yves Rocher : architecture bioclimatique et matériaux bruts (lin, coton, chêne). Soins esthétiques et repos total face à la vallée de l'Aff.

Les Jardins Sauvages – Hôtel La Grée des Landes

1,5 km au Sud-Est par rte de Cournon – ✆ 02 99 08 50 50 – www.lagreedeslandes.com – Fermé 2-7 janv. VISA AE

Rest – Formule 21 € – Menu 27 € (déj. en sem.), 37/70 € – Carte 48/54 €

La Grée des Landes, hôtel écolo made by Yves Rocher, se devait d'avoir un restaurant en accord avec ses principes. C'est chose faite avec ces Jardins Sauvages, où traçabilité et produits locavores (potager bio) dominent.

GAGNY – 93 Seine-Saint-Denis – **305** G7 – **101** 18 – **voir à Paris, Environs**

GAILLAC – 81 Tarn – **338** D7 – **13 164 h.** – **alt. 143 m** – ✉ **81600** **29** C2

Midi Toulousain

▶ Paris 672 – Albi 26 – Cahors 89 – Castres 52

ℹ Abbaye Saint-Michel, ✆ 05 63 57 14 65, www.tourisme-vignoble-bastides.com

Vigne en Foule VISA AE

80 pl. de la Libération – ✆ 05 63 41 79 08 – www.vigneenfoule.com

Rest – Formule 13 € – Menu 16 € (déj.) – Carte 29/48 €

Ici, la vigne règne en maître ! Le midi, on sert des plats simples aux saveurs franches – tapas, velouté de courgette, carpaccio, etc. –, accompagnés de bons vins nature. Le soir, les menus jouent la bistronomie. Attention, il y a foule !

La Table du Sommelier VISA

34 pl. du Griffoul – ✆ 05 63 81 20 10 – www.latabledusommelier.com – Fermé dim. sauf juil.-août et lundi

Rest – Formule 14 € – Menu 18 € (déj. en sem.), 22/45 € bc – Carte 34/54 €

Avec une telle enseigne, nul doute, c'est Bacchus que l'on célèbre dans ce "bistrot-boutique" situé sous les arcades de la place du marché. Les accords mets-vins y sont à l'honneur, bien sûr !

GAILLARD – 74 Haute-Savoie – **328** K3 – **rattaché à Annemasse**

GAILLON – 27 Eure – **304** I7 – **7 224 h.** – **alt. 15 m** – ✉ **27600** **33** D2

Normandie Vallée de la Seine

▶ Paris 94 – Les Andelys 13 – Évreux 25 – Rouen 48

ℹ 4, place Aristide Briand, ✆ 02 32 53 08 25, www.ville-gaillon.fr

⛳ de Gaillon, Les Artaignes, E : 1 km par D 515, ✆ 02 32 53 89 40

à Vieux-Villez 4 km à l'Ouest par D 6015 – 210 h. – alt. 125 m – ✉ 27600

Château Corneille

17 r. de l'Église – ✆ 02 32 77 44 77 – www.chateau-corneille.fr

20 ch – †92 € ††110 € – ☕ 12 € – ½ P

Rest ***La Closerie*** *(fermé sam. midi et dim. soir)* – Formule 16 € – Menu 25/41 € – Carte 24/47 €

Est-ce la quiétude du parc planté d'arbres centenaires, le cachet de ce manoir du 18e s., ou encore le confort sobre et douillet des chambres ? En tout cas, on prendrait bien racine au Château Corneille !

à St-Aubin-sur-Gaillon 2 km au Sud – 1 686 h. – alt. 130 m – ✉ 27600

L'Atelier de Jacques

r. du Bois-de-Saint-Paul, (ZA des Champs-Chouette), sortie 17 par A13 – ✆ 02 32 54 06 33 – www.erisay-brasserie.fr – Fermé 21 juil.-20 août, 24 déc.-2 janv., le soir du lundi au jeudi, sam. midi et dim.

Rest – Formule 20 € – Menu 38 € – Carte 28/44 €

Une brasserie des temps modernes, à la fois conviviale et contemporaine dans son bâtiment cubique. Ravioles de homard, assiette du boucher, etc. L'adresse plaira aux amateurs de cuisine authentique revisitée et de produits de saison !

GALLARGUES-LE-MONTUEUX – 30 Gard – **339** J6 – 3 257 h. – alt. 55 m – ✉ 30660 Languedoc Roussillon **23** C2

Paris 735 – Arles 51 – Montpellier 36 – Nîmes 26

Orchidéa

9 pl. Coudoulié – ✆ 04 66 73 34 07 – Fermé dim.

Rest – Formule 18 € – Menu 27/34 € – Carte environ 50 €

Une maison conviviale, d'esprit "table d'hôte". Au gré de son inspiration et du marché, le chef concocte une ardoise du jour teintée de saveurs méridionales.

GAMBAIS – 78 Yvelines – **311** G3 – 2 457 h. – alt. 119 m – ✉ 78950 **18** A2

Paris 55 – Dreux 27 – Mantes-la-Jolie 32 – Rambouillet 22

Auberge du Clos St-Pierre

2 bis r. Goupigny – ✆ 01 34 87 10 55 – www.restaurant-clossaintpierre78.com – Fermé 3-27 août, dim. soir, mardi soir et lundi

Rest – Formule 22 € – Menu 28 € (déj.), 34/55 €

Une cuisine d'aujourd'hui se concocte derrière la devanture rouge de cette auberge. Salle avenante (murs jaunes, cheminée) et, l'été, tables au jardin, à l'ombre du tilleul.

GAMBSHEIM – 67 Bas-Rhin – **315** L4 – 4 568 h. – alt. 130 m – ✉ 67760 **1** B1

Paris 491 – Karlsruhe 67 – Stuttgart 133 – Strasbourg 25

écluse Gambsheim, ✆ 03 88 96 44 08, www.passage309.eu

Fleur de Sureau N

22 r. du Chemin-de-Fer – ✆ 03 88 21 85 22 – www.fleurdesureau.fr – Fermé sam. midi et merc.

Rest – Formule 15 € – Menu 19 € (déj. en sem.)/43 € – Carte 35/50 €

Cette Fleur de Sureau a poussé face à la gare ! À ceci près que son jardinier est un chef qui a fait ses classes auprès de Pierre Gagnaire. Il réalise une cuisine du marché soignée et savoureuse. À noter, un menu surprise avec des plats plus créatifs. Une adresse pour ceux qui ont la main verte... ou pas.

GANNAT – 03 Allier – **326** G6 – 5 853 h. – alt. 345 m – ✉ 03800 Auvergne **5** B1

Paris 383 – Clermont-Ferrand 49 – Montluçon 78 – Moulins 58

3, place Hennequin, ✆ 04 70 90 17 78, www.bassin-gannat.com

Évangéliaire★ au musée municipal (château).

Le Frégénie

4 r. des Frères-Bruneau – ✆ 04 70 90 04 65 – www.le-fregenie.com – Fermé 26 déc.-4 janv., le soir sauf vend. et sam.

Rest – Menu 15 € (déj. en sem.), 24/44 €

Gaperon coulant en croûte, joues de cochon fermier confites, pavé de sandre à la vigneronne, croquant chocolaté au citron vert... Dans cet ancien relais de poste bourbonnais on savoure une cuisine gourmande, respectueuse des produits et toujours de saison. Accueil chaleureux.

GAP – 05 Hautes-Alpes – 334 E5 – 39 243 h. – alt. 735 m – ✉ 05000 41 C1

Alpes du Sud

Paris 665 – Avignon 209 – Grenoble 103 – Sisteron 52

2a, cours Frédéric Mistral, ✆ 04 92 52 56 56, www.gap-tourisme.fr

Alpes Provence Gap Bayard, Station Gap Bayard, par rte de Grenoble : 7 km, ✆ 04 92 50 16 83

Vieille ville★ - Musée départemental★.

Plan page suivante

Le Clos

20 ter av. du cdt.-Dumont, par ① rte de Grenoble et chemin privé – ✆ 04 92 51 37 04 – www.leclos.fr – Fermé 21 oct.-26 nov. et dim. soir

28 ch – †56/61 € ††56/61 € – ☕ 10 € – ½ P

Rest *(fermé dim. soir et lundi)* – Menu 21/33 € – Carte 28/51 €

Non loin du centre-ville, une sympathique bâtisse aux volets bleus, avec un petit jardin verdoyant sur lequel ouvrent quelques balcons (préférez ces chambres-là). Un endroit simple et bien tenu, parfait pour une étape à Gap.

Kyriad sans rest

5 chemin des Matins Calmes, par ③ : 2,5 km (près piscine), rte Sisteron – ✆ 04 92 51 57 82 – www.kyriad.com

26 ch – †60/85 € ††60/85 € – ☕ 10 €

Aux portes de Gap, sur la route Napoléon, un hôtel très fonctionnel, auquel sa propriétaire insuffle un petit supplément d'âme : l'entretien est extrêmement soigné et l'ensemble très fleuri. En outre, le jardin où l'on peut prendre le petit-déjeuner se révèle charmant.

Patalain

2 pl. Ladoucette – ✆ 04 92 52 30 83 – www.lepatalain.fr – Fermé 30 déc.-30 janv., dim. et lundi Yd

Rest – Menu 40/45 € – Carte environ 43 €

Rest *Bistro du Patalain* – Formule 17 € – Menu 20/25 € – Carte environ 38 €

Un joli jardin, une terrasse sous une glycine, un décor de moulures, de parquet et d'objets anciens... À l'entrée de la ville, cette maison de maître de 1895 conserve un cachet certain. La carte y fait profession de classicisme : quoi de plus logique ? Bonne formule également au Bistro, digne d'un bouchon lyonnais !

Le Pasturier

18 r. Pérolière – ✆ 04 92 53 69 29 – www.restaurantlepasturier.com – Fermé 25 juin-3 juil., 26 nov.-3 déc., 2-15 janv., mardi midi, dim. soir et lundi Ya

Rest – Formule 18 € – Menu 29/44 € – Carte 46/58 €

Dans une rue piétonne assez animée, le Pasturier a tout du bon petit restaurant traditionnel : le décor n'a rien de révolutionnaire, pas plus que la cuisine, mais le chef est un sérieux professionnel qui privilégie les produits frais et les approvisionnements locaux. À savoir : on trouve sur l'arrière une sympathique terrasse.

Le Bouchon

4 La Placette – ✆ 04 92 46 02 43 – fermé 23 déc.-5 janv., 2 sem. en mai, 24 août-3 sept., dim. et lundi Yb

Rest – Formule 16 € – Carte 25/40 €

Des assiettes pleines d'arômes, généreuses et fort bien cuisinées, mettant en valeur des produits de belle qualité (bio et productions locales) : non, on ne pousse pas le Bouchon trop loin ! Cette table s'impose pour un savoureux repas, et l'ambiance sympathique donne envie de revenir...

GAP

à La Bâtie-Neuve 10 km par ② – 2 220 h. – alt. 852 m – ✉ 05230

La Pastorale sans rest

Les Brès, 4 km au Nord-Est par D 214 et D 614 – ✆ 04 92 50 28 40 – www.lapastorale.net – Ouvert 1er mai-30 oct.

8 ch – 🚹78/112 € 🚹🚹86/112 € – ☕ 10 €

Sortez de Gap... et des sentiers battus ! Il faut emprunter de petites routes en lacets pour rallier cette ferme du 16e s. Le trajet est digne d'une pastorale et la bâtisse va bien à cet environnement : entre ses murs épais et biscornus, on découvre des chambres au charme champêtre, à l'unisson du calme alentour.

GAPENNES – 80 Somme – **301** E6 – 259 h. – alt. 76 m – ✉ 80150 **36** A1

▶ Paris 178 – Abbeville 62 – Amiens 17 – Berck 50

La Nicoulette sans rest

7 r. de St-Riquier – ✆ 03 22 28 92 77 – www.nicoulette.com – Fermé 12 nov.-1er mars

5 ch ☕ – 🚹85 € 🚹🚹89/99 €

Mobilier chiné çà et là, briques apparentes, chambres de plain-pied sur le joli jardin... Cette ancienne ferme picarde ne manque pas de charme. Jacuzzi pour la détente.

GARABIT (VIADUC DE) – 15 Cantal – 330 H5 – voir à Viaduc de Garabit

LA GARDE – 04 Alpes-de-Haute-Provence – 334 H10 – rattaché à Castellane

LA GARDE – 48 Lozère – 330 H5 – rattaché à St-Chély-d'Apcher

LA GARDE-ADHÉMAR – 26 Drôme – 332 B7 – 1 130 h. – alt. 178 m – ✉ 26700 Ardèche Drôme 44 B3

Paris 624 – Montélimar 24 – Nyons 42 – Pierrelatte 7

le village, ✆ 04 75 04 40 10

Église★ – ≤★ de la terrasse.

Le Logis de l'Escalin

Les Mamarteaux, 1 km au Nord par D 572 – ✆ 04 75 04 41 32 – www.lescalin.com

14 ch – †73/115 € ††73/115 € – ☐ 14 € – ½ P

Rest ***Le Logis de l'Escalin*** – voir les restaurants ci-après

Incroyable destin que celui d'Antoine Escalin. À l'origine simple berger, puis soldat, il fut anobli et devint ambassadeur de François Ier... Sous l'égide de l'illustre personnage, cet établissement aux allures de mas provençal propose des chambres calmes et de bon confort.

Le Logis de l'Escalin

Les Mamarteaux, 1 km au Nord par D 572 – ✆ 04 75 04 41 32 – www.lescalin.com – Fermé dim. soir et lundi

Rest – Formule 21 € bc – Menu 26 € (sem.), 40/70 € – Carte 52/76 €

Ici, la Provence est à l'honneur ! Le chef signe une goûteuse cuisine traditionnelle, à savourer dans l'une des deux salles séparées par une cheminée ou sur la terrasse ombragée.

LA GARDE-GUÉRIN – 48 Lozère – 330 L8 – ✉ 48800 23 C1

Languedoc Roussillon

Paris 610 – Alès 59 – Aubenas 69 – Florac 71

Donjon ✳★ - Belvédère du Chassezac★★.

Auberge Régordane

Prévenchères – ✆ 04 66 46 82 88 – www.regordane.com – Ouvert 13 avril-29 sept.

16 ch – †62 € ††62/73 € – ☐ 10 € – ½ P

Rest – Formule 12 € – Menu 21/40 € – Carte 40/54 €

Au cœur d'un village fortifié entouré de lande et interdit à la circulation, cette demeure seigneuriale (16e s.) mêle charme des vieilles pierres et esprit monacal. Au restaurant, on admire la salle voûtée et son superbe cantou (cheminée) ; cuisine du terroir.

LA GARENNE-COLOMBES – 92 Hauts-de-Seine – 311 J2 – 101 – voir à Paris, Environs

GARGAS – 84 Vaucluse – 332 F10 – 2 957 h. – alt. 275 m – ✉ 84400 42 E1

Paris 735 – Aix-en-Provence 91 – Avignon 53 – Marseille 107

Domaine de la Coquillade

– ✆ 04 90 74 71 71 – www.coquillade.fr – Ouvert 1er mai-31 oct.

14 ch – †180/1210 € ††180/1210 € – 14 suites – ☐ 20 €

Rest ***Le Gourmet*** ✿ **Rest** ***Le Bistrot dans les Vignes*** – voir les restaurants ci-après

Un hameau provençal dont les origines remontent au 11e s. : tel est le cadre de ce luxueux domaine hôtelier ! Le jardin s'étage en terrasses face au Luberon ; les chambres, épurées, expriment la quintessence des lieux (vieilles pierres, charpentes) ; le tout au sein d'un vignoble de 30 ha. Vendange de plaisirs...

Le Gourmet – Hôtel Domaine de la Coquillade

✿

4,5 km au Sud-Ouest par D 83 – ✆ 04 90 74 71 71 – www.coquillade.fr – Ouvert 1er mai-31 oct.

Rest – Formule 38 € – Menu 56 € (déj. en sem.), 62/110 € – Carte environ 75 €

On est un peu au royaume de Bacchus dans ce restaurant bien nommé, situé au cœur d'un domaine viticole. On honore les vins du cru et... l'on rend grâce à tous les fruits de la terre provençale, cuisinés avec grande finesse. Le décor lui non plus ne manque pas de superbe (colonnes, charpente).

➜ Millefeuille de melon de Cavaillon confit à la fève tonka et foie gras de canard. Turbot de Méditerranée, carotte fane confite au miel et safran du Luberon. Entremets au chocolat infusé au géranium et à la verveine. **Vins** Luberon, Châteauneuf-du-Pape.

Le Bistrot dans les Vignes – Hôtel Domaine de la Coquillade
4,5 km au Sud-Ouest par D 83 – ✆ 04 90 74 71 71 – www.coquillade.fr – Ouvert 8 mai-31 oct. et fermé mardi et merc. sauf de mi-juin à mi-sept.
Rest *(dîner seult)* – Menu 34 € – Carte environ 70 €
Dans le bistrot ou dans le jardin au milieu du vignoble l'été... Un fil très rouge, donc, pour cette adresse gourmande : le travail des saisons et le sens du terroir – au sein d'un hôtel qui vaut le coup d'œil !

GARIDECH – 31 Haute-Garonne – 343 H2 – 1 573 h. – alt. 180 m – ✉ 31380 29 C2

Paris 687 – Albi 58 – Auch 96 – Toulouse 21

Le Club
rte d'Albi – ✆ 05 61 84 20 23 – www.leclubchampetre.com – Fermé 10 août-1er sept., sam. midi, dim. soir et lundi
Rest – Formule 16 € – Menu 18 € (déj. en sem.), 29/46 € – Carte 44/57 €
Dans cette maison en pleine campagne, les patrons concoctent une cuisine de terroir et de tradition avec de beaux produits ; la carte varie avec les saisons.

GARNACHE – 85 Vendée – 316 F6 – rattaché à Challans

GARONS – 30 Gard – 339 L6 – rattaché à Nîmes

GARREVAQUES – 81 Tarn – 338 D10 – 341 h. – alt. 192 m – ✉ 81700 29 C2

Paris 727 – Carcassonne 53 – Castres 31 – Toulouse 52

Le Pavillon du Château
Château de Garrevaques – ✆ 05 63 75 04 54 – www.garrevaques.com
15 ch – †110/180 € ††130/220 € – ☕ 15 € – ½ P
Rest *(réserver)* – Menu 20 € (déj. en sem.), 25/45 €
Au cœur du pays cathare, dans un parc de 7 ha, ce bel hôtel occupe les écuries d'un château du 16e s. remanié au 19e s. Charme, authenticité et tableaux contemporains ; meubles chinés et équipements dernier cri ; superbe spa ; restaurant classique et salle voûtée au dîner : tout se mêle avec élégance...

Le Château de Garrevaques
– ✆ 05 63 75 04 54 – www.garrevaques.com – Fermé déc. et janv.
5 ch – †180/220 € ††180/220 € – ☕ 15 €
Au château, les chambres sont cossues et raffinées... et le parc est si paisible !

GARRIGUES – 34 Hérault – 339 J6 – 160 h. – alt. 62 m – ✉ 34160 23 C2

Languedoc Roussillon

Paris 756 – Alès 51 – Montpellier 37 – Nîmes 46

Château Roumanières sans rest
pl. de la Mairie – ✆ 04 67 86 49 70 – www.chateauroumanieres.com
5 ch ☕ – †90/120 € ††95/130 €
Cette maison familiale – ancien château du village – jouxte le domaine viticole et sa ferme fortifiée. Salle de réception du 13e s., belles chambres mariant l'ancien et le moderne.

GASNY – 27 Eure – 304 J7 – 2 940 h. – alt. 36 m – ✉ 27620 33 D2

Paris 77 – Évreux 43 – Mantes-la-Jolie 20 – Rouen 71
18 de Villarceaux, à Chaussy, Château du Couvent, N : 11 km par D 37, ✆ 01 34 67 73 83

Auberge du Prieuré Normand
1 pl. de la République – ✆ 02 32 52 10 01 – www.aubergeduprieurenormand.com – Fermé 24-30 déc., mardi soir et merc.
Rest – Formule 20 € – Menu 29/45 € – Carte 50/60 €
Faux-filet à la crème et aux champignons, sole meunière, entrecôte poêlée, café liégeois... Dans cette auberge de village coquette et typique (colombages), on déguste une cuisine traditionnelle soignée.

GASSIN – 83 Var – **340** O6 – **2 868 h.** – **alt. 200 m** – ✉ **83580** Côte d'Azur **41** C3
▶ Paris 872 – Fréjus 34 – Le Lavandou 31 – St-Tropez 9
18 Gassin Golf Country Club, Route de Ramatuelle, ✆ 04 94 55 13 44
Terrasse des Barri ≤★.
Moulins de Paillas ✳★★ SE : 3,5 km.

La Verdoyante
866 chemin vicinal Coste-Brigade – ✆ 04 94 56 16 23 – www.la-verdoyante.fr – Ouvert de début fév. à mi-oct. et fermé du lundi au jeudi en fév.-mars, lundi midi et merc. d'avril à nov.
Rest – Menu 28/54 € – Carte 41/59 €
Elle a bien mérité son nom, La Verdoyante : posée au cœur des vignes, cette ancienne ferme rustique jouit d'un très beau panorama... Mais elle ne serait rien sans la passion de ses propriétaires, la famille Mouret au grand complet. Au menu : une délicieuse cuisine provençale aux parfums de garrigue.

LA GAUDE – 06 Alpes-Maritimes – **341** D5 – **6 763 h.** – **alt. 240 m** – ✉ **06610** Côte d'Azur **42** E2
▶ Paris 930 – Marseille 202 – Nice 30
1, rue Louis-Michel Féraud, ✆ 04 93 24 47 26, www.mairie-lagaude.fr

Aux Caprices de Caroline avec ch rest,
221 rte de St-Laurent, 2 km au Nord par D 118 – ✆ 04 93 24 40 60 – www.auxcapricesdecaroline.com – Fermé 24 fév.-3 mars, 18 août-1er sept., 2-15 janv.
7 ch – †62/72 € ††72/82 € – ☕ 9 € – ½ P
Rest *(fermé sam. midi, dim. soir et lundi)* – Formule 27 € – Menu 39/68 € – Carte 52/70 €
Caroline n'est pas capricieuse, inventive plutôt, grâce à un chef qui concocte une cuisine méditerranéenne originale. Quelques clins d'œil culinaires évoquent les origines de la patronne et pourtant, parmi les oliviers centenaires, Béthune est bien loin. Les chambres portent les noms de jazzmen célèbres.

GAUJAC – 30 Gard – **339** M4 – **959 h.** – **alt. 90 m** – ✉ **30330** **23** D2
▶ Paris 673 – Avignon 39 – Montpellier 93 – Nîmes 45

La Maison
r. du Presbytère – ✆ 04 66 39 33 08 – www.lamaison.gaujac.com – Fermé vacances de la Toussaint, de fév., dim. soir, mardi et merc.
Rest *(nombre de couverts limité, réserver)* – Menu 30/35 €
On se sent bien, un peu comme à La Maison, dans cette ancienne demeure de vignerons ! Dans les salles, magnifiques écrins de pierre, on savoure une goûteuse cuisine du marché, réalisée par madame. Monsieur, lui, s'occupe de la belle sélection de vins qui comprend notamment des crus du village. Le tout à petits prix.

GAVARNIE – 65 Hautes-Pyrénées – **342** L8 – **140 h.** – **alt. 1 350 m** – **Sports d'hiver : 1 800/2 450 m** 11 – ✉ **65120** Midi Toulousain **28** A3
▶ Paris 901 – Lourdes 52 – Luz-St-Sauveur 20 – Pau 96
le village, ✆ 05 62 92 48 05, www.gavarnie.com
Village★ - Cirque de Gavarnie★★★ S : 3 h 30.

à Gèdre 9 km au Nord par D 921 – 259 h. – alt. 1 000 m – ✉ 65120

Brèche de Roland
– ✆ 05 62 92 48 54 – www.pyrenees-hotel-breche.com – Fermé 1er-12 avril et 5-30 nov.
24 ch – †99 € ††99 € – 1 suite – ☕ 11 € – ½ P
Rest – Menu 22/39 € – Carte 35/42 €
Au pied des cirques de Gavarnie et de Troumouse, auberge familiale aménagée dans une maison de pays ; lieu de départ idéal pour la découverte d'une nature intacte. Petit fitness. Au restaurant, on apprécie les recettes du terroir.

GAZERAN – 78 Yvelines – **311** G4 – **rattaché à Rambouillet**

GÈDRE – 65 Hautes-Pyrénées – **342** L8 – **rattaché à Gavarnie**

GÉMENOS – 13 Bouches-du-Rhône – **340** I6 – 6 037 h. – alt. 150 m – ✉ 13420 Provence **40** B3

Paris 788 – Aix-en-Provence 39 – Brignoles 48 – Marseille 25

cours Pasteur, ✆ 04 42 32 18 44, www.mairie-gemenos.fr

Parc de St-Pons★ E : 3 km.

Bastide Relais de la Magdeleine

80 av. du 2ème- Cuirassier, au rond point de la Fontaine – ✆ 04 42 32 20 16 – www.relais-magdeleine.com – Ouvert 23 mars-1er nov.

28 ch – 120/150 € 140/195 € – 1 suite – 16 € – ½ P

Rest *Relais de la Magdeleine* – voir les restaurants ci-après

C'est toute la noblesse provençale qui s'exprime dans cette demeure du 18e s. : mobilier ancien, tableaux, tissus... même le chant des cigales semble élégant !

Bed & Suites sans rest

250 av. Château-de-Jouques, 2 km au Sud, au parc d'activités de Gémenos – ✆ 04 42 32 72 73 – www.bestwestern-gemenos.com – Fermé 21 déc.-2 janv.

31 ch – 70/105 € 70/105 € – 12 €

Dans une zone d'activités aux portes de la cité, un hôtel moderne (créé en 2000) et bien tenu. Le décor des chambres, lumineuses, s'inspire de la Provence. Utile pour une étape.

Hôtel du Parc

Vallée St-Pons, 1 km par D 2 – ✆ 04 42 32 20 38 – www.hotel-parc-gemenos.com

13 ch – 54/60 € 61/94 € – 9 € – ½ P

Rest – Menu 19 € (déj. en sem.), 27/42 € – Carte environ 52 €

Une sympathique adresse noyée dans la verdure. Ses chambres, simples et colorées, se révèlent parfaites pour séjourner dans ce joli village situé au pied du superbe massif de la Ste-Baume. Restaurant traditionnel.

Relais de la Magdeleine – Hôtel Bastide Relais de la Magdeleine

80 av. du 2ème- Cuirassier, au rond point de la Fontaine – ✆ 04 42 32 20 16 – www.relais-magdeleine.com – Ouvert 23 mars-1er nov. et fermé lundi midi et merc. midi

Rest – Formule 35 € – Menu 46 € – Carte 50/68 €

Une superbe maison provençale, où il fait bon s'attabler à l'ombre des platanes ou à la lueur des bougies... Côté papilles, on savoure une cuisine traditionnelle ensoleillée.

GENAS – 69 Rhône – **327** J5 – rattaché à Lyon

GENESTON – 44 Loire-Atlantique – **316** G5 – 3 479 h. – alt. 28 m – ✉ 44140 **34** B2

Paris 398 – Cholet 60 – Nantes 20 – La Roche-sur-Yon 47

Le Pélican

13 pl. Georges-Gaudet – ✆ 02 40 04 77 88 – www.restaurantlepelican.fr – Fermé août, 2-8 janv., dim. soir, lundi et mardi

Rest – Menu 23/42 €

Ouvrez grand la bouche : ce Pélican propose une savoureuse cuisine, mêlant tradition et modernité. Mention spéciale pour le nougat de foie gras à l'armagnac et sa tuile au miel. Les cuissons sont justes, les assaisonnements précis, les saveurs respectées et... les prix mesurés. De quoi clouer le bec aux plus difficiles !

GENEUILLE – 25 Doubs – **321** F3 – rattaché à Besançon

GENILLÉ – 37 Indre-et-Loire – **317** P5 – 1 554 h. – alt. 88 m – ✉ 37460 **11** B3

Châteaux de la Loire

Paris 239 – Blois 57 – Châtellerault 67 – Tours 48

17, place Agnès Sorel, ✆ 02 47 59 57 85, www.tourisme-valdindrois-montresor.com

Agnès Sorel (N)

6 pl. Agnès-Sorel – ✆ 02 47 59 50 17 – www.agnessorel.com – Fermé 16 sept.-1er oct., 1er-15 janv., dim. soir, jeudi midi et merc.

Rest – Formule 19 € – Menu 23/41 € – Carte 55/67 €

Au 15e s., Genillé abrita les amours illégitimes de Charles VII et de la belle Agnès Sorel. Joli hommage rendu à la favorite du roi dans ce restaurant où la cuisine traditionnelle séduit le cœur – et les papilles – des gourmands : carpaccio de tête de veau, sandre au beurre blanc... Accueil charmant.

GÉNIN (LAC) – 01 Ain – 328 H3 – rattaché à Oyonnax

GÉNISSAC – 33 Gironde – 335 J5 – 1 709 h. – alt. 10 m – ✉ 33420 3 B1

▶ Paris 581 – Agen 167 – Bordeaux 38 – Périgueux 105

L'Arbre Rouge ch, ch, P

1393 rte de la Palus, à Port de Génissac, 5 km au Nord par D 121 et rte secondaire – ✆ 05 57 24 43 72 – www.larbrerouge.com – Ouvert 15 avril-15 oct.

5 ch – 90/130 € 90/130 € **Table d'hôte** – Menu 35 € bc

Un charme fou ! Dans cette ferme du 18e s., au bord de la Dordogne, tout n'est que raffinement – sobre et design. Quelques brasses dans la piscine couverte, puis on musarde sur le ponton, en laissant filer le temps. Chemin faisant, l'appétit grandit : poisson à la plancha, pâtes maison... une jolie table d'hôte.

GENNES – 49 Maine-et-Loire – 317 H4 – 2 025 h. – alt. 28 m – ✉ 49350 35 C2

Châteaux de la Loire

▶ Paris 305 – Angers 33 – Bressuire 65 – Cholet 68

ℹ place de l'étoile, ✆ 02 41 51 84 14, www.cc-gennois.fr

Église★★ de Cunault SE : 2,5 km - Église★ de Trèves-Cunault SE : 3 km.

L'Aubergade VISA AE

7 av. des Cadets – ✆ 02 41 51 81 07 – www.restaurant-laubergade.com – Fermé 23 fév.-11 mars, vacances de la Toussaint, mardi et merc.

Rest – Menu 19 € (déj. en sem.), 29/85 € bc – Carte environ 50 €

Le chef de cette auberge n'hésite pas à mêler les influences et à parfumer sa cuisine de touches exotiques, avec habileté. Une invitation au voyage, dans un décor fort élégant...

GENNES-SUR-SEICHE – 35 Ille-et-Vilaine – 309 P7 – 805 h. – alt. 80 m – ✉ 35370 10 D2

▶ Paris 325 – Angers 83 – Nantes 113 – Rennes 57

Le Vallon de Beauregard VISA

16 r. de l'Église – ✆ 02 99 96 95 79 – www.levallondebeauregard.com – Fermé15 août-6 sept., 3-18 janv., dim. soir, lundi, mardi et merc.

Rest – Menu 28/45 € – Carte 32/48 €

Les gourmands s'arrêtent souvent dans cette ancienne maison de maître aux portes de la Mayenne. Pourquoi ? Pour se régaler d'une cuisine dans l'air du temps ! Côté salle, on a le choix entre un cadre rustique – dans les anciennes écuries – ou bourgeois. Aux beaux jours, profitez de la terrasse face au parc.

GENNEVILLE – 303 N3 – rattaché à Honfleur

GENSAC – 33 Gironde – 335 L6 – 852 h. – alt. 78 m – ✉ 33890 4 C1

▶ Paris 554 – Bergerac 39 – Bordeaux 63 – Libourne 33

ℹ 5, place de la Mairie, ✆ 05 57 47 46 67, www.tourisme-castillonpujols.fr

Remparts avec ch ch, rest, P VISA

16 r. Château – ✆ 05 57 47 43 46 – www.lesremparts.net – Fermé janv. et fév.

7 ch – 60/85 € 60/85 € – 8,50 € – ½ P **Rest** – Menu 29/38 €

Près de l'église, une bâtisse de caractère avec une jolie vue sur la vallée et un jardin très mignon... Le chef est anglais et revisite habilement le terroir régional autour d'un menu qui change tous les jours. Pour l'étape, des chambres avenantes à l'ombre du clocher, dans le presbytère médiéval.

au Sud-Ouest 2 km par D18 et D15E1 – ✉ 33350 Ste-Radegonde

Château de Sanse rest, P VISA AE

– ✆ 05 57 56 41 10 – www.chateaudesanse.com – Fermé 1er janv.-28 fév.

12 ch – 120/210 € 120/210 € – 4 suites – 12 € – ½ P

Rest *(réserver)* – Formule 18 € – Menu 34/44 € – Carte 52/60 €

Dominant la campagne et les vignobles, cette belle demeure (18e s.) en pierre blonde est vraiment au grand calme ! Parc verdoyant, grande piscine chauffée, restaurant, chambres spacieuses et charmantes : une étape pleine de cachet.

GÉRARDMER – 88 Vosges – **314** J4 – 8 757 h. – alt. 669 m – Sports d'hiver : 660/1 350 m 20 – Casino **AZ** – ✉ 88400 Alsace Lorraine **27** C3

Paris 425 – Belfort 78 – Colmar 52 – Épinal 40

4, place des Déportés, ✆ 03 29 27 27 27, www.gerardmer.net

Lac de Gerardmer★ - Lac de Longemer★ - Saut des Cuves★ E : 3 km par ①.

Le Grand Hôtel

rest, VISA AE

pl. du Tilleul – ✆ 03 29 63 06 31 – www.grandhotel-gerardmer.com **AZf**

62 ch – †78/198 € ††98/250 € – 14 suites – ☐ 20 € – ½ P

Rest *L'Assiette du Coq à l'Âne*

Rest *Le Pavillon Pétrus* – voir les restaurants ci-après

Rest *Le Grand Cerf* *(dîner seult)* – Menu 30 €

Né au 19e s., il cultive sans faillir l'âme de la station vosgienne. Des chambres spacieuses classiques ou contemporaines, de superbes suites tout en bois dans un chalet indépendant, un spa magnifique, trois restaurants... Un fleuron en matière d'accueil et de confort.

Le Manoir au Lac

ch, VISA AE

chemin de la Droite du Lac, rte d'Épinal, 1 km par ③ – ✆ 03 29 27 10 20 – www.manoir-au-lac.com – Fermé 12 nov.-3 déc.

10 ch – †170/230 € ††170/230 € – 2 suites – ☐ 20 €

Rest *(fermé dim., lundi, mardi et merc.) (dîner seult) (résidents seult)* – Menu 30 €

Dans son parc escarpé dominant le lac, cet imposant chalet de 1830 fut jadis fréquenté par Maupassant... qui aurait pu écrire un roman sur la beauté du panorama. À l'intérieur, tout n'est que raffinement et confort : mobilier de style, épais édredons sur chaque lit, piscine couverte, etc. Une adresse de charme !

Déportés (Pl. des) . . . . . AY 3
Ferry (Pl. Albert) . . . . . AZ 5
Gaulle (R. Ch.-de) . . . . ABZ
Kelsch (Bd) . . . . BY
Leclerc (Pl. Gén.) . . . . . AY 6
Mitterrand (R. F.) . . . . . AY 8
Ville-de-Vichy (Av. de la) . . . . AZ 9
Xettes (Bd des) . . . . . . AY 12

Beau Rivage

esplanade du Lac – ✆ 03 29 63 22 28 – www.hotel-beaurivage.fr AYe

50 ch – 🛉90/360 € 🛉🛉90/360 € – 4 suites – ☕ 13 € – ½ P

Rest *Côté Lac* – voir les restaurants ci-après

Rest *Le Toit du Lac* *(fermé dim. soir, lundi et mardi sauf vacances scolaires)* – Formule 19 € – Menu 24 € – Carte 39/48 €

Tel un paquebot (le bâtiment date des années 1950), il est posé face au lac et ses rives verdoyantes... Les chambres sont confortables, très contemporaines, et les mieux exposées offrent une vue superbe ! À l'heure des repas, deux options : gastronomie côté lac ou plats à la plancha sur le toit-terrasse.

Jamagne

2 bd Jamagne – ✆ 03 29 63 36 86 – www.jamagne.com – Fermé 11 nov.-20 déc. AYg

48 ch – 🛉60/130 € 🛉🛉70/130 € – ☕ 11 € – ½ P

Rest – Formule 15 € – Menu 19 € (sem.)/52 € – Carte 28/62 €

Un hôtel-restaurant de tradition, tenu par la même famille depuis 1905. L'établissement est confortable, parfaitement tenu et il sait vivre avec son temps – ainsi un agréable espace bien-être.

Gérard d'Alsace sans rest

14 r. du 152° R.I. – ✆ 03 29 63 02 38 – www.hotel-gerard-dalsace.com – Fermé 24 juin-8 juil. AZv

13 ch – 🛉59/90 € 🛉🛉59/90 € – ☕ 9 €

Une maison traditionnelle, à la façade blanche et aux volets bleus, à 300 m du lac. Les chambres sont douillettes, avec de jolis boutis et des tissus aux couleurs vives. Agréable surprise : la piscine dans le jardin. Une bonne adresse.

Hôtel de la Paix

6 av. de la Ville-de-Vichy – ✆ 03 29 63 38 78 – www.hoteldelapaix.fr AZs

24 ch – 🛉65/113 € 🛉🛉65/113 € – ☕ 9 € – ½ P

Rest *L'Alsace* *(fermé dim. soir sauf vacances scolaires et fériés)* – Formule 18 € – Menu 25 € – Carte 23/37 €

Face au lac et au casino, cet hôtel traditionnel se révèle avenant et fort bien tenu. À noter : on peut accéder à la piscine couverte, au spa et à la salle de massage du Beau Rivage voisin, appartenant au même propriétaire. Spécialités alsaciennes et vosgiennes au restaurant.

Les Reflets du Lac sans rest

201 chemin du Tour-du-Lac, au bout du lac, 2,5 km par ③ – ✆ 03 29 60 31 50 – www.lesrefletsdulac.com – Fermé 15 nov.-15 déc.

14 ch – 🛉56/60 € 🛉🛉56/60 € – ☕ 8 €

Son nom ne ment pas : la plupart des chambres – certaines avec balcon – offrent une vue apaisante sur les reflets du lac... Accueil simple et sympathique, décor d'esprit chalet : un établissement chaleureux, à l'écart de Gérardmer.

Côté Lac – Hôtel Beau Rivage

esplanade du Lac – ✆ 03 29 63 22 28 – www.hotel-beaurivage.fr AYe

Rest – Formule 21 € – Menu 26 € (déj. en sem.), 39/70 € – Carte 51/65 €

Sa grande terrasse toise évidemment le lac... Belle situation pour ce restaurant très confortable, dont la carte affectionne les produits nobles et les vins d'Alsace. Une valeur sûre de la gastronomie locale.

Le Pavillon Pétrus – Le Grand Hôtel

pl. du Tilleul – ✆ 03 29 63 06 31 – www.grandhotel-gerardmer.com – Fermé jeudi midi, mardi et merc. AZf

Rest – Menu 46/92 € – Carte 52/92 €

Chaises capitonnées de velours, lustres à pendeloques, nappes blanches... Un décor au classicisme achevé, pour une cuisine gastronomique fort soignée – à l'instar de cette pièce de bœuf Wagyu à la plancha, purée truffée. De belles saveurs au menu !

L'Assiette du Coq à l'Âne – Le Grand Hôtel

pl. du Tilleul – ✆ 03 29 63 06 31 – www.grandhotel-gerardmer.com AZf

Rest – Formule 16 € bc – Menu 19 € (sem.), 26/30 € – Carte 31/45 €

Sautez allégrement sur l'Assiette du Coq à l'Âne, la bonne petite adresse "terroir" de Gérardmer, en forme de chalet vosgien. Spécialités : la choucroute, généreuse et goûteuse, la tartiflette, revigorante dès les premiers frimas, ou encore un authentique... "hamburger du bûcheron" !

à Xonrupt-Longemer 4 km par ① – 1 580 h. – alt. 714 m – ✉ 88400

Les Jardins de Sophie

Domaine de la Moinaudière, rte du Valtin, 4 km au Nord-Ouest par D23 et rte secondaire – *03 29 63 37 11* – *www.hotel-lesjardinsdesophie.com*

32 ch – 130/170 € 155/209 € – 16 €

Rest *Les Jardins de Sophie* ✿ – voir les restaurants ci-après

Sentiment d'exception dans ce chalet luxueux blotti dans une forêt d'épicéas... Ici, l'esprit montagnard n'est que raffinement et douceur, confort et chaleur. Une adresse délicieuse pour profiter pleinement des Vosges !

La Devinière sans rest

318 montée des Broches – *03 29 63 23 89* – *www.chambredhote-deviniere.com* – *Fermé 17-27 mars, 7-19 avril, 3-21 juin, 25 sept.-25 oct. et 13-20 janv.*

5 ch – 62/72 € 68/98 €

Les atouts de cette ferme restaurée, sur la route du col de la Schlucht ? La tranquillité, la vue sur la forêt, un espace bien-être (sauna finlandais), cinq grandes chambres... et un accueil fort sympathique.

Les Jardins de Sophie – Hôtel Les Jardins de Sophie

✿

Domaine de la Moinaudière, rte du Valtin, 4 km au Nord-Ouest par D23 et rte secondaire – *03 29 63 37 11* – *www.hotel-lesjardinsdesophie.com*

Rest *(fermé mardi et merc. hors saison et hors vacances scolaires sauf fériés)* – Menu 28 € (déj. en sem.), 45/74 € – Carte 62/70 €

À l'occasion d'une escapade dans la forêt vosgienne depuis Gérardmer, vous ne serez pas dépourvu quand l'heure du repas sera venue : voici une table gastronomique empreinte de finesse et d'originalité. Bons produits, exécution soignée, recettes bien pensées : des Jardins très raffinés parmi l'étendue des sapins...

➜ Fricassée d'escargots au lard paysan, royale à l'ail doux et velouté de cèpes. Carré de cochon cuit à basse température et fricot de légumes. Vacherin passion, minestrone infusé à la verveine.

aux Bas-Rupts 4 km par ② – ✉ 88400 Gerardmer

Les Bas-Rupts

181 rte de la Bresse – *03 29 63 09 25* – *www.bas-rupts.com*

21 ch – 150/220 € 150/220 € – 4 suites – 22 €

Rest *Les Bas-Rupts* ✿ – voir les restaurants ci-après

Un parfait décor pour un séjour de charme à la montagne : boiseries, cheminées, salons confortables, objets anciens, tableaux, piscine intérieure, etc. – sans compter l'accueil exquis. On ne peut quitter les lieux sans nostalgie...

Auberge de la Poulcière

10 chemin du Bouchot – *03 29 42 04 33* – *www.auberge-poulciere.com* – *Fermé 15 oct.-20 déc.*

8 ch – 90 € 90 € – 9 € – ½ P

Rest *(fermé lundi, mardi hors saison et merc.) (dîner seult sauf sam. et dim.) (nombre de couverts limité, réserver)* – Formule 22 € – Menu 27/39 € – Carte environ 40 €

Une auberge en pleine nature, cernée par les jonquilles au printemps... Entre ses murs de 1775, âme rustique et confort contemporain se conjuguent avec charme. Chaque chambre dispose d'une kitchenette, mais vous pouvez aussi profiter du restaurant : le patron ne jure que par les produits frais !

Les Bas-Rupts (Michel Philippe) – Hôtel Les Bas-Rupts

✿

181 rte de la Bresse – *03 29 63 09 25* – *www.bas-rupts.com*

Rest *(réserver)* – Menu 34 € (déj. en sem.), 52/98 € – Carte 67/133 €

La table des Bas-Rupts est une valeur sûre, idéale pour apprécier une cuisine classique réalisée dans les règles de l'art et aux saveurs très flatteuses. Même la rusticité de certains mets – telles les tripes au riesling – se fait raffinement... Décor élégant et chaleureux.

➜ Fraîcheur de tourteau et saumon fumé, émulsion de concombre. Côtelette de caille des Vosges farcie au foie gras. Ruches glacées au miel de montagne. **Vins** Muscat d'Alsace, Pinot noir d'Alsace.

Le Refuge

144 rte de la Bresse – ✆ 03 29 63 06 83 – www.le-refuge-gerardmer.com – Fermé lundi sauf fériés et vacances scolaires

Rest – Formule 11 € – Carte 18/28 €

Un vrai refuge pour montagnards affamés ! Ici, on se retrouve autour de viandes cuites au feu de bois... dans un four à très haute température – un beau joujou parfaitement maîtrisé par le chef. Résultat : entrecôte, onglet, côte de bœuf et autres morceaux choisis sont délicieusement caramélisés.

GERBEROY – 60 Oise – 305 C3 – 90 h. – alt. 180 m – ✉ 60380 36 A2

Nord Pas-de-Calais Picardie

Paris 110 – Aumale 30 – Beauvais 22 – Breteuil 37

Hostellerie du Vieux Logis

25 r. Logis du Roy – ✆ 03 44 82 71 66 – www.hostellerieduvieuxlogis.com – Fermé 20 déc.-20 janv., vacances de fév., dim. soir, lundi soir, mardi soir et merc.

Rest – Menu 26/46 € – Carte 45/64 €

À l'entrée du vieux village fortifié, désormais pris d'assaut par les peintres et les touristes. Plats traditionnels axés terroir servis dans une salle rustique.

GERMAGNY – 71 Saône-et-Loire – 320 H9 – 184 h. – alt. 265 m – ✉ 71460 8 C3

Paris 361 – Chalon-sur-Saône 27 – Mâcon 54 – Montceau-les-Mines 28

Les Vignes

Le Bourg – ✆ 03 85 49 23 23 – www.lesvignes-germagny.fr

Rest – Formule 13 € bc – Menu 22/40 € bc – Carte 24/33 €

Terrine de campagne aux châtaignes, blanquette de veau façon grand-mère... Dans cette auberge de village, on sert une cuisine traditionnelle et régionale bien alléchante. Et la viande bovine provient d'un abattoir tout proche.

GERMIGNY-L'ÉVÊQUE – 77 Seine-et-Marne – 312 G2 – rattaché à Meaux

GÉTIGNÉ – 44 Loire-Atlantique – 316 I5 – rattaché à Clisson

LES GETS – 74 Haute-Savoie – 328 N4 – 1 254 h. – alt. 1 170 m – Sports d'hiver : 1 170/2 000 m 6 47 – ✉ 74260 Alpes du Nord 46 F1

Paris 579 – Annecy 77 – Bonneville 33 – Cluses 19

place de la Mairie, ✆ 04 50 75 80 80, www.lesgets.com

des Gets, Les Chavannes, E : 3 km, ✆ 04 50 75 87 63

Mont Chéry ✳ ★★.

Le Labrador

266 rte du Léry – ✆ 04 50 75 80 00 – www.labrador-hotel.com – Ouvert 22 juin-8 sept. et 21 déc.-13 avril

20 ch – †85/230 € ††100/290 € – 1 suite – ½ P

Rest ***Le St-Laurent*** *(dîner seult sauf été)* – Menu 38/90 € – Carte 49/72 €

Délicieuse halte près de la cheminée du salon, dans ce chalet à la décoration typiquement savoyarde. Chambres confortables et bien tenues. Au petit-déjeuner, le patron sert les œufs de sa propre ferme ! Au restaurant, beaux produits au service d'une cuisine savoureuse.

La Marmotte

61 r. du Chêne – ✆ 04 50 75 80 33 – www.hotel-marmotte.com – Ouvert 1er juin-30 sept. et 1er déc.-30 avril

56 ch – †100/295 € ††200/590 € – ☕ 16 € – ½ P

Rest *(dîner seult) (résidents seult)*

Après une journée de ski, détendez-vous près de la cheminée avant de vous faire dorloter dans le superbe spa (750 m²). Chambres douillettes et agrémentées de boiseries, où paresser avec délectation, comme... une marmotte ! Au restaurant, cuisine simple et vue sur les pistes.

Alpina
55 imp. de la Grange-Neuve – ✆ 04 50 75 80 22 – www.hotelalpina.fr – Ouvert 25 mai-25 sept. et 15 déc.-15 avril
38 ch – †75/171 € ††101/242 € – ☕ 11 € – ½ P
Rest – Formule 23 € – Menu 29/40 € – Carte 31/52 €
Non loin du téléphérique, ce beau chalet familial domine le bourg... Les chambres, de style savoyard, sont spacieuses ; l'été, on profite du jardin. Le restaurant se révèle sympathique : cuisine aux accents du pays, vue sur la vallée et belles boiseries.

Crychar
136 impasse de la Grange-Neuve, par rte La Turche – ✆ 04 50 75 80 50 – www.crychar.com – Ouvert 22 juin-9 sept. et 21 déc.-14 avril
15 ch – †92/160 € ††126/256 € – ☕ 15 € – ½ P
Rest *(dîner seult)* – Menu 39/45 €
Un petit chalet au pied des pistes, chaleureux et confortable : le feu crépite dans le salon, les chambres (rénovées en 2010) sont pimpantes et ont toutes un balcon. Au restaurant, honneur aux beaux produits et au fait maison : un joli concentré de Savoie !

Régina
ch,
534 r. du Centre – ✆ 04 50 75 80 44 – www.hotelregina74.com – Ouvert 1er juil.-31 août et 17 déc.-18 avril
20 ch – †60/80 € ††65/98 € – ☕ 10 € – ½ P **Rest** – Menu 19/40 €
L'un des premiers hôtels de la station, géré de père en fils depuis 1937 ; l'actuel propriétaire est également guide de montagne. Chambres simples, mais chaleureuses et très bien tenues. Au restaurant, on déguste une sympathique cuisine traditionnelle.

GEVREY-CHAMBERTIN – 21 Côte-d'Or – 320 J6 – 3 056 h. – alt. 275 m – ✉ 21220 Bourgogne

8 D1

▶ Paris 315 – Beaune 33 – Dijon 13 – Dole 61
ℹ 1, rue Gaston Roupnel, ✆ 03 80 34 38 40, www.ot-gevreychambertin.fr

Grands Crus sans rest
r. de Lavaux – ✆ 03 80 34 34 15 – www.hoteldesgrandscrus.com – Ouvert de début mars à fin nov.
24 ch – †85/95 € ††85/95 € – ☕ 12 €
Des "Grands Crus" au milieu des vignobles et un peu à l'écart du village. Jardin fleuri, chambres classiques (mobilier ancien) d'une tenue sans faille... une étape agréable et au calme.

Arts et Terroirs sans rest
28 rte de Dijon – ✆ 03 80 34 30 76 – www.arts-et-terroirs.com
20 ch – †92 € ††92/102 € – ☕ 12 €
Sur la route de Dijon, à la sortie du village, cet hôtel bourguignon abrite des chambres classiques et spacieuses, dont la grande majorité ouvrent sur le joli jardin à l'arrière. Petits plus : un salon douillet et une belle sélection de vins du village (dégustations).

Chez Guy
3 pl. de la Mairie – ✆ 03 80 58 51 51 – www.chez-guy.fr – Fermé 22 déc.-5 janv. et dim. de mi-nov. à mi-mars
Rest – Menu 30/60 €
Des petits plats régionaux bien gourmands à prix raisonnable ; une remarquable sélection de vins qui met toute la Bourgogne à l'honneur ; un cadre contemporain et frais... Guy sait recevoir !

GEX – 01 Ain – 328 J3 – 9 882 h. – alt. 626 m – ✉ 01170 Franche-Comté Jura

46 F1

▶ Paris 490 – Genève 19 – Lons-le-Saunier 93 – Pontarlier 110
ℹ square Jean Clerc, ✆ 04 50 41 53 85, www.paysdegex-lafaucille.com
⛳ de Maison-Blanche, à Échenevex, S : 3 km par D 984, ✆ 04 50 42 44 42

à Echenevex 4 km au Sud par D 984ᶜ et rte secondaire – 1 596 h. – alt. 580 m – ✉ 01170

Auberge des Chasseurs
711 rte de Naz-Dessus – ✆ 04 50 41 54 07 – www.aubergedeschasseurs.com – Ouvert mi-fév. à mi-nov.
15 ch – 90/115 € 100/165 € – 12 € – ½ P
Rest ***Auberge des Chasseurs*** – voir les restaurants ci-après
Coquette maison recouverte de vigne vierge avec le mont Blanc en toile de fond. Intérieur scandinave avec boiseries peintes, photographies de Cartier-Bresson (un ancien client !). Tout ici respire la sérénité et l'art de vivre.

Auberge des Chasseurs
711 rte de Naz-Dessus – ✆ 04 50 41 54 07 – www.aubergedeschasseurs.com – Ouvert mi-fév. à mi-nov. et fermé dim. soir, lundi et mardi
Rest *(réserver)* – Formule 25 € – Menu 47/75 € – Carte 36/65 €
Point besoin d'être un chasseur pour apprécier ce restaurant chaleureux dépendant de l'hôtel du même nom. On y déguste une cuisine plutôt classique et, de la terrasse, la vue est tout ce qu'il y a de plus champêtre.

GIEN – 45 Loiret – 318 M5 – 15 161 h. – alt. 162 m – ✉ 45500 — 12 C2

Châteaux de la Loire

Paris 149 – Auxerre 85 – Bourges 77 – Cosne-Cours-sur-Loire 46

place Jean Jaurès, ✆ 02 38 67 25 28, www.gien.fr

Château★ : musée de la Chasse★★, terrasse du château ≤★ - Pont ≤★.

Pont-canal★★ de Briare : 10 km au Sud.

Rivage sans rest
1 quai de Nice – ✆ 02 38 37 79 00 – Fermé 5-25 août et vacances de Noël
16 ch – 69/120 € 79/120 € – 3 suites – 11 €
Ancien relais de poste du 19ᵉ s., bien situé face à la Loire et non loin du vieux pont. Les chambres sont fonctionnelles, idéales pour l'étape. Bar avec piano et salon confortable.

Axotel sans rest
14 r. de la Bosserie, 3 km au Nord – ✆ 02 38 67 11 99 – www.axotelgien.com
48 ch – 62/65 € 70/75 € – 8 €
Au nord de la ville, une construction récente, parfaite pour la clientèle d'affaires. Les chambres sont spacieuses et fonctionnelles. L'été, il fait bon profiter de la piscine... au cours de la journée ou le soir pour se détendre !

Anne de Beaujeu sans rest
10 rte de Bourges – ✆ 02 38 29 39 39 – www.hotel-anne-de-beaujeu.com
30 ch – 43/46 € 49/56 € – 8 €
Cet établissement de la rive gauche porte le nom de la célèbre comtesse de Gien. Chambres fonctionnelles et bien tenues ; préférez celles situées sur l'arrière. Prix raisonnables.

Côté Jardin
14 rte Bourges – ✆ 02 38 38 24 67 – www.cote-jardin-restaurant.com – Fermé 21 juil.-9 août, 22 déc.-10 janv., dim. soir, mardi et merc.
Rest *(nombre de couverts limité, réserver)* – Formule 25 € – Menu 31/60 € – Carte 47/55 €
Sur la rive gauche de la Loire, on s'installe Côté Jardin ! Ici, la fraîcheur vient autant de la brise que des produits. Au piano, le chef réalise une goûteuse cuisine du marché : queues de langoustines et mousseline de chou-fleur, crumble froid de mangue à l'orange... À déguster dans un décor printanier.

Le P'tit Bouchon
66 r. B. Palissy – ✆ 02 38 67 84 40 – Fermé 29 avril-8 mai, 16 août-4 sept., 23 déc.-4 janv., dim. et lundi
Rest – Formule 17 € – Menu 24/30 €
Répertoire bistrotier et menus s'annoncent ici à l'ardoise ! En cuisine, le chef privilégie les produits frais et de saison. Un conseil : ne passez pas à côté du croustillant de canard confit au coteaux-du-layon ou du moelleux au chocolat. Le cadre est rustique, l'ambiance chaleureuse.

au Sud 3 km par D 940 et rte secondaire – ✉ 45500 Poilly-Lez-Gien :

Villa Hôtel

ZA le Clair Ruisseau, allée du Vieux Cours – ✆ 02 38 27 03 30 – www.villahotel45.com
24 ch – †42 € ††42 € – ☕ 6,50 € – ½ P **Rest** *(dîner seult)* – Menu 14/17 €
Parfait pour une étape à prix doux : un hôtel moderne au confort simple, formé de plusieurs maisons pavillonnaires dont les chambres profitent du calme alentour.

GIENS – 83 Var – **340** L7 – ✉ 83400 Hyeres Côte d'Azur **41** C3
Paris 860 – Carqueiranne 10 – Draguignan 87 – Hyères 9
Ruines du château des Pontevès ★★.

Voir plan de Giens à Hyères.

Le Provençal

113 pl. St-Pierre – ✆ 04 98 04 54 54 – www.provencalhotel.com – Ouvert 13 avril-20 oct. Xs
41 ch – †100/196 € ††117/217 € – ☕ 14 € – ½ P
Rest – Menu 29/57 € – Carte 50/80 €
Hôtel bâti à flanc de colline, dans un parc ombragé et fleuri qui dégringole en terrasses jusqu'à la mer. Chambres provençales. Parking privé à 500 m. Le panorama offert par le restaurant a peut-être inspiré le poète Saint-John Perse, célèbre résident de la presqu'île.

GIFFAUMONT-CHAMPAUBERT – 51 Marne – **306** K11 – **261 h.** **14** C2
– alt. 130 m – ✉ 51290 Champagne Ardenne
Paris 208 – Bar-le-Duc 53 – Chaumont 75 – St-Dizier 25
Maison du Lac, ✆ 03 26 72 62 80, www.lacduder.com
Lac du Der-chantecoq★★.

Le Cheval Blanc

21 r. du Lac – ✆ 03 26 72 62 65 – www.lecheval-blanc.net – Fermé 2-19 sept., 6-23 janv., dim. soir, mardi midi et lundi
14 ch – †75/85 € ††75/85 € – 1 suite – ☕ 10 € – ½ P
Rest – Formule 20 € – Menu 25/60 € – Carte 41/64 €
Cette accueillante maison ne se trouve qu'à 500 m de l'un des plus grands lacs artificiels d'Europe : le lac du Der. Chambres ultrapropres, jardin et jacuzzi : tout est prévu pour se reposer. Cuisine du terroir au restaurant, dont des charcuteries corses, origines du patron obligent.

GIF-SUR-YVETTE – 91 Essonne – **312** B3 – **101** 33 – voir à Paris, Environs

---

GIGARO – 83 Var – **340** O6 – rattaché à La Croix-Valmer

GIGNAC – 34 Hérault – **339** G7 – **5 271 h.** – alt. 53 m – ✉ 34150 **23** C2
Languedoc Roussillon
Paris 719 – Béziers 58 – Lodève 25 – Montpellier 30
3, Parc d'activités de Camalcé, ✆ 04 67 57 58 83, www.saintguilhem-valleeherault.fr

Restaurant de Lauzun (Matthieu de Lauzun)

3 bd de l'Esplanade – ✆ 04 67 57 50 83 – www.restaurant-delauzun.com – Fermé 2 sem. en fév.-mars, 1 sem. en août, 2 sem. en nov., sam. midi, dim. soir, lundi et fériés
Rest – Formule 26 € – Menu 45/77 € – Carte 40/65 €
Face à l'esplanade, une maison menée tambour battant par un jeune chef passionné. Décor sobre et soigné à l'image de la cuisine, séduisante et festive, avec ses belles associations de saveurs – originales et bien pensées – et ses assiettes très graphiques. Bon choix de vins locaux.
→ Truite d'eau douce marinée et pâte de pomme granny smith. Cochon de l'Aveyron, épaule, poitrine et boudin, émulsion au romarin. Fruit de la passion en mousse légère, granité citron vert-rhum. **Vins** Terrasses du Larzac, Faugères.

GIGONDAS – 84 Vaucluse – **332** D9 – **559 h.** – alt. 313 m – ✉ 84190 **42** E1
Provence
Paris 662 – Avignon 40 – Nyons 31 – Orange 20
Place Gabrielle Andéol, ✆ 04 90 65 85 46, www.gigondas-dm.fr

Les Florets

2 km à l'Est par rte secondaire – 04 90 65 85 01 – www.hotel-lesflorets.com – Fermé janv. à mi-mars
15 ch – 72/145 € 84/145 € – 16 € – ½ P
Rest *(fermé merc.)* – Formule 25 € – Menu 34/51 € – Carte 52/65 €
Au pied des Dentelles de Montmirail, cet hôtel situé en plein vignoble abrite de séduisantes chambres colorées (avec terrasse à l'annexe). Décor et cuisine inspirés par la région, vins du domaine et jolie terrasse.

L'Oustalet

pl. du village – 04 90 65 85 30 – www.restaurantoustalet.com – Fermé 1er déc.-5 janv., dim. soir et lundi
Rest *(nombre de couverts limité, réserver)* – Formule 32 € – Menu 39/120 € bc – Carte 48/101 €
Dans ce beau village de vignerons, cet Oustalet vous délecte d'une cuisine savoureuse, aux doux parfums provençaux. Installez-vous sous les vieux platanes... On dirait le Sud !

GILETTE – 06 Alpes-Maritimes – 341 D4 – 1 482 h. – alt. 420 m – 06830 41 D2

Côte d'Azur

Paris 946 – Antibes 43 – Nice 36 – St-Martin-Vésubie 45

place du Dr Morani, 04 92 08 98 08, www.esteron.fr

★★ des ruines du château.

à Vescous 9 km par rte de Rosquesteron (D 17) – 06830 Toudon

La Capeline

rte de Roquesteron – 04 93 08 58 06 – www.restaurant-lacapeline.com – Ouvert du jeudi au dim. de mars à déc., les week-ends en janv.-fév. et fermé aux vacances de Noël, le soir sauf vend. et sam. en saison
Rest *(réserver)* – Formule 20 € – Menu 23 € (déj. en sem.), 26/28 €
Après plusieurs kilomètres sur une route escarpée, une maison rustique qui se mérite. Le chef concocte une authentique cuisine niçoise, avec de bons produits locaux et de saison ; chaque jour, il propose un menu unique qui ravit les habitués... et les autres ! Belle terrasse ombragée.

GILLY-LÈS-CÎTEAUX – 21 Côte-d'Or – 320 J6 – rattaché à Vougeot

---

GIMBELHOF – 67 Bas-Rhin – 315 K2 – rattaché à Lembach

GIMEL-LES-CASCADES – 19 Corrèze – 329 M4 – 712 h. – alt. 375 m – 19800 25 C3

Limousin Berry

Paris 493 – Brive-la-Gaillarde 40 – Limoges 104 – Tulle 13

le Bourg, 05 55 21 44 32

Hostellerie de la Vallée

au bourg – 05 55 21 40 60 – www.hotel-restaurant-gimel.fr – Fermé 19 déc.-7 janv. et dim. soir d'oct. à mai
9 ch – 67 € 67 € – 9 € – ½ P
Rest *(fermé sam. midi, vend. d'oct. à mai, dim. soir et lundi midi sauf fériés)* – Menu 28 € – Carte 30/50 €
Gimel est réputé pour ses cascades ; cette maison de pays bien rénovée permet d'y faire une halte de choix en profitant de chambres confortables. Un jeune couple dynamique et motivé veille au grain, y compris en cuisine. Ambiance conviviale !

LA GIMOND – 42 Loire – 327 F6 – 262 h. – alt. 625 m – 42140 44 A2

Paris 485 – Annonay 67 – Lyon 58 – Saint-Étienne 18

Le Vallon du Moulin

– 04 77 30 97 06 – Fermé 24 juil.-10 août, vacances de fév., dim. soir, mardi soir, merc. et lundi sauf le midi en juil.-août
Rest – Menu 21 € (déj. en sem.), 28/49 €
Au cœur du village, ce sympathique restaurant contemporain propose une bonne cuisine (saumon à la niçoise, croustillant de framboise...) qui suit le rythme des saisons. Preuve d'authenticité : le pain est fait maison avec la farine du moulin voisin !

GIMONT – 32 Gers – 336 H8 – 2 845 h. – alt. 180 m – ✉ 32200 28 B2

Midi Toulousain

▶ Paris 701 – Colomiers 40 – Toulouse 51 – Tournefeuille 40

ℹ 53, boulevard du Nord, ✆ 05 62 67 77 87, www.tourisme-gimont.com

Villa Cahuzac

1 av. de Cahuzac – ✆ 05 62 62 10 00 – www.villacahuzac.com

11 ch – †86/98 € ††90/98 € – ☕ 12 € – ½ P

Rest ***Villa Cahuzac*** – voir les restaurants ci-après

Maison typique de la région (1885) avec des chambres pratiques et soignées (lambris et parquet). Celles du 1er étage ouvrent sur un corridor qui plonge sur le patio fleuri.

Château de Larroque rest,

rte de Toulouse – ✆ 05 62 67 77 44 – www.chateaularroque.fr – Fermé 2-23 janv., dim. soir, mardi midi et lundi d'oct. à avril

16 ch – †91/117 € ††98/122 € – 1 suite – ☕ 14 € – ½ P

Rest – Menu 23/57 € – Carte 29/61 €

Un beau château, édifié en 1805, entouré d'un parc paisible avec piscine et tennis. Certaines chambres, et l'un des salons, ont été décorés dans un style plus contemporain. Cuisine traditionnelle dans un cadre élégant, à déguster sous la tonnelle en été.

Villa Cahuzac – Hôtel Villa Cahuzac

1 av. de Cahuzac – ✆ 05 62 62 10 00 – www.villacahuzac.com – Fermé le midi

Rest – Menu 13 € (sem.), 21/44 € – Carte 28/45 €

Dans ce restaurant aux airs de joli passage couvert, on sert une cuisine de terroir et de tradition... Le canard et le foie gras sont d'ailleurs les stars de la carte !

GINASSERVIS – 83 Var – 340 K3 – 1 469 h. – alt. 407 m – ✉ 83560 40 B3

▶ Paris 781 – Aix-en-Provence 53 – Avignon 111 – Manosque 23

Chez Marceau avec ch

pl. Jean Jaurès – ✆ 04 94 80 11 21 – www.chezmarceau.com – Fermé 15-30 nov., 15-30 janv., dim. soir et lundi

6 ch – †45 € ††60 € – ☕ 6 € – ½ P

Rest – Menu 15 € (sem.), 25/48 € – Carte 32/82 €

Entre Durance et Verdon, plongez au cœur de la vie méridionale dans cette sympathique auberge. On y savoure une cuisine du terroir et du gibier en saison. Aux beaux jours, prenez place sur la terrasse. Chambres pour l'étape.

GINCLA – 11 Aude – 344 E6 – 46 h. – alt. 570 m – ✉ 11140 22 B3

▶ Paris 821 – Carcassonne 77 – Foix 88 – Perpignan 67

Hostellerie du Grand Duc

2 rte de Boucheville – ✆ 04 68 20 55 02 – www.hostelleriedugrandduc.com – Ouvert 1er avril-1er nov.

12 ch – †62/68 € ††78/88 € – ☕ 11 € – ½ P

Rest *(fermé merc. midi)* – Menu 30 € (sem.), 34/80 € – Carte 45/70 €

Cette belle maison de maître (18e s.) recouverte de lierre est charmante. Toile de Jouy, mobilier chiné, poutres, pierres apparentes : les chambres ont toute leur personnalité propre. Et puis il y a le beau jardin, la salle à manger rustique, la quiétude que rien ne vient troubler...

GIRMONT-VAL-D'AJOL – 88 Vosges – 314 H5 – rattaché à Remiremont

GIROMAGNY – 90 Territoire de Belfort – 315 E10 – 3 219 h. – alt. 495 m – ✉ 90200 17 C1

Franche-Comté Jura

▶ Paris 419 – Belfort 15 – Épinal 80 – Lure 30

ℹ 28 Grande Rue, ✆ 03 84 27 14 18, www.giromagny.fr

rte du Ballon d'Alsace 7 km au Nord par D 465 – alt. 701 m – ✉ 90200 Lepuix-Gy :

Le Saut de la Truite (N)

112 rte du Ballon-d'Alsace – ✆ 09 72 26 90 99 – www.sautdelatruite.fr – Fermé 12-29 nov.

10 ch – †89/98 € ††98/129 € – ☕ 12 € – ½ P

Rest *(dîner seult) (résidents seult)* – Menu 22 € – Carte 25/40 €

Une bâtisse toute rose dans un vallon verdoyant baigné par la Savoureuse... Charmant et pittoresque ! Entièrement rénové en 2011, cet établissement désormais centenaire jouit du dernier confort. Espace bien-être (hammam, sauna), restaurant intime (truite du vivier au menu), salon avec cheminée. Et pour un calme authentique, pas de télévision dans les chambres... Un délicieux refuge.

GISORS – 27 Eure – 304 K6 – 11 726 h. – alt. 60 m – ✉ 27140 — 33 D2

Normandie Vallée de la Seine

Paris 73 – Beauvais 33 – Évreux 66 – Mantes-la-Jolie 40

4, rue du Général de Gaulle, ✆ 02 32 27 60 63, www.tourisme-gisors.fr

de Chaumont-en-Vexin, à Chaumont-en-Vexin, Château de Bertichères, E : 8 km par D 982, ✆ 03 44 49 00 81

de Rebetz, à Chaumont-en-Vexin, Route de Noailles, E : 12 km par D 981, ✆ 03 44 49 15 54

Château fort★★ - Église St-Gervais et St-Protais★.

Le Cappeville

17 r. Cappeville – ✆ 02 32 55 11 08 – www.lecappeville.com – Fermé merc. et jeudi

Rest – Menu 29/55 € – Carte 55/68 €

Pigeon rôti à la crème de laitue, langoustines et potiron confit : au cœur de la capitale du Vexin normand, le terroir prend un coup de jeune et la carte suit les saisons.

à Bazincourt-sur-Epte 6 km au Nord par D 14 – 650 h. – alt. 55 m – ✉ 27140

Château de la Rapée

2 km à l'Ouest par rte secondaire – ✆ 02 32 55 11 61 – www.hotelrapee.com – Fermé 16 août-1er sept. et 15 fév.-1er mars

12 ch – †91 € ††97/135 € – ☕ 14 € – ½ P

Rest *(fermé merc.)* – Formule 29 € bc – Menu 40/60 € – Carte 53/77 €

Château aux allures de manoir anglo-normand posé dans une campagne préservée (haras à proximité). Les chambres, dotées de mobilier ancien, sont spacieuses et profitent du parc. Salle à manger chaleureuse au décor bourgeois rehaussé de boiseries ; cuisine classique.

GIVERNY – 27 Eure – 304 I6 – 500 h. – alt. 17 m – ✉ 27620 — 33 D2

Normandie Vallée de la Seine

Paris 75 – Cergy 47 – Évreux 37 – Rouen 65

La Réserve sans rest

(près de la mairie), 2 km au Nord par r. Blanche-Hochedé-Monet et C3 direction Bois-Jérôme – ✆ 02 32 21 99 09 – www.giverny-lareserve.com – Ouvert avril-oct.

5 ch ☕ – †105 € ††165 €

Cette belle demeure familiale à la façade jaune safran, perchée sur les hauts de Giverny, n'est pas sans rappeler la maison du grand peintre. Nombreux attraits : un grand parc, un calme parfait et des chambres avec beaucoup de caractère.

GIVET – 08 Ardennes – 306 K2 – 6 699 h. – alt. 103 m – ✉ 08600 — 14 C1

Champagne Ardenne

Paris 287 – Charleville-Mézières 58 – Fumay 23 – Rocroi 41

10, quai des Fours, ✆ 09 60 02 31 96, www.valdardennetourisme.com

<★ du fort de Charlemont★.

Les Reflets Jaunes sans rest

2 r. du Gén.-de-Gaulle – ✆ 03 24 42 85 85 – www.les-reflets-jaunes.com – Fermé 20 déc.-5 janv.

17 ch – †58/99 € ††64/135 € – ☕ 12 €

Près du centre historique, cet hôtel en briques rouges – façade typique de la région – dispose de chambres spacieuses et confortables (baignoire-jacuzzi pour certaines). Copieux petit-déjeuner.

Le Val St-Hilaire sans rest

7 quai des Fours – ✆ 03 24 42 38 50 – www.hotel-val-st-hilaire.com

20 ch – †72 € ††85 € – ☕ 11 €

Les chambres de cet ancien hôtel particulier (1719), posé sur une rive de la Meuse, sont pratiques, bien tenues et insonorisées. Points positifs : la vue sur le fleuve et l'amabilité de l'accueil.

Le Roosevelt sans rest

14 quai des Remparts – ✆ 03 24 42 14 14 – www.hotel-le-roosevelt.com – Fermé 24 déc.-2 janv.

8 ch – †70 € ††80/85 € – ☕ 9 €

C'est vrai qu'il est joli ce val d'Ardenne... Alors, pourquoi ne pas faire étape sur le quai ? Cette maison en pierre typique vous propose des chambres fonctionnelles et bien tenues. À noter : on propose croques, salades, glaces, etc., à la crêperie-salon de thé.

Auberge de la Tour

6 quai des Fours – ✆ 03 24 40 41 71 – www.auberge-de-la-tour.net – Fermé 16 déc.-15 janv. et lundi d'oct. à mars

Rest – Menu 19 € (déj.), 27/42 € – Carte 30/61 €

Le chef de cette jolie auberge rustique réalise une cuisine plutôt traditionnelle (dont quelques plats alléchants à base de homards du vivier). La terrasse a vue sur la Meuse : bien agréable en été.

GIVORS – 69 Rhône – 327 H6 – 19 301 h. – alt. 156 m – ✉ 69700 — 44 B2

Lyon et sa région

Paris 480 – Lyon 25 – Rive-de-Gier 17 – Vienne 12

1, place de la Liberté, ✆ 04 78 07 41 38, www.otfleuvegivorsgrigny.fr

à Loire-sur-Rhône 5 km par N 86, rte de Condrieu – 2 382 h. – alt. 140 m – ✉ 69700

Mouton-Benoît

1167 rte de Beaucaire – ✆ 04 78 07 96 36 – www.restaurant-moutonbenoit.com – Fermé 3 sem. en août et sam.

Rest *(déj. seult sauf vend.)* – Formule 26 € – Menu 33/38 € – Carte 45/63 €

L'établissement fut fondé en 1833 et l'on y retrouve la belle âme des maisons anciennes. La cuisine cultive joliment la tradition comme les saveurs d'aujourd'hui : asperges meunières, veau de lait aux champignons, canard aux épices, etc.

GLAINE-MONTAIGUT – 63 Puy-de-Dôme – 326 H8 – 536 h. – alt. 350 m – ✉ 63160 — 6 C2

Paris 440 – Clermont-Ferrand 31 – Issoire 37 – Thiers 21

Auberge de la Forge avec ch

place de l'Église – ✆ 04 73 73 41 80 – www.aubergedelaforgeglainemontaigut.com – Fermé dim. soir et merc.

4 ch – †39/45 € ††45/57 € – ☕ 6 € – ½ P

Rest – Formule 15 € bc – Menu 21 € (sem.), 29/43 € – Carte 27/55 €

Face à l'église romane, cette sympathique auberge est l'exacte reproduction de l'ancienne forge du village : murs en pisé, poutres apparentes, soufflet pour attiser le feu de la cheminée ! Le chef joue sur l'effet de surprise avec notamment une fricassée de crêtes de coq pour le moins surprenante.

GLUIRAS – 07 Ardèche – 331 J4 – 378 h. – alt. 800 m – ✉ 07190 44 B3

Paris 606 – Le Cheylard 20 – Lamastre 40 – Privas 33

Le Relais de Sully avec ch

pl. centrale – ✆ 04 75 66 63 41 – www.lerelaisdesully.com – Fermé 18-29 déc., 15 janv.-15 mars, dim. soir, merc. soir et lundi sauf juil.-août

4 ch – †40 € ††40 € – ☕ 6,50 € **Rest** – Formule 16 € – Menu 20/40 €

Au cœur de ce village perché ardéchois, une maison en pierre devancée par une véranda. Le jovial patron aime cuisiner les produits du terroir local, de même que le poisson, selon les arrivages. Chambres modestes, utiles en dépannage.

GODEWAERSVELDE – 59 Nord – 302 D3 – 2 025 h. – alt. 45 m – ✉ 59270 30 B2

Nord Pas-de-Calais Picardie

Paris 263 – Arras 90 – Brugge 97 – Lille 41

L'Estaminet du Centre

11 rte de Steenvoorde – ✆ 03 28 42 21 72 – www.estaminetducentre.com – Fermé 20 déc.-3 janv., lundi soir, jeudi soir, mardi et merc.

Rest – Menu 22/29 € – Carte 22/40 €

Un estaminet typique qui a gardé son âme conviviale : ici, on se régale de délicieuses recettes du Nord, simples et goûteuses. Harengs, flamiche au maroilles, carbonade...

GOLBEY – 88 Vosges – 314 G3 – rattaché à Épinal

GOLFE DE SANTA-GIULIA – 2A Corse-du-Sud – 345 E10 – voir à Corse (Porto-Vecchio)

GOLFE-JUAN – 06 Alpes-Maritimes – 341 D6 – ✉ 06220 Vallauris 42 E2

Côte d'Azur

Paris 905 – Antibes 5 – Cannes 6 – Grasse 23

boulevard des Frères Roustan, ✆ 04 93 63 73 12

pour Vallauris voir plan de Cannes

Beau Soleil sans rest

6 impasse Beau-Soleil, par D 6007 (dir. Antibes) – ✆ 04 93 63 63 63 – www.hotel-beau-soleil.com – Ouvert 5 mars-15 nov.

30 ch – †58/84 € ††71/138 € – ☕ 10 €

Dans une impasse tranquille à 500 m de la plage du Midi, un hôtel récent avec des chambres agréables et très bien tenues, ainsi qu'une jolie piscine autour de laquelle on peut musarder sur un transat.

Nounou

bd des Frères Roustan, (à la plage) – ✆ 04 93 63 71 73 – www.nounou.fr – Fermé mi-nov.-25 déc.

Rest – Menu 39/72 € – Carte 48/163 €

Nounou vit sur la plage ! Près des baies vitrées, la vue sur le rivage est superbe ; la déco est une ode à la Grande Bleue et, dans l'assiette, on se régale de spécialités bien iodées, dont la bouillabaisse et la bourride.

Tétou

10 bd des Frères Roustan, (à la plage) – ✆ 04 93 63 71 16 – Ouvert de début mars à mi-oct. et fermé lundi midi, mardi midi et merc.

Rest – Carte 123/220 €

Fondée en 1920, cette institution locale n'a rien perdu de son charme si typiquement balnéaire (du blanc, du bleu azur...). Au menu, bouillabaisse, produits de la mer et saveurs régionales.

à Vallauris Nord-Ouest : 2,5 km par D 135 – 27 991 h. – alt. 120 m – ✉ 06220

avenue Georges Clemenceau, ✆ 04 93 63 82 58, www.vallauris-golfe-juan.fr

Musée national "la Guerre et la Paix" (château) - Musée de l'Automobile★ NO : 4 km.

Le Mas Samarcande sans rest
138 Grand-Boulevard de Super-Cannes – 04 93 63 97 73 – www.mas-samarcande.com
5 ch – 120/135 € 120/135 €
Sur les hauteurs de Vallauris, cette belle villa est une véritable invitation à la détente ! Les chambres, originales et raffinées, mêlent inspiration provençale et exotique... et sur la terrasse, on peut lézarder en profitant de la jolie vue sur la baie.

GONFREVILLE-CAILLOT – 76 Seine-Maritime – 304 C4 – 315 h. – alt. 119 m – 76110 33 C1
Paris 196 – Caen 112 – Évreux 124 – Rouen 74

L'Auberge de la Motte
196 rte de Goderville – 02 35 28 71 84 – www.aubergedelamotte.com – Fermé 4-14 oct., 2-10 janv., merc. soir et lundi
Rest *(réserver)* – Formule 18 € – Menu 28/50 €
Dans un paisible village, une jolie chaumière coiffée de chaume... Le cadre est charmant, très rustique – mais nullement figé : en ces lieux, un jeune chef signe une cuisine créative aboutie, avec de beaux assortiments de produits.

GORDES – 84 Vaucluse – 332 E10 – 2 119 h. – alt. 372 m – 84220 42 E1
Provence
Paris 712 – Apt 19 – Avignon 38 – Carpentras 26
le Château, 04 90 72 02 75, www.gordes-village.com
Site★ - Village★ - Château : cheminée★ - Village des Bories★★ SO : 2 km par D 15 puis 15 mn - Abbaye de Sénanque★★ NO : 4 km - Pressoir★ dans le musée des Moulins de Bouillons S : 5 km.

La Bastide de Gordes & Spa
au village – 04 90 72 12 12 – www.bastide-de-gordes.com – Fermé 3 janv.-15 fév.
31 ch – 125/545 € 125/545 € – 8 suites – 28 € – ½ P
Rest *La Bastide de Gordes & Spa* – voir les restaurants ci-après
Si un bâtiment avait de la prestance comme une personne, cette bastide du 16e s. pourrait se targuer d'en avoir beaucoup ! Côté vallée ou côté village, les chambres sont superbes et très confortables. Quant au spa... Le luxe à la provençale.

Les Bories & Spa
rte de l'Abbaye de Sénanque, 2 km – 04 90 72 00 51 – www.hotellesbories.com – Fermé 5 janv.-14 fév.
31 ch – 320/480 € 320/480 € – 2 suites – 23 €
Rest *Les Bories* – voir les restaurants ci-après
Les "bories", ce sont ces cabanes en pierres sèches des anciens bergers de Provence... Un modèle pour l'architecture de ce luxueux établissement, qui semble vivre en communion avec la garrigue, entre lavandes et oliviers. Lumière, raffinement...

Le Gordos sans rest
1,5 km par rte de Cavaillon – 04 90 72 00 75 – www.hotel-le-gordos.com – Ouvert 23 mars-3 nov.
19 ch – 132/176 € 132/176 € – 17 €
Posté à l'entrée du village, un mas en pierre sèche frais et charmant. Les chambres avec terrasse donnent sur le jardin, où embaument les fleurs et les plantes aromatiques.

Le Mas des Romarins sans rest
rte de Sénanque – 04 90 72 12 13 – www.masromarins.com – Fermé 17 nov.-20 déc. et 6 janv.-7 mars
13 ch – 86/168 € 99/168 €
Ferme centenaire dominant Gordes. Les chambres sont fraîches et cosy ; de la terrasse, à l'ombre des mûriers, la vue est un délice. Restauration possible certains soirs.

Les Terrasses N
hameau Les Gros – 04 32 50 25 85 – www.chambre-hotes-luberon.fr
3 ch – 100/180 € 100/180 € **Table d'hôte** – Menu 30 € bc/40 € bc
Une belle bâtisse de style régional – toit en tuiles et murs en pierres – à 3 km de Gordes. Les chambres y sont confortables et cosy. Joli jardin, piscine chauffée, cuisine du marché... ou la garantie de passer un agréable séjour au cœur du Luberon !

XXX **La Bastide de Gordes & Spa** – Hôtel La Bastide de Gordes & Spa
au village – ✆ 04 90 72 12 12 – www.bastide-de-gordes.com – Fermé 3 janv.-15 fév.
Rest – Menu 38 € bc (déj.)/62 € – Carte 94/103 € le soir
Pour ce restaurant de grand hôtel, un décor très classique (moulures, nappes blanches) et une large terrasse panoramique. Une belle vue du Sud... où la carte puise ses produits et son caractère.

XXX **Les Bories** – Hôtel Les Bories & Spa
rte de l'Abbaye de Sénanque, 2 km – ✆ 04 90 72 00 51 – www.hotellesbories.com – Fermé 5 janv.-14 fév.
Rest *(réserver)* – Menu 57/95 € – Carte 90/102 €
Un cadre idyllique, à la fois secret et grand ouvert sur la garrigue... Les saveurs provençales prennent ici toute leur dimension : parfums sublimés, textures équilibrées, accords harmonieux... le travail du chef est très délicat.
➜ Courgettes fleurs soufflées au basilic. Carré d'agneau laqué au citron. Pêche jaune rôtie à la verveine, financier pêche et "miettes" à la vanille. **Vins** Luberon rouge et blanc.

rte d'Apt 2 km à l'Est par D 2 – ✉ 84220 Gordes

Auberge de Carcarille ch,
rte d'Apt, 4 km par D 2 – ✆ 04 90 72 02 63 – www.auberge-carcarille.com – Fermé 11 nov.-5 fév.
20 ch – 🛉78/130 € 🛉🛉78/130 € – ☕ 13 € – ½ P
Rest *Auberge de Carcarille* *(fermé vend. sauf le soir d'avril à sept.)* – Menu 21 € (déj.), 36/52 € – Carte 32/69 €
Passé l'allée de cyprès, on découvre cette jolie maison en pierre sèche qui embaume le bon air de la Provence. Chaque chambre ouvre sur un balcon ou une terrasse, la piscine est entourée d'oliviers... les cigales chantent tout l'été. Recettes régionales au restaurant.

La Ferme de la Huppe
5 km par D 156 rte de Goult – ✆ 04 90 72 12 25 – www.lafermedelahuppe.com – Ouvert mi-mars à début nov.
10 ch ☕ – 🛉110/174 € 🛉🛉125/215 € – ½ P
Rest *La Ferme de la Huppe* – voir les restaurants ci-après
Jolie fermette du 18ᵉ s. en pierre sèche. Les chambres fleurent bon le lin et la lavande, comme un rêve provençal. Très jolie piscine parmi les arbustes.

XX **La Ferme de la Huppe**
5 km par D 156 rte de Goult – ✆ 04 90 72 12 25 – www.lafermedelahuppe.com – Ouvert mi-mars à début nov.
Rest *(fermé lundi midi, mardi midi et dim.)* – Menu 29 € (déj. en sem.), 42/62 €
Un restaurant dans une jolie fermette du 18ᵉ s. On y savoure une cuisine provençale réalisée avec de beaux produits du terroir. Dans l'assiette, les saveurs sont bien marquées, les cuissons maîtrisées. Aux beaux jours, on profite de la terrasse. Accueil et service aux petits soins.

rte des Imberts Sud-Ouest : 4 km par D 2 – ✉ 84220 Gordes

Mas de la Senancole
Hameau les Imberts – ✆ 04 90 76 76 55 – www.mas-de-la-senancole.com – Fermé 2 janv.-5 fév.
21 ch – 🛉99/147 € 🛉🛉99/147 € – ☕ 13 € – ½ P
Rest *L'Estellan* – voir les restaurants ci-après
La Sénancole coule à proximité de ce petit mas en pierre. Chambres agréables (bois peint et fer forgé), certaines avec terrasse. Espace détente avec sauna, hammam, jacuzzi.

Le Moulin des Sources sans rest
Hameau des Gros – ✆ 04 90 72 11 69 – www.le-moulin-des-sources.com – Ouvert de mars à nov.
5 ch ☕ – 🛉105/150 € 🛉🛉150/190 €
On se prélasse volontiers dans cet ancien moulin à huile aux murs voûtés, allant du salon-bibliothèque au jardin, puis à la piscine. Belles chambres aux teintes terriennes.

Le Mas Tourteron
chemin de St-Blaise – ✆ 04 90 72 00 16 – www.mastourteron.com – Ouvert 1er mars-3 nov. et fermé dim. soir en oct. et mars, lundi et mardi
Rest – Menu 55 €
Ce joli mas et sa terrasse sous les mûriers dégagent un charme à la Pagnol. Le credo du lieu : une "cuisinière dans sa maison" qui régale d'une généreuse cuisine provençale.

L'Estellan – Hôtel Mas de la Senancole
Hameau les Imberts – ✆ 04 90 72 04 90 – www.restaurant-estellan.com – Fermé 2 janv.-4 fév., dim. soir et lundi de nov. à mars
Rest – Formule 19 € – Menu 25 € (déj. en sem.), 36/49 € – Carte 46/63 €
Un restaurant au charme poétique et rétro, dans un mas en pierre. Ail, olive, plantes aromatiques en vedette d'une goûteuse cuisine provençale.

GORGES DE LA RESTONICA – 2B Haute-Corse – 345 D6 – voir à Corse (Corte)

GOSNAY – 62 Pas-de-Calais – 301 I4 – rattaché à Béthune

LA GOUESNIÈRE – 35 Ille-et-Vilaine – 309 K3 – 1 646 h. – alt. 22 m – ✉ 35350 10 D1

Paris 390 – Dinan 25 – Dol-de-Bretagne 13 – Lamballe 65

Maison Tirel-Guérin
à la gare, rte de Cancale : 1,5 km par D 76 – ✆ 02 99 89 10 46 – www.tirelguerin.com – Fermé 22 déc.-1er fév.
55 ch – 55/65 € 90/119 € – 2 suites – 13 €
Rest *Maison Tirel-Guérin* ✿ – voir les restaurants ci-après
Face à la gare, dans un environnement pourtant sans attrait, cet ancien relais de poste ne manque pas de séduire : accueil prévenant, espace et confort, piscine couverte... Une adresse familiale d'excellente tenue.

Maison Tirel-Guérin
à la gare, rte de Cancale : 1,5 km par D 76 – ✆ 02 99 89 10 46 – www.tirelguerin.com – Fermé 22 déc.-1er fév., dim. soir d'oct. à mars et lundi midi sauf fériés
Rest *(réserver)* – Menu 28 € (sem.), 39/108 € – Carte 53/108 €
Ne pas chercher à épater, mais faire plaisir, tout simplement : le joli pari relevé par cette table bretonne, où la maîtrise d'exécution se met au service des plus beaux produits de saison. Cadre classique, fort confortable.
➜ Saint-Jacques à la nage. Homard bleu braisé "Jean-Luc". Soufflé au Grand Marnier.

GOULT – 84 Vaucluse – 332 E10 – 1 169 h. – alt. 258 m – ✉ 84220 42 E1

Provence

Paris 714 – Apt 14 – Avignon 41 – Bonnieux 8

La Bartavelle
r. du Cheval-Blanc – ✆ 04 90 72 33 72 – www.bartavelle.free.fr – Fermé mi-nov. à fin fév., mardi et merc.
Rest *(dîner seult) (nombre de couverts limité, réserver)* – Menu 43 €
Le petit Marcel Pagnol et son chasseur de père auraient apprécié cette salle voûtée avec ses tomettes... rouges comme des bartavelles ! On y savoure des plats régionaux.

GOUMOIS – 25 Doubs – 321 L3 – 183 h. – alt. 490 m – ✉ 25470 17 C2

Franche-Comté Jura

Paris 513 – Besançon 92 – Montbéliard 55 – Morteau 47

Corniche de Goumois★★, **Franche-Comté Jura**

Taillard
3 rte de la Corniche – ✆ 03 81 44 20 75 – www.hoteltaillard.com – Ouvert 15 mars-8 nov.
16 ch – 88/114 € 88/114 € – 4 suites – 14 € – ½ P
Rest *Taillard* – voir les restaurants ci-après
Situé à flanc de colline, un hôtel familial (1875) plaisant avec un très joli jardin, pour les amoureux de la nature. Les chambres, classiques ou plus contemporaines à l'annexe, sont confortables et soignées (meubles chinés, tableaux, etc.).

Taillard

3 rte de la Corniche – ✆ 03 81 44 20 75 – www.hoteltaillard.com – Ouvert 15 mars-8 nov. et fermé merc. soir d'oct. à avril, lundi midi et merc. midi
Rest – Formule 20 € – Menu 26 € (déj.), 38/102 € bc – Carte 47/72 €
La vue sur la vallée est très agréable et la cuisine du terroir concoctée par le chef – savoureuse et très raffinée – n'a rien à lui envier ! Une maison familiale et de tradition.

GOUPILLIÈRES – 14 Calvados – 303 J5 – 159 h. – alt. 162 m – ✉ 14210 32 B2

Paris 255 – Caen 24 – Condé-sur-Noireau 27 – Falaise 34

Auberge du Pont de Brie

Halte de Grimbosq, 1,5 km à l'Est – ✆ 02 31 79 37 84 – www.pontdebrie.com – Fermé 1er-11 juil., 28 oct.-6 nov., 16 déc.-18 janv., nov. et déc. sauf week-ends, mardi sauf août et lundi
Rest – Menu 23/51 € – Carte 32/59 €
Avec ses escarpements et ses jolis points de vue, la vallée de l'Orne mérite une visite ! Faites donc une halte dans cette auberge, où l'on déguste andouillette de canard, entrecôte au camembert, côte de veau grand-mère... Sympathique et traditionnel.

GOURDON – 46 Lot – 337 E3 – 4 622 h. – alt. 250 m – ✉ 46300 28 B1

Périgord Quercy

Paris 543 – Bergerac 91 – Brive-la-Gaillarde 66 – Sarlat-la-Canéda 26
24, rue du Majou, ✆ 05 65 27 52 50, www.tourisme-gourdon.com
Rue du Majou★ - Cuve baptismale★ dans l'église des Cordeliers - Esplanade ✳★.
Grottes de Cougnac★ NO : 3 km.

Hostellerie de la Bouriane

pl. du Foirail – ✆ 05 65 41 16 37 – www.hotellabouriane.fr – Fermé 16-25 oct., 20 janv.-10 mars, dim. soir et lundi du 20 oct. au 30 avril
20 ch – 81/119 € 81/119 € – 14 € – ½ P
Rest *Hostellerie de la Bouriane* – voir les restaurants ci-après
Cette maison cultive le sens de l'hospitalité depuis 1898 ! On s'y repose dans des chambres rustiques bien tenues et mansardées au dernier étage. L'été, il fait bon profiter de l'agréable jardin. Un point de chute parfait pour partir à la découverte de ce village médiéval remarquablement préservé.

Hostellerie de la Bouriane

pl. du Foirail – ✆ 05 65 41 16 37 – www.hotellabouriane.fr – Fermé 16-25 oct., 20 janv.-10 mars, dim. soir et lundi du 20 oct. au 30 avril
Rest *(dîner seult sauf dim.)* – Menu 29/49 € – Carte 38/76 €
Cette hostellerie de campagne mise sur les beaux produits du terroir : agneau du Quercy, petits gris du village, rocamadour fermier, liqueur de prune de Souillac, etc. Grande spécialité de la maison : le tournedos Rossini. Belle carte des vins.

GOURETTE – 64 Pyrénées-Atlantiques – 342 K7 – alt. 1 400 m – Sports d'hiver : 1 350/2 450 m 2 11 – ✉ 64440 Eaux Bonnes 3 B3

Aquitaine

Paris 829 – Argelès-Gazost 35 – Eaux-Bonnes 9 – Laruns 14
place Sarrière, ✆ 05 59 05 12 17, www.gourette.com
Col d'Aubisque ✳★★ N : 4 km.

Boule de Neige

((accès piétonnier)) – ✆ 05 59 05 10 05 – www.hotel-bouledeneige.com – Ouvert 1erjuil.-6 sept. et 1er déc.-14 avril
22 ch – 50/120 € 68/120 € – 9 € – ½ P
Rest – Menu 14 € (déj.)/30 € – Carte 19/36 €
Les atouts de cet hôtel : sa situation au pied des pistes, face aux sommets, et ses petites chambres de style chalet (la moitié avec mezzanine). Restaurant contemporain décoré de rondins de bois et de pierres apparentes. Cuisine traditionnelle ; snack à midi.

L'Amoulat
rte de l'Aubisque – ✆ 05 59 05 12 06 – Ouvert 15 juin-15 sept. et 22 déc.-23 mars
12 ch – 50/64 € 54/80 € – 9 € – ½ P
Rest *(fermé le midi en hiver)* – Formule 25 € – Carte 20/42 €
Sur les hauteurs de Gourette et près de la route menant au col de l'Aubisque, cet hôtel dispose de petites chambres, fonctionnelles et bien tenues. Cuisine simple servie sous la véranda ou dans la salle rustique.

GOURNAY-EN-BRAY – 76 Seine-Maritime – 304 K5 – 6 386 h. – alt. 94 m – ✉ 76220 Normandie Vallée de la Seine 33 D2

Paris 97 – Amiens 78 – Les Andelys 38 – Beauvais 31
9, place d'Armes, ✆ 02 35 90 28 34, www.ot-gournay-en-bray.fr

Le Saint Aubin
550 chemin Vert, 3 km par D 915 rte de Dieppe – ✆ 02 35 09 70 97 – www.hotel-saint-aubin.fr
60 ch – 75/90 € 78/110 € – 8 € – ½ P
Rest *(fermé 1er-25 août, 23 déc.-1er janv., sam. et dim.)* – Formule 12 € – Menu 16/28 € – Carte 20/41 €
Cette construction récente, prisée par la clientèle d'affaires (plusieurs salles de réunion), se trouve légèrement en retrait de la route de Dieppe. Les chambres sont fonctionnelles et utiles pour l'étape.

Le Cygne sans rest
20 r. Notre Dame – ✆ 02 35 90 27 80 – www.hotellecygne.fr
29 ch – 48/52 € 60/62 € – 8 €
Hôtel familial et accueillant, situé au centre de cette petite cité du pays de Bray. Les chambres sont bien tenues et parfaitement insonorisées. Le soir en semaine, la patron, cuisinier de métier, propose un menu unique.

GOUVIEUX – 60 Oise – 305 F5 – rattaché à Chantilly

GOUY-ST-ANDRÉ – 62 Pas-de-Calais – 301 E5 – rattaché à Hesdin

GRAMAT – 46 Lot – 337 G3 – 3 473 h. – alt. 305 m – ✉ 46500 29 C1

Périgord Quercy
Paris 534 – Brive-la-Gaillarde 57 – Cahors 58 – Figeac 36
place de la République, ✆ 05 65 38 73 60, www.rocamadour.com

Le Centre
pl. de la République – ✆ 05 65 38 73 37 – www.lecentre.fr
20 ch – 57/73 € 57/73 € – 9 € – ½ P **Rest** – Formule 13 € – Menu 19/49 €
Un bon point de chute, associant belles prestations et esprit contemporain – l'adresse a été rénovée de pied en cap ! Les chambres offrent un bon confort et des literies king size. Restauration traditionnelle et spécialités de brasserie.

Lion d'Or
8 pl. de la République – ✆ 05 65 10 46 10 – www.liondorhotel.fr
15 ch – 55/85 € 65/85 € – 10 € – ½ P
Rest *Lion d'Or* – voir les restaurants ci-après
Rest *Le Quinze* *(ouvert en saison) (déj. seult)* – Carte 34/48 €
En plein centre-ville, cette jolie demeure régionale de caractère est placée sous la houlette d'un enfant du pays. Les chambres ont été rénovées avec goût en 2010 et arborent un joli décor aux couleurs pastel.

Hostellerie du Causse
2 km par rte de Cahors – ✆ 05 65 10 60 60 – www.hostellerieducausse.com – Fermé 2-31 janv.
31 ch – 60/68 € 70/76 € – 9 € – ½ P
Rest *(fermé sam. midi, dim. soir et vend. d'oct. à mars)* – Formule 15 € – Menu 20 € (sem.), 28/59 € – Carte 38/54 €
À l'écart du centre, cette belle bâtisse récente, inspirée du style local, possède des chambres assez spacieuses, à la fois modernes et fonctionnelles. Au restaurant, cuisine traditionnelle.

Le Relais des Gourmands
2 av. de la Gare – ✆ 05 65 38 83 92 – www.relais-des-gourmands.fr – Fermé 1 sem. en oct., 23 déc.-2 janv. et 23 fév.-11 mars
16 ch – 59/69 € 61/75 € – 9 € – ½ P
Rest ***Le Relais des Gourmands*** – voir les restaurants ci-après
Accueil attentionné et bonne tenue dans cet établissement situé face à la gare. Les chambres, de facture actuelle, sont sobres et fonctionnelles. Le plus : l'agréable piscine entourée d'un jardin.

Moulin de Fresquet
1 km par rte de Figeac – ✆ 05 65 38 70 60 – www.moulindefresquet.com – Ouvert d'avril à oct.
5 ch – 69/99 € 69/118 € **Table d'hôte** *(fermé jeudi)* – Menu 28 € bc
Ce moulin où cohabitent trois époques (14e, 18e et 19e s.) se dresse au sein d'un jardin baigné par un bief. Meubles, tableaux, tapisseries et objets anciens habillent les chambres, très cosy ! La table d'hôte sert une appétissante cuisine régionale.

Le Relais des Gourmands – Hôtel Le Relais des Gourmands
2 av. de la Gare – ✆ 05 65 38 83 92 – www.relais-des-gourmands.fr – Fermé 1 sem. en oct., 23 déc.-2 janv., 23 fév.-11 mars, lundi sauf le soir en juil.-août et dim. soir
Rest – Menu 20 € (sem.), 22/45 € – Carte 32/61 €
Face à la gare, les gourmands qui descendent du train ont un pied-à-terre tout trouvé ! En cuisine, les petits plats du terroir mijotent sous l'œil attentif du chef, Gérard Curtet. Avec lui, les recettes du pays sont joliment actualisées. Aux beaux jours, profitez de la terrasse sous les marronniers.

Lion d'Or – Hôtel Lion d'Or
8 pl. de la République – ✆ 05 65 10 46 10 – www.liondorhotel.fr – Fermé dim. soir et lundi du 15 nov. au 15 avril
Rest – Formule 17 € – Menu 21 € (sem.), 29/44 € – Carte 39/61 €
Que le chef soit de la région ne fait, ici, aucun doute ! En cuisine, il concocte des recettes traditionnelles bien ancrées dans le terroir. De bons petits plats à déguster en terrasse ou dans la salle un brin bourgeoise de cet hôtel-restaurant. Une bonne adresse.

LE GRAND-BORNAND – 74 Haute-Savoie – 328 L5 – 2 195 h. – alt. 934 m 46 F1

– Sports d'hiver : 1 000/2 100 m 2 32 – ✉ 74450 Alpes du Nord
Paris 564 – Albertville 47 – Annecy 31 – Bonneville 23
Village, ✆ 04 50 02 78 00, www.legrandbornand.com

Les Fermes de Pierre et Anna sans rest
Les Plans, (Au Golf), 5 km à l'Est par D 4e – ✆ 04 50 51 54 99 – www.fermes-pierre-anna.com – Fermé 15 nov.-20 déc.
8 ch – 73/115 € 86/136 € – 11 €
Authentique ! Tel est ce confortable chalet du 18e s. Le golf et les pistes de ski de fond sont à deux pas, tandis que la quiétude et la douceur de vivre sont ici même, chez Pierre et Anna.

Croix St-Maurice rest, rest,
(face à l'église) – ✆ 04 50 02 20 05 – www.hotel-lacroixstmaurice.com – Fermé 1er-26 oct.
21 ch – 67/110 € 67/110 € – 9 € – ½ P
Rest – Menu 23/30 € – Carte 33/45 €
Chalet traditionnel au cœur de la petite capitale... du reblochon. Chambres chaleureuses, dans le style local ; petit espace bien-être. Pour se restaurer, brasserie, pizzas et spécialités savoyardes.

Vermont sans rest
rte du Bouchet, (Pont de Suize) – ✆ 04 50 02 36 22 – www.hotelvermont.fr – Ouvert de début juin à mi-sept. et de début déc. à fin avril
23 ch – 85/112 € 105/135 €
Près de la télécabine de la Joyère, un gros chalet familial avec des chambres pratiques et très propres (la plupart avec balcon). Petit fitness pour se détendre après le ski.

Confins des Sens

Le Villavit – ✆ 04 50 69 94 25 – www.confins-des-sens.com – Fermé 3 sem. en juin, 3 sem. en oct., dim. soir et merc.

Rest – Formule 26 € – Menu 39 €, 49/70 € – Carte environ 56 €

La spécialité de la maison ? La délicieuse soupe de foie gras au muscat et sa compotée d'oignons au cromesquis. Le terroir, avec la touche de créativité qui fait la différence !

au Chinaillon 5,5 km au Nord par D 4 – ✉ 74450 Le Grand Bornand

Les Cimes sans rest

– ✆ 04 50 27 00 38 – www.hotel-les-cimes.com – Ouvert 23 juin-10 sept. et 1er nov.-21 avril

10 ch – †89/139 € ††89/159 € – 1 suite – ☕ 13 €

Un chalet atypique – le magasin du rez-de-chaussée, éclectique et chic, est tenu par la propriétaire – qui cultive avec soin son esprit familial. Quant aux chambres, ce sont de douillets cocons !

La Crémaillère

Le Chinaillon – ✆ 04 50 27 02 33 – www.hotel-la-cremaillere.fr – Ouvert 15 juin-15 sept. et 20 déc.-20 avril

15 ch – †48/110 € ††48/110 € – ☕ 8 € – ½ P

Rest *(fermé mardi midi et lundi)* – Menu 20 € (déj.), 24/35 € – Carte 19/48 €

Dans les chambres, petites mais très propres, vue sur les pistes ! Et l'on peut même entendre bruire le cours d'eau qui a donné son nom au village. Au petit-déjeuner, confiture maison. Le patron cuisine d'agréables plats savoyards avec des produits de qualité.

GRANDCAMP-MAISY – 14 Calvados – 303 F3 – 1 764 h. – alt. 5 m — 32 B2

– ✉ 14450 Normandie Cotentin

▶ Paris 297 – Caen 63 – Cherbourg 73 – St-Lô 40

ℹ 118, rue Aristide-Briand, ✆ 02 31 22 62 44

La Faisanderie sans rest

av. du Col.-Courson – ✆ 02 31 22 70 06

3 ch ☕ – †50 € ††55 €

Une charmante demeure tapissée de vigne vierge, au cœur d'un domaine où l'on élève des chevaux. On vous accueille dans un salon cossu avec cheminée avant de vous accompagner à votre chambre ; une vraie maison de famille, au calme !

La Marée

5 quai Henri-Chéron – ✆ 02 31 21 41 00 – www.restolamaree.com – Fermé 1er janv.-10 fév.

Rest *(réserver)* – Formule 16 € – Menu 20/27 € – Carte 36/59 €

Un ancien bar de pêcheur joliment contemporain, décoré de belles photos ayant pour thème la mer, avec, à l'étage, une vue plongeante sur le port... Le chef n'a qu'à traverser la rue pour se fournir à la criée. Résultat : une cuisine inventive et d'une totale fraîcheur, vivement conseillée.

LA GRANDE-MOTTE – 34 Hérault – 339 J7 – 8 391 h. – alt. 1 m – Casino — 23 C2

– ✉ 34280 Languedoc Roussillon

▶ Paris 747 – Aigues-Mortes 12 – Lunel 16 – Montpellier 28

ℹ Place du 1er Octobre 1974, ✆ 04 67 56 42 00, www.lagrandemotte-tourisme.com

⛳18 de La Grande-Motte, Avenue du Golf, N : 2 km, ✆ 04 67 56 05 00

Les Corallines

rest,

615 allée de la Plage, (Le Point Zéro) – ✆ 04 67 29 13 13 – www.thalasso-grandemotte.com – Fermé 23 déc.-6 janv.

39 ch – †134/202 € ††134/202 € – 3 suites – ☕ 15 € – ½ P

Rest – Formule 25 € – Menu 31 € – Carte 35/41 €

Sur le bord de mer, un complexe hôtelier moderne avec centre de thalassothérapie et spa. Chambres avec balcon, belle piscine et terrasse panoramique face au littoral. Au restaurant, cadre japonisant et zen pour une cuisine aux parfums méditerranéens.

Novotel
1641 av. du Golf – ✆ 04 67 29 88 88 – www.novotel.com
80 ch – 95/180 € 95/180 € – 3 suites – 16 € – ½ P
Rest – Formule 19 € – Menu 26/50 € bc – Carte 29/49 €
À l'entrée du golf, cet hôtel a récemment été entièrement rénové : hall monumental coiffé d'une coupole en verre, grandes chambres aux normes de la chaîne, belles suites. Au restaurant ouvert sur la piscine, formules traditionnelles et saveurs de Méditerranée.

Mercure
140 r. du port – ✆ 04 67 56 90 81 – www.mercure.com
99 ch – 100/180 € 100/180 € – 18 suites – 15 € – ½ P
Rest – Carte 35/45 €
Cette imposante bâtisse domine le port de plaisance, au cœur de la station. Les chambres, spacieuses, bénéficient d'un balcon tourné vers la mer. Carte traditionnelle proposée dans un décor actuel ou sur une terrasse ombragée de platanes.

Golf Hôtel sans rest
1920 av. du Golf – ✆ 04 67 29 72 00 – www.golfhotel34.com
44 ch – 96/140 € 100/165 € – 1 suite – 14 €
Dans un quartier calme, face à une pinède, un hôtel construit à la fin des années 1980. Les chambres ouvrent par une loggia sur le golf ou le plan d'eau du Ponant.

Hôtel de la Plage
allée du Levant, direction Grau-du-Roi – ✆ 04 67 29 93 00 – www.hp-lagrandemotte.fr
38 ch – 89/199 € 89/199 € – 1 suite – 13 € – ½ P
Rest *(fermé le midi hors saison et dim. sauf juil.-août)* – Carte 30/50 €
Sur la plage évidemment... Cet hôtel tenu par un jeune couple a bénéficié de travaux de modernisation (décor contemporain). Les balcons face à la Méditerranée sont bien agréables. Au restaurant ouvert le soir, cuisine estivale face à la piscine.

Azur Bord de Mer sans rest
pl. Justin – ✆ 04 67 56 56 00 – www.hotelazur.net
20 ch – 69/165 € 75/165 € – 14 €
Telle une vigie scrutant la Grande Bleue, un hôtel familial ancré sur le môle fermant le port au sud. Chambres douillettes, au décor classique ou contemporain. Piscine chauffée.

Europe sans rest
allée des Parcs – ✆ 04 67 56 62 60 – www.hoteleurope34.com – Ouvert de mars à nov.
34 ch – 69/140 € 69/140 € – 11 €
Derrière le palais des congrès, un sympathique hôtel familial né dans les années 1970 et entièrement rénové en 2012. Piscine, terrasse-solarium et salon marocain en plein air.

Alexandre
esplanade Maurice Justin – ✆ 04 67 56 63 63 – www.alexandre-restaurant.com – Fermé janv., dim. soir sauf juil.-août, mardi d'oct. à mars et lundi
Rest – Formule 32 € – Menu 50/80 € – Carte 51/92 €
Rest *Bistrot d'Alexandre* *(ouvert 5 juin-5 sept.) (déj. seult)* – Menu 23 €
La table gastronomique se situe à l'étage et bénéficie d'une belle vue sur le port et le large... On y propose une cuisine très classique, où dominent les produits de la mer. Côté Bistrot, au rez-de-chaussée, ambiance décontractée et viandes ou poissons grillés.

GRAND-FOUGERAY – 35 Ille-et-Vilaine – 309 L8 – 2 321 h. – alt. 40 m – 10 D2
– ✉ 35390

▶ Paris 392 – Bruz 41 – Cesson-Sévigné 52 – Rennes 49

Les Palis
15 pl. de l'Église – ✆ 02 99 08 30 80 – www.hotelcharmebretagne.com
16 ch – 90/170 € 90/170 € – 11 € – ½ P
Rest *(fermé dim. soir)* – Formule 16 € – Menu 22 € (sem.), 28/38 € – Carte 31/39 €
Dans une maison en pierre du 18e s., sur la place centrale du village, des chambres tout à fait contemporaines, en gris et blanc, avec un mobilier de bois clair. Au restaurant, cuisine dans l'air du temps, avec quelques touches de terroir.

LE GRAND-VILLAGE-PLAGE – 17 Charente-Maritime – **324** C4 – voir à Île d'Oléron

GRANDVILLERS – 88 Vosges – **314** I3 – 696 h. – alt. 365 m – ✉ 88600 **27** C3

Paris 404 – Épinal 22 – Gérardmer 29 – Lunéville 48

Europe et Commerce ch,

3 et 4 rte de Bruyères – ✆ 03 29 65 71 17 – www.hotel-europe-commerce.fr – Fermé 23 juil.-12 août

20 ch – †57/67 € ††76/86 € – ½ P

Rest *(fermé vend. soir et dim. soir)* – Formule 13 € – Menu 18/40 € – Carte 20/53 €

D'un côté de la route, le restaurant ; de l'autre – et un peu en retrait – les chambres, dans un bâtiment des années 1980 bordé par un petit jardin. Cuisine traditionnelle.

GRANE – 26 Drôme – **332** C5 – 1 730 h. – alt. 175 m – ✉ 26400 **44** B3

Paris 599 – Lyon 136 – Montélimar 35 – Valence 32

Le Village, ✆ 04 75 62 66 08, www.grane.org

La Demeure de Grâne avec ch ch,

8 pl. de l'Église – ✆ 04 75 62 60 64 – www.lademeuredegrane.com

8 ch – †57 € ††57 € – 7 € – ½ P

Rest *(fermé dim. soir et lundi sauf juil.-août, merc. midi, jeudi midi et mardi)* – Formule 18 € – Menu 23 € (sem.), 37/55 € – Carte 35/45 €

Sur la place de l'église, cette sympathique auberge propose une cuisine traditionnelle. Aux beaux jours, préférez la terrasse à l'ombre des platanes. Chambres pour l'étape.

GRANGES-LÈS-BEAUMONT – 26 Drôme – **332** C3 – rattaché à Romans-sur-Isère

GRANGES-STE-MARIE – 25 Doubs – **321** H6 – rattaché à Malbuisson

GRANVILLE – 50 Manche – **303** C6 – 12 847 h. – alt. 10 m – Casino, et à St-Pair-sur-Mer – ✉ 50400 Normandie Cotentin **32** A2

Paris 342 – Avranches 27 – Cherbourg 105 – St-Lô 57

4, cours Jonville, ✆ 02 33 91 30 03, www.ville-granville.fr

de Granville, à Bréville-sur-Mer, Pavillon du Golf, par rte de Coutances : 5 km, ✆ 02 33 50 23 06

Le tour des remparts★ : place de l'Isthme ≤★ - Pointe du Roc : site★.

Mercure Le Grand Large sans rest

5 r. Falaise – ✆ 02 33 91 19 19 – www.mercure-granville.com

66 ch – †75/145 € ††75/145 € – 14 €

Sur la falaise dominant la plage, cet hôtel associé à un centre de thalassothérapie propose des chambres et des studios bien équipés, donnant la plupart sur la mer. De la salle du petit-déjeuner et du solarium, la vue est tout aussi agréable.

La Citadelle

34 r. du Port – ✆ 02 33 50 34 10 – www.restaurant-la-citadelle.com – Fermé 16 déc.-19 janv., mardi d'oct. à mars et merc.

Rest – Formule 19 € – Menu 26 € (sem.)/32 € – Carte 30/47 €

Dégustez homards de Chausey et autres produits de la mer dans un décor aux teintes reposantes ou sur la terrasse face au port, pour admirer les petits bateaux de plaisance en partance pour les îles...

Ne confondez pas les couverts ✗ et les étoiles ✿ ! Les couverts définissent une catégorie de confort et de service, tandis que l'étoile couronne uniquement la qualité de la cuisine, quel que soit le standing de la maison.

GRASSE – 06 Alpes-Maritimes – 341 C6 – 52 019 h. – alt. 250 m – Casino – ✉ 06130 Côte d'Azur 42 E2

Paris 905 – Cannes 17 – Digne-les-Bains 118 – Draguignan 53

22, cours Honoré Cresp, Palais des Congrès, ✆ 04 93 36 66 66, www.grasse.fr

de St-Donat, à Le Plan-de-Grasse, 270 route de Cannes, par rte de Cannes : 5 km, ✆ 04 93 09 76 60

Grasse Country Club, 1 route des 3 Ponts, O : 5 km par D 11, ✆ 04 93 60 55 44

de la Grande Bastide, à Châteauneuf-Grasse, 761 Chemin des Picholines, E : 6 km par D 7, ✆ 04 93 77 70 08

Opio Valbonne, à Opio, Château de la Bégude, E : 11 km par D 4, ✆ 04 93 12 00 08

Saint-Philippe Golf Academy, à Sophia-Antipolis, Avenue Roumanille, E : 12 km, ✆ 04 93 00 00 57

Vieille ville★ : Place du Cours★ ★ Z - Toiles★ de Rubens dans la cathédrale Notre-Dame-du-Puy Z B - Parc de la Corniche ★★ 30 mn Z - Jardin de la Princesse Pauline ★ X K - Musée international de la Parfumerie ★★ Z.

Montée au col du Pilon ★★ 9 km par ④.

Plan page suivante

La Bastide St-Antoine

48 av. Henri-Dunant, (quartier St-Antoine), 1,5 km par ② et rte de Cannes – ✆ 04 93 70 94 94 – www.jacques-chibois.com

11 ch – †255/440 € ††255/440 € – 5 suites – ☕ 29 €

Rest *La Bastide St-Antoine* ✿ – voir les restaurants ci-après

Nichée au cœur d'une immense oliveraie et d'un magnifique parc fleuri, cette bastide du 18e s. est divine ! Les chambres, de style provençal ou contemporain, sont d'un luxe élégant et discret : très agréable.

Le Patti

pl. Patti – ✆ 04 93 36 01 00 – www.hotelpatti.com – Fermé 6 janv.-10 fév. et dim. Y a

73 ch – †75/85 € ††85/95 € – ☕ 9 € – ½ P

Rest – Formule 12 € – Menu 19/38 € – Carte 36/51 €

Vous voilà au parfum, les chambres de cet établissement à la belle façade ocre sont bien utiles si l'on veut visiter la vieille ville ou le musée international de la Parfumerie.

Moulin St-François sans rest

60 av. G. de Maupassant, 2 km à l'Ouest par rte de St-Cézaire – ✆ 04 93 42 14 35 – www.moulin-saint-francois.com

3 ch ☕ – †220/350 € ††220/350 €

Non loin du centre de Grasse, on savoure le charme et la quiétude de ce moulin du 18e s. entouré d'un parc planté d'oliviers. Vieilles pierres, teintes claires, équipement high-tech : tout est d'un grand raffinement.

La Bastide St-Mathieu sans rest

35 chemin Blumenthal, (quartier St-Mathieu), à l'Est du plan par av. Jean-XXIII – ✆ 04 97 01 10 00 – www.bastidestmathieu.com – Fermé 15 déc.-31 janv.

6 ch ☕ – †250/350 € ††250/350 €

Dans le ravissant jardin – sous un olivier ou au bord de la piscine –, on prend l'ombre et le soleil en rêvant de ne plus quitter la Provence... ni même cette superbe bastide du 18e s., où tout n'est que luxe, caractère, raffinement et élégance.

Moulin Ste-Anne sans rest

9 chemin des Prés, quartier Ste-Anne par ③ – ✆ 04 92 42 01 70 – www.moulin-sainte-anne.com

5 ch ☕ – †110/195 € ††110/195 €

Un puits, une rivière, un ancien moulin à huile du 18e s. : presque un hameau au sein du quartier Ste-Anne, à proximité du cœur de la ville. L'élégance minimaliste des chambres met encore plus en valeur ce décor d'exception.

GRASSE

Barri (Pl. du) .... Z 4
Bellevue (Bd) .... X 5
Charabot (Bd) .... XY 6
Conte (R. D.) .... Y 7
Cresp (Cours H.) .... Z 8
Crouët (Bd Jacques) .... X 10
Droite (R.) .... Y 12
Duval (Av. M.) .... X 14
Évêché (R. de l') .... Z 15
Fontette (R. de) .... Y 16
Foux (Pl. de la) .... Y 17
Fragonard (Bd) .... Z 18
Gaulle (Av. Gén.-de) .... X 20
Gazan (R.) .... Z 22
Herbes (Pl. aux) .... Y 23
Jeu-de-Ballon (Bd) .... YZ
Journet (R. M.) .... YZ 26
Juin (Av. Mar.) .... Y 27
Lattre-de-Tassigny (Av. Mar.-de) .... X 28
Leclerc (Bd Mar.) .... X 30
Libération (Av.) .... X 32
Mougins-Roquefort (R.) .... Z 33
Moulin-des-Parois (R.) .... X 34
Oratoire (R. de l') .... Y 35
Ossola (R. Jean) .... Z 38
Petit-Puy (Pl. du) .... Z 42
Poissonnerie (Pl.) .... Z 43
Prés.-Kennedy (Bd) .... X 45
Reine-Jeanne (Bd) .... X 48
Rothschild (Bd de) .... X 49
St-Martin (Traverse) .... Z 50
Sémard (Av. P.) .... X 53
Thiers (Av.) .... Y
Touts-Petits (Trav.) .... Z 55
Tracastel (R.) .... Z 57
Victoria (Av.) .... X 60
Victor-Hugo (Bd) .... XZ 59
11-Novembre (Av. du) .... XY 63

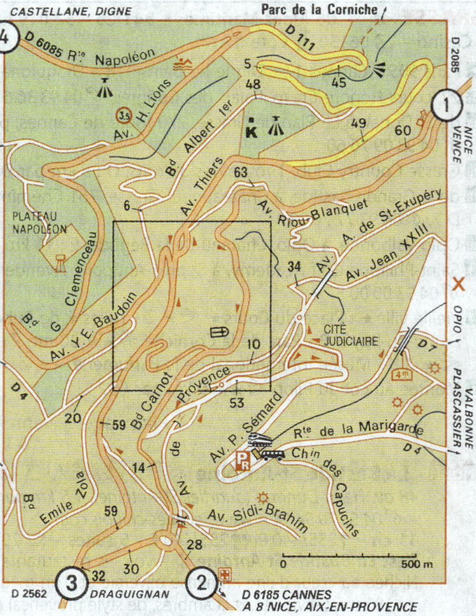

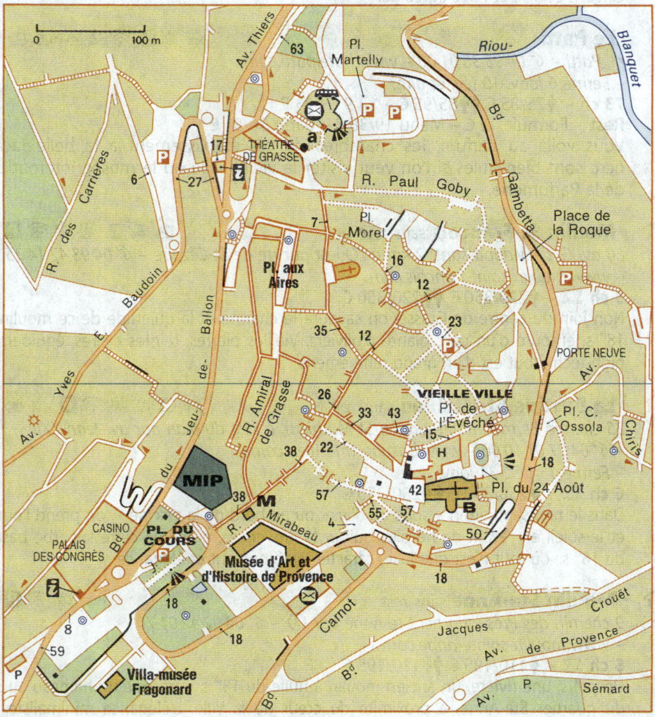

La Bastide St-Antoine (Jacques Chibois) – Hôtel La Bastide St-Antoine
48 av. Henri-Dunant, (quartier St-Antoine), 1,5 km par ② et rte de Cannes – ✆ 04 93 70 94 94 – www.jacques-chibois.com
Rest – Menu 59 € (déj. en sem.), 169/190 € – Carte 110/180 €
Dans cette superbe bastide, tout est élégant, raffiné et la terrasse se révèle tout bonnement exquise ! Quant à la belle cuisine provençale du chef, elle met en valeur les saisons en privilégiant les produits bio.
➜ Papillon de langoustines en émulsion de pulpe d'orange à l'huile d'olive et basilic. Loup de Méditerranée "nouvelle vague" à l'huile d'olive vanillée. Palet pur chocolat agrémenté d'éclats de cacao. **Vins** Bellet, Côtes de Provence.

à Magagnosc 5 km par ① rte de Nice – ✉ 06520

⩤★ du cimetière de l'Eglise St-Laurent - Le Bar-sur-Loup : site★, danse macabre★ dans l'église St-Jacques, place de l'Église ⩤★ NE : 3,5 km.

Au Fil du Temps (Sébastien Giraud)
83 av. Auguste-Renoir – ✆ 04 93 36 20 64 – www.restaurantaufildutemps.com – Fermé 2 sem. en juil., vacances de la Toussaint, le midi en juil.-août, merc. et dim.
Rest *(nombre de couverts limité, réserver)* – Formule 20 € – Menu 26 € (déj. en sem.), 40/70 € – Carte 68/77 € le soir
Au fil du temps, du marché, des saisons... et avec toutes les couleurs de l'époque. Dans cette maison qui domine le pays de Grasse, on déguste une cuisine soignée, sans fioritures, où le terroir provençal s'exprime avec une belle fraîcheur.
➜ Ballottine de foie gras et lapin. Retour de pêche façon stoficado. Œuf flambé à l'orange.

au Sud-Est 5 km par D 4- ✉ 06130 Grasse

Lou Fassum
381 rte de Plascassier – ✆ 04 93 60 14 44 – www.loufassum.com – Fermé 21 oct.-15 nov., vacances de fév., dim. et lundi
Rest *(nombre de couverts limité, réserver)* – Menu 30 € (déj. en sem.), 49 € bc/78 € – Carte 74/116 €
De la terrasse dressée sous les tilleuls, la vue sur Mouans-Sartoux et le golfe de Théoule est exceptionnelle. Le chef travaille des produits d'une belle fraîcheur et privilégie les producteurs locaux. Pour un agréable moment...

au Val du Tignet 8 km par ③ rte de Draguignan par D 2562 – ✉ 06530 Peymeinade

Auberge Chantegrill
291 rte de Draguignan – ✆ 04 93 66 12 33 – www.restaurantchantegrill.com – Fermé dim. soir et merc. d'oct. à avril
Rest – Formule 16 € – Menu 22 € (sem.), 29/49 € – Carte 39/54 €
Grande cheminée, terrasse fleurie, accueil chaleureux et cuisine traditionnelle copieuse et savoureuse. Tout cela fleure bon la Provence : une bonne auberge !

à Cabris 5 km à l'Ouest par D 4 X – 1 404 h. – alt. 550 m – ✉ 06530

9, place Saint-Sébastien, ✆ 04 93 60 55 63
Site★ - ⩤★★ des ruines du château.

Horizon sans rest
100 Promenade St-Jean – ✆ 04 93 60 51 69 – Ouvert 25 avril-15 oct.
22 ch – †89/155 € ††89/155 € – ☕ 13 €
Dans un joli village perché où résida Saint-Exupéry, ce petit hôtel familial se révèle fort avenant. La terrasse, la piscine et les chambres offrent une vue à couper le souffle : Grasse, le golfe de Cannes, l'Estérel... Espace musée dédié aux activités locales ; accueil charmant.

Auberge du Vieux Château avec ch
pl. du Panorama – ✆ 04 93 60 50 12 – www.aubergeduvieuxchateau.com
4 ch – †70/130 € ††70/130 € – ☕ 9 € – ½ P
Rest *(fermé lundi et mardi hors saison)* – Menu 29 € (déj. en sem.), 39/55 €
Sur une placette de ce village médiéval, une belle demeure ancienne à deux pas des ruines du château. On s'installe dans une charmante salle provençale ou sur la délicieuse terrasse, et on savoure une cuisine méditerranéenne de saison concoctée avec de bons produits. Pour l'étape, des chambres coquettes.

Auberge de la Chèvre d'Or
1 pl. du Puits – ✆ 04 93 60 54 22 – Fermé janv., mardi et merc.
Rest – Formule 19 € – Menu 25/35 € – Carte 39/48 €
À l'entrée du village, une sympathique auberge familiale où déguster une cuisine traditionnelle savoureuse et copieuse... Décor rustique et provençal, feu de cheminée en hiver et jolie terrasse : vive la Chèvre d'Or de Cabris !

GRATENTOUR – 31 Haute-Garonne – 343 G2 – rattaché à Toulouse

GRATOT – 50 Manche – 303 D5 – rattaché à Coutances

LE GRAU-D'AGDE – 34 Hérault – 339 F9 – rattaché à Agde

LE GRAU-DU-ROI – 30 Gard – 339 J7 – 7 995 h. – alt. 2 m – Casino 23 C2

– ✉ 30240 Languedoc Roussillon

Paris 751 – Aigues-Mortes 7 – Arles 55 – Lunel 22

30, rue Michel Rédarès, ✆ 04 66 51 67 70, www.vacances-en-camargue.com

Requinarium★.

Splendid ch,
bd Mar.-Alphonse-Juin – ✆ 04 66 51 41 29 – www.splendid-camargue.com
51 ch – †75/130 € ††75/130 € – ☕ 12 € – ½ P
Rest – Formule 16 € – Menu 29/45 € – Carte 29/103 €
Face à la mer, un hôtel moderne avec des balcons à tous les étages. Depuis les chambres, la vue est... splendide ! L'ensemble est propre et bien tenu. Accueil aimable. Cuisine méditerranéenne au restaurant.

Les Acacias sans rest
21 r. de l'Egalité – ✆ 04 66 51 40 86 – www.hotel-les-acacias.fr – Fermé 30 déc.-15 fév.
28 ch – †60/90 € ††60/90 € – ☕ 10 €
Un hôtel familial tout près de la plage. Une terrasse fleurie sépare les deux maisons : décor provençal dans l'une, plus sobre dans l'autre. Simple et bien tenu.

à Port Camargue Sud : 3 km par D 62B – ✉ 30240 Le Grau du Roi

Spinaker
pointe de la Presqu'île – ✆ 04 66 53 36 37 – www.spinaker.com – Fermé 17-25 déc. et 2 janv.-7 fév.
16 ch – †88/120 € ††88/120 € – 5 suites – ☕ 15 € – ½ P
Rest *Spinaker* – voir les restaurants ci-après
Un hôtel avec ponton privé ! Ce complexe moderne est amarré à la marina, au bout de la presqu'île. Toutes les chambres donnent de plain-pied sur le jardin et... sur la jolie piscine bordée de palmiers.

Les Bains de Camargue ch, rest,
rte des Marines – ✆ 04 66 73 60 60 – www.thalazur;fr – Fermé 1-15 déc.
89 ch – †110/170 € ††120/180 € – ☕ 15 € – ½ P
Rest – Menu 18 € – Carte 30/45 €
Détente face aux dunes et à la mer : cet ensemble hôtelier comprend un centre de thalasso et la plupart de ses chambres regardent les flots (toutes avec balcon). Cuisine traditionnelle et recettes diététiques au restaurant, perché au 6e étage.

L'Oustau Camarguen ch,
3 rte des Marines – ✆ 04 66 51 51 65 – www.oustaucamarguen.com – Ouvert 22 mars-3 nov.
32 ch – †75/135 € ††75/135 € – 8 suites – ☕ 12 € – ½ P
Rest *(ouvert 1er mai-fin sept. et fermé merc. soir sauf juil.-août et le midi en sem.)* – Menu 32 € – Carte 39/51 €
Un petit mas camarguais qui a le goût de la Provence : fer forgé, terre cuite, bois patiné... Les chambres sont assez spacieuses et jouissent de terrasses ou de jardins privatifs au calme ! Le restaurant est agréable : on sert une cuisine régionale au bord de la piscine.

Spinaker – Hôtel Spinaker
pointe de la Presqu'île – ✆ 04 66 53 36 37 – www.spinaker.com – Fermé 17-25 déc., 2 janv.-7 fév., lundi et mardi sauf juil.-août et fériés
Rest – Formule 35 € – Menu 43 € – Carte 43/100 €
Une cuisine dans l'air du temps à savourer dans une salle moderne ou sur la superbe terrasse ouverte sur la marina et ses bateaux de plaisance.

L'Amarette
centre commercial Camargue 2000 – ✆ 04 66 51 47 63 – www.l-amarette.com – Fermé 2 déc.-23 janv. et merc. sauf juil.-août
Rest – Formule 24 € – Menu 39/61 € – Carte 37/64 €
Près de la plage, ce restaurant dispose d'une terrasse en étage qui offre une belle vue sur la baie d'Aigues-Mortes. Agréable cuisine de la mer.

GRAUFTHAL – 67 Bas-Rhin – 315 H4 – rattaché à La Petite-Pierre

LA GRAVE – 05 Hautes-Alpes – 334 F2 – 493 h. – alt. 1 526 m – Sports d'hiver : 1 450/3 550 m 2 2 – ✉ 05320 Alpes du Nord 41 C1

Paris 642 – Briançon 38 – Gap 126 – Grenoble 80
route départementale 91, ✆ 04 76 79 90 05, www.lagrave-lameije.com
Glacier de la Meije★★★ (par téléphérique) - ★★★.
Oratoire du Chazelet★★★ NO : 6 km.

Les Chalets de la Meije sans rest
– ✆ 04 76 79 97 97 – www.chaletdelameije.com – Ouvert 24 mai-29 sept. et 15 fév.-21 avril
18 ch – 73/95 € 87/100 € – 9 suites
Une superbe situation face aux Écrins et au glacier de la Meije ! L'hôtel se compose de plusieurs chalets reliés par de petits chemins piétonniers, le petit-déjeuner étant servi dans le chalet principal, un peu comme si l'on vivait dans la vallée... Magnifique panorama également depuis l'espace bien-être.

GRAVESON – 13 Bouches-du-Rhône – 340 D2 – 3 875 h. – alt. 14 m – ✉ 13690 Provence 42 E1

Paris 696 – Avignon 14 – Carpentras 40 – Cavaillon 30
Le Grand Portail - Cours National, ✆ 04 90 95 88 44, www.graveson-provence.fr
Musée Auguste-chabaud★.

Moulin d'Aure
rte de Maillane, 1 km par D 5 – ✆ 04 90 95 84 05 – www.hotel-moulindaure.com
19 ch – 106/200 € 106/200 € – 16 € – ½ P
Rest *(ouvert de début mars au 15 oct. et fermé lundi midi sauf en juil.-août)* – Formule 25 € – Menu 32/90 € bc – Carte 59/75 €
Dans un grand parc planté d'oliviers, cette bastide abrite des chambres confortables, d'esprit provençal (tomettes, couleurs douces, etc.) ; quelques-unes avec terrasse. Mention spéciale pour l'agréable piscine. Cuisine méditerranéenne au restaurant.

Le Cadran Solaire sans rest
5 r. du Cabaret-Neuf – ✆ 04 90 95 71 79 – www.hotel-en-provence.com – Ouvert 15 mars-15 nov.
12 ch – 72/120 € 72/120 € – 9 €
Quelle que soit l'heure donnée par le cadran solaire, ce relais de poste du 16e s. dégage un vrai charme ! Les chambres, avec leur mobilier chiné, sont séduisantes ; le jardin tout autant.

GRAY – 70 Haute-Saône – 314 B8 – 6 050 h. – alt. 220 m – ✉ 70100 Franche-Comté Jura 16 B2

Paris 336 – Besançon 45 – Dijon 50 – Dole 46
1, place Charles de Gaulle, ✆ 03 84 65 14 24, www.ville-gray.fr
Hôtel de ville★ - Collection de pastels et dessins★ de Prud'hon au musée Baron-Martin★.

à Rigny 5 km au Nord-Est par D 70 et D 2 – 616 h. – alt. 196 m – ✉ 70100

Château de Rigny
70 r. des Epoux Blanchot – ✆ 03 84 65 25 01 – www.chateau-de-rigny.com
28 ch – †95/145 € ††95/235 € – ☕ 12 € – ½ P
Rest – Menu 37/50 € – Carte 41/61 €
Dans cette demeure du 17e s., nichée au cœur d'un magnifique parc à l'anglaise, le temps semble s'être arrêté. Mobilier d'époque dans les chambres – certaines plus modernes –, superbe salle des gardes, salon avec tapisseries... renvoient 400 ans en arrière !

GRENOBLE P – 38 Isère – 333 H6 – 155 632 h. – Agglo. 494 878 h. 45 C2
– alt. 213 m – ✉ 38000 Alpes du Nord

Paris 566 – Chambéry 55 – Genève 143 – Lyon 105
de Grenoble-Isère ✆ 04 76 65 48 48, 39 km par ⑥.
14, rue de la République, ✆ 04 76 42 41 41, www.grenoble-tourisme.com
de Seyssins, à Seyssins, 29 rue du Plâtre, ✆ 04 76 70 12 63
de Grenoble, à Bresson, Route de Montavie, S : 6 km par D 269, ✆ 04 76 73 65 00
Site★★★ - Église-musée St-Laurent★★ : crypte St-Oyand★★ FY - Fort de la Bastille ✳★★ par téléphérique EY - Vieille ville★ EY : Palais de Justice★ (boiseries★) - escalier★ de l'hôtel d'Ornacieux EY J - Musées : de Grenoble★★★ FY, de la Résistance et de la Déportation★ F , de l'ancien Evêché-Patrimoines de l'Isère★★ - Musée dauphinois★ : chapelle★★, exposition thématique★★ EY.
Lancey : Maison Bergès - Musée de la Houille Blanche★, E : 16,5 km par D 523

Plans pages suivantes

Park Hôtel
10 pl. Paul-Mistral – ✆ 04 76 85 81 23 – www.park-hotel-grenoble.fr
– Fermé 27 juil.-25 août et 21 déc.-1er janv. FZ**w**
49 ch – †99/240 € ††99/320 € – 9 suites – ☕ 16 €
Rest *Louis 10* – voir les restaurants ci-après
Belle rénovation en 2008 pour cet hôtel dont les chambres, spacieuses, marient sobriété et raffinement. Au bar, dans les salons et au restaurant, c'est la même élégante décontraction : un must pour les hommes d'affaires.

Le Grand Hôtel N sans rest
5 r. de la République – ✆ 04 76 51 22 59
– www.grand-hotel-grenoble.fr EY**a**
66 ch – †118/244 € ††118/244 € – ☕ 19 €
À deux pas de la maison natale de Stendhal, un établissement flambant neuf – entièrement rénové en 2011 – où luxe et design se marient à merveille. Pour accéder aux chambres, sobres et contemporaines, on emprunte le magnifique escalier d'époque. Un conseil : ne manquez pas le petit-déjeuner, les fromages sont à tomber !

Novotel Centre
à Europole, 5 pl. Robert-Schuman – ✆ 04 76 70 84 84 – www.novotel.com
116 ch – †112/170 € ††112/170 € – 2 suites – ☕ 16 € AV**r**
Rest *(fermé sam. midi, dim. midi et fériés)* – Formule 18 € – Carte 25/45 €
Impossible de manquer cet hôtel, il fait partie intégrante du centre de congrès de l'Europole. Les chambres sont presque japonisantes, modernes comme l'ensemble du bâtiment et le beau fitness. Les hommes d'affaires pressés pourront profiter de la cuisine traditionnelle et des grillades.

Mercure Président
11 r. du Gén.-Mangin – ✆ 04 76 56 26 56
– www.mercure-grenoble-president.com AX**y**
105 ch – †89/189 € ††89/189 € – ☕ 18 €
Rest – Formule 18 € – Menu 25 € (sem.) – Carte 29/42 €
Un hôtel plaisant, avec salles de séminaire, fitness, sauna, jacuzzi et terrasse au jardin. Bien pratiques, les grands parkings.

Lesdiguières
122 cours de la Libération – ✆ 04 38 70 19 50 – www.hotellesdiguieres.com – Fermé vacances scolaires, vend., sam. et dim. AXb
23 ch – †73/82 € ††82/108 € – 1 suite – ☕ 9 €
Rest – Formule 26 € – Menu 18 € (déj. en sem.), 26/59 €
Expérience originale dans cette institution grenobloise, à la fois hôtel, restaurant et école hôtelière réputée depuis 1917 ! Les chambres sont confortables (plus tranquilles sur le parc) et le service... assidu : une bonne manière de joindre l'utile à l'agréable.

Patrick Hotel sans rest
116 cours de la Libération – ✆ 04 76 21 26 63 – www.patrickhotel-grenoble.com
56 ch – †61/99 € ††61/109 € – ☕ 12 € AXn
L'hôtel moderne par excellence, d'ailleurs entièrement rénové en 2009. La rocade sud n'est pas loin et les chambres sont bien insonorisées. Plutôt plaisants, le petit bar et le salon.

Terminus sans rest
10 pl. de la Gare – ✆ 04 76 87 24 33 – www.terminus-hotel-grenoble.fr DYt
39 ch – †99/129 € ††99/149 € – ☕ 12 €
Impossible de manquer son train, cet hôtel familial est juste en face de la gare. Les chambres sont décorées simplement et souvent spacieuses – avec une vue sur le Moucherotte et le massif du Vercors aux derniers étages.

Angleterre sans rest
5 pl. Victor-Hugo – ✆ 04 38 88 40 40 – www.hotel-angleterre-grenoble.com
60 ch – †59/190 € ††59/190 € – ☕ 13 € EZz
Un hôtel bien situé, sur la place la plus chic de la ville et face au jardin public. Ses chambres sont fonctionnelles ; certaines mansardées, d'autres équipées de baignoires balnéo. Les hommes d'affaires apprécient.

Splendid sans rest
22 r. Thiers – ✆ 04 76 46 33 12 – www.splendid-hotel.com DZq
50 ch – †79/135 € ††89/145 € – ☕ 10 €
Près du musée des Rêves mécaniques, faites donc un songe dans des chambres enjolivées de fresques originales. Pour les séjours prolongés, l'annexe La Villa propose des chambres avec kitchenettes.

Europe sans rest
22 pl. Grenette – ✆ 04 76 46 16 94 – www.hoteleurope.fr EYt
45 ch – †74/94 € ††84/104 € – ☕ 9 €
Au cœur du vieux Grenoble, l'hôtel le plus ancien de la ville, entièrement rénové en 2011, propose des chambres au style sobre et agréable. De bonnes prestations, également adaptées à l'organisation de séminaires.

Gallia sans rest
7 bd Mar.-Joffre – ✆ 04 76 87 39 21 – www.hotel-gallia.com EZs
35 ch – †60/68 € ††63/72 € – ☕ 8 €
Ses nouveaux propriétaires ont su insuffler à cette adresse un esprit familial et convivial. Hall, chambres, tout est clair et très bien tenu. L'ensemble à prix doux.

Institut sans rest
10 r. L.-Barbillon – ✆ 04 76 46 36 44 – www.institut-hotel.fr DYh
48 ch – †50/64 € ††53/67 € – ☕ 8 €
L'accueil tout sourire, la bonne tenue et les prix modérés sont les atouts de cet hôtel fonctionnel, aux chambres bien équipées (pour moitié climatisées). En outre, il est très bien situé, entre la gare et le centre des congrès.

Trianon sans rest
3 r. Paul-Arthaud – ✆ 04 76 46 21 62 – www.hotel-trianon.com – Fermé 2 sem. en août DZv
35 ch – †50/99 € ††53/109 € – ☕ 9 €
Un hôtel aux prix modérés, où l'on est sûr d'être reçu avec gentillesse et hospitalité dans une ambiance familiale. Les chambres sont simples, certaines avec une déco à thème ("Pompadour", "Bergerie", etc.).

CORENC

Eygala (Av. de l') BCV
Grésivaudan (Av. du) BCV

EYBENS

Innsbruck (Av. d') BX 38
Jean-Jaurès (Av.) BX
Mendès-France (R.) BX
Poisat (Av. de) BX 47

ÉCHIROLLES

Etats-Généraux (Av. des) AX 30
Grugliasco (Av. de) AX
Jean-Jaurès (Crs) AX
Kimberley (Av. de) ABX

FONTAINE

Briand (Av. A.) AV
Joliot-Curie (Bd) AV
Vercors (Av. du) AV

GRENOBLE

Alliés (R. des) AX
Alsace-Lorraine (Av.) DYZ 3
Ampère (R.) AV
Augereau (R.) DZ
Barnavel (R.) EFY 5
Bayard (R.) FY 6
Belgique (Av. Albert-1er de) EFZ 7
Belgrade (R. de) EY 9
Bernard (Q. Cl.) DY
Berriat (Crs) AV, DZ
Berthelot (Av. M.) BX
Bistesi (R.) FZ 10
Bizanet (R.) FGY
Blanchard (R. P.) EYZ
Blum (Av. Léon) AX
Boissieux (R. B.-de) EZ
Bonne (R. de) EZ 12
Brenier (R. C.) DY 13
Briand (Pl. A.) DY
Brocherie (R.) EY 15
Casimir-Périer (R.) EZ 16
Champollion (R.) FZ 17
Champon (Av. Gén.) FZ
Chanrion (R. J.) FYZ
Chenoise (R.) EFY 18
Claudel (R. P.) BX 20
Clemenceau (Bd) FGZ
Clot-Bey (R.) EYZ 21
Condillac (R.) EZ
Condorcet (R.) DZ
Créqui (Q.) DEY
Diables-Bleus (Bd des) FZ 24
Diderot (R.) AV 25
Dr-Girard (Pl.) FY 26
Driant (Bd Col.) FZ 27
Dubedout (Pl. H.) DY 28
Esclangon (R. F.) AV 29
Esmonin (Av. E.) AX
l'Europe (Av. de) BX 31
Fantin-Latour (R.) FZ 32
Faure (R. E.) FZ
La Fayette (R.) EY 39
Flandrin (R. J.) GZ 33
Foch (Bd Mar.) DEZ
La Fontaine (Crs) EZ
Fourier (R.) FZ 34
France (Q. de) DEY
Gambetta (Bd) DEZ
Graille (Q. de la) DY
Grande-Rue EY 37
Grenette (Pl.) EY
Gueymard (R. E.) DY
Haxo (R.) FZ
Hébert (R.) FYZ
L'Herminier (R. Cdt) FY 41
Hoche (R.) EZ
Jay (Q. S.) EY
Jeanne-d'Arc (Av.) GZ
Jean-Jaurès (Crs) DYZ
Joffre (Bd Mar.) DEZ
Jongking (Q.) FY
Jouhaux (R. L.) BX, GZ
Jouvin (Q. X.) FY
Lakanal (R.) EZ
Lavalette (Pl.) FY 40
Leclerc (Av. Mar.) FY
Lesdiguières (R.) EZ
Libération et du Gén.-de Gaulle (Crs de la) AX
Lyautey (Bd Mar.) EZ 42
Lyon (Rte de) DY
Malakoff (R.) FGZ
Mallifaud (R.) EFZ

Martyrs (R. des) AV
Mistral (Pl. P.) FZ
Montorge (R.) EY 43
Mortillet (R. de) FGY
Moyrand (R.) FGZ
Notre-Dame (Pl.) FY
Pain (Bd J.) FZ
Palanka (R.) EY 44
Pasteur (Pl.) FZ 45
Perrière (Q.) EY 46
Perrot (Av. J.) BX, FZ
Poulat (R. F.) EY 48
Prévost (R. J.) DZ
Randon (Av. Mar.) FY
Reynier (R. A.) AX 49
Reynoard (Av. M.) BX 50
Rey (Bd Ed.) EY
Rhin-et-Danube (Av.) AX
Rivet (Pl. G.) EZ 53
Rousseau (R. J.-J.) EY 55
Sablon (Pont du) GY
Ste-Claire (Pl.) EY 57
St-André (Pl.) EY 56
Sembat (Bd A.) EZ
Servan (R.) FY 59
Stalingrad (R. de) AX 60
Strasbourg (R. de) EFZ 62
Thiers (R.) DZ
Très-Cloîtres (R.) FY 63
Turenne (R.) DZ

Vallès (Av. J.)	BV	
Vallier (Bd J.)	AVX	
Valmy (Av. de)	GZ	
Verdun (Pl.)	FZ	
Viallet (Av. F.)	DEY	
Vicat (R.)	EZ	66
Victor-Hugo (Pl.)	EZ	
Villars (R. D.)	FYZ	
Voltaire (R.)	FY	68

LA TRONCHE

Chantourne (Bd de la)	BV	19
Grande-Rue	BV	
Marquis-du-Grésivaudan (Av. des)	BV	

MEYLAN

Vercors (Av. du)	CV	
Verdun (Av. de)	CV	

SEYSSINET-PARISET

Coubertin (Av. P. de)	AX	22
Desaire (Bd des Frères)	AV	23
Gaulle (Av. Gén.-de)	AX	35
République (Av. de la)	AVX	
Tuilerie (R.)	AX	64
Victor-Hugo (Av.)	AX	67

SEYSSINS

Gaulle (Av.Gén.-de)	AX	36

ST-MARTIN-D'HÈRES

Antoine (R.)	CX	
Cachin (Av. M.)	BX	
Croizat (Av. A.)	BCV	
Galochère (Av. de la)	CX	
Jean-Jaurès (Av.)	CX	
Péri (Av. G.)	BCV	
Potié (Av.)	BX	
Prévert (Av. J.)	CX	
Romain-Rolland (Av.)	CX	54

GRENOBLE

Alsace-Lorraine (Av.) . . . . DYZ 3
Barnavel (R.) . . . . EFY 5
Bayard (R.) . . . . FY 6
Belgique (Av. Albert-1er-de). . . . . EFZ 7
Belgrade (R. de) . . . . EY 9
Bistesi (R.) . . . . FZ 10
Blanchard (R. P.). . . . . EYZ
Bonne (R. de) . . . . EZ 12
Brenier (R. C.) . . . . DY 13
Brocherie (R.) . . . . EY 15
Casimir-Périer (R.). . . . . EZ 16
Champollion (R.) . . . . FZ 17
Chenoise (R.) . . . . EFY 18
Clot-Bey (R.) . . . . EYZ 21
Diables-Bleus (Bd des) . . . . FZ 24
Dr-Girard (Pl.) . . . . FY 26
Driant (Bd Col.) . . . . FZ 27
Dubedout (Pl. H.) . . . . DY 28
Fantin-Latour (R.) . . . . FZ 32
Flandrin (R. J.) . . . . GZ 33

Foch (Bd Mar.) . . . . DEZ
Fourier (R.) . . . . FZ 34
Grande-Rue . . . . EY 37
Grenette (Pl.) . . . . EY
Lavalette (Pl.) . . . . FY 40
La Fayette (R.) . . . . EY 39
L'Herminier (R. Cdt) . . . . . . FY 41
Lyautey (Bd Mar.) . . . . EZ 42
Montorge (R.) . . . . EY 43
Palanka (R.) . . . . EY 44
Pasteur (Pl.) . . . . FZ 45
Perrière (Q.) . . . . EY 46
Poulat (R. F.) . . . . EY 48
Rivet (Pl. G.) . . . . EZ 53
Rousseau (R. J.-J.) . . . . EY 55
Ste-Claire (Pl.) . . . . EY 57
St-André (Pl.) . . . . EY 56
Servan (R.) . . . . FY 59
Strasbourg (R. de) . . . . . . EFZ 62
Très-Cloître (R.) . . . . FY 63
Vicat (R.) . . . . EZ 66
Victor-Hugo (Pl.) . . . . EZ
Voltaire (R.) . . . . FY 68

XXX **Le Fantin Latour**

1 r. Gén.-Beylié – ✆ 04 76 01 00 97 – www.fantin-latour.net FZ**a**
Rest *(fermé dim. et lundi) (dîner seult sauf sam.)* – Menu 40/67 € – Carte 39/68 €
Rest *Le 18.36* 5 r. Abbé de la Salle *(déj. seult)* – Formule 21 € bc – Menu 26 € bc (sem.) – Carte 31/60 €
Un cadre féerique que ce bel hôtel particulier du 19e s., autrefois musée Fantin Latour. Les assiettes aussi ont de la personnalité ; assemblages complexes de saveurs, de plantes, de couleurs vives. Le chef met littéralement en scène ses préparations ! Version brasserie de cette cuisine spontanée au 18 36.

XXX **Louis 10** – Park Hôtel

r. Gustave-Eiffel – ✆ 04 76 85 84 27 – www.park-hotel-grenoble.fr – Fermé 27 juil.-25 août et 21 déc.-1er janv., sam. midi, dim. et fériés FZ**w**
Rest – Formule 24 € bc – Menu 39/75 € – Carte 53/72 €
Au sein de l'élégant Park Hôtel, Le Louis 10 affiche un cadre très design (tons blanc et noir, jeux de lumière, etc.). On y savoure une cuisine classique mâtinée de notes exotiques.

XXX **Auberge Napoléon**

7 r. Montorge – ✆ 04 76 87 53 64 – www.auberge-napoleon.fr – Fermé 30 avril-9 mai, 30 juil.-16 août, 2-10 janv. et dim. EY**b**
Rest *(dîner seult) (nombre de couverts limité, réserver)* – Menu 42/72 € – Carte 49/76 €
La maison entretient le souvenir de Napoléon Bonaparte, son hôte le plus célèbre, avec un décor Empire assez théâtral. La jeune chef ose une cuisine inventive, tel ce menu qui décline le foie gras de l'entrée au dessert.

XX **Sens**

50 bd Gambetta – ✆ 04 76 95 03 58 – www.michaelbreuil.fr – Fermé 28 juil.-27 août, le midi sauf vend., dim. et lundi EZ**f**
Rest – Menu 28 € (déj.), 48/126 € bc
"Cuisine ré-créative d'inspiration environnementale" : le message est clair dans cet élégant restaurant aménagé dans une ancienne caserne de la ville. Le jeune chef a une approche très personnelle de la cuisine, ludique voire provocante, et toujours fine et maîtrisée.

XX **Le Mas Bottero**

168 cours Berriat – ✆ 04 76 21 95 33 – www.lemasbottero.com – Fermé 5-13 mai, 3-28 août, dim. et lundi AV**n**
Rest – Formule 21 € – Menu 38 € (déj.), 46/64 € – Carte 56/72 €
Truite du Vercors, fruits et légumes du Grésivaudan, noix de Grenoble, desserts à la Chartreuse... Trois mots clés pour ce mas féru de cuisine méditerranéenne : terroir, marché et saisons !

XX **À Ma Table**

92 cours Jean-Jaurès – ✆ 04 76 96 77 04 – www.restaurant-amatable-grenoble.fr – Fermé 16 juil.-6 août, 2-9 janv., dim. midi de sept. à juin, sam. midi et lundi
Rest *(nombre de couverts limité, réserver)* – Formule 18 € bc – Menu 25/31 € – Carte 35/40 € DZ**t**
Pour trouver cette devanture discrète, allez vers le marché de l'Estacade. Ce bistrot contemporain séduit avec sa courte carte et ses propositions alléchantes : salade de cailles aux noisettes, agneau à la crème d'ail, etc. Jeune et familial.

XX **Marie Margaux**

12 r. Marcel-Porte – ✆ 04 76 46 46 46 – www.lemariemargaux.com – Fermé 4-25 août, dim. soir, mardi soir et lundi EZ**m**
Rest – Formule 13 € – Menu 19 € (déj. en sem.), 32/51 € – Carte 35/53 €
Marie et Margaux, grands-mères tutélaires de cette avenante maison familiale. À la carte : lieu à la vinaigrette d'herbes fines, thon sauce poivrons doux, turbot au citron confit... Un style provençal et chaleureux, avec le poisson en vedette.

XX **Chasse-Spleen**
6 pl. de Lavalette – ✆ 04 38 37 03 52 – www.le-chasse-spleen.com – Fermé lundi midi, sam. midi et dim. FYe
Rest – Formule 18 € – Menu 29/39 € – Carte 40/55 €
Le nom d'un vin baptisé ainsi par Baudelaire lors d'un séjour à Moulis-en-Médoc. Aux murs, poèmes de l'auteur pour la nourriture spirituelle et dans l'assiette, cuisine dauphinoise pour le plaisir des sens.

X **Brasserie Chavant** N
2 cours Lafontaine – ✆ 04 76 87 61 83 EZg
Rest – Carte 34/57 €
Dernière-née des brasseries grenobloises, cette adresse en impose avec son décor chic et baroque ! Au menu, les bon classiques du genre : tartare de bœuf, épaule d'agneau confite... Pour l'anecdote : Chavant était le nom des ancêtres du maître des lieux, restaurateurs depuis 1852.

X **L'Exception**
4 cours Jean-Jaurès – ✆ 04 76 47 03 12 – www.restaurant-lexception.com – Fermé 23 juil.-15 août, 1er-6 janv., sam. et dim. DYa
Rest – Menu 15 € (déj.), 28/53 € – Carte 46/69 €
Une adresse simple qui ne désemplit pas ; on s'y presse pour la généreuse cuisine de terroir proposée à prix sages. Pour des délices terre et mer...

X **Le Village**
20 r. de Strasbourg – ✆ 04 76 87 88 44 – Fermé 1er-30 juil., 23 déc.-6 janv., mardi midi, dim. et lundi FZb
Rest – Formule 19 € – Menu 28 € (déj. en sem.)/43 € – Carte 34/49 €
Est-ce à cause de la cuisine du chef, de son amour des produits frais, ou de la décoration d'inspiration industrielle – ou grâce à tout cela –, toujours est-il que ce Village a beaucoup de succès. C'est souvent plein à craquer : il convient donc de réserver.

X **Le Grill Parisien**
34 av. Alsace-Lorraine – ✆ 04 76 46 10 16 – Fermé 30 juil.-22 août, 1er-6 janv., sam., dim. et fériés DYZr
Rest – Formule 23 € – Menu 37 € – Carte environ 51 €
Pas si parisien que cela ! Installés à la table d'hôte (dans la cuisine) ou sous les poutres de la salle à manger, les habitués se régalent d'une cuisine traditionnelle qui a surtout l'accent... du Sud.

à Corenc – 3 803 h. – alt. 450 m – ✉ 38700

XX **La Corne d'Or**
159 rte de Chartreuse, par ① : 3,5 km sur D 512 – ✆ 04 38 86 62 36 – www.cornedor.fr – Fermé dim. soir et lundi midi
Rest – Formule 20 € – Menu 44/68 € – Carte 55/72 €
De la terrasse, le panorama sur Grenoble et la chaîne de Belledonne est vraiment ravissant. Le chef, passionné de botanique, invente des recettes embaumant l'humus, le fenouil sauvage, la reine des près...

XX **Le Provence**
28 av. du Grésivaudan – ✆ 04 76 90 03 38 – www.leprovence.fr – Fermé dim. sauf le midi de sept. à juin, sam. midi et lundi CVx
Rest – Formule 23 € bc – Menu 27 € bc (déj. en sem.), 37/58 € – Carte 39/68 €
Ici, le chef fait lui-même son marché, d'où les suggestions à l'ardoise ; on peut d'ailleurs le voir travailler en cuisine via un écran. Le soleil de la Provence en direct, avec poisson grillé et cuisine à l'huile d'olive !

à Eybens 5 km – 9 490 h. – alt. 230 m – ✉ 38320

Château de la Commanderie rest,
17 av. d'Échirolles – ✆ 04 76 25 34 58 – www.commanderie.fr – Fermé 22 déc.-5 janv. BXd
42 ch – †102/190 € ††113/199 € – ☕ 17 €
Rest *(fermé sam. midi, dim. et lundi)* – Formule 28 € bc – Menu 44/78 € – Carte 60/81 €
Cette ancienne commanderie des Templiers a gardé le charme d'antan – meubles ancestraux, portraits de famille, tapisseries d'Aubusson –, ce qui n'empêche pas certaines chambres d'être contemporaines. Restaurant classique et spa très complet.

à Bresson Sud par av. J. Jaurès : 8 km par D 269c – 693 h. – alt. 300 m – ✉ 38320

XXX **Chavant** avec ch
2 r. Emile-Chavant – ✆ 04 76 25 25 38 – www.chavanthotel.com – Fermé 20-28 déc., sam. midi, dim. soir et lundi
7 ch – †130/180 € ††130/180 € – ☕ 15 € – ½ P
Rest – Menu 34 € (déj. en sem.), 53/120 € – Carte 64/91 €
Cette auberge, tenue par la famille Chavant depuis 1852, est le restaurant classique par excellence. Pressé de homard aux agrumes, noix d'agneau au thym pastilla de chou... et service stylé : rien ne manque ! Pour le reste : fumoir, cave à vins, piscine, chambres spacieuses : on sait s'occuper des clients.

à Échirolles : 4 km – 35 657 h. – alt. 237 m – ✉ 38130

Dauphitel
16 av. Kimberley – ✆ 04 76 33 60 60 – www.dauphitel.fr AXe
68 ch – †75/114 € ††75/114 € – ☕ 10 € – ½ P
Rest *(fermé 5-25 août, 23 déc.-1er janv., sam., dim. et fériés)* – Formule 23 € – Menu 26 € (sem.), 30/45 € – Carte 24/51 €
Cet hôtel d'architecture récente contemple les montagnes toutes proches. Chambres confortables, salles de séminaire bien équipées, restaurant traditionnel et piscine entourée de verdure : un bon compromis entre hôtel d'affaires et de loisirs.

au Nord-Ouest par A 48

au Fontanil – 2 777 h. – alt. 210 m – ✉ 38120

XX **La Queue de Cochon**
rte de Lyon – ✆ 04 76 75 65 54 – www.laqueuedecochon.fr – Fermé merc. soir, dim. soir et lundi
Rest – Menu 19 € (sem.)/56 € – Carte 36/50 €
Tout est bon dans le cochon ! Mais que l'on ne s'y trompe pas, on vient ici surtout pour les buffets et les grillades (viandes et poissons). La terrasse en plein air, entourée d'un jardin, est bien agréable.

près échangeur A 48 sortie n° 12/13 : 12 km – ✉ 38340 Voreppe

Novotel ch,
1625 rte de Veurey – ✆ 04 76 50 55 55 – www.novotel.com
114 ch – †75/161 € ††75/161 € – ☕ 15 € **Rest** – Formule 18 € – Carte 23/45 €
Voilà un hôtel qui prouve que l'on peut se trouver à proximité d'une autoroute et être entouré de champs. Les chambres sont grandes et confortables, conformément aux dernières normes de la chaîne.

GRÉOUX-LES-BAINS – 04 Alpes-de-Haute-Provence – **334** D10 – **2 510 h.** **40** B2 – **alt. 386 m – Stat. therm. : début mars-mi-déc. – Casino** – ✉ **04800** Alpes du Sud

Paris 783 – Aix-en-Provence 55 – Brignoles 52 – Digne-les-Bains 69

7, Place de l'Hotel de ville, ✆ 04 92 78 01 08, www.greoux-les-bains.com

La Crémaillère rest,
776 av. des Thermes, rte de Riez – ✆ 04 92 70 40 04 – www.mascremailleregreoux.com – Ouvert 30 mars-14 déc.
51 ch – †90/130 € ††90/130 € – ☕ 12 € – ½ P
Rest – Formule 20 € – Menu 28/49 € – Carte 43/53 €
À deux pas des thermes troglodytiques, cet hôtel, confortable et chic, est idéal pour se ressourcer. Chambres contemporaines et lumineuses, avec balcon ou loggia. Au restaurant, cuisine "santé nature" pour les curistes.

Villa Borghèse rest,
av. des Thermes – ✆ 04 92 78 00 91 – www.hotel-villaborghese.com – Ouvert 16 mars-1er déc.
67 ch – †72/182 € ††97/182 € – ☕ 14 € – ½ P
Rest – Formule 24 € – Menu 33/45 € – Carte 47/55 €
Cette Villa Borghèse, tapissée de vigne vierge, abrite de grandes chambres traditionnelles avec loggia. Sauna, espace beauté et cours de bridge. Cuisine provençale au restaurant.

Les Alpes ch,

19 av. des Alpes – 04 92 74 24 24 – www.hoteldesalpes04.fr
– Fermé 13 déc.-12 janv.
26 ch – 69/130 € 79/130 € – 12 € – ½ P
Rest *(fermé dim. soir et lundi midi de nov. à mi-mars)* – Menu 26/39 €
– Carte 28/61 €
Ce petit hôtel familial, au pied du château des Templiers, dispose de chambres confortables, certaines avec terrasse. Au restaurant, on apprécie les recettes provençales.

Le Verdon rest,

43 av. du Colombier – 08 26 46 81 83 – www.hotel-le-verdon.fr
– Ouvert 4 mars-23 nov.
64 ch – 60/80 € 60/80 € – 12 € – ½ P
Rest – Formule 17 € – Menu 24/35 € – Carte environ 42 €
Cet hôtel abrite des chambres fonctionnelles et bien tenues, avec un balcon donnant sur le village ou la garrigue. Agréable jardin avec terrain de pétanque. Recettes dans l'air du temps au restaurant.

GRESSE-EN-VERCORS – 38 Isère – **333** G8 – **394 h. – alt. 1 205 m** **45** C2
– Sports d'hiver : 1 300/1 700 m 13 – 38650 Alpes du Nord

Paris 610 – Clelles 22 – Grenoble 48 – Monestier-de-Clermont 14

le Faubourg, 04 76 34 33 40, www.gresse-en-vercors.fr

Col de l'Allimas ★ S : 2 km.

Le Chalet

Le Village – 04 76 34 32 08 – www.lechalet.free.fr
– Fermé 17 mars-5 mai, 13 oct.-21 déc. et mardi midi, merc. midi et jeudi midi du 1er janv. au 15 fév.
25 ch – 62/70 € 78/88 € – 12 € – ½ P
Rest *Le Chalet* – voir les restaurants ci-après
L'âme du Vercors et de la montagne, déclinée avec fraîcheur et simplicité : un vrai chalet d'aujourd'hui, tenu avec un soin méticuleux. Et aux commandes : toute une famille animée par le désir de bien faire.

Le Chalet

Le Village – 04 76 34 32 08 – www.lechalet.free.fr – Fermé 17 mars-5 mai, 13 oct.-21 déc. et mardi midi, merc. midi et jeudi midi du 1er janv. au 15 fév.
Rest – Formule 14 € – Menu 19 € (sem.), 28/52 € – Carte 27/51 €
Tourte dauphinoise, épaule d'agneau confite, tarte au citron meringuée, etc. En deux mots : tradition et générosité. Tels sont les atouts de cette table familiale, au décor classique (jardin d'hiver).

GRESSY – 77 Seine-et-Marne – **312** F2 – **101** 10 – **voir à Paris, Environs**

GRÉSY-SUR-ISÈRE – 73 Savoie – **333** K4 – **1 260 h. – alt. 350 m** – 73460 **46** F2
Alpes du Nord

Paris 595 – Aiguebelle 12 – Albertville 18 – Chambéry 35

Site★★ - Château de Miolans ★ : Tour St-Pierre ★★, souterrain de défense★
Alpes du Nord

La Tour de Pacoret avec ch ch,

La Tour de Pacoret, 1,5 km au Nord-Est par D 201 – 04 79 37 91 59
– www.hotel-pacoret-savoie.com – Ouvert 1er mai-20 oct.
10 ch – 80/120 € 80/190 € – 12 € – ½ P
Rest *(fermé merc. midi et mardi)* – Formule 19 € – Menu 29/59 € – Carte 41/58 €
Cette tour de guet édifiée en 1283 garde la combe de Savoie. Lumineuse salle à manger, agréable terrasse avec vue sur les sommets environnants et cuisine traditionnelle.

GREZ-EN-BOUÈRE – 53 Mayenne – 310 F7 – 994 h. – alt. 85 m – ✉ 53290 35 C1

Paris 276 – Nantes 143 – Laval 35 – Angers 66

Château de Chanay

4 km à l'Ouest par D 28 – ✆ 02 43 70 98 81 – www.chateau-de-chanay.com – Fermé 15 déc.-31 janv.

3 ch – †80/110 € ††90/120 € – ½ P **Table d'hôte** – Menu 30 €

Au cœur d'un parc boisé, cette gentilhommière (1805) a conservé son joli cachet d'antan (parquet et boiseries d'origine). Chambres confortables et élégantes ; belle bibliothèque. À la table d'hôte, cuisine maison servie dans une salle au mobilier de style.

GRÈZES – 46 Lot – 337 G4 – 161 h. – alt. 312 m – ✉ 46320 29 C1

Paris 562 – Aurillac 84 – Cahors 50 – Figeac 21

Le Grézalide

– ✆ 05 65 11 20 40 – www.grezalide.com – Ouvert 12 avril-12 oct.

19 ch – †82/142 € ††82/142 € – 11 € – ½ P

Rest *(fermé le midi)* – Menu 33/42 €

Au cœur de ce village du Quercy, une adresse qui vous entraîne sur les chemins de l'art avec ses chambres dédiées à des artistes (Dalí, Rodin...) et son espace exposition. Une cuisine aux accents du terroir vous attend dans une jolie salle à manger voûtée.

LA GRIÈRE – 85 Vendée – 316 H9 – rattaché à La Tranche-sur-Mer

GRIGNAN – 26 Drôme – 332 C7 – 1 564 h. – alt. 198 m – ✉ 26230 44 B3

Ardèche Drôme

Paris 629 – Crest 46 – Montélimar 25 – Nyons 25

12, place du jeu de ballon, ✆ 04 75 46 56 75

Château★★ - Église St-Sauveur ✳★- La Garde Adhémar★.

Manoir de la Roseraie

1 chemin des Grands-Prés, rte de Valréas – ✆ 04 75 46 58 15 – www.manoirdelaroseraie.com – Ouvert 17 mai-22 sept. et weekends du 8 fév. au 16 mai et du 24 sept. au 3 nov.

21 ch – †170/295 € ††170/295 € – 20 €

Rest ***Manoir de la Roseraie*** – voir les restaurants ci-après

Dans un village du Tricastin, ce manoir du 19e s. doit son nom à sa roseraie. Il fait bon se promener dans le joli parc ou faire quelques brasses dans la piscine. Les chambres sont spacieuses et confortables, dans une veine traditionnelle.

Le Clair de la Plume

pl. du Mail – ✆ 04 75 91 81 30 – www.clairplume.com

17 ch – †99/215 € ††99/215 € – 16 € – ½ P

Rest – Formule 20 € bc – Menu 30/59 € – Carte 40/65 €

Le nom de cet hôtel aurait plu à la comtesse de Ségur ! Cette demeure provençale du 18e s. propose des chambres ravissantes : mobilier et bibelots chinés. Préférez celles donnant sur le joli jardin de curé. Une adresse idéale pour les petites filles modèles... et les autres.

La Bastide de Grignan sans rest

120 chemin de Bessas, 1 km par D 541 rte de Montélimar – ✆ 04 75 90 67 09 – www.labastidedegrignan.com

16 ch – †70/125 € ††70/125 € – 13 €

À 800 m du château de Grignan, cette demeure récente est entourée de chênes truffiers. Dans les chambres, coquettes et provençales, vous passerez des nuits calmes. Agréable piscine dans le jardin.

La Table des Délices

1 km par D 541 rte de Montélimar – ✆ 04 75 46 57 22 – www.latabledesdelices.com – Fermé 15-30 nov., 1er-11 janv., mardi midi en juil.-août, mardi soir hors saison, dim. soir et lundi

Rest – Menu 27 € (déj. en sem.), 36/90 € – Carte 47/78 €

La maison, des années 1980, est sur la route de la grotte où Mme de Sévigné aimait se retirer. Le chef concocte une goûteuse cuisine régionale, dans un esprit gastronomique. Belle carte des vins.

XXX **Manoir de la Roseraie** – Hôtel Manoir de la Roseraie

1 chemin des Grands-Prés, rte de Valréas – ✆ 04 75 46 58 15 – www.manoirdelaroseraie.com – Ouvert 17 mai-22 sept. et weekends du 8 fév. au 16 mai et du 24 sept. au 3 nov.

Rest *(réserver)* – Formule 20 € – Menu 28/60 € – Carte 55/76 €

Une rotonde, une verrière et une terrasse donnant sur le joli parc : un lieu indéniablement cossu. Le chef s'approvisionne en priorité chez les producteurs locaux et concocte une cuisine gastronomique dans l'air du temps.

X **Le Poème de Grignan**

r. St-Louis – ✆ 04 75 91 10 90 – www.lepoemedegrignan.com – Fermé 1 sem. en sept., 1 sem. en nov., 1 sem. en janv., mardi de nov. à janv. et merc.

Rest *(nombre de couverts limité, réserver)* – Menu 31/40 €

Tout un poème, cette maison de village avec ses porcelaines anciennes et ses fleurs ! Ici, tout est soigné, goûteux, fait sur place... et sent bon la Provence. Une invitation aux plaisirs de la région.

rte de Montélimar 4 km par D 541 et rte secondaire - ✉ 26230 Grignan

La Maison du Moulin

chemin de la Motte – ✆ 04 75 46 56 94 – www.maisondumoulin.com – Fermé 15 oct.-5 janv.

5 ch – 90/130 € 100/155 € **Table d'hôte** – Menu 38 € bc/60 € bc

Dans ce moulin du 18e s. entre rivière et champs de lavande, on profite de chambres ravissantes (meubles chinés), d'un espace bien-être (sauna, massages, etc.) et d'une belle piscine face au paysage ! À la table d'hôte, on apprécie une cuisine d'inspiration méridionale avec les plantes aromatiques du jardin.

GRIMAUD – 83 Var – 340 O6 – 4 309 h. – alt. 105 m – ✉ 83310 41 C3

Côte d'Azur

Paris 861 – Fréjus 32 – Le Lavandou 32 – St-Tropez 12

1, boulevard des Aliziers, ✆ 04 94 55 43 83, www.grimaud-provence.com

Château ≤★.

Port Grimaud★ : ≤★ 5 km.

Le Verger Maelvi sans rest

2 km à l'Ouest par D 14, rte de Collobrières – ✆ 04 94 55 57 80 – www.hotel-grimaud.com – Ouvert 1er avril-5 nov.

14 ch – 95/280 € 100/280 € – 2 suites – 14 €

On n'entend que le doux chuchotement de la rivière dans ce joli mas champêtre et son pavillon "bio", au fond du jardin. L'été, odeurs de glycine et copieux petit-déjeuner sous l'agréable pergola, face à la piscine.

La Boulangerie sans rest

2 km à l'Ouest par D14 rte de Collobrières – ✆ 04 94 43 23 16 – www.hotel-laboulangerie.com – Ouvert 1er mai-9 oct.

10 ch – 119/129 € 119/152 € – 2 suites – 12 €

Sur les hauteurs du village, un agréable petit mas niché dans la verdure. Chambres d'esprit provençal, ambiance conviviale. Détente et bien-être sont au rendez-vous.

Athénopolis rest, ch, rest,

3,5 km au Nord-Ouest par D 558, rte de La Garde-Freinet – ✆ 04 98 12 66 44 – www.athenopolis.com – Ouvert 1er avril-31 oct.

11 ch – 105/205 € 105/205 € – 15 € – ½ P

Rest *(ouvert de mai à mi-oct. et fermé merc. midi sauf juil.-août et lundi midi) (nombre de couverts limité, réserver)* – Formule 19 € – Menu 25 € – Carte 40/54 €

Dans le paysage méditerranéen – presque grec – du massif des Maures, une maison aux volets bleus. Les chambres ont toutes leur propre loggia ou terrasse. L'ensemble est charmant et l'on profite au maximum de la nature. Cuisine traditionnelle au restaurant.

Les Santons
rte Nationale – ✆ 04 94 43 21 02 – www.restaurant-les-santons.fr
– Fermé 1 sem. en déc., le midi en sem. en juil.-août et lundi de sept. à juin
Rest – Formule 37 € – Menu 59 € – Carte 70/150 €
Des recettes classiques (sole au champagne, poire Belle-Hélène...) dans un cadre chaleureux : salon avec cheminée et fauteuils club, salle à manger élégante. Accueil charmant.

La Bretonnière
pl. des Pénitents – ✆ 04 94 43 25 26 – www.bretonniere.1s.fr
– Fermé 1er nov.-31 déc., mardi de janv. à mars, dim. sauf le midi de janv. à mars, le midi en juil.-août et lundi sauf juil.-août
Rest – Menu 29/45 € – Carte 50/65 €
Au cœur du bourg médiéval, face à la chapelle des Pénitents, une table qui invite... au péché de gourmandise. Savoureuse cuisine de tradition, par un chef d'origine belge.

Le Mûrier
La Boal, 1,5 km au Sud-Est par D 14 – ✆ 04 94 56 31 62 – www.restaurant-lemurier.fr
– Fermé 18 fév.-11 mars, dim. soir du 15 oct. à Pâques, lundi et le midi en juil.-août
Rest – Menu 31 € – Carte 52/60 €
C'est un couple franco-japonais qui préside à la destinée de cette jolie villa bordée de mûriers. Ici, courte carte alléchante et rapport plaisir-prix garanti !

Le Coteau Fleuri
pl. des Pénitents – ✆ 04 94 43 20 17 – www.coteaufleuri.fr
– Fermé 5 nov.-26 déc., le midi en juil.-août, lundi midi, vend. midi et mardi
Rest – Formule 24 € – Menu 27 € (déj.), 45/105 € – Carte 64/88 €
Une ancienne magnanerie sur une placette pittoresque du vieux village. Cuisine classique servie dans la salle ornée d'une grande cheminée ou sur la terrasse tournée vers le massif des Maures. Les chambres, au décor monacal, sont sobres et bien tenues.

GROISY – 74 Haute-Savoie – 328 K4 – 2 976 h. – alt. 690 m – ✉ 74570 — 46 F1

Paris 534 – Annecy 17 – Bellegarde-sur-Valserine 40 – Bonneville 29

Auberge de Groisy
34 rte du Chef-Lieu – ✆ 04 50 68 09 54 – www.auberge-groisy.com
– Fermé 1er-15 sept., vacances de Noël, dim. soir, lundi et mardi
Rest *(nombre de couverts limité, réserver)* – Menu 31/72 € – Carte 50/80 €
Une jolie ferme du 19e s. revue à la mode d'aujourd'hui : pierres apparentes et poutres pour le cachet ; douceur contemporaine très nature (du beige, du lin...). Un endroit charmant, idéal pour déguster la cuisine du chef, goûteuse et bien dans son époque, qui valorise les produits de la région.

GROSLEE – Ain – 328 G6 – 349 h. – alt. 280 m – ✉ 01680 — 45 C2

Paris 505 – Bourg-en-Bresse 73 – Genève 127 – Lyon 74
le Village, ✆ 04 74 39 80 92, www.tourismelhuis.fr

Hostellerie du Port de Groslée N
Le Port – ✆ 04 74 39 71 01 – Fermé 2 sem. en janv., le soir du lundi au merc. d'oct. à mai et dim. soir
Rest – Formule 17 € – Menu 24/98 € – Carte 29/74 €
Une institution reprend vie... Cette table réputée sur les rives du Rhône renaît aujourd'hui sous l'égide d'une nouvelle équipe : un repas y convainc qu'elle renoue avec la belle gastronomie, en finesse et justesse. À noter : la vue sur le fleuve et le pont suspendu est magistrale !

GRUISSAN – 11 Aude – 344 J4 – 4 543 h. – alt. 2 m – Casino – ✉ 11430 — 22 B3

Languedoc Roussillon
Paris 796 – Carcassonne 73 – Narbonne 15 – Perpignan 76
1, boulevard du Pech-Maynaud, ✆ 04 68 49 09 00, www.gruissan-mediterranee.com

Le Phoebus
ch, rest,
bd de la Sagne, (au casino) – ✆ 04 68 49 03 05 – www.phoebus-sa.com
50 ch – †53/119 € ††53/119 € – ☐ 10 € **Rest** – Menu 18/45 € – Carte 22/52 €
Une adresse pratique ! Bordant l'étang et intégré au complexe du casino, ce Phoebus prend des airs de motel : les chambres sont joliment arrangées et celles du rez-de-chaussée ont même une petite terrasse avec vue sur l'eau.

L'Estagnol
12 av. Narbonne – ✆ 04 68 49 01 27 – Fermé vacances de fév., lundi et le soir en hiver sauf vend. et sam.
Rest – Formule 13 € – Menu 23/31 € – Carte 30/60 €
Donnant sur l'étang, cette authentique maison de pêcheur a fait du poisson la star de ses assiettes ! La cuisine se révèle simple, fraîche et bonne ; quant à l'ambiance, elle est décontractée et méridionale à souhait.

GRUSON – 59 Nord – 302 H4 – rattaché à Lille

LE GUA – 17 Charente-Maritime – 324 E5 – 2 057 h. – alt. 3 m – ✉ 17600 38 B3

Paris 493 – Bordeaux 126 – Rochefort 26 – La Rochelle 63
Salle Basse Place Poste, ✆ 05 46 23 17 28

Le Moulin de Châlons avec ch
à Châlons, 1 km à l'Ouest par rte de Royan – ✆ 05 46 22 82 72 – www.moulin-de-chalons.com – Fermé 10-25 mars, 12 nov.-4 déc., dim. soir et lundi midi d'oct. à avril
10 ch – 120/135 € 120/170 € – 13 € – ½ P
Rest – Menu 29/52 € – Carte 43/92 €
Soupe de melon au pineau, marinade de coquillages et son granité de tomates... le chef connaît son métier – cuissons millimétrées, saveurs harmonieuses – et concocte une appétissante cuisine d'aujourd'hui. Cadre élégant et contemporain dans un joli moulin ; chambres donnant sur le parc bucolique.

GUEBERSCHWIHR – 68 Haut-Rhin – 315 H8 – 833 h. – alt. 260 m 1 A2
– ✉ 68420 Alsace Lorraine

Paris 487 – Colmar 12 – Guebwiller 18 – Mulhouse 36

Relais du Vignoble
33 r. des Forgerons – ✆ 03 89 49 22 22 – www.relaisduvignoble.com – Fermé fév.
30 ch – 52/65 € 52/72 € – 9 € – ½ P
Rest *Belle Vue* – voir les restaurants ci-après
Situé à flanc de coteau, cette grande bâtisse jouxte la cave familiale, normal dans un village de vignerons ! La plupart des chambres, simples mais bien tenues, donnent sur les vignes.

Belle Vue – Hôtel Relais du Vignoble
29 r. des Forgerons – ✆ 03 89 49 31 09 – www.belle-vue-gueberschwihr.com – Fermé fév., jeudi midi et merc.
Rest – Formule 12 € – Menu 16 € (déj. en sem.)/35 € – Carte 27/65 €
C'est vrai que la vue est belle de la terrasse de ce restaurant d'hôtel : le regard embrasse les vignobles... Plats traditionnels (pâté en croûte, choucroutes, poissons) et vins du domaine.

GUEBWILLER – 68 Haut-Rhin – 315 H9 – 11 508 h. – alt. 300 m 1 A3
– ✉ 68500 Alsace Lorraine

Paris 474 – Belfort 52 – Colmar 27 – Épinal 96
71, rue de la République, ✆ 03 89 76 10 63, www.tourisme-guebwiller.fr
Église St-Léger★ : façade Ouest★★ - Intérieur★★ de l'église N.-Dame★ : Maître-Hôtel★★ - Hôtel de ville★ - Musée du Florival★.
Vallée de Guebwiller★★ NO.

Domaine du Lac
244 r. de la République, vers Buhl – ✆ 03 89 76 15 00 – www.domainedulac-alsace.com
62 ch – 65/115 € 65/115 € – 13 € – ½ P
Rest *Les Terrasses* – voir les restaurants ci-après
Deux hôtels en un ! Le Lac, avec de petites chambres colorées, design et fonctionnelles ; les Rives, plus confortables et cosy, dans une belle veine contemporaine. Vue sur le lac ou le ruisseau à l'arrière.

Les Terrasses – Hôtel Domaine du Lac
244 r. de la République, vers Buhl – ✆ 03 89 76 15 76 – www.domainedulac-alsace.com – Fermé sam. midi
Rest – Formule 17 € – Menu 23 € (sem.), 38/60 € – Carte environ 49 €
Un cadre contemporain et soigné, ouvert sur la verdure, et une belle terrasse au bord du plan d'eau : un lieu agréable, où l'on apprécie une cuisine contemporaine et très fraîche (tout est fait sur place, y compris le pain au levain).

à Murbach **5 km au Nord-Ouest par D 40[II] – 140 h. – alt. 420 m – ✉ 68530**

Église★★.

Le St-Barnabé
53 r. de Murbach – ✆ 03 89 62 14 14 – www.le-stbarnabe.com – Fermé 1 sem. au vacances de fév.
26 ch – †78/175 € ††78/175 € – ☕ 14 € – ½ P
Rest *Le Jardin des Saveurs* – voir les restaurants ci-après
En plein cœur de la forêt et au milieu d'un jardin verdoyant, cette maison alsacienne est charmante... Les chambres sont décorées avec soin dans un style coloré et reposant ; quant à l'espace bien-être, il se révèle très plaisant (piscine chauffée toute l'année).

Le Schaeferhof
6 r. de Guebwiller – ✆ 03 89 74 98 98 – www.schaeferhof.fr – Fermé 10-30 janv.
5 ch ☕ – †160/175 € ††190/230 € **Table d'hôte** – Menu 48 €
Cette métairie du 18e s. est tout simplement superbe ! Partout, la propriétaire, amoureuse du beau, a imprimé sa patte. Mobilier chiné, tissus raffinés... chaque détail a été soigneusement pensé. Du cachet et une âme authentique, même à table, où l'on use de moult raffinements pour vous régaler.

Le Jardin des Saveurs – Hôtel Le St-Barnabé
53 r. de Murbach – ✆ 03 89 62 14 14 – www.le-stbarnabe.com – Fermé 1er-11 juil., 1 sem. vacances de fév., dim. soir, jeudi midi et merc.
Rest – Formule 16 € – Menu 30/75 € – Carte 47/76 €
Un coin de nature vosgienne... et de gourmandise ! Sous l'œil du propriétaire – cuisinier de formation – le chef travaille de beaux produits (souvent bio) et concocte des plats réjouissants, qui font la part belle aux saisons et au terroir.

à Rimbach-près-Guebwiller **11 km à l'Ouest par D 5[I] – 240 h. – alt. 550 m – ✉ 68500**

L'Aigle d'Or avec ch
5 r. Principale – ✆ 03 89 76 89 90 – www.hotelaigledor.com – Fermé 18 fév.-18 mars
15 ch – †53/59 € ††53/59 € – ☕ 9 € – ½ P
Rest *(fermé lundi)* – Formule 11 € – Menu 19/40 € – Carte 29/50 €
Une vraie auberge champêtre (cheminée, ravissant jardin), tenue par la même famille depuis 1926. Le chef concocte une cuisine valorisant le terroir et la tradition ; pour prolonger l'étape, on propose des chambres sobres et fraîches, dont certaines soigneusement rénovées en 2010.

GUÉCÉLARD – 72 Sarthe – 310 J7 – 2 716 h. – alt. 45 m – ✉ 72230 — 35 C1

Paris 219 – Château-du-Loir 38 – La Flèche 26 – Le Grand-Lucé 38

La Botte d'Asperges
49 r. Nationale – ✆ 02 43 87 29 61 – www.la-botte-dasperges.fr – Fermé 18-25 mars, 5-28 août, 7-14 janv., dim. soir et lundi sauf fériés
Rest – Formule 14 € – Menu 17/56 € – Carte 33/60 €
Cette auberge de tradition est un repaire de gourmands. La chef, Karine Lefriec, travaille surtout des produits locaux (dont les fameuses asperges) et ça nous botte !

GUENROUËT – 44 Loire-Atlantique – 316 E2 – 2 900 h. – alt. 30 m – ✉ 44530 — 34 A2

Paris 430 – Nantes 56 – Redon 21 – St-Nazaire 41

Le Relais St-Clair

31 r. de l'Isac, (rte de Nozay) – ✆ 02 40 87 66 11 – www.relais-saint-clair.com – Fermé 1 sem. en nov., 2 sem. en fév., mardi soir et merc. soir d'oct. à mai et lundi
Rest – Formule 25 € bc – Menu 29/98 € bc – Carte 44/76 €
Rest *Le Jardin de l'Isac* *(fermé 1 sem. en nov., 2 sem. en fév., mardi soir, merc. soir et lundi d'oct. à mai)* – Formule 10 € – Menu 13 € (déj. en sem.), 19/20 € – Carte 27/52 €
Dans cette bâtisse fleurie qui surplombe le canal de Nantes à Brest, on privilégie les menus et les produits locaux (poissons, coquillages). Belle carte des vins. À l'étage inférieur, sous les glycines, formule brasserie (grillades et buffets) au Jardin de l'Isac.

Le Paradis des Pêcheurs

au Cougou, 5 km au Nord-Ouest par D 102 – ✆ 02 40 87 64 10 – www.restaurant-leparadisdespecheurs.fr – Fermé vacances de la Toussaint, de fév., dim. soir, lundi soir, mardi soir, jeudi soir et merc.
Rest – Formule 12 € – Menu 22/39 € – Carte environ 42 €
Dans son hameau de l'arrière-pays nazairien, cette grande auberge des années 1930 respire le charme provincial : poutres et cheminée, abords verdoyants (on peut se promener dans le parc attenant) et, dans l'assiette, des recettes traditionnelles qui font le bonheur des habitués.

GUÉRANDE – 44 Loire-Atlantique – 316 B4 – 15 446 h. – alt. 54 m — 34 A2
– ✉ 44350 Pays de la Loire

Paris 450 – La Baule 6 – Nantes 77 – St-Nazaire 20
1, place du Marché au Bois, ✆ 08 20 15 00 44, www.ot-guerande.fr
Collégiale St-Aubin★.

Hôtel de la Cité sans rest

2 pl. Dolgellau – ✆ 02 40 22 02 20 – www.hotel-guerande.com
60 ch – †62/140 € ††72/140 € – ☕ 12 €
Un hôtel à 1 km de la cité, dans une zone d'activités. Literie moelleuse, matériaux contemporains (résine, stuc), photos graphiques... Une adresse où l'on se sent bien !

La Guérandière sans rest

5 r. Vannetaise – ✆ 02 40 62 17 15 – www.guerandiere.com
5 ch – †63/93 € ††63/93 € – ☕ 10 €
Demeure du 19e s. pleine de charme, au pied des remparts. Chambres cosy et colorées, plusieurs avec cheminée. L'été, petit-déjeuner servi dans le jardin ou sous la verrière.

La Tête de l'Art N

11 r. de Porte-Calon, (au manoir de Porte Calon) – ✆ 02 40 88 53 40 – www.restaurantlatetedelart.fr – Fermé mardi soir, dim. et lundi
Rest – Carte 24/46 €
Avant de franchir les remparts de Guérande, faites donc une halte dans les dépendances de ce manoir du 13e s. En cuisine, le chef signe des plats savoureux comme cette soupe de lentilles au chorizo accompagnée de chips de lard, ou ces cannellonis de homard avec leur sauce de crustacés. Cadre très cosy.

LA GUERCHE-DE-BRETAGNE – 35 Ille-et-Vilaine – 309 O7 – 4 253 h. — 10 D2
– alt. 77 m – ✉ 35130 Bretagne Sud

Paris 324 – Châteaubriant 30 – Laval 53 – Redon 84
14 rue d'Anjou, ✆ 02 99 96 30 78, www.laguerchedebretagne-tourisme.fr

La Calèche avec ch

16 av. du Gén.-Leclerc – ✆ 02 99 96 21 63 – www.restaurant-la-caleche.com – Fermé 2-25 août, 25-31 déc. sauf hôtel, lundi, vend. soir et dim. soir
12 ch – †54 € ††66 € – ☕ 11 € – ½ P
Rest – Formule 16 € – Menu 18 € (sem.), 29/38 € – Carte 36/57 €
Vous ferez bien un tour en calèche, n'est-ce pas ? Dans cette authentique bonne petite table, on se régale d'une généreuse cuisine du terroir rehaussée de notes contemporaines. Chambres fonctionnelles pour prolonger la promenade !

GUÉRET P – 23 Creuse – 325 I3 – 13 844 h. – alt. 457 m – ✉ 23000 25 C1

Limousin Berry

Paris 351 – Châteauroux 90 – Limoges 93 – Montluçon 66

1, rue Eugène France, ✆ 05 55 52 14 29, www.ot-gueret.fr

Émaux Champlevés★ du musée d'art et d'archéologie de la Sénatorerie.

Auclair sans rest

19 av. de la Sénatorerie – ✆ 05 44 00 03 93 – www.hotelauclair.fr

31 ch – 50/70 € 50/70 € – 8 €

Dans le centre-ville, un hôtel d'esprit contemporain... Tons chocolat et or, décor épuré dans les chambres, terrasse avec piscine : un endroit sympathique et tendance.

Le Coq en Pâte

2 r. de Pommeil – ✆ 05 55 41 43 43 – www.restaurant-lecoqenpate.com – Fermé 1er-16 juil., 17 fév.-11 mars, dim. soir et lundi soir

Rest – Menu 18 € (sem.), 31/58 € – Carte 45/63 €

Une belle cuisine classique qui varie avec les saisons... mais le homard du vivier et le filet de bœuf sont des résidents permanents de cette maison bourgeoise et cossue (19e s.). Un agréable moment gastronomique.

à La Chapelle-Taillefert 8 km au Sud par D 940 – 375 h. – alt. 497 m – ✉ 23000

Influence

1 r. des Remparts – ✆ 05 55 81 98 32 – www.restaurant-influence.com – Fermé 2 sem. en avril, 4-19 août, 24 déc.-1er janv., dim. (sauf les 2 premiers de chaque mois) et lundi

Rest – Menu 12 € bc (déj. en sem.), 21/42 € – Carte 30/40 €

Papillote de truite au roquefort, pavé de veau au citron et graines de fenouil, poire rôtie à la vanille... Le patron – chef particulier d'un préfet pendant dix ans – aime les beaux produits et nous régale d'une jolie cuisine de saison.

GUÉRY (LAC DE) – 63 Puy-de-Dôme – 326 D9 – rattaché au Mont-Dore

GUÉTHARY – 64 Pyrénées-Atlantiques – 342 C4 – 1 337 h. – alt. 15 m – ✉ 64210 3 A3

Pays Basque et Navarre

Paris 780 – Bayonne 19 – Biarritz 9 – Pau 125

74, rue du Comte de Swiecinski, ✆ 05 59 26 56 60, www.guethary-tourisme.com

Villa Catarie sans rest

415 av. du Gén. de Gaulle – ✆ 05 59 47 59 00 – www.villa-catarie.com

14 ch – 130/220 € 130/220 € – 12 €

Ravissante demeure basque de 1830, à deux pas du port et des plages. Chambres cosy, aux tons pastel. L'été, petit-déjeuner servi au jardin. Il règne ici un esprit familial.

Brikéténia

r. de l'Église – ✆ 05 59 26 51 34 – www.briketenia.com – Fermé 4-23 nov.

17 ch – 65/85 € 70/95 € – 10 €

Rest *Brikéténia* ✿ – voir les restaurants ci-après

Sur le site d'une ancienne briquetterie (d'où "Brikéténia"), ce relais de poste du 17e s., blanc et rouge, abrite des chambres simples, qui valent surtout pour leur vue dégagée sur les environs. Pratique si l'on veut profiter du (bon) restaurant.

Arguibel sans rest

1146 chemin de Laharraga – ✆ 05 59 41 90 46 – www.arguibel.fr – Fermé 3 janv.-10 fév.

5 ch – 130/220 € 130/220 € – 16 €

Superbe villa de style néobasque, à l'intérieur très raffiné, mariant objets design, meubles traditionnels et toiles d'artistes contemporains... Chaque chambre a sa personnalité.

Brikéténia (Martin et David Ibarboure) – Hôtel Brikéténia
r. de l'Église – 05 59 26 51 34 – www.briketenia.com – Fermé 4-23 nov. et mardi du 15 sept. au 30 juin
Rest – Menu 35 € (déj. en sem.), 55/97 € – Carte 70/88 €
Dans cette demeure blanche des années 1930, père et fils signent une cuisine de grande qualité : assaisonnements subtils, effets de transparence ou de contraste, produits choisis à leur parfaite maturité... Un vrai travail sur le naturel.
➜ Tourteau au caviar des Pyrénées et en txangurro dans son jus, compotée d'oignons doux. Suprêmes de pigeonneau rôtis et cuisses en pastilla. Profiteroles à l'éclat d'or, l'instant mangue-chocolat. **Vins** Irouléguy, Jurançon.

LE GUÉTIN – 18 Cher – 323 O5 – ✉ 18150 — 12 D3

Paris 252 – Bourges 58 – La Guerche-sur-l'Aubois 11 – Nevers 13

Auberge du Pont-Canal
37 r. des Ecluses – 02 48 80 40 76 – www.auberge-du-pont-canal.fr – Fermé 2-10 janv. et lundi
Rest – Formule 13 € bc – Menu 21/30 € – Carte 21/44 €
Dans cette petite auberge familiale jouxtant le pont de l'Allier, la tradition est à l'honneur... Ris de veau, cuisses de grenouilles et friture font la fierté de la maison. Le jeune chef travaille les beaux produits avec générosité et simplicité. L'été, on s'attable sur la jolie terrasse avec vue sur la rivière.

GUEWENHEIM – 68 Haut-Rhin – 315 G10 – 1 256 h. – alt. 323 m – ✉ 68116 — 1 A3

Paris 458 – Altkirch 23 – Belfort 36 – Mulhouse 21

La Gare
2 r. de Soppe – 03 89 82 51 29 – Fermé 28 juil.-14 août, 16 fév.-2 mars, mardi soir et merc.
Rest – Formule 10 € – Menu 28 € (déj. en sem.), 31/46 € – Carte 32/58 €
Une très contemporaine institution locale (depuis 1874) ! Ou comment mixer élégance, peps et convivialité ; mêler brasserie sur le pouce et joli repas traditionnel sur la belle terrasse verdoyante... Ou comment présenter l'une des plus belles cartes des vins de France – rien que ça – tout en restant simple.

GUICHE – 64 Pyrénées-Atlantiques – 342 E1 – 895 h. – alt. 98 m – ✉ 64520 — 3 B3

Aquitaine

Paris 770 – Bordeaux 184 – Mont-de-Marsan 102 – Pau 89
Place du Foirail, 05 59 56 03 49, www.tourisme-pays-de-bidache.com

Le Gantxo N
quartier du Port, (au Trinquet) – 05 59 56 46 63 – www.restaurant-le-gantxo.fr – Fermé oct., dim. soir, merc. soir, lundi et mardi
Rest – Menu 12 € (déj. en sem.), 20/28 €
Bienvenue en terre basque ! Ce Gantxo – du nom d'une passe de pelote – donne directement sur le "trinquet", l'aire de jeu du célèbre sport local. En cuisine, le chef sait aussi faire rebondir les saveurs des bonnes recettes de la région. Des plats parfois très fins, souvent copieux, toujours goûteux !

GUIDEL – 56 Morbihan – 308 K8 – 10 174 h. – alt. 38 m – ✉ 56520 — 9 B2

Paris 511 – Lorient 14 – Pont-Aven 26 – Quimper 60
9, rue Saint-Maurice, 02 97 84 78 00, www.lorient-tourisme.fr

Le Domaine de Kerbastic
rte de Locmaria – 02 97 65 98 01 – www.domaine-de-kerbastic.com – Fermé janv.
17 ch – †115/360 € ††185/360 € – ☐ 17 € – ½ P
Rest *(fermé dim. soir et lundi hors saison)* – Formule 30 € bc – Menu 39/58 € – Carte environ 50 €
Colette, Proust, Cocteau... que d'hommes illustres ont séjourné dans cette demeure princière ! Depuis 2007, elle s'est muée en hôtel luxueux, très privé... à votre tour de vous délecter de son charme raffiné ! Au restaurant règnent l'élégance et la tradition.

GUILLESTRE – 05 Hautes-Alpes – **334** H5 – **2 308 h.** – **alt. 1 000 m** **41** C1
– ✉ **05600** Alpes du Sud

▶ Paris 715 – Barcelonnette 51 – Briançon 36 – Digne-les-Bains 114

ℹ Maison du tourisme place Salva, ✆ 04 92 24 77 61, www.pays-du-guillestrois.com

◉ Porche★ de l'église - Pied-la-Viste ⩤★ E : 2 km - Peyre-Haute ⩤★ S : 4 km puis 15 mn.

◉ Combe du Queyras★★ NE : 5,5 km.

Dedans Dehors

ruelle Sani – ✆ 04 92 44 29 07 – Ouvert de mi-mai à fin sept.

Rest – Carte 29/40 €

Une ruelle médiévale dessert cette cave voûtée : tartines, salades et cuisine du terroir à la plancha, le tout agrémenté de fleurs et d'herbes folles. Un bistrot éclectique !

à Mont-Dauphin gare **4 km au Nord-Ouest par D 902^A et N 94 – ✉ 05600**

◉ Charpente★ de la caserne Rochambeau.

Lacour et rest. De la Gare

– ✆ 04 92 45 03 08 – www.hotel-lacour.com – Fermé sam. sauf juil.-août et sauf de Noël à Pâques

46 ch – 🚹36/68 € 🚹🚹36/68 € – ☕ 8 € – ½ P

Rest – Formule 12 € – Menu 16 € (sem.), 23/31 € – Carte 16/45 €

En contrebas des fortifications de Mont-Dauphin, cet hôtel familial et son annexe proposent des chambres confortables et bien tenues. Préférez celles, plus calmes, côté jardin. Au restaurant, on apprécie la cuisine régionale.

à Mont-Dauphin **6 km au Nord-Ouest par D 37 – 145 h. – alt. 1 050 m – ✉ 05600**

ℹ mairie, ✆ 04 92 45 18 34

La Maison du Guil

ch,

La Font d'Eygliers – ✆ 04 92 50 16 20 – www.lamaisonduguil.com

4 ch ☕ – 🚹120/130 € 🚹🚹120/130 € **Table d'hôte** – Menu 35 €

Au-dessus des gorges du Guil, un ancien prieuré du 16e s. restauré avec inspiration : entre vieilles pierres et mobilier design de qualité, le charme est au rendez-vous.

GUILLIERS – 56 Morbihan – **308** Q6 – **1 323 h.** – **alt. 86 m** – ✉ **56490** **10** C2

▶ Paris 418 – Dinan 66 – Lorient 91 – Ploërmel 13

Au Relais du Porhoët

11 pl. de l'Église – ✆ 02 97 74 40 17 – www.aurelaisduporhoet.com – Fermé 2 sem. en janv.

12 ch – 🚹42/53 € 🚹🚹47/61 € – ☕ 8 € – ½ P

Rest *Au Relais du Porhoët* – voir les restaurants ci-après

Une discrète auberge de village, dont les habitués taisent comme un secret le bon confort, l'entretien sans défaut et les tarifs très compétitifs. La plupart des chambres, classiques, donnent sur l'église.

Au Relais du Porhoët

11 pl. de l'Église – ✆ 02 97 74 40 17 – www.aurelaisduporhoet.com – Fermé 2 sem. en janv., dim. soir et lundi sauf en juil.-août

Rest – Formule 11 € – Menu 15 € (sem.), 22/42 € – Carte 25/40 €

Des pierres apparentes, une cheminée monumentale, quelques notes colorées : une âme rustique mais nullement écrasante, pour une cuisine régionale généreuse et bien tournée, dont les prix tout doux font aussi plaisir.

GUINGAMP – 22 Côtes-d'Armor – **309** D3 – **7 378 h.** – **alt. 81 m** **9** B1
– ✉ **22200** Bretagne Nord

▶ Paris 484 – Carhaix-Plouguer 49 – Lannion 32 – Morlaix 53

ℹ 2, place Champ au Roy, ✆ 02 96 43 73 89, www.ot-guingamp.org

⛳ de Bégard, à Bégard, Krec'h An Onn, par rte de Lannion : 13 km, ✆ 02 96 45 32 64

◉ Basilique N.D.-de-Bon-Secours★.

La Demeure

5 r. du Gén.-de-Gaulle – ✆ 02 96 44 28 53 – www.demeure-vb.com
– Fermé 17 août-2 sept., 26 déc.-4 janv. et dim. d'oct. à avril
10 ch – 69/145 € 85/145 € – 9 €
Rest *Sidonie et Compagnie* 6 r. de la Pompe *(fermé 17 août-2 sept., 26 déc.-4 janv. et dim. d'oct. à avril) (déj. seult)* – Carte environ 21 €
Cette belle maison de maître (18e s.) hébergea un temps la gendarmerie. Aujourd'hui, point de plaintes en ces lieux, aux chambres élégantes et toutes différentes (tissus choisis, atmosphère feutrée), d'esprit classique ou bord de mer chic. Qui plus est, l'accueil est charmant.

Ibis sans rest

6 r. de la Chesnaye, sortie Guingamp centre – ✆ 02 96 21 09 41 – www.ibis.com
49 ch – 63/91 € 63/91 € – 9 €
Tout près des axes routiers et non loin du centre-ville, un hôtel Ibis rénové de A à Z en 2010 dans un esprit contemporain. Petit-déjeuner servi dès 4 h du matin, chambres fonctionnelles : une adresse commode pour l'étape.

Hôtel de l'Arrivée sans rest

19 bd Clemenceau, (face à la gare) – ✆ 02 96 40 04 57 – www.hotel-arrivee.com
27 ch – 45/80 € 57/80 € – 8 €
L'enseigne évoque la proximité de la gare ferroviaire. À l'arrivée ou au départ de Guingamp, cet hôtel s'avère pratique avec ses petites chambres bien rénovées.

La Boissière

90 r. Yser, (dir. Tréguier, Plouisy) – ✆ 02 96 21 06 35
– www.restaurant-la-boissiere.com – Fermé 19 août-2 sept., 23 fév.-11 mars, sam. midi, dim. soir et lundi
Rest – Menu 16 € (déj. en sem.), 23/60 € – Carte 38/56 €
Demeure en pierre du pays, digne d'une vieille maison de famille, au cœur d'un parc verdoyant (jeux pour enfants). Décor classique et cuisine de tradition appuyée sur les saisons.

Le Clos de la Fontaine

9 r. du Gén.-de-Gaulle – ✆ 02 96 21 33 63 – Fermé 15 juil.-4 août, 23 fév.-5 mars, dim. soir, mardi soir et lundi
Rest – Formule 16 € – Menu 29/39 € – Carte 38/49 €
Le patron est passionné par le poisson et ne transige pas : dans votre assiette, toute la fraîcheur de la pêche côtière, mise en valeur par des sauces délicates et des cuissons précises. Tout aussi bretons, le kouign patatez, le traou mad, etc.

GUISSENY – 29 Finistère – 308 E3 – 1 949 h. – alt. 18 m – ✉ 29880 — 9 A1

Paris 591 – Brest 35 – Landerneau 27 – Morlaix 56
2 rue Traverse, ✆ 02 98 25 67 99

Auberge de Keralloret

3 km au Sud par D 10 et rte secondaire – ✆ 02 98 25 60 37 – www.keralloret.com
– Fermé1er-27 janv.
11 ch – 54/62 € 62/81 € – 9 € – ½ P **Rest** – Formule 16 € – Menu 21 €
Charme, tranquillité et caractère : trio gagnant pour cette ancienne ferme joliment rénovée. Le décor contemporain des chambres, réparties dans plusieurs bâtisses de granit, s'inspire de la région et de son identité, celle de l'estran et du pays pagan. Au restaurant, kig-ha-farz, fruits de mer, etc.

GUJAN-MESTRAS – 33 Gironde – 335 E7 – 18 794 h. – alt. 5 m – Casino — 3 B2
– ✉ 33470 Aquitaine

Paris 638 – Andernos-les-Bains 26 – Arcachon 10 – Bordeaux 56
37, avenue de Lattre-de-Tassigny, ✆ 05 56 66 12 65, www.gujanmestras.com
de Gujan-Mestras, Route de Sanguinet, S : 5 km par D 1250 et D 65, ✆ 05 57 52 73 73
Parc ornithologique du Teich★ E : 5 km.

La Guérinière

18 cours de Verdun, à Gujan – ✆ 05 56 66 08 78 – www.laguerinière.com
23 ch – 130/175 € 130/175 € – 2 suites – 12 € – ½ P
Rest ***La Guérinière*** – voir les restaurants ci-après
Hôtel d'esprit balnéaire situé au centre du principal port ostréicole du bassin d'Arcachon. Les chambres sont spacieuses, aménagées avec goût dans un esprit zen et épuré ; quant à la terrasse bordant la piscine, elle est très agréable.

La Guérinière

18 cours de Verdun, à Gujan – ✆ 05 56 66 08 78 – www.laguerinière.com
– Fermé sam. midi
Rest – Menu 42 € bc (sem.), 75/120 € – Carte 90/150 €
Le chef concocte une cuisine dans l'air du temps, sophistiquée et parfumée, à savourer au bord de la piscine ou dans la salle joviale et colorée, d'esprit contemporain.
➜ Carpaccio de cecina de León, gribiche d'huître et gelée de bœuf au caviar. Homard bleu au beurre de crustacés, tombée d'épinards aux zestes de citron confit. Craquant cacao, crème coulante chocolat arabica et émulsion café. **Vins** Pessac-Léognan, Graves.

GUNDERSHOFFEN – 67 Bas-Rhin – 315 J3 – 3 465 h. – alt. 180 m – ✉ 67110 1 B1

▶ Paris 466 – Haguenau 16 – Sarreguemines 61 – Strasbourg 45

Le Moulin sans rest

r. du Moulin – ✆ 03 88 07 33 30 – www.hotellemoulin.com – Fermé 29 juil.-19 août, 2-6 janv. et 18 fév.-3 mars
11 ch – 95/135 € 120/135 € – 1 suite – 21 €
Ancien moulin au milieu d'un beau parc où coule une rivière. Chambres au décor soigné, joliment rustiques ou contemporaines. Calme, raffinement et... accueil charmant !

Le Cygne (Fabien Mengus)

35 Gd'Rue – ✆ 03 88 72 96 43 – www.aucygne.fr
– Fermé 5-26 août, 2-7 janv., 18 fév.-4 mars, dim. soir, mardi midi et lundi
Rest – Menu 50 € (sem.)/110 € – Carte 95/112 €
Un Cygne plein d'élégance ! Après y avoir fait ses armes pendant de longues années, comme second de cuisine, Fabien Mengus en a repris le flambeau fin 2011 : dans la lignée de son prédécesseur, il signe une cuisine très soignée, revisitant avec invention les règles de l'art.
➜ Jambonnettes de grenouilles sautées aux herbes, schniederspaetzle aux oignons grillés. Dégustation de bœuf cru et cuit, parmentier de pied de veau et queue de bœuf. Savarin au rhum, sorbet aux agrumes. **Vins** Riesling, Pinot noir.

GY – 70 Haute-Saône – 314 C8 – 1 044 h. – alt. 237 m – ✉ 70700 16 B2

Franche-Comté Jura
▶ Paris 356 – Besançon 32 – Dijon 69 – Dôle 50
ℹ Grande rue, ✆ 03 84 32 93 93, www.ot-montsdegy.com
◉ Château★.

Pinocchio sans rest

3 r. Beauregard – ✆ 03 84 32 95 95 – www.hotel-pinocchio.fr
14 ch – 55 € 75/120 € – 7 €
Ne mentez pas chez Pinocchio, sous peine de voir votre nez s'allonger ! Dans les chambres, sobres et confortables, les meubles ont été fabriqués par un ébéniste. De là à y voir le travail de Geppetto... Agréable jardin avec piscine.

HABÈRE-POCHE – 74 Haute-Savoie – 328 L3 – 1 193 h. – alt. 945 m – Sports d'hiver : 1 000/1 600 m 9 – ✉ 74420 46 F1

▶ Paris 564 – Annecy 63 – Bonneville 33 – Genève 37
ℹ Chef-Lieu, ✆ 04 50 39 54 46, www.vallee-verte.com
◉ Col de Cou★ NO : 4 km Alpes du Nord

Tiennolet

– ✆ *04 50 39 51 01 – Fermé juin, 15 oct.-15 nov., dim. soir, mardi soir et merc. sauf vacances scolaires*

Rest – Formule 16 € – Menu 29/40 € – Carte 34/53 €

Au centre du village, un restaurant de montagne rustique et chaleureux, avec une agréable terrasse exposée plein sud. Les deux chefs apportent une touche toute personnelle à leur jolie cuisine traditionnelle et régionale.

HAGETMAU – 40 Landes – 335 H13 – 4 539 h. – alt. 96 m – ✉ 40700 3 B3

Aquitaine

Paris 737 – Aire-sur-l'Adour 34 – Dax 45 – Mont-de-Marsan 29

place de la République, ✆ 05 58 79 38 26, www.tourisme-hagetmau.com

Chapiteaux★ de la Crypte de St-Girons.

Les Lacs d'Halco

3 km au Sud-Ouest par rte de Cazalis – ✆ 05 58 79 30 79 – www.hotel-des-lacs-dhalco.fr

19 ch – †100/150 € ††100/150 € – ☕ 15 € – ½ P

Rest – Formule 20 € – Menu 33 € (déj. en sem.), 44/60 € – Carte 38/66 €

Vous rêvez de marcher sur l'eau ? C'est possible dans cet hôtel construit sur un étang ! Depuis les belles chambres contemporaines, on regarde la forêt ou le plan d'eau. Original : le restaurant en rotonde, posé sur les flots, où l'on déguste une cuisine du terroir. Un endroit unique.

Le Jambon

245 av. Carnot – ✆ 05 58 79 32 02 – www.hotel-restaurant-lejambon.com – Fermé janv., dim. soir et lundi

7 ch – †65/80 € ††70/80 € – ☕ 8 € – ½ P

Rest *Le Jambon* – voir les restaurants ci-après

Cette grande maison du centre-ville héberge des chambres spacieuses, lumineuses, bien insonorisées et d'une tenue scrupuleuse ; toutes donnent sur l'espace piscine joliment fleuri. Un bon plan !

Le Jambon

245 av. Carnot – ✆ 05 58 79 32 02 – www.hotel-restaurant-lejambon.com – Fermé janv., dim. soir et lundi

Rest – Formule 15 € – Menu 28/40 € – Carte 32/42 €

Émincé de magret de canard, caille farcie au foie gras, turbot en papillote, soufflé au Grand Marnier, etc. Le propriétaire concocte une généreuse cuisine traditionnelle et landaise. Cadre raffiné.

Question de standing : n'attendez pas le même service dans un X ou un 🏠 que dans un XXXXX ou un 🏠🏠🏠🏠🏠.

HAGONDANGE – 57 Moselle – 307 I3 – 9 345 h. – alt. 160 m – ✉ 57300 26 B1

Alsace Lorraine

Paris 324 – Luxembourg 49 – Metz 21 – Thionville 17

place Jean Burger, ✆ 03 87 70 35 27, www.ville-hagondange.fr

Quai des Saveurs (Frédéric Sandrini)

69 r. de la Gare – ✆ 03 87 71 24 98 – www.quaidessaveurs.com – Fermé 1er-5 mars, 19 août-5 sept., 1er-7 janv., dim. soir et lundi

Rest – Menu 39 € (sem.), 49/69 € – Carte 60/85 €

Face à la gare, ce restaurant contemporain est bien engageant. Une impression qui se confirme une fois à table avec une cuisine fraîche et séduisante, dans l'air du temps. De belles saveurs, raffinées, qui confirment le talent d'un chef passionné.

→ Escargots de pays, croustillant de pomme de terre, échalotes confites et trompettes. Homard breton préparé de trois façons. Soufflé chaud mirabelle. **Vins** Vin de Moselle.

HAGUENAU – 67 Bas-Rhin – 315 K4 – 34 648 h. – alt. 150 m – ✉ 67500 1 B1

Alsace Lorraine

▶ Paris 478 – Baden-Baden 41 – Sarreguemines 93 – Strasbourg 33

ℹ place de la Gare, ✆ 03 88 06 59 99, www.tourisme-haguenau.eu

⛳27 Soufflenheim Baden-Baden, à Soufflenheim, Allée du Golf, E : 14 km par D 1063, ✆ 03 88 05 77 00

👁 Musée historique★ BZ M² - Retable★ dans l'église St-Georges - Boiseries★ dans l'église St-Nicolas.

Europe Hôtel

15 av. du Prof.-Leriche, (proche du centre hospitalier), par ④ – ✆ 03 88 93 58 11 – www.europehotel.fr

67 ch – †58/98 € ††58/98 € – ☕ 9 € – ½ P

Rest *(fermé dim. soir et soirs fériés)* – Formule 13 € – Menu 24/34 € – Carte 28/55 €

Dans la ville qui a vu naître le pilote Sébastien Loeb, au sein d'une zone pavillonnaire, un hôtel engageant et bien confortable. Préférez les chambres rénovées dans un style contemporain. Au restaurant, on propose une cuisine ancrée dans le terroir, mais également voyageuse. Vous êtes prêts ? Alors, top départ !

Le Jardin

16 r. de la Redoute – ✆ 03 88 93 29 39 – www.lejardinhaguenau.fr – Fermé 5-21 août, 24 fév.-8 mars, mardi et merc. BZn

Rest – Formule 18 € – Menu 32/51 €

Levez les yeux pour contempler l'élégant plafond de style Renaissance de la salle. Puis savourez une bonne cuisine classique, assez épurée ; le poisson y est à l'honneur.

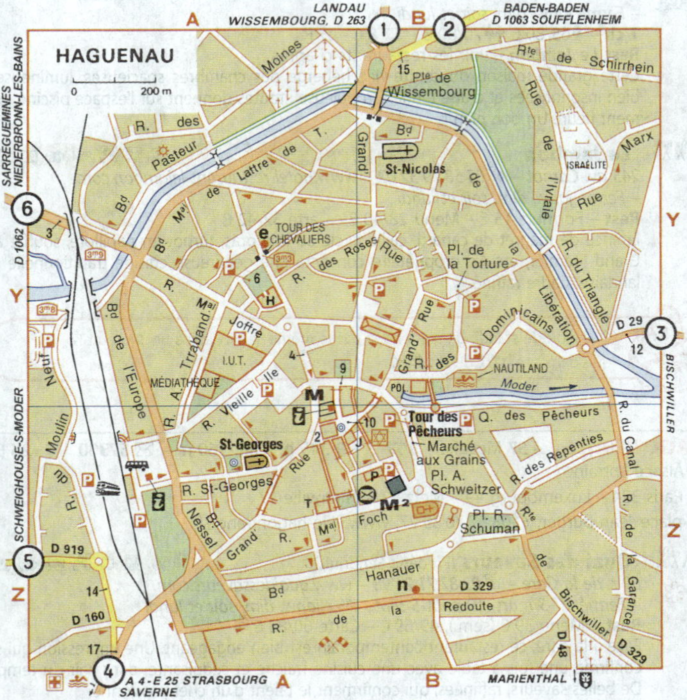

Armes (Pl. d')	AZ	2	Grand'Rue	ABYZ		Schweighouse (Rte de)	AZ	14
Bitche (Rte de)	AY	3	Moder (R. de la)	AY	9	Soufflenheim (Rte de)	BY	15
Château (R. du)	AY	4	République (Pl. de la)	ABZ	10	Strasbourg (Rte de)	AZ	17
Gaulle (Pl. Ch.-de)	AY	6	Rhin (Rte du)	BY	12			

L'Essentiel N

2 pl. du Marché-aux-Bestiaux – 03 88 73 39 47 – www.lasourcedessens.fr – Fermé 2 sem. début août et 3 sem. fin déc.-début janv. AYe

Rest – Menu 14 € (dîner), 32/38 € – Carte 39/51 €

Au pied de la tour des Chevaliers (13e s.), L'Essentiel est dans l'assiette. Aux fourneaux, le jeune chef concocte une goûteuse cuisine du marché avec des recettes bien ficelées et des saveurs marquées. Original : l'une des salles est à la cave !

au Sud-Est 3 km par D 329 et rte secondaire – ✉ 67500 Haguenau

Champ'Alsace sans rest

12 r. St-Exupéry – 03 88 93 30 13 – www.champ-alsace.com

40 ch – 69/94 € 69/94 € – 9 €

On a beau être sur les terres du riesling, on en apprécie pas moins le champagne ! La preuve, avec cet hôtel proche de l'aérodrome. Dans les chambres, spacieuses et bien tenues, des fresques invitent au voyage : Afrique, Russie... Dépaysant !

LA HAIE-TONDUE – 14 Calvados – 303 M4 – ✉ 14950 32 A3

Paris 198 – Caen 41 – Deauville 15 – Le Havre 53

La Haie Tondue

– 02 31 64 85 00 – www.restaurants.deauville-trouville.com – Fermé 1 sem. en juin, 1 sem. en nov., 2 sem. en janv., lundi soir sauf août et mardi d'oct. à mars

Rest – Formule 18 € – Menu 27/49 € – Carte 33/48 €

Terrine maison, lapin aux saveurs d'Auge, agneau à la crème d'ail... Dans cette maison couverte de vigne vierge, la cuisine est traditionnelle et bien tournée. Rustique, le cadre l'est également ! Accueil chaleureux.

HAMBACH – 57 Moselle – 307 N4 – 2 744 h. – alt. 230 m – ✉ 57910 27 C1

Paris 396 – Metz 70 – Saarbrücken 23 – Sarreguemines 8

Hostellerie St-Hubert

La Verte Forêt – 03 87 98 39 55 – www.hostellerie-saint-hubert.com – Fermé 22-29 déc.

51 ch – 65/85 € 65/85 € – 2 suites – 10 € – ½ P

Rest – Menu 14 € (sem.), 19/49 € – Carte 28/58 €

Au sein d'un complexe de loisirs verdoyant – plan d'eau pour se baigner, camping et terrain de tennis –, cet hôtel-restaurant dispose de chambres spacieuses, meublées de bois blanc. Parfait pour les séminaires et les fêtes de famille.

HAMBYE – 50 Manche – 303 E6 – 1 184 h. – alt. 111 m – ✉ 50450 32 A2

Normandie Cotentin

Paris 316 – Coutances 20 – Granville 30 – St-Lô 25

Église abbatiale★★.

à l'Abbaye 3,5 km au Sud par D 51 – ✉ 50450 Hambye

Auberge de l'Abbaye avec ch

5 rte de l'Abbaye – 02 33 61 42 19 – Fermé 1er-15 oct., 6-27 janv., dim. soir et lundi

6 ch – 48/54 € 53/59 € – 9 € – ½ P

Rest – Formule 17 € – Menu 27/36 € – Carte 39/56 €

Non loin de l'abbaye, une jolie auberge en pierre du pays, avec sa salle classique, son jardin où il fait bon s'installer dès que le temps le permet et... sa cuisine de saison et du marché. Pour l'étape, des chambres simples et bien tenues.

HANVEC – 29 Finistère – 308 G5 – 1 960 h. – alt. 103 m – ✉ 29460 9 A-B2

Paris 568 – Brest 35 – Quimper 48 – Rennes 216

Les Chaumières de Kerguan sans rest

Kerguan, 2 km par rte de Sizun – 06 01 96 87 53 – www.leschaumieresdekerguan.fr

4 ch – 43/45 € 53/58 €

Jolie longère protégée par un toit de chaume, située dans un hameau d'anciennes fermes restaurées. Chambres cosy et petit-déjeuner avec confitures et jus de pomme maison.

HARDELOT-PLAGE – 62 Pas-de-Calais – 301 C4 – ✉ 62152 Neufchatel Hardelot ▮ Nord Pas-de-Calais Picardie 30 A2

▶ Paris 254 – Arras 114 – Boulogne-sur-Mer 15 – Calais 51

ℹ 476, avenue Francois-1er, ✆ 03 21 83 51 02

⛳ d'Hardelot, à Neufchâtel-Hardelot, 3 avenue du Golf, E : 1 km, ✆ 03 21 83 73 10

Hôtel du Parc

111 av. Francois-1er – ✆ 03 21 33 22 11 – www.parc.najeti.fr

80 ch – 🚹95/190 € 🚹🚹115/210 € – 1 suite – ☕ 14 € – ½ P

Rest ***Restaurant du Parc*** – voir les restaurants ci-après

Les bâtiments de ce complexe hôtelier ont un petit côté chalet et se fondent parfaitement dans le style de cette jolie station de la Côte d'Opale. Quant aux chambres, elles sont spacieuses et lumineuses ; la moitié d'entre elles disposent d'un balcon.

Les Jardins d'Hardelot (N) sans rest

451 av. François-1er – ✆ 03 21 32 50 40 – www.lesjardinsdhardelot.fr – Fermé 3 sem. en janv.

39 ch – 🚹110/120 € 🚹🚹110/120 € – ☕ 12 €

Le dernier né des hôtels de la station – ouvert en mars 2012 – se trouve à seulement 500 m de la plage. On s'y repose dans des chambres très cosy et chaleureuses ; certaines familiales. Appétissant buffet au petit-déjeuner… avant la première baignade de la journée.

Régina

185 av. François-1er – ✆ 03 21 83 81 88 – www.lereginahotel.fr – Ouvert 22 fév.-30 nov.

42 ch – 🚹82/90 € 🚹🚹82/90 € – ☕ 10 € – ½ P

Rest ***Le Woods*** – voir les restaurants ci-après

Cette bâtisse moderne se trouve à la lisière de la pinède de cette élégante station de la Côte d'Opale, non loin du golf. Après une bonne balade, les chambres, claires et fonctionnelles, invitent au repos.

Restaurant du Parc – Hôtel Du Parc

111 av. Francois-1er – ✆ 03 21 33 22 11 – www.parc.najeti.fr

Rest – Formule 22 € bc – Menu 29/39 € – Carte 38/61 €

Ce restaurant distille un charme feutré ; un cadre classique en accord avec la cuisine traditionnelle, basée sur des produits régionaux : noisette d'agneau à la crème d'ail, dorade à l'estragon...

Le Woods – Hôtel Régina

185 av. François-1er – ✆ 03 21 83 81 88 – www.lereginahotel.fr – Ouvert 22 fév.-30 nov. et fermé dim. soir d'oct. à juin, mardi midi de juil. à sept. et lundi

Rest – Menu 24/38 € – Carte 26/47 €

Le Woods ? Un décor chaleureux et une jolie terrasse... Parfait pour déguster des plats classiques : tartare de bœuf, dos de saumon rôti, etc.

HARRICOURT – 08 Ardennes – 306 L6 – 49 h. – alt. 180 m – ✉ 08240 14 C1

▶ Paris 236 – Châlons-en-Champagne 86 – Charleville-Mézières 61 – Sedan 42

La Montgonière

1 r. St-Georges – ✆ 03 24 71 66 50 – www.lamontgoniere.net

4 ch ☕ – 🚹90 € 🚹🚹90/110 € **Table d'hôte** – Menu 25 €

Un parc avec un étang, des boiseries, une bibliothèque, du mobilier ancien... On passe de beaux jours dans cette demeure familiale du 17e s., où l'élégance se transmet de génération en génération. Table d'hôte sur réservation.

HASPARREN – 64 Pyrénées-Atlantiques – 342 E4 – 6 142 h. – alt. 50 m – ✉ 64240 ▮ Pays Basque et Navarre 3 AB3

▶ Paris 783 – Bayonne 24 – Biarritz 34 – Cambo-les-Bains 9

ℹ 2, place Saint-Jean, ✆ 05 59 29 62 02, www.hasparren-tourisme.fr

Ⓖ Grottes d'Oxocelhaya et d'Isturits★★ SE : 11 km.

Les Tilleuls rest,

pl. de Verdun – 05 59 29 62 20 – www.hotelestilleuls.fr – Fermé 5-11 nov., 22 fév.-10 mars, dim. soir et sam. du 25 sept. au 11 juil. sauf fériés

25 ch – 50/55 € 60/70 € – 8 € – ½ P

Rest – Formule 12 € – Menu 14 € (sem.), 25/30 € – Carte 27/43 €

Non loin de la maison où vécut l'écrivain Francis Jammes, cette construction de style basque abrite des chambres fonctionnelles et bien tenues, et un restaurant d'esprit rustique. Idéal pour une étape.

HASPRES – 59 Nord – **302** I6 – 2 757 h. – alt. 44 m – ✉ 59198 **31** C3

Paris 197 – Avesnes-sur-Helpe 49 – Cambrai 18 – Lille 66

Auberge St-Hubert

62 r. Arthur Brunet, 1 km par rte de Denain (D 955) – 03 27 25 70 97 – www.aubergesaint-hubert.fr – Fermé 1er-8 août, dim. soir et lundi sauf fériés

Rest – Menu 22 € (sem.)/50 € bc – Carte 34/57 €

Dans cette maison en brique rouge règne un agréable esprit auberge qui ravit les habitués. Évidemment, ces derniers viennent aussi pour la carte traditionnelle (gibier en saison).

HAUTEFORT – 24 Dordogne – **329** H4 – 1 086 h. – alt. 160 m – ✉ 24390 **4** D1

Périgord Quercy

Paris 466 – Bordeaux 189 – Brive-la-Gaillarde 57 – Périgueux 59

place de l'église, 05 53 50 40 27, www.ot-hautefort.com

Au Périgord Noir sans rest

La Genèbre – 05 53 50 40 30 – www.hotel-perigordnoir.com

29 ch – 47/52 € 47/52 € – 7 €

Cette bâtisse récente, face au château de Hautefort, dispose de chambres fonctionnelles, bien tenues et calmes. Réception partiellement automatisée.

HAUTE-GOULAINE – 44 Loire-Atlantique – **316** H4 – rattaché à Nantes

---

HAUTELUCE – 73 Savoie – **333** M3 – 851 h. – alt. 1 150 m – ✉ 73620 **45** D1

Alpes du Nord

Paris 606 – Albertville 24 – Annecy 62 – Chambéry 77

Chef Lieu, 04 79 38 21 64, www.hauteluce.com

La Ferme du Chozal

– 04 79 38 18 18 – www.lafermeduchozal.com – Ouvert de juin à début oct. et de mi-déc. à mi-avril

11 ch – 115/230 € 115/230 € – 15 € – ½ P

Rest ***La Ferme du Chozal*** – voir les restaurants ci-après

Voilà comment une ancienne ferme – un beau chalet – devient un hôtel très agréable avec sa piscine extérieure chauffée, ses chambres douillettes habillées de bois blond et son espace bien-être complet... Le tout au calme. Une bonne adresse !

La Ferme du Chozal

– 04 79 38 18 18 – www.lafermeduchozal.com – Ouvert de juin à début oct., mi-déc. à mi-avril et fermé dim. soir et lundi en juin, sept. et oct. et le midi en sem. de juin à début oct.

Rest *(réserver)* – Menu 29/110 € bc – Carte 45/59 €

Bien que ce restaurant cultive un style montagnard typique, la cuisine n'en n'est pas moins actuelle et appétissante avec ses beaux produits du terroir. À noter, la remarquable carte des vins des Alpes françaises, suisses et italiennes.

HAUTERIVES – 26 Drôme – **332** D2 – 1 625 h. – alt. 299 m – ✉ 26390 **43** E2

Ardèche Drôme

Paris 540 – Grenoble 77 – Lyon 85 – Valence 46

le village, 04 75 68 83 10, www.ot-hauterives.fr

Le Palais Idéal★★.

Le Relais

1 pl. Gén.-de-Miribel – ✆ 04 75 68 81 12 – www.hotel-relais-drome.com – Fermé 15 janv.-28 fév., dim. soir et lundi sauf juil.-août
16 ch – 🚹58/99 € 🚹🚹66/99 € – ☕ 8,50 € – ½ P
Rest – Menu 18 € (sem.), 26/37 € – Carte environ 35 €
Les visiteurs du "Palais idéal" édifié par le facteur Cheval pourront faire étape dans cette solide maison à la façade en galets roulés. Chambres bien tenues et trois roulottes au fond du jardin. Petits plats traditionnels servis dans la salle rustique ou en terrasse.

LES HAUTES-RIVIÈRES – 08 Ardennes – 306 L3 – 1 686 h. – alt. 175 m – ✉ 08800 Champagne Ardenne — 14 C1

Paris 254 – Châlons-en-Champagne 150 – Charleville-Mézières 22 – Sedan 29

Croix d'Enfer ≤★ S : 1,5 km par D 13 puis 30 mn - Vallon de Linchamps★ N : 4 km.

Les Saisons

5 Grande-Rue – ✆ 03 24 53 40 94 – www.restaurant-lessaisons.com – Fermé 16-31 août, vacances de fév., dim. soir, merc. soir et lundi
Rest – Formule 13 € – Carte 30/42 €
Un petit restaurant sympathique, au centre du village. Ici, la cuisine traditionnelle valorise les produits locaux : jambon de sanglier ou de pays, gibier et champignons en saison...

HAUTEVILLE-LÈS-DIJON – 21 Côte-d'Or – 320 J5 – rattaché à Dijon

LE HAVRE – 76 Seine-Maritime – 304 A5 – 177 259 h. – Agglo. 244 745 h. – alt. 4 m – Casino HZ – ✉ 76600 Normandie Vallée de la Seine — 33 C2

Paris 198 – Amiens 184 – Caen 90 – Lille 318

Pont de Normandie : péage en 2012 : autos 5,20 €, auto et caravane 6 €, camions et autocars 6,50 à 13 €, gratuit pour motos. ✆ 02 35 24 64 90

du Havre-Octeville : ✆ 02 35 54 65 00 A.

186, boulevard Clemenceau, ✆ 02 32 74 04 04, www.lehavretourisme.com

du Havre, à Octeville-sur-Mer, 17 chemin Saint Supplix, par rte d'Etretat : 10 km, ✆ 02 35 46 36 50

Port★★ EZ - Quartier moderne★ EFYZ : église St-Joseph★★ EZ, pl. de l'Hôtel-de-Ville★ FY47, Av. Foch★ EFY - Musée André-Malraux★★ EZ - Maison de l'Armateur ★★ GZ.

Ste-Adresse★ : circuit★.

Plans pages 768, 769, 770, 771

Pasino

pl. Jules Ferry, (au casino) – ✆ 02 35 26 00 00 – www.pasino-lehavre.fr FZ**b**
45 ch – 🚹90/160 € 🚹🚹90/160 € – 5 suites – ☕ 16 €
Rest *La Brasserie* – Formule 16 € bc – Menu 20 € – Carte 25/50 €
Témoin de la reconstruction du Havre dans les années 1950, par Auguste Perret, cette bâtisse classée abrite un casino, un hôtel (quelques junior suites) et un spa complet. Agréable Brasserie dont la terrasse donne sur le bassin du Commerce.

Novotel

20 cours Lafayette – ✆ 02 35 19 23 23 – www.novotel.com HZ**a**
134 ch – 🚹92/149 € 🚹🚹92/149 € – 6 suites – ☕ 15 €
Rest – Formule 17 € – Menu 30/52 € bc – Carte 25/45 €
Hôtel contemporain proche de la gare, face au bassin Vauban, dont les chambres sont confortables.

Vent d'Ouest sans rest

4 r. Caligny – ✆ 02 35 42 50 69 – www.ventdouest.fr EZ**a**
35 ch – 🚹95/170 € 🚹🚹95/170 € – 3 suites – ☕ 12 €
Tout près de l'église Saint-Joseph, un hôtel plein de cachet : les chambres, très douillettes, sont décorées avec soin (thèmes "Mer", "Capitaine" et "Montagne") et il y a même un billard !

Les Voiles sans rest
3 pl. Clemenceau, à Ste-Adresse ✉ 76310 – ☎ 02 35 54 68 90 – www.hotel-lesvoiles.com **Ae**
16 ch – †84/199 € ††84/199 € – ☕ 17 €
Ici, on met vraiment les voiles... Passé la façade assez banale, on découvre un hôtel charmant, à l'esprit très "large". Mobilier bateau, vue sur la mer : rien ne manque !

Art Hôtel sans rest
147 r. Louis Brindeau – ☎ 02 35 22 69 44 – www.art-hotel.fr **FZg**
31 ch – †89/159 € ††109/159 € – ☕ 14 €
Face à l'espace Oscar-Niemeyer et typique des années 1950, cet hôtel allie sobriété, confort et touches arty (expositions). Pour l'anecdote, l'ascenseur est très surprenant ! À découvrir...

Terminus
23 cours de la République – ☎ 02 35 25 42 48 – www.grand-hotel-terminus.fr – Fermé 24 déc.-1er janv. **HZe**
40 ch – †87/107 € ††87/107 € – 1 suite – ☕ 10 €
Rest *(fermé 1er juil.-25 août, 24-31 déc., vend., sam. et dim.) (dîner seult) (résidents seult)* – Menu 20 €
Un Terminus face à la gare, dont les chambres, "rouges" ou "jaunes", sont très bien tenues. Sobre, pratique et accueillant. Le soir, restauration traditionnelle pour les résidents.

Hôtel des Phares sans rest
29 r. du Gén.-de-Gaulle, à Ste-Adresse – ☎ 02 35 46 31 86 – www.hoteldesphares.com
25 ch – †49/99 € ††49/99 € – ☕ 10 € **EYn**
Une villa à 200 m de la plage, où règne un sympathique esprit "maison de famille". Les chambres sont bourgeoises et cossues, ou plus simples dans les pavillons annexes.

Jean-Luc Tartarin
73 av. Foch – ☎ 02 35 45 46 20 – www.jeanluc-tartarin.com – Fermé 27 juil.-13 août, 2-16 janv., dim. et lundi **FYt**
Rest – Formule 30 € – Menu 50/145 € – Carte 90/140 €
Saveurs harmonieuses, technique précise, originalité et inspiration : Jean-Luc Tartarin signe une cuisine belle et passionnée, où le modernisme du Havre rencontre l'âme du terroir normand... Quant au décor, il est chic, sobre et contemporain.
➜ Grosses langoustines fumées à la braise de romarin. Bar confit à 38° C, crème de burrata, huile d'olive herbacée et mortadelle. Millefeuille à la vanille. **Vins** Vin de pays du Calvados.

La Petite Auberge
32 r. Ste-Adresse – ☎ 02 35 46 27 32 – www.lapetiteauberge-lehavre.fr – Fermé merc. midi, dim. soir et lundi **EYr**
Rest – Formule 20 € bc – Menu 26 € (sem.), 29/40 € – Carte 39/60 €
Dans cette petite auberge à la façade à colombages, autrefois relais de poste, on propose une savoureuse cuisine du terroir, aux prix étudiés. Une bonne adresse.

L'Orchidée
41 r. du Gén.-Faidherbe – ☎ 02 76 25 38 03 – Fermé sam. midi, dim. soir et lundi
Rest – Menu 19 € (déj. en sem.), 29/39 € – Carte 43/52 € **GZs**
Saint-Jacques à la sauce dieppoise, terrine de foie de volaille : des plats traditionnels remis au goût du jour dans un restaurant tout simple. Une bonne petite adresse du port.

Le Wilson
98 r. du Prés. Wilson – ☎ 02 35 41 18 28 – Fermé 1 sem. vacances scolaires de fév., dim. soir, lundi soir, mardi soir et merc. **EYk**
Rest – Formule 13 € – Menu 18 € (sem.)/27 € – Carte 27/35 €
Croustillant d'andouille, délicieuse tarte aux pommes servie encore chaude... Ici, la tradition a du bon ! Cerise sur le gâteau : le sourire des patrons.

Chaque restaurant étoilé est accompagné de trois plats évoquant le style de sa cuisine. Si elles ne figurent pas toujours à la carte, c'est souvent au profit d'autres savoureuses recettes, inspirées par la saison. N'hésitez pas à les découvrir !

E
F
Y
Z
LES JARDINS SUSPENDUS
FORT DE STE-ADRESSE
R. du Fort
R. Gal de Gaulle
SANVIC
Cochet
Marical
R. D. de Boissière
Rue de la Cavée Verte
R. M. Delaroche
Rue Félix-
R. de Ste Adresse
Rue Clément
R. Félix-Faure
Bd Albert 1er
Digue-Promenade
Plage
R. Guillemard
R. d'Étretat
Rue des Gobelins
R. d'Ingouville
ST-VINCENT-DE-PAUL
R. Foubert
R. P. Faure
ST-MICHEL
ESPACE COTY
R. F. Bellanger
R. G. Braque
SQUARE ST-ROCH
Porte Océane
AVENUE FOCH
Rue Paul Doumer
Bd
QUARTIER
ST-JOSEPH
Espace Oscar-Niemeyer
Rue de Paris
Quai
Bassin du
CASINO
BASSIN DU ROI
Rue Séry
Boulevard
Boulevard Clemenceau
ANSE DES RÉGATES
Digue Nord
ANSE DE JOINVILLE
Rue François 1er
Rue de Richelieu
R. de la Mailleraye
MODERNE
R. Ed. Lang
Notre-Dame
PORT
MUSÉE MALRAUX
Q. de Southampton
AVANT-PORT
ANSE FRASCATI
Sémaphore
CAPITAINERIE
BASSIN DE LA MANCHE
LE HAVRE
0
300 m

G
H
Y
Z
STE-JEANNE D'ARC
FORT DE TOURNEVILLE
STE-MARIE
JENNER
Rue du
329 e
Rue de Cronstadt
Faure
Rue
Lafaurie
du
329 e
75
TUNNEL
R. Mac Orlan
Tourneville
de
Rue
Mal
Joffre
R. A. Briand
le Rond-Point
80
71
Flaubert
Rue
Coty
René
R. J. Tellier
R. Hélène
STE-MARIE
65
R. Ernest
R.
R.
Rue
Renan
Rue
Bougainville
République
R. J.
STE-ANNE
Rue
J.-B.
Gabriel
Gal
Mal
R.
U
J.
Demidoff
France
R. Ph. Lebon
Delavigne
la
Ecole Nale de Musique et d'Art Dramatique
Rue
Anatole
Gallieni
Eyriès
Péri
C.
Champ de foire
Rousseau
de
Jules
R.
T. Sarrail
Michelet
Lesueur
Cours
Lecesne
R. Ch. Laffitte
de
5
9
Strasbourg
Crs La Fayette
24
George V
97
18
DOUANES
Colbert
C
VAUBAN
Commerce
78
CENTRE DE COMMERCE INTle
Quai
PORT
Frissard
R. Marceau
57
BASSIN DE LA BARRE
Quai
U
des
Antilles
ST-FRANÇOIS
Quai
PAUL
VATINE
BASSIN
de la
Réunion
S 29
CENTRE ADMTIF DU PORT AUTONOME
Pont des Docks
Quai
R.
Aviateur
Guérin
Courbet
51
BASSIN DE LA CITADELLE
L'EURE
LES BAINS DES DOCKS
BASSIN DE L'EURE
Rue
Amiral
R.
L'EURE
TERMINAL DE GRANDE-BRETAGNE CAR FERRIES
Av.
Bellot
68
Corbeaux
Q. de la Saône
PARC DE L'ESCAUT

HARFLEUR

Doumer (R. Paul) . . . . **D** 30
Verdun (Av. de) . . . . **D** 90
104 (R. des) . . . . **D** 98

LE HAVRE

Abbaye (R. de l') . . . . **C** 2
Aplemont (Av. d') . . . . **C** 7
Churchill (Bd W.) . . . . **B** 24
Hermann-du-Pasquier (Quai) . **B** 44
Joannès-Couvert (Quai) . . . . . **B** 52
Mouchez (Bd Amiral) . . . . **B** 68
Octeville (Rte d') . . . . **A** 74
Picasso (Av. Pablo) . . . . **C** 77
Rouelles (R. de) . . . . **C** 82
Sakharov (R. Andréi) . . . . **C** 84

HÉDÉ – 35 Ille-et-Vilaine – **309** L5 – **1 864 h.** – **alt. 90 m** – ✉ **35630** **10** D2

Bretagne Nord

Paris 372 – Avranches 71 – Dinan 33 – Dol-de-Bretagne 31

Mairie, ✆ 02 99 45 46 18

Château de Montmuran★ et église des Iffs★ O : 8 km.

Une bonne table sans se ruiner ? Repérez les Bib Gourmand.

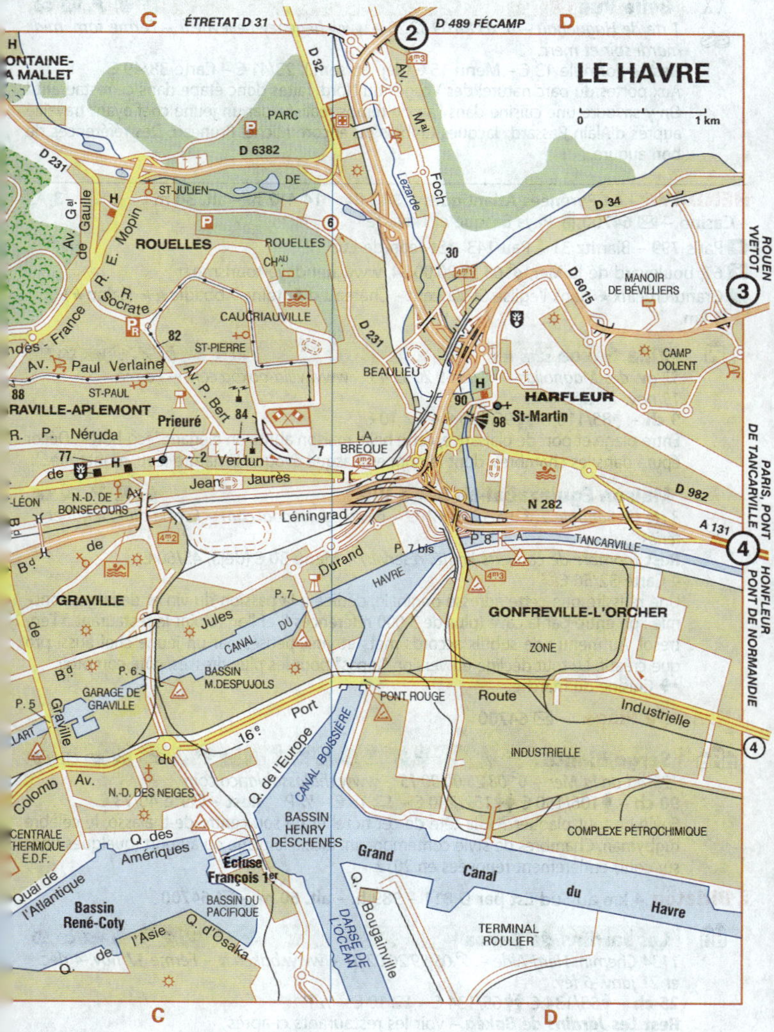

La Vieille Auberge

rte de Tinténiac – ✆ 02 99 45 46 25 – www.lavieilleauberge35.fr
– Fermé 23 août-7 sept., 2 sem. en fév., dim. soir et lundi

Rest – Formule 17 € – Menu 26/78 € – Carte 50/150 €

Ce joli moulin du 17e s. est rustique et bucolique à souhait ! On s'installe au bord de l'étang pour y déguster une cuisine en prise avec son époque. Un conseil : ne passez pas à côté de l'agneau, élevé par le père des maîtres des lieux.

HEGENEY – 67 Bas-Rhin – **315** K3 – **381 h.** – **alt. 175 m** – ✉ **67360** **1** B1

Paris 490 – Metz 166 – Saarbrücken 89 – Strasbourg 43

36, rue principale, ☎ 03 88 09 31 48

Belle Vue

1 rte de Haguenau – ☎ 03 88 09 32 28 – www.hegeney-bellevue.fr – Fermé sam. midi, mardi soir et merc.

Rest – Formule 13 € – Menu 15 € (déj. en sem.), 23/41 € – Carte 38/49 €

Aux portes du parc naturel des Vosges du Nord, faites donc étape dans ce restaurant ! On y savoure une cuisine dans l'air du temps réalisée par un jeune chef ayant travaillé auprès d'Alain Passard, Jacques Chibois ou encore Michel Bruneau. Des références de bon augure...

HENDAYE – 64 Pyrénées-Atlantiques – **342** B4 – **14 412 h.** – **alt. 30 m** – **Casino** – ✉ **64700** Pays Basque et Navarre **3** A3

Paris 799 – Biarritz 31 – Pau 143 – St-Jean-de-Luz 12

67, boulevard de la Mer, ☎ 05 59 20 00 34, www.hendaye-tourisme.fr

Grand crucifix★ dans l'église St-Vincent - Château d'Antoine-Abbadie★★ (salon★) 3 km.

Villa Goxoa sans rest

32 av. des Magnolias – ☎ 05 59 20 32 43 – www.villa-goxoa.com – Fermé 15 nov.-1er déc.

9 ch – †85/110 € ††95/130 € – ☐ 10 €

Entre plage et port de plaisance, cette belle maison abrite un élégant "éco-hôtel". Décor épuré dans les chambres, dont le nom en basque évoque la nature (eau, montagne...).

Maison Eguiazabal-Le Bar à Vin

3 rte de Béhobie – ☎ 05 59 20 67 09 – www.eguiazabal.com – Fermé dim., lundi et fériés

Rest *(nombre de couverts limité, réserver)* – Menu 30 € (déj.), 45/60 € – Carte 32/56 €

Une réussite que cette adresse originale, dédiée à la passion du vin et de la gastronomie : on entre par la cave (plus de 3 000 références !) et l'on rejoint le restaurant à l'entresol. Au menu : de subtils accords mets et vins, pensés par un jeune chef aussi pro que créatif. Le tout décliné en version "tapas" pour les plus pressés, côté comptoir.

➜ Cuisine du marché.

à Hendaye Plage – ✉ **64700**

Serge Blanco

125 bd de la Mer – ☎ 08 25 00 00 15 – www.thalassoblanco.com

90 ch – †106/150 € ††152/240 € – ☐ 15 € – ½ P **Rest** – Carte 40/73 €

Envie de tout plaquer ? À la tête de cet hôtel et de son centre de thalasso, le célèbre rugbyman. Chambres de style contemporain, face à la plage ou au port (quelques-unes sur cour) entièrement rénovées en 2012.

à Biriatou 4 km au Sud-Est par D 811 – 989 h. – alt. 60 m – ✉ 64700

Les Jardins de Bakéa

1134 Chemin. Herri-Alde – ☎ 05 59 20 02 01 – www.bakea.fr – Fermé 17 nov.-4 déc. et 21 janv.-6 fév.

25 ch – †55/134 € ††65/134 € – ☐ 10 € – ½ P

Rest ***Les Jardins de Bakéa*** – voir les restaurants ci-après

Maison régionale du début du 20e s., abritant des chambres traditionnelles ou plus contemporaines. Joli jardin. Idéal pour un séjour au calme.

Les Jardins de Bakéa

1134 Chemin Herri Alde – ☎ 05 59 20 02 01 – www.bakea.fr – Fermé 17 nov.-4 déc. et 21 janv.-6 fév., mardi sauf le soir d'avril à nov. et lundi

Rest – Formule 27 € – Menu 35 € (sem.), 50/70 € – Carte 48/79 €

La table des Jardins de Bakéa offre une belle vue sur la montagne et une jolie terrasse sous les platanes. Ici, on savoure une cuisine qui va à l'essentiel, à l'image de cette appétissante salade de fonds d'artichaut avec du jambon de pays ou cette nage de fraises à la menthe, rafraîchissante à souhait.

HÉNIN-BEAUMONT – 62 Pas-de-Calais – 301 K5 – 25 731 h. – alt. 30 m 31 C2
– ✉ 62110 Nord Pas-de-Calais Picardie

Paris 194 – Arras 25 – Béthune 30 – Douai 13

Novotel

av. de la République, près échangeur Autoroute A1, par D 943 ✉ 62950 – ✆ 03 21 08 58 08 – www.novotel.com

81 ch – 115/150 € 115/150 € – 15 €

Rest – Formule 13 € – Menu 18/22 € – Carte 18/45 €

Dans un centre commercial, ce Novotel est protégé par un îlot de verdure. Les chambres sont fonctionnelles et contemporaines. Au restaurant, on sert une cuisine actuelle, dont quelques plats à la plancha. Et lorsque le temps le permet, les repas se prennent au bord de la piscine !

HENNEBONT – 56 Morbihan – 308 L8 – 15 079 h. – alt. 15 m – ✉ 56700 9 B2
Bretagne Sud

Paris 492 – Concarneau 57 – Lorient 13 – Pontivy 51

9, place Maréchal-Foch, ✆ 02 97 36 24 52, www.hennebont-tourisme.com

Tour-clocher★ de la basilique N.-D.-de-Paradis.

Port-Louis : citadelle★★ (musée de la Compagnie des Indes★★, musée de l'Arsenal★) S : 13 km.

Au Jardin des Sens

pl. du Calvaire – ✆ 02 97 36 21 44 – www.aujardindessens.fr – Fermé dim. soir et lundi

Rest – Formule 15 € – Menu 18 € (sem.), 29/48 € – Carte 46/57 €

Sur le chemin de la basilique N.-D.-de-Paradis, arrêtez-vous Au Jardin des Sens pour réveiller vos papilles ! Derrière les fourneaux, le chef prépare une savoureuse cuisine, notamment inspirée par les produits de fournisseurs locaux. L'été, à la salle colorée préférez la terrasse. Accueil souriant.

rte de Port-Louis 4 km au Sud par D 781 – ✉ 56700 Kervignac

Château de Locguénolé

à Locguénolé – ✆ 02 97 76 76 76 – www.chateau-de-locguenole.com – Fermé 1er janv.-13 fév.

18 ch – 112/295 € 112/295 € – 4 suites – 20 € – ½ P

Rest *Château de Locguénolé* – voir les restaurants ci-après

Villégiature à la bretonne... Dans son immense parc, cette belle demeure à l'architecture classique domine la ria du Blavet. De l'enfilade de salons et des chambres garnies de mobilier ancien, on a tout loisir d'admirer le paysage qui change avec les marées...

Chaumières de Kerniaven

à 4 km – ✆ 02 97 76 91 90 – www.chaumieres-de-kerniaven.com – Ouvert juil.-août

9 ch – 70/110 € 70/110 € – 14 €

Présentez-vous à l'accueil du Château de Locguénolé ; vous serez conduit jusqu'à ces deux chaumières du 17e s. perdues dans la nature, idéales pour se ressourcer.

Château de Locguénolé

à Locguénolé – ✆ 02 97 76 76 76 – www.chateau-de-locguenole.com – Fermé 1er janv.-13 fév., lundi et le midi sauf dim.

Rest – Formule 38 € – Menu 46/94 € – Carte 65/110 €

Plaisirs gastronomiques dans un décor très classique (tapisseries, lustres à pampilles, chandeliers, etc.), plus champêtre dans une seconde salle (pierres apparentes, vue sur le jardin). Le chef signe ici une cuisine très ouvragée, fondée sur des produits de qualité. Belle carte des vins.

→ Saint-Jacques et huîtres pochées à la mousse de lait, semoule et crémeux de chou-fleur. Bar rôti sur la peau à l'huile d'argan, cristalline de fenouil. Sphère et mousse guanaja, crumble de crémeux au caramel.

L'HERBAUDIÈRE – 85 Vendée – 316 C5 – voir à Île de Noirmoutier

HERBIGNAC – 44 Loire-Atlantique – **316** C3 – 5 581 h. – alt. 18 m **34** A2
– ✉ 44410 Pays de la Loire

▶ Paris 446 – La Baule 24 – Nantes 72 – Redon 37

ℹ 2, rue Pasteur, ✆ 02 40 19 90 01, www.herbignac.com

au Sud 6 km rte de Guérande par D774 – ✉ 44410 Herbignac

La Chaumière des Marais
– ✆ *02 40 91 32 36 – www.lachaumieredesmarais.com – Fermé fin fév., lundi et mardi*
Rest – Menu 18 € (déj. en sem.), 29/65 € bc – Carte environ 50 €
Jolie chaumière briéronne aux abords fleuris, avec poutres et cheminée. En cuisine, on utilise les herbes, les fleurs (capucines), les tomates et les fruits rouges du potager...

HÉRÉPIAN – 34 Hérault – **339** D7 – rattaché à Bédarieux

HÉROUVILLE – 95 Val-d'Oise – **305** D6 – **106** 6 – voir à Paris, Environs (Cergy-Pontoise)

HÉROUVILLE-ST-CLAIR – 14 Calvados – **303** J4 – rattaché à Caen

HESDIN – 62 Pas-de-Calais – **301** F5 – 2 361 h. – alt. 27 m – ✉ 62140 **30** A2
Nord Pas-de-Calais Picardie

▶ Paris 210 – Abbeville 36 – Arras 58 – Boulogne-sur-Mer 65

ℹ place d' Armes, mairie, ✆ 03 21 86 19 19, www.tourisme7vallees.com

Trois Fontaines ch,
16 rte d'Abbeville – ✆ 03 21 86 81 65 – www.hotel-les3fontaines.com
– Fermé 21 déc.-7 janv.
16 ch – †59/69 € ††63/75 € – ☕ 8 € – ½ P
Rest *(fermé lundi midi et sam. midi)* – Formule 15 € bc – Menu 20/29 €
– Carte 23/34 €
Dans un quartier pavillonnaire en périphérie de la ville. Les chambres, assez petites mais bien aménagées, donnent toutes sur le jardin. Préférez celles de l'extension récente, décorées dans un style scandinave chaleureux (lambris, mobilier rustique). Restaurant traditionnel.

L'Écurie
17 r. Jacquemont – ✆ 03 21 86 86 86 – www.restaurant-lecurie.com – Fermé 8-22 juil., dim. soir, mardi soir et lundi
Rest – Formule 14 € – Menu 21/28 € – Carte 27/43 €
À deux pas de l'hôtel de ville, ce sympathique restaurant célèbre le cheval (sculptures, peintures). Dans la lumineuse salle, on apprécie des plats traditionnels.

à Gouy-St-André 14 km à l'Ouest par N 39 et D 137 – 631 h. – alt. 100 m – ✉ 62870

Le Clos de la Prairie
17 r. de St-Rémy – ✆ 03 21 90 39 58 – www.leclosdelaprairie.com
8 ch – †95/120 € ††95/125 € – ☕ 15 €
Rest *Le Clos de la Prairie* – voir les restaurants ci-après
Dans un corps de ferme du 19e s. entouré de 12 ha de prairies, cet établissement domine la vallée de l'Authie. Les chambres, dans un style "campagne chic" (mobilier cérusé, boutis, rideaux en lin...), sont toutes de plain-pied et s'ouvrent sur la nature.

Le Clos de la Prairie
17 r. de St-Rémy – ✆ 03 21 90 39 58 – www.leclosdelaprairie.com – Fermé 24-30 déc., lundi midi, mardi midi, sam. midi et merc.
Rest – Formule 21 € – Menu 38/43 € – Carte 44/52 €
En pleine campagne, ce charmant restaurant dégage une douceur bucolique. Derrière les fourneaux, le chef concocte, avec maîtrise, des plats traditionnels qui suivent le rythme des saisons. L'été, profitez de la terrasse qui donne sur... la prairie.

HESDIN-L'ABBÉ – 62 Pas-de-Calais – **301** D3 – rattaché à Boulogne-sur-Mer

HÉSINGUE – 68 Haut-Rhin – **315** J11 – rattaché à St-Louis

HEUCHIN – 62 Pas-de-Calais – **301** G5 – **568 h.** – **alt. 84 m** – ✉ **62134** **30** B2
Paris 250 – Amiens 74 – Arras 66 – Lille 78
14, Grand Place, ✆ 03 21 04 67 20

Maison de Plumes Ⓝ
73 r. d'Aire Heuchin – ✆ 03 21 41 47 85 – www.maisondeplumes.com
5 ch – 109/169 € 109/169 € **Table d'hôte** – Menu 35 €
Cette adresse plairait à Zizi Jeanmaire ! Dans cette maison du 13e s. tenue par un couple d'Anglais, les chambres portent des noms d'oiseaux : Flamant rose, Autruche... Et la décoration, fruit de la créativité toute britannique de la maîtresse des lieux, est au diapason. Un endroit agréablement atypique.

HEUDICOURT-SOUS-LES-CÔTES – 55 Meuse – **307** F5 – rattaché à St-Mihiel

HEYRIEUX – 38 Isère – **333** D4 – **4 758 h.** – **alt. 220 m** – ✉ **38540** **44** B2
Paris 487 – Lyon 30 – Pont-de-Chéruy 22 – La Tour-du-Pin 35

L'Alouette
rte de St-Jean-de-Bournay, à 3 km ✉ 38090 – ✆ 04 78 40 06 08
– www.restaurant-alouette.com – Fermé une sem.
en avril, 21 juil.-13 août, 23 déc.-2 janv., sam. midi, dim. soir et lundi
Rest – Formule 21 € bc – Menu 39/52 € – Carte 52/72 €
Alouette, gentille alouette... Voilà un restaurant contemporain bien agréable avec ses œuvres d'art, son piano à queue et son joli jardin. Le chef concocte une cuisine traditionnelle à partir des produits du marché. Belle carte des vins.

HIERES-SUR-AMBY – 38 Isère – **333** E3 – **1 148 h.** – **alt. 216 m** – ✉ **38118** **44** B1
Lyon et sa région
Paris 489 – Bourg-en-Bresse 57 – Grenoble 107 – Lyon 61

Le Val d'Amby avec ch rest, ch,
pl. de la République – ✆ 04 74 82 42 67 – www.hotel-levaldamby.com
– Fermé 22-28 avril, 5-21 août, 23-25 déc., 25 fév.-3 mars, dim. soir et merc.
13 ch – 56/65 € 65/79 € – 9 € – ½ P
Rest – Formule 13 € – Menu 25 € (déj. en sem.), 29/65 € – Carte 36/64 €
Dans cette belle maison de pays sur la place du village, l'accueil est chaleureux et l'on savoure une cuisine traditionnelle aux accents méridionaux. Menu du jour, plus simple, servi au café. Chambres fonctionnelles et bien tenues, à prix sages.

HINSINGEN – 67 Bas-Rhin – **315** F3 – **81 h.** – **alt. 220 m** – ✉ **67260** **1** A1
Paris 405 – St-Avold 35 – Sarrebourg 37 – Sarreguemines 22

La Grange du Paysan
23 r. Principale – ✆ 03 88 00 91 83 – Fermé 1 sem. en été, 2 sem. en hiver et lundi
Rest – Formule 12 € – Menu 19/45 € – Carte 20/50 €
Vieilles poutres, licous et autres objets du monde agricole : on appréciera dans cette salle champêtre une cuisine du terroir généreuse (produits de l'élevage familial).

HIRMENTAZ – 74 Haute-Savoie – **328** M3 – rattaché à Bellevaux

HOCHSTATT – 68 Haut-Rhin – **315** H10 – rattaché à Mulhouse

HOHRODBERG – 68 Haut-Rhin – **315** G8 – **alt. 750 m** – ✉ **68140** **1** A2
Alsace Lorraine
Paris 462 – Colmar 26 – Gérardmer 37 – Guebwiller 47
★★.

Panorama ch, rest,
3 rte de Linge Hohrodberg – ✆ 03 89 77 36 53 – www.hotel-panorama-alsace.com
– Fermé 7 janv.-7 fév.
35 ch – 50/95 € 50/95 € – 13 € – ½ P
Rest – Menu 16 € (sem.), 23/46 € bc – Carte 29/49 €
Quel panorama ! Face à la vallée de Munster, une sympathique bâtisse hôtelière avec des chambres confortables (certaines donnant sur les Vosges) qui, par touches, évoquent l'Alsace. La région s'invite aussi à table, avec des spécialités telles que le presskopf de la mer... et la montagne pour horizon.

LE HOHWALD – 67 Bas-Rhin – 315 H6 – 496 h. – alt. 570 m – Sports d'hiver : 600/1 100 m 10 – ✉ 67140 Alsace Lorraine

2 C1

Paris 430 – Lunéville 89 – Molsheim 33 – St-Dié 46

15, rue Principale, ✆ 03 88 08 33 92, www.pays-de-barr.com

Le Neuntelstein★★ ★★ N : 6 km puis 30 mn.

La Forestière

10 A chemin-du-Eck – ✆ 03 88 08 31 08 – www.laforestiere-alsace.fr – Fermé 1 sem. en avril, 1 sem. fin juin et 1 sem. en fév.

5 ch – 77/97 € 92/112 €

Table d'hôte *(fermé jeudi et dim.)* – Menu 36 € bc

Sur les hauteurs de cette petite station de montagne, avec la forêt toute proche, une grande maison très tranquille : espace, modernité, confort... et saveurs, car ses charmants propriétaires sont passionnés par la cuisine alsacienne et le gibier !

HOLNON – 02 Aisne – 306 B3 – rattaché à St-Quentin

LE HÔME – 14 Calvados – 303 L4 – rattaché à Cabourg

HONFLEUR – 14 Calvados – 303 N3 – 8 163 h. – alt. 5 m – ✉ 14600

32 A3

Normandie Vallée de la Seine

Paris 195 – Caen 69 – Le Havre 27 – Lisieux 38

Pont de Normandie : péage en 2010 : autos 5 €, auto et caravane 5,80 €, camions et autocars 6,30 à 12,50 €, gratuit pour motos.

quai Lepaulmier, ✆ 02 31 89 23 30, www.ot-honfleur.fr

le vieux Honfleur★★ : Vieux bassin★★ AZ, église Ste-Catherine★★ AY et clocher★ AY B - Côte de Grâce★★AY : calvaire★★.

Pont de Normandie★★ par ① : 4 km (péage).

La Ferme St-Siméon

20 r. Adolphe Marais, par ③ – ✆ 02 31 81 78 00 – www.fermesaintsimeon.fr

30 ch – 150/515 € 195/515 € – 4 suites – 28 €

Rest *La Ferme St-Siméon* – voir les restaurants ci-après

Haut lieu de l'histoire de la peinture, l'auberge que fréquentaient les impressionnistes est devenue un hôtel magnifique dont le parc domine l'estuaire. Les chambres, au calme, réinventent le style rustique... version luxe. Très haut de gamme !

Le Manoir des Impressionnistes

r. A. Marais, par ③ – ✆ 02 31 81 63 00 – www.manoirdesimpressionnistes.fr – Fermé janv.

10 ch – 180/455 € 180/455 € – 19 € – ½ P

Rest *Le Manoir des Impressionnistes* – voir les restaurants ci-après

Colombages peints, fenêtres à croisillons, toitures asymétriques, petit parc : ce manoir du 18e s. pourrait inspirer un tableau. On accède aux chambres par un bel escalier de bois, la mer est en contrebas : si romantique...

Les Maisons de Léa sans rest

pl. Ste-Catherine – ✆ 02 31 14 49 49 – www.lesmaisonsdelea.com AYa

22 ch – 150/295 € 150/295 € – 8 suites – 15 €

Ces trois anciens logis de pêcheur (16e s.) et leur grenier à sel illustrent parfaitement l'attrait propre à Honfleur. Un véritable hôtel de charme, près du clocher en bois de Ste-Catherine, avec, détail délicieux, un superbe spa.

L'Écrin sans rest

19 r. E.-Boudin – ✆ 02 31 14 43 45 – www.honfleur.com/default-ecrin.htm

30 ch – 120/180 € 120/180 € – 3 suites – 11 € AZg

Écrin précieux que ce véritable petit musée rempli d'objets d'art et d'ornements anciens. Côté chambres – d'époque –, tous les styles cohabitent, de la jolie mansarde au grand lit à baldaquin... Petit-déjeuner servi face au jardin.

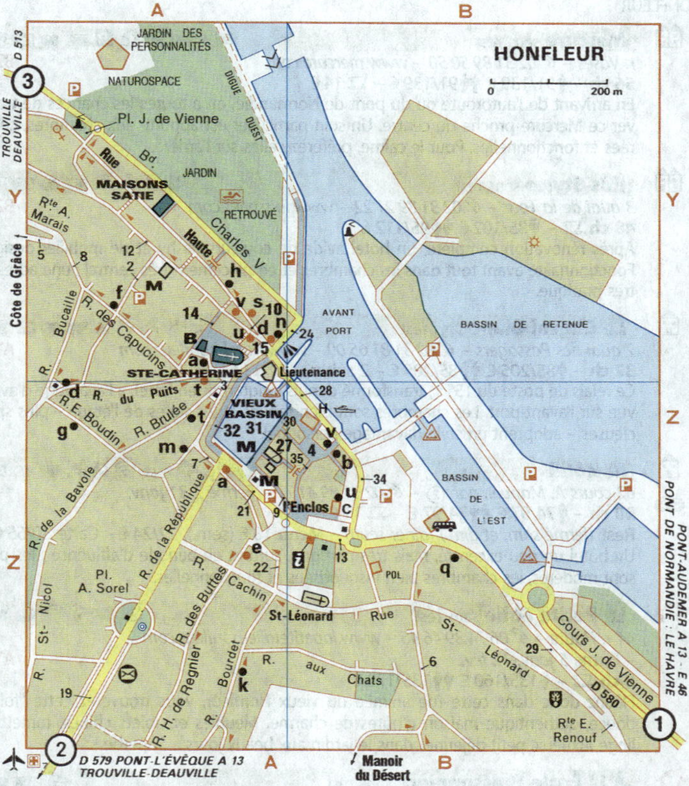

Albert-1er (R.) .... AY 2	Homme-de-Bois (R.) .... AY 12	Prison (R. de la) .... AZ 27
Berthelot (Pl. P.) .... AZ 3	Lingots (R. des) .... AY 14	Quarantaine (Quai de la) .... BZ 28
Boudin (Pl. A.) .... BZ 4	Logettes (R. des) .... AY 15	République (R. de la) .... AZ
Cachin (R.) .... AZ	Manuel (Cours A.) .... AZ 19	Revel (R. J.) .... BZ 29
Charrière-de-Grâce (R.) .... AY 5	Montpensier (R.) .... AZ 21	Ste-Catherine (Quai) .... AZ 32
Charrière-St-Léonard (R.) .... BZ 6	Notre-Dame (R.) .... AZ 22	St-Antoine (R.) .... BZ 30
Dauphin (R. du) .... AZ 7	Passagers (Quai des) .... ABY 24	St-Étienne (Quai) .... AZ 31
Delarue-Mardrus (R. L.) .... AY 8	Le-Paulmier (Quai) .... BZ 13	Tour (Quai de la) .... BZ 34
Fossés (Cours des) .... AZ 9	Porte-de-Rouen (Pl. de la) .... AZ 25	Ville (R. de la) .... BZ 35
Hamelin (Pl.) .... AY 10		

La Maison de Lucie sans rest

44 r. des Capucins – 02 31 14 40 40 – www.lamaisondelucie.com AYf

9 ch – 150/200 € 150/200 € – 3 suites – 12 €

Quel charme ! Des boiseries, des canapés en cuir, une bibliothèque... Cette maison du 18e s. propose toute une gamme de chambres décorées avec le meilleur goût. Un sens du détail qui fait la différence.

L'Absinthe sans rest

1 r. de la Ville – 02 31 89 23 23 – www.absinthe.fr – Fermé de mi-nov. à mi-déc.

9 ch – 95/190 € 130/190 € – 2 suites – 13 € BZv

La "fée verte" se fait reposante dans ce presbytère du 16e s. devenu un hôtel insolite. Par petites touches, elle cohabite avec les teintes douces des chambres, pleines de charme (certaines dans une maison face aux quais) : envoûtant.

Hôtel des Loges sans rest

18 r. Brûlée – 02 31 89 38 26 – www.hoteldesloges.com AZt

14 ch – 114/159 € 114/159 € – 12 €

Ces trois maisons traditionnelles du 17e s. abritent un boutique-hôtel au décor contemporain et épuré. Murs bruts, bois clair, bons équipements : on est pile dans la tendance et la jeune clientèle urbaine est séduite !

Mercure sans rest
r. Vases – ✆ 02 31 89 50 50 – www.mercure.com BZ**q**
56 ch – 🚹91/139 € 🚹🚹91/139 € – ☕ 14 €
En arrivant de l'autoroute ou du pont de Normandie, on a toutes les chances de trouver ce Mercure proche du centre. Un soin particulier est apporté aux chambres, colorées et fonctionnelles. Pour le calme, préférez celles sur l'arrière.

Ibis Styles sans rest
3 quai de la Tour – ✆ 02 31 89 21 22 – www.ibisstyles.com BZ**u**
48 ch ☕ – 🚹85/102 € 🚹🚹95/112 €
Après rénovation complète, un hôtel avide de couleurs flashy et de mobilier design. Fonctionnalité avant tout dans les chambres et emplacement très central : une adresse très pratique.

Le Cheval Blanc sans rest
2 quai des Passagers – ✆ 02 31 81 65 00 – www.hotel-honfleur.com AY**n**
32 ch – 🚹85/205 € 🚹🚹85/205 € – 2 suites – ☕ 13 €
Ce relais de poste du 15e s., transformé depuis longtemps en hôtel, a l'avantage d'avoir vue sur l'avant-port. Les chambres sont bien tenues et les suites de l'étage – plus spacieuses – adoptent un style davantage personnel.

M Hôtel
rest,
62 cours A. Manuel, par ② – ✆ 02 31 89 41 77 – Fermé 2-31 janv.
50 ch – 🚹74/97 € 🚹🚹74/97 € – ☕ 11 € – ½ P
Rest *(fermé sam. et dim.) (dîner seult)* – Menu 18 € (sem.), 22/24 € – Carte 30/55 €
Un hôtel un peu excentré, mais très pratique, surtout en période d'affluence : les prix sont modérés, les chambres bien insonorisées et fonctionnelles.

La Petite Folie sans rest
44 r. Haute – ✆ 06 74 39 46 46 – www.lapetitefolie-honfleur.com
– Fermé 5 janv.-12 fév. AY**h**
5 ch ☕ – 🚹135/160 € 🚹🚹135/170 €
Flânez donc dans cette rue animée du vieux Honfleur, vous trouverez cette "folie" douce, authentique maison d'hôtes de charme. Meubles et objets chinés, tomettes, linge luxueux, petit-déjeuner dans le jardin aux beaux jours.... Superbe !

À L' École Buissonnière sans rest
4 r. de la Foulerie – ✆ 06 16 18 43 62 – www.a-lecole-buissonniere.com
5 ch ☕ – 🚹120/180 € 🚹🚹120/180 € AZ**m**
Cette école-là a un cachet fou ! À deux pas du vieux bassin, les salles de classe 1900 sont devenues des chambres délicieuses. La cour avec ses colombages, la superbe cuisine ouverte pour le petit-déjeuner gourmand... Vive la rentrée !

Le Clos Bourdet sans rest
50 r. Bourdet – ✆ 02 31 89 49 11 – www.leclosbourdet.com – Fermé janv.
5 ch ☕ – 🚹115/170 € 🚹🚹115/170 € AZ**k**
Dans un grand jardin clos à flanc de colline... C'est dire comme cette belle maison bourgeoise du 18e s. est au calme ! Œuvres d'art et meubles chinés lui donnent un style déco très affirmé. Pâtisseries du propriétaire au petit-déjeuner.

La Cour Ste-Catherine sans rest
74 r. du Puits – ✆ 02 31 89 42 40 – www.coursaintecatherine.com AYZ**d**
5 ch ☕ – 🚹90/110 € 🚹🚹90/110 €
Sur les hauteurs d'Honfleur, un ancien couvent du 17e s. – qui fut aussi une cidrerie – aux chambres délicieusement tranquilles, décorées avec goût. Les petits-déjeuners sont servis dans l'ancien pressoir, un modèle de charme rustique.

La Ferme St-Siméon – Hôtel La Ferme St-Siméon
20 r. Adolphe Marais, par ③ – ✆ 02 31 81 78 00
– www.fermesaintsimeon.fr
Rest – Menu 55 € (déj. en sem.), 75/129 € – Carte 115/165 €
Un cadre superbe, véritable ode aux arts de la table, entre poutres anciennes et terrasse face à la roseraie... Tout est réuni pour un moment de gastronomie (recettes au goût du jour).

XXX **L'Absinthe**

10 quai Quarantaine – ✆ 02 31 89 39 00 – www.absinthe.fr – Fermé 15 nov.-15 déc.
Rest – Menu 30/69 € bc – Carte 68/102 € BZ**b**
Pour déguster un tartare d'huître ou un poisson très frais à la cuisson parfaite, cet ancien bar de pêcheur face au port – dans des maisons des 15e et 17e s. – est l'endroit idéal. Détail important en été : on peut dîner en terrasse.

XXX **Le Manoir des Impressionnistes** – Hôtel Le Manoir des Impressionnistes

r. A. Marais, par ③ – ✆ 02 31 81 63 00
– www.manoirdesimpressionnistes.fr – Fermé janv.
Rest *(dîner seult du lundi au vend.)* – Menu 38/77 € – Carte 47/66 €
Dans ce petit manoir sur les hauteurs de Honfleur, la table mise aussi bien sur les produits de la mer que de la terre. Une cuisine de saison au rythme du marché... et du potager.

XX **SaQuaNa** (Alexandre Bourdas)

✿✿ *22 pl. Hamelin – ✆ 02 31 89 40 80 – www.alexandre-bourdas.com – Fermé 2 sem. en juin, 1 sem. en oct., 2 sem. en fév., lundi, mardi et merc.* AY**u**
Rest *(nombre de couverts limité, réserver)* – Menu 68/108 €
Sa. Qua. Na pour "saveurs, qualité, nature" ou encore "poisson" (sakana) en nippon : telle est la formule magique d'Alexandre Bourdas, formé chez Bras et passé par le Japon. Il signe une authentique cuisine d'auteur, millimétrée, très intuitive et inventive. À la découverte des saveurs... Cadre moderne, tendance zen.
➜ Homard poché au citron vert et bouillon noix de coco. Pastilla de pigeon. Carré de truffes au chocolat blanc.

XX **Entre Terre et Mer**

12 pl. Hamelin – ✆ 02 31 89 70 60 – www.entreterreetmer-honfleur.com – Fermé janv.
Rest – Formule 23 € bc – Menu 28/55 € – Carte 58/85 € AY**d**
Sur une place près du vieux bassin, ce restaurant navigue entre terre et mer dans l'assiette comme dans le décor, avec des photos de vaches, de moutons et de poissons. Un cadre apaisant avec, dans l'hôtel en face, un sympathique bar à huîtres.

XX **Le Bréard**

7 r. du Puits – ✆ 02 31 89 53 40 – www.restaurant-lebreard.com – Fermé 7-29 janv., merc. midi, lundi et mardi AY**t**
Rest – Menu 29 € (sem.), 45/55 €
Cadre contemporain et cuisine subtile dans ce restaurant d'une ruelle pavée proche de l'église Ste-Catherine. Le chef associe de belles saveurs avec créativité. Beaucoup de fraîcheur et de générosité !

XX **La Fleur de Sel**

17 r. Haute – ✆ 02 31 89 01 92 – www.lafleurdesel-honfleur.com – Fermé 1er-7 juil., janv., mardi et merc. AY**v**
Rest – Menu 29/79 €
Poutres apparentes, tomettes et collection de... guides Michelin : au premier regard, ce restaurant a l'air bien sympathique. D'excellents produits, une cuisine soignée, des allusions au répertoire régional : la première impression était la bonne.

X **L'Endroit**

3 r. Charles-et-Paul-Bréard – ✆ 02 31 88 08 43 – Fermé mardi et merc. AZ**e**
Rest – Menu 27 € – Carte 35/45 €
Difficile d'imaginer ici un tel endroit ! Des allures de loft, une cuisine grande ouverte sur la salle : l'adresse est novatrice. Salade croustillante de maquereau grillé au gingembre, curry de joue de cochon au cidre, superbes desserts... The place to be.

X **Au P'tit Mareyeur**

4 r. Haute – ✆ 02 31 98 84 23 – www.auptitmareyeur.fr – Fermé 22 juin-1er juil., 6 janv.-6 fév., mardi et merc. AY**s**
Rest *(nombre de couverts limité, réserver)* – Menu 28 € (déj.)/35 €
– Carte environ 40 €
Atmosphère intime dans cette sympathique maison, reconnaissable à sa façade bleue. Le jeune chef s'y connaît en produits de la mer avec, comme spécialité, la bouillabaisse honfleuraise. Des saveurs bien marquées, un pur plaisir !

L'Ecailleur

1 r. de la République – ✆ 02 31 89 93 34 – www.lecailleur.fr – Fermé 12-28 mars , 17 juin-3 juil., 17-31 déc., jeudi hors saison et merc. AZa

Rest – Formule 20 € – Menu 29/42 € – Carte 34/56 €

Larguez les amarres ! Ce restaurant face au vieux bassin évoque une vraie cabine de paquebot (boiseries, cordages, hublots). Le chef est autodidacte et laisse libre court à son imagination, à partir de produits de qualité. Une agréable traversée.

à la Rivière-St-Sauveur 2 km par ① – 1 988 h. – alt. 1 m – ✉ 14600

Antarès sans rest

r. St-Clair – ✆ 02 31 89 10 10 – www.antares-honfleur.com

76 ch – †94/119 € ††94/159 € – ☕ 12 €

En quelques années, les chambres de ce complexe hôtelier ont été rénovées (écrans plats, couettes...), tout comme la piscine, le hammam, le sauna et le spa ! Une adresse tout confort.

Les Bleuets sans rest

11 r. Desseaux – ✆ 02 31 81 63 90 – www.motel-les-bleuets.com – Fermé 6 janv.-10 fév.

18 ch – †59/120 € ††59/120 € – ☕ 9 €

Cet établissement a tout d'un motel : façade bleu et blanc, espace détente (sauna, hammam) et des chambres avec miniterrasse ou balcon. L'entretien est irréprochable et l'on peut vous prêter des vélos pour découvrir les environs.

à Genneville 10 km au Sud-Ouest par ① et D 140 – 748 h. – alt. 90 m – ✉ 14600

Le Grand Clos de St-Martin sans rest

Hameau St-Martin – ✆ 02 31 87 80 44 – www.legrandclosdesaintmartin.com

3 ch ☕ – †89/118 € ††100/118 €

Pommiers, plan d'eau, chevaux, architecture de colombages (superbe), quiétude... Comme un rêve de Normandie ! Et les chambres affichent un joli côté bonbonnière. Produits maison au petit-déjeuner.

à Barneville-la-Bertran 5 km par ②, D 62 et D 279 – 143 h. – alt. 48 m – ✉ 14600

Auberge de la Source

ch, rest,

– ✆ 02 31 89 25 02 – www.auberge-de-la-source.fr – Fermé 6 janv.-7 fév.

14 ch – †115/240 € ††115/240 € – 1 suite – ☕ 14 € – ½ P

Rest *(fermé le midi du lundi au merc. et mardi soir de nov. à mars)* – Formule 32 € – Menu 38 €

À l'entrée du village, cette jolie maison en brique rouge et sa longère à colombages semblent incarner l'idéal champêtre : un jardin et ses beaux arbres fruitiers ; des bassins où fraient truites et esturgeons ; des chambres d'esprit nature et cosy... et un restaurant aux airs d'auberge chic. Charmant !

au Nord-Ouest 3 km par ③ rte de Trouville – ✉ 14600 Vasouy

La Chaumière

rte du Littoral, Vasouy – ✆ 02 31 81 63 20 – www.hotel-chaumiere.fr

9 ch ☕ – †206/356 € ††228/378 € – ½ P

Rest ***La Chaumière*** – voir les restaurants ci-après

Cette jolie ferme normande du 17ᵉ s. se dresse face à l'estuaire de la Seine, dans un parc qui dévale jusqu'à la mer. Là, pourquoi ne pas pique-niquer ? Puis remonter vers les belles chambres, luxueuses, où le bois chaleureux domine...

La Chaumière

rte du Littoral, Vasouy – ✆ 02 31 81 63 20 – www.hotel-chaumiere.fr – Fermé mardi midi, merc. midi et jeudi midi

Rest *(nombre de couverts limité, réserver)* – Menu 29 € (sem.)/50 € – Carte 34/58 €

Foie gras poêlé et condiments de saison, onglet de bœuf grillé et sa sauce béarnaise... La gourmandise s'empare de cette Chaumière le soir venu. Un cadre rustique et élégant, pour profiter pleinement de la Côte Fleurie.

au Nord-Ouest **8 km par ③ rte de Trouville et rte secondaire – ✉ 14600 Honfleur**

Le Romantica rest,
chemin Petit Paris – ✆ 02 31 81 14 00 – www.romantica-honfleur.com
35 ch – 60/70 € 70/90 € – 11 € – ½ P
Rest *(fermé jeudi midi et merc.)* – Formule 20 € – Menu 27/38 €
Sur les hauteurs du village, cette bâtisse régionale offre calme et confort avec ses chambres plutôt classiques. Les points forts de la maison : la vue sur la Manche et les deux piscines, intérieure et extérieure.

à Cricqueboeuf **9 km par ③ et rte de Trouville – 201 h. – alt. 25 m – ✉ 14113**

Manoir de la Poterie & Spa
chemin P.-Ruel – ✆ 02 31 88 10 40 – www.manoirdelapoterie.fr
23 ch – 165/250 € 165/250 € – 1 suite – 21 €
Rest *(fermé le midi en sem.)* – Menu 35/80 € – Carte 50/87 €
Face à la mer ! Dans cette solide bâtisse d'inspiration normande, les chambres rêvent aux styles Louis XVI, Directoire, marin ou contemporain. Côté vue, vous avez le choix entre l'estran ou la campagne. Avec son cadre raffiné, le restaurant se prête à un moment romantique.

à Villerville **10 km par ③, rte de Trouville – 772 h. – alt. 10 m – ✉ 14113**
40, rue Général Leclerc, ✆ 02 31 87 21 49, www.villerville.fr

Le Bellevue
rte d'Honfleur – ✆ 02 31 87 20 22 – www.bellevue-hotel.fr – Fermé 7 janv.-13 fév.
22 ch – 89/99 € 99/119 € – 4 suites – 13 € – ½ P
Rest ***Le Bellevue*** – voir les restaurants ci-après
Cette demeure dominant la mer fut, à la fin du 19e s., la villégiature d'un directeur de l'Opéra-Comique de Paris. Parmi les chambres, confortables, certaines ont vue sur la Manche. Une belle étape entre Honfleur et Trouville.

Le Bellevue
7 allée du Jardin-Madame, rte d'Honfleur – ✆ 02 31 87 20 22 – www.bellevue-hotel.fr – Fermé 7 janv.-13 fév., mardi midi, merc. midi et jeudi midi
Rest – Menu 28/48 € – Carte 40/56 €
Grâce à la véranda, on profite pleinement de la vue sur la mer et le jardin. Un cadre cossu pour déguster huîtres, homard du vivier et spécialités du terroir normand. Pour finir, quoi de mieux qu'un verre de calvados devant la cheminée ?

L'HÔPITAL-ST-BLAISE – 64 Pyrénées-Atlantiques – 342 H5 – 81 h. – alt. 145 m – ✉ 64130 Pays Basque et Navarre — 3 B3

Paris 796 – Oloron-Ste-Marie 18 – Orthez 32 – Pau 52
Église★.

Auberge du Lausset
– ✆ 05 59 66 53 03 – Fermé mardi et merc. d'oct. à juin
Rest *(nombre de couverts limité, réserver)* – Formule 14 € – Menu 21/32 € – Carte 30/47 €
Profitez d'une visite de l'église romane classée (13e s.) de ce village pour faire escale dans cette auberge ! Si son décor n'a rien de particulier, l'assiette, en revanche, met bien en valeur les spécialités du terroir. Tout est fait maison. L'été, arrivez assez tôt, la terrasse est prise d'assaut.

HORBOURG – 68 Haut-Rhin – 315 I8 – rattaché à Colmar

HOSSEGOR – 40 Landes – 335 C13 – 3 668 h. – alt. 4 m – Casino – ✉ 40150 — 3 A3

Aquitaine
Paris 752 – Bayonne 25 – Biarritz 32 – Bordeaux 170
44, avenue de Paris, ✆ 05 58 41 79 00, www.hossegor.fr
d'Hossegor, 333 avenue du Golf, SE : 0,5 km, ✆ 05 58 43 56 99
de Seignosse, à Seignosse, avenue du Belvédère, N : 5 km par D 152, ✆ 05 58 41 68 30
de Pinsolle, à Soustons, Port d'Albret Sud, N : 10 km par D 4, ✆ 05 58 48 03 92
Le lac★ - Les villas basco-landaises★.

Les Hortensias du Lac sans rest
1578 av. du Tour-du-Lac – ✆ 05 58 43 99 00 – www.hortensias-du-lac.com – Ouvert de mi-mars à mi-nov.
20 ch – †145/250 € ††145/250 € – 5 suites – ☕ 21 €
Trois belles maisons entourées d'une pinède, au bord du lac marin... Dans les chambres, luxe décontracté et décoration d'inspiration 1930. Délicieux petit-déjeuner sucré-salé au champagne.

202 sans rest
202 av. du Golf – ✆ 05 58 43 22 02 – www.hotel202.fr – Fermé 7 janv.-11 fév.
25 ch – †100/245 € ††100/245 € – 2 suites – ☕ 15 €
Une jolie villa immaculée, où règne une ambiance assez jeune. Les chambres sont spacieuses et cosy, toutes avec balcon. Terrasse en teck. L'adresse design d'Hossegor.

Pavillon Bleu sans rest
1053 av. Touring-Club-de-France – ✆ 05 58 41 99 50 – www.pavillonbleu.fr
20 ch – †85/230 € ††85/230 € – ☕ 12 €
Une grande maison de construction récente, près du lac marin : les chambres, avec balcon, sont fonctionnelles et bien équipées (baignoires balnéo).

Jean des Sables
121 bd de la Dune – ✆ 05 58 72 29 82 – www.jeandessables.com – Fermé 5 janv.-16 fév., dim. soir, mardi midi et lundi du 1er oct. au 31 mai, lundi midi, merc. midi et vend. midi de juin à sept.
Rest – Menu 32 € bc (déj. en sem.), 59/80 € – Carte 62/92 €
Cadre épuré pour ce restaurant de plage du chef Jean Cousseau : béton ciré, murs clairs, vivier, vue sur l'Océan... La carte met en avant les produits de la pêche locale. Accueil et service aux petits soins.

HOUAT (ÎLE D') – 56 Morbihan – 308 N10 – voir à Île d'Houat

LA HOUBE – 57 Moselle – 307 O7 – ✉ 57850 Dabo 27 D2

Paris 453 – Lunéville 86 – Phalsbourg 18 – Sarrebourg 27

Vosges avec ch
41 r. de la Forêt-Brûlée – ✆ 03 87 08 80 44 – www.hotel-restaurant-vosges.com – Fermé 26 sept.-8 oct., 15 fév.-15 mars, mardi soir et merc.
9 ch – †45/50 € ††58/65 € – ☕ 8 € – ½ P
Rest – Menu 10 € (déj. en sem.), 22 € bc/30 € – Carte 23/42 €
Bien sympathique cette petite auberge de village, un peu perdue au-dessus du rocher de Dabo. On déjeune en admirant la forêt vosgienne, gagné par la beauté du cadre et d'une cuisine respectueuse du terroir. Chambres simples pour l'étape.

LES HOUCHES – 74 Haute-Savoie – 328 N5 – 3 052 h. – alt. 1 004 m 46 F1
– Sports d'hiver : 1 010/1 900 m 2 17 – ✉ 74310 Alpes du Nord

Paris 602 – Annecy 89 – Bonneville 47 – Chamonix-Mont-Blanc 9
place de la Mairie, ✆ 04 50 55 50 62, www.leshouches.com
Le Prarion ★★.

Hôtel du Bois
475 avenue des Alpages, La Griaz – ✆ 04 50 54 50 35 – www.hotel-du-bois.com – Fermé 8 nov.-10 déc.
43 ch – †80/172 € ††80/194 € – ☕ 11 €
Rest *(fermé 13 avril-15 mai et 6 oct.-10 déc.) (dîner seult)* – Menu 22 €
Ce sympathique chalet offre pour horizon... le mont Blanc. Des prestations intéressantes : chambres simples et pratiques (murs blanchis à la chaux, mobilier rustique), appartements de style contemporain dans l'annexe, restaurant typiquement savoyard, belle piscine couverte, bassin extérieur, sauna, etc.

Auberge Beau Site sans rest
52 r. de l'Eglise – ✆ 04 50 55 51 16 – www.hotel-beausite.com – Ouvert 1er juin-26 sept. et 20 déc.-20 avril
18 ch – †75/112 € ††76/127 € – ☕ 11 €
Au pied du clocher de la station, une jolie auberge rose aux volets verts, tenue en famille... Les chambres sont spacieuses, impeccables et décorées dans un esprit savoyard simple et plaisant. Au restaurant, décor rustique, atmosphère conviviale et carte traditionnelle.

Auberge Le Montagny sans rest
490 rte du Pont – ✆ 04 50 54 57 37 – www.chamonix-hotel.com
– Ouvert 23 juin-16 sept. et 22 déc.-10 avril
8 ch – †78 € ††86 € – ☕ 10 €
En léger retrait de la station – en toute quiétude –, un petit chalet coquet. Du bois partout, des tissus joliment choisis : il règne ici un bel esprit montagne et la tenue des chambres est excellente. Une très bonne petite adresse !

au Prarion par télécabine – ✉ 74310 Les Houches
※★★ 30 mn.

Le Prarion
alt.1 860 – ✆ 04 50 54 40 07 – www.prarion.com – Ouvert fin juin-début sept. et 22 déc.-21 avril
12 ch – ½ P seult 180/260 € **Rest** – Menu 16 € (déj.), 19/38 € – Carte 19/38 €
Mont-Blanc, massif des Aravis, vallées de Chamonix et de Sallanches : une vue à couper le souffle dans ce chalet au charme authentique. Chambres en bois brut (assez simples et jolies) ; dortoir pour les alpinistes ; repas traditionnels (self en hiver et menu unique au dîner)... Le bel esprit montagne !

HOUDAN – 78 Yvelines – 311 F3 – 3 333 h. – alt. 104 m – ✉ 78550 18 A2

Île-de-France
Paris 60 – Chartres 55 – Dreux 20 – Évreux 52
4, place de la Tour, ✆ 01 30 59 53 86, www.cc-payshoudanais.fr
36 de la Vaucouleurs, à Civry-la-Forêt, Rue de l'Eglise, N : 11 km par D 983, ✆ 01 34 87 62 29
27 des Yvelines, à La Queue-les-Yvelines, Château de la Couharde, E : 12 km par N 12, ✆ 01 34 86 48 89

La Poularde
24 av. de la République, (rte de Maulette D 912) – ✆ 01 30 59 60 50
– www.alapoularde.com – Fermé 12-29 août, 29 oct.-6 nov., dim. soir, lundi et mardi
Rest – Formule 22 € – Menu 29 € (déj. en sem.), 45/54 € – Carte 43/82 €
La carte, traditionnelle, met notamment en valeur le homard (servi en paella, à la façon du chef) et les truffes en saison. Cadre classique et grande terrasse pour l'été. Belle collection de whiskys.

Le Donjon
14 r. d'Epernon, (près de l'église) – ✆ 01 30 59 79 14 – www.restaurant-ledonjon.fr
– Fermé 1 sem. en mars, 2 sem. en août, dim. soir, jeudi soir et lundi
Rest – Formule 25 € – Menu 39/72 € bc – Carte 45/57 €
Du château médiéval ne subsiste que le donjon, voisin de ce restaurant. Cuisine traditionnelle rythmée par les saisons, servie dans une salle classique, de bon confort.

HOUDEMONT – 54 Meurthe-et-Moselle – 307 H7 – rattaché à Nancy

HOULGATE – 14 Calvados – 303 L4 – 1 988 h. – alt. 11 m – Casino 32 B2

– ✉ 14510 Normandie Vallée de la Seine
Paris 214 – Caen 29 – Deauville 14 – Lisieux 33
10, boulevard des Belges, ✆ 02 31 24 34 79, www.ville-houlgate.fr
18 d'Houlgate, à Gonneville-sur-Mer, E : 3 km par D 513, ✆ 02 31 24 80 49
Falaise des Vaches Noires★ au NE.

Villa les Bains sans rest
31 r. des Bains – ✆ 02 31 24 80 40 – www.hotelhoulgate.fr – Fermé 15 nov.-15 déc. et janv.
17 ch – †95/140 € ††95/180 € – ☕ 13 €
Cet hôtel a été entièrement rénové pour devenir l'adresse de charme – et tendance – de Houlgate, en plein cœur de la station. Les chambres sont d'un bon confort et celles du dernier étage offrent une très belle vue sur la mer.

L'Éden VISA AE

7 r. Henri-Fouchard – ✆ 02 31 24 84 37 – www.eden-houlgate.com
– Fermé 2-10 oct., 2 janv.-5 fév., lundi et mardi sauf du 10 juil. au 31 août
Rest – Formule 18 € – Menu 22 € (sem.), 28/46 € – Carte 41/61 €
Deux atmosphères pour cet Éden, classique ou façon jardin d'hiver, avec vue sur les cuisines. Andouille de Vire et cromesquis de camembert, homard braisé au pommeau... Le chef mitonne avec soin une cuisine traditionnelle juste et généreuse.

HUEZ – 38 Isère – 333 J7 – rattaché à Alpe d'Huez

HUNINGUE – 68 Haut-Rhin – 315 J11 – rattaché à St-Louis

HURIGNY – 71 Saône-et-Loire – 320 I12 – rattaché à Mâcon

HUSSEREN-LES-CHÂTEAUX – 68 Haut-Rhin – 315 H8 – 512 h. 2 C2
– alt. 380 m – ✉ 68420 Alsace Lorraine

Paris 455 – Belfort 69 – Colmar 10 – Gérardmer 55

Husseren-les-Châteaux ch, VISA AE

r. Schlossberg – ✆ 03 89 49 22 93
– www.hotel-husseren-les-chateaux.com
36 ch – †88/103 € ††115/145 € – 2 suites – ☕ 13 € – ½ P
Rest – Menu 30 € – Carte 31/51 €
Sur les hauteurs du massif vosgien, un vaste établissement avec des chambres spacieuses (la plupart avec une mezzanine), décorées dans un esprit hôtelier fonctionnel. Belle piscine couverte, tennis, brasserie et restaurant, espace seminaire... Idéal pour un séjour en famille comme pour un voyage business.

HYÈRES – 83 Var – 340 L7 – 54 686 h. – alt. 40 m – Casino : des Palmiers Z 41 C3
– ✉ 83400 Côte d'Azur

Paris 851 – Aix-en-Provence 102 – Cannes 123 – Draguignan 78

de Toulon-Hyères : ✆ 0 825 01 83 87, SE : 4 km V.

Rotonde du Park Hôtel, Avenue de Belgique, ✆ 04 94 01 84 50, www.hyeres-tourisme.com

≤★ de la place St-Paul Y **49** - ≤★ du parc St-Bernard Y - ≤★ de l'esplanade de la Chapelle N.-D. de Consolation V **B** - ✻★ des Ruines du Château des aires - Presqu'île de Giens★★.

Mercure ch, AC ch, VISA AE

19 av. A. Thomas – ✆ 04 94 65 03 04 – www.mercure.com Vx
83 ch – †119/230 € ††129/240 € – ☕ 14 € **Rest** – Formule 16 € – Carte 20/45 €
Hôtel lumineux, situé près de la voie d'Olbia et d'un centre d'affaires. Chambres fonctionnelles et contemporaines disposant d'équipements dernier cri. Au restaurant, cuisine régionale et service au bord de la piscine en saison.

L'Europe sans rest AC VISA AE

45 av. E. Cavell – ✆ 04 94 00 67 77 – www.hotel-europe-hyeres.com Vr
42 ch – †75/180 € ††85/180 € – ☕ 11 €
Face à la gare, bâtiment du 19e s. entièrement rénové en 2010. Chambres d'esprit zen (tons gris et taupe) et belle terrasse panoramique sur le toit.

Joy AC VISA

24 r. de Limans – ✆ 04 94 20 84 98 – www.restaurantjoy.fr
– Fermé 2 sem. en janv., dim. et lundi hors saison Ya
Rest *(réserver)* – Menu 25 € (sem.), 39/45 € – Carte 42/60 €
Dans les deux salles de ce charmant restaurant contemporain ou sur la petite terrasse donnant sur la rue piétonne, on savoure une subtile cuisine en prise sur les saisons.

Le Baraza N AC VISA AE

2 av. Ambroise-Thomas – ✆ 04 94 35 21 01 – www.baraza.fr – Fermé dim. et lundi
Rest – Formule 19 € – Carte 36/47 € Zx
Faites vos jeux dans ce bistrot en face du casino ! Ici, point de croupier ou de roulette, mais un chef derrière les fourneaux qui signe une bonne cuisine du marché. Dans l'assiette, les produits sont de qualité, les recettes bien ficelées. À apprécier dans un décor dédié au vin.

HYÈRES-GIENS

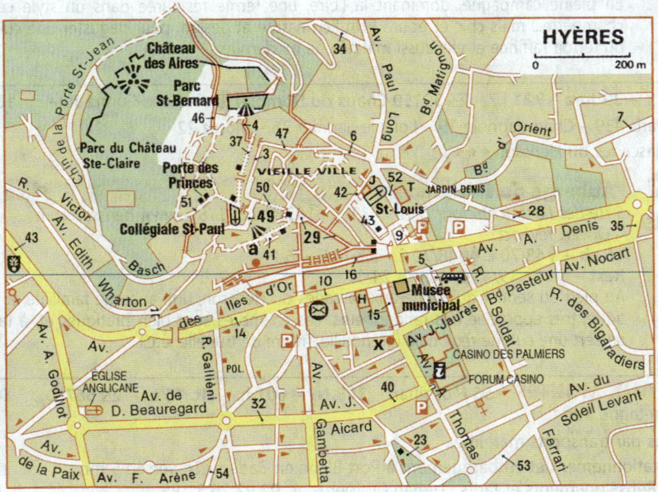

à La Bayorre 2,5 km à l'Ouest par rte de Toulon – ✉ 83400 Hyeres

La Colombe

663 rte de Toulon – ✆ 04 94 35 35 16 – www.restaurantlacolombe.com
– Fermé dim. soir de sept. à juin, mardi midi en juil.-août, sam. midi et lundi
Rest – Menu 30/65 € – Carte 60/73 €
Charmant restaurant au pied du massif des Maurettes. Cuisine méditerranéenne raffinée, servie avec le sourire dans une jolie salle à manger ou un patio verdoyant.

IGÉ – 71 Saône-et-Loire – **320** I11 – **892 h.** – **alt. 265 m** – ✉ **71960** **8** C3
Paris 396 – Cluny 13 – Mâcon 14 – Tournus 34

Château d'Igé

252 r. du Château – ✆ 03 85 33 33 99 – www.chateaudige.com
– Ouvert 14 fév.-10 nov. et fermé dim., lundi et mardi hors saison
13 ch – 90/173 € 90/173 € – 4 suites – 16 € – ½ P
Rest *Château d'Igé* – voir les restaurants ci-après
En ce château fort (1235) du Mâconnais, caractère et charme vont de pair. Les chambres sont raffinées et pleines de cachet (tapisseries, baldaquins, voûtes), tandis que le jardin se révèle tout simplement magnifique.

Château d'Igé

252 r. du Château – ✆ 03 85 33 33 99 – www.chateaudige.com
– Ouvert 14 fév.-10 nov. et fermé dim. soir, lundi et mardi hors saison et le midi en sem. sauf fériés
Rest – Menu 34/80 € – Carte 59/73 €
Un décor médiéval et châtelain (pierres, poutres, belle cheminée) au service d'une cuisine classique et soignée. Cette table est pleine de charme pour un moment galant...

IGUERANDE – 71 Saône-et-Loire – **320** E12 – **1 013 h.** – **alt. 280 m** **7** B3
– ✉ **71340** Bourgogne
Paris 399 – Dijon 184 – Mâcon 105 – Roanne 21

La Colline du Colombier

3,5 km au Sud-Ouest par D 9 et rte secondaire – ✆ 03 85 84 07 24
– www.troisgros.com
– Ouvert de mars à nov. et fermé mardi sauf de juin à sept. et merc.
Rest – Formule 31 € – Menu 42 € – Carte 75/110 €
En pleine campagne, dominant la Loire, une ferme restaurée dans un style certes champêtre... mais chic et épuré ! Un lieu nature et design, pour déguster une cuisine du terroir raffinée et elle aussi mâtinée de modernité.

ILAY – 39 Jura – **321** F7 – ✉ **39150 Chaux du Dombief** Franche-Comté Jura **16** B3
Paris 439 – Champagnole 19 – Lons-le-Saunier 36 – Morez 22
Cascades du Hérisson★★★.

Auberge du Hérisson

5 rte des Lacs, (carrefour D 75-D 39) – ✆ 03 84 25 58 18 – www.herisson.com
– Ouvert fév.-oct.
16 ch – 48/70 € 48/70 € – 10 € – ½ P
Rest – Menu 19/45 € – Carte 24/59 €
Au pied du sentier qui mène aux cascades du Hérisson, une auberge familiale et rustique, très appréciée des randonneurs. Les chambres sont bien pratiques et, à table, on sert une cuisine régionale (grenouille, friture de truitelle, etc.).

ÎLE AUX MOINES – 56 Morbihan – **308** N9 – **601 h.** – **alt. 16 m** – ✉ **56780** **9** A3
Bretagne Sud
Accès par transports maritimes
Stationnement et embarquement à Port-Blanc en Baden - Traversée 5 mn
- Renseignements et tarifs : Izenah Croisières, ✆ 02 97 26 31 95

Les Embruns

r. du Commerce – ✆ 02 97 26 30 86 – www.restaurantlesembruns.com – Fermé 15 janv.-1er mars, 3-22 oct. et merc. sauf juil.-août

Rest – Menu 20/28 € – Carte 24/36 €

Par mer agitée, il n'est pas rare que ce restaurant soit balayé par les embruns ! Quoi de plus normal sur cette jolie île... où le plaisir des yeux s'allie au plaisir des papilles. Ici, pas de chichi, on savoure tourteaux, poissons frais, huîtres et fruits de mer dans une ambiance conviviale... esprit insulaire oblige !

L'ÎLE BOUCHARD – 37 Indre-et-Loire – 317 L6 – 1 754 h. – alt. 41 m – 11 A3

– ✉ 37220 Châteaux de la Loire

Paris 284 – Châteauroux 118 – Chinon 16 – Châtellerault 49

16, place Bouchard, ✆ 02 47 58 67 75, www.cc-bouchardais.fr

Chapiteaux★ et Cathèdre★ dans le prieuré St-Léonard.

Champigny-sur-Veude : vitraux★★ de la Ste-Chapelle★ SO : 10,5 km.

Auberge de l'Ile

3 pl. Bouchard – ✆ 02 47 58 51 07 – www.aubergedelile.fr – Fermé 2 janv.-7 mars, mardi et merc. sauf fériés

Rest – Formule 30 € – Menu 29/44 €

Sur cette île, au milieu de la Vienne, on jouerait volontiers les Robinson Crusoé... À condition de pouvoir manger dans cette auberge tous les jours ! On y savoure de bons produits, cuisinés avec soin, dans un cadre contemporain, ou en terrasse pour regarder passer les bateaux.

à Sazilly 7 km à l'Ouest par D 760 – 317 L6 – 254 h. – alt. 40 m – ✉ 37220

Auberge du Val de Vienne

30 rte de Chinon – ✆ 02 47 95 26 49 – www.aubergeduvaldevienne.com – Fermé 9-21 janv., 25 nov.-2 déc., dim. soir et lundi

Rest – Formule 17 € – Menu 22 € (sem.), 30/53 € – Carte 48/58 €

Sur la route de Chinon, faites une halte gourmande dans cet ancien relais de poste (1870) au cœur du vignoble ! On y apprécie une cuisine traditionnelle actualisée, à base de beaux produits travaillés avec inventivité. Mention spéciale pour le carpaccio de cèpes et foie gras. Belle carte des vins.

ÎLE-D'AIX ★ – 17 Charente-Maritime – 324 C3 – 227 h. – alt. 10 m – 38 A2

– ✉ 17123 Poitou-Charentes

Accès par transports maritimes

depuis **La Rochelle** - Service saisonnier (avril-oct.) - Traversée 1h 15 mn - Renseignements et tarifs : Croisières Inter Iles, ✆ 0 825 135 500 (0,15 €/mn)

depuis **Boyardville** (Ile d'Oléron) - Service saisonnier - Traversée 30 mn - Renseignements et tarifs : Croisières Inter Iles, ✆ 0 825 135 500 (0,15 €/mn),

depuis **Sablanceaux** (Ile de Ré) - Service saisonnier - Agences Inter Iles de Sablonceaux - Renseignements et tarifs, ✆ 0 825 135 500

depuis **Fouras** - Traversée 20 mn - Service Maritime - Sté Fouras-Aix - ✆ 0 820 16 00 17 (0,12 €/min) ; Service permanent - Traversée 30 mn - Renseignements et tarifs, ✆ 0 820 160 017 (0,12 €/mn)

depuis la **Pointe de la Fumée** (2,5 km NO de Fouras) - Traversée 20 mn - Renseignements et tarifs à Société Fouras-Aix, ✆ 0 820 160 017 (0,12 €/mn), www.service-maritime-iledaix.com

Napoléon

r. Gourgaud – ✆ 05 46 84 00 77 – www.hotel-ile-aix.com – Fermé 11 nov.-16 fév.

18 ch – †85/180 € ††85/180 € – ☐ 12 € – ½ P

Rest *Napoléon* – voir les restaurants ci-après

Vingt minutes de bateau et... la quiétude d'une île préservée. Dans cette jolie maison ancienne rénovée dans un bel esprit contemporain, les chambres sont douillettes (certaines face à la mer). Ici, la défaite de Napoléon eût semblé plus douce.

Napoléon

r. Gourgaud – ✆ 05 46 84 00 77 – www.hotel-ile-aix.com – Fermé 11 nov.-16 fév.
Rest – Formule 22 € – Menu 26 € – Carte 27/50 €
Au restaurant de l'hôtel Napoléon, le chef réalise une jolie cuisine d'aujourd'hui. Un cadre élégant mêlant design et touches baroques ; une jolie terrasse... Très sympathique !

ÎLE D'ARZ – 56 Morbihan – 308 O9 Bretagne Sud — 9 A3

Accès par transports maritimes

depuis **Barrarach et Conleau** - Traversée 20 mn - Renseignements : Compagnie du Golfe ✆ 02 97 01 22 80, www.compagnie-du-golfe.fr

depuis **Vannes** - Service saisonnier (avril-sept.) - Traversée 30 mn - Renseignements : Navix S.A. Gare Maritime (Vannes) ✆ 0825 132 100

ÎLE DE BATZ – 29 Finistère – 308 G2 – 540 h. – alt. 30 m – ✉ 29253 — 9 B1

Bretagne Nord

Accès par transports maritimes

depuis **Roscoff** - Traversée 15 mn - Renseignements et tarifs : CFTM BP 10 - 29253 Île de Batz ✆ 02 98 61 78 87 - Armein ✆ 02 98 61 75 47 - Armor Excursion ✆ 02 98 61 79 66, www.vedettes.armor.ile-de-batz.fr

lieu-dit le Débarcadère, ✆ 02 98 61 75 70, www.iledebatz.com

Ti Va Zadou sans rest

au bourg – ✆ 02 98 61 76 91 – www.tivazadou-iledebatz.fr – Ouvert 16 fév.-14 nov.
4 ch – 🚹50 € 🚹🚹65 €
En arrivant de l'embarcadère, on aperçoit la maison avec ses volets bleus, à droite de l'église. Très vite, on se sent en famille ; puis c'est le plaisir des chambres adorables, étincelantes de propreté, des fenêtres qui s'ouvrent sur la mer !

ÎLE DE BENDOR – 83 Var – 340 J7 – ✉ 83150 Côte d'Azur — 40 B3

Accès par transports maritimes

depuis **Bandol** - Par vedette - Traversée 7mn - Renseignements et tarifs : ✆ 04 94 29 44 34.

allées Vivien, ✆ 04 94 29 41 35, www.bandol.fr

Le Delos

– ✆ 04 94 05 90 90 – www.bendor.com – Ouvert avril-oct.
61 ch – 🚹150/275 € 🚹🚹150/275 € – 8 suites – 15 € – ½ P
Rest ***Le Delos*** – voir les restaurants ci-après
Une île méditerranéenne pour soi seul... ou presque. Sept minutes de traversée suffisent pour rejoindre ce havre de paix, où la nature semble conserver tous ses droits – et les hommes celui d'une vie très douce ! Architectures italiennes, villas au bord de l'eau : de superbes prestations, pour un séjour unique.

Le Delos

– ✆ 04 94 05 90 90 – www.bendor.com – Ouvert avril-oct.
Rest – Carte 43/55 €
Prenez le large ! Sur l'île de Bendor, ce Delos (du nom de l'île d'Apollon en Grèce) offre l'occasion d'une parenthèse très méditerranéenne. Sentiment délicieux d'être à l'écart... et de revenir aux sources. À la carte, saveurs du Sud et poisson !

ÎLE-DE-BRÉHAT ★ – 22 Côtes-d'Armor – 309 D1 Bretagne Nord — 10 C1

Accès par transports maritimes, pour **Port-Clos.**

depuis la **Pointe de l'Arcouest** - Traversée 10 mn - Renseignements et tarifs : Vedettes de Bréhat ✆ 02 96 55 79 50

depuis **St-Quay-Portrieux** - Service saisonnier - Traversée 1 h 15 mn - Renseignements et tarifs : Vedettes de Bréhat (voir ci-dessus).

depuis **Binic** - Service saisonnier - Traversée 1 h 30 mn - Renseignements et tarifs : Vedettes de Bréhat (voir ci-dessus).

depuis **Erquy** - Service saisonnier - Traversée 1 h 15 mn - Renseignements et tarifs : Vedettes de Bréhat (voir ci-dessus).

Tour de l'île★★ - Phare du Paon★ - Croix de Maudez ★ - Chapelle St-Michel ★★ - Bois de la citadelle ★.

Bellevue

Port-Clos – ✆ 02 96 20 00 05 – www.hotel-bellevue-brehat.com
– Fermé 15 nov.-25 déc., 6 janv.-1er mars
19 ch – †87/124 € ††87/160 € – ☕ 11 € – ½ P
Rest – Formule 16 € – Menu 26/41 € – Carte 38/49 €
Imaginez... Après une promenade sur le ponton ou vers la pointe de l'Arcouest, vous revenez à vélo vers l'hôtel (location de bicyclettes) ; vous admirez la mer sur la terrasse puis rejoignez votre chambre pour profiter de la baignoire balnéo... Tout est clair, marin, comme le restaurant. Un séjour océanique !

ÎLE DE GROIX ★ – 56 Morbihan – 308 K9 Bretagne Sud — 9 B2

Accès par transports maritimes pour **Port-Tudy** (en été **réservation recommandée** pour le passage des véhicules).

depuis **Lorient** - Traversée 35 mn - Tarifs, se renseigner : S.M.N., r. G. Gahinet ✆ 0 820 056 000, www.smn-navigation.fr.

Site★ de Port-Lay - Trou de l'Enfer★.

La Jetée sans rest

1 quai de Port-Tudy – ✆ 02 97 86 80 82 – www.hoteldelajetee.fr
– Fermé 5 janv.-15 fév.
8 ch – †69 € ††69/94 € – ☕ 9 €
Fraîches et pimpantes, toutes les chambres de cette petite maison blanche donnent sur la jetée ou la côte du Gripp. Petit-déjeuner au bar marin ou sur la terrasse.

Le Sémaphore de la Croix sans rest

Le Sémaphore (Locmaria-plage les Sables Rouges) – ✆ 02 97 86 86 43
– www.semaphoredelacroix.fr – Ouvert d'avril à oct.
5 ch ☕ – †165/205 € ††165/205 €
L'isolement de ce sémaphore du 19e s. le pare de romantisme. Chambres raffinées, certaines d'inspiration marine ; préférez celles avec terrasse. Jardin fleuri et vue superbe sur l'océan font de cette adresse un véritable petit coin de paradis. Mais chut, on ne vous a rien dit !

ÎLE DE JERSEY – 309 J1 – 85 150 h. Normandie Cotentin

Accès par transports maritimes pour **St-Hélier (réservation indispensable).**

depuis **Granville** - Catamaran rapide - Traversée 60 mn (St-Hélier) par Manche Iles Express : ✆ 0 825 131 050 (0,15 €/mn)

depuis **St-Malo** (réservation obligatoire) par Catamaran (Condor Ferries) - Traversée 1 h 10 mn - Renseignements et tarifs : gare maritime de la bourse (St-Malo) Terminal Ferry du Naye ✆ 0 825 135 135 (0,15 €/mn).

depuis **Carteret et Granville** - Catamaran - Service saisonnier (traversée 50 mn -Gorey) par Manche Iles Express ✆ 0 825 131 050 (0,15 €/mn) www.manche-iles-express.com

Ressources hôtelières voir ***le guide MICHELIN Great Britain and Ireland***

ÎLE DE NOIRMOUTIER ★ – 85 Vendée – 316 C6 – alt. 8 m — 34 A2

Pays de la Loire

Accès par le pont routier au départ de **Fromentine : passage gratuit.**

- par le passage du Gois** : 4,5 km.
- passage par beau temps limité de une heure et demie avant et jusqu'à une heure et demie après la basse mer, par mauvais temps ou petite marée, ne pas s'écarter de l'heure de la basse mer. Voir les panneaux d'affichage sur place, avant l'accès au Gois.

L'HERBAUDIÈRE – 85 Vendée – ✉ 85330 Noirmoutier en l Ile **34** A2

Paris 469 – Cholet 140 – Nantes 85 – La Roche-sur-Yon 91

La Marine (Alexandre Couillon)

3 r. Marie-Lemonnier, (sur le port) – ✆ 02 51 39 23 09 – www.restaurantlamarine.blogspot.com – Fermé 11 déc.-21 janv., dim. soir, mardi et merc.

Rest – Menu 58/142 € bc

Rest *La Table d'Élise* – voir les restaurants ci-après

Ne vous fiez pas aux apparences ! Derrière la sage façade de ce restaurant, le cadre est pop, pétillant et contemporain... à l'instar de la cuisine. Ici, le chef, talentueux et créatif, compose des assiettes subtiles, abouties et raffinées, magnifiant des produits de la mer déjà au top. Menu unique.

➜ Langoustine, petits pois, yaourt mentholé et framboise. Lotte, panais, myrtille et maïs. Fraises au jus, sorbet concombre et biscuit pistache. **Vins** Fiefs Vendéens Brem, Muscadet.

La Table d'Élise

5 r. Marie-Lemonnier, (sur le port) – ✆ 02 28 10 68 35 – Fermé 11 déc.-21 janv., dim. soir, mardi et merc.

Rest – Formule 20 € – Menu 29 € – Carte environ 36 €

Cette table marine – l'annexe du restaurant gastronomique La Marine – honore les beaux produits iodés. On reconnaît le sens des saveurs et la précision d'exécution du chef, version bistrot et sans façon... Un bon moment !

NOIRMOUTIER-EN-L'ÎLE – 85 Vendée – 4 661 h. – alt. 8 m – ✉ 85330 **34** A2

Paris 464 – Cholet 135 – Nantes 80 – La Roche-sur-Yon 86

Route du Pont, Barbâtre, Barbâtre, ✆ 02 51 39 80 71, www.ile-noirmoutier.com

Collection de faïences anglaises★ au château.

Fleur de Sel

10 r. des Saulniers – ✆ 02 51 39 09 07 – www.fleurdesel.fr – Ouvert 2 mars-10 nov.

35 ch – †93/153 € ††105/200 € – ½ P

Rest *Fleur de Sel* – voir les restaurants ci-après

Un lieu paisible et verdoyant, entre practice de golf, piscine, tennis et chambres coquettes au décor soigné, d'esprit marin ou cosy... Ici, calme, confort et détente passent avant tout !

Le Grand Four

1 r. de la Cure, (derrière le château) – ✆ 02 51 39 61 97 – www.legrandfour.com – Fermé déc., janv., jeudi midi et dim. soir de sept. à juin et lundi sauf le soir en juil.-août

Rest – Menu 24 € (déj. en sem.), 29/60 € – Carte 46/95 €

Une belle maison bourgeoise tapissée de vigne vierge : un cadre intime et cossu pour savourer une cuisine du moment qui fait la part belle aux produits de l'Atlantique : huîtres de Noirmoutier, sole de l'Herbaudière, etc.

Fleur de Sel – Hôtel Fleur de Sel

10 r. des Saulniers – ✆ 02 51 39 09 07 – www.fleurdesel.fr – Ouvert fin mars-10 nov. et fermé le midi en sem. hors saison

Rest – Formule 18 € – Menu 23 € (sem.), 33/43 € – Carte 33/64 €

Un restaurant très mer... pour une cuisine simple mais bien faite, qui accorde une place de choix aux produits iodés.

L'Étier

rte de L'Épine, 1 km au Sud-Ouest – ✆ 02 51 39 10 28 – www.restaurant-letier.fr – Fermé déc., janv., mardi sauf juil.-août et lundi

Rest – Formule 18 € – Menu 26/55 € – Carte 42/55 €

Une maison basse typique de l'île, agréable avec son intérieur rustique et sa véranda donnant sur l'étier de l'Arceau. On y déguste de beaux produits de la pêche locale : une cuisine de bon artisan, savoureuse et fraîche.

au Bois de la Chaize 2 km à l'Est – ✉ 85330 Noirmoutier en l Ile

Bois★.

Les Prateaux
8 allée du Tambourin – 02 51 39 12 52 – www.lesprateaux.com – Ouvert 28 fév.-11 nov.
21 ch – 99/135 € 125/175 € – 14 € – ½ P
Rest *(fermé le midi sauf du 16 juin au 14 sept.)* – Formule 25 € – Menu 44/59 € – Carte 42/68 €
Une jolie maison dans la pinède et non loin de la plage ! Les chambres, spacieuses et souvent de plain-pied, sont classiques et très douillettes (lits king size). Une douceur de vivre qui ravit les nombreux habitués et autres amateurs de grand air.

St-Paul
15 av. du Mar.-Foch – 02 51 39 05 63 – www.hotel-saint-paul.net – Ouvert 15 mars-11 nov.
34 ch – 79/165 € 94/180 €
Rest *L'Anse Rouge* – voir les restaurants ci-après
Un hôtel d'esprit balnéaire (19e s.) au cœur des bois et d'un parc fleuri, au grand calme. Les chambres, classiques et assez cossues, sont agréables et, pour la détente, rien ne manque : spa complet (hammam, massages, soins), piscine...

Château du Pélavé
9 allée de Chaillot – 02 51 39 01 94 – www.chateau-du-pelave.fr
16 ch – 137/232 € 137/232 € – 12 € – ½ P
Rest *Château du Pélavé* – voir les restaurants ci-après
En quête de tranquillité ? Ce petit castel de la fin du 19e s. est idéal, blotti dans son ravissant parc arboré et fleuri. D'esprit zen, baroque, colonial ou classique, les chambres sont toutes différentes, mais toujours cosy.

L'Anse Rouge – Hôtel St-Paul
15 av. du Mar.-Foch – 02 51 39 05 63 – www.hotel-saint-paul.net – Ouvert 15 mars-11 nov. et fermé dim. soir et lundi hors saison
Rest – Menu 30/70 € – Carte environ 45 €
Au menu, de bonnes recettes de tradition donnant la priorité aux produits de la mer. On se régalera ainsi d'une papillote de homard, de langoustines rôties ou de côtes de veau à la crème de cèpes... dans un cadre classique.

Château du Pélavé – Hôtel Château du Pélavé
9 allée de Chaillot – 02 51 39 01 94 – www.chateau-du-pelave.fr – Fermé dim. soir, merc. midi, lundi et mardi d'oct. à mars sauf vacances scolaires
Rest – Menu 29/69 € bc – Carte 43/58 €
Dîner dans une demeure victorienne... et, pour un peu, se croire outre-Manche ! La carte, traditionnelle, fait la part belle aux saveurs iodées et s'accompagne de bons vins de petits producteurs dénichés par le directeur.

ÎLE DE PORQUEROLLES ★★ – 83 Var – 340 M7 – ✉ 83400 — 41 C3

Côte d'Azur
Accès par transports maritimes
- depuis **La Tour Fondue** (presqu'île de Giens) - Traversée 20 mn - Renseignements et tarifs : T.L.V. et T.V.M. 04 94 58 21 81, www.tlv-tvm.com (La Tour Fondue).
- depuis **Cavalaire** - Service saisonnier - Traversée 1 h 40 mn ou **Le Lavandou** - Service saisonnier - Traversée 50 mn. Renseignements et tarifs : Vedettes Îles d'Or 15 quai Gabriel-Péri 04 94 71 01 02 (Le Lavandou)
- depuis **Toulon** - Service saisonnier - Traversée 1 h - Renseignements et tarifs : Se renseigner auprès de l'Office du tourisme de Toulon 04 94 18 53 00.

Le Mas du Langoustier
3,5 km à l'Ouest du port – 04 94 58 30 09 – www.langoustier.com – Ouvert de fin avril à début oct.
45 ch – ½ P seult 215/345 € – 5 suites
Rest *Le Mas du Langoustier* ✿ – voir les restaurants ci-après
Un petit coin de paradis à la pointe de l'île... Cette belle demeure de style provençal abrite des chambres spacieuses, fraîches et très bourgeoises. Le luxe ? Le calme et la végétation luxuriante. Navettes régulières avec le continent... qui semble si loin.

Villa Ste-Anne ch, rest, VISA

pl. d'Armes – 04 98 04 63 00 – www.sainteanne.com – Ouvert 23 mars-11 nov.
25 ch – ½ P seult 175/215 € **Rest** – Menu 25 € – Carte 30/63 €
À côté de la petite église, sur la placette du village, une maison traditionnelle fort bien tenue, aux chambres récemment rénovées. Le restaurant, de style bistrot, jouit d'une terrasse ombragée ; cuisine traditionnelle.

Auberge des Glycines ch, ch, VISA

pl. d'Armes – 04 94 58 30 36 – www.auberge-glycines.com
11 ch – 128/308 € 158/358 € – ½ P
Rest – Formule 20 € – Menu 25 € – Carte 33/52 €
Un sympathique petit coin de Provence, agréable pour un séjour sur l'île. Accueil chaleureux et décor coloré ! La Méditerranée est à l'honneur au restaurant, qui cache un joli patio ombragé.

Le Mas du Langoustier – Hôtel Le Mas du Langoustier

3,5 km à l'Ouest du port – 04 94 58 30 09 VISA
– www.langoustier.com – Ouvert de fin avril à début oct. et fermé dim. soir et lundi sauf juil.-août
Rest – Menu 62/130 € – Carte 90/140 €
Dans ce mas coupé du monde, avec pour seul vis-à-vis la flore méditerranéenne et la mer, les saveurs prennent sans doute un relief particulier... mais la qualité d'exécution et la générosité des recettes sont bien réelles, et le plaisir évident.
➜ Tartare de daurade royale en aumônière de carpaccio de bœuf. Filet de loup rôti, mousse de risotto à l'huile de truffe. Tarte meringuée au citron en sphère, coulis de cassis. **Vins** Vin de l'Île de Porquerolles.

ÎLE DE PORT-CROS ★★★ – 83 Var – **340** N7 – 83400 Côte d'Azur **41** C3

Accès par transports maritimes
depuis **Hyères** - Renseignements et tarifs : T.L.V. et T.V.M. 04 94 57 44 07
depuis **Le Lavandou** - Traversée 35 mn - Renseignements et tarifs : Vedettes Îles d'Or 15 quai Gabriel-Péri 04 94 71 01 02
depuis **Cavalaire** - Traversée 45 mn - Renseignements et tarifs : voir Le Lavandou
depuis **La Tour Fondue** - Traversée 1 h - Renseignements et tarifs : T.L.V. - T.V.M. 04 94 58 21 81.

Le Manoir VISA

– 04 94 05 90 52 – www.monsite.wanadoo.fr/hotelmanoirportcros
– Ouvert 30 avril-5 oct.
22 ch – ½ P seult 165/185 €
Rest ***Le Manoir*** – voir les restaurants ci-après
Un privilège que de séjourner sur cette magnifique île protégée ! Ce joli manoir du 19e s. a l'âme d'une maison de famille, où l'on partage son temps entre plage (à deux pas) et jardin. Pour jouer les Robinson... sans télévision ni Internet !

Le Manoir VISA

– 04 94 05 90 52 – www.monsite.wanadoo.fr/hotelmanoirportcros
– Ouvert 30 avril-5 oct.
Rest – Carte 53/83 €
Sous de vieux eucalyptus, la terrasse regarde les voiliers dans la rade de Port-Cros. Bel endroit pour une cuisine qui embaume les parfums de la région : filet de bœuf grillé, jus romarin et gingembre ; larme glacée à la nougatine d'olive...

ÎLE DE RÉ ★ – 17 Charente-Maritime – **324** B2 Poitou-Charentes **38** A2

Accès par le pont routier **(voir à La Rochelle).**

ARS-EN-RÉ – 17 Charente-Maritime – 1 321 h. – alt. 4 m – 17590 **38** A2

Paris 506 – Fontenay-le-Comte 85 – Luçon 75 – La Rochelle 34
26, place Carnot, 05 46 29 46 09, www.iledere-arsenre.com

Le Martray

8 rte d'Ars, le Martray, 3 km à l'Est par D 735 – 05 46 29 40 04 – www.hotel-le-martray.com – Fermé 6 janv.-15 fév.

15 ch – 75/157 € 75/157 € – 11 € – ½ P

Rest *(fermé dim. soir sauf juil.-août et lundi)* – Formule 18 € – Menu 27/45 € – Carte 44/57 €

"Marocaine", "Rhétaise", "Espagnole"... les chambres sont toutes originales et confortables, et certaines donnent sur les marais et la mer, car la plage est à deux pas ! Et au restaurant ? Cap sur les saveurs iodées. Voilà bien des raisons de ne pas se fier à la façade un peu banale de cet hôtel.

Le Sénéchal sans rest

6 r. Gambetta – 05 46 29 40 42 – www.hotel-le-senechal.com – Fermé de mi-janv. à mi-fév.

22 ch – 65/290 € 65/290 € – 12 €

Au cœur du village, une maison qui a un charme fou ! Les patios sentent bon la lavande et le romarin ; partout, de beaux meubles chinés, des matériaux nobles et des objets design, pour une atmosphère très déco et résolument chaleureuse.

Le Bistrot de Béné

1 quai Criée – 05 46 29 40 26 – Fermé 3 déc.-2 fév., lundi et mardi hors saison

Rest – Menu 35 € – Carte 68/87 €

Poêlé, vapeur ou au four ? Chez Béné, on choisit la cuisson de son poisson... Une façon originale de découvrir de bons petits plats traditionnels et bien iodés. Quant au cadre, il est élégant et lumineux, avec une terrasse face au port.

Ô de Mer

5 r. Thiers – 05 46 29 23 33 – www.odemerbistrotgourmand.fr – Fermé 26 nov.-16 déc., 15 janv.-10 fév., dim. soir et mardi midi hors saison et lundi

Rest – Formule 25 € – Carte 36/70 €

Les propriétaires ? Un couple belge qui, après dix ans passés en Australie, a trouvé son coin de paradis à Ars. Philosophie de la maison ? Accueillir, faire plaisir et partager... autour d'une cuisine traditionnelle actualisée. Goûteux !

LE BOIS-PLAGE-EN-RÉ – 17 Charente-Maritime – 2 364 h. – alt. 5 m – 17580 — 38 A2

Paris 494 – Fontenay-le-Comte 74 – Luçon 64 – La Rochelle 23

87, rue des Barjottes, 05 46 09 23 26

L'Océan

172 r. St-Martin – 05 46 09 23 07 – www.re-hotel-ocean.com – Fermé 1er-20 déc. et 6 janv.-8 fév.

29 ch – 80/160 € 80/160 € – 12 € – ½ P

Rest ***L'Océan*** – voir les restaurants ci-après

Maisons aux murs chaulés où bois blond, courtepointes et tissus brodés distillent le charme intemporel des habitations rhétaises. Les chambres sont très coquettes (plus contemporaines autour de la piscine) et l'on s'y sent bien.

Les Bois Flottais sans rest

chemin des Mouettes – 05 46 09 27 00 – www.lesboisflottais.com – Ouvert 15 mars-11 nov.

19 ch – 75/110 € 75/160 € – 12 €

À l'écart de l'agitation du village, un petit hôtel tenu par un jeune couple accueillant. Tomettes, lambris lasurés, bibelots marins : des chambres confortables au décor très insulaire, toutes de plain-pied et donnant sur l'une des piscines.

La Villa Passagère sans rest

25 av. du Pas des Bœufs – 05 46 00 26 70 – www.hotel-lavillapassagere.fr – Ouvert 30 mars-11 nov.

13 ch – 95/160 € 95/160 €

Des petites maisons régionales autour d'une agréable piscine et d'un jardin odorant (lavande et romarin), avec des chambres de plain-pied, simples et lumineuses : pour un passage sur l'île paisible et plaisant.

L'Océan – Hôtel L'Océan

172 r. St-Martin – ✆ 05 46 09 23 07 – www.re-hotel-ocean.com
– Fermé 1er-20 déc., 6 janv.-8 fév. et merc. sauf le soir d'avril à sept.

Rest – Formule 19 € – Menu 25/36 € – Carte 29/56 €

Soupe de poisson, faux-filet grillé, banane rôtie... Le chef concocte de bons petits plats de tradition, que l'on savoure dans une atmosphère très bord de mer. Jolie terrasse aux beaux jours.

La Flotte – 17 Charente-Maritime – 2 918 h. – alt. 4 m – ✉ 17630 38 A2

Paris 489 – Fontenay-le-Comte 68 – Luçon 58 – La Rochelle 17

quai de Sénac, ✆ 05 46 09 60 38, www.laflotte-iledere.fr

Richelieu

44 av. de la Plage – ✆ 05 46 09 60 70 – www.hotel-le-richelieu.com – Fermé 6 janv.-15 fév.

37 ch – †120/470 € ††120/470 € – 3 suites – ☐ 20 € – ½ P

Rest *Richelieu* – voir les restaurants ci-après

Face à la mer, une très belle villa rhétaise, immaculée comme il se doit. Les chambres sont raffinées, dans un esprit classique ou bord de mer chic, certaines avec une grande terrasse donnant sur les flots. Centre de thalassothérapie, fitness... Un superbe moment de détente !

Richelieu – Hôtel Richelieu

44 av. de la Plage – ✆ 05 46 09 60 70 – www.hotel-le-richelieu.com – Fermé 6 janv.-15 fév., mardi midi, merc., jeudi et dim. d'oct. à mars, mardi et jeudi d'avril à sept.

Rest – Menu 50/75 €

Vue sur le jardin et sur la mer pour cette table classique et élégante... Le chef cuisine une agréable cuisine du moment faisant la part belle aux saveurs iodées (plats plus simples le midi).

L'Écailler

3 quai Sénac – ✆ 05 46 09 56 40 – www.lecailler-iledere.com
– Ouvert 15 fév.-11 nov. et fermé mardi sauf juil.-août et lundi

Rest – Menu 39 € (déj.), 44/59 € – Carte 48/87 €

Sur le joli petit port, une maison d'armateur (1652) chaleureuse et soignée (boiseries, cheminée, parquet ancien) qui honore la pêche locale... Aux beaux jours, on profite de la terrasse. Une bonne adresse gourmande !

Chai nous comme Chai vous

1 r. de la Garde – ✆ 05 46 09 49 85 – www.chainouscommechaivous.over-blog.com
– Fermé 1er-7 juil., 2-22 déc., 17 fév.-3 mars, merc. sauf vacances scolaires et jeudi

Rest *(nombre de couverts limité, réserver)* – Formule 21 € – Menu 45 €

On se sent un peu comme chez soi dans ce restaurant de poche coquet et convivial. Au menu, une jolie cuisine de la mer, des vins bien choisis, une touche d'inventivité et de sympathiques petites attentions... Réservez !

Rivedoux-Plage – 17 Charente-Maritime – 2 312 h. – alt. 2 m – ✉ 17940 38 A2

Paris 483 – Fontenay-le-Comte 63 – Luçon 53 – La Rochelle 12

Avenue Gustave Perreau, ✆ 05 46 09 80 62, www.rivedoux-plage.fr

La Marée

321 av. A. Sarrault, rte de St-Martin – ✆ 05 46 09 80 02 – www.hoteldelamaree.com

26 ch – †67/188 € ††67/188 € – ☐ 14 € – ½ P

Rest *Le M* – voir les restaurants ci-après

Un hôtel face à la mer avec des chambres d'esprit contemporain et épuré donnant toutes sur les flots... Frais et confortable. Pour les amateurs d'eau douce, la piscine et le jacuzzi sont bien agréables.

Le Grand Large ch,

154 av. des Dunes – ✆ 05 46 09 89 51 – www.hoteldugrandlarge.com
– Ouvert de mi-mars à oct.

30 ch – †60/150 € ††60/150 € – ☐ 12 € – ½ P

Rest – Formule 18 € – Menu 23/36 € – Carte 27/46 €

Ouvert sur le large, un hôtel-restaurant de style rhétais autour d'une belle piscine. Les chambres, claires, confortables et pratiques, ont toutes un balcon ou une terrasse... Et pour un repas décontracté, on se retrouve autour de pâtes, de pizzas et de petits plats traditionnels.

Le M – Hôtel La Marée
321 av. A. Sarrault, rte de St-Martin – ✆ 05 46 35 39 44 – www.le-m.com
Rest – Formule 16 € – Menu 24/77 € – Carte 40/72 €
Dans ce bistrot chic et contemporain, la carte, dans l'air du temps, est courte mais alléchante et l'on propose aussi un menu homard, à déguster sur la terrasse, face à l'Océan, pour se sentir vraiment en vacances !

ST-CLÉMENT-DES-BALEINES – 17 Charente-Maritime – 721 h. – alt. 2 m – ✉ 17590 — 38 A2

Paris 509 – Fontenay-le-Comte 89 – Luçon 79 – La Rochelle 38
Place de l'église, ✆ 05 46 29 24 19, www.stclementdesbaleines.com
L'Arche de Noé (parc d'attractions) : Naturama★ (collection d'animaux naturalisés) - Phare des Baleines ☼★ N : 2,5 km.

Le Chat Botté sans rest
2 pl. de l'Église – ✆ 05 46 29 21 93 – www.hotelchatbotte.com – Fermé 1 sem. fin nov. et de début janv. à mi-fév.
20 ch – †55/126 € ††78/156 € – 3 suites – ☕ 12 €
Atmosphère cosy (bois, tons pastel), petit-déjeuner servi au cœur d'un adorable jardin et centre de beauté : une adresse dédiée à la détente et au bien-être !

Le Chat Botté
r. de la Mairie – ✆ 05 46 29 42 09 – www.restaurant-lechatbotte.com – Fermé déc.-janv. et merc. de sept. à juin
Rest – Menu 25 € (sem.), 39/80 € – Carte 44/78 €
Dans sa belle auberge marine, ce Chat-là ne chausse pas ses bottes pour partir à la pêche, mais c'est tout comme ! À sa table, on se régale de poissons exclusivement sauvages, fraîchement choisis par le chef à la criée de La Rochelle.

ST-MARTIN-DE-RÉ – 17 Charente-Maritime – 2 585 h. – alt. 14 m – ✉ 17410 — 38 A2

Paris 493 – Fontenay-le-Comte 72 – Luçon 62 – La Rochelle 22
2, quai Nicolas Baudin, ✆ 05 46 09 20 06, www.saint-martin-de-re.fr
Fortifications★.

Hôtel de Toiras
1 quai Job-Foran – ✆ 05 46 35 40 32 – www.hotel-de-toiras.com
20 ch – †190/508 € ††190/580 € – 9 suites – ☕ 29 € – ½ P
Rest *(fermé dim. et lundi de nov. à avril et le midi)* – Menu 65 € – Carte 75/105 €
Une maison d'armateur datant du 17e s., toute de charme : décoration soignée, à la fois luxueuse et simple, chambres très chaleureuses, accueil particulièrement attentionné, et une cuisine fraîche et bien tournée au restaurant, apprécié des résidents... Une perle rare !

Villa Clarisse
5 r. du Gén.-Lapasset – ✆ 05 46 35 40 32 – www.villa-clarisse.com – Ouvert avril-oct.
6 ch – †245/630 € ††245/630 € – 3 suites – ☕ 19 €
À 250 m de l'hôtel de Toiras, une Villa en apparence plus modeste... mais tout aussi raffinée par la qualité de ses aménagements et l'inspiration de ses décors, dans le bel esprit de l'île. Un petit havre de paix.

Le Clos St-Martin sans rest
8 cours Pasteur – ✆ 05 46 01 10 62 – www.le-clos-saint-martin.com – Fermé 11 nov.-15 déc.
33 ch – †137/485 € ††137/485 € – ☕ 20 €
Non loin du port mais au calme, une belle maison dans un superbe jardin verdoyant. Joli hammam en mosaïque, spa, piscines et chambres d'esprit rhétais, d'une élégance sobre et très nature... Du charme à revendre !

La Baronnie Hôtel & Spa sans rest
17-21 r. Baron-de-Chantal – ✆ 05 46 09 21 29 – www.hotel-labaronnie.com – Ouvert 28 mars-12 nov.
20 ch – †140/295 € ††140/295 € – ☕ 16 €
Au cœur d'un beau jardin odorant – en toute quiétude –, deux élégants hôtels particuliers mitoyens (18e s.) restaurés avec goût dans un esprit bourgeois. Dans les chambres règne une vraie douceur de vivre, celle des demeures de famille, à la fois douillettes et cossues...

La Jetée sans rest
quai G. Clemenceau – 𝒞 05 46 09 36 36 – www.hotel-lajetee.com
17 ch – 🚹98/135 € 🚹🚹98/135 € – 7 suites – ☕ 12 €
Sur le port, au cœur de l'animation, un hôtel d'esprit contemporain. Les chambres sont avant tout fonctionnelles et néanmoins chaleureuses (couleurs tendance), et il y a un joli patio, où l'on prend son petit-déjeuner aux beaux jours.

Le Galion sans rest
allée Guyane – 𝒞 05 46 09 03 19 – www.hotel-legalion.com
29 ch – 🚹75/130 € 🚹🚹80/135 € – ☕ 10 €
Les remparts de Vauban protègent ce Galion des humeurs de l'Océan ; quant aux chambres, sobres, fraîches et très bien tenues, elles donnent pour la plupart sur le large (quatre côté patio). Une bonne petite adresse.

La Maison Douce sans rest
25 r. Mérindot – 𝒞 05 46 09 20 20 – www.lamaisondouce.com – Ouvert avril-oct.
11 ch – 🚹135/150 € 🚹🚹175/190 € – ☕ 15 €
Charme à l'horizon ! Cette maison typiquement rhétaise (19e s.) porte bien son nom : atmosphère feutrée, chambres délicieuses, salles de bains rétro et joli jardin aux effluves délicats, où l'on prend son petit-déjeuner en été.

Hôtel du Port sans rest
29 quai Poithevinière – 𝒞 05 46 09 21 21 – www.iledere-hot-port.com – Fermé 7 janv.-6 fév.
35 ch – 🚹62/135 € 🚹🚹75/168 € – ☕ 11 €
Au cœur du quartier animé de St-Martin-de-Ré, un hôtel bien pratique, avec des chambres lumineuses, très propres, simples et accueillantes, dont certaines donnent sur le port.

L'Avant Port
8 quai Daniel Rivaille – 𝒞 05 46 68 06 68 – www.lavantport.com – Fermé 12 nov.-20 déc., janv. à mi-fév., dim. soir sauf juil.-août, mardi midi et lundi sauf fériés
Rest – Menu 30 € (déj. en sem.) – Carte 41/82 €
À l'entrée du port, au calme, un bistrot chic qui mêle avec bonheur les styles industriel et Louis XVIII. Un cadre branché, pour une cuisine sans esbroufe, où le produit passe avant tout : poisson extrafrais, légumes de l'île, etc.

STE-MARIE-DE-RÉ – 17 Charente-Maritime – 3 139 h. – alt. 9 m – ✉ 17740 **38** A2

Paris 486 – Fontenay-le-Comte 66 – Luçon 55 – La Rochelle 15
place d'Antioche, 𝒞 05 46 30 22 92

Atalante
r. Port Notre-Dame – 𝒞 05 46 30 22 44 – www.hotel-atalante.com – Fermé 6-20 janv.
96 ch – 🚹110/580 € 🚹🚹110/580 € – ☕ 19 € – ½ P
Rest *Atalante* – voir les restaurants ci-après
Face à la mer, un hôtel au grand calme, entièrement rénové en 2011. Mobilier contemporain et esprit zen dans les chambres, en adéquation avec la vocation de l'établissement, axé sur la thalassothérapie et la détente...

Les Vignes de la Chapelle sans rest
5 r. de la Manne – 𝒞 05 46 30 20 30 – www.lesvignesdelachapelle.com – Ouvert 29 mars-11 nov.
17 suites – 🚹🚹95/250 € – 2 ch – ☕ 13 €
Face aux vignes et à la mer, cet hôtel de style local est écorespectueux (matériaux naturels, panneaux solaires...) et cultive un bel esprit nature. Chambres de plain-pied avec terrasse ; espace bien-être... Tranquillité, sobriété et confort !

L'Ile sous le Vent
17 bis r. du Petit-Labat – 𝒞 05 46 09 60 53 – http://www.ilesouslevent.com – Fermé 11 nov.-12 fév.
9 ch – 🚹60/109 € 🚹🚹60/109 € – ☕ 10 €
Rest *L'Ile sous le Vent* – voir les restaurants ci-après
Une belle et grande maison de plain-pied, bien dans l'esprit de l'île. Les chambres, intimes et décorées avec goût, sont quant à elles un îlot de sérénité, sans même parler du jardin ou de la piscine... Un endroit calme et charmant.

Atalante – Hôtel Atalante
r. Port Notre-Dame – 05 46 30 22 44 – www.hotel-atalante.com – Fermé 6-20 janv.
Rest – Menu 42/49 € – Carte 51/91 €
Un bistrot chic et chaleureux ouvert sur le divin spectacle de l'Atlantique, pour une cuisine du moment qui fait la part belle aux produits de la mer...

L'Ile sous le Vent – Hôtel L'Ile sous le Vent
17 bis r. du Petit-Labat – 05 46 09 60 53 – www.ilesouslevent.com – Fermé 11 nov.-12 fév., le midi, dim. et lundi
Rest – Menu 35 € bc
Une charmante Île sous le Vent qui met le poisson à l'honneur, comme il se doit. Le chef est ancien pâtissier et tout est fait maison, de l'entrée jusqu'au dessert. Savoureux...

ÎLE DE SEIN – 29 Finistère – 308 B6 – 202 h. – 29990 Bretagne Sud 9 A2

Accès par transports maritimes - **Transports piétons uniquement**
depuis **Brest** (le dim. en juil.-août) - Traversée 1 h 30 mn - Renseignements et tarifs : Cie Maritime Penn Ar Bed (Brest) 02 98 80 80 80
depuis **Audierne** (toute l'année) - Traversée 1 h - Renseignements et tarifs : voir ci-dessus.
depuis **Camaret** (le dim. en juil.-août) - Traversée 1 h - Renseignements et tarifs : Cie Maritime Penn Ar Bed (Brest) 02 98 80 80 80

Ar Men
rte du Phare – 02 98 70 90 77 – www.hotel-armen.net – Ouvert 23 fév.-11 nov.
10 ch – 47/57 € 57/75 € – 7 € – ½ P
Rest *(fermé dim. soir et merc.)* – Menu 22 €
La dernière maison en sortant du bourg, sur la route du phare. Les amoureux de la mer et du calme apprécieront les chambres océanes, presques nues, avec vue sur le large. Tout aussi efficace, la cuisine, qui change au gré de la pêche (ragoût de homard sur réservation). Pain maison, aux algues !

ÎLE DES EMBIEZ ★ – 83 Var – 340 J7 – 83140 Côte d'Azur 40 B3

Accès par transports maritimes
depuis **Le Brusc** (toute l'année) - Traversée 15 mn - Renseignements et tarifs : Capit 04 94 10 65 20

Hélios
au port – 04 94 10 66 10 – www.les-embiez.com – Ouvert 1er avril-31 oct.
61 ch – 150/180 € 150/180 € – 1 suite – 13 € – ½ P
Rest – Formule 24 € – Menu 30 € – Carte 32/53 €
Rien que sept minutes de traversée pour rejoindre cette charmante petite île... Les chambres sont lumineuses et actuelles, avec balcon côté port. La terrasse du restaurant donne sur la marina ; sa cuisine, bien ficelée, chante avec l'accent du Sud.

ÎLE D'OLÉRON ★ – 17 Charente-Maritime – 324 C4 Poitou-Charentes 38 A2

Accès par le pont viaduc : **passage gratuit.**

LA COTINIÈRE – 17 Charente-Maritime – 17310 St Pierre d Oleron 38 A2

Paris 522 – Marennes 22 – Rochefort 44 – La Rochelle 80
22, rue du Port, 05 46 47 09 08

Face aux Flots sans rest
24 r. du Four – 05 46 47 10 05 – www.hotel-faceauxflots-oleron.com – Ouvert 15 fév.-11 nov. et vacances de Noël
22 ch – 56/110 € 58/120 € – 10 €
Un petit hôtel de bord de mer sympathique, avenant et tenu en famille. Les chambres sont simples, fraîches et impeccables (dont quatre avec petit balcon), et celles du 2e étage ont une très jolie vue sur les flots... évidemment !

Île de Lumière sans rest
av. des Pins – 05 46 47 10 80 – www.moteliledelumiere.com – Ouvert 29 mars-30 sept.
45 ch – 84/142 € 84/142 €
Des chambres dans de petits pavillons, sur un site assez sauvage... façon motel. Toutes ont une terrasse privative donnant sur la mer, les dunes ou la piscine : c'est sobre, bien tenu et vraiment très tranquille !

Hôtel de la Plage sans rest

51 bd du Capitaine-Leclerc – ✆ 05 46 47 28 79 – www.oleronhotel.com – Ouvert 6 fév.-31 oct.

19 ch – †55/85 € ††55/85 € – ☕ 8 €

Une jolie maison oléronaise dans un jardin arboré, au calme et tout près de la plage. Les chambres sont simples et classiques, d'une tenue parfaite et d'un rapport qualité-prix excellent. Un bon petit hôtel !

à la Ménounière 2 km au Nord par rte secondaire ✉ 17310 St-Pierre-d'Oléron

Saveurs des Îles

18 r. de la Plage – ✆ 05 46 75 86 68 – www.saveursdesiles.fr – Ouvert 1er avril-5 nov. et fermé lundi sauf le soir en juil.-août, merc. midi en juil.-août et mardi midi de sept. à juin

Rest – Formule 28 € – Menu 40/55 € – Carte 49/59 €

Les propriétaires ont construit eux-mêmes ce joli restaurant ethnique et sa terrasse zen et apaisante... Désormais, Cécile vous accueille avec le sourire, tandis que Patrick concocte de bons plats créatifs relevés de saveurs exotiques.

DOLUS-D'OLÉRON – 17 Charente-Maritime – 3 176 h. – alt. 7 m – ✉ 17550 38 A2

▶ Paris 511 – Rochefort 39 – La Rochelle 75 – Saintes 58

ℹ Parvis Saint-André, ✆ 05 46 75 32 84, www.ile-oleron-marennes.com

à la Rémigeasse 2 km à l'Ouest par rte secondaire – ✉ 17550 Dolus d Oleron

Le Grand Large

2 av. de l'Océan – ✆ 05 46 75 77 77 – www.le-grand-large.fr – Ouvert avril-oct.

27 ch – †110/400 € ††110/400 € – ☕ 18 € – ½ P

Rest *Le Grand Large* – voir les restaurants ci-après

Ce fleuron de la villégiature balnéaire des années 1960 a retrouvé sa belle jeunesse en 2011, grâce à ses propriétaires. Tombés sous le charme, ils ont quitté leur Luberon pour Oléron, et bien leur en a pris ! Design, nature et trendy : un lieu chic au bord de l'eau, entre embruns, air du large et évocation de la douceur des sixties.

Le Grand Large

2 av. de l'Océan – ✆ 05 46 75 77 77 – www.le-grand-large.fr – Ouvert avril-oct. et fermé mardi

Rest *(dîner seult du lundi au jeudi)* – Menu 50/85 € – Carte 55/78 €

Un lieu tendance et contemporain… comme la cuisine du marché concoctée par le jeune chef. Pour l'anecdote, Matthieu Amalric a filmé quelques scènes de Tournée dans ce bel hôtel-restaurant, alors encore désaffecté mais néanmoins superbe !

ST-PIERRE-D'OLÉRON – 17 Charente-Maritime – 6 532 h. – alt. 8 m – ✉ 17310 38 A2

▶ Paris 522 – Marennes 22 – Rochefort 44 – La Rochelle 80

ℹ place Gambetta, ✆ 05 46 47 11 39, www.saint-pierre-oleron-tourisme.fr

👁 Église ✳★.

Le Square sans rest

pl. des Anciens-Combattants – ✆ 05 46 47 00 35 – www.le-square-hotel.fr – Ouvert mars-oct.

26 ch – †48/75 € ††56/88 € – ☕ 8,50 €

Près du marché couvert, un petit hôtel tenu par un jeune couple sympathique... La plupart des chambres ont été rénovées dans un esprit contemporain et, pour la détente, il y a une grande piscine dans la cour intérieure. Prix raisonnables.

ST-TROJAN-LES-BAINS – 17 Charente-Maritime – 1 471 h. – alt. 5 m – ✉ 17370 38 A2

▶ Paris 509 – Marennes 16 – Rochefort 38 – La Rochelle 74

ℹ carrefour du Port, ✆ 05 46 76 00 86, www.st-trojan-les-bains.fr

Novotel ch, ch, rest,

plage de Gatseau, 2,5 km au Sud – ✆ 05 46 76 02 46 – www.thalassa.com – Fermé 26 nov.-26 déc.

109 ch – †130/290 € ††130/290 € – ☕ 18 € – ½ P

Rest – Formule 24 € – Menu 33/40 € – Carte 35/66 €

Face à la plage un hôtel-centre de thalassothérapie dédié à la détente, au bien-être et à la diététique. D'esprit contemporain, les chambres sont confortables... Repos garanti !

Hostellerie Les Cleunes sans rest

25 bd Plage – ✆ 05 46 76 03 08 – www.hotel-les-cleunes.com – Ouvert de mi-fév. à mi-nov.

41 ch – 65/219 € 69/219 € – 14 €

Sur le front de mer, une grande maison vendéenne avec sa piscine donnant sur l'Océan... Les chambres sont confortables et chaleureuses (plus spacieuses côté mer). Création d'un espace bien-être en 2012.

Mer et Forêt

16 bd Pierre-Wiehn – ✆ 05 46 76 00 15 – www.hotel-ile-oleron.com – Ouvert d'avril à fin sept.

43 ch – 56/135 € 56/205 € – 10 € – ½ P

Rest *Mer et Forêt* – voir les restaurants ci-après

Dans un quartier résidentiel, un hôtel balnéaire avec des chambres fonctionnelles et très bien tenues donnant sur la forêt de pins ou sur la mer. Pour faire quelques brasses dans l'eau douce, la piscine est très sympa.

L'Albatros ch, rest, rest,

11 bd Dr Pineau – ✆ 05 46 76 00 08 – www.albatros-hotel-oleron.com – Ouvert 12 fév.-11 nov.

13 ch – 80/128 € 80/128 € – 11 € – ½ P

Rest *(fermé lundi midi et mardi midi hors saison)* – Formule 19 € – Menu 30/51 € – Carte 28/90 €

Un hôtel "les pieds dans l'eau" et au grand calme, façon mer d'huile ! Les chambres ont été rénovées en 2010 dans un esprit frais et contemporain et l'on s'y sent vraiment bien. Évidemment, la carte du restaurant fait la part belle aux produits de la pêche locale. Sympathique.

Mer et Forêt – Hôtel Mer et Forêt

16 bd Pierre-Wiehn – ✆ 05 46 76 00 15 – www.hotel-ile-oleron.com – Ouvert d'avril à fin sept.

Rest – Formule 15 € bc – Menu 20/38 € – Carte 30/45 €

Beau panorama sur le pont-viaduc et le continent, terrasse donnant sur la mer... Un endroit agréable pour déguster une cuisine traditionnelle simple et bien faite, avec quelques suggestions du jour.

LE CHÂTEAU-D'OLÉRON – **17 Charente-Maritime – 3 930 h. – alt. 9 m** **38** A2

– ✉ **17480**

Paris 524 – Poitiers 190 – La Rochelle 72 – Saintes 54

place de la République, ✆ 05 46 47 60 51, www.ot-chateau-oleron.fr

Les Jardins d'Aliénor avec ch

11 r. Mar.-Foch – ✆ 05 46 76 48 30 – www.lesjardinsdalienor.com – Fermé début janv.-début fév.

4 ch – 87/147 € 87/147 € – 6 € – ½ P

Rest *(fermé le midi en juil.-août, lundi et mardi)* – Menu 27 € bc (déj. en sem.)/43 € – Carte 46/58 €

Mélange de styles – d'hier et d'aujourd'hui – et joli mur végétal dans le patio : un cadre chic pour savourer une cuisine assez contemporaine. À l'étage, délicieuses chambres au charme champêtre, climatisées et bien équipées.

LE GRAND-VILLAGE-PLAGE – **17 Charente-Maritime – 999 h. – alt. 6 m** **38** A2

– ✉ **17370**

Paris 525 – Poitiers 191 – La Rochelle 73 – Rochefort 36

3, boulevard de la Plage, ✆ 05 46 47 58 00, www.ile-oleron-marennes.com

Le Relais des Salines

Port des Salines – ✆ 05 46 75 82 42 – www.lerelaisdessalines.com – Ouvert de mi-mars à mi-nov. et fermé lundi sauf vacances scolaires

Rest – Menu 22 € (déj. en sem.) – Carte environ 34 €

Atmosphère décontractée, esprit bistrot marin tendance, terrasse côté marais salants et belle ardoise de suggestions iodées : cette ancienne cabane ostréicole est une perle !

ÎLE D'OUESSANT – 29 Finistère – 308 A4 Bretagne Sud 9 A1

Accès par transports maritimes - **Transports piétons uniquement**

depuis **Brest** - Traversée 2 h 15 mn - Renseignements et tarifs : Cie Maritime Penn Ar Bed (Brest) 02 98 80 80 80

depuis **Le Conquet** - Traversée 1 h - Renseignements et tarifs : voir ci-dessus

depuis **Camaret** (uniquement mi juillet-mi août) - Traversée 1 h 15 mn - Renseignements et tarifs : voir ci-dessus.

Ti Jan Ar C' Hafé sans rest

Kernigou – 06 70 89 29 23 – www.tijan.fr – Fermé 11 nov.-26 déc. et 8 janv.-30 mars

8 ch – 79/99 € 79/119 € – 10 €

À l'entrée du bourg de Lampaul, un vrai petit hôtel de charme, point de chute parfait pour visiter l'île. Les chambres sont ravissantes, colorées et du meilleur goût. Tout est délicieux : la terrasse, le calme, la nature pleine de poésie...

Ty Korn

au bourg de Lampaul – 02 98 48 87 33 – Fermé 11-30 nov., 4-25 janv., dim. et lundi sauf fériés

Rest *(nombre de couverts limité, réserver)* – Formule 15 € – Menu 31 € (dîner), 39/51 € – Carte 37/48 €

À Ouessant, tout le monde connaît cette adresse près de l'église de Lampaul. Des fruits de mer, des poissons fraîchement pêchés ; c'est convivial et généreux. Un restaurant qui risque de devenir votre QG sur l'île !

ÎLE D'YEU ★★ – 85 Vendée – 316 BC7 Pays de la Loire 34 A3

Accès par transports maritimes pour **Port-Joinville.**

depuis **Fromentine** (toute l'année) - Traversée de 30 à 45 mn - Renseignements et tarifs : Cie Yeu Continent (à Fromentine) 0 825 853 000 (0,15 €/mn), www.compagnie-yeu-continent.fr

depuis **Barbâtre** - Cie Vendéenne 0 825 139 085 (0,15 €/mn), www.compagnievendeenne.com

depuis **St-Gilles-Croix-de-Vie et depuis Les Sables d'Olonne** (Quai Bénatier) - Service Saisonnier (avril-sept.) : Cie Vendéenne 0 825 139 085 (0,15 €/mn), www.compagnievendeenne.com

depuis **Fromentine** - traversée de 30 à 70 mn - Renseignements à Cie Yeu Continent BP 16-85550 La Barre-de-Monts 0 825 853 000 (0,15 €/mn), www.compagnie-yeu-continent.fr.

PORT-JOINVILLE – 85 Vendée – 4 699 h. – 85350 34 A3

Paris 457 – Challans 26 – Nantes 69 – La Roche-sur-Yon 70

Vieux Château★ : ★★ SO : 3,5 km - Grand Phare ★ SO : 3 km.

L'Escale sans rest

14 r. de La Croix de Port – 02 51 58 50 28 – www.yeu-escale.fr – Fermé 15 nov.-15 déc.

29 ch – 62/86 € 62/86 € – 9 €

En retrait du port, une Escale typique de l'île avec sa façade blanche et ses volets colorés. Les chambres sont simples et très bien tenues, certaines en rez-de-jardin. Petit plus appréciable à Yeu, on peut louer des vélos sur place.

Atlantic Hôtel sans rest

quai Carnot – 02 51 58 38 80 – www.hotel-yeu.com – Fermé janv.

18 ch – 52/104 € 52/104 € – 8,50 €

Face à l'embarcadère, des chambres claires d'où l'on profite avec ravissement du tintement des mâts ou de la tranquillité du village et de ses jardinets de pêcheurs. Un hôtel simple et pratique avant tout.

Port Baron

5 bis r. Georgette – 02 51 59 15 88 – Fermé 2 sem. en oct., de janv. à mi-fév., mardi midi et lundi

Rest – Menu 20 € (déj. en sem.), 37/45 €

Vieilles affiches, banquettes et disques anciens : dans cette atmosphère de bistrot à l'ancienne, le chef concocte une jolie cuisine de la mer, qui varie avec les arrivages... Rétro en diable et convivial. Et il y a même un toit-terrasse !

L'ILE-ROUSSE – 2B Haute-Corse – **345** C4 – voir à Corse

ÎLE ST-HONORAT ★★ – 06 Alpes-Maritimes – **341** D6 Côte d'Azur **42** E2

Accès par transports maritimes

depuis **Cannes** - Traversée 15 mn par Cie Planaria - Quai Laubeuf ✆04 92 98 71 38

La Tonnelle

06400 Cannes – ✆ 04 92 99 54 08 – www.tonnelle-abbayedelerins.com – Fermé mi-nov. à mi-déc.

Rest *(déj. seult) (réserver)* – Menu 26 € – Carte 40/211 €

Loin des paillettes de la Croisette, à 20mn de bateau de Cannes, cette maison – propriété de l'abbaye de l'île, qui produit du vin – cultive de jolies saveurs méridionales, avec générosité et sans prétention. La terrasse ombragée est délicieuse, comme la vue sur la côte... Possibilité de manger sur le pouce.

ÎLE STE-MARGUERITE ★★ – **341** D6 Côte d'Azur **42** E2

Accès par transports maritimes

depuis **Cannes** - Traversée 15 mn par Cie Riviera Lines - Quai Laubeuf ✆04 92 98 71 31

Forêt★★ - ★ de la terrasse du Fort-Royal.

ÎLES CHAUSEY ★ – 50 Manche – **303** B6 – 50400 **32** A2

Normandie Cotentin

Accès par transports maritimes

depuis **Granville** - Traversée 50 mn - Renseignements à : Vedette "Jolie France II" Gare Maritime ✆ 02 33 50 31 81, Compagnie Corsaire : ✆ 0 825 138 100 (0,15 €/mn), www.compagniecorsaire.com

depuis **St-Malo** - Traversée 1h10 mn - Compagnie Corsaire : ✆ 0 825 138 100 (0,15 €/mn).

Grande Ile★.

Fort et des Iles avec ch

– ✆ 02 33 50 25 02 – www.hotel-chausey.com – Ouvert 13 avril-29 sept. et fermé lundi sauf fériés

8 ch – ½ P seult 150 €

Rest *(réserver)* – Menu 25/81 € – Carte 30/67 €

Homards, huîtres et poissons : dans cette jolie maison de granit, on savoure une agréable cuisine iodée qui varie au gré de la pêche. La vue sur l'archipel est belle et donne envie de prolonger l'étape... Ça tombe bien, les chambres sont simples et sans télévision, pour mieux profiter de la quiétude insulaire.

LAS ILLAS – 66 Pyrénées-Orientales – **344** H8 – rattaché à Maureillas-las-Illas

ILLHAEUSERN – 68 Haut-Rhin – **315** I7 – 719 h. – alt. 173 m – 68970 **2** C2

Paris 452 – Artzenheim 15 – Colmar 19 – St-Dié 55

La Clairière sans rest

rte de Guémar – ✆ 03 89 71 80 80 – www.hotel-la-clairiere.com – Fermé janv. et fév.

25 ch – 79 € 98 € – 12 €

À l'orée de la forêt de l'Ill, vaste construction inspirée de l'architecture alsacienne. Chambres personnalisées, calmes et spacieuses ; certaines regardent les Vosges.

Les Hirondelles sans rest

33 r. du 25 janvier – ✆ 03 89 71 83 76 – www.hotelleshirondelles.com – Fermé 1er-11 sept. et 27 janv.-16 mars

19 ch – 74/80 € 85/91 €

Un accueil sympathique vous est réservé dans cette ancienne ferme à la fois rustique et chaleureuse. Les chambres, bien équipées, se répartissent autour d'une jolie cour. Agréable piscine.

XXXXX Auberge de l'Ill (Marc Haeberlin)

2 r. de Collonges-au-Mont-d'Or – 03 89 71 89 00 – www.auberge-de-l-ill.com – Fermé 1er-8 janv., 3 fév.-6 mars, lundi et mardi

Rest *(réserver)* – Menu 99 € (déj. en sem.), 124/168 € – Carte 130/210 €

Ce n'était, à l'origine, qu'une petite auberge sur les rives de l'Ill, appréciée pour sa matelote au riesling. Au fil du 20e s., la famille Haeberlin a su l'élever au rang d'institution, et voilà bien un fief de la grande tradition : celle qui a inspiré et inspirera encore des générations de cuisiniers, et qui conserve intacts la fraîcheur et le souffle de l'excellence.

➜ Salade de tripes. Homard Prince Vladimir. Pêche Haeberlin. **Vins** Pinot blanc, Riesling.

Hôtel des Berges

– 03 89 71 87 87 – www.hoteldesberges.com – Fermé 1er-8 janv., 3 fév.-6 mars, lundi et mardi

11 ch – †280/380 € ††280/380 € – 2 suites – 28 €

Dans l'environnement bucolique du jardin baigné par l'Ill, à deux pas de l'Auberge, un délicieux refuge pour les gourmets attirés par la renommée de l'assiette... Quiétude, grand confort et raffinement.

ILLKIRCH-GRAFFENSTADEN – 67 Bas-Rhin – 315 K5 – rattaché à Strasbourg

ILLZACH – 68 Haut-Rhin – 14 680 h. – alt. 239 m – 68110 1 A3

Paris 479 – Colmar 42 – Strasbourg 114

XX La Closerie

6 r. Henry-de-Crousaz – 03 89 61 88 00 – www.closerie.fr – Fermé 27 juil.-20 août, 22 déc.-4 janv., sam. midi, lundi soir et dim.

Rest – Formule 26 € – Menu 44 € (déj.), 54/64 € – Carte 52/67 €

Rest *Bistronomie* *(dîner seult)* – Menu 29 €

Le fond et la forme ; la légèreté et l'harmonie ; les mets et les vins ; la gastronomie et, le soir, la bistronomie... le tout avec élégance. Dans cette maison centenaire baignée de verdure, on ne plaisante pas avec la gourmandise !

INGERSHEIM – 68 Haut-Rhin – 315 H8 – rattaché à Colmar

INNENHEIM – 67 Bas-Rhin – 315 J6 – 1 102 h. – alt. 150 m – 67880 1 B2

Paris 487 – Molsheim 12 – Obernai 10 – Sélestat 34

Au Cep de Vigne

5 r. Barr – 03 88 95 75 45 – www.aucepdevigne.com – Fermé 24 juin-10 juil., 7-24 janv., dim. soir et lundi

37 ch – †65/75 € ††70/85 € – 10 € – ½ P

Rest – Formule 15 € – Menu 22/40 € – Carte 28/50 €

À l'occasion d'un périple entre Strasbourg, la route des vins et les Vosges, vous pouvez vous arrêter dans cette grande maison à colombages ; les chambres sont spacieuses et sans prétention. Et pour se délasser, un joli parc arboré...

INXENT – 62 Pas-de-Calais – 301 D4 – rattaché à Montreuil

ISBERGUES – 62 Pas-de-Calais – 301 H4 – rattaché à Aire-sur-la-Lys

ISIGNY-SUR-MER – 14 Calvados – 303 F4 – 2 782 h. – alt. 4 m – 14230 32 A2

Normandie Cotentin

Paris 298 – Bayeux 35 – Caen 64 – Carentan 14

16, rue Émile Demagny, 02 31 21 46 00, www.cc-isigny-grandcamp-intercom.fr

Hôtel de France

13 r. E. Demagny – 02 31 22 00 33 – www.hotel-france-isigny.fr

18 ch – †61 € ††61 € – 8,50 € – ½ P

Rest *(fermé 23 déc.-14 janv.)* – Menu 12 € (sem.), 16/30 € – Carte 26/45 €

Amateurs de beurre et de crème, peut-être aurez-vous envie de vous arrêter dans la rue principale de cette célèbre cité laitière... Cet hôtel affiche un style simple et pimpant ; le restaurant comblera les envies d'huîtres et de cuisine iodée. Prix raisonnables.

L'ISLE-ADAM – 95 Val-d'Oise – 305 E6 – 11 575 h. – alt. 28 m – ✉ 95290 18 B1

Île-de-France

Paris 41 – Beauvais 49 – Chantilly 24 – Compiègne 66

18 avenue des écuries de Conti, ✆ 01 34 69 41 99, www.tourisme-isle-adam.net

de l'Isle-Adam, 1 chemin des Vanneaux, NE : 5 km, ✆ 01 34 08 11 11

Les Golfs de Mont Griffon, à Luzarches, Route Départementale 909, NE : 5 km, ✆ 01 34 68 10 10

Paris International Golf Club, à Baillet-en-France, 18 route du Golf, SE par D 301 : 15 km, ✆ 01 34 69 90 00

Chaire★ de l'église St-Martin.

Le Cabouillet (N) avec ch

5 quai de l'Oise – ✆ 01 34 69 00 90 – www.lecabouillet.com – Fermé vacances de fév., dim. soir et lundi

7 ch – 90/140 € 90/140 € – 11 € – ½ P

Rest – Formule 26 € – Menu 34 € (déj. en sem.)/39 € – Carte 52/71 €

Ce Cabouillet a une bonne bouille ! Près du vieux pont de pierre, cette bâtisse du début du 20e s. domine les rives verdoyantes de l'Oise où il fait si bon canoter... On y apprécie une cuisine savoureuse, où le fait maison rime avec saison. En prime, quelques chambres coquettes pour la nuit. Une jolie étape.

Le Relais Fleuri

61 bis r. St-Lazare – ✆ 01 34 69 01 85 – Fermé août et mardi

Rest – Formule 26 € – Menu 32/35 €

Cette table adamoise connaît une clientèle d'habitués de longue date. Dans un décor aux notes désuètes, on apprécie une vraie cuisine traditionnelle, concoctée avec des produits frais. Agréable terrasse sous les tilleuls.

Le symbole vous garantit des nuits au calme. En rouge ? Une délicieuse tranquillité : juste le chant des oiseaux au petit matin...

L'ISLE-D'ABEAU – 38 Isère – 333 E4 – 15 373 h. – alt. 265 m – ✉ 38080 44 B2

Lyon et sa région

Paris 499 – Bourgoin-Jallieu 6 – Grenoble 72 – Lyon 38

Le Relais du Çatey avec ch

10 r. Didier – ✆ 04 74 18 26 50 – www.le-relais-du-catey.com – Fermé 3-27 août et 29 déc.-6 janv.

7 ch – 62/81 € 62/81 € – 10 € – ½ P

Rest *(fermé dim. et lundi)* – Menu 25 € (sem.), 36/62 € – Carte 46/65 €

Décor et éclairage contemporains soulignent le cachet préservé de cette maison dauphinoise de 1774. Magret de canard laqué aux épices, rouget aux olives accompagné d'un minestrone de lentilles au citron vert... Après tant de saveurs, les chambres permettent de goûter un délicieux repos.

à l'Isle-d'Abeau-Ville-Nouvelle Ouest : 4 km par N 6 – ✉ 38080 L'Isle d'Abeau – 43 290 h.

Mercure

20 r. Condorcet – ✆ 04 74 96 80 00 – www.hotel-lyon-isledabeau.fr

189 ch – 95/135 € 105/145 € – 40 suites – 15 €

Rest *La Belle Époque* *(fermé vend. soir, sam. et dim. d'avril à fin sept.)* – Formule 25 € – Carte 29/53 €

Rest *New Sunset* ✆ 04 74 96 81 77 *(fermé vend. soir, sam. et dim. d'oct. à mars)* – Formule 17 € – Carte 19/31 €

Ce Mercure œuvre pour le bien-être de ses hôtes : construction "géobiologique" (tendance Feng Shui), centre de remise en forme, bel équipement sportif. Les chambres affichent un style standard et minimaliste ; quelques studios sont à disposition dans l'annexe. Pour se restaurer, deux possibilités, dont le piano-bar New Sunset.

L'ISLE-JOURDAIN – 32 Gers – 336 I8 – 7 296 h. – alt. 116 m – ✉ 32600 28 B2

Midi Toulousain

Paris 682 – Auch 45 – Montauban 58 – Toulouse 37

route de Mauvezin, ✆ 05 62 07 25 57, www.mairie-islejourdain.com

Las Martines, Route de Saint Livrade, N : 4 km, ✆ 05 62 07 27 12

du Château de Barbet, à Lombez, Route de Boulogne, SO par D 634 : 25 km, ✆ 05 62 62 08 54

Centre-musée européen d'art campanaire★.

L'Échappée Belle (N)

2 pl. Gambetta – ✆ 05 62 07 50 00 – www.echappee-belle.fr

25 ch – †78/160 € ††78/160 € – 2 suites – ☕ 12 € – ½ P

Rest ***L'Échappée Belle*** – voir les restaurants ci-après

À deux pas de Toulouse et aux portes du Gers, la façade ultramoderne de cet hôtel cache des chambres résolument contemporaines. Il fait bon se détendre dans le joli salon ou dans le patio. Idéal pour une échappée... belle !

L'Échappée Belle (N)

2 pl. Gambetta – ✆ 05 62 07 50 00

Rest – Formule 15 € – Menu 18 € (déj. en sem.), 27/38 € – Carte environ 38 €

La table de L'Échappée Belle est à l'image de l'établissement : dans l'air du temps ! Dans un cadre contemporain, on déguste une bonne cuisine du marché tel ce saumon rôti accompagné de linguines et de courgettes. La carte a été imaginée par le chef Bernard Bach. Un lieu tendance… mais pas seulement.

à Pujaudran Est : 8 km par N 124 – 1 298 h. – alt. 302 m – ✉ 32600

Le Puits St-Jacques (Bernard Bach)

av. Victor-Capoul – ✆ 05 62 07 41 11 – www.lepuitssaintjacques.fr – Fermé 1er-20 sept., 1er-18 janv., dim. soir, lundi et mardi

Rest *(réserver)* – Menu 29 € (déj. en sem.), 68/115 € – Carte 94/135 €

Cette maison gersoise, jadis relais sur la route de Compostelle, abrite une salle à manger raffinée et un patio à l'atmosphère méridionale. Cuisine séduisante et inspirée, osant les nouvelles tendances.

➜ Foie gras de canard confit aux graines de fenouil. Poitrine de pigeonneau laquée au miel d'épices, semoule d'aubergine et raisins secs. Véritable chocolat liégeois servi devant vous. **Vins** Vin de pays du Lot, Fronton.

L'ISLE-JOURDAIN – 86 Vienne – 322 K7 – 1 223 h. – alt. 142 m – ✉ 86150 39 C2

Paris 375 – Confolens 29 – Niort 104 – Poitiers 53

1 place d'Armes, ✆ 05 49 48 80 36, http://odt-isle-jourdain.a3w.fr

à Port-de-Salles Sud : 7 km par D 8 et rte secondaire – ✉ 86150

Val de Vienne sans rest

Port de Salles – ✆ 05 49 48 27 27 – www.hotel-valdevienne.com

20 ch – †90/150 € ††90/150 € – 1 suite – ☕ 11 €

Non loin du circuit automobile du Val-de-Vienne, en pleine campagne, un véritable motel : chaque chambre dispose d'une entrée indépendante et d'une terrasse face au jardin bordé par la Vienne.

L'ISLE-SUR-LA-SORGUE – 84 Vaucluse – 332 D10 – 18 936 h. – alt. 57 m – ✉ 84800 42 E1

Provence

Paris 693 – Apt 34 – Avignon 23 – Carpentras 18

place de la Liberté, ✆ 04 90 38 04 78, www.oti-delasorgue.fr

Décoration★ de la collégiale de Notre-Dame des Anges.

Église★ du Thor O : 5 km.

Les Névons sans rest

chemin des Névons, (derrière la poste) – ✆ 04 90 20 72 00 – www.hotel-les-nevons.com – Fermé mi-déc. à mi-janv.

44 ch – †56/69 € ††60/96 € – ☕ 9 €

Près du centre-ville, des chambres fonctionnelles et bien tenues ; certaines avec balcon. Au petit-déjeuner, ne passez pas à côté des confitures maison.

Le Clos Violette sans rest

1 r. Pasteur – 04 90 92 69 32 – www.le-clos-violette.fr

5 ch – 180/280 € 220/280 €

Dans cette maison raffinée de 1769, les chambres n'ont jamais aussi bien porté leurs noms : la "Sarah Bernhardt" avec son décor de théâtre, la "Sade" et ses gravures coquines, etc. Au petit-déjeuner, on se régale des confitures et gâteaux maison. Piscine intérieure s'ouvrant sur le jardinet.

La Maison sur la Sorgue sans rest

6 r. Rose-Goudard – 06 87 32 58 68 – www.lamaisonsurlasorgue.com – Fermé 1er-15 janv.

4 ch – 250/360 € 250/330 €

Un très bel hôtel particulier, décoré sur le thème des voyages. Les chambres ont toutes leur cachet : baignoire sur pieds, loggia, vue sur l'église... Délicieux patio et piscine.

La Prévôté avec ch

4 bis r. Jean-Jacques-Rousseau, (derrière l'église) – 04 90 38 57 29 – www.la-prevote.fr – Fermé 24 fév.-15 mars, 18 nov.-7 déc., merc. sauf le soir en juil.-août et mardi

5 ch – 150/190 € 150/190 € – ½ P

Rest *(nombre de couverts limité, réserver)* – Formule 22 € – Menu 39/70 € – Carte 44/64 €

Dans un couvent du 17e s. ouvrant sur un bras de la Sorgue, on savoure une cuisine basée sur des produits frais, dans un cadre raffiné (cheminée, poutres apparentes). Chambres très joliment décorées.

Le Vivier

800 cours Fernande-Peyre, rte de Carpentras – 04 90 38 52 80 – www.levivier-restaurant.com – Fermé 20 fév.-13 mars, 1 sem. en août, 1 sem. en nov., 1 sem. en janv., jeudi midi en juil.-août, dim. soir de sept. à juin, vend. midi, sam. midi et lundi

Rest – Menu 30 € (déj. en sem.), 50/75 € – Carte 62/82 €

Voilà une belle table contemporaine : sa terrasse face à la Sorgue et ses rives verdoyantes est un plaisir pour les yeux, plus encore ses assiettes, très graphiques et soignées. Le chef mêle saveurs et textures avec délicatesse et subtilité.

➜ L'assiette façon tapas. Pithiviers de pigeon aux cèpes et foie gras. Le tout chocolat. Vins Luberon.

Café Fleurs

9 r. Théodore-Aubanel – 04 90 20 66 94 – www.cafefleurs.com – Fermé en janv., mardi et merc. sauf le soir de mi-juin à fin août

Rest – Formule 20 € – Menu 25 € (déj. en sem.), 43/56 € – Carte 54/76 €

Deux salles au décor provençal clair et soigné, une agréable terrasse ombragée au bord de l'eau : joli cadre pour une cuisine actuelle au charme typiquement méridional.

L'Oustau de l'Isle

147 chemin du Bosquet, 1 km par rte d'Apt – 04 90 20 81 36 – www.restaurant-oustau.com – Fermé 14-27 nov., 13 janv.-2 fév., mardi et merc. sauf le soir de mi-juin à mi-sept.

Rest – Formule 19 € – Menu 26 € (déj. en sem.), 29/58 € – Carte 38/67 €

Ce mas entouré de verdure possède une ravissante terrasse ombragée et deux salles au décor épuré. La cuisine est d'inspiration méditerranéenne : millefeuille de rouget à la tapenade, risotto crémeux au citron confit ; tarte fine aux abricots rôtis au miel et romarin ; etc.

Le Jardin du Quai

91 av. Julien-Guigue, (près de la gare) – 04 90 20 14 98 – www.lejardinduquai.com – Fermé mardi et merc. sauf d'avril à nov.

Rest – Menu 35 € (déj. en sem.)/43 €

Avec son jardin ombragé, ce bistrot dégage un vrai charme rétro. Menu unique du marché, pour une cuisine goûteuse et juste. L'annexe "à KO'T" propose des petits plats le midi.

Le Carré d'Herbes (N)

13 av. des 4 Otages – ✆ 04 90 38 23 97 – www.lecarredherbes.eu – Fermé 3 sem. en déc., jeudi sauf juil.-août et merc.

Rest – Menu 17 € (déj. en sem.)/31 €

Pas évident de trouver ce restaurant dans le renfoncement d'une cour... peuplée d'antiquaires. Dans la salle, objets et mobilier chinés dessinent un lieu atypique – sans parler de la terrasse, des plus agréables ! Au menu : une cuisine de saison aux saveurs méridionales.

au Nord par D 938 et rte secondaire – ✉ 84740 Velleron

Hostellerie La Grangette rest,

807 chemin de Cambuisson, à 6 km – ✆ 04 90 20 00 77 – www.la-grangette-provence.com – Ouvert 14 fév.-11 nov.

16 ch – 110/240 € 110/240 € – ½ P

Rest *(fermé lundi et mardi) (dîner seult) (nombre de couverts limité, réserver)* – Menu 49 €

Ancienne ferme provençale décorée dans un style rustique et cossu. Chambres confortables et bien tenues, sans télévision ! Cuisine du Sud au restaurant, au cadre intime.

rte d'Apt 6 km au Sud-Est par D 901– ✉ 84800 Lagnes

Le Mas des Grès

– ✆ 04 90 20 32 85 – www.masdesgres.com – Ouvert 23 mars-11 nov.

14 ch – 90/190 € 90/250 € – 14 € – ½ P

Rest *Le Mas des Grès* – voir les restaurants ci-après

Ce mas provençal restauré avec goût invite à la détente : jardin, terrasse ombragée, aire de jeux pour les enfants, petit espace fitness... et des chambres coquettes, décorées avec soin. Cerise sur le gâteau : le petit-déjeuner est fort bon.

Le Mas des Grès

– ✆ 04 90 20 32 85 – www.masdesgres.com – Ouvert 23 mars-11 nov. et fermé le midi sauf juil.-août

Rest *(réserver)* – Menu 38 €

Aux beaux jours, les tables prennent leurs aises sous la treille ou sous les platanes... Une bouffée de fraîcheur dans ce mas très avenant, qui propose chaque jour sur son ardoise un menu du marché plein de couleurs.

L'ISLE-SUR-SEREIN – 89 Yonne – 319 H6 – 747 h. – alt. 190 m – ✉ 89440 7 B2

Paris 209 – Auxerre 50 – Avallon 17 – Montbard 36

Auberge du Pot d'Étain avec ch

24 r. Bouchardat – ✆ 03 86 33 88 10 – www.potdetain.com – Fermé 15-31 oct., fév., dim. soir et mardi midi sauf juil.-août et lundi

9 ch – 60 € 60/90 € – 9 € – ½ P **Rest** – Menu 27/55 € – Carte 47/68 €

Cuisine classique aux accents régionaux, exceptionnelle sélection de bourgognes (2 500 appelations, 40 000 bouteilles), chambres coquettes et colorées : une auberge sympathique dans la bucolique vallée du Serein... à deux tours de roue de l'A6 !

ISPE – 40 Landes – 335 D8 – rattaché à Biscarrosse

LES ISSAMBRES – 83 Var – 340 P5 – ✉ 83380 Côte d'Azur 41 C3

Paris 877 – Draguignan 40 – Fréjus 11 – St-Raphaël 14

place San-Peire, ✆ 04 94 55 07 16, www.roquebrune.com

à San-Peire-sur-Mer – ✉ 83520

Le Provençal rest, ch, ch,

D 559 – ✆ 04 94 55 32 33 – www.hotel-leprovencal.com – Ouvert 23 fév.-4 nov.

27 ch – 79/156 € 86/156 € – 12 € – ½ P

Rest *Les Mûriers* *(fermé lundi midi du 14 juil. au 31 aout et mardi midi)* – Formule 24 € – Menu 30/59 € – Carte 43/72 €

Dans le golfe de St-Tropez, une maison colorée des années 1930, tenue par la même famille depuis quatre générations. Chambres fonctionnelles, certaines avec vue sur la mer. Cuisine méditerranéenne servie dans une salle provençale ou à l'ombre des mûriers.

à la calanque des Issambres – ✉ 83380 Les Issambres

Chante-Mer

pl. Ottaviani, (au village provençal) – ✆ 04 94 96 93 23 – www.chantemer.com – Fermé 15 déc.-30 janv., lundi sauf le soir en saison

Rest – Menu 27/35 € – Carte 42/66 €

Un nom tout trouvé pour ce restaurant à 300 m du front de mer ! Derrière les fourneaux, un enfant du pays concocte de généreuses recettes traditionnelles. Tout est frais, fait maison et savoureux... De quoi faire chanter les gourmands de plaisir. À noter : la belle terrasse face à la place de l'église.

ISSIGEAC – 24 Dordogne – 329 E7 – 634 h. – alt. 106 m – ✉ 24560 4 C2

Périgord Quercy

Paris 607 – Agen 75 – Bordeaux 110 – Périgueux 65

place du Château, ✆ 05 53 58 79 62, www.issigeac.fr

La Brucelière (N) avec ch

pl. de la Capelle – ✆ 05 53 73 89 61 – www.labruceliere.com – Fermé 1 sem. fin sept.-début oct., de mi-janv. à mi-fév., sam. midi sauf de la Toussaint à Pâques, mardi soir sauf août et merc.

4 ch – 58/65 € 70/76 € – ½ P

Rest – Formule 17 € – Menu 24/28 € – Carte environ 30 €

Une vraie auberge de campagne... Avec ses murs en moellons et son mobilier en bois, la salle dégage une ambiance un rien surannée ; l'été, on profite de la terrasse sur le jardin. Côté menu, le chef met un point d'honneur à cuisiner des produits frais à travers des recettes simples et bonnes. Une adresse sympathique.

ISSOIRE – 63 Puy-de-Dôme – 326 G9 – 13 949 h. – alt. 400 m – ✉ 63500 5 B2

Auvergne

Paris 446 – Clermont-Ferrand 36 – Le Puy-en-Velay 94 – Thiers 56

9, place Saint Paul, ✆ 04 73 89 15 90, www.sejours-issoire.com

Anc. abbatiale St-Austremoine★★

Le Pariou

18 av. Kennedy, 1 km au Nord – ✆ 04 73 55 90 37 – www.hotel-pariou.com – Fermé 21 déc.-6 janv.

54 ch – 69/78 € 82/90 € – 10 € – ½ P

Rest *Le Jardin* *(fermé sam. midi, dim. et lundi)* – Formule 15 € – Menu 22/39 € – Carte 31/42 €

Un peu excentré, cet hôtel-restaurant – bâtisse de 1950 – est idéal pour une étape dans cette localité connue pour abriter l'un des joyaux de l'art roman auvergnat, l'abbatiale St-Austremoine. Chambres spacieuses avec mobilier design et tons colorés.

Toqué

35 r. St-Antoine – ✆ 04 73 54 95 06 – www.gourmands-gourmets.com – Fermé 30 mai-7 juin, 16 sept.-8 oct., 2-17 janv., dim. soir et lundi

Rest – Menu 14 € (déj. en sem.), 25/67 € bc – Carte 35/50 €

Avis aux toqués... de saveurs ! Ce restaurant, proche de l'abbatiale St-Austremoine, propose une cuisine colorée, épicée, teintée d'exotisme. Le cadre est sobre et épuré.

L'Atelier Yssoirien (N)

23 bd Triozon-Bayle – ✆ 04 73 89 44 47 – www.atelier-yssoirien.com – Fermé 3 sem. en août, dim. et lundi

Rest – Menu 18 € (déj. en sem.), 30/50 €

Ne vous fiez pas à sa façade noire, cet Atelier créé en 2012 fait des étincelles ! Dans sa cuisine ouverte sur la salle – au décor urbain et coloré –, le jeune chef compose de jolies assiettes, originales et parfumées. Une adresse sans doute à suivre...

à St-Rémy-de-Chargnat 7 km au Sud-Est par D 999 – 557 h. – alt. 400 m – ✉ 63500

Château de la Vernède sans rest
– ✆ 04 73 71 07 03 – www.chateauvernedeauvergne.com – Ouvert mars-nov.
5 ch – †70/110 € ††70/110 €
Un joli château remanié en 1850, ancien relais de chasse de la reine Margot, où meubles d'époque côtoient tableaux anciens et pièces rares. Beaucoup de goût et de romantisme !

à Sarpoil 10 km au Sud-Est par D 999 – ✉ 63490 St-Jean-en-Val

La Bergerie (Cyrille Zen)
– ✆ 04 73 71 02 54 – www.labergeriedesarpoil.com – Fermé 17-23 juin, 16-22 sept., 2 janv.-3 fév., dim. soir, mardi et merc.
Rest *(nombre de couverts limité, réserver)* – Menu 20 € (déj. en sem.), 32/75 € – Carte 50/75 €
Point d'habitudes moutonnières en cette Bergerie, mais du soin apporté à chaque assiette, de subtils mariages de saveurs, de textures, de couleurs… Une cuisine du terroir à la fois fine et gourmande ! Et peut-être connaissez-vous déjà le chef, Cyrille Zen, finaliste de l'émission Top Chef en 2012.
➜ Tartine de maquereau et caviar d'aubergine. Tronçon de lotte, fèves, menthe et girolles. Rocher coulant framboise et chocolat. **Vins** Côtes d'Auvergne Boudes.

à Perrier 5 km à L'Est par D 996 – 822 h. – alt. 415 m – ✉ 63500

La Cour Carrée avec ch
17 av. du Tramot – ✆ 04 73 55 15 55 – www.cour-carree.com – Fermé 29 oct.-12 nov., 2-15 janv., dim. soir et lundi soir du 15 sept. au 15 juin et le midi sauf dim. et fériés
3 ch – †80/95 € ††80/95 € – 11 € – ½ P
Rest *(nombre de couverts limité, réserver)* – Menu 29/45 €
Cette ancienne maison de vigneron s'ouvre sur... une cour carrée ! Le chef met le savoir-faire des petits producteurs en avant. Il signe une jolie cuisine du terroir. Chambres élégantes et confortables où dominent le bois et la pierre.

ISSONCOURT – 55 Meuse – 307 C5 – 123 h. – alt. 260 m – ✉ 55220 Les Trois Domaines 26 A2

Paris 265 – Bar-le-Duc 28 – St-Mihiel 28 – Verdun 28

Relais de la Voie Sacrée
1 Voie Sacrée – ✆ 03 29 70 70 46 – www.voiesacree.com – Fermé janv.- fév., dim. soir et lundi
Rest – Formule 18 € – Menu 23 € (sem.), 34/55 € – Carte 38/73 €
Près de la gare TGV, cette engageante auberge rustique borde la célèbre Voie Sacrée, lien vital entre le front et l'arrière lors de la bataille de Verdun. On y savoure des petits plats traditionnels ; l'été, on profite de la terrasse.

ISSOUDUN – 36 Indre – 323 H5 – 13 230 h. – alt. 130 m – ✉ 36100 12 C3

Limousin Berry

Paris 244 – Bourges 37 – Châteauroux 29 – Tours 127
place Saint-Cyr, ✆ 02 54 21 74 02, www.issoudun.fr
des Sarrays, Les Sarrays, SO : 12 km par D 151 et rte secondaire, ✆ 02 54 49 54 49
Musée de l'hospice St-Roch★ : arbre de Jessé★ dans la chapelle et apothicairerie★ AB.

La Cognette
r. des Minimes – ✆ 02 54 03 59 59 – www.la-cognette.com Ae
17 ch – †85/105 € ††95/125 € – 3 suites – 15 €
Rest ***La Cognette*** – voir les restaurants ci-après
Lamartine, Napoléon, Liszt : les chambres de ce charmant hôtel, souvent de plain-pied sur le jardin, ont du style ! À l'annexe, elles sont plus simples et plus contemporaines, mais tout aussi agréables...

Avenier (R. de l') .... B 2	Estienne-d'Orves (R. d') .... B 13	Poterie (R. de la) .... A 20
Bons-Enfants (R. des) .... B 5	Fossés-de-Villatte (R. des) .... B 14	Quatre-Vents (R. des) .... B 21
Capucins (R. des) .... B 6	Gaulle (Av. Ch. de) .... B 15	République (R. de la) .... AB 22
Casanova (R. D.) .... A 7	Hospices St-Roch (R.) .... B 16	Roosevelt (Bd Prés.) .... B 24
Chinault (Av. de) .... A 8	Minimes (R. des) .... A 17	St-Martin (R.) .... B 25
Croix-de-Pierre (Pl. de la) .... B 9	Père-Jules-Chevalier (R. du) .... B 18	Semard (R. P.) .... A 27
Dormoy (Bd M.) .... A 10	Ponts (R. des) .... A 19	Stalingrad (Bd de) .... A 28
Entrée-de-Villatte (R.) .... B 12		10-Juin (Pl. du) .... A 32

XXX **La Cognette** (Jean-Jacques Daumy)

bd Stalingrad – ✆ 02 54 03 59 59 – www.la-cognette.com
– Fermé 3 sem. en janv., dim. soir, mardi midi et lundi de sept. à juin Az
Rest *(réserver)* – Menu 35 € (déj. en sem.), 62/95 € – Carte 71/125 €
Dans son roman La Rabouilleuse, Balzac évoque La Cognette, qui le lui rend bien. Ce joli boudoir, tout à la gloire du grand écrivain, célèbre aussi le classicisme culinaire, les plats du terroir et même quelques créations plus actuelles.
➜ Crème de lentilles vertes du Berry aux truffes. Tournedos de homard, pommes pont-neuf et jus de viande. Massepain d'Issoudun à la fleur d'oranger. **Vins** Reuilly blanc et rouge.

à Diou **par ① : 12 km sur D 918 – 280 h. – alt. 130 m – ✉ 36260**

XX **L'Aubergeade**

rte d'Issoudun – ✆ 02 54 49 22 28
Rest – Menu 21 € (déj. en sem.), 32/41 € – Carte 44/57 €
En amoureux des bons vins, le chef vous propose un tour du monde des jolis crus et vous fait aussi découvrir le très local reuilly. Et pour ne rien gâcher, il concocte de bons petits plats dans l'air du temps.

à St-Valentin **11 km à l'Ouest par D 8 et D 12 – 275 h. – alt. 151 m – ✉ 36100**

XX **Au 14 Février**

2 r. du Portail – ✆ 02 54 03 04 96 – www.au14fevrier.com
– Fermé 2-17 sept., 2-9 janv., dim. soir de sept. à avril, merc. midi, lundi et mardi
Rest – Menu 32 € (déj. en sem.), 45/85 €
Au cœur du "village des amoureux", une vraie surprise que cette table tenue par toute une équipe japonaise. Saveurs nipponnes et françaises joliment mêlées : un mariage très réussi, un amour de cuisine fusion ! Cadre raffiné et service charmant.
➜ Foie gras de canard du Périgord grillé, compote d'ananas parfumée au poivre long et à la cardamome. Friture croustillante de turbot en kadaïf, risotto de chou-fleur. Pomme grillée à la citronnelle et crème chiboust caramélisée.

IS-SUR-TILLE – 21 Côte-d'Or – **320** K4 – **4 027 h.** – **alt. 284 m** – ✉ **21120** **8** C2

▶ Paris 332 – Chenôve 43 – Dijon 30 – Talant 32

ℹ Place de la République, ✆ 03 80 95 24 03

Auberge Côté Rivière

3 r. des Capucins – ✆ 03 80 95 65 40 – www.auberge-cote-riviere.com – Fermé 1 sem. en août, 24 déc.-6 janv. et dim. soir

10 ch – †78 € ††130 € – ☕ 10 € – ½ P

Rest ***Auberge Côté Rivière*** – voir les restaurants ci-après

Ce parc au bord de la rivière est si bucolique... Et abrite cette charmante maison bourgeoise, avec ses chambres claires et accueillantes. Au petit-déjeuner, on savoure le pain du boulanger, ainsi qu'un bon jus d'oranges pressées.

Auberge Côté Rivière

3 r. des Capucins – ✆ 03 80 95 65 40 – www.auberge-cote-riviere.com – Fermé 1 sem. en août, 24 déc.-6 janv., dim. soir et lundi

Rest – Menu 20 € (déj. en sem.), 28/62 € – Carte 40/65 €

Cette grange à houblon n'a rien perdu de son cachet d'antan... Selon la saison, on aime se réchauffer près de la belle cheminée ou prendre le frais dans le joli parc, tout en se régalant des bons petits plats traditionnels du chef.

ISSY-LES-MOULINEAUX – 92 Hauts-de-Seine – **311** J3 – **101** 25 – **voir à Paris, Environs**

ISTRES – 13 Bouches-du-Rhône – **340** E5 – **42 460 h.** – **alt. 32 m** **40** A3

– ✉ **13800** Provence

▶ Paris 745 – Arles 46 – Marseille 55 – Martigues 14

ℹ 30, allées Jean Jaurés, ✆ 04 42 81 76 00, www.istres.fr

La Table de Sébastien

7 av. Hélène-Boucher – ✆ 04 42 55 16 01 – www.latabledesebastien.fr – Fermé 28 août-6 sept. , 2-17 janv., dim. de juil. à sept., mardi d'oct. à juin et lundi

Rest – Formule 21 € – Menu 28 € (déj.), 38/78 €

Au cœur d'Istres, une bâtisse ancienne avec une terrasse sous les platanes. Le chef réinterprète le répertoire culinaire régional à travers un menu-carte au déjeuner et, le soir, un menu "surprise" inspiré par les ingrédients sélectionnés auprès de producteurs locaux, notamment bio.

à l'Ouest au Parc de Trigance, direction Fos-sur-Mer

Ariane sans rest

12 av. de Flore ✉ 13800 Istres – ✆ 04 42 11 13 13 – www.arianehotel-istres.com

44 ch – †69/99 € ††69/99 € – 5 suites – ☕ 10 €

Dans un quartier résidentiel, cet hôtel propose des chambres confortables – certaines avec une terrasse côté piscine – et des appartements équipés d'une kitchenette. Un ensemble fort pratique.

Ibis

ch, ch,

10 chemin de Capeau, (Parc de Trigance) – ✆ 04 90 45 15 60 – www.accorhotels.com

54 ch – †59/86 € ††59/86 € – ☕ 9 € **Rest** – Formule 15 € – Carte 26/45 €

Dans la zone d'activités d'Istres, un hôtel fonctionnel et bien tenu. Au restaurant, petite carte de salades, pizzas et plats de pâtes. Une adresse idéale pour une étape.

ITTERSWILLER – 67 Bas-Rhin – **315** I6 – **272 h.** – **alt. 235 m** – ✉ **67140** **2** C1

Alsace Lorraine

▶ Paris 502 – Erstein 25 – Mittelbergheim 5 – Molsheim 26

ℹ 65, rte des Vins, ✆ 03 88 85 50 12, www.itterswiller-commune.fr

Arnold

98 rte des Vins – ✆ 03 88 85 50 58 – www.hotel-arnold.com

28 ch – †88/120 € ††88/120 € – 1 suite – ☕ 12 € – ½ P

Rest ***Winstub Arnold*** – voir les restaurants ci-après

Sur la route des vins, deux bâtisses à colombages dans un village de carte postale ! Le panorama est superbe : la plupart des chambres dominent le vignoble, les villages de la plaine d'Alsace et la Forêt-Noire… Décor chaleureux.

Winstub Arnold – Hôtel Arnold

98 rte des Vins – ✆ 03 88 85 50 58 – www.hotel-arnold.com – Fermé dim. soir et lundi de nov. à mai

Rest – Formule 18 € – Menu 22/60 € – Carte 31/64 €

Cette winstub met à l'honneur les "elsässische spezialitäten" : kougelhopf, choucroute et tant de plats régionaux ! Soulevez donc le couvercle en fonte qui protège le baeckeofe servi en cocotte…

ITXASSOU – 64 Pyrénées-Atlantiques – **342** D5 – 2 031 h. – alt. 39 m — **3** A3
– ✉ 64250 Pays Basque et Navarre

Paris 787 – Bayonne 24 – Biarritz 25 – Cambo-les-Bains 5

Église★.

Txistulari

Chemin Errobi – ✆ 05 59 29 75 09 – www.txistulari.fr – Fermé 14 déc.-6 janv.

22 ch – †44/60 € ††49/71 € – ☕ 8 € – ½ P

Rest *(fermé dim. soir et sam. de nov. à mars)* – Formule 13 € – Menu 17/22 €

L'hôtel est tout proche de la petite route conduisant au Pas de Roland et jouit d'un environnement calme et verdoyant. Chambres bien tenues, la moitié – rénovées en 2012 – dans un style plus contemporain. Cuisine traditionnelle au restaurant.

Le Chêne — rest,

(près de l'église) – ✆ 05 59 29 75 01 – www.lechene-itxassou.com – Fermé 3 janv.-12 fév., mardi sauf de juil. à oct. et lundi

15 ch – †42/46 € ††52/58 € – ☕ 7 € – ½ P

Rest – Menu 30/34 € – Carte environ 32 €

Face à l'église du village, cette auberge accueille les voyageurs depuis 1696 ! Chambres bien tenues, préférez les plus récentes. Au restaurant, décor rustique et cuisine du Pays basque ; belle terrasse.

Hôtel du Fronton — rest, ch,

– ✆ 05 59 29 75 10 – www.hotelrestaurantfronton.com – Fermé 12-18 nov., 1er janv.-15 fév. et merc.

19 ch – †52/67 € ††52/67 € – 3 suites – ☕ 8 € – ½ P

Rest – Menu 22/35 € – Carte 38/55 €

Maison basque adossée au fronton de pelote du village. Chambres spacieuses dans l'aile récente ; petit cachet local pour les plus anciennes. Cuisine d'auberge généreuse, avec des produits de terroir. Monts d'Itxassou en toile de fond.

JALIGNY-SUR-BESBRE – 03 Allier – **326** I4 – 627 h. – alt. 246 m — **6** C1
– ✉ 03220 Auvergne

Paris 335 – Clermont-Ferrand 101 – Mâcon 123 – Moulins 38

Hôtel de Paris — rest,

3 Grande-Rue – ✆ 04 70 34 82 63 – www.hotelrestaurantdeparis.net – Fermé 23 fév.-11 mars

6 ch – †64 € ††64 € – ☕ 8,50 € – ½ P

Rest – Formule 13 € bc – Menu 20/45 € – Carte 33/63 €

Une adresse familiale au cœur d'un petit village tranquille. Les chambres, simples et fonctionnelles, sont idéales pour une étape près du parc d'attractions et animalier du PAL. Cuisine traditionnelle servie dans un cadre rustique ; patio pour les beaux jours.

JANVRY – 91 Essonne – **101** 33 – voir à Paris, Environs

JARNAC – 16 Charente – **324** I5 – 4 467 h. – alt. 26 m – ✉ 16200 — **38** B3
Poitou-Charentes

Paris 475 – Angoulême 31 – Barbezieux 30 – Bordeaux 113

place du Château, ✆ 05 45 81 09 30, www.jarnac-tourisme.fr

Donation François-Mitterrand - Maison Courvoisier - Maison Louis-Royer.

Château Saint-Martial

56 r. des Chabannes – ✆ 05 45 83 38 64 – www.chateausaintmartial.fr – Fermé 12-21 mars et 15-24 fév.

5 ch – 104/149 € 119/169 € **Table d'hôte** – Menu 48 € bc

Ce beau château du 19e s. – son architecture éclectique atteste l'époque – appartint à la famille Bisquit, célèbre pour son cognac. On y mène toujours grand train : salons immenses, décors profus, tableaux, meubles anciens... pour un séjour en majesté.

Restaurant du Château

15 pl. du Château – ✆ 05 45 81 07 17 – www.restaurant-du-chateau.com

Rest – Formule 24 € – Menu 32 € (déj.), 49/78 € – Carte 65/86 €

Des airs de brasserie chic et contemporaine au cœur de Jarnac, ville natale et pays de cœur de François Mitterrand. On se délecte d'une cuisine du moment, fine et savoureuse, réalisée avec de beaux produits par un jeune chef plein d'allant.

à Bourg-Charente Ouest : 6 km par N 141 et rte secondaire – 764 h. – alt. 14 m – ✉ 16200

La Ribaudière (Thierry Verrat)

2 pl. du Port – ✆ 05 45 81 30 54 – www.laribaudiere.com – Fermé 15-28 oct., vacances de fév., dim. soir, mardi midi et lundi

Rest – Menu 45/82 € – Carte 80/100 €

Une grande villa contemporaine, avec un jardin qui descend en pente douce vers la Charente... La terrasse est superbe, la salle très originale – blanche et pop ! Dans le même ton, le chef signe une belle cuisine, où l'invention cultive le naturel. La force tranquille.

➜ Escargots petits-gris à la graisse de canard, bouillon d'ortie sauvage. Truite du gouffre de Gensac en croûte de truffe noire. Tarte tout chocolat "premier cru". **Vins** Vin de pays Charentais.

à Bassac Sud-Est : 7 km par N 141 et D 22 – 555 h. – alt. 20 m – ✉ 16120

L'Essille

r. de Condé – ✆ 05 45 81 94 13 – www.hotel-restaurant-essille.com – Fermé 1er-8 janv.

17 ch – 70/100 € 70/100 € – 10 € – ½ P

Rest *(fermé sam. midi et dim. soir)* – Menu 16 € (déj. en sem.), 28/48 € – Carte 43/49 €

Coup de chapeau : cet hôtel-restaurant a bénéficié en 2010 d'une véritable cure de jouvence. Les chambres associent esprit contemporain et petits prix ; le restaurant étonne par sa mise en scène originale, très design. Cuisine traditionnelle, avec une belle collection de cognacs.

JARVILLE-LA-MALGRANGE – 54 Meurthe-et-Moselle – 307 I6 – rattaché à Nancy

---

JASSANS-RIOTTIER – 01 Ain – 328 B5 – 5 955 h. – alt. 180 m – ✉ 01480 **43** E1

Paris 439 – Bourg-en-Bresse 79 – Lyon 34 – Saint-Étienne 93

L'Embarcadère

15 av. de la Plage – ✆ 04 74 07 07 07 – www.georgesblanc.com – Fermé janv.

Rest – Formule 20 € bc – Menu 25/52 € – Carte 34/56 €

Embarquement immédiat pour cette adresse griffée Georges Blanc, au bord de la Saône, entre guinguette chic et brasserie contemporaine. Cuisses de grenouilles, œuf de ferme "canaille", poulet de Bresse : une tradition très tendance...

JAUSIERS – 04 Alpes-de-Haute-Provence – 334 I6 – rattaché à Barcelonnette

---

JERSEY (ÎLE DE) – JSY Jersey – 309 J1 – voir à Île de Jersey

JOIGNY – 89 Yonne – 319 D4 – 10 353 h. – alt. 79 m – ✉ 89300 Bourgogne **7** B1

Paris 144 – Auxerre 28 – Gien 74 – Montargis 59

4, quai Ragobert, ✆ 03 86 62 11 05, www.tourisme-joigny.fr

du Roncemay, à Chassy, Château du Roncemay, par rte de Montargis : 18 km, ✆ 03 86 73 50 50

du Roncemay, à Chassy, Château du Roncemay, par rte de Montargis : 18 km, ✆ 03 86 73 50 50

Vierge au sourire★ dans l'église St-Thibault A E - Côte St-Jacques★ ★ 1,5 km par D 20 A.

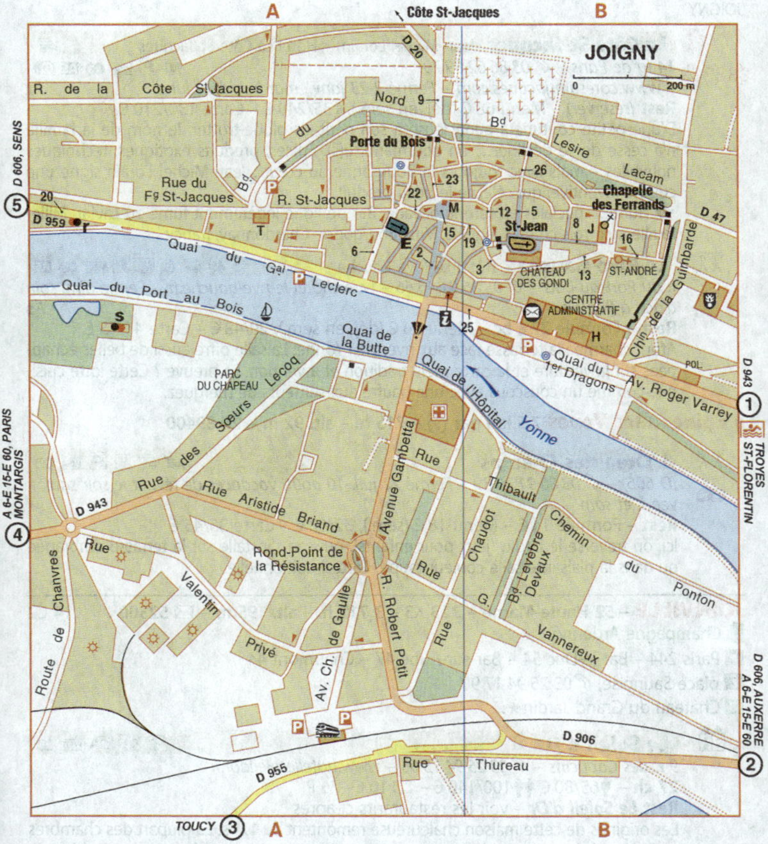

Cortel (R. Gabriel) . . . . A 2	Fossés-St-Jean (R. des) . . . . B 12	Paris (Faubourg de) . . . . A 20
Couturat (R.) . . . . B 3	Gambetta (Av.) . . . . A	Pilori (Pl. du) . . . . A 22
Dans le Château (R.) . . . . B 5	Grenet (R. Dominique) . . . . B 13	Porte du Bois (R. de la) . . . . A 23
Étape (R. de l') . . . . A 6	Joigny (Pl. Jean-de) . . . . A 15	Ragobert (Quai Henri) . . . . AB 25
Ferrand (R. Jacques) . . . . B 8	Moines (R. des) . . . . B 16	Tour Carrée (R. de la) . . . . B 26
Forêt d'Othe (Av. de la) . . . . A 9	Montant au Palais (R.) . . . . B 19	

La Côte St-Jacques

14 fg de Paris – ✆ 03 86 62 09 70 – www.cotesaintjacques.com – Fermé 2-23 janv. et lundi **Ar**

31 ch – 225/445 € 225/445 € – 1 suite – 26 €

Rest ***La Côte St-Jacques*** ✿✿✿ – voir les restaurants ci-après

Au bord de l'Yonne, cet hôtel luxueux offre de nombreux agréments : moments de détente à la piscine, au spa, sur le bateau privé ; sommeil réparateur dans des chambres raffinées ; et beaux plaisirs gastronomiques...

Le Rive Gauche

r. du Port-au-Bois – ✆ 03 86 91 46 66 – www.hotel-le-rive-gauche.fr **As**

42 ch – 85/95 € 85/115 € – 11 € – ½ P

Rest ***Le Rive Gauche*** – voir les restaurants ci-après

Sur la rive gauche de l'Yonne, ce grand établissement construit dans les années 1990 propose des chambres spacieuses, bien équipées et lumineuses. Le tout au sein d'un grand parc, avec plan d'eau et même héliport !

XXXX **La Côte St-Jacques** (Jean-Michel Lorain) – Hôtel La Côte St-Jacques
✿✿✿ *14 fg de Paris – ✆ 03 86 62 09 70 – www.cotesaintjacques.com – Fermé 2-23 janv., mardi midi et lundi* Ar
Rest *(réserver)* – Menu 68 € (déj. en sem.), 135/240 € – Carte 130/210 €
D'une petite couturière audacieuse à son petit-fils globe-trotter, le nom de la famille n'a cessé de se décliner… en gourmandise(s). Épices, produits exotiques, techniques nouvelles – mais avec toujours la Bourgogne au cœur : Jean-Michel Lorain signe une cuisine inventive, qui célèbre le beau produit.
➜ Huîtres spéciales en terrine océane. Bar de ligne légèrement fumé au caviar. Mille-feuille aux trois crèmes légères. **Vins** Bourgogne Chardonnay, Irancy.

XX **Le Rive Gauche** – Hôtel Le Rive Gauche
r. du Port-au-Bois – ✆ 03 86 91 46 66 – www.hotel-le-rive-gauche.fr – Fermé dim. soir d'oct. à Pâques As
Rest – Formule 22 € bc – Menu 24 € (déj. en sem.), 29/48 € – Carte 45/55 €
Atout charme : la terrasse face aux rives de l'Yonne. La salle offre aussi de belles échappées sur la verdure et la carte mêle tradition et invention. La preuve ? Cette lotte cuisinée comme un couscous avec une gaufre aux senteurs de merguez.

à Épineau-les-Voves 7,5 km par ② – 715 h. – alt. 92 m – ✉ 89400

XX **L'Orée des Champs**
(D 606) – ✆ 03 86 91 20 39 – Fermé 22 juil.-10 août, vacances de fév. et le soir sauf vend. et sam.
Rest – Formule 14 € – Menu 18 € (sem.), 32/60 € – Carte 35/45 €
Ici, on traverse le jardin (jeux pour enfants), puis on s'installe sur la terrasse ombragée ou dans la plaisante salle couleur taupe. Carte traditionnelle.

JOINVILLE – 52 Haute-Marne – 313 K3 – 3 712 h. – alt. 195 m – ✉ 52300 14 C2

Champagne Ardenne

Paris 244 – Bar-le-Duc 54 – Bar-sur-Aube 47 – Chaumont 44

place Saunoise, ✆ 03 25 94 17 90

Château du Grand Jardin★.

Le Soleil d'Or
9 r. des Capucins – ✆ 03 25 94 15 66 – www.hotellesoleildor.fr
27 ch – †65/80 € ††100/140 € – ☐ 10 € – ½ P
Rest *Le Soleil d'Or* – voir les restaurants ci-après
Les origines de cette maison chaleureuse remontent au 17e s. La plupart des chambres sont décorées avec goût, dans un esprit contemporain (murs en chaux, boutis, tableaux).

XXX **Le Soleil d'Or**
9 r. des Capucins – ✆ 03 25 94 15 66 – www.hotellesoleildor.fr – Fermé 3 sem. en août, vacances de la Toussaint et de fév., dim. et lundi
Rest – Formule 17 € bc – Menu 25/48 € – Carte 40/70 €
Le soleil brille sur cette cuisine servie dans un décor d'inspiration historique. On y marie avec subtilité de jolis produits pour un résultat flatteur. Une bonne adresse dans la région.

JONGIEUX – 73 Savoie – 333 H3 – 331 h. – alt. 300 m – ✉ 73170 45 C1

Paris 528 – Annecy 58 – Chambéry 25 – Lyon 103

XX **Auberge Les Morainières** (Michaël Arnoult)
✿✿ *rte de Marétel – ✆ 04 79 44 09 39 – www.les-morainieres.com – Fermé 1 sem. en nov., 26 déc.-12 janv., mardi sauf juil.-août et lundi*
Rest *(nombre de couverts limité, réserver)* – Menu 32 € (déj. en sem.), 48/95 € – Carte 75/100 €
Au sommet d'un coteau planté de vignes, dans un ancien cellier dominant la vallée et le Rhône… Loin des sentiers battus, la table de Mickaël Arnoult mérite un détour ! Car ce jeune chef imagine une cuisine d'une grande finesse, flatteuse sans être prétentieuse, créative sans être déroutante. Il impose son style.
➜ Foie gras de canard poêlé, rhubarbe et fleur de sureau. Ris de veau doré, carbonara de cèpes et jus de rôti. Myrtilles givrées, crème légère et basilic. **Vins** Roussette de Marestel, Mondeuse.

JONS – 69 Rhône – 327 J5 – 1 297 h. – alt. 205 m – ✉ 69330 43 E1

Paris 476 – Lyon 28 – Meyzieu 10 – Montluel 8

Auberge de Jons

rte du Pont – ☎ 04 78 31 29 85 – www.auberge-de-jons.fr – Fermé 21 déc.-3 janv.

34 ch – †75/160 € ††75/160 € – 3 suites – ☐ 13 € – ½ P

Rest *Lounge Boat* *(fermé 3 sem. en août)* – Formule 18 € – Menu 26 € (sem.) – Carte 33/44 €

Au bord du Rhône, un joli complexe hôtelier avec un ravissant cottage en bois et ses chambres d'esprit chalet, de confortables bungalows familiaux, ou des chambres classiques et contemporaines dans la bâtisse originelle. Côté détente : piscine, restaurant d'esprit paquebot, etc.

JONZAC – 17 Charente-Maritime – 324 H7 – 3 488 h. – alt. 40 m – Stat. therm. : début mars-début déc. – Casino – ✉ 17500 Poitou-Charentes 38 B3

Paris 512 – Angoulême 59 – Bordeaux 84 – Cognac 36

22, place du Château, ☎ 05 46 48 49 29, www.jonzac.fr

Hostellerie du Coq d' Or avec ch

18 pl. du Château – ☎ 05 46 48 00 06 – www.lecoqdor.fr – Fermé dim. soir et lundi

5 ch – †89/99 € ††89/99 € – ☐ 10 €

Rest – Formule 13 € – Menu 15 € (déj. en sem.)/30 € – Carte 24/57 €

Sur la place du château, une demeure rétro en diable et très élégante. On se régale de plats bistrotiers, généreux et savoureux, ou d'une cuisine plus actuelle... Et pour prolonger l'étape, les chambres sont confortables et charmantes.

à Clam 6 km au Nord par D 142 – 370 h. – alt. 67 m – ✉ 17500

Le Vieux Logis

r. du 8 mai-1945 – ☎ 05 46 70 20 13 – www.vieuxlogis.com

10 ch – †65/75 € ††65/80 € – ☐ 10 € – ½ P

Rest – Formule 15 € – Menu 18 € (sem.), 28/40 € – Carte 30/65 €

Au cœur du Jonzaçais. Dans ce joli logis, les chambres donnent de plain-pied sur le jardinet et, côté papilles, on prend un bon bol de terroir – avec aussi quelques plats plus exotiques, clins d'œil du patron à ses voyages... À noter : la boutique d'artisanat d'outre-mer.

JOSSELIN – 56 Morbihan – 308 P7 – 2 533 h. – alt. 58 m – ✉ 56120 10 C2

Bretagne Sud

Paris 428 – Dinan 86 – Lorient 76 – Rennes 79

26 rue des Trente, ☎ 02 97 22 36 43, www.josselin-communaute.fr

Château★★ : façade★★ - Basilique N.-D.-du-Roncier★ - ★ du Pont Ste-Croix.

Hôtel du Château

1 r. du Gén.-de-Gaulle – ☎ 02 97 22 20 11 – www.hotel-chateau.com – Fermé 24 nov.-20 janv., dim. soir et lundi d'oct. à mars

35 ch – †67/98 € ††79/98 € – ☐ 10 € – ½ P

Rest – Formule 12 € – Menu 20/43 € – Carte 30/70 €

Cet hôtel-restaurant des bords de l'Oust, créé en 1958, fait face au château des Rohan. Les chambres ont été rénovées en 2010 et la moitié donnent sur les puissantes murailles. Cuisine traditionnelle dans une salle d'esprit médiéval ou sur la terrasse tournée vers la forteresse.

JOUCAS – 84 Vaucluse – 332 E10 – 325 h. – alt. 263 m – ✉ 84220 42 E1

Paris 716 – Apt 14 – Avignon 42 – Carpentras 32

Hostellerie Le Phébus & Spa

rte de Murs – ☎ 04 90 05 78 83 – www.lephebus.com – Ouvert 15 mars-15 nov.

14 ch – †221/373 € ††221/373 € – 10 suites – ☐ 26 €

Rest *Xavier Mathieu* ✿ **Rest *Le Café de la Fontaine*** – voir les restaurants ci-après

Phébus... l'autre nom d'Apollon – et ce séjour que le dieu de la Beauté n'aurait sans doute pas renié ! Nichée dans la verdure, cette demeure provençale domine le Luberon ; la plupart des chambres jouissent d'un balcon, d'une terrasse voire d'une minipiscine privée. Si loin du monde des hommes...

Le Mas des Herbes Blanches
2,5 km rte de Murs – ✆ 04 90 05 79 79
– www.herbesblanches.com – Fermé 7 janv.-17 mars
17 ch – †151/462 € ††151/462 € – 2 suites – ☐ 23 € – ½ P
Rest *Le Mas des Herbes Blanches* – voir les restaurants ci-après
Une architecture tout en pierres sèches, l'ombre des oliviers sous le soleil du Sud, une superbe piscine... et surtout un panorama grandiose sur la vallée du Luberon. Adossé au plateau de Vaucluse, ce mas est un sommet de Provence !

Le Mas du Loriot sans rest
4 km rte de Murs – ✆ 04 90 72 62 62 – www.masduloriot.com – Ouvert 23 mars-20 oct.
7 ch – †67/150 € ††67/150 € – ☐ 13 €
Maison familiale perdue dans la garrigue, au cœur du parc régional du Luberon. Les chambres, confortables, sont en rez-de-jardin. Agréable piscine parmi les pins et la lavande.

Xavier Mathieu – Hostellerie Le Phébus & Spa
rte de Murs – ✆ 04 90 05 78 83 – www.lephebus.com
– Ouvert 15 mars-15 nov. et fermé mardi midi, merc. midi et jeudi midi
Rest – Menu 49 € (sem.), 85/130 € – Carte 128/237 €
Grandi à Marseille, Xavier Mathieu a la Provence chevillée au corps. Recherche, technique, précision... mais surtout sens des saveurs et inspiration : chaque plat est une variation sur les origines. À découvrir dans le cadre privilégié d'une luxueuse bastide dans la garrigue.
→ Soupe au pistou rafraîchie. Pieds et paquets Marseillais. Choco coco curry. **Vins** Luberon rouge et blanc.

Le Mas des Herbes Blanches – Hôtel Le Mas des Herbes Blanches
2,5 km rte de Murs – ✆ 04 90 05 79 79
– www.herbesblanches.com – Fermé 7 janv.-17 mars
Rest – Menu 38 € (déj.), 80 € bc/95 € bc – Carte 64/96 €
Une terrasse panoramique ? Un véritable balcon sur tout le Luberon ! Et chaque assiette ajoute senteurs et arômes au spectacle – avec de subtils dosages d'épices, qui rappellent les origines thaïlando-cambodgiennes du jeune chef. Un bel endroit.

Le Café de la Fontaine – Hostellerie Le Phébus & Spa
rte de Murs – ✆ 04 90 05 78 83 – www.lephebus.com
– Ouvert 15 mars-15 nov.
Rest *(déj. seult)* – Carte 50/96 €
L'évocation très chic d'un café de village... Au cœur du luxueux hôtel Phébus, les abords de la piscine prennent l'allure d'une placette – avec sa fontaine – et la carte égrène plats provençaux et familiaux. Le tout dans une ambiance so lounge !

JOUGNE – 25 Doubs – 321 I6 – 1 409 h. – alt. 1 001 m – Sports d'hiver : à Métabief 880/1 450 m 22 – ✉ 25370 Franche-Comté Jura — 17 C3

▶ Paris 464 – Besançon 79 – Champagnole 50 – Lausanne 48

La Couronne
6 r. de l'Église – ✆ 03 81 49 10 50 – www.hotel-couronne-jougne.com
– Fermé nov., dim. soir et lundi hors saison et vacances scolaires
11 ch – †71/79 € ††71/79 € – 2 suites – ☐ 10 € – ½ P
Rest *La Couronne* – voir les restaurants ci-après
Près de l'église, une maison de pays (18e s.) où l'on se sent bien, tout simplement... Les chambres sont cosy et joliment décorées ; certaines ouvrent sur les monts du Jura.

La Couronne
6 r. de l'Église – ✆ 03 81 49 10 50 – www.hotel-couronne-jougne.com
– Fermé nov., dim. soir et lundi hors saison et vacances scolaires
Rest – Menu 21 € (déj. en sem.), 30/50 € – Carte 36/62 €
De douces saveurs régionales et de bons produits cuisinés avec justesse : une terrine de lapin aux noisettes ouvre grand l'appétit ; un rôti de veau, bien moelleux, fleure bon le repas dominical de notre enfance... Une Couronne bien méritée !

JOUILLAT – 23 Creuse – 325 I3 – 468 h. – alt. 396 m – ✉ 23220 — 25 C1

Limousin Berry

▶ Paris 345 – Domérat 74 – Guéret 15 – Limoges 102

La Maison Verte ch,

2 Lombarteix, 2 km au Nord par D 940 et rte secondaire – 05 55 51 93 34 – www.lamaisonvertecreuse.net

4 ch – 70 € 90/100 €

Table d'hôte – Menu 25 € bc

Isolée dans la verdure, cette ferme du 19e s. ne pourrait être plus au calme ! Jardin, potager, piscine, grandes chambres au décor soigné préservant l'âme des lieux et cuisine traditionnelle préparée par le propriétaire : ici, on se sent bien.

JOUX – 69 Rhône – 327 F4 – 663 h. – alt. 520 m – 69170 — 44 A1

Paris 437 – Lyon 51 – St-Étienne 102 – Villeurbanne 60

Le Tilia VISA AE

pl. du Plaisir – 04 74 05 19 46 – www.letilia.com – Fermé août, une sem. en fév., dim. soir et lundi

Rest – Formule 15 € – Menu 26/65 € – Carte 42/65 €

De retour d'Australie, le chef a eu envie d'ouvrir sa propre maison avec sa compagne, rencontrée là-bas... De la salle des fêtes du village, ils ont fait un restaurant cosy où la généreuse cuisine traditionnelle n'hésite pas à faire des sauts du côté du pays des kangourous.

JUAN-LES-PINS – 06 Alpes-Maritimes – 341 D6 – alt. 2 m – Casino : Eden Beach FZ – 06160 Côte d'Azur — 42 E2

Paris 910 – Aix-en-Provence 161 – Cannes 10 – Nice 22

51, boulevard Guillaumont, 04 97 23 11 10

Massif de l'Esterel★★★ - Massif de Tanneron★.

Plan page suivante

Juana VISA AE

la Pinède, 19 av. G.-Gallice – 04 93 61 08 70 – www.hotel-juana.com – Fermé 28 oct.-28 déc. FZf

37 ch – 168/740 € 168/740 € – 3 suites – 27 €

Rest *Le Bistrot Terrasse* – voir les restaurants ci-après

Luxueux hôtel des années 1930 où l'on sait cultiver l'art de recevoir. Chambres Art déco exquises, équipements haut de gamme, superbe piscine et, pour l'anecdote, magnifique ascenseur en bois... Le charme fou de la French Riviera !

Belles Rives ch, rest, VISA AE

33 bd E.-Baudoin – 04 93 61 02 79 – www.bellesrives.com – Fermé 4 janv.-4 mars FZd

39 ch – 175/880 € 175/880 € – 4 suites – 27 €

Rest *La Passagère* – voir les restaurants ci-après

Rest *Plage Belles Rives* *(ouvert d'avril à oct. et fermé le soir sauf en juil.-août)* – Carte environ 50 €

Un petit joyau Art déco où vécut Francis Scott Fitzgerald. Bar d'époque classé, chambres joliment décorées (mobilier rétro), restaurant 1930 ou table près des flots, ponton et plage privés... Élégance et nostalgie.

Garden Beach ch, rest, VISA AE

15 bd E.-Baudoin – 04 92 93 57 57 – www.garden-beach-hotel.com – Fermé déc.-fév. FZw

175 ch – 99/479 € 99/479 € – 25 €

Rest *La Plage* *(ouvert mi avril-mi oct. et le soir en juil.-août)* – Formule 21 € – Menu 32 € – Carte 45/72 €

En bordure de la pinède et jouxtant le casino, un hôtel balnéaire récent. La moitié des chambres donnent sur la mer et, pour la détente, plage privée, fitness, sauna, restaurant méditerranéen, etc.

JUAN-LES-PINS

Accès et sorties: voir à Antibes

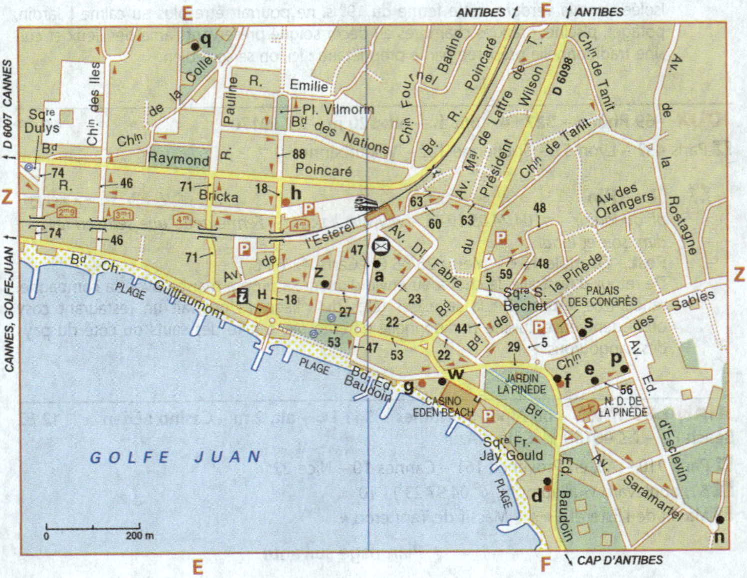

Ambassadeur

50-52 chemin des Sables – 04 92 93 74 10 – www.hotel-ambassadeur.com – Fermé déc. FZs

196 ch – 149/299 € 169/469 € – 25 suites – 25 € – ½ P

Rest *Grill Les Palmiers* *(ouvert juil.-août) (déj. seult)* – Formule 24 € bc – Menu 29 € – Carte 39/49 €

Rest *Le Cézanne* *(fermé le midi en juil.-août) (résidents seult)* – Formule 24 € bc – Menu 29 € – Carte 35/56 €

Élégance contemporaine de bon ton dans les chambres, salles de séminaire et restaurants, plage privée... Tout près de la pinède, ce vaste complexe hôtelier a de quoi séduire vacanciers et businessmans.

Ste-Valérie sans rest

r. Oratoire – *04 93 61 07 15* – *www.hotel-sainte-valerie.fr* – *Ouvert 26 avril-12 oct.* FZp

24 ch – 160/400 € 160/400 € – 20 €

Un havre de paix que ces belles villas made in Méditerranée ! Les chambres, d'esprit très Sud, donnent sur le jardin luxuriant et sur la piscine ; les salles de bains sont superbes et l'accueil des plus aimables... Cossu et raffiné.

La Villa sans rest

av. Saramartel – *04 92 93 48 00* – *www.hotel-villa-juan.com* – *Ouvert mars- fin oct.* FZn

26 ch – 145/340 € 145/340 € – 18 €

Le jardin de cette grande villa 1900 est ravissant avec ses palmiers et ses oliviers. Et que dire de la jolie piscine, de l'accueil délicieux, des chambres sobres et très élégantes, du bar d'esprit colonial où il fait bon musarder ? Un bel endroit, au calme.

Astoria sans rest
15 av. Mar. Joffre – ✆ 04 93 61 23 65 – www.hotellastoria.com FZa
49 ch – †99/199 € ††99/199 € – ☐ 10 €
Près de la gare et à deux pas de la plage, ce petit hôtel récent est vraiment pratique, tant pour un séjour d'affaires que pour l'agrément. Les chambres, toutes avec balcon et certaines donnant sur la mer, sont contemporaines et bien tenues.

Hôtel des Mimosas sans rest
r. Pauline – ✆ 04 93 61 04 16 – www.hotelmimosas.com – Ouvert 1er mai- 30 sept. FZq
34 ch – †99/125 € ††130/160 € – ☐ 10 €
Sur les hauteurs de Juan, cette grande villa 1900 d'une blancheur immaculée se niche dans un joli parc planté de palmiers. Les chambres sont confortables et très bien tenues, les plus agréables donnant sur la piscine...

Juan Beach sans rest
5 r. de l'Oratoire – ✆ 04 93 61 02 89 – www.hoteljuanbeach.com – Ouvert d'avril à oct. FZe
24 ch – †122/149 € ††139/172 € – 4 suites – ☐ 13 €
Une villa en bleu et blanc... très bord de mer ! Jolie piscine pour faire quelques brasses dans l'eau douce, accueil chaleureux de la propriétaire et chambres d'esprit provençal, simples mais bien tenues.

Eden Hôtel sans rest
16 av. L. Gallet – ✆ 04 93 61 05 20 – www.edenhoteljuan.com – Ouvert de mars à oct. EZz
17 ch – †68/96 € ††85/120 € – ☐ 8 €
Près de la plage, un hôtel 1930 simple et convivial. Certaines chambres sont un peu vieillottes ; préférez donc celles qui ont été rénovées dans un esprit contemporain. Petit-déjeuner sur une jolie terrasse.

La Passagère – Hôtel Belles Rives
33 bd E.-Baudoin – ✆ 04 93 61 02 79 – www.bellesrives.com – Fermé 4 janv.-4 mars, le midi en saison, lundi et mardi hors saison FZd
Rest – Formule 29 € – Menu 65 € (déj. en sem.)/120 € – Carte environ 92 €
Un beau décor 1930 façon "paquebot", une jolie terrasse face à la mer... Un cadre idyllique qui ravit la clientèle huppée internationale. À la carte, une cuisine du moment aux accents du Sud.

Le Bistrot Terrasse – Hôtel Juana
la Pinède, 19 av. G.-Gallice – ✆ 04 93 61 08 70 – www.hotel-juana.com – Fermé 28 oct.-28 déc. FZf
Rest – Formule 19 € bc – Menu 29 € – Carte 36/52 €
Pour une incursion gourmande et raffinée dans le superbe hôtel Juana... Cette version "palace" du bistrot joue la carte des belles saveurs italiennes et niçoises, d'autant plus appréciables en terrasse, sous le ciel de la Méditerranée !

L'Amiral
7 av. Amiral Courbet – ✆ 04 93 67 34 61 – Fermé 16-25 janv., sam. midi de mi-oct. à mars, dim. soir et lundi EZh
Rest – Menu 20/40 € – Carte 28/80 €
Cuisines ouvertes, plats au comptoir pour les gourmands désirant déjeuner sur le pouce, vivier... Un restaurant frais et contemporain, pour des mets à l'avenant. Déclinés autour de deux petits menus de saison, ils enchantent les habitués.

Le Paradis
13 bd Beaudouin – ✆ 04 93 61 22 30 – www.restaurant-le-paradis.com – Fermé dim. soir et lundi de nov. à fév. FZg
Rest – Formule 25 € – Menu 42 € – Carte 55/80 €
Pour atteindre le Paradis, il faut emprunter le passage qui traverse les immeubles jouxtant le casino. Là, vue sur la mer et... gourmandise ! Le chef travaille des produits de saison, pour une carte dans l'air du temps qui ravit les papilles.

JUGY – 71 Saône-et-Loire – **320** J10 – **rattaché à Sennecey-le-Grand**

JULIÉNAS – 69 Rhône – **327** H2 – **826 h.** – **alt. 276 m** – ✉ **69840** **43** E1
Lyon et sa région
Paris 403 – Bourg-en-Bresse 51 – Lyon 63 – Mâcon 15

Chez la Rose
pl. du Marché – ☎ 04 74 04 41 20 – www.chez-la-rose.fr – Ouvert de mars à mi-déc.
7 ch – †65/140 € ††65/140 € – 6 suites – ☐ 10 € – ½ P
Rest *Chez la Rose* – voir les restaurants ci-après
Un agréable hôtel-restaurant de village, avec une jolie terrasse et une petite piscine. Les chambres ont fait l'objet en 2012 d'une rénovation complète ; certaines affichent même un décor des plus tendance ! Une bonne étape dans ce village viticole du Beaujolais.

Les Vignes sans rest
à 0,5 km rte St-Amour – ☎ 04 74 04 43 70 – www.hoteldesvignes.com – Fermé 2 déc.-13 fév.
22 ch – †53/85 € ††63/85 € – ☐ 10 €
Petit hôtel simple et agréable posé au cœur des vignes, à flanc de coteau. Accueil aimable, chambres soignées et terrasse pour les petits-déjeuners aux beaux jours.

Chez la Rose – Hôtel Chez la Rose
pl. du Marché – ☎ 04 74 04 41 20 – www.chez-la-rose.fr – Ouvert de mars à mi-déc. et fermé mardi midi, jeudi midi, vend. midi et lundi
Rest – Formule 26 € – Menu 35/52 €
Œuf cocotte aux morilles, cabillaud à la vapeur et ses pointes d'asperge, salade de fruits et sa glace au yaourt... Dans un cadre très lumineux et frais, on savoure une sympathique cuisine traditionnelle accompagnée de vins du cru.

La Taverne du Coq
pl. du Marché – ☎ 04 74 04 41 98 – www.coq-julienas.com – Fermé mi-déc. à mi-mars, jeudi soir, mardi soir et merc.
Rest – Menu 24 € – Carte 22/36 €
Un petit bistrot délicieusement rétro (tomettes, comptoir en zinc, belle cheminée et vieilles affiches), où l'on savoure une bonne cuisine du terroir accompagnée de vins des producteurs locaux. Très sympathique !

JULLIÉ – 69 Rhône – 327 H2 – 416 h. – alt. 370 m – ✉ 69840 — 43 E1

Paris 415 – Bourg-en-Bresse 55 – Lyon 67 – Mâcon 20

Domaine de la Chapelle de Vâtre sans rest
Le Bourbon, 2 km au Sud par D 68 et D 68ᵉ – ☎ 04 74 04 43 57 – www.vatre.com
3 ch ☐ – †65/85 € ††75/100 €
Au sommet d'une colline couverte de vignes, ce beau domaine viticole domine la plaine de la Saône. Le lieu marie avec goût le contemporain et les vieilles pierres ; les chambres sont simples et coquettes (tomettes, meubles chinés...).

JUMIÈGES – 76 Seine-Maritime – 304 E5 – 1 719 h. – alt. 25 m – ✉ 76480 — 33 C2

Normandie Vallée de la Seine
Paris 160 – Caudebec-en-Caux 16 – Rouen 28
rue Guillaume le Conquérant, ☎ 02 35 37 28 97, www.jumiegesinfotourisme.com
de Jumièges, Jumièges-Le Mesnil, SE : 2,5 km par D 65, ☎ 02 35 05 32 97
Ruines de l'abbaye★★★.

Domaine Le Clos des Fontaines sans rest
191 r. des Fontaines – ☎ 02 35 33 96 96 – www.leclosdesfontaines.com – Fermé 20 déc.-7 janv.
19 ch – †90/230 € ††90/230 € – ☐ 15 €
Tout près des vestiges de l'abbaye, ces pavillons néonormands sont nichés dans un grand jardin. Fès, Kyoto... voyage immobile dans les chambres et calme absolu dans le beau spa zen.

L'Auberge des Ruines
17 pl. de la Mairie – ☎ 02 35 37 24 05 – www.auberge-des-ruines.fr – Fermé 3 sem. en janv., dim. soir et merc.
Rest – Formule 25 € – Menu 30/95 € bc – Carte 59/78 €
Dans cette demeure normande, à deux pas des ruines de l'abbaye, la table est joliment dressée et l'on savoure une cuisine d'aujourd'hui, sympathique et savoureuse.

JUNGHOLTZ – 68 Haut-Rhin – 315 H9 – 909 h. – alt. 332 m – ✉ 68500 1 A3

▶ Paris 475 – Belfort 62 – Colmar 32 – Mulhouse 23

Les Violettes
ch, VISA

rte de Thierenbach, 1 km à l'Ouest – ✆ 03 89 76 91 19 – www.les-violettes.com – Fermé 2-18 janv.

53 ch – 160/380 € 160/380 € – 4 suites – 23 € – ½ P

Rest *(dîner seult sauf le dim.)* – Menu 47/79 € – Carte 45/85 €

Dans un cadre verdoyant, une bâtisse imposante aux airs de chalet, dont les chambres et suites, d'esprit alsacien raffiné, se révèlent très confortables (moins cossues à la Gentilhommière). Superbe spa (avec espace fitness), restaurant... Détente.

JURANÇON – 64 Pyrénées-Atlantiques – 342 J5 – rattaché à Pau

JUTIGNY – 77 Seine-et-Marne – 312 I5 – 591 h. – alt. 72 m – ✉ 77650 19 D2

▶ Paris 100 – Créteil 87 – Melun 54 – Troyes 101

ℹ 13, rue de l'église, ✆ 01 64 08 63 78

Moulin de Gouaix sans rest
VISA

– ✆ 09 61 24 56 77 – www.lemoulindegouaix.com – Fermé 15 août-1er sept. et 24 déc.-3 janv.

4 ch – 80 € 140/150 €

À 10 km de la cité médiévale de Provins, cet ancien moulin abrite des chambres spacieuses et fonctionnelles. Le matin, on prend son petit-déjeuner face à la campagne. Parfait pour un week-end au vert.

JUVIGNAC – 34 Hérault – 339 H7 – rattaché à Montpellier

JUVIGNY – 74 Haute-Savoie – 328 K3 – rattaché à Annemasse

JUVIGNY-SOUS-ANDAINE – 61 Orne – 310 F3 – 1 065 h. – alt. 200 m – ✉ 61140 Normandie Cotentin 32 B3

▶ Paris 239 – Alençon 51 – Argentan 47 – Domfront 12

Au Bon Accueil avec ch
rest, VISA

23 pl. St Michel – ✆ 02 33 38 10 04 – www.aubonaccueil-normand.com – Fermé 15-28 fév., 18-30 nov., dim. soir et lundi

4 ch – 69/79 € 69/79 € – 10 € – ½ P

Rest *(fermé dim. soir et lundi)* – Formule 15 € – Menu 19 € (sem.), 29/59 € – Carte 41/53 €

L'enseigne ne ment pas ! Dans ce restaurant repris par un jeune couple en 2012, on vous accueille à bras ouverts. Le jeune chef aime revisiter les recettes du terroir, y apposant son style original et créatif, sans excès. De jolies réalisations.

KATZENTHAL – 68 Haut-Rhin – 315 H8 – 555 h. – alt. 280 m – ✉ 68230 2 C2

▶ Paris 445 – Colmar 8 – Gérardmer 53 – Munster 18

A l'Agneau avec ch
VISA

16 Grand'Rue – ✆ 03 89 80 90 25 – www.agneau-katzenthal.com – Fermé 15 fév.-12 mars, 1er-10 juil.

12 ch – 45/62 € 45/62 € – 11 € – ½ P

Rest *(fermé mardi soir de mi-oct. à fin juin, jeudi midi et merc.)* – Formule 14 € bc – Menu 18 € bc (déj. en sem.), 23/46 € – Carte 28/52 €

Cette jolie maison au décor typiquement alsacien est douce... comme un agneau. On y savoure une cuisine du marché, des spécialités régionales et des vins du cru. Pour l'étape, des chambres classiques.

KAYSERSBERG – 68 Haut-Rhin – 315 H8 – 2 721 h. – alt. 242 m – ✉ 68240 2 C2

Alsace Lorraine

▶ Paris 438 – Colmar 12 – Gérardmer 46 – Guebwiller 35

ℹ 39, rue du Gal-de-Gaulle, ✆ 03 89 78 22 78, www.kaysersberg.com

Église Ste-Croix ★ : retable★★ - Hôtel de ville★ - Vieilles maisons★ - Pont fortifié★ - Maison Brief★.

Chambard

9 r. du Gén.-de-Gaulle – ✆ 03 89 47 10 17 – www.lechambard.fr – Fermé 13-22 janv.
32 ch – †162 € ††162 € – 5 suites – ☕ 21 €
Rest *Chambard* ✿ Rest *Winstub* Rest *Flamme & Co* – voir les restaurants ci-après
Véritable institution dans la cité, le Chambard arbore une allure superbe : derrière sa belle façade traditionnelle (18ᵉ s.), un décor ultracontemporain, chic et tendance ; un spa de qualité ; un restaurant de haute gastronomie ; une winstub charmante... et partout un très grand confort.

Les Remparts et Les Terrasses sans rest

4 r. Flieh – ✆ 03 89 47 12 12 – www.lesremparts.com
53 ch – †52/65 € ††59/95 € – ☕ 10 €
Dans un quartier résidentiel calme, un hôtel familial où le sens de l'accueil n'est pas un vain mot. Les chambres sont pratiques, la plupart avec un joli balcon fleuri en saison ; au petit-déjeuner, on se régale de bons produits locaux.

Constantin sans rest

10 r. Père Kohlman – ✆ 03 89 47 19 90 – www.hotel-constantin.com
20 ch – †53/57 € ††63/79 € – ☕ 8,50 €
Dans cette maison de vigneron (19ᵉ s.), les chambres sont simples et rustiques (parfois avec une mezzanine), très bien tenues et d'un bon rapport qualité-prix. Petit plus : on prend son petit-déjeuner sous une jolie verrière.

Chambard (Olivier Nasti) – Hôtel Chambard

9 r. du Gén.-de-Gaulle – ✆ 03 89 47 10 17 – www.lechambard.fr – Fermé 13-22 janv.
Rest *(fermé mardi midi, merc. midi et lundi)* – Formule 38 € – Menu 87/107 € – Carte 82/125 €
Découpes, cuissons, assaisonnements... Tout est si soigneusement réglé dans la cuisine d'Olivier Nasti, et pourtant !, chaque assiette laisse libre cours à l'émotion... Effet imparable de l'harmonie des saveurs et de la finesse. Décor épuré.
➜ Escargots dans l'os à moelle et salade croquante. Omble chevalier, flan au cresson et grenouilles fraîches. Crémeux au chocolat, caramel au beurre salé et sorbet chocolat.
Vins Riesling, Pinot noir.

Le Moreote

12 r. du Gén.-Rieder – ✆ 03 89 47 39 08 – www.moreote.com
– Fermé 14 juil.-16 août, lundi et mardi
Rest *(dîner seult) (nombre de couverts limité, réserver)* – Menu 58 € – Carte 51/59 €
Filets de rouget barbet au pinot noir, compression de tartare de bœuf... Dans ce restaurant rustique et chaleureux, le chef ne travaille que de beaux produits et réalise une jolie cuisine ancrée dans la tradition et rehaussée de vins bien choisis.

La Vieille Forge

1 r. des Écoles – ✆ 03 89 47 17 51 – Fermé 30 déc.-19 janv.
Rest – Menu 20/39 € – Carte 34/57 €
Des poutres, un vieux poêle en faïence... le cachet de l'ancien, certes, mais une déco colorée et pleine de peps pour un lieu qui n'en manque pas. En cuisine, le chef et son fils concoctent de bons petits plats traditionnels 100 % maison.

Winstub – Hôtel Chambard

9 r. du Gén.-de-Gaulle – ✆ 03 89 47 10 17 – www.lechambard.fr – Fermé 13-22 janv.
Rest – Menu 30 € – Carte 35/55 €
Une cuisine de terroir et de tradition dans une winstub typiquement alsacienne et vraiment attachante ! Nappes à carreaux, boiseries : rien ne manque...

Au Lion d'Or

66 r. Gén. de Gaulle – ✆ 03 89 47 11 16 – www.auliondor.fr – Fermé 1 sem. début juil., fév., mardi sauf le midi de mai à oct. et merc.
Rest – Formule 13 € – Menu 18/35 € – Carte 25/53 €
Cette maison de 1521, tenue par la même famille depuis 1764, a beaucoup de cachet, et l'on y déguste de savoureux plats traditionnels. De beaux produits et l'envie de bien faire : c'est bon et il n'y a pas de mystère !

Flamme & Co – Hôtel Chambard

9 r. du Gén.-de-Gaulle – ✆ 03 89 47 16 16 – www.lechambard.fr – Fermé le midi et lundi

Rest – Menu 25 € – Carte 35/42 €

La tarte flambée érigée en concept, et même en concept branché ! Four à bois éclairé par des spots fluo, fauteuils zébrés, sets de DJ. certains soirs... et des créations telle que la flammée fromage frais aux herbes, noix, pousses d'épinard et miel poivré.

à Kientzheim 3 km à l'Est par D 28 – 768 h. – alt. 225 m – ✉ 68240

Pierres tombales★ dans l'église.

L'Abbaye d'Alspach sans rest

2 r. Mar. Foch – ✆ 03 89 47 16 00 – www.hotel-abbaye-alspach.com – Fermé 3 janv.-15 mars

26 ch – 86/143 € 86/143 € – 6 suites – 13 €

Faire étape dans ce couvent du 11e s. sera l'occasion de découvrir une charmante bourgade médiévale et de profiter du style rustique et cossu d'un hôtel familial. De surcroît, le petit-déjeuner fait la part belle aux produits locaux !

Hostellerie Schwendi

2 pl. Schwendi – ✆ 03 89 47 30 50 – www.schwendi.fr – Fermé 5 janv.-1er mars

29 ch – 74/115 € 84/115 € – 11 € – ½ P

Rest ***Hostellerie Schwendi*** – voir les restaurants ci-après

Cette grande maison à pans de bois a vraiment bonne mine sur la petite place du village. L'ambiance est familiale et l'on se sent bien dans ses chambres rustiques et pimpantes. L'annexe "La maison Germaine" est tout aussi agréable.

Hostellerie Schwendi

2 pl. Schwendi – ✆ 03 89 47 30 50 – www.schwendi.fr – Fermé 24 déc.-12 mars, jeudi midi et merc.

Rest – Menu 22/59 € – Carte 30/55 €

Ici, on dîne dans l'ancienne cave à vin de l'auberge. Croquettes de munster, foie gras aux griottes, truite au riesling... : le chef privilégie le meilleur de la gastronomie régionale. En été, on se régale sur la place. Pittoresque !

KEMBS-LOÉCHLÉ – 68 Haut-Rhin – 315 J11 – alt. 245 m – ✉ 68680 1 B3

Paris 493 – Altkirch 26 – Basel 16 – Belfort 70

Les Écluses

8 r. Rosenau – ✆ 03 89 48 37 77 – www.lesecluses.fr – Fermé 17 sept.-3 oct., 3-17 janv., merc. soir d'oct. à avril, dim. soir et lundi

Rest – Formule 11 € – Menu 15/40 € – Carte 30/50 €

Non loin du canal de Huningue et de la "Petite Camargue" alsacienne, on déguste une cuisine traditionnelle qui fait la part belle au poisson, dans une atmosphère chaleureuse et familiale.

KIENTZHEIM – 68 Haut-Rhin – 315 H8 – rattaché à Kaysersberg

KILSTETT – 67 Bas-Rhin – 315 L4 – 2 363 h. – alt. 130 m – ✉ 67840 1 B1

Paris 489 – Haguenau 23 – Saverne 51 – Strasbourg 14

Oberlé

11 rte Nationale – ✆ 03 88 96 21 17 – www.hotel-restaurant-oberle.fr – Fermé 16 août-7 sept. et 26 janv.-3 fév.

29 ch – 49/52 € 62/70 € – 7 € – ½ P

Rest *(fermé dim. soir d'oct. à mars, jeudi et vend.)* – Menu 11 € (déj. en sem.), 23/40 € – Carte 24/50 €

À 15 km de Strasbourg, une imposante maison alsacienne proche de la gare. Les chambres sont simples mais bien insonorisées. Au restaurant, cuisine régionale et atmosphère conviviale.

Au Cheval Noir
1 r. du Sous-Lieutenant-Maussire – 03 88 96 22 01 – www.restaurant-cheval-noir.fr – Fermé 16 juil.-10 août, 10-25 janv., lundi et mardi
Rest – Menu 16 € (déj. en sem.), 25/49 € – Carte 44/50 €
C'est au galop qu'on se rend au Cheval Noir ! Derrière la façade de cette maison à colombages (18e s.), deux frères travaillent les beaux produits en tandem. Une cuisine traditionnelle à déguster dans de jolies salles… si tant est qu'on descende de sa monture.

KOENIGSMACKER – **57 Moselle** – **307** I2 – **2 044 h.** – **alt. 150 m** – ✉ **57970** **26** B1

Paris 349 – Luxembourg 50 – Metz 39 – Völklingen 69
11 rue de l'Eglise, 03 82 59 89 10

Moulin de Méwinckel sans rest
chemin de Méwinckel – 03 82 55 03 28
5 ch – 50/60 € 60/75 €
Même si la roue à aube tourne toujours, c'est moins un moulin qu'une ferme noyée dans la verdure... Les chambres sont simples, agréables, et les nuits s'écoulent au rythme de l'eau toute proche. Petit-déjeuner maison !

LE KREMLIN-BICÊTRE – **94 Val-de-Marne** – **312** D3 – **101** 26 – **voir à Paris, Environs**

KRUTH – **68 Haut-Rhin** – **315** F9 – **1 029 h.** – **alt. 498 m** – ✉ **68820** **1** A3
Alsace Lorraine
Paris 453 – Colmar 63 – Épinal 68 – Gérardmer 31
Cascade St-Nicolas★ SO : 3 km par D 13b1 - Musée du textile et des costumes de Haute-Alsace à Husseren-Wesserling SE : 6 km.

au Frenz **5 km à l'Ouest par D 13bis** – **1 029 h.** – **alt. 498 m** – ✉ **68820**

Les Quatre Saisons
3 rte du Frentz – 03 89 82 28 61 – www.hotel4saisons.com – Fermé 1er-7 juil., 12-21 nov., 6-18 janv.
9 ch – 55/65 € 65 € – 9 € – ½ P
Rest *Les Quatre Saisons* – voir les restaurants ci-après
On se croirait dans un petit chalet familial au cœur de la forêt : tout est soigné, mignon, accordé avec goût. Les chambres ? De petits nids douillets et chaleureux. Le petit-déjeuner ? Un pur délice, avec des confitures maison, de la charcuterie, du fromage... Et ici, même les prix sont doux.

Les Quatre Saisons
3 rte du Frentz – 03 89 82 28 61 – www.hotel4saisons.com – Fermé 1er-7 juil., 12-21 nov., 6-18 janv., mardi et merc.
Rest – Menu 16/38 € – Carte environ 34 €
Roland et Christelle aux fourneaux ; Frédéric choisissant avec soin de jolis crus... Un père, sa fille et son gendre, pour un trio gourmand et gagnant. Dans ce chalet douillet, on se régale d'une délicieuse cuisine de saison, sans fausse note !

LABAROCHE – **68 Haut-Rhin** – **315** H8 – **2 265 h.** – **alt. 750 m** – ✉ **68910** **2** C2
Paris 441 – Colmar 17 – Gérardmer 49 – Munster 25
2, impasse Prés. Poincaré, 03 89 49 80 56

La Rochette
500 lieu-dit La Rochette – 03 89 49 80 40 – www.larochette-hotel.fr – Fermé 3 sem. en mars et 12-28 nov.
11 ch – 68/92 € 70/95 € – 11 € – ½ P
Rest *La Rochette* – voir les restaurants ci-après
Au cœur des Ballons des Vosges, cette grosse maison tenue en famille cultive le sens de l'accueil ! Les chambres sont très plaisantes, dans un esprit épuré où domine le bois clair ; quant au restaurant, il réserve son lot de gourmandises...

La Rochette

500 lieu-dit La Rochette – ✆ 03 89 49 80 40 – www.larochette-hotel.fr – Fermé 3 sem. en mars, 12-28 nov., lundi et mardi

Rest – Formule 12 € – Menu 29/55 € – Carte 36/57 €

Une belle découverte que ce restaurant contemporain ! Aux fourneaux, père et fils réalisent des plats savoureux et fins, telle une réconfortante matelote au riesling. Et un deuxième fils œuvre en salle... avec sa maman, en tant que sommelier. Une histoire de famille.

LABASTIDE-BEAUVOIR – 31 Haute-Garonne – 343 I4 – 1 075 h. – alt. 260 m – ✉ 31450 29 C2

Paris 701 – Albi 97 – Castelnaudary 35 – Toulouse 25

L' Oustal du Lauragais

rte de Mauremont – ✆ 05 34 66 16 16 – www.oustal-lauragais.fr – Fermé 21 déc.-2 janv.

14 ch – †69 € ††69 € – ☐ 7 € – ½ P

Rest *(Fermé 4-25 août, sam. et dim.)* – Menu 16/26 € – Carte 22/33 €

Ah, la quiétude d'une jolie ferme restaurée, au milieu de la verdure ! Les chambres sont toutes identiques, simples et très bien tenues (le plus souvent avec balcon). Au restaurant, cuisine de tradition.

LABASTIDE-DE-VIRAC – 07 Ardèche – 331 I7 – 225 h. – alt. 207 m – ✉ 07150 Ardèche Drôme 44 A3

Paris 675 – Alès 42 – Lyon 213 – Privas 73

Le Mas Rêvé sans rest

3 km à l'Est par D 217 et rte secondaire – ✆ 04 75 38 69 13 – www.lemasreve.com – Ouvert 1er mai-30 sept.

5 ch ☐ – †115/165 € ††115/165 €

Marie-Rose et Guido Goossens ont restauré cette ferme ardéchoise avec soin ; les chambres sont pleines de charme, le jardin vraiment beau et la piscine... rafraîchissante !

LABASTIDE-MURAT – 46 Lot – 337 F4 – 650 h. – alt. 447 m – ✉ 46240 29 C1

Périgord Quercy

Paris 543 – Brive-la-Gaillarde 66 – Cahors 32 – Figeac 45

Grand'Rue, ✆ 05 65 21 11 39, www.tourisme-labastide-murat.fr

La Garissade

20 pl. de la Mairie – ✆ 05 65 21 18 80 – www.garissade.com – Ouvert avril-oct.

19 ch – †68 € ††75 € – ☐ 8,50 € – ½ P

Rest *La Garissade* – voir les restaurants ci-après

Une ambiance familiale règne dans cette maison villageoise du 13e s. Les chambres sont fonctionnelles et bien tenues. Une bonne adresse pour découvrir le parc naturel régional des Causses du Quercy.

La Garissade

20 pl. de la Mairie – ✆ 05 65 21 18 80 – www.garissade.com – Ouvert avril-oct.

Rest *(fermé lundi midi)* – Formule 15 € – Menu 32 €

Dans un hôtel en pierre blonde du pays, ce restaurant a un petit côté bistrot chic. La carte, quant à elle, s'inspire du terroir : foie gras et truffe, veau élevé sous la mère, agneau fermier du Quercy, bœuf de l'Aubrac... Beaucoup de goût.

LABOURSE – 62 Pas-de-Calais – 301 J5 – rattaché à Béthune

LACABARÈDE – 81 Tarn – 338 H10 – 300 h. – alt. 325 m – ✉ 81240 29 C2

Paris 754 – Béziers 71 – Carcassonne 53 – Castres 36

Demeure de Flore ch, rest,

106 Grand'rue – ✆ 05 63 98 32 32 – www.demeurededflore.com

11 ch – †90/125 € ††115/125 € – ☐ 12 € – ½ P

Rest *(fermé 2-31 janv. et lundi hors saison)* – Menu 29 € (déj. en sem.)/38 €

Passé l'allée bordée de grands arbres, on découvre cette jolie maison de maître (1890) en pleine nature, face à la Montagne Noire. Le propriétaire, italien, en a fait un hôtel charmant... Une déco florentine, colorée et atypique, des chambres cosy et confortables : le Sud par voie express !

LACAPELLE-VIESCAMP – 15 Cantal – 330 B5 – 452 h. – alt. 550 m – ✉ 15150 5 A3

Paris 547 – Aurillac 19 – Figeac 57 – Laroquebrou 12

Hôtel du Lac

– ✆ 04 71 46 31 57 – www.hoteldulac-cantal.com – Fermé 2 sem. en janv.

23 ch – 60/75 € 60/75 € – 8 € – ½ P

Rest *Le Capellain* *(fermé sam. midi sauf juil.-août et jeudi soir d'oct. à Pâques)* – Formule 14 € – Menu 25/35 € – Carte 33/45 €

Séjour au calme dans cet hôtel situé un peu en dehors du village. Préférez les chambres côté jardin, plus spacieuses et avec balcon ou terrasse. Un hébergement simple et très bien tenu, à proximité du lac de St-Étienne-Cantalès.

LACAUNE – 81 Tarn – 338 I8 – 2 616 h. – alt. 793 m – Casino – ✉ 81230 29 D2

Midi Toulousain

Paris 708 – Albi 67 – Béziers 89 – Castres 48

place Général-de-Gaulle, ✆ 05 63 37 04 98, www.tourisme-montsdelacaune.com

Le Relais de Fusies

2 r. de la République – ✆ 05 63 37 02 03 – www.hotelfusies.fr

30 ch – 62/75 € 75/85 € – 10 € – ½ P

Rest *Le Relais de Fusies* – voir les restaurants ci-après

Ne vous fiez pas à la façade un peu fanée de ce relais de poste de village : à l'intérieur, tout a été joliment restauré, sans perdre en authenticité. Quant aux chambres, elles sont sobres, mais fraîches et pratiques. Une étape agréable !

Le Relais de Fusies

2 r. de la République – ✆ 05 63 37 02 03 – www.hotelfusies.fr – Fermé sam. midi, dim. soir et lundi midi de nov. à mars

Rest – Formule 13 € – Menu 17/45 € – Carte 29/52 €

Dans ce restaurant classique et accueillant, le chef s'attache à travailler de beaux produits et réalise une bonne cuisine de terroir, accompagnée de jolis vins.

Calas avec ch

rest, ch,

pl. Vierge – ✆ 05 63 37 03 28 – Fermé 23 déc.-15 janv.

16 ch – 40/60 € 40/60 € – 7 € – ½ P

Rest *(fermé vend. soir, sam. midi et dim. soir d'oct. à Pâques)* – Formule 13 € – Menu 16 € (sem.), 23/38 € – Carte 32/54 €

Quatre générations se sont succédé à la tête de cette institution locale, où l'on se sustente d'une solide cuisine du terroir dans une atmosphère chaleureuse. Le dimanche, le chef propose un "menu des amis" et, pour prolonger l'étape, les chambres sont avenantes.

LACAVE – 46 Lot – 337 F2 – 284 h. – alt. 130 m – ✉ 46200 29 C1

Périgord Quercy

Paris 528 – Brive-La-Gaillarde 51 – Cahors 58 – Gourdon 26

Grottes★★.

Château de la Treyne

3 km à l'Ouest par D 23, D 43 et voie privée – ✆ 05 65 27 60 60 – www.chateaudelatreyne.com – Ouvert 19 mars-15 nov. et 23 déc.-3 janv.

14 ch – 200/440 € 200/440 € – 2 suites – 24 € – ½ P

Rest *Château de la Treyne* ✿ – voir les restaurants ci-après

Une situation idyllique, en surplomb de la Dordogne qui lui prête ses reflets... Vivre est un art en ce château des 14e-17e s. ! Le parc abrite un jardin à la française et une chapelle romane (expositions, concerts), les chambres sont somptueuses.

Pont de l'Ouysse

– ✆ 05 65 37 87 04 – www.lepontdelouysse.fr – Ouvert 23 mars-3 nov., fermé lundi sauf le soir en saison, merc. midi et jeudi midi hors saison et mardi midi sauf feriés

14 ch – 100/180 € 100/180 € – 16 €

Rest *Pont de l'Ouysse* ✿ – voir les restaurants ci-après

Une séduisante demeure du 19e s., dans un jardin baigné par l'Ouysse, qui a creusé ce vallon escarpé et verdoyant... Beaucoup de charme dans les chambres, mêlant goût de l'ancien et esprit champêtre, et belle attention portée aux clients.

XXX **Château de la Treyne** – Hôtel Château de la Treyne
3 km à l'Ouest par D 23, D 43 et voie privée – ✆ 05 65 27 60 60 – www.chateaudelatreyne.com – Ouvert 19 mars-15 nov. et 23 déc.-3 janv. et fermé le midi du mardi au vend.
Rest – Menu 48 € (déj.), 96/138 € – Carte 112/161 €
Quel lieu splendide ! La Dordogne serpente au pied de ce superbe château tout environné de verdure. La vue de la terrasse laisse rêveur... On apprécie d'autant plus le repas, dans une veine classique, élégante et soignée.
➜ Asperges vertes crues et cuites, jus de truffe, balluchon d'œuf poché. Millefeuille de bœuf et de foie gras au vin de Cahors, morilles. Tarte au citron meringuée, glace caramel au beurre salé. **Vins** Cahors.

XXX **Pont de l'Ouysse** (Daniel et Stéphane Chambon) – Hôtel Pont de l'Ouysse
– ✆ 05 65 37 87 04 – www.lepontdelouysse.fr – Ouvert 23 mars-3 nov. et fermé lundi sauf le soir du 10 juil. au 31 août, mardi midi et merc. midi sauf fériés
Rest – Menu 89 € – Carte 65/125 €
Daniel et Stéphane Chambon – père et fils – œuvrent dorénavant de concert. Entre transmission et passion, l'âme généreuse et les beaux produits du Sud-Ouest sont mis en valeur. Charmante terrasse sous les tilleuls.
➜ Foie de canard bonne maman. Pomme de terre charlotte en habit noir de truffe. Millefeuille caramélisé au chocolat et crème légère à la vanille. **Vins** Cahors, Vin de pays du Lot.

LAC CHAMBON ★★ – 63 Puy-de-Dôme – 326 E9 – alt. 877 m – Sports d'hiver : 1 150/1 760 m 9 – ✉ 63790 Chambon sur Lac ▮ Auvergne — 5 B2

Paris 456 – Clermont-Ferrand 37 – Condat 39 – Issoire 32

Le Grillon rest,
– ✆ 04 73 88 60 66 – www.hotel-grillon.com – Ouvert 15 fév.-3 nov. et fermé dim. soir sauf de mi juin à mi sept.
20 ch – †50 € ††50/65 € – ☕ 9 € – ½ P
Rest *(fermé lundi midi sauf juil.-août)* – Formule 15 € – Menu 20 € (sem.), 23/40 € – Carte 21/45 €
Cet établissement familial abrite des chambres confortables et décorées avec soin par la propriétaire. Au restaurant, produits du terroir et vue sur le lac.

Beau Site
– ✆ 04 73 88 61 29 – www.beau-site.com – Ouvert 16 fév.-15 oct.
17 ch – †50/65 € ††50/65 € – ☕ 9 € – ½ P
Rest *(fermé le midi sauf dim. et fériés)* – Menu 15 € (dîner), 25/32 € – Carte 30/39 €
Cette belle maison fleurie domine le lac. Les chambres sont très bien tenues – préférez les plus récentes –, avec vue sur le plan d'eau ou la plage. Cuisine du terroir à déguster face au rivage.

LAC DE GUÉRY – 63 Puy-de-Dôme – 326 D9 – rattaché au Mont-Dore

LAC DE LA LIEZ – 52 Haute-Marne – 313 M6 – rattaché à Langres

LAC DE PONT – 21 Côte-d'Or – 320 G5 – rattaché à Semur-en-Auxois

LAC GÉNIN – 01 Ain – 328 H3 – rattaché à Oyonnax

LACHASSAGNE – 69 Rhône – 327 H4 – 879 h. – alt. 368 m – ✉ 69480 — 43 E1

Paris 445 – Lyon 30 – Villeurbanne 39 – Vénissieux 43

XX **La Table de Lachassagne** (Anthony Fusco)
850 rte de la colline – ✆ 04 74 67 14 99 – www.restaurant-lachassagne.com – Fermé 1er-15 août, 2-15 janv., dim. soir, lundi et mardi
Rest *(nombre de couverts limité, réserver)* – Menu 35 € (déj. en sem.), 47/65 €
Ses abords sont sans charme mais la salle se révèle coquette, avec une terrasse dominant la vallée de la Saône. Quant à l'assiette... Le chef travaille comme un artisan, faisant le pari d'une approche simple au service des meilleurs produits (beau réseau de fournisseurs de la région). Excellent rapport qualité-prix !
➜ Langoustine saisie, condiments câpres, tête de veau et grenade. Agneau du Limousin servi rosé, semoule au citron confit et jus aux épices. Crémeux de chocolat noir rafraichi au safran. **Vins** Beaujolais blanc, Fleurie.

LACOMBE – 11 Aude – **344** E2 – 171 h. – alt. 750 m – ✉ 11310 22 B2

Paris 771 – Carcassonne 33 – Montpellier 177 – Toulouse 95

À la Prise d'Alzeau

à la Prise-d'Alzeau – ✆ 04 68 25 46 94 – www.prisedalzeau.com – Ouvert avril-nov. et fermé lundi sauf juil.-aout et dim. soir

Rest – Menu 27/32 € – Carte 30/40 €

Au cœur de la forêt, en lieu et place d'une ancienne colonie de vacances, une belle auberge champêtre... C'est ici, au cœur de l'Aude, qu'a décidé de s'installer ce couple originaire d'Alsace et passé par la Thaïlande. Au menu : une cuisine du marché rehaussée... de quelques saveurs thaïes !

LACQ – 64 Pyrénées-Atlantiques – **342** I2 – 703 h. – alt. 112 m – ✉ 64170 3 B3

Paris 799 – Bordeaux 220 – Mont-de-Marsan 65 – Pau 31

route départementale 817, ✆ 05 59 71 52 36

Auberge Panacau (N)

12 RD 817 – ✆ 05 59 60 02 27 – Fermé 5-20 août, 1 sem. fin déc., sam. et dim.

Rest – Menu 16 € (déj.)/23 € – Carte 38/47 €

Sur la route de Lacq, faites donc étape dans cette maison rouge ! Derrière les fourneaux, la chef concocte de bons petits plats traditionnels... depuis trois décennies. Un conseil : réservez, c'est souvent complet. Prix raisonnables.

LACROIX-FALGARDE – 31 Haute-Garonne – **343** G3 – rattaché à Toulouse

LADOIX-SERRIGNY – 21 Côte-d'Or – **320** J7 – rattaché à Beaune

LAGARDE-ENVAL – 19 Corrèze – **329** L4 – 747 h. – alt. 480 m – ✉ 19150 25 C3

Paris 488 – Aurillac 71 – Brive-la-Gaillarde 35 – Mauriac 66

Auberge du Pays

rte de l'Étang – ✆ 05 55 27 16 12 – www.aubergedupays.fr – Fermé 15 août-15 sept., sam. et dim.

Rest – Formule 10 € – Menu 16 € (déj. en sem.), 22/30 € – Carte 36/43 €

Sympathique maison familiale qui fait aussi bar-tabac. Salle à manger rafraîchie et terrasse où l'on sert une cuisine typiquement locale ; farcedure le jeudi d'octobre à avril.

LAGARRIGUE – 81 Tarn – **338** F9 – rattaché à Castres

LAGORD – 17 Charente-Maritime – **324** D2 – 7 243 h. – alt. 23 m – ✉ 17140 38 A2

Paris 475 – Poitiers 142 – La Rochelle 5 – La Roche-sur-Yon 94

Hôtel du Château

123 av. du Clavier – ✆ 05 46 07 91 42 – www.hotel-du-chateau-la-rochelle.com

20 ch – †180/340 € ††180/340 € – ☕ 20 €

Rest *Le 123* – voir les restaurants ci-après

Au cœur d'un parc de 12 ha, un très joli château du 19e s. qui ne laisse rien deviner de sa décoration intérieure... Dans les chambres et les salons, un mot d'ordre : design. Classique, contemporain et surtout très élégant : un lieu au top !

Le 123 – Hôtel du Château

123 av. du Clavier – ✆ 05 46 07 91 42 – www.hotel-du-chateau-la-rochelle.com

Rest – Formule 16 € – Menu 18 € (déj. en sem.), 25/39 €

Une grande verrière donnant sur le parc, une déco résolument contemporaine et trendy au service d'une cuisine à l'avenant, alléchante et fraîche... La vie de château version 21e s. !

LAGRASSE – 11 Aude – **344** G4 – 598 h. – alt. 108 m – ✉ 11220 22 B3

Languedoc Roussillon

Paris 819 – Carcassonne 51 – Montpellier 133 – Perpignan 97

16, rue Paul Vergnes, ✆ 04 68 43 11 56, www.lagrasse.com

Abbaye Ste-Marie d'Orbieu★.

Hostellerie des Corbières avec ch
9 bd de la Promenade – ✆ 04 68 43 15 22 – www.hostellerie-des-corbieres.com – fermé 11-24 nov., 7 janv.-10 fév. et jeudi
6 ch – 🚹70/75 € 🚹🚹70/95 € – ☕ 8 € – ½ P
Rest – Menu 17 € (déj. en sem.), 22/33 € – Carte 41/56 €
Le relais de poste du village a fait peau neuve... Aujourd'hui, c'est un restaurant bien dans son époque, tenu par un jeune couple accueillant. La carte fait honneur au terroir et, après un bon repas, on peut même rester dormir (chambres sobres et mignonnes, un brin rétro).

LAGRAVE – 81 Tarn – **338** D7 – 1 791 h. – alt. 150 m – ✉ 81150 **29** C2
▶ Paris 686 – Albi 16 – Montauban 63 – Toulouse 63

Château de Touny
32 chemin de Touny – ✆ 05 63 57 90 90 – www.tounylesroses.com
3 ch ☕ – 🚹108/134 € 🚹🚹108/134 € **Table d'hôte** – Menu 30 € bc
Au cœur du vignoble de Gaillac et au bord du Tarn, un beau château (18e et 19e s.) flanqué de deux pigeonniers. Dans le parc s'épanouissent des roses anciennes, et les chambres – mariant les genres avec élégance – respirent la sérénité. Sur le ponton, la gabarre et les kayaks du domaine sont amarrés, qui n'attendent que vous... Un lieu charmant et hors du temps !

LAGUIOLE – 12 Aveyron – **338** J2 – 1 267 h. – alt. 1 004 m – Sports d'hiver : 1 100/1 400 m 11 – ✉ 12210 Midi Toulousain **29** D1
▶ Paris 571 – Aurillac 79 – Espalion 22 – Mende 83
ℹ Place de la Mairie, ✆ 05 65 44 35 94, www.laguiole-online.com
⛳ de Mezeyrac, Soulages, O : 12 km par D 541, ✆ 05 65 44 41 41

Hôtel Auguy-Gilles Moreau
2 allée de l'Amicale – ✆ 05 65 44 31 11 – www.hotel-auguy.fr – Fermé 30 juin-4 juil., 11 nov.-20 déc., 2 janv.-12 fév., mardi et merc.
20 ch – 🚹50/110 € 🚹🚹50/110 € – ☕ 11 €
Rest ***Restaurant Auguy-Gilles Moreau*** – voir les restaurants ci-après
Une maison de tradition à l'âme hospitalière. Préférez les chambres côté jardin, plus calmes et plus confortables (quelques balcons). De la verdure, le grand air de l'Aubrac et... une jolie piscine pour faire quelques brasses !

Le Relais de Laguiole
espace Les Cayres – ✆ 05 65 54 19 66 – www.relais-laguiole.com – Ouvert 6 avril-1er nov.
33 ch – 🚹84/105 € 🚹🚹84/105 € – ☕ 11 € – ½ P
Rest *(dîner seult)* – Menu 24/39 € – Carte 35/55 €
Une bâtisse récente d'esprit régional, avec des chambres vastes et fonctionnelles. Grande piscine couverte ; copieux buffet de petits-déjeuners avec gâteaux maison ; restaurant traditionnel (le soir) : une étape agréable, idéale en famille.

Régis sans rest
3 pl. de la Patte d'Oie – ✆ 05 65 44 30 05 – www.hotel-regis-laguiole.com – Ouvert 15 fév.-11 nov. et 27 déc.-7 janv.
15 ch – 🚹52/130 € 🚹🚹52/130 € – ☕ 9 €
Relais de diligence du 19e s. au cœur de la cité aveyronnaise, tenu par la même famille depuis trois générations. Les chambres, fraîches et contemporaines, sont agréables, tout comme la piscine.

La Ferme de Moulhac sans rest
2,5 km au Nord-Est par rte secondaire – ✆ 05 65 44 33 25 – www.fermedemoulhac.fr
5 ch ☕ – 🚹78/125 € 🚹🚹83/125 €
Calme, air pur et repos garantis dans cette ferme familiale. Pour l'anecdote, le propriétaire est un "vrai" agriculteur, toujours en activité. Les chambres mêlent joliment l'ancien et le moderne ; le petit-déjeuner se révèle copieux et il y a même une cuisinette à votre disposition... Authentique et sympathique !

Restaurant Auguy-Gilles Moreau – Hôtel Auguy-Gilles Moreau
2 allée de l'Amicale – 05 65 44 31 11 – www.hotel-auguy.fr – Fermé 30 juin-4 juil., 11 nov.-20 déc., 2 janv.-12 fév., mardi et merc.
Rest *(nombre de couverts limité, réserver)* – Formule 22 € – Menu 30 € (déj. en sem.), 39/70 € – Carte 58/70 €
Le restaurant, bien connu dans la région, a pris un nouveau départ en 2010, sous la houlette d'un jeune chef enthousiaste. Il réalise une cuisine bien tournée et savoureuse. De la finesse, de beaux produits et l'envie de bien faire !

à l'Est 6 km par rte de l'Aubrac (D 15) – ✉ 12210 Laguiole

Bras
rte de l'Aubrac – 05 65 51 18 20 – www.bras.fr – Ouvert de début avril à fin oct. et fermé lundi sauf juil.-août
11 ch – 278/432 € 278/432 € – 2 suites – 29 €
Rest ***Bras*** – voir les restaurants ci-après
Au-dessus de Laguiole, à l'aplomb du plateau de l'Aubrac : plein sud, tout l'Aveyron se déploie à vos pieds ! C'est ici que Michel Bras a décidé de recréer l'auberge familiale, devenue vaisseau contemporain. Dans la transparence du verre, la nature est à vous…

Bras (Michel et Sébastien Bras)
rte de l'Aubrac – 05 65 51 18 20 – www.bras.fr – Ouvert de début avril à fin oct. et fermé mardi midi et merc. midi sauf juil.-août et lundi
Rest *(nombre de couverts limité, réserver)* – Menu 123/196 € – Carte 125/160 €
Aubrac, Aubrac... Telle est l'incantation dont résonne cette table magique ! Suc du terroir, sève des herbes aromatiques : le style Bras père et fils puise au cœur du produit. Ainsi le gargouillou, précipité unique d'une sensibilité et des légumes ou fleurs du jour. L'invention faite chant de la terre.
➜ Gargouillou de jeunes légumes, herbes et fleurs. Agneau allaiton rôti sur l'os. Biscuit tiède au chocolat coulant. **Vins** Marcillac, Gaillac.

au Golf 12 km à l' Ouest par D541, D213 et rte secondaire

Domaine de Mezeyrac – ch, ch, ch,
– 05 65 44 41 41 – www.hotel-laguiole.fr – Ouvert 4 avril-2 nov.
11 ch – 59/79 € 59/149 € – 9 € – ½ P
Rest – Menu 20/26 € – Carte 28/38 €
En pleine nature, cette ancienne ferme s'est transformée en charmant complexe hôtelier, avec un golf de neuf trous et un restaurant dans la jolie grange rustique. Grand calme assuré, chambres confortables et vue sur les greens.

LAILLY-EN-VAL – 45 Loiret – 318 H5 – 2 570 h. – alt. 86 m – ✉ 45740 — 12 C2

Paris 158 – Blois 42 – Fleury-les-Aubrais 37 – Orléans 31

Domaine de Montizeau
5 km au Sud-Est par D19 (rte de Ligny) et rte secondaire – 02 38 45 34 74 – www.domaine-montizeau.com
4 ch – 75/90 € 85/100 € **Table d'hôte** – Menu 30 € bc
Bienvenue sur les terres de l'ancien seigneur de Montizeau ! Ce relais de chasse du 17e s., noyé sous la végétation, est un endroit très agréable. La décoration des chambres, élégante et soignée, s'inspire de l'Italie, des fleurs ou de la chasse.

LALACELLE – 61 Orne – 310 I4 – 277 h. – alt. 300 m – ✉ 61320 — 32 B3

Paris 208 – Alençon 20 – Argentan 34 – Domfront 42
Château de Carrouges★★ N : 11 km Normandie Cotentin

La Lentillère
rte d'Alençon : 1,5 km par N 12 – 02 33 27 38 48 – www.lalentillere.fr – Fermé 24 déc.-1er janv. et dim. soir
8 ch – 45/78 € 45/78 € – 9 € – ½ P
Rest ***La Lentillère*** – voir les restaurants ci-après
En bordure de N 12, cet ancien relais de poste paraît un peu bousculé par la circulation automobile moderne... On l'oublie la nuit venue et dans le jardin à l'arrière. Parfait pour l'étape.

La Lentillère
rte d'Alençon : 1,5 km par N 12 – 02 33 27 38 48 – www.lalentillere.fr – Fermé 24 déc.-1er janv., dim. soir, vend. soir de mi-nov. à mi-mars
Rest – Formule 14 € – Menu 26/36 € – Carte 17/42 €
Dans cet hôtel-restaurant traditionnel, la carte cultive... le goût du terroir, au gré des saisons. Une vraie table de campagne, très honnête.

LALLEYRIAT – 01 Ain – 328 E4 – rattaché à Bourg-en-Bresse

LAMAGDELAINE – 46 Lot – 337 E5 – rattaché à Cahors

LAMALOU-LES-BAINS – 34 Hérault – 339 D7 – 2 328 h. – alt. 200 m – Stat. therm. : début fév.-début déc. – Casino – ✉ 34240 Languedoc Roussillon 22 B2

Paris 732 – Béziers 39 – Lodève 38 – Montpellier 79
1, avenue Capus, 04 67 95 70 91, www.ot-lamaloulesbains.fr
de Lamalou-les-Bains, Route de Saint-Pons, SE : 2 km par D 908, 04 67 95 08 47
Église de St-Pierre-de-Rhèdes★ SO : 1,5 km.
St-Pierre-de-Rhèdes★ SO : 1,5 km.

à Combes 10 km à l'Ouest par D 908 et D 180 – 320 h. – alt. 480 m – ✉ 34240

Auberge de Combes
– 04 67 95 66 55 – www.aubergedecombes.com – Fermé janv., mardi de nov. à avril, dim. soir sauf juil.-août et lundi
Rest – Menu 22 € (déj. en sem.), 29/75 € – Carte 48/68 €
Père et fils œuvrent de concert dans cette auberge perchée sur les hauteurs de la vallée de l'Orb. Derrière les fourneaux, tous deux s'activent et tirent le meilleur du terroir et des produits de saison. Dans l'assiette comme dans le paysage, la suavité brute domine... Excellent rapport qualité-prix.

LAMASTRE – 07 Ardèche – 331 J4 – 2 501 h. – alt. 375 m – ✉ 07270 44 B2

Ardèche Drôme

Paris 577 – Privas 55 – Le Puy-en-Velay 72 – St-Étienne 90
place Montgolfier, 04 75 06 48 99, www.lamastre.fr

Château d'Urbilhac N
rte de Vernoux, 2 km au Sud-Est par rte de Vernoux-en-Vivarais – 04 75 06 42 11 – www.chateaudurbilhac.fr
5 ch – 160/200 € 160/200 € **Table d'hôte** – Menu 42 €
Ce petit château de style néo-Renaissance (bâti au 16e s. et restauré au 19e s.) est prisé pour son parc de 30 ha dominant la vallée du Doux. Belle piscine. À la table d'hôte, on apprécie les recettes provençales de la maîtresse des lieux.

LAMBALLE – 22 Côtes-d'Armor – 309 G4 – 12 068 h. – alt. 55 m – ✉ 22400 10 C2

Bretagne Nord

Paris 431 – Dinan 42 – Rennes 81 – St-Brieuc 21
place du Champ de Foire, 02 96 31 05 38, www.lamballe-tourisme.com
Haras national★.

Kyriad sans rest
29 bd Jobert – 02 96 31 00 16 – www.hotel-lamballe.com
27 ch – 63/78 € 63/78 € – 9 €
Face à la gare, un établissement dont les chambres, fonctionnelles, sont décorées à l'identique et bien insonorisées. Petit-déjeuner buffet servi dans une salle claire.

Lion d'Or sans rest
3 r. du Lion d'Or – 02 96 31 20 36 – www.leliondor-lamballe.com
17 ch – 54/58 € 57/65 € – 8 €
Cet hôtel familial s'est rajeuni. Ainsi, ses chambres, assez petites mais bien tenues, ont été repeintes en blanc pour plus de luminosité. Formule buffet au petit-déjeuner.

à la Poterie 3,5 km à l'Est par D 28 – ✉ 22400 Lamballe

Manoir des Portes
– *✆ 02 96 31 13 62 – www.manoirdesportes.com – Fermé 21 déc.-3 janv.*
16 ch – †55/83 € ††67/109 € – ☕ 9 € – ½ P
Rest *Manoir des Portes* – voir les restaurants ci-après
Ce manoir du 16e s. tout en pierre ouvre sur un beau jardin fleuri, nanti d'un verger et d'un potager. Les chambres allient éléments anciens (mansardes), décoration très colorée et grand calme. Centre équestre à proximité.

Manoir des Portes
– *✆ 02 96 31 13 62 – www.manoirdesportes.com – Fermé 21 déc.-3 janv., sam. midi, dim. soir et lundi*
Rest – Formule 19 € – Menu 27 €
Dans ce restaurant joliment rustique (poutres, pierres, cheminée), on savoure une bonne cuisine traditionnelle. Les propositions du chef suivent le marché et changent tous les jours... Faites votre choix à l'ardoise !

à St-Aaron 6 km au Nord-Est par D 14 – ✉ 22400 Lamballe

Au Clos du Lit
r. de la Ville-D'Ys – ✆ 02 96 31 17 48 – www.auclosdulit.com
4 ch ☕ – †49/59 € ††49/59 € **Table d'hôte** – Menu 22 € bc
Fervents du tourisme vert, les propriétaires de ce petit manoir l'ont décoré à la gloire de la Bretagne authentique et reçoivent leurs hôtes en amis. Les chambres (esprit bucolique, mer, etc.) respirent la quiétude, tout comme la bibliothèque et le joli jardin. À table, on apprécie une bonne cuisine familiale.

LAMOTTE-BEUVRON – 41 Loir-et-Cher – 318 J6 – 4 688 h. – alt. 114 m 12 C2

– ✉ 41600 Châteaux de la Loire
Paris 171 – Blois 59 – Gien 58 – Orléans 36
1, rue de l'Allée verte, ✆ 02 54 83 01 73, www.ot-coeurdesologne.com

Tatin
5 av. de Vierzon, (face à la gare) – ✆ 02 54 88 00 03 – www.hotel-tatin.fr – Fermé 14-30 avril, 30 juil.-14 août, 23 déc.-8 janv., dim. soir, mardi midi et lundi
14 ch – †76/137 € ††76/137 € – ☕ 9 €
Rest *Tatin* – voir les restaurants ci-après
Une adresse historique ! C'est dans cet hôtel, datant de 1894, que les demoiselles Tatin ont inventé leur célèbre dessert. Les chambres, rénovées progressivement, sont simples et bien tenues. Joli jardin.

Tatin
5 av. de Vierzon, (face à la gare) – ✆ 02 54 88 00 03 – www.hotel-tatin.fr – Fermé 14-30 avril, 30 juil.-14 août, 23 déc.-8 janv., dim. soir, mardi midi et lundi
Rest – Formule 28 € – Menu 34/63 € – Carte 86/100 €
C'est ici que les sœurs Tatin inventèrent leur fameuse tarte aux pommes "renversée". Preuve en est : le fourneau de l'époque, fièrement exposé au bar. Et la tradition perdure... La cuisine du chef respecte les belles recettes d'hier !

LAMOTTE-WARFUSEE – 80 Somme – 301 I8 – 614 h. – alt. 90 m 36 B2

– ✉ 80800
Paris 141 – Abbeville 72 – Amiens 22 – Cambrai 68

Le Saint-Pierre
3 r. Delambre – ✆ 03 22 42 26 66 – Fermé le soir 1er oct.-31 janv. sauf vend. et sam., dim. soir, merc. soir et lundi
Rest – Formule 15 € bc – Menu 18 € bc/28 € – Carte 30/40 €
À côté de l'église, le Saint-Pierre vous mène au paradis sans passer par le purgatoire... On s'y régale d'une appétissante cuisine traditionnelle : ris de veau poêlés, tarte aux escargots, etc. Accueil sympathique.

LAMOURA – 39 Jura – 321 F8 – 536 h. – alt. 1 156 m – Sports d'hiver : voir aux Rousses 16 B3

– ✉ 39310 Franche-Comté Jura
Paris 477 – Genève 47 – Gex 29 – Lons-le-Saunier 74
Grande Rue, ✆ 03 84 41 27 01

La Spatule

Grande'rue – ✆ 03 84 41 20 23 – www.hotellaspatule.com – Fermé nov. à mi déc.
26 ch – 🚹69 € 🚹🚹70 € – ☕ 10 € – ½ P
Rest *(fermé lundi hors saison)* – Formule 14 € bc – Menu 18/30 € – Carte 18/44 €
Au pied des pistes, un beau chalet avec des chambres pratiques et contemporaines (à l'exception de quelques-unes plus "montagne") proposées à des tarifs très compétitifs ! Et il y a aussi un restaurant traditionnel et un "canotzet" pour déguster des spécialités fromagères.

LAMPAUL-PLOUARZEL – 29 Finistère – **308** C4 – 2 063 h. – alt. 34 m – ✉ 29810 **9** A1
Paris 615 – Brest 24 – Quimper 98 – Rennes 263
7, rue de la Mairie, ✆ 02 98 84 04 74

Auberge du Vieux Puits

pl. de l'Église – ✆ 02 98 84 09 13 – Fermé 07-25 mars, 22 sept.-10 oct., dim. soir et lundi
Rest – Menu 19 € (sem.), 28/62 € – Carte environ 45 €
Elle a du charme cette maison bretonne au centre du village... et le puits est toujours là ! Foie gras de Ploudaniel (maison), raie aux algues, crevettes sauce crustacés, etc. : une belle mise en valeur des produits du terroir.

LANARCE – 07 Ardèche – **331** G5 – 167 h. – alt. 1 180 m – ✉ 07660 **44** A3
Paris 579 – Aubenas 44 – Langogne 18 – Privas 72

Le Provence

N 102 – ✆ 04 66 69 46 06 – www.hotel-le-provence.com – Ouvert 15 mars-11 nov.
19 ch – 🚹50/65 € 🚹🚹50/65 € – ☕ 9 € – ½ P
Rest *Le Provence* – voir les restaurants ci-après
Altitude 1 200 m, en pleine montagne ardéchoise, pays des volcans et des sources : bienvenue aux amoureux de la nature ! Cette bâtisse récente borde un axe fréquenté, mais toutes les chambres ouvrent du côté opposé à la route et sont bien insonorisées. Un établissement bien tenu.

Le Provence

N 102 – ✆ 04 66 69 46 06 – www.hotel-le-provence.com – Ouvert 15 mars-11 nov.
Rest – Formule 14 € – Menu 20/37 € – Carte 24/35 €
À mi-chemin entre Aubenas et Le Puy-en-Velay, faites étape dans ce sympathique restaurant ! On y apprécie une cuisine gourmande et généreuse axée sur les produits du terroir : agneau provenant de l'élevage familial, charcuteries, cèpes, myrtilles, etc. Une bonne adresse.

LANCIÉ – 69 Rhône – **327** H2 – 749 h. – alt. 210 m – ✉ 69220 **43** E1
Paris 418 – Lyon 56 – Villeurbanne 65 – Saint-Étienne 115

Le Petit Nid de Pierres

Le Chatelard – ✆ 06 75 12 87 03 – www.pariaud.com
5 ch ☕ – 🚹80/85 € 🚹🚹87/100 € **Table d'hôte** – Menu 30 € bc
À deux pas du cœur du village, cette ferme en pierre forme un ravissant hameau... La cour, la piscine, les balcons fleuris, la fontaine et les chambres au décor soigné : tout est charmant ! À la table d'hôte, on apprécie les plats régionaux concoctés avec les légumes du potager, ainsi que les vins du domaine.

LANCIEUX – 22 Côtes-d'Armor – **309** J3 – 1 453 h. – alt. 24 m – ✉ 22770 **10** C1
Bretagne Nord
Paris 413 – Rennes 80 – Saint-Brieuc 85 – Saint-Malo 18
square Jean Conan, ✆ 02 96 86 25 37, www.lancieux-tourisme.fr

Hôtel des Bains sans rest

20 r. Poncel – ✆ 02 96 86 31 33 – www.hoteldesbains-lancieux.fr – Fermé sam. et dim. de déc. à mars sauf vacances scolaires
12 ch – 🚹75/120 € 🚹🚹75/120 € – ☕ 9 €
Au cœur du village et non loin du rivage, un hôtel tenu en famille et né en 1894. Les chambres sont avant tout pratiques et bien tenues, certaines avec une cuisinette.

LANCRANS – 01 Ain – **328** I4 – rattaché à Bellegarde-sur-Valserine

LANGEAC – 43 Haute-Loire – 331 C3 – 3 976 h. – alt. 505 m – ✉ 43300 6 C3

Auvergne

Paris 508 – Brioude 31 – Mende 92 – Le Puy-en-Velay 45

Place Aristide Briand, ✆ 04 71 77 05 41, www.ville-langeac.fr

à Reilhac 3 km au Nord par D 585 – ✉ 43300 Mazeyrat d Allier

Val d'Allier

rest, rest, VISA

– ✆ 04 71 77 02 11 – www.hotelvalallier.fr – Ouvert avril-oct. et fermé dim. et lundi hors saison

22 ch – †56 € ††66 € – ☕ 10 € – ½ P

Rest *(fermé le midi) (réserver)* – Menu 22 € (dîner en sem.), 28/32 €

Les amateurs de sports nature et de randos en Auvergne aiment cette adresse. Pourquoi ? Pour ses chambres simples d'une tenue irréprochable (plus calmes sur l'arrière) et pour sa cuisine du terroir. Idéal pour les petits budgets.

LANGEAIS – 37 Indre-et-Loire – 317 L5 – 4 011 h. – alt. 41 m – ✉ 37130 11 A2

Châteaux de la Loire

Paris 259 – Angers 101 – Château-la-Vallière 28 – Chinon 26

place du 14 Juillet, ✆ 02 47 96 58 22, www.tourisme-langeais.com

Château★★ : appartements★★★.

Parc★ du château de Cinq-Mars-la-Pile NE : 5 km par N 152.

Au Coin des Halles

VISA

9 r. Gambetta – ✆ 02 47 96 37 25 – www.aucoindeshalles.com – Fermé de mi-janv. à mi-fév., merc. et jeudi

Rest – Formule 24 € – Menu 29/49 € – Carte 46/59 €

Dans la rue qui mène au château de Langeais, arrêtez-vous dans cette jolie maison en tuffeau. Le décor est agréable et la cuisine, inventive et boostée par les produits du terroir, fait mouche ! Aux beaux jours, on profite de l'agréable terrasse. Accueil charmant en prime.

à St-Patrice 10 km à l'Ouest par rte de Bourgueil – 681 h. – alt. 39 m – ✉ 37130

Château de Rochecotte

VISA AE

43 r. Dorothée de Dino – ✆ 02 47 96 16 16 – www.chateau-de-rochecotte.fr – Fermé 18 fév.-11 mars

34 ch – †165/275 € ††165/275 € – 3 suites – ☕ 20 € – ½ P

Rest *Château de Rochecotte* – voir les restaurants ci-après

Le souvenir de la duchesse de Dino et de Talleyrand plane sur cette élégante demeure aristocratique. De l'enfilade des magnifiques salons, aux chambres intimes et raffinées, en passant par le superbe parc, les plaisirs du 18e s. restent intacts !

Château de Rochecotte

VISA AE

43 r. Dorothée de Dino – ✆ 02 47 96 16 16 – www.chateau-de-rochecotte.fr – Fermé 18 fév.-11 mars

Rest – Formule 34 € – Menu 47/68 € – Carte 48/63 €

Dans cet élégant château du Siècle des lumières, proche des vignobles de Bourgueil, la cuisine se décline dans un esprit gastronomique : feuillantine de langoustine et foie gras, tournedos de lotte au safran... À l'aune de son décor 18e s.

LANGOGNE – 48 Lozère – 330 L6 – 3 060 h. – alt. 913 m – ✉ 48300 23 C1

Languedoc Roussillon

Paris 577 – Mende 48 – Le Puy-en-Velay 42 – Privas 95

15, boulevard des Capucins, ✆ 04 66 69 01 38, www.langogne.com

de Langogne Barres, Domaine de Barres, S : 3 km par N 88, ✆ 04 66 69 01 11

Domaine de Barrès

VISA

rte de Mende – ✆ 04 66 46 08 37 – www.domainedebarres.com – Ouvert 1er avril-15 oct. et fermé lundi sauf juil.-août

16 ch ☕ – †120/150 € ††120/150 € – ½ P

Rest *Domaine de Barrès* – voir les restaurants ci-après

Au cœur d'un parc de 25 ha, avec un golf 9 trous, une noble demeure du 18e s., entièrement réaménagée par l'architecte Jean-Michel Wilmotte, qui a signé jusqu'au mobilier : un vrai contraste derrière la belle façade tout en pierre !

Domaine de Barrès

rte de Mende – ✆ 04 66 46 08 37 – www.domainedebarres.com – Ouvert 1er avril-15 oct. et fermé le midi, dim. et lundi hors saison

Rest – Menu 28 €

Cette table assez élégante a fait le choix de proposer un menu unique (entrée, poisson, viande et dessert). Une bonne formule : les produits sont extrafrais et l'on peut se fier au talent de la chef, qui signe, avec une inspiration chaque jour renouvelée, une cuisine à la fois fine, simple et originale.

LANGON – 33 Gironde – 335 J7 – 7 396 h. – alt. 10 m – ✉ 33210 3 B2

Aquitaine

Paris 624 – Bergerac 83 – Bordeaux 49 – Libourne 54

11, allées Jean-Jaurès, ✆ 05 56 63 68 00, www.sauternais-graves-langon.com

des Graves et Sauternais, Lac de Seguin, E : 5 km par D 116, ✆ 05 56 62 25 43

Château de Roquetaillade★★ S : 7 km.

Alienor sans rest

rte de Fargues – ✆ 05 56 62 15 15 – www.hotel-alienorlangon.fr

20 ch – 62/72 € 67/77 € – 8 €

Près d'un accès à l'autoroute et dans un environnement calme et verdoyant, un hôtel créé en 2011, d'esprit fonctionnel. Les chambres sont plaisantes et bien insonorisées ; la décoration sobre et de bon goût : une bonne étape !

Claude Darroze avec ch

95 cours Gén. Leclerc – ✆ 05 56 63 00 48 – www.darroze.com – Fermé 14 oct.-7 nov., 5-22 janv., dim. soir et lundi midi hors saison

16 ch – 65/75 € 75/98 € – 13 € **Rest** – Menu 44/90 € – Carte 62/107 €

Cette belle auberge provinciale au charme bourgeois sait perpétuer les traditions : on y savoure une délicieuse cuisine du Sud-Ouest, accompagnée de bons bordeaux (600 appellations). Les petits plus appréciables : l'agréable terrasse sous les platanes et les chambres, pimpantes et fraîches.

➜ Salade de homard aux légumes croquants, vinaigrette au balsamique de Modène. Ris de veau braisé, chorizo et légumes de saison. Pêches jaunes rôties, espuma de safran et sorbet fromage blanc. **Vins** Graves, Bordeaux supérieur.

à St-Macaire 2 km au Nord – 1 984 h. – alt. 15 m – ✉ 33490

Verdelais : calvaire ≤★ N : 3 km - Château de Malromé★ N : 6 km - Ste-Croix-du-Mont : ≤★, grottes★ NO : 5 km.

Abricotier avec ch

D 1113 – ✆ 05 56 76 83 63 – www.restaurant-labricotier.com – Fermé 18-25 mars, 1er-4 juil., 2-5 sept., 12 nov.-12 déc., lundi et mardi

3 ch – 62 € 65 € – 8 € **Rest** – Menu 22/43 € – Carte 41/68 €

À deux pas de la cité médiévale, cette maison régionale réjouit par son atmosphère décontractée, sa terrasse ombragée et son appétissante cuisine du marché (pintade rôtie aux girolles, cheesecake aux fruits, etc.). Quelques chambres spacieuses dans l'annexe.

LANGRES – 52 Haute-Marne – 313 L6 – 8 066 h. – alt. 466 m 14 C3

– ✉ 52200 Champagne Ardenne

Paris 285 – Chaumont 35 – Dijon 79 – Nancy 142

Place Bel Air - Square Olivier Lahalle, ✆ 03 25 87 67 67, www.tourisme-langres.com

Site★★ - Promenade des remparts★★ - Cathédrale St-Mammès★ - Section gallo-romaine★ au musée d'art et d'histoire.

Le Cheval Blanc

4 r. de l'Estres – ✆ 03 25 87 07 00 – www.hotel-langres.com – Fermé 1er-29 nov.

23 ch – 80/110 € 100/120 € – 10 € – ½ P

Rest *Le Cheval Blanc* – voir les restaurants ci-après

Le lieu est chargé d'histoire ! En effet, c'est dans cette église que Bossuet reçut le sous-diaconat. La Révolution en fit une auberge et depuis, on vient se reposer dans des chambres de caractère, plus fonctionnelles à l'annexe.

Le Cheval Blanc

4 r. de l'Estres – ✆ 03 25 87 07 00 – www.hotel-langres.com
– Fermé 1er-29 nov. et merc. midi
Rest – Formule 18 € – Menu 34/47 € – Carte 51/84 €
Inutile de se cabrer, ce restaurant propose une belle cuisine basée sur des produits du terroir. Le chef n'hésite pas à rehausser le tout de touches d'inventivité : Saint-Jacques à la pomme verte, fraisier destructuré, etc.

au Lac de la Liez 6 km à l'Est par N 19 et D 284 – ✉ 52200 Langres

Auberge des Voiliers avec ch

1 r. des Voiliers, (lac de la Liez) – ✆ 03 25 87 05 74 – www.hotel-voiliers.com
– Ouvert 15 mars-15 nov. et fermé dim. soir,mardi midi et lundi
10 ch – †60/90 € ††60/120 € – ☕ 9 € – ½ P
Rest – Formule 19 € – Menu 29 € (déj. en sem.), 36/55 €
– Carte 25/58 €
Cette auberge jouit d'une situation idéale au bord du lac. En dégustant sa cuisine traditionnelle sous la véranda et avec pareille vue, on se croirait en vacances... Les chambres, fonctionnelles et climatisées, entretiennent presque l'illusion d'être sur un voilier !

LANGUIMBERG – 57 Moselle – 307 M6 – 198 h. – alt. 290 m – ✉ 57810 27 C2

Paris 411 – Lunéville 43 – Metz 79 – Nancy 65

Chez Michèle (Bruno Poiré)

57 r. Principale – ✆ 03 87 03 92 25 – www.chezmichele.fr
– Fermé 1er-16 sept., 24 déc.-14 janv., lundi soir en hiver, mardi et merc.
Rest – Formule 22 € – Menu 39/89 € – Carte 53/70 €
Ancien café de village, puis auberge familiale... et enfin table gastronomique reconnue dans la région : jolie trajectoire pour ce restaurant dorénavant tenu par Bruno, fils de Michèle, qui signe une cuisine d'aujourd'hui généreuse et précise.
➜ Tarte de tomate et olive, sphère à la mozzarella. Veau en feuilleton de champignons, polenta à la sauge. Rencontre entre la tomate et la fraise. **Vins** Vin de Moselle.

LANNEPAX – 32 Gers – 336 D7 – 572 h. – alt. 168 m – ✉ 32190 28 A2

Paris 749 – Aire-sur-l'Adour 48 – Auch 41 – Barbotan-les-Termes 34

Les Caprices d'Antan

pl. de la Mairie – ✆ 05 62 65 76 92
– www.aubergelescapricesdantan.fr
– Fermé 2-10 janv., dim. soir, lundi et mardi
Rest – Menu 18 € bc (déj. en sem.)/31 € – Carte 36/55 €
Dans cette auberge conviviale, l'ardoise change chaque jour ; les assiettes explosent de saveurs d'ici et d'ailleurs, de couleurs... La patronne a le goût du voyage (elle a vécu au Brésil) et aime faire découvrir les petits vins locaux. Généreux, simple et bon !

LANNILIS – 29 Finistère – 308 D3 – 5 199 h. – alt. 48 m – ✉ 29870 9 A1

Paris 599 – Brest 23 – Landerneau 29 – Morlaix 63
1, place de l'Église, ✆ 02 98 04 05 43, www.abers-tourisme.com

Les Oliviers

6 r. Carellou – ✆ 02 98 04 19 94
– www.lesoliviers-restaurant.over-blog.com
– Fermé vacances de Noël, mardi soir sauf en juil.-août, sam. midi et merc.
Rest – Formule 13 € – Menu 22 € (sem.), 29/49 € – Carte 33/51 €
Ces Oliviers-là se plaisent en terre bretonne. Le chef, originaire de Montpellier, travaille de très beaux produits (cochon du Ventoux, sélection du mareyeur, taureau de Camargue AOC, etc.) qu'il fait chanter avec l'accent du Sud.

LANNION – 22 Côtes-d'Armor – **309** B2 – **19 847 h.** – **alt. 12 m** **9** B1
– ✉ **22300** Bretagne Nord

Paris 516 – Brest 96 – Morlaix 42 – St-Brieuc 65

de Lannion : ✆ 02 96 05 82 22, 4 km au N.

Quai d'Aiguillon, ✆ 02 96 05 60 70, www.ot-lannion.fr

Maisons anciennes★ (pl. Général Leclerc) - Église de Brélévenez★ : mise au tombeau★

Manoir du Launay sans rest

chemin de Ker-Ar-Faout, à Servel, 3 km au Nord-Ouest par D 21 – ✆ 02 96 47 21 24 – www.manoirdulaunay.com

5 ch – 88/123 € 95/130 €

Reconstruit après la guerre, ce manoir du 17e s. a conservé son charme ; pour y accéder, on traverse le grand parc. Les chambres (Morgane, Guenièvre, etc.) ont été décorées dans des couleurs tendres et meublées avec simplicité. Au grand calme !

rte de Perros-Guirec 5 km par D 788 – ✉ 22300 Lannion

Arcadia

Crec'h-Quillé – ✆ 02 96 48 45 65 – www.hotel-arcadia.com – Fermé 21 déc.-7 janv.

42 ch – 58/67 € 58/67 € – 8 €

Rest ***Le St Gilles*** ✆ 02 96 48 43 01 *(fermé sam. et dim.)* – Formule 14 € – Menu 17/22 € – Carte 23/36 €

Pas loin du Cnet, cet hôtel d'aspect récent conviendra aussi bien au tourisme qu'aux voyages d'affaires. Les chambres sont sobres, décorées dans un style contemporain, et il y a quelques duplex. Entre autres commodités : bar avec billard, piscine sous véranda et restaurant traditionnel.

à La Ville-Blanche 5 km par D 786, rte de Tréguier – ✉ 22300 Rospez

La Ville Blanche (Jean-Yves Jaguin)

– ✆ 02 96 37 04 28 – www.la-ville-blanche.com – Fermé 1er-10 juil., janv., merc. sauf juil.-août, dim. soir et lundi

Rest *(réserver)* – Menu 32 € bc (sem.), 48/74 € – Carte 70/80 €

On vient ici pour se faire plaisir ! Dans cette jolie longère, une belle clientèle d'habitués se donne rendez-vous pour goûter une cuisine fine et parfumée, subtilement relevée par les herbes aromatiques du jardin potager.

➜ Huîtres tièdes au bouillon de poule et flan de foie gras, galette de blé noir. Homard breton rôti au four au beurre salé, ses pinces en ragoût. Tarte aux fraises, mousse glacée à la bergamote.

LANS-EN-VERCORS – 38 Isère – **333** G7 – **2 563 h.** – **alt. 1 120 m** – **Sports d'hiver : 1 020/1 807 m** 16 – ✉ **38250** Alpes du Nord **45** C2

Paris 576 – Grenoble 27 – Villard-de-Lans 8 – Voiron 37

246, avenue Léopold Fabre, ✆ 04 76 95 42 62, www.lansenvercors.com

Le Val Fleuri sans rest

730 av. Léopold Fabre – ✆ 04 76 95 41 09 – www.le-val-fleuri.com – Fermé 20 avril-5 mai et 16 oct.-10 nov. dim. soir et lundi sauf vacances scolaires

14 ch – 47 € 68 € – 10 €

Une belle et grande bâtisse Art déco au cachet pieusement conservé. Des meubles années 1920, un grand jardin, des chambres particulièrement bien tenues, les massifs alentour : telle une réminiscence des premiers séjours à la montagne...

LAON P – 02 Aisne – **306** D5 – **26 094 h.** – **alt. 181 m** – ✉ **02000** **37** D2
Nord Pas-de-Calais Picardie

Paris 141 – Reims 62 – St-Quentin 48 – Soissons 38

place du Parvis Gautier de Mortagne, ✆ 03 23 20 28 62, www.tourisme-paysdelaon.com

18 de l'Ailette, à Cerny-en-Laonnois, S : 16 km par D 967, ✆ 03 23 24 83 99

Site★★ - Cathédrale Notre-Dame★★ : nef★★★ - Rempart du Midi et porte d'Ardon★ CZ - Abbaye St-Martin★ BZ - Porte de Soissons★ ABZ - Rue Thibesard ★ BZ - Musée★ et chapelle des Templiers★ CZ.

Plans pages suivantes

La Bannière de France
rest,

11 r. F.-Roosevelt – ✆ 03 23 23 21 44 – www.hoteldelabannieredefrance.com – Fermé 24 déc.-1er janv. **BCZt**

18 ch – †61/79 € ††86/120 € – ☕ 9 €

Rest – Menu 16 € – Carte 38/58 €

Édifié en 1685 au cœur de la cité médiévale, ce relais postal accueillit le premier cinéma laonnois dans sa salle de banquet (années 1920). Chambres bien tenues.

La Maison des 3 Rois (N) sans rest

17 r. Saint-Martin – ✆ 03 23 20 74 24 – www.lamaisondes3rois.com **BZr**

4 ch ☕ – †69/89 € ††74/89 €

De l'industrie à l'hôtellerie, il n'y a parfois qu'un pas que le propriétaire des lieux a franchi. Au cœur de la vieille ville, ces deux maisons – dont la partie la plus ancienne remonte au 14e s. – conjuguent charme et douceur. Et certaines chambres offrent une jolie vue sur les toits...

LAON

Arquebuse (R. de l') . . . . CZ 2
Aubry (Pl.) . . . . CZ 3
Berthelot (R. Marcelin) . . . . AZ 5
Bossus (R. de l'Abbé) . . . . . DY 6
Bourg (R. du) . . . . BCZ 8
Carnot (Av.) . . . . CY
Change (R. du) . . . . CZ 9
Charles de Gaulle (Av.) . . . . DY 12
Châtelaine (R.) . . . . CZ 13
Cloître (R. du) . . . . CZ 15
Combattants d'Afrique du Nord (Pl. des) . . . . DZ 16
Cordeliers (R. des) . . . . CZ 18
Doumer (R. Paul) . . . . CZ 19
Ermant (R. Georges) . . . . . . CZ 21

XX Zorn - La Petite Auberge

45 bd Brossolette
– ✆ 03 23 23 02 38
– www.zorn-lapetiteauberge.com
– Fermé 1 sem. en août, sam. midi, lundi soir et dim. sauf fériés CY**a**

Rest – Formule 19 € – Menu 29/45 € – Carte 53/78 €
Rest *Bistrot St-Amour* 45 bis bd Brossolette, ✆ 03 23 23 31 01
– Formule 12 € – Menu 15/18 €
– Carte 20/41 €

Cette belle auberge affiche souvent complet : c'est en effet une valeur sûre de la région ! Un succès mérité pour le chef, Willy Marc Zorn, qui fait montre d'une vraie finesse d'exécution en concoctant de belles assiettes de saison, tout en saveurs franches. Un excellent rapport qualité-prix.

Hurée (R. de la)	DY	23	Parvis Gautier de Mortagne (Pl. du)	CZ	29	St-Jean (R.)	BZ	33
Jur (Prom. Barthélémy de)	CZ	24	Père Marquette et Louis Jolliet (R. du)	BZ	27	St-Martin (R.)	BZ	34
Leclerc (Pl. du Gen.)	CZ	25	Rabin (Promenade Yitzhak)	CZ	30	Signier (R. de)	CZ	36
Leduc (R. Eugène)	DY		Roosevelt (R. Franklin)	CZ	31	Thuillart (R. Fernand)	DY	37
Libération (R. de la)	ABZ	26				Victor-Hugo (Pl.)	DY	39
Martinot (Allée Jean)	DZ	28				Vinchon (R.)	CZ	40

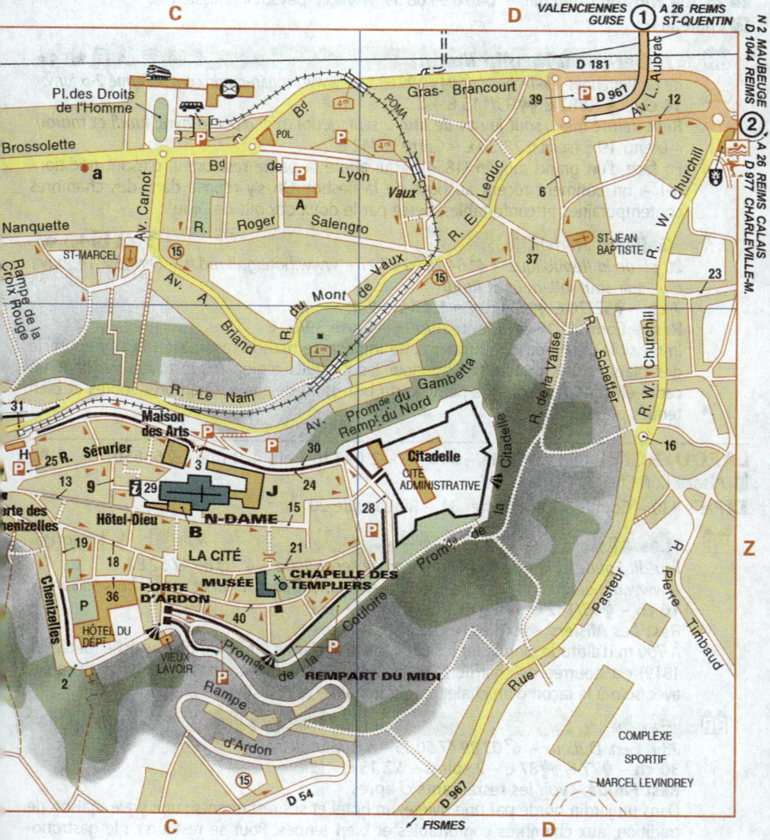

à Samoussy 13 km par ② et D 977 – 346 h. – alt. 84 m – ✉ 02840

XX **Le Relais Charlemagne**

4 rte de Laon – ☎ 03 23 22 21 50 – www.lerelaischarlemagne.fr – Fermé 1er-21 août, vacances de fév., merc. soir, dim. soir, fériés le soir et lundi

Rest – Menu 28 € (sem.), 45/58 € – Carte 54/63 €

Berthe, la mère de Charlemagne, était originaire de ce village. La maison abrite deux salles feutrées dont l'une s'ouvre sur le jardin. Cuisine classique et ambiance familiale.

à Chamouille 13 km par D 967 DZ – 256 h. – alt. 112 m – ✉ 02860

Hôtel du Golf de l'Ailette

23 r. du Chemin-des-Dames, (parc nautique de l'Ailette), 0,5 km au Sud par D 967 – ☎ 03 23 24 84 85 – www.ailette.fr

58 ch – †89/139 € ††89/139 € – ☕ 14 € – ½ P

Rest – Formule 24 € – Menu 30 € – Carte 35/43 €

Sur les rives du lac d'Ailette, entre calme et verdure... Dans ce bâtiment des années 1990, les chambres sont spacieuses et contemporaines, toutes avec un balcon donnant sur l'eau. Golf, sports nautiques : côté détente, rien ne manque !

LAPALISSE – 03 Allier – 326 I5 – 3 162 h. – alt. 280 m – ✉ 03120 Auvergne 6 C1

▶ Paris 346 – Digoin 45 – Mâcon 122 – Moulins 50

ℹ 26, rue Winston Churchill, ☎ 04 70 99 08 39, www.cc-paysdelapalisse.fr

◉ Château★★.

Auberge du Moulin Marin Ⓝ

rte de Varrennes-sur-Tèche – ☎ 04 70 99 08 53 – www.moulin-marin.com – Fermé 2-6 janv.

16 ch – †70/82 € ††95/115 € – ☕ 10 €

Rest *(fermé merc. sauf le soir de mai à sept., jeudi midi d'oct. à avril, lundi et mardi)* – Menu 19 € (sem.), 28/39 € – Carte 27/42 €

En face d'un grand moulin (1854) – qui abrite la partie restaurant, d'esprit traditionnel –, un bâtiment récent au bord de la Besbre. On s'y repose dans des chambres contemporaines et confortables, bercé par le doux clapotis de l'eau.

XX **Galland** avec ch

20 pl. de la République – ☎ 04 70 99 07 21 – www.hotelgalland.fr – Fermé 7-14 janv., dim. soir sauf juil.-août et lundi

7 ch – †57/70 € ††57/70 € – ☕ 8 € – ½ P

Rest – Formule 16 € – Menu 26/59 € – Carte 39/60 €

Impossible de ne pas remarquer cette imposante maison rose pastel ! On y apprécie des plats actuels mettant à l'honneur les produits régionaux, le tout servi dans un cadre élégant. À noter, une petite carte bistrot au déjeuner. Chambres sobres et bien tenues pour l'étape.

LAPOUTROIE – 68 Haut-Rhin – 315 H8 – 2 024 h. – alt. 420 m – ✉ 68650 1 A2

Alsace Lorraine

▶ Paris 430 – Colmar 21 – Munster 31 – Ribeauvillé 20

Les Alisiers

lieu-dit Faudé, 3 km au Sud-Ouest par rte secondaire – ☎ 03 89 47 52 82 – www.alisiers.com – Fermé 23-26 déc. et 2 janv.-2 fév., lundi et mardi hors saison

16 ch – †65/132 € ††65/132 € – ☕ 11 € – ½ P

Rest *Les Alisiers* – voir les restaurants ci-après

À 700 m d'altitude, dominant le vallon, cette ancienne ferme du pays welche (datée de 1819) est bourrée de charme ! Les chambres sont chaleureuses – certaines décorées avec soin à la façon d'un chalet contemporain – et l'on s'y sent bien...

Faudé

28 r. Gén. Dufieux – ☎ 03 89 47 50 35 – www.faude.com

30 ch – †77 € ††87 € – 2 suites – ☕ 13 € – ½ P

Rest *Faudé* – voir les restaurants ci-après

Dans un jardin bordé par une rivière, un hôtel et ses restaurants : une vraie maison de tradition, aux chambres confortables et bien tenues. Pour se restaurer : le gastronomique Faudé Gourmet (belle carte des vins) et le traditionnel Grenier Welche.

XX **Les Alisiers** – Hôtel Les Alisiers

lieu-dit Faudé, 3 km au Sud-Ouest par rte secondaire – 03 89 47 52 82 – www.alisiers.com – Fermé 23-26 déc., 2 janv.-2 fév., le midi en sem. hors saison, lundi et mardi hors saison

Rest *(réserver)* – Menu 25/60 € – Carte 40/50 €

Une belle salle panoramique au décor épuré, pour une cuisine qui valorise les produits locaux et se démarque du registre local en mêlant influences et saveurs.

XX **Faudé** – Hôtel Faudé

– 03 89 47 50 35 – www.faude.com

Rest – Formule 10 € – Menu 20/70 € – Carte 33/63 €

Un établissement dans la même famille depuis quatre générations. On y savoure de bonnes recettes dans l'air du temps dans un cadre au diapason. Quelques chambres pour faire étape... et visiter, par exemple, le musée des Eaux-de-Vie tout proche !

LAQUENEXY – 57 Moselle – 307 I4 – 1 006 h. – alt. 300 m – 57530 — 27 C1

Paris 344 – Metz 17 – Nancy 63 – Thionville 43

X **Les Jardins Fruitiers de Laquenexy**

4 r. Bourger-et-Perrin – 03 87 35 01 00 – www.jardinsfruitiersdelaquenexy.com – Ouvert d'avril à oct. et fermé lundi et mardi

Rest *(déj. seult) (nombre de couverts limité, réserver)* – Menu 23 € – Carte environ 25 €

Au cœur d'un jardin abritant plus de mille variétés d'arbres fruitiers, ce restaurant (et boutique gourmande) est insolite et sympathique ! On y savoure une cuisine légère et bien ficelée, qui fait la part belle aux fruits et légumes du potager.

LAQUEUILLE – 63 Puy-de-Dôme – 326 D9 – 384 h. – alt. 1 000 m – 63820 — 5 B2

Paris 455 – Aubusson 74 – Clermont-Ferrand 40 – Mauriac 73

au Nord-Est 2 km par D 922 et rte secondaire – 63820 Laqueuille :

Auberge de Fondain

Fondain – 04 73 22 01 35 – www.auberge-fondain.com – Fermé nov.

6 ch – 60 € 60/80 € – 10 € – ½ P

Rest *(dîner seult) (résidents seult)* – Menu 18/29 €

Pour se mettre au vert, une demeure bourgeoise (1903) en pleine nature. Les chambres sont douillettes, rénovées dans un esprit maison de campagne. Espace forme. Cuisine traditionnelle (plats auvergnats) au restaurant.

LARAGNE-MONTÉGLIN – 05 Hautes-Alpes – 334 C7 – 3 741 h. – alt. 571 m – 05300 — 40 B2

Paris 687 – Digne-les-Bains 58 – Gap 40 – Sault 60

place des Aires, 04 92 65 09 38, www.tourisme-laragne.fr

Les Terrasses sans rest

18 av. de Provence, (D 1075) – 04 92 65 08 54 – www.perso.wanadoo.fr/hotellesterrasses/ – Ouvert 1er avril-1er nov.

15 ch – 30/56 € 48/56 € – 8 €

Petit hôtel familial aux chambres modestes et très bien tenues ; côté jardin, plus au calme, elles possèdent une terrasse d'où l'on aperçoit le village et le mont Chabre. Repas traditionnel dans une salle aux tons ensoleillés ou sous la pergola tapissée de vigne vierge.

X **L'Araignée Gourmande**

8 r. de la Paix – 04 92 65 13 39 – Fermé 16 fév.-4 mars, 24-30 juin, 18-30 nov., vacances de Noël, dim. soir, mardi soir et merc.

Rest – Formule 13 € – Menu 26/35 € – Carte 40/61 €

Cette table saura vous prendre dans sa toile : cadre lumineux, cuisine traditionnelle généreuse (légumes du potager familial, viande locale), service efficace et prix doux.

LARÇAY – 37 Indre-et-Loire – 317 N4 – 2 359 h. – alt. 82 m – ✉ 37270 11 B2

▶ Paris 243 – Angers 134 – Blois 55 – Poitiers 103

Manoir de Clairbois sans rest

2 imp. du Cher – ✆ 02 47 50 59 75 – www.manoirdeclairbois.com

2 ch – 120 € 120 € – 1 suite

Le Cher longe le parc de ce manoir du 19e s. Le décor est soigné, avec de beaux meubles d'époque dans les parties communes. Chambres bonbonnières, le confort en plus !

LE LARDIN-ST-LAZARE – 24 Dordogne – 329 I5 – 1 900 h. – alt. 86 m – ✉ 24570 4 D1

▶ Paris 503 – Brive-la-Gaillarde 28 – Lanouaille 38 – Périgueux 47

au Sud 4 km par D 704, D 62 et rte secondaire – ✉ 24570 Condat-sur-Vézère :

Château de la Fleunie

– ✆ 05 53 51 32 74 – www.lafleunie.com – Ouvert mars- nov.

33 ch – 78/98 € 130/190 € – 15 € – ½ P

Rest – Menu 30 €, 38 € – Carte 37/73 €

Ce château féodal, au cœur d'un vaste domaine boisé, impressionne ; il y a même un parc animalier ! On cultive le style châtelain, avec poutres, vieilles pierres et beau salon dans la tour. Cuisine classique servie devant la cheminée.

à Coly 6 km au Sud-Est par D 74 et D 62 – 226 h. – alt. 113 m – ✉ 24120

Église ★★ de St-Amand-de-Coly SO : 3 km, Périgord Quercy.

Manoir d'Hautegente

– ✆ 05 53 51 68 03 – www.manoir-hautegente.com – Ouvert 1er mai-15 oct.

17 ch – 95/250 € 95/250 € – 15 € – ½ P

Rest *(fermé le midi sauf sam. et dim.)* – Menu 35/100 € bc – Carte environ 58 €

Dans un parc traversé par une rivière, un moulin du 14e s. tapissé de vigne vierge. La beauté du site, les meubles anciens et le bar installé dans l'ancienne forge dégagent un charme véritable. Un joli écrin pour une cuisine inspirée du marché.

La Table de Jean (N)

– ✆ 05 53 51 68 08 – Fermé 1 sem. en janv., 1 sem. en fév., sam. midi, dim. soir et le soir du lundi au jeudi

Rest – Menu 15 € (déj.)/27 €

Ici, on cultive l'identité locale ! Dans la salle, d'esprit bistrot, des photos retracent l'histoire du village. On apprend ainsi que Jean en a été le maire – et qu'il était visiblement un proche des patrons. Au menu : une cuisine traditionnelle simple autant que bonne.

LARDY – 91 Essonne – 312 C4 – 5 595 h. – alt. 70 m – ✉ 91510 18 B2

Île-de-France

▶ Paris 46 – Boulogne-Billancourt 49 – Évry 29 – Montreuil 47

Auberge de l'Espérance

80 Grande-Rue – ✆ 01 69 27 40 82 – www.auberge-lesperance.fr – Fermé 7-31 août, 1 sem. fin janv., lundi et le soir sauf vend. et sam.

Rest – Menu 13 € (déj. en sem.)/35 € – Carte environ 40 €

Au cœur de ce charmant village de l'Essonne, une auberge au cadre classique et lumineux où l'on se régale d'une bonne cuisine actuelle. Petit patio-terrasse pour les beaux jours.

LARGENTIÈRE – 07 Ardèche – 331 H6 – 1 814 h. – alt. 240 m – ✉ 07110 Ardèche Drôme 44 A3

▶ Paris 645 – Alès 66 – Aubenas 18 – Privas 49

ℹ 8, rue Camille Vielfaure, ✆ 04 75 39 14 28, www.largentiere.net

Le vieux Largentière ★.

à Rocher 4 km au Nord par D 5 – 277 h. – alt. 353 m – ✉ 07110

Le Chêne Vert

– ✆ 04 75 88 34 02 – www.hotellechenevert.com – Ouvert 1er avril-15 oct. et fermé lundi et mardi en oct.

25 ch – †70/94 € ††70/94 € – ☐ 10 € – ½ P

Rest *(fermé lundi midi)* – Formule 21 € – Menu 30/42 € – Carte 41/58 €

Aux confins du Vivarais et des Cévennes, une adresse conviviale aux chambres pratiques, certaines avec balcon offrant une jolie vue sur la vallée. À table, plats traditionnels et recettes régionales servis dans un décor bourgeois.

à Sanilhac 7 km au Sud par D 312 – 393 h. – alt. 420 m – ✉ 07110

Auberge de la Tour de Brison

à la Chapelette – ✆ 04 75 39 29 00 – www.belinbrison.com – *Ouvert 1er avril-31 oct.*

14 ch – †70/120 € ††70/120 € – ☐ 10 € – ½ P

Rest *(réserver)* – Menu 30 € – Carte 29/39 €

De cette accueillante auberge bâtie à flanc de colline, la vue plonge sur la vallée et sur le plateau du Coiron. Chambres actuelles, jardin et superbe piscine à débordement. Au restaurant, cadre chaleureux, terrasse panoramique et recettes du terroir (menu unique).

LARMOR-BADEN – 56 Morbihan – **308** N9 – 814 h. – alt. 10 m – ✉ 56870 **9** A3

Bretagne Sud

Paris 474 – Auray 15 – Lorient 59 – Pontivy 66

place de l'Eglise, mairie, ✆ 02 97 57 05 38, www.tourisme-vannes.com

Cairn ★★ de l'île Gavrinis : 15 mn en bateau.

Auberge du Parc Fétan

17 r. de Berder – ✆ *02 97 57 04 38* – www.hotel-parcfetan.com – *Ouvert 14 fév.-13 nov.*

25 ch – †45/76 € ††45/76 € – ☐ 9 € – ½ P

Rest *(fermé merc. sauf le soir de juin à août, sam. midi et mardi)* – Formule 15 € – Menu 23/40 € – Carte 27/45 €

À proximité de la baie et des sentiers côtiers, un hôtel convivial et parfaitement tenu, doté de chambres plutôt petites, simples et claires, la plupart ouvrant sur le golfe du Morbihan. Produits de la mer et cuisine traditionnelle dans une ambiance bistrot.

LARMOR-PLAGE – 56 Morbihan – **308** K8 – 8 423 h. – alt. 4 m – ✉ 56260 **9** B2

Bretagne Sud

Paris 510 – Lorient 7 – Quimper 74 – Vannes 66

<★ du Pont St-Maurice.

Les Rives du Ter

15 bd Jean Monnet – ✆ *02 97 35 33 50* – www.lesrivesduter.com

58 ch – †107/125 € ††117/125 € – ☐ 15 € – ½ P

Rest – Formule 19 € – Menu 24/44 € – Carte environ 35 €

Cet hôtel récent bordant le Ter abrite des chambres spacieuses, au style épuré, avec terrasse ou balcon donnant sur l'étang, bien au calme. Une bonne option pour profiter des jolies plages des environs.

LARNAC – 30 Gard – **339** K3 – rattaché à St-Ambroix

LAROQUE-DES-ALBÈRES – 66 Pyrénées-Orientales – **344** I7 – 2 028 h. – alt. 100 m – ✉ 66740 Languedoc Roussillon **22** B3

Paris 883 – Figueres 50 – Montpellier 187 – Perpignan 39

20, rue Carbonneil, ✆ 04 68 95 49 97, www.laroque-des-alberes.fr

Les Palmiers

33 av. Louis-et-Michel-Soler – ✆ *04 68 89 73 61* – www.lespalmiers.eu – *Fermé 6 janv.-5 fév., dim. soir et mardi sauf du 1er juin à mi-sept., sam. midi et lundi*

Rest – Menu 24 € (déj. en sem.), 40/55 € – Carte 65/95 €

Au cœur de cette cité pyrénéenne, une belle bâtisse en pierre avec une terrasse à l'ombre de palmiers... Au menu : une cuisine du marché marquée par les saveurs de la Méditerranée, et un joli choix de vins du Roussillon.

LARRAU – 64 Pyrénées-Atlantiques – 342 G6 – 204 h. – alt. 636 m – ✉ 64560 3 B3

Pays Basque et Navarre

Paris 832 – Oloron-Ste-Marie 42 – Pau 75 – St-Jean-Pied-de-Port 64

Etchemaïté

Le Bourg – 05 59 28 61 45 – www.hotel-etchemaite.fr – Fermé 3 janv.-20 fév., dim. soir et lundi de nov. à avril

16 ch – †53/78 € ††53/78 € – ☕ 8 € – ½ P

Rest – Menu 18 € (sem.), 24/52 € – Carte environ 43 €

Simplicité et accueil familial d'une auberge de montagne, dans un hameau de la pittoresque Haute-Soule. Les chambres, entièrement rénovées en 2011, sont confortables et bien tenues. Dans la salle : pierres et poutres apparentes, nappes basques, cheminée et vue sur la vallée. Recettes régionales.

LASCABANES – 46 Lot – 337 D5 – 183 h. – alt. 180 m – ✉ 46800 28 B1

Paris 598 – Montauban 69 – Toulouse 120 – Villeneuve-sur-Lot 61

Le Domaine de Saint-Géry

– 05 65 31 82 51 – www.saint-gery.com – Ouvert 15 avril-1er nov. et les week-ends en janv.-fév.

5 ch – †126/240 € ††126/240 € – ☕ 28 €

Table d'hôte *(réservation conseillée)* – Menu 48/205 €

Vous voici sur les terres du seigneur de St-Géry... ou plutôt de son descendant. Au cœur du Quercy, ce domaine de 70 ha permet de se ressourcer dans de confortables chambres campagnardes. À table, on apprécie la cuisine du potager. Ici, le blé est même ramassé à la main pour faire le pain. Authentique !

LASCELLE – 15 Cantal – 330 D4 – 309 h. – alt. 760 m – ✉ 15590 5 B3

Paris 555 – Aurillac 16 – Bort-les-Orgues 84 – Brioude 94

Lac des Graves

Jaulhac – 04 71 47 94 06 – www.lacdesgraves.com – Fermé 11 nov.-10 déc.

22 ch – †50/75 € ††50/75 € – ☕ 9 €

Rest *(fermé lundi et mardi sauf juil.-août)* – Menu 13 € (déj. en sem.), 21/25 €

Randonneurs, kayakistes et adeptes du VTT apprécieront ce vaste parc aménagé au bord d'un lac. Chalets et cubes en bois au bord de l'eau, roulottes bohème parmi les ânes et les moutons ; l'hébergement est très original !

LASSEUBE – 64 Pyrénées-Atlantiques – 342 J3 – 1 643 h. – alt. 188 m 3 B3

– ✉ 64290 Aquitaine

Paris 797 – Bordeaux 219 – Pau 19 – Tarbes 60

La Ferme Dagué sans rest

chemin Croix-de-Dagué – 05 59 04 27 11 – www.ferme-dague.com – Ouvert 30 avril-22 oct.

5 ch ☕ – †45/63 € ††55/65 €

Avec sa superbe cour fermée, cette ferme béarnaise du 18e s. a beaucoup de cachet ! Les chambres sont fonctionnelles et bien tenues, le petit-déjeuner copieux.

La Promenade

r. de la République – 05 59 04 26 24 – Fermé 1 sem. en juin, 2 sem. en nov. et lundi

Rest – Formule 16 € – Menu 22 € (déj.), 27/31 € – Carte 25/40 €

Une bonne petite table de terroir, où simplicité rime avec qualité ! Ici, les préparations maison avec des produits frais et de saison ont la part belle. Ambiance familiale et prix tout petits rendent La Promenade résolument attractive.

LASTOURS – 11 Aude – **344** F3 – **167 h.** – ✉ **11600** Languedoc Roussillon **22** B2

▶ Paris 782 – Carcassonne 19 – Castres 52 – Toulouse 107

Le Puits du Trésor (Jean-Marc Boyer)

21 rte des Quatre Châteaux – ✆ 04 68 77 50 24 – www.lepuitsdutresor.com – Fermé 25 fév.-12 mars, dim. soir, lundi et mardi

Rest *(nombre de couverts limité, réserver)* – Menu 45/90 €

Rest ***L' Auberge*** – Menu 18 € – Carte 23/34 €

Ce village au pied des vestiges du château de Lastours a plus d'un tour dans son sac ! À commencer par ce Puits du Trésor, ode contemporaine à la gastronomie et aux belles saveurs. L'Auberge n'est pas en reste : le menu du jour sur ardoise, traditionnel, est bien alléchant. Conserves du chef à emporter.

➜ Foie gras à l'anguille fumée, haricots verts mentholés. Tranche de thon au verjus de fruits rouges. Dacquoise pralinée aux myrtilles des bois. **Vins** Minervois blanc et rouge.

LATILLÉ – 86 Vienne – **322** G5 – **1 435 h.** – **alt. 150 m** – ✉ **86190** **39** C1

▶ Paris 358 – Niort 65 – Poitiers 29 – Tours 122

La Gentilhommière sans rest

1 pl. Robert-Gerbier – ✆ 05 49 36 34 20 – www.gentilhommiere.fr

5 ch – 100/110 € 100/110 €

Elle porte bien son nom, cette Gentilhommière (1785) parée de superbes atours : tentures, boiseries, mobilier et objets anciens... un véritable répertoire de styles (chambres Art déco, Empire, Directoire, etc.). Le parc dégage une douce quiétude...

LATTES – 34 Hérault – **339** I7 – rattaché à Montpellier

LA LAUPIE – 26 Drôme – **332** C6 – **668 h.** – **alt. 143 m** – ✉ **26740** **44** B3

▶ Paris 610 – Lyon 147 – Privas 43 – Valence 49

ℹ le Village, ✆ 04 75 91 80 20, www.marsanne.info/la.php

La Laùpio (N) sans rest

Les Prades – ✆ 04 75 92 39 01 – www.lalaupio-chambresdhotes.fr

5 ch – 70/105 € 75/115 €

Au milieu des champs et de grands arbres, cette belle ferme d'esprit provençal a été entièrement réhabilitée par ses propriétaires. Vieilles pierres, joli décor, espace et confort : les chambres séduisent. Fruits du verger, jus pressés et confitures maison au petit-déjeuner.

LAUZERTE – 82 Tarn-et-Garonne – **337** C6 – **1 518 h.** – **alt. 224 m** – ✉ **82110** Midi Toulousain **28** B1

▶ Paris 614 – Agen 53 – Auch 98 – Cahors 39

ℹ place des Cornières, ✆ 05 63 94 61 94, www.lauzerte-tourisme.fr

⛳9 des Roucous, à Sauveterre, E : 16 km par D 34, ✆ 05 63 95 83 70

Hôtel du Quercy avec ch

fg d'Auriac – ✆ 05 63 94 66 36 – Fermé vacances de la Toussaint et de fév., dim. soir sauf juil.-août et lundi

9 ch – 46/60 € 46/60 € – ½ P

Rest – Formule 13 € – Menu 20/30 € – Carte 32/40 €

Au cœur de ce bourg pittoresque, cette maison de pays possède le charme désuet des auberges de campagne... Les propriétaires se mettent en quatre pour satisfaire leurs hôtes ; on savoure donc de bons petits plats du terroir (dont l'agneau du Quercy). Pour l'étape, des chambres simples et bien tenues.

LAVAL P – 53 Mayenne – **310** E6 – **51 182 h.** – **alt. 65 m** – ✉ **53000** **35** C1

Pays de la Loire

▶ Paris 280 – Angers 79 – Le Mans 86 – Rennes 76

ℹ 1, allée du Vieux Saint-Louis, ✆ 02 43 49 46 46, www.laval-tourisme.com

⛳18 de Laval, à Changé, Le Jariel, N : 8 km par D 104, ✆ 02 43 53 16 03

◉ Vieux château★ Z : charpente★★ du donjon, musée d'Art naïf★, ≤★ des remparts - Vieille ville★ YZ : - Les quais★ ≤★ - Jardin de la Perrine★ Z - Chevet★ de la basilique N.-D. d'Avesnières X - Église N.-D. des Cordeliers★ : retables★★ X - Lactopôle★★.

Plan page suivante

LAVAL

Alègre (Prom. Anne d') . . . . Z 3
Avesnières (Q. d') . . . . Z 5
Avesnières (R. d') . . . . Z 7
Le Basser (Bd F.) . . . . X 29
Bourg-Hersent (R.) . . . . X 6
Briand (Pont A.) . . . . Y 8
Britais (R. du) . . . . Y 9
Chapelle (R. de) . . . . Z 12
Déportés (R. des) . . . . Y 13
Douanier-Rousseau (R.) . . . Z 14
Droits de l'homme (Parvis des) . . . . Y 15
Étaux (R. des) . . . . X 16
Gambetta (Quai) . . . . Y 17
Gaulle (R. Gén.-de) . . . . Y
Gavre (Q. B.-de) . . . . Y 18
Grande-Rue . . . . Z 19
Hardy-de-Lévaré (Pl.) . . . . . Z 22
Haut-Rocher (R.) . . . . X 23
Jean-Fouquet (Q.) . . . . Y 26
Macé (R. J.) . . . . X 30
Messager (R.) . . . . X 33
Moulin (Pl. J.) . . . . Y 34
Orfèvres (R. des) . . . . Z 36
Paix (R. de la) . . . . Y
Paradis (R. de) . . . . Z 37
Picardie (R. de) . . . . X 39
Pin-Doré (R. du) . . . . Z 40
Pont-d'Avesnières (Bd du) . X 41
Pont-de-Mayenne (R. du) . . Z 43
Renaise (R.) . . . . Y 44
Résistance (Crs de la) . . . . Y 45
St-Martin (R.) . . . . X 46
Serruriers (R. des) . . . . Z 47
Solférino (R.) . . . . Y 48
Souchu-Servinière (R.) . . . . Y 50
Strasbourg (R. de) . . . . Y 52
Tisserands (Bd des) . . . . X 54
Trémoille (Pl. de la) . . . . . . Z 28
Trinité (R. de la) . . . . Z 55
Val-de-Mayenne (R. du) . . YZ 60
Vieux-St-Louis (R. du) . . . . . X 61

Hôtel de Paris sans rest
22 r. de la Paix – ✆ 02 43 53 76 20 – www.hotel-laval.fr – Fermé 24 déc.-2 janv.
50 ch – †61/170 € ††71/180 € – ☕ 11 € Ya
En plein quartier commerçant, un hôtel d'après-guerre entièrement rénové en 2005. Les chambres, actuelles et fonctionnelles, sont bien tenues. Préférez celles sur l'arrière, plus calmes.

Marin'Hôtel sans rest
102 av. Robert-Buron – ✆ 02 43 53 09 68 – www.marin-hotel.fr Xd
25 ch – †54/61 € ††59/66 € – ☕ 8 €
Face à la gare, cet hôtel engageant (jolis mascarons sur la façade) dispose de chambres simples et bien tenues, plus calmes à l'arrière. Buffet au petit-déjeuner.

Bistro de Paris
67 r. du Val-de-Mayenne – ✆ 02 43 56 98 29 – www.lebistro-de-paris.com
– Fermé août, sam. midi, dim. soir et lundi Yk
Rest – Menu 28/70 € bc – Carte environ 48 €
On s'attend presque à voir Alfons Mucha ou Émile Gallé entrer dans cette élégante salle Art Nouveau ! Au cœur du quartier historique de Laval, ce bistrot chic a été repris en 2011 par une nouvelle équipe. Dans l'assiette, les plats, dans l'air du temps, respectent le rythme des saisons. Belle carte des vins.

La Gerbe de Blé avec ch
83 r. Victor Boissel – ✆ 02 43 53 14 10 – www.gerbedeble-hotel-restaurant.com
– Fermé 13 juil.-8 août, sam. midi et dim. Xn
8 ch – †81/117 € ††99/138 € – ☕ 12 € **Rest** – Formule 14 € – Menu 30/54 €
Pas de champs de blé à l'horizon, mais un ancien relais de poste (1860) transformé en restaurant. On y déguste une savoureuse cuisine classique avec des produits de saison triés sur le volet. Appétissant !

À la Bonne Auberge (N) avec ch
170 r. de Bretagne, par ⑥ – ✆ 02 43 69 07 81 – www.alabonneauberge.com
– Fermé août, sam. midi, fériés le soir et dim.
12 ch – †63/71 € ††71/81 € – ☕ 10 € – ½ P
Rest – Menu 17 € (sem.), 27/46 € – Carte environ 48 €
Sur la route de Rennes, on repère cette bâtisse à ses murs entièrement tapissés de vigne vierge, mais les gourmands la connaissent pour sa bonne cuisine : joue de veau à l'ail, riz crémeux aux agrumes, etc. Un travail bien fait ! Quelques chambres bien tenues pour prolonger l'étape.

L'Antiquaire
64 r. Vaufleury – ✆ 02 43 53 66 76 – www.restaurant-lantiquaire.com
– Fermé 6-29 juil., 7-28 janv., sam. midi, dim. soir et lundi Xe
Rest – Formule 13 € – Menu 17 € (déj. en sem.), 24/49 € – Carte 31/52 €
Avis aux chineurs : ici, point de livres anciens, de toiles du 19e s. ou d'objets des années 1930... Mais vous n'y perdrez pas au change ! Cet Antiquaire-là est tout à fait plaisant et accueillant. Dans l'assiette, on apprécie une cuisine généreuse et teintée de créativité.

Edelweiss
99 av. Robert-Buron – ✆ 02 43 53 11 00 – www.restaurant-edelweiss.fr
– Fermé 18 juil.-16 août, 13 fév.-1er mars, sam. et dim. Xv
Rest – Menu 17/58 € bc – Carte environ 30 €
Bien loin des montagnes où il pousse habituellement, cet Edelweiss-là séduit autant les yeux que les papilles. Dans un cadre sobre et cosy, les gourmands dégustent une cuisine un brin créative. Une adresse sympathique.

LE LAVANCHER – 74 Haute-Savoie – 328 O5 – rattaché à Chamonix

---

LE LAVANDOU – 83 Var – 340 N7 – 5 747 h. – alt. 1 m – ✉ 83980 41 C3

Côte d'Azur

Paris 873 – Cannes 102 – Draguignan 75 – Fréjus 61

quai Gabriel-Péri, ✆ 04 94 00 40 50, www.ot-lelavandou.fr

Ile d'Hyères★★★.

Baptistin sans rest

quai Baptistin-Pins – ✆ 04 98 00 44 51 – www.baptistin-hotel-lavandou.com

14 ch – †90/205 € ††90/205 € – ☕ 16 €

Face au port, cet hôtel très récent joue la carte de la modernité : décor design, formes cubiques et équipements de qualité, pour des chambres invitant au cocooning.

Le Rabelais sans rest

r. Rabelais, (face au vieux port) – ✆ 04 94 71 00 56 – www.le-rabelais.fr – Fermé 15 nov.-15 déc.

21 ch – †56/135 € ††67/135 € – ☕ 9 €

Petit hôtel très bien tenu, agréablement situé sur le front de mer, abritant des chambres fraîches et colorées. L'été, petit-déjeuner en terrasse face à l'animation du port.

à St-Clair 2 km à l'Est – ✉ 83980 Le Lavandou

Roc Hôtel sans rest

5 bd des Dryades – ✆ 04 94 01 33 66 – www.roc-hotel.com – Ouvert de fin mars à mi-oct.

30 ch ☕ – †82/178 € ††82/215 € – 1 suite

Un hôtel accroché aux rochers, au-dessus de la mer... Les chambres, avec leur terrasse, sont lumineuses : pour un séjour tonique, choisissez-les face au large !

Méditerranée

5 r. des Dryades – ✆ 04 94 01 47 70 – www.hotel-med.fr – Ouvert 23 mars-20 oct.

20 ch – †84/94 € ††84/140 € – ☕ 9 € – ½ P

Rest *(fermé merc.) (dîner seult) (résidents seult)* – Menu 28 €

Soleil et plaisirs de la Méditerranée au bord de cette plage de sable fin. Chambres contemporaines et fonctionnelles ; optez pour celles regardant la mer. Ambiance familiale. Décor coquet au restaurant, agréable terrasse ombragée ; cuisine traditionnelle.

Belle Vue sans rest

– ✆ 04 94 00 45 00 – www.bellevue.fr – Ouvert avril-oct.

19 ch ☕ – †80/90 € ††90/230 €

À l'écart de l'animation estivale, une villa nichée dans un jardin fleuri (bougainvilliers, essences locales), dominant la plage de St-Clair. Les chambres sont provençales, en toute simplicité. Ne manquez pas les magnifiques couchers de soleil sur la côte...

La Bastide sans rest

pl. des Pins Penchés – ✆ 04 94 01 57 00 – www.hotel-la-bastide.fr – Ouvert 28 mars-4 nov.

19 ch – †65/123 € ††65/123 € – ☕ 9 €

Hauts murs blancs, balcons, tuiles romaines et... accueil familial : esprit méridional non loin de la plage de St-Clair. Simplicité et fraîcheur dans les chambres.

Bistr'eau Ryon

bd des Dryades – ✆ 04 94 15 26 97 – www.bistreauryon.com – Fermé nov. et 2 sem. en janv.

Rest – Menu 25 € – Carte 40/55 €

Un joli bistr'eau contemporain, avec une appétissante terrasse face à la plage... Salade de pois gourmands et blancs de volaille ; dorade en croûte de tapenade : cuisine du marché fine et savoureuse !

Les Tamaris "Chez Raymond"

– ✆ 04 94 71 07 22 – Ouvert de mars à mi-nov. et fermé le midi de mi-juin à mi-sept., le soir et mardi midi hors saison

Rest – Carte 35/90 €

Ancienne guinguette, cette table rustique a pour spécialité les produits de la mer issus de la pêche locale. Fraîcheur et saveurs franches assurées. Une institution locale.

à Aiguebelle 4,5 km à l'Est – ✉ 83980 Le Lavandou

Les Alcyons sans rest

av. des Trois-Dauphins – ✆ 04 94 05 84 18 – www.hotellesalcyons.com – Ouvert de début avril à mi-oct.

24 ch ☕ – †79/156 € ††79/156 €

Dans la mythologie, rencontrer des alcyons – oiseaux marins fabuleux – était présage de calme et de paix... Accueil attentionné et cadre contemporain, face à la mer.

Hydra sans rest
av. du Levant – ✆ 04 94 71 65 46 – www.hotel-hydra.fr
27 ch – 92/98 € 102/120 € – 3 suites – 15 €
De l'île grecque qui lui a donné son nom, cet hôtel moderne a hérité la luminosité. Chambres confortables et vastes suites familiales. Passage souterrain avec accès direct à la mer.

Beau Soleil
ch,
av. des Trois Dauphins – ✆ 04 94 05 84 55 – www.hotel-lavandou.com – Ouvert avril-oct.
15 ch – 54/101 € 79/101 € – 7 € – ½ P
Rest – Formule 15 € – Menu 30/39 € – Carte 32/45 €
Aiguebelle ("belle eau") et beau soleil : l'essentiel pour des vacances réussies ! Profitez ici de chambres confortables (balcons) et bien tenues : le patron est un excellent bricoleur. Formule snack à midi, spécialités locales le soir ; terrasse sous les platanes.

L'Empreinte N
av. des Trois-Dauphins – ✆ 04 94 05 76 98 – www.empreinte-restaurant.com – Fermé 1er janv.-12 fév., mardi, merc. sauf juil.-août et le midi en juil.-août sauf dim.
Rest – Menu 59 € – Carte 25/35 €
Parions que ce restaurant laissera une empreinte dans votre mémoire ! Dans une salle des plus lumineuses, on savoure une cuisine dans l'air du temps avec des produits de saison et régionaux. Ne passez pas à côté des ris d'agneau sautés en persillade, gourmands à souhait. Une bonne adresse.

LAVANNES – 51 Marne – 306 H7 – 592 h. – alt. 100 m – ✉ 51110 13 B2

Paris 161 – Châlons-en-Champagne 56 – Épernay 43 – Reims 14

La Closerie des Sacres sans rest
7 r. Chefossez – ✆ 03 26 02 05 05 – www.closerie-des-sacres.com
3 ch – 78/100 € 94/120 €
Engageante, l'architecture traditionnelle de cette ancienne ferme. Les chambres d'hôtes ont été aménagées avec goût dans les écuries, habillées de mobilier ancien, de fer forgé et de tissus choisis. Un charme plein de simplicité.

LAVARDIN – 41 Loir-et-Cher – 318 C5 – rattaché à Montoire-sur-le-Loir

LAVAUDIEU – 43 Haute-Loire – 331 C2 – 224 h. – alt. 465 m – ✉ 43100 6 C3

Auvergne

Paris 488 – Brioude 11 – Clermont-Ferrand 78 – Le Puy-en-Velay 56

Fresques★ de l'église abbatiale - Cloître★ - Carrefour du vitrail★.

Le Colombier sans rest
rte des Fontannes – ✆ 04 71 76 09 86 – www.lecolombier-lavaudieu.com – Ouvert 1er mai-30 sept.
4 ch – 60 € 75 €
Une maison récente, sur les hauteurs du village – l'un des plus beaux de France. Les chambres – "Velay", "Afrique" (lit à baldaquin en bambou), "Maroc" – sont impeccables. Vieux pigeonnier, jardin... et vue superbe sur la vallée !

Auberge de l'Abbaye
– ✆ 04 71 76 44 44 – www.lavaudieu.free.fr – Fermé 15 nov.-15 mars, lundi et mardi sauf vacances scolaires et fériés
Rest – Menu 20 € (déj.)/27 € – Carte environ 27 €
Cette auberge, voisine de la belle abbaye, donne sa version – charmante – du style rustique. La convivialité s'impose autour de la cuisine régionale de la patronne (produits du marché). Une ambiance chaleureuse, relayée en salle par son mari.

Court La Vigne
– ✆ 04 71 76 45 79 – Fermé déc., janv., mardi et merc.
Rest *(nombre de couverts limité, réserver)* – Menu 20/30 € – Carte environ 32 €
Cherchez le cloître médiéval, cette charmante bergerie du 15e s. est juste à deux pas. Tout y est plaisant, le bar et sa cheminée, la galerie d'art et la cour ! Des vins bio locaux accompagnent une cuisine du terroir tout en simplicité.

LES LAVAULTS – 89 Yonne – **319** H8 – rattaché à Quarré-les-Tombes

LAVAUR – 81 Tarn – **338** C8 – 10 475 h. – alt. 140 m – ✉ 81500 29 C2
Midi Toulousain
Paris 682 – Albi 51 – Castelnaudary 56 – Castres 40
Tour des Rondes, ✆ 05 63 58 02 00, www.tourisme-lavaur.fr
des Étangs de Fiac, à Fiac, Brazis, E : 11 km par D 112, ✆ 05 63 70 64 70
Cathédrale St-Alain★.

Ibis sans rest
1 av. G. Pompidou – ✆ 05 63 83 08 08 – www.ibishotel.com
58 ch – 62/98 € 62/98 € – 9 €
Dans un quartier résidentiel, un Ibis avec des chambres claires, pratiques et toutes climatisées. Petits plus : un agréable jardinet ; un bar avec snacking et grillades en saison.

LAVELANET – 09 Ariège – **343** J7 – 6 646 h. – alt. 512 m – ✉ 09300 29 C3
Midi Toulousain
Paris 784 – Carcassonne 71 – Castelnaudary 53 – Foix 28
rue Jean Canal, ✆ 05 61 01 22 20, www.ariege-pyrenees-cathares.fr

à Nalzen 6 km à l'Ouest par D 117 – 123 h. – alt. 632 m – ✉ 09300

Les Sapins
Conte – ✆ 05 61 03 03 85 – www.restaurantlessapins.com
– Fermé dim. soir, lundi et mardi sauf fériés
Rest – Menu 16 € bc (déj. en sem.), 24/46 € – Carte 33/66 €
Au pied d'une forêt de sapins, cette maison aux airs de chalet est tout simplement rustique et chaleureuse... On vient y apprécier le goût de la tradition.

à Montségur 13 km au Sud par D 109 et D 9 – 109 h. – alt. 900 m – ✉ 09300
Village, ✆ 05 61 03 03 03, www.montsegur.fr

Auberge de Montségur avec ch
– ✆ 05 61 01 10 24 – www.aubergemontsegur.com
– Fermé Janvier, dim. soir, lundi et mardi
13 ch – 50/118 € 50/118 € – 8,50 € – ½ P
Rest – Formule 15 € – Menu 20/25 € – Carte 20/37 €
Une auberge médiévale au cœur d'un village ariégeois, pour un joli voyage dans le temps. Le chef mitonne une cuisine régionale avec les produits bio des fermes des montagnes : civets, confits, magrets selon les saisons. Chambres simples et confortables (certaines avec bain balnéo).

LAVENTIE – 62 Pas-de-Calais – **301** J4 – 4 763 h. – alt. 18 m – ✉ 62840 30 B2
Paris 229 – Armentières 13 – Arras 45 – Béthune 18

Le Cerisier (Éric Delerue)
3 r. de la Gare – ✆ 03 21 27 60 59 – www.lecerisier.com
– Fermé 1 sem. en août, 1 sem. en fév., sam. midi, dim. soir et lundi
Rest – Menu 32/75 € – Carte 85/120 €
Au cœur du pays de l'Alloeu, dont l'emblème est... un cerisier, les amateurs de bonne chère connaissent bien cette adresse ! Finesse et inventivité caractérisent la cuisine du chef dont les menus thématiques ("La promenade du pêcheur", "Le voyage gastronomique", etc.) invitent à un tour d'horizon... gustatif.
➜ Carpaccio de Saint-Jacques, combava et truffe d'automne. Ris de veau cuit au foin, blinis de ratte fumée. Tourte aux figues, glace au romarin.

LAVOUX – 86 Vienne – **322** J5 – rattaché à Poitiers

LAYE – 05 Hautes-Alpes – **334** E5 – rattaché à Col Bayard

LES LECQUES – 83 Var – **340** J6 – rattaché à St-Cyr-sur-Mer

LECTOURE – 32 Gers – 336 F6 – 3 766 h. – alt. 155 m – ✉ 32700 28 B2

Midi Toulousain

Paris 708 – Agen 39 – Auch 35 – Condom 26

place du Général-de-Gaulle, ✆ 05 62 68 76 98, www.lectoure.fr

Site★ - Promenade du bastion ≤★ - Musée municipal★.

Hôtel de Bastard

r. Lagrange – ✆ 05 62 68 82 44 – www.hotel-de-bastard.com – Fermé 23 déc.-28 janv.
27 ch – 50/100 € 50/100 € – 2 suites – 11 € – ½ P
Rest ***Restaurant de Bastard*** – voir les restaurants ci-après
En plein centre de la cité gersoise, ce bel hôtel particulier du 18e s. abrite des chambres coquettes et confortables – celles du 2e étage sont mansardées et climatisées. L'accueil souriant et professionnel ajoute à l'agrément des lieux.

Restaurant de Bastard

r. Lagrange – ✆ 05 62 68 82 44 – www.hotel-de-bastard.com – Fermé 23 déc.-28 janv., dim. soir, mardi midi et lundi
Rest – Formule 14 € – Menu 18 € (déj. en sem.), 30/62 € bc
De hauts plafonds, des toiles tendues aux murs, des tables bien dressées : un décor classique et harmonieux pour cette table gastronomique menée par un chef gascon qui connaît son métier. Beaux produits, technique soignée, intéressantes associations de saveurs : une table agréable.

L'Auberge des Bouviers

8 r. Montebello – ✆ 05 62 68 95 13 – www.auberge-des-bouviers.com – Fermé 1 sem. en juin, 12-30 nov., 1 sem. en fév., sam. midi, dim. soir et lundi
Rest – Formule 14 € – Menu 25 € – Carte 35/67 €
Chaleureux restaurant installé dans une demeure du 17e s. qui a conservé ses pierres et poutres apparentes. Cuisine dans l'air du temps qui fait la part belle au terroir.

LEGÉ – 44 Loire-Atlantique – 316 G6 – 4 232 h. – alt. 56 m – ✉ 44650 34 B3

Paris 424 – Nantes 44 – La Roche-sur-Yon 32

8, rue de la Chaussée, ✆ 02 40 26 30 49, www.ville-lege44.fr

Villa des Forges sans rest

Les Forges – ✆ 02 40 26 36 58 – www.villadesforges.com
5 ch – 65/95 € 75/105 €
Alliance des vieilles pierres et du design le plus contemporain dans cet ancien corps de ferme du 18e s. rénové par son propriétaire architecte. Beaux espaces, jacuzzi, étang et prés... Une agréable étape aux portes de la Vendée.

LÉGNY – 69 Rhône – 327 G4 – 571 h. – alt. 297 m – ✉ 69620 43 E1

Paris 454 – Bourg-en-Bresse 94 – Lyon 32 – Saint-Étienne 91

Côté Hôtel sans rest

Les Ponts Tarrets – ✆ 04 78 43 09 71 – www.cote-hotel.com – Fermé dim. soir
26 ch – 59/69 € 69/79 € – 9 €
Les thèmes de la forêt et des appellations beaujolaises sont à l'honneur dans les chambres de cet hôtel né en 2011. Il faut dire qu'à 30mn de Lyon, c'est un bon point de départ pour découvrir la région. Accueil sympathique et prix doux.

LEMBACH – 67 Bas-Rhin – 315 K2 – 1 733 h. – alt. 190 m – ✉ 67510 1 B1

Alsace Lorraine

Paris 470 – Bitche 32 – Haguenau 25 – Strasbourg 58

2, route de Bitche, ✆ 03 88 94 43 16, www.ot-lembach.com

Château de Fleckenstein★ NO : 7 km.

Au Heimbach sans rest

15 rte de Wissembourg – ✆ 03 88 94 43 46 – www.hotel-au-heimbach.fr
18 ch – 55/60 € 65/75 € – 10 €
Une belle maison à colombages au cœur d'un village du parc naturel régional des Vosges du Nord. On se sent bien dans les chambres, confortables et rustiques à souhait. Copieux petit-déjeuner et accueil convivial.

XXXX **Auberge du Cheval Blanc** (Pascal Bastian) avec ch
4 rte de Wissembourg – ✆ 03 88 94 41 86 – www.au-cheval-blanc.fr – Fermé 24 juin-12 juil. et 7 janv.-1er fév.
13 ch – 105/199 € 105/199 € – 14 €
Rest *(fermé vend. midi, lundi et mardi)* – Menu 48/95 € – Carte 70/95 €
Rest *D'Rössel Stub* ✆ 03 88 94 29 02 *(fermé merc. et jeudi)* – Menu 15 € (déj. en sem.), 26/35 € – Carte 27/44 €
Cossu et épuré, tout en conservant son charme typiquement alsacien... un ancien relais de poste du 18e s. très raffiné ! Carte fidèle aux grands classiques et plats inventifs. Luxueuses junior suites contemporaines (minispa). Au D'Rössel Stub, boiseries et recettes du terroir ; belles chambres traditionnelles à l'étage.
➜ Foie gras d'oie "Cheval Blanc". Canard de Challans glacé au miel épicé, en deux services. Saint-honoré revisité. **Vins** Riesling, Pinot noir.

à Gimbelhof 10 km au Nord par D 3, D 925 et rte forestière – ✉ 67510 Lembach

X **Gimbelhof** avec ch
– ✆ 03 88 94 43 58 – www.gimbelhof.com – Fermé 2 sem. en mars et 14 nov.-26 déc.
10 ch – 54/66 € 68/85 € – 7 € – ½ P
Rest *(fermé lundi et mardi)* – Menu 13 € (sem.), 25/35 € – Carte 19/52 €
Cette auberge forestière du "pays des trois frontières", au cœur du massif vosgien, séduira les amoureux de la nature. Ambiance rustique ; cuisine régionale. Pour l'étape, chambres confortables et très bien tenues.

LENS – 62 Pas-de-Calais – **301** J5 – 35 830 h. – Agglo. 511 345 h. **30** B2
– alt. 38 m – ✉ 62300 Nord Pas-de-Calais Picardie
Paris 199 – Arras 18 – Béthune 19 – Douai 24
26, rue de la Paix, ✆ 03 21 67 66 66, www.tourisme-lenslievin.fr

Lensotel
centre commercial Lens 2, 4 km au Nord ✉ 62880 – ✆ 03 21 79 36 36 – www.lensotel.com
70 ch – 79/89 € 87/99 € – 11 € – ½ P
Rest *Lensotel* – voir les restaurants ci-après
Parfait pour une escale au Louvre de Lens, cet établissement – au cœur d'une zone commerciale – propose des chambres de plain-pied et de bon confort. Préférez celles côté jardin !

XX **L'Arcadie II**
13 r. Decrombecque – ✆ 03 21 70 32 22 – www.restaurant-arcadie2.com – Fermé dim. soir et lundi soir
Rest – Menu 17 € (déj. en sem.), 34/54 € bc – Carte 35/56 €
Décor sobre et épuré (nappes et murs blancs, chaises en jonc de mer, etc.) pour cet élégant restaurant du centre-ville, dont la carte suit la valse des saisons. Agréable terrasse.

XX **Lensotel** – Hôtel Lensotel
centre commercial Lens 2, 4 km au Nord ✉ 62880 – ✆ 03 21 79 36 36 – www.lensotel.com
Rest – Menu 21/40 € – Carte 30/56 €
Avec sa cheminée monumentale et sa véranda donnant sur le jardin, l'endroit est plutôt plaisant ! En coulisse, le chef réalise une cuisine traditionnelle soignée : entrecôte Angus poêlée et moelle à la fleur de sel, filet de sandre au foie gras... Une bonne adresse.

LÉON – 40 Landes – **335** D11 – 1 830 h. – alt. 9 m – ✉ 40550 Aquitaine **3** B2
Paris 724 – Castets 14 – Dax 30 – Mont-de-Marsan 75
65, place Jean Baptiste Courtiau, ✆ 05 58 48 76 03, www.ot-leon.fr
de Moliets, à Moliets-et-Maa, Côte d'Argent - Club House, SO : 8 km par D 652 puis D 117, ✆ 05 58 48 54 65
Courant d'Huchet★ en barque NO : 1,5 km Aquitaine

Hôtel du Lac sans rest
2 r. des Berges-du-Lac – ✆ 05 58 48 73 11 – www.hoteldulac-leon.com – Ouvert de fin avril à fin sept.
14 ch – 57/70 € 57/70 € – 7 €
Les chambres, simples mais soignées, donnent pour la plupart sur le lac. Petits-déjeuners servis sous la véranda ou, en été, sur la terrasse au bord de l'eau.

LÉOTOING – **43 Haute-Loire** – **331** B1 – **205 h.** – **alt. 620 m** – **43410** 5 B2
Auvergne
Paris 478 – Aurillac 104 – Clermont-Ferrand 63 – Le Puy-en-Velay 79

À la Buissonnière
1 r. de l'École – ✆ 04 71 76 31 41 – www.alabuissonniere.com – Ouvert de mai à sept.
4 ch – 80/110 € 80/110 € **Table d'hôte** – Menu 24 € bc/40 € bc
Avec une Buissonnière comme celle-là, on risque de ne jamais retourner à l'école ! Profitez donc du village médiéval, du jardin et de ses roses en liberté, de la piscine qui domine les monts d'Auvergne, sans oublier les jolies chambres et la cuisine familiale de la propriétaire, à base de produits bio...

LESPERON – **40 Landes** – **335** E11 – **993 h.** – **alt. 75 m** – **40260** 3 B2
Paris 702 – Bordeaux 123 – Mont-de-Marsan 85 – Pau 141

Escalandes
35 r. du Commerce – ✆ 05 58 89 61 45 – www.hotel-escalandes.com – Fermé vend. soir et dim. de mi-sept. à juin
10 ch – 50/60 € 50/60 € – 8 € – ½ P
Rest *(fermé 20-31 déc., vend. soir et dim. de mi-sept. à juin et lundi midi)* – Menu 15 € (déj. en sem.)/24 € – Carte 34/39 €
Une architecture landaise typique, avec ses colombages et sa glycine. Dans les chambres, un réel effort de décoration a été fait, en toute simplicité. Ambiance campagne d'aujourd'hui au restaurant, pour une cuisine traditionnelle simple et efficace.

LES PLANCHES-PRÈS-ARBOIS – **39 Jura** – **321** E5 – **rattaché à Arbois**

LESPONNE – **65 Hautes-Pyrénées** – **342** M4 – **rattaché à Bagnères-de-Bigorre**

LESTELLE-BÉTHARRAM – **64 Pyrénées-Atlantiques** – **342** K6 – **826 h.** – **alt. 299 m** – **64800** Aquitaine 3 B3
Paris 801 – Laruns 35 – Lourdes 17 – Nay 8
Rue Albret, ✆ 05 59 61 93 59, www.lestelle-betharram.fr
Grottes★ de Bétharram S : 5 km.

Le Vieux Logis
2 km rte des Grottes de Bétharram par D 937 – ✆ 05 59 71 94 87 – www.hotel-levieuxlogis.com – Fermé 1er-7 nov., 21 déc.-3 janv., 1er-25 fév., dim. soir et lundi hors saison
33 ch – 75/90 € 85/100 € – 10 € – ½ P
Rest *(fermé lundi midi)* – Formule 18 € – Menu 24/35 € – Carte 38/51 €
À deux pas du Gave de Pau, chambres fonctionnelles dans le corps de cette ancienne ferme des années 1800. Bungalows rustiques disséminés dans l'agréable parc, proche des grottes de Bétharram. Au restaurant, cheminée d'époque et cuisine régionale simple.

LEUCATE – **11 Aude** – **344** J5 – **4 060 h.** – **alt. 21 m** – **11370** 22 B3
Languedoc Roussillon
Paris 821 – Carcassonne 88 – Narbonne 38 – Perpignan 35
Espace Henri de Monfreid, ✆ 04 68 40 91 31, www.tourisme-leucate.fr
★ du sémaphore du Cap E : 2 km.

Jardin des Filoche
64 av. Jean Jaurès – ✆ 04 68 40 01 12 – Fermé de déc. à fév., le midi sauf dim. et fériés, dim. soir, lundi et mardi d'oct. à mars
Rest – Menu 32 €
Un agréable restaurant – terrasse fleurie, jardin –, où l'on travaille en famille et dans la bonne humeur. Dans la salle, vue sur les cuisines et les bons plats traditionnels du chef... idéal pour les curieux ! Judicieux choix de crus locaux.

Klim & Ko (N)

Chemin du Phare – ✆ 04 68 70 06 84 – www.klimenko.fr – Fermé janv., mardi soir et merc.

Rest – Formule 28 € bc – Menu 35 € bc (déj. en sem.), 49/78 € – Carte 50/67 €

Naufragés affamés, vous voilà sauvés ! Au bout d'un chemin menant au phare, cet ancien relais de télévision, transformé en restaurant, est le nouveau repaire des gourmands. On s'y installe dans un cadre design pour savourer une cuisine dans l'air du temps... tout en regardant la mer.

à Port-Leucate 7 km au Sud par D 627 – ✉ 11370 Leucate

rue Henry de Monfreid, ✆ 04 68 40 91 31

Hôtel des deux Golfs sans rest

sur le port – ✆ 04 68 40 99 42 – www.hoteldes2golfs.com – Ouvert avril-oct.

30 ch – 40/50 € 50/70 € – 7 €

Entre lac et mer, un hôtel récent dont les chambres, simples, propres et pratiques, ont toutes une petite loggia donnant le plus souvent sur le port de plaisance.

LEUGNY – 89 Yonne – 319 D5 – 372 h. – alt. 225 m – ✉ 89130 7 B1

Paris 173 – Auxerre 23 – Dijon 171 – Nevers 99

22, rue des écoles, ✆ 03 86 47 62 72

La Borde (N) ch, ch,

à La Borde, 2 km à l'Ouest par D 52 – ✆ 03 86 47 69 01 – www.lbmh.fr – Ouvert mi mars-début nov.

5 ch – 310/325 € 310/325 € **Table d'hôte** – Menu 55 € bc

Poussez la grille en fer forgé et empruntez l'allée menant à cette demeure dont la partie la plus ancienne remonte au 14e s. Les chambres, calmes et confortables, portent des noms de fleurs : Jonquille, Aubépine, Rose, etc. Comme une invitation à découvrir le superbe parc...

LEUTENHEIM – 67 Bas-Rhin – 315 M3 – 855 h. – alt. 119 m – ✉ 67480 1 B1

Paris 501 – Haguenau 22 – Karlsruhe 46 – Strasbourg 45

Auberge Au Vieux Couvent

à Koenigsbruck, 4 km au Nord par D 163 – ✆ 03 88 86 39 86 – Fermé 5-14 mars, 13-28 août, lundi et mardi

Rest – Formule 9 € – Menu 30 € – Carte 29/50 €

Au fin fond de la forêt, une maison à colombages (fin du 17e s.) simple et rustique... On y apprécie de copieuses assiettes de spécialités régionales. De quoi donner envie d'entrer... au Vieux Couvent !

LEVALLOIS-PERRET – 92 Hauts-de-Seine – 311 J2 – 101 15 – voir à Paris, Environs

---

LEVERNOIS – 21 Côte-d'Or – 320 J8 – rattaché à Beaune

LEVIE – 2A Corse-du-Sud – 345 D9 – voir à Corse

LEYNES – 71 Saône-et-Loire – 320 I12 – 483 h. – alt. 340 m – ✉ 71570 8 C3

Paris 402 – Bourg-en-Bresse 51 – Charolles 58 – Mâcon 15

Le Fin Bec

pl. de la Mairie – ✆ 03 85 35 11 77 – www.lefinbec.com – Fermé janv., jeudi soir, dim. soir et lundi

Rest – Menu 21/36 € – Carte 35/56 €

N'ayez pas le bec fin en visant l'humble décor de ce petit restaurant villageois : l'accueil y est charmant et l'on y déguste une agréable cuisine traditionnelle : escargots, quenelles de brochets, grenouilles... Le tout à prix raisonnable !

LÉZIGNAN-CORBIÈRES – 11 Aude – 344 H3 – 10 224 h. – alt. 51 m 22 B3

– ✉ 11200 Languedoc Roussillon

Paris 804 – Carcassonne 39 – Narbonne 22 – Perpignan 85

9, cours de la République, ✆ 04 68 27 05 42, www.lezignan-corbieres.fr

Le Mas de Gaujac

r. Gustave Eiffel, Z. I. Gaujac vers accès A61 – ✆ 04 68 58 16 90 – www.masdegaujac.fr – Fermé 20-26 déc.
21 ch – †76/98 € ††76/98 € – ☕ 10 € – ½ P
Rest – Formule 17 € – Menu 20/38 € – Carte 26/47 €
Une bâtisse récente non loin de l'autoroute, vraiment pratique pour l'étape. Chambres simples, fraîches et agréables ; restaurant traditionnel.

La Maison de Marthe sans rest

37 bd Marx-Dormoy – ✆ 04 68 44 10 71 – www.lamaison-de-marthe.com
3 ch ☕ – †80/105 € ††85/115 €
Le sol de l'entrée portait ses initiales gravées dans le marbre : un signe pour celle qui a racheté cette bâtisse du 16e s. sur un coup de cœur, avant d'en faire une demeure bourgeoise du 21e s., chaleureuse, épurée... élégante ! Et pour les gourmands, le petit-déjeuner est exquis.

LEZOUX – 63 Puy-de-Dôme – **326** H8 – 5 570 h. – alt. 340 m – ✉ 63190 6 C2
Auvergne
▶ Paris 434 – Clermont-Ferrand 33 – Issoire 43 – Riom 38
ℹ Place de la Mairie, mairie, ✆ 04 73 73 01 00

Les Voyageurs avec ch

2 pl. de la Mairie – ✆ 04 73 73 10 49 – Fermé 10 août-1er sept. et 26 déc.-5 janv.
17 ch – †48/65 € ††56/70 € – ☕ 8 € – ½ P
Rest – Formule 13 € – Menu 14 € (déj. en sem.), 17/42 € – Carte 27/44 €
Nul besoin d'être un voyageur pour manger dans ce restaurant ! Aux fourneaux, le chef concocte des petits plats traditionnels. Dans la salle, rustique et colorée, on vous sert généreusement. Le tout à petits prix. Chambres pour l'étape.

à Bort-l'Étang 8 km au Sud-Est par D 223 et D 309 – 571 h. – alt. 420 m – ✉ 63190

☀★ de la terrasse du château★ à Ravel O : 5 km.

Château de Codignat

Ouest : 1 km – ✆ 04 73 68 43 03 – www.codignat.com – Ouvert 27 mars-14 oct.
15 ch – †225/375 € ††225/375 € – 4 suites – ☕ 25 €
Rest *Château de Codignat* ✿ – voir les restaurants ci-après
Les chambres évoquent Barbe-Bleue, Louis XI, Jacques Cœur, etc. Dans toutes, on a l'impression d'être plongé au cœur d'un conte médiéval. Imprimés soyeux, balustres dorées, dais sculptés : ce château du 15e s. n'a rien d'un ogre, mais d'une fée !

Château de Codignat

Ouest : 1 km – ✆ 04 73 68 43 03 – www.codignat.com – Ouvert 27 mars-14 oct. et fermé le midi du lundi au vend. sauf fériés
Rest *(nombre de couverts limité, réserver)* – Menu 57/120 € – Carte 90/108 €
Le chef signe une cuisine originale, marquée par le jeu subtil des saveurs. Quant au décor, il est élégant, avec une pointe de faste qui rappelle l'atmosphère des buffets châtelains d'antan... On passe un beau moment en ces lieux.
➜ Foie gras. Agneau du Bourbonnais. Déclinaison de chocolats. **Vins** Côtes d'Auvergne, Saint-Pourçain.

à l'Ouest 5 km par N 89 ✉63190 Seychalles

Chante Bise

à Courcourt – ✆ 04 73 62 91 41 – www.restaurant-chantebise63.com – Fermé 16 août-6 sept., 16 fév.-7 mars, mardi soir et jeudi soir de déc. à mars, dim. soir, merc. soir et lundi
Rest – Formule 12 € – Menu 21/38 € – Carte 30/42 €
"La cigale, ayant chanté tout l'été, se trouva fort dépourvue quand la bise fut venue..." Contrairement à la fable de La Fontaine, ici, point de pénurie ! Toute l'année, les gourmands apprécient une agréable cuisine traditionnelle. Accueil chaleureux.

LIBOURNE – 33 Gironde – **335** J5 – 23 830 h. – alt. 7 m – ✉ 33500 **3** B1

Aquitaine

Paris 576 – Agen 129 – Bergerac 64 – Bordeaux 30

40, place Abel Surchamp, ✆ 05 57 51 15 04, www.libourne-tourisme.com

de Teynac, à Beychac-et-Caillau, Domaine de Teynac, par rte de Bordeaux et D 1089 : 15 km, ✆ 05 56 72 85 62

de Bordeaux Cameyrac, à Saint-Sulpice-et-Cameyrac, par rte de Bordeaux et D1089 : 16 km, ✆ 05 56 72 96 79

Mercure sans rest

3 quai Souchet – ✆ 05 57 25 64 18 – www.mercure-libourne-saint-emilion.com

81 ch – †82/127 € ††82/127 € – 3 suites – ☕ 15 € AYt

Un Mercure contemporain sur les quais de la Dordogne. Chambres confortables et bien tenues, avec douche à l'italienne ; offre bio au petit-déjeuner.

LIBOURNE

Amade (Q. du Gén.-d') ..... AZ 4
Clemenceau (Av. G.) .... BY 5
Decazes (Pl.) .... BY 6
Ferry (R. J.) .... AZ 7
Foch (Av. du Mar.) .... BY 8
Gambetta (R.) .... ABY
Jean-Jaurès (R.) .... ABZ
J.-J.-Rousseau (R.) .... ABZ 10
Lattre-de-Tassigny (Pl. du Mar.-de) .... AZ 14
Montaigne (R. M.) .... BZ 21
Montesquieu (R.) .... BY 23
Prés.-Carnot (R. du) .... ABY
Prés.-Doumer (R. du) .... ABY 28
Prés.-Wilson (R. du) .... BY 29
Princeteau (Pl.) .... ABY 30
Salinières (Quai des) ...... AY 35
Surchamp (Pl. A.) .... AZ
Thiers (R.) .... AZ
Waldeck-Rousseau (R.) ...... AY 45

Hôtel de France sans rest
7 r. Chanzy – ✆ 05 57 51 01 66 – www.hoteldefrancelibourne.com BYa
25 ch – †62/147 € ††67/147 € – ☐ 10 €
Un relais de poste qui marie habilement tradition et modernité ! Résultat : un endroit chaleureux avec des chambres agréables, dont les plus haut de gamme sont très confortables.

Chez Servais
14 pl. Decazes – ✆ 05 57 51 83 97 – Fermé 1er-9 mai, 16-30 août, dim. soir et lundi
Rest – Formule 19 € – Menu 28/54 € BYn
Rognons de veau, bar rôti, tarte fine de Saint-Jacques... Le chef connaît ses classiques et fait la part belle au poisson. Un Servais généreux, décontracté, à prix plutôt doux et... au cœur de la bastide !

Bord d'Eau
par ⑤ : 1,5 km – ✆ 05 57 51 99 91 – Fermé 23-30 sept., 12-26 nov., 17 fév.-4 mars, merc. soir, dim. soir et lundi
Rest – Menu 20 € (sem.), 33/41 € – Carte 40/45 €
Appétissante cuisine du marché avec vue imprenable sur la Dordogne ! Il faut dire que la maison, sur pilotis, borde la rivière...

à La Rivière 6 km à l'Ouest par⑤ – 330 h. – alt. 6 m – ✉ 33126

Château de La Rivière sans rest
par D 670 – ✆ 05 57 55 56 51 – www.vignobles-gregoire.com – Ouvert de mars à oct.
5 ch ☐ – †130/192 € ††151/213 €
Un château de la Renaissance restauré par Viollet-le-Duc. Les chambres, spacieuses et confortables, cultivent évidemment leur esprit... châtelain. Au petit-déjeuner, on se régale de pâtisseries maison et, pour le cachet, on visite les caves souterraines du domaine.

LIÈPVRE – 68 Haut-Rhin – 315 H7 – 1 751 h. – alt. 272 m – ✉ 68660 2 C1

Alsace Lorraine

▶ Paris 428 – Colmar 35 – Ribeauvillé 27 – St-Dié 31

à La Vancelle (Bas-Rhin) 2,5 km au Nord-Est par D 167 – 390 h. – alt. 400 m – ✉ 67730

Auberge Frankenbourg (Sébastien Buecher) avec ch
13 r. du Gén.-de-Gaulle – ✆ 03 88 57 93 90 rest, ch,
– www.frankenbourg.com – Fermé 30 juin-13 juil., 8-16 nov., 15 fév.-7 mars
11 ch – †75 € ††85 € – ☐ 12 € – ½ P
Rest *(fermé mardi soir et merc.)* – Menu 32 € (sem.), 49/70 € – Carte 54/69 €
Dans cette auberge née au début du 20e s., dont le décor mêle boiseries et esprit zen, officient deux frères pleins d'allant. Sébastien réalise une cuisine de produits, goûteuse et élégante, tandis que Guillaume mène le jeu en salle. Quelques chambres permettent de prolonger l'étape...
➔ Foie gras de canard, fruits de saison. Pigeon d'Alsace. Pêche Melba version 2013. Vins Muscat, Riesling.

LIESSIES – 59 Nord – 302 M7 – 541 h. – alt. 165 m – ✉ 59740 31 D3

Nord Pas-de-Calais Picardie

▶ Paris 223 – Avesnes-sur-Helpe 14 – Charleroi 48 – Hirson 24

ℹ 20, rue du Maréchal Foch, ✆ 03 27 57 91 11

Parc départemental du Val Joly★ E : 5 km.

Château de la Motte ch,
14 r. de la Motte, 1 km au Sud par rte secondaire – ✆ 03 27 61 81 94 – www.chateaudelamotte.fr – Fermé 16 déc.-8 fév.
10 ch – †64 € ††79 € – ☐ 10 € – ½ P
Rest *(fermé dim. soir et lundi midi hors saison)* – Formule 18 € – Menu 24 € (sem.), 41 € bc/65 € – Carte 40/61 €
En pleine campagne, cette demeure fut la maison de retraite des moines de l'abbaye voisine ! Difficile de faire plus paisible... Les chambres sont agréables et fonctionnelles et, au restaurant, on savoure une cuisine traditionnelle et régionale.

Le Carillon

1 r. Roger-Salengro, (face à l'église) – ✆ 03 27 61 80 21 – www.le-carillon.com – Fermé 21-28 août, 13-27 nov., 13 fév.-6 mars, lundi soir, mardi soir, jeudi soir, dim. soir et merc.

Rest *(nombre de couverts limité, réserver)* – Menu 20 € (sem.), 28/46 €

Une terrasse sous les platanes, des poutres apparentes, une petite épicerie fine : cette maison a du charme. À la carte, les beaux produits du terroir carillonnent harmonieusement sur un air bien gourmand !

LIEUSAINT – 77 Seine-et-Marne – 312 E4 – 101 38 – voir à Paris, Environs (Sénart)

voir à Paris, Environs (Sénart)

LA LIEZ (LAC DE) – 52 Haute-Marne – 313 M6 – rattaché à Langres

LIFFRE – 35 Ille-et-Vilaine – 309 M5 – 6 756 h. – alt. 95 m – ✉ 35340 10 D2

▶ Paris 359 – Laval 84 – Rennes 25 – Saint-Lô 131

Hôtel La Reposée

La Quinte, sortie 26 sur A 84 – ✆ 02 99 68 31 51 – www.hotel-la-reposee.com – Fermé 4-21 août

25 ch – 🚹70/85 € 🚹🚹80/95 € – ☕ 11 € – ½ P

Rest ***L'Escu de Runfao*** – voir les restaurants ci-après

Près de l'autoroute, certes, mais dans un joli parc verdoyant. Avec ses chambres bien tenues et sa salle de séminaire, cette grande bâtisse d'inspiration bretonne est sympathique et bien pratique.

L'Escu de Runfao – Hôtel La Reposée

La Quinte, sortie 26 sur A 84 – ✆ 02 99 68 31 51 – www.hotel-la-reposee.com – Fermé 4-21 août, 1 sem. vacances de fév., sam. midi et dim. soir

Rest – Menu 24 € (déj. en sem.), 30/55 € – Carte 62/90 €

Fleur de courgette farcie au rouget barbet, risotto aux langoustines, ris de veau et homard breton au sauterne... une cuisine de saison à savourer dans une atmosphère cosy et contemporaine, en admirant le grand jardin.

LIGNY-EN-CAMBRÉSIS – 59 Nord – 302 I7 – 1 749 h. – alt. 127 m – ✉ 59191 31 C3

▶ Paris 193 – Arras 51 – Cambrai 17 – Valenciennes 42

Château de Ligny

2 r. Pierre Curie – ✆ 03 27 85 25 84 – www.chateau-de-ligny.fr – Fermé 1er-15 août, fév., dim. soir, lundi et mardi

21 ch – 🚹120/440 € 🚹🚹120/440 € – 5 suites – ☕ 15 € – ½ P

Rest ***Château de Ligny*** ✿ – voir les restaurants ci-après

Une tour médiévale, un beau manoir de la Renaissance flamande et une "Résidence" construite en 2001 dans l'esprit des lieux. Une page d'histoire... et de confort ! Les chambres sont très raffinées, dans une veine classique (plus spacieuses dans l'aile récente).

Château de Ligny

2 r. Pierre Curie – ✆ 03 27 85 25 84 – www.chateau-de-ligny.fr – Fermé 1er-15 août, fév., dim. soir, lundi et mardi

Rest – Formule 32 € – Menu 60/100 € – Carte 71/99 € ✿✿

Salle d'armes ou bibliothèque ? En ces lieux, l'atmosphère est aristocratique à souhait (boiseries, tentures, cheminée en bois sculpté, etc.), servant à merveille une cuisine gastronomique très maîtrisée, aux saveurs marquées.

➜ Foie gras de canard des Landes cuit au torchon, marmelade acidulée, pain de campagne grillé. Sole et petits crustacés mijotés dans une bisque de crevettes grises. Soufflé chaud à la chicorée et son coulis.

LILLE

Plans de la ville pages suivantes **31** C2

© B. Rieger/Hemis.fr

🅿 – **59** – **Nord** – **226 827 h.** – **Agglo. 1 014 239 h.** – **alt. 10 m** – ✉ **59000**
– **302** G4 – Nord Pas-de-Calais Picardie

Paris 223 – Bruxelles 114 – Gent 75 – Luxembourg 310

place Rihour, ✆08 91 56 20 04, www.lilletourism.com

Aéroport

Lille-Lesquin : ✆ 0 891 67 32 10 (0,23 €/mn), 7 km par A1 3HT.

Quelques golfs

Lille Métropole, à Ronchin, Rond Point des Acacias, ✆03 20 47 42 42

du Sart, à Villeneuve-d'Ascq, 5 rue Jean Jaurès, par D 656 : 7 km, ✆03 20 72 02 51

de Bondues, à Bondues, Château de la Vigne, Nord : 10 km, ✆03 20 23 20 62

des Flandres, à Marcq-en-Baroeul, 159 boulevard Clemenceau, par D 670 : 4,5 km, ✆03 20 72 20 74

de Brigode, à Villeneuve-d'Ascq, 36 avenue du Golf, par D146 : 9 km, ✆03 20 91 17 86

A VOIR

Le quartier St-Sauveur, autour de l'Hôtel de Ville : porte de Paris★1FZ, vue★ du beffroi de l'Hôtel de Ville • Palais des Beaux-Arts★★★1EZ

Le Vieux Lille★★EY **:** vieille Bourse★★, demeure de Gilles de la Boé★ (29 place Louise-de-Bettignies) • Rue de la Monnaie★ • Hospice Comtesse★ • Maison natale du Général de Gaulle★1EY • Église St-Maurice★1EFY • La Citadelle★4BV

Les quartiers qui bougent : place du Général de Gaulle ou Grand'Place★1EY • Place Rihour1EY • Rue de Béthune, pour ses cinémas1EYZ • Euralille et la tour du Crédit Lyonnais★ • Autour de la gare Lille-Flandres1FY

...Et aux environs : Villeneuve d'Ascq, le musée d'Art moderne★★3HS**M** • Bondues, le château du Vert-Bois★3HR • Bouvines, les vitraux de l'église et l'évocation de la bataille 3JT • Marché de Wazemmes★ • Gare St-Sauveur★

Barrière Lille
777 bis Pont-de-Flandres ✉ *59777* – ✆ *03 28 14 45 00* – *www.lucienbarriere.com*
142 ch – 🚹214/254 € 🚹🚹214/254 € – 17 suites – ☕ 18 € **1FYa**
Rest *Les Hauts de Lille* ✆ 03 28 14 45 50 – Menu 30/89 € bc – Carte 50/75 €
Rest *La Terrasse du Parc* – Formule 17 € – Menu 27 € bc – Carte environ 30 €
Dans ce grand bâtiment de verre, on peut aller au théâtre, au casino et... regagner en un clin d'œil son hôtel – le dernier né du groupe Barrière (2010). Espace, lumière, luxe sans ostentation : de très séduisantes prestations. Pour une pause chic et gourmande autour d'une belle cuisine de saison, rendez-vous aux Hauts de Lille. Ambiance brasserie à La Terrasse du Parc.

L'Hermitage Gantois rest,
224 r. de Paris – ✆ *03 20 85 30 30* – *www.hotelhermitagegantois.com*
72 ch – 🚹159/295 € 🚹🚹159/295 € – ☕ 21 € **1EZb**
Rest *(fermé 28 juil.-22 août, 2-14 janv., sam. midi, dim. et lundi)*
– Formule 48 € bc – Menu 52/72 € – Carte 57/80 €
Rest *L'Estaminet* – Carte 25/37 €
Fondé vers 1460, cet ancien hospice est devenu hôtel en 2003. Architectures anciennes, nouveau classicisme contemporain, cours et patios intérieurs... de quoi vouloir vivre en ermite ! Le restaurant gastronomique ne manque pas d'élégance, tandis que l'estaminet cultive joliment l'esprit du Nord.

Couvent des Minimes Alliance
17 quai du Wault ✉ *59800* – ✆ *03 20 30 62 62*
– *www.alliance-lille.com* **4BVd**
80 ch – 🚹250/280 € 🚹🚹250/280 € – 3 suites – ☕ 19 €
Rest *Le Jardin du Cloître* – Menu 29/33 € – Carte 39/55 €
Un lieu chargé d'histoire, à deux pas de la citadelle. Dans ce joli couvent du 17e s., on profite de chambres spacieuses et élégantes... Une belle idée du bien-être et de la détente ! Au restaurant, mariage réussi du contemporain et de l'ancien autour d'une carte dans l'air du temps ; piano-bar.

Crowne Plaza rest,
335 bd Leeds – ✆ *03 20 42 46 46* – *www.lille-crowneplaza.com* **1FYn**
121 ch – 🚹199/239 € 🚹🚹199/239 € – ☕ 19 € – ½ P
Rest – Formule 21 € – Menu 24 € (déj. en sem.), 30/35 € – Carte 39/58 €
Face à la gare TGV, de vastes chambres contemporaines, zen et très bien équipées, certaines avec une vue superbe sur Lille et son beffroi. Décor design (mobilier signé Starck), carte actuelle et formules buffet au restaurant.

Grand Hôtel Bellevue sans rest
5 r. Jean Roisin – ✆ *03 20 57 45 64* – *www.grandhotelbellevue.com*
60 ch – 🚹115/210 € 🚹🚹115/210 € – ☕ 14 € **1EYa**
Idéal pour profiter pleinement des charmes de la ville ! Les chambres, fraîches et pimpantes, ne manquent pas d'allure (mobilier de style Directoire, salles de bains en marbre) et les plus prisées donnent sur la Grand'Place.

Novotel Lille Centre Gares
49 r. de Tournai ✉ *59800* – ✆ *03 28 38 67 00* – *www.novotel.com* **1FZu**
96 ch – 🚹95/191 € 🚹🚹95/191 € – 5 suites – ☕ 16 €
Rest – Formule 19 € – Carte 24/40 €
Près de la gare Lille-Flandres, un Novotel entièrement rénové en 2009 : pratique et confortable, tant pour la clientèle d'affaires que les touristes.

Mercure Centre Opéra sans rest
2 bd Carnot ✉ *59800* – ✆ *03 20 14 71 47* – *www.mercure.com* **1EYh**
101 ch – 🚹111/211 € 🚹🚹111/211 € – ☕ 16 €
En plein centre-ville, juste derrière le théâtre, un décor soigné : chambres d'inspiration flamande (mobilier façon Art déco) ; élégant salon.

Art Déco Romarin sans rest
110 r. République, à la Madeleine – ✆ *03 20 14 81 81*
– *www.hotel-artdecolille.com* **1FYt**
56 ch – 🚹69/146 € 🚹🚹69/146 € – ☕ 13 €
Sur une avenue passante, mais très bien insonorisé. Les chambres sont classiques et agréables, dans un style qui s'inspire de l'Art déco ; au bar, l'atmosphère est très feutrée.

Anatole-France (R.) . . . . EY 3
Barre (R. de la) . . . . EY 9
Béthune (R. de) . . . . EYZ
Bettignies (Pl. L. de) . . . . . . EY 16
Chats-Bossus (R. des) . . . . EY 27
Debierre (R. Ch.) . . . . FZ 43
Delesalle (R. E.) . . . . EZ 45
Déportés (R. des) . . . . FY 46
Dr-Calmette (Bd) . . . . FY 51
Esquermoise (R.) . . . . EY
Faidherbe (R.) . . . . EY
Faubourg-de-Roubaix (R. du) . . . . FY 55
Fosses (R. des) . . . . EYZ 61
Gambetta (R. Léon) . . . . . DEZ
Gare (Pl. de la) . . . . FY 65
Gaulle (Pl. Gén.-de) . . . . EY 66
Grande-Chaussée (R. de la) . . . . EY 73
Hôpital-Militaire (R.) . . . . . . EY 78
Jacquemars-Giélée (R.) . . . . EZ 81
Jardins (R. des) . . . . EY 83
Kennedy (Av. Prés.) . . . . FZ 86
Lebas (Bd J. B.) . . . . FZ 93
Lefèvre (R. G.) . . . . FZ 100
Lepelletier (R.) . . . . EY 102
Maillotte (R.) . . . . EZ 105
Mendès-France (Pl.) . . . . EY 115
Monnaie (R. de la) . . . . EY 120
Nationale (R.) . . . . DEYZ
Neuve (R.) . . . . EY 123
Pasteur (Bd L.) . . . . FY 125
Réduit (R. du) . . . . FZ 132
Rihour (Pl.) . . . . EY 133
Roisin (R. Jean) . . . . EY 135
Rotterdam (Parvis de) . . . . . FY 137
Roubaix (R. de) . . . . EFY 138
St-Génois (R.) . . . . EY 139
St-Venant (Av. Ch.) . . . . . . FYZ 141
Sec-Arembault (R. du) . . . . EY 144
Suisses (Pl. des) . . . . FY 146
Tanneurs (R. des) . . . . EYZ 147
Tenremonde (R.) . . . . EY 148
Théâtre (Pl. du) . . . . EY 150
Trois-Mollettes (R. des) . . . . EY 154
Vieille-Comédie (R. de la) . . . . EY 162

HAUBOURDIN

Carnot (R. Sadi) . . . . GT 22
Vanderhaghen (R. A.) . . . . GT 157

HELLEMMES-LILLE

Salengro (R. Roger) . . . . HS 142

HEM

Clemenceau (Bd G.) . . . . JS 28
Croix (R. de) . . . . JS 40
Gaulle (Av. Ch.-de) . . . . JS 64

LAMBERSART

Hippodrome (Av. de l') . . . . . . GS 76

LANNOY

Leclerc (R. du Gén.) . . . . JS 97
Tournai (R. de) . . . . JS 153

LA MADELEINE

Gambetta (R.) . . . . GS 63
Gaulle (R. du Gén.-de) . . . . . . HS 69
Lalau (R.) . . . . HS 87

LILLE

Arras (R. du Fg d') . . . . GT 4
Postes (R. du Fg des) . . . . . . GST 129

LOMME

Dunkerque (Av. de) . . . . GS 52

LOOS

Doumer (R. Paul) . . . . GT 49
Foch (R. du Mar.) . . . . GST 58
Potié (R. Georges) . . . . GT 130

LYS-LEZ-LANNOY

Guesde (R. Jules) . . . . JS 75
Lebas (R. J.-B.) . . . . JS 94

MARCQ-EN-BARŒUL

Clemenceau (Bd) . . . . HS 30
Couture (R. de la) . . . . HS 39
Foch (Av. Mar.) . . . . HS 57
Nationale (R.) . . . . HS 122

MARQUETTE-LEZ-LILLE

Lille (R. de) . . . . GS 103
Menin (R. de) . . . . HS 117

MONS-EN-BARŒUL

Gaulle (R. du Gén.-de) . . . . . . HS 70

MOUVAUX

Carnot (Bd) . . . . HR 21

ST-ANDRÉ-LEZ-LILLE

Lattre-de-Tassigny (Av. du Mar.-de) GS 91
Leclerc (R. du Gén.) . . . . GS 99

TOUFFLERS

Déportés (R. des) . . . . JS 48

TOURCOING

Yser (R. de l') . . . . JR 165
3-Pierres (R. des) . . . . JR 166

VILLENEUVE-D'ASCQ

Ouest (Bd de l') . . . . HS 124
Ronsse (R. Ch.) . . . . JT 136
Tournai (Bd de) . . . . JT 151

WAMBRECHIES

Marquette (R. de) . . . . GZ 108

WATTIGNIES

Clemenceau (R.) . . . . GT 31
Gaulle (R. du Gén.-de) . . . . . . GT 72
Victor-Hugo (R.) . . . . GT 160

WATTRELOS

Carnot (R.) . . . . JRS 24
Jean-Jaurès (R.) . . . . JR 82
Lebas (R. J.-B.) . . . . JR 96
Mont-à-Leux (R. du) . . . . JR 121

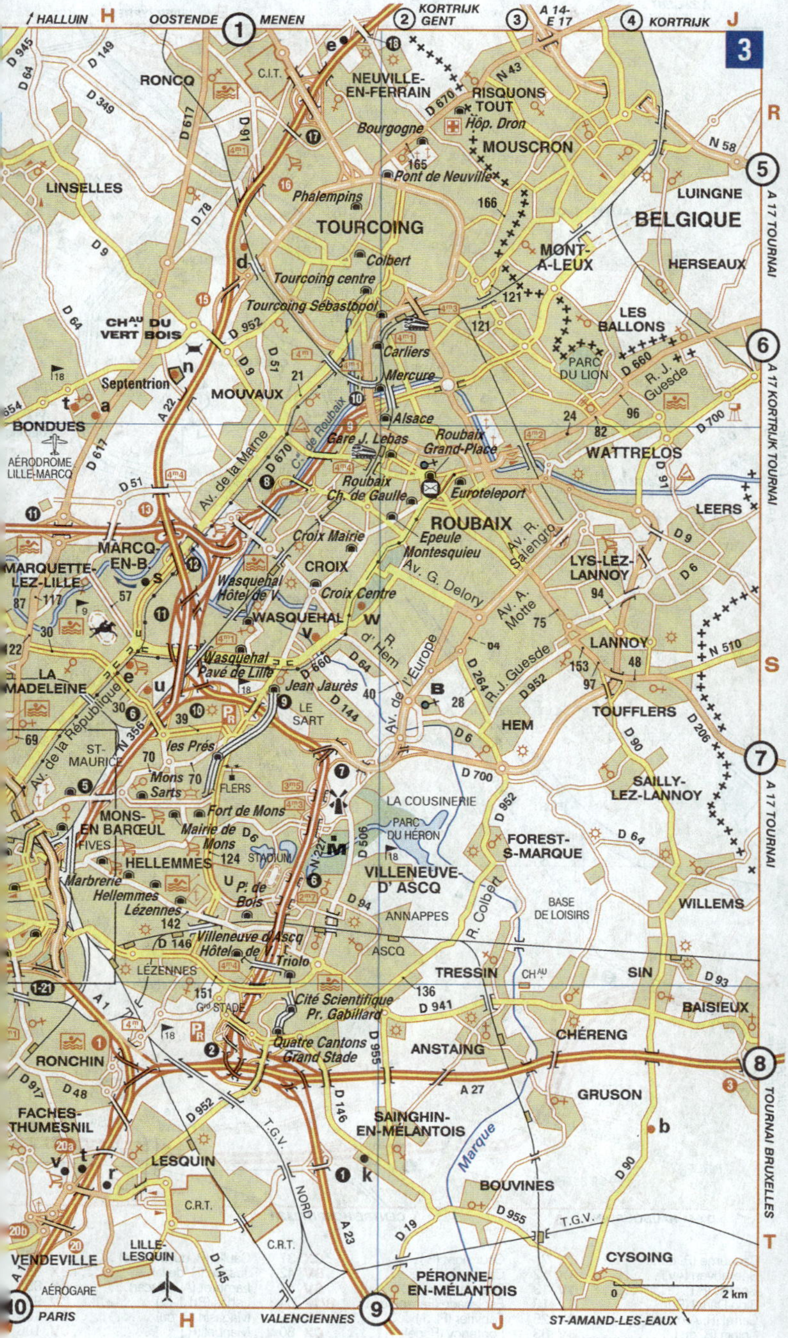
HALLUIN
H
OOSTENDE
1
MENEN
2 KORTRIJK GENT
3 A 14-E 17
4 KORTRIJK
J
3
R
RONCQ
C.I.T.
NEUVILLE-EN-FERRAIN
RISQUONS TOUT
Hôp. Dron
MOUSCRON
Bourgogne
165
Pont de Neuville
N 43
N 58
5
LUINGNE
LINSELLES
Phalempins
TOURCOING
166
BELGIQUE
A 17 TOURNAI
Colbert
MONT-A-LEUX
HERSEAUX
Tourcoing centre
Tourcoing Sébastopol
121
LES BALLONS
CH^AU DU VERT BOIS
Carliers
PARC DU LION
6
Septentrion
Mercure
R. J. Guesde
A 17 KORTRIJK TOURNAI
MOUVAUX
Alsace
BONDUES
Gare J. Lebas
Roubaix Grand-Place
WATTRELOS
AÉRODROME LILLE-MARCQ
Av. de la Marne
Roubaix Ch. de Gaulle
Euroteleport
LEERS
ROUBAIX
Croix Mairie
Epeule Montesquieu
Av. R. Salengro
MARCQ-EN-B.
LYS-LEZ-LANNOY
MARQUETTE-LEZ-LILLE
CROIX
Wasquehal Hôtel de V.
Croix Centre
Av. G. Delory
WASQUEHAL
Av. A. Motte
LANNOY
N 510
R. d'Hem
Wasquehal Pavé de Lille
S
LA MADELEINE
Jean Jaurès
LE SART
Av. de l'Europe
R. J. Guesde
TOUFFLERS
HEM
Av. de la République
ST-MAURICE
les Prés
7
A 17 TOURNAI
Mons Sarts
FLERS
LA COUSINERIE
SAILLY-LEZ-LANNOY
MONS-EN BARŒUL
Fort de Mons
PARC DU HÉRON
FIVES
Mairie de Mons
FOREST-S-MARQUE
HELLEMMES
STADIUM
VILLENEUVE-D' ASCQ
Marbrerie
Hellemmes
P. de Bois
Lézennes
ANNAPPES
R. Colbert
BASE DE LOISIRS
WILLEMS
Villeneuve d'Ascq Hôtel de V.
Triolo
ASCQ
LÉZENNES
TRESSIN
CH^AU
SIN
G^d STADE
Cité Scientifique Pr. Gabillard
BAISIEUX
CHÉRENG
RONCHIN
Quatre Cantons Grand Stade
ANSTAING
8
A 27
GRUSON
FACHES-THUMESNIL
SAINGHIN-EN-MÉLANTOIS
T.G.V.
Marque
LESQUIN
NORD
BOUVINES
C.R.T.
A 23
T.G.V.
TOURNAI BRUXELLES
LILLE-LESQUIN
C.R.T.
T
VENDEVILLE
CYSOING
AÉROGARE
PÉRONNE-EN-MÉLANTOIS
0
2 km
10 PARIS
H
VALENCIENNES
9
J
ST-AMAND-LES-EAUX

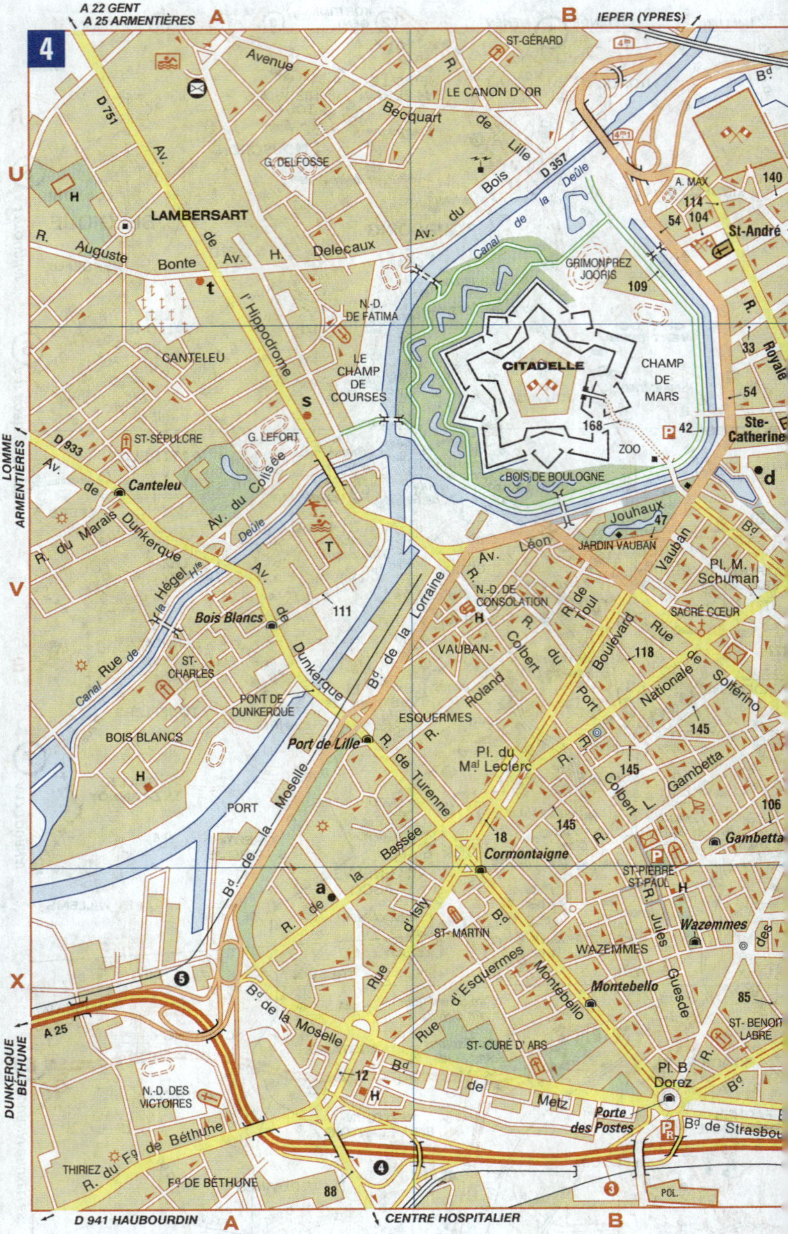
A 22 GENT
A 25 ARMENTIÈRES
A
B
IEPER (YPRES)
4
U
V
X
LOMME
ARMENTIÈRES
DUNKERQUE
BÉTHUNE
D 941 HAUBOURDIN
CENTRE HOSPITALIER
LAMBERSART
ST-GÉRARD
LE CANON D' OR
G. DELFOSSE
Avenue
R. Becquart de Lille
Av. du Bois
D 357
Canal de la Deûle
D 751
Av. de l'Hippodrome
R. Auguste Bonte
Av. H. Delecaux
N.-D. DE FATIMA
LE CHAMP DE COURSES
CANTELEU
GRIMONPREZ JOORIS
109
CITADELLE
CHAMP DE MARS
168
ZOO
42
BOIS DE BOULOGNE
A. MAX
114
104
54
140
St-André
R. Royale
33
54
Ste-Catherine
d
t
s
ST-SÉPULCRE
G. LEFORT
D 933
Av. de Dunkerque
Canteleu
R. du Marais
Av. du Colisée
Deûle
T
Jouhaux
47
JARDIN VAUBAN
Av. Léon
Bd Vauban
Pl. M. Schuman
Bd
SACRÉ CŒUR
R. N.-D. DE CONSOLATION
H
R. de Toul
VAUBAN-
R. Colbert
R. du Port
Boulevard
118
Rue Nationale
Rue de Solférino
R. de la Hégel
Bois Blancs
111
Canal Rue de
ST-CHARLES
PONT DE DUNKERQUE
Bd de la Lorraine
ESQUERMES
R. Roland
145
145
R. Gambetta
106
Gambetta
BOIS BLANCS
Port de Lille
Pl. du Mal Leclerc
R. Colbert
145
18
Cormontaigne
PORT
Bd de la Moselle
R. de Turenne
Rue de la Bassée
a
ST-PIERRE ST-PAUL
R. Jules Guesde
Wazemmes
WAZEMMES
ST- MARTIN
Rue d'Isly
Bd Montebello
Montebello
Rue d'Esquermes
85
ST- BENOIT LABRÉ
A 25
5
Bd de la Moselle
ST- CURÉ D' ARS
Pl. B. Dorez
12
Bd de Metz
N.-D. DES VICTOIRES
R. du Fg de Béthune
Porte des Postes
Bd de Strasbourg
THIRIEZ
Fg DE BÉTHUNE
4
88
3
POL.

C
OOSTENDE
A 22 GENT, ROUBAIX, TOURCOING
D
5
U
V
X
LA MADELEINE
N.-D. DE LOURDES
Av. de la République
R. É. Zola
R. du Buisson
N.-D. DE PELLEVOISIN
PARC MONCEAU
Ballon
R. de la Madeleine
R. de la Louvière
ST-MAURICE PELLEVOISIN
St-Maurice Pellevoisin
Schuman
Av. W. Churchill
Bd P. de Coubertin
Pte de Gand
R. de Gand
Carref. Pasteur
CIMETIÈRE DE L' EST
HÔTEL DE LA COMMUNAUTÉ URBAINE
Rue du
Roubaix
ST-MAURICE DES CHAMPS
R. St-Gabriel
D 14
R. du Fg de
N 356
HOSPICE COMTESSE
VIEUX LILLE
Bd Carnot
GARE T.G.V. LILLE-EUROPE
Gare Lille-Europe
TOUR DU CRÉDIT LYONNAIS
Opéra
VIEILLE BOURSE
Gare Lille Flandres
CENTRE EURALILLE
LILLE FLANDRES
R. Eugène Jacquet
PARC DES DONDAINES
Caulier
CASINO
Nationale
Rihour
ST-MAURICE
CITÉ ADMTIVE
PONT DES FLANDRES
N.-D. DE FIVES
FIVES
Fives
Legrand
R. Pierre
HÔTEL DU DÉPARTEMENT
CENTRE
ZÉNITH
LILLE GRAND PALAIS
Mairie de Lille
ST-SAUVEUR
Bd E. Dubuisson
République-Beaux Arts
PALAIS DES BEAUX-ARTS
R. de la Liberté
HÔTEL DE RÉGION
Lille Grand Palais
E.N.S.A.M.
Bd du Prés. Hoover
A. BALLET
R. du Long Pot
D 941
R. de Solférino
R. C. Guérin
GARE ST-SAUVEUR
R. de Cambrai
D 651
ST-LOUIS
Rue Postes
Rue d'Artois
Hugo
Victor-
R. d'Arras
MOULINS
R. de Douai
R. de Trévise
ST-VINCENT DE PAUL
Porte de Valenciennes
Av. D. Cordonnier
PONT DE TOURNAI
R. Matteotti
Av. J. Perrin
Bd de Belfort
VILLENEUVE D'ASCQ
Rue
Porte d'Arras
Bd d'Alsace
J. BOUIN
Porte de Douai
JARDIN DES PLANTES
Fg DE DOUAI
A 1
LILLE
0
300 m
D 549 SECLIN
PARIS
A 23 VALENCIENNES

Hôtel de la Paix sans rest
46 bis r. de Paris – 03 20 54 63 93 – www.hotel-la-paix.com **1EYr**
36 ch – 75/115 € 85/120 € – 9 €
Artiste dans l'âme, la propriétaire de cet hôtel (1782) expose des reproductions de tableaux et a réalisé la fresque qui orne la salle des petits-déjeuners. Chambres classiques et douillettes.

Hôtel Up sans rest
17 pl. des Reignaux – 03 20 06 06 93 – www.hotelup.fr **1EYy**
27 ch – 89/216 € 89/216 € – 15 €
Près de la gare, un hôtel contemporain mêlant épure et touches de fantaisie, une équipe accueillante et un petit-déjeuner très appétissant (buffet) : hip hip hip pour Up !

Hôtel de la Treille sans rest
7/9 pl. Louise-de-Bettignies – 03 20 55 45 46 – www.hoteldelatreille.com
40 ch – 70/160 € 75/170 € – 14 € **1EYb**
Idéal pour flâner au cœur du Vieux-Lille. Les chambres sont un peu exiguës, mais fraîches et bien agencées ; à l'heure du petit-déjeuner, les faims de loup seront comblées.

La Maison Carrée sans rest
29 r. Bonte-Pollet – 03 20 93 60 42 – www.lamaisoncarree.fr **4AXa**
5 ch – 140/210 € 150/230 €
Cet hôtel particulier en brique rouge (début du 20e s.) est splendide ! Élégance épurée dans les chambres (certaines, très spacieuses, sont idéales en famille) ; expos d'art.

La Maison du Champlain sans rest
13 r. Nicolas-Leblanc – 03 20 54 01 38 – www.lechamplain.fr – Fermé août
4 ch – 130/140 € 150/200 € **1EZu**
Beaucoup de charme dans cette maison bourgeoise typique (1873), restaurée avec goût. Les chambres, très spacieuses, sont à la fois cosy et feutrées. Un espace bien-être, installé dans d'anciennes caves voûtées, invite à la détente.

À L'Huîtrière
3 r. des Chats-Bossus 59800 – 03 20 55 43 41 – www.huitriere.fr
– Fermé 28 juil.-19 août, dim. soir et soirs fériés **1EYg**
Rest – Menu 45 € (déj. en sem.), 105/125 € – Carte 75/120 €
Une institution lilloise pour les amoureux de poissons, coquillages et crustacés. Les produits sont de belle fraîcheur, le cadre élégant... Et l'on peut faire un détour par la boutique-traiteur (somptueux décor en céramique) ou une pause gourmande au bar à huîtres.

La Laiterie
138 av. de l'Hippodrome, à Lambersart 59130 – 03 20 92 79 73
– www.lalaiterie.fr – Fermé dim. et lundi **4AVs**
Rest – Formule 52 € – Menu 56/110 € – Carte 80/90 €
Dans un quartier légèrement excentré, l'occasion d'une tranquille échappée gastronomique, au calme de la terrasse extérieure ou dans le cadre sobre et élégant de la bâtisse, tout en briques. Au menu, de belles saveurs et d'excellents vins (bourgognes et bordeaux)... si bien que l'on boit du petit lait.
→ Tête de veau croustillante, anguille fumée, cresson et câpres. Turbot en croûte de polenta, tomates au vieux vinaigre balsamique. Île flottante à la truffe melanosporum.

Monsieur Jean
12 r. de Paris – 03 28 07 70 72 – www.restaurant-monsieurjean.fr – Fermé 29 juil.-18 août **1EYv**
Rest – Formule 23 € – Menu 30 € (sem.)/36 € – Carte 45/58 €
Façade flamande, magnifique escalier, mur en brique orné de sculptures en pierre : une demeure au puissant charme du Nord... On y savoure de belles recettes traditionelles.

XX **Clément Marot**

16 r. de Pas – ✆ 03 20 57 01 10 – www.clement-marot.com – Fermé dim.

Rest – Formule 23 € – Menu 29 € (déj. en sem.)/39 € – Carte 43/84 € **1EYn**

Pour l'anecdote, cette maison est tenue par les descendants du poète cadurcien Clément Marot ; c'est le lieu idéal pour ceux qui aiment faire rimer cuisine traditionnelle et convivialité.

XX **Brasserie de la Paix**

25 pl. Rihour – ✆ 03 20 54 70 41 – www.restaurantsdelille.com – Fermé dim.

Rest – Formule 15 € – Menu 20 € (sem.)/29 € – Carte 26/65 € **1EYz**

Une institution lilloise à deux pas du palais Rihour. Esprit Art déco, banc d'écailler et carte de brasserie faisant la part belle aux produits de la mer : rien ne manque !

XX **La Table du Champlain**

17 r. Nicolas-Leblanc – ✆ 03 20 54 01 38 – www.lechamplain.fr – Fermé août, sam. midi et lundi **1EZu**

Rest – Menu 31 € bc/46 € bc

Beaucoup de douceur dans ce restaurant intime, où dominent le blanc et le crème. Le chef signe une cuisine savoureuse, inspirée par les produits du moment.

XX **L'Écume des Mers**

10 r. de Pas – ✆ 03 20 54 95 40 – www.ecume-des-mers.com **1EYn**

Rest – Formule 18 € – Menu 25 € (dîner en sem.) – Carte 31/62 €

De cette brasserie, on retient l'ambiance animée (plus intime en mezzanine), la carte du jour axée produits de la mer, le banc d'écailler... Et il y a même quelques viandes !

XX **Le Why Not**

9 r. Maracci – ✆ 03 20 74 14 14 – www.lewhynot-restaurant.fr – Fermé 22 juil.-4 août, 26 août-3 sept., 2-9 janv., mardi midi, sam. midi, dim. soir et lundi **1EYm**

Rest – Formule 18 € – Menu 29/42 € – Carte 45/60 €

Des voûtes en brique rouge, une déco contemporaine et une atmosphère conviviale : cette cave du Vieux-Lille a vraiment du charme. La cuisine du chef – un globe-trotter dans l'âme – épouse l'air et les saveurs du temps.

XX **La Cense**

27 r. Auguste-Bonte, à Lambersart ✉ 59130 – ✆ 03 20 92 22 74 – www.la-cense.fr **4AUt**

Rest – Formule 21 € bc – Menu 26/54 € – Carte 48/59 €

Une grange du 17e s., sa belle charpente apparente, ses murs en brique et craie : voilà pour le cachet. Et côté fourneaux, le chef concocte une agréable cuisine de saison.

X **L'Atelier Gourmand**

4 r. des Bouchers – ✆ 03 20 37 38 53 – Fermé vacances de printemps, août, dim. et fériés **1EYu**

Rest *(nombre de couverts limité, réserver)* – Menu 21 € (déj. en sem.) – Carte 45/55 € le soir

Quasi de veau et sa polenta au parmesan, petit beurre maison et son crémeux au caramel au beurre salé... une cuisine bistronomique réalisée avec de beaux produits du moment. Sympathique !

à Bondues – 9 897 h. – alt. 37 m – ✉ 59910

i 16 place de l'Abbé Bonpain, mairie, ✆ 03 20 25 94 94, www.ville-bondues.fr

XXX **Auberge de l'Harmonie**

pl. Abbé Bonpain – ✆ 03 20 23 17 02 – www.aubergeharmonie.fr – Fermé 11 juil.-2 août, dim. soir, mardi soir, jeudi soir et lundi **3HRt**

Rest – Formule 19 € – Menu 26/55 € – Carte 49/74 €

Une jolie auberge du 19e s. tout en harmonie (tons gais, terrasse verdoyante) pour une carte qui s'habille aux couleurs de l'hiver, du printemps, de l'été...

XXX **Val d'Auge** (Christophe Hagnerelle)
805 av. du Gén.-de-Gaulle – ✆ 03 20 46 26 87 – www.valdauge.com – Fermé 24 fév.-3 mars, 21 avril-2 mai, 4-27 août, 23-30 déc., dim. sauf fériés, sam. midi et lundi 3HRa
Rest – Formule 28 € – Menu 36 € (déj. en sem.), 50 € bc/64 € – Carte 75/85 €
Des papilles en émoi : le chef réalise une cuisine de saison précise et goûteuse, avec une pointe d'inventivité. Quant au cadre, il est charmant, épuré et lumineux. Ce Val est une jolie maison.
➜ Œuf cocotte aux cèpes. Veau cuit à basse température. Soufflé au citron vert.

à Marcq-en-Baroeul – 38 819 h. – alt. 15 m – ✉ 59700

5, place du Général De Gaulle, ✆ 03 20 72 60 87, www.ot-marcqenbaroeul.com

Mercure rest,
157 av. de la Marne, 5 km par D 670 – ✆ 03 28 33 12 12 – www.mercure.com 3HSs
125 ch – †98/215 € ††98/215 € – 1 suite – ☕ 18 €
Rest *L'Europe* ✆ 03 28 33 12 68 – Formule 18 € – Menu 23 € – Carte 25/50 €
Près des grands axes autoroutiers, des chambres spacieuses et confortables, idéales pour la clientèle d'affaires. Pour se restaurer sur place, la brasserie est agréable (banc d'écailler).

XXX **Le Septentrion**
parc du Château Vert-Bois, 9 km par D 617 – ✆ 03 20 46 26 98 – www.septentrion.fr – Fermé 24 juil.-15 août, dim. soir, mardi soir, merc. soir et lundi 3HRn
Rest – Menu 28 € (déj. en sem.), 46/95 € – Carte 51/68 €
Une dépendance du château du Vert-Bois au sein de la fondation Prouvost-Septentrion (boutiques d'artisanat). Côté papilles, cap sur les produits de saison ; côté mirettes, vue bucolique sur le parc.

X **La Salle à Manger**
99 r. Jules-Delcenserie – ✆ 03 20 65 21 19 – www.restaurant-lasalleamanger.com – Fermé 2 sem. en août, 22 déc.-2 janv., 1 sem. vacances de fév., lundi soir, mardi soir, merc. soir, sam. et dim. 3HSu
Rest *(nombre de couverts limité, réserver)* – Formule 28 € – Menu 34 € (déj.) – Carte 37/47 € le soir
Aux commandes ? Un jeune couple charmant. Monsieur réalise une cuisine de l'instant avec une pointe d'Orient... et pour cause, il a travaillé deux ans au Maroc. L'ardoise ? Courte et appétissante. Et l'atmosphère ? Tamisée, épurée et intime.

X **La Table de Marcq**
944 av. de la République – ✆ 03 20 72 43 55 – Fermé 3 sem. en août, 1 sem. en fév., mardi soir, merc. soir, dim. soir et lundi 3HSe
Rest – Formule 19 € – Menu 25/40 € – Carte 25/41 €
De son passé de café de quartier, cette table a gardé le beau comptoir et la convivialité. Avec des produits de qualité, le patron élabore une sympathique cuisine traditionnelle.

à Villeneuve d'Ascq – 63 844 h. – alt. 26 m – ✉ 59491

chemin du Chat Botté, ✆ 03 20 43 55 75, www.villeneuvedascq-tourisme.eu

XX **Le Carré des Sens**
73 av. de Flandres – ✆ 03 20 82 05 97 – www.carre-des-sens.com – Fermé 22 juil.-18 août, 1 sem. vacances de fév., lundi soir, sam. midi et dim.
Rest – Formule 24 € – Menu 35 € – Carte 33/49 € 3HSv
Un quartier résidentiel discret et ce Carré contemporain, sobre et dépouillé, qui ne passe pas inaperçu ! Le chef sélectionne des produits de première fraîcheur et réalise une cuisine actuelle assez savoureuse.

à Gruson – 1 143 h. – alt. 52 m – ✉ 59152

XX **L'Arbre** (Yorann Vandriessche)
✿ *1 pavé Jean-Marie-Leblanc, (croisement chemin de Bourghelles), 1 km à l'Est par D 90 – ✆ 03 20 79 55 33 – www.larbre.com – Fermé 12 août-2 sept., 1 sem. en janv., dim. et lundi* 3JTb
Rest – Formule 26 € – Menu 33 € (sem.)/69 € – Carte 55/75 €
Une bonne étape que cet ancien estaminet placé sur le trajet de la course Paris-Roubaix. Loin de "l'enfer du Nord", on est ici au paradis de la gourmandise, des mets saisonniers et des saveurs iodées. Soin et harmonie, sans heurts ni cahots !
➔ Pinces de tourteau de Bretagne en aïoli, samossa et cappuccino. Queues de langoustines poêlées, raviolis et bouillon de volaille à la citronnelle. Millefeuille à la vanille de Tahiti.

à Sainghin-en-Mélantois – 2 464 h. – alt. 49 m – ✉ 59262

La Verdière ch,
1839 r. de Lille – ✆ 03 20 05 05 61 – www.la-verdiere.eu 3HTk
5 ch – †105/130 € ††130/155 € **Table d'hôte** – Menu 35 € bc
Une jolie bâtisse bourgeoise nichée dans un grand parc. Pas de doute, ici on cultive l'art du bien-recevoir, ainsi qu'un certain esprit demeure de famille (mobilier chiné patiné par les ans, tons cosy). Petit-déjeuner avec des produits maison et cuisine de tradition.

à l'aéroport de Lille-Lesquin – ✉ 59810 Lesquin

Mercure Aéroport
110 r. Jean Jaurès – ✆ 03 20 87 46 46 – www.mercure-lille-aeroport.com
215 ch – †85/159 € ††85/159 € – 15 € 3HTr
Rest ***La Flamme*** – Menu 25/50 € – Carte 32/65 €
Un hôtel de facture contemporaine, face à l'aéroport (service de navettes gratuites). Chambres spacieuses, confortables et bien équipées. Au restaurant, convivialité, plats régionaux et rôtisserie.

Novotel Aéroport
55 rte de Douai – ✆ 03 20 62 53 53 – www.novotel.com 3HTt
92 ch – †82/166 € ††82/166 € – 15 € **Rest** – Formule 17 € – Carte 20/40 €
Cette construction basse est la plus ancienne de la chaîne (1967). Chambres confortables, dont la moitié rénovées dans un style contemporain.

Agena sans rest
451 av. du Gén.-Leclerc ✉ 59155 – ✆ 03 20 60 13 14 – www.hotel-agena.com
40 ch – †78/83 € ††83/88 € – 10 € 3HTv
Non loin d'une zone commerciale, un hôtel pratique et accueillant. Les chambres sont très bien tenues, en rez-de-jardin. Préférez-les au calme, côté patio.

à Capinghem – 1 626 h. – alt. 50 m – ✉ 59160

X **La Marmite de Pierrot**
93 r. Poincaré – ✆ 03 20 92 12 41 – www.pierrot-de-lille.com – Fermé dim. soir, mardi soir, merc. soir, jeudi soir et lundi 2GSv
Rest – Menu 28/33 €
Un bistrot rustique, où règne une atmosphère conviviale et bon enfant. On se retrouve autour de plats généreux, dont beaucoup de cochonnailles et de produits tripiers.

à Bois-Grenier 15 km par ⑫, sortie n°8 (Armentières) et D 222 – 1 482 h. – alt. 5 m – ✉ 59280

XX **La Table des Jardins** (Guillaume Thuin)
✿ *480 r. de la Guennerie, 2 km au Sud-Ouest par D 222 (dir. Fleurbaix) et rte secondaire, direction cimetière anglais Y. Farm – ✆ 03 20 57 75 52 – www.latabledesjardins.fr – Fermé 16-31 janv., dim. soir, mardi soir et merc.*
Rest *(nombre de couverts limité, réserver)* – Menu 29 € (déj. en sem.), 70/115 € bc
Au milieu des champs, une ferme rénovée dans une veine très... design ! Même esprit contemporain côté cuisine : le chef fait rimer créativité et qualité, avec de belles compositions qui révèlent les saveurs les plus essentielles.
➔ Légumes d'été crus, cuits et frits. Homard bleu, salicornes, pêche blanche rôtie et amandes fraîches. Cake à la carotte, ganache chocolat au lait, granité orange-gingembre.

à St-André-Lez-Lille – 10 834 h. – alt. 20 m – ✉ 59350

89, rue du Général Leclerc, ✆ 03 20 63 07 50, www.villesaintandre.fr

XXX **La Quintinie**

501 av. du Mal.-de-Lattre-de-Tassigny, (D 57) – ✆ 03 20 40 78 88 – www.alaquintinie.com – Fermé 29 juil.-20 août, lundi et le soir sauf sam.

Rest – Formule 19 € – Menu 25 € (déj. en sem.), 40/45 € – Carte 49/64 € 2GSt

Cette jolie maison en brique est agrémentée d'un potager : c'est ravissant ! Le chef réalise une cuisine classique, ainsi que quelques plats bistrotiers à prix adouci.

LIMAY – 78 Yvelines – **311** G2 – 16 192 h. – alt. 16 m – ✉ 78520 **18** A1

Paris 56 – Argenteuil 50 – Boulogne-Billancourt 52 – Saint-Denis 60

XX **Au Vieux Pêcheur**

5 quai Albert 1er – ✆ 01 30 92 77 78 – www.au-vieux-pecheur.com – Fermé en août, 1 sem. en déc., merc. soir, dim. soir et lundi

Rest – Formule 27 € – Menu 34/64 € bc – Carte 55/83 €

En face du vieux pont de Limay, sur la Seine. Plusieurs salles et plusieurs ambiances (contemporaine ou plus feutrée) pour déguster une cuisine traditionnelle soignée.

LIMERAY – 37 Indre-et-Loire – **317** P4 – rattaché à Amboise

LIMOGES P – 87 Haute-Vienne – **325** E6 – 139 216 h. – Agglo. 184 066 h. – alt. 300 m – ✉ 87000 Limousin Berry **24** B2

Paris 391 – Angoulême 105 – Brive-la-Gaillarde 92 – Châteauroux 126

Limoges : ✆ 05 55 43 30 30, 8 km par ⑦.

12, boulevard de Fleurus, ✆ 05 55 34 46 87, www.limoges-tourisme.com

18 de la Porcelaine, à Panazol, Celicroux, par rte de Clermont-Ferrand : 9 km, ✆ 05 55 31 10 69

18 de Limoges, Avenue du Golf, par rte de St-Yriex : 3 km, ✆ 05 55 30 21 02

Cathédrale St-Etienne★ - Église St-Michel-des-Lions★ - Cour du temple★ CZ 115 - Jardins de l'évêché★ - Musée national de la porcelaine Adrien Dubouché★★ (porcelaines) BY - Rue de Boucherie★ - Musée de l'évêché★ : les émaux★ - Chapelle St-Aurélien★ - Gare des Bénédictins★.

Plans pages suivantes

Mercure Royal Limousin sans rest

1 pl. de la République – ✆ 05 55 34 65 30 – www.mercure-limoges.com

82 ch – †80/250 € ††95/250 € – ☕ 14 € CYu

Trois niveaux de confort dans ce Mercure de centre-ville. Les chambres sont bien insonorisées et, au petit-déjeuner, le buffet se révèle copieux.

Domaine de Faugeras rest,

allée de Faugeras, 3 km au Nord-Est par r. A-Briand et D 142 AX – ✆ 05 55 34 66 22

9 ch – †105/116 € ††121/220 € – 2 suites – ☕ 14 €

Rest *(fermé lundi soir, sam. midi et dim.)* – Menu 25 € (déj.), 33/46 € – Carte 40/80 €

Ce château du 18e s. marie avec la plus grande élégance cachet historique et sobriété contemporaine. Quant au grand parc, il surplombe la ville... C'est chic, calme et charmant. Au restaurant, cuisine traditionnelle.

Richelieu sans rest

40 av. Baudin – ✆ 05 55 34 22 82 – www.hotel-richelieu.com CZk

41 ch – †85/200 € ††85/200 € – 2 suites – ☕ 14 €

Un hôtel près de la mairie, deux bâtiments : dans mon premier, les chambres sont classiques ; dans mon second, elles sont plus raffinées, chaleureuses et confortables.

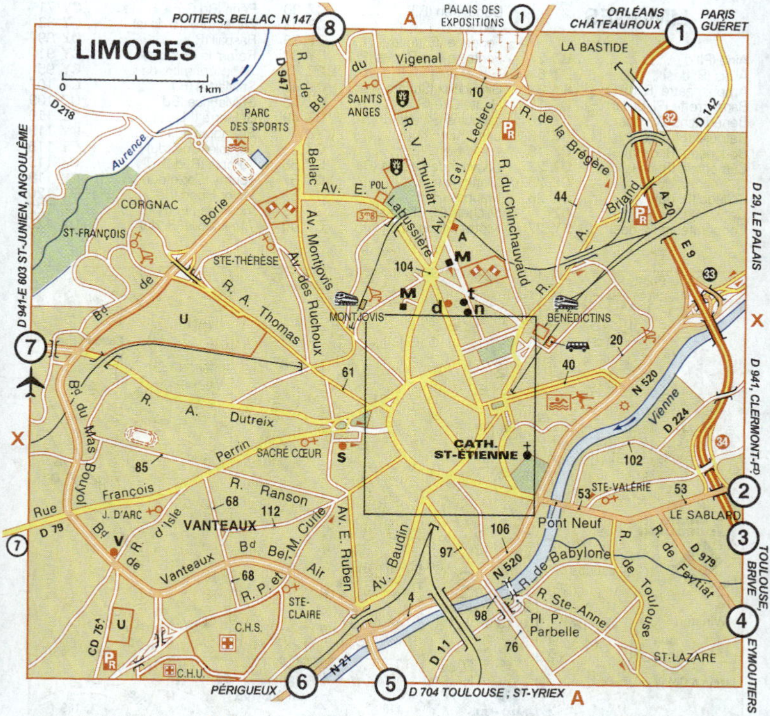

Allende (Quai Salvador)	AX	4
Arcades (Bd des)	AX	10
Casseaux (Av. des)	AX	20
Gagnant (Av. J.)	AX	40
Grand-Treuil (R. du)	AX	44
Labussière (Av. E.)	AX	51
Lattre-de-Tassigny (Av. Mar. de)	AX	53
Mauvendière (R. de la)	AX	61
Naugeat (Av. de)	AX	68
Pompidou (Av. G.)	AX	76
Puy-Las-Rodas (R. du)	AX	85
Révolution (Av. de la)	AX	97
Révolution (Pont de la)	AX	98
Sablard (Av. du)	AX	102
Sadi-Carnot (Pl.)	AX	104
Ste-Claire (R.)	AX	112
St-Martial (Quai)	AX	106

Atrium sans rest

22 allée de Seto - Parc du Ciel – ✆ 05 55 10 75 75
– www.interhotel-atrium.com DY**a**

70 ch – 🚹70/140 € 🚹🚹80/140 € – ☕ 12 €

Un entrepôt des douanes reconverti en hôtel : c'est original ! Les chambres sont pratiques et certaines donnent sur la jolie gare de Limoges et les caténaires, pour les amateurs. Brasserie attenante.

Art Hôtel Tendance sans rest

37 r. Armand Barbes – ✆ 05 55 77 31 72
– www.arthoteltendance.com AX**t**

13 ch – 🚹57/65 € 🚹🚹65/71 € – ☕ 8 €

Un petit hôtel dans un quartier résidentiel. Les plus jolies chambres ? Canada, Grèce et Inde. Dépaysement garanti et tenue impeccable !

St-Martial sans rest

21 r. A. Barbès – ✆ 05 55 77 75 29
– www.hotelsaintmartiallimoges.com AX**n**

30 ch – 🚹56/90 € 🚹🚹62/90 € – ☕ 10 €

Hôtel pratique et familial, tout proche du centre-ville. Les chambres sont très bien tenues et la moitié d'entre elles ont été entièrement rénovées en 2010.

LIMOGES

Rue	Carreau	N°
Aine (Pl. d')	BZ	2
Allois (R. des)	DZ	6
Amphithéâtre (R. de l')	BY	8
Barreyrrette (Pl. de la)	CZ	12
Bénédictins (Av. des)	DY	14
Betoulle (Pl. L.)	CZ	16
Boucherie (R. de la)	CZ	18
Cathédrale (R. de la)	DZ	23
Clocher (R. du)	CZ	25
Collège (R. du)	CZ	26
Consulat (R. du)	CZ	
Coopérateurs (R. des)	BY	27
Dupuytren (R.)	CZ	30
Ferrerie (R.)	CZ	33
Fonderie (R. de la)	BY	35
Fontaine-des-Barres (Pl.)	CY	37
Gambetta (Bd)	BCZ	
Giraudoux (Square Jean)	CY	42
Haute-Cité (R.)	DZ	46
Jacobins (Pl. des)	CZ	49
Jean-Jaurès (R.)	CYZ	
Louis-Blanc (Bd)	CZ	
Louvrier-de-Lajolais (R.)	BY	55
Manigne (Pl.)	CZ	57
Maupas (R. du)	DY	59
Michels (R. Charles)	CZ	63
Motte (Pl. de la)	CZ	66
Périn (Bd G.)	CY	71
Préfecture (R. de la)	CY	83
Raspail (R.)	DZ	89
Réforme (R. de la)	CY	91
République (Pl. de la)	CY	95
St-Martial (R.)	CY	107
St-Maurice (Bd)	DZ	109
St-Pierre (Pl.)	CZ	110
Stalingrad (Pl.)	CY	113
Temple (Cour du)	CZ	115
Temple (R. du)	CZ	116
Tourny (Carrefour)	CY	118
Victor-Hugo (Bd)	BY	120
Vigne-de-Fer (R.)	CZ	122
71e-Mobile (R. du)	DZ	125

Amphitryon (Richard Lequet)

26 r. Boucherie – ✆ 05 55 33 36 39

– Fermé 28 avril-6 mai, 18 août-2 sept., 1er-7 janv., 23 fév.-3 mars, dim. et lundi

Rest – Formule 26 € – Menu 48/78 € – Carte 76/100 € CZ**u**

Dans cette jolie maison à pans de bois, au cœur du pittoresque "village" des Bouchers, Richard Lequet travaille avec application et se plaît à jouer sur les textures et les saveurs tranchées... En salle, sa femme vous reçoit avec beaucoup de gentillesse.

➜ Risotto à la truffe noire. Ris de veau, spaghettis de blé noir et émulsion carbonara. Abricots rôtis et millefeuille au Grand Marnier.

Le Vanteaux

162 bd de Vanteaux – ✆ 05 55 49 01 26 – www.levanteaux.com – Fermé 22 avril-1er mai, 6-13 mai, 5-19 août, 1er-6 janv., dim. soir et lundi

Rest – Formule 20 € – Menu 23 € (déj. en sem.), 29/43 € – Carte 46/72 € AX**v**

Son chef se définit comme un "agitateur de gourmandises" ! On apprécie sa cuisine ludique et tendance qui revisite les classiques régionaux... À noter : le chariot de minidesserts, fort alléchant. L'été, on s'installe sur le toit, à l'ombre des canisses.

L 'Escapade du Gourmet

5 r. du 71ème-Mobiles – ✆ 05 55 32 40 26 – www.lescapadedugourmet.com – Fermé 2 sem. mi-août DZ**u**

Rest – Menu 23 €, 29/48 € – Carte environ 50 €

Cette brasserie du centre-ville s'inspire de la Belle Époque : plafond et verrières reproduisant les œuvres de Mucha et, pour rester dans le ton, cuisine traditionnelle.

Le Versailles

20 pl. d'Aine – ✆ 05 55 34 13 39 – www.brasserie-le-versailles-limoges.com

Rest – Formule 18 € – Menu 24/29 € – Carte 25/59 € BZ**a**

Brasserie fondée en 1932, en face du palais de justice. Un lieu très vivant et une carte "tout maison" fort sympathique, avec un large choix de viandes limousines.

La Cuisine

21 r. Montmailler – ✆ 05 55 10 28 29 – www.restaurantlacuisine.com – Fermé 1er-15 août, 15-30 janv., dim. et lundi BY**a**

Rest – Formule 19 € – Menu 28/45 €

Décor d'inspiration bistrot et carte... bistronomique. Ici, le jeune chef a la passion du beau produit et concocte une cuisine inventive, savoureuse et fraîche.

La Maison des Saveurs

74 av. Garibaldi – ✆ 05 55 79 30 74 – Fermé 16-30 juil., sam. midi, dim. soir et lundi AX**d**

Rest – Formule 16 € bc – Menu 27/60 € – Carte 52/84 €

Cuisine traditionnelle – foie gras, magrets fermiers, médaillon de veau cuit au sautoir – mettant à l'honneur le terroir limousin. C'est simple, bon et l'endroit est intime.

27

27 r. Haute-Vienne – ✆ 05 55 32 27 27 – www.le27.com – Fermé dim. et fériés

Rest – Menu 14 € (déj.), 17/27 € – Carte 25/44 € CZ**a**

Cap sur le rouge (des murs en laqué bordeaux, du vermillon, des rayonnages garnis de jolis crus...) et honneur à la bonne chère : vue sur les cuisines et petits plats "néobistrot". Le 27 ? Un numéro gagnant.

Les Petits Ventres

20 r. de la Boucherie – ✆ 05 55 34 22 90 – www.les-petits-ventres.com – Fermé vacances de Pâques, 1er-15 sept., vacances de fév., dim. et lundi

Rest – Formule 16 € – Menu 27/36 € – Carte 34/49 € CZ**u**

Atmosphère bon enfant garantie dans cette maison du 14e s., autour d'une cuisine où l'air du temps se saupoudre d'une pointe d'exotisme. Pour les petits ventres... et les autres.

La Table du Couvent

15 r. Neuve-des-Carmes – ✆ 05 55 32 30 66 – www.latableducouvent.com – Fermé 3 sem. en août, lundi et mardi AX**s**

Rest – Menu 20 € (déj. en sem.)/27 € – Carte 27/57 €

Cet ancien couvent de carmélites cultive des plaisirs intemporels : ceux d'une authentique cuisine "à la cheminée" ! Côte de bœuf, bavette ou entrecôte limousine (viandes locales) sont grillées dans l'âtre, où mijotent aussi de jolies cocottes...

Chez Alphonse

5 pl. Motte – ✆ 05 55 34 34 14 – Fermé 6-13 janv., dim. et fériés CZ**e**

Rest – Formule 16 € – Carte 22/47 €

Pourquoi Alphonse ? Parce que, dans ce bistrot canaille et généreux, le patron fonçait se ravitailler aux halles. Authentique... comme la terrine maison, apportée entière !

La Table de Jean

5 r. Boucherie – ✆ 05 55 32 77 91 – Fermé 24 déc.-3 janv., sam., dim. et fériés
Rest *(nombre de couverts limité, réserver)* – Formule 19 € – Menu 25 € (déj.) – Carte 34/47 € le soir CZx
Une bonne table du quartier historique : décor épuré, service sympathique et crus choisis (grand choix au verre). De quoi apprécier la courte carte, ancrée dans l'époque.

à St-Martin-du-Fault 13 km par ⑦, N 141, D 941 et D 20 – ✉ 87510 Nieul

Chapelle St-Martin

– ✆ 05 55 75 80 17 – www.chapellesaintmartin.com – Fermé 1er janv.-6 fév.
10 ch – †80/395 € ††80/385 € – 4 suites – ☕ 17 €
Rest ***Chapelle St-Martin*** – voir les restaurants ci-après
Nichée dans un grand parc, tout près d'un bois, cette gentilhommière cultive avec sérénité son élégance bourgeoise : chambres parées d'étoffes colorées, beau mobilier, tentures fleuries et quelques luxueuses suites contemporaines...

Chapelle St-Martin

– ✆ 05 55 75 80 17 – www.chapellesaintmartin.com – Fermé 1er janv.-6 fév., dim. soir de nov. à mars, mardi midi, merc. midi et lundi
Rest *(nombre de couverts limité, réserver)* – Formule 35 € – Menu 55/98 € – Carte 71/114 €
Dans ce petit castel cossu et raffiné, le chef et sa brigade sélectionnent rigoureusement de beaux produits régionaux... Ils concoctent alors une savoureuse cuisine classique, qu'ils n'hésitent pas à parsemer d'inventivité.

LIMOGNE-EN-QUERCY – 46 Lot – 337 G5 – 796 h. – alt. 300 m – ✉ 46260 29 C1

▶ Paris 613 – Cahors 36 – Montauban 76 – Toulouse 128
ℹ 55, place d'Occitanie, ✆ 05 65 31 31 31, www.tourisme-limogne.com

Au Rince Cochon N

14 r. de Cénevières – ✆ 05 65 23 87 20 – www.rince-cochon.com – Fermé 1 sem. fin juin, 30 oct.-20 nov., mardi et merc.
Rest – Formule 18 € – Menu 29/33 € – Carte 33/39 €
Des murs en pierre, des volets peints, des petites salles colorées et contemporaines : cette maison de pays ne manque pas de cachet. En cuisine, le terroir est bien défendu, avec des préparations aussi soignées que savoureuses (produits bio et locaux). Au fait, le rince-cochon est l'ancien nom du kir...

LIMOUX – 11 Aude – 344 E4 – 10 079 h. – alt. 172 m – ✉ 11300 22 B3

Languedoc Roussillon
▶ Paris 769 – Carcassonne 25 – Foix 70 – Perpignan 104
ℹ 32 promenade du Tivoli, ✆ 04 68 31 11 82

Grand Hôtel Moderne et Pigeon

1 pl. Gén.-Leclerc, (près de la poste) – ✆ 04 68 31 00 25 – www.grandhotelmodernepigeon.fr – Fermé 21 déc.-27 janv.
14 ch – †85/95 € ††100/125 € – 3 suites – ☕ 13 €
Rest ***Grand Hôtel Moderne et Pigeon*** – voir les restaurants ci-après
Escalier superbe, fresques, vitraux, ciels de lit et baldaquins : une âme et du style dans cette ancienne demeure aristocratique du 17e s., qu'on quitte à regret...

Grand Hôtel Moderne et Pigeon

1 pl. Gén.-Leclerc, (près de la poste) – ✆ 04 68 31 00 25 – www.grandhotelmodernepigeon.fr – Fermé 21 déc.-27 janv., dim. soir et lundi
Rest – Menu 39/117 € bc – Carte 50/87 €
Classique, raffinée, savoureuse et réjouissante : la cuisine du chef est à l'image du bel hôtel particulier dans lequel elle s'épanouit. Quant à la carte des vins, elle recèle de biens jolis crus.

Tantine et Tonton

29 av. Fabre-d'Églantine – ✆ 04 68 31 21 95 – Fermé lundi soir et dim.
Rest – Formule 15 € – Menu 18 € (déj. en sem.), 23/66 € bc – Carte 29/49 €
Cadre traditionnel, ambiance décontractée, un peu comme... en famille. Sur la table, des produits bio et de jolis vins régionaux (proposés au verre) au service de plats de saison bien troussés et forts en goût. Merci Tantine et Tonton !

L'Odalisque

38 r. des Cordeliers – ✆ 04 68 20 53 18 – www.odalisque11.fr – Fermé 1 sem. vacances de Noël, dim. et lundi sauf fériés
Rest – Menu 18 € (déj. en sem.), 28/55 € – Carte 44/60 €
Night and day. Le soir, esprit gastronomique avec une cuisine savoureuse, généreuse et respectueuse du produit ; dans la journée, bistrot autour d'un menu assez simple, mais tout aussi gourmand. Cette Odalisque est une fieffée séductrice.

LINIÈRES-BOUTON – 49 Maine-et-Loire – 317 J4 – 92 h. – alt. 53 m 35 C2
– ✉ 49490 Châteaux de la Loire

Paris 293 – Angers 67 – Nantes 155 – Tours 58

Château de Boissimon sans rest

– ✆ 02 41 82 30 86 – www.chateaudeboissimon.com – Ouvert d'avril à oct.
5 ch – 140/210 € 140/210 €
La destination idéale pour un week-end à deux : un parc aux arbres centenaires, des chambres élégantes (Baroque, Gustavienne, etc.) qui subliment l'esprit du lieu. Avec piscine !

LE LIOUQUET – 13 Bouches-du-Rhône – 340 I6 – rattaché à La Ciotat

---

LISIEUX – 14 Calvados – 303 N5 – 21 826 h. – alt. 51 m 33 C2
– Pèlerinage (fin septembre) – ✉ 14100 Normandie Vallée de la Seine

Paris 179 – Alençon 94 – Caen 64 – Évreux 73

11, rue d'Alençon, ✆ 02 31 48 18 10, www.lisieux-tourisme.com

Cathédrale St-Pierre★ BY.

Château★ de St-Germain-de-Livet 7 km par ④.

Plan page suivante

Mercure

par ② : 2,5 km (rte de Paris) – ✆ 02 31 61 17 17 – www.hotellisieux.com
69 ch – 91/112 € 99/115 € – 16 €
Rest – Menu 17/25 € – Carte 26/34 €
En périphérie de Lisieux, des chambres confortables et bien tenues (mansardées au dernier étage). L'été, on profite de la terrasse du restaurant et de la piscine.

Hôtel de la Place sans rest

67 r. Henry-Chéron – ✆ 02 31 48 27 27 – www.lisieux-hotel-delaplace.com – Fermé 2 déc.-6 janv. ABY**a**
30 ch – 55/85 € 71/95 € – 10 €
Un hôtel central – juste en face de la cathédrale – où l'on vous reçoit avec la plus grande amabilité. Sympathique : les chambres simples et gaies, et le petit-déjeuner, très copieux.

L 'Espérance

16 bd Ste-Anne – ✆ 02 31 62 17 53 – www.lisieux-hotel.com – Ouvert de mi-avril à fin oct. BZ**e**
100 ch – 89/129 € 107/129 € – 11 €
Rest – Formule 18 € – Menu 23/39 € – Carte 48/80 €
Cette bâtisse normande à colombages a beau être l'un des plus anciens hôtels de Lisieux, ses chambres n'en sont pas moins contemporaines et cossues. Les groupes de pèlerins apprécient la grande salle à manger Art déco et la cuisine traditionnelle tout en simplicité.

Alençon (R. d') . . . . BZ 2
Carmel (R. du) . . . . BZ 4
Char (R. au) . . . . BY 5
Chéron (R. Henry) . . . . ABY 6
Condorcet (R.) . . . . AY 8
Creton (R.) . . . . ABZ 9
Dr-Lesigne (R.) . . . . BZ 10
Dr-Ouvry (R.) . . . . BZ 12
Duchesne-Fournet (Bd) . . . . BY 13
Foch (R. Mar.) . . . . BY 14
Fournet (R.) . . . . BZ 15
Guizot (R.) . . . . AZ 16
Herbet-Fournet (Bd) . . . . BY 18
Jeanne-d'Arc (Bd) . . . . BZ 19
Mitterrand (Pl. F.) . . . . ABY 20
Oresme (Bd N.) . . . . BY 21
Pont-Mortain (R.) . . . . BZ 23
Remparts (Quai des) . . . . AY 24
République (Pl. de la) . . . . . . ABZ 25
Ste-Thérèse (Av.) . . . . BZ 28
Verdun (R. de) . . . . BZ 31
Victor-Hugo (Av.) . . . . BZ 33

XX **Aux Acacias** VISA MC

13 r. Résistance – ✆ 02 31 62 10 95 – Fermé dim. soir et lundi **BZd**

Rest – Menu 18 € (sem.), 26/48 € – Carte 36/65 €

Ces Acacias fleurent bon la Provence : mobilier rustique en bois peint, nappes et tentures pastel. Pourtant, le chef concocte une cuisine traditionnelle où les produits du terroir normand figurent en bonne place.

à Ouilly-du-Houley 10 km par ②, D 510 et D 262 – 200 h. – alt. 55 m – ✉ 14590

X **Restaurant de la Paquine** P VISA MC

rte de Moyaux – ✆ 02 31 63 63 80 – Fermé 2-17 mars, 12 nov.-2 déc., dim. soir, mardi soir et merc.

Rest *(réserver)* – Menu 30/49 € – Carte environ 50 €

En plein bocage normand ! Cette petite auberge fleurie au cadre rustique continue d'honorer la tradition. Attention, le nombre de couverts par service est limité, la réservation est donc conseillée.

LISSAC-SUR-COUZE – 19 Corrèze – 329 J5 – 710 h. – alt. 170 m – ✉ 19600 Limousin Berry

24 B3

Paris 489 – Brive-la-Gaillarde 14 – Limoges 101 – Tulle 45

Château de Lissac sans rest
au bourg – ✆ 05 55 85 14 19 – www.chateaudelissac.com – Ouvert 15 avril-14 nov.
5 ch – †120/240 € ††120/240 € – ☕ 12 €
Un lieu magique ! Le château, construit entre le Moyen-Âge et le 18e s., contemple le lac de Causse de son superbe parc planté de marronniers, de magnolias, de tilleuls... Les chambres sont décorées avec goût ; un vrai supplément d'âme.

LISSES – 91 Essonne – **312** D4 – **106** 32 – **voir à Paris, Environs (Évry)**

LISTRAC-MEDOC – 33 Gironde – **335** G4 – **2 322 h.** – **alt. 40 m** **3** B1
– ✉ 33480

Paris 609 – Bordeaux 38 – Lacanau-Océan 39 – Lesparre-Médoc 31

Les Cinq Sens sans rest
7 rte du Mayne, (Château Mayne-Lalande) – ✆ 05 56 58 27 63 – www.chateau-mayne-lalande.com
5 ch ☕ – †95/155 € ††120/180 €
Dans un environnement préservé – entre vignes et nature –, cette belle demeure médocaine a été rénovée avec goût. Cachet des vieilles pierres et charme du contemporain : les chambres ont du style. Excellent petit-déjeuner, dégustation des vins de la propriété, espace détente... le luxe et la quiétude !

LIVRY-GARGAN – 93 Seine-Saint-Denis – **305** G7 – **101** 18 – **voir à Paris, Environs**

LA LLAGONNE – 66 Pyrénées-Orientales – **344** D7 – **rattaché à Mont-Louis**

LLO – 66 Pyrénées-Orientales – **344** D8 – **rattaché à Saillagouse**

LOCHES – 37 Indre-et-Loire – **317** O6 – **6 478 h.** – **alt. 80 m** **11** B3
– ✉ 37600 Châteaux de la Loire

Paris 261 – Blois 68 – Châteauroux 72 – Châtellerault 56

place de la Marne, ✆ 02 47 91 82 82, www.loches-tourainecotesud.com

de Loches-Verneuil, à Verneuil-sur-Indre, La Capitainerie, par D 943 : 10 km, ✆ 02 47 94 79 48

Cité médiévale★★ : donjon★★, église St-Ours★, Porte Royale★, porte des cordeliers★, hôtel de ville★ - Chateaux★★ : gisant d'Agnès Sorel★, triptyque★ - Carrières troglodytiques de Vignemont★.

Portail★ de la Chartreuse du Liget, 10 km à l'Est

Le George Sand
39 r. Quintefol – ✆ 02 47 59 39 74 – www.hotelrestaurant-georgesand.com
19 ch – †55/125 € ††55/125 € – ☕ 11 € – ½ P
Rest *(fermé dim. soir du 1er oct. au 31 mars)* – Formule 13 € bc – Menu 27/34 € – Carte 37/53 €
Cette demeure du 15e s. sur les berges de l'Indre possède un esprit d'auberge familiale. Bel escalier à vis en pierre, chambres rustiques dont la moitié donne sur le fleuve. Plaisant restaurant (poutres, cheminée) et délicieuse terrasse couverte avec vue bucolique.

La Maison de l'Argentier du Roy sans rest
21 r. Saint-Ours – ✆ 02 47 91 62 86 – www.argentier-du-roy.com
4 ch ☕ – †105 € ††120 €
Une maison en tuffeau dans la partie médiévale de la ville, pour un voyage hors du temps. Les chambres, thématiques, se nomment Belle Époque, Jacques Cœur, Gîte du Chevalier et Bibliothèque de Balzac.

LOCMARIAQUER – 56 Morbihan – **308** N9 – **1 692 h.** – **alt. 5 m** **9** A3
– ✉ **56740** Bretagne Sud

Paris 488 – Auray 13 – Quiberon 31 – La Trinité-sur-Mer 10

rue de la Victoire, ✆ 02 97 57 33 05, www.ot-locmariaquer.com

Ensemble mégalithique ★★ - dolmens de Mané Lud★ et de Mané Rethual★ - Tumulus de Mané-er-Hroech★ S : 1 km - Dolmen des Pierres Plates★ SO : 2 km - Pointe de Kerpenhir ≤★ SE : 2 km.

Hôtel des Trois Fontaines sans rest

rte d'Auray – ✆ 02 97 57 42 70 – www.hotel-troisfontaines.com – Ouvert 16 fév.-11 nov.

18 ch – 78/118 € 78/118 € – 12 €

À l'entrée du village, un hôtel engageant avec un beau jardin fleuri. L'agréable salon et les chambres, meublées d'acajou, évoquent le bord de mer. Accueil vraiment charmant.

Le Neptune sans rest

port du Guilvin – ✆ 02 97 57 30 56 – www.hotel-le-neptune.fr – Ouvert 1er avril-30 sept.

12 ch – 53/75 € 53/75 € – 8 €

Cet hôtel familial, situé sur le port du Guilvin, propose des chambres fonctionnelles. Préférez celles de l'annexe, plus spacieuses et jouissant d'une terrasse donnant sur le golfe.

LOCMINÉ – 56 Morbihan – **308** N7 – **4 186 h.** – **alt. 108 m** – ✉ **56500** **10** C2
Bretagne Sud

Paris 453 – Lorient 52 – Pontivy 24 – Quimper 114

12 Rond-Point de la République, ✆ 02 97 60 49 06, www.pays-locmine.com

à Bignan **5 km à l'Est par D 1 – 2 723 h. – alt. 148 m –** ✉ **56500**

Auberge La Chouannière

6 r. Georges Cadoudal – ✆ 02 97 60 00 96 – Fermé 1er-15 mars, 1er-15 oct., dim. soir, mardi soir, merc. soir et lundi

Rest – Formule 14 € – Menu 23 € (déj.), 32/55 €

Pierre Guillemot, farouche lieutenant de Cadoudal, était natif du village : il est l'un des chouans célébrés par l'enseigne... On s'y régale d'une cuisine classique dans un décor qui l'est tout autant.

LOCQUIREC – 29 Finistère – **308** J2 – **1 459 h.** – **alt. 15 m** – ✉ **29241** **9** B1
Bretagne Nord

Paris 534 – Brest 81 – Guingamp 52 – Lannion 22

place du Port, ✆ 02 98 67 40 83, www.tourisme.morlaix.fr

Église★ - Pointe de Locquirec★ 30 mn - Table d'orientation de Marc'h Sammet ≤★ O : 3 km.

Le Grand Hôtel des Bains

15 bis r. de l'Église – ✆ 02 98 67 41 02 – www.grand-hotel-des-bains.com

36 ch – 145/162 € 164/284 € – ½ P

Rest *(dîner seult) (résidents seult)* – Menu 41 € – Carte 53/77 €

Nostalgie, nostalgie, c'est ici que fut tourné "L'Hôtel de la Plage". Aucun vestige des années 1970 néanmoins, plutôt un style élégant très Nouvelle-Angleterre : parquets cirés, beaux matériaux, tonalités miel, gris perle, bleu rétro... Face à la baie, spa et restaurant sont tout aussi chic.

Restaurant du Port N

5 pl. du Port – ✆ 02 98 15 32 98 – www.restaurantduport-locquirec.fr – Fermé janv., le soir d'oct. à Pâques sauf vend. sam. et merc.

Rest – Formule 18 € – Menu 25 € (déj. en sem.), 32/65 €

Après une balade sur la pointe de Locquirec, venez reprendre des forces dans ce restaurant face au port ! Dans un cadre contemporain, on déguste de jolies recettes où les produits de la mer ont la part belle. Accueil charmant.

LOCRONAN – 29 Finistère – 308 F6 – 798 h. – alt. 105 m – ✉ 29180 9 A2

Bretagne Sud

Paris 576 – Brest 66 – Briec 22 – Châteaulin 18

place de la Mairie, ✆ 02 98 91 70 14, www.villedelocronan.fr

Place★★ - Église St-Ronan et chapelle du Pénity★★ - Montagne de Locronan ★ E : 2 km.

Le Prieuré

ch,

11 r. Prieuré – ✆ 02 98 91 70 89 – www.hotel-le-prieure.com – Hôtel : fermé 12 nov.-14 mars ; rest : fermé 12 nov.-3 déc.

15 ch – 56/72 € 67/76 € – 8,50 € – ½ P

Rest – Formule 14 € – Menu 18/38 € – Carte 25/50 €

On ne peut pas la manquer cette maison de pays, à l'entrée du village – si breton et réputé pour être l'un des plus jolis de France ! Un hôtel-restaurant aux chambres simples et bien tenues (plus agréables et plus calmes sur l'arrière).

au Nord-Ouest **3 km par rte secondaire – ✉ 29550 Plonévez-Porzay :**

Manoir de Moëllien

ch,

– ✆ 02 98 92 50 40 – www.moellien.com

18 ch – 85/145 € 85/145 € – 12 € – ½ P

Rest *(fermé 15 nov.-30 mars et dim.) (dîner seult)* – Menu 34 €

Des pierres grises, une silhouette mystérieuse : il est vraiment joli ce manoir du 17e s., planté dans son grand parc en pleine campagne. Les chambres sont aménagées dans les dépendances, bien au calme, décorées dans un style plus campagnard que châtelain. Les résidents apprécient l'imposant restaurant.

LOCTUDY – 29 Finistère – 308 F8 – 4 207 h. – alt. 8 m – ✉ 29750 9 A2

Bretagne Sud

Paris 587 – Concarneau 40 – Quimper 26 – Rennes 236

place des Anciens Combattants, ✆ 02 98 87 53 78, www.loctudy.fr

Un Vent de Fleurs sans rest

15 r. des Jonquilles – ✆ 02 98 87 57 34 – www.unventdefleurs.com

3 ch – 65 € 65 € – 8 €

Des fleurs, des fleurs partout dans le magnifique jardin paysagé qui entoure la maison. Tout est moderne mais de bon goût : les chambres (Agapanthe, Églantine, Myosotis), le salon ou la bibliothèque. Et les propriétaires sont charmants !

Auberge Pen Ar Vir

r. du Cdt-Carfort – ✆ 02 98 87 57 09 – Fermé 15-30 nov., 25 janv. -10 fév. lundi et mardi

Rest – Menu 25 € (déj. en sem.)/75 € – Carte 48/75 €

Une belle maison, moderne et élégante, avec un jardin qui descend jusqu'à la mer : en terrasse comme en salle, le moment est agréable... sans oublier la cuisine ! Légumes du marché, poissons de la criée, viandes locales : la carte mise sur la fraîcheur et les saveurs naturelles...

LODÈVE – 34 Hérault – 339 E6 – 7 361 h. – alt. 165 m – ✉ 34700 23 C2

Languedoc Roussillon

Paris 695 – Alès 98 – Béziers 63 – Millau 60

7, place de la République, ✆ 04 67 88 86 44, www.lodevoisetlarzac.fr

Anc. cathédrale St-Fulcran★ - Musée de Lodève★- Cirque du Bout du Monde★.

Paix

11 bd Montalangue – ✆ 04 67 44 07 46 – www.hotel-dela-paix.com – Fermé 15-30 nov., fév., sam. midi, dim. soir et lundi d' oct. à avril sauf vacances scolaires

23 ch – 45/55 € 60/80 € – 2 suites – 8 €

Rest – Formule 20 € – Menu 25 €

Relais de poste converti en hôtel familial (5e génération), aux portes des Grands Causses. Les chambres, fonctionnelles, arborent un style provençal coloré et gai. Au restaurant, on sert une cuisine régionale accompagnée de vins du Languedoc. Une bonne adresse.

LOGONNA-DAOULAS – 29 Finistère – **308** F5 – 2 083 h. – alt. 45 m **9** A2
– ✉ 29460
▶ Paris 578 – Brest 25 – Morlaix 75 – Quimper 59

Le Domaine de Moulin Mer
34 rte de Moulin Mer, 1 km par D 333 – ✆ 02 98 07 24 45
– www.domaine-moulin-mer.com
5 ch – 🛉80/140 € 🛉🛉80/140 € – ½ P **Table d'hôte** – Menu 35/45 €
Sur la route du littoral, cette demeure début 20e s. posée dans un beau jardin fleuri, planté de palmiers et magnolias, recèle des chambres parfaitement tenues, décorées de meubles chinés. Menu du jour préparé par le propriétaire (uniquement hors saison).

LOHÉAC – 35 Ille-et-Vilaine – **309** K7 – 675 h. – alt. 50 m – ✉ 35550 **10** D2
Bretagne Sud
▶ Paris 380 – Châteaubriant 51 – Ploërmel 47 – Redon 33
Manoir de l'automobile★★ **Bretagne.**

Hostellerie du Village sans rest
21 r. de la Poste – ✆ 02 99 34 19 19 – www.loheac-hostellerie-du-village.fr
– Fermé 15 déc.-1er fév.
4 ch – 🛉65/120 € 🛉🛉68/120 € – 8,50 €
Dans cet ancien relais de diligence de 1593, ayant par la suite appartenu aux barons de Lohéac, les noms des chambres évoquent des personnages de légende : Lancelot, Perceval, Merlin... Pour l'anecdote : il même possible de dormir dans un lit clos !

LOIRÉ – 49 Maine-et-Loire – **317** D3 – 849 h. – alt. 39 m – ✉ 49440 **34** B2
▶ Paris 322 – Ancenis 35 – Angers 45 – Châteaubriant 34

Auberge de la Diligence (Michel Cudraz)
4 r. de la Libération – ✆ 02 41 94 10 04 – www.diligence.fr – Fermé 20-28 avril, 5-25 août, 28 déc.-5 janv. , sam. midi, dim. soir et lundi
Rest *(nombre de couverts limité, réserver)* – Formule 31 € – Menu 41/84 €
– Carte 50/85 €
Vieilles pierres et terrasse au jardin : un charmant écrin pour une ambitieuse cuisine contemporaine, relevée par les herbes du potager et quelques notes d'Asie, passion du chef.
➜ Huître "pousse en claire", salade de lentilles du Berry et jus de yuzu. Ris de veau rôti en croûte de graines de moutarde et gâteau de polenta. Tartelette à la banane au beurre de vanille et mousse au chocolat. **Vins** Anjou blanc et rouge.

LOIRE-SUR-RHÔNE – 69 Rhône – **327** H6 – rattaché à Givors

LOMENER – 56 Morbihan – **308** K8 – rattaché à Ploemeur

LA LONDE-LES-MAURES – 83 Var – **340** M7 – 9 910 h. – alt. 24 m **41** C3
– ✉ 83250 Côte d'Azur
▶ Paris 868 – Marseille 93 – Toulon 29 – La Seyne-sur-Mer 35
ℹ avenue Albert Roux, ✆ 04 94 01 53 10, www.ot-lalondelesmaures.fr

Cédric Gola
22 av. Georges-Clemenceau – ✆ 04 94 66 97 93
– Fermé 17-30 juin, 25 nov.-26 déc., le midi sauf le dim. de sept. à juin, mardi sauf en juil.-août et lundi
Rest *(nombre de couverts limité, réserver)* – Menu 36/75 €
Ce bistrot chic (beau carrelage d'époque, haut plafond, vieux comptoir...) propose une cuisine fine, marquée par le Sud et les saisons (menu truffe). Accueil charmant.

LONDINIÈRES – 76 Seine-Maritime – **304** I3 – 1 241 h. – alt. 78 m **33** D1
– ✉ 76660
▶ Paris 147 – Amiens 78 – Dieppe 27 – Neufchâtel-en-Bray 14
ℹ rue du Général De Gaulle, ✆ 02 35 93 80 08

Auberge du Pont

14 r. du Pont de Pierre – ☎ 02 35 93 80 47 – Fermé 15 janv.-10 fév., dim. soir et lundi
Rest – Menu 11 € (sem.), 17/33 € – Carte 22/43 €
Le temps semble s'être arrêté dans cette petite auberge normande. Dans une salle de style champêtre, on déguste une cuisine traditionnelle à prix raisonnable.

LA LONGEVILLE – **25 Doubs** – **321** I4 – **rattaché à Montbenoît**

LONGJUMEAU – **91 Essonne** – **312** C3 – **101** 35 – **voir à Paris, Environs**

LONGNES – **78 Yvelines** – **311** F2 – **1 469 h.** – **alt. 130 m** – ✉ **78980** **18** A1
Paris 65 – Pontoise 53 – Rouen 90 – Versailles 55
2,rue des tourelles, ☎ 01 30 42 50 68, www.longnes.fr

Le Pigeonnier (N)

7 rte de Bréval – ☎ 01 30 42 41 60 – www.lepigeonnier78.fr – Fermé dim. soir et lundi
Rest – Menu 26 € (sem.), 44/65 €
Impossible de se tromper d'adresse avec ce restaurant voisin... d'un pigeonnier ! Sous la belle charpente de la salle, au décor un brin rustique, la carte fait honneur à la tradition : le chef travaille les produits du marché et fait même son boudin. Une table sympathique.

LONGUYON – **54 Meurthe-et-Moselle** – **307** E2 – **5 620 h.** – **alt. 213 m** – ✉ **54260** **26** B1
Paris 314 – Metz 79 – Nancy 133 – Sedan 69
place S. Allende, ☎ 03 82 39 21 21, www.ot-longuyon.asso.fr

à Rouvrois-sur-Othain **(Meuse) 7,5 km au Sud par D 618** – **201 h.** – **alt. 223 m** – ✉ **55230**

La Marmite

11 rte Nationale – ☎ 03 29 85 90 79 – restaurant-la-marmite.com – Fermé 30 août-10 sept., 2-18 janv., dim. soir, lundi et mardi sauf fériés
Rest – Menu 15 € (déj. en sem.), 28/51 € – Carte 39/69 €
Dans cette Marmite, uniquement des plats authentiques et savoureux, concoctés avec de bons produits locaux ; le chef fait lui-même ses salaisons. Une ambiance rustique bien agréable pour une belle approche du terroir. Accueil tout sourire.

LONS – **64 Pyrénées-Atlantiques** – **342** J3 – **rattaché à Pau**

LONS-LE-SAUNIER P – **39 Jura** – **321** D6 – **17 907 h.** – **alt. 255 m** – **Stat. therm. : mi-mars-fin nov.** – **Casino** – ✉ **39000** Franche-Comté Jura **16** B3
Paris 408 – Besançon 84 – Bourg-en-Bresse 73 – Chalon-sur-Saône 61
place du 11 Novembre, ☎ 03 84 24 65 01, www.ot-lons-le-saunier.com
du Val de Sorne, Vernantois, S : 6 km par D 117 et D 41, ☎ 03 84 43 04 80
Rue du Commerce★ - Théâtre★ - Pharmacie★ de l'Hôtel-Dieu.

Plan page suivante

Hôtel du Béryl sans rest

805 bd de l'Europe, 1 km par ① rte de Besançon puis D 1083 – ☎ 03 84 24 40 50 – www.groupe-emeraude.com
40 ch – †60/90 € ††65/105 € – ☕ 10 €
Un hôtel très agréable, à deux pas du casino. Les chambres sont spacieuses et reposantes (tons beige et chocolat, meubles clairs), à prix sages.

Hôtel du Parc rest,

9 av. J. Moulin – ☎ 03 84 86 10 20 – www.hotel-parc.fr Ys
16 ch – †60 € ††69 € – ☕ 8 € – ½ P
Rest *(fermé dim. soir)* – Formule 12 € – Menu 18/31 € – Carte 33/54 €
Près du parc des Bains, un hôtel simple et pratique, avec des chambres bien tenues et un restaurant traditionnel axé terroir.

Anc.-Collège (Pl. de l') Y 2	Ferry (Bd J.) Z 15	Moulin (Av. J.) Y 25
Bichat (Pl.) Y 3	Jean-Jaurès (R.) YZ	Pasteur (R.) Y 26
Chevalerie (Prom. de la) Y 7	Lafayette (R.) Y 16	Préfecture (R. de la) Z 27
Chevalerie (R. de la) Y 9	Lattre-de-T. (Bd Mar. De) Z 18	Sébile (R.) Y 30
Colbert (Cours) Y 12	Lecourbe (R.) Y	Tamisier (R.) Y 31
Commerce (R. du) Y	Liberté (Pl. de la) Y	Trouillot (R. G.) Y 32
Cordeliers (R. des) Y 13	Mendès-France (Av. P.) Y 23	Vallière (R. de) YZ 34
Curé-Marion (R. du) Z 14	Monot (R. E.) Y 24	11-Novembre (Pl. du) Y 35

La Comédie

65 pl. de la Comédie – ✆ 03 84 24 20 66 – Fermé 2 sem. en avril, 3 sem. en août, dim. et lundi **Ye**

Rest – Menu 19/33 €

Des masques vénitiens célébrant l'art de la comédie et un chef qui maîtrise l'art culinaire, faisant honneur aux produits de la mer. Saint-Jacques et gambas en tempura, filet d'églefin... Goûteux et extrafrais !

à Chille **3 km par ① rte de Besançon et D 157 – 340 h. – alt. 330 m – ✉ 39570**

Parenthèse

186 chemin du Pin – ✆ 03 84 47 55 44 – www.hotelparenthese.com – Fermé 22-29 déc.

34 ch – †99/153 € ††99/153 € – ☕ 12 € – ½ P

Rest *Parenthèse* – voir les restaurants ci-après

Quelques brasses au grand air, une balade dans le parc, un beau moment de détente au spa et un petit somme dans une chambre lumineuse et spacieuse, avant le dîner au restaurant... Une parenthèse enchantée, au calme.

Parenthèse
186 chemin du Pin – 03 84 47 55 44 – www.hotelparenthese.com – Fermé 22-29 déc., dim. soir sauf juil.-août, sam. midi et lundi midi
Rest – Menu 20 € (sem.), 29/58 € – Carte 36/66 €
Encornets dans un bouillon thaï ; ballotin de truite régionale dans des feuilles de blette... Cet élégant restaurant contemporain propose une savoureuse cuisine d'aujourd'hui, concoctée avec de bons produits du terroir.

au Sud **6 km par D 117 et D 41 – 39570 Vernantois**

Domaine du Val de Sorne rest,
– 03 84 43 04 80 – www.valdesorne.com
– Fermé 20 déc.-15 janv.
35 ch – 95/135 € 105/140 € – 14 € – ½ P
Rest *(fermé dim. soir de nov. à fév.)* – Menu 25/60 € bc – Carte 37/61 €
Raffinement contemporain dans l'enceinte d'un très beau golf. Et pour la détente, difficile de faire mieux : piscine, tennis, billard... Au restaurant, la terrasse donne sur les greens ; l'été, on y savoure des grillades, bercé par le doux bruissement de la Sorne.

à Courlaoux **8 km par ③ rte de Chalon-sur-Saône, D 678 – 957 h. – alt. 230 m – 39570**

L'Épicurien
1 r. des Perroux – 03 84 24 63 91 – www.restaurant-lepicurien.fr – Fermé 23-30 déc., dim. soir, lundi et mardi
Rest – Formule 15 € – Menu 19 € (sem.), 28/52 € – Carte 43/61 €
On craque pour cet Épicurien contemporain et décontracté, où la cuisine se fait généreuse et savoureuse. Biscuit de crabe et pamplemousse, suprême de pintade et sa compotée de légumes... Gourmandise !

LE LONZAC – 19 Corrèze – 329 L3 – 782 h. – alt. 450 m – 19470 25 C2

Paris 479 – Brive-la-Gaillarde 62 – Limoges 90 – Tulle 29

Auberge du Rochefort avec ch rest,
36 av. de la Libération – 05 55 97 93 42 – www.auberge-du-rochefort.fr – Fermé 1er-21 oct. et mardi
6 ch – 45/60 € 45/60 € – 8 € – ½ P
Rest – Menu 12 € (déj. en sem.), 20/30 € – Carte 48/67 €
Cette maison à colombages semble tout droit sortie d'une carte postale. L'accueil est à la hauteur de la cuisine, soignée, qui revisite les grands classiques régionaux comme la tête de veau sauce gribiche. Pour prolonger l'étape, quelques chambres assez confortables.

LORAY – 25 Doubs – 321 I4 – 481 h. – alt. 745 m – 25390 17 C2

Franche-Comté Jura

Paris 448 – Baume-les-Dames 35 – Besançon 46 – Morteau 22

Robichon avec ch
22 Grande Rue – 03 81 43 21 67 – www.hotel-robichon.com – Fermé 1 sem. en oct., 1 sem. en nov., 1 sem. en janv., sam. midi, dim. soir et lundi
11 ch – 54/59 € 54/59 € – 9 € – ½ P
Rest – Formule 18 € – Menu 29/72 € – Carte 30/90 €
Rest *P'tit Bichon* *(fermé sam. midi, dim. soir et lundi soir)* – Menu 13 € bc – Carte 15/40 €
Robuste maison régionale située au centre du bourg. Cuisine de tradition servie dans une salle contemporaine (boiseries claires et mobilier coloré). Petites chambres traditionnelles pour l'étape. Au P'tit Bichon, décor façon chalet franc-comtois, plats régionaux, grillades et menu du jour.

LORGUES – 83 Var – 340 N5 – 8 948 h. – alt. 200 m – 83510 41 C3

Côte d'Azur

Paris 841 – Brignoles 34 – Draguignan 12 – Fréjus 37

12 rue du 8 Mai, 04 94 73 92 37, www.lorgues-tourisme.fr

Bruno (Clément Bruno) avec ch

2350 rte des Arcs, Campagne Mariette, 3 km au Sud-Est par rte des Arcs – ✆ 04 94 85 93 93 – www.restaurantbruno.com – Fermé dim. soir et lundi du 15 sept. au 15 juin

6 ch – †150/306 € ††150/306 € – ☕ 20 €

Rest *(réserver)* – Menu 68/165 €

Une maison doit tant à ses propriétaires... Bruno, c'est toute l'âme de son chef, personnage truculent qui voue un véritable culte à la truffe : toute l'année, un menu est dédié au précieux tubercule (d'hiver et d'été), cuisiné avec beaucoup de goût. Et le cadre de ce joli mas provençal ne manque pas non plus de caractère !

➜ Feuilleté de truffe tuber aestivum bardée de lard au foie gras. Selle d'agneau rôtie au thym, jus à la truffe tuber brumale. Tartelette aux framboises, crème au citron et sorbet fromage blanc.

Le Chrissandier

18 cours de la République – ✆ 04 94 67 67 15 – www.lechrissandier.com – Fermé janv., mardi et merc. sauf en été

Rest – Menu 54/84 € – Carte 67/100 €

Une devanture tout en bois, des murs de pierre, une cheminée, un patio sous une treille... Un décor à la fois chaleureux et bourgeois, où la tradition est chez elle : au menu, foie gras au naturel, timbale d'écrevisses au porto, fraises melba, etc.

au Nord-Ouest 8 km par rte de Salernes, D 10 et rte secondaire– ✉ 83510

Château de Berne

ch, ch, rest,

rte de Salernes – ✆ 04 94 60 48 88 – www.chateauberne.com – Fermé 2 janv.-28 fév.

18 ch – †175/360 € ††175/460 € – 1 suite – ☕ 26 € – ½ P

Rest *L'Orangerie* – voir les restaurants ci-après

Rest *La Bouscarelle* *(ouvert mai à sept.) (déj. seult)* – Formule 25 € – Menu 32/39 € – Carte 35/56 €

Au bout d'un long chemin serpentant à travers la garrigue... une parenthèse bénie dans un domaine viticole de 600 ha ! On partage son temps entre les chambres – élégantes –, les cours de cuisine, les dégustations de vin, les concerts, le spa...

L'Orangerie

rte de Salernes – ✆ 04 94 60 48 88 – www.chateauberne.com – Fermé 2 janv.-28 fév. et le midi de mi-avril à mi-oct.

Rest – Formule 25 € – Menu 32 € (déj.), 62/79 € – Carte 78/87 €

Culture du vin, saveurs du Sud, décor raffiné... L'image d'un certain art de vivre, au sein même d'un vignoble provençal dont on peut découvrir la production. Superbe terrasse sous le soleil !

LORIENT – 56 Morbihan – 308 K8 – 57 812 h. – Agglo. 116 401 h. – alt. 4 m – ✉ 56100 Bretagne Sud

9 B2

Paris 503 – Quimper 69 – St-Brieuc 116 – St-Nazaire 146

de Lorient-Bretagne Sud : ✆ 02 97 87 21 50, 9 km par D 162 AZ.

quai de Rohan, ✆ 02 97 84 78 00, www.lorient-tourisme.fr

de Valqueven, à Quéven, Lieu dit Kerruisseau, N : 8 km par D 765, ✆ 02 97 05 17 96

Base des sous-marins★ AZ - Intérieur★ de l'église N.-D.-de-Victoire BY E - Cité de la voile Eric-Tabarly★★.

Mercure sans rest

31 pl. Jules-Ferry – ✆ 02 97 21 35 73 – www.accorhotels.com BZm

58 ch – †89/119 € ††89/119 € – ☕ 15 €

Face au palais des congrès, cet hôtel est idéalement situé pour découvrir Lorient. Les chambres, confortables et bien tenues, ont été entièrement rénovées en 2012. L'adresse s'adapte aussi bien à la clientèle d'affaires que touristique.

Alsace-Lorraine (Pl.)	BY	2
Assemblée-Nat. (R.)	BYZ	3
Bôve (Cours de la)	BZ	8
Briand (Pl. A.)	BZ	6
Du-Couëdic (R.)	BY	9
Du-Faouëdic (Av.)	AZ	10
Foch (R. Mar.)	BYZ	
Franchet-d'Esperey (Bd)	AY	14
Guieysse (R. P.)	AY	
Libération (Pl. de la)	AY	15
Liège (R. de)	BYZ	
Massé (R. Victor)	BY	16
Patrie (R. de la)	BYZ	19
Port (R. du)	BZ	
St-Christophe (Pont)	BY	20
Turenne (R. de)	BY	23
Vauban (R. de)	ABY	24

Escale Océania sans rest
30 r. du Couëdic – ✆ 02 97 64 13 27 – www.oceaniahotel.com – Fermé 21 déc.-2 janv. BY**a**
32 ch – †75/130 € ††79/130 € – ☕ 11 €
Accueil chaleureux dans cet hôtel idéalement situé en centre-ville, entre la gare et le palais des congrès. Chambres confortables et bien insonorisées.

Cléria sans rest
27 bd Mar.-Franchet-d'Esperey – ✆ 02 97 21 04 59 – www.hotel-cleria.com
33 ch – †59/79 € ††59/79 € – ☕ 10 € AY**f**
Les chambres de cet hôtel ont été entièrement rénovées en 2012. Préférez celles, plus calmes, qui donnent sur la courette fleurie. Aux beaux jours, on y prend le petit-déjeuner tout en profitant des rayons du soleil.

Astoria sans rest
3 r. Olivier de Clisson – ✆ 02 97 21 10 23 – www.hotelastoria-lorient.com – Fermé 19 déc.-2 janv. BY**e**
35 ch – †70/120 € ††75/120 € – ☕ 10 €
Un établissement sympathique à plus d'un égard : accueil familial chaleureux, chambres simples mais bien tenues, expositions de peintures dans la salle du petit-déjeuner.

Central Hôtel sans rest
1 r. Cambry – ✆ 02 97 21 16 52 – www.centralhotellorient.com – Fermé vacances de Noël BZ**b**
21 ch – †55/85 € ††57/95 € – ☕ 9 €
Un nom bien trouvé pour cet hôtel familial du... centre-ville. Les chambres, fonctionnelles et bien tenues, bénéficient d'une bonne isolation phonique.

Le Jardin Gourmand
46 r. Jules Simon – ✆ 02 97 64 17 24 – www.tropmad.com – Fermé vacances de fév., merc. et jeudi hors saison, dim. soir, lundi et mardi
Rest – Formule 24 € – Menu 30 € (déj. en sem.), 42/56 € AY**t**
Dans cette rue calme, un peu excentrée du centre-ville, il est un jardin tel un éden pour les gourmands ! Dans les assiettes, les produits bretons, dont un beau choix de poissons, sont à l'honneur... Jolie carte de vins et de whiskys. L'été, profitez de la belle terrasse.

Le Yachtman
14 r. Poissonnière – ✆ 02 97 21 31 91 – www.leyachtmanlorient.fr – Fermé dim.
Rest – Formule 16 € – Menu 20 € (sem.), 30/43 € BZ**u**
– Carte 31/46 €
Non loin du port, le Yachtman régale et on en redemande ! Grégoire Le Floch, rodé à la belle ouvrage – pendant vingt ans, il fut le chef du Pic à Lorient –, concocte des recettes où les produits de la mer ont la part belle. La salle joue la carte de l'épure et de l'intime. Une jolie escale.

Henri et Joseph (Philippe Le Lay)
4 r. Léo-le-Bourgo – ✆ 02 97 84 72 12 – www.henrietjoseph.fr – Fermé mardi soir, merc. soir, dim. et lundi AY**z**
Rest *(réserver)* – Formule 29 € – Menu 55/103 €
Ni Henri ni Joseph, mais le chef en personne annonce le menu, défini au gré du marché et des saisons. Pas de choix à la carte, mais les associations de textures et de saveurs, créatives et maîtrisées, ravissent nécessairement. Décor contemporain au style sûr.
➜ Tartelette aux légumes et rouget de roche cuit à la plancha. Turbot blond de Bretagne, truffes d'été et amandes fraîches. Baba au rhum aux fruits rouges.

L'Alto
pl. de l'Hôtel-de-Ville – ✆ 02 97 84 07 57 – www.lalto.fr – Fermé dim.
Rest – Formule 13 € – Menu 16 € (déj. en sem.), 20/35 € AZ**s**
– Carte 30/47 €
Prenez une atmosphère résolument lounge dans l'enceinte du Grand Théâtre, mettez deux jeunes frères aux commandes et vous obtiendrez... cette cuisine sincère et fraîche, qui fait rimer sapidité et branché. Avec cet Alto-là, on garde le rythme sans se ruiner !

Le Tire Bouchon

45 r. Jules Le Grand – ✆ 02 97 84 71 92 – www.letirebouchonlorient.com – Fermé 26 avril-5 mai, 25 août-11 sept., 23-26 déc., 1er-9 janv., sam. midi et merc. BZk

Rest – Formule 13 € – Menu 16 € (déj. en sem.), 27/56 € – Carte 38/58 €

Dans ce Tire Bouchon, proche de l'arsenal, on ne fait pas que déboucher des bouteilles ! Les gourmands viennent surtout ici pour se régaler d'une goûteuse cuisine de saison. Un bon moment à savourer dans une salle coquette à souhait : grande cheminée, poutres... Accueil souriant.

Le Pic

2 bd du Mar.-Franchet-d'Esperey – ✆ 02 97 21 18 29 – www.restaurant-lepic.com – Fermé merc. soir, sam. midi et dim. sauf fériés AYb

Rest – Formule 15 € – Menu 19 € (sem.), 27/39 € – Carte 30/43 €

Avec sa façade rouge, impossible de manquer ce restaurant ! On y mange dans un décor rétro (vitraux, miroirs, comptoir) où règne une belle ambiance de brasserie. Derrière les fourneaux, le chef réalise une bonne cuisine traditionnelle, au gré des arrivages de poisson frais. Une adresse qui tombe à pic...

au Nord-Ouest 3,5 km par D 765 AY – ✉ 56100 Lorient :

L'Amphitryon (Jean-Paul Abadie)

127 r. du Col.-Müller – ✆ 02 97 83 34 04 – www.amphitryon-abadie.com – Fermé 2-16 juin, 22 sept.-6 oct., 1er-7 janv., dim. et lundi

Rest – Menu 50 € (sem.), 88/150 € – Carte 100/155 €

Une cuisine d'auteur, ludique, fine et inspirée, donnant aux produits de la mer leurs lettres de noblesse. Le tout magnifié par une superbe sélection de crus confidentiels. Quant au service, exécuté dans un beau cadre contemporain, il est aussi professionnel que charmant... L'Amphitryon triomphe !

➜ Étrille comme un cappuccino au gingembre. Homard sauté à cru, jus au combava. Chocolat et orange.

LORIOL-SUR-DRÔME – 26 Drôme – 332 B5 – alt. 100 m – ✉ 26270 — 44 B3

Paris 590 – Lyon 127 – Privas 21 – Valence 29

97, avenue de la République, ✆ 04 75 61 36 12, www.loriol-tourisme.com

Les Oliviers (N)

r. Louis-d'Arbalestier – ✆ 04 75 61 00 55 – www.hotel-les-oliviers.fr

63 ch – †76/105 € ††76/105 € – ☕ 10 € – ½ P

Rest – Formule 25 € – Menu 29 €

Avec son jardin planté d'oliviers, cette bâtisse des années 1970 porte bien son nom. Et pour se délasser, rien de mieux que la grande piscine à débordement ! Chambres fonctionnelles, restaurant régional.

LORMONT – 33 Gironde – 335 H5 – rattaché à Bordeaux

LORP-SENTARAILLE – 09 Ariège – 343 E6 – rattaché à St-Girons

LORRIS – 45 Loiret – 318 M4 – 2 941 h. – alt. 126 m – ✉ 45260 — 12 C2

Châteaux de la Loire

Paris 132 – Gien 27 – Montargis 23 – Orléans 55

2, rue des Halles, ✆ 02 38 94 81 42, www.tourisme-lorris.com

Église N.-Dame★.

Guillaume de Lorris

8 Grande-Rue – ✆ 02 38 94 83 55 – Fermé vacances de Noël, merc. soir, dim. soir, lundi et mardi

Rest *(nombre de couverts limité, réserver)* – Menu 29/40 € – Carte 35/45 €

L'allusion à l'auteur du Roman de la Rose est trompeuse : ici, point de civet médiéval, mais une carte dans l'air du temps, évoluant au gré des saisons. Dans la salle, colombages et mobilier contemporain s'harmonisent à merveille. Pensez à réservez, c'est souvent complet !

LOUBRESSAC – 46 Lot – **337** G2 – **505 h. – alt. 320 m – ✉ 46130** **29** C1
Périgord Quercy
Paris 531 – Brive-la-Gaillarde 47 – Cahors 73 – Figeac 44
le bourg, 05 65 38 18 30, www.loubressac.com
Site★ du château.

Le Relais de Castelnau ch, VISA
rte de Padirac – 05 65 10 80 90 – www.relaisdecastelnau.com – Ouvert 1er avril-fin oct. et fermé dim. soir et lundi en avril et oct.
40 ch – †65/120 € ††65/120 € – 10 € – ½ P
Rest *(fermé le midi sauf dim.)* – Menu 19 € (dîner), 25/48 € – Carte 39/54 €
Tourné vers l'imposant château de Castelnau-Bretenoux, cet établissement offre une vue imprenable sur la vallée de la Dordogne. Les chambres sont fonctionnelles et confortables ; préférez celles avec balcon.

LOUDÉAC – 22 Côtes-d'Armor – **309** F5 – **9 991 h. – alt. 155 m** **10** C2
– ✉ **22600** Bretagne Nord
Paris 438 – Carhaix-Plouguer 69 – Dinan 76 – Pontivy 24
1, rue Saint-Joseph, 02 96 28 25 17, www.centrebretagne.com

Voyageurs ch, rest, ch, VISA AE
10 r. Cadélac – 02 96 28 00 47 – www.hoteldesvoyageurs.fr
30 ch – †51/90 € ††59/90 € – 8,50 € – ½ P
Rest *(fermé 22 déc.-3 janv., vend. soir, dim. soir et sam.)* – Menu 17 € (sem.), 23/45 € – Carte 28/41 €
Bienvenue aux voyageurs ! L'hôtel affiche un style contemporain de bon aloi, l'ensemble est d'une excellente tenue et son restaurant traditionnel tombe à point nommé pour les résidents. Une bonne adresse de l'Argoat.

LOUDUN – 86 Vienne – **322** G2 – **7 089 h. – alt. 120 m – ✉ 86200** **39** C1
Paris 311 – Angers 79 – Châtellerault 47 – Poitiers 55
2, rue des Marchands, 05 49 98 15 96, www.ville-loudun.fr
18 de Loudun, à Roiffé, Domaine de Saint Hilaire, N : 18 km par D 147, 05 49 98 78 06
Tour carrée ★

L'Aumônerie sans rest
3 bd Mar. Leclerc – 05 49 22 63 86 – www.l-aumonerie.biz
4 ch – †44/50 € ††55/60 €
Un logis du 13e siècle tout en tuffeau, avec un jardin clos de murs... Mobilier ancien, excellente literie, accueil charmant : ne vous faites pas prier si vous faites étape dans la localité.

LOUÉ – 72 Sarthe – **310** I7 – **2 129 h. – alt. 112 m – ✉ 72540** **35** C1
Paris 230 – Laval 59 – Le Mans 30 – Rennes 127

Ricordeau avec ch rest, VISA AE
13 r. de la Libération – 02 43 88 40 03 – www.hotel-ricordeau.fr – Fermé 1 sem. en nov. et 1 sem. en fév.
13 ch – †85/120 € ††85/120 € – 14 € – ½ P
Rest *(fermé dim. soir, lundi et mardi)* – Menu 27 € (déj. en sem.), 41/62 € – Carte 61/79 €
Rest *La Table du Coq* 02 43 88 31 14 *(fermé le soir du merc. au sam., dim. et fériés)* – Formule 12 € – Menu 13 € bc (déj. en sem.)/22 €
Aux beaux jours, installez-vous sur l'agréable terrasse dressée dans le parc, au bord de la Vègre, et laissez-vous tenter par la bonne cuisine gastronomique du chef. Langoustines rôties aux asperges blanches, cuisses de canette en parmentier... Pour prolonger l'étape dans ce relais de poste cossu, des chambres agréables et des repas bistrotiers à la Table du Coq.

LOUHANS – 71 Saône-et-Loire – **320** L10 – **6 451 h. – alt. 179 m** **8** D3
– ✉ **71500** Bourgogne
Paris 373 – Bourg-en-Bresse 61 – Chalon-sur-Saône 38 – Dijon 85
1, Arcade Saint-Jean, 03 85 75 05 02, www.bresse-bourguignonne.com
Grande-Rue★.

Le Moulin de Bourgchâteau
r. Guidon, rte de Chalon – ✆ 03 85 75 37 12 – www.bourgchateau.com
19 ch – 51/62 € 62/65 € – 9 € – ½ P
Rest *Le Moulin de Bourgchâteau* – voir les restaurants ci-après
Ce moulin du 18e s. posé sur un bras de la Seille est pleine de caractère. Les propriétaires, deux frères d'origine italienne, sont aux petits soins et dans les chambres, décorées de meubles chinés, on entend le murmure de la rivière.

Barbier des Bois
rte de Cuiseaux, 3,5 km au Sud-Est par D 996 – ✆ 03 85 75 55 65 – www.barbierdesbois.com
15 ch – 63/79 € 63/99 € – 10 €
Rest *Barbier des Bois* – voir les restaurants ci-après
Les chambres de ce motel situé en pleine campagne ont un petit côté zen avec leurs teintes claires et leur terrasse face à la nature. L'ensemble est très bien tenu et le service est à l'image du lieu : sympathique et dynamique.

Le Moulin de Bourgchâteau – Hôtel Le Moulin de Bourgchâteau
r. Guidon, rte de Chalon – ✆ 03 85 75 37 12 – www.bourgchateau.com – Fermé 6-28 nov. et lundi
Rest *(nombre de couverts limité, réserver)* – Formule 14 € – Menu 28/55 € – Carte 48/60 €
La salle à manger, juste au-dessus de l'eau, a du style avec ses rouages, ses poutres et ses vieilles pierres. Parmi les spécialités traditionnelles – préparées avec finesse –, volaille de Bresse et pâtes fraîches faites minute.

Barbier des Bois – Hôtel Barbier des Bois
rte de Cuiseaux, 3,5 km au Sud-Est par D 996 – ✆ 03 85 75 55 65 – www.barbierdesbois.com – Fermé 5-18 août, 1 sem. à Noël, 1 sem. en fév., sam. et dim.
Rest – Carte environ 30 €
Une halte culinaire bien agréable dans cet ancien corps de ferme au décor contemporain. Dans l'assiette, de la générosité et de beaux produits : ravioles au comté, velouté accompagné d'une brochette d'escargots, financier fait minute...

à Bruailles 8 km au Sud-Est par D 972 – 932 h. – alt. 198 m – ✉ 71500

La Ferme de Marie-Eugénie
225 allée de Chardenoux – ✆ 03 85 74 81 84 – www.lafermedemarieeugenie.fr – Fermé 23-27 déc.
4 ch – 100/125 € 100/125 € **Table d'hôte** – Menu 35 €
Cette ferme du 18e s., tout en poutres et en torchis, décorée avec goût, est reposante à souhait. Les chambres jouent le contraste : pierre de Bourgogne, bois massif et mobilier contemporain, et comme l'endroit est un peu isolé, la généreuse table d'hôte est vraiment une bonne option.

LOURDES – 65 Hautes-Pyrénées – 342 L6 – 15 127 h. – alt. 420 m – Grand centre de pèlerinage – ✉ 65100 Midi Toulousain — 28 A3

Paris 850 – Bayonne 147 – Pau 45 – St-Gaudens 86
de Tarbes-Lourdes-Pyrénées : ✆ 05 62 32 92 22, 10 km par ①.
place Peyramale, ✆ 05 62 42 77 40, www.lourdes-infotourisme.com
Lourdes Golf Club, Chemin du Lac, par rte de Pau : 3 km, ✆ 05 62 42 02 06
Château fort★ DZ - Musée de Cire de Lourdes★ DZ M1 - Basilique souterraine St-Pie X CZ - Pic du Jer★.

Plans pages 890, 891, 892

Grand Hôtel Moderne — ch, ch, rest
21 av. Bernadette-Soubirous – ✆ 05 62 94 12 32 – www.grandhotelmoderne.com – Ouvert de Paques à fin oct. CZy
105 ch – 106/146 € 126/176 € – 5 suites – 14 € – ½ P
Rest – Menu 22 € – Carte 38/55 €
Cette construction de 1896, édifiée par un membre de la famille de Bernadette Soubirous, a retrouvé tout son lustre d'antan : magnifique façade et décor intérieur classique. Cuisine traditionnelle servie dans la salle ornée de boiseries style Majorelle.

LOURDES

Basse (R.) . . . . DZ 5
Bourg (Chaussée du) . . . . DZ 8
Capdevielle (R. Louis) . . . . EZ 12
Carrières Peyramale (R. des) . CZ 15
Fontaine (R. de la) . . . . DZ 20
Fort (R. du) . . . . DZ 22
Grotte (Bd de la) . . . . DZ 30
Jeanne-d'Arc (Pl.) . . . . DZ 35
Latour-de-Brie (R. de) . . . . . . DZ 40
Marcadal (Pl. du) . . . . DZ 45
Marqui (Av. Alexandre) . . . . DEZ 46
Martyrs-de-la-Déportation
(R. des) . . . . EZ 47
Paradis (Espl. du) . . . . CZ 50
Petits Fossés (R. des) . . . . . . DZ 53
Peyramale (Av.) . . . . CZ 55
Peyramale (Pl.) . . . . DZ 56
Pont-Vieux . . . . CZ 57
Pyrénées (R. des) . . . . DZ 59
Reine-Astrid (R. de la) . . . . . . CZ 60
Ste-Marie (R.) . . . . CZ 68
St-Frai (R. Marie) . . . . CZ 65
St-Michel (Pont) . . . . DZ 66
St-Pierre (R.) . . . . DZ 67
Schœpfer (Av. Mgr) . . . . CZ 71
Soubirous (Av. Bernadette) . . . CZ 73
Soubirous (R. Bernadette) . . . . DZ 74

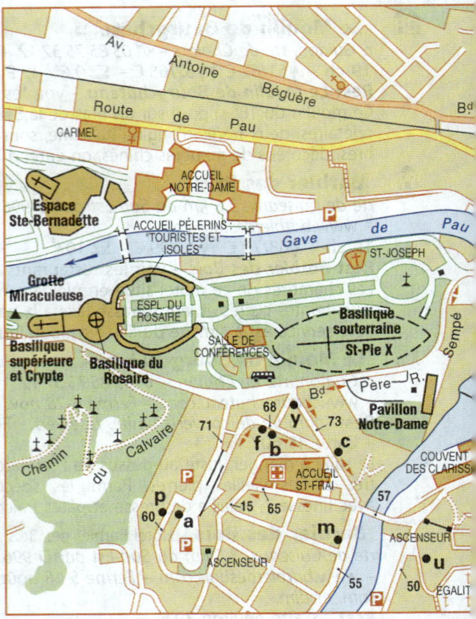

Éliseo

rest, VISA

4-6 r. Reine-Astrid – ✆ 05 62 41 41 41 – www.hoteleliseolourdes.fr – Fermé 2 nov.-6 déc., 10 déc.-6 fév. et 14 fév.-31 mars **CZp**

197 ch – 🕴91/116 € 🕴🕴124/174 € – 7 suites – ☕ 15 € – ½ P

Rest – Menu 33 € (déj.)/37 € – Carte 38/60 €

À proximité de la grotte, établissement abritant de grandes chambres modernes très bien équipées. Boutique de souvenirs, salon cosy et terrasses panoramiques sur le toit. Cuisine traditionnelle servie dans des salles à manger spacieuses, de style actuel.

Padoue

VISA

1 r. Reine-Astrid – ✆ 05 62 53 07 00 – www.hotelpadoue.fr – Ouvert début avril-fin oct. **CZa**

155 ch – 🕴98/103 € 🕴🕴110/115 € – ☕ 12 € – ½ P

Rest – Formule 15 € – Menu 18/28 € – Carte 22/38 €

À 150 m de la grotte, cet hôtel récent a été conçu dans le souci du confort : grandes chambres colorées, agréable coin salon d'esprit design. L'immense restaurant contemporain, au premier étage, propose des plats traditionnels et simples.

Grand Hôtel de la Grotte

ch, VISA

66 r. de la Grotte – ✆ 05 62 94 58 87 – www.hoteldelagrotte.com – Ouvert 28 mars-27 oct. **DZy**

71 ch – 🕴111/183 € 🕴🕴111/183 € – 5 suites – ☕ 17 € – ½ P

Rest *(dîner seult)* – Formule 21 € – Menu 27/42 € – Carte 36/55 €

Rest *Brasserie* ✆ 05 62 42 39 34 *(déj. seult)* – Formule 15 € – Menu 20/28 € – Carte 33/44 €

Hôtel de tradition situé au pied du château fort. Trois types de chambres : très contemporaines, de style Louis XVI (tournées pour certaines vers la basilique) ou "Master suites". Cuisine traditionnelle dans les salles à manger, feutrées. La Brasserie arbore un décor moderne ; grande terrasse sous les marronniers.

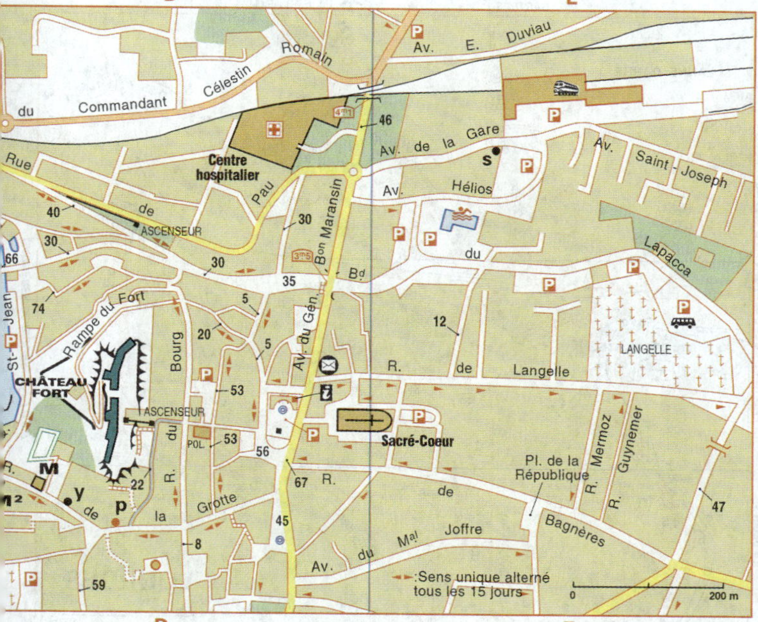

Gallia et Londres

26 av. B. Soubirous – ✆ 05 62 94 35 44 – www.hotelsvinuales.com – Ouvert 1er avril-15 oct. CZc

91 ch – 95/125 € 124/184 € – 3 suites – 15 € – ½ P

Rest – Menu 24/37 € – Carte 30/50 €

Séduisante atmosphère vieille France dans ce bel hôtel à deux pas des sanctuaires. Chambres confortables, meublées dans le style Louis XVI. Salle à manger ornée de boiseries, de lustres en cristal et d'une tapisserie représentant Venise.

Panorama (N)

11 r. Sainte-Marie – ✆ 05 62 94 33 04 – www.hotelpanoramalourdes.com – ouvert 29 mars-20 oct. CZf

104 ch – 80/101 € 100/142 € – 2 suites – 10 €

Rest – Menu 21/30 € – Carte 28/40 €

Aux portes du sanctuaire, cet hôtel-restaurant a été entièrement rénové en 2012. Tout a été repensé ; résultat : une décoration contemporaine, de la luminosité et de beaux espaces. Les chambres y sont confortables et bien tenues. Une nouvelle étape pour les pèlerins.

Miramont

40 av. Peyramale – ✆ 05 62 94 70 00 – www.hotelmiramontlourdes.fr – Ouvert 3 avril-3 nov. AYg

92 ch – 53/69 € 80/108 € – 10 € – ½ P

Rest – Formule 15 € – Menu 19/26 € – Carte 27/41 €

Hôtel récent entièrement rénové en 2008. Hall contemporain lumineux, bar et salon confortable, chambres dans le même esprit et dotées d'un mobilier design. Au restaurant ouvert sur le gave, belle décoration actuelle et cuisine traditionnelle.

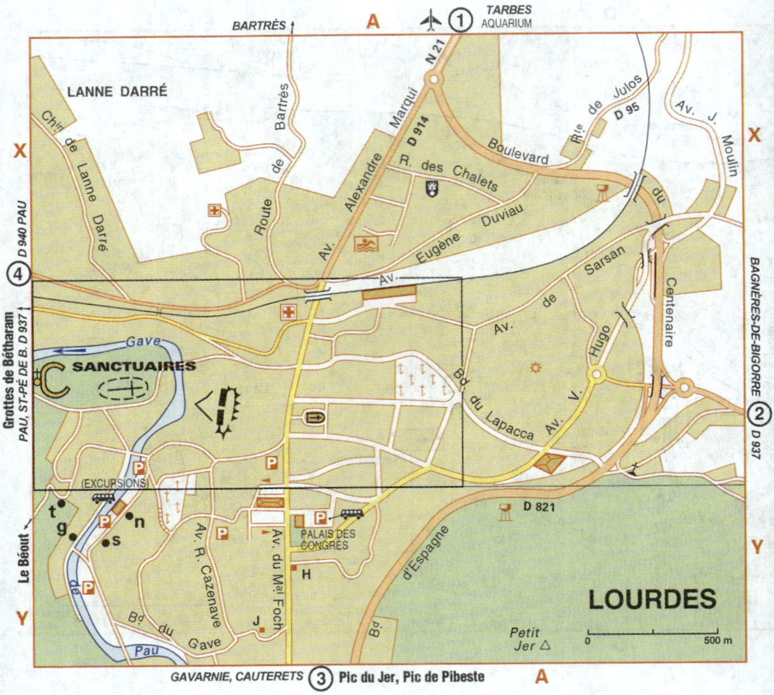

Mercure Impérial

ch, rest,

3 av. Paradis – ✆ 05 62 94 06 30 – www.mercure.com – Fermé 15 déc.-31 janv. **CZu**

88 ch – 🚹102/144 € 🚹🚹111/157 € – 2 suites – ☕ 14 € – ½ P

Rest – Formule 18 € bc – Carte 35/47 €

Établi au pied du château et dominant le gave, hôtel des années 1930 dont on a conservé le bel escalier central et les vitraux. Chambres fonctionnelles ; terrasse panoramique sur le toit. Salle à manger contemporaine et carte de tradition.

Beauséjour

rest, rest,

16 av. de la Gare – ✆ 05 62 94 38 18 – www.hotel-beausejour.com **EZs**

45 ch – 🚹72/98 € 🚹🚹82/195 € – ☕ 11 € – ½ P

Rest – Formule 15 € – Menu 19 € – Carte 25/49 €

Façade 1900, jardin avec jolie vue sur le château et les toits de la ville, intérieur cossu et chambres avenantes caractérisent ce petit hôtel jouxtant la gare. Cuisine traditionnelle sans prétention servie dans la véranda ou sur la terrasse.

Saint-Sauveur

ch,

9 r. Ste-Marie – ✆ 05 62 94 25 03 – www.hotelsvinuales.com – Fermé 10 déc.-5 fév. **CZb**

174 ch – 🚹73/86 € 🚹🚹92/118 € – ☕ 10 € – ½ P

Rest – Formule 14 € – Menu 19/30 € – Carte 19/34 €

Hôtel proche du lieu de pèlerinage. Vaste hall baigné par un puits de lumière ; chambres confortables. À l'heure du repas, répertoire culinaire traditionnel dans l'élégante salle à manger ou sous la verrière.

Paradis

15 av. du Paradis – ✆ 05 62 42 14 14 – www.hotelparadislourdes.com – Ouvert 25 mars-1er nov. AYn

296 ch – 🚹110/120 € 🚹🚹110/120 € – 5 suites – ☕ 15 € – ½ P

Rest *(résidents seult)* – Menu 29 €

Établissement situé sur la rive du gave, idéal pour les groupes. Son décor est chargé : marbre, dorures, tapis fleuris... Chambres spacieuses ; boutiques d'objets liturgiques et de souvenirs. Vaste restaurant ; salons et bar dotés de Chesterfield colorés.

Méditerranée

23 av. Paradis – ✆ 05 62 94 72 15 – www.lourdeshotelmed.com – Ouvert 22 mars-25 oct. AYs

171 ch – 🚹81 € 🚹🚹101 € – ☕ 10 € – ½ P

Rest – Menu 17/27 € – Carte 20/32 €

Un grand immeuble un peu excentré, sur les rives du gave de Pau. L'établissement a été entièrement rénové en 2012, dans un esprit très contemporain. Autre atout : les chambres offrent une vue dégagée sur la ville et ses abords.

Christ-Roi

9 r. Mgr Rodhain – ✆ 05 62 94 24 98 – www.lourdes-christroi.com – Ouvert de Pâques à mi-oct. AYt

180 ch – 🚹62/64 € 🚹🚹83/87 € – ☕ 9 € – ½ P

Rest – Menu 21 €

Les pèlerins peuvent prendre un ascenseur situé à deux pas de l'hôtel pour rejoindre la grotte. Chambres fonctionnelles dans un édifice récent. Bar anglais. Le restaurant, fréquenté principalement par les résidents de l'hôtel, sert une cuisine traditionnelle.

Notre Dame de France

8 av. Peyramale – ✆ 05 62 94 91 45 – www.hotelnd-france.fr – Ouvert 21 mars-31 oct. CZm

74 ch – 🚹45/60 € 🚹🚹45/65 € – ☕ 7 € – ½ P

Rest – Menu 14 € – Carte environ 20 €

Le long du gave de Pau, hôtel dirigé par la même famille depuis plusieurs générations. Agencement fonctionnel dans les chambres, simples et bien tenues. Cuisine traditionnelle et atmosphère de pension de famille au restaurant.

Alexandra

3 r. du Fort – ✆ 05 62 94 31 43 – Fermé lundi DZp

Rest – Menu 14 € (déj. en sem.), 17/26 € – Carte 35/46 €

Cette discrète maison à la façade rouge est un vrai petit miracle ! Cuisine goûteuse servie dans deux univers singuliers : l'un intime et cosy ; l'autre contemporain et décalé.

LOURMARIN – 84 Vaucluse – 332 F11 – 1 000 h. – alt. 224 m – ✉ 84160 Provence

42 E1

Paris 732 – Apt 19 – Aix-en-Provence 37 – Cavaillon 32

Place H. Barthelemy, ✆ 04 90 68 10 77, www.lourmarin.com

Château★.

Le Moulin de Lourmarin

r. du Temple – ✆ 04 90 68 06 69 – www.moulindelourmarin.com – Fermé 4-31 janv.

20 ch ☕ – 🚹95/320 € 🚹🚹95/320 € – 1 suite – ½ P

Rest – Formule 26 € – Menu 34 € – Carte 37/100 €

Un hôtel de charme dans un moulin à huile du 18e s., au cœur de ce ravissant village. Les chambres sont confortables et décorées dans le style provençal. Restauration traditionnelle.

Mas de Guilles
rest,

rte Vaugines : 2 km – ✆ 04 90 68 30 55 – www.guilles.com
– Ouvert de début avril à fin oct.
28 ch – †85/280 € ††85/280 € – ☕ 16 € – ½ P
Rest *(dîner seult)* – Formule 42 € – Menu 52 €
Au milieu des vignes, cette ancienne ferme du 17e s. abrite des chambres d'inspiration provençale ou contemporaine. Cuisine traditionnelle servie dans une jolie salle voûtée ou sur la grande terrasse. Parfait pour un séjour au grand calme.

La Bastide de Lourmarin
ch,

rte de Cucuron – ✆ 04 90 07 00 70 – www.hotelbastide.com
– Fermé 6 janv.-13 fév.
19 ch – †100/150 € ††100/150 € – ☕ 12 € – ½ P
Rest *(ouvert d'avril à oct. et fermé dim. soir et lundi)* – Menu 25/32 €
– Carte 33/44 €
Derrière les murs de cette bastide se cachent de belles suites et des chambres thématiques (zen, romantique, etc.). Mobilier contemporain, objets chinés, touches ethniques et équipements de pointe créent un style tendance. Cuisine méridionale servie en terrasse l'été, au bord de la piscine.

Auberge La Fenière (Reine Sammut) avec ch
ch,

D 943, 2 km par rte de Cadenet
– ✆ 04 90 68 11 79 – www.reinesammut.com
16 ch – †150/320 € ††180/350 € – ☕ 20 € – ½ P
Rest *(fermé 10 nov.-1er avril, mardi sauf le soir de mi-juin à mi-sept. et lundi)*
– Formule 45 € – Menu 65/125 € – Carte 94/126 €
Rest *Bistrot La Cour de Ferme* *(fermé janv., jeudi sauf le soir de mi-juin à mi-sept. et merc.)* – Menu 35 €
Dans un parc verdoyant face au Grand Luberon, pour un moment de grâce... culinaire : une cuisine fine signée par une "reine" des saveurs. Au Bistrot, ambiance chaleureuse sous le préau autour des recettes de campagne. Les chambres, stylées et agréables, se répartissent dans plusieurs bâtiments du domaine.
➜ Salade de pourpier d'été et cigale de mer au gingembre confit. Noisettes d'agneau rôties, croustillant d'épaule confite au cumin et aubergine grillée. Lingot au chocolat, praliné croquant aux noisettes. **Vins** Luberon.

LOUVIERS – 27 Eure – **304** H6 – **17 943 h.** – **alt. 15 m** – ✉ **27400** — **33** D2
Normandie Vallée de la Seine

Paris 104 – Les Andelys 22 – Lisieux 75 – Mantes-la-Jolie 51
10, rue du Maréchal Foch, ✆ 02 32 40 04 41, www.tourisme-seine-eure.com
du Vaudreuil, à Le Vaudreuil, par rte de Rouen : 6 km, ✆ 02 32 59 02 60
Église N.-Dame★ : oeuvres d'art★, porche★.
Biotropica★, N : par D 71 - Vironnay ★.

Le Pré St-Germain

7 r. St-Germain – ✆ 02 32 40 48 48 – www.le-pre-saint-germain.com
– Fermé 21 déc.-2 janv.
34 ch – †99 € ††132 € – ☕ 12 € – ½ P
Rest *Le Pré St-Germain* – voir les restaurants ci-après
Légèrement excentrée et au calme, une grande bâtisse avec des chambres rénovées en 2010 dans un style contemporain et frais. Une bonne étape pour visiter les curiosités de Louviers, dont le beau cloître des Pénitents ou l'église Notre-Dame.

Le Pré St-Germain

7 r. St-Germain – ✆ 02 32 40 48 48 – www.le-pre-saint-germain.com
– Fermé 2-26 août, 21 déc.-2 janv., sam. et dim.
Rest – Formule 19 € bc – Menu 22 € bc (sem.), 32/38 € – Carte 26/62 €
Dans cet hôtel-restaurant, la cuisine traditionnelle du chef est généreuse et savoureuse. Foie gras maison, dos de cabillaud au beurre nantais, tarte fine aux pommes flambée au calva... On passe un bon moment gourmand ! Jolie terrasse.

à St-Étienne-du-Vauvray 7 km au Nord-Est par N 154 et D 77 – 711 h. – alt. 13 m – ✉ 27430

La Ferme de la Haute Crémonville

rte de Crémonville, 2,5 km au Sud-Ouest par D 77 et rte secondaire – ✆ 02 32 59 14 22 – www.restaurant-ferme-haute-cremonville.com – Fermé 3-10 mars, 22-29 avril, 8-22 août, merc. soir, sam. midi et dim.

Rest (*réserver*) – Menu 29 € – Carte 30/40 €

Dans cette belle ferme normande du 18e s., tout est si bucolique : la terrasse, les poutres, la cheminée... Quant à l'alléchante cuisine traditionnelle, rythmée par les saisons, elle couronne le tout. Ah, le charme champêtre !

LE LUC – 83 Var – 340 M5 – 9 270 h. – alt. 160 m – ✉ 83340 41 C3

Côte d'Azur

Paris 836 – Cannes 75 – Draguignan 29 – Fréjus 41

Château des Vintimille, ✆ 04 94 60 74 51, www.mairie-leluc.com

Le Gourmandin

8 pl. L. Brunet – ✆ 04 94 60 85 92 – www.legourmandin.com – Fermé 25 août-23 sept., 25 fév.-10 mars, dim. soir, jeudi soir et lundi

Rest (*réserver*) – Menu 28/48 € – Carte 57/88 €

Détail qui dit tout : les nappes en coton crochetées par une habitante du Luc ! Dans cette véritable bonbonnière provençale, le temps semble s'être arrêté... La tradition est également maîtresse aux fourneaux, pour le meilleur : croustillant d'asperge ou volaille farcie et petits légumes, tout est généreux et gourmand.

LUCELLE – 68 Haut-Rhin – 315 H12 – 42 h. – alt. 640 m – ✉ 68480 1 A3

Alsace Lorraine

Paris 472 – Altkirch 29 – Basel 41 – Belfort 56

au Nord-Est : 4,5 km par D 41 et rte secondaire – ✉ 68480 Lucelle

Le Petit Kohlberg

rest.

– ✆ 03 89 40 85 30 – www.petitkohlberg.com – Fermé 23-28 déc., vacances de fév.

34 ch – †67/76 € ††67/76 € – ☕ 11 € – ½ P

Rest – Formule 15 € – Menu 25 € (sem.)/29 € – Carte 25/54 €

En pleine campagne, une hôtel-restaurant au grand calme. Les chambres sont confortables, dans un esprit fonctionnel ; quant à la salle à manger, elle est grande ouverte sur le joli parc, fleuri et boisé.

LA LUCERNE-D'OUTREMER – 50 Manche – 303 D7 – 826 h. – alt. 70 m – ✉ 50320 32 A2

Paris 332 – Caen 100 – Saint-Lô 65 – Saint-Malo 84

Le Courtil de la Lucerne

17 r. de la Libération, (Le Bourg) – ✆ 02 33 61 22 02 – http://le-courtil-de-la-lucerne.fr – Fermé 27 août-5 sept., 2-17 janv., dim. soir, mardi soir et merc.

Rest – Formule 14 € – Menu 17 € (sem.), 28/36 € – Carte 35/46 €

Installé dans l'ancien presbytère d'un petit village normand, ce restaurant, sobrement décoré, propose une cuisine dans l'air du temps et soignée.

LUCEY – 54 Meurthe-et-Moselle – 307 G6 – rattaché à Toul

LUCHÉ-PRINGÉ – 72 Sarthe – 310 J8 – 1 658 h. – alt. 34 m – ✉ 72800 35 C2

Pays de la Loire

Paris 242 – Angers 68 – La Flèche 14 – Le Lude 10

4, rue Paul Doumer, ✆ 02 43 45 44 50, wwwvilledecaractere-luche-pringe.fr

Auberge du Port des Roches avec ch

au port des roches, 2,5 km à l'Est par D 13 et D 214 – ✆ 02 43 45 44 48 – Fermé 1er-12 mars, 24-28 août, 1 sem. vacances de la Toussaint, dim. soir, mardi midi et lundi

12 ch – †55 € ††65/71 € – ☕ 9 € – ½ P

Rest – Menu 26/58 € – Carte 39/58 €

Terrasse et jardin au fil de l'eau, plaisante salle champêtre, cuisine traditionnelle authentique et gourmande : faites fi de la morosité dans cette sympathique auberge des bords du Loir ! Pour l'étape, des chambres fraîches et colorées.

LUCHON – 31 H.-Gar. – 343 B8 – voir Bagnères-de-Luchon

LUÇON – 85 Vendée – 316 I9 – 9 784 h. – alt. 8 m – ✉ 85400 34 B3

Pays de la Loire

Paris 438 – Cholet 89 – Fontenay-le-Comte 30 – La Rochelle 43

square Édouard Herriot, ✆ 02 51 56 36 52, www.tourisme-lucon.com

Cathédrale Notre-Dame★ - Jardin Dumaine★.

La Mirabelle

89 bis r. de Gaulle, rte des Sables-d' Olonne – ✆ 02 51 56 93 02 – www.restaurant-lamirabelle.com – Fermé dim. soir, lundi soir et mardi sauf fériés

Rest – Formule 18 € – Menu 24/75 € – Carte 49/75 €

Une Mirabelle fraîche et sympathique, avec sa jolie terrasse fleurie... Côté papilles, on déguste une cuisine traditionnelle et régionale bien tournée, réalisée avec de beaux produits du terroir.

Au Fil des Saisons avec ch

55 rte de la Roche-sur-Yon – ✆ 02 51 56 11 32 – www.aufildessaisons-vendee.com – Fermé 2 sem. fin août-début sept. et 2 sem. début janv.

6 ch – †53/62 € ††62/70 € – ☕ 8 € – ½ P

Rest *(fermé sam. midi, dim. soir et lundi)* – Formule 14 € – Menu 26/46 € – Carte environ 38 €

Au fil des saisons, on s'installe dans la salle, simple et coquette, ou bien on file dans la véranda ou au jardin... En toute saison, on prend le temps de savourer des petits plats d'aujourd'hui, frais et parfumés. Et pour l'étape, les chambres sont agréables et confortables.

à Moreilles 11 km au Sud-Est par D 949 et D 137 – 357 h. – alt. 5 m – ✉ 85450

Château de l'Abbaye ch, rest,

– ✆ 02 51 56 17 56 – www.chateau-moreilles.com

5 ch – †79/249 € ††89/249 € – ☕ 14 € – ½ P **Table d'hôte** – Menu 36 €

Un château romantique tenu par une famille chaleureuse... Les chambres sont cosy (tissus tendus, mobilier ancien) et les salons élégants. Une petite tête dans la piscine avant de goûter la cuisine ménagère de la table d'hôte ? À l'annexe – un corps de ferme –, esprit plus champêtre mais tout aussi charmant.

LES LUCS-SUR-BOULOGNE – 85 Vendée – 316 H6 – 3 251 h. – alt. 70 m – ✉ 85170 34 B3

Pays de la Loire

Paris 441 – Angers 146 – Nantes 61 – La Roche-sur-Yon 23

place Sénéchal, ✆ 02 51 46 51 28, www.vieetboulogne.fr

Auberge du Lac

250 r. du Gén.-Charette – ✆ 02 51 46 59 59 – www.aubergedulac85.com – Fermé 20 déc.-10 janv., dim. soir, mardi soir et merc.

Rest – Formule 16 € – Menu 29/49 € bc – Carte environ 35 €

Anguille fumée au foie gras, poêlée de ris de veau, moelleux au chocolat... Dans cette bien nommée Auberge du Lac, le chef concocte une cuisine traditionnelle savoureuse et gourmande. De temps à autre, il n'hésite pas à se montrer plus créatif, pour le plus grand plaisir des habitués !

LUC-SUR-MER – 14 Calvados – 303 J4 – 3 133 h. – Casino – ✉ 14530 32 B2

Normandie Cotentin

Paris 249 – Arromanches-les-Bains 23 – Bayeux 29 – Cabourg 28

3, place du petit Enfer, ✆ 02 31 97 33 25, www.luc-sur-mer.fr

Parc municipal★.

Hôtel des Thermes et du Casino

VISA AE

5 r. Guyemer – ✆ 02 31 97 32 37 – www.hotelresto-lesthermes.com – Ouvert 24 mars-3 nov.

48 ch – †87/125 € ††87/125 € – ☕ 12 € – ½ P

Rest *Au Jardin de la Mer* – voir les restaurants ci-après

Une adresse tonique directement sur la promenade, à proximité des thermes et du casino, comme son nom l'indique. Les chambres avec balcon ont vue sur la mer ; c'est tellement bien situé !

Au Jardin de la Mer – Hôtel des Thermes et du Casino

P VISA AE

5 r. Guyemer – ✆ 02 31 97 32 37 – www.hotelresto-lesthermes.com – Ouvert 24 mars-3 nov.

Rest – Formule 20 € – Menu 29/39 € – Carte 40/70 €

Un nom poétique pour ce restaurant entre Manche et jardin fleuri où embaument les pommiers. Homards du vivier, poissons de Port-en-Bessin, recettes du terroir... Un sympathique potager !

LE LUDE – 72 Sarthe – 310 J9 – 4 049 h. – alt. 48 m – ✉ 72800 35 D2

Pays de la Loire

Paris 244 – Angers 63 – Chinon 63 – La Flèche 20

place François de Nicolay, ✆ 02 43 94 62 20, www.tourisme-bassinludois.fr

Château★★.

L'Auberge Alsacienne

rest, VISA AE

14 r. de la Boule-d'Or – ✆ 02 43 48 20 45 – www.auberge-alsacienne-le-lude.com

7 ch – †60/80 € ††60/88 € – ☕ 8,50 € – ½ P

Rest *(fermé 4-18 août, 22 déc.-6 janv., mardi midi, dim. soir et lundi)* – Formule 12 € – Menu 23 € (déj. en sem.), 26/29 € – Carte 22/37 €

Simple, tranquille et familial, cet hôtel-restaurant offre un confort appréciable au cœur du Lude. Le bâtiment est un ancien couvent ! Dépaysement au restaurant : vous voilà en Alsace, choucroute comprise.

La Renaissance avec ch

ch, AC rest, P VISA AE

2 av. Libération – ✆ 02 43 94 63 10 – www.renaissancelelude.com – Fermé 23 fév.-13 mars

8 ch – †51/71 € ††51/71 € – ☕ 8,50 € – ½ P

Rest *(fermé dim. soir et lundi)* – Formule 12 € bc – Menu 18 € bc (sem.), 28 € bc/40 € – Carte 47/54 €

Des produits sarthois et angevins, mais aussi le serpolet, la cardamome, le pavot, la mangue... Ce restaurant traditionnel est à la page, avec sa cuisine qui explore de nouveaux mariages de saveurs. Accueil sympathique.

LUDES – 51 Marne – 306 G8 – 631 h. – alt. 140 m – ✉ 51500 13 B2

Paris 157 – Châlons-en-Champagne 52 – Reims 15 – Épernay 22

Domaine Ployez-Jacquemart sans rest

P VISA AE

8 r. Astoin – ✆ 03 26 61 11 87 – www.ployez-jacquemart.fr – Fermé 17 déc.-15 janv.

5 ch ☕ – †101/111 € ††115/135 €

Pour les adeptes de tourisme viticole, cette belle demeure dédiée au champagne depuis 1930 cultive l'art de vivre à la française. Les chambres sont très raffinées ; après une dégustation, quoi de mieux qu'une promenade parmi les vignes ?

LUMBRES – 62 Pas-de-Calais – 301 F3 – 3 741 h. – alt. 45 m – ✉ 62380 30 A2

Paris 261 – Arras 81 – Boulogne-sur-Mer 43 – Calais 44

rue François Cousin, ✆ 03 21 93 45 46

Hôtel du Golf

chemin des Bois, 2 km au Nord-Ouest par D 225, au golf de l'A – ✆ 03 21 11 42 42 – www.stomer-hoteldugolf.com

54 ch – 129/220 € 129/220 € – 15 € – ½ P

Rest *Le Lodge* – voir les restaurants ci-après

Les golfeurs impénitents vont se régaler ! Au départ du parcours de l'Aa, cet hôtel évoque les lodges nord-américains. De surcroît, les chambres, confortables, donnent sur les greens ou la forêt. Que demander de plus, sinon d'y rester longtemps...

Moulin de Mombreux

ch, rest,

2 km à l'Ouest par rte de Boulogne, D 225 et rte secondaire – ✆ 03 21 39 13 13 – www.mombreux.com – Fermé 1er-15 janv.

24 ch – 95/125 € 95/125 € – 15 € – ½ P

Rest *(fermé lundi midi et sam. midi)* – Formule 12 € – Menu 25/49 € – Carte 37/87 €

À côté d'un ravissant moulin du 18e s. – abritant le restaurant – au bord du Bléquin, cet hôtel invite au repos. Les chambres, confortables, sont décorées avec une charmante simplicité. À cela s'ajoute un joli parc, idéal pour les promenades !

Le Lodge – Hôtel Du Golf

chemin des Bois, 2 km au Nord-Ouest par D 225, au golf de l'A – ✆ 03 21 11 42 42 – www.stomer-hoteldugolf.com

Rest – Formule 22 € bc – Menu 30/45 € – Carte 41/50 €

Bois d'antilope, lambris, cuir blanc... Une déco très "lodge" au service d'une cuisine régionale revisitée : mignons de porc sauce spéculos, salade de toasts au maroilles, etc. Le plus : les poissons sont labellisés "pêche durable".

LUNEL – 34 Hérault – 339 J6 – 24 923 h. – alt. 6 m – ✉ 34400 23 C2

Languedoc Roussillon

Paris 733 – Aigues-Mortes 16 – Alès 58 – Arles 56

16, cours Gabriel Péri, ✆ 04 67 71 01 37, www.ot-paysdelunel.fr

L'Anguille Sous Cloche N

42 r. Roger-Salengro – ✆ 04 67 22 38 47 – Fermé 1 sem. en juil., 3 sem. en août, sam. midi, mardi soir, dim. et lundi

Rest *(nombre de couverts limité, réserver)* – Formule 15 € – Menu 20 € (déj.) – Carte 40/100 €

Aucune anguille sous roche dans ce bistrot de poche où l'on aime visiblement les bons mots. Au menu, une savoureuse cuisine du Sud axée sur les beaux produits : anguilles de la pêche locale, poissons sauvages, bœuf persillé Wagyu, etc. Sous la cloche, c'est un régal !

LUNÉVILLE – 54 Meurthe-et-Moselle – 307 J7 – 19 937 h. – alt. 224 m – ✉ 54300 27 C2

Alsace Lorraine

Paris 347 – Épinal 69 – Metz 95 – Nancy 36

aile sud du Château, ✆ 03 83 74 06 55, www.ot-lunevillois.com

Château★ - Parc des Bosquets★ - Boiseries★ de l'église St-Jacques

Les Pages

rest,

5 quai des Petits-Bosquets – ✆ 03 83 74 11 42 – www.hotel-les-pages.fr

35 ch – 60/78 € 80/98 € – 10 € – ½ P

Rest *Le Petit Comptoir* ✆ 03 83 73 14 55 *(fermé 30 déc.-2 janv., sam. midi et dim. soir)* – Menu 17 € bc (sem.), 22/44 € bc – Carte 30/52 €

Un hôtel au bord de la Meurthe, juste en face du château. Plusieurs catégories de chambres sont proposées, celles à l'étage étant les plus spacieuses et les plus modernes. Bistrot attenant.

à Moncel-lès-Lunéville 3 km à l'Est par rte de St-Dié (D 590) – 463 h. – alt. 234 m – ✉ 54300

Relais St-Jean

22 av. de l'Europe – ✆ 03 83 74 08 65 – www.relaissaintjean.fr – Fermé 29 juil.-20 août, 17-24 fév. dim. soir, merc. soir et lundi

Rest – Formule 12 € – Menu 15 € (sem.), 24/35 € – Carte 26/50 €

La spécialité de ce restaurant de la vallée de la Meurthe ? La tête de veau ! Et d'autres recettes classiques du registre traditionnel : foie gras, ris de veau aux morilles, mousse au chocolat maison, etc. Pour une étape sympathique.

au Sud 5 km par rte de Rambervillers, puis av. G. Pompidou et cités Ste-Anne – ✉ 54300 Lunéville

Château d'Adoménil rest,

– ✆ 03 83 74 04 81 – www.adomenil.com – Fermé janv., vacances de fév., dim. soir, lundi et mardi d'oct. à avril

9 ch – 189/220 € 189/220 € – 5 suites – 23 €

Rest *Château d'Adoménil* – voir les restaurants ci-après

Rest *Version A* *(fermé sam., dim., lundi et mardi) (déj. seult)* – Menu 35 € – Carte 39/57 €

On a forcément une bonne raison de loger dans cette belle demeure du 18e s., que ce soit pour son parc boisé, ses chambres bourgeoises ou son cachet historique indéniable. N'en n'oubliez pas pour autant les deux restaurants !

Château d'Adoménil (Cyril Leclerc)

– ✆ 03 83 74 04 81 – www.adomenil.com – Fermé janv., vacances de fév., dim. soir, lundi et mardi d'oct. à avril

Rest *(dîner seult du lundi au vend.)* – Menu 63 € (sem.)/120 € – Carte 86/136 €

Charme et noblesse ! Tentures chatoyantes et boiseries sombres se marient admirablement aux touches baroques et contemporaines. La cuisine est à l'avenant, avec de superbes produits en vedette et des présentations qui flattent l'œil.

➜ Langoustines, caviar d'Aquitaine, yuzu et curry. Poitrine de pigeonneau du terroir lorrain. Variation autour de la mirabelle de Lorraine. **Vins** Côtes de Toul gris et rouge.

LURE – 70 Haute-Saône – **314** G6 – 8 295 h. – alt. 290 m **17** C1
– ✉ 70200 Franche-Comté Jura

Paris 387 – Belfort 37 – Besançon 77 – Épinal 77

35, avenue Carnot, ✆ 03 84 62 80 52, www.office-tourisme-lure.com

à Roye 2 km à l'Est par rte de Belfort – 1 303 h. – alt. 301 m – ✉ 70200

Le Saisonnier

56 r. de la Verrerie, N 19 – ✆ 03 84 30 46 00 – www.restaurantlesaisonnier.fr – Fermé 16-31 août, dim. soir, merc. soir et lundi

Rest *(nombre de couverts limité, réserver)* – Menu 26/62 €

Voilà un nom bien trouvé pour un restaurant proposant une cuisine du marché ! Dans cette ancienne ferme, les gourmands s'installent dans une salle rustique ou plus moderne. Mais point de différence dans l'assiette avec des produits... de saison.

à Froideterre 3 km au Nord-Est par D 486 et D 99 – 353 h. – alt. 306 m – ✉ 70200

Hostellerie des Sources et H. San Val'Eau avec ch

4 r. du Grand-Bois – ✆ 03 84 30 34 72 – www.hostellerie-des-sources.com – Fermé 1er-7 janv. ch,

5 ch – 77 € 77/138 € – 10 €

Rest *(fermé dim. soir, lundi et mardi) (nombre de couverts limité, réserver)* – Menu 26/49 € – Carte 35/46 €

Envie d'un retour aux Sources ? Cette ancienne ferme, au décor rustique et chaleureux, devrait faire votre bonheur. D'autant plus que le chef joue une musique sans fausse note : belles préparations, cuissons millimétrées, explosion de saveurs...

LUSSAC-LES-CHÂTEAUX – 86 Vienne – 322 K6 – 2 351 h. 39 D2
– alt. 104 m – ✉ 86320 Poitou-Charentes

Paris 355 – Bellac 42 – Châtellerault 52 – Montmorillon 12

place du Champ de Foire, ✆ 05 49 84 57 73, www.tourisme-lussac-les-chateaux.fr

Nécropole mérovingienne★ de Civaux NO : 6 km sur D 749.

Les Orangeries
ch, VISA AE

12 av. du Dr Dupont – ✆ 05 49 84 07 07 – www.lesorangeries.com – Fermé 2 sem. en fév.

15 ch – †75/155 € ††85/155 € – 4 suites – ☕ 14 € – ½ P

Rest *(fermé sam. midi sauf juil.-août)* – Formule 20 € – Menu 33 € (déj. en sem.)/38 €

Des volets vert d'eau, des vieilles pierres, un toit de tuiles, du mobilier ancien : le charme d'une maison de pays du 18e s. Au bord de la superbe piscine, seules les oreilles sensibles regretteront que la nationale soit si proche... Cuisine traditionnelle "locavore" au restaurant, aménagé dans un ancien chai.

LUTTER – 68 Haut-Rhin – 315 I12 – rattaché à Ferrette

LUXÉ – 16 Charente – 324 K4 – rattaché à Mansle

LUXEUIL-LES-BAINS – 70 Haute-Saône – 314 G6 – 7 370 h. 17 C1
– alt. 305 m – Stat. therm. : fin mars-mi-nov. – Casino – ✉ 70300
Franche-Comté Jura

Paris 379 – Épinal 58 – Vesoul 32 – Vittel 72

rue Victor Genoux, ✆ 03 84 40 06 41, www.luxeuil.fr

18 de Luxeuil Bellevue, à Genevrey, RN 57, par rte de Vesoul : 11 km, ✆ 03 84 95 82 00

Hôtel du Cardinal Jouffroy★ - Musée de la tour des Échevins : stèle★ - Anc. Abbaye St-Colomban★ - Maison François 1er★.

Les Sources sans rest
VISA AE

2 av. Jean-Moulin, (face au parc thermal) – ✆ 03 84 93 70 04 – www.70lessources.fr – Fermé 20 déc.-5 janv.

41 ch – †57/107 € ††67/117 € – ☕ 10 €

Face aux thermes, cette bâtisse (1860) abrite 41 studios modernes et fonctionnels – avec kitchenette – donnant sur le parc ou la ville. L'adresse parfaite pour curistes en quête d'indépendance.

Le Clos Rebillotte N sans rest
VISA AE

16 r. des Thermes – ✆ 03 84 93 90 90 – www.hotel-luxeuil.com

21 ch – †60/105 € ††60/105 € – ☕ 9 €

Faites vos jeux ! Cet établissement, face au casino, propose de spacieuses chambres contemporaines. Quelques touches de couleurs, beaucoup de velours et un mobilier stylé... Voilà l'exemple même d'une atmosphère feutrée et raffinée.

LUYNES – 37 Indre-et-Loire – 317 M4 – 5 025 h. – alt. 60 m – ✉ 37230 11 B2
Châteaux de la Loire

Paris 247 – Angers 115 – Chinon 41 – Langeais 15

9, rue Alfred Baugé, ✆ 02 47 55 77 14

Église★ au Vieux-Bourg de St-Etienne de Chigny O : 3 km.

Domaine de Beauvois
VISA AE

4 km au Nord-Ouest par D 49 – ✆ 02 47 55 50 11 – www.beauvois.com

36 ch – †157/360 € ††157/360 € – ☕ 22 €

Rest *Domaine de Beauvois* – voir les restaurants ci-après

Vaste manoir des 16e et 17e s. au cœur d'un parc arboré avec un étang. Les chambres et leurs belles tentures murales confirment une impression d'élégant classicisme, tout comme le restaurant.

XXX **Domaine de Beauvois**

4 km au Nord-Ouest par D 49 – ✆ 02 47 55 50 11 – www.beauvois.com – fermé dim. soir, le midi du lundi au jeudi de nov. à mars
Rest – Formule 29 € – Menu 35 € (déj.), 54/72 € – Carte 54/76 €
Une grande salle à manger cossue, des salons intimes... pour une agréable cuisine de saison. Cette table gastronomique cultive son élégance bourgeoise avec raffinement.

X **Le XII de Luynes** avec ch

12 r. de la République – ✆ 02 47 26 07 41 – www.le-xii.com – Fermé 24 janv.-8 fév., dim. soir, mardi midi et lundi
9 ch – †75/95 € ††75/125 € – ☐ 10 €
Rest – Formule 15 € – Menu 23 € (déj. en sem.), 30/38 € – Carte 45/70 €
Une salle peut en cacher une autre ! Outre une terrasse face au château, ce relais de poste du 17e s. abrite une grande salle aux racines rustiques, mais aussi une deuxième plus petite, troglodytique et très intime. Avis aux âmes romantiques... D'autant que la cuisine se révèle originale, joliment ficelée et savoureuse.

LUZ-ST-SAUVEUR – 65 Hautes-Pyrénées – **342** L7 – **1 014 h.** **28** A3
– **alt. 710 m** – **Sports d'hiver : 1 680/2 500 m** 14 – **Stat. therm. : mi-avril-début nov.** – ✉ **65120** Midi Toulousain

▶ Paris 882 – Argelès-Gazost 19 – Cauterets 24 – Lourdes 32
ℹ 20, place du 8 mai, ✆ 05 62 92 30 30, www.luz.org
Église fortifiée★.

à Esquièze-Sère au Nord – 383 h. – alt. 710 m – ✉ 65120

Le Montaigu

9 rte de Vizos – ✆ 05 62 92 81 71 – www.hotelmontaigu.com – Fermé 15 avril-2 mai, 30 sept.-1er déc.
42 ch – †60/70 € ††75/90 € – ☐ 10 € – ½ P
Rest *(fermé lundi et mardi sauf vacances scolaires) (dîner seult)* – Menu 20/28 €
Bâtiment situé au pied d'un château en ruine (15e s.). Grandes chambres fonctionnelles, dont quelques-unes plus récentes ; certaines disposent d'un balcon donnant sur les montagnes. Restaurant cultivant la tradition ; lumineux salon tourné vers le jardin.

Terminus sans rest

21 r. Marcadaou – ✆ 05 62 92 80 17 – www.luz-terminus.fr – Fermé mai et nov.
15 ch – †42/48 € ††50/55 € – ☐ 7 €
Grande maison de village disposant de chambres fonctionnelles, dont certaines colorées et actuelles (rouge, gris souris...). Aux beaux jours, petit-déjeuner dans le jardin.

LUZY – 58 Nièvre – **319** G11 – **2 018 h.** – **alt. 275 m** – ✉ **58170 Luzy** **7** B3
Bourgogne

▶ Paris 319 – Le Creusot 47 – Dijon 122 – Nevers 81
ℹ place Chanzy, ✆ 03 86 30 02 65, www.mairie-luzy.fr

XX **Le Morvan**

73 av. du Dr-Dollet – ✆ 03 86 30 00 66 – www.hotelrestaurantdumorvan.fr – Fermé 18 fév.-4 mars, sam. midi, dim. soir et lundi
Rest – Formule 13 € – Menu 18 € (déj. en sem.), 29/79 € – Carte 54/68 €
Joliesse des assiettes, harmonie des textures et des bons produits... Un véritable ballet de saveurs et d'inventivité dans une atmosphère rustique et champêtre.

LYON

Plans de la ville pages suivantes **43** E1

© F. Guiziou/Hemis.fr

🅿 – **69 – Rhône – 479 803 h. – Agglo. 1 509 766 h. – alt. 175 m** – ✉ **69000**
– **327** I5 – Lyon Drôme Ardèche

Paris 458 – Genève 151 – Grenoble 106 – Marseille 314

place Bellecour, ✆ 04 72 77 69 69, www.lyon-france.com

Transports

Auto-train ✆ 3635 (dîtes auto-train - 0,34 €/mn)

Aéroport

Lyon Saint-Exupéry ✆ 0 826 800 826 (0,15 €/mn), 25 km par ④

Casino

à la Tour de Salvagny
le Pharaon (quai Charles-de-Gaulle à Lyon)

Quelques golfs

- 18 de Lyon Chassieu, à Chassieu, Route de Lyon, ✆ 04 78 90 84 77
- 18 de Salvagny, à La Tour-de-Salvagny, 100 rue des Granges, par rte de Roanne : 20 km, ✆ 04 78 48 88 48
- 9 public de Miribel Jonage, à Vaulx-en-Velin, Chemin de la Bletta, NE : 9 km, ✆ 04 78 80 56 20
- 18 de Mionnay-la-Dombes, à Mionnay, Domaine de Beau Logis, N : 23 km par D 1083, ✆ 04 78 91 84 84
- 36 de Lyon, à Villette-d'Anthon, E : 25 km par D 517, D6 et D 55, ✆ 04 78 31 11 33

A VOIR

Le site : ≤★★★ depuis la basilique Notre-Dame de Fourvière **3et5**EX • Montée du Garillan★**3et5**EX • Depuis la place Rouville**3**EV, ≤★ sur la Saône et la presqu'île

Lyon antique : le Parc archéologique de Fourvière★, avec les théâtres romains et l'Odéon**5**EY • Aqueducs romains**5**EY • Musée de la Civilisation gallo-romaine★★**5**EY**M**[10], dont la table claudienne★★★

Le Vieux Lyon : les quartiers St-Jean, St-Paul et St-Georges★★★**3et5**EFXY • Rue St-Jean, la cour intérieure★★ du n° 28 et la cour de l'hôtel du Gouvernement★ au n° 2 • Couloir voûté★ au n°18 de la rue Lainerie • Galerie★★ de l'hôtel Bullioud au n°8 rue Juiverie • Hôtel Gadagne★**3et5**FX**M**[4], siège du musée historique de Lyon★, du musée lapidaire★ et du musée international de la Marionnette★ • Primitiale St-

Jean★ et son chœur★★ 5EFY • Rue du Bœuf★, dont la maison du Crible★ au n°16 • Théâtre "le Guignol de Lyon" 3et5FXT

Sur la presqu'île : place des Terreaux et sa fontaine★ 3et5FX • Palais St-Pierre★ 3et5FXM9 • Musée des Beaux-Arts★★★ 3et5FXM9 - Musée historique des tissus★★★ 5FYM17 • Musée de l'imprimerie★★ 3et5FXM16 • Musée des Arts décoratifs★★ 5FYM7

La Croix Rousse, aux origines de la soierie lyonnaise : mur des Canuts 3FVR • Maison des Canuts 3FVM5 • Ateliers de Soierie vivante★ 3FVE

Sur la rive gauche du Rhône : parc de la Tête d'Or et sa roseraie★ 4GHV • Centre d'Histoire de la Résistance et de la Déportation★ 5FZM1 • Musée d'Art contemporain★ 4GU • Musée urbain Tony-Garnier 2CQ • Halle Tony-Garnier 1BQR • Château Lumière 2CQM2

Aux environs : musée de l'automobile Henri-Malartre★★, à Rochetaillée-sur-Saône (12 km par ⑪)

Liste alphabétique des hôtels
Index of hotels

Liste alphabétique des restaurants
Index of restaurants

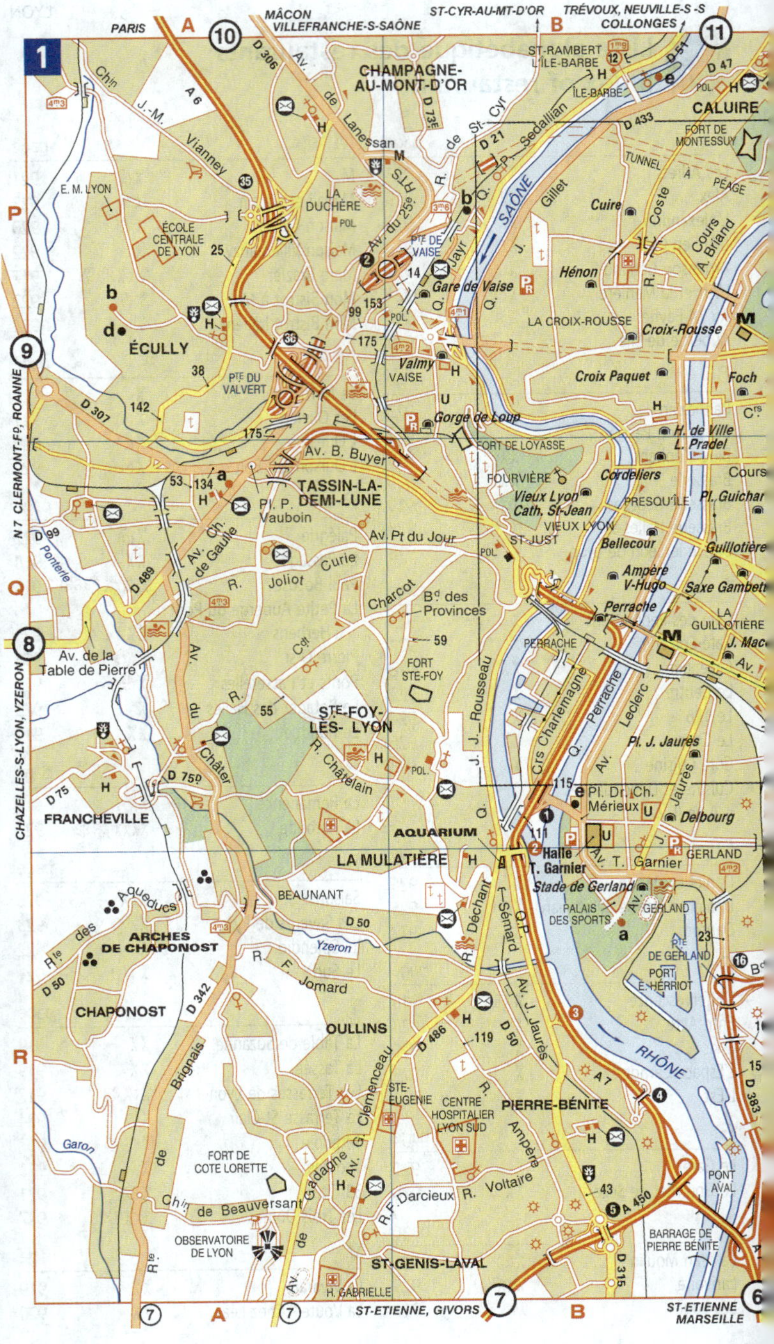

1
PARIS
MÂCON VILLEFRANCHE-S-SAÔNE
ST-CYR-AU-MT-D'OR
TRÉVOUX, NEUVILLE-S-S COLLONGES
A
B
10
11
CHAMPAGNE-AU-MONT-D'OR
ST-RAMBERT L'ÎLE-BARBE
ÎLE-BARBE
CALUIRE
FORT DE MONTESSUY
TUNNEL
PÉAGE
Cuire
Hénon
LA CROIX-ROUSSE
Croix-Rousse
Croix Paquet
Foch
H. de Ville L. Pradel
Cordeliers
Cours
Pl. Guichard
PRESQU'ÎLE
Guillotière
Saxe Gambetta
LA GUILLOTIÈRE
Av. de Lanessan
SAÔNE
Q. Gillet
Cours A. Briand
R. Coste
E. M. LYON
ÉCOLE CENTRALE DE LYON
Chin J.-M. Vianney
A 6
D 306
LA DUCHÈRE
Av. du 25e RTS
Pte DE VAISE
Gare de Vaise
Q. Jayr
Valmy
VAISE
Gorge de Loup
FORT DE LOYASSE
FOURVIÈRE
Vieux Lyon Cath. St-Jean
VIEUX LYON
ST-JUST
Bellecour
Ampère V-Hugo
Perrache
PERRACHE
ÉCULLY
Pte DU VALVERT
D 307
Av. B. Buyer
TASSIN-LA-DEMI-LUNE
Pl. P. Vauboin
Av. Pt du Jour
Av. Ch. de Gaulle
R. Joliot Curie
Cdt Charcot
Bd des Provinces
FORT STE-FOY
STE-FOY-LÈS-LYON
R. Châtelain
Av. du Châter
Q. J. J. Rousseau
Crs Charlemagne
Q. Perrache
Av. Leclerc
Pl. J. Jaurès
Av. J. Jaurès
Pl. Dr. Ch. Mérieux
Delbourg
Halle T. Garnier
Av. T. Garnier
GERLAND
Stade de Gerland
PALAIS DES SPORTS
Pte DE GERLAND
PORT E. HERRIOT
N 7 CLERMONT-FD, ROANNE
D 99
Ponterie
D 489
Av. de la Table de Pierre
CHAZELLES-S-LYON, YZERON
FRANCHEVILLE
D 75
D 75D
AQUARIUM
LA MULATIÈRE
BEAUNANT
Aqueducs
ARCHES DE CHAPONOST
Rte des
D 50
CHAPONOST
D 342
Yzeron
R. F. Jomard
R. Déchant
R. Sémard
Av. J. Jaurès
OULLINS
D 486
RHÔNE
A 7
D 383
Brignais
Garon
FORT DE COTE LORETTE
Chin de Beauversant
OBSERVATOIRE DE LYON
Av. G. Clemenceau
Gadagne
STE-EUGENIE
CENTRE HOSPITALIER LYON SUD
R. Ampère
PIERRE-BÉNITE
R. Voltaire
R. F. Darcieux
A 450
PONT AVAL
BARRAGE DE PIERRE BÉNITE
D 315
ST-GENIS-LAVAL
H. GABRIELLE
ST-ETIENNE, GIVORS
ST-ETIENNE MARSEILLE
P
Q
R

LYON
2
D 1083 BOURG-EN-B.
A 46 MÂCON
A 46 MÂCON
A 42 BOURG, GENÈVE
GRAND PARC MIRIBEL JONAGE
N 346
ÎLE DE LA PAPE
PTE DE LA DOUA
PORTE DE CROIX-LUIZET
RHÔNE
PTE DE LA PAPE
PTE DE ST-CLAIR
Rte de Strasbourg
D 483
D 48
D 48E
ET CUIRE
Gde R. de St-Clair
Cité Interale
PARC DE LA TÊTE D'OR
A 42
Av. 8 Mai 1945
Av. M. Cachin
P. de Croix Luizet
VAULX- EN- VELIN
ST-JEAN
Canal de Jonage
Av. G. Péri
Av. P. Marcellin
Av. Grandclément
Pt de la Soie
D 317
MORESTEL CRÉMIEU
Av. R. Salengro
Bonnevay
Charpennes Charles Hernu
République-Villeurbanne
Gratte-Ciel
Flachet
Massena
Vitton
Brotteaux
Rue LES BROTTEAUX
GRATTE-CIEL
T.N.P.
Crs Émile Zola
L. Bonnevay-Astroballe
Av. de Bohlen
Blum
La Soie
Lafayette
LA PART DIEU
La Part Dieu
Garibaldi
R. du 4 Août 1789
Cusset
VILLEURBANNE
Crs Tolstoi
Rue Léon Blum
Rte de Genas
R. de la Poudrette
R. Salengro
Roosevelt
D 112
R. A. Dumas
Garibaldi Av. F. Faure
D 29
MONCHAT
Av. Lacassagne
Sans-Souci
Monplaisir Lumière
D 383
Pinel
Av. F. Roosevelt
PARC DES EXPOSITIONS
Av. P. Brossolette
BRON
Bd Ch. de Gaulle
É-HERRIOT
Grange-Blanche
CENTRE INTAL DE RECHERCHE SUR LE CANCER
VINATIER
Berthelot
MONPLAISIR
Laënnec
J. MERMOZ
CHASSIEU
FORT DE BRON
Bd des Droits de l'Homme
AÉRODROME DE LYON BRON
Av. Mermoz
Mermoz Pinel
A 43
D 506
Av. Paul Santy
Bd des États-Unis
Rte de Vienne
ST-JEAN-DE-DIEU
ÉTATS-UNIS
Parilly
PARC DÉPARTEMENTAL DE PARILLY
LYON II
PTE DES ALPES
D 306
Bonnevay
Pl. J. Grandclément
Av. Ch. de Gaulle
Bd de Parilly
UNIVERSITÉS EUROPÉENNES
Bd Urbain Est
R. de l'Aviation
R. du Dauphiné
VÉNISSIEUX
Av. de la République
R. G. Péri
ST-FONS
Bd L. Guérin
Bd J. Joliot-Curie
D 95
Av. J. Guesde
RENAULT
VÉHICULES INDUSTRIELS
Gare de Vénissieux
D 102
D 318
ST-PRIEST
R. Gambetta
Gde Rue
CHAMBÉRY, GRENOBLE BOURGOIN-J.
R. E. Zola
Bd A. Croizat
Chin du Charbonnier
R. du Lyonnais
R. A. Briand
Av. J. Cagne
Thorez
Av. M. Farge
D 307
MÉDIATHÈQUE
VIENNE VALENCE
CORBAS
A 46 HEYRIEUX
C
D
P
Q
R

3
E
F
U
V
X
0
300 m
BOULEVARD
PÉRIPHÉRIQUE
SAÔNE
Quai
Paul
Sédallian
ST-CAMILLE
Q. G. Clemenceau
ST-COME
ST-DAMIEN
Montée de l'Église
ST-ROMAIN
CALUIRE
ET
Coste
Av. J. Monnet
Pasteur
Rue
Brunier
Pierre
Gillet
Joseph
Cuire
Rue de Margnolles
Canuts
Mtée de la Boucle
CENTRE LIVET ENFANTS
R. Chevalier
H. R. Deleuvre
Rue Ph. de Lassalle
CROIX ROUSSE
ST-DENIS
ST-EUCHER
Hénon
Rue Hénon
STE-ÉLISABETH
Bd des Canuts
Belfort
LA CROIX ROUSSE
ST-AUGUSTIN
ST-CHARLES
Tunnel
Chazière
Bony
Croix Rousse
Rousse
en
travaux
ST-BERNARD
Secteur en trx
Bd de la Croix Rousse
R. des Chartreux
BON PASTEUR
ECOLE NATLE DES BEAUX-ARTS
ST-BRUNO
FORT ST-JEAN
Pl. des Chartreux
Pl. Rouville
Cours du Gal Giraud
Croix Paquet
ST-POLYCARPE
CONSERVATOIRE NATL DE MUSIQUE
Quai Saint Vincent
Pl. des Terreaux
OPÉRA NATAL
N.-D. ST-VINCENT
Hôtel de Ville L. Pradel
Quai Pierre Scize
ST-PAUL
ST-NIZIER
TOUR MÉTALLIQUE
Mtée de Garillan
St-Jean
FOURVIÈRE
N.-D. DE FOURVIÈRE
VIEUX LYON
Cordeliers
PRESQU'ÎLE
ST-BONAVENTURE
117
35
75
94
86
93
107
123
127
136
140
84
40
147
149
21
16
166
5
109
33

G
H
4
U
V
X
CUIRE
FORT DE MONTESSUY
PARC J. CORBEL
STE-BERNADETTE
TUNNEL DE CALUIRE-ET-CUIRE A PÉAGE
Vignal
Chin de Boutary
Rte de Strasbourg
PTE DE ST-CLAIR
PÉAGE
Pont R. Poincaré
PARC NATUREL URBAIN DE LA FEYSSINE
Bd L. Bonnevay
Rue Pasteur
Rue de Margnolles
Grande rue de St-Clair
ST-CLAIR
Quai Charles de Gaulle
RHÔNE
CITÉ INTERNATIONALE
PALAIS DES CONGRÈS
SALLE 3000
Pl. de la Cité
MUSÉE D'ART CONTEMPORAIN
VÉLODROME
GRANDE ROSERAIE
INTERPOL
PARC DE LA TÊTE D'OR
Île du Souvenir
Pl. du Gal Leclerc
JARDIN ZOOLOGIQUE
SERRES
UNIVERSITÉ CLAUDE BERNARD LYON I
Bd de Stalingrad
Bd du 11 Novembre 1918
R. du Tonkin
Av. Galline
VILLEURBANNE
Quai Aristide Briand
Cours
Av. de Grande-Bretagne
Boulevard des Belges
Av. Verguin
Cours A. Philip
STE-MADELEINE
CHARPENNES
R. G. Péri
Cours É. Zola
Charpennes Charles Hernu
Rue Duquesne
RÉDEMPTION
ST-JOSEPH
Rue Sully
Av. Mal Foch
Pl. du Mal Lyautey
Cours F. Roosevelt
Masséna
Cours Vitton
LES BROTTEAUX
Av. Créqui
R. Duguesclin
Bugeaud
ST-NOM-DE-JÉSUS
Vauban
Bd des Brotteaux
Brotteaux
ST-NICOLAS
CHARMETTES
R. des Charmettes
R. de la Viabert
N.-D. DE BELLECOMBE
Thiers
ST-POTHIN
Q. de Serbie
Rue Garibaldi
Rue Tête d'Or
Cours Lafayette
Secteur en travaux
Rue Bonnel
TOUR PART DIEU
Part Dieu
TOUR OXYGÈNE
LA PART DIEU
HÔTEL DU DÉPT
POL
R. d'Aubigny
163
31
144
57
39
51
48
157

E
F
X
Y
Z
5
CONSERVATOIRE NATL DE MUSIQUE
Pl. des Terreaux
H
123
OPÉRA NATAL
Hôtel de Ville L. Pradel
M9
109
136
127
Quai Saint Vincent
Scize
Pierre
ST-PAUL
N.-D. ST-VINCENT
ST-NIZIER
M4
M16
Cordeliers
Mée de Garillan
TOUR MÉTALLIQUE
FOURVIÈRE
N.-D. DE FOURVIÈRE
VIEUX LYON
R. St-Jean
140
84
147
PRÉSQU'ÎLE
ST-BONAVENTURE
33
149
ST-JEAN
Vieux Lyon Cath. St-Jean
182
HÔTEL DIEU
69
Aqueducs Romains
R. Radisson
M10
THÉÂTRES ROMAINS
MINIMES
12
R. Tilsitt
Bellecour
Pl. Bellecour
136
73
Pl. de Trion
R. de Trion
ST-JUST
TUNNEL DE FOURVIÈRE
ST-GEORGES
Quai Fulchiron
7
46
10
POL.
ST-IRÉNÉE
Chemin de Choulan
ST-FRANÇOIS
176
M7
Ampère V. Hugo
M17
St-Martin d'Ainay
Quai Gailleton
Bernard
186
82
Rue de Condé
STE-CROIX
171
Q. du Docteur
85
Pl. Carnot
Perrache
PERRACHE
CENTRE HOSP. ST JOSEPH ST LUC
J. MOULIN LYON III
LUMIÈRE LYON II
65
Av. Debrousse
Q. des Étroits
Quai Rambaud
Cours Suchet
Avenue
M1
DEBROUSSE
Rousseau
SAÔNE
Secteur en trx
STE-BLANDINE
Charlemagne
Perrache
RHÔNE
R. G. Nadaud
Rue Lortet
Quai Jean-Jacques
Av. Leclerc
Farge
Yves
R. Crépet
125
HÔTEL DE RÉGION
105
Cours
Secteur en trx
Quai
A 7-E 15
N.-D. DES ANGES
Pl. J. Jaurès
Boulevard
R. Clément Marot
Quai Rambaud

G
H
6
X
Y
Z
LES BROTTEAUX
Cours Lyautey
Av. Créqui
Duguesclin
Garibaldi
Tête d'Or
Bugeaud
Vauban
ST-NOM-DE-JÉSUS
des Brotteaux
Brotteaux
ST-NICOLAS
CHARMETTES
R. de la Viabert
N.-D. DE BELLECOMBE
Thiers
ST-POTHIN
157
88
Rue
Cours Lafayette
Secteur en travaux
Cours Lafayette
M.al
Rue Bonnel
Cours de la Liberté
HÔTEL DU DÉPT
TOUR PART DIEU
Part Dieu
TOUR OXYGÈNE
LA PART DIEU
R. d'Aubigny
IMMACULÉE CONCEPTION
Servient
CITÉ ADMVE D'ÉTAT
PART DIEU
178
Av. G. Pompidou
Pl. Guichard
R. de Créqui
ST-SACREMENT
101
Paul Bert
Flandin
Av. Lacassagne
Pl. Raspail
Guillotière
Cours Gambetta
Saxe
ST-JACQUES
Av. F. Faure
Saxe Gambetta
Félix Faure
Marseille
ST-ANDRÉ
Grande Rue de la Guillotière
Jaurès
Garibaldi
Av. Jean Jaurès
N.-D. ST-LOUIS
POL.
PRISON MONTLUC
Béchevelin
172
Pl. de Stalingrad
LA GUILLOTIÈRE
STE-MARIE DE LA GUILLOTIÈRE
Cours A. Thomas
Sans Souci
J. MOULIN LYON III
ST-MICHEL
R. Chevreul
M. Bloch
Pl. J. Macé
J. Macé
Av. des Frères Lumière
Villon
Secteur en trx
Tchécoslovaques
131
Route de Vienne
JEAN MACÉ
Berthelot
41
Bd des Tchécoslovaques
Secteur en trx
Avenue Berthelot
Rue
180
Gerland
CIMETIÈRE ISRAÉLITE
M. Berliet
Bd des États-Unis
Musée urbain Tony-Garnier
Barret
Croix
Vienne

RÉPERTOIRE DES RUES DE LYON

BRON

Bonnevay (Bd L.) DQ
Brossolette (Av. P.) DQ
Droits de l'Homme (Bd des) DQ
Genas (Rte de) CDQ
Mendès-France (Av. P.) DR 103
Pinel (Bd) CQ
Roosevelt (Av. F.) DQR 143
8 Mai 1945 (R. du) DQ 188

CALUIRE ET CUIRE

Boutary (Ch. de) HU
Briand (Cours A.) GUV
Brunier (R. P.) FU
Canuts (Bd des) FU
Chevalier (R. H.) EFU
Clemenceau (Quai G.) EU
Coste (R.) FU
Église (Montée de l') FU
Margnolles (R. de) FGU
Monnet (Av. J.) FU
Pasteur (R.) FGU
Peissel (R. F.) FU 117
Saint Clair (Grande R. de) GHU
Soldats (Montée des) HU 163
Strasbourg (Rte de) CP
Vignal (Av. É.) GU

CHAMPAGNE-AU-MONT-D'OR

Lanessan (Av. de) AP

CHAPONOST

Aqueducs (Rte des) AR
Brignais (Rte de) AR

CHASSIEU

Gaulle (Bd Ch.-de) DQ

ÉCULLY

Champagne (Rte de) AP 25
Dr-Terver (Av. du) AP 38
Marietton (R.) AP 99
Roosevelt (Av. F.) AP 142
Vianney (Ch. J.-M.) AP

FRANCHEVILLE

Châter (Av. du) AQ
Table de Pierre (Av.) AQ

LA MULATIÈRE

Déchant (R. S.) BR
J.-J. Rousseau (Quai) BQ
Mulatière (Pont de la) BQ 111
Sémard (Quai P.) BR

LYON

Annonciade (R. de l') FV 5
Antiquaille (R. de l') EY 7
Aubigny (R. d') HX
Barret (R. Croix) GZ
Basses Verchères (R. des) EY 10
Bataille de Stalingrad (Bd de la) HUV
Béchevelin (R.) GY
Belfort (R. de) FV
Belges (Bd des) GHV
Bellecour (Pl.) FY
Bellevue (Quai) GU
Berliet (R. M.) HZ
Berthelot (Av.) GHZ
Bert (R. P.) GHY
Bloch (R. M.) GZ
Bonaparte (Pt) FY 12
Bonnel (R. de) GX
Bony (R.) EV
Boucle (Montée de la) FU
Bourgogne (R. de) BP 14
Brotteaux (Bd des) HVX
Bugeaud (R.) HX
Burdeau (R.) FV 16
Buyer (Av. B.) AQ
Canuts (Bd des) FUV
Carmélites (Mtée des) FV 21
Carnot (Pl.) FY
Chambaud-de-la-Bruyère (Bd) BR 23
Charcot (R. Cdt) ABQ
Charlemagne (Cours) EZ
Charmettes (R. des) HVX
Chartreux (Pl. des) EV
Chartreux (R. des) EV
Chazière (R.) EV
Chevreul (R.) GYZ
Choulans (Ch. de) EY
Churchill (Pt W.) GV 31
Claude-Bernard (Q.) FY
Condé (R. de) FY
Courmont (Q. J.) FX 33
Crepet (R.) FZ
Créqui (R. de) GVY
Croix-Rousse (Bd de la) EFV
Croix-Rousse (Gde-R. de la) FV 35
Debrousse (Av.) EY
Deleuvre (R.) EUV
Dr-Gailleton (Q. du) FY
Duguesclin (R.) GVY
Duquesne (R.) GV
Duvivier (R. P.) GZ 180
Épargne (R. de l') HZ 41
États-Unis (Bd des) CQR
Étroits (Quai des) EY
Farges (R. des) EY 46
Farge (Bd Y.) FZ
Faure (Av. F.) GHY
Favre (Bd J.) HX 48
La-Fayette (Cours) GHX
La-Fayette (Pont) GX 88
Ferry (Pl. J.) HX 51
Flandin (R. M.) HXY
France (Bd A.) HV 57
Frères-Lumière (Av. des) HZ
Fulchiron (Q.) EY
Gallieni (Pt) FY 65
Gambetta (Cours) GHY
Garibaldi (R.) GVZ
Garillan (Montée du) EFX
Garnier (Av. T.) BR
Gaulle (Q. Ch.-de) GHU
Genas (Rte de) CDQ
Gerland (R. de) GZ
Gerlier (R. du Cardinal) EY 69
Gillet (Quai J.) EUV
Giraud (Cours du Gén.) EV
Grande-Bretagne (Av. de) GV
Grenette (R.) FX 71
Guillotière (Grande-R. de la) GYZ
Guillotière (Pt de la) FY 73
Hénon (R.) EFV
Herbouville (Cours d') FV 75
Jayr (Q.) BP
Jean-Jaurès (Av.) GY
Joffre (Quai du Mar.) EY 82
Joliot-Curie (R.) AQ
Juin (Pont Alphonse) FX 84
Jutard (Pl. A.) GY
Kitchener Marchand (Pt) EY 85
Koenig (Pt du Gén.) EV 86
Lacassagne (Av.) CQ
Lassagne (Quai A.) FV 93
Lassalle (R. Ph. de) EUV
Lattre-de-Tassigny (Pt de) FV 94
Leclerc (Av.) EFZ
Leclerc (Pl. du Gén.) GV
Liberté (Cours de la) GXY
Lortet (R.) FZ
Lyautey (Pl. du Mar.) GVX
Marius-Vivier-Merle (Bd) HY 101
Marseille (R. de) GY
Mermoz (Av. J.) CQ
Montrochet (R. P.) EZ 105
Morand (Pont) FVX 107
Moulin (Quai J.) FX 109
Mulatière (Pont de la) BQ 111
Nadaud (R. G.) FZ
La Part Dieu HXY
Pasteur (Pt) BQ 115
Perrache (Quai) EZ
Pinel (Bd) CQ
Point du Jour (Av. du) ABQ
Pompidou (Av. G.) HY
Pradel (Pl. L.) FX 123
Prés.-Édouard-Herriot (R. du) FX 127
Pré Gaudry (R.) FZ 125
Radisson (R. Roger) EY
Rambaud (Quai) EYZ
Repos (R. du) GZ 131
République (R. de la) FXY 136
Rockefeller (Av.) CQ 138
Rolland (Quai Romain) FX 140
Roosevelt (Cours F.) GVX
St-Antoine (Q.) FX 147
St-Barthélémy (Montée) EX 149
St-Jean (R.) FX
St-Simon (R.) APB 153
St-Vincent (Quai) EFX
Santy (Av. Paul) CQR
Sarrail (Quai du Gén.) GX 157
Saxe (Av. du Mar. de) GXY
Scize (Quai P.) EX
Sédallian (Quai P.) EU
Serbie (Quai de) GV
Servient (R.) GY
Stalingrad (Pl. de) GHY
Suchet (Cours) EFZ
Sully (R.) GV
Tchécoslovaques (Bd des) HZ
Terme (R.) FV 166
Terreaux (Pl. des) FX
Tête d'Or (R. de la) GVX
Thiers (Av.) HVX
Thomas (Crs A.) CQ 168
Tilsitt (Q.) FY
Trion (Pl. de) EY
Trion (R. de) EY
Université (Pont de l') FY 171
Université (R. de l') GY 172
Vauban (R.) GHX
Verguin (Av.) HV
Viabert (R. de la) HX
Victor-Hugo (R.) FY 176
Vienne (Rte de) GZ
Villette (R. de la) HY 178
Villon (R.) HZ
Vitton (Cours) HV
Wilson (Pont) FY 182
1re Div.-Fr.-Libre (Av. de la) EY 186
25e Régt de Tirailleurs Sénégalais (Av. du) ABP

OULLINS

Jean-Jaurès (Av.) BR
Jomard (R. F.) AR
Perron (R. du) BR 119

PIERRE-BÉNITE

Ampère (R.) BR
Europe (Bd de l') BR 43
Voltaire (R.) BR

STE-FOY-LÈS-LYON

Charcot (R. du Cdt) ABQ
Châtelain (R.) AQ
Fonts (Ch. des) AQ 55
Franche-Comté (R. de) BQ 59
Provinces (Bd des) BQ

ST-DIDIER-AU-MONT-D'OR

St-Cyr (R. de) BP

ST-FONS

Farge (Bd Y.) CR
Jean-Jaurès (Av.) CR 79
Semard (Bd P.) BR 159
Sembat (R. M.) BR 161

ST-GÉNIS-LAVAL

Beauversant (Ch. de) AR
Clemenceau (Av. Georges) AR
Darcieux (R. François) ABR
Gadagne (Av. de) AR

ST-PRIEST

Aviation (R. de l') DR

Centre-ville (Bellecour-Terreaux)

Sofitel

20 quai Gailleton ✉ *69002* Ⓜ *Bellecour* – ✆ *04 72 41 20 20* – *www.sofitel.com*
135 ch – 🚹230/380 € 🚹🚹230/380 € – 29 suites – ☕ 26 € **5FYp**
Rest *Les Trois Dômes* ❀ – voir les restaurants ci-après
Rest *Silk Brasserie* ✆ 04 72 41 20 80 – Formule 19 € – Menu 26 € – Carte 31/54 €
Un Sofitel luxueux et élégant, de facture contemporaine, et des prestations bien évidemment à l'avenant. Pour l'anecdote, Bill Clinton a séjourné dans la suite présidentielle. Deux options à l'heure des repas : la belle table des Trois Dômes et le Silk (carte internationale, cadre zen).

Le Royal Lyon

20 pl. Bellecour ✉ *69002* Ⓜ *Bellecour* – ✆ *04 78 37 57 31* – *www.lyonhotel-leroyal.com* **5FYg**
69 ch – 🚹175/390 € 🚹🚹175/390 € – 5 suites – ☕ 25 €
Rest *Côté Cuisine* – voir les restaurants ci-après
Ouvert en 1912, le Royal séduit alors par son confort et son raffinement. Cent ans plus tard, cette institution n'a rien perdu de son faste... Moulures, toiles de Jouy : l'élégance, tout simplement.

Globe et Cécil sans rest

21 r. Gasparin ✉ *69002* Ⓜ *Bellecour* – ✆ *04 78 42 58 95* – *www.globeetcecilhotel.com* **5FYb**
60 ch ☕ – 🚹116/149 € 🚹🚹148/186 €
Un hôtel de la fin du 19e s. en plein centre-ville, avec des chambres charmantes (parquet et cheminée dans certaines). Dans une autre vie, la propriétaire se destinait au notariat, mais cela fait maintenant 40 ans qu'elle accueille ses hôtes avec une gentillesse infinie !

Mercure Plaza République sans rest

5 r. Stella ✉ *69002* Ⓜ *Cordeliers* – ✆ *04 78 37 50 50* – *www.mercure.com*
78 ch – 🚹119/219 € 🚹🚹119/219 € – ☕ 18 € **5FYk**
Un hôtel de chaîne agréable et bien situé, très apprécié de la clientèle d'affaires (salles de réunion).

Grand Hôtel des Terreaux sans rest

16 r. Lanterne ✉ *69001* Ⓜ *Hôtel de Ville* – ✆ *04 78 27 04 10* – *www.hotel-lyon.fr*
53 ch – 🚹77/107 € 🚹🚹128/162 € – ☕ 15 € **3FXu**
Chambres décorées avec goût, petite piscine intérieure et service attentif : ce relais de poste du 19e s. est propice à la détente, au cœur de la ville.

Hôtel des Artistes sans rest

8 r. Gaspard-André ✉ 69002 Ⓜ Bellecour – ✆ 04 78 42 04 88 – www.hoteldesartistes.fr **5FYr**

45 ch – 92/129 € 125/149 € – 12 €

Impossible de manquer les trois coups depuis cet hôtel voisin du théâtre des Célestins ! Et quand l'heure du repos a sonné, on file dans une chambre coquette et fraîche.

La Résidence sans rest

18 r. V. Hugo ✉ 69002 Ⓜ Bellecour – ✆ 04 78 42 63 28 – www.hotel-la-residence.com **5FYs**

67 ch – 94 € 94 € – 8 €

Hôtel tenu par la même famille depuis les années 1960. Les chambres sont assez rétro, confortables et très propres (quelques-unes au décor plus actuel).

Hôtel des Célestins sans rest

4 r. des Archers ✉ 69002 Ⓜ Bellecour – ✆ 04 72 56 08 98 – www.hotelcelestins.com **5FYa**

29 ch – 70/104 € 84/114 € – 10 €

Un hôtel dans un immeuble d'habitation, c'est plutôt rare. Chambres agréables, dont une très jolie junior suite au 5e étage (grande douche à l'italienne, écran plat...).

Perrache

Grand Hôtel Mercure Château Perrache

12 cours Verdun ✉ 69002 Ⓜ Perrache – ✆ 04 72 77 15 00 – www.mercure-lyon-centre-chateau-perrache.com **5EYa**

111 ch – 109/239 € 109/239 € – 2 suites – 17 €

Rest *Les Belles Saisons* *(fermé 25 juil.-25 août, week-ends et fériés)* – Formule 19 € – Carte 30/40 €

Bâti en 1900, cet hôtel a conservé un peu de son cachet : beau hall avec boiseries, fresques Art nouveau et moulures ; mobilier authentique dans les chambres les plus prestigieuses. Au restaurant, élégance du style Majorelle et carte traditionnelle.

Axotel

12 r. Marc-Antoine Petit ✉ 69002 Ⓜ Perrache – ✆ 04 72 77 70 70 – www.hotel-axotel-perrache.fr **5EZr**

130 ch – 59/122 € 59/122 € – 10 €

Rest *Le Chalut* *(fermé 1 sem. fin déc., 3-19 août, vend. soir, sam. midi et dim.)* – Formule 22 € – Menu 27 € – Carte 35/51 €

Un établissement idéal pour la clientèle d'affaires : plusieurs salles de séminaire et des chambres bien équipées. Dans les filets du Chalut, du poisson bien sûr, et des propositions qui varient avec les saisons.

Verdun sans rest

82 r. de la Charité ✉ 69002 Ⓜ Perrache – ✆ 04 78 37 34 71 – www.bestwestern-hoteldeverdun.com – Fermé 3-17 août **5FYm**

27 ch – 80/110 € 95/120 € – 12 €

Petit hôtel fonctionnel et bien tenu, près de la gare. Chambres presque toutes rénovées en 2010 ; copieux petit-déjeuner.

Vieux-Lyon

Villa Florentine

25 montée St-Barthélémy ✉ 69005 Ⓜ Fourvière – ✆ 04 72 56 56 56 – www.villaflorentine.com **3EXs**

24 ch – 280/950 € 280/950 € – 4 suites – 25 €

Rest *Les Terrasses de Lyon* ✿ – voir les restaurants ci-après

Sur la colline de Fourvière, cette demeure d'inspiration Renaissance (18e s.) jouit d'une vue incomparable sur la ville. Côté chambres, le raffinement et le classicisme sont de mise.

Cour des Loges
6 r. du Bœuf ✉ 69005 Ⓜ Vieux Lyon – ✆ 04 72 77 44 44 – www.courdesloges.com
57 ch – †205/250 € ††265/390 € – 4 suites – ☕ 26 € **3FXn**
Rest *Les Loges* ✿ **Rest *Café-Épicerie*** – voir les restaurants ci-après
Voûtes, galeries, passages... tout le charme de la Renaissance au cœur du quartier du Vieux-Lyon, le design et l'élégance contemporaine en prime. Un établissement magique, sans même parler du bistrot et du restaurant gastronomique.

Collège sans rest
5 pl. St Paul ✉ 69005 Ⓜ Vieux Lyon – ✆ 04 72 10 05 05 – www.college-hotel.com **3FXf**
39 ch – †125/155 € ††125/155 € – ☕ 14 €
Pupitres, cheval d'arçon, cartes géographiques : tout ici évoque l'école d'antan, dans un esprit design. Chambres d'une blancheur immaculée, avec balcon ou terrasse, et sympathique bar à gôneries – les tapas lyonnaises !

La Croix-Rousse (bord de Saône)

Lyon Métropole
85 quai J. Gillet ✉ 69004 – ✆ 04 72 10 44 44 – www.lyonmetropole.com **3EUk**
118 ch – †215/245 € ††215/270 € – ☕ 19 €
Rest *Le Lyon Plage* ✆ 04 72 10 44 30 – Menu 25 € – Carte 30/45 €
Hôtel apprécié pour sa piscine olympique et ses équipements sportifs : superbe spa, fitness, courts de tennis et de squash, practices, etc. Préférez les chambres rénovées en 2009. Au restaurant, la carte met les produits de la mer à l'honneur.

Cité Internationale

Hilton
70 quai Ch.-de-Gaulle ✉ 69006 – ✆ 04 78 17 50 50 – www.hilton.com
192 ch – †150/600 € ††150/600 € – 5 suites – ☕ 26 € **4GUa**
Rest *Blue Elephant* Rest *Brasserie* – voir les restaurants ci-après
Imposant hôtel en verre et brique doté d'un "business center" et de deux restaurants. Chambres et suites très bien équipées, donnant sur le parc de la Tête-d'Or ou le Rhône.

Hôtel de la Cité
22 quai Ch.-de-Gaulle ✉ 69006 – ✆ 04 78 17 86 86 – www.lyon.concorde-hotels.com **4HUg**
164 ch – †90/380 € ††90/380 € – 5 suites – ☕ 22 €
Rest *(fermé 27 juil.-18 août, sam. et dim.)* – Carte 30/45 €
Bâtisse récente dans la cité dessinée par Renzo Piano, avec des chambres lumineuses donnant sur le parc de la Tête-d'Or ou le Rhône. Cuisine traditionnelle et produits régionaux au restaurant ; agréable terrasse.

Les Brotteaux

Le Roosevelt sans rest
48 r. de Sèze ✉ 69006 Ⓜ Foch – ✆ 04 78 52 35 67 – www.hotel-roosevelt.com – Fermé 10-18 août **4GXa**
48 ch – †94/206 € ††94/206 € – ☕ 15 €
Un hôtel agréable et confortable, à l'ambiance feutrée. Préférez les chambres côté cour, plus spacieuses et parfaitement calmes. À noter : la célèbre chocolaterie Bernachon – et sa boutique – se trouve à deux pas !

La Part-Dieu

Radisson Blu
129 r. Servient, (32ème étage) ✉ 69003 Ⓜ Part-Dieu – ✆ 04 78 63 55 00 – www.radissonblu.com/hotel-lyon **4HXu**
245 ch – †112/325 € ††112/325 € – ☕ 20 €
Rest *L'Arc-en-Ciel* – voir les restaurants ci-après
Rest *Bistrot de la Tour* *(fermé de fin juil. à fin août, sam. et dim.) (déj. seult)* – Menu 19 € – Carte 28/47 €
Hôtel d'affaires dont la réception se trouve au 32e étage du "crayon" ! Dans certaines chambres, la vue sur la ville est exceptionnelle et, pour manger, deux options : le Bistrot ou le gastronomique Arc-en-Ciel.

Créqui Part-Dieu ch,

37 r. Bonnel ✉ 69003 Ⓜ Place Guichard – ✆ 04 78 60 20 47 – www.bestwestern-lyonpartdieu.com **4GXs**

46 ch – 🚹83/189 € 🚹🚹83/199 € – 3 suites – ☕ 16 €

Rest *La Cantine du Palais* ✆ 04 78 60 83 96 *(fermé août, sam. et dim.)* – Formule 17 € – Menu 20 € (déj.), 21/24 € – Carte 28/50 €

En face de la cité judiciaire et tout près des halles Paul-Bocuse. Les chambres sont confortables et il y a même une jolie cour fleurie... À la Cantine, récréation (décor sur le thème de l'école) autour de plats traditionnels.

La Guillotière

Pont Wilson sans rest

6 r. Mazenod ✉ 69003 Ⓜ Guillotière – ✆ 04 78 60 94 94 – www.hotelwilson-lyon.com **6GYt**

54 ch – 🚹79/305 € 🚹🚹89/315 € – ☕ 15 €

Bien situé (près des quais et du pont Wilson), cet hôtel répond aux besoins de la clientèle d'affaires et dispose de chambres assez spacieuses.

Gerland

Novotel Gerland ch,

70 av. Leclerc ✉ 69007 – ✆ 04 72 71 11 11 – www.novotel.com **1BQe**

180 ch – 🚹93/185 € 🚹🚹93/185 € – 6 suites – ☕ 17 €

Rest – Formule 13 € – Carte 23/47 €

Près de la halle Tony-Garnier et du stade de Gerland, un Novotel entièrement rénové en 2009 et 2010.

Vaise

Dock Ouest sans rest

39 r. des Docks ✉ 69009 Ⓜ Gare de Vaise – ✆ 04 78 22 34 34 – www.dockouest.com **1BPb**

43 ch – 🚹75/118 € 🚹🚹97/140 € – ☕ 13 €

Un hôtel inauguré en 2011 dans ce quartier prometteur, juste en face du "fast-food" de Paul Bocuse. Comme il se doit dans un tel environnement high-tech, les chambres sont sobres et confortables (avec un coin kitchenette). Petit-déjeuner gourmand.

Restaurants

Paul Bocuse

40 r. de la Plage, au pont de Collonges, 12 km au Nord par bords Saône (D 433, D 51) ✉ 69660 – ✆ 04 72 42 90 90 – www.bocuse.fr **1BP**

Rest – Menu 147/235 € – Carte 130/215 €

Temple de la tradition, institution du service à l'ancienne… Les modes glissent sur le restaurant-monument de "maître Paul", imperturbable au temps qui passe. Toujours la même soupe présidentielle et… trois étoiles depuis 1965 !

➜ Soupe aux truffes noires V.G.E. Rouget en écailles de pomme de terre. Gâteau Président "Maurice Bernachon". **Vins** Pouilly-Fuissé, Moulin-à-Vent.

Pierre Orsi

3 pl. Kléber ✉ 69006 Ⓜ Masséna – ✆ 04 78 89 57 68 – www.pierreorsi.com – Fermé dim. et lundi sauf fériés **4GVe**

Rest – Menu 46 € (déj. en sem.), 65/120 € – Carte 70/115 €

Une maison ancienne, des salons feutrés et une jolie terrasse fleurie : l'adresse est élégante ! Quant à la cuisine de Pierre Orsi, c'est une symphonie de notre temps interprétée avec finesse.

➜ Ravioles de foie gras de canard au jus de porto et truffe. Homard en carapace à la façon de Pierre Orsi. Crêpes Suzette au beurre d'orange. **Vins** Pouilly-Fuissé, Côte Rôtie.

XXX ✿ **Les Terrasses de Lyon** – Hôtel Villa Florentine

25 montée St-Barthélémy ✉ 69005 Ⓜ Fourvière
– ✆ 04 72 56 56 02 – www.villaflorentine.com – Fermé dim. et lundi

Rest – Menu 39 € (déj.), 49/98 € – Carte 74/120 € **3EXs**

Davy Tissot maîtrise sa partition culinaire : les saveurs se mêlent avec raffinement, les parfums s'échappent avec délice et les saisons sont magnifiées ! En terrasse, le panorama, splendide, laisse rêveur.

➜ Quenelle de langoustines, émulsion de têtes aux champignons sauvages. Risotto arborio cuit al dente aux copeaux de parmesan. Cocotte de fruits de saison rôtis au four, brioche feuilletée et sorbet maison. **Vins** Côte Rôtie, Brouilly.

XXX ✿ **Têtedoie** (Christian Têtedoie)

montée du Chemin-Neuf ✉ 69005 Ⓜ Minimes – ✆ 04 78 29 40 10
– www.tetedoie.com – Fermé dim. **5EYn**

Rest – Menu 36 € (déj. en sem.), 58/108 € – Carte 78/106 € ✿

Rest ***La Terrasse de l'Antiquaille*** *(ouvert de mi-avril à mi-oct.)* – Formule 28 € – Menu 40 €

Sur la colline de Fourvière, ce restaurant élégant et design domine Lyon. Christian Têtedoie explore la tradition française avec talent ; la cave est très étoffée et le bar à cocktail "is the place to be". Côté Terrasse, ambiance plus décontractée pour de belles saveurs méditerranéennes et une cuisine à la plancha.

➜ Foie gras façon café gourmand. Homard et tête de veau. Croustillant gingembre, crémeux ananas, sauce et sorbet ananas-gingembre.

XXX ✿ **Les Trois Dômes** – Hôtel Sofitel

20 quai Gailleton, (8ème étage) ✉ 69002 Ⓜ Bellecour – ✆ 04 72 41 20 97
– www.les-3-domes.com – Fermé 22 juil.-20 août, 3-11 mars, dim. et lundi

Rest – Menu 47 € (déj.), 79/125 € – Carte 113/136 € ✿ **5FYp**

Au dernier étage de l'hôtel, une cuisine pleine de hauteur, savoureuse et inventive, jouant sur de somptueux accords mets-vins. Le cadre est élégant et épuré, rappelant le travail des canuts lyonnais, et la vue sur Lyon tout simplement magique...

➜ Quenelle de brochet aux écrevisses. Tourte de homard, sauce américaine au vin des Côtes du Rhône. Soufflé chaud guanaja intense, gourmandise jivara et crème glacée lactée. **Vins** Pouilly-Fuissé, Hermitage.

XXX ✿ **Les Loges** – Hôtel Cour des Loges

6 r. du Bœuf ✉ 69005 Ⓜ Vieux Lyon – ✆ 04 72 77 44 44
– www.courdesloges.com – Fermé 27 juil.-29 août, dim. et lundi **3FXn**

Rest *(dîner seult)* – Menu 75/95 € – Carte 75/108 €

Un cadre enchanteur : sous une verrière contemporaine, une cour florentine cernée par trois étages de galeries. On y dîne à la lueur des bougies et le temps semble s'arrêter ! Et la cuisine, raffinée et inventive, ajoute l'harmonie au romantisme...

➜ Foie gras des Landes poché dans un consommé corsé, coing et oignon doux caramélisés. Pigeonneau et légumes de saison, essence de champignons. Cacao grand cru en chaud et froid, croustillant gianduja. **Vins** Beaujolais, Coteaux du Lyonnais.

XXX ✿✿ **Mère Brazier** (Mathieu Viannay)

12 r. Royale ✉ 69001 Ⓜ Hôtel de Ville – ✆ 04 78 23 17 20
– www.lamerebrazier.fr – Fermé 3-27 août, 1 sem. en fév., sam. et dim.

Rest – Formule 45 € – Menu 50 € (déj.), 70/135 € **3FVa**
– Carte 105/145 € ✿

Figure tutélaire de la cuisine lyonnaise, Eugénie Brazier (1895-1977) s'est sans doute penchée sur le berceau de Mathieu Viannay, Meilleur Ouvrier de France. Une belle continuité pour cette maison emblématique, entre classicisme de haute volée et création.

➜ Artichaut et foie gras. Poularde de Bresse demi-deuil, petits légumes et cerises au vinaigre. Paris-brest en ligne directe, glace aux noisettes caramélisées et pralin. **Vins** Pouilly-Vinzelles, Côte Rôtie.

XXX **Auberge de l'Ile** (Jean-Christophe Ansanay-Alex) soir,
sur l'Ile Barbe ✉ 69009 – ✆ 04 78 83 99 49
– www.aubergedelile.com – Fermé 11-25 août, 1er-20 janv., dim. sauf fériés et lundi **1BPe**
Rest – Formule 35 € – Menu 60 € (déj. en sem.), 125/145 € – Carte 155/195 €
Comme à la campagne... au cœur de la verdoyante île Barbe, posée sur la Saône. Entre ses murs de 1601, une douce intimité et une cuisine très fine, avec des associations de saveurs saisissantes et de belles envolées dans la création.
➜ Velouté des premières morilles comme un cappuccino. Selle d'agneau allaiton servie comme à Versailles. Soufflé chaud à la pêche blanche et sorbet pêche de vigne. **Vins** Condrieu, Côte Rotie.

XXX **L'Arc-en-Ciel** – Hôtel Radisson Blu
129 r. Servient, (32ème étage) ✉ 69003 Ⓜ Part-Dieu – ✆ 04 78 63 55 00 – Fermé mi-juil. à fin août, 1er-7 janv., sam. midi et dim. **4HXu**
Rest – Formule 46 € bc – Menu 49 € (sem.), 57/97 € bc – Carte 68/104 €
Au 32e étage du "crayon", cet Arc-en-Ciel domine tout Lyon... Dans un décor élégant, l'assiette prend de belles couleurs de saison et s'accompagne de superbes nectars à la robe chatoyante.

XX **Brasserie Léon de Lyon**
1 r. Pleney, (angle r. du Plâtre) ✉ 69001 Ⓜ Hôtel de Ville – ✆ 04 72 10 11 12 – www.leondelyon.com **5FXr**
Rest – Formule 21 € – Menu 24 € (sem.), 31/35 € – Carte 37/50 €
Cette institution lyonnaise fondée en 1904 a conservé son cadre cossu et son atmosphère conviviale. Excellents produits au service de plats canailles et gourmands.

XX **La Rémanence**
31 r. du Bât-d'Argent ✉ 69001 Ⓜ Hôtel de Ville – ✆ 04 72 00 08 08 – www.laremanence.fr – Fermé dim. et lundi **5FXh**
Rest – Formule 27 € – Menu 37/71 € – Carte 47/68 €
Crémeux d'épinard et rouget barbet, tourte feuilletée de gibier... Sous les voûtes de cet élégant réfectoire jésuite du 16e s., la cuisine a de beaux airs de messe pour le temps présent.

XX **Le Gourmet de Sèze** (Bernard Mariller)
129 r. de Sèze ✉ 69006 Ⓜ Masséna – ✆ 04 78 24 23 42 – www.le-gourmet-de-seze.com – Fermé 3-7 mars, 26 juil.-22 août, dim., lundi et fériés **4HVz**
Rest *(nombre de couverts limité, réserver)* – Formule 26 € – Menu 36 € (déj. en sem.), 50/115 €
Vingt ans en 2011 et ce Gourmet n'a pas pris une ride ! La cuisine de Bernard Mariller a la fougue et la fraîcheur de la jeunesse, ainsi que la finesse du grand classicisme...
➜ Croustillant de pied de cochon compoté à la moutarde en grains. Saint-Jacques d'Erquy grillées, velouté de lentilles vertes du Puy. Le grand dessert du gourmet. **Vins** Condrieu.

XX **Cazenove**
75 r. Boileau ✉ 69006 Ⓜ Masséna – ✆ 04 78 89 82 92 – www.le-cazenove.com – Fermé août **4GVk**
Rest – Formule 30 € – Menu 35 € (sem.)/45 € – Carte 45/106 €
La Belle Époque rêvée, avec ses bronzes et ses appliques rétro ! L'ambiance est feutrée (banquettes capitonnées) et l'on savoure une cuisine de tradition saupoudrée d'inventivité.

XX **Le Passage**
8 r. Plâtre ✉ 69001 Ⓜ Hôtel de Ville – ✆ 04 78 28 11 16 – www.le-passage.com – Fermé août, dim., lundi et fériés **5FXr**
Rest – Menu 35/58 € – Carte 44/77 €
Un Passage chaleureux, fait de boiseries, de tapisseries pourpres et de lustres en cristal. Œufs brouillés et truffe, pigeon rôti : honneur à la cuisine classique.

L'Alexandrin

83 r. Moncey ✉ 69003 Ⓜ Place Guichard – ✆ 04 72 61 15 69 – www.lalexandrin.fr – Fermé 4-27 août, dim. et lundi **4GXh**

Rest – Formule 38 € – Menu 60/115 €

Cet Alexandrin fait rimer originalité avec générosité, sur la base de beaux produits du terroir. Un moment de poésie bien agréable, dans le cadre d'une salle feutrée et d'une jolie terrasse...

Alex

44 bd des Brotteaux ✉ 69006 Ⓜ Brotteaux – ✆ 04 78 52 30 11 – Fermé en août, dim. et lundi **5HXe**

Rest – Formule 21 € – Menu 25 € (déj. en sem.), 30/67 € – Carte 47/62 €

Alex ? C'est le chef (et propriétaire) de ce restaurant chic et sobre. Avec de beaux produits frais glanés au marché, il concocte une cuisine bien ficelée.

L'Effervescence (Christophe Hubert)

15 r. Claudia ✉ 69002 Ⓜ Cordeliers – ✆ 04 78 37 23 89 – www.restaurant-effervescence.fr – Fermé 1 sem. en août, sam. midi et dim.

Rest – Formule 18 € – Menu 22 € (déj.), 29/41 € **3FXb**

Une histoire de spontanéité, d'ébullition... en un mot, d'effervescence ! La cuisine est mouvement pour Christophe Hubert. Ce jeune chef déjà expérimenté cuisine au gré de son inspiration... et des suggestions de ses fournisseurs (de qualité). Même le produit le plus simple est joliment travaillé. Oui, l'effervescence n'empêche pas la justesse et la précision.

➜ Menu du marché.

La Tassée

20 r. Charité ✉ 69002 Ⓜ Bellecour – ✆ 04 72 77 79 00 – www.latassee.fr – Fermé dim. **5FYu**

Rest – Formule 26 € – Menu 30/79 € – Carte 49/81 €

Une institution locale, tenue par la même famille depuis trois générations. Ici, on cultive l'art de mêler tradition, terroir et esprit contemporain sans perdre son âme !

La Table de Suzanne

37 r. Auguste-Comte ✉ 69002 Ⓜ Ampère – ✆ 04 78 37 49 83 – www.latabledesuzanne.com – Fermé 28 juil.-20 août, dim. et lundi

Rest – Formule 17 € – Menu 22 € (déj.)/52 € – Carte 53/69 € **5FYq**

Un restaurant raffiné du quartier des antiquaires, où la cuisine dite "gastronomique" vit avec son temps. Pour preuve, ce crémeux de champignons ou ce tartare de bar...

Cuisine & Dépendances Acte II

68 r. de la Charité ✉ 69002 Ⓜ Perrache – ✆ 04 78 37 45 02 – www.cuisineetdependances.com – Fermé 1 sem. mi-août, dim. et lundi

Rest – Formule 16 € – Menu 30/89 € – Carte 42/78 € **5FYd**

Cet acte II se joue dans un décor tendance, chic et cosy. Un sympathique écrin pour apprécier une cuisine d'une belle finesse axée sur les produits de la mer.

Brasserie Georges

30 cours de Verdun ✉ 69002 Ⓜ Perrache – ✆ 04 72 56 54 54 – www.brasseriegeorges.com **5FZb**

Rest – Menu 20/26 € – Carte 25/50 €

"Bonne bière et bonne chère depuis 1836", cadre Art déco jalousement préservé et atmosphère ad hoc : cette brasserie est une véritable institution.

Le Potiquet

27 r. de l'Arbre Sec ✉ 69001 Ⓜ Hotel de Ville – ✆ 04 78 30 65 44 – www.lepotiquet.com – Fermé août, sam. midi, dim. et lundi **3FXw**

Rest – Menu 18 € (déj.), 30/50 € – Carte 40/50 €

Un endroit sobre et élégant... Les pierres apparentes donnent ce petit je-ne-sais-quoi qui fait la différence, tout comme la cuisine du chef, bistronomique et fraîche.

Le Vivarais

1 pl. Gailleton ✉ 69002 Ⓜ Bellecour – ✆ 04 78 37 85 15 – www.restaurantlevivarais.com – Fermé dim. **5FYr**

Rest – Formule 18 € bc – Menu 25/35 € – Carte 33/61 €

Ici, un Meilleur Ouvrier de France et sa fille cuisinent à quatre mains ! Quenelles, tête de veau, bœuf à la ficelle... et joli décor rétro.

La Voûte - Chez Léa

11 pl. A. Gourju ✉ 69002 Ⓜ Bellecour – ✆ 04 78 42 01 33
– Fermé dim. et fériés **5FYe**

Rest – Menu 19 € (déj. en sem.), 30/41 € – Carte 35/44 €
L'un des plus vieux restaurants de Lyon ! Dans une atmosphère chaleureuse, on perpétue avec brio la tradition. En témoignent cette belle carte de gibier en automne ou ces savoureux plats régionaux.

Blue Elephant – Hôtel Hilton

70 quai Ch.-de-Gaulle ✉ 69006 – ✆ 04 78 17 50 00 – www.hilton.com
– Fermé août, sam. midi, dim. et lundi **4GUa**

Rest – Menu 44 € (déj.) – Carte 34/58 €
Sans conteste, cet Éléphant voit la vie en bleu et nous régale d'une bonne cuisine thaïlandaise préparée avec des produits importés de Bangkok. Buffet au déjeuner et suggestions selon le marché et les saisons.

Brasserie – Hôtel Hilton

70 quai Ch.-de-Gaulle ✉ 69006 – ✆ 04 78 17 51 00 – www.hilton.com

Rest – Formule 25 € – Carte 32/53 € **4GUa**
Carte traditionnelle, buffet d'entrées et de desserts (à l'heure du déjeuner) et décor façon 1900 : cette Brasserie compte son lot d'habitués et séduit la clientèle d'affaires. Brunch très prisé le dimanche.

Au 14 Février

6 r. Mourguet ✉ 69005 Ⓜ Vieux Lyon – ✆ 04 78 92 91 39
– www.au14fevrier.com – Fermé 24 déc.-6 janv., dim., lundi et le midi sauf sam. **5EFYt**

Rest *(nombre de couverts limité, réserver) (menu unique)* – Menu 75 €
Idéale pour la St-Valentin... et tous les dîners à deux, une table intime et romantique ! Le jeune chef, d'origine japonaise, revisite avec grande sensibilité la gastronomie française.
➜ Velouté d'asperge blanche, tourteau, caviar osciètre et gelée de tomate. Turbot aux épices tandoori, mangue, gingembre et avocat. Mousse de champagne à la framboise façon kir royal. **Vins** Condrieu, Châteauneuf-du-Pape.

Maison Clovis (Clovis Khoury)

19 bd Brotteaux ✉ 69006 Ⓜ Brotteaux – ✆ 04 72 74 44 61
– www.maisonclovis.com – Fermé 5-13 mai, 27 juil.-20 août, 1er-8 janv., dim. et lundi **4HXm**

Rest – Menu 28 € (déj. en sem.), 45/75 € – Carte 70/100 €
Un lieu design et élégant, sans être guindé... Clovis Khoury prépare ici une savoureuse cuisine de saison à base de très beaux produits. La carte est courte, mais le choix néanmoins cornélien.
➜ Oursin d'Islande, risotto aux supions et cuisses de grenouilles. Cailles des Vosges en chair et sans os farcie au chou braisé et foie gras. Millefeuille pure tradition. **Vins** Condrieu, Côtes du Vivarais.

Eskis

11 r. Chavanne ✉ 69001 Ⓜ Cordeliers – ✆ 04 78 27 86 93
– www.eskis-restaurant.com – Fermé 3-28 août, 1er-15 janv., dim. et lundi

Rest – Menu 35 € bc (déj. en sem.), 49/69 € **4FXe**
Ici, l'originalité a toute sa place ! Le jeune chef, curieux de tout, élabore une cuisine moléculaire et créative. Le cadre est au diapason : moderne et zen.

L'Ouest

1 quai du Commerce, Nord par bords de Saône (D 51) ✉ 69009
– ✆ 04 37 64 64 64 – www.nordsudbrasseries.com **3EUb**

Rest – Formule 22 € – Menu 25 € (sem.)/33 € – Carte 30/55 €
Brasserie design (bois, béton, métal, écrans géants, cuisines ouvertes), jolie terrasse côté Saône et recettes des îles : Bocuse met le cap à l'ouest ! La carte n'hésite pas à s'inspirer des Antilles, du Japon, de l'Italie...

Le Nord
18 r. Neuve ✉ 69002 Ⓜ Hôtel de Ville – ✆ 04 72 10 69 69 – www.nordsudbrasseries.com **5FXp**
Rest – Formule 22 € – Menu 25 € (sem.)/35 € – Carte 28/55 €
Banquettes, sol en mosaïque, boiseries, lampes boule : un vrai décor 1900 dans cette brasserie – la première ouverte par Bocuse. Quant aux plats, ils sont ancrés dans la tradition.

Le Sud
11 pl. Antonin-Poncet ✉ 69002 Ⓜ Bellecour – ✆ 04 72 77 80 00 – www.nordsudbrasseries.com **5FYx**
Rest – Formule 21 € – Menu 25 € (sem.), 33/49 € – Carte 30/55 €
Point cardinal de la géographie bocusienne, cette brasserie évoque le bassin méditerranéen par son décor coloré et sa cuisine ensoleillée. L'été, en terrasse, on dirait le Sud.

L'Est
14 pl. J. Ferry, (gare des Brotteaux) ✉ 69006 Ⓜ Brotteaux – ✆ 04 37 24 25 26 – www.nordsudbrasseries.com **4HXv**
Rest – Formule 22 € – Menu 25 € (sem.)/33 € – Carte 28/55 €
Le charme ferroviaire ! D'une ancienne gare, Paul Bocuse a fait l'une de ses brasseries cardinales et conviviales. Cuisines ouvertes, trains miniatures et saveurs des cinq continents.

33 Cité
33 quai Charles-de-Gaulle ✉ 69006 – ✆ 04 37 45 45 45 – www.33cite.com – Fermé 5-25 août **4HUt**
Rest – Formule 20 € – Menu 23 € (sem.)/27 € – Carte 35/51 €
Trois chefs de talent – Mathieu Viannay (MOF), Christophe Marguin et Frédéric Berthod (passé par la "case" Bocuse) – se sont associés pour créer cette brasserie chic et gourmande, ouvrant sur le parc de la Tête-d'Or. Au menu : les belles spécialités du genre !

Argenson Gerland
40 allée P.-de-Coubertin, à Gerland ✉ 69007 Ⓜ Stade de Gerland – ✆ 04 72 73 72 73 – www.nordsudbrasseries.com **1BRa**
Rest – Formule 22 € – Menu 25/35 € – Carte 41/63 €
L'une des brasseries de Paul Bocuse, voisine du stade de Gerland. Intérieur chaleureux, terrasse sous les platanes et carte traditionnelle où pointe l'accent du Sud.

M
47 av. Foch ✉ 69006 Ⓜ Foch – ✆ 04 78 89 55 19 – www.mrestaurant.fr – Fermé 2-10 mars, 3-25 août, sam. et dim. **4GVs**
Rest – Formule 19 € – Menu 25/35 € – Carte environ 43 €
Une cuisine gourmande débordant de saveurs dans un lieu vitaminé au design un brin psychédélique ? C'est bon, charmant et dans l'air du temps : on M !

Thomas
6 r. Laurencin ✉ 69002 Ⓜ Bellecour – ✆ 04 72 56 04 76 – www.restaurant-thomas.com – Fermé 3 sem. en août, 24 déc.-2 janv., sam. et dim. **5FYw**
Rest – Formule 16 € – Menu 19 € (déj.), 43/59 €
Rest *Comptoir Thomas* ✆ 04 72 41 92 99 – Carte 25/55 €
Sous l'égide d'un jeune chef à la passion communicative, une cuisine fine et savoureuse (carte renouvelée chaque mois) dans un bistrot contemporain et cosy. À deux pas, deux annexes tout aussi sympathiques, dont le trendy Comptoir et ses plats à la plancha.

Les Oliviers
20 r. Sully ✉ 69006 Ⓜ Foch – ✆ 04 78 89 07 09 – www.lesoliviers-lyon.fr – Fermé 1er-8 mai, août, sam., dim. et fériés **4GVf**
Rest – Formule 18 € – Menu 24/36 € – Carte 34/44 €
Un petit coin de Provence niché dans le 6e arrondissement : on sert ici une appétissante cuisine du soleil et les poissons grillés comptent parmi les vedettes de la maison.

Palégrié N

8 r. Palais-Grillet ✉ 69002 Ⓜ Cordeliers – ✆ 04 78 92 94 84 – www.palegrie.fr – Fermé 5-25 août, lundi midi, sam. soir et dim. 5FXd

Rest *(nombre de couverts limité, réserver)* – Formule 18 € – Menu 22 € (déj.), 28/38 €

Deux trentenaires au parcours sans faute – lui comme chef, elle comme sommelière – ont créé début 2012 ce restaurant plein de fraîcheur, où ils s'épanouissent visiblement. Les vins mettent bien en valeur les recettes, pleines de justesse, marquées par le sens du produit et la finesse. Passion et convivialité...

Danton N

8 r. Danton ✉ 69003 Ⓜ Part Dieu – ✆ 04 37 48 00 10 – Fermé 27 juil.-26 août, 21 déc.-6 janv., sam. et dim. 6HYr

Rest – Formule 20 € – Menu 27/41 € – Carte 30/52 €

Alexis Pouly, originaire de Roanne, a travaillé dans de belles maisons avant de créer ce néobistrot aussi convivial que professionnel. Ses recettes vont à l'essentiel, dans une belle version canaille et gourmande, et la carte des vins fait honneur aux crus régionaux (mais pas que). Bref, l'affaire est épatante !

Bernachon Passion

42 cours Franklin-Roosevelt ✉ 69006 Ⓜ Foch – ✆ 04 78 52 23 65 – www.bernachon.com – Fermé 20 juil.-21 août, dim., lundi et fériés

Rest *(déj. seult) (nombre de couverts limité, réserver)* – Menu 27 € – Carte 34/49 € 4GVr

Un restaurant tenu par la fille et les petits-enfants de Paul Bocuse, propriétaires de la célèbre chocolaterie attenante. Recettes traditionnelles et plat du jour le midi ; salon de thé.

Le Centre N

14 r. Grolée ✉ 69002 Ⓜ Cordeliers – ✆ 04 72 04 44 44 – www.georgesblanc.com 3FXy

Rest – Menu 22 € (déj. en sem.)/26 € – Carte 38/75 €

Georges Blanc, le célèbre chef de Vonnas, est à l'initiative de cette brasserie contemporaine née fin 2012. L'adresse est dédiée à la viande – de belles viandes : charolais, bœuf Wagyu, agneau de l'Aveyron ou encore volaille de Bresse, accompagnés d'un grand choix de garnitures et de sauces. Avis aux carnivores !

Mon Bistrot à Moi

84 cours Vitton ✉ 69006 Ⓜ Brotteaux – ✆ 04 78 52 47 28 – www.monbistrotamoi.fr – Fermé 1er-23 août, 1 sem. en fév., sam. et dim.

Rest *(nombre de couverts limité, réserver)* – Menu 23 € – Carte 29/47 € 4HVa

Un sympathique bistrot contemporain dans le quartier des Brotteaux : casseroles en cuivre aux murs, cuisine canaille dans l'assiette, vins à l'ardoise et excellent rapport qualité-prix. "À Moi" mais partageur !

Le Splendid

3 pl. Jules-Ferry Ⓜ Brotteaux – ✆ 04 37 24 85 85 – www.georgesblanc.com – Fermé 1er-15 août 4HVz

Rest – Formule 20 € bc – Menu 26/49 € – Carte 37/54 €

Brasserie chic et confortable de la dynastie Georges Blanc (Vonnas). La cuisine du terroir y est généreuse, canaille et bien ficelée, offrant un bon rapport plaisir-prix.

Maison Villemanzy

25 montée St-Sébastien ✉ 69001 Ⓜ Croix-Paquet – ✆ 04 72 98 21 21 – www.maison-villemanzy.com – Fermé 3-19 août, 22 déc.-7 janv., lundi midi et dim. 3FVh

Rest *(réserver)* – Formule 20 € – Menu 26/32 €

Perchée sur les pentes de la Croix-Rousse, cette maison offre en terrasse une vue splendide sur la ville. Intérieur façon bistrot rétro, recettes familiales et plats canailles.

Magali et Martin

11 r. des Augustins ✉ 69001 Ⓜ Hôtel de Ville – ✆ 04 72 00 88 01 – Fermé 13-25 août, 23 déc.-9 janv., mardi soir et dim. **3FXj**

Rest – Formule 20 € – Menu 23 € (déj. en sem.) – Carte 31/47 € le soir

La maison est dirigée par un couple charmant : Martin, venu d'Autriche, s'exprime en cuisine, au gré du marché ; Magali, lyonnaise, choisit les vins et mène la danse... en salle.

Balthaz'art

7 r. des Pierres Plantées ✉ 69001 Ⓜ Croix-Rousse – ✆ 04 72 07 08 88 – www.restaurantbalthazart.fr – Fermé 4-19 août, 24 déc.-2 janv., mardi midi, merc. midi, dim. et lundi **3FVm**

Rest – Formule 15 € – Menu 26 € (déj. en sem.)/32 € – Carte 32/45 €

Presque au sommet de la Croix-Rousse, ce restaurant – l'ancien QG du PCF – se mérite ! Du rouge (bien sûr), des reproductions de Picasso ou Modigliani : la fantaisie et la joliesse dans la déco comme dans l'assiette... avec des vins bien choisis.

Les Saveurs de Py

8 r. Pailleron ✉ 69004 Ⓜ Hénon – ✆ 04 78 28 80 86 – www.saveursdepy.fr – Fermé août, dim soir, mardi midi et lundi **3FVn**

Rest – Formule 12 € – Menu 16 € (déj.), 30/38 €

En plein cœur du quartier animé de la Croix-Rousse, un de ces petits bistrots contemporains, conviviaux comme on les aime. Au menu : des produits frais, du fait maison et une cuisine du marché qui ose les touches japonisantes.

Ponts et Passerelles

5 pl. Dr.-Gailleton ✉ 69002 Ⓜ Bellecour – ✆ 04 78 38 70 70 – www.pontsetpasserelles.com – Fermé 11 août-2 sept., 29 déc.-12 janv., dim. et lundi **5FYa**

Rest *(nombre de couverts limité, réserver)* – Formule 16 € – Menu 19 € (déj. en sem.), 26/34 € – Carte 29/41 €

Un néobistrot convivial. Côté look : un décor contemporain mâtiné de touches nostalgiques ; côté cook : une fine et goûteuse cuisine du marché, où les produits locaux sont rois.

Les Adrets

30 r. Boeuf Ⓜ Vieux Lyon – ✆ 04 78 38 24 30 – Fermé 29 avril-3 mai, août, 23 déc.-6 janv., sam. et dim. **3EXv**

Rest – Formule 17 € bc – Menu 25 € (dîner), 33/42 € – Carte 38/59 €

Une vraie bonne adresse du Vieux-Lyon, où savourer de généreuses recettes traditionnelles. Et le décor ? Poutres apparentes, tomettes et cuisines en partie visibles de la salle.

L'Espace Carnot

4 pl. Carnot ✉ 69002 Ⓜ Perrache – ✆ 04 72 41 98 40 – Fermé 1er-5 janv.

Rest – Formule 17 € – Menu 20 € (déj. en sem.), 25/36 € – Carte 33/49 € **5FYh**

Juste en face de la gare de Perrache, cette brasserie chaleureuse (boiseries) est bien engageante. On y sert une cuisine bistrotière et canaille, dans un registre traditionnel et lyonnais. Tarifs raisonnables.

Côté Cuisine – Hôtel Le Royal Lyon

20 pl. Bellecour ✉ 69002 Ⓜ Bellecour – ✆ 04 78 37 57 31 – www.lyonhotel-leroyal.com – Fermé 14 juil.-20 août, dim. et lundi

Rest – Menu 36 € – Carte environ 40 € **5FYg**

Dans un cadre rétro et raffiné – celui du Royal, un hôtel mythique à Lyon – le chef concocte une cuisine traditionnelle de belle facture, écurie Bocuse oblige... Une certaine idée de la gastronomie à la française !

Le Potager des Halles

3 r. de la Martinière ✉ 69001 Ⓜ Hôtel de Ville – ✆ 04 72 00 24 84 – www.lepotagerdeshalles.com – Fermé 1er-15 août, 1 sem. à Noël, dim. et lundi

Rest – Menu 18 € (déj. en sem.), 35/52 € bc – Carte 35/50 € **3FXt**

Une table sympathique, entre quais de la Saône et halles de la Martinière. Quasi de veau aux carottes de couleur, aile de raie aux salicornes, etc. : produits bio et cuisine de marché sont à la fête ! Juste à côté, le comptoir à tapas.

L'Art et la Manière

102 Gde-Rue de la Guillotière ✉ 69007 Ⓜ Saxe-Gambetta – ✆ 04 37 27 05 83 – www.art-et-la-maniere.fr – Fermé 3 sem. en août, lundi soir, sam. et dim.

Rest – Formule 16 € – Menu 19 € (déj.), 26/37 € – Carte 34/45 € **6GYa**

Un bistrot contemporain qui célèbre l'amitié, la cuisine du marché et ces vins gouleyants que l'on boit à prix doux. Une belle manière de découvrir le quartier de la Guillotière. Les habitués sont nombreux, alors pensez à réserver !

Entr' Acte

46 r. Ferrandière ✉ 69002 Ⓜ Cordeliers – ✆ 04 78 37 44 84 – www.restaurant-entr-acte.com – Fermé 2 sem. en août, dim. et lundi

Rest – Formule 16 € – Menu 30 € – Carte 35/50 € **5FXs**

Une petite salle tout en longueur, design et très chaleureuse, une ambiance lounge, une jeune équipe et une cuisine inventive célébrant les produits du marché : si ce n'est au moment de l'entracte, profitez de cette table à l'occasion de vos sorties théâtre !

Le 126

126 r. de Seze ✉ 69006 Ⓜ Masséna – ✆ 04 78 52 74 34 – Fermé 3 sem. en août, 1 sem. vacances de Noël, sam. et dim. **4HVn**

Rest – Formule 14 € – Menu 16 € (déj.)/30 €

Un restaurant de poche très convivial, dont la devise est claire : "Une carte courte axée sur le produit." Ici, on savoure une cuisine fine et goûteuse, avec une pointe d'invention.

Le Jean Moulin (N)

22 r. Gentil ✉ 69002 Ⓜ Cordeliers – ✆ 04 78 37 37 97 – Fermé 2 sem. en août, dim. et lundi **3FXm**

Rest – Formule 20 € – Menu 24 €

Très bon rapport qualité-prix dans ce bistrot élégant et chaleureux, lancé fin 2011 par un chef formé à bonne école (Bocuse, Viannay, Pic, etc.). Sa cuisine est à son image : à la fois vive, sérieuse, goûteuse, colorée et généreuse... On mange sans faim et sans chichis !

L'Ourson qui Boit

23 r. Royale ✉ 69001 Ⓜ Croix-Paquet – ✆ 04 78 27 23 37 – Fermé 4 sem. en juil.-août, 2 sem. en déc., merc. et dim. **3FVb**

Rest – Formule 14 € – Menu 17 € (déj.)/25 €

Dans ce bistrot contemporain, le chef japonais, qui est passé par de belles maisons, fait fusionner le terroir français avec les parfums subtils du yuzu, du gingembre... le tout à prix doux. On craque pour cet Ourson !

Café-Épicerie – Hôtel Cour des Loges

6 r. du Bœuf ✉ 69005 Ⓜ Vieux Lyon – ✆ 04 72 77 44 44 – www.courdesloges.com **3FXn**

Rest – Formule 17 € – Carte 39/61 €

Dans le cadre merveilleux de la Cour des Loges, un Café-Épicerie où règne une atmosphère de bistrot branché... On vient y apprécier des petits plats bien tournés dont le choix change chaque jour.

Mon Bistrot Italien

33 r. Malesherbes ✉ 69006 Ⓜ Foch – ✆ 04 72 44 37 29 – Fermé août, 1 sem. en janv., dim. et lundi **4GVn**

Rest – Formule 18 € bc – Menu 24 € – Carte 34/42 €

Pâtes, pizzas, risottos... Dans ce bistrot installé à quelques pas des Oliviers (son aîné), la Botte est à l'honneur, ainsi que toutes les saveurs du Sud. Jolis vins italiens.

La Terrasse St-Clair

2 Grande Rue St-Clair ✉ 69300 Caluire-et-Cuire – ✆ 04 72 27 37 37 – www.terrasse-saint-clair.com – Fermé 5-22 août, 23 déc.-7 janv., dim. et lundi

Rest – Menu 26 € **4GUs**

Hommage à la Fanny – tant redoutée des boulistes ! – dans ce restaurant aux allures de guinguette. Bonne cuisine de tradition, terrasse sous les platanes et... terrain de pétanque.

LES BOUCHONS : *dégustation de vins régionaux et cuisine locale dans une ambiance typiquement lyonnaise*

Daniel et Denise

156 r. Créqui ✉ 69003 Ⓜ Place Guichard – ✆ 04 78 60 66 53 – www.daniel-et-denise.fr – Fermé 26 juil.-26 août, 22 déc.-2 janv., sam., dim. et fériés **4GXb**

Rest – Menu 27 € – Carte 37/48 €

Un bouchon pur jus : cadre patiné, ambiance décontractée, cuisine goûteuse et généreuse concoctée avec d'excellents produits. Évidemment, les plats typiques sont à l'honneur !

Daniel et Denise Saint-Jean N

32 r. Tramassac ✉ 69005 Ⓜ Vieux Lyon – ✆ 04 78 42 24 62 – www.danieletdenise-stjean.com – Fermé 2 sem. en août, dim. et lundi

Rest – Formule 19 € – Menu 27/40 € – Carte 35/50 € **5EYn**

À deux pas de la cathédrale St-Jean, La Machonnerie, bouchon emblématique du Vieux Lyon, a été reprise par le chef Joseph Viola (Meilleur Ouvrier de France), déjà connu pour son Daniel et Denise de la Part-Dieu. Au menu de ce nouvel opus, une cuisine lyonnaise non moins gourmande, généreuse et goûteuse !

Le Garet

7 r. Garet ✉ 69001 Ⓜ Hôtel de Ville – ✆ 04 78 28 16 94 – Fermé 27 juil.-27 août, sam. et dim. **3FXa**

Rest *(réserver)* – Formule 19 € – Menu 24 € – Carte 23/36 €

Une véritable institution bien connue des amateurs de cuisine lyonnaise : tête de veau, tripes, quenelles ou andouillettes se dégustent en toute convivialité dans un cadre exemplaire du genre.

Café des Fédérations

8 r. Major Martin ✉ 69001 Ⓜ Hôtel de Ville – ✆ 04 78 28 26 00 – www.lesfedeslyon.com – Fermé 24 déc.-3 janv. et dim. **3FXz**

Rest *(réserver)* – Menu 19 € (déj.)/26 €

Décor immuable (tables accolées, nappes à carreaux, saucissons suspendus) et ambiance bon enfant dans ce vrai bouchon, incontestable conservatoire de la cuisine lyonnaise.

Environs

à Rillieux-la-Pape 7 km par ① D 483 et D 484 – 29 990 h. – alt. 269 m – ✉ 69140

Larivoire (Bernard Constantin)

chemin des Iles – ✆ 04 78 88 50 92 – www.larivoire.com – Fermé 16-28 août, dim. soir, lundi soir et mardi

Rest – Menu 35 € (déj. en sem.), 49/91 € – Carte 76/98 €

Une maison familiale depuis trois générations et la relève est déjà assurée : le fils du chef, Camille, fait l'école hôtelière et s'occupe du service. On n'a pas fini de se régaler dans cette demeure bourgeoise, où le classicisme est élevé au rang d'art majeur.

➜ Araignée et tourteau sur une gelée de poissons de roche en coque. Fricassée de volaille de Bresse au vinaigre. Soufflé chaud au Grand Marnier. **Vins** Crozes-Hermitage, Pouilly-Loché.

à Meyzieu 14 km par ③ et D 517 – 29 666 h. – alt. 201 m – ✉ 69330

36 de Lyon, à Villette-d'Anthon, NE : 12 km par D 6, ✆ 04 78 31 11 33

La Petite Auberge du Pont d'Herbens

32 r. Victor Hugo – ✆ 04 78 31 41 09 – www.petite-auberge-pont-dherbens.com – Fermé mars, lundi et mardi sauf fériés le midi

Rest – Formule 21 € – Menu 29 € (déj.), 38/60 € – Carte 31/58 €

Un feu crépite dans la cheminée de cette auberge de campagne (tout près du lac du Grand-Large) pendant que le patron concocte une belle cuisine de tradition. Bon et authentique !

à Genas **12 km à l'Est par rte de Genas (D 29) - DQ – 11 994 h. – alt. 218 m – ✉ 69740**

Place du Gén de Gaulle, ✆ 04 72 47 11 11, www.genas.fr

Ambassadeur

36 r. Antoine Pinay – ✆ 04 78 40 02 02 – www.ambassadeur-hotel.fr
84 ch – †85/153 € ††90/157 € – ☕ 13 €
Rest *(fermé 2-22 août, sam. et dim.)* – Formule 18 € – Menu 23/38 € – Carte environ 47 €
Des chambres très bien tenues, dans un style sobre et contemporain. Fonctionnel et idéal pour la clientèle d'affaires. Le plus : un agréable jardin japonais.

à Tassin-la-Demi-Lune **5 km à l'Ouest (A6, sortie n° 36) - APQ – 18 967 h. – alt. 220 m – ✉ 69160**

Place Hippolyte Péragut, ✆ 04 72 59 22 11, www.rhonealpes-tourisme.fr

Brasserie Halles 9 Ⓝ

4 promenade des Tuileries – ✆ 04 78 36 99 99 – www.halles9.com **1AQa**
Rest – Formule 20 € – Menu 23 € (sem.), 26/29 € – Carte 35/50 €
Dans un nouveau quartier de Lyon, cette brasserie – ouverte en mai 2012 – propose les classiques du genre. Dans un cadre résolument design, on déguste par exemple des rillettes de saumon de Norvège au curry ou un dos de cabillaud accompagné d'une fricassée de légumes. Ambiance décontractée.

à Ecully **7 km à l'Ouest (A6, sortie n° 36) - AP - – 18 071 h. – alt. 240 m – ✉ 69130**

Les Hautes Bruyères sans rest

5 chemin des Hautes Bruyères – ✆ 06 08 48 69 50 – www.lhb-hote.fr
5 ch – †125/210 € ††125/210 € – ☕ 15 € **1APd**
Charme patiné, authenticité et sérénité à 10mn de l'effervescence lyonnaise : cette demeure de jardinier (19e s.), jadis rattachée au château voisin, cultive avec raffinement son esprit "maison de famille". Délicieux petit-déjeuner.

Saisons

Château du Vivier, 8 chemin Trouillat – ✆ 04 72 18 02 20 – www.institutpaulbocuse.com – Fermé 2-26 août, 20 déc.-7 janv., merc. soir, sam. et dim. **1APb**
Rest – Menu 29 € (déj.), 34/50 €
Ce beau château (19e s.), bordé d'un parc, abrite l'école hôtelière internationale fondée en 1990 sous la houlette de Paul Bocuse. Les étudiants assurent cuisine et service.

à St-Priest **3 km au Sud-Est par D 318 – 41 751 h. – alt. 208 m – ✉ 69800**

Golden Tulip Lyon Millénaire

160 cours du 3e-Millénaire – ✆ 04 37 25 25 25 – www.hotelgoldentuliplyon.com
131 ch – †76/350 € ††76/350 € – 2 suites – ☕ 19 € – ½ P **2DRa**
Rest ***Le Cocon*** – voir les restaurants ci-après
Une architecture impressionnante, véritable millefeuille de pierre, de bois et de verre ! Sur le site du parc technologique, cet hôtel labellisé Haute Qualité Environnementale offre espace, clarté et confort optimal. Très innovant.

Le Cocon – Golden Tulip Lyon Millénaire

160 cours du 3e-Millénaire – ✆ 04 37 25 21 07 – www.hotelgoldentuliplyon.com – Fermé sam. et dim. **2DRa**
Rest – Formule 16 € – Menu 27 € – Carte 33/52 €
Au sein d'un hôtel très high-tech, cette table cultive des recettes éprouvées : un décor élégant, des tables bien dressées et une carte de qualité, en lien avec le marché et les productions locales (nombreux produits bio).

à Charbonnières-les-Bains **8 km par ⑨ et N 7 – 4 675 h. – alt. 233 m – ✉ 69260**

Parc Lacroix Laval : château de la Poupée★.

Le Pavillon de la Rotonde

3 av. Georges Bassinet – ✆ 04 78 87 79 79
– www.pavillon-rotonde.com – Fermé août et 5-12 janv.
16 ch – 335/565 € 365/565 € – 33 €
Rest *La Rotonde* ✿✿ – voir les restaurants ci-après
À deux pas du casino et dans un beau parc arboré, cet hôtel luxueux mêle contemporain et discrètes touches Art déco. Certaines chambres disposent d'un hammam et d'une terrasse... Une très belle adresse en périphérie de Lyon.

La Rotonde

✿✿

au casino le Lyon Vert ✉ 69890 La Tour de Salvagny – ✆ 04 78 87 79 79
– www.pavillon-rotonde.com – Fermé août, 5-12 janv., dim. et lundi
Rest (dîner seult) – Menu 127/157 € – Carte 110/200 € ✿
Dans ce beau domaine aux portes de la ville, à l'étage du casino Le Lyon vert – bel héritage de la période Art déco –, un moment de gastronomie tout en finesse, beaux produits et saveurs, sous l'égide du chef, Philippe Gauvreau.
➜ Œuf de poule fumé cuit mollet, truffe et girolles, sauce mousseuse. Canard de Challans cuit à la broche, en deux services. Cannellonis de chocolat amer à la glace de crème brûlée, sauce chocolat guanaja. **Vins** Condrieu, Côte Rôtie.

Porte de Lyon 10 km par ⑩ (échangeur A 6-N 6) – ✉ 69570 Dardilly

Novotel Lyon Nord

Allée du Camping – ✆ 04 72 17 29 29 – www.novotel.com
107 ch – 89/175 € 89/175 € – 15 €
Rest – Formule 18 € – Menu 24/35 € – Carte 20/45 €
Dans le parc d'affaires de Dardilly, hôtel des années 1970 ayant adopté un style contemporain. Parfait pour l'étape.

à St-Cyr-au-Mont-d'Or 10 km au Nord par rte de St-Cyr - BP – 5 640 h. – alt. 320 m – ✉ 69450

L'Ermitage

chemin de l'Ermitage, 2,5 km au sommet du Mont Cindre – ✆ 04 72 19 69 69
– www.ermitage-college-hotel.com
27 ch – 145/235 € 145/235 € – 1 suite – 14 €
Rest – Formule 28 € – Menu 34 €
Cet hôtel ne manque pas d'atouts : vue extraordinaire sur Lyon et les Monts-d'Or, cadre design et épuré pour une sérénité à son zénith. Dans la "cuisine à manger", on savoure de belles spécialités lyonnaises... Et la terrasse suspendue est superbe !

à Collonges-au-Mont-d'Or 12 km au Nord par bords de Saône (D 433, D 51) - BP – 3 807 h. – alt. 176 m – ✉ 69660

voir XXXXX ✿✿✿ Paul Bocuse à Lyon

à l'aéroport de Lyon St-Exupéry 27 km par A 43 – ✉ 69125

NH Lyon Aéroport

ch, rest,

Aéroport Lyon St-Exupéry, terminal 1 – ✆ 04 72 23 05 50 – www.nh-hotels.fr
245 ch – 109/325 € 109/325 € – 23 €
Rest – Formule 25 € – Menu 29 € – Carte 28/50 €
Des chambres contemporaines, agréables et bien insonorisées, juste en face de l'aérogare. À noter : un fitness très complet et une importante capacité d'accueil pour les séminaires.

LYONS-LA-FORÊT – 27 Eure – 304 I5 – 751 h. – alt. 88 m – ✉ 27480 33 D2

Normandie Vallée de la Seine
▶ Paris 104 – Beauvais 57 – Mantes-la-Jolie 66 – Rouen 35
ℹ 20, rue de l'Hôtel de Ville, ✆ 02 32 49 31 65, www.paysdelyons.com

La Licorne

27 pl. Isaac-Bensarade – 02 32 48 24 24 – www.hotel-licorne.com
15 ch – 135/180 € 135/295 € – 6 suites – 22 € – ½ P
Rest *La Licorne* – voir les restaurants ci-après
Au cœur du joli village de Lyons et non loin de la superbe forêt domaniale, cette authentique Licorne normande a de beaux secrets à faire partager : ses chambres sont d'un raffinement très contemporain (douches à l'italienne, baignoires sur pieds, parquet...) et le spa Nuxe est une petite merveille !

Le Grand Cerf

20 pl. Isaac-Bensarade – 02 32 49 50 50 – www.grandcerf.fr
11 ch – 125/170 € 125/225 € – 2 suites – 22 € – ½ P
Rest *Le Grand Cerf* – voir les restaurants ci-après
Sur la pittoresque place du village, célèbre pour sa halle du 18e s., ce Grand Cerf à colombages abrite de vastes chambres champêtres, ou plutôt... "forestières" : beaucoup de branchages et même du bois de cerf. Insolite et très plaisant !

Les Lions de Beauclerc

7 r. Hôtel de Ville – 02 32 49 18 90 – www.lionsdebeauclerc.com
6 ch – 85/105 € 95/115 € – 13 €
Rest *Les Lions de Beauclerc* – voir les restaurants ci-après
Atmosphère maison bourgeoise et boutique d'antiquités, meubles chinés et bibelots... Ces lions-là ont du chien ! Les chambres sont charmantes, confortables et parfaitement tenues.

La Licorne – Hôtel La Licorne

27 pl. Isaac-Bensarade – 02 32 48 24 24 – www.hotel-licorne.com – Fermé merc. et le midi sauf sam. et dim.
Rest – Formule 36 € – Menu 45/119 € bc – Carte 59/75 €
Beignets de jeune carotte et émulsion de moule bien iodée, turbot au épices et sa mousseline d'artichaut... : une cuisine fraîche et savoureuse dans un restaurant intime, qui sait mêler rustique et contemporain avec charme.

Le Grand Cerf – Hôtel Le Grand Cerf

20 pl. Isaac-Bensarade – 02 32 49 50 50 – www.grandcerf.fr – Fermé lundi et mardi
Rest – Formule 23 € – Menu 29/39 € – Carte 43/50 €
Ce néobistrot rustique possède un indéniable cachet : un décor de poutres et de briques, assorti d'une agréable terrasse dans la cour pavée. On y apprécie une jolie cuisine bistrotière, déclinée en petits menus renouvelés chaque mois.

Les Lions de Beauclerc – Hôtel Les Lions de Beauclerc

7 r. Hôtel de Ville – 02 32 49 18 90 – www.lionsdebeauclerc.com – Fermé merc. et jeudi
Rest – Formule 15 € – Menu 18/33 € – Carte 20/35 €
Dans cet hôtel-restaurant, on savoure une sympathique cuisine traditionnelle, mais aussi des crêpes et galettes... Après le repas, on peut faire un petit détour par la boutique d'antiquités.

LYS-ST-GEORGES – 36 Indre – 323 G7 – 234 h. – alt. 200 m 12 C3

– ✉ 36230 Limousin Berry
Paris 287 – Argenton-sur-Creuse 29 – Bourges 80 – Châteauroux 29

Auberge La Forge

7 r. du Château – 02 54 30 81 68 – www.restaurantlaforge.com – Fermé 1er-7 juil., 25 sept.-13 oct., 2-24 janv., dim. soir, lundi et mardi
Rest – Menu 20 € (déj. en sem.), 31/51 € – Carte 37/63 €
Une belle auberge champêtre, où ni poutres ni tomettes ne manquent. Quant à l'assiette, elle recèle de bien belles saveurs du terroir. Gourmandise... à prix doux !

MACÉ – 61 Orne – 310 J3 – rattaché à Sées

MACHILLY – 74 Haute-Savoie – 328 K3 – 963 h. – alt. 525 m 46 F1

– ✉ 74140
Paris 548 – Annemasse 11 – Genève 21 – Thonon-les-Bains 20

Le Refuge des Gourmets

90 rte des Framboises – 04 50 43 53 87 – www.refugedesgourmets.com – Fermé 4-12 mars, 12 août-4 sept., dim. soir et lundi
Rest – Menu 25 € (déj. en sem.), 36/72 € – Carte 68/83 €
Carpaccio de langoustines, filets de féra cuits à basse température, pêche pochée et son sorbet à la menthe... Ce restaurant cossu, d'inspiration Belle Époque, est un vrai refuge gourmet ! Le chef et sa brigade concoctent une jolie cuisine classique et de saison, rehaussée de touches créatives.

LA MACHINE (COL DE) – 26 Drôme – 332 F4 – rattaché à St-Jean-en-Royans

---

MACINAGGIO – 2B Haute-Corse – 345 F2 – voir à Corse

MÂCON P – 71 Saône-et-Loire – 320 I12 – 34 136 h. – alt. 175 m – 71000 Bourgogne 8 C3

Paris 391 – Bourg-en-Bresse 38 – Chalon-sur-Saône 59 – Lyon 71
1 place Saint Pierre, 03 85 21 07 07, www.macon-tourism.com
de la Commanderie, à Crottet, L'Aumusse, par rte de Bourg-en-Bresse : 7 km, 03 85 30 44 12
de Mâcon La Salle, à La Salle, par rte de Tournus : 14 km, 03 85 36 09 71
Musée des Ursulines★ BY M¹ - Musée Lamartine BZ M² - Apothicairerie★ de l'Hôtel-Dieu BY - ★ du Pont St-Laurent.
Roche de Solutré★★ O : 9 km - Clocher★ de l'église de St-André de Bagé E : 8,5 km.

Plan page suivante

Park Inn

26 r. Pierre-de-Coubertin, 0,5 km par ① – 03 85 21 93 93 – www.macon.parkinn.fr
64 ch – 99/130 € 109/145 € – 15 € – ½ P
Rest *(fermé dim. et lundi) (dîner seult)* – Menu 30 € – Carte 26/47 €
Près du port de plaisance, un hôtel fonctionnel répondant aux exigences de la clientèle d'affaires. La moitié des chambres ont vue sur la Saône, le bar est très agréable et l'été, on peut se restaurer au bord de la piscine.

Hôtel du Nord sans rest

313 quai Jean-Jaurès – (00-33) 03 85 38 08 68 – www.hotel-dunord.com – Fermé 4-9 août, 19 déc.-6 janv. et dim. de mi-oct. à mi-avril BYg
15 ch – 73/79 € 85/92 € – 8,50 €
Sur les quais, à quelques pas du centre, le meilleur petit hôtel de la ville : atmosphère familiale, prix raisonnables, chambres rénovées en 2010 et bons petits-déjeuners.

Pierre (Christian Gaulin)

7 r. Dufour – 03 85 38 14 23 – www.restaurant-pierre.com – Fermé 3 sem. en juil., vacances de fév., dim. soir, mardi midi et lundi BZk
Rest – Menu 25 € (déj. en sem.), 32/81 € – Carte 60/80 €
Une grande et belle cheminée ; autour, des pierres apparentes, des poutres et beaucoup de raffinement. Dans l'assiette, même élégance : Christian Gaulin marie classicisme, terroir et modernité... et le fait bien.
→ Quenelle de brochet. Volaille de Bresse. Soufflé chaud aux griottines confites et kirsch. **Vins** Mâcon Uchizy, Mâcon Viré-Clessé.

Le Poisson d'Or

allée du Parc, par ① et bords de Saône – 03 85 38 00 88 – www.lepoissondor.com – Fermé 4-13 mars, 4-28 oct., dim. soir, mardi soir et merc.
Rest – Menu 25 € (sem.), 31/65 € – Carte 54/76 €
Père et fils concoctent une jolie cuisine d'aujourd'hui, fine et précise, où le poisson et les fruits de mer portent haut leur couronne d'or. Côté décor, des murs pastel et de grandes baies vitrées pour noyer son regard dans la Saône.

MÂCON

L'Ethym'Sel

10 r. Gambetta – ✆ 03 85 39 48 84 – Fermé 29 juil.-20 août, 1 sem. vacances scolaires de fév., mardi soir et merc. de sept. à juin, dim. sauf le midi de sept. à juin et lundi en juil.-août BZt

Rest – Formule 16 € – Menu 19 € (sem.), 28/46 € – Carte 33/44 €

Tout près des quais, un joli restaurant contemporain et reposant, où il fait bon s'attabler. La cuisine, traditionnelle, est plutôt bien ficelée... et les prix sont doux.

L'Ambroisie

103 r. Marcel-Paul, (Rond-Point de l'Europe), par ③ – ✆ 03 85 38 12 21 – www.lambroisie.fr – Fermé dim.

Rest – Formule 13 € – Menu 22/47 € – Carte 29/52 €

Un pressé de canard confit ou un velouté d'asperge, un filet de rascasse et son risotto crémeux au gingembre ? La carte est bistronomique et de saison, le lieu très convivial. Une vraie gourmandise !

à St-Laurent-sur-Saône (01 Ain) – 1 737 h. – alt. 176 m – ✉ 01750

L'Autre Rive

143 quai Bouchacourt – ✆ 03 85 39 01 02 – www.lautrerive.fr – Fermé 24-27 déc., dim. soir, lundi et mardi midi BZa

Rest – Formule 19 € – Menu 25/35 € – Carte 29/45 €

Une carte de tradition axée sur les délices régionaux (poulet de Bresse, grenouille en saison) et les saveurs iodées, une terrasse donnant sur la Saône : gagnez l'autre rive !

Le Saint-Laurent

1 quai Bouchacourt – ✆ 03 85 39 29 19 – www.georgesblanc.com
– Fermé 15-30 nov. BZb

Rest – Menu 20 € (sem.), 28/49 € – Carte 35/54 €
Cette brasserie chic et rétro accueillit F. Mitterrand et M. Gorbatchev ! Se régalèrent-ils d'une matelote de sandre, de ravioles d'escargot ou d'un poulet de Bresse ? D'une jolie cuisine canaille, c'est certain.

à Sennecé-lès-Mâcon 7,5 km par ① – ✉ 71000 Macon

Auberge de la Tour

604 r. Vrémontoise – ✆ 03 85 36 02 70 – www.auberge-tour.fr
– Fermé 3-10 juin, 22 oct.-5 nov., 18 fév.-11 mars, mardi midi, dim. soir et lundi

24 ch – †53/61 € ††59/84 € – ☕ 11 € – ½ P
Rest *Auberge de la Tour* – voir les restaurants ci-après
Une sympathique auberge familiale et rustique, tout près de la tour de guet (la curiosité du village). Les chambres sont impeccablement tenues. L'occasion d'une étape viticole : la cave de la commune se trouve juste en face.

Auberge de la Tour

604 r. Vrémontoise – ✆ 03 85 36 02 70 – www.auberge-tour.fr
– Fermé 3-10 juin, 22 oct.-5 nov., 18 fév.-11 mars, mardi midi, dim. soir et lundi

Rest – Formule 14 € – Menu 20 € (déj. en sem.), 25/50 € – Carte 35/58 €
Le patron de cette auberge – un passionné du terroir – concocte une généreuse cuisine régionale. Volaille de Bresse, andouille du pays, civet de lièvre et autre pigeonneau en crapaudine s'accompagnent d'un beau choix de vins du Mâconnais.

à Hurigny 5,5 km au Nord-Est par D 82 AY et rte secondaire – 1 900 h. – alt. 275 m – ✉ 71870

Château des Poccards sans rest

120 rte des Poccards – ✆ 03 85 32 08 27 – www.chateaudespoccards.fr
– Ouvert de mi-mars à mi-nov.

5 ch ☕ – †97/127 € ††117/147 €
C'est dans un ravissant parc à l'anglaise que se niche ce château de 1805. Tomettes, meubles chinés, déco soignée (chambres "coloniale", "Louis XV", etc.) : du cachet ! Pour ne rien gâcher, l'été, on prend son petit-déjeuner en terrasse.

à Crèches-sur-Saône 8 km au Sud par ③ et N 6 – 2 838 h. – alt. 180 m – ✉ 71680

466, route nationale 6, ✆ 03 85 37 48 32

Hostellerie du Château de la Barge

rte des Bergers, 1 km au Nord-Ouest par D89
– ✆ 03 85 23 93 23 – www.chateaudelabarge.fr
– Fermé 22 déc.-3 janv.

22 ch – †100/120 € ††160/240 € – 3 suites – ☕ 15 € – ½ P
Rest *Hostellerie du Château de la Barge* – voir les restaurants ci-après
Au pied des vignes, un joli parc, une piscine et cette vaste demeure du 17e s. Au programme, repos dans une chambre très contemporaine ou plus "châtelaine" : de quoi reprendre des forces !

Hostellerie du Château de la Barge

rte des Bergers, 1 km au Nord-Ouest par D89
– ✆ 03 85 23 93 23 – www.chateaudelabarge.fr
– Fermé 22 déc.-3 janv.

Rest – Formule 19 € bc – Menu 22 € (sem.), 34/80 € bc – Carte 46/79 €
Les deux chefs de cet élégant restaurant se mettent en quatre pour interpréter les classiques de la gastronomie du terroir : tarte fine aux escargots ail et persil, risotto de homard, gaufrettes mâconnaises... Beau choix de pouilly-fuissé.

à Chevagny-les-Chevrières 7 km à l'Ouest par D 17 et D 194 – 611 h. – alt. 230 m – ✉ 71960

L'Arbre Blanc
pl. de l'Église – ✆ 03 85 40 63 26 – www.restaurant-alexandre-blanc.e-monsite.com – Fermé dim. soir, lundi et mardi
Rest *(nombre de couverts limité, réserver)* – Menu 28 € (déj. en sem.)/45 €
Charmant restaurant chic et convivial, tout habillé de blanc. Dans les assiettes : finesse, tradition, créativité et... grenouilles et poulet à la crème ; la recette du bonheur !

LA MADELAINE-SOUS-MONTREUIL – 62 Pas-de-Calais – 301 D5 – rattaché à Montreuil

---

MADIRAN – 65 Hautes-Pyrénées – 342 L1 – 453 h. – alt. 125 m – ✉ 65700 Midi Toulousain 28 A2

Paris 753 – Pau 51 – Tarbes 41 – Toulouse 154

Le Prieuré avec ch
4 r. de l'Église – ✆ 05 62 31 44 52 – www.leprieure-madiran.fr – Fermé 2 sem. en fév. et lundi en hiver
9 ch – †75/140 € ††75/140 € – ☕ 10 € – ½ P
Rest – Menu 19 € (déj. en sem.), 28/45 €
Ce monastère du 11e s. abrite un restaurant au décor élégant, mais aussi la maison des vins de Madiran. Terrasse sous la tonnelle et cuisine régionale.

MAFFLIERS – 95 Val-d'Oise – 305 E6 – 1 642 h. – alt. 145 m – ✉ 95560 18 B1

Paris 29 – Beaumont-sur-Oise 10 – Beauvais 53 – Compiègne 73

Novotel
allée des Marronniers – ✆ 01 34 08 35 35 – www.novotel.com
99 ch – †69/190 € ††69/190 € – ☕ 15 €
Rest – Formule 13 € – Carte 20/40 €
Dans un parc au grand calme, des chambres fonctionnelles et confortables, situées dans une annexe ouverte sur la verdure. La demeure principale de cet ancien domaine du 18e s. abrite le restaurant, des salles de séminaire et un couloir de nage.

MAGAGNOSC – 06 Alpes-Maritimes – 341 C5 – rattaché à Grasse

MAGALAS – 34 Hérault – 339 E8 – 2 835 h. – alt. 115 m – ✉ 34480 22 B2

Paris 755 – Béziers 54 – Montpellier 17 – Narbonne 82

Z.A.E l'Audacieuse, ✆ 04 67 36 67 13

Ô. Bontemps
pl. de l'Église – ✆ 04 67 36 20 82 – www.o-bontemps.com – Fermé 1 sem. en mars, 1 sem. en mai, 2 sem. en sept., 2 sem. en déc., dim., lundi, fériés et le midi sauf vend. et sam.
Rest *(nombre de couverts limité, réserver)* – Formule 24 € – Menu 30 € (déj. en sem.), 35/50 €
Sympathique restaurant tenu par un jeune chef qui a autant l'instinct du produit que le sens du spectacle (admirez sa découpe des viandes en salle !). Réservation nécessaire…

LA MAGDELEINE – 16 Charente – 324 K3 – rattaché à Barbézieux-St-Hilaire

---

MAGESCQ – 40 Landes – 335 D12 – 1 775 h. – alt. 28 m – ✉ 40140 Aquitaine 3 B2

Paris 722 – Bayonne 45 – Biarritz 52 – Castets 13

1, place de l'Église, ✆ 05 58 47 76 24, http://mairie-magescq.fr

Relais de la Poste
24 av. de Maremne – ✆ 05 58 47 70 25 – www.relaisposte.com – Fermé 12 nov.-15 déc., 2-14 janv., lundi et mardi du 15 janv. au 30 mars
14 ch – 220/420 € 220/420 € – 2 suites – 25 €
Rest ***Relais de la Poste*** – voir les restaurants ci-après
Des tapis de fleurs, un verger, des ceps de vignes, de belles allées de pins, une superbe piscine... On ne se lasse pas de ce parc de 8 ha, ni des chambres d'ailleurs, spacieuses et très confortables. Un castel landais plein de caractère.

Relais de la Poste (Jean Coussau)
24 av. de Maremne – ✆ 05 58 47 70 25 – www.relaisposte.com – Fermé 12 nov.-14 déc., 7-18 janv., jeudi midi en juil.-août, mardi sauf le soir en juil.-août et lundi
Rest *(réserver)* – Menu 55 € (sem.), 85/115 € – Carte 95/108 €
Une valeur très sûre : de père en fils, on cultive ici le classicisme de main de maître. Une partition exécutée dans les règles de l'art, au service de produits superbes et de saveurs pleines de naturel. Pour un grand repas, face à la pinède.
➜ Foie gras de canard chaud aux raisins. Saumon sauvage de l'Adour. Pistache dans tous ses états. **Vins** Jurançon, Vin de pays des Landes.

Côté Quillier
26 av. de Maremne – ✆ 05 58 47 79 50 – www.relaisposte.com – Fermé 11 nov.-14 déc. et 6-19 janv.
Rest – Formule 19 € – Menu 28 € – Carte 38/50 €
Un élégant bistrot, dont les couleurs tendance s'harmonisent au mobilier design. On y apprécie une cuisine du marché. Terrasse et magnifique jardin où vous attend un jeu... de quilles. Ambiance conviviale.

MAGNAC-BOURG – 87 Haute-Vienne – 325 F7 – 1 045 h. – alt. 444 m – ✉ 87380 Limousin Berry 24 B2

Paris 419 – Limoges 31 – St-Yrieix-la-Perche 28 – Uzerche 28
2, place de la Bascule, ✆ 05 55 00 89 91, www.otissaure.boonzai.com

Auberge de l'Étang
9 rte de la Gare – ✆ 05 55 00 81 37 – www.aubergedeletang.com – Fermé 11 nov.-10 déc., 17 fév.-5 mars, dim. soir et lundi de sept. à juin
14 ch – 51/63 € 51/63 € – 9 €
Rest *(fermé dim. soir, lundi de sept. à juin et merc. midi en juil.-août)* – Formule 11 € – Menu 16 € (sem.), 22/46 € – Carte 30/57 €
Au bord d'un étang, un petit hôtel-restaurant engageant et bien pratique pour une étape sur la route des vacances (l'autoroute n'est qu'à 1 km). Les chambres sont bien tenues, l'accueil sympathique et les enfants apprécieront la piscine !

MAGNY-COURS – 58 Nièvre – 319 B10 – rattaché à Nevers

MAGNY-LE-HONGRE – 77 Seine-et-Marne – 312 F2 – 106 22 – voir à Paris, Environs (Marne-la-Vallée)

MAÎCHE – 25 Doubs – 321 K3 – 4 282 h. – alt. 777 m – ✉ 25120 17 C2

Franche-Comté Jura
Paris 498 – Besançon 75 – Belfort 60 – Montbéliard 42
16, rue du Général De Gaulle, ✆ 03 81 64 11 88, http://maiche.free.fr

à Mancenans-Lizerne 2,5 km à l'Est par D 464 et D 272 – 183 h. – alt. 720 m – ✉ 25120

Au Coin du Bois
4 r. Sous-le-Rang, La Lizerne – ✆ 03 81 64 00 55 – www.restaurant-aucoindubois.com – Fermé 29 juil.-8 août, 28 oct.-7 nov., 27 janv.-10 fév., merc. soir, dim. soir et lundi
Rest – Menu 13 € (déj. en sem.), 27/62 € – Carte 29/62 €
Un joli chalet, à la fois simple et soigné, entouré de sapins et avec une agréable terrasse. Le jeune chef signe une cuisine soignée, réalisée avec de bons produits frais.

MAILLANE – 13 Bouches-du-Rhône – 340 D3 – rattaché à St-Rémy-de-Provence

MAINTENON – **28 Eure-et-Loir** – **311** F4 – **4 481 h.** – **alt. 109 m** **12** C1
– ✉ **28130** Île-de-France

Paris 90 – Chartres 19 – Évry 77 – Orléans 104

place Aristide Briand, ✆ 02 37 23 05 04

Le Petit Marché

2 bis pl. Omer et Noé Sadorge – ✆ 02 37 23 17 38 – Fermé 2 sem. fin oct.-début nov., 2 sem. en mars, dim. soir de nov. à fin mars et merc.

Rest – Menu 19/45 € – Carte 45/58 €

Le credo de cette brasserie moderne ? La convivialité, et des plats tendance bistrotière (la viande en vedette). C'est copieux, généreux, et de la salle, on peut voir le chef en cuisine. Pas de doute, tout est frais et fait minute !

MAISONNAIS – **18 Cher** – **323** J7 – **222 h.** – **alt. 204 m** – ✉ **18170** **12** C3

Paris 308 – Bourges 60 – Châteauroux 52 – Orléans 182

le Bourg, ✆ 02 48 56 22 75

La Maison d'Orsan

Prieuré Notre-Dame-d'Orsan, 5 km au Nord – ✆ 02 48 56 27 50 – www.prieuredorsan.com – Ouvert 1er avril-31 oct.

6 ch – †245/395 € ††245/395 € – ☕ 20 € – ½ P

Rest *La Maison d'Orsan* – voir les restaurants ci-après

Délicieuse étape dans un prieuré du 12e s. Plus qu'une maison de caractère, c'est avant tout un superbe jardin monastique avec – accessoirement – des chambres sobres et raffinées, comme aime le dire le propriétaire... Exquis et romantique !

La Maison d'Orsan

Prieuré Notre-Dame-d'Orsan, 5 km au Nord – ✆ 02 48 56 27 50 – www.prieuredorsan.com – Ouvert 1er avril-31 oct.

Rest *(dîner seult)* – Menu 70 €

Un endroit plein de charme, champêtre et hors du temps... On savoure ici un menu unique mettant en avant les produits du terroir, du potager et du marché. Frais et goûteux !

MAISONS-ALFORT – **94 Val-de-Marne** – **312** D3 – **101** 27 – **voir à Paris, Environs**

MAISONS-DU-BOIS – **25 Doubs** – **321** I5 – **rattaché à Montbenoit**

MAISONS-LAFFITTE – **78 Yvelines** – **311** I2 – **101** 13 – **voir à Paris, Environs**

MAISONS-LÈS-CHAOURCE – **10 Aube** – **313** F5 – **rattaché à Chaource**

MALAUCÈNE – **84 Vaucluse** – **332** D8 – **2 658 h.** – **alt. 333 m** **40** B2
– ✉ **84340** Provence

Paris 673 – Avignon 45 – Carpentras 18 – Vaison-la-Romaine 10

place de la Mairie, ✆ 04 90 65 22 59, www.malaucene.fr

Le Domaine des Tilleuls sans rest

rte du Mont-Ventoux – ✆ 04 90 65 22 31 – www.hotel-domainedestilleuls.com – Ouvert de mars à oct.

20 ch – †69/88 € ††79/102 € – ☕ 13 €

Une magnanerie du 18e s. décorée dans le style provençal et très appréciée des randonneurs. Préférez les chambres donnant sur le parc planté de platanes et de... tilleuls !

La Chevalerie

53 pl. de l'Église, (Les Remparts) – ✆ 04 90 65 11 19 – www.la-chevalerie.net – Fermé mardi et merc. de janv. à mars, dim. soir et lundi

Rest *(nombre de couverts limité, réserver)* – Formule 19 € – Menu 29 € (sem.), 39/48 € – Carte 30/59 €

Cette belle et imposante bâtisse fut jadis la demeure des princes d'Orange. On y accède désormais les "armes déposées" pour apprécier une cuisine traditionnelle et généreuse.

MALBUISSON – 25 Doubs – **321** H6 – 687 h. – alt. 900 m – ✉ 25160 **17** C3
Franche-Comté Jura

Paris 456 – Besançon 74 – Champagnole 42 – Pontarlier 16
69, Grande Rue, ✆ 03 81 69 31 21
Lac de St-Point★.

Le Lac
65 Grande-Rue – ✆ 03 81 69 34 80 – www.hotel-le-lac.fr – Fermé 17 nov.-19 déc.
53 ch – 52/68 € 62/132 € – 3 suites – 12 € – ½ P
Rest – Menu 18 € (sem.), 29/49 € – Carte 34/67 €
Rest *Du Fromage* – Formule 12 € – Menu 18/22 € – Carte 25/38 €
Postée sur la rue principale de Malbuisson, cette imposante maison cache un jardin qui descend vers le lac... L'établissement est dans la même famille depuis trois générations et ne cesse d'évoluer, mêlant esprit rétro et modernité – le tout fort bien tenu. Copieux petit-déjeuner, pâtisseries maison au salon de thé, fondues et raclettes au bien nommé Restaurant du Fromage.

Beau Site
67 Grande-Rue – ✆ 03 81 69 70 70 – www.hotel-le-lac.fr – Fermé 17 nov.-19 déc.
17 ch – 35/45 € 35/45 € – 12 €
Ce bâtiment d'architecture italienne abrite des chambres simples et fonctionnelles. Accueil à l'hôtel du Lac.

La Poste
61 Grande Rue – ✆ 03 81 69 79 34 – www.hotel-le-lac.fr – Fermé 17 nov.-19 déc.
10 ch – 45 € 48/55 € – 12 € – ½ P
Rest *À la Ferme* *(fermé dim. soir, mardi soir et lundi sauf juil.-août)*
– Menu 11 € (déj. en sem.), 17/19 € – Carte 20/40 €
Dans ce sympathique petit hôtel, les chambres sont colorées ; préférez celles donnant sur le lac, plus au calme. Trois plaisantes salles (rustique, classique ou "À la Ferme") pour savourer une cuisine axée terroir.

Le Bon Accueil (Marc Faivre) avec ch
rest,
Grande Rue – ✆ 03 81 69 30 58 – www.le-bon-accueil.fr – Fermé 8-24 avril, 28 oct.-13 nov., 16 déc.-16 janv., dim. soir sauf août, mardi midi et lundi
12 ch – 78/90 € 78/120 € – 11 €
Rest – Formule 25 € bc – Menu 38/68 € – Carte 60/90 €
Bon accueil et art de recevoir depuis quatre générations ! On fait une belle étape dans cette maison régionale, chaleureuse et confortable. À l'heure des repas, plaisirs de haute gastronomie : Marc Faivre signe une cuisine fine et savoureuse, où le terroir révèle une belle fraîcheur.
→ Tarte fine à la morteau, étuvée de poireaux et œuf poché. Féra du Léman à l'absinthe de Pontarlier. Sorbet à la gentiane, macaronade aux pamplemousses. Vins Côtes du Jura.

aux Granges-Ste-Marie 2 km au Sud-Ouest – ✉ 25160 Labergement Ste Marie

Auberge du Coude
1 r. du Coude – ✆ 03 81 69 31 57 – www.aubergeducoude.com – Fermé 7 nov.-20 déc.
11 ch – 62/68 € 62/68 € – 9 € – ½ P
Rest *Auberge du Coude* – voir les restaurants ci-après
Lovée près d'un coude du lac de St-Point, cette maison en pierre (1826) s'intègre tout naturellement au paysage verdoyant du haut Doubs. Les chambres sont simples et bien tenues. Nature autant que chaleureux !

Auberge du Coude
1 r. du Coude – ✆ 03 81 69 31 57 – www.aubergeducoude.com – Fermé 7 nov.-20 déc., dim. soir
Rest – Menu 19 € (déj. en sem.), 29/56 € – Carte 43/65 €
Dans une atmosphère champêtre (lambris, poutres), une cuisine régionale généreuse et pourtant parée d'une certaine légèreté : la marque d'un chef au beau parcours. Jolie sélection de vins du Jura.

LA MALÈNE – 48 Lozère – 330 H9 – 169 h. – alt. 450 m – ✉ 48210 23 C1

Languedoc Roussillon

Paris 609 – Florac 41 – Mende 41 – Millau 44

Village, ☎ 04 66 48 51 10, www.gorgesdutarn.net

O : les Détroits★★ et cirque des Baumes★★ (en barque).

au Nord-Est 5,5 km sur D 907bis – ✉ 48210 Ste Énimie

Château de la Caze

– ☎ 04 66 48 51 01 – www.chateaudelacaze.com – Ouvert d'avril à mi-nov. et fermé merc. et jeudi en oct.

9 suites – 190/280 € – 7 ch – 16 € – ½ P

Rest *Château de la Caze* – voir les restaurants ci-après

Sur les rives du Tarn, un superbe château fortifié construit au 15e s. Mobilier ancien, tours crénelées, baldaquins et vieilles pierres : rien ne manque ! Une atmosphère résolument châtelaine au cœur d'une nature préservée.

Château de la Caze

– ☎ 04 66 48 51 01 – www.chateaudelacaze.com – Ouvert d'avril à mi-nov. et fermé merc. et jeudi en oct.

Rest – Formule 29 € – Menu 38/65 € – Carte 55/75 €

Dans l'ancienne chapelle de ce divin château, place aux nourritures terrestres ! On y apprécie une cuisine gastronomique pleine de finesse, valorisant les beaux produits frais (quelques légumes du potager) et rehaussée de très bons vins du Languedoc-Roussillon.

MALESHERBES – 45 Loiret – 318 L2 – 6 124 h. – alt. 108 m – ✉ 45330 12 C1

Châteaux de la Loire

Paris 75 – Étampes 26 – Fontainebleau 27 – Montargis 62

Place de l'Hôtel de Ville, ☎ 02 38 34 81 94, www.ville-malesherbes.fr

18 du Château d'Augerville, à Augerville-la-Rivière, Place du Château, S : 8 km par D 410, ☎ 02 38 32 12 07

Écu de France

10 pl. Martroi – ☎ 02 38 34 87 25 – www.hotel-ecudefrance.fr

16 ch – 61/73 € 61/73 € – 8 € – ½ P

Rest *Écu de France* Rest *Brasserie de l'Écu* – voir les restaurants ci-après

À deux pas du château de Malesherbes, un ancien relais de poste tenu par la même famille depuis 1938. Les chambres sont spacieuses et certaines sont décorées dans un style contemporain – ce sont les plus agréables. Une bonne étape.

Écu de France

10 pl. Martroi – ☎ 02 38 34 87 25 – www.hotel-ecudefrance.fr – Fermé 5-18 août, jeudi soir et dim. soir

Rest – Menu 25 € (sem.)/35 € – Carte 25/54 €

Saint-Jacques, foie gras : telles sont, entre autres, les spécialités de ce sympathique restaurant traditionnel, où la générosité n'est pas un vain mot ! Aux beaux jours, direction la jolie terrasse fleurie.

Brasserie de l'Écu – Hôtel Écu de France

10 pl. Martroi – ☎ 02 38 34 87 25 – www.hotel-ecudefrance.fr – Fermé 5-18 août, jeudi soir et dim. soir

Rest – Formule 13 € – Carte 22/48 €

Repas express à la Brasserie de l'Écu, autour d'une grillade, d'une salade ou de la spécialité de la maison : la tête de veau sauce ravigote ! Avis aux amateurs...

MALICORNE-SUR-SARTHE – 72 Sarthe – 310 I8 – 1 962 h. – alt. 39 m – ✉ 72270 35 C2

Pays de la Loire

Paris 236 – Château-Gontier 52 – La Flèche 16 – Le Mans 32

3, place Duguesclin, ☎ 02 43 94 74 45

XX **La Petite Auberge**

5 pl. Duguesclin – ✆ 02 43 94 80 52 – www.petite-auberge-malicorne.fr – Fermé 24 déc.-28 fév., le soir sauf sam. de sept. à avril, dim. soir et mardi soir de mai à août et lundi

Rest – Formule 18 € – Menu 26 € (sem.), 29/49 € – Carte 37/48 €

L'été, on s'attable en terrasse, à fleur d'eau, et l'hiver, on se réfugie auprès de la belle cheminée du 13e s. Une petite auberge comme on les aime, où l'on cuisine joliment la tradition...

MALLING – **57 Moselle** – **307** I2 – **533 h.** – **alt. 158 m** – ✉ **57480** **26** B1

Paris 352 – Luxembourg 35 – Metz 43 – Trier 63

à Petite Hettange 1 km à l'Est sur D 654 – ✉ 57480

XX **Olmi**

11 rte Nationale – ✆ 03 82 50 10 65 – www.olmi-restaurant.fr – Fermé 1er-7 juil., 1 sem. vacances scolaires de fév., dim. soir, mardi et merc.

Rest – Menu 25/65 € – Carte 52/71 €

Oubliez le relais routier, vous êtes désormais dans une auberge contemporaine. Le chef élabore une carte volontairement réduite, d'esprit classique, influencée par ses origines italiennes. Bien agréable, la terrasse sous les arbres.

MALO-LES-BAINS – **59 Nord** – **302** C1 – **rattaché à Dunkerque**

MANCENANS-LIZERNE – **25 Doubs** – **321** K3 – **rattaché à Maîche**

MANCEY – **71 Saône-et-Loire** – **320** I10 – **rattaché à Tournus**

MANCIET – **32 Gers** – **336** C7 – **rattaché à Nogaro**

MANDELIEU – **06 Alpes-Maritimes** – **341** C6 – **21 764 h.** – **alt. 4 m** **42** E2
– **Casino : Royal Hôtel** Z – ✉ **06210** Côte d'Azur

Paris 890 – Brignoles 86 – Cannes 9 – Draguignan 53

806 avenue de Cannes, ✆ 04 93 93 64 64, www.ot-mandelieu.fr

27 de Mandelieu, Route du Golf, SO : 2 km, ✆ 04 92 97 32 00

18 Riviera Golf Club, Avenue des Amazones, SO : 2 km, ✆ 04 92 97 49 49

≤★ de la colline de San Peyré - Site★ du château-musée.

Plan page suivante

Les Bruyères sans rest

1400 av. Fréjus – ✆ 04 93 49 92 01 – www.hotellesbruyeres.net – Fermé 5-30 janv. Yh

14 ch – †71/101 € ††71/101 € – ☕ 9 €

Sur la N 7 et non loin de la plage et du golf, un petit hôtel récent avec des studios et des chambres très propres et pratiques (kitchenette). Petit plus : la bonne insonorisation.

La Napoule – ✉ **06210**

Site★ du château-musée.

Pullman Royal Casino

605 av. Gén.-de-Gaulle, D 6098 – ✆ 04 92 97 70 00 – www.pullmanhotels.com Za

213 ch – †264/570 € ††264/570 € – 2 suites – ☕ 23 €

Rest *Royal Bay* ✆ *04 92 97 70 20 (fermé dim. soir et lundi de nov. à mars)* – Formule 22 € – Menu 26/30 € – Carte 37/78 €

Hors saison, c'est l'hôtel idéal pour le business et lorsqu'arrivent les beaux jours, c'est une possibilité d'hébergement grand confort. Les chambres sont douillettes, la piscine et la plage bien sympathiques, et l'on peut tenter la cuisine fusion, sans prétention, du Royal Bay.

LA NAPOULE

Abaguiers (R. des) . . . . Z 2
Argentière (Rue de l') . . . . . . Z 3
Aulas (R. Jean) . . . . Z 4
Balcon d'Azur (Rd-Pt) . . . . . . Z 5
Carle (R. J.-H) . . . . Z 10
Chantier Naval (R. du) . . . . . . Z 12
Clews (Av. H.) . . . . Z
Fanfarigoule (Bd) . . . . Z
Gaulle (Av. Gén.-de) . . . . Z
Hautes Roches (R. des) . . . . . Z 20
Mancha (Av. de la) . . . . Z 22
Petit Port (R. du) . . . . Z
Pierrugues (R. Charles) . . . . . Z 24
Plage (R. de la) . . . . Z
Riou (Av. du) . . . . Z
San-Peyré (Bd du) . . . . Z
Soustelle (Bd J.) . . . . Z
23-Août (Av. du) . . . . Z

MANDELIEU-LA-NAPOULE

Bon Puits (Bd du) . . . . Y 6
Cannes (Av. de) . . . . Y 8
Ecureuils (Bd des) . . . . Y 13
Esterel Parc (Bd) . . . . Y 14
Europe (Av. de l') . . . . Y 16
Fontmichel (Av. G.-de) . . . . . . Y 17
Fréjus (Av. de) . . . . Y
Gaulle (Av. Gén.-de) . . . . Y 19
Juin (Av. Mar.) . . . . Y
Marine-Royale (Allée de la) . . Y 23
Mer (Av. de la) . . . . Y
Princes (Bd des) . . . . Y 25
République (Av. de la) . . . . . . Y 27
Ricard (Av. P.) . . . . Y
Siagne (R. de la) . . . . Y
Tavernière (Bd de la) . . . . Y 28

Villa Parisiana sans rest
152 r. Argentière – ✆ 04 93 49 93 02 – www.villaparisiana.com – Fermé 28 nov.-28 déc. **Zd**
13 ch – †50/75 € ††50/75 € – ☕ 8 €
Cette villa 1900, située dans le quartier résidentiel du château, a un certain cachet et propose des petites chambres bien pratiques à prix raisonnable. On est tout près du port et de l'Oasis des frères Raimbault, parfait pour les gourmets !

L'Oasis (Stéphane, Antoine et François Raimbault) soir,
r. J.-H.-Carle – ✆ 04 93 49 95 52 – www.oasis-raimbault.com – Fermé de mi-déc. à mi-janv., dim. et lundi **Zr**
Rest – Formule 41 € – Menu 59 € (déj. en sem.), 98/235 € – Carte 135/205 €
Rest ***Le Bistrot L'Étage*** – voir les restaurants ci-après
Luxuriant patio, cadre élégant, délicieuses recettes méridionales aux accents orientaux, caravane des desserts, ateliers gourmands (cuisine, pâtisserie, œnologie) : cette oasis fraternelle n'a rien d'un mirage !
➜ Soleil levant de poisson cru "souvenir d'Osaka". Pêche locale, au gré du marché Forville ou de la criée, rôtie au four et petits légumes. Caravane des desserts.
Vins Bellet, Les Baux de Provence.

La Pomme d'Amour
209 av. du 23 Août – ✆ 04 93 49 95 19 – Fermé 27 nov.-27 déc., mardi midi, jeudi midi et lundi **Zu**
Rest – Formule 28 € – Menu 34/55 € – Carte 49/75 €
Derrière la façade fleurie de cette maison du centre de La Napoule, tout près de la gare, l'ambiance est chaleureuse et le style cosy. C'est la patronne qui officie en cuisine. Sa spécialité ? Un menu "homard" plutôt alléchant.

Les Bartavelles
1 pl. du Château – ✆ 04 93 49 95 15 – Fermé vacances de la Toussaint, 1er-14 janv., mardi et merc. **Zf**
Rest – Formule 22 € – Menu 29/45 €
Dans cette maison traditionnelle, le chef travaille des produits de qualité et cuisine des plats copieux et savoureux. À vous une salade de rougets pamplemousse confit, un thon aux petits légumes ou des crêpes Suzette !

La Brocherie
11 av. Henri-Clews, (au port) – ✆ 04 93 49 80 73 – www.restaurantlabrocherie06.com
Rest – Menu 38 € – Carte 48/86 € **Zg**
Une bonne adresse de poissons et fruits de mer ; les premiers arrivent de l'Atlantique ou de la pêche locale, les seconds sont fournis par l'un des meilleurs écaillers. La vue de la terrasse est vraiment magnifique !

La Palméa
198 av. Henri-Clews – ✆ 04 92 19 22 50 – www.lapalmea.com – Fermé de fin-nov. à mi-déc., dim. soir et lundi **Zs**
Rest – Formule 25 € – Menu 32/42 € – Carte 52/75 €
Place au poisson et aux saveurs du Sud dans ce restaurant situé sur l'avenue du port de plaisance. L'accueil est prévenant, et de la véranda, on contemple les bateaux.

La Rotonde
391 av. du 23-Août – ✆ 04 93 49 82 60 – www.restaurantlarotonde.com – Fermé 2 sem. en mars, mardi et merc. sauf le soir en juil.-août **Zh**
Rest – Formule 19 € – Menu 28/48 € – Carte 40/76 €
Un restaurant central dont la salle à manger donne sur la mer et le massif de l'Esterel. Les produits sont très frais et la cuisine, traditionnelle, a des accents méditerranéens (aïoli maison, brandade, olives, crème de bourride...).

La Voile Bleue du Bistrot du Port
4 av. Henry-Clews, (au port) – ✆ 04 93 49 80 60 – www.voilebleue-bistrotduport.com – Fermé merc. sauf vacances scolaires
Rest – Formule 19 € – Menu 26/32 € – Carte 43/92 € **Zb**
Pour avoir une vue unique sur les bateaux, jetez l'ancre dans ce restaurant à l'ambiance marine et chaleureuse dont les spécialités, quoi de plus logique, sont les poissons et les crustacés, sans oublier les huîtres et la bouillabaisse.

Le Bistrot L'Étage – Restaurant L'Oasis
r. J.-H.-Carle – ✆ 04 93 49 95 52 – www.oasis-raimbault.com – Fermé de mi-déc. à mi-janv., dim. et lundi Zr
Rest – Menu 29 € – Carte 33/54 €
À l'Étage – bien nommé – du restaurant gastronomique L'Oasis, on se régale de plats bistrotiers soignés et parfois oubliés : blanquette de veau, terrine à l'aïoli, bœuf en daube...

MANDEREN – 57 Moselle – **307** J2 – rattaché à Sierck-les-Bains

MANE – 04 Alpes-de-Haute-Provence – **334** C9 – rattaché à Forcalquier

MANIGOD – 74 Haute-Savoie – **328** L5 – 949 h. – alt. 950 m – ✉ 74230 **46** F1
Paris 558 – Albertville 39 – Annecy 25 – Chamonix-Mont-Blanc 67
Chef Lieu, ✆ 04 50 44 92 44, www.manigod.com
Vallée de Manigod★★ Alpes du Nord.

rte du col de la Croix-Fry 5 ,5 km - ✉ 74230 Manigod

Chalet Hôtel Croix-Fry
– ✆ 04 50 44 90 16 – www.hotelchaletcroixfry.com – Ouvert de mi-juin à mi-sept. et mi-déc. à mi-avril
8 ch – †150/190 € ††160/480 € – 1 suite – ☕ 20 € – ½ P
Rest ***La Table de Marie-Ange*** – voir les restaurants ci-après
Dans un cadre idyllique, au milieu des alpages, un beau chalet tenu par la même famille depuis des décennies (accueil charmant). Magnifiquement restauré, il révèle un bel intérieur montagnard... Un lieu superbe !

La Table de Marie-Ange – Chalet Hôtel Croix-Fry
– ✆ 04 50 44 90 16 – www.hotelchaletcroixfry.com – Ouvert de mi-juin à mi-sept. et mi-déc. à mi-avril et fermé mardi midi, merc. midi et lundi
Rest – Menu 29 € (sem.), 54/78 € – Carte 63/81 €
La terrasse panoramique face aux Aravis est tout simplement magique, et il est difficile de quitter la Table de Marie-Ange ! On s'y régale d'une jolie cuisine pétrie d'authenticité régionale et concoctée avec de beaux produits.

MANOM – 57 Moselle – **307** I2 – rattaché à Thionville

MANOSQUE – 04 Alpes-de-Haute-Provence – **334** C10 – 22 321 h. – alt. 387 m – ✉ 04100 Provence **40** B2
Paris 758 – Aix-en-Provence 57 – Avignon 91 – Digne-les-Bains 61
place du Docteur Joubert, ✆ 04 92 72 16 00, www.manosque-tourisme.com
du Lubéron, à Pierrevert, La Grande Gardette, par rte de la Bastide-des-Jourdans : 7 km, ✆ 04 92 72 17 19
Le vieux Manosque★ : Porte Saunerie★, façade★ de l'hôtel de ville - Sarcophage★ et Vierge noire★ dans l'église N.-D. de Romigier - Fondation Carzou★ - ≤★ du Mont d'Or NE : 1,5 km.

Pré St-Michel sans rest
435 montée de la Mort-d'Imbert, 1,5 km au Nord par bd M.-Bret et rte de Dauphin – ✆ 04 92 72 14 27 – www.presaintmichel.com
24 ch – †65/122 € ††65/122 € – ☕ 12 €
Cette bâtisse régionale abrite des chambres spacieuses, de style provençal. Préférez celles avec terrasse privative. En prime, vue sur les toits de Manosque.

Le Sud
80 bd Charles-de-Gaulle – ✆ 04 92 87 78 58 – www.hotel-lesud.com
45 ch – †75/105 € ††85/150 € – ☕ 11 € – ½ P
Rest – Formule 17 € – Menu 20/30 € – Carte 28/50 €
Hôtel d'affaires, idéal pour les séminaires, situé aux portes du vieux Manosque. Les chambres, toutes identiques, et les salons arborent un décor aux accents provençaux. L'esprit du Sud souffle sur le restaurant : couleurs ensoleillées et plats régionaux.

Les Monges sans rest
3627 rte d'Apt, 4 km au Nord-Ouest par D 907 et rte secondaire – 04 92 72 68 41 – www.lesmonges.com – Ouvert 27 avril-13 oct.
5 ch – 65/80 € 65/80 €
Une imposante bergerie en pierre sur les hauteurs, au grand calme. Les chambres sont fonctionnelles et bien tenues. Au petit-déjeuner, on apprécie les confitures maison et les œufs de la ferme. Accueil sympathique.

Sens et Saveurs
43 bd des Tilleuls – 04 92 75 00 00 – www.sensetsaveurs.com – Fermé 7-21 août, 2-12 janv., jeudi soir et dim.
Rest – Formule 16 € – Menu 27/50 € – Carte 35/44 €
D'abord monastère, puis filature, ensuite entrepôt alimentaire et enfin théâtre : la grande salle voûtée de ce restaurant a traversé les époques sans prendre une ride ! Un lieu de caractère et de charme pour une cuisine méridionale empreinte de personnalité. Ambiance familiale.

Dominique Bucaille N
715 av. des Savels – 04 92 77 59 37 – www.restaurant-bucaille.com – Fermé 1 sem. fin janv., lundi et mardi sauf fériés **a**
Rest *(nombre de couverts limité, réserver)* – Menu 45/75 € – Carte 60/80 €
Une bastide du 18e s. sur le site d'anciennes cultures maraîchères... La salle, contemporaine et élégante, la terrasse face au jardin, le potager : tout est charmant. Et plus encore la cuisine, signée par Dominique Bucaille et sa fille, qui mettent très joliment en valeur les saveurs de la Provence.
→ Coquilles Saint-Jacques au naturel, beurre noisette et fleur de sel. Carré d'agneau rôti à "four d'enfer", légumes paysan et monalisa. Traditionnel saint-honoré revisité.

à La Fuste 6,5 km au Sud-Est par rte de Valensole – ✉ 04210 Valensole

La Fuste avec ch
ch, rest,
lieu-dit la Fuste – 04 92 72 05 95 – www.lafuste.com – Fermé dim. soir, lundi et mardi en hiver
14 ch – 130/250 € 130/250 € – 1 suite – 20 €
Rest – Menu 45/69 € – Carte 65/88 €
Ne vous fiez pas au nom de ce restaurant ! Ici, point de construction en rondins mais une élégante hostellerie où l'on savoure une cuisine gorgée de saveurs. Dans la salle panoramique ou sur la terrasse, à l'ombre des platanes, les gourmands passent un bon moment. Belles chambres pour prolonger l'étape.

LE MANS P – 72 Sarthe – 310 K6 – 142 281 h. – Agglo. 208 283 h. 35 D1 – alt. 80 m – ✉ 72000 Pays de la Loire

Paris 206 – Angers 97 – Le Havre 213 – Nantes 184
16, rue de l'Étoile, 02 43 28 17 22, www.lemanstourisme.com
18 de Sargé-lès-le-Mans, à Sargé-lès-le-Mans, Rue du Golf, par rte de Bonnétable : 6 km, 02 43 76 25 07
18 des 24 Heures-Le Mans, à Mulsanne, Route de Tours, par rte de Tours : 11 km, 02 43 42 00 36
Circuit des 24 heures et circuit Bugatti 02 43 40 24 24 : 5 km par ④.
Cathédrale St-Julien★★ : chevet★★★ - Le Vieux Mans★★ : maison de la Reine Bérengère★, enceinte gallo-romaine★ DV **M²** - Église de la Couture★ : Vierge★★ - Église Ste-Jeanne-d'Arc★ - Musée de Tessé★ - Abbaye de l'Épau★ BZ, 4 km par D 152 - Musée de l'Automobile★★ : 5 km par ④.

Plans pages suivantes

Mercure Centre sans rest
19 r. Chanzy – 02 43 40 22 40 – www.mercure.com DX**p**
68 ch – 90/155 € 105/170 € – 5 suites – 14 €
Ce bel immeuble néoclassique (19e s.) abritait autrefois... le siège des Mutuelles du Mans ! Ses garanties ? Un bon niveau de confort, un certain esprit contemporain et du calme, à deux pas de la vieille ville.

Barbier (R.)	CX	7	Gambetta (R.)	CX		Reine-Bérengère (R. de la)	DV	69
Barillerie (R. de la)	CX	9	Levasseur (Bd René)	DX	45	République (Pl. de la)	CX	70
Blondeau (R. C.)	DX	12	Marchande (R.)	DX	48	Rostov-s-le-Don (Av. de)	DX	76
Bolton (R. de)	DX	13	Mendès-France (R. P.)	DX	52	St-Jacques (R.)	DX	79
Courthardy (R.)	DX	21	Minimes (R. des)	CX		Triger (R. Robert)	DV	81
Dr-Gallouëdec (R.)	CV	24	Nationale (R.)	DY		Wright (R. Wilbur)	CV	84
Galère (R. de la)	CX	33	Perle (R. de la)	DX	61	33e-Mobiles (R. du)	DX	88

LE MANS

Ambroise Paré (R.) . . . . AZ 4
Ballon (R. de). . . . . AZ 6
Bertinière (R. de la) . . . . BZ 10
Brosselette (Bd P.) . . . . AZ 15
Carnot (Bd) . . . . AZ 16
Churchill (Bd W.). . . . . BZ 17
Clemenceau (Bd G.) . . . . BZ 18
Douce-Amie (R. de) . . . . BZ 22
Durand (Av. G.) . . . . BZ 26
Esterel (R. de l'). . . . . BZ 30
Flore (R. de). . . . . BZ 31
Gaulle (R. du Gén.-de) . . . . ABZ 36
Géneslay (Av. F.) . . . . ABZ 37
Grande-Maison (R. de la) . . . . AZ 39
Heuzé (Av. O.). . . . . AZ 42
Jean-Jaurès (Av.). . . . . BZ 43
Lefeuvre (Av. H.). . . . . AZ 44
Maillets (R. des) . . . . BZ 46
Mare (CH. de la) . . . . BZ 49
Mariette (R. de la) . . . . BZ 51
Monthéard (Av. de). . . . . BZ 55
Moulin (Av. J.) . . . . BZ 57
Négrier (Bd du Gén.). . . . . . . BZ 58
Néruda (R. Pablo) . . . . BZ 60
Pied-Sec (R. de) . . . . AZ 63
Pointe (R. de la). . . . . AZ 64
Prémartine (Rte de) . . . . BZ 67
Riffaudières (Bd des) . . . . . . AZ 73
Rondeau (R. J.). . . . . AZ 74
Rubillard (Av.) . . . . AZ 78
Schuman (Bd R.). . . . . BZ 80
Victimes du Nazisme (R. des) . . . . BZ 82
Yvré-Levêque (Ch. d') . . . . BZ 87

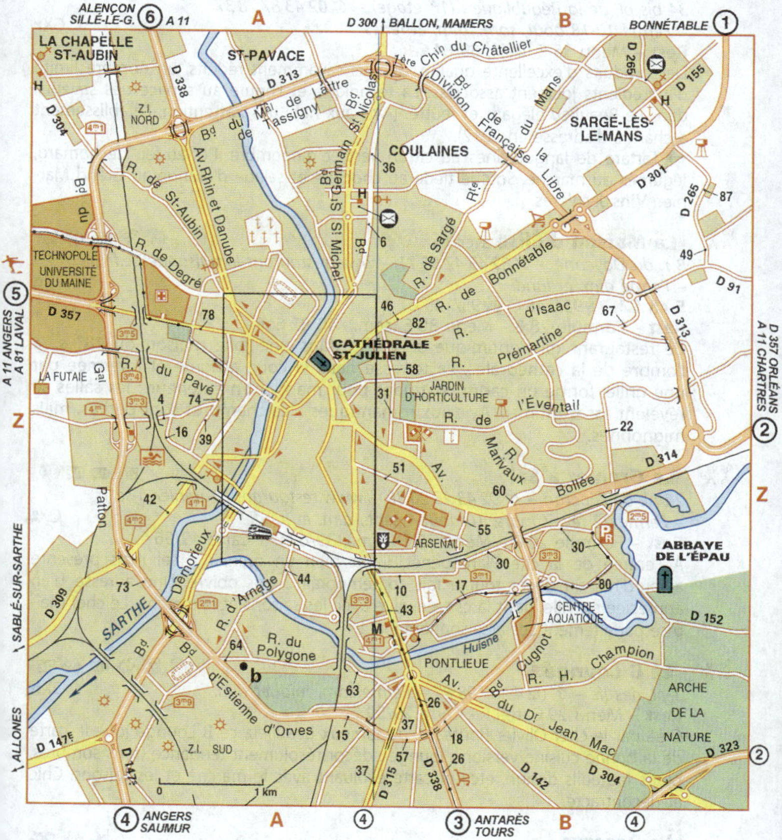

Chantecler sans rest

50 r. Pelouse – *02 43 14 40 00* – *www.hotelchantecler.fr* CYf
35 ch – 79/85 € 94/100 € – 3 suites – 11 €
Un hôtel traditionnel entre gare et centre-ville. Mention spéciale à la salle des petits-déjeuners, aux airs de jardin d'hiver. D'importants travaux de rénovation sont programmés : renseignez-vous.

Mercure Batignolles

ch, VISA AE
17 r. de la Pointe – *02 43 72 27 20* – *www.mercure-le-mans-batignolles.com* AZb
66 ch – 70/135 € 80/145 € – 14 €
Rest *(fermé sam. et dim.) (dîner seult)* – Carte 26/33 €
Un hôtel récent en périphérie de la ville. Fonctionnel et bien tenu : tout à fait commode pour faire étape. Le décor du restaurant évoque les 24 heures du Mans.

Le Charleston sans rest
18 r. Gastelier – ☎ 02 43 24 87 46 CYz
31 ch – 57/65 € 63/70 € – 9 €
Un petit hôtel aux tarifs mesurés, à deux pas de la gare. Attention, il devrait être entièrement rénové au cours du printemps 2012. L'été, les petits-déjeuners sont servis dans la cour fleurie.

Le Beaulieu (Olivier Boussard)
34 bis pl. de la République , (1er étage) – ☎ 02 43 87 78 37 – Fermé 10-18 août, sam., dim. et fériés CXr
Rest – Menu 35 € (déj.), 69/84 €
Des produits d'excellente qualité, des jus savamment réduits, un nombre limité d'ingrédients joliment associés... La technique et l'épure au service des saveurs, dans ce Beaulieu élégant et feutré. (Avis aux habitués : attention, l'établissement a changé d'adresse en 2012).
➜ Tartare de langoustines au citron vert et gingembre. Pot-au-feu de homard, légumes du marché. Soufflé tiède au chocolat et salade d'orange au Grand Marnier. **Vins** Jasnières.

La Maison d'Élise avec ch
8 r. du Doyenné – ☎ 02 43 47 85 11 – www.restaurant-lamaisondelise.fr – Fermé dim. et lundi DVg
5 ch – 95/145 € 95/145 €
Rest – Formule 28 € – Menu 30 € (sem.), 40/82 €
Ce restaurant gastronomique se cache dans une jolie maison du 18e s., à l'ombre de la cathédrale... La terrasse dans la cour, arborée et refermée par une grille, forme un cadre charmant pour manger en extérieur ; les salles se révèlent assez intimes. Avis aux romantiques : les chambres sont petites, mais mignonnes.

Le Grenier à Sel
26 pl. de l'Eperon – ☎ 02 43 23 26 30 – www.restaurant-le-grenier-a-sel.fr – Fermé 22 fév.-7 mars, 10 août-4 sept., dim. et lundi CXt
Rest – Formule 20 € – Menu 25 € (sem.), 39/62 € – Carte 49/56 €
À l'entrée de la cité Plantagenêt, il fut bien un grenier à sel mais présente aujourd'hui un décor tout à fait contemporain... gris poivre. Une adresse bien appréciée en ville, dont la carte évolue avec les saisons et le marché. Le chef maîtrise parfaitement ses assaisonnements !

Le B Lounge N
3 pl. des Ifs – ☎ 02 43 87 98 87 – Fermé sam. midi et dim. DXh
Rest – Menu 29 € (déj.) – Carte 29/59 €
Créé par le chef Olivier Boussard, du fameux Beaulieu, ce B Lounge joue la carte de la bonne cuisine version... lounge : décor résolument tendance (tons sombres, petits fauteuils design, etc.) et carte évoluant avec le marché et les saisons. Chic et décontracté.

La Réserve
34 pl. de la République – ☎ 02 43 52 82 82 – Fermé dim. et lundi CXr
Rest – Carte 24/39 €
Une adresse dont le Tout-Mans parle... et c'est mérité. Déco tendance et courte carte autour d'une belle cuisine classique revisitée, ainsi qu'une ardoise d'appétissantes propositions du jour : une Réserve de saveurs !

La Ciboulette
14 r. de la Vieille Porte – ☎ 02 43 24 65 67 – www.lacibouletttelemans.com CXx
Rest – Formule 13 € – Menu 21/56 € – Carte 28/47 €
Dans le vieux Mans, derrière une façade à colombages, une sympathique petite adresse : la couleur rouge domine, l'atmosphère évoque un bistrot... et la carte fait profession de tradition (terrine de lapin, cake aux citrons confits, etc.).

à Savigné-l'Évêque 10 km par ① – 4 059 h. – alt. 60 m – ✉ 72460

La Villa des Arts sans rest
68 Grande-Rue – ✆ 06 08 94 19 17 – www.lavilladesarts.com – Ouvert mai-sept.
5 ch – †165/250 € ††165/250 € – ☕ 15 €
Dé-li-cieux ! Des petits ponts en fer forgé qui enjambent des douves en eau, des arbres centenaires et... cette très belle demeure du 18e s., bien nommée : objets d'art, mobilier ancien et, partout, des fresques – fruit de deux années de travail – qui évoquent le charme des villas italiennes de la Renaissance. Le tout éminemment confortable...

à Arnage 10 km par ④ – 5 105 h. – alt. 42 m – ✉ 72230

Auberge des Matfeux
289 av. Nationale, Sud sur D 147 – ✆ 02 43 21 10 71 – www.aubergedesmatfeux.fr – Fermé 22 avril-2 mai, 22 juil.-21 août, 2-7 janv., dim. soir, lundi et mardi
Rest – Menu 39/74 € – Carte 43/74 €
Des fauteuils à pois, des motifs abstraits aux murs, une vaisselle signée par un artiste local, etc. : un décor très contemporain et original – vraiment élégant ! – pour une cuisine soignée, qui aime revisiter les classiques, et de bien beaux millésimes de bordeaux et vins de Loire.

à l'Ouest 4 km par ⑤ sur D 357 – ✉ 72000 Le Mans

Auberge de la Foresterie
ch, rest,
rte de Laval – ✆ 02 43 51 25 12 – www.aubergedelaforesterie.com
40 ch – †100/120 € ††120/150 € – ☕ 12 €
Rest *(fermé sam. midi et dim. soir)* – Formule 18 € – Menu 24 € (sem.)/28 € – Carte 28/41 €
Sur la route de Laval, cet hôtel est aisément accessible de l'autoroute A 81. Pour l'étape donc, des chambres assez spacieuses, fonctionnelles et bien tenues. Cuisine traditionnelle au restaurant.

à St-Saturnin 8 km par ⑥ – 2 341 h. – alt. 80 m – ✉ 72650

Domaine de Chatenay sans rest
sur D 304 rte de la Chapelle St-Aubin – ✆ 02 43 25 44 60 – www.domainedechatenay.com
8 ch ☕ – †125/135 € ††145/160 €
Cette demeure du 18e s. apparaît au bout d'une belle allée cavalière, au cœur de la campagne mancelle... Meubles de famille, tapisseries, trumeaux, vieux portraits, etc., évoquent un décor à la Balzac. Le roman se finit toujours bien, chaque matin, dans le salon Empire, autour du petit-déjeuner...

MANSLE – 16 Charente – 324 L4 – 1 543 h. – alt. 65 m – ✉ 16230 39 C2

Poitou-Charentes

Paris 421 – Angoulême 26 – Cognac 53 – Limoges 93

place du Gardoire, ✆ 05 45 20 39 91, www.ot-paysmanslois.fr

Beau Rivage
pl. Gardoire – ✆ 05 45 20 31 26 – www.hotel-beau-rivage-charente.com – Fermé 17 fév.-10 mars, 16 déc.-5 janv.
29 ch – †66/77 € ††66/77 € – ☕ 10 € – ½ P
Rest *(fermé dim. soir sauf de mai à sept.)* – Menu 14/37 € – Carte 30/51 €
Un jardin en pente douce au bord de la Charente, des chambres fraîches et cosy, un restaurant traditionnel avec une terrasse donnant sur la rivière : ce Beau Rivage est vraiment plaisant.

à Luxé 6 km à l'Ouest par D 739 – 796 h. – alt. 70 m – ✉ 16230

Auberge du Cheval Blanc

à la gare – ✆ 05 45 22 23 62 – www.auberge-cheval-blanc.com – Fermé 1er-10 sept., fév., dim. soir, lundi et mardi

Rest – Menu 19 € bc (déj. en sem.), 29/48 € – Carte 37/45 €

Sur la place de la gare, cette sympathique auberge centenaire vous invite à déguster une cuisine régionale généreuse et soignée. Poireaux vinaigrette avec de bons morceaux de haddock, tournedos de porc et sa délicieuse purée de céleri...

MANTES-LA-JOLIE – 78 Yvelines – 311 G2 – 43 128 h. – alt. 34 m – ✉ 78200 Île-de-France **18** A1

Paris 56 – Beauvais 69 – Chartres 78 – Évreux 46

1, rue Thiers, ✆ 01 34 77 10 30, www.manteslajolie.fr

de Guerville, à Guerville, La Plagne, par rte de Houdan : 6 km, ✆ 01 30 92 45 45

de Moisson-Mousseaux, à Moisson, Base de Loisir de Moisson, par rte de Vernon et rte secondaire : 14 km, ✆ 01 34 79 39 00

de Villarceaux, à Chaussy, Château du Couvent, N : 20 km par D 147, ✆ 01 34 67 73 83

Collégiale Notre-Dame★★ BB.

Rive Gauche

1 r. du Fort – ✆ 01 30 92 30 16 – Fermé 3 sem. en août, vacances scolaires de fév., sam. midi, dim. et lundi **Ba**

Rest – Formule 24 € bc – Menu 42 € bc (déj.) – Carte environ 42 €

Près de la Seine, derrière la porte aux Prêtres, un restaurant sympathique au décor métissé. La cuisine brasse également les influences, de l'Asie en passant par l'Italie.

à Mantes-la-Ville 2 km par ③ – 18 871 h. – alt. 36 m – ✉ 78711

XXX **Le Moulin de la Reillère**

171 rte de Houdan – ☎ 01 30 92 22 00 – www.lemoulindelareillere.fr – Fermé 1 sem. en mai, 3 sem. début août, 1 sem. en janv., sam. midi, dim. soir et lundi

Rest – Formule 26 € – Menu 35/72 € bc – Carte 38/67 €

Belle auberge aménagée dans un ancien moulin du 18e s. Un cadre bourgeois, avec sa terrasse et son ravissant jardin fleuri ; une cuisine classique bien réalisée.

à Rosay 10 km par ③ – 378 h. – alt. 98 m – ✉ 78790

XX **Auberge de la Truite**

1 r. Boinvilliers – ☎ 01 34 76 30 52 – www.aubergedelatruite.rosay.com – Fermé 1er-10 janv., mardi midi, dim. soir et lundi

Rest – Menu 45/86 € – Carte 55/70 €

Dans cette ancienne épicerie de village, on vient pour la cuisine – classique et variant au gré des saisons –, mais on peut aussi s'offrir l'un des tableaux en exposition !

MANTES-LA-VILLE – 78 Yvelines – **311** G2 – rattaché à Mantes-la-Jolie

---

MANVIEUX – 14 Calvados – **303** I3 – rattaché à Arromanches-les-Bains

---

MANZAC-SUR-VERN – 24 Dordogne – **329** E5 – 546 h. – alt. 80 m – ✉ 24110 **4** C1

▶ Paris 502 – Bergerac 34 – Bordeaux 112 – Périgueux 20

XX **Le Lion d'Or** avec ch

pl. de l'Église – ☎ 05 53 54 28 09 – www.lion-dor-manzac.com – Fermé 15-30 nov., 9 fév.-3 mars, dim. soir sauf juil.-août, mardi midi en juil.-août et lundi

8 ch – †58/61 € ††62/67 € – ☕ 9 € – ½ P

Rest – Formule 14 € – Menu 20/33 € – Carte 33/50 €

On s'installe dans une salle lumineuse, agrémentée de bibelots, pour savourer une copieuse cuisine traditionnelle prenant souvent l'accent du terroir. Chambres fonctionnelles et bien tenues.

MARAIS-VERNIER – 27 Eure – **304** C5 – rattaché à Conteville

---

MARAUSSAN – 34 Hérault – **339** D8 – rattaché à Béziers

MARÇAY – 37 Indre-et-Loire – **317** K6 – rattaché à Chinon

MARCIAC – 32 Gers – **336** C8 – 1 234 h. – alt. 150 m – ✉ 32230 **28** A2

Midi Toulousain

▶ Paris 801 – Auch 50 – Bordeaux 189 – Toulouse 129

ℹ 21 place de l'Hôtel de Ville, ☎ 05 62 08 26 60, www.marciactourisme.com

La Baguenaude sans rest

9 r. de Juillac – ☎ 05 62 09 57 03 – www.labaguenaude.fr

4 ch ☕ – †88/155 € ††88/175 €

Les amoureux du jazz pourront baguenauder vers cette jolie maison du 19e s., ils ne seront pas déçus ! Décoration éclectique et élégante, cour intérieure, fontaine : lénifiant.

X **La Petite Auberge**

pl. de l'Hôtel-de-Ville – ☎ 05 62 09 31 33 – Fermé 1 sem. en août, vacances de la Toussaint, mardi soir en hiver, merc. soir et jeudi

Rest – Formule 10 € bc – Menu 13 € (déj. en sem.), 20/28 € – Carte 32/51 €

Au centre de la bastide, une jolie maison à colombages sous les arcades. Près de la cheminée, on apprécie la soupe de saison et une cuisine régionale fraîche et bien réalisée.

Le Café Zik

Lac de Marciac – ✆ 05 62 09 88 72 – www.lecafezik.com – Fermé 4-20 janv.
Rest – Formule 15 € bc – Menu 26/55 € – Carte 39/53 €
Dans ce restaurant du bord du lac, la cuisine est à l'image du chef : jeune, authentique et pleine de finesse. Du porcelet noir de Bigorre cuit à la perfection, une déclinaison autour de l'abricot... De beaux produits, et en avant la musique !

MARCILLAC-LA-CROISILLE – 19 Corrèze – 329 N4 – 843 h. – alt. 550 m – ✉ 19320 Limousin Berry

25 C3

Paris 498 – Argentat 26 – Aurillac 80 – Égletons 17

au Pont-du-Chambon 15 km au Sud-Est, par D 978 (dir. Mauriac), D 60 et D 13
✉ 19320 St-Merd-de-Lapleau

Fabry - Au Rendez-vous des Pêcheurs avec ch

– ✆ 05 55 27 88 39 – www.rest-fabry.com
– Ouvert 13 fév.-12 nov. et fermé dim. soir, mardi midi et lundi hors saison
8 ch – †49 € ††49/53 € – ☐ 8 € – ½ P
Rest – Menu 17 € (sem.), 27/44 € – Carte 33/56 €
Pour une échappée au calme sur les bords de la Dordogne, voilà une maison familiale pleine de charme. Produits régionaux, herbes du jardin, participent à une cuisine du terroir teintée de modernité (foie gras poêlé au kumquat confit, variation autour de la rose et de la rhubarbe, etc.). Chambres pour l'étape.

MARCQ-EN-BAROEUL – 59 Nord – 302 G3 – rattaché à Lille

MARENNES – 17 Charente-Maritime – 324 D5 – 5 608 h. – alt. 10 m – ✉ 17320 Poitou-Charentes

38 A2

Paris 524 – Poitiers 191 – La Rochelle 58
place Chasseloup-Laubat, ✆ 05 46 85 04 36, www.ile-oleron-marennes.com

Le Buccin

6 r. des Martyrs – ✆ 05 46 36 33 47 – www.restaurant-le-buccin.com
– Fermé 11 nov.-14 fév. et lundi hors saison
Rest – Menu 18/40 € – Carte 26/62 €
Buccin ? Le nom scientifique du bulot. Aux commandes de cette jolie maison du port, deux frères – l'un au service, l'autre en cuisine avec sa brigade –, pour une belle cuisine de la mer réalisée avec des produits extrafrais : simple et bon.

MARGAUX – 33 Gironde – 335 G4 – 1 494 h. – alt. 16 m – ✉ 33460

3 B1

Paris 599 – Bordeaux 29 – Lesparre-Médoc 42
18 de Margaux, 5 route de l 'Ile Vincent, N : 1 km, ✆ 05 57 88 87 40

à Arcins 6 km au Nord-Ouest par D 2 – 415 h. – alt. 10 m – ✉ 33460

Le Lion d'Or

11 rte de Pauillac – ✆ 05 56 58 96 79 – Fermé juil., 23 déc.-2 janv., dim., lundi et fériés
Rest *(nombre de couverts limité, réserver)* – Menu 15 € bc (sem.)
– Carte 42/60 €
Sur la route du Médoc, une auberge de village (19e s.) au cadre patiné par les ans – boiseries, casiers à bouteilles... On y savoure une jolie cuisine du marché et de copieux plats du terroir dans une atmosphère résolument chaleureuse.

MARGÈS – 26 Drôme – 332 D3 – 901 h. – alt. 282 m – ✉ 26260 43 E2

Paris 551 – Grenoble 92 – Hauterives 14 – Romans-sur-Isère 13

Auberge Le Pont du Chalon

rest,

50 rte des Dauphins, 2 km au Sud par D 538 – ✆ 04 75 45 62 13 – www.auberge-pontduchalon.com – Fermé 27 avril-7 mai, 26 août-3 sept. et 21 déc.-7 janv.

9 ch – †75/105 € ††90/120 € – ☕ 9 € – ½ P

Rest *(fermé dim. soir, lundi et mardi)* – Formule 13 € – Menu 20/35 € – Carte 25/48 €

Ambiance chaleureuse et raffinée dans cette auberge, nichée derrière un rideau de platanes. Dans les chambres, joliment meublées, les nuits sont douces... Et côté restaurant, la tradition est de mise – avec une jolie terrasse sous une pergola.

MARIENTHAL – 67 Bas-Rhin – 315 K4 – ✉ 67500 1 B1

Paris 479 – Haguenau 5 – Saverne 42 – Strasbourg 30

Le Relais Princesse Maria Leczinska

1 r. Rothbach – ✆ 03 88 93 43 48 – Fermé sam. midi, dim. soir et merc.

Rest *(nombre de couverts limité, réserver)* – Formule 15 € – Menu 19 € (déj. en sem.), 42/58 €

Aux commandes : un couple japonais amoureux de la cuisine française ! Un relais entre tradition et épure (poutres, vitrail, tons clairs) ; une carte actuelle, riche de saveurs.

MARIGNANE – 13 Bouches-du-Rhône – 340 G5 – 34 226 h. – alt. 10 m 40 B3 – ✉ 13700 Provence

Paris 753 – Aix-en-Provence 24 – Marseille 26 – Martigues 16

de Marseille-Provence : ✆ 04 42 14 14 14.

cours Mirabeau, ✆ 04 42 31 12 97, www.tourisme-marignane.com

Canal souterrain du Rove★ SE : 3 km.

à l'aéroport de Marseille-Provence au Nord – ✉ 13700

Pullman Marseille Provence

ch,

✉ 13728 – ✆ 04 42 78 42 78 – www.pullman-marseille-provence.com

177 ch – †105/255 € ††105/255 € – 1 suite – ☕ 25 €

Rest – Formule 25 € – Menu 32 € (sem.) – Carte 41/63 €

Sur la zone aéroportuaire, un imposant bâtiment des années 1970, très confortable et aux abords verdoyants, avec piscine, tennis, fitness, restaurant lounge... Deux types de chambres : d'esprit provençal ou plus modernes.

Best Western Marseille Aéroport

ch, ch,

(face à l'aéroport) ✉ 13127 Vitrolles – ✆ 04 42 15 54 00 – www.bwmrs.com

120 ch – †109/199 € ††109/199 € – ☕ 14 € – ½ P

Rest – Formule 24 € bc Carte 29/50 €

Créé dans les années 1980 sur le grand rond-point qui précède le terminal, un hôtel classique et bien tenu, tout à fait pratique pour une escale.

Holiday Inn Express Marseille Provence N sans rest

7-8 impasse Pythagore, (zone de la Couperigne - direction gare de Vitrolles) ✉ 13127 Vitrolles – ✆ 04 42 15 09 30 – www.hiexpress.com/marseille-apt

153 ch ☕ – †69/150 € ††69/150 € – 10 suites

Inauguré en 2011, à proximité de l'aéroport – mais aussi de la gare de Vitrolles –, un hôtel très fonctionnel, aux chambres d'esprit chaleureux (tons chauds, effets bois). Le tout évidemment impeccable.

MARIGNY – 71 Saône-et-Loire – 320 G9 – 146 h. – alt. 320 m – ✉ 71300 8 C3

Paris 380 – Dijon 110 – Mâcon 66 – Nevers 174

L'Atelier du Goût

Le Bourg – ✆ 03 85 57 81 87 – www.latelierdugout71.fr – Fermé 2 sem. en août, 2 sem. en janv. et merc.

Rest – Formule 19 € – Menu 27/68 € – Carte 45/65 €

Côté déco, les tableaux de la propriétaire – institutrice de formation – égayent joliment la salle. Côté fourneaux, son chef de mari, amoureux des belles saveurs, concocte une cuisine de saison qui honore les produits... Gourmand et bon !

MARIGNY-ST-MARCEL – 74 Haute-Savoie – 328 I6 – 643 h. – alt. 404 m – ✉ 74150 46 F1

Paris 536 – Aix-les-Bains 22 – Annecy 19 – Bellegarde-sur-Valserine 43

Blanc avec ch — ch, rest,

90 av. Sindeldorf – ✆ 04 50 01 09 50 – www.blanc-hotel-restaurant.fr – Fermé 26 déc.-2 janv.

26 ch – 90/180 € 90/180 € – 13 € – ½ P

Rest *(fermé dim. soir et sam. sauf juil.-août)* – Formule 16 € – Menu 27/85 € – Carte 40/83 €

Une auberge familiale d'esprit chalet, pour une cuisine traditionnelle et régionale de bon aloi. L'été, on profite de la terrasse ombragée, face au jardin et la piscine ; en toute saison, l'étape est agréable : chambres spacieuses et confortables.

MARINE-D'ALBO – 2B Haute-Corse – 345 F3 – voir à Corse

MARINGUES – 63 Puy-de-Dôme – 326 G7 – 2 735 h. – alt. 315 m – ✉ 63350 Auvergne 6 C2

Paris 409 – Clermont-Ferrand 32 – Lezoux 16 – Riom 22

Le Clos Fleuri avec ch — ch,

rte de Clermont – ✆ 04 73 68 70 46 – www.leclosfleuri.net – Fermé 15 fév.-13 mars, lundi sauf le soir en juil.-août, vend. soir et dim. soir de sept. à juin

14 ch – 47/52 € 52/58 € – 8,50 € – ½ P

Rest – Formule 14 € bc – Menu 25/43 € – Carte 31/46 €

Virage à 180° avec un décor récent pour cette maison tenue par la même famille depuis trois générations. De la salle, on admire le beau jardin tout en savourant une bonne cuisine traditionnelle.

Le Carrousel

14 r. du Pont de Morge – ✆ 04 73 68 70 24 – www.restaurant-lecarrousel.com – Fermé 16 juil.-3 août, 9-26 janv., mardi et merc.

Rest – Menu 24/58 € – Carte 49/62 €

Un décor sobre et contemporain (tons chauds, poutres immaculées) pour un beau moment de convivialité autour de recettes actuelles et délicates, réalisées par un chef très pro.

MARLENHEIM – 67 Bas-Rhin – 315 I5 – 3 652 h. – alt. 195 m – ✉ 67520 Alsace Lorraine 1 A1

Paris 468 – Haguenau 50 – Molsheim 13 – Saverne 18

11, place du Kaufhaus, ✆ 03 88 87 75 80, www.tourisme-marlenheim.fr

Le Cerf

30 r. du Gén.-de-Gaulle – ✆ 03 88 87 73 73 – www.lecerf.com

16 ch – 75/150 € 95/300 € – 2 suites – 21 €

Rest *Le Cerf* ✿ – voir les restaurants ci-après

Cet ancien relais de poste ne manque pas d'élégance : jolie cour fleurie, bel espace bien-être, chambres raffinées (d'esprit alsacien ou contemporain), accueil très professionnel... Un cerf doux comme un agneau !

Hostellerie Reeb
2 r. Albert Schweitzer – 03 88 87 52 70 – www.hostellerie-reeb.fr – Fermé 2-20 janv.
26 ch – 60/70 € 60/70 € – 9 € – ½ P
Rest ***La Crémaillère*** *(fermé dim. soir et lundi)* – Formule 12 € – Menu 20 € (sem.)/38 € – Carte 30/56 €
Aux portes du village où débute la route des Vins, grande maison à colombages dotée de chambres spacieuses et classiques. À la Crémaillère, cuisine régionale servie dans un décor bourgeois de style alsacien "tout bois".

Le Cerf (Michel Husser) – Hôtel Le Cerf
30 r. du Gén.-de-Gaulle – 03 88 87 73 73 – www.lecerf.com – Fermé mardi et merc.
Rest – Menu 41 € (déj. en sem.)/83 € – Carte 70/100 €
Une valeur sûre de la gastronomie alsacienne, dont on ne se lasse pas ! Le chef signe une cuisine très maîtrisée, avec de constants rappels aux traditions régionales – certaines un peu oubliées... – et à la fois personnelle. En un mot : savoureux.
→ Terrine de foie gras de canard et son chutney. Filet de bœuf poêlé aux oignons frits, sauce au pinot noir et échalote. Tartelette sablée aux quetsches, glace à la vanille et streusel. **Vins** Crémant d'Alsace rosé, Riesling.

MARLY-LE-ROI – 78 Yvelines – 312 B2 – 101 12 – voir à Paris, Environs

MARMANDE – 47 Lot-et-Garonne – 336 C2 – 18 476 h. – alt. 30 m – ✉ 47200 Aquitaine 4 C2

Paris 666 – Agen 67 – Bergerac 57 – Bordeaux 90
11 rue Toupinerie, 05 53 64 44 44, www.valdegaronne.com/tourisme

Le Capricorne sans rest
av. Hubert-Ruffe, rte d'Agen, 2 km par D 813 – 05 53 64 16 14 – www.lecapricorne-hotel.com – Fermé 20 déc.-5 janv.
34 ch – 72 € 82 € – 9 €
Dans une zone commerciale, un hôtel très pratique, bien tenu et insonorisé. Bon rapport qualité-prix.

Boat aux Saveurs N
36-38 av. Jean-Jaurès – 05 53 64 20 35 – www.restaurantboatauxsaveurs.fr – Fermé dim. soir, mardi midi et lundi
Rest – Formule 25 € – Menu 32 € (déj. en sem.), 42/60 € – Carte 71/83 €
Point de mal de mer sur ce Boat aux Saveurs ! Dans cette élégante chartreuse transformée en restaurant, les gourmands se régalent d'une cuisine dans l'air du temps. La jeune chef met un point d'honneur à tout faire maison et à se fournir chez les producteurs locaux. Une bonne adresse.

à Pont-des-Sables 5 km au Sud par D 933 – 1 221 h. – alt. 27 m – ✉ 47200

mairie, 05 53 93 62 06, www.valdegaronne.com/tourisme

Auberge de l' Escale
Pont des Sables – 05 53 93 60 11 – Fermé 3-10 sept., 13-18 nov., 2-9 janv., sam. midi, dim. soir et lundi
Rest – Formule 15 € – Menu 23/63 € bc – Carte 35/69 €
Cette auberge conviviale est le rendez-vous des plaisanciers. Généreuse cuisine du Sud-Ouest, grillades au feu de bois et jolie terrasse surplombant le canal... pour ne pas perdre de vue son navire !

à Samazan 9 km au Sud-Ouest par D 933 et D 289 – 859 h. – alt. 70 m – ✉ 47250

Métairie de Pomyers, 05 53 20 63 16

Le Léopard d'Or N
pl. de l'Eglise – 05 53 84 58 79 – Fermé 26 août-3 sept., 31 déc.-14 janv., mardi soir, merc. soir, jeudi soir et lundi
Rest – Carte 25/49 €
Ce Léopard-là ne fait pas peur aux gourmands... bien au contraire. Derrière les murs de cette maison en pierre, on savoure une cuisine dans l'air du temps avec de beaux produits frais, pour la plupart issus des producteurs locaux. Simple et bon !

MARMANHAC – 15 Cantal – **330** C4 – **746 h.** – **alt. 650 m** – ✉ **15250** **5** B3

Paris 566 – Aurillac 17 – Clermont-Ferrand 154 – Saint-Flour 69

Château de Sédaiges sans rest
– *✆ 04 71 47 30 01 – www.chateausedaiges.com – Ouvert 1er mai-30 sept.*
5 ch – 120/130 € 120/130 €
Un vrai château de conte de fées, bel exemple d'architecture troubadour (12e-19e s.), dans un parc plein de noblesse. Escalier monumental en bois, superbes tapisseries des Flandres ; les chambres ont le charme reposant du temps jadis...

MARNANS – 38 Isère – **333** E6 – **141 h.** – **alt. 410 m** – ✉ **38980** **43** E2

Lyon et sa région

Paris 558 – Grenoble 62 – Lyon 96 – Valence 89

Auberge de Marnans "Atelier Nicolas Grandclaude" avec ch
rest,
2 pl. du Prieuré – ✆ 04 76 36 28 71
– www.ateliergrandclaude.com – Fermé dim. soir, lundi et mardi sauf le soir en juil.-août
4 ch – 55/63 € 68/76 € – 9 €
Rest *(réserver)* – Menu 20 € (déj. en sem.), 28/51 € – Carte 45/55 €
Arrêt conseillé ! Des chambres spacieuses et jolies (meubles anciens), un petit-déjeuner très copieux, un accueil charmant… Ce jeune couple fait souffler un vent de fraîcheur sur cette auberge isolée. Et que dire de la table ? Le chef signe une cuisine précise et inventive… qui donne envie de ne plus repartir.

MARNE-LA-VALLÉE – **Île-de-France** – **312** E2 – **101** 19 – **voir à Paris, Environs**

MARQUAY – 24 Dordogne – **329** H6 – **567 h.** – **alt. 175 m** – ✉ **24620** **4** D3

Périgord Quercy

Paris 530 – Brive-la-Gaillarde 55 – Périgueux 60 – Sarlat-la-Canéda 12

La Condamine
1 km rte de Meyrals – ✆ 05 53 29 64 08 – www.hotel-lacondamine.com – Ouvert 30 mars-12 nov.
21 ch – 45/79 € 45/79 € – 9 € – ½ P
Rest *(fermé le midi sauf juil.-août) (nombre de couverts limité, réserver)* – Formule 16 € – Menu 20/32 € – Carte 26/38 €
Cette maison, en pleine nature, domine la campagne périgourdine. Préférez les chambres avec balcon et vue sur la nature. Restaurant de style "pension de famille", avec terrasse ouvrant sur le jardin fleuri et la piscine. Minigolf, boulodrome.

Maison de Marquay
Le Bourg – ✆ 05 53 59 53 59 – www.maisondemarquay.fr – Fermé déc., janv. et fév. sauf vacances scolaires
5 ch – 78/106 € 78/106 € – ½ P **Table d'hôte** – Menu 30 €
Un havre de paix au cœur du bourg... Derrière les murs en pierre du jardin, on se prélasse au bord de la piscine et on profite du grand confort des lieux, où dialoguent joliment l'ancien et le moderne. Accueil très agréable ! Monsieur, ancien chef cuisinier, œuvre rien que pour vous à la table d'hôte.

MARSANNAY-LA-CÔTE – 21 Côte-d'Or – **320** J6 – **rattaché à Dijon**

MARSANNE – 26 Drôme – **332** C6 – **1 196 h.** – **alt. 250 m** – ✉ **26740** **44** B3

Ardèche Drôme

Paris 611 – Lyon 149 – Romans-sur-Isère 69 – Valence 48

Place Emile Loubet, ✆ 04 75 90 31 59, www.marsanne.info

Domaine de la Vivande

rte de Cléon d'Andran, 2,5 km au Sud-Est par D57 – 04 75 00 56 64 – www.domainedelavivande.com – Fermé janv., dim. soir et lundi
9 ch – 79/129 € 79/129 € – 12 €
Rest *(fermé mardi midi, merc. midi et jeudi midi)* – Menu 26/49 € – Carte 48/59 €
Jadis consacrée à la sériciculture, cette belle maison du 18e s. propose des chambres spacieuses (mezzanine) et confortables. Vous apprécierez cet établissement, en pleine campagne, où la douceur n'est certes plus celle de la soie mais d'un art de vivre méridional bien agréable.

MARSEILLAN – 34 Hérault – 339 G8 – 7 817 h. – alt. 3 m – 34340 23 C2

Languedoc Roussillon
Paris 754 – Agde 7 – Béziers 31 – Montpellier 49
avenue de la Méditerranée, 04 67 21 82 43, www.marseillan.com

La Table d'Emilie

8 pl. Carnot – 04 67 77 63 59 – Fermé 3-24 nov., 3-15 janv., lundi midi et jeudi midi de juil. à sept., dim. soir, lundi et merc. d'oct. à juin
Rest – Menu 19 € (déj. en sem.), 29/52 € – Carte 44/54 €
La table d'Émilie... jolie ! Cette maisonnette du 12e s. dégage un charme romantique à souhait avec sa salle voûtée et son patio verdoyant. Dans d'immenses assiettes blanches, on savoure une cuisine créative où les bons produits sont la règle et les associations terre et mer fréquentes. Une bonne adresse.

Le Château du Port

9 quai de la Résistance – 04 67 77 31 67 – www.chateauduport.fr – Ouvert 13 fév.-21 oct. et fermé lundi et mardi de mi-sept. à mi-juin
Rest – Formule 22 € – Menu 28 € – Carte 30/45 €
Une belle maison bourgeoise du 19e s. au bord du canal... On s'installe sur la terrasse au bord de l'eau ou dans la salle à l'esprit bistrot chic et contemporain. Produits de la mer et recettes régionales revisitées complètent le tableau.

MARSEILLE

Plans de la ville pages suivantes **40** B3

© E. Luider/Hemis.fr

🅿 – **13 – Bouches-du-Rhône – 850 602 h. – Agglo. 1 038 940 h.** – ✉ **13000** – **340** H6 – **114** 28 – Provence

Paris 769 – Lyon 314 – Nice 189 – Torino 373

4, la Canebière, ✆ 0 826 500 5 00, www.marseille-tourisme.com

Annexe Gare Saint-Charles, ✆ 0 826 500 5 00, www.marseille-tourisme.com

Transports

✆ 3635 dîtes auto-train - 0,34 €/mn

Tunnel Prado-Carénage : péage 2012, tarif normal : 2,70 €

Transports maritimes

Pour le Château d'If : Navettes Frioul If Express ✆ 04 91 46 54 65

Pour la Corse : SNCM 61 bd des Dames (2e) ✆ 3260 dîtes SNCM (0,15 €/mn) - CMN 4 quai d'Arenc (2e) ✆ 0 810 201 320, www.lameridionale.fr

Aéroport

Marseille-Provence ✆ 04 42 14 14 14, 28 km par ①

Quelques golfs

de Marseille-La Salette, 65, impasse des Vaudrans, E : 10 km à la Valentine, ✆ 04 91 27 12 16

d'Allauch, à Allauch, Domaine de Fontvieille, NE : 14 km par rte d'Allauch, ✆ 04 91 07 28 22

A VOIR

Le quartier du Vieux Port : le Vieux Port★★, notamment le quai des Belges (marché aux poissons)3ET**5** • Musée d'Histoire de Marseille★3ET$\mathbf{M}^3$ • Musée du Vieux Marseille3DET$\mathbf{M}^7$ • Musée des Docks romains★3DT$\mathbf{M}^6$ • ⋞ depuis le belvédère St-Laurent★3DT**D** • Musée Cantini★4FU$\mathbf{M}^2$

Le quartier du Panier : centre de la Vieille Charité★★, qui réunit le Musée d'archéologie méditerranéenne et le Musée d'Arts africains, océaniens et amérindiens (MAAOA)★★3DS**E** • Ancienne cathédrale de la Major★3DS**B**

Notre-Dame de la Garde : la basilique★★3EV et son panorama★★★ sur Marseille • Basilique St-Victor★ et sa crypte★★3DU

La Canebière : de la rue Longue-des-Capucins au cours Julien. Place du Marché-des-Capucins, rue du Musée, rue Rodolph-Pollack, rue d'Aubagne, rue St-Ferréol…

Quartier Longchamp : musée Grobet-Labadié★★4GS$\mathbf{M}^8$ • Palais Longchamp★4GS, siège du musée des Beaux-Arts★ et du musée d'Histoire naturelle★

Quartier du Pharo (Sud) : corniche Président-J.-F.-Kennedy★★1AYZ • Vallon des Auffes★★1AY

Aux alentours de Marseille : château d'If★★ et son panorama★★★ • Massif des Calanques★★★ • Musée de la faïence★

Sofitel Vieux Port
36 bd Ch.-Livon ✉ 13007 – ✆ 04 91 15 59 00 – www.sofitel-marseille-vieuxport.com **3 DU n**
134 ch – 199/335 € 199/335 € – 3 suites – 26 €
Rest *Les Trois Forts* – voir les restaurants ci-après
Sur les hauteurs du Pharo, dominant les forts, la passe... et tout le Vieux Port ! Plus d'une vingtaine de chambres jouissent d'une terrasse ouvrant sur le bassin. Le grand confort au cœur du mythe marseillais.

Radisson Blu
rest,
38 quai Rive-Neuve ✉ 13007 – ✆ 04 88 44 52 00 – www.radissonblu.com/hotel-marseille **3 DU d**
183 ch – 160/470 € 170/470 € – 6 suites – 25 €
Rest *Solaris* *(fermé sam. midi et dim.)* – Formule 18 € – Menu 35 € (déj. en sem.) – Carte 31/53 €
Imposant et moderne : tel est le Radisson Blu, ancré sur le Vieux Port, à côté du théâtre de la Criée. Toutes les prestations d'un grand hôtel international : chambres spacieuses et confortables, équipements de qualité, restaurant, petite piscine chauffée sur le toit et... boulodrome, Marseille oblige !

Pullman Palm Beach
200 Corniche J.-F.-Kennedy ✉ 13007 – ✆ 04 91 16 19 00 – www.pullmanhotels.com **1 AZ b**
160 ch – 250/310 € 250/650 € – 25 €
Rest *La Réserve* ✆ 04 91 16 19 21 – Menu 34 € (sem.) – Carte 43/73 €
Sous la route de la Corniche, un grand vaisseau moderne face à la mer... La piscine d'eau de source qui regarde la baie, les chambres à la fois design et d'esprit marin, les nombreuses terrasses qui contemplent la Méditerranée : tout invite au repos.

Le Petit Nice
anse de Maldormé, (hauteur 160 Corniche J.-F.-Kennedy) ✉ 13007 – ✆ 04 91 59 25 92 – www.passedat.fr – Fermé 1er-15 nov., 1er-15 janv., dim. et lundi de nov. à mars **1 AZ d**
13 ch – 150/685 € 199/685 € – 3 suites
Rest *Le Petit Nice* ✿✿✿ – voir les restaurants ci-après
Rest *Bar 1917* – Carte 56/106 €
Sur la Corniche, ces architectures néoclassiques des années 1910 semblent lancer des œillades à la mer et à ses îles immaculées ! Toute la lumière du Sud, toute la magie du site de Marseille, que l'on admire à loisir dans le plus grand confort...

New Hotel of Marseille
ch,
71 bd Ch.-Livon ✉ 13007 – ✆ 04 91 31 53 15 – www.newhotelofmarseille.com **3 DU v**
100 ch – 135/300 € 145/300 € – 8 suites – 16 € – ½ P
Rest – Formule 18 € – Menu 27/39 € – Carte 35/50 €
Orné d'œuvres d'artistes contemporains marseillais, très design, ce New Hotel possède une vraie personnalité. On découvre des chambres spacieuses, certaines avec balcon. Dernier atout : un bel emplacement près du Pharo.

Résidence du Vieux Port
18 quai du Port ✉ 13002 – ✆ 04 91 91 91 22 – www.hotel-residence-marseille.com **3 ET a**
50 ch – 135/225 € 205/315 € – 1 suite – 18 €
Rest *Le Relais 50* – voir les restaurants ci-après
Une décoration fort inspirée, en hommage aux années 1950. Les amateurs de Prouvé, Perriand ou Lurçat seront aux anges ! Et la vue sur le Vieux Port ou Notre-Dame-de-la-Garde est superbe... Notez cependant que six chambres demeurent plus classiques.

Mercure Centre N sans rest
1 r. Neuve-St-Martin ✉ 13001 – ✆ 04 96 17 22 22 – www.mercure.com
200 ch – 100/235 € 100/235 € – 18 € **3 ES b**
À deux pas du World Trade Center, au pied de la Canebière, cet hôtel des années 1970 a fait l'objet d'une rénovation complète en 2011-12 : il arbore aujourd'hui un décor ultracontemporain associant tons très osés (violet, turquoise...), rayures, photos, etc. Bons équipements pour la clientèle d'affaires.

MARSEILLE

Aix (R. d')	BY	
Anthoine (R. d')	AX	
Baille (Bd)	BCY	
Belsunce (Cours)	BY	
Blancarde (Bd de la)	CY	
Bompard (Bd)	AYZ	
Briançon (Bd de)	BX	13
Canebière (La)	BY	
Cantini (Av. Jules)	BCZ	
Capelette (Av. de la)	CYZ	
Castellane (Pl.)	BY	
Catalans (R. des)	AY	16
Chartreux (Av. des)	CY	17
Chave (Bd)	BCY	
Chutes Lavie (Av.)	CX	
Dunkerque (Bd de)	AX	
Duparc (Bd Françoise)	CXY	
Endoume (R. d')	AY	
Estrangin (Bd G.)	ABZ	
Fleming (Bd Alexander)	CX	
Foch (Av. Mar.)	CY	
Guesde (Pl. Jules)	BY	35
Guibal (R.)	BX	
Guigou (Bd)	BX	36
Jeanne-d'Arc (Bd)	CY	
Jean-Jaurès (Pl.)	BY	
Lazaret (Quai du)	AX	
Leclerc (Av. Gén.)	BY	
Lesseps (Bd Ferdinand de)	AX	40
Lieutaud (Cours)	BY	
Livon (Bd Charles)	AY	
Mazargues (Av. de)	BZ	
Mermoz (R. Jean)	BZ	
Michelet (Bd)	BCZ	
Moulin (Bd Jean)	CY	47
National (Bd)	BX	
Notre-Dame (Bd)	BY	
Paradis (R.)	BYZ	
Paris (Bd de)	ABX	
Pelletan (Av. C.)	BXY	
Périer (Bd)	BZ	
Plombières (Bd de)	BX	
Pologne (Pl. de)	CY	51
Pompidou (Prom. Georges)	BZ	52
Prado (Av. du)	BYZ	
Président-J.-F.-Kennedy (Corniche)	AYZ	
Pyat (R. Félix)	BX	
Rabatau (Bd)	BCZ	
République (R. de la)	ABY	
Roches (Av. des)	AZ	
Rolland (Bd Romain)	CZ	
Rolland (R. du Cdt)	BZ	
Rome (R. de)	BY	
Roucas Blanc (Chemin du)	AZ	
Rouet (R. du)	BYZ	
Ste-Marguerite (Bd)	CZ	
Ste-Marthe (Ch. de)	BX	
St-Just (Av. de)	CX	
St-Pierre (R.)	BCY	
Sakakini (Bd)	CY	
Salengro (Av. Roger)	BX	
Sartre (Av. Jean-Paul)	CX	59
Schlœsing (Bd)	CZ	
Sébastopol (Pl.)	CY	
Strasbourg (Bd)	BX	61
Teisseire (Bd R.)	CZ	
Tellène (Bd)	AY	
Timone (Av. de la)	CY	
Toulon (Av. de)	BCY	
Vallon l'Oriol (Chemin)	AZ	
Vauban (Bd)	BY	
Verdun (R. de)	CY	70

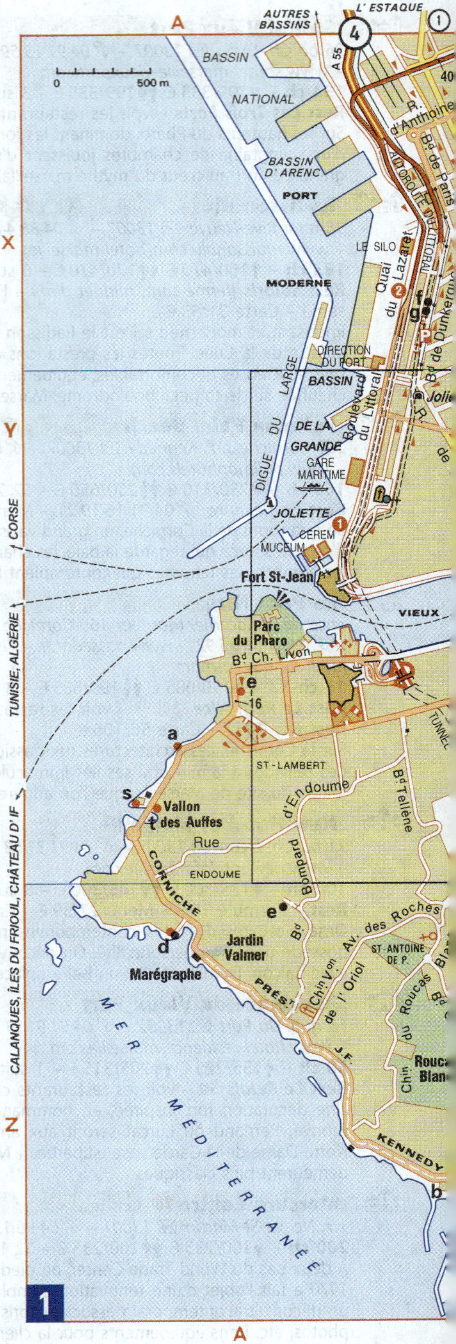

Bougainville
LYON
FOS, AIX-EN-P.
B
C
D 908
LA ROSE
St-Just
ST-JUST
ZÉNITH
LE-DÔME
HÔTEL DU DÉPARTEMENT
X
STE-MARIE-MADELEINE
Chartreux
Bd de Plombières
Chin de Ste-Marthe
D 4c
36
Bd A. Fleming
Av. des Chutes Lavie
Av. Dupuy
R. F. Pyat
A 7
National
ST-MAURONT
ST-CHARLES
ST-MARTIN
R. Salengro
BELLE DE MAI
Désirée Clary
N.-D. BON PASTEUR
R. Guibal
Bd National
Bd de Paris
Av. C. Pelletan
61
Av. Gal Leclerc
PALAIS LONGCHAMP
Cinq-Avenues Longchamp
17
Bd de la Blancarde
ST-BARNABÉ
Gare St-Charles
ST-CHARLES
35
J. Guesde
Colbert-H. de la Région
Réformés Canebière
LA CANEBIÈRE
CINQ AVENUES
LES AVENUES
Av. Mal Foch
ST-CALIXTE
Pl. Sébastopol
Y
Bd Sakakini
R. de la République
Vieux Port-H. de Ville
Cours Belsunce
R. d'Aix
Noailles
Pl. J. Jaurès
Bd Chave
70
LA BLANCARDE
La Blancarde
PORT
Rue de Rome
Bd Jeanne d'Arc
ST-PIERRE
LA POMME
N-D du Mont Cours Julien
R. Saint-Pierre
R. St-Pierre
47
D 2
LA CONCEPTION
la Timone
Baille
Bd Baille
Estrangin Préfecture
ST-PIERRE
TIMONE
TOULON
AUBAGNE
Bd N-Dame
Paradis
Lieutaud
Castellane
Av. de la Timone
RADO-CARÉNAGE
N.-D. DE LA GARDE
Pl. Castellane
A 50
Bd Vauban
Av. de Toulon
51
(PÉAGE)
SACRÉ-CŒUR
PARC DU 26e CENTENAIRE
Av. de la Capelette
Bd Rabatau
R. du Rouet
Av. J. Cantini
Rue
Périer
Boulevard Estrangin
Rue Mermoz
LA CAPELETTE
N.-DAME
Bd Rabatau
D 559
Av. du Prado
PÉRIER
Rolland
Paradis
R. J.
Rd-Pt du Prado
PARC CHANOT
PALAIS DES CONGRÈS
Bd Schlœsing
Huveaune
Bd R. Rolland
PALAIS DES SPORTS
Z
R. Teisseire
Stade-Vélodrome
Ste-Marguerite Dromel
Bd Ste-Marguerite
R. du Commandant
52
Prado
Av. de Mazargues
Bd Michelet
ST-GINIEZ
ÉLE NATLE SUPRE DE DANSE
STE-MARGUERITE
D 559
Parc Balnéaire Prado
Parc Borély
POINTE ROUGE
RTE DU LITTORAL CASSIS
CASSIS
2

3
D
E
S
T
U
V
0
200 m
BASSIN
DE LA
GRANDE
JOLIETTE
DIGUE
DU
LARGE
GARE
MARITIME
CEREM
MUSEUM
Fort
St-Jean
CHÂTEAU
Parc
du Pharo
Fort
St-Nicolas
BASILIQUE
ST-VICTOR
Pl. St-Victor
Pl. de
la Joliette
Joliette
Pl. Marceau
ST LAZARE
Secteur
en travaux
S.N.C.M.
Cath. de
la Major
POL
LE PANIER
les Accoules
Pl. de Lenche
R. du
Panier
Hôtel-Dieu
HÔTEL DE
LA REGION
CITÉ DE LA
MUSIQUE
LES
CARMES
Colbert
H. de la Région
ST-CANNAT
République
CENTRE
BOURSE
ST-LAURENT
Vieux Port
Hôtel de Ville
Ferry Boat
VIEUX PORT
TUNNEL ST-LAURENT
Quai du Port
Quai de Rive Neuve
Théâtre
de la Criée
les Arcenaux
ST-CHARLES
Opéra
Jardin
Puget
Bd de la Corderie
N.-D. DE LOURDES
ST-PHILIPPE
TUNNEL
PRADO
NOTRE-DAME
DE LA GARDE
ST-FRANÇOIS
D'ASSISE
TUNISIE, ALGÉRIE
CORSE
CALANQUES, CHÂTEAU D'IF
Boulevard du Littoral
Quai de la Joliette
Av. R. Schuman
R. de l'Evêché
R. V. Leblanc
Av. C. Pelletan
Fauchier
R. de la Joliette
Rue des Dames
J. Guesde
Esp. de la Tourette
Av. St-Jean
Caisserie
St-Ferréol
R. Neuve Ste-Catherine
Rue Sainte
Fort N.-Dame
Puget
Av. Pasteur
Bd Livon
Av. de la Corse
R. d'Endoume
Bd Tellène
Chin du Roucas Blanc
Bd A. Aune
Notre-Dame
R. Dragon
R. Breteuil

MARSEILLE

F
G
4
Pl. Victor-Hugo
Gal Leclerc
Bd Ch. Nedelec
Gare St-Charles
ST-CHARLES
R. P. Sémard
Voltaire
R. des Héros
Bd National
Camille Flammarion
PALAIS LONGCHAMP
Bd Longchamp
ST-PIERRE ST-PAUL
Bd de la Libération
R. Chape
Réformés Canebière
Crs F. Roosevelt
R. du Camas
Alcazar
R. Nationale
Allées Gambetta
R. Tapis Vert
Crs Belsunce
CANEBIÈRE
St-Vincent de Paul
Noailles
R. St-Savournin
Bd Eugène Pierre
R. Terrusse
ST-MICHEL
Bd Chave
PL. DU MARCHÉ DES CAPUCINS
Pl. J. Jaurès
Crs Lieutaud
CRS JULIEN
Rue d'Aubagne
STE-TRINITÉ
CALVAIRE
R. ST-FÉRRÉOL
N.-D. du Mont Cours Julien
Rue Ferrari
R. St-Pierre
R. Nau
N.-D. du Mont
R. de la Loubière
R. de Tilsit
R. des Vertus
Bd L. Salvator
ST-SACREMENT
Cours Lieutaud
Estrangin Préfecture
Rue Paradis
R. de Rome
R. d'Italie
R. Dragon
ST-JOSEPH
Baille
Bd Baille
R. Ste-Cécile
R. de Lodi
ST-JEAN-BAPTISTE
Castellane
Pl. Castellane
Crs Gouffé
R. Brun
Av. de Toulon
R. Menpenti
Av. de Corinthe
Av. Jules Cantini
R. du Rouet
R. de Gênes
Av. du Prado
Bd Escat
CARÉNAGE
Rue Breteuil
PÉAGE
PARC DU 26e CENTENAIRE
S
T
U
V

New Hotel Bompard ch, rest,
2 r. Flots-Bleus ✉ 13007 – ☎ 04 91 99 22 22
– www.new-hotel.com **1AZe**
50 ch – 130/220 € 150/240 € – 14 €
Rest *(fermé le midi et week-ends de déc. à mars) (résidents seult)* – Formule 23 € – Menu 29 €
Idéal pour qui souhaite fuir la foule, cet établissement du début du 19e s. est perché sur les hauteurs de la Corniche, dans un beau jardin fleuri et arboré. Au choix : des chambres modernes ou provençales (dans un mas séparé). À noter : l'accès peut s'avérer difficile par les ruelles étroites environnantes.

Suite Novotel Euroméditerranée N sans rest
33 bd de Dunkerque ✉ 13002 – ☎ 04 91 01 56 50
– www.suitenovotel.com **1AXf**
127 ch – 99/310 € 99/310 €
Des chambres très spacieuses, Internet et téléphone (vers les fixes) illimités, une boutique gourmande 24h/24, un petit-déjeuner ludique et équilibré : une bonne option que cet établissement né dans le nouveau quartier d'affaires Euroméditerranée. Desservi par le tramway, il satisfera aussi les touristes.

Holiday Inn Express St-Charles N sans rest
15 bd Maurice-Boudet ✉ 13001 – ☎ 04 91 99 59 90
– www.hiemarseille.com **4FSq**
120 ch – 104/160 € 104/160 €
Pour poser ses bagages en sortant du train ! Face à la gare St-Charles, cet hôtel né en 2010 se révèle résolument moderne, bien insonorisé et plutôt attrayant – en particulier les chambres sur l'arrière qui, à partir du 4e étage, dominent Marseille.

Escale Océania sans rest
5 La Canebière ✉ 13001 – ☎ 04 91 90 61 61 – www.oceaniahotels.com
45 ch – 91/162 € 91/162 € – 11 € **3ETf**
Atout majeur : un emplacement on ne peut plus central, en bas de la Canebière, idéal pour visiter la ville. Le bâtiment date de 1893 et a été entièrement rénové en 2009.

Mama Shelter N
64 r. de la Loubière ✉ 13006 – ☎ 04 84 35 20 00 – www.mamashelter.com
126 ch – 69/309 € 79/319 € – 1 suite – 15 € **4GUm**
Rest *Mama Shelter* – voir les restaurants ci-après
Vous aimez tout ce qui est branché ? Dans ce cas, cet hôtel ultramoderne, créé en 2012 dans un quartier populaire de la cité phocéenne, est tout indiqué ! Sous la signature de Philippe Starck, la déco joue une carte design assumée : murs et plafonds en béton brut, aplats de blanc, mobilier minimaliste...

La Joliette N sans rest
49 av. Robert-Schuman ✉ 13002 – ☎ 04 96 11 49 49 – www.hotel-joliette.com
32 ch – 99/199 € 109/219 € – 15 € **3DSp**
À deux pas des quais et de la gare maritime, on ne descend pas, on embarque dans cet hôtel dont le décor s'inspire du thème des paquebots et des voyages en mer. Un établissement chaleureux, inauguré début 2011.

Hermès sans rest
2 r. Bonneterie ✉ 13002 – ☎ 04 96 11 63 63 – www.hotelmarseille.com
29 ch – 60/130 € 81/130 € – 9 € **3ETe**
Hermès, gardien des routes et des carrefours... Belle enseigne pour Marseille, ville cosmopolite s'il en est, fondée par les Grecs ! Voilà une parfaite petite escale près du Vieux Port, entièrement rénovée en 2012. Le must : la "chambre nuptiale" qui, sur le toit, offre une vue magnifique sur le bassin...

Mucem N sans rest
22 r. Mazenod ✉ 13002 – ☎ 04 91 93 13 13 – www.hotel-mucem.com
29 ch – 70/125 € 90/145 € – 11 € **3DSv**
Un hôtel neuf – ouvert en 2012 – près de la gare maritime et de la cathédrale de La Major. Les chambres mêlent confort, esprit contemporain et chaleur. Autre avantage : l'établissement est desservi par le tramway et le métro.

Ibis Euroméditerranée (N)

25 bd de Dunkerque ✉ 13002 – ✆ 04 91 99 25 20 – www.ibishotel.com
192 ch – †65/102 € ††65/102 € – ☕ 9 € **1AXg**
Rest – Menu 15 € – Carte 18/32 €
Créé en 2008 dans le nouveau quartier d'affaires en cours de développement sur les docks, un hôtel très fonctionnel, moderne et bien tenu, desservi par le tramway.

Au Vieux Panier (N) sans rest

13 r. du Panier ✉ 13002 – ✆ 04 91 91 23 72 – www.auvieuxpanier.com – Fermé janv.
5 ch ☕ – †95/135 € ††95/135 € – 1 suite **3DSx**
Cette maison du 17e s., dans le quartier du Panier, est un véritable atelier d'artiste ! Zoom sur la création contemporaine : grapheurs, designers et peintres redécorent les chambres tous les ans. Le must : admirer la ville depuis la terrasse perchée sur le toit. Un lieu inédit.

Le Petit Nice (Gérald Passédat) – Hôtel Le Petit Nice

anse de Maldormé, (hauteur 160 Corniche J.-F.-Kennedy)
✉ 13007 – ✆ 04 91 59 25 92 – www.passedat.fr – Fermé 1er-15 nov., 1er-15 janv., dim. et lundi **1AZd**
Rest – Formule 90 € bc – Menu 155 € (sem.), 190/280 € – Carte 172/275 €
"Ma cuisine est d'ici, du Sud, définitivement." Le style Passédat, c'est la Provence et le mistral, la vie du port et le goût du voyage, la liberté dans l'ancrage ! Et plus encore la Méditerranée, "mon potager"... On redécouvre les richesses de cette mer rêvée, ainsi qu'un magnifique symbole : la bouillabaisse.
→ Anémones de mer en beignets légers et onctueux iodés. Loup Lucie Passédat. Souplesse au yuzu et infusion de l'Anse de l'Enfer. **Vins** Coteaux d'Aix-en-Provence.

Les Trois Forts – Hôtel Sofitel Vieux Port

36 bd Ch.-Livon ✉ 13007 – ✆ 04 91 15 59 56
– www.sofitel-marseille-vieuxport.com **3DUn**
Rest – Menu 50 € bc (déj. en sem.), 70/95 € – Carte 72/99 €
Tout Marseille est là : le Vieux Port et sa myriade de mâts, les quais qui fourmillent au loin, le ciel azuré... Au 7e étage du Sofitel, le panorama est sublime. L'assiette rend également un bel hommage à la cité phocéenne, entre inspirations provençales et saveurs d'ailleurs. Beau moment !

L'Épuisette

158 Vallon-des-Auffes ✉ 13007 – ✆ 04 91 52 17 82 – www.l-epuisette.com
– Fermé 7-31 août, 1 sem. vacances de fév., dim. et lundi **1AYs**
Rest – Menu 65/145 € – Carte 95/105 €
Une Épuisette dans les rochers, quoi de plus logique ? Comme posée sur les récifs du vallon des Auffes – un cadre enchanteur –, cette table vit en intimité avec la mer... Bouillabaisse, bourride, homard grillé, entre autres mets marqués par la créativité. Une délicieuse escale.
→ Cannelloni de foie gras et petits violets, mousseux aux champignons et artichaut piquant. Tajine de homard aux légumes fondants, œuf de caille poché, confit de citron de Menton. Millefeuille aux fruits rouges, sorbet framboise. **Vins** Coteaux d'Aix-en-Provence, Bellet.

Une Table au Sud

2 quai du Port, (1er étage) ✉ 13002 – ✆ 04 91 90 63 53
– www.unetableausud.com – Fermé vacances de Noël, dim. et lundi
Rest – Menu 29 € (déj. en sem.), 71/127 € bc – Carte 71/119 € **3ETc**
Nouveau chef en 2012 pour cette table qui reste cependant résolument ancrée dans le Sud : recettes inventives, dans l'esprit de la région, et vue plongeante sur le Vieux Port dominé par la "Bonne Mère"...

Michel - Brasserie des Catalans (Michèle Visciano)

6 r. des Catalans ✉ 13007 – ✆ 04 91 52 30 63 – www.restaurant-michel.com
Rest – Carte 82/90 € **1AYe**
Ambiance 100 % marseillaise dans cette institution de la plage des Catalans. Ici, la bouillabaisse est une religion... autant qu'un délice ! Au menu, donc, la pêche du jour, d'une remarquable fraîcheur : admirez le poisson exposé dans le "pointu" à l'entrée.
→ Bouillabaisse. Bourride provençale. Poissons grillés. **Vins** Cassis, Bandol.

Chez Fonfon avec ch

140 Vallon-des-Auffes ✉ 13007 – ✆ 04 91 52 14 38 – www.chez-fonfon.com – Fermé 2 sem. en janv. **1AYt**

3 ch – 🚹85/125 € 🚹🚹85/125 €

Rest *(fermé lundi sauf le soir de mai à oct. et dim.)* – Menu 43 € – Carte 50/70 €

Fraîcheur : le maître mot de cette institution familiale née en 1952. Le poisson – la spécialité des lieux – sort tout droit des "pointus" en bois que l'on aperçoit en face dans le petit port. L'adresse niche en effet dans le beau vallon des Auffes...

La Table du Fort

8 r. Fort-Notre-Dame ✉ 13007 – ✆ 04 91 33 97 65 – www.latabledufort.fr – Fermé juil., le midi en août, sam. midi, lundi midi et dim. **3EUn**

Rest – Formule 18 € – Menu 19 € (déj. en sem.), 35/49 € – Carte 37/53 €

Dans une rue étroite qui part du Vieux Port, au sein d'un bâtiment ancien joliment mis en valeur (beau plafond de poutres, œuvres d'art contemporain, etc.), un restaurant à la fois feutré, chaleureux et gourmand. La "faute" à ses propriétaires, un jeune couple plein d'allant !

Péron

56 Corniche J.-F.-Kennedy ✉ 13007 – ✆ 04 91 52 15 22 – www.restaurant-peron.com – Fermé 2 sem. en hiver **1AYa**

Rest – Menu 64/78 € – Carte environ 74 €

Sur la Corniche, cette bâtisse accrochée à la roche offre une vue imprenable sur la baie de Marseille, ses îles, le château d'If... L'esprit de la Méditerranée domine évidemment à la carte : bouillabaisse, chipirons farcis, etc.

Le Relais 50 – Hôtel Résidence du Vieux Port

18 quai du Port ✉ 13002 – ✆ 04 91 52 52 50 – www.hotel-residence-marseille.com **3ETa**

Rest – Formule 25 € – Menu 29 € (déj.) – Carte 32/66 €

Vive les années 1950 ! Carrelage, appliques, chaises, etc. : ce Relais joue la carte "revival" avec malice et élégance. Autre attrait : la terrasse sur le Vieux Port, avec Notre-Dame-de-la-Garde en ligne de mire... Au menu, une jolie cuisine qui puise dans les traditions de la Méditerranée.

Le Ventre de l'Architecte - Le Corbusier avec ch

280 bd Michelet, (Cité Radieuse, 3ème étage), par ③ ✉ 13008 – ✆ 04 91 16 78 00 – www.leventredelarchitecte.com – Fermé 31 juil.- 20 août, 3-10 janv., dim. et lundi

21 ch – 🚹70/139 € 🚹🚹70/139 € – ☕ 9 €

Rest – Formule 30 € – Menu 49 € (déj.)/75 €

Au sein de la Cité radieuse de Le Corbusier, ce restaurant et ses chambres attirent tous les aficionados du "fada" : voilà bien un monument historique du modernisme, jusqu'au mobilier signé Prouvé et Jacobsen ! En cuisine, un créateur également, qui propose un menu singulier, ouvert aux influences internationales.

Le Malthazar (N)

19 r. Fortia ✉ 13001 – ✆ 04 91 33 42 46 – www.malthazar.fr – Fermé dim. et lundi **3EUz**

Rest – Formule 18 € – Menu 22 € (déj. en sem.)/31 € – Carte 40/60 €

Retour aux sources – et au pays natal – pour Michel Portos, après avoir fait les beaux jours du Saint-James (près de Bordeaux), avec cette brasserie reprise fin 2012 près du Vieux Port. Ici, plus de très haute gastronomie, mais toujours beaucoup de gourmandise : beaux classiques et recettes personnelles du chef régalent !

Axis

8 r. Sainte-Victoire ✉ 13006 – ✆ 04 91 57 14 70 – www.restaurant-axis.com – Fermé août, 22-30 déc., sam. midi, lundi soir, mardi soir, merc. soir et dim.

Rest – Formule 21 € – Menu 30/38 € – Carte 33/40 € **4FVf**

Très bon rapport qualité-prix dans ce restaurant contemporain proche de la place Castellane. Au gré du marché, le jeune chef propose une cuisine pétillante, parfumée et colorée, qui régale. Très recommandable.

Lauracée

96 r. de Grignan ✉ 13001 – ✆ 04 91 33 63 36 – www.lelauracee.com – fermé août, dim. et lundi **3EUt**

Rest – Formule 20 € – Menu 34/40 € – Carte 37/60 €

C'est bien clair, le patron ne sert que des produits frais : "je ne sais pas faire autre chose !" Sa cuisine a l'accent du Sud... Et le cadre, tout simple, en retrait du Vieux Port, lui va bien.

Le Grain de Sel (N)

39 r. de la Paix-Marcel-Paul ✉ 13001 – ✆ 04 91 54 47 30 – Fermé août, vacances de Noël, mardi soir, merc. soir, jeudi soir, dim. et lundi **3EUg**

Rest *(nombre de couverts limité, réserver)* – Formule 16 € – Menu 19 € (déj. en sem.) – Carte environ 40 €

Un bistrot voisin du Vieux Port où l'on se régale d'une très bonne cuisine du marché. On commence par une tarte aux tomates bio et fromage frais, suivie d'un pavé de maigre avec sa purée de courgettes et ses girolles, pour finir par un sablé aux prunes. Parfait pour passer un agréable moment entre amis.

Le Café des Épices

4 r. Lacydon ✉ 13002 – ✆ 04 91 91 22 69 – www.cafedesepices.com – Fermé vacances de Noël, sam. soir, dim., lundi et fériés **3DTd**

Rest *(nombre de couverts limité, réserver)* – Formule 21 € – Menu 25 € (déj.)/ 45 € – Carte environ 45 €

Derrière l'hôtel de ville, un restaurant minuscule, dont on remarque surtout la jolie terrasse bordée d'oliviers. Sa cuisine ne passe pas non plus inaperçue, sous l'égide d'un chef amoureux des produits, des voyages et bien sûr des épices. Un lieu gourmand et atypique, qui propose certains soirs des soirées tapas et D.J. !

Charles Livon

89 bd Charles-Livon ✉ 13007 – ✆ 04 91 52 22 41 – www.charleslivon.fr – Fermé 3 sem. en août, mardi et merc. **3DUf**

Rest *(nombre de couverts limité, réserver)* – Formule 19 € – Menu 23 € (déj. en sem.), 39/55 € – Carte 46/55 €

Aux abords du parc du Pharo, une table d'une sobre élégance, parfaite pour un dîner en ville. Au menu : une cuisine de qualité, en prise sur les tendances et le marché du jour – avec l'accent de la région.

Le Goût des Choses (N)

4 pl. Notre-Dame-du-Mont ✉ 13006 – ✆ 04 91 48 70 62 – www.legoutdeschoses.fr – Fermé 1 sem. à Noël, dim. et mardi **4FUx**

Rest – Formule 22 € – Menu 28 € – Carte 37/50 €

Le (vrai) goût des choses... Une jolie ambition pour ce sympathique restaurant, tenu par un couple de professionnels installés ici après de nombreuses expériences à travers le monde. Au menu, produits du marché et réminiscences de saveurs lointaines.

Mama Shelter (N) – Hôtel Mama Shelter

64 r. de la Loubière ✉ 13006 – ✆ 04 84 35 20 00 – www.mamashelter.com **4GUm**

Rest – Formule 16 € – Carte 30/80 €

Quand funky rime avec trendy, vous avez Mama Shelter ! Graffitis au plafond, grandes tables design, scène pour accueillir des DJ... L'ambiance est on ne peut plus cool, et la cuisine a des allures de joli melting-pot, mêlant influences françaises, italiennes, espagnoles et asiatiques.

Le Bistrot d'Édouard (N)

150 r. Jean-Mermoz ✉ 13008 – ✆ 04 91 71 16 52 – Fermé 3 sem. en août, 1 sem. à Noël, dim. et lundi **2BZn**

Rest – Carte 20/30 €

¡ Viva España ! Son auberge d'aujourd'hui, Édouard la voulait ibérique et rien d'autre, avec une formule partageuse : celle des tapas – version gourmande. Aubergines frites, anchois marinés, churros, etc. : on n'en fait qu'une bouchée.

La Cantinetta (N)

24 cours Julien ✉ 13006 – ✆ 04 91 48 10 48 – Fermé sept., dim. et lundi

Rest *(nombre de couverts limité, réserver)* – Carte 23/42 € **4FTf**

Depuis l'enfance, Pierre-Antoine Denis est un fougueux passionné de la cuisine transalpine. Secondé par Luigi, un vieil Italien qui confectionne les pâtes, il se rend régulièrement dans la péninsule pour dénicher les meilleurs producteurs. Chaleureuse et gourmande, sa Cantinetta est une vraie trattoria !

au Sud **11 km par rte des Goudes**

Tiboulen de Maïre (N)

Calanque Blanche ✉ 13008 – ✆ 04 91 25 26 30 – www.planier.fr – Fermé dim. soir et merc.

Rest *(nombre de couverts limité, réserver)* – Carte 40/108 €

Sur la route des calanques, une maison si simple qu'elle semble s'effacer devant le spectacle de la mer... Le patron est un ancien plongeur qui se ravitaille chaque matin auprès des pêcheurs locaux. On ne vient ici que pour le poisson : cuit entier, servi quasi brut (non écaillé), pour les vrais amateurs. Bonne mer !

MARSOLAN – 32 Gers – 336 F6 – 447 h. – alt. 171 m – ✉ 32700 28 B2

Paris 721 – Agen 49 – Auch 43 – Toulouse 115

Lous Grits rest,

au village – ✆ 05 62 28 37 10 – www.hotel-lousgrits.com

6 ch – 225/360 € 225/360 € – 20 €

Rest *(dîner seult) (résidents seult)* – Menu 42 €

On se sent comme chez soi dans cette maison qui cultive l'art de vivre à la gasconne (meubles de famille, bibelots, faïences et mosaïques, peintures). Goût, raffinement et... entretien impeccable ! Au restaurant, cuisine traditionnelle pour les résidents uniquement.

MARTAINVILLE-ÉPREVILLE – 76 Seine-Maritime – 304 H5 – rattaché à Rouen

MARTEL – 46 Lot – 337 F2 – 1 615 h. – alt. 225 m – ✉ 46600 Périgord Quercy 29 C1

Paris 510 – Brive-la-Gaillarde 33 – Cahors 79 – Figeac 59

place des Consuls, ✆ 05 65 37 43 44, www.martel.fr

Place des Consuls★ - Façade★ de l'Hotel de la Raymondie★.

Relais Ste-Anne

r. Pourtanel – ✆ 05 65 37 40 56 – www.relais-sainte-anne.com – Ouvert de fin mars à fin nov.

14 ch – 45/175 € 80/185 € – 2 suites – 15 € – ½ P

Rest *Relais Ste-Anne* – voir les restaurants ci-après

Ce charmant relais, ceint d'un beau parc fleuri où se dresse une chapelle, est un ancien pensionnat de jeunes filles. On s'y repose dans des chambres confortables et raffinées, au grand calme.

Relais Ste-Anne

r. Pourtanel – ✆ 05 65 37 40 56 – www.relais-sainte-anne.com – Ouvert de fin mars à fin nov. et fermé le midi du lundi au jeudi

Rest – Formule 16 € – Menu 26/29 € – Carte environ 45 €

Charmant, tel est l'adjectif qui vient immédiatement à l'esprit en entrant dans ce restaurant ! Un écrin de pierre où, l'hiver venu, les gourmands s'installent devant la cheminée. On s'y régale d'une cuisine dans l'air du temps où le foie gras et le magret ont la part belle. Accueil et service aux petits soins.

MARTIEL – 12 Aveyron – 338 D4 – 910 h. – alt. 400 m – ✉ 12200 29 C1

Paris 613 – Cahors 49 – Rodez 63 – Toulouse 134

Les Fontaines sans rest

Pleyjean, par rte de Villeneuve, D 76 – ✆ 05 65 29 46 70 – www.lesfontaines.net – Ouvert 1er avril-31 oct.

3 ch – 60/90 € 70/100 €

Dans un hameau, non loin de la vallée de l'Aveyron, cette jolie maison en pierre (rénovée avec soin par un couple d'Anglais) fait rimer charme authentique, déco romantique et douceur bucolique... Au petit-déjeuner, bons produits régionaux.

MARTIGUES – 13 Bouches-du-Rhône – **340** F5 – **46 625 h.** – **alt. 1 m** **40** B3 – ✉ **13500** Provence

Paris 769 – Aix-en-Provence 45 – Arles 53 – Marseille 40

Maison du tourisme -rond point de l'Hôtel de Ville, ✆ 04 42 42 31 10, www.martigues-tourisme.com

Miroir aux oiseaux★ - Étang de Berre★ Z.

⋞★ de la chapelle N.D.-des-Marins, 3,5 km par ④.

XX **Le Garage**

20 av. Frédéric-Mistral – ✆ 04 42 44 09 51 – www.restaurantmartigues.com – Fermé 30 juil.-20 août, 31 déc.-14 janv., sam. midi, dim. soir et lundi

Rest *(nombre de couverts limité, réserver)* – Formule 18 € – Menu 28 € (déj. en sem.)/36 € – Carte environ 42 € **Za**

Pour ce jeune chef, la cuisine était tout sauf une voie de garage ! Il suffit de le voir dresser ses assiettes – les cuisines sont ouvertes sur la salle – pour reconnaître le travail d'un passionné. Soucieux du bon produit (il noue des partenariats avec des artisans locaux), il aime créer et surprendre. Et il séduit.

MARTIGUES

Allende (Bd S.) . . . . **Y** 2
Belges (Esplanade des) . . . . . **Z** 3
Brescon (Quai) . . . . **Z** 4
Cachin (Bd Marcel) . . . . **Z** 5
Combes (R. L.) . . . . **Z** 7
Denfert-Rochereau (R. Colonel P.) . . . . **Y** 8
Dr-Flemming (Av. du) . . . . **Y** 9
Gambetta (R. L.) . . . . **Z** 12
Girondins (Quai des) . . . . **Y** 13
Lamartine (Pl.) . . . . **Z** 15
Libération (Pl. de la) . . . . **Z** 16
Lorto (Av. P.-di) . . . . **Z** 17
Marceau (Quai F.) . . . . **Z** 18
Martyrs (Pl. des) . . . . **Z** 19
Richaud (Bd) . . . . **Z** 22
Roques (R. Jean) . . . . **Y** 24
Tessé (Quai Maurice) . . . . **Y** 25
4-Septembre (Cours du) . . . . **Z** 27

Le Bouchon à la Mer

19 quai L.-Toulmond – ✆ 04 42 49 41 41 – www.lebouchonalamer.fr – Fermé mardi midi, dim. soir et lundi Yv

Rest – Menu 25 € (sem.), 29/40 € – Carte 45/61 €

Au bord du canal, cette charmante maison martégale n'est pas loin de flotter sur les eaux... On s'y régale d'une savoureuse cuisine provençale : soupe de favouilles, râble de lapin aux légumes de saison, etc. Et la note est légère !

MARTILLAC – 33 Gironde – 335 H6 – rattaché à Bordeaux

MARTIN-ÉGLISE – 76 Seine-Maritime – 304 G2 – rattaché à Dieppe

---

LA MARTRE – 83 Var – 340 O3 – 173 h. – alt. 984 m – ✉ 83840 41 C2

Paris 808 – Castellane 19 – Digne-les-Bains 73 – Draguignan 50

Château de Taulane

ch, rest,

Le Logis du Pin, au golf, 4 km au Nord-Est par D 6085 – ✆ 04 93 40 60 80 – www.chateau-taulane.com – Ouvert d'avril à fin oct.

45 ch – 129/369 € 159/369 € – 3 suites – 20 € – ½ P

Rest *(dîner seult)* – Carte 36/72 €

Château du 18e s. situé en pleine nature, au cœur d'un superbe golf : un lieu chic, hors du temps. Chambres spacieuses et aménagées avec beaucoup de confort, piscine couverte, salle de fitness, soins esthétiques et restaurant (avec un espace snack face aux greens).

MARTRES-TOLOSANE – 31 Haute-Garonne – 343 E5 – 2 236 h. – alt. 268 m – ✉ 31220 Midi Toulousain 28 B3

Paris 737 – Auch 133 – Tarbes 94 – Toulouse 62

place Henri Dulion, ✆ 05 61 98 66 41, www.mairie-martres-tolosane.fr

Le Castet

44 av. de la Gare – ✆ 05 61 98 80 20 – www.hotelcastet.fr – Fermé 2-8 janv., merc. soir d'oct. à juin, dim. soir et lundi

Rest – Menu 18 € (déj. en sem.), 30/37 € – Carte 46/80 €

Qui pourrait croire que ce lieu contemporain fut jadis le café de la gare ? On y sert une cuisine du marché fraîche et colorée, qui mise sur le beau produit avec simplicité.

MARVEJOLS – 48 Lozère – 330 H7 – 5 053 h. – alt. 650 m – ✉ 48100 23 C1

Languedoc Roussillon

Paris 580 – Espalion 83 – Mende 28 – Montpellier 178

Place du Soubeyran, ✆ 04 66 32 02 14, www.ville-marvejols.fr

L'Auberge Domaine de Carrière avec ch

rest,

av. Montplaisir, 2 km à l'Est par D 1 – ✆ 04 66 32 47 05 – www.domainedecarriere.com – Fermé vacances de la Toussaint, 20 déc.-1er fév., merc. soir, dim. soir et lundi

5 ch – 100 € 100 € **Rest** – Menu 19/40 €

Épuré, design... Un lieu contemporain et tendance dans les anciennes écuries du domaine. La carte n'est pas en reste, puisque le chef concocte une cuisine fraîche et dans l'air du temps, déclinée autour de trois menus uniques. Pour prolonger l'étape, les chambres sont élégantes et spacieuses.

MASSANGIS – 89 Yonne – 319 G6 – 411 h. – alt. 265 m – ✉ 89440 7 B2

Paris 213 – Auxerre 48 – Dijon 132 – Nevers 169

Carpe Diem

rest,

53 Grande-Rue – ✆ 03 86 33 89 32 – www.acarpediem.com

5 ch – 62/85 € 70/93 € **Table d'hôte** – Menu 35 € bc

De ce corps de ferme (18e-19e s.) situé dans un paisible village, les propriétaires ont fait un lieu charmant, cosy et élégant : mobilier de famille, boiseries et parquet, jardin fleuri... À la table d'hôte, cuisine traditionnelle et classicisme de bon aloi.

MASSERET – 19 Corrèze – 329 K2 – 675 h. – alt. 380 m – ✉ 19510 24 B2

Limousin Berry

Paris 432 – Guéret 132 – Limoges 45 – Tulle 48

le Bourg, ✆ 05 55 73 40 42, www.pays-uzerche.fr

Hôtel de la Tour

rest,

7 pl. Marcel-Champeix – ✆ 05 55 73 40 12 – www.hoteldelatourmasseret.com – Fermé dim. soir sauf juil.-août

25 ch – †50/77 € ††50/77 € – ☕ 8 € – ½ P

Rest – Formule 15 € – Menu 21/38 € – Carte 32/50 €

Sur les hauteurs de ce bourg limousin – gage de tranquillité –, cet hôtel familial propose des chambres simples et bien tenues au mobilier rustique, ou plus contemporaines. De la terrasse, on a une jolie vue sur... la tour !

MASSIAC – 15 Cantal – 330 H3 – 1 841 h. – alt. 534 m – ✉ 15500 5 B3

Auvergne

Paris 484 – Aurillac 84 – Brioude 23 – Issoire 38

Place de la Gare, ✆ 04 71 23 07 76, www.paysdemassiac.com

N : Gorges de l'Alagnon★ - Site de la chapelle Ste-Madeleine★ N : 2 km.

Grand Hôtel de la Poste

rest,

26 av. Ch. de Gaulle – ✆ 04 71 23 02 01 – www.hotel-massiac.com – Fermé 15 nov.-22 déc., mardi soir et merc. de janv. à mars

33 ch – †45/59 € ††45/59 € – ☕ 8 € – ½ P

Rest – Menu 15 € (sem.), 23/39 € – Carte 26/46 €

Pas de panique si, après des heures de route sur l'A 75, vous vous retrouvez au niveau de Massiac. Cet établissement imposant, au fonctionnement familial, propose des chambres tout à fait confortables. Pour se détendre, il y a aussi de nombreux équipements de loisirs (fitness, jacuzzi, squash, etc.).

La Colombière sans rest

rte de Grenier Montgon, 1 km au Nord par D 909 – ✆ 04 71 23 18 50 – www.hotel-lacolombiere.com – Fermé 1er fév.-1er mars

30 ch – †46/48 € ††54/56 € – ☕ 7 €

Ses grandes chambres fonctionnelles (mobilier neuf, sanitaires bien équipés, tenue exemplaire) font de cet hôtel récent une étape pratique sur la route des gorges de l'Alagnon.

MASSIGNAC – 16 Charente – 324 N5 – 384 h. – alt. 240 m – ✉ 16310 39 C3

Poitou-Charentes

Paris 445 – Angoulême 46 – Nontron 36 – Rochechouart 17

Maison des Lacs, ✆ 05 45 65 26 69, www.lacshautecharente.com

Le Domaine des Étangs

– ✆ 05 45 61 85 00 – www.domainedesetangs.com – Fermé janv. et fév.

19 ch – †155/410 € ††155/410 € – 7 suites – ☕ 25 €

Rest *(fermé lundi du 1er mars au 20 avril et dim. soir)* – Carte environ 50 €

Disséminées dans un parc immense, entre verdure et étangs, de superbes métairies abritant des chambres tout de bois, de cuivre et de verre vêtues... Le luxe certes, mais tout en noble discrétion et au cœur d'une nature préservée ! Et pour dîner, rendez-vous dans les anciennes écuries, pleines de cachet.

MASSY – 91 Essonne – 312 C3 – 101 25 – voir à Paris, Environs

MATOUGUES – 51 Marne – 306 I9 – rattaché à Châlons-en-Champagne

MAUBEC – 84 Vaucluse – 332 D10 – 1 877 h. – alt. 120 m – ✉ 84660 42 E1

Maubec

Paris 717 – Avignon 36 – Marseille 84 – Valence 156

La Bastide du Bois Bréant

501 chemin du Puits de Grandaou – ✆ 04 90 05 86 78 – www.hotel-bastide-bois-breant.com – Ouvert 22 mars-12 nov.

12 ch – 🛉151/230 € 🛉🛉151/230 € – 1 suite

Rest *(dîner seult) (résidents seult)* – Menu 28 €

Au milieu d'une chênaie, cette bastide a préservé son âme provençale. Meubles chinés et atmosphère cosy dans les chambres, ou trip écolo au sommet d'une cabane dans un arbre ! Menu unique réservé aux résidents (cuisine régionale).

MAUBEUGE – 59 Nord – 302 L6 – 31 970 h. – Agglo. 115 320 h. – alt. 134 m – ✉ 59600 Nord Pas-de-Calais Picardie 31 D2

Paris 242 – Mons 21 – St-Quentin 114 – Valenciennes 39

place Vauban, ✆ 03 27 62 11 93, www.ville-maubeuge.fr

au Sud par rte d'Avesnes-sur-Helpe – ✉ 59330 Beaufort

Auberge de l'Hermitage

6 km au Sud par N 2 – ✆ 03 27 67 89 59 – Fermé 25 juil.-13 août, dim. soir, mardi soir, jeudi soir et lundi

Rest – Menu 29 € (sem.), 50/75 € – Carte 49/79 €

En bord de route et à l'orée du parc naturel régional de l'Avesnois, cette jolie maison fait honneur à la tradition culinaire. Rien d'étonnant au pays des fameux maroilles !

Le Relais de Beaufort

8 km au Sud par N 2 – ✆ 03 27 63 50 36 – www.relaisdebeaufort.fr – Fermé 16 août-3 sept., dim. soir et lundi

Rest – Menu 28/45 € – Carte 28/70 €

Une auberge, deux atmosphères – rustique ou contemporaine –, mais surtout une généreuse cuisine traditionnelle... Pour preuve, cette savoureuse terrine de gibier maison.

MAULÉVRIER – 49 Maine-et-Loire – 317 E6 – rattaché à Cholet

MAUREILLAS-LAS-ILLAS – 66 Pyrénées-Orientales – 344 H8 – 2 649 h. – alt. 130 m – ✉ 66480 Languedoc Roussillon 22 B3

Paris 873 – Gerona 71 – Perpignan 31 – Port-Vendres 31

avenue Mal Joffre, ✆ 04 68 83 48 00

à Las Illas 11 km au Sud-Ouest par D 13 – ✉ 66480

Hostal dels Trabucayres avec ch

– ✆ 04 68 83 07 56 – Hôtel : ouvert 15 avril-20 oct., rest. fermé début janv.-15 mars, 15-30 oct., mardi et merc. hors saison

5 ch – 🛉35 € 🛉🛉35 € – 6 € – ½ P

Rest – Menu 14 € bc (sem.), 16 € bc/53 € bc – Carte 24/38 €

Auberge rustique (1840) postée sur le GR 10, au cœur d'une forêt de chênes-lièges et... au calme ! Après une bonne marche, on dévore de copieux petits plats du terroir catalan, et pour le repos du randonneur, des chambres très simples (toilettes et douches sur le palier), ainsi que deux gîtes récents.

MAURIAC – 15 Cantal – 330 B3 – 3 854 h. – alt. 722 m – ✉ 15200 Auvergne 5 A3

Paris 490 – Aurillac 53 – Clermont-Ferrand 113 – Le Mont-Dore 77

1, rue Chappe d'Auteroche, ✆ 04 71 67 30 26, www.salers-tourisme.fr

Val-Saint-Jean, O : 2 km, ✆ 06 07 74 22 29

Basilique Notre-Dame-des-Miracles★ - Le Vigean : châsse★ dans l'église NE : 2 km.

Barrage de l'Aigle★★ : 11 km par D 678 et D105 Limousin Berry

Auv'Hôtel sans rest

4 r. du 11-Novembre – ✆ 04 71 68 19 10 – www.auv-hotel.fr – Fermé mars

11 ch – †45/60 € ††55/70 € – ☕ 8 €

Située à côté de la basilique romane Notre-Dame-des-Miracles, une sympathique petite adresse aux fenêtres fleuries. Les chambres sont simples et mignonnes : parfait pour les petits budgets.

MAUROUX – **46 Lot** – **337** C5 – **rattaché à Puy-l'Évêque**

MAUSSANE-LES-ALPILLES – **13 Bouches-du-Rhône** – **340** D3 **42** E1
– **2 076 h.** – **alt. 32 m** – ✉ **13520** Provence

Paris 712 – Arles 20 – Avignon 30 – Marseille 81

place Laugier de Monblan, ✆ 04 90 54 33 60

Le Pré des Baux sans rest

r. du Vieux-Moulin – ✆ 04 90 54 40 40 – www.lepredesbaux.com – Ouvert 22 mars-4 nov.

10 ch – †95/135 € ††95/135 € – ☕ 13 €

Les chambres de plain-pied entourent la piscine et le jardin méridional, au calme. Petit-déjeuner (fruits frais, confitures artisanales) servi sur les terrasses privatives.

Val Baussenc

rest,

122 av. de la Vallée-des-Baux – ✆ 04 90 54 38 90 – www.valbaussenc.com – Ouvert 1er mars-31 oct.

23 ch – †71/125 € ††82/125 € – ☕ 11 € – ½ P

Rest *(fermé dim. de mi-sept. à mi-juin et merc.) (dîner seult)* – Menu 27/36 € – Carte 40/48 €

Une maison au décor provençal qui magnifie avec originalité la pierre calcaire des Baux. Les chambres, presque toutes avec terrasse ou balcon, profitent du calme de la campagne environnante. Petite salle à manger, treille et cuisine aux couleurs du Sud.

Castillon des Baux sans rest

10 bis av. de la Vallée-des-Baux – ✆ 04 90 54 31 93 – www.castillondesbaux.com – Fermé 15 déc.- 31 janv.

20 ch – †89/115 € ††89/143 € – ☕ 13 €

Bâtisse ocre rouge façon mas, entourée d'un jardin. Les chambres, sobres et confortables, ont presque toutes un balcon ou une terrasse. Prix raisonnables.

Ou Ravi Provençau

34 av. de la Vallée-des-Baux – ✆ 04 90 54 31 11 – www.restaurantalpilles.fr – Fermé 22-30 juin, 15 nov.-15 déc., 15 janv.-10 fév., mardi et merc.

Rest – Formule 25 € bc – Menu 42 € – Carte 45/75 €

Authentique, goûteuse et généreuse... la cuisine servie dans cette jolie maison méridionale semble sortir du "Reboul" : daube, escargots à la suçarelle, lapin au thym, etc. Agréable patio.

Le Clos St-Roch N

87 av. de la Vallée-des-Baux – ✆ 04 90 98 77 15 – www.leclosaintroch.com – Fermé 1 sem. vacances de Noël, 3 sem. vacances de fév., merc. et jeudi

Rest – Formule 19 € – Menu 25 € – Carte 27/39 €

Des États-Unis aux Alpilles, il n'y a parfois qu'un pas que ce couple a franchi. En cuisine, monsieur concocte des recettes imprégnées des parfums de la région, tandis que madame œuvre en salle. L'hiver, demandez une table à côté de la cheminée et, l'été, profitez de la terrasse !

La Place

65 av. de la Vallée-des-Baux – ✆ 04 90 54 23 31 – www.restaurant-laplace.fr – Fermé mardi de nov. à avril et merc. d'oct. à mai

Rest – Formule 29 € – Menu 36 € – Carte 38/46 €

Cette "Place", d'un style rétro revisité (lustres en cristal, tons anis et prune), et sa terrasse servent d'écrin à une cuisine d'aujourd'hui, aux accents du Sud.

au Paradou 2 km à l'Ouest par D 17, rte d'Arles – 1 357 h. – alt. 21 m – ✉ 13520

Du Côté des Olivades

lieu-dit de Bourgeac – *04 90 54 56 78* – *www.ducotedesolivades.com*
10 ch – †115/280 € ††115/320 € – ☕ 21 € – ½ P
Rest *Du Côté des Olivades* – voir les restaurants ci-après
Cette bastide contemporaine, nichée au milieu des oliviers, abrite des chambres de style provençal. Agréable piscine et copieux petit-déjeuner.

B design & Spa

lieu-dit de Bourgeac – *www.ducotedesolivades.com*
15 suites – ††350/490 € – ☕ 21 €
La modernité au service du confort et du bien-être résume l'esprit de cet hôtel, à l'entrée de la propriété. Vastes suites dessinées par un designer, terrasses, espace de remise de forme. Pour un beau séjour au calme...

La Maison du Paradou

2 rte de St-Roch – *04 90 54 65 46* – *www.maisonduparadou.com*
5 ch ☕ – †240/295 € ††240/295 € **Table d'hôte** – Menu 50 € (déj.)/75 €
Relais de poste (1699) couvert de glycine, tenu par des Britanniques et doté de chambres hyperconfortables. Très beau salon voûté, jardin provençal et piscines d'eau salée... Table d'hôtes (sur réservation) sous la pergola avec, en toile de fond, les Alpilles.

Du Côté des Olivades – Hôtel Du Côté des Olivades

lieu-dit de Bourgeac – *04 90 54 56 78* – *www.ducotedesolivades.com*
Rest *(fermé mardi midi et lundi) (nombre de couverts limité, réserver)* – Carte 55/92 €
Légumes primeurs provençaux, poisson de ligne... Dans ce charmant restaurant, la chef, autodidacte et passionnée, concocte de fines et subtiles recettes, très parfumées. Agréable terrasse entourée de végétation méditerranéenne.

Le Bistrot du Paradou

57 av. de la Vallée-des-Baux – *04 90 54 32 70* – *Fermé 26 mai-3 juin, vacances de Noël, de fév., dim. et lundi*
Rest *(réserver)* – Menu 45 € bc (déj.)/49 €
Cette maison aux volets bleus conviviale est une institution locale. Elle fleure bon l'aïoli, la volaille de Bresse à la broche et les tartes maison. Attention, menu unique !

MAUZAC-ET-ST-MEYME-DE-ROZENS – 24 Dordogne – 329 F6 4 C3

– 845 h. – alt. 49 m – ✉ 24150
Paris 596 – Agen 116 – Bordeaux 151 – Périgueux 64

La Métairie

– *05 53 22 50 47* – *www.la-metairie.com* – *Ouvert 20 mars-31 oct. et vacances de Noël*
9 ch – †115/170 € ††135/185 € – 1 suite – ☕ 18 € – ½ P
Rest – Formule 33 € – Menu 43/62 € – Carte 66/84 €
Un hôtel charmant et romantique, installé dans une maison du 19e s., au cœur d'un superbe parc de 3 ha. Les chambres ont beaucoup de classe et, le plus souvent, une terrasse privative. Restaurant au cadre rustique pour une cuisine s'inspirant du terroir.

MAYENNE – 53 Mayenne – 310 F5 – 13 350 h. – alt. 124 m 35 C1

– ✉ 53100 Pays de la Loire
Paris 283 – Alençon 61 – Flers 56 – Fougères 47
quai de Waiblingen, 02 43 04 19 37, www.paysdemayenne-tourisme.fr
Ancien château ★.

Le Grand Hôtel

2 r. Ambroise-de-Loré – *02 43 00 96 00* – *www.grandhotelmayenne.com* – *Fermé 27 juil.-18 août, 20 déc.-5 janv. et sam. midi*
22 ch – †73/105 € ††88/135 € – ☕ 12 €
Rest *Le Grand Hôtel* – voir les restaurants ci-après
Cet hôtel central, créé en 1850, dispose de chambres très bien tenues. On vient d'abord se garer tranquillement dans la cour fleurie qui sert de parking avant de profiter du confortable salon et du bar à whiskies.

L'Éveil des Sens (Nicolas Nobis)
429 bd Paul-Lintier – 02 43 30 42 17 – www.restaurant-leveildessens.fr
– Fermé 12 août-2 sept., 2-22 janv., mardi midi, dim. soir et lundi
Rest *(nombre de couverts limité, réserver)* – Formule 18 € – Menu 34/56 €
Des cuissons et assaisonnements précis, une créativité bien maîtrisée, des produits de qualité : cette table réveille les papilles et y laisse une empreinte durable. Décor sobre et moderne.
➜ Foie gras de canard à la badiane et fenouil confit. Saint-pierre doré, étuvée de chou-rave et coquillages. Ganache au chocolat, croustillant à la noisette et glace au pralin.

Le Grand Hôtel – Le Grand Hôtel
2 r. Ambroise-de-Loré – 02 43 00 96 00 – www.grandhotelmayenne.com
– Fermé 27 juil.-18 août, 20 déc.-5 janv., sam. sauf le soir de mai à sept., vend. soir et dim.
Rest – Formule 15 € – Menu 20/34 € – Carte 54/67 €
Dans un décor de jardin d'hiver (plantes vertes, meubles en rotin, etc.), on apprécie une cuisine qui s'appuie sur de solides bases classiques avec, en semaine pour le déjeuner, une formule "bouchon" à prix étudié. Ainsi va la vie au Grand Hôtel...

rte de Laval au Sud par N 162 – ✉ 53100 Mayenne

La Marjolaine
au domaine du Bas-Mont, à 6,5 km – 02 43 00 48 42 – www.lamarjolaine.fr
– Fermé vacances de la Toussaint et de fév.
34 ch – 59/122 € 59/122 € – 10 € – ½ P
Rest ***La Marjolaine*** – voir les restaurants ci-après
Près de Mayenne, mais en pleine nature : dans le parc aux arbres centenaires coule une rivière... On peut loger au château (17e s.) ou à la ferme, à moins de préférer les chambres plus actuelles de la dépendance. Espace détente.

La Marjolaine
au domaine du Bas-Mont, à 6,5 km – 02 43 00 48 42 – www.lamarjolaine.fr
– Fermé vacances de la Toussaint et de fév., vend. soir, sam. midi de janv. à Pâques et dim. soir d'oct. à Pâques
Rest – Formule 16 € – Menu 20 € (déj. en sem.), 30/45 € – Carte 48/69 €
Dans ce restaurant élégant, on savoure une cuisine classique où les tendances actuelles se devinent par petites touches : pigeonneau au jus de mûre, blanquette de ris de veau et langoustines, escargots aux oreilles de cochon... Nul doute que cette Marjolaine séduira plus d'un gourmand !

Beau Rivage avec ch
rte de St-Baudelle, à 4 km – 02 43 00 49 13 – www.restaurantbeaurivage.com
– Fermé dim. soir et lundi
8 ch – 58 € 72 € – 8,50 € – ½ P
Rest – Formule 15 € – Menu 18/39 € – Carte 28/49 €
Ce restaurant, au bord de la Mayenne, a des airs de guinguette. Et c'est avec plaisir qu'on atteint les rivages de la gourmandise grâce à l'appétissante cuisine traditionnelle du chef et autres viandes rôties... Aux beaux jours, profitez de la belle terrasse ombragée.

MAZAMET – **81 Tarn** – **338** G10 – **9 975 h.** – **alt. 241 m** – ✉ **81200** **29** C2
Midi Toulousain
Paris 739 – Albi 64 – Carcassonne 50 – Castres 21
de Castres-Mazamet : 05 63 70 34 77, 14 km à l'Ouest
3 rue des Casernes, 05 63 61 27 07, www.tourisme-mazamet.com
de Mazamet-la-Barouge, Pont de l'Arn, N : 3 km, 05 63 61 06 72
★ des gorges de l'Arnette S : 4 km.

Mets et Plaisirs
7 av. Albert Rouvière – ✆ 05 63 61 56 93 – www.metsetplaisirs.com – Fermé 2-23 août, 24 déc.-8 janv., dim. soir et lundi
11 ch – 45/55 € 55/65 € – 7 € – ½ P
Rest *Mets et Plaisirs* – voir les restaurants ci-après
Dans le centre de Mazamet, une maison de maître du début du 20e s. avec des chambres assez petites et simples, mais bien tenues... Quant au restaurant, il ravira les gourmands !

La Villa de Mazamet
4 r. Pasteur – ✆ 05 63 97 90 33 – www.villademazamet.com – Fermé 24 déc.-6 janv.
5 ch – 95/150 € 95/150 € **Table d'hôte** *(fermé merc.)* – Menu 33 €
Les propriétaires ? Deux Anglais tombés amoureux du Sud et de cette très belle maison de maître, avec son grand escalier en pierre, ses moulures, ses cheminées en marbre, etc. Les chambres, spacieuses et claires, sont raffinées ; l'accueil est charmant... Une très bonne adresse de Mazamet.

Mets et Plaisirs – Hôtel Mets et Plaisirs
7 av. Albert Rouvière – ✆ 05 63 61 56 93 – www.metsetplaisirs.com – Fermé 2-23 août, 24 déc.-8 janv., dim. soir et lundi
Rest – Menu 17 € (sem.)/30 € – Carte 44/52 €
Une maison bourgeoise et un cadre... classique – moulures, boiseries, etc. Aux fourneaux, le propriétaire prépare une cuisine fraîche et bien tournée, avec des produits choisis. On a du plaisir à savourer ses mets !

MAZAN – 84 Vaucluse – **332** D9 – rattaché à Carpentras

MAZAYE – 63 Puy-de-Dôme – **326** E8 – 684 h. – alt. 760 m – ✉ 63230 **5** B2
Paris 441 – Clermont-Ferrand 23 – Le Mont-Dore 32 – Pontaumur 27

Auberge de Mazayes
à Mazayes-Basses – ✆ 04 73 88 93 30 – www.auberge-mazayes.com – Fermé 15 déc.-25 janv., dim. soir et lundi de sept. à avril et mardi midi
15 ch – 56/65 € 68/80 € – 10 €
Rest *Auberge de Mazayes* – voir les restaurants ci-après
Cette belle ferme rustique est le pied-à-terre parfait pour sillonner la campagne auvergnate. Profitez des chambres coquettes et au calme, avant de repartir à l'assaut des monts Dôme.

Auberge de Mazayes
à Mazayes-Basses – ✆ 04 73 88 93 30 – www.auberge-mazayes.com – Fermé 15 déc.-25 janv., dim. soir et lundi de sept. à avril et mardi midi
Rest – Formule 16 € – Menu 24 € (sem.), 31/47 € – Carte 29/46 €
Des moellons de basalte, du bois patiné... et tout le goût de l'Auvergne : feuilleté au cantal, truffade du Cantal et de l'Aveyron, truite au lard, petit salé aux lentilles vertes du Puy, pounti et fromages régionaux, etc. Sincère et généreux !

MAZEROLLES – 40 Landes – **335** I11 – rattaché à Mont-de-Marsan

---

MEAULNE – 03 Allier – **326** C3 – 769 h. – alt. 185 m – ✉ 03360 Auvergne **5** B1
Paris 307 – Clermont-Ferrand 126 – Moulins 96 – Montluçon 31

Au Cœur de Meaulne
20 pl. de l'Eglise – ✆ 04 70 06 20 30 – www.aucoeurdemeaulne.com – Fermé vacances de la Toussaint et 23 fév.-10 mars
6 ch – 59/72 € 65/72 € – 10 € – ½ P
Rest *Au Cœur de Meaulne* – voir les restaurants ci-après
Cette auberge vous héberge dans des chambres colorées et bien tenues, où des tronçons de bois de la forêt de Tronçais tiennent lieu de tables de nuit ! Une petite maison bien agréable, aux prix mesurés.

Manoir du Mortier
Le Mortier – ✆ 06 62 21 08 82 – www.manoirdumortier.com – Ouvert avril-nov.
4 ch – 150/160 € 240/280 € **Table d'hôte** – Menu 32 € bc
En pleine nature, à l'orée d'une forêt, manoir familial du 18e s. joliment restauré. Ciels de lit, tentures, objets anciens : les chambres sont très romantiques. Repas sur réservation, servi devant la cheminée ou en terrasse. Idéal pour se ressourcer.

Au Cœur de Meaulne – Hôtel Au Cœur de Meaulne

20 pl. de l'Eglise – ✆ 04 70 06 20 30 – www.aucoeurdemeaulne.com – Fermé vacances de la Toussaint, 23 fév.-10 mars, dim. soir et le midi sauf sam.

Rest *(nombre de couverts limité, réserver)* – Menu 30 € – Carte environ 40 €

Des produits de qualité et l'envie de bien faire : une jolie recette pour une cuisine dans l'air du temps... qui met l'eau à la bouche. Et l'été, il fait bon s'attabler sous les feuilles du vieux marronnier.

MEAUX – **77 Seine-et-Marne** – **312** G2 – **49 612 h.** – **alt. 51 m** **19** C1

– ✉ **77100** Île-de-France

Paris 54 – Compiègne 68 – Melun 56 – Reims 98

1, place Doumer, ✆ 01 64 33 02 26, www.paysdemeaux.com

de Meaux Boutigny, à Boutigny, par A 140 et D 228 : 11km, ✆ 01 60 25 63 98

Crécy Golf Club, à Crécy-la-Chapelle, route de Guérard, par A 140 et rte de Melun : 16 km, ✆ 01 64 75 34 44

Disneyland Paris, à Magny-le-Hongre, Allée de la Mare Houleuse, S : 16 km par D5, ✆ 01 60 45 68 90

Musée de la Grande Guerre★★, Centre épiscopal★ : cathédrale★, ≤★ de la terrasse des remparts.

La Grignotière

36 r. de la Sablonnière – ✆ 01 64 34 21 48 – Fermé août, sam. midi, mardi et merc.

Rest – Formule 27 € – Menu 37/49 € – Carte 61/78 €

On apprécie ce restaurant rustique bien agréable avec sa cheminée en état de marche. Sympathique cuisine de tradition et beaux plateaux de fruits de mer servis toute l'année.

à Germigny-l'Évêque **8 km au Nord-Est par D 405 et D 97** – **1 331 h.** – **alt. 49 m** – ✉ **77910**

Le Gonfalon avec ch

2 r. de l'Église – ✆ 01 64 33 16 05 – www.hotelgonfalon.com – Fermé 2 janv.-7 fév., dim. soir et lundi

9 ch – †80/120 € ††90/150 € – ☐ 12 €

Rest – Formule 30 € – Menu 45/60 € – Carte 52/101 €

Fraîcheur et charme inondent la terrasse romantique de cette auberge en bord de Marne. On y apprécie une cuisine d'aujourd'hui, servie l'hiver au coin du feu, dans une salle cosy et intime... Chambres très calmes, certaines côté rivière.

à Trilbardou **7 km à l'Ouest par N 3 et D 27** – **636 h.** – **alt. 47 m** – ✉ **77450**

M. et Mme Cantin sans rest

2 r. de l'Église – ✆ 01 60 61 08 75

3 ch ☐ – †60 € ††70 €

Le canal de l'Ourcq longe le jardin de cette demeure du 19e s. Chambres à la décoration raffinée. Pour les sportifs, une piste cyclable depuis Paris permet d'y accéder en vélo !

MEAUZAC – **82 Tarn-et-Garonne** – **337** D7 – **1 085 h.** – **alt. 76 m** **28** B2

– ✉ **82290**

Paris 628 – Cahors 57 – Montauban 16 – Toulouse 67

Manoir des Chanterelles

à Bernon-Boutounelle, 2170 rte de Castelsarrasin, 2 km au Nord par D 45 – ✆ 05 63 24 60 70 – www.manoirdeschanterelles.com – Fermé dim. soir hors saison

5 ch ☐ – †90/130 € ††100/130 € **Table d'hôte** – Menu 30 € bc

Un beau manoir flanqué de tourelles au cœur d'un parc et d'un verger de pommiers. Savane, Louis XVI, Orientale, Romantique et Zen : les chambres, confortables, offrent un décor bigarré et opulent. Piscine et tennis pour la détente.

LES MÉES – 04 Alpes-de-Haute-Provence – 334 D8 – 3 671 h. 40 B2
– alt. 410 m – ✉ 04190

Paris 733 – Avignon 155 – Digne-les-Bains 22 – Marseille 115

21, boulevard de la République, ✆ 04 92 34 36 38

La Marmite du Pêcheur
bd des Tilleuls – ✆ 04 92 34 35 56 – www.lamarmitedupecheur.com – Fermé 2-12 janv., mardi et merc.

Rest – Menu 20 € (déj. en sem.)/36 € – Carte 44/75 €

Au pied des Pénitents, ces célèbres rochers pointus, les gourmands n'ont pas à faire profil bas ! Dans cet ancien moulin, on se régale de spécialités de poisson et de produits de la mer (bouillabaisse sur commande). Décor contemporain dans la salle où trône encore la roue à aubes.

MEGÈVE – 74 Haute-Savoie – 328 M5 – 3 907 h. – alt. 1 113 m – Sports 46 F1
d'hiver : 1 113/2 350 m 12 74 – Casino AY – ✉ 74120 Alpes du Nord

Paris 598 – Albertville 32 – Annecy 60 – Chamonix-Mont-Blanc 33

Altiport de Megève ✆ 04 50 21 03 21, 7 km au SE **BZ**

70, Rue Monseigneur Conseil, ✆ 04 50 21 27 28, www.megeve.com

du Mont-d'Arbois, 3001 route Edmond de Rothschild, E : 2 km, ✆ 04 50 21 29 79

Mont d'Arbois★★.

Les Fermes de Marie
163 chemin de la Riante Colline, par ② – ✆ 04 50 93 03 10 – www.fermesdemarie.com – Fermé 7 avril-6 juin

70 ch – 280/1500 € 790/1500 € – 10 suites – 28 € – ½ P

Rest – Carte 67/104 €

Rest *Restaurant Alpin* *(dîner seult)* – Menu 60 €

On se verrait bien vivre dans ce hameau de fermes savoyardes reconstituées. Charme authentique, calme, luxe tout en sobriété... un paradis des neiges. Et le spa est superbe ! Au restaurant, le chef travaille de beaux produits ; sa cuisine est fine et élégante. Rôtisserie et spécialités fromagères au Restaurant Alpin.

Le Fer à Cheval
rest, rest,

36 rte Crêt d'Arbois – ✆ 04 50 21 30 39 – www.feracheval-megeve.com – Ouvert de fin juin à début sept. et de mi-déc. à mi-avril **BYa**

38 ch – ½ P seult 285/772 € – 15 suites

Rest *(fermé le midi)* – Menu 65 € – Carte 68/121 €

Rest *L'Alpage* *(Ouvert mi-déc. à mi-avril et fermé le midi)* – Carte 42/52 €

Pourquoi le Fer à Cheval ? En hommage au forgeron du village, qui bâtit ce superbe chalet en 1938. Ici, l'esprit savoyard est sublimé (que de bois et de chaleur...), et le spa grandiose. Pour une échappée gastronomique, le chef, soucieux du bon produit, concocte une cuisine pleine de raffinement. Plats du terroir à L'Alpage.

Lodge Park
rest,

100 r. Arly – ✆ 04 50 93 05 03 – www.lodgepark.com – Ouvert de mi-déc. à fin mars **AYs**

38 ch – 270/680 € 270/680 € – 11 suites – 25 €

Rest – Carte 52/124 €

Atypique, chic et hors du temps : ce Lodge Park est tout cela à la fois. Trophées de chasse, cheminées en pierre... les chambres sont de vrais cocons. Magique ! Au restaurant, la viande est à l'honneur.

Les prix indiqués devant le symbole correspondent au prix le plus bas en basse saison puis au prix le plus élevé en haute saison, pour une chambre single. Même principe avec le symbole , cette fois pour une chambre double.

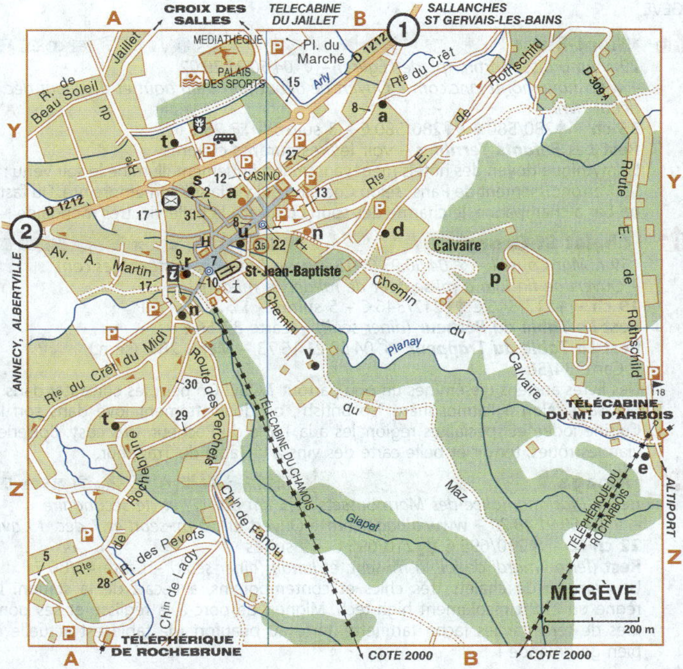

Arly (R. d') ... AY 2
Bouchet (Rte du) ... AZ 5
Église (Pl. de l') ... AY 7
Feige (R. Ch.) ... ABY 8
Martin (R. A.) ... AY 9
Monseigneur-Conseil (R.) ... AY 10
Muffat-de-St-Amour (R. du Gén.) ... AY 12
Oberstdorf (R.) ... BY 13
Palais des Sports (Rte du) ... ABY 15
Poste (R. de la) ... AY 17
Résistance (Pl. de la) ... AY 22
St-François (R.) ... ABY 27
Téléphérique (Rte du) ... AZ 28
Torrents (R. des) ... AZ 29
Verte (Allée) ... AZ 30
5-Rues (Passage des) ... AY 31

Chalet du Mont d'Arbois

447 chemin de la Rocaille, par rte Edmond-de-Rothschild – ✆ 04 50 21 25 03 – www.domainedumontdarbois.com – Ouvert de mi-juin à mi-sept. et de début déc. à mi-avril **BYp**

23 ch – 223/588 € 251/616 € – 1 suite – ½ P

Rest ***1920*** – voir les restaurants ci-après

Sous l'égide de la famille Rothschild, un grand chalet très chic, chaleureux et raffiné, avec une vue sublime sur les sommets : toute la féerie de Megève. Ou l'art d'apprécier le luxe d'une piscine semi-couverte chauffée à 30° C comme celui d'un dîner romantique...

Chalet Noémie

447 chemin de la Rocaille

5 suites – 700/4500 € – 28 €

Le Chalet de Noémie constitue une délicieuse annexe, distillant un parfait charme savoyard.

Chalet Alice

447 chemin de la Rocaille

8 ch – 448/688 € 481/721 € – 2 suites – 28 €

Un chalet à l'ancienne... qui brille comme un sou neuf. Cosy, ravissant, parfaitement tenu, il renferme une collection rare de cannes et pipes appartenant aux Rothschild.

Mont-Blanc

29 r. Ambroise-Martin, (pl. de l'Église) – 04 50 21 20 02 – www.hotelmontblanc.com – Ouvert de début juin à fin août et de début déc. à début avril **AYr**

35 ch – 280/580 € 280/580 € – 3 suites – 25 €

Rest *Les Enfants Terribles* – voir les restaurants ci-après

Le mythique doyen des hôtels megèvans, magnifiquement illuminé le soir venu : le "21e arrondissement de Paris" selon Cocteau, qui y a laissé son empreinte. Du faste, un bar à champagne, le charme des sports d'hiver... la belle vie, très mondaine !

Chalet St-Georges

ch, rest,

159 r. Mgr Conseil – 04 50 93 07 15 – www.hotel-chaletstgeorges.com – Ouvert de fin juin à mi-sept. et de mi-déc. à mi-avril **AYn**

19 ch – 217/346 € 217/346 € – 5 suites – 23 € – ½ P

Rest *La Table du Pêcheur* *(dîner seult)* – Carte 37/56 €

Rest *La Table du Trappeur* 04 50 21 15 73 – Menu 28 € (sem.) – Carte 34/56 €

Des livres anciens disséminés un peu partout ? Oui ! On peut les consulter dans le ravissant salon à l'atmosphère "so British", ou douillettement lové dans son lit. Cuisine iodée et spécialités régionales à la Table du Pêcheur, très cosy. Boiseries, viandes rôties, terroir et belle carte des vins à la Table du Trappeur.

Alpaga

rte du Prariand, (allée des Marmoussets), 1,5 km par ② et rte secondaire – 04 50 91 48 70 – www.alpaga.com – Ouvert juil. à mi-sept. et 7 déc.-15 avril

22 ch – 210/695 € 210/695 € – 9 suites

Rest *(fermé mardi de juil. à mi-sept. et lundi) (dîner seult)* – Carte 46/86 €

Un hameau de chalets très chics et contemporains, à l'écart de la station. Ici règne un esprit résolument high-tech. Mignon de porc à la réglisse et ses pommes de terre farcies façon tartiflette, tarte au beaufort : la table est actuelle et bien gourmande !

L'Arboisie

ch,

483 rte du Gollet – 04 50 55 35 90 – www.hmc-hotels.com – Ouvert début juin à mi-sept. et mi-déc. à mi-avril **BYd**

62 suites – 140/570 € – 7 ch – 20 € **Rest** – Menu 28 € – Carte 34/52 €

Sur les hauteurs du village, un établissement avec de grandes chambres ou des suites (avec petite cuisine), donnant presque toutes sur la vallée. Bel espace détente et grande salle de réunion. Offre de restauration traditionnelle.

Au Coin du Feu

252 rte de Rochebrune – 04 50 21 04 94 – www.coindufeu.com – Ouvert 16 déc.-9 avril **AZt**

23 ch – 195/410 € 195/410 € – 23 € – ½ P

Rest *Le St-Nicolas* *(dîner seult)* – Menu 49/55 € – Carte 48/60 €

Des cheminées, de jolis motifs floraux habillant toutes les chambres : une atmosphère authentique, familiale et chic. Petit espace bien-être avec salle de massage. Spécialités traditionnelles et fromagères servies dans une élégante taverne montagnarde.

La Ferme du Golf sans rest

3048 rte Edmond-de-Rothschild – 04 50 21 14 62 – www.domainedumontdarbois.com – Ouvert de mi-juin à mi-sept. et de mi-déc. à fin avril **BZe**

19 ch – 180/280 € 230/365 € – 15 €

Au pied des remontées mécaniques, un sympathique hôtel – jadis une ferme – avec des chambres bien tenues, plus calmes côté vallée. Salon accueillant (cheminée, billard) ; jacuzzi.

Au Cœur de Megève

rest,

44 av. Charles Feige – 04 50 21 25 30 – www.hotel-megeve.com **AYu**

29 ch – 95/222 € 95/447 € – 7 suites – 13 €

Rest *(fermé merc. et jeudi hors saison)* – Formule 24 € bc – Carte 31/74 €

Un hôtel d'esprit pension de famille au cœur de la station. Déco savoyarde dans les chambres ; vue sur les pistes ou sur le village et le torrent : typique, pratique et bien tenu ! Au restaurant, place à la tradition et au terroir en toute simplicité.

La Grange d'Arly

10 r. des Allobroges – 04 50 58 77 88 – www.grange-darly.com
– Ouvert de fin juin à mi-sept. et de mi-déc. à fin mars AYt
22 ch – 154/204 € 180/246 €
Rest *(dîner seult)* – Menu 22/36 €
Hôtel familial impeccablement tenu. Les chambres sont assez spacieuses (quelques-unes mansardées ou en duplex) et le bois naturel domine. Une valeur simple et sûre ! Au restaurant, cuisine traditionnelle.

La Chaumine sans rest

36 chemin des Bouleaux, par chemin du Maz – 04 50 21 37 05
– www.hotel-lachaumine-megeve.com
– Ouvert 22 juin-1er sept. et 17 déc.-14 avril BZv
11 ch – 78/122 € 82/122 € – 11 €
À 300 m du village et de la télécabine du Chamois, une ferme du 19e s. joliment restaurée à la mode savoyarde. Les chambres sont douillettes et... au calme !

1920 – Hôtel Chalet du Mont d'Arbois

447 chemin de la Rocaille, par rte Edmond de Rothschild – 04 50 21 25 03
– www.domainedumontdarbois.com – Ouvert de mi-juin à mi-sept. et de début déc. à mi-avril BYp
Rest – Menu 55 € (dîner)/110 € – Carte 80/122 €
Dans ce domaine créé par les Rothschild en 1920, les plaisirs de la table se déclinent en produits nobles et recettes originales : caille royale farcie aux girolles et foie gras, soufflé tradition Rothschild, etc. Le tout accompagné d'une belle carte des vins où les grands crus de la famille sont à l'honneur.

Les Enfants Terribles – Hôtel Mont-Blanc

29 r. Ambroise-Martin, (pl. de l'Église) – 04 50 58 76 69
– www.hotelmontblanc.com – Ouvert de début juin à fin août et de début déc. à début avril AYr
Rest – Carte 48/115 €
Point d'impertinence mais une belle liberté chez ces Enfants Terribles : tons brun, noir et rouge, lumières tamisées, musique d'ambiance et... fresque de Cocteau – ancien habitué des lieux. Une brasserie très en vue !

Flocons Village

75 r. St-François – 04 50 78 35 01 – www.floconsdesel.com AYa
Rest – Formule 26 € – Menu 31 €
Bienvenue dans l'annexe d'Emmanuel Renaut, le chef bien connu des Flocons de Sel (Leutaz). Ces Flocons-ci font fondre de plaisir avec une cuisine actuelle soignée et des plats du terroir d'une grande finesse. Le rapport qualité-prix est excellent !

Le Vieux Megève

58 pl. de la Résistance – 04 50 21 16 44 – www.restaurant-vieux-megeve.fr
– Ouvert 11 juil.-31 août et 11 déc.-30 mars et fermé lundi en hiver, mardi midi en janv. et mars BYn
Rest – Carte 30/50 €
Authenticité montagnarde : le credo de ce Vieux Megève, une institution familiale depuis 1965. Belles spécialités fromagères, portions généreuses et ambiance rustique à souhait...

Le Crystobald

489 rte Nationale, par ① – 04 50 21 26 82
– Fermé 6 mai-6 juin, 11 nov.-12 déc., mardi hors saison, dim. soir et lundi
Rest – Menu 22 € (déj.)/33 € – Carte 27/60 €
Crystobald ? Le prénom du fils des patrons, un sympathique couple belgo-aveyronnais. Ici, la carte, dans l'air du temps, est courte et alléchante : tout est fait maison !

au sommet du Mont d'Arbois par télécabine du Mt d'Arbois ou télécabine de la Princesse – alt. 1 833 m – ✉ 74170 St Gervais les Bains

X **L'Idéal 1850** VISA AE

– ☎ 04 50 21 31 26 – www.domainedumontdarbois.com – Ouvert juil.-août et mi-déc. à mi-avril

Rest *(déj. seult)* – Carte 42/88 €

Une ferme d'alpage devenue le restaurant d'altitude le plus en vue de la station. Ici, la Savoie est à l'honneur et, sur la terrasse, le panorama sur le mont Blanc est... idéal.

à la Côte 2000 8 km au Sud-Est par rte Edmond de Rothschild - BZ – ✉ 74120 Megève

X **Côte 2000** soir, VISA AE

3461 rte de la Côte 2000 – ☎ 04 50 21 31 84 – Ouvert mi-déc. à fin avril et fermé le soir sauf vacances scolaires

Rest – Carte 35/60 €

Près des remontées mécaniques. Pour l'anecdote, ce chalet autrichien (propriété des Rothschild) fut démonté puis reconstruit ici dans les années 1960. Cuisine régionale généreuse.

à Leutaz 4 km au Sud-Ouest par rte du Bouchet AZ – ✉ 74120 Megeve

XXX ✿✿✿ **Flocons de Sel** (Emmanuel Renaut) avec ch ch, P VISA AE

1775 rte du Leutaz, 4 km au Sud-Ouest par rte du Bouchet - ZA – ☎ 04 50 21 49 99 – www.floconsdesel.com – Fermé 29 avril-29 mai et 11 nov.-6 déc.

9 ch – †280/790 € ††280/1850 € – ☕ 20 €

Rest *(fermé mardi et merc.)* – Formule 49 € – Menu 85 € (déj.)/168 € – Carte 110/155 €

Plusieurs chalets au-dessus de Megève... Suivez les sommets, vous rencontrerez Emmanuel Renaut. Voilà bien un grand cuisinier, habité par la passion de la montagne : si ses recettes possèdent une vraie signature, elles apparaissent aussi infiniment proches de la nature ! Et ces Flocons de Sel sont aussi un hôtel charmant marqué par la patte du chef et de son épouse...

➜ Biscuit de brochet et de lotte du Léman, bouillon d'oignon et champignons. Pigeon fermier rôti au foin et genièvre, cuisses confites en parmentier. Sabayon glacé, Chartreuse, herbes et fleurs de nos prairies. **Vins** Chignin-Bergeron, Mondeuse.

XX **La Sauvageonne - Chez Nano** VISA

– ☎ 04 50 91 90 81 – www.sauvageonne-megeve.com – Ouvert 10 déc.-15 avril et fermé lundi midi et mardi midi hors vacances scolaires

Rest – Formule 35 € – Carte 62/83 €

Cheminée monumentale, lustres en cristal, cave à cigares et cuisine traditionnelle parsemée de touches world : la Sauvageonne est extravagante, lounge et très people.

X **Le Refuge** P VISA

2615 rte du Leutaz – ☎ 04 50 21 23 04 – www.refuge-megeve.com – Fermé juin, 15 oct.-15 nov., dim. soir, lundi, mardi et merc.

Rest – Formule 24 € – Menu 29 € (déj.) – Carte environ 55 €

Un charmant Refuge, typique et convivial, sur les hauteurs de la station. On y sert une vraie cuisine de chef, fine et goûteuse, et les incontournables savoyards bien sûr.

MEILLARD – 03 Allier – 326 G4 – 262 h. – alt. 340 m – ✉ 03500 5 B1

▶ Paris 319 – Clermont-Ferrand 86 – Mâcon 149 – Montluçon 68

X **L'Auberge Gourmande** VISA

au bourg – ☎ 04 70 42 06 09 – Fermé 23 fév.-11 mars, dim. soir et merc.

Rest – Menu 18 € (déj. en sem.), 28/37 € – Carte 46/52 €

Nul besoin de collectionner les bons points pour manger dans l'ancienne école de ce village de campagne ! Dans un cadre rustique, les gourmands apprécient une cuisine traditionnelle généreuse et savoureuse. Une adresse familiale qui porte bien son nom.

MEILLONNAS – 01 Ain – 328 F3 – 1 301 h. – alt. 271 m – ✉ 01370 44 B1

Lyon et sa région

▶ Paris 432 – Bourg-en-Bresse 12 – Mâcon 47 – Nantua 37

Auberge Au Vieux Meillonnas

Le Mollard – ✆ 04 74 51 34 46 – www.auvieuxmeillonnas.fr – Fermé vacances de printemps , 22 août-5 sept. , vacances de fév., mardi soir, dim. soir et merc.

Rest – Menu 23/35 € – Carte 28/55 €

Dans un charmant village, cette ferme bressane offre un cadre délicieusement champêtre (carreaux de ciment, pierres et poutres, grand jardin). On fait presque tout maison, y compris le pain ; de quoi honorer la cuisine régionale !

MEISENTHAL – 57 Moselle – 307 P5 – 734 h. – alt. 380 m – ✉ 57960 27 D2

Alsace Lorraine

▶ Paris 440 – Haguenau 47 – Sarreguemines 38 – Saverne 40

Auberge des Mésanges

rest,

r. des Vergers – ✆ 03 87 96 92 28 – www.aubergedesmesanges.fr – Fermé 23 déc.-3 janv.

20 ch – †48/53 € ††55/60 € – ☕ 9 € – ½ P

Rest *(fermé mardi midi, dim. soir et lundi)* – Formule 24 € – Carte environ 35 €

Au cœur du parc naturel des Vosges du Nord, une auberge familiale dans une maison centenaire à la lisière de la forêt. Au programme : petites chambres toutes simples et cuisine traditionnelle (tartes flambées le soir). Parfait pour visiter le centre international d'Art verrier.

MÉJANNES-LÈS-ALÈS – 30 Gard – 339 J4 – rattaché à Alès

MÉLISEY – 70 Haute-Saône – 314 H6 – 1 699 h. – alt. 330 m – ✉ 70270 17 C1

Franche-Comté Jura

▶ Paris 397 – Belfort 33 – Besançon 92 – Épinal 63

ℹ place de la Gare, ✆ 03 84 63 22 80, www.melisey.com

La Bergeraine

27 rte des Vosges – ✆ 03 84 20 82 52 – www.labergeraine.fr – Fermé dim. soir, mardi soir et merc. sauf fériés

Rest *(réserver)* – Formule 18 € – Menu 26/48 € – Carte 50/90 €

Ne vous fiez pas à l'extérieur de cette vénérable maison en pierre. Passé la porte, c'est une toute autre ambiance qui vous attend : lustres design, mobilier wengé, nappage rouge, etc. Même contraste sur la carte avec une cuisine créative ou classique. Renversant !

MELLE – 79 Deux-Sèvres – 322 F7 – 3 647 h. – alt. 138 m – ✉ 79500 39 C2

Poitou-Charentes

▶ Paris 394 – Niort 30 – Poitiers 60 – St-Jean-d'Angély 45

ℹ 3, rue Émilien Traver, ✆ 05 49 29 15 10, www.paysmellois.org

L'Argentière (N)

à St-Martin, 2 km sur rte de Niort – ✆ 05 49 29 13 22 – www.largentiere.com – Fermé 24 déc.-2 janv.

25 ch – †59/69 € ††65/78 € – ☕ 8 €

Rest ***La Table de L'Argentière*** – voir les restaurants ci-après

L'enseigne évoque les anciennes mines d'argent qui firent jadis la fortune de la ville. Les chambres sont fonctionnelles et bien tenues ; préférez celles – plus calmes et spacieuses – donnant sur l'arrière du bâtiment.

Les Glycines avec ch

rest,

5 pl. René Groussard – ✆ 05 49 27 01 11 – www.hotel-lesglycines.com – Fermé 7- 20 janv., vend. soir, sam. midi d'oct. à mars et dim. soir

7 ch – †52/70 € ††59/78 € – ☕ 8,50 € – ½ P

Rest – Formule 20 € – Menu 27/44 € – Carte 40/55 €

La jolie véranda de ce restaurant couvert de glycines dissimule un décor contemporain et cossu. On y revisite les plats régionaux – tel ce lapin farci à la tapenade et au fromage de chèvre – et il y a un menu du jour à la brasserie. Chambres coquettes.

XX **La Table de L'Argentière** (N) VISA AE

à St-Martin, 2 km sur rte de Niort – ✆ 05 49 29 13 74 – www.restaurantlargentiere.fr – Fermé 24 déc.-2 janv., dim. soir et lundi

Rest – Formule 12 € – Menu 19/46 € – Carte 39/54 €

Un cadre séduisant, cosy et feutré – tendance mais sans excès –, pour cette Table qui propose une cuisine dans l'air du temps et, au déjeuner en semaine, une formule brasserie.

MELLO – **60 Oise** – **305** F5 – **526 h.** – **alt. 37 m** – ✉ **60660** — **36** B3

Paris 69 – Amiens 88 – Beauvais 33 – Pontoise 45

2, place de la Mairie, ✆ 03 44 56 40 80

Relais du Jeu d'Arc VISA AE

pl. du Jeu-d'Arc, 1 km à l'Est – ✆ 03 44 56 85 00 – www.relais-jeu-arc.com – Fermé août et 23 déc.-3 janv.

14 ch – †77/125 € ††77/125 € – ☕ 10 €

Rest ***Relais du Jeu d'Arc*** – voir les restaurants ci-après

Les origines de ce relais de poste remontent au 17e s. Les chambres sont modernes et confortables ; certaines avec mezzanine. Pierres et poutres apparentes leur confèrent un charme pittoresque.

X **Relais du Jeu d'Arc** VISA AE

pl. du Jeu-d'Arc, 1 km à l'Est – ✆ 03 44 56 85 00 – www.relais-jeu-arc.com – Fermé août, 23 déc.-3 janv., dim. et lundi

Rest – Menu 18 € (déj. en sem.), 24/39 € – Carte 48/54 €

Une ancienne écurie – au style typiquement régional – sert de cadre à ce sympathique restaurant : parfait pour déguster une cuisine traditionnelle près d'une belle cheminée en pierre ou sur la terrasse, au pied du château de Mello.

MELUN P – **77 Seine-et-Marne** – **312** E4 – **39 400 h.** – **Agglo. 107 705 h.** – **alt. 43 m** – ✉ **77000** Île-de-France — **19** C2

Paris 47 – Fontainebleau 18 – Orléans 104 – Troyes 128

18, rue Paul Doumer, ✆ 01 64 52 64 52, www.ville-melun.fr

9 U.C.P.A. Bois-le-Roi, à Bois-le-Roi, Base de loisirs, par rte de Fontainebleau : 8 km, ✆ 01 64 81 33 31

18 de Greenparc, à Saint-Pierre-du-Perray, Route de Villepècle, par rte de Cesson : 15 km, ✆ 01 60 75 40 60

18 Blue Green Golf de Villeray, à Saint-Pierre-du-Perray, par rte de Corbeil : 21 km, ✆ 01 60 75 17 47

Portail★ de l'église St-Aspais.

Vaux-le-Vicomte : château★★ et jardins★★★ 6 km par ②.

XX **La Melunoise** VISA AE

5 r. Gâtinais – ✆ 01 64 39 68 27 – www.lamelunoise.fr – Fermé août, lundi, mardi, merc. et jeudi X**b**

Rest – Menu 32 € – Carte 48/55 €

Discrète maison en retrait de la circulation. Deux salles à manger sobrement rustiques – séparées par un petit hall rehaussé de vieilles pierres – et carte traditionnelle.

XX **Le Mariette** VISA

31 r. St-Ambroise – ✆ 01 64 37 06 06 – www.lemariette.fr – Fermé 8-18 mars, 1er-25 août, lundi soir, jeudi soir, sam. midi et dim. AZ**a**

Rest – Formule 23 € – Menu 29 € (déj.), 36/60 € – Carte 56/66 €

Les tons chauds dominent dans le décor plutôt moderne de ce restaurant où la cuisine fait la part belle aux produits de saison. Suggestions du marché et bon choix de vins au verre.

X **La Bodega** VISA AE

18 quai Hippolyte-Rossignol – ✆ 01 64 37 10 57 – www.bodega-melun.fr – Fermé 3 sem. en août, 22 déc.-2 janv., lundi soir, sam. midi et dim. AZ**d**

Rest – Formule 17 € – Carte 33/58 €

On vient ici pour retrouver l'esprit de l'Espagne et sa savoureuse cuisine, principalement des Asturies. Produits de belle qualité, délicieuse charcuterie parfumée.

LE MÉE-SUR-SEINE

Courtilleraies (Av. des) .... **X** 10
Dauvergne (Av. M.)....... **X** 12

MELUN

Alsace-Lorraine (Q.) ..... **BZ** 2
Carnot (R.)............. **AY** 3
Chartrettes (Rte de) .... **X** 6
Chasse (R. de la)......... **X** 7
Corbeil (Av. de) .... **X** 8
Courtille (R. de la) .... **BZ** 9
Doumer (R. Paul) .... **BY** 13
Europe (Rd-Pt de l') .... **X** 14
Gallieni (Pl.) .... **X** 17
Gaulle (Av. du Gén. de)..... **X** 18
Godin (Av. E.) .... **AZ** 19
Jean-Jaurès (Av.).......... **X** 20
Leclerc (Av. Gén.) .... **X** 22
Libération (Av. de la) ...... **X** 23
Miroir (R. du) .... **AY** 25
Montagne-du-Mée
(R. de la) .... **AY** 26
Pompidou (Av. G.)......... **X** 33
Pouteau (R. René) .... **BY** 34
Prés.-Despatys (R.)...... **AY** 35
Rossignol (Q. H.).......... **X** 39
St-Ambroise (R.) .... **AZ**
St-Aspais (R.) .... **BY** 41
St-Étienne (R.) .... **AZ** 43
Thiers (Av.).......... **AZ, X** 46
Vaux (R. de) .... **X** 49
Voisenon (Rte de) .... **X** 53
13e-Dragons (Av.) .... **X** 60
31e-d'Inf. (Av. du) .... **X** 65

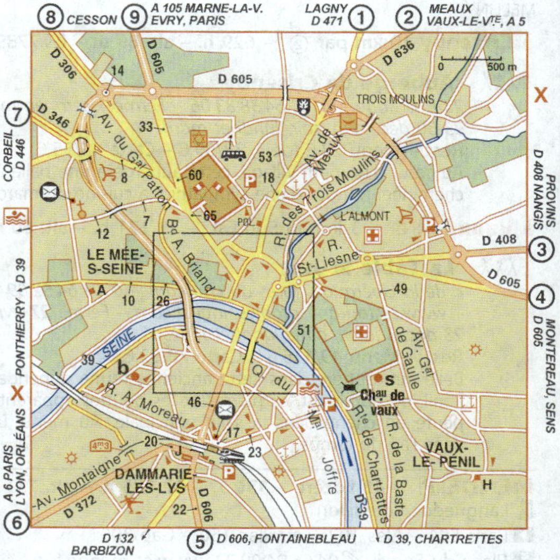

à Crisenoy 10 km par ② – 629 h. – alt. 89 m – ✉ 77390

XXX **Auberge de Crisenoy**

23 r. Grande – ✆ 01 64 38 83 06 – Fermé 1 sem. en mars, 22 juil.-12 août, 23-30 déc., dim. soir, lundi et mardi

Rest – Menu 23 € (déj.), 33/50 € – Carte 44/55 €

Au cœur d'un petit village, cette auberge a une belle âme : pierre brute, poutres, cheminée... autour d'une sympathique cuisine du marché.

à Vaux-le-Pénil 3 km au Sud-Est – 11 171 h. – alt. 60 m – ✉ 77000

XXX **La Table St-Just**

r. de la Libération, (près du château) – ✆ 01 64 52 09 09 – www.restaurant-latablesaintjust.com – Fermé 27 avril-9 mai, 6-29 août, 23 déc.-3 janv., dim., lundi et fériés **Xs**

Rest – Menu 49/115 € – Carte 70/92 €

Belle atmosphère dans cette ancienne ferme dépendant du château de Vaux-le-Pénil, où dominent les pierres et les poutres apparentes – dont une haute charpente en chêne dans la salle principale. Au menu, une cuisine gastronomique dans l'air du temps.

MENDE P – 48 Lozère – **330** J7 – 12 285 h. – alt. 731 m – ✉ 48000 **23** C1

Languedoc Roussillon

Paris 584 – Alès 102 – Aurillac 150 – Gap 305

Place du Foirail, ✆ 04 66 94 00 23, www.ot-mende.fr

Cathédrale★ - Pont N.-Dame★.

Hôtel De France

9 bd. L. Arnault – ✆ 04 66 65 00 04 – www.hoteldefrance-mende.com – Fermé 26 déc.-12 janv. **v**

31 ch – †80/105 € ††80/105 € – 5 suites – ☕ 11 € – ½ P

Rest *Restaurant de France* – voir les restaurants ci-après

Un beau toit de lauze, des pierres : cette maison des années 1730 a du caractère et se révèle très accueillante. Fer forgé, bois wengé, tomettes, chambres aux lignes épurées (dont deux avec un jardinet privé) : tout est charmant.

MENDE

Aigues-Passes (R. d') 2
Ange (R. de l') 3
Angiran (R. d') 4
Arjal (R. de l') 5
Beurre (Pl. au) 6
Blé (Pl. au) 7
Britexte (Bd) 8
Capucins (Bd des) 9
Carmes (R. des) 10
Chanteronne (R. de) 12
Chaptal (R.) 13
Chastel (R. du) 14
Collège (R. du) 18
Droite (R.) 19
Écoles (R. des) 20
Épine (R. de l') 21
Estoup (Pl. René) 22
Gaulle (Pl. Ch.-de) 23
Montbel (R. du Fg) 24
Piencourt (Allée) 25
Planche (Pont de la) 26
Pont N.-Dame (R. du) 27
République (Pl. et R.) 30
Roussel (Pl. Th.) 32
Soubeyran (Bd du) 33
Soubeyran (R.) 34
Soupirs (Allée des) 36
Urbain V (Pl.) 37

Le Pont Roupt
av. 11-Novembre, par ③ – ✆ 04 66 65 01 43 – www.hotel-pont-roupt.fr – Fermé nov. et fév.
24 ch – †65 € ††79/125 € – ☕ 13 € – ½ P
Rest *(fermé dim. sauf le soir en saison et sam. midi)* – Formule 20 € – Menu 25/65 € bc – Carte 34/48 €
Au bord du Lot, une maison gérée en famille, avec des chambres fonctionnelles et bien tenues, ainsi qu'un restaurant traditionnel. Le plus : la piscine intérieure.

Restaurant de France – Hôtel De France
9 bd. L. Arnault – ✆ 04 66 65 00 04 – www.hoteldefrance-mende.com – Fermé 26 déc.-12 janv., lundi midi hors saison et sam. midi **v**
Rest – Formule 28 € – Menu 32/51 € – Carte environ 36 €
Tartare de légumes de saison et brochette de langoustines ; faux-filet de bœuf de Lozère et poêlée de champignons frais... Le chef concocte une bonne cuisine du marché qui fait la part belle aux produits du terroir. Un lieu sympathique.

à Chabrits 5 km au Nord-Ouest par ③ et D 42 – ✉ 48000 Mende

La Safranière
hameau de Chabrits – ✆ 04 66 49 31 54 – Fermé 3-9 sept., 18 fév.-19 mars, merc. midi sauf juil.-août, dim. soir et lundi
Rest *(réserver)* – Formule 19 € – Menu 23 € (sem.), 28/48 €
Une étape gourmande sur les premières marches du Gévaudan, sur le site d'une ancienne exploitation de safran. Dans un décor frais et coloré, on apprécie une jolie cuisine de saison ; les vins et fromages de la région sont à l'honneur.

MÉNERBES – 84 Vaucluse – 332 E11 – 1 129 h. – alt. 224 m – ✉ 84560 42 E1

Provence

Paris 713 – Aix-en-Provence 59 – Apt 23 – Avignon 40

≤★ de la terrasse de l'église.

La Bastide de Marie
rte de Bonnieux – ✆ 04 90 72 30 20 – www.labastidedemarie.com – Ouvert 20 avril-3 nov.
10 ch – †255/370 € ††255/370 € – 5 suites – ☕ 23 € – ½ P
Rest ***La Bastide de Marie*** – voir les restaurants ci-après
Cette superbe bastide au cœur des vignes incarne l'esprit de la Provence. Pierres apparentes, meubles anciens, tissus nobles, coins et recoins... font le caractère de chaque chambre. Romantique et charmant, idéal pour se retrouver !

La Bastide de Soubeyras sans rest
chemin des Alafoux, 2,5 km au Nord par rte des Beaumettes – ✆ 04 90 72 94 14 – www.bastidesoubeyras.com – Ouvert 1er avril-15nov.
5 ch ☕ – †115/180 € ††115/195 €
Cette belle demeure en pierre sèche, perchée sur une colline, domine le village. Ravissantes chambres d'esprit provençal ; jardin et piscine pour le farniente.

La Bastide de Marie – Hôtel La Bastide de Marie
rte de Bonnieux – ✆ 04 90 72 30 20 – www.labastidedemarie.com – Ouvert 20 avril-3 nov.
Rest – Menu 89 € bc (dîner) – Carte 46/58 €
Au cœur de la bastide en hiver, entre poutres et vieilles pierres ; en terrasse l'été, face à un véritable tableau de nature provençale. Idéal pour déguster fleurs de courgette farcies, soupe de tomate glacée, clafoutis aux cerises du verger...

Café Véranda Ⓝ
av. Marcellin-Poncet – ✆ 04 90 72 33 33 – www.cafe-veranda.com – Fermé 23-26 déc., dim. soir de nov. à mars, mardi sauf le soir de mars à nov. et lundi
Rest – Formule 16 € – Menu 32 € (dîner)/42 € – Carte 40/60 €
Rémoulade de chair de crabe sur son lit de guacamole au citron ; filet de bœuf et tian de courgettes et d'aubergines... Dans cette ancienne droguerie transformée en restaurant, sur les hauteurs de Ménerbes, la carte ose les associations originales ! Ambiance conviviale et sympathique.

MÉNESQUEVILLE – 27 Eure – **304** I5 – 423 h. – alt. 65 m – ✉ 27850 **33** D2
Normandie Vallée de la Seine

Paris 100 – Les Andelys 16 – Évreux 53 – Gournay-en-Bray 33

Le Relais de la Lieure rest, VISA MC AE

1 r. Gén. de Gaulle, (D 321) – ☎ 02 32 49 06 21 – www.relaisdelalieure.com
14 ch – 70/75 € 70/75 € – 8 € – ½ P
Rest *(fermé 21 déc.-3 janv., lundi midi et vend. du 15 oct. au 1er avril)* – Menu 18 € (sem.), 25/39 € – Carte 26/47 €
À l'orée de la magnifique forêt de Lyons, un hôtel-restaurant familial. Dans l'annexe récente, les chambres, assez grandes et bien tenues, donnent de plain-pied sur le jardin. Cuisine traditionnelle simple concoctée par le patron.

MÉNESTÉROL – 24 Dordogne – **329** B5 – rattaché à Montpon-Ménestérol

MENESTREAU-EN-VILLETTE – 45 Loiret – **318** J5 – rattaché à La Ferté-St-Aubin

LE MÉNIL – 88 Vosges – **314** I5 – rattaché au Thillot

LA MÉNOUNIÈRE – 17 Charente-Maritime – **324** B4 – voir à île d'Oléron

MENTHON-ST-BERNARD – 74 Haute-Savoie – **328** K5 – 1 876 h. **46** F1 – alt. 482 m – ✉ 74290 Alpes du Nord

Paris 548 – Albertville 37 – Annecy 10 – Bonneville 50

Chef-lieu, ☎ 04 50 60 14 30, www.rivepleinsoleil.com

Château de Menthon★ : ★ E : 2 km.

Palace de Menthon ch, rest, VISA MC AE

665 rte des Bains – ☎ 04 50 64 83 00 – www.palacedementhon.com
60 ch – 120/150 € 140/180 € – 5 suites – 15 € – ½ P
Rest ***Le Viù*** – voir les restaurants ci-après
Rest ***Palace Beach*** *(ouvert 1er juin-31 août)* – Menu 35/40 €
Entre lac et montagne, cet imposant hôtel de 1911 a un vrai cachet et cultive avec élégance l'art de recevoir... Le parc verdoyant et délicieux, les chambres confortables (mobilier de style), les restaurants et la belle piscine couverte creusée dans la roche : tout invite à la détente !

Beau Séjour sans rest VISA MC

161 allée des Tennis – ☎ 04 50 60 12 04 – www.hotelbeausejour-menthon.com – Ouvert 15 avril-fin sept.
18 ch – 70/88 € 70/93 € – 9 €
Non loin du lac, une jolie maison traditionnelle et familiale, bucolique, rétro en diable et... si paisible. Chambres au charme champêtre, joli jardin : un séjour aux airs de délicieuses vacances chez une tendre grand-maman !

La Vallombreuse sans rest VISA MC

534 rte Moulins, 700 m. à l'Est par rte du Col de Bluffy – ☎ 04 50 60 16 33 – www.la-vallombreuse.com
5 ch – 92/130 € 92/130 €
Tout le cachet et la patine de l'ancien dans cette belle maison du 15e s. Les chambres sont grandes et joliment arrangées, dans un esprit classique ou savoyard ; le beau jardin est apaisant et, sur réservation, on peut se restaurer à la table d'hôte.

Le Viù – Hôtel Palace de Menthon VISA MC AE

665 rte des Bains – ☎ 04 50 64 83 00 – www.palacedementhon.com
Rest – Formule 25 € bc – Menu 38/45 €
De la couleur et de grands miroirs ciselés pour la touche de baroque, une vue imprenable sur le lac... Un restaurant chic, trendy et terriblement cosy, au service d'une cuisine d'aujourd'hui, fine et goûteuse.

Le Confidentiel

24 rte des Moulins – ✆ 04 50 44 00 68 – www.restaurant-leconfidentiel.fr – Fermé 1 sem. en avril, 9 sept.-3 oct., 7-14 janv., lundi et mardi

Rest *(nombre de couverts limité, réserver)* – Menu 29 €

Au cœur de ce village dominant le lac, une petite adresse qui gagne à ne pas rester confidentielle : la cuisine, délicate et subtile, ravit les papilles ! On se régalera par exemple d'un gaspacho petits pois, d'une selle d'agneau à l'ail des bois...

MENTON – 06 Alpes-Maritimes – 341 F5 – 28 848 h. – Casino : du Soleil 42 E2 AZ – ✉ 06500 Côte d'Azur

Paris 956 – Cannes 63 – Cuneo 102 – Monaco 11

8, avenue Boyer, ✆ 04 92 41 76 76, www.menton.fr

Site★★ - Vieille ville★★ : Parvis St-Michel★★, Façade★ de la Chapelle de la Conception BY **B** - ≤★ du cimetière Anglais BX **D** - Promenade du Soleil★★, ≤★ de la jetée Impératrice-Eugénie BV - Jardin de Menton★ : le Val Rameh★ BV **E** - Salle des mariages★ de l'hôtel de Ville BY **H** - Musée des Beaux-Arts★ (palais Carnolès) AX **M1**.

Jardin Hanbury★★ à Vintimille, O : 2 km.

Plans pages suivantes

Napoléon sans rest

29 Porte de France – ✆ 04 93 35 89 50 – www.napoleon-menton.com – Fermé 4 nov.-21 déc. BUa

44 ch – †89/264 € ††89/264 € – 1 suite – ☕ 12 €

Un hôtel très Riviera ! Dans une atmosphère élégante et contemporaine, les chambres rendent de charmants hommages à leurs illustres hôtes (Cocteau, Sutherland...). Et quand on a la chance d'être côté mer, les terrasses en teck sont idylliques.

Riva sans rest

600 promenade du Soleil – ✆ 04 92 10 92 10 – www.rivahotel.com CZn

41 ch – †100/140 € ††100/140 € – ☕ 12 €

Sur le front de mer, hôtel balnéaire récent. Solarium, jacuzzi, chambres fonctionnelles – très confortables – avec balcon... L'appel du farniente face à la Grande Bleue ou la montagne !

Princess et Richmond sans rest

617 promenade du Soleil – ✆ 04 93 35 80 20 – www.princess-richmond.com – Fermé 3 nov.-13 déc. CZs

44 ch – †93/157 € ††93/157 € – 2 suites – ☕ 11 €

Tellement Côte d'Azur : une plage de galets au pied de l'hôtel, un solarium et un jacuzzi sur le toit, un restaurant traditionnel et des chambres lumineuses – certaines braquées sur la Grande Bleue...

Prince de Galles

4 av. Gén. de Gaulle – ✆ 04 93 28 21 21 – www.princedegalles.com

64 ch – †65/155 € ††75/155 € – ☕ 12 € – ½ P AVe

Rest *Le Petit Prince* – voir les restaurants ci-après

Pour l'anecdote, cet agréable hôtel fut jadis caserne de carabiniers des princes de Monaco (1860) ! Aujourd'hui, entre deux petits sommes, on va la fleur au fusil et l'on paresse tranquillement dans le joli jardin donnant sur la mer...

Méditerranée ch, rest,

5 r. de la République – ✆ 04 92 41 81 81 – www.hotel-med-menton.com

89 ch – †79/169 € ††89/169 € – ☕ 15 € – ½ P DYa

Rest – Formule 14 € – Menu 26 €

Près de la vieille ville – pratique mais un peu bruyant –, un grand bâtiment récent avec des chambres confortables et bien tenues. Petit plus : le bar panoramique.

MENTON

- Alliés (Av. des) . . . . **AU** 3
- Briand (Av. A.) . . . . **BU** 7
- Coty (Cours René) . . . . **AU** 14
- France (Av. Porte de) . . . . **BU** 17
- Madone (Av. de la) . . . . **AV** 25
- Mansfield (Av. K.) . . . . **BU** 26
- Morillot (R. Paul) . . . . **AV** 28
- St-Jacques (Av.) . . . . **BU** 34

ROQUEBRUNE-CAP-MARTIN

- Briand (Av. A.) . . . . **AV** 9
- Centrale (Av.) . . . . **AV** 13
- Churchill (Av. W.) . . . . **AV** 15
- Monléon (Av. F. de) . . . . **AV** 20
- Pasteur (Av. L.) . . . . **AV** 31

Paris Rome

79 Porte de France – ☎ 04 93 35 70 35 – www.paris-rome.com
– Fermé 1er nov.-31 janv. **BUn**

19 ch – †70/80 € ††110/175 € – 1 suite – ☕ 13 € – ½ P

Rest *Paris Rome* – voir les restaurants ci-après

À l'entrée du port de Garavan, un hôtel familial aux couleurs du Sud... Contemporaines, indiennes, zen, classiques ou provençales : les chambres sont bien agréables.

Mirazur (Mauro Colagreco)

30 av. Aristide-Briand – ☎ 04 92 41 86 86 – www.maurocolagreco.com
– Ouvert mi-fév. à début nov. et fermé lundi et mardi, le midi en juil.-août sauf week-ends **BUm**

Rest *(nombre de couverts limité, réserver)* – Menu 45 € (déj. en sem.), 68/135 € – Carte environ 115 €

Décor épuré, vue somptueuse sur la mer et la vieille ville : ce Mirazur est un écrin ! Mauro Colagreco y élabore une cuisine très personnelle, mettant en valeur les plantes aromatiques, les fleurs, les légumes de son potager et les agrumes... Les saisons, le marché et l'instant sont illuminés.

➜ Salade d'asperges, pamplemousse et sauce yaourt. Poisson du jour, purée de pêche, sauce capucine. Coulant au chocolat, reine-des-prés et noisettes du Piémont. **Vins** Bellet, Côtes de Provence.

Adémar de Lantagnac (R. d') .... DY 2	Guyau (R.) .... DY 19	St-Michel (R.) .... DY
Bonaparte (Quai) .... DX 4	Logettes (R. des) .... DY 22	St-Roch (Pl.) .... DY 35
Bosano (R. Lt) .... DY 5	Longue (R.) .... DX 23	Thiers (Av.) .... CY 36
Boyer (Av.) .... CYZ 6	Lorédan-Larchey (R.) .... DY 24	Trenca (R.) .... DY 37
Édouard-VII (Av.) .... CYZ 16	Monléon (Quai de) .... DY 27	Verdun (Av. de) .... CYZ 40
Félix-Faure (Av.) .... CDY	Napoléon-III (Quai) .... DY 29	Vieux-Château (R.) .... DX 42
Gallieni (R. Gén.) .... DY 18	Partouneaux (R.) .... DY 30	Villarey (R.) .... DY 44
	République (R. de la) .... DY 33	

XX **Paris Rome** – Hôtel Paris Rome

79 Porte-de-France – ✆ 04 93 35 70 35 – www.paris-rome.com
– Fermé 1er nov.-31 janv., lundi, mardi et merc. BU**n**

Rest *(dîner seult) (nombre de couverts limité, réserver)* – Carte 52/65 €
Entre Paris et Rome, il y a Menton et ses beaux produits gorgés de soleil, mis en valeur par une cuisine très inventive. Technique et originalité font bon ménage dans ce cadre ravissant – un patio, des bambous noirs...

XX **Le Petit Prince** – Hôtel Prince de Galles

69 promenade du Soleil – ✆ 04 93 41 66 05 – www.princedegalles.com
Rest – Formule 18 € – Menu 24/40 € – Carte 32/53 € AV**e**
Un restaurant lumineux ; une terrasse cernée par les palmiers et les cactus ; une cuisine traditionnelle bien sympathique... Le Petit Prince a dit : "Nous reviendrons ici."

X **La Cantinella**

8 r. Trenca – ✆ 04 93 41 34 20 – Fermé 3-12 juin, 10-31 janv., dim. soir et lundi sauf fériés DY**d**
Rest *(nombre de couverts limité, réserver)* – Menu 22 € (sem.) – Carte 37/54 €
Pêche locale, pâtes fraîches, minestrone, poutine (alevins frits) en saison : le patron, sicilien, aime faire plaisir à ses clients et leur mitonne de savoureux plats du Sud (entre Nice et Italie), en prise sur le marché. Convivialité garantie.

LES MENUIRES – 73 Savoie – 333 M6 – alt. 1 400 m – Sports d'hiver : 1 450/2 850 m 9 29 – ✉ 73440 St Martin de Belleville — 46 F2

Alpes du Nord

Paris 632 – Albertville 51 – Chambéry 101 – Moûtiers 27

immeuble Belledonne, ✆ 04 79 00 73 00, www.lesmenuires.com

Chalet Hôtel Kaya

à Reberty – ✆ 04 79 41 42 00 – www.hotel-kaya.com – Ouvert de mi-déc. à mi-avril

50 ch – †187/655 € ††187/655 € – 4 suites – ☕ 24 € – ½ P

Rest *Le K* – Menu 58 € (dîner) – Carte 38/60 €

À 2 000 m d'altitude, cet hôtel donne directement sur les pistes. Les chambres déclinent un style épuré et contemporain, rehaussé par la chaleur du bois. Le spa et la piscine sont bien agréables, tout comme le restaurant, qui joue dans la tendance.

L'Ours Blanc

ch, rest,

à Reberty 2000 – ✆ 04 79 00 61 66 – www.hotel-ours-blanc.com – Ouvert 11 déc.-19 avril

53 ch – ½ P seult 95/130 € **Rest** – Menu 30/105 € – Carte 40/96 €

Venez vous réchauffer auprès de cet Ours Blanc, un grand chalet familial des années 1990, situé sur les pistes. Salon avec cheminée, chambres de style montagnard avec un balcon, spécialités régionales au restaurant...

MERCATEL – 62 Pas-de-Calais – 301 J6 – rattaché à Arras

MERCUÈS – 46 Lot – 337 E5 – rattaché à Cahors

MERCUREY – 71 Saône-et-Loire – 320 I8 – 1 310 h. – alt. 269 m – ✉ 71640 — 8 C3

Paris 344 – Autun 39 – Beaune 26 – Chagny 11

Hôtellerie du Val d'Or

140 Grande-Rue – ✆ 03 85 45 13 70 – www.le-valdor.com – Fermé 16 déc.-18 janv., 4-9 août, dim. soir du 15 nov. au 15 mars, mardi midi et lundi

12 ch – †88/98 € ††88/98 € – ☕ 11 € – ½ P

Rest *Hôtellerie du Val d'Or* – voir les restaurants ci-après

Dans ce village vigneron de la côte chalonnaise, cet ancien relais de poste propose une douzaine de chambres et un agréable jardin : parfait pour découvrir l'un des vins les plus connus de Bourgogne.

Hôtellerie du Val d'Or

140 Grande-Rue – ✆ 03 85 45 13 70 – www.le-valdor.com – Fermé 16 déc.-18 janv., 4-9 août, dim. soir du 15 nov. au 15 mars, mardi midi et lundi

Rest – Formule 24 € – Menu 22 € (déj.), 29/76 € – Carte 45/97 €

Une table comme une ode au classicisme et au terroir, avec de beaux produits, travaillés avec générosité : chevreau rôti, cochon fermier, anguilles et silure de Saône...

MÉREAU – 18 Cher – 323 I4 – rattaché à Vierzon

MÉRIBEL – 73 Savoie – 333 M5 – Sports d'hiver : 1 450/2 950 m 16 37 – ✉ 73550 Alpes du Nord — 46 F2

Paris 621 – Albertville 41 – Annecy 85 – Chambéry 90

route du Plateau, ✆ 04 79 08 60 01, www.meribel.net

Méribel, B.P. 54, NE : 4 km, ✆ 04 79 00 52 67

☼★★★ la Saulire, ☼★★ Mont du Vallon, ☼★★ Roc des Trois marches, ☼★★ Tougnète.

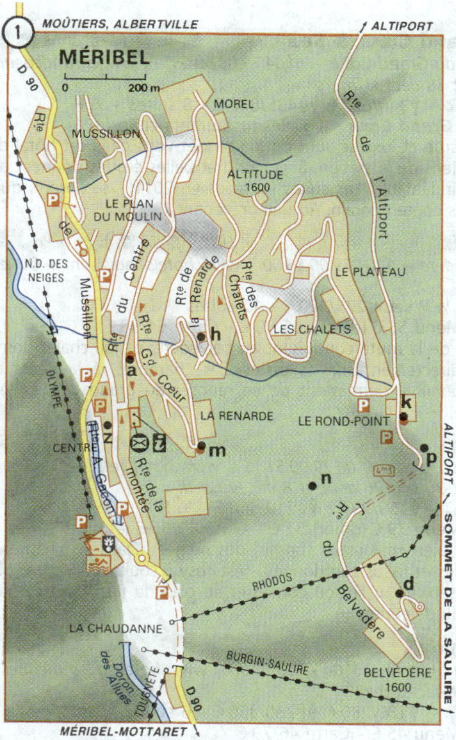

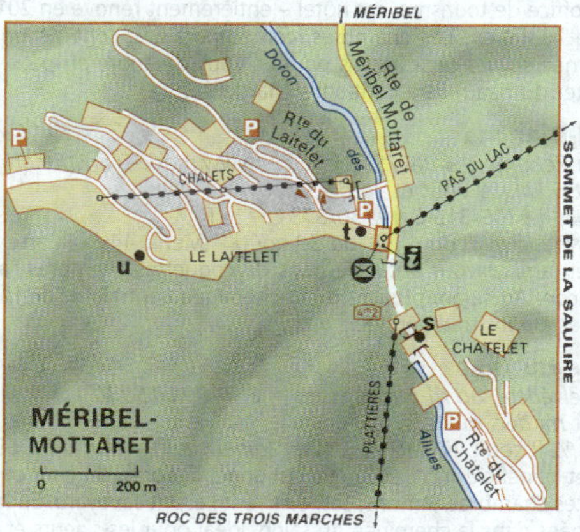

L'Hélios

rte de la Renarde – *04 79 24 22 42* – *www.lhelios.com* – *Ouvert déc.-avril*

18 ch – 385/800 € 385/800 € – 25 € – ½ P **m**

Rest *L'Hélios* – voir les restaurants ci-après

Sur les hauteurs de Méribel, ce chalet – en pierre et mélèze de Sibérie – met le plus grand domaine skiable du monde à vos pieds ! Dans les chambres règne une atmosphère contemporaine, nordique ou savoyarde des plus raffinées. Quant au spa, c'est l'endroit rêvé pour se détendre. Que demander de plus ?

Le Grand Cœur & Spa

Chemin du Grand Cœur – ✆ 04 79 08 60 03 – www.legrandcoeur.com – Ouvert 18 déc.-31 mars **a**

35 ch – 340/635 € 435/870 € – 8 suites – ½ P

Rest *Le Grand Cœur* – voir les restaurants ci-après

Romantisme et luxe se sont donné rendez-vous dans cet hôtel de 1952, l'un des plus anciens de la station. Bois blond et belles étoffes donnent aux chambres un charme indéniable. Les suites – créées en 2011 – se parent, quant à elles, d'un style plus contemporain. Accueil prévenant.

Allodis

au Belvédère – ✆ 04 79 00 56 00 – www.hotelallodis.com – Ouvert de mi-déc. à mi-avril **d**

32 ch – ½ P seult 275/320 € – 12 suites

Rest – Menu 55 € (dîner), 61/90 € – Carte 64/98 €

Au bout de la route conduisant au belvédère, ce joli chalet domine la station et donne directement sur les pistes. Les chambres, à la décoration alpestre ou contemporaine, permettent de se reposer au grand calme. Restauration traditionnelle.

Le Yéti

rd-pt des Pistes – ✆ 04 79 00 51 15 – www.hotel-yeti.com – Ouvert 30 juin-26 août et 8 déc.-20 avril **p**

30 ch – 159/294 € 219/360 € – ½ P

Rest – Menu 39 € (dîner)/51 € – Carte 39/55 € le midi

Voilà un bien chaleureux "home" des neiges ! Dans les chambres, la décoration – boiseries et tissus coordonnés – est cosy à souhait. À l'instar du salon, où il fait bon s'asseoir pour lire ou converser au coin du feu. Terrasse plein sud, idéale à l'heure du déjeuner.

Le Savoy (N)

rte de la Montée – ✆ 04 79 55 55 50 – www.hotel-savoy-meribel.com – Ouvert déc. à avril **z**

36 ch – 180/280 € 230/350 € – 6 suites

Rest – Menu 45 € – Carte 46/79 €

Face à l'office de tourisme, cet hôtel – entièrement rénové en 2011 – se trouve au cœur de la station. Les chambres, contemporaines, sont de bon confort. Après une journée sur les pistes, vous pourrez vous détendre au petit espace bien-être ou profiter du beau restaurant sous charpente.

Marie-Blanche

rte de la Renarde – ✆ 04 79 08 65 55 – www.marie-blanche.com – Ouvert 6 juil.-30 août et 16 déc.-15 avril **h**

20 ch – 105/315 € 130/338 € – ½ P

Rest *(fermé le midi du 6 juil. au 30 août)* – Menu 44 € – Carte 49/61 €

Ce chalet familial vous accueille dans de coquettes chambres savoyardes, toutes avec balcon. Au salon, profitez de la cheminée centrale et de la vue sur la montagne. Restaurant traditionnel.

L'Orée du Bois

rte du Belvédère, au rd-pt des Pistes – ✆ 04 79 00 50 30 – www.meribel-oree.com – Ouvert mi déc.-mi avril **k**

35 ch – ½ P seult 170/196 € **Rest** *(dîner seult)* – Menu 34/60 €

Ce chalet bénéficie d'un cadre exceptionnel, à l'orée du bois et à flanc de montagne ! Les chambres, lambrissées, cultivent l'esprit savoyard. En hiver, on apprécie les flambées dans la cheminée du salon. Idéal pour les skieurs et les randonneurs.

Adray Télébar

sur les pistes (accès piétonnier) – ✆ 04 79 08 60 26 – www.telebar-hotel.com – Ouvert 15 déc.-15 avril **n**

27 ch – ½ P seult 298/378 € **Rest** – Formule 33 € – Carte 37/72 €

Un hôtel sur les pistes, ça se mérite ! Un conseil : prévoyez d'arriver quand les remontées mécaniques sont à l'arrêt – on viendra vous chercher en chenillette –, sinon vous aurez à parcourir 200 m au milieu des skieurs ! Les chambres, très calmes le soir venu, sont bien tenues. Une adresse authentique, pour vrais amateurs.

L'Hélios – Hôtel L'Hélios
rte de la Renarde – ✆ 04 79 24 22 42 – www.lhelios.com – Ouvert déc.-avril m
Rest – Menu 25 € (déj.), 60/85 € – Carte 50/80 €
Dans le cadre cossu de ce restaurant, on a le choix entre la salle joliment décorée et la terrasse donnant sur les cimes. Le chef privilégie les beaux produits frais. Une adresse agréable pour un dîner gastronomique.

Le Grand Cœur – Hôtel Le Grand Cœur & Spa
Chemin du Grand Cœur – ✆ 04 79 08 60 03 – www.legrandcoeur.com – Ouvert 18 déc.-31 mars a
Rest – Menu 80 € (dîner)/98 € – Carte 75/153 €
Avec ses arcades et ses boiseries claires, la grande salle a de l'allure, et le midi, sur la terrasse, on peut rêver face à la piste olympique... La cuisine est bonne, les produits frais, le tout dans un esprit gastronomique. Très belle carte des vins.

Le Plantin
3,5 km par ① – ✆ 04 79 04 12 11 – www.leplantin.com – Ouvert 9 déc.-24 avril
Rest – Formule 33 € – Menu 62 € – Carte 58/163 €
Un très beau chalet, tout en bois sablé, pierre, objets agrestes et touches contemporaines. La cuisine, savoureuse et généreuse, met en avant les produits nobles : caviar, bœuf Wagyu... À déguster avec l'un des grands crus de la cave.

Le Blanchot
3,5 km par rte de l'Altiport – ✆ 04 79 00 55 78 – www.leblanchot.com – Ouvert juil.-août et de mi-déc. à mi-avril
Rest – Formule 39 € – Carte 50/75 €
Dans ce chalet, bordé par les pistes et le golf, le chef signe une cuisine traditionnelle aux accents régionaux. De la Bourgogne, dont il est originaire, à la Provence, en passant par la Savoie, on parcourt des kilomètres, bien installé dans la salle, cosy, ou sur la terrasse, face à la forêt. Belle carte des vins.

Le Bistrot de l'Orée N
rte du Belvédère, (au rd-pt des Pistes) – ✆ 04 79 00 31 29 – www.meribel-oree.com – ouvert de déc.-avril et juin-août w
Rest – Carte 36/53 €
Dans un cadre contemporain, design et coloré, on se régale d'une cuisine de bistrot : plats régionaux, spécialités fromagères... et même pizzas. Pour un repas ou un en-cas, voilà un endroit bien sympathique !

à l'altiport 4,5 km au Nord-Est

Altiport Hôtel rest, rest,
rte de l'Altiport – ✆ 04 79 00 52 32 – www.altiporthotel.fr – Ouvert de mi-déc. à mi-avril et de mi-juin à mi-sept.
39 ch – 170/385 € 200/410 € – 1 suite – ½ P
Rest *L'Escale* – voir les restaurants ci-après
Rest *Le Zinc* *(déj. seult)* – Formule 35 € – Carte 43/85 €
Rest *L'Annexe* *(dîner seult)* – Carte 49/60 €
Jouxtant l'altiport, ce grand chalet, près du golf et des pistes, est idéal pour les sportifs épris de grand air ! Les chambres, toutes de bois vêtues, sont bien tenues et confortables. Et si jamais des courbatures se font sentir, les soins du spa permettront de les apaiser.

L'Escale – Altiport Hôtel
rte de l'Altiport – ✆ 04 79 00 52 32 – www.altiporthotel.fr – Ouvert 15 déc.-15 avril
Rest *(dîner seult)* – Menu 55/130 € – Carte 82/120 €
Une escale comme celle-là, on en voudrait matin, midi et soir ! Les gourmets doivent pourtant attendre le dîner pour s'installer dans la jolie salle contemporaine de ce restaurant. Le chef, adepte des beaux produits frais, concocte des recettes généreuses et soignées. Une bonne adresse.

à Méribel-Mottaret 6 km – ✉ 73550

Alpen Ruitor rest, VISA AE
Le Laitelet – ✆ 04 79 00 48 48 – www.alpenruitor.com – Ouvert de mi-déc. à mi-avril t
43 ch – †265/400 € ††295/430 € – 1 suite – ☕ 25 € – ½ P
Rest – Menu 22 € (déj.), 28/45 € – Carte 43/85 €
Ambiance et décor aux couleurs du Tyrol dans cet hôtel au cœur de la station. Les chambres disposent d'un balcon avec vue sur les pistes ou la vallée. Les parties communes – refaites en 2012 – se sont enrichies d'un spa, d'un bar et de deux restaurants. Accueil attentionné.

Mont Vallon rest, VISA AE
– ✆ 04 79 00 44 00 – www.hotel-montvallon.com – Ouvert de mi-déc. à début avril s
90 ch – ½ P seult 205/428 € – 2 suites
Rest *Le Chalet* *(dîner seult)* – Menu 80 €
Rest *Brasserie Le Schuss* *(déj. seult)* – Formule 44 € – Menu 52 € – Carte 50/120 €
Au pied des pistes, cet imposant chalet des années 1980 accueille les fous de glisse. Dans les chambres, très confortables, la décoration est chaleureuse (boiseries, tissus coordonnés...). Et si la faim vous tenaille, profitez de la brasserie et des spécialités savoyardes.

Les Arolles rest, VISA
– ✆ 04 79 00 40 40 – www.arolles.com – Ouvert 22 déc.-14 avril u
54 ch ☕ – †150/185 € ††220/330 € – ½ P
Rest – Formule 26 € – Menu 30/45 € – Carte environ 36 €
Cet hôtel (1977) a emprunté son nom au pin cembro (ou arolle), un symbole de la haute montagne. Les chambres, simples mais bien tenues, disposent toutes d'un balcon. Au restaurant, on sert une cuisine régionale : raclettes, fondues, etc. En prime, une belle terrasse.

aux Allues 7 km au Nord par D 915^A – 1 854 h. – alt. 1 125 m – ✉ 73550

La Croix Jean-Claude VISA AE
– ✆ 04 79 08 61 05 – www.croixjeanclaude.com – Fermé 22 avril -1er juin
15 ch – †68/159 € ††68/159 € – ☕ 10 € – ½ P
Rest *(fermé sam. midi et dim. hors saison)* – Carte 35/80 €
Cette bâtisse de la fin des années 1940 compte parmi les plus anciens hôtels des Trois-Vallées. Les chambres, de style montagnard, sont simples et bien tenues, l'ambiance conviviale : l'un des meilleurs rapports qualité-prix de la station.

MÉRIGNAC – 33 Gironde – **335** H5 – rattaché à Bordeaux

MERKWILLER-PECHELBRONN – 67 Bas-Rhin – **315** K3 – 937 h. – alt. 160 m – ✉ 67250 Alsace Lorraine **1** B1
Paris 496 – Haguenau 17 – Strasbourg 51 – Wissembourg 18
1, route de Lobsann, ✆ 03 88 80 72 36

Auberge Baechel-Brunn avec ch A/C ch, VISA
3 rte de Soultz – ✆ 03 88 80 78 61 – www.baechel-brunn.com – Fermé 3 sem. en août, 2 sem. en janv., dim. soir, lundi soir et mardi
5 ch ☕ – †40/50 € ††50/75 €
Rest – Formule 20 € – Menu 26 € (déj. en sem.), 43/71 € bc – Carte 56/62 €
Père et fils aux fourneaux, mère et belle-fille en salle : chez les Limmacher, la cuisine est une histoire familiale ! Côté assiette, la finesse est au rendez-vous, entre grands classiques et recettes nouvelles. Côté cadre, la grange d'antan a laissé place à l'épure contemporaine. Quelques chambres parfont cette agréable maison.

MERLETTE – 05 Hautes-Alpes – **334** F4 – rattaché à Orcières

---

MERRY-SUR-YONNE – 89 Yonne – **319** E6 – 216 h. – alt. 150 m – ✉ 89660 Bourgogne **7** B2
Paris 203 – Auxerre 44 – Avallon 32 – Dijon 139

Le Charme Merry ch, rest, VISA
30 rte de Compostelle – 03 86 81 08 46 – www.lecharmemerry.com – Fermé 2 janv.-8 mars
4 ch – 140 € 140 € – ½ P **Table d'hôte** – Menu 49 € bc
Dans cette maison de vigneron (1647), il fait bon flâner près de la piscine ou musarder dans les superbes chambres contemporaines (pierre de pays, grandes photos prises par le patron, salles d'eau design).

MÉRU – **60 Oise** – **305** D5 – **13 036 h.** – **alt. 110 m** – ✉ **60110** **36** B3
Île-de-France
Paris 60 – Beauvais 27 – Compiègne 74 – Mantes-la-Jolie 62
18 des Templiers, à Ivry-le-Temple, O : 9 km par D 121 et D 105, 03 44 08 73 72

Les Trois Toques VISA
21 r. P. Curie – 03 44 52 01 15 – www.lestroistoques.fr – Fermé 1er-15 août, dim. soir, mardi soir et merc.
Rest – Formule 15 € – Menu 18/48 €
Cuisine au goût du jour concoctée par le chef-patron et servie dans une salle au cadre moderne, rehaussée d'un mobilier rustique. Un agréable moment en perspective.

MERVILLE FRANCEVILLE-PLAGE – **14 Calvados** – **303** K4 **32** B2
– **1 991 h.** – **alt. 2 m** – ✉ **14810** Normandie Cotentin
Paris 225 – Beuvron-en-Auge 20 – Cabourg 7 – Caen 20
place de la Plage, 02 31 24 23 57, www.ot-mervillefranceville.fr

Le Vauban sans rest VISA
8 rte de Cabourg – 02 31 24 23 37 – www.hotel-vauban-franceville.com
15 ch – 50/65 € 50/65 € – 8 €
Sur une route passante, non loin de la plage, cet hôtel familial propose des chambres simples et bien tenues, plus calmes dans l'annexe. Leur rénovation a débuté en 2011 et l'accueil est toujours aussi sympathique.

MÉRY-SUR-OISE – **95 Val-d'Oise** – **305** E6 – **101** 4 – **voir à Paris, Environs (Cergy-Pontoise)**

LE MESNIL-AMELOT – **77 Seine-et-Marne** – **312** E1 – **voir à Paris, Environs**

MESNIL-ST-PÈRE – **10 Aube** – **313** G4 – **415 h.** – **alt. 131 m** **13** B3
– ✉ **10140** Champagne Ardenne
Paris 200 – Bar-sur-Aube 32 – Châtillon-sur-Seine 55 – St-Dizier 74
Parc naturel régional de la forêt d'Orient ★★.

Auberge du Lac - Au Vieux Pressoir avec ch
5 r. du 28 août – 03 25 41 27 16 – www.auberge-du-lac.fr VISA AE
– Fermé 9 déc.-12 janv., dim. soir du 4 nov. au 17 mars, lundi midi et mardi midi
21 ch – 72/115 € 79/130 € – 14 € – ½ P
Rest – Formule 20 € – Menu 42/78 € – Carte 72/102 €
Sur la route du lac d'Orient, cette jolie maison à colombages, typique de la Champagne humide, a conservé son charme simple et rustique. La cuisine est fine et joue avec la tradition : langoustines aux asperges vertes, saumon fumé à la chantilly de combawa... Chambres agréables pour une étape gastronomique.

LE MESNIL-SUR-OGER – **51 Marne** – **306** G9 – **1 222 h.** – **alt. 119 m** **13** B2
– ✉ **51190** Champagne Ardenne
Paris 158 – Châlons-en-Champagne 31 – Épernay 16 – Reims 43
Musée de la vigne et du vin (maison Launois).

Le Mesnil VISA AE
2 r. Pasteur – 03 26 57 95 57 – www.restaurantlemesnil.com – Fermé dim. soir et merc.
Rest – Formule 21 € – Menu 29 € – Carte 42/55 €
Foie gras maison au ratafia, ris de veau braisé au vin jaune, tartare de rumsteak, etc. Une bonne cuisine bistrotière en plein cœur d'un village viticole. Carte de champagnes... exclusivement du Mesnil, classé "Grand Cru" !

MESNIL-VAL – 76 Seine-Maritime – 304 H1 – ✉ 76910 33 D1

Paris 184 – Amiens 96 – Dieppe 28 – Le Tréport 6

Royal Albion sans rest

1 r. de la Mer – ✆ 02 35 86 21 42 – www.hotels-treport.com – Fermé 19-26 déc.

25 ch – †55/79 € ††70/119 € – ☐ 10 €

Perchée sur une falaise, cette belle bâtisse (caserne de douaniers au 19e s.) domine la mer. Les chambres se prénomment Galway, Blue Harbour, Victoria... et tout cela a un petit côté "british" vieille école qui n'est guère déplaisant.

MESQUER – 44 Loire-Atlantique – 316 B3 – 1 710 h. – alt. 6 m 34 A2 – ✉ 44420

Paris 460 – La Baule 16 – Nantes 86 – St-Nazaire 29

Avenue de la plage, ✆ 02 40 42 64 37, www.mesquerquimiac.com

La Vieille Forge

32 r. d'Aha – ✆ 02 40 42 62 68 – www.vieilleforge.fr – Fermé 1 sem. en juin, 1 sem. en oct., 15 janv.-7 fév., lundi soir, mardi soir et merc.

Rest – Formule 14 € – Menu 27/70 € bc – Carte 39/50 €

Dans cette ancienne forge du 18e s., le piano a remplacé l'enclume ! Mais tout comme le forgeron, Ludovic Favrel ne ménage pas sa peine, toujours à la recherche des bons produits (telles les huîtres de Kercabellec) et des meilleures saveurs... le tout à petits prix.

MESSANGES – 40 Landes – 335 C12 – 986 h. – alt. 8 m – ✉ 40660 3 A2

Paris 717 – Bayonne 46 – Bordeaux 157 – Mont-de-Marsan 92

route des Lacs, ✆ 05 58 48 93 10

La Maison de la Prade sans rest

16 av. de l'Océan – ✆ 05 58 48 38 96 – www.lamaisondelaprade.com – Ouvert de mars à nov.

16 ch – †98/130 € ††98/185 € – ☐ 12 €

Près d'une plage sauvage et cerné par une forêt de pins, un bâtiment Art déco réaménagé en hôtel contemporain. Chambres spacieuses et claires ; terrasse au bord de la piscine.

MESSERY – 74 Haute-Savoie – 328 K2 – 2 053 h. – alt. 428 m 46 F1 – ✉ 74140

Paris 560 – Annecy 68 – Annemasse 23 – Thonon-les-Bains 17

1, rue du Bourg, ✆ 04 50 94 75 55, www.messery-tourisme.com

L'Atelier des Saveurs

7 chemin sous les Prés – ✆ 04 50 94 73 40 – www.atelier-saveurs-messery.com – Fermé 28 oct.-10 nov., mardi midi, dim. et lundi

Rest *(nombre de couverts limité, réserver)* – Menu 28 € (sem.), 34/47 € – Carte environ 46 €

Un temple dédié à Bacchus – les casiers à bouteilles tapissent littéralement les murs et il y a aussi une boutique –, tandis que l'assiette se pare de belles saveurs traditionnelles réinterpétées par un chef passionné... Convivial et bon !

MÉTABIEF – 25 Doubs – 321 I6 – 1 020 h. – alt. 960 m – Sports 17 C3 d'hiver : 1 000/1 463 m 20 – ✉ 25370 Franche-Comté Jura

Paris 466 – Besançon 78 – Champagnole 45 – Morez 49

Étoile des Neiges

4 r. du Village – ✆ 03 81 49 11 21 – www.hoteletoiledesneiges.fr

23 ch – †58 € ††58 € – ☐ 6 € – ½ P

Rest *(fermé jeudi soir et dim. soir hors saison)* – Menu 17/28 € – Carte 21/39 €

Hôtel familial très bien tenu dans une station prisée, été comme hiver, des "vététistes", randonneurs et skieurs. Jolies chambres lambrissées avec balcon fleuri. Cuisine régionale soignée à déguster dans une sobre salle habillée de bois.

METZ P – 57 Moselle – **307** I4 – **121 841 h.** – **Agglo. 290 851 h.** **26** B1
– **alt. 173 m** – ✉ **57000** Alsace Lorraine

Paris 330 – Luxembourg 62 – Nancy 57 – Saarbrücken 69

de Metz-Nancy-Lorraine : ✆ 03 87 56 70 00, 35 km par ③.

2 place d'Armes, ✆ 03 87 55 53 76, www.tourisme-metz.com

27 de la Grange-aux-Ormes, à Marly, Rue de la Grange aux Ormes, S : 3 km par D 5, ✆ 03 87 63 10 62

18 du Technopôle Metz, 1 rue Félix Savart, par D 955 : 5 km, ✆ 03 87 78 71 04

18 de Metz Chérisey, à Verny, Château de Cherisey, par D 913 et D 67 : 14 km, ✆ 03 87 52 70 18

Cathédrale St-Etienne★★★ CDV - Porte des Allemands★ DV - Esplanade★ CV : église St-Pierre-aux-Nonnains★ CX **V** - Place St-Louis★ DVX - Église St-Maximin★ DVX - Narthex★ de l'église St-Martin DX - ≤★ du Moyen Pont CV - Musée de la Cour d'Or★★ (section archéologique★★★) **M¹** DV - Place du Général de Gaulle★ DX- Centre Pompidou-Metz★★★ BZ.

Plans pages suivantes

La Citadelle

5 av. Ney – ✆ 03 87 17 17 17 – www.citadelle-metz.com CX**y**
46 ch – †185/245 € ††205/265 € – ☕ 24 €
Rest ***Le Magasin aux Vivres*** ✿ – voir les restaurants ci-après
Ce luxueux hôtel du centre-ville a su marier les contrastes : ses spacieuses chambres contemporaines prennent leur aise dans un bâtiment militaire du 16e s. Parfait pour un week-end chic à Metz.

Novotel Centre

pl. des Paraiges – ✆ 03 87 37 38 39 – www.accorhotels.com DV**t**
120 ch – †79/185 € ††79/185 € – ☕ 15 €
Rest – Formule 13 € – Menu 18 € – Carte 21/47 €
Au cœur de la ville, non loin de la cathédrale, des chambres vastes et très modernes. Après le travail, on peut faire une pause au Novotel Café, profiter de la terrasse au bord de la piscine ou encore du fitness complet.

Cathédrale sans rest

25 pl. de Chambre – ✆ 03 87 75 00 02 – www.hotelcathedrale-metz.fr
30 ch – †75/110 € ††80/110 € – ☕ 11 € CV**v**
Cette maison du 17e s. peut s'enorgueillir d'avoir reçu de belles plumes : Madame de Staël et Chateaubriand. Les chambres (une partie dans une demeure voisine) sont toutes d'une belle élégance : parquet, poutres apparentes, meubles chinés, etc.

Escurial sans rest

18 r. Pasteur – ✆ 03 87 66 40 96 – www.escurial-hotel.com – Fermé 26 déc.-8 janv. CX**d**
36 ch – †70/90 € ††80/100 € – ☕ 12 €
L'adresse simple et fonctionnelle par excellence, non loin de la gare. Les chambres sont fraîches, toutes aménagées de la même manière, et d'une tenue parfaite.

Le Magasin aux Vivres (Christophe Dufossé) – Hôtel La Citadelle

✿
5 av. Ney – ✆ 03 87 17 17 17 – www.citadelle-metz.com – Fermé sam. midi, dim. soir et lundi CX**y**
Rest – Menu 45 € (déj. en sem.), 70/110 € – Carte 97/116 €
Les vivres de ce Magasin appartenant à un bel hôtel contemporain (une ancienne citadelle militaire !) sont avant tout des produits nobles de grande qualité : foie gras, homard, truffe, Saint-Jacques, etc. Le tout préparé avec soin…
➜ Cassolettes gourmandes. Bar en croûte de sel. Saint-Honoré version fraise.
Vins Vins de Moselle.

Le Chat Noir

30 r. Pasteur – ✆ 03 87 56 99 19 – Fermé 24 déc.-5 janv., dim. soir et lundi
Rest – Formule 27 € bc – Menu 33/55 € – Carte 42/60 € AZ**e**
Chaises léopard, masques africains et tons chocolat composent le décor exotique de cette adresse à mi-chemin entre la brasserie et le bistrot. La cuisine reste classique mais se nuance de touches contemporaines.

Bénédictins (R. des)	AY	9	Henri II (Av.)	AY	42	St-Pierre (R.)	AZ	79
Chambière (R.)	BY	10	Jean XXIII (Av.)	BZ	43	St-Symphorien (Bd)	AZ	81
Charles Abel (R.)	AZ	7	Joffre (Av.)	AZ	45	Salis (R. de)	AZ	86
Clovis (R.)	AZ	20	Lagneau (R. Jules)	AZ	48	Trois-Évêchés (R. des)	BZ	94
Garde (R. de la)	AYZ	30	Lattre-de-T. (Av. de)	AZ	51	Vauban (R.)	BZ	95
Goethe (R.)	AZ	32	Maginot (Bd André)	BZ	54	Verdun (R. de)	AZ	96
Grange-aux-Dames (R.)	BY	36	Nancy (Av. de)	AZ	60	Verlaine (R.)	AZ	97
Grilles (Pont des)	BY	37	Pont-à-Mousson (R. de)	AZ	69	20e-Corps-Américain (R. du)	AZ	99
Hegly (Allée V.)	AZ	40	Pont-Rouge (R. du)	BZ	72			

Thierry "Saveurs et Cuisine"

5 r. des Piques, "Maison de la Fleure de Ly" – ✆ 03 87 74 01 23
– www.restaurant-thierry.fr – Fermé 21-28 avril, 4-18 août, merc. et dim.

Rest – Formule 20 € – Menu 27 € (sem.)/37 € – Carte 34/56 € DV**a**

Dans cet hôtel particulier (16e s.) de la vieille ville, on vient déguster une cuisine fusion mariant les influences exotiques. Un bistrot chic où les vins étrangers épousent même quelques recettes classiques...

METZ

À Côté

43 pl. de Chambre – ✆ 03 87 66 38 84 – www.restaurant-acote.fr
– *Fermé 1er-10 août, dim. et lundi* **CVh**

Rest – Formule 15 € – Menu 35 € – Carte 25/52 €

Cette adresse tendance a fait le choix d'une restauration conviviale et décontractée, autour de petits plats à la mode tapas. Service au comptoir, face aux cuisines ouvertes. Un concept qui tombe pile.

au Nord par ① et A 31 sortie Maizières-lès-Metz : 10 km – ✉ 57280 Maizières-lès-Metz

Novotel-Hauconcourt

– *✆ 03 87 80 18 18 – www.novotel.com*
132 ch – 🕴76/147 € 🕴🕴76/147 € – ☕ 15 €
Rest – Formule 18 € – Carte 20/45 €
En périphérie nord de Metz, ce fut l'un des tout premiers hôtels de cette chaîne créée au début des années 1970. Pratique pour rejoindre l'autoroute ou profiter de la zone commerciale.

à Borny 3 km par ③ et rte de Strasbourg – ✉ 57070 Metz

Le Jardin de Bellevue

58 r. Claude Bernard, (près du Technopole Metz 2000) – ✆ 03 87 37 10 27 – www.lejardindebellevue.com – Fermé 22 avril-10 mai, 29 juil.-14 août, 27 déc.-4 janv., sam. midi, dim. soir, mardi soir et lundi
Rest – Menu 29 € (déj. en sem.), 44/69 € – Carte 62/80 €
La clientèle locale plébiscite cette maison centenaire de la périphérie messine (à 2 km du centre Pompidou). À l'intérieur, le style est contemporain mais sans excès, idéal pour une cuisine actuelle proche des saisons. Accueil charmant !

à Plappeville 7 km par av. Henri II - AY – 2 182 h. – alt. 280 m – ✉ 57050

La Vigne d'Adam

50 r. du Gén.-de-Gaulle – ✆ 03 87 30 36 68 – www.lavignedadam.com – Fermé 18 août-3 sept., vacances de Noël, dim. et lundi
Rest – Menu 28/90 € – Carte 34/72 €
Au cœur du village, cette ancienne maison de vigneron a été transformée en restaurant et bar à vins, le tout très tendance. Gargouillou de légumes aux truffes ou pigeon au foie gras trouvent donc le bon flacon pour les accompagner.

METZERAL – 68 Haut-Rhin – 315 G8 – 1 111 h. – alt. 480 m – ✉ 68380 1 A2

Paris 464 – Colmar 25 – Gérardmer 39 – Guebwiller 41

Aux Deux Clefs

12 r. Altenhof – ✆ 03 89 77 61 48 – www.aux-deux-clefs.com
15 ch – 🕴40/50 € 🕴🕴60/70 € – ☕ 10 € – ½ P
Rest *(fermé lundi)* – Formule 13 € – Menu 24/75 € bc – Carte 24/75 €
Perché sur les hauteurs du village, au bord d'un petit étang, cet hôtel-restaurant de tradition est très tranquille et il y règne un esprit maison d'hôtes bien sympathique... Les chambres, régulièrement rafraîchies, sont simples et agréables.

MEUCON – 56 Morbihan – 308 O8 – rattaché à Vannes

MEUDON – 92 Hauts-de-Seine – 311 J3 – 101 24 – voir à Paris, Environs

---

MEUNG-SUR-LOIRE – 45 Loiret – 318 H5 – 6 113 h. – alt. 90 m 12 C2

– ✉ 45130 Châteaux de la Loire

Paris 149 – Blois 43 – Fleury-les-Aubrais 31 – Orléans 25

1, rue Emmanuel Troulet, ✆ 02 38 44 32 28, www.visitez-meungsurloire.fr

Le Relais Louis XI

2 r. St-Pierre – ✆ 02 38 44 27 71 – www.lerelaislouisxi.com
13 ch – 🕴60/130 € 🕴🕴60/130 € – 1 suite – ☕ 15 € – ½ P
Rest *Le Relais Louis XI* – voir les restaurants ci-après
Dans un esprit maison d'hôtes, cette demeure historique propose des chambres thématiques fort plaisantes (baroque, chinoise, lys, etc.), la plupart avec vue sur la Loire.

Le Relais Louis XI

2 r. St-Pierre – ✆ 02 38 44 27 71 – www.lerelaislouisxi.com – Fermé dim. soir, lundi et mardi
Rest – Formule 19 € – Menu 29 € – Carte environ 32 €
Fricassée de champignons sauvages, soupe de panais, cabillaud à la provençale, ou encore agneau aux épices douces : une table qui mise joliment sur les saisons et les produits du potager. Cette salle voûtée est un vrai repaire gourmand !

MEURSANGES – 21 Côte-d'Or – **320** J8 – **rattaché à Beaune**

MEURSAULT – 21 Côte-d'Or – **320** I8 – **1 542 h.** – **alt. 243 m** – ✉ **21190** **7** A3

Bourgogne

Paris 326 – Dijon 55 – Lons-le-Saunier 117 – Mâcon 86

place de l'Hôtel de Ville, ✆ 03 80 21 25 90, www.beaune-tourisme.fr

Château de Cîteaux-La Cueillette

18 r. de Cîteaux – ✆ 03 80 20 62 80 – www.lacueillette.com

19 ch – †180/300 € ††220/300 € – ☕ 22 € – ½ P

Rest *Château de Cîteaux-La Cueillette* – voir les restaurants ci-après

Rest *Le Potager* *(fermé le soir sauf dim. et lundi)* – Formule 22 € – Menu 26 €

Un joli château des 18e et 19e s. dans cette localité célèbre pour ses vins blancs ! Les chambres y sont spacieuses et contemporaines, et il fait bon se ressourcer dans l'espace détente (sauna, hammam, jacuzzi...).

Les Charmes sans rest

10 pl. du Murger – ✆ 03 80 21 63 53 – www.hotellescharmes.com – Fermé 6-24 janv. et dim. soir de nov. à mars

13 ch – †75/115 € ††85/125 € – ☕ 12 €

Au cœur du village, une grosse maison de viticulteur (18e s.) avec son jardin arboré et ses chambres contemporaines. Une bonne adresse.

Château de Cîteaux-La Cueillette

18 r. de Cîteaux – ✆ 03 80 20 62 80 – Fermé le midi sauf dim. et lundi

Rest – Menu 45/80 €

Une Cueillette élégante et raffinée... Dans la salle d'un superbe classicisme – moulures, dorures, fresque représentant une allégorie de l'Amour –, on cultive l'air du temps et les saveurs de jolis produits, tel ce filet de bœuf, champignons des bois et jus à la sauge.

Le Relais de la Diligence

49 r. de la Gare, 2,5 km au Sud-Est par D 23 – ✆ 03 80 21 21 32 – www.relaisdeladiligence.com – Fermé 18 déc.-25 janv., 1 sem. début juil., mardi soir et merc.

Rest – Menu 11 € (déj.), 19/46 € – Carte 25/46 €

Près de la gare, cet ancien relais de poste en pierre du pays est une bonne auberge ! Carte traditionnelle et vue panoramique sur les vignes, dans la salle principale comme en terrasse.

Le Chevreuil avec ch

pl. de l'Hôtel-de-Ville – ✆ 03 80 21 23 25 – www.lechevreuil.fr – Fermé 11-18 août, 22-29 déc. et 4 fév.-4 mars

11 ch – †70/80 € ††70/80 € – ☕ 9 € – ½ P

Rest *(fermé dim. et merc.)* – Formule 20 € – Menu 23/58 € – Carte 46/60 €

Ce Chevreuil est célèbre depuis 1870 ! Pourquoi ? Pour sa "terrine chaude de la mère Daugier", qui met les gourmands en émoi et dont la recette est bien gardée. Elle s'accompagne de jolis crus – la jeune propriétaire est fille de vignerons et vous proposera même les vins familiaux. Une fois repu, on peut prolonger l'étape (chambres sobres et contemporaines).

Le Bouchon

1 pl. de l'Hôtel-de-Ville – ✆ 03 80 21 29 56 – www.restaurant-le-bouchon.com – Fermé 8-17 juil., 22 déc.-15 janv., dim. soir et lundi

Rest – Formule 9 € – Menu 18/32 € – Carte 28/39 €

Sur la place de la mairie, ce petit bistrot revendique fièrement son esprit "bouchon" lyonnais. Au gré des saisons et au plus près de la fraîcheur, le chef navigue entre terroir et tradition, pour le plaisir des habitués.

LE MEUX – 60 Oise – **305** H4 – **rattaché à Compiègne**

MEXIMIEUX – 01 Ain – **328** E5 – **7 301 h.** – **alt. 245 m** – ✉ **01800** **44** B1

Paris 458 – Bourg-en-Bresse 37 – Chambéry 120 – Genève 118

1, rue de Genève, ✆ 04 74 61 11 11, www.mairie-meximieux.fr

XXX La Cour des Lys

17 r. de Lyon – ✆ 04 74 61 06 78 – www.la-cour-des-lys.com – Fermé 5-11 mars, 13-26 août, 5-11 nov., 2-9 janv., dim. soir et lundi

Rest – Formule 18 € bc – Menu 28/48 € – Carte 47/72 €

Une cuisine classique misant sur la tradition (foie gras, daurade royale aux escargots, volaille de Bresse, grenouilles poêlées), ce que reflète parfaitement la décoration du lieu.

au Pont de Chazey-Villieu 3 km à l'Est par D 1084 – ✉ 01800 Villieu Loyes Mollon

XX La Mère Jacquet avec ch

Pont de Chazey – ✆ 04 74 61 94 80 – www.lamerejacquet.com – Fermé 8-25 août et vacances de Noël

19 ch – †59/69 € ††69/79 € – ☕ 8 € – ½ P

Rest *(fermé sam. midi, dim. soir et vend.)* – Formule 14 € – Menu 19 € (déj. en sem.), 28/47 € – Carte 40/55 €

La tradition initiée par la Mère Jacquet se perpétue au fil des générations dans cette grande maison solidement plantée au bord de la route. Des chambres simples, des plats classiques (foie gras, terrine maison, pigeonneau en croûte) : on sait pourquoi on y vient !

MEYLAN – 38 Isère – 333 H6 – rattaché à Grenoble

MEYMAC – 19 Corrèze – 329 N2 – 2 579 h. – alt. 702 m – ✉ 19250 25 C2

Limousin Berry

Paris 443 – Aubusson 57 – Limoges 96 – Neuvic 30

place de la Fontaine, ✆ 05 55 95 18 43

Vierge noire★ dans l'église abbatiale.

X Chez Françoise avec ch

24 r. Fontaine du Rat – ✆ 05 55 95 10 63 – www.chezfrancoise.fr – Fermé 24 déc.-1er fév., dim. soir et lundi

4 ch – †60/70 € ††60/70 € – ☕ 8 €

Rest – Formule 14 € – Menu 29/35 € – Carte 23/55 €

Dans cette maison rustique du 16e s., les spécialités corréziennes sont à l'honneur, comme la farcidure, le millassou, les tourtous et les confits, le tout accompagné de bons bordeaux. Des chambres bien tenues et spacieuses permettent de faire étape.

MEYRONNE – 46 Lot – 337 F2 – 303 h. – alt. 130 m – ✉ 46200 29 C1

Périgord Quercy

Paris 524 – Brive-la-Gaillarde 47 – Cahors 76 – Figeac 54

La Terrasse

pl. de l'Église – ✆ 05 65 32 21 60 – www.hotel-la-terrasse.com – Ouvert 21 mars-1er nov.

11 ch – †90/140 € ††90/140 € – 4 suites – ☕ 13 € – ½ P

Rest ***La Terrasse*** – voir les restaurants ci-après

Pour se rêver en seigneur du Lot, un château du 11e s. dressé fièrement au-dessus de la Dordogne. Vieilles pierres, poutres et bon confort : charme et caractère, en toute simplicité !

XX La Terrasse

pl. de l'Église – ✆ 05 65 32 21 60 – www.hotel-la-terrasse.com – Ouvert 21 mars-1er nov. et fermé mardi midi

Rest – Menu 22 € (déj. en sem.), 29/75 € – Carte 64/79 €

La terrasse, qui domine la Dordogne, est parfaite pour un dîner romantique, et l'hiver on peut se réfugier sous les voûtes médiévales de cette ancienne place forte du 11e s. Au menu : les saveurs du terroir.

MEYRUEIS – 48 Lozère – 330 I9 – 853 h. – alt. 698 m – ✉ 48150 23 C1

Languedoc Roussillon

Paris 643 – Florac 36 – Mende 57 – Millau 43

Place Sully, ✆ 04 66 45 60 33, www.meyrueis-office-tourisme.com

NO : Gorges de la Jonte★★.

Aven Armand★★★ NO : 11 km - Grotte de Dargilan★★ NO : 8,5 km.

Château d'Ayres

rest, VISA AE

rte d'Ayres, 1,5 km à l'Est par D 57 – ✆ 04 66 45 60 10 – www.chateau-d-ayres.com – Fermé 3 janv.-20 fév.

22 ch – †99/174 € ††99/174 € – 7 suites – ☕ 16 € – ½ P

Rest – Menu 20/55 € – Carte 43/62 €

Tentures fleuries, trophées de chasse, parc de 6 ha, restaurant traditionnel : beaucoup de charme et de calme dans ce prieuré bénédictin du 12e s. marqué par l'histoire cévenole. Pour l'anecdote, Charles de Gaulle a séjourné ici...

Mont Aigoual

VISA AE

34 quai de la Barrière – ✆ 04 66 45 65 61 – www.hotel-mont-aigoual.com – Ouvert 29 mars-4 nov.

30 ch – †62 € ††62/80 € – ☕ 9 € – ½ P

Rest *(fermé mardi midi sauf juil.-août)* – Menu 23/48 €

Au pied du massif de l'Aigoual, ce village est idéal pour partir à la découverte des Grands Causses et des Cévennes. Et dans cet hôtel-restaurant familial, avec un jardin et une piscine, les prix sont très raisonnables. Une bonne étape.

Family Hôtel

AC rest, VISA

4 r. Barrière – ✆ 04 66 45 60 02 – www.hotel-restaurant-family-48-12.com – Ouvert 1er avril-4 nov.

44 ch – †44/57 € ††52/55 € – ☕ 8 € – ½ P

Rest – Menu 13 € (sem.), 19/34 € – Carte 18/46 €

Parfait pour les familles, comme son nom l'indique. Bordant le Bétuzon (un affluent de la Jonte), un hôtel-restaurant avec des chambres pratiques, bien tenues et douillettes (couettes) ; jardin et piscine avec jacuzzi, accessibles par une passerelle.

MEYZIEU – 69 Rhône – 327 J5 – rattaché à Lyon

MÈZE – 34 Hérault – 339 G8 – 10 749 h. – alt. 20 m – ✉ 34140 23 C2

Languedoc Roussillon

Paris 746 – Agde 21 – Béziers 43 – Lodève 52

Château Girard, ✆ 04 67 43 93 08, www.ville-meze.fr

Villa gallo-romaine★ de Loupian N : 1,5 km.

Hôtel de la Pyramide sans rest

AC VISA

8 promenade Sergent Jl.-Navarro – ✆ 04 67 46 61 50 – www.hoteldelapyramide.fr – Fermé 1 sem. en nov. et de mi-déc. à mi-janv.

21 ch – †65/95 € ††65/95 € – 1 suite – ☕ 9 €

Belle demeure provençale au cœur d'un petit parc. Chambres très confortables au décor épuré (murs blancs, mobilier en fer forgé), avec des balcons ouverts sur l'étang de Thau.

à Bouzigues 4 km au Nord-Est par D 613 et rte secondaire – 1 575 h. – alt. 3 m – ✉ 34140

La Côte Bleue

AC VISA AE

av. Louis Tudesq – ✆ 04 67 78 30 87 – www.la-cote-bleue.fr

31 ch – †82/122 € ††82/122 € – ☕ 10 €

Rest ***La Côte Bleue*** – voir les restaurants ci-après

Au bord de l'étang de Thau, une grande piscine, des chambres agréables et assez spacieuses (avec balcon)... et les flots pour horizon. Une belle invitation au farniente et à la détente !

À La Voile Blanche
1 av. Louis Tudesq – ✆ 04 67 78 35 77 – www.alavoileblanche.com – Fermé 20-28 nov. et le soir du lundi au jeudi d'oct. à avril sauf vacances scolaires
8 ch – †65/190 € ††65/190 € – ☐ 8 € – ½ P
Rest – Formule 15 € bc – Menu 25 € – Carte 29/63 €
Au bord de l'étang, ses parcs à huîtres et son petit port, une maison au décor contemporain. Certaines chambres ont une terrasse. Côté restaurant, ambiance décontractée et cuisine méridionale privilégiant poissons et coquillages à la plancha.

La Côte Bleue – Hôtel La Côte Bleue
av. Louis Tudesq – ✆ 04 67 78 30 87 – www.la-cote-bleue.fr – Fermé 3 sem. vacances de fév., 1 sem. en nov. et merc. hors saison
Rest – Formule 19 € – Menu 29 € (sem.)/44 € – Carte 48/68 €
À la bien nommée Côte Bleue, on déguste une sympathique cuisine de la mer (dont les fameuses huîtres de Bouzigues). Aux beaux jours, il fait bon s'installer sous les pins de la terrasse !

MÉZIDON – 14 Calvados – 303 L5 – 4 910 h. – alt. 25 m – ✉ 14270 — 32 B2

Paris 202 – Alençon 107 – Caen 27 – Rouen 119

Le Saint-Pierre
74 pl. Charles-de-Gaulle – ✆ 02 31 40 47 94 – www.lesaint-pierre.fr
14 ch – †55/60 € ††66/68 € – ☐ 8 € – ½ P
Rest *Le Saint-Pierre* – voir les restaurants ci-après
Résolument design ! Transformation réussie pour cette imposante bâtisse qui affiche désormais couleurs flashy ou profondes, lignes épurées et toiles abstraites, ainsi qu'un bar très concept.

Le Saint-Pierre
74 pl. Charles-de-Gaulle – ✆ 02 31 40 47 94 – www.lesaint-pierre.fr – Fermé sam. midi et dim. soir
Rest – Formule 12 € – Menu 16 € (déj. en sem.), 33/36 €
Acidulé, vitaminé, élégant... Telle est la clé de ce Saint-Pierre ! Le décor comme la cuisine sont à l'avenant ; le jeune chef ose le steak tartare de canard, les rillettes de lapin aux poires, etc.

MÉZOS – 40 Landes – 335 E10 – 866 h. – alt. 23 m – ✉ 40170 — 3 B2

Paris 684 – Bordeaux 124 – Dax 58 – Mont-de-Marsan 107
Avenue de la Gare, ✆ 05 58 42 64 37, www.ot-mezos.fr

La Maison de Mézos sans rest
av. de l' Océan – ✆ 05 58 42 61 38 – www.hotel-mezos.com – Ouvert 14 juin-15 sept.
9 ch – †89/160 € ††89/160 € – ☐ 9 €
Dans un petit village landais, coquette maison à l'ambiance familiale, entre hôtel et chambre d'hôtes (mobilier chiné). Pavillon et roulottes dans le grand jardin. Piscine.

MÉZY-MOULINS – 02 Aisne – 306 D8 – 516 h. – alt. 81 m – ✉ 02650 — 37 C3

Paris 103 – Amiens 221 – Laon 92 – Reims 55

Le Moulin Babet avec ch
8 r. du Moulin Babet à Moulins (N3) – ✆ 03 23 71 44 72 – www.hotel-moulinbabet.com – Fermé 20-31 août, 24 déc.-11 janv., dim. soir (sauf hôtel), mardi et merc.
7 ch – †70/90 € ††70/90 € – ☐ 9 €
Rest – Formule 21 € – Menu 32/65 € – Carte 48/63 €
En pleine campagne, un moulin qui a conservé sa roue, visible depuis le hall. Salle à manger d'esprit rustique où l'on sert une cuisine actuelle. Belles chambres contemporaines.

MIEUSSY – 74 Haute-Savoie – 328 M4 – 2 097 h. – alt. 636 m – ✉ 74440 Alpes du Nord — 46 F1

Paris 563 – Annecy 62 – Bonneville 21 – Chamonix-Mont-Blanc 59
Les murailles, ✆ 04 50 43 02 72, www.mieussy-sommand.com

Vacca Park

Plateau de Sommand, Praz de Lys 1 420 m – ✆ 04 50 34 20 88 – www.vaccapark.com – Fermé mi avril-fin mai et début nov.-mi déc.
15 ch – 🛉65/105 € 🛉🛉85/135 € – ☕ 10 € – ½ P
Rest – Menu 20/46 € – Carte 29/53 €
Au milieu des pâturages et des pistes, un joli chalet refait à neuf en 2011, avec des chambres coquettes et chaleureuses, ainsi qu'un restaurant traditionnel et savoyard. Pour l'anecdote, il y a une photo de vache (presque grandeur nature) sur chaque porte... Et oui, en latin, vacca signifie "vache" !

MILLAU – 12 Aveyron – 338 K6 – 22 013 h. – alt. 372 m 29 D2

– ✉ 12100 Languedoc Roussillon

▶ Paris 636 – Albi 106 – Mende 95 – Montpellier 114

Viaduc de Millau : péage en 2012, aller simple : autos (saison) 8,60 €, (hors saison) 6,70 €, autos et caravanne (saison) 12,80 €, (hors saison) 10,10 €, camions 23,50 à 31,20 €, motos 4,30 €.

ℹ 1, place du Beffroi, ✆ 05 65 60 02 42, www.millau-tourisme.fr

👁 Musée de Millau★ : poteries★, maison de la Peau et du Gant ★ (1er étage) **M** - Viaduc ★★★.

Canyon de la Dourbie★★ 8 km par ②.

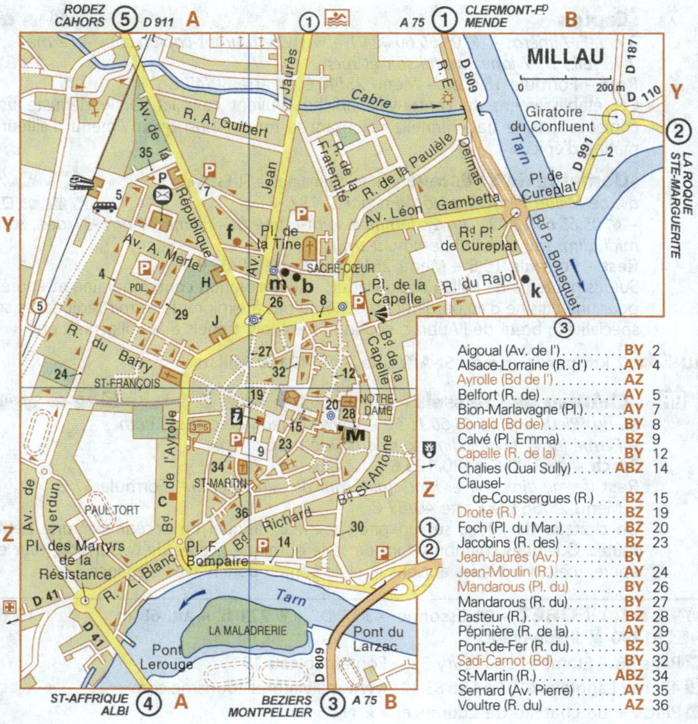

Mercure
1 pl. de la Tine – ✆ 05 65 59 29 00 – www.mercure.com BYm
57 ch – 90/185 € 90/185 € – 15 € – ½ P
Rest *(fermé 21 déc.-6 janv., vend. et sam. de nov. à mars et dim.)* – Formule 13 € – Menu 26/33 € – Carte 24/38 €
En plein centre-ville, un Mercure contemporain et chaleureux. Les chambres sont vastes et lumineuses (certaines avec balcon), une partie offrant une vue sur le viaduc.

Domaine de St-Estève
av. de Millau Plage, au Nord-Est par D 187 -BY – ✆ 05 65 69 12 12 – www.domaine-saint-esteve.fr – Fermé 11 nov.-31 déc.
36 ch – 79/135 € 79/135 € – 9 € – ½ P
Rest *Domaine de St-Estève* – voir les restaurants ci-après
De ravissants chalets qui se fondent avec bonheur dans la végétation méditerranéenne, le viaduc de Millau en toile de fond... Les chambres sont confortables (toutes avec terrasse) et il y a même une jolie piscine à débordement.

Cévenol Hôtel
115 r. Rajol – ✆ 05 65 60 74 44 – www.cevenol-hotel.fr BYk
42 ch – 54/79 € 54/79 € – 8 € – ½ P
Rest – Formule 12 € – Menu 18/40 € – Carte 30/74 €
Dans un quartier résidentiel excentré et non loin du Tarn, un hôtel avenant avec des chambres pratiques, spacieuses et bien tenues.

Ibis sans rest
r. du Sacré Cœur – ✆ 05 65 59 29 09 – www.ibishotel.com BYb
46 ch – 60/107 € 60/107 € – 10 €
En plein centre-ville, un Ibis confortable et idéalement situé ! Pratique, le parking fermé.

Capion
3 r. J.-F.-Alméras – ✆ 05 65 60 00 91 – www.restaurant-capion.com – Fermé 2-18 juil., 1er-7 janv., mardi soir et merc. AYf
Rest – Formule 15 € bc – Menu 23/40 € – Carte 30/49 €
Cet établissement du centre-ville affiche souvent complet. On y déguste une copieuse cuisine traditionnelle valorisant le terroir, ainsi qu'un "menu d'ailleurs" mâtiné d'épices.

Domaine de St-Estève – Hôtel Domaine de St-Estève
av. de Millau Plage, au Nord-Est par D 187 -BY- – ✆ 05 65 69 12 12 – www.domaine-saint-esteve.fr – Fermé 11 nov.-31 déc., sam. midi, dim. soir et lundi de nov. à avril
Rest – Formule 15 € – Menu 25/41 € – Carte 30/65 €
Sur les hauteurs de Millau et du viaduc, une décoration contemporaine et épurée, pour une cuisine d'aujourd'hui qui n'hésite pas à explorer le terroir régional et ses spécialités : bœuf de l'Aubrac, coufidou millavois, trenels à la millavoise, etc.

au Sud 2 km par ④ rte de St-Affrique – ✉ 12100 Millau

Château de Creissels
pl. du Prieur – ✆ 05 65 60 16 59 – www.chateau-de-creissels.com – Fermé janv., fév. et dim. soir de nov. à mars
26 ch – 65/90 € 80/125 € – 11 € – ½ P
Rest *(fermé dim. soir et lundi midi sauf de juin à sept.)* – Formule 17 € – Menu 25/56 € – Carte 40/57 €
Un château du 12e s. sur un piton rocheux, auquel on accède par une petite route... Quelques chambres sont de style gothique ; celles de l'extension, tout en épure, mêlent meubles anciens et style contemporain avec élégance.

MILLY-LA-FORÊT – 91 Essonne – 312 D5 – 4 721 h. – alt. 68 m 18 B3
– ✉ 91490 Île-de-France

Paris 58 – Étampes 25 – Évry 31 – Fontainebleau 19
47, rue Langlois, ✆ 01 64 98 83 17, www.millylaforet-tourisme.com
Parc★★ du chateau de Courances★★ N : 5 km.

à Auvers (S.-et-M.) 4 km au Sud par D 948 – ✉ 77123 Noisy sur Ecole

Auberge d'Auvers Galant

7 r. d'Auvers – ✆ 01 64 24 51 02 – Fermé 19 août-3 sept., 14 janv.-5 fév., dim. soir, lundi et mardi

Rest – Formule 22 € – Menu 26 € (sem.), 39/53 € – Carte 42/72 €

Rien à redouter de ce Galant-là : c'est en tout bien tout honneur qu'il vous propose une halte dans un intérieur rustique coloré. Recettes traditionnelles (dont la tête de veau).

MIMIZAN – 40 Landes – 335 D9 – 7 000 h. – alt. 13 m – Casino 3 B2

– ✉ 40200 Aquitaine

Paris 692 – Arcachon 67 – Bayonne 109 – Bordeaux 109

38, avenue Maurice Martin, ✆ 05 58 09 11 20, www.mimizan-tourisme.com

Plage Sud

Hôtel de France sans rest

18 av. de la Côte-d'Argent – ✆ 05 58 09 09 01 – www.hoteldefrance-mimizan.com – Ouvert fin mars-11 nov.

21 ch – †52/86 € ††60/102 € – ☕ 7 €

Le premier hôtel de la station, construit en bois en 1870, puis en dur en 1920. Toutes pimpantes, les chambres sont impeccables et disposent du wifi gratuit.

L'Airial sans rest

6 r. Papeterie – ✆ 05 58 09 46 54 – www.hotel-airial.com – Fermé dim. soir et lundi hors saison

18 ch – †43/67 € ††48/75 € – ☕ 8 €

Un bâtiment des années 1970 dans un quartier résidentiel. Ambiance familiale, confort simple, jardin pour le petit-déjeuner et décor tout bleu et blanc : ambiance balnéaire garantie.

MINERVE – 34 Hérault – 339 B8 – 125 h. – alt. 227 m – ✉ 34210 22 B2

Languedoc Roussillon

Paris 812 – Béziers 45 – Carcassonne 44 – Narbonne 33

9, rue des Martyrs, ✆ 04 68 91 81 43, www.minerve-tourisme.fr

Site★★.

Relais Chantovent (N) avec ch

17 Grand'Rue – ✆ 04 68 91 14 18 – www.relaischantovent-minerve.fr – Ouvert 10 fév.-1er janv. sauf vacances de Noël et fermé dim. soir, mardi soir sauf juil.-août et merc.

5 ch – †39 € ††46 € – ☕ 7 € – ½ P **Rest** – Menu 19/45 € – Carte 38/49 €

Une charmante petite auberge en pays cathare... Ici, point de voiture ; les gourmands, tels des pèlerins, viennent à pied pour déguster une appétissante cuisine du marché. Le must : la terrasse et sa vue plongeante sur la vallée du Briant. Chambres modestes mais bien tenues pour l'étape.

MIOMO – 2B Haute-Corse – 345 F3 – voir à Corse (Bastia)

MIRAMAR – 06 Alpes-Maritimes – 341 C7 – rattaché à Théoule-sur-Mer

---

MIRAMBEAU – 17 Charente-Maritime – 324 G7 – 1 502 h. – alt. 59 m 38 B3

– ✉ 17150

Paris 515 – Bordeaux 72 – Angoulême 73 – Cognac 48

47, avenue de la République, ✆ 05 46 49 62 85, www.mirambeau-tourisme.fr

Château de Mirambeau

1 av. des Comtes Duchatel – ✆ 05 46 04 91 20 – www.chateaumirambeau.com – Ouvert 29 mars-2 nov.

22 ch – †250/950 € ††250/950 € – ☕ 23 €

Rest *Château de Mirambeau* – voir les restaurants ci-après

Parc immense, fastueux salons, restaurant cossu, piscine couverte et chambres raffinées – entre marqueterie, boiseries et tentures : ce superbe château du 19e s. n'est que charme et élégance !

XXXX **Château de Mirambeau**

1 av. des Comtes Duchatel – ✆ 05 46 04 91 20 – www.chateaumirambeau.com – Ouvert 2 avril-1er nov.

Rest – Menu 68/97 € – Carte 78/95 €

Au sein de ce château néogothique du 19e s., dans un décor foisonnant d'objets d'art et de nobles tentures, une table gastronomique qui met en valeur les produits de la région et de l'estuaire de la Gironde. Belle collection de cognacs.

MIRANDE – 71 Saône-et-Loire – **320** J11 – **rattaché à Fleurville**

MIREBEL – 39 Jura – **321** E6 – 241 h. – alt. 580 m – ✉ 39570 **16** B3

Paris 419 – Champagnole 17 – Lons-le-Saunier 17

XX **Mirabilis**

41 Grande-Rue – ✆ 03 84 48 24 36 – www.lemirabilis.com – Fermé 2-30 janv., merc. de sept. à juin, lundi et lundi

Rest – Formule 13 € – Menu 20/50 € – Carte 28/50 €

Filet de saint-pierre et sa raviole de courgette, aumônière de grenouille et escargots aux fines herbes... Dans cette chaleureuse maison ancienne (1760), le chef concocte une cuisine colorée et goûteuse, sur de belles bases régionales.

MIREPOIX – 09 Ariège – **343** J6 – 3 139 h. – alt. 308 m – ✉ 09500 **29** C3

Midi Toulousain

Paris 753 – Carcassonne 52 – Castelnaudary 34 – Foix 37

place Maréchal Leclerc, ✆ 05 61 68 83 76, www.tourisme-mirepoix.com

Place principale★★.

Relais Royal

8 r. Mar. Clauzel – ✆ 05 61 60 19 19 – www.relaisroyal.com – Fermé 1er janv.-12 fév.

5 ch – †199/299 € ††199/299 € – 4 suites – ☐ 22 € – ½ P

Rest *Relais Royal* – voir les restaurants ci-après

Au cœur du pays cathare, une belle demeure de maître (1742), où histoire et modernité se côtoient subtilement. Un grand escalier dessert les chambres, spacieuses, et le bassin de nage, bordé par une terrasse, est ravissant.

Les Minotiers

av. Mar.-Foch – ✆ 05 61 69 37 36 – www.lesminotiers.com

40 ch – †49/130 € ††52/130 € – ☐ 8 €

Rest *(fermé sam. midi)* – Formule 17 € – Menu 24/38 € – Carte 32/55 €

Espace, confort, lumière : dans cette ancienne minoterie, tout est neuf et plaisant, faisant rimer simplicité et qualité. Traditionnelle, la carte du restaurant met en avant les produits régionaux.

XX **Relais Royal** – Hôtel Relais Royal

8 r. Mar. Clauzel – ✆ 05 61 60 19 19 – www.relaisroyal.com – Fermé 1er janv.-12 fév., lundi, mardi et le midi sauf vend. et dim.

Rest – Menu 55 €

Élégance contemporaine dans cette maison bourgeoise du 18e s., au service d'une cuisine d'aujourd'hui, juste et raffinée.

XX **Les Remparts** (N) avec ch

6 cours L.-Pons-Tande – ✆ 05 61 68 12 15 – www.hotelremparts.com – Fermé dim. soir et lundi

7 ch – †50/110 € ††65/130 € – ☐ 9 € – ½ P

Rest – Formule 22 € – Menu 28/53 € – Carte 36/56 €

Dans cette maison construite sur les remparts de la ville, la pierre et le bois se mêlent avec chaleur et élégance. Le chef s'attache à valoriser les produits de la région. Chambres simples et agréables (plus calmes côté cour), certaines avec baignoire balnéo.

MIRMANDE – 26 Drôme – **332** C5 – 491 h. – alt. 204 m – ✉ 26270 **44** B3

Ardèche Drôme

Paris 603 – Lyon 141 – Romans-sur-Isère 61 – Valence 42

place du Champ de Mars, ✆ 04 75 63 10 88, www.officetourismemirmande.fr

Hôtel de Mirmande sans rest
Le village – ✆ 04 75 63 13 18 – www.hotelmirmande.fr
9 ch – †70/100 € ††70/140 € – ☕ 11 €
Jolie reconversion pour cette ancienne épicerie transformée en un charmant hôtel. Vous y découvrirez de spacieuses chambres à la déco cosy : coussins, boutis, meubles et objets en bois cérusé... Une adresse sympathique.

La Capitelle
Le Rempart – ✆ 04 75 63 02 72 – www.lacapitelle.com – Fermé 15 déc.-14 fév. et mardi sauf juil.-août
12 ch – †85/150 € ††85/150 € – ☕ 12 € – ½ P
Rest *(fermé merc. midi et mardi sauf juil.-août)* – Formule 19 € – Menu 25 € (déj.), 39/53 € – Carte 51/60 €
Cette ancienne magnanerie, située au cœur du vieux village, fut la résidence du cubiste André Lhote. Les meubles d'antiquaire, dans les chambres, et la cheminée monumentale, dans la salle voûtée, ajoutent au cachet de cette demeure de caractère. Belle vue sur les vergers et les collines depuis la terrasse.

MISSILLAC – **44 Loire-Atlantique** – **316** D3 – **4 803 h.** – **alt. 44 m** **34** A2
– ✉ **44780** Pays de la Loire
Paris 436 – Nantes 62 – Redon 24 – St-Nazaire 37
la Chinoise, ✆ 02 40 88 35 14, www.missillac.fr
Retable★ dans l'église - Site★ du château de la Bretesche O : 1 km.

La Bretesche ch,
Domaine de la Bretesche, rte de la Baule – ✆ 02 51 76 86 96 – www.bretesche.fr
30 ch – †161/475 € ††161/475 € – 6 suites – ☕ 23 €
Rest *La Bretesche* ✿ – voir les restaurants ci-après
Rest *Le Club* *(fermé le soir d'oct. à janv. sauf lundi, vend. et sam.)* – Formule 20 € – Menu 25 € (déj.)/36 € – Carte 35/65 €
Dans les dépendances du château de Missillac, dont les jolies tours se reflètent dans le lac contigu, un établissement cossu et feutré : mobilier de style et détails tendance, salon dans les anciennes écuries, espace bien-être... à deux pas du golf 18 trous (club-house).

La Bretesche ✿
Domaine de la Bretesche, rte de la Baule – ✆ 02 51 76 86 96 – www.bretesche.fr – Fermé 18 fév.-14 mars, le midi sauf dim. et lundi de nov. à mars
Rest – Menu 57/107 € – Carte 75/95 €
Voilà une salle éminemment bourgeoise : atmosphère élégante, flambée dans la grande cheminée en hiver, vue sur le lac... Un cadre propice à la dégustation d'une cuisine gastronomique subtile et soignée, sans fioritures.
➜ Ravioles de tourteau et coquillages, jus corsé au yuzu. Bar poché et huîtres fumées, écrasé de pommes de terre vitelote aux algues. La pomme du verger de Brière.

MITTELBERGHEIM – **67 Bas-Rhin** – **315** I6 – **660 h.** – **alt. 220 m** **2** C1
– ✉ **67140** Alsace Lorraine
Paris 499 – Barr 2 – Erstein 24 – Molsheim 23
12, rue Principale, ✆ 03 88 08 92 29

Gilg avec ch rest,
1 r. Rotland – ✆ 03 88 08 91 37 – www.hotel-gilg.com – Fermé 1er-17 juil., 7-30 janv., mardi et merc.
19 ch – †60/75 € ††65/95 € – ☕ 8,50 €
Rest – Menu 30 € (sem.), 32/75 € – Carte 42/73 €
Sur la route des vins, la winstub d'origine, où fut créé, dit-on, le pâté vigneron, s'est muée en un restaurant sympathique et convivial ! On y savoure de généreux plats traditionnels, inspirés du répertoire alsacien.

MITTELHAUSEN – **67 Bas-Rhin** – **315** J4 – **541 h.** – **alt. 185 m** **1** B1
– ✉ **67170**
Paris 478 – Haguenau 21 – Saverne 22 – Strasbourg 24

À l'Étoile

12 r. La Hey – ✆ 03 88 51 28 44 – www.hotel-etoile.fr – Fermé 1er-15 janv.
30 ch – †63/73 € ††69/90 € – ☕ 10 € – ½ P
Rest *À l'Étoile* – voir les restaurants ci-après
Nous voilà dans le pays de la Zorn, également appelé "pays de l'or vert", autrement dit du houblon ! Cette maison de pays (1888) a conservé son charme traditionnel alsacien, tandis que l'annexe, plus récente, ose le style contemporain. Un bon rapport qualité-prix.

À l'Étoile

12 r. La Hey – ✆ 03 88 51 28 44 – www.hotel-etoile.fr – Fermé 7-31 juil., 1er-15 janv., dim. soir et lundi
Rest – Formule 12 € – Menu 20/42 € – Carte 28/50 €
Dans la chaleureuse salle à manger décorée de boiseries, c'est toute l'Alsace qui vous donne rendez-vous. Entendez par là toutes ses saveurs, ses vins et son terroir !

MITTELWIHR – **68 Haut-Rhin** – **315** H8 – **787 h.** – **alt. 210 m** – ✉ **68630** **2** C2
Alsace Lorraine
Paris 445 – Colmar 10 – Kaysersberg 6 – Sélestat 20

Le Mandelberg sans rest

chemin du Mandelberg – ✆ 03 89 49 09 49 – www.hotelmandelberg.fr – Fermé janv.
18 ch – †80/130 € ††80/130 € – ☕ 12 €
Pourquoi ne pas s'arrêter dans ce village du "Midi de l'Alsace" pour y voir fleurir les amandiers ? Ce sera l'occasion de profiter des chambres confortables et de la belle piscine de cette grande bâtisse de style néo-alsacien.

Le Mittelwihr sans rest

19 rte du Vin – ✆ 03 89 49 09 90 – www.hotelmittelwihr.fr.monsite-orange.fr – Fermé fév.
15 ch – †69/117 € ††69/117 € – ☕ 11 €
Sur la route des vins, cette maison couleurée propose des chambres reposantes meublées de manière simple et rustique. Détail important, elles sont climatisées, car il peut faire chaud en Alsace ! Petit-déjeuner vraiment copieux.

La Table de Mittelwihr

19a rte du Vin – ✆ 03 89 78 61 40 – www.la-table-de-mittelwihr.com – Fermé 2 sem. en nov., 1 sem. en janv., dim. soir de janv. à mars, mardi midi et lundi
Rest – Menu 18 € (déj.), 28/50 € – Carte 44/58 €
L'architecture intérieure de ce restaurant est pour le moins originale avec ses poutres en bois courbées ; un mélange de tradition et de modernité que l'on retrouve dans les assiettes. À noter, la terrasse, très agréable en été.

MIZOËN – **38 Isère** – **333** J7 – **rattaché au Freney-d'Oisans**

MODÈNE – **84 Vaucluse** – **332** D9 – **409 h.** – **alt. 250 m** – ✉ **84330** **42** E1
Paris 694 – Avignon 37 – Marseille 123 – Valence 134
Hotel de Ville, ✆ 04 90 62 41 89

La Villa Noria (N)

4 rte de Mazan – ✆ 04 90 62 50 66 – www.villa-noria.com
5 ch ☕ – †70/160 € ††70/160 € **Table d'hôte** – Menu 35 € bc
Une maison de maître du 18e s. avec son jardin arboré et... sa noria toujours en état de marche – une curiosité à découvrir. Dans les chambres – mansardées au 2e étage –, mobilier chiné et de famille dégagent un charme suranné. À la table d'hôte œuvre le propriétaire, ancien chef ! Une adresse où l'on se sent bien.

MOËLAN-SUR-MER – **29 Finistère** – **308** J8 – **6 956 h.** – **alt. 58 m** **9** B2
– ✉ **29350** Bretagne Sud
Paris 523 – Carhaix-Plouguer 66 – Concarneau 27 – Lorient 27
20, place de l'Église, ✆ 02 98 39 67 28, www.moelan-sur-mer.fr

Manoir de Kertalg sans rest

rte de Riec-sur-Belon, 3 km à l'Ouest par D 24 et chemin privé – ✆ 02 98 39 77 77 – www.manoirdekertalg.com – Ouvert 6 avril-4 nov.

8 ch – †125/238 € ††148/238 € – ☕ 16 €

Une altière demeure du 19e s. dans un superbe parc forestier. Proportions monumentales, richesse des matériaux, chambres spacieuses et raffinées : un bel exemple de classicisme. Brann, propriétaire des lieux, y expose ses œuvres.

Les Moulins du Duc

rte des Moulins, 2 km au Nord-Ouest par rte secondaire – ✆ 02 98 96 52 52 – www.hotel-moulins-du-duc.com – Ouvert 15 mars-15 nov.

20 ch – †150/290 € ††150/290 € – 5 suites – ☕ 19 € – ½ P

Rest *Le Raphaël* – voir les restaurants ci-après

Quel charme bucolique, quelle fraîcheur ! Une rivière serpente, des canards s'ébattent dans l'étang... Beaucoup de poésie naturelle pour ce moulin du 16e s. devenu un hôtel raffiné. Tout est charmant, les chambres, le restaurant, etc.

Le Raphaël – Hôtel Les Moulins du Duc

rte des Moulins, 2 km au Nord-Ouest par rte secondaire – ✆ 02 98 96 52 52 – www.hotel-moulins-du-duc.com – Ouvert 15 mars-15 nov. et fermé le midi sauf sam. et dim.

Rest – Menu 41/98 € – Carte 69/95 €

On a réellement l'impression de dîner à fleur d'eau dans le cadre atypique de cet ancien moulin à la grâce pastorale. La cuisine terre et mer suit la tendance actuelle, au gré du cycle des saisons.

MOIRAX – 47 Lot-et-Garonne – 336 F5 – rattaché à Agen

MOISSAC – 82 Tarn-et-Garonne – 337 C7 – 12 244 h. – alt. 76 m 28 B2

– ✉ 82200 Midi Toulousain

Paris 632 – Agen 57 – Auch 87 – Cahors 63

6, place Durand de Bredon, ✆ 05 63 04 01 85, www.tourisme-moissac.fr

d'Espalais, à Valence-d'Agen, L'Ilôt, par rte d'Agen : 20 km, ✆ 05 63 29 04 56

Église St-Pierre ★ : portail méridional ★★★, cloître ★★★, christ ★.

Boudou ✳★ 7 km à l'Ouest

Le Moulin de Moissac

ch, rest,

Esplanade du Moulin – ✆ 05 63 32 88 88 – www.lemoulindemoissac.com

36 ch – †96/179 € ††96/179 € – ☕ 13,50 € – ½ P

Rest *(fermé dim. midi et sam.)* – Formule 18 € – Menu 23 € (déj.), 37/50 € – Carte environ 45 €

Sur les bords du Tarn, un moulin du 15e s. aux chambres sobres et élégantes, d'esprit mer, campagne ou montagne. Les plus spacieuses offrent une jolie vue sur la rivière et, pour la détente, on profite d'un spa très complet. Bistrot traditionnel.

L'Armateur

1 r. Francis-Raynal – ✆ 05 63 32 85 10 – hotelarmateur.fr

16 ch – †95/140 € ††95/140 € – ☕ 12 € – ½ P

Rest *(fermé lundi midi, sam. midi et dim. soir)* – Formule 17 € – Menu 26/45 € – Carte 36/51 €

Près du canal, dans l'ancien quartier des marins, cette maison bourgeoise du 18e s. a été entièrement restaurée dans un esprit contemporain épuré. Minimalisme fluide, blancheur immaculée, murs en brique : élégant ! Côté jardin, les chambres sont très au calme.

Le Pont Napoléon-La Table de Nos Fils avec ch

2 allées Montebello – ✆ 05 63 04 01 55 – www.le-pont-napoleon.com

14 ch – †59 € ††59 € – ☕ 8 €

Rest – Formule 20 € – Menu 28/42 € – Carte environ 49 €

Tout près du pont Napoléon, cette table se montre cosy et raffinée ; l'une des salles ouvre sur la terrasse donnant sur le Tarn. Le chef, au joli parcours, concocte une cuisine d'aujourd'hui fraîche et bien tournée.

Le Florentin

8 pl. Roger-Delthil – ✆ 05 63 04 19 18 – Fermé de fin oct. à début mars
Rest – Formule 17 € – Menu 23 € (sem.), 27/50 € bc – Carte 29/56 €
Dans le département – et au-delà – la réputation du Florentin n'est plus à faire ! Son chef est un amoureux du beau produit (sélectionné auprès des fournisseurs locaux) et de la tradition. Dans l'assiette, c'est gourmand et goûteux à souhait. La terrasse offre une vue imprenable sur la belle abbatiale.

au Nord 9 km par D 7 - ✉ 82400 St-Paul-Espis

Le Manoir St-Jean

à St-Jean-de-Cornac – ✆ 05 63 05 02 34 – www.manoirsaintjean.com
10 ch – †110/140 € ††110/140 € – 9 suites – ☕ 13 € – ½ P
Rest *Le Manoir St-Jean* – voir les restaurants ci-après
Cette belle maison de maître (19e s.), à la décoration très soignée – mobilier chiné, trompe-l'œil, etc. –, a du cachet et une âme... Les chambres sont toutes différentes (esprit Art déco, marin, etc.) et le jardin se révèle agréable, comme la jolie piscine.

Le Manoir St-Jean

à St-Jean-de-Cornac – ✆ 05 63 05 02 34 – www.manoirsaintjean.com – Fermé dim. et lundi du 15 sept. au 15 juin
Rest *(dîner seult) (réserver)* – Menu 38/75 € – Carte 43/80 €
Une grande salle à manger bourgeoise, plaisante et raffinée, pour une cuisine qui l'est tout autant. Avec de bons produits de saison, le chef concocte des plats sains et goûteux, aux saveurs délicates.

MOISSAC-BELLEVUE – 83 Var – 340 M4 – rattaché à Aups

MOISSIEU-SUR-DOLON – 38 Isère – 333 C5 – 688 h. – alt. 350 m – ✉ 38270 — 44 B2

Paris 511 – Grenoble 78 – Lyon 55 – La Tour-du-Pin 53

Domaine de la Colombière

Château de Moissieu – ✆ 04 74 79 50 23 – www.lacolombiere.com – Fermé 2-31 janv.
21 ch – †80/149 € ††89/149 € – 1 suite – ☕ 14 €
Rest *(fermé dim. et lundi sauf juil.-août)* – Formule 31 € – Menu 39 €
Demeure bourgeoise de 1820 entourée d'un parc de 4 ha. Vastes chambres bien équipées, décorées sur le thème des peintres célèbres. Au restaurant, cuisine actuelle réalisée avec de bons produits. Salles de réception.

MOLITG-LES-BAINS – 66 Pyrénées-Orientales – 344 F7 – 216 h. – alt. 607 m – Stat. therm. : début avril-début déc. – ✉ 66500 — 22 B3

Languedoc Roussillon

Paris 896 – Perpignan 50 – Prades 7 – Quillan 56

route des Bains, ✆ 04 68 05 03 28, www.molitg.com

Château de Riell

– ✆ 04 68 05 04 40 – www.chateauderiell.com – Ouvert 30 mars-10 nov.
16 ch – †145/450 € ††145/450 € – 3 suites – ☕ 25 € – ½ P
Rest *Château de Riell* – voir les restaurants ci-après
D'aspect austère, ce château se révèle baroque et chaleureux. Les chambres distillent une élégance toute languedocienne, la luxuriance du parc est un vrai bonheur et l'on prend son petit-déjeuner dans une datcha... sans parler de la vue sur le Canigou !

Grand Hôtel Thermal

– ✆ 04 68 05 00 50 – www.grandhotelmolitg.com – Ouvert 31 mars-1er déc.
38 ch – †95/220 € ††95/220 € – 5 suites – ☕ 17 € – ½ P
Rest *Grand Hôtel Thermal* – voir les restaurants ci-après
Un hôtel thermal raffiné et apaisant : les tons clairs dominent dans les chambres, bien confortables, et le jardin s'épanouit dans un beau décor de rocailles naturelles. Fait remarquable, le marbre des Pyrénées s'impose partout dans les bains.

Château de Riell – Hôtel Château de Riell
– *04 68 05 04 40 – www.chateauderiell.com – Ouvert 30 mars-10 nov. et fermé lundi et le midi sauf week-ends, fériés et juil.-août*
Rest – Menu 60/150 € – Carte 80/86 €
Un restaurant raffiné et largement ouvert sur la forêt, où la carte célèbre la belle cuisine catalane... Les chefs ont été formés chez Michel Guérard et cela se sent : un beau moment !

Grand Hôtel Thermal – Grand Hôtel Thermal
– *04 68 05 00 50 – www.grandhotelmolitg.com – Ouvert 31 mars-1er déc. et fermé dim.*
Rest – Formule 27 € – Menu 35/43 € – Carte environ 48 €
Dans ce restaurant aux couleurs du Sud et de la Catalogne, curistes et gourmands peuvent ripailler ensemble. Au choix : petits plats du terroir ou cuisine diététique inspirés par Michel Guérard.

MOLLANS-SUR-OUVÈZE – 26 Drôme – 332 E8 – 1 051 h. – alt. 280 m – 26170 Alpes du Sud — 44 B3

Paris 676 – Carpentras 30 – Nyons 21 – Vaison-la-Romaine 13

Le St-Marc rest,
av. de l'Ancienne Gare – 04 75 28 70 01 – www.saintmarc.com – Ouvert d'avril à oct.
12 ch – 66/96 € 66/96 € – 11 € – ½ P
Rest *(fermé dim. en avril et de mi-sept. à fin oct.) (dîner seult)* – Menu 32/37 €
Au pied du mont Ventoux, cette maison provençale dispose de chambres fonctionnelles. Grand jardin avec piscine et tennis. Cuisine du Sud servie dans une salle rustique ou sur la terrasse fleurie.

MOLLÉGÈS – 13 Bouches-du-Rhône – 340 E3 – 2 493 h. – alt. 55 m – 13940 — 42 E1

Paris 704 – Avignon 24 – Cavaillon 9 – Marseille 80

Mas du Capoun avec ch ch, ch,
166 av. des Paluds – 04 90 26 07 12 – www.masducapoun.fr – Rest : fermé 25 oct.-10 nov. et de mi-fév. à mi-mars ; hôtel : ouvert de Pâques à oct.
6 ch – 85/95 € 95/105 €
Rest *(fermé mardi soir, sam. midi et merc.) (nombre de couverts limité, réserver)* – Formule 16 € – Menu 35 €
Mas raffiné où l'on mange dans une salle lumineuse et épurée ou, en été, sous la charpente d'une superbe grange restaurée. Belle cuisine actuelle à partir de produits frais. Chambres confortables à l'arrière du bâtiment, avec terrasse privative.

MOLLKIRCH – 67 Bas-Rhin – 315 I5 – 955 h. – alt. 320 m – 67190 — 1 A2

Paris 485 – Molsheim 11 – Saverne 35 – Strasbourg 40

Fischhutte
30 rte de la Fischhutte, rte Grendelbruch : 3,5 km – 03 88 97 42 03 – www.fischhutte.com – Fermé 2 avril-2 mai et 22 juil.-6 août
18 ch – 74/91 € 84/162 € – 13 € – ½ P
Rest *(fermé lundi et mardi)* – Formule 14 € – Menu 20 € (dîner), 34/82 € bc – Carte 33/52 €
Au cœur de la vallée de la Magel, des chambres confortables, au décor contemporain ; certaines offrent une vue sur la forêt vosgienne. Espace brasserie flanqué d'une coquette salle à manger. Carte régionale ; gibier en saison.

MOLSHEIM – 67 Bas-Rhin – 315 I5 – 9 280 h. – alt. 180 m – 67120 Alsace Lorraine — 1 A1

Paris 477 – Lunéville 94 – St-Dié 79 – Saverne 28
19, place de l'Hôtel Ville, 03 88 38 11 61, www.molsheim.fr
La Metzig★ - Église des Jésuites★.
Fresques★ de la chapelle St-Ulrich N : 3,5 km.

Diana ch,
pont de la Bruche – 03 88 38 51 59 – www.hotel-diana.com
67 ch – 89/149 € 89/149 € – 3 suites – 12 € – ½ P
Rest *(fermé 24-31 déc. et dim.)* – Formule 19 € – Menu 30 € – Carte 37/50 €
Construction des années 1970 agrémentée de nombreuses œuvres d'art. Chambres actuelles avec mobilier et déco design. Pour le bien-être : spa, superbe fitness, jardin. Au restaurant, carte dans l'air du temps et belle cave.

Le Bugatti sans rest
r. de la Commanderie – 03 88 49 89 00 – www.hotel-le-bugatti.com – Fermé 24 déc.-1er janv.
59 ch – 55/70 € 55/70 € – 7 €
Une construction de facture contemporaine, tout près des légendaires usines Bugatti. Les chambres sont fonctionnelles et bien tenues.

LES MOLUNES – 39 Jura – **321** F8 – 140 h. – alt. 1 274 m – 39310 **16** B3
Paris 485 – Genève 49 – Gex 30 – Lons-le-Saunier 74

Le Pré Fillet ch,
rte des Moussières – 03 84 41 62 89 – www.hotel-leprefillet.com – Fermé 21 avril-2 mai, 13 oct.-17 déc., dim. soir et lundi
15 ch – 60 € 60 € – 8 € – ½ P
Rest *(réservation conseillée)* – Formule 12 € bc – Menu 14 € bc (sem.), 22/40 € – Carte 19/62 €
Pour un séjour très "nature", une hôtellerie de moyenne montagne, simple et sympathique. Chambres bien tenues, sauna et jacuzzi avec vue sur la campagne et cuisine du terroir très copieuse.

Le Trappeur ch,
Le Manon – 03 84 41 21 26 – www.hoteltrappeur.com
10 ch – 65/77 € 65/77 € – 7 € – ½ P
Rest *(fermé lundi)* – Formule 17 € – Menu 20/28 € – Carte 22/40 €
En pleine nature et au grand calme. Ce petit chalet est idéal pour se mettre au vert en famille : atmosphère conviviale, chambres impeccables et pratiques ; cuisine du terroir et pizzas cuites au four... C'est simple, mais de qualité !

MONACO (PRINCIPAUTE DE) – **341** F5 – **115** 27 – voir en fin de guide

MONCEL-LÈS-LUNÉVILLE – 54 Meurthe-et-Moselle – **307** K7 – rattaché à Lunéville

MONDEMENT-MONTGIVROUX – 51 Marne – **306** E10 – rattaché à Sézanne

MONDRAGON – 84 Vaucluse – **332** B8 – 3 665 h. – alt. 40 m **40** A2
– 84430
Paris 640 – Avignon 45 – Montélimar 40 – Nyons 41

La Beaugravière avec ch ch,
N 7 – 04 90 40 82 54 – www.beaugraviere.com – Fermé 15-30 sept., dim. soir et lundi
4 ch – 88/98 € 98/125 € – 10 €
Rest – Menu 30/160 € – Carte 58/154 €
Maison provençale mettant le classicisme et la truffe à l'honneur ; superbe carte des vins. Installez-vous près de la cheminée monumentale ou sur la terrasse ombragée. Chambres pour l'étape.

MONEIN – 64 Pyrénées-Atlantiques – **342** I3 – 4 523 h. – alt. 154 m **3** B3
– 64360 Aquitaine
Paris 799 – Navarrenx 20 – Oloron-Ste-Marie 21 – Pau 23

L'Auberge des Roses
quartier Loupien, 3 km au Nord par D 9 puis D 2 et rte secondaire – 05 59 21 45 63 – Fermé 15-30 juil., vacances de fév. et lundi
Rest – Carte 30/40 €
Monsieur Rose vous accueille dans son auberge au pied des vignes de Jurançon. Au menu : une appétissante cuisine traditionnelle. La salle possède un cachet indéniable : poutres, pierres apparentes, etc. Terrasse dans le jardin.

MONESTIER – 24 Dordogne – 329 C7 – 377 h. – alt. 100 m – ✉ 24240 4 C1

Paris 612 – Agen 109 – Bordeaux 117 – Périgueux 71

Château des Vigiers

au golf des Vigiers – ✆ 05 53 61 50 00 – www.vigiers.com – Fermé 10-25 déc.

87 ch – †199/420 € ††199/420 € – ☕ 24 € – ½ P

Rest *Les Fresques* – voir les restaurants ci-après

Rest *Brasserie Le Chai* ✆ 05 53 61 50 39 – Menu 25 € (déj.), 29/35 € – Carte 31/54 €

En bordure du golf et dans un beau parc arboré, ce château du 16e s. est si paisible... Les chambres affichent un style élégant et classique, tandis que, dans l'annexe – une jolie bâtisse aux airs de séchoir à tabac –, elles sont plus contemporaines... Raffinement et verdure !

Château des Baudry

3 km au Nord par D 4, rte de Saussignac et rte secondaire – ✆ 05 53 23 46 42 – www.chateaudesbaudry.com

5 ch – †115 € ††128 € – ☕ 13 € **Table d'hôte** – Menu 35 €

En plein vignoble d'AOC Saussignac, célèbre pour son vin liquoreux, cette ancienne ferme propose des chambres spacieuses avec cheminées et plafonds à la française. Jolie salle à manger où l'on sert le repas le soir (apéritif offert) et patio pour les beaux jours.

Les Fresques – Hôtel Château des Vigiers

au golf des Vigiers – ✆ 05 53 61 50 00 – www.vigiers.com – Ouvert mi-avril à mi-oct. et fermé dim. et merc.

Rest *(dîner seult)* – Menu 49/95 € bc – Carte 71/81 €

Classique, feutrée, élégante : une table gastronomique autour d'une cuisine fine et soignée, de produits nobles (truffe en saison) et de vins locaux, à commencer par ceux du vignoble de la propriété.

MONESTIER-DE-CLERMONT – 38 Isère – 333 G8 – 1 237 h. – alt. 825 m – ✉ 38650 Alpes du Nord 45 C2

Paris 598 – Grenoble 36 – La Mure 29 – Serres 72

103 bis, Grand Rue, ✆ 04 76 34 15 99, www.monestierdeclermont.com

Au Sans Souci

Le Bourg, à St-Paul-lès-Monestier, 2 km au Nord-Ouest par D 8 – ✆ 04 76 34 03 60 – www.au-sans-souci.com – Fermé 16 déc.-30 janv., dim. soir et lundi

12 ch – †55 € ††68/70 € – ☕ 9 € – ½ P

Rest *Au Sans Souci* – voir les restaurants ci-après

Une ancienne scierie au cœur du Vercors : comme l'on dit en Suisse, pour "scier du bois" toute la nuit, l'adresse est idéale... d'autant qu'il y règne un grand calme et une ambiance chaleureuse. Un séjour sans souci, assurément.

Piot

7 chemin des Chambons – ✆ 04 76 34 07 35 – www.hotel-piot.fr – Ouvert 15 mars-30 sept., fermé lundi et mardi de sept. à juin

10 ch – †52/55 € ††56/65 € – ☕ 9 € – ½ P

Rest *(fermé mardi midi et merc. midi en juil. août)* – Menu 20 € (déj. en sem.), 26/36 € – Carte 28/42 €

Cette imposante villa bourgeoise de 1912 niche dans un petit parc planté de sapins centenaires. Les chambres sont simples et bien tenues, l'atmosphère conviviale, et le potager fournit au restaurant de beaux légumes frais.

Au Sans Souci – Hôtel Au Sans Souci

Le Bourg, à St-Paul-lès-Monestier, 2 km au Nord-Ouest par D 8 – ✆ 04 76 34 03 60 – www.au-sans-souci.com – Fermé 16 déc.-30 janv., dim. soir et lundi

Rest – Menu 19 € (sem.), 26/48 € – Carte 29/52 €

La bonne cuisine fait-elle oublier ses soucis ? Le remède mérite d'être tenté, surtout lorsque l'on vous propose des petits plats de saison bien tournés et savoureux, tels des ravioles du Vercors et morilles farcies au foie gras.

LE MONÊTIER-LES-BAINS – 05 Hautes-Alpes – 334 H3 – rattaché à Serre-Chevalier

LA MONGIE – 65 Hautes-Pyrénées – 342 N5 – Sports d'hiver : 28 A3
1 400/2 500 m 2 42 – ✉ 65200 Bagneres de Bigorre Midi Toulousain

Paris 853 – Bagnères-de-Bigorre 25 – Bagnères-de-Luchon 72 – Tarbes 48

rue Pic d'Espade, ✆ 05 62 91 94 15, www.bagneresdebigorre-lamongie.com

Le Taoulet ★★ N par téléphérique - Col du Tourmalet★★ O : 4 km.

Pic du Midi de Bigorre★★★.

au Nord-Est 8 km par D 918 – ✉ 65710 Campan

La Maison d'Hoursentut
lieu dit Gripp – ✆ 05 62 91 89 42 – www.maison-hoursentut.com
13 ch – 65/75 € 65/75 € – 8 € – ½ P
Rest *(dîner seult) (résidents seult)* – Menu 20 € bc
Dans un hameau, cet hôtel-restaurant surprend par son décor contemporain plutôt minimaliste... avec par exemple des rondins de bois en guise de tables de nuit. Les chambres conviennent aussi bien aux couples qu'aux familles. Restaurant traditionnel.

MONHOUDOU – 72 Sarthe – 310 K5 – 202 h. – alt. 130 m – ✉ 72260 35 D1

Paris 199 – Alençon 30 – Le Mans 42 – Nantes 223

Château de Monhoudou
2 km au Sud par D 117 et rte secondaire – ✆ 06 83 35 39 12 – www.monhoudou.com
5 ch – 110/170 € 110/170 € **Table d'hôte** – Menu 46 € bc/72 € bc
Les vicomtes de Monhoudou habitent ce château depuis... dix-neuf générations ! Sentiment de permanence et d'immuabilité : voilà ce qu'inspirent son architecture Renaissance, ses portraits de famille, son superbe mobilier d'époque, son parc à l'anglaise... Une plongée dans l'histoire.

MONNAIE – 37 Indre-et-Loire – 317 N4 – 3 934 h. – alt. 113 m – ✉ 37380 11 B2

Paris 227 – Château-Renault 15 – Tours 16 – Vouvray 10

L'Épicurien
53 r. Nationale – ✆ 02 47 56 10 34 – www.restaurant-lepicurien.com – Fermé jeudi soir, dim. soir et lundi
Rest – Formule 18 € – Menu 25/43 € – Carte 42/56 €
Un restaurant sur l'axe principal du bourg. La cuisine est actuelle, presque sophistiquée, et réalisée avec de bons produits.

MONPAZIER – 24 Dordogne – 329 G7 – 522 h. – alt. 180 m – ✉ 24540 4 C2
Périgord Quercy

Paris 575 – Bergerac 47 – Périgueux 75 – Sarlat-la-Canéda 50

Le Bourg, ✆ 05 53 22 68 59, www.pays-des-bastides.com

Place des Cornières★.

Edward 1er
5 r. St-Pierre – ✆ 05 53 22 44 00 – www.hoteledward1er.com – Ouvert 16 mars-30 nov.
10 ch – 68/168 € 68/168 € – 2 suites – 12 € – ½ P
Rest *Eléonore* – voir les restaurants ci-après
Une belle gentilhommière du 19e s. et... les joies de la vie de château ! Tout est charmant, romantique et raffiné : moulures, meubles de style, ciels de lit et... chambres avec vue sur la nature, le jardin ou le village.

Eléonore – Hôtel Edward 1er
5 r. St-Pierre – ✆ 05 53 22 44 00 – www.hoteledward1er.com – Ouvert 1er avril-30 nov. et fermé merc. sauf juil.-août
Rest *(dîner seult) (réserver)* – Menu 30/47 €
Une table élégante dans un joli petit château et un menu carte qui change chaque jour, au gré de l'inspiration du chef. Ce dernier travaille de bons produits périgourdins, et cela se sent !

Bistrot 2
Foirail Nord – ✆ 05 53 22 60 64 – www.bistrot2.fr – Fermé sam. midi, lundi soir et vend. de mi-sept. à juin
Rest – Formule 16 € bc – Menu 24/31 € – Carte 30/37 €
Une partie de l'équipe de l'Édouard 1er a investi ce bistrot contemporain. Ici, les gourmands apprécient les classiques du genre. Et à la belle saison, on profite de la terrasse à l'ombre de la glycine.

MONTAGNAC – 04 Alpes-de-Haute-Provence – 334 E10 – 417 h. – alt. 614 m – ✉ 04500 Alpes du Sud 41 C2

Paris 799 – Avignon 151 – Digne-les-Bains 51 – Marseille 105

La Maison du Bois Doré ch,
Lieu-dit Plan-de-Croix, 2 km au Nord-Ouest par D 11, rte de Riez et chemin secondaire – ✆ 04 92 78 05 87 – www.lamaisonduboisdore.fr
4 ch – 82 € 87 € **Table d'hôte** – Menu 28 € bc
Pour vivre loin de tout... Cette ancienne ferme apicole est entourée de champs de lavande et de chênes truffiers. Décor zen et moderne dans les chambres, avec terrasse. Au petit-déjeuner, ne passez pas à côté de la confiture et du miel maison.

MONTAGNAT – 01 Ain – 328 E3 – 1 614 h. – alt. 262 m – ✉ 01250 44 B1

Paris 447 – Bourg-en-Bresse 8 – Lyon 84 – Mâcon 55

Au Pot de Grès
2013 rte du Village – ✆ 04 74 51 67 05 – Fermé 26 août-10 sept., dim. soir, lundi soir et mardi soir
Rest – Formule 16 € bc – Menu 20 € (sem.), 27/48 € – Carte 40/59 €
Dans cette jolie maison de campagne, on se réchauffe en hiver près de la cheminée et en été on se prélasse sur la terrasse fleurie. Côté carte, le chef revisite habilement les plats du terroir (produits choisis).

MONTAGNE – 33 Gironde – 335 K5 – 1 636 h. – alt. 80 m – ✉ 33570 4 C1
Aquitaine

Paris 541 – Agen 129 – Bordeaux 41 – Bergerac 61

Le Vieux Presbytère
pl. de l'Église – ✆ 05 57 74 65 33 – www.restaurant-montagne-st-emilion.com – Fermé vacances de la Toussaint, de Noël, de fév., mardi et merc.
Rest – Menu 18 € bc (déj. en sem.), 29/34 €
Cet ancien presbytère est bien engageant, avec son décor rustique et sa jolie terrasse ! Saveurs du moment et bons vins du cru (soirées œnologiques en fin de semaine et menus proposant un accord mets et vins)... Une bonne petite adresse.

MONTAGNE-DU-SEMNOZ – 74 Haute-Savoie – 328 J6 – ✉ 74000 46 F1
Alpes du Nord

Paris 552 – Aix-les-Bains 43 – Albertville 60 – Annecy 17

Crêt de Châtillon ✳★★★ (**accès** par D 41 : d'Annecy 20 km ou du col de Leschaux 14 km, puis 15 mn).

par D 41

Les Rochers Blancs
près du sommet, alt. 1 650 ✉ 74000 Annecy – ✆ 04 50 01 23 60 – www.lesrochersblancs.com – Ouvert 10 juin-15 sept. et 15 déc.-15 avril
15 ch – 55/58 € 72/75 € – 9 € – ½ P
Rest – Menu 19/37 € – Carte 30/46 €
Panorama exceptionnel à 1 650 m d'altitude et... grande quiétude ! Ce chalet typiquement savoyard, tenu en famille, a des airs de sympathique auberge fromagère. Chambres simples et chaleureuses, petits plats régionaux : un lieu accueillant.

MONTAGNIEU – 38 Isère – 333 F4 – rattaché à La Tour-du-Pin

MONTAGNY-LÈS-BEAUNE – 21 Côte-d'Or – 320 J8 – rattaché à Beaune

MONTAIGU – 85 Vendée – **316** I6 – 5 008 h. – alt. 40 m – ✉ 85600 **34** B3

▶ Paris 389 – Cholet 36 – Fontenay-le-Comte 88 – Nantes 37

ℹ 69, place du Champ de Foire, ✆ 02 51 06 39 17, www.officedetourisme.terresdemontaigu.fr

Mémorial de Vendée ★★ : le logis de la Chabotterie★ (salles historiques★★) SO : 14 km, le chemin de la Mémoire des Lucs★ SO : 24 km Poitou Charentes Vendée

au Pont de Sénard 7 km au Nord par N 137 et D 77 – ✉ 85600 St Hilaire de Loulay

Le Pont de Sénard ch, rest,

– ✆ 02 51 46 49 50 – www.hotel-pontdesenard.fr
– Fermé 6-19 août, 29 oct.-4 nov. et 26 déc.-2 janv.
25 ch – †55 € ††73 € – ☕ 9 € – ½ P
Rest *(fermé vend. soir d'oct. à mai et dim. soir)* – Formule 11 € – Menu 21/28 €
Bordant la Maine, cet hôtel s'épanouit dans un environnement délicieusement bucolique. Terrasse donnant sur la rivière, chambres simples et bien tenues, équipement complet pour les séminaires... l'établissement compte de nombreux fidèles.

MONTAIGUT-LE-BLANC – 63 Puy-de-Dôme – **326** F9 – rattaché à Champeix

---

MONTARCHER – 42 Loire – **327** C7 – 63 h. – alt. 1 160 m – ✉ 42380 **44** A2

Lyon et sa région

▶ Paris 491 – Clermont-Ferrand 154 – Lyon 109 – Le Puy-en-Velay 68

Le Clos Perché avec ch

Le bourg – ✆ 04 77 50 00 08 – www.leclosperche.blogspot.com – Fermé 2 sem. en nov., vacances de fév., merc. sauf juil.-août et mardi
4 ch ☕ – †40 € ††55 € – ½ P **Rest** – Menu 27/33 €
Il était une fois une auberge qui jouait à chat perché sur les hauts plateaux du Forez... C'est ici, à l'entrée de ce minuscule village, que Julien Magne a posé ses valises. Derrière les fourneaux, ce jeune chef réalise une cuisine très colorée, savoureuse et gourmande, pour laquelle on se fait volontiers souris !

MONTAREN-ET-ST-MÉDIERS – 30 Gard – **339** L4 – rattaché à Uzès

---

MONTARGIS – 45 Loiret – **318** N4 – 15 020 h. – alt. 95 m **12** D2
– ✉ 45200 Châteaux de la Loire

▶ Paris 109 – Auxerre 81 – Bourges 117 – Orléans 73

ℹ 35, rue Renée de France, ✆ 02 38 98 00 87, www.agglo-montargoise.fr

de Vaugouard, à Fontenay-sur-Loing, Chemin des Bois, par rte de Fontainebleau : 9 km, ✆ 02 38 89 79 09

Collection Girodet★ du musée **M**[1].

Hôtel de France sans rest

54 pl. de la République – ✆ 02 38 99 09 09 – www.leshotelsdorele.com
28 ch – †118 € ††153 € – ☕ 11 € **Zf**
Au cœur de Montargis, l'établissement a connu une véritable cure de jouvence en 2011. Dans les chambres, confortables et calmes, le style contemporain domine. Agréable terrasse pour les beaux jours. L'ensemble dégage une douceur de vivre indéniable...

La Gloire (Jean-Claude Martin) avec ch rest, rest,

74 av. Gén.-de-Gaulle – ✆ 02 38 85 04 69 – www.lagloire-montargis.com
– Fermé, 1er-14 mars, 19 août-5 sept., 17-28 fév., mardi et merc. **Ym**
12 ch – †60/62 € ††66/82 € – ☕ 8,50 €
Rest – Menu 30 € (sem.), 42/58 € bc – Carte 70/105 €
Cette Gloire n'a rien de pompeux : ce restaurant lumineux et fleuri vous réserve un accueil charmant. Derrière les fourneaux, le chef revisite la tradition gastronomique de manière subtile et généreuse ; en témoigne la savoureuse caravane des desserts ! Chambres confortables pour prolonger l'étape.
➜ Salade de homard au goût du jour et vinaigrette de crustacés. Ris et rognons de veau au vin de Chinon. La caravane des douceurs. **Vins** Sancerre, Menetou-Salon.

MONTARGIS

Anatole-France (Bd)	Y	2
Ancien Palais (R. de l')	Z	3
Baudin (Bd Paul)	YZ	4
Belles Manières (Bd des)	Z	5
Bon-Guillaume (R. du)	Z	6
Carnot (R. Lazare)	Y	8
Cormenin (R.)	Z	12
Decourt (R. E.)	Y	13
Dr Robert Szigeti (Av. du)	Y	16
Dr-Roux (R. du)	Y	15
Dorée (R.)	Z	
Ferry (Pl. Jules)	Z	20
Fg de la Chaussée (R. du)	YZ	17
Fg d'Orléans (R. du)	YZ	18
Jean-Jaurès (R.)	Y	21
Kléber (R.)	Y	22
Laforge (R. R.)	Z	23
Lamy (R. Jean)	Y	24
Longeard (R. du)	Y	26
Moulin à Tan (R.du)	Z	28
Pêcherie (R. de la)	Z	30
Poterne (R. de la)	Z	32
Pougin-de-la-Maisonneuve (R.)	Z	33
République (Pl. de la)	Z	36
Roosevelt (R. Franklin D.)	Y	34
Sédillot (R.)	Y	37
Tellier (R. R.)	Z	39
Vaublanc (R. de)	Z	41
Verdun (Av. de)	Y	42
18-Juin-1940 (Pl. du)	YZ	45

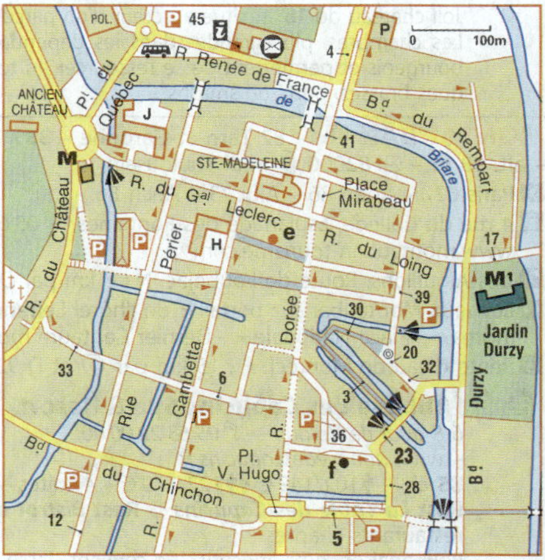

ꭗꭗ L'Orangerie

AC VISA

57 r. Jean-Jaurès – ✆ 02 38 93 33 83 – www.restaurant-orangerie-montargis.com – Fermé 22 juil.-8 août, lundi soir, mardi et merc. **Yt**

Rest – Menu 25 € (sem.), 36/48 € – Carte 38/55 €

Nul besoin d'être amateur d'agrumes pour apprécier la généreuse cuisine traditionnelle de ce restaurant. Les gourmands s'installent dans l'une des jolies petites salles ou sous la véranda aux allures de jardin d'hiver. Une sympathique halte en Gâtinais !

ꭗꭗ L'Agrappe Cœur

AC P VISA AE

22 r. Jean-Jaurès – ✆ 02 38 85 22 65 – www.restaurant-agrappecoeur.com – Fermé 19-26 août, dim. soir, mardi soir et lundi **Ya**

Rest – Menu 24 € (sem.), 36/44 € – Carte 40/65 €

Le nom de ce restaurant évoque *L'Attrape-cœurs* de Salinger, mais contrairement au personnage d'Holden Caulfield, ici, vous ne serez pas tenté de fuir ! Dans les salles – esprit contemporain ou bistrot chic –, on apprécie une bonne cuisine traditionnelle.

XX **Les Dominicaines**
6 r. du Dévidet – ✆ 02 38 98 10 22 – www.restaurant-lesdominicaines.com – Fermé 2 sem. en août, merc. soir, sam. midi et dim. Ze
Rest *(réserver)* – Formule 15 € – Menu 24/48 € bc – Carte 32/81 €
Ces Dominicaines-là n'invitent pas à faire maigre, bien que l'on fasse ici la part belle aux produits de la mer. Parmi les incontournables de la chef, le homard bleu rôti. À noter également, une petite carte de sushis avec du poisson très frais. L'été, profitez de la terrasse.

à Amilly **5 km par ③ – 11 621 h. – alt. 110 m – ✉ 45200**

Le Belvédère sans rest
192 r. Jules-Ferry – ✆ 02 38 85 41 09 – http://perso.wanadoo.fr/hbelevedere – Fermé 1er-29 août et 7-31 déc.
24 ch – †62 € ††73 € – ☕ 8 €
Une grande maison avec un jardin fleuri, face à l'école du village. On se croirait dans une pension de famille : l'accueil est charmant et la décoration un peu désuète.

rte de Ferrières **par ①, N 7 et rte secondaire – ✉ 45210 Fontenay-sur-Loing**

Domaine de Vaugouard
chemin des Bois – ✆ 02 38 89 79 00 – www.vaugouard.com – Fermé 16 déc.-16 janv.
49 ch – †145/240 € ††145/240 € – ☕ 18 €
Rest – Formule 22 € bc – Menu 43 € (dîner)/76 € bc – Carte 32/90 €
Joli château du 18e s. situé au cœur d'un parcours de golf et d'un très beau parc. Les chambres, plus grandes dans les dépendances, distillent un délicat charme bourgeois et permettent de se ressourcer en toute quiétude, avant de faire quelques brasses, putts ou smashs.

MONTAUBAN Ⓟ – 82 Tarn-et-Garonne – 337 E7 – 56 126 h. – alt. 98 m – ✉ 82000 Midi Toulousain 28 B2

▶ Paris 627 – Agen 86 – Albi 73 – Auch 86
ℹ 4 rue du Collège, Esplanade des Fontaines, ✆ 05 63 63 60 60, www.montauban-tourisme.com
⛳ des Aiguillons, Route de Loubejac, N : 8 km par D 959, ✆ 05 63 31 35 40
◉ Le vieux Montauban★ : portail★ de l'hôtel Lefranc-de-Pompignan Z **E** - Musée Ingres★ - Place Nationale★ - Dernier Centaure mourant★ (bronze de Bourdelle) **B.**
◉ Pente d'eau de Montech★ : 15 km par ③ et D 928.

Abbaye des Capucins Spa & Resort
6-8 quai de Verdun – ✆ 05 63 22 00 00 – www.abbayedescapucins.fr Zt
85 ch – †102/149 € ††122/179 € – 4 suites – ☕ 15 €
Rest *La Table des Capucins* ✿ **Rest *Bistrot des Capucins*** – voir les restaurants ci-après
Pour apaiser corps et esprit... Ce couvent classé (1630) s'est mué en hôtel contemporain à la fois harmonieux et raffiné. La belle Table des Capucins et le Bistrot sont là pour rappeler que le plaisir de la chère n'est pas un vain mot.

Mercure
12 r. Notre-Dame – ✆ 05 63 63 17 23 – www.mercure.com Zs
44 ch – †98/140 € ††108/150 € – ☕ 12 €
Rest – Formule 11 € bc – Menu 14/35 € – Carte 32/52 €
Cet hôtel particulier (18e s.) en brique rose abrite un Mercure plaisant, avec des chambres spacieuses, confortables et bien insonorisées, selon les normes de la chaîne.

Hôtel du Commerce sans rest
9 pl. Roosevelt – ✆ 05 63 66 31 32 – www.hotel-commerce-montauban.com – Fermé 21 déc.-3 janv. Zb
27 ch – †59/63 € ††63/84 € – ☕ 9 €
Sur la place de la cathédrale, cet hôtel tenu en famille perpétue la tradition et l'art du bien recevoir. Les chambres sont sobres, bien entretenues et égayées de tissus choisis. Le plus : la sympathique atmosphère conviviale.

MONTAUBAN

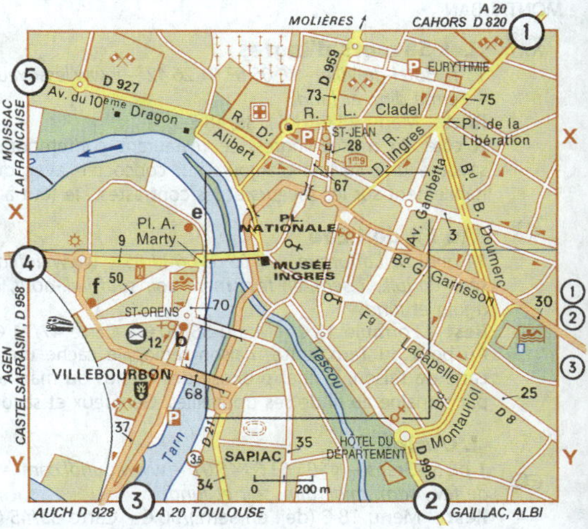

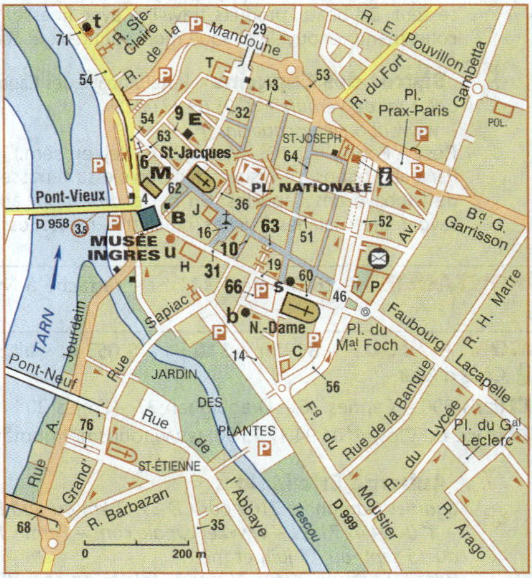

La Table des Capucins – Hôtel Abbaye des Capucins Spa & Resort

6-8 quai de Verdun – ✆ 05 63 22 00 00 – www.abbayedescapucins.fr – Fermé 5-22 janv., merc. midi, sam. midi, dim. soir et lundi

Zt

Rest – Menu 32 € (déj. en sem.), 49/95 € – Carte 65/90 €

Entre ces murs élégants, on voue un culte aux beaux produits, et surtout au travail du goût : le chef signe avec subtilité une cuisine-plaisir aux saveurs affirmées, pleine de fraîcheur et de vitalité.

➜ Foie gras marbré aux baies poivrées, mangue, passion et confit dans une infusion de vieux porto. Pigeon laqué aux épices douces, pois gourmands et compotée d'oignons. Pêche pochée au jus de groseille, glace amande. **Vins** Fronton, Gaillac.

XXX **Les Saveurs d'Ingres**

13 r. Hôtel-de-Ville – 05 63 91 26 42 – www.lessaveursdingres.com – Fermé dim. et lundi Zu

Rest – Menu 25 € (déj.), 38/48 €

À côté du musée Ingres, ce restaurant contemporain est fort plaisant. On y savoure une cuisine d'aujourd'hui concoctée avec de bons produits et jouant habilement sur les saveurs et les contrastes... le tout à tarif raisonnable.

XX **Au Fil de l'Eau**

14 quai Dr Lafforgue – 05 63 66 11 85 – www.aufildeleau82.com – Fermé 1 sem. en juil., 1 sem. en fév., merc. soir sauf juil.-août, dim. sauf le midi de sept. à juin et lundi Xe

Rest – Formule 18 € – Menu 35/50 € – Carte 47/71 €

Au bord du Tarn, cette maison régionale cache un restaurant coloré. Outre la carte de saison, le chef propose des menus du marché, renouvelés plusieurs fois par semaine au fil de ses trouvailles. Généreux et savoureux !

X **L'Ouriol**

1 pl. St-Orens – 05 63 63 45 01 – www.ouriol.com – Fermé août, vacances de fév., sam. midi, dim. soir et lundi Yb

Rest – Menu 18 € (déj. en sem.)/30 € – Carte 35/45 €

Dans ce bistrot contemporain, le jeune chef a déjà une solide expérience et cela se sent. De beaux produits travaillés avec finesse, une cuisine très fraîche et un court menu renouvelé chaque mois : goûteux et tendance.

X **Bistrot des Capucins** – Hôtel Abbaye des Capucins Spa & Resort

6-8 quai de Verdun – 05 63 22 00 00 – www.abbayedescapucins.fr Zt

Rest – Formule 22 € – Menu 27 € (déj. en sem.) – Carte 30/50 €

Par beau temps, ce bistrot chic déploie sa terrasse à l'intérieur même du cloître de l'abbaye des Capucins. Un bel endroit pour apprécier une cuisine simple et savoureuse : salades fraîches, omelettes, risotto, osso-buco...

MONTAULIEU – 26 Drôme – 332 E7 – rattaché à Nyons

MONTAUROUX – 83 Var – 340 P4 – 5 653 h. – alt. 364 m – ✉ 83440 41 C3

Côte d'Azur

Paris 890 – Cannes 36 – Draguignan 37 – Fréjus 30

place du Clos, 04 94 47 75 90, www.tourisme-montauroux.fr

XX **Auberge Eric Maio**

quartier Narbonne, 2169 par CD 37, 2 km au Sud-Est du village – 04 94 47 71 65 – www.eric.maio.com – Fermé 1er-20 nov., 1er-22 janv., mardi du 15 sept. au 15 juin et merc.

Rest – Formule 29 € – Menu 36 € (déj. en sem.)/95 €

Les produits des marchés locaux, la truffe, les recettes provençales, la belle technique : tel est l'univers d'Éric Maio, enfant du pays né à Montauroux, dont l'inspiration se renouvelle au rythme du chant des cigales. Une table originale et élégante, à deux pas du lac de St-Cassien.

→ Gnocchis de fromage de chèvre frais à la truffe d'été. Pigeon en croûte farci de blette, truffe, foie gras et pomme fruit. Croustillant au praliné, chocolat noir et sorbet au café. **Vins** Côtes de Provence.

MONTBARD – 21 Côte-d'Or – 320 G4 – 5 527 h. – alt. 221 m 8 C2 – ✉ 21500 Bourgogne

Paris 240 – Autun 87 – Auxerre 81 – Dijon 81

place de la gare, 03 80 92 53 81, www.ot-montbard.fr

Parc Buffon★.

Abbaye de Fontenay★★★ E : 6 km par D 905.

à St-Rémy 3 km à l'Ouest par D 905 – 818 h. – alt. 207 m – ✉ 21500

La Mirabelle

1 r. de la Brenne – ✆ 03 80 92 40 69 – Fermé 16 août-5 sept., 23 déc.-12 janv., dim. soir, mardi soir et merc.

Rest *(nombre de couverts limité, réserver)* – Menu 19 € (sem.), 30/40 € – Carte 47/56 €

À proximité du canal, cette ancienne grange à sel abrite une salle pleine de cachet, avec une jolie voûte et des pierres apparentes. Ambiance chaleureuse et cuisine traditionnelle goûteuse et soignée.

MONTBAZON – 37 Indre-et-Loire – 317 N5 – 3 904 h. – alt. 59 m – ✉ 37250 Châteaux de la Loire 11 B2

Paris 247 – Châtellerault 59 – Chinon 41 – Loches 33

La Grange Rouge, ✆ 02 47 26 97 87, www.ot-valdelindre.com

Château d'Artigny

2 km au Sud-Ouest par D 17 – ✆ 02 47 34 30 30 – www.artigny.com

56 ch – 144/530 € 144/530 € – 2 suites – 23 €

Rest – Menu 35 € (déj.), 55/119 € bc – Carte 70/130 €

Ce château dont le parc boisé et les jardins à la française surplombent l'Indre fut conçu dans les années 1920 par le parfumeur Coty. Pur style classique et faste omniprésent. Cuisine classique, somptueuse carte des vins et collection de vieux armagnacs.

Moulin d' Artigny

7 ch – 110 € 110 € – 23 €

À 800 m, l'annexe du château occupe un joli pavillon, rustique et moins luxueux, au bord de la rivière. Très bucolique.

Domaine de la Tortinière

ch, rest,

rte de Ballan-Veigné, 2 km au Nord par D 910 et D 287 – ✆ 02 47 34 35 00 – www.tortiniere.com – Fermé 18 déc.-28 fév.

25 ch – 120/315 € 135/315 € – 5 suites – 19 € – ½ P

Rest *(fermé dim. soir de nov. à mars) (réserver)* – Formule 30 € bc – Menu 40 € bc (déj.), 51/78 € – Carte 55/70 €

Ce château du Second Empire se dresse au cœur d'un parc dominant l'Indre. Les chambres ont beaucoup de charme, certaines dans un style contemporain. Agréable piscine. La salle du restaurant donne sur une terrasse avec la vallée en toile de fond.

Olivier Arlot - La Chancelière

1 pl. des Marronniers – ✆ 02 47 26 00 67 – www.olivierarlot.fr – Fermé 1er-7 janv., dim. et lundi sauf fériés

Rest – Menu 30 € (déj. en sem.), 40/69 € – Carte 55/95 €

Cure de jouvence pour cette institution bien connue en Touraine, sous l'égide du chef Olivier Arlot, qui y appose son nom et son style : il signe une cuisine nette et précise, maniant l'épure contemporaine avec inspiration. Décor à l'unisson, chic et sobre.

→ Foie gras de canard poché au vin de Chinon épicé. Poitrine de pigeon cuit au sautoir, févettes et carottes à la sarriette. Montbazon-Paris. **Vins** Bourgueil, Saumur.

à l'Ouest 5 km par D 910, D 287 et D 87 – ✉ 37250 Montbazon

Le Moulin Fleuri avec ch

rte du Ripault – ✆ 02 47 26 01 12 – www.moulin-fleuri.com – Fermé 12-20 nov., 18-25 déc., de début fév. à début mars, mardi soir sauf juil.-août, jeudi midi et merc.

10 ch – 85/120 € 85/120 € – 11 € – ½ P

Rest – Formule 22 € – Menu 31/51 €

Voilà un moulin (16e s.) où fleurissent les bons petits plats ! Au bord de l'Indre, les gourmands se délectent d'une cuisine dans l'air du temps, bien ficelée, goûteuse et généreuse. Le tout accompagné d'une belle carte des vins. Chambres, côté rivière ou jardin, pour prolonger l'étape.

MONTBÉLIARD

Albert-Thomas (Pl.) .... Z 2
Audincourt (R. d') .... XY 4
Belchamp (R. de) .... Y 5
Besançon (Fg de) .... X 7
Blancheries (R.des) .... Z 8
Chabaud-Latour (Av.) .... X 9
Cuvier (R.) .... Z
Denfert-Rochereau (Pl.) .... Z 10
Dorian (Pl.) .... Z 12
Épinal (R. d') .... Z 13
Febvres (R. des) .... Z 14
Gambetta (Av.) .... X 15
Helvétie (Av. d') .... X 18
Jean-Jaurès (Av.) .... Y 20
Joffre (Av. du Mar.) .... X 22
Lattre-de-Tassigny (Av. du Mar. de) .... Z 23
Leclerc (R. Gén.) .... Z 24
Ludwigsburg (Av. de) .... X 26
Petite-Hollande (R.) .... XY 28
St-Georges (Pl.) .... Z 29
Schiffre (R. de) .... Z 32
Toussain (R. P.) .... X 36
Valentigney (R. de) .... Y 40

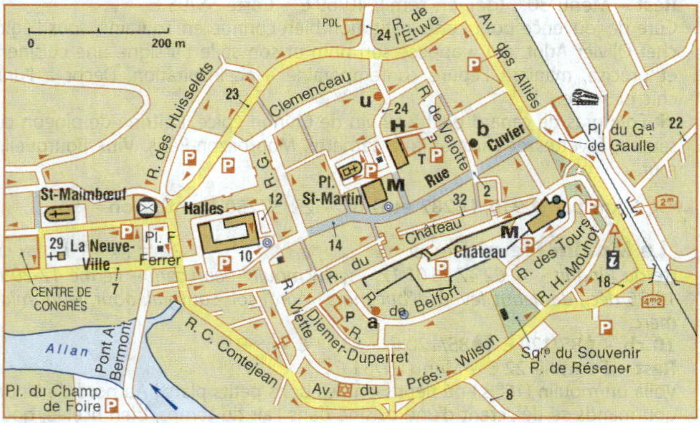

MONTBÉLIARD - 25 Doubs - 321 K1 - 26 078 h. - 17 C1
Agglo. 108 768 h. - alt. 325 m - ✉ 25200 Franche-Comté Jura

Paris 477 – Belfort 22 – Besançon 76 – Mulhouse 60

1, rue Henri-Mouhot, ☎ 03 81 94 45 60, www.paysdemontbeliard-tourisme.com

de Prunevelle, à Dampierre-sur-le-Doubs, Ferme des Petits Bans, par rte de Besançon : 8 km, ☎ 03 81 98 11 77

Le Vieux Montbéliard★ : hôtel Beurnier-Rossel★ - Sochaux : Musée de l'aventure Peugeot★★.

Bristol sans rest
2 r. de Velotte – ☎ 03 81 94 43 17 – www.hotel-bristol-montbeliard.com – Fermé 24 déc.-1er janv. Zb

50 ch – †63/89 € ††65/95 € – ☕ 9 €

Une situation centrale, des chambres modernes et confortables, une piscine couverte et un parking fermé (bien utile dans cette ville largement piétonne) : sur le papier, ce Bristol a tout pour plaire ; l'étape se révèle en effet agréable.

Aux Relais Verts sans rest
r. des frères Deckherr – ☎ 03 81 90 10 69 – www.hotelrelaisvert.net – Fermé 23 déc.-1er janv. Xv

64 ch – †56/93 € ††56/93 € – ☕ 8 €

Au cœur d'une zone commerciale, un hôtel récent et fonctionnel, parfait pour la clientèle d'affaires (chambres "Standard" ou "Privilège"). Les joueurs de l'équipe de France de football y ont séjourné, comme le rappelle le nom des chambres.

Le St-Martin (Olivier Prévôt-Carme)
1 r. du Gén.-Leclerc – ☎ 03 81 91 18 37 – www.le-saint-martin.fr – Fermé 22-28 avril, 29 juil.-18 août, sam. midi, dim. et lundi Zu

Rest – Menu 29 € (déj.)/65 € – Carte 45/80 €

Olivier Prévôt-Carme signe une cuisine riche de parfums, où le produit est roi. Pas de superflu, mais une justesse des recettes, cuissons et assaisonnements qui rehausse la saveur de chaque ingrédient. Rien de prétentieux, rien de compliqué… que du plaisir !

➜ Déclinaison de foies gras maison. Féra aux morilles et vin jaune. Chariot des desserts. **Vins** Côtes du Jura, Riesling.

Joseph
17 r. de Belfort – ☎ 03 81 91 20 02 – Fermé 11-17 juil., 15-21 août, dim., lundi et fériés Za

Rest – Menu 60/80 € – Carte 54/71 €

Langoustines rôties et brandade en croustillant de patate douce, volaille de Bresse au bouillon de foie gras et salade de radis roses... De belles saveurs au menu de cette table gastronomique tenue par un chef très friand de qualité.

MONTBENOÎT - 25 Doubs - 321 I5 - 383 h. - alt. 804 m - ✉ 25650 17 C2
Franche-Comté Jura

Paris 464 – Besançon 61 – Morteau 17 – Pontarlier 15

4, rue du Val Saugeais, ☎ 03 81 38 10 32

Ancienne abbaye★ : église abbatiale★, stalles★★, niche abbatiale★★.

à La Longeville 5,5 km au Nord par D 131 – 640 h. – alt. 900 m – ✉ 25650

Le Crêt l'Agneau
Les Auberges – ☎ 03 81 38 12 51 – www.lecret-lagneau.com

5 ch ☕ – †90/95 € ††98/118 € **Table d'hôte** – Menu 30/35 €

Au milieu des pâturages, cette ferme du 17e s. est tenue par un couple dynamique et distille le charme douillet des maisons de la région. Chambres très soignées. Au petit-déjeuner, on se régale des fameuses confitures de Lili ! Cuisine du terroir et pain maison.

à Maisons-du-Bois 4 km au Sud-Ouest sur D 437 – 602 h. – alt. 810 m – ✉ 25650

Le Saugeais
6 rte Nationale – ☎ 03 81 38 14 65 – www.hotel-du-saugeais.com – Fermé janv., jeudi soir, dim. soir et lundi
Rest – Menu 15 € (sem.), 18/40 € – Carte 25/30 €
Une sympathique auberge de bord de route, simple et champêtre. Les voyageurs s'y attablent autour de spécialités régionales.

MONTBOUCHER-SUR-JABRON – 26 Drôme – **332** B6 – rattaché à Montélimar

---

MONTBRAS – 55 Meuse – **307** F7 – 26 h. – alt. 315 m – ✉ 55140 **26** B2
Paris 290 – Bar-le-Duc 61 – Châlons-en-Champagne 140 – Metz 117

Hostellerie de l'Isle en Bray sans rest
3 r. des Erables – ☎ 03 29 90 86 36 – www.chateau-montbras.com – Ouvert Pâques-Toussaint
5 ch – 80/100 € 120/150 € – 2 suites
Ce château Renaissance (classé) est superbe... Le parc, la cour d'honneur, la chapelle, les chambres élégantes et pleines de caractère : tout évoque les splendeurs du temps passé ! Et à perte de vue, la campagne douce et tranquille.

MONTBRISON – 42 Loire – **327** D6 – 14 974 h. – alt. 391 m **44** A2
– ✉ 42600 Lyon et sa région
Paris 444 – Lyon 103 – Le Puy-en-Velay 99 – Roanne 68
Place de l'Hotel de Ville, ☎ 04 77 96 08 69, www.loireforez.com
18 de Savigneux-les-Étangs, à Savigneux, Gaia Concept Savigneux, E : 4 km par D 496, ☎ 04 77 58 70 74
9 Superflu Golf Club, à Saint-Romain-le-Puy, Domaine des Sucs, SE : 8 km par D 8, ☎ 04 77 76 93 41
Intérieur★ de la Collégiale N.-D.-d'Espérance.

La Roseraie
61 av. Alsace-Lorraine, (face à la gare) – ☎ 04 77 58 15 33 – www.restaurantlaroseraie.com – Fermé vacances de printemps, 16 août-3 sept., dim. soir, mardi soir et merc.
Rest – Formule 17 € – Menu 20 € (sem.), 28/67 € – Carte 30/62 €
Aux commandes de ce restaurant ancré dans la tradition, un chef qui connaît son métier, affectionne les produits frais et... se pique aussi de recettes nouvelles, mêlant par exemple foie gras et fruits ou pintadeau et écrevisses.

à Savigneux 2 km à l'Est par D 496 – 3 106 h. – alt. 382 m – ✉ 42600

Marytel sans rest
95 rte de Lyon – ☎ 04 77 58 72 00 – www.hotel-marytel.com
45 ch – 65/85 € 73/95 € – 9 €
Ce vaste hôtel moderne en périphérie de la ville se révèle agréable : décor contemporain tout en sobriété, douches à l'italienne, double vitrage... Une belle étape pour la clientèle d'affaires.

Yves Thollot
93 rte de Lyon – ☎ 04 77 96 10 40 – www.yves-thollot.com – Fermé 5-26 août, 2-9 janv., vacances de fév., dim. soir, mardi soir et lundi
Rest – Menu 24/62 € – Carte 37/56 €
Si la bâtisse est moderne, son décor est bien dans la tradition (armoires, rideaux fleuris). Même esprit dans la cuisine d'Yves Thollot, qui travaille en artisan : ainsi un désossé de grenouilles à la crème d'ail, un turbot meunière...

à St-Romain-le-Puy 8 km au Sud-Est par D 8 et D 107 – 3 536 h. – alt. 405 m – ✉ 42610

Sous le Pic-La Pérolière sans rest
20 r. Jean-Moulin – ☎ 04 77 76 97 10 – www.laperoliere.com – Fermé 5-18 août et janv.
3 ch – 55 € 70 €
Imaginez un havre de paix au pied d'un prieuré du 11e s. Telle est cette ferme forézienne (fin 19e s.), où mobilier chiné et fer forgé se mêlent. L'été, on prend son petit-déjeuner dans l'orangeraie. Il est des bons moments dont il faut savoir profiter !

MONTCEAU-LES-MINES – 71 Saône-et-Loire – **320** G9 – **19 504 h.** – **8** C3
Agglo. 90 584 h. – alt. 285 m – ✉ 71300 Bourgogne

Paris 333 – Autun 47 – Chalon-sur-Saône 46 – Mâcon 69

Quai du Général De Gaulle, ✆ 03 85 69 00 00, www.montceau-tourisme.fr

du Château d'Avoise, à Montchanin, 9 rue de Mâcon, par rte de Chalon-sur-Saône : 14 km, ✆ 03 85 78 19 19

Mont-St-Vincent : tour ※★★ 12 km par ②.

MONTCEAU-LES-MINES

André-Malraux (R.) . . . . **AY** 3
Barbès (R.) . . . . **ABZ**
Bel Air (R. de) . . . . **BY** 4
Carnot (R.) . . . . **AZ** 6
Champ du Moulin (R. du) . . **BYZ** 7
Chausson (R. Henri) . . . . . . **BZ** 9
Emorine (R. Antoine) . . . . . . **BZ** 10
Gauthey (Quai) . . . . **AZ** 12
Génelard (R. de) . . . . **BZ** 13
Guesde (Quai Jules) . . . . . . **AY** 14
Hospice (R. de l') . . . . **AZ** 15
Jean-Jacques-Rousseau (R.) . . . . **BZ** 16
Jean-Jaurès (R.) . . . . **AZ**
Lamartine (R.) . . . . **AZ** 19
Merzet (R. Étienne) . . . . **BY** 21
Palinges (R. de) . . . . **BZ** 22
Paul-Bert (R.) . . . . **AZ** 24
Pépinière (R. de la) . . . . **AY** 25
République (R. de la) . . . . . . **AY** 26
Sablière (R. de la) . . . . **ABY** 27
St-Vallier (R. de) . . . . **BZ** 28
Semard (R. de) . . . . **BZ** 30
Strasbourg (R. de) . . . . **BZ** 31
Tournus (R. de) . . . . **BZ** 33
8-Mai-1945 (R. du) . . . . **BY** 34
11-Nov.-1918 (R. du) . . . . **AY** 36

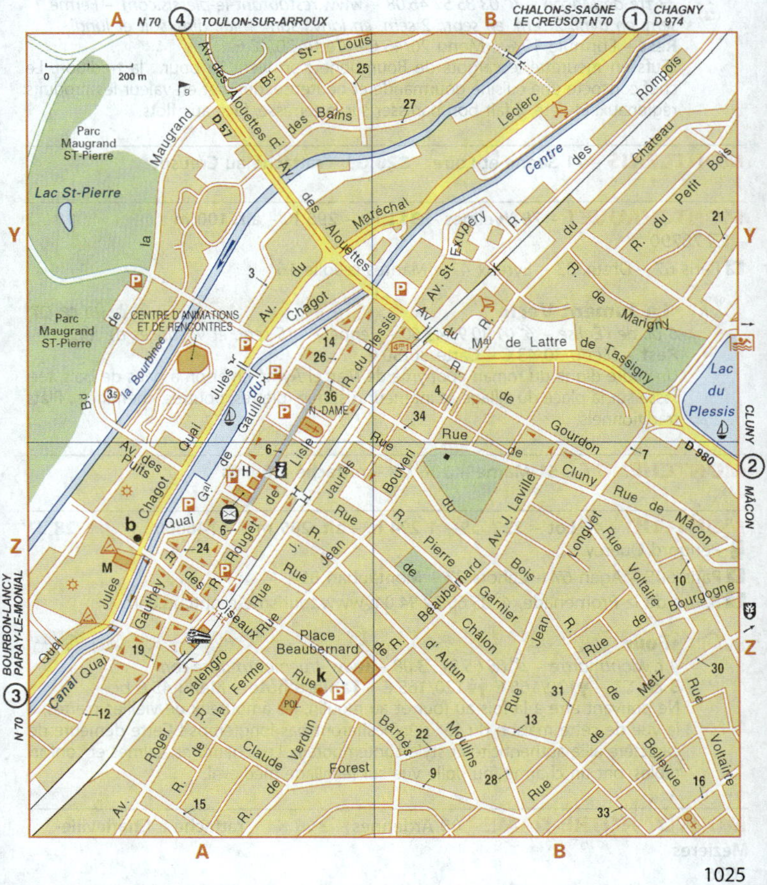

Nota Bene

70 quai Jules-Chagot – 03 85 69 10 15 – www.notabene.fr AZ**b**
46 ch – 55/75 € 65/85 € – 8,50 € – ½ P
Rest *(fermé dim.)* – Formule 9 € – Carte 30/40 €
Un hôtel convivial face au pont levant du canal. Les chambres sont confortables (quelques-unes familiales) et l'on profite d'une salle de squash et de musculation. Au restaurant, plats traditionnels, pâtes, pizzas, etc.

Le France (Jérôme Brochot)

7 pl. Beaubernard – 03 85 67 95 30 – www.jeromebrochot.com – Fermé 1er-20 août, 2-20 janv., sam. midi, dim. soir et lundi AZ**k**
Rest – Formule 25 € – Menu 47/105 € – Carte 55/80 €
Un lieu élégant, tout de beige et de blanc vêtu. En cuisine, Jérôme Brochot travaille de superbes produits (essentiellement bio) et revisite majestueusement ses classiques pour élaborer des mets raffinés et sagement inventifs.
→ Rissoles d'escargots et champignons à l'émulsion de beurre persillé. Sandre de Saône au safran de Bourgogne. Amandes et framboises à l'anis. **Vins** Saint-Aubin, Givry.

à Blanzy 2 km au Sud-Est par ② et D 980 – 6 678 h. – alt. 288 m – ✉ 71450

Le Plessis

33 rte de Mâcon – 03 85 57 46 08 – www.restaurant-le-plessis.com – Fermé 1 sem. en avril, 2 sem. en sept., 2 sem. en janv., sam. midi, dim. soir et lundi
Rest – Formule 19 € – Menu 26/45 € – Carte 30/48 €
Œufs en meurette, escargots de Bourgogne : on vient ici pour... la tradition. Le chef concocte une cuisine gourmande et goûteuse, qui met en valeur les produits régionaux. Et l'été, il fait bon paresser sur la terrasse, face aux flots.

MONTCENIS – 71 Saône-et-Loire – 320 G9 – rattaché au Creusot

MONTCHAUVET – 78 Yvelines – 311 F2 – 295 h. – alt. 100 m – ✉ 78790 18 A2

Paris 67 – Dreux 33 – Évreux 47 – Mantes-la-Jolie 16

La Jument Verte

6 pl. de l'Église – 01 30 93 43 60 – Fermé 1er-15 sept. et vacances de fév.
Rest – Menu 30/43 € – Carte 36/50 €
Un cadre digne du roman éponyme de Marcel Aymé : maison à pans de bois, terrasse sur la place du village et intérieur rustique (pierres, poutres, cheminée). Plats traditionnels.

MONTCHENOT – 51 Marne – 306 G8 – rattaché à Reims

MONTCUQ – 46 Lot – 337 D5 – 1 294 h. – alt. 205 m – ✉ 46800 28 B1

Périgord Quercy

Paris 605 – Agen 67 – Cahors 27 – Montauban 81

8, rue de la Promenade, 05 65 22 94 04, www.tourisme-montcuq.com

Four

ch,

4 r. Montmartre – 05 65 21 23 08 – www.4ruemontmartre.com
3 ch – 120/165 € 120/165 € **Table d'hôte** – Menu 45 € bc
Ne pouvant être à la fois au four et au moulin, les amoureux de vieilles pierres, à la vue de cette maison du 15e s., n'hésiteront pas longtemps ! Cette demeure de caractère allie authenticité et style contemporain. Les chambres, calmes et confortables, ont un charme fou. Jolie vue sur le village médiéval.

MONTCY-NOTRE-DAME – 08 Ardennes – 306 K4 – rattaché à Charleville-Mézières

MONT-DAUPHIN-GARE – 05 Hautes-Alpes – **334** H4 – rattaché à Guillestre

MONT-DAUPHIN – 05 Hautes-Alpes – **334** H4 – rattaché à Guillestre

MONT-DE-MARSAN P – 40 Landes – **335** H11 – 30 418 h. **3** B2
– alt. 43 m – ✉ 40000 Aquitaine

Paris 706 – Agen 120 – Bayonne 106 – Bordeaux 131

6, place du Général Leclerc, ✆ 05 58 05 87 37, www.agglo-marsan.fr

Stade Montois, à Saint-Avit, Pessourdat, par rte de Langon : 10 km, ✆ 05 58 75 63 05

Musée Despiau-Wlérick★.

Le Renaissance

225 av. de Villeneuve, 2 km par ② – ✆ 05 58 51 51 51 – www.le-renaissance.com
30 ch – †74/122 € ††81/122 € – ☕ 8,50 € – ½ P
Rest *(fermé 24 déc.-31 janv., sam. et dim.)* – Formule 16 € – Menu 20 € (déj.), 30/52 € – Carte 38/60 €
Nul doute que vous renaîtrez à l'hôtel Renaissance ! Derrière la façade blanche d'inspiration classique se cachent un intérieur contemporain et des chambres spacieuses et confortables. Restaurant traditionnel, grande terrasse et piscine pour les beaux jours.

Richelieu

3 r. Wlérick – ✆ 05 58 06 10 20 – www.hotel-richelieu-montdemarsan.com
29 ch – †58/72 € ††66/86 € – ☕ 9 € – ½ P **BYh**
Rest ***Richelieu*** – voir les restaurants ci-après
L'histoire ne dit pas si Richelieu aurait apprécié les sculptures du musée Despiau-Wlérick tout proche ! Dans cet hôtel, au cœur de la vieille ville, les chambres sont petites mais très bien tenues. Idéal pour une escapade dans la capitale landaise.

MONT-DE-MARSAN

Alsace-Lorraine (R. d')	AZ	2
Auribeau (Bd d')	AZ	3
Bastiat (R. F.)	ABZ	
Bosquet (R. Mar.)	AZ	4
Briand (R. A.)	BY	5
Brouchet (Allées)	BZ	6
Carnot (Av. Sadi)	BZ	7
Delamarre (Bd)	BZ	8
Despiau (R. Ch.)	AZ	9
Farbos (Allées Raymond)	BZ	10
Gambetta (R. L.)	BZ	12
Gaulle (Pl. Ch.-de)	BY	13
Gourgues (R. D.-de)	BY	14
Landes (R. L.-des)	BZ	15
Lasserre (R. Gén.)	AZ	16
Lattre-de-Tassigny (Bd de)	BY	17
Leclerc (Pl. du Gén.)	BZ	18
Lesbazeilles (R. A.)	BZ	19
Martinon (R.)	BZ	20
Pancaut (Pl. J.)	AZ	21
Poincaré (Pl. R.)	AY	22
Président-Kennedy (Av. du)	BZ	23
Ruisseau (R. du)	AZ	24
St-Jean-d'Août (R.)	AY	25
St-Roch (Pl.)	BZ	26
Victor-Hugo (R.)	BY	27
8-Mai-1945 (R. du)	BY	28
34e-d'Inf. (Av. du)	BZ	29

XX **Les Clefs d'Argent** (Christophe Dupouy)

333 av. des Martyrs-de-la-Résistance, par ⑥ – ✆ 05 58 06 16 45 – www.clefs-dargent.com – Fermé vacances de Noël, 3 sem. en août, dim. soir et lundi

Rest *(nombre de couverts limité, réserver)* – Menu 20 € bc (déj. en sem.), 40/90 € bc – Carte environ 65 €

Les Clefs d'Argent ? Un restaurant en or, où décoration et cuisine rivalisent de goût. Épure contemporaine pour l'une ; couleurs et inventivité pour l'autre. Le chef signe des préparations originales et soignées, dont la clef est le beau produit landais...

➜ Foie gras de canard des Landes au naturel. Ris de veau, caramel de yuzu, petits légumes et jeunes pousses. Religieuse relookée au chocolat au lait et verveine. **Vins** Jurançon, Vin de pays des Landes.

X **Richelieu** – Hôtel Richelieu

3 r. Wlérick – ✆ 05 58 06 10 20 – www.hotel-richelieu-montdemarsan.com – Fermé 1er-10 janv., vend. soir du 26 juil. au 13 sept., dim. soir et sam.

Rest – Formule 18 € – Menu 20 € (sem.), 30 € bc/46 € – Carte environ 49 € BY**h**

Dans un hôtel au cœur de la vieille ville, une vaste salle aux airs de brasserie où l'on sert une agréable cuisine traditionnelle, mettant à l'honneur les produits du Sud-Ouest.

à Mazerolles 6,5 km à l'Est par D 1 et rte secondaire – 697 h. – alt. 84 m – ✉ 40090

X **Auberge de la Pouillique**

656 chemin de la Pouillique – ✆ 05 58 75 22 97 – www.restaurant-auberge-lapouillique.com – Fermé 20 août-10 sept., mardi soir, merc. soir, dim. soir et lundi

Rest – Menu 20/36 €

En chemin pour une partie de pelote basque au trinquet, nombreux sont ceux à s'arrêter dans cette ancienne ferme du 19e s. Ici, point de fronton mais des plats traditionnels qui ravissent les gourmands. En hiver, on s'installe près de la cheminée ; l'été, sur la terrasse face au jardin. Prix raisonnables.

MONTDIDIER

– 80 Somme – 301 I10 – 6 083 h. – alt. 82 m – ✉ 80500 Nord Pas-de-Calais Picardie **36 B2**

Paris 108 – Amiens 39 – Beauvais 49 – Compiègne 36

5, place du Général-de-Gaulle, ✆ 03 22 78 92 00, www.montdidier-tourisme.fr

Dijon

1 pl. du 10-Août-1918, rte de Breteuil – ✆ 03 22 78 01 35 – www.hotelledijon.com – Fermé 10-31 août, 24 déc.-2 janv. et dim. soir

19 ch – †50 € ††69 € – ☕ 8 € – ½ P

Rest – Formule 15 € – Menu 20 € (sem.)/32 € – Carte 26/48 €

Si vous arrivez par la gare dans la ville natale d'Antoine Auguste Parmentier – vulgarisateur de la pomme de terre au 18e s. –, vous n'aurez que quelques pas à faire pour trouver cette belle maison bourgeoise. Les chambres sont simples et bien tenues ; préférez celles, plus récentes, du 2e étage. Restaurant traditionnel.

MONT-DOL

– 35 Ille-et-Vilaine – 309 L3 – rattaché à Dol-de-Bretagne

LE MONT-DORE

– 63 Puy-de-Dôme – 326 D9 – 1 391 h. – alt. 1 050 m – Sports d'hiver : 1 200/1 850 m 2 16 – Stat. therm. : mi-avril-fin oct. – Casino Z – ✉ 63240 Auvergne **5 B2**

Paris 462 – Aubusson 87 – Clermont-Ferrand 43 – Issoire 49

avenue de la Libération, ✆ 04 73 65 20 21, www.sancy.com/commune/mont-dore

du Mont-Dore, par rte de la Tour d'Auvergne : 2 km, ✆ 04 73 65 00 79

Etablissement thermal : galerie César★, salle des pas perdus ★ - Puy de Sancy ✳★★★ 5 km par ② puis 1 h. AR de téléphérique et de marche - Funiculaire du capucin★.

Col de la Croix-St-Robert ✳★★ 6,5 km par ②.

LE MONT-DORE

Apollinaire (R. S.) . . . . Y 2
Artistes (Chemin des) . . . . Z
Banc (R. Jean) . . . . Y 3
Belges (Av. des). . . . . Y
Bertrand (Av. M.) . . . . Y
Chazotte (R. Capitaine) . . . . Y 4
Clemenceau (Av.) . . . . Z 5
Clermont (Av. de) . . . . Y 7
Crouzets (Av. des) . . . . Y
Déportés (R. des) . . . . Z 8
Dr-Claude (R.) . . . . Y
Duchâtel (R.) . . . . Z 9
Favart (R.). . . . . Y 12
Ferry (Av. J.) . . . . YZ
Gaulle (Pl. Ch.-de) . . . . Y 14
Guyot-Dessaigne (Av.) . . . . Y 15
Latru (R.) . . . . Y
Lavialle (R.). . . . . Y
Leclerc (Av. du Gén.). . . . . Y
Libération (Av. de la) . . . . YZ
Melchi-Roze (Chemin) . . . . Y
Meynadier (R.) . . . . YZ
Mirabeau (Bd) . . . . Y
Montlosier (R.). . . . . Y 19
Moulin (R. Jean) . . . . Z 20
Panthéon (Pl. du) . . . . Z 22
Pasteur (R.) . . . . Y
Ramond (R.). . . . . Z 24
République (Pl. de la). . . . . Z 26
Rigny (R.) . . . . Z 28
Sand (Allée G.) . . . . YZ 29
Sanistas (R. F.). . . . . Y
Verrier (R. P.) . . . . Y
Wilson (Av.) . . . . Y
19-Mars-1962 (R. du) . . . . Y 32

Gran Carlina

ch, rest,

6 r. René-Cassin – ✆ 04 73 21 67 14 – www.hotel-gran-carlina.com – Fermé de mi-oct. à mi-déc. **Zb**

52 ch – 85/110 € 95/125 € – 2 suites – 12 € – ½ P

Rest – Menu 28 € – Carte 42/60 €

Envie d'atteindre les sommets ? Au pied du funiculaire du Capucin, le Gran Carlina offre une vue imprenable sur le massif du Sancy. Parfait pour les amateurs de grand air en quête de quiétude et de confort. Restauration traditionnelle.

Panorama

27 av. de la Libération – ✆ 04 73 65 11 12 – www.hotel-le-panorama.com – Ouvert 1er mai-20 sept. et 20 déc.-30 mars **Zu**

39 ch – 80/150 € 80/150 € – 12 € – ½ P

Rest *(fermé le midi)* – Formule 20 € – Carte 30/37 €

Une vue à couper le souffle pour cet établissement qui porte bien son nom ! Préférez donc les chambres côté vallée. L'hôtel est proche des pistes et des sentiers de randonnée. Espace détente (spa, sauna...) et bar où il fait bon siroter un cocktail.

Le Castelet

rest,

av. M.-Bertrand – ✆ 04 73 65 05 29 – www.lecastelet-montdore.com – Ouvert 8 mai-début oct. et 20 déc.-fin mars **Yt**

35 ch – 62/77 € 62/90 € – 10 € – ½ P

Rest *(fermé le midi en hiver sauf vacances scolaires)* – Formule 19 € – Menu 24/32 €

En plein centre-ville, cet établissement permet de profiter de l'animation de la cité, avec un parking privé à la clé ! Un hôtel-restaurant fonctionnel et confortable ; autrement dit, parfait pour une étape dans le massif du Sancy.

Hôtel de Russie

3 r. Favart – ✆ 04 73 65 05 97 – www.lerussie.com **Ya**

31 ch – 65/77 € 65/77 € – 1 suite – 10 € – ½ P

Rest *Le 1050* – voir les restaurants ci-après

La décoration de l'hôtel de Russie est colorée et tout en bois, mais point de toundra ou de Volga ici ! Fondée en 1902, cette adresse était très prisée des Russes, friands de cures thermales. Ils sont aujourd'hui remplacés par une clientèle familiale.

Grand Hôtel sans rest

2 r. Meynadier – ✆ 04 73 65 02 64 – www.hotel-mont-dore.com – Fermé 4 nov.-20 déc. **Zd**

29 ch – 49/59 € 59/69 € – 8 €

Tourelles, toit en ardoise et volets bleus... Avec ses allures de petit château de la Belle au Bois dormant, le Grand Hôtel a gardé son charme d'antan ! À 20 m du casino, vous voici au cœur de la station thermale. Le plus : un grand salon tout en verrières et une salle de luminothérapie.

Parc

rest,

11 r. Meynadier – ✆ 04 73 65 02 92 – www.hotelduparc-montdore.com – Ouvert 25 avril-25 oct. et 23 déc.-25 mars **Zk**

34 ch – 53/58 € 63/68 € – 8 € – ½ P

Rest *(résidents seult)* – Menu 16 €

Un immeuble centenaire au cœur de cette station thermale où déjà à l'Antiquité, on venait "prendre les eaux". Belle hauteur sous plafond, moulures, salle de jeux... Chambres fonctionnelles et bien tenues.

Les Charmettes sans rest

30 av. Georges-Clemenceau, par ② – ✆ 04 73 65 05 49 – www.hotellescharmettes.com – Fermé 2-20 avril et 12 nov.-21 déc.

19 ch – 48/58 € 55/68 € – 6,50 €

Les propriétaires sont amoureux de leur hôtel, et cela se voit jusque dans le mobilier en bois... percé de cœurs ! À trois minutes du centre-ville, cette petite maison en pierre dispose d'un jardin et d'un parking. Un établissement agréable.

La Closerie de Manou sans rest

Le Genestoux, 3 km par ⑤ et D 996 – ✆ 04 73 65 26 81 – www.lacloseriedemanou.com – Ouvert d'avril à mi-oct.

5 ch – 60/65 € 85/90 €

Cette maison auvergnate du 18e s. entourée de verdure est une petite merveille. Ses chambres cosy, assez vastes, ont du caractère, et l'accueil est tout à fait charmant !

Le Pitsounet

Le Genestoux, 3 km par ⑤ sur D 996 – ✆ 04 73 65 00 67 – www.lepitsounet.com – Fermé 12 nov.-20 déc., dim. soir et lundi sauf juil.-août et fév.

Rest – Menu 18/35 € – Carte 20/38 €

Un "pitsounet", c'est un pigeonnier en auvergnat... Mobilier rustique et cuivres ornent ce chalet de montagne bordant une route départementale. La cuisine cultive le même esprit : priorité au terroir.

La Golmotte

Le Barbier, 2,5 km par ② – ✆ 04 73 65 05 77 – www.aubergelagolmotte.com – Fermé 30 sept.-26 oct.

Rest – Menu 17/38 € – Carte 29/38 €

Authenticité garantie dans cette auberge postée sur la route de Clermont-Ferrand ! La salle est une ancienne étable : voyez notamment l'auge qui fait office de présentoir à vins. Au menu : des produits frais, bien cuisinés, et des assiettes copieuses. Le tout à petits prix...

Le 1050 – Hôtel de Russie

3 r. Favart – ✆ 04 73 65 05 97 – www.lerussie.com – Fermé 15 nov.-15 déc.

Rest – Menu 19 € – Carte 26/40 € **Ya**

La cuisine est à l'image du décor : chaleureuse, généreuse, montagnarde. Les spécialités régionales, parfois servies dans leur récipient de cuisson, sont à l'honneur : chou farci, potée auvergnate, viande de Salers...

au Lac de Guéry 8,5 km par ① sur D 983 – ✉ 63240 Auvergne

Lac★.

Auberge du Lac de Guéry avec ch

– ✆ 04 73 65 02 76 – www.auberge-lac-guery.fr – Ouvert 1er fév.-10 oct. et fermé 2-13 avril

10 ch – 56 € 64 € – 10 € – ½ P

Rest *(fermé merc. midi sauf vacances scolaires)* – Menu 23/45 € – Carte 26/46 €

Vous voilà au cœur du Massif central, tout au bord d'un lac volcanique – ses rives offrent l'occasion d'une jolie balade. Mention spéciale pour l'omble chevalier, directement puisé dans la réserve du chef. Tout est frais et fait maison.

au pied du Puy de Sancy 3 km par ② – alt. 1 885 m – ✉ 63240 Le Mont Dore

Le Puy Ferrand

rest,

– ✆ 04 73 65 18 99 – www.hotel-puy-ferrand.com – Fermé 30 sept.-18 déc.

28 ch – 65/91 € 70/110 € – 11 € – ½ P

Rest – Formule 15 € – Menu 19/36 € – Carte 26/47 €

Skier au saut du lit, c'est possible dans ce grand chalet situé au pied des pistes ! Sport et nature sont d'ailleurs bien représentés avec le magasin de ski attenant. Un établissement très pratique.

MONTEAUX – 41 Loir-et-Cher – 318 D7 – 788 h. – alt. 62 m – ✉ 41150 11 A1

Paris 210 – Blois 25 – Orléans 85 – Tours 40

Le Château du Portail sans rest

La Besnerie, 1 km par rte de Mesland – ✆ 02 54 70 22 88 – www.chateauduportail.com – Fermé 3-15 janv.

5 ch – 168 € 199 €

Sa situation entre Blois et Amboise est idéale pour visiter les châteaux de la Loire. Luxueuse demeure (17e-18e s.) avec jardin à la française et chambres aux meubles anciens.

MONTEILS – 82 Tarn-et-Garonne – 337 F6 – rattaché à Caussade

MONTÉLIER – 26 Drôme – 332 D4 – 3 516 h. – alt. 219 m – ✉ 26120 43 E2

Ardèche Drôme

Paris 567 – Crest 27 – Romans-sur-Isère 13 – Valence 12

La Martinière

ZA La Pimpie, rte de Chabeuil – ✆ 04 75 59 60 65 – www.a-lamartiniere.com

30 ch – 57 € 64 € – 8,50 € – ½ P

Rest – Menu 15 € (déj. en sem.), 22/65 € – Carte 21/69 €

Dans cet établissement familial aux allures d'hacienda (1990), les chambres sont petites mais confortables et, dès les premiers rayons de soleil, on profite de la piscine et du jardin. Restaurant traditionnel (beau choix de bordeaux).

MONTÉLIMAR – 26 Drôme – 332 B6 – 35 495 h. – alt. 90 m – ✉ 26200 44 B3

Ardèche Drôme

Paris 602 – Avignon 83 – Nîmes 108 – Le Puy-en-Velay 132

Allées Provençales, ✆ 04 75 01 00 20, www.montelimar-tourisme.com

18 de La Valdaine, à Montboucher-sur-Jabron, Château du Monard, E : 4 km par D 540, ✆ 04 75 00 71 33

9 de la Drôme provencale, à Clansayes, par N 7 et rte de Nyons : 21 km, ✆ 04 75 98 57 03

Allées provençales★ - Musée de la Miniature★ **M.**

Site★★ du Château de Rochemaure★, 7 km par ④.

Plan page suivante

MONTÉLIMAR

Adhémar (R.) .... Z 2
Aygu (Av.) .... Z 4
Baudina (R.) .... Y 5
Blanc (Pl. L.) .... Z 6
Bourgneuf (R.) .... Y 8
Carmes (Pl. des) .... Y 9
Chemin Neuf (R. du) .... Z 10
Clercs (Pl. des) .... Y 12
Corneroche (R.) .... Y 14
Cuiraterie (R.) .... Z 15
Desmarais (Bd Marre) .... Y 17
Dormoy (Pl. M.) .... Z 18
Espoulette (Av. d') .... Z 19
Europe (Pl. de l') .... Z 21
Fust (Pl. du) .... Y 23
Gaulle (Bd Gén.-de) .... Z 25
Juiverie (R.) .... Y 28
Julien (R. Pierre) .... YZ
Loubet (Pl. Émile) .... Z 29
Loubet (R. Émile) .... Z 30
Meyer (R. M.) .... Y 32
Monnaie-Vieille (R.) .... Y 34
Montant-au-Château (R.) .... Y 35
Planel (Pl. A.) .... Z 37
Poitiers (R. Diane de) .... Z 38
Porte Neuve (R.) .... Z 39
Prado (Pl. du) .... Y 41
Puits Neuf (R. du) .... Y 42
Rochemaure (Av. de) .... Y 47
St-Martin (Montée) .... Y 50
St-Pierre (R.) .... Y 51
Villeneuve (Av. de) .... Y 54

Hôtel du Parc sans rest

27 av. Charles-de-Gaulle – 04 75 01 00 73 – www.hotelduparc-montelimar.com

16 ch – 55/126 € 64/126 € – 9 € **Ya**

Cet hôtel a été construit dans les années 1860, en même temps que la gare toute proche. Il dispose de charmantes petites chambres, bien tenues. Aux beaux jours, on prend son petit-déjeuner en terrasse... non loin du parc de Montélimar.

Sphinx N sans rest

19 bd Marre-Desmarais – 04 75 01 86 64 – www.sphinx-hotel.fr – Fermé 27 déc.-7 janv. **Yb**

23 ch – 63/78 € 74/95 € – 8 €

La jolie cour, la chaleur des parquets et boiseries confèrent un charme indéniable à cet hôtel particulier (17e s.) situé sur les allées provençales, au cœur de la vie montilienne, et à la fois assez tranquille. Bon niveau de confort.

Aux Gourmands

8 pl. du Marché – 04 75 01 16 21 – www.aux-gourmands.fr – Fermé dim. et lundi **Yf**

Rest – Formule 15 € – Menu 29/44 € – Carte 33/67 €

Sur la place du Marché, ce bistrot est bien connu des amateurs de vins ! La carte compte près de 400 références (grandes maisons et petits propriétaires), qui vont bien à la cuisine, d'esprit traditionnel. Le tout dans un décor au diapason : casiers à bouteilles contre les murs et tables collées serrées.

Petite France

34 imp. Raymond-Daujat – 04 75 46 07 94 – Fermé 14 juil.-20 août, 23-28 déc., dim. sauf le midi de nov. à avril et lundi **Yn**

Rest – Formule 15 € – Menu 20/32 € – Carte 29/44 €

À moins d'être initié, ce restaurant ne se trouve pas facilement : il faut aller le dénicher dans une impasse de la vieille ville. Dans la salle voûtée et chaleureuse, on déguste une cuisine traditionnelle... made in Petite France. Ambiance familiale.

par N 7 7,5 km par ② – ✉ 26780 Chateauneuf-du-Rhône :

Pavillon de l'Étang

N 7 – ✆ 04 75 90 76 82 – www.lepavillondeletang.fr – Fermé 28 oct.-14 nov., 2-17 janv., merc. soir, dim. soir et lundi

Rest *(nombre de couverts limité, réserver)* – Formule 23 € bc – Menu 36/70 € bc – Carte 45/61 €

À défaut d'être près d'un étang, cette maison, au bord de la N 7, se trouve en pleine campagne ! Les produits régionaux sont les stars de ce véritable restaurant à l'ancienne : pigeon, truffe, nougat maison... Vins à prix doux, accueil sympathique.

au Sud 9 km par ② puis N 7 et D 844, rte Donzère – ✉ 26780 Malataverne

Le Domaine du Colombier

– ✆ 04 75 90 86 86 – www.domaine-colombier.com

21 ch – 115/215 € 115/215 € – 3 suites – 18 €

Rest ***Le Domaine du Colombier*** – voir les restaurants ci-après

Imaginez une bastide du 15e s. au cœur de la Drôme provençale. Une adresse de charme où les chambres – préférez celles rénovées – rivalisent de douceur et d'authenticité. À cela s'ajoutent un parc arboré, une belle piscine et un accueil aux petits soins. Tout est si paisible, propice à une agréable échappée !

Le Domaine du Colombier

– ✆ 04 75 90 86 86 – www.domaine-colombier.com

Rest – Menu 32 € (déj. en sem.), 53/85 € – Carte 73/97 €

Sur les ruines d'un hermitage monastique, ce restaurant avec ses salles en enfilade – voûtées et sagement contemporaines – et sa délicieuse terrasse est des plus apaisant. Quant à la cuisine, fine et ancrée dans son époque, elle ravit les papilles.

à St-Marcel-lès-Sauzet 7 km au Nord-Est par D 6 - Y – 1 143 h. – alt. 110 m – ✉ 26740

Le Prieuré

au village – ✆ 04 75 46 78 68 – www.restau-le-prieure.com – Fermé 5-12 mars, 14 oct.-6 nov., dim. soir et lundi

Rest – Formule 16 € – Menu 19/45 € bc – Carte 35/73 €

Le Prieuré est, comme il se doit, à côté de l'église ! Dans la salle de cette maison en pierre, trône une collection de coqs et autres gallinacés. En leur compagnie, on déguste une généreuse cuisine régionale. Agréable terrasse ombragée.

MONTENACH – 57 Moselle – 307 J2 – rattaché à Sierck-les-Bains

MONTENDRE – 17 Charente-Maritime – 324 H8 – 3 148 h. – alt. 90 m 38 B3

– ✉ 17130 Poitou-Charentes

Paris 522 – Bordeaux 74 – Poitiers 186 – La Rochelle 138

1 place des Halles, ✆ 05 46 49 46 45, www.montendre-tourisme.fr

La Quincaillerie

30 r. de l'Hôtel-de-Ville – ✆ 05 46 70 42 41 – www.restaurant-laquincaillerie.fr – Fermé 2 sem. en mars, 12-25 nov., dim. soir, mardi soir et lundi

Rest – Menu 16 € (déj. en sem.), 29/40 € – Carte 41/59 €

Du métal, des pierres, des poutres, un beau parquet... Cette ancienne quincaillerie, sobre et élégante, est pile dans la tendance bistrot chic. Et dans l'assiette, de la générosité et des beaux produits, le tout à prix d'ami ! Menu unique le midi.

MONTESQUIEU-DES-ALBÈRES – 66 Pyrénées-Orientales – 344 I7 22 B3

– 1 150 h. – alt. 260 m – ✉ 66740

Paris 877 – Barcelona 178 – Montpellier 181 – Perpignan 34

Le Cabaret

Mas des Trompettes-Hautes – ✆ 04 68 83 34 57 – Fermé janv., dim., lundi, mardi et le midi

Rest *(réservation indispensable)* – Menu 35 €

Des œuvres d'artistes locaux, des objets anciens, un bassin de carpes koï, des cuisines ouvertes sur la salle : un lieu atypique et convivial. Comme le dit le patron, il "chine puis cuisine", au gré du marché et de la criée. Suivez-le sans hésiter.

MONTESQUIOU – 32 Gers – **336** D8 – **603 h.** – **alt. 214 m** – ✉ **32320** **28** A2
Midi Toulousain
Paris 783 – Auch 33 – Tarbes 60 – Toulouse 112
Mairie, ✆ 05 62 70 91 18

Maison de la Porte Fortifiée
rue nationnale, près de la porte fortifiée – ✆ 05 62 70 97 06 – www.porte-fortifiee.eu – Fermé 5 janv.-30 mars
4 ch – 80/110 € 90/130 € **Table d'hôte** – Menu 34 €
Deux belles maisons anciennes situées près de la porte fortifiée (13e s.) du village. Les chambres, décorées de mobilier chiné, ont beaucoup de charme, et la journée commence avec l'odeur des croissants frais. Table d'hôte aux saveurs d'ici et d'ailleurs.

MONTEUX – 84 Vaucluse – **332** C9 – rattaché à Carpentras

MONTFAUCON – 25 Doubs – **321** G3 – rattaché à Besançon

MONTFORT-EN-CHALOSSE – 40 Landes – **335** F12 – **1 159 h.** – **alt. 110 m** – ✉ **40380** Aquitaine **3** B3
Paris 744 – Aire-sur-l'Adour 57 – Dax 19 – Hagetmau 27
55, place Foch, ✆ 05 58 98 58 50, www.tourisme-montfortenchalosse.fr
Musée de la Chalosse★.

Aux Tauzins
rte d'Hagetmau – ✆ 05 58 98 60 22 – www.auxtauzins.com – Fermé 27 sept.-14 oct., 17 fév.-18 mars, dim. soir et lundi soir sauf juil.-août et lundi midi
16 ch – 63/65 € 82/92 € – 8 € – ½ P
Rest – Formule 13 € – Menu 23/43 € – Carte 33/58 €
Du nom d'un chêne des côtes aquitaines, cet hôtel est dans la même famille depuis quatre générations ! Dans les chambres, simples et confortables, on se réveille face à la vallée de la Chalosse. Au restaurant, on apprécie une cuisine 100% landaise. Belle terrasse sous la glycine.

MONTFORT-L'AMAURY – 78 Yvelines – **311** G3 – **3 115 h.** – **alt. 185 m** – ✉ **78490** Île-de-France **18** A2
Paris 46 – Dreux 36 – Houdan 18 – Mantes-la-Jolie 31
3, rue Amaury, ✆ 01 34 86 87 96, www.ville-montfort-l-amaury.fr
du Domaine du Tremblay, à Le Tremblay-sur-Mauldre, Place de l'Eglise, E : 8 km, ✆ 01 34 94 25 70
Église★ - Ancien cimetière★ - Ruines du château ★.

St-Laurent sans rest
2 pl. Lebreton – ✆ 01 34 57 06 66 – www.hotelsaint-laurent.com – Fermé 30 juil.-20 août et 27 déc.-3 janv.
19 ch – 105/220 € 105/220 € – 14 €
À vous de choisir votre décor : le superbe hôtel particulier du 17e s., les récentes chambres du pavillon situé dans le jardin ou le grand luxe de la Résidence.

MONTGENEVRE – 05 Hautes-Alpes – **334** I3 – **511 h.** – **alt. 1 850 m** – ✉ **05100** Alpes du Sud **41** C1
Paris 757 – Briançon 13 – Gap 99 – Marseille 274
route d'Italie, ✆ 04 92 21 52 52, www.montgenevre.com

Le Chalet Blanc
Hameau de l'Obélisque – ✆ 04 92 44 27 02 – www.hotellechaletblanc.com – Ouvert fin juin à mi-sept. et mi-déc. à mi-avril
32 ch – 109/480 € 109/480 € – ½ P
Rest *La Table Blanche* *(dîner seult)* – Menu 45 € – Carte 45/65 €
Dernier-né de la station, cet hôtel a tout du grand chalet... dernier cri : le bois est omniprésent, mais plus encore l'esprit contemporain. Beaux espaces, atmosphère feutrée, espace bien-être et même quelques duplex. Le tout à proximité des pistes.

MONTGIBAUD – 19 Corrèze – **329** J2 – 231 h. – alt. 460 m – ✉ 19210 **24** B2

Paris 434 – Arnac-Pompadour 15 – Limoges 47 – St-Yrieix-la-Perche 23

Le Tilleul de Sully

– ✆ 05 55 98 01 96 – Fermé 18 déc.-10 janv., mardi soir hors saison, dim. soir et lundi sauf fériés

Rest *(nombre de couverts limité, réserver)* – Formule 15 € bc – Menu 20 € (sem.), 29/44 € – Carte 35/46 €

C'est là, à l'ombre du vieux tilleul, que se trouve cette auberge de campagne. Fleurs de courgette, carottes, choux pommelés, groseilles, etc., abondent dans le potager et le chef sait les préparer ! Une savoureuse cuisine du terroir corrézien à déguster devant la cheminée ou dehors, face aux arbres fruitiers.

MONTGRÉSIN – 60 Oise – **305** G6 – rattaché à Chantilly

LES MONTHAIRONS – 55 Meuse – **307** D4 – rattaché à Verdun

MONTHIEUX – 01 Ain – **328** C5 – 599 h. – alt. 295 m – ✉ 01390 **43** E1

Lyon et sa région

Paris 443 – Bourg-en-Bresse 38 – Lyon 31 – Meximieux 26

Le Gouverneur rest,

D 6 – ✆ 04 72 26 42 00 – www.golfgouverneur.fr – Fermé 20 déc.-5 janv.

53 ch – †115/135 € ††115/135 € – ☕ 13 € – ½ P

Rest *(fermé dim. de nov. à fév.) (dîner seult)* – Menu 29/45 € – Carte 31/47 €

Cet hôtel en pleine campagne n'est autre que l'ancien domaine du gouverneur de la Dombes (14e s.). Parfait pour des activités de plein air comme le golf (9 et 18 trous) ou la pêche grâce aux nombreux étangs. Chambres fonctionnelles et confortables ; restaurant, club house, etc.

MONTHION – 73 Savoie – **333** L4 – rattaché à Albertville

MONTIGNAC – 24 Dordogne – **329** H5 – 2 851 h. – alt. 77 m **4** D1
– ✉ 24290 Périgord Quercy

Paris 513 – Brive-la-Gaillarde 39 – Limoges 126 – Périgueux 54

place Bertran-de-Born, ✆ 05 53 51 82 60, www.tourisme-vezere.com

Grottes de Lascaux★★ SE : 2 km.

Le Thot, espace cro-magnon★ S : 7 km - Église★★ de St-Amand de Coly E : 7 km.

Hostellerie la Roseraie

11 pl. d'Armes – ✆ 05 53 50 53 92 – www.laroseraie-hotel.com – Ouvert 30 mars-1er nov.

14 ch – †75/142 € ††85/152 € – ☕ 14 € – ½ P

Rest *(fermé le midi hors saison)* – Menu 23/59 €

Au cœur du village médiéval, une demeure du 19e s. sur les bords de la Vézère. Les chambres sont coquettes et portent des noms de roses. Et dans le jardin : une roseraie...

MONTIGNY-LA-RESLE – 89 Yonne – **319** F4 – 605 h. – alt. 155 m **7** B1
– ✉ 89230

Paris 170 – Auxerre 14 – St-Florentin 19 – Tonnerre 32

Le Soleil d'Or

N 77 – ✆ 03 86 41 81 21 – www.lesoleil-dor.com – Fermé dim. soir et lundi midi de nov. à fév.

18 ch – †62 € ††74 € – ☕ 11 € – ½ P

Rest – Formule 12 € – Menu 29/62 € – Carte 50/77 €

Ancien relais de poste situé en bordure de route nationale. Les chambres, fonctionnelles et climatisées, ont été aménagées dans les granges situées sur l'arrière. Il fait bon se détendre dans le petit salon orné de boiseries. Restaurant traditionnel.

MONTIGNY-LE-BRETONNEUX – 78 Yvelines – **311** I3 – **101** 22 – voir à Paris, Environs (St-Quentin-en-Yvelines)

MONTIGNY-LE-ROI – 52 Haute-Marne – **313** M6 – 2 168 h. **14** C3
– alt. 404 m – ✉ 52140

Paris 296 – Bourbonne-les-Bains 21 – Chaumont 35 – Langres 23

L'Arcombelle rest,

25 av. de Lierneux – ✆ 03 25 90 30 18 – www.hotel-arcombelle.com
– Fermé vend. et sam. en janv., dim. d'oct. à mars
24 ch – †68/90 € ††80/110 € – ☕ 10 €
Rest – Menu 21/42 € – Carte 37/55 €
Sur un carrefour à l'entrée du village, un hôtel pratique pour le tourisme ou les affaires. Les chambres y sont confortables et bien insonorisées. Cuisine traditionnelle au restaurant.

MONTIGNY-LÈS-ARSURES – 39 Jura – **321** E5 – 272 h. – alt. 400 m **16** B2
– ✉ 39600

Paris 417 – Besançon 46 – Lons-le-Saunier 42 – Pontarlier 55

Château de Chavanes sans rest

r. St-Laurent – ✆ 03 84 37 47 95 – www.chateau-de-chavanes.com
– Ouvert avril-15 nov.
5 ch ☕ – †130/145 € ††130/145 €
Au cœur d'un domaine viticole, cette charmante gentilhommière de 1708 marie avec goût le chic contemporain et la patine de l'ancien. Meubles chinés, touches design : la déco est vraiment très réussie ! Et il y a aussi le caveau de dégustation, la jolie terrasse donnant sur les vignes...

MONTIPOURET – 36 Indre – **323** H7 – 568 h. – alt. 200 m – ✉ 36230 **12** C3

Paris 295 – Châteauroux 28 – Issoudun 37 – Orléans 169

à La Brande 5 km au Nord-Est par D49 et rte secondaire – ✉ 36230

Maison Voilà ch,

La Brande – ✆ 02 54 31 17 91 – www.maisonvoila.com
4 ch ☕ – †50/60 € ††70/80 € **Table d'hôte** – Menu 20 €
En pleine campagne, cette ferme du 19e s. est tout simplement cosy. Un jardin planté d'arbres fruitiers, un repas pris en compagnie des propriétaires sur la terrasse ou près de la cheminée... Voilà, tout est dit.

MONTJEAN-SUR-LOIRE – 49 Maine-et-Loire – **317** D4 – 2 849 h. **34** B2
– alt. 44 m – ✉ 49570 Châteaux de la Loire

Paris 324 – Angers 28 – Ancenis 30 – Châteaubriant 64

20 rue d'Anjou, ✆ 02 41 39 07 10, www.montjean.net

Le Fief des Cordeliers sans rest

lieu-dit Bellevue – ✆ 02 41 43 96 09 – http://logis.lefiefdescordeliers.com
4 ch – †59/69 € ††69/79 € – ☕ 8 €
Toute la douceur angevine imprègne cet ancien couvent du 15e s., qui domine la Loire et la vallée (belvédère dans le parc). Chambres de bon confort, au mobilier classique.

Auberge de la Loire avec ch rest, ch,

2 quai des Mariniers – ✆ 02 41 39 80 20 – www.aubergedelaloire.com
– Fermé 21 déc.-15 janv.
8 ch – †56 € ††68 € – ☕ 9 € – ½ P
Rest *(fermé merc. soir et dim. soir de mars à oct. et merc. midi)* – Formule 15 €
– Menu 22/49 € – Carte 34/51 €
Accueillante auberge familiale des bords de Loire. On y déguste une délicieuse cuisine traditionnelle à base de produits frais, provenant notamment de la pêche locale. Chambres simples et bien tenues, dont la moitié regardent le fleuve.

MONTLIARD – 45 Loiret – **318** L3 – rattaché à Bellegarde

MONTLIVAULT – 41 Loir-et-Cher – **318** F6 – 1 333 h. – alt. 77 m **11** B2
– ✉ 41350

Paris 180 – Blois 13 – Olivet 58 – Orléans 56

La Maison d'à Côté avec ch — rest, VISA AE
25 r. de Chambord – ✆ 02 54 20 62 30 – www.lamaisondacote.fr – Fermé 2-10 juil., 12-28 nov., 2-17 janv., mardi et merc.
8 ch – †80/98 € ††80/98 € – ☕ 10 €
Rest – Formule 25 € bc – Menu 40/65 €
Une auberge de village à l'atmosphère feutrée et contemporaine... On y apprécie une cuisine du marché respectueuse des produits et des saisons. Pour prolonger l'étape, des chambres tout en sobriété et raffinement (bois sombre, couleurs chaudes).

MONT-LOUIS – 66 Pyrénées-Orientales – 344 D7 – 278 h. – alt. 1 565 m – ✉ 66210 Languedoc Roussillon — 22 A3

Paris 867 – Andorra-la-Vella 90 – Font-Romeu-Odeillo-Via 10 – Perpignan 81
3, rue Lieutenant Pruneta, ✆ 04 68 04 21 97, www.mont-louis.net
Remparts★ - Lacs des Bouillouses★.

à la Llagonne 3 km au Nord par D 118 – 246 h. – alt. 1 600 m – ✉ 66210

Corrieu — rest, P VISA
Carrer de la Quillane – ✆ 04 68 04 22 04 – www.hotel-corrieu.com – Ouvert 15 juin-16 sept., 20 déc.-5 janv. et 10 janv.-24 mars
20 ch – †68/150 € ††68/160 € – 3 suites – ☕ 11 € – ½ P
Rest *(dîner seult)* – Menu 25/44 € – Carte 28/45 €
Cette grande bâtisse de style régional se révèle être l'hôtel familial par excellence, avec les Pyrénées pour toile de fond ! Les chambres sont simples, certaines avec balcon ; mention spéciale pour les "lodges" mansardés. Nature, chevaux, restaurant traditionnel : une bouffée d'air frais.

MONTLOUIS – 18 Cher – 323 K4 – 115 h. – alt. 180 m – ✉ 18160 — 12 C3

Paris 277 – Bourges 39 – Châteauroux 56 – Orléans 152

Domaine de Varennes sans rest — P
D 940 – ✆ 02 48 60 11 86 – www.domaine-de-varennes.com – Fermé 5 janv.-20 mars
5 ch ☕ – †70/95 € ††75/105 €
Une ferme médiévale, un manoir du 18e s. et une annexe. Les chambres – un brin romantiques – invitent au rêve. Dans le parc, on profite de la piscine et du petit golf.

MONTLOUIS-SUR-LOIRE – 37 Indre-et-Loire – 317 N4 – 10 448 h. – alt. 60 m – ✉ 37270 Châteaux de la Loire — 11 B2

Paris 235 – Amboise 14 – Blois 49 – Château-Renault 32
4, place Abraham Courtemanche, ✆ 02 47 45 85 10, www.tourisme-montlouis-loire.fr

Château de la Bourdaisière — ch, P VISA
25 r. de la Bourdaisière – ✆ 02 47 45 16 31 – www.chateaulabourdaisiere.com – Ouvert 27 déc.-4 janv. et 1er mars-15 nov.
29 ch – †165/305 € ††165/305 € – ☕ 15 €
Rest *(dîner seult) (nombre de couverts limité, réserver)* – Menu 32 €
Ce superbe château des 14e-16e s. porte le cachet de l'histoire – il vit naître Gabrielle d'Estrées, la favorite d'Henri IV – mais il vit surtout au rythme de la nature : son parc de 55 ha abrite de superbes collections de végétaux, dont plus de 600 variétés de tomates (menu spécial au restaurant). Le temps passe autrement en ces lieux...

Le Montloire — P VISA
4 bis pl. F.-Mitterrand – ✆ 02 47 50 84 84 – www.montloire.fr
23 ch – †65 € ††65 € – ☕ 8 € – ½ P
Rest *(fermé dim.)* – Menu 18 € (déj. en sem.), 22/33 € – Carte 28/35 €
Montloire était autrefois le nom du village ; c'est désormais un hôtel bien pratique, aux chambres confortables, colorées et parfaitement tenues. Cuisine traditionnelle au restaurant.

Toque et Vins
47 quai A.-Baillet – ✆ 02 47 52 34 58 – www.restaurant-toque-et-vins.fr – Fermé dim. soir et lundi
Rest – Formule 20 € – Menu 33/62 € – Carte 47/77 €
Sur la route longeant la Loire, faites une pause gourmande dans cette maison régionale et savourez un pressé de foie gras et ris de veau à la gelée de Montlouis, par exemple...

La Cave Ⓝ
69 quai Albert-Baillet – ✆ 02 47 45 05 05 – www.restaurant-la-cave.com – Fermé 3 sem. en janv., lundi soir et mardi soir de janv. à mars et dim. soir
Rest – Formule 23 € – Menu 35/46 € bc – Carte 47/65 €
À la recherche d'un lieu atypique ? Ce restaurant troglodytique, sur les rives de la Loire, est tout indiqué ! En cuisine, le chef signe une cuisine dans l'air du temps qui valorise joliment le terroir. Ses plats sont généreux et goûteux à souhait. Vins du domaine ; ambiance chaleureuse.

MONTLUÇON – 03 Allier – 326 C4 – 38 978 h. – alt. 220 m – ✉ 03100 Auvergne
5 B1

Paris 327 – Bourges 97 – Clermont-Ferrand 112 – Limoges 155
67, boulevard de Courtais, ✆ 04 70 05 11 44, www.montlucontourisme.com
du Val de Cher, à Nassigny, 1 route du Vallon, N : 20 km par D 2144, ✆ 04 70 06 71 15
Intérieur★ de l'église St-Pierre (Sainte Madeleine★★) CYZ - Esplanade du château ≤★.

Hôtel des Bourbons
47 av. Marx-Dormoy – ✆ 04 70 05 28 93 – www.hotel-des-bourbons.com
42 ch – †61/69 € ††64/72 € – ☐ 9 € – ½ P BZa
Rest *(fermé 28 juil.-25 août, dim. soir et lundi)* – Formule 20 € bc – Menu 24/46 € – Carte 35/48 €
Rest *Brasserie Pub 47* ✆ 04 70 05 22 79 *(fermé 28 juil.-25 août, dim. soir et lundi)* – Formule 15 € – Menu 20 € – Carte 20/42 €
Face à la gare et à deux pas du château des ducs de Bourbon, cet établissement à la belle façade fin 19e s. est idéal pour une étape dans la cité médiévale. Chambres de bon confort.

Grenier à Sel avec ch
pl. des Toiles – ✆ 04 70 05 53 79 – www.legrenierasel.com – Fermé 1er-9 mai, vacances de la Toussaint, 15 fév.-3 mars, sam. midi en hiver, dim. soir de sept. à juin et lundi sauf le soir en juil.-août CZn
7 ch – †80/125 € ††115/140 € – ☐ 11 € – ½ P
Rest – Menu 23/69 € – Carte 63/85 €
Au cœur de Montluçon, voilà bien une charmante demeure : murs du 15e s. recouverts de lierre, décor raffiné (parquet, moulures...). Les beaux produits sont travaillés avec soin. L'été, profitez de la terrasse, c'est un petit coin de paradis !

Safran d'Or
12 pl. des Toiles – ✆ 04 70 05 09 18 – Fermé sept., dim. soir, mardi soir et lundi
Rest – Formule 18 € – Menu 23/30 € – Carte 45/51 € CZu
Ici, tout est fait maison, même le pain ! En cuisine, le chef concocte une agréable cuisine traditionnelle. Le tout avec un bon rapport qualité-prix, ce qui fait de ce restaurant une adresse... en or !

à St-Victor 7 km par ① – 2 023 h. – alt. 212 m – ✉ 03410

Le Jardin Délice
6 rte de Paris – ✆ 04 70 28 80 64 – www.jardindelice.fr – Fermé 1 sem. en juin, 2 sem. en juil., vacances de la Toussaint et vacances de fév.
24 ch – †50 € ††65 € – ☐ 8,50 € – ½ P
Rest *Le Jardin Délice* – voir les restaurants ci-après
Au sud de Montluçon, un hôtel en bordure de route, dont les chambres donnent sur la campagne ou le jardin... Un endroit parfait pour qui recherche un peu de verdure !

MONTLUÇON

Barathon (R.)	CZ	2
Beaulieu (R. de)	AX	4
Blanzat (R. de)	AX	5
Château (R. du)	CZ	6
Châtelet (Pont du)	AX	8
Courtais (Bd de)	BCZ	
Desmoulins (R. C.)	AX	9
Dienat (R. du)	AX	10
Egalité (R. de l')	AX	12
Einstein (R. A.)	AX	13
Faucheroux (R.)	AX	14
Favières (Quai)	BY	15
Fontaine (R. de la)	CZ	16
Forges (R. Porte)	CZ	17
Jean-Jaurès (Pl.)	CZ	18
Menut (R. L.)	CY	22
Nègre (Av. J.)	AX	24
Notre-Dame (Pl.)	CZ	25
Notre-Dame (R.)	CZ	26
Pamparoux (R.)	AX	27
Petit (R. P.)	CY	30
Picasso (R. P.)	CY	31
Piquand (R. E.)	BZ	32
République (Av.)	BY	
St-Pierre (Pl.)	BCZ	35
St-Pierre (R. Fg)	BY	36
St-Roch (R.)	BCZ	38
Semard (R. P.)	AX	40
Serruriers (R.)	BCZ	42
Thomas (Av. A.)	AX	45
Verrerie (R. et Pl. de la)	AX	46
Victor-Hugo (R.)	AX	47
Villon (R. P.)	AX	49
Voltaire (R.)	AX	50
5 Piliers (R. des)	CZ	52

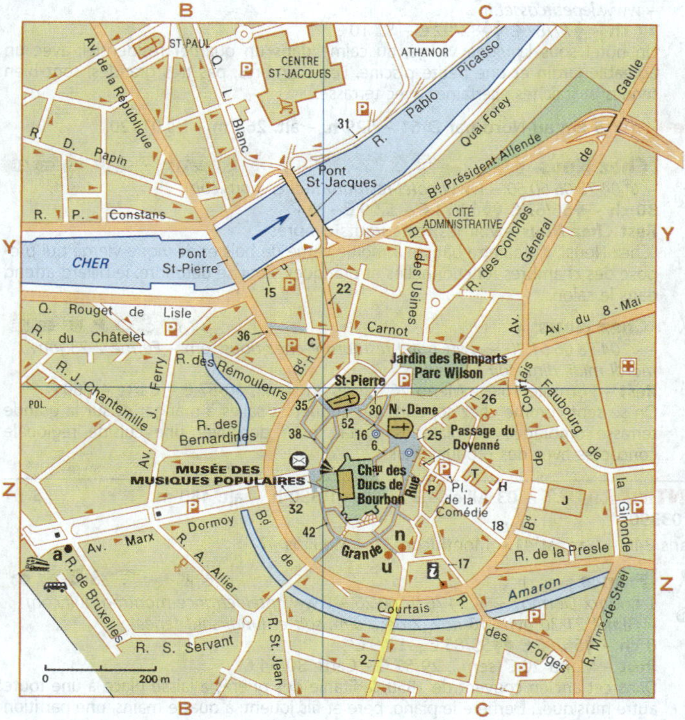

Le Jardin Délice

6 rte de Paris – ✆ 04 70 28 80 64 – Fermé 1 sem. en juin, 2 sem. en juil., vacances de la Toussaint, vacances de fév., dim. soir, lundi midi et merc.

Rest – Menu 19 € bc/49 € – Carte 48/69 €

Foie gras, veau poêlé à l'échalote, homard et Saint-Jacques à l'aneth... Les bons petits plats sont servis dans un décor des plus agréables : salle aux grandes baies vitrées et terrasse s'ouvrant sur le jardin.

à Estivareilles **10 km par ① – 1 085 h. – alt. 200 m – ✉ 03190**

Le Lion d'Or

D 2144 – ✆ 04 70 06 00 35 – www.hotel-leliondor.net – Fermé 3-18 mars, 26 août-10 sept., dim. soir et lundi

Rest – Formule 16 € – Menu 21 € (sem.), 31/60 € – Carte 38/57 €

Une bâtisse centenaire bordant la route nationale. De belles poutres font le caractère de la salle, tandis que la terrasse donne sur un parc arboré. Derrière les fourneaux, le chef signe une cuisine généreuse et goûteuse d'inspiration classique. Quelques chambres pour prolonger le séjour.

MONTLUEL – 01 Ain – 328 D5 – 6 913 h. – alt. 190 m – ✉ 01120 — 43 E1

Lyon et sa région

Paris 472 – Bourg-en-Bresse 59 – Chalamont 20 – Lyon 26

28 place Carnot, ✆ 09 75 28 27 72, www.tourisme.cc-montluel.fr

de Lyon, à Villette-d'Anthon, S : 12 km par D 61, ✆ 04 78 31 11 33

Le Petit Casset sans rest

96 imp. du Petit Casset, à La Boisse, 2 km au Sud-Ouest – ✆ 04 78 06 21 33 – www.lepetitcasset.fr

17 ch – †77/87 € ††82/92 € – ☕ 10 €

Un hôtel sous la vigne vierge, au calme dans un quartier résidentiel, avec un agréable jardin et une petite piscine. Les chambres, pas très grandes, sont bien tenues et fraîches ; certaines avec terrasse.

à Ste-Croix **5 km au Nord par D 61 – 529 h. – alt. 263 m – ✉ 01120**

Chez Nous

– ✆ 04 78 06 60 60 – www.hotel-restaurant-chez-nous.com

30 ch – †56/67 € ††60/71 € – ☕ 9 € – ½ P

Rest *Chez Nous* – voir les restaurants ci-après

"Chez Nous", il y a cette bâtisse à moitié vêtue de bois et de vigne vierge qui propose des chambres fonctionnelles et pratiques. Pour se détendre, le billard attend dans le salon...

Chez Nous

– ✆ 04 78 06 61 20 – www.hotel-restaurant-chez-nous.com – Fermé 2-23 janv., mardi midi, dim. soir et lundi

Rest – Formule 16 € – Menu 26 € (déj. en sem.), 30/57 € – Carte 44/60 €

On se sent comme chez soi dans ces coquettes salles à manger et sur la grande terrasse ombragée de platanes. Parfait pour découvrir une cuisine régionale concoctée avec des produits frais.

MONTMARAULT – 03 Allier – 326 E5 – 1 550 h. – alt. 480 m – ✉ 03390 — 5 B1

Paris 346 – Gannat 41 – Montluçon 31 – Moulins 47

France avec ch

1 r. Marx Dormoy – ✆ 04 70 07 60 26 – www.hoteldefrance-montmarault.com – Fermé 21-30 avril, 10 nov.-7 déc., dim. soir et lundi sauf fériés

8 ch – †55/85 € ††55/85 € – ☕ 9 €

Rest – Menu 20 € (sem.), 29/57 € – Carte 30/54 €

Dans cet ancien couvent de 1850, la litanie des prières a laissé place à une toute autre musique... Derrière le piano, père et fils jouent, à quatre mains, une partition où la cuisine traditionnelle actualisée est à l'honneur. Chambres confortables, idéales pour l'étape.

MONTMÉLARD – 71 Saône-et-Loire – 320 G12 – 315 h. – alt. 522 m – ✉ 71520 8 C3

▶ Paris 393 – Mâcon 43 – Montceau-les-Mines 56 – Paray-le-Monial 34

Le St-Cyr avec ch rest, rest, VISA AE

Le Bourg – ✆ 03 85 50 20 76 – www.lesaintcyr.fr – Fermé 1er-12 mars, 2-8 janv., vend. soir du 1er nov. au 31 mars, lundi midi et mardi midi

7 ch – †50/58 € ††58/68 € – ☕ 8 € – ½ P

Rest – Formule 13 € – Menu 16 € (déj. en sem.), 22/40 € – Carte 24/40 €

La propriétaire est originaire de la Réunion et son mari rend hommage à ses origines par des menus spéciaux en hiver. Le reste de l'année, la tradition est à l'honneur : volaille à la crème, croustillant d'escargots, canard au miel... Les chambres de l'établissement sont chaleureuses et reposantes.

MONTMÉLIAN – 73 Savoie – 333 J4 – 4 042 h. – alt. 307 m – ✉ 73800 46 F2

Alpes du Nord

▶ Paris 574 – Albertville 35 – Allevard 22 – Chambéry 14

46, rue du Docteur Veyrat, ✆ 04 79 84 42 23, www.montmelian.com

du Granier Apremont, à Apremont, Chemin de Fontaine Rouge, O : 8 km par D 201, ✆ 04 79 28 21 26

☼★★ du rocher.

George VISA AE

11 quai de l'Isère, (D 1006) – ✆ 04 79 84 05 87 – www.hotelgeorge.fr – Fermé 2 sem. en juil., 2 sem. en nov.

11 ch – †44 € ††52 € – ☕ 7 € – ½ P **Rest** *(résidents seult)* – Menu 12/18 €

Ancien grenier à sel du 18e s. situé en bordure de route, idéal pour l'étape. Vous pourrez y admirer la collection de vieux outils et vous reposer dans des chambres simples et bien tenues. Préférez celles, plus calmes, à l'arrière du bâtiment. Restauration traditionnelle.

MONTMERLE-SUR-SAÔNE – 01 Ain – 328 B4 – 3 814 h. – alt. 170 m – ✉ 01090 43 E1

▶ Paris 419 – Bourg-en-Bresse 44 – Lyon 48 – Mâcon 34

Émile Job VISA AE

12 r. du Pont – ✆ 04 74 69 33 92 – www.hotelemilejob.com – Fermé 4-20 mars, 28 oct.-20 nov., dim. soir d'oct. à mai, mardi midi et lundi

14 ch – †64/74 € ††74/85 € – ☕ 8 € – ½ P

Rest *Émile Job* – voir les restaurants ci-après

Sur les bords de Saône, cette maison régionale a su préserver son atmosphère familiale (troisième génération tout de même). Les chambres sont chaleureuses et colorées, dans une veine contemporaine ; celles de l'annexe sont plus rétro.

Émile Job VISA AE

12 r. du Pont – ✆ 04 74 69 33 92 – www.hotelemilejob.com – Fermé 4-20 mars, 28 oct.-20 nov., dim. soir d'oct. à mai, mardi midi et lundi

Rest – Menu 21 € (sem.), 34/55 € – Carte 43/80 €

Que l'on soit résident ou non à l'hôtel, on risque d'apprécier ces grands classiques qui valorisent le terroir (grenouilles, poissons de lac, poulette de Bresse). Le tout dans un agréable cadre bourgeois.

MONTMIRAIL – 84 Vaucluse – 332 D9 – rattaché à Vacqueyras

MONTMORENCY – 95 Val-d'Oise – 305 E7 – 101 5 – voir Paris, Environs

MONTMORILLON – 86 Vienne – 322 L6 – 6 410 h. – alt. 100 m – ✉ 86500 39 D2

Poitou-Charentes

▶ Paris 354 – Bellac 43 – Châtellerault 56 – Limoges 88

2, place du Maréchal Leclerc, ✆ 05 49 91 11 96, www.tourisme-montmorillon.fr

Église Notre-Dame : fresques★ dans la crypte Ste-Catherine.

Hôtel de France

4 bd de Strasbourg – 05 49 84 09 09 – www.hoteldefrance-lelucullus.fr

36 ch – 50 € 57/64 € – 8 €

Rest *Le Lucullus* Rest *Bistrot de Lucullus* – voir les restaurants ci-après

Après une dizaine d'années passées au Cameroun, un jeune couple du métier a repris cette affaire en 2011. Un retour aux sources : les lieux respirent la tradition hôtelière française, des salles à manger aux chambres. Et les projets ne manquent pas.

Le Lucullus – Hôtel de France

4 bd de Strasbourg – 05 49 84 09 09 – www.hoteldefrance-lelucullus.fr – Fermé 24-30 déc., dim. soir, lundi et mardi

Rest – Menu 21/60 € – Carte 42/53 €

Près du pont sur la Gartempe, l'un de ces hôtels-restaurants qui cultivent le goût de la tradition. À la carte : tartare de canard au couteau mariné à la confiture d'orange, millefeuille de crêpe soufflé au caramel de beurre salé...

Bistrot de Lucullus – Hôtel de France

4 bd de Strasbourg – 05 49 84 09 09 – www.hoteldefrance-lelucullus.fr – Fermé 24-30 déc., vend. soir, dim. midi et sam.

Rest – Menu 14 € – Carte 19/35 €

Sous l'impulsion de ses nouveaux patrons, ce bistrot joue la carte d'une déco seventies – symbole : le fauteuil pivotant – et c'est sympathique ! Tradition dans l'assiette : une cuisine bien tournée, où les saveurs n'ont rien de psychédélique.

MONTNER – 66 Pyrénées-Orientales – 344 H6 – 314 h. – alt. 127 m – 66720 22 B3

Paris 860 – Amélie-les-Bains-Palalda 60 – Font-Romeu-Odeillo-Via 82 – Perpignan 28

Auberge du Cellier avec ch

1 r. Ste-Eugénie – 04 68 29 09 78 – www.aubergeducellier.com – Fermé 28 oct.-29 nov., lundi d'oct. à avril, mardi et merc.

4 ch – 59 € 70 € – 9 € – ½ P

Rest – Menu 19 € (déj. en sem.), 41/69 € – Carte 56/66 €

Dans cette charmante maison locale, le chef – un enfant du pays revenu aux sources – s'approvisionne surtout chez les petits producteurs locaux et concocte une cuisine délicate, sincère et éclatante de saveurs. Un régal pour les yeux et les papilles ! Quant aux chambres, elles sont simples mais agréables.

MONTOIRE-SUR-LE-LOIR – 41 Loir-et-Cher – 318 C5 – 4 081 h. – alt. 65 m – 41800 Châteaux de la Loire 11 B2

Paris 186 – Blois 52 – La Flèche 81 – Le Mans 70

16, place Clemenceau, 02 54 85 23 30, www.otsi-montoire.fr

Chapelle St-Gilles★ : fresques★★ - Pont ★.

à Lavardin 2 km au Sud-Est par D 108 – 212 h. – alt. 78 m – 41800

Jardin du Plessis-Sasnières★ .

Relais d'Antan

6 pl. du Capt.-du-Vigneau – 02 54 86 61 33 – www.relaisdantan.fr – Fermé en oct., en fév., dim. soir d'oct. à mai, lundi et mardi

Rest – Menu 31/42 € – Carte 35/45 €

Dans un pittoresque village blotti aux pieds d'un château, cette auberge rustique régale d'une appétissante cuisine du terroir. Préférez la salle ornée de fresques d'inspiration médiévale pour festoyer comme au temps des chevaliers. Agréable terrasse bordant la rive du Loir.

à Troo 6 km au Nord-Ouest par D 917 – 327 h. – alt. 60 m – 41800

Mairie, 02 54 72 87 50, www.troo.fr/syndicat_initiative.php

La "butte" ★ - St-Jacques des Guérets : peintures murales★ de l'église S : 1 km.

Auberge Sainte-Catherine (N)

2 r. Grandes-Ruelles – ✆ 02 54 72 51 23 – www.auberge-sainte-catherine.com – Fermé 2-9 janv., mardi soir, merc. soir et jeudi soir de nov. à mars, dim. soir et lundi

Rest – Formule 17 € – Menu 27/34 € – Carte 36/54 €

Dans cette ancienne chapelle du 12e s., point de régime monastique ! Les gourmands s'installent sous les voûtes en ogives pour savourer une jolie cuisine fidèle au terroir : tomate farcie à la mousse de fromage de Trôo, râble de lapin chasseur aux champignons, etc. De quoi donner envie de prolonger cette retraite.

MONTPELLIER P – 34 Hérault – 339 I7 – 255 080 h. – Agglo. 384 165 h. – alt. 27 m – ✉ 34000 Languedoc Roussillon

23 C2

Paris 758 – Marseille 173 – Nice 330 – Nîmes 55

de Montpellier-Méditerranée ✆ 04 67 20 85 00, 7 km au SE par ③.

30, allée Jean de Latre de Tassigny, ✆ 04 67 60 60 60, www.ot-montpellier.fr

de Fontcaude, à Juvignac, Route de Lodève, par rte de Lodève : 8 km, ✆ 04 67 45 90 10

de Coulondres, à Saint-Gély-du-Fesc, 72 rue des Erables, par rte de Ganges : 12 km, ✆ 04 67 84 13 75

Montpellier Massane, à Baillargues, Domaine de Massane, par rte de Nîmes : 13 km, ✆ 04 67 87 87 89

Vieux Montpellier★★ : hôtel de Varennes★ FY **M²**, hôtel des Trésoriers de la Bourse★ FY **Q**, rue de l'Ancien Courrier★ EFY **4** - Promenade du Peyrou★★ : ≤★ de la terrasse supérieure - Quartier Antigone★ - Musée Fabre★★ FY - Musée Cabières-d'Espeyran★ FY - Musée Atger★ (dans la faculté de médecine) EX - Musée languedocien★ (dans l'hôtel des trésoriers de France) FY **M¹**.

Château de Flaugergues★ E : 3 km - Château de la Mogère★ E : 5 km par D 24 DU.

Plans pages suivantes

Pullman Antigone

1 r. des Pertuisanes – ✆ 04 67 99 72 72 – www.pullmanhotels.com CU**t**

86 ch – †130/305 € ††130/305 € – 2 suites – ☕ 25 € – ½ P

Rest – Formule 26 € – Menu 38 € bc (déj.), 42/48 € bc – Carte environ 51 €

Au sein du quartier d'affaires dessiné par Ricardo Bofill, cet hôtel a été entièrement rénové en 2011. De belles prestations : confort contemporain, salles de séminaire, piscine chauffée et restaurant sur le toit, etc.

Crowne Plaza Corum

190 r. d'Argencourt – ✆ 04 67 72 22 22 – www.crowneplaza.com/montpellier

143 ch – †150/350 € ††150/350 € – 3 suites – ☕ 18 € CU**v**

Rest *(dîner seult)* – Carte 30/49 €

Un hôtel d'affaires récent, face au centre des congrès. Les chambres se révèlent confortables et élégantes, avec des références originales – et colorées – à l'Asie, l'Afrique, etc. Réussi !

Mercure Antigone

285 bd Aéroport International – ✆ 04 67 20 63 63 – www.mercure.com

114 ch – †79/170 € ††79/170 € – 6 suites – ☕ 16 € DU**f**

Rest *(fermé sam. et dim.)* – Menu 28 € – Carte 40/54 €

Situation idéale dans le quartier Antigone. Chambres fonctionnelles, salles de séminaires et parking fermé raviront la clientèle d'affaires et touristique. Spécialités régionales au restaurant, avec un buffet de la mer le vendredi.

Courtyard by Marriott (N)

105 pl. Georges-Frêche, (r. Chélia) – ✆ 04 99 54 74 00 – www.marriott.com DV**b**

120 ch – †125/225 € ††125/250 € – 3 suites – ☕ 15 €

Rest – Formule 15 € – Menu 19 € – Carte 30/45 €

À côté de la nouvelle mairie, dessinée par Jean Nouvel, cet hôtel très contemporain ne dépareille pas ! Les chambres y sont spacieuses, calmes et très bien tenues. Bel espace détente. Facilement accessible par le tramway, l'établissement est notamment idéal pour la clientèle d'affaires.

MONTPELLIER

Anatole-France (R.) .... **BU** 3
Arceaux (Bd des) .... **AU** 7
Bazille (R. F.) .... **BCV** 12
Blum (R. Léon) .... **CU** 13
Broussonnet (R. A.) .... **AT** 18
Chancel (Av.) .... **AT** 25
Citadelle (Allée) .... **CU** 26
Clapiès (R.) .... **AU** 28
Comte (R. A.) .... **AU** 29
Délicieux (R. B.) .... **CT** 31
États-du-Languedoc (Av.) .... **CU** 35
Fabre-de-Morlhon (Bd) .... **BV** 36
Fg-Boutonnet (R.) .... **BT** 37
Fg-de-Nîmes (R. du) .... **CT** 41
Flahault (Av. Ch.) .... **AT** 43

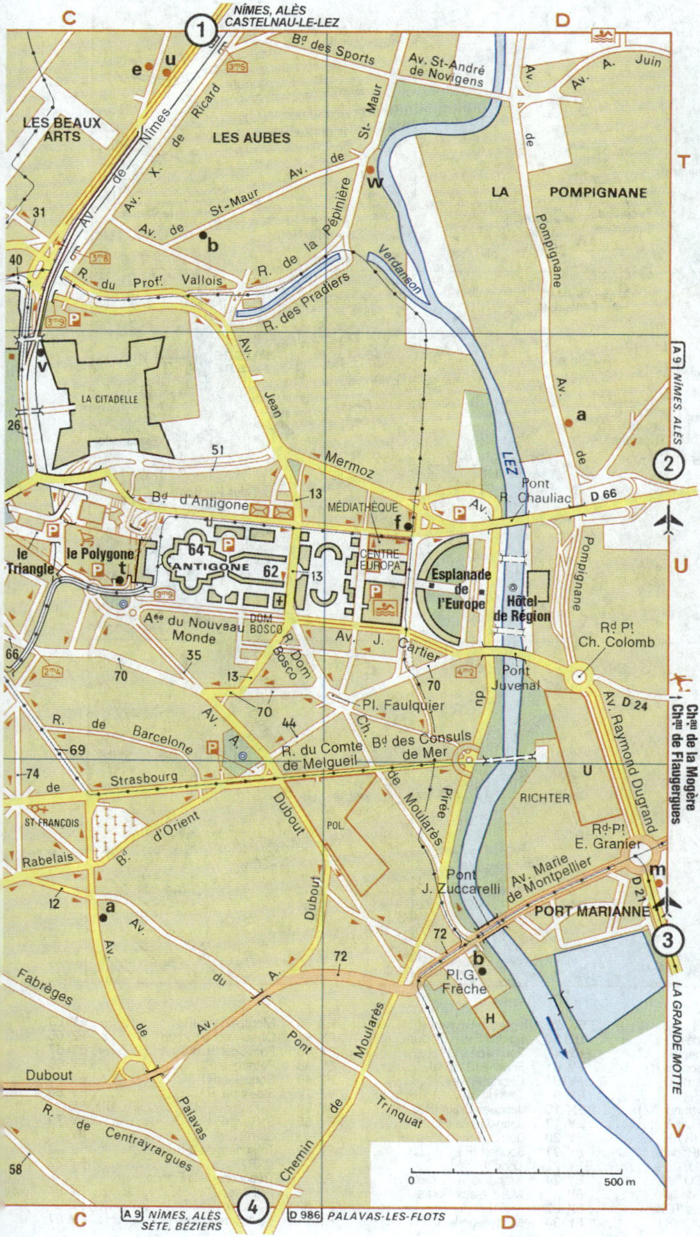
NÎMES, ALÈS
CASTELNAU-LE-LEZ
Bd des Sports
Av. St-André de Novigens
Av. A. Juin
LES BEAUX ARTS
LES AUBES
Av. de Nîmes
Av. X. de Ricard
Av. de St-Maur
R. de la Pépinière
W
LA POMPIGNANE
Av. de Pompignane
R. du Proff Vallois
R. des Pradiers
Verdanson
Av. Jean Mermoz
LA CITADELLE
A 9 NÎMES, ALÈS
LEZ
Pont R. Chauliac
D 66
Bd d'Antigone
MÉDIATHÈQUE
CENTRE EUROPA
ANTIGONE
le Triangle
le Polygone
Esplanade de l'Europe
Hôtel de Région
Ale du Nouveau Monde
DOM BOSCO
Av. J. Cartier
R. Dom Bosco
Rd Pt Ch. Colomb
Pont Juvénal
Pl. Faulquier
D 24
Chau de la Mogère
Chau de Flaugergues
Av. Raymond Dugrand
R. de Barcelone
R. du Comte de Melgueil
Bd des Consuls de Mer
Ch. de Moularès
Strasbourg
ST-FRANÇOIS
Bd d'Orient
Dubout
RICHTER
Rd-Pt E. Granier
Rabelais
Pont J. Zuccarelli
Av. Marie de Montpellier
PORT MARIANNE
D 21
Pl. G. Frêche
Fabrègues
Av. de Palavas
Av. du Pont
Chemin de Moularès
Trinquat
R. de Centrayrargues
LA GRANDE MOTTE
500 m
A 9 NÎMES, ALÈS SÈTE, BÉZIERS
D 986 PALAVAS-LES-FLOTS
C
D
T
U
V

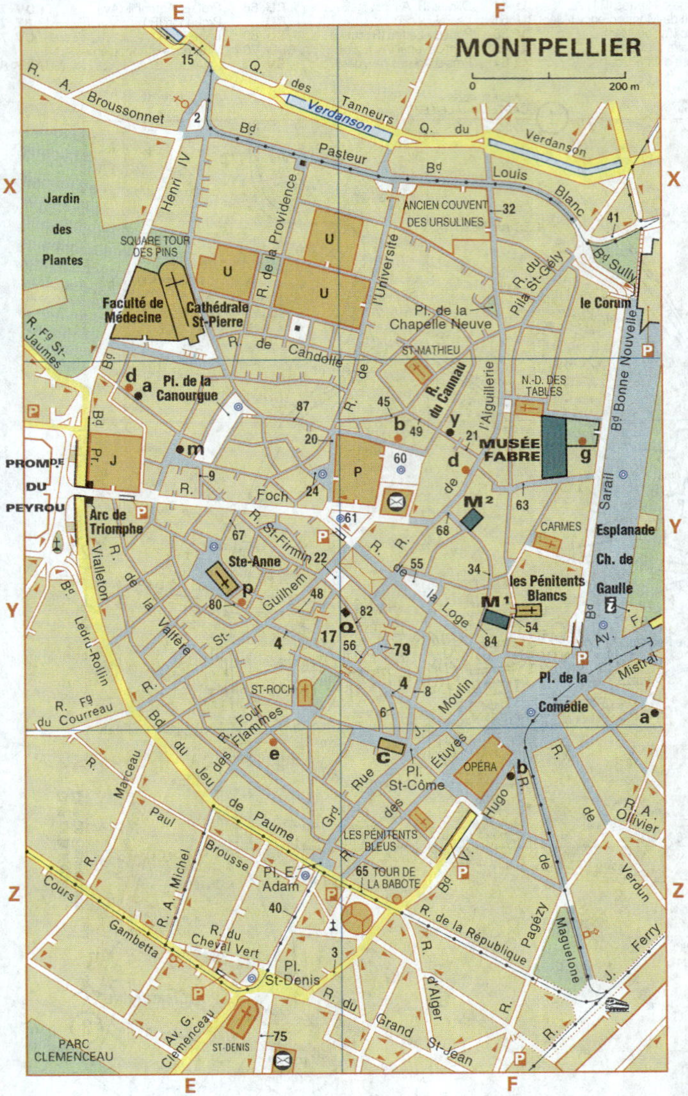
MONTPELLIER
0
200 m
E
F
X
Y
Z
R. A. Broussonnet
Q. des Tanneurs
Verdanson
Q. du Verdanson
Bd Pasteur
Bd Louis Blanc
Jardin des Plantes
Henri IV
R. de la Providence
l'Université
ANCIEN COUVENT DES URSULINES
SQUARE TOUR DES PINS
Faculté de Médecine
Cathédrale St-Pierre
R. de Candolle
Pl. de la Chapelle Neuve
R. du Pila St-Gely
Bd Sully
le Corum
Bd Bonne Nouvelle
R. Fg St-Jaumes
Pl. de la Canourgue
ST-MATHIEU
R. du Cannau
R. de l'Aiguillerie
N.-D. DES TABLES
MUSÉE FABRE
PROMDE DU PEYROU
Arc de Triomphe
R. Foch
R. St-Firmin
CARMES
Esplanade Ch. de Gaulle
Ste-Anne
les Pénitents Blancs
Bd Vialleton
R. de la Valfère
R. St-Guilhem
R. de la Loge
Bd Sarrail
Av. F. Mistral
Bd Ledru-Rollin
ST-ROCH
Pl. de la Comédie
R. Fg du Courreau
Four des Flammes
R. J. Moulin
R. des Étuves
OPÉRA
Bd du Jeu de Paume
Pl. St-Côme
Grd Rue
R. Hugo
R. de Verdun
R. A. Ollivier
R. Marceau
R. Paul Brousse
LES PÉNITENTS BLEUS
TOUR DE LA BABOTE
Pl. E. Adam
R. A. Michel
Cours Gambetta
R. du Cheval Vert
R. de la République
R. Pagézy
Maguelone
R. J. Ferry
Pl. St-Denis
R. d'Alger
R. du Grand St-Jean
Av. G. Clemenceau
PARC CLEMENCEAU
ST-DENIS

Aragon sans rest
10 r. Baudin – ✆ 04 67 10 70 00 – www.hotel-aragon.fr – Fermé 1er-23 janv.
12 ch – 77/177 € 95/177 € – 13 € FYa
Dans une rue calme, un petit hôtel confortable, avec des détails charmants : meubles de style, cheminées, fenêtres à espagnolette... Le petit-déjeuner sous la verrière est agréable.

New Hôtel du Midi sans rest
22 bd Victor-Hugo – ✆ 04 67 92 69 61 – www.new-hotel.com FZb
44 ch – 85/140 € 105/185 € – 12 €
À un entrechat de la place de la Comédie, face au théâtre, un bel immeuble du début du 20e s. (vitraux, mosaïques), aux chambres sobres et spacieuses, ornées de photos d'opéra.

Hôtel du Parc sans rest
8 r. A.-Bège – ✆ 04 67 41 16 49 – www.hotelduparc-montpellier.com
19 ch – 78/92 € 85/108 € – 10 € BTk
Une bonne adresse, assez centrale : cette maison du 18e s., tenue par deux associées, a l'allure d'une demeure particulière (meubles et objets chinés, tapis, cour fleurie...).

Le Guilhem sans rest
18 r. J.-J. Rousseau – ✆ 04 67 52 90 90 – www.leguilhem.com EYa
35 ch – 97/195 € 97/195 € – 13 €
Près du Peyrou, cinq maisons des 16e et 17e s. mêlant caractère et esprit cosy : portes anciennes, alcôves, jolis imprimés... Certaines chambres toisent les tours de la cathédrale, alors que l'une est aménagée dans l'ancienne cave voûtée. Ainsi donc, de la terre au ciel, il n'y a qu'un pas !

Baudon de Mauny sans rest
1 r. de la Carbonnerie – ✆ 04 67 02 21 77 – www.baudondemauny.com – Fermé 2 sem. en fév. et 1 sem. en août FYy
8 ch – 155/220 € 165/275 € – 15 €
Beautés d'hier et d'aujourd'hui... Dallage ancien, portes sculptées, hauts plafonds, mais aussi mobilier design et aménagement très contemporain : au cœur de la ville, cet hôtel particulier du 18e s. arbore une mine superbe !

Hôtel du Palais sans rest
3 r. du Palais – ✆ 04 67 60 47 38 – www.hoteldupalais-montpellier.fr
26 ch – 72/95 € 80/95 € – 12 € EYm
Cet hôtel – bâtisse centenaire – doit son nom au palais de justice tout proche. Par conséquent, point de procès en ce lieu où règne une ambiance familiale. Les chambres, petites et classiques, fourmillent de délicates attentions : fleurs, chocolats... Le plus : les prix doux, plutôt rares en centre-ville !

Ulysse sans rest
338 av. de St-Maur – ✆ 04 67 02 02 30 – www.hotel-ulysse.fr CTb
28 ch – 80/110 € 90/130 € – 12 €
Heureux qui comme Ulysse... Dans un quartier pavillonnaire, cet hôtel sympathique et fort bien tenu propose des chambres coquettes (entièrement rénovées en 2011). Copieux petit-déjeuner.

Les Troënes sans rest
17 av. É.-Bertin-Sans, par av. Charles-Flahaut et rte de Ganges, dir. Hôpitaux-Faculté - AT – ✆ 04 67 04 07 76 – www.hotel-les-troenes.fr
14 ch – 57 € 64 € – 8,50 €
Excentré mais relié au cœur de la ville par le tramway. L'accueil est familial et les chambres, sobres et fonctionnelles, sont d'une tenue irréprochable. Tarifs attractifs.

Clos de l'Herminier sans rest
201 r. du Mas-de-Nègre, (face au stade Yves du Manoir), 3 km par ⑤ – ✆ 04 67 07 98 88 – www.closdelherminier.com
4 ch – 80/90 € 100/130 €
Cultivez les charmes d'antan dans cette ancienne propriété vinicole du 19e s., isolée dans un quartier en construction. On oublie la ville dans le joli parc arboré (avec piscine), les chambres aux notes champêtres et autour du petit-déjeuner, avec confitures maison...

Mon Jardin en Ville sans rest

23 av. de Palavas – ✆ 04 67 64 00 35 – www.monjardinenville.com

3 ch – 110/140 € 130/160 € **CVa**

Joli métissage architectural pour cette bâtisse de 1892 et ses extensions contemporaines ! À 10mn de la place de Comédie, cet élégant établissement – décor baroque et design – entouré d'un agréable jardin est parfait pour se reposer après une visite de la ville. Ne passez pas à côté du petit-déjeuner maison !

Le Jardin des Sens (Jacques et Laurent Pourcel) avec ch

11 av. St-Lazare – ✆ 04 99 58 38 38 – www.jardindessens.com **CTe**

15 ch – 175/485 € 175/485 € – 25 €

Rest *(fermé lundi midi, merc. midi et dim.)* – Menu 49 € (déj. en sem.), 84 € bc/ 173 € – Carte 115/180 €

Un grand cube de verre, ouvert sur un jardin méditerranéen : en pénétrant chez les frères Pourcel, on reste saisi par ce cadre original, à la croisée du minéral et du végétal. Leur cuisine aussi est histoire de dialogues : entre le Sud et l'ailleurs, hier et aujourd'hui, etc. Chambres contemporaines très luxueuses.

➜ Escalope de foie gras de canard poêlée, millefeuille de pomme-passion au pain d'épice. Filet de turbot rôti et encornets à la plancha, risotto de riz noir vénéré. "Le Pavillon Français". **Vins** Pic Saint-Loup, Vin de pays de l'Aude.

Cellier Morel

27 r. Aiguillerie, (Maison de la Lozère) – ✆ 04 67 66 46 36 – www.celliermorel.com – Fermé 1er-15 août, lundi midi, merc. midi, sam. midi, dim. et fériés

Rest – Formule 30 € – Menu 58/78 € – Carte 103/126 € **FYd**

C'est l'histoire d'une amitié, celle de deux gourmets ! Dans la Maison de la Lozère, sous de superbes voûtes du 13e s., on déguste une cuisine créative, goûteuse, et des vins régionaux. Une valeur sûre, notamment côté desserts !

La Réserve Rimbaud (Charles Fontes)

820 av. St-Maur – ✆ 04 67 72 52 53 – www.reserve-rimbaud.com – Fermé vacances de la Toussaint, 2-12 janv., sam. midi, dim. soir et lundi **DTw**

Rest – Formule 28 € – Menu 35 € (déj. en sem.), 65/90 €

Des compositions judicieuses, centrées sur le produit, pleines de fraîcheur et gorgées de soleil ! Cette table rend hommage au Sud... et prend tout son sens sur la belle terrasse au bord du Lez, sous les platanes.

➜ Carpaccio de bar sauvage aux truffes d'été. Turbot poêlé, haricots cocos et tomates au basilic. Millefeuille aux framboises, sorbet fromage blanc-citron. **Vins** Coteaux du Languedoc.

Castel Ronceray

130 r. Castel-Ronceray, par ⑤ – ✆ 04 67 42 46 30 – www.restaurant-le-castel-ronceray.fr – Fermé 16 août-6 sept, dim. et lundi

Rest – Formule 32 € bc – Menu 49/71 € – Carte 45/66 €

Dans un parc ombragé, une maison de maître d'esprit Napoléon III (boiseries, velours, etc.) pour savourer une agréable cuisine gastronomique concoctée avec des produits régionaux. Le plus : l'épouse du chef est une sommelière passionnée !

Prouhèze Saveurs

728 av. de la Pompignane – ✆ 04 67 79 43 34 – www.prouheze-saveurs.com – Fermé 25 juil.-25 août, merc. soir, sam. midi, dim. et lundi **DUa**

Rest – Formule 19 € – Menu 28/31 € – Carte 37/45 €

Saucisse-aligot, poulet aux écrevisses de mon grand-père, agneau... les Prouhèze sont originaires de l'Aubrac ! Plats de tradition mais aussi recettes méridionales s'apprécient dans un décor de style bistrot ou, l'été, dans le patio.

Le Petit Jardin

20 r. J.-J.-Rousseau – ✆ 04 67 60 78 78 – www.petit-jardin.com – Fermé vacances de la Toussaint, 24 déc.-7 janv., dim. soir et lundi du 28 oct. au 15 mai

Rest – Menu 28 € (déj. en sem.), 36/50 € – Carte 43/57 € **EYd**

Est-ce le manque de soleil qui a poussé ce chef irlandais à s'installer dans la capitale languedocienne ? Peu importe : les amateurs de bonne chère, pour qui le goût n'a pas de frontière, aimeront sa cuisine où les produits frais ont la priorité !

Tamarillos

2 pl. du Marché-aux-Fleurs – ✆ 04 67 60 06 00 – www.tamarillos.biz
Rest *(nombre de couverts limité, réserver)* – Formule 18 € – Menu 38/90 € – Carte 45/59 € FY**b**
Cet ancien chef pâtissier de Guy Savoy, sacré par deux fois champion de France des desserts, connaît sans doute le langage des fleurs ! En tout cas, sa cuisine – colorée, tout comme le décor – s'en inspire. Une table originale.

Insensé

39 bd Bonne-Nouvelle – ✆ 04 67 58 97 78 – Fermé dim. soir et lundi soir
Rest – Formule 24 € – Menu 29 € FY**g**
Insensé... ce restaurant dans l'enceinte du restaurant Fabre ! Imaginé par les frères Pourcel, l'endroit – moderne et design – bouscule les habitudes, entre terroir et snacking.

La Compagnie des Comptoirs

51 av. de Nîmes – ✆ 04 99 58 39 29 – www.lacompagniedescomptoirs.com – Fermé 3 sem. en août, sam. midi et lundi CT**u**
Rest – Formule 22 € – Menu 29 € – Carte environ 60 €
Autre création des frères Pourcel, inspirée par les comptoirs français des Indes : saveurs du Sud et d'Orient, décor ad hoc et agréable terrasse !

L'Alliance des Plaisirs (N)

8 b r. du Petit-Saint-Jean – ✆ 04 34 26 50 94 – Fermé dim. et le midi
Rest *(nombre de couverts limité, réserver)* – Menu 48 € – Carte 38/56 € EZ**e**
Goûteuse cuisine que celle de ce jeune chef passé par les établissements des frères Pourcel ! Derrière les fourneaux, mais à la vue des clients, il travaille les produits frais avec un soin évident. Accueil sympathique.

Mia (N)

609 av. Raymond-Dugrand – ✆ 04 67 73 14 26 – www.miarestaurant.fr – Fermé 6-26 août, 1er-14 janv., mardi soir, merc. soir, dim. et lundi
Rest – Formule 24 € – Menu 30/49 € – Carte 30/49 € DV**m**
Aux côtés de Pierre Gagnaire depuis 1996, Pascal Sanchez se lance en solo ! Ouvert en septembre 2012, Mia – du prénom de sa fille – est vite devenu la coqueluche des Montpelliérains. Le chef s'inspire du Midi de la France, de l'Espagne et de l'Italie : un fort beau métissage méditerranéen... Cadre design.

Pastis (N)

3 r. Terral, (3 r. Terral) – ✆ 04 67 66 37 26 – www.le-pastis.fr – Fermé 1 sem. en avril, 2 sem. en août, lundi midi et dim. EY**p**
Rest *(nombre de couverts limité, réserver)* – Formule 25 € – Menu 36/48 €
À deux pas de la promenade du Peyrou, on se faufile dans l'étroite rue Terral pour accéder à ce restaurant de poche. Et pour peu que vous aimiez les surprises, vous allez être conquis par le menu "les yeux fermés", variant au gré du marché et de l'inspiration du chef. Jolie terrasse au pied de l'église.

à Castries 8 km par ① et D 112e – 5 671 h. – alt. 70 m – ✉ 34160

i 25, rue Sainte Catherine, ✆ 04 99 74 01 77, www.ot-castries.fr

Disini

1 r. des Carrières – ✆ 04 67 41 97 86 – www.disini-hotel.com
15 ch – †135/179 € ††185/229 € – 1 suite – ☕ 19 €
Rest – Formule 19 € – Menu 49/69 € – Carte environ 81 €
Disini ou "ici" en balinais... Dans une forêt de chênes verts, cet hôtel récent mêle touches ethniques (Asie et Afrique) et confort high-tech, dans une ambiance feutrée et reposante. Et l'esprit de Bali règne aussi sur la salle de restaurant (cuisine méridionale).

à Castelnau-le-Lez 7 km par ① et N 113 – 14 925 h. – alt. 60 m – ✉ 34170

Domaine de Verchant
1 bd Philippe-Lamour, par r. de la Vieille-Poste – ✆ 04 67 07 26 00 – www.domainedeverchant.com
23 ch – †230/800 € ††230/800 € – 3 suites – ☕ 25 € – ½ P
Rest *Domaine de Verchant* – voir les restaurants ci-après
Une allée de platanes mène à cette belle propriété viticole du 16e s., cernée par les vignes... Les chambres sont superbes (design italien, équipements high-tech, charpentes et vieilles pierres), le spa exquis.

XX **Domaine de Verchant**
1 bd Philippe-Lamour, par r. de la Vieille-Poste – ✆ 04 67 07 26 00 – www.domainedeverchant.com
Rest *(nombre de couverts limité, réserver)* – Formule 25 € – Menu 32 € (déj.)/85 € – Carte 50/73 €
Un lieu design et contemporain pour une cuisine fraîche et tout à fait dans l'air du temps... En prime, on sert les vins du domaine.

à Baillargues 8 km par ① et D 112e, D 613 puis N 113 – 6 130 h. – alt. 23 m – ✉ 34670

Golf Hôtel de Massane
au golf de Massane – ✆ 04 67 87 87 87 – www.massane.com
32 ch – †108/121 € ††126/146 € – ☕ 12 € – ½ P
Rest *(fermé dim. soir de nov. à fév.)* – Formule 19 € – Menu 25/32 € – Carte 28/53 €
Vaste complexe hôtelier doté de nombreux équipements pour les loisirs et la détente. Les chambres, spacieuses et colorées, regardent pour certaines la piscine. Salle à manger contemporaine tournée vers le golf ; cuisine actuelle et vins régionaux.

près échangeur A9-Montpellier-Sud 2 km par ④ – ✉ 34000 Montpellier

Novotel
125 bis av. Palavas – ✆ 04 99 52 34 34 – www.novotel.com
162 ch – †105/160 € ††105/160 € – ☕ 15 € **Rest** – Carte 25/45 €
Situation utile à proximité d'un échangeur sur l'A9. Le restaurant ouvre sur la piscine.

à Lattes 5 km par ④ – 15 804 h. – alt. 3 m – ✉ 34970

Espace Lattara, ✆ 04 67 22 52 91, www.ville-lattes.fr

XXX **Domaine de Soriech**
chemin de Soriech, face Z.A.C. Soriech – ✆ 04 67 15 19 15 – www.domaine-de-soriech.fr – Fermé 1 sem. vacances de fév., 18 août-1er sept., dim. soir et lundi
Rest – Formule 30 € – Menu 42 € (déj. en sem.), 54/76 € – Carte 48/67 €
Dans son parc avec palmiers et pins géants, cette belle villa évoque les modèles californiens des années 1950 et 1960. Décor design et œuvres contemporaines. Cuisine régionale.

XXX **Le Mazerand**
Mas De Causse CD 172 – ✆ 04 67 64 82 10 – www.le-mazerand.com – Fermé vacances de fév., sam. midi, dim. soir et lundi
Rest – Formule 24 € – Menu 30/65 € – Carte 39/81 €
Cette propriété, dont l'origine remonte au 17e s., marie avantageusement vieilles pierres et décor moderne. Jolies terrasses. Cuisine régionale un brin créative.

X **Le Bistrot d'Ariane**
5 r. des Chevaliers-de-Malte, à Port Ariane – ✆ 04 67 20 01 27 – www.bistrot-ariane.fr – Fermé 20 avril-6 mai, 20 déc.-7 janv. et dim.
Rest – Menu 20 € (sem.), 32/42 € – Carte 33/57 €
Sur le port, un grand et chaleureux bistrot (comptoir en bois, luminaires anciens). Les patrons annotent – avec pertinence – la carte des vins, où dominent les crus régionaux.

Sensation

2 r. des Consuls, à Port Ariane – 04 67 50 39 31 – www.restaurantsensation.fr – Fermé dim. et lundi

Rest – Formule 20 € – Menu 26 € (sem.), 41/71 € – Carte 61/108 €

Sensation, impression, émotion... Tout ce que recherche ce jeune chef très créatif (pâtissier de formation – on le ressent), qui s'est lancé ici avec sa compagne. Décor contemporain.

à Juvignac 6 km par ⑥, rte de Millau – 7 248 h. – alt. 32 m – ✉ 34990

Golf Hôtel

38 av. des Hameaux-du-Golf, (au golf international) – 04 67 45 90 00 – www.golfhotelmontpellier.com

46 ch – †89/129 € ††89/129 € – 40 suites – ☐ 12 € – ½ P

Rest – Carte 38/46 €

Hôtel estimé des golfeurs qui testent leur swing à Juvignac. La majorité des chambres (certaines avec terrasse) ouvrent sur les greens. Pour les longs séjours, des suites avec cuisinette. Salle de restaurant contemporaine ; formule rapide au club-house.

à St-Gély-du-Fesc 13 km au Nord-Ouest par D 986 – 8 658 h. – alt. 95 m – ✉ 34980

216 r Fontgrande, 04 67 66 86 00, www.ville-saintgelydufesc.fr

Le Clos des Oliviers N

53 r. de l'Aven – 04 67 84 36 36 – www.clos-des-oliviers.com – Fermé dim. soir et lundi

Rest – Formule 19 € – Menu 34/87 € bc – Carte 44/66 €

Du goût, de la simplicité, des produits de qualité bien travaillés : on apprécie ici une bonne cuisine, sans complications inutiles, et on se fait plaisir ! À noter : la carte des vins est réalisée avec le caviste voisin. L'été, on profite de la terrasse à l'ombre des canisses.

MONTPEZAT-DE-QUERCY – 82 Tarn-et-Garonne – 337 E6 – 28 B1

– 1 461 h. – alt. 275 m – ✉ 82270 Midi Toulousain

Paris 600 – Cahors 29 – Montauban 39 – Toulouse 91

boulevard des Fossés, 05 63 02 05 55, www.tourisme-montpezat-de-quercy.com

Domaine de Lafon

Pech de Lafon, 4 km au Sud par rte de Mirabel, D 20 et D 69 – 05 63 02 05 09 – www.domainedelafon.com – Fermé 12-30 nov. et 15 fév.-31 mars

3 ch ☐ – †65/70 € ††80/89 € – ½ P **Table d'hôte** – Menu 27 € bc

Une jolie maison bourgeoise au cœur de la campagne vallonnée, des chambres accueillantes et décorées avec soin dans un esprit indien ou Provence chic (lits à baldaquin dans l'une d'entre elles), une belle bibliothèque aménagée dans le pigeonnier : ici, tout est paisible... Cuisine du Sud-Ouest à la table d'hôte.

MONTPON-MÉNESTÉROL – 24 Dordogne – 329 B5 – 5 535 h. – 4 C1

– alt. 93 m – ✉ 24700

Paris 532 – Bergerac 40 – Libourne 43 – Périgueux 56

place Clemenceau, 05 53 82 23 77, www.tourisme-montpon.fr

à Ménestérol 1 km au Nord – ✉ 24700 Montpon-Ménestérol

Auberge de l'Eclade

17 r. Paul-Émile-Victor, rte de Coutras – 05 53 80 28 64 – www.auberge-de-leclade.com – Fermé vacances de la Toussaint, dim. soir, lundi soir, mardi soir et merc.

Rest – Menu 15 € (déj. en sem.), 31/60 € – Carte 52/67 €

Au calme, près de la chapelle romane du village, cette maison de pays abrite une table bien connue des gourmands de la région. Dans un décor soigné, tout en tons clairs, ou sur la terrasse, on se régale d'une savoureuse cuisine dans l'air du temps. Bon choix de vins et de whiskys.

MONTRABÉ – 31 Haute-Garonne – 343 H3 – rattaché à Toulouse

MONTRÉAL – 32 Gers – 336 D6 – 1 256 h. – alt. 131 m – ✉ 32250 28 A2

Midi Toulousain

Paris 725 – Agen 57 – Auch 59 – Condom 16

place de l'hôtel de ville, ✆ 05 62 29 42 85, www.montrealdugers.com

de Guinlet, à Eauze, S : 12 km par D 29, ✆ 05 62 09 80 84

La Bombance

lieu-dit Bidon – ✆ 05 62 29 28 80 – www.labombance.fr

Rest – Menu 29/50 € – Carte environ 44 €

Une grande et belle maison dans la campagne. Beaucoup de goût et de saveurs ici, principalement à base de poisson... Plutôt original dans une région où le canard est roi !

Daubin

3 r. Aurensan, (face à l'église) – ✆ 05 62 29 44 40 – www.bernarddaubin.com – Fermé vacances de fév., dim. soir, lundi et mardi

Rest – Menu 20 € (déj. en sem.), 26/58 € – Carte 36/95 €

Terrasse sous les platanes, cuisine du terroir pleine de goût, produits de première qualité, dégustation de vins régionaux... Côté bar, on mange à la bonne franquette, bien calé sur des tonneaux. Quant à l'accueil, il est sans pareil. Une adresse authentique où l'on vient non pas en client mais en ami !

MONTREDON – 11 Aude – 344 F3 – rattaché à Carcassonne

MONTREUIL – 62 Pas-de-Calais – 301 D5 – 2 319 h. – alt. 54 m – ✉ 62170 30 A2

Nord Pas-de-Calais Picardie

Paris 232 – Abbeville 49 – Arras 86 – Boulogne-sur-Mer 38

21, rue Carnot, ✆ 03 21 06 04 27, www.tourisme-montreuillois.com

Site★ - Citadelle★ : ←★★ - Remparts★ - Église St-Saulve★.

Château de Montreuil

4 chaussée des Capucins – ✆ 03 21 81 53 04 – www.chateaudemontreuil.com – Fermé 22 déc.-7 fév. et lundi sauf juil.-août et fériés

12 ch – †210/235 € ††220/235 € – 4 suites – ☕ 25 €

Rest *Château de Montreuil* ✿ – voir les restaurants ci-après

Dans la partie haute de la ville, une grande et élégante demeure toute blanche (années 1920) dans un jardin clos, à l'abri des remparts... et du monde extérieur. Beaucoup de calme et de raffinement en ces lieux, dans une veine "so British".

Hermitage

pl. Gambetta – ✆ 03 21 06 74 74 – www.hermitage-montreuil.com

57 ch – †95/135 € ††95/165 € – ☕ 15 €

Rest *Le Jéroboam* – voir les restaurants ci-après

Cette belle bâtisse en brique rouge, construite sous Napoléon III, est désormais un hôtel tout ce qu'il y a de plus classique. Les chambres, assez sobres, offrent de beaux volumes : une étape prisée des amateurs de golf et de rallyes.

Coq Hôtel

2 pl. de la Poissonnerie – ✆ 03 21 81 05 61 – www.coqhotel.fr – Fermé 22 déc.-6 fév.

19 ch – †115/155 € ††115/155 € – ☕ 15 € – ½ P

Rest *Le Coquempot* *(fermé nov.-mars, vend. midi, sam. midi et jeudi)* – Formule 18 € – Menu 25/50 €

Cette maison bourgeoise dresse sa belle façade en brique rouge sur une placette du centre. Les chambres sont spacieuses et coquettes : parfait pour une étape dans cette petite ville médiévale.

Château de Montreuil (Christian Germain) – Hôtel Château de Montreuil
4 chaussée des Capucins – ✆ 03 21 81 53 04
– www.chateaudemontreuil.com
– Fermé 22 déc.-7 fév., mardi midi et lundi sauf juil.-août et jeudi midi
Rest – Menu 37 € (déj.), 75/95 €
Les assiettes sont belles à regarder, plus encore à déguster... Joli moment de gastronomie au cœur de Montreuil, sous l'égide d'un chef amoureux du produit et précis dans son travail. Décor classique.
➜ Foie gras de canard en hochepot flamand. Côte de veau de lait élevé sous la mère, ris au grué de cacao, sauce café crème, gâteau de pompadour au vieux boulogne. Abricot poché, pannacotta au basilic sur sablé breton.

Le Jéroboam – Hôtel Hermitage
1 r. des Juifs, (Cours de l'Hermitage) – ✆ 03 21 86 65 80
– www.hermitage-montreuil.com – Fermé 25 déc.-2 fév., lundi sauf le soir en juil.-août et dim.
Rest – Menu 17 € (déj. en sem.), 25/32 € – Carte 45/55 €
Ce restaurant joue l'éclectisme : carte dans le vent (classiques de bistrot, spécialités régionales, cuisine fusion), vins de petits producteurs et déco design. Un esprit très "wine bar" !

à La Madelaine-sous-Montreuil 3 km à l'Ouest par D 139 et rte secondaire – 174 h. – alt. 7 m – ✉ 62170

La Grenouillère
– ✆ 03 21 06 07 22 – www.lagrenouillere.fr – Fermé 2-26 janv., mardi et merc. sauf juil.-août
12 ch – †140/250 € ††140/250 € – ☕ 21 €
Rest *La Grenouillère* – voir les restaurants ci-après
De l'hôtel-restaurant familial – une ancienne ferme picarde dans les champs –, Alexandre Gauthier a fait... un lieu d'avant-garde. À l'image de sa cuisine tout en recherches, les chambres jouent une carte très contemporaine, notamment les "huttes" créées dans le jardin par l'architecte Patrick Bouchain, au luxe sauvage !

La Grenouillère (Alexandre Gauthier)
– ✆ 03 21 06 07 22 – www.lagrenouillere.fr – Fermé 2-26 janv., mardi et merc. sauf juil.-août
Rest – Formule 45 € – Menu 85/115 € – Carte 70/95 €
Très design, tout en matériaux bruts, la salle ouvre à la fois grand sur la nature et les fourneaux. Le spectacle est total ! Un superbe écrin pour la cuisine d'Alexandre Gauthier, connu pour bousculer les conventions. Ses assiettes sont autant d'instantanés de créativité, où le produit s'exprime en toute liberté... Expérience très contemporaine.
➜ Mâche et oignons. Cochon et radis glaçons. Bulle d'oseille (dessert).

à Inxent 9 km au Nord sur D 127 – 160 h. – alt. 28 m – ✉ 62170

Auberge d'Inxent avec ch
318 r. de la Vallée-de-la-Course – ✆ 03 21 90 71 19 – www.auberge-inxent.fr
– Ouvert 10 fév.-11 nov. et fermé 24 juin-4 juil., merc. sauf juil.-août et mardi
5 ch – †72/78 € ††72/78 € – ☕ 10 € – ½ P
Rest – Menu 18/35 € – Carte 23/52 €
Beaux meubles et chaleureuse atmosphère familiale en ce restaurant aménagé dans un ancien presbytère (18e s.). On y apprécie une cuisine régionale accompagnée d'une belle sélection de vins. Quelques chambres pour prolonger le séjour.

MONTREUIL – **93 Seine-Saint-Denis** – **311** K2 – **101** 17 – **voir à Paris, Environs**

MONTREVEL-EN-BRESSE – **01 Ain** – **328** D2 – **2 363 h. – alt. 215 m** **44** B1
– ✉ **01340** Lyon et sa région
▶ Paris 395 – Bourg-en-Bresse 18 – Mâcon 25 – Pont-de-Vaux 22
ℹ place de la résistance, ✆ 04 74 25 68 98, www.cc-montrevelenbresse.fr

Léa (Louis Monnier)

10 rte d'Etrez – ✆ 04 74 30 80 84 – www.restaurant-lea.com – Fermé 4-19 juil., 20 déc.-15 janv., lundi sauf juil.-août, dim. soir et merc.

Rest *(nombre de couverts limité, réserver)* – Menu 36 € (sem.), 55/78 € – Carte 72/121 €

Quelle plaisir de déguster une vraie cuisine classique dans cette très accueillante maison bourgeoise. Beaucoup de charme et le goût des produits nobles (homard, volaille de Bresse, belles viandes et poissons sauvages) : au-delà des modes.

➜ Gâteau de foies blonds de volaille de Bresse, coulis de homard. Poularde de Bresse à la crème et aux morilles. Marquise au chocolat amer, orange confite et sauce à la vanille. **Vins** Pouilly-Loché, Fleurie.

Le Comptoir

9 Grande-Rue – ✆ 04 74 25 45 53 – Fermé 2 sem. en juil., 22 déc.-13 janv., dim. soir, mardi soir et merc.

Rest – Menu 18/33 € – Carte 25/37 €

Envie d'un verre au Comptoir ? Ce café de village joue la carte de la nostalgie, façon Gabin et Verneuil : banquettes, affiches, miroirs et... spécialités bistrotières (avec quelques plats régionaux).

rte de Bourg-en-Bresse **2 km au Sud sur D 975 – ✉ 01340 Montrevel-en-Bresse**

Pillebois

– ✆ 04 74 25 48 44 – www.hotellepillebois.com – Fermé 23 déc.-14 janv.

31 ch – †70/90 € ††80/99 € – 1 suite – ☕ 11 € – ½ P

Rest ***Les Vallons*** – voir les restaurants ci-après

Cette bâtisse moderne, de style bressan, abrite des chambres fonctionnelles et bien tenues, toutes dans un style contemporain. La piscine découverte et la terrasse sont propices au farniente.

Les Vallons – Hôtel Pillebois

– ✆ 04 74 25 48 44 – www.hotellepillebois.com – Fermé 23 déc.-14 janv., dim. soir et lundi midi

Rest – Formule 16 € – Menu 23 € (sem.), 26/55 € – Carte 25/68 €

Pourquoi ne pas se laisser tenter par le restaurant de l'hôtel Pillebois, décoré dans des tons chauds ? Au menu, une cuisine du terroir revisitée : cromesquis d'escargots, poulet de Bresse rôti ou à la crème, pavé de charolais, etc.

MONTRICHARD – 41 Loir-et-Cher – 318 E7 – 3 429 h. – alt. 62 m   11 A1

– ✉ 41400 Châteaux de la Loire

▶ Paris 220 – Blois 37 – Châteauroux 85 – Châtellerault 95

ℹ 1, rue du Pont, ✆ 02 54 32 05 10, www.officetourisme-montrichard.com

◉ Donjon★ : ✳★★.

Le Bellevue

24 quai de la République – ✆ 02 54 32 06 17 – www.hotel-le-bellevue41.com – Fermé vend., sam. et dim. du 25 nov. au 15 déc.

32 ch – †64/90 € ††78/98 € – 3 suites – ☕ 10 € – ½ P

Rest *(fermé 25 nov.-15 déc. et vend. de nov. à avril)* – Formule 20 € – Menu 26/52 € – Carte 32/58 €

Enseigne-vérité : la plupart des chambres offrent une vue panoramique sur le Cher. Quelques suites dans une villa toute proche. Au restaurant, baies vitrées sur la vallée et carte traditionnelle.

à Chissay-en-Touraine **4 km à l'Ouest par D 176 – 1 142 h. – alt. 63 m – ✉ 41400**

Château de Chissay

– ✆ 02 54 32 32 01 – www.chateaudechissay.com – Ouvert 29 mars-3 nov.

26 ch – †135/240 € ††135/240 € – 9 suites – ☕ 15 € – ½ P

Rest – Formule 28 € – Menu 45/65 € – Carte 49/70 €

Louis XI, le général de Gaulle : ce château du 15e s. a accueilli d'illustres personnages ! Chambres classiques ; la troglodytique et le duplex du donjon ne manquent pas d'originalité... Au restaurant : voûtes, boiseries, mobilier Louis XIII et... cuisine actuelle.

MONTRICOUX – 82 Tarn-et-Garonne – 337 F7 – 1 068 h. – alt. 113 m – ✉ 82800 Midi Toulousain 29 C2

Paris 618 – Cahors 51 – Gaillac 39 – Montauban 25

Château de Montricoux : Musée Marcel-Lenoir★.

XXX **Les Gorges de l'Aveyron**

Le Bugarel – ✆ 05 63 24 50 50 – www.gorges-aveyron.com – Fermé mars, 2-31 janv., mardi sauf du 15 juin au 15 sept. et lundi

Rest – Menu 18 € (déj. en sem.), 34/75 €

Au cœur d'un parc verdoyant baigné par l'Aveyron, cette villa cossue est une véritable invitation à savourer une cuisine de saison agréable et bien ficelée. La grande terrasse se révèle incontournable aux beaux jours.

Les Gorges de l'Aveyron

Le Bugarel – ✆ 05 63 24 50 50 – www.gorges-aveyron.com

5 ch – 75/160 € 75/160 € – 13 €

Ravissant ! Cet ancien moulin (1796) a beaucoup d'allure : les chambres y sont classiques et feutrées, le salon charmant (piano, cheminée en pierre de taille) et la piscine délicieuse...

MONTROND-LES-BAINS – 42 Loire – 327 E6 – 4 718 h. – alt. 356 m – Stat. therm. : fin mars-fin nov. – Casino – ✉ 42210 Lyon et sa région 44 A2

Paris 447 – Lyon 69 – Montbrison 15 – Roanne 58

avenue des Sources, ✆ 04 77 94 64 74, www.paysdesaintgalmier.fr

du Forez, Domaine de Presles, S : 12 km par D 1082 et D 16, ✆ 04 77 30 86 85

XXX **La Poularde** avec ch

2 r. de St-Étienne – ✆ 04 77 54 40 06 – www.la-poularde.com – Fermé 2-28 janv., mardi midi, dim. soir et lundi

16 ch – 97/205 € 97/205 € – 22 €

Rest *(réserver)* – Menu 38/105 € – Carte 57/181 €

Nouveau départ pour cet établissement bien connu dans la région, repris en 2012 par deux jeunes professionnels bien décidés à en rénover l'esprit de tradition… sans en dénaturer l'âme – nous sommes dans un relais de poste de 1732 ! D'ores et déjà, le décor comme la cuisine mêlent joliment classicisme et modernité...

XX **Carré Sud**

4 rte de Lyon – ✆ 04 77 54 42 71 – www.carre-sud.com – Fermé dim. soir, mardi soir et merc.

Rest – Menu 17 € (déj. en sem.), 29/57 €

Après les palaces de la Côte d'Azur, le chef est revenu dans sa région pour partager son amour des saveurs du Midi : elles lui collent à la peau, et ses assiettes leur rendent un hommage généreux, ensoleillé, très joliment tourné... L'été, la terrasse permet de profiter du patio verdoyant. Carrément Sud !

MONTROUGE – 92 Hauts-de-Seine – 311 J3 – 101 25 – voir à Paris, Environs

MONTS – 37 Indre-et-Loire – 317 M5 – 6 895 h. – alt. 50 m – ✉ 37260 11 B2

Paris 254 – Azay-le-Rideau 13 – Chenonceaux 48 – Chinon 33

X **Au Carrousel des Saveurs**

2 r. Jean-Colin – ✆ 02 47 26 76 86 – www.aucarrouseldessaveurs.fr – Fermé 8-22 juil., 2 sem. en janv., dim. soir et lundi

Rest – Formule 14 € – Menu 24/48 €

Rouget grondin aux aromates, filet mignon aux morilles, pannacotta au lait de coco avec sa gelée au rhum, etc. Le jeune chef, après un parcours dans de belles maisons, a posé ses valises dans cette petite auberge familiale des bords de l'Indre pour en faire... un carrousel de jolies saveurs !

MONT-SAINT-JEAN – 21 Côte-d'Or – 245 h. – alt. 478 m – ✉ 21320 8 C2

Bourgogne

Paris 265 – Dijon 62 – Mâcon 146 – Nevers 183

Les Roches ch,

r. de Glanot – ✆ 03 80 84 32 71 – www.lesroches-burgundy.com
5 ch – 129/169 € 139/179 €
Table d'hôte *(fermé mardi et merc.)* – Menu 32 € – Carte 28/46 €
Lustres à pampilles, moulures, mobilier chiné : cette maison bourgeoise (1901) cultive son style châtelain avec une certaine élégance. Le jardin est charmant, tout comme la vue sur le Morvan et l'accueil des propriétaires. Le soir, les résidents – et les autres ! – dînent autour de petits plats de tradition.

LE MONT-ST-MICHEL – 50 Manche – 303 C8 – 44 h. – alt. 10 m 32 A3

– ✉ 50170 Normandie Cotentin, Bretagne

Paris 359 – Alençon 135 – Avranches 23 – Dinan 58

Corps de Garde des Bourgeois, ✆ 02 33 60 14 30, www.ot-montsaintmichel.com

Abbaye★★★ : La Merveille★★★, Cloître★★★ - Remparts★★ - Grande-Rue★ - Jardins de l'abbaye★ - Baie du Mont-St-Michel★★.

à la Digue 2 km au Sud sur D 976 – ✉ 50170 Le Mont-St-Michel

Relais St-Michel

– ✆ 02 33 89 32 00 – www.lemontsaintmichel.info
32 ch – 225/385 € 225/385 € – 7 suites – 22 € – ½ P
Rest – Formule 18 € – Menu 35 € (déj.), 45/55 € – Carte 36/69 €
Pour les touristes et les pélerins d'aujourd'hui, une étape très confortable... face à la silhouette du Mont : dans ce relais contemporain (1995), la quasi totalité des chambres ouvrent par de grandes baies – et avec balcon ou terrasse – sur l'étendue des herbus et l'abbaye. Restaurant panoramique.

Mercure

– ✆ 02 33 60 14 18 – www.le-mont-saint-michel.com
100 ch – 84/126 € 89/131 € – 13 € – ½ P
Rest ***Le Pré Salé*** ✆ 02 33 60 24 17 – Menu 21/58 € – Carte 27/72 €
Tous les avantages de la chaîne Mercure juste à côté du Couesnon, à l'amorce de la digue. Le restaurant a la bonne idée de consacrer une partie de sa carte à l'agneau de pré-salé.

Le Relais du Roy

rte du Mont St-Michel – ✆ 02 33 60 14 25 – www.le-relais-du-roy.com
– Fermé 13-27 janv.
27 ch – 80/114 € 80/172 € – 10 € – ½ P
Rest – Formule 15 € – Menu 19/39 € – Carte 35/75 €
À l'entrée de la digue, une ancienne ferme de la fin du 18e s., tout en pierres, et une extension moderne. Les chambres, classiques et bien tenues, ouvrent pour certaines sur le Couesnon – les plus calmes. Le restaurant fait profession de tradition : agneau de pré-salé et fruits de mer.

MONTSALVY – 15 Cantal – 330 C6 – 874 h. – alt. 800 m – ✉ 15120 5 B3

Auvergne

Paris 586 – Aurillac 31 – Entraygues-sur-Truyère 14 – Figeac 57

rue du Tour-de-Ville, ✆ 04 71 46 94 82, www.chataigneraie-cantal.com

Puy-de-l'Arbre ❋★ NE : 1,5 km.

L'Auberge Fleurie avec ch rest,

pl. du Barry – ✆ 04 71 49 20 02 – www.auberge-fleurie.com
– Fermé 17-24 juin, 16-23 sept., 2 janv.-13 fév., dim. soir et lundi sauf juil.-août
7 ch – 53/63 € 53/75 € – 8 € – ½ P
Rest – Menu 16 € (déj. en sem.), 25/45 € – Carte 33/54 €
Avis aux amateurs : ici, on a la passion du terroir et des bons vins ! Craquant de ris de veau aux Saint-Jacques, canard à la plancha sauce cranberries... Dans cette auberge couverte de vigne vierge, le chef revisite joliment la tradition. Quelques chambres à l'étage.

MONT-SAXONNEX – 74 Haute-Savoie – 328 L4 – 1 555 h. 46 F1

– alt. 1 000 m – ✉ 74130 Alpes du Nord

Paris 572 – Annecy 57 – Genève 38 – Lyon 189

294 route de l'Eglise, ✆ 04 50 96 97 27, www.villagesdufaucigny.com

Jalouvre
45 rte Gorge-du-Cé – ✆ 04 50 96 90 67 – www.lejalouvre.com – Fermé 2 sem. en janv.
14 ch – †68 € ††83 € – ☕ 9 € – ½ P
Rest – Menu 15 € (déj. en sem.), 37/47 € – Carte 37/51 €
Bien au calme dans un village de montagne, un hôtel confortable et avenant avec des chambres décorées dans un bel esprit de chalet contemporain. Pour se sustenter, deux possibilités : un bistrot régional et un restaurant traditionnel dans un décor tout en bois.

MONTSÉGUR – **09 Ariège** – **343** I7 – **rattaché à Lavelanet**

MONTSOREAU – **49 Maine-et-Loire** – **317** J5 – **485 h.** – **alt. 77 m** **35** C2
– ✉ **49730** Pays de la Loire
Paris 292 – Angers 75 – Châtellerault 65 – Chinon 18
15, avenue de la Loire, ✆ 02 41 51 70 22, www.ot-saumur.fr
☀★★ du belvédère.
Candes St-Martin★ : Collégiales★.

La Marine de Loire sans rest
9 av. de la Loire – ✆ 02 41 50 18 21 – www.hotel-lamarinedeloire.com – Fermé 1er au 25 déc.
7 ch – †155 € ††155 € – 4 suites – ☕ 14 €
Un hôtel de charme décoré avec goût : les chambres, aux noms poétiques, sont confortables et bien tenues. Il fait bon se promener dans le jardin d'agrément. Bel espace détente.

Le Bussy sans rest
4 r. Jeanne d'Arc – ✆ 02 41 38 11 11 – www.hotel-lebussy.fr – Ouvert de mi-mars à mi-déc.
12 ch – †80/115 € ††80/115 € – ☕ 11 €
La plupart des chambres de cette maison du 18e s. regardent le joli château de la Dame de Monsoreau, dont Bussy était l'amant. Salle des petits-déjeuners troglodytique.

Diane de Méridor
12 quai Philippe-de-Commines – ✆ 02 41 51 71 76 – www.restaurant-dianedemeridor.com – Fermé mardi et merc. sauf le soir en saison
Rest – Formule 18 € – Menu 29/70 € bc – Carte environ 39 €
Une grande salle avec vue sur la Loire... Des murs en tuffeau et quelques touches contemporaines s'accordant parfaitement avec la cuisine dans l'air du temps du chef. Le tout ponctué de quelques recettes régionales. Voilà une adresse qui sait conjuguer passé et présent !

MOOSCH – **68 Haut-Rhin** – **315** G9 – **1 764 h.** – **alt. 390 m** – ✉ **68690** **1** A3
Alsace Lorraine
Paris 469 – Colmar 53 – Mulhouse 29 – Strasbourg 128

Aux Trois Rois
35 r. du Gén.-de-Gaulle – ✆ 03 89 82 34 66 – www.aux-trois-rois.com – Fermé 24 juin-9 juil., 27 déc.-9 janv., lundi et mardi
Rest – Formule 14 € – Menu 34 € – Carte 39/57 €
Pâté en croûte, tête de veau... Ici, les éternels bistrotiers sont rois, mais ils partagent volontiers leur couronne avec les produits de la mer. À l'ardoise, des propositions sans cesse renouvelées et des vins qui sont de vraies petites trouvailles : un royaume du goût, de la qualité et de la convivialité !

MORANGIS – **91 Essonne** – **312** D3 – **101** 35 – **voir à Paris, Environs**

MOREILLES – **85 Vendée** – **316** J9 – **rattaché à Luçon**

MORESTEL – **38 Isère** – **333** F3 – **4 147 h.** – **alt. 220 m** – ✉ **38510** **45** C2
Lyon et sa région
Paris 506 – Lyon 65 – Vénissieux 63 – Villeurbanne 64
100, place des Halles, ✆ 04 74 80 19 59, www.morestel.com

Auberge du Fouron

254 chemin de Malissole, RN 75, rte de Bourg – 04 74 80 28 69 – www.aubergedufouron.com – Fermé 1er-15 mai, 2 sem. en oct., sam. midi de sept. à mai, dim. soir et lundi

Rest – Formule 19 € – Menu 28/48 € – Carte 39/66 €

Des herbes aromatiques, des fleurs comestibles, des légumes du potager : la recette du bonheur selon cette auberge. On se laissera donc tenter par un foie gras poché au vin blanc épicé et miel, un pain au lait toasté et confit d'oignon...

MORET-SUR-LOING – 77 Seine-et-Marne – 312 F5 – 4 376 h. – alt. 50 m – 77250 Île-de-France

19 C3

Paris 74 – Fontainebleau 11 – Melun 28 – Nemours 17

4 bis, place de Samois, 01 60 70 41 66, www.ville-moret-sur-loing.fr

de la Forteresse, à Thoury-Férottes, Domaine de la Forteresse, SO : 15 km par D 218 et D 22, 01 60 96 95 10

Site★.

Auberge de la Terrasse

40 r. Pêcherie – 01 60 70 51 03 – www.auberge-terrasse.com

17 ch – 54/69 € 70/85 € – 10 € – ½ P

Rest – Formule 19 € – Menu 23 € (sem.), 29/50 € – Carte 25/43 €

Cette bâtisse ancienne longe le Loing, tranquille rivière immortalisée par Sisley. Les petites chambres, insonorisées, sont simples mais très bien tenues. Bien pour une étape près de Fontainebleau ou un voyage d'affaires.

Le Relais de Pont-Loup

14 r. du Peintre Sisley – 01 60 70 43 05 – www.lerelaisdepontloup.com – Fermé 1 sem. en août, 1 sem. en janv., merc. soir d'oct. à avril, mardi soir, dim. soir et lundi

Rest *(réserver)* – Menu 29 € (sem.)/38 € – Carte 30/65 €

Ici, on accède à la salle par la cuisine. Cadre rustique à souhait : briques, poutres, cheminée et rôtissoire. Terrasse tournée vers le jardin s'étendant jusqu'au Loing.

Hostellerie du Cheval Noir avec ch

rest,

47 av. Jean Jaurès – 01 60 70 80 20 – www.chevalnoir.fr – Fermé 1 sem. en mai, 2 sem. fin juil.-début août, 2 sem. fin janv.-début fév., lundi et mardi

11 ch – 75/175 € 75/175 € – 12 € – ½ P

Rest – Formule 25 € – Menu 42/90 € – Carte environ 68 €

Cet ex-relais postal du 18e s., bâti face à l'une des portes de l'ancienne place forte, propose une cuisine inventive jouant sur les saveurs douces et épicées.

MOREY-ST-DENIS – 21 Côte-d'Or – 320 J6 – 701 h. – alt. 275 m – 21220

8 D1

Paris 318 – Beaune 30 – Dijon 16

Castel de Très Girard

7 r. de Très Girard – 03 80 34 33 09 – www.castel-tres-girard.com – Fermé de mi-fév. à mi-mars

8 ch – 140/180 € 140/180 € – 12 € – ½ P

Rest *Castel de Très Girard* – voir les restaurants ci-après

Une très belle maison de maître du 18e s. au cœur de ce village typiquement bourguignon. Les chambres, cossues et spacieuses, sont idéales pour se prélasser, tout comme la belle terrasse, le jardin et la piscine...

Castel de Très Girard

7 r. de Très Girard – 03 80 34 33 09 – www.castel-tres-girard.com – Fermé dim. soir et lundi du 25 nov. à fin mars

Rest – Formule 22 € – Menu 27 € (déj.), 39/68 € – Carte 46/78 €

Dans ce restaurant mêlant élégamment charme rustique et douceur contemporaine, le chef réalise une belle cuisine, faite de fraîcheur de saison, de saveurs du terroir et de modernité... L'art de la conjugaison !

MORGAT – 29 Finistère – 308 E5 – 7 535 h. – 29160 Crozon Bretagne Nord

9 A2

Paris 590 – Brest 62 – Châteaulin 38 – Douarnenez 42

Grandes Grottes★.

Julia

43 r. de Tréflez – ✆ 02 98 27 05 89 – www.hoteljulia.fr – Ouvert d'avril à déc.
15 ch – †52/210 € ††52/210 € – 1 suite – ☕ 11 € – ½ P
Rest *(ouvert d'avril à sept.) (dîner seult)* – Menu 23 € (sem.), 26 € bc/34 € – Carte 28/47 €
Dans un quartier calme, à deux minutes de la mer, cet hôtel de tradition a entamé sa "mue" et se dote peu à peu de confortables installations contemporaines. Cuisine traditionnelle, chambres encore un peu disparates : une adresse bien pratique pour découvrir la région.

Hôtel de la Baie sans rest

46 bd Plage – ✆ 02 98 27 07 51 – www.hoteldelabaie-crozon-morgat.com
26 ch – †48/85 € ††48/85 € – ☕ 6 €
Au cœur de Morgat, cet hôtel offre une vue imprenable sur la plage... Les chambres, d'esprit actuel, gaies et soignées, sont d'un bon rapport qualité-prix. On prend son petit-déjeuner dans le salon de thé. Une adresse où l'on se sent bien.

Saveurs et Marée

52 bd de la Plage – ✆ 02 98 26 23 18 – www.saveurs-et-maree.com – Fermé 12 janv.-25 fév. et lundi de fin sept. à avril
Rest – Formule 14 € – Menu 18 € (sem.), 30/49 € – Carte 25/44 €
Une cuisine "dans le vent" pour cette maison conviviale, au cœur de la station balnéaire. Marée et saveurs sont au rendez-vous avec des spécialités comme le poisson au beurre blanc, la marmite de homard, etc. Et des desserts soignés !

MORILLON – 74 Haute-Savoie – 328 N4 – rattaché à Samoëns

MORLAIX – 29 Finistère – 308 H3 – 15 539 h. – alt. 7 m – ✉ 29600 — 9 B1

Bretagne Nord

Paris 538 – Brest 61 – Quimper 78 – St-Brieuc 86
place des Otages, ✆ 02 98 62 14 94, www.tourisme.morlaix.fr
de Carantec, à Carantec, Rue de Kergrist, N : 13 km par D73, ✆ 02 98 67 09 14
Vieux Morlaix★ : Viaduc★ - Grand'Rue★ - Intérieur★ de la maison de "la Reine Anne" - Vierge★ dans l'église St-Mathieu - Rosace★ dans le musée des Jacobins★.
Calvaire★★ de Plougonven★ 12 km par D 9.

Plan page suivante

Hôtel du Port sans rest

3 quai de Léon – ✆ 02 98 88 07 54 – www.lhotelduport.com – Fermé 22 déc.-6 janv. AYr
25 ch – †52/74 € ††60/82 € – ☕ 8,50 €
Une bonne petite adresse que cette maison bretonne du 19e s. face au port de plaisance. Les chambres sont pratiques et bien insonorisées ; certaines avec vue sur les quais. Randonneurs, le GR 34 passe juste là !

Les Bruyères sans rest

3 km par rte de Plouigneau Est sur D 712 - BZ – ✆ 02 98 88 08 68 – www.hotel-morlaix.com
32 ch – †50/75 € ††50/75 € – ☕ 8,50 €
En léger retrait de la route, une construction cubique des années 1970. Chambres fonctionnelles (mobilier pratique et couleurs gaies) et accueillante salle des petits-déjeuners : pour une étape à prix raisonnable.

Manoir de Coat Amour

rte de Paris – ✆ 02 98 88 57 02 – www.gites-morlaix.com – Fermé janv.
5 ch ☕ – †75/122 € ††89/122 € BZr
Table d'hôte – Menu 38 € bc/54 € bc
Sur les hauteurs de la ville, cette maison de maître du 19e s. aux airs de malouinière a un charme fou. Entourées d'un grand parc fleuri d'essences rares, les chambres sont délicieusement reposantes, embellies de meubles chinés. La maîtresse des lieux fait table d'hôte certains soirs de la semaine : chic !

MORLAIX

Aiguillon (R. d')	BZ	2
Allende (Pl. S.)	BZ	3
Ange-de-Guernisac (R.)	BY	5
Bouchers (R. des)	BZ	6
Brest (R. de)	AZ	
Carnot (R.)	BZ	7
Dossen (Pl.du)	BZ	8
Grand'R.	BZ	
Jacobins (Pl. des)	BZ	12
Mur (R. du)	BZ	13
Otages (Pl. des)	AY	
Paris (Rte de)	BZ	14
Paris (R. de)	BZ	
Poan-Ben (allée du)	BZ	16
Son (Venelle au)	BZ	18
Traoulen (Pl.)	BZ	20

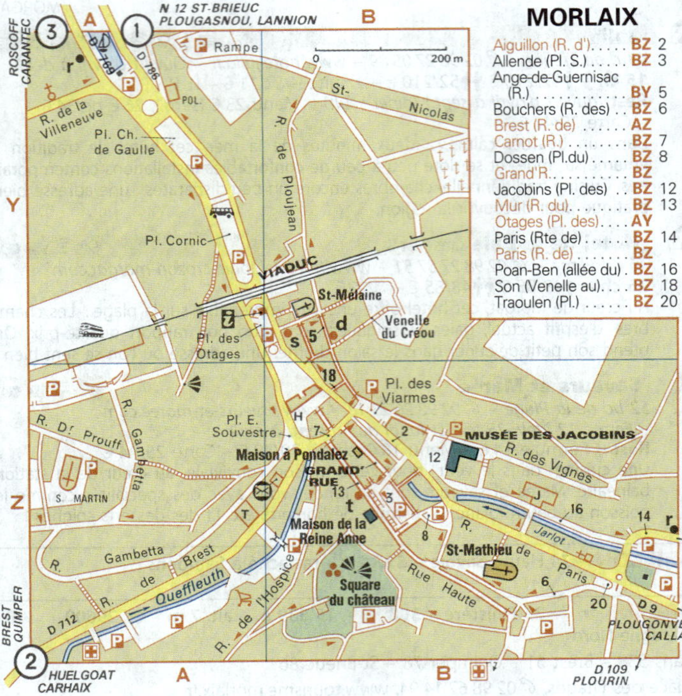

Le Viaduc

3 rampe St-Mélaine – ✆ 02 98 63 24 21 – www.le-viaduc.com
– Fermé 30 sept.-26 oct., dim. soir et lundi sauf juil.-août BY**s**

Rest – Formule 16 € – Menu 30 € – Carte 26/58 €

Cette maison compte parmi les plus vieilles du secteur de l'église St-Mélaine. Les spécialités du chef, dont le père était boucher ? La viande, les abats et le célèbre kig-ha-farz, le pot-au-feu breton. Mais il y a du poisson, bien sûr !

L'Estaminet

23 r. du Mur – ✆ 02 98 88 00 17 – www.restaurantmorlaix.com – fermé dim. et lundi BZ**t**

Rest – Menu 28/45 € – Carte 33/56 €

Dans une rue piétonne du vieux Morlaix, un restaurant à deux facettes : bar à vins en façade, style lounge sur l'arrière. On y apprécie des recettes traditionnelles avec de bons produits frais.

L'Hermine

35 r. Ange-de-Guernisac – ✆ 02 98 88 10 91 – www.restaurantmorlaix.com

Rest – Menu 12 € bc (déj.) – Carte 14/25 € BY**d**

Poutres, tables en bois ciré, objets rustiques : une crêperie bien sympathique dans un pittoresque quartier piétonnier. On peut choisir parmi une cinquantaine de crêpes au sarrasin et au froment.

MORLANNE – 64 Pyrénées-Atlantiques – **342** I1 – 574 h. – alt. 180 m – ✉ 64370 **3** B3

Paris 771 – Bordeaux 193 – Mont-de-Marsan 59 – Pau 36

Cap e Tot

10 Carrère du Château – 05 59 81 62 68 – www.capetot-bearn.webou.net – Fermé 15-30 juin, 3 sem. en sept., 24 déc.-15 janv., merc. soir et jeudi midi sauf juil.-août, merc. midi, dim. soir, lundi et mardi

Rest – Menu 26/56 €

Biarnes cap e tot ! Traduisez : béarnais de pied en cap… Deux salles, deux formules : d'un côté, un restaurant gastronomique (menu unique) à l'ambiance cosy et contemporaine ; de l'autre, un bistrot béarnais et ses plats très généreux, avec vue sur un jeu de quilles de neuf !

MORNAC-SUR-SEUDRE – 17 Charente-Maritime – 324 D5 – 827 h. – alt. 5 m – 17113 Poitou-Charentes 38 A3

Paris 510 – Angoulême 109 – Poitiers 177 – La Rochelle 70

4, place de la cure, 05 46 22 61 68

Les Basses Amarres

5 r. des Basses-Amarres – 05 46 22 63 31 – www.lesbassesamarres.com – Fermé 2 sem. en nov., 2 sem. en janv., vacances de fév., mardi et merc. sauf juil.-août

Rest – Menu 28/33 € – Carte 42/58 €

Larguez les amarres dans cette ruelle d'un petit village très typique, en pleine zone ostréicole. Dans ce bistrot marin, on déguste de frais produits de la mer face aux marais.

MORSBRONN-LES-BAINS – 67 Bas-Rhin – 315 K3 – 652 h. – alt. 200 m – 67360 Alsace Lorraine 1 B1

Paris 489 – Haguenau 11 – Sarreguemines 68 – Strasbourg 44

27 rue Principale, 03 88 09 30 18

La Source des Sens

19 rte d'Haguenau – 03 88 09 30 53 – www.lasourcedessens.fr – Fermé 1 sem. en janv.

32 ch – 90/200 € 120/220 € – 15 € – ½ P

Rest *La Source des Sens* – voir les restaurants ci-après

Un hôtel-restaurant très agréable dans cette station thermale du nord de l'Alsace. Chambres tendance au design sobre, espace bien-être complet avec un superbe et immense spa : tous les sens sont flattés.

La Source des Sens

19 rte d'Haguenau – 03 88 09 30 53 – www.lasourcedessens.fr – Fermé 1 sem. en janv., dim. soir, mardi midi et lundi

Rest – Menu 16 € (déj. en sem.), 38/65 € – Carte 51/65 €

Le cadre est résolument contemporain – mobilier design et vue sur les cuisines via un écran plasma – et la carte se veut créative. Pour preuve, des langoustines accompagnées de chips de vitelotte, un sorbet à la coriandre...

MORTAGNE-AU-PERCHE – 61 Orne – 310 M3 – 4 108 h. – alt. 260 m – 61400 Normandie Vallée de la Seine 33 C3

Paris 153 – Alençon 39 – Chartres 80 – Lisieux 89

Halle aux Grains, 02 33 85 11 18, www.ot-mortagneauperche.fr

De Bellême Saint-Martin, à Bellême, Les Sablons, S : 17 km par D 938, 02 33 73 12 79

Boiseries★ de l'église N.-Dame.

Hôtel du Tribunal

4 pl. du Palais – 02 33 25 04 77 – www.hotel-tribunal.fr

21 ch – 65/85 € 65/118 € – 11 € – ½ P

Rest *Restaurant du Tribunal* – voir les restaurants ci-après

Une ravissante maison fleurie (13e-18e s.), parfaite pour découvrir le Perche. Gracieuses, les chambres sont parées de jolis motifs et de couleurs vives. Accueil très sympathique.

Restaurant du Tribunal

4 pl. du Palais – ✆ 02 33 25 04 77 – www.hotel-tribunal.fr

Rest – Formule 16 € bc – Menu 29/60 € – Carte 49/76 €

Dans ce décor bourgeois (fauteuils de velours rouge, cheminée, etc.), les produits du terroir épousent la tendance, telle cette crème de panais accompagnée de son espuma, d'une mousseline de brebis et de chips au lard.

au Pin-la-Garenne 9 km au Sud par rte Bellême sur D 938 – 664 h. – alt. 158 m – ✉ 61400

La Croix d'Or

6 r. de la Herse – ✆ 02 33 83 80 33 – www.lacroixdor.free.fr – Fermé 1 sem. vacances de la Toussaint et de fév., mardi et merc.

Rest – Menu 13 € (sem.), 24/45 € – Carte 26/47 €

Une auberge champêtre, accueillante comme une maison de famille... Après un joli parcours dans de grands établissements, le chef est revenu au pays et a fait de la maison de sa grand-mère un repaire traditionnel et... gourmand !

MORTAGNE-SUR-GIRONDE – 17 Charente-Maritime – 324 F7 — 38 B3

– 1 027 h. – alt. 51 m – ✉ 17120 Poitou-Charentes

Paris 509 – Blaye 59 – Jonzac 30 – Pons 26

1 place des Halles, ✆ 05 46 90 52 90, www.ot-mortagne.com

Chapelle★ de l'Ermitage St-Martial S : 1,5 km.

La Maison du Meunier sans rest

36 quai de l'Estuaire, (au port) – ✆ 05 46 97 75 10 – www.maisondumeunier.com – Fermé 15 nov.-1er mars

5 ch – 70 € 70 €

Des meubles chinés, des photos anciennes, une moto : la déco de cette belle maison du 18e s. est... insolite et charmante. Dans la salle de jeux, le propriétaire – un Hollandais fort accueillant – a constitué une superbe collection de flippers et organise des tournois : avis aux amateurs !

MORTEAU – 25 Doubs – 321 J4 – 6 596 h. – alt. 780 m – ✉ 25500 — 17 C2

Franche-Comté Jura

Paris 468 – Basel 121 – Belfort 88 – Besançon 65

Espace Christian Genevard place de la Halle, BP 72054, ✆ 03 81 67 18 53, www.morteau.org

La Guimbarde sans rest

10 pl. Carnot – ✆ 03 81 67 14 12 – www.la-guimbarde.com

25 ch – 55/100 € 60/100 € – 8 €

Un imposant édifice du 19e s. en plein centre-ville. Les chambres, de style contemporain, sont spacieuses et bien tenues. Le week-end, piano-bar au salon... sans guimbarde !

Auberge de la Roche (Philippe Feuvrier)

9 r. du Pont-de-la-Roche, 3 km au Sud-Ouest par D 437 ✉ 25570 – ✆ 03 81 68 80 05 – www.aubergedelaroche.com – Fermé 1 sem. en juil., 1 sem. en janv., mardi soir, dim. soir et lundi

Rest – Menu 27 € (sem.), 43/78 € – Carte 65/90 €

Une valeur sûre que cette auberge nichée dans la verte campagne du Haut-Doubs. Aux fourneaux œuvre un chef passionné, soucieux de satisfaire ses clients : sa cuisine joue la carte de la belle tradition et revisite avec générosité les saveurs franc-comtoises. Accueil très attentif de la part de son épouse.

→ Foie gras de canard aux fruits secs caramélisés. Timbale de truite fario. Le grand chariot de desserts. **Vins** Arbois, Côtes du Jura.

JacquesAlexandre

34 Grande-Rue – ✆ 03 81 43 14 19 – Fermé 2 sem. en janv., dim. et lundi

Rest – Formule 16 € – Menu 19 € (sem.), 22/37 € – Carte 26/57 €

Un sympathique bistrot dans une maison de pays. Vue alléchante sur les cuisines depuis la salle "Comptoir" ; carte faisant honneur aux spécialités du genre et à la tradition.

MORTEMART – **87 Haute-Vienne** – **325** C4 – **121 h.** – **alt. 300 m** – ✉ **87330** Limousin Berry **24** A1

Paris 388 – Bellac 14 – Confolens 31 – Limoges 41

Place Château des Ducs, ✆ 05 55 68 98 98

Le Relais avec ch

1 pl. Royale – ✆ 05 55 68 12 09 – www.le-relais-mortemart.fr
– Fermé fév., mardi sauf du 15 juil. au 31 août et lundi

5 ch – 54 € – 10 € – ½ P

Rest – Menu 20 € (sem.), 30/47 € – Carte 39/62 €

Une sympathique auberge de campagne, avec ses pierres apparentes, sa cheminée et ses poutres... On y déguste une cuisine traditionnelle concoctée avec de bons produits et, pour faire étape, les chambres sont simples et coquettes.

MORZINE – **74 Haute-Savoie** – **328** N3 – **2 930 h.** – **alt. 960 m** – **Sports d'hiver : 1 000/2 460 m** 10 69 – ✉ **74110** Alpes du Nord **46** F1

Paris 586 – Annecy 84 – Cluses 26 – Genève 58

23, Place du Baraty, ✆ 04 50 74 72 72, www.morzine-avoriaz.com

Avoriaz, à Avoriaz, Office du Tourisme Avoriaz, E : 12 km par D 338, ✆ 04 50 74 11 07

le Pléney★ par téléphérique, pointe du Nyon★ par téléphérique - Télésiège de Chamoissière★★.

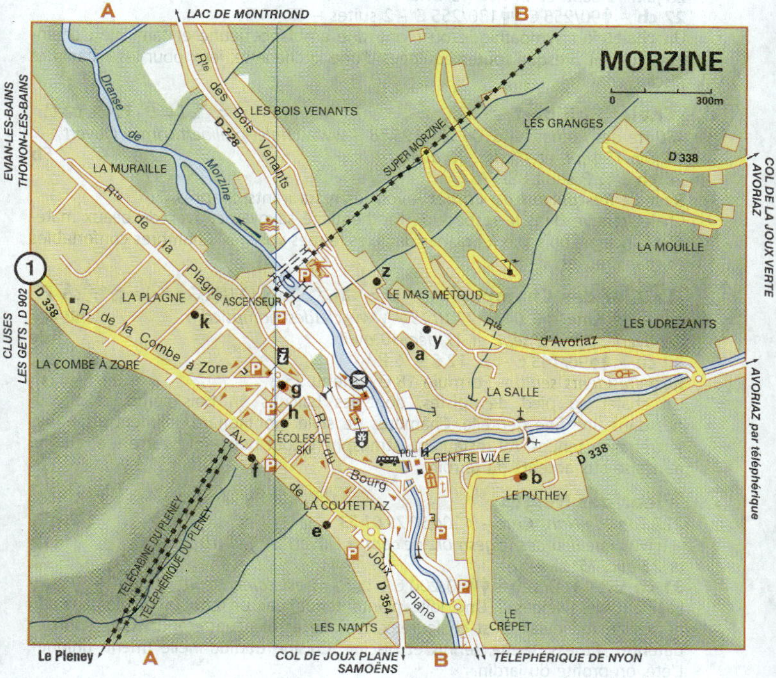

Le Samoyède

9 pl. de l'Office du Tourisme – ✆ 04 50 79 00 79 – www.hotel-lesamoyede.com – Ouvert de mi-juin à mi-sept. et de mi-déc. à mi-avril **Bg**

30 ch – 60/100 € 75/210 € – 1 suite – 13 € – ½ P

Rest ***L'Atelier*** – voir les restaurants ci-après

Au cœur de la station, un grand chalet plein de charme. Ses chambres, spacieuses et décorées de bois blond, donnent pour la plupart sur la montagne. Un cocon chic et chaleureux !

Le Dahu

rest,

293 chemin du Mas Métout – ✆ 04 50 75 92 92 – www.dahu.com – Ouvert 1er juil.-31 août et mi déc.-mi avril **Bz**

29 ch – 60/160 € 90/310 € – 8 suites – 17 € – ½ P

Rest *(fermé le midi en hiver sauf vacances scolaires et mardi soir)* – Menu 40 € (dîner)/65 €

Au calme sur la rive droite de la Dranse, ce grand chalet domine la vallée. Atmosphère joliment montagnarde dans les chambres (la plupart avec balcon) ; bel espace forme. Au restaurant, plats traditionnels (menu unique) et, selon la saison, soirées "pierrade" – et oui ! – ou "savoyardes"...

Champs Fleuris

rest,

247 rte du Téléphérique – ✆ 04 50 79 14 44 – www.hotel-champs-fleuris.com – Ouvert 25 juin-5 sept. et 18 déc.-10 avril **Af**

47 ch – 130/250 € 150/300 € – 15 € – ½ P

Rest – Menu 24 € (déj.)/30 €

Hôtel idéalement situé au pied du téléphérique du Pléney. Dans le salon crépite la cheminée et, après une journée de ski, on a plaisir à regagner sa chambre, si douillette ! Cuisine traditionnelle surtout destinée aux résidents.

La Bergerie sans rest

103 rte du Téléphérique – ✆ 04 50 79 13 69 – www.hotel-bergerie.com – Ouvert 28 juin-12 sept. et 14 déc.-13 avril **Bh**

27 ch – 90/255 € 130/255 € – 2 suites – 14 €

Un chalet fort sympathique où règne une ambiance jeune et familiale : chambres cosy et presque toutes équipées d'une kitchenette, jeux pour les enfants et piscine chauffée.

Chalet Philibert

480 rte des Putheys – ✆ 04 50 79 25 18 – www.chalet-philibert.com – Ouvert 15 juin-15 sept. et 1er déc.-20 avril **Bb**

26 ch – ½ P seult 88/176 €

Rest ***Le Restaurant du Chalet*** – voir les restaurants ci-après

Chalet rénové dans le respect de l'authenticité savoyarde, avec de beaux matériaux anciens (bois, pierre) glanés dans les fermes voisines. Chambres confortables et chaleureuses.

La Clef des Champs

ch, rest,

av. Joux-Plane – ✆ 04 50 79 10 13 – www.clefdeschamps.com – Ouvert 30 juin-2 sept. et 17 déc.-10 avril **Be**

30 ch – 90/145 € – 12 € – ½ P

Rest *(résidents seult)* – Formule 18 € – Menu 25 €

Un chalet au pied des pistes, dont les balcons en bois semblent découpés dans une fine dentelle. Chambres de style montagnard, joliment arrangées et très bien tenues. Au restaurant, atmosphère tout bois – of course – et cuisine française aux accents du terroir.

Fleur des Neiges

rest,

227 Tdm de Nant Crue – ✆ 04 50 79 01 23 – www.hotelfleurdesneigesmorzine.com – Ouvert 1er juil.-10 sept. et 22 déc.-15 avril **Ak**

31 ch – 60/120 € 80/200 € – ½ P **Rest** *(dîner seult)* – Menu 25 €

La Fleur des Neiges ? Une jolie plante tenue par un couple franco-canadien accueillant et jovial. C'est chaleureux, typique et bien entretenu ! Côté sport et détente : fitness, sauna, tennis et piscine. Cuisine traditionnelle (menu unique). L'été, on profite du jardin.

L'Hermine Blanche
rest,

414 chemin du Mas Metout – ✆ 04 50 75 76 55 – www.hermineblanche.com
– Ouvert 29 juin-8 sept. et 21 déc.-21 avril By
25 ch – 60/75 € 72/138 € – 9 € – ½ P **Rest** *(dîner seult)* – Menu 26 €
Près de la route d'Avoriaz, un chalet dont les chambres sont simples, fraîches et accueillantes (toutes avec balcon). Agréable piscine semi-couverte et jacuzzi face au jardin. Cuisine traditionnelle pour les résidents.

Les Côtes

265 chemin de la Salle – ✆ 04 50 79 09 96 – www.hotel-lescotes.com
– Ouvert 5 juil.-1er sept. et 22 déc.-7 avril Ba
23 ch – 68/118 € 68/152 €
Rest *(fermé 23 mars-7 avril, 5-12 janv. et 9-16 fév.) (dîner seult) (résidents seult)* – Menu 23/28 € – Carte 25/36 €
Billard, flipper, baby-foot, minibowling : ici, les petits et grands enfants n'ont pas le temps de s'ennuyer ! Chambres et studios sobres et bien tenus ; belle piscine sous une verrière. Le soir, menu unique réservé aux résidents, sans chichi.

L'Atelier – Hôtel Le Samoyède

9 pl. de l'Office du Tourisme – ✆ 04 50 79 00 79 – www.hotel-lesamoyede.com
– Ouvert de mi-juin à mi-sept. et de mi-déc. à mi-avril Bg
Rest – Menu 40/118 € bc – Carte 51/63 €
Une table élégante, au sein de l'hôtel Samoyède : c'est le fils de la famille qui œuvre en cuisine. Intransigeant sur les produits, au fait des tendances, il réalise une cuisine franche et savoureuse, accompagnée de beaux bourgognes et bordeaux.

Le Restaurant du Chalet – Hôtel Chalet Philibert

480 rte des Putheys – ✆ 04 50 79 25 18
– www.chalet-philibert.com – Ouvert de déc. à avril et fermé le midi
Rest *(réserver)* – Menu 36/46 € Bb
Nem de tourteau au parfum de piment d'Espelette, diablotins d'amandes en chaud-froid de pain d'épice... Sous l'égide d'un chef passionné, une valeur sûre que cette table certes un peu excentrée, mais où l'on se réfugie avec plaisir.

MOSNAC – 17 Charente-Maritime – 324 G6 – rattaché à Pons

MOSNES – 37 Indre-et-Loire – 317 P4 – 743 h. – alt. 70 m – ✉ 37530 11 A1

Paris 211 – Blois 26 – Orléans 86 – Tours 37

Domaine des Thômeaux
rest,

12 r. des Thômeaux – ✆ 02 47 30 40 14
– www.domainedesthomeaux.fr – Fermé 24-30 déc.
29 ch – 85/135 € 85/135 € – 12 € – ½ P
Rest *(fermé dim. soir, mardi midi et lundi de nov. à mars)* – Menu 20 € (sem.)/25 € – Carte 37/50 €
Ce château tourangeau en brique et tuffeau abrite des chambres thématiques sur les villes du monde. Détente et loisirs garantis avec le spa et le parc Fantasy Forest. La salle à manger est vraiment grande ! On y sert une cuisine traditionnelle, teintée de saveurs du monde.

LA MOTHE-ACHARD – 85 Vendée – 316 G8 – 2 524 h. – alt. 20 m – ✉ 85150 34 B3

Paris 446 – Challans 40 – Nantes 90 – La Roche-sur-Yon 25

56, rue G. Clémenceau, ✆ 09 64 43 84 01, www.achards-tourisme.com

Domaine de Brandois

La Forêt, proche du jardin extraordinaire – ✆ 02 51 06 24 24
– www.domainedebrandois.com
26 ch – 99/229 € 99/229 € – 12 €
Rest ***Domaine de Brandois*** – voir les restaurants ci-après
Au cœur d'un immense parc boisé, en pleine nature, ce petit château du 19e s. cultive l'art de la convivialité. Patine du temps, charme historique et... élégance résolument contemporaine et design. Du style !

Domaine de Brandois
La Forêt, proche du jardin extraordinaire – ✆ 02 51 06 24 24 – www.domainedebrandois.com – Fermé sam. midi et dim. soir
Rest – Formule 19 € – Menu 23 € (déj. en sem.), 29/39 € – Carte environ 38 €
Moulures, parquets et mobilier design : le charme châtelain et le raffinement contemporain au service d'une cuisine qui sait aussi mêler la tradition et l'air du temps...

LA MOTTE – 83 Var – 340 O5 – 2 913 h. – alt. 79 m – ✉ 83920 41 C3

Paris 864 – Cannes 54 – Fréjus 25 – Marseille 118
25, boulevard André Bouis, ✆ 04 94 84 33 76, www.ville-la-motte.com

Le Mas du Péré sans rest
280 chemin du Péré – ✆ 04 94 84 33 52 – www.lemasdupere.com
3 ch – 85/112 € 85/112 €
Dans un village perché, ce mas provençal entouré de verdure abrite des chambres cosy, avec terrasses privatives. Jolie vue sur le massif des Maures depuis la piscine.

LA MOTTE-D'AIGUES – 84 Vaucluse – 332 G11 – 1 359 h. – alt. 375 m – ✉ 84240 40 B2

Paris 758 – Avignon 80 – Digne-les-Bains 104 – Marseille 63

Le Lac avec ch
rest, ch,
lieu-dit Pied-Bernard, (Étang de la Bonde), 2 km au Sud-Ouest par D 27 – ✆ 04 90 09 14 10 – www.restaurantdulac.eu – Fermé vacances de la Toussaint, de Noël, de fév., merc. midi d'oct. à mai, mardi sauf le soir de juin à sept. et lundi
3 ch – 100/120 € 100/120 € – ½ P
Rest – Formule 26 € – Menu 29/65 €
Cadre d'une élégante sobriété, un rien British, où l'on savoure une cuisine mettant en avant les produits du terroir avec raffinement. Aux beaux jours, la terrasse au bord du lac invite à la rêverie. Et pour prolonger la magie, quelques chambres à l'étage, dans le même esprit...

MOTTEVILLE – 76 Seine-Maritime – 304 F4 – rattaché à Yvetot

MOUANS-SARTOUX – 06 Alpes-Maritimes – 341 C6 – 10 243 h. – alt. 120 m – ✉ 06370 42 E2

Paris 904 – Antibes 15 – Cannes 9 – Grasse 8
250, avenue de Cannes, ✆ 04 93 75 75 16, www.mouans-sartoux.com

Le Relais Gourmand
rest, ch,
400 rte de Valbonne, (vers Plascassier, 4 km) – ✆ 04 93 60 10 57 – www.lerelais-gourmand.com – Fermé 10 fév.-3 mars
12 ch – 65/100 € 80/130 € – 13 € – ½ P
Rest *(fermé dim.)* – Menu 23 € (dîner en sem.)/42 €
Un hôtel tout simple, qui propose des petites chambres agréables et bien tenues. Les plus : la direction fournit des draps de bain pour se prélasser autour de la piscine et le restaurant propose une cuisine méridionale attrayante, à base de légumes bio.

MOUDEYRES – 43 Haute-Loire – 331 G4 – 106 h. – alt. 1 177 m – ✉ 43150 6 C3

Paris 565 – Aubenas 64 – Langogne 58 – Le Puy-en-Velay 26

Le Pré Bossu
– ✆ 04 71 05 10 70 – www.auberge-pre-bossu.com – Ouvert 1er mai-30 oct.
6 ch – 105 € 105 € – 15 € – ½ P
Rest *Le Pré Bossu* – voir les restaurants ci-après
À l'entrée d'un village de montagne, une chaumière ravissante et cosy à souhait. La plupart des chambres disposent d'un petit salon et, au petit déjeuner, on se régale de gourmandises maison (gâteaux, yaourts, confitures) devant la cheminée.

Le Pré Bossu

– 04 71 05 10 70 – *www.auberge-pre-bossu.com*
– *Ouvert 1er mai-30 oct.*
Rest (*dîner seult*) – Menu 44 €
Le patron a un bien joli parcours gastronomique derrière lui, ce qui explique son amour des bons produits. Dans un registre traditionnel, il concocte une cuisine de l'instant vraiment savoureuse. Joli choix de vins de propriétaires.

MOUGINS – 06 Alpes-Maritimes – 341 C6 – 19 601 h. – alt. 260 m 42 E2

– 06250 Côte d'Azur

Paris 902 – Antibes 13 – Cannes 8 – Grasse 12
18 boulevard Georges Courteline, 04 93 75 87 67, www.mougins.fr
Royal Mougins Golf Club, 424 avenue du Roi, par D 35 : 3,5 km, 04 92 92 49 69
de Cannes Mougins, 175 avenue du Golf, SO : 8 km, 04 93 75 79 13
Site★ - Ermitage N.-D. de Vie : site★, ★ SE : 3,5 km - Musée de l'Automobiliste★ NO : 5 km.

Le Mas Candille

ch, rest,

bd C. Rebuffel – 04 92 28 43 43
– *www.lemascandille.com* – *Fermé janv.*
39 ch – 305/710 € 305/710 € – 7 suites – 29 €
Rest *Le Candille* – voir les restaurants ci-après
Rest *Pergola* (*ouvert mai-sept. et fermé le soir sauf juil.-août*) – Formule 39 € – Menu 55 € – Carte 60/72 €
Ce superbe mas du 18e s. et sa bastide récente ne sont que douceur et quiétude : chambres raffinées, suites mêlant élégamment le contemporain à l'esprit Sud, délicieux spa japonisant et parc immense aux doux effluves méridionaux...

Royal Mougins Golf Resort

424 av. du Roi – 04 92 92 49 69 – *www.royalmougins.fr*
– *Fermé début janv.-fin fév.*
29 suites – 210/540 € **Rest** – Carte 42/60 €
Tout ici est dernier cri, et pour cause : l'établissement est surtout fréquenté par une clientèle privilégiée qui vient profiter du golf privé, l'un des plus exigeants et sélects au monde. Une ode au luxe contemporain, y compris sur la superbe terrasse du restaurant qui domine les greens.

Hôtel de Mougins

205 av. du Golf, 2,5 km par rte d'Antibes – 04 92 92 17 07
– *www.hotel-de-mougins.com* – *Fermé 21 déc.-21 janv.*
50 ch – 170/750 € 170/750 € – 1 suite – 22 € – ½ P
Rest *Le Jardin* – voir les restaurants ci-après
Le jardin fleure bon l'oranger, la lavande et le romarin... Au détour d'une senteur, on trouve refuge dans quatre charmantes bastides. Les chambres affichent un style provençal chic – très apprécié de la clientèle étrangère – et la piscine est délicieuse !

Le Moulin de Mougins avec ch

1028 av. Notre-Dame-de-Vie, 2,5 km au Sud-Est par D 3
– 04 93 75 78 24 – *www.moulindemougins.com*
– *Fermé lundi et mardi d'oct. à avril*
9 ch – 150/200 € 150/200 € – 15 €
Rest – Formule 39 € bc – Menu 45 € (déj.), 75/100 € – Carte 62/87 €
Dans ce vénérable moulin du 16e s. – une institution de la Côte d'Azur –, la carte associe grands classiques, exotisme et produits nobles. On prend le repas face au beau jardin, orné d'œuvres d'art... Et pour passer la nuit, les chambres, d'esprit contemporain, sont charmantes. Cours de cuisine et boutique gourmande.

XXX **Le Candille** – Hôtel Le Mas Candille

bd C. Rebuffel – ✆ 04 92 28 43 43 – www.lemascandille.com – Fermé janv., lundi midi et mardi midi de mai à sept.

Rest – Formule 45 € bc – Menu 59 € bc (déj.), 90/130 € – Carte 110/130 €

Une table élégante, avec une belle vue en terrasse... Ici, le chef et sa brigade réalisent une cuisine subtile, avec d'excellents produits du marché. Fraîcheur, finesse et précision : une belle expérience !

➜ Tatin de foie gras à l'armagnac. Tajine de homard bleu aux épices du Sud, aubergines, tomates marzounette confites, glace au cumin et à la coriandre fraîche. "Le baillot" en chocolat grand cru manjari, espuma au vin de Beaumes-de-Venise rafraîchi aux raisins blancs.

XXX **Le Jardin** – Hôtel de Mougins

205 av. du Golf, 2,5 km par rte d'Antibes – ✆ 04 92 92 17 07 – www.hotel-de-mougins.com – Fermé 21 déc.-21 janv., dim. et lundi d'oct. à fév.

Rest – Formule 29 € bc – Menu 37 € bc (déj. en sem.), 55/75 € – Carte 60/88 €

Le chef est italien et privilégie les produits de sa terre natale et de Sicile ; il signe une savoureuse cuisine méditerranéenne. Le midi, honneur à la belle simplicité, à la légèreté et aux légumes. Terrasse verdoyante.

XX **La Place de Mougins**

41 pl. du Commandant Lamy, (au vieux village) – ✆ 04 93 90 15 78 – www.laplacedemougins.com – Fermé 19 nov.-5 déc., 4-12 fév., lundi et mardi d'oct. à juin

Rest – Formule 25 € – Menu 35 € (dîner)/120 € – Carte 94/109 €

Sur la place du village, évidemment ! Dans ce charmant restaurant règne une atmosphère chic et cosy, tandis qu'en cuisine, c'est l'ébullition autour d'un chef créatif et passionné ; chaque mois, il met en valeur un produit de saison, magnifiant la truffe, l'asperge...

XX **Le Clos St-Basile**

351 av. St-Basile – ✆ 04 92 92 93 03 – Fermé 2 sem. en mars, 2 sem. en nov., le midi et le merc. soir en juil.-août, mardi et merc. de sept. à juin

Rest – Formule 19 € – Menu 24 € (déj. en sem.), 39/49 € – Carte 51/98 €

La patronne est décoratrice et cela se voit : la salle à manger hésite entre le style bonbonnière et la brocante chic. Le chef, qui est passé par de grandes maisons, élabore une fine cuisine à partir de produits de saison.

XX **L'Amandier de Mougins**

48 av. Jean-Charles Mallet, (au vieux village) – ✆ 04 93 90 00 91 – www.amandier.fr – Fermé merc. hors saison

Rest – Menu 29 € (déj.), 35/55 € – Carte 50/75 €

Aux portes de ce village cher à Picasso, cette maison bien connue a bénéficié d'une cure de jouvence en 2011 : son charme provençal resplendit de fraîcheur. Au menu : une appétissante cuisine niçoise et... un panorama superbe en terrasse !

X **Brasserie de la Méditerranée**

32 pl. du Cdt Lamy, (au vieux village) – ✆ 04 93 90 03 47 – www.brasserie-la-mediterranee.com

Rest – Formule 17 € – Menu 25 € (déj.), 38/55 € – Carte 35/100 €

Sur la pittoresque place centrale, un bistrot bien sympathique ! Velouté de cèpes, ris de veau panés accompagnés de bons sanguins... Ici, le chef trouve son inspiration dans la tradition et les belles saveurs du Sud.

X **Le Bistrot de Mougins**

pl. du village – ✆ 04 93 75 78 34 – Fermé 27 nov.-27 déc., merc. et le midi

Rest *(réserver)* – Menu 38/52 € – Carte 45/65 €

Fraîche alternative aux incontournables terrasses mouginoises que ce petit restaurant aménagé dans une agréable cave voûtée (en fait d'anciennes écuries !). On y dîne d'une cuisine provençale simple.

MOULICENT – 61 Orne – 310 N3 – 291 h. – alt. 335 m – ✉ 61290 33 C3

▶ Paris 148 – Caen 134 – La Ferté-Bernard 51 – Nogent-le-Rotrou 35

Château de la Grande Noë sans rest

500 m à l'Ouest par D 289 – ✆ 02 33 73 63 30 – www.chateaudelagrandenoe.com – Ouvert Pâques à début nov.

3 ch – †90/110 € ††110/130 €

Dans son domaine verdoyant de 135 ha, cet élégant château (15e-18e s.) offre l'occasion d'une étape de charme au cœur du Perche. Les meubles, les portraits, les objets anciens y racontent l'histoire d'une famille... et d'un certain art de vivre.

MOULIN-DE-MALFOURAT – 24 Dordogne – 329 D7 – rattaché à Bergerac

MOULINS P – 03 Allier – 326 H3 – 19 837 h. – alt. 240 m – ✉ 03000 6 C1

Auvergne

▶ Paris 294 – Bourges 101 – Clermont-Ferrand 105 – Nevers 56

ℹ 11, rue François Péron, ✆ 04 70 44 14 14, www.moulins-tourisme.com

⛳ de Moulins-Les Avenelles, à Toulon-sur-Allier, Les Avenelles, par rte de Vichy : 7 km, ✆ 04 70 44 02 39

👁 Cathédrale Notre-Dame★ : triptyque★★★, vitraux★★ - Statue Jacquemart★ - Mausolée du duc de Montmorency★ (chapelle de la visitation) - Musée d'Art et d'Archéologie★★.

Plan page suivante

Paris Ⓝ rest,

21 r. de Paris – ✆ 04 70 44 00 58 – www.hoteldeparis-moulins.com DYp

31 ch – †121/176 € ††121/176 € – 1 suite – ☕ 15 €

Rest – Formule 20 € – Menu 26/71 € bc – Carte 31/84 €

À 100 m de la cathédrale, cet hôtel-restaurant, créé en 1834, fait figure d'institution ! Rénové en 2011, il se distingue par de très jolies chambres (mobilier de style, moulures...) et une salle de réception aménagée dans une superbe chapelle du 19e s. Bel endroit !

Le Parc

31 av. du Gén.-Leclerc – ✆ 04 70 44 12 25 – www.hotel-moulins.com – Fermé 20 déc.-3 janv. BXa

25 ch – †56/80 € ††56/80 € – ☕ 9 € – ½ P

Rest *Le Parc* – voir les restaurants ci-après

Tout près de la gare et d'un petit parc, cet établissement est tenu par la même famille depuis plusieurs générations. Les chambres sont claires, les salles de bains très colorées.

Le Clos de Bourgogne avec ch ch,

83 r. de Bourgogne – ✆ 04 70 44 03 00 – www.clos-de-bourgogne.com – Fermé 15 août-5 sept., 23 déc.-8 janv., sam. midi, dim. soir et lundi DYn

11 ch – †80/170 € ††80/170 € – ☕ 13 € – ½ P

Rest – Formule 16 € – Menu 45/80 € bc – Carte 53/62 €

On resterait volontiers enfermé dans ce clos où défilent les bons petits plats ! Cuisine traditionnelle en salle, bistronomie au salon, les gourmands ont le choix ! Mais quel que soit l'endroit, on prend plaisir à déguster son repas dans le cadre cossu de cette gentilhommière du 18e s.

Restaurant des Cours

36 cours Jean-Jaurès – ✆ 04 70 44 25 66 – www.restaurant-des-cours.com – Fermé 2 sem. en sept., vacances de fév., dim. soir, mardi soir sauf juil.-août et merc. DYx

Rest – Menu 24/56 € – Carte 42/66 €

Il serait dommage de sécher les Cours ! Un restaurant traditionnel, vrai de vrai, dans le décor (vaisselle de Gien, lustre en cristal...) comme dans l'assiette.

MOULINS

Allier (Pl. d')	CDZ	
Allier (R. d')	DYZ	
Alsace-Lorraine (Av. d')	BX	3
Ancien Palais (R.)	DY	4
Bourgogne (R. de)	BV, DY	6
Bréchimbault (R.)	DZ	7
Cerf-Volant (R. du)	BV	8
Clermont-Ferrand (Rte de)	AX	10
Desboutins (R. M.)	BX	16
Fausses Braies (R. des)	DY	19
Flèche (R. de la)	DZ	20
Grenier (R.)	DY	25
Horloge (R. de l')	DZ	26
Hôtel de Ville (Pl. de l')	DY	27
Jeu de Paume (R. du)	BV	28
Leclerc (Av. Général)	BX	30
Libération (Av. de la)	AX	31
Montilly (Rte de)	AX	32
Orfèvres (R. des)	DY	33
Pascal (R. Blaise-)	CZ	34
Péron (R. F.)	DY	35
République (Av. de la)	BX	36
Tanneries (R. des)	BV, DV	38
Tinland (R. M.)	CY	39
Vert Galant (R. du)	CDY	40
4 Septembre (R. du)	DZ	42

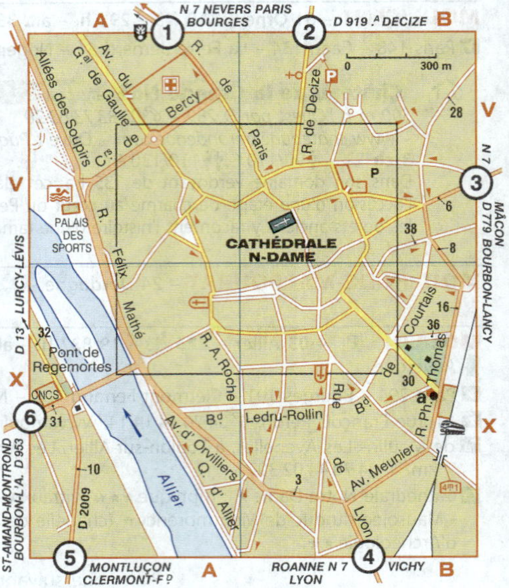

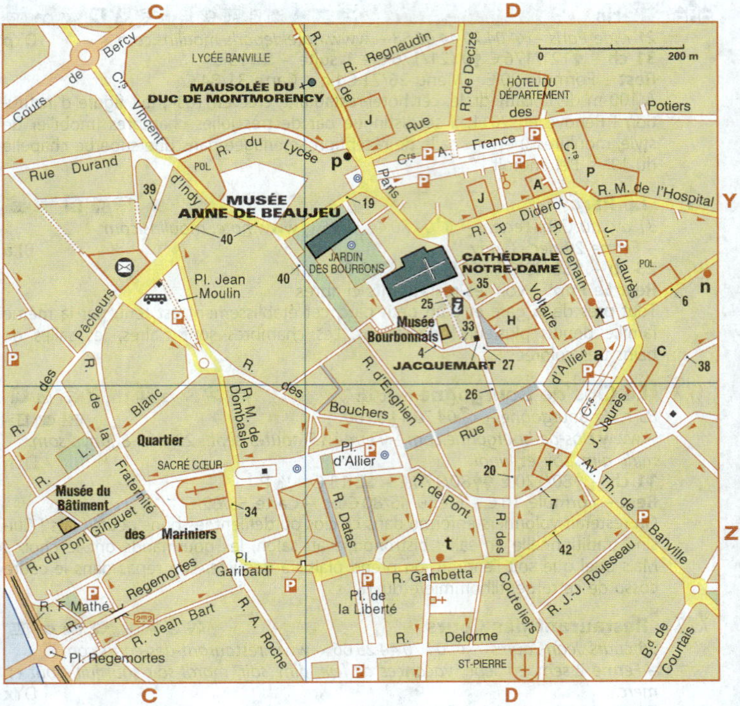

XX **Le Trait d'Union**

16 r. Gambetta – ✆ 04 70 34 24 61 – www.traitdunion-restaurant.fr – Fermé 15-31 juil., 15-23 fév., dim. et lundi DZt

Rest – Menu 23 € (déj. en sem.), 38/50 € – Carte 46/63 €

Trait d'union entre l'agréable cadre contemporain (fauteuils en rotin, tableaux modernes, fleurs et soliflores) et la cuisine du jeune chef (fraîche, sérieuse et bien présentée), ce restaurant est dans le ton !

XX **Le Parc** – Hôtel Le Parc

31 av. du Gén.-Leclerc – ✆ 04 70 44 12 25 – www.hotel-moulins.com – Fermé 26 juil.-18 août, 20 déc.-3 janv., dim. soir et sam. BXa

Rest – Menu 24 € (sem.), 33/40 € – Carte 33/57 €

Dans ce sympathique restaurant familial – bâtisse du 19e s. –, on sert une cuisine traditionnelle "aux petits oignons" : foie gras maison, filet de charolais aux morilles... Le chef ne ménage pas sa peine pour satisfaire ses clients.

X **9/7 Olivier Mazuelle**

97 r. d'Allier – ✆ 04 70 35 01 60 – www.restaurant-9-7.com – Fermé 1 sem. en juil., 2 sem. en août, sam. midi, dim. et lundi DYa

Rest – Formule 18 € – Menu 25/55 € – Carte 36/62 €

Au n° 97, le décor est zen et épuré (murs vert pastel, tables en bois, plantes…). Le jeune chef signe une cuisine soignée, à la mode des bistrots gourmands : de bons produits, de belles saveurs !

rte de Paris 8 km par ① – ✉ 03460 Trevol

Mercure

RN 7 – ✆ 04 70 46 84 84 – www.mercure.com

42 ch – †66/135 € ††76/145 € – ☕ 14 €

Rest – Formule 16 € – Carte 23/36 €

L'hôtel borde un axe passant, mais les chambres tournent le dos à la route et font face au jardin et à la piscine. Le restaurant propose une cuisine traditionnelle. Aux premiers rayons de soleil, profitez de la terrasse !

à Coulandon 8 km par ⑥ et D 945 – 689 h. – alt. 250 m – ✉ 03000

Le Chalet

26 rte du Chalet, 2 km au Nord-Est – ✆ 04 70 46 00 66 – www.hotel-lechalet.fr – Fermé 20 déc.-9 janv.

28 ch – †62/72 € ††82/92 € – ☕ 11 € – ½ P

Rest *Montégut* – voir les restaurants ci-après

Faux air de chalet pour cette maison au cœur d'un joli parc avec étang où, comme en montagne, le calme est absolu ! Les chambres sont coquettes et bien tenues. Une adresse dépaysante et reposante.

La Grande Poterie

9 r. de la Grande-Poterie, 3 km au Sud-Ouest – ✆ 04 70 44 30 39 – www.lagrandepoterie.com – Ouvert 16 mars-29 oct.

4 ch ☕ – †65/70 € ††78/85 € **Table d'hôte** – Menu 28 € bc

Dans cette ancienne auberge, la douceur de vivre se niche dans les moindres recoins ! On profite de la quiétude des chambres, décorées avec soin (coussins, boutis, jolies lampes, etc.), ou l'on se prélasse dans le parc fleuri, au bord de la piscine… La table d'hôte honore les spécialités auvergnates.

XX **Montégut** – Hôtel Le Chalet

26 rte du Chalet, 2 km au Nord-Est – ✆ 04 70 46 00 66 – www.hotel-lechalet.fr – Fermé 20 déc.- 9 janv.

Rest – Menu 19 € (sem.), 25/52 € – Carte 36/50 €

Même si l'orthographe est différente, Roméo – famille des Montaigu – et Juliette n'auraient certainement pas boudé ce restaurant ! Ici, les produits régionaux sont à l'honneur... Et l'été, on profite de la jolie terrasse pour manger au grand air !

MOULINS-LA-MARCHE – 61 Orne – 310 L3 – 784 h. – alt. 257 m 33 C3

– ✉ 61380

Paris 156 – L'Aigle 19 – Alençon 50 – Argentan 45

1, Grande Rue, ✆ 02 33 34 53 11

Le Dauphin rest, VISA

66 Grande Rue – 02 33 34 50 55 – www.hotel-ledauphin.fr
7 ch – 55/70 € 60/75 € – 8,50 € – ½ P
Rest *(fermé dim. soir, mardi soir et lundi sauf fériés)* – Formule 12 € – Menu 20/55 € – Carte 28/49 €
Tel un fils de roi, peut-être pas ; comme un poisson dans l'eau, certainement. Si vous aimez faire étape dans un relais de poste au goût d'autrefois, les chambres, plutôt spacieuses, ont été rénovées avec soin.

LE MOULLEAU – 33 Gironde – 335 D7 – rattaché à Arcachon

MOULON – 33 Gironde – 335 J5 – 964 h. – alt. 8 m – 33420 4 C1

Paris 603 – Agen 126 – Bordeaux 41 – Périgueux 108

5 Lasserre sans rest

5 lieu-dit La Serre – 05 57 51 79 62 – www.5lasserre.com
3 ch – 130 € 145 €
En pleine nature, cette ferme a été rénovée luxueusement dans un esprit contemporain chic... Les chambres sont grandes et très raffinées ; la piscine à débordement donne sur la Dordogne et il y a même une vraie salle de cinéma et une petite galerie d'art. Un lieu d'exception !

MOUMOUR – 64 Pyrénées-Atlantiques – 342 I3 – 845 h. – alt. 210 m – 64400 3 B3

Paris 834 – Bordeaux 255 – Pau 38 – Tarbes 81
place de l'église, 05 59 39 14 68

Château de Lamothe N sans rest VISA AE

14 r. de l'Embarry – 06 88 28 38 61 – www.chateau-de-lamothe.eu
5 ch – 225/275 € 225/275 €
Cette ancienne résidence d'été des évêques d'Oloron, dont les origines remontent au 13e s., s'épanouit dans un grand jardin verdoyant, face aux Pyrénées... Un cadre historique et superbe : abondance d'antiquités et de tentures chatoyantes, salle de cinéma, fitness, etc. Et partout les œuvres des propriétaires, qui sont artistes !

MOURÈZE – 34 Hérault – 339 F7 – 170 h. – alt. 200 m – 34800 23 C2

Languedoc Roussillon
Paris 717 – Bédarieux 22 – Clermont-l'Hérault 8 – Montpellier 50
Cirque★★.

Navas "Les Hauts de Mourèze" sans rest VISA

Cirque dolomitique – 04 67 96 04 84 – www.hotelmoureze.fr – Ouvert de début avril à mi-oct.
15 ch – 51/57 € 63/69 € – 7 €
Une bâtisse des années 1970, d'inspiration régionale. Les chambres sont simples (ni téléphone, ni TV), à deux pas du superbe cirque de Mourèze. Calme et nature, à bon prix...

MOURIÈS – 13 Bouches-du-Rhône – 340 E3 – 3 297 h. – alt. 13 m – 13890 42 E1

Paris 713 – Avignon 36 – Arles 29 – Marseille 75
2, rue du Temple, 04 90 47 56 58

Terriciaë sans rest VISA AE

rte de Maussane (D 17) – 04 90 97 06 70 – www.hotel-terriciae.fr – Fermé 16 déc.-14 janv.
31 ch – 87/170 € 122/195 € – 10 €
Cet hôtel né en 2004 propose des chambres fonctionnelles et confortables – esprit provençal –, dont deux duplex et deux junior suites, donnant pour certaines sur la grande piscine. Jardin d'oliviers et terrasse.

Le Vallon du Gayet rest, VISA AE

rte de Servannes – ✆ 04 90 47 50 63 – www.levallondegayet.com – Fermé 15 déc.-15 janv.

24 ch – †89/99 € ††99/115 € – ☕ 11 €

Rest *(fermé 15 nov.-3 déc., 15 fév.-3mars, mardi midi, merc. midi et lundi hors saison)* – Menu 25 € – Carte 30/66 €

Agréable auberge familiale dans un mas au pied des Alpilles. Les chambres, confortables, sont toutes de plain-pied et donnent sur le parc. Préférez celles – plus spacieuses – dans le pavillon. Au restaurant, on apprécie des grillades et pizzas cuites au feu de bois.

MOUSSEY – 10 Aube – 313 E4 – rattaché à Troyes

MOUSSOULENS – 11 Aube – 344 E3 – rattaché à Carcassonne

MOUSTIERS-STE-MARIE – 04 Alpes-de-Haute-Provence – 334 F9 41 C2

– 718 h. – alt. 631 m – ✉ 04360 Alpes du Sud

Paris 783 – Aix-en-Provence 90 – Digne-les-Bains 47 – Draguignan 61

place de l'Église, ✆ 04 92 74 67 84

Site★★ - Église★ - Musée de la Faïence★.

Grand Canyon du Verdon★★★ -Lac de Ste-Croix★★.

La Bastide de Moustiers VISA AE

chemin de Quinson, au Sud du village, par D 952 et rte secondaire – ✆ 04 92 70 47 47 – www.bastide-moustiers.com – Fermé 2 janv.- 28 fév., mardi et merc. de nov. à mars sauf fériés

11 ch – †210/390 € ††210/390 € – 1 suite – ☕ 22 €

Rest ***La Bastide de Moustiers*** ✿ – voir les restaurants ci-après

Un petit chemin, une grille en fer forgé, des arbres fruitiers, des vieilles pierres, des faïences régionales, des draps en lin, un grand potager aromatique, un âne, des chevaux, un poney... Plus qu'un inventaire à la Prévert, le charme irrésistible d'une bastide du 17e s. !

Les Restanques de Moustiers sans rest VISA

rte des Gorges du Verdon, à 500 m par rte de Castellane – ✆ 04 92 74 93 93 – www.hotel-les-restanques.com – Ouvert 23 mars-10 nov.

18 ch – †79/109 € ††79/109 € – 2 suites – ☕ 9 €

Cette bâtisse domine la vallée. On s'y repose dans des chambres sobres et bien tenues ; celles du rez-de-chaussée disposent d'une terrasse. Le matin, on prend son petit-déjeuner dans la salle, ornée de faïences locales, ou sur la jolie terrasse.

La Ferme Rose sans rest VISA AE

chemin de Peyrengue, au Sud du village, par rte Ste-Croix-du-Verdon – ✆ 04 92 75 75 75 – www.lafermerose.com – Ouvert 30 mars-15 nov.

12 ch – †85/150 € ††85/150 € – ☕ 11 €

Sympathique ambiance guesthouse dans cette ancienne ferme située au pied du village. Meubles chinés, bibelots et collections diverses en font un petit musée vivant au charme incroyable ! Une adresse pour les chineurs... et les autres.

Le Colombier sans rest VISA AE

à 500 m par rte de Castellane – ✆ 04 92 74 66 02 – www.le-colombier.com – Ouvert 6 avril-3 nov.

22 ch – †75/106 € ††85/106 € – 1 suite – ☕ 10 €

Hôtel situé à 400 m du charmant village. Les chambres sont coquettes et colorées, la plupart avec terrasse. Beau jardin avec petite piscine et jacuzzi.

Le Clos des Iris sans rest
chemin de Quinson, au Sud du village, par D 952 et rte secondaire – ✆ 04 92 74 63 46 – www.closdesiris.fr – Fermé 1er déc.-15 fév.
9 ch – 69/75 € 69/75 € – 10 €
Un hôtel, au milieu des fleurs, où mère et fille œuvrent de concert ! Il fait bon poser ses valises dans les jolies chambres provençales et s'installer sur sa terrasse privative pour profiter du soleil. Le charme d'une maison à la campagne... Accueil au diapason.

La Bonne Auberge
rte de Castellane, (au village) – ✆ 04 92 74 66 18 – www.bonne-auberge-moustiers.com – Ouvert d'avril à oct.
19 ch – 60 € 68/85 € – 9 € – ½ P
Rest *La Bonne Auberge* – voir les restaurants ci-après
À l'entrée du village, cet hôtel familial dispose de chambres lumineuses et fonctionnelles. On apprécie l'agréable terrasse et la piscine à débordement. Restauration traditionnelle.

La Bastide de Moustiers – Hôtel La Bastide de Moustiers
chemin de Quinson, au Sud du village, par D 952 et rte secondaire – ✆ 04 92 70 47 47 – www.bastide-moustiers.com – Fermé 2 janv.- 28 fév., mardi et merc. de nov. à mars sauf fériés
Rest *(nombre de couverts limité, réserver)* – Menu 60/76 € – Carte 75/95 €
En cette belle bastide – propriété d'Alain Ducasse –, on déguste une cuisine méditerranéenne et légumière pleine des senteurs du marché et du potager (ne manquez pas le jardin des simples attenant !). Un joli résumé de la Provence...
➜ Brandade des bénédictines, croûtons aillés et pistou de riquette. Agneau à la broche, légumes de saison et panisse dorée. Clafoutis aux amandes de Provence, fruits de saison et glace au lait. **Vins** Coteaux varois en Provence.

La Ferme Ste-Cécile
1,5 km par rte de Castellane – ✆ 04 92 74 64 18 – www.ferme-ste-cecile.com – Fermé 15 nov. à début mars, dim. soir sauf juil.-août et lundi
Rest – Formule 27 € – Menu 36 €
Poussez la grille et empruntez le chemin de terre... au bout duquel cette ancienne ferme fait le bonheur des gourmands ! Derrière les fourneaux, le chef concocte avec délicatesse et subtilité une savoureuse cuisine du Sud. Belle carte des vins.

La Treille Muscate
pl. de l'Église – ✆ 04 92 74 64 31 – www.restaurant-latreillemuscate.com – Fermé 1er déc.-5 fév., merc. soir et jeudi sauf juil.-août
Rest – Formule 21 € – Menu 29/49 € – Carte 53/64 €
Au pied des falaises, voilà un sympathique bistrot provençal devant lequel le cœur des gourmands ne reste pas de pierre ! On s'y régale d'une savoureuse cuisine à l'accent du Sud et, aux beaux jours, on profite tout naturellement de la terrasse, à l'ombre d'un platane qui fêtera bientôt ses 200 ans.

La Bonne Auberge – Hôtel La Bonne Auberge
rte de Castellane, (au village) – ✆ 04 92 74 66 18 – www.bonne-auberge-moustiers.com – Ouvert d' avril à oct. et fermé dim. soir et lundi hors saison, sam. midi, mardi midi et jeudi midi en saison
Rest – Menu 21/55 € – Carte 42/52 €
Toute la rusticité provençale dans un restaurant chaleureux : une Bonne Auberge ! Évidemment, la carte fait la part belle aux spécialités régionales, mais aussi aux petits plats de tradition.

MOUTHIER-HAUTE-PIERRE – 25 Doubs – 321 H4 – 305 h. – alt. 450 m – ✉ 25920 Franche-Comté Jura 17 C2

Paris 442 – Baume-les-Dames 55 – Besançon 39 – Pontarlier 23

Belvédère de Mouthier ★★ SE : 2,5 km - Gorges de Nouailles★ SE : 3,5 km - Belvédère du moine de la vallée★★- Source de la Loue★★.

La Cascade

4 rte des Gorges de Noailles – ✆ 03 81 60 95 30 – www.hotel-lacascade.fr – Fermé 15 déc.-15 janv.

18 ch – †65/70 € ††65/72 € – ☐ 10 € – ½ P

Rest – Formule 12 € – Menu 16 € (déj. en sem.), 31/41 € – Carte 36/51 €

Un hôtel agréable : jolie vue sur la vallée de la Loue ; chambres actuelles et bien tenues (la plupart avec balcon ou loggia). Au restaurant, on déguste une cuisine traditionnelle en admirant les gorges de Noailles.

MOÛTIERS – 73 Savoie – 333 M5 – 3 863 h. – alt. 480 m – ✉ 73600 46 F2

Alpes du Nord

▶ Paris 607 – Albertville 26 – Chambéry 76 – St-Jean-de-Maurienne 85

ℹ place Saint-Pierre, ✆ 04 79 24 04 23, www.ot-moutiers.fr

Le Coq Rouge

115 pl. A. Briand – ✆ 04 79 24 11 33 – Fermé 26 juin-20 juil., dim. et lundi

Rest – Formule 22 € – Menu 30/52 € – Carte 37/62 €

Inutile de se lever au chant du coq pour goûter à la cuisine traditionnelle de ce restaurant ! Derrière les fourneaux, le chef travaille les produits frais avant de retourner à ses pinceaux... Passionné de peinture, il a décoré la salle – cosy – avec ses toiles.

MOUTIERS-AU-PERCHE – 61 Orne – 310 O4 – 438 h. – alt. 190 m 33 C3 – ✉ 61110

▶ Paris 152 – Alençon 73 – Caen 178 – Rouen 147

Villa Fol Avril

2 r. des Fers-Chauds – ✆ 02 33 83 22 67 – www.villafolavril.fr – Fermé janv.

12 ch – †80/130 € ††95/130 € – ☐ 12 € – ½ P

Rest *(fermé merc. midi et jeudi midi d'oct. à avril, dim. soir, mardi midi et lundi)* – Formule 18 € – Menu 22 € (sem.)/33 € – Carte 34/53 €

Une charmante échappée bucolique dans un relais de poste du 17e s. rénové dans un esprit cosy, très maison de campagne... Les chambres sont douces et raffinées avec leur jolies teintes pastel ; au restaurant, le chef concocte des plats traditionnels et, aux beaux jours, on profite du jardin et de la piscine.

MOUTIERS-SOUS-CHANTEMERLE – 79 Deux-Sèvres – 322 C4 38 B1 – 616 h. – alt. 190 m – ✉ 79320

▶ Paris 411 – Poitiers 92 – Nantes 114 – Niort 51

ℹ 13, rue de la Mairie, ✆ 05 49 72 62 66

Le Domaine de Chantemerle (N) sans rest

30 r. de la Vendée – ✆ 05 49 74 19 18 – www.hotel-chantemerle.com – Fermé janv.

7 ch – †60/65 € ††65/75 € – ☐ 8 €

Sur la route du Puy du Fou, arrêtez-vous dans cet ancien relais de chasse du 19e s., au cœur d'un parc de 2 ha. Les chambres sont confortables et spacieuses (quelques familiales), l'ambiance évoque une maison d'hôtes. Idéal pour se ressourcer au grand calme.

MUHLBACH-SUR-MUNSTER – 68 Haut-Rhin – 315 G8 – 763 h. 1 A2 – alt. 460 m – ✉ 68380 Alsace Lorraine

▶ Paris 462 – Colmar 24 – Gérardmer 37 – Guebwiller 45

Perle des Vosges

22 rte Gaschney – ✆ 03 89 77 61 34 – www.perledesvosges.net – Fermé 2 janv.-1er fév.

45 ch – †59/110 € ††59/110 € – ☐ 9 € – ½ P

Rest ***Perle des Vosges*** – voir les restaurants ci-après

Au pied du Hohneck, cet hôtel tenu en famille – les deux fils ont repris le flambeau, mais leur mère n'est jamais loin – est bien agréable : les chambres, spacieuses et pratiques, donnent très souvent sur les Vosges ; on se détend au fitness panoramique et... l'on se régale au restaurant !

Perle des Vosges
22 rte Gaschney – 03 89 77 61 34 – www.perledesvosges.net – Fermé 2 janv.-1er fév.
Rest – Formule 19 € – Menu 23/49 € – Carte 29/50 €
Le chef, formé dans de grandes maisons, est une perle ! Ses assiettes, gorgées de saveurs, copieuses et joliment présentées, honorent la région et les grands classiques de la gastronomie française. Et l'été, on file en terrasse...

MUIDES-SUR-LOIRE – 41 Loir-et-Cher – 318 G5 – 1 350 h. – alt. 82 m – 41500 11 B2

Paris 169 – Blois 20 – Châteauroux 109 – Orléans 48
place de la Libération, 02 54 87 58 36, www.muides.fr

Château de Colliers sans rest
rte de Blois, RD 951 – 02 54 87 50 75 – www.chateau-colliers.com
5 ch – 143 € 143/164 €
Au bout de l'allée bordée de tilleuls, de frênes et de marronniers... ce beau château de la Loire (18e s.). Peintures classées, mobilier de style dans les chambres : du cachet !

Auberge du Bon Terroir
20 r. du 8-Mai 1945 – 02 54 87 59 24 – Fermé 18 nov.-8 déc., dim. soir, lundi et mardi sauf juil.-août
Rest – Menu 29/38 €
Dans cette auberge de village, la patronne concocte une agréable cuisine traditionnelle, tandis que son mari vous accueille, tout sourire... Terrasse à l'ombre des tilleuls.

MULHOUSE – 68 Haut-Rhin – 315 I10 – 111 156 h. – Agglo. 243 618 h. – alt. 240 m – 68100 Alsace Lorraine 1 A3

Paris 465 – Basel 34 – Belfort 43 – Freiburg-im-Breisgau 59
de Basel Mulhouse Freiburg (Euro-Airport) 27 km par ③, 03 89 90 31 11, 061 325 3111 de Suisse, 0761 1200 3111 d'Allemagne.
3635 et tapez 42 (0,34 €/mn)
9, avenue du Maréchal Foch, 03 89 35 48 48, www.tourisme-mulhouse.com
Parc zoologique et botanique★★ - Hôtel de Ville★★ FY H1, musée historique★★ - Vitraux★ du temple St-Étienne - Musée de l'automobile-collection Schlumpf★★★ BU - Musée français du chemin de fer★★★ AV - Musée de l'Impression sur étoffes★ FZ M6 - Electropolis : musée de l'énergie électrique★ AV M2.
Musée du Papier peint★ : collection★★ à Rixheim E : 6 km DV M7.

Plans pages suivantes

Hôtel du Parc
26 r. Sinne – 03 89 66 12 22 – www.hotelduparc-mulhouse.com FZp
76 ch – 99/120 € 120/210 € – 3 suites – 20 €
Rest *(fermé 3 sem. en août)* – Carte 26/67 €
Luxueux palace dans les années 1930, cet hôtel cultive son charme rétro et son esprit Art déco. Au Charlie's Bar résonnent tous les soirs des mélodies jazzy : on s'en délecte le temps d'un verre ou d'un dîner...

Holiday Inn
34 r. P.-Cézanne – 03 89 60 44 44 – www.holidayinn-mulhouse.com AVc
75 ch – 96/142 € 96/142 € – 5 suites – 16 €
Rest *Brasserie Flo* *(fermé 1er janv.-1er mai)* – Formule 19 € – Menu 27 € – Carte 27/58 €
Dans une zone d'affaires, esprit contemporain et international : lounge bar, chambres confortables, agréable espace bien-être et, pour se restaurer, une brasserie du groupe Flo.

Bristol sans rest
18 av. de Colmar – 03 89 42 12 31 – www.hotelbristol.com FY**e**
85 ch – 65/160 € 75/160 € – 6 suites – 10 €
À deux pas du centre historique, le Bristol dispose de salons de séminaire très appréciés. Côté chambres, une décoration classique, chaleureuse et variée, parfois plus contemporaine. Service prévenant.

Mercure Centre
4 pl. du Gén.-de-Gaulle – 03 89 36 29 39 – www.mercure.com FZ**b**
92 ch – 141/250 € 141/250 € – 16 €
Rest – Formule 19 € – Carte 31/38 €
En face de la gare TGV et non loin du musée de l'Impression sur étoffes, un bâtiment des années 1970 avec des chambres confortables, rénovées pour la plupart dans un esprit épuré et contemporain.

Kyriad Centre sans rest
15 r. Lambert – 03 89 66 44 77 – www.hotel-mulhouse.com FY**a**
70 ch – 49/131 € 49/131 € – 10 €
En plein centre-ville, dans un quartier piéton calme et commerçant, un hôtel récent qui a une âme, avec des chambres simples mais accueillantes. Au petit-déjeuner, on déguste le pain du boulanger voisin fraîchement sorti du four.

Il Cortile (Stefano D'Onghia)
11 r. des Franciscains – 03 89 66 39 79 – www.ilcortile-mulhouse.fr – Fermé 17 fév.-3 mars, 5-12 mai, 11-25 août, dim. et lundi EY**a**
Rest – Menu 31 € (déj. en sem.), 62/79 € – Carte 70/85 €
Le chef, d'origine italienne, est un vrai autodidacte. Après trente ans passés dans le commerce et un stage dans les cuisines d'une grande maison parisienne, il a réalisé son rêve : ravir nos papilles des saveurs délicates de la Botte. Reconversion réussie ! Et une mention spéciale pour la superbe terrasse.
→ Culatello di Zibello, haricots verts, asperges, œuf poché et caviar de truffe. Suprême de pigeon rôti, raviolis à la mortadelle et caciocavallo. Fraises au vinaigre balsamique, olive confite et sorbet basilic.

Oscar
1 av. Mar.-Joffre – 03 89 45 25 09 – www.bistrot-oscar.com – Fermé 1er-16 août, 23 déc.-6 janv., mardi soir, sam. midi, dim. et fériés FZ**x**
Rest – Formule 20 € – Menu 35 € – Carte 24/56 €
Une brasserie à la parisienne, avec son atmosphère conviviale, sa terrasse fleurie et ses grands classiques, tels le tartare ou l'andouillette. Ici, tout est fait maison – même le pain – et les vins sont très bien choisis (petits producteurs).

L'Estérel
83 av. de la 1ère Division Blindée – 03 89 44 23 24 – Fermé 27 avril-3 mai, 2 sem. en août, vacances de la Toussaint, vacances de fév., dim. soir, merc. soir et lundi CV**t**
Rest – Formule 13 € – Menu 24 € (sem.)/49 € – Carte 30/55 €
Et oui, Mulhouse aussi possède son Estérel... On y savoure une agréable cuisine du marché 100 % maison, pile dans l'air du temps. L'été, la terrasse ombragée est prise d'assaut.

La Table de Michèle
16 r. de Metz – 03 89 45 37 82 – www.latabledemichele.fr – Fermé 21 août-3 sept., sam. midi, dim. et lundi FY**t**
Rest – Formule 18 € – Menu 23 € (sem.), 30 € bc/45 € bc – Carte 40/60 €
Michèle joue du piano debout... en cuisine, bien sûr ! Son répertoire ? Plutôt traditionnel, mais sensible aux quatre saisons. Côté décor : chaleur du bois et ode à la nature.

Poincaré II
6 porte Bâle – 03 89 46 00 24 – www.lepoincare2.com – Fermé 5-11 août, sam. sauf le soir du 16 sept. au 14 juin et dim. FY**m**
Rest – Formule 23 € – Menu 26/60 € – Carte 30/86 €
Une vraie cuisine traditionnelle dans un authentique bistrot, tenu par un patron truculent et fana de gastronomie ! Les produits sont bien choisis, les assiettes ont du goût et l'on peut même savourer de jolis vins "nature".

Agen (R. d')	BU	2	Briand (R. Aristide)	AU	22	Hardt (R. de la)	CV	51
Altkrich (Av.)	BV	4	Brunstatt (R. de)	BV	23	Hollande (Av. de)	CU	57
Bâle (Rte de)	CU	7	Dollfus (Av. Gustave)	CV	27	Ile Napoléon (R. de l')	CU	58
Bartholdi (R.)	CV	8	Dornach (R. de)	AU	28	Illberg (R. de l')	BV	62
Belfort (R. de)	AV	9	Fabrique (R. de la)	CU	36	Ilot (R. de l')	DU	63
Belgique (Av. de)	CU	12	Frères-Lumière (R. des)	BV	41	Kingersheim (R. de)	BU	68
Bourtz (R. Sébastien)	BU	19	Gaulle (R. du Gén.-de)	AU	46	Lagrange (R. Léo)	BV	69

à Baldersheim 8 km par ① – 2 536 h. – alt. 226 m – ✉ 68390

Au Cheval Blanc

ch, AC, P, VISA, AE

27 r. Principale – ✆ 03 89 45 45 44 – www.hotel-cheval-blanc.com – fermé 22 déc.- 2 janv.

82 ch – 73/103 € 85/103 € – 13 € – ½ P

Rest *(fermé dim. soir)* – Menu 20/58 € – Carte 30/60 €

Dans ce sympathique village alsacien, un hôtel tenu par la même famille depuis 1879. Les chambres, confortables et très propres, sont toutes identiques. Cuisine traditionnelle sans prétention servie dans une jolie salle recouverte de boiseries.

Au Vieux Marronnier

AC, P, VISA, AE

à 300 m – ✆ 03 89 36 87 60 – www.hotel-cheval-blanc.com – Fermé 22 déc.-2 janv.

8 ch – 95 € 95 € – 6 suites – 13 €

L'annexe récente du Cheval Blanc abrite des studios et de petits appartements, bien pratiques lors de longs séjours ou d'une étape en famille (cuisinettes bien équipées).

Lefèbvre (R.) . . . . **BU** 73
Lustig (R. Auguste) . . . . **BV** 81
Mertzau (R. de la) . . . . **BU** 87
Mer-Rouge (R. de la) . . . . **AV** 86
Mitterrand (Av. F.) . . . . **BV** 90
Mulhouse (Fg de) . . . . **BU** 92
Mulhouse (ILLZACH) (R. de) . . . . **CU** 93
Mulhouse (MORSCHWILLER-LE-BAS) (R. de) . . . . **AV** 94
Nordfeld (R. du) . . . . **CV** 98
Soultz (R. de) . . . . **BU** 148
Thann (R. de) . . . . **BV** 155
Université (Rue de l') . . . . . **BV** 158
Vosges (R. des) . . . . **BCU** 161
1ère-Armée-Française (R.) . . . . **AV** 173
9e-Div.-d'Infanterie-Col. (R.) . . . . **CV** 175

à Rixheim **3 km au Sud-Est par D 66 – 13 196 h. – alt. 240 m – ✉ 68170**

La Grange à Élise sans rest

68 Grand-Rue – ✆ 03 89 54 20 71 – www.grange-elise.com **DVa**

5 ch ☕ – 🚹74 € 🚹🚹97 €

Rose, Lys, Iris... Les chambres de cette charmante demeure – une ancienne grange – évoquent un joli jardin fleuri. Objets chinés, boutis, bibelots et confort douillet : un esprit "maison de poupée" attachant, qui ravira les amateurs du genre.

Le 7ème Continent

35 av. Gén.-de-Gaulle – ✆ 03 89 64 24 85 – www.le7emecontinent.fr – Fermé 1er-9 janv., dim. soir et lundi **DVt**

Rest – Formule 25 € bc – Menu 45/68 € – Carte environ 58 €

Sur ce Continent gastronomique, le chef est un vrai passionné ! Cours de cuisine, menus à thème... tout est bon pour partager l'amour de la bonne chère. Sa carte, "renouvelée tous les mois pour que les clients ne mangent jamais pareil", est une ode au marché et aux produits. Cadre atypique et charmant.

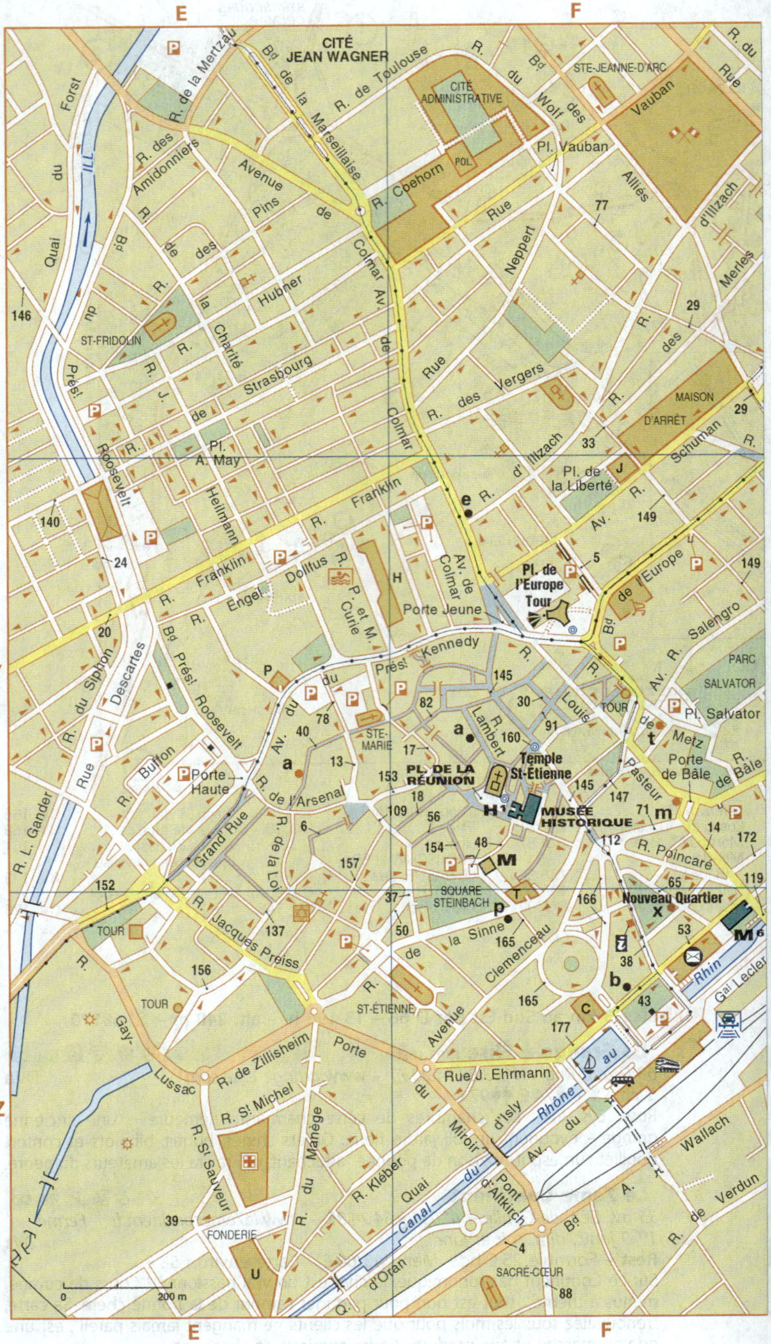
E
F
X
Y
Z
CITÉ JEAN WAGNER
CITÉ ADMINISTRATIVE
POL.
STE-JEANNE-D'ARC
Bd de la Marseillaise
R. de Toulouse
R. du Bd Wolf des Vauban
Rue Alliés
R. de la Mertzau
R. des Amidonniers
Avenue de Pins
Colmar
R. Coehorn
Pl. Vauban
Rue Neppert
d'Illzach
Merles
Quai du Forst
ILL
R. Bd de des la Charité
R. Hubner
ST-FRIDOLIN
Quai du Prést
R. J. de Strasbourg
Av. de Colmar
Rue des Vergers
R. des
MAISON D'ARRÊT
Schuman
Pl. A. May
Roosevelt
Heilmann
R. Franklin
R. d'Illzach
Pl. de la Liberté
Av. R.
Pl. de l'Europe
Tour
Franklin
Engel Dollfus
R. P. et M. Curie
Av. de Colmar
Porte Jeune
Bd de l'Europe
Av. R. Salengro
PARC SALVATOR
Pl. Salvator
R. du Siphon
Descartes
Bd Prést Roosevelt
Prést Kennedy
R. Lambert
R. Louis
TOUR
Av. du du
STE-MARIE
PL. DE LA RÉUNION
Temple St-Étienne
MUSÉE HISTORIQUE
H¹
R. de Metz
Porte de Bâle
R. de Bâle
Pasteur
Rue Bufflon
Porte Haute
R. de l'Arsenal
R. de la Loi
Grand' Rue
R. L. Gander
R. Poincaré
Nouveau Quartier
SQUARE STEINBACH
la Sinne
Clemenceau
R. Jacques Preiss
TOUR
R. de ST-ÉTIENNE
Avenue
Rhin
Gal Leclerc
M⁶
R. Gay-Lussac
R. de Zillisheim
Porte
Rue J. Ehrmann
au
Rhône
R. St Michel
R. St Sauveur
R. du Manège
du Miroir
d'Isly
Av. du
Wallach
R. Kléber
Quai du Canal
Pont d'Altkirch
Bd A.
R. de Verdun
FONDERIE
U
d'Oran
SACRÉ-CŒUR
0
200 m
146
140
24
20
152
156
39
77
29
33
149
5
145
30
91
160
82
78
40
13
17
153
18
109
6
56
154
48
M
157
137
37
50
T
p
165
166
147
71
m
112
14
172
119
65
53
38
b
43
C
177
4
88
a
e
t
x
J
H
P

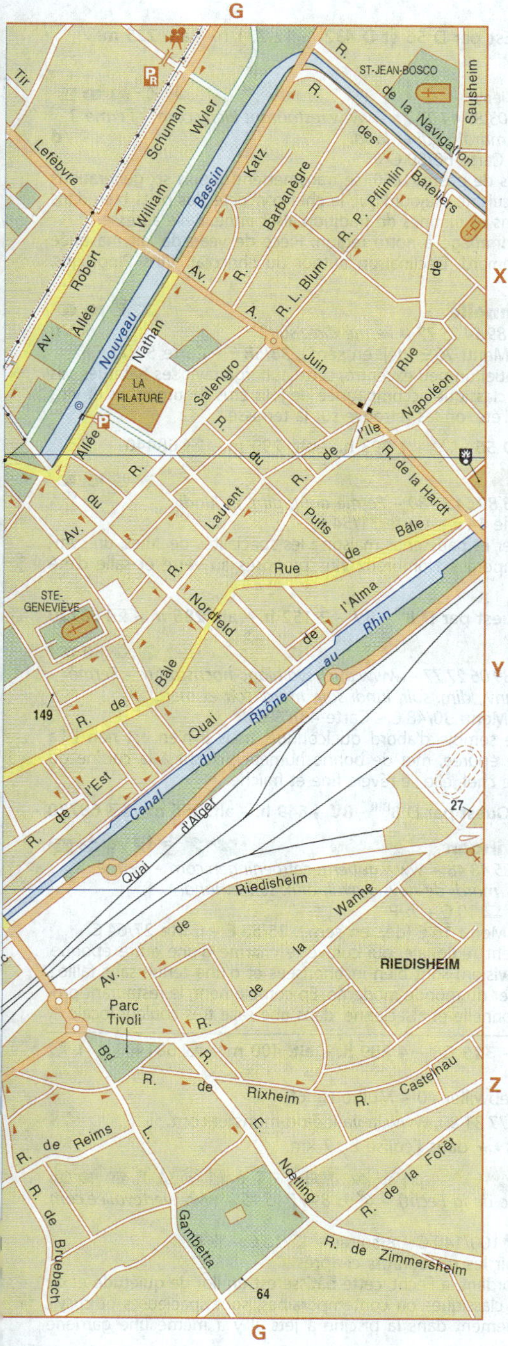
G
ST-JEAN-BOSCO
Sausheim
R. de la Navigation
R. des Bateliers
R. P. Pflimlin
Tir
Lefèbvre
William Schuman
Wyler
Bassin
Katz
R. Barbanègre
Av. Robert
Allée Nathan
Nouveau
R. L. Blum
Av. A. Juin
Rue Napoléon
LA FILATURE
R. Salengro
Allée
R. de l'Ile
R. de la Hardt
R. du Laurent
Av. du
R. du Puits
Rue de Bâle
R. Nordfeld
STE-GENEVIÈVE
R. de l'Alma
Canal du Rhône au Rhin
Quai de Bâle
149
R. de l'Est
R. de
Quai d'Alger
27
Quai de Riedisheim
R. de la Wanne
RIEDISHEIM
Av. de
Parc Tivoli
Bd
R. de Rixheim
R. Castelnau
R. de Reims
R. de Bruebach
Gambetta
L.
E. Noetling
R. de la Forêt
R. de Zimmersheim
64
X
Y
Z
G

MULHOUSE

à Riedisheim 2 km au Sud-Est par D 56 et D 432 – 12 231 h. – alt. 225 m – ✉ 68400

XXX **La Poste** (Jean-Marc Kieny)
7 r. Gén. de Gaulle – ☎ 03 89 44 07 71 – www.restaurant-kieny.com – Fermé 3 sem. en août, dim. soir, mardi midi et lundi CV**d**
Rest – Menu 27/85 € – Carte 60/80 €
Dans ce chaleureux relais de poste (1850) se transmettent depuis six générations les secrets de la bonne cuisine. Aujourd'hui, le chef concocte des plats bien dans leur époque, goûteux, fins et mâtinés de tradition alsacienne. Belle adresse.
➜ Tapas Alsacien en hommage à notre région. Pièce de veau de lait masquée d'une bolognaise de homard. Déclinaison autour du chocolat. **Vins** Pinot gris, Pinot noir.

XX **Auberge de la Tonnelle**
61 r. Mar.-Joffre – ☎ 03 89 54 25 77 – Fermé dim. soir CV**u**
Rest – Formule 24 € – Menu 26 € (déj. en sem.), 38/58 € – Carte 50/73 €
Dans un quartier résidentiel un peu excentré, cette auberge ravit ses habitués : ils y savourent une cuisine classique accompagnée de jolis crus (bourgognes et vins de petits producteurs) ; l'été, on les retrouve sur la terrasse.

à Zimmersheim 5 km par D 56 - CV – 1 093 h. – alt. 290 m – ✉ 68440

X **Jules**
5 r. de Mulhouse – ☎ 03 89 64 37 80 – Fermé août, dim. et lundi
Rest *(réserver)* – Formule 14 € – Carte 31/54 €
Abats, produits de la mer et pâtisseries maison : les spécialités de Jules, un sympathique bistrot contemporain. Nombreux vins proposés au verre et salle d'été face au jardin.

à Hochstatt 7 km au Sud-Ouest par D 8III - BV – 2 152 h. – alt. 286 m – ✉ 68720

XX **Au Cheval Blanc**
55 Grande Rue – ☎ 03 89 06 27 77 – www.auchevalblanc-hochstatt.fr – Fermé 1er-15 août, 24 déc.-3 janv., dim. soir, lundi soir, mardi soir et merc.
Rest – Formule 22 € – Menu 30/48 € – Carte 43/69 €
Cette maison de village semble d'abord quelconque, mais il n'en est rien ! La déco, contemporaine et épurée, met de bonne humeur ; quant à la cuisine du marché concoctée par le chef, elle se révèle fine et fraîche.

à Froeningen 9 km au Sud-Ouest par D 8BIII - BV – 649 h. – alt. 256 m – ✉ 68720

Auberge de Froeningen
2 rte Illfurth – ☎ 03 89 25 48 48 – www.aubergedefroeningen.com – Fermé 15-31 août, 1er-21 janv., mardi de nov. à avril, dim. soir et lundi
7 ch – †65 € ††75 € – ☕ 10 € – ½ P
Rest – Formule 13 € – Menu 16 € (déj. en sem.), 25/58 € – Carte 27/64 €
Une auberge typiquement régionale, qui cultive le charme d'une autre époque. Les chambres (sans télévision) sont bien insonorisées et d'une tenue sans faille... Idéal pour se déconnecter du monde moderne. En complément, le restaurant propose une cuisine traditionnelle et alsacienne, dans une salle très couleur locale.

MUNSTER – 68 Haut-Rhin – 315 G8 – 4 889 h. – alt. 400 m – ✉ 68140 1 A2

Alsace Lorraine
Paris 458 – Colmar 19 – Guebwiller 40 – Mulhouse 60
1, rue du Couvent, ☎ 03 89 77 31 80, www.la-vallee-de-munster.com
Soultzbach-les-Bains : autels★★ dans l'église E : 7 km.

Verte Vallée
10 r. A. Hartmann, (parc de la Fecht) – ☎ 03 89 77 15 15 – www.vertevallee.com – Fermé 6 janv.-1er fév.
111 ch – †90/140 € ††100/140 € – 8 suites – ☕ 16 € – ½ P
Rest ***Verte Vallée*** – voir les restaurants ci-après
Dans un grand jardin bordant la Fecht, cette bâtisse est un îlot de quiétude et de détente. Les chambres, classiques ou contemporaines, sont spacieuses et cosy... Et pour barboter sereinement dans la piscine à jets, il y a même une garderie d'enfants.

Deybach sans rest
4 r. du Badischhof, 1 km par rte de Colmar (D 417) – ✆ 03 89 77 32 71 – www.hotel-deybach.com
16 ch – †49/59 € ††55/65 € – ☕ 9 €
Accueil souriant, atmosphère chaleureuse, chambres petites mais bien agréables, copieux petit-déjeuner et... excellent rapport qualité-prix ! Un petit hôtel tenu en famille vivement recommandé.

Verte Vallée – Hôtel Verte Vallée
10 r. A. Hartmann, (parc de la Fecht) – ✆ 03 89 77 15 15 – www.vertevallee.com – Fermé 6 janv.-1er fév.
Rest – Formule 17 € – Menu 22 € (déj. en sem.), 29/54 € – Carte 43/51 €
Crémeux de munster fermier, filet de canette et son croustillant aux châtaignes, meringue glacée revisitée... Le chef concocte une savoureuse cuisine d'aujourd'hui et le sommelier se fait un plaisir de vous parler de ses jolis crus.

A l'Agneau d'Or
2 r. St-Grégoire – ✆ 03 89 77 34 08 – www.martinfache.com – Fermé lundi et mardi
Rest *(nombre de couverts limité, réserver)* – Menu 36/47 € – Carte 43/55 €
Quenelles de truite aux écrevisses et beurre blanc au riesling, choucroute... Dans cette chaleureuse maison régionale, le chef revisite à sa façon la tradition et le terroir. Gibier en saison.

à Wihr-au-Val 6 km à l'Est par D 417 – 1 237 h. – alt. 330 m – ✉ 68230

Nouvelle Auberge (Bernard Leray)
9 rte Nationale – ✆ 03 89 71 07 70 – www.nauberge.com – Fermé 4-20 août, vacances de fév., dim. soir, lundi et mardi
Rest – Menu 37/80 € – Carte 51/72 €
Rest *Bistrot* *(déj. seult)* – Menu 12/20 € – Carte 18/28 €
Dans cette Nouvelle Auberge, élégante et attachante, les propriétaires jouent un délicieux "double jeu" culinaire ! Gastronomie à l'étage, avec une fine cuisine classique parfaitement maîtrisée par le chef ; brasserie alsacienne au rez-de-chaussée... et ses savoureuses spécialités régionales.
➜ Soupe d'escargots, jus de persil aillé et consommé de bœuf. Pigeonneau et escalope de foie gras chaud, fleischschnaka de pigeon. Meringue et mousses au chocolat, craquant de pralin et gavottes, glace chicorée. **Vins** Riesling, Pinot gris.

MURAT – 15 Cantal – **330** F4 – 2 025 h. – alt. 930 m – ✉ 15300 **5** B3
Auvergne
Paris 520 – Aurillac 48 – Brioude 59 – Issoire 74
Place de l'hotel de Ville, ✆ 04 71 20 09 47
Site★★ - Église★ d'Albepierre-Bredons S : 2 km.

à l'Est 4 km par N 122, rte de Clermont-Ferrand – ✉ 15300 Murat

Le Jarrousset
– ✆ 04 71 20 10 69 – www.restaurant-le-jarrousset.com – Fermé janv., lundi et mardi sauf juil.-août
Rest – Formule 17 € – Menu 24/75 € bc – Carte 44/55 €
Dans un environnement verdoyant, cette auberge traditionnelle cultive le goût des produits locaux : le chef s'approvisionne auprès d'un réseau de fermes sélectionnées avec soin. Une table bucolique et gourmande.

LA MURAZ – 74 Haute-Savoie – **328** K4 – 965 h. – alt. 630 m **46** F1
– ✉ 74560
Paris 545 – Annecy 33 – Annemasse 11 – Thonon-les-Bains 41

L'Angélick

160 Centre Village – ✆ 04 50 94 51 97 – www.angelick.fr – Fermé 12-29 août, 23 déc.-5 janv., dim. soir, lundi, mardi et le midi en sem.

Rest – Menu 39/80 € – Carte 52/67 €

Rest *La Brasserie* *(déj. seult)* – Menu 14 € (sem.)/25 €

Un restaurant gastronomique chaleureux et cossu, où le chef travaille de bons produits, osant des mariages créatifs et audacieux. Côté Brasserie (le midi en semaine), on se régale à bon compte de petits plats sympathiques.

MURBACH – 68 Haut-Rhin – 315 G9 – rattaché à Guebwiller

MUR-DE-BARREZ – 12 Aveyron – 338 H1 – 820 h. – alt. 790 m – ✉ 12600 Midi Toulousain 29 D1

Paris 567 – Aurillac 38 – Rodez 73 – St-Flour 56

Place de l'église, ✆ 05 65 66 10 16, www.murdebarrez.fr

Auberge du Barrez

av. du Carladez – ✆ 05 65 66 00 76 – www.aubergedubarrez.com – Fermé 2 janv.-28 fév.

18 ch – †53/68 € ††66/98 € – ☕ 10 € – ½ P

Rest *Auberge du Barrez* – voir les restaurants ci-après

Dans son jardin fleuri, cette grande maison est vraiment accueillante : les chambres sont fraîches et bien tenues (certaines avec terrasse) et, à l'heure des gourmandises, on n'est pas déçu !

Auberge du Barrez

av. du Carladez – ✆ 05 65 66 00 76 – www.aubergedubarrez.com – Fermé 2 janv.-28 fév., mardi midi sauf du 9 juil. au 3 sept., merc. midi sauf d'avril à sept. et lundi midi

Rest – Menu 15 € (déj. en sem.), 27/45 € – Carte 37/52 €

Aux commandes de cet agréable restaurant : un jeune couple plein d'allant. Madame est pâtissière et son chef de mari concocte une cuisine du terroir aveyronnais copieuse et bien tournée. Aux beaux jours, on profite avec gourmandise de la terrasse.

MÛR-DE-BRETAGNE – 22 Côtes-d'Armor – 309 E5 – 2 101 h. – alt. 225 m – ✉ 22530 Bretagne Nord 10 C2

Paris 457 – Carhaix-Plouguer 50 – Guingamp 47 – Loudéac 20

place de l'Église, ✆ 02 96 28 51 41, www.guerledan.fr

Rond-Point du lac ≤★ - Lac de Guerlédan★★ O : 2 km.

Auberge Grand'Maison (Christophe Le Fur) avec ch

1 r. Léon-le-Cerf – ✆ 02 96 28 51 10 – www.auberge-grand-maison.com – Fermé 1er-8 juil., 14-28 oct., 2-10 janv., 13-28 fév., mardi sauf le soir en saison, dim. soir et lundi

8 ch – †50/90 € ††50/90 € – ☕ 12 €

Rest – Menu 27 € (déj. en sem.), 50/80 € – Carte 50/64 €

Actuelle, créative, voire évolutive, la cuisine de Christophe Le Fur appelle les adjectifs. Combinaisons de saveurs et de textures, exploration de toutes les possibilités offertes par l'Armor et l'Argoat : cette belle auberge contemporaine sait se faire remarquer. Ses chambres aussi ont du caractère !

➜ Crousti-sarrasin de langoustine, raviole de mangue, avocat et yuzu. Civet d'ormeaux sauvages de Perros-Guirec. Mystère en terre bretonne, chocolat blanc et caramel au beurre salé.

MURET – 31 Haute-Garonne – 343 F4 – 23 356 h. – alt. 169 m – ✉ 31600 Midi Toulousain 28 B2

Paris 698 – Auch 96 – Foix 102 – Montauban 76

Place Léon Blum, ✆ 05 61 51 91 59

La Villa 31 avec ch
350 rte de Rieumes – 05 61 56 39 73 – www.lavilla31.fr – Fermé sam. midi, dim. soir et lundi
4 ch – 65/85 € 65/85 € – 10 € – ½ P
Rest – Formule 18 € – Menu 26/38 € – Carte 38/50 €
Dans cette grande villa, le parti pris est simple : le style contemporain – presque dépouillé – et la dominante de blanc et de gris permettent de se concentrer sur l'assiette. Et cela tombe bien, car tout est à la fois beau et bon ! Les chambres et la piscine invitent à prolonger ce bon moment...

MURET-LE-CHÂTEAU – 12 Aveyron – **338** H4 – 335 h. – alt. 540 m – ✉ 12330 29 C1
Paris 621 – Aurillac 75 – Rodez 19 – Toulouse 166
le Bourg, 05 65 46 93 84, www.cc-caussevallonmarcillac.fr

L'Auberge du Château avec ch
Le Bourg – 05 65 47 71 57 – www.laubergeduchateau.com – Fermé merc.
7 ch – 70/85 € 70/85 € – 10 € **Rest** – Formule 22 € – Menu 33/55 €
Dans ce village de l'Aveyron, face à la mairie, l'adresse est bien connue des gourmands, qui s'y régalent d'une cuisine dans l'air du temps où les légumes et les herbes ont la part belle. Dans l'assiette, couleurs et saveurs sont au rendez-vous. Terrasse joliment fleurie.

MURO – 2B Haute-Corse – **345** C4 – voir à Corse

MUS – 30 Gard – **339** K6 – 1 286 h. – alt. 53 m – ✉ 30121 Provence 23 C2
Paris 737 – Arles 52 – Montpellier 37 – Nîmes 26

La Paillère
26 av. du Puits Vieux – 04 66 35 55 93 – www.paillere.com
5 ch – 80/90 € 80/90 € **Table d'hôte** – Menu 25 €
Cette maison du 17e s., discrète et patinée par le temps, cultive un certain art de vivre : patio verdoyant, chambres originales (Provence, Mongolie, etc.). Pour l'anecdote, elle fut la propriété de Régine et Delon y a séjourné ! Recettes du Sud à la table d'hôte.

MUTIGNY – 51 Marne – **306** G8 – rattaché à Épernay

MUTZIG – 67 Bas-Rhin – **315** I5 – 5 754 h. – alt. 190 m – ✉ 67190 1 A1
Alsace Lorraine
Paris 479 – Obernai 11 – Saverne 30 – Sélestat 38

L'Ours de Mutzig
pl. Fontaine – 03 88 47 85 55 – www.loursdemutzig.com – Fermé 1er-15 janv.
47 ch – 75/95 € 75/95 € – 12 € – ½ P
Rest *(fermé jeudi)* – Formule 10 € – Menu 18/38 € – Carte 30/45 €
Dans cette maison à la jolie façade bleue (1900), les chambres sont plaisantes, décorées dans un style contemporain ou plus classique (bois) dans les mansardes du 3e étage. Carte traditionnelle ; çà et là, des ours en peluche peuplent la salle.

LE MUY – 83 Var – **340** O5 – 8 983 h. – alt. 27 m – ✉ 83490 41 C3
Côte d'Azur
Paris 861 – Antibes 59 – Marseille 132 – Toulon 77
9, allée Victor Hugo, 04 94 45 12 79, www.ville-lemuy.fr

L'Orée du Bois
rond-point Sainte-Roseline, 2469 rte de Draguignan, RD 1555 – 04 98 11 12 40 – www.oreedubois83.com
31 ch – 82/98 € 90/108 € – 10 € – ½ P
Rest *(fermé dim. soir, lundi hors saison et sam. midi)* – Menu 22 € (sem.), 30/58 € – Carte 42/59 €
Ce bâtiment moderne d'esprit provençal (crépi ocre) aligne comme dans un motel de petites chambres simples et agréables, toutes avec terrasse face au jardin et à la piscine. En prime : sauna, hammam, jacuzzi et restaurant traditionnel. Un hôtel familial fort bien tenu sur les hauteurs de Fréjus.

au Nord 3 km par rte de Callas

Château des Demoiselles sans rest
2040 rte de Callas – ✆ 06 15 83 48 95 – www.chateaudesdemoiselles.com – Fermé 1er-15 déc.
5 ch – 120/180 € 130/200 €
Ce pourrait être un hôtel de charme d'un beau standing, et c'est une maison d'hôtes... De la majestueuse allée d'entrée bordée de platanes, jusqu'aux chambres de la demeure – une superbe bastide de 1830 –, s'incarne tout l'art de vivre de la Provence ! Et l'on peut découvrir les vins du domaine autour de la table d'hôte...

NACONNE – 42 Loire – 327 E5 – rattaché à Feurs

NAINVILLE-LES-ROCHES – 91 Essonne – 312 D4 – 446 h. – alt. 77 m – ✉ 91750 19 C2

Paris 49 – Boulogne-Billancourt 49 – Montreuil 50 – Saint-Denis 62

Le Clos des Fontaines sans rest
3 r. de l'Église – ✆ 01 64 98 40 56 – www.closdesfontaines.com
5 ch – 75/90 € 90/110 €
Un havre de paix entre Paris, Milly-la-Forêt et Fontainebleau. La propriété se cache derrière des murs en pierre : passé la grille, on découvre un grand et verdoyant jardin, réunissant d'anciennes fermettes du 18e s. Un joli ensemble, abritant des chambres au décor très soigné. Petit-déjeuner gourmand.

NAJAC – 12 Aveyron – 338 D5 – 760 h. – alt. 315 m – ✉ 12270 29 C1

Midi Toulousain

Paris 629 – Albi 51 – Cahors 85 – Gaillac 51

place du Faubourg, ✆ 05 65 29 72 05

La Forteresse★ : ≤★.

L' Oustal del Barry
2 pl. Sol de Barry – ✆ 05 65 29 74 32 – www.oustaldelbarry.com – Ouvert 24 mars-4 nov.
17 ch – 49/52 € 58/80 € – 10 € – ½ P
Rest *L' Oustal del Barry* – voir les restaurants ci-après
Nichée au cœur d'un magnifique village médiéval dominé par sa forteresse du 11e s., une maison accueillante avec des chambres sobres mais douillettes, donnant sur le bourg ou la vallée.

Le Belle Rive
Au Roc du Pont, 3 km au Nord-Ouest par D 39 – ✆ 05 65 29 73 90 – www.lebellerive.com – Ouvert 1er avril-31 oct. et fermé dim. soir en oct.
21 ch – 58/64 € 58/64 € – 9 € – ½ P
Rest *(fermé dim. soir et lundi midi en oct.)* – Menu 24/42 € – Carte 30/49 €
Une histoire de famille... depuis cinq générations ! Un hôtel-restaurant au bord de l'Aveyron, avec des chambres un brin rustiques, simples et propres. Grande terrasse fleurie et ombragée pour profiter de la cuisine régionale du chef.

L' Oustal del Barry
2 pl. Sol de Barry – ✆ 05 65 29 74 32 – www.oustaldelbarry.com – Ouvert 24 mars-4 nov. et fermé lundi midi et mardi midi sauf du 20 juin au 1er sept.
Rest – Formule 18 € – Menu 18/21 € – Carte 58/65 €
Dans ce charmant restaurant rustique, le chef met à l'honneur la région et le terroir en travaillant de beaux produits... De l'une des salles, on peut même admirer son potager !

NALZEN – 09 Ariège – 343 I7 – rattaché à Lavelanet

NANCY P – 54 Meurthe-et-Moselle – **307** I6 – **106 318 h.** – **26** B2
Agglo. 285 977 h. – alt. 206 m – ✉ **54000** Alsace Lorraine
Paris 314 – Dijon 216 – Metz 57 – Reims 209
de Metz-Nancy-Lorraine : ✆ 03 87 56 70 00, 43 km par ⑥.
✆ 3635 et tapez 42 (0,34 €/mn)
place Stanislas, ✆ 03 83 35 22 41, www.ot-nancy.fr
de Nancy Pulnoy, à Pulnoy, 10 rue du Golf, par rte de Château-Salins et D 83 : 7 km, ✆ 03 83 18 10 18
de Nancy, à Aingeray, 1 chemin du golf, NO : 17 km par D 90, ✆ 03 83 24 53 87
Place Stanislas★★★, Arc de Triomphe★ BY **B** - Place de la Carrière★ et Palais du Gouverneur★ BX **R** - Palais ducal★★ : musée historique lorrain★★★ - Église et Couvent des Cordeliers★ : gisant de Philippe de Gueldre★★ - Porte de la Craffe★ - Église N.-D.-de-Bon-Secours★ EX - Façade★ de l'église St-Sébastien - Musées : Beaux-Arts★★ BY **M**[3], Ecole de Nancy★★ DX **M**[4], aquarium tropical★ du muséum-aquarium CY **M**[8] - Jardin botanique du Montet★ DY.
Basilique★★ de St-Nicolas-de-Port par ② : 12 km.

Plans pages suivantes

Park Inn
rest, ch,
11 r. Raymond Poincaré – ✆ 03 83 39 75 75 – www.nancy-parkinn.fr
192 ch – 105/175 € 105/175 € – 16 € AY**r**
Rest *(fermé 10-25 août, 20-31 déc., sam., dim. et fériés)* – Formule 17 € – Menu 22 € (déj.), 27/33 € – Carte 26/38 €
Cette grande tour de verre et d'acier a un atout de poids : sa situation au cœur du quartier des affaires, non loin du centre historique. Les chambres sont spacieuses, fonctionnelles et bien équipées. Pratique : le restaurant pour ceux qui ne voudraient pas ressortir.

Hôtel d'Haussonville sans rest
9 r. Mgr-Trouillet – ✆ 03 83 35 85 84 – www.hotel-haussonville.fr – Fermé 2 sem. début janv. AX**g**
4 suites – 142/233 € – 3 ch – 16 €
Les amateurs de demeures classées seront comblés par ce splendide hôtel particulier du 16e s. Ici, tout n'est que raffinement : cheminées et parquets d'époque, beau salon avec piano à queue, antiquités... Quel charme !

Hôtel des Prélats sans rest
56 pl. Mgr Ruch – ✆ 03 83 30 20 20 – www.hoteldesprelats.com – Fermé 24 déc.-4 janv. CY**r**
42 ch – 95/115 € 115/145 € – 13 €
Cet hôtel particulier du 17e s. adossé à la cathédrale est superbe ! Les chambres, toutes spacieuses, rivalisent de caractère et de raffinement (lits à baldaquin, vitraux, objets chinés). Le genre d'endroit que l'on quitte à regret...

Mercure Centre Stanislas sans rest
5 r. des Carmes – ✆ 03 83 30 92 60 – www.mercure.com BY**m**
80 ch – 121/159 € 121/159 € – 17 €
Au cœur de Nancy, un hôtel bien situé, près de la place Stanislas. Les chambres, contemporaines, ont tout le confort souhaité. Le matin, en plus du buffet habituel, une sélection de produits bio vous est proposée. Le plus : le parking privé.

Crystal sans rest
5 r. Chanzy – ✆ 03 83 17 54 00 – www.bwcrystal.com – Fermé 24 déc.-6 janv.
58 ch – 79/180 € 79/180 € – 13 € AY**a**
Voilà un établissement familial bien situé ! Quelques minutes à pied suffisent pour rejoindre la gare, aller au musée ou faire les magasins. Les chambres sont agréables et bien tenues ; les "Supérieures" étant plus cosy.

Maison de Myon
ch,
7 r. Mably – ✆ 03 83 46 56 56 – www.maisondemyon.com – Fermé 23 fév.-10 mars CY**s**
5 ch – 100/110 € 125/130 € **Table d'hôte** – Menu 30 € bc/100 €
Dans cette demeure du 18e s., tout est du meilleur goût. Que ce soit dans les chambres ou dans les salons, meubles anciens et design côtoient tissus élégants, œuvres d'art et objets précieux. Même l'ancienne écurie s'est transformée en belle bibliothèque ! Cours de cuisine, dégustations de vin, table d'hôte...

C
0 1 km
V
TOUL-LANGRES
A 31-E 21
ST-JACQUES
D 400
A 31
5
A 33
LA GRANDE SAPINIÈRE
4 3 2
78
79

A
B
X
Y
Z
C
0 200 m
Canal de la Marne au Rhin
VIADUC LOUIS MARIN
Pte de la Citadelle
PTE DE LA CRAFFE
LES CORDELIERS
PALAIS DUCAL
La Pépinière
PARC ZOOLOGIQUE
E.N.S.I.C.
PL. DE LA CARRIÈRE
CITÉ ADMINISTRATIVE
PORTE STE-CATHERINE
Jardin Godron
PLACE STANISLAS
Pl. d'Alliance
St-Epvre
Pl. Carnot
INSTITUT EUROPÉEN CINÉMA ET AUDIOVISUEL
PÔLE UNIVERSITAIRE EUROPÉEN
COURS LÉOPOLD
PTE STANISLAS
SALLE POIREL
PRINTEMPS
Cathédrale
St-Sébastien
ST-SÉBASTIEN
Pl. de la République
PALAIS DES CONGRÈS
VIADUC J.F. KENNEDY
COMMUNAUTÉ URBAINE
ST-LÉON
PTE ST-NICOLAS
Pl. des Vosges
C.H.U.
R. J. Lamour
R. Désilles
Bd Charles V
Quai Claude-le-Lorrain
Av. Foch
R. Jeanne d'Arc
Bd Joffre
R. St-Jean
R. St-Georges
R. St-Nicolas
Rue des Quatre Églises
R. Dizier
R. de la Salle
R. A. Lebrun
Bd Lobau
Rue des Jardiniers
R. des Tiercelins
Rue de Metz
R. de Malzéville
R. Ch. de Foucauld
R. H. Déglin
R. Grandville
R. Ste-Catherine
Gde Rue
Bd du 26e R.I.
E.A.N.

Raugraff (R.)	BY	75
St-Dizier (R.)	BCYZ	
St-Èpvre (Pl.)	BY	82
St-Georges (R.)	CY	
St-Jean (R.)	BY	
St-Lambert (R.)	DV	84
St-Léon (R.)	AY	85
Source (R. de la)	AY	99
Stanislas (R.)	BY	100
Strasbourg (Av. de)	EX	102
Tomblaine (R. de)	EV	103
Trois-Maisons (R. du Fg des)	AX	104
Trouillet (R.)	AXY	105
Verdun (R. de)	DV	106
Victor-Hugo (R.)	DV	107
Visitation (R. de la)	BY	109
XXe-Corps (Av. du)	EV	110

VANDŒUVRE-LÈS-NANCY

Barthou (Bd L.)	EX	12
Doumer (Av. P.)	EX	30
Europe (Bd de l')	DEY	33
Frère (R. Gén.)	DY	35
Jeanne-d'Arc (Av.)	DEY	45
Jean-Jaurès (Av.)	DXY	42
Leclerc (Av. Gén.)	DY	48

XXX **Le Capu**

31 r. Gambetta – 03 83 35 26 98 – www.lecapu.com
– Fermé dim. en juil.-août et sam. midi BY**m**
Rest – Formule 22 € – Menu 32 € (sem.), 48/76 € – Carte 76/92 €
Le Capucin Gourmand était une institution bien connue à Nancy ; depuis 2011, voici le Capu ! Un nom raccourci, un décor chic et feutré (avec les anciennes boiseries et moulures) et toujours la même cuisine de saison, parée de notes originales.

XX **La Maison dans le Parc**

3 r. Ste-Catherine – 03 83 19 03 57 – www.lamaisondansleparc.com
– Fermé 29 avril-8 mai, 11-20 août, 1er-17 janv., dim. soir , lundi et mardi
Rest – Menu 33 € (déj. en sem.)/63 € – Carte 67/86 € BY**n**
Cette demeure du 19e s. est... très contemporaine (tons gris, mobilier John Hutton), et bien sûr, il y a un beau parc, à deux pas de la place Stanislas. La chef, autodidacte, mêle produits d'ici, saveurs d'Asie et jolis vins. Chic et branché !

XX **La Toq'**

1 r. Mgr Trouillet – 03 83 30 17 20 – www.latoqueblanche.fr
– Fermé 1 sem. vacances de printemps, 28 juil.-18 août, 1 sem. vacances de fév., dim. soir et lundi ABY**z**
Rest – Formule 20 € – Menu 28 € (sem.), 39/75 € – Carte 58/80 €
Voûtes et pierres apparentes pour un cadre moderne distingué, voire épuré ; au cœur de la vieille ville, la Toq' va de l'avant, portée par des produits de qualité. De belles saveurs, bien affirmées...

XX **Les Agaves**

2 r. des Carmes – 03 83 32 14 14 – www.les-agaves-nancy.com
– Fermé 1er-15 août, lundi soir, merc. soir et dim. BY**u**
Rest – Menu 29/45 € – Carte 40/51 €
Cap au Sud pour ce restaurant élégant qui flirte avec l'esprit bistrot. Le chef mêle influences méditerranéennes, provençales et italiennes ; même la carte des vins fait la part belle aux crus de la Botte.

XX **Les Petits Gobelins**

18 r. de la Primatiale – 03 83 35 49 03 – www.lespetitsgobelins.fr
– Fermé vacances de printemps, 1er-23 août, 2-6 janv., dim. et lundi
Rest – Formule 19 € – Menu 26 € (sem.), 38/70 € CY**z**
– Carte 46/65 €
C'est dans une rue piétonne que l'on déniche cette demeure du 18e s. qui abrite un agréable bistrot contemporain. Ici, on mise sur de beaux produits – sans oublier la carte des vins, pertinente.

X **V Four**

10 r. St-Michel – 03 83 32 49 48 – www.levfour.fr
– Fermé 3-14 sept., 29 janv.-8 fév., dim. soir et lundi BX**r**
Rest *(nombre de couverts limité, réserver)* – Formule 19 € – Menu 29/60 €
– Carte 55/70 €
Ce restaurant de poche à la fois chic et sobre, situé dans une petite rue piétonne, connaît un franc succès et c'est justifié. La cuisine est précise et savoureuse, le service vraiment attentif ; bref, on passe un bon moment.

X **Chez Tanésy Le Gastrolâtre**

23 Grande Rue – 03 83 35 51 94 – Fermé 14-30 juil. , vacances de la Toussaint, 1er-7 janv., mardi midi, dim. et lundi BY**v**
Rest *(nombre de couverts limité, réserver)* – Formule 29 € – Menu 45 €
– Carte 52/70 €
Un chef, un vrai, et un côté bistrot rétro en plein cœur de la vieille ville. Authentiques et gourmands, les plats canailles se succèdent : volaille en vessie, terrine du tripier, baeckeofe de foie gras... Et les sorbets sont maison !

Les Pissenlits

25 bis r. des Ponts – 03 83 37 43 97 – www.les-pissenlits.com – Fermé 3-19 août, dim. et lundi BYe

Rest – Formule 15 € – Menu 22/40 € bc – Carte 25/41 €

Rest *Vins et Tartines* 03 83 35 17 25 – Carte 17/28 €

Un bel exemple de l'École de Nancy ! Le décor est aussi esthétique que la cuisine régionale est copieuse : salade de... pissenlits au lard, matelote de filets de sandre, ris de veau aux morilles, etc. L'annexe Vins et Tartines – bien nommée – se la joue bistrot dans une belle cave voûtée.

à Dommartemont – 645 h. – alt. 299 m – ✉ 54130

La Ferme Ste Geneviève - Le Bistrot

2 chemin du Pain-de-Sucre – 03 83 29 13 49 – www.lafermesaintegenevieve.com – Fermé vacances de Noël, mardi soir, merc. soir et jeudi soir du 15 sept. au 15 mai, dim. soir et lundi

Rest – Formule 16 € – Menu 20 € (sem.)/28 € – Carte 28/50 €

Un restaurant posté sur les hauteurs de la ville, où l'on apprécie des plats régionaux et traditionnels (avec des propositions à l'ardoise). Aux beaux jours, profitez de la terrasse avec ses airs de guinguette.

à Jarville-la-Malgrange – 9 412 h. – alt. 210 m – ✉ 54140

Les Chanterelles

27 av. Malgrange – 03 83 51 43 17 – Fermé lundi soir, mardi soir, merc. soir, jeudi soir et dim. EXn

Rest – Menu 20 € (déj. en sem.), 30/45 €

Après une visite au musée de l'Histoire du fer, on peut pousser la porte de ce restaurant de quartier. Le cadre est simple et l'assiette ne déroge pas à la tradition : foie gras, filet mignon de porc à la bière, croustillant de munster, etc.

à Houdemont – 2 402 h. – alt. 270 m – ✉ 54180

Novotel Nancy Sud

8 allée de la Genelière, (près du centre commercial) – 03 83 56 10 25 – www.novotel.com EYs

86 ch – †75/155 € ††75/155 € – ☕ 15 €

Rest – Formule 13 € – Carte 20/45 €

À la croisée des autoroutes Nancy-Paris-Strasbourg, faire une halte dans cet hôtel peut s'avérer salutaire. La plupart des chambres, spacieuses, ont adopté un design contemporain. Parfaite pour se détendre avant de reprendre la route, la terrasse du restaurant au bord de la piscine.

à Vandoeuvre-lès-Nancy – 30 968 h. – alt. 300 m – ✉ 54500

Cottage-Hôtel

rest,

– 03 83 44 69 00 – www.groupe-mengin.com – Fermé 3-18 août et 21-31 déc.

64 ch – †54/98 € ††54/98 € – ☕ 10 € – ½ P

Rest *(fermé dim.)* – Formule 16 € – Menu 20/40 € bc – Carte 27/41 €

Nous voici au cœur du technopôle de Nancy-Brabois, près de l'hippodrome. Ici, les chambres adoptent progressivement un style contemporain de bon aloi. La clientèle d'affaires et les résidents apprécient la carte traditionnelle du restaurant, et ses buffets.

à Neuves-Maisons 14 km par ④ – 7 203 h. – alt. 230 m – ✉ 54230

L'Union

1 r. A. Briand – 03 83 47 30 46 – www.restaurantlunion.com – Fermé 5-19 août, 1er-7 janv., mardi soir, merc. soir, jeudi soir et lundi

Rest – Formule 13 € – Menu 25/35 € – Carte 36/51 €

Cette jolie petite maison colorée, autrefois café du village, propose une cuisine traditionnelle bien sympathique : râble de lapin à la truffe, fricassée de volaille au champagne, tête de veau, etc. Et puis, il y a la terrasse ombragée...

NANS-LES-PINS – 83 Var – **340** J5 – 4 123 h. – alt. 380 m – ✉ 83860 **40** B3

Paris 794 – Aix-en-Provence 44 – Brignoles 26 – Marseille 42

2, cours Général-de-Gaulle, ✆ 04 94 78 95 91, www.la-provence-verte.net

de la Sainte-Baume, Domaine de Châteauneuf, N : 4 km par D 80, ✆ 04 94 78 60 12

Domaine de Châteauneuf

3 km au Nord par D 560 – ✆ 04 94 78 90 06 – www.domaine-de-chateauneuf.fr – Ouvert avril-oct.

29 ch – †143/395 € ††169/395 € – 1 suite – ☕ 19 € – ½ P

Rest *Domaine de Châteauneuf* – voir les restaurants ci-après

Pas de luxe opulent, mais un raffinement discret et une certaine authenticité dans cette belle bastide du 18e s., nichée au cœur du golf de la Sainte-Baume. Persiennes en bois, mobilier provençal, salles de bains à l'ancienne…

Domaine de Châteauneuf

3 km au Nord par D 560 – ✆ 04 94 78 90 06 – www.domaine-de-chateauneuf.fr – Ouvert avril-oct.

Rest – Formule 30 € – Menu 40/86 € – Carte 65/75 €

Un décor classique, en camaïeu de gris, et… une belle terrasse sous des platanes centenaires : le goût de la Provence ! La carte aussi est ancrée dans la région (mérou de Méditerranée cuit sur la peau, réduction de soupe, fenouil et oignons).

L'Éveil des Sens

42 rte de Marseille – ✆ 04 94 04 41 65 – www.leveildessensrestaurant.fr – Fermé dim. soir et mardi soir de sept. à juin, mardi midi et merc. midi en juil.-août et lundi

Rest – Formule 16 € – Menu 29/40 € – Carte 46/75 €

Une maison particulière devenue restaurant, à la sortie de Nans. Seiches à la plancha, tatin de fenouil confit, crème de spéculos… des associations de saveurs qui flattent les sens.

NANTERRE – 92 Hauts-de-Seine – **311** J2 – **101** 14 – voir Paris, Environs

NANTES

Plans de la ville pages suivantes **34** B2

© R. Cintract/Hemis.fr

P – **44 – Loire-Atlantique – 282 047 h. – Agglo. 584 306 h. – alt. 8 m – ✉ 44000 – 316** G4 – Bretagne Sud

Paris 381 – Angers 88 – Bordeaux 325 – Quimper 233

Station Prouvé, prairie au Duc, ✆08 92 46 40 44, www.nantes-tourisme.com

9, rue des Etats, ✆08 92 46 40 44, www.nantes-tourisme.com

Aéroport

International Nantes-Atlantique ✆0892 568 800 (0,34 €/mn), 10 km par D 85 1BX

Quelques golfs

de Nantes Erdre, Chemin du Bout des Landes, N : 6 km par D 69, ✆02 40 59 21 21

de Carquefou, à Carquefou, Boulevard de l'Epinay, N : 9 km par D 337, ✆02 40 52 73 74

de Nantes, à Vigneux-de-Bretagne, RD 81, NO : par D965 et D 81 : 16 km, ✆02 40 63 25 82

A VOIR

Nantes médiévale, sur les pas des ducs de Bretagne : le château★★ (tour de la Couronne d'Or★★ et puits★★)4HY • Cathédrale St-Pierre-et-St-Paul★★ (tombeau de François II★★ et cénotaphe de Lamoricière★)4HY

Un petit tour des musées : musée des Beaux-Arts★★4HY • Muséum d'histoire naturelle★★3FZ**M**[4] • Musée Dobrée★3FZ • Musée archéologique★3FZ**M**[1] • Musée Jules-Verne★1BX**M**[5]

Nantes du 18e siècle : l'ancienne île **Feydeau**★4GZ

... du 19e siècle : passage Pommeraye★4GZ**150** • Quartier Graslin★3FZ • Cours Cambronne★3FZ • Jardin des Plantes★4HY

... et d'aujourd'hui : le Lieu Unique★4HY

Autour de Nantes : parcours Estuaire★★ • Canal de Nantes à Brest★

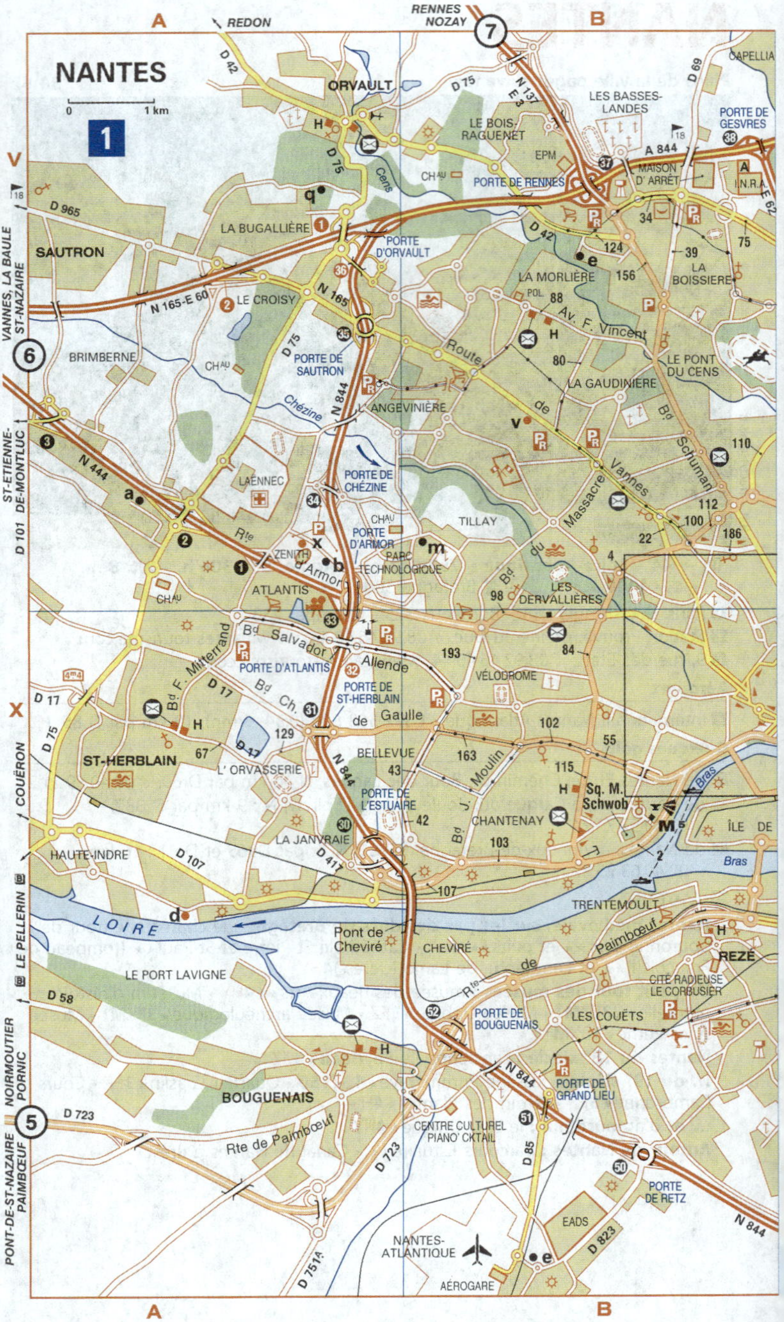

NANTES
0
1 km
1
A
B
V
X
REDON
RENNES
NOZAY
7
6
5
VANNES, LA BAULE
ST-NAZAIRE
ST-ETIENNE-DE-MONTLUC
D 101
COUËRON
LE PELLERIN
NOIRMOUTIER
PORNIC
PONT-DE-ST-NAZAIRE
PAIMBŒUF
ORVAULT
D 42
D 75
D 69
N 137
E 3
CAPELLIA
LES BASSES-LANDES
PORTE DE GESVRES
LE BOIS-RAGUENET
EPM
A 844
MAISON D' ARRÊT
I.N.R.A.
E 62
PORTE DE RENNES
Cens
D 965
SAUTRON
LA BUGALLIÈRE
PORTE D'ORVAULT
124
75
34
39
156
LA BOISSIÈRE
LA MORLIÈRE
88
Av. F. Vincent
N 165-E 60
LE CROISY
N 165
BRIMBERNE
PORTE DE SAUTRON
Route de Vannes
80
LA GAUDINIÈRE
LE PONT DU CENS
Bd Schuman
Chézine
N 844
L' ANGEVINIÈRE
N 444
PORTE DE CHÉZINE
110
LAËNNEC
TILLAY
Massacre du
112
100
186
22
4
PORTE D'ARMOR
PARC TECHNOLOGIQUE
ZENITH
Rte d'Armor
ATLANTIS
98
LES DERVALLIÈRES
Bd Salvador Allende
193
84
PORTE D'ATLANTIS
Bd F. Mitterrand
D 17
Bd Ch. de Gaulle
PORTE DE ST-HERBLAIN
VÉLODROME
102
129
ST-HERBLAIN
67
L' ORVASSERIE
BELLEVUE
163
Bd J. Moulin
55
115
Sq. M. Schwob
43
PORTE DE L'ESTUAIRE
42
CHANTENAY
Bras
ÎLE DE
LA JANVRAIE
HAUTE-INDRE
D 107
D 411
103
107
2
TRENTEMOULT
LOIRE
Pont de Cheviré
CHEVIRÉ
Rte de Paimbœuf
REZÉ
LE PORT LAVIGNE
D 58
CITÉ RADIEUSE LE CORBUSIER
PORTE DE BOUGUENAIS
LES COUËTS
N 844
PORTE DE GRAND LIEU
BOUGUENAIS
D 723
CENTRE CULTUREL PIANO' CKTAIL
D 85
PORTE DE RETZ
EADS
D 823
NANTES-ATLANTIQUE
AÉROGARE
D 751A

LA CHAPELLE-S-ERDRE
LE MANS ANGERS
CHÂTEAUBRIAND CARQUEFOU
A 11
ANGERS, ANCENIS
C
D
1
2
A 11-E 60
ST-JOSEPH DE PORTERIE
Erdre
LA GESVRINE
MAISON D'ARRET
LA MADELEINE
D 337
A 811
D 723
THOUARÉ-S-L.
PARC FLORAL
LA BEAUJOIRE
PORTE DE LA CHAPELLE
PARC DES EXPOSITIONS
PORTE DE LA BEAUJOIRE
LOUIS FONTENEAU
Rte de Carquefou
Rte de Paris
R. L. Gaudin
D 68
ÉCOLE CENTRALE
PORTE DE CARQUEFOU
STE LUCE-SUR-LOIRE
V
FACULTÉ DES LETTRES ET DE DROIT
LA PILOTIÈRE
PORTE DE STE-LUCE
R. des Sables
CHAMPTOCEAUX
FACULTÉ DES SCIENCES
Bd J. Verne
Rte de Ste Luce
Bd J. Bourcy
VIEUX-DOULON
D 751
BELLEVUE
PORTE D'ANJOU
PARC DU GRAND BLOTTEREAU
Pont de Bellevue
Bd de la Prairie de Mauves
PORTE DU VIGNOBLE
DOULON
LOIRE
MALAKOFF
BASSE-GOULAINE
LE LOROUX-BOTTEREAU
ÎLE HÉRON
N 844
D 119
N 249 - E 62
Madeleine
HÔTEL DE RÉGION
ÎLE PINETTE
BEAULIEU
Bd des Pas Enchantés
PORTE DE GOULAINE
R. du Gal de Gaulle
LA FONTAINE
Pirmil
M.I.N. NANTES
ST SÉBASTIEN-S-LOIRE
D 319
LA PROFONDINE
D 115
LE LOROUX-BOTTEREAU CH. DE GOULAINE
LE DOUET
PORTE DE ST-SÉBASTIEN
PONT ROUSSEAU
Rte de Clisson
LA GARE
SÈVRES
D 149
BEAUTOUR
LE CHÂTEAU DE REZÉ
R. J. Jaurès
Rte de Vertou
Voie
LA VERTONNE
POITIERS CLISSON
LA BLORDIÈRE
de l'Hameçon
Voie de l'Hameçon
PORTE DE VERTOU
Bd de l'Europe
D 59
D 105
X
Rte du Vignoble
LE CHÊNE CREUX
R. Ch. Rivière
Sèvre Nantaise
PORTE DES SORINIÈRES
RAGON
VERTOU
LE CHÊNE
Bd Guichet Sérex
A 801
CLISSON
PORTE DE REZÉ
D 65
ST-PHILBERT
LA ROCHE-S-YON LA ROCHELLE
A 83
N 137
4
3

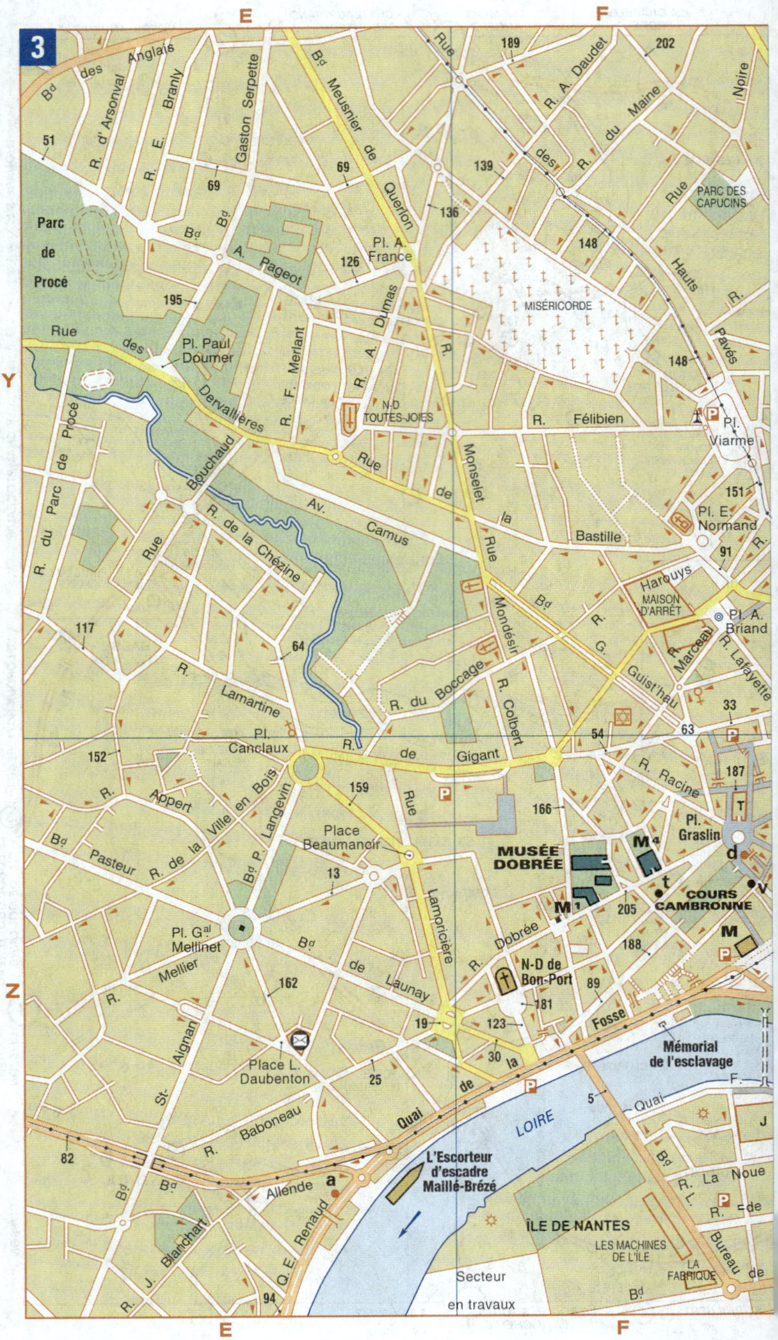
3
E
F
Y
Z
Parc de Procé
Bd des Anglais
R. d'Arsonval
R. E. Branly
Gaston Serpette
Bd Meusnier de Querlon
Rue des Hauts Pavés
R. A. Daudet
R. du Maine
R. Noire
PARC DES CAPUCINS
MISÉRICORDE
Bd A. Pageot
Pl. A. France
Pl. Paul Doumer
Rue des Dervallières
R. F. Merlant
R. A. Dumas
N-D TOUTES-JOIES
R. Félibien
Pl. Viarme
Pl. E. Normand
R. du Parc de Procé
Rue Bouchaud
R. de la Chézine
Av. Camus
Rue de la Bastille
Rue Monselet
Mondésir
Bd G. Guist'hau
MAISON D'ARRÊT
Harouys
Pl. A. Briand
R. Marceau
R. Lafayette
R. Lamartine
R. du Boccage
R. Colbert
Pl. Canclaux
R. de Gigant
R. Racine
Pl. Graslin
R. Appert
R. de la Ville en Bois
Bd P. Langevin
Rue
Place Beaumanoir
MUSÉE DOBRÉE
M4
M1
t
d
V
COURS CAMBRONNE
M
Bd Pasteur
Pl. Gal Mellinet
R. Mellier
Bd de Launay
Lamoricière
R. Dobrée
N-D de Bon-Port
R. Fosse
Mémorial de l'esclavage
R. St-Aignan
Place L. Daubenton
R. Baboneau
Quai de la Fosse
LOIRE
Quai F.
L'Escorteur d'escadre Maillé-Brézé
Bd Allende
a
Q. E. Renaud
Bd J. Blanchart
ÎLE DE NANTES
LES MACHINES DE L'ÎLE
LA FABRIQUE
Secteur en travaux
Bd L. Bureau
R. La Noue
R. de
Bd de
J
T
P
189
202
51
69
69
139
136
148
148
126
195
151
91
117
64
33
63
54
187
152
159
166
13
205
188
162
89
181
19
123
30
25
5
82
94
E
F

G
H
4
GARE FLUVIALE
Île de Versailles
Maison de l'Erdre
Jardin japonais
CENTRE CAMBRONNE
POL
Quai H. Barbusse
R. Pitre-Chevalier
Pl. de Chateaubriand
Erdre
HÔTEL DU DÉPARTEMENT
Pl. Mal Foch
Pte St-Pierre
CATHÉDRALE ST-PIERRE ET ST-PAUL
CHAPELLE DE L'ORATOIRE
MUSÉE DES BEAUX-ARTS
JARDIN DES PLANTES
ST-CLÉMENT
BOUTEILLERIE
I.U.T.
l'Immaculée
la Psalette
CHÂTEAU
GARE-NORD
GARE-SUD
Le Lieu Unique
Canal St Félix
SQ ELISA MERCŒUR
ST-SIMILIEN
TOUR BRETAGNE
ST-NICOLAS
Pl. Royale
Ste-Croix
PGE POMMERAYE
ANCNE ÎLE FEYDEAU
ANCNE ÎLE GLORIETTE
FACULTÉ DE MÉDECINE ET DE PHARMACIE
C.H.U. HÔTEL DIEU
CITÉ DES CONGRÈS
Pl. de Tbilissi
Q. de Tourville
Q. Moncousu
Bras de la Madeleine
Mitterrand
Q. A. Rhuys
Q. Hoche
ÉCOLE D'ARCHITECTURE
Pl. François II
Bras de Fer
la Tour d'Auvergne
Bd Gaston Doumergue
Bd Vincent Gâche
JARDIN EXOTIQUE DES FONDERIES
STE-MADELEINE
la Prairie au Duc
Bd Babin-Chevaye
NANTES
0
300 m
Y
Z

RÉPERTOIRE DES RUES DE NANTES

BOUGUENAIS

Paimbœuf (Rte de) BX

NANTES

Aiguillon (Q. d') BX 2
Albert (R. du Roi) GY 3
Alexandre-Dumas (R.) EY
Allende (Bd S.) EZ
Anglais (Bd des) BV 4
Anne-de-Bretagne (Pont) FZ 5
Appert (R.) EZ
Arsonval (R. d') EY
Audibert (Pont Gén.) HZ 7
Babin-Chevaye (Bd) GHZ
Baboneau (R.) EZ
Bâclerie (R. de la) GY 8
Baco (Allée) HYZ
Barbusse (Quai H.) GY
Barillerie (R. de la) GY 9
Bastille (R. de la) EFY
Baudry (R. S.) HY
Beaujoire (Bd de la) CV 10
Beaujoire (Pont de la) CV
Beaumanoir (Pl.) EZ
Belges (Bd des) CV 12
Bellamy (R. P.) GY
Belleville (R. de) EZ 13
Bel-Air (R. de) GY
Blanchart (R. J.) EZ
Boccage (R. du) EFY
Bocquerel (Bd H.) CV 14
Boileau (R.) GZ 15
Bonduel (Av. J. C.) HZ
Bossuet (R.) GY 16
Bouchaud (R.) EY
Boucherie (R. de la) GY 18
Bouhier (Pl. R.) EZ 19
Bouille (R. de) GY 21
Bouley Paty (Bd) BV 22
Bourcy (Bd Joseph) CDV
Bourse (Pl. de la) GZ 24
Branly (R. É.) EY
Brasserie (R. de la) EZ 25
Bretagne (Pl. de la) GY 27
Briand (Pl. A.) FY
Briand (Pont A.) HZ 28
Brunellière (R. Ch.) FZ 30
Buat (R. du Gén.) HY
Budapest (R. de) GY 31
Bureau (Bd L.) FZ
Calvaire (R. du) FY 33
Cambronne (Cours) FZ
Camus (Av.) EY
Canclaux (Pl.) EZ
Carnot (Av.) HYZ
Carquefou (Rte de) CV
Cassegrain (R. L.) GY
Cassin (Bd R.) BV 34
Ceineray (Quai) GY 36
Change (Pl. du) GY 37
Chanzy (Av.) HY
Chapelle-sur-Erdre (Rte) BV 39
Chateaubriand (Pl. de) GY
Châteaulin (R. de) GY
Château (R. du) GY 40
Cheviré (Pont de) ABX
Chézine (R. de la) EY
Cholet (Bd Bâtonnier) BX 42
Churchill (Bd W.) BX 43
Clemenceau (Pont G.) CX 45
Clemenceau (R. G.) HY 46
Clisson (Crs Olivier de) GZ 48
Colbert (R.) FYZ
Commerce (Pl. du) GZ 49
Constant (Bd Clovis) EY 51
Contrescarpe (R. de la) GY 52
Copernic (R.) FZ 54
Coty (Bd R.) BX 55
Coulmiers (R. de) HY 57
Courbet (Bd Amiral) CV 58
Crébillon (R.) FGZ 60
Dalby (Bd E.) CV 61
Daubenton (Pl. L.) EZ
Daudet (R. A.) FY
Delorme (Pl.) FY 63
Dervallières (R. des) EY
Desaix (R.) HY
Desgrées-du-Lou (R. du Col.) EY 64
Distillerie (R. de la) GY 66
Dobrée (R.) FZ
Dos-d'Ane (R.) CX 68
Douet Garnier (R. du) EY 69
Doulon (Bd de) CV 70
Doumergue (Bd G.) HZ
Doumer (Pl. P.) EY
Dreyfus (R. Commandant A.) CV 71
Duchesse-Anne (Pl.) HY 72
Duguay-Trouin (Allée) GZ 73
Einstein (Bd A.) BV 75
Estienne-d'Orves (Crs d') HZ 76
Farineau (R. F.) HY
Favre (Quai F.) HYZ 78
La-Fayette (R.) FY
Félibien (R.) FY
Feltre (R. de) GY 79
Foch (Pl. Mar.) HY
Fosse (Quai de la) EFZ
Fosse (R. de la) GZ 81
Fouré (R.) HZ
Frachon (Bd B.) EZ 82
France (Pl. A.) EY
Fraternité (Bd de la) BX 84
Gabory (Bd E.) CX 85
Gâche (Bd V.) HZ
Gambetta (R.) HY
Gaulle (Bd Gén.-de) CX 87
Gigant (R. de) EFZ
Graslin (Pl.) FZ
Guinaudeau (R.) FZ 89
Guist'hau (Bd G.) FY
Hameçon (Voie de l') CDX
Harouys (R.) FY
Haudaudine (Pont) GZ 90
Hauts-Pavés (R. des) FY
Hélie (R. F.) FY 91
Henri IV (R.) HY 93
Hermitage (R. de l') EZ 94
Herriot (R. É.) GY 95
Hoche (Q.) HZ
Hôtel-de-Ville (R. de l') GY 96
Ile Gloriette (Allée de l') GZ 97
Ingres (Bd J.) BX 98
Jeanne-d'Arc (R.) GY
Jean-Jaurès (R.) FGY
Jean XXIII (Bd) BV 100
Joffre (R. Mar.) HY
Jouhaux (Bd L.) BX 102
Juin (Bd Mar.) BX 103
Juiverie (R. de la) GY 104
Jules-Verne (Bd) CV
J.-J. Rousseau (R.) FGZ 99
Kennedy (Cours J.-F.) HY 105
Kervégan (R.) GZ 106
Koenig (Bd Gén.) BX 107
Lamartine (R.) EY
Lamoricière (R.) EZ
Landreau (R. du) CV 108
Langevin (Bd P.) EZ
Lanoue Bras-de-Fer (R.) FGZ
Le Lasseur (Bd) BV 112
Lattre-de-Tassigny (R. Mar.-de) FGZ 109
Launay (Bd de) EZ
Lauriol (Bd G.) BV 110
Leclerc (R. Mar.) GY 114
Liberté (Bd de la) BX 115
Littré (R.) EY 117
Louis-Blanc (R.) GZ
Luther-King (Bd M.) CV 118
Madeleine (Chée de la) GHZ
Magellan (Quai) HZ
Maine (R. du) FY
Malakoff (Quai de) HZ
Marceau (R.) FY
Marne (R. de la) GY 120
Martyrs-Nantais-de-la-Résist. (Bd) HZ 121
Mathelin-Rodier (R.) HY 122
Mazagran (R.) FZ 123
Mellier (R.) EZ
Mellinet (Pl. Gén.) EZ
Mercœur (R.) FGY 125
Merlant (R. F.) EY
Merson (Bd L.-O.) EY 126
Meusnier-de-Querlon (Bd) EY
Michelet (Bd) CV 127
Mitterrand (Q. F.) FGZ
Mollet (Bd G.) CV 128
Moncousu (Quai) GZ
Mondésir (R.) FY
Monnet (Bd Jean) GZ
Monod (Bd du Prof.-J.) CV 130
Monselet (R. Ch.) EFY
Motte Rouge (Q. de la) GY 131
Moulin (Bd J.) BX
Nations-Unies (Bd des) GZ 132
Normand (Pl. E.) FY
Olivettes (R. des) HZ
Orieux (Bd E.) CV 133
Orléans (R. d') GZ 135
Pageot (Bd A.) EY
Painlevé (R. Paul) EY 136
Paix (R. de la) GZ 138
Parc de Procé (R. du) EY
Paris (Rte de) DV
Pasteur (Bd) EZ
Péhant (R. E.) HY
Pelleterie (R. de la) EFY 139
Petite Baratte (R.) CV 141
Petite-Hollande (Pl.) GZ 142
Pilori (Pl. du) GY 144
Pirmil (Pont de) CX 145
Pitre-Chevalier (R.) GHY
Poilus (Bd des) CV 147
Poitou (R. du) FY 148
Pommeraye (Pas.) GZ
Pont-Morand (Pl. du) GY
Porte-Neuve (R.) FGY 151
Prairie-au-Duc (Bd) FGZ
Prairie de Mauves (Bd de la) DV
Préfet Bonnefoy (R. du) HY
Racine (R.) FZ
Raspail (R.) EYZ 152
Refoulais (R. L. de la) HY 153
Reine Margot (Allée de la) HY 154
Renaud (Quai E.) EZ
République (Pl. de la) GZ 157
Rhuys (Quai A.) GZ
Rieux (R. de) HZ
Riom (R. Alfred) EZ 159
Roch (Bd Gustave) CX 160
Rollin (R.) EZ 162
Romanet (Bd E.) BX 163
Ronar'ch (R. Amiral) HY
Roosevelt (Crs F.) GZ 165
Rosière d'Artois (R.) FZ 166
Royale (Pl.) GZ
Rue Noire (R.) FY
Russeil (R.) FGY
Ste-Croix (R.) GY 179
Ste-Luce (Rte de) CV
St-Aignan (Bd) EZ
St-André (Cours) HY 168
St-Jacques (R.) CX 169
St-Joseph (Rte de) CV 171
St-Mihiel (Pont) GY 172

St-Pierre (Cours) . . . . HY 174
St-Pierre (Pl.) . . . . GY 175
St-Rogatien (R.) . . . . HY 177
St-Sébastien (Côte) . . . . . . CX 178
Salengro (Pl. R.) . . . . GY 180
Sanitat (Pl. du) . . . . FZ 181
Santeuil (R.) . . . . GZ 183
Sarrebrück (Bd de) . . . . CX 184
Say (R. L.) . . . . BV 186
Schuman (Bd R.) . . . . BV
Scribe (R.) . . . . FZ 187
Serpette (Bd G.) . . . . EY
Sibille (R. M.) . . . . FZ 188
Simon (R. Jules) . . . . EY 189
Stalingrad (Bd de) . . . . CX 190
Strasbourg (R. de) . . . . GY
Sully (R.) . . . . HY
Talensac (R.) . . . . GY 192
Tbilissi (Pt de) . . . . ZH
Tertre (Bd du) . . . . BX 193
Thomas (Bd A.) . . . . EY 195
Tortière (Pont de la) . . . . . . CV 196
Tourville (Quai de) . . . . GZ
Turpin (R. Gaston) . . . . HY
Vannes (Rte de) . . . . BV
Veil (R. G.) . . . . GZ
Verdun (R. de) . . . . GY 199
Versailles (Quai de) . . . . GY
Vertou (Rte de) CX
Viarme (Pl.) . . . . FY
Victor-Hugo (Bd) . . . . CX 201
Villebois-Mareuil (R.) . . . . . . FY 202
Ville-en-Bois (R. de la) . . . . . EZ
Viviani (R. René) . . . . CX 204
Voltaire (R.) . . . . FZ 205
Waldeck-Rousseau (Pl.) . GHY 207
50-Otages (Crs des) . . . . GYZ 208

ORVAULT

Ferrière (Av. de la) . . . . BV 80
Goupil (Av. A.) . . . . BV 88
Mendès-France (Bd) . . . . . . BV 124
Rennes (Rte de) . . . . BV 156
Vannes (Rte de) . . . . BV
Vincent (Av. F.) . . . . BV

REZÉ

Gaulle (Bd Gén.-de) . . . . . . CX 87
Jean-Jaurès (R.) CX
Rivière (R. Ch.) CX

STE-LUCE-SUR-LOIRE

Bellevue (Pont de) . . . . DV

Gaudin (R. L.) . . . . DV
Sables (R. des) . . . . DV

ST-HERBLAIN

Allende (Bd S.) . . . . ABX
Armor (Rte d') . . . . AV
Dr-Boubée
(R. du) . . . . AX 67
Gaulle (Av. Ch.-de) . . . . AX
Massacre (Bd du) . . . . BV
Mitterrand (Bd F.) . . . . AX
Monnet (R. J.) . . . . AX 125

ST-SÉBASTIEN-SUR-LOIRE

Clisson (Rte de) . . . . CDX
Gaulle (R. du Gén.-de) . . . . DX
Pas-Enchantés (Bd des) . CDX

VERTOU

Arnaud (R. A.) . . . . DX 6
Beauséjour (R.) . . . . DX 11
Europe (Bd de l') . . . . DX
Guichet Sérex (Bd) . . . . DX
Pont de l'Arche (R. du) . . . . DX 149
Vignoble (Rte du) . . . . DX

Novotel Cité des Congrès

3 r. de Valmy – ✆ 02 51 82 00 00 – www.novotel.fr **4HZt**
103 ch – †79/299 € ††79/299 € – 2 suites – ☕ 15 €
Rest – Formule 18 € – Carte 20/36 €
Créé en 1992, il jouxte la cité des congrès. Ses chambres se révèlent confortables et spacieuses, pour le bénéfice de la clientèle d'affaires comme des familles. Novotel Café pour se restaurer.

Novotel Centre Bord de Loire

1 bd Martyrs Nantais – ✆ 02 40 47 77 77 – www.novotel.com **4HZv**
108 ch – †70/160 € ††70/160 € – ☕ 15 € – ½ P
Rest *(fermé sam. midi et dim. midi)* – Formule 13 € – Carte 20/36 €
Sur les rives de l'île de Nantes, desservi par le tramway, un hôtel jouissant d'une bonne situation, qui plus est entièrement rénové en 2009. Novotel Café pour la restauration.

Mercure Gare Sud

rest,

50 quai Malakoff – ✆ 02 40 35 30 30 – www.mercure.com **4HYm**
91 ch – †75/180 € ††75/180 € – ☕ 14 €
Rest – Formule 17 € – Menu 19 € – Carte 25/36 €
À la sortie de la gare (accès sud) et à deux pas du Lieu Unique, des chambres bien pensées, d'un esprit design revendiqué, donnant pour la moitié d'entre elles sur le canal St-Félix : séduisant pour un week-end urbain. Brasserie contemporaine.

Sozo Hotel N sans rest

16 r. Frédéric-Cailliaud – ✆ 02 51 82 40 00 – www.sozohotel.fr **4HYu**
27 ch – †143/347 € ††143/347 € – ☕ 14 €
Né en 2012 près de la gare, cet hôtel a été créé dans une ancienne chapelle du 19e s. ! Chambres dans les absidioles ou le chœur, vitraux pour fenêtre, clés de voûte en guise de tête de lit et, partout, un aménagement des plus design... Le cachet d'un monument historique associé à l'épure contemporaine : unique !

L'Hôtel sans rest

6 r. Henri-IV – ✆ 02 40 29 30 31 – www.nanteshotel.com – Fermé 24 déc.-2 janv.
31 ch – †79/140 € ††79/160 € – ☕ 12 € **4HYz**
Accueil très aimable dans cet Hôtel où l'on prend facilement ses aises. Vue sur le château en façade, le jardin à l'arrière ; décor contemporain aux notes rétro (références aux fifties), salon feutré : une agréable villégiature au cœur de la ville.

La Pérouse sans rest
3 allée Duquesne – 02 40 89 75 00 – www.hotel-laperouse.fr **4GYb**
46 ch – †79/177 € ††79/177 € – 14 €
Un objet architectural d'avant-garde (1993) devenu familier au cœur de Nantes : la façade graphique annonce l'esprit des chambres, très originales et minimalistes. Une réussite : avis aux amateurs !

Graslin sans rest
1 r. Piron – 02 40 69 72 91 – www.hotel-graslin.com **3FZv**
47 ch – †59/109 € ††69/135 € – 12 €
Près de l'opéra, cet hôtel propose deux catégories de chambres, décorées dans un esprit contemporain alliant fonctionnalité et notes Art déco.

Pommeraye sans rest
2 r. Boileau – 02 40 48 78 79 – www.hotel-pommeraye.com **4GZt**
50 ch – †54/169 € ††59/169 € – 11 €
Une situation idéale en centre-ville – à côté du célèbre passage Pommeraye et des boutiques de la rue Crébillon – pour cet hôtel contemporain élégant et feutré, tenu avec soin. À noter : produits bio et locaux au petit-déjeuner.

Belfort sans rest
1 r. de Belfort – 02 40 47 05 57 – www.hotel-belfort-nantes.fr **4HZc**
50 ch – †64/100 € ††64/100 € – 9 €
Non loin des quais de la Loire, cet établissement né en 2009 a tout du petit hôtel moderne d'aujourd'hui, à la fois fonctionnel et coloré. Au dernier étage, certaines chambres jouissent d'un balcon dominant la ville.

Ibis Styles Place Graslin N sans rest
5 r. du Chapeau-Rouge – 02 40 48 79 76 – www.accor.com **4GYZw**
40 ch – †65/150 € ††65/160 €
Dans une rue tranquille, cet hôtel rénové en 2012 cache de petites chambres toutes fraîches, repensées dans un esprit contemporain sans fioritures. Une bonne option au cœur de la ville.

Cholet N sans rest
10 r. Gresset – 02 40 73 31 04 – www.hotelcholet-nantes.com **3FZt**
40 ch – †65/125 € ††65/125 € – 10 €
Inspiration zen dans cet établissement central, décoré dans une agréable veine contemporaine – joliment relevée, dans les espaces communs, d'objets du Cambodge, du Vietnam et de Thaïlande. Un bon point de chute.

L'Atlantide (Jean-Yves Guého)
16 quai Ernest Renaud 44100 – 02 40 73 23 23 – www.restaurant-atlantide.net – Fermé 28 juil.-27 août, 24 déc.-2 janv., sam. midi, dim. et fériés **3EZa**
Rest – Menu 32 € (déj.), 60/95 € – Carte 76/106 €
Cette Atlantide-là n'est pas cachée au fond de l'océan, mais domine joliment les bords de Loire... Quant aux trésors de la mer, ils sont dans l'assiette : Jean-Yves Guého signe une cuisine très exacte et d'une belle finesse, qui fait la part belle au poisson. Intéressante carte de vins de Loire.
→ Burger de homard de pays, tomates confites et oignons nouveaux. Lièvre à la royale, gnocchis de pomme de terre et condiment aux airelles. Kouign amann et sa poire rôtie au caramel de beurre salé. **Vins** Muscadet Sèvre et Maine, Savennières.

L'Embellie N
14 r. Armand-Brossard – 02 40 48 20 02 – www.restaurantlembellie.com – Fermé 29 juil.-19 août, sam. midi, dim. soir et lundi **4GYf**
Rest – Formule 20 € – Menu 25/45 € – Carte 48/65 €
Non loin de la tour Anne de Bretagne, un restaurant au cadre intime et feutré, où l'on apprécie une savoureuse cuisine de saison : salade de langoustines, pigeonneau de pays, millefeuille au chocolat... De quoi embellir une journée !

L'Abélia
125 bd des Poilus – ✆ 02 40 35 40 00 – www.restaurantlabelia.com – Fermé 30 avril-11 mai, 23 juil.-17 août, 24 déc.-1er janv., dim. et lundi
Rest – Formule 26 € – Menu 34/50 € – Carte 42/55 € **2CVt**
Décor élégant et chaleureux d'une demeure bourgeoise du début du 20e s. restaurée avec goût (parquet, tommettes, pierres apparentes). Cuisine actuelle.

L'U.ni (N)
36 r. Fouré – ✆ 02 40 75 53 05 – Fermé lundi et mardi **4HZy**
Rest – Formule 17 € – Menu 35/49 € – Carte environ 50 €
Histoires d'univers, d'unité, d'unicité... Son premier restaurant (ouvert fin 2011), Nicolas Guiet l'a voulu sur un mode singulier. Laissant libre cours à son imagination, lui qui fut le second d'Éric Guérin à la Mare aux Oiseaux cuisine autant qu'il cherche à surprendre. De belles découvertes en perspective.

Le Rive Gauche
10 Côte St-Sébastien – ✆ 02 40 34 38 52 – www.lerivegauche-restaurant.com – Fermé 29 avril-5 mai, 28 juil.-25 août, 23 déc.-2 janv., sam. midi, dim. soir et lundi **2CXe**
Rest – Menu 22/94 € – Carte 55/74 €
Direction la rive gauche du fleuve, au sud de l'île Beaulieu. Ici, les bords de Loire prennent des accents champêtres... particulièrement en terrasse, face à la verdure du petit jardin ensoleillé. Côté assiette : une gastronomie d'aujourd'hui bien parfumée.

L'Océanide
2 r. Paul-Bellamy – ✆ 02 40 20 32 28 – www.restaurant-oceanide.com – Fermé 28 juil.-19 août, dim. et lundi **4GYn**
Rest – Menu 21 € (sem.), 29/69 € – Carte 46/77 €
Filets cuits sur la peau ou coquilles dorées au beurre : cette Océanide-là est bien nymphe de la mer. C'est en voisin que le chef va faire ses achats au célèbre marché de Talensac, et la fraîcheur du poisson, parfaitement travaillé, ne trompe pas ! Cadre agréable au charme désuet.

La Poissonnerie
4 r. Léon-Maître – ✆ 02 40 47 79 50 – www.lapoissonnerie.fr – Fermé 11-26 août, 22 déc.-7 janv., sam. midi, dim. et lundi **4GZe**
Rest – Formule 15 € – Menu 28/47 € – Carte environ 49 €
L'enseigne donne le ton : ici, on exalte les bienfaits de l'océan, dans les assiettes, simples et précises, comme dans le décor, marin autant que cosy. Bon choix de muscadets. Tout à fait plaisant.

Félix
1 r. Lefèvre-Utile – ✆ 02 40 34 15 93 – www.brasseriefelix.com **4HZa**
Rest – Formule 16 € – Menu 21 € (sem.)/25 € – Carte 33/50 €
Née en 2004 près de la cité des congrès, le type même de la grande brasserie contemporaine qui n'a pas oublié ses classiques : produits frais, tartares, huîtres, service 7j/7, ambiance... En prime, une jolie vue sur le canal St-Félix.

La Cigale
4 pl. Graslin – ✆ 02 51 84 94 94 – www.lacigale.com **3FZd**
Rest – Formule 15 € – Menu 18/28 € – Carte 32/54 €
Véritable institution que cette brasserie née en 1895, face à l'opéra : son décor classé (céramiques, miroirs) illustre toute l'ivresse ornementale du Modern Style. Pour un repas plein de superbe !

Le 1
1 r. Olympe-de-Gouges, (à l'angle du quai F.-Mitterrand) – ✆ 02 40 08 28 00 – www.leun.fr **4GZc**
Rest – Menu 17 € (déj. en sem.)/28 € – Carte 31/57 €
On peut être dans un nouveau quartier (celui de l'île de Nantes), arborer un décor très design, ludique et coloré, et faire honneur à la tradition : cabillaud sauce hollandaise, tartare de bœuf au couteau et frites maison, côte de bœuf sauce béarnaise... Une belle brasserie d'aujourd'hui !

Song, Saveurs & Sens (N)

5 r. Santeuil – ✆ 02 40 20 88 07 – www.restaurant-song.fr – Fermé 1 sem. en mai, trois sem. en août, dim. et lundi **4GZh**

Rest – Menu 18 € (déj. en sem.)/29 € – Carte 35/50 €

Nhung Phung a changé de vie pour créer son restaurant. Autodidacte, certes, mais vraie cuisinière ! La faute à ses racines vietnamiennes ? À sa passion pour la gastronomie ? À sa sensibilité ? Sa table séduit, entre Asie du Sud-Est et France, tradition et modernité, épices subtiles et produits de qualité...

Maison Baron Lefèvre

33 r. de Rieux – ✆ 02 40 89 20 20 – www.baron-lefevre.com – Fermé 5-18 août, dim. et lundi **4HZn**

Rest – Formule 18 € – Menu 25 € – Carte 40/65 €

Le genre de maison qui a tout compris : décor à la pointe du goût d'aujourd'hui (un ancien entrepôt de maraîchers en brique, bois et métal), bons produits, cocottes en fonte et plats de tradition... Ce Baron-là achète même des bêtes entières (cochon, veau) pour préparer ses boudins, terrines, etc. Verdict : salle comble !

Le Square

14 r. Jemmapes – ✆ 02 40 35 98 09 – www.squarenantes.com – Fermé dim.

Rest – Formule 14 € – Menu 20 € (sem.)/32 € – Carte 35/57 € **4HZm**

Une brasserie du genre chic tenue par un chef visiblement épanoui : sa cuisine mêle recettes classiques, produits régionaux, ingrédients nobles, belles épices... Hommes d'affaires et habitués du quartier s'y pressent, profitant de la jolie terrasse sous les érables aux beaux jours.

Lulu Rouget (N)

1 r. du Cheval-Blanc – ✆ 02 40 47 47 98 – Fermé vacances de Noël, 2 sem. en août, lundi soir, sam. midi et dim. **4GYd**

Rest *(nombre de couverts limité, réserver)* – Formule 18 € – Menu 21 € (sem.), 25/55 € bc

Parfumée et savoureuse, précise et incisive, originale et bien pensée : telle est la cuisine de Lulu Rouget, sympathique bistrot contemporain créé en 2012 par un jeune chef passé par quelques belles maisons. Très bon rapport plaisir-prix, en toute convivialité !

L'Atelier d'Alain

24 r. des Olivettes – ✆ 02 40 84 38 66 – www.atelieralain.fr – Fermé août, sam. midi et dim. **4HZd**

Rest *(réserver)* – Carte 21/61 €

Alain Ruffault a créé son Atelier dans l'ancienne boucherie de ses parents, aujourd'hui métamorphosée. Signes distinctifs des lieux : une bonne cuisine, à la fois gourmande et soignée, et de la décontraction ! Belle carte d'alcools.

Le Gressin

40 bis r. Fouré – ✆ 02 40 48 26 24 – Fermé 3 sem. en août, lundi soir, sam. midi et dim. **4HZf**

Rest – Menu 15 € (déj.), 23/29 €

Un vrai bon petit restaurant de quartier, tenu par deux frères sympathiques. La carte opte pour la tradition (spécialité : sandre au beurre blanc nantais), sans oublier des menus de saison.

Les Bouteilles

11 r. de Bel-Air – ✆ 02 40 08 27 65 – Fermé 3 sem. en août, 1 sem. en fév., sam. midi, dim. et lundi **4GYa**

Rest – Carte 20/60 €

À côté du marché de Talensac, un bistrot à vins épatant : décor sympathique honorant Bacchus, belle cuisine de produits (charcuteries corses, plats canailles, poisson de la marée...) sans oublier – enseigne oblige – une mémorable carte des vins.

Environs

à Sucé-sur-Erdre 16 km au Nord, sortie n° 23 et D 37 - CV – 6 186 h. – alt. 14 m – ✉ 44240

quai de Cricklade, ✆ 02 40 77 70 66, www.sucesurerdre.fr

Les Arbres Rouges

570 rte de Carquefou – ✆ 02 51 81 15 00 – www.lesarbresrouges.com
5 ch – 98/129 € 120/139 € **Table d'hôte** – Menu 39 €
Dans un quartier résidentiel, une grande maison d'architecte à la décoration pointue, véritable précis de savoir-vivre contemporain. Piscines intérieur-extérieur, matériaux de qualité, équipements high-tech... Un certain luxe, sans ostentation.

au Bord de l'Erdre 11 km par D 178 ou sortie n° 24 autoroute A 11 et rte de la Chantrerie - CV

La Régate

155 rte de Gachet ✉ 44300 Nantes – ✆ 02 40 50 22 22 – www.hotel-nantes-laregate.com
42 ch – 79/170 € 79/170 € – 13 €
Rest *Manoir de la Régate* – voir les restaurants ci-après
Près de l'Erdre, au calme, le bâtiment (2009) respecte les dernières normes environnementales. Toit végétalisé, panneaux solaires, structure de béton aux motifs de bambou... La planète est zen, les clients aussi !

Manoir de la Régate – Hôtel de la Régate

155 rte de Gachet ✉ 44300 Nantes – ✆ 02 40 18 02 97 – www.manoir-regate.com – Fermé dim. soir et fériés
Rest – Formule 22 € – Menu 28 € (sem.), 42/70 € – Carte 62/82 €
Une élégante demeure toute blanche et couverte de vigne vierge (19e s.), dans un cadre très bucolique. L'escapade charme aux portes de Nantes. Au menu, une gastronomie d'aujourd'hui, qui évolue au gré des saisons. Agréable terrasse.

Auberge du Vieux Gachet

rte de Gachet ✉ 44470 Carquefou – ✆ 02 40 25 10 92 – www.aubergeduvieuxgachet.com – Fermé 15-28 août, dim. soir et lundi
Rest – Formule 17 € – Menu 20 € (déj.), 35/55 € – Carte 52/67 €
Cette ancienne ferme rappelle la campagne d'antan, à deux pas de la ville : au bord de l'Erdre, face aux flots, la vue se révèle très nature... La carte a le parfum de la tradition : homard thermidor, brochette de ris de veau et légumes oubliés...

rte des Bords de Loire par D 751 DV, sortie 44 Porte du Vignoble

Clémence

à 15 km, à la Chebuette – ✆ 02 40 36 03 18 – www.restaurantclemence.fr – Fermé 5-27 août, 1 sem. vacances de fév., dim. soir, lundi et merc.
Rest – Formule 15 € bc – Menu 34/85 € bc
C'est en cette auberge ligérienne que Clémence Lefeuvre (1860-1932) créa le fameux beurre blanc ! Le chef lui rend un savoureux hommage, mêlant tradition, produits frais et invention. Une bonne étape sur la route des bords de Loire.

La Divate

28 Levée-de-la-Divate, à Boire-Courant, 11 km – ✆ 02 40 54 19 66 – Fermé 3 sem. en juil., vacances de fév., lundi soir en hiver, dim. soir, mardi et merc.
Rest – Formule 15 € – Menu 20/50 € – Carte 50/55 €
Alors qu'on flâne au fil de la Loire, cette ancienne maison de pêcheurs tombe à point nommé pour une pause repas : anguilles et grenouilles en persillade, sandre au beurre blanc... Le bon goût de la tradition ! Côté décor, pierres, poutres et vieux objets de pêche parfont le spectacle des flots paisibles...

à Haute-Goulaine 14 km par ③ et D 119 – 5 509 h. – alt. 41 m – ✉ 44115

XXX ✿✿ **Manoir de la Boulaie** (Laurent Saudeau)
33 r. de la Chapelle-St-Martin – ✆ 02 40 06 15 91 – www.manoir-de-la-boulaie.fr – Fermé 30 juil.-22 août, 23 déc.-6 janv., dim. soir, lundi et merc.
Rest – Menu 39 € (déj. en sem.), 79/137 € – Carte 100/110 €
À 15 km de Nantes, un beau domaine des années 1920 au cœur des vignobles du muscadet... Derrière les fourneaux, Laurent Saudeau signe une cuisine très inventive, toujours recherchée, parfois complexe, mêlant produits d'ici et épices d'ailleurs. Décor contemporain et coloré.
➜ Goûts et textures autour de la tomate et des écrevisses du lac de Grand Lieu. Bar aux coquillages, ail noir d'Aomori et pak-choï, jus au galanga. Feuille de sucre à la betterave et réglisse. **Vins** Muscadet Sèvre et Maine, Touraine Amboise.

à Vertou 10 km par D 59 sortie porte de Vertou – 21 333 h. – alt. 32 m – ✉ 44120

i place du Beau Verger, ✆ 02 40 34 94 36, www.nantes-tourisme.com

XX **Monte-Cristo**
11 quai Chaussée des Moines – ✆ 02 40 34 40 36 – www.monte-cristo.fr – Fermé 1 sem. à Pâques, 1 sem. en oct., 2 sem. à Noël, 1 sem. en fév. ,mardi midi, merc. soir, dim. soir et lundi 2DXa
Rest – Formule 19 € – Menu 21 € (déj. en sem.), 29/49 € – Carte 40/55 €
Dumas débuta ici l'écriture du Comte de Monte-Cristo ! Point de tragique vengeance en ce lieu agréable : décor contemporain, véranda et terrasse face à la Sèvre, cuisine actuelle.

XX **Le Laurier Fleuri** N avec ch — rest,
460 rte de Clisson – ✆ 02 51 79 01 01 – www.lelaurierfleuri.fr – Fermé 3-27 août, 24 déc.-2 janv., dim. et lundi 2DXb
10 ch – †59 € ††69/78 € – ☕ 6,50 € – ½ P
Rest – Formule 16 € – Menu 18 € (sem.), 28/40 € – Carte 35/61 €
Un jeune couple fait souffler un vent de renouveau sur cet ancien relais de diligence d'aspect très traditionnel ! C'est après un solide parcours dans des maisons de renom que le chef a repris les rênes des fourneaux. On sent dans chaque assiette un réel travail et une vraie envie de surprendre et de faire plaisir...

à Château-Thébaud 18 km par ③ , D 149, D74 et D63 – 2 831 h. – alt. 58 m – ✉ 44690

XX **Auberge La Gaillotière**
La Gaillotière – ✆ 02 28 21 31 16 – www.auberge-la-gaillotiere.fr – Fermé 21 juil.-13 août, 18 fév.-20 mars, dim. soir de nov. à mars, mardi soir et merc.
Rest – Menu 14 € (déj. en sem.), 19/28 €
Pour un tête-à-tête avec le vignoble nantais… Les alignements de ceps viennent presque caresser les murs de cet ancien chai ! Anjou, muscadet, bourgueil, etc. : le Val de Loire est aussi à l'honneur à la carte. Quant à la cuisine, du terroir, généreuse et soignée, elle finit de convertir aux bienfaits de la région.

à St-Fiacre-sur-Maine 10 km au Sud-Est par D 59 – 1 209 h. – alt. 46 m – ✉ 44690

La Demeure de Saint-Fiacre sans rest
Les Gras Moutons – ✆ 02 40 43 46 33 – www.lademeure.fr
3 ch ☕ – †99 € ††118 €
Cette Demeure est l'œuvre de Thomas, un jeune Allemand qui a entièrement rénové cette bâtisse ancienne, au cœur des vignes du muscadet sur lie. Espaces et volumes ne manquent pas de séduire, alliant vieilles pierres et aménagements très contemporains, tout en aplats de blanc et mobilier design. Avis aux amateurs !

à l'aéroport international Nantes-Atlantique sortie 51 porte de Grandlieu-Bouguenais – ✉ 44340 Bouguenais

Océania

– ✆ 02 40 05 05 66 – www.oceaniahotels.com 1BXe

85 ch – 99/183 € 99/183 € – 2 suites – 15 €

Rest *(fermé sam. midi et dim. midi)* – Formule 17 € bc – Menu 24 € bc/28 € – Carte 30/45 €

Une navette relie directement l'hôtel à l'aéroport tout proche. Architecture moderne (1989), chambres fonctionnelles et très confortables, brasserie face à la piscine.

à Coueron 15 km par D 107, sortie porte de l'Estuaire – 18 573 h. – alt. 13 m – ✉ 44220

Le François II

5 pl. Aristide-Briand – ✆ 02 40 38 32 32 – www.francois2.com – Fermé 30 avril-5 mai, 22 juil.-16 août, 1er-6 janv., merc. soir sauf juil.-août, dim. soir, mardi soir, jeudi soir et lundi

Rest – Formule 12 € – Menu 22/51 € – Carte 34/49 €

L'enseigne rend hommage au duc de Bretagne, père d'Anne, mort à Couëron. Ici, la tradition est reine, et le couple de propriétaires – d'origine bretonne – sait la faire vivre ! Le chef aime s'approvisionner dans la région et travaille en véritable artisan : tout est fait maison. Une adresse attachante.

à St-Herblain 8 km à l'Ouest – 43 119 h. – alt. 8 m – ✉ 44800

Le Colisée (N)

rest,

29 r. Bobby Sands – ✆ 02 28 27 07 00 – www.hotel-lecolisee.com 1AVa

50 ch – 81/105 € 81/105 € – ½ P

Rest *(fermé 22 juil.-18 août)* – Formule 13 € – Menu 17 € (déj. en sem.), 20/24 € – Carte 23/63 €

Ne vous arrêtez pas à l'environnement de cet hôtel-restaurant, créé en 2012 dans une zone industrielle à côté de la voie rapide menant à St-Nazaire ! Ce Colisée n'est certes pas à Rome, mais il dispose de chambres spacieuses et très fonctionnelles. Bel espace détente.

Kyriad Nantes Ouest (N) sans rest

esplanade Ella-Fitzgérald, (face au parking P3 du Zénith) – ✆ 02 72 01 00 00 – www.kyriad-zenith-nantes.com 1AVj

70 ch – 60/130 € 60/140 € – 2 suites – 12 €

Dans la zone commerciale Atlantis et à deux pas du Zénith, cet hôtel récent tombe à point nommé pour la clientèle d'affaires comme pour les amateurs de spectacles. Chambres très modernes et confortables, bien insonorisées.

La Marine

esplanade de la Bégraisière – ✆ 02 40 95 26 66 – www.hotel-marine.fr

24 ch – 65/85 € 65/85 € – 8,50 € – ½ P 1BVm

Rest *(fermé vend. soir, sam. et dim.)* – Formule 15 € – Menu 17/25 € – Carte 25/35 €

Accueil charmant en cette demeure des années 1990, nichée au cœur d'un grand et paisible jardin. Vastes chambres, décorées dans une veine très classique. Restaurant traditionnel.

Les Caudalies

229 rte de Vannes – ✆ 02 40 94 35 35 – www.restaurant-lescaudalies.com – Fermé 26 juil.-28 août, 4-23 fév., merc. soir, dim. et lundi 1BVv

Rest – Menu 20 € (sem.), 28/45 € – Carte 29/51 €

Savez-vous que les caudalies mesurent la durée de persistance aromatique du vin en bouche ? Un véritable programme pour cette table gastronomique tenue par un couple complémentaire : lui chef, elle sommelière. Au menu : de beaux accords mets-vins, pour une cuisine elle-même inventive et soignée.

Les Pellières (N)

esplanade Georges-Brassens, (parking P1 du Zénith) – ✆ 02 40 65 08 88 – www.baron-lefevre.com – Fermé lundi soir et dim. **1AVx**

Rest – Formule 15 € – Menu 25 € – Carte 27/52 €

Un petit coin de campagne dans une zone aujourd'hui urbanisée, tout près du Zénith... On remonte le temps dans cette ferme du 16e s. (avec une extension en bois et verre), où l'on déguste une cuisine de tradition très généreuse, valorisant produits du terroir, herbes et légumes du potager, au plus près des saisons.

à Orvault 6 km par N 137 sortie porte de Rennes – 24 332 h. – alt. 45 m – ✉ 44700

Quintessia

24 chemin des Marais-du-Cens – ✆ 02 40 76 84 02 – www.quintessia-resort.com

40 ch – †118/202 € ††128/202 € – ☕ 14 € – ½ P **1BVe**

Rest *(fermé dim. soir sauf juil.-août)* – Formule 28 € – Menu 38/64 € – Carte 50/62 €

Original aux portes de Nantes : protégé par un large portail, dans un quartier résidentiel, un havre de tranquillité, comprenant un grand centre de balnéothérapie, un agréable jardin, des chambres spacieuses et contemporaines, ainsi qu'un restaurant. L'établissement était auparavant connu comme "Le Domaine d'Orvault".

Hôtel du Parc sans rest

92 r. de la Garenne – ✆ 02 40 63 04 79 – www.hotel-du-parc-nantes.com – Fermé 11-27 août et 24 déc.-2 janv. **1AVq**

30 ch – †55/71 € ††55/71 € – ☕ 8 €

Parfait pour une étape, un petit hôtel familial fort bien tenu et sympathique, entouré d'un parc boisé qui invite à la promenade (ou, pourquoi pas, au jogging). Petite restauration proposée le soir.

NANTOUX – 21 Côte-d'Or – 320 I7 – 187 h. – alt. 295 m – ✉ 21190 7 A3

Paris 326 – Chalon-sur-Saône 37 – Le Creusot 48 – Dijon 55

Domaine de la Combotte sans rest

r. de Pichot – ✆ 03 80 26 02 66 – www.lacombotte.com

5 ch ☕ – †89/94 € ††116/120 €

Au cœur d'un village viticole, plusieurs maisonnettes modernes au milieu des vignes. En saison, le propriétaire organise des séjours truffe ; on part en balade avec ses labradors, de fins limiers... Champêtre et accueillant !

NANTUA – 01 Ain – 328 G4 – 3 639 h. – alt. 479 m – ✉ 01130 45 C1

Franche-Comté Jura

Paris 476 – Aix-les-Bains 79 – Annecy 67 – Bourg-en-Bresse 52

13 place de la Déportation, ✆ 04 74 75 00 05, www.nantua-tourisme.com

Église St-Michel★ : Martyre de St-Sébastien★★ par E. Delacroix - Lac★.

La cuivrerie★ de Cerdon.

L'Embarcadère

13 av.du Lac – ✆ 04 74 75 22 88 – www.hotelembarcadere.com – Fermé 19 déc.-5 janv.

45 ch – †63/78 € ††63/78 € – ☕ 10 € – ½ P

Rest ***L'Embarcadère*** – voir les restaurants ci-après

Un hôtel contemporain posé en bordure de lac, tout environné de collines boisées. Le panorama vaut une bouffée d'air pur et l'on rechigne à regagner sa chambre...

L'Embarcadère

13 av.du Lac – ✆ 04 74 75 22 88 – www.hotelembarcadere.com – Fermé 19 déc.-5 janv.

Rest – Menu 24 € (sem.), 45/69 € – Carte 46/79 €

Les atouts de cet Embarcadère gourmand ? Sa situation près du lac bien entendu, sans oublier sa vue panoramique ainsi qu'une goûteuse cuisine régionale.

à Brion 5 km au Nord-Ouest par D 1084 et D 979 – 511 h. – alt. 475 m – ✉ 01460

XX **Bernard Charpy**

1 r. la Croix-Chalon – ✆ 04 74 76 24 15 – www.restaurant-bernard-charpy.fr – Fermé 5-13 mai, 3 août-3 sept., 26 déc.-7 janv., sam. midi, dim. soir et lundi

Rest – Menu 21 € (déj. en sem.), 26/42 € – Carte 44/55 €

Une haute charpente, des tons gris et lavande, de grandes baies ouvrant sur la verdure... Le ton est contemporain, mais la cuisine cultive le meilleur de la tradition. Mention spéciale au choix de poissons, d'eau douce comme d'eau salée.

LA NAPOULE – 06 Alpes-Maritimes – 341 C6 – rattaché à Mandelieu

---

NARBONNE – 11 Aude – 344 J3 – 51 227 h. – alt. 13 m 22 B3

– ✉ 11100 Languedoc Roussillon

Paris 787 – Béziers 28 – Carcassonne 61 – Montpellier 96

✆ 3635 (dîtes auto-train - 0,34 €/mn)

31, rue Jean Jaurès, ✆ 04 68 65 15 60, www.narbonne-tourisme.com

Cathédrale St-Just-et-St-Pasteur★★ (Trésor : tapisserie représentant la Création★★) - Donjon Gilles Aycelin★ ✳★ **H** - Choeur★ de la basilique St-Paul - Palais des Archevêques★ BY : musée d'Art et d'Histoire★ - Musée archéologique★ - Musée lapidaire★ BZ - Pont des marchands★.

Plan page suivante

La Résidence sans rest

6 r. du 1er Mai – ✆ 04 68 32 19 41 – www.hotel-laresidence-narbonne.fr

26 ch – †88/135 € ††88/135 € – ☕ 12 € AYr

Jean Marais, Louis de Funès, Georges Brassens, Michel Serrault... un prestigieux livre d'or ! Salons aux notes baroques, grand escalier en marbre : on a préservé l'esprit de cet immeuble du 19e s., et c'est plaisant.

Hôtel de France sans rest

6 r. Rossini – ✆ 04 68 32 09 75 – www.hotelnarbonne.com – Fermé 15 fév.-15 mars BZs

15 ch – †64/81 € ††64/81 € – ☕ 9 €

Dans une petite rue calme, près du centre-ville, un hôtel familial tout en sobriété. Les chambres, pratiques et bien tenues, donnent sur la cour intérieure.

Le Clos des Chevaliers sans rest

21 imp. Hélène Boucher, Les Hauts de Narbonne par ③ – ✆ 04 68 41 50 79 – www.leclosdeschevaliers.com

5 ch ☕ – †110/210 € ††110/210 €

Belle surprise que cet îlot de quiétude et de verdure. La maîtresse de maison, décoratrice dans l'âme, a créé des chambres insolites : drapés précieux dans l'une, mobilier argenté dans l'autre, etc. Toutes disposent d'un accès direct sur le jardin.

XXX ✿ **La Table Saint-Crescent** (Lionel Giraud)

68 av. du Gén.-Leclerc, au Palais du Vin par ③ – ✆ 04 68 41 37 37 – www.la-table-saint-crescent.com – Fermé 26 mars-9 avril, 24 sept.-8 oct., sam. midi, dim. soir et lundi

Rest – Menu 25 € (déj. en sem.), 50/80 € – Carte 57/86 €

On oublie vite l'environnement peu guilleret, en bordure de route, pour se concentrer sur l'essentiel : un lieu plaisant, contemporain et raffiné, dans un oratoire médiéval ; une cuisine inventive, passionnée et séduisante, respectueuse de l'âme des produits... et accompagnée de bons vins régionaux.

➜ Œuf de poule bio cuit mollet et marbré au lard, émulsion de poireaux grillés. Rouget barbet saisi à l'huile de chorizo, confit de pomme de terre au safran. Compression d'un vacherin à la fraise des bois et citron vert.

NARBONNE

- Anatole-France (Av.) . . . . . . AYZ 2
- Ancienne Porte de Béziers (R. de l') . . . . BY 4
- Ancien Courrier (R. de l') . . . BY 3
- Blum (Sq. Th.-Léon) . . . . BY 6
- Cabirol (R.) . . . . AZ 7
- Chennebier (R.) . . . . AY 9
- Concorde (Pont de la) . . . . . . AY 10
- Condorcet (Bd) . . . . BY 12
- Courier (R. P.-L.) . . . . BZ 13
- Crémieux (R. B.) . . . . BZ 15
- Deymes (R. du Lt.-Col.) . . . . BY 16
- Droite (R.) . . . . BY
- Escoute (Pont de l') . . . . AY 17
- Fabre (R. Gustave) . . . . AY 18
- Foch (Av. Mar.) . . . . BY 19
- Garibaldi (R.) . . . . BY 20
- Gaulle (Bd Gén.-de) . . . . BY 21
- Gauthier (R. Armand) . . . . . . BY 22
- Hôtel de Ville (Pl. de l') . . . . BYZ
- Jacobins (R. des) . . . . BZ 23
- Jean-Jaurès (R.) . . . . AY 24
- Joffre (Bd Mar.) . . . . AYZ 25
- Liberté (Pont de la) . . . . BZ 27
- Lion d'Or (R. du) . . . . AY 28
- Louis-Blanc (R.) . . . . BY 29
- Luxembourg (R. du) . . . . AZ 30
- Major (R. de la) . . . . BZ 31
- Maraussan (R.) . . . . AZ 32
- Marchands (Pont des) . . . . . BZ 36
- Michelet (R.) . . . . BY 33
- Mirabeau (Cours) . . . . BZ 35
- Pyrénées (Av. des) . . . . AY 37
- Pyrénées (Pl. des) . . . . AZ 39
- Rabelais (R.) . . . . AZ 40
- République (Crs de la) . . . . . BZ 41
- Salengro (Pl. R.) . . . . BY 43
- Sermet (Av. E.) . . . . BY 44
- Toulouse (Av. de) . . . . AZ 45
- Voltaire (Pont) . . . . AY 47

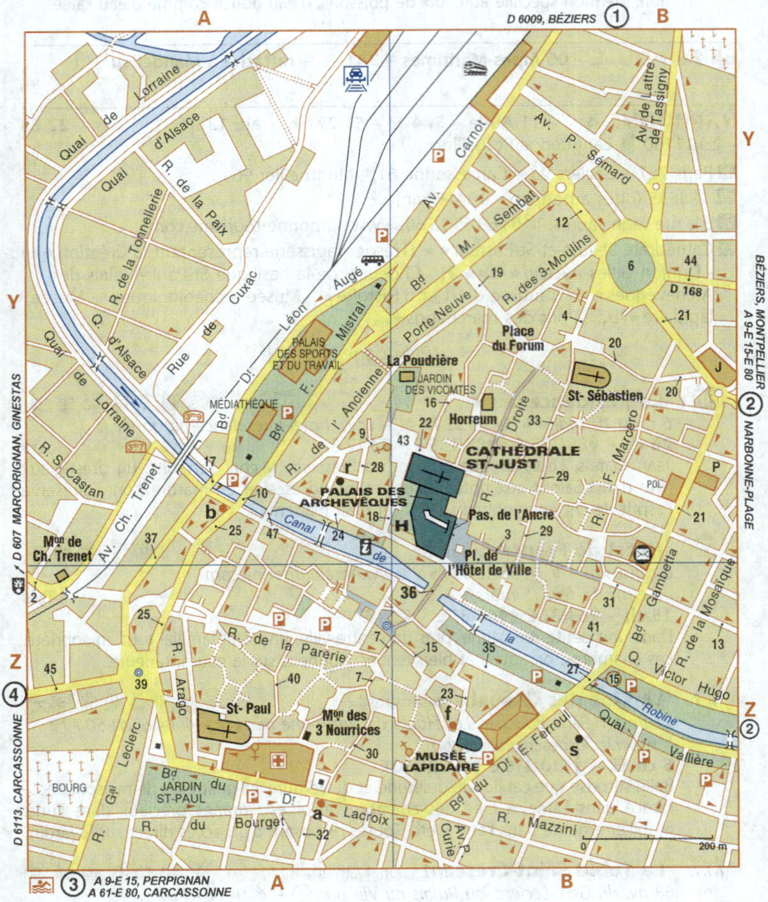

Le Petit Comptoir

A/C VISA AE

4 bd Mar. Joffre – 04 68 42 30 35 – www.petitcomptoir.com

– Fermé 3 sem. en juil., 1 sem. en janv., dim. et lundi AY**b**

Rest – Formule 15 € – Menu 18 € (déj. en sem.), 27/37 € – Carte 32/80 €

Un bistrot au cachet 1930 qui honore le beau produit et la cuisine... bistrotière. Et si l'envie vous prenait d'acheter l'un des vins servis ici – 350 références, essentiellement régionales –, un détour par la cave s'impose !

La Table des Cuisiniers Cavistes

4 pl. Lamourguier – ✆ 04 68 32 96 45 – www.cuisiniers-cavistes.com – Fermé 26 fév.-12 mars, dim. et lundi BZf

Rest – Menu 21 € (déj.)/29 € – Carte 40/54 €

Le concept ? Une cave à manger décorée sur le thème du vin, avec de bons nectars du Languedoc, quelques conserves maison et une cuisine de l'instant et du marché, réalisée avec de beaux produits labellisés. L'été, la terrasse est très sympa.

Le 26

8 bd Dr-Lacroix – ✆ 04 68 41 46 69 – www.restaurantle26.fr – Fermé dim. et lundi AZa

Rest – Formule 16 € – Menu 20 € (déj. en sem.), 26/38 € – Carte 40/51 €

Le patron mitonne de bons plats traditionnels vraiment appétissants et les habitués ne s'y trompent pas, qui lui laissent carte blanche pour composer le menu. L'atmosphère est conviviale, cela va sans dire !

à l'Hospitalet 10 km par ② rte de Narbonne-Plage (D 168) – ✉ 11100 Narbonne

Château l'Hospitalet

rest,

rte de Narbonne Plage – ✆ 04 68 45 28 50 – www.chateau-lhospitalet.com – Fermé 2 sem. fin déc.-début janv.

38 ch – †85/185 € ††95/195 € – ☕ 16 € – ½ P

Rest *(fermé sam. midi, dim. soir et lundi)* – Menu 26 € bc (déj.) – Carte 39/76 €

En pleine garrigue et au cœur d'un domaine viticole, ce complexe hôtelier cultive l'art de l'hospitalité. Les chambres arborent un agréable style contemporain et tout ici invite à la détente : expos d'art, boutiques d'artisanat, bistrot gastronomique valorisant les vins du domaine... Un lieu qui bouge !

à Bages 8 km par ③, D 6009 et D 105 – 843 h. – alt. 30 m – ✉ 11100

Maison des arts - 8, rue des Remparts, ✆ 04 68 42 81 76, www.bages.fr

Les Palombières d'Estarac

ch,

Prat de Cest – ✆ 04 68 42 45 56 – www.palombieres-estarac.com

4 ch ☕ – †67/120 € ††77/130 € **Table d'hôte** – Menu 30 €

"Océane", "Soleillad", "Olivine", "Topaze" : des chambres fraîches et mignonnes dans un authentique mas au milieu de la garrigue. Pour les hôtes, la table prend des accents méridionaux ; l'hiver, on se retrouve autour de la cheminée.

Le Portanel

la Placette – ✆ 04 68 42 81 66 – www.leportanel.net – Fermé dim. soir et lundi

Rest – Menu 20 € bc (déj. en sem.), 28/50 € bc – Carte 37/80 €

La Méditerranée et ses jolis poissons s'invitent à la table de cette ancienne maison de pêcheur perchée dans le vieux village : un comble ! Est-ce la jolie vue sur l'étang qui les appâte si bien ? Pour info, accès piéton par un escalier.

à Ornaisons 14 km par ④, D 6113 et D 24 – 1 226 h. – alt. 34 m – ✉ 11200

Le Relais du Val d'Orbieu

par D 24 – ✆ 04 68 27 10 27 – www.relaisduvaldorbieu.com – Fermé 1er nov.-15 fév. et dim. en fév. et mars

18 ch – †70/145 € ††75/165 € – 2 suites – ☕ 17 € – ½ P

Rest *(dîner seult)* – Menu 39 € – Carte 43/59 €

Un moulin à plâtre au cœur du vignoble des Corbières... au calme ! Les chambres, sobres et fraîches, sont disposées autour d'un patio ; certaines jouissent d'une terrasse sur le jardin. L'esprit des lieux : provençal, familial et très convivial.

à Canet 14 km par ④, D 6 113, D 11 puis rte secondaire – 1 327 h. – alt. 30 m – ✉ 11200

Château des Fontaines sans rest
2 av. de la Distillerie – ✆ 04 68 49 72 48 – www.chateau-des-fontaines.com – Ouvert juin-sept.
5 ch – 90/140 € 95/150 €
Pour l'anecdote, le lustre en Murano du grand escalier pèse plus de 400 kg et en dit long sur la magnificience de cette maison de maître ! Tentures et objets d'art dans les salons et les chambres, bassin dans le parc : du classicisme, du style et... un certain art de vivre à la française.

NARBONNE PLAGE – 11 Aude – 344 K4 – ✉ 11100 22 B3

Languedoc Roussillon

Paris 799 – Carcassonne 74 – Montpellier 103 – Perpignan 79

avenue des Vacances, ✆ 04 68 49 84 86, www.narbonne-tourisme.com

Hôtel de la Clape
4 r. des Fleurs – ✆ 04 68 49 80 15 – www.hoteldelaclape.com – Ouvert 30 mars-2 janv.
21 ch – 55/75 € 55/75 € – 6 suites – 8 €
Rest *(ouvert de début avril à mi-déc.) (dîner seult)* – Menu 18/34 € – Carte 27/47 €
Coloré, original, simple et chaleureux : tel est cet hôtel niché au cœur de la station, à 80 m de la plage. Terrasse, piscine, salon d'été... les vacances !

LA NARTELLE – 83 Var – 340 O6 – rattaché à Ste-Maxime

NASBINALS – 48 Lozère – 330 G7 – 498 h. – alt. 1 180 m – Sports d'hiver : 1 240/1 320 m 1 – ✉ 48260 Languedoc Roussillon 22 B1

Paris 573 – Aurillac 105 – Aumont-Aubrac 24 – Mende 57

Village, ✆ 04 66 32 55 73, www.nasbinals.fr

La Borie de l'Aubrac
La Grange des Enfants, 4,5 km au Sud par D 900 et rte secondaire – ✆ 04 66 45 76 97 – www.borie-aubrac.com
5 ch – 75/115 € 95/135 € **Table d'hôte** – Menu 30 € bc
Il est aveyronnais, elle est espagnole et, après un joli parcours hôtelier, ils ont eu envie d'ouvrir leur maison d'hôtes de charme. Une ferme sur le plateau de l'Aubrac ? Le lieu était tout trouvé, et ils en ont fait un havre raffiné, mêlant habilement vieilles pierres et épure contemporaine. Une réussite !

NATZWILLER – 67 Bas-Rhin – 315 H6 – 604 h. – alt. 500 m – ✉ 67130 2 C1

Paris 422 – Barr 25 – Molsheim 31 – St-Dié 43

Auberge Metzger
55 r. Principale – ✆ 03 88 97 02 42 – www.hotel-aubergemetzger.com – Fermé 24 juin-1er juil., 22-25 déc., 7-28 janv., dim. soir sauf juil.-août et lundi
15 ch – 74/84 € 74/84 € – 13 € – ½ P
Rest ***Auberge Metzger*** – voir les restaurants ci-après
Cette jolie maison fleurie fait l'unanimité et cela se comprend ! L'accueil est charmant, les chambres spacieuses et confortables, la tenue exemplaire, les prix mesurés. On quitte les lieux avec regret...

Auberge Metzger
55 r. Principale – ✆ 03 88 97 02 42 – www.hotel-aubergemetzger.com – Fermé 24 juin-1er juil., 22-25 déc., 7-28 janv., dim. soir sauf juil.-août et lundi
Rest – Formule 15 € – Menu 22/59 € – Carte 34/52 €
Cuissons précises, produits de qualité, accompagnements soignés : Yves Metzger mitonne ici une cuisine régionale tout simplement délicieuse... et vraiment bon marché ! Une raison de plus pour faire étape dans cette auberge accueillante de la vallée de la Bruche.

NEAUPHLE-LE-CHÂTEAU – 78 Yvelines – **311** H3 – 2 995 h. – alt. 185 m – ✉ 78640 Île de France **18** A2

Paris 38 – Dreux 42 – Mantes-la-Jolie 32 – Rambouillet 24

2, place des Herbes, ✆ 01 34 91 00 74, www.neauphle-le-château.com

Domaine du Verbois

38 av. de la République – ✆ 01 34 89 11 78 – www.hotelverbois.com – Fermé 2 sem. en août et vacances de Noël

22 ch – 105/130 € 115/150 € – 12 € – ½ P

Rest – Menu 39/49 € – Carte environ 54 €

On ferait bien une halte romantique dans cette belle demeure bourgeoise de la fin du 19e s. : terrasse entourée de balustrades dominant la vallée de la Mauldre, jardin bien tenu, chambres cosy – préférez les plus récentes –, etc. Le classique a du bon. Restauration traditionnelle.

Le Clos St-Nicolas sans rest

33 r. St-Nicolas – ✆ 01 34 89 76 10 – www.clos-saint-nicolas.com

5 ch – 92 € 98 €

Atmosphère familiale dans cette belle et noble maison de 1830. Chambres d'esprit classique, aux teintes variées (jaune, vert, rouge). Agréable véranda pour le petit-déjeuner.

NÉGREVILLE – 50 Manche – **303** C3 – 824 h. – alt. 70 m – ✉ 50260 **32** A1

Paris 342 – Caen 22 – Cherbourg 72 – Saint-Lô 108

au Nord-Est 5 km par D 146 et D 62 – ✉ 50260 Négreville

Château de Pont Rilly sans rest

– ✆ 02 33 40 47 50 – www.chateau-pont-rilly.com

3 ch – 130 € 150 €

Au bout d'une longue allée, on découvre ce beau château du 18e s. et son grand jardin à la française... Boiseries, cheminée en pierre de Valognes, mobilier ancien et superbe cuisine rustique où l'on prend le petit-déjeuner : du caractère !

NÉRIS-LES-BAINS – 03 Allier – **326** C5 – 2 705 h. – alt. 364 m – Stat. therm. : fin mars-fin oct. – Casino – ✉ 03310 Auvergne **5** B1

Paris 336 – Clermont-Ferrand 86 – Montluçon 9 – Moulins 73

Avenue Marx Dormoy, ✆ 04 70 03 11 03, www.ville-neris-les-bains.fr

18 de Sainte-Agathe, Villebret, par rte de Montluçon : 4 km, ✆ 04 70 03 21 77

Le Garden

12 av. Marx-Dormoy – ✆ 04 70 03 21 16 – http://hotellegarden.monsite-orange.fr/ – Fermé 26 nov.-9 janv.

19 ch – 54/72 € 54/72 € – 8 € – ½ P

Rest *(fermé dim. soir et lundi de nov. à mars)* – Menu 17 € (sem.), 26/66 €

À deux pas du centre de la station thermale, cette grande villa dispose d'un agréable jardin. Les chambres, tout en sobriété, sont bien tenues. Restauration traditionnelle.

NÉRONDES – 18 Cher – **323** M5 – 1 523 h. – alt. 200 m – ✉ 18350 **12** D3

Paris 240 – Bourges 37 – Montluçon 84 – Nevers 33

9 la Vallée de Germigny, à Saint-Hilaire-de-Gondilly, Domaine de Villefranche, NE: 9 km par D 6, ✆ 02 48 80 23 43

Le Lion d'Or avec ch

pl. de la Mairie – ✆ 02 48 74 87 81 – www.lion-dor.net – Fermé 16-28 août, 28 janv.-24 fév., dim. soir, merc. midi, lundi et soirs fériés

10 ch – 59 € 59 € – 8 € – ½ P

Rest – Formule 13 € – Menu 20 € (sem.), 29/40 € – Carte 44/56 €

Sur une place du village, ce Lion d'Or se tient avenant et fier. Entrez donc : l'accueil est charmant, et le décor rustique et coquet. Aux odeurs qui s'échappent des cuisines, nos papilles s'affolent déjà : c'est que le chef cuisine la tradition avec finesse et goût. De quoi rugir de plaisir !

NESTIER – 65 Hautes-Pyrénées – **342** O6 – 165 h. – alt. 500 m – ✉ 65150 Midi Toulousain **28** A3

Paris 789 – Auch 74 – Bagnères-de-Luchon 45 – Lannemezan 14

Relais du Castéra avec ch

pl. du Calvaire – ✆ 05 62 39 77 37 – www.hotel-castera.com – Fermé 2-10 juin, 13-20 oct., 2-31 janv., dim. soir, mardi soir et lundi

6 ch – †60/90 € ††60/90 € – ☕ 10 € – ½ P

Rest – Menu 20 € (déj. en sem.), 28/55 € – Carte 38/67 €

Une auberge rustique, où l'on déguste une cuisine du terroir dans un cadre agréable. Chambres simples (la moitié rafraîchies dans un style actuel).

LE NEUBOURG – 27 Eure – 304 F7 – 4 172 h. – alt. 130 m – ✉ 27110 33 C2

Normandie Vallée de la Seine

Paris 122 – Évreux 26 – Rouen 47 – Versailles 112

place du Maréchal Leclerc, ✆ 02 32 35 40 57, www.le-neubourg.fr

Acadine Hôtel sans rest

11 rte de Conches – ✆ 02 32 36 00 36 – www.hotel-acadine-le-neubourg.com

46 ch – †62/100 € ††62/100 € – ☕ 8 €

Créé en 2010 à la sortie du Neubourg, cet hôtel propose des chambres très spacieuses, simples et contemporaines, à des prix fort compétitifs. Une bonne affaire.

NEUF-BRISACH – 68 Haut-Rhin – 315 J8 – 2 032 h. – alt. 197 m 2 C2

– ✉ 68600 Alsace Lorraine

Paris 475 – Basel 63 – Belfort 80 – Colmar 17

6, place d'Armes, ✆ 03 89 72 56 66, www.tourisme-paysdebrisach.com

à Biesheim 3 km au Nord par D 468 – 2 398 h. – alt. 189 m – ✉ 68600

Aux Deux Clefs rest, rest,

50 Grand Rue – ✆ 03 89 30 30 60 – www.deux-clefs.com

26 ch – †60/84 € ††77/89 € – ☕ 10 € – ½ P

Rest *(fermé dim. soir)* – Menu 15 € (déj. en sem.), 22/28 € – Carte 35/52 €

Cette belle maison régionale est presque aussi fleurie que son jardin ! Les chambres, assez spacieuses, sont fonctionnelles et bien tenues. Deux clefs pour les affamés, une brasserie traditionnelle et un restaurant d'esprit plus gastronomique.

NEUFCHÂTEAU – 88 Vosges – 314 C2 – 7 040 h. – alt. 300 m 26 B3

– ✉ 88300 Alsace Lorraine

Paris 321 – Belfort 158 – Chaumont 57 – Épinal 75

3, rue de la 1ère Armée Française, ✆ 03 29 94 10 95, www.neufchateau-tourisme.com

Escalier★ de l'hôtel de ville - Groupe en pierre★ dans l'église St-Nicolas.

L'Eden

2 r. 1ère-Armée-Française – ✆ 03 29 95 61 30 – www.leden.fr

27 ch – †65/95 € ††75/115 € – ☕ 10 € – ½ P

Rest ***L'Eden*** – voir les restaurants ci-après

Ce grand bâtiment propose des chambres actuelles et confortables de tailles variables, aux couleurs chaleureuses. Celles du dernier étage sont équipées d'un bain à remous.

L'Eden

2 r. 1ère-Armée-Française – ✆ 03 29 95 61 30 – www.leden.fr

Rest *(fermé 2-15 janv., dim. soir et lundi midi)* – Formule 22 € – Menu 28/50 € – Carte 32/62 €

Après une promenade dans le centre-ville, reprenez donc des forces dans cet Éden ! Le jeune chef met un point d'honneur à bien choisir ses produits et signe de belles recettes appuyées sur la tradition. Cadre cossu.

Le Romain et H. Le Richevaux avec ch rest,

74 av. Kennedy – ✆ 03 29 06 18 80 – www.hotelmotel-lerichevaux.fr

13 ch – †49/50 € ††45/54 € – ☕ 7 € – ½ P

Rest – Formule 10 € – Menu 17/30 € – Carte 23/41 €

Désormais, on peut choisir ici entre une salle classique et un espace brasserie. Au menu, cuisine régionale rustique (lapin, boudin, escargots, abats, etc.). Dans une construction de style motel, chambres tout confort, certaines avec mezzanine.

NEUFCHÂTEL-EN-BRAY – 76 Seine-Maritime – 304 I3 – 4 872 h. 33 D1

– alt. 99 m – ✉ 76270 Normandie Vallée de la Seine

Paris 133 – Abbeville 57 – Amiens 72 – Rouen 50

6, place Notre-Dame, ✆ 02 35 93 22 96, www.ot-pays-neufchatelois.fr

18 de Saint-Saëns, à Saint-Saëns, Domaine du Vaudichon, SO : 17 km par D 6028 et D 929, ✆ 02 35 34 25 24

Forêt d'Eawy★★ 10 km au SO.

XX **Les Airelles** avec ch

2 passage Michu, (près de l'église) – ✆ 02 35 93 14 60 – www.les-airelles-neufchatel.com – Fermé vacances de la Toussaint, fév., dim. soir, mardi midi et lundi sauf juil.-août et sauf hôtel

14 ch – †59/69 € ††59/69 € – ☕ 9 € – ½ P

Rest – Formule 17 € – Menu 24/45 € – Carte 44/57 €

Dans cette avenante demeure traditionnelle du centre-ville, la registre culinaire est actuel, mais n'oublie pas le terroir : trou normand, croustillant de Neufchâtel, camembert... En été, on s'attarde sur la terrasse fleurie et, pour l'étape, il y a même quelques chambres d'une fraîcheur immaculée.

NEUFCHÂTEL-EN-SAOSNOIS – 72 Sarthe – 310 K4 – 967 h. 35 D1

– alt. 190 m – ✉ 72600

Paris 200 – Alençon 15 – Le Mans 56 – Nantes 228

XX **Les Étangs de Guibert** avec ch

2 km à l'Est par rte secondaire – ✆ 02 43 97 15 38 – www.lesetangsdeguibert.com – Fermé dim. soir et lundi

15 ch – †65/100 € ††65/100 € – ☕ 10 €

Rest – Menu 21 € (sem.), 35/70 € – Carte 31/57 €

En pleine campagne, on apprécie la quiétude de cette ancienne ferme et de son grand étang privé, où l'on peut même pêcher ! Le cadre est classique, la cuisine rehaussée d'épices et d'exotisme, la carte des vins riche de crus bio et du Val de Loire. Quant aux chambres, elles sont évidemment... très calmes.

NEUFCHÂTEL-SUR-AISNE – 02 Aisne – 306 G6 – 427 h. – alt. 59 m 37 D2

– ✉ 02190

Paris 163 – Laon 46 – Reims 22 – Rethel 33

9 de Menneville, à Menneville, La Haie Migaut, SO : 3 km, ✆ 03 23 79 79 88

XX **Le Jardin**

22 r. Principale – ✆ 03 23 23 82 00 – www.restaurant-le-jardin.com – Fermé 2 sem. en sept., 3 sem. en janv., dim. soir, lundi et mardi

Rest – Formule 15 € – Menu 26 € (déj. en sem.), 34/60 € – Carte 49/65 €

Du vert et des fleurs partout ! Sol façon "gazon", murs fleuris, véranda... une atmosphère bucolique. Menus composés selon le marché.

NEUILLÉ-LE-LIERRE – 37 Indre-et-Loire – 317 O3 – 743 h. – alt. 92 m 11 B2

– ✉ 37380

Paris 217 – Amboise 16 – Château-Renault 10 – Montrichard 34

XX **Auberge de la Brenne** avec ch

19 r. de la République – ✆ 02 47 52 95 05 – www.auberge-brenne.com – Fermé 16 janv.-12 fév., dim. soir de sept. au 15 juin, mardi et merc.

5 ch – †67/88 € ††67/88 € – ☕ 12 € – ½ P

Rest *(réserver)* – Formule 20 € bc – Menu 30/56 € – Carte 45/79 €

Andouillette et sa tarte à l'échalote, lapin délicatement mijoté dans une sauce au sauvignon : la tradition et les bons produits ont trouvé leur repaire tourangeau. Accueil charmant. À 50 m du restaurant, maison des années 1900 disposant de chambres confortables.

NEUILLY-LE-REAL – 03 Allier – 326 H4 – 1 372 h. – alt. 260 m 6 C1

– ✉ 03340

Paris 313 – Mâcon 128 – Moulins 16 – Roanne 82

Logis Henri IV

13 r. du 14 Juillet – 04 70 43 87 64 – Fermé une sem. en sept., 2 sem. en fév., dim. soir et lundi

Rest – Formule 15 € – Menu 20 € (déj. en sem.), 30/52 € – Carte 34/52 €

Mon premier est une maison à colombages du 15e s., mon deuxième se situe dans un village tranquille de la Sologne bourbonnaise, mon troisième est une cuisine traditionnelle respectant les saisons et mettant en avant les viandes de pays. Mon tout est le Logis Henri IV !

NEUVES-MAISONS – 54 Meurthe-et-Moselle – 307 H7 – rattaché à Nancy

NEUVILLE-DE-POITOU – 86 Vienne – 322 H4 – 4 979 h. – alt. 116 m 39 C1

– ✉ 86170

Paris 335 – Châtellerault 36 – Parthenay 41 – Poitiers 16

28, place Joffre, 05 49 54 47 80, www.ot-neuville.com

La Roseraie

ch,

78 r. A. Caillard – 05 49 54 16 72 – www.laroseraiefrance.fr

5 ch – 68/95 € 68/95 € **Table d'hôte** – Menu 32 € bc

Le jardin est évidemment fleuri de roses et l'ensemble de cette maison de maître (19e s.) dégage un frais et élégant parfum, simple et soigné (mobilier ancien, tons clairs). Esprit international autour de la table d'hôte : les propriétaires sont originaires du Zimbabwe et d'Angleterre !

St-Fortunat (Fabien Dupont)

4 r. Bangoura-Moridé – 05 49 54 56 74 – www.saintfortunat.com – Fermé 2 sem. en août, dim., lundi et fériés

Rest – Formule 15 € – Menu 23 € (déj. en sem.), 43 € bc/68 € – Carte 45/60 €

Dans le centre de Neuville, un restaurant accueillant et intime, avec un paisible patio. Son jeune chef bouscule les habitudes à travers une cuisine originale, aux saveurs marquées, qui a trouvé un public fidèle !

➜ L'incontournable vaporeux d'huîtres. Carré de porc noir de Bigorre cuit à basse température et haricots vendéens. Le temps des framboises.

NEUVILLE-ST-AMAND – 02 Aisne – 306 B4 – rattaché à St-Quentin

NÉVACHE – 05 Hautes-Alpes – 334 H2 – 339 h. – alt. 1 640 m 41 C1

– ✉ 05100 Alpes du Sud

Paris 693 – Briançon 21 – Le Monêtier-les-Bains 35 – Montgenèvre 25

Ville Haute, 04 92 20 02 20, www.accueil-tourisme-nevache.com

Le Chalet d'En Hô

ch, rest,

hameau des Chazals – 04 92 20 12 29 – www.chaletdenho.com – Ouvert 8 juin-22 sept. et 21 déc.-1er avril

14 ch – 102/150 € 133/150 € – 12 € – ½ P

Rest *(dîner seult)* – Menu 27 €

Là-haut dans la montagne... Environnement naturel privilégié pour ce chalet, qui a tout d'un petit cocon d'altitude : quiétude, décor de bois très chaleureux, mais aussi sauna et jacuzzi pour récupérer après une balade au grand air. Restaurant traditionnel.

NEVERS P – 58 Nièvre – 319 B10 – 37 470 h. – Agglo. 62 082 h. 7 A2

– alt. 194 m – Pèlerinage de Ste-Bernadette d'avril à oct. : couvent St-Gildard

– ✉ 58000 Bourgogne

Paris 236 – Bourges 70 – Clermont-Ferrand 161 – Orléans 167

rue Sabatier, Palais Ducal, 03 86 68 46 00, www.nevers-tourisme.com

18 du Nivernais, à Magny-Cours, Le Bardonnay, E : 2 km par D 200, 03 86 58 18 30

Circuit automobile permanent à Magny-Cours 03 86 21 80 00, 12 km par ④.

Cathédrale St-Cyr-et-Ste-Julitte★★ - Palais ducal★ - Église St-Étienne★ - Façade★ de la Chapelle Ste-Marie - Porte du Croux★ - Faïences de Nevers★ du musée municipal Frédéric Blandin **M1**.

Circuit de Nevers-Magny-Cours : musée Ligier F1★.

NEVERS

Ardilliers (R. des)	Y	2
Banlay (R. du)	V	3
Barre (R. de la)	Y	4
Bourgeois (R. Mlle)	V	5
Champ-de-Foire (R. du)	Z	6
Charnier (R. du)	Y	7
Chauvelles (R. des)	V	8
Cloître-St-Cyr (R. du)	Z	9
Colbert (Av.)	Y	10
Coquille (Pl. G.)	Y	12
Docks (R. des)	V	13
Fer (R. du)	Y	47
Fonmorigny (R.)	Y	48
Francs-Bourgeois (R. des)	Y	14
Jacobins (R. des)	Z	16
Lattre-de-Tassigny (Bd Mar.-de)	V	17
Mancini (Pl.)	Y	50
Mantoue (Quai de)	Z	18
Marceau (Av.)	Y	19
Midi (R. du)	Z	20
Mirangron (R.)	Y	49
Nièvre (R. de)	Y	21
Ouches (R. des)	YZ	22
Passière (Rue de la)	Y	23
Pelleterie (R. de la)	Y	24
Petit-Mouësse (R. du)	X	26
Porte-du-Croux (R. de la)	Z	51
Préfecture (R. de la)	Y	27
Récollets (R. des)	Z	52
Remigny (R. de)	Y	28
Renardats (R. des)	V	30
République (Bd de la)	VX	32
République (Pl. de la)	Z	34
Roy (R. Ch.)	Y	36
St-Martin (R.)	Y	38
St-Sébastien (Pl.)	Y	39
Tillier (R. C.)	Z	40
Vaillant-Couturier (R. Paul)	V	42
14-Juillet (R. du)	Z	45

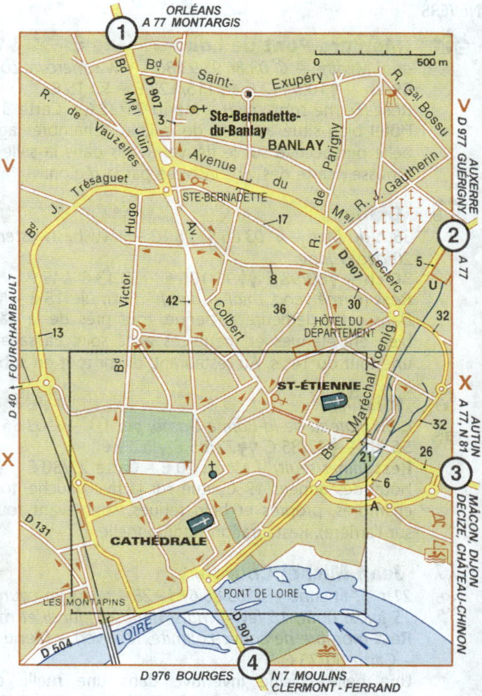

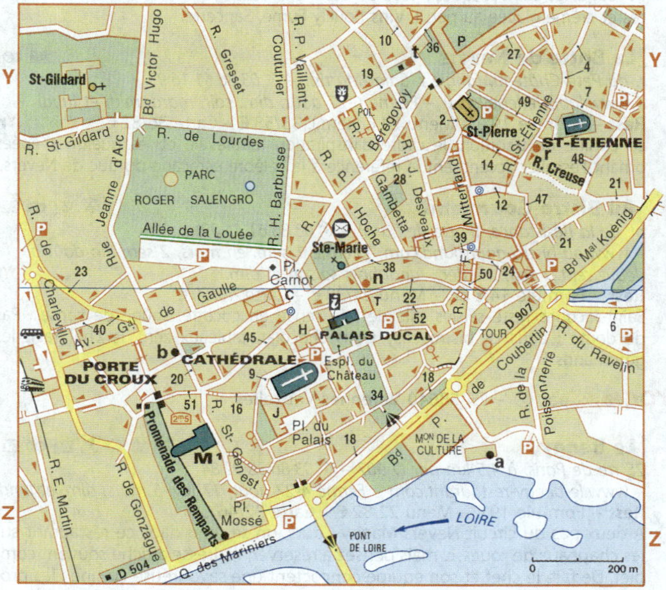

Mercure Pont de Loire

quai Médine – 03 86 93 93 86 – www.mercure.com **Za**

59 ch – 105/112 € 115/122 € – 15 €

Rest *(Fermé sam. midi)* – Menu 25/32 € – Carte 31/46 €

Hôtel bien situé au bord de la Loire. Chambres agréables, certaines offrant une belle perspective sur le fleuve. Repas dans la salle panoramique ou sur la vaste terrasse ; carte des vins inspirée par la région.

Diane

38 r. du Midi – 03 86 57 28 10 – www.bestwesterndiane-nevers.com – Fermé 20 déc.-5 janv. **Zb**

30 ch – 80/98 € 96/106 € – 13 € – ½ P

Rest *(fermé vend. midi et dim.)* – Formule 15 € – Menu 22/28 € – Carte 29/49 €

Dans cette demeure ancienne, tout près de la gare, les chambres sont vastes, bien entretenues et meublées avec soin. La salle des petits-déjeuners occupe une tour du 14e s. Au restaurant, décor tout en sobriété et cuisine classique.

Ibis

r. du Plateau-de-la-Bonne-Dame, par ④ – 03 86 37 56 00 – www.ibishotel.com

56 ch – 72/85 € 72/85 € – 9 €

Rest *(dîner seult)* – Menu 20 € – Carte 22/30 €

Hôtel des années 1980 situé sur la rive gauche, tout près du pont de Loire. Les chambres, propres et bien tenues, sont avant tout fonctionnelles (plus calmes sur l'arrière). Restauration traditionnelle.

Jean-Michel Couron

21 r. St-Étienne – 03 86 61 19 28 – www.jm-couron.com – Fermé 15 juil.-6 août, 16 fév.-4 mars, dim. soir, lundi et mardi **Yr**

Rest *(nombre de couverts limité, réserver)* – Menu 23 € (sem.), 35/56 € – Carte 60/75 €

Une belle cuisine inventive dans une ruelle du vieux Nevers... On peut même dîner sous les voûtes (14e s.) de l'ancien cloître de l'église St-Étienne !

➜ Coquilles Saint-Jacques. Pièce de bœuf charolais rôtie. Tarte chaude aux carottes et crème glacée au persil. **Vins** Pouilly-Fumé, Sancerre.

La Botte de Nevers

r. du Petit-Château, (angle r. Saint-Martin) – 03 86 61 16 93 – www.labottedenevers.fr – Fermé 6-27 août, dim. soir, mardi midi et lundi

Rest – Formule 19 € – Menu 24 € (sem.), 33/58 € – Carte 36/82 € **Yn**

La cuisine de tradition, le cadre d'inspiration médiévale et les quelques épées ornant l'escalier accentuent la référence à la célèbre estocade du duc de Nevers.

Au Bistro Gourmand

pl. de la Résistance, (Porte de Paris) – 03 86 61 45 09 – www.au-bistro-gourmand.com – Fermé 1 sem. en mars, 2 sem. fin août à début sept.,1 sem. en déc., lundi hors saison et dim. **Yt**

Rest – Formule 14 € bc – Menu 24/38 € – Carte 40/50 €

Saint-Jacques juste saisies, aile de raie servie en cocotte, soupe de cerise... Pas de doute : dans ce bistro cosy (tons chocolat, tableaux zen), le chef ravit les gourmands !

rte d'Orléans par ① – ✉ 58640 Varennes-Vauzelles

Le Bengy

25 rte de Paris, à 4,5 km par D 907 – 03 86 38 02 84 – www.le-bengy-restaurant.com – Fermé 4-27 août, 17 fév.-5 mars, dim. et lundi

Rest – Formule 19 € – Menu 22/32 € – Carte 32/46 €

À deux pas du circuit Nevers-Magny-Cours, on se rend dans ce restaurant sur les chapeaux de roues… mais pensez à réserver, l'adresse affiche souvent complet. De fait, le chef et son équipe concoctent une savoureuse cuisine : les produits sont de qualité, les cuissons bien maîtrisées, et les équilibres de saveurs séduisants.

au Nord-Est 4 km par ② et D 207

La Fontaine Cavalier avec ch

Domaine Jeunot ✉ 58130 Urzi – ✆ 03 86 57 41 71 – www.fontaine-cavalier.com – Fermé fin sept. début oct., lundi soir, mardi soir et merc.

3 ch – 70 € 80 €

Rest – Formule 16 € – Menu 19 € (déj. en sem.), 28/39 €

Un ancien corps de ferme transformé en restaurant. On y déguste une savoureuse cuisine de produits. Ainsi, on ouvre le repas par une brioche au crottin de chavignol, suivie d'une volaille fermière en croûte, pour finir par une tarte au limoncello. Le tout à prix raisonnables. Belle terrasse ouverte sur la nature.

à Sauvigny-les-Bois 10 km par ③D 978 et D 18 – 1 523 h. – alt. 210 m – ✉ 58160

Moulin de l'Étang

64 rte de l'Étang – ✆ 03 86 37 10 17 – www.moulindeletang.fr – Fermé 30 juil.-22 août, 26-30 déc., vacances de fév., merc. soir, dim. soir et lundi

Rest – Menu 22/50 € – Carte 34/56 €

Dans cette ancienne ferme, tout près d'un étang cerné par les bois, le chef travaille les produits frais et réalise une bonne cuisine traditionnelle. Agréable terrasse face à la nature.

rte de Moulins 3 km par ④, sur N 7 – ✉ 58000 Challuy

La Gabare

171 rte de Lyon – ✆ 03 86 37 54 23 – www.restaurant-lagabare.fr – Fermé 15 juil.-8 août, dim. et merc.

Rest – Menu 19/28 € – Carte 32/50 €

Cette vieille ferme joliment restaurée abrite deux salles rustiques : poutres apparentes, grande cheminée... Le lieu idéal pour savourer une cuisine traditionnelle généreuse.

à Magny-Cours 12 km par ④, rte Moulins – 1 451 h. – alt. 205 m – ✉ 58470

Alliance

Ferme du domaine de Bardonnay – ✆ 03 86 21 22 33 – www.alliance-hotel-nevers.com

68 ch – 110/140 € 110/140 € – 2 suites – 19 €

Rest *(fermé sam. et dim. du 15 nov. au 15 janv.)* – Formule 15 € – Menu 18 € – Carte 29/42 €

La ferme d'origine, qui appartenait à l'agriculteur concepteur du circuit automobile tout proche, est complétée par une aile moderne abritant les chambres ; certaines ont vue sur la piscine ou le golf. Au restaurant, cuisine traditionnelle.

à Varennes-Vauzelles 5 km au Nord-Ouest par D 167 – ✉ 58640

54 Avenue Louis Fouchère, ✆ 03 86 71 61 71, www.ville-varennes-vauzelles.fr

Château du Four de Vaux sans rest

65 r. Daniel-Bollon – ✆ 03 86 21 99 87 – www.chateaudufourdevaux.com – Fermé 26 déc.-31 janv.

5 ch – 90/125 € 105/125 € – 11 €

Non loin de la cité ducale de Nevers, un château des 18e-19e s. au cœur d'un parc de 4 ha. Dans les chambres, le confort le dispute au charme (mobilier chiné, parquet, etc.). Piscine, sauna, jacuzzi... Idéal pour un séjour au calme.

NÉVEZ – 29 Finistère – 308 I8 – 2 718 h. – alt. 40 m – ✉ 29920 9 B2

Paris 547 – Lorient 51 – Quimper 40 – Rennes 196

18 place de l' Église, ✆ 02 98 06 87 90, www.nevez.com

Le Bistrot de l'Écailler

au port de Kerdruc, 3 km à l'Est par D 77 et rte secondaire – ✆ 02 98 06 78 60 – Ouvert mi-avril à fin sept. et fermé mardi et merc. sauf le soir en juil.-août

Rest – Menu 45 € – Carte 42/57 €

Un joli bistrot marin et sa petite terrasse au bord de l'Aven. À la carte : pêche du jour et beaux fruits de mer – la propriétaire est la fille d'un célèbre ostréiculteur ! Autre spécialité, le homard-frites au kari gosse (le "curry breton").

à Raguenès-Plage **4 km au Sud par rte secondaire – ✉ 29920**

Ar Men Du

47 r. des Îles – ✆ 02 98 06 84 22 – www.men-du.com – Fermé 4 nov.-12 déc. et 5 janv.-6 mars

14 ch – **†87/204 € ††87/204 €** – **☕ 14 €**

Rest ***Ar Men Du*** ✿ – voir les restaurants ci-après

Sur une lande sauvage cernée par l'océan (site classé), cette maison néobretonne vibre avec les éléments : décor des chambres façon clipper, vue sur les flots et l'île Raguénès... Bol d'air et évasion garantis !

Ar Men Du

47 r. des Îles – ✆ 02 98 06 84 22 – www.men-du.com – Fermé 4 nov.-12 déc., 5 janv.-6 mars, merc. midi et mardi

Rest *(réserver)* – Formule 31 € bc – Menu 41/80 € – Carte 60/100 €

Un site extraordinaire que cette pointe isolée qui vit à l'heure des marées... L'assiette elle-même vaut un petit paysage marin : le chef cuisine avec soin les produits de la mer et certaines associations de saveurs sont décoiffantes !

➜ Tartare de bar de ligne coupé minute. Turbot en croûte de pomme de terre. Tube aux artichauts et caramel au beurre salé.

NÉVILLE – 76 Seine-Maritime – 304 E3 – 1 102 h. – alt. 80 m – ✉ 76460 — 33 C1

▶ Paris 191 – Caen 148 – Évreux 120 – Rouen 61

Nature et Lin sans rest

9 r. de la Bergerie – ✆ 02 35 57 07 66 – www.nature-lin.com

4 ch ☕ – **†130 € ††130/150 €**

Rosaline, Élise, Aurore, etc. : chaque chambre porte le nom d'une variété de lin. Hommage aux cultures environnantes mais aussi aux matériaux naturels, au blanc et à l'écru... Cette ancienne ferme respire le bien-être – et la piscine couverte est délicieuse ! Pour le petit-déjeuner, pain aux graines de lin, bien sûr.

NEXON – 87 Haute-Vienne – 325 E6 – 2 457 h. – alt. 359 m – ✉ 87800 — 24 B2

Limousin Berry

▶ Paris 416 – Limoges 27 – Panazol 27 – St-Junien 56

i Conciergerie du Château, ✆ 05 55 58 28 44, www.pays-nexon.fr

Les Chaumières de Nexon avec ch

Domaine des Landes, à 2 km par D 11 – ✆ 05 55 58 25 26 – www.les-chaumieres.com – Fermé 16 août-6 sept. et 1er-11 janv.

2 ch – **†80 € ††80 €** – **☕ 10 €**

Rest *(fermé dim. soir, lundi et mardi) (réserver)* – Menu 39 €

Un cottage couvert de chaume dans un parc peuplé d'arbres centenaires... Ce tableau bucolique se révèle charmant quand on en pousse la porte : la demeure allie élégance et ambiance feutrée. Joli décor pour apprécier une cuisine inspirée par les saisons. Chambres chaleureuses pour prolonger l'étape.

NEYRAC-LES-BAINS – 07 Ardèche – 331 H5 – ✉ 07380 — 44 A3

Ardèche Drôme

▶ Paris 606 – Alès 92 – Aubenas 16 – Montélimar 56

Brioude

Meyras – ✆ 04 75 36 41 07 – www.hotel-levant.com – Fermé 15 nov.-20 déc., 2-9 janv., mardi sauf le soir en juil.-août, dim. soir et lundi

Rest – Formule 19 € – Menu 27/55 €

Près des thermes, cette auberge familiale vous régale depuis 1887 d'une cuisine soignée à base de produits locaux : châtaigne, volaille, agneau... Terrasse sous les platanes.

NÉZIGNAN-L'ÉVÊQUE – 34 Hérault – 339 F8 – rattaché à Pézenas

NICE

Plans de la ville pages suivantes **42** E2

© C. Moirenc/Hemis.fr

P – **06 – Alpes-Maritimes – 340 735 h. – Agglo. 947 075 h. – alt. 6 m**
– ✉ **06000** – **341** E5 – **115** J26 J27 – Côte d'Azur

Paris 927 – Cannes 33 – Genova 192 – Lyon 471

5 promenade des Anglais , ✆08 92 70 74 07, www.nicetourisme.com

Av Thiers (gare SNCF) , ✆08 92 70 74 07, www.nicetourisme.com

Aéroport Nice Côte d'Azur Terminal 1, ✆08 92 70 74 07, www.nicetourisme.com

Transports

Auto-train ✆ 3635 (dîtes auto-train - 0,34 €/mn)

Transports maritimes

Pour la Corse : SNCM - Ferryterranée quai du Commerce ✆ 0 825 888 088 (0,15 €/mn) 4JZ

CORSICA FERRIES Port de Commerce ✆ 04 92 00 42 93

Aéroport

Nice-Côte-d'Azur ✆ 0820 423 333 (0,12 €/mn), 6 km 1AU

Casino

Ruhl, 1 promenade des Anglais 3FZ

Le Palais de la Méditerranée, 15 promenade des Anglais 3FZ

A VOIR

Le front de mer et le vieux Nice : le site★★ • La Promenade des Anglais★★ • ≤★★ depuis le château • Intérieur de l'église St-Martin★ • Église St-Jacques★4HZ • Le palais Lascaris, pour son escalier monumental★4HZ**V** • Cathédrale Ste-Réparate (intérieur)★4HZ • Chapelle de l'Annonciation (décors)★4HZ**B** • Chapelle de la Miséricorde (retables)★4HZ**D**

Cimiez : musée Marc-Chagall★★4GX • Musée Matisse★★4HV**M⁴** • Monastère franciscain★ et les primitifs niçois★★ exposés dans l'église 4HV**K** • Site archéologique gallo-romain★

Les quartiers Ouest : musée des Beaux-Arts Jules Chéret★★3DZ • Musée d'Art naïf Anatole Jakovsky★1AU**M¹⁰** • Serre géante du parc Phoenix★1AU • Musée des Arts asiatiques★★

Promenade du Paillon : musée d'Art moderne et d'Art contemporain★★4HY**M²** • Palais des Arts, du Tourisme et des Congrès (Acropolis)★4HJX

Autres curiosités : cathédrale orthodoxe russe St-Nicolas★3EXY • Mosaïque★ de Chagall à la faculté de droit 3DZ**U** • Musée Masséna★3FZ**M³**

RÉPERTOIRE DES RUES DE NICE

Michelet (R.)	FV	
Monastère (Av. Pl.)	HV	46
Montréal (Bd de)	AU	
Mont-Boron (Bd)	CT	
Moulin (Pl. Jean)	HY	47
Napoléon III (Bd)	AU	52
Observatoire (Bd de l')	CST	
Paillon (Promenade)	HZ	
Papacino (Quai)	JZ	
Paradis (R.)	GZ	55
Parc Impérial (Bd du)	DEX	
Passy (R. F.)	EY	57
Pasteur (Bd)	JV	
Pastorelli (R.)	GY	58
Pessicart (Av. de)	DEX	
Phocéens (Av. des)	GZ	59
Pilatte (Bd de)	JZ	
Pompidou (Bd G.)	AU	62
Princesse-Grace-de-Monaco (Bd)	CTU	
Prince-de-Galles (Bd)	GHV	
Raiberti (R.)	FVX	
Rauba-Capéu (Quai)	HJZ	
Raybaud (Av. J.)	BS	
Raynaud (Bd A.)	FV	
Ray (Av. du)	FV	63
République (Av. de la)	JXY	64
Riquier (Bd de)	JY	
Risso (Bd)	JXY	
Rivoli (R. de)	FZ	65
Roquebillière (R. de)	JVX	
Rossini (R.)	FY	
Ste-Marguerite (Av.)	AU	
St-Augustin (Av.)	AU	67
St-Barthélemy (Av.)	EV	
St-François-de-Paule (R.)	GHZ	72
St-Jean-Baptiste (Av.)	HY	73
St-Lambert (Av.)	FV	
St-Pierre-de-Féric (Rte)	DX	
St-Roch (Bd)	CT	
St-Sylvestre (Av.)	AS	80
Saleya (Cours)	HZ	82
Sauvan (R. H.)	EZ	84
Ségurane (R. C.)	JY	
Semard (Bd P.)	CST	
Séméria (Av. D.)	JV	
Sola (Bd Pierre)	JX	
Stalingrad (Bd de)	JZ	
Thiers (Av.)	EFY	
Trachel (R.)	FX	
Turin (Rte de)	JV	
Tzaréwitch (Bd)	DEY	
Valrose (Av.)	FV	
Val-Marie (Av. du)	AU	87
Vérany (Bd J.-B.)	JV	
Verdun (Av. de)	FGZ	89
Vernier (R.)	FX	
Victor-Hugo (Bd)	FYZ	
Voie Romaine	BS	90
Walesa (Bd Lech)	JYZ	91
Wilson (Pl.)	HY	92
2-Corniches (Bd des)	CT	93

NICE

Alberti (R.) . . . . GHY 2
Alsace-Lorraine
(Jardin d') . . . . EZ 3
Armée-du-Rhin (Pl. de l') JX 5
Auriol (Pont V.). . . . . JV 7
Bellanda (Av.) . . . . HV 10
Berlioz (R.) . . . . FY 12
Bonaparte (R.) . . . . JY 13
Carnot (Bd). . . . . JZ 15
Desambrois (Av.). . . . GHX 18
Diables-Bleus (Av. des). JX 19
Europe (Parvis de l') . . . JX 21
Félix-Faure (Av.). . . . . . GZ 22
France (R. de) . . . . DFZ
Gallieni (Av.) . . . . HJX 24
Gambetta (Bd) . . . . . . EXZ
Gautier (Pl. P.) . . . . HZ 25
Gioffredo (R.) . . . . HY
Hôtel-des-Postes
(R. de l') . . . . HY 30
Ile-de-Beauté (Pl.) . . . . . JZ 31
Jean-Jaurès (Bd) . . . . HYZ 32
Liberté (R. de la) . . . . . . GZ 35
Lunel (Quai) . . . . JZ 37
Masséna (Pl. et Espace)GZ
Masséna (R.) . . . . FGZ 43
Médecin (Av. J.). . . . . FGY 44
Meyerbeer (R.) . . . . FZ 45
Monastère (Av. Pl.). . . . HV 46
Moulin (Pl. J.) . . . . HY 47
Paradis (R.) . . . . GZ 55
Passy (R. F.). . . . . EY 57
Pastorelli (R.). . . . . GY 58
Phocéens (Av. des). . . . GZ 59

Ray (Av. du) . . . . FV 63
République (Av. de la) . . . . JXY 64
Rivoli (R. de) . . . . FZ 65
St-François-de-Paule (R.) . . . . GHZ 72
St-Jean-Baptiste (Av.) . . HY 73
Saleya (Cours) . . . . HZ 82
Sauvan (R. H.) . . . . EZ 84
Verdun (Av. de) . . . . . . FGZ 89
Walesa (Bd Lech) . . . . JYZ 91
Wilson (Pl.) . . . . HY 92

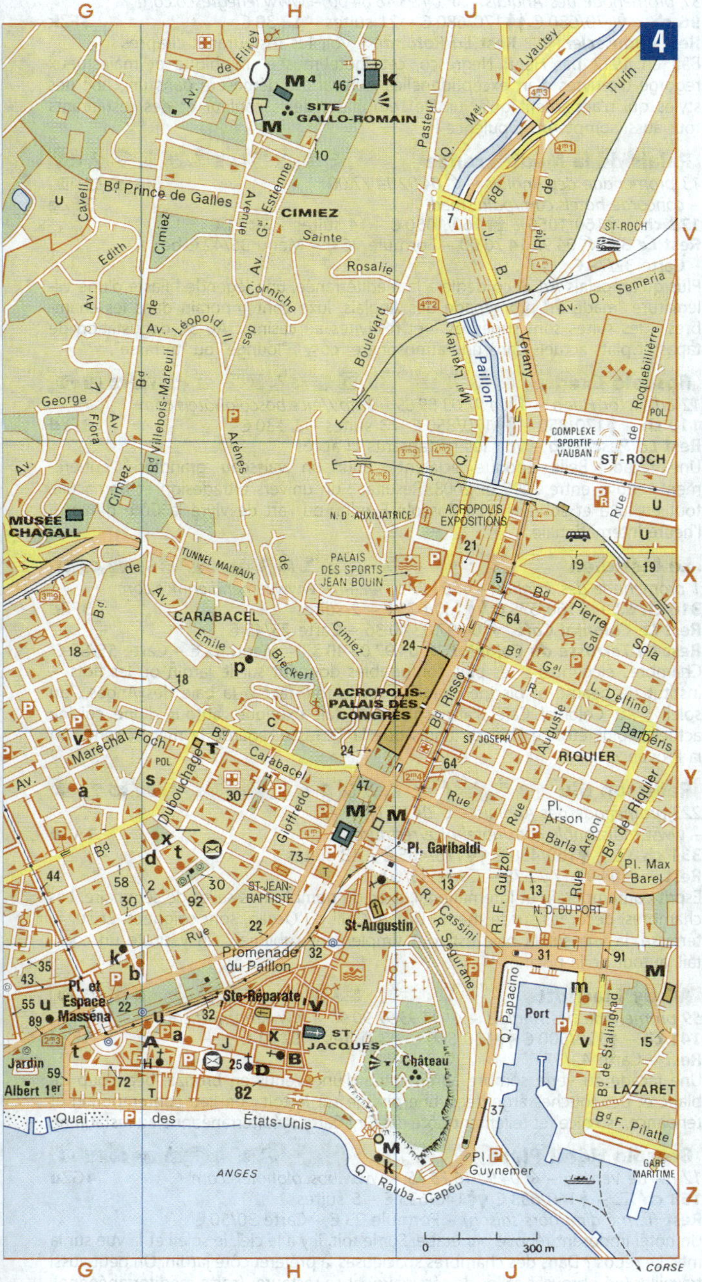

Negresco

37 promenade des Anglais – ✆ 04 93 16 64 00 – www.lenegresco.com
96 ch – 🚹170/680 € 🚹🚹170/680 € – 21 suites – ☕ 30 € **3FZk**
Rest *Chantecler* ✿✿ **Rest *La Rotonde*** – voir les restaurants ci-après
Bâti en 1912 par Henri Negresco, cet "hôtel-musée" mythique et majestueux regorge d'œuvres d'art exceptionnelles, cultivant la démesure dans un choc des styles qui n'appartient qu'à lui. De l'emphase, de la couleur et des restaurants tout aussi somptueux... Opulence !

Palais de la Méditerranée

13 promenade des Anglais – ✆ 04 92 14 77 00 – concorde-hotels.com/palaismed **3FZg**
173 ch – 🚹160/1050 € 🚹🚹160/1050 € – 14 suites – ☕ 21 €
Rest *Le 3e* ✆ 04 92 14 76 00 – Formule 26 € – Menu 35/42 € bc – Carte 32/79 €
Plus qu'un palais Art déco dédié à la Méditerranée, une légende ! Faste d'une villégiature "made in" promenade des Anglais, luxe contemporain dans les chambres – les suites sont superbes – et festivités au casino... Au 3e, dégustation de tapas et plats actuels dans une atmosphère "cosy", "lounge" ou "terrasse".

Boscolo Exedra

12 bd Victor Hugo – ✆ 04 97 03 89 89 – http://nice.boscolohotels.com
110 ch – 🚹170/850 € 🚹🚹170/850 € – 3 suites – ☕ 30 € **3FYd**
Rest *La Pescheria* – voir les restaurants ci-après
Une façade Belle Époque éclatante pour un vaisseau grandiose, entièrement rénové entre 2005 et 2008. Résultat : un univers ultradesign et immaculé, tout en luxe et sobriété... Le Boscolo Exedra, ou l'art de vivre la Côte d'Azur à l'heure internationale.

Le Méridien

1 promenade des Anglais – ✆ 04 97 03 44 44 – www.lemeridiennice.com
316 ch ☕ – 🚹160/675 € 🚹🚹160/675 € – 2 suites **3FZd**
Rest *Le Colonial Café* ✆ 04 97 03 40 36 – Carte 25/45 €
Rest *La Terrasse du Colonial* ✆ 04 97 03 40 37 – Menu 42 € – Carte 55/85 €
Chambres élégantes – les plus confortables donnent sur le jardin ou les flots –, institut de beauté et piscine chauffée sur le toit, face à la baie des Anges... du soleil ! Au Colonial Café, l'atmosphère se fait exotique, autour d'une cuisine actuelle (plus étoffée l'hiver), tandis que la Terrasse regarde la mer et sent bon la Provence.

Radisson Blu

223 promenade des Anglais – ✆ 04 97 17 71 77 – www.radissonblu.com/hotel-nice/restaurant **1AUn**
331 ch ☕ – 🚹160/450 € 🚹🚹175/485 € – 13 suites
Rest – ✆ 04 97 17 72 78 – Carte 35/60 €
Esprit contemporain et international, avec de nombreuses salles de séminaire. Les chambres, décorées sur le thème Urban, Chili ou Océan, sont soignées. Et sur la terrasse, la vue sur la baie est tout simplement sublime... On y sirote un cocktail, autour de la piscine.

AC by Marriott

59 promenade des Anglais – ✆ 04 93 97 90 90 – www.marriott.com
141 ch – 🚹120/500 € 🚹🚹120/500 € – 2 suites – ☕ 21 € **3EZd**
Rest – Carte 42/57 €
Une façade en verre sombre agrémentée d'une Vénus en bronze, beaucoup de blanc et des touches argentées, une piscine sur le toit : un lieu contemporain et tendance, "so nice" et tellement Côte d'Azur ! Carte méditerranéenne au restaurant.

Boscolo Hôtel Plaza

12 av. de Verdun – ✆ 04 93 16 75 75 – www.boscolohotels.com **4GZu**
168 ch ☕ – 🚹140/633 € 🚹🚹140/633 € – 5 suites
Rest *(fermé dim. hors saison)* – Formule 23 € – Carte 30/50 €
Un hôtel imposant rénové par étape. Sur le toit, il y a le ciel, le soleil et la vue sur la mer. Le repos ? Dans des chambres spacieuses, à préférer côté jardin. On peut aussi travailler (nombreuses salles de séminaire) et se restaurer (carte méditerranéenne).

La Pérouse

11 quai Rauba-Capéu ✉ 06300 – ✆ 04 93 62 34 63 – www.hotel-la-perouse.com
54 ch – 🚹195/1300 € 🚹🚹195/1300 € – 2 suites – ☕ 24 € **4HZk**
Rest *(fermé 1er déc.-31 janv.)* – Menu 39/85 € – Carte 20/55 €
Un endroit charmant et un peu secret, arrimé au rocher du château. Les chambres, méditerranéennes et raffinées, côtoient un bien joli jardin, où l'on peut se régaler d'une cuisine simple et saine, à l'ombre des citronniers... Quant à la vue – sublime –, elle inspira Raoul Dufy, lui qui peignit la baie des Anges si amoureusement.

Goldstar Resort

45 r. Maréchal Joffre – ✆ 04 93 16 92 77 – www.hotel-goldstar-nice.com
50 suites – 🚹🚹120/800 € – ☕ 25 € **Rest** – Carte 30/58 € **3FZe**
Resort urbain et high-tech. Les suites, où bois et granit dominent, ravissent des familles très internationales (kitchenette). Sur la terrasse, il fait bon profiter du fitness, de la piscine et du solarium ; quant au restaurant traditionnel, il offre une jolie vue sur les toits de Nice.

Hi Hôtel

3 av. des Fleurs – ✆ 04 97 07 26 26 – www.hi-hotel.net **3EZa**
37 ch – 🚹139/309 € 🚹🚹139/429 € – 1 suite – ☕ 21 €
Rest – Formule 16 € – Menu 19 € – Carte 20/40 €
Attention les yeux : cet hôtel, conçu par la designer Matali Crasset, est tendance, écolo et chic. Et il y a même une plage privée ! Un art de vivre contemporain et international... Table bio et carte de sushis (sans thon rouge) pour manger sain et équilibré.

West End

31 promenade des Anglais – ✆ 04 92 14 44 00 – www.hotel-westend.com
121 ch – 🚹150/285 € 🚹🚹160/295 € – 19 suites – ☕ 20 € – ½ P **3FZp**
Rest *Le Siècle* – Menu 28 € – Carte 29/87 €
La promenade des Anglais, la splendeur Louis-Philippe : voilà pour le charme rétro d'un établissement fondé en 1842 ! Et pour les amoureux du contemporain, cap sur les chambres épurées et immaculées ; les autres s'en remettront à un classicisme de bon aloi.

Masséna sans rest

58 r. Gioffredo – ✆ 04 92 47 88 88 – www.hotel-massena-nice.com **4GZk**
110 ch – 🚹199/339 € 🚹🚹199/339 € – 1 suite – ☕ 20 €
Tout près de la place Masséna, un hôtel à la jolie façade Belle Époque. Les chambres sont très bien tenues et, au 6e étage, certaines ont une terrasse avec vue sur les toits.

Mercure Centre Notre-Dame sans rest

28 av. Notre-Dame – ✆ 04 93 13 36 36
– www.mercure.com **3FXYq**
198 ch – 🚹127/332 € 🚹🚹127/332 € – 3 suites – ☕ 18 €
Mercure d'esprit contemporain. Les chambres donnant sur le jardin sont les plus agréables ; piscine sur le toit et grand solarium.

Le Grimaldi sans rest

15 r. Grimaldi – ✆ 04 93 16 00 24 – www.le-grimaldi.com **3FYs**
46 ch – 🚹100/190 € 🚹🚹130/220 € – ☕ 15 €
Mobilier provençal, fer forgé et beaux tissus Pierre Frey dans les chambres, petites terrasses au dernier étage : il y a du soleil dans cet hôtel ! Bon buffet au petit-déjeuner.

Villa Victoria sans rest

33 bd Victor-Hugo – ✆ 04 93 88 39 60 – www.villa-victoria.com
– Fermé 2 sem. en déc. **3FZs**
38 ch – 🚹80/200 € 🚹🚹80/200 € – ☕ 15 €
Un hôtel très "Sud" dans un bel immeuble ancien. Préférez les chambres avec balcon, qui donnent sur le joli jardin méditerranéen. L'été, petit-déjeuner servi dans ce dernier.

Windsor rest,
11 r. Dalpozzo – ☎ 04 93 88 59 35 – www.hotelwindsornice.com **3FZf**
57 ch – †97/190 € ††97/190 € – ☕ 13 € – ½ P
Rest *(fermé dim.) (dîner seult)* – Menu 29/35 € – Carte 34/46 €
Un beau jardin, une volière avec des oiseaux exotiques, 30 chambres imaginées par des artistes (Ben, Basserode...) et un espace détente complet (hammam, massages) : du cachet ! Cuisine du Sud, servie l'été entre palmiers et bougainvillées.

Mercure Promenade des Anglais sans rest
2 r. Halévy – ☎ 04 93 82 30 88 – www.mercure.com
124 ch – †99/399 € ††99/399 € – ☕ 18 € **3FZv**
Un Mercure jouxtant le casino Ruhl. Chambres contemporaines, spacieuses et bien insonorisées ; vue sur la mer, la ville, le jardin ou le patio.

Petit Palais sans rest
17 av. Emile Bieckert – ☎ 04 93 62 19 11 – www.petitpalaisnice.fr **4HXp**
25 ch – †110/220 € ††150/230 € – ☕ 16 €
Ce "Petit Palais" où vécut Sacha Guitry se dresse sur la colline de Cimiez. Charme bourgeois mâtiné de belles touches ethniques et, dans la plupart des chambres, vue plongeante sur la baie des Anges !

Brice sans rest
44 r. Mar. Joffre – ☎ 04 93 88 14 44 – www.nice-hotel-brice.com **3FZx**
58 ch – †48/140 € ††62/160 € – ☕ 13 €
Qui est ce Brice de Nice ? Une maison de caractère au cœur de la ville, dans un jardinet planté d'essences méditerranéennes. Les chambres, agréables, sont fonctionnelles et bien tenues.

Aria sans rest
15 av. Auber – ☎ 04 93 88 30 69 – www.hotel-aria.fr **3FYu**
30 ch – †78/98 € ††88/128 € – ☕ 11 €
Hôtel du quartier des Musiciens. Le propriétaire, passionné de littérature, organise chaque mois une conférence sur ce thème. Les chambres sont simples et bien tenues, la moitié avec vue sur un joli square. Accueillant !

Hôtel de Flore sans rest
2 r. Maccarani – ☎ 04 92 14 40 20 – www.hoteldeflore-nice.fr **3FZz**
63 ch – †89/129 € ††107/149 € – 1 suite – ☕ 14 €
Meubles en fer forgé, sièges en osier et couleurs du Midi dans des chambres pratiques et impeccablement tenues. Patio pour prendre le petit-déjeuner dans un cadre azuréen.

Durante sans rest
16 av. Durante – ☎ 04 93 88 84 40 – www.hotel-durante.com – Fermé janv.
28 ch – †82/102 € ††95/115 € – ☕ 10 € **3FYb**
Si le quartier (près de la gare) manque de charme, la maison en est pleine : chambres propres et très coquettes, jacuzzi dans le jardin méditerranéen... Original et cosy.

Les Cigales sans rest
16 r. Dalpozzo – ☎ 04 97 03 10 70 – www.hotel-lescigales.com **3FZb**
19 ch – †75/130 € ††80/135 € – ☕ 11 €
Derrière la façace raffinée de cet hôtel particulier niçois ? Des chambres agréables et pratiques, mansardées au dernier étage. Et sur le toit ? Une jolie petite terrasse.

Armenonville sans rest
20 av. Fleurs – ☎ 04 93 96 86 00 – www.hotel-armenonville.com **3EZb**
12 ch – †52/109 € ††64/109 € – ☕ 12 €
Quiétude et charme bourgeois dans cette jolie villa 1900. Des orangers et des citronniers embaument le jardin et, dans certaines chambres, on admire les meubles venus du Negresco !

Hôtel de la Fontaine sans rest
49 r. France – ☎ 04 93 88 30 38 – www.hotel-fontaine.com – Fermé 6-20 janv.
29 ch – †79/109 € ††92/155 € – ☕ 11 € **3FZt**
Dans une rue commerçante et animée. Les chambres des 2 et 3e étages ont été rénovées en 2010 ; pour plus de calme, préférez-les sur le patio, où murmure une fontaine.

Villa Rivoli sans rest

10 r. Rivoli – ✆ 04 93 88 80 25 – www.villa-rivoli.com **3FZa**

26 ch – †65/167 € ††65/189 € – ☕ 12 €

De cet hôtel particulier Belle Époque, la propriétaire – qui a travaillé au Negresco – a fait un hôtel charmant... Toile de Jouy, antiquités : un joli esprit bonbonnière règne dans les chambres.

Chantecler – Hôtel Negresco

37 promenade des Anglais – ✆ 04 93 16 64 00 – www.lenegresco.com – Fermé 2 janv.-11 fév., lundi, mardi et le midi sauf dim. **3FZk**

Rest – Menu 58 € (déj.), 90/140 € – Carte 115/155 €

Boiseries, tapisserie d'Aubusson, rideaux en damas ou en lampas de soie : un magnifique décor Régence ! Les mets, fins et délicats, ne sont pas en reste : sélectionnant les meilleurs produits, Jean-Denis Rieubland fait montre d'une superbe ambition dans la création. Les sens sont à la fête...

➜ Langoustines rôties au piment d'Espelette, croustillants de tête de veau aux feuilles de roquette. Vapeur de turbot au beurre d'algues, artichauts et carottes fanes. Mélange subtil de la tourte de blettes niçoises à la fleur d'oranger. **Vins** Vin de pays des Alpes Maritimes, Bellet.

L'Ane Rouge

7 quai Deux-Emmanuel ✉ 06300 – ✆ 04 93 89 49 63 – www.anerougenice.com – Fermé 15 fév.-15 mars, jeudi midi et merc. **4JZm**

Rest – Formule 23 € – Menu 35/68 € – Carte 52/115 €

Le chef travaille en direct avec de petits pêcheurs locaux et réalise une cuisine régionale d'une belle finesse. L'été, on se régale sur la terrasse ensoleillée. Chic, frais et bon !

La Réserve de Nice

60 bd Franck-Pilatte – ✆ 04 97 08 14 80 – www.lareservedenice.com – Fermé dim. et lundi de nov. à mars **2CTb**

Rest – Formule 27 € – Menu 48/95 € – Carte 71/97 €

Décor élégant pour cette Réserve aux airs de paquebot Art déco. On savoure une cuisine raffinée en goûtant la vue superbe sur la baie des Anges et l'Esterel.

Aphrodite (David Faure)

10 bd Dubouchage – ✆ 04 93 85 63 53 – www.restaurant-aphrodite.com – Fermé dim. et lundi **4HYs**

Rest – Menu 27 € (déj.), 40/99 € – Carte 55/100 €

Ode contemporaine au terroir niçois, où la technique sert à dessein l'émotion gustative. Le soir, le chef laisse parler son amour de la créativité dans un menu dégustation qui élève la cuisine moléculaire au rang de déesse.

➜ Foie gras et cèpe comme un opéra, sorbet au vinaigre balsamique blanc. "Carpachiaud" de bœuf Wagyu en daube niçoise et polenta crémeuse. Sablé aux fraises, mascarpone et crème de chocolat blanc. **Vins** Vin de pays des Alpes Maritimes, Bellet.

L'Univers - Christian Plumail

54 bd Jean Jaurès ✉ 06300 – ✆ 04 93 62 32 22 – www.christian-plumail.com – Fermé lundi midi, sam. midi et dim. **4HZu**

Rest *(réserver)* – Formule 22 € – Menu 46/75 € – Carte 59/69 €

On vient de loin pour savourer l'authentique et goûteuse cuisine niçoise qui a fait la réputation de la maison. Accueil très aimable. Et l'été, on profite de la terrasse...

➜ Tomates en soupe froide, en salade, en beignet et en clafoutis à la mozzarella. Rouget farci à la brandade, fleurs de courgette niçoise et sauce vierge. Soufflé au citron, compote de fruits à la badiane. **Vins** Côtes de Provence, Bellet.

Comment choisir, dans une localité, entre deux adresses de même catégorie (nombre de 🏠 ou de ✕) ? Sachez que les établissements sont classés par ordre de préférence au sein de chaque catégorie : les meilleures adresses d'abord.

XX **Flaveur** (Gaël et Mickaël Tourteaux)

25 r. Gubernatis – ✆ 04 93 62 53 95 – www.flaveur.net – Fermé 15-31 août, mardi midi, sam. midi, dim. et lundi 4HYx

Rest *(nombre de couverts limité, réserver)* – Menu 35 € bc (déj.), 58/70 €

Passion, fraîcheur et personnalité résument cette adresse créée par trois compères – deux frères en cuisine, un ami en salle. Jeux sur les textures, plats d'esprit canaille (le midi), notes d'exotisme... De belles flaveurs, dans un décor très original.

➜ Saumon mi-cuit, gelée de rougail et combava. Géline de Touraine, condiment beurre de cacahouète, suprême rôti au lime et cuisse en boudin blanc à la citronnelle. Banane glacée au vieux rhum, suzette et ananas vanillé. **Vins** Bellet.

XX **Le Rolancy's**

22 r. A. Karr – ✆ 04 93 16 00 48 – www.les-viviers-nice.com – Fermé 21 juil.-20 août, sam. midi, dim. et feriés 3FYk

Rest – Menu 29 € (déj.), 55/85 € – Carte 39/98 €

Rest *Le Bistrot des Viviers* *(fermé 21 juil.-20 août et fériés)* – Formule 17 € – Menu 32 € (dîner) – Carte 38/75 €

Atmosphère cosy dans ce restaurant, idéal pour déguster une belle cuisine de la mer. Ici, le poisson arrive majoritairement de Bretagne. Au Bistrot, ambiance conviviale autour de recettes iodées plus simples, mais toujours d'excellente fraîcheur !

XX **Le Bistrot Gourmand** (David Vaqué)

3 r. Desboutin – ✆ 04 92 14 55 55 – www.lebistrogourmand.fr – Fermé deux sem. en juil., une sem. en déc., vacances de fév., merc. et dim. 4GZt

Rest *(réserver)* – Formule 18 € – Menu 35/69 € – Carte 40/85 €

Cet élégant bistrot ne désemplit pas... et c'est justice ! Né fin 2010 à l'initiative d'une équipe passionnée, il s'impose déjà comme une valeur sûre : tout est préparé minute, avec un savoir-faire indéniable. Saveurs du marché, patte de chef et excellent rapport qualité-prix : réjouissant.

➜ Ange et Démon. Turbot au citron confit. Soufflé.

XX **Keisuke Matsushima**

22 ter r. de France – ✆ 04 93 82 26 06 – www.keisukematsushima.com – Fermé lundi midi, sam. midi et dim. 3FZe

Rest – Formule 20 € – Menu 38/110 € – Carte 68/109 €

Décor minimaliste, à la japonaise, tout en bois brut et tons sobres. Mets délicats et inventifs, à base d'excellents produits. Également table d'hôte sur réservation.

➜ Gamberonis de la pêche de San Remo rôtis et soupe minestrone. Millefeuille de bœuf Simmenthal au wasabi et saveurs japonaises. Biscuit coulant au potimarron, glace à la confiture de lait. **Vins** Bellet.

XX **Les Deux Canailles**

6 r. Chauvain – ✆ 09 53 83 91 99 – www.lesdeuxcanailles.com – Fermé dim. 4GZb

Rest *(dîner seult)* – Menu 45/65 € – Carte 60/85 €

Les Deux Canailles ? Deux associés plein d'allant ayant réuni une équipe franco-japonaise jeune, aguerrie et passionnée... La cuisine ? Française d'aujourd'hui, fraîche et d'une belle finesse, avec quelques touches nippones. Bilan : un bon moment !

XX **Les Pêcheurs**

18 quai des Docks – ✆ 04 93 89 59 61 – www.lespecheurs.com – Fermé janv., mardi sauf le soir en juil.-août et lundi 4JZv

Rest – Menu 29/39 € – Carte 39/63 €

Ce restaurant du port est une invitation au voyage : atmosphère bateau façon Capitaine Nemo, couleurs lagon, agréable terrasse pour prendre le soleil... Quant aux assiettes, joliment présentées, elles valorisent les produits de la mer.

XX **Luc Salsedo**

14 r. Maccarani – ✆ 04 93 82 24 12 – www.restaurant-salsedo.com – Fermé 15-28 fév. et merc. 3FYh

Rest *(dîner seult)* – Menu 45/65 € – Carte 50/68 €

Aux commandes de ce restaurant convivial et cosy : un jeune couple fort sympathique. Monsieur a du métier et concocte un menu aux accents du Sud qui change tous les dix jours, au gré du marché.

XX **L'Aromate** (Mickaël Gracieux)

20 av. Mar. Foch – ✆ 04 93 62 98 24 – www.laromate.fr – Fermé 1 sem. en août, 2 sem. en janv., le midi, dim. et lundi **4GYv**

Rest *(nombre de couverts limité, réserver)* – Menu 55/75 € – Carte 65/80 €

Une table lancée par un couple amoureux de gastronomie. Pari réussi ! Préparations délicates, assiettes graphiques : le chef et patron confirme son talent, mûri dans de grandes maisons. Cadre intime.

➜ Fruits et légumes d'automne glacés et faisselle aux herbes. Pigeon du Lauragais rôti à la sarriette et foie gras de canard grillé. Citron de pays sur une tarte feuilletée et crème à l'orange. **Vins** Cassis, Vin de l'Île de Porquerolles.

XX **La Rotonde** – Hôtel Negresco

37 promenade des Anglais – ✆ 04 93 16 64 00 – www.lenegresco.com **3FZk**

Rest – Menu 34/48 € – Carte 40/55 €

Un décor de carrousel – chevaux de bois et automates ! –, une terrasse sur la promenade des Anglais... Telle est la brasserie très chic du mythique Negresco.

XX **La Pescheria** – Hôtel Boscolo Exedra

12 bd Victor Hugo – ✆ 04 97 03 89 89 – http://nice.boscolohotels.com – Fermé dim. **3FYd**

Rest – Formule 21 € bc – Menu 40/65 € – Carte 52/65 €

Cette trattoria se distingue au sein de l'ultradesign hôtel Boscolo Exedra. Le décor étonne en juxtaposant la salle, chic et feutrée, aux cuisines, reconstituées tel un décor ancien, derrière de grandes vitres d'atelier. Pasta, jambon cru, risotto...

XX **Les Épicuriens** (N)

6 pl. Wilson – ✆ 04 93 80 85 00 – Fermé août, dim. et lundi **4HYt**

Rest – Formule 25 € – Menu 37 € (dîner) – Carte 35/59 €

Un joli représentant de la bistronomie ! Dans un cadre contemporain, on déguste des petits plats estampillés "retour du marché", des spécialités niçoises ou des classiques de la cuisine française : escargots de Bourgogne, tarte Tatin, etc. De quoi satisfaire tous les épicuriens...

X **Bistrot d'Antoine**

27 r. de la Préfecture – ✆ 04 93 85 29 57 – Fermé vacances de Pâques, 3 sem. en août, vacances de Noël, dim. et lundi **4HZx**

Rest *(nombre de couverts limité, réserver)* – Carte 25/43 €

Tartine de filets de rouget, langue de bœuf sauce raifort : cette cuisine bistrotière et canaille, aux beaux accents méridionaux, enchante les gourmands... Franc succès pour Antoine !

X **Saison**

17 r. Gubernatis – ✆ 04 93 85 69 04 – www.saison-nice.com – Fermé dim. et lundi **4HYx**

Rest – Formule 16 € – Menu 35/70 € – Carte 33/47 €

Restaurant japonais ouvert en 2009, sous la gérance de Keisuke Matsushima (du restaurant éponyme). Cadre sobre, menu très attractif le midi, bon choix de vins et sakés.

X **La Merenda**

4 r. Raoul-Bosio – www.lamerenda.net – Fermé 10-16 juin, 29 juil.-11 août, 1er-15 déc., sam. et dim. **4HZa**

Rest *(nombre de couverts limité, réserver)* – Carte 28/42 €

Pas de réservation téléphonique (il faut passer) et cartes de crédit bannies... Rédhibitoire ? Non : on fait salle comble tous les jours grâce à une authentique cuisine niçoise.

X **Yuzu**

35 r. Maréchal-Joffre – ✆ 04 93 85 79 87 – www.yuzu-sushi.com – Fermé dim. et lundi **3FZu**

Rest *(réserver)* – Formule 14 € – Menu 34 € bc/36 € – Carte 26/51 €

Un petit sushiya simple et authentique. Le chef, très expérimenté, y prépare une vraie cuisine japonaise et fait son marché chaque jour, afin de dénicher le meilleur de la pêche locale... Savoir-faire, précision, tradition et qualité !

La Casbah
3 r. Dr Balestre – ✆ 04 93 85 58 81 – Fermé août, dim. soir et lundi
Rest – Carte 30/44 € **4GYa**
Une Casbah familiale et conviviale... Le couscous, généreux, fait la part belle à l'agneau, aux légumes frais et à une semoule délicieuse, travaillée dans les règles de l'art. En guise de dessert, vous prendrez bien une pâtisserie orientale ?

à l'aéroport de Nice-Côte-d'Azur 7 km – ✉ 06200 Nice

Novotel Arenas
455 promenade des Anglais – ✆ 04 93 21 22 50 – www.novotel.com
131 ch – †100/170 € ††100/170 € – ☕ 15 € **1AUe**
Rest – Formule 18 € – Carte 22/47 €
Un hôtel d'esprit contemporain, à côté de l'aéroport. Bonne insonorisation, salles de séminaire... idéal pour la clientèle d'affaires.

Park Inn Nice
179 bd René-Cassin – ✆ 04 93 18 34 00 – www.parkinn.com/airporthotel-nice
151 ch – †88/248 € ††88/248 € – ☕ 15 € **1AUd**
Rest – Formule 18 € – Menu 26 € – Carte 32/39 €
Pratique lors d'un départ en voyage... Chambres agréables, contemporaines et plutôt spacieuses, disposant d'une grande penderie, pour faire et refaire sa valise.

Ibis Styles Nice Aéroport sans rest
127 bd René Cassin – ✆ 04 92 29 44 30 – www.all-seasons-hotels.com
91 ch ☕ – †92/158 € ††102/168 € **1AUb**
Un hôtel récent (2008) du quartier Arenas, près de l'aéroport. Les chambres, pratiques et bien conçues, sont décorées sur le thème de l'aviation.

à l'Aire St-Michel 9 km au Nord par bd. de Cimiez – BS

Au Rendez-vous des Amis
176 av. Rimiez ✉ 06100 Nice – ✆ 04 93 84 49 66 – www.rdvdesamis.fr – Fermé vacances de la Toussaint, de fév., mardi sauf juil.-août et merc.
Rest – Formule 20 € – Menu 26/39 € – Carte 30/44 €
Accueil chaleureux et ambiance amicale... évidemment ! Savoureux plats niçois (choix volontairement restreint). L'été, on profite de la terrasse, à l'ombre d'un tilleul, et l'on peut même faire une partie de pétanque.

à St-Isidore 13 km par ⑦ – ✉ 06200

Servotel
30 av. A. Verola – ✆ 04 93 29 99 00 – www.servotel-nice.fr
86 ch – †80/140 € ††90/180 € – 2 suites – ☕ 15 € – ½ P
Rest *(fermé sam. midi et dim. midi)* – Menu 25 € (sem.), 40/60 € – Carte 49/64 €
Un établissement récent près d'un centre commercial. Chambres bien insonorisées ; équipements pour séminaires ; restauration traditionnelle et régionale : idéal pour la clientèle d'affaires.

NIEDERBRONN-LES-BAINS – 67 Bas-Rhin – 315 J3 – 4 384 h. 1 B1
– alt. 190 m – Stat. therm. : fév.-déc. – Casino – ✉ 67110 Alsace Lorraine
Paris 460 – Haguenau 23 – Sarreguemines 55 – Saverne 40
6, place de l'Hôtel de Ville, ✆ 03 88 80 89 70, www.ot-niederbronn.com

Mercure sans rest
14 av. Foch – ✆ 03 88 80 84 48 – www.mercure.com
59 ch – †64/76 € ††71/137 € – ☕ 12 €
Non loin du casino, l'ancien Grand Hôtel, mué en Mercure, a conservé un peu de son esprit Belle Époque. Chambres spacieuses (trois niveaux de confort) ; agréable salon.

Le Bristol rest, rest,
4 pl. de l'Hôtel-de-Ville – ✆ 03 88 09 61 44 – www.lebristol.com
26 ch – †55/60 € ††65/100 € – ☕ 9 € – ½ P
Rest – Menu 10 € (déj. en sem.), 18/49 € – Carte environ 33 € le soir
Hôtel situé au cœur de la station thermale. Élégante réception de bois vêtue ; chambres colorées et coquettes, très chaleureuses (mobilier en bois clair). Cuisine traditionnelle à déguster dans une salle classique et cossue ou à la winstub.

Hôtel du Parc

r. de la République – 03 88 09 01 42 – www.parchotel.net

42 ch – 45/80 € 55/80 €

Rest – Formule 10 € – Menu 18/38 € – Carte 27/45 €

Un hôtel plaisant à deux pas du centre-ville. Classiques (boiseries alsaciennes) ou plus actuelles, les chambres y sont coquettes et bien tenues. Charme traditionnel dans l'assiette comme en salle (bel esprit winstub, plafonds peints...).

L'Atelier du Sommelier

35 r. des Acacias, à 2 km vers complexe sportif – 03 88 09 06 25 – www.atelierdusommelier.com – Fermé 29 août-11 sept., 1er-15 janv., 23-30 fév., dim. soir, lundi et mardi

Rest – Menu 28/53 € – Carte 35/56 €

Sur les hauteurs de la ville, à l'orée de la forêt, ce restaurant au charme rustique est dédié à Bacchus : caisses de vin et crus exposés (en vente). Cuisine épurée.

NIEDERSCHAEFFOLSHEIM – 67 Bas-Rhin – 315 K4 – 1 253 h. – alt. 185 m – 67500 1 B1

Paris 473 – Haguenau 7 – Saverne 35 – Strasbourg 28

Au Bœuf Rouge avec ch — rest, rest,

39 r. du Gén. de Gaulle – 03 88 73 81 00 – www.boeufrouge.com – Fermé 15 juil.-7 août et vacances de fév.

13 ch – 82/88 € 82/88 € – 12 € – ½ P

Rest *(fermé dim. soir, mardi midi et lundi)* – Menu 33 € (sem.), 42/76 € – Carte 55/70 €

Tout comme le bœuf est une viande rouge, il coule de source que ce restaurant, dans la même famille depuis 1880, est une institution. On y déguste une cuisine soignée reposant sur des bases classiques : selle de veau de lait, girolles et cosses truffées... Accueil chaleureux et chambres pour l'étape.

NIEDERSTEINBACH – 67 Bas-Rhin – 315 K2 – 153 h. – alt. 225 m – 67510 Alsace Lorraine 1 B1

Paris 460 – Bitche 24 – Haguenau 33 – Lembach 8

Au Cheval Blanc

11 r. Principale – 03 88 09 55 31 – www.hotel-cheval-blanc.fr – Fermé 19 juin-4 juil., 25 nov.-12 déc. et 28 janv.-7 mars

28 ch – 52/73 € 73/88 € – 1 suite – 13 € – ½ P

Rest *Au Cheval Blanc* – voir les restaurants ci-après

Toute une famille passionnée tient les rênes de ce Cheval Blanc posté sur l'axe principal du village. Derrière la façade à colombages, des chambres coquettes et confortables – une préférence pour celles qui conservent un décor alsacien typique... Une excellente adresse.

Au Cheval Blanc

11 r. Principale – 03 88 09 55 31 – www.hotel-cheval-blanc.fr – Fermé 19 juin-4 juil., 25 nov.-5 déc., 28 janv.-7 mars et jeudi

Rest – Menu 28/59 € – Carte 30/66 €

L'âme d'une winstub... et le goût du pays porté avec amour : quiche lorraine, truite du vivier au riesling, mousse au kirsch, etc. Même esprit côté décor, tout en boiseries et composé de plusieurs "stuben", ces salles rustiques typiquement régionales. Enfin, mention spéciale pour l'accueil, tout à fait exemplaire !

à Wengelsbach Nord-Ouest : 5 km par D 190 – 67510

Au Wasigenstein

32 r. Principale – 03 88 09 50 54 – www.wasigenstein-wengelsbach.com – Fermé de mi-janv. à mi-fév., merc. et jeudi de nov. à fév., lundi et mardi

Rest – Menu 12 € (déj. en sem.), 21/30 € – Carte 18/37 €

Une auberge de montagne toute simple, située dans un vallon de la forêt vosgienne. Gibier, atmosphère rustique (trophées de chasse), terrasse... un lieu prisé des randonneurs.

NIEUIL – 16 Charente – **324** N4 – 922 h. – alt. 150 m – ✉ 16270 **39** C2

▶ Paris 434 – Angoulême 42 – Confolens 24 – Limoges 66

à l'Est 2 km par D 739 et rte secondaire - ✉ 16270 Nieuil

Château de Nieuil sans rest

– ✆ 05 45 71 36 38 – www.chateaunieuilhotel.com – Ouvert d'avril à oct.

12 ch – †126/270 € ††140/300 € – 2 suites – ☕ 15 €

Ce château Renaissance, ancien rendez-vous de chasse de François Ier, se dresse fièrement dans un vaste parc arboré, au grand calme. Piscine, tennis, jardin à la française, balade autour de l'étang et belles chambres de style Empire, Art déco, classique... Détente et élégance !

La Grange aux Oies

dans le parc du château – ✆ 05 45 71 81 24 – www.grange-aux-oies.com – Fermé 18-29 mars, 4-29 nov., dim. soir, lundi sauf le soir en juil.-août, mardi sauf juil.-août et sauf le soir de Pâques à la Toussaint

Rest – Formule 25 € bc – Menu 50 € bc/72 € – Carte 42/65 €

Dans les écuries du Château de Nieuil, ce restaurant associe avec bonheur déco tendance et vieilles pierres. Cuisine dans l'air du temps, à l'image des lieux, et menu végétarien élaboré avec les légumes du potager du chef.

NIEULLE-SUR-SEUDRE – 17 Charente-Maritime – **324** D5 – 1 070 h. **38** A2 – alt. 3 m – ✉ 17600

▶ Paris 503 – Poitiers 170 – La Rochelle 60 – Rochefort 30

Le Logis de Port Paradis

12 r. de Port-Paradis – ✆ 05 46 85 37 38 – www.portparadis.com

5 ch ☕ – †68 € ††73 € **Table d'hôte** – Menu 22 € bc/32 € bc

Petites maisons typiquement charentaises dans un village ostréicole... Les chambres, décorées avec goût (têtes de lit très "couleur locale") sont vraiment plaisantes. Le soir, on dîne avec les sympathiques propriétaires autour d'huîtres, de plats de poisson, etc. ; copieux petit-déjeuner 100 % maison.

NÎMES P – 30 Gard – **339** L5 – 140 747 h. – Agglo. 175 990 h. **23** C3 – alt. 39 m – ✉ 30000 Languedoc Roussillon

▶ Paris 706 – Lyon 251 – Marseille 123 – Montpellier 58

✈ de Nîmes-Alès-Camargue-Cévennes : ✆ 04 66 70 49 49, 12 km par ⑤.

ℹ 6, rue Auguste, ✆ 04 66 58 38 00, www.nimes-tourisme.com

18 de Nimes Vacquerolles, 1075 chemin du Golf, par D 999 : 6 km, ✆ 04 66 23 33 33

18 de Nimes Campagne, Route de Saint Gilles, par rte de l'Aéroport : 11 km, ✆ 04 66 70 17 37

◉ Arènes★★★ - Maison Carrée★★★ - Jardin de la Fontaine★★ : Tour Magne★, ≤★ - Intérieur★ de la chapelle des Jésuites DU B - Carré d'Art★ - Musée d'Archéologie★ **M¹** - Musée du Vieux Nîmes **M³** - Musée des Beaux-Arts★ **M²**.

Plans pages suivantes

Jardins Secrets sans rest

3 r. Gaston-Maruejols – ✆ 04 66 84 82 64 – www.jardinssecrets.net BYm

14 ch – †195/220 € ††350/380 € – 4 suites – ☕ 25 €

Exquis et confidentiel... Au cœur de la ville, cet hôtel est une parenthèse : au sein d'un jardin semé de milles essences, le décor, œuvre d'un décorateur de talent, puise dans tous les raffinements du 18e s. Le spa est très beau.

Vatel rest,

140 r. Vatel, par av. Kennedy AY – ✆ 04 66 62 57 57 – www.hotelvatel.com

42 ch – †132/165 € ††143/175 € – 4 suites – ☕ 15 €

Rest *Les Palmiers* *(fermé de mi-juil. à mi-août, dim. soir, lundi, mardi et le midi)* – Menu 32/58 € – Carte 45/62 €

Rest *Le Provençal* – Menu 27 €

Rien ne le laisse soupçonner, mais c'est ici que les élèves de l'école hôtelière voisine se forment ! Cet immeuble contemporain est très agréable pour jouer au client : ambiance feutrée, chambres rénovées en 2011, espace bien-être... et même deux restaurants : gastronomique et bistrot. Des bonnes notes en vue !

NÎMES

Novotel Atria Nîmes Centre

5 bd de Prague – 04 66 76 56 56 – www.accor-hotels.com **DVf**

112 ch – 90/250 € 90/250 € – 7 suites – 15 €

Rest – Formule 18 € – Carte 20/41 €

Comme son nom l'indique, ce Novotel est au cœur de la ville ! Autres atouts : son garage privé et son centre de congrès très appréciés de la clientèle d'affaires. Entre deux réunions, montez au dernier étage, la vue sur Nîmes est magnifique !

La Maison de Sophie sans rest

31 av. Carnot – 04 66 70 96 10 – www.hotel-nimes-gard.com **BYt**

7 ch – 150/310 € 190/310 € – 16 €

Hall en marbre, bel escalier, vitraux d'époque, salons cosy, bibliothèques... Sophie vous accueille dans sa maison, une demeure bourgeoise imprégnée par l'esprit des années 1900 !

L'Orangerie sans rest

755 r. Tour-de-l'Évêque – 04 66 84 50 57 – www.orangerie.fr **BZk**

37 ch – 79/215 € 79/215 € – 13 €

Un hôtel familial dans un quartier d'affaires, rien de tel pour se sentir comme à la maison lors d'un déplacement professionnel ! Dans cette maison des années 1980, avec jardin et piscine, le décor des chambres varie : provençal, contemporain, exotique...

NÎMES

Arènes (Bd des) . . . . CV 2
Aspic (R. de l') . . . . CUV
Auguste (R.) . . . . CU 4
Bernis (R. de) . . . . CV 6
Chapitre (R. du) . . . . CU 12
Courbet (Bd Amiral) . . . . . DUV 14
Crémieux (R.) . . . . DU 16
Curaterie (R. de la) . . . . DU 17
Daudet (Bd Alphonse) . . . . . CU 18
Fontaine (Quai de la) . . . . . . CU 20
Gambetta (Bd) . . . . CDU
Grand'Rue . . . . DU 24
Guizot (R.) . . . . CU 26
Halles (R. des) . . . . CU 27
Horloge (R. de l') . . . . CU 28
Libération (Bd de la) . . . . DV 30
Madeleine (R. de la) . . . . CU 32
Maison Carrée (Pl. de la) . . . . CU 33
Marchands (R. des) . . . . CU 35
Nationale (R.) . . . . CDU
Perrier (R. Gén.) . . . . CU
Prague (Bd de) . . . . DV 42
République (R. de la) . . . . . . CV 43
Saintenac (Bd E.) . . . . DU 45
Victor-Hugo (Bd) . . . . CUV
Violette (R. de la) . . . . CV 49

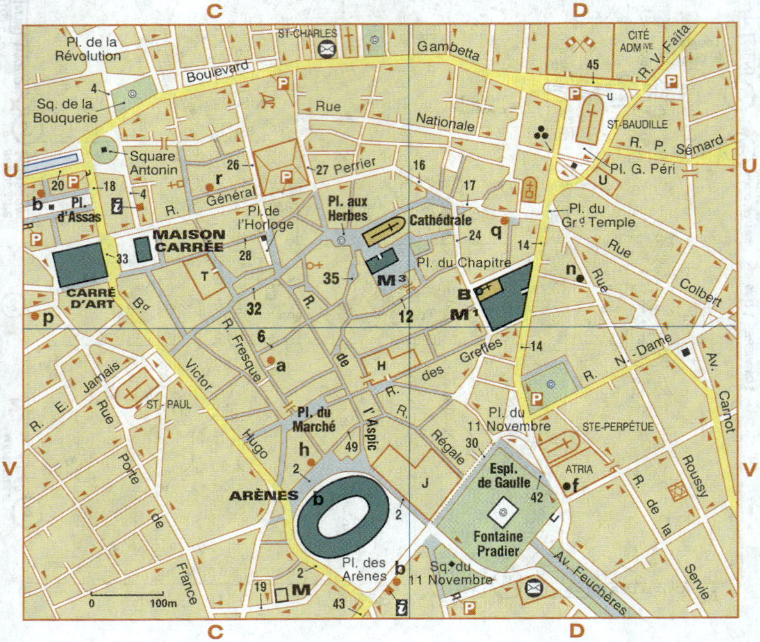

Kyriad Plazza sans rest

10 r. Roussy – ✆ 04 66 76 16 20 – www.hotel-kyriad-nimes.com **DUn**

28 ch – 71/90 € 71/90 € – 9 €

Près des arènes, un hôtel fonctionnel – et commode avec son garage en plein centre-ville. Chambres bien tenues, certaines avec terrasse et vue sur les toits. Accueil charmant.

Vincent Croizard

17 r. des Chassaintes – ✆ 04 66 67 04 99 – www.restaurantcroizard.com – Fermé 1er-8 sept., 24 déc.-7 janv., mardi midi, dim. sauf le midi d' oct. à juin et lundi

Rest – Formule 23 € – Menu 28 € (déj.), 45/85 € bc – Carte 55/68 € **CUp**

Dans une rue étroite près du Carré d'Art, il faut d'abord sonner à la porte de cette discrète maison de ville. Surprise : celle-ci cache une salle lumineuse et contemporaine, ouverte sur un patio. Atmosphère feutrée et jolie cuisine créative, osant des mariages inédits.

Aux Plaisirs des Halles

4 r. Littré – ✆ 04 66 36 01 02 – www.auxplaisirsdeshalles.com – Fermé 15-30 oct., 15-30 janv., 1 sem. en mai , dim. et lundi **CUr**

Rest – Menu 22 € (déj.), 28/60 € – Carte 55/79 €

Pour l'hiver, une salle moderne habillée de bois ; pour l'été, un joli patio ; toute l'année, une cuisine du marché simple et bien tournée. Admirez la belle galerie de photos sur les murs : celles des vignerons languedociens qui composent l'impressionnante carte des vins !

Tendances Lisita

2 bd des Arènes – ✆ 04 66 67 29 15 – www.lelisita.com
– Fermé dim. et lundi sauf en juil.-août **CVh**
Rest – Menu 25/29 € – Carte 45/60 €
Manger en terrasse face aux arènes de Nîmes et, la nuit venue, voir le monument s'illuminer... C'est tous les sens en éveil que l'on s'attable ici. Au menu, une cuisine régionale gorgée de soleil, soignée et généreuse, accompagnée d'un joli choix de vins. Plaisir des pupilles et des papilles !

Skab (N)

7 r. de la République – ✆ 04 66 21 94 30 – www.restaurant-skab.fr
– Fermé merc. **CVb**
Rest – Formule 22 € – Menu 26 € (déj. en sem.), 39/63 € – Carte 50/70 €
Skab ? C'est la contraction des initiales des jeunes patrons. L'affaire, comme la carte, leur ressemble : atmosphère sympathique, cuisine contemporaine et enlevée. Dès les premiers rayons de soleil, on s'installe dans le patio à l'ombre des mûriers.

L'Annexe

166 av. de la Bouvine, (face au stade des Costières), 2 km au Sud par ⑤
– ✆ 04 66 64 85 31 – www.brasserielannexe.com
Rest – Formule 21 € – Menu 26 € – Carte 35/49 €
Face au stade des Costières, une grande brasserie très contemporaine – mais où les banquettes conservent toute leur place. Mention spéciale pour le bœuf grillé et les huîtres Gillardeau... à déguster avec les crus locaux !

L'Imprévu (N)

6 pl. d'Assas – ✆ 04 66 38 99 59 – www.l-imprevu.com
– Fermé 23 déc.-8 janv., 2 sem. en fév., mardi en hiver et merc. **CUb**
Rest – Formule 17 € – Menu 20/23 € – Carte 30/43 €
Faites face à L'Imprévu et vous verrez que le hasard a du bon ! Une grande terrasse sur une jolie place à deux pas de la Maison Carrée, une salle colorée avec un patio intérieur, une bonne cuisine traditionnelle à l'accent du Sud : cette brasserie contemporaine a fait provision d'atouts.

Le Passage de Virginie (N)

15 imp. Fresque – ✆ 04 66 38 29 26
– Fermé vacances scolaires de la Toussaint, de fév., 1 sem. en mai, mardi soir en hiver, dim. et lundi **CVa**
Rest *(nombre de couverts limité, réserver)* – Menu 15 € – Carte 33/41 €
Voilà un passage où l'on aime s'arrêter... Au cœur de la vieille ville, sa cuisine méridionale embaume de doux parfums. Au choix pour s'attabler : la salle voûtée, très cosy, ou la toute petite terrasse. Un bistrot du Sud typique et animé.

Le Bistrot Nîmois (N)

22 r. de la Curaterie
– ✆ 04 66 36 15 75 – www.lebistrotnimois.com
– Fermé 2 sem. en août, merc. soir et jeudi soir de nov. à fév., lundi de mars à oct. et dim. **DUq**
Rest – Menu 17 € (déj.) – Carte 32/40 €
S'il a fait ses armes à Londres, c'est bien sous le soleil de Nîmes que le chef a finalement posé ses valises ! Dans son sympathique bistrot, au cœur de la ville, il concocte une savoureuse cuisine, fondée sur la tradition et des ingrédients de qualité. Terrasse ombragée pour les beaux jours.

Les maisons d'hôtes ⌂ ne proposent pas les mêmes services qu'un hôtel. Elles en diffèrent généralement par leur accueil et leur décor, qui reflètent souvent la personnalité de leurs propriétaires. Celles classées en rouge ⌂ sont les plus agréables.

à Garons par ⑤, D 42 et D 442 : 9 km – 4 442 h. – alt. 90 m – ✉ 30128

XXXX **Alexandre** (Michel Kayser)
✿✿ 2 r. Xavier-Tronc – ✆ 04 66 70 08 99 – www.michelkayser.com
– Fermé 27 août-10 sept., 2-8 janv., 25 fév.-12 mars, mardi de sept. à juin, dim. sauf le midi de sept. à juin et lundi
Rest – Formule 48 € bc – Menu 76 € (sem.), 102/148 € – Carte 100/150 € ✿
Dès le printemps, le jardin dévoile tous ses charmes, sous la lumière filtrée par des cèdres du Liban centenaires... Diaphane et émouvante : telle est aussi la cuisine de Michel Kayser, qui signe des assiettes à la fois créatives et très maîtrisées.
➜ Îles flottantes aux truffes sur velouté de cèpes. Loup confit à l'huile d'olive, composition de radis roses à la fleur de sel de Camargue. Écrin des desserts. Vins Costières de Nîmes, Vin de pays du Gard.

rte de Générac 6 km au Sud par D 13 – ✉ 30000 Nîmes

Le Pré Galoffre sans rest
– ✆ 04 66 29 65 41 – www.lepregaloffre.com
27 ch – †70/130 € ††70/130 € – ☕ 10 €
Aux portes de la garrigue et de Nîmes, ce mas du 17e s. plaira aux rats des villes comme à ceux des champs ! Suivez la belle allée de platanes et entrez dans le grand hall aux murs de pierre pour prendre les clefs de l'une des chambres : claires et bien tenues. L'été, le petit-déjeuner se prend près de la piscine.

NIORT P – 79 Deux-Sèvres – **322** D7 – **56 878 h.** – **alt. 24 m** **38** B2
– ✉ **79000** Poitou-Charentes

Paris 408 – Bordeaux 184 – Nantes 142 – Poitiers 76
16, rue du Petit Saint-Jean, ✆ 05 49 24 18 79, www.niortmaraispoitevin.com
de Niort, Chemin du Grand Ormeau, S : 3 km près de l 'hippodrome, ✆ 05 49 09 01 41
Donjon★ : salle de la chamoiserie et de la ganterie★ - Le Pilori★.
Le Marais Poitevin★★.

La Chamoiserie sans rest
10 r. de l'Espingole – ✆ 05 49 78 07 07 – www.hotelparticulierniort.com
16 ch – †79/130 € ††79/130 € – ☕ 12 € AZf
Une très belle demeure de famille de la fin du 19e s. Joli parquet, moulures pleines de charme et ravissant jardin ; les chambres sont décorées dans le style contemporain en vogue.

Mercure rest,
80 bis av. de Paris – ✆ 05 49 24 29 29 – www.mercure.com BYa
99 ch – †90/120 € ††90/120 € – ☕ 14 €
Rest *(fermé le sam. midi)* – Formule 20 € – Menu 24 € – Carte environ 35 €
Des chambres soignées et de bonne ampleur dans cet hôtel contemporain à deux pas du centre-ville. Jardin avec piscine. Restaurant sous une verrière, chaleureux et moderne. En été, on peut dîner à l'ombre des arbres.

Hôtel de la Brèche N sans rest
9 av. Bujault – ✆ 05 49 35 11 11 – www.niorthoteldelabreche.com BZt
49 ch – †70/108 € ††82/125 € – 2 suites – ☕ 12 €
Un hôtel entièrement rénové en 2012, à deux pas de l'office de tourisme. Les chambres arborent des tons apaisants et allient confort et fonctionnalité. Une bonne adresse, idéale pour découvrir la vieille ville ou la Coulée verte (sur les berges de la Sèvre Niortaise).

Ibis Styles sans rest
32 av. de Paris – ✆ 05 49 24 22 21 – www.ibis.fr BYv
39 ch ☕ – †69/107 € ††79/117 €
Un établissement central, pratique pour sillonner la ville. Les chambres sur rue sont spacieuses et cosy, d'autres donnent sur le petit jardin. Buffet au petit-déjeuner.

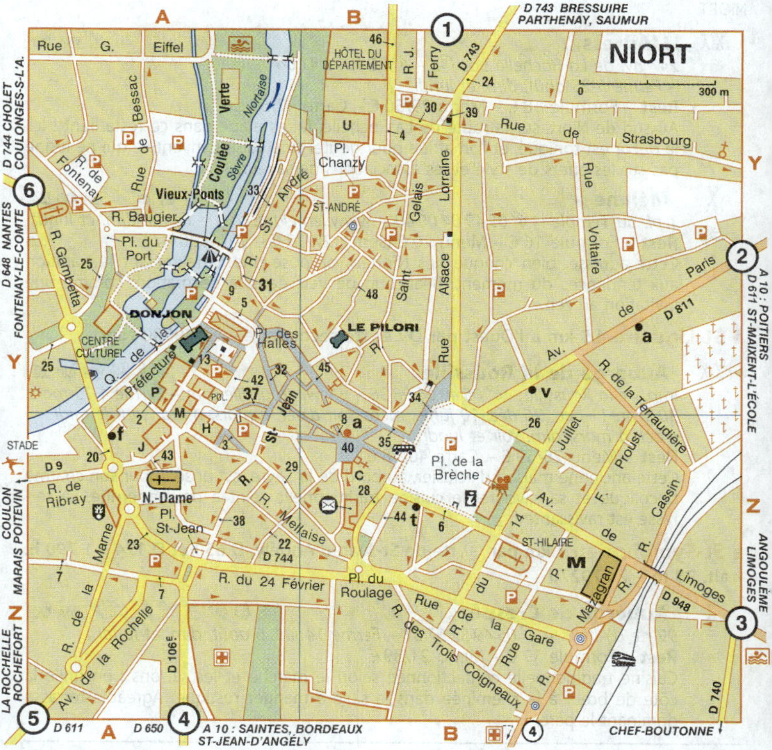

Sandrina sans rest

43 av. St-Jean-d'Angély, 200 m par ④ – ✆ 05 49 79 28 42 – www.hotel-sandrina.com – Fermé 21 déc.-7 janv.

18 ch – †59/66 € ††63/66 € – ☐ 8 €

Adresse familiale du centre proposant des chambres fonctionnelles, colorées et d'une tenue irréprochable. Parking fermé à disposition.

La Belle Étoile

115 quai Maurice Métayer, près du périphique Ouest : 2,5 km - AY – ✆ 05 49 73 31 29 – www.la-belle-etoile.fr – Fermé 5-19 août, dim. soir, merc. soir et lundi

Rest – Formule 23 € – Menu 33/72 € – Carte 57/72 €

Au bord de la Sèvre, une élégante maison bourgeoise d'esprit cosy, avec une terrasse ombragée. Cuisine plutôt classique, accompagnée d'une jolie collection de vieux millésimes.

L'Adress...

247 av. de La Rochelle par ⑤ – ✆ 05 49 79 41 06 – Fermé 5-25 août, dim. et lundi

Rest – Formule 18 € – Menu 29/50 € – Carte 42/51 €

Au sud de Niort, sur la route de La Rochelle, faites étape dans ce restaurant ! Ici, le décor est tonique, et l'on afflue pour goûter une cuisine inventive qui ne lésine pas sur les effets de style et les associations de saveurs.

Mélane

1 pl. du Temple – ✆ 05 49 04 00 40 – www.lemelane.com – Fermé dim. et lundi

Rest – Formule 16 € – Menu 20 € (sem.), 27/32 € – Carte 30/47 € BZa

Cette adresse, bien connue des Niortais, propose une carte mêlant la tradition aux tendances du moment. Beaucoup de vert dans la décoration, comme une invitation au zen.

à St-Liguaire 4,5 km à l'Ouest par D9 et rte secondaire – ✉ 79000 Niort

Auberge de la Roussille

imp. de la Roussille – ✆ 05 49 06 98 38 – www.laroussille.com – Fermé 4-15 mars, 30 sept.-11 oct., 26 déc.-10 janv., merc. soir d'oct. à mars, mardi sauf le midi d'oct. à mars, dim. soir et lundi

Rest – Menu 26/59 € – Carte 40/58 €

Cette ancienne maison d'éclusier, au bord de la Sèvre, est prisée pour son charme bucolique et sa savoureuse cuisine traditionnelle teintée de modernité. La terrasse est ravissante !

à St-Symphorien 7 km par ④ rte de St-Jean-d'Angély, D 650 et D 174 – 1 790 h. – alt. 28 m – ✉ 79270

Auberge de Crespé

99 rte d'Aiffres – ✆ 05 49 32 97 61 – Fermé 14 juil.-6 août, dim. et lundi

Rest – Formule 17 € – Menu 21/39 €

Cuisine traditionnelle confectionnée selon le marché et les saisons ; on grille la côte de bœuf à la cheminée dans la salle à manger rustique. Agréable terrasse dominant le parc.

NISSAN-LEZ-ENSERUNE – 34 Hérault – 339 D9 – 3 526 h. – alt. 21 m – ✉ 34440 Languedoc Roussillon 22 B2

Paris 774 – Béziers 12 – Capestang 9 – Montpellier 82

place de la république, ✆ 04 67 37 14 12, www.nissan-lez-enserune.net

Oppidum d'Ensérune ★ : musée ★, ≤ ★ NO : 5 km.

Résidence

rest, ch,

35 av. Cave – ✆ 04 67 37 00 63 – www.hotel-residence.com – Fermé 19 déc.-10 janv.

23 ch – †69/89 € ††69/89 € – ☐ 12 €

Rest *(fermé vend. midi et sam. midi de sept. à mai)* – Formule 15 € – Menu 25/48 € – Carte 35/51 €

Une demeure bourgeoise au cœur du village. Les chambres sont, au choix, résolument contemporaines ou plus classiques – et elles sont plus modestes dans l'annexe, une maison de vigneron du 19e s. Restaurant régional, avec une jolie terrasse ombragée face à la piscine.

NITRY – 89 Yonne – 319 G5 – 378 h. – alt. 240 m – ✉ 89310 7 B1

Paris 195 – Auxerre 36 – Avallon 23 – Vézelay 31

Auberge La Beursaudière

ch,

9 chemin de Ronde – ✆ 03 86 33 69 69 – www.beursaudiere.com – Fermé 6-31 janv.

11 ch – †82/122 € ††82/122 € – ☐ 10 €

Rest – Formule 14 € – Menu 29/52 € – Carte 29/60 €

Les dépendances de ce prieuré du 12e s. ne manquent pas de caractère : pierres apparentes, tomettes et poutres dans les chambres, pigeonnier médiéval... Authentique ! Cuisine du terroir servie en costume régional, dans un cadre joliment rustique. Belle cave.

NOAILHAC – 81 Tarn – **338** G9 – 823 h. – alt. 222 m – ✉ 81490 **29** C2

▶ Paris 730 – Albi 55 – Béziers 99 – Toulouse 90

Hostellerie d'Oc

av. Charles-Tailhades – ✆ 05 63 50 50 37 – www.hostelleriedoc.fr – Fermé 2-19 sept., 7-31 janv., merc. soir et lundi

Rest – Menu 12 € (sem.), 17/34 € – Carte 25/47 €

Au cœur du village, un petit restaurant de campagne au charme rustique... Et dans l'assiette, une cuisine régionale simple et copieuse.

NOAILLY – 42 Loire – **327** D3 – 761 h. – alt. 240 m – ✉ 42640 **44** A1

▶ Paris 395 – Lyon 98 – Roanne 13 – Vichy 68

Château de la Motte rest,

La Motte Nord, à 1,5 km – ✆ 04 77 66 64 60 – www.chateaudelamotte.net – Ouvert 14 fév.-12 nov.

5 ch – 80/112 € 88/120 € – ½ P **Table d'hôte** – Menu 28 € bc

Dans ce magnifique château du 18e et 19e s. on aime les belles lettres ! La preuve, chaque chambre porte le nom d'un écrivain : Apollinaire, Proust, Sand, etc. Celle dédiée à Lamartine, très originale, possède une baignoire ronde dans l'une des tours... La table d'hôte, traditionnelle, privilégie les légumes du potager.

NOCÉ – 61 Orne – **310** N4 – rattaché à Bellême

NOEUX-LES-MINES – 62 Pas-de-Calais – **301** I5 – 12 177 h. **30** B2
– alt. 29 m – ✉ 62290 Nord Pas-de-Calais Picardie

▶ Paris 208 – Arras 28 – Béthune 5 – Bully-les-Mines 8

d'Olhain, à Houdain, Parc départemental de Nature, S : 11 km par D 65 et D 301, ✆ 03 21 02 17 03

La Maison Rouge ch,

374 r. Nationale – ✆ 03 21 61 65 65 – www.hotel-lamaisonrouge.com

40 ch – 108/165 € 108/165 € – 12 €

Rest – Formule 20 € – Menu 28 € (sem.)/40 € – Carte 40/55 €

Bonne humeur assurée avec cette maison haute en couleur ! Derrière la façade en brique se cache un décor où domine... le rouge. Les chambres, contemporaines, sont agréables et bien tenues. Parfait pour visiter le musée de la Mine, à deux pas.

L'Atelier des Saveurs

94 rte Nationale – ✆ 03 21 26 74 74 – www.latelier-des-saveurs.fr – Fermé 1er-15 août, 2-8 janv., dim. soir et lundi

Rest – Formule 16 € – Menu 27/49 €

Ce restaurant a été repris en 2010 par un jeune couple de la région. La cuisine suit les saisons et le menu change souvent. On aime s'attabler dans la chaleureuse salle, aux murs en brique, pour déguster de bons petits plats.

NOGARO – 32 Gers – **336** B7 – 1 975 h. – alt. 98 m – ✉ 32110 **28** A2

Midi Toulousain

▶ Paris 729 – Agen 88 – Auch 63 – Mont-de-Marsan 45

77, rue Nationale, ✆ 05 62 09 13 30, www.nogaro-tourisme.fr

Solenca rest,

rte d'Auch – ✆ 05 62 09 09 08 – www.solenca.com

48 ch – 69/76 € 69/76 € – 10 € – ½ P

Rest – Formule 11 € – Menu 13 € (sem.), 16/51 € – Carte 31/56 €

Une étape simple mais conviviale au cœur du pays gersois. Les chambres, toutes identiques, sont bien tenues et pratiques. Agréable piscine entourée d'un jardin arboré. Restaurant et terrasse champêtres pour une cuisine de terroir.

à Manciet 9 km au Nord-Est par N 124 – 804 h. – alt. 131 m – ✉ 32370

La Bonne Auberge avec ch ch,

pl. du Pesquerot – ✆ 05 62 08 50 04 – Fermé 18-31 déc., dim. soir et lundi

14 ch – 42 € 52 € – 8 € – ½ P

Rest – Formule 13 € – Menu 28/50 € – Carte 46/70 €

Maison centenaire chaleureuse avec ses deux salles à manger : l'une, en véranda, ouverte sur la terrasse ; l'autre décorée de boiseries. Belle collection d'armagnacs, idéale pour terminer un repas de tradition.

NOGENT – 52 Haute-Marne – **313** M5 – 3 989 h. – alt. 410 m **14** C3
– ✉ 52800 Champagne Ardenne

Paris 289 – Bourbonne-les-Bains 35 – Chaumont 24 – Langres 25

place du Général de Gaulle, ✆ 03 25 03 69 18, www.villedenogent52.com

Musée de la coutellerie de l'espace Pelletier - Musée du patrimoine coutelier.

Hôtel du Commerce

rest, VISA

pl. Gén. de Gaulle – ✆ 03 25 31 81 14 – www.relais-sud-champagne.com – Fermé 21 déc.-2 janv., sam., dim. et fériés

18 ch – †73 € ††73 € – ☕ 9 € – ½ P

Rest – Formule 18 € – Menu 22/36 € – Carte 34/65 €

Bonne étape sur la coquette place de la mairie, près du musée de la Coutellerie. Chambres fraîches, meublées simplement. Ambiance un brin bourgeoise au restaurant ou atmosphère plus décontractée à la brasserie... pour une cuisine régionale.

NOGENT-LE-ROI – 28 Eure-et-Loir – **311** F4 – 4 157 h. – alt. 93 m **11** B1
– ✉ 28210 Île-de-France

Paris 77 – Ablis 35 – Chartres 28 – Dreux 19

1, rue de la porte Chartraine, ✆ 02 37 51 46 76, www.nogent-le-roi.com

18 du Château de Maintenon, à Maintenon, 1 route de Gallardon, SE : 8 km par D 983, ✆ 02 37 27 18 09

Relais des Remparts

VISA AE

2 r. du Marché-aux-Légumes – ✆ 02 37 51 40 47 – www.relais-des-remparts.com – Fermé 5-30 août, 4-10 fév., mardi soir, dim. soir et lundi

Rest – Formule 17 € – Menu 20 € (sem.), 28/36 € – Carte 28/51 €

Les clés du succès de ce restaurant ? Une cuisine traditionnelle et goûteuse, un service aimable et efficace, un cadre agréable et des tarifs abordables. Une adresse assurément sympathique !

NOGENT-LE-ROTROU – 28 Eure-et-Loir – **311** A6 – 11 121 h. **11** B1
– alt. 116 m – ✉ 28400 Normandie Vallée de la Seine

Paris 146 – Alençon 65 – Chartres 54 – Châteaudun 55

42, rue Villette-Gaté, ✆ 02 37 29 68 86, www.nogentlerotrou-tourisme.fr

Hôtel du Perche sans rest

P VISA AE

r. de la Bruyère – ✆ 02 37 53 43 60 – www.hotel-du-perche.com

40 ch – †56/62 € ††62/69 € – ☕ 8 €

En dehors de Nogent-le-Rotrou, desservi par la rocade, un hôtel moderne et plutôt agréable, avec des chambres confortables et parfaitement tenues. Petit-déjeuner sous forme de buffet.

Sully sans rest

P VISA AE

51 r. des Viennes – ✆ 02 37 52 15 14 – www.hotelsullynogent.fr – Fermé 27 déc.-4 janv.

42 ch – †60/80 € ††70/93 € – ☕ 9 €

Si vous ne le saviez pas, le duc de Sully repose à Nogent-le-Rotrou (son cénotaphe est visible dans l'Hôtel-Dieu). Pour faire étape, cet hôtel paisible du centre-ville propose des chambres fonctionnelles et bien tenues ; préférez les plus récentes. Pratique et abordable.

L' Alambic

P VISA

20 av. de Paris, à Margon 1,5 km au Nord-Est – ✆ 02 37 52 19 03 – www.lalambic-margon.fr – Fermé 3 sem. en août, 16-28 fév., mardi soir, merc. soir, dim. soir et lundi

Rest – Menu 16 € (sem.), 25/46 € – Carte 45/70 €

Un restaurant tout simple, à l'entrée de la localité. Au menu, une cuisine traditionnelle avec, pour spécialités, le foie gras et surtout la tête de veau. Le chef, bon professionnel, passe souvent en salle, l'occasion de discuter gastronomie.

NOGENT-SUR-MARNE – 94 Val-de-Marne – **312** D2 – **101** 27 – voir Paris, Environs

NOGENT-SUR-SEINE – 10 Aube – 313 B3 – 6 100 h. – alt. 67 m 13 A2
– ✉ 10400 Champagne Ardenne

Paris 105 – Épernay 83 – Fontainebleau 66 – Provins 19

53 rue des Fossés, ✆ 03 25 39 42 07, www.tourisme-nogentais.fr

Domaine des Graviers
rest,

30 r. des Graviers – ✆ 03 25 21 81 90 – www.domaine-des-graviers.com – Fermé 20 déc.-10 janv.

26 ch – 99/149 € 112/164 €

Rest *(fermé dim. soir)* – Formule 25 € – Menu 29/42 €

Dans un parc de 17 ha au bord de la Seine, cette belle demeure de 1899 abrite un salon bourgeois et des chambres plaisantes, toutes différentes. Les dépendances, le minigolf et le tennis viennent compléter l'ensemble. Le restaurant, réservé aux résidents, donne sur de jolis arbres centenaires.

Beau Rivage avec ch
ch,

20 r. Villiers-aux-Choux, (près de la piscine) – ✆ 03 25 39 84 22 – www.hotel-beaurivage-nogentsurseine.com – Fermé 19 août-5 sept., 18 fév.-11 mars, dim. soir et lundi

10 ch – 70 € 75 € – 10 € – ½ P **Rest** – Menu 23/44 € – Carte 46/59 €

Voilà un Beau Rivage où il serait dommage de ne pas accoster... Ses atouts : une salle lumineuse ouverte sur une terrasse bucolique bordant la Seine, une cuisine de saison embellie d'épices et d'herbes du jardin et, pour l'étape, des chambres fraîches et confortables.

NOIRLAC – 18 Cher – 323 K6 – rattaché à St-Amand-Montrond

NOIRMOUTIER (ÎLE DE) – 85 Vendée – 316 C6 – voir à Île de Noirmoutier

NOISY-LE-GRAND – 93 Seine-Saint-Denis – 305 G7 – 101 18 – voir à Paris, Environs

NOIZAY – 37 Indre-et-Loire – 317 O4 – 1 131 h. – alt. 56 m – ✉ 37210 11 B2

Paris 230 – Amboise 11 – Blois 44 – Tours 21

Château de Noizay

124 promenade de Waulsort – ✆ 02 47 52 11 01 – www.chateaudenoizay.com – Fermé 20 janv.-15 mars

19 ch – 170/365 € 170/365 € – 23 € – ½ P

Rest ***Château de Noizay*** – voir les restaurants ci-après

Grand escalier, vitraux, armures : ce château du 16e s., niché dans un parc, domine le village et son vignoble. Les chambres sont confortables et joliment meublées. Préférez celles, plus récentes, dans le Pavillon de l'Horloge. Idéal pour un séjour romantique.

Château de Noizay

124 promenade de Waulsort – ✆ 02 47 52 11 01 – www.chateaudenoizay.com – Fermé 20 janv.-15 mars

Rest – Formule 28 € – Menu 36 € (déj.), 56/82 € – Carte 76/95 €

Pour dîner au château, quoi de mieux que ses charmants salons bourgeois avec leurs boiseries d'époque ? Ici, la cuisine d'aujourd'hui épouse le terroir : langoustines bretonnes au beurre salé et carpaccio de chou-fleur au curry, pigeonneau de Racan rôti et polenta noisette... À savourer avec un vin de Loire.

NOLAY – 21 Côte-d'Or – 320 H8 – 1 510 h. – alt. 299 m – ✉ 21340 7 A3
Bourgogne

Paris 316 – Autun 30 – Beaune 20 – Chalon-sur-Saône 34

24, rue de la République, ✆ 03 80 21 80 73, www.beaune-tourisme.fr

site★ du Château de la Rochepot E : 5 km - Site★ du Cirque du Bout-du-Monde NE : 5 km.

Hôtel de la Halle sans rest

pl. des Halles – ✆ 03 80 21 76 37 – www.terroirs-b.com/lahalle

13 ch – 62/66 € 64/66 € – 7 €

Sur la place centrale, face aux halles et à l'église, deux maisons du 14e s. séparées par une cour intérieure. Les chambres, joliment champêtres, sont très bien tenues (plus spacieuses sur l'arrière).

NONANCOURT – 27 Eure – **304** H9 – 2 217 h. – alt. 117 m – ✉ 27320 **33** D2
Normandie Vallée de la Seine
Paris 97 – Alençon 97 – Chartres 51 – Évreux 35
Place Aristide Briand, ☎ 02 32 58 28 74

Relais du Vieux Château
39 av. Victor-Hugo – ☎ 02 32 58 00 74 – www.lerelaisduvieuxchateau.com – Fermé 1 sem. en mars, 2 sem. en sept., dim. soir et lundi
Rest – Formule 18 € – Menu 24/59 € – Carte 28/60 €
Gaspacho de tomate au pistou et chèvre frais ; joue de bœuf confite au porto, pommes de terre de l'île de Ré à la cébette... Le chef, passé par de bonnes maisons, apprivoise la cuisine rustique pour lui donner de jolies manières. Une belle auberge.

LES NONIÈRES – 26 Drôme – **332** G5 – alt. 282 m – ✉ 26410 **45** C3
Paris 648 – Die 25 – Gap 84 – Grenoble 73

Le Mont-Barral
– ☎ 04 75 21 12 21 – www.hotelmontbarral-vercors.com – Ouvert 1er mars-11 nov. et fermé mardi soir et merc. hors vacances scolaires
19 ch – †59/70 € ††59/70 € – ☐ 9 € – ½ P
Rest – Menu 20/35 € – Carte 21/45 €
Dans le parc du Vercors, cet établissement abrite des chambres calmes et confortables, où il fait bon se reposer après une randonnée. Au restaurant, on reprend des forces avec les plats régionaux. Une bonne adresse pour un séjour au vert.

NONTRON – 24 Dordogne – **329** E2 – 3 421 h. – alt. 260 m **4** C1
– ✉ 24300 Périgord Quercy
Paris 454 – Angoulême 45 – Libourne 135 – Limoges 68
3, avenue du Général Leclerc, ☎ 05 53 56 25 50, www.nontron.fr

Grand Hôtel
3 pl. A. Agard – ☎ 05 53 56 11 22 – www.hotel-pelisson-nontron.com – Fermé dim. soir de sept. à juin
22 ch – †57 € ††69 € – ☐ 8,50 € – ½ P
Rest *Grand Hôtel* – voir les restaurants ci-après
On cultive l'art de recevoir à l'ancienne dans cet ancien relais de poste où règne une atmosphère vieille France. Les chambres sont certes un peu datées, mais impeccablement tenues.

Grand Hôtel
3 pl. A. Agard – ☎ 05 53 56 11 22 – www.hotel-pelisson-nontron.com – Fermé dim. soir sauf en juil.-août
Rest – Formule 20 € bc – Menu 24 € (sem.), 28/45 € – Carte 30/50 €
Un restaurant comme autrefois, avec des plats régionaux servis dans un cadre rustique (poutres, cuivres, cheminée) ou en terrasse face à la piscine.

NONZA – 2B Haute-Corse – **345** F3 – voir à Corse

NOTRE-DAME-DE-BELLECOMBE – 73 Savoie – **333** M3 – 517 h. **46** F1
– alt. 1 150 m – Sports d'hiver : 1 150/2 070 71 – ✉ 73590 Alpes du Nord
Paris 585 – Albertville 25 – Annecy 54 – Chambéry 76
Chef Lieu, ☎ 04 79 31 61 40, www.notredamedebellecombe.com

La Ferme de Victorine
Le Planay, 3 km à l'Est par rte des Saisies – ☎ 04 79 31 63 46 – www.la-ferme-de-victorine.com – Fermé 5-30 juin, 11 nov.-19 déc., dim. soir et lundi sauf de juin à août
Rest – Formule 23 € – Menu 29/55 € – Carte 40/70 €
Une ferme plus vraie que nature ; l'hiver, depuis la jolie salle rustique, on aperçoit même les vaches dans l'étable... Le chef est un passionné du terroir savoyard, toujours à la recherche des meilleurs fromages et charcuteries. Une table éminemment sympathique et très gourmande !

NOTRE-DAME-DE-GRAVENCHON – 76 Seine-Maritime – **304** D5 **33** C2
– 8 160 h. – alt. 35 m – ✉ 76330 Normandie Vallée de la Seine
Paris 176 – Bolbec 14 – Le Havre 40 – Rouen 51

Pascal Saunier
1 av. Amiral Grasset – ✆ 02 35 38 60 67 – www.hotelpascalsaunier.com
29 ch – †78/115 € ††89/137 € – ☕ 12 €
Rest *(fermé août, 23 déc.-3 janv., vend. soir, sam. et dim.) (dîner seult)* – Carte environ 39 €
Une grande demeure à colombages (1937) dans un jardin paisible. Les chambres sont claires et impeccablement tenues, et les propriétaires vous réservent un accueil sympathique. Côté papilles, une ardoise traditionnelle renouvelée chaque jour.

NOTRE-DAME-DE-LIVAYE – 14 Calvados – 303 M5 – 132 h. – alt. 27 m – ✉ 14340 — 33 C2

▶ Paris 185 – Caen 36 – Le Havre 86 – Lisieux 16

Aux Pommiers de Livaye
– ✆ 02 31 63 01 28 – www.bandb.normandy.free.fr – Ouvert de début mars à mi-nov.
5 ch ☕ – †75 € ††92 € **Table d'hôte** – Menu 28 €
Une allée de pommiers conduit à cette paisible ferme du 18e s. Dans les chambres, des lits en fer forgé, des tissus fleuris, des armoires de famille... Tout a ce petit côté dépareillé qui fait le charme des maisons authentiques. Petite production de cidre et cuisine régionale : on est bien en Normandie !

NOTRE-DAME-DE-MONTS – 85 Vendée – 316 D6 – 1 866 h. – alt. 6 m – ✉ 85690 Pays de la Loire — 34 A3

▶ Paris 457 – Challans 22 – Nantes 72 – Noirmoutier-en-l'Ile 26
ℹ 6, rue de la Barre, ✆ 02 51 58 84 97, www.notre-dame-de-monts.fr
◉ La Barre-de-Monts : Centre de découverte du Marais breton-vendéen N : 6 km
Poitou Charentes Vendée

L'Orée du Bois
12 r. Frisot – ✆ 02 51 58 84 04 – www.hotelodb.com – Ouvert 1er avril-2 nov.
30 ch – †55/80 € ††55/80 € – ☕ 8 € – ½ P
Rest *(dîner seult) (résidents seult)* – Menu 23 € – Carte 22/29 €
Dans un quartier résidentiel calme, un hôtel d'esprit vendéen avec des chambres claires et fonctionnelles autour de la piscine (terrasse pour celles du rez-de-chaussée). Pour les résidents, dîner autour d'un menu unique variant chaque jour.

NOTRE-DAME-DU-GUILDO – 22 Côtes-d'Armor – 309 I3 – 3 187 h. – alt. 52 m – ✉ 22380 — 10 C1

▶ Paris 427 – Rennes 94 – Saint-Brieuc 49 – Saint-Malo 32

Château du Val d'Arguenon sans rest
1 km à l'Est par D 786 ✉ 22380 St-Cast – ✆ 02 96 41 07 03 – www.chateauduval.com – Ouvert de Pâques à fin sept.
5 ch ☕ – †95/140 € ††105/160 €
Un jardin en pente douce jusqu'à la mer... et cette demeure de famille (16e-18e s.) au vrai charme breton. Les chambres ont du caractère (mobilier ancien) et, pour se mettre vraiment au vert, il y a aussi des cabanes dans les arbres !

NOTRE-DAME-DU-HAMEL – 27 Eure – 304 D8 – 234 h. – alt. 200 m – ✉ 27390 — 33 C2

▶ Paris 158 – L'Aigle 21 – Argentan 48 – Bernay 28

Le Moulin de la Marigotière
D 45 – ✆ 02 32 44 58 11 – www.moulin-marigotiere.com – Fermé vacances de fév., lundi soir sauf juil.-août, dim. soir, mardi soir et merc.
Rest – Menu 35 € (déj. en sem.), 44/75 € – Carte 45/75 €
Cet ancien moulin prête son atmosphère bourgeoise à des repas classiques (déclinaisons autour du homard, association fruits et foie gras, risotto aux escargots, etc.). Les plus : l'accueil et le joli parc traversé par la Charentonne.

NOTRE-DAME-DU-PÉ – 72 Sarthe – 310 H8 – 571 h. – alt. 73 m – ✉ 72300 — 35 C2

▶ Paris 262 – Angers 51 – La Flèche 28 – Nantes 140

La Reboursière
1 km au Sud par D 134 et rte secondaire – ✆ 02 43 92 92 41 – www.lareboursiere.fr – Fermé 6 janv.-4 mars
4 ch – 75 € 89 € – ½ P **Table d'hôte** *(fermé jeudi)* – Menu 29 € bc
Une authentique longère du 19e s. en pleine nature... Beaux meubles anciens, poutres et pierres apparentes, joli jardin, etc. : une douce note campagnarde, qui s'incarne dans les produits du potager et du verger à l'heure du dîner. Nature !

NOUAN-LE-FUZELIER – 41 Loir-et-Cher – **318** J6 – 2 439 h. – alt. 113 m – ✉ 41600 **12** C2

Paris 177 – Blois 59 – Cosne-Cours-sur-Loire 74 – Gien 56

1 rue Grande Sologne, ✆ 02 54 88 74 40, www.ot-coeurdesologne.com

Domaine des Fontaines sans rest
rte de Lamotte-Beuvron, 2 km au Nord par N 20 – ✆ 02 54 83 78 87 – www.hotel-domaine-des-fontaines.com
11 ch – 80/170 € 80/170 € – 12 €
Belle maison bourgeoise en brique rouge, au charme typiquement solognot... Les chambres sont confortables, sobres, élégantes, et mansardées au dernier étage. Petit-déjeuner servi sous la véranda.

Le Dahu
14 r. H. Chapron – ✆ 02 54 88 72 88 – www.restaurantledahu.com – Fermé 7-29 mars, 13 nov.-6 déc., 2-31 janv., mardi soir du 1er oct. au 15 avril, merc. et jeudi
Rest – Menu 34/42 € – Carte 47/55 €
Dans cette ancienne bergerie, au décor typiquement solognot (poutres, briques), on se régale d'une appétissante cuisine traditionnelle, concoctée avec de beaux produits frais, à l'image de ces girolles en saison... Agréable terrasse dans le joli jardin.

NOUILHAN – 65 Hautes-Pyrénées – **342** M4 – 197 h. – alt. 196 m – ✉ 65500 **28** A2

Paris 771 – Pau 47 – Tarbes 24 – Toulouse 144

Les 3B
8 rte des Pyrénées, D 935 – ✆ 05 62 96 79 78 – www.hoteldes3b.com
7 ch – 55/70 € 55/70 € – 7 € – ½ P
Rest *(fermé jeudi)* – Menu 18 € (sem.), 25/32 € – Carte 26/44 €
Corps de ferme typiquement bigourdan situé en bord de route ; les chambres y sont propres, jolies et bien équipées (plus calmes à l'arrière et disposant d'une terrasse). Recettes traditionnelles à base de produits frais dans une salle épurée et feutrée.

LE NOUVION-EN-THIÉRACHE – 02 Aisne – **306** E2 – 2 809 h. – alt. 185 m – ✉ 02170 **37** D1

Paris 198 – Avesnes-sur-Helpe 20 – Guise 21 – Hirson 25

Place du général De Gaulle, ✆ 03 23 97 98 06

Paix
37 r. J. Vimont-Vicary – ✆ 03 23 97 04 55 – www.hotel-la-paix.fr – Fermé 13-30 août, 23 déc.-3 janv., 14-28 fév. et dim. soir
16 ch – 65/85 € 65/85 € – 10 € – ½ P
Rest *Paix* – voir les restaurants ci-après
Un hôtel familial parfaitement tenu, avec des chambres toutes différentes. Sympathique, pratique et économique !

Paix
37 r. J. Vimont-Vicary – ✆ 03 23 97 04 55 – www.hotel-la-paix.fr – Fermé 13-30 août, 23 déc.-3 janv., 14-28 fév., sam. midi, dim. soir et lundi
Rest – Formule 18 € – Menu 22 € (sem.), 41/45 € – Carte 32/53 €
Briques, miroirs, tons pastel et bibelots : un décor agréable, au service d'une cuisine de tradition vraiment plaisante ! Les propositions du chef changent chaque semaine et l'on ne se lasse pas de ses petits plats...

NOUZERINES – 23 Creuse – **325** J2 – rattaché à Boussac

NOYES – 13 Bouches-du-Rhône – **340** E2 – 5 169 h. – alt. 42 m **42** E1
– ✉ 13550 Provence

Paris 688 – Arles 38 – Avignon 14 – Carpentras 33

Boulevard de la République, ✆ 04 90 92 90 43, www.noves.com

Auberge de Noves

rte de Châteaurenard, 2 km par D 28 – ✆ 04 90 24 28 28 – www.aubergedenoves.com – Fermé 3 janv.-12 fév.

21 ch – 150/350 € 150/350 € – 2 suites – 18 € – ½ P

Rest ***Auberge de Noves*** – voir les restaurants ci-après

Une noble demeure du 19e s. et son vaste parc : une certaine idée de l'art de vivre provençal, dans une veine classique... Les chambres sont élégantes ; certaines sont même nichées dans l'ancienne chapelle.

Auberge de Noves

rte de Châteaurenard, 2 km par D 28 – ✆ 04 90 24 28 28 – www.aubergedenoves.com – Fermé 3 janv.-12 fév., lundi et mardi d'oct. à mai

Rest – Menu 50 € bc (déj. en sem.), 62/125 € – Carte 70/126 €

Cette auberge se révèle tout à fait charmante, et sa terrasse sous les arbres idyllique ! À l'image du lieu, la cuisine donne dans le beau classicisme : le chef vous régalera, par exemple, d'un foie gras, d'un tartare de bœuf au couteau, etc. Belle carte des vins de plus de 350 références.

NOYAL-MUZILLAC – 56 Morbihan – **308** Q9 – 2 410 h. – alt. 52 m **10** C3
– ✉ 56190

Paris 456 – La Baule 44 – St-Nazaire 52 – Vannes 30

Manoir de Bodrevan

2 km au Nord-Est par D 153 et rte secondaire – ✆ 02 97 45 62 26 – www.manoir-bodrevan.com

6 ch – 87/158 € 87/158 € – 14 € – ½ P **Rest** *(réserver)* – Menu 39 €

Ce pavillon de chasse du 16e s. en pierre est envahi de verdure. Les chambres tirent leur cachet de ce cadre rustique et élégant. Accueil cordial et calme assuré. Menu du jour, poissons et produits de la mer préparés par le maître des lieux selon le marché.

NOYALO – 56 Morbihan – **308** O9 – 759 h. – ✉ 56450 **9** A3

Paris 468 – La Baule 75 – Rennes 116 – Vannes 15

L'Hortensia avec ch

18 r. Ste-Brigitte – ✆ 02 97 43 02 00 – www.restaurantlhortensia.com – Fermé 15-30 nov., dim. soir et lundi

7 ch – 66/99 € 66/99 € – 9 € – ½ P

Rest – Formule 22 € – Menu 29/100 € bc – Carte 47/91 €

Ancienne ferme en pierre du 19e s., habillée de toiles et de mobilier contemporains. Cuisine tendance faisant la part belle aux produits de la mer et au terroir breton. Chambres coquettes, décorées sur le thème de l'hortensia.

NOYAL-SUR-VILAINE – 35 Ille-et-Vilaine – **309** M6 – rattaché à Rennes

NOYANT-DE-TOURAINE – 37 Indre-et-Loire – **317** M6 – rattaché à Ste-Maure-de-Touraine

NOYERS – 89 Yonne – **319** G5 – 695 h. – alt. 175 m – ✉ 89310 **7** B1
Bourgogne

Paris 211 – Auxerre 46 – Dijon 129 – Troyes 82

22, place de l'Hôtel de ville, ✆ 03 86 82 66 06, www.noyers-et-tourisme.com

Les Millésimes

14 pl. de l'Hôtel-de-Ville – ✆ 03 86 82 82 16 – www.maison-paillot.com – Ouvert début mars à début déc. et fermé dim. soir et lundi sauf juil.-août

Rest – Menu 23/42 €

Ce restaurant champêtre et élégant se tient derrière la boucherie-charcuterie familiale. Le terroir et les vins bourguignons sont à l'honneur... ainsi que les produits maison !

NOYON – 60 Oise – **305** J3 – 13 896 h. – alt. 52 m – ✉ 60400 **37** C2
Nord Pas-de-Calais Picardie

Paris 108 – Amiens 67 – Compiègne 29 – Laon 53

1 place Bertrand Labarre, ☎ 03 44 44 21 88, www.noyon-tourisme.com

Cathédrale Notre-Dame★★ - Abbaye d'Ourscamps★ 5 km par N 32.

Saint Eloi

81 bd Carnot – ☎ 03 44 44 01 49 – www.hotelsainteloi.fr

30 ch – †62/75 € ††80/110 € – ☐ 12 € – ½ P

Rest *(fermé dim. soir et le midi sauf dim.)* – Menu 38/110 € bc – Carte 51/74 €

Un élégant castel tout en briques, tourelles et colombages (1870), abritant des chambres classiques et confortables – plus sobres dans l'annexe. Restauration traditionnelle dans un décor de stucs, mobilier de style et lustres en cristal.

Le Cèdre sans rest

8 r. de l'Évêché – ☎ 03 44 44 23 24 – www.hotel-lecedre.com

35 ch – †74 € ††85 € – ☐ 8,50 €

Construction récente en briques rouges, en harmonie avec la cité. Les chambres, chaleureuses et bien équipées, offrent pour la plupart une vue sur la cathédrale.

Dame Journe

2 bd Mony – ☎ 03 44 44 01 33 – www.damejourne.fr – Fermé 7-20 sept., 5-12 janv., dim. soir, mardi soir, merc. soir, jeudi soir et lundi

Rest – Menu 22 € (déj. en sem.), 30/42 € – Carte 32/58 €

Dans la capitale des fruits rouges, les gourmands ont rendez-vous avec Dame Journe. Qui est-ce ? Personne, juste une bonne adresse ! Dans un cadre chaleureux et soigné (fauteuils de style Louis XVI et boiseries), on propose une appétissante cuisine traditionnelle. De quoi rosir de plaisir...

NOZAY – 44 Loire-Atlantique – **316** G2 – 3 784 h. – alt. 50 m **34** B2
– ✉ 44170

Paris 410 – Angers 124 – Nantes 43 – Rennes 68

9, rue de l'église, ☎ 02 40 79 31 64, www.tourisme-nozay.fr

La Pierre Bleue Ⓝ

22 r. Alexis-Letourneau – ☎ 02 40 79 30 49 – www.restaurantlapierrebleue.com – Fermé 1er-15 juil., 1er-15 janv., dim. soir, lundi soir et merc.

Rest – Formule 13 € – Menu 15 € (déj. en sem.), 25/37 € – Carte environ 39 €

Vous cherchez Éric Meunier ? Il est dans sa cuisine, évidemment ! Travailleur infatigable, discret autant que passionné, voilà un chef qui aime son métier, et cela se sent dans ses assiettes. Créations de saison, plats mijotés en hiver, fumaisons maison... Cette Pierre Bleue est une pépite.

NUAILLÉ – 49 Maine-et-Loire – **317** E6 – rattaché à Cholet

NUEIL-LES-AUBIERS – 79 Deux-Sèvres – **316** M6 – 5 455 h. **38** B1
– ✉ 79250

Paris 364 – Bressuire 15 – Cholet 29 – Poitiers 100

Le Moulin de la Sorinière

2 km au Sud-Ouest par D 33, rte de Cerizay et C 3 – ☎ 05 49 72 39 20 – www.hotel-moulin-soriniere.com – Fermé 15-29 avril, 1 sem. vacances de la Toussaint et 1er-6 janv.

8 ch – †60/65 € ††62/67 € – ☐ 9 € – ½ P

Rest ***Le Moulin de la Sorinière*** – voir les restaurants ci-après

Ce vieux moulin du 19e s. a conservé son charme bucolique ; la rivière traverse le jardin et le potager, et les chambres ont des noms de fleurs. Pour les effeuiller au grand calme...

Le Moulin de la Sorinière

2 km au Sud-Ouest par D 33, rte de Cerizay et C 3 – ☎ 05 49 72 39 20 – www.hotel-moulin-soriniere.com – Fermé 15-29 avril, 1 sem. vacances de la Toussaint, 1er-6 janv., dim. soir et lundi

Rest – Menu 18 € (sem.), 28/37 €

Les grandes baies vitrées de cette ancienne grange donnent sur un jardin bien agréable, source d'inspiration pour un chef amoureux des produits de saison. Après le repas, une balade digestive près de la rivière s'impose.

NUITS-ST-GEORGES – 21 Côte-d'Or – 320 J7 – 5 618 h. – alt. 243 m – ✉ 21700 Bourgogne 8 D1

Paris 320 – Beaune 22 – Chalon-sur-Saône 45 – Dijon 22

3, rue Sonoys, ✆ 03 80 62 11 17, www.ot-nuits-st-georges.fr

La Gentilhommière

13 vallée de la Serrée, rte Meuilley, 1,5 km à l'Ouest – ✆ 03 80 61 12 06 – www.lagentilhommiere.fr – Fermé de mi-déc. à fin janv.

31 ch – †115 € ††115 € – ☕ 15 €

Rest ***Le Chef Coq*** – voir les restaurants ci-après

Un joli pavillon de chasse du 16e s. tout près du village et déjà au vert, avec son parc traversé par une rivière. Les chambres sont thématiques (Afrique, Oriental, Pop Art...) ; les plus spacieuses se situent dans l'annexe.

Hostellerie St-Vincent

r. Gén. de Gaulle – ✆ 03 80 61 14 91 – www.hostellerie-st-vincent.com – Fermé 1 sem. vacances de Noël et dim. soir de nov. à mars

23 ch – †90/115 € ††90/115 € – ☕ 11 € – ½ P

Rest ***L'Alambic*** – voir les restaurants ci-après

Dans cette grosse maison d'aspect traditionnel, les chambres sont pratiques et bien insonorisées... et pour faire le plein de gourmandises, il y a même une petite boutique de produits régionaux !

Le Chef Coq – Hôtel La Gentilhommière

13 vallée de la Serrée, rte Meuilley, 1,5 km à l'Ouest – ✆ 03 80 61 12 06 – www.lagentilhommiere.fr – Fermé de mi-déc. à fin janv., merc. midi, sam. midi et mardi soir

Rest – Menu 24 € (déj. en sem.), 35/62 € – Carte 59/72 €

Des pierres, des poutres, une déco tendance et chaleureuse pour un restaurant qui joue joliment sur deux tableaux. Le midi, plats simples d'inspiration internationale ; le soir, place à une carte plus gastronomique et étoffée.

La Cabotte

24 Grande-Rue – ✆ 03 80 61 20 77 – www.restaurantlacabotte.fr – Fermé 1er-15 janv., lundi sauf le soir de juin à oct., sam. midi et dim.

Rest *(nombre de couverts limité, réserver)* – Menu 29/55 € – Carte 47/62 €

Une cuisine actuelle fine et gourmande à prix doux, de la convivialité à revendre, un cadre rustique sympathique et une carte des vins restreinte mais judicieuse : cette Cabotte en a dans la caboche et l'on se régale !

L'Alambic – Hostellerie St-Vincent

r. Gén. de Gaulle – ✆ 03 80 61 35 00 – www.lalambic.com – Fermé 1 sem. vacances de Noël et dim. soir de nov. à mars

Rest – Formule 22 € – Menu 28 € (déj.), 35/58 € – Carte 37/60 €

Dans cette cave voûtée, bâtie avec des pierres de l'ancienne prison de Beaune, trône un superbe alambic... Quant à la cuisine, loin d'être alambiquée, elle est régionale, simple et goûteuse et s'accompagne de bons vins locaux.

à Curtil-Vergy 7 km au Nord-Ouest par D 25, D 35 et rte secondaire – 111 h. – alt. 350 m – ✉ 21220

Manassès sans rest

r. Guillaume de Tavanes – ✆ 03 80 61 43 81 – www.hotelmanasses.com – Ouvert de mars à nov.

12 ch – †80/105 € ††80/105 € – ☕ 13 €

Une maison vigneronne typique et... atypique. Évidemment il y a de jolies chambres (classiques ou rustiques), mais aussi un musée de la vigne, une salle de dégustation – ici, on est d'abord viticulteur – et un petit-déjeuner gargantuesque !

NYONS – 26 Drôme – 332 D7 – 7 104 h. – alt. 271 m – ✉ 26110 44 B3

Ardèche Drôme

Paris 653 – Alès 109 – Gap 106 – Orange 43

pavillon du tourisme - place de la Libération, ✆ 04 75 26 10 35, www.paysdenyons.com

Vieux Nyons★ : Rue des Grands Forts★ - Pont Roman (vieux Pont)★.

La Caravelle sans rest

8 r. Antignans, par prom. de la Digue – ✆ 04 75 26 07 44 – www.lacaravelle-nyons.com – Fermé 18 nov.-1er déc.

11 ch – †69/89 € ††69/99 € – ☕ 5 €

Au cœur de la Drôme provençale, cette villa des années 1930 et son jardin planté de catalpas sont propices à la détente. Et les chambres, décorées avec les hublots d'un ancien navire de guerre, n'en sont pas moins calmes. Un havre de paix !

Une Autre Maison

pl. de la République – ✆ 04 75 26 43 09 – www.uneautremaison.com – Fermé de mi-déc. à mi-janv.

10 ch – †80/160 € ††80/160 € – ☕ 15 € – ½ P

Rest ***Une Autre Maison*** – voir les restaurants ci-après

Confort, bien-être et élégance : une Maison d'un Autre siècle (fin du 19e s.), vraiment charmante ! Les chambres sont ravissantes et toutes différentes ; la piscine et le jardin tout bonnement délicieux.

Une Autre Maison

pl. de la République – ✆ 04 75 26 43 09 – www.uneautremaison.com – Fermé de mi-déc. à mi-janv.

Rest *(dîner seult)* – Menu 42 €

Dans cette belle maison ancienne au fond d'un divin jardin, le chef concocte une bonne cuisine du marché, et notamment de jolis plats de poisson. Les résidents de l'hôtel sont ravis et les autres aussi !

rte de Gap 7 km sur D 94 – ✉ 26110 Nyons

La Charrette Bleue

– ✆ 04 75 27 72 33 – www.lacharrettebleue.net – Fermé 20 déc.-31 janv., dim. soir d'oct. à mars, mardi de sept. à juin et merc.

Rest – Formule 20 € – Menu 30/46 € – Carte 34/51 €

Impossible de manquer ce relais de poste du 18e s. avec sa charrette bleue posée sur le toit ! Joli hommage à René Barjavel, dont l'œuvre du même nom racontait son enfance au pays. L'esprit de la région habite le décor (terrasse sous des canisses) comme la cuisine, soignée et gourmande. Une bonne adresse, aux prix doux.

rte d'Orange 4 km sur D 94 – ✉ 26110 Nyons

La Bastide des Monges sans rest

– ✆ 04 75 26 99 69 – www.bastidedesmonges.com – Fermé 11-30 nov. et 1er janv.-28 fév.

9 ch – †78/119 € ††78/119 € – ☕ 12 €

"Nyons me paraît être le paradis terrestre" disait Jean Giono. Voilà une phrase qui aurait trouvé écho chez les sœurs de cet ancien couvent du 18e s. Les chambres, de style provençal, donnent sur le jardin ou les vignes. Accueil charmant.

à Montaulieu 14 km à l'Est par D 94, D 64 et D 501 – 74 h. – alt. 510 m – ✉ 26110

Les Terrasses ch,

au village – ✆ 04 75 27 42 91 – www.lesterrasses-montaulieu.fr – Ouvert 15 avril-15 nov.

3 ch ☕ – †160/250 € ††180/250 € **Table d'hôte** – Menu 30/45 €

C'est l'histoire d'un village en ruine revenu à la vie grâce à une bande d'amis. Parmi eux, un couple a restauré cette bâtisse où le charme le dispute à l'authenticité : déco chinée, terrasses et jardins suspendus… Une adresse hors du temps où l'on met la cuisine régionale et les côtes-du-rhône à l'honneur.

OBERHASLACH – 67 Bas-Rhin – 315 H5 – 1 778 h. – alt. 270 m 1 A1

– ✉ 67280 Alsace Lorraine

Paris 482 – Molsheim 16 – Saverne 32 – St-Dié 57

22, rue du Nideck, ✆ 03 88 50 90 15

Hostellerie St-Florent

28 r. Nideck – ✆ 03 88 50 94 10 – www.hostellerie-saint-florent.com – Fermé 1er-4 mars, 1 sem. fin juin-début juil. et 2 sem. en nov.

22 ch – †48 € ††53/55 € – ☕ 9 € – ½ P

Rest *Hostellerie St-Florent* – voir les restaurants ci-après

Il règne une ambiance très chaleureuse dans cette maison alsacienne, nichée entre les vignes, au cœur de ce village fleuri du Nideck. Les chambres sont à prix très doux et les jolis chemins aux alentours n'attendent que les randonneurs !

Hostellerie St-Florent

28 r. Nideck – ✆ 03 88 50 94 10 – www.hostellerie-saint-florent.com – Fermé 1er-4 mars, 1 sem. fin juin-début juil., 2 sem. en nov., sam. midi, dim. soir et lundi

Rest – Menu 12 € (déj. en sem.), 19/35 € – Carte 31/45 €

Il a vraiment du charme, ce restaurant, avec ses jolies boiseries et ses lampes rétro. Une bonne entrée en matière pour goûter à de vraies spécialités alsaciennes comme le cervelas grillé, la tarte à l'oignon ou la choucroute royale.

OBERNAI – 67 Bas-Rhin – 315 I6 – 10 803 h. – alt. 185 m – ✉ 67210 — 1 A2

Alsace Lorraine

▶ Paris 488 – Colmar 50 – Molsheim 12 – Sélestat 27

ℹ place du Beffroi, ✆ 03 88 95 64 13, www.obernai.fr

Place du Marché★★ - Hôtel de ville★ **H** - Tour de la Chapelle★ **L** - Ancienne halle aux blés★ **D** - Maisons anciennes★.

Le Parc

169 rte d'Ottrott, à l'Ouest par D 426 – ✆ 03 88 95 50 08 – www.hotel-du-parc.com – Fermé 1er-13 juil. et 20 déc.-20 janv.

54 ch – †133/262 € ††133/262 € – 8 suites – ☕ 21 € – ½ P

Rest *La Table* Rest *Le Stub* – voir les restaurants ci-après

Dans cette grande demeure à pans de bois, les chambres et suites adoptent un style régional ou contemporain. Superbe piscine intérieure dans l'espace bien-être ; toutes sortes de massages sont proposés, dont l'Alsacien aux essences des Vosges !

OBERNAI

Chanoine Gyss (R. du) .... A 2
Chapelle (R. de la) .... A 3
Dietrich (R.) .... A 4
Étoile (Pl. de l') .... A 5
Fines Herbes (Pl. des) .... AB 6
Juifs (Ruelle des) .... A 8
Marché (R. du) .... B 12
Sainte-Odile (R.) .... A 16

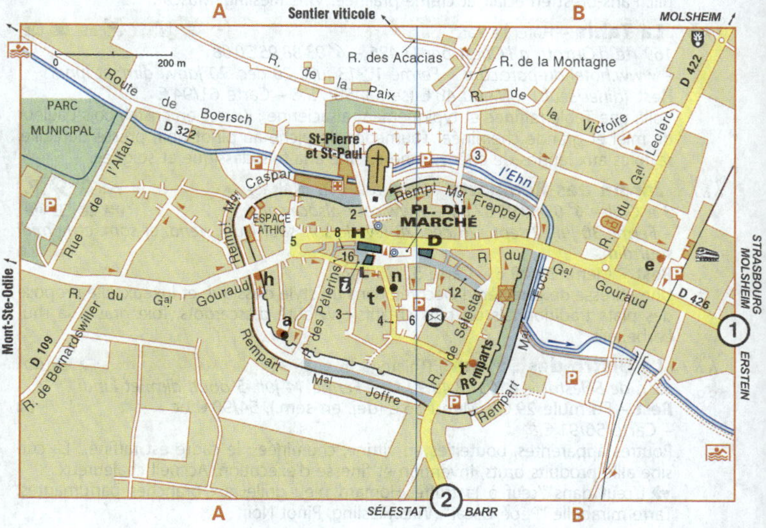

À la Cour d'Alsace
3 r. Gail – ✆ 03 88 95 07 00 – www.cour-alsace.com – Fermé 24 déc.-26 janv.
53 ch – 119/199 € 149/259 € – 5 suites – 20 € – ½ P Aa
Rest *Jardin des Remparts* Rest *Caveau de Gail* – voir les restaurants ci-après
On pénètre d'abord dans la cour intérieure, non loin du centre historique de la ville. Là, dans cette ancienne propriété des barons de Gail, confort, douceur de vivre et luxe sont au rendez-vous. Idéal pour une étape gastronomique ou culturelle.

Le Colombier sans rest
6 r. Dietrich – ✆ 03 88 47 63 33 – www.hotel-colombier.com An
46 ch – 89/149 € 89/149 € – 8 suites – 12 €
Au cœur de la vieille ville, cette bâtisse régionale s'est parée de modernité. Spacieuses chambres avec vue sur les toits au 4e étage. Espace détente "zen".

Les Jardins d'Adalric sans rest
19 r. du Mar.-Koenig, par ① – ✆ 03 88 47 64 47 – www.jardins-adalric.com
46 ch – 78/98 € 78/98 € – 2 suites – 11 €
Dans cet hôtel récent, légèrement excentré, les chambres sont sobres et contemporaines. L'été, on prend son petit-déjeuner sur la terrasse et on profite du jardin.

Le Pavillon 7 (N) sans rest
7 r. Dietrich – ✆ 03 88 47 63 33 – www.lepavillon7.com At
6 ch – 89/159 € 89/159 € – 12 €
Créé face à l'hôtel Le Colombier par la même équipe, cet établissement tient d'une maison d'hôtes, et modernité et confort s'y allient de la meilleure des façons... L'une des chambres dispose même d'une belle terrasse avec sauna. Voilà une adresse dont on ferait bien son pavillon !

La Fourchette des Ducs (Nicolas Stamm)
6 r. de la Gare – ✆ 03 88 48 33 38 – www.lafourchettedesducs.com – Fermé 4-12 mars, 29 juil.-14 août, 1er-10 janv., dim. soir, lundi et le midi sauf dim. Be
Rest *(nombre de couverts limité, réserver)* – Menu 100/140 € – Carte 123/177 €
L'hiver, atmosphère cosy (boiseries et poutres apparentes) ; l'été, fraîcheur contemporaine dans une salle ouverte sur la cour intérieure... Et en toute saison, une assiette classique – avec une pointe de créativité – pour de succulents coups de fourchette.
➜ Fricassée de gros-gris de Cleurie, purée de pomme de terre et morilles. Suprême et cuisse de pigeonneau d'Alsace, chou farci et sauce au chocolat xocopili. Paris-brest en éclair et crème pralinée. **Vins** Riesling, Muscat.

La Table – Hôtel Le Parc
169 rte d'Ottrott, à l'Ouest par D 426 – ✆ 03 88 95 50 08 – www.hotel-du-parc.com – Fermé 1er-13 juil., 20 déc.-20 janv., dim. et lundi
Rest *(dîner seult)* – Menu 48 € (sem.), 58/75 € – Carte 61/94 €
Voilà une Table raffinée et typiquement alsacienne : lustres en cristal, bois couleur de miel et grande cheminée. Tournedos de biche au pinot noir, pressé de caille, ravioles aux lentins de chêne... une cuisine à la fois classique et soignée.

Jardin des Remparts – Hôtel À la Cour d'Alsace
3 r. Gail – ✆ 03 88 95 07 00 – www.cour-alsace.com – Fermé 30 juil.-2 sept., 26 déc.-28 fév., le soir sauf jeudi, vend. et sam. et le midi sauf dim. Aa
Rest – Menu 39/79 € – Carte 52/75 €
Une adresse de caractère ! Décorée dans un style classique et luxeux, elle propose des plats traditionnels ou plus créatifs : velouté d'escargots, foie gras à la rhubarbe, etc.

Le Bistro des Saveurs (Thierry Schwartz)
35 r. de Sélestat – ✆ 03 88 49 90 41 – Fermé 14 juil.-5 août, dim. et lundi
Rest – Formule 29 € – Menu 36 € (déj. en sem.), 54/90 € bc Bt
– Carte 56/91 €
Poutres apparentes, bouteilles en vitrine, cheminée : le cadre est raffiné... La cuisine allie produits bruts, invention et finesse d'exécution. Accueil chaleureux.
➜ L'œuf dans l'œuf à la truffe. Homard bleu grillé aux branches parfumantes. Tarte mirabelle "Pépé Oscar". **Vins** Riesling, Pinot Noir.

Caveau de Gail – Hôtel À la Cour d'Alsace
3 r. Gail – 03 88 95 07 00 – www.cour-alsace.com – Fermé 26 déc.-26 janv. et sam. midi Aa
Rest – Formule 23 € – Menu 31 € – Carte 36/53 €
Ce Caveau est en fait une sorte de winstub de luxe ! La cuisine traditionnelle y est à l'honneur, avec de belles allusions au terroir alsacien : truite aux amandes, choucroute aux trois poissons, crème brûlée au marc de gewurztraminer, etc.

Le Stub – Hôtel Le Parc
169 rte d'Ottrott, à l'Ouest par D 426 – 03 88 95 50 08 – www.hotel-du-parc.com – Fermé 1er-13 juil., 20 déc.-20 janv., dim. et lundi
Rest *(déj. seult)* – Formule 25 € bc – Menu 38 € – Carte 35/49 €
Le bois qui décore les murs de cette Stub a été récupéré dans d'anciennes fermes ; un cadre chaleureux avec ses alcôves et son poêle en faïence, pour déguster tartare de hareng "grand-mère", pied de porc farci, quenelles de brochet...

À l'Agneau d'Or
99 r. Gén.-Gouraud – 03 88 95 28 22 – www.agneaudor.eresto.net – Fermé sam. midi, dim. soir et lundi Ah
Rest – Formule 10 € – Menu 25/40 € – Carte 26/48 €
Accueil familial dans cette maison à colombages située près des remparts. Sympathique petite salle alsacienne (banquettes en bois, plafond peint) et cuisine typique de la région.

à Ottrott 4 km à l'Ouest par D 426 – 1 655 h. – alt. 268 m – 67530

46, rue Principale, 03 88 95 83 84, www.ottrott.com

Couvent de Ste-Odile : ★★ de la terrasse, chapelle de la Croix★ SO : 11 km - pèlerinage 13 décembre.

Hostellerie des Châteaux
11 r. des Châteaux, Ottrott-le-Haut – 03 88 48 14 14 – www.hostellerie-chateaux.fr – Fermé fév.
55 ch – 139/319 € 139/319 € – 11 suites – 21 € – ½ P
Rest *Hostellerie des Châteaux* – voir les restaurants ci-après
Rest *Le Comptoir du Château* *(déj. seult)* – Formule 18 € – Menu 27/32 € – Carte 37/51 €
Cet imposant hôtel vous invite à un grand moment de détente : spa et soins très complets, superbe piscine intérieure. Dans les chambres, spacieuses, l'esprit contemporain se marie au style alsacien. Chic !

Le Clos des Délices
17 rte de Klingenthal, 1 km au Nord-Ouest par D 426 – 03 88 95 81 00 – www.leclosdesdelices.com
20 ch – 129/189 € 129/239 € – 1 suite – 18 € – ½ P
Rest *Le Clos des Délices* – voir les restaurants ci-après
Dans un grand parc, on remarque d'abord la jolie façade tapissée de verdure... puis on paresse agréablement dans une chambre raffinée, colorée et bien insonorisée. Petit spa.

À l'Ami Fritz
Ottrott-le-Haut – 03 88 95 80 81 – www.amifritz.com – Fermé 9-23 janv.
24 ch – 95/185 € 95/185 € – 2 suites – 15 € – ½ P
Rest *À l'Ami Fritz* – voir les restaurants ci-après
Cette maison régionale dégage beaucoup de charme... Le décor des chambres est très soigné, dans une veine contemporaine agréable à vivre. Un hôtel de qualité.

Beau Site
Ottrott-le-Haut – 03 88 48 14 30 – www.hotel-beau-site.fr – Fermé fév.
18 ch – 69/129 € 69/129 € – 15 € – ½ P
Rest *(fermé dim. soir, mardi midi et lundi)* – Menu 26 € (sem.), 32/36 € – Carte 30/56 €
Cette grande maison à oriels et colombages abrite des chambres confortables (certaines avec balcon). Le must : celles du dernier étage, spacieuses et contemporaines. Au restaurant – une luxueuse winstub ornée d'œuvres de Spindler –, carte axée terroir.

Aux Chants des Oiseaux sans rest

Ottrott-le-Haut – ✆ 03 88 95 87 39 – www.chantsdesoiseaux.com – Fermé 28 juin-8 juil. , 9-31 janv., dim., lundi et mardi

14 ch – †85/125 € ††85/125 € – 2 suites – ☐ 15 €

Dans un quartier résidentiel, cette maison des années 1980 dispose de chambres agréables et cosy. Sur la terrasse (côté piscine), chant des oiseaux et vue sur le mont Ste-Odile.

Domaine Le Moulin ch, rest,

32 rte de Klingenthal, 1 km au Nord-Ouest par D 426 – ✆ 03 88 95 87 33 – www.domaine-le-moulin.com – Fermé 29 juil.-9 août et 23 déc.-21 janv.

21 ch – †60/75 € ††72/80 € – 2 suites – ☐ 11 € – ½ P

Rest *(fermé sam. midi, dim. soir et lundi midi)* – Formule 16 € – Menu 28 € bc (déj. en sem.)/57 € – Carte 31/58 €

Ce vaste hôtel entouré d'un parc (rivière, étang) impose sa présence sur la route des Vins. Chambres douillettes et, dans l'annexe, grands appartements (duplex) plus modernes. Au restaurant, carte régionale et terrasse face à la forêt.

Hostellerie des Châteaux – Hostellerie des Châteaux

11 r. des Châteaux – ✆ 03 88 48 14 14 – www.hostellerie-chateaux.fr – Fermé fév.

Rest – Menu 45 € (sem.), 69/89 € – Carte 62/93 €

Un cadre feutré et intime, pour une carte qui se veut sophistiquée : saumon mariné aux fleurs de câpres, feuilletage de ris de veau, caillé de munster à l'ail des ours...

À l'Ami Fritz – Hôtel À l'Ami Fritz

Ottrott-le-Haut – ✆ 03 88 95 80 81 – www.amifritz.com – Fermé 1er-10 juil., 9-23 janv. et merc.

Rest – Formule 23 € – Menu 30/68 € – Carte 39/58 €

M. Fritz, c'est le chef-patron, mais l'enseigne fait aussi référence au roman d'Erckmann et Chatrian (1854), dont le héros sacrifie tout à la bonne chère. Un sacré patronage pour une cuisine très savoureuse, dans un décor qui porte également haut le charme de la région !

Le Clos des Délices

17 rte de Klingenthal, 1 km au Nord-Ouest par D 426 – ✆ 03 88 95 81 00 – www.leclosdesdelices.com

Rest *(fermé le midi du lundi au jeudi)* – Menu 30/65 € – Carte 62/77 €

Un restaurant qui ouvre sur les bois... En terrasse ou dans la jolie salle, on savoure une bonne cuisine traditionnelle non dénuée de créativité. Idéal pour se restaurer au vert !

OBERSTEIGEN – 67 Bas-Rhin – 315 H5 – ✉ 67710 Alsace Lorraine 1 A1

Paris 466 – Molsheim 27 – Sarrebourg 32 – Saverne 16

Vallée de la Mossig★ E : 2 km.

Hostellerie Belle Vue rest, rest,

16 rte de Dabo – ✆ 03 88 87 32 39 – www.hostellerie-belle-vue.com – Ouvert 13 avril-3 janv. et fermé dim. soir et lundi hors saison sauf fériés

24 ch – †80/95 € ††80/95 € – 1 suite – ☐ 10 € – ½ P

Rest – Menu 25/45 € – Carte 30/57 €

Au cœur d'une "station climatique" de la forêt vosgienne, une auberge accueillante et confortable : chambres spacieuses (aménagement classique), salon avec billard et cheminée, spa, jacuzzi, fitness... Esprit alsacien au restaurant, dans le décor et dans l'assiette.

OBERSTEINBACH – 67 Bas-Rhin – 315 K2 – 230 h. – alt. 239 m 1 B1

– ✉ 67510 Alsace Lorraine

Paris 458 – Bitche 22 – Haguenau 35 – Strasbourg 68

Anthon avec ch

40 r. Principale – ✆ 03 88 09 55 01 – www.restaurant-anthon.fr – Fermé janv., mardi et merc.

12 ch – †62/70 € ††70/98 € – ☐ 12 € – ½ P

Rest – Menu 25/49 € – Carte 37/62 €

Une élégante salle en rotonde dans une maison à colombages (1860) : l'endroit est idéal pour savourer une cuisine classique et de terroir. Chambres spacieuses, dont deux conservent des lits traditionnels en alcôve.

OBJAT – 19 Corrèze – 329 J4 – 3 605 h. – alt. 131 m – ✉ 19130 24 B3

Limousin Berry

Paris 467 – Brive-la-Gaillarde 21 – Limoges 79 – Tulle 45

place Charles de Gaulle, ✆ 05 55 25 96 73, www.objat.fr

La Tête de L'Art

53 av. J. Lascaux – ✆ 05 55 25 50 42 – www.tete-de-lart.fr – Fermé 20 juin-3 juil., 1 sem. en fév., mardi soir et merc.

Rest – Formule 15 € – Menu 18 € (déj. en sem.)/23 €

Afin de marier l'art avec le goût, ce restaurant familial expose des toiles d'artistes locaux. En cuisine, le chef prépare des recettes traditionnelles rehaussées d'une pointe d'originalité. Une enseigne appréciée dans la région.

OFFENDORF – 67 Bas-Rhin – 2 152 h. – alt. 125 m – ✉ 67850 1 B1

Alsace Lorraine

Paris 494 – Karlsruhe 70 – Strasbourg 29 – Karlsruhe 70

rue Principale, ✆ 03 88 96 80 02, www.offendorf.fr

A la Forêt du Rhin N

2 r. Principale – ✆ 03 88 96 54 04 – www.foret-du-rhin.com – Fermé 2 sem. en sept., mardi soir et merc. soir en janv.-fév. et lundi

Rest – Formule 9 € – Menu 27/38 € bc – Carte 26/45 €

Au piano, père et fils jouent une partition à quatre mains. Pendant ce temps, dans la salle, l'épouse du premier et mère du second veille à ce que la musique plaise aux gourmands. Ici, la cuisine du terroir est au répertoire. Une belle adresse familiale.

OFFRANVILLE – 76 Seine-Maritime – 304 G2 – rattaché à Dieppe

OGNES – 02 Aisne – 306 B5 – rattaché à Chauny

L'OIE – 85 Vendée – 316 J7 – 1 127 h. – alt. 102 m – ✉ 85140 34 B3

Paris 394 – Cholet 40 – Nantes 62 – Niort 94

Le Grand Turc

33 r. Nationale – ✆ 02 51 66 08 74 – www.hotel-legrandturc.fr – Fermé 20 déc.-10 janv.

29 ch – †74/99 € ††74/115 € – ☐ 11 €

Rest ***Le Grand Turc*** – voir les restaurants ci-après

L'enseigne évoque le mamelouk Amakuc, chef de la garde de Napoléon Ier lors du passage de ce dernier à l'auberge. Si celle-ci donne sur la nationale, les chambres – d'esprit frais et agréable – se trouvent sur l'arrière, au calme.

Le Grand Turc

33 r. Nationale – ✆ 02 51 66 08 74 – www.hotel-legrandturc.fr – Fermé 20 déc.-10 janv., sam. soir hors saison et dim.

Rest – Formule 14 € – Menu 16/40 € – Carte 45/74 €

Cuisine traditionnelle côté "gastro" ; buffet et plat du jour à la brasserie... deux offres de restauration chez ce Grand Turc qu'on croque !

OINVILLE-SOUS-AUNEAU – 28 Eure-et-Loir – 311 G5 – 340 h. – alt. 150 m – ✉ 28700 12 C1

Paris 77 – Chartres 20 – Montigny-le-Bretonneux 50 – Orléans 88

Caroline Lethuillier sans rest

1 r. des harres, à Cherville, 2 km à l'Ouest – ✆ 02 37 31 72 80 – www.cherville.com

4 ch – 51/53 € 63/67 €

Dans cette ferme beauceronne du début du 19e s., on cultive toujours céréales et betteraves. Mme Lethuillier fait tout elle-même, de la décoration des jolies chambres – très spacieuses – au petit-déjeuner. Vive le tourisme rural !

OISLY – 41 Loir-et-Cher – 318 F7 – 338 h. – alt. 120 m – ✉ 41700 11 A1

Paris 208 – Blois 27 – Châteauroux 80 – Tours 61

Saint-Vincent

Le Bourg – ✆ 02 54 79 50 04 – Fermé 1er-15 oct., 15 janv.-5 fév., lundi soir d'oct. à Pâques, mardi et merc.

Rest – Menu 28/55 € – Carte 46/77 €

Voilà plusieurs années que Julien et Alice Bonnin ont repris cette enseigne célébrant le patron des vignerons. Lui en cuisine et elle en salle, le duo a su rapidement trouver son public, avec ses dégustations de vins du pays et sa cuisine soignée et savoureuse. Le chef a été formé dans les grandes maisons de la région !

OIZON – 18 Cher – 323 L2 – 717 h. – alt. 230 m – ✉ 18700 12 C2

Paris 179 – Bourges 54 – Cosne-Cours-sur-Loire 35 – Gien 29

Les Rives de l'Oizenotte

à l'étang de Nohant, 1 km à l'Est – ✆ 02 48 58 06 20 – www.lesrivesdeloizenotte.fr – Fermé 20 déc.-20 janv., dim. soir de la Toussaint à Pâques, lundi et mardi

Rest *(nombre de couverts limité, réserver)* – Formule 23 € bc – Menu 34 €

Rafraîchissant, ce restaurant au bord de l'étang de Nohant ! Sur la terrasse avec vue sur les flots ou dans la salle joliment décorée sur le thème de la pêche, on déguste une bonne cuisine traditionnelle : gâteau de foie de volaille et coulis de tomate, suprême de pintade aux écrevisses… De quoi mettre l'eau à la bouche !

OLEMPS – 12 Aveyron – 338 H4 – rattaché à Rodez

OLÉRON (ÎLE D') – 17 Charente-Maritime – 324 C4 – voir à Île d'Oléron

---

OLIVET – 45 Loiret – 318 I4 – rattaché à Orléans

OLLIOULES – 83 Var – 340 K7 – 12 945 h. – alt. 52 m – ✉ 83190 40 B3

Côte d'Azur

Paris 829 – Aix-en-Provence 80 – Marseille 59 – Toulon 8

116, avenue Philippe de Hauteclocque, ✆ 04 94 63 11 74, www.ollioules.com

Gorges d'Ollioules★.

La Table de Terrebrune (N)

724 chemin de la Tourelle, (domaine de Terrebrune), par rte de Gros-Cerveau – ✆ 04 94 88 36 19 – www.terrebrune.fr – Fermé 2 sem. en fév., mardi et merc.

Rest *(nombre de couverts limité, réserver)* – Menu 25 € (déj. en sem.), 35/45 € – Carte environ 50 €

Beaucoup de raffinement dans ce domaine viticole aux allures de bonbonnière chic. Près de la cheminée ou sur la terrasse, on savoure une cuisine provençale : carré de veau en croûte persillé avec un jus aux olives noires, chèvres du pays, figues rôties... On se régale !

L'Atelier du Vigneron (N)

348 av. de la Résistance – ✆ 04 94 62 42 34 – Fermé 15 fév.-10 mars, merc. midi, dim. soir et lundi

Rest – Formule 20 € – Menu 25/42 € – Carte 48/60 €

Un restaurant créé dans un ancien garage, voilà qui est original ! Pourtant, rien ne le laisse aujourd'hui deviner derrière son allure de véritable bonbonnière : meubles de famille, ancien cheval à bascule du propriétaire, tentures, tableaux... Un joli décor, pour une carte dans l'air du temps, cuisinée avec soin.

L'Auberge du Vigneron

2 pl. V.-Clément – ✆ 04 94 63 04 61 – www.laubergeduvigneron.fr – Fermé merc. soir, dim. soir et lundi

Rest – Menu 20/35 € – Carte 30/45 €

Au cœur d'Ollioules, derrière l'église, une charmante maison à l'esprit baroque : objets anciens, tissus imprimés, etc. Aux fourneaux œuvre un chef passionné, qui donne la priorité à la fraîcheur et à la simplicité. La cuisine et les fromages sont goûteux – et le bandol...

OLMETO – 2A Corse-du-Sud – **345** C9 – voir à Corse

OLMETO PLAGE – 2A Corse-du-Sud – **345** C9 – voir à Corse, Olmeto

OLORON-STE-MARIE – 64 Pyrénées-Atlantiques – **342** I5 **3** B3
– 11 029 h. – alt. 224 m – ✉ 64400 Aquitaine

Paris 809 – Bayonne 105 – Mont-de-Marsan 101 – Pau 34

allées du Comte de Tréville, ✆ 05 59 39 98 00, www.tourisme-oloron.com

Portail★★ de l'église Ste-Marie.

Alysson

bd des Pyrénées – ✆ 05 59 39 70 70 – www.alysson-hotel.fr

47 ch – †79/88 € ††95/108 € – 1 suite – ☐ 12 €

Rest *(fermé 23 déc.-8 janv. et sam. midi)* – Menu 22 € (sem.), 29/50 € – Carte 41/75 €

En bordure d'un axe passant, ce hôtel récent abrite des chambres spacieuses et fonctionnelles (certaines avec baignoire balnéo), rénovées de pied en cap ces dernières années. Le restaurant s'ouvre sur le jardin. Idéal pour la clientèle d'affaires.

La Paix sans rest

24 av. Sadi-Carnot – ✆ 05 59 39 02 63 – www.hotel-oloron.com – Fermé 22 déc.-6 janv.

24 ch – †52/65 € ††52/69 € – ☐ 8 €

Hôtel familial bien entretenu, situé dans le quartier de la gare. Chambres simples et claires, pratiques pour l'étape. Accueil convivial.

OMIÉCOURT – 80 Somme – **301** K9 – 243 h. – alt. 85 m – ✉ 80320 **37** B2

Paris 128 – Amiens 64 – Compiègne 53 – Saint-Quentin 39

Château d'Omiécourt sans rest

4 r. du Bosquet – ✆ 03 22 83 01 75 – www.chateau-omiecourt.com

5 ch ☐ – †72/120 € ††135/155 €

Dans ce château de famille, entouré d'un parc de 16 ha, on est accueilli par la 5e génération ! Il fait bon se reposer dans les chambres ("1900", "Louis XVI", etc.) au beau mobilier chiné. À noter, le bel espace bien-être (sauna, hammam, jacuzzi...), parfait pour un week-end détente.

OMONVILLE-LA-PETITE – 50 Manche – **303** A1 – 126 h. – alt. 33 m **32** A1
– ✉ 50440 Normandie Cotentin

Paris 380 – Barneville-Carteret 45 – Cherbourg 25 – Nez de Jobourg 7

La Fossardière sans rest

au hameau de la Fosse – ✆ 02 33 52 19 83 – www.lafossardiere.fr – Ouvert 15 mars-15 nov.

8 ch – †70/83 € ††70/83 € – ☐ 10 €

Dans un paisible hameau, en retrait du village où repose Jacques Prévert, un hôtel qui ne ressemble pas à un hôtel... Les chambres sont réparties dans des petites maisons de pays, toutes plus mignonnes les unes que les autres. Reposant !

ONZAIN – 41 Loir-et-Cher – **318** E6 – 3 449 h. – alt. 69 m – ✉ 41150 **11** A1

Paris 201 – Amboise 21 – Blois 19 – Château-Renault 24

3, rue Gustave Marc, ✆ 02 54 20 78 52

de la Carte, à Chouzy-sur-Cisse, Domaine de la Carte, SO : 6 km par D 952, ✆ 02 54 20 49 00

Domaine des Hauts de Loire

rte de Mesland, 3 km au Nord-Ouest par D 1 et voie privée – ✆ 02 54 20 72 57 – www.domainehautsloire.com – Ouvert 14 fév.-24 nov.

19 ch – †190/550 € ††190/550 € – 12 suites – ☕ 22 €

Rest *Domaine des Hauts de Loire* ✿✿ – voir les restaurants ci-après

Dans son parc forestier à mi-chemin entre Chenonceaux, Amboise et Blois, ce castel centenaire exprime l'âme noble de la région. Objets anciens, imprimés chatoyants, beaux volumes (certaines chambres sous la charpente apparente) : le savoir-vivre à la ligérienne...

Château des Tertres sans rest

11 bis r. de Meuves – ✆ 02 54 20 83 88 – www.chateau-tertres.com – Ouvert 23 mars-22 oct.

17 ch – †89/99 € ††89/160 € – ☕ 12 €

Gentilhommière du Second Empire ceinte d'un magnifique parc de 5 ha. Chambres de style Napoléon III ou Louis-Philippe, originales et contemporaines dans le cottage attenant.

Domaine des Hauts de Loire – Hôtel Domaine des Hauts de Loire

✿✿

rte de Mesland, 3 km au Nord-Ouest par D 1 et voie privée – ✆ 02 54 20 72 57 – www.domainehautsloire.com – Ouvert 14 fév.-24 nov. et fermé lundi et mardi sauf fériés

Rest – Formule 49 € bc – Menu 77/160 € – Carte 105/160 €

Dans cet élégant pavillon de chasse du 19e s., du gibier bien sûr (automne-hiver), mais aussi des poissons de la Loire, de beaux légumes et fruits de saison... D'excellents produits et une exécution très fine, avec comme but ultime : le goût.

➜ Filet d'anguille poêlé, mie de pain dorée aux graines de céleri. Filet de bœuf poché, artichaut poivrade, raviolis d'oignon à la viande des Grisons. Carica, fine gelée au citron caviar, feuille croquante et sorbet champagne. **Vins** Touraine Mesland, Touraine.

OPIO – 06 Alpes-Maritimes – 341 C5 – 2 112 h. – alt. 300 m – ✉ 06650 — 42 E2

▶ Paris 911 – Cannes 17 – Digne-les-Bains 125 – Draguignan 74

ℹ Carrefour La Font-Neuve, ✆ 04 93 60 61 72, www.officedetourisme-opio.com

Le Mas des Géraniums

1 km à San Peyre, à l'Est sur D 7 – ✆ 04 93 77 23 23 – www.le-mas-des-geraniums.com – Fermé 12 nov.-18 déc., mardi et merc.

Rest – Formule 18 € – Menu 24 € (sem.), 36/48 € – Carte 42/80 €

Une belle auberge sur la colline d'Opio. Dans son joli jardin ou sous la tonnelle, on déguste une de ces cuisines provençales traditionnelles où les produits sont gorgés de fraîcheur.

ORADOUR-SUR-GLANE – 87 Haute-Vienne – 325 D5 – 2 224 h. – alt. 275 m – ✉ 87520 Limousin Berry — 24 B2

▶ Paris 408 – Angoulême 85 – Bellac 26 – Confolens 33

ℹ place du Champ de Foire, ✆ 05 55 03 13 73, www.oradour-sur-glane.fr

"Village martyr" dont la population a été massacrée en juin 1944.

Le Milord

10 av. du 10-Juin – ✆ 05 55 03 10 35 – www.restaurant-traiteur-lemilord.com – Fermé dim. soir

Rest – Formule 13 € – Menu 19/35 € – Carte 25/47 €

Ici règne une atmosphère résolument familiale. Épaulée par ses parents, la jeune cuisinière concocte des plats traditionnels sans fioriture, mais généreux. Allez venez, Milord...

ORADOUR-SUR-VAYRES – 87 Haute-Vienne – 325 C6 – 1 514 h. – alt. 322 m – ✉ 87150 — 24 A2

▶ Paris 433 – Limoges 40 – Panazol 45 – St-Junien 23

ℹ 3, avenue du 8 Mai 1945, ✆ 05 55 78 22 21, www.ot-feuillardiers-perigordlimousin.com

La Bergerie des Chapelles

chemin de la Côte, 1 km au Sud par rte de Cussac – ✆ 05 55 78 29 91 – www.domainedeschapelles.com – Fermé en oct.

8 ch – †70/80 € ††70/105 € – ☕ 12 €

Rest *(fermé dim. et lundi) (dîner seult) (résidents seult)* – Menu 29/32 €

Une ancienne bergerie dans un grand parc, en pleine nature... Avec son fort caractère rustique et ses belles touches contemporaines, elle a un sacré charme bucolique ! Petit plus : certaines chambres ont une terrasse côté piscine. Menu unique pour les résidents.

ORANGE – 84 Vaucluse – 332 B9 – 28 990 h. – alt. 97 m – ✉ 84100 42 E1

Provence

Paris 655 – Alès 84 – Avignon 31 – Carpentras 24

5, cours Aristide Briand, ✆ 04 90 34 70 88, www.otorange.fr

d'Orange, Route de Camaret, par rte du Mt-Ventoux : 4 km, ✆ 04 90 34 34 04

Théâtre antique★★★ - Arc de Triomphe★★ - Colline St-Eutrope ≤★.

Plan page suivante

Arène Kulm

pl. Langes – ✆ 04 90 11 40 40 – www.hotel-arene.fr AYa

40 ch – †78/210 € ††78/210 € – ☕ 10 €

Rest *(fermé dim. en été et le soir en hiver sauf merc. et jeudi)* – Formule 13 € – Menu 19 € (dîner)/25 € – Carte 27/36 €

L'hôtel de référence à Orange, agréablement situé sur une place piétonne au cœur de la cité (le bâtiment date du 19e s.). Il offre un bon rapport qualité-prix compte tenu de ses prestations : chambres spacieuses et bien équipées, bassin de nage, piscine, etc.

Lou Cigaloun (N) sans rest

4 r. Caristie – ✆ 04 90 34 10 07 – www.hotel-loucigaloun.com BYx

23 ch – †60/82 € ††75/107 € – 2 suites – ☕ 9 €

À deux pas du théâtre antique, cet établissement a bénéficié en 2011 d'une véritable cure de jouvence, adoptant un décor d'un classicisme de bon ton, à la fois sobre et plaisant. L'ambiance y est familiale.

Le Glacier sans rest

46 cours A. Briand – ✆ 04 90 34 02 01 – www.le-glacier.com – Fermé 20 déc.-6 janv., vend., sam. et dim. de nov. à fév. AYr

34 ch – †60/95 € ††60/130 € – ☕ 10 €

Sur le boulevard de ceinture de la ville, derrière une façade rose, un hôtel tout simple, d'esprit provençal, tenu par la même famille depuis quatre générations. L'accueil se montre d'une grande gentillesse.

St-Jean sans rest

1 cours Pourtoules – ✆ 04 90 51 15 16 – www.hotelsaint-jean.com – Fermé 20 déc.-4 janv. BZs

20 ch – †60/70 € ††70/115 € – ☕ 8 €

Au pied de la colline St-Eutrope, non loin du théâtre antique, des petites chambres assez chaleureuses, dont l'une taillée dans la roche ! Ce relais de poste du 17e s. est une bonne option pour une étape à Orange.

Justin de Provence sans rest

chemin Mercadier, 2 km par ② – ✆ 04 90 69 57 94 – www.justin-de-provence.com

5 ch ☕ – †110/195 € ††120/205 €

Le mas du grand-père Justin, mué en une superbe maison de campagne... Chambres rétro et pleines de style, mobilier chiné par la propriétaire, décor de bistrot à la Pagnol – sans oublier les oliviers et la lavande : un concentré de Provence !

ORANGE

Arc de Triomphe (Av. de l') **AY**
Artaud (Av. A.) . . . . **ABY**
Blanc (R. A.). . . . . **BZ**
Briand (Crs A.) . . . . **AYZ**
Caristie (R.) . . . . **BY** 2
Châteauneuf (R. de) . . . . . **BZ** 3
Clemenceau (Pl. G.) . . . . . **BY** 4
Concorde (R. de la) . . . . . . **BY**
Contrescarpe (R. de la) . . . **BY**
Daladier (Bd E.) . . . . **ABY**
Fabre (Av. H.). . . . . **BY**
Frères-Mounet (Pl. des) . . **BY** 5
Guillaume-le-Taciturne (Av.) . . . . **BY**
Herbes (Pl. aux). . . . . **BY** 7
Lacour (R.) . . . . **AY**
Leclerc (Av. Gén.) . . . . **BZ**
Levade (R. de la) . . . . **BY**
Mistral (Av. F.) . . . . **BY** 9
Noble (R. du) . . . . **ABY**
Pourtoules (Cours) . . . . . . **BZ**
Pourtoules (R.) . . . . **BZ** 12
Princes d'Orange-Nassau (Mtée des). . . . . **AZ**
République (Pl. de la) . . . . **BY** 14
République (R. de la) . . . . **BY** 16
Roch (R. Madeleine) . . . . . **BZ** 18
St-Clement (R.) . . . . **AZ**
St-Florent (R.) . . . . **BY** 20
St-Jean (R.) . . . . **AY**
St-Martin (R.) . . . . **AY** 22
Tanneurs (R. des) . . . . **AY** 24
Thermes (Av. des). . . . . **AZ**
Tourre (R. de). . . . . **AZ** 26
Victor-Hugo (R.) . . . . **AY**

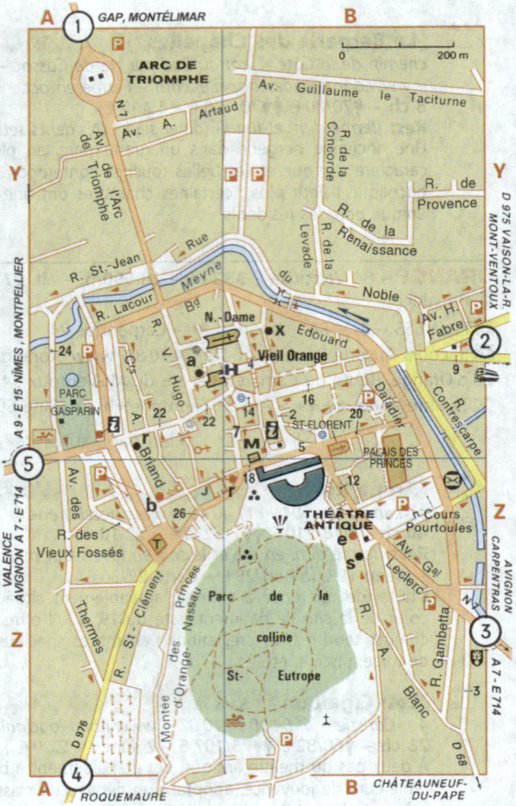

Le Parvis

55 cours Pourtoules – ✆ 04 90 34 82 00 – Fermé 1er-12 sept., 11 nov.-4 déc., 19 janv.-5 fév., dim. et lundi **BZe**

Rest – Formule 16 € – Menu 20 € (déj. en sem.), 29/48 € – Carte environ 43 €

Tradition ! Ici, la cuisine marie terroir, épices et légumes régionaux. Le tout à savourer dans une salle alliant les styles contemporain et classique (beau plafond à la française).

Au Petit Patio

58 cours Aristide-Briand – ✆ 04 90 29 69 27 – Fermé 27 août-3 sept., 24 déc.-14 janv., merc. soir, jeudi soir et dim. **AZb**

Rest – Formule 18 € bc – Menu 26/36 € – Carte 42/50 €

À la lisière de la vieille ville, une allée discrète mène à ce petit patio préservé du bruit et du passage. Quelques tables y prennent leurs aises aux beaux jours, mais vous pouvez préférer la salle, élégante et confortable. Le chef aime travailler les produits de Provence et le poisson : jolie palette !

La Rom'Antique

5 pl. Silvain, (r. Madeleine Roch) – ✆ 04 90 51 67 06 – www.la-romantique.com – Fermé 22 oct.-5 nov., 1er-22 janv., dim. soir d'oct. à mai, sam. midi et lundi

Rest – Formule 13 € bc – Menu 22/28 € – Carte 31/43 € **BZr**

L'été, on s'installe sur la terrasse en se délectant de la vue sur le théâtre antique et de saveurs ensoleillées... Ardoise du jour le midi.

au Nord 4 km par ①, N 7 et rte secondaire - ✉ 84100 Orange

Le Mas des Aigras - Table du Verger avec ch
chemin des Aigras, (Russamp Est) – ✆ 04 90 34 81 01 ch,
– www.masdesaigras.com – Fermé 12 fév.-7 mars, vacances de la Toussaint, de Noël, lundi midi, merc. midi et sam. midi d'avril à sept., mardi et merc. d'oct. à mars
9 ch – †85/120 € ††85/120 € – ☕ 13 € – ½ P
Rest – Formule 22 € – Menu 30/55 € – Carte 43/75 €
Joli mas en pierre au milieu des vignes et des champs. Le chef réalise, en partie devant ses hôtes, une goûteuse cuisine à base de produits bio. Cadre soigné et agréable terrasse. Pour l'étape, chambres égayées de couleurs provençales.

à Sérignan-du-Comtat par ① N 7 et D 976 : 8 km – 2 393 h. – alt. 80 m – ✉ 84830

Le Pré du Moulin (Pascal Alonso) avec ch
Cours J.-Esteve, rte de Ste-Cécile-les-Vignes – ✆ 04 90 70 14 55
– www.predumoulin.com – Fermé dim. soir de sept. à juin, mardi midi de juin à sept. et lundi.
12 ch – †150/310 € ††150/310 € – ☕ 18 € – ½ P
Rest *Les Tables de Campagne* – voir les restaurants ci-après
Rest – Menu 59/79 € – Carte 70/115 €
D'abord moulin, puis école communale, cette maison de village en pierre séduit par son atmosphère bucolique... et plus encore par sa cuisine, qui cultive le classicisme avec un soin précieux. La terrasse ombragée par de vieux platanes fleure bon, elle aussi, la Provence. Et la demeure abrite des chambres aussi jolies que confortables...
➜ Raviole ouverte de truffe et artichaut sauté à cru. Pigeon rôti aux champignons. Soufflé chaud au Grand Marnier. **Vins** Côtes du Rhône, Rasteau.

Les Tables de Campagne – Restaurant Le Pré du Moulin
Cours J.-Esteve, rte de Ste-Cécile-les-Vignes – ✆ 04 90 70 14 55
– www.predumoulin.com – Fermé dim. soir de sept. à juin, mardi midi de juin à sept. et lundi.
Rest – Menu 29 € – Carte 34/54 €
Sous l'égide du Pré du Moulin, un vrai bistrot de chef, où l'on profite du savoir-faire de la maison mère à travers de jolis plats pensés selon le marché. Le cadre, contemporain et baroque à la fois, ajoute au plaisir du moment.

à Caderousse 6 km au Sud-Ouest par ④ et D 17 – 2 733 h. – alt. 40 m – ✉ 84860

La Bastide des Princes
chemin de Bigonnet – ✆ 04 90 51 04 59 – www.bastide-princes.com – Ouvert 29 mars-11 nov.
5 ch ☕ – †125/140 € ††130/140 € – ½ P **Table d'hôte** – Menu 45/100 € bc
Une belle bastide du 17e s. au grand calme. Chambres au décor soigné et espace détente original côté grange (bar, cheminée, piscine intérieure...). À la table d'hôte, cuisine régionale avec les herbes et les légumes du potager.

ORBEC – 14 Calvados – **303** O5 – 2 381 h. – alt. 110 m – ✉ 14290 **33** C2
Normandie Vallée de la Seine
Paris 173 – L'Aigle 38 – Alençon 80 – Argentan 53
6, rue Grande, ✆ 02 31 32 56 68, www.tourisme-normandie.fr
Vieux manoir★.

Au Caneton
32 r. Grande – ✆ 02 31 32 73 32 – www.aucaneton.fr – Fermé 23 déc.-8 janv., dim. soir et lundi
Rest *(nombre de couverts limité, réserver)* – Menu 26/52 € – Carte 60/75 €
Huîtres, homard, foie gras... Pour une telle cuisine classique, cette charmante maison à colombages du 17e s., à la fois rustique et feutrée (poutres, cuivres, assiettes anciennes), est le cadre parfait.

ORBEY – 68 Haut-Rhin – **315** G8 – 3 615 h. – alt. 550 m – Sports d'hiver : voir "Le Bonhomme" – ✉ 68370 Alsace Lorraine 1 A2

Paris 434 – Colmar 23 – Gérardmer 42 – Munster 21

48, rue du Général-de-Gaulle, ✆ 03 89 71 30 11, www.orbey.fr

Bois Le Sire et son Motel rest,

20 r. Ch.-de-Gaulle – ✆ 03 89 71 25 25 – www.bois-le-sire.fr – Fermé 6 janv.-4 fév.

36 ch – †62/103 € ††62/103 € – 1 suite – ☐ 11 € – ½ P

Rest – Formule 10 € – Menu 19/69 € bc – Carte 24/55 €

Sur la route principale du village, une grande bâtisse colorée et son annexe aux airs de motel. Dans cette dernière, les chambres sont plus grandes et plus calmes, mais partout elles sont pratiques et agréables. Pour la détente, un espace forme (piscine, hammam...). Restaurant traditionnel.

à Basses-Huttes 4 km au Sud par D 48 – ✉ 68370 Orbey

Wetterer

– ✆ 03 89 71 20 28 – www.hotel-wetterer.com – Fermé 17-25 mars, 3-18 avril, 6-28 nov. et 6 janv.-6 fév.

15 ch – †45/49 € ††58/70 € – ☐ 9 € – ½ P

Rest *(fermé mardi midi et merc.)* – Menu 19/27 € – Carte 21/41 €

Entre montagne, pâturages et forêt – quiétude garantie ! –, cette grande maison rustique propose des chambres simples et bien tenues, ainsi qu'une cuisine traditionnelle bon marché. Idéal pour les familles et les amateurs de nature.

à Pairis 3 km au Sud-Ouest par D 48II – ✉ 68370 Orbey

Lac Noir★ : ≤★ 30 mn O : 5 km.

Le Domaine de Pairis

233 lieu-dit Pairis – ✆ 03 89 71 20 15 – www.pairis.fr

14 ch – †69 € ††79/99 € – ☐ 10 €

Rest *(fermé lundi, mardi et merc.) (dîner seult)* – Menu 20 € – Carte 20/50 €

Dans cette grande bâtisse en léger retrait de la route, les chambres sont agréables et confortables, dans un esprit épuré et chaleureux. Beaucoup de blanc, des tableaux contemporains : du goût, sans ostentation.

ORCET – 63 Puy-de-Dôme – **326** G8 – 2 729 h. – alt. 400 m – ✉ 63670 5 B2

Paris 429 – Aurillac 146 – Clermont-Ferrand 13 – Moulins 110

11 place Henri Romeuf, ✆ 04 73 84 73 17, www.orcet.com

Toît pour Toi (N)

1 r. de la Narse – ✆ 04 73 78 17 24 – www.toit-pour-toi.fr – Fermé dim. soir, lundi et le midi sauf sam. et dim.

Rest – Menu 25/45 € – Carte environ 40 €

De vous à nous, à Toît pour toi, on se régale ! Ici, la cuisine se teinte de notes japonaises, thaïlandaises ou italiennes... Dépaysement garanti pour des gourmands en mal d'horizons lointains. Formule plus simple le midi. Une adresse originale, au cadre coloré.

ORCHIES – 59 Nord – **302** H5 – 8 241 h. – alt. 40 m – ✉ 59310 31 C2

Nord Pas-de-Calais Picardie

Paris 219 – Denain 28 – Douai 20 – Lille 29

42, rue Jules Roch, ✆ 03 20 64 86 32, www.orchies.com

Le Manoir ch,

Hameau de Manneville, à l'Ouest par D 549, rte de Seclin – ✆ 03 20 64 68 68 – www.manoir.net – Fermé 27 juil.-25 août

34 ch – †79/125 € ††79/125 € – ☐ 9 € – ½ P

Rest *(fermé 26-31 déc., vend. soir, sam. midi, dim. soir et fériés le soir)* – Formule 17 € – Menu 23/32 € bc – Carte 23/45 €

Proximité de l'A 23 et chambres parfaitement insonorisées, en plus d'être fonctionnelles et très bien tenues : une gageure ! Et pour les grosses faims, on sert ici une généreuse cuisine traditionnelle.

La Chaumière

685 r. Henri Fiévet, 3 km au Sud par D 957, rte de Marchiennes – 03 20 71 86 38 – www.restaurant-lachaumiere.com – Fermé 2-16 sept., fév., dim. soir et lundi

Rest – Formule 14 € – Menu 31/59 € – Carte 38/65 €

Une auberge, une vraie ! Le décor est rustique à souhait, et la carte honore la tradition. Amateurs de fromages, le plateau met en appétit et s'accompagne de jolis bordeaux.

ORCIÈRES – 05 Hautes-Alpes – 334 F4 – 720 h. – alt. 1 446 m – Sports d'hiver : à Orcières-Merlette 1 850/2 730 m 2 19 – ✉ 05170 — 41 C1

Alpes du Sud

Paris 676 – Briançon 109 – Gap 32 – Grenoble 113

Place des drapeaux, Merlette, 04 92 55 89 89, www.orcieres.com

Vallée du Drac Blanc★★ NO : 14 km.

à Merlette 5 km au Nord par D 76 – ✉ 05170 Orcieres

Les Gardettes avec ch

– 04 92 55 71 11 – www.gardettes.com – Ouvert 15 déc.-fin avril et 20 juin-5 sept.

15 ch – 72/103 € 72/103 € – 8 € – ½ P

Rest – Menu 24/35 € – Carte 24/51 €

Dans cet hôtel-restaurant créé par ses parents dans la ferme familiale, le chef porte haut la continuité, autour de bonnes saveurs du terroir, telle cette "soupe d'orties d'Orcières comme faisait ma grand-mère". Côté chambres, beaucoup de simplicité et de savoureuses confitures maison au petit-déjeuner.

ORCINES – 63 Puy-de-Dôme – 326 F8 – rattaché à Clermont-Ferrand

ORCIVAL – 63 Puy-de-Dôme – 326 E8 – 258 h. – alt. 840 m – ✉ 63210 — 5 B2

Auvergne

Paris 441 – Aubusson 82 – Clermont-Ferrand 27 – Le Mont-Dore 17

le Bourg, 04 73 65 89 77, www.terresdomes-sancy.com

Basilique Notre-Dame★★.

Notre Dame

– 04 73 65 82 02 – Ouvert 1er fév.-10 nov.

7 ch – 42/49 € 50/56 € – 8 € – ½ P

Rest – Menu 14/28 € – Carte 24/40 €

Vous apprécierez l'ambiance familiale qui règne dans cet établissement face à la basilique. Les chambres sont confortables et colorées. Cuisine régionale servie dans un décor de bistrot auvergnat. Une adresse sympathique.

ORGELET – 39 Jura – 321 D7 – 1 725 h. – alt. 500 m – ✉ 39270 — 16 B3

Franche-Comté Jura

Paris 434 – Besançon 104 – Bourg-en-Bresse 68 – Lons-le-Saunier 20

La Valouse

12 r. des Fossés, (face à l'église) – 03 84 25 54 80 – www.hotel-restaurant-jura.com – Fermé 20 déc.-20 janv. et dim. soir

14 ch – 68 € 88 € – 9 € – ½ P

Rest *La Valouse* – voir les restaurants ci-après

Face à l'église classée (14e s.), cet hôtel familial propose des chambres sobres, pratiques et bien insonorisées, idéales pour une étape.

La Valouse

12 r. des Fossés, (face à l'église) – 03 84 25 54 80 – www.hotel-restaurant-jura.com – Fermé 20 déc.-20 janv. et dim. soir

Rest – Formule 14 € – Menu 23/48 € – Carte 37/52 €

Dans ce restaurant coquet et accueillant, le chef réalise une cuisine du terroir actualisée et propose aussi un plat du jour servi dans l'atmosphère conviviale du bistrot... L'été, on file sur la terrasse ombragée.

ORGEVAL – 78 Yvelines – 311 H2 – 101 11 – voir à Paris, Environs

ORGON – 13 Bouches-du-Rhône – 340 F3 – 3 055 h. – alt. 90 m   42 E1
– ✉ 13660 Provence

Paris 712 – Aix-en-Provence 58 – Avignon 29 – Marseille 72

place de la Liberté, ✆ 04 90 73 09 54, www.office-tourisme.orgon.fr

Le Mas de la Rose

rte d'Eygalières, 4 km au Sud-Ouest par D 24b – ✆ 04 90 73 08 91 – www.mas-rose.com – Ouvert 1er mars-15 nov.

11 ch – 190/410 € 190/410 € – 3 suites – 23 € – ½ P

Rest *Le Potager du Mas* – voir les restaurants ci-après

Dans un site bucolique, d'anciennes bergeries (17e s.) joliment réaménagées en adresse de charme. Les chambres, décorées avec soin, ont l'accent de la Provence... Superbe jardin paysager avec piscine.

Le Potager du Mas – Hôtel Le Mas de la Rose

rte d'Eygalières, 4 km au Sud-Ouest par D 24b – ✆ 04 90 73 08 90 – www.lepotagerdumas.com – Ouvert 1er mars-15 nov. et fermé dim. soir, mardi midi et lundi

Rest – Menu 35 € (déj. en sem.)/55 € – Carte 60/70 €

Le potager, c'est le cœur de cette table ensoleillée : fruits et légumes sont cultivés sur la propriété (en bio), les autres ingrédients provenant de petits producteurs locaux. Toutes les saveurs de la Provence ! Décor élégant et superbe terrasse face au parc.

ORLÉANS P – 45 Loiret – 318 I4 – 113 224 h. – Agglo. 268 468 h.   12 C2
– alt. 100 m – ✉ 45000 Châteaux de la Loire

Paris 132 – Caen 311 – Clermont-Ferrand 295 – Le Mans 143

2, place de l'Étape, ✆ 02 38 24 05 05, www.tourisme-orleans.com

de Limère, à Ardon, 1411 allée de la Pomme de Pin, S : 9 km par D 326, ✆ 02 38 63 89 40

d'Orléans Donnery, à Donnery, Domaine de la Touche, E :17 km par N 460, ✆ 02 38 59 25 15

de Sologne, à La Ferté-Saint-Aubin, Route de Jouy-le-Potier, S : 24 km par N 20 et D 18, ✆ 02 38 76 57 33

de Marcilly, à Marcilly-en-Villette, Domaine de la Plaine, SE par D 14 et D 108 : 18 km, ✆ 02 38 76 11 73

Cathédrale Ste-Croix★★ : boiseries★★ - Maison de Jeanne d'Arc★ **V** - Quai Fort-des-Tourelles ≤★ EZ **60** - Musée des Beaux-Arts★★ **M1** - Musée Historique et Archéologique★ **M2** - Muséum★.

Olivet : parc floral de la Source★★ SE : 8 km CZ.

Plans pages suivantes

Mercure

44 quai Barentin – ✆ 02 38 62 17 39 – www.mercure-orleans-centre.com   DZt

110 ch – 135/165 € 145/175 € – 1 suite – 16 €

Rest *(fermé sam. midi, dim. midi et fériés le midi)* – Formule 16 € – Menu 23 € – Carte 27/47 €

À deux pas du centre-ville, cet hôtel-restaurant propose des chambres spacieuses et très confortables. Préférez celles avec vue sur la Loire, les toits de la cité ou la cathédrale.

Hôtel d'Arc sans rest

37 r. de la République – ✆ 02 38 53 10 94 – www.hoteldarc.fr   EYg

35 ch – 106/145 € 120/186 € – 15 €

Sous le patronage de la pucelle d'Orléans, cet hôtel (1904) ne craint pas le mélange des genres avec sa façade Art nouveau et son mobilier de style Louis-Philippe ! Au cœur de la ville et près de la gare, l'établissement dispose de chambres de bon confort. L'ascenseur d'époque est digne d'un musée !

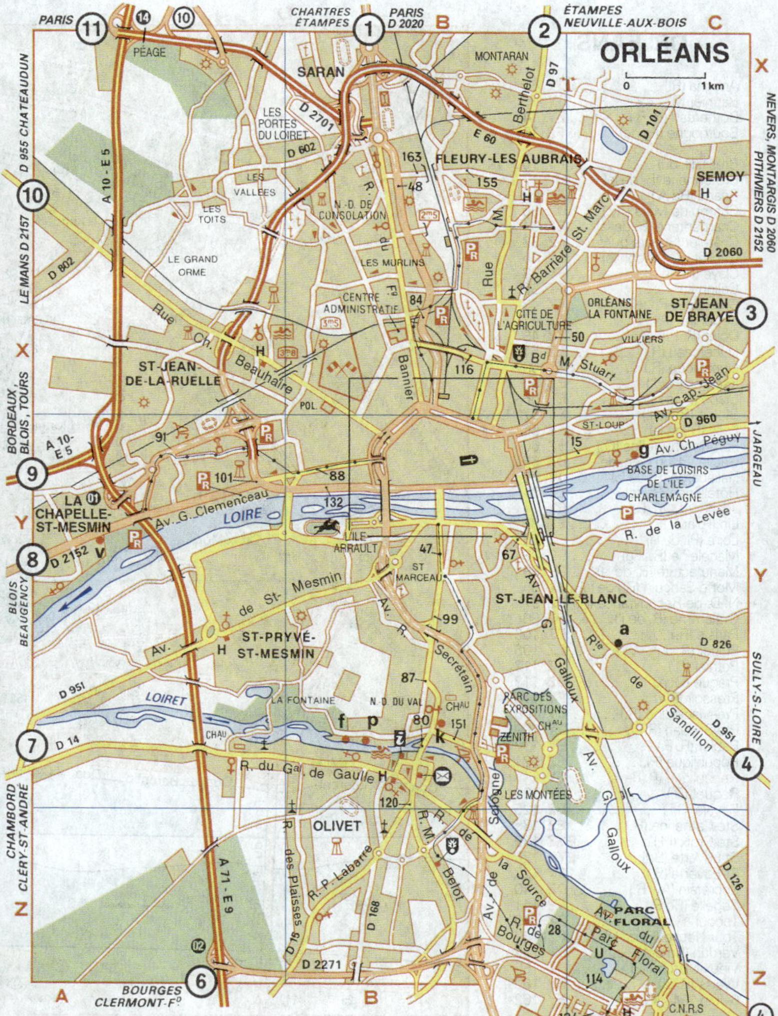

FLEURY-LES-AUBRAIS

Dessaux (R. André) .... BX 48
Verdun (R. de) .... BX 155
11-Octobre (R. du) .... BX 163

LA SOURCE

Bolière (Av. de la) .... CZ 10
Chateaubriand (R.) .... CZ 26
Châteauroux (R. de) .... BCZ 28
Concyr (Av. de) .... CZ 40
George-Sand (R.) .... CZ 69
Hôpital (Av. de l') .... BZ 71
Montesquieu (Av.) .... CZ 93
Prés.-Kennedy (Av.) .... CZ 114
Recherche Scientifique (Av. de la) .... CZ 119
Romain-Rolland (R.) .... CZ 124

OLIVET

Leclerc (Pont Mar.) .... BY 80
Loiret (Av. du) .... BY 87
République (Pl.) .... BY 120
Verdun (Av. de) .... BY 151

ORLÉANS

Bourgogne (R. Fg-de) .... CY 15
Dauphine (Av.) .... BY 47
Droits-de-l'Homme (Av. des) .... BCX 50
Libération (Av. de la) .... BX 84
Madeleine (R. fg) .... BY 88
Olivet (Rte d') .... BY 99
Québec (Bd de) .... BX 116
St-Laurent (Quai) .... ABY 132

ST-JEAN-DE-LA-RUELLE

Mendès-France (Av. P.) .... AY 91
Paul-Bert (Pl.) .... AY 101

ST-JEAN-LE-BLANC

Gaulle (R. du Gén.-de) .... BY 67

ORLÉANS

Antigna (R.) . . . . DY 4
Bannier (R.) . . . . DY
Bothereau (R. R.) . . . . FY 14
Bourgogne (Fg de) . . . . . . FZ 15
Bourgogne (R. de) . . . . . . EFZ
Brésil (R. du) . . . . FY 16
Bretonnerie (R. de la) . . . DEY 17
Briand (Bd A.) . . . . FY 19
Champ-de-Mars (Av.) . . . . DZ 25
Charpenterie (R. de la) . . . EZ 34
Châtelet (Square du) . . . . . EZ 32
Chollet (R. Théophile) . . . . EY 36
Claye (R. de la) . . . . FY 38
Coligny (R.) . . . . FZ 39
Croix-de-la-Pucelle (R.) . . . EZ 43
Dauphine (Av.) . . . . EZ 47
Dolet (R. Étienne) . . . . EZ 49
Ducerceau (R.) . . . . EZ 51
Dupanloup (R.) . . . . EFY 53
Escures (R. d') . . . . EY 55
Étape (Pl. de l') . . . . EY 56
Ételon (R. de l') . . . . FY 57
Folie (R. de la) . . . . FZ 58
Fort-des-Tourelles (Q.) . . . . EZ 60
Gaulle (Pl. du Gén.-de) . . . DZ 65
Hallebarde (R. de la) . . . . . DY 70
Hôtelleries (R. des) . . . . . . EZ 71
Jeanne d'Arc (R.) . . . . EY
Lin (R. au) . . . . EZ 81
Loire (Pl. de la) . . . . EZ 85
Madeleine (R. Fg) . . . . DZ 88
Manufacture (R. de la) . . . . FY 89
Motte-Sanguin (Bd de la) . . FZ 95
N.-D.-de-Recouvrance (R.) DZ 97
Oriflamme (R. de l') . . . . . . FZ 98
Parisie (R.) . . . . EZ 100
Poirier (R. du) . . . . EZ 106
Pothier (R.) . . . . EZ 112
Prague (Quai) . . . . DZ 113
Pressoir (R. du) . . . . FY 115
Pte-Madeleine (R.) . . . . . . DY 108
Pte-St-Jean (R.) . . . . DY 109
Rabier (R. F.) . . . . EY 117
République (Pl.) . . . . EZ 121
République (R. de la) . . . . . EY
Roquet (R.) . . . . EZ 124
Royale (R.) . . . . EZ 125
Ste-Catherine (R.) . . . . EZ 135
Ste-Croix (Pl.) . . . . EYZ 139
St-Euverte (Bd) . . . . FYZ 126
St-Euverte (R.) . . . . FY 127
Secrétain (Av. R.) . . . . DZ 140
Segellé (Bd P.) . . . . FY 141
Tabour (R. du) . . . . EZ 145
Tour Neuve (R. de la) . . . . . FZ 147
Verdun (Bd de) . . . . DY 152
Vieux-Marché (Pl.) . . . . DZ 159
Weiss (R. L.) . . . . FY 160
6-Juin 1944 (Pl. du) . . . . . . FY 162

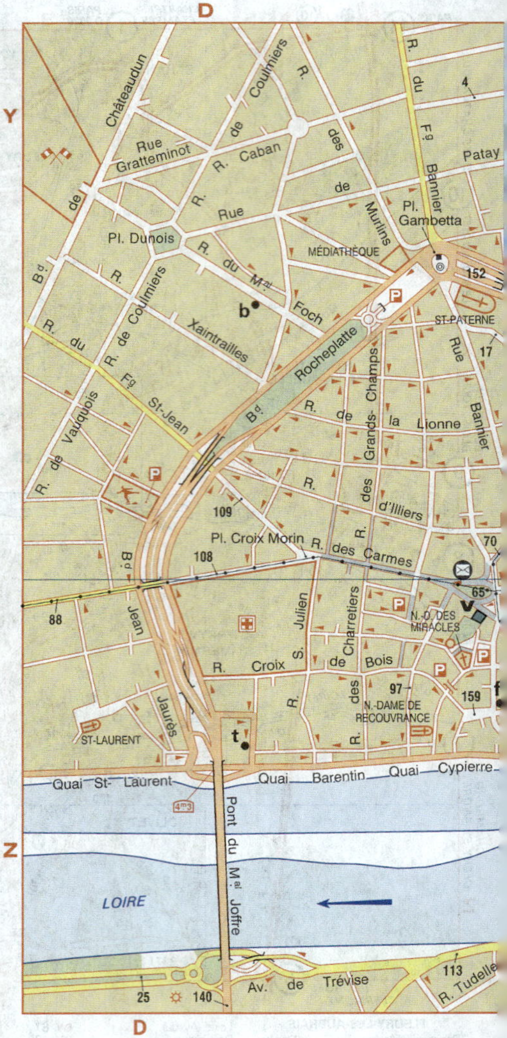

Hôtel des Cèdres sans rest

17 r. du Mar.-Foch – ✆ 02 38 62 22 92 – www.hotelcedresorleans.com – Fermé 20 déc.-6 janv. DY**b**

32 ch – 🛉70/79 € 🛉🛉71/98 € – ☕ 9 €

À l'écart du centre, une maison de maître au calme, avec des chambres sobres et bien tenues. On peut prendre son petit-déjeuner face au jardin planté de... cèdres.

Marguerite sans rest

14 pl. du Vieux Marché – ✆ 02 38 53 74 32 – www.hotel-marguerite.fr – Fermé 23 déc.-8 janv. DZ**f**

25 ch – 🛉59/85 € 🛉🛉69/95 € – ☕ 7 €

Insonorisation et entretien sans faille pour cet hôtel, au cœur d'Orléans et à 50 m des bords de Loire, meublé dans un style contemporain.

Hôtel de l'Abeille sans rest

64 r. d'Alsace-Lorraine – ✆ 02 38 53 54 87 – www.hoteldelabeille.com

26 ch – †69/110 € ††98/130 € – ☕ 12 € EY**k**

Voici une adresse où butiner un petit-déjeuner bio ! En outre, l'hôtel de l'Abeille, appartenant à la même famille depuis quatre générations, n'a pas pris une ride : jolis papiers peints anglais, meubles chinés... Agréable terrasse au dernier étage.

Saint-Martin (N) sans rest

52 bd St-Martin – ✆ 02 38 53 02 28 – www.hotel-st-martin.fr EY**d**

21 ch – †69/75 € ††69/85 € – ☕ 8 €

Cet hôtel, entièrement rénové en 2011, se dresse aux portes du parc Louis-Pasteur. Déco chic et moderne : moquette épaisse, murs gris, têtes de lit matelassées, tentures mordorées ou avec des arabesques... Parfait pour la clientèle dans le vent !

XX **Le Lièvre Gourmand** (William Page)

28 quai du Chatelet – ✆ 02 38 53 66 14 – www.lelievregourmand.com – Fermé 1er-8 sept. EZ**q**

Rest *(réserver)* – Menu 35 € (déj.), 49/79 €

Ce lièvre-là fait des bonds de kangourou ! Le chef, un Australien installé de longue date en France, signe de belles assiettes, bien pensées, inventives et très savoureuses. Cette maison du 19e s., en bord de Loire, vit avec son époque...

➜ Salade croquante de truffe et crème de chou-fleur. Lotte et cochon pochés à basse température, jambon serrano et salicornes. Soufflé aux endives, glace à la chicorée. **Vins** Cheverny, Vouvray.

XX **Eugène**

24 r. Ste-Anne – ✆ 02 38 53 82 64 – Fermé 1er-8 mai, 1er-15 août, 24 déc.-2 janv., sam. et dim. EY**u**

Rest – Formule 18 € – Menu 24/51 € – Carte 32/65 €

Désormais, dans le Loiret, les cigales se font entendre ! Ici, les plus beaux produits de saison servent une cuisine aux saveurs méridionales. Au final : des plats soignés, goûteux et fins. Le cadre est cosy (mobilier chic, tons pastel...).

X **La Parenthèse**

26 pl. du Châtelet – ✆ 02 38 62 07 50 – www.restaurant-la-parenthese.com – Fermé 3-27 août, dim. et lundi EZ**a**

Rest – Formule 14 € – Menu 28/37 €

Avec sa façade à colombages rouges, cette bâtisse de 1597 fait de l'œil aux gourmands ! Assiettes copieuses, produits frais, jus et sauces bien cuisinés... Les saveurs sont au rendez-vous de cette jolie Parenthèse, portée par l'enthousiasme d'une jeune équipe.

X **La Dariole**

25 r. Étienne-Dolet – ✆ 02 38 77 26 67 – Fermé 5-25 août, sam., dim. et le soir sauf mardi et vend. EZ**v**

Rest *(nombre de couverts limité, réserver)* – Formule 20 € – Menu 24 €

Une véritable bonbonnière que cette maison à colombages (15e s.) près de la cathédrale : tissus, fleurs, poutres, pierres apparentes... Le décor se prête à un bon repas et, de fait, le chef fait mouche à chaque plat : soin, tradition, pointe d'originalité. Une bonne adresse.

X **Hikari** N

28 r. Poterne – ✆ 02 38 62 28 00 – Fermé dim. et lundi EZ**b**

Rest *(dîner seult) (nombre de couverts limité, réserver)* – Menu 32/43 € – Carte 43/56 €

Avec Hikari ("lumière" en japonais), la cuisine du pays du Soleil-Levant brille à Orléans ! Les mets, de qualité, sont cuisinés dans les règles de l'art nippon : subtilité, saveurs au diapason... Une adresse où l'on prend le temps de la dégustation.

à St-Jean-de-Braye 4 km à l'Est - CXY – 19 102 h. – alt. 108 m – ✉ 45800

Novotel Orléans St-Jean-de-Braye

145 av. de Verdun, N 152 – ✆ 02 38 84 65 65 – www.novotel.com

107 ch – †79/170 € ††79/170 € – ☕ 14 €

Rest – Formule 13 € – Carte 20/45 €

Bien situé – près de l'autoroute et en lisière de forêt –, avec des chambres dernière génération et un joli jardin (terrasse donnant sur la piscine et jeux pour enfants).

XX **Les Toqués**

71 chemin du Halage – ✆ 02 38 86 50 20 – Fermé 1 sem. à Paques, 2 sem. en août, dim. et lundi CY**g**

Rest – Menu 22 € (déj. en sem.)/33 €

Parmentier de bœuf au foie gras, papillote de crevettes, craquelin aux pommes et caramel au beurre salé... Pas de doute, le chef en a sous la toque ! Bon à savoir : l'été, la terrasse en bord de Loire est prise d'assaut.

à St-Jean-le-Blanc **3 km au Sud – 8 234 h. – alt. 95 m – ✉ 45650**

Villa Marjane sans rest
121 rte de Sandillon, D 951 – ✆ 02 38 66 35 13 – www.villamarjane.com
19 ch – †66/91 € ††66/91 € – ☕ 10 € CYa
Cette maison bourgeoise du 18e s., à 3 km d'Orléans, ne manque pas de charme : vieux parquet, mobilier chiné, chambres soigneusement décorées et ambiance familiale. Une halte agréable.

à La Source **11 km au Sud-Est - BCZ – ✉ 45100 Orleans**

Novotel Orléans La Source
r. H. de Balzac, (carrefour N20-D326, rte de Concyr) – ✆ 02 38 63 04 28 – www.novotel.com CZt
119 ch – †84/181 € ††84/181 € – ☕ 15 €
Rest – Formule 18 € – Carte 23/47 €
Dans un parc de 3 ha, près de l'A 71, ce Novotel s'adapte à la clientèle familiale comme à celle d'affaires : chambres spacieuses et contemporaines, salles de séminaires, aire de jeux pour enfants, piscine...

au parc de Limère **13 km au Sud-Est par N 20 et D 326 – ✉ 45160 Ardon**

Domaine des Portes de Sologne
200 allée des 4 vents ch, rest,
– ✆ 02 38 49 99 99 – www.portes-de-sologne.com BZe
117 ch – †118/169 € ††123/175 € – ☕ 13 €
Rest – Formule 16 € – Menu 29/57 € – Carte 47/67 €
Proche du golf Le Limère et du centre de balnéothérapie Les Balnéades, cet établissement propose des chambres mais aussi des petites résidences hôtelières et des salles de séminaires. Restauration traditionnelle. Une bonne option pour un week-end détente.

à Olivet **5 km au Sud par av. du Loiret et bords du Loiret – 19 806 h. – alt. 100 m – ✉ 45160** Châteaux de la Loire

236, rue Paul Genain, ✆ 02 38 63 49 68, www.ot-olivet.fr

Le Rivage avec ch ch,
635 r. Reine-Blanche – ✆ 02 38 66 02 93 – www.lerivage-olivet.com – Fermé 25 déc.-21 janv., dim. soir de nov. à mars et sam. midi BYf
17 ch – †85/100 € ††85/100 € – ☕ 13 € – ½ P
Rest – Menu 28/67 € – Carte 45/79 €
Belles villas, vieux moulins... Profitez pleinement du spectacle bucolique des rives du Loiret depuis la véranda ou la terrasse à fleur d'eau. Cuisine traditionnelle de qualité, très goûteuse, fine et visuelle.

La Laurendière
68 av. du Loiret – ✆ 02 38 51 06 78 – www.lalaurendiere.new.fr – Fermé 14-31 juil., 23 fév.-10 mars, lundi soir, mardi soir et merc. BYk
Rest – Menu 23/49 € – Carte 37/66 €
Nappes blanches, argenterie, vaisselle en faïence de Gien... Cet établissement cultive son petit côté vieille France ! Derrière les fourneaux, le chef met le terroir à l'honneur : cuisse de lapin farcie, cassoulet de faisan, etc. Assiettes généreuses, beaucoup de goût et... une carte des vins de plus de 1 300 références !

Le Pavillon Bleu N avec ch rest,
351 r. Reine-Blanche – ✆ 02 38 66 14 30 – www.lepavillonbleu-restaurant.com
5 ch – †65/130 € ††90/130 € – ☕ 10 € BYp
Rest – Formule 25 € – Menu 33 € – Carte 50/90 €
Esprit guinguette pour cette bâtisse des bords du Loiret, où il fait bon s'installer à l'ombre des vieux platanes... Pour l'anecdote, la salle est aménagée dans un ancien hangar à bateaux. Côté assiettes, les techniques sont maîtrisées, les assaisonnements équilibrés : c'est savoureux. Très bon choix de vins.

à la Chapelle-St-Mesmin **4 km à l'Ouest- AY – 9 515 h. – alt. 101 m – ✉ 45380**

XX **Côté Saveurs**

55 rte d'Orléans – ☎ 02 38 72 29 51 – www.cotesaveurs.com
– Fermé 17 fév.-4 mars, 4-14 août, 23 déc.-2 janv., dim. et lundi AY**v**
Rest – Formule 20 € – Menu 31/39 € bc – Carte 45/60 €
Lustre d'une maison bourgeoise du 19e s. et... peps de notre époque ! Ici, on déguste une belle cuisine, fine, franche et savoureuse. On se régale et les prix sont raisonnables.

ORLY (Aéroports de Paris) – **91 Essonne – 312 D3 – 101 26 – voir à Paris, Environs**

ORMOY-LA-RIVIÈRE – **91 Essonne – 312 B5 – rattaché à Étampes**

ORNAISONS – **11 Aude – 344 I3 – rattaché à Narbonne**

ORNANS – **25 Doubs – 321 G4 – 4 152 h. – alt. 355 m – ✉ 25290** **16 B2**
Franche-Comté Jura
Paris 428 – Baume-les-Dames 42 – Besançon 26 – Morteau 48
7, rue Pierre Vernier, ☎ 03 81 62 21 50
Musée Courbet★ - Grand Pont ≤★ - Vallée de la Loue★★ : O - Le Château ≤★ N : 2,5 km.

Le Jardin de Gustave

28 r. Édouard-Bastide – ☎ 03 81 62 21 47 – www.lejardindegustave.fr
4 ch – 🛉75/98 € 🛉🛉75/98 € **Table d'hôte** – Menu 28 € bc
Charme et authenticité ! Dans cette plaisante maison bordant la Loue, les chambres portent des noms qui annoncent la couleur et... le décor (Avec Vue, Champêtre, Gustavienne, etc.). Confitures maison au petit-déjeuner et agréable cuisine régionale autour de la table d'hôte.

XX **Le Courbet**

34 r. P. Vernier – ☎ 03 81 62 10 15 – www.restaurantlecourbet.com – Fermé vacances de Noël, de mi-fév. à mi-mars, mardi midi, dim. soir et lundi
Rest – Formule 13 € – Menu 26/40 € – Carte 36/53 €
Au cœur de la "Petite Venise" franc-comtoise, ne manquez pas cette ravissante maison surplombant la Loue. Deux salles s'offrent à vous (bistrot ou classique) – chacune avec sa terrasse au-dessus de l'eau – pour déguster une cuisine du marché délicieuse et pleine de fraîcheur !

à Saules **6 km au Nord-Est par D 492 – 225 h. – alt. 585 m – ✉ 25580**

X **La Griotte**

3 r. des Cerisiers – ☎ 03 81 57 17 71 – www.lagriotte.fr – Fermé 26 août-11 sept., vacances de Noël, mi-janv. à mi-mars, mardi soir d'oct. à avril, merc. soir, dim. soir et lundi
Rest *(nombre de couverts limité, réserver)* – Menu 15 € (déj. en sem.), 19/32 € – Carte 28/46 €
Un clocher et des champs alentour, une véranda plongeant sur un jardin verdoyant... cette ferme revêt de forts jolis atours ! Tradition, saveurs de saison et spécialités régionales : voilà bien une belle Griotte, tendre et goûteuse. Cerise sur le gâteau : l'accueil souriant et l'addition sans acidité.

OROUET – **85 Vendée – 316 E7 – rattaché à St-Jean-de-Monts**

ORPIERRE – **05 Hautes-Alpes – 334 C7 – 326 h. – alt. 682 m – ✉ 05700** **40 B2**
Alpes du Sud
Paris 689 – Château-Arnoux 47 – Digne-les-Bains 72 – Gap 55
le Village, ☎ 04 92 66 30 45

aux Bégües 4,5 km au Sud-Ouest – ✉ 05700

Le Céans rest,
rte des Princes d'Orange – ✆ 04 92 66 24 22 – www.le-ceans.fr.st – Ouvert 15 mars-31 oct. et fermé merc. en oct. et du 15 mars au 15 avril
21 ch – †50/52 € ††55/100 € – ☕ 9 € – ½ P
Rest *(fermé le midi en sem. sauf juil.-août)* – Formule 14 € – Menu 17/38 € – Carte 25/39 €
Au sein d'un hameau du massif des Baronnies, des petites chambres et des pavillons familiaux dispersés dans un parc agreste descendant jusqu'à la rivière, le Céans. À table, on apprécie une généreuse cuisine traditionnelle.

ORTHEVIELLE – 40 Landes – **335** E13 – 885 h. – alt. 20 m – ✉ 40300 **3** B3
▶ Paris 764 – Bordeaux 185 – Mont-de-Marsan 90 – Pau 82

La Ferme d'Orthe
9 r. de la Fontaine – ✆ 05 58 73 01 03 – Fermé vacances de printemps, 17 déc.-3 janv., mardi soir et merc. soir de sept. à juin, dim. soir et lundi
Rest – Formule 10 € bc – Menu 12 € bc (déj. en sem.)/24 € – Carte 30/46 €
Une grande cheminée pour griller la côte de bœuf, des poutres solides : un vrai restaurant de campagne. Plats simples et réjouissants : confit maison, parillada, foie gras...

ORTHEZ – 64 Pyrénées-Atlantiques – **342** H4 – 10 647 h. – alt. 55 m – ✉ 64300 Aquitaine **3** B3
▶ Paris 765 – Bayonne 74 – Dax 39 – Mont-de-Marsan 57
ℹ rue Bourg-Vieux, ✆ 05 59 38 32 84, www.tourisme-bearn-gaves.com
⛳9 de Salies-de-Béarn, à Salies-de-Béarn, Quartier Hélios, par rte de Bayonne : 17 km, ✆ 05 59 38 37 59
👁 Pont Vieux★.

Au Temps de la Reine Jeanne ch,
44 r. Bourg-Vieux – ✆ 05 59 67 00 76 – www.reine-jeanne.fr
30 ch – †58/65 € ††78/90 € – ☕ 10 € – ½ P
Rest *(fermé dim. soir en hiver)* – Formule 14 € – Menu 26/38 €
Face à la maison et au musée Jeanne-d'Albret, mère d'Henri IV, des maisons du 14ᵉ s. organisées autour d'un joli patio. Chambres modestes (plus modernes, spacieuses et confortables dans l'un des bâtiments). Petit espace fitness. Recettes traditionnelles et du terroir servies au restaurant, rustique à souhait.

ORVAULT – 44 Loire-Atlantique – **316** G4 – rattaché à Nantes

OSSÈS – 64 Pyrénées-Atlantiques – **342** E3 – 839 h. – alt. 102 m – ✉ 64780 Aquitaine **3** B3
▶ Paris 811 – Bordeaux 233 – Pamplona 89 – Pau 151

La Ferme Gourmande
3 km à l'Est par D 8 et rte secondaire – ✆ 05 59 37 77 32 – www.restaurant-fermegourmande.com – Fermé 1 sem. en nov., 3 sem. en fév., dim. soir, lundi et mardi
Rest – Menu 29/56 € – Carte 33/40 €
Verts pâturages et grelot chantant des vaches : cette ancienne ferme ressuscite le mythe paysan ! Le chef affectionne les produits régionaux et sait les mettre en valeur...

OSTHOUSE – 67 Bas-Rhin – **315** J6 – 963 h. – alt. 155 m – ✉ 67150 **1** B2
▶ Paris 502 – Obernai 17 – Offenburg 35 – Sélestat 23

À la Ferme sans rest
10 r. du Château – ✆ 03 90 29 92 50 – www.hotelalaferme.com
15 ch – †85/89 € ††145/150 € – ☕ 15 €
Calme et sérénité, dans cette ferme du 18ᵉ s. et ses séchoirs. Les chambres – vastes – arborent un décor rustique ou contemporain (dont une à la japonaise). Service soigné.

À l'Aigle d'Or
14 r. de Gerstheim – ✆ 03 88 98 06 82 – www.hotelalaferme.com – Fermé 3 sem. en août, vacances de Noël, vacances de fév., lundi et mardi
Rest – Menu 35 € (sem.), 45/78 € – Carte 48/65 €
Rest *Winstub* – Formule 9 € – Carte 32/45 €
Jolie maison de village arborant une magnifique enseigne en fer forgé. Cuisine classique servie dans un cadre alsacien bourgeois et chaleureux. À la Winstub, plats traditionnels, ambiance détendue et décor assez cossu.

OSTWALD – 67 Bas-Rhin – 315 K5 – rattaché à Strasbourg

OTTROTT – 67 Bas-Rhin – 315 I6 – rattaché à Obernai

OUCHAMPS – 41 Loir-et-Cher – 318 E7 – 819 h. – alt. 92 m – ✉ 41120 11 A1

Paris 199 – Blois 18 – Montrichard 19 – Romorantin-Lanthenay 40
Château de Fougères-sur-Bièvre★ NO : 5 km Châteaux de la Loire

Relais des Landes
1,5 km au Nord sur D 7 – ✆ 02 54 44 40 40 – www.relaisdeslandes.com – Ouvert 7 mars-30 nov.
28 ch – †120/140 € ††120/172 € – ☕ 15 € – ½ P
Rest *(fermé mardi) (dîner seult)* – Menu 42/46 €
Dans cette belle gentilhommière du 17e s. entourée d'un grand parc avec plan d'eau, des chambres spacieuses et confortables, et même des duplex avec terrasse privative... On est au calme ! Dîner dans la salle champêtre (cheminée, fresque) ou la véranda donnant sur le jardin.

OUCQUES – 41 Loir-et-Cher – 318 E5 – 1 470 h. – alt. 127 m – ✉ 41290 11 B2

Paris 160 – Beaugency 30 – Blois 27 – Châteaudun 30
Mairie, ✆ 02 54 23 11 00

Le Commerce avec ch
9 r. de Beaugency – ✆ 02 54 23 20 41 – www.hotel-commerce-oucques.com – Fermé 1 sem. en mars, 22 déc.-5 janv., dim. soir et lundi soir sauf juil.-août et fériés et lundi midi
10 ch – †75 € ††81/85 € – ☕ 12 € – ½ P
Rest *(réserver)* – Formule 19 € – Menu 25/60 € – Carte 55/73 €
Voilà un commerce qui tourne bien ! Le chef concocte des recettes bien ficelées avec de beaux produits, pour un résultat flatteur au palais et doux pour le porte-monnaie... Jolie salle au décor contemporain. Chambres confortables et colorées pour prolonger l'étape.

OUESSANT (ÎLE D') – 29 Finistère – 308 A4 – voir à Île d'Ouessant

OUILLY-DU-HOULEY – 14 Calvados – 303 N4 – rattaché à Lisieux

OUISTREHAM – 14 Calvados – 303 K4 – 9 352 h. – Casino : Riva Bella – ✉ 14150 Normandie Cotentin 32 B2

Paris 234 – Arromanches-les-Bains 33 – Bayeux 44 – Cabourg 20
esplanade Lofi, ✆ 02 31 97 18 63, www.ville-ouistreham.fr
Église St-Samson★.

La Mare Ô Poissons
68 r. Emile-Herbline – ✆ 02 31 37 53 05 – www.lamareopoissons.fr
30 ch ☕ – †75/105 € ††75/115 € – ½ P
Rest *La Mare Ô Poissons* – voir les restaurants ci-après
La Mare, bien connue à l'entrée de Ouistreham, a fait des petits, avec 30 chambres inaugurées en 2010. Tout est contemporain et met l'art à l'honneur, avec des expositions de sculptures et de tableaux. Une adresse dynamique.

Hôtel du Phare

10 pl. Gén.-de-Gaulle – 02 31 97 13 13 – www.hotelduphare.fr – Fermé 9 déc.-9 janv.

19 ch – 58/71 € 58/71 € – 6 €

Rest *(fermé le soir d'oct. à mai et merc. de mi-sept. à mai)* – Formule 16 € – Menu 18/23 € – Carte 25/41 €

Emplacement stratégique (tout près du terminal du ferry) et tenue parfaite : deux atouts majeurs pour cet hôtel tout simple et très pratique, tenu par la même famille depuis cinq générations. Petite brasserie en complément.

Le Normandie

71 av. M. Cabieu, (au port d'Ouistreham) – 02 31 97 19 57 – www.lenormandie.com – Fermé 24 déc.-10 fév.

22 ch – 61/71 € 71/78 € – 10 € – ½ P

Rest – Formule 19 € – Menu 24/40 € – Carte 30/44 €

En léger retrait du terminal du ferry et de la place du marché aux poissons, un hôtel-restaurant avenant, avec des chambres très sobres, fraîches et fonctionnelles.

La Mare Ô Poissons – Hôtel La Mare Ô Poissons

68 r. Emile-Herbline – 02 31 37 53 05 – www.lamareopoissons.fr – Fermé dim. soir et lundi midi de sept. à avril

Rest – Formule 15 € – Menu 23/31 € – Carte 33/64 €

Dans cette Mare plutôt design, c'est la mer qui est à l'honneur (une jolie soupe de poisson par exemple). Pas d'esbroufe mais une cuisine à la page qui utilise aussi à bon escient les beaux produits du terroir normand.

La Table d'Hôtes

10 av. du Gén.-Leclerc – 02 31 97 18 44 – Fermé 25 fév.-3 mars, mardi soir d'oct. à mai, dim. soir et merc.

Rest *(réserver)* – Menu 31/44 € – Carte 39/51 €

On se sent tout de suite à l'aise dans ce restaurant ; le cadre est simple et convivial avec son beau comptoir en bois. Le chef change régulièrement son menu unique, au gré de la criée et de son inspiration – mais toujours dans le respect de la tradition.

à Riva-Bella – 14150 Ouistreham

Riva Bella

av. Cdt-Kieffer – 02 31 96 40 40 – www.hotel-rivabella-ouistreham.com – Fermé 16-26 déc.

84 ch – 120/180 € 145/230 € – 5 suites – 16 € – ½ P

Rest – Menu 26/32 € – Carte 40/65 €

En bord de plage, à deux pas du casino, ce complexe hôtelier fait partie d'un grand centre de thalassothérapie. Entièrement rénové en 2010, il affiche un décor résolument contemporain et relaxant, surtout dans les chambres donnant sur la mer. Parfait pour les amateurs de séjour "detox".

Ibis Styles

37 r. des Dunes – 02 31 96 20 20 – www.ibisstyles.com

49 ch – 78/97 € 88/107 €

Rest – Formule 15 € bc – Menu 17/24 € – Carte 19/40 €

Un bâtiment moderne, à quelques pas du port. Tout y évoque le large : le nom des couloirs menant aux chambres, leur décor "cabine de paquebot", les tableaux... Pour que le voyage soit complet, certaines chambres donnent sur le terminal du ferry.

Hôtel de la Plage sans rest

39 av. Pasteur – 02 31 96 85 16 – www.hotel-ouistreham.com – Fermé 25 fév.-7 mars

16 ch – 55/67 € 72/82 € – 10 €

On aime le charme presque suranné de cette villa anglo-normande de la fin du 19e s. Bien au calme, un peu en retrait, on s'y repose de l'agitation – toute relative – de Ouistreham. Les chambres sont délicieusement rétro et l'accueil, spontané !

St-Georges
51 av. Andry – ✆ 02 31 97 18 79 – www.hotel-le-saint-georges.com – Fermé 3-24 janv., dim. soir et lundi midi d'oct. à mars
18 ch – 65/82 € – 10 € – ½ P
Rest *St-Georges* – voir les restaurants ci-après
C'est vraiment l'hôtel typique de bord de mer, installé dans une bâtisse de la fin du 19e s., avec un jardin sur l'arrière. Les chambres sont agréables, classiques et bien tenues ; certaines ont vue sur la Manche.

St-Georges – Hôtel St-Georges
51 av. Andry – ✆ 02 31 97 18 79 – www.hotel-le-saint-georges.com – Fermé 3-24 janv., dim. soir et lundi midi d'oct. à mars
Rest – Formule 15 € – Menu 25/43 € – Carte 27/62 €
Gris et rose, élégant et moderne, tel est le restaurant panoramique de l'hôtel St-Georges. Pour déguster des huîtres, du homard, de beaux plateaux de fruits de mer ou un bon steak tartare, voire des rognons au jus de truffes : c'est idéal !

LES OURSINIÈRES – 83 Var – 340 L7 – rattaché au Pradet

OUSSON-SUR-LOIRE – 45 Loiret – 318 N6 – 748 h. – alt. 158 m – ✉ 45250 12 D2

Paris 165 – Gien 19 – Montargis 51 – Orléans 96

Le Clos du Vigneron
18 rte Nationale 7 – ✆ 02 38 31 43 11 – www.hotel-clos-du-vigneron.com – Fermé 1er-28 sept. et 22 déc.-14 janv.
8 ch – 58 € 62 € – 10 € – ½ P
Rest *Le Clos du Vigneron* – voir les restaurants ci-après
Ses propriétaires choient ce Clos très fleuri et parfaitement tenu. Les chambres se trouvent dans un bâtiment au fond du jardin, toutes de plain-pied et assez indépendantes. Une bonne étape.

Le Clos du Vigneron
18 rte Nationale 7 – ✆ 02 38 31 43 11 – www.hotel-clos-du-vigneron.com – Fermé 1er-28 sept., 22 déc.-14 janv., dim. soir, mardi soir et merc.
Rest – Formule 18 € – Menu 30/49 € – Carte 39/59 €
Tons pastel, nappes claires, tableaux colorés, etc. Il règne une élégance simple et champêtre dans cette maison à colombages. On y apprécie une cuisine de saison et surtout... de fraîcheur, faisant la part belle au poisson.

OUZOUER-SUR-LOIRE – 45 Loiret – 318 L5 – 2 739 h. – alt. 140 m – ✉ 45570 12 C2

Paris 151 – Gien 16 – Montargis 45 – Orléans 54

L'Abricotier
106 r. Gien – ✆ 02 38 35 07 11 – Fermé 1er-15 août, 24-31 déc., dim. soir, merc. soir et lundi
Rest *(nombre de couverts limité, réserver)* – Formule 17 € bc – Menu 24/40 € – Carte 38/52 €
Ici, point d'abricotier mais un beau conifère sous lequel on se restaure à la belle saison ! Dans cette auberge familiale, le chef concocte une appétissante cuisine traditionnelle : croustillant de ris de veau, dos de sandre au beurre rouge et magret fumé, parmentier de canard au porto... Une bonne adresse.

OYONNAX – 01 Ain – 328 G3 – 22 884 h. – alt. 540 m – ✉ 01100 45 C1

Franche-Comté Jura

Paris 484 – Bourg-en-Bresse 60 – Nantua 19

1, rue Bichat, ✆ 04 74 77 94 46, www.tourisme-oyonnax.com

La Toque Blanche

11 pl. Émile Zola – 04 74 73 42 63 – www.latoqueblanche-oyonnax.com – Fermé 22 juil.-20 août, 2-10 janv., sam. midi, dim. soir et lundi
Rest – Formule 16 € – Menu 20/70 € – Carte 43/62 €
Il faut aller en centre-ville, en face de la grande église, pour découvrir ce restaurant chaleureux. Confluences géographiques obligent, la table marie la Bresse, le Jura et le Lyonnais avec un certain classicisme.

au Lac Genin 10 km au Sud-Est par D 13 – ✉ 01130 Charix

Site★ du lac.

Auberge du Lac Genin avec ch

– 04 74 75 52 50 – www.lac-genin.fr – Fermé 21 oct.-6 déc., dim. soir et lundi
3 ch – 52/62 € 52/62 € – 6,50 €
Rest – Menu 12 € (déj. en sem.), 17/30 € – Carte 21/37 €
Une charmante petite auberge, au bord d'un lac, au milieu de la forêt... On grille à la cheminée et la patronne prépare des plats traditionnels, des frites maison, des fondues, de la croûte aux morilles, etc. Quoique modernes, les chambres ne renient pas l'esprit montagnard.

OZENAY – 71 Saône-et-Loire – rattaché à Tournus

OZOIR-LA-FERRIÈRE – 77 Seine-et-Marne – 312 F3 – 106 33 – 101 30 – voir à Paris, Environs

---

PACY-SUR-EURE – 27 Eure – 304 I7 – 4 721 h. – alt. 40 m – ✉ 27120 33 D2

Normandie Vallée de la Seine

Paris 81 – Dreux 38 – Évreux 20 – Louviers 33

place Dufay, 02 32 26 18 21, www.cape-tourisme.fr

L'Étape de la Vallée

– 02 32 36 12 77 – www.etapedelavallee.com
15 ch – 63/83 € 71/96 € – 11 € – ½ P
Rest *(fermé jeudi soir, dim. soir et lundi)* – Menu 20 € (déj. en sem.), 30/38 € – Carte 35/80 €
Dans cette grande maison blanche, les chambres sont douillettes, très chaleureuses et donnent sur le joli jardin, la terrasse ou l'Eure... Quel plaisir d'entendre bruire la rivière en se réveillant ! Reposant et charmant.

Altina

rte de Paris – 02 32 36 13 18 – www.hotelaltina.com – Fermé 24 déc.-2 janv.
29 ch – 59/70 € 59/70 € – 9 € – ½ P
Rest – Formule 10 € – Menu 15 € (déj.), 29/39 € – Carte 22/55 €
Dans une zone commerciale, cet hôtel récent est très apprécié de la clientèle d'affaires : chambres sobres et pratiques, salles de conférence et, ponctuellement, soirées à thème au piano-bar.

à Cocherel 6,5 km au Nord-Ouest par D 836 – ✉ 27120 Houlbec Cocherel

Le Bouchon de Cocherel

8 r. Aristide-Briand – 02 32 36 68 27 – www.lebouchondecocherel.fr – Fermé 3 sem. en sept., lundi soir, mardi et merc.
Rest – Formule 27 € – Menu 33/37 €
Sur une route bucolique, dans le hameau où est enterré Aristide Briand, cette jolie maison normande donne l'occasion de faire une pause gourmande. À l'ardoise, une bonne petite cuisine traditionnelle et, pour l'étape, deux chambres agréables.

PAILHEROLS – 15 Cantal – 330 E5 – 170 h. – alt. 1 000 m – ✉ 15800 5 B3

Paris 558 – Aurillac 32 – Entraygues-sur-Truyère 45 – Murat 39

L'Auberge des Montagnes

Le Bourg – ✆ 04 71 47 57 01 – www.auberge-des-montagnes.com
– Fermé 20 mars-4 avril et 8 oct.-20 déc. hors vacances de la Toussaint
13 ch – 55/68 € 55/68 € – 9 € – ½ P
Rest ***L'Auberge des Montagnes*** – voir les restaurants ci-après
Ce qui frappe d'abord dans cette adresse pleine de charme perdue en pleine montagne, c'est la gentillesse de l'accueil. On vous reçoit en famille et tout est prévu pour un séjour parfait : de jolies chambres, un spa avec piscine, des jeux...

Le Clos des Gentianes

– Fermé 20 mars-4 avril et 8 oct.-20 déc. hors vacances de la Toussaint
10 ch – 77/112 € 77/112 € – 11 €
Choisissez cette annexe si vous aimez marcher, elle est à 400 m de l'hôtel. L'environnement est superbe, c'est calme et un soin tout particulier a été apporté à la décoration. Une bouffée d'air pur !

L'Auberge des Montagnes

Le Bourg – ✆ 04 71 47 57 01 – www.auberge-des-montagnes.com
– Fermé 20 mars-4 avril, 8 oct.-20 déc. hors vacances de la Toussaint, mardi midi et lundi
Rest – Menu 24 € (sem.), 30/39 € – Carte 34/48 €
Elle est bien chaleureuse, cette pittoresque auberge au toit de lauzes. Le chef, au beau parcours, y explore le terroir avec soin, générosité et toujours les meilleurs produits locaux. Un concentré de Cantal gourmand !

PAIMPOL – 22 Côtes-d'Armor – 309 D2 – 7 828 h. – alt. 15 m 10 C1

– ✉ 22500 Bretagne Nord

Paris 494 – Guingamp 29 – Lannion 33 – St-Brieuc 46

Place de la République, ✆ 02 96 20 83 16, www.paimpol-goelo.com

Abbaye de Beauport★ 2 km par D 786 - Tour de Kerroc'h ★ 3 km par D 789 puis 15 mn.

Pointe de Minard★★ 11 km par D 786.

K'Loys

21 quai Morand – ✆ 02 96 20 40 01 – www.k-loys.com
17 ch – 90/120 € 90/180 € – 8 €
Rest – Menu 19/35 € – Carte 25/65 €
Une ancienne demeure d'armateur, face au port, devenue hôtel de caractère. Les lieux semblent tout droit sortis d'un autre siècle : mobilier ancien, salon bourgeois, bistrot marin et petit-déjeuner sous la véranda. Du charme...

Goëlo sans rest

quai Duguay-Trouin – ✆ 02 96 20 82 74 – www.legoelo.com
32 ch – 55/82 € 55/82 € – 9 €
Ce bâtiment récent, amarré sur le port de plaisance, offre une jolie vue sur les mâts. On vous accueille avec beaucoup d'amabilité et les petites chambres constituent un joli point de chute pour découvrir la région (île de Bréhat, abbaye de Beauport, etc.).

La Vieille Tour

13 r. de l'Église – ✆ 02 96 20 83 18 – www.lavieilletour-paimpol.fr
– Fermé 17 juin-2 juil., 18 nov.-3 déc., dim. soir et merc. soir sauf juil.-août et lundi
Rest – Formule 18 € bc – Menu 33/58 € – Carte 46/76 €
Cette charmante auberge du vieux Paimpol est un bel exemple du rustique d'aujourd'hui. La cuisine joue elle aussi avec la tradition : huîtres chaudes aux herbes fraîches, cabillaud aux asperges et espuma d'andouille fumée, etc.

La Cotriade

16 quai Armand Dayot – ✆ 02 96 20 81 08 – www.la-cotriade.com – Fermé 23-29 déc., dim. soir sauf juil.-août, dim. midi, mardi soir et merc. soir de nov. à mars et lundi sauf le soir en juil.-août

Rest – Formule 19 € – Menu 25 € (déj. en sem.) – Carte 47/59 € le soir

Jetez l'ancre dans ce petit bistrot presque zen, ou en terrasse, sur le port. Le chef calque ses créations sur les marées et les saisons, utilisant des poissons nobles ou à redécouvrir. Tonique et bien iodé.

à Ploubazlanec 3,5 km au Nord par D 789 – 309 D2 – 3 252 h. – alt. 60 m – ✉ 22620

Les Agapanthes sans rest

1 r. Adrien Rebours – ✆ 02 96 55 89 06 – www.hotel-les-agapanthes.com – Fermé janv.

21 ch – 45/97 € 45/97 € – 8,50 €

Voilà une maison typiquement régionale, au milieu d'un jardin que l'on imagine fleuri... d'agapanthes. Les chambres, cossues et confortables, ont un petit je-ne-sais-quoi de British, on est à l'écoute du client : une bonne adresse près de Paimpol.

PAIMPONT – 35 Ille-et-Vilaine – 309 I6 – 1 641 h. – alt. 159 m 10 C2

– ✉ 35380 Bretagne Nord

Paris 393 – Bruz 37 – Cesson-Sévigné 54 – Rennes 42

5, esplanade de Brocéliande, ✆ 02 99 07 84 24, www.tourisme-broceliande.com

La Corne de Cerf sans rest

Le Cannée, 2 km au Sud par D 71 – ✆ 02 99 07 84 19 – www.corneducerf.bcld.net – Ouvert 1er mars-15 déc.

3 ch – 50 € 59 €

Une longère décorée dans l'esprit d'une maison d'artistes, à deux pas de la forêt de Brocéliande. Les chambres sont lumineuses et printanières. Au petit-déjeuner, on apprécie les pains, brioches et confitures maison, le tout bio...

PAIRIS – 68 Haut-Rhin – 315 G8 – rattaché à Orbey

LE PALAIS – 56 Morbihan – 308 M10 – voir à Belle-Ile-en-Mer

PALAVAS-LES-FLOTS – 34 Hérault – 339 I7 – 5 996 h. – alt. 1 m 23 C2

– Casino – ✉ 34250 Languedoc Roussillon

Paris 763 – Aigues-Mortes 26 – Montpellier 17 – Nîmes 60

Phare de la Méditerranée, ✆ 04 67 07 73 34, www.palavaslesflots.com

Ancienne cathédrale★ de Maguelone SO : 4 km.

Brasilia sans rest

9 bd Joffre – ✆ 04 67 68 00 68 – www.brasilia-palavas.com – Fermé de mi-déc. à mi-janv.

22 ch – 60/120 € 60/120 € – 9 €

Ambiance contemporaine pour cet hôtel à la jolie façade de mosaïque bleue, situé sur le front de mer. Chambres fonctionnelles, toutes avec balcon ou terrasse.

Amérique Hôtel sans rest

av. F.-Fabrège – ✆ 04 67 68 04 39 – www.hotelamerique.com

47 ch – 75/95 € 75/95 € – 8 €

Cet hôtel se compose de deux bâtiments séparés par une avenue conduisant droit à la mer : la partie principale abrite des chambres rénovées, plus confortables ; l'autre la piscine.

L'Escale

5 bd Sarrail, (rive gauche) – ✆ 04 67 68 24 17 – www.restaurant-escale-palavas-les-flots.com – Fermé 2-8 janv., merc. de sept. à juin sauf fériés, merc. midi et jeudi midi en juil.-août

Rest – Formule 19 € – Menu 22 € (déj. en sem.), 30/48 € – Carte 43/76 €

L'élégante salle à manger et la véranda offrent une belle perspective sur la plage. Proximité de la mer oblige, la généreuse cuisine au goût du jour s'en inspire largement.

PALEYRAC – 24 Dordogne – **329** G7 – **rattaché au Buisson-de-Cadouin**

LA PALUD-SUR-VERDON – **04 Alpes-de-Haute-Provence** – **334** G10 **41** C2
– **314 h.** – **alt. 930 m** – ✉ **04120** Alpes du Sud

Paris 796 – Castellane 25 – Digne-les-Bains 65 – Draguignan 60

le Château, ✆ 04 92 77 32 02, www.lapaludsurverdon.com

Belvédères : Trescaïre★★, 5 km, l'Escalès★★★, 7 km par D952 puis D 23 - Point Sublime★★★, sur le Grand Canyon du Verdon NE : 7,5 km puis 15 mn.

Hôtel des Gorges du Verdon

1 km par rte de la Maline Sud – ✆ 04 92 77 38 26 – www.hotel-des-gorges-du-verdon.fr – Ouvert 6 avril-13 oct.

27 ch – 150/250 € 180/250 € – 3 suites – ½ P

Rest – Menu 30 € (dîner)/45 € – Carte 37/60 €

Un rêve pour les randonneurs fatigués que cet hôtel de charme dominant les vallées... Chambres colorées (duplex, suites) et bons équipements pour les loisirs : hamman, jacuzzi, piscine. Au restaurant, cuisine régionale et ambiance chaleureuse.

PAMIERS – **09 Ariège** – **343** H6 – **15 383 h.** – **alt. 280 m** **29** C3
– ✉ **09100** Midi Toulousain

Paris 745 – Auch 147 – Carcassonne 76 – Castres 106

boulevard Delcassé, ✆ 05 61 67 52 52, http://ot-pamiers.fr

Hôtel de France

5 cours Joseph-Rambaud – ✆ 05 61 60 20 88 – www.hotel-de-france-pamiers.com

31 ch – 55/65 € 65/75 € – 8 € – ½ P

Rest ***Restaurant de France*** – voir les restaurants ci-après

Si vous êtes en route vers Andorre ou les stations de ski des Pyrénées, n'hésitez pas à vous arrêter dans cet hôtel proche du centre-ville. Ses chambres sont contemporaines, sobres et bien tenues. Une halte sympathique.

Hotel de la Paix

rest,

4 pl. A. Tournier – ✆ 05 61 67 12 71 – www.hoteldelapaix-pamiers.com – Fermé 23 déc.-2 janv.

14 ch – 47/54 € 57/66 € – 8,50 € – ½ P

Rest *(fermé dim.)* – Menu 19 € (sem.)/33 € – Carte 24/47 €

Petit tour de France : cet ancien relais de poste (assez central) est dirigé par un jeune patron originaire de Corse, qui a tenu une brasserie à Besançon ! Chambres sobres et agréables ; au restaurant, tradition et rusticité (beaux plafonds moulurés de 1760).

Restaurant de France – Hôtel De France

5 cours Joseph-Rambaud – ✆ 05 61 60 20 88 – www.hotel-de-france-pamiers.com – Fermé vend., sam. et dim.

Rest – Formule 15 € – Menu 18/30 €

Dans ce restaurant au cadre épuré, l'assiette, actuelle, respecte les saisons et met en avant les produits issus du bio et des petites productions. C'est simple et généreux : on se régale !

LE PARADOU – 13 Bouches-du-Rhône – **340** D3 – **rattaché à Maussane-les-Alpilles**

PARAMÉ – 35 Ille-et-Vilaine – **309** J3 – **voir à St-Malo**

PARAY-LE-MONIAL – **71 Saône-et-Loire** – **320** E11 – **9 115 h.** **7** B3
– **alt. 245 m** – ✉ **71600** Bourgogne

Paris 360 – Mâcon 67 – Montceau-les-Mines 37 – Moulins 67

25, avenue Jean-Paul II, ✆ 03 85 81 10 92, www.paraylemonial.fr

Basilique du Sacré-Coeur★★ - Hôtel de ville★.

Terminus rest, VISA AE
27 av. de la Gare – ✆ 03 85 81 59 31 – www.terminus-paray.fr – Fermé vacances de la Toussaint et dim.
18 ch – †53/58 € ††75/83 € – ☕ 9 € – ½ P
Rest *(dîner seult)* – Menu 13 € (sem.), 15/19 € – Carte 30/43 €
Rose bonbon ! Cet hôtel de gare ne passe pas inaperçu... Dans un style assez classique, les chambres sont agréables et confortables. Et il y a aussi un restaurant traditionnel, avec sa terrasse dès les premiers beaux jours.

Grand Hôtel de la Basilique AC rest, VISA AE
18 r. de la Visitation – ✆ 03 85 81 11 13 – www.hotelbasilique.com – Ouvert 20 mars-28 oct.
45 ch – †45/70 € ††53/80 € – ☕ 8 € – ½ P
Rest – Formule 16 € – Menu 19/51 € – Carte 20/48 €
Depuis quatre générations, la même famille tient cet hôtel-restaurant situé à deux pas de la basilique ; certaines chambres donnent d'ailleurs sur cette merveille romane. Carte traditionnelle au restaurant.

L'Apostrophe AC VISA
69 av. Ch.-de-Gaulle – ✆ 03 85 25 45 07 – www.restaurantlapostrophe.fr – Fermé 14-25 avril, 18 août-2 sept., lundi en hiver et dim.
Rest – Formule 18 € – Menu 22/39 € – Carte 34/49 €
La cité du Sacré-Cœur se laisse désormais apostropher par ce restaurant moderne et sympathique où le chef utilise les bases traditionnelles à bon escient. Un vrai coup de jeune sur la ville.

au Sud-Ouest **4 km sur N 79 – ✉ 71600 Paray-le-Monial**

Le Charollais P VISA
Le Colayot – ✆ 03 85 81 03 35 – www.lecharollais.fr
20 ch – †56 € ††65 € – ☕ 8,50 €
Rest – Formule 12 € – Menu 21 € – Carte 25/45 €
Un établissement pratique lorsque l'on fait de la route, de type motel, avec des chambres simples et bien tenues. Pour se restaurer : grillades (surtout de viande charolaise) et pizzas.

à Poisson **8 km au Sud sur D 34 – 583 h. – alt. 300 m – ✉ 71600**

La Poste et Hôtel La Reconce avec ch AC rest, P VISA AE
Le Bourg – ✆ 03 85 81 10 72 – www.hotel-lareconce.com – Fermé 8 janv.-10 fév. et lundi en juil.-août
7 ch – †60/84 € ††60/84 € – ☕ 12 € – ½ P
Rest – Formule 18 € – Menu 28/70 € – Carte 54/79 €
Un vent nouveau souffle dans ce bel établissement qui fait face à l'église. La cuisine est goûteuse et le chef privilégie les produits terre et mer, dont... le poisson ! L'accueil est charmant et les chambres coquettes donnent envie de s'arrêter pour la nuit.

PARC du FUTUROSCOPE – **86 Vienne – 322 I4 – rattaché à Poitiers**

PARCEY – **39 Jura – 321 C4 – rattaché à Dole**

PARENTIS-EN-BORN – **40 Landes – 335 E8 – 5 187 h. – alt. 32 m – ✉ 40160** Aquitaine **3 B2**
Paris 658 – Arcachon 43 – Bordeaux 76 – Mimizan 25
place du Général-de-Gaulle, ✆ 05 58 78 43 60, www.parentis.com

Chez Flo avec ch VISA
9 r. St-Barthélémy – ✆ 05 58 78 40 21 – Fermé dim. sauf le midi en juil.-août et lundi
6 ch – †36 € ††45 € – ☕ 6 € **Rest** – Formule 12 € bc – Menu 21 €
Un restaurant convivial, avec des photos, des dessins, des objets personnels du patron... Dans l'esprit du lieu, la cuisine est généreuse : sous la houlette d'un jeune chef passionné, tout est fait maison, avec des produits régionaux. Quelques chambres toutes simples pour l'étape.

PARIS et ENVIRONS

21 D2

75 – Ville-de-Paris – 2 234 105 h. – Agglo. 11 532 398 h. – alt. 30 m – ✉ 75000

Offices de tourisme

www.parisinfo.com

Bureaux permanents :

- Anvers - 72 bd de Rochechouard (18e)
- Gare de l'Est - Place du 11-Novembre-1918 (10e)
- Gare de Lyon - 20 bd Diderot (12e)
- Gare du Nord - 18 rue de Dunkerque (10e)
- Montmartre - place du tertre-Montmartre (18e)
- Porte de Versailles - 1 place de la porte de Versailles (15e)
- Pyramides - 25 rue des Pyramides (1er)

Kiosques estivaux : Bastille, Champs-Élysées Clemenceau, Hôtel de Ville et Notre-Dame.

Aéroports

www.aeroportsdeparis.fr, informations sur les vols au : ✆39 50.

Liaison Paris-aéroport de Roissy-Charles-de-Gaulle

En taxi : entre 30 mn et 1 h de trajet.

En RER B (Châtelet) : 30 mn

Avec Roissybus (départ de l'Opéra, angle de la rue Scribe et de la rue Auber) : de 45 mm à 1 h. Informations : www.ratp.fr

Cars Air France : n°2 (Étoile, Porte Maillot) : 45 mn et n° 4 (gare Montparnasse, gare de Lyon) : 50 mn. Informations : www.cars-airfrance.com

Métro CDGVAL : navette gratuite 24h/24 entre les terminaux, les parkings et les gares TGV et RER.

Liaison Paris-aéroport d'Orly

En taxi : 20 à 30 mn de trajet.

Avec Orlybus (Denfert-Rochereau) : 30 mn de trajet. En RER B (Châtelet) et OrlyVal (changement à Antony) : 25 mn.

Informations : www.ratp.fr et www.orlyval.com

Cars Air France : n°1 (Étoile, Invalides, gare Montparnasse) : 35 mn à 45 mn. Informations : www.cars-airfrance.com

Circuler dans Paris

En taxi

Les tarifs varient en fonction de l'heure et du jour de la course (plus cher la nuit et le dimanche), mais aussi de la zone géographique. Le détail des tarifs A (journée), B (dimanche et soirée) et C (nuit) sont affichés clairement dans les véhicules.

Métro et bus

Le métro reste le meilleur moyen de se déplacer dans Paris pour être à l'heure à ses rendez-vous. Les 14 lignes de métro fonctionnent entre 5h30 et 00h45 (01h45 vendredi, samedi et veille de fêtes). Les touristes préféreront le réseau de bus pour profiter de l'animation urbaine et de la vue sur les monuments. La nuit, les bus Noctiliens prennent le relais. Horaires, titres de transport et itinéraires sur : www.ratp.fr et www.transilien.com

Vélib'

Créé en juillet 2007, Vélib' est un système de location de vélos en libre service. Pour une somme modique, vous pouvez emprunter un vélo dans l'une des nombreuses stations et le redéposer dans une autre. Utilisez la carte Michelin n°61 Paris Velib' ou rendez-vous sur www.velib.paris.fr (✆01 30 79 79 30).

A VOIR

Perspectives célèbres : de la place de la Concorde, perspective★★★ des Champs-élysées et de l'Arc de Triomphe, jusqu'à l'Arche de la Défense • Terrasse du Palais de Chaillot (Trocadéro) : perspective★★★ sur la Tour Eiffel et l'École militaire • Point de vue du pont Alexandre III★★ sur les Invalides, le Grand et le Petit Palais

Paris vue d'en haut : Tour Eiffel★★★ • Tour Montparnasse★★★ • Tour de Notre-Dame★★★ • Dôme du Sacré-Cœur★★★ • Plate-forme de l'Arc-de-Triomphe★★★

Eglises et grands monuments historiques : palais et musée du Louvre★★★ • Tour Eiffel★★★ • Notre-Dame★★★ • Sainte-Chapelle★★★ • Arc de Triomphe★★★ • Invalides★★★ (tombeau de Napoléon) • Palais-Royal★★ • Opéra Garnier★★ • Conciergerie★★ • Panthéon★★ • Palais et Jardins du Luxembourg★★ • St-Germain-des-Prés★★ • St-Étienne-du-Mont★★ • St-Germain-l'Auxerrois★★

Principaux musées : le Louvre★★★ • Orsay★★★ (milieu du 19e s.-début du 20e s.) • Musée d'Art moderne du Centre Georges Pompidou★★★ • Musée de l'Armée★★★ (aux Invalides) • Arts décoratifs★★ (107 rue de Rivoli) • Musée national du Moyen Âge et Thermes de Cluny★★ • Rodin★★ (Hôtel de Biron) • Carnavalet★★ (Histoire de Paris) • Picasso★★ • Cité des Sciences et de l'Industrie★★ (La Villette) • Marmottan★★ (peintres impressionnistes) • Orangerie★★ (des impressionnistes à 1930) • Jacquemart-André★★ • Musée des Arts et Métiers★★ • Musée national des Arts asiatiques (Guimet)★★ • Musée du Quai-Branly (Arts premiers)★★ • Musées de Trocadéro : Cité de l'Architecture et du Patrimoine★★ et Musée national de la Marine★★ • Institut du Monde Arabe★★

Paris actuel : la Défense★★ (C.N.I.T., la Grande Arche) • Centre Georges-Pompidou★★★ • Palais Omnisports de Bercy★ • Bibliothèque nationale de France, site François-Mitterrand★

Quartiers pittoresques et historiques : le Marais★★★ (place des Vosges★★★, Hôtel Lamoignon★★, Hôtel Guénégaud★★, Palais Soubise★★) • Montmartre★★★ (basilique du Sacré-Cœur★★, église St-Pierre★) • L'Île St-Louis★★ • Les quais★★★ (entre le Pont des Arts et le Pont de Sully) • St-Germain-des-Prés★★ • Quartier St-Séverin★★ • Le canal St-Martin★

Shopping : les grands magasins du bd Haussmann (Printemps et Galeries Lafayette), le BHV (rue de Rivoli), le Bon Marché (rue de Sèvres) • Commerces de luxe : Faubourg St-Honoré et avenue Montaigne (mode), rue de la Paix et place Vendôme (joaillerie), rue Royale (faïencerie et cristallerie)

Brocante et antiquités : marché aux Puces★ (Porte de Clignancourt) • Village Suisse (av. de la Motte-Picquet) • Louvre des Antiquaires

Liste alphabétique des hôtels
Index of hotels

Liste alphabétique des restaurants
Index of restaurants

PARIS

D

E

PARIS

Q

R

S

PARIS

Les tables étoilées
Starred establishments

✿✿✿ 2013

		page
Alain Ducasse au Plaza Athénée - 8e	XXXXX	1274
L'Ambroisie - 4e	XXXX	1240
Arpège - 7e	XXX	1261
Astrance - 16e	XXX	1317
Épicure au Bristol - 8e	XXXXX	1274
Guy Savoy - 17e	XXXX	1324
Ledoyen - 8e	XXXXX	1273
Le Meurice - 1er	XXXXX	1227
Pierre Gagnaire - 8e	XXXX	1275
Le Pré Catelan - 16e	XXXXX	1321

✿✿ 2013

		page
L'Abeille - 16e	XXXX	1316
Apicius - 8e	XXXX	1275
L'Atelier de Joël Robuchon - Étoile - 8e	X	1280
L'Atelier de Joël Robuchon - St-Germain - 7e	X	1264
Carré des Feuillants - 1er	XXXX	1227
Le Cinq - 8e	XXXXX	1273
Gordon Ramsay au Trianon - Versailles	XXXX	1372
Le Grand Véfour - 1er	XXXX	1227
Jean-François Piège - 7e	XX	1262
Lasserre - 8e	XXXXX	1274
Michel Rostang - 17e	XXXX	1324
Passage 53 - 2e	XX	1235
Relais Louis XIII - 6e	XXX	1253
Senderens - 8e	XXX	1275
Sur Mesure par Thierry Marx - 1er	XXX	1228
Taillevent - 8e	XXXXX	1274

PARIS

✿2013

Bib Gourmand

➜ Repas soignés à prix modérés
➜ Good food at moderate prices

Autour de Paris

Hébergements agréables
Pleasant accommodation

Autour de Paris page

Restaurants agréables
Particularly pleasant restaurants

Autour de Paris

PARIS

Menus à moins de 30 €
Menus for less than 30 €

Autour de Paris page

PARIS

Restaurants par type de cuisine
Restaurants by cuisine type

PARIS

Poissons et fruits de mer page

Portugaise page

Russe page

Régionale et terroir page

Seychelloise page

Thaïlandaise page

Turque page

Viandes et grillades page

Vietnamienne page

Le plat que vous recherchez...
Traditional dishes

Andouillette

		page
L'Amourette - Montreuil	X ☺	1355
L' Ardoise - Le Perreux-sur-Marne	X	1359
Auberge Pyrénées Cévennes - 11e	X ☺	1295
Au Bourguignon du Marais - 4e	X	1241
Au Moulin à Vent - 5e	X	1246
Au Petit Riche - 9e	XX	1286
Le Ballon des Ternes - 17e	XX	1327
La Biche au Bois - 12e	X	1297
Le Bistrot du 7ème - 7e	X	1266
Chez René - 5e	X	1246
Fontaine de Mars - 7e	X	1265
Georgette - 9e	X	1287
Le Gorgeon - Boulogne-Billancourt	X	1339
La Marlotte - 6e	X ☺	1255
Moissonnier - 5e	X	1246
Le Pré Cadet - 9e	X ☺	1287
Royal Madeleine - 8e	X	1281
Les Trois Marmites - Courbevoie	X	1345
Variations - 13e	X	1300
Le Violon d'Ingres - 7e	XX ✿	1262

Boudin

		page
L'A.O.C. - 5e	X	1246
L'Auberge Aveyronnaise - 12e	X ☺	1298
Au Pouilly Reuilly - Le Pré-Saint-Gervais	X	1359
Au Bascou - 3e	X	1239
Le Casse Noix - 15e	X ☺	1311
Chez Marie-Louise - 10e	X ☺	1290
D'Chez Eux - 7e	XX	1264
Fontaine de Mars - 7e	X	1265
Le Gorille Blanc - 4e	X	1242
Lescure - 1er	X	1232
La Marlotte - 6e	X ☺	1255
Moissonnier - 5e	X	1246
Terroir Parisien - 5e	X ☺	1246
Les Trois Marmites - Courbevoie	X	1345
Zinc Caïus - 17e	X	1329

Bouillabaisse

		page
Antoine - 16e	XXX ✿	1318
Le Dôme - 14e	XXX	1302
Marius - 16e	XX	1319
La Méditerranée - 6e	XX	1253
Le Petit Niçois - 7e	X	1265

Cassoulet

		page
L'Assiette - 14e	X	1303
Auberge Pyrénées Cévennes - 11e	X ☺	1295
Benoit - 4e	XX ✿	1241
D'Chez Eux - 7e	XX	1264
Lescure - 1er	X	1232
Quincy - 12e	X	1297
Le St-Pierre - Longjumeau	XX	1351
La Table d'Antan - Sainte-Geneviève-des-Bois	XX ☺	1367
Le Violon d'Ingres - 7e	XX ✿	1262

Choucroute

		page
Le Ballon des Ternes - 17e	XX	1327
Bofinger - 4e	XX	1241

Confit

		page
L'Amourette - Montreuil	X ☺	1355
L'A.O.C. - 5e	X	1246
Auberge Pyrénées Cévennes - 11e	X ☺	1295
Au Bascou - 3e	X	1239
Le Bistrot du 7ème - 7e	X	1266
Le Canal - Évry	X	1348
Chez René - 5e	XX	1246
D'Chez Eux - 7e	XX	1264
Fontaine de Mars - 7e	X	1265
Le Gorille Blanc - 4e	X	1242
Lescure - 1er	X	1232
Pierrot - 2e	X	1237
Le St-Pierre - Longjumeau	XX	1351
La Table d'Antan - Sainte-Geneviève-des-Bois	XX ☺	1367

Coq au vin

		page
Auberge Ravoux - Auvers-sur-Oise	X	1335
La Biche au Bois - 12e	X	1297

Tables en terrasse
Outside dining

PARIS

Autour de Paris

PARIS

Restaurants avec salons particuliers
Private dining rooms

Autour de Paris

Restaurants ouverts samedi & dimanche
Restaurants open on Saturday & Sunday

Autour de Paris page

Restaurants ouverts au mois d'août
Restaurants open in August

Autour de Paris

Restaurants ouverts tard le soir
Restaurants open late

→Heure de la dernière commande signalée entre parenthèses
→Time of last orders in brackets

PONT DE BEZONS
ARGENTEUIL, PONTOISE
PONTOISE - VALMONDOIS
PERSAN-B
CERGY POISSY MANTES
ST NOM-LA-BRETÈCHE VERSAILLES-R.D. LA VERRIÈRE
PLAISIR-GRIGNON RAMBOUILLET
ST-REMY-LES-CHEVREUSE AEROPORT D'ORLY
Parc Pierre Lagravère
Victor Basch
Jacqueline Auriol
le Stade
Colombes
Le Village
GENNEVILLIERS
Chin des Reniers
L'Ile-St-Denis
ASNIÈRES-GENNEVILLIERS-Les Courtilles
Le Luth
Timbaud
Parc des Chanteraines
La Noue
Mairie de Villeneuve-La-Garenne
Les Agnettes
Bois-Colombes
BÉCON-LES-BRUYÈRES
les Vallées
la Garenne-Colombes
ASNIÈRES
Gabriel-Péri
les Grésillons
Mairie de St-Ouen
Saint-Ouen
Garibaldi
Mairie de Clichy
Porte de St-Ouen
Charlebourg
Les Fauvelles
NANTERRE UNIVERSITÉ
Courbevoie
PONT DE LEVALLOIS BÉCON
Clichy-Levallois
PORTE DE CLICHY
Guy Môquet
Faubourg de l'Arche
Anatole France
Brochant
Nanterre Préfecture
LA DÉFENSE Grande Arche
Louise Michel
PEREIRE - LEVALLOIS
Pont-Cardinet
LA FOURCHE
PLACE DE CLICHY
Blanche
Porte de Champerret
Wagram
Rome
Trinité d'Estienne d'Orves
Esplanade de la Défense
PEREIRE
Malesherbes
VILLIERS
Liège
Pont de Neuilly
PORTE MAILLOT
Monceau
Europe
HAUSSMANN ST-LAZARE
Puteaux
les Sablons
Courcelles
SAINT-LAZARE
NEUILLY PORTE MAILLOT
Argentine
Ternes
St-Augustin
HAVRE CAUMARTIN
MIROMESNIL
CHARLES DE GAULLE ÉTOILE
Suresnes Mont Valérien
Belvédère
PORTE DAUPHINE
Victor Hugo
St-Philippe du Roule
CHAUSSÉE D'ANTIN la Fayette
AUBER
George V
MADELEINE
OPÉRA
Suresnes Longchamp
Avenue Foch
Kléber
FRANKLIN D. ROOSEVELT
le Val d'Or
Boissière
Alma Marceau
CHAMPS-ÉLYSÉES Clemenceau
CONCORDE
PYRAMIDES
Avenue Henri Martin
Rue de la Pompe
Iéna
Tuileries
TROCADÉRO
INVALIDES
PALAIS ROYAL Musée du Louvre
LA MUETTE
les Côteaux
BOULAINVILLIERS
Pont de l'Alma
Assemblée Nationale
la Tour Maubourg
Ranelagh
Passy
Musée d'Orsay
Solférino
Champ de Mars Tour Eiffel
Varenne
École Militaire
Kennedy Radio France
Jasmin
Bir-Hakeim
Rue du Bac
St-Germain des Prés
SÈVRES BABYLONE
LA MOTTE PICQUET GRENELLE
St-François Xavier
les Milons
MICHEL ANGE AUTEUIL
Église d'Auteuil
Dupleix
Vaneau
Mabillon
Javel
Charles Michels
Avenue Émile Zola
Ségur
Porte d'Auteuil
DUROC
Rennes
St-Sulpice
Mirabeau
Javel-André Citroën
Cambronne
St-Placide
Notre-Dame des Champs
MICHEL ANGE MOLITOR
Chardon Lagache
Commerce
Sèvres Lecourbe
Falguière
Boulogne Jean Jaurès
Parc de Saint-Cloud
Exelmans
MONTPARNASSE BIENVENUE
Bd Victor
Félix Faure
PASTEUR
PONT DU GARIGLIANO
Boucicaut
Lourmel
Vavin
Port Royal
BOULOGNE PONT DE ST-CLOUD
Porte de St-Cloud
BALARD
Volontaires
Vaugirard
Gaîté
Edgar Quinet
RASPAIL
Desnouettes
PORTE DE VERSAILLES
Convention
Henri Farman
Marcel Sembat
Pernety
DENFERT ROCHEREAU
Suzanne Lenglen
Georges Brassens
Plaisance
ISSY-VAL DE SEINE
Porte d'Issy
Porte de Vanves
Musée de Sèvres
Corentin Celton
Brancion
Alésia
Mouton Duvernet
Billancourt
Didot
Jean Moulin
PONT DE SÈVRES
MAIRIE D'ISSY
Vanves-Malakoff
Malakoff-Plateau de Vanves
PORTE D'ORLÉANS
Jacques-Henri Lartigue
MAIRIE DE MONTROUGE
Montsouris
les Moulineaux
Issy
Gentilly
Malakoff-Rue Étienne Dolet
Brimborion
Meudon-sur-Seine
Clamart
Laplace
Meudon-Val Fleury
CHÂTILLON-MONTROUGE
Arcueil-Cachan
Fontenay-aux-Roses
Bagneux
ROBINSON
Sceaux
BOURG-LA REINE
Métro
RER
Tramway
SNCF
Correspondance Coincidenza
Interchange station Correspondencia
Umsteigestation Overstapstation

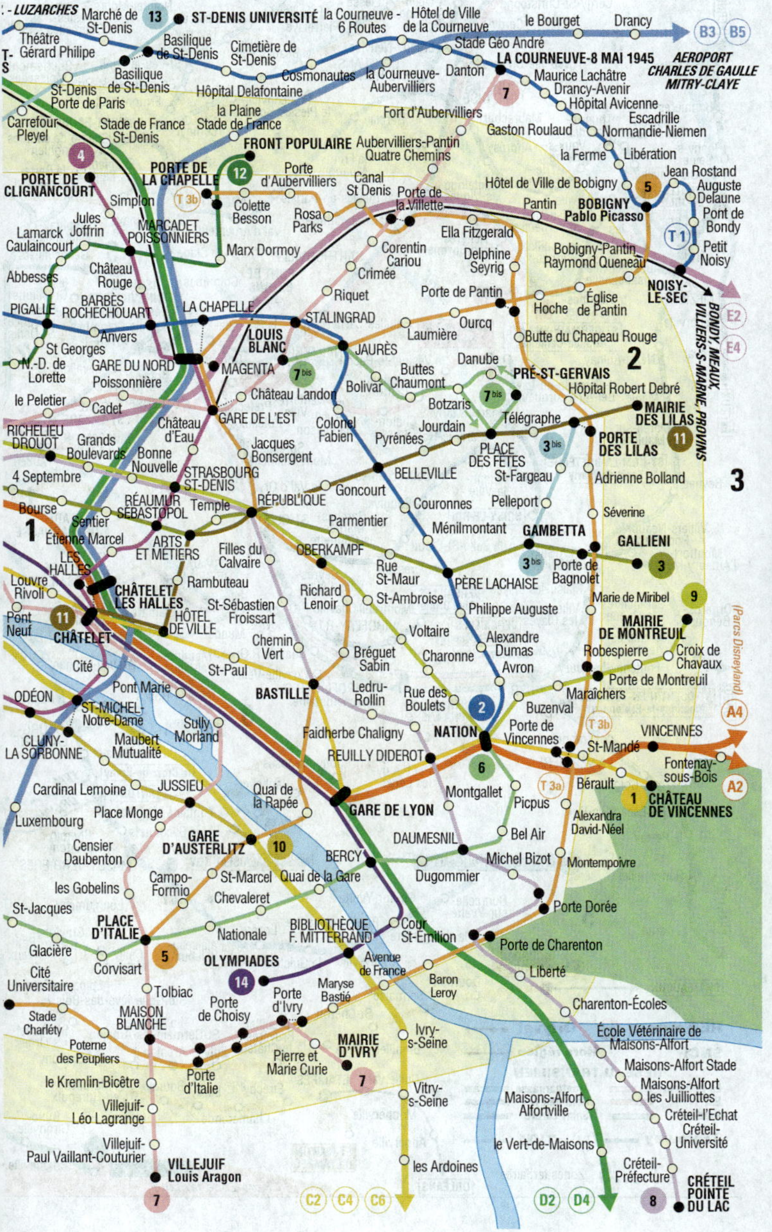
LUZARCHES
Marché de St-Denis
13
ST-DENIS UNIVERSITÉ
la Courneuve - 6 Routes
Hôtel de Ville de la Courneuve
le Bourget
Drancy
B3
B5
Théâtre Gérard Philipe
Basilique de St-Denis
Cimetière de St-Denis
Stade Géo André
LA COURNEUVE-8 MAI 1945
AEROPORT CHARLES DE GAULLE MITRY-CLAYE
Basilique de St-Denis
Cosmonautes
la Courneuve-Aubervilliers
Danton
Maurice Lachâtre
St-Denis Porte de Paris
Hôpital Delafontaine
7
Drancy-Avenir
Hôpital Avicenne
la Plaine Stade de France
Fort d'Aubervilliers
Escadrille
Carrefour Pleyel
Stade de France St-Denis
Gaston Roulaud
Normandie-Niemen
FRONT POPULAIRE
Aubervilliers-Pantin Quatre Chemins
la Ferme
Libération
4
Jean Rostand
PORTE DE CLIGNANCOURT
PORTE DE LA CHAPELLE
12
Porte d'Aubervilliers
Canal St Denis
Hôtel de Ville de Bobigny
5
Auguste Delaune
Simplon
T 3b
Colette Besson
Porte de la Villette
Pantin
BOBIGNY Pablo Picasso
Pont de Bondy
Jules Joffrin
MARCADET POISSONNIERS
Rosa Parks
Ella Fitzgerald
T 1
Lamarck Caulaincourt
Marx Dormoy
Corentin Cariou
Delphine Seyrig
Bobigny-Pantin Raymond Queneau
Petit Noisy
Abbesses
Château Rouge
Crimée
NOISY-LE-SEC
BARBÈS ROCHECHOUART
Riquet
Porte de Pantin
Église de Pantin
PIGALLE
LA CHAPELLE
Hoche
STALINGRAD
Ourcq
E2
Anvers
LOUIS BLANC
Laumière
Butte du Chapeau Rouge
BONDY, MEAUX VILLIERS-S-MARNE, PROVINS
St Georges
GARE DU NORD
JAURÈS
E4
N.-D. de Lorette
MAGENTA
7 bis
Danube
2
Poissonnière
Buttes Chaumont
PRÉ-ST-GERVAIS
le Peletier
Château Landon
Bolivar
7 bis
Hôpital Robert Debré
Cadet
GARE DE L'EST
Botzaris
MAIRIE DES LILAS
RICHELIEU DROUOT
Château d'Eau
Colonel Fabien
Jourdain
Télégraphe
Grands Boulevards
Bonne Nouvelle
Jacques Bonsergent
Pyrénées
PLACE DES FÊTES
3 bis
PORTE DES LILAS
11
4 Septembre
STRASBOURG ST-DENIS
BELLEVILLE
St-Fargeau
Adrienne Bolland
3
Bourse
RÉAUMUR SÉBASTOPOL
Temple
RÉPUBLIQUE
Goncourt
Couronnes
Pelleport
Sentier
Séverine
1
Étienne Marcel
ARTS ET MÉTIERS
Parmentier
Ménilmontant
GAMBETTA
GALLIENI
LES HALLES
Filles du Calvaire
OBERKAMPF
3 bis
Porte de Bagnolet
3
Louvre Rivoli
Rambuteau
Rue St-Maur
PÈRE LACHAISE
CHÂTELET LES HALLES
Richard Lenoir
St-Ambroise
Marie de Miribel
9
Pont Neuf
11
CHÂTELET
HÔTEL DE VILLE
St-Sébastien Froissart
Philippe Auguste
MAIRIE DE MONTREUIL
(Parcs Disneyland)
Chemin Vert
Voltaire
Alexandre Dumas
Robespierre
Croix de Chavaux
Cité
St-Paul
Bréguet Sabin
Charonne
Avron
Porte de Montreuil
Pont Marie
BASTILLE
Ledru-Rollin
Rue des Boulets
Maraîchers
ODÉON
ST-MICHEL-Notre-Dame
2
Buzenval
A4
Sully Morland
Faidherbe Chaligny
NATION
Porte de Vincennes
T 3b
VINCENNES
CLUNY-LA SORBONNE
Maubert Mutualité
REUILLY DIDEROT
St-Mandé
6
Fontenay-sous-Bois
Cardinal Lemoine
JUSSIEU
Quai de la Rapée
Montgallet
T 3a
Bérault
A2
Luxembourg
Place Monge
GARE DE LYON
Picpus
1
CHÂTEAU DE VINCENNES
GARE D'AUSTERLITZ
10
Alexandra David-Néel
Censier Daubenton
DAUMESNIL
Bel Air
BERCY
Campo-Formio
St-Marcel
Quai de la Gare
Michel Bizot
Montempoivre
les Gobelins
Dugommier
Chevaleret
Porte Dorée
St-Jacques
PLACE D'ITALIE
Nationale
BIBLIOTHÈQUE F. MITTERRAND
Cour St-Émilion
Porte de Charenton
Glacière
5
OLYMPIADES
Avenue de France
Corvisart
Liberté
Cité Universitaire
14
Baron Leroy
Tolbiac
Maryse Bastié
MAISON BLANCHE
Porte de Choisy
Porte d'Ivry
Charenton-Écoles
Stade Charléty
Ivry-s-Seine
École Vétérinaire de Maisons-Alfort
Poterne des Peupliers
MAIRIE D'IVRY
Pierre et Marie Curie
Maisons-Alfort Stade
le Kremlin-Bicêtre
Porte d'Italie
7
Vitry-s-Seine
Maisons-Alfort les Juilliottes
Maisons-Alfort Alfortville
Villejuif-Léo Lagrange
Créteil-l'Echat
Créteil-Université
Villejuif-Paul Vaillant-Couturier
le Vert-de-Maisons
VILLEJUIF Louis Aragon
les Ardoines
Créteil-Préfecture
CRÉTEIL POINTE DU LAC
7
C2
C4
C6
D2
D4
8

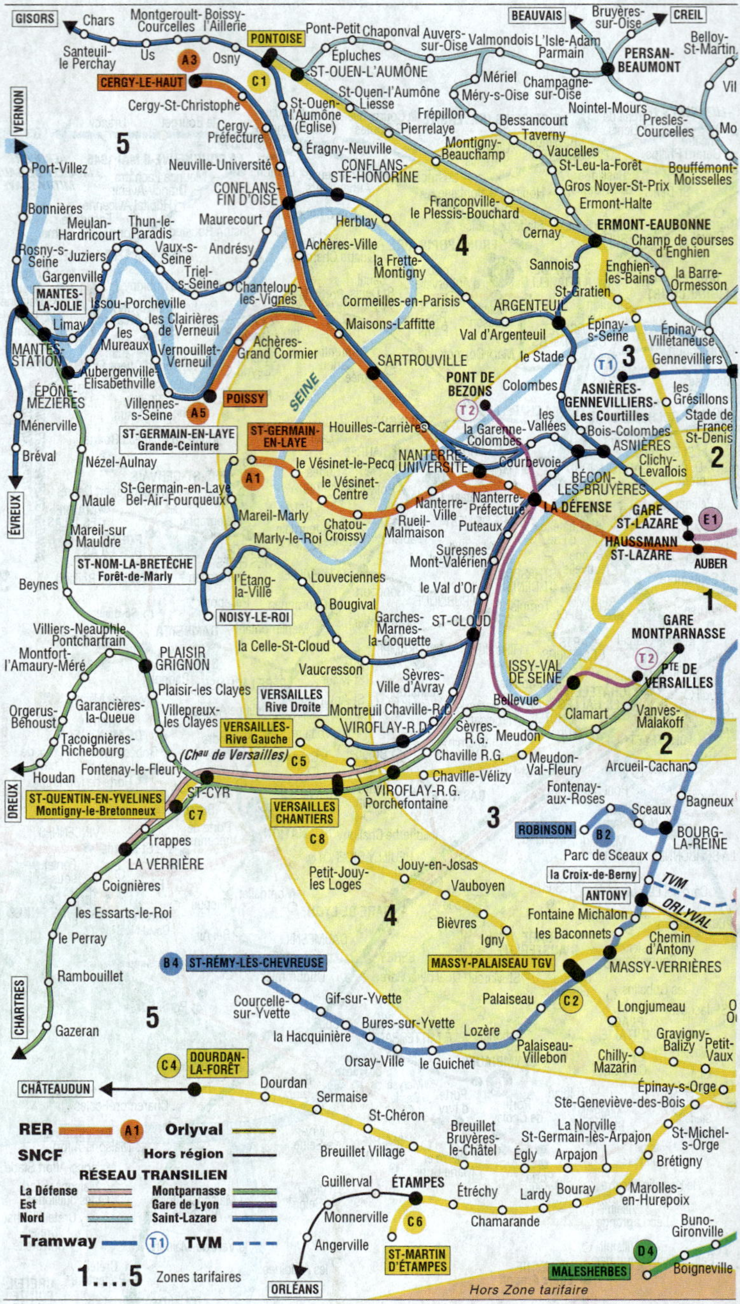
GISORS
Chars
Montgeroult-Courcelles
Boissy-l'Aillerie
PONTOISE
Pont-Petit
Chaponval
Auvers-sur-Oise
Valmondois
L'Isle-Adam Parmain
BEAUVAIS
Bruyères-sur-Oise
CREIL
Belloy-St-Martin
Santeuil-le Perchay
Us
A3
Osny
Épluches
ST-OUEN-L'AUMÔNE
PERSAN-BEAUMONT
CERGY-LE-HAUT
C1
Mériel
Champagne-sur-Oise
Méry-s-Oise
St-Ouen-l'Aumône Liesse
Cergy-St-Christophe
St-Ouen-l'Aumône (Eglise)
Frépillon
Bessancourt
Nointel-Mours
Presles-Courcelles
VERNON
5
Cergy-Préfecture
Pierrelaye
Taverny
Éragny-Neuville
Montigny-Beauchamp
Vaucelles
St-Leu-la-Forêt
Bouffémont-Moisselles
Port-Villez
Neuville-Université
CONFLANS-STE-HONORINE
Gros Noyer-St-Prix
CONFLANS-FIN D'OISE
Franconville-le Plessis-Bouchard
Ermont-Halte
Bonnières
Meulan-Hardricourt
Thun-le-Paradis
Maurecourt
Herblay
Cernay
ERMONT-EAUBONNE
4
Champ de courses d'Enghien
Rosny-s-Seine
Juziers
Vaux-s-Seine
Andrésy
Achères-Ville
la Frette-Montigny
Sannois
Enghien-les-Bains
la Barre-Ormesson
Gargenville
Triel-s-Seine
Chanteloup-les-Vignes
St-Gratien
MANTES-LA-JOLIE
Issou-Porcheville
Cormeilles-en-Parisis
ARGENTEUIL
Limay
les Clairières de Verneuil
Maisons-Laffitte
Épinay-s-Seine
Épinay-Villetaneuse
MANTES-STATION
les Mureaux
Achères-Grand Cormier
Val d'Argenteuil
3
Vernouillet-Verneuil
SARTROUVILLE
le Stade
T1
Gennevilliers
Aubergenville-Elisabethville
SEINE
PONT DE BEZONS
Colombes
ÉPÔNE-MÉZIÈRES
POISSY
T2
ASNIÈRES-GENNEVILLIERS-Les Courtilles
les Grésillons
Villennes-s-Seine
A5
les Vallées
Stade de France St-Denis
Ménerville
ST-GERMAIN-EN-LAYE Grande-Ceinture
ST-GERMAIN-EN-LAYE
Houilles-Carrières
la Garenne-Colombes
Bois-Colombes
ASNIÈRES
2
Bréval
Nézel-Aulnay
le Vésinet-le-Pecq
NANTERRE-UNIVERSITÉ
Courbevoie
Clichy-Levallois
A1
BÉCON-LES-BRUYÈRES
St-Germain-en-Laye Bel-Air-Fourqueux
le Vésinet-Centre
Nanterre-Ville
Nanterre-Préfecture
LA DÉFENSE
GARE ST-LAZARE
E1
ÉVREUX
Maule
Mareil-Marly
Rueil-Malmaison
Chatou-Croissy
Puteaux
HAUSSMANN ST-LAZARE
Mareil-sur Mauldre
Marly-le-Roi
Suresnes Mont-Valérien
AUBER
ST-NOM-LA-BRETÊCHE Forêt-de-Marly
l'Étang-la-Ville
Louveciennes
Beynes
le Val d'Or
1
Bougival
NOISY-LE-ROI
Garches-Marnes-la-Coquette
ST-CLOUD
GARE MONTPARNASSE
Villiers-Neauphle Pontchartrain
la Celle-St-Cloud
Montfort-l'Amaury-Méré
PLAISIR GRIGNON
Vaucresson
ISSY-VAL DE SEINE
PTE DE VERSAILLES
Sèvres-Ville d'Avray
Plaisir-les Clayes
VERSAILLES Rive Droite
Bellevue
Orgerus-Béhoust
Garancières-la-Queue
Villepreux-les Clayes
Montreuil Chaville-R.D.
Clamart
Vanves-Malakoff
VERSAILLES-Rive Gauche
VIROFLAY-R.D.
Sèvres-R.G.
Meudon
2
Tacoignières-Richebourg
(Chau de Versailles)
C5
Chaville R.G.
Meudon-Val-Fleury
Arcueil-Cachan
Houdan
Fontenay-le-Fleury
Chaville-Vélizy
ST-QUENTIN-EN-YVELINES Montigny-le-Bretonneux
ST-CYR
VIROFLAY-R.G.
Porchefontaine
Fontenay-aux-Roses
Bagneux
DREUX
C7
VERSAILLES CHANTIERS
Sceaux
3
ROBINSON
B2
BOURG-LA-REINE
Trappes
C8
Parc de Sceaux
LA VERRIÈRE
Petit-Jouy-les Loges
Jouy-en-Josas
la Croix-de-Berny
Coignières
Vauboyen
ANTONY
TVM
ORLYVAL
les Essarts-le-Roi
4
Bièvres
Fontaine Michalon
le Perray
Igny
les Baconnets
Chemin d'Antony
B4
ST-RÉMY-LÈS-CHEVREUSE
MASSY-PALAISEAU TGV
MASSY-VERRIÈRES
Rambouillet
Courcelle-sur-Yvette
Gif-sur-Yvette
Palaiseau
C2
Longjumeau
CHARTRES
Bures-sur-Yvette
5
Gazeran
la Hacquinière
Lozère
Palaiseau-Villebon
Gravigny-Balizy
Petit-Vaux
Orsay-Ville
le Guichet
Chilly-Mazarin
C4
DOURDAN-LA-FORÊT
Épinay-s-Orge
CHÂTEAUDUN
Dourdan
Ste-Geneviève-des-Bois
Sermaise
St-Chéron
Breuillet Bruyères-le-Châtel
La Norville St-Germain-lès-Arpajon
St-Michel-s-Orge
Breuillet Village
Égly
Arpajon
Brétigny
RER
A1
Orlyval
SNCF
Hors région
RÉSEAU TRANSILIEN
La Défense
Est
Nord
Montparnasse
Gare de Lyon
Saint-Lazare
Tramway
T1
TVM
1....5 Zones tarifaires
Guillerval
ÉTAMPES
Étréchy
Lardy
Bouray
Marolles-en-Hurepoix
Monnerville
C6
Chamarande
Buno-Gironville
Angerville
ST-MARTIN D'ÉTAMPES
D4
MALESHERBES
Boigneville
ORLÉANS
Hors Zone tarifaire

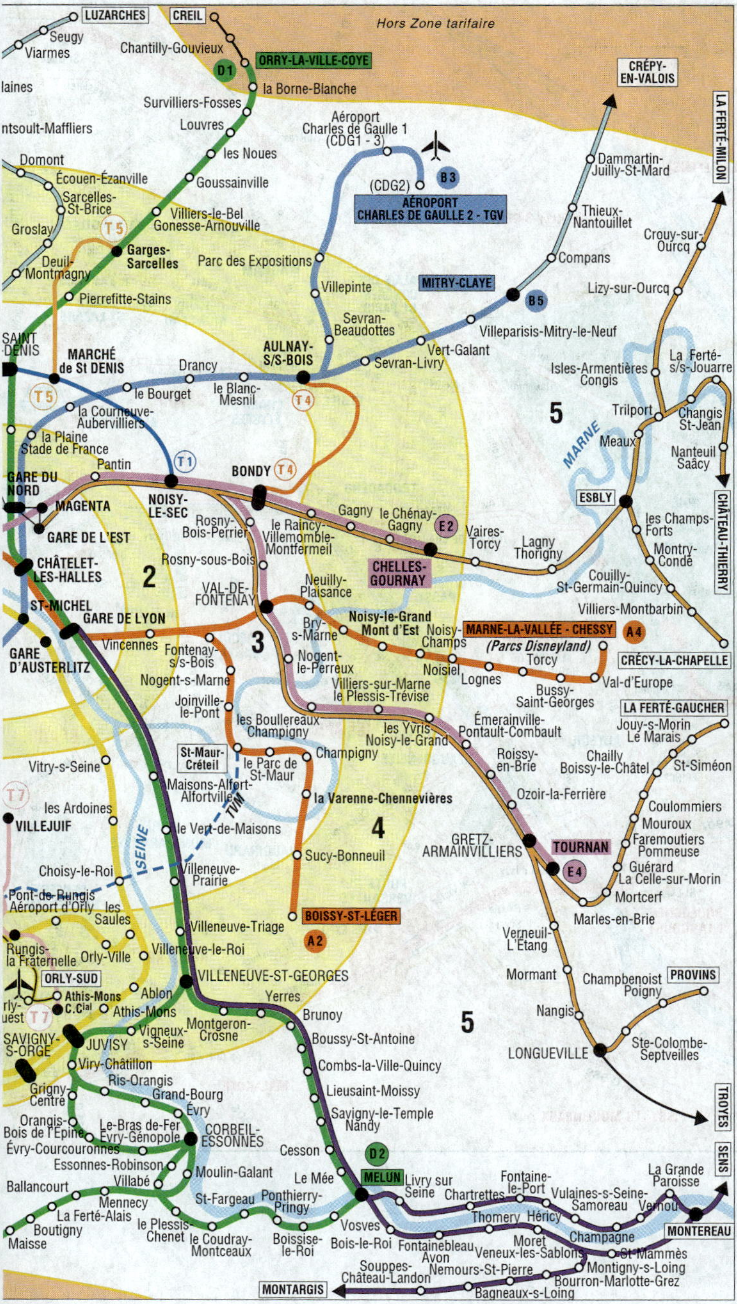
LUZARCHES
CREIL
Hors Zone tarifaire
Seugy
Viarmes
Chantilly-Gouvieux
D1
ORRY-LA-VILLE-COYE
CRÉPY-EN-VALOIS
laines
la Borne-Blanche
LA FERTÉ-MILON
Survilliers-Fosses
ntsoult-Maffliers
Louvres
Aéroport Charles de Gaulle 1 (CDG1 - 3)
les Noues
Domont
Écouen-Ézanville
Goussainville
(CDG2)
B3
Dammartin-Juilly-St-Mard
AÉROPORT CHARLES DE GAULLE 2 - TGV
Sarcelles-St-Brice
Groslay
T5
Villiers-le-Bel Gonesse-Arnouville
Thieux-Nantouillet
Crouy-sur-Ourcq
Deuil-Montmagny
Garges-Sarcelles
Parc des Expositions
Compans
Pierrefitte-Stains
Villepinte
MITRY-CLAYE
Lizy-sur-Ourcq
B5
Sevran-Beaudottes
SAINT-DENIS
MARCHÉ de St DENIS
AULNAY-S/S-BOIS
Villeparisis-Mitry-le-Neuf
Vert-Galant
Drancy
Sevran-Livry
Isles-Armentières Congis
La Ferté-s/s-Jouarre
T5
le Bourget
le Blanc-Mesnil
T4
la Courneuve-Aubervilliers
5
Trilport
Changis St-Jean
la Plaine Stade de France
MARNE
Meaux
Nanteuil Saâcy
PARIS
Pantin
T1
BONDY
T4
GARE DU NORD
ESBLY
NOISY-LE-SEC
MAGENTA
Gagny
le Chénay-Gagny
E2
Vaires-Torcy
Lagny Thorigny
les Champs-Forts
Rosny-Bois-Perrier
le Raincy-Villemomble-Montfermeil
CHÂTEAU-THIERRY
GARE DE L'EST
Montry-Condé
CHÂTELET-LES-HALLES
2
Rosny-sous-Bois
CHELLES-GOURNAY
Couilly-St-Germain-Quincy
VAL-DE-FONTENAY
Neuilly-Plaisance
Villiers-Montbarbin
ST-MICHEL
GARE DE LYON
Noisy-le-Grand Mont d'Est
Bry-s-Marne
Noisy-Champs
MARNE-LA-VALLÉE - CHESSY
A4
3
(Parcs Disneyland)
GARE D'AUSTERLITZ
Vincennes
Fontenay-s/s-Bois
Torcy
CRÉCY-LA-CHAPELLE
Nogent-le-Perreux
Noisiel
Lognes
Val-d'Europe
Nogent-s-Marne
Villiers-sur-Marne le Plessis-Trévise
Bussy-Saint-Georges
Joinville-le-Pont
LA FERTÉ-GAUCHER
les Boullereaux Champigny
Émerainville-Pontault-Combault
Jouy-s-Morin Le Marais
les Yvris Noisy-le-Grand
St-Maur-Créteil
le Parc de St-Maur
Champigny
Chailly Boissy-le-Châtel
St-Siméon
Vitry-s-Seine
Roissy-en-Brie
Maisons-Alfort-Alfortville
TVM
Ozoir-la-Ferrière
T7
la Varenne-Chennevières
Coulommiers
les Ardoines
4
Mouroux
VILLEJUIF
le Vert-de-Maisons
GRETZ-ARMAINVILLIERS
TOURNAN
Faremoutiers Pommeuse
SEINE
Sucy-Bonneuil
Guérard
Choisy-le-Roi
Villeneuve-Prairie
E4
La Celle-sur-Morin
Pont-de-Rungis Aéroport d'Orly
les Saules
Mortcerf
BOISSY-ST-LÉGER
Marles-en-Brie
Villeneuve-Triage
A2
Verneuil-l'Étang
Rungis-la Fraternelle
Orly-Ville
Villeneuve-le-Roi
ORLY-SUD
VILLENEUVE-ST-GEORGES
Mormant
Champbenoist Poigny
PROVINS
Athis-Mons C.C[ial]
Ablon
rly-uest
T7
Athis-Mons
Yerres
Nangis
Brunoy
5
SAVIGNY-S-ORGE
JUVISY
Vigneux-s-Seine
Montgeron-Crosne
Boussy-St-Antoine
LONGUEVILLE
Ste-Colombe-Septveilles
Viry-Châtillon
Combs-la-Ville-Quincy
Ris-Orangis
Grigny-Centre
Grand-Bourg
Lieusaint-Moissy
TROYES
Évry
Savigny-le-Temple Nandy
Orangis-Bois de l'Épine
Le-Bras de-Fer Évry-Génopole
CORBEIL-ESSONNES
Évry-Courcouronnes
Cesson
SENS
Essonnes-Robinson
D2
Moulin-Galant
La Grande Paroisse
Villabé
Le Mée
MELUN
Livry sur Seine
Fontaine-le-Port
Ballancourt
Chartrettes
Vulaines-s-Seine-Samoreau
Mennecy
St-Fargeau
Ponthierry-Pringy
Vernou
La Ferté-Alais
Thomery
Héricy
Boutigny
le Plessis-Chenet
MONTEREAU
Vosves
Champagne
Maisse
le Coudray-Montceaux
Boissise-le-Roi
Bois-le-Roi
Fontainebleau Avon
Moret Veneux-les-Sablons
St-Mammès
Souppes-Château-Landon
Nemours-St-Pierre
Montigny-s-Loing
Bourron-Marlotte-Grez
MONTARGIS
Bagneaux-s-Loing

0
1 km
SEINE
CLICHY
D 909
D 911
D 19
D 912
Pte de St-Ouen
Pte de Clichy
COURBEVOIE
LEVALLOIS-PERRET
D 908
Bd Bessières
Av. de St-Ouen
Pte d'Asnières
LA DEFENSE
A 14
Pte de Champerret
Berthier
Av. de Clichy
NEUILLY-S-SEINE
17E ARR.
Bd Wagram
Bd de Villiers
BATIGNOLLES
Pl. de Clichy
Av.
Bd Gouvion St-Cyr
D 913
WAGRAM
R. d'Amsterdam
Bd R. de Clichy
PALAIS DES CONGRÈS DE PARIS
Av. de
Bd de Courcelles
PARC MONCEAU
Malesherbes
GARE ST-LAZARE
Pte Maillot
Av. de la Gde Armée
ARC DE TRIOMPHE
Longchamp
Pte Dauphine
Avenue
Foch
Bd Haussmann
Bd
ÉTOILE
Av.
CHAMPS-ÉLYSÉES
8E ARR.
OPÉRA GARNIER
Allée
de
MADELEINE
Marceau
Bd Lannes
TROCADÉRO
CONCORDE
Rue
BOIS DE BOULOGNE
Pte de la Muette
Av.
Mandel
New-York
Quai des Tuileries
Suchet
PALAIS DE CHAILLOT
Quai
d'Orsay
MUSÉE D'ORSAY
Av. de
Av. Bosquet
PASSY
TOUR EIFFEL
Bd
INVALIDES
16E ARR.
ÉCOLE MILITAIRE
7E ARR.
MAISON DE RADIO-FRANCE
Bd des Invalides
Bd St-
SEINE
Bd de Grenelle
Q. de Grenelle
Av. de Breteuil
Sèvres
Rennes
A 13
Pte d'Auteuil
Bd Murat
Versailles
Citroën
15E ARR.
Bd Garibaldi
R.
de
Bd du R.
6E ARR.
AUTEUIL
Vaugirard
BEAUGRENELLE
de
Montparnasse
PARC DES PRINCES
R. de la Convention
Lecourbe
Av.
Raspail
Bd
D 907
Av.
Quai
Rue
GARE MONTPARNASSE
du
Rue
VAUGIRARD
D 910
Quai d'Issy
Pte de St-Cloud
Bd Victor
PORTE DE VERSAILLES
DENFERT ROCHEREAU
BOULOGNE-BILLANCOURT
Pte de Sèvres
PARIS EXPO
Maine
R. d'Alésia
Bd Lefèbvre
Gal Leclerc
D 1
Bd
14E ARR.
R.
Boulevard
Brune
Av. Jean Moulin
ALÉSIA
Av. du
D 7
VANVES
Bd
Périphérique
Pte de Châtillon
Pte d'Orléans
D 989
MALAKOFF
ISSY-LES-MOULINEAUX
D 906
MONTROUGE
D 920

A 1
N 2
Pte de la Villette
Pte de Clignancourt
Pte de la Chapelle
Boulevard
Périphérique
Bd Macdonald
PANTIN
Bd Ney
Bd Ornano
R. de la Chapelle
Flandre
18E ARR.
N 3
de
PARC DE LA VILLETTE
MONTMARTRE
Bd Barbès
R. Marx Dormoy
Av.
Jean
Jaurès
Pte de Pantin
SACRÉ-CŒUR
Bd d'Indochine
LE PRÉ-ST-GERVAIS
PIGALLE
Bd de la Chapelle
Bd
Av.
Pl. de la Bataille de Stalingrad
19E ARR.
Bd de Rochechouart
GARE DU NORD
de Clichy
Fayette
La
9E ARR.
R. de Maubeuge
GARE DE L'EST
de
la
BUTTES CHAUMONT
Bd Sérurier
D 117
R.
Villette
Pte des Lilas
GRDS BOULEVARDS
10E ARR.
Belleville
de
Rue
LES LILAS
Haussmann
BELLEVILLE
Bd Mortier
BOURSE
R. du Fg du Temple
Av. de l'Opéra
2E ARR.
Sebastopol
RÉPUBLIQUE
20E ARR.
Pte de Bagnolet
Av. de la République
R. Belgrand
A 3
Bd du Temple
Av. Gambetta
1ER ARR.
3E ARR.
de
HALLES
Bd de
11E ARR.
PÈRE LACHAISE
Bd
BAGNOLET
LOUVRE
BEAUBOURG
Bd Beaumarchais
CHÂTELET
Rivoli
Voltaire
ST-GERMAIN-DES-PRÉS
HÔTEL DE VILLE
4E ARR.
Av. Ph. Auguste
Davout
BASTILLE
MONTREUIL
NOTRE DAME
Bd Henri IV
R. du Fg St-Antoine
Germain
OPÉRA DE PARIS BASTILLE
QUARTIER LATIN
Cours de Vincennes
Diderot
N
Bd St-Michel
PANTHÉON
Bd
NATION
34
LUXEMBOURG
Av.
Pte de Vincennes
JARDIN DES PLANTES
Q. de la Rapée
GARE DE LYON
12E ARR.
Bd de l'Hôpital
5E ARR.
Soult
Bd de Bercy
Bd de Reuilly
GARE D'AUSTERLITZ
Bd de Port Royal
BERCY
Daumesnil
Bd
Auriol
ST-MANDÉ
Bd de
Av. des Gobelins
Vincent
Q. de Bercy
Pte Dorée
BIBLIOTHÈQUE NATIONALE DE FRANCE F. MITTERRAND
Bd St-Jacques
Bd Auguste Blanqui
Bd
PLACE D'ITALIE
Pte de Bercy
BOIS DE VINCENNES
Tolbiac
13E ARR.
d'Alésia
Rue
Av.
de
Av. de Choisy
Quai d'Ivry
Masséna
Bd
CHARENTON-LE-PONT
Jourdan
Bd Kellermann
Pte de Choisy
SEINE
A 4
Pte de Gentilly
Pte d'Italie
Av. d'Italie
MARNE
IVRY-S-SEINE
N 19
D 52
A6a
A6b

S. Sauvignier/MICHELIN

Palais-Royal · Louvre · Tuileries · Les Halles

1er arrondissement ✉ 75001

Le Meurice

228 r. Rivoli Ⓜ *Tuileries – ✆ 01 44 58 10 10 – www.lemeurice.com*
120 ch – †550/1950 € ††550/1950 € – 40 suites – ☕ 54 €
Rest *Le Meurice* ✿✿✿ **Rest *Le Dali*** – voir les restaurants ci-après
L'un des premiers hôtels de luxe parisiens, né au début du 19e s. Face aux frondaisons du jardin des Tuileries, les lieux sont fastueux, dans un esprit très classique auquel le designer Philippe Starck a su apporter une touche contemporaine. Un spa superbe, un bar très intime, etc. Le Meurice ou l'art du raffinement.

Mandarin Oriental

251 r. St-Honoré Ⓜ *Concorde – ✆ 01 70 98 78 88 – www.mandarinoriental.fr/paris/*
99 ch – †795/1345 € ††795/1345 € – 39 suites – ☕ 48 €
Rest *Sur Mesure par Thierry Marx* ✿✿ **Rest *Camélia*** – voir les restaurants ci-après
Parmi tous les grands hôtels nés dernièrement à Paris, son ouverture mi-2011 a fait l'événement : fidèle à ses principes, le groupe hongkongais signe un établissement d'un extrême raffinement, à la croisée de l'élégance française et de la délicatesse de l'Asie. Jeux de lignes, d'espace, de quiétude... Au cœur de la capitale, un palace capital !

Costes

239 r. St-Honoré Ⓜ *Concorde – ✆ 01 42 44 50 00 – www.hotelcostes.com*
79 ch – †400/800 € ††400/800 € – 3 suites – ☕ 35 € **Rest** – Carte 60/120 €
Partout des recoins intimes – avec confidents en poirier et fauteuils crapauds –, des chambres raffinées jusque dans les détails (linge avec monogramme, superbe collection de tableaux, élégants meubles chinés, etc.), un restaurant décoré par Jacques Garcia : ce palace très chic et feutré reste le repaire de la jet-set !

Le Burgundy

6-8 r. Duphot Ⓜ *Madeleine – ✆ 01 42 60 34 12 – www.leburgundy.com*
51 ch – †420/1250 € ††420/1250 € – 8 suites – ☕ 44 €
Rest *Le Baudelaire* ✿ – voir les restaurants ci-après
Luxueux, feutré et arty... Dans cet hôtel de standing, le chic parisien se décline de manière artistique : meubles design et œuvres d'art contemporain – spécialement créées – émaillent les lieux. Une réussite...

Hôtel de Vendôme

1 pl. Vendôme Ⓜ *Opéra – ✆ 01 55 04 55 00 – www.hoteldevendome.com*
19 ch – †300/865 € ††390/865 € – 10 suites – ☕ 35 €
Rest *1 Place Vendôme* *(fermé 4-28 août, dim. et lundi) (dîner seult)* – Menu 90 €
L'autre hôtel de la place Vendôme ! Dans ce noble bâtiment du 18e s., les meubles anciens et le marbre côtoient les équipements les plus confortables, et l'élégance joue la carte de la discrétion et du beau classicisme. Quant au restaurant, il évoque un boudoir parisien chic et confidentiel...

Renaissance Paris Vendôme

4 r. du Mont-Thabor Ⓜ *Tuileries – ✆ 01 40 20 72 00*
– www.renaissanceparisvendome.fr
89 ch – 350/929 € 350/929 € – 8 suites – 29 €
Rest ***Pinxo - Tuileries*** – voir les restaurants ci-après
Immeuble du 19e s. métamorphosé en boutique hôtel contemporain. Bois, tons miel et chocolat : les chambres sont élégantes et très confortables ! Et l'on paresse avec ravissement dans le joli bar chinois.

Castille Paris

33 r. Cambon Ⓜ *Madeleine – ✆ 01 44 58 44 58 – www.castille.com*
91 ch – 350/790 € 350/790 € – 17 suites – 28 €
Rest ***L'Assaggio*** – voir les restaurants ci-après
Côté "Opéra", un précieux décor contemporain d'inspiration vénitienne ; côté "Rivoli", un cadre noir et blanc très graphique, en écho à la maison Chanel voisine. Dans les deux cas, un hôtel très haute couture !

The Westin Paris

3 r. Castiglione Ⓜ *Tuileries – ✆ 01 44 77 11 11 – www.thewestinparis.fr*
394 ch – 350/1200 € 350/1200 € – 34 suites – 39 €
Rest ***Le First*** – voir les restaurants ci-après
Entre Tuileries et place Vendôme, cet hôtel haussmannien édifié en 1878 mêle charme historique (fastueux salons Napoléon III) et touches contemporaines... Et pour ne rien gâter, certaines chambres ont vue sur les Tuileries ! Agréable spa.

Regina

2 pl. des Pyramides Ⓜ *Tuileries – ✆ 01 42 60 31 10 – www.regina-hotel.com*
110 ch – 220/875 € 290/875 € – 10 suites – 32 €
Rest *(fermé sam., dim. et le soir)* – Carte 47/56 €
Cet hôtel 1900 préserve son décor Art nouveau et sa belle atmosphère rétro... Superbe hall, mobilier ancien dans les chambres (plus calmes côté patio et certaines avec vue sur la tour Eiffel). Cuisine traditionnelle près de la jolie cheminée Majorelle ou dans la cour fleurie.

Cambon sans rest

3 r. Cambon Ⓜ *Concorde – ✆ 01 44 58 93 93 – www.hotelcambon.com*
39 ch – 300/380 € 380/850 € – 1 suite – 22 €
Entre le jardin des Tuileries et la rue St-Honoré, cet hôtel compte de nombreux fidèles : accueil charmant, plaisantes chambres mêlant mobilier contemporain et tableaux anciens...

Royal St-Honoré sans rest

221 r. St-Honoré Ⓜ *Tuileries – ✆ 01 42 60 32 79*
– www.hotel-royal-st-honore.com
67 ch – 200/490 € 200/490 € – 5 suites – 19 €
Sur la rue St-Honoré, fameuse pour ses boutiques de créateurs, un immeuble cossu du 19e s., aux chambres très confortables. On prend son petit-déjeuner dans un décor Louis XVI et, le soir venu, on profite du bar, cosy et accueillant...

Meliá Vendôme sans rest

8 r. Cambon Ⓜ *Concorde – ✆ 01 44 77 54 00 – www.melia.com*
82 ch – 389/529 € 409/659 € – 1 suite – 28 €
Un hôtel élégant où règne une atmosphère feutrée. Esprit cosy dans les chambres, comme dans le salon niché sous une verrière Belle Époque... Le tout au cœur de la capitale.

Mayfair sans rest

3 r. Rouget-de-Lisle Ⓜ *Concorde – ✆ 01 42 60 38 14*
– www.hotelmayfairparis.com
46 ch – 180/550 € 200/550 € – 1 suite – 25 €
Idéalement situé entre deux places royales – Concorde et Vendôme –, élégant hôtel au charme très classique : mobilier de style, toile de Jouy, lampes sur pied... L'ensemble est particulièrement bien tenu.

Opéra Richepanse sans rest
14 r. Chevalier de St-George Ⓜ Madeleine – ✆ 01 42 60 36 00 – www.richepanse.com
35 ch – †180/480 € ††180/480 € – 3 suites – ☕ 20 €
Tchaïkovski avait ses habitudes dans ce bel hôtel Art déco. Point besoin d'être mélomane pour apprécier le confort des chambres, donnant pour certaines sur la Madeleine. Une adresse avec un certain cachet.

Novotel Paris Les Halles
8 pl. M.-de-Navarre Ⓜ Châtelet – ✆ 01 42 21 31 31 – www.novotelparisleshalles.com
285 ch – †165/540 € ††165/540 € – 5 suites – ☕ 19 €
Rest *(fermé sam. midi et dim. midi)* – Formule 19 € – Carte 26/48 €
Face au forum des Halles, ce Novotel jouit d'une situation très centrale ! Autres bons points : des chambres tout confort, des salles de séminaire très bien équipées, un espace restauration et un café ouvert jusqu'à 2h.

Thérèse sans rest
5 r. Thérèse Ⓜ Pyramides – ✆ 01 42 96 10 01 – www.hoteltherese.com
43 ch – †165/360 € ††165/360 € – ☕ 15 €
Une adresse charmante, nichée entre le Palais-Royal et l'avenue de l'Opéra. Son décor – entièrement rénové en 2012 – se révèle très cosy et chic, avec par exemple des pièces de mobilier inspirées des années 1950 et des références néo-industrielles... Une réussite !

Le Pradey Ⓝ sans rest
5 r. St-Roch Ⓜ Tuileries – ✆ 01 42 60 31 70 – www.lepradey.com
18 ch – †198/460 € ††198/460 € – 10 suites – ☕ 19 €
À deux pas du jardin des Tuileries, un hôtel décoré avec soin et originalité : certaines chambres sont même signées Chantal Thomas – et elles sont idéales pour s'encanailler à la parisienne ("Cabaret", "Opéra"). Une adresse élégante, idéalement située au cœur de Paris.

Louvre St-Honoré sans rest
141 r. St-Honoré Ⓜ Louvre Rivoli – ✆ 01 42 96 23 23 – www.paris-hotel-louvresainthonore.com
37 ch – †230/600 € ††230/750 € – ☕ 19 €
À deux pas du Louvre, voici une jolie façade du 18e s. (classée) qui cache un hôtel aménagé dans une veine contemporaine colorée. Grand calme pour les chambres donnant sur la cour : très appréciable au cœur de la capitale.

Louvre Montana Ⓝ sans rest
12 r. St-Roch Ⓜ Tuileries – ✆ 01 42 60 35 10 – www.hotels-emeraude.com
25 ch – †140/330 € ††140/330 € – ☕ 14 €
Tout près du palais du Louvre et du jardin des Tuileries, l'établissement est on ne peut mieux situé. Les chambres y sont confortables et bien tenues, mais préférez celles – plus lumineuses et spacieuses – côté rue. Une adresse engageante, parfaite pour découvrir Paris.

Britannique sans rest
20 av. Victoria Ⓜ Châtelet – ✆ 01 42 33 74 59 – www.hotel-britannique.fr
39 ch – †185/207 € ††207/330 € – ☕ 14 €
Créé par une famille anglaise sous le règne de Victoria, cet hôtel à deux pas de la Seine superpose les influences impériales. Chambres au décor chaleureux ; charmant salon. So British !

Relais St-Honoré sans rest
308 r. St Honoré Ⓜ Tuileries – ✆ 01 42 96 06 06 – www.relaissainthonore.com
14 ch – †229/280 € ††229/280 € – 1 suite – ☕ 13 €
Dans cet hôtel (17e s.), le petit-déjeuner n'est servi que dans les chambres ! Le matin, on peut donc musarder tout à son aise, entre poutres (sauf au 1er étage) et meubles anciens.

Hôtel O Ⓝ sans rest
19 r. Hérold Ⓜ Sentier – ✆ 01 42 36 04 42 – www.hotel-o-paris.com
29 ch – 🚹199/428 € 🚹🚹199/428 € – ☕ 16 €
Un voyage dans l'espace tout en restant dans le quartier des Halles, voilà qui est original ! La décoration – signée Ora-Ïto – évoque un vaisseau spatial... et les chambres portent des noms évocateurs : "Cocoon", "Odyssey", "Galileo", etc. Les amateurs de design – et les autres – pousseront des "Oh !"

Le Crayon sans rest
25 r. du Bouloi Ⓜ Palais Royal – ✆ 01 42 36 54 19 – www.hotelcrayon.com
26 ch – 🚹149/347 € 🚹🚹149/347 € – ☕ 12 €
Un hôtel tout sauf banal ! À mi-chemin entre la demeure d'artiste et la maison de famille, il ose la couleur, le vintage et les contrastes détonants. La décoratrice a elle-même chiné tout le mobilier : chaque chambre est une création originale.

Relais du Louvre sans rest
19 r. Prêtres-St-Germain-l'Auxerrois Ⓜ Louvre Rivoli – ✆ 01 40 41 96 42 – www.relaisdulouvre.com
22 ch – 🚹99/290 € 🚹🚹99/290 € – ☕ 13 €
Derrière cette étroite façade du 18e s., un hôtel de caractère, paisible et bien tenu. Chambres raffinées et confortables ; belle suite au dernier étage, idéale en famille.

Aux Ducs de Bourgogne sans rest
19 r. du Pont-Neuf Ⓜ Châtelet – ✆ 01 42 33 95 64 – www.paris-hotel-bourgogne.com
50 ch – 🚹145/450 € 🚹🚹165/470 € – ☕ 17 €
Cet immeuble du 19e s. dispose de petites chambres très bien tenues et mansardées au dernier étage. Mobilier en bois massif, tissus tendus... Une ambiance feutrée pour cette adresse idéalement située au cœur de Paris.

XXXXX ✿✿✿ **Le Meurice** – Hôtel Le Meurice
228 r. de Rivoli Ⓜ Tuileries – ✆ 01 44 58 10 55 – www.lemeurice.com – Fermé 2-17 mars, 27 juil.-26 août, sam., dim. et fériés
Rest – Menu 115 € (déj.)/280 € – Carte 200/350 €
Le décor mirifique ressuscite le Grand Siècle, dans l'esprit des appartements royaux de Versailles. En chef Roi-Soleil, Yannick Alléno règne sur une carte qui révèle un brillant alliage de classicisme et d'inventivité. Même la saveur du produit le plus simple devient extravagance… Service impérial.
➜ Maquereau mariné au ponzu, huile de sésame, gelée à l'hibiscus, pétales de tomate au shiso. Vapeur de cabillaud à l'ail doux, chorizo, jus de kokotxas, coquillages et champignons. Meringue soufflée aux amandes, pêches macérées au lait d'amande.

XXXX ✿✿ **Le Grand Véfour** (Guy Martin)
17 r. Beaujolais Ⓜ Palais Royal – ✆ 01 42 96 56 27 – www.grand-vefour.com – Fermé 29 juil.-26 août, sam. et dim.
Rest – Menu 96 € (déj.)/298 € – Carte 200/290 €
Dans les jardins du Palais-Royal, cette luxueuse maison de style Directoire – haut lieu de la gastronomie depuis plus de 200 ans – est chargée d'histoire(s) ! Cuisine inventive signée Guy Martin.
➜ Ravioles de foie gras, crème foisonnée truffée. Pigeon Prince Rainier III. Palet noisette et chocolat au lait, glace au caramel et prise de sel de Guérande.

XXXX ✿✿ **Carré des Feuillants** (Alain Dutournier)
14 r. de Castiglione Ⓜ Tuileries – ✆ 01 42 86 82 82 – www.carredesfeuillants.fr – Fermé août, sam. midi et dim.
Rest – Menu 58 € (déj.), 155/200 € – Carte 135/170 €
Atmosphère élégante, contemporaine et zen sur le site du couvent des Feuillants. On savoure une cuisine bien dans son époque, aux jolis accents gascons. Superbes vins et armagnacs.
➜ Écrevisses en infusion parfumée, huîtres spéciales d'Arcachon en ravioles de chair de Saint-Jacques. Lièvre mijoté au vin de Sauternes en prestigieuse royale avec truffe et foie gras. Miniclafoutis de cerises, crème glacée à l'infusion de verveine.

PARIS

XXX ✿✿ **Sur Mesure par Thierry Marx** – Hôtel Mandarin Oriental

251 r. St-Honoré Ⓜ Concorde – ✆ 01 70 98 73 00 – www.mandarinoriental.fr/paris/ – Fermé dim. et lundi

Rest – Menu 75 € (déj. en sem.), 165/195 €

Voilà bien un travail d'orfèvre, millimétré et "sur mesure" : Thierry Marx confirme son talent de grand faiseur ; chaque assiette révèle le geste d'un chercheur inlassable, parfois malicieux, toujours exact. Une expérience en soi, à laquelle contribue l'étonnant décor, immaculé et éthéré.

➜ Semi-pris de coquillages et longuet caviar. Bœuf charbon, réglisse, laque de petits pois, lard de Colonnata. Sweet bento et ylang-ylang.

XXX **Le Dali** – Hôtel Le Meurice

228 r. Rivoli Ⓜ Tuileries – ✆ 01 44 58 10 44 – www.lemeurice.com

Rest – Carte 70/130 €

Le "deuxième" restaurant du Meurice, situé au cœur de la vie du palace, à la fois point de passage, lieu de rendez-vous et... table soignée, façon cantine chic et mondaine. Le beau décor classique – pilastres et miroirs – est relevé d'une pointe de surréalisme, en hommage à Dalí.

PARIS

XXX ✿ **Le Baudelaire** – Hôtel Le Burgundy

6-8 r. Duphot Ⓜ Madeleine – ✆ 01 42 60 34 12 – www.lebaudelaire.com – Fermé sam. midi et dim.

Rest – Formule 43 € – Menu 55 € (déj.)/145 € – Carte 75/140 €

Au sein du luxueux hôtel Burgundy – belle atmosphère autour du patio intérieur de l'établissement –, une table gastronomique de qualité, où la cuisine révèle finesse et légèreté...

➜ Terrine de foie gras de canard des Landes, figue de Solliès marinée. Turbot de petit bateau, haricots de Paimpol, pêche et tétragone. Chocolat grand cru d'Équateur, sablé fleur de sel et dentelle croustillante.

XXX **Macéo**

15 r. Petits-Champs Ⓜ Bourse – ✆ 01 42 97 53 85 – www.maceorestaurant.com – Fermé 3-26 août, sam. midi, dim. et fériés

Rest – Formule 30 € – Menu 36/58 € – Carte 52/76 €

Moulures, parquet, beaux miroirs : un cadre Second Empire pour une cuisine... de notre époque, autour des produits de saison. Menu végétarien et carte de vins du monde.

XXX ✿ **Kei** (Kei Kobayashi)

5 r. du Coq-Héron Ⓜ Louvre Rivoli – ✆ 01 42 33 14 74 – www.restaurant-kei.fr – Fermé 5-26 août, vacances de Noël, dim. et lundi

Rest – Menu 45 € (déj.), 100/125 €

Enfant au Japon, Kei Kobayashi découvre la gastronomie française à la télévision. Une révélation ! La majorité venue, il gagne l'Hexagone pour une formation dans les plus grandes maisons. Ce parcours s'incarne aujourd'hui chez lui, dans ses assiettes fines et métissées, bien dignes d'un passionné.

➜ Foie gras, gelée de raisin, amandes fraîches et pomme. Filet de rouget au pamplemousse confit. Assiette chocolat, sorbet chocolat au lait.

XX **Camélia** – Hôtel Mandarin Oriental

251 r. St-Honoré Ⓜ Concorde – ✆ 01 70 98 74 00 – www.mandarinoriental.fr/paris/

Rest – Formule 55 € – Carte 64/116 €

Faire simple, se concentrer sur la saveur de très beaux produits, s'inspirer des classiques de la gastronomie française et les rehausser d'une touche d'Asie : tel est le credo de Thierry Marx pour ce Camélia, un lieu élégant, apaisant, zen...

Comment choisir, dans une localité, entre deux adresses de même catégorie (nombre de ⌂ ou de X) ? Sachez que les établissements sont classés par ordre de préférence au sein de chaque catégorie : les meilleures adresses d'abord.

La Dame de Pic

20 r. du Louvre Ⓜ Louvre Rivoli – ✆ 01 42 60 40 40 – www.ladamedepic.fr – Fermé 30 juil.-26 août et dim.

Rest – Menu 49 € (déj. en sem.), 79/120 €

Le restaurant parisien d'Anne-Sophie Pic, créé en 2012 à deux pas du Louvre. On reconnaît bien le sens des saveurs de la chef valentinoise, l'exactitude de ses créations, sa capacité à associer des ingrédients inédits – déclinés ici autour du leitmotiv des arômes et du parfum...

➜ Berlingots fumés, chèvre frais fumé, champignons des bois et fève tonka. Saint-pierre côtier, feuilles de cannelle, haricots cocos et café Bourbon pointu. Baba au rhum, fruit de la passion, gingembre et vanille.

Kinugawa

9 r. du Mont-Thabor Ⓜ Tuileries – ✆ 01 42 60 65 07 – www.kinugawa.fr – Fermé 23 déc.-1er janv. et dim.

Rest – Menu 42 € (déj. en sem.), 55/85 € – Carte 40/80 €

Cette table japonaise bien connue s'est métamorphosée en 2012, sous l'égide de nouveaux propriétaires. Le tandem Gilles & Boissier a repensé le décor, mêlant esprit contemporain et esthétique nippone : une élégante réussite. Au menu : de belles spécialités, tout en fraîcheur et maîtrise. Comptoir à sushis à l'étage.

Palais Royal

110 Galerie de Valois - Jardin du Palais Royal Ⓜ Bourse – ✆ 01 40 20 00 27 – www.restaurantdupalaisroyal.com

Rest – Carte 50/80 €

Sous les fenêtres de l'appartement de Colette, dans une salle aux accents Art déco, on déguste une belle cuisine traditionnelle, tels ce filet de bar de ligne et tomates confites ou ce millefeuille vanille et fruits de saison. Mention spéciale pour la terrasse... dans l'intimité des jardins du Palais-Royal.

L'Assaggio – Hôtel Castille Paris

37 r. Cambon Ⓜ Madeleine – ✆ 01 44 58 45 67 – www.castille.com – Fermé août, 24-30 déc., sam. et dim.

Rest – Carte 60/90 €

L'Assaggio ou "la dégustation" en italien. Grand ouvert sur un patio peint de fresques et orné d'une fontaine, le cadre évoque la villa d'Este près de Rome. Les saveurs, elles, sont italiennes sans trompe-l'œil : antipasti, pasta, risottos, etc.

Goumard

9 r. Duphot Ⓜ Madeleine – ✆ 01 42 60 36 07 – www.goumard.com

Rest – Formule 34 € – Menu 44/54 € bc – Carte 65/91 €

Cette maison plus que centenaire a pris un tournant : décor contemporain, choix de viandes en plus des spécialités de la mer (dégustation d'huîtres au bar). Ouvert de midi à minuit.

Le First – Hôtel The Westin Paris

234 r. de Rivoli Ⓜ Tuileries – ✆ 01 44 77 10 40 – www.lefirstrestaurant.com/fr/

Rest – Formule 30 € – Menu 36 € (sem.)/60 € bc – Carte 55/100 €

À deux pas des Tuileries, au sein du Westin, un véritable boudoir aux éclairages veloutés – la griffe Jacques Garcia –, où la cuisine revisite la tradition avec respect. L'été, direction la terrasse dressée dans la cour, si paisible...

Pierre au Palais Royal

10 r. Richelieu Ⓜ Palais Royal – ✆ 01 42 96 09 17 – www.pierreaupalaisroyal.com – Fermé août, sam. midi et dim.

Rest – Formule 33 € – Menu 39 € (déj.), 44/56 €

À quelques pas de la Comédie-Française, Pierre au Palais Royal est une belle institution, totalement en prise avec l'époque : murs anciens transfigurés sous un décor contemporain noir et blanc, joli choix de vins, cuisine savoureuse et originale...

Saudade

34 r. des Bourdonnais Ⓜ Pont Neuf – ✆ 01 42 36 03 65 – www.restaurantsaudade.com – Fermé août et dim.

Rest – Formule 23 € bc – Carte 30/52 €

Pour un repas au Portugal... en plein Paris, rendez-vous dans ce restaurant décoré d'azulejos. Plats typiques et vins lusitaniens à déguster au son du fado.

Yam'Tcha (Adeline Grattard)

4 r. Sauval Ⓜ Louvre Rivoli – ✆ 01 40 26 08 07 – www.yamtcha.com – Fermé août, vacances de Noël, mardi midi, dim. et lundi
Rest *(nombre de couverts limité, réserver)* – Menu 60 € (déj. en sem.)/100 €
La table étonnante d'une jeune chef formée à l'Astrance et à Hong Kong. Sens du produit remarquable, associations simples et saisissantes – entre France et Asie – pensées en accord avec une sélection d'excellents thés : tout est limpide. Vingt couverts seulement !
➜ Wonton de foie gras et de couteau servi dans un consommé. Turbot, trompettes-de-la-mort et émulsion de pétoncle. Crème de sésame noir, glace vanille et châtaigne.

Spring

6 r. Bailleul Ⓜ Louvre Rivoli – ✆ 01 45 96 05 72 – www.springparis.fr – Fermé 2 sem. en août, 2 sem. en fév., mardi midi, sam. midi, dim. et lundi
Rest *(nombre de couverts limité, réserver)* – Menu 46 € (déj.)/79 €
Daniel Rose, originaire de Chicago, est un chef décontracté, épicurien et inspiré... Il a créé un lieu à son image ! Sa cuisine, cosmopolite et libérée, abolit les conventions sans jamais dérouter, car elle est toujours guidée par le souci des saveurs. Le printemps... en toute saison.

Les Bistronomes

34 r. de Richelieu Ⓜ Palais Royal – ✆ 01 42 60 59 66 – www.lesbistronomes.fr – Fermé 3 sem. en août, 1 sem. vacances de Noël, sam. midi, dim. et lundi
Rest – Formule 26 € – Menu 35 € (déj.) – Carte 48/70 €
Les gastronomes, ou bistronomes, ont eu vite fait de repérer cette adresse pourtant discrète, née début 2011. La qualité de sa cuisine ne pouvait rester inaperçue, mélange de registre bourgeois, tendance et... bistrotier : pâté en croûte de canard et ses pickles, lotte au chou pak-choï étuvé à l'huile de sésame, etc.

Kunitoraya

5 r. Villedo Ⓜ Pyramides – ✆ 01 47 03 07 74 – www.kunitoraya.com – Fermé 2 sem. en août, vacances de fév., dim. soir et lundi
Rest – Formule 22 € – Menu 26 € (déj. en sem.), 50/90 € – Carte 45/60 €
Vieux zinc, miroirs et faïence métro : le Paris des soupers 1900... pour une cuisine nippone soignée à base d'udon, pâtes maison réalisées avec une farine de blé importée du Japon !

Au Gourmand

17 r. Molière Ⓜ Pyramides – ✆ 01 42 96 22 19 – www.augourmand.fr – Fermé 1 sem. en janv., lundi midi, sam. midi, dim. et feriés
Rest – Formule 26 € – Menu 31 € (déj.) – Carte 62/74 €
Près de l'avenue de l'Opéra, un cadre feutré et élégant, d'esprit résolument contemporain, agréable pour se laisser aller à la gourmandise : foie gras et gelée de myrtilles, tourteau en cannelloni façon bolognaise, aubergine en chantilly et sa fine nougatine, etc., avec les légumes de Joël Thiébault et du gibier en saison.

Chez La Vieille "Adrienne"

1 r. Bailleul Ⓜ Louvre Rivoli – ✆ 01 42 60 15 78 – Fermé sam. midi et dim.
Rest *(réserver)* – Formule 28 € – Menu 38 €
Autrefois tenue par une certaine Adrienne (ses photos parsèment les murs), cette demeure du 16e s., au cadre très patiné, a le sens de l'hospitalité et de la convivialité ! Et les fondamentaux y ont toujours la cote : terrine de canard, coq au vin, boudin noir, tartelette au chocolat amer...

Pinxo - Tuileries – Hôtel Renaissance Paris Vendôme

9 r. d'Alger Ⓜ Tuileries – ✆ 01 40 20 72 00 – www.pinxo.fr – Fermé août, sam. midi et dim.
Rest – Menu 29 € bc (déj.) – Carte 45/60 €
Mobilier épuré, tons noir et blanc, vue sur les cuisines : un décor sobre et moderne pour "pinxer" (picorer avec les doigts) des petits plats à la mode Dutournier. Une déclinaison très originale du savoir-faire du Carré des Feuillants !

Les Cartes Postales

7 r. Gomboust Ⓜ Pyramides – ✆ 01 42 61 02 93 – Fermé 2 sem. en août, 25 déc.-2 janv., lundi soir, sam. midi et dim.

Rest – Formule 25 € – Menu 70 € (dîner) – Carte 40/75 €

Savoureuse cuisine française relevée de notes nippones, signée par un chef japonais. Intéressante formule et demi-portions à la carte, pour deux fois plus de plaisir.

L'Absinthe

24 pl. Marché-St-Honoré Ⓜ Pyramides – ✆ 01 49 26 90 04 – www.restaurantabsinthe.com – Fermé 22 déc.-2 janv., sam. midi et dim.

Rest – Carte 46/57 €

Un bistrot néorétro plein d'allure, qui rappelle l'époque où la "fée verte" était en vogue (zinc, carrelage ancien, horloge monumentale). Plats traditionnels de saison.

Pirouette Ⓝ

5 r. Montdétour Ⓜ Châtelet-Les Halles – ✆ 01 40 26 47 81 – www.restaurantpirouette.com – Fermé août et dim.

Rest – Formule 15 € – Menu 36 € – Carte 35/58 €

"Il était un petit homme, Pirouette..." Ce restaurant – ouvert en 2012 – propose une cuisine aussi enjouée que la comptine ! À l'image de ces recettes traditionnelles revisitées avec espièglerie comme, par exemple, ce baba au rhum au citron vert. Cadre contemporain.

L'Ardoise Ⓝ

28 r. du Mont-Thabor Ⓜ Concorde – ✆ 01 42 96 28 18 – www.lardoise-paris.com – Fermé 14 juil.-15 août, 1er-8 janv., dim. midi et lundi

Rest – Formule 30 € – Menu 36/50 €

Avec ses murs recouverts d'ardoise, ce restaurant porte bien son nom. Voilà un sympathique hommage rendu à l'esprit bistrotier, hommage qui prévaut également dans l'assiette, à l'instar de ces raviolis de girolles et foie gras dans une sauce à la citronnelle. Générosité et parfums : on se régale !

La Régalade St-Honoré

123 r. St-Honoré Ⓜ Louvre Rivoli – ✆ 01 42 21 92 40 – Fermé août, 24 déc.-4 janv., sam. et dim.

Rest – Menu 35 €

Après le succès de la mythique Régalade du 14e arrondissement, Bruno Doucet récidive dans le quartier des Halles. La formule est la même – priorité au terroir et au marché – et... l'on se régale toujours autant.

Louvre Bouteille Ⓝ

150 r. St-Honoré Ⓜ Louvre Rivoli – ✆ 01 73 54 44 44 – www.louvrebouteille.fr – fermé sam. et dim.

Rest – Formule 22 € – Menu 30 € (déj.)/36 €

Imaginez, à deux pas du Louvre, un bistrot moderne orné çà et là de bouteilles... Tel est ce drôle de Louvre Bouteille, qui n'est autre que l'antre de Cyril Rouquet, chef "vu à la télé" (il a été finaliste de Masterchef en 2010). On reconnaît le travail de l'autodidacte passionné : sa cuisine a du cœur... et du goût !

Kaï

18 r. du Louvre Ⓜ Louvre Rivoli – ✆ 01 40 15 01 99 – Fermé 1 sem. en avril, 3 sem. en août, 1 sem. à Noël et dim.

Rest – Formule 28 € – Menu 70 €

Une table nippone réjouissante et authentique ! Décor épuré, spécialités tokyoïtes (sushis, grillades sur charbon) et petites douceurs françaises... de chez Pierre Hermé.

Au Rendez-vous des Camionneurs Ⓝ

72 quai des Orfèvres Ⓜ Cité – ✆ 01 43 29 78 81 – www.aurendezvousdescamionneurs.com – Fermé 2 sem. en août et 23 déc.-1er janv.

Rest – Formule 24 € – Menu 36 € – Carte 40/60 €

Banquette bleu électrique, tables en formica orange... Ce restaurant situé sur les quais de l'île de la Cité cultive la nostalgie des années 1950 ! On y savoure une cuisine de bistrot qui va à l'essentiel, tels ce risotto de girolles, parfumé à souhait, ou cette crème brûlée à la pistache. Ambiance décontractée.

PARIS

PARIS

Bistrot Mavrommatis

18 r. Duphot, (1er étage) Ⓜ Madeleine – ✆ 01 42 97 53 04 – www.mavrommatis.com – Fermé août, sam., dim. et fériés

Rest *(déj. seult)* – Formule 22 € – Menu 26/29 € – Carte 32/40 €

Un petit temple grec à deux pas de l'église de la Madeleine : épicerie au rez-de-chaussée, taverne à l'étage (photos du pays), nombreuses spécialités pour se restaurer à bon compte.

Crudus

21 r. St-Roch Ⓜ Pyramides – ✆ 01 42 60 90 29 – Fermé 1 sem. en mai, août, sam., dim. et fériés

Rest *(nombre de couverts limité, réserver)* – Formule 25 € – Menu 35 € (déj.)/70 € – Carte 35/70 €

Dans ce petit restaurant italien, priorité aux produits bio... Des saveurs naturelles à déguster dans un décor simple et avenant (parquet, murs blancs, tables en plexiglas).

Cibus

5 r. Molière Ⓜ Palais Royal – ✆ 01 42 61 50 19 – Fermé 1 sem. en mai, 3 sem. en août, 1 sem. vacances de Noël, lundi midi, sam. midi et dim.

Rest *(nombre de couverts limité, réserver)* – Formule 30 € – Menu 38 € (déj.) – Carte 46/63 €

Cibus : "nourriture", en latin. Auspices millénaires pour ce restaurant italien qui porte haut la gastronomie transalpine (produits bio). Décor très simple et accueil convivial.

Baan Boran

43 r. Montpensier Ⓜ Palais Royal – ✆ 01 40 15 90 45 – www.baan-boran.com – Fermé sam. midi et dim.

Rest – Menu 15 € (déj.)/39 € – Carte 30/45 €

Escale asiatique face au théâtre du Palais-Royal : spécialités thaïlandaises préparées au wok et servies dans un cadre contemporain épuré (bois exotique, cuir, tons beige et gris).

Nodaïwa

272 r. St-Honoré Ⓜ Palais Royal – ✆ 01 42 86 03 42 – www.nodaiwa.com – Fermé 1er-20 août, 30 déc.-10 janv. et dim.

Rest – Formule 21 € – Menu 25 € (déj.), 31/68 € – Carte environ 45 €

Table japonaise dont la grande spécialité est l'anguille, préparée avec un soin méticuleux. Salle tout en longueur et minimaliste, bien à l'image d'une… anguille.

Zen

8 r. de L'Échelle Ⓜ Palais Royal – ✆ 01 42 61 93 99 – Fermé 10-20 août

Rest – Carte 20/52 €

Table japonaise traditionnelle par sa carte (étoffée), et contemporaine par son décor : lignes épurées tout en rondeur, omniprésence du blanc et du vert acidulé.

Sanukiya Ⓝ

9 r. d'Argenteuil Ⓜ Pyramides – ✆ 01 42 60 52 61

Rest – Formule 14 € – Carte 15/28 €

Savez-vous ce que sont les "udons" ? Pour le découvrir, rendez-vous chez Sanukiya : ces nouilles japonaises à base de farine de blé sont la spécialité de cette petite table nippone ! Elles s'accompagnent de galettes de légumes et de crevettes, d'algues, de beignets nature... Simple et authentique.

Lescure

7 r. Mondovi Ⓜ Concorde – ✆ 01 42 60 18 91 – Fermé août, 23 déc.-3 janv., sam. et dim.

Rest – Menu 25 € bc – Carte environ 35 €

Une auberge familiale et conviviale tout près de la grandiose place de la Concorde, voilà qui est original ! On trouve ici de quoi se rasséréner, en dégustant, au coude-à-coude à la table commune, de copieuses recettes traditionnelles : pâté en croûte, canard confit, poule au pot farcie...

Gwadar

39 r. St-Roch Ⓜ Pyramides – ✆ 01 42 96 28 24 – www.restaurantgwadar.com – Fermé dim.

Rest – Formule 15 € – Menu 20/25 € – Carte 22/40 €

Niché sur une banquette en velours, dans un cadre cosy et sobre, on voit défiler de beaux petits plats indo-pakistanais... Et l'on salive en attendant son poulet tandoori...

S. Sauvignier/MICHELIN

Bourse · Sentier

2e arrondissement ✉ 75002

Park Hyatt

5 r. de la Paix Ⓜ Opéra – ✆ 01 58 71 12 34 – www.paris.vendome.hyatt.fr

156 ch – †800/910 € ††800/910 € – 43 suites – ☕ 37 €

Rest *Pur'* ✿ – voir les restaurants ci-après

Rest *Les Orchidées* ✆ 01 58 71 10 60 *(fermé le soir)* – Carte 70/160 €

Ed Tuttle a conçu un hôtel conforme à ses rêves, sur la célèbre rue de la Paix : collection d'art contemporain et classicisme à la française, mobilier mêlant avec subtilité le style Louis XVI et les années 1930, spa et équipements high-tech, restaurants pour toutes les envies... Un authentique palace.

Westminster

13 r. de la Paix Ⓜ Opéra – ✆ 01 42 61 57 46 – www.hotelwestminster.com

85 ch – †230/550 € ††230/550 € – 17 suites – ☕ 30 €

Rest *Le Céladon* ✿ – voir les restaurants ci-après

Rest *Le Petit Céladon* ✆ 01 47 03 40 42 *(ouvert le week-end et fermé en août et vacances de Noël)* – Menu 59 € bc

Né en 1809 et aujourd'hui bicentenaire, c'est en 1846 qu'il prit le nom de son plus fidèle client, le duc de Westminster. Ce dernier avait le goût du raffinement à la française ! À noter, le week-end, Céladon devient Petit Céladon : carte plus simple et service décontracté.

Édouard VII

39 av. de l'Opéra Ⓜ Opéra – ✆ 01 42 61 86 11 – www.edouard7hotel.com

69 ch – †460/1000 € ††460/1000 € – 12 suites – ☕ 28 €

Rest *Cuisine L'E 7* ✆ 01 42 61 86 26 *(fermé août et fériés)* – Menu 29 € – Carte 40/55 €

Chatoiement des tissus et raffinement dans les chambres "Couture", tandis que les "Edouard VII" se veulent plus sobres... Partout règne une véritable élégance et les suites sont superbes. Bar cosy et petite restauration dans un cadre contemporain très plaisant.

L'Horset Opéra sans rest

18 r. d'Antin Ⓜ Opéra – ✆ 01 44 71 87 00 – www.hotelhorsetopera.com

54 ch ☕ – †180/275 € ††195/305 €

Dans cet hôtel à deux pas du palais Garnier, l'atmosphère est très feutrée ; dans les chambres, classicisme de bon goût (tentures et tissus assortis, boiseries chaleureuses).

Hôtel de Noailles sans rest
9 r. de la Michodière Ⓜ Quatre Septembre – ✆ 01 47 42 92 90 – www.hotelnoailles.com
56 ch – †195/325 € ††195/325 € – 5 suites – ☕ 18 €
Élégance très contemporaine et design derrière une jolie façade 1900. Chambres zen et épurées, ouvertes pour la plupart sur le patio (avec balcon aux 5e et 6e étages).

La Maison Favart Ⓝ sans rest
5 r. Marivaux Ⓜ Richelieu Drouot – ✆ 01 42 97 59 83 – www.lamaisonfavart.com
36 ch – †200/600 € ††200/600 € – 1 suite – ☕ 22 €
Il règne une atmosphère intemporelle dans cet hôtel (1824) où séjourna le peintre Francisco de Goya. Les chambres – certaines tournées vers l'Opéra-Comique – sont des plus agréables. Une adresse de charme où romantisme et poésie se sont donné rendez-vous.

Malte Opéra sans rest
63 r. de Richelieu Ⓜ Quatre Septembre – ✆ 01 44 58 94 94 – www.astotel.com
64 ch – †199/560 € ††199/560 € – ☕ 17 €
Une bâtisse du 17e s. face à la Bibliothèque nationale. Chambres de facture classique – plus calmes côté cour – et petit-déjeuner servi dans un joli patio, près d'un olivier !

PARIS

Victoires Opéra sans rest
56 r. Montorgueil Ⓜ Etienne Marcel – ✆ 01 42 36 41 08 – www.victoiresopera.com
24 ch – †195/245 € ††215/275 € – ☕ 15 €
Montorgueil : un quartier piéton et animé... C'est ici que se trouve cet hôtel contemporain, dans un immeuble du 17e s. Tons chauds, mobilier actuel : les chambres ont du style !

Gramont Opéra sans rest
22 r. Gramont Ⓜ Richelieu Drouot – ✆ 01 42 96 85 90 – www.parishotelgramont.com
25 ch – †120/160 € ††150/230 € – ☕ 13 €
Un charmant hôtel près de l'Opéra-Comique... Imprimés floraux, teintes mauve et chocolat : frais, harmonieux et vraiment joli. Duplex avec terrasse donnant sur les toits.

Pur' – Hôtel Park Hyatt
5 r. de la Paix Ⓜ Opéra – ✆ 01 58 71 10 61 – www.paris.vendome.hyatt.fr – Fermé août et le midi
Rest – Menu 100/250 € bc – Carte 130/230 €
Pure réjouissance à l'heure du dîner : décor contemporain très élégant et mets créatifs concoctés par le chef qui accorde avec soin d'excellents produits. Beau, savoureux et raffiné !
➜ Fricassée de girolles "tête de clou", crumble de noisettes, mûres en pickles. Bœuf wagyu grillé, aubergines brûlées, pommes de terre fondantes. Fine tarte aux fraises des bois, Bloody Mary glacé et basilic.

Le Céladon – Hôtel Westminster
15 r. Daunou Ⓜ Opéra – ✆ 01 42 61 77 42 – www.leceladon.com – Fermé août, sam. et dim.
Rest – Menu 49 € (déj.)/64 € – Carte 80/120 €
Décor très raffiné au Céladon, entre style Régence, tableaux anciens et notes orientales (vases en céladon : porcelaine chinoise vert pâle). Sur de belles bases classiques, le chef concocte une cuisine dans l'air du temps.
➜ Girolles et cochon ibérique, pluma grillé et jambon en copeaux. Turbot sauvage cuit sur l'arête, gelée aux crevettes grises et thym citron. Pêche rôtie, chutney au romarin et brioche tiède.

Drouant
16 pl. Gaillon Ⓜ Quatre Septembre – ✆ 01 42 65 15 16 – www.drouant.com
Rest – Menu 45 € (déj.) – Carte 68/75 €
Un lieu mythique : on y décerne le prix Goncourt depuis 1914 ! Sous la houlette d'Antoine Westermann, les plats de tradition se parent de modernité. Élégant décor cossu.

XXX **Le Versance**

16 r. Feydeau Ⓜ Bourse – ✆ 01 45 08 00 08 – www.leversance.fr – Fermé 22 juil.-20 août, 24 déc.-2 janv., sam. midi, dim. et lundi

Rest – Formule 32 € bc – Menu 38 € bc (déj.) – Carte 57/75 €

Un cadre épuré où poutres, vitraux et mobilier design font des étincelles. La cuisine du chef globe-trotter n'est pas en reste : homard au curry, ris de veau et poires aux épices...

XX **Mori Venice Bar**

2 r. du Quatre-Septembre Ⓜ Bourse – ✆ 01 44 55 51 55 – www.mori-venicebar.com

Rest – Menu 40 € (déj. en sem.) – Carte 53/116 €

La gastronomie vénitienne est méconnue, et le chef, passionné, la défend avec goût ! Starck a signé le décor, évoquant le raffinement et le secret propres à Venise... Véranda face à la Bourse et comptoir pour prendre un verre autour de quelques antipasti.

XX **La Fontaine Gaillon**

pl. Gaillon Ⓜ Quatre Septembre – ✆ 01 47 42 63 22 – www.restaurant-la-fontaine-gaillon.com – Fermé 3 sem. en août, sam. et dim.

Rest – Menu 45 € (déj.) – Carte 60/90 €

Bel hôtel particulier du 17e s., supervisé par Gérard Depardieu : cadre feutré, terrasse au pied de la fontaine, cuisine valorisant la mer et plaisante sélection de vins.

XX **Passage 53** (Shinichi Sato)

53 passage des Panoramas Ⓜ Grands Boulevards – ✆ 01 42 33 04 35 – www.passage53.com – Fermé 2 sem. en août, dim. et lundi

Rest *(nombre de couverts limité, réserver)* – Menu 60 € (déj. en sem.)/120 €

Dans un passage couvert resté dans son jus, un décor minimal et un très beau panorama de cuisine contemporaine : au gré du marché, le jeune chef japonais – formé à l'Astrance – délivre des compositions d'une netteté imparable, à la cuisson millimétrée.

➜ Menu dégustation surprise.

XX **Brasserie Gallopin**

40 r. N.-D.-des-Victoires Ⓜ Bourse – ✆ 01 42 36 45 38 – www.brasseriegallopin.com

Rest – Formule 20 € – Menu 25 € (déj.)/32 € – Carte 40/65 €

Face au palais Brongniart, une véritable institution, créée en 1876 par un certain... Gallopin. Après Arletty et Raimu, Parisiens et touristes s'y pressent pour son beau décor victorien (boiseries en acajou, verrière Belle Époque, etc.) et ses grands classiques pleins de goût : tartare, baba au rhum, paris-brest...

XX **Vaudeville**

29 r. Vivienne Ⓜ Bourse – ✆ 01 40 20 04 62 – www.vaudevilleparis.com

Rest – Formule 27 € – Menu 33 € – Carte 36/71 €

Grande brasserie Art déco, dans la pure tradition parisienne. Le jour, "cantine" de nombreux journalistes et le soir, "relâche" des sorties de théâtres !

XX **Saturne**

17 r. N.-D.-des-Victoires Ⓜ Bourse – ✆ 01 42 60 31 90 – www.saturne-paris.fr – Fermé août, vacances de Noël, sam. et dim.

Rest – Menu 37 € (déj.)/60 € – Carte 55/75 € le midi

Saturne : dieu de l'agriculture et anagramme de "natures". Le credo du jeune chef : de très bons produits, des vins naturels et un menu unique, dans une ambiance loft très parisienne. Et pour l'anecdote, le pain est tout bonnement... divin !

XX **Les Jalles** (N)

14 r. des Capucines Ⓜ Opéra – ✆ 01 42 61 66 71 – www.lesjalles.fr – Fermé sam. midi et dim. midi

Rest – Menu 42 € (déj.)/85 € – Carte environ 85 €

Les deux jeunes femmes qui ont ressuscité le Bistro Volnay ont récidivé à deux pas, en 2012, avec ces Jalles – dont s'occupe Magali, sommelière de formation. Le décor puise son élégance dans le style Art déco, les assiettes dans des produits de qualité cuisinés avec soin, tel ce bar rôti et ses fleurs de courgettes.

PARIS

Zinc Opéra

8 r. de Hanovre Opéra – 01 42 65 58 95 – www.restaurant-zinc.com – Fermé août, sam. et dim.

Rest – Formule 25 € – Menu 30/35 € – Carte 35/55 €

Les saveurs mènent la danse dans ce Zinc Opéra ! Aux commandes de ce jeune bistrot chic et cosy, une équipe très solide signe des recettes à la fois simples et soignées, centrées sur les produits. Confit de canard et pommes de terre sautées, clafoutis aux cerises, etc. : des classiques pleins de parfums.

Café Moderne

40 r. N.-D.-des-Victoires Bourse – 01 53 40 84 10 – Fermé 1er-24 août, sam. et dim.

Rest – Formule 28 € – Menu 35/39 €

Près de la Bourse, élégante table moderne, bondée le midi, intime le soir. Décor et carte honorent les crus français. Fiez-vous à l'instinct du chef, épris des produits de saison !

Bistro Volnay

8 r. Volney Opéra – 01 42 61 06 65 – www.bistrovolnay.fr – Fermé 3 sem. en août, sam. et dim.

Rest – Menu 38/55 €

On y redécouvre avec plaisir les classiques bistrotiers, aux délicats parfums. Décor élégant revisitant tout l'esprit des années 1930 (miroirs, banquettes…).

Liza

14 r. de la Banque Bourse – 01 55 35 00 66 – www.restaurant-liza.com – Fermé sam. midi et dim. soir

Rest – Formule 16 € – Carte 34/54 €

Loin des clichés, cette table libanaise, mise en scène par des designers du pays (ambiance lounge et orientale), réinterprète les recettes traditionnelles ; c'est fin et parfumé !

Bi Zan

56 r. Ste-Anne Quatre Septembre – 01 42 96 67 76 – Fermé dim., lundi et fériés

Rest – Formule 45 € – Menu 65 € bc/120 € bc – Carte 68/135 € le soir

Bi Zan désigne une région montagneuse du Japon. L'adresse – zen, voire minimaliste – est connue des amateurs de cuisine nippone. Comptoir et salle à l'étage ; belle carte de sakés.

Chez Georges

1 r. du Mail Bourse – 01 42 60 07 11 – Fermé août, vacances de Noël, sam. et dim.

Rest – Carte 31/73 €

À deux pas de la place des Victoires, un vrai bistrot parisien dans son jus rétro ! Au menu : une solide cuisine traditionnelle et des vins bien choisis, à savourer au coude-à-coude.

Aux Lyonnais

32 r. St-Marc Richelieu Drouot – 01 42 96 65 04 – www.alain-ducasse.com – Fermé août, sam. midi, dim. et lundi

Rest *(réserver)* – Menu 32 € (déj.) – Carte 41/57 €

Dans ce bistrot fondé en 1890, on se régale d'une savoureuse cuisine qui explore la gastronomie lyonnaise. Cadre délicieusement rétro : zinc, banquettes, miroirs biseautés, moulures...

Silk & Spice

6 r. Mandar Sentier – 01 44 88 21 91 – www.silkandspice.fr – Fermé sam. midi et dim. midi

Rest – Formule 23 € – Menu 26/50 € – Carte 33/48 €

Atmosphère feutrée et belles saveurs d'inspiration thaïe. Gambas et crevettes dans une réduction à la citronnelle, bœuf mijoté au curry vert : les grands classiques de la maison !

Pierrot soir,

18 r. Étienne Marcel Ⓜ Etienne Marcel – ✆ 01 45 08 00 10 – Fermé dim.

Rest – Carte 40/55 €

Dans ce bistrot convivial, tenu par deux jeunes Aveyronnais, viandes de l'Aubrac, foie gras maison et carré d'agneau aux herbes réjouissent les habitués... et les autres !

Frenchie

5 r. du Nil Ⓜ Sentier – ✆ 01 40 39 96 19 – www.frenchie-restaurant.com – Fermé 2 sem. en août, vacances de Noël, le midi, sam. et dim.

Rest *(nombre de couverts limité, réserver)* – Formule 34 € – Menu 45 €

Drôlement *frenchy*, le jeune chef Grégory Marchand, lui qui a fait ses classes dans plusieurs grandes tables anglo-saxonnes, avant de prendre ses quartiers dans le Sentier, où son petit restaurant ne désemplit pas. La "faute" à sa cuisine, très contemporaine et... drôlement *savoury* !

Une Poule sur un Mur

5 r. Marie-Stuart Ⓜ Etienne Marcel – ✆ 01 42 33 05 89 – www.unepoulesurunmur.fr – Fermé 6-25 août, 23 déc.-2 janv., sam. midi, dim. et lundi

Rest – Formule 16 € – Menu 18 € (déj.) – Carte 33/47 €

Point d'inquiétude : ici, les poules ne picorent pas que du pain dur ! Mais bien plutôt, au gré des saisons, un artichaut barigoule au magret fumé, un lieu jaune relevé de tapenade... Un vrai nid gourmand, à deux pas des Halles.

L'Apibo N

31 r. Tiquetonne Ⓜ Etienne Marcel – ✆ 01 55 34 94 50 – www.restaurant-lapibo.fr – Fermé dim.

Rest – Formule 22 € – Menu 32/55 € – Carte 32/41 €

L'ancien chef de Jean – une bonne table du 9e – s'est lancé dans une nouvelle aventure : ouvrir sa propre adresse ! Dans son petit bistrot du quartier Montorgueil, il signe une belle cuisine de produits, originale et délicate, telles ces ravioles de volaille et artichauts sautés. Et l'accueil est charmant...

S. Sauvignier/MICHELIN

Le Haut Marais · Temple

3e arrondissement ✉ 75003

Pavillon de la Reine sans rest

28 pl. des Vosges Ⓜ Bastille – ✆ 01 40 29 19 19 – www.pavillon-de-la-reine.com

38 ch – †410/470 € ††410/470 € – 16 suites – ☕ 34 €

Élégance et luxe du Paris historique, tout en noble discrétion. Passé les voûtes de la place des Vosges, première illumination à la vision de la belle cour verdoyante. Et le ravissement ne cesse pas : les chambres sont raffinées et feutrées ; le petit spa couronne le tout !

Le Petit Moulin sans rest

29 r. du Poitou Ⓜ St-Sébastien Froissart – ✆ 01 42 74 10 10 – www.hoteldupetitmoulin.com

17 ch – †195/390 € ††195/390 € – ☕ 15 €

Christian Lacroix a imaginé le décor "couleur du temps" de cet hôtel du Marais. C'est inédit, raffiné... entre tradition et modernité. Baignoires à pieds, tons flashy : chaque chambre est un bijou !

PARIS

Jules et Jim N sans rest

11 r. des Gravilliers M *Arts et Métiers – 01 44 54 13 13 – www.hoteljulesetjim.com*

23 ch – †200/310 € ††200/310 € – 18 €

Ne cherchez pas de lien avec le film de François Truffaut... sinon un affichage branché, voire hipster ! Cette ancienne usine du Marais, transformée en hôtel, est l'un des derniers repaires urbains à la mode. Atypiques et confortables, les chambres sont une belle démonstration du goût contemporain, version jeune et épicurienne...

Little Palace sans rest

4 r. Salomon-de-Caus M *Réaumur Sébastopol – 01 42 72 08 15 – www.littlepalacehotel.com*

49 ch – †178/235 € ††198/273 € – 4 suites – 15 €

Un Little Palace "so charming", mêlant avec bonheur styles Belle Époque et contemporain. Chambres chaleureuses, à choisir de préférence aux 6e et 7e étages (balcon et vue sur Paris).

Austin's Arts et Métiers sans rest

6 r. Montgolfier M *Arts et Métiers – 01 42 77 17 61 – www.austinsamhotel.com*

29 ch – †120/130 € ††160/180 € – 10 €

Pas de mystère dans les chambres jaunes, rouges ou bleues de ce petit hôtel faisant face au musée des Arts et Métiers : elles sont sobres, chaleureuses et bien tenues.

Hôtel du Vieux Saule N sans rest

6 r. de Picardie M *Filles du Calvaire – 01 42 72 01 14 – www.hotelvieuxsaule.com*

27 ch – †125/165 € ††165/255 € – 13 €

Cet hôtel entièrement rénové en 2012 se cache dans une petite rue au cœur du Marais. Les chambres y sont petites mais joliment décorées. Il fait bon se détendre au sauna ou dans le salon donnant sur la cour. Idéal pour se rendre place des Vosges ou au musée Carnavalet.

Jacques de Molay sans rest

94 r. des Archives M *République – 01 42 72 68 22 – www.hotelmolay.fr*

23 ch – †133/176 € ††145/196 € – 12 €

Du rose, du jaune... dans cet hôtel particulier, chaque étage arbore fièrement sa couleur. Chambres propres et bien tenues, gentiment kitsch ; petit-déjeuner sous une jolie verrière.

Hôtel des Archives sans rest

87 r. des Archives M *Temple – 01 44 78 08 00 – www.hoteldesarchives.com*

19 ch – †150/180 € ††150/180 € – 4 suites – 12 €

Près de la mairie du 3e arrondissement. Les chambres sont sobres ; les quatre suites – de véritables petits appartements – se révèlent idéales pour un séjour en famille.

Ambassade d'Auvergne

22 r. du Grenier-St-Lazare M *Rambuteau – 01 42 72 31 22 – www.ambassade-auvergne.com*

Rest – Formule 22 € bc – Menu 30 € – Carte 32/48 €

Les classiques d'une province riche de traditions et de saveurs : saucisse sèche, lentilles vertes du Puy et l'incontournable aligot... le tout arrosé de vins d'Auvergne.

Le Carré des Vosges

15 r. St-Gilles M *Chemin Vert – 01 42 71 22 21 – www.lecarredesvosges.fr – Fermé 2 sem. en août, sam. midi, dim. et lundi*

Rest – Formule 15 € – Menu 39/60 € – Carte 45/62 €

À deux pas de la rue des Francs-Bourgeois et de ses boutiques branchées, ce bistrot de quartier au décor soigné propose une cuisine du marché ancrée sur les saisons. Un mélange de simplicité étudiée et de classiques réalisés dans les règles de l'art.

PARIS

Pramil

9 r. Vertbois Ⓜ Temple – ✆ 01 42 72 03 60 – www.pramilrestaurant.fr – Fermé 30 avril-7 mai, 19 août-2 sept., 23-29 déc., dim. midi et lundi

Rest – Formule 22 € – Menu 33 € – Carte 38/48 €

Le décor a l'élégance de se faire oublier : tout en sobriété, il met en valeur la belle générosité de la cuisine du marché d'Alain Pramil, un autodidacte passionné qui, dans une autre vie, était professeur de physique !

Glou

101 r. Vieille-du-Temple Ⓜ St-Sébastien Froissart – ✆ 01 42 74 44 32 – www.glou-resto.com

Rest – Formule 16 € – Menu 21 € – Carte 25/58 €

Près du musée Picasso, un bistrot d'esprit loft – décontraction comprise –, où la cuisine du marché se pense avec un joli cru. Beau choix de vins au verre et ardoise du jour très intéressante !

Au Bascou

38 r. Réaumur Ⓜ Arts et Métiers – ✆ 01 42 72 69 25 – www.au-bascou.fr – Fermé en août, 23-29 déc., sam. et dim.

Rest – Formule 19 € – Menu 25 € (déj.) – Carte 36/74 €

Dans ce bistrot, véritable institution parisienne, la cuisine chante avec les chauds accents de la terre basque. Les produits viennent du "pays", et les spécialités du terroir fraternisent avec les préparations canailles. Chaleureux !

Café des Musées

49 r. de Turenne Ⓜ Chemin Vert – ✆ 01 42 72 96 17 – www.cafedesmusees.fr – Fermé 2-8 janv.

Rest – Formule 14 € – Menu 22 € (dîner) – Carte 24/52 €

Entre les musées Picasso et Carnavalet, un bistrot typiquement parisien : convivialité, cuisine maison dans l'esprit du lieu, plats canailles et du marché.

S. Sauvignier/MICHELIN

Île de la Cité · Île St-Louis · Le Marais · Beaubourg

4e arrondissement ✉ 75004

Jeu de Paume sans rest

54 r. St-Louis-en-l'Ile Ⓜ Pont Marie – ✆ 01 43 26 14 18 – www.jeudepaumehotel.com

28 ch – †185/255 € ††285/360 € – 2 suites – ☕ 18 €

Au cœur de l'île St-Louis, cette halle du 17e s., jadis vouée au jeu de paume, s'est muée en hôtel de caractère. Poutres apparentes, belle hauteur sous plafond : une sobre élégance contemporaine dans des chambres entièrement rénovées en 2010.

Bourg Tibourg sans rest

19 r. Bourg Tibourg Ⓜ Hôtel de Ville – ✆ 01 42 78 47 39 – www.hotelbourgtibourg.com

30 ch – †190 € ††250/270 € – ☕ 16 €

Un hôtel entièrement décoré par Jacques Garcia. Néogothique, baroque, oriental... chaque chambre a son propre univers, tout en luxe et raffinement. Une petite perle en plein Marais.

PARIS

Duo sans rest
11 r. Temple Ⓜ Hôtel de Ville – ✆ 01 42 72 72 22 – www.duoparis.com
56 ch – †140/225 € ††235/420 € – 2 suites – ☕ 15 €
Un passé préservé (escalier classé, cave voûtée du 16e s.) et une atmosphère résolument contemporaine, douce et design : un beau Duo gagnant tenu par la même famille depuis 1918.

Deux Îles sans rest
59 r. St-Louis-en-l'Ile Ⓜ Pont Marie – ✆ 01 43 26 13 35 – www.hoteldesdeuxiles.com
17 ch – †169/179 € ††215 € – ☕ 13 €
Cet hôtel a été entièrement rénové : du beige et du brun, du rotin, des poutres apparentes... Certes les chambres sont petites, mais elles offrent beaucoup de confort.

Villa Mazarin sans rest
6 r. des Archives Ⓜ Hôtel de Ville – ✆ 01 53 01 90 90 – www.villamazarin.com
29 ch – †220/350 € ††220/350 € – ☕ 12 €
Parfait pour rejoindre Notre-Dame, la place des Vosges ou Beaubourg. Un hôtel central qui revisite le style Second Empire sous l'angle contemporain. Quelques duplex.

Caron de Beaumarchais sans rest
12 r. Vieille-du-Temple Ⓜ Hôtel de Ville – ✆ 01 42 72 34 12 – www.carondebeaumarchais.com
19 ch – †145/195 € ††145/195 € – ☕ 13 €
Un voyage qui vous transporte au 18e s. Les chambres révèlent un univers raffiné : jolis imprimés, gravures évoquant Le Mariage de Figaro, antiquités...

Beaubourg sans rest
11 r. Simon Le Franc Ⓜ Rambuteau – ✆ 01 42 74 34 24 – www.hotelbeaubourg.com
28 ch – †95/230 € ††95/230 € – ☕ 10 €
Juste derrière le Centre Pompidou ! Cet hôtel dispose de chambres accueillantes et bien insonorisées, plus grandes et souvent dotées de poutres dans le bâtiment donnant sur la rue.

Lutèce sans rest
65 r. St-Louis-en-l'Ile Ⓜ Pont Marie – ✆ 01 43 26 23 52 – www.hoteldelutece.com
23 ch – †179 € ††215 € – ☕ 13 €
Un emplacement idéal sur l'île St-Louis, pour les amoureux du Paris historique. Boiseries, poutres et tomettes au salon ; petites chambres fonctionnelles, tout en sobriété.

Castex sans rest
5 r. Castex Ⓜ Bastille – ✆ 01 42 72 31 52 – www.castexhotel.com
30 ch – †159 € ††189 € – ☕ 11 €
La clientèle américaine, entre autres, apprécie la mise en scène Grand Siècle de cette demeure. Petites chambres soignées (tomettes, mobilier Louis XIII et rustique).

L'Ambroisie (Bernard et Mathieu Pacaud)
9 pl. des Vosges Ⓜ St-Paul – ✆ 01 42 78 51 45 – www.ambroisie-paris.com – Fermé 2-18 mars, 27 juil.-27 août, dim. et lundi
Rest – Carte 200/265 €
L'ambroisie n'est-elle pas la nourriture des dieux de l'Olympe ? Sans conteste, la cuisine de Bernard et Mathieu Pacaud – deux générations de concert – touche à l'absolu : éclat des saveurs, science des produits, perfection d'exécution. Un classicisme imparable ! Le tout dans l'écrin royal d'un hôtel particulier de la place des Vosges (17e s.). Nourritures immortelles...
➜ Feuillantine de langoustine aux graines de sésame, sauce curry. Escalopine de bar à l'émincé d'artichaut, nage réduite au caviar. Tarte fine sablée au chocolat, glace à la vanille Bourbon.

Le Sergent Recruteur

41 r. St-Louis Ⓜ Pont Marie – ✆ 01 43 54 75 42 – www.lesergentrecruteur.fr – Fermé 1er-16 août, 23-30 déc., vacances de fév., dim. et lundi

Rest – Menu 65 € (déj.), 95/145 €

Sur l'île St-Louis, dans une maison ancienne, un restaurant très élégant et feutré. La cuisine, signée par un chef au beau parcours, se révèle vive et créative, au fil d'un menu imposé ciselé avec finesse. Une table née en 2012 et déjà une valeur sûre...

➜ Cuisine du marché.

Benoit

20 r. St-Martin Ⓜ Châtelet-Les Halles – ✆ 01 42 72 25 76 – www.alain-ducasse.com – Fermé août

Rest – Menu 38 € (déj.) – Carte 60/120 €

Alain Ducasse supervise ce bistrot chic et animé, l'un des plus anciens de Paris : Benoit a fêté en 2012 son centième anniversaire ! La cuisine, classique et réalisée dans les règles de l'art, est respectueuse de l'âme de cette authentique et belle maison.

➜ Pâté en croûte, cœur de laitue à l'huile de noix et chapons aillés. Filet de sole Nantua, épinards à peine crémés. Profiteroles Benoît, sauce chocolat chaud.

Bofinger

soir,

5 r. Bastille Ⓜ Bastille – ✆ 01 42 72 87 82 – www.bofingerparis.com

Rest – Formule 29 € – Menu 34 € – Carte 40/70 €

Institution de la vie parisienne au remarquable décor alsacien : coupole, marqueteries, miroirs, peintures signées Hansi. Le charme de cette brasserie créée en 1864 opère toujours.

Claude Colliot

40 r. des Blancs Manteaux Ⓜ Rambuteau – ✆ 01 42 71 55 45 – www.claudecolliot.com – Fermé août, dim. et lundi

Rest – Formule 24 € – Menu 29 € (déj. en sem.)/59 € – Carte environ 45 €

Chez Claude Colliot, point d'énoncés pompeux, mais une cuisine de saison qui traite les excellents produits avec tous les égards... Léger, sain et savoureux. Le soir, réservez !

Mon Vieil Ami

69 r. St-Louis-en-l'Île Ⓜ Pont Marie – ✆ 01 40 46 01 35 – www.mon-vieil-ami.com – Fermé 1er-20 août, 1er-20 janv., lundi et mardi

Rest – Formule 37 € – Menu 46 €

Vieilles poutres et décor contemporain... Une auberge tendance, où savourer de goûteuses recettes traditionnelles, joliment modernisées et ponctuées de clins d'œil à l'Alsace.

Au Bourguignon du Marais

52 r. François-Miron Ⓜ St-Paul – ✆ 01 48 87 15 40 – Fermé 2 sem. en mars, 3 sem. en août, dim. et lundi

Rest – Carte 35/75 €

Dans le quartier du Marais, une enseigne qui dit vrai : on savoure ici de bons petits plats régionaux, tout en générosité. Incontournable bœuf bourguignon, escargots à l'ail et au persil... et jolie carte de vins 100 % bourguignonne !

Le Gaigne

12 r. Pecquay Ⓜ Rambuteau – ✆ 01 44 59 86 72 – www.restaurantlegaigne.fr – Fermé août, dim. et lundi

Rest – Formule 17 € – Menu 45/64 € bc – Carte 46/55 €

Le jeune chef est passé par de grandes maisons et concocte une bien jolie cuisine de saison (menu renouvelé chaque mois). L'endroit est tout petit ; mieux vaut donc réserver !

L'Osteria

10 r. Sévigné Ⓜ St-Paul – ✆ 01 42 71 37 08 – www.l-osteria.fr – Fermé 2 sem. en août, dim., lundi et fériés

Rest *(réserver)* – Formule 19 € – Menu 23 € (déj. en sem.) – Carte 40/75 €

Une discrète trattoria appréciée par une clientèle fidèle et... quelques célébrités, comme le prouvent les autographes et dessins sur les murs. La maison est surtout l'une des tables de gastronomie italienne – en particulier vénitienne – les plus authentiques de la capitale : gnocchis, risottos et autres carpaccios...

Suan Thaï

35 r. Temple Ⓜ Rambuteau – ✆ 01 42 77 10 20 – www.suanthai.fr
Rest – Formule 16 € – Menu 18 € (déj.)/29 € – Carte 32/55 €
Plus grand, plus beau, plus confortable : fin 2011, Suan Thaï a déménagé à 100 m de son ancienne adresse, mais ses nombreux habitués y ont vite repris des habitudes. Au menu : d'authentiques recettes thaïes, concoctées par des cuisiniers recrutés directement en Thaïlande.

Les Fous de l'Île

33 r. des Deux-Ponts Ⓜ Pont Marie – ✆ 01 43 25 76 67 – www.lesfousdelile.com
Rest – Formule 19 € – Menu 25 € (déj. en sem.), 28/33 €
Au cœur de l'île St-Louis, un néobistrot qui fait rimer saveurs et bonne humeur. Chapeau aussi à la déco, entre casiers en bois et collection de poules. Régalé, mais pas plumé !

Le Gorille Blanc

4 impasse Guéménée ✉ 75004 Ⓜ Bastille – ✆ 01 42 72 08 45 – Fermé dim.
Rest – Formule 16 € – Carte 29/48 €
Gare au Gorille Blanc, il est si gourmand ! Heureusement, dans ce bistrot rétro, le chef concocte une généreuse cuisine bistrotière et ménagère : terrine de champignons à la crème d'ail, chipirons sautés, fricassée de lapin aux oignons...

PARIS

Isami

4 quai d'Orléans Ⓜ Pont Marie – ✆ 01 40 46 06 97 – Fermé août, vacances de Noël, dim. et lundi
Rest *(nombre de couverts limité, réserver)* – Carte 50/80 €
Quelques tables, un comptoir... une sobriété toute nippone. Sushis, sashimis et autres makis : la maison fait la part belle au poisson extrafrais, livré quotidiennement.

Ph. Gajic/MICHELIN

Quartier Latin · Jardin des Plantes · Mouffetard

5e arrondissement

✉ 75005

Seven sans rest

20 r. Berthollet Ⓜ Les Gobelins – ✆ 01 43 31 47 52 – www.sevenhotelparis.com
35 ch – †197/877 € ††197/877 € – ☕ 18 €
Surprise ! Une fois franchie la porte de ce bâtiment très parisien, on découvre un hôtel ultradesign et presque fantasmagorique. Lumières bleutées, plafonds figurant un ciel nuageux, lits en lévitation, transparences : une expérience ultime.

Hôtel des Grands Hommes sans rest

17 pl. du Panthéon Ⓜ Luxembourg – ✆ 01 46 34 19 60 – www.hoteldesgrandshommes.com
30 ch – †190/340 € ††200/340 € – ☕ 12 €
Bel emplacement près du Panthéon pour cet hôtel plein de charme. Les chambres, très bien tenues et aménagées dans un style Directoire, ont beaucoup de caractère. De même la vue des balcons et terrasses des 5e et 6e étages !

Select sans rest
1 pl. de la Sorbonne Ⓜ Cluny La Sorbonne – ✆ 01 46 34 14 80 – www.selecthotel.fr
66 ch – †178/218 € ††218/265 € – ☕ 10 €
Lorsque l'on pénètre dans le hall de cet hôtel très... sélect, on est saisi par son design contemporain. Les chambres, en revanche, marient avec habileté pierres et poutres historiques avec un mobilier tendance. Une adresse de qualité.

Relais St-Jacques sans rest
3 r. Abbé-de-l'Épée Ⓜ Luxembourg – ✆ 01 53 73 26 00 – www.relais-saint-jacques.com
22 ch – †350/375 € ††350/375 € – ☕ 17 €
Un hôtel très parisien, dans une rue plutôt tranquille. Inspirées par les châteaux de la Loire, les chambres affichent des styles variés (Directoire, Louis-Philippe, etc.). Un ensemble intime, idéal pour découvrir le quartier.

Grand Hôtel St-Michel sans rest
19 r. Cujas Ⓜ Luxembourg – ✆ 01 46 33 33 02 – www.grand-hotel-st-michel.com
46 ch – †215/350 € ††215/350 € – 1 suite – ☕ 20 €
À quelques pas du trépidant boulevard St-Michel, cet hôtel a fait le pari – réussi – du design et du confort : formes épurées, détails originaux et teintes apaisantes. Fitness et hammam permettent de se délasser avant une bonne nuit de sommeil.

Villa Panthéon sans rest
41 r. des Écoles Ⓜ Maubert Mutualité – ✆ 01 53 10 95 95 – www.leshotelsdeparis.com
59 ch – †159/580 € ††159/580 € – ☕ 15 €
Boiseries sombres, fauteuils Chesterfield et lampes d'inspiration Liberty... Bien que très rive gauche, cet hôtel a un côté british, ou scottish pour être plus précis. D'ailleurs, un beau choix de whiskys vous attend au bar.

Jardin de Cluny sans rest
9 r. du Sommerard Ⓜ Maubert Mutualité – ✆ 01 43 54 22 66 – www.hoteljardindecluny.com
40 ch – †130/210 € ††130/300 € – ☕ 15 €
Les voyageurs soucieux de leur environnement apprécieront cet hôtel certifié Écolabel. L'élégance et le confort des chambres ne sont en rien sacrifiés ; la salle voûtée où l'on sert le petit-déjeuner a beaucoup de charme.

Hôtel du Levant sans rest
18 r. de la Harpe Ⓜ St-Michel – ✆ 01 46 34 11 00 – www.hoteldulevant.com
46 ch ☕ – †80/150 € ††180/210 €
Les chambres de cet hôtel bâti en 1875 sont hautes en couleurs : rouge, jaune, rose vifs... Les bons points : un salon reposant, un bon emplacement pour découvrir la capitale et des prix raisonnables.

Royal St-Michel sans rest
3 bd St-Michel Ⓜ St-Michel – ✆ 01 44 07 06 06 – www.hotelroyalsaintmichel.com
39 ch – †180/290 € ††190/320 € – ☕ 16 €
Toute l'ambiance du Quartier latin aux portes de cet hôtel chaleureux ! Il faut dire qu'il se trouve juste en face de la fontaine St-Michel. Contemporaines et cosy, les chambres sont bien insonorisées : détail utile dans ce secteur animé.

Grandes Écoles sans rest
75 r. Cardinal-Lemoine Ⓜ Cardinal Lemoine – ✆ 01 43 26 79 23 – www.hotel-grandes-ecoles.com
51 ch – †120/150 € ††120/155 € – ☕ 9 €
Comme un air de campagne en plein Paris pour cet hôtel isolé au fond d'un petit passage pavé. Dans les chambres : pas de télévision, du papier-peint à fleurs et des couvre-lits en dentelle. L'été, on prend le petit-déjeuner au jardin.

Albe sans rest
1 r. de la Harpe Ⓜ St-Michel – ✆ 01 46 34 09 70 – www.albehotel.fr
43 ch – †140/230 € ††170/360 € – ☕ 12 €
Notre-Dame, le Quartier latin, l'île St-Louis... Paris est à vous ! Outre ces atouts géographiques, cet hôtel se révèle très agréable avec son style clair et design. Les chambres ne sont pas très grandes mais on s'y sent vraiment bien.

Agora St-Germain sans rest
42 r. des Bernardins Ⓜ Maubert Mutualité – ✆ 01 46 34 13 00 – www.hotelagorasaintgermain.com
39 ch – 🚹195/275 € 🚹🚹195/275 € – ☕ 11 €
Voisin de l'église St-Nicolas-du-Chardonnet, cet hôtel propose des chambres fonctionnelles et classiques, plus calmes côté cour. La réception, chaleureuse et colorée, et la salle des petits-déjeuners sont très plaisantes. Accueillant !

Minerve sans rest
13 r. des Écoles Ⓜ Maubert Mutualité – ✆ 01 43 26 26 04 – www.parishotelminerve.com
54 ch – 🚹110/193 € 🚹🚹137/193 € – ☕ 9 €
Derrière sa façade fleurie, cet hôtel révèle un certain cachet. Toile de Jouy aux murs, poutres apparentes et mobilier rustique dans les chambres : l'ensemble a un style cossu. Réconfortant après une journée à arpenter les rues de Paris.

Le Petit Paris sans rest
214 r. St-Jacques Ⓜ Luxembourg – ✆ 01 53 10 29 29 – www.hotelpetitparis.com
20 ch – 🚹250/370 € 🚹🚹250/370 € – ☕ 15 €
Design et ludique, pop et noble à la fois... Les chambres épousent avec raffinement l'époque médiévale, les seventies, les années 1920, les styles Louis XV ou Napoléon III, le tout en technicolor !

Sorbonne sans rest
6 r. Victor-Cousin Ⓜ Cluny La Sorbonne – ✆ 01 43 54 58 08 – www.hotelsorbonne.com
38 ch – 🚹120/390 € 🚹🚹130/390 € – ☕ 13 €
Couleurs très vives ou aplats de noir profond, mobilier design ou fauteuils Louis XVI habillés d'imprimés flashy, hall gris brillant : le Sorbonne est entré dans le 21e s. Pour une autre approche de la rive gauche.

The Five sans rest
3 r. Flatters Ⓜ Gobelins – ✆ 01 43 31 74 21 – www.thefivehotel.com
24 ch – 🚹119/245 € 🚹🚹149/275 € – 1 suite – ☕ 15 €
Five, comme le 5e et les cinq sens, au fondement du concept de ce petit hôtel résolument design. Avec leur éclairage en fibre optique et leur mobilier contemporain, les chambres sont très originales. On peut choisir jusqu'à leur ambiance parfumée !

Résidence Henri IV sans rest
50 r. des Bernardins Ⓜ Maubert Mutualité – ✆ 01 44 41 31 81 – www.residencehenri4.com
13 ch – 🚹100/270 € 🚹🚹100/270 € – ☕ 8 €
Le souvenir du bon roi Henri plane sur cet hôtel entièrement rénové ces dernières années. Avec leurs ciels de lits, leurs boiseries claires et leurs tissus fleuris, les chambres sont à la fois classiques et contemporaines. Et le quartier est si beau...

St-Jacques sans rest
35 r. des Écoles Ⓜ Maubert Mutualité – ✆ 01 44 07 45 45 – www.paris-hotel-stjacques.com
36 ch – 🚹110/168 € 🚹🚹151/292 € – ☕ 14 €
Ce petit hôtel familial propose des chambres classiques, avec moulures au plafond et fresques romantiques ; les "deluxe" ont été joliment rénovées dans une veine plus cossue. Un style "so French" qui ravit les touristes de passage.

Tour Notre-Dame sans rest
20 r. Sommerard Ⓜ Cluny La Sorbonne – ✆ 01 43 54 47 60 – www.tour-notre-dame.com
47 ch – 🚹120/250 € 🚹🚹130/290 € – ☕ 14 €
Un hôtel totalement rénové et fort bien situé, juste à côté du musée de Cluny : l'occasion de découvrir les superbes tapisseries de la Dame à la licorne. Si vous avez besoin de plus de calme, choisissez les chambres donnant sur l'arrière.

St-Christophe sans rest
17 r. Lacépède Ⓜ Place Monge – ☎ 01 43 31 81 54
– www.saint-christophe-hotel.com
31 ch – †138/180 € ††138/180 € – ☕ 9 €
Le naturaliste Lacépède a donné son nom à la rue ; le Jardin des Plantes est proche. Dans ce petit hôtel familial, les chambres ne sont pas très grandes mais elles ont ce caractère rustique si typiquement français...

La Tour d'Argent
15 quai de la Tournelle Ⓜ Maubert Mutualité – ☎ 01 43 54 23 31
– www.latourdargent.com – Fermé août, dim. et lundi
Rest – Menu 70 € (déj.), 170/190 € – Carte 157/386 €
Un panorama inoubliable – le chevet de Notre-Dame serti dans Paris ! – et une table de grande tradition, dont les classiques valent un musée de la gastronomie ; ainsi le mythique caneton de Challans... Service formel et élégant, à l'ancienne. Cave exceptionnelle !
➜ Quenelles de brochet André Terrail. Caneton "Tour d'Argent". Crêpes Belle Époque.

La Truffière
4 r. Blainville Ⓜ Place Monge – ☎ 01 46 33 29 82 – www.latruffiere.com – Fermé 23-30 déc., mardi midi en juil.-août, dim. et lundi
Rest – Menu 35 € (déj. en sem.), 80/220 € – Carte 92/156 €
Une valeur sûre que cette belle maison du 17e s., où l'on déguste des recettes pleines de finesse et révélant les produits du terroir, rehaussées, en saison, par les suaves parfums de la truffe blanche ou noire... La carte des vins, riche de crus du monde entier, est remarquable.
➜ Œuf mollet en croûte de pain et truffe noire. Parmentier de queue de bœuf, pomme de terre truffée. Soufflé chaud à la truffe noire et glace yaourt.

Atelier Maître Albert
1 r. Maître Albert Ⓜ Maubert Mutualité – ☎ 01 56 81 30 01
– www.ateliermaitrealbert.com – Fermé sam. midi et dim. midi
Rest – Formule 25 € – Menu 30 € (déj.)/35 € – Carte 38/65 €
Une cheminée médiévale et des rôtissoires cohabitent avec un bel intérieur design signé J.-M. Wilmotte. Guy Savoy a imaginé la carte, avec des produits d'une qualité indéniable. Imaginez une volaille à la peau croustillante, son jus parfumé...

Mavrommatis
42 r. Daubenton Ⓜ Censier Daubenton – ☎ 01 43 31 17 17
– www.mavrommatis.fr – Fermé août, dim. soir, mardi midi, merc. midi, jeudi midi et lundi
Rest – Formule 22 € – Menu 35 € bc (déj. en sem.) – Carte 45/55 €
Une autre vision de la cuisine grecque à Paris ! Le cadre est élégant et le chef livre une belle interprétation de la gastronomie hellénique. Agneau, poulpe, légumes méditerranéens, vin résiné, etc. : des réalisations de grande qualité.

Marty
20 av. des Gobelins Ⓜ Les Gobelins – ☎ 01 43 31 39 51
– www.martyrestaurant.com – Fermé août
Rest – Menu 38 € – Carte 48/76 €
Cette brasserie Art déco est une véritable institution des Gobelins. On y sert de beaux plats de brasserie avec des spécialités de poissons (par exemple, une raie pochée ultrafraîche). Joli banc d'huîtres et de fruits de mer.

Itinéraires Ⓝ (Sylvain Sendra)
5 r. de Pontoise Ⓜ Maubert Mutualité – ☎ 01 46 33 60 11
– www.restaurant-itineraires.com – Fermé 4-25 août, 20-29 déc., dim. et lundi
Rest *(nombre de couverts limité, réserver)* – Formule 29 € – Menu 35 € (déj. en sem.), 59/79 € – Carte 40/60 €
La cuisine est-elle histoire d'itinéraires ? Sylvain Sendra n'aura pas attendu le nombre des années pour installer son joli restaurant – très clair et lumineux – parmi les bonnes tables de la capitale. Finesse, saveurs, originalité et produits de qualité : l'itinéraire de clients gâtés.
➜ Tarte à l'oignon doux des Cévennes, foie gras, champignons de Paris et noix de muscade. Dos de cabillaud façon fish'n'chips, épinards et vieux parmesan. Soufflé au Grand Marnier, glace au chocolat.

Sola

12 r. de l' Hôtel-Colbert Ⓜ Maubert Mutualité – ✆ 01 43 29 59 04 – www.restaurant-sola.com – Fermé août, 30 déc.-7 janv., dim. et lundi

Rest – Menu 48 € (déj.)/88 €

Tout près des quais donnant sur Notre-Dame et... déjà au Japon ! Le jeune chef, originaire du pays du Soleil-Levant, confirme que les gastronomies française et nippone peuvent fusionner en d'harmonieuses créations. Les produits d'ici sont rehaussés de saveurs originales et présentés avec grâce.

➜ Truite mi-cuite, prune, radis, tomate sur une crème mascarpone. Bar, purée de carotte, girolles poêlées et vinaigrette de citron. Noisettes caramélisées, cookies sur crème chocolat et glace vanille.

Terroir Parisien Ⓝ

20 r. St-Victor Ⓜ Maubert Mutualité – ✆ 01 44 31 54 54 – Fermé 2 sem. en août

Rest – Carte 27/77 €

"Ma cuisine est comme ma ville, et ma ville, c'est Paris." Chef parisien s'il en est, Yannick Alléno entend cultiver le terroir francilien, ses produits, ses recettes oubliées. Ouvrir un tel bistrot était une évidence ! Pâtés chauds, matelote de Bougival... le goût réinventé de l'Île-de-France.

Moissonnier

28 r. des Fossés-St-Bernard Ⓜ Jussieu – ✆ 01 43 29 87 65 – Fermé août, 25 déc.-2 janv., dim. et lundi

Rest – Formule 20 € bc – Carte 30/60 €

Le décor de ce bistrot a résisté à toutes les modes : zinc rutilant, murs patinés, banquettes... Chaussons de ris de veau et autre terrine de queue de bœuf ne sont que quelques exemples parmi les spécialités du chef, qui a un joli tour de main !

L'A.O.C.

14 r. des Fossés-St-Bernard Ⓜ Maubert Mutualité – ✆ 01 43 54 22 52 – www.restoaoc.com – Fermé 28 juil. -19 août, dim. et lundi

Rest – Formule 21 € – Menu 29 € – Carte 37/64 €

Une adresse pour les carnassiers ! Les viandes sont toutes d'origine contrôlée et portées à maturation par le propriétaire lui-même. La rôtissoire dans l'entrée donne le ton : entrecôte, os à moelle, etc. Le tout dans une ambiance conviviale.

Chez René

soir,

14 bd St-Germain Ⓜ Maubert Mutualité – ✆ 01 43 54 30 23 – Fermé août, 23 déc.-3 janv., dim. et lundi

Rest – Carte 30/65 €

Depuis les années 1950, ce bistrot est une institution ! Si la carte a parfois l'accent lyonnais, on se régale également de classiques, comme le bœuf bourguignon ou des asperges nappées de sauce mousseline, très aérienne...

Au Moulin à Vent

20 r. des Fossés-St-Bernard Ⓜ Jussieu – ✆ 01 43 54 99 37 – www.au-moulinavent.com – Fermé août, sam. midi, dim. et lundi

Rest – Formule 25 € – Menu 30 € (déj.) – Carte 45/75 €

Depuis 1946, rien n'a changé dans ce bistrot parisien... ou si peu. Le joli décor rétro s'est patiné avec les ans et la cuisine traditionnelle s'est enrichie de spécialités de viandes : steack au couteau, côte de bœuf, etc. Bien sympathique.

Les Papilles

30 r. Gay-Lussac Ⓜ Luxembourg – ✆ 01 43 25 20 79 – www.lespapillesparis.com – Fermé 20-30 mars, 20 juil.-20 août, vacances de Noël, dim. et lundi

Rest – Formule 25 € – Menu 33 € – Carte 39/69 €

Bistrot, cave et épicerie : une adresse attachante, où l'on fait pitance entre casiers à vins et étagères garnies de conserves. Le soir, on vous propose un menu unique où les suggestions gourmandes affolent les papilles.

Ribouldingue

10 r. St-Julien-le-Pauvre Ⓜ Maubert Mutualité – ✆ 01 46 33 98 80 – Fermé 8-31 août, dim. et lundi

Rest – Formule 28 € – Menu 34 €

Osé, ce sympathique bistrot d'abats ravit les amateurs de "canailleries" (groin, tétines, cervelle, langue, etc.)... mais pense aussi aux autres (nombreux plats classiques). Une institution de la triperie !

Les Délices d'Aphrodite

4 r. Candolle Ⓜ Censier Daubenton – ✆ 01 43 31 40 39 – www.mavrommatis.fr

Rest – Formule 20 € – Carte 33/50 €

Dans ce sympathique restaurant aux allures de taverne, on se croirait presque en Grèce ! Poulpe mariné, caviar d'aubergines, moussaka, etc. Cette cuisine fraîche et ensoleillée tire le meilleur parti de produits de qualité.

Coco de Mer

34 bd St-Marcel Ⓜ St-Marcel – ✆ 01 47 07 06 64 – www.cocodemer.fr – Fermé 2 sem. en août

Rest *(dîner seult)* – Menu 23/28 € – Carte 28/35 €

Lassé par la grisaille ? Direction les Seychelles pour un ti-punch pieds nus dans le sable fin de la véranda et des recettes qui ont le parfum des îles. En attendant de réserver un billet d'avion, savourez donc un cari d'espadon bien relevé.

Ciasa Mia

19 r. Laplace Ⓜ Maubert Mutualité – ✆ 01 43 29 19 77 – www.ciasamia.com – Fermé 2 sem. en sept., 2 sem. en janv., lundi midi, sam. midi et dim.

Rest *(nombre de couverts limité, réserver)* – Formule 25 € – Menu 45/62 € – Carte 56/79 €

Le jeune chef est originaire de l'Italie et réalise une cuisine à son image, généreuse, authentique et sincère. Bien installé devant la cheminée, on profite pleinement de ses créations originales. Tout est fait maison, du pain jusqu'aux desserts.

Lengué Ⓝ

31 r. Parcheminerie Ⓜ St-Michel – ✆ 01 46 33 75 10 – Fermé 3 sem. en août, dim. midi et lundi

Rest – Formule 18 € – Menu 23 € (déj.) – Carte 40/60 €

Du nom d'une fleur rose que l'on trouve dans les rizières... Ce charmant restaurant japonais est ce que l'on appelle un isakaya, spécialisé dans la cuisine en petites portions – à l'image des tapas. Et c'est un savoureux isakaya, car les préparations se révèlent aussi délicates que délicieuses ! Service attentionné.

Bistro des Gastronomes

10 r. du Cardinal-Lemoine Ⓜ Cardinal Lemoine – ✆ 01 43 54 62 40 – Fermé lundi midi, mardi midi et dim.

Rest – Formule 22 € – Menu 28 €

Avis aux gastronomes : voici une bonne cantine au cœur du 5e, sous l'égide d'un jeune chef partageur ! Parmentier de queue de bœuf, figues rôties, etc. : les classiques du bistrot, reproduits dans la fraîcheur du dernier marché...

Petit Pontoise

9 r. Pontoise Ⓜ Maubert Mutualité – ✆ 01 43 29 25 20

Rest – Carte 36/55 €

À deux pas des quais de la Seine et de Notre-Dame, ce bistrot sympathique a son charme. Les ardoises affichent des suggestions aussi classiques qu'alléchantes : terrine de canard, cassolette d'escargots, veau aux morilles... Chaleureux !

L'Agrume

15 r. des Fossés-St-Marcel Ⓜ St-Marcel – ✆ 01 43 31 86 48 – Fermé août, 1er-15 déc., dim., lundi et mardi

Rest – Formule 20 € – Menu 24 € (déj.)/40 € – Carte 46/71 €

Ici, on mise sur les saisons, la fraîcheur des produits (le poisson vient de Bretagne et les primeurs des meilleures adresses) et une exécution pleine de finesse. L'assiette pétille de saveurs. Un bon bistrot de chef !

Lhassa

13 r. Montagne-Ste-Geneviève Ⓜ Maubert Mutualité – ✆ 01 43 26 22 19 – Fermé lundi

Rest – Formule 12 € – Menu 16/25 € – Carte environ 30 €

Une belle occasion de découvrir la cuisine tibétaine. Accroché au murs orangés, le dalaï-lama observe avec bienveillance le repas : raviolis grillés, sauté de bœuf mariné, yaourt maison... Le nirvana ?

Bibimbap
32 bd de l'Hôpital Ⓜ *Gare d'Austerlitz – ✆ 01 43 31 27 42 – www.bibimbap.fr*
Rest – Formule 11 € – Menu 16 € (déj. en sem.), 28/36 €
Êtes-vous plutôt ssambap ou bap ? Pour en décider, courez vite au Bibimbap, petit restaurant typiquement coréen. Vive, très fraîche, soignée, diététique (pour les initiés : fondée sur l'énergie), sa cuisine est un vrai plaisir !

Aux Verres de Contact Ⓝ
33 r. de Bièvre, angle du bd St-Germain Ⓜ *Maubert Mutualité – ✆ 01 46 34 58 02 – www.auxverresdecontact.com – Fermé dim.*
Rest – Formule 15 € – Menu 31 €
L'équipe du Jadis, dans le 15e, a investi cette adresse en 2011. Un sympathique bistrot contemporain et coloré, où nul n'est tenu de porter des verres de contact pour entrer... mais où il vaut mieux savoir trinquer ! Et aussi apprécier les bonnes choses. Bon rapport qualité-prix.

Mirama Ⓝ
17 r. St Jacques Ⓜ *Cluny La Sorbonne – ✆ 01 43 54 71 77*
Rest – Carte 20/30 €
À deux pas du boulevard St-Michel, juste derrière l'église St-Séverin, le Mirama est un véritable repaire pour les amateurs d'une authentique cuisine chinoise. Ne passez pas à côté des soupes et des canards laqués, spécialités de la maison.

S. Sauvignier/MICHELIN

St-Germain-des-Prés · Odéon · Jardin du Luxembourg

6e arrondissement
✉ 75006

Lutetia
45 bd Raspail Ⓜ *Sèvres Babylone – ✆ 01 49 54 46 46 – www.lutetia.concorde-hotels.com*
206 ch – †550/750 € ††550/750 € – 25 suites – ☕ 28 €
Rest *Paris* ✿ **Rest *Brasserie Lutetia*** – voir les restaurants ci-après
Témoin de l'histoire et des arts, ce grand hôtel de la rive gauche édifié en 1910 conjugue style Art déco et références contemporaines (sculptures de César, Arman, etc.). Un style que l'on retrouve dans les chambres, plus ou moins récentes.

Victoria Palace sans rest
6 r. Blaise-Desgoffe Ⓜ *St-Placide – ✆ 01 45 49 70 00 – www.victoriapalace.com*
58 ch ☕ – †300/365 € ††300/365 € – 4 suites
Un hôtel de grande tradition : tissus choisis, mobilier Louis XVI et salles de bains en marbre dans les chambres ; les junior suites offrent de beaux volumes, propices à la détente. Tout aussi relaxant, le salon, très victorien.

L'Hôtel
13 r. des Beaux-Arts Ⓜ *St-Germain des Prés – ✆ 01 44 41 99 00 – www.l-hotel.com*
16 ch – †290/680 € ††290/680 € – 4 suites – ☕ 17 €
Rest *Le Restaurant* ✿ – voir les restaurants ci-après
C'est à "L'Hôtel" que mourut en 1900 le grand Oscar Wilde. Le décor, signé Jacques Garcia, n'est pas sans rappeler les fastes de l'art pour l'art, avec des allusions aux styles baroque, Empire, oriental... Esthétique et atypique.

L'Abbaye sans rest

10 r. Cassette Ⓜ *St-Sulpice – ✆ 01 45 44 38 11 – www.hotel-abbaye.com*

40 ch ☕ – 🚹265/415 € 🚹🚹265/415 € – 4 suites

Un hôtel d'un charme rare. Installé dans un ancien couvent du 17e s., il propose des chambres très raffinées, à la fois classiques et lumineuses. Dans la cour verdoyante coule une fontaine, tout est si calme... Personnel attentif et prévenant.

Relais Christine sans rest

3 r. Christine Ⓜ *St-Michel – ✆ 01 40 51 60 80 – www.relais-christine.com*

47 ch – 🚹330/1000 € 🚹🚹330/1000 € – 4 suites – ☕ 30 €

Une demeure historique ! Les salons feutrés, les chambres joliment décorées, dégagent un charme très particulier, et l'on prend son petit-déjeuner sous des voûtes du 13e s. Très plaisants : le petit espace détente et le prêt de vélos.

Relais St-Germain

9 carr. de l'Odéon Ⓜ *Odéon – ✆ 01 44 27 07 97 – www.hotelrsg.com*

22 ch ☕ – 🚹220/440 € 🚹🚹285/440 €

Rest *Le Comptoir du Relais* – voir les restaurants ci-après

Au carrefour de l'Odéon, l'animation ne cesse jamais. Raison de plus pour trouver refuge dans cet hôtel raffiné. Poutres patinées, étoffes chatoyantes et meubles anciens lui donnent un réel cachet. De vraies chambres d'écrivains...

Esprit St-Germain sans rest

22 r. St-Sulpice Ⓜ *Mabillon – ✆ 01 53 10 55 55 – www.espritsaintgermain.com*

23 ch – 🚹340/610 € 🚹🚹340/610 € – 5 suites – ☕ 28 €

Dans le salon-bibliothèque, les tableaux orientalistes et la moquette léopard donnent le ton : élégance et confort pour un style très lounge. Les chambres sont plus sobres mais une réelle attention est portée à votre bien-être.

Le Six sans rest

14 r. Stanislas Ⓜ *Notre-Dame des Champs – ✆ 01 42 22 00 75 – www.hotel-le-six.com*

37 ch – 🚹229/450 € 🚹🚹229/450 € – 4 suites – ☕ 22 €

Un hôtel contemporain parfaitement situé, entre le jardin du Luxembourg, St-Germain-des-Prés et Montparnasse. Les chambres, sobres et bien agencées, rendent hommage en photo aux légendes du quartier ; petit spa bien aménagé.

Hôtel d'Aubusson sans rest

33 r. Dauphine Ⓜ *Odéon – ✆ 01 43 29 43 43 – www.hoteldaubusson.com*

49 ch – 🚹305/655 € 🚹🚹305/655 € – ☕ 25 €

Cet hôtel particulier conserve ce raffinement propre au 17e s. avec son salon, ses beaux parquets, ses tapisseries d'Aubusson... Paradoxalement, les chambres sont d'une sobre modernité. En fin de semaine, soirées musicales au Café Laurent.

Ste-Beuve sans rest

9 r. Ste-Beuve Ⓜ *Notre-Dame des Champs – ✆ 01 45 48 20 07 – www.hotelsaintebeuve.com*

22 ch – 🚹169/327 € 🚹🚹169/327 € – ☕ 16 €

Cosy et chaleureux : deux adjectifs qui correspondent bien à cet hôtel du meilleur goût. Dans les chambres, les meubles chinés tranchent sur des teintes raffinées et l'on se rafraîchit dans des salles de bains en noir et blanc. Bien agréable.

Bel Ami St-Germain des Prés sans rest

7 r. St-Benoit Ⓜ *St-Germain des Prés – ✆ 01 42 61 53 53 – www.hotel-bel-ami.com*

107 ch – 🚹220/710 € 🚹🚹220/710 € – 4 suites – ☕ 25 €

Rien à voir avec le roman de Maupassant même si nous sommes à St-Germain, quartier littéraire s'il en est. Une adresse pour urbains chic, avec un bar tendance et des chambres sobres et contemporaines, rénovées pour certaines. Bel espace détente.

Madison sans rest

143 bd St-Germain Ⓜ *St-Germain des Prés – ✆ 01 40 51 60 00 – www.hotel-madison.com*

48 ch ☕ – 🚹220/720 € 🚹🚹350/720 € – 2 suites

Camus aimait fréquenter cet établissement, probablement à cause de son emplacement idéal, au cœur de St-Germain-des-Prés. Les chambres ont toutes été rénovées dans un style contemporain assez composite ; certaines ont vue sur l'église.

PARIS

Buci sans rest
22 r. Buci Ⓜ Mabillon – ✆ 01 55 42 74 74 – www.buci-hotel.com
19 ch – 🛉160/340 € 🛉🛉180/420 € – 5 suites – ☕ 15 €
Une bien belle situation au cœur d'une rue commerçante et joyeuse pour cet hôtel intimiste. Les chambres s'essayent à tous les styles, du contemporain en passant par des tentures à la Pompadour ou un style boudoir ; préférez-les rénovées.

La Villa St-Germain sans rest
29 r. Jacob Ⓜ St-Germain des Prés – ✆ (00-33) 01 43 26 60 00 – www.villa-saintgermain.com
31 ch – 🛉190/420 € 🛉🛉190/420 € – ☕ 22 €
L'atmosphère de cet hôtel évoque les demeures de famille, version moderne. En effet, le décor épuré ravira les amateurs de chic contemporain : mobilier en wengé, étoffes précieuses et lumières douces. Demandez les chambres rénovées.

Relais Médicis sans rest
23 r. Racine Ⓜ Odéon – ✆ 01 43 26 00 60 – www.relaismedicis.com
17 ch ☕ – 🛉142/172 € 🛉🛉172/258 €
C'est derrière une façade discrète, juste en face du théâtre de l'Odéon, que se dissimule ce ravissant établissement. Couleurs ensoleillées, meubles chinés : les chambres sont de style provençal et l'on s'y sent comme chez soi.

Au Manoir St-Germain-des-Prés sans rest
153 bd St-Germain Ⓜ St-Germain des Prés – ✆ 01 42 22 21 65 – www.hotelaumanoir.com
28 ch – 🛉210/380 € 🛉🛉210/380 € – ☕ 15 €
Un manoir juste en face du Café de Flore ? Pas tout à fait, mais une belle adresse néanmoins, à la fois douillette et cosy. Dans les chambres, les tissus chatoyants flattent l'œil et certaines ont vue sur l'église. Charmant, le jardin d'hiver.

Luxembourg Parc sans rest
42 r. Vaugirard Ⓜ St-Sulpice – ✆ 01 53 10 36 50 – www.hotelluxparc.com
23 ch – 🛉310/385 € 🛉🛉310/385 € – ☕ 15 €
Nul besoin d'être parisien pour apprécier la poésie du jardin du Luxembourg. L'hôtel est juste en face ! Délicieusement bourgeois, son décor classique ravira les amateurs d'élégance feutrée. Détente assurée dans le salon, près de la cheminée.

Le Sénat sans rest
10 r. de Vaugirard Ⓜ Luxembourg – ✆ 01 43 54 54 54 – www.hotelsenat.com
35 ch – 🛉150/400 € 🛉🛉150/400 € – 6 suites – ☕ 17 €
La devanture sombre annonce la couleur : voici un hôtel contemporain aux chambres confortables et feutrées (plus calmes sur cour). Parmi ses atouts : la proximité du palais du Sénat et un petit-déjeuner buffet de qualité.

Pas de Calais sans rest
59 r. des Saints-Pères Ⓜ St-Germain des Prés – ✆ 01 45 48 78 74 – www.hotelpasdecalais.com
38 ch – 🛉160/340 € 🛉🛉170/340 € – ☕ 15 €
La légende dit que Sartre et Beauvoir auraient séjourné ici, peut-être appréciaient-ils cette rue tranquille ? Les chambres sont toutes différentes : très grandes ou plus petites, traditionnelles ou rénovées dans un style moderne. N'hésitez pas à préciser votre choix lors de la réservation.

La Villa d'Estrées et Résidence des Arts sans rest
17 r. Gît le Coeur Ⓜ St-Michel – ✆ 01 55 42 71 11 – www.villadestrees.com
21 ch – 🛉145/195 € 🛉🛉185/305 € – ☕ 12 €
Un établissement qui donne sa propre version, actuelle, du style Napoléon III. Côté Villa, les détails précieux foisonnent et les chambres sont feutrées et confortables. Plus fonctionnelle, la Résidence permet de longs séjours (cuisinettes).

Left Bank St-Germain sans rest
9 r. de l'Ancienne-Comédie Ⓜ Odéon – ✆ 01 43 54 01 70 – www.paris-hotels-charm.com
30 ch – 🛉140/399 € 🛉🛉140/399 € – 1 suite – ☕ 12 €
Les amateurs de style rustique seront comblés ! Cet hôtel regorge de meubles massifs de style Louis XIII, de tapisseries d'Aubusson, de damas et colombages... Quelques chambres offrent un beau panorama sur les toits de Paris et ses monuments.

Récamier sans rest
3 bis pl. St-Sulpice Ⓜ *St-Sulpice – ✆ 01 43 26 04 89 – www.hotelrecamier.com*
24 ch – †260/470 € ††260/470 € – ☕ 20 €
En 2009, une rénovation remarquable a fait de cette ancienne pension de famille un véritable hôtel de charme : décors soignés (différents styles 20e s.), équipements high-tech… Chic et exclusif, place St-Sulpice.

La Belle Juliette sans rest
92 r. du Cherche-Midi Ⓜ *Vaneau – ✆ 01 42 22 97 40 – www.labellejuliette.com*
32 ch – †220/650 € ††220/650 € – 2 suites – ☕ 20 €
Hommage à la légendaire beauté de Juliette Récamier. Le cadre est charmant, mariant la grâce de l'ancien aux audaces colorées du contemporain. Au gré des jours, les lieux accueillent "afternoon tea", concerts de piano (certains dimanches), etc.

Odéon St-Germain sans rest
13 r. St-Sulpice Ⓜ *Odéon – ✆ 01 43 25 70 11 – www.hotelosg.com*
27 ch – †141/195 € ††169/350 € – ☕ 14 €
Un hôtel très bien situé derrière l'Odéon. Les murs sont du 16e s. mais le style, intemporel, est signé Jacques Garcia : tentures en soie, mobilier opulent, ciels de lit damassés... Un confort et un charme indéniables.

Villa Madame sans rest
44 r. Madame Ⓜ *St-Sulpice – ✆ 01 45 48 02 81 – www.villa-madame.com*
28 ch – †235/344 € ††235/344 € – ☕ 18 €
Madame est très rive gauche ! À la fois élégant et chaleureux, ce petit hôtel de caractère mise sur les détails raffinés, les harmonies de couleurs apaisantes et les installations high-tech. Près de la cheminée, on feuillette un livre d'art...

Hôtel des Académies et des Arts sans rest
15 r. de la Grande-Chaumière Ⓜ *Vavin – ✆ 01 43 26 66 44*
– www.hoteldesacademies.com
20 ch – †189/322 € ††189/322 € – ☕ 16 €
Les corps blancs de Jérôme Mesnager et les sculptures de Sophie de Watrigant se déclinent partout dans cet hôtel dédié à la création. Les chambres, bien que relativement petites, sont chaleureuses. Espace bien-être et salon de thé.

Hôtel de Sèvres sans rest
22 r. Abbé-Grégoire Ⓜ *St-Placide – ✆ 01 45 48 84 07 – www.hoteldesevres.com*
32 ch – †114/255 € ††124/255 € – 1 suite – ☕ 13 €
Amoureux du shopping, cet hôtel se trouve juste à côté du Bon Marché ! L'ensemble est chaleureux, dominé par des teintes beige et marron. La salle des petits-déjeuners donne sur une courette fleurie. Espace bien-être.

Fontaines du Luxembourg sans rest
4 r. Vaugirard Ⓜ *Odéon – ✆ 01 43 25 35 90 – www.hotel-luxembourg.com*
30 ch – †126/370 € ††144/370 € – ☕ 14 €
Un hôtel rénové en 2010 : poutres et pierres cohabitent désormais avec une décoration enlevée et colorée. Bleu, vert, taupe... les chambres sont apaisantes et des photos des fontaines de Paris – référence à l'enseigne – ornent les têtes de lit.

Clos Médicis sans rest
56 r. Monsieur-Le-Prince Ⓜ *Odéon – ✆ 01 43 29 10 80*
– www.hotelclosmedicisparis.com
37 ch – †111/300 € ††135/300 € – 1 suite – ☕ 13 €
À quelques pas du jardin du Luxembourg, cet hôtel de 1773 invite à la détente dans un intérieur tout en sobriété. Certaines chambres sur cour ont été rénovées et sont à la fois modernes et accueillantes, n'hésitez pas à les demander.

Régent sans rest
61 r. Dauphine Ⓜ *Odéon – ✆ 01 46 34 59 80 – www.hotelleregent.com*
25 ch – †185/265 € ††185/265 € – ☕ 14 €
Cet hôtel de tradition jouit d'une situation très centrale, à deux pas du café des Deux Magots. Les chambres sont petites, colorées et reposantes, certaines avec un balcon pour profiter un peu plus de Paris.

PARIS

Hôtel de Fleurie sans rest
32 r. Grégoire-de-Tours Ⓜ Odéon – ✆ 01 53 73 70 00 – www.hotel-de-fleurie.fr
29 ch – †139/219 € ††159/239 € – ☕ 13 €
Cet hôtel à la façade ornée de statues jouit d'un bon emplacement : les chambres, sobres et simplement agencées, sont calmes, qu'elles donnent sur la cour ou sur la rue, peu passante.

Legend Ⓝ sans rest
151 bis r. de Rennes Ⓜ Montparnasse – ✆ 01 45 48 97 38 – www.legendhotelparis.com
38 ch – †129/369 € ††129/369 € – ☕ 15 €
Un hôtel flambant neuf – rénové en 2012 – entre la gare Montparnasse et St-Germain-des-Près. Ici, la décoration est résolument design et les chambres des plus confortables. Un pied-à-terre idéal pour les personnes arrivant du Grand Ouest... et les autres.

Apostrophe sans rest
3 r. Chevreuse Ⓜ Vavin – ✆ 01 56 54 31 31 – www.apostrophe-hotel.com
16 ch – †149/350 € ††149/350 € – ☕ 13 €
Osant un design singulier, toutes les chambres de cet hôtel hors normes racontent une histoire : ici des voilages imprimés de photographies, là un papier peint insolite... À noter : les mini-chaînes adaptées aux iPods.

PARIS

Mayet sans rest
3 r. Mayet Ⓜ Duroc – ✆ 01 47 83 21 35 – www.mayet.com
23 ch – †100/120 € ††150/175 € – ☕ 10 €
Dépaysement garanti dans ce petit hôtel avenant proche du métro Duroc. Entre tags d'artistes contemporains et déco orientalisante, l'endroit distille un charme très particulier. Les 1 001 nuits du 21e s. en quelque sorte.

Chaplain Rive Gauche sans rest
11 bis r. Jules-Chaplain Ⓜ Vavin – ✆ 01 43 26 47 64 – www.hotelchaplain.com
25 ch – †120/370 € ††120/370 € – ☕ 14 €
Mystérieux sourires... Ceux de Marylin Monroe, Bardot ou la Joconde se sont transformés en têtes de lits design. Dans sa rue tranquille, ce petit hôtel continue son bonhomme de chemin, à la fois coquet et contemporain. Bien agréable, le patio.

Le Clément sans rest
6 r. Clément Ⓜ Mabillon – ✆ 01 43 26 53 60 – www.hotel-clement.fr
28 ch – †132/150 € ††150/170 € – ☕ 13 €
Depuis trois générations, la même famille tient cet hôtel face au marché St-Germain. Les chambres sont simples et très bien tenues ; celles donnant sur la cour sont un peu sombres. Un bon rapport qualité-prix pour le quartier.

Hôtel de St-Germain sans rest
50 r. du Four Ⓜ Sèvres Babylone – ✆ 01 45 48 91 64 – www.hotel-de-saint-germain.fr
30 ch – †89/160 € ††99/170 € – ☕ 12 €
Les atouts majeurs de ce modeste hôtel familial ? Son emplacement, entre Mabillon et Sèvres-Babylone, sa propreté méticuleuse et ses tarifs, assez raisonnables. Parfait pour un court séjour parisien.

Paris – Hôtel Lutetia
45 bd Raspail Ⓜ Sèvres Babylone – ✆ 01 49 54 46 90 – www.lutetia.concorde-hotels.com – Fermé vacances scolaires, août, sam., dim. et fériés
Rest – Menu 50 € (déj.), 75/145 € – Carte 70/178 € le soir
Fidèle au style du Lutetia qui l'abrite, la salle d'esprit Art déco, signée Sonia Rykiel, reproduit l'un des salons du paquebot Normandie. C'est dans ce décor feutré que l'on déguste de beaux produits de saison préparés avec maîtrise.
➜ Cannelloni de foie gras de canard à la truffe noire du Périgord. Turbot de Bretagne cuit sur l'os, jeunes légumes à la dulce marine et à la laitue de mer. Le "tout-chocolat" d'un gourmand de cacao.

XXX Hélène Darroze

✿

4 r. d'Assas Ⓜ Sèvres Babylone – ✆ 01 42 22 00 11 – www.helenedarroze.com

Rest *(1er étage) (fermé dim. et lundi)* – Menu 52 € (déj.), 125/175 €

Rest *Le Salon* *(fermé 3 sem. en août, dim. et lundi)* – Menu 28 € (déj.)/85 €

Dans un décor contemporain, feutré et tamisé, Hélène Darroze imagine une cuisine fine et savoureuse, riche de ses origines landaises. Au rez-de-chaussée, la chef tient Salon pour des "petits plats" chic aux accents du Sud-Ouest.

➜ Seiche sautée au chorizo et tomates confites, riz carnaroli noir et crémeux. Pigeonneau de Racan flambé au capucin, foie gras de canard grillé. Crème mascarpone parfumée à la truffe blanche d'Alba, écume de lait d'amande.

XXX Relais Louis XIII (Manuel Martinez)

✿✿

8 r. des Grands-Augustins Ⓜ Odéon – ✆ 01 43 26 75 96 – www.relaislouis13.com – Fermé août, dim., lundi et fériés

Rest – Menu 50 € (déj.), 80/135 € – Carte environ 115 €

Dans cette maison du 16e s., les trois salles à manger de style Louis XIII ont beaucoup de caractère : vitraux, pierres apparentes, colombages... Fine cuisine classique, à découvrir notamment à travers l'intéressante formule déjeuner.

➜ Ravioli de homard breton, foie gras et crème de cèpes. Caneton challandais cuisiné au grè de la saison. Millefeuille à la vanille de Tahiti.

XXX Un Dimanche à Paris

4 cours du Commerce-St-André Ⓜ Odéon – ✆ 01 56 81 18 18 – www.un-dimanche-a-paris.com – Fermé 31 juil.-20 août, dim. soir et lundi

Rest – Formule 27 € – Menu 35/105 € bc – Carte 53/76 €

Dans ce "concept store", le chocolat est roi ! Au restaurant, il relève viandes et poissons des notes épicées du cacao. Mention spéciale aux desserts, savoureux. Un cadre élégant, également parfait pour boire un chocolat l'après-midi.

XX Le Restaurant – Hôtel L'Hôtel

✿

13 r. des Beaux-Arts Ⓜ St-Germain des Prés – ✆ 01 44 41 99 01 – www.l-hotel.com – Fermé août, 23-28 déc., dim. et lundi

Rest – Formule 42 € – Menu 52 € (déj. en sem.), 95/160 € bc – Carte 95/115 €

Le "Restaurant" de "L'Hôtel", dont le décor est lui aussi signé Jacques Garcia. Le chef y revisite les classiques de la gastronomie française à travers des créations parfumées, basées sur d'excellents produits. Une belle table.

➜ Grenouilles, bouillon d'ail rose, fregola sarda cuisinée au vert. Ris de veau, jus aux herbes, girolles et caviar d'aubergine fumé. Figue de Solliès, glace à la brioche acidulée au cassis et pannacotta aux épices.

XX La Société

4 pl. St-Germain-des-Prés Ⓜ St-Germain des Prés – ✆ 01 53 63 60 60 – www.restaurantlasociete.com

Rest – Carte 45/100 €

Une adresse stylée et glamour, signée Costes ; sa terrasse face à l'église St-Germain-des-Prés est un grand rendez-vous mondain ! La carte, représentative du lieu, met en scène plats classiques et influences asiatiques.

XX La Méditerranée

2 pl. Odéon Ⓜ Odéon – ✆ 01 43 26 02 30 – www.la-mediterranee.com – Fermé 24-31 déc.

Rest – Menu 26/31 € – Carte 38/65 €

Dans ce restaurant face au théâtre de l'Odéon, des fresques évoquent la Méditerranée et la cuisine de la mer chante avec l'accent du Sud. Un soin tout particulier est apporté au choix des produits. Bergère d'azur infinie...

XX Caméléon d'Arabian

6 r. Chevreuse Ⓜ Vavin – ✆ 01 43 27 43 27 – www.cameleonjeanpaularabianparis.com – Fermé 4-24 août, 30 déc.-9 janv., sam. midi, dim. et lundi

Rest – Formule 28 € – Menu 33 € (déj.)/45 € – Carte 50/87 €

Un restaurant chaleureux et confortable (banquettes en velours, vue sur les fourneaux). On apprécie ici une cuisine bourgeoise revisitée dont le véritable "must" est le châteaubriant de foie de veau – délicieux. Un Caméléon aux couleurs du temps !

PARIS

XX **La Petite Cour**

8 r. Mabillon Ⓜ Mabillon – ✆ 01 43 26 52 26 – www.lapetitecour.fr – Fermé sam. midi

Rest – Formule 27 € – Menu 37/49 € bc – Carte 40/75 €

Il faut descendre quelques marches en face du marché St-Germain pour découvrir l'étonnante terrasse en contrebas. Un cadre doucement fané pour une cuisine qui ne l'est pas ! C'est fin, franc, intelligent : l'œuvre d'un chef au beau parcours.

XX **Brasserie Lutetia** – Hôtel Lutetia

45 bd Raspail Ⓜ Sèvres Babylone – ✆ 01 49 54 46 76 – www.lutetia.concorde-hotels.com

Rest – Formule 38 € – Menu 45 € (déj. en sem.), 50/55 € – Carte 60/81 €

Le Lutetia, c'est aussi cette brasserie à l'ambiance inimitable. Parmi les chromes et les miroirs, on déguste de beaux plateaux de fruits de mer et des grands classiques comme la sole meunière, la bouillabaisse ou le baba au rhum.

XX **Les Bouquinistes**

53 quai des Grands-Augustins Ⓜ St-Michel – ✆ 01 43 25 45 94 – www.guysavoy.com – Fermé sam. midi et dim.

Rest – Formule 28 € bc – Menu 31 € bc (déj.)/82 € – Carte 65/75 €

Face aux quais des bouquinistes, une cuisine originale dans un cadre contemporain. On y déguste ravioles de homard, agneau en trois textures, etc., en discutant – pourquoi pas – littérature. Intéressante formule au déjeuner.

XX **Guy Martin Italia** Ⓝ

19 r. Bréa Ⓜ Vavin – ✆ 01 43 27 08 80 – www.guymartinitalia.com – Fermé 3 sem. en août

Rest – Menu 50 € (déj. en sem.), 75/100 € – Carte 40/55 €

L'ancien Sensing a fait peau neuve ! Toujours piloté par Guy Martin, ce restaurant fait désormais honneur à la cuisine italienne. Le chef, originaire de la Botte, réalise des recettes gourmandes avec de bons produits, à l'image de cette généreuse burrata des Pouilles accompagnée de fines tranches de jambon. Cadre design.

XX **Alcazar**

62 r. Mazarine Ⓜ Odéon – ✆ 01 53 10 19 99 – www.alcazar.fr

Rest – Formule 29 € bc – Menu 37 € bc (déj. en sem.)/42 € – Carte 45/60 €

L'adresse de Sir Conran attire les adeptes d'électro chic, d'expositions photographiques et de soirées lyriques. Côté cuisine, le répertoire classique côtoie les recettes d'ailleurs. Alors, fish and chips ou cailles farcies au foie gras ?

XX **Fogón** soir,

45 quai des Grands-Augustins Ⓜ St-Michel – ✆ 01 43 54 31 33 – www.fogon.fr – Fermé 29 juil.-20 août, 24 déc.-7 janv., lundi et le midi sauf sam. et dim.

Rest – Menu 50 € – Carte 45/77 €

L'Espagne s'invite sur les quais de la Seine. Ici, les spécialités ibériques se mettent en scène dans un cadre design chic des plus tendance. Attention, les menus et les riz en paella sont servis pour deux personnes minimum.

XX **Yugaraj**

14 r. Dauphine Ⓜ Odéon – ✆ 01 43 26 44 91 – Fermé août et lundi

Rest – Formule 22 € – Menu 30/39 € – Carte 36/58 €

Dépaysement assuré dans ce haut lieu de la gastronomie indienne (boiseries, objets anciens, etc.). Les amateurs auront l'embarras du choix entre butter chicken, assortiment de viandes grillées, curry de poisson au lait de coco, etc.

XX **Emporio Armani Caffé**

149 bd St-Germain Ⓜ St-Germain des Prés – ✆ 01 45 48 62 15

Rest – Formule 29 € – Menu 35 € (déj. en sem.) – Carte 40/80 €

Au 1er étage de la boutique, ce Caffé à l'italienne "molto elegante" draine une clientèle très rive gauche. C'est une valeur sûre de la cuisine transalpine à Paris, avec de beaux produits en provenance directe de la péninsule.

PARIS

La Compagnie de Bretagne

9 r. de l'École-de-Médecine Ⓜ Odéon – ✆ 01 43 29 39 00 – www.compagnie-de-bretagne.com

Rest – Formule 17 € bc – Carte 30/65 €

Chic, tout en noir et blanc, et ornée de lithographies représentant des paysages celtiques : telle est cette brasserie (très) bretonne, qui se revendique notamment "crêperie gastronomique". Au menu : de savoureuses variations autour des produits et spécialités de la région, imaginées sous la houlette d'Olivier Roellinger...

Ze Kitchen Galerie (William Ledeuil)

4 r. des Grands-Augustins Ⓜ St-Michel – ✆ 01 44 32 00 32 – www.zekitchengalerie.fr – Fermé 2 sem. en août, 1 sem. fin déc., sam. midi et dim.

Rest – Formule 27 € bc – Menu 40 € bc (déj.), 70/82 € – Carte 75/82 €

Séduisante carte fusion influencée par l'Asie, cadre épuré aux airs de loft, tableaux contemporains, vue sur les cuisines. Depuis plus de dix ans, Ze Kitchen reste l'un des incontournables de la rive gauche.

➜ Bouillon thaï de canard, foie gras et condiment agrumes. Bœuf wagyu confit et grillé, condiment umeboshi-sésame. Glace chocolat blanc-wasabi et pistache-fraise.

Toyo

17 r. Jules Chaplain Ⓜ Vavin – ✆ 01 43 54 28 03 – Fermé 3 sem. en août, lundi midi et dim.

Rest – Menu 35 € (déj.)/79 €

Dans une autre vie, Toyomitsu Nakayama était le chef privé du couturier Kenzo ; aujourd'hui, il excelle dans l'art d'assembler les saveurs et les textures, entre France et Asie. Frais et fin.

Agapé Substance

66 r. Mazarine Ⓜ Odéon – ✆ 01 43 29 33 83 – www.agapesubstance.com – Fermé 15 juil.-21 août, dim. et lundi

Rest *(nombre de couverts limité, réserver)* – Menu 65 € (déj. en sem.), 129/199 € bc

Agapes atypiques dans ce lieu né mi-2011, véritable laboratoire des dernières tendances culinaires. On prend place au milieu du chef et de son équipe ; point de frontière entre création et dégustation ! Expérience de la "substance" de la cuisine, au fil d'une succession d'assiettes très inventives.

Le Chardenoux des Prés

27 r. du Dragon Ⓜ St-Germain des Prés – ✆ 01 45 48 29 68 – www.restaurantlechardenouxdespres.com

Rest – Menu 27 € (déj. en sem.) – Carte 47/69 €

La version bis du Chardenoux de Cyril Lignac, dans un lieu autrefois mythique. L'ardoise du jour propose un petit menu, tandis qu'à la carte, les recettes de bistrot et autres plats en cocotte cohabitent avec les influences actuelles.

La Marlotte

55 r. du Cherche-Midi Ⓜ St-Placide – ✆ 01 45 48 86 79 – www.lamarlotte.com – Fermé 10-21 août

Rest – Formule 22 € – Menu 27 € (déj.)/31 € – Carte 33/62 €

Une "auberge d'aujourd'hui", non loin du Bon Marché, où l'on croise éditeurs et hommes politiques. La cuisine honore la tradition : harengs pommes à l'huile, terrine de foies de volaille, raie à la grenobloise, etc. Généreux et de saison.

Allard

1 r. de l'Éperon Ⓜ St-Michel – ✆ 01 43 26 48 23

Rest – Formule 25 € – Menu 31 € (déj.)/35 € – Carte 35/79 €

On pénètre par la cuisine dans ce temple de la tradition ! Servis dans un décor 1900 pur jus, les plats hésitent entre registre bourgeois et bistrotier : harengs pommes à l'huile, ris de veau aux morilles, poulet de Bresse rôti...

PARIS

Casa Bini (N)
36 r. Grégoire-de-Tours Ⓜ Odéon – ✆ 01 46 34 05 60 – www.casabini.fr
Rest – Formule 23 € – Carte 36/50 €
Une trattoria chaleureuse dans une rue calme de St-Germain-des-Prés. Dans une salle aux couleurs de la Toscane, on déguste des plats pleins de saveurs, tels ces pappardelles à la saucisse ou ce tiramisu moelleux à souhait. Et soudain le quartier des éditeurs prend des airs de Dolce Vita...

KGB
25 r. des Grands-Augustins Ⓜ St-Michel – ✆ 01 46 33 00 85 – www.kitchengaleriebis.com – Fermé 1er-20 août, dim. et lundi
Rest – Formule 28 € – Menu 35 € (déj. en sem.)/62 € – Carte 46/60 €
KGB pour Kitchen Galerie Bis. Il y règne le même esprit qu'à la maison mère, à mi-chemin entre galerie d'art et restaurant peu conventionnel. La cuisine est originale et explore des associations sucré-salé aux épices mâtinées d'Asie.

L'Épi Dupin
11 r. Dupin Ⓜ Sèvres Babylone – ✆ 01 42 22 64 56 – www.epidupin.com – Fermé 1er-24 août, lundi midi, sam. et dim.
Rest *(nombre de couverts limité, réserver)* – Formule 27 € – Menu 38/49 €
Pierres, colombages et poutres : un cadre convivial, pour une délicieuse cuisine qui revisite la tradition. Ce restaurant de poche a conquis le quartier du Bon Marché !

PARIS

La Maison du Jardin
27 r. Vaugirard Ⓜ Rennes – ✆ 01 45 48 22 31 – Fermé 1er-22 août, sam. midi et dim.
Rest *(réserver)* – Formule 26 € bc – Menu 32 €
À deux pas du Luxembourg, ce bistrot explore la tradition avec bonté et simplicité : terrine maison, soupe de saison, pastilla d'agneau, cabillaud et sa polenta aux courgettes, assiette tout chocolat... et bouteilles à prix sages.

Yen
22 r. St-Benoît Ⓜ St-Germain-des-Prés – ✆ 01 45 44 11 18 – Fermé 2 sem. en août et dim.
Rest – Formule 39 € – Menu 68 € (dîner)/85 € – Carte 40/80 €
Un restaurant au décor japonais très épuré pour amateurs de minimalisme zen. La carte fait la part belle à la spécialité du chef : le soba, des nouilles de sarrasin chaudes ou froides, préparées sous vos yeux.

La Ferrandaise
8 r. de Vaugirard Ⓜ Odéon – ✆ 01 43 26 36 36 – www.laferrandaise.com – Fermé 3 sem. en août, lundi midi, sam. midi et dim.
Rest – Formule 16 € – Menu 34/55 € bc
Dans ce joli restaurant près du Luxembourg, on honore le Puy-de-Dôme. Le patron a même imaginé un partenariat avec des éleveurs de vaches ferrandaises ! Le chef, qui lui est breton, concocte une cuisine franche et savoureuse. Une belle association.

Semilla (N)
54 r. de Seine Ⓜ Odéon – ✆ 01 43 54 34 50 – Fermé 1 sem. en août et 23 déc.-8 janv.
Rest – Formule 23 € – Carte 36/50 €
Une bonne "graine" (*semilla* en espagnol) que ce bistrot né en 2012 à l'initiative des patrons de Fish La Boissonnerie, juste en face. Ambiance conviviale, déco branchée et, derrière les fourneaux, une équipe jeune et passionnée, qui ne travaille qu'avec des fournisseurs triés sur le volet. Gourmand et bien ficelé !

Shu
8 r. Suger Ⓜ St-Michel – ✆ 01 46 34 25 88 – www.restaurant-shu.com – Fermé vacances de printemps, 2 sem. en août et dim.
Rest *(dîner seult) (nombre de couverts limité, réserver)* – Menu 38/56 €
Il faut se baisser pour passer par la porte qui mène à cette cave du 17e s. Dans un décor minimaliste, on découvre une cuisine japonaise authentique et bien maîtrisée, où la fraîcheur des produits met en valeur kushiage, sushis et sashimis.

Le Cherche Midi

22 r. du Cherche-Midi Ⓜ Sèvres Babylone – ✆ 01 45 48 27 44 – www.lecherchemidi.fr

Rest *(nombre de couverts limité, réserver)* – Carte 34/53 €

Un authentique bistrot italien ! Pâtes fraîches maison et superbes charcuteries : jambon de Parme (affiné au moins 24 mois), mortadelle, bresaola... Quant à la mozzarella, bien crémeuse, elle arrive par avion deux à trois fois par semaine !

Marco Polo

8 r. de Condé Ⓜ Odéon – ✆ 01 43 26 79 63

Rest *(nombre de couverts limité, réserver)* – Formule 20 € – Menu 36 € – Carte 40/58 €

Les habitués apprécient l'ambiance à la fois feutrée et conviviale du Marco Polo ; comme ils sont nombreux, mieux vaut réserver. Il faut dire que les antipasti, raviolis aux cèpes et autres risottos du jour sont préparés avec soin.

Fish La Boissonnerie

69 r. de Seine Ⓜ Odéon – ✆ 01 43 54 34 69 – Fermé 1 sem. en août et 20 déc.-2 janv.

Rest – Formule 13 € – Menu 27 € (déj.)/35 €

La façade en mosaïque de cette ancienne poissonnerie (avec un p !) est un must du quartier. Voilà une dizaine d'années que ce restaurant honore Bacchus et les produits de la mer : vichyssoise aux huîtres, Saint-Jacques aux cocos de Paimpol, dorade aux artichauts barigoule. Convivial !

Pinxo - St-Germain Ⓝ

82 r. Mazarine Ⓜ Odéon – ✆ 01 43 54 02 11 – www.pinxo.fr – Fermé 2 sem. en août

Rest – Formule 24 € – Carte environ 45 €

On connaissait Pinxo dans le 1er arrondissement ; voici un nouvel opus sur la rive gauche. Alain Dutournier est toujours le maître d'œuvre de ce concept original, celui de tapas à la française. Et c'est ainsi qu'on peut "pinxer" (picorer) des huîtres d'Arcachon en gelée de cèpes, un cœur de canard à la plancha, etc.

La Cuisine de Philippe Ⓝ

25 r. Servandoni Ⓜ St-Sulpice – ✆ 01 43 29 76 37 – Fermé 2 sem. en août, 1 sem. à Noël, dim. et lundi

Rest – Formule 21 € bc – Menu 26 € (déj.)/33 € – Carte 35/45 €

Dans ce petit bistrot rétro qui fait face au jardin du Luxembourg, on savoure de généreuses recettes traditionnelles. Avis aux amateurs : la spécialité de la maison, ce sont les soufflés, salés ou sucrés (guacamole et saumon fumé ; noisettes ; etc.). Bon rapport qualité-prix.

Azabu

3 r. André Mazet Ⓜ Odéon – ✆ 01 46 33 72 05 – www.azabu-paris.com – Fermé 2 sem. en août, dim. midi et lundi

Rest *(nombre de couverts limité, réserver)* – Formule 19 € – Menu 43 € (dîner), 52/62 € – Carte 40/74 €

Une bonne adresse japonaise au décor sobre et contemporain. On mange à table ou au comptoir, face au teppanyaki. Parmi les spécialités, le zensai bento (un assortiment d'entrées), le bar grillé ou le bœuf Wagyu au radis râpé.

L'Altro

16 r. du Dragon Ⓜ St-Germain des Prés – ✆ 01 45 48 49 49 – Fermé 1 sem. en août

Rest – Formule 17 € – Menu 22 € (déj. en sem.) – Carte 30/60 €

L'Italie à la carte, dans un décor qui hésite entre loft et bistrot new-yorkais (banquettes noires, carrelage blanc aux murs, cuisines vitrées). L'ambiance est décontractée : idéal pour savourer de bonnes pasta et des antipasti.

Le Timbre

3 r. Ste-Beuve Ⓜ Notre-Dame des Champs – ✆ 01 45 49 10 40 – www.restaurantletimbre.com – Fermé 1er-7 mai, 23 juil.-24 août, vacances de Noël, dim. et lundi

Rest *(nombre de couverts limité, réserver)* – Formule 22 € – Menu 26 € (déj.) – Carte 32/38 €

On se bouscule dans ce sympathique petit bistrot, grand comme un timbre-poste. L'ardoise affiche les propositions du jour, réalisées sous vos yeux par un jeune chef britannique... qui concocte une cuisine française d'une belle finesse.

Wadja

10 r. Grande-Chaumière Ⓜ Vavin – ✆ 01 46 33 02 02 – Fermé 3 sem. en août, 1 sem. en fév., sam. midi, dim. et fériés

Rest – Formule 17 € – Menu 20 € (déj.) – Carte 40/50 € le soir

Tables serrées, vieux zinc, miroirs, lithographies années 1930 : pas de doute, c'est un bistrot. Un seul menu le midi, d'un bon rapport qualité-prix ; le soir, l'ardoise s'épanouit entre ris de veau poêlés et crêpes fourrées aubergine-cardamome.

Le Comptoir du Relais – Hôtel Relais St-Germain

5 carr. de l'Odéon Ⓜ Odéon – ✆ 01 44 27 07 50 – www.hotelrsg.com

Rest *(réservation conseillée le soir)* – Menu 55 € (dîner en sem.) – Carte 23/86 €

Dans ce sympathique bistrot de poche des années 1930, Yves Camdeborde régale ses clients d'une généreuse cuisine traditionnelle. Le midi, on sert des plats de brasserie tandis que le soir, un menu unique plus raffiné vous est proposé.

Tsukizi

2 bis r. des Ciseaux Ⓜ St-Germain des Prés – ✆ 01 43 54 65 19 – Fermé 1er-22 août, 26 déc.-9 janv., dim. midi et lundi

Rest – Formule 17 € – Carte 35/60 €

Dans la petite salle de ce restaurant tout simple, on a l'impression d'être au Japon. Le chef prépare sous vos yeux sushis, makis et sashimis à partir de poissons d'une bonne fraîcheur. Oursins et Saint-Jacques en saison.

S. Sauvignier/MICHELIN

Tour Eiffel · École Militaire · Invalides

7e arrondissement ✉ 75007

Duc de St-Simon sans rest

14 r. St-Simon Ⓜ Rue du Bac – ✆ 01 44 39 20 20 – www.hotelducdesaintsimon.com

29 ch – †250/275 € ††250/275 € – 5 suites – ☕ 15 €

Passé le petit porche apparaît la courette pavée, puis c'est l'émerveillement devant ce bel hôtel particulier du 18e s. Tentures, boiseries, gravures, mobilier d'antiquaire : une vraie demeure bourgeoise d'autrefois, où le charme le dispute à la quiétude !

K+K Hotel Cayré sans rest

4 bd Raspail Ⓜ Rue du Bac – ✆ 01 45 44 38 88 – www.kkhotels.com/cayre

125 ch – †255/445 € ††295/480 € – ☕ 29 €

Une jolie façade haussmannienne qui contraste avec les salons et les chambres d'esprit contemporain : quelle élégance de style ! Au sous-sol, on profite d'un bel espace de remise en forme, avec sauna et salle de massage.

Montalembert

3 r. Montalembert Ⓜ *Rue du Bac* – ✆ *01 45 49 68 68* – *www.montalembert.com*
50 ch – †280/660 € ††280/660 € – 5 suites – ☕ 25 € **Rest** – Carte 50/80 €
Entre St-Germain-des-Prés et le musée d'Orsay, un très beau bâtiment (1926) dont les chambres – de style Louis-Philippe ou, pour la plupart, décorées par Christian Liaigre dans un esprit contemporain chic – sont très agréables. Certaines jouissent d'une jolie vue sur les toits de Paris...

Pont Royal sans rest

7 r. Montalembert Ⓜ *Rue du Bac* – ✆ *01 42 84 70 00*
– *www.hotel-pont-royal.com*
75 ch – †420/560 € ††420/560 € – 10 suites – ☕ 25 €
Dans cet hôtel très rive gauche résonnent encore les voix de F. S. Fitzgerald et de sa femme Zelda, des habitués dans les années 1920. Ancré dans l'histoire littéraire, le Pont Royal est aussi résolument contemporain... et bourré de charme !

Le Bellechasse sans rest

8 r. de Bellechasse Ⓜ *Musée d'Orsay* – ✆ *01 45 50 22 31*
– *www.lebellechasse.com*
33 ch – †179/430 € ††179/430 € – ☕ 21 €
Un bel hôtel entièrement décoré par Christian Lacroix. Le créateur a signé des chambres design aux touches colorées, anciennes ou contemporaines, souvent oniriques : un "voyage dans le voyage" très mode et plein de caractère !

Hôtel d'Orsay sans rest

93 r. de Lille Ⓜ *Solférino* – ✆ *01 47 05 85 54* – *www.espritdefrance.com*
40 ch – †155/305 € ††155/410 € – 1 suite – ☕ 17 €
Un agréable hôtel dans deux immeubles de la fin du 18e s. Les chambres, d'esprit classique, sont chaleureuses et assez spacieuses... Quant au salon, idéal pour faire une pause après une journée passée au musée, il donne sur un petit patio verdoyant.

St-Vincent sans rest

5 r. Pré aux Clercs Ⓜ *Rue du Bac* – ✆ *01 42 61 01 51* – *www.hotel-st-vincent.com*
22 ch – †180/200 € ††290/310 € – ☕ 15 €
Un bel hôtel particulier au cœur du Carré Rive gauche, pour un boutique-hôtel chic et feutré qui compte de nombreux habitués. Les chambres, soignées et chaleureuses, revisitent l'esprit Napoléon III avec élégance.

Le Walt sans rest

37 av. de la Motte-Picquet Ⓜ *École Militaire* – ✆ *01 45 51 55 83*
– *www.lewaltparis.com*
25 ch – †305/375 € ††305/375 € – ☕ 16 €
Havre de paix en plein cœur de Paris (non loin de la tour Eiffel et des Invalides), le Walt joue la carte du confort contemporain et de l'originalité. Pour preuve, ces copies de chefs-d'œuvre de l'art classique en guise de têtes de lit.

Duquesne Eiffel sans rest

23 av. Duquesne Ⓜ *École Militaire* – ✆ *01 44 42 09 09* – *www.hde.fr*
40 ch – †140/250 € ††140/250 € – ☕ 13 €
Non loin des Invalides, un hôtel avenant avec des chambres cosy, actuelles et confortables. Au 5e étage, on profite d'une vue superbe sur la tour Eiffel et l'École militaire.

Empereur sans rest

2 r. Chevet Ⓜ *La Tour Maubourg* – ✆ *01 45 55 88 02* – *www.hotelempereur.com*
31 ch – †120/140 € ††145/195 € – ☕ 13 €
Un hôtel qui a une âme. Mobilier d'inspiration Empire et, côté façade (avec balcon au 5e étage), vue parfaite sur les ors du dôme des Invalides... où dort pour toujours l'Empereur.

Hôtel de Suède St-Germain sans rest

31 r. Vaneau Ⓜ *Rue du Bac* – ✆ *01 47 05 00 08* – *www.hoteldesuede.com*
38 ch – †119/219 € ††119/285 € – 1 suite – ☕ 14 €
Dans une rue calme, un hôtel traditionnel dont l'ambiance se révèle familiale... Les chambres sont classiques et sept d'entre elles offrent une jolie vue sur les jardins de Matignon !

PARIS

Le Tourville sans rest

16 av. de Tourville Ⓜ École Militaire – ✆ 01 47 05 62 62 – www.hoteltourville.com

30 ch – 🚹240/490 € 🚹🚹240/490 € – ☕ 16 €

Ce petit hôtel de caractère cultive un esprit feutré, avec une touche british vraiment plaisante (coin salon avec bibliothèque, beaux tissus chatoyants, etc.). Agréables chambres classiques ou plus contemporaines, dont quatre avec terrasse.

Muguet sans rest

11 r. Chevert Ⓜ École Militaire – ✆ 01 47 05 05 93 – www.hotelmuguet.com

43 ch – 🚹110/155 € 🚹🚹125/195 € – ☕ 13 €

Dans une rue peu passante, à deux pas des Invalides, un hôtel chaleureux, classique et très bien tenu, où règne une sympathique atmosphère familiale. Le plus : certaines chambres donnent sur un jardinet fleuri, au calme.

7 Eiffel sans rest

17 bis r. Amélie Ⓜ La Tour Maubourg – ✆ 01 45 55 10 01 – www.7eiffel.com

32 ch – 🚹335/430 € 🚹🚹335/430 € – ☕ 19 €

Une déco design pile dans l'air du temps, avec ses effets de matière et de transparence ; un accueil aux petits soins ; une grande terrasse sur le toit... Tout est ici feutré et confortable !

Bourgogne et Montana sans rest

3 r. de Bourgogne Ⓜ Assemblée Nationale – ✆ 01 45 51 20 22 – www.bourgogne-montana.com

27 ch ☕ – 🚹330/430 € 🚹🚹330/430 € – 5 suites

Raffinement et esthétisme dans cet hôtel du 18e s., qui mêle l'ancien et le contemporain. Les chambres du dernier étage ménagent une belle vue sur le Palais-Bourbon... Un lieu plein de cachet.

Hôtel de Varenne sans rest

44 r. de Bourgogne Ⓜ Varenne – ✆ 01 45 51 45 55 – www.hoteldevarenne.com

25 ch – 🚹139/179 € 🚹🚹149/259 € – ☕ 11 €

Entre le musée Rodin et l'Assemblée nationale, un hôtel niché dans une jolie courette, en toute quiétude. L'esprit des lieux ? Très classique (style Louis XVI ou Empire) et apprécié des nombreux touristes en quête de charme "made in Paris".

Relais Bosquet sans rest

19 r. du Champ-de-Mars Ⓜ École Militaire – ✆ 01 47 05 25 45 – www.hotelrelaisbosquet.com

40 ch – 🚹155/305 € 🚹🚹155/305 € – ☕ 15 €

Un hôtel discret, tenu en famille, pour des chambres simples et soignées, d'esprit classique ou davantage contemporain. Pour être plus au calme, préférez-les sur l'arrière, côté courette.

Verneuil Ⓝ sans rest

8 r. de Verneuil Ⓜ Rue du Bac – ✆ 01 42 60 82 14 – www.hotel-verneuil-saint-germain.com

26 ch ☕ – 🚹157 € 🚹🚹200/260 €

Un immeuble du 17e s. idéalement situé au cœur du Carré Rive gauche. Les chambres y sont cosy et l'on ne résiste pas à s'installer dans le salon, au coin de la cheminée. Une adresse parfaite pour faire le tour des antiquaires et galeries d'art… à deux pas de la maison où vécut Serge Gainsbourg.

Cadran sans rest

10 r. du Champ-de-Mars Ⓜ École Militaire – ✆ 01 40 62 67 00 – www.cadranhotel.com

41 ch – 🚹160/250 € 🚹🚹160/280 € – ☕ 13 €

Horloges, réveils... Le thème du cadran est à l'honneur jusque dans le décor contemporain et minimaliste de cet agréable hôtel. Détail qui ravira les gourmands : il y a deux entrées... dont l'une par une boutique de chocolats !

Londres Eiffel sans rest

1 r. Augereau Ⓜ École Militaire – ✆ 01 45 51 63 02 – www.londres-eiffel.com

30 ch – 🚹150/250 € 🚹🚹205/250 € – ☕ 14 €

Ce petit hôtel est si douillet avec ses beaux tissus choisis (Liberty, toile de Jouy, etc.), et il y règne un sympathique esprit familial ! Autre atout de taille : le calme, tout près de la très vivante rue St-Dominique...

St-Germain sans rest
88 r. du Bac Ⓜ Rue du Bac – ✆ 01 49 54 70 00 – www.hotel-saint-germain.fr
29 ch – 220/370 € 220/370 €
Toile de Jouy, mobilier ancien... Cet hôtel dégage une atmosphère douce et cosy, à deux pas du Bon Marché, des ministères et de St-Germain-des-Prés. Confortable et plaisant.

Champ de Mars sans rest
7 r. du Champ-de-Mars Ⓜ École Militaire – ✆ 01 45 51 52 30 – www.hotelduchampdemars.com
25 ch – 100/120 € 120 € – 9 €
Entre le Champ-de-Mars et les Invalides, à deux pas de l'agréable marché de la rue Clerc, un hôtel familial aux chambres charmantes et assez romantiques, avec leur joli décor "Liberty". Les prix restent mesurés, ce qui ne gâte rien.

St-Thomas d'Aquin sans rest
3 r. Pré-aux-Clercs Ⓜ Rue du Bac – ✆ 01 42 61 01 22 – www.hotel-st-thomas-daquin.com
21 ch – 160/190 € 160/190 € – 12 €
Non loin de St-Germain-des-Prés, un immeuble du 18e s. avec des chambres certes petites, mais plaisantes et meublées d'ancien. Au dernier étage, elles sont mansardées.

Le Jules Verne
2ème étage Tour Eiffel, ascenseur privé pilier sud Ⓜ Bir-Hakeim – ✆ 01 45 55 61 44 – www.lejulesverne-paris.com
Rest – Menu 90 € (déj. en sem.)/210 € – Carte 165/205 €
Au 2e étage de la tour Eiffel, son décor design atteint des hauteurs, vue magique en prime ! Patrimoine français à la carte : grands plats et vins d'excellence en forme de symboles.
➜ Saint-Jacques à la plancha, fine crème de chou-fleur et beurre noisette. Tournedos de bœuf et foie gras de canard, pommes soufflées et sauce Périgueux. L'écrou au chocolat et praliné croustillant, glace noisette.

Le Divellec (Jacques Le Divellec)
107 r. de l'Université Ⓜ Invalides – ✆ 01 45 51 91 96 – www.le-divellec.com – Fermé 26 juil.-25 août, vacances de Noël, sam. et dim.
Rest – Menu 55 € (déj.), 67/160 € – Carte 110/200 €
La mer (ou presque) à deux pas des Invalides... Dans ce restaurant au décor un brin suranné, des recettes nobles et savoureuses mettent à l'honneur des produits de la mer de première qualité. Une véritable institution de la gastronomie "marine".
➜ Cassolette de langoustines aux algues. Homard bleu à la presse servi avec son corail. Soufflé chaud à la rose et framboises fraîches.

Arpège (Alain Passard)
84 r. de Varenne Ⓜ Varenne – ✆ 01 45 51 47 33 – www.alain-passard.com – Fermé sam. et dim.
Rest – Menu 130 € (déj.)/350 € – Carte 190/270 €
Bois précieux, décor de verre signé Lalique : préférez l'élégante salle contemporaine au caveau, et dégustez l'éblouissante cuisine "légumière" d'un chef-poète du terroir, amoureux des produits et cultivant son beau jardin – en l'occurrence, ses trois potagers !
➜ Robes des champs arlequin et merguez légumière. Homard de Chausey au côtes-du-jura, pommes de terre fumées et chou croquant. Tarte aux pommes "bouquet de roses" et caramel au lait.

Pétrossian
144 r. de l'Université Ⓜ Invalides – ✆ 01 44 11 32 32 – www.petrossian.fr – Fermé août, dim. et lundi
Rest – Menu 35/90 € – Carte 55/102 €
Les Pétrossian régalent les Parisiens du caviar de la Caspienne depuis 1920. À l'étage de la boutique, élégante salle de restaurant et plaisante cuisine de la mer.

PARIS

Jean-François Piège – Rest. Thoumieux
79 r. St-Dominique, (1er étage) Ⓜ La Tour Maubourg – ✆ 01 47 05 79 79 – www.thoumieux.com – Fermé août, sam. et dim.
Rest *(nombre de couverts limité, réserver)* – Menu 99 € (déj.), 119/239 € bc – Carte 120/150 €
À l'étage de la brasserie Thoumieux, un salon particulier où Jean-François – rendu célèbre au Crillon – vous reçoit... comme à la maison ! On dresse la table, vous choisissez un produit, et un plat surprise vient à se créer dans la cuisine contiguë. D'une sincérité éblouissante.
➜ Sélection des plus beaux produits de saison.

Les Ombres
27 quai Branly, (musée du Quai Branly - 5ème étage) Ⓜ Alma Marceau – ✆ 01 47 53 68 00 – www.lesombres-restaurant.com
Rest – Formule 26 € – Menu 38 € (déj.)/82 € – Carte 56/109 €
Perché sur le toit du musée du Quai-Branly, ce restaurant entièrement vitré – c'est Jean Nouvel qui a signé l'architecture intérieure et extérieure – fait un clin d'œil à la tour Eiffel toute proche. Quant à la cuisine, subtile et fine, elle épouse l'air du temps.

PARIS

Il Vino d'Enrico Bernardo
13 bd La Tour-Maubourg Ⓜ Invalides – ✆ 01 44 11 72 00 – www.ilvinobyenricobernardo.com – Fermé le midi et dim.
Rest – Menu 98 € bc/150 € bc – Carte environ 85 €
Choisissez le vin et laissez faire côté cuisine ! Dans son restaurant chic et design, le Meilleur Sommelier du monde 2004 inverse la tendance en associant les mets aux vins.
➜ Homard breton rôti avec sa bisque, blettes confites et mousse aux épinards. Selle et carré d'agneau de lait rôtis, aubergine et fromage de chèvre aux amandes. Crémeux au chocolat blanc, pêches et mangue, sorbet au thé matcha.

Le Violon d'Ingres (Christian Constant)
135 r. St-Dominique Ⓜ École Militaire – ✆ 01 45 55 15 05 – www.maisonconstant.com
Rest – Menu 46 € (déj. en sem.) – Carte 61/87 €
Cette salle raffinée, d'esprit bistrot contemporain, réunit les gourmets avertis, comblés par une cuisine de qualité qui valorise les produits et les saisons sans renier la tradition.
➜ Salade façon César Ritz. Raviole de langoustine à l'estragon, concassé de tomate et bisque à l'armoricaine. Traditionnel millefeuille.

Cigale Récamier
4 r. Récamier Ⓜ Sèvres Babylone – ✆ 01 45 48 86 58 – Fermé dim.
Rest – Carte 35/52 €
Une adresse discrète et élégante, où les éditeurs et hommes politiques du quartier ont leurs habitudes. Outre les classiques bistrotiers, la maison décline de jolis soufflés salés et sucrés dont les parfums évoluent au fil des mois.

Le Clarisse
29 r. Surcouf Ⓜ La Tour Maubourg – ✆ 01 45 50 11 10 – www.leclarisse.fr – Fermé sam. midi, lundi midi et dim.
Rest – Formule 35 € – Menu 79/120 € – Carte 76/87 €
Près des Invalides, un restaurant au cadre épuré, tout de noir, blanc et or, où l'on déguste une cuisine de saison métissée, fraîche et dans l'air du temps. C'est beau et... bon !

Chez les Anges
54 bd de la Tour-Maubourg Ⓜ La Tour Maubourg – ✆ 01 47 05 89 86 – www.chezlesanges.com – Fermé sam. et dim.
Rest – Formule 26 € – Menu 35/55 € – Carte 37/78 €
Un décor contemporain pour une cuisine goûteuse et sincère, entre tradition et modernité : galette de pied de cochon, filet de merlan, foie de veau au chou rouge braisé, baba au rhum...

Auguste (Gaël Orieux)

54 r. Bourgogne Ⓜ Varenne – ✆ 01 45 51 61 09 – www.restaurantauguste.fr – Fermé 1er-22 août, sam. et dim.

Rest – Menu 35 € (déj.)/85 € – Carte 70/100 €

Design, coloré, élégant : Auguste sied bien à la cuisine de Gaël Orieux, un chef passionné et amoureux des produits... Ses plats ? Une quête d'harmonie et d'inventivité, mêlant finement la terre et la mer. Prix étudiés le midi, grand jeu le soir.

➜ Foie gras de canard, enoki et chou pak-choï, consommé de crevettes au galanga. Lotte fleurée au thé vert, sabayon yuzu, mousseline de petits pois pistachée. Soufflé au chocolat pur Caraïbes, glace au miel.

Tante Marguerite

5 r. Bourgogne Ⓜ Assemblée Nationale – ✆ 01 45 51 79 42 – www.bernard-loiseau.com – Fermé août, sam., dim. et fériés

Rest – Formule 29 € – Menu 38 € (déj.)/52 € – Carte 50/117 €

À deux pas du Palais-Bourbon, une cuisine traditionnelle qui défend notamment de belles racines bourguignonnes, escargots compris. Boiseries, chaises Louis XV et... étonnante table design (la n° 20) : l'atmosphère est résolument cossue.

Café de l'Esplanade

52 r. Fabert Ⓜ La Tour Maubourg – ✆ 01 47 05 38 80

Rest – Carte 46/88 €

Un Café des frères Costes ? Forcément tendance ! Décor signé Jacques Garcia – en phase avec l'hôtel des Invalides tout proche – et carte d'esprit brasserie chic, sympathique mais chère.

Vin sur Vin

20 r. de Monttessuy Ⓜ Pont de l'Alma – ✆ 01 47 05 14 20 – Fermé 4-28 août, 22 déc.-8 janv., lundi sauf le soir de sept. à mars, sam. midi et dim.

Rest *(nombre de couverts limité, réserver)* – Menu 60 € (déj.) – Carte 84/116 €

Une carte des vins de plus de 600 références : un bijou pour ce Vin sur Vin aux allures d'élégante maison particulière, porté par la passion des beaux nectars comme de la cuisine de tradition. Accueil aimable.

Thoumieux avec ch

79 r. St-Dominique Ⓜ La Tour Maubourg – ✆ 01 47 05 79 00 – www.thoumieux.com

15 ch – †150/190 € ††240/410 € – ☕ 20 €

Rest – Formule 29 € – Carte 40/65 €

Banquettes rouges et miroirs, actrices et hommes du monde : cette brasserie de 1923 marie Belle Époque et actualité ! La carte est originale et fait de jolies œillades à l'esprit des lieux. On accède aux chambres par un escalier confidentiel : atmosphère intime et cosy...

La Cuisine

14 bd La Tour-Maubourg Ⓜ Invalides – ✆ 01 44 18 36 32 – http://lacuisine.lesrestos.com – Fermé sam. midi et dim.

Rest – Formule 29 € – Menu 34/42 € – Carte 49/73 €

Dans cette Cuisine sobre et élégante, les produits sont à l'honneur, les plats fleurent bon la tradition, le pain est fait maison, et le tout s'accompagne d'un bon choix de vins au verre ou en carafe. On passe un bon moment.

Le Bamboche

15 r. Babylone Ⓜ Sèvres Babylone – ✆ 01 45 49 14 40 – www.lebamboche.com – Fermé 12-26 août et dim. midi

Rest – Formule 26 € – Menu 33 € (sem.)/85 € – Carte 70/78 €

Ici, on bamboche en toute discrétion : les rideaux sont fermés et ne laissent rien soupçonner de ce joli restaurant, tout en sobriété. Côté papilles : gambas poêlées à l'hibiscus, chaud-froid de foie gras au pain d'épices...

PARIS

D'Chez Eux

2 av. Lowendal Ⓜ *École Militaire – ✆ 01 47 05 52 55 – www.chezeux.com*
Rest – Formule 29 € – Menu 34 € (déj. en sem.) – Carte 60/80 €
Copieuses assiettes inspirées du Sud-Ouest et concoctées avec de beaux produits, ambiance d'auberge provinciale, serveurs en tablier de bougnat... La recette séduit depuis plus de 40 ans et n'a pas pris une ride !

L'Atelier de Joël Robuchon - St-Germain

5 r. de Montalembert Ⓜ *Rue du Bac – ✆ 01 42 22 56 56 – www.joel-robuchon.net – Accueil de 11h30 à 15h30 et de 18h30 à minuit. Réservations uniquement pour certains services : se renseigner.*
Rest – Menu 165 € – Carte 62/132 €
Concept original dans un décor chic signé Rochon : pas de tables, mais de hauts tabourets alignés face au comptoir, pour déguster des mets déclinés en assiettes façon tapas. Superbe exécution : le grand art de la simplicité !
➜ Langoustine en ravioli truffé à l'étuvée de chou vert. Agneau de lait en côtelettes à la fleur de thym. Fruit de la passion en soufflé chaud et sorbet exotique.

Gaya Rive Gauche par Pierre Gagnaire

44 r. du Bac Ⓜ *Rue du Bac – ✆ 01 45 44 73 73 – www.pierre-gagnaire.com – Fermé 12-19 août, 23 déc.-6 janv. et dim.*
Rest – Menu 60 € (déj.) – Carte 60/100 €
Dans ce beau bistrot contemporain et décontracté, au décor gris-bleu conçu par Christian Ghion, on se régale de recettes plus créatives les unes que les autres, sublimant – avec finesse et sans esbroufe – les produits de la mer.
➜ Chair de tourteau, coquillages, salicornes, mayonnaise au raifort. Blanc de saint-pierre grillé, marinière de coques, couteaux à la nantaise. Gâteau chocolat au cru Cuba, crème glacée au cru Venezuela.

Le Clos des Gourmets

16 av. Rapp Ⓜ *Alma Marceau – ✆ 01 45 51 75 61 – www.closdesgourmets.com – Fermé 1er-25 août, dim. et lundi*
Rest – Formule 25 € – Menu 30 € (déj.), 32/37 € – Carte 35/60 €
Dans ce néobistrot épuré et chaleureux, le chef, en véritable amateur de bonne chère, a le souci de bien faire. Crème brûlée aux asperges, fenouil confit aux épices douces : sa cuisine est franche et pleine de jolies saveurs !

Au Bon Accueil

14 r. Monttessuy Ⓜ *Pont de l'Alma – ✆ 01 47 05 46 11 – www.aubonaccueilparis.com – Fermé 3 sem. en août, sam. et dim.*
Rest – Formule 28 € – Menu 32 € – Carte 40/65 €
À l'ombre de la tour Eiffel, un bistrot au chic discret où l'on sert une appétissante cuisine du marché, sensible au rythme des saisons. Très bon rapport qualité-prix.

Les Fables de La Fontaine

131 r. St-Dominique Ⓜ *École Militaire – ✆ 01 44 18 37 55 – www.lesfablesdelafontaine.net – Fermé 23-28 déc.*
Rest *(nombre de couverts limité, réserver)* – Formule 30 € bc – Menu 35 € bc (déj. en sem.)/120 € – Carte 81/103 €
Une fable gourmande et subtile, où le poisson joue le tout premier rôle. La carte est courte, inspirée et bien pensée ; elle s'accompagne d'une belle sélection de vins au verre... Ce bistrot de poche est un vrai poème !
➜ Croustillant de langoustines au basilic, émulsion d'agrumes et romaine au parmesan. Rouget farci aux chipirons et mousseline de patate douce. Parfait passion-praliné, minestrone de melon et nectarine.

Les Cocottes

135 r. St-Dominique Ⓜ *École Militaire – www.maisonconstant.com*
Rest – Menu 32 € – Carte 22/55 €
Le concept ? Une cuisine de bistrot joliment revisitée et servie dans des cocottes : terrine de campagne, côte de veau rôtie... Très convivial, mais l'on ne peut pas réserver !

Aida (Koji Aida)

1 r. Pierre Leroux Ⓜ *Vaneau – ✆ 01 43 06 14 18 – www.aidaparis.com – Fermé 1 sem. en mars, 3 sem. en août, le midi et lundi*

Rest *(nombre de couverts limité, réserver)* – Menu 160 €

Le temps d'un repas, on est transporté au pays du Soleil-Levant... Ici, tout respire l'authenticité et la pureté, autour d'une cuisine nippone d'une belle finesse. Le poisson, présenté vivant et préparé devant vous, semble sortir de la mer... Le grand art de la simplicité et de la transparence !

➜ Sashimi. Teppanyaki. Wagashi.

35° Ouest

35 r. de Verneuil Ⓜ *Rue du Bac – ✆ 01 42 86 98 88 – Fermé 28 juil.-26 août, 27 déc.-2 janv., dim. et lundi*

Rest *(nombre de couverts limité, réserver)* – Formule 35 € bc – Carte 60/100 €

Discret et tout petit, ce restaurant fait l'éloge des mets iodés. Le chef privilégie la simplicité, la fraîcheur et la saveur de produits bien choisis... Résultat : une cuisine exécutée dans les règles de l'art. Cap à l'Ouest !

➜ Rémoulade de tourteau et granny smith. Sole poêlée meunière, pommes écrasées. Sorbet vanillé au muscat de Beaumes-de-Venise.

Kinnari

8 r. Malar Ⓜ *La Tour Maubourg – ✆ 01 47 05 18 18 – Fermé dim.*

Rest – Formule 19 € – Menu 22/39 € – Carte 30/45 €

Tenu par le frère du patron du Suan Thaï (4e), Kinnari s'inspire du décor et des recettes de son aîné : salade de papaye verte aux crevettes, magret de canard sauce tamarin...

Le 122

122 r. de Grenelle Ⓜ *Solférino – ✆ 01 45 56 07 42 – www.le122.fr – Fermé 27 juil.-27 août, sam. et dim.*

Rest – Formule 19 € – Menu 26 € (déj.), 39/59 € – Carte 33/68 €

Un restaurant contemporain et design, non loin des ministères. Le propriétaire se rend tous les jours à Rungis et en rapporte de beaux produits ; en cuisine, le chef concocte des plats inventifs, pile dans la tendance bistronomique.

Fontaine de Mars

129 r. St-Dominique Ⓜ *École Militaire – ✆ 01 47 05 46 44 – www.fontainedemars.com*

Rest – Carte 35/77 €

Un parfait bistrot des années 1930 (restauré à l'identique), rétro et convivial. Côté gourmandises, la carte donne dans la vraie tradition : boudin, andouillette, filet de bœuf sauce béarnaise, magret de canard... En un mot : bistrot !

L'Affriolé

17 r. Malar Ⓜ *Invalides – ✆ 01 44 18 31 33 – Fermé 3 sem. en août, dim. et lundi*

Rest – Formule 25 € – Menu 29 € (déj.)/35 €

Ardoise du jour, menu du mois... Le chef suit de près les arrivages du marché. Le décor, contemporain et design, ajoute au charme du lieu ! Et il y a même une formule "bento", pour les hommes (et les femmes) pressés.

Le Petit Bordelais

22 r. Surcouf Ⓜ *Invalides – ✆ 01 45 51 46 93 – www.le-petit-bordelais.com – Fermé août, 1 sem. en fév., dim. et lundi*

Rest – Formule 20 € – Menu 34/73 € bc – Carte 55/70 €

Le goût des jolis nectars, le sens de la convivialité et l'envie de faire plaisir avec une cuisine fraîche, bien ficelée et sans chichi... Ce Petit Bordelais n'a pas tardé à se forger une solide clientèle d'habitués, et l'on sait pourquoi !

Le Petit Niçois Ⓝ

10 r. Amélie Ⓜ *La Tour Maubourg – ✆ 01 45 51 83 65 – www.lepetitnicois.com*

Rest – Formule 22 € – Menu 29 € – Carte 61/87 €

À deux pas de la rue St-Dominique, ce restaurant bien nommé rend hommage à la cuisine méridionale : crostini de sardines à la tomate et au basilic, pavé de cabillaud au thym citron accompagné de mogettes, etc. Et ne passez pas à côté de la bouillabaisse, spécialité de la maison ! Cadre contemporain.

PARIS

Les Botanistes

11 bis r. Chomel Ⓜ Sèvres-Babylone – ✆ 01 45 49 04 54 – Fermé 3 sem. en août, dim. et fériés

Rest – Formule 18 € – Carte 33/60 €

Harengs marinés, volaille fermière, sablé à la pomme... De beaux spécimens de cuisine bistrotière, dans leur environnement naturel : banquettes, tables en bois, vieux carrelage, etc.

Veramente

2 r. Sedillot Ⓜ Pont de l'Alma – ✆ 01 45 51 95 82 – www.veramente.fr – Fermé 2 sem. en août et dim.

Rest – Menu 24 € (déj.) – Carte 43/62 €

Burrata, bresaola, speck... Dans ce petit restaurant intime et feutré, les produits de la Botte sont à l'honneur. Le chef, d'origine napolitaine, n'a pas son pareil pour vous régaler d'aubergines au four, ou encore d'un délicieux tiramisu.

Dar Lyakout

94 bd de la Tour-Maubourg Ⓜ École Militaire – ✆ 01 45 50 16 16 – www.darlyakout.com

Rest – Formule 19 € bc – Menu 34 € (déj. en sem.) – Carte 33/51 €

Couscous, tajines, pâtisseries orientales... Née en 2010, une table marocaine gourmande et fine, dans un décor qui réconcilie le style lounge et l'artisanat marocain.

Le Bistrot du 7ème

56 bd de La Tour-Maubourg Ⓜ La Tour Maubourg – ✆ 01 45 51 93 08 – www.bistrotdu7.com

Rest – Formule 15 € – Menu 17 € (déj. en sem.)/25 € – Carte 29/39 €

Zinc, vieilles affiches et nappes en papier : cet authentique bistrot de quartier égrène avec soin toutes les spécialités du genre, de la terrine de lapin au confit de canard.

Café Constant

139 r. St-Dominique Ⓜ École Militaire – www.maisonconstant.com

Rest – Formule 16 € – Menu 23 € (déj. en sem.) – Carte 34/53 €

Une annexe de Christian Constant simple et conviviale. Cuisine de bistrot gourmande à prix doux : œufs mimosa, tartare d'huîtres, agneau rôti, riz au lait... Sans réservation.

Pottoka

4 r. de l'Exposition Ⓜ École Militaire – ✆ 01 45 51 88 38 – Fermé août, 20-27 déc. et dim.

Rest – Formule 19 € – Menu 35 €

Un bistrot convivial, où il fait bon boire et se régaler, en toute simplicité. Respectivement originaires du Sud-Ouest et de Paris, les deux associés vénèrent le rugby, les bons produits... et proposent une cuisine basque gourmande et généreuse.

L'Affable (N)

10 r. de St-Simon Ⓜ Rue du Bac – ✆ 01 42 22 01 60 – Fermé 3 sem. en août, 25 déc.-1er janv., sam. et dim.

Rest – Formule 26 € – Carte 48/60 €

L'Affable, forcément, vous accueille avec amabilité ! L'ambiance est conviviale dans ce bistrot des quartiers chic, qui joue une jolie carte rétro et régale avec savoir-faire : calamars en deux cuissons et purée d'olive, cabillaud et mousseline de panais, soufflé chocolat... Un conseil : réservez, c'est souvent complet.

Florimond

19 av. de La Motte-Picquet Ⓜ École Militaire – ✆ 01 45 55 40 38 – Fermé 6-11 mai, 29 juil.-18 août, 1er-6 janv. , lundi midi, sam. midi et dim.

Rest – Menu 23 € (déj.)/35 € – Carte 45/60 €

Florimond – du nom du jardinier de Monet à Giverny – a l'esprit bistrotier et convivial... Pour faire honneur à ce prénom chantant, le chef agrémente sa cuisine du terroir (nombreux produits de Corrèze, sa région d'origine) de beaux légumes. Et ce fils de charcutier fait lui-même ses saucisses, boudins et conserves !

Laiterie Sainte Clotilde

64 r. de Bellechasse Ⓜ Solférino – ✆ 01 45 51 74 61 – Fermé 1er-23 août, vacances de Noël, sam. midi et dim.

Rest – Formule 20 € – Menu 24 € (déj.) – Carte 31/38 €

Une ancienne laiterie (fin du 19e s.) bobo-nostalgique : chaises en formica, grande banquette rouge et... cuisine tendance ménagère, soupe du jour comprise. Informel et convivial.

Oudino

17 r. Oudinot Ⓜ Vaneau – ✆ 01 45 66 05 09 – www.oudino.fr – Fermé 4-19 août, 24 déc.-1er janv., sam. et dim.

Rest – Formule 19 € – Carte 30/45 €

Une pause gourmande non loin des ministères. Croustillant d'épaule d'agneau, parmentier de canard, œuf à la neige... On propose ici une cuisine bistrotière, et la formule du jour se révèle attractive.

S. Sauvignier/MICHELIN

Champs-Élysées · Concorde · Madeleine

8e arrondissement

✉ 75008

PARIS

Plaza Athénée

25 av. Montaigne Ⓜ Alma Marceau – ✆ 01 53 67 66 65 – www.plaza-athenee-paris.com

148 ch – †635/755 € ††795/1025 € – 46 suites – ☕ 75 €

Rest *Alain Ducasse au Plaza Athénée* ✿✿✿

Rest *Le Relais Plaza* – voir les restaurants ci-après

Rest *La Cour Jardin* ✆ 01 53 67 66 02 *(ouvert de mi-mai à mi-sept.)* – Carte 80/140 €

Le palace parisien par excellence, ouvert en 1911 ! Styles classique ou Art déco dans les chambres, luxueux institut de beauté Dior, dorures, marbre... Le confort absolu ! À la belle saison, mets classiques à savourer sur la charmante terrasse de la Cour Jardin.

Le Bristol

112 r. Fg St-Honoré Ⓜ Miromesnil – ✆ 01 53 43 43 00 – www.lebristolparis.com

152 ch – †730/1850 € ††730/1850 € – 36 suites – ☕ 49 €

Rest *Épicure* ✿✿✿ **Rest *114, Faubourg*** ✿ – voir les restaurants ci-après

Ce palace de 1925, agencé autour d'un magnifique jardin, a conservé toute sa superbe. Les luxueuses chambres de style Louis XV ou Louis XVI cohabitent avec des suites (Lune de miel, Impériale, etc.) aux impressionnantes proportions. Non moins exceptionnelle, la piscine dominant Paris...

Four Seasons George V ch, rest,

31 av. George-V Ⓜ George V – ✆ 01 49 52 70 00 – www.fourseasons.com/paris

185 ch – †925/1550 € ††925/1550 € – 59 suites – ☕ 40 €

Rest *Le Cinq* ✿✿ – voir les restaurants ci-après

Rest *La Galerie* ✆ 01 49 52 70 06 – Carte 100/190 €

Ce palace mythique, né en 1928, s'est paré des splendeurs et raffinements du 18e s. Chambres luxueuses et spacieuses, belles collections d'œuvres d'art et spa superbe. Mets de tradition à la Galerie ; l'été, les tables sont dressées dans la belle cour intérieure.

Le Royal Monceau
rest,

37 av. Hoche Ⓜ *Charles de Gaulle-Etoile – 01 42 99 88 00 – www.leroyalmonceau.com*
108 ch – 680/850 € 680/850 € – 41 suites – 49 €
Rest *La Cuisine* – voir les restaurants ci-après
Rest *Il Carpaccio* – voir les restaurants ci-après
Rest *Le Grand Salon* *(fermé le soir)* – Carte 60/80 €
L'hôtel a fait peau neuve en 2010 pour se transformer en palace du 21e s. Décoré par Philippe Starck, il se joue des codes en vigueur : galerie d'art, librairie, salle de cinéma high-tech, spa superbe... À la pointe de l'art de vivre contemporain !

Fouquet's Barrière

46 av. George-V Ⓜ *George V – 01 40 69 60 00 – www.fouquets-barriere.com*
50 ch – 640/770 € 755/910 € – 31 suites – 38 €
Rest *Le Diane* – voir les restaurants ci-après
Né en 2006 dans le sillage de la mythique brasserie, ce luxueux hôtel a été décoré par Jacques Garcia : styles Empire et Art déco, foisonnement d'acajou, de soie, de velours... associés à des équipements high-tech et un spa superbe !

PARIS

Champs-Élysées Plaza
ch, ch,

35 r. de Berri Ⓜ *George V – 01 53 53 20 20 – www.champselyseesplaza.com*
25 ch – 490/810 € 490/810 € – 10 suites – 30 €
Rest *Le Keller* *(fermé 3 sem. en août et fériés)* – Menu 46 € – Carte 52/86 €
Élégance et espace, harmonie des couleurs, mélange des styles, service attentionné, fitness... Cet hôtel est un concentré de luxe feutré et cossu.

Lancaster

7 r. de Berri Ⓜ *George V – 01 40 76 40 76 – www.hotel-lancaster.com*
57 ch – 450/680 € 560/760 € – 14 suites – 40 €
Rest *La Table du Lancaster* – voir les restaurants ci-après
Marlène Dietrich appréciait le luxe discret de cet hôtel particulier, construit en 1889 à deux pas des Champs-Élysées. Parquets d'époque et cheminées, mobilier des 18e et 19e s., œuvres d'art, etc. Le charme le dispute à l'authenticité, dans une veine infiniment parisienne...

Sofitel le Faubourg

15 r. Boissy-d'Anglas Ⓜ *Concorde – 01 44 94 14 14 – www.sofitel.com*
122 ch – 350/950 € 350/950 € – 25 suites – 34 €
Rest *Les Collections* – voir les restaurants ci-après
Élégant hôtel dans deux demeures des 18e et 19e s. Belles suites rénovées en 2010 dans un style contemporain ; chambres joliment feutrées, salon sous verrière, fitness et hammam.

La Trémoille
ch,

14 r. Trémoille Ⓜ *Alma Marceau – 01 56 52 14 00 – www.hotel-tremoille.com*
88 ch – 320/840 € 320/840 € – 5 suites – 28 €
Rest *Louis²* *(fermé sam., dim. et fériés)* – Formule 37 € – Carte 51/67 €
Moulures, jolis tissus tendus, marbre noir et blanc dans les salles de bains : un bel esprit néo-rétro règne dans les chambres ! Atmosphère lounge au Louis2 et... cuisine actuelle.

San Régis

12 r. J. Goujon Ⓜ *Champs-Elysées Clemenceau – 01 44 95 16 16 – www.hotel-sanregis.fr*
40 ch – 430/790 € 590/790 € – 3 suites – 30 €
Rest *(fermé août, sam. et dim. (sauf résidents))* – Formule 32 € – Carte 52/74 €
Hôtel particulier de 1857 remanié avec goût : un bel escalier (vitraux et statues) conduit aux chambres, ravissantes et résolument classiques. Le restaurant occupe un luxueux salon feutré – une vraie bonbonnière – et cultive la tradition.

Balzac sans rest
6 r. Balzac Ⓜ *George V – ✆ 01 44 35 18 00 – www.hotelbalzac.com*
60 ch – 320/990 € 320/990 € – 10 suites – 38 €
À quelques pas des Champs-Élysées, cet hôtel arbore un décor néoclassique, tout en opulence et chatoiement (mobilier de style Louis XVI, dorures, marbre).

Napoléon
40 av. Friedland Ⓜ *Charles de Gaulle-Etoile – ✆ 01 56 68 43 21 – www.hotelnapoleonparis.com*
65 ch – 250/440 € 250/540 € – 37 suites – 28 €
Rest *(fermé sam. et dim.) (déj. seult)* – Carte 61/85 €
À deux pas de l'Étoile chère à Napoléon, un hôtel rendant hommage à cette figure de l'Histoire (autographes, figurines, tableaux d'époque). Chambres feutrées de style Directoire ou Empire. Carte traditionnelle au restaurant dans un décor de boiseries.

Marriott
70 av. des Champs-Élysées Ⓜ *Franklin D. Roosevelt – ✆ 01 53 93 55 00 – www.marriottchampselysees.com*
173 ch – 400/800 € 500/1000 € – 19 suites – 32 €
Rest ***Le Restaurant*** ✆ 01 53 93 55 44 *(Fermé sam. midi et dim. midi)* – Carte 48/79 €
Un bel immeuble hausmannien sur les Champs-Élysées... Les chambres, spacieuses et rénovées en 2009, sont d'une sobre élégance contemporaine ; certaines donnent sur la mythique avenue, d'autres sur l'atrium ou la cour intérieure. Plats traditionnels et grillades au Restaurant ; terrasse paisible.

Bedford
17 r. de l'Arcade Ⓜ *Madeleine – ✆ 01 44 94 77 77 – www.hotel-bedford.com*
135 ch – 180/266 € 226/312 € – 10 suites – 20 €
Rest ***Le Victoria*** *(fermé août, sam., dim. et fériés) (déj. seult)* – Formule 34 € – Menu 42 € – Carte 66/74 €
Cet hôtel fondé en 1848 perpétue avec élégance une certaine idée de la tradition hôtelière. Les chambres, agréables, sont d'un raffinement discret. Une adresse à la fois confortable et d'un bon rapport qualité-prix pour le quartier.

L'Hôtel du Collectionneur
51 r. de Courcelles Ⓜ *Courcelles – ✆ 01 58 36 67 00 – www.hotelducollectionneur.com*
418 ch – 300/790 € 300/790 € – 52 suites – 35 €
Rest ***Safran*** ✆ 01 58 36 67 96 – Formule 35 € – Menu 49 € (dîner) – Carte environ 55 €
Inspiré des paquebots des années 1930, cet hôtel en restitue tout l'esprit, luxueux et raffiné : élégantes chambres Art déco signées Jacques Garcia – très calmes côté patio –, spa, fitness...

Vernet
25 r. Vernet Ⓜ *Charles de Gaulle-Etoile – ✆ 01 44 31 98 00 – www.hotelvernet.com*
41 ch – 270/450 € 290/490 € – 9 suites – 30 €
Rest ***Le Vernet*** – voir les restaurants ci-après
Bel immeuble des Années folles dans une petite rue près des Champs-Élysées. Les chambres sont raffinées, dans la grande tradition, certaines décorées dans un style plus contemporain. Il se dégage de ces lieux un je-ne-sais-quoi de très parisien !

Intercontinental Avenue Marceau
64 av. Marceau Ⓜ *George V – ✆ 01 44 43 36 36 – www.ic-marceau.com*
55 ch – 250/1600 € 250/1600 € – 30 €
Rest ***M64*** – voir les restaurants ci-après
Luxueux hôtel design à deux pas de la place de l'Étoile. Le décor marie haute technologie, meubles contemporains et répliques de fresques et de croquis de la Renaissance italienne.

PARIS

PARIS

Hôtel de Sers

41 av. Pierre 1er de Serbie Ⓜ *George V – ✆ 01 53 23 75 75 – www.hoteldesers.com*
45 ch – 625/1050 € 625/1050 € – 7 suites – 29 €
Rest *Restaurant de Sers* – voir les restaurants ci-après
Le marquis de Sers ne reconnaîtrait pas son hôtel particulier de la fin du 19e s. Il faut dire qu'il mélange les styles avec succès : si le hall a conservé son caractère d'origine, les chambres, elles, sont résolument contemporaines et tendance. Un "baby palace" élégant...

La Maison Champs-Élysées

8 r. J.-Goujon Ⓜ *Franklin D Roosevelt – ✆ 01 40 74 64 64 – www.lamaisonchampselysees.com*
51 ch – 390/720 € 390/720 € – 6 suites – 26 €
Rest *(fermé 1 sem. en août, sam. midi et dim. soir)* – Formule 39 € – Menu 48 € (déj. en sem.) – Carte 54/75 €
Un hôtel très particulier, où le faste du Second Empire côtoie les lignes épurées d'un design contemporain dû à Martin Margiela. Salon blanc, fumoir noir, équipements dernier cri, restaurant très graphique : une signature.

New Hotel Roblin N

6 r. Chauveau-Lagarde Ⓜ *Madeleine – ✆ 01 44 71 20 80 – www.new-hotel.com*
77 ch – 380/560 € 380/680 € – 22 €
Rest – Formule 28 € – Menu 37 €
Préférez-vous l'esprit bourgeois du 16e arrondissement, le côté trendy du Marais, les ateliers d'artistes du canal St-Martin ou l'ambiance rive gauche de St-Germain ? Tels sont les thèmes déclinés par les chambres de cet hôtel... qui met tout Paris à deux pas de la place de la Madeleine. Un ensemble très réussi.

Chateaubriand sans rest

6 r. Chateaubriand Ⓜ *George V – ✆ 01 40 76 00 50 – www.hotelchateaubriand.com*
28 ch – 205/330 € 220/350 € – 22 €
Des peintures, des bibelots et de beaux meubles d'antiquaire dans les chambres : le charme d'une maison particulière ! On prend son petit-déjeuner face au petit patio.

Bradford Élysées sans rest

10 r. St-Philippe-du-Roule Ⓜ *St-Philippe du Roule – ✆ 01 45 63 20 20 – www.astotel.com*
50 ch – 199/560 € 199/560 € – 17 €
Cheminées en marbre, moulures, parquet, petit-déjeuner sous une jolie verrière, décor rétro et ascenseur d'époque : un conservatoire du charme parisien... la modernité en plus.

Opéra Diamond sans rest

4 r. de la Pépinière Ⓜ *St-Lazare – ✆ 01 44 70 02 00 – www.paris-hotel-diamond.com*
30 ch – 250/750 € 250/750 € – 23 €
Hôtel ouvert en 2009, tout de noir et de cristal vêtu. Le concept : rendre hommage à la féminité et aux diamants. Esprit baroque dans les chambres ; patio avec fontaine et brin de verdure.

Royal sans rest

33 av. de Friedland Ⓜ *Charles de Gaulle-Etoile – ✆ 01 43 59 08 14 – www.royal-hotel.com*
57 ch – 179/330 € 179/420 € – 18 €
Atmosphère feutrée dans les chambres : décor sobre, bonne insonorisation et, pour certaines, vue sur l'Arc de Triomphe ! Après une journée de balade, le salon est très reposant.

Daniel

8 r. Frédéric-Bastiat Ⓜ *St-Philippe du Roule – ✆ 01 42 56 17 00 – www.hoteldanielparis.com*
22 ch – 350/590 € 420/590 € – 4 suites – 24 €
Rest *(fermé en août, sam. et dim.)* – Menu 39 € (déj.), 55/74 € – Carte 37/99 €
Cet hôtel a le goût du voyage ! Toiles de Jouy, meubles et objets du monde entier campent un décor raffiné et chaleureux... pour globe-trotters parisiens. Cuisine influencée par la Méditerranée et suggestions du marché.

Hôtel du Ministère sans rest

31 r. de Surène Ⓜ *Madeleine – ☎ 01 42 66 21 43 – www.ministerehotel.com*

24 ch – 225/370 € 255/655 €

Un hôtel à deux pas du ministère de l'Intérieur, du palais de l'Élysée et du faubourg St-Honoré. Les chambres – confortables et très fonctionnelles – rendent hommage aux années 1970, ce qui ne manquera pas de plaire aux amateurs... ou aux nostalgiques. Accueil charmant.

Pershing Hall

49 r. Pierre Charron Ⓜ *George V – ☎ 01 58 36 58 00 – www.pershinghall.com*

20 ch – 590/690 € 590/690 € – 6 suites – 28 €

Rest *Pershing Hall* – voir les restaurants ci-après

Hôtel particulier, demeure du général Pershing pendant la Grande Guerre, club de vétérans et depuis 2001, établissement de standing, scénographié par la designer Andrée Putman. Une véritable page de la vie parisienne, au chic discret.

François 1er sans rest

7 r. Magellan Ⓜ *George V – ☎ 01 47 23 44 04 – www.hotelfrancoispremier.com*

38 ch – 250/490 € 270/490 € – 2 suites – 22 €

Marbre de Carrare, moulures, objets chinés, meubles anciens et tableaux à foison : Pierre-Yves Rochon a créé un cadre luxueux et raffiné. Copieux petit-déjeuner (buffet).

Le 123 sans rest

123 r. du Faubourg-St-Honoré Ⓜ *St-Philippe du Roule – ☎ 01 53 89 01 23 – www.astotel.com*

41 ch – 199/560 € 199/560 € – 17 €

Mélange des genres, des couleurs et des matières, croquis de stylistes : les chambres de cet hôtel sont vraiment "haute couture". Parfait pour un séjour shopping dans un faubourg très... mode.

Le A sans rest

4 r. d' Artois Ⓜ *St-Philippe du Roule – ☎ 01 42 56 99 99 – www.paris-hotel-a.com*

25 ch – 250/695 € 250/695 € – 1 suite – 25 €

Le plasticien Hyber et l'architecte Méchiche ont imaginé cet hôtel design en noir et blanc. Les chambres, comme les salons, jouent l'épure... avec un "e" majuscule !

Chambiges Élysées sans rest

8 r. Chambiges Ⓜ *Alma Marceau – ☎ 01 44 31 83 83 – www.hotelchambiges.com*

26 ch – 290/410 € 290/490 € – 8 suites

Le mot "cosy" semble avoir été inventé pour cet hôtel installé dans un immeuble hausmmannien. Tout y est : boiseries, tentures et tissus chaleureux, meubles chinés, jardin fleuri. Une atmosphère romantique et feutrée, tout près des Champs-Élysées.

Le Mathurin sans rest

43 r. des Mathurins Ⓜ *Havre Caumartin – ☎ 01 44 94 20 94 – www.le-mathurin.com*

52 ch – 290/450 € 290/450 € – 2 suites – 27 €

La devise de la maison : "Le luxe d'être chez soi." Et l'on aimerait faire de cet hôtel, garni de livres, feutré, élégant et apaisant, son home sweet home !

Cristal sans rest

9 r. Washington Ⓜ *George V – ☎ 01 45 63 27 33 – www.hotel-le-cristal.com*

25 ch – 289/319 € 179/319 € – 1 suite – 18 €

Un hôtel minéral, une explosion de couleurs, et pour cause... Toute la déco se décline autour du cristal de roche ! Effets d'optique, mobilier de designer : urbain et chic.

Opal sans rest

19 r. Tronchet Ⓜ *Havre Caumartin – ☎ 01 42 65 77 97 – www.paris-hotel-opal.com*

33 ch – 199/460 € 229/530 € – 1 suite – 19 €

Entre les grands magasins et la Madeleine, cet hôtel, rénové en 2008, propose des chambres chaleureuses (tissus rayés, couleurs vives). Esprit design au salon et... cheminée !

PARIS

Relais Monceau sans rest

85 r. Rocher Ⓜ *Villiers – ☎ 01 45 22 75 11 – www.relais-monceau.com*

51 ch – 🛉130/283 € 🛉🛉130/283 € – ☕ 14 €

Entre le parc Monceau et la gare St-Lazare, cet établissement dispose de chambres confortables et accueillantes. Pour se détendre, un joli salon et un agréable bar.

Élysées Mermoz sans rest

30 r. J. Mermoz Ⓜ *Franklin D. Roosevelt – ☎ 01 42 25 75 30 – www.hotel-elyseesmermoz.com*

22 ch – 🛉190/290 € 🛉🛉190/290 € – 5 suites – ☕ 18 €

Rénové en 2010, cet hôtel affiche un style contemporain très cosy. Expos d'art, chambres raffinées – les vertes sont charmantes ! – et salle des petits-déjeuners vraiment plaisante.

West-End sans rest

7 r. Clément-Marot Ⓜ *Alma Marceau – ☎ 01 47 20 30 78 – www.hotel-west-end.com*

49 ch ☕ – 🛉209/599 € 🛉🛉209/599 €

Lithographies anciennes, copies de tableaux de maîtres et équipements dernier cri vous attendent dans ces chambres classiques, souvent très colorées. Agréable salon.

Arcade sans rest

9 r. de l'Arcade Ⓜ *Madeleine – ☎ 01 53 30 60 00 – www.hotel-arcade.com*

48 ch – 🛉187/210 € 🛉🛉225/270 € – 7 suites – ☕ 15 €

Depuis quatre générations, la même famille dirige cet hôtel situé tout près de la Madeleine. Chambres sobrement décorées, égayées de gravures et de tableaux.

Beauchamps

24 r. Ponthieu Ⓜ *Franklin D. Roosevelt – ☎ 01 53 89 58 58 – www.hotelbeauchamps.com*

83 ch – 🛉130/450 € 🛉🛉160/450 € – 6 suites – ☕ 19 €

Rest *Velvet* *(fermé 3 sem. en août, 1 sem. en déc., sam., dim. et fériés)* – Carte 31/80 €

Un lieu, deux atmosphères. Le grand hall contemporain dessert deux ailes très différentes : côté "Ponthieu" règne un esprit parisien élégant (mobilier design original) ; côté "Colisée", place au confort sobre et fonctionnel d'un ancien hôtel Mercure. Cuisine méditerranéenne au Velvet.

Le Vignon sans rest

23 r. Vignon Ⓜ *Madeleine – ☎ 01 47 42 93 00 – www.levignon.com*

28 ch – 🛉180/350 € 🛉🛉180/350 € – ☕ 20 €

Hôtel chaleureux à deux pas de la Madeleine. Dans les chambres, le mobilier, très coloré et presque pop, contraste avec les murs blancs. Au 6e étage, charme des mansardes !

WO' Ⓝ sans rest

10 r. de Stockholm Ⓜ *St-Lazare – ☎ 01 45 22 10 85 – www.hotelwo.com*

30 ch – 🛉100/290 € 🛉🛉120/290 € – ☕ 13 €

WO' pour Wilson-Opéra ! Dans une rue calme, proche de la gare St-Lazare et des grands magasins, cet hôtel abrite des chambres certes petites, mais design et cosy, certaines avec un balcon offrant une vue dégagée. En plein cœur de Paris, on se sent ainsi comme dans un cocon. Tarifs compétitifs.

Arioso sans rest

7 r. d'Argenson Ⓜ *Miromesnil – ☎ 01 53 05 95 00 – www.arioso-hotel.com*

28 ch – 🛉165/235 € 🛉🛉165/235 € – ☕ 15 €

Bien situé, ce bel immeuble haussmannien dispose de chambres décorées avec goût, certaines avec de charmants balcons. Les salons sont agréables, de même le patio fleuri.

Atlantic sans rest

44 r. de Londres Ⓜ *St-Lazare – ☎ 01 43 87 45 40 – www.atlanticparis.fr*

81 ch – 🛉120/225 € 🛉🛉175/225 € – ☕ 16 €

Aquarelles, maquettes de bateaux... Quelques notes marines évoquent le voyage dans cet hôtel Atlantic voisin de la gare St-Lazare, dont toutes les chambres ont été récemment rénovées.

Le Lavoisier sans rest

21 r. Lavoisier Ⓜ *St-Augustin – ✆ 01 53 30 06 06 – www.hotellavoisier.com*

27 ch – †152/300 € ††152/300 € – 3 suites – ☕ 15 €

Chambres cosy, petit salon-bibliothèque intime faisant office de bar et salle voûtée pour les petits-déjeuners, tout près de l'église St-Augustin.

Astoria Opéra sans rest

42 r. de Moscou Ⓜ *Rome – ✆ 01 42 93 63 53 – www.astotel.com*

86 ch – †139/352 € ††139/352 € – ☕ 13 €

La clientèle d'affaires apprécie cet hôtel entièrement rénové – fin 2011 – dans le quartier de l'Europe. Au programme : lignes épurées et tons clairs. Petits-déjeuners servis sous une jolie verrière. Tarifs raisonnables.

Mercure Opéra Garnier sans rest

4 r. de l'Isly Ⓜ *St-Lazare – ✆ 01 43 87 35 50 – www.mercure.com*

140 ch – †165/360 € ††175/360 € – ☕ 18 €

Un hôtel de chaîne pratique, entre la gare St-Lazare et les grands magasins. Les chambres sont fonctionnelles et, l'été, on prend son petit-déjeuner (buffet) dans un jardinet.

Le Pavillon des Lettres sans rest

12 r. des Saussaies Ⓜ *Miromesnil – ✆ 01 49 24 26 26 – www.pavillondeslettres.com*

26 ch – †265/490 € ††320/490 € – ☕ 25 €

Un hôtel littéraire en plein cœur de Paris ? Vingt-six chambres pour les vingt-six lettres de l'alphabet, chacune portant le nom d'un écrivain et déclinant son œuvre dans leur décoration. Élégant et subtil : parfait pour réviser ses classiques et découvrir la ville autrement.

Alison sans rest

21 r. de Surène Ⓜ *Madeleine – ✆ 01 42 65 54 00 – www.hotelalison.com*

34 ch – †103/182 € ††127/202 € – ☕ 11 €

Près de la Madeleine, ce petit hôtel familial offre un bon rapport qualité-prix. Chambres fonctionnelles et de bon confort. Simple et sympathique.

Le Cinq – Hôtel Four Seasons George V

31 av. George V Ⓜ *George V – ✆ 01 49 52 71 54 – www.fourseasons.com/paris*

Rest – Menu 95 € (déj.), 155/250 € – Carte 175/290 €

Dans un décor majestueux – à la gloire du Grand Trianon –, les serveurs en costume jouent un ballet parfaitement orchestré et la succession des mets étourdit les sens. Une prestation de haute volée, sous l'égide du chef Éric Briffard. Superbe carte des vins.

➜ Ventrèche de thon rouge de Méditerranée, tartare au caviar, gelée de pomme verte, wasabi. Homard bleu cuit sur sel au goémon, ravioli vapeur au fenouil sauvage. Fraisier minute, granité aux fraises, sorbet au caillé de brebis à l'olive.

Ledoyen

8 av. Dutuit (carré Champs-Élysées) Ⓜ *Champs-Elysées Clemenceau – ✆ 01 53 05 10 01 – Fermé 27 juil.-18 août, sam., dim. et fériés*

Rest – Menu 98 € (déj.), 210/310 € bc – Carte 170/255 €

Un pavillon néoclassique posé dans les jardins des Champs-Élysées... Le site est privilégié, le décor luxueux, la table remarquable ! Christian Le Squer revendique "une cuisine sans mise en scène, mais vraiment cuisinée". Le plaisir est tout simplement... imparable et intense.

➜ Grosses langoustines bretonnes, émulsion d'agrumes. Ris de veau en brochette de bois de citronnelle rissolée, jus d'herbes. Croquant de pamplemousse cuit et cru.

PARIS

Alain Ducasse au Plaza Athénée – Hôtel Plaza Athénée

25 av. Montaigne Ⓜ *Alma Marceau*
– 01 53 67 65 00 – www.alain-ducasse.com
– Fermé 2-26 août, lundi midi, mardi midi, merc. midi, sam. et dim.

Rest – Menu 380 € – Carte 200/340 €

Au cœur du célèbre palace, la griffe Ducasse dans sa quintessence : le geste brut, où les cuisiniers ignorent le superflu ; le produit, rendu dans sa vérité ; et l'harmonie des saveurs, cristallines ! Patrick Jouin, qui a repensé le décor Régence, en a lui aussi révélé la beauté...

➜ Légumes et fruits. Homard et pomme de mer. Baba au rhum comme à Monte-Carlo.

Épicure – Hôtel Bristol

112 r. Fg St-Honoré Ⓜ *Miromesnil – 01 53 43 43 40*
– www.lebristolparis.com

Rest – Menu 130 € (déj.)/280 € – Carte 145/320 €

Moment d'exception au sein du Bristol. Face au jardin, on découvre une salle lumineuse, d'une élégance sobre et racée, où brillent l'art de vivre à la française et... la cuisine d'Éric Frechon, toute de classicisme et de fraîcheur. Ce technicien virtuose fait preuve d'une liberté exigeante à l'égard de la grande tradition, pour les plus belles saveurs !

➜ Macaronis à la truffe noire, artichaut et foie gras de canard gratinés au vieux parmesan. Merlan de ligne en croûte de pain de mie, imprimé aux amandes, tétragone mi-cuite relevée au curry. Précieux chocolat Nyangbo, fine tuile croustillante.

Taillevent

15 r. Lamennais Ⓜ *Charles de Gaulle-Etoile*
– 01 44 95 15 01 – www.taillevent.com
– Fermé 27 juil.-26 août, sam., dim. et fériés

Rest *(nombre de couverts limité, réserver)* – Menu 82 € (déj.)/195 € – Carte 145/250 €

Son nom évoque l'élégance, la discrétion, l'exigence, le style... Depuis 1946, Taillevent est incontournable dans le paysage de la haute gastronomie française, cultivant un classicisme brillant – et nullement figé.

➜ Rémoulade de tourteau à l'aneth. Noix de ris de veau croustillante, jus à l'oseille. Tarte renversée au chocolat et au café grillé.

Lasserre

17 av. F.-D.-Roosevelt Ⓜ *Franklin D. Roosevelt*
– 01 43 59 53 43 – www.restaurant-lasserre.com
– Fermé août, mardi midi, merc. midi, sam. midi, dim. et lundi

Rest – Menu 80 € (déj.)/195 € – Carte 143/245 €

L'un des temples de la gastronomie parisienne... Colonnes, tentures, cristal : le décor ignore résolument l'époque et, sous l'égide du chef Christophe Moret, l'assiette relève le défi d'exalter le classicisme dans la fraîcheur ! Ce qui est bien cuisiné semble indémodable...

➜ Langoustines en savoureux bouillon ginger-lime. Bar tomat'o girolles. Vacherin à la verveine et cœur coulant à la framboise.

Laurent

41 av. Gabriel Ⓜ *Champs Elysées Clemenceau*
– 01 42 25 00 39 – www.le-laurent.com
– Fermé 23 déc.-2 janv., sam. midi, dim. et fériés

Rest – Menu 88 € (sem.)/170 € – Carte 145/225 €

Classique, la cuisine d'Alain Pégouret cultive les codes de la tradition bleu blanc rouge et séduit une clientèle d'habitués – et de célébrités – de longue date ! Décor néoclassique : pilastres, colonnes, frontons, chapiteaux antiques...

➜ Araignée de mer dans ses sucs en gelée, crème de fenouil. Flanchet de veau de lait braisé, blettes à la moelle. Glace vanille minute.

Un classement passé en rouge désigne une maison particulièrement charmante :

Apicius (Jean-Pierre Vigato)

20 r. d'Artois Ⓜ *St-Philippe du Roule – ✆ 01 43 80 19 66 – www.restaurant-apicius.com – Fermé août, sam. et dim.*

Rest – Menu 160/200 € – Carte 110/195 €

Dans un hôtel particulier classé (18e s.), un cadre élégant – à la fois contemporain, baroque et rococo – sans être guindé... Jean-Pierre Vigato y signe une "cuisine vérité" guidée par le beau produit. Superbe cave.

➜ Les poissons bleus, maquereau, homard et crevettes aux algues. Pigeon grillé, bettes braisées, persil craquant et sauce diable au beurre salé. Agrumes infusés à la cardamome et à la badiane, sorbet Campari.

Pierre Gagnaire

6 r. Balzac Ⓜ *George V – ✆ 01 58 36 12 50 – www.pierregagnaire.com – Fermé août, vacances de Noël, sam. et dim.*

Rest – Menu 110 € (déj.)/280 € – Carte 285/380 €

Le cadre contemporain, chic et feutré, s'efface devant l'avalanche de mets, d'inventivité, de curiosité, d'ouverture d'esprit... Grand amateur de jazz et d'art, Pierre Gagnaire fait chanter saveurs, couleurs et textures ! Une fête pour les sens.

➜ Oreiller d'herbes de féra du lac Léman, berce et arroche rouge, lait caillé de brebis au curry vert. Darne de turbot sauvage grillée, terminée à l'étouffée au cerfeuil. Le grand dessert de Pierre Gagnaire.

PARIS

Senderens

9 pl. de la Madeleine Ⓜ *Madeleine – ✆ 01 42 65 22 90 – www.senderens.fr – Fermé 3-26 août et fériés*

Rest – Menu 116/160 € bc – Carte 90/110 €

Rest *Bar le Passage* ✆ 01 42 65 56 66 – Menu 36 € (déj.)/39 €

Hier Lucas-Carton, aujourd'hui Senderens. Les boiseries Art nouveau cohabitent avec un mobilier futuriste, l'ambiance est plus décontractée... et l'essentiel demeure : le plaisir du palais, à travers une cuisine excellente, créative et épurée ! Au Passage, ambiance lounge et cuisine du marché.

➜ Mushroom burger de foie gras pur, larme de sésame noir. Cochon de lait de Burgos rôti, carottes fanes aux baies roses et avocat. Saint-honoré aux fraises mara des bois.

La Table du Lancaster – Hôtel Lancaster

7 r. de Berri Ⓜ *George V – ✆ 01 40 76 40 18 – www.hotel-lancaster.fr – Fermé sam. midi*

Rest – Menu 56 € bc (déj. en sem.), 115/145 € – Carte 100/170 €

Une ambiance élégante et feutrée, avec une terrasse dans une cour verdoyante, à l'abri de tous les regards... Confidentielle et intime, La Table du Lancaster l'est assurément. Agréable moment autour d'assiettes originales et voyageuses, délicatement ciselées.

➜ Grenouilles à la meunière, sauce persillée. Sole à la ciboulette (recette des frères Troisgros, 1975). Soufflé.

La Cuisine – Hôtel Le Royal Monceau

37 av. Hoche Ⓜ *Charles De Gaulle Etoile – ✆ 01 42 99 88 00 – www.leroyalmonceau.com*

Rest – Formule 58 € – Menu 70 € (déj. en sem.), 95/135 € – Carte 75/140 €

Toute l'atmosphère exclusive d'un restaurant de palace, mais dans une veine intime et artiste (photos originales, lithographies, etc.) : la "Cuisine" du Royal Monceau évoque un salon particulier et défend la gastronomie française avec une finesse... toute particulière.

➜ Foie gras poêlé, figues fraîches et rôties, marmelade de châtaigne. Pavé de cabillaud confit à basse température, coquillages et chorizo, croquettes à l'ail. Tarte infiniment citron.

1728

8 r. d'Anjou Ⓜ *Madeleine – ✆ 01 40 17 04 77 – www.1728-paris.com – Fermé 3 sem. en août, dim. et fériés*

Rest – Formule 35 € – Carte 65/97 €

Ambiance romantique dans les salons de cet hôtel particulier du 18e s. La cuisine marie volontiers les saveurs de l'Orient et de l'Occident. Voyage dans le temps et par le monde...

XXX **Les Enfants Terribles**
8 r. Lord-Byron Ⓜ Charles de Gaulle-Etoile – ✆ 01 53 89 90 91 – www.enfantsterribles-paris.com – Fermé 3 sem. en août, sam. midi et dim.
Rest – Formule 45 € bc – Carte 54/86 €
Terriblement chic : moulures classiques, verrière métallique, mobilier moderne et stylé... La carte est variée, mêlant de multiples influences (tradition, Asie, etc.), sans oublier des plats diététiques pour les gourmands soucieux de leur ligne. Une adresse très "en vue".

XXX **Le Chiberta**
3 r. Arsène-Houssaye Ⓜ Charles de Gaulle-Etoile – ✆ 01 53 53 42 00 – www.lechiberta.com – Fermé 2 sem. en août, sam. midi et dim.
Rest – Menu 60 € (sem.), 100/155 € bc – Carte 88/123 €
Lumière tamisée, décor feutré et dépouillé conçu par J.-M. Wilmotte (tons sombres, insolites "murs à bouteilles") : l'écrin chic d'une cuisine inventive supervisée par Guy Savoy.
➜ Autour du petit pois : œuf poché et tartine de pata negra. Filet de saint-pierre en fine chapelure de tomate confite, orge perlé aux pignons de pin. Terrine d'orange et de pamplemousse, tuile au thé earl grey.

XXX **Maison Blanche**
15 av. Montaigne Ⓜ Alma Marceau – ✆ 01 47 23 55 99 – www.maison-blanche.fr – Fermé 2 sem. mi-août, sam. midi et dim. midi
Rest – Formule 48 € – Menu 69/110 € – Carte 60/200 €
Prenez vos quartiers sur le toit du théâtre des Champs-Élysées, dans ce loft design qui domine Paris ! Cuisine contemporaine : saveurs méditerranéennes, d'Asie...

XXX **Citrus Étoile**
6 r. Arsène-Houssaye Ⓜ Charles de Gaulle-Étoile – ✆ 01 42 89 15 51 – www.citrusetoile.com – Fermé 23 déc.-4 janv., sam., dim. et fériés
Rest – Formule 49 € – Menu 69 € (déj.) – Carte 63/91 €
Gilles Épié signe une cuisine originale, à la croisée d'une solide formation classique et de belles expériences à l'étranger (Californie). Déco élégante, accueil délicieux.

XXX **Le Diane** – Hôtel Fouquet's Barrière
46 av. George-V Ⓜ Georges V – ✆ 01 40 69 60 60 – www.fouquets-barriere.com – Fermé 28 juil.-20 août, 1er-7 janv., sam. midi, dim. et lundi
Rest – Menu 65 € bc (déj.), 88/108 € – Carte 95/159 €
Confidentiel au sein de l'hôtel Fouquet's Barrière, le Diane offre élégance et discrétion : sa salle en rotonde, tout en tons mordorés, ouvre sur un agréable patio. On y déguste une cuisine gastronomique de belle facture, au classicisme soigné.
➜ Saumon mi-cuit, couteau et radis multicolores. Turbot de petit bateau, supions garnis de girolles et févettes, jus à la marjolaine. Soufflé au citron de Menton, sorbet mojito.

XXX **Helen** Ⓝ
3 r. Berryer Ⓜ George V – ✆ 01 40 76 01 40 – www.helenrestaurant.com – Fermé 3 sem. en août , dim. et lundi
Rest – Menu 48 € (déj. en sem.)/120 € – Carte 76/168 €
Créé en 2012, Helen est déjà une valeur sûre parmi les restaurants de poisson des beaux quartiers. La qualité des produits (uniquement des pièces sauvages issues de la pêche quotidienne de petits bateaux) comme le soin apporté aux recettes : tout séduira les amateurs. Décor sobre et élégant.

XXX **Fouquet's**
99 av. Champs-Élysées Ⓜ George V – ✆ 01 40 69 60 50 – www.lucienbarriere.com
Rest – Menu 78/125 € – Carte 92/138 €
Le rendez-vous du Tout-Paris depuis 1899... On va au Fouquet's comme on visite la tour Eiffel, pour son décor classé et sa terrasse sur les Champs. Mets classiques et plats de brasserie.

XXX **Le Vernet** – Hôtel Vernet
25 r. Vernet Ⓜ Charles de Gaulle-Etoile – ✆ 01 44 31 98 00 – www.hotelvernet.com – Fermé août, 23-27 déc., sam., dim. et lundi soir
Rest – Formule 39 € – Menu 125 € (dîner) – Carte 76/102 €
Au cœur de l'hôtel Vernet, la salle vaut le coup d'œil pour sa grande verrière zénithale très ouvragée, signée Eiffel. Dans ce cadre immuable, la cuisine joue la carte du beau classicisme, avec quelques variations plus originales.

PARIS

XXX **Stella Maris** (Tateru Yoshino)

4 r. Arsène-Houssaye Ⓜ Charles de Gaulle-Etoile – ✆ 01 42 89 16 22 – www.stellamaris-paris.com – Fermé sam. midi, dim. et fériés

Rest – Menu 68 € bc (déj.)/130 € – Carte 96/145 €

Un chef japonais brillant, épris de gastronomie française, signe la carte classique de ce restaurant raffiné, proche de l'Arc de Triomphe. Décor épuré, touches Art déco.

➜ Millefeuille de thon mariné et d'aubergine. Tête de veau en cocotte. Kouign amann.

XXX **Copenhague**

142 av. des Champs-Élysées, (Maison du Danemark - 1er étage) Ⓜ George V – ✆ 01 44 13 86 26 – www.copenhague-paris.com – Fermé 5-26 août, sam. midi, dim. et fériés

Rest – Menu 51/98 € – Carte 70/110 €

Dans la Maison du Danemark, avec le portrait de la reine ! Les saveurs danoises ne font pas vitrine : blinis, aquavit, saumon, renne fumé... Vue sur les Champs, terrasse à l'arrière.

XX **Le 39V** (Frédéric Vardon)

soir,

39 av. George-V, (6ème étage), entrée par le 17 r. Quentin-Bauchart Ⓜ George V – ✆ 01 56 62 39 05 – www.le39v.com – Fermé août, sam. et dim.

Rest – Formule 40 € – Menu 50 € (déj.), 95/145 € bc – Carte 57/116 €

La température monte au 39 de l'avenue George-V ! Au 6e étage de ce bel immeuble haussmannien – sur les toits de Paris –, dans un décor épuré, on s'enfièvre pour les belles saveurs : le chef signe une cuisine raffinée, sur de solides bases classiques, avec pour clef de voûte d'excellents produits...

➜ Tourteau et araignée de mer décortiqués, macédoine de légumes et émulsion d'une bisque. Saint-pierre de Bretagne, artichauts bouquet et sucs persillés. Paris-brest, glace praliné-noisette.

XX **114, Faubourg** – Hôtel Bristol

114 r. Fg St-Honoré Ⓜ Miromesnil – ✆ 01 53 43 44 44 – www.lebristolparis.com – Fermé 28 juil.-18 août, sam. midi et dim. midi

Rest – Formule 52 € – Carte 80/140 €

Au sein du Bristol, une brasserie *so chic*, au décor chatoyant (colonnes dorées, motifs floraux, grand escalier, etc.), pour une prestation dans les règles de l'art : on retrouve à la carte les beaux classiques du genre, cuisinés avec soin et beaucoup de goût.

➜ Pâté de canard en croûte, légumes au vinaigre. Suprême de volaille fermière bio au tandoori, fraîcheur de concombre à la menthe. Millefeuille à la vanille Bourbon, caramel au beurre demi-sel.

XX **Il Carpaccio** – Hôtel Le Royal Monceau

37 av. Hoche Ⓜ Charles de Gaulle-Etoile – ✆ 01 42 99 88 00 – www.leroyalmonceau.com – Fermé août, dim. et lundi

Rest – Formule 65 € – Menu 135/170 € bc – Carte 75/150 €

On y accède par un couloir orné de milliers de coquillages, qui évoque les nymphées du baroque italien... Même ravissement dans la salle, qui a tout d'un élégant jardin d'hiver. Un bel écrin, donc, pour apprécier une cuisine où resplendit le soleil de l'Italie : beaux produits et saveurs affirmées au menu.

➜ Carpaccio de bœuf aux champignons des bois. Pavé de turbot rôti à la nage aux olives taggiasche, câpres et couteaux. Tiramisu.

XX **Le Relais Plaza** – Hôtel Plaza Athénée

25 av. Montaigne Ⓜ Alma Marceau – ✆ 01 53 67 64 00 – www.plaza-athenee-paris.com – Fermé août

Rest – Formule 46 € – Menu 54 € – Carte 75/140 €

La cantine chic et feutrée des maisons de couture voisines. Très beau décor des années 1930 inspiré du paquebot Normandie ; cuisine actuelle sur de sérieuses bases classiques.

Les 110 de Taillevent

195 r. du Faubourg-St-Honoré Ⓜ Charles de Gaulle-Etoile – ✆ 01 40 74 20 20 – www.taillevent.com/les-110

Rest – Menu 39 € – Carte 50/70 €

Sous l'égide de la prestigieuse maison Taillevent, une brasserie très chic, qui joue la carte des associations mets et vins. Une réussite, aussi bien le choix remarquable de 110 vins au verre, que la cuisine, traditionnelle et bien tournée (pâté en croûte, bavette sauce au poivre, etc.). Cadre élégant et chaleureux.

Restaurant de Sers – Hôtel de Sers

41 av. Pierre 1er de Serbie Ⓜ George V – ✆ 01 53 23 75 13 – www.hoteldesers.com

Rest – Formule 39 € – Menu 57 € (déj. en sem.)/125 € bc – Carte 66/107 €

Élégance minimaliste et cadre design pour ce restaurant qui privilégie les produits bio. Certaines recettes sont basses calories, détail utile si l'on est au régime. Agréable terrasse et salon privé pour les déjeuners d'affaires.

Pershing Hall – Hôtel Pershing Hall

49 r. Pierre Charron Ⓜ George V – ✆ 01 58 36 58 36 – www.pershinghall.com

Rest – Formule 39 € – Menu 45 € (déj. en sem.) – Carte 70/100 €

Atmosphère contemporaine et cuisine "in" – mélange d'influences françaises, italiennes et asiatiques – pour ce restaurant au décor branché. La cour face au mur végétal impressionne ; beau choix de champagnes.

PARIS

Mini Palais

Au Grand Palais - 3 av. Winston Churchill Ⓜ Champs-Elysées Clemenceau – ✆ 01 42 56 42 42 – www.minipalais.com

Rest – Formule 28 € – Carte 33/69 €

Au Grand Palais se cache ce Mini Palais, dédié aux plaisirs... du palais ! Honneur aux beaux produits, à la générosité et à la simplicité ; en complément, carte d'en-cas pour grignoter de midi à minuit et salon de thé. La terrasse est exquise.

L'Instant d'Or

36 av. George-V Ⓜ George V – ✆ 01 47 23 46 78 – www.linstantdor.com – Fermé 30 juil.-27 août, dim. et lundi

Rest – Menu 36 € (déj.), 68/98 € – Carte 45/60 €

Sur l'avenue George-V, au cœur du "triangle d'or" parisien, cette table promet des instants de belle gastronomie, rehaussés par les reflets du soleil du Sud – le jeune chef est originaire de Marseille. Précision, couleurs, technique et originalité...

➜ Filets de rouget sur une tartine au thym citron. Poitrine de caille fermière farcie, les cuisses confites et légumes de saison. Biscuit chaud au chocolat et parfait banane.

Marius et Janette

4 av. George V Ⓜ Alma Marceau – ✆ 01 47 23 41 88

Rest – Menu 48 € (sem.) – Carte 80/125 €

Un élégant décor façon yacht, des filets de pêche, etc. Ici, les produits de la mer sont évidemment à l'honneur ; la carte est renouvelée chaque jour, au gré des arrivages...

L'Arôme

3 r. St-Philippe-du-Roule Ⓜ St-Philippe-du-Roule – ✆ 01 42 25 55 98 – www.larome.fr – Fermé 2-10 mars, août, sam. et dim.

Rest – Formule 69 € – Menu 89/149 € bc – Carte environ 85 € le midi

En salle, Éric Martins vous conseille des vins en parfaite harmonie avec les plats de Thomas Boullault. Ce dernier réalise une cuisine française raffinée et inventive, accordant la toute première place aux produits de saison. Chic, chaleureux et... plein d'arômes !

➜ Carpaccio de veau de lait et salade de couteaux de mer, saint-florentin crémeux, cazette. Encornets et homard poêlés au saté, chou cœur de bœuf sauté au gingembre, cacahouètes. Fraisier léger, crème mascarpone à la vanille de Madagascar.

Hanawa
26 r. Bayard Ⓜ *Franklin D. Roosevelt – ✆ 01 56 62 70 70 – www.hanawa.fr – Fermé dim. et fériés*
Rest – Formule 36 € bc – Menu 64 € (déj.), 85/120 € – Carte 60/150 €
Grand restaurant japonais raffiné et zen (bois, fleurs) sur 1 100 m². Sushi-bar à l'étage et, au sous-sol, teppanyaki aux influences françaises.

Les Collections – Hôtel Sofitel le Faubourg
15 r. Boissy-d'Anglas Ⓜ *Concorde – ✆ 01 44 94 14 24 – www.sofitel.com – Fermé sam. midi et dim. midi*
Rest – Formule 40 € – Carte 66/74 €
Des Collections au cadre très "mode" ! Le chef, d'origine japonaise et passé par de belles maisons, signe une cuisine inventive, esthétique et savoureuse, telle cette queue de lotte pochée, bouillon au safran et riz sauvage.

Maxan Ⓝ
3 r. Quentin-Bauchart Ⓜ *George V – ✆ 01 40 70 04 78 – www.rest-maxan.com – Fermé 1er-23 août, 24 déc.-3 janv., sam. midi et dim.*
Rest – Formule 32 € – Menu 40 € – Carte 40/60 €
C'est donc ici, à deux pas de l'avenue Georges-V, que l'on retrouve Maxan, autrefois installé près de Miromesnil. On découvre un décor élégant et discret, tout en camaïeu de gris, et on renoue non sans plaisir avec cette cuisine du marché bien parfumée. La formule déjeuner est très intéressante !

PARIS

Nolita
1 av. Matignon, (Motor Village - 2ème étage) Ⓜ *Franklin D. Roosevelt – ✆ 01 53 75 78 78 – www.nolita-ristorante.fr*
Rest – Menu 39 € (dîner), 59/89 € – Carte 56/75 €
Un restaurant chic, au sein du MotorVillage (showroom d'un grand groupe auto italien). La cuisine joue la carte de l'authenticité transalpine et les saveurs démarrent au quart de tour !

Caffé Burlot Ⓝ
9 r. du Colisée Ⓜ *Franklin D. Roosevelt – ✆ 01 53 75 42 00 – Fermé sam. midi et dim.*
Rest – Formule 29 € – Menu 40 € (dîner) – Carte 50/95 €
India Mahdavi est l'architecte qui monte : après avoir décoré le restaurant de Jean-François Piège – entre autres –, elle a signé ce Caffé Burlot où l'on peut apprécier sa patte, mêlant chic rétro, ambiance feutrée et glamour. Voilà qui va bien à la carte : une cuisine italienne d'une belle finesse... À découvrir.

Market
15 av. Matignon Ⓜ *Franklin D. Roosevelt – ✆ 01 56 43 40 90 – www.jean-georges.com*
Rest – Formule 36 € – Carte 50/80 €
Béton ciré, lin, bois et touches ethniques : un bistrot chic et "in" au service d'une belle cuisine fusion placée sous les auspices new-yorkais de Jean-Georges Vongerichten.

Dominique Bouchet
11 r. Treilhard Ⓜ *Miromesnil – ✆ 01 45 61 09 46 – www.dominique-bouchet.com – Fermé 10 août-2 sept., sam. et dim.*
Rest *(réserver)* – Formule 48 € – Menu 105 € (dîner) – Carte 73/113 €
C'est le genre d'adresse que l'on a envie de recommander à tous ses proches : atmosphère contemporaine et intime, service alerte, cuisine du marché savoureuse et bien troussée...
➜ Jeunes légumes, œuf pané de brioche, foie gras et girolles. Gigot d'agneau de sept heures à la cuillère, fèves de cacao, pomme purée. Millefeuille aux pralins, noisettes légèrement caramélisées.

XX **Ratn** (N)

9 r. de la Trémoille (M) *Alma Marceau – ✆ 01 40 70 01 09 – www.restaurantratn.com*

Rest – Formule 21 € – Carte 50/75 €

Une authentique adresse indienne, dont le nom signifie... joyau. Le cadre très soigné et feutré (tentures dorées, panneaux de bois sculptés, statues hindoues, etc.), l'accueil délicat, et surtout la cuisine qui offre un bel aperçu du répertoire moghol et indien : de beaux parfums d'ailleurs !

XX **Tante Louise**

41 r. Boissy-d'Anglas (M) *Madeleine – ✆ 01 42 65 06 85 – www.bernard-loiseau.com – Fermé août, sam., dim. et fériés*

Rest – Formule 28 € – Menu 38/61 € – Carte 60/72 €

L'enseigne évoque la "Mère" parisienne à l'origine de ce restaurant Art déco. À la carte, des recettes traditionnelles et des allusions au terroir bourguignon : escargots au beurre persillé, rognons de veau, etc. Un grand classique.

XX **Bistrot du Sommelier**

97 bd Haussmann (M) *St-Augustin – ✆ 01 42 65 24 85 – www.bistrotdusommelier.com – Fermé 27 juil.-25 août, 21 déc.-1er janv., sam. et dim.*

Rest – Formule 33 € – Menu 39 € (déj. en sem.), 65 € bc/110 € bc – Carte 50/77 €

On vient dans ce bistrot de Philippe Faure-Brac, meilleur sommelier du monde en 1992, pour sa cuisine du marché, son joli caveau de dégustation et ses "vendredis du vigneron".

XX **Diep**

55 r. Pierre-Charon (M) *George V – ✆ 01 45 63 52 76 – www.diep.fr*

Rest – Carte 40/75 €

Du rouge, du noir, des alcôves et des panneaux sculptés : l'Asie dans le décor, tout comme dans l'assiette. Plats chinois et thaïlandais ; poissons et crustacés à l'honneur.

XX **M64** – Hôtel Intercontinental Avenue Marceau

64 av. Marceau (M) *George V – ✆ 01 44 43 36 50 – www.ic-marceau.com – Fermé dim. soir*

Rest – Formule 41 € – Menu 49 € (déj.) – Carte 70/85 €

Un cadre lounge pour une cuisine du marché volontairement "nature", qui privilégie la spontanéité et, évidemment, la fraîcheur. Les cuisines ouvertes permettent de suivre en direct le joli travail du chef. Mention spéciale pour l'agréable terrasse.

X **L'Atelier de Joël Robuchon - Étoile**

✿✿

133 av. des Champs-Élysées, (Publicis Drugstore niveau -1) (M) *Charles de Gaulle-Étoile – ✆ 01 47 23 75 75 – www.joel-robuchon.net – Accueil de 11h30 à 15h30 et de 18h30 à minuit. Réservations uniquement pour certains services : se renseigner*

Rest – Menu 40 € (déj.)/166 € – Carte 60/150 €

Paris, Londres, Las Vegas, Tokyo, Taipei, Hong Kong, Singapour et encore une fois Paris… Destin franco-international pour ces Ateliers qui collent à l'époque ! Le grand chef signe là un beau concept : long comptoir avec tabourets, tons rouge et noir… et recettes millimétrées, entre France, Espagne et Asie.

➜ Langoustine en papillote croustillante au basilic. Caille caramélisée au foie gras, pomme purée. Chocolat "tendance" et sa crème onctueuse au chocolat araguani, sorbet cacao.

X **Pavillon Elysée Lenôtre**

10 av. des Champs-Elysées (M) *Champs Elysées Clemenceau – ✆ 01 42 65 85 10 – www.lenotre.fr – Fermé 3 sem. en août, 19 fév.-18 mars, dim. sauf le midi d'avril à oct. et lundi de nov. à mars*

Rest – Formule 35 € – Carte 48/66 €

Ce pavillon, bâti pour l'Exposition universelle de 1900, distille une sobre élégance. Au déjeuner, le menu est attractif et, sous le soleil, la terrasse est très courue... Boutique dédiée aux arts de la table et école de cuisine.

Royal Madeleine

11 r. Chevalier-St-George Ⓜ *Madeleine – ✆ 01 42 60 14 36 – www.royalmadeleine.com – Fermé 1 sem. en janv. et week-ends en juil.-août*

Rest – Carte 46/108 €

Un bistrot des années 1940 (ancien café-charbon) avec ses miroirs d'époque et ses gravures rétro. Au menu : une cuisine bistrotière très soignée et un beau choix de vins à prix raisonnable. Voilà qui est... royal.

Pomze Ⓝ

109 bd Haussmann, (1er étage) Ⓜ *St -Augustin – ✆ 01 42 65 65 83 – www.pomze.com – Fermé 22 déc.-2 janv., sam. sauf le soir de sept. à juin et dim.*

Rest – Formule 28 € – Menu 33/50 € – Carte 45/63 €

Adresse originale que cette Pomze, qui invite à un "voyage autour de la pomme" ! De l'épicerie (où l'on trouve cidres et calvados) au restaurant, le "fruit défendu" est le fil rouge de la maison, et plus largement tous les beaux produits. La cuisine se révèle créative et voyageuse, pour un excellent rapport qualité-prix.

Crom'Exquis Ⓝ

22 r. d'Astorg Ⓜ *St-Augustin – ✆ 01 42 65 10 74 – www.cromexquis.com – Fermé 3 sem. en août, 24 déc.-1er janv., sam. et dim.*

Rest – Formule 28 € – Menu 39 € – Carte 51/90 €

Ce Crom'Exquis paraît un simple petit restaurant de quartier, mais sa filiation mérite mention : à sa tête œuvre Pierre Meneau, fils de Marc – chef fameux de L'Espérance, près de Vézelay. Au menu : une cuisine au goût du jour, réalisée avec des produits de bonne qualité.

PARIS

Le Boudoir Ⓝ

25 r. du Colisée Ⓜ *Franklin D. Roosevelt – ✆ 01 43 59 25 29 – www.boudoirparis.fr – Fermé 5-18 août, sam. midi et dim.*

Rest – Menu 29 € (déj. en sem.) – Carte 48/56 €

Meilleur Ouvrier de France en charcuterie, le jeune chef a travaillé dans de belles maisons et exprime aujourd'hui dans ce Boudoir son amour du... boudin. Oui, la charcuterie peut être un art : voyez le pâté en croûte de volaille et foie gras ! Terrines et autres saucisses sont créées sur place. Décor sobre et élégant.

Aoki Makoto

19 r. Jean Mermoz Ⓜ *Mirosmenil – ✆ 01 43 59 29 24 – Fermé août, 23 déc.-6 janv., sam. et dim.*

Rest – Formule 22 € – Menu 35 € (dîner)/65 € – Carte 65/80 €

Aoki Makoto, chef japonais, réalise une cuisine on ne peut plus française – et de belle tenue ! Assiette aux treize légumes, mosaïque de foie gras, côte de porc rôtie...

Le Petit Marius

6 av. George V Ⓜ *Alma Marceau – ✆ 01 40 70 11 76*

Rest – Menu 29 € – Carte 35/55 €

Le digne fils de la maison mère Marius et Janette : petites tables serrées et simplement dressées, décoration provençale colorée et cuisine de la mer bien iodée.

Chez Cécile - La Ferme des Mathurins

17 r. Vignon Ⓜ *Madeleine – ✆ 01 42 66 46 39 – www.chezcecile.com – Fermé sam. sauf le soir de sept. à juin et dim.*

Rest – Formule 29 € – Menu 35 €

Simenon avait ses habitudes dans cette petite institution de la Madeleine, aujourd'hui tenue par une jeune femme dynamique. Vent de fraîcheur sur le décor et sur une cuisine du marché, goûteuse et bien ficelée. Un vrai bon plan côté prix.

Il Piccolino Ⓝ

10 r. de Constantinople Ⓜ *Europe – ✆ 01 42 93 73 33 – http://ilpiccolino.fr/ – Fermé 11-25 août, dim. et fériés*

Rest – Formule 19 € – Carte 31/59 €

C'est vrai qu'il est *piccolino* ("tout petit" en italien) ce restaurant, mais il en a sous la Botte ! Charcuterie transalpine à la coupe, pecorino et parmesan présentés entiers, légumes grillés, risotto, osso-bucco... Les produits sont de qualité, les recettes maîtrisées et les vins de la péninsule bien représentés.

Café Sud

12 r. de Castellane Ⓜ Madeleine – ✆ 01 42 65 90 52 – www.cafesud.com – Fermé 10-20 août, sam. midi et dim.

Rest – Formule 35 € – Menu 50 € – Carte 50/70 €

On se sent bien dans sa petite salle simple et chic (petites tables, murs chaulés, bibliothèque garnie de livres anciens, etc.). Une atmosphère reposante... La carte marie tradition, épices et influences du Sud : voilà qui ne manque pas de parfums.

Daru

soir,

19 r. Daru Ⓜ Courcelles – ✆ 01 42 27 23 60 – www.daru.fr – Fermé août, sam. midi et dim.

Rest – Formule 29 € – Carte 50/150 €

Fondée en 1918, la maison Daru fut la première épicerie russe de Paris. La tradition slave s'y perpétue et l'on retrouve la Russie d'autrefois : taramas, bœuf strogonoff, blinis...

Le Percolateur

20 r. de Turin Ⓜ Rome – ✆ 01 43 87 97 59 – www.lepercolateur.fr – Fermé 2 sem. en août, sam. midi et dim.

Rest – Formule 16 € – Menu 21 € (déj.)/30 € – Carte 30/44 €

Cette ancienne gargote s'est muée en bistrot où brille une collection de... percolateurs. Cuisine à l'image du lieu : terrine maison, macaronis aux olives, poulet saté, etc.

Shin Jung

7 r. Clapeyron Ⓜ Rome – ✆ 01 45 22 21 06 – www.shinjung.fr – Fermé dim. midi

Rest – Formule 14 € – Menu 16/45 € bc – Carte 25/40 €

Une modeste adresse de quartier, simple, moderne et conviviale. Spécialités sud-coréennes : bibimbap, kimchi, barbecue, poissons crus...

S. Sauvignier/MICHELIN

Opéra · Grands Boulevards

9e arrondissement

✉ 75009

Intercontinental Le Grand

2 r. Scribe Ⓜ Opéra – ✆ 01 40 07 32 32 – www.paris.intercontinental.com

442 ch – †350/780 € ††350/780 € – 28 suites – ☕ 39 €

Rest ***Café de la Paix*** 12 bd des Capucines, ✆ 01 40 07 36 36 – Formule 38 € – Menu 48 € (déj.)/79 € – Carte 64/118 €

Né en 1862, il a fêté son 150e anniversaire en 2012. Voilà bien un Grand Hôtel, exemplaire du 19e s., sur la place même de l'Opéra, au cœur du Paris d'Haussmann ! Son Café de la Paix au sublime décor, sa cour intérieure à l'ambiance proustienne, ses chambres de style Second Empire... Un monument parisien.

Scribe

1 r. Scribe Ⓜ Opéra – ✆ 01 44 71 24 24 – www.hotel-scribe-paris.com

204 ch – †315/800 € ††315/800 € – 9 suites – ☕ 35 €

Rest ***Le Lumière*** ✿ – voir les restaurants ci-après

Chic, très feutré et tellement parisien... On tombe sous le charme du Scribe, presque confidentiel dans son immeuble haussmannien proche de l'Opéra. En 1895, le public y découvrait en première mondiale le cinématographe des frères Lumière. L'élégance discrète des lieux n'a rien d'un mirage.

Ambassador Radisson Blu
rest,

16 bd Haussmann Ⓜ *Richelieu Drouot – ✆ 01 44 83 40 40 – www.radissonblu.com/ambassadorhotel-paris*
290 ch – 290/850 € 310/880 € – 8 suites – 29 €
Rest *16 Haussmann* *✆ 01 48 00 06 38 (fermé sam. midi, dim. et fériés)* – Formule 45 € – Menu 50 €
Panneaux de bois peints, lustres en cristal et objets anciens : cet hôtel Art déco est élégant et raffiné. Ses chambres, rénovées dans un esprit cosy, mêlent le charme rétro et le contemporain. Esprit brasserie au 16 Haussmann.

W Paris Opéra (N)

4 r. Meyerbeer Ⓜ *Chaussée d'Antin – ✆ 01 77 48 94 94 – www.wparisopera.fr*
89 ch – 340/2000 € 380/2000 € – 2 suites – 38 €
Rest *Arola* – voir les restaurants ci-après
Comment être plus au cœur du Paris d'Haussmann, que dans ce bel immeuble de 1870 jouxtant l'Opéra ? Si cet hôtel inauguré en 2012 joue la carte du chic parisien, c'est dans une veine résolument design, alliant luxe et décontraction. Ou comment associer lit circulaire et vue sur le palais Garnier... Très branché, très séduisant.

Banke
ch,

20 r. Lafayette Ⓜ *Chaussée d'Antin – ✆ 01 55 33 22 22 – www.derbyhotels.com*
94 ch – 195/580 € 215/1265 € – 29 €
Rest *Josefin* – Menu 29 € (déj. en sem.) – Carte 39/69 €
Reconversion originale : au cœur du quartier des affaires de la Belle Époque, entre Bourse et Opéra, cet ancien siège bancaire est devenu hôtel de luxe en 2009. Le hall opulent, sous une immense verrière, mérite le coup d'œil ; quant aux chambres, elles se révèlent chaleureuses.

Jules sans rest

49 r. La Fayette Ⓜ *Le Peletier – ✆ 01 42 85 05 44 – www.hoteljules.com*
101 ch – 150/500 € 180/1015 € – 18 €
Ludique et chic, cet hôtel s'inspire du design des années 1950 et 1960 ; ses chambres jouent la carte rétro ou contemporaine, toujours avec élégance et peps... Vitaminé et coloré, Jules a du style !

St-Pétersbourg sans rest

33 r. Caumartin Ⓜ *Havre Caumartin – ✆ 01 42 66 60 38 – www.hotelsaintpetersbourg.com*
98 ch – 145/192 € 166/249 €
Un hôtel traditionnel et familial, au décor classique certes un peu démodé, mais l'ensemble est d'une tenue sans faille.

Astra Opéra sans rest

29 r. Caumartin Ⓜ *Havre Caumartin – ✆ 01 42 66 15 15 – www.astotel.com*
82 ch – 199/560 € 199/560 € – 17 €
Dans un immeuble haussmannien, non loin de l'Opéra, un établissement d'esprit contemporain, avec des chambres confortables, raffinées et tendance, ainsi qu' un joli salon sous une verrière.

Secret de Paris sans rest

2 r. de Parme Ⓜ *Place de Clichy – ✆ 01 53 16 33 33 – www.hotelsecretdeparis.com*
29 ch – 186/500 € 186/500 € – 18 €
Son concept ? Placer chaque client au cœur d'un monument parisien. Du Moulin Rouge à l'Opéra Garnier. Le maître-mot est : "Chut !" Un secret confort et high-tech à divulguer sans tarder.

Athénée sans rest

19 r. Caumartin Ⓜ *Havre Caumartin – ✆ 01 40 17 99 29 – www.hotel-athenee.com*
20 ch – 180/300 € 200/410 € – 18 €
Non loin du théâtre de l'Athénée, cet hôtel chic assume un style néobaroque très "opéra"... signé Jacques Garcia. Draperies, velours pourpre, boiseries, chambres décorées sur un thème lyrique ("Traviata", "Faust"...). Chamarré et précieux !

Triangle d'Or sans rest
6 r. Godot-de-Mauroy Ⓜ Havre Caumartin – ✆ 01 47 42 25 05 – www.hoteldutriangledor.com
45 ch – 149/209 € 189/349 € – 15 €
Derrière l'Olympia, son décor ne pouvait qu'être musical. Pour repenser les chambres, ses propriétaires ont fait appel à MC Solaar, Manu Katché, Higelin... Textes de chansons et photos, djembés en guise de têtes de lit, etc. Good Vibrations !

Pulitzer sans rest
23 r. du Faubourg-Montmartre Ⓜ Grands Boulevards – ✆ 01 53 34 98 10 – www.hotelpulitzer.com
44 ch – 150/280 € 160/280 € – 15 €
Le charme d'une bibliothèque so British (fauteuils Chesterfield très confortables) et l'élégance contemporaine du style industriel, le tout au cœur du Paris des théâtres et des grands magasins... Ce Pulitzer mérite le prix de l'originalité.

Joyce sans rest
29 r. La Bruyère Ⓜ St-Georges – ✆ 01 55 07 00 01 – www.astotel.com
44 ch – 149/320 € 149/320 € – 13 €
Têtes de lit, bibliothèques, luminaires et boiseries sont dessinés sur les murs, tel un croquis d'architecte. Du style dans ce boutique-hôtel plein de caractère ! Petit-déjeuner sous une jolie verrière.

PARIS

Palm sans rest
30 r. de Maubeuge Ⓜ Cadet – ✆ 01 42 85 07 61 – www.astotel.com
38 ch – 139/279 € 139/279 € – 13 €
Entièrement rénové et rouvert en 2011, cet hôtel remporte une palme : mobilier coloré revisitant de manière décalée les années 1950, esprit bio et nature dans les chambres, wifi gratuit... Et il y a même un grand palmier au sous-sol !

Opéra Pavillon sans rest
7 r. de Parme Ⓜ Liège – ✆ 01 55 31 60 00 – www.pavillonparis.com
30 ch – 135/215 € 155/335 €
Dans une rue tranquille, un hôtel sobre et élégant, où règne une atmosphère feutrée (chambres petites mais intimes, avec du bois, des tons chauds...). Le plus : la formule "tout inclus" comprenant le petit-déjeuner, le goûter, le wifi, etc.

Holiday Inn Opéra Grands Boulevards N sans rest
32 bd Poissonnière Ⓜ Grands Boulevards – ✆ 01 47 70 25 55 – www.holidayinn.com
118 ch – 149/349 € 149/349 € – 18 €
Non loin de l'hôtel Drouot, des chambres contemporaines, bien insonorisées et feutrées – les "Executive" étant plus spacieuses. Idéal pour se reposer avant d'assister à une vente aux enchères... ou de baguenauder sur les grands boulevards ! Buffet complet pour le petit-déjeuner.

Anjou Lafayette sans rest
4 r. Riboutté Ⓜ Cadet – ✆ 01 42 46 83 44 – www.hotelanjoulafayette.com
39 ch – 129/169 € 139/189 € – 12 €
Dans une rue calme, un hôtel d'esprit familial et cosy, avec des chambres confortables, très bien tenues et décorées dans un esprit chaleureux.

Opéra d'Antin sans rest
75 r. de Provence Ⓜ Chaussée d'Antin – ✆ 01 48 74 12 99 – www.operadantin.com
30 ch – 105/215 € 115/250 € – 13 €
Tout près des grands magasins et de l'Opéra, un petit hôtel dont les chambres, classiques, se révèlent agréables et chaleureuses. Atouts charme : le hall Art déco et la salle des petits-déjeuners, aménagée sous une verrière.

Langlois sans rest
63 r. St-Lazare Ⓜ Trinité – ✆ 01 48 74 78 24 – www.hotel-langlois.com
27 ch – 130/140 € 160/180 € – 3 suites – 13 €
Un établissement né en 1896, qui ravira les amateurs d'hôtels authentiques. Art nouveau ou Art déco, les chambres des 5e et 6e étages donnent sur Paris et ont un caractère bien marqué ; les autres sont plus sobres, dans un esprit fifties.

Les Trois Poussins sans rest
15 r. Clauzel Ⓜ *St-Georges – ✆ 01 53 32 81 81 – www.les3poussins.com*
40 ch – 🚹150/210 € 🚹🚹180/255 € – ☕ 13 €
Dans une rue calme, Trois Poussins avenants avec des chambres classiques et fonctionnelles... Au dernier étage, on profite de la vue sur Paris.

Lorette Opéra sans rest
36 r. Notre-Dame de Lorette Ⓜ *St-Georges – ✆ 01 42 85 18 81 – www.astotel.com*
84 ch – 🚹139/320 € 🚹🚹139/320 € – ☕ 13 €
Pierres apparentes, parquet brut : le hall de cet hôtel est très agréable, on y pose ses valises avec plaisir. Chambres actuelles et fonctionnelles, aux tailles variables.

Acadia Opéra sans rest
4 r. Geoffroy-Marie Ⓜ *Grands Boulevards – ✆ 01 40 22 99 99 – www.astotel.com*
36 ch – 🚹139/320 € 🚹🚹139/320 € – ☕ 13 €
Des chambres décorées sobrement dans un esprit minimaliste, au cœur d'un quartier animé : près des Folies Bergère, un petit hôtel assez simple et pratique...

Caumartin Opéra sans rest
27 r. Caumartin Ⓜ *Havre Caumartin – ✆ 01 47 42 95 95 – www.astotel.com*
40 ch – 🚹165/320 € 🚹🚹165/320 € – ☕ 13 €
Tendance, coloré et un brin pop : cet hôtel est tout cela à la fois... et il a le mérite de se trouver au cœur du Paris commerçant, à quelques pas des grands magasins et de l'Opéra.

Relais Madeleine sans rest
11 bis r. Godot-de-Mauroy Ⓜ *Havre Caumartin – ✆ 01 47 42 22 40 – www.relaismadeleine.fr*
23 ch – 🚹185/280 € 🚹🚹230/350 € – ☕ 15 €
Un peu comme dans une maison de famille, mais en plein centre de Paris ! Indéniablement, ce petit hôtel a du charme, avec son mobilier chiné, ses teintes chatoyantes et ses tissus choisis... Sans parler de l'accueil attentionné.

Monterosa sans rest
30 r. La Bruyère Ⓜ *St-Georges – ✆ 01 48 74 87 90 – www.astotel.com*
36 ch – 🚹139/320 € 🚹🚹139/320 € – ☕ 13 €
Urbain, sobre et fonctionnel : cet établissement rénové en 2010 est le petit frère du Joyce et cultive le même esprit frais et lumineux.

9 Hotel sans rest
14 r. Papillon Ⓜ *Cadet – ✆ 01 47 70 78 34 – www.le9hotel.com*
35 ch – 🚹120/220 € 🚹🚹130/260 € – ☕ 15 €
Non loin de la gare du Nord, dans une rue assez calme, un hôtel contemporain et pratique : les chambres, très épurées (parquet noir, murs blancs), sont petites et néanmoins agréables.

Hôtel du Pré sans rest
10 r. Pierre-Sémard Ⓜ *Poissonnière – ✆ 01 42 81 37 11 – www.leshotelsdupre.com*
40 ch – 🚹108/120 € 🚹🚹130/160 € – ☕ 12 €
L'esprit familial est dans le Pré, entre les Grands Boulevards et la gare du Nord ! Dans ce petit hôtel règne une atmosphère simple et sympathique ; les chambres sont fonctionnelles, très bien tenues et colorées.

Arola Ⓝ – Hôtel W Paris Opéra
4 r. Meyerbeer, (1er étage) Ⓜ *Chaussée d'Antin – ✆ 01 77 48 94 94 – www.restaurant-arola.fr*
Rest – Menu 38 € (déj.)/70 € – Carte 60/80 €
Pour son restaurant, l'hôtel W Paris Opéra, né en 2012, en a appelé au chef Sergi Arola – une figure de la cuisine espagnole, à Madrid – qui signe ici une carte "pica pica" : une déclinaison de tapas aussi inventives que ludiques. Un concept parfaitement dans le ton de cette nouvelle adresse très VIP...

PARIS

L'Opéra

pl. Jacques-Rouché - Palais Garnier Ⓜ Opéra – ✆ 01 42 68 86 80 – www.opera-restaurant.fr

Rest – Formule 36 € – Carte 50/75 €

Fantôme ? Petit rat ? Non, gourmet de l'Opéra ! Au sein du monument de Charles Garnier, dans la rotonde qui accueillait autrefois les fiacres, le décor fait un incroyable entrechat entre le 19e s. et l'avant-garde : mondain au sol, intime sur la mezzanine "autoportante"... Partition contemporaine dans l'assiette.

Jean

8 r. St-Lazare Ⓜ Notre-Dame de Lorette – ✆ 01 48 78 62 73 – www.restaurantjean.fr

Rest – Menu 48 € (déj.), 70/95 € – Carte 65/86 €

Poutres peintes, tentures fleuries, etc. Au cœur du 9e arrondissement, Jean donne l'illusion d'une charmante escapade en dehors du Paris contemporain. L'occasion d'oublier le temps qui passe, autour de mets empreints de raffinement et marqués par le sens de l'épure et des saveurs...

➜ Anguille fumée et glacée au vinaigre de riz, caviar, pomme de terre fondante, tofu grillé et crème de raifort. Carré d'agneau, ballottine et côtelettes en croûte au piment d'Espelette. Baba au rhum, fruits frais et sorbet mûre.

PARIS

Le Lumière – Hôtel Scribe

1 r. Scribe Ⓜ Opéra – ✆ 01 44 71 24 24 – www.hotel-scribe-paris.com – Fermé sam. et dim.

Rest – Formule 45 € bc – Menu 90 € – Carte 60/80 €

Les frères Lumière firent en ces lieux leur première projection publique. La salle, sous une superbe verrière, évoque avec élégance cette Belle Époque... Quant à l'assiette, elle ne manque ni de vivacité ni d'éclat ! Cadrage, scénario, émotion : le chef est un savant metteur en scène. Carte plus simple le week-end.

➜ Saumon sauvage mi-fumé en carpaccio, marinade au poivre du Sichuan, caviar de hareng. Turbot caramélisé au beurre salé, riz haenuki en maki, betterave fondante, fumet au sansho. Millefeuille déstructuré, mousse aérienne, crème glacée, chocolat noir et vanille de Tahiti.

Au Petit Riche

25 r. Le Peletier Ⓜ Richelieu Drouot – ✆ 01 47 70 68 68 – www.aupetitriche.com – Fermé week-ends de mi-juil. à fin août et fériés

Rest – Formule 23 € – Menu 30/36 € bc – Carte 33/65 €

Salles en enfilade, banquettes en velours rouge, tables élégantes : le charme préservé d'un authentique bistrot du 19e s. et... d'une véritable institution de la vie parisienne. Cuisine d'inspiration tourangelle et beau choix de vins de Loire.

La Petite Sirène de Copenhague

47 r. N.-D.-de-Lorette Ⓜ St-Georges – ✆ 01 45 26 66 66 – Fermé août, 23 déc.-2 janv., sam. midi, dim. et lundi

Rest *(réserver)* – Menu 34 € (déj.)/38 € – Carte 48/77 €

Au-dessus de la devanture flotte un drapeau danois... qui annonce tout de suite la couleur gourmande de cet antre ! Menu du jour sur ardoise et carte plus étoffée (mais plus chère)... pour se régaler de harengs à la danoise, entre autres.

Carte Blanche

6 r. Lamartine Ⓜ Cadet – ✆ 01 48 78 12 20 – www.restaurantcarteblanche.com – Fermé 29 juil.-20 août, sam. midi, dim., lundi et fériés

Rest – Formule 28 € – Menu 35/49 €

Le chef concocte une cuisine classique plutôt sophistiquée, mais s'accorde aussi quelques escapades exotiques honorant les saveurs du monde... Piperade de gambas ; duo de thon et d'espadon sur une mousseline d'artichauts, etc. : on lui laisse carte blanche !

Le Pré Cadet

10 r. Saulnier Ⓜ Cadet – ✆ 01 48 24 99 64
– http://restaurant-leprecadet.e-monsite.com
– Fermé 1 sem. en mai, 3 sem. en août, 1 sem. en déc., sam. midi, dim. et lundi
Rest *(nombre de couverts limité, réserver)* – Menu 30 € – Carte 36/57 €
Sympathie, convivialité et plats canailles... dont la tête de veau, orgueil de la maison ! Cette petite adresse voisine des Folies Bergère joue à fond la carte traditionnelle. L'herbe est toujours verte au Pré Cadet, et la salle bien remplie.

Les Diables au Thym

35 r. Bergère Ⓜ Grands Boulevards – ✆ 01 47 70 77 09
– www.lesdiablesauthym.com – Fermé 3 sem. en août, sam. midi et dim.
Rest – Formule 24 € – Menu 30 € – Carte 41/55 €
Près des Grands Boulevards, une salle bistrotière toute simple, où savourer une cuisine du marché et de saison... On se laissera par exemple tenter par un pavé de maigre et sa ratatouille à la fleur de thym, avec un vin bio.

Casa Olympe

48 r. St-Georges Ⓜ St-Georges – ✆ 01 42 85 26 01 – www.casaolympe.com
– Fermé 1er-15 mai, 2-22 août, 23 déc.-3 janv., sam. midi et dim.
Rest *(nombre de couverts limité, réserver)* – Menu 48 € – Carte 50/74 €
Thon au lard et aux oignons, épaule d'agneau rôtie au thym... Aucun doute, dans ce petit restaurant coloré, Olympe sert une cuisine sous influence méditerranéenne. Avant ou après une pièce de théâtre, on peut aussi profiter de son choix de tapas.

Le Pantruche

3 r. Victor-Massé Ⓜ Pigalle – ✆ 01 48 78 55 60 – www.lepantruche.com
– Fermé 3 sem. en août, 23 déc.-2 janv., sam. et dim.
Rest *(nombre de couverts limité, réserver)* – Formule 18 € – Menu 34 €
Pantruche, c'est Paris en argot... Un nom tout trouvé pour ce bistrot au décor rétrochic, qui cultive volontiers l'atmosphère gouailleuse et canaille des années 1940-1950. Côté papillles, le chef et sa petite équipe concoctent de jolis plats de saison, pile dans la tendance bistronomique.

Hotaru

18 r. Rodier Ⓜ Notre-Dame de Lorette – ✆ 01 48 78 33 74 – Fermé 3 sem. en août, 20 déc.-3 janv., dim. et lundi
Rest – Formule 19 € – Carte 20/49 €
Un restaurant japonais accueillant, dont le jeune chef concocte une cuisine traditionnelle et familiale qui fait la part belle au poisson. Sushis, makis, sashimis, mais aussi quelques plats mijotés, ou encore des fritures.

RAP

24 r. Rodier Ⓜ Cadet – ✆ 01 45 26 86 26 – www.rapparis.fr – Fermé 2 sem. en août, 2 sem. en déc., lundi et mardi
Rest – Formule 16 € – Menu 28 € (déj.), 38/68 € – Carte 47/55 €
RAP pour Restaurant Alessandra Pierini, la patronne de cet authentique repaire italien. La plupart des produits viennent directement de la Botte, les pâtes fraîches sont faites maison et la carte change toutes les trois semaines... Delizioso !

I Golosi

6 r. Grange-Batelière Ⓜ Richelieu Drouot – ✆ 01 48 24 18 63 – Fermé 10-26 août, sam. soir et dim.
Rest – Carte 25/52 €
Certes ce restaurant est un peu fané, mais on vient ici pour la plaisante cuisine italienne du chef ! La carte varie chaque semaine et s'accompagne d'une sélection de vins en accord avec les mets du moment... On peut aussi faire des provisions à l'épicerie fine.

Georgette

29 r. St-Georges Ⓜ Notre-Dame de Lorette – ✆ 01 42 80 39 13 – Fermé vacances de Pâques, août, vacances de la Toussaint, sam., dim. et lundi
Rest – Carte 28/42 €
Avec ses tables multicolores en formica et ses chaises en skaï, ce restaurant cultive un sympathique cachet rétro. Cuisine traditionnelle et recettes familiales réalisées avec de bons produits : harengs et oignons doux, pâté en croûte...

Momoka

5 r. Jean-Baptiste Pigalle Ⓜ Trinité d'Estienne d'Orves – ✆ 01 40 16 19 09 – Fermé août, sam. midi, dim. et lundi

Rest *(nombre de couverts limité, réserver)* – Formule 29 € – Menu 39 € (déj.), 49/68 € – Carte 32/42 €

Hashimoto a passé neuf ans dans une pâtisserie française à Osaka, emportant avec elle les saveurs raffinées de son pays. Ses créations évoluent au gré du marché, privilégiant salades, légumes et poissons. Un minirestaurant... maxi. Réservez !

L'Oriental

47 av. Trudaine Ⓜ Pigalle – ✆ 01 42 64 39 80 – www.loriental-restaurant.com

Rest – Menu 34 € – Carte 32/51 €

Comme dans la chanson, on l'appelle l'Oriental et on apprécie sa compagnie ! Voyage express pour le Maroc autour de petits plats parfumés, dont les incontournables tajines et couscous...

Les Canailles (N)

25 r. La Bruyère Ⓜ St-Georges – ✆ 01 48 74 10 48 – www.restaurantlescanailles.fr – Fermé 3 sem. en août, sam. et dim.

Rest – Formule 25 € – Menu 33 €

Parfaite pour s'encanailler, cette sympathique adresse a été créée en 2012 par deux Bretons formés à bonne école. Ici, ils jouent la carte de la bistronomie et des recettes de saison. Spécialités : le carpaccio de langue de bœuf et sauce ravigote, et le baba au rhum avec sa chantilly à la vanille... On se régale !

Les Saisons (N)

52 r. Lamartine Ⓜ Notre-Dame de Lorette – ✆ 01 48 78 15 18 – www.restaurant-les-saisons.com – Fermé 3 sem. en août, dim. et lundi

Rest – Formule 15 € – Menu 20 € (déj. en sem.) – Carte 32/47 €

Comme les années, les bistrots parisiens ont leurs saisons. L'heure du printemps est revenue pour cette adresse au cachet d'antan (bois, moleskine, etc.) sur lequel un jeune chef fait aujourd'hui souffler un vent de fraîcheur, revisitant avec doigté les classiques du genre. Au plus près de toutes les saisons.

L'Office (N)

3 r. Richer Ⓜ Poissonnière – ✆ 01 47 70 67 31 – Fermé 27 juil.-27 août, 23 déc.-4 janv., sam. et dim.

Rest *(nombre de couverts limité, réserver)* – Formule 21 € – Menu 26 € (déj.)/ 33 €

Un bistrot de poche, à deux pas des Folies Bergère… Assis au coude à coude, on se régale d'une cuisine qui change au rythme des saisons. Des préparations justes et savoureuses signées par un chef japonais (qui a fait un beau parcours en France), accompagnées d'un judicieux choix de vins. Le tout à prix serrés.

Les Affranchis (N)

5 r. Henri-Monnier Ⓜ St-Georges – ✆ 01 45 26 26 30 – Fermé 3 sem. en août, dim. et lundi

Rest – Menu 33 €

Deux jeunes associés se sont "affranchis" des (bonnes) maisons où ils travaillaient pour créer ce restaurant. Est-ce l'effet de leur liberté nouvelle, mais l'adresse est séduisante, avec sa déco vintage et son ardoise qui se joue joliment des classiques. Une adresse qui va bien à ce 9e aussi bourgeois que bohème.

Carnet de Route

57 r. Faubourg-Montmartre Ⓜ Notre-Dame de Lorette – ✆ 01 77 19 55 73 – Fermé merc.

Rest – Carte 18/42 €

La spécialité de ce petit restaurant chinois, très prisée de la diaspora ? "Les nouilles de riz qui traversent le pont" dont vous lirez la légende sur la carte. Parmi les autres délices de la maison : le poulet sauté au piment sec, les aubergines à la viande hachée, etc. Pas de réservation.

PARIS

Ph. Gajic/MICHELIN

Gare de l'Est · Gare du Nord · Canal St-Martin

10e arrondissement ✉ 75010

Windsor Opéra sans rest
10 r. G.-Laumain Ⓜ *Bonne Nouvelle – ✆ 01 48 00 98 98 – www.hotelwindsor.com*
24 ch – †170/302 € ††180/302 € – ☕ 15 €
Dès que l'on passe le hall d'entrée, on est conquis par la décoration design et l'exceptionnelle collection de pièces d'aéronautique. Hélices d'avion, hublots, moteurs... vous incitent à embarquer pour des chambres modernes et élégantes.

Faubourg Saint-Martin sans rest
6 r. Gustave-Goublier Ⓜ *Strasbourg St-Denis – ✆ 01 40 40 02 02 – www.hotel-faubourg-saint-martin.com*
42 ch – †99/149 € ††109/179 € – ☕ 12 €
Une bonne situation pour cet hôtel entièrement rénové en 2011, à mi-chemin entre les gares et le très animé faubourg St-Martin. Les chambres, bien aménagées, déclinent des thèmes aériens : nature, plumes, pois, etc. Confortable et chaleureux.

Eurostars Panorama sans rest
9 r. des Messageries Ⓜ *Poissonnière – ✆ 01 47 70 44 02 – www.eurostarshotels.com*
43 ch – †95/550 € ††95/550 € – ☕ 10 €
Cet hôtel récent a élu domicile dans une rue tranquille, à proximité des gares du Nord et de l'Est. Si la façade est typique du 19e s., les chambres sont contemporaines, sobres, presque épurées, avec des clins d'œil à la culture parisienne.

Hor sans rest
160 r. La Fayette Ⓜ *Gare du Nord – ✆ 01 40 05 18 05 – www.hotel-hor.com*
47 ch – †289/399 € ††289/399 € – ☕ 15 €
Un hôtel flambant neuf (juin 2012) entre les gares du Nord et de l'Est. Les chambres y sont contemporaines et fonctionnelles ; certaines disposent même d'une terrasse privative. Et le matin, on prend le petit-déjeuner dans une jolie salle ouverte sur un patio.

Albert 1er sans rest
162 r. La Fayette Ⓜ *Gare du Nord – ✆ 01 40 36 82 40 – www.albert1erhotel.com*
55 ch – †121/168 € ††144/199 € – ☕ 17 €
On ne peut le nier, la rue Lafayette est très passante mais les chambres – pour certaines rénovées – sont bien isolées par un double vitrage efficace. Un ensemble bien tenu, à proximité des gares, pratique lorsque l'on est en transit.

Hôtel du Nord sans rest
47 r. Albert-Thomas Ⓜ *Jacques Bonsergent – ✆ 01 42 01 66 00 – www.hoteldunord-leparivelo.com*
23 ch – †85/110 € ††85/110 € – ☕ 8 €
Dans une rue tranquille, cet hôtel propose des chambres très simples à prix modéré. Hall décoré d'objets chinés et de bibelots rétro, confitures maison au petit-déjeuner, vélo à disposition : une adresse atypique et sympathique.

Café Panique
12 r. des Messageries Ⓜ *Poissonnière – ✆ 01 47 70 06 84 – www.cafepanique.com – Fermé août,1 sem. en fév., le midi, dim. et fériés*
Rest – Menu 35/45 € – Carte 42/55 €
Dans la cuisine de ce loft contemporain, pas de panique mais une saine ébullition... Depuis 1992, Odile Guyader réalise ici de bons petits plats d'auteur : filet de bœuf poêlé et son émulsion de foie gras, tiramisu au Carambar, etc.

Chez Michel

10 r. Belzunce Ⓜ Gare du Nord – ✆ 01 44 53 06 20 – Fermé 2 sem. en août, lundi midi, sam. et dim.

Rest – Formule 28 € – Menu 34/100 € bc – Carte 34/72 €

Breizh ! Ce bistrot rustique (fournil, caves voûtées) propose de bons petits plats du terroir breton : bisque de homard, kouign "miam miam" – version personnelle du kouign amann –, paris-brest-paris, etc. Et le chef se nomme Thierry Breton !

Play Time

5 r. des Petits-Hôtels Ⓜ Gare du Nord – ✆ 01 44 79 03 98 – Fermé août, 23 déc.-2 janv., lundi soir, sam. et dim.

Rest – Formule 20 € – Menu 27 € (déj.)/39 €

Monsieur Hulot aurait certainement apprécié cette cuisine ludique et le cadre très 1950. Harengs en saumure sauce scandinave, tataki de veau aux épices, filet mignon de porc au manchego sauce prune rouge : on voyage...

La Grille

80 r. du Faubourg-Poissonnière Ⓜ Poissonnière – ✆ 01 47 70 89 73 – Fermé 3 sem. en août, sam. et dim.

Rest – Carte 31/55 €

Dans ce bistrot pur jus, la cuisine a l'âme généreuse. Terrine de canard aux noisettes, bœuf bourguignon, tête de veau sauce gribiche, baba au rhum... Les suggestions du jour sont tout aussi copieuses. Vintage !

Chez Marie-Louise

11 r. Marie-et-Louise Ⓜ Goncourt – ✆ 01 53 19 02 04 – www.chezmarielouise.com – Fermé août, sam. et dim.

Rest – Formule 14 € – Menu 18 € (déj.) – Carte 28/38 €

On mange bien dans ce petit néobistrot à deux pas du canal St-Martin. À l'ardoise, simple et gourmande, on trouve par exemple un ceviche de saumon, une épaule d'agneau au cumin, un boudin noir aux aromates... Et de beaux desserts !

Philou

12 av. Richerand Ⓜ Gouncourt – ✆ 01 42 38 00 13 – Fermé 28 juin-23 juil., 21 déc.-1er janv., sam. et dim.

Rest – Formule 25 € – Menu 30 €

Près du canal St-Martin, de grandes et alléchantes ardoises, des miroirs, une affiche d'un film de Marcel Carné... voilà une sympathique adresse bistronomique. Pour déguster crème de navet au jambon, pigeon rôti, fondant au chocolat, etc.

Le Galopin

34 r. Sainte-Marthe Ⓜ Belleville – ✆ 01 42 06 05 03 – www.le-galopin.com – Fermé 2 sem. en août, 1 sem. vacances de Noël, mardi midi, sam. midi, dim. et lundi

Rest *(nombre de couverts limité, réserver)* – Formule 19 € – Menu 24 € (déj.)/44 €

Vainqueur de l'émission Top Chef en 2010, Romain Tischenko a choisi la discrétion en créant ce bistrot sur la jolie place Ste-Marthe. Il cuisine ici comme à des amis, avec l'envie palpable de faire découvrir et partager : jeux sur les saveurs, les herbes, les températures... Belle illustration de cuisine contemporaine !

Zerda

15 r. René-Boulanger Ⓜ Strasbourg-St-Denis – ✆ 01 42 00 25 15 – Fermé août, lundi midi, sam. midi et dim.

Rest *(nombre de couverts limité, réserver)* – Carte 27/45 €

À la tête de cette institution née dans les années 1940, Jaffar Achour est un spécialiste, voire un démiurge du couscous, toujours à la recherche de combinaisons inédites et très parfumées. Décor arabisant et ambiance partageuse... Une belle graine !

Albion

80 r. du Faubourg-Poissonnière Ⓜ Poissonnière – ✆ 01 42 46 02 44 – Fermé 3 sem. en août, vacances de Noël, sam. et dim.

Rest – Carte 35/45 €

Nulle perfidie en cette Albion où œuvre un chef... britannique ! De bons produits, des recettes bien maîtrisées et originales, des saveurs marquées, une jolie sélection de vins de propriétaire et des tarifs raisonnables : on peut s'entraîner à prononcer *"this bistro is very friendly"*.

Chez Casimir
6 r. Belzunce Ⓜ *Gare du Nord – ✆ 01 48 78 28 80*
Rest – Formule 24 € – Menu 28 € (déj. en sem.), 32/50 €
Une sympathique adresse 100 % bistrot, pour une cuisine simple et franche. Les samedi et dimanche midi, c'est traou tad ("bonnes choses" en breton), un brunch renversant de générosité avec vin à prix coûtant. Un conseil, réservez !

Youpi & Voilà Ⓝ
8 r. Vicq-d'Azir Ⓜ *Colonel-Fabien – ✆ 01 83 89 12 63 – www.youpietvoila.fr – Fermé 3 sem. en août, 1er-15 janv., dim. et lundi*
Rest – Formule 20 € – Menu 25 € (déj. en sem.), 38 €
Youpi, voilà de la bistronomie à l'état pur ! Un décor tout simple, un service décontracté et, côté assiettes, une savoureuse tranche de cuisine d'aujourd'hui, franche et bien tournée. Une adresse parfaite pour un repas entre amis.

Abri Ⓝ
92 r. du Faubourg-Poissonnière Ⓜ *Poissonnière – ✆ 01 83 97 00 00 – Fermé août, sam. midi, dim. et lundi*
Rest *(nombre de couverts limité, réserver)* – Menu 22 € (déj.)/39 €
Un Abri minuscule... où l'on se réfugie avec plaisir ! Dans la lignée de tous ces jeunes chefs japonais qui s'installent aujourd'hui à Paris après y avoir travaillé dans de grandes maisons, Katsuaki rend un bel hommage à la cuisine française, avec une sensibilité toute nippone. Très bon rapport qualité-prix !

PARIS

H. Le Gac/MICHELIN

Nation • Voltaire • République

11e arrondissement
✉ 75011

Les Jardins du Marais
74 r. Amelot Ⓜ *St-Sébastien Froissart – ✆ 01 40 21 22 23 – www.lesjardinsdumarais.com*
257 ch – †350/750 € ††350/750 € – 8 suites – ☕ 20 €
Rest *(fermé dim. soir)* – Menu 30/37 € – Carte 40/50 €
Un quartier au sein du quartier : des bâtiments tous différents et des chambres réparties dans une belle ruelle pavée. Hall et bar très design (lustres à pendeloques, mobilier Starck) ; touches Art déco dans les chambres.

Gabriel sans rest
25 r. du Grand-Prieuré Ⓜ *Oberkampf – ✆ 01 47 00 13 38 – www.hotel-gabriel-paris.com*
41 ch – †139/400 € ††152/400 € – ☕ 17 €
Cet hôtel ultramoderne joue la carte du haut de gamme dans une atmosphère zen : esprit design, belles finitions, ambiance feutrée, etc. À noter : les chambres sont équipées du système NightCove, ces jeux de lumière avec musique qui accompagnent l'endormissement et préparent à un réveil tout en douceur...

Le Général sans rest
5 r. Rampon Ⓜ *République – ✆ 01 47 00 41 57 – www.legeneralhotel.com*
43 ch – †167/260 € ††167/260 € – 3 suites – ☕ 18 €
Nulle rigueur militaire chez ce Général-là ! Cet agréable hôtel, proche de la place de la République, abrite des chambres chaleureuses, aménagées avec soin et goût de la couleur. L'enseigne fait référence au général Rampon, qui a donné son nom à la rue.

Le Standard Design sans rest
29 r. des Taillandiers Ⓜ *Bastille – ✆ 01 48 05 30 97 – www.standard-design-hotel-paris.com*
36 ch – †100/300 € ††120/300 € – ☕ 15 €
Design en effet, mais pas standard : du style, des tissus aux motifs osés, aussi bien dans les chambres que dans le hall. Même la salle de petit-déjeuner est sous les toits...

Auberge Flora Ⓝ
44 bd Richard Lenoir Ⓜ *Bréguet Sabin – ✆ 01 47 00 52 77 – www.aubergeflora.com*
21 ch – †80/190 € ††90/200 € – ☕ 12 €
Rest ***Auberge Flora*** – voir les restaurants ci-après
Voilà une auberge où l'on se sent bien ! C'est la dernière création de Flora Mikula, cuisinière généreuse qui a décidé d'associer le couvert et le gîte. Les chambres sont joliment décorées, certaines très colorées, et bien confortables. Mention spéciale pour la "chambre gourmande" avec champagne et foie gras...

Marais Bastille sans rest
36 bd Richard-Lenoir Ⓜ *Bréguet Sabin – ✆ 01 48 05 75 00 – www.maraisbastille.com*
37 ch – †130/220 € ††140/230 € – ☕ 14 €
Ambiance cosy dans cet hôtel bordant le boulevard Richard-Lenoir, dont le terre-plein couvrant une partie du canal St-Martin accueille une agréable promenade. Décoration sobre dans les chambres, confortables et élégantes (plus calmes sur l'arrière).

Le Patio St-Antoine sans rest
289 bis r. du Faubourg-St-Antoine Ⓜ *Nation – ✆ 01 40 09 40 00 – www.lepatiosaintantoine.com*
88 ch – †115/465 € ††115/465 € – ☕ 18 €
Le point fort de cet hôtel aux chambres fonctionnelles (équipées d'une cuisinette) : le calme et la verdure de ses patios fleuris. Petit-déjeuner servi dans une salle agréable.

Original Ⓝ sans rest
8 bd Beaumarchais Ⓜ *Bastille – ✆ 01 47 00 91 50 – www.hoteloriginalparis.com*
38 ch – †180/310 € ††280/350 € – ☕ 12 €
Niché entre la place des Vosges et la Bastille, cet hôtel est on ne peut plus... original ! Les chambres, signées Stella Cadente, multiplient les références malicieuses à l'univers des contes de fées... Une adresse magique, donc, pour des nuits enchantées et décalées au cœur du Paris historique.

Angely Ⓝ sans rest
22 r. du Grand-Prieuré Ⓜ *Oberkampf – ✆ 01 48 07 55 25 – www.angelyhotelparis.com*
22 ch ☕ – †139/409 € ††139/409 €
Éclairage au sol, lit suspendu, esprit baroque ou arty... Près de la place de la République, cet hôtel est des plus tendance : quoi de plus normal puisque les chambres sont signées par différents designers ? Une adresse atypique, où l'accueil se montre de surcroît charmant.

Le 20 Prieuré Hôtel sans rest
20 r. Grand Prieuré Ⓜ *Oberkampf – ✆ 01 47 00 74 14 – www.hotel20prieure.com*
32 ch – †99/195 € ††109/195 € – ☕ 13 €
Rénové en 2007, cet hôtel s'aligne sur le style citadin contemporain et propose de petites chambres agréables : nuances de blancs, mobilier design, immenses photos évoquant Paris...

Grand Hôtel Français sans rest
223 bd Voltaire Ⓜ *Nation – ✆ 01 43 71 27 57 – www.grand-hotel-francais.fr*
36 ch – †130/250 € ††130/250 € – ☕ 12 €
Cet hôtel a été entièrement rénové avec de beaux matériaux et le résultat est vraiment plaisant. Ses atouts : bonne situation, literie de qualité et chambres joliment meublées.

PARIS

Nord et Est sans rest

49 r. Malte Ⓜ Oberkampf – 01 47 00 71 70 – www.paris-hotel-nordest.com
45 ch – 70/150 € 70/155 € – 9 €
Proche de la République, cet hôtel a su fidéliser ses clients grâce à son ambiance familiale et ses tarifs raisonnables. Préférez les chambres rénovées, plus contemporaines.

Mansouria

11 r. Faidherbe Ⓜ Faidherbe Chaligny – 01 43 71 00 16 – www.mansouria.fr – Fermé lundi midi et dim.
Rest *(réserver)* – Menu 28/36 € – Carte 32/54 €
Tajines, couscous, crème à la fleur d'oranger... Des spécialités très parfumées, préparées par d'habiles cuisinières marocaines, sous la houlette de Fatema Hal, ethnologue, écrivain et véritable figure de la gastronomie nord-africaine.

Chardenoux

1 r. Jules-Vallès Ⓜ Charonne – 01 43 71 49 52 – www.restaurantlechardenoux.com
Rest – Menu 27 € (déj. en sem.) – Carte 47/69 €
Rouvert pour ses 100 ans (en 2008) sous l'impulsion de Cyril Lignac, ce charmant bistrot remet à la mode la tradition : pâté en croûte, œuf cocotte aux cèpes, saumon mariné, hachis parmentier de canard, paris-brest...

Qui plume la Lune Ⓝ

50 r. Amelot Ⓜ Chemin Vert – 01 48 07 45 48 – Fermé août, 1 sem. fin déc., merc. midi, sam. midi, dim., lundi et fériés
Rest *(nombre de couverts limité, réserver)* – Menu 41 € (déj.), 60/110 €
C'est d'abord un joli endroit, chaleureux et romantique. Et c'est aussi une cuisine signée par un passionné, pleine de vitalité et de fraîcheur, avec des produits triés sur le volet (bio, beaux légumes, etc.). Agréable moment sous la clarté de cette table aussi lunaire que terrestre...

Bon Kushikatsu Ⓝ

24 r. Jean-Pierre Timbaud Ⓜ Oberkampf – 01 43 38 82 27 – Fermé le midi et dim.
Rest *(nombre de couverts limité, réserver)* – Menu 58 €
Pour un voyage express à Osaka, à la découverte de la spécialité culinaire de la ville : les kushikatsu (des mini-brochettes panées et frites à la minute). Bœuf au sancho, foie gras poivré, champignon shiitaké : les préparations se succèdent et révèlent de belles saveurs. Et l'accueil délicat finit de transporter au Japon…

Tintilou

37 bis r. de Montreuil Ⓜ Faidherbe-Chaligny – 01 43 72 42 32 – www.tintilou.fr – Fermé 3 sem. en août, 1 sem. en fév., sam. midi et dim.
Rest – Formule 17 € – Menu 25 € (déj.), 35/72 € bc – Carte 35/55 €
Rouge cerise, vert anis, jaune safran... toute une palette de couleurs ont fait de cet ancien relais de mousquetaires un lieu contemporain et original. Le cadre idéal pour une cuisine voyageuse et soignée, qui mise sur de très beaux produits.

Astier

44 r. J.-P.-Timbaud Ⓜ Parmentier – 01 43 57 16 35 – www.restaurant-astier.com
Rest *(réserver)* – Formule 21 € – Menu 32/35 € – Carte 36/50 €
Une ambiance décontractée règne dans ce bistrot traditionnel très animé. Suggestions à l'ardoise et grand choix de vins au classement original : vins de soif, de méditation...

Pierre Sang in Oberkampf Ⓝ

55 r. Oberkampf Ⓜ Parmentier – www.pierresangboyer.com – Fermé 2 sem. en août, 30 déc.-8 janv., sam. midi, dim. midi et lundi
Rest – Formule 20 € – Menu 25 € (déj.), 35/50 €
Qui est adepte de l'émission Top Chef connaît forcément Pierre Sang, finaliste de l'édition 2011. On retrouve toute la gentillesse du jeune homme, qui délivre, ici chez lui, une cuisine sensible et partageuse. Les produits viennent des commerçants voisins, on passe en ami (pas de réservation) : un sympathique endroit !

PARIS

Bistrot Paul Bert

18 r. Paul-Bert Ⓜ *Faidherbe Chaligny – ✆ 01 43 72 24 01 – Fermé août, dim. et lundi*

Rest *(réserver)* – Menu 18 € (déj. en sem.)/36 € – Carte 35/59 €

Sur la façade de ce sympathique bistrot s'affiche "Cuisine familiale". Traduisez : entrecôte, parmentier de joue de bœuf, etc. Gardez de la place pour le baba au rhum !

L'Écailler du Bistrot

22 r. Paul-Bert Ⓜ *Faidherbe Chaligny – ✆ 01 43 72 76 77 – Fermé août, dim. et lundi*

Rest – Menu 18 € (déj. en sem.), 36/55 € – Carte 43/67 €

Le point fort de la maison ? Des produits de la mer très frais, et des huîtres ! Ambiance 100 % marine, ardoise du jour iodée, menu homard toute l'année et belle carte des vins.

Sassotondo

40 r. J.-P. Timbaud Ⓜ *Parmentier – ✆ 01 43 55 57 00 – Fermé août, 25 déc.-1er janv., mardi et merc.*

Rest – Formule 16 € – Carte 33/47 €

Cette trattoria contemporaine porte le nom d'un domaine viticole. L'ambiance est sympathique et décontractée, idéale pour se régaler de spécialités italiennes traditionnelles : acquacotta, crespelle alla fiorentina, zuppa inglese, etc. Va bene !

PARIS

Rino

46 r. Trousseau Ⓜ *Ledru-Rollin – ✆ 01 48 06 95 85 – www.rino-restaurant.com – Fermé août, le midi sauf vend. et sam., dim. et lundi*

Rest *(nombre de couverts limité, réserver)* – Formule 23 € – Menu 41/58 €

Dans cette adresse discrète du square Trousseau, le décor joue la carte de la simplicité et met d'autant mieux en valeur la cuisine, fraîche et savoureuse, d'inspiration latine (pâtes fraîches maison). Réservez, les places sont comptées.

Auberge Flora Ⓝ

44 bd Richard-Lenoir Ⓜ *Bréguet Sabin – ✆ 01 47 00 52 77 – www.aubergeflora.com*

Rest – Menu 45 € (dîner), 50 € – Carte 30/65 €

Un vrai lieu de vie que cette auberge d'aujourd'hui, créée par la chef Flora Mikula : que l'on réside à l'hôtel ou non, on a l'impression d'être reçu comme à la maison ! La cuisine, pétillante et débordante de soleil et de saveurs, invite à la convivialité. Et l'on peut passer simplement pour grignoter quelques tapas...

Le Temps au Temps

13 r. Paul-Bert Ⓜ *Faidherbe Chaligny – ✆ 01 43 79 63 40 – Fermé 9-24 août, 20-29 déc., dim. et lundi*

Rest – Menu 18 € (déj. en sem.)/30 €

Prenez donc le temps de découvrir cette charmante petite adresse. L'ardoise énumère de belles suggestions bistrotières : tartine de maquereaux et rillettes, carré de veau et caviar d'aubergines, baba au rhum et pêches au sirop, etc.

Caffé dei Cioppi

159 r. du Faubourg-St-Antoine Ⓜ *Ledru Rollin – ✆ 01 43 46 10 14 – Fermé 3 sem. en août, vacances de Noël, sam., dim. et lundi*

Rest *(nombre de couverts limité, réserver)* – Carte 26/41 €

Un restaurant minuscule – avec seulement cinq tables – et spartiate, mais épatant. Elle vient de Milan, lui de Sicile, leurs assiettes ont le charme de l'Italie : charcuteries, risottos, linguini aux palourdes... Un défilé de belles saveurs italiennes, incontournables ou plus inattendues.

Une bonne table sans se ruiner ? Repérez les Bib Gourmand.

La Pulpéria

11 r. Richard-Lenoir Ⓜ Voltaire – ✆ 01 40 09 03 70 – Fermé 2 sem. en août, 1 sem. en déc., sam. midi et dim.

Rest *(réservation conseillée le soir)* – Formule 16 € – Menu 19 € (déj.) – Carte 36/45 €

Elle se situe à Charonne cette Pulpéria – du nom de ces épiceries qu'on trouve en Amérique latine – mais elle porte bien cette appellation : c'est l'affaire d'un jeune chef argentin, formé dans de fameuses maisons parisiennes, qui revisite ici les recettes de son pays – dont de belles viandes – et de l'Hexagone. *Es bueno !*

Au Vieux Chêne

7 r. du Dahomey Ⓜ Faidherbe Chaligny – ✆ 01 43 71 67 69 – www.vieux-chene.fr – Fermé 27 avril-5 mai, 29 juil.-18 août, 24 déc.-1 janv., sam. et dim.

Rest – Formule 14 € – Menu 19 € (déj.), 28/33 € – Carte 37/43 €

Ce bistrot de quartier ne désemplit pas. Sa cuisine bistrotière et son cadre authentique y sont pour beaucoup, de même sa carte des vins qui propose des crus à prix très sages.

Septime

80 r. de Charonne Ⓜ Charonne – ✆ 01 43 67 38 29 – www.septime-charonne.fr – Fermé 3 sem. en août, lundi midi, sam. et dim.

Rest – Formule 28 € – Menu 55 € (dîner)

Des fournisseurs triés sur le volet, beaucoup de fraîcheur et d'aisance, de la passion et même un peu de malice... Septime pourrait symboliser cette nouvelle génération de tables parisiennes à la fois très branchées et très épicuriennes. Décontraction certes, mais sans compromis sur la qualité : une adresse à découvrir !

Le Sot l'y Laisse

70 r. Alexandre-Dumas Ⓜ Alexandre Dumas – ✆ 01 40 09 79 20 – Fermé 2 sem. en août, 24-31 déc., sam. midi, lundi midi et dim.

Rest – Formule 20 € – Menu 24 € (déj.) – Carte 40/60 €

Bien sot qui laisserait de côté ce beau bistrot ! Aux fourneaux, Eiji Doihara, originaire d'Osaka, rend un bel hommage à cette gastronomie française qui le passionne : généreuses et gourmandes, ou légères et délicates, ses recettes font mouche à chaque fois. L'adresse remporte un succès mérité.

Le Chateaubriand

129 av. Parmentier Ⓜ Goncourt – ✆ 01 43 57 45 95 – www.lechateaubriand.net – Fermé 25 déc.-1er janv., dim. et lundi

Rest *(dîner seult)* – Menu 60 €

Le Chateaubriand, c'est un peu le temple de la mouvance bistronomique, placé sous le feu des projecteurs médiatiques depuis de longues années maintenant. Une institution en somme, qui cultive une formule éprouvée : celle d'un menu unique qui joue sur des associations de saveurs originales. Créativité rime avec branché...

Auberge Pyrénées Cévennes

106 r. de la Folie-Méricourt Ⓜ République – ✆ 01 43 57 33 78 – Fermé 30 juil.-20 août, sam. midi, dim. et fériés

Rest – Menu 31 € – Carte 30/70 €

Les plaisanteries fusent, la patronne prodigue un accueil inégalable et les assiettes – un véritable tour de France gourmand – débordent de générosité... L'adresse pour bons vivants !

Villaret

soir

13 r. Ternaux Ⓜ Parmentier – ✆ 01 43 57 75 56 – Fermé 3 sem. en août, sam. midi et dim.

Rest – Formule 20 € – Menu 25 € (sem.), 32/50 € – Carte 40/60 €

Dès la porte d'entrée, cela sent bon ! Ce bistrot convivial propose des plats de saison attrayants : œuf cocotte au foie gras, lotte au petit salé, croustillant chocolat... Beau choix de vins.

S. Sauvignier/MICHELIN

Bastille · Bercy · Gare de Lyon

12e arrondissement

✉ 75012

PARIS

Pullman Paris Bercy

1 r. de Libourne Ⓜ *Cour St-Émilion – ✆ 01 44 67 34 00 – www.pullmanhotels.com*

385 ch – †180/580 € ††180/580 € – 11 suites – ☕ 25 €

Rest *Café Ké* ✆ 01 44 67 34 71 *(fermé 3 sem. en août et 1 sem. fin déc.)* – Formule 29 € – Menu 35 € (sem.) – Carte 58/73 €

Un immeuble reconnaissable à son imposante façade en verre. Les chambres, dont certaines offrent une belle vue sur Paris, sont de style contemporain. Au Café Ké, règne l'ambiance sympathique du "village" de Bercy ; brunch le dimanche.

Novotel Gare de Lyon

2 r. Hector-Malot Ⓜ *Gare de Lyon – ✆ 01 44 67 60 00 – www.accorhotels.com*

253 ch – †129/349 € ††129/349 € – 2 suites – ☕ 17 € – ½ P

Rest – Formule 19 € – Carte 21/51 €

Bâtiment récent donnant sur une place calme. Chambres conformes aux dernières normes de la chaîne, avec des terrasses au 6e étage. Piscine, fitness et espace enfant bien aménagé. Décor contemporain au Novotel Café.

Novotel Bercy

85 r. de Bercy Ⓜ *Bercy – ✆ 01 43 42 30 00*

151 ch – †115/270 € ††115/270 € – ☕ 15 €

Rest – Formule 15 € – Carte 22/50 €

Des chambres contemporaines et lumineuses avec balcon, près du parc de Bercy, pour un bon rapport qualité-prix. À la belle saison, la terrasse du restaurant est prisée pour son calme. Carte traditionnelle et recettes à la plancha.

Mercure Gare de Lyon sans rest

2 pl. Louis-Armand Ⓜ *Gare de Lyon – ✆ 01 43 44 84 84 – www.mercure.com*

315 ch – †120/360 € ††120/360 € – ☕ 18 €

L'architecture récente de cet hôtel contraste avec le beffroi de la gare de Lyon tout proche. Les chambres sont de taille moyenne, résolument tendance et bien équipées.

Paris Bastille sans rest

67 r. de Lyon Ⓜ *Bastille – ✆ 01 40 01 07 17 – www.hotelparisbastille.com*

37 ch – †195/301 € ††207/301 € – ☕ 14 €

Beaux tissus, bois exotique et teintes choisies caractérisent les chambres et la salle des petits-déjeuners de cet hôtel moderne et confortable, situé face à l'Opéra Bastille.

Claret

44 bd de Bercy Ⓜ *Bercy – ✆ 01 46 28 41 31 – www.hotel-claret.com*

52 ch – †120/135 € ††140/175 € – ☕ 12 € – ½ P

Rest *(fermé sam. et dim.)* – Formule 14 € – Menu 19/31 € – Carte 25/42 €

Cet ancien relais de poste est l'un des derniers vestiges du Bercy d'antan. Les chambres ont du caractère grâce à un savant mélange d'ancien et de moderne. Cadre et carte façon bistrot, avec quelques recettes lyonnaises.

Color Design sans rest

35 r. de Citeaux Ⓜ *Faidherbe Chaligny – ✆ 01 43 07 77 28 – www.colordesign-hotel-paris.com*

46 ch – †120/235 € ††120/290 € – ☕ 12 €

L'enseigne dit tout ! Chaque chambre arbore un mobilier en plexiglas de couleur différente (jaune, vert, bleu, violet...). Belle salle voûtée pour les petits-déjeuners.

Terminus Lyon sans rest

19 bd Diderot Ⓜ Gare de Lyon – ✆ 01 56 95 00 00 – www.hotelterminuslyon.com

60 ch – †70/255 € ††85/255 € – ☕ 11 €

Face à la gare de Lyon, une adresse familiale bien tenue. Les chambres sont sobres, plus grandes côté boulevard et plus calmes côté cour.

Quartier Hotel Bercy Square sans rest

33 bd de Reuilly Ⓜ Daumesnil – ✆ 01 44 87 09 09 – www.lequartierhotelbs.com

57 ch – †115/135 € ††135/170 € – ☕ 13 €

Atout majeur de cet hôtel : son emplacement au calme et sa courette typiquement parisienne. Les chambres et les parties communes sont décorées dans un esprit design.

Au Trou Gascon

40 r. Taine Ⓜ Daumesnil – ✆ 01 43 44 34 26 – www.autrougascon.fr – Fermé août, 22 déc.-1er janv., sam. et dim.

Rest – Menu 40 € (déj.)/60 € – Carte 55/72 €

Une adresse bien connue des amateurs du Sud-Ouest ! De l'Adour et de l'Océan, plus précisément, à commencer par le cassoulet – incontournable –, les gibiers ou le vieux jambon "au couteau". Mais la carte sait aussi se faire créative et contemporaine...

➜ Infusion de crevettes à la citronnelle et royale coraillée. Lièvre à la mode royale, enrichi de foie gras et parfumé à la truffe. Framboises façon vacherin, sorbet de caillé de brebis, granité menthe fraîche.

Jodhpur Palace

42 allée Vivaldi Ⓜ Daumesnil – ✆ 01 43 40 72 46 – www.jodhpurpalace.com

Rest – Formule 14 € – Menu 25/29 € – Carte 22/35 €

L'Inde du Nord et ses saveurs parfumées s'invitent à la table de ce "palace" oriental au décor exotique (fresques, bois ouvragé). Calme terrasse ; accueil aimable et prix sages.

Le Janissaire

22 allée Vivaldi Ⓜ Daumesnil – ✆ 01 43 40 37 37 – www.lejanissaire.fr – Fermé sam. midi et dim.

Rest – Menu 13 € (déj.), 25/45 € – Carte 25/45 €

Ambiance et cuisine sous le signe de la Turquie, comme l'indique l'enseigne. Profitez de la terrasse ou franchissez la "Sublime Porte" pour déguster mezze, aubergines farcies, köfte...

Quincy

28 av. Ledru-Rollin Ⓜ Gare de Lyon – ✆ 01 46 28 46 76 – www.lequincy.fr – Fermé août, sam., dim. et lundi

Rest – Carte 40/70 €

Une ambiance chaleureuse règne dans ce lieu où l'on sert une des dernières vraies cuisines de bistrot parisien qui, comme "Boboss", le patron, ne manque pas de caractère !

Jean-Pierre Frelet

25 r. Montgallet Ⓜ Montgallet – ✆ 01 43 43 76 65 – Fermé 20-27 mai, 29 juil.-27 août, sam. midi et dim.

Rest – Formule 22 € – Menu 30 € (dîner)/35 €

Un décor volontairement dépouillé, des tables serrées qui invitent à la convivialité et une généreuse cuisine du marché... Pleins feux sur les produits !

La Biche au Bois

45 av. Ledru-Rollin Ⓜ Gare de Lyon – ✆ 01 43 43 34 38 – Fermé 20 juil.-20 août, 23 déc.-2 janv., lundi midi, sam. et dim.

Rest – Formule 24 € bc – Menu 29/37 € – Carte 27/38 €

On mange au coude-à-coude dans ce discret restaurant car les habitués sont nombreux et l'ambiance animée. Cuisine traditionnelle et gibier en saison... de la biche bien entendu.

La Gazzetta

29 r. de Cotte Ⓜ *Ledru Rollin – ✆ 01 43 47 47 05 – www.lagazzetta.fr – Fermé août, dim. et lundi*

Rest – Formule 17 € – Menu 39 € (déj.), 45/65 €

Adresse dédiée à la Méditerranée. Son concept "tout en un" – restaurant, bar à vins, café (presse étrangère à disposition) – en fait un repaire branché. Belle cuisine du Sud.

L'Auberge Aveyronnaise

40 r. Gabriel-Lamé Ⓜ *Cour St-Émilion – ✆ 01 43 40 12 24 – Fermé 1er-15 août*

Rest – Formule 20 € – Menu 26/32 € – Carte 35/72 €

Nappes à carreaux, décoration un peu rustique : on célèbre ici, à deux pas du Bercy Village, le terroir rouergat et les spécialités aveyronnaises, tripoux et aligot compris.

Le Cotte Rôti

1 r. de Cotte Ⓜ *Ledru-Rollin – ✆ 01 43 45 06 37 – Fermé 3 sem. en août, 24 déc.-2 janv., sam. midi, dim. et lundi*

Rest – Formule 19 € – Menu 39/43 €

Un restaurant à l'image de son chef, convivial et bon vivant, dans un quartier jeune et animé. La cuisine de bistrot gagne ici en finesse et en simplicité, évoluant au gré du marché et de l'humeur du jour. Focus sur les crus bourguignons.

Le Lys d'Or

5 pl. Col-Bourgoin Ⓜ *Reuilly Diderot – ✆ 01 44 68 98 88 – www.lysdor.com*

Rest – Formule 15 € bc – Menu 24/32 € – Carte 25/40 €

Beaucoup de plantes vertes, des fontaines... comme en Asie ! Le propriétaire cultive l'art culinaire chinois à travers ses régions phare : Sichuan, Shanghai, Canton, Pékin.

Assaporare

7 r. St-Nicolas Ⓜ *Ledru-Rollin – ✆ 01 44 67 75 77 – Fermé août, vacances de Noël, sam. midi, lundi soir, mardi soir et dim.*

Rest *(nombre de couverts limité, réserver)* – Formule 15 € – Carte 38/63 €

Dans un cadre charmant tout en poutres et pierres apparentes, on vient "assaporare" (savourer) des spécialités napolitaines ; carte de vins français et italiens.

S. Sauvignier/MICHELIN

Place d'Italie · Gare d'Austerlitz · Bibliothèque nationale de France

13e arrondissement

✉ 75013

Mercure Place d'Italie sans rest

25 bd Auguste-Blanqui Ⓜ *Place d'Italie – ✆ 01 45 80 82 23 – www.mercure-paris-italie.com*

50 ch – †110/400 € ††110/400 € – ☕ 16 €

À proximité de la place d'Italie, un hôtel plutôt intime, décoré de photos du vieux Paris. Les chambres sont fonctionnelles, chaleureuses et bien insonorisées.

La Demeure sans rest

51 bd St-Marcel Ⓜ *Les Gobelins – ✆ 01 43 37 81 25 – www.hotel-paris-lademeure.com*

37 ch – †85/180 € ††95/250 € – 6 suites – ☕ 12 €

Un bel immeuble haussmannien où l'on saura faciliter votre séjour ! Chambres pratiques et colorées, salon cosy, petit-déjeuner buffet. Belle collection de photos du Paris d'autrefois.

Ibis Styles Tolbiac Bibliothèque sans rest

21 r. Tolbiac Ⓜ *Bibliothèque F. Mitterrand – ✆ 01 45 84 61 61 – www.all-seasons-hotels.com*

69 ch – 85/165 € 95/175 €

À quelques pas des berges de la Seine et de la bibliothèque François-Mitterrand, un établissement fonctionnel, dont les chambres et le bar ont été décorés avec goût et sobriété.

La Manufacture sans rest

8 r. Philippe-de-Champagne Ⓜ *Place d'Italie – ✆ 01 45 35 45 25 – www.hotel-la-manufacture.com*

56 ch – 90/190 € 100/240 € – 13 €

À deux pas de la place d'Italie, un hôtel chaleureux décoré avec élégance, où l'on cultive le sens de l'accueil. Les chambres sont plutôt petites mais impeccablement tenues.

Jack's Hôtel Ⓝ sans rest

19 r. Pichon Ⓜ *Place d'Italie – ✆ 01 45 85 17 34 – www.jacks-hotel.com*

30 ch – 90/140 € 100/170 € – 10 €

Près de la place d'Italie mais en retrait de l'agitation, cet hôtel dispose de chambres fonctionnelles et colorées. Pour l'anecdote, l'une d'elles fut celle où l'écrivain Jean Genet passa les derniers moments de sa vie. Prix raisonnables. Une adresse idéale pour la clientèle d'affaires.

Le Vert Galant sans rest

43 r. Croulebarbe Ⓜ *Les Gobelins – ✆ 01 44 08 83 50 – www.vertgalant.com*

15 ch – 90/95 € 95/130 € – 10 €

Un luxe à Paris : un hôtel familial aux chambres coquettes et calmes, qui donnent presque toutes sur un jardin privé et fleuri à la belle saison.

L'Auberge du 15

15 r. de la Santé Ⓜ *Glacière – ✆ 01 47 07 07 45 – www.laubergedu15.com – Fermé août, vacances de Noël, dim. et lundi*

Rest – Menu 30 € (déj.)/68 € – Carte 53/107 €

Fruits, légumes, viandes tendres à cœur : tout, ou presque, vient de l'Aubrac ! Le jeune chef est passé par de belles maisons et cela se sent ; il voulait son propre restaurant, se tenir loin des tendances... Classique et hautement recommandable.

Anacréon

53 bd St-Marcel Ⓜ *Les Gobelins – ✆ 01 43 31 71 18 – www.anacreon.fr – Fermé 9-18 mars, 6-26 août, dim. et lundi*

Rest – Formule 20 € – Carte 27/50 €

Malgré l'allusion au poète grec, il s'agit bien d'un restaurant dédié aux produits de la mer. La carte, fort attractive, se marie à merveille au charmant décor contemporain.

Au Petit Marguery

9 bd de Port-Royal Ⓜ *Les Gobelins – ✆ 01 43 31 58 59 – www.petitmarguery.fr*

Rest – Formule 19 € – Menu 26 € (déj. en sem.), 35/75 € bc – Carte 35/56 €

Rest *Le Comptoir Marguery* ✆ 01 42 17 43 43 – Formule 17 € – Menu 21/33 € bc

Un décor Belle Époque authentique, plaisant et convivial. La carte est dans la grande tradition : terrines maison, tête de veau ravigote, gibier en saison... Juste à côté, le Comptoir Marguery se la joue canaille, façon bistrot à sensation. Une adresse qui a une âme !

L'Avant Goût

26 r. Bobillot Ⓜ *Place d'Italie – ✆ 01 53 80 24 00 – www.lavangout.com – Fermé dim. et lundi*

Rest *(nombre de couverts limité, réserver)* – Formule 15 € bc – Menu 32/40 € – Carte 32/45 €

Non loin de la place d'Italie, on déguste au coude-à-coude une cuisine du marché assez originale (le pot-au-feu de cochon aux épices !), dans une ambiance décontractée.

PARIS

Les Cailloux

58 r. des Cinq-Diamants Ⓜ Corvisart – ✆ 01 45 80 15 08 – www.lescailloux.fr – Fermé 1 sem. en août

Rest – Formule 14 € bc – Menu 18 € bc (déj.) – Carte 25/60 €

Parmi les nombreuses tables de la Butte-aux-Cailles, il y a ce bistrot italien à l'ambiance décontractée, où l'on se régale sans se ruiner d'une belle cuisine ensoleillée.

Impérial Choisy

32 av. de Choisy Ⓜ Porte de Choisy – ✆ 01 45 86 42 40

Rest – Carte 18/32 €

Authentique restaurant chinois apprécié par de nombreux Asiatiques qui en ont fait leur cantine. Logique, à en juger par les délicieuses spécialités cantonaises qu'on y sert !

Lao Lane Xang 2

102 av. d'Ivry Ⓜ Tolbiac – ✆ 01 58 89 00 00 – www.restolaolanexang.com

Rest – Formule 11 € bc – Carte 19/43 €

Ce restaurant familial du Chinatown parisien exalte les saveurs du Laos, du Vietnam et de la Thaïlande. Le cadre, sobre et contemporain, change des "cantines" du quartier.

L'Ourcine

92 r. Broca, (réouverture prévue après travaux au printemps 2013) Ⓜ Les Gobelins – ✆ 01 47 07 13 65 – Fermé 3 sem. en août, dim. et lundi

Rest – Formule 26 € – Menu 34 €

Qualité et modestie résument bien l'esprit de l'Ourcine, un petit bistrot "pur jus" qui propose une cuisine inspirée et liée aux saisons. Menu du jour et ardoise "coups de cœur" regorgent de belles propositions...

Variations

18 r. des Wallons Ⓜ Saint-Marcel – ✆ 01 43 31 36 04 – www.restaurantvariations.com – Fermé août, sam. midi et dim.

Rest – Formule 14 € – Menu 17 € (déj.), 35/48 € – Carte 35/63 €

Au menu de ce charmant bistrot : une cuisine traditionnelle osant... les variations au gré du marché et des saisons. Le chef (un ancien pilote de chasse !) est un amoureux du beau produit.

Mer de Chine

159 r. Château-des-Rentiers Ⓜ Place d'Italie – ✆ 01 45 84 22 49

Rest – Menu 15 € (déj. en sem.)/25 € – Carte 19/53 €

Dans ce restaurant près de la place d'Italie, on prépare de la cuisine teochew, traduisez : du sud de Canton. Goûteux et accueillant, le tout sur une bande-son bien chinoise !

Bambou N

70 r. Baudricourt Ⓜ Les Olympiades – ✆ 01 45 70 91 75 – Fermé 1er-15 oct. et lundi

Rest – Carte 15/33 €

Une vraie cantine vietnamienne, qui attire les foules... si bien que l'on est conduit à ne pas rester attablé bien longtemps ! Les raisons de ce succès : les parfums authentiques des spécialités proposées, en particulier un large choix de soupes aux fumets très aromatiques...

Sukhothaï

12 r. Père-Guérin Ⓜ Place d'Italie – ✆ 01 45 81 55 88 – Fermé 5-24 août, lundi midi et dim.

Rest – Formule 13 € bc – Menu 24/27 € – Carte 26/35 €

Dans une ruelle calme à deux pas de la place d'Italie, une savoureuse cuisine thaïe servie dans un décor adéquat... où l'on joue des coudes. Accueil tout sourire.

J.-P. Clapham/MICHELIN

Montparnasse · Denfert Rochereau · Parc Montsouris

14e arrondissement

✉ 75014

PARIS

Pullman Montparnasse

19 r. du Cdt Mouchotte Ⓜ *Montparnasse Bienvenüe – ✆ 01 44 36 44 36 – www.pullmanhotels.com*

918 ch – †165/517 € ††165/517 € – 35 suites – ☕ 25 €

Rest – Formule 39 € – Menu 41/44 € – Carte 46/60 €

Dans cet hôtel repris par Pullman début 2011, n'hésitez pas à demander les chambres rénovées, sobrement décorées et fonctionnelles. Atouts de l'établissement : un immense centre de conférences et une vue panoramique sur la capitale.

Concorde Montparnasse

40 r. du Cdt Mouchotte Ⓜ *Gaîté – ✆ 01 56 54 84 00 – www.concorde-montparnasse.com*

354 ch – †120/550 € ††120/550 € – ☕ 19 €

Rest *(fermé sam. et dim.)* – Formule 18 € – Carte 35/45 €

Sur la place de Catalogne, cet hôtel propose des chambres fonctionnelles, parfaitement adaptées aux voyages d'affaires. Pour se détendre, un bar tendance, un "salad bar" et un patio aménagé en terrasse.

Aiglon sans rest

232 bd Raspail Ⓜ *Raspail – ✆ 01 43 20 82 42 – www.aiglon.com*

36 ch – †130/245 € ††130/245 € – 10 suites – ☕ 15 €

L'Aiglon où vécurent Giacometti et Buñuel se modernise par étapes. Couleurs gaies et détails soignés (mosaïques dans les salles de bains, photos...) plantent le décor. Les chambres rénovées sont d'ailleurs chaleureuses et plus confortables.

Mercure Raspail Montparnasse sans rest

207 bd Raspail Ⓜ *Vavin – ✆ 01 43 20 62 94 – www.mercure.com*

63 ch – †145/230 € ††145/230 € – ☕ 14 €

Le quartier Montparnasse est tout proche, avec ses brasseries et son animation légendaire. D'ailleurs, cet hôtel a élu domicile dans un immeuble haussmannien et propose des petites chambres fonctionnelles ; pour un week-end par exemple.

Lenox Montparnasse sans rest

15 r. Delambre Ⓜ *Vavin – ✆ 01 43 35 34 50 – www.hotellenox.com*

52 ch – †130/400 € ††130/400 € – ☕ 17 €

Une certaine atmosphère... Bar et salons dégagent un charme feutré et les chambres ont du style avec leurs meubles anciens, leurs teintes chaleureuses et leurs beaux tissus. Pour plus d'espace, préférez les junior suites.

Delambre sans rest

35 r. Delambre Ⓜ *Edgar Quinet – ✆ 01 43 20 66 31 – www.hoteldelambreparis.com*

30 ch – †90/160 € ††90/160 € – ☕ 11 €

Dans cet hôtel proche de la gare Montparnasse, le souvenir d'André Breton et de Paul Gauguin plâne encore... On pourra donc relire Nadja ou méditer sur l'école de Pont-Aven dans une chambre sobre et fonctionnelle, avant une belle promenade.

Le Fabe sans rest

113 bis r. de l'Ouest Ⓜ *Pernety – ✆ 01 40 44 09 63 – www.lefabehotel.fr*

17 ch – †110/200 € ††110/200 € – ☕ 10 €

De grandes photographies colorées veillent sur votre sommeil, donnant à chaque chambre sa personnalité. Un style très moderne et volontiers élégant, proposé à prix sage dans ce petit hôtel du quartier Pernety. Pour rester zen...

Hôtel du Midi sans rest
4 av. René Coty Ⓜ Denfert Rochereau – ✆ 01 43 27 23 25 – www.midi-hotel-paris.com
45 ch – †108/130 € ††128/170 € – ☕ 10 €
Proximité de la place Denfert-Rochereau, chambres insonorisées et propres, petit-déjeuner biologique... Pour séjourner dans le quartier, ne cherchez plus Midi... à quatorze heures !

Chatillon Paris Montparnasse sans rest
11 square Châtillon Ⓜ Porte d'Orléans – ✆ 01 45 42 31 17 – www.hotelchatillon.fr
31 ch – †99/160 € ††99/160 € – ☕ 9 €
Les habitués de cet hôtel apprécie son calme, il faut dire que les chambres donnent sur un square au fond d'une impasse. Un certain charme donc pour une adresse qui permet de bien se reposer à prix raisonnable. Mais chut...

Hôtel de la Paix sans rest
225 bd Raspail Ⓜ Raspail – ✆ 01 43 20 35 82 – www.paris-montparnasse-hotel.com
39 ch – †99/255 € ††99/255 € – ☕ 9 €
Une maison de charme, que ses propriétaires décorent avec passion : les lieux regorgent d'objets chinés et de mobilier ancien ! Les chambres affichent un style sage, clair et coquet.

Apollon Montparnasse sans rest
91 r. Ouest Ⓜ Pernety – ✆ 01 43 95 62 00 – www.apollon-montparnasse.com
33 ch – †118/130 € ††130/152 € – ☕ 11 €
Un petit hôtel familial, où rayures et rideaux fleuris dominent. Les chambres ne sont pas bien grandes mais peu à peu rénovées, elles sont bienvenues pour un court séjour. Ambiance sympathique et prix raisonnables.

Le Duc
243 bd Raspail Ⓜ Raspail – ✆ 01 43 20 96 30 – Fermé 28 juil.-27 août, 23 déc.-3 janv., sam. midi, dim. et lundi
Rest – Menu 55 € (déj.) – Carte 62/147 €
On a beau être sur le boulevard Raspail, on se croirait dans une cabine de yacht. Huîtres, Saint-Jacques et arrivages du jour sont sélectionnés et préparés avec soin, bien mis en valeur dans toute leur fraîcheur. Embarquement immédiat !

Le Dôme
108 bd Montparnasse Ⓜ Vavin – ✆ 01 43 35 25 81
Rest – Carte 85/110 €
L'un des temples de la bohème littéraire et artistique des Années folles, dont le cadre Art déco est resté mythique. Poissons et fruits de mer sont d'une grande fraîcheur et préparés dans les règles de l'art.

Cobéa (Philippe Bélissent)
11 r. Raymond Losserand Ⓜ Gaité – ✆ 01 43 20 21 39 – www.cobea.fr – Fermé 28 avril-6 mai, août, 23-30 déc., dim. et lundi
Rest *(nombre de couverts limité, réserver)* – Menu 44 € (déj.), 65/95 €
Co comme Jérôme Cobou en salle, Bé comme Philippe Bélissent aux fourneaux et A comme Associés : Cobéa est l'affaire de deux jeunes professionnels passionnés, qui ont signé un lieu à leur image, c'est-à-dire guidé par le goût du bon ! Sens du produit, harmonie et force des saveurs, finesse... Une table délicieuse.
→ Courgettes et girolles, houmous et dattes. Pigeonneau fermier, céleri et truffe noire. Fraise-meringue.

Pavillon Montsouris
20 r. Gazan Ⓜ Cité Universitaire – ✆ 01 43 13 29 00 – www.pavillon-montsouris.fr – Fermé vacances de fév. et dim. soir de mi-sept. à Pâques
Rest – Menu 51 € – Carte 57/84 €
Le charme de la campagne à Paris ! Ce pavillon créé à la Belle Époque dans le parc Montsouris est entouré de verdure ; et que dire de sa terrasse fleurie ? La cuisine suit les saisons et flirte avec l'air du temps...

PARIS

Maison Courtine

157 av. du Maine Ⓜ *Mouton Duvernet – ✆ 01 45 43 08 04 – www.lamaisoncourtine.com – Fermé 3 sem. en août, 1 sem. en fév., lundi midi, sam. midi et dim.*

Rest – Formule 25 € bc – Menu 38/58 €

Jadis bastion de la cuisine du Sud-Ouest bien connu entre Montparnasse et Alésia, la Maison Courtine est désormais un restaurant contemporain et intime. On y savoure une cuisine d'aujourd'hui rehaussée de touches méridionales.

L'Assiette

181 r. du Château Ⓜ *Mouton Duvernet – ✆ 01 43 22 64 86 – www.restaurant-lassiette.com – Fermé août, 1 sem. à Noël, lundi et mardi*

Rest *(réserver)* – Formule 23 € – Menu 35 € (déj.) – Carte 40/80 €

Une adresse franche et généreuse où l'on peut voir ce qui se trame en cuisine. Cassoulet maison, crevettes bleues obsiblue façon tartare, crème caramel au beurre salé, soufflé au chocolat... La cuisine de tradition prend l'accent bistrot chic.

La Régalade

49 av. Jean-Moulin Ⓜ *Porte d'Orléans – ✆ 01 45 45 68 58 – Fermé 25 juil.-20 août, 1er-10 janv., lundi midi, sam. et dim.*

Rest *(réserver)* – Menu 34 €

Un bistrot convivial, pour une cuisine du marché bien ficelée et généreuse, accompagnée de vins bien choisis. La Régalade ne désemplit pas et l'on sait pourquoi... Réservez !

Le Bistro T

17 bis r. Campagne-Première Ⓜ *Raspail – ✆ 01 43 20 79 27 – www.bistro-t.fr – Fermé août, 23 déc.-3 janv., le 4ème sam. du mois, dim. et lundi*

Rest – Formule 20 € – Menu 25 € (déj.) – Carte environ 35 €

Le Bistrot T honore la bistronomie et ses grands classiques, francs, expressifs et propices à la convivialité – banquettes de velours rouge comprises. Les must de la maison : le pot-au-feu et le croustillant de queue de bœuf. T comme "top" !

La Grande Ourse

9 r. Georges Saché Ⓜ *Mouton Duvernet – ✆ 01 40 44 67 85 – www.restaurantlagrandeourse.fr – Fermé août, sam. midi, dim. et lundi*

Rest – Menu 18 € (déj.), 32/37 €

À la fois simple et élégant, ce bistrot où le gris le dispute au prune et à l'orange. Tartare d'huîtres à la crème de beaufort, croustillant de bœuf au panais, etc. Le soir, les propositions se font plus étoffées pour le plaisir des gourmets.

La Cagouille

10 pl. Constantin-Brancusi Ⓜ *Gaîté – ✆ 01 43 22 09 01 – www.la-cagouille.fr*

Rest – Formule 26 € – Menu 42 € bc – Carte 40/70 €

Accord parfait entre le cadre d'inspiration marine et de beaux produits de la mer. Des crevettes grises par exemple, sautées minute, du cabillaud à la crème d'ail ou un pot-au-feu de lieu à la coriandre... Belle collection de cognacs.

Les Fils de la Ferme

5 r. Mouton-Duvernet Ⓜ *Mouton Duvernet – ✆ 01 45 39 39 61 – www.filsdelaferme.com – Fermé 3 sem. en août, dim. et lundi*

Rest – Formule 21 € – Menu 30 €

Deux frères travaillent ici à quatre mains de bons produits de saison, dans un esprit bistrot contemporain. Médaillons de foies de volaille au chutney, filet mignon de cochon rôti, pannacotta au chocolat blanc : appétissant !

Le Cornichon Ⓝ

34 r. Gassendi Ⓜ *Denfert-Rochereau – ✆ 01 43 20 40 19 – www.lecornichon.fr – Fermé août, 1 sem. aux vacances de Noël, sam. et dim.*

Rest – Menu 32 € (déj.)/34 €

L'affaire de deux passionnés : le premier, ingénieur informatique depuis toujours épris de restauration, le second, jeune chef formé à bonne école. Ensemble ils ont créé ce bistrot bien d'aujourd'hui. Beaux produits, jolies recettes, riches saveurs, etc. : ce Cornichon est plein de croquant et de peps !

La Cerisaie

70 bd Edgard-Quinet Ⓜ Edgar Quinet – ✆ 01 43 20 98 98 – www.restaurantlacerisaie.com – Fermé 14 juil.-15 août, 25 déc.-1er janv., sam. et dim.

Rest *(réserver)* – Formule 25 € – Carte 34/42 €

Une belle ambassade du Sud-Ouest... en plein quartier breton ! Parmi les classiques de ce restaurant de poche : terrines de saison, magret d'oie aux poires rôties et aux épices, tarte fondante au chocolat... Accueil charmant.

Les Petits Plats

39 r. des Plantes Ⓜ Alésia – ✆ 01 45 42 50 52 – Fermé 4- 25 août et dim.

Rest *(nombre de couverts limité, réserver)* – Formule 17 € – Menu 36 € – Carte 35/56 €

Moulures, miroirs, comptoir en bois, grande ardoise présentant les mets du moment : un petit bistrot élégant, dans son jus 1910, pour une cuisine canaille et familiale.

L'Ordonnance

51 r. Hallé Ⓜ Mouton Duvernet – ✆ 01 43 27 55 85 – Fermé 1er-15 août, sam. sauf le soir en hiver et dim.

Rest – Formule 25 € – Menu 32 €

À quelques pas de la place Michel-Audiard, un bistrot nouvelle vague mené par un patron chaleureux. Carré d'agneau rôti au thym, œuf poché, foie gras poêlé, etc. : franc et précis.

La Cantine du Troquet

101 r. de l'Ouest Ⓜ Pernety – Fermé 2 sem. en août, dim. et lundi

Rest – Menu 32 € – Carte 28/38 €

Banquettes rouges, tables en bois et ardoise du jour : cette cantine respire la convivialité, et l'on se régale, par exemple, d'une terrine maison, d'oreilles de cochon grillées, de couteaux à la plancha, etc. Pas de téléphone, pas de réservation.

Severo

8 r. des Plantes Ⓜ Mouton Duvernet – ✆ 01 45 40 40 91 – www.lesevero.fr – Fermé vacances de printemps, août, vacances de Noël, de fév., sam. et dim.

Rest *(nombre de couverts limité, réserver)* – Formule 23 € – Carte 31/50 €

La qualité de la viande – rassise sur place – et de la charcuterie est l'atout majeur de ce chaleureux bistrot, tenu par un ancien boucher. Les carnivores apprécieront également la belle carte des vins, ses bourgognes et ses côtes-du-rhône.

L'Entêtée

4 r. Danville Ⓜ Denfert Rochereau – ✆ 01 40 47 56 81 – www.wix.com/lentetee/entetee – Fermé en août, 1 sem. à Noël, dim., lundi et fériés

Rest *(dîner seult) (nombre de couverts limité, réserver)* – Menu 34 € – Carte environ 44 €

L'Entêtée, ou le bistrot de Julie Ferrault, une jeune chef pleine de mordant qui concocte une cuisine très personnelle : crumble de saumon et lentilles, caille au vin blanc, risotto aux champignons et crème de ciboulette...

Le Jeu de Quilles

45 r. Boulard Ⓜ Mouton Duvernet – ✆ 01 53 90 76 22 – Fermé 3 sem. en août, 22 déc.-2 janv., sam. soir, dim. et lundi

Rest *(réserver)* – Menu 21 € (déj.) – Carte 31/65 € le soir

Avec son coin épicerie et son format de poche, ce bistrot "brut" joue la carte de la fraîcheur et de la convivialité. Sur la courte ardoise, on trouve par exemple carpaccio de veau à la roquette et parmesan, ris de veau aux morilles... Atypique !

Kigawa

186 rue du Château Ⓜ Mouton Duvernet – ✆ 01 43 35 31 61 – www.kigawa.fr – Fermé lundi midi et mardi

Rest *(nombre de couverts limité, réserver)* – Formule 29 € – Menu 32 € – Carte 40/80 €

Kigawa comme Michihiro Kigawa, le chef de cet établissement tout simple. Fort de son expérience dans un restaurant français à Osaka, le voilà à Paris pour vous régaler de pâté en croûte, pigeon rôti et autres beaux classiques de l'Hexagone.

PARIS

La Contre Allée

83 av. Denfert-Rochereau Ⓜ Denfert Rochereau – ✆ 01 43 54 99 86
– www.restaurant-contreallee.com – Fermé 2 sem. en août, 24-30 déc., sam. et dim.
Rest – Formule 31 € – Menu 37/60 € – Carte 46/64 €
Sur une discrète contre-allée de l'avenue Denfert-Rochereau, l'adresse a tout du restaurant parisien traditionnel... Et pourtant ! On y découvre une vraie cuisine de cuisinier, joliment travaillée et qui fait résonner l'époque en toute simplicité. Voilà une formule qui mérite d'être encouragée sans contre-indications.

H. Le Gac/MICHELIN

Porte de Versailles · Vaugirard · Beaugrenelle

15e arrondissement ✉ 75015

Novotel Tour Eiffel

61 quai de Grenelle Ⓜ Charles Michels – ✆ 01 40 58 20 00
– www.novotel-paris-convention.com
758 ch – †139/600 € ††139/600 € – 6 suites – ☕ 18 €
Rest *Benkay* – voir les restaurants ci-après
Rest *Novotel Café* ✆ 01 40 58 20 75 – Formule 19 € – Carte 36/60 €
Le front de Seine et ses tours des années 1970, parmi lesquelles ce Novotel de facture contemporaine disposant d'un centre de conférence high-tech. Le plus : les chambres donnent presque toutes sur le fleuve.

Le Marquis sans rest

15 r. Dupleix Ⓜ Dupleix – ✆ 01 43 06 31 50 – www.lemarquisparis.com
36 ch – †151/459 € ††151/459 € – ☕ 20 €
Joli titre de noblesse pour cet hôtel raffiné, mais sans accointances avec l'Ancien Régime... Et pour cause, son décor joue résolument la carte du confort tendance, à deux pas de la rue du Commerce et du Champ-de-Mars.

Mercure Suffren Tour Eiffel

rest,
20 r. Jean-Rey Ⓜ Bir-Hakeim – ✆ 01 45 78 50 00
– www.mercure.com
405 ch – †185/500 € ††185/500 € – ☕ 20 €
Rest – Formule 38 € bc – Carte 31/59 €
Un vaste Mercure rénové dans un esprit d'aujourd'hui, avec un restaurant, des salles de réunion, un fitness ouvert 24h/24... Atout typiquement parisien : les chambres des étages supérieurs offrent une jolie vue sur la tour Eiffel.

Océania sans rest

52 r. Oradour-sur-Glane Ⓜ Porte de Versailles – ✆ 01 56 09 09 09
– www.oceaniahotels.com
232 ch – †145/350 € ††145/350 € – 18 suites – ☕ 17 €
À deux pas du parc des expositions, un hôtel élégant et actuel, avec des chambres agréables (parquet, bois wengé...), un espace détente complet (jacuzzi, hammam, piscine...) et un jardin exotique où l'on sert le petit-déjeuner aux beaux jours.

Novotel Gare Montparnasse

17 r. Cotentin Ⓜ *Montparnasse Bienvenüe – ✆ 01 53 91 23 75 – www.novotel.com*

199 ch – 134/365 € 134/365 € – 2 suites – 17 €

Rest – Formule 19 € – Carte 25/55 €

Tout près de la gare Montparnasse (mais dans une rue calme), un Novotel contemporain. Les chambres, d'esprit zen, sont accueillantes et bien insonorisées ; on sert le petit-déjeuner sous forme de copieux buffet.

Vice Versa Ⓝ sans rest

213 r. de la Croix-Nivert Ⓜ *Porte de Versailles – ✆ 01 55 76 55 55 – www.viceversahotel.com*

37 ch – 149/315 € 149/315 € – 12 €

Avarice, gourmandise, orgueil, luxure, colère, paresse et envie : les chambres de cet hôtel décoré par Chantal Thomas illustrent les sept péchés capitaux ! Pour y accéder, traversez le hall aux airs de paradis. En revanche, si vous descendez au sous-sol pour profiter du hammam, vous voilà en enfer... Diablement inspiré !

Ares sans rest

7 r. Général Larminat Ⓜ *La Motte-Piquet-Grenelle – ✆ 01 47 34 74 04 – www.ares-paris-hotel.com*

40 ch – 197/490 € 197/490 € – 18 €

Un soupçon de baroque, une touche de cachet parisien, un bel esprit feutré... pour un hôtel chic et cossu, tout près de la tour Eiffel – certaines chambres donnent d'ailleurs sur la Grande Dame ! Au petit-déjeuner, on se régale des viennoiseries de la maison Kayser.

Platine Ⓝ sans rest

20 r. de l'Ingénieur-Robert-Keller Ⓜ *Charles Michels – ✆ 01 45 71 15 15 – www.platinehotel.fr*

46 ch – 149/459 € 149/459 € – 12 €

Blonde... Platine comme Marilyn Monroe à laquelle cet hôtel rend hommage. Les chambres sont confortables et bien tenues ; préférez celles avec un lit rond... Glamour à souhait ! Agréable espace détente au sous-sol. Une bonne adresse pour cultiver la "poupoupidou" attitude.

First sans rest

2 bd Garibaldi Ⓜ *Cambronne – ✆ 01 43 06 93 26 – www.firsthotelparis.com*

42 ch – 109/249 € 119/329 € – 15 €

Face au métro aérien, un décor "black and white" tout en contraste pour cet hôtel refait à neuf dans un esprit résolument design. Les chambres ont du style, c'est indéniable, et certaines (dès le 3e étage) ont vue sur la tour Eiffel...

Bailli de Suffren sans rest

149 av. Suffren Ⓜ *Ségur – ✆ 01 56 58 64 64 – http://fr.lebailliparis.com*

25 ch – 95/239 € 105/250 € – 13 €

Idéalement situé entre la tour Eiffel, les Invalides et le quartier Montparnasse, le Bailli de Suffren a été entièrement rénové dans un style épuré, tout en conservant son charme parisien... Les chambres sont confortables, lumineuses et très bien insonorisées.

Holiday Inn Montparnasse sans rest

10 r. Gager-Gabillot Ⓜ *Vaugirard – ✆ 01 44 19 29 29 – www.holidayinn.fr/paris-mountain*

60 ch – 209/309 € 209/309 € – 18 €

Dans une rue tranquille, une bâtisse moderne disposant de chambres fonctionnelles et agréables (douche à l'italienne, esprit épuré), quelques-unes avec balcon. Le must : la junior suite et sa superbe terrasse donnant sur la tour Eiffel.

Eiffel Cambronne sans rest

46 r. Croix-Nivert Ⓜ *Av. Emile Zola – ✆ 01 56 58 56 78 – www.eiffel-cambronne.fr*

30 ch – 109/209 € 109/209 € – 1 suite – 13 €

Un hôtel sympathique avec des chambres classiques et bien tenues (plus calmes sur l'arrière), et un salon douillet qui invite à la lecture de son journal... Le plus : le copieux petit-déjeuner servi sous une jolie verrière.

Le Relais St-Charles sans rest

72 bd de Grenelle Dupleix – 01 40 58 00 57 – www.relais-saint-charles.com

38 ch – 115/200 € 130/250 € – 13 €

Non loin de la tour Eiffel et du Champ-de-Mars, un hôtel fonctionnel, confortable et doté d'une bonne isolation phonique. Autres atouts : le métro est à proximité immédiate et les prix sont des plus raisonnables pour le quartier.

Mercure Paris XV sans rest

6 r. St-Lambert Boucicaut – 01 45 58 61 00 – www.mercure.com

54 ch – 99/305 € 199/405 € – 2 suites – 15 €

Tout près de la porte de Versailles, mais au calme, un Mercure récent et accueillant, avec des chambres confortables. On prend son petit-déjeuner dans une véranda qui donne sur un jardinet fleuri... Plutôt agréable avant une réunion !

Aberotel sans rest

24 r. Blomet Volontaires – 01 40 61 70 50 – www.aberotel.com

28 ch – 70/152 € 75/165 € – 10 €

Un petit d'hôtel d'esprit familial, tenu par un couple sympathique. Déco zen, objets balinais et ethniques, chambres impeccables, cour intérieure verdoyante où l'on prend son petit-déjeuner aux beaux jours... Une étape attachante.

Ibis Styles Lecourbe sans rest

192 r. de la Croix-Nivert Boucicaut – 01 45 58 16 08

49 ch – 95/195 € 105/205 €

Un hôtel traditionnel relooké dans un esprit tendance... Touche d'originalité : dans chaque chambre, un plafond en tissu tendu sur le thème de la forêt, de la voie lactée, etc. Petit-déjeuner et wifi inclus, selon le concept de la chaîne.

Le Quinzième - Cyril Lignac

14 r. Cauchy Javel – 01 45 54 43 43 – www.restaurantlequinzieme.com – Fermé 2 sem. en août, sam. et dim.

Rest – Menu 49 € (déj.), 130/175 € bc – Carte 100/120 €

Un décor chic et contemporain, trendy en diable, et – surtout – une cuisine d'aujourd'hui qui flatte l'œil et le palais. Le médiatique Cyril Lignac se donne les moyens du meilleur : harmonieuses et bien pensées, ses assiettes pourraient passer à la télé !

➜ Grosses langoustines rôties, fine raviole au piment, crème de langoustine au citron vert. Sole cuite doucement en viennoise d'herbes, crevettes grises, sauce au vin jaune. Madagascar.

Benkay – Novotel Tour Eiffel

61 quai de Grenelle Bir-Hakeim – 01 40 58 21 26 – www.restaurant-benkay.com – Fermé août

Rest – Menu 39 € (déj.), 86/169 € – Carte 60/120 €

Sur le front de Seine, ce restaurant appartient à la Japan Airlines et vous invite à un voyage express pour... le pays du Soleil-Levant ! Comptoir à sushis, cuisine teppanyaki (exécutée devant vous sur plaque chauffante) ou washoku (service à table) : une belle expérience.

Le Quinze - Lionel Flury

8 r. Nicolas-Charlet Pasteur – 01 42 19 08 59 – www.lequinzelionelflury.fr – Fermé 1 sem. en mars, 5-26 août, 24 déc.-2 janv., lundi soir et dim.

Rest – Menu 42 € (déj. en sem.), 55/80 € – Carte 58/72 €

Araignée de mer aux algues nori et son tartare de concombre aux tomates confites ; carré d'Agneau de Lozère aux champignons et au caviar d'aubergine ; orange en millefeuille... Des mets appétissants pour un Quinze raffiné et élégant.

La Gauloise

59 av. La Motte-Picquet La Motte Picquet Grenelle – 01 47 34 11 64

Rest – Formule 24 € – Menu 29 € – Carte 35/75 €

Une brasserie Belle Époque au doux parfum de vie parisienne d'autrefois. Au menu, œuf mollet et légumes de pot-au-feu, crépinette de cochon, turbot béarnaise, soupe à l'oignon, etc. Un lieu qu'on apprécie aussi pour sa jolie terrasse.

PARIS

XX L'Atelier du Parc

35 bd Lefèbvre Ⓜ Porte de Versailles – ✆ 01 42 50 68 85 – www.atelierduparc.fr – Fermé 2 sem. en août, lundi midi et dim.

Rest – Formule 20 € – Menu 25 € (déj.), 35/78 €

Cet Atelier impose son style contemporain chic et sa belle cuisine inventive dans un quartier inattendu, face au parc des expositions. Suprême de volaille thym-citron, tartare de dorade au jus de gingembre et mélisse, etc. : tout est fait maison !

XX L'Inattendu

99 r. Blomet Ⓜ Vaugirard – ✆ 01 55 76 93 12 – www.restaurant-inattendu.fr – Fermé 3 sem. en août, 2-10 janv., dim. et lundi

Rest – Formule 20 € – Menu 25 € (déj. en sem.), 34/43 € – Carte 36/50 €

Dans ce restaurant à la fois feutré et élégant œuvrent deux associés expérimentés et férus de qualité. Au menu : des propositions canailles, bien ficelées et parfois... inattendues.

XX Chen Soleil d'Est

15 r. du Théâtre Ⓜ Dupleix – ✆ 01 45 79 34 34 – Fermé août et dim.

Rest – Menu 40 € (déj.)/75 € – Carte 65/95 €

Une valeur sûre de la gastronomie chinoise dans le quartier Beaugrenelle. Parmi les plats qui ont fait la réputation de la maison : le demi-canard pékinois en trois services. Fin et bon !

XX Le Caroubier

82 bd Lefèbvre Ⓜ Porte de Vanves – ✆ 01 40 43 16 12 – www.restaurant-lecaroubier.com – Fermé 10-25 août

Rest – Menu 18 € (déj. en sem.), 28/55 € bc – Carte 31/45 €

Couscous délicats, tajines aux saveurs subtiles et franches, pastillas gorgées du soleil de l'Atlas... Une véritable oasis de douceur, tout près de la porte de Versailles !

XX Fontanarosa

28 bd Garibaldi Ⓜ Cambronne – ✆ 01 45 66 97 84 – www.restaurant-fontanarosa.fr

Rest – Menu 19 € (déj. en sem.)/30 € – Carte 34/78 €

Oubliés le métro aérien et l'agitation urbaine, cap sur l'Italie ! Ici, le soleil s'invite dans l'assiette : honneur aux plats transalpins et aux spécialités sardes... Aux beaux jours, on profite aussi de ses doux rayons sur la terrasse.

XX Le Court-Bouillon

51 r. du Théâtre Ⓜ Av. Émile Zola – ✆ 01 45 77 08 18 – www.lecourtbouillon.com – Fermé 2-22 août, vacances de Noël, dim. et lundi

Rest – Formule 39 € – Menu 45/54 € – Carte 51/60 €

Foie gras de canard maison au sel de Guérande, feuilleté aux asperges, onglet de bœuf aux échalotes, tiramisu aux framboises... Dans ce petit restaurant élégant, on se régale de bons plats réalisés avec des produits extrafrais.

XX La Dînée

85 r. Leblanc Ⓜ Balard – ✆ 01 45 54 20 49 – www.restaurant-ladinee.com – Fermé août, sam. et dim.

Rest – Formule 41 € – Menu 49 €

La Dînée, dans le Littré, c'est une auberge où l'on s'arrête pour le repas... Cette Dînée-là ne fait pas mentir le dictionnaire et l'on y savoure une sympathique cuisine de tradition. Côté bistrot, on sert des plats à la plancha.

XX Erawan

76 r. Fédération Ⓜ La Motte Picquet Grenelle – ✆ 01 47 83 55 67 – Fermé 3 sem. en août, lundi midi et dim.

Rest – Formule 14 € bc – Carte 20/45 €

Une cuisine thaïlandaise authentique, généreuse et très parfumée ; un accueil des plus charmants : on se sent bien chez Erawan, dont le décor évoque l'esprit mystique et épuré de l'Asie du Sud-Est.

L'Épopée

89 av. Émile-Zola Ⓜ Charles Michels – ✆ 01 45 77 71 37 – www.lepopee.fr – Fermé 9-17 août, 24 déc.-2 janv., sam. midi et dim. soir

Rest – Formule 20 € – Menu 25 € (déj. en sem.), 38/54 €

Fricassée d'escargots de Bourgogne au bleu, terrine de campagne aux morilles, tagliatelles fraîches à l'encre de seiche et bons vins de propriétaire : une Épopée traditionnelle qui fait le bonheur des nombreux habitués.

Gwon's Dining

51 r. Cambronne Ⓜ Cambronne – ✆ 01 47 34 53 17

Rest *(dîner seult)* – Carte 40/50 €

Le propriétaire est philosophe, sa femme sociologue : en ouvrant cet établissement élégant, ils ont souhaité faire connaître les saveurs les plus fines de leur pays. Ici, la gastronomie coréenne enchante la diaspora... et les novices !

Stéphane Martin

67 r. des Entrepreneurs Ⓜ Charles Michels – ✆ 01 45 79 03 31 – www.stephanemartin.com – Fermé 5-13 mai, 4-26 août, 23 déc.-2 janv., dim. et lundi

Rest – Formule 17 € – Menu 22 € (déj. en sem.)/35 € – Carte 41/63 €

Une adresse bien connue des gourmets de la rive gauche. Cadre cosy et de bon goût, appétissantes recettes canailles revisitées : c'est un vrai plaisir d'y déguster un foie de veau meunière ou un jarret de porc braisé au miel d'épices !

Le Cristal de Sel

13 r. Mademoiselle Ⓜ Commerce – ✆ 01 42 50 35 29 – www.lecristaldesel.fr – Fermé 30 avril-4 mai, 6-24 août, 24-28 déc., dim. et lundi

Rest – Formule 18 € – Carte 37/74 €

Un restaurant convivial tenu par une équipe jeune, sympathique et pleine d'allant. Selon la saison, on vous proposera une sole meunière au beurre d'algue, une côte de veau rôtie et ses asperges blanches, une crème brûlée à la pistache...

Yanasé

75 r. Vasco-de-Gama Ⓜ Lourmel – ✆ 01 42 50 07 20 – www.yanase.fr – Fermé 3 sem. en août, dim. et lundi

Rest – Formule 18 € – Menu 45/60 € – Carte 37/75 €

Yanasé ? C'est un cèdre du sud de l'archipel nippon. Dans ce restaurant épuré et serein, on concocte sous vos yeux des grillades au "robata" (un barbecue au charbon de bois) et l'on propose aussi les traditionnels sushis et makis.

Afaria

15 r. Desnouettes Ⓜ Convention – ✆ 01 48 42 95 90 – www.afaria.fr – Fermé 6-29 août, vacances de fév., dim. et lundi

Rest – Menu 26 € (déj. en sem.)/45 € – Carte 36/54 €

Un chaleureux bistrot qui honore le terroir basque : chez Afaria, on s'installe au comptoir autour de belles tapas, avant de se régaler de plats gourmands et créatifs, qui n'hésitent pas à faire des détours par les saveurs du monde. Réservez !

Beurre Noisette

68 r. Vasco-de-Gama Ⓜ Lourmel – ✆ 01 48 56 82 49 – www.lebeurrenoisette.com – Fermé 1er-24 août, dim. et lundi

Rest – Formule 22 € – Menu 30 € (déj.), 35/50 €

Ce restaurant chaleureux a été rénové avec goût et propose désormais une jolie table d'hôte. Toujours inspiré, le chef imagine l'ardoise du jour au gré du marché et de son inspiration. Belle sélection de vins.

Le Concert de Cuisine

14 r. Nélaton Ⓜ Bir-Hakeim – ✆ 01 40 58 10 15 – Fermé 7-28 août, lundi midi, sam. midi et dim.

Rest *(nombre de couverts limité, réserver)* – Formule 25 € – Menu 31 € (déj.), 42/59 €

La salle de concert ? Très simple, sans chichi ni folklore japonisant. Et le chef d'orchestre ? Sous vos yeux, il réalise une belle cuisine fusion, créant des recettes très personnelles basées sur la technique du teppanyaki. Jolie mélodie !

Le Grand Pan

20 r. Rosenwald Ⓜ Plaisance – ✆ 01 42 50 02 50 – www.legrandpan.fr – Fermé 1 sem. en mai, 10-30 août, vacances de Noël, sam. et dim.

Rest – Formule 21 € – Menu 29 € (déj.) – Carte 30/50 €

Un bistrot de quartier qu'aurait pu fréquenter Georges Brassens, qui habita tout près. À l'ardoise, de belles viandes accompagnées de mesclun ou de frites maison, du homard, des Saint-Jacques... des produits d'une indéniable qualité.

Le Troquet

21 r. François-Bonvin Ⓜ Cambronne – ✆ 01 45 66 89 00 – Fermé 1 sem. en mai, 3 sem. en août, 1 sem. en déc., dim. et lundi

Rest – Formule 25 € – Menu 30 € (déj. en sem.), 32/41 € – Carte 30/40 €

Le "troquet" dans toute sa splendeur : décor bistrotier usé par les ans, banquettes en moleskine, ardoises, miroirs, petites tables invitant à la convivialité, etc. On vient ici autant pour l'atmosphère que pour la cuisine. Une cuisine délicieuse, concoctée avec des produits ultrafrais… et l'accent du Sud-Ouest !

La Villa Corse

164 bd Grenelle Ⓜ La Motte Picquet Grenelle – ✆ 01 53 86 70 81 – www.lavillacorse.com – Fermé dim.

Rest – Formule 30 € – Menu 50 € – Carte 50/63 €

Produits insulaires, bonnes charcuteries, plats mijotés dès les premiers frimas... La cuisine de l'île de Beauté s'invite à la table de cette jolie Villa feutrée, nichée à deux pas de l'École militaire.

Le Mûrier

42 r. Olivier-de-Serres Ⓜ Convention – ✆ 01 45 32 81 88 – Fermé 3 sem. en août, 24 déc.-2 janv., sam. et dim.

Rest – Formule 20 € – Menu 23 € (déj.)/26 €

Le Mûrier séduit avec ses petits airs de chaleureux troquet de quartier, tout simplement convivial... On y sert une cuisine d'esprit traditionnel, goûteuse et soignée, et l'accueil est charmant.

La Cantine du Troquet Dupleix Ⓝ

53 bd de Grenelle Ⓜ Dupleix – ✆ 01 45 75 98 00

Rest – Carte 30/45 €

Dernière création de Christian Etchebest, cette Cantine du Troquet surfe sur une recette éprouvée : pourquoi s'en plaindre ? Comme dans le 14e, la carte joue sur un registre mi-brasserie mi-bistrot qui mise tout sur des recettes bien tournées... où transparaissent les origines basques du patron. En toute convivialité.

L'Épicuriste

41 bd Pasteur Ⓜ Pasteur – ✆ 01 47 34 15 50 – Fermé 3 sem. en août, dim. et lundi

Rest – Formule 25 € – Menu 29 € (déj.)/37 €

Après l'Épigramme, Aymeric Kräml et Stéphane Marcuzzi ont imaginé ce bistrot faussement nostalgique. Couteaux en persillade, cochon basque rôti et crémeux au mascarpone flattent résolument les sens. Une bonne adresse près de Montparnasse.

Bernard du 15

62 r. des Entrepreneurs Ⓜ Charles Michels – ✆ 01 40 59 09 27 – Fermé août et dim. soir

Rest – Menu 19/34 € – Carte 39/56 €

Bernard du 15, c'est Bernard Sellin, un chef qui mêle les influences de sa Bretagne natale et de ses nombreux voyages dans les Caraïbes pour concocter de bons petits plats mettant le poisson à l'honneur. Prix doux, pour ne rien gâcher !

Le Dirigeable

37 r. d'Alleray Ⓜ Vaugirard – ✆ 01 45 32 01 54 – Fermé dim., lundi et fériés

Rest – Formule 19 € – Menu 22 € (déj.) – Carte 30/40 €

Le restaurant de quartier par excellence : dans une atmosphère simple, rétro et décontractée, on savoure une jolie cuisine bistrotière, avec de grands classiques tels que la terrine de foies de volaille, le navarin d'agneau...

PARIS

Jadis

208 r. de la Croix-Nivert Ⓜ *Convention – ✆ 01 45 57 73 20 – www.bistrot-jadis.com – Fermé 3 sem. en août, sam. et dim.*

Rest – Formule 26 € – Menu 29 € (déj.), 36/65 € – Carte 45/65 €

"Jadis" et pourtant tellement d'aujourd'hui ! Ce bistrot est à l'image de son jeune chef, sympathique et plein d'entrain. Pavé de sandre rôti au bouillon d'oseille, porc basque à la laitue braisée : le menu-carte change au fil des saisons.

Schmidt - L'Os à Moelle

3 r. Vasco-de-Gama Ⓜ *Lourmel – ✆ 01 45 57 27 27 – Fermé 2 sem. en août, dim. et lundi*

Rest – Formule 25 € – Menu 29 € (déj.), 38/43 € – Carte 45/57 €

Pâté en croûte de mon enfance, bar aux cèpes et pommes grenaille, coings rôtis au miel et aux épices... Un jeune chef alsacien a repris en 2011 cette table bien connue. Sa cuisine du marché, fraîche et savoureuse, honore la mémoire des lieux.

Le Casse Noix

56 r. de la Fédération Ⓜ *Bir Hakeim – ✆ 01 45 66 09 01 – www.le-cassenoix.fr – Fermé 3-26 août, sam. et dim.*

Rest – Formule 20 € – Menu 32/50 €

Un beau bistrot rétro avec ses vieilles affiches, ses meubles vintage... Côté cuisine, l'authenticité prime : délicieux plats canailles variant au gré des saisons ; bons petits vins... Ce Casse Noix casse des briques !

Le Bélisaire

2 r. Marmontel Ⓜ *Vaugirard – ✆ 01 48 28 62 24 – Fermé 28 juil.-18 août, 24 déc.-1er janv., sam. midi et dim.*

Rest – Formule 21 € – Menu 24 € (déj.), 33/42 €

Ce qui rend ce restaurant si sympathique ? Son atmosphère de bistrot à l'ancienne sans doute. Le chef n'hésite pas à revisiter la tradition : saumon farci au chèvre, joue de bœuf braisée au vin rouge, sabayon aux pêches, etc. Frais et généreux.

Axuria

51 av. Félix Faure Ⓜ *Boucicaut – ✆ 01 45 54 13 91 – www.axuria-restaurant.fr*

Rest – Formule 22 € – Menu 35 € – Carte 38/53 €

Axuria, c'est "agneau" en basque... Et le Pays basque, c'est justement la région du chef ! Dans son restaurant contemporain, il vous proposera peut-être un filet de rouget barbet et son wok de légumes croquants, un soufflé au Grand Marnier... Autrement dit : des plats de tradition joliment revisités.

Du Marché

59 r. Dantzig Ⓜ *Porte de Versailles – ✆ 01 48 28 31 55 – www.restaurantdumarche.fr – Fermé août, dim. et lundi*

Rest – Formule 18 € – Menu 26/33 € – Carte 34/45 €

Près du parc Georges-Brassens, ce bistrot ressuscite l'atmosphère rétro des années 1950... On y savoure une cuisine évidemment bistrotière, goûteuse et généreuse : parmentier de canard, poêlée de girolles, pain perdu, etc.

Maison Kaiseki

7 r. André-Lefebvre Ⓜ *Javel André Citroën – ✆ 01 45 54 48 60 – www.kaiseki.com – Fermé 14-30 avril, 4-20 août, dim. et lundi*

Rest *(nombre de couverts limité, réserver)* – Formule 25 € – Menu 47 € (dîner en sem.), 70/170 €

La Maison Kaiseki ? Une expérience insolite pour initiés. Ce resto-labo minimaliste se révèle très atypique, tant la cuisine japonaise du chef étonne. Et ce dernier n'a qu'un désir : faire découvrir les beaux produits du Soleil-Levant...

L'Ardoise du XV Ⓝ

70 r. Sébastien-Mercier Ⓜ *Charles Michels – ✆ 01 45 78 91 38 – www.lardoiseduxv.fr – fermé août, dim. soir et lundi*

Rest – Formule 18 € – Menu 23 € (déj.) – Carte 31/50 €

Pâté en croûte de veau au foie gras, joue de lotte et sa ratatouille, canette aux abricots et au romarin, baba au rhum... Des intitulés bien représentatifs de cette Ardoise nichée à l'ouest du 15e arrondissement, et qui se révèlent dans les assiettes frais et savoureux ! Décor bistrotier tout en sobriété.

Bistro 121

121 r. de la Convention Ⓜ *Boucicaut – ✆ 01 45 57 52 90 – www.bistro121.fr – Fermé dim. soir et lundi*

Rest – Formule 28 € – Menu 34 €

Œuf cocotte aux champignons et au foie gras, tartare de dorade au citron vert, gratin de pomme de terre aux vieux comté... Une cuisine parfumée et savoureuse à prix doux, dans un néobistrot animé et charmant.

Banyan

24 pl. Étienne Pernet Ⓜ *Félix Faure – ✆ 01 40 60 09 31*

Rest – Formule 20 € – Menu 25 € (déj. en sem.), 35/55 € – Carte 36/56 €

Nems aux cinq légumes, beignets de poisson aux trois épices... Des intitulés qui mettent l'eau à la bouche, et pour cause : dans ce petit restaurant thaïlandais, le dépaysement des papilles est garanti ! Brunch dominical bien sympathique.

PARIS

G. Targat/MICHELIN

Trocadéro · Étoile · Passy · Bois de Boulogne

16e arrondissement ✉ 75016

Shangri-La

10 av. d'Iéna ✉ 75116 Ⓜ *Iéna – ✆ 01 53 67 19 98 – www.shangri-la.com*

54 ch – †550/1600 € ††550/1600 € – 27 suites – ☕ 48 €

Rest *L'Abeille* ✿✿

Rest *Shang Palace* ✿ – voir les restaurants ci-après

Rest *La Bauhinia* – Menu 48 € (déj. en sem.) – Carte 74/102 €

L'Empire mâtiné d'Asie... La signature de ce palace créé dans l'ancien hôtel du prince Roland Bonaparte (1896). Architectures classiques, salons grandioses, luxe opulent, tables pour toutes les envies, etc. Sentiment d'exclusivité !

Raphael

17 av. Kléber ✉ 75116 Ⓜ *Kléber – ✆ 01 53 64 32 00 – www.raphael-hotel.com*

83 ch – †380/650 € ††650/950 € – 37 suites – ☕ 40 €

Rest *Raphael le Restaurant* *(fermé août, sam. et dim.)* – Carte 75/135 €

Une magnifique galerie d'entrée tout en boiseries, des chambres très raffinées (certaines avec vue sur Paris), un restaurant gastronomique de belle tenue et un bar anglais à l'élégance indéniable : tels sont les trésors du Raphael... Né en 1925 à deux pas de l'Arc de Triomphe, l'un des mythes de la grande hôtellerie parisienne.

St-James Paris

43 av. Bugeaud ✉ 75116 Ⓜ *Porte Dauphine – ✆ 01 44 05 81 81 – www.saint-james-paris.com*

30 suites – ††630/1550 € – 18 ch – ☕ 35 €

Rest *(fermé dim. soir et fériés) (dîner seult)* – Menu 95 € – Carte 60/100 €

En 2011, ce bel hôtel particulier de la fin du 19e s. s'est offert un nouveau look signé Bambi Sloan. De superbes matières, des imprimés chatoyants : le style Napoléon III flirte avec une originalité toute british. La délicieuse bibliothèque, l'escalier majestueux, les volumes harmonieux : l'empreinte d'un lieu unique.

Renaissance Parc-Trocadéro

55 av. R. Poincaré ✉ 75116 Ⓜ Victor Hugo – ✆ 01 44 05 66 66 – www.renaissanceleparctrocadero.com

122 ch – †299/899 € ††299/899 € – 4 suites – ☐ 29 €

Rest *Le Relais du Parc* ✆ *01 44 05 66 10 (fermé 3 sem. en août, sam. midi et dim.)* – Formule 29 € – Menu 35 € (déj. en sem.) – Carte 42/74 €

L'année 2011 fut celle de la "renaissance" pour cet établissement, qui bénéficia alors d'une véritable cure de jouvence. L'idée du jardin à la française a servi d'inspiration pour la décoration contemporaine des chambres. Un ensemble en harmonie avec l'architecture parisienne.

Baltimore

88 bis av. Kléber ✉ 75116 Ⓜ Boissière – ✆ 01 44 34 54 54 – www.hotel-baltimore-paris.com

102 ch – †250/580 € ††250/580 € – 1 suite – ☐ 26 €

Rest *La Table du Baltimore* – voir les restaurants ci-après

Mobilier épuré, tissus tendance : le décor contemporain des chambres contraste avec l'architecture haussmannienne du 19e s. L'ensemble est chaleureux – mention spéciale pour le bar – et apprécié des hommes d'affaires.

Villa & Hôtel Majestic

rest,

30 r. Lapérouse ✉ 75016 Ⓜ Kléber – ✆ 01 45 00 83 70 – www.majestic-hotel.com

29 ch – †320/800 € ††320/800 € – 23 suites – ☐ 35 €

Rest – Formule 31 € – Menu 42 € – Carte 45/51 €

Luxueuse sans ostentation, très confortable et stylée, cette Villa du 19e s. porte bien son nom. Du cachet, des chambres spacieuses, un spa offrant les meilleures prestations : le bien-être à deux pas des Champs-Élysées !

Square

3 r. Boulainvilliers ✉ 75016 Ⓜ Mirabeau – ✆ 01 44 14 91 90 – www.hotelsquare.com

18 ch – †300/700 € ††300/700 € – 4 suites – ☐ 35 €

Rest *Zébra Square* – voir les restaurants ci-après

Un hôtel contemporain, juste en face de la Maison de la Radio. Les chambres sont à la fois spacieuses, feutrées et bien insonorisées. L'équipement high-tech et la collection d'art contemporain soulignent son style, très "boutique-hôtel".

Keppler sans rest

10 r. Keppler ✉ 75116 Ⓜ George V – ✆ 01 47 20 65 05 – www.keppler.fr

34 ch – †250/370 € ††300/500 € – 5 suites – ☐ 22 €

Le décor, tout en luxe et raffinement, est signé Pierre-Yves Rochon. Que ce soit dans les salons, la bibliothèque ou les chambres, la magie opère... Hammam, sauna et fitness complètent cet ensemble des plus élégants.

Dokhan's Radisson Blu sans rest

117 r. Lauriston ✉ 75116 Ⓜ Trocadéro – ✆ 01 53 65 66 99 – www.radissonblu.com/dokhanhotel-paristrocadero

41 ch – †250/650 € ††250/650 € – 4 suites – ☐ 19 €

Dans ce bel hôtel particulier de style haussmannien, le décor néoclassique est bien loin du fonctionnalisme contemporain. Le salon aux boiseries céladon (18e s.), le bar à champagne et les chambres richement parées ont, au contraire, un charme fou.

Sezz sans rest

6 av. Frémiet ✉ 75016 Ⓜ Passy – ✆ 01 56 75 26 26 – www.hotelsezz-paris.com

19 ch – †282/570 € ††282/570 € – 7 suites – ☐ 30 €

Cet immeuble à la belle façade ouvragée (1913) a adopté un style ultradesign (pierre grise, mobilier original, équipements high-tech et sauna). À noter : chaque client se voit attribuer un assistant particulier pour la durée de son séjour.

La Villa Maillot sans rest
143 av. Malakoff, (réouverture prévue en mai après rénovation) ✉ 75116
Ⓜ Porte Maillot – ✆ 01 53 64 52 52 – www.lavillamaillot.fr
40 ch – 225/460 € 225/460 € – 2 suites – 27 €
À proximité de la porte Maillot. Chambres aux couleurs douces bénéficiant d'une bonne isolation phonique. Petits-déjeuners servis sous une verrière. Sauna et hammam.

Pergolèse sans rest
3 r. Pergolèse ✉ 75116 Ⓜ Argentine – ✆ 01 53 64 04 04 – www.pergolese.com
40 ch – 149/348 € 149/540 € – 18 €
Derrière une sage façade de ce quartier chic, se cache un intérieur design et apaisant (murs blancs, mobilier en bois clair). Écrans plats, branchements pour iPods : rien ne manque. Les chambres sont calmes et très bien tenues. Bar cosy.

Élysées Régencia sans rest
41 av. Marceau ✉ 75116 Ⓜ George V – ✆ 01 47 20 42 65 – www.regencia.com
43 ch – 195/515 € 215/555 € – 19 €
Un hôtel aux chambres spacieuses, déclinant des teintes toniques et acidulées (bleu, fuschia ou anis), dont deux juniors suites provençales plutôt dépaysantes. Après un shopping avenue Montaigne, décontraction assurée dans le salon d'un rouge profond.

PARIS

Le Metropolitan Radisson Blu rest,
10 pl. de Mexico ✉ 75116 Ⓜ Trocadéro
– ✆ 01 56 90 40 04 – www.radissonblu.com/hotel-pariseiffel
38 ch – 260/650 € 260/650 € – 10 suites – 28 €
Rest *(fermé 3 sem. en août, dim. et lundi)* – Menu 28 € (déj.) – Carte 40/60 €
Cet hôtel ouvert en 2009 propose des chambres au décor contemporain épuré : murs blancs, parquet brut, mobilier en teck. Certaines offrent une petite vue sur la tour Eiffel, tout comme le bar où l'on vous propose pas moins de 200 cocktails à la carte ! Service prévenant.

Garden Élysée sans rest
12 r. St-Didier ✉ 75116 Ⓜ Boissière – ✆ 01 47 55 01 11
– www.paris-hotel-gardenelysee.com
46 ch – 190/450 € 200/540 € – 22 €
Le principal atout de cet hôtel ? Le calme ! Bien qu'à deux pas du Trocadéro, il est situé dans une cour verdoyante, délicieuse en été. Avec sa véranda et ses chambres sobrement contemporaines, l'endroit se révèle très chaleureux.

Mon Hôtel sans rest
1 r. d'Argentine ✉ 75016 Ⓜ Argentine – ✆ 01 45 02 76 76 – www.monhotel.fr
36 ch – 180/690 € 200/690 € – 22 €
Un hôtel rien que pour soi ? Un rêve... Pourtant cette adresse dégage un je-ne-sais-quoi de confidentiel bien appréciable dans pareil quartier ! Chambres très design et confortables ; room service de midi à minuit et petit espace bien-être.

Plaza Tour Eiffel sans rest
32 r. Greuze ✉ 75016 – ✆ 01 47 27 10 00 – www.plazatoureiffel.com
41 ch – 200/390 € 200/390 € – 22 €
Le Trocadéro, la tour Eiffel... Toutes ces merveilles sont juste à côté de cet hôtel contemporain. Élégant et confortable, il propose trois catégories de chambres, claires et épurées. Insonorisation de qualité et fitness bien équipé.

Bassano sans rest
15 r. Bassano ✉ 75116 Ⓜ George V – ✆ 01 47 23 78 23
– www.hotel-bassano.com – Fermé août
33 ch – 195/395 € 215/415 € – 1 suite – 19 €
Entièrement rénové en 2008, cet hôtel situé en retrait des avenues passantes arbore un décor ancré dans le 21e s. : chambres élégantes et fonctionnelles, aux tons bleu et gris. Un bon point de chute entre le Trocadéro et les Champs-Élysées.

Duret sans rest

30 r. Duret ✉ 75116 Ⓜ Argentine – ✆ 01 45 00 42 60 – www.hotelduret.com

25 ch – †150/310 € ††150/310 € – 2 suites – ☕ 18 €

Atmosphère lounge dans le hall, bar cosy, chambres contemporaines spacieuses et colorées (beige, prune, anis...) : cet hôtel proche de la porte Maillot a du caractère. Chaleureux.

Passy Eiffel sans rest

10 r. de Passy Ⓜ Passy – ✆ 01 45 25 55 66 – www.passyeiffel.com

49 ch – †98/245 € ††98/245 € – ☕ 14 €

La rue est animée, commerçante. Un emplacement sympathique pour cet hôtel familial aux chambres fonctionnelles. Décorées dans des styles neutre, chatoyant ou plus design, elles sont toutes bien tenues ; certaines avec vue sur la tour Eiffel.

Trocadéro La Tour sans rest

5 bis r. Massenet ✉ 75016 Ⓜ Passy – ✆ 01 45 24 43 03 – www.trocaderolatour.com

41 ch – †169/325 € ††199/375 € – ☕ 19 €

Il règne dans cet hôtel une atmosphère qui n'est pas sans évoquer un club anglais : fauteuils en cuir, lambris d'acajou... Avec leur mobilier d'inspiration Louis XVI et leurs gravures anciennes, les chambres ont un certain cachet.

Étoile Résidence Impériale sans rest

155 av. de Malakoff ✉ 75116 Ⓜ Porte Maillot – ✆ 01 45 00 23 45 – www.residenceimperiale.com

37 ch – †110/200 € ††110/200 € – ☕ 15 €

À deux pas du palais des congrès, cet hôtel propose des chambres récemment rénovées dans un agréable style contemporain. Toutes sont bien insonorisées, pour un maximum de repos.

Résidence Foch sans rest

10 r. Marbeau ✉ 75116 Ⓜ Porte Maillot – ✆ 01 45 00 46 50 – www.residencefoch.com

25 ch – †160/325 € ††160/325 € – ☕ 14 €

Entre la porte Maillot et l'avenue Foch, ce petit hôtel familial bien entretenu cultive un sage classicisme. Un charme hors du temps, dans un environnement tranquille.

Nicolo sans rest

3 r. Nicolo ✉ 75116 Ⓜ Passy – ✆ 01 42 88 83 40 – www.hotel-nicolo.fr

28 ch ☕ – †139/154 € ††150/225 €

Nuits calmes assurées dans cet hôtel décoré avec goût. Dans les jolies chambres de caractère, les meubles chinés (indonésiens, africains...) et les bibelots asiatiques dépaysent en douceur. Accueil sympathique.

Hôtel du Bois sans rest

11 r. du Dôme ✉ 75116 Ⓜ Charles De Gaulle-Etoile – ✆ 01 45 00 31 96 – www.hoteldubois.com

39 ch – †138/230 € ††162/270 € – ☕ 15 €

À l'angle de l'avenue Victor-Hugo et d'une rue piétonne, cet hôtel entièrement rénové propose des chambres qui allient charme parisien et décor contemporain soigné.

Marceau Champs Élysées sans rest

37 av. Marceau ✉ 75016 Ⓜ George V – ✆ 01 47 20 43 37 – www.hotelmarceau.com

35 ch – †149/288 € ††159/308 € – ☕ 12 €

Sur une avenue passante, cet immeuble haussmannien a terminé sa cure de jouvence en 2011. Avec leur bois clair, leurs teintes apaisantes, les chambres offrent un vrai confort contemporain. On prend son petit-déjeuner face à l'avenue Marceau.

Victor Hugo sans rest
19 r. Copernic ✉ 75116 Ⓜ Victor Hugo – ✆ 01 45 53 76 01 – www.victorhugohotel.com
75 ch – †197/445 € ††197/445 € – ☕ 20 €
Dans un quartier calme, face aux réservoirs de Passy, cet hôtel abrite des chambres traditionnelles, certaines avec balcon (vue dégagée aux étages supérieurs). Un ensemble à la fois propre, fonctionnel et pratique, non loin de la place Victor-Hugo.

Chambellan Morgane sans rest
6 r. Keppler Ⓜ George V – ✆ 01 47 20 35 72 – www.hotel-paris-morgane.com
20 ch – †90/270 € ††110/290 € – ☕ 13 €
Petit hôtel situé dans une rue calme, à deux pas des Champs-Élysées. Les chambres, intimes et confortables, ont toutes été rénovées en 2010. Esprit trendy dans les parties communes !

Windsor Home sans rest
3 r. Vital ✉ 75016 Ⓜ La Muette – ✆ 01 45 04 49 49 – www.windsorhomeparis.fr
8 ch – †100/195 € ††115/250 € – ☕ 15 €
"Une maison pour ceux qui n'aiment pas l'hôtel", c'est ainsi que la décrivent certains clients. Meubles anciens, moulures, couleurs originales, petit nombre de chambres, notes baroques : beaucoup de charme.

Queen's sans rest
4 r. Bastien Lepage ✉ 75016 Ⓜ Michel Ange Auteuil – ✆ 01 42 88 89 85 – www.hotel-queens-hotel.com
17 ch – †119/129 € ††155/189 € – ☕ 10 €
Des tableaux d'artistes contemporains ornent le joli hall ainsi que la plupart des chambres. Certaines, plus spacieuses, ont été décorées dans un style chic et agréable. Cette adresse tombe à point dans le quartier d'Auteuil.

Le Hameau de Passy sans rest
48 r. de Passy ✉ 75016 Ⓜ La Muette – ✆ 01 42 88 47 55 – www.hameaudepassy.com
32 ch ☕ – †62/155 € ††65/199 €
Une impasse mène à ce discret hameau et à sa charmante cour intérieure envahie de verdure. Un calme fort appréciable, à savourer dans des chambres bien rénovées, aux couleurs pop et sucrées.

Gavarni sans rest
5 r. Gavarni ✉ 75116 Ⓜ Passy – ✆ 01 45 24 52 82 – www.gavarni.com
25 ch – †120/150 € ††180/310 € – ☕ 15 €
Compensation carbone, énergies renouvelables, etc. : cet hôtel a reçu l'Ecolabel européen. Au 4e étage, les chambres ont adopté un design immaculé. Produits bio au petit-déjeuner.

Au Palais de Chaillot sans rest
35 av. R. Poincaré ✉ 75116 Ⓜ Trocadéro – ✆ 01 53 70 09 09 – www.hotelpalaisdechaillot.com
31 ch – †129/179 € ††169/259 € – ☕ 14 €
Bien situé près du Trocadéro, cet hôtel familial a fait entièrement peau neuve en 2010. Gaies et colorées, les chambres sont fonctionnelles, bien agencées et jouissent d'une bonne isolation phonique. Accueil sympathique.

L'Abeille – Hôtel Shangri-La
10 av. d'Iéna ✉ 75116 Ⓜ Iéna – ✆ 01 53 67 19 90 – www.shangri-la.com – Fermé 30 juil.-28 août, 22-30 déc., dim. et lundi
Rest *(dîner seult)* – Menu 210 € – Carte 135/285 €
Le "restaurant français" du Shangri-La, baptisé ainsi en hommage à l'emblème napoléonien. Dans ce décor extrêmement cossu, le chef Philippe Labbé signe une cuisine classique des plus subtiles, teintée de créativité et mettant en valeur des produits d'exception.
➜ Cèpes de Corrèze au jus de sous bois, râpée de noisettes fraîches et de pomme, crémeux de jaune d'œuf. Homard bleu de casier en deux services. Mûres sauvages, feuilleté minute caramélisé.

PARIS

XXXX **Hiramatsu**
52 r. Longchamp ✉ 75116 Ⓜ Trocadéro – ✆ 01 56 81 08 80 – www.hiramatsu.co.jp – Fermé août, 24 déc.-2 janv., sam. et dim.
Rest *(nombre de couverts limité, réserver)* – Menu 48 € (déj.)/115 €
Sous son enseigne japonaise, Hiramatsu honore la cuisine française avec inventivité et talent. Dans un cadre très élégant, la haute gastronomie s'exprime à travers un menu unique ("carte blanche" le soir), qui change chaque mois au gré du marché.
➜ Cuisine du marché

XXX **Shang Palace** – Hôtel Shangri-La
10 av. d'Iéna ✉ 75116 Ⓜ Iéna – ✆ 01 53 67 19 92 – www.shangri-la.com – Fermé 15 juil.-21 août, mardi et merc.
Rest – Menu 58 € (déj. en sem.), 70/98 € – Carte 60/100 €
Situé au niveau inférieur du Shangri-La, ce Shang Palace recrée avec grâce le décor d'un luxueux restaurant chinois : colonnes de jade, paravents sculptés, lustres en cristal... La carte fait honneur à la gastronomie cantonaise, authentique et parfumée.
➜ Crêpe de riz rouge aux crevettes. Canard laqué à la pékinoise en deux services. Crème de mangue, pomélo et perles de sagou.

XXX **Prunier**
16 av. Victor-Hugo ✉ 75116 Ⓜ Charles de Gaulle-Etoile – ✆ 01 44 17 35 85 – www.prunier.com – Fermé août, sam. midi, dim. et fériés
Rest – Formule 45 € – Menu 65 € (déj.), 90/150 € – Carte 68/168 €
Institution créée en 1925 par l'architecte Boileau, au superbe décor Art déco classé (marbre noir, mosaïques, vitraux). Outre d'excellents produits de la mer, c'est l'occasion de découvrir le caviar maison du Sud-Ouest.

XXX **Relais d'Auteuil** (Patrick Pignol)
31 bd Murat ✉ 75016 Ⓜ Michel Ange Molitor – ✆ 01 46 51 09 54 – www.relaisdauteuil-pignol.com – Fermé août, vacances de Noël, sam. midi, dim. et lundi
Rest – Menu 100 € bc (déj.), 129/149 € – Carte 106/218 €
Le cadre intimiste met en valeur de nombreuses peintures et sculptures contemporaines. La belle cuisine au goût du jour s'inspire de produits de qualité (gibier en saison). Superbe livre de cave et beau choix de champagnes.
➜ Amandine de foie gras de canard du Gers et son lobe poêlé, petite salade d'herbes. Bar de ligne cuit au four, peau croustillante au poivre. Madeleines cuites minute au miel de bruyère, glace miel et noix.

XXX **La Table du Baltimore** – Hôtel Baltimore
1 r. Léo Delibes ✉ 75016 Ⓜ Boissière – ✆ 01 44 34 54 34 – www.hotel-baltimore-paris.com – Fermé août, sam., dim. et fériés
Rest – Formule 31 € – Menu 68 € (déj.), 78/95 € bc – Carte 74/89 €
L'hôtel Baltimore, c'est aussi cette Table chic qui associe boiseries anciennes, mobilier contemporain et dessins d'art. Un cadre élégant pour une cuisine qui cultive l'air du temps.

XXX **Astrance** (Pascal Barbot)
4 r. Beethoven ✉ 75016 Ⓜ Passy – ✆ 01 40 50 84 40 – Fermé 27 avril-13 mai, 27 juil.-26 août, 1 sem. en nov. et à Noël, sam., dim., lundi et fériés
Rest *(nombre de couverts limité, réserver)* – Menu 70 € (déj.), 120/210 €
La dira-t-on "à la Barbot", cette formule qu'il a consacrée et qui fait tant d'émules ? À chaque service, le chef-artiste réinvente la cuisine pour une représentation unique : sans carte ni menu, on se laisse surprendre par des créations qui subjuguent les sens, et les produits livrent leurs plus belles confidences.
➜ Foie gras mariné au verjus, millefeuille de champignons de Paris. Pigeon cuit au sautoir, condiment griotte et amande, jus de cuisson. Guimauve safran, glace gingembre.

PARIS

Tsé Yang

25 av. Pierre-1er-de-Serbie ✉ 75016 Ⓜ Iéna – ✆ 01 47 20 70 22 – www.tse-yang.fr

Rest – Menu 43/98 € – Carte 45/100 €

D'élégantes salles à manger (dominantes de noir, plafond doré) en forme d'écrin pour une cuisine traditionnelle chinoise de Pékin, de Shanghai et du Sichuan. Un lieu dépaysant, où l'on apprécie également un service attentif et stylé.

Les Tablettes de Jean-Louis Nomicos

16 av. Bugeaud ✉ 75116 Ⓜ Victor Hugo – ✆ 01 56 28 16 16 – www.lestablettesjeanlouisnomicos.com

Rest – Menu 42 € (déj.), 80/145 € – Carte 72/138 €

Après avoir œuvré chez Lasserre, Jean-Louis Nomicos poursuit son aventure en solo, en lieu et place de Joël Robuchon qui avait ici sa Table. C'est dans un décor contemporain et original que s'épanouit sa belle cuisine aux accents méditerranéens.

➜ Macaroni aux truffes noires et foie gras. Filets de rouget croustillants à la marjolaine et aubergine fumée. Fraises des bois à l'eau de rose et granité à la Chartreuse.

Antoine

10 av. de New-York ✉ 75116 Ⓜ Alma Marceau – ✆ 01 40 70 19 28 – www.antoine-paris.fr – Fermé 2 sem. en août

Rest – Formule 35 € – Menu 120 € (dîner) – Carte 85/120 €

Un nouveau chef en a repris les commandes en 2012, et la table demeure une valeur sûre de la cuisine de la mer à Paris. Au gré d'arrivages directs des ports bretons, basques ou méditerranéens, des produits de qualité sont travaillés avec savoir-faire et inspiration. Élégant décor contemporain.

➜ Finesse de coquillages juste tiédis, tartine au sarrasin et crevettes grises. Bar de ligne grillé, cocotte de purée de ratte du Touquet. Tarte caramel-chocolat, compote de poire pochée au thé fumé et sorbet poire.

Le Pergolèse (Stéphane Gaborieau)

40 r. Pergolèse ✉ 75116 Ⓜ Porte Maillot – ✆ 01 45 00 21 40 – www.lepergolese.com – Fermé 3 sem. en août, 1er-8 janv., sam. midi et dim.

Rest – Menu 54 € bc (déj.)/95 € – Carte 77/137 €

Une cuisine du soleil joliment revisitée par un chef Meilleur Ouvrier de France qui ne dédaigne pas y apporter quelques notes japonisantes. Le tout dans un décor à la fois sobre et élégant.

➜ Moelleux de filets de sardine marinés, fondue de poivrons basquaise. Sole meunière farcie d'une duxelles de champignons. Cannelloni en chocolat, mousse de marron et pomme au poivre de Sichuan.

Les Arts

Maison des Arts et Métiers - 9 bis av. d'Iéna ✉ 75116 Ⓜ Iéna – ✆ 01 40 69 27 53 – www.maisondesartsetmetiers.fr – Fermé 20 juil.-26 août, 20 déc.-2 janv., sam., dim. et fériés

Rest – Menu 42 € – Carte 51/62 €

Au sein d'un bel hôtel particulier (1892), siège de la Maison des Arts et Métiers. La carte se révèle appétissante et variée ; quant au décor, il comble les amoureux du classicisme. En été, la ravissante terrasse est un délice.

Cristal Room Baccarat

11 pl. des Etats-Unis - Maison Baccarat, (1er étage) ✉ 75116 Ⓜ Boissière – ✆ 01 40 22 11 10 – www.cristalroom.fr – Fermé dim. et fériés

Rest – Formule 29 € – Menu 55 € (déj.), 109/159 € bc – Carte 75/85 €

Depuis 2003, l'ancien hôtel particulier de Mme de Noailles sert d'écrin à la célèbre maison Baccarat. La salle du restaurant (fresque peinte, lustres en cristal) a été relookée par Philippe Starck. Un cadre superbe pour une cuisine actuelle.

Bon

25 r. de la Pompe ✉ 75116 Ⓜ La Muette – ✆ 01 40 72 70 00 – www.restaurantbon.fr

Rest – Formule 25 € bc – Menu 32 € bc (déj. en sem.) – Carte 42/73 €

Trois salles à manger originales aux ambiances très différentes, imaginées par Philippe Starck : la vinothèque, la cheminée et la bibliothèque. La carte, courte et appétissante, joue la fusion et vagabonde à travers le Sud-Est asiatique.

Marius

82 bd Murat ✉ 75016 Ⓜ Porte de St-Cloud – ✆ 01 46 51 67 80 – www.restaurantmarius.fr – Fermé août, sam. midi et dim.

Rest – Carte 49/70 €

Près du Parc des Princes, une adresse dédiée aux produits de la mer. L'influence méditerranéenne se fait sentir avec des incontournables comme la bouillabaisse. Dans la salle toute blanche, égayée de vieux gréements, on prend le large...

Akrame

19 r. Lauriston ✉ 75016 Ⓜ Kléber – ✆ 01 40 67 11 16 – www.akrame.com – Fermé août, 22 déc.-7 janv., sam. et dim.

Rest *(réserver)* – Menu 35 € (déj.), 60/80 €

Passé notamment chez Gagnaire et Adrià, le jeune et sémillant Akrame Benallal signe une cuisine très personnelle et décomplexée, qui ose des associations de saveurs inédites – et toujours avec finesse. Le cadre, très tendance, sied à ces menus uniques qui changent tous les mois. Une table à découvrir !

➜ Foie gras poché, consommé de pomme de terre et hareng. Pigeon à l'hibiscus, crème de petits pois à l'oseille. Banane cacahouète en chaud-froid.

6 New York

6 av. de New York ✉ 75016 Ⓜ Alma Marceau – ✆ 01 40 70 03 30 – www.6newyork.fr – Fermé août, sam. midi et dim.

Rest – Formule 30 € – Menu 35 € (déj.), 72/85 € bc – Carte 51/69 €

L'enseigne vous dit tout sur l'adresse... avenue de New York, loin d'une table nord-américaine ! Saveurs franches et bien marquées, respect des saisons : une cuisine en parfaite harmonie avec le cadre contemporain et élégant.

A et M Restaurant

136 bd Murat ✉ 75016 Ⓜ Porte de St-Cloud – ✆ 01 45 27 39 60 – www.am-restaurant.com – Fermé août, sam. midi et dim.

Rest – Formule 24 € – Menu 34 € – Carte environ 49 €

Pressé de tête de veau sauce ravigote, velouté de cocos de Paimpol au haddock... Un vrai "bistrot de chef", au décor chic et chaleureux. Le menu offre un excellent rapport qualité-prix à Paris !

Terrasse Mirabeau

5 pl. de Barcelone ✉ 75016 Ⓜ Mirabeau – ✆ 01 42 24 41 51 – www.terrasse-mirabeau.com – Fermé 3 semaines en août, 23 déc.-1er janv., sam. et dim.

Rest – Formule 27 € – Menu 38/85 € bc – Carte 51/78 €

Sa terrasse à l'ombre des platanes est bien agréable, tout comme sa cuisine bourgeoise qui varie au fil des saisons. Le chef élabore lui-même ses cuvées (languedoc, côtes-du-rhône, bordeaux) ; servies au verre, elles ont un franc succès.

etc...

2 r. La Pérouse ✉ 75016 Ⓜ Kléber – ✆ 01 49 52 10 10 – Fermé 29 juil.-25 août, sam. midi et dim.

Rest – Formule 46 € – Menu 90 € (dîner) – Carte environ 75 €

Cette table menée par Christian Le Squer – chef du célèbre Ledoyen – a pris la forme d'un bistrot chic épuré, à la fois contemporain et convivial. Cuisine actuelle de qualité, courte carte misant sur la saisonnalité, etc...

➜ Fantaisie voyageuse. Boudin maison version contemporaine. Caramel au goût de caramel glacé.

Le Vinci

23 r. P. Valéry ✉ 75116 Ⓜ Victor Hugo – ✆ 01 45 01 68 18 – Fermé août, sam. et dim.

Rest – Menu 35 € (dîner) – Carte 56/78 €

La décoration intérieure sympathique et l'amabilité du service font du Vinci un établissement très prisé, à deux pas de l'avenue Victor-Hugo. Le beau choix de pâtes et de risottos, les viandes et poissons à la carte, varient selon le marché.

Conti

72 r. Lauriston ✉ 75116 Ⓜ Boissière – ✆ 01 47 27 74 67 – www.leconti.fr – Fermé 4-26 août, 25 déc.-1er janv., sam., dim. et fériés

Rest – Menu 35 € (déj.) – Carte 52/82 €

Velours rouge, miroirs et lustres en cristal : le décor intimiste hésite entre club privé et théâtre à l'italienne. La cuisine de la Botte, généreuse et classique, a su séduire de nombreux habitués.

Zébra Square – Hôtel Square

3 r. Boulainvilliers ✉ 75016 Ⓜ Mirabeau – ✆ 01 44 14 91 91 – www.hotelsquare.com

Rest – Formule 27 € – Carte 40/60 €

Des murs jaunes où s'affichent des photographies contemporaines, des banquettes de cuir sombre... Le restaurant du Square a rouvert début 2011 et propose une cuisine internationale : salades, tartares, nems, belles viandes grillées, etc.

Chaumette

7 r. Gros ✉ 75016 Ⓜ Mirabeau – ✆ 01 42 88 29 27 – www.restaurant-chaumette.com – Fermé 3-20 août, 23 déc.-2 janv., sam. midi, dim. et fériés

Rest – Menu 23 € (déj.) – Carte 35/55 €

Un beau bistrot à l'ancienne, tel qu'on se l'imagine : boiseries sombres, tables alignées, comptoir. La clientèle chic du quartier vient y manger au coude-à-coude pot-au-feu et millefeuilles tout à fait recommandables. Canaille et convivial.

Le Petit Pergolèse

38 r. Pergolèse ✉ 75016 Ⓜ Porte Maillot – ✆ 01 45 00 23 66 – Fermé août, sam. et dim.

Rest – Carte 41/71 €

Entre bistrot chic et galerie d'art contemporain, cette adresse très animée ose une déco branchée, à mi-chemin entre l'univers de David LaChapelle et le pop art. L'alléchante ardoise suggère une cuisine de tradition joliment revisitée.

Mets Gusto

79 r. de la Tour ✉ 75116 Ⓜ Rue de la Pompe – ✆ 01 40 72 84 46 – www.metsgusto.com – Fermé 3 sem. en août, 22 déc.-2 janv., sam. midi, dim. et lundi

Rest – Formule 27 € – Menu 35 € – Carte 35/60 €

Cette ancienne boulangerie honore désormais la Méditerranée, entre Provence, Espagne et Italie ; une "cuisine du Latium" limpide, centrée sur des produits choisis. Précisez à la réservation si vous préférez une table haute ou plus classique.

La Villa Corse

141 av. Malakoff ✉ 75016 Ⓜ Porte Maillot – ✆ 01 40 67 18 44 – www.lavillacorse.com – Fermé dim.

Rest – Formule 29 € bc – Carte 43/62 €

Cette Villa de la rive droite, petite sœur de celle du 15e, transpose le terroir corse dans une ambiance lounge branchée et décontractée (fauteuils club, lustres en Murano). Produits et vins de qualité, en provenance directe de l'île de Beauté.

Il Gusto Sardo

18 r. Chaillot ✉ 75016 Ⓜ Alma Marceau – ✆ 01 47 20 08 90 – www.restaurant-ilgustosardo.com – Fermé vacances de printemps, août, vacances de Noël, sam. midi, dim. et fériés

Rest – Carte 40/85 €

Ici, c'est tout le goût de la Sardaigne qui s'exprime ! Aidée de ses fils, Nicoletta œuvre en cuisine. Les habitués apprécient l'ambiance familiale et des classiques comme la saucisse sarde ou les antipastis de thon. Une authentique trattoria.

Juan

144 r. de la Pompe ✉ 75016 Ⓜ Victor Hugo – ✆ 01 47 27 43 51 – Fermé 2 sem. en août, dim., lundi et fériés

Rest – Menu 34 € (déj.), 65/70 €

Une devanture noire, des vitres fumées et une salle minuscule, typiquement nippone. Le soir, on se laisse tenter par le menu shabu-shabu (de fines tranches de bœuf trempées dans un bouillon de légumes), sukiyaki ou omakasé. Le goût du Japon...

Kura

56 r. de Boulainvilliers ✉ 75016 Ⓜ Muette – ✆ 01 45 20 18 32 – www.kuraparis.com – Fermé 11-19 août et lundi

Rest – Formule 20 € – Menu 55/90 €

Un vrai décor d'auberge japonaise au cœur de Passy (mobilier en bois sombre, petit sushi bar) ; il y a même une terrasse ensoleillée. La cuisine, fine et savoureuse, fait la part belle au poisson frais. Menu unique et plus élaboré le soir.

Atelier Vivanda (N)

18 r. Lauriston Ⓜ Kléber – ✆ 01 40 67 10 00 – www.ateliervivenda.fr – Fermé août, sam. et dim.

Rest *(nombre de couverts limité, réserver)* – Menu 35 €

Joli néologisme que ce "Vivanda" qui célèbre aussi bien la vie que la viande... Au menu : bœuf Black Angus, poulet fermier, etc. – le tout servi sur de petites tables façon billot de boucher –, au gré du marché et des saisons. La deuxième adresse du jeune chef Akrame Benallal, dont le gastro se trouve en face.

La Table Lauriston

129 r. Lauriston ✉ 75016 Ⓜ Trocadéro – ✆ 01 47 27 00 07 – www.restaurantlatablelauriston.com – Fermé août, 24 déc.-2 janv., sam. midi et dim.

Rest – Formule 26 € – Carte 42/60 €

Cette table des quartiers chic mise sur la simplicité et la qualité d'une belle cuisine de bistrot. L'ardoise est alléchante et la carte n'oublie pas les classiques (tripes maison, canard à l'orange, baba au rhum). Sympathique.

La Marée Passy

71 av. P. Doumer ✉ 75016 Ⓜ La Muette – ✆ 01 45 04 12 81 – www.lamareepassy.com

Rest – Carte 42/56 €

Boiseries, tons rouges et allusions à la navigation : le décor sied parfaitement aux recettes iodées de cette adresse vouée à la mer. L'ardoise change en fonction des arrivages en provenance de la côte atlantique. Beaucoup de fraîcheur !

Rosimar

26 r. Poussin ✉ 75016 Ⓜ Michel Ange Auteuil – ✆ 01 45 27 74 91 – www.restaurant-rosimar.com – Fermé août, 24-31 déc., lundi soir, mardi soir, sam. midi, dim. et fériés

Rest – Menu 40 € bc – Carte 35/65 €

Au Rosimar, la cuisine espagnole s'exprime dans toute sa générosité : charcuterie, zarzuela de poisson, escalivada, riz noir, etc. Une sympathique petite affaire familiale !

au Bois de Boulogne

Le Pré Catelan

rte de Suresnes ✉ 75016 – ✆ 01 44 14 41 14 – www.precatelanparis.com – Fermé 3-18 mars, 4-26 août, 27 oct.-4 nov., dim. et lundi

Rest – Menu 95 € (déj.), 195/250 € – Carte 212/282 €

Œil vif, geste sûr : impossible de distinguer, dans les créations de Frédéric Anton, la technique exigeante de l'intuition fulgurante. Si chaque assiette est un chef-d'œuvre, toutes s'érigent en monuments de plaisir – plaisir sensible et communicatif – à déguster, au cœur du bois, dans un décor de fête blanc et argent.

➜ Langoustine en ravioli dans un bouillon à l'huile d'olive au parfum poivre et menthe. Turbot aux algues, pouces-pieds et crevettes grises façon dieppoise. Pomme soufflée croustillante, crème glacée caramel, cidre et sucre pétillant.

La Grande Cascade

allée de Longchamp ✉ 75016 – ✆ 01 45 27 33 51 – www.grandecascade.com

Rest – Menu 75/185 € – Carte 140/190 €

Un charmant pavillon 1850, à quelques pas de la Grande Cascade du bois de Boulogne. Déguster une cuisine raffinée sous sa majestueuse rotonde ou sur sa ravissante terrasse est un plaisir d'une élégance rare...

➜ Langoustines saisies au poivre sauvage, agnolettis de petits pois et pomme verte. Ris de veau saisi au beurre demi-sel, carottes fondantes et herbes à tortue en sauce. Fraîcheur exotique, émulsion de riz curry-banane.

PARIS

La Grande Verrière

Jardin d'Acclimatation ✉ *75016* Ⓜ *Les Sablons* – ✆ *01 45 02 09 32* B1

Rest *(déj. seult)* – Formule 39 € – Carte environ 46 €

Une Grande Verrière au cœur du Jardin d'acclimatation (il faut payer son entrée dans le parc pour y accéder), où l'on propose une cuisine d'aujourd'hui simple et bien réalisée, complétée par une carte de snacks gourmets (bons burgers, salades...).

S. Sauvignier/MICHELIN

Palais des Congrès · Wagram · Ternes · Batignolles

17e arrondissement

✉ **75017**

Renaissance Arc de Triomphe

39 av. Wagram Ⓜ *Ternes* – ✆ *01 55 37 55 37* – *www.renaissancearcdetriomphe.fr*

113 ch – †339/950 € ††339/950 € – 5 suites – ☕ 30 €

Rest *Makassar* – voir les restaurants ci-après

En 2009, le théâtre de l'Empire a laissé place à cet hôtel dessiné par Christian de Portzamparc. Les chambres revisitent la décoration des années 1970 ! Équipements high-tech, belles prestations.

Regent's Garden sans rest

6 r. P.-Demours Ⓜ *Ternes* – ✆ *01 45 74 07 30* – *www.hotel-regents-paris.com*

39 ch – †250/520 € ††250/520 € – 1 suite – ☕ 22 €

Savant mélange d'ancien (cheminée, mobilier de style) et de moderne (teintes sombres, motifs originaux) dans cet hôtel particulier. Avec un délicieux petit jardin japonisant...

Mac Mahon Ⓝ sans rest

3 av. Mac-Mahon Ⓜ *Charles de Gaulle-Etoile* – ✆ *01 43 80 23 00* – *www.champselyseesmm.com*

40 ch – †199/1280 € ††199/1280 € – ☕ 25 €

Un immeuble haussmannien à deux pas de l'Arc de Triomphe. Entièrement rénové en 2012, cet établissement mêle habilement le style Empire et la décoration contemporaine. Un pied-à-terre parfait pour partir aux quatre coins de Paris.

Splendid Étoile

1bis av. Carnot Ⓜ *Charles de Gaulle-Etoile* – ✆ *01 45 72 72 00* – *www.hsplendid.com*

55 ch – †230/390 € ††245/410 € – 2 suites – ☕ 25 €

Rest *Le Pré Carré* – voir les restaurants ci-après

On reconnaît cet hôtel à sa belle façade ouvragée. Les chambres sont d'inspiration Louis XV ou contemporaines ; certaines ont vue sur l'Arc de Triomphe. Un style feutré très plaisant.

Ampère sans rest

102 av. de Villiers Ⓜ *Pereire* – ✆ *01 44 29 17 17* – *www.hotel-ampere-paris.com*

97 ch – †150/300 € ††150/340 € – 1 suite – ☕ 19 €

Les chambres, décorées dans un style contemporain, donnent sur la cour intérieure. Avec son bar feutré, son jardin au calme de l'agitation extérieure, cet hôtel possède un certain cachet.

Les Jardins de la Villa sans rest
5 r. Bélidor Ⓜ Porte Maillot – ✆ 01 53 81 01 10 – www.jardinsdelavilla.com
33 ch – †250/480 € ††250/600 € – ☕ 28 €
Les "fashion addicts" vont raffoler de ce petit hôtel très couture. Noir, rose shocking, gris... Les références à l'univers de la mode sont nombreuses. Original, chic et confortable !

Hôtel de Banville sans rest
166 bd Berthier Ⓜ Porte de Champerret – ✆ 01 42 67 70 16 – www.hotelbanville.fr
38 ch – †159/450 € ††159/450 € – ☕ 20 €
Un véritable hôtel de charme, décoré avec goût. Les chambres (bois patiné, détails précieux) sont séduisantes, certaines avec une vue magique !

L'Edmond sans rest
22 av. de Villiers Ⓜ Villiers – ✆ 01 44 01 09 40 – www.edmond-hotel.com
17 suites – ††380/1000 € – 6 ch – ☕ 18 €
Edmond, comme Edmond Rostand, l'auteur de Cyrano de Bergerac, qui vécut dans cette maison, devenue hôtel contemporain, élégant et feutré. Certaines suites, avec balcon, offrent une vue sur le Sacré-Cœur et la tour Eiffel. Très parisien.

PARIS

Hidden sans rest
28 r. de l'Arc-de-Triomphe Ⓜ Charles de Gaulle-Etoile – ✆ 01 40 55 03 57 – www.hidden-hotel.com
35 ch – †149/849 € ††149/849 € – ☕ 17 €
Ambiance "nature" revendiquée pour cet hôtel créé en 2009 et agrandi en 2012 : matériaux nobles comme le bois et l'ardoise, literie en fibres de coco, etc. Un lieu apaisant et très dépaysant, pour vivre un peu caché...

Waldorf Arc de Triomphe sans rest
36 r. Pierre-Demours Ⓜ Ternes – ✆ 01 47 64 67 67 – www.hotelswaldorfparis.com
44 ch – †335/475 € ††355/475 € – ☕ 20 €
Une façade élégante, un décor sobre et moderne, une atmosphère reposante et un espace de relaxation avec petite piscine : détente assurée dès que l'on franchit la porte...

Mercedes Ⓝ sans rest
128 av. de Wagram Ⓜ Wagram – ✆ 01 42 27 77 82 – www.bestwestern-hotelmercedes.com
36 ch – †100/510 € ††100/510 € – 1 suite – ☕ 17 €
Non loin du ravissant parc Monceau, les amoureux des années 1920 apprécieront cet immeuble Art déco. Les chambres y sont joliment décorées et feutrées à souhait. Mention spéciale pour la salle de petit-déjeuner et ses superbes vitraux signés du maître verrier Jacques Grüber. Une belle adresse.

Magellan sans rest
17 r. J.-B. Dumas Ⓜ Porte de Champerret – ✆ 01 45 72 44 51 – www.hotelmagellan.com
72 ch – †118/168 € ††173/193 € – ☕ 17 €
Dans un bel immeuble 1900, un hôtel aux chambres sobres et fonctionnelles. Atout maître, toujours appréciable à Paris : le jardin où l'on prend son petit-déjeuner en été ! Accueil très aimable.

La Régence Etoile Ⓝ sans rest
24 av. Carnot Ⓜ Charles de Gaulle-Etoile – ✆ 01 58 05 42 42 – www.hotelregenceetoile.com
38 ch – †125/195 € ††195/245 € – ☕ 13 €
À deux pas de l'Arc de Triomphe et des Champs-Élysées, cet établissement bénéficie d'un emplacement de choix pour apprécier les charmes de la Ville Lumière. Les chambres y sont confortables et bien tenues, l'accueil des plus charmants.

Champerret Élysées sans rest
129 av. Villiers Ⓜ Porte de Champerret – ✆ (00-33) 01 47 64 44 00 – www.champerret-elysees.fr
45 ch – †140/195 € ††140/195 € – ☕ 15 €
Près de la porte de Champerret, un hôtel confortable et bien tenu, fort pratique pour résider à l'ouest de Paris. Pour plus de calme, préférez les chambres côté cour.

PARIS

Amarante Arc de Triomphe sans rest

25 r. Th.-de-Banville Ⓜ Pereire – ✆ 01 47 63 76 69 – www.amarantearcdetriomphe.com

50 ch – †140/250 € ††140/300 € – ☐ 20 €

Cet hôtel bien situé, dont les chambres coquettes s'inspirent du style Directoire – préférez celles donnant sur l'arrière du bâtiment –, s'adapte aussi bien à la clientèle d'affaires que touristique.

Star Champs Élysées Ⓝ sans rest

18 r. de l'Arc-de-Triomphe Ⓜ Charles de Gaulle-Etoile – ✆ 0143 80 27 69 – www.hotelstarchampselysees.com

62 ch – †100/250 € ††110/250 € – ☐ 13 €

Dans une rue calme près de la place de l'Étoile, cet établissement dispose de chambres certes petites, mais fonctionnelles et bien tenues. Original : la réception avec sa décoration médiévale ! Une bonne adresse qui s'adapte aussi bien à la clientèle d'affaires que touristique.

Doisy Ⓝ sans rest

55 av. des Ternes Ⓜ Ternes – ✆ 01 45 74 21 86 – www.doisy.com

33 ch – †140/799 € ††160/899 € – ☐ 16 €

Sur l'avenue des Ternes, cet immeuble abrite des chambres fonctionnelles et bien tenues. Préférez celles – plus calmes – qui donnent côté cour. Idéal pour la clientèle d'affaires, notamment, souhaitant se rendre au palais des congrès tout proche.

Arc de Triomphe Étoile Ⓝ sans rest

3 r. de l'Etoile Ⓜ Charles de Gaulle-Etoile – ✆ 01 56 68 90 00 – www.hotelarcdetriompheetoile.com

27 ch – †100/340 € ††100/340 € – ☐ 13 €

Son nom dit tout de son emplacement privilégié. L'établissement a été entièrement rénové en 2012 : ses petites chambres, bien aménagées et plutôt design, s'agrémentent pour certaines de fresques abstraites évoquant les monuments de Paris... Une forme de "street art" bien inspiré !

Michel Rostang

20 r. Rennequin Ⓜ Ternes – ✆ 01 47 63 40 77 – www.michelrostang.com – Fermé lundi sauf le soir de sept. à juin, sam. midi et dim.

Rest – Menu 78 € (déj.), 169/198 € – Carte 140/225 €

Boiseries, figurines de Robj, œuvres de Lalique et vitrail Art déco composent le décor, à la fois luxueux et insolite. La cuisine est fine, superbement classique, embellie d'une magnifique carte des vins.

→ Escargots petits-gris, cannelloni de royale d'ail et persil, spaghettis noirs. Noix de ris de veau croustillante aux écrevisses. Croquant de chocolat guanaja, crème des Pères Chartreux et noisettes en gelée de Chartreuse verte.

Guy Savoy

18 r. Troyon, Ⓜ Charles de Gaulle-Etoile – ✆ 01 43 80 40 61 – www.guysavoy.com – Fermé vacances de Noël, sam. midi, dim. et lundi

Rest – Menu 315/490 € – Carte 170/300 €

Simplicité et sophistication, souvenirs d'enfance et invention, gourmandise assumée et rigueur d'exécution... Tout le paysage mental de Guy Savoy, chef généreux et esthète, qui définit la cuisine comme "l'art de transformer en joie des produits chargés d'histoire".

→ Colors of caviar. Saumon "figé" sur la glace, consommé brûlant, perles de citron. Boule noire.

Rech

62 av. des Ternes Ⓜ Ternes – ✆ 01 45 72 29 47 – www.alain-ducasse.com – Fermé août, dim. et lundi

Rest – Menu 34 € (déj.), 54/68 € – Carte 72/93 €

Il souffle comme un vent du large, rafraîchissant et revigorant, dans cette institution née en 1925 et redécorée en 2012 avec élégance. Pas de changement, en revanche, du côté des spécialités : les coquillages, les poissons entiers pour deux, le camembert de Rech, les éclairs XXL...

Sormani

4 r. Gén.-Lanrezac Ⓜ *Charles de Gaulle-Etoile – ✆ 01 43 80 13 91 – Fermé août, sam., dim. et fériés*

Rest – Carte 80/180 €

Près de la place de l'Étoile, un joli restaurant habillé de rouge, un peu baroque avec ses lustres en Murano. Charme latin, ambiance "dolce vita" et cuisine italienne.

Dessirier par Rostang Père et Filles

9 pl. Mar.-Juin Ⓜ *Pereire – ✆ 01 42 27 82 14 – www.restaurantdessirier.com – Fermé sam. et dim. en juil.-août*

Rest – Formule 38 € – Menu 46 € – Carte 58/94 €

Contemporain, arty et chic : le Dessirier, par Michel Rostang... et ses filles Caroline et Sophie. On y fait toujours la part belle aux produits de la mer, avec finesse.

Pétrus

12 pl. du Mar.-Juin Ⓜ *Pereire – ✆ 01 43 80 15 95 – Fermé 6-24 août et sam. midi*

Rest – Carte 46/99 €

L'élégance de la façade se retrouve tant dans le cadre, contemporain, que dans l'assiette : on se régale ici d'une cuisine actuelle et soignée. Une belle halte gourmande.

Frédéric Simonin

25 r. Bayen Ⓜ *Ternes – ✆ 01 45 74 74 74 – www.fredericsimonin.com – Fermé 4-28 août, dim. et lundi*

Rest – Menu 39 € (déj.), 85/135 € – Carte 70/155 €

Dans ce restaurant proche de la place des Ternes, le décor est très chic, tout de noir et de blanc. Il sied à la cuisine fine et délicate d'un chef au beau parcours... Voilà bel et bien une table raffinée !

➜ Le candele : gros macaronis farcis aux racines d'hiver et truffe noire, beurre de foie gras. La côte de veau de Corrèze cuite en cocotte à la sauge. Le payachoco : mousse légère au chocolat nyangbo, sorbet cacao aux biscuits Oreo.

Timgad

21 r. Brunel Ⓜ *Argentine – ✆ 01 45 74 23 70 – www.timgad.fr*

Rest – Carte 45/80 €

Retrouvez la splendeur passée de la cité de Timgad dans ce cadre mauresque raffiné, tout en mobilier traditionnel et stucs finement sculptés ! La carte est au diapason : riche sélection de couscous (la semoule est d'une rare finesse) et tajines et pastillas appréciés pour leurs mille et un parfums...

Agapé

51 r. Jouffroy-d'Abbans Ⓜ *Wagram – ✆ 01 42 27 20 18 – www.agape-paris.fr – Fermé 26 juil.-26 août, sam. et dim.*

Rest – Menu 35 € (déj.), 90/120 € – Carte 88/130 €

Un nom grec célébrant l'amour, un lieu chic au décor minimaliste en teintes douces, une carte courte et alléchante. Cette table contemporaine ravit les gourmets.

➜ Noix de veau fumée au bois de hêtre, burrata et citron confit. Pêche des côtes bretonnes et légumes de saison. Chocolat grand cru, poivre sauvage et fruit de la passion.

Le Dodin de Mark Singer Ⓝ

42 r. des Acacias Ⓜ *Charles de Gaulle-Etoile – ✆ 01 43 80 28 54 – www.ledodin.com – Fermé 2 sem. en août, sam. midi, dim. et lundi*

Rest – Formule 29 € – Menu 35 € – Carte 40/55 €

Américain travaillant en France depuis de longues années, Mark Singer est surtout un chef sans frontière : sa patte, c'est celle d'une technique classique assurée, mise au service de recettes originales. À la tête de ce Dodin depuis fin 2011, il associe ainsi un ceviche de pétoncles et une limonade de kéfir... *Savoury !*

XX **Le Pré Carré** – Hôtel Splendid Étoile

1 bis av. Carnot Ⓜ *Charles de Gaulle-Etoile – ✆ 01 46 22 57 35 – www.restaurant-le-pre-carre.com – Fermé 3 sem. en août, 1 sem. vacances de Noël, sam. midi et dim.*

Rest – Menu 38 € (dîner) – Carte 40/67 €

Dans la salle, deux miroirs face à face reflètent à l'infini l'élégant et chaleureux décor. À la carte, des classiques comme la sole meunière, le tartare ou l'entrecôte de salers. Les produits sont bien choisis... et le plaisir des papilles garanti !

XX **Jacques Faussat - La Braisière**

54 r. Cardinet Ⓜ *Malesherbes – ✆ 01 47 63 40 37 – www.jacquesfaussat.com – Fermé août, 24 déc.-2 janv., sam. sauf le soir d'oct. à avril, dim. et fériés*

Rest – Menu 38 € (déj.)/110 € – Carte 62/74 €

Dans un quartier tranquille, un restaurant chaleureux et confortable. La carte, qui évolue au gré du marché et selon l'inspiration du chef, gersois d'origine, associe avantageusement savoir-faire traditionnel et registre actuel.

➜ Esturgeon de l'Adour mariné au citron vert et piquillos. Ris de veau à la fève tonka, marmelade de pomme et canneberge. Soufflé aux pêches de vigne.

XX **Bigarrade**

106 r. Nollet Ⓜ *Brochant – ✆ 01 42 26 01 02 – Fermé août, vacances de Noël, sam. midi, dim. et lundi*

Rest *(nombre de couverts limité, réserver)* – Menu 35 € (déj.), 65/85 €

Dans un décor tout simple, un véritable antre de la cuisine contemporaine, où officie depuis 2012 un nouveau chef, d'origine japonaise. Ni menu ni carte : on se fie à l'inspiration du cuisinier, au gré d'une longue succession d'assiettes très inventives, graphiques et soignées. Une expérience.

➜ Foie gras, homard rôti et jus pomme verte. Pigeon rôti, tamarin et cèpes. Crème citron et gelée aux prunes.

XX **Makassar** – Hôtel Renaissance Arc de Triomphe

39 av. Wagram Ⓜ *Ternes – ✆ 01 55 37 55 57 – www.renaissancearcdetriomphe.fr*

Rest – Formule 23 € – Carte 45/65 €

Makassar… Le nom de ce port indonésien évoque le bois précieux et les îles lointaines. C'est par de discrets détails que le restaurant de l'hôtel Renaissance rappelle cette inspiration. La cuisine n'est pas en reste, avec de belles spécialités exotiques – mais aussi de grands classiques français.

XX **Graindorge**

15 r. Arc-de-Triomphe Ⓜ *Charles de Gaulle-Étoile – ✆ 01 47 54 00 28 – www.le-graindorge.fr – Fermé 1er-15 août, sam. midi et dim.*

Rest – Formule 24 € – Menu 35/45 € – Carte 44/58 €

Potjevlesch, bintje farcie, waterzoï aux crevettes grises d'Ostende, kippers de Boulogne... Ici, on se régale d'une généreuse cuisine flamande accompagnée de belles bières artisanales ! Joli cadre Art déco.

XX **Samesa**

13 r. Brey Ⓜ *Charles De Gaulle-Etoile – ✆ 01 43 80 69 34 – www.samesa.fr – Fermé 3 sem. en août, sam. midi et dim.*

Rest – Menu 19 € (déj.)/30 € – Carte 42/56 €

La cuisine transalpine se porte bien dans ce restaurant proche de la place de l'Étoile. Belle sélection de vins italiens et service tout sourire : la vita è bella !

XX **La Maison de Charly**

97 bd Gouvion-St-Cyr Ⓜ *Porte Maillot – ✆ 01 45 74 34 62 – www.lamaisondecharly.fr – Fermé 3 sem. en août et lundi*

Rest – Formule 35 € – Carte 36/53 €

L'entrée est encadrée d'oliviers ! Élégant décor mauresque, palmier sous verrière et trio couscous-tajines-pastillas sérieusement exécuté : une sympathique parenthèse orientale.

Le Ballon des Ternes

103 av. Ternes Ⓜ *Porte Maillot – ✆ 01 45 74 17 98 – www.leballondesternes.fr*
Rest – Carte 45/70 €
Non, vous n'avez pas bu trop de ballons ! La table dressée à l'envers au plafond fait partie du plaisant décor 1900 de cette brasserie voisine du palais des congrès. À la carte, produits de la mer et plats traditionnels sont à l'honneur : sole meunière, steak tartare et pommes allumettes, crème brûlée, etc.

Caïus

6 r. d'Armaillé Ⓜ *Charles de Gaulle-Etoile – ✆ 01 42 27 19 20 – www.caius-restaurant.fr – Fermé sam. et dim.*
Rest – Menu 42 €
Chaque saison, le chef particulièrement inventif de ce restaurant chic et feutré concocte une cuisine ludique et parfumée, rehaussée d'épices et de produits "oubliés".

MBC - Gilles Choukroun

4 r. du Débarcadère Ⓜ *Porte Maillot – ✆ 01 45 72 22 55 – www.gilleschoukroun.com – Fermé août, sam. et dim.*
Rest – Formule 19 € – Menu 29 € (déj.), 39/49 € – Carte environ 52 €
M pour menthe, B pour basilic et C pour coriandre : trois produits pris comme symbole d'une cuisine créative et métissée (France, Asie, Afrique du Nord, etc.). Cadre contemporain, bien dans l'air du temps. Formule plus simple au déjeuner.

Caves Petrissans

30 bis av. Niel Ⓜ *Pereire – ✆ 01 42 27 52 03 – www.cavespetrissans.fr – Fermé août, sam., dim. et fériés*
Rest *(réserver)* – Menu 37 € – Carte 40/60 €
Céline, Abel Gance, Roland Dorgelès aimaient fréquenter ces caves plus que centenaires, à la fois boutique de vins et restaurant. Cuisine bistrotière bien ficelée.

L'Escient Ⓝ

28 r. Poncelet Ⓜ *Ternes – ✆ 09 66 92 49 13 – fermé 1 sem. en août, lundi soir et dim.*
Rest – Formule 26 € – Menu 35/45 € – Carte environ 43 €
Gambas, tarama, daïkon, citron vert et gingembre ; morue fraîche, croûte de figues sèches, chorizo et citron confit ; etc. À la carte de cet Escient, les associations originales ne manquent pas, et elles sont toujours réalisées... à bon escient ! Un métissage très savoureux, dans un décor qui joue la carte de la simplicité.

Karl & Erick

20 r. de Tocqueville Ⓜ *Villiers – ✆ 01 42 27 03 71 – Fermé août, sam. midi et dim.*
Rest – Formule 28 € – Carte 40/55 €
Des jumeaux, l'un en salle, l'autre en cuisine, dirigent ce bistrot aux airs de loft contemporain. À l'ardoise : terrine de lapin à l'estragon, merlan accompagné de ratatouille et d'olives noires, carré d'agneau avec son jus parfumé au romarin...

Le Bistrot d'À Côté Flaubert

10 r. Gustave-Flaubert Ⓜ *Ternes – ✆ 01 42 67 05 81 – www.bistrotflaubert.com – Fermé 2 sem. en août, sam. midi, dim. et lundi*
Rest – Formule 29 € – Menu 36 € (déj.) – Carte 44/57 €
Un bistrot sympathique, sous l'égide de Michel Rostang dont le restaurant gastronomique se trouve juste à côté. Cuisine bistrotière valorisant de beaux produits.

L'Entredgeu

83 r. Laugier Ⓜ *Porte de Champerret – ✆ 01 40 54 97 24 – Fermé 1 sem. début mai, 3 sem. en août, 1 sem. à Noël, dim. et lundi*
Rest – Formule 23 € – Menu 33/55 €
Accueil souriant, décor de bistrot, ambiance animée et savoureuse cuisine du marché : entraînez-vous à prononcer son nom, l'Entredgeu en vaut la peine ! L'un des meilleurs rapports qualité-prix de la capitale.

Le Clou de Fourchette

121 r. de Rome Ⓜ Rome – ✆ 01 48 88 09 97 – www.cloudefourchette.fr – Fermé 1 sem. en août, 1 sem. fin déc., lundi midi et dim.

Rest – Formule 18 € – Menu 24 € (déj. en sem.) – Carte 31/50 €

Voilà un restaurant qui plante fièrement le nom de son propriétaire ! Avec ses associés, Christian Leclou invite à un bon "coup de fourchette" autour de recettes bien mitonnées, à l'instar d'une épaule d'agneau confite aux agrumes et ses navets au miel de romarin. On se régale et l'ambiance est conviviale.

La Fourchette du Printemps (Nicolas Mouton)

30 r. du Printemps Ⓜ Wagram – ✆ 01 42 27 26 97 – Fermé août, 24 déc.-1er janv., dim. et lundi

Rest *(nombre de couverts limité, réserver)* – Menu 49/75 € – Carte environ 58 € le midi

Le printemps en toute saison ! Ce bistrot contemporain sort du lot : aux commandes, le jeune chef, passé par de belles maisons, cultive le goût du produit sans fard ni détours, pour révéler de jolies saveurs. Le tout dans un décor et avec un service sans chichis. Le goût dans la simplicité...

➜ Cuisine du marché.

Chez Léon

32 r. Legendre Ⓜ Villiers – ✆ 01 42 27 06 82 – Fermé 29 juil.-25 août, 25 déc.-5 janv., sam. et dim.

Rest – Formule 24 € – Menu 35 € – Carte 41/55 €

Un vieux zinc, un mobilier coloré... ce restaurant a pris le meilleur de la tradition et de la modernité. Résultat : une ambiance sympathique et une cuisine gourmande.

Bistro Sormani Ⓝ

4 r. Gén.-Lanzerac Ⓜ Charles de Gaulle-Etoile – ✆ 01 40 55 90 00 – fermé août, sam. et dim.

Rest – Carte 30/54 €

Une déclinaison dans la simplicité de la trattoria chic Sormani, où la gourmandise reste chose sérieuse – comme toujours en Italie ! La carte se divise en deux grands chapitres : les pizzas (garnies de produits de premier choix) et les pâtes (penne aux olives noires, par exemple), entre autres beaux classiques.

Cap Ⓝ

42 bd Pereire Ⓜ Wagram – ✆ 01 44 40 04 15 – fermé août, mardi soir, sam. midi, dim. et lundi

Rest – Formule 26 € – Menu 32 € (déj.)/36 €

L'enseigne rend hommage au Cap, en Afrique du Sud, ville d'origine du jeune chef qui a repris cet élégant petit restaurant avec son épouse. On s'en doute, la cuisine est métissée, mariant techniques d'ici, souvenirs sud-africains et même notes d'Asie (fil rouge : le salé-sucré). Des recettes bien tournées !

Agapé Bis Ⓝ

75 av. Niel Ⓜ Pereire – ✆ 01 42 27 88 44 – www.agape-bis.com – Fermé sam. et dim.

Rest – Formule 24 € – Menu 26 € (déj.), 40/77 € – Carte 53/65 €

Dans le sillage du restaurant Agapé (près de Wagram), une version Bis pensée à la manière d'un bistrot contemporain : murs rouges, carreaux de ciment, etc. Le menu revisite les classiques bistrotiers avec goût, à l'image de ces maquereaux marinés au citron vert et à la rhubarbe.

Fabrique 4 Ⓝ

17 r. Brochant Ⓜ Brochant – ✆ 01 58 59 06 47 – www.fabrique4.com – fermé 15 août-3 sept., vacances de Noël, sam. et dim.

Rest – Formule 24 € bc – Carte 41/52 €

Ce fut une fabrique de bouchons, puis une brocante, avant de devenir... cette fabrique de saveurs. L'adresse a été créée par un jeune couple de Belges amoureux de la cuisine française. Les recettes se parent de subtiles influences d'Asie (avec des herbes fraîches par exemple) et les assiettes de belles couleurs.

Le Bouchon et l'Assiette N
VISA MC
127 r. Cardinet M *Malesherbes – ✆ 01 42 27 83 93 – Fermé 6-12 mai, 3 sem. en août, 1 sem. en janv., dim. et lundi*
Rest *(nombre de couverts limité, réserver)* – Menu 23 € (déj. en sem.)/35 €
Au déjeuner, l'ardoise du jour propose un joli panaché de petits plats gourmands. Le soir, place à des plaisirs plus subtils, autour d'une cuisine du marché avide de jolies saveurs. Quant à la carte des vins, elle met en avant d'intéressants petits producteurs. Le bouchon et l'assiette sont bien présents rue Cardinet !

Le Café d'Angel
AC VISA MC
16 r. Brey M *Charles de Gaulle-Etoile – ✆ 01 47 54 03 33 – Fermé août, 24 déc.-2 janv., sam., dim. et fériés*
Rest – Formule 26 € – Menu 32 € – Carte 41/51 €
Cette petite adresse a la nostalgie des bistrots parisiens d'antan : banquettes en skaï, faïences aux murs, plats traditionnels à l'ardoise et cuisine visible derrière le comptoir.

Zinc Caïus
VISA MC AE
11 r. d'Armaillé M *Charles De Gaulle-Étoile – ✆ 01 44 09 05 10 – Fermé 1er-20 août et dim.*
Rest *(nombre de couverts limité, réserver)* – Carte 30/47 €
Ce bistrot de poche – une dizaine de tables hautes – sert essentiellement des plats canailles : foie gras au piment d'Espelette, boudin béarnais au beurre d'algues, entrecôte et ses pommes grenailles, moelleux au chocolat, etc.

Kifuné
VISA MC
44 r. St-Ferdinand M *Porte Maillot – ✆ 01 45 72 11 19 – Fermé 1 sem. en mai, 3 sem. en août, vacances de Noël, dim., lundi et jours fériés*
Rest – Menu 32 € (déj.) – Carte 35/65 €
Sushis, sashimis, tempura, yakimono (grillades) et agemono (fritures) sont à la carte de ce restaurant japonais où règne une ambiance familiale. Cuisine ouverte sur la salle.

Le Palanquin
AC VISA MC
4 pl. Boulnois M *Ternes – ✆ 01 43 80 46 90 – Fermé août, sam. et dim.*
Rest *(nombre de couverts limité, réserver)* – Carte 30/40 €
Un petit restaurant – à peine 20 couverts – très convivial, tenu par toute une famille. On y déguste une authentique cuisine vietnamienne. Beaucoup de parfums !

S. Sauvignier/MICHELIN

Montmartre · Pigalle

18e arrondissement
✉ 75018

Kube
AC VISA MC AE
1-5 passage Ruelle M *La Chapelle – ✆ 01 42 05 20 00 – www.kubehotel.com*
41 ch – 189/900 € 189/900 € – 25 € **Rest** – Carte 50/100 €
Ce n'est pas le quartier le plus séduisant de Paris, mais cet hôtel du 21e s., design et high-tech, ravira les amateurs du genre. Jeux sur la transparence et la blancheur, chambres d'esprit loft, livrent une interprétation "on the rocks" de l'hôtellerie. Restaurant et bars, dont le glacial Ice Kube (- 10° C, tenue fournie) à l'étage.

Terrass' Hôtel sans rest
AC VISA MC AE
12 r. J.-de-Maistre M *Place de Clichy – ✆ 01 46 06 72 85 – www.terrass-hotel.com*
93 ch – 185/455 € 185/455 € – 6 suites – 22 €
En montant vers Montmartre, un hôtel cosy avec un beau salon, un piano-bar et une cheminée pour se réchauffer en hiver après une longue promenade. Les chambres sont de tailles variables, modernes et colorées. Et dans les étages élevés, certaines dominent Paris veillé par la tour Eiffel...

Mercure Montmartre sans rest
3 r. Caulaincourt Ⓜ *Place de Clichy – ✆ 01 44 69 70 70*
– www.mercure.com
305 ch – †145/350 € ††145/350 € – ☕ 18 €
L'atout majeur de cet hôtel réside dans sa situation : près de la place Clichy, du Moulin Rouge et du cimetière Montmartre. Préférez les chambres rénovées ; elles affichent un style plus contemporain.

L'Hôtel Particulier Montmartre
23 av. Junot Ⓜ *Lamarck Caulaincourt – ✆ 01 53 41 81 40*
– www.hotel-particulier-montmartre.com
4 ch – †390/590 € ††390/590 € – 1 suite – ☕ 25 €
Rest – Carte 45/65 €
Un hôtel très... particulier. À l'issue d'un étroit passage montmartrois, on découvre une demeure Directoire au cœur d'un jardin luxuriant. Salons raffinés, chambres décorées dans un style contemporain aussi séduisant que surprenant, ravissante terrasse : so chic.

Holiday Inn Paris Montmartre sans rest
23 r. Damrémont Ⓜ *Lamarck Caulaincourt*
– ✆ 01 44 92 33 40 – www.holiday-inn.com/paris-montmart
54 ch – †129/279 € ††149/299 € – ☕ 15 €
Il est parfois difficile de se loger entre Montmartre et la place Clichy : cet hôtel est une bonne option. Le décor se révèle moderne et chaleureux (tons bruns), les chambres fonctionnelles et bien tenues. Du sérieux.

Relais Montmartre sans rest
6 r. Constance Ⓜ *Abbesses – ✆ 01 70 64 25 25*
– www.relaismontmartre.fr
26 ch – †185/240 € ††185/240 € – ☕ 15 €
Non loin des commerces de la rue Lepic, ce petit hôtel de caractère – inattendu dans un quartier aussi vivant – a le charme d'une maison bourgeoise. Avec leur mobilier de style, les chambres sont bien coquettes. Et quel calme...

Le Chat Noir sans rest
68 bd de Clichy Ⓜ *Blanche – ✆ 01 42 64 15 26*
– www.hotel-chatnoir-paris.com
39 ch – †180/210 € ††230/255 € – ☕ 15 €
L'enseigne fait référence au célèbre cabaret du bas de la Butte ; on retrouve partout le célèbre félin dessiné par Steinlen. Rouge, noir, blanc, graphique et malicieux... le décor joue la carte de l'épure. Apaisant à Pigalle, quartier "noctambule".

Le Coq Rico Ⓝ
98 r. Lepic Ⓜ *Lamarck Caulaincourt – ✆ 01 42 59 82 89*
– www.lecoqrico.com
Rest – Carte 36/81 €
Cocorico ! La volaille française a trouvé son ambassade à Paris, en cette adresse chic et discrète créée par le fameux chef strasbourgeois Antoine Westermann. Poulet fermier de Challans, géline de Touraine, volaille de Bresse, etc. Les pièces sont rôties avec art et dégagent de succulents parfums. Les amateurs sont comblés.

Chamarré Montmartre
52 r. Lamarck Ⓜ *Lamarck Caulaincourt – ✆ 01 42 55 05 42*
– www.chamarre-montmartre.com – Fermé dim. soir et lundi du 15 oct. au 15 avril
Rest – Formule 23 € – Menu 29 € (déj. en sem.), 52/80 € – Carte 74/84 €
Sur la butte Montmartre, ce restaurant contemporain ose la créativité et le métissage culinaire : filet de bar à la seychelloise, homard au jus de kalamantsi, savarin punché... Une invitation au voyage qui commence dès la jolie terrasse.

La Table d'Eugène
18 r. Eugène-Sue Ⓜ Jules Joffrin – ✆ 01 42 55 61 64 – Fermé 1er-25 août, 24 déc.-3 janv., dim. et lundi
Rest *(nombre de couverts limité, réserver)* – Formule 30 € – Menu 38/78 €
Raviole de foie gras à l'émulsion truffée, millefeuille de tartiflette, filet de bar et spaghettis de courgette, baba à l'absinthe, etc. Une table très soignée près de la mairie du 18e, dont le décor rétro et l'excellent rapport qualité-prix font l'unanimité dans le quartier… et au-delà !

Chéri bibi
15 r. André-del-Sarte Ⓜ Barbès Rochechouart – ✆ 01 42 54 88 96 – Fermé 2 sem. en août et dim.
Rest *(dîner seult)* – Formule 22 € – Menu 26 €
Un lieu animé, un brin bobo, où mobilier chiné et vieux zinc plantent le décor. La cuisinière, brésilienne, apporte sa touche personnelle aux classiques bistrotiers : terrine maison, mijothaï, riz au lait orange-caramel...

Miroir
94 r. des Martyrs Ⓜ Abbesses – ✆ 01 46 06 50 73 – Fermé 3 sem. en août, 23-31 déc., dim., lundi et fériés
Rest – Formule 26 € – Menu 33/42 € – Carte 39/54 €
Un bistrot parisien typique avec son vieux carrelage et son comptoir à l'ancienne... et branché comme il se doit à deux pas de la place des Abbesses ! Tartare de dorade à la tomate ou pied de cochon ibaïona poêlé ?

Le Café qui Parle
24 r. Caulaincourt Ⓜ Lamarck Caulaincourt – ✆ 0146 06 06 88 – Fermé 1er-14 août, 1er-8 janv. et dim. soir
Rest – Formule 13 € – Menu 17 € (déj. en sem.) – Carte 29/49 €
Une adresse volontiers lounge, où un jeune chef au beau parcours concocte une "popotte gourmande et saisonnière". Bien installé dans un fauteuil en cuir brun, on apprécie par exemple un crousti-fondant de veau aux gnocchis de carotte...

Ph. Gajic/MICHELIN

Parc de la Villette · Parc des Buttes Chaumont

19e arrondissement ✉ 75019

Holiday Inn Express Canal de la Villette sans rest
68 quai de Seine Ⓜ Crimée – ✆ 01 44 65 01 01 – www.hiexpress.com/paris-canal
144 ch ☕ – 🚹110/334 € 🚹🚹110/334 €
Les promeneurs du bassin de la Villette connaissent bien cet édifice : son jumeau (un entrepôt de 1853) se dresse toujours sur l'autre rive ; lui, reconstruit en 2008, a été habillé d'une originale gaine métallique. Il abrite cet hôtel chaleureux, aux chambres spacieuses, dont certaines tutoient les flots !

Canal St-Martin sans rest
5 av. Secrétan Ⓜ Jaurès – ✆ 01 42 06 62 00 – www.hotel-canal-saint-martin.com
69 ch – 🚹60/190 € 🚹🚹60/190 € – ☕ 9 €
Entre le canal St-Martin et le bassin de la Villette, cet hôtel propose plusieurs catégories de chambres dont les "Confort" et "Privilège", modernes et épurées. Une courette fleurie relie les bâtiments entre eux. Le métro est tout proche.

Laumière sans rest
4 r. Petit Ⓜ Laumière – ✆ 01 42 06 10 77 – www.hotel-lelaumiere.com
54 ch – †68/70 € ††82/85 € – ☐ 10 €
Envie de verdure ? Cet hôtel, simple et bien tenu, vous invite à profiter de son agréable jardinet ; quelques chambres ont d'ailleurs un petit balcon de son côté, au calme. Une promenade au parc des Buttes-Chaumont, tout proche, s'impose.

Crimée sans rest
188 r. de Crimée Ⓜ Crimée – ✆ 01 40 36 75 29 – www.hotelcrimee.com
31 ch – †70/90 € ††80/95 € – ☐ 8 €
À 300 m du canal de l'Ourcq, une adresse toute simple avec des chambres fonctionnelles et bien tenues. En été, vous pourrez profiter de la courette pour préparer vos escapades. Idéal pour les budgets modérés ou un court séjour.

La Table de Botzaris
10 r. du Gén.-Brunet Ⓜ Botzaris – ✆ 01 40 40 03 30 – www.latabledebotzaris.fr – Fermé 3 sem. en août, 1 sem. en fév., dim. soir et lundi
Rest – Formule 33 € – Menu 39/59 € – Carte environ 55 €
Le parc des Buttes-Chaumont est à deux pas de cette table contemporaine où la cuisine épouse l'air du temps. Pour un épigramme de saumon aux agrumes ou une brioche façon pain perdu, arrêtez-vous à Botzaris !

Les Grandes Tables du 104
104 r. d'Aubervilliers, (entrée par le 5 r. Curial) Ⓜ Riquet – ✆ 01 40 37 10 07 – www.104.fr – Fermé dim. soir et lundi
Rest – Carte environ 25 €
Au sein du fameux 104, un décor post-industriel tout en tuyaux et béton brut : un lieu à la mode... et un "bon plan" à la limite des 18e et 19e arrondissements. L'assiette est simple, fraîche et savoureuse, à la croisée du terroir et de la "street food" !

Que du bon
22 r. du Plateau Ⓜ Buttes-Chaumont – ✆ 01 42 38 18 65 – Fermé 24 déc.-2 janv., dim. et le midi sauf vend.
Rest – Formule 15 € – Menu 18 € (déj.) – Carte 30/50 € le soir
Un patron gouailleur, une collection de tire-bouchons, une grande ardoise proposant des vins de petits producteurs : voilà bien un bistrot contemporain ! Et comme il se doit, les plats changent au gré du marché et des saisons... Chaleureux.

La Violette
11 av. Corentin Cariou Ⓜ Corentin Cariou – ✆ 01 40 35 20 45 – www.restaurant-laviolette.com – Fermé 9-31 août, sam., dim. et fériés
Rest *(nombre de couverts limité, réserver)* – Formule 20 € – Carte 39/53 €
Non loin de la Villette, ce restaurant contemporain n'a de violette... que sa banquette. Nems de gambas sauce thaïe, foie de veau poêlé au vinaigre balsamique, tout Ô chocolat, etc. Gourmands, ne soyez pas modestes !

Cimetière du Père Lachaise · Gambetta · Belleville

20e arrondissement ✉ 75020

Mama Shelter
109 r. de Bagnolet Ⓜ Gambetta – ✆ 01 43 48 48 48 – www.mamashelter.com
171 ch – †79/129 € ††109/169 € – 1 suite – ☐ 15 €
Rest ***Mama Shelter*** – voir les restaurants ci-après
Philippe Starck a signé le décor, à la fois épuré, design et fantaisiste, de ce vaste hôtel à la pointe de la modernité. Une ambiance jeune, lounge et un rien décalée, à l'image de ce quartier en plein renouveau.

Palma sans rest
77 av. Gambetta Ⓜ *Gambetta – ✆ 01 46 36 13 65 – www.hotelpalma.com*
32 ch – †82/95 € ††89/130 € – ☕ 9 €
Voisin de la place Gambetta et du cimetière du Père-Lachaise, cet hôtel dispose de petites chambres fraîches correctement insonorisées et bien tenues. Une adresse à prix sage dans un quartier animé.

Mama Shelter – Hôtel Mama Shelter
109 r. de Bagnolet Ⓜ *Gambetta – ✆ 01 43 48 45 45 – www.mamashelter.com*
Rest – Carte 33/58 €
Les propositions simples et efficaces de ce restaurant très branché sont signées Alain Senderens. La terrasse et l'immense table d'hôte de l'espace pizzeria (ouvert non-stop) ajoutent encore à la convivialité du lieu.

Roseval Ⓝ
1 r. d'Eupatoria Ⓜ *Ménilmontant – ✆ 09 53 56 24 14*
– Fermé août, 2 sem. fin déc.-début janv., sam. et dim.
Rest *(dîner seult) (réservation conseillée)* – Menu 40/77 € bc
Quand la Sardaigne et l'Angleterre se retrouvent en cuisine... cela donne un sympathique bistrot contemporain ! Telles sont les origines des deux jeunes chefs qui se sont ici associés : leur binôme fait des étincelles, autour de recettes aussi savoureuses qu'originales. Ambiance conviviale.

Le Baratin
3 r. Jouye-Rouve Ⓜ *Pyrénées – ✆ 01 43 49 39 70 – Fermé 1 sem. en mai, août, 1 sem. en fév., sam. midi, dim. et lundi*
Rest *(réserver)* – Menu 18 € (déj.) – Carte 34/48 € le soir
Pas question de faire du baratin ! L'ardoise est plaisante à lire, les prix sont sages et les vins séduisants. Joue de bœuf à la tomate, ris de veau braisés, etc. : la chef argentine Raquel Carena propose au déjeuner un menu assez simple et, le soir, un choix plus élaboré qui ravit les habitués.

Chatomat
6 r. Victor-Letalle Ⓜ *Ménilmontant – ✆ 01 47 97 25 77 – Fermé vacances de Noël, le midi, lundi et mardi*
Rest *(nombre de couverts limité, réserver)* – Carte 28/40 €
Petite par la taille, mais grande par la qualité ! Nichée dans une ruelle improbable, cette table née mi-2011 a aussitôt fait le buzz sur les réseaux sociaux. À sa tête, un couple de talent, qui signe une courte carte aussi vive que savoureuse... Les jeunes gourmets de l'Est parisien en sont "fans", à juste titre.

La Boulangerie
15 r. des Panoyaux Ⓜ *Ménilmontant – ✆ 01 43 58 45 45*
– Fermé août, 24 déc.-2 janv., sam. midi, dim. et lundi
Rest – Formule 15 € – Menu 18 € (déj.)/35 € – Carte 35/47 €
L'adresse séduit les habitués du quartier par son décor de bistrot patiné. Avec ses plats généreux, sa jolie carte des vins, son impressionnant choix de whiskys, d'armagnacs et de calvados, c'est simple, cette Boulangerie ne désemplit pas !

Les Allobroges
71 r. des Grands-Champs Ⓜ *Maraîchers – ✆ 01 43 73 40 00*
– www.lesallobroges.com – Fermé 5-22 août, dim. soir et lundi
Rest – Menu 19 € (sem.)/33 € – Carte environ 42 €
On ne présente plus ce bon restaurant de quartier proche de la porte de Montreuil. À défaut d'être celte – comme les Allobroges –, la cuisine est traditionnelle, et l'on vous propose chaud-froid d'huîtres, rognons de veau à l'armagnac, etc.

Les prix indiqués devant le symbole † correspondent au prix le plus bas en basse saison puis au prix le plus élevé en haute saison, pour une chambre single. Même principe avec le symbole ††, cette fois pour une chambre double.

Ph. Gajic/MICHELIN

Environs de Paris

40 km autour de Paris

cartes 18 à 21

ANTONY – 92 Hauts-de-Seine – **311** J3 – **101** 25 – 61 393 h. **20** B3
– alt. 80 m – ✉ 92160

Paris 13 – Bagneux 6 – Corbeil-Essonnes 28 – Nanterre 23

place Auguste Mounié, ✆ 01 42 37 57 77, www.ville-antony.fr

Sceaux : parc★★ et musée de l'Île-de-France★ N : 4 km - Châtenay-Malabry : église St-Germain-l'Auxerrois★, Maison de Chateaubriand★ NO : 4 km, Île-de-France

Hôtel de Berny sans rest

129 av. A.-Briand – ✆ 01 46 11 43 90 – www.hotel-berny.com

40 ch – †150/180 € ††150/180 € – 4 suites – ☐ 12 €

Près de la Croix de Berny, hôtel récent avec d'agréables chambres contemporaines (tons chauds, parquet et mobilier en teck...) et quelques suites. Garage bien pratique et salle de séminaire.

La Tour de Marrakech

72 av. Division Leclerc – ✆ 01 46 66 00 54 – www.latourdemarrakech.com – Fermé août et lundi

Rest – Formule 22 € – Menu 34 € bc/58 € bc – Carte 24/45 €

Un Paris-Marrakech par voie express ! Décor délicieusement mauresque, plats du pays joliment mitonnés, desserts faits maison, sans oublier l'accueil et le service prévenants.

ARGENTEUIL – 95 Val-d'Oise – **305** E7 – **101** 14 – 102 844 h. **20** B1
– alt. 33 m – ✉ 95100 Île de France

Paris 16 – Chantilly 38 – Pontoise 20 – St-Germain-en-Laye 19

La Ferme d'Argenteuil

2 bis r. Verte – ✆ 01 39 61 00 62 – www.lafermedargenteuil.com – Fermé 1er-8 mai, 1er-22 août, lundi soir, mardi soir, merc. soir et dim.

Rest – Menu 35/70 € – Carte 55/70 €

Il n'y a rien d'agricole dans cette jolie ferme ! Tout est feutré, douillet, mignon... Aux commandes, deux sœurs soucieuses de bien faire. Amélia vous reçoit, tandis que Marie, aux fourneaux, concocte une sympathique cuisine d'aujourd'hui.

ASNIÈRES-SUR-SEINE – 92 Hauts-de-Seine – **311** J2 – **101** 15 – 81 603 h. **20** B1
– alt. 37 m – ✉ 92600 Île de France

Paris 10 – Argenteuil 6 – Nanterre 8 – Pontoise 26

Le Van Gogh

1 Port Van Gogh, (accès par le Pont de Clichy) – ✆ 01 47 91 05 10 – www.levangogh.com – Fermé 4-20 août, 16-25 déc. et lundi en août

Rest – Menu 39 € – Carte 50/80 €

Sur les bords de Seine immortalisés par Van Gogh, presque les pieds dans l'eau ! Sur la jolie terrasse, on voit passer les péniches en se délectant d'une cuisine d'aujourd'hui honorant les poissons de l'Atlantique... Et dans la salle à la déco très "bateau", on apprécie la vue sur les cuisines.

La Petite Auberge

118 r. Colombes – ✆ 01 47 93 33 94 – Fermé 5-13 mai, 11-28 août, dim. soir, merc. soir et lundi

Rest – Menu 30/35 €

Une petite auberge rustique au charme un brin suranné, mais tellement sympathique... Objets anciens, collection d'assiettes, accueil prévenant : tout y est ! Côté papilles, la carte respecte la tradition et les saisons.

Aulnay-sous-Bois – 93 Seine-Saint-Denis – **305** F7 – **101** 18 – 82 525 h. – alt. 46 m – ✉ 93600 **21** D1

▶ Paris 19 – Bobigny 9 – Lagny-sur-Marne 23 – Meaux 30

Auberge des Saints Pères (Jean-Claude Cahagnet)

212 av. de Nonneville – ✆ 01 48 66 62 11 – www.auberge-des-saints-peres.fr – Fermé 3 sem. en août, merc. soir, sam. et dim.

Rest – Menu 43/90 € bc – Carte 55/81 €

Des assiettes sophistiquées, originales et techniques, où dialoguent de nombreux ingrédients, accompagnés des épices et herbes du propre jardin aromatique du chef : telle est la savoureuse signature de ces Saints Pères, au cadre épuré et élégant.

➜ Transparence de lapereau et de haddock, artichaut poivrade et compotée de tomate. Lotte habillée d'une fondue de mozzarella, tomate et basilic en velouté de petits pois. Fondant de thé matcha sur un pain de Gênes, velouté de gingembre confit.

Auvers-sur-Oise – 95 Val-d'Oise – **305** E6 – **106** 6 – **101** 3 – 6 840 h. – alt. 30 m – ✉ 95430 Île de France **18** B1

▶ Paris 36 – Beauvais 52 – Chantilly 35 – Compiègne 84

ℹ rue de la Sansonne, ✆ 01 30 36 10 06, www.lavalleedeloise.com

◉ Maison de Van Gogh★ - Parcours-spectacle "voyage au temps des Impressionnistes"★au château de Léry.

Hostellerie du Nord avec ch

6 r. Gén.-de-Gaulle – ✆ 01 30 36 70 74 – www.hostelleriedunord.fr – Fermé sam. midi, dim. soir et lundi

8 ch – †99/129 € ††99/189 € – ☕ 15 €

Rest – Formule 50 € bc – Menu 60 € (déj. en sem.), 70/80 €

Ancien relais de poste (17e s.), proche de la célèbre église. Salle à manger sobre, aux tons clairs ; même classicisme dans la cuisine du chef, qui démontre un savoir-faire certain. Chambres traditionnelles, arborant le nom de grands peintres ayant fréquenté la région.

Auberge Ravoux

52 r. du Gén.-de-Gaulle, (face à la mairie) – ✆ 01 30 36 60 60 – www.maisondevangogh.fr – Ouvert début mars à nov. et fermé dim. soir, merc. soir, jeudi soir, lundi et mardi

Rest *(nombre de couverts limité, réserver)* – Formule 27 € – Menu 32/75 € bc – Carte 51/61 €

Bienvenue en terre artiste... Non loin de l'église qu'il a rendue célèbre et du cimetière où il repose, l'âme de Van Gogh plane encore sur "sa" dernière auberge. Ici, la cuisine cultive les recettes d'antan, entre tradition populaire et manières familiales... À noter : la petite chambre du peintre se visite.

Bagnolet – 93 Seine-Saint-Denis – **305** F7 – **101** 17 – 33 839 h. – alt. 96 m – ✉ 93170 **21** C2

▶ Paris 8 – Bobigny 6 – Lagny-sur-Marne 32 – Meaux 39

Novotel Paris Est

1 av. de la République, (échangeur porte de Bagnolet) Ⓜ *Galliéni – ✆ 01 49 93 63 00 – www.novotel.com*

609 ch – †89/179 € ††89/179 € – 7 suites – ☕ 17 €

Rest – Formule 19 € – Carte 21/48 €

En bordure du périphérique, l'un des premiers hôtels de la chaîne (construit en 1973), et l'un des plus fréquentés (plus de 600 chambres). Hommes d'affaires, groupes et touristes du monde entier ne cessent de s'y croiser.

Bois-Colombes – 92 Hauts-de-Seine – **311** J2 – **101** 15 – 28 153 h. – alt. 37 m – ✉ 92270 **20** B1

▶ Paris 12 – Nanterre 6 – Pontoise 25 – St-Denis 11

Le Chefson

17 r. Ch.-Chefson – ✆ 01 42 42 12 05 – Fermé août, 1 sem. vacances de fév., lundi soir, sam. et dim.

Rest *(nombre de couverts limité, réserver)* – Formule 23 € – Menu 28/37 €

Le Chefson ? Tout le quartier en parle ! Une cuisine traditionnelle simple et généreuse, une atmosphère bistrotière (ou plus cossue dans la deuxième salle) et de jolies suggestions du marché à l'ardoise : plutôt rare dans une banlieue résidentielle très paisible...

BOUGIVAL – 78 Yvelines – 311 I2 – 101 13 – 8 419 h. – alt. 40 m – ✉ 78380 Île de France 20 A2

Paris 21 – Rueil-Malmaison 5 – St-Germain-en-Laye 6 – Versailles 8

1, rue du Général Leclerc, ✆ 01 39 69 21 23, www.tourisme.bougival.com

Holiday Inn

10-12 r. Yvan-Tourgueneff, D 113 – ✆ 01 30 08 18 28 – www.holiday-inn.com

219 ch – 140/300 € 140/300 € – 18 €

Rest – Formule 27 € – Carte 33/44 €

Un bâtiment des années 1970 doublé d'une aile toute récente. Deux types de chambres : très contemporaines ou plus classiques, certaines étant tournées vers la Seine. Restaurant d'esprit méditerranéen.

La Vasconia sans rest

7 r. de la Butte-de-la-Celle, (allée St-Michel) – ✆ 01 39 69 03 93 – www.la-vasconia.com

3 ch – 67/77 € 77/97 €

Au cœur d'un paisible quartier pavillonnaire, on pénètre dans cette maison par un grand jardin arboré et fleuri. Chambres personnalisées et soignées (meubles anciens ou chinés).

Le Camélia (Thierry Conte)

7 quai Georges Clemenceau, (réouverture prévue à l'automne après travaux) – ✆ 01 39 18 36 06 – www.lecamelia.com – Fermé 1 sem. vacances de Noël, dim. et lundi

Rest – Menu 37 € (déj. en sem.), 45/75 € – Carte 90/110 €

L'enseigne évoque le passé artistique de cette charmante auberge. On apprécie l'œuvre du chef : une cuisine inventive réalisée au gré du marché.

➜ Royale de foie gras aux champignons du moment. Sole aux câprons et citron caramélisé, fricassée d'artichaut poivrade. Millefeuille aux fruits de saison.

BOULOGNE-BILLANCOURT – 92 Hauts-de-Seine – 311 J2 – 101 24 – 113 085 h. – alt. 35 m – ✉ 92100 Île de France 20 B2

Paris 10 – Nanterre 9 – Versailles 11

Musée départemental Albert-Kahn ★ : jardins ★ - Musée Paul Landowski ★.

Radisson Blu

33 av. E.-Vaillant – ✆ 01 46 08 85 00 – www.radissonblu.com/hotel-parisboulogne BZa

160 ch – 175/420 € 175/420 € – 10 suites – 24 €

Rest A O C *(fermé août,vacances de Noël, sam. et dim.)* – Formule 24 € – Menu 31 € – Carte 45/57 €

Matériaux naturels et démarche écologique : tel est le credo de ce Radisson contemporain certifié "vert". Le restaurant ouvre sur une grande terrasse plantée de vignes... Nature toujours !

Mercure Porte de St-Cloud

37 pl. René-Clair – ✆ 01 49 10 49 10 www.mercure.com BZb

180 ch – 156/238 € 156/238 € – 19 €

Rest Croisette Café ✆ 01 49 10 49 50 *(fermé le soir en août et fériés)* – Formule 29 € – Carte 36/48 €

Derrière une large façade en verre réfléchissant, des prestations de qualité, particulièrement adaptées à la clientèle d'affaires : business-center complet, chambres fonctionnelles et confortables, etc. Fil rouge des décors : le cinéma, à travers des photos des studios Harcourt.

BOULOGNE-BILLANCOURT

Acanthe sans rest
9 rd-pt Rhin-et-Danube Ⓜ Boulogne Pont de Saint-Cloud – ✆ 01 46 99 10 40 – www.hotelacanthe.com AY**d**
68 ch – 🚹195 € 🚹🚹195 € – 1 suite – ☕ 15 €
Près des studios de Boulogne et des beaux jardins du musée Albert-Kahn, voici un hôtel agréable, aux chambres spacieuses, douillettes et bien insonorisées. Joli patio fleuri et buffet au petit-déjeuner.

Villa Sorel sans rest
20 r. Georges-Sorel Ⓜ Marcel Sembat – ✆ 01 46 04 91 58 – www.villasorel.com – Fermé 29 juil.-29 août BZ**e**
20 ch – 🚹70/120 € 🚹🚹85/140 € – ☕ 10 €
Dans une rue calme, un petit hôtel très central où l'on se sent comme chez soi. Les chambres sont fraîches et colorées ; aux beaux jours, on prend le petit-déjeuner dans la cour intérieure – où, l'après-midi, on peut également boire le thé.

Paris sans rest
104 bis r. de Paris Ⓜ Boulogne Jean Jaurès – ✆ 01 46 05 13 82 – www.hotel-paris-boulogne.com AY**f**
31 ch – 🚹85/94 € 🚹🚹94/96 € – ☕ 10 €
Dans un secteur calme, non loin du métro, un hôtel familial simple et très accueillant. Les chambres sont certes petites, mais fonctionnelles et tranquilles.

Au Comte de Gascogne (Benoit Charvet)
89 av. J.-B.-Clément Ⓜ Boulogne Pont de St-Cloud – ✆ 01 46 03 47 27 – www.aucomte.fr – Fermé dim. et lundi AY**h**
Rest – Menu 69/92 € – Carte 90/130 €
Rest *Le Bistrot* – voir les restaurants ci-après
Une table élégante, sous la lumière d'une belle verrière... Saveur, fraîcheur, simplicité : le sens du produit est un héritage chez les Charvet et, dorénavant, le fils réinterprète joliment les classiques de la maison.
➜ Dégustation de foie gras de canard. Homard entier en bisque. Glace à la vanille Bourbon turbinée au moment.

Ma Sa Ⓝ (Hervé Rodriguez)
112 av. Victor-Hugo Ⓜ Marcel Sembat – ✆ 01 48 25 49 20 – www.masa-paris.fr – Fermé 3 sem. en août, sam. et dim. BZ**m**
Rest – Formule 25 € – Menu 42 € (déj.), 48/68 € – Carte 50/70 €
Œuf de Marans, bœuf de Coutancie, canette de Challans... Les meilleurs produits pour une cuisine volontiers ludique et créative. Féru notamment des techniques moléculaires, le chef joue avec les formes, les textures, les couleurs, sans jamais dénaturer les saveurs. Original et percutant !
➜ Langoustine rafraîchie dans une eau de tomate, petits pois et sarriette. Ris de veau braisé au jasmin, condiment orange, petits pois et girolles. Le citron de Nice.

L'Auberge
86 av. J.-B.-Clément Ⓜ Boulogne Pont de St-Cloud – ✆ 01 46 05 67 19 – www.restaurant-boulogne-billancourt.com – Fermé 1er-25 août, sam. midi, dim. soir et lundi AY**k**
Rest – Formule 24 € – Menu 42 € (déj.) – Carte 48/73 €
Une auberge d'aujourd'hui, mêlant les pierres apparentes et l'épure contemporaine avec grâce... Le jeune chef aime travailler de beaux produits nobles et de saison ; sa cuisine se montre fine et savoureuse, à l'instar d'un filet de turbot et poivrons, galette de courgette et beignet d'aubergine.

Le Bistrot – Rest. Au Comte de Gasgogne
89 av. J.-B.-Clément Ⓜ Boulogne Pont de St-Cloud – ✆ 01 46 03 47 27 – www.aucomte.fr – Fermé dim. et lundi AY**n**
Rest – Menu 29 € – Carte 46/59 €
Sous l'égide d'une table bien connue, un bistrot élégant, avec une agréable terrasse. La cuisine y est soignée, concoctée à partir de beaux produits frais de saison. Outre les classiques (foie gras et saumon fumé maison, etc.), le menu change régulièrement.

Mon Bistrot
33 r. Marcel Dassault Ⓜ Porte de St-Cloud – ✆ 01 47 61 90 10 – www.mon-bistrot.fr – Fermé 3 sem. en août, sam., dim. et fériés BZp
Rest – Formule 29 € – Carte 30/49 €
Rouleaux de concombre à la ricotta, baba au rhum et caramel au beurre salé et, tous les jeudis, viande d'Argentine cuite à la plancha... Un néobistrot convivial et plutôt cosy pour une cuisine bistrotière d'aujourd'hui, fraîche et bien ficelée.

Chez Michel
4 r. Henri-Martin Ⓜ Porte de St-Cloud – ✆ 01 46 09 08 10 – Fermé août, 20 déc.-2 janv., sam. midi et dim. BYq
Rest – Formule 13 € – Menu 24/30 € – Carte environ 30 €
Lasagnes d'asperges vertes, turbot aux girolles, meringue aux fruits rouges... Dans le bistrot de Michel, les plats varient avec le marché : fraîcheur et simplicité. Une adresse sympathique, appréciée par la clientèle d'affaires au déjeuner.

Le Gorgeon
42 av. Victor-Hugo Ⓜ Porte de St-Cloud – ✆ 01 46 05 11 27 – Fermé en août, sam. et dim. BYr
Rest – Carte 26/56 €
Un bistrot comme on les aime, avec un comptoir millésimé 1925 et une ambiance bon enfant. Sur l'ardoise, rien que de grands classiques bien troussés : œuf (bio) mayo, andouillettes AAAAA et frites maison, harengs pommes à l'huile, etc. Avec une petite carte de vins de propriétaires très judicieuse.

Ducoté Cour
97 av. E.-Vaillant Ⓜ Marcel Sembat – ✆ 01 41 41 07 15 – Fermé sam. et dim. BZs
Rest – Carte 28/48 €
Dans cette brasserie assez trendy, le chef Julien Ducoté concocte une jolie cuisine tendance, assez internationale dans son esprit. On peut bien sûr s'installer en terrasse – côté cour oblige ! – ou au comptoir, pour manger sur le pouce.

BRIE-COMTE-ROBERT – 77 Seine-et-Marne – 312 E3 – 101 39 – 16 152 h. – alt. 90 m – ✉ 77170 Île de France 19 C2

- Paris 30 – Brunoy 10 – Évry 20 – Melun 18
- Place Jeanne d'Évreux, ✆ 01 64 05 30 09, www.briecomterobert.fr
- Clément Ader, à Gretz-Armainvilliers, Domaine du Château Péreire, NE : 12 km par D 216, ✆ 01 64 07 34 10
- de Marolles en Brie, à Marolles-en-Brie, Mail de la Justice, NO : 6 km, ✆ 01 45 95 18 18
- ASPTT Paris Golf des Corbuches, à Lésigny, Ferme des Hyverneaux, N : 6 km par N 104, ✆ 01 60 02 07 26
- du Réveillon, à Lésigny, Ferme des Hyverneaux, N : 6 km par N 104, ✆ 01 60 02 17 33
- Verrière★ du chevet de l'église.

À la Grâce de Dieu
79 r. du Gén.-Leclerc, (D 619) – ✆ 01 64 05 00 76 – www.gracededieu.com
16 ch – †58/65 € ††58/65 € – ☕ 9 € – ½ P
Rest *(fermé vend. soir et dim. soir)* – Menu 22 € (sem.), 28/42 € – Carte 36/46 €
Imaginez qu'au 17e s., ce relais de poste constituait une halte au cœur d'une route tenue par les bandits de grand chemin... d'où son nom ! Désormais, plus de risque ; les chambres sont simples, certes, mais l'on y dort bien.

La Fabrique
1 bis r. du Coq-Gaulois – ✆ 01 60 02 10 10 – www.restaurantlafabrique.fr – Fermé 1 sem. en mars, août, 24 déc.-2 janv., sam. midi, mardi soir, merc. soir, dim. et lundi
Rest – Formule 24 € – Menu 30 € (déj. en sem.)/65 € – Carte 54/82 €
Ce loft d'esprit industriel est bien caché au bout d'une petite allée, et il fait bon s'y régaler dans une belle atmosphère conviviale... Une adresse d'aujourd'hui, qui décline les nouveaux codes de la gastronomie bistrotière et gourmande !

BRY-SUR-MARNE – 94 Val-de-Marne – **312** E2 – **101** 18 – 15 309 h. – alt. 40 m – ✉ 94360 **21** D2

▶ Paris 16 – Créteil 12 – Joinville-le-Pont 5 – Nogent-sur-Marne 3

ℹ 6 bis, grande rue, ✆ 01 48 82 30 30, www.officetourisme-bry94.fr

XX **Auberge du Pont de Bry - La Grapille** AC VISA CB AE

3 av. du Gén.-Leclerc – ✆ 01 48 82 27 70 – www.lagrappille.fr – Fermé 21 juil.-20 août, lundi et mardi

Rest – Menu 32/60 € – Carte 46/62 €

Aux commandes de cette auberge, un chef de métier qui fait preuve de savoir-faire pour sélectionner des ingrédients de qualité et rehausser les saveurs des recettes – même les plus traditionnelles. Faites fi du décor, la table est appétissante !

CERGY-PONTOISE P – 95 Val-d'Oise – **305** D6 – **106** 5 – **101** 2 – 190 486 h. Île de France **18** B1

▶ Paris 35 – Mantes-la-Jolie 40 – Pontoise 3 – Rambouillet 60

18 de Cergy-Pontoise, à Vauréal, 2 allée de l'Obstacle d'Eau, O : 7 km par D 922, ✆ 01 34 21 03 48

27 d'Ableiges, à Ableiges, Chaussée Jules César, NO : 14 km par rte d'Ableiges, ✆ 01 30 27 97 00

18 de Gadancourt, à Gadancourt, par rte de Rouen : 20 km, ✆ 01 34 66 12 97

CERGY-PONTOISE

Bougara (Av. Rédouane) . . . BV 4
Bouticourt (Bd Ch.) . . . . BV 6
Constellation (Av. de la) . . . . AV 13
Delarue (Av. du Gén.-G.) . . . BV 15
Genottes (Av. des) . . . . AV 28
Lavoye (R. Pierre) . . . . BV 40
Mendès-France (Mail) . . . . . AX 44
Mitterrand (Av. Fr.) . . . . BVX 45
Moulin à Vent (Bd du) . . . . . AV 47
Petit Albi (R. du) . . . . AV 55
Verdun (Av. de) . . . . BX 76
Viosne (Bd de la) . . . . BVX 83

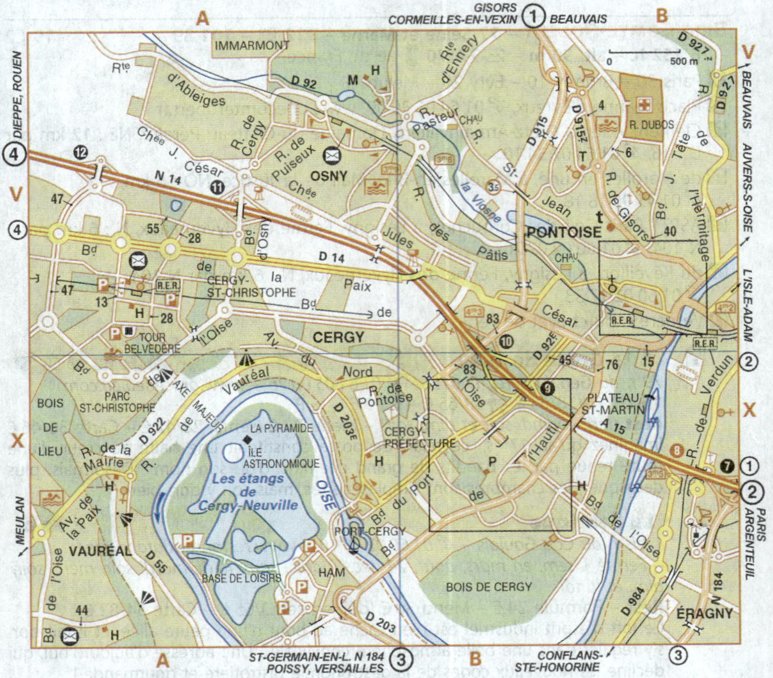

CERGY-PRÉFECTURE

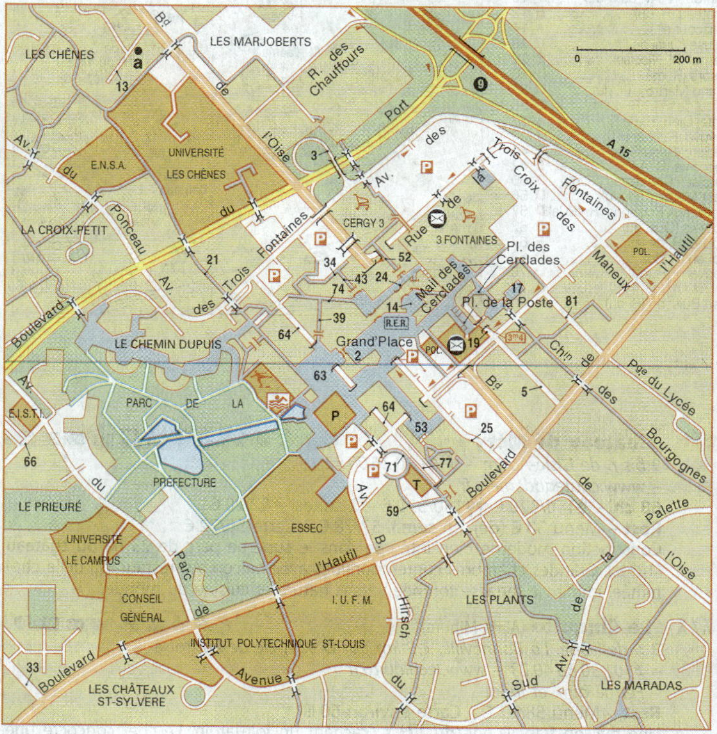

Cergy – 57 247 h. – alt. 30 m – ✉ 95800

Mercure sans rest

3 r. Chênes Émeraude, par bd de l'Oise – ✆ 01 34 24 94 94 – www.mercure.com

56 ch – †140/160 € ††140/160 € – ☕ 14 € **Ya**

Pour une étape ou un voyage d'affaires dans la ville nouvelle de Cergy-Pontoise, ce Mercure, né en 1991, de bon confort et parfaitement tenu, se révèlera une bonne option. Produits bio au petit-déjeuner.

Hérouville 8 km au Nord-Est par D 927 – 605 h. – alt. 120 m – ✉ 95300

Les Vignes Rouges

3 pl. de l'Église – ✆ 01 34 66 54 73 – www.vignesrouges.fr – Fermé 1er-12 mai, 3 sem. en août, 1er-15 janv., dim. soir, lundi et mardi

Rest – Menu 38 € – Carte 50/80 €

La tradition est de mise dans cette maison surannée, au cœur de ce village proche d'Auvers-sur-Oise (l'enseigne fait d'ailleurs référence à une œuvre de Van Gogh). De bonnes saveurs au menu : foie gras poêlé, andouillette braisée au chablis...

Méry-sur-Oise – 9 396 h. – alt. 29 m – ✉ 95540

ℹ 14, Avenue Marcel Perrin, ✆ 01 30 36 23 00, www.merynet.com

PONTOISE

Bretonnerie (R. de la)	D	7
Butin (R. Pierre)	DE	8
Canrobert (Av. du Mar.)	D	10
Château (R. du)	E	12
Delacour (R.)		14
Écluse (Quai de l')	E	18
Flamel (Pl. Nicolas)	E	22
Gisors (R. de)	D	30
Grand Martroy (Pl. du)	D	32
Hôtel de Ville (R. de l')	E	36
Hôtel Dieu (R. de l')	E	37
Lavoye (R. Pierre)	D	40
Leclerc (R. du Gén.)	E	41
Lecomte (R. A.)	E	42
Parc aux Charrettes (Pl. du)	D	50
Petit Martroy (Pl. du)	D	56
Pierre aux Poissons (R. de la)	D	57
Pothuis (Quai du)	E	62
Roche (R. de la)	E	67
Rouen (R. de)	D	69
Souvenir (Pl. du)	D	70
Thiers (R.)	D	72
Vert Buisson (R. du)	E	80

Château de Méry
9 bis r. de L'Isle-Adam – ✆ 01 30 36 00 82
– www.chateaudemery.fr
68 ch – 150/320 € 150/320 € – 2 suites – 20 €
Rest – Menu 38 € (déj. en sem.), 52/78 € – Carte 56/72 €
Construction moderne bien intégrée dans le superbe parc de 23 ha du château (18e s.). Grandes chambres contemporaines avec balcon. Au restaurant, belle cheminée, immense terrasse tournée vers la nature et cuisine du monde.

Le Chiquito (Alain Mihura)
3 r. de l'Oise, La Bonneville, 1,5 km par D 922, rte de Pontoise
– ✆ 01 30 36 40 23 – www.lechiquito.fr
– Fermé dim. et lundi
Rest – Menu 58/73 € – Carte environ 60 €
Une maison francilienne du 17e s., cachant un joli jardin. Le chef concocte une cuisine classique tout en finesse et simplicité, avec des produits de belle qualité. Agréable véranda.
➜ Foie gras poêlé, bâton de rhubarbe et gelée de citron. Bar de ligne, mousseline de chou-fleur et sabayon d'oursin. Paris-brest, sauce à la chicorée.

Pontoise – 29 817 h. – alt. 48 m – ✉ 95000
Place de la Piscine, ✆ 01 34 41 70 60, www.otpontoise.fr

Auberge du Cheval Blanc
47 r. Gisors – ✆ 01 30 32 25 05 – www.chevalblanc95.net
– Fermé 1er-25 août, sam. midi, dim. et lundi BVt
Rest – Formule 28 € – Menu 43 € – Carte 51/72 €
L'Auberge du Cheval Blanc, c'est surtout la personnalité de Laurence Ravail, chef truculente et passionnée, intarissable sur les produits et les vignerons qu'elle adore (belle sélection de vins). Ses assiettes ne mentent pas : colorées et savoureuses, elles mêlent recettes nouvelles et ingrédients bio.

Cernay-la-Ville – 78 Yvelines – 311 H3 – 106 29 – 101 31 – 1 647 h. 18 B2
– alt. 170 m – ✉ 78720
Paris 45 – Chartres 52 – Longjumeau 31 – Rambouillet 12
Abbaye★ des Vaux-de-Cernay O : 2 km, Île-de-France

Abbaye des Vaux de Cernay
2,5 km à l'Ouest par D 24 – ✆ 01 34 85 23 00 – www.abbayedecernay.com
54 ch – †125/320 € ††125/320 € – 3 suites – ☕ 18 € – ½ P
Rest – Formule 30 € – Menu 54/80 € – Carte 70/108 €
On accède par un grand parc à cette abbaye cistercienne, magnifique ensemble architectural du 12e s. Salons gothiques, vastes chambres au mobilier ancien ou plus actuel. Cuisine traditionnelle servie dans l'étonnante salle à manger coiffée de superbes voûtes.

CHARENTON-LE-PONT – 94 Val-de-Marne – 312 D3 – 101 26 – 28 844 h. – alt. 45 m – ✉ 94220 21 C2

Paris 8 – Alfortville 3 – Ivry-sur-Seine 4

Novotel Atria
5 pl. Marseillais Ⓜ Liberté – ✆ 01 46 76 60 60 – www.accorhotels.com
132 ch – †95/250 € ††95/250 € – 1 suite – ☕ 15 €
Rest – Formule 17 € – Carte 25/40 €
Au pied du métro (on rejoint Bastille en 15mn par la ligne 8), un hôtel particulièrement adapté aux attentes de la clientèle d'affaires, avec notamment un amphithéâtre de 200 places. Très bon niveau de confort.

CHÂTEAUFORT – 78 Yvelines – 311 I3 – 101 22 – 1 403 h. – alt. 153 m – ✉ 78117 20 A3

Paris 28 – Arpajon 28 – Chartres 75 – Versailles 15
National, à Guyancourt, 2 avenue du Golf, NO : 7 km par D 36, ✆ 01 30 43 36 00

La Belle Époque
10 pl. de la Mairie – ✆ 01 39 56 95 48 – www.labelleepoque78.fr – Fermé 1er-20 août, dim. et lundi
Rest – Menu 38 € (sem.)/62 € – Carte 62/73 €
L'enseigne ne ment pas : derrière une devanture digne d'une auberge d'autrefois, on découvre un décor d'une sobre élégance, au noir et blanc très "début de siècle", assorti d'une jolie terrasse dominant la vallée de Chevreuse. Mais le chef signe une cuisine dans le goût de... notre époque.

CHÂTILLON – 92 Hauts-de-Seine – 311 J3 – 101 25 – 32 448 h. – alt. 115 m – ✉ 92320 20 B2

Paris 10 – Bobigny 25 – Créteil 19 – Nanterre 23
21, rue Gabriel Péri, ✆ 01 46 57 93 32, http://otsi-chatillon-92.org

Barbezingue
14 bd de la Liberté – ✆ 01 49 85 83 50 – www.barbezingue.com – Fermé 3 sem. en août, dim. soir et lundi
Rest – Menu 32/42 € – Carte environ 35 €
Généreuse cuisine canaille dans ce bistrot qui fait aussi table d'hôte (à l'étage) et... barbier le vendredi matin ! Terrasse idéale pour l'apéro, terrain de pétanque : plus qu'un concept, un lieu de vie.

CHENNEVIÈRES-SUR-MARNE – 94 Val-de-Marne – 312 E3 – 101 28 – 18 083 h. – alt. 108 m – ✉ 94430 21 D2

Paris 18 – Créteil 14 – Melun 35 – Nogent-sur-Marne 8

L'Écu de France Ⓝ
31 r. de Champigny – ✆ 01 45 76 00 03 – www.ecudefrance.com – Fermé dim. soir et lundi sauf en juin, juil. et août
Rest – Formule 35 € – Menu 50/110 € bc – Carte 53/109 €
Sur les rives de la Marne, dans un site bucolique, une bâtisse de 1717 tout en colombages et toits de tuiles : un ensemble très pittoresque, même les salles intérieures au cachet vieille France assumé. Dans un tel décor, la cuisine surprend par... son inventivité ! Superbes millésimes à la carte des vins.

CLAMART – 92 Hauts-de-Seine – **311** J3 – **101** 25 – **52 569 h.** – **alt. 102 m** **20** B2
– ✉ **92140**

▶ Paris 10 – Boulogne-Billancourt 7 – Issy-les-Moulineaux 4 – Nanterre 15

ℹ 22, rue Paul Vaillant Couturier, ✆ 01 46 42 17 95, www.clamart.fr

La Brèche du Bois sans rest

7 pl. J. Hunebelle – ✆ 01 46 42 29 06 – www.hotel-brechedubois.com

30 ch – †72/75 € ††78/85 € – ☕ 8 €

Dans un quartier verdoyant, un hôtel familial – une ancienne guinguette ! – avec des chambres pratiques et très propres. De jolis tableaux décorent la maison et, à deux pas, les sentiers du bois de Clamart invitent à la promenade.

Trosy sans rest

41 r. P. Vaillant-Couturier – ✆ 01 47 36 37 37 – www.hoteldutrosy.com

40 ch – †65/72 € ††65/72 € – ☕ 8 €

Un hôtel récent, simple mais bien tenu : idéal pour la clientèle d'affaires ! Préférez les chambres côté cour, plus calmes.

CLICHY – 92 Hauts-de-Seine – **311** J2 – **101** 15 – **58 200 h.** – **alt. 30 m** **20** B1
– ✉ **92110**

▶ Paris 9 – Argenteuil 8 – Nanterre 9 – Pontoise 26

ℹ 61, rue Martre, ✆ 01 47 15 31 61, www.clichy-tourisme.fr

Europe sans rest

52 bd Gén.-Leclerc Ⓜ Mairie de Clichy – ✆ 01 47 37 13 10 – www.hotel-residence-europe.com

83 ch – †110/160 € ††120/170 € – ☕ 12 €

Sur une avenue fréquentée, un immeuble en brique (1920) avec des chambres confortables et fonctionnelles. Points forts : les salles de réunion, la piscine et le sauna en sous-sol.

La Barrière de Clichy

1 r. de Paris Ⓜ Mairie de Clichy – ✆ 01 47 37 05 18 – Fermé août, sam., dim. et fériés

Rest – Menu 35/44 € – Carte 60/90 €

Nappes blanches, argenterie, décor feutré, menu dégustation qui change avec les saisons : un bon restaurant traditionnel, tenu par un couple avenant et animé par le désir de bien faire.

COLOMBES – 92 Hauts-de-Seine – **312** C2 – **101** 14 – **84 572 h.** **20** B1
– **alt. 38 m** – ✉ **92700**

▶ Paris 19 – Boulogne-Billancourt 19 – Montreuil 23 – Nanterre 9

Courtyard by Marriott

91 bd Charles-de-Gaulle – ✆ 01 47 69 59 49 – www.courtyardcolombes.com

150 ch – †89/229 € ††99/264 € – ☕ 18 €

Rest *(fermé sam. midi et dim. midi)* – Carte environ 20 €

Un bâtiment récent, doté de chambres fonctionnelles. Hall-salon moderne, réchauffé par une cheminée et accueillant un "market" (boutique self-service). Cuisine méditerranéenne au restaurant (formule buffet au déjeuner).

CONFLANS-STE-HONORINE – 78 Yvelines – **311** I2 – **101** 3 – **35 335 h.** **18** B1
– **alt. 25 m** – ✉ **78700** Île de France

▶ Paris 38 – Mantes-la-Jolie 39 – Poissy 10 – Pontoise 8

ℹ 1, rue René Albert, ✆ 01 34 90 99 09, www.conflans-sainte-honorine.fr

◉ ≤★ de la terrasse du parc du château - Musée de la Batellerie.

Au Bord de l'Eau

15 quai Martyrs-de-la-Résistance – ✆ 01 39 72 86 51 – Fermé 5-24 août, lundi sauf fériés et le soir sauf sam.

Rest – Menu 31 € (déj. en sem.), 45/67 €

Cet ancien bistrot de bateliers des bords de Seine abrite un sympathique restaurant familial. Le décor intérieur rend hommage à la batellerie conflanaise. Cuisine traditionnelle.

CORBEIL-ESSONNES – 91 Essonne – **312** D4 – **101** 37 – **42 456 h.** **18** B2
– **alt. 37 m** – ✉ **91100**

▶ Paris 36 – Créteil 27 – Évry 6 – Fontainebleau 37

ℹ Place Comte Haymon, ✆ 01 64 96 23 97, www.corbeil-essonnes.com

Blue Green Golf de Villeray, à Saint-Pierre-du-Perray, E : 6 km, ✆ 01 60 75 17 47

de Greenparc, à Saint-Pierre-du-Perray, Route de Villepècle, NE : 6 km par D 947, ✆ 01 60 75 40 60

Aux Armes de France (N)

1 bd Jean-Jaurès – ✆ 01 60 89 27 10 – www.aux-armes-de-france.fr – Fermé 10-18 mars, 28 juil.-20 août, dim. et lundi

Rest – Menu 37 € (déj. en sem.), 46/69 €

Il souffle comme un vent de fraîcheur sur cet ancien relais de poste repris en 2011 par un jeune chef passé par plusieurs maisons étoilées. Au menu : des recettes généreuses en saveurs, à l'image de ces macaronis farcis au foie gras et célerirave, gratinés au parmesan. Ambiance feutrée, accueil charmant.

au Coudray-Montceaux 6 km au Sud-Est par N 7 – 4 563 h. – alt. 81 m – ✉ 91830

Mercure

ch, VISA AE

rte de Milly-la-Forêt – ✆ 01 64 99 00 00 – www.mercure.com

125 ch – †92/265 € ††92/265 € – ☕ 17 €

Rest – Formule 18 € bc – Menu 25/30 € – Carte 28/48 €

Au cœur d'un parc, un Mercure agréable : complexe sportif apprécié de la clientèle d'affaires et familiale (tennis, practice de golf, piscine...), restaurant traditionnel et chambres décorées avec soin.

COURBEVOIE – 92 Hauts-de-Seine – **311** J2 – **101** 15 – **86 945 h.** **20** B1
– **alt. 28 m** – ✉ **92400** Île de France

▶ Paris 10 – Asnières-sur-Seine 4 – Levallois-Perret 4 – Nanterre 5

George Sand sans rest

18 av. Marceau – ✆ 01 43 33 57 04 – www.georgesandhotel.com

32 ch – †90/149 € ††90/149 € – ☕ 12 €

Une jolie façade Art déco, un intérieur bonbonnière évoquant l'univers de George Sand (mobilier du 19e s., salon romantique où l'on prend le petit-déjeuner, tissus muraux dans les chambres) : pour faire revivre (un peu) la baronne Dudevant...

Quartier Charras

Mercure La Défense 5

ch, VISA AE

18 r. Baudin – ✆ 01 49 04 75 00 – www.mercure.com

502 ch – †109/325 € ††109/325 € – 5 suites – ☕ 18 €

Rest *Le Bistrot de l'Echanson* ✆ 01 49 04 75 85 *(fermé 3 sem. en août, vend. soir, dim. midi et sam.)* – Formule 12 € – Carte 22/35 €

Un hôtel de chaîne dédié à la clientèle d'affaires internationale de la Défense, avec des chambres fonctionnelles et contemporaines. Bistrot, fitness, hammam, solarium, etc.

au Parc de Bécon

Les Trois Marmites

VISA AE

215 bd St-Denis – ✆ 01 43 33 25 35 – Fermé août, sam., dim. et fériés

Rest *(déj. seult)* – Formule 39 € – Menu 42/69 €

Face au parc de Bécon et tout près des quais, un petit restaurant de quartier tenu en couple – monsieur aux fourneaux, madame en salle. À la carte, honneur à la tradition et aux plats bistrotiers : andouillette, boudin noir, etc.

CRÉTEIL P – **94 Val-de-Marne** – **312** D3 – **101** 27 – **89 359 h.** – **alt. 48 m** **21** C2
– ✉ **94000** Île de France

Paris 14 – Bobigny 22 – Évry 32 – Lagny-sur-Marne 29

de Marolles-en-Brie, à Marolles-en-Brie, Mail de la Justice, SE : 10 km, ✆ 01 45 95 18 18

d'Ormesson, à Ormesson-sur-Marne, Chemin du Belvédère, E : 15 km, ✆ 01 45 76 20 71

Hôtel de ville★ : parvis★.

Novotel
rest, VISA AE

r. Jean-Gabin - Le Lac – *✆ 01 56 72 56 72* – *www.novotel.com*

110 ch – †95/219 € ††95/219 € – 5 suites – ☕ 15 € **Rest** – Carte 20/45 €

L'atout majeur de ce Novotel : sa situation face au lac de Créteil (plus de 50 ha d'étendue, avec base de loisirs, école de voile, parcours de jogging sur les rives, etc.). Le calme à la ville... surtout si l'on réserve une chambre côté lac.

CROSNE – **91 Essonne** – **312** D3 – **101** 37 – **9 097 h.** – **alt. 36 m** **21** C_D3
– ✉ **91560**

Paris 23 – Bobigny 28 – Créteil 10 – Évry 20

La Maison du Pressoir
VISA

34 av. Jean-Jaurès – *✆ 01 69 06 49 83* – *www.lamaisondupressoir.fr* – *Fermé 2 sem. en août, dim. soir, lundi et mardi*

Rest – Formule 19 € – Menu 24 € (déj. en sem.), 28/50 € – Carte 47/59 €

Pause gourmande non loin de l'aéroport d'Orly, dans cette ancienne auberge traditionnelle dont le décor a été modernisé – les poutres ont été repeintes en taupe, mais la cheminée demeure ! Le chef signe de jolies recettes, qui ne manquent ni d'idées ni de saveurs... Terrasse au calme.

DAMPIERRE-EN-YVELINES – **78 Yvelines** – **311** H3 – **101** 31 – **1 125 h.** **18** B2
– **alt. 100 m** – ✉ **78720**

Paris 38 – Chartres 57 – Longjumeau 32 – Rambouillet 16

9, Grande Rue, ✆ 01 30 52 57 30, www.mairie-dampierre-yvelines.fr

de Forges-les-Bains, à Forges-les-Bains, Route du Général Leclerc, SE : 14 km, ✆ 01 64 91 48 18

Château de Dampierre★★ Île de France

La Table des Blot - Auberge du Château (Christophe Blot) avec ch

1 Grande-Rue – *✆ 01 30 47 56 56* A/C rest, VISA
– *www.latabledesblot.com* – *Fermé en août, en déc., en fév., dim. soir, lundi et mardi*

9 ch – †80/120 € ††80/120 € – ☕ 8 € **Rest** – Menu 45/70 € – Carte 57/72 €

Une belle et élégante auberge du 17e s., où le talent du chef et les saisons rythment la créativité des recettes. L'accueil se révèle chaleureux et, pour prolonger l'étape, on peut réserver une jolie chambre façon maison de campagne.

➜ Tête de veau pressée, servie tiède au gingembre et ravigote. Homard poêlé, décortiqué et fumé minute à la livèche. Chocolat en soufflé, l'autre mi-cuit et le dernier glacé.

Les Écuries du Château
P VISA AE

2 Grande Rue, (au château) – *✆ 01 30 52 52 99* – *www.lesecuriesduchateau.com* – *Fermé 1er-23 août, 18 fév.-7 mars, mardi et merc.*

Rest – Formule 30 € – Menu 45/55 € – Carte 42/55 €

Lieu magique pour ce restaurant installé dans la sellerie du château de Dampierre. Vous apprécierez une cuisine classique dans un décor rustique et cosy avec vue sur le parc.

LA DÉFENSE – **92 Hauts-de-Seine** – **311** J2 – **101** 14 – ✉ **92400** Paris **20** B1

Paris 10 – Courbevoie 1 – Nanterre 4 – Puteaux 2

Quartier★★ : perspective★ du parvis.

Pullman La Défense

11 av. Arche, sortie La Défense 6 ✉ 92081 Ⓜ La Défense – ☎ 01 47 17 50 00 – www.pullmanhotels.com

381 ch – 185/580 € 185/580 € – 1 suite – 25 €

Rest *Avant Seine* ☎ 01 47 17 50 99 *(fermé vend. soir, sam., dim. et fériés)* – Formule 34 € – Carte 60/88 €

Belle architecture en proue de navire, toute de verre et de pierre ocre. Chambres spacieuses et élégantes, salons et auditorium très bien équipés (avec cabines de traduction). Décor design et cuisine à la broche au restaurant Avant Seine.

Renaissance

60 Jardin de Valmy, par bd circulaire, sortie La Défense 7 ✉ 92918 Ⓜ La Défense – ☎ 01 41 97 50 50 – www.renaissanceladefense.fr

324 ch – 169/279 € 184/294 € – 3 suites – 27 €

Rest *(fermé sam., dim. et fériés) (dîner seult)* – Formule 28 € – Menu 36 € – Carte 47/68 €

Luxe et raffinement caractérisent cet immeuble contemporain posé au pied de la Grande Arche : matériaux nobles, confort absolu, chambres chaleureuses parfaitement équipées. Vue sur les jardins de Valmy, plats classiques et suggestions saisonnières à la brasserie.

Hilton La Défense

2 pl. de la Défense ✉ 92053 Ⓜ La Défense – ☎ 01 46 92 10 10 – www.hilton.com

153 ch – 199/440 € 199/440 € – 9 suites – 26 €

Rest *Côté Parvis* *(fermé sam. midi et dim. midi)* – Formule 45 € bc – Menu 55 € (déj.) – Carte 45/75 €

Hôtel situé dans l'enceinte du Cnit. Certaines chambres ont été pensées pour le bien-être de la clientèle d'affaires : espaces travail, repos, relaxation et salle de bains-jacuzzi. Côté Parvis, cuisine dans l'air du temps et jolie vue sur l'Arche.

Sofitel Paris La Défense

34 cours Michelet, par bd circulaire sortie La Défense 4 ✉ 92060 Puteaux Ⓜ Esplanade de la Défense – ☎ 01 47 76 44 43 – www.sofitel-paris-ladefense.com

151 ch – 205/575 € 205/575 € – 27 €

Rest *L'Italian Lounge* ☎ 01 47 76 72 40 – Formule 41 € – Menu 51 € (sem.) – Carte 55/85 €

Un hôtel d'affaires parfaitement intégré au paysage des tours de la Défense, non loin du Cnit et de la Grande Arche. Chambres spacieuses et bien équipées, restaurant (carte méditerranéenne), petit fitness, etc.

Novotel La Défense

2 bd Neuilly, sortie La Défense 1 Ⓜ Esplanade de la Défense – ☎ 01 41 45 23 23 – www.novotel.com

280 ch – 139/390 € 139/490 € – 17 € **Rest** – Carte 25/40 €

Au pied de la Défense, côté Seine (en voiture, ne manquez pas la sortie sur le boulevard circulaire). Une trentaine de chambres a été relookée dans un esprit résolument contemporain, tout comme le Novotel Café. Espace fitness au 14e étage.

DEUIL-LA-BARRE – 95 Val-d'Oise – 305 E7 – 101 5 – 21 676 h. – alt. 25 m – ✉ 95170

Paris 19 – Amiens 121 – Bobigny 16 – Pontoise 24

Verre Chez Moi Ⓝ

75 av. de la Division-Leclerc – ☎ 01 39 64 04 34 – www.verre-chez-moi.com – Fermé 3 sem. en août, vacances de fév., lundi soir, sam. midi et dim.

Rest – Formule 25 € – Menu 30 € (déj.) – Carte environ 50 €

Une belle surprise que cette discrète maison de ville, tenue par un jeune sommelier passionné : à l'unisson de ses vins "coup de cœur" – surtout de petits propriétaires –, on déguste une cuisine très appétissante, fine et parfumée. L'été venu, profitez de la jolie cour sur l'arrière. Arrêt recommandé Verre Chez Moi !

ENVIRONS DE PARIS

ENGHIEN-LES-BAINS – 95 Val-d'Oise – 305 E7 – 101 5 – 11 903 h. – alt. 45 m – Stat. therm. : toute l'année – Casino – ✉ 95880 Île de France 20 B1

Paris 17 – Argenteuil 7 – Chantilly 34 – Pontoise 22

81, rue du Général-de-Gaulle, ✆ 01 34 12 41 15, www.ot-enghienlesbains.fr

de Domont Montmorency, à Domont, Route de Montmorency, N : 8 km, ✆ 01 39 91 07 50

Lac★ - Deuil-la-Barre : chapiteaux historiés★ de l'église Notre-Dame NE : 2 km.

Grand Hôtel Barrière

85 r. du Gén.-de-Gaulle – ✆ 01 39 34 10 00 – www.grand-hotel-enghien.fr – Fermé dim.

43 ch – †130/350 € ††130/350 € – 6 suites – ☕ 20 €

Rest ***Le 85*** *(fermé dim. soir et lundi soir)* – Formule 23 € – Carte 30/50 €

Face au lac d'Enghien, ce "grand hôtel" joue la carte d'un classicisme chic et feutré. L'établissement offre un accès direct à un superbe ensemble spa et fitness. Idéal pour une villégiature aux portes de la région parisienne.

Hôtel du Lac

89 r. du Gén.-de-Gaulle – ✆ 01 39 34 11 00 – www.hotel-du-lac-enghien.com

141 ch – †120/164 € ††120/164 € – 8 suites – ☕ 19 €

Rest *(fermé sam. midi)* – Menu 29 € – Carte 35/45 €

Associé au Grand Hôtel Barrière, il offre accès au même spa, l'un des plus grands de France. À deux pas du casino, face au lac, l'adresse est propice à un week-end détente, mais elle satisfait aussi la clientèle d'affaires en semaine, avec son espace séminaires et ses chambres classiques et fonctionnelles.

ÉVRY P – 91 Essonne – 312 D4 – 101 37 – 52 403 h. – alt. 54 m – ✉ 91000 Île de France 18 B2

Paris 32 – Chartres 80 – Créteil 30 – Étampes 36

19, rue des Mazières, ✆ 01 64 97 35 13, www.tourisme-essonne.com

Cathédrale de la Résurrection ★ - 5 mai-janv. Epiphanies (Exposition).

Ibis Styles

52 bd de Coquibus, (face à la cathédrale) – ✆ 01 69 47 30 00 – www.ibistyles.com – Fermé 26 juil.-18 août et 20 déc.-1er janv.

110 ch ☕ – †80/115 € ††90/125 €

Rest *(fermé vend. soir, sam., dim. et fériés)* – Formule 20 € – Carte environ 32 €

Au cœur d'Évry, face à la cathédrale de la Résurrection, un hôtel contemporain design et coloré. Les chambres sont assez spacieuses et bien confortables.

à Courcouronnes – 14 029 h. – alt. 80 m – ✉ 91080

de Bondoufle, à Bondoufle, Départementale 31, O : 3 km, ✆ 01 60 86 41 71

Le Canal

31 r. du Pont Amar, (près de l'hôpital) – ✆ 01 60 78 34 72 – www.restaurant-lecanal.fr – Fermé août, 24-31 déc., sam. et dim.

Rest – Menu 29/38 € – Carte 26/52 €

Une adresse d'esprit brasserie un brin rétro. On y sert une cuisine du marché, franche et simple, dont l'incontournable spécialité du patron : le pied de cochon farci.

à Lisses – 7 179 h. – alt. 86 m – ✉ 91090

Mercure

8 r. du Bois Chaland, ZAC du Bois Chaland – ✆ 01 60 86 90 00 – www.mercure.com

53 ch – †70/120 € ††70/120 € – ☕ 13 €

Rest *(fermé 20 juil.-20 août, 24 déc.-2 janv., vend. soir, sam. et dim.)* – Formule 16 € – Menu 24 € – Carte environ 36 €

Un Mercure au calme, préservé de l'activité environnante par un écran de verdure. Les chambres, confortables et chaleureuses, affichent une décoration actuelle. Carte traditionnelle au restaurant.

GAGNY – 93 Seine-Saint-Denis – **305** G7 – **101** 18 – **38 765 h. – alt. 70 m** **21** D1
– ✉ 93220

▶ Paris 17 – Bobigny 11 – Raincy 3 – St-Denis 18

ℹ 2, place du Général de Gaulle, ✆ 01 43 81 49 09, http://sigagny.free.fr

Le Vilgacy
45 av. H. Barbusse – ✆ 01 43 81 23 33 – www.vilgacy.com – Fermé 4-14 mars, 22 juil.-22 août, dim. soir, mardi soir et lundi sauf fériés

Rest – Formule 21 € – Menu 26 € (sem.)/36 € – Carte 47/67 €

Marbré de canard et foie gras, filet de bœuf au ragoût d'escargots, tarte fine aux pommes, etc. : le goût de la tradition dans cet établissement au cadre bourgeois, situé dans un quartier pavillonnaire de Gagny. Tables en extérieur aux beaux jours.

LA GARENNE-COLOMBES – 92 Hauts-de-Seine – **311** J2 – **101** 14 **20** B1
– **27 091 h. – alt. 40 m** – ✉ 92250

▶ Paris 13 – Argenteuil 7 – Asnières-sur-Seine 5 – Courbevoie 2

ℹ 68 boulevard de la République, mairie, ✆ 01 72 42 40 00, www.lagarennecolombes.fr

L'Instinct
1 r. Voltaire – ✆ 01 56 83 82 82 – www.linstinct.fr – Fermé 5-23 août, lundi soir, sam. midi et dim.

Rest *(réserver)* – Menu 34/46 € – Carte environ 40 €

Le quartier du marché : idéal pour se retrouver entre amis autour d'une bonne cuisine tendance, parfois fusion, concoctée avec des produits... du marché et de saison ! La sélection de vins sort des sentiers battus, tout comme ce lieu contemporain.

Le Saint-Joseph
100 bd de la République Ⓜ La Garenne Colombes – ✆ 01 42 42 64 49 – Fermé 2 sem. en mai, 3 sem. en août, sam. midi, dim. et le soir du lundi au jeudi

Rest – Menu 29 € – Carte 30/54 €

Ce bistrot de quartier ne paie pas de mine, pourtant c'est une pépite. La salle est toute simple, le service sans chichi, mais l'assiette... Le chef concocte une belle cuisine bistrotière de saison, ne choisit que les meilleurs produits et nous régale ! Quant à la sélection de vins, elle est très judicieuse.

GIF-SUR-YVETTE – 91 Essonne – **312** B3 – **101** 33 – **20 776 h. – alt. 61 m** **20** A3
– ✉ 91190

▶ Paris 34 – Boulogne-Billancourt 23 – Évry 37 – Montreuil 41

Les Saveurs Sauvages
4 r. Croix-Grignon, (face à la gare RER) – ✆ 01 69 07 01 16 – Fermé 5-25 août, 25 déc.-2 janv., dim. et lundi

Rest – Formule 20 € – Menu 26 € (déj.), 28/40 € – Carte 40/49 €

Un bistrot gastro moderne où la cuisine, inventive avec quelques touches asiatiques, est réalisée à quatre mains. Carte saisonnière assortie d'un menu changeant tous les jours.

GRESSY – 77 Seine-et-Marne – **312** F2 – **101** 10 – **924 h. – alt. 98 m** **19** C1
– ✉ 77410

▶ Paris 32 – Meaux 20 – Melun 56 – Senlis 35

Le Manoir de Gressy
ch, rest,

– ✆ 01 60 26 68 00 – www.manoirdegressy.com – Fermé 23 déc.-3 janv.

85 ch – †230 € ††230 € – ☕ 19 €

Rest *Le Cellier du Manoir* *(fermé sam. midi)* – Menu 46 €

Ce manoir, édifié sur le site d'une ferme fortifiée du 18e s., marie joliment les styles. Les chambres, toutes différentes, ont un charme rétro et donnent sur le jardin et la piscine. On peine à croire que l'on est si près de Paris !

ENVIRONS DE PARIS

ISSY-LES-MOULINEAUX – 92 Hauts-de-Seine – **311** J3 – **101** 25 **20** B2
– 64 027 h. – alt. 37 m – ✉ 92130 Île de France

Paris 8 – Boulogne-Billancourt 3 – Clamart 4 – Nanterre 11

Esplanade de l'Hôtel de Ville, ✆ 01 41 23 87 00, www.issytourisme.com

Musée de la Carte à jouer★.

XX **Manufacture**

20 espl. Manufacture, (face au 30 r. E. Renan) Ⓜ Corentin-Celton – ✆ 01 40 93 08 98 – www.restaurantmanufacture.com – Fermé 3 sem. en août, sam. et dim.

Rest – Formule 29 € – Menu 37 €

Cette manufacture de tabac (1904) est devenue un sympathique restaurant design. Petit comptoir, cuisines ouvertes sur la salle, jolie terrasse, carte classique et propositions de saison : reconversion réussie !

XX **Le 7 à Issy**

7 rond-point Victor-Hugo Ⓜ Corentin-Celton – ✆ 01 46 45 22 12 – www.7aissy.fr – Fermé 2-26 août, 22 déc.-1er janv., lundi soir, sam. midi et dim.

Rest – Formule 26 € – Menu 30 € (déj.)/34 € – Carte 40/61 €

Terrine de chevreuil maison, selle d'agneau aux épices en papillotte... Ici, on savoure une cuisine traditionnelle copieuse et bien ficelée ; oui oui, on a bien dit ici, à Issy ! Habitués et hommes d'affaires ne boudent pas leur plaisir.

JANVRY – 91 Essonne – **312** B4 – **101** 33 – **594 h.** – **alt. 160 m** – ✉ **91640** **18** B2

Paris 35 – Briis s/s Forges 4 – Dourdan 20 – Palaiseau 19

XX **Bonne Franquette**

1 r. du Marchais – ✆ 01 64 90 72 06 – www.bonnefranquette.fr – Fermé 30 avril-6 mai, 2-24 sept., 24 déc.-8 janv., sam. midi, dim. et lundi

Rest – Formule 30 € – Menu 38 €

Ex-relais de poste situé face au château (17e s.) d'un joli village francilien. Deux grandes ardoises annoncent la cuisine du jour servie dans un cadre de bistrot chaleureux. Spécialité : cervelle de veau meunière aux câpres.

LE KREMLIN-BICÊTRE – 94 Val-de-Marne – **312** D3 – **101** 26 – **26 368 h.** **21** C2
– **alt. 60 m** – ✉ **94270**

Paris 5 – Boulogne-Billancourt 11 – Évry 28 – Versailles 23

Novotel Porte d'Italie rest,

22 r. Voltaire Ⓜ Porte d'Italie – ✆ 01 45 21 19 09 – www.novotel.com

168 ch – †88/238 € ††88/238 € – ☐ 17 €

Rest *(fermé vend. soir, sam. et dim.)* – Carte 21/41 €

Ce Novotel ne saurait être plus près de Paris, puisqu'il borde le périphérique. Même du côté du boulevard, les chambres sont calmes, car parfaitement insonorisées. Tout est confortable et moderne dans cet établissement créé en 2004.

LEVALLOIS-PERRET – 92 Hauts-de-Seine – **311** J2 – **101** 15 – **63 436 h.** **20** B1
– **alt. 30 m** – ✉ **92300**

Paris 9 – Argenteuil 8 – Nanterre 8 – Pontoise 27

Espace Champerret sans rest

26 r. Louise Michel Ⓜ Louise Michel – ✆ 01 47 57 20 71 – www.hotel-espace-champerret.com

39 ch – †77/127 € ††77/127 € – ☐ 9 €

Les chambres de cet hôtel proche des quartiers d'affaires ont été entièrement rénovées dans un esprit actuel, sobre et chic. Aux beaux jours, on prend son petit-déjeuner dans une agréable cour intérieure.

X **L'Audacieux**

51 r. Danton Ⓜ Anatole France – ✆ 01 47 59 94 17 – www.laudacieux.fr – Fermé août, sam. midi, lundi soir et dim.

Rest – Formule 28 € – Menu 35/48 €

"De l'audace, encore de l'audace, toujours de l'audace" disait Danton. Arrivé en septembre 2012, le chef de ce restaurant de poche n'en manque pas, signant une cuisine inspirée et originale, rehaussée notamment d'épices. Le menu "surprise" est renouvelé chaque jour.

LIVRY-GARGAN – **93 Seine-Saint-Denis** – **305** G7 – **101** 18 – **41 206 h.** **21** D1
– **alt. 60 m** – ✉ **93190**

Paris 19 – Aubervilliers 14 – Aulnay-sous-Bois 4 – Bobigny 8

5, place François Mitterrand, ✆ 01 43 30 61 60, www.otsi-livrygargan.fr

XX **La Petite Marmite**

8 bd de la République – ✆ 01 43 81 29 15 – Fermé 8-31 août, vacances de fév., dim. soir et merc.

Rest – Menu 35 € – Carte 44/81 €

Un auvent couvert de chaume, une salle tout en bois, des banquettes douillettes... Cette Petite Marmite réchauffe les cœurs ! Aux commandes œuvre un duo complémentaire ; monsieur au marché et madame en cuisine : saumon fumé au bois de hêtre, tatin, profiteroles, etc., le tout accompagné de bons bordeaux.

LONGJUMEAU – **91 Essonne** – **312** C3 – **101** 35 – **21 276 h.** – **alt. 78 m** **20** B3
– ✉ **91160**

Paris 20 – Chartres 70 – Dreux 84 – Évry 15

XX **Le St-Pierre**

42 r. François-Mitterrand – ✆ 01 64 48 81 99 – www.lesaintpierre.com – Fermé 28 juil.-19 août, lundi soir, merc. soir, sam. midi et dim.

Rest – Menu 25 € (déj.), 33/39 € – Carte 42/62 €

Les patrons aiment à faire partager leur amour des produits du Gers : canard et foie gras en tête, les plats du Sud-Ouest défilent dans un chaleureux cadre d'esprit rustique.

à Saulx-les-Chartreux **2,5 km au Sud-Ouest par D 118** – **4 995 h.** – **alt. 75 m**
– ✉ **91160**

L'Orée (N) rest,

rte de Montlhéry, par N 20, sortie "La Ville du Bois" – ✆ 01 64 48 38 38 – www.loree.fr – Fermé 4-18 août

60 ch – †115/150 € ††115/150 € – ☐ 13 €

Rest *La Parenthèse* *(fermé sam. midi)* – Formule 26 € – Menu 35 € – Carte 35/50 €

À 20 km au sud de Paris, un établissement tout indiqué pour un séjour au vert ! Dans un parc de 6 ha à l'orée de la forêt du Rocher-de-Saulx, le calme est complet et les occasions de se détendre nombreuses : chambres confortables, courts de tennis, terrains de volley, spa, restaurant face à la nature... Le tout certifié Écolabel !

MAISONS-ALFORT – **94 Val-de-Marne** – **312** D3 – **101** 27 – **52 619 h.** **21** C2
– **alt. 37 m** – ✉ **94700** Île de France

Paris 10 – Créteil 4 – Évry 34 – Melun 39

XX **La Bourgogne**

164 r. Jean-Jaurès – ✆ 01 43 75 12 75 – www.restaurant-labourgogne.com – Fermé 10-25 août, 24 déc.-1er janv., sam. midi et dim.

Rest – Menu 34/65 € – Carte 48/70 €

La bonne table de Maisons-Alfort et au-delà. Ses atouts : un cadre très moderne, chaleureux et intime, et surtout de belles saveurs. La cuisine est ici une chose sérieuse, fondée sur les meilleurs produits et savoir-faire... sans craindre la nouveauté !

MAISONS-LAFFITTE – **78 Yvelines** – **311** I2 – **101** 13 – **22 717 h.** **20** A1
– **alt. 38 m** – ✉ **78600** Île de France

Paris 21 – Mantes-la-Jolie 38 – Poissy 9 – Pontoise 17

41, avenue de Longueil, ✆ 01 39 62 63 64, www.tourisme-maisonslafitte.fr

Château★.

Tastevin (Michel Blanchet)

9 av. Eglé – ✆ 01 39 62 11 67 – www.letastevin-restaurant.fr – Fermé 28 juil.-22 août, 18 fév.-7 mars, lundi et mardi

Rest – Formule 38 € – Menu 46 € (sem.)/95 € – Carte 80/105 €

À l'orée du parc, une maison de maître à l'intérieur cossu. On y cultive une certaine idée de l'art de vivre à la française et l'amour des beaux produits. Jolie carte des vins.

➜ Foie gras chaud au vinaigre de Banyuls. Ris de veau rôti aux boutons de marguerite. Moelleux de fenouil confit et sorbet au poivron rouge.

La Plancha

5 av. de St-Germain – ✆ 01 39 12 03 75 – Fermé 3-10 mars, 16 juil.-22 août, dim. soir, mardi soir et merc.

Rest – Menu 33/70 € – Carte 55/70 €

Ambiance "voyage" dans ce restaurant à deux pas de la gare du RER A. La carte, assez originale, propose des recettes combinant avec succès les produits français, espagnols et japonais.

MARLY-LE-ROI – **78 Yvelines** – **312** B2 – **101** 12 – **16 604 h.** – **alt. 90 m** – ✉ **78160** **20** A2

Paris 24 – Bougival 5 – St-Germain-en-Laye 5 – Versailles 9

2, avenue des Combattants, ✆ 01 30 61 61 35, www.marlyleroi.fr

Le Village (Uido Tomohiro)

3 Grande-Rue – ✆ 01 39 16 28 14 – www.restaurant-levillage.fr – Fermé 3 sem. en août, sam. midi, dim. soir et lundi

Rest *(nombre de couverts limité, réserver)* – Formule 36 € – Menu 45/85 € – Carte 108/155 €

Une jolie auberge dans une ruelle pittoresque du vieux Marly. Le chef, né au Japon, signe une cuisine très maîtrisée, avec de jolis accords de textures et de saveurs. La France inspire l'Asie, et réciproquement...

➜ Goï cuôn de homard breton au foie gras et caviar d'Aquitaine. Pigeonneau impérial en croûte de sel de Guérande. Soufflé chaud aux truffes de saison.

MARNE-LA-VALLÉE – **Île-de-France** – **312** E2 – **101** 19 – **288 029 h.** **19** C2

Île de France

Paris 27 – Meaux 29 – Melun 40

27 de Bussy-Saint-Georges, à Bussy-Saint-Georges, Promenade des Golfeurs, ✆ 01 64 66 00 00

9 de Torcy, à Torcy, Base Régionale de loisirs, N : 5 km, ✆ 01 64 80 80 90

18 Disneyland Paris, à Magny-le-Hongre, Allée de la Mare Houleuse, ✆ 01 60 45 68 90

à Bussy-St-Georges – **22 217 h.** – **alt. 105 m** – ✉ **77600**

Tulip Inn Marne la Vallée

44 bd A. Giroust – ✆ 01 64 66 11 11 – www.tulipinnmarnelavallee.com

87 ch – †120/160 € ††120/180 € – ☕ 14 € x

Rest *(fermé sam. et dim.)* – Carte 25/35 €

Intégré à un grand ensemble immobilier, face à la station RER, hôtel doté de chambres fonctionnelles, bien insonorisées, et d'un bar décoré façon "Louisiane". Carte traditionnelle rehaussée de notes italiennes, dans la salle à manger aux tons pastel.

à Collégien – **3 142 h.** – **alt. 105 m** – ✉ **77090**

Novotel

2 allée des portes de la forêt, (sortie 12) – ✆ 01 64 80 53 53 – www.novotel.com

193 ch – †78/215 € ††78/215 € – ☕ 15 € s

Rest – Formule 13 € – Carte 22/47 €

Hôtel adapté à la clientèle d'affaires et aux séminaires. Chambres au décor actuel (mobilier en bois, belles teintes). Hall et bar "tendance". Restauration traditionnelle dans un cadre design ou en terrasse, autour de la piscine. Plats simples au Novotel Café.

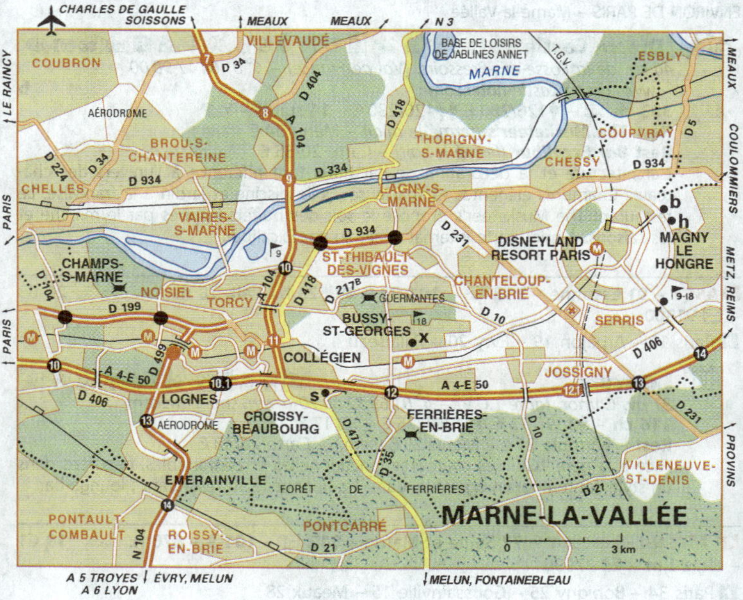

à Disneyland Resort Paris **accès par autoroute A 4 et bretelle Disneyland – ✉ 77777**

Disneyland Paris ★★★ (voir Guide Vert Île-de-France)-Centrale de réservations hôtels : ✆ 08 25 30 60 30 (0,15 €/mn) - Les hôtels du Parc Disneyland Resort Paris pratiquent des forfaits journaliers comprenant le prix de la chambre et l'entrée aux parcs à thèmes - Ces prix variant selon la saison, nous vous suggérons de prendre contact avec la centrale de réservation.

à Magny-le-Hongre **– 5 500 h. – alt. 117 m – ✉ 77700**

Radisson Blu at Disneyland

allée de la Mare-Houleuse, (près du golf) VISA AE

– ✆ 01 60 43 64 00 – www.radissonblu.com/golfresort-paris **r**

232 ch – 132/392 € 132/392 € – 18 suites – 23 € – ½ P

Rest – Formule 16 € – Carte 35/55 €

On peut venir à Disneyland Paris pour profiter des attractions, mais aussi pour jouer au golf... la preuve avec cet hôtel très design. Chambres et suites ont vue sur les greens : un bon compromis entre hôtel d'affaires et de loisirs.

Magic Circus

VISA AE

20 av. de la Fosse-des-Pressoirs, (Val de France) – ✆ 01 64 63 37 37

– www.vi-hotels.com **h**

391 ch – 84/300 € 84/300 € – 5 suites – ½ P

Rest *(dîner seult)* – Menu 34 €

Attention, le spectacle va commencer ! Le monde du cirque inspire le décor haut en couleur (rénové en 2009) de cet hôtel proche de Disneyland. Piscine couverte. Le soir, entrez en piste sous le chapiteau du restaurant (formule buffet traditionnel).

Dream Castle

40 av. de la Fosse-des-Pressoirs, (Val de France) – ✆ 01 64 17 90 00 – www.dreamcastle-hotel.com **b**

383 ch – 126/280 € 126/280 € – 14 suites – ½ P

Rest *The Musketeer's* *(fermé le midi)* – Menu 34 €

Rest *Bar Excalibur* *(fermé le soir)* – Carte 20/35 €

L'architecture et la décoration de cet hôtel font référence à l'univers des châteaux. Chambres élégantes et spacieuses, jolie piscine et jardin à la française. Le restaurant The Musketeer's propose le soir des buffets inspirés par le marché et les saisons. À midi, carte internationale au bar Excalibur.

MASSY – 91 Essonne – **312** C3 – **101** 25 – **40 523 h.** – **alt. 78 m** – ✉ **91300** **20** B3

Paris 19 – Arpajon 19 – Évry 20 – Palaiseau 4

Mercure

21 av. Carnot, (gare T.G.V) – ✆ 01 69 32 80 20 – www.mercure.com

116 ch – 139/275 € 139/275 € – 17 €

Rest – Formule 21 € – Menu 26 € (sem.) – Carte 26/48 €

Face à la gare TGV, des chambres fonctionnelles et confortables, décorées dans un style contemporain agréable. Carte traditionnelle au restaurant ; lounge-bar.

LE MESNIL-AMELOT – 77 Seine-et-Marne – **312** E1 – **101** 9 – **870 h.** – **alt. 80 m** – ✉ **77990** **19** C1

Paris 34 – Bobigny 25 – Goussainville 15 – Meaux 28

Radisson Blu Charles de Gaulle Airport

r. de la Chapelle – ✆ 01 60 03 63 00 – www.radissonblu.com/hotel-parisairport.fr ch,

240 ch – 120/450 € 120/450 € – 20 €

Rest – Formule 27 € – Carte 27/58 €

Outre sa proximité de l'aéroport de Roissy, ce grand hôtel tout en verre a de nombreux atouts : équipements de loisirs, espaces pour les séminaires, chambres spacieuses et confortables, brasserie internationale. Aucun risque de jet lag !

MEUDON – 92 Hauts-de-Seine – **311** J3 – **101** 24 – **44 717 h.** – **alt. 100 m** – ✉ **92190** Île de France **20** B2

Paris 11 – Boulogne-Billancourt 4 – Clamart 4 – Nanterre 12

Terrasse★ : ❄★ - Forêt de Meudon★.

L'Escarbille (Régis Douysset)

8 r. Vélizy – ✆ 01 45 34 12 03 – www.lescarbille.fr – Fermé 3-19 mars, 4-21 août, 22 déc.-2 janv., dim. et lundi

Rest – Menu 54/108 € bc

Un buffet de gare ? Oui... et non ! Un passé "ferroviaire" certes, mais un présent résolument gourmet, dans une atmosphère chic et contemporaine. Amoureux du beau produit, le chef réalise ici une élégante cuisine du marché : c'est frais, bien tourné et très bon !

➜ Tarte fine de cèpes cuits et crus. Pigeon en crapaudine, chou-rave et jus lié au foie gras. Tarte Tatin de pêche à la lavande, sorbet thym citron.

MONTMORENCY – 95 Val-d'Oise – **305** E7 – **101** 5 – **21 429 h.** – **alt. 82 m** – ✉ **95160** Île de France **18** B1

Paris 19 – Enghien-les-Bains 4 – Pontoise 24 – St-Denis 9

Place du Château Gaillard, ✆ 01 39 64 42 94, www.ville-montmorency.fr

Collégiale St-Martin★.

Château d'Écouen★★ : musée de la Renaissance★★ (tenture de David et de Bethsabée★★★).

Au Cœur de la Forêt

av. Repos de Diane, et accès par chemin forestier – 01 39 64 99 19 – www.aucoeurdelaforet.com – Fermé août, 15-25 fév., jeudi soir, dim. soir et lundi

Rest – Menu 47 €

À l'issue d'un chemin cahotant, vous voilà bien au cœur de la forêt... Si le dépaysement est garanti, la cuisine suit sans détour la voie de la tradition : au menu, rien que des valeurs sûres, au gré du marché ! Cadre champêtre, comme il se doit, avec une jolie terrasse face aux frondaisons.

MONTREUIL – 93 Seine-Saint-Denis – 311 K2 – 101 17 – 103 192 h. – alt. 70 m – 93100 Île de France 21 C2

Paris 11 – Argenteuil 28 – Bobigny 10 – Boulogne-Billancourt 18

1, rue Kléber, 01 41 58 14 09, www.destinationmontreuil.fr

Franklin sans rest

15 r. Franklin Mairie de Montreuil – 01 48 59 00 03 – www.hotel-franklin.fr

96 ch – 130/180 € 160/180 € – 15 €

Moderne, fonctionnel et chaleureux, cet établissement est bien apprécié de la clientèle d'affaires (bureau dans chaque chambre). L'accueil sympathique ajoute à la qualité de l'adresse.

Villa9Trois

28 r. Colbert Mairie de Montreuil – 01 48 58 17 37 – www.villa9trois.com – Fermé dim. soir

Rest – Menu 39/46 € – Carte 50/58 €

Une jolie demeure ancienne, un décor bourgeois et design, une grande terrasse sous les arbres, une cuisine en prise sur les dernières tendances... Cette Villa du "9Trois" est un havre pour une clientèle, disons-le, dorée. Dress code : chic et décontracté.

L'Amourette N

54 r. Robespierre Robespierre – 0148 59 99 94 – www.lamourette.fr – Fermé 3 sem. en août et vacances de Noël

Rest – Formule 15 € – Menu 19 € (déj. en sem.)/30 € – Carte 27/60 €

Il se dit que les Parisiens n'aiment pas passer le périph'... Et si les "banlieusards" avaient de bonnes raisons de snober la capitale ? C'est le cas à Montreuil avec cet amour de bistrot contemporain. Au menu, point de parigots, mais une superbe tête de veau !

MONTROUGE – 92 Hauts-de-Seine – 311 J3 – 101 25 – 48 410 h. – alt. 75 m – 92120 20 B2

Paris 5 – Boulogne-Billancourt 8 – Longjumeau 18 – Nanterre 16

Mercure

13 r. François Ory Porte d'Orléans – 01 58 07 11 11 – www.mercure.com/0374

188 ch – 103/240 € 103/240 € – 7 suites – 18 €

Rest *(fermé dim. midi, vend. soir et sam.)* – Menu 21 € – Carte 30/37 €

En léger retrait du périphérique, un Mercure dédié à la clientèle d'affaires avec ses chambres contemporaines bien insonorisées et ses nombreuses salles de réunion.

MORANGIS – 91 Essonne – 312 D3 – 101 35 – 11 891 h. – alt. 85 m – 91420 21 C3

Paris 21 – Évry 14 – Longjumeau 5 – Versailles 23

Le Sabayon

15 r. Lavoisier – 01 69 09 43 80 – www.restaurantlesabayon.com – Fermé août, mardi soir, sam. midi, dim. et lundi

Rest – Menu 49 € (dîner en sem.)/70 € – Carte 49/71 €

Ce restaurant chaleureux est un vrai rayon de soleil dans cette zone industrielle un peu grise... Au menu, une cuisine dans l'air du temps appuyée sur de solides bases traditionnelles (spécialité : le gratin d'huîtres aux moules). Service prévenant.

NANTERRE 🅿 – 92 Hauts-de-Seine – 311 J2 – 101 14 – 89 966 h. – alt. 35 m – ✉ 92000 — 20 B1

Paris 13 – Beauvais 81 – Rouen 124 – Versailles 15

4, rue du Marché, ✆ 01 47 21 58 02, www.ot-nanterre.fr

Mercure La Défense Parc
r. des 3 Fontanot – ✆ 01 46 69 68 00 – www.mercure.com
135 ch – †85/300 € ††85/300 € – 25 suites – ☕ 18 €
Rest *(fermé vend. soir, dim. midi et sam.)* – Formule 24 € – Menu 28 € – Carte environ 38 €
Dans ce quartier d'affaires prolongeant la Défense, un hôtel moderne ayant adopté un style design et confortable. Les chambres de l'annexe sont plus spacieuses. Pratiques : le restaurant (cuisine fusion) et la proximité du RER.

NEUILLY-SUR-SEINE – 92 Hauts-de-Seine – 311 J2 – 101 15 – 60 501 h. – alt. 34 m – ✉ 92200 Île de France — 20 B1

Paris 9 – Argenteuil 10 – Nanterre 6 – Pontoise 29

Jardin de Neuilly sans rest
5 r. P.-Déroulède Ⓜ Porte Maillot – ✆ 01 46 24 22 77 – www.hoteljardindeneuilly.com
29 ch – †81/195 € ††95/210 € – ☕ 18 €
Autour d'un joli jardin fleuri, un bel ensemble de trois bâtiments : un hôtel particulier du 19e s. à l'esprit classique, un cottage très Belle Époque et un édifice des années 1950. Calme, confort et cachet, à 300 m de la porte Maillot.

Paris Neuilly sans rest
1 av. Madrid Ⓜ Pont de Neuilly – ✆ 01 47 47 14 67 – www.hotel-paris-neuilly.com
80 ch – †82/272 € ††112/302 € – 6 suites – ☕ 18 €
Chambres disposées autour d'un atrium de huit étages en balcons. Petits-déjeuners dans le patio couvert orné de fresques rappelant le château de Madrid bâti par François 1er.

Hôtel de la Jatte sans rest
4 bd du Parc – ✆ 01 46 24 32 62 – www.hoteldelajatte.com
69 ch – †175/295 € ††195/295 € – 2 suites – ☕ 12 €
Charme, douceur et quiétude dans cette élégante maison (1927) de l'île de la Jatte, aujourd'hui très prisée des Parisiens. Les chambres, la véranda, le salon... tout est feutré, chaleureux et plaisant.

Neuilly Park sans rest
23 r. M.-Michelis Ⓜ Porte Maillot – ✆ 01 46 40 11 15 – www.hotelneuillypark.com
30 ch – †165/170 € ††170/190 € – ☕ 12 €
Dans une rue commerçante du quartier des Sablons, un petit hôtel qui ne manque pas de personnalité : chaque chambre est décorée selon un terme différent, mis en scène sans détour et avec couleur (flamenco, Japon, abécédaire, toile de Jouy, etc.).

La Truffe Noire (Patrice Hardy)
2 pl. Parmentier Ⓜ Porte Maillot – ✆ 01 46 24 94 14 – www.latruffenoire.net – Fermé 27 juil.-20 août, sam. et dim.
Rest – Formule 36 € – Menu 45 € bc (déj.), 95/175 € – Carte 81/218 €
Cette jolie maison au décor romantique célèbre le "diamant noir" mais aussi – en hommage à Parmentier qui fit aux "Sablons" ses premiers essais de culture – la pomme de terre.
➜ Œuf mollet, pomme de terre, crème de lard et râpée de truffe fraîche. Ris de veau caramélisé, jus truffé. Chocolat coulant aux noisettes, glace praliné.

Foc Ly
79 av. Ch.-de-Gaulle Ⓜ Les Sablons – ✆ 01 46 24 43 36 – www.focly.fr – Fermé 3 sem. en août et dim.
Rest – Formule 24 € – Carte 36/69 €
Deux lions encadrent l'entrée de ce restaurant qui dévoile un intérieur contemporain orné de bois clair et de lithographies. Cuisine goûteuse thaï et chinoise.

Jarrasse L'Écailler de Paris
4 av. de Madrid Ⓜ Pont de Neuilly – ✆ 01 46 24 07 56 – www.jarrasse.com – Fermé sam. et dim. en juil.-août
Rest *(réserver)* – Menu 40 € – Carte 58/79 €
Les salles décorées dans un style actuel aux tons pastel créent une atmosphère reposante. Produits de la mer en provenance des petits bateaux de pêche bretons, banc d'écailler.

À la Coupole
3 r. de Chartres Ⓜ Porte Maillot – ✆ 01 46 24 82 90 – Fermé vacances de Pâques, août, sam., dim. et fériés
Rest – Carte 35/62 €
Un lieu chic et sobre, d'esprit feutré (boiseries sombres, tons crème et chocolat), où l'on savoure une bonne cuisine traditionnelle. Parmi les spécialités de la maison : le foie gras et les huîtres en saison.

NOGENT-SUR-MARNE – 94 Val-de-Marne – 312 D2 – 101 27 – 30 956 h. – alt. 59 m – ✉ 94130 Île de France 21 D2

Paris 14 – Créteil 10 – Montreuil 6 – Vincennes 6
5, avenue de Joinville, ✆ 01 48 73 73 97, www.ville-nogentsurmarne.fr

Nogentel sans rest
8 r. du Port – ✆ 01 48 72 70 00 – www.nogentel-hotel.com
60 ch – †130/145 € ††130/145 € – ☕ 15 €
Des chambres d'esprit traditionnel, fonctionnelles, au bord de la Marne. Une agréable situation : l'esprit de Nogent flotte encore un peu sur la berge, le long de la promenade fleurie, et les équipements sportifs sont nombreux (piscine olympique municipale, tennis-club, etc.). Bel espace pour les séminaires.

NOISY-LE-GRAND – 93 Seine-Saint-Denis – 305 G7 – 101 18 – 63 405 h. – alt. 82 m – ✉ 93160 Île de France 21 D2

Paris 19 – Bobigny 17 – Lagny-sur-Marne 14 – Meaux 38
34, avenue Aristide Briand, ✆ 01 43 04 51 55, www.noisylegrand-tourisme.fr

Novotel
2 allée Bienvenue - quartier Horizon – ✆ 01 48 15 60 60 – www.accorhotels.com
144 ch – †99/260 € ††99/260 € – ☕ 15 €
Rest – Formule 18 € – Carte 20/45 €
À proximité du RER A et de l'autoroute A 4, à mi-chemin entre la capitale et Disneyland, un Novotel (bâtiment des années 1990) fonctionnel, très bien tenu et plutôt au calme. Une étape utile à l'est de Paris.

L'Amphitryon
56 av. A. Briand – ✆ 01 43 04 68 00 – www.amphitryon.over-blog.com – Fermé 11-19 mars, 29 juil.-23 août, sam. midi et dim. soir
Rest – Menu 28/45 € – Carte 45/55 €
Face à l'Espace Michel-Simon – la scène musicale et théâtrale de Noisy-le-Grand –, cet Amphitryon mise sur un décor très classique, avec pour tête d'affiche une généreuse cuisine traditionnelle (foie gras de canard mi-cuit, tarte fine aux pommes...).

ORGEVAL – 78 Yvelines – 311 H2 – 101 11 – 5 841 h. – alt. 100 m – ✉ 78630 18 B1

Paris 32 – Mantes-la-Jolie 28 – Pontoise 22 – St-Germain-en-Laye 11
18 de Villennes, à Villennes-sur-Seine, Route d'Orgeval, N : 2 km, ✆ 01 39 08 18 18

Moulin d'Orgeval
r. de l'Abbaye, 1,5 km au Sud – ✆ 01 39 75 85 74 – www.moulindorgeval.com – Fermé 22 déc.-6 janv.
14 ch – †135 € ††155 € – ☕ 16 €
Rest ***Moulin d'Orgeval*** – voir les restaurants ci-après
Au cœur d'un grand parc arboré, où les cygnes glissent silencieusement sur le plan d'eau, cet ancien moulin invite à la détente. Les chambres sont classiques, avant tout fonctionnelles ; on organise ici beaucoup de mariages et de séminaires.

ENVIRONS DE PARIS

XX Moulin d'Orgeval

r. de l'Abbaye, 1,5 km au Sud – ✆ 01 39 75 85 74 – www.moulindorgeval.com – Fermé 22 déc.-6 janv. et dim. soir

Rest – Formule 26 € bc – Menu 29/70 € – Carte 40/76 €

La grande salle de restaurant donnant sur la pièce d'eau, le mobilier en rotin, les tentures... Tout ici a un petit côté rétro. Plusieurs menus sont proposés (cuisine du monde, de la mer, de saison ; beau chariot de desserts...) et l'on vient là comme à la campagne.

ORLY (AÉROPORTS DE PARIS) – 91 Essonne – 312 D3 – 101 26 21 C3

– 21 646 h. – alt. 89 m – ✉ 94390

▶ Paris 16 – Corbeil-Essonnes 24 – Créteil 14 – Longjumeau 15

✈ Aérogare d'Orly ✆ 39 50 (0,34 €mn)

Hilton Orly

près de l'aérogare, Orly Sud – ✆ 01 45 12 45 12 – www.hilton.fr

340 ch – 99/400 € 99/400 € – ☕ 20 €

Rest – Menu 30 € – Carte 42/110 €

Cet hôtel des années 1960 est le plus proche des terminaux de l'aéroport (navettes régulières). Intérieur design, chambres sobres et élégantes, équipements de pointe pour les réunions et services liés au standing de la clientèle d'affaires. Carte traditionnelle au restaurant.

Mercure

allée Cdt Mouchotte, sortie Orlytech ✉ 94547 – ✆ 01 49 75 15 50 – www.mercure.com

192 ch – 110/230 € 110/230 € – ☕ 16 €

Rest *(fermé sam. midi et dim. midi)* – Formule 24 € – Carte 32/42 €

Ce Mercure s'avère être une adresse très pratique entre deux vols : accueil souriant, cadre agréable (îlot de verdure), et chambres relookées dans les tons actuels. Restauration de bar ou cuisine plus traditionnelle adaptées aux horaires des voyageurs en transit.

OZOIR-LA-FERRIÈRE – 77 Seine-et-Marne – 312 F3 – 106 33 – 101 30 19 C2

– 20 374 h. – alt. 110 m – ✉ 77330

▶ Paris 34 – Coulommiers 42 – Lagny-sur-Marne 22 – Melun 29

ℹ 43, avenue du Général-de-Gaulle, ✆ 01 64 40 10 20, www.mairie-ozoir-la-ferriere.fr

XXX La Gueulardière

66 av. du Gén.-de-Gaulle – ✆ 01 60 02 94 56 – www.la-gueulardiere.com – Fermé dim. soir

Rest – Formule 25 € – Menu 38 € (sem.), 48/78 € – Carte 60/111 €

Cette ancienne maison de village, dotée de salles élégantes et feutrées aux tons pastel, propose une cuisine actuelle soignée. Belle terrasse d'été, dressée sous une pergola.

LE PERREUX-SUR-MARNE – 94 Val-de-Marne – 312 E2 – 101 18 21 D2

– 32 194 h. – alt. 50 m – ✉ 94170

▶ Paris 16 – Créteil 12 – Lagny-sur-Marne 23 – Villemomble 6

ℹ Place de la Libération, ✆ 01 48 71 53 53, www.leperreux94.fr

XXX ✿ Les Magnolias (Jean Chauvel)

48 av. de Bry – ✆ 01 48 72 47 43 – www.lesmagnolias.com – Fermé 1er-26 août, sam. midi, dim. et lundi

Rest – Formule 41 € – Menu 58/95 € ✿

Beau travail que celui de Jean Chauvel, qui propose une cuisine fort joliment composée, inspirée et très habile, même quand elle se fait ludique et inventive. On passe ici un savoureux moment, de surcroît dans un décor d'une sobre élégance.

➜ Filet de rouget cuit au four laqué de quinoa-grenade aux notes florales. Agneau rôti, aubergine et baies de goji aux herbes folles. Meringue à la crème citronnée et confit de fruits rouges.

L' Ardoise (N)

22 bd de la Liberté – ✆ 01 43 24 18 31 – Fermé en août, dim., lundi et fériés

Rest – Formule 17 € – Carte 29/48 €

Le credo du patron : "je ne fais que ce que je maîtrise bien." Son baron d'agneau aux herbes, son parmentier de boudin basque ou encore son riz au lait lui donnent raison ! Son petit bistrot – avec le mobilier patiné et les murs couleur beurre frais qui vont bien – est épatant.

LE PRÉ ST-GERVAIS – 93 Seine-Saint-Denis – 305 F7 – 101 16 – 18 121 h. – alt. 82 m – ✉ 93310 21 C1

Paris 8 – Bobigny 6 – Lagny-sur-Marne 33 – Meaux 38

Au Pouilly Reuilly

68 r. A. Joineau – ✆ 01 48 45 14 59 – www.pouilly-reuilly.fr – Fermé sam. midi, lundi soir et dim.

Rest – Formule 22 € – Menu 29 € – Carte 32/73 €

Un bistrot dans son jus, pour une cuisine qui ne l'est pas moins : ris de veau aux morilles, rognons émincés sauce moutarde, boudin noir grillé, côte de bœuf... Le respect de la tradition, avec des produits de qualité.

PUTEAUX – 92 Hauts-de-Seine – 311 J2 – 101 14 – 44 892 h. – alt. 36 m – ✉ 92800 20 B1

Paris 11 – Nanterre 4 – Pontoise 30 – St-Germain-en-Laye 17

Vivaldi sans rest

5 r. Roque de Fillol – ✆ 01 47 76 36 01 – www.hotelvivaldi.com

27 ch – 67/186 € 73/236 €

Dans une rue tranquille menant au quartier d'affaires de la Défense, un joli immeuble en brique avec des chambres fonctionnelles, propres et bien insonorisées. L'été, petit-déjeuner servi dans le patio.

L'Escargot 1903 (N)

18 r. Charles-Lorilleux – ✆ 01 47 75 03 66 – www.lescargot1903.com – Fermé 28 juil.-28 août, 24 déc.-2 janv., sam. midi, lundi soir et dim.

Rest – Menu 35 € – Carte 40/56 €

Pourquoi se dépêcher ? On le sait, les modes vont et reviennent : il suffisait de moderniser ce bistrot estampillé 1903 pour être pile dans la tendance. Souci du produit, recettes traditionnelles joliment tournées, service sympathique et prix mesurés : on ne change pas des recettes qui marchent... même à pas d'escargot !

ROISSY-EN-FRANCE (AÉROPORTS DE PARIS) – 95 Val-d'Oise – 305 G6 – 101 8 – 2 631 h. – alt. 85 m – ✉ 95700 19 C1

Paris 26 – Chantilly 28 – Meaux 38 – Pontoise 39

Charles-de-Gaulle ✆ 03 36 68 15 15.

Allée des vergers, ✆ 01 34 29 43 14, www.hotels-roissy-tourisme.com

à l'aérogare n° 2

Sheraton

– ✆ 01 49 19 70 70 – www.sheraton.com/parisairport

252 ch – 189/499 € 189/499 € – 32 €

Rest ***Les Étoiles*** – voir les restaurants ci-après

Rest ***Les Saisons*** – Carte 36/67 €

Le seul hôtel de Roissy qui soit en contact direct avec l'aérogare n° 2, face à la gare TGV. L'escale est séduisante dans ce bâtiment aux lignes futuristes, qui joue la carte du plus grand confort. Dans les chambres, ambiance feutrée et vue sur les pistes !

Les Étoiles – Hôtel Sheraton

– ✆ 01 41 84 64 54 – www.sheraton.com/parisairport – Fermé août, 20 déc.-5 janv., sam., dim. et fériés

Rest – Menu 52 € – Carte 61/97 €

Le restaurant "gastronomique" de l'hôtel Sheraton, au bout de l'aérogare n° 2. Atmosphère feutrée, cuisine française : parfait pour un repas d'affaires... et les hommes pressés, avec son menu servi "en 1h chrono" (menu végétarien également).

à Roissypole

Hilton

– 01 49 19 77 77 – www.hilton.com
385 ch – 160/600 € 160/600 € – 25 €
Rest *Les Aviateurs* 01 49 19 77 95 – Menu 38 € (sem.) – Carte 40/65 €
Un hall immense sous une verrière vertigineuse, des chambres particulièrement spacieuses, de nombreux équipements (restaurants, piscine, salles de réunion, etc.) : il règne une certaine démesure dans cet établissement de grand confort, véritable ville moderne au cœur de la zone aéroportuaire.

Pullman

Zone centrale Ouest – 01 49 19 29 29 – www.pullmanhotels.com
339 ch – 135/570 € 135/570 € – 5 suites – 22 €
Rest *L'Escale* – Formule 23 € – Carte 40/60 €
Premier hôtel construit sur le site, entre les deux aérogares, ce vaste building connaît en 2012-2013 une véritable cure de jouvence : une nouvelle page s'écrit, toujours avec le même souci de satisfaire les clients (salles de séminaire, piscine couverte, fitness, etc.).

à Roissy-Ville

Marriott

allée du Verger – 01 34 38 53 53 – www.parismarriottcharlesdegaulle.fr
297 ch – 109/459 € 109/459 € – 3 suites – 22 €
Rest – Formule 24 € – Menu 35 € – Carte 35/60 €
Parfait pour une clientèle d'affaires transitant par Paris et soucieuse d'un certain standing : cet établissement cultive une forme de classicisme (colonnades, meubles de style) et un grand confort. Fitness, sauna, brasserie, etc.

Relais Spa (N)

allée du Verger – 01 39 94 70 70 – www.relais-spa.com
435 ch – 110/420 € 110/420 € – 30 suites
Rest *Brasserie Flo* – voir les restaurants ci-après
Cet établissement inauguré en 2011 se révèle des plus plaisants : à la fois design et classiques, ses espaces expriment un bel art de vivre, en particulier son spa de 800 m² (piscine, sauna et fitness), unique sur toute la zone de l'aéroport.

Novotel Convention et Wellness

allée du Verger – 01 30 18 20 00 – www.novotel.com
295 ch – 99/450 € 99/450 € – 7 suites – 19 € **Rest** – Carte 23/48 €
Fonctionnement parfaitement huilé dans cet hôtel habitué à recevoir voyageurs et clientèle d'affaires. Ses services sont à la pointe pour l'organisation de séminaires (vaste espace avec régie intégrée) comme pour la détente (spa, Novotel Café, etc.).

Mercure

allée du Verger – 01 34 29 40 00
– www.mercure-paris-roissy-charles-de-gaulle.com
203 ch – 85/175 € 115/225 € – 8 suites – 18 €
Rest – Formule 14 € – Carte 27/50 €
Le fait mérite d'être souligné : cet établissement privilégie la clientèle individuelle à l'accueil de séminaires et de groupes. On découvre des chambres spacieuses, aux tons apaisants. Le restaurant mérite également attention avec sa carte traditionnelle et ses prix raisonnables.

Brasserie Flo (N) – Hôtel Relais Spa

allée du Verger – 01 34 04 16 11
Rest – Formule 25 € – Menu 30 € – Carte 30/45 €
Dans un décor contemporain et lumineux, la carte reprend les classiques de brasserie avec une fraîcheur et un savoir-faire certains (tartare, choucroute de la mer...). Une bonne option pour un repas sur le site de Roissy.

RUEIL-MALMAISON – 92 Hauts-de-Seine – **311** J2 – **101** 14 – **79 065 h.** **20** A1 – alt. 40 m – ✉ 92500 Île de France

Paris 16 – Argenteuil 12 – Nanterre 3 – St-Germain-en-Laye 9

118, avenue Paul Doumer, ✆ 01 47 32 35 75, www.rueil-tourisme.com

de Rueil-Malmaison, 25 Boulevard Marcel Pourtout, ✆ 01 47 49 64 67

Château de Bois-Préau★ - Buffet d'orgues★ de l'église - Malmaison : musée★★ du château.

Le Relais de la Malmaison

93 bd Franklin-Roosevelt – ✆ 01 47 32 01 33 – www.relaismalmaison.fr – Fermé 3-25 août et 24 déc.-2 janv.

60 ch – †140/340 € ††140/340 € – ☕ 19 €

Rest *(fermé sam. midi)* – Formule 28 € – Menu 36/55 € – Carte 35/50 €

Dans un grand parc et juste à côté du golf, un établissement élégant, avec des chambres contemporaines et de nombreux salons pour les réceptions et séminaires : idéal pour la clientèle d'affaires. Spa avec hammam, sauna, piscine couverte, restaurant... Tout est pensé pour la détente.

Novotel

21 av. Ed. Belin – ✆ 01 47 16 60 60 – www.novotel.com

118 ch – †115/245 € ††115/245 € – ☕ 15 €

Rest – Formule 17 € – Carte 25/45 €

Au sein du quartier d'affaires Rueil 2000 et à deux pas de la gare RER, un Novotel de facture contemporaine particulièrement adapté à la clientèle business.

Les Écuries de Richelieu

21 r. du Dr-Zamenhof – ✆ 01 47 08 63 54 – www.ecuries-richelieu.com – Fermé août, sam. midi, dim. et lundi

Rest – Formule 28 € – Menu 35 €

Deux amis, deux beaux parcours dans des maison de renom... puis cette table commune dans une salle voûtée et fraîche, où ils proposent une jolie cuisine de tradition autour d'un court menu.

Les Terrasses de l'Impératrice (N)

25 bd Marcel-Pourtout, (au golf) – ✆ 01 76 21 54 68

Rest *(déj. seult)* – Menu 39 €

Dans le cadre du golf de Rueil, sous l'égide du célèbre chef Christian Le Squer, une cuisine délicate et parfumée, avec quelques clins d'œil adressés aux spécialistes du swing : ainsi le "gazon" (des spaghettis aux saveurs de plein air) et la balle "green apple" (une boule en sucre garnie de chocolat blanc).

Le Bonheur de Chine

6 allée A. Maillol, (face 35 av. J. Jaurès à Suresnes) – ✆ 01 47 49 88 88 – www.bonheurdechine.com – Fermé lundi

Rest – Formule 28 € – Menu 35 € (déj. en sem.)/59 € – Carte 30/80 €

Un décor aux couleurs de l'Extrême-Orient pour un authentique voyage gastronomique aux cœur des saveurs de la Chine. Spécialité de la maison : le canard à la pékinoise en trois services.

RUNGIS – 94 Val-de-Marne – **312** D3 – **101** 26 – **5 642 h.** – alt. 80 m **21** C3 – ✉ 94150

Paris 14 – Antony 5 – Corbeil-Essonnes 30 – Créteil 13

La Grange

28 r. Notre-Dame – ✆ 01 46 87 08 91 – www.restaurant-lagrange-rungis.com – Fermé 2 sem. en août, lundi soir, sam. midi et dim.

Rest – Formule 38 € – Menu 41 €

Rungis, ce n'est pas seulement le célèbre marché connu de tous les chefs, mais aussi un vieux bourg, où se trouve cette Grange atypique, au décor sophistiqué (béton brut, couleurs vives, etc.). La cuisine est calée sur les saisons et... évidemment le marché. Une bonne adresse.

à Pondorly accès : de Paris, A6 et bretelle d'Orly ; de province, A6 et sortie Rungis – ✉ 94150 Rungis

Best Western Plus Orly Airport

4 av. Charles Lindbergh – ✆ 01 49 78 42 00 – www.bestwestern.com
169 ch – 🚹90/400 € 🚹🚹90/400 € – ☕ 17 € **Rest** – Menu 28 € – Carte 25/70 €
Au nord de l'aéroport d'Orly, en bordure de l'A 86, cet établissement attire surtout une clientèle en transit. Ses chambres, spacieuses et bien insonorisées, s'avèrent très confortables.

SACLAY – 91 Essonne – 312 C3 – 101 24 – 3 052 h. – alt. 147 m 20 A3

– ✉ 91400
Paris 27 – Antony 14 – Chevreuse 13 – Montlhéry 16

Novotel

r. Charles Thomassin – ✆ 01 69 35 66 00 – www.novotel.com
140 ch – 🚹93/216 € 🚹🚹93/216 € – ☕ 15 €
Rest – Formule 18 € – Carte 18/45 €
Dans un ancien corps de ferme dont subsistent la cour pavée et la maison de maître (19e s.), un Novotel conforme aux standards de la chaîne, avec de bons équipements sportifs et un restaurant ouvert sur la piscine.

ST-CLOUD – 92 Hauts-de-Seine – 311 J2 – 101 14 – 29 726 h. – alt. 63 m 20 B2

– ✉ 92210 Île de France
Paris 12 – Nanterre 7 – Rueil-Malmaison 6 – St-Germain 16
du Paris Country Club, 1 rue du Camp Canadien, (Hippodrome), ✆ 01 47 71 39 22
Parc★★ (Grandes Eaux★★) - Église Stella Matutina★.

Quorum

ch, rest,

2 bd République – ✆ 01 47 71 22 33 – www.hotel-quorum-paris.com
58 ch – 🚹85/145 € 🚹🚹95/155 € – ☕ 10 €
Rest *(fermé août, sam. et dim.) (dîner seult)* – Carte environ 32 €
Un hôtel-restaurant à deux pas du parc de Saint-Cloud, avec des chambres contemporaines (objets signés Starck...) et toutes identiques. Parfait pour la clientèle d'affaires.

Le Garde-Manger

21 r. d'Orléans – ✆ 01 46 02 03 66 – www.legardemanger.com – Fermé dim.
Rest – Formule 17 € – Carte 33/43 €
Dans son garde-manger, le chef stocke de beaux produits et concocte une jolie cuisine bistrotière, pile dans la tendance. Et tendance, son restaurant l'est aussi, avec ses grandes ardoises, ses lampes indus' et son comptoir très... néobistrot !

L'Heureux Père

47 bis bd Semard – ✆ 01 46 02 09 43 – www.lheureuxpere.com – Fermé 3 sem. en août, 24 déc.-1er janv., sam. midi, dim. soir et fériés
Rest – Formule 19 € – Menu 24 € (déj. en sem.) – Carte 39/54 €
Un repaire chaleureux et gourmand ! Le chef aime surprendre par de jolies associations d'épices et de saveurs à dominante créole ; sa collection de vieux rhums bruns a de quoi en rendre heureux plus d'un...

ST-DENIS – 93 Seine-Saint-Denis – 305 F7 – 101 16 – 105 749 h. 21 C1

– alt. 33 m – ✉ 93200 Île de France
Paris 11 – Argenteuil 12 – Beauvais 70 – Chantilly 31
1, rue de la République, ✆ 01 55 87 08 70, www.saint-denis-tourisme.com
Basilique★★★ - Stade de France★.

Courtyard Paris St-Denis

34 bd de la Libération, (ZAC Pleyel) Ⓜ Carrefour Pleyel – ✆ 01 58 34 91 10 – www.courtyardsaintdenis.com
150 ch – 🚹109/360 € 🚹🚹109/360 € – ☕ 17 €
Rest – Formule 19 € – Menu 23 € (déj.)/29 € – Carte 40/60 €
Un bon hôtel dans une zone où ils sont rares. Inauguré en 2009, non loin du Carrefour Pleyel et du Stade de France, il abrite des chambres confortables et bien insonorisées, colorées et chaleureuses. Parking, restaurant.

ST-GERMAIN-EN-LAYE – 78 Yvelines – **311** I2 – **101** 13 – **40 945 h.** **20** A1
– **alt. 78 m** – ✉ **78100** Île de France

Paris 25 – Beauvais 81 – Dreux 66 – Mantes-la-Jolie 36

38, rue au Pain, ✆ 01 30 87 20 63, www.ot-saintgermainenlaye.fr

de Joyenval, à Chambourcy, Chemin de la Tuilerie, par rte de Mantes : 6 km par D 160, ✆ 01 39 22 27 50

Terrasse★★ - Jardin anglais★ - Château★ : musée des Antiquités nationales★★ - Musée Maurice Denis★.

Plan page suivante

Pavillon Henri IV

21 r. Thiers – ✆ 01 39 10 15 15 – www.pavillonhenri4.fr BYZ**t**
42 ch – †199/390 € ††199/390 € – ☕ 19 € – ½ P
Rest ***Pavillon Henri IV*** – voir les restaurants ci-après
Achevée en 1604 sous Henri IV, à la lisière du parc du château, cette demeure vit naître Louis XIV. Le décor des chambres fait preuve d'un classicisme de belle fraîcheur, tout comme les salons et la grande galerie (parquet, lustres en cristal). Royal !

Ermitage des Loges

rest, rest,

11 av. des Loges – ✆ 01 39 21 50 90 – www.ermitagedesloges.com AY**x**
56 ch – †93/140 € ††105/157 € – ☕ 13 €
Rest *(fermé 3 sem. en août, sam. et dim.)* – Formule 20 € – Menu 35 € – Carte 35/58 €
En lisière de la forêt de St-Germain, hôtel composé de deux bâtiments dont le principal date du 19e s. Les chambres sont plus actuelles à l'annexe et ont vue sur le jardin. Grande salle de restaurant décorée sur le thème de l'aéronautique.

Pavillon Henri IV – Hôtel Pavillon Henri IV

21 r. Thiers – ✆ 01 39 10 15 15 – www.pavillonhenri4.fr – Fermé sam. midi et dim. soir BYZ**t**
Rest – Formule 35 € – Menu 49/54 € – Carte 57/90 €
L'un des atouts de ce restaurant est sans conteste son superbe panorama sur la vallée de la Seine. Un cadre exceptionnel où l'on vient savourer une cuisine classique et de beaux produits ; on y inventa les pommes soufflées et la béarnaise !

Le Wauthier by Cagna (N)

31 r. Wauthier – ✆ 01 39 73 10 84 – restaurant-wauthier-by-cagna.fr – Fermé fin juil.-mi-août, 1 sem. en janv., dim. et lundi AZ**a**
Rest – Formule 26 € – Menu 32 € (déj. en sem.)/60 € bc – Carte environ 53 €
Murs en pierre et mobilier contemporain... Tel est le cadre de ce restaurant où l'on savoure une cuisine du marché axée sur les beaux produits. À l'image de ce médaillon de lotte accompagné de pointes d'asperges sautées à l'huile d'olive. Savoureux ! Accueil et service aux petits soins.

au Nord 2,5 km par ① et D 284 – ✉ 78100 St-Germain-en-Laye :

La Forestière

1 av. du Président-Kennedy – ✆ 01 39 10 38 38 – www.cazaudehore.fr
27 ch – †245 € ††305 € – 3 suites – ☕ 20 €
Rest ***Cazaudehore*** – voir les restaurants ci-après
Charme et confort sont au rendez-vous dans cette séduisante maison entourée de verdure. Beau mobilier contemporain ou ancien, et coloris choisis agrémentent les chambres, toutes uniques.

Cazaudehore – Hôtel La Forestière

1 av. du Président-Kennedy – ✆ 01 30 61 64 64 – www.cazaudehore.fr – Fermé dim. soir en août et de nov. à mars et lundi
Rest – Menu 39 € (déj. en sem.), 55/95 € bc – Carte 54/77 €
Ambiance chic et cosy, décor dans l'air du temps, délicieuse terrasse sous les acacias, cuisine soignée et belle carte des vins... Une vraie histoire de famille depuis 1928.

ST-GERMAIN-EN-LAYE

Bonnenfant (R. A.) . . . . AZ 3
Coches (R. des) . . . . AZ 4
Denis (R. M.) . . . . AZ 5
Detaille (Pl. É.) . . . . AY 6
Gde-Fontaine (R. de la) . . . . . AZ 10
Giraud-Teulon (R.) . . . . BZ 9
Loges (Av. des) . . . . AY 14
Malraux (Pl. A.) . . . . BZ 16
Marché-Neuf (Pl. du) . . . . AZ
Mareil (Pl.) . . . . AZ 19
Pain (R. au) . . . . AZ 20
Paris (R. de) . . . . AZ
Poissy (R. de) . . . . AZ 22
Pologne (R. de) . . . . AY 23
Surintendance (R. de la) . . . . . . AY 28
Victoire (Pl. de la) . . . . AY 30
Vieil-Abreuvoir (R. du) . . . . . . AZ 32
Vieux-Marché (R. du) . . . . AZ 33

St-Jean-de-Beauregard – 91 Essonne – **312** C3 – **101** 33 – 277 h. **20** A3
– alt. 164 m – ✉ 91940

▶ Paris 35 – Créteil 32 – Évry 27 – Nanterre 40

XX **L'Atelier Gourmand**

5 Grande-Rue – ☎ 01 60 12 31 01
– www.lateliergourmandjmdelrieu.com
– Fermé 3-12 mai, 3 sem. en août, sam. et dim.
Rest – Menu 36 € – Carte 50/68 €
Au cœur du village, dans une ancienne ferme, une table bien nommée : on y apprécie une cuisine de tradition bien tournée et toute fraîche (le chef s'approvisionne auprès du maraîcher voisin). Cadre classique et agréable, face au jardin clos de murs.

ST-MANDÉ – 94 Val-de-Marne – 312 D2 – 101 27 – 22 627 h. – alt. 50 m 21 C2
– ✉ 94160

▶ Paris 7 – Créteil 10 – Lagny-sur-Marne 29 – Maisons-Alfort 6

L'Ambassade de Pékin

6 av. Joffre Ⓜ St-Mandé-Tourelle – ✆ 01 43 98 13 82

Rest – Menu 13 € (déj. en sem.), 24/41 € – Carte 37/55 €

Cette Ambassade au décor typique représente non seulement Pékin, mais aussi le Sichuan, le Vietnam, la Thaïlande, etc. Au menu, donc, un joli éventail de spécialités asiatiques, parmi lesquelles les crevettes à l'ail et au poivre, ou le canard laqué.

L'Ambre d'Or

44 av. du Gén.-de-Gaulle Ⓜ St-Mandé-Tourelle – ✆ 01 43 28 23 93 – Fermé août, 22-30 déc., dim. et lundi

Rest – Formule 25 € – Menu 32 € – Carte 58/75 €

Face à la mairie, cet Ambre d'Or est ce que l'on appelle une valeur sûre. Dans un cadre classique, on apprécie une cuisine soignée, savoureuse et bien pensée. Les recettes sont plus ambitieuses à la carte, tandis que le menu présente un excellent rapport qualité-prix.

ST-MAUR-DES-FOSSÉS – 94 Val-de-Marne – 312 D3 – 101 27 21 D2
– 75 251 h. – alt. 38 m – ✉ 94100

▶ Paris 12 – Créteil 6 – Nogent-sur-Marne 6

à La Varenne-St-Hilaire – ✉ 94210

Château des Iles Ⓝ avec ch

85 quai Winston-Churchill – ✆ 01 48 89 65 65 – www.chateau-des-iles.com – Fermé dim. soir

12 ch – †80/92 € ††80/92 € – ☕ 10 € **Rest** – Menu 40/71 € – Carte 51/74 €

Un restaurant élégant en bord de Marne. On y apprécie une cuisine de saison avec de bons produits, à l'image de ces langoustines préparées en carpaccio ou de ce filet de saint-pierre accompagné d'une mousseline de chou-fleur légèrement vanillée... Aux beaux jours, on profite de la terrasse. Ambiance conviviale.

Faim et Soif

28 r. St-Hilaire – ✆ 01 48 86 55 76 – www.faimetsoif.com – Fermé 3 sem. en août, dim. et lundi

Rest – Carte 52/67 €

Imaginez une bonbonnière version très contemporaine : alors vous aurez une petite idée de Faim et Soif. Chaleureuse, cette petite table l'est assurément. On s'y retrouve pour déguster des mets appétissants, ceux d'une vraie cuisine de produits.

ST-OUEN – 93 Seine-Saint-Denis – 305 F7 – 101 16 – 46 510 h. 21 C1
– alt. 36 m – ✉ 93400

▶ Paris 9 – Bobigny 12 – Chantilly 46 – Meaux 49

ℹ 30, avenue Gabriel Péri, ✆ 01 40 11 77 36, www.st-ouen-tourisme.com

Le Coq de la Maison Blanche

37 bd Jean Jaurès Ⓜ Mairie de St-Ouen – ✆ 01 40 11 01 23 – www.lecoqdelamaisonblanche.com – Fermé sam. en juil.-août et dim.

Rest – Menu 31 € – Carte 34/89 €

Une cuisine très traditionnelle (tête de veau sauce ravigote, coq au vin, etc.), un authentique décor estampillé 1950, des serveurs efficaces et de nombreux habitués de longue date : cette adresse, incontournable à St-Ouen, ressuscite un film d'Audiard !

Ma Cocotte Ⓝ

106 r. des Rosiers Ⓜ Porte de Clignancourt – ✆ 01 49 51 70 00 – www.macocotte-lespuces.fr – Fermé une sem. en août, dim. soir et lundi soir

Rest – Formule 24 € bc – Menu 29 € bc (déj.) – Carte 35/50 €

Nichée dans les puces de St-Ouen, où elle a ouvert fin 2012, une cantine chic signée "by Philippe Starck". La déco joue la carte du loft contemporain chaleureux, la cuisine celle des classiques – bien troussés – dont on ne se lasse pas : poulet fermier à la broche, tarte Tatin, etc. Cette cocotte a la cote !

La Puce

17 r. Ernest-Renan Ⓜ Mairie de St-Ouen – ✆ 01 40 12 63 75 – Fermé 3 sem. en août, 2 sem. en fév., dim. et lundi
Rest – Formule 17 € bc – Menu 32 € – Carte environ 38 €
À un saut de puce des puces de St-Ouen, cette Puce-là ne fait pas faux bond à la qualité : dans ce bistrot coloré, on apprécie ravioles au foie gras et lentilles à la crème de porto blanc, ch'tiramisu aux spéculos, etc. Des plats bien tournés, aux prix raisonnables, comme les vins. De quoi mettre la puce à l'oreille !

ST-PRIX – 95 Val-d'Oise – **305** E6 – **101** 5 – **7 374 h.** – **alt. 70 m** – ✉ 95390 — **18** B1

Paris 26 – Cergy 22

Hostellerie du Prieuré

74 r. A.-Rey – ✆ 01 34 27 51 51 – www.hostelduprieure.com
7 ch – 118/148 € 118/190 € – 1 suite – 15 € – ½ P
Rest *Hostellerie du Prieuré* – voir les restaurants ci-après
Sa façade du 17e s. pourrait servir de décor pour un film... Jolie carte postale que cet ancien café de village, qui cache des chambres originales et soignées ("Romance", "Aladin", "Pompadour", etc.). Et St-Prix est idéal pour découvrir le Vexin et la forêt de Montmorency... après un petit-déjeuner bien copieux !

Hostellerie du Prieuré

74 r. A.-Rey – ✆ 01 34 27 51 51 – www.restaurantduprieure.com – Fermé 3-19 août, sam. midi, lundi midi et dim.
Rest – Formule 22 € – Carte 41/51 €
Banquettes, nappes à carreaux, objets anciens... Dans ce village pittoresque, cette jolie auberge ravit les amoureux d'autrefois – et la salle avec sa cheminée, les romantiques ! À la carte, pas de nostalgie : foie gras poêlé aux girolles, fricassée d'écrevisses et ris de veau, macaron glacé au caramel...

ST-QUENTIN-EN-YVELINES – 78 Yvelines – **311** H3 – **101** 21 – **144 716 h.** Île de France — **18** B2

Paris 33 – Houdan 33 – Palaiseau 28 – Rambouillet 21
36 Blue Green Golf St-Quentin-en-Yvelines, à Trappes, Base de loisirs, ✆ 01 30 50 86 40
45 National, à Guyancourt, 2 avenue du Golf, ✆ 01 30 43 36 00

Montigny-le-Bretonneux – **33 691 h.** – **alt. 162 m** – ✉ **78180**

Mercure

rest,

9 pl. Choiseul – ✆ 01 39 30 18 00 – www.mercure.com
74 ch – 99/300 € 99/300 € – 18 €
Rest *(fermé 4-20 août, 22 déc.-4 janv., vend. soir, sam., dim. et fériés)* – Formule 20 € – Menu 28 € – Carte 33/40 €
En centre-ville (gare RER à proximité), hôtel récent dont les chambres affichent un style épuré. Cuisine traditionnelle au restaurant (buffets de hors-d'œuvre et desserts).

Voisins-le-Bretonneux – **11 910 h.** – **alt. 163 m** – ✉ **78960**

Vestiges de l'abbaye Port-Royal des Champs★ SO : 4 km.

Novotel St-Quentin Golf National

au Golf National, 2 km à l'Est par D 36
✉ 78114 – ✆ 01 30 57 65 65 – www.novotel.com
130 ch – 72/220 € 72/220 € – 1 suite – 15 €
Rest – Formule 18 € – Carte 20/40 €
Idéalement situé sur le golf, au grand calme, hôtel créé en 1990 : chambres "Novation" et équipements de détente (piscine, solarium, tennis). Ambiance branchée au Novotel café. Le Club House propose à midi des formules rapides.

STE-GENEVIÈVE-DES-BOIS – **91 Essonne** – **312** C4 – **101** 35 – **34 054 h.** **18** B2
– **alt. 78 m** – ✉ **91700** Île de France

Paris 27 – Arpajon 10 – Corbeil-Essonnes 18 – Étampes 30

XX **La Table d'Antan**

38 av. Grande-Charmille-du-Parc, (près de l'hôtel de ville) – ✆ 01 60 15 71 53 – www.latabledantan.fr – Fermé 5-21 août, mardi soir, merc. soir, dim. soir et lundi sauf fériés

Rest – Menu 30/48 € – Carte 40/62 €

Vous serez d'abord séduit par un accueil prévenant en ce restaurant d'un quartier résidentiel. On y savoure une cuisine classique et des spécialités du Sud-Ouest de qualité.

SÉNART – **77 Seine-et-Marne** – **312** E4 – **101** 39 – **10 416 h.** – **alt. 89 m** **19** C2
– ✉ **77127** Île de France

Lieusaint – **10 416 h.** – **alt. 89 m** – ✉ **77127**

Clarion Suites

12 allée du Trait-d'Union, Carré Sénart – ✆ 01 64 13 72 00 – www.clarionsenart-paris.com

144 ch – †210/250 € ††225/260 € – 21 suites – ☐ 16 €

Rest – Formule 17 € – Menu 28 € – Carte environ 45 €

Les atouts de cette solide construction cubique ? Tout d'abord, sa proximité d'Orly. Par ailleurs, les chambres sont grandes, de style contemporain, et les équipements très complets (spa, salle de fitness). Parfait pour le business.

Le Plessis-Picard – ✉ **77550**

XX **La Mare au Diable**

– ✆ 01 64 10 20 90 – www.lamareaudiable.fr – Fermé dim. soir et lundi

Rest – Menu 25 € (déj. en sem.), 35 € bc/45 € – Carte 51/77 €

Demeure du 15e s. tapissée de vigne vierge, que fréquenta George Sand. Intérieur de caractère, avec solives patinées et cheminée. Recettes classiques et spécialités italiennes.

SUCY-EN-BRIE – **94 Val-de-Marne** – **312** E3 – **101** 28 – **25 927 h.** **21** D2
– **alt. 96 m** – ✉ **94370**

Paris 21 – Créteil 6 – Chennevières-sur-Marne 4

Château de Gros Bois★ : mobilier★★ S : 5 km Île-de-France

XX **Le Clos de Sucy**

17 r. de la Porte – ✆ 01 45 90 29 29 – www.leclosdesucy.fr – Fermé 28 juil.-27 août, 2-8 janv., sam. midi, dim. soir et lundi

Rest – Formule 20 € bc – Menu 36/46 € – Carte 43/69 €

Joli cachet dans cette maison du 16e s. tout en poutres et colombages... À l'unisson du décor, la carte s'appuie sur la tradition : parmi les spécialités, pigeonneau rôti au jus et champignons, et soufflé au chocolat.

quartier les Bruyères 3 km au Sud-Est - ✉ 94370 Sucy-en-Brie

Le Tartarin

carrefour de la Patte d'Oie – ✆ 01 45 90 42 61 – www.auberge-tartarin.com – Fermé août

11 ch – †60 € ††75 € – ☐ 9 €

Rest *(fermé mardi soir, merc. soir, jeudi soir, dim. soir et lundi)* – Menu 25 € (sem.), 27/34 € – Carte 37/58 €

Cet ancien rendez-vous de chasse posté à l'orée de la forêt est tenu par la même famille depuis trois générations ! Esprit rustique au salon (avec cheminée), allure classique dans les chambres, plutôt spacieuses, et carte résolument traditionnelle au restaurant.

SURESNES – **92 Hauts-de-Seine** – **311** J2 – **101** 14 – **46 053 h.** – **alt. 42 m** **20** B2
– ✉ **92150** Île de France

Paris 12 – Nanterre 4 – Pontoise 32 – St-Germain-en-Laye 13

50, boulevard Henri Sellier, ✆ 01 41 18 18 76, www.suresnes.fr

Fort du Mont Valérien (Mémorial National de la France combattante).

XX **Les Jardins de Camille** avec ch

70 av. Franklin Roosevelt – ✆ 01 45 06 22 66 – www.les-jardins-de-camille.fr – Fermé dim. soir

5 ch – **†**114/160 € **††**114/160 €

Rest – Formule 27 € – Menu 42/80 € bc – Carte 50/62 €

Aux abords du mont Valérien, les Jardins de Camille offrent une vue magnifique sur Paris et la Défense, en terrasse comme en salle. On y apprécie une cuisine classique, accompagnée d'un beau choix de bourgognes et de vins du monde. Pour passer la nuit, réservez l'une des chambres d'hôtes, calmes et jolies.

TREMBLAY-EN-FRANCE – 93 Seine-Saint-Denis – 305 G7 – 101 18 – 21 D1

– 35 036 h. – alt. 60 m – ✉ 93290

Paris 24 – Aulnay-sous-Bois 7 – Bobigny 13 – Villepinte 4

à Tremblay-Vieux-Pays – ✉ 93290 Tremblay en France

XX **Le Cénacle**

1 r. de la Mairie – ✆ 01 48 61 32 91 – www.restaurantcenacle.com – Fermé sam. midi et dim. soir

Rest – Menu 30 € (sem.), 45/130 € bc – Carte 58/170 €

Rien de confidentiel dans ce Cénacle, mais la tradition dans toute sa générosité – menu homard – et un décor qui joue une carte très classique (poutres peintes, chaises de style, etc.).

X **La Jument Verte**

43 rte de Roissy – ✆ 01 48 60 69 90 – www.aubergelajumentverte.fr – Fermé août, merc. soir, sam., dim. et fériés

Rest – Formule 23 € – Menu 28/59 € – Carte 49/73 €

Dans un hameau qui semble tranquille... et pourtant stratégiquement situé, tout près du parc des expositions de Villepinte et de l'aéroport de Roissy, voici une escale gourmande toute trouvée. On y déguste une belle cuisine tout en fraîcheur et saveurs, recherchée juste comme il faut. Décor à la fois simple et avenant.

TRIEL-SUR-SEINE – 78 Yvelines – 311 I2 – 101 10 – 11 637 h. – alt. 20 m – 18 B1

– ✉ 78510 Île de France

Paris 39 – Mantes-la-Jolie 27 – Pontoise 18 – Rambouillet 55

Église St-Martin★.

X **St-Martin**

2 r. Galande, (face à la poste) – ✆ 01 39 70 32 00 – www.restaurantsaintmartin.com – Fermé 1er-20 août, vacances de Noël, merc. et dim.

Rest *(nombre de couverts limité, réserver)* – Formule 18 € – Menu 24 € (déj. en sem.), 28 € bc/45 €

Proche d'une jolie église gothique du 13e s. et des bords de Seine, un restaurant à l'atmosphère familiale. Au menu, des recettes de tradition ou plus actuelles, et des suggestions qui varient selon le marché. Simple et bien tourné.

VANVES – 92 Hauts-de-Seine – 311 J3 – 101 25 – 26 505 h. – alt. 61 m – 20 B2

– ✉ 92170

Paris 7 – Boulogne-Billancourt 5 – Nanterre 13

2, rue Louis Blanc, ✆ 01 47 36 03 26, www.ville-vanves.fr

Mercure Paris Porte de Versailles Expo ch,

36 r. du Moulin – ✆ 01 46 48 55 55 – www.mercure.com

388 ch – **†**129/395 € **††**129/395 € – 4 suites – 19 €

Rest – Formule 24 € – Menu 28 € – Carte 26/47 €

Derrière le parc des Expositions, un Mercure imposant, avec un mur végétal dans l'atrium, des chambres de facture contemporaine et de nombreuses salles de séminaire : idéal pour la clientèle business.

ENVIRONS DE PARIS

XXX **Pavillon de la Tourelle**

10 r. Larmeroux – ✆ 01 46 42 15 59 – www.lepavillondelatourelle.com – Fermé 6-13 mai, 29 juil.-26 août, 2-7 janv. et le soir du dim. au merc.
Rest – Formule 27 € bc – Menu 44/66 €
Un ancien pavillon de chasse bordant un joli parc, n'est-ce pas bucolique ? En tout cas, c'est élégant ! Le chef, d'origine japonaise, réalise une cuisine française très traditionnelle, parfois parsemée de quelques touches nipponnes.

VÉLIZY-VILLACOUBLAY – **78 Yvelines** – **311** J3 – **101** 24 – **19 883 h.** – **alt. 164 m** – ✉ **78140** **20** B2

Paris 19 – Antony 12 – Chartres 81 – Meudon 8

Holiday Inn rest,

22 av. de l'Europe, (près du centre commercial Vélizy II) – ✆ 01 39 46 96 98 – www.mercure.com/8817
182 ch – †260/400 € ††260/400 € – ☐ 20 €
Rest – Menu 30 € – Carte 33/53 €
Les chambres de cet hôtel, pour moitié rénovées dans un style plus moderne, sont spacieuses, confortables et bien insonorisées. Préférez celles tournant le dos à l'autoroute. Salle de restaurant coiffée de poutres apparentes ; cuisine traditionnelle.

VERSAILLES P – **78 Yvelines** – **311** I3 – **101** 23 – **86 477 h.** – **alt. 130 m** – ✉ **78000** Île de France **20** A2

Paris 22 – Beauvais 94 – Dreux 59 – Évreux 90

2 bis, avenue de Paris, ✆ 01 39 24 88 88, www.versailles-tourisme.com

9 du Stade Français, à Vaucresson, 129 av. de la Celle St Cloud, par rte de Rueil : 7 km, ✆ 01 47 01 15 04

18 de Saint-Aubin, à Saint-Aubin, Route du Golf, par rte de Chevreuse : 17 km, ✆ 01 69 41 25 19

18 de Feucherolles, à Feucherolles, Sainte Gemme, par rte de Mantes (D 307) : 17 km, ✆ 01 30 54 94 94

9 du haras de jardy, à Marnes-la-Coquette, Boulevard de Jardy, NE : 9 km, ✆ 01 47 01 35 80

Château★★★ - Jardins★★★ (Grandes Eaux★★★ et fêtes de nuit★★★ en été) - Ecuries Royales★ - Trianon★★ - Musée Lambinet★ Y **M.**

Jouy-en-Josas : la "Diège"★ (statue) dans l'église, 7 km par ③.

Plans pages suivantes

Trianon Palace rest,

1 bd de la Reine – ✆ 01 30 84 50 00 – www.trianonpalace.com **Xr**
166 ch – †199/629 € ††199/629 € – 23 suites – ☐ 36 €
Rest *Gordon Ramsay au Trianon* ✿✿ – voir les restaurants ci-après
Rest *La Véranda* ✆ 01 30 84 55 55 – Formule 53 € – Menu 65 €
Tout le monde, ou presque, a entendu parler de cet hôtel luxueux, à la lisière du parc du château. Avec ses très belles chambres, mariant avec aisance l'élégance du design contemporain et le classicisme du lieu, il n'usurpe pas sa réputation !

Pullman ch,

2 bis av. de Paris – ✆ 01 39 07 46 46 – www.pullmanhotels.com **Ya**
147 ch – †199/359 € ††199/359 € – 5 suites – ☐ 25 €
Rest *Pullman* – Formule 22 € – Carte 35/52 €
Protégé par son portail d'époque, cet hôtel élégant et design est un havre de paix à proximité du château. Si les chambres ont conservé un style que l'on pourrait qualifier de "versaillais", les suites sont plus contemporaines.

Le Versailles sans rest

7 r. Ste-Anne – ✆ 01 39 50 64 65 – www.hotel-le-versailles.fr **Yp**
45 ch – †160/170 € ††170/180 € – ☐ 15 €
Près du château et au calme, établissement entièrement rénové. Chambres de style Art déco ou plus contemporaines, décorées selon une thématique : voyage, rêve, amour...

VERSAILLES

Bellevue (Av. de) . . . . U 2
Coste (R.) . . . . V 9
Dr-Schweitzer (Av. du) . . . . . U 12
Franchet-d'Esperey (Av. du Mar.) . . . . U 15
Glatigny (Bd de) . . . . U 19
Leclerc (Av. du Gén.) . . . . V 22
Marly-le-Roi (R. de) . . . . U 26
Mermoz (R. Jean) . . . . V 27
Moxouris (R.) . . . . U 29
Napoléon III (Rte) . . . . U 30
Pelin (R. L.) . . . . U 32
Porchefontaine (Av.) . . . . V 33
Pottier (R.) . . . . U 35
Rocquencourt (Av. de) . . . . . . U 39
St-Antoine (Allée) . . . . V 40
Sports (R. des) . . . . U 43
Vauban (R.) . . . . V 45

La Résidence du Berry sans rest

14 r. d'Anjou – ✆ 01 39 49 07 07 – www.hotel-berry.com **Zs**

38 ch – †100/170 € ††110/170 € – ☕ 14 €

Entre carrés St-Louis et potager du Roi, ce bel immeuble du 18e s. abrite des chambres intimes et décorées avec soin. Espace bar-billard cosy, petit patio.

VERSAILLES

Carnot (R.) . . . . **Y**
Chancellerie (R. de la) . . . . . . **Y** 3
Clemenceau (R. Georges) . **Y** 7
Cotte (R. Robert de) . . . . . . **Y** 10
États-Généraux (R. des) . . . **Z**
Europe (Av. de l') . . . . **Y** 14
Foch (R. du Mar.) . . . . **XY**
Gambetta (Pl.) . . . . **Y** 17
Gaulle (Av. du Gén.-de-) . . **YZ** 18
Hoche (R.) . . . . **Y**
Indép.-Américaine (R. de l') **Y** 20
Leclerc (R. du Gén.) . . . . . . **Z** 24
Mermoz (R. Jean) . . . . **Z** 27
Nolhac (R. Pierre-de-) . . . . . **Y** 31
Orangerie (R. de l') . . . . **YZ**
Paroisse (R. de la) . . . . **Y**
Porte-de-Buc (R. de la) . . . . **Z** 34
Rockefeller (Av.) . . . . **Y** 37
Royale (R.) . . . . **Z**
Satory (R. de) . . . . **YZ** 42
Vieux-Versailles (R. du) . . . **YZ** 47

Mercure Versailles Château sans rest
19 r. Ph. de Dangeau – 01 39 50 44 10 – www.mercure.com **Yn**
60 ch – 79/169 € 79/169 € – 14 €
Dans un quartier paisible du centre-ville, cet établissement a bénéficié d'une cure de jouvence. Lignes épurées et décor contemporain habillent les chambres, fonctionnelles.

Gordon Ramsay au Trianon – Hôtel Trianon Palace
1 bd de la Reine – 01 30 84 50 18 – www.trianonpalace.com – Fermé 3-11 mars, 28 juil.-26 août, 1er-14 janv., le midi du mardi au jeudi, dim. et lundi **Xr**
Rest – Menu 87 € (déj.), 135/193 € – Carte 140/185 €
À la lisière du parc du château, un cadre raffiné, d'une élégance sans ostentation. Cuisine remarquable par sa fraîcheur et son inventivité, valorisant de beaux produits (langoustines d'Écosse, pigeon de Bresse). Excellent choix de bourgognes.
➜ Foie gras du Périgord "2 ways". Turbot de Bretagne "10 kg à l'os", parfums de verveine et citron, rattes aux agrumes, sauce vin rouge. Île flottante glacée à l'ananas.

L'Angélique (Régis Douysset)
27 av. de St-Cloud – 01 30 84 98 85 – www.langelique.fr – Fermé 3-19 mars, 4-21 août, 22 déc.-2 janv., dim. et lundi **Ye**
Rest – Menu 51/108 € bc
Le propriétaire de l'Escarbille à Meudon fait coup double. Régis Douysset a placé ici des fidèles au service et au piano. Ambiance sympathique. Cuisine généreuse et bien travaillée.
➜ Artichaut barigoule farci de cèpes, croustille de parmesan et jus de volaille perlé. Ris de veau braisé, petits pois à la française, jus d'un bœuf-carotte. Entremets chocolat au lait, cœur fondant au caramel.

Zin's à l'Étape Gourmande
125 r. Yves Le Coz – 01 30 21 01 63 – www.arti-zins.fr – Fermé 3 sem. en août, sam. midi, dim. et lundi **Vn**
Rest *(nombre de couverts limité, réserver)* – Formule 30 € – Menu 37/53 € – Carte 50/64 €
Voici une étape idéale, dans le quartier de Porchefontaine, pour apprécier une cuisine élaborée selon les produits du jour. Belle carte de vins de toutes les régions.

La Tour (N)
6 r. Carnot – 01 39 50 58 46 – www.restaurant-yvelines.com – Fermé 3 sem. en août, dim. et lundi **Yb**
Rest – Formule 22 € – Carte 29/100 €
Avis aux amateurs de viande ! Ici, on est expert en la matière : choix des morceaux, maturation, etc. Dans la salle, on a même accroché les plaques émaillées remportées par des éleveurs de bovins. Le cadre est celui d'un bistrot pur jus : tables serrées, comptoir... Ambiance conviviale.

au Chesnay – **29 210 h. – alt. 120 m – 78150**

L'Armoise
41 rte de Rueil – 01 39 55 63 07 – www.restaurant-larmoise.fr – Fermé août, sam. midi, dim. soir et lundi **Uk**
Rest – Menu 42/57 € – Carte environ 51 €
Le jeune chef délivre une cuisine du marché rythmée par les saisons, mêlant subtilement les bons produits frais et les saveurs. Décor contemporain épuré, relevé de couleurs vives.

VILLE-D'AVRAY – 92 Hauts-de-Seine – 311 J3 – 101 24 – 10 717 h. – alt. 130 m – 92410 20 B2

Paris 14 – Antony 16 – Boulogne-Billancourt 5 – Neuilly-sur-Seine 10

Les Étangs de Corot
55 r. de Versailles – 01 41 15 37 00 – www.etangs-corot.com
41 ch – 154/345 € 154/345 € – 2 suites – 20 € – ½ P
Rest ***Le Corot***

Rest ***Le Café des Artistes*** – voir les restaurants ci-après
Rest ***Les Paillotes*** *(ouvert d'avril à oct. et fermé dim. soir, jeudi midi, lundi, mardi et merc.)* – Carte 49/78 €
Ce ravissant hameau bâti au bord d'un étang inspira le peintre Camille Corot. Il abrite aujourd'hui un hôtel de charme (élégantes chambres au décor soigné) et ses différents restaurants. Le spa est divin... vinothérapie oblige.

XXX **Le Corot** – Hôtel Les Étangs de Corot

55 r. de Versailles – ✆ 01 41 15 37 00 – www.etangs-corot.com – Fermé 29 juil.-21 août, 16 -25 déc., 2-8 janv., dim. soir, merc. midi, lundi et mardi
Rest *(réserver)* – Menu 42 € (déj. en sem.)/85 € – Carte 67/95 €
Une salle tout en boiseries et ornée de reproductions de tableaux de Camille Corot, avec de jolies échappées sur la verdure : ce restaurant gastronomique distille une ambiance feutrée... pour une cuisine actuelle.

X **Le Café des Artistes** – Hôtel Les Étangs de Corot

55 r. de Versailles – ✆ 01 41 15 37 00 – www.etangs-corot.com
Rest – Menu 32 € – Carte 40/50 €
Un bistrot au décor rétro, qui évoque les repaires d'artistes parisiens de la fin du 19e s. Carte traditionnelle (parmentier de confit de canard, entrecôte grillée, etc.). Une sympathique étape lors d'une promenade bucolique aux portes de Paris.

VILLENEUVE-LA-GARENNE – 92 Hauts-de-Seine – 311 J2 – 101 15 — 21 C1

– 24 944 h. – alt. 30 m – ✉ 92390

Paris 13 – Nanterre 14 – Pontoise 23 – St-Denis 3

XX **Les Chanteraines**

av. 8 Mai 1945 – ✆ 01 47 99 31 31 – Fermé 3 sem. en août, sam. et dim.
Rest – Menu 37/110 € bc – Carte 44/72 €
Tout près et... très loin de la zone d'activités. Un restaurant agréable et accueillant, avec une véranda et une terrasse donnant sur le lac artificiel du parc des Chanteraines. Le chef concocte une sympathique cuisine traditionnelle...

VINCENNES – 94 Val-de-Marne – 312 D2 – 101 17 – 48 689 h. – alt. 51 m — 21 C2

– ✉ 94300

Paris 7 – Créteil 11 – Lagny-sur-Marne 26 – Meaux 47
11, avenue de Nogent, ✆ 01 48 08 13 00, www.vincennes.fr
Château★★ - Bois de Vincennes★★ : Zoo★★, Parc floral de Paris★★, Musée des Arts d'Afrique et d'Océanie★ Paris

St-Louis sans rest

2 bis r. R. Giraudineau Ⓜ Château de Vincennes – ✆ 01 43 74 16 78 – www.hotel-paris-saintlouis.com
25 ch – 120/150 € 130/180 € – 13 €
Au cœur de Vincennes, près du château cher à Saint Louis, un hôtel au charme bourgeois (meubles de style, tentures, etc.), parfait pour une clientèle soucieuse de calme et de confort, à deux pas de Paris (le métro est à 100 m).

Daumesnil Vincennes sans rest

50 av. Paris Ⓜ Bérault – ✆ 01 48 08 44 10 – www.hotel-daumesnil.com
50 ch – 105/150 € 120/240 € – 14 €
Amoureuse de son établissement, la propriétaire a soigné le décor de chaque chambre, inspiré par la Provence, son charme et sa fraîcheur. Avis aux amateurs ! À noter : le parking, très utile à Vincennes. Accueil charmant.

X **La Rigadelle**

23 r. de Montreuil Ⓜ Château de Vincennes – ✆ 01 43 28 04 23 – Fermé 20 juil.-21 août, 22 déc.-2 janv., dim. et lundi
Rest *(nombre de couverts limité, réserver)* – Formule 25 € – Menu 33/53 € – Carte 43/64 €
Spécialité du lieu : le poisson, d'une grande fraîcheur (arrivages de Bretagne) et préparé dans les règles. Le chef fait tout lui-même et travaille comme un artisan (il s'investit aussi dans la formation des jeunes). Une adresse pleine de mérite !

ENVIRONS DE PARIS

VIRY-CHÂTILLON – 91 Essonne – **312** D3 – **101** 36 – **31 630 h.** – alt. 34 m – ✉ 91170 **21** C3

▶ Paris 26 – Corbeil-Essonnes 15 – Évry 8 – Longjumeau 10

Le Marcigny

27 r. Danielle Casanova – ✆ 01 69 44 04 09 – www.lemarcigny.fr
– Fermé 12-19 août, sam. midi, dim. soir et lundi

Rest – Formule 31 € – Menu 27/37 €

La Bourgogne mise à l'honneur ! Ce petit restaurant à succès porte le nom du village dont est originaire l'épouse du chef. Plats traditionnels, pain maison et vins régionaux.

YERRES – 91 Essonne – **312** D3 – **101** 38 – **28 909 h.** – alt. 45 m – ✉ 91330 **21** D3

▶ Paris 25 – Bobigny 31 – Créteil 12 – Évry 20

Chalet du Parc

2 r. de Concy – ✆ 01 69 06 86 29 – www.chaletduparc.fr
– Fermé 1er-15 août, lundi et mardi

Rest – Formule 32 € – Menu 39/69 € – Carte 56/73 €

Ce parc qui fut la propriété du peintre Gustave Caillebotte (musée) accueille depuis 2009 un agréable restaurant dont le décor marie joliment l'ancien et le contemporain. Cuisine actuelle à base de bons produits, dont les herbes aromatiques du potager.

WISSOUS – 91 Essonne – **312** C3 – **101** 25 – **5 250 h.** – alt. 80 m – ✉ 91320

▶ Paris 22 – Créteil 17 – Évry 19 – Nanterre 32

La Grange aux Dîmes (N)

3 r. André-Dolimier – ✆ 01 69 81 70 08 – www.grangeauxdimes.com
– Fermé 3 sem. en août, sam., dim. et jours fériés

Rest – Menu 33 € – Carte 58/80 €

Vieilles pierres, cheminée monumentale, haute charpente en bois... Cette belle grange aux dîmes du 13e s. transporte dans l'Île-de-France d'hier ! Pour autant, la cuisine joue la carte de la gastronomie d'aujourd'hui, sous l'égide d'un chef venu de grandes maisons parisiennes. Saveurs flatteuses et accueil aimable.

PARTHENAY – 79 Deux-Sèvres – 322 E5 – 10 338 h. – alt. 175 m 38 B1
– ✉ 79200 Poitou-Charentes

Paris 377 – Bressuire 32 – Niort 42 – Poitiers 50

8, rue de la Vau Saint-Jacques, ✆ 05 49 64 24 24, www.tourisme-gatine.com

Château des Forges, à Les Forges, Domaine des Forges, SE : 23 km par D 59 et D 121, ✆ 05 49 69 91 77

<★ du Pont-Neuf - <★ de la terrasse de l'hôtel de ville - Pont et porte St-Jacques★ - Rue de la Vau-St-Jacques★ - Église St-Pierre★ de Parthenay-le-Vieux.

St-Jacques sans rest

13 av. du 114e R.I. – ✆ 05 49 64 33 33 – www.hotel-parthenay.com

45 ch – ♦52/95 € ♦♦52/95 € – ☕ 8,50 €

En contrebas de la citadelle, un immeuble des années 1980 de bonne tenue. Chambres très sobres, à préférer sur l'arrière pour plus d'espace.

au Nord 8 km par N 149 et D 127

Château de Tennessus sans rest

– ✆ 05 49 95 50 60 – www.chateau-medieval.com

3 ch ☕ – ♦105 € ♦♦145 €

Ce château médiéval, une forteresse du 14e s. bien rénovée, est un vrai rêve de princesse et de chevalier : pont-levis, machicoulis et douves ! Du caractère, beaucoup d'âme.

PASSENANS – 39 Jura – 321 D6 – rattaché à Poligny

PATRIMONIO – 2B Haute-Corse – 345 F3 – voir à Corse

PAU P – 64 Pyrénées-Atlantiques – 342 J5 – 82 763 h. – Agglo. 199 199 h. 3 B3
– alt. 207 m – Casino – ✉ 64000 Aquitaine

Paris 773 – Bayonne 112 – Bordeaux 198 – Toulouse 198

de Pau-Pyrénées : ✆ 05 59 33 33 00, 12 km par ①.

place Royale, ✆ 05 59 27 27 08, www.tourismepau.com

Pau Golf Club, à Billère, Rue du Golf, ✆ 05 59 13 18 56

de Pau-Artiguelouve, à Artiguelouve, Domaine de Saint-Michel, par rte de Lourdes : 11 km, ✆ 05 59 83 09 29

Circuit automobile de Pau-Arnos ✆ 05 59 77 11 36, 20 km par ⑦.

Boulevard des Pyrénées ✵★★★ DEZ - Château★★ : tapisseries★★★ - Musée des Beaux-Arts★ EZ **M.**

Plans pages suivantes

Parc Beaumont

1 av. Edouard-VII – ✆ 05 59 11 84 00 – www.hotel-parc-beaumont.com

69 ch – ♦250/330 € ♦♦250/330 € – 11 suites – ☕ 23 € – ½ P FZ**b**

Rest *Le Jeu de Paume* – voir les restaurants ci-après

Ce bâtiment de style contemporain est proche du parc et du palais des congrès ; ses chambres sont confortables, élégantes et design. Un bel hôtel polyvalent où rien n'a été oublié pour la détente (piscine, jacuzzi, spa) et les affaires.

Villa Navarre

59 av. Trespoey – ✆ 05 59 14 65 65 – www.villanavarre.fr BX**a**

30 ch – ♦129/179 € ♦♦139/189 € – 4 suites – ☕ 19 € – ½ P

Rest *Villa Navarre* – voir les restaurants ci-après

Atmosphère délicieusement bourgeoise dans cette maison de maître de 1865 et son aile récente, nichées dans un parc de 2 ha. Les chambres sont vastes et lumineuses ; préférez celles dans le bâtiment le plus ancien. Les lecteurs apprécieront le salon-bibliothèque habillé de boiseries. Une belle parenthèse "made in Sud-Ouest".

La Palmeraie

1 passage de l'Europe – ✆ 05 59 14 14 14 – www.paupalmeraie.com BV**f**

36 ch – ♦86/109 € ♦♦93/118 € – ☕ 15 € – ½ P

Rest *(fermé sam. et dim.)* – Formule 15 € – Menu 20 € (déj. en sem.) – Carte 27/38 €

Cette grande bâtisse blanche (1991), habillée de lierre, abrite des chambres confortables et spacieuses. Préférez les plus récentes. Plats traditionnels au restaurant. Idéal pour la clientèle d'affaires.

BILLÈRE

Baron Séguier (Av. du) . . . . AX 7
Château d'Este (Av. du) . . . AX 23
Claverie (R.) . . . . AX 24
Entrepreneurs (R. des) . . . . AX 57
Galas (R. de) . . . . BV 70
Golf (R. du) . . . . AX 81
J.J. Rousseau (R.) . . . . AX 145
Lalanne (Av.) . . . . AVX 91
Lavoir (R. du) . . . . AX 95
Lons (Av. de) . . . . ABV 100
Piedmont (R.) . . . . AX 129
Pilar (R.) . . . . BV 130
Plaine (R. de la) . . . . AX 132

BIZANOS

Albert 1er (Av.) . . . . BCX 2
Clemenceau (R. G.) . . . . . . BX 27
Foch (R. Maréchal) . . . . BX 64
Larribau (Chemin) . . . . CX 93
Pic du Midi (R. du) . . . . CX 127
République (Av. de la) . . . . . CX 138

GELOS

Barthou (R. L.) . . . . BX 9
Gélos (Av. de) . . . . BX 80
Leclerc (Av. du Maréchal) . BX 96
Vallée Heureuse (Av. de la) BX 162

JURANÇON

Cambot (Av. G.) . . . . AX 17
Corps Franc Pommiès (Av. du) . . . . AX 36
Espagne (Pont d') . . . . AX 58
Gaulle (R. Ch.-de) . . . . AX 77
Ollé-Laprune . . . . AX 115

LESCAR

Carrérot (Av.) . . . . AV 19
Coustettes (Chemin des) . . AV 42
Lacau (R.) . . . . AV 89
Santos-Dumont (Av.) . . . . . AV 147
Vigné (Côte du) . . . . AV 168

LONS

Ampère (Av. André-Marie) . AV 3
Ariste (R.) . . . . AV 6
Château (R. du) . . . . AV 22
Dassault (Av. Marcel) . . . . . AX 45
Ecoles (R. des) . . . . AV 51
Église (R. de l') . . . . AV 53
Frères Farman (Bd des) . . . AV 67
Frères Mongolfier (Av. des) AX 68
Mairie (R. de la) . . . . AV 103
Moulin (Av. du) . . . . AV 110
Pau (Av. de) . . . . AV 125
Souvenir (R. du) . . . . AV 152

PAU

Bérard (Cours Léon) . . . . . . BV 12

Hôtel de Gramont sans rest
3 pl. Gramont – 05 59 27 84 04 – www.hotelgramont.com DZ**t**
35 ch – 77/126 € 86/126 € – 3 suites – 11 €
Ce relais de poste du 18e s. abriterait le plus vieil hôtel de la ville. Entre le château où naquit Henri IV et le musée Bernadotte, voilà une bonne adresse pour découvrir Pau ! Les chambres – bien insonorisées – sont peu à peu rénovées ; quelques suites contemporaines. Copieux buffet au petit-déjeuner.

Bristol N sans rest
3 r. Gambetta – 05 59 27 72 98 – www.hotelbristol-pau.com EZ**a**
21 ch – 82/99 € 95/105 € – 12 €
Ouvrez le portail en fer forgé et traversez la cour... Au cœur de Pau, cette belle bâtisse du 19e s. abrite des chambres spacieuses et lumineuses, certaines avec cheminée. Et sachez qu'au 4e étage, elles offrent une belle vue sur la ville ! En été, petit-déjeuner sur la terrasse.

Condorcet (Allée) . . . . **BV** 31
Corps Franc Pommiès et du 49e R.I. (Bd) . . . . . **CX** 37
Dufau (Av.) . . . . **BVX** 50
Gaulle (Av. Gén.-de) . . . . . . **BV** 75
Lyautey (Cours) . . . . **BVX** 101
14 Juillet (R. du) . . . . **BX** 170

Bosquet sans rest
11 r. Valéry Meunier – ✆ 05 59 11 50 11
– www.hotel-bosquet.com **EZe**
30 ch – †65/75 € ††70/80 € – ☕ 8,50 €
Point de bosquet à l'horizon mais une rue calme du centre-ville ! Cet hôtel abrite des chambres fonctionnelles et bien tenues. Buffet au petit-déjeuner.

Le Bourbon sans rest
12 pl. Clemenceau – ✆ 05 59 27 53 12
– www.hotel-lebourbon.com **EZd**
31 ch – †67 € ††72 € – ☕ 8 €
Dans un quartier animé du centre-ville, des chambres modernes et très bien tenues. La plupart d'entre elles donnent sur la place avec ses nombreux cafés où déguster, pourquoi pas, un verre de bourbon !

PAU

Barthou (R. Louis)	EFZ	
Bernadotte (R.)	DZ	14
Bordenave-d'Abère (R.)	DZ	15
Cassin (R. René)	EY	20
Clemenceau (Pl. Georges)	EZ	25
Clemenceau (R. Georges)	FZ	28
Cordeliers (R. des)	EZ	33
Despourrins (R.)	EY	47
Ducasse (R. Amiral)	DY	48
Espalungue (R. d')	DZ	59
Gambetta (R.)	EZ	72
Gassion (R.)	DZ	73
Gaulle (Av. Gén.-de)	FY	75
Gramont (Pl.)	DZ	84
Henri-IV (R.)	DZ	87
Jeanne-d'Arc (R.)	DY	88
Lalanne (R. Mathieu)	EZ	92
Lespy (R.)	EFY	98
Mermoz (Av. Jean)	DY	105
Monnaie (Pl. de la)	DZ	106
Monnet (R. J.)	EYZ	108
Nogue (R.)	EY	113
Ossau (Av. d')	EZ	121
Palassou (R.)	EY	123
Reine-Marguerite (Pl.)	EZ	135
Réveil (R. Jean)	EY	140
St-Louis (R.)	EZ	146
Say (Av. L.)	EFZ	149
Serviez (R.)	EZ	
Tran (R.)	EZ	158
218e-R.I. (R. du)	DY	172

Central sans rest

15 r. L.-Daran – ✆ 05 59 27 72 75 – www.hotelcentralpau.com
– Fermé 27 déc.-6 janv. **EZt**

23 ch – 52/78 € 58/88 € – 8 €

Central, cet hôtel l'est en effet ! Chaque chambre, simple et fonctionnelle, décline une thématique qui lui est propre (mer, montagne, etc.), à l'exception des plus récentes à la décoration contemporaine. Préférez celles à l'arrière du bâtiment.

Un classement passé en rouge désigne une maison particulièrement charmante :

Au Fin Gourmet

24 av. Gaston-Lacoste, (face à la gare) – ✆ 05 59 27 47 71 – www.restaurant-aufingourmet.com – Fermé 28 juil.-12 août, 1 sem. vacances de fév., mardi midi, merc. midi, dim. soir et lundi

EZv

Rest – Menu 28 € (sem.), 39/76 € bc – Carte environ 60 €

Rest *Café Anaïak* – voir les restaurants ci-après

Au pied du funiculaire, voilà un endroit prisé des amoureux ! La verrière aux allures de jardin d'hiver offre un cadre romantique pour savourer une cuisine de... fin gourmet. Après quoi, vous pourrez vous rendre sur les hauteurs de la ville et admirer la chaîne des Pyrénées.

XXX **Le Jeu de Paume** – Hôtel Parc Beaumont
1 av. Edouard-VII – ✆ 05 59 11 84 00 – www.hotel-parc-beaumont.com
Rest – Formule 32 € – Menu 42/82 € – Carte 67/80 € FZ**b**
Bois exotique et meubles design, ce restaurant d'hôtel joue la carte de l'élégance. La cuisine valorise les produits de saison et du terroir avec une certaine recherche : ravioles de homard, feuille à feuille de bar sauvage, pigeonneau rôti...

XXX **Villa Navarre** – Hôtel Villa Navarre
59 av. Trespoey – ✆ 05 59 14 65 65 – www.villanavarre.fr BX**a**
Rest – Menu 45 € (sem.)/52 € – Carte 54/80 €
La table est à l'image de l'hôtel Villa Navarre qui l'abrite : raffinée et chaleureuse. Derrière les fourneaux, le chef revisite la cuisine béarnaise en faisant la part belle aux produits du terroir. Belle vue sur le parc.

X **Les Papilles Insolites**
5 r. Alexander-Taylor – ✆ 05 59 71 43 79 – www.lespapillesinsolites.blogspot.com – Fermé 1 sem. en mai, août, vacances de fév., dim., lundi et mardi EZ**z**
Rest *(réserver)* – Formule 15 € – Menu 18 € (déj. en sem.) – Carte 36/43 €
Objets insolites et rétro, petites tables en bois : voilà un bistrot-cave atypique et raffiné ! Ici, on choisit sa bouteille directement sur l'étal. Courte carte du marché, japonisante, et belle sélection de vins naturels.

X **Marc Destrade**
30 r. Pasteur – ✆ 05 59 27 62 60 – Fermé août, dim. soir, merc. soir et lundi
Rest – Formule 15 € bc – Menu 29 € (déj.) – Carte 32/45 € EY**s**
Poussez la porte de cette ancienne ferme paloise et installez-vous devant la cheminée pour déguster une appétissante cuisine traditionnelle. Accueil tout sourire.

X **La Table d'Hôte**
1 r. du Hédas – ✆ 05 59 27 56 06 – Fermé vacances de Noël, lundi sauf le soir en juil.-août et dim. EZ**k**
Rest – Menu 23/31 €
Dans une impasse du quartier du Hédas, une adresse connue des seuls initiés... Ou comment une ancienne tannerie du 17e s. est devenue le repaire des gourmands ! Dans un cadre authentique – briques, poutres, galets –, on apprécie une cuisine dans l'air du temps et les produits frais qui vont avec.

X **Ze bistrot**
13 r. Henri-IV – ✆ 05 59 27 44 44 – www.zebistrot.com – Fermé 2 sem. en nov., dim. et lundi DZ**a**
Rest *(nombre de couverts limité, réserver)* – Menu 16 € (déj. en sem.) – Carte 30/39 €
Artichaut farci, jarret de veau braisé, tarte aux fraises... La cuisine du chef est comme son bistrot : sans chichis et pleine de saveurs, conviviale, simple et authentique. À découvrir aussi, les jolis vins inscrits à l'ardoise. Ze place to be !

X **Café Anaïak** N – Restaurant Au Fin Gourmet
24 av. Gaston-Lacoste, (face à la gare) – ✆ 05 59 27 47 71 – www.restaurant-aufingourmet.com – Fermé 28 juil.-12 août, 1 sem. vacances de fév., sam. et dim. EZ**t**
Rest *(déj. seult)* – Formule 15 € – Menu 20 € – Carte 26/43 €
Voilà une adresse qui fleure bon l'esprit de famille ! Anaïak, c'est "frère" en basque : un nom tout trouvé pour ce bistrot tenu par une fratrie. Sur le mur, on aperçoit même une photo des parents. Ici, la cuisine honore le Sud-Ouest : poule au pot, confit de canard... Terrasse pour les beaux jours.

à Lons 2 km au Nord – 11 953 h. – alt. 162 m – ✉ 64140

Le Fer à Cheval
1 av. des Martyrs-du-Pont-Long – ✆ 05 59 32 17 40 – www.hotel-leferacheval.com
10 ch – †54/64 € ††64/74 € – ☐ 8,50 € – ½ P BV**a**
Rest *(fermé dim. soir)* – Menu 25 € bc (déj. en sem.)/38 € – Carte 46/60 €
Ce relais de poste a fait peau neuve en 2010 et c'est réussi ! Les chambres marient le contemporain et l'ancien avec simplicité et sont bien insonorisées. Au restaurant, cuisine actuelle sans prétention. L'été, on profite de la terrasse : glycine, tilleul, camélias...

à Bizanos 2 km à l'Est – 4 760 h. – alt. 186 m – ✉ 64320

Eden Park sans rest

2 r. de l'Aubisque – ✆ 05 59 40 64 64 – www.hotel-pau.fr
26 ch – 🛉80/110 € 🛉🛉90/125 € – ☕ 10 €
Ne cherchez pas ici la copie conforme du terrain de rugby d'Auckland ! À la place, vous trouverez un ensemble de bâtiments blancs, aux lignes épurées, dans un esprit californien. Les chambres sont spacieuses et agréables : coin salon, cuisinette... Préférez celles donnant sur la piscine.

PAUILLAC – 33 Gironde – **335** G3 – 5 135 h. – alt. 20 m – ✉ 33250 **3** B1
Aquitaine
Paris 625 – Arcachon 113 – Blaye 16 – Bordeaux 54
La Verrerie, ✆ 05 56 59 03 08, www.pauillac-medoc.com
château Mouton Rothschild★ : musée★★ NO : 2 km.

Château Cordeillan Bages

61 rte des Vignerons, 1 km au Sud par D 2, (fermeture prévue à partir du 31 oct. pour travaux) – ✆ 05 56 59 24 24 – www.cordeillanbages.com
28 ch – 🛉199/527 € 🛉🛉199/527 € – ☕ 28 €
Rest *Château Cordeillan Bages* ✿✿ – voir les restaurants ci-après
Une chartreuse du 17e s. alanguie au cœur du vignoble, avec des chambres à l'épure toute contemporaine. Fitness, sauna, massages : ici tout est pensé pour la détente...

Château Cordeillan Bages

✿✿

61 rte des Vignerons, 1 km au Sud par D 2, (fermeture prévue à partir du 31 oct. pour travaux) – ✆ 05 56 59 24 24 – www.cordeillanbages.com – Fermé lundi et mardi
Rest – Menu 60 € bc (déj. en sem.), 90/175 € – Carte 105/140 €
Savoureuse, harmonieuse et créative, la cuisine de Jean-Luc Rocha révèle le talent d'un grand chef, entre parfaite maîtrise et souffle très personnel. L'invention inscrite dans la belle tradition !
➜ Pain perdu aux algues et fines lamelles de seiche. Agneau de lait en viennoise d'agrumes, fèves et petits pois crémeux. Chocolat et fève tonka, crème glacée chocolat blanc-cardamome. **Vins** Pauillac, Graves.

Café Lavinal

à Bages, pl. Desquet – ✆ 05 57 75 00 09 – www.villagedebages.com – Fermé 24 déc.-2 fév. et dim. soir
Rest – Formule 14 € – Menu 18 € (déj. en sem.), 28/38 € – Carte 30/55 €
Avec son grand comptoir et ses vieilles affiches, ce joli bistrot du cœur de Bages est rétro en diable... On s'installe autour de petits plats bistrotiers ancrés dans le terroir local... Soupe du jour ? Confit de canard ? À vot' convenance !

PAVILLON (COL DU) – 69 Rhône – **327** F3 – rattaché à Cours

LE PÊCHEREAU – 36 Indre – **323** F7 – 2 028 h. – alt. 130 m – ✉ 36200 **11** B3
Paris 306 – Châteauroux 34 – Limoges 96 – Orléans 180

L' Escapade

Le Vivier - 2 r. du Chêne, D 48, rte de Gargilesse – ✆ 02 54 24 26 10 – www.l-escapade.fr – Fermé 2-12 janv.
15 ch – 🛉80/90 € 🛉🛉80/100 € – ☕ 10 € – ½ P
Rest – Menu 18 € (sem.), 24/60 € – Carte 24/58 €
Une Escapade simple et agréable. Les chambres sont confortables et, dans le jardin, la piscine couverte s'ouvre dès les beaux jours... Parfait pour faire une étape dans la verdoyante vallée de la Creuse.

PÉGOMAS – 06 Alpes-Maritimes – **341** C6 – 6 570 h. – alt. 18 m – ✉ 06580 **42** E2
Paris 896 – Cannes 12 – Draguignan 59 – Grasse 9
287, avenue de Grasse, ✆ 04 92 60 20 70, www.villedepegomas.fr

Le Bosquet sans rest

chemin des Périssols, rte de Mouans-Sartoux – ✆ 04 92 60 21 20 – www.hoteldubosquet.com – Fermé 15 janv.-1er fév.
22 ch – †65/75 € ††70/80 € – ☐ 8 €
On est au calme dans cet hôtel provençal simple, fonctionnel et très bien tenu. Les oliviers et les lauriers roses qui entourent la piscine contribuent largement au sentiment de détente. Des studios sont également à louer.

L'Écluse

chemin de l'Écluse, au bord de la Siagne – ✆ 04 93 42 22 55 – www.restaurant-lecluse.com – Fermé le soir du vend. au lundi de nov. à avril
Rest – Formule 20 € – Menu 30/38 € – Carte 34/46 €
Bucolique ! Ce restaurant est apprécié pour son atmosphère décontractée et sa grande terrasse au bord de la Siagne, qui lui donne un petit air de guinguette. Spécialités du chef ? Les recettes traditionnelles dont... la tête de veau.

De Felice

1 prom. des Prés-Vergers – ✆ 04 93 36 08 27 – Fermé dim. et lundi sauf fériés
Rest – Menu 30/35 € – Carte 46/62 €
Ici, tout respire l'Italie ! On déguste d'excellentes pâtes dans une jolie salle aux tons chatoyants (avec vue sur les cuisines). Suivez les conseils avisés et enjoués du chef.

PEILLON – 06 Alpes-Maritimes – 341 F5 – 1 353 h. – alt. 200 m – ✉ 06440 — 42 E2

Côte d'Azur

▶ Paris 947 – Contes 14 – L'Escarène 14 – Menton 38
ℹ 672, avenue de l'Hôtel de Ville, ✆ 04 93 79 91 04
👁 Village★ - Fresques★ dans la chapelle des Pénitents Blancs.

Auberge de la Madone

3 pl. Auguste-Arnulf – ✆ 04 93 79 91 17 – www.auberge-madone-peillon.com – Fermé 6 nov.-20 déc., 17 janv.-1er fév. et merc.
15 ch – †98/330 € ††98/330 € – 2 suites – ☐ 17 € – ½ P
Rest *Auberge de la Madone* ✿ – voir les restaurants ci-après
Peillon, village médiéval perché sur son rocher, est délicieux, et cette auberge de caractère semble vraiment l'admirer. Dans les chambres, toute la douceur et le charme de la Provence ; au jardin, les odeurs du Sud, les cigales, le calme...

Lou Pourtail sans rest

3 pl. A. Arnulf, accueil à l'Auberge de la Madone – ✆ 04 93 79 91 17 – Fermé 6 nov.-20 déc., 15 janv.-3 fév. et merc.
6 ch – †45/68 € ††45/68 € – ☐ 13 €
Le charme d'une maison ancienne – murs chaulés, voûtes ou hauts plafonds, mobilier campagnard – à l'entrée du village-crèche. Chambres simples, sans TV.

Auberge de la Madone (Christian et Thomas Millo) ✿

3 pl. Auguste-Arnulf – ✆ 04 93 79 91 17 – www.auberge-madone-peillon.com – Fermé 6 nov.-20 déc., 17 janv.-1er fév. et merc.
Rest – Formule 30 € – Menu 52/62 € – Carte 60/80 €
Perchée sur sa colline, cette belle Madone méridionale vous accueille à bras ouverts. Sur la terrasse, la vue sur le village est exquise... et exquise, la cuisine niçoise des chefs – concoctée avec de beaux produits locaux – l'est aussi !
➜ Feuilleté léger d'herbes fines et son escalope de foie gras. Agneau en deux cuissons. Macaron à la blette. **Vins** Bellet, Côtes de Provence.

PEISEY-NANCROIX – 73 Savoie – 333 N4 – 654 h. – alt. 1 320 m — 45 D2

– ✉ 73210 Alpes du Nord

▶ Paris 635 – Albertville 55 – Bourg-St-Maurice 13
ℹ Le Chalet T 9, ✆ 04 79 07 94 28, www.office-tourisme-peisey-vallandry.fr

à Plan-Peisey 4 km à l'Est – ✉ 73210

La Vanoise

– ✆ 04 79 07 92 19 – www.hotel-la-vanoise.com – Ouvert 1er juil.-31 août et 16 déc.-27 avril

32 ch ☕ – 🚹80/120 € 🚹🚹115/150 € – ½ P

Rest – Menu 20 € (déj.), 25/35 € – Carte 28/40 €

Au bord des pistes, à l'écart des habitations, ce grand chalet alpin offre une jolie vue sur le dôme de Bellecôte... Sachez que les chambres au sud disposent d'un balcon, parfait pour prendre le soleil entre deux descentes à ski. Restauration traditionnelle (formule rapide au déjeuner).

PENHORS – 29 Finistère – **308** E7 – rattaché à Pouldreuzic

PENNEDEPIE – 14 Calvados – **303** N3 – rattaché à Honfleur

PENVÉNAN – 22 Côtes-d'Armor – **309** C2 – 2 636 h. – alt. 70 m – ✉ 22710 9 B1

Paris 521 – Guingamp 34 – Lannion 16 – St-Brieuc 70

12, place de l'Église, ✆ 02 96 92 81 09, www.tregor-cotedajoncs-tourisme.com

Le Crustacé

2 r.de la Poste – ✆ 02 96 92 67 46 – Fermé mardi soir de sept. à juin, dim. soir et merc.

Rest – Menu 17/37 € – Carte 22/48 €

En face de l'église, ce petit restaurant familial a beau jouer la partition du registre traditionnel, il peut réserver des surprises comme ces Saint-Jacques... aux fraises et au beurre salé ! Une bonne adresse dans la région.

PENVINS – 56 Morbihan – **308** O9 – rattaché à Sarzeau

PERI – 2A Corse-du-Sud – **345** C7 – voir à Corse

PÉRIGNAC – 17 Charente-Maritime – **324** H6 – rattaché à Pons

---

PÉRIGNAT-LÈS-SARLIÈVE – 63 Puy-de-Dôme – **326** F8 – rattaché à Clermont-Ferrand

---

PÉRIGUEUX P – 24 Dordogne – **329** F4 – 29 273 h. – alt. 86 m – ✉ 24000 4 C1

Périgord Quercy

Paris 482 – Agen 138 – Bordeaux 128 – Limoges 96

26, place Francheville, ✆ 05 53 53 10 63, www.tourisme-perigueux.fr

de Périgueux, à Marsac-sur-l'Isle, Domaine de Saltgourde, par rte d'Angoulème : 5 km, ✆ 05 53 53 02 35

Cathédrale St-Front★★, église Saint-Étienne de la Cité★ - Quartier St-Front★★★: rue Limogeanne★ BY, escalier★ Renaissance de l'hôtel de Lestrade (rue de la sagesse) BY - La voie verte★ - Galerie Daumesnil★ face au n° 3 de la rue Limogeanne - Musée du Périgord★★ CY M^2.

Plans pages suivantes

Mercure sans rest

7 pl. Francheville – ✆ 05 53 06 65 00 – www.mercure.com BZe

66 ch – 🚹91/142 € 🚹🚹103/154 € – ☕ 16 €

Cet hôtel à la façade – en pierre de taille – classée bénéficie d'une situation idéale, près d'un jardin et d'un multiplex. Agréables chambres contemporaines.

Bristol sans rest

37 r. A.-Gadaud – ✆ 05 53 08 75 90 – www.bristolfrance.com – Fermé 21 déc.-2 janv.

29 ch – 🚹63/78 € 🚹🚹69/88 € – ☕ 9 € BYu

Les Anglais, nombreux à s'être installés dans la région, apprécieront la référence à l'une des villes de leur pays ! D'autant que cet hôtel familial est idéalement situé pour visiter la vieille ville. Les chambres, parfaitement tenues, sont bien insonorisées. Une bonne adresse.

PÉRIGUEUX

Abreuvoir (R. de l') .... CY 2
Amphithéâtre (R. de l') .... AZ 3
Arènes (Bd des) .... AZ 6
Aubergerie (R.) .... BZ 9
Barbecane (R.) .... CY 12
Barbusse (Av. Henri)...... AY 13
Bride (R. de la)........... BZ 15
Bugeaud (Pl.)............. BZ
Calvaire (R. du) .... BZ 16
Cavaignac (Av.) .... AZ 18
Cité (R. de la) .... ABZ 23
Clarté (R. de la) .... BZ 24
Claútre (Pl. de la) .... BZ 26
Clos-Chassaing .... BY 27
Coderc (Pl. du) .... BYZ 28
Condé (R.) .... BZ 29
Constitution (R. de la) ..... CY 30
Daumesnil (Av. et Pl.).... BCZ 32
Daumesnil (Galerie) ..... BYZ 31
Durand (Rd-Pt Charles).... AZ 34
Eguillerie (R.) .... BY 35
Fénelon (Cours) .... BZ
Goudeau (Pl. Émile) .... CY 36
Hôtel de Ville (Pl. de l') .... BZ 37
Lammary (R.) .... BY 38
Limogeanne (R.) .... BY
Maurois (Pl. André)........ BY 39
Miséricorde (R. de la) ..... BY 40
Mobiles-de-Coulmiers (R.) . AY 41
Montaigne (Bd M.)........ BYZ
Montaigne (Cours et Pl. M.)...... BYZ
Notre-Dame (R.) .... CY 42
Port-de-Graule (R. du) .... CYZ 44
Port (Allée du) .... AY 43
Président-Wilson (R. du)... AY
République (R. de la) .... BYZ 45
Sagesse (R. de la)......... BY 46
Ste-Marthe (R.) .... CZ 50
St-Pierre-ès-Liens (R.) ... ABZ 47
St-Roch (R.)............... BZ 48
St-Silain (Pl.) .... BY 49
Sully (R.)................. BZ 53
Taillefer (R.) .... BZ
Talleyrand-Périgord (R.).... CZ 54
Théâtre (Espl. du) .... BY 55
Turenne (R. de).......... AZ 60
15e-Régt-de-Tirailleurs-Algériens (R. du) .... AZ 61
50e-Régt-d'Infanterie (Av. du)............... AZ 62

Le Clos St-Front

5-7 r. de la Vertu – ✆ 05 53 46 78 58 – www.leclossaintfront.com – Fermé vacances de fév., dim. soir et lundi sauf de juin à sept. CY**r**

Rest – Formule 21 € – Menu 27 € (sem.), 40/64 € bc – Carte environ 46 €

Dans la cour à l'abri des regards, ou dans la salle avec sa cheminée monumentale et ses candélabres, cette maison du 16e s., au cœur de Périgueux, offre un cadre des plus intimes... On s'y régale d'une cuisine mêlant exotisme et saveurs du terroir. À noter aussi, le menu vigneron autour d'une sélection de vins.

Hercule Poireau

2 r. de la Nation – ✆ 05 53 08 90 76 – Fermé mardi soir et merc. CZ**r**

Rest – Formule 17 € – Menu 25/39 € – Carte 38/55 €

Sur les traces d'Hercule Poireau, on mène l'enquête à deux pas de la cathédrale. Dans la belle salle voûtée du 16e s., les suspects sont attablés. Dans l'assiette, l'objet du crime est une cuisine dans l'air du temps aux accents du terroir... car s'il est un péché commis ici, c'est bien celui de la gourmandise !

Le Rocher de l'Arsault

15 r. L'Arsault – ✆ 05 53 53 54 06 – www.rocher-arsault.com – Fermé dim. soir et lundi CYs

Rest – Formule 16 € – Menu 36/53 € – Carte 33/49 €

Quelles couleurs préférez-vous : blanc et vert ou rouge et noir ? Votre préférence déterminera le choix de la salle, à moins que vous ne vous installiez dans la mezzanine... Au menu : une bonne cuisine de saison.

Le Grain de Sel

7 r. des Farges – ✆ 05 53 53 45 22 – Fermé 22 juin-15 juil., 21 déc.-6 janv., dim. et lundi BZt

Rest – Formule 22 € – Menu 31/65 € – Carte 44/67 €

Après St-Émilion, le chef a décidé de mettre son Grain de Sel dans la vieille ville de Périgueux ! Au menu : une cuisine du marché gourmande, spontanée et vibrante de saveurs, où les produits de la mer sont à l'honneur. Pour une addition tout sauf salée...

La Taula

3 r. Denfert-Rochereau – ✆ 05 53 35 40 02 – Fermé 7-13 mars et 4-10 juil.
Rest – Formule 19 € – Menu 30/37 € – Carte 41/51 € BZ**k**
À la Taula (prononcez "taola"), table en patois, les gourmands se régalent d'une bonne cuisine familiale. Parmi les spécialités : pâtés, terrines et cous farcis maison... Voilà une adresse authentique où l'on ne badine pas avec les traditions !

L'Essentiel (Eric Vidal)

8 r. de la Clarté – ✆ 05 53 35 15 15 – www.restaurant-lessentiel.com – Fermé 2-15 juil., vacances de la Toussaint, vacances d'hiver, dim. et lundi
Rest *(nombre de couverts limité, réserver)* – Formule 29 € BZ**n**
– Menu 42/76 € – Carte 65/85 €
Inutile de se perdre en conjectures, mieux vaut aller à L'Essentiel ! Dans ce restaurant familial voisin de la cathédrale, le produit est roi... et le chef son brillant serviteur. Dans les assiettes, où la finesse s'allie à la gourmandise, c'est une explosion de saveurs. Service attentionné.
➜ Huîtres en gelée de légumes, crémeux de tourteau et caviar des Eyzies. Demi-pigeon rôti à la goutte de sang. Feuille croustillante de pistache aux fraises du Périgord, crème à la vanille et glace basilic. **Vins** Vin de pays du Périgord, Pécharmant.

La Ferme Saint-Louis (N)

2 pl. St-Louis – ✆ 05 53 53 82 77 – Fermé 23 déc.-15 janv., vacances de fév., dim. et lundi
Rest – Formule 16 € – Menu 25/36 € – Carte 47/54 € BY**a**
Cette maison médiévale n'aura jamais vu passer autant de gourmands ! Au menu : une cuisine simple et généreuse – avec des incontournables tels que le foie gras, le filet de bœuf ou les ris de veau – qu'on apprécie dans une salle en pierres apparentes ou sur la terrasse. Une adresse qui invite à la convivialité.

à Chancelade 5,5 km par ⑤, D 710 et D 1 – 4 233 h. – alt. 88 m – ✉ 24650

Abbaye★.

Château des Reynats

15 av. des Reynats – ✆ 05 53 03 53 59 – www.chateau-hotel-perigord.com
45 ch – †107/221 € ††107/221 € – 5 suites – ☕ 14 € – ½ P
Rest ***Château des Reynats*** ✿ – voir les restaurants ci-après
Rest ***La Verrière*** – Formule 18 € – Menu 22 € (déj. en sem.), 28/35 €
– Carte environ 31 €
Fruit d'un 19e s. éclectique et imitateur, ce château arbore un élégant style médiéval. Le confort des lieux est authentique, mais sachez que les chambres sont beaucoup plus petites et simples dans l'annexe. Table gastronomique ou bistrotière ? Vous avez le choix !

Château des Reynats

15 av. des Reynats – ✆ 05 53 03 53 59 – www.chateau-hotel-perigord.com – Fermé 2-17 janv., 3-18 mars, dim. et lundi
Rest *(dîner seult)* – Menu 44/89 € – Carte 70/90 €
Le décor est évidemment "châtelain" et l'assiette ne manque pas de noblesse : à sa belle cuisine créative, le chef sait insuffler une âme. L'invention et la technique au service du goût. Service attentif.
➜ Foie gras de canard chaud, aspic de pêche et pulpe glacée à la bergamote. Ris de veau braisé au jus et risotto de haricots verts. Amateur de chocolat noir, noisettes, caramel beurre salé et sorbet truffe noire. **Vins** Bergerac, Pécharmant.

à Champcevinel 5 km au Nord par av. G. Pompidou CY – 2 554 h. – alt. 210 m – ✉ 24750

La Table du Pouyaud (Gilles Gourvat)

rte de Paris, D 8 – ✆ 05 53 09 53 32 – www.table-pouyaud.fr – Fermé 2 sem. en août, dim. et lundi
Rest – Formule 22 € – Menu 32/68 € – Carte 50/60 €
Dans cette ferme joliment rénovée, à l'ambiance feutrée, le chef honore les classiques. Au gré de ses trouvailles, il réalise une partition maîtrisée, dont les variations contemporaines réveillent, avec subtilité et générosité, la belle tradition... Que de parfums !
➜ Ravioles de petits-gris de Vaunac à l'ail, jus de persil. Pigeonneau cuit en cocotte, caviar d'aubergine et abattis aux cèpes. Puits d'amour caramélisé, compotée d'abricot à la mélisse.

PERNAND-VERGELESSES – 21 Côte-d'Or – 320 J7 – rattaché à Beaune

PERNAY – 37 Indre-et-Loire – 317 L4 – 1 016 h. – alt. 76 m – ✉ 37230 11 B2

▶ Paris 256 – Joué-lès-Tours 26 – Orléans 132 – Tours 21

Domaine de l'Hérissaudière sans rest

3 km au Nord-Est par D 48 – ✆ 06 03 22 34 45 – www.herissaudiere.com – Ouvert avril à mi-nov.

5 ch – 120/150 € 120/150 €

Maison de maître bâtie en 1640, blottie dans un parc aux essences rares. Mobilier d'époque et chambres aux noms gouleyants (Vouvray, Chinon...). Bon petit-déjeuner maison.

PERNES-LES-FONTAINES – 84 Vaucluse – 332 D10 – 10 454 h. – alt. 75 m – ✉ 84210 Provence 42 E1

▶ Paris 685 – Apt 43 – Avignon 23 – Carpentras 6

72 cours Ledru Rollin, ✆ 04 90 66 47 27, www.tourisme-pernes.fr

Porte Notre-Dame★.

L'Hermitage sans rest

614 Grande-Route-de-Carpentras – ✆ 04 90 66 51 41 – www.hotel-lhermitage.com – Ouvert 1er mars-15 nov.

20 ch – 74/120 € 74/120 € – 12 €

Une belle demeure bourgeoise (1890) au milieu d'un parc. Fontaines, platanes centenaires, orangerie et piscine : c'est charmant, coloré et méditerranéen à souhait !

Au Fil du Temps

51 pl. Louis-Giraud, (face au centre culturel) – ✆ 04 90 30 09 48 – www.aufildutemps84.com – Fermé 1 sem. en août, nov., lundi et mardi

Rest *(nombre de couverts limité, réserver)* – Formule 25 € – Menu 29/49 €

Un lieu séduisant, sur une petite place où chante une fontaine, face à l'église. La déco joue la carte "vintage", et la cuisine est pleine de fraîcheur : savoureuse et raffinée, elle valorise de beaux produits du terroir.

au Nord-Est 4 km par D 1 et rte secondaire – ✉ 84210 Pernes-les-Fontaines

Mas de la Bonoty avec ch

chemin de la Bonoty – ✆ 04 90 61 61 09 – www.bonoty.com – Fermé 4-11 nov. et 6 janv.-3 fév.

8 ch – 79/99 € 79/99 € – ½ P

Rest *(fermé mardi, merc. et jeudi de nov. à mi-déc. et lundi)* – Menu 18 € (déj. en sem.), 32/64 € – Carte 46/66 €

Une jolie bergerie du 17e s., en pleine campagne. Lové près de la cheminée, on est séduit par le charme rustique de la salle autant que par la cuisine locale, concoctée avec de beaux produits de saison. Chambres de style provençal.

PÉRONNAS – 01 Ain – 328 E3 – rattaché à Bourg-en-Bresse

PÉRONNE – 80 Somme – 301 K8 – 7 981 h. – alt. 52 m – ✉ 80200 37 C1

Nord Pas-de-Calais Picardie

▶ Paris 141 – Amiens 58 – Arras 48 – Doullens 54

16, place André Audinot, ✆ 03 22 84 42 38, www.hautesomme-tourisme.com

Historial de la Grande Guerre★★.

Le St-Claude

42 pl. du Cdt-L.-Daudré – ✆ 03 22 79 49 49 – www.hotelsaintclaude.com – Fermé 23 déc.-5 janv.

40 ch – 62/82 € 82 € – 11 € – ½ P

Rest *(fermé 1er-18 août, 23 déc.-5 janv. et le midi)* – Menu 21 € (sem.)/33 € – Carte 19/42 €

Cet ancien relais de poste de la fin du 19e s. se trouve sur une grande place commerçante. Les chambres sont plutôt spacieuses, bien tenues et confortables. Au restaurant, on propose une carte traditionnelle. Parfait pour faire étape.

à Rancourt 10 km au Nord par ND 1017 – 180 h. – alt. 143 m – ✉ 80360

Le Prieuré
24 rte Nationale – ✆ 03 22 85 04 43 – www.hotel-le-prieure.fr
27 ch – 69/75 € 72/78 € – ☕ 8 € – ½ P
Rest – Menu 15 € (sem.), 29/45 € – Carte 23/53 €
De prieuré, cette grande construction en pierre blanche n'en a que le nom ! Les chambres, de style classique, sont confortables. Préférez celles, plus spacieuses, sur l'arrière. Un établissement bien situé pour visiter les mémoriaux de la région.

PÉROUGES – 01 Ain – **328** E5 – 1 204 h. – alt. 290 m – ✉ 01800 **44** B1
Lyon et sa région

Paris 460 – Bourg-en-Bresse 39 – Lyon 37 – Villefranche-sur-Saône 58
entrée de la Cité, ✆ 04 74 46 70 84, www.perouges.org
18 de la Sorelle, à Villette-sur-Ain, Domaine de Gravagneux, N : 12 km par D 984, ✆ 04 74 35 47 27
Cité★★ : place de la Halle★★★.

Ostellerie du Vieux Pérouges
pl. du Tilleul – ✆ 04 74 61 00 88 – www.hostelleriedeperouges.com – Fermé 25 fév.-11 mars
15 ch – 135 € 225 € – 2 suites – ☕ 17 € – ½ P
Rest *Ostellerie du Vieux Pérouges* – voir les restaurants ci-après
Au cœur de ce charmant village médiéval, quatre admirables bâtisses évidemment... moyenâgeuses, réparties dans toute la cité. Lits à baldaquin, poutres et tomettes y côtoient le meilleur confort moderne. De quoi chanter l'amour courtois...

Le Pavillon
13 ch – 82 € 127 € – ☕ 17 €
Chambres plus simplement meublées qu'à l'Ostellerie, et avant tout pratiques ; celles de l'annexe contiguë offrent un meilleur niveau de confort.

Ostellerie du Vieux Pérouges – Hôtel Ostellerie du Vieux Pérouges
pl. du Tilleul – ✆ 04 74 61 00 88 – www.hostelleriedeperouges.com – Fermé 25 fév.-11 mars
Rest – Menu 38/65 € – Carte 45/80 €
Ici, le temps s'est arrêté : on assure le service en costume traditionnel ! Au menu, des spécialités régionales (morilles, écrevisses, volailles de Bresse), sans oublier "la galette" au beurre et aux zestes d'agrumes, une recette familiale.

PERPIGNAN P – 66 Pyrénées-Orientales – **344** I6 – 117 905 h. – **22** B3
Agglo. 187 569 h. – alt. 60 m – Casino : à Port-Barcarès – ✉ 66000
Languedoc Roussillon

Paris 848 – Andorra-la-Vella 170 – Béziers 94 – Montpellier 156
de Perpignan-Rivesaltes : ✆ 04 68 52 60 70, 3 km par ①.
place Armand Lanoux, ✆ 04 68 66 30 30, www.perpignantourisme.com
Le Castillet★ - Loge de mer★ BY K - Hôtel de ville★ BY H - Cathédrale St-Jean★ - Palais des rois de Majorque★ - Musée numismatique Joseph-Puig★ - Place Arago : maison Julia★.

Plans pages suivantes

Villa Duflot
rd-pt Albert Donnezan, 3 km par ④, dir.autoroute – ✆ 04 68 56 67 67 – www.villa-duflot.com
24 ch – 150/190 € 165/190 € – 1 suite – ☕ 15 € – ½ P
Rest – Formule 23 € – Menu 28 € (déj. en sem.), 30/44 € – Carte 40/55 €
Certes cette villa se trouve en pleine zone commerciale, mais le très beau parc arboré, la piscine, la déco contemporaine et les grandes chambres raffinées (mobilier Art déco) nous le font bien vite oublier !

Centre del Mon sans rest

35 bd St-Assiscle – ✆ 04 11 64 71 00 – www.hotels-centredelmon.com AZ**y**

101 ch – 90/150 € 90/150 € – 15 €

Pour Dalì, la gare de Perpignan était le centre du monde ! Reste à savoir ce qu'il aurait pensé de cet hôtel concept, véritable patchwork de verre à l'intérieur design, tout en noir et blanc. À la fois confortable et vraiment tendance...

Suite Novotel sans rest

23 espace Méditerranée – ✆ 04 68 92 72 72 – www.accor.com BY**d**

50 ch – 92/140 € 92/140 € – 15 €

Voilà le genre d'hôtel qui plaît aussi bien à la clientèle d'affaires qu'aux touristes de passage amateurs de déco tendance. Les chambres sont très spacieuses, avec un vrai coin salon, le tout très "mode".

La Fauceille

860 chemin de la Fauceille, (rocade Sud), par ③ CZ – ✆ 04 68 21 09 10 – www.lafauceille.com

35 ch – 107/143 € 107/143 € – 15 € – ½ P

Rest *Le 860* – voir les restaurants ci-après

L'art du contraste : près d'une rocade et d'une ZAC, cet hôtel contemporain se révèle élégant, épuré et coloré... Le patio, la piscine, les chambres, le restaurant où il fait bon dîner : un lieu vraiment plaisant, qui respire la sérénité !

Le Mas des Arcades

ch,

840 av. d'Espagne, par ④ : 2 km sur N 9 ✉ 66100 – ✆ 04 68 85 11 11 – www.masarcades.com

60 ch – 87/140 € 87/140 € – 3 suites – 11 € – ½ P

Rest *(fermé sam. midi et dim.)* – Formule 23 € – Menu 29/35 € – Carte 36/52 €

Sur un axe passant, un hôtel des années 1970 rénové en 2009 dans un style contemporain et chaleureux. Les chambres sont confortables et plaisantes (certaines avec balcon donnant sur la piscine).

New Christina

ch,

51 cours Lassus – ✆ 04 68 35 12 21 – www.hotel-newchristina.com – Fermé 20 déc.-10 janv. CY**w**

25 ch – 63/95 € 75/95 € – 10 € – ½ P

Rest *(fermé 16 juil.-10 sept., vend., sam., dim. et le midi)* – Menu 21/35 € bc

Un petit hôtel proche du palais des congrès, avec des chambres pratiques, simples et propres. Pour la détente : petite piscine sur le toit, jacuzzi, hammam et bar.

La Passerelle

1 cours Palmarole – ✆ 04 68 51 30 65 – www.restaurant-perpignan-lapasserelle.com – Fermé 28 avril-5 mai, 11-18 août, 22 déc.-5 janv., lundi midi et dim. BY**z**

Rest – Menu 22 € (déj. en sem.) – Carte 45/58 €

Au bord de la rivière, une table sympathique et raffinée... En salle, mère et fille vous conseillent de jolis crus régionaux ; aux fourneaux père et beau-fils réalisent une cuisine soignée 100 % maison, où domine le poisson.

La Galinette (Christophe Comes)

23 r. Jean Payra – ✆ 04 68 35 00 90 – Fermé 15 juil.-15 août, 22 déc.-5 janv., dim. et lundi BY**e**

Rest – Menu 19 € (déj. en sem.)/62 € – Carte 66/75 €

Dans ce restaurant contemporain, le chef a le goût des beaux produits. Le poisson ? Il se le procure chez les petits pêcheurs locaux. Les légumes ? Ceux de son propre potager (3 ha), entretenu avec soin par son père. Résultat ? Une cuisine franche, fine et fraîche !

→ Déclinaison de tomates anciennes de notre jardin. Daurade royale, ravioles de cèpes. Dégustation de fraises gariguette. **Vins** Côtes du Roussillon, Vin de pays d'Oc.

Les Antiquaires

pl. Desprès, (r. Michel Torrent) – ✆ 04 68 34 06 58 – www.lesantiquairesperpignan.fr.gd – Fermé 18 juin-7 juil.,17-29 janv., dim. soir et lundi BZ**u**

Rest – Menu 25/42 € – Carte 33/56 €

Dans les ruelles du vieux Perpignan, ce petit restaurant porte bien son nom. Objets chinés, bibelots et... convivialité autour d'une cuisine catalane gourmande et bien ficelée.

PERPIGNAN

Alsace-Lorraine (R.) . . . . BY 2
Anciens-Combattants-d'Indochine (Pl. des) . . BY 3
Ange (R. de l') . . . . BZ 4
Arago (Pl.) . . . . BZ 5
Argenterie (R. de l') . . . . . BY 6
Barre (R. de la) . . . . BY 7
Bartissol (R. E.) . . . . BY 8
Batllo (Quai F.) . . . . BY 9
Castillet (R. du) . . . . BY 21
Clemenceau (Bd G.) . . . . . . BY
Cloche d'Or (R. de la) . . BYZ 22
Côte des Carmes (R.) . . . CZ 23
Fabriques d'En Nabot (R. des) . . . . BY 24
Fabriques d'En Nadal (R. des) . . . . BY 25
Fontaine-Neuve (R.) . . . . . CZ 26
Fontfroide (R.) . . . . BY 27
Gambetta (Pl.) . . . . BY 28
Grande la Monnaie (R.) . . BZ 31
Lattre-de-Tassigny (Quai de) . . . . BZ 32
Loge (R. et Pl. de la) . . . . BY 33
Louis-Blanc (R.) . . . . . . ABY 34
Marchands (R. des) . . . . BY 35
Mermoz (Av. J.) . . . . CZ 36
Mirabeau (R.) . . . . BY 37
Payra (R. J.) . . . . BY 38
Péri (Pl. Gabriel) . . . . BZ 39
Petite la Monnaie (R.) . . . BZ 40
Porte d'Assaut (R.) . . . . . BZ 41
Porte de Canet (R.) . . . . . CZ 42
Remparts la Réal (R. des) BZ 43
République (Pl. de la) . . . . BZ 44
Résistance (Pl. de la) . . . BY 45
Révolution Française (R. de la) . . . . CY 46
Rigaud (Pl.) . . . . BZ 47
Sadi-Carnot (Quai) . . . . . . BY 50
St-Jean (R.) . . . . BY 52
Théâtre (R. du) . . . . BZ 55
Trois-Journées (R. des) . . BY 58
Vauban (Quai) . . . . BY 60
Verdun (Pl. de) . . . . BY 64
Victoire (Pl. de la) . . . . . . BY 67
Vielledent (R. J.) . . . . CZ 69
Waldeck-Rousseau (R.) . CZ 72

Le 860 – Hôtel La Fauceille

860 chemin de la Fauceille, (rocade Sud), par ③ CZ – *✆ 04 68 21 09 10 – www.lafauceille.com – Fermé dim. soir de sept. à juin, dim. midi en juil.-août et sam. midi*

Rest – Formule 20 € – Menu 25 € (déj. en sem.), 60/82 € bc – Carte 58/70 €

Atmosphère très tamisée, cave recelant des crus d'exception et cuisine de saison réalisée avec soin et prenant de jolis accents du Sud : un bon moment, plein de gourmandise.

Le Garriane

15 r. Valette – ✆ 04 68 67 07 44 – Fermé sam. midi, dim., lundi et mardi

Rest *(nombre de couverts limité, réserver)* – Formule 14 € – Menu 16 € (déj. en sem.), 29/35 € AZa

Un restaurant de poche (vingt couverts) près de la gare. Le chef, originaire d'Australie, est très influencé par les saveurs asiatiques et élabore une cuisine de saison magnifiant le produit. Le soir, dégustation autour d'un menu unique.

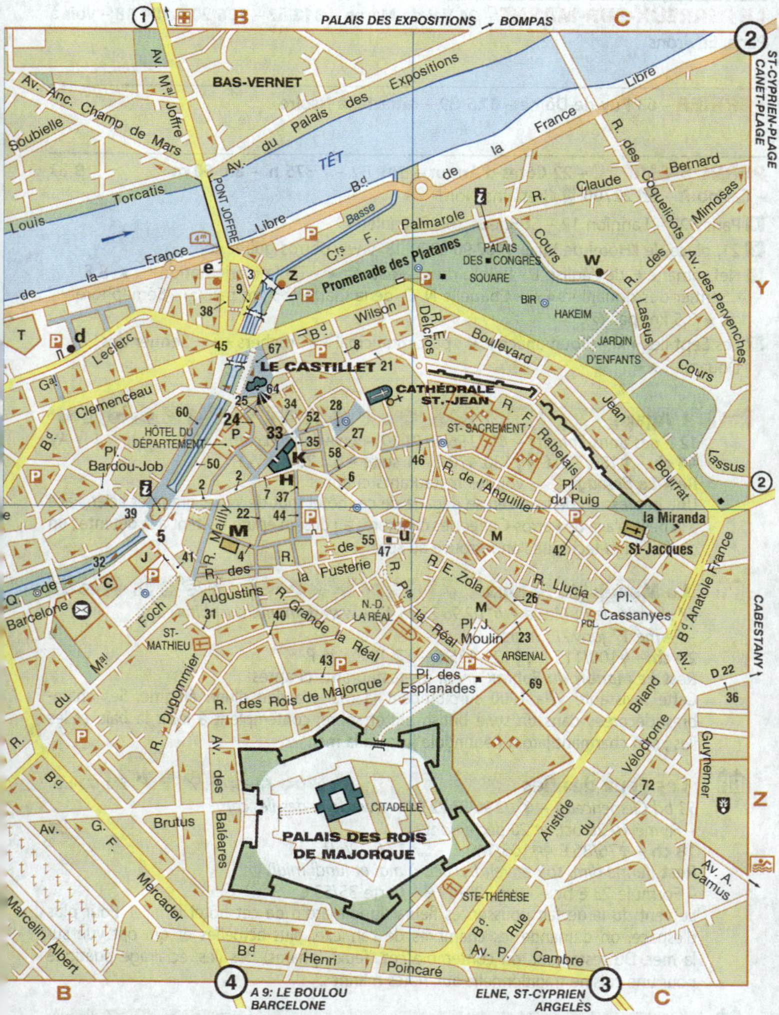

au Nord 10 km par ① près échangeur Perpignan-Nord – ✉ 66600 Rivesaltes

Novotel

7 r. Alfred Sauvy – ☏ 04 68 64 02 22 – www.accor.com

57 ch – †98/145 € ††98/145 € – ☕ 15 € **Rest** – Formule 17 € – Carte environ 25 €

Non loin de l'autoroute et tout près de l'aéroport, un Novotel de facture zen et contemporaine. Piscine, terrasse (barbecue en été), parking sécurisé... une étape agréable.

à Cabestany 5 km par ③ et D22^{C} – 8 852 h. – alt. 35 m – ✉ 66330

Les Deux Mas

1 r. Madeleine Brès, face Médipôle – ☏ 04 68 50 08 08 – www.les2mas.com

32 ch – †69/91 € ††89/111 € – 1 suite – ☕ 10 € – ½ P

Rest *(fermé sam. midi et dim.)* – Menu 20 € (déj. en sem.) – Carte 20/45 €

Dans un environnement industriel et commercial, cet hôtel contraste par sa belle atmosphère marocaine... Touches mauresques, patio digne d'un riad, piscine, jacuzzi : un voyage de l'autre côté de la Méditerranée !

LE PERREUX-SUR-MARNE – 94 Val-de-Marne – **312** E2 – **106** 20 – **101** 18 – voir à Paris, Environs

PERRIER – 63 Puy-de-Dôme – **326** G9 – rattaché à Issoire

PERROS-GUIREC – 22 Côtes-d'Armor – **309** B2 – 7 375 h. – alt. 60 m **9** B1
– Casino A – ✉ 22700 Bretagne Nord

Paris 527 – Lannion 12 – St-Brieuc 76 – Tréguier 19

21, place de l'Hôtel de Ville, ✆ 02 96 23 21 15, www.perros-guirec.com

Nef romane★ de l'église B - Pointe du château ≤★ - Table d'orientation ≤★ B E - Sentier des douaniers★★ - Chapelle N.-D. de la Clarté★ 3 km par ② - Sémaphore ≤★ 3,5 km par ②.

Les Sept-Iles★★ - Ploumanach★★ : parc municipal★★, rochers★★ - Sentier des Douaniers★★.

L'Agapa
12 r. des Bons-Enfants – ✆ 02 96 49 01 10 – www.lagapa.com **Ay**
44 ch – †180/320 € ††180/470 € – 1 suite – ☐ 20 € – ½ P
Rest *Le Belouga* ✿ – voir les restaurants ci-après
Une impression de luxe zen se dégage de cet hôtel tout de verre, granit et acier. Face à la belle place de Perros-Guirec, les chambres au design épuré invitent à la détente ; un confort high-tech que l'on retrouve au spa.

Le Manoir du Sphinx
67 chemin de la Messe – ✆ 02 96 23 25 42 – www.lemanoirdusphinx.com – Fermé 1er janv.-13 mars **Be**
20 ch – †100/115 € ††120/135 € – ☐ 10 € – ½ P
Rest *Le Manoir du Sphinx* – voir les restaurants ci-après
Cette ravissante villa 1900 surplombant la mer n'a rien d'une énigme. Ses chambres, décorées dans un style british plutôt sobre, contemplent à loisir la baie et les îles ; son charmant jardin dégringole jusqu'à la mer.

Les Feux des Îles
53 bd Clemenceau – ✆ 02 96 23 22 94 – www.feux-des-iles.com – Fermé 10-20 oct. et 20 déc.-5 janv. **Bn**
18 ch – †76/86 € ††105/140 € – ☐ 12 € – ½ P
Rest *(fermé dim. soir et vend. d'oct. à mai et lundi midi)* – Formule 23 € bc – Menu 29/49 € – Carte 35/53 €
Le vent du large fait pousser les fleurs du joli jardin de cet hôtel familial. Pour plus d'espace, on demande les chambres de l'annexe, plus actuelles et qui ont vue sur la mer. Du restaurant, on contemple ces "feux" (phares) des îles, éclairage poétique pour une cuisine traditionnelle aux notes marines.

Mercure sans rest
100 av. du Casino – ✆ 02 96 91 22 11 – www.accorhotels.com **Ax**
49 ch – †70/138 € ††70/138 € – ☐ 14 €
Dans cet hôtel de chaîne, avant tout fonctionnel, chaque étage est décoré selon une thématique (les oiseaux marins, par exemple) et une teinte différentes. Tout près de la plage et pratique pour aller aux thermes, au casino...

Hermitage
20 r. Frères Le Montréer – ✆ 02 96 23 21 22 – www.hotelhermitage-22.com – Ouvert 30 mars-3 nov. **Bf**
17 ch – †52/59 € ††60/70 € – ☐ 8 € – ½ P
Rest *(ouvert 15 mai-15 sept. et fermé sam. et le midi) (résidents seult)* – Menu 23 €
Une grande bâtisse d'esprit balnéaire, au cœur d'un jardin arboré en centre-ville. Les chambres, qui jouent la carte de la fraîcheur et de la simplicité, se révèlent agréables. Et les nombreux habitués apprécient l'ambiance familiale des lieux...

Le Belouga – Hôtel L'Agapa

12 r. des Bons-Enfants – ✆ 02 96 49 01 10 – www.lagapa.com

– Fermé 16-25 déc., mardi midi, merc. midi et jeudi midi sauf juil.-août **Ay**

Rest – Formule 25 € – Menu 48/87 € – Carte 61/82 €

Tout de noir et de blanc, s'ouvrant sur un somptueux paysage, ce Belouga propose une cuisine actuelle aux saveurs flatteuses. Le chef puise son inspiration dans la pêche locale, et dans les produits d'une terre battue par les vents.

➜ Pressé d'araignée de mer et févettes, nuage de combava et galette de pomme de terre au tamarin. Saint-pierre en croûte de wakame, raviole de salicorne, bouillon de langoustine. Cannelloni de pomme au sarrasin, caramel au beurre salé.

La Clarté (Daniel Jaguin)

24 r. Gabriel-Vicaire, à La Clarté par ② – ✆ 02 96 49 05 96 – www.la-clarte.com

– Fermé 21 déc.-8 fév., dim. soir, lundi et merc.

Rest – Formule 34 € – Menu 44/75 €

Cette maison de granit rose, au décor élégant, est très prisée de la clientèle locale. Le chef, Daniel Jaguin, originaire de la région, concocte une belle cuisine terre et mer délicatement parfumée.

➜ Salade de homard breton aux artichauts du pays, vinaigrette corail. Lotte au cidre, chou-fleur, artichauts et pommes de terre grenaille. Comme un œuf au plat glacé à la bergamote et mangue cardamome.

Le Manoir du Sphinx – Hôtel Le Manoir du Sphinx

67 chemin de la Messe – ✆ 02 96 23 25 42 – www.lemanoirdusphinx.com

– Fermé 1er janv.-13 mars , dim. soir d'oct. à mars sauf fériés et vacances scolaires, lundi midi et vend. midi **Be**

Rest – Formule 23 € bc – Menu 30/50 € – Carte 46/61 €

De la salle à manger de cette belle maison, on surplombe la plage. Une vue panoramique à couper le souffle qui ne donne que plus de relief à des plats souvent iodés et très actuels.

Au Bon Accueil avec ch — rest,
11 r. de Landerval – ✆ 02 96 23 24 11 – www.au-bon-accueil.com – Fermé dim. soir et lundi sauf juil.-août — **Bv**
21 ch – 63/69 € 63/69 € – 9 € – ½ P
Rest – Menu 20/44 € – Carte 31/54 €
Du homard, des plateaux de fruits de mer, de la soupe de poisson... Confortablement installé derrière les grandes baies vitrées, face au port de plaisance, on ne goûte que mieux la tradition des côtes bretonnes. Pour prolonger l'étape, des chambres fraîches et pratiques.

à Ploumanach **6 km par ② – ✉ 22700 Perros Guirec**

Rochers★★ - Parc municipal★★.

Castel Beau Site
plage St-Guirec – ✆ 02 96 91 40 87 – www.castelbeausite.com
32 ch – 160/350 € 160/350 € – 15 € – ½ P
Rest *La Table de mon Père* – voir les restaurants ci-après
Cette grande bâtisse en granit rose des années 1930 a presque les pieds dans l'eau ! À l'intérieur, un décor très design et réussi : couleurs tranchées, toiles contemporaines, douches à l'italienne, etc. Pour découvrir le Trégor autrement...

Hôtel du Parc — ch,
174 pl. St-Guirec – ✆ 02 96 91 40 80 – www.hotel-duparc-perros.com – Ouvert 15 fév.-11 nov.
10 ch – 64/89 € 64/89 € – ½ P
Rest *La Cotriade* – voir les restaurants ci-après
Rest *La Crêperie* – Formule 11 € – Carte 13/48 €
Au centre du village, à côté de la plage et de ses célèbres rochers, une maison familiale en granit rose avec un beau jardin. Les chambres sont petites, mais bien agencées ; pour se restaurer, il y a deux restaurants, dont une crêperie.

Hôtel des Rochers — ch,
70 chemin de la Pointe, (au port de Ploumanach) – ✆ 02 96 91 67 54 – www.hotel-desrochers-perros.com – Fermé 18 nov.-20 déc. et 7 janv.-7 fév.
11 ch – 60/100 € 60/100 € – 9 €
Rest *(fermé lundi)* – Formule 16 € – Menu 26/56 € – Carte 35/75 €
Sur le port, face à la mer, ce charmant hôtel cultive un bel esprit... marin. Les chambres, contemporaines, fraîches et bien insonorisées, affichent clairement la couleur : du bleu et du blanc ! Au restaurant, carte de poissons et crustacés.

La Table de mon Père – Hôtel Castel Beau Site
plage St-Guirec – ✆ 02 96 91 40 87 – www.castelbeausite.com
Rest *(dîner seult)* – Menu 38/58 €
Profiter, sur la plage de St-Guirec, des dernières lueurs du couchant, bien au chaud dans une salle design, en dégustant une soupe de coco à l'huile de truffe et tartine de dorade, un saint-pierre au fenouil. La Table de mon Père... et de la mer.

La Cotriade – Hôtel du Parc
174 pl. St-Guirec – ✆ 02 96 91 40 80 – www.hotel-duparc-perros.com – Ouvert 15 fév.-11 nov. et fermé sam. midi et mardi
Rest – Menu 15/99 € – Carte 30/66 €
L'été, on se presse en terrasse pour déguster des huîtres, du homard et, bien sûr, de la cotriade ! Il faut dire que le chef fait tout lui-même : terrines, foie gras, desserts...

PERTUIS – 84 Vaucluse – **332** G11 – 18 706 h. – alt. 246 m – ✉ 84120 — **40** B2
Provence
Paris 747 – Aix-en-Provence 23 – Apt 36 – Avignon 76
place Mirabeau, ✆ 04 90 79 15 56, www.tourismepertuis.fr

Sévan Parc Hôtel

1862 rte de la Bastidonne, 1,5 km à l'Est – 04 90 79 19 30 – www.sevanparchotel.com

41 ch – 86/120 € 105/139 € – 13 €

Rest *L'Olivier* *04 90 79 08 19 (fermé dim. soir et lundi soir de sept. à juin, lundi midi et merc. midi en juil.-août)* – Formule 19 € bc – Menu 35/84 € bc – Carte 39/48 €

Rest *La Paillote* *04 90 09 63 67 (fermé de mi-déc. à mi-janv. et mardi)* – Formule 11 € – Menu 16 € bc (déj. en sem.) – Carte 25/40 €

Au pied du Luberon, dans un parc fleuri, cet hôtel profite d'un environnement calme et verdoyant. Chambres ensoleillées d'inspiration provençale. Cuisine régionale à L'Olivier (agréable salle contemporaine). Ambiance décontractée à La Paillote, terrasse au bord de la piscine, grillades et plats tex-mex.

Château Grand Callamand sans rest

rte de la Loubière, 2 km par r. Léon-Arnoux – 04 90 09 61 00 – www.chateaugrandcallamand.fr

3 ch – 140/170 € 140/170 €

Superbe bastide du 16e s. posée au cœur d'un domaine viticole. Accueil charmant, quiétude, piscine, terrasse face à la montagne Ste-Victoire et déco de bon goût dans les chambres.

PETIT-BERSAC – 24 Dordogne – 329 C4 – 171 h. – alt. 90 m – ✉ 24600 39 C3

Paris 501 – Angoulême 49 – Bordeaux 121 – Périgueux 50

Château Le Mas de Montet

– *05 53 90 08 71 – www.lemasdemontet.com – Ouvert 16 mars-31 oct.*

10 ch – 150/320 € 150/320 € – 16 € – ½ P

Rest – Menu 30/45 € – Carte 38/80 €

Abords très soignés pour ce superbe château Renaissance. On profite ainsi du parc fleuri, de la piscine, du potager ou encore de la terrasse. L'intérieur, romantique et raffiné, séduit tout autant. Restauration traditionnelle.

PETITE-HETTANGE – 57 Moselle – 307 I2 – rattaché à Malling

LA PETITE-PIERRE – 67 Bas-Rhin – 315 H3 – 609 h. – alt. 340 m – ✉ 67290 1 A1

Alsace Lorraine

Paris 433 – Haguenau 41 – Sarreguemines 48 – Sarre-Union 24

2, rue du Château, 03 88 70 42 30, www.ot-paysdelapetitepierre.com

La Clairière

63 rte d'Ingwiller, 1,5 km par D 7 – 03 88 71 75 00 – www.la-clairiere.com – Fermé 2 sem. en janv.

50 ch – 125/175 € 170/270 € – 25 € – ½ P

Rest – Menu 37 € (dîner), 49/54 € – Carte 40/54 €

Lové au cœur de la forêt, cet hôtel moderne est dédié au bien-être : spa de 1 200 m², piscine ouverte sur la terrasse en teck, salles de séminaire avec possibilité d'épreuves sportives... Chambres spacieuses. Un restaurant feutré ; une cuisine saine et des vins bio.

Au Lion d'Or

15 r. Principale – 03 88 01 47 57 – www.liondor.com

38 ch – 58/148 € 80/170 € – 15 € – ½ P

Rest *Au Lion d'Or* – voir les restaurants ci-après

Parfaite adresse pour se ressourcer ! En pleine nature, cet établissement dispose d'un centre d'arbrothérapie (traduire : utiliser la forêt pour se sentir mieux). Les chambres "arbro" justement, actuelles et épurées, sont bien plaisantes.

Hôtel des Vosges

30 r. Principale – 03 88 70 45 05 – www.hotel-des-vosges.com – Fermé 16-27 juil. et 20 fév.-9 mars

30 ch – 64/76 € 76/90 € – 11 € – ½ P

Rest – Formule 20 € – Menu 30 € (sem.), 40 € bc/58 € bc – Carte 34/67 €

Chambres douillettes et bien tenues, à la décoration soignée (certaines typiquement alsaciennes) ; agréable espace bien-être. Salle à manger bourgeoise ouverte sur la vallée, spécialités régionales (truite au bleu) et vins choisis (vieux millésimes).

Au Lion d'Or – Hôtel Au Lion d'Or
15 r. Principale – 03 88 01 47 57 – www.liondor.com
Rest – Formule 12 € – Menu 16 € (déj. en sem.), 38/59 € – Carte 43/66 €
Le credo de l'hôtel, "être en communion avec la forêt", s'applique également au restaurant, avec sa décoration élégante, ses boiseries et sa vue panoramique sur la vallée. Au menu, de bonnes recettes régionales, très "nature".

à Graufthal 11 km au Sud-Ouest par D 178 et D 122 – 67320 Eschbourg

Au Vieux Moulin
7 r. du Vieux-Moulin – 03 88 70 17 28 – www.auvieuxmoulin.eu – Fermé 1 sem. fin juin-début juil. et vacances de fév.
14 ch – 57/73 € 61/73 € – 1 suite – 9 € – ½ P
Rest *(fermé lundi sauf résidents)* – Menu 11 € (déj. en sem.), 20/40 € – Carte 31/53 €
Dans ce hameau dont Erckmann et Chatrian ont vanté la sérénité, cette maison vous réserve un accueil chaleureux. Chambres de style actuel, simples et fraîches. Au restaurant, on déguste une cuisine familiale aux accents alsaciens.

Au Cheval Blanc
19 r. Principale – 03 88 70 17 11 – www.auchevalblanc.net – Fermé 25 août-14 sept., 2-21 janv., lundi soir, merc. soir et mardi
Rest – Formule 24 € – Menu 27/54 € – Carte 37/55 €
Une sympathique auberge, chaleureuse et familiale, nichée au cœur du tranquille village troglodyte de Graufthal. Derrière les fourneaux, le chef, Gilles Stutzmann, concocte à sa façon une cuisine traditionnelle, soignée et savoureuse. En prime : un décor rustique à souhait.

LE PETIT-PRESSIGNY – 37 Indre-et-Loire – 317 O7 – 318 h. – alt. 80 m – 37350 11 B3

Paris 290 – Le Blanc 38 – Châtellerault 36 – Châteauroux 68

La Promenade (Fabrice et Jacky Dallais)
11 r. du Savoureulx – 02 47 94 93 52 – www.restaurantdallaislapromenade.com – Fermé 16 sept.-3 oct., 2 janv.-2 fév., mardi sauf le soir en juil.-août, dim. soir et lundi
Rest – Menu 41/87 € – Carte 57/92 €
Ce restaurant invite à une jolie promenade ! Derrière les fourneaux, père et fils jouent, à quatre mains, une partition aux notes actuelles, à la fois savoureuse et gourmande. À déguster, au choix, dans un cadre bourgeois ou contemporain. Une des meilleures tables de la région.
→ Bouillon de carottes aux fèves, sarriette et lard. Géline de Touraine rôtie au citron, beurre d'écrevisse et royale de foie blond. Paris-brest en éclair. **Vins** Touraine, Vouvray.

LE PETIT QUEVILLY – 76 Seine-Maritime – 304 G5 – rattaché à Rouen

PEYREHORADE – 40 Landes – 335 E13 – 3 466 h. – alt. 19 m – 40300 3 B3

Aquitaine
Paris 808 – Bordeaux 229 – Mont-de-Marsan 96 – Pau 80
147, avenue des évadés, 05 58 73 00 52, www.tourisme-paysdorthe.fr

Le Central
pl. Aristide-Briand – 05 58 73 01 44 – www.hotel-le-central.fr – Fermé 8-18 mars et 20 déc.-9 janv.
14 ch – 59 € 72 € – 8,50 € – ½ P
Rest *(fermé vend. soir, dim. soir et lundi)* – Menu 16/38 € – Carte 42/65 €
Cet ancien relais de poste du 18e s. est vraiment... central ! Les chambres sont simples et spacieuses, et l'accueil prévenant. Cuisine traditionnelle réalisée à partir de produits frais : poulet des Landes rôti, terrine de foie gras maison, poêlée de cèpes...

PEYRUIS – 04 Alpes-de-Haute-Provence – 334 D8 – 2 615 h. – alt. 402 m – 04310 40 B2

Alpes du Sud
Paris 735 – Avignon 165 – Digne-les-Bains 27 – Marseille 117
Place de l'Hotel de Ville, 04 92 33 21 00, www.peyruis.fr

Auberge les Galets (N)
quartier Pont-Bernard – ✆ 04 92 35 27 68 – www.aubergelesgalets.com – Fermé 3-20 janv.
10 ch – †59/109 € ††59/109 € – ☕ 10 € – ½ P
Rest *(fermé sam. midi, dim. soir et lundi midi)* – Formule 19 € – Menu 25 €
Impossible de ne pas remarquer la façade couleur framboise de cette charmante auberge ! On s'y repose dans de jolies chambres thématiques : Bambou, Acajou, Ébène... Et on apprécie l'ambiance familiale. Restauration traditionnelle.

PÉZENAS – 34 Hérault – 339 F8 – 8 345 h. – alt. 15 m – ✉ 34120 23 C2

Languedoc Roussillon

Paris 734 – Agde 22 – Béziers 24 – Lodève 39

place des Etats du Languedoc, ✆ 04 67 98 36 40, www.ville-pezenas.fr

Vieux Pézenas★★ : Hôtels de Lacoste★, d'Alfonce★, de Malibran★.

Distillerie de Pézenas (N) rest,
6 r. Calquières-Hautes – ✆ 04 67 11 51 10 – www.garrigae-resorts.com
47 ch – †115/325 € ††115/325 € – 3 suites – ☕ 15 €
Rest *(fermé dim. soir, mardi midi et lundi hors saison)* – Formule 15 € – Menu 25 € (dîner) – Carte environ 25 €
Enivrante, cette ancienne distillerie transformée en hôtel ? Les amateurs apprécieront son décor résolument contemporain et ses chambres disposant toutes d'une terrasse ou d'un jardin privatif ; certaines même avec un coin cuisine. Formule tapas au restaurant.

Vigniamont (N) sans rest
5 r. Massillon – ✆ 04 67 35 14 88 – www.hoteldevigniamont.com
5 ch – †85/130 € ††95/140 € – ☕ 9 €
Dans ce village qu'appréciait tant Molière, cet hôtel particulier du 17e s. abrite de jolies chambres, calmes et décorées avec soin – certaines avec un ciel de lit un rien théâtral. Ne passez pas à côté du petit-déjeuner maison ! Accueil chaleureux.

L'Entre Pots
8 av. Louis-Montagne – ✆ 04 67 90 00 00 – www.restaurantentrepots.fr – Fermé dim. et lundi
Rest – Formule 22 € – Menu 27 € (déj. en sem.)/29 € – Carte 38/50 €
Voilà un jeu de mots justifié pour cet ancien entrepôt de vins dédié aux plaisirs du palais ! En cuisine, le chef mêle saveurs du terroir et touches créatives. En salle, les gourmands s'installent dans un cadre branché à la lumière tamisée. Belle sélection de crus régionaux. Le tout à prix doux.

Le Pré St-Jean
18 av. Mar.-Leclerc – ✆ 04 67 98 15 31 – http://restaurant-leprestjean.fr – Fermé 2 sem. en juin, 2 sem. en nov., dim. soir et lundi
Rest – Formule 19 € – Menu 26/50 € – Carte 34/68 €
Sur le boulevard circulaire, un bon restaurant traditionnel : classiques bistrotiers (tête de veau sauce gribiche, pâté de Pézenas) et belle sélection de vins languedociens.

L'Amphytrion (N)
5 r. du Maréchal-Plantavit – ✆ 04 67 90 11 84 – Fermé fév., dim. et lundi
Rest – Formule 14 € – Menu 29/45 € – Carte 41/50 €
Dans cette ancienne caserne de pompiers, on s'enflamme dorénavant pour les belles saveurs ! Aux commandes, un jeune chef qui a été meilleur apprenti d'Europe et sa compagne ex-prof de gym... pour un service tout en souplesse. Extrait de la carte : fleurs de courgettes farcies et émulsion au vin blanc. Une bonne adresse.

à Nézignan-l'Évêque 5 km au Sud par D 609 et D 13 – 1 423 h. – alt. 40 m – ✉ 34120

Hostellerie de St-Alban ch, VISA AE

31 rte d'Agde – ☎ 04 67 98 11 38 – www.saintalban.com – Fermé 3 janv.-13 fév.

13 ch – †83/93 € ††100/163 € – ☐ 9 €

Rest *(fermé dim. sauf le midi d'avril à sept. et lundi d'oct. à mars) (dîner seult sauf dim.)* – Menu 29/42 € – Carte 22/63 €

Jolie maison de maître du 19e s., nichée dans un coquet jardin fleuri. Espace, couleur et mobilier en fer forgé caractérisent les chambres, parfois très originales. Cuisine traditionnelle au restaurant.

PEZENS – 11 Aude – **344** F3 – rattaché à Carcassonne

PÉZILLA-LA-RIVIÈRE – 66 Pyrénées-Orientales – **344** H6 – 3 145 h. – alt. 75 m – ✉ 66370 **22** B3

Paris 857 – Argelès-sur-Mer 35 – Le Boulou 25 – Perpignan 12

L'Aramon Gourmand AC P VISA

127 av. du Canigou, rte Baho, D 614 – ☎ 04 68 92 43 59 – www.aramongourmand.fr – Fermé 1 sem. fin oct., 1 sem. en fév., dim. soir, mardi soir et merc.

Rest – Menu 16 € (déj. en sem.), 29/46 €

Le chef connaît son métier et cela se sent : il concocte une jolie cuisine traditionnelle et quelques plats du terroir. Et de la salle principale, on aperçoit la cave à vin. Rustique... mais sympathique !

PFAFFENHOFFEN – 67 Bas-Rhin – **315** J3 – 2 744 h. – alt. 170 m – ✉ 67350 **1** B1

Alsace Lorraine

Paris 457 – Haguenau 16 – Sarrebourg 55 – Sarre-Union 50

Musée de l'Imagerie peinte et populaire alsacienne★.

A l'Agneau avec ch AC rest, VISA

3 r. de Saverne – ☎ 03 88 07 72 38 – www.hotel-restaurant-delagneau.com – Fermé 7-11 mars, 20-24 juin, 5-22 sept., lundi et mardi

11 ch – †60/75 € ††65/75 € – ☐ 9 € – ½ P

Rest – Formule 13 € – Menu 20 € (déj. en sem.), 28/70 € – Carte 50/65 €

Dans cette auberge alsacienne (1769), la restauration est une affaire de famille ! Deux sœurs (7e génération) sont désormais à la tête de ce restaurant, où l'on sert une cuisine traditionnelle, accompagnée d'une belle carte des vins. Une adresse historique.

PFULGRIESHEIM – 67 Bas-Rhin – **315** K5 – rattaché à Strasbourg

---

PHALSBOURG – 57 Moselle – **307** O6 – 4 753 h. – alt. 365 m – ✉ 57370 **27** D2

Alsace Lorraine

Paris 435 – Metz 110 – Sarrebourg 17 – Sarreguemines 50

30, place d'Armes, ☎ 03 87 24 42 42, www.phalsbourg.fr

Erckmann-Chatrian rest, AC rest, VISA

pl. d'Armes – ☎ 03 87 24 31 33 – www.erckmann-chatrian.net

16 ch – †68/82 € ††68/82 € – ☐ 12 € – ½ P

Rest *(fermé dim. soir, mardi midi et lundi)* – Menu 14 € (déj. en sem.), 23/46 € – Carte 30/60 €

Une maison ancienne typique dont la façade fleurie ne manque pas de cachet. Les chambres sont relativement spacieuses, plutôt fonctionnelles, et adoptent un style classique. Classicisme de rigueur également au restaurant ; superbes boiseries sombres et cuisine traditionnelle.

XXX **Au Soldat de l'An II** (Georges Schmitt) avec ch

1 rte de Saverne – ✆ 03 87 24 16 16 – www.soldatan2.com – Fermé 29 oct.-14 nov., 2-17 janv., le midi sauf dim. de janv. à avril, dim. soir, mardi midi et lundi

7 ch – 160/210 € 160/210 € – 26 €

Rest – Formule 40 € bc – Menu 78/154 € – Carte 78/118 €

Un Soldat distingué : cette ancienne grange affiche une élégance subtilement baroque (pierres, poutres, tableaux...). Superbes produits, recettes innovantes fondées sur des bases classiques, crus d'exception : les saveurs sont au garde-à-vous. Chambres spacieuses et d'un luxe discret.

➜ Le célèbre foie gras de l'An II. Homard bleu de Bretagne, collection de saison. Mappemonde de grands chocolats, crème glacée à la bergamote. **Vins** Vins de Moselle blanc et rouge.

à Bonne-Fontaine 4 km à l'Est par D 604 et rte secondaire – ✉ 57370 Danne et Quatre Vents

Notre-Dame de Bonne Fontaine

212 rte Bonne-Fontaine – ✆ 03 87 24 34 33 – www.notredamebonnefontaine.com – Fermé 1 sem. en fév., vend. soir, dim. soir et sam. en janv.-fév.

34 ch – 61/71 € 74/86 € – 10 € – ½ P

Rest *(fermé vend. soir, dim. soir et sam. en janv., fév. , dim. soir en nov.)* – Formule 11 € – Menu 20/54 € bc – Carte 24/46 €

La même famille tient depuis plusieurs générations cet hôtel en pleine forêt, non loin de la source miraculeuse. De belles promenades en perspective avant de prendre un repos bien mérité dans des chambres toutes simples.

PHILIPPSBOURG – 57 Moselle – 307 Q5 – 577 h. – alt. 215 m – ✉ 57230 27 D1

Paris 450 – Haguenau 29 – Strasbourg 58 – Wissembourg 42

8, rue de Baerenthal, ✆ 03 87 06 55 30, www.philippsbourg.fr

XX **Au Tilleul**

24 rte de Niederbronn – ✆ 03 87 06 50 10 – www.resto.fr/autilleul – Fermé janv., le soir en nov. sauf week-ends, lundi soir, mardi soir et merc.

Rest – Formule 12 € – Menu 17 € (sem.), 29/55 € – Carte 25/47 €

Deux espaces dans cette auberge familiale : d'abord un bar où l'on sert des plats du jour, puis une agréable salle dédiée à la cuisine traditionnelle. Parmi les spécialités de la maison, la truite au bleu.

à l'Étang de Hanau 5 km au Nord-Ouest par D 662 et rte secondaire – ✉ 57230 Philippsbourg

Étang★ Alsace Lorraine

Beau Rivage sans rest

1 r. de l'Étang – ✆ 03 87 06 50 32 – www.hotel-beau-rivage-fr.com – Fermé en fév.

22 ch – 43/47 € 63/91 € – 9 €

Des arbres partout ! On est bien dans la forêt, sur l'étang de Hanau. La plupart des chambres sont de facture contemporaine, avec un balcon pour celles qui donnent sur l'eau. Certaines, en revanche, ont un mobilier typiquement alsacien.

PIANA – 2A Corse-du-Sud – 345 A6 – voir à Corse

LE PIAN-MÉDOC – 33 Gironde – 335 H5 – 5 336 h. – alt. 36 m – ✉ 33290 3 B1

Paris 578 – Bordeaux 20 – Mérignac 18 – Pessac 24

Golf du Médoc Hôtel & Spa

chemin de Courmanteau, à Louens – ✆ 05 56 70 31 31 – www.hotelgolfdumedoc.com

79 ch – 105/315 € 115/335 € – 19 €

Rest – Menu 26 € (déj.)/50 € – Carte 35/55 €

Sur le site du golf du Médoc (320 ha), cet ensemble récent s'intègre parfaitement dans le paysage. Chambres spacieuses, fonctionnelles et chaleureuses ; agréable spa (soins esthétiques et massages) ; club house et restaurant... Tout pour la détente !

PIERRE-BUFFIÈRE – 87 Haute-Vienne – 325 F6 – 1 143 h. – alt. 330 m – ✉ 87260 — 24 B2

Paris 415 – Brantôme 84 – Guéret 107 – Limoges 22

place du 8 Mai 1945, ✆ 05 55 00 94 33, www.pierre-buffiere.com

La Providence

pl. Adeline – ✆ 05 55 00 60 16 – www.hotel-limoges.net – Fermé janv., dim. soir et lundi midi du 15 nov. au 15 avril sauf vacances scolaires

14 ch – †62/100 € ††62/125 € – ☕ 10 € **Rest** – Menu 19/80 € – Carte 37/70 €

Sur une place verdoyante, une auberge de village pratique pour faire étape. Les chambres sont très bien tenues et, côté restaurant – classique et engageant –, on propose une cuisine de tradition concoctée avec des produits régionaux.

PIERRE-DE-BRESSE – 71 Saône-et-Loire – 320 L8 – 1 963 h. – alt. 202 m – ✉ 71270 Bourgogne — 8 D2

Paris 354 – Beaune 47 – Chalon-sur-Saône 42 – Dole 36

Ecomusée de la Bresse bourguignonne★.

La Poste

9 pl. Comte-André-d'Estampes, (face au château) – ✆ 03 85 76 24 47 – www.hoteldelaposte.free.fr – Fermé vend. soir d'oct. à avril

Rest – Formule 11 € – Menu 20/47 € – Carte 34/55 €

Face au château du 17e s., cette auberge joue la carte de l'authenticité : poutres apparentes, déco champêtre, mais aussi – et surtout ! – bons produits du terroir cuisinés avec soin, pour des assiettes généreuses et goûteuses.

PIERREFITTE-EN-AUGE – 14 Calvados – 303 N4 – rattaché à Pont-L'Évêque

PIERREFITTE-SUR-SAULDRE – 41 Loir-et-Cher – 318 J6 – 848 h. – alt. 125 m – ✉ 41300 Châteaux de la Loire — 12 C2

Paris 185 – Aubigny-sur-Nère 23 – Blois 73 – Orléans 52

10, place de l'Église, ✆ 02 54 88 67 15

Le Lion d'Or

1 pl. de l'Église – ✆ 02 54 88 62 14 – Fermé 2-25 sept., 2-17 janv., merc. soir et jeudi soir hors saison, lundi et mardi sauf fériés

Rest – Menu 32/40 € – Carte environ 46 €

Solognote dans l'âme, cette maison dégage un charme indéniable. Tout comme les plats qui y sont concoctés, résolument traditionnels : andouillette de gésiers confits, saumon fumé maison, lièvre à la royale... Amateur de recettes régionales et de gibier ? Cette adresse est faite pour vous !

PIERREFONDS – 60 Oise – 305 I4 – 1 969 h. – alt. 81 m – ✉ 60350 — 37 C2

Nord Pas-de-Calais Picardie

Paris 82 – Beauvais 78 – Compiègne 15 – Soissons 31

place de l'Hôtel de Ville, ✆ 03 44 42 81 44, www.pierrefonds-tourisme.net/ot

Château★★ - St-Jean-aux-Bois : église★ O : 6 km.

à Chelles 4,5 km à l'Est par D 85 – 460 h. – alt. 75 m – ✉ 60350

Relais Brunehaut avec ch

3 r. de l'Église – ✆ 03 44 42 85 05 – www.lerelaisbrunehaut.fr – Fermé lundi midi, mardi midi et merc. midi

11 ch – †68/130 € ††68/130 € – ☕ 10 € – ½ P

Rest – Menu 25 € (sem.), 40/46 € bc – Carte 45/65 €

Dans un parc où coule une rivière, il est une adresse bien connue des gourmands ! On y savoure une belle cuisine traditionnelle, aux accents du terroir, dans un cadre rustique. Quelques chambres pour prolonger le séjour.

à St-Jean-aux-Bois **6 km par D 85 – 297 h. – alt. 71 m – ✉ 60350**

XXX **Auberge à la Bonne Idée** avec ch

3 r. des Meuniers – ✆ 03 44 42 84 09 – www.a-la-bonne-idee.fr – Fermé 6-30 janv., dim. soir et lundi

23 ch – †95/105 € ††95/105 € – ☕ 15 €

Rest – Menu 34 € (sem.), 50/80 € – Carte 87/103 €

Plus qu'une bonne, une excellente idée qu'un repas en cette jolie auberge (pierres, poutres, cheminée...). La cuisine est raffinée et harmonieuse, portée par une équipe animée par le désir de bien faire. Chambres agréables, au charme suranné ou plus contemporaines.

➜ Ravioles de foie gras, bouillon de poule crémé et jus de truffe. Croustillant de ris de veau, morilles et salsifis. Soufflé au Grand Marnier.

PIERREFORT – **15 Cantal** – **330** F5 – **905 h. – alt. 950 m – ✉ 15230** **5** B3

Auvergne

Paris 540 – Aurillac 64 – Entraygues-sur-Truyère 55 – Espalion 62

29, avenue Georges Pompidou, ✆ 04 71 23 38 04, www.paysdepierrefort.com

Hôtel du Midi

5 av. Georges-Pompidou – ✆ 04 71 23 30 20 – www.hoteldumidi-pierrefort.com – Fermé 22 déc.-14 janv.

13 ch – †61/65 € ††65/70 € – ☕ 9 € – ½ P

Rest – Formule 11 € – Menu 16 € (sem.), 28/42 € – Carte 29/55 €

Une adresse facile à repérer au centre du village. Chambres fonctionnelles, espace réunions, nurserie : elle convient aussi bien aux familles qu'à la clientèle d'affaires. Le restaurant est dans une ancienne maison de vigneron adjacente : du caractère !

PIERRE-PERTHUIS – **89 Yonne** – **319** F7 – **rattaché à Vézelay**

PIETRANERA – **2B Haute-Corse** – **345** F3 – **voir à Corse (Bastia)**

PIGNA – **2B Haute-Corse** – **345** C4 – **voir à Corse (Ile-Rousse)**

LE PIN-AU-HARAS – **61 Orne** – **310** J2 – **348 h. – alt. 202 m – ✉ 61310** **33** C2

Normandie Cotentin

Paris 183 – Alençon 47 – Caen 78 – Lisieux 68

XX **La Tête au Loup**

– ✆ 02 33 35 57 69 – www.lateteauloup.fr – Fermé 16 déc.-30 janv., dim. soir, lundi et mardi

Rest – Menu 32/49 € – Carte 45/70 €

Non loin du "Versailles du cheval", une auberge de pays où s'attabler pour déguster une bonne cuisine traditionnelle, concoctée à base de produits frais. Aux beaux jours, direction la terrasse et sa vue dégagée sur le bocage normand.

LE PIN-LA-GARENNE – **61 Orne** – **310** M4 – **rattaché à Mortagne-au-Perche**

PINSAGUEL – **31 Haute-Garonne** – **343** G3 – **2 574 h. – alt. 151 m – ✉ 31120** **28** B2

Paris 692 – Foix 71 – Montauban 69 – Toulouse 16

XX **Le Gentiane**

7 r. du Cagire – ✆ 05 62 20 55 00 – www.legentiane.fr – Fermé 12-20 août, 31 déc.-6 janv., dim. soir, mardi soir et lundi

Rest – Formule 13 € – Menu 25 € (déj. en sem.)/48 € – Carte 55/61 €

Après avoir tenu une épicerie fine à Toulouse, ce couple charmant a réalisé son rêve : ouvrir un restaurant aux airs de maison privée, où l'on se rend "comme chez des amis". À un détail près : ici, on est sûr de bien manger ! Carte classique.

PINSOT – **38 Isère** – **333** J5 – **rattaché à Allevard**

PIOGGIOLA – 2B Haute-Corse – **345** C4 – voir à Corse

PISCIATELLO – 2A Corse-du-Sud – **345** C8 – voir à Corse (Ajaccio)

PITHIVIERS – 45 Loiret – **318** K2 – 8 761 h. – alt. 115 m – ✉ 45300 12 C1
Châteaux de la Loire
Paris 82 – Chartres 74 – Fontainebleau 46 – Montargis 46
1, mail Ouest, ✆ 02 38 30 50 02, www.ville-pithiviers.fr

Le Relais de la Poste
10 Mail Ouest – ✆ 02 38 30 40 30 – www.hotel-pithiviers.com
41 ch – 60 € 70 € – 8 € – ½ P
Rest *(fermé dim. soir)* – Formule 14 € – Menu 18/35 € – Carte 26/44 €
Dans une grande bâtisse du centre-ville, autrefois relais de poste (19e s.), des chambres spacieuses et bien tenues (rénovation récente), avec poutres et mansardes aux étages supérieurs.

Aux Saveurs Lointaines
1 pl. Martroi – ✆ 02 38 30 18 18 – www.auxsaveurslointaines.com – Fermé 15 déc.-15 janv., dim. soir et lundi
Rest – Formule 14 € – Carte 17/40 €
Envie de goûter aux spécialités vietnamiennes sans subir les cinq heures de décalage horaire ? Si oui, rendez-vous dans ce restaurant où la cuisine évoque les saveurs lointaines. Dans un cadre au diapason, les assiettes sont colorées, parfumées et bien maîtrisées. Une invitation au voyage...

PIZAY – 69 Rhône – **327** H3 – rattaché à Belleville

PLAGE DE CALALONGA – 2A Corse-du-Sud – **345** E11 – voir à Corse (Bonifacio)

LA PLAGNE – 73 Savoie – **333** N4 – ✉ 73210 Alpes du Nord 45 D2
Paris 678 – Bourg-St-Maurice 32 – Grenoble 140 – Lyon 219
Les Provagnes, ✆ 04 79 09 79 79, www.la-plagne.com

à Plagne-Bellecôte 4 km à l'Est – ✉ 73210

Carlina
à Belle-Plagne : 2 km – ✆ 04 79 09 78 46 – www.carlina-belleplagne.com – Ouvert 8 déc.-21 avril
47 ch – ½ P seult 147/242 € **Rest** – Carte 36/57 €
Attention, ce grand chalet se trouve sur les hauteurs, à Belle-Plagne et non à La Plagne ! La vue depuis la terrasse n'en est que plus belle, sans parler de l'accès direct aux pistes... Les chambres se déclinent dans un esprit montagnard ou dans un style plus épuré. Une adresse bien sympathique.

PLAGNE-BELLECÔTE – 73 Savoie – **333** N4 – rattaché à la Plagne

PLAILLY – 60 Oise – **305** G6 – 1 665 h. – alt. 100 m – ✉ 60128 19 C2
Paris 40 – Beauvais 69 – Chantilly 16 – Compiègne 46

La Gentilhommière
25 r. Georges Bouchard, (derrière l'église) – ✆ 03 44 54 30 20 – www.lagentilhommiere-plailly.perso.neuf.fr – Fermé 26 juil.-20 août, 20 fév.-6 mars, dim. soir, lundi et mardi
Rest – Menu 25 € (déj. en sem.), 35/45 €
Cette table prend ses aises dans l'ancienne étable d'un relais de poste du 17e s. ! Ambiance feutrée, carte traditionnelle et suggestions du jour selon le marché.

PLAIMPIED-GIVAUDINS – 18 Cher – **323** K5 – 1 725 h. – alt. 165 m 12 C3
– ✉ 18340 Limousin Berry
Paris 254 – Bourges 14 – Châteauroux 74 – Orléans 128

Aux Marais

12 r. des Marais – ✆ 02 48 25 54 45 – Fermé 3 sem. en juil.-août, 2-18 fév., dim. soir, lundi et merc.

Rest – Formule 23 € – Menu 27/37 €

Une cuisine réalisée à quatre mains… à Plaimpied ! Formés dans de belles maisons, Amandine et Stéphane Pasquier signent une carte fraîche et plutôt audacieuse, renouvelée tous les deux mois : mariage terre-mer, sucré-salé, etc. Du plaisir à prix doux. Cadre rustique (tomettes, poutres, cheminée, etc.).

PLAINE-DE-WALSCH – 57 Moselle – 307 N6 – 598 h. – alt. 300 m – ✉ 57870 27 D2

Paris 454 – Épinal 150 – Metz 130 – Nancy 94

Étable Gourmande avec ch

3 rte du Stossberg, rte de Vallerysthal – ✆ 03 87 25 66 34 – www.aubergedeletable.com – Fermé 2 sem. en janv., 2 sem. en août, lundi midi, mardi midi, sam. midi et dim. soir

10 ch – †67 € ††67 € – ☕ 8 € – ½ P

Rest – Menu 22 € (sem.), 45/50 € – Carte 52/64 €

Élégant et rustique, le cadre surprend d'abord agréablement. Puis viennent les délices du saumon fumé maison, de la belle charcuterie de cochon fermier, d'une cuisine généreuse et bien réalisée. Une Étable, et une étape, effectivement gourmandes. Les chambres, agencées dans un esprit chalet, ne sont pas mal non plus…

LA PLAINE-SUR-MER – 44 Loire-Atlantique – 316 C5 – 3 815 h. – alt. 26 m – ✉ 44770 34 A2

Paris 438 – Nantes 58 – Pornic 9 – St-Michel-Chef-Chef 7

square du Fort Gentil, ✆ 02 40 21 52 52, www.laplainesurmer.fr

Pointe de St-Gildas★ O : 5 km Pays de la Loire

Anne de Bretagne

au Port de la Gravette, 3 km au Nord-Ouest – ✆ 02 40 21 54 72 – www.annedebretagne.com – Fermé janv. à mi-fév. et lundi d'oct. à avril

19 ch – †145/392 € ††145/392 € – ☕ 22 €

Rest *Anne de Bretagne* ✿✿ – voir les restaurants ci-après

Une grande bâtisse contemporaine, toute blanche, posée sur une dune. À l'horizon : le petit port de la Gravette et… rien que la mer ! Idéal pour une escale marine rassérénante, d'autant que le décor – au beau design épuré – repose les sens…

Anne de Bretagne (Philippe Vételé)

au Port de la Gravette, 3 km au Nord-Ouest – ✆ 02 40 21 54 72 – www.annedebretagne.com – Fermé janv. à mi-fév., dim. soir et merc. midi de fin sept. à juin, mardi midi et lundi

Rest – Formule 32 € – Menu 39 € (déj. en sem.), 65/140 € – Carte 80/100 €

Une grande salle ouverte sur la mer : le cœur d'un sujet superbement illustré. Philippe Vételé témoigne d'une grande adresse en s'appropriant recettes classiques et meilleurs produits (pêche locale, mais aussi terroir) – en accord avec des vins parfaitement choisis par son épouse, sommelière.

→ Palourdes, sifflets de poireau et sorbet vinaigrette. Turbot à la plancha, coquillages, girolles et infusion de lait d'amande. Rhubarbe, fraises rafraîchies, sorbet au lait d'amande et parfait glacé. **Vins** Muscadet Sèvre et Maine, Muscadet Côtes de Grandlieu.

PLAISIANS – 26 Drôme – 332 E8 – 177 h. – alt. 612 m – ✉ 26170 44 B3

Paris 690 – Carpentras 44 – Nyons 33 – Vaison-la-Romaine 27

Auberge de la Clue

pl. de l'Église – ✆ 04 75 28 01 17 – Ouvert 1er avril-17 oct., week-ends et fériés de nov. à mars sauf fév. et fermé dim. soir et lundi

Rest – Formule 20 € – Menu 28/34 € – Carte 32/46 €

En montant vers ce village montagnard, arrêtez-vous devant la jolie Clue, goulet d'étranglement où les cours d'eau s'emballent. On vient parfois de loin pour savourer cette alléchante cuisine du terroir face au mont Ventoux : caillette aux herbes, blanquette de chevreau, lapin à la tapenade… Sympathique !

PLANCOËT – 22 Côtes-d'Armor – **309** I3 – **3 079 h.** – **alt. 41 m** – ✉ **22130** **10** C2

▶ Paris 417 – Dinan 17 – Dinard 20 – St-Brieuc 46

ℹ 1, rue des Venelles, ✆ 02 96 84 00 57

XXX **Maison Crouzil et Hôtel L'Écrin** (Maxime Crouzil) avec ch

20 les Quais – ✆ *02 96 84 10 24* – *www.crouzil.com* rest,

– Fermé 25 fév.-11 mars, 3-10 juin, 30 sept.-14 oct., dim. soir et mardi soir sauf juil.-août et lundi

7 ch – †75/120 € ††75/120 € – ☐ 15 € – ½ P

Rest *(réserver)* – Menu 38 € (déj. en sem.), 65/130 € – Carte 74/90 €

Rest *Côté Bistrot* *(fermé le soir, dim. et lundi)* – Formule 13 € – Menu 20 €

L'occasion d'une bien agréable étape entre Dinard et le cap Fréhel : à la suite de son père, Maxime Crouzil signe une cuisine fine et savoureuse, où le savoir-faire le dispute à l'originalité ! À noter : également un petit bistrot et, pour passer la nuit, des chambres classiques et agréables.

➜ Oursinade de homard aux chicons et parfum de tandoori. Pomme de ris de veau croustillante, laitue braisée et émulsion fumée. Moelleux tiède au chocolat noir, glace spéculos.

PLAN-DE-LA-TOUR – 83 Var – **340** O5 – **2 859 h.** – **alt. 69 m** – ✉ **83120** **41** C3

▶ Paris 859 – Cannes 68 – Draguignan 36 – Fréjus 28

ℹ Place du Maréchal Foch, ✆ 04 94 55 07 55, www.plandelatour.net

Mas des Brugassières sans rest

1,5 km au Sud par rte de Grimaud – ✆ *04 94 55 50 55*

– www.mas-des-brugassieres.com – Ouvert de Pâques à mi-oct.

12 ch – †92/99 € ††95/115 € – ☐ 10 €

Joli mas au cœur des Maures. Chambres coquettes, bien rénovées dans un esprit zen et nature. Certaines disposent d'une terrasse ; d'autres ouvrent sur le jardin.

PLAN-DU-VAR – 06 Alpes-Maritimes – **341** E4 – ✉ **06670 Levens** **41** D2

Côte d'Azur

▶ Paris 941 – Antibes 38 – Cannes 48 – Nice 32

◉ Gorges de la Vésubie★★★ NE - Défilé du Chaudan★★ N : 2 km.

◉ Bonson : site★, ≤★★ de la terrasse de l'église

XX **Cassini**

231 av. Porte des Alpes, D 6202 – ✆ *04 93 08 91 03* – *www.restaurantcassini.com*

– Fermé 5-25 août, 26-30 déc., mardi soir, merc. soir, jeudi soir, dim. soir et lundi

Rest – Formule 20 € – Menu 36 € (déj.)/56 € – Carte 44/60 €

Sur la rue principale du village, cette auberge est tenue par les Cassini depuis 80 ans, soit quatre générations ! En cuisine, on suit la tendance et on travaille des produits de saison. Une maison sérieuse.

PLANGUENOUAL – 22 Côtes-d'Armor – **309** G3 – **1 919 h.** – **alt. 76 m** – ✉ **22400** **10** C2

▶ Paris 449 – Rennes 96 – Saint-Brieuc 19 – Saint-Malo 89

Manoir de la Hazaie

r de Lamballe, 2,5 km au Sud-Est par D 59 – ✆ *02 96 32 73 71*

– www.manoir-hazaie.com

6 ch – †148/168 € ††168 € – ☐ 15 €

Table d'hôte *(réservation indispensable)* – Menu 49 € bc

En pleine campagne, ce beau manoir en granit du 16e s., son moulin du 18e s. et son parc verdoyant, avec un plan d'eau et un petit jardin d'herbes médiévales. Quant aux chambres, elles ont belle allure (mobilier ancien, baldaquin, ciel de lit...) sans rien négliger du confort douillet du 21e s. (baignoires balnéo). De quoi traverser le temps !

PLAN-PEISEY – 73 Savoie – **333** N4 – **rattaché à Peisey-Nancroix**

PLAPPEVILLE – 57 Moselle – **307** H4 – **rattaché à Metz**

PLAZAC – **24 Dordogne** – **329** H5 – **725 h.** – **alt. 110 m** – ✉ **24580** **4** D1
Périgord Quercy
▶ Paris 530 – Bordeaux 170 – Brive-la-Gaillarde 60 – Périgueux 38

Béchanou
4 km au Nord par D 6 et rte secondaire – ✆ 05 53 50 39 52 – www.bechanou.com
5 ch – 🚹85/90 € 🚹🚹95/100 € **Table d'hôte** – Menu 30 € bc
Vieille demeure en pierre située au bout d'un chemin pentu, qui offre tranquillité et vue imprenable sur la vallée. Les chambres sont sobres, fidèles à l'âme du lieu. Jolie piscine. À la table d'hôte, on se régale d'une alléchante cuisine familiale.

PLÉLO – **22 Côtes-d'Armor** – **309** E3 – **3 259 h.** – **alt. 110 m** – ✉ **22170** **10** C1
▶ Paris 470 – Lannion 54 – Rennes 118 – Saint-Brieuc 22

Au Char à Bancs avec ch
Moulin de la ville Geffroy, 1 km au Nord par D 84 – ✆ 02 96 74 13 63 – www.aucharabanc.com – Fermé janv.
5 ch – 🚹75/130 € 🚹🚹75/130 €
Rest *(fermé en sem. hors saison et mardi en juil.-août)* – Carte 15/30 €
Une ferme-auberge de charme, véritable paradis du tourisme vert. On vient d'abord pour les crêpes et les galettes, et pour la bonne potée mijotée à la cheminée. Légumes, cidre, cochon ; tout est cultivé, élevé ou transformé sur place ! Les chambres, dans un style brocante et rétro chic, sont adorables...

PLÉNEUF-VAL-ANDRÉ – **22 Côtes-d'Armor** – **309** G3 – **3 942 h.** **10** C1
– **alt. 52 m** – **Casino : la Rotonde au Val-André** – ✉ **22370** Bretagne Nord
▶ Paris 446 – Dinan 43 – Erquy 9 – Lamballe 16
ℹ 1, rue Winston Churchill, ✆ 02 96 72 20 55, www.val-andre.org
18 de Pleneuf-Val-André, Rue de la plage des Vallées, E : 1 km par D 515, ✆ 02 96 63 01 12
Pointe de Pléneuf★ N 15 mn - Le tour de la Pointe de Pléneuf ★★ N 30 mn.

au Val-André **2 km à l'Ouest** – ✉ **22370 Pleneuf Val Andre**

Au Biniou
121 r. Clemenceau – ✆ 02 96 72 24 35 – Fermé vacances de fév., mardi et merc. sauf du 10 juil. au 25 août
Rest – Formule 18 € – Menu 28/37 € – Carte 44/52 €
Un décor contemporain vaguement marin, mais une cuisine personnelle tout en saveurs iodées, réalisée à partir des meilleurs poissons et coquillages. Ce Biniou-là sonne juste !

L'Atelier Cuisine
28 quai des Terres-Neuvas à Dahouët, 2 km au Sud-Ouest – ✆ 02 96 63 19 17 – www.restaurant-atelier-cuisine.com – Ouvert 24 mars-15 oct.
Rest – Formule 20 € – Menu 26 €
Un sympathique bistrot marin au décor chaleureux : pour l'anecdote, la grand-voile du plafond a été réalisée pour des Terre-Neuvas... La carte honore les produits de la mer, tout comme l'ardoise du jour, qui varie avec le marché et les saisons. Deux viandes pour les carnivores.

LE PLESSIS-PICARD – **77 Seine-et-Marne** – **312** E4 – **voir à Paris, Environs (Sénart)**

PLESTIN-LES-GRÈVES – **22 Côtes-d'Armor** – **309** A3 – **3 644 h.** – **alt. 45 m** **9** B1
– ✉ **22310** Bretagne Nord
▶ Paris 528 – Brest 79 – Guingamp 46 – Lannion 18
ℹ place de la Mairie, ✆ 02 96 35 61 93, www.officetourisme-delalieuedegreve.com
Lieue de Grève★ - Corniche de l'Armorique★ N : 2 km.

Les Panoramas sans rest
9 r. de Poul Guioch, rte Corniche Nord : 5,5 km par D 42 – ✆ 02 96 35 63 76 – www.lespanoramas.fr – Ouvert 15 mars-15 nov.
13 ch – 🚹36 € 🚹🚹54/60 € – 7 €
Un hôtel fonctionnel face au port de Beg Douar. Presque toutes les chambres ont des bow-windows, pour jouir du panorama sur la plage de St-Effalm et la côte des Bruyères.

PLEUDIHEN-SUR-RANCE – 22 Côtes-d'Armor – 309 K3 – 2 799 h. 10 D2
– alt. 62 m – ✉ 22690 Bretagne Nord

Paris 395 – Rennes 59 – Saint-Brieuc 71 – Saint-Malo 22

Manoir de Saint-Meleuc sans rest
St-Meleuc – ✆ 02 96 83 34 26 – www.manoir-de-saint-meleuc.com

4 ch – 95 € 135/190 €

Si tranquille, ce joli petit manoir du 14e s. et ses écuries, au cœur d'un parc de 2,5 ha. Les chambres ont beaucoup de charme (poutres, murs d'un blanc immaculé, meubles anciens, lits à baldaquin) et certaines sont même mansardées...

PLÉVEN – 22 Côtes-d'Armor – 309 I4 – 587 h. – alt. 80 m – ✉ 22130 10 C2

Paris 431 – Dinan 24 – Dinard 28 – St-Brieuc 38

Ruines du château de la Hunaudaie★ SO : 4 km Bretagne

Manoir de Vaumadeuc sans rest
– ✆ 02 96 84 46 17 – www.vaumadeuc.com – Ouvert de Pâques à la Toussaint

10 ch – 85/195 € 90/195 € – 13 €

Au bout d'une allée, ce manoir du 15e s. tranquille et ravissant. On s'imagine seigneur breton, en flânant dans le parc ou musardant au coin du feu qui crépite dans la belle cheminée en pierre, entre les boiseries et les meubles anciens...

PLEYBER-CHRIST – 29 Finistère – 308 H3 – 3 044 h. – alt. 131 m – ✉ 29410 9 B1
Bretagne Nord

Paris 548 – Brest 55 – Châteaulin 47 – Morlaix 12

Hôtel de la Gare
2 r. Parmentier – ✆ 02 98 78 43 76 – www.hotel-pleyber.com – Fermé 22 déc.-14 janv. et dim. sauf juil.-août

8 ch – 55/60 € 59/65 € – 8 € – ½ P

Rest *(fermé sam. midi et dim.)* – Menu 14 € (déj.), 21/38 € – Carte 21/43 €

Étape familiale commode située face à la gare. Chambres fonctionnelles, peu spacieuses mais très bien tenues, et sympathique petit salon donnant sur jardin. Cuisine traditionnelle simple et généreuse servie dans une salle sans chichi. Prix serrés.

PLOBSHEIM – 67 Bas-Rhin – 315 K6 – rattaché à Strasbourg

PLOEMEUR – 56 Morbihan – 308 K8 – 17 996 h. – alt. 45 m – ✉ 56270 9 B2

Paris 509 – Concarneau 51 – Lorient 6 – Quimper 68

25, place de l'Église, ✆ 02 97 84 78 00, www.lorient-tourisme.fr

de Ploemeur-Océan, Saint Jude Kerham, O : 8 km par D 162, ✆ 02 97 32 81 82

à Lomener 4 km au Sud par D 163 – ✉ 56270 Ploemeur

Le Vivier
9 r. de Beg-Er-Vir – ✆ 02 97 82 99 60 – www.levivier-lomener.com – Fermé 23 déc.-7 janv.

14 ch – 99/120 € 110/132 € – 14 € – ½ P

Rest ***Le Vivier*** – voir les restaurants ci-après

Imaginez tout l'océan, l'île de Groix, et encore tout l'océan, à perte de vue... Tel est le panorama unique offert par cette maison moderne ancrée sur un rocher ! On n'y entend que le bruit des vagues...

Le Vivier
9 r. de Beg-Er-Vir – ✆ 02 97 82 99 60 – www.levivier-lomener.com – Fermé 23 déc.-7 janv. et 2-10 mars

Rest *(fermé dim. soir de mi sept. à Pâques)* – Menu 30/80 € – Carte 50/80 €

Dans cet établissement posé face au large, la cuisine est évidemment vouée à Neptune : les pieds presque dans l'eau, on fait le plein d'iode avec de très beaux produits de la pêche (entre autres). Le menu enfant ravit les petits gourmands.

PLOËRMEL – 56 Morbihan – 308 Q7 – 9 008 h. – alt. 93 m – ✉ 56800 10 C2

Bretagne Sud

Paris 417 – Lorient 88 – Loudéac 47 – Rennes 68

5, rue du Val, ✆ 02 97 74 02 70, www.tourisme-ploermel.com

du Lac-au-Duc, Le Clos Hazel, N : 2 km par D 8, ✆ 02 97 73 64 64

Le Roi Arthur

au lac au Duc : 1,5 km par D 8 – ✆ 02 97 73 64 64 – www.hotelroiarthur.com – Fermé 23 fév.- 10 mars

46 ch – †94/134 € ††114/254 € – ☕ 16 € – ½ P

Rest ***Le Roi Arthur*** – voir les restaurants ci-après

En quête du Graal ? Il se cache peut-être ici, entre le lac au Duc et le golf... Les chambres sont confortables et d'esprit actuel.

Le Cobh

10 r. des Forges – ✆ 02 97 74 00 49 – www.hotel-lecobh.com – Fermé 22 déc.-6 janv.

12 ch – †63/85 € ††73/85 € – ☕ 9 € – ½ P

Rest ***Le Cobh*** – voir les restaurants ci-après

Cet ancien relais de poste (1845) propose des chambres fonctionnelles décorées sur le thème des légendes de Brocéliande ; il faut dire que cette forêt magique n'est pas très loin ! Le salon-bar est bien agréable entre deux randonnées.

Le Roi Arthur – Hôtel Le Roi Arthur

au lac au Duc : 1,5 km par D 8 – ✆ 02 97 73 64 64 – www.hotelroiarthur.com – Fermé 23 fév.-10 mars

Rest – Formule 23 € – Menu 38/44 € – Carte 48/75 €

Les chevaliers non pas de la Table ronde mais des Temps modernes se sentiront comme des rois dans ce restaurant baigné de lumière. Par les baies vitrées, on peut même contempler les flots. Au menu, cuisine classique et service sans fausse note. Une bonne adresse.

Le Cobh – Hôtel Le Cobh

10 r. des Forges – ✆ 02 97 74 00 49 – www.hotel-lecobh.com – Fermé 22 déc.-6 janv., lundi midi et dim.

Rest – Formule 13 € – Menu 27 € (sem.)/42 € – Carte 33/46 €

Cet agréable restaurant, un ancien relais de chasse de 1845, se veut à la fois classique et intime. Derrière les fourneaux, le jeune chef utilise des produits locaux (coquillages, crustacés, poissons, viandes de Bretagne) qu'il associe parfois à des saveurs exotiques. Dépaysant tout en restant les pieds sur terre !

PLOGOFF – 29 Finistère – 308 D6 – 1 371 h. – alt. 70 m – ✉ 29770 9 A2

Paris 610 – Audierne 11 – Douarnenez 32 – Pont-l'Abbé 43

Kermoor

plage du Loch, 2,5 km rte d'Audierne – ✆ 02 98 70 62 06 – www.kermoor-audierne.com – Fermé 6 janv.-11 fév.

12 ch – †70/125 € ††70/125 € – ☕ 10 € – ½ P

Rest *(fermé 1er-22 déc., dim. soir, mardi midi et lundi midi du 1er avril au 17 sept., lundi, mardi, merc. et jeudi du 12 au 30 nov.)* – Formule 24 € – Menu 18 € (sem.), 28/39 € – Carte 24/87 €

Seule la route sépare cette maison néobretonne de la baie d'Audierne. Certaines chambres ont une terrasse avec vue sur mer et un bassin de nage à contre-courant a été créé. Parmi les spécialités culinaires de la maison, le ragoût de homard au cidre !

PLOMBIÈRES-LES-BAINS – 88 Vosges – 314 G5 – 1 869 h. – alt. 429 m 27 C3

– Stat. therm. : début avril-début déc. – Casino – ✉ 88370 Alsace Lorraine

Paris 378 – Belfort 79 – Épinal 38 – Gérardmer 43

1, place Maurice Janot, ✆ 03 29 66 01 30, www.vosgesmeridionales.com

La Feuillée Nouvelle ≤★ - Vallée de la Semousse★.

Le Grand Hôtel

av. des Etats-Unis – ✆ 03 29 30 07 07 – www.plombieres-les-bains.com

78 ch – †80 € ††136 € – 2 suites – ☕ 12 € – ½ P **Rest** – Menu 16/45 €

On entre dans cet hôtel Napoléon III – relié aux thermes de la ville – par un hall lumineux, sous une verrière. Vastes chambres d'esprit Art déco. Au restaurant, immense salle à manger Belle Époque et cuisine au goût du jour.

PLOMEUR – 29 Finistère – 308 F7 – 3 634 h. – alt. 33 m – ✉ 29120 9 A2

Paris 579 – Douarnenez 39 – Pont-l'Abbé 6 – Quimper 26

1, place Mairie, ☎ 02 98 82 09 05

La Ferme du Relais Bigouden sans rest

à Pendreff, rte Guilvinec : 2,5 km – ☎ 02 98 58 01 32 – www.hotel-bigouden.com – Fermé déc.-janv.

16 ch – 59/63 € 59/63 € – 7,50 €

Entourée de son grand jardin ombragé, cette ancienne ferme du pays bigouden propose des chambres confortables et toutes simples. C'est parfait pour sillonner la région et découvrir ses merveilles.

PLOMODIERN – 29 Finistère – 308 F5 – 2 182 h. – alt. 60 m – ✉ 29550 9 A2

Paris 559 – Brest 60 – Châteaulin 12 – Crozon 25

place saint Yves, ☎ 02 98 81 27 37, www.tourisme-aulne-porzay.com

Retables★ de la chapelle Ste-Marie-du-Ménez-Hom N : 3,5 km - Charpente★ de la chapelle St-Côme NO : 4,5 km.

Ménez-Hom ※★★★ N : 7 km par D 47 Bretagne Nord

Auberge des Glazicks (Olivier Bellin) avec ch — ch, ch, ch,

7 r. de la Plage – ☎ 02 98 81 52 32 – www.aubergedesglazick.com – Fermé 2 sem. en mars, 2 sem. en nov., lundi et mardi

8 ch – 160/305 € 160/305 € – 15 €

Rest – Menu 55 € (déj. en sem.), 75/160 € – Carte 120/150 €

Cette ancienne maréchalerie offre une vue plongeante sur la baie de Douarnenez. Tout en mariages osés mais raisonnés, la cuisine d'Olivier Bellin ne sacrifie ni l'équilibre des saveurs à l'invention, ni la terre à la mer.

➔ Langoustine en involtini et tête de cochon. "Kig homardz", adaptation d'un plat traditionnel du Finistère nord. Gros lait à la fleur de blé noir.

PLOUBALAY – 22 Côtes-d'Armor – 309 J3 – 2 692 h. – alt. 32 m – ✉ 22650 10 C1

Bretagne Nord

Paris 412 – Dinan 18 – Dol-de-Bretagne 35 – Lamballe 36

Château d'eau ※★★ : 1 km NE.

Restaurant de la Gare

4 r. des Ormelets – ☎ 02 96 27 25 16 – www.restaurant-la-gare-ploubalay.com – Fermé 24-30 juin, 23-29 sept., 21 fév.-12 mars, lundi soir et mardi soir sauf du 14 juil. au 20 août, lundi midi et mardi midi du 14 juil. au 20 août et merc.

Rest – Menu 27/58 € – Carte 40/60 €

À travers une cuisine terre-mer savoureuse, le chef se joue de la tradition régionale, qu'il réinterprète avec fraîcheur. Si vous égrenez les stations de la Côte d'Émeraude, faites donc une pause dans cette Gare gourmande et champêtre !

PLOUBAZLANEC – 22 Côtes-d'Armor – 309 D2 – rattaché à Paimpol

PLOUER-SUR-RANCE – 22 Côtes-d'Armor – 309 J3 – 3 344 h. – alt. 62 m 10 D2

– ✉ 22490 Bretagne Nord

Paris 397 – Dinan 13 – Dol-de-Bretagne 20 – Lamballe 53

Manoir de Rigourdaine sans rest

(à Rigourdaine), 3 km par rte de Langrolay puis rte secondaire – ☎ 02 96 86 89 96 – www.hotel-rigourdaine.fr – Ouvert de début avril à mi-nov.

19 ch – 89/97 € 97/105 € – 10 €

Dominant l'estuaire de la Rance, cette ancienne ferme a été restaurée avec goût. Poutres ancestrales, cheminée et mobilier campagnard... Un décor de caractère, au grand calme !

PLOUESCAT – 29 Finistère – 308 F3 – 3 672 h. – alt. 30 m – Casino 9 B1

– ✉ 29430 Bretagne Nord

Paris 570 – Brest 49 – Brignogan-Plages 16 – Morlaix 34

5, rue des halles, ☎ 02 98 69 62 18, www.tourisme-plouescat.com

Cap Ouest
r. de Brest, (derrière le casino) – ✆ 02 98 19 19 19 – www.hotelcapouest.fr
41 ch – 65/90 € 75/120 € – 1 suite – ☕ 11 € – ½ P
Rest – Formule 16 € – Menu 24 € (déj.)/30 € – Carte 24/43 €
Original, ce bâtiment contemporain tout en longueur ! L'ensemble est réussi, avec de belles chambres sobres et modernes, un espace bien-être de qualité (piscine, hammam et jacuzzi) et un restaurant aux suggestions iodées.

PLOUGASTEL-DAOULAS – 29 Finistère – 308 E4 – 13 304 h. – alt. 113 m – ✉ 29470 Bretagne Nord 9 A2

Paris 596 – Brest 12 – Morlaix 60 – Quimper 64
6, rue de l'église, ✆ 02 98 40 34 98, www.mairie-plougastel.fr
Calvaire★★ - Site★ de la chapelle St-Jean NE : 5 km - Kernisi ☀★ SO : 4,5 km.
Pointe de Kerdéniel ☀★★ SO : 8,5 km puis 15 mn.

Le Chevalier de l'Auberlac'h
5 r. Mathurin-Thomas – ✆ 02 98 40 54 56 – www.chevalier-auberlach.com – Fermé lundi sauf le midi en juil.-août, mardi soir, merc. soir et dim. soir
Rest – Formule 14 € – Menu 19 € (déj.), 28 € bc/46 € – Carte 29/57 €
Vitraux, poutres, cheminée soulignent l'orientation rustique du cadre. Terrasse d'été dans un jardin planté de camélias et de rhododendrons. Cuisine traditionnelle et terroir.

PLOUGONVEN – 29 Finistère – 308 I3 – 3 264 h. – alt. 176 m – ✉ 29640 Bretagne Nord 9 B1

Paris 535 – Lannion 38 – Morlaix 12 – Rennes 183

La Grange de Coatélan
Coatélan, 4 km à l'Ouest par D 109 – ✆ 02 98 72 60 16 – www.les-gites-en-bretagne.fr – Fermé vacances de Noël
5 ch – 46/56 € 49/59 € – ☕ 7 € **Table d'hôte** – Menu 23 €
En pleine campagne, cette ferme bretonne du 16e s. couverte de vigne vierge invite au calme le plus absolu. Les chambres lambrissées, de tailles variables, sont aménagées dans les dépendances. À table, menu unique orienté terroir et servi dans une ancienne grange (réservé aux résidents).

PLOUGRESCANT – 22 Côtes-d'Armor – 309 C1 – 1 347 h. – alt. 53 m – ✉ 22820 Bretagne Nord 9 B1

Paris 514 – Guingamp 38 – Lannion 23 – Rennes 162

Manoir de Kergrec'h sans rest
– ✆ 02 96 92 59 13 – www.manoirdekergrech.com – Fermé 15 nov.-5 déc. et 10-30 janv.
11 ch ☕ – 145/185 € 160/200 €
Un superbe manoir épiscopal (17e s.) trônant au milieu d'un parc majestueux qui descend jusqu'à la mer... 2012 a été pour lui l'année de la renaissance, avec une complète et belle rénovation. Confort total et calme absolu.

PLOUHARNEL – 56 Morbihan – 308 M9 – 2 000 h. – alt. 21 m – ✉ 56340 Bretagne Sud 9 B3

Paris 492 – Lorient 50 – Rennes 141 – Vannes 32
Rond-Point de l'Océan, ✆ 02 97 52 32 93, www.plouharnel.fr

Carnac Lodge sans rest
Kerhueno – ✆ 02 97 58 30 30 – www.carnaclodge.com – Fermé de mi nov. à Noël
20 ch – 90/160 € 90/160 € – ☕ 10 €
Entre Carnac et Plouharnel, cet hôtel dispose de chambres au décor soigné, un brin branché (plexiglas, touches néobaroques, etc.). Agréable piscine ; jardin calme et verdoyant.

PLOUIDER – 29 Finistère – 308 F3 – 1 937 h. – alt. 74 m – ✉ 29260 9 A1

Paris 582 – Brest 36 – Landerneau 21 – Morlaix 46

La Butte

10 r. de la Mer – ✆ *02 98 25 40 54* – *www.labutte.fr*

24 ch – †70/129 € ††70/129 € – ☕ 16 € – ½ P

Rest *La Butte* – voir les restaurants ci-après

Une saga familiale débutée en 1952... et qui n'est pas prête de se terminer ! Face à la baie de Goulven, cet établissement – entièrement rénové en 2012 – vit une seconde jeunesse. Les chambres, spacieuses et épurées, donnent toutes sur la mer. Bel espace détente. Une adresse parfaite pour se ressourcer au grand air !

La Butte

10 r. de la Mer – ✆ *02 98 25 40 54* – *www.labutte.fr*

Rest *(fermé lundi midi)* – Formule 19 € bc – Menu 44/84 € – Carte 43/93 €

Une bonne adresse, où l'on apprécie une cuisine gourmande, résolument inspirée du terroir. Ici, le chef privilégie les petits producteurs locaux et revisite les recettes bretonnes. Un conseil : ne passez pas à côté des desserts ! À savourer tout en admirant la baie...

PLOUIGNEAU – 29 Finistère – 308 I3 – 4 685 h. – alt. 156 m – ✉ 29610 9 B1

Bretagne Nord

Paris 530 – Lannion 32 – Quimper 96 – Rennes 177

Manoir de Lanleya sans rest

4 km au Nord par D 64 et rte secondaire – ✆ *02 98 79 94 15* – *www.manoir-lanleya.com*

5 ch ☕ – †76 € ††81 €

Dans ce pittoresque hameau, de superbes maisons bretonnes. Parmi elles, ce manoir du 16e s. magnifiquement restauré par des Compagnons. Tout est délicieux, les jolies chambres meublées d'ancien, le jardin, la rivière... Accueil plein de gentillesse.

PLOUMANACH – 22 Côtes-d'Armor – 309 B2 – rattaché à Perros-Guirec

PLUVIGNER – 56 Morbihan – 308 M8 – 6 919 h. – alt. 87 m – ✉ 56330 10 C2

Paris 482 – Lorient 38 – Rennes 131 – Vannes 36

place Saint-Michel, ✆ 02 97 24 79 18, www.pluvigner.fr

Domaine de Kerbarh

r. de Kerbarh, par rte de Ste-Anne – ✆ *02 97 59 40 15* – *www.domaine-dekerbarh.com*

5 ch ☕ – †100/200 € ††100/200 € **Table d'hôte** – Menu 28 €

Cette ferme rénovée propose des chambres personnalisées (tons vifs, mobilier oriental, équipements high-tech, poêle à bois). Pour la détente : sauna, hammam, jacuzzi, piscine. Petit-déjeuner copieux à la manière d'un brunch et table d'hôte traditionnelle le soir.

LE POËT-LAVAL – 26 Drôme – 332 D6 – rattaché à Dieulefit

POINTE DE MOUSTERLIN – 29 Finistère – 308 G7 – rattaché à Fouesnant

POINTE DE ST-MATHIEU – 29 Finistère – 308 C5 – rattaché au Conquet

POINTE DU GROUIN – 35 Ille-et-Vilaine – 309 K2 – rattaché à Cancale

POINTE-DU-RAZ ★★★ – 29 Finistère – 308 C6 – ✉ 29770 Plogoff 9 A2

Bretagne Sud

Paris 614 – Douarnenez 37 – Pont-l'Abbé 48 – Quimper 53

✳★★.

à La Baie des Trépassés **3,5 km par D 784 et rte secondaire – ✉ 29770 Cleden Cap Sizun**

Hôtel de la Baie des Trépassés ← AC rest, P VISA MC
– ✆ *02 98 70 61 34 – www.baiedestrepasses.com – Ouvert de mi-fév. à mi-nov.*
25 ch – †50/170 € ††50/170 € – ☕ 12 € – ½ P
Rest *(fermé lundi sauf vacances scolaires)* – Formule 20 € – Menu 27/61 € – Carte 20/112 €
Un emplacement magnifique, sur la plage, juste sous la pointe du Raz. Pour se reposer d'un environnement aussi sauvage, mieux vaut choisir les chambres donnant sur la mer ou celles mansardées du 2e étage. De la salle de restaurant, la vue est aussi superbe (cuisine de la mer).

POINT-SUBLIME – 04 Alpes-de-Haute-Provence – 334 G10 – ✉ 04120 Rougon Alpes du Sud — 41 C2

▶ Paris 803 – Castellane 18 – Digne-les-Bains 71 – Draguignan 53
◉ ←★★★ sur Grand Canyon du Verdon 15 mn - Couloir Samson★★ S : 1,5 km - Rougon ←★ N : 2,5 km - Clue de Carejuan★ E : 4 km.
◉ Belvédères SO : de l'Escalès★★★ 9 km, de Trescaïre★★ 8 km, du Tilleul★★ 10 km, des Glacières★★ 11 km, de l'Imbut★★ 13 km.

Auberge du Point Sublime avec ch ← P VISA MC
D 952 – ✆ 04 92 83 60 35 – www.auberge-pointsublime.com – Ouvert 20 avril-15 oct.
13 ch – †67 € ††67 € – ☕ 8,50 € – ½ P
Rest *(fermé jeudi midi sauf du 14 juil.-15 août et merc.)* – Formule 18 € – Menu 26/35 € – Carte environ 41 €
Un point de vue... sublime, au cœur des gorges du Verdon ! Cette sympathique auberge familiale propose une cuisine qui fleure bon le terroir (bonne viande et frites maison), dans un cadre à l'ancienne. Pratique : les petites chambres pour l'étape.

POISSON – 71 Saône-et-Loire – 320 E11 – rattaché à Paray-le-Monial

---

POITIERS P – 86 Vienne – 322 H5 – 88 795 h. – Agglo. 128 991 h. – alt. 116 m – ✉ 86000 Poitou-Charentes — 39 C1

▶ Paris 335 – Angers 134 – Limoges 126 – Nantes 215
✈ de Poitiers-Biard-Futuroscope : ✆ 05 49 30 04 40 AV.
ℹ 45, place Charles-de-Gaulle, ✆ 05 49 41 21 24, www.ot-poitiers.fr
⛳18 de Poitiers, à Mignaloux-Beauvoir, 635 route de Beauvoir, par rte de Lussac-les-Châteaux : 8 km, ✆ 05 49 55 10 50
⛳27 du Haut-Poitou, à Saint-Cyr, Parc des Loisirs de Saint Cyr, par rte de Châtellerault : 22 km, ✆ 05 49 62 53 62
◉ Église N.-D.-la-Grande★★ : façade★★★ - Église St-Hilaire-le-Grand★★ - Cathédrale St-Pierre★ - Église Ste-Radegonde★ **D** - Baptistère St-Jean★ - Grande salle★ du Palais de Justice **J** - Boulevard Coligny ←★ - Musée Ste-Croix★★ - Statue N-D-des-Dunes : ←★.
◉ Parc du Futuroscope★★★ : 12 km par ①.

Plans pages suivantes

Mercure Centre N & ch, AC ch, VISA MC AE
14 r. Édouard-Grimaux – ✆ 05 49 50 50 60 – www.hotelmercurepoitiers.com
50 ch – †120 € ††280 € – 2 suites – ☕ 15 € — DYt
Rest *Les Archives* ✆ 05 49 30 53 00 *(fermé dim. soir)* – Formule 38 € – Menu 48/68 € – Carte 55/62 €
Au cœur de la ville, cet établissement inauguré en 2012 prend ses aises dans... une ancienne chapelle jésuite de 1854. Dans les chambres, confortables et fonctionnelles, le mobilier contemporain se marie aux chapiteaux et voûtes néogothiques ! Le restaurant, lui, a été créé dans la nef. Original et réussi.

POITIERS

Aérospatiale (R. de l') .... **AV** 3	Demi-Lune (Carr. de la) .... **AV** 27	Maillochon (R. de) .... **AX** 54
Allende (R. Salvador) ...... **BX** 7	Fg-Cueille-Mirebalaise (R. du) .... **AV** 29	Miletrie (R. de la) .... **BX** 57
Blaiserie (R. de la) .... **AV** 9	Fg-du-Pont-Neuf (R. du) .... **BX** 30	Montbernage (R. de) .... **BV** 58
Cueille-Mirebalaise (R.) .... **AV** 19	Fg-St-Cyprien (R. du) .... **AX** 31	Montmidi (R. de) .... **AX** 62
Coligny (Bd) .... **BX** 23	Fief-de-Grimoire (R.) .... **AX** 33	Pierre-Levée (R.) .... **BX** 69
	Gibauderie (R. de la) .... **BX** 39	Rataudes (R. des) .... **AX** 70
	Guynemer (R.) .... **AX** 43	Schuman (Av. R.) .... **BV** 88
		Vasles (Rte de) .... **AX** 93

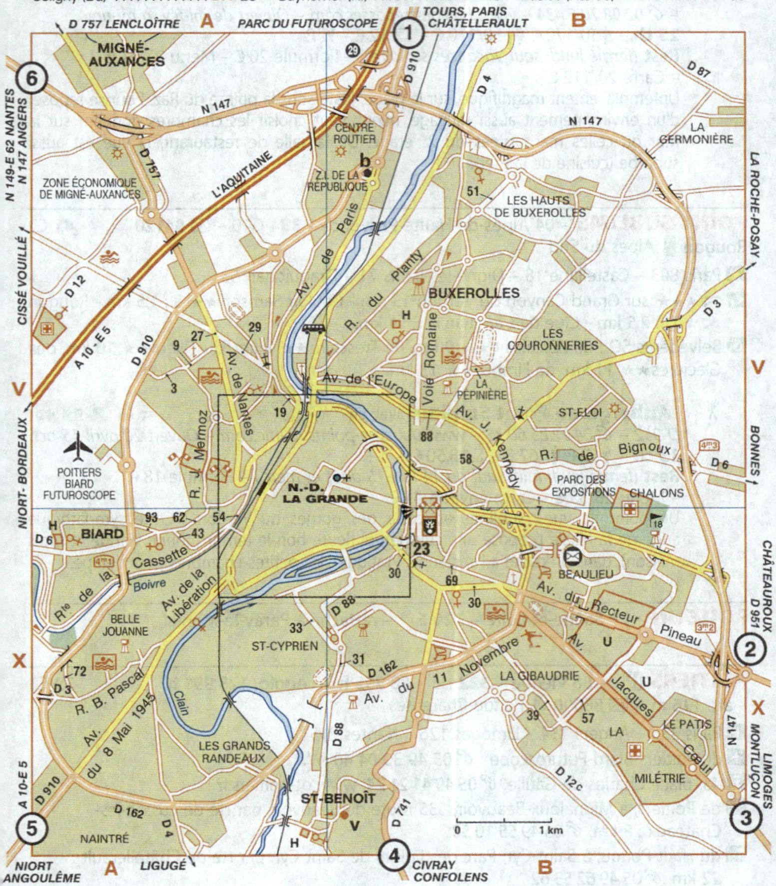

Le Grand Hôtel sans rest

28 r. Carnot – ✆ 05 49 60 90 60 – www.grandhotelpoitiers.fr **CZk**

41 ch – 85/90 € 99/105 € – 6 suites – 12 €

Dans une rue très animée du centre-ville, mais au calme sur une cour intérieure... Un établissement fort bien tenu, aux chambres assez spacieuses et confortables – même si leur décor n'est pas de la dernière actualité. Agréable terrasse pour le petit-déjeuner.

Hôtel de l'Europe sans rest

39 r. Carnot – ✆ 05 49 88 12 00 – www.hotel-europe-poitiers.com

– Fermé 21 déc.-6 janv. **CZn**

88 ch – 62/95 € 69/100 € – 10 €

Au cœur de la ville, un large porche ouvre sur ce relais de poste du 19ᵉ s., encadré par deux ailes contemporaines. De bonnes prestations : l'ensemble a été entièrement rénové ces dernières années. Jardin arboré sur l'arrière.

POITIERS

Abbé-Frémont (Bd) .... DY 2
Alexandre (R. J.) .... DZ 4
Blossac (R. de) .... CZ 10
Boncenne (R.) .... CDY 12
Bouchet (R. Jean) .... DY 14
Bretonnerie (R. de la) .... DY 16
Carnot (R.) .... CZ 17
Chaine (R. de la) .... DY 20
Champagne (R. de) .... DY 21
Clos-des-Carmes (Pl. du) .... DY 22
Coligny (Bd) .... DZ 23
Cordeliers (R. des) .... DY 25
Descartes (R. René) .... DY 28
Fg-du-Pont-Neuf .... DZ 30
Gabillet (R. H.) .... DY 34
Gambetta (R.) .... DY 35
Gaulle (Pl. Ch.-de) .... DY 36
Grand-Rue .... DY
Grignon-de-Montfort (R.) .... DY 40
Hôtel-Dieu (R. de l') .... DY 45
Intendant-le-Nain (R. de l') .... DY 46
Jeanne-d'Arc (Bd) .... DY 48
Jean-de-Berry (Pl.) .... DY 47
Leclerc (Pl. du Mar.) .... DZ 49
Libération (Av. de la) .... CZ 50
Liberté (Av. de la) .... BV 51
Liberté (Pl. de la) .... DY 52
Macé (R. Jean) .... DY 53
Marché-Notre-Dame (R. du) .... DYZ 55
Marne (R. de la) .... CY 56
Mouton (R. du) .... DY 63
Oudin (R. H.) .... DY 67
Puygarreau (R. du) .... DZ 70
Rat (R. Pierre) .... DY 71
Riffault (R.) .... DY 74
St-Cyprien (R.) .... DZ 76
St-Germain (R.) .... DY 77
Solférino (Bd) .... CY 89
Thezard (R. Léopold) .... CZ 90
Tison (Bd de) .... CZ 92
Verdun (Bd de) .... CY 94
3-Rois (R. des) .... DY 95
125e-R.-I. (R. du) .... CZ 97

Hôtel de France rest, ch, VISA AE

215 av. de Paris – *05 49 01 74 74* – *www.hotel-poitiers.fr* **BVb**

58 ch – 78/156 € 86/156 € – 12 € – ½ P

Rest *(fermé dim. soir)* – Formule 13 € – Menu 24/32 €

Au croisement des principaux axes autoroutiers du nord de la ville, en direction du Futuroscope, un hôtel des années 1970, rénové dans un esprit contemporain. Restaurant face à la piscine.

Une nuit douillette sans se ruiner ? Repérez les Bib Hôtel.

XX **Le Poitevin**

76 r. Carnot – ✆ 05 49 88 35 04 – www.le-poitevin.fr
– Fermé 15-29 avril, 8-28 juil., 25 déc.-1er janv., lundi midi d'avril à août et dim. soir CZr

Rest – Formule 11 € – Menu 24/36 € – Carte 44/64 €

Des tons clairs, un décor dans l'air du temps et, dans l'une des trois salles, une cheminée qui crépite dès les premiers frimas : simplicité et chaleur autour de plats traditionnels élaborés avec de beaux produits régionaux.

à Chasseneuil-du-Poitou 9 km par ① – 4 572 h. – alt. 75 m – ✉ 86360 Chasseneuil du Poitou

place du Centre, ✆ 05 49 52 83 64, www.tourisme-chasseneuil-du-poitou.com

Quality Hotel Alisée

D 910, 14 r. du Commerce – ✆ 05 49 52 90 41 – www.choicehotels.fr

75 ch – 80/120 € 95/120 € – 15 €

Rest *Les 3 Garçons* *✆ 05 49 37 86 09 (fermé lundi soir, sam. midi et dim.)* – Formule 10 € – Menu 13 € (déj.)/25 € – Carte 27/40 €

Un Mercure de bon confort, dans une zone commerciale. Restauration traditionnelle aux 3 Garçons.

Parc du Futuroscope 12 km par ① – ✉ 86360 Chasseneuil du Poitou

Plaza Futuroscope rest,

av. du Futuroscope Téléport 1 – ✆ 05 49 49 07 07 – www.hotel-plaza-site-du-futuroscope.com

274 ch – 92/160 € 92/160 € – 14 €

Rest *Relais Plaza* *(fermé sam. midi et dim. midi)* – Menu 22 € (déj.) – Carte 33/49 €

Son architecture de verre s'intègre parfaitement au site du Futuroscope, à côté du palais des congrès. Espace et confort : le meilleur hôtel du secteur.

Novotel Futuroscope

Téléport 4 – ✆ 05 49 49 91 91 – www.novotel.com

110 ch – 100/155 € 100/155 € – 15 €

Rest – Formule 17 € – Carte 25/36 €

Une architecture... futuriste, au pied du Futuroscope. Les chambres sont impeccables, à bon compte.

Mercure Aquatis Futuroscope ch,

av. Jean Monnet, Téléport 3 – ✆ 05 49 49 55 00 – www.mercure.com

84 ch – 98/110 € 98/110 € – 14 €

Rest – Formule 15 € – Menu 18 € – Carte 23/31 €

Juste à la sortie de l'A10, un hôtel né en 1995 et entièrement rénové en 2009. Très fonctionnel et plutôt confortable.

Ibis Futuroscope

av. Thomas Edison – ✆ 05 49 49 90 00 – www.ibishotel.com

134 ch – 63/160 € 63/160 € – 9 € **Rest** – Formule 18 € – Menu 21 €

Une situation commode à la sortie de l'autoroute. Chambres très propres, aux prix tenus.

rte de Limoges 10 km par ③, N 147 et rte secondaire – ✉ 86550 Mignaloux

Manoir de Beauvoir ch,

635 rte de Beauvoir, au golf – ✆ 05 49 55 47 47 – www.manoirdebeauvoir.com

40 ch – 72/108 € 72/156 € – 5 suites – 12 € – ½ P

Rest – Menu 18/30 €

Pour un week-end golf ou pour une parenthèse au calme, une demeure de style victorien (1872) sur le site du 18-trous de Poitiers. Confort et sobriété dans les chambres du Manoir (poutres aux 2e et 3e étages) ; kitchenettes côté "Résidence". Décor de boiseries au restaurant, club-house sur les greens.

à St-Benoît **4 km au Sud du plan par D 88 – 6 996 h. – alt. 77 m – ✉ 86280**

11, rue Paul Gauvin, ✆ 05 49 47 44 53, www.ville-saint-benoit.fr

Passions et Gourmandises (Richard Toix)

6 r. du Square – ✆ 05 49 61 03 99 – www.passionsetgourmandises.com – Fermé 23-27 déc., dim. soir, mardi midi et lundi BXv

Rest – Formule 20 € – Menu 32 € (déj. en sem.), 43/85 €

Le goût du produit – d'origine locale en priorité – et le sens de l'invention : cette cuisine magnifie les saveurs sans les dénaturer, avec... passion et gourmandise. Décor très soigné, avec une terrasse en bord de ruisseau. Beau choix de vins de Loire.

➜ Huître et araignée, vinaigrette de miel et émulsion carotte-cumin. Homard grillé, les pattes en raviole, coulis de cresson et laque de citron. Notre version de la forêt-noire. **Vins** Saumur, Vin de pays Charentais.

rte d'Angoulême **6 km par ⑤, sortie Hauts-de-Croutelle – ✉ 86240 Croutelle**

La Chênaie

Les Hauts de Croutelle, lieu dit La Berlanderie, r. du Lejat – ✆ 05 49 57 11 52 – www.la-chenaie.com – Fermé dim. soir et lundi

Rest – Menu 20/48 € – Carte 44/85 €

Dans un jardin planté de... chênes. On admire leurs ramures centenaires à travers les grandes baies de la salle, en appréciant une cuisine généreuse et fraîche (raviolis de fruits de mer, joue de bœuf et champignons des bois, millefeuille mangue...).

à Aslonnes **11 km par ⑤ , D 910, N 10 et route secondaire – 1 026 h. – alt. 121 m – ✉ 86340**

Le Moulin de Port Laverré sans rest

17 Le Port Laverré, rte de Vaintray – ✆ 05 49 61 08 38 – www.moulinlaverre.com

5 ch – 80 € 100 €

Pour vivre au fil de l'eau, un site bucolique à souhait, baigné par une jolie rivière... Cannes à pêche et barques sont à disposition, et l'on peut aussi divaguer dans la piscine. Une belle propriété, mêlant vieilles pierres et esprit contemporain.

POLIGNY – 05 Hautes-Alpes – 334 E4 – 316 h. – alt. 1 062 m – ✉ 05500 41 C1

Paris 658 – Gap 19 – Marseille 199 – Vizille 71

Le Chalet des Alpages

Les Forestons, 1,5 km à l'Ouest – ✆ 04 92 23 08 95 – www.lechaletdesalpages.com – Fermé 6-26 avril, 1er sept.-18 oct. et 17 nov.-20 déc.

5 ch – 90/115 € 95/120 € **Table d'hôte** – Menu 25 € bc

Dans les alpages qui se déploient à perte de vue, avec au loin le col du Noyer, la barrière de Faraud, le Vieux Chaillol... Au cœur de ce spectacle grandiose, ce grand chalet tout en bois, dedans comme dehors, constitue un refuge à taille humaine, très chaleureux et confortable. Une belle manière de vivre la montagne !

POLIGNY – 39 Jura – 321 E5 – 4 229 h. – alt. 373 m – ✉ 39800 16 B3

Franche-Comté Jura

Paris 397 – Besançon 57 – Dole 45 – Lons-le-Saunier 30

Place des Déportés, ✆ 03 84 37 24 21, www.ville-poligny.fr

Collégiale★ - Culée de Vaux★ S : 2 km - Cirque de Ladoye ★★ S : 2 km.

à Passenans **11 km au Sud-Ouest par D 1083 et D 57 – 331 h. – alt. 320 m – ✉ 39230**

Domaine du Revermont

600 rte de Revermont – ✆ 03 84 44 61 02 – www.domaine-du-revermont.fr – Fermé 21déc.-5 mars

28 ch – 77/125 € 77/125 € – 13 € – ½ P

Rest ***Domaine du Revermont*** – voir les restaurants ci-après

Dans un environnement privilégié (champs et vignes), une grande bâtisse blanche où règne un esprit détente et loisirs... Piscine, tennis, babyfoot, billard et chambres confortables, dont certaines affichent un style frais et contemporain : idéal en famille !

XX **Domaine du Revermont**

600 rte de Revermont – ✆ 03 84 44 61 02 – www.domaine-du-revermont.fr – Fermé 21 déc.-5 mars

Rest – Formule 16 € – Menu 25/49 € – Carte 27/70 €

Rillettes de truite au vin jaune, suprême de volaille fermière au comté et champignons... Dans son restaurant lumineux et avenant, le chef concocte une cuisine franc-comtoise soignée. Grande terrasse bien agréable.

POLLIAT – 01 Ain – 328 D3 – 2 412 h. – alt. 260 m – ✉ 01310 44 B1

Paris 415 – Bourg-en-Bresse 12 – Lyon 74 – Mâcon 26

XX **Téréjina-Hôtel de la Place** avec ch rest, rest,

51 pl. de la Mairie – ✆ 04 74 30 40 19 – www.restaurant-tejerina-logis.fr – Fermé 22 juil.-12 août, 26 déc.-8 janv., jeudi soir, dim. soir et lundi

7 ch – †55/63 € ††55/63 € – ☕ 8,50 € – ½ P

Rest – Menu 19 € (sem.), 27/58 € – Carte 30/52 €

L'auberge familiale par excellence, où l'on vous sert avec le sourire une goûteuse et généreuse cuisine du terroir. Tête de veau, poulet à la crème et grenouilles sont à l'honneur ! Chambres bien tenues pour prolonger l'étape.

POLMINHAC – 15 Cantal – 330 D5 – 1 101 h. – alt. 650 m – ✉ 15800 5 B3

Auvergne

Paris 553 – Aurillac 15 – Murat 34 – Vic-sur-Cère 5

rue de la Gare, ✆ 04 71 47 50 68, www.carlades.fr

Au Bon Accueil rest, rest,

9 allée des Monts d'Auvergne – ✆ 04 71 47 40 21 – www.hotel-bon-accueil.com – Fermé 15 oct.-1er déc., dim. soir et lundi

22 ch – †46/51 € ††52/58 € – ☕ 8 € – ½ P

Rest – Menu 12 € (déj. en sem.), 18/27 €

Il y a toute la bonne humeur du pays dans cette grande bâtisse blanche plantée au milieu des champs. Les chambres sont simples et fonctionnelles (certaines avec vue sur la vallée de la Cère) et l'ambiance familiale. Comme la cuisine qui met à l'honneur les légumes du potager.

LA POMARÈDE – 11 Aude – 344 C2 – 163 h. – alt. 304 m – ✉ 11400 22 A2

Paris 728 – Auterive 49 – Carcassonne 49 – Castres 38

XXX **Hostellerie du Château de la Pomarède** (Gérald Garcia) avec ch

Château de la Pomarède rest,

– ✆ 04 68 60 49 69 – www.hostellerie-lapomarede.fr

7 ch – †110/300 € ††110/300 € – ☕ 18 € – ½ P

Rest – Formule 25 € – Menu 29 € (déj. en sem.), 44/99 € – Carte 65/105 €

L'endroit est élégant, dans la dépendance d'un château cathare du 11e s. Inventive, la cuisine de Gerald Garcia n'hésite pourtant pas à faire référence à la tradition régionale (foie gras, boudin noir, agneau du Lauragais, vins locaux). Plusieurs possibilités d'hébergement sont proposées, dont des chambres "au château".

➜ Huîtres Tarbouriech pochées, crémeux végétal et son émulsion. Pigeonneau en deux cuissons, melon et boudin snackés, jus à la réglisse. Cube sphère, noisette et cacao. **Vins** Limoux, Malepère rouge

Le Presbytère

6 ch – †150/250 € ††200/300 € – 1 suite – ☕ 18 €

Résolument contemporaines, les chambres du presbytère osent le béton ciré, les matériaux bruts, les salles de bains ouvertes. Design, vous avez dit design ?

POMMARD – 21 Côte-d'Or – 320 I7 – rattaché à Beaune

POMMEUSE – 77 Seine-et-Marne – 312 H3 – rattaché à Coulommiers

POMMIERS – 69 Rhône – 327 H4 – 2 232 h. – alt. 315 m – ✉ 69480 43 E1

Lyon et sa région

Paris 442 – Lyon 32 – Villeurbanne 45 – Vénissieux 45

Les Terrasses de Pommiers

706 montée de Buisante – ✆ 04 74 65 05 27 – www.terrasses-de-pommiers.com – Fermé vacances de la Toussaint et de fév., mardi et merc.

Rest – Formule 18 € – Menu 31/51 € – Carte 45/60 €

Un beau travail d'architecte : entièrement vitrée, tout en lignes épurées et en tons bleu-gris – écho au ciel sur laquelle elle ouvre en grand ? –, la salle domine les monts du Lyonnais et la vallée... Côté papilles, on savoure des plats dans l'air du temps fort alléchants.

PONS – 17 Charente-Maritime – 324 G6 – 4 446 h. – alt. 39 m – ✉ 17800 38 B3

Poitou-Charentes

Paris 493 – Blaye 64 – Bordeaux 97 – Cognac 24

1, rue des Pontils, ✆ 05 46 96 13 31, www.pons-ville.org

Donjon★ de l'ancien château - Hospice des Pèlerins★ SO par D 732 - Boiseries★ du château d'Usson 1 km par D 249.

Hôtel de Bordeaux

1 av. Gambetta – ✆ 05 46 91 31 12 – www.hotel-de-bordeaux.com – Fermé vacances de Noël, sam. midi et dim. d'oct. à avril

16 ch – †49/52 € ††68 € – ☕ 9 € – ½ P

Rest *Restaurant de Bordeaux* – voir les restaurants ci-après

Cet ancien relais de poste sur la route de Bordeaux, au cœur de Pons, conserve une façade classique au cachet d'antan. Les chambres sont modernes, bien tenues et assez spacieuses.

Restaurant de Bordeaux

1 av. Gambetta – ✆ 05 46 91 31 12 – www.hotel-de-bordeaux.com – Fermé vacances de Noël, sam. midi et dim. d'oct. à avril

Rest – Formule 12 € – Menu 16/49 € – Carte 31/53 €

Terrine de roussette et vinaigrette au piment ; salade de fruits et ses chips d'agrumes... Une cuisine fort soignée, à la rencontre du marché et de l'inspiration du chef, pour un rapport plaisir-prix excellent. Cadre cosy, avec un joli patio fleuri.

à Pérignac 8 km au Nord-Est par rte de Cognac – 965 h. – alt. 41 m – ✉ 17800

La Gourmandière

42 av. de Cognac – ✆ 05 46 96 36 01 – www.la-gourmandiere-perignac.com – Fermé mardi, merc. sauf juil.-août et dim. soir

Rest – Formule 15 € – Menu 24 € (déj. en sem.), 32/57 €

Saint-Jacques rôties et leur délicate tortilla aux poivrons, blanquette de veau joliment revisitée : le chef réalise une cuisine savoureuse qui met l'eau à la bouche. Et sa maison se révèle charmante.

à Mosnac 11 km au Sud par rte de Bordeaux et D 134 – 476 h. – alt. 23 m – ✉ 17240

Moulin du Val de Seugne

– ✆ 05 46 70 46 16 – www.valdeseugne.com – Fermé 2 janv.-8 fév.

14 ch – †109/129 € ††109/129 € – ☕ 14 € – ½ P

Rest *Moulin du Val de Seugne* – voir les restaurants ci-après

Un élégant moulin au bord de la Seugne, en pleine campagne. Sur l'île voisine vivent en liberté lapins, oies, chèvres, poneys... Les chambres, spacieuses et raffinées, sont décorées dans un bel esprit maison d'hôtes. Charme champêtre !

Moulin du Val de Seugne

– ✆ 05 46 70 46 16 – www.valdeseugne.com – Fermé 2 janv.-8 fév.

Rest – Formule 23 € – Menu 30 € (déj. en sem.), 37/80 € – Carte 57/96 €

Dans ce délicieux moulin au bord de l'eau, on savoure une cuisine d'aujourd'hui aux doux accents du terroir. Bucoliques et gourmands, les lieux séduisent.

PONT (LAC DE) – 21 Côte-d'Or – 320 G5 – rattaché à Semur-en-Auxois

PONTAILLAC – 17 Charente-Maritime – 324 D6 – rattaché à Royan

PONT-A-MOUSSON – 54 Meurthe-et-Moselle – 307 H5 – 14 466 h. – alt. 180 m – ✉ 54700 Alsace Lorraine 26 B2

Paris 325 – Metz 31 – Nancy 30 – Toul 48

52, place Duroc, ✆ 03 83 81 06 90, www.ville-pont-a-mousson.fr

Place Duroc★ - Anc. abbaye des Prémontrés★.

Le Fourneau d'Alain

64 pl. Duroc, (1er étage) – ✆ 03 83 82 95 09 – www.lefourneaudalain.com – Fermé 1er-15 mai, 1er-15 août, merc. soir, dim. soir et lundi

Rest – Menu 29/53 € – Carte 29/52 €

Ce restaurant sagement contemporain s'est installé sur la place principale, dans l'une des maisons à arcades du 16e s. Parmi les spécialités traditionnelles du lieu, le foie gras poêlé aux griottes et le pigeon fermier au beurre rouge.

PONTARLIER – 25 Doubs – 321 I5 – 18 267 h. – alt. 838 m – ✉ 25300 17 C2

Franche-Comté Jura

Paris 462 – Besançon 60 – Dole 88 – Lausanne 67

14 bis, rue de la Gare, ✆ 03 81 46 48 33, www.pontarlier.org

Pontarlier Les Étraches, La Grange des Pauvres, E : 8 km par D 47, ✆ 03 81 39 14 44

Portail★ de l'ancienne chapelle des Annonciades.

Grand Taureau ✻★★ 11 km au Sud.

L'Alchimie

1 av. de l'Armée-de-l'Est – ✆ 03 81 46 65 89 – www.l-alchimie.com – Fermé 22 avril-3 mai, 15 juil.-2 août, 1er-12 janv., mardi soir, dim. et merc.

Rest – Formule 19 € – Menu 43 € (déj. en sem.), 56/73 € – Carte 54/64 €

Le chef-alchimiste prépare des plats inventifs bien pensés en "transmutant" produits régionaux, épices et saveurs exotiques. Cadre tendance, en adéquation avec la cuisine.

PONTAUBERT – 89 Yonne – 319 G7 – rattaché à Avallon

PONT-AUDEMER – 27 Eure – 304 D5 – 8 599 h. – alt. 15 m – ✉ 27500 32 B3

Normandie Vallée de la Seine

Paris 164 – Caen 74 – Évreux 68 – Le Havre 44

place Maubert, ✆ 02 32 41 08 21, www.ville-pont-audemer.fr

Vitraux★ de l'église St-Ouen.

Belle Isle sur Risle

112 rte de Rouen, à l'Est par D 810 – ✆ 02 32 56 96 22 – www.bellile.com – Ouvert 15 mars-15 nov.

24 ch – †110/299 € ††110/299 € – ☕ 17 € – ½ P

Rest *Belle Isle sur Risle* – voir les restaurants ci-après

Un environnement privilégié, digne d'un tableau impressionniste : cette maison de maître du 19e s., noyée sous la vigne vierge, se dresse sur une île de la Risle, transformée en un superbe jardin... Les lieux respirent l'aisance bourgeoise !

Belle Isle sur Risle

112 rte de Rouen, à l'Est par D 810 – ✆ 02 32 56 96 22 – www.bellile.com – Ouvert 15 mars-15 nov. et fermé lundi midi, mardi midi et merc. midi

Rest – Menu 39/89 € – Carte 55/82 €

Le chef de ce joli manoir travaille avec soin des produits choisis. Pastilla de lapin, dos d'espadon en croûte de pignons de pin, etc. : entre tradition et originalité. Le cadre, quant à lui, est délicieusement classique.

Erawan

4 r. Sëule – ✆ 02 32 41 12 03 – www.resto-erawan.jimdo.com – Fermé août et dim.

Rest – Formule 12 € – Menu 20 € – Carte 24/43 €

Carte cent pour cent thaïlandaise et cadre aux trois quarts normand : étonnant contraste et mariage des cultures réussi dans cette charmante maison à colombages (17e s.) proche de la Risle.

à Campigny **6 km au Sud-Est par D 810 et D 29 – 965 h. – alt. 121 m – ✉ 27500**

XXX **Le Petit Coq aux Champs** avec ch
400 chemin du Petit Coq – ✆ 02 32 41 04 19 – www.lepetitcoqauxchamps.fr – Fermé 20 déc.-20 janv., dim. soir et lundi d'oct. à mars
12 ch – †160 € ††160 € – ☕ 14 € – ½ P
Rest – Formule 31 € bc – Menu 33 € (déj. en sem.), 43 € bc/71 € – Carte 48/91 €
Des toits de chaume, des colombages, un écrin de verdure... une élégante chaumière régionale, qui fait œuvre de classicisme : suprême de pintade à la crème double d'Isigny, filet de veau aux girolles, tarte fine aux pommes... sans oublier le fameux trou normand ! Les chambres sont très calmes et confortables.

PONT-AVEN – 29 Finistère – 308 I7 – 2 887 h. – alt. 18 m – ✉ 29930 9 B2

Bretagne Nord

Paris 536 – Carhaix-Plouguer 65 – Concarneau 15 – Quimper 36

5, place de l'Hôtel de Ville, ✆ 02 98 06 04 70, www.pontaven.com

Promenade au Bois d'Amour★.

Les Ajoncs d'Or
1 pl. Hôtel de Ville – ✆ 02 98 06 02 06 – www.ajoncsdor-pontaven.com – Fermé 18-28 oct., vacances de fév., dim. soir et lundi hors saison
14 ch – †64 € ††64 € – ☕ 9 € – ½ P
Rest – Formule 19 € – Menu 28/39 € – Carte 29/52 €
Gauguin aurait logé dans cette accueillante maison bretonne, juste sur la place du marché (attention où vous vous garez !). Simples et colorées, les chambres portent des noms de peintres. Sympathique, le restaurant et ses spécialités terre et mer.

Mimosas
22 square Théodore-Botrel – ✆ 02 98 06 00 30 – www.hotels-pont-aven.com – Fermé mi-nov.-mi-déc.
10 ch – †58/90 € ††58/90 € – ☕ 8 € **Rest** – Formule 15 € – Carte 29/51 €
Vraiment mignonne, cette maison de pays sur les quais de Pont-Aven. Les chambres, classiques et bien tenues, ont une vue imprenable sur les bateaux. Aux beaux jours, on se régale de fruits de mer sur la terrasse face au port.

XXX **Le Moulin de Rosmadec** (Frédéric Sebilleau) avec ch
près du pont, centre ville – ✆ 02 98 06 00 22 – www.moulinderosmadec.com – Fermé 12 nov.-5 déc. et 2 sem. en fév.
5 ch – †85/98 € ††85/98 € – ☕ 14 €
Rest *(fermé dim. soir et lundi)* – Menu 39 € (sem.), 59/79 € – Carte environ 80 €
On se sent bien dans ce pittoresque moulin du 15e s. La rivière, l'exubérance des frondaisons, tout concourt au beau moment gastronomique. La cuisine est logiquement orientée mer, soignée, goûteuse, ne retenant que les meilleurs produits. Pour prolonger ce bon moment, des chambres décorées avec goût et sobriété.
➜ Langoustines marinées, en kadaïf, en escabèche et sauce vierge de tomate aux herbes. Saint-pierre grillé, artichauts barigoule et sauce aïgo boulido. Crêpes soufflées au citron.

X **Sur le Pont ...**
11 pl. Paul-Gauguin – ✆ 02 98 06 16 16 – www.surlepont-pontaven.fr – Fermé 4-20 oct., 7-22 janv., mardi soir et dim. soir hors saison et merc.
Rest – Menu 23 € (déj. en sem.)/29 € – Carte 42/51 €
Sur le pont... qui enjambe l'Aven ! Ce bistrot branché propose une attrayante cuisine déclinant le poisson à toutes les sauces, surtout si elles sont originales. Mythique : on y tourna "Les Galettes de Pont-Aven" avec J.-P. Marielle.

rte de Concarneau **4 km à l'Ouest par D 783 – ✉ 29930 Pont-Aven :**

XXX **La Taupinière**
Croissant St-André – ✆ 02 98 06 03 12 – www.la-taupiniere.com – Fermé 18-24 mars, 23 sept.-16 oct., lundi et mardi
Rest – Formule 50 € bc – Menu 53/88 € – Carte 70/88 €
Une jolie chaumière à la campagne, où l'on peut observer le spectacle des fourneaux... La langoustine, "la demoiselle de Concarneau", est l'une des vedettes de cette cuisine de la mer soignée. Le chef organise d'ailleurs des ateliers culinaires.

PONTCHARTRAIN – 78 Yvelines – 311 H3 – ✉ 78760 — 18 A2

Paris 37 – Dreux 42 – Mantes-la-Jolie 32 – Montfort-l'Amaury 10

Isabella, à Plaisir, Sainte Appoline, E : 3 km, ✆ 01 30 54 10 62

Domaine de Thoiry★★ NO : 12 km **Ile de France.**

XX **Bistro Gourmand**

7 rte du Pontel, (N 12) – ✆ 01 34 89 25 36 – www.bistrogourmand.fr – Fermé dim. soir, merc. soir et lundi

Rest – Menu 30 € bc (dîner en sem.), 40 € bc/48 € – Carte environ 48 €

Au menu, cuisine traditionnelle teintée de touches actuelles et suggestions à l'ardoise. Salle classique (bordeaux et grise) et terrasse au calme pour les beaux jours.

à Ste-Apolline 3 km à l'Est par N 12 et D 134 – ✉ 78370 Plaisir

XXX **La Maison des Bois**

av. d'Armorique – ✆ 01 30 54 23 17 – www.lamaisondesbois.fr – Fermé 4-25 août, dim. soir, merc. soir et jeudi

Rest – Menu 45 € – Carte 53/82 €

Dans la même famille depuis 1926, cette auberge typique, couverte de vigne vierge, affiche un décor des plus classiques. Même esprit à la carte, avec des recettes traditionnelles et des suggestions du marché. Terrasse ombragée sous un vieux marronnier.

PONTCHÂTEAU – 44 Loire-Atlantique – 9 503 h. – alt. 7 m – ✉ 44160 — 34 A2

Pays de la Loire

Paris 430 – Nantes 55 – Rennes 118 – Vannes 61

1, place du Marché, ✆ 02 40 88 00 87, www.tourismepontchateau.fr

X **Le 11** (N)

11 r. de Verdun – ✆ 02 40 42 23 28 – www.restaurant-le11.fr – Fermé 21 juil.-12 août, merc. soir et dim.

Rest – Formule 18 € – Menu 25 € (déj.)/31 € – Carte 29/35 €

Au cœur de Pontchâteau, ce bistrot minimaliste fait saliver la région depuis 2011. À sa tête, un chef qui a, comme on dit, du métier et qui revient ici à plus de simplicité, avec des plats ancrés dans une jolie tradition gourmande (navarin d'agneau, filets de rouget en tempura, tarte Tatin, etc.).

PONT-CROIX – 29 Finistère – 308 E6 – 1 849 h. – alt. 25 m – ✉ 29790 — 9 A2

Bretagne Sud

Paris 602 – Brest 105 – Quimper 40 – Rennes 251

rue Laënnec, ✆ 02 98 70 40 38, www.pont-croix.info

L'Orée du Cap sans rest

29 r. du Goyen – ✆ 02 98 70 47 10 – www.oreeducapsizun.com – Ouvert 1er mars-1er nov.

3 ch – 58/68 € 60/70 €

Dès que l'on passe la porte, on est séduit par l'escalier ciré, les meubles rutilants. Un vrai petit bijou avec des chambres ravissantes, dans un esprit très "maison de famille". Tout est paisible, fleuri : on voudrait habiter là !

Villa les Hortensias

rte de Lochrist – ✆ 02 98 70 56 85 – www.villa-leshortensias.com

5 ch – 60/75 € 60/110 € **Table d'hôte** – Menu 25 € bc

Dans son grand jardin, cette villa bretonne entourée d'hortensias abrite cinq chambres à thème (Louis XV, chinois, romantique, charme ou familial). Une adresse à retenir également pour son accueil, à la fois sympathique et sincère. Table d'hôte sur demande hors saison.

PONT-DE-BRIQUES – 62 Pas-de-Calais – 301 C3 – rattaché à Boulogne-sur-Mer

PONT-DE-CHAZEY-VILLIEU – 01 Ain – 328 E5 – rattaché à Meximieux

PONT-DE-DORE – 63 Puy-de-Dôme – 326 H7 – rattaché à Thiers

PONT-DE-FILLINGES – 74 Haute-Savoie – 328 L4 – rattaché à Bonne

PONT-DE-L'ARCHE – 27 Eure – 304 G6 – 4 081 h. – alt. 20 m – ✉ 27340 33 D2

Normandie Vallée de la Seine

Paris 114 – Les Andelys 30 – Elbeuf 15 – Évreux 36

Hôtel de la Tour sans rest

41 quai Foch – ✆ 02 35 23 00 99 – www.hoteldelatour.org – Fermé 8-27 août

18 ch – †69 € ††74 € – ☕ 10 €

À deux pas des bords de Seine et adossées aux remparts de la ville, ces deux maisons de pays sont simples et accueillantes. Chambres fraîches et immaculées ; atmosphère familiale... Une étape sympathique.

L'Auberge de la Pomme (William Boquelet)

aux Damps, 1,5 km au bord de l'Eure – ✆ 02 35 23 00 46 – www.laubergedelapomme.com – Fermé 12-26 août, 23-29 déc., dim. soir, mardi midi et lundi

Rest – Menu 30 € (déj. en sem.), 47/85 €

Une Pomme charnue, colorée et très fraîche ! Dans cette belle demeure à colombages des bords de l'Eure, le chef signe une cuisine fine et flatteuse, dénuée ni de relief ni de personnalité. Agréable terrasse aux beaux jours.

➜ Rencontre du homard breton et du maquereau bleu. Épaule d'agneau rôtie, aubergine et risotto d'épeautre aux carottes épicées. Millefeuille aux framboises, crème au fenouil et sorbet fromage blanc-citron vert.

PONT-DE-L'ISÈRE – 26 Drôme – 332 C3 – rattaché à Valence

LE PONT-DE-PACÉ – 35 Ille-et-Vilaine – 309 L6 – rattaché à Rennes

PONT-DE-ROIDE – 25 Doubs – 321 K2 – 4 548 h. – alt. 351 m – ✉ 25150 17 C2

Franche-Comté Jura

Paris 478 – Belfort 36 – Besançon 77 – La Chaux-de-Fonds 55

Au Lion de Belfort N

72 r. François-Mitterrand, r. de Besançon – ✆ 03 81 92 48 20 – www.hotelrestaurantleliondeberfort.fr

10 ch – †42/47 € ††48/51 € – ☕ 7 € – ½ P

Rest *(fermé sam. midi, dim. soir et lundi)* – Formule 11 € – Menu 20/42 € – Carte 26/43 €

Très bon rapport qualité-prix dans cet hôtel-restaurant sympathique, bien tenu et plutôt confortable. Une bonne étape entre Besançon et Belfort (Pont-de-Roide se situe à 10 km de l'A 36).

La Tannerie

1 pl. Gén. de Gaulle – ✆ 03 81 92 48 21 – www.restaurant-latannerie.com – Fermé dim. soir, jeudi soir et merc.

Rest – Formule 12 € – Menu 20 € (sem.)/26 € – Carte 25/45 €

Au menu de cette maison toute simple qui borde le Doubs, une cuisine traditionnelle bien tournée, où les produits locaux sont privilégiés. Aux beaux jours, profitez de la terrasse au-dessus de la rivière.

PONT-DES-SABLES – 47 Lot-et-Garonne – 336 C3 – rattaché à Marmande

PONT-DE-VAUX – 01 Ain – 328 C2 – 2 187 h. – alt. 177 m – ✉ 01190 44 B1

Lyon et sa région

Paris 380 – Bourg-en-Bresse 40 – Lons-le-Saunier 69 – Mâcon 24

Place de Dornhan, ✆ 03 85 30 30 02, www.cc-pontdevaux.com

Les Platanes

aux Quatre-Vents – ✆ 03 85 30 32 84 – www.hotelplatanes.com – fermé 25 fév.-20 mars, vend. midi et jeudi

8 ch – †60/75 € ††60/75 € – ☕ 9 €

Rest ***Les Platanes*** – voir les restaurants ci-après

Depuis quatre générations, la même famille est aux commandes de cette auberge à l'entrée de la ville. Les chambres offrent un bon confort et pas mal de calme.

Le Raisin

2 pl. M.-Poisat – ✆ 03 85 30 30 97 – www.leraisin.com – Fermé janv., dim. soir sauf juil.-août, mardi midi, vend. midi et lundi
18 ch – †66/69 € ††66/69 € – ☕ 10 €
Rest *Le Raisin* – voir les restaurants ci-après
On peut s'arrêter dans cet ancien relais de poste pour sa cuisine – on y mange très bien – mais les chambres permettent aussi de profiter des bienfaits de la Bresse. Deux options : authenticité dans le bâtiment principal, espace dans l'aile récente.

Le Raisin – Hôtel Le Raisin

2 pl. M.-Poisat – ✆ 03 85 30 30 97 – www.leraisin.com – Fermé janv., dim. soir sauf juil.-août, mardi midi, vend. midi et lundi
Rest – Menu 27/68 € – Carte 50/73 €
Dès l'entrée de cette maison bressane, le vieux fourneau et les ustensiles de cuivre donnent le ton : ici, le terroir et la tradition sont à l'honneur. Sous les jolies poutres, on déguste une cuisine régionale fine et goûteuse.

Les Platanes – Hôtel Les Platanes

aux Quatre-Vents – ✆ 03 85 30 32 84 – www.hotelplatanes.com – Fermé 25 fév.-20 mars, vend. midi et jeudi
Rest – Formule 18 € bc – Menu 27/62 € – Carte 35/52 €
L'enseigne de cette auberge régionale ne ment pas : elle jouit d'une terrasse... sous les platanes ! La cuisine est bressane évidemment et elle fait preuve de générosité.

à St-Bénigne 2 km au Nord-Est par D 2 – 1 135 h. – alt. 208 m – ✉ 01190

St-Bénigne

– ✆ 03 85 30 96 48 – Fermé 23 déc.-21 janv., 24 fév.-4 mars, lundi et le soir sauf sam.
Rest – Menu 14 € (déj. en sem.), 22/38 € – Carte 25/44 €
Un vrai restaurant de campagne, avec même un bar pour les habitués ! On vient ici pour les grenouilles, la spécialité maison, mais pas seulement, car le chef, en bon artisan, travaille les produits locaux et maîtrise les recettes de la région...

PONT-D'OUILLY – 14 Calvados – 303 J6 – 1 019 h. – alt. 65 m – ✉ 14690 32 B2

Normandie Cotentin

Paris 230 – Briouze 24 – Caen 41 – Falaise 20
Place des Halles, ✆ 02 31 69 29 86, www.pont-douilly.com
Roche d'Oëtre★★ S : 6,5 km.

Relais du Commerce

8 r. de la Vème-République – ✆ 02 31 69 80 16 – www.relaisducommerce.fr – Fermé 7-27 janv., dim. soir et lundi
12 ch ☕ – †146 € ††146 € – ½ P
Rest *Relais du Commerce* – voir les restaurants ci-après
Dans un charmant village de la Suisse normande, cet hôtel-restaurant totalement renové a pris un nouveau départ. Le confort est de bon niveau, les chambres sont fraîches et bien tenues ; on peut s'y arrêter pour la nuit sans problème.

Relais du Commerce

8 r. de la Vème-République – ✆ 02 31 69 80 16 – www.relaisducommerce.fr – fermé 3-27 janv., dim. soir et lundi
Rest – Formule 16 € – Menu 28 € (sem.)/53 € – Carte 36/67 €
Dès que l'on voit arriver la cocotte, on se réjouit de cette tête de veau à l'ancienne d'une superbe fraîcheur, de la sauce ravigote... Une recette parmi tant d'autres, tout aussi traditionnelles, concoctées par un chef qui a du savoir-faire.

PONT-DU-BOUCHET – 63 Puy-de-Dôme – 326 D7 – ✉ 63770 Les Ancizes Comps 5 B2

Paris 390 – Clermont-Ferrand 39 – Pontaumur 13 – Riom 36
Méandre de Queuille★★ NE : 11,5 km puis 15 mn Auvergne

La Crémaillère

– ✆ 04 73 86 80 07 – www.hotel-restaurant-cremaillere.com – Fermé 26-31 août, 14 déc.-13 janv., vend. soir, dim. soir et sam. hors saison

16 ch – 🕴47/49 € 🕴🕴49/52 € – ☕ 8 € – ½ P

Rest – Menu 14 € (sem.), 22/42 € – Carte 27/49 €

Vous n'êtes pas adepte des pendaisons de crémaillère ? Cela pourrait changer… Cette auberge de village, au-dessus du lac de Mirepont, propose des chambres simples et confortables. Le restaurant, lui, cultive cuisine traditionnelle et décor campagnard. Une adresse authentique.

PONT-DU-CASSE – **47 Lot-et-Garonne** – **336** G4 – **rattaché à Agen**

PONT-DU-CHAMBON – **19 Corrèze** – **329** N4 – **rattaché à Marcillac-la-Croisille**

PONT-DU-CHÂTEAU – **63 Puy-de-Dôme** – **326** G8 – **10 582 h.** – **alt. 365 m** **5** B2

– ✉ **63430** Auvergne

Paris 418 – Billom 13 – Clermont-Ferrand 16 – Riom 21

95, Avenue du Docteur Besserve, ✆ 04 73 83 37 42, www.ville-pont-du-chateau.fr

L'Estredelle

24 r. du Pont – ✆ 04 73 83 28 18 – www.hotel-estredelle.com – Fermé 28 avril-5 mai, 4-25 août, 23 déc.-6 janv., dim. soir et soirs fériés

44 ch – 🕴53 € 🕴🕴53 € – ☕ 8 € – ½ P

Rest – Formule 13 € bc – Menu 22/34 € – Carte 21/42 €

Dans l'ancien quartier de la Batellerie, ces trois pavillons modernes dominent l'Allier. On ne vient pas ici pour le charme et la déco, mais pour les qualités fonctionnelles du lieu, impeccablement tenu. À noter, certaines chambres ont une jolie vue sur la rivière.

Auberge du Pont

70 av. Dr.-Besserve – ✆ 04 73 83 00 36 – www.auberge-du-pont.com – Fermé 15 août-7 sept., 1er-21 janv., dim. soir, lundi soir, mardi soir et merc.

Rest – Formule 20 € – Menu 33/75 € – Carte 58/85 €

Joli cadre que celui de cet ancien relais de batellerie (19e s.) bordant l'Allier. On y déguste la savoureuse cuisine, aux notes actuelles, de Rodolphe Regnauld. Un véritable amoureux du produit qui signe de belles et fines assiettes. L'été, profitez de la terrasse face au vieux pont de la commune...

Le Calliope

6 r. de la Poste – ✆ 04 73 83 50 03 – www.restaurant-calliope.com – Fermé 1er-15 août, 2-15 janv., dim. soir, lundi et merc.

Rest – Formule 12 € – Menu 16 € (déj. en sem.), 29/40 € – Carte 39/51 €

Du nom du premier bateau sur lequel le chef travailla… Ce restaurant au cœur de Pont-du-Château propose une cuisine mariant tradition et saveurs actuelles, tout en privilégiant les produits frais. De quoi partir à l'abordage des assiettes !

PONT-DU-GARD – **30 Gard** – **339** M5 – ✉ **30210 Vers Pont du Gard** **23** D2

Languedoc Roussillon

Paris 688 – Alès 48 – Arles 40 – Avignon 26

Pont-aqueduc romain★★★.

à Castillon-du-Gard **4 km au Nord-Est par D 19 et D 228** – **1 379 h.** – **alt. 90 m** – ✉ 30210

Le Vieux Castillon

r. Turion-Sabatier – ✆ 04 66 37 61 61 – www.vieuxcastillon.com – Fermé 2 janv.-14 fév.

30 ch – 🕴220/380 € 🕴🕴220/380 € – 3 suites – ☕ 30 €

Rest ***Le Vieux Castillon*** – voir les restaurants ci-après

Au cœur de ce beau village médiéval, surplombant la région, un havre au luxe discret : vieilles pierres, patios, terrasses, décor provençal, grand confort... Le charme intemporel du Sud, à quelques encablures du pont du Gard.

Le Vieux Castillon

r. Turion-Sabatier – 04 66 37 61 61 – www.vieuxcastillon.com – Fermé 2 janv.-14 fév., lundi midi et mardi midi

Rest – Formule 42 € – Menu 55/128 € – Carte 69/103 €

Tout autour ce ne sont que ruelles médiévales et champs de lavande... Dans ce coin de Provence inondé de lumière, cette table élégante – aux couleurs du Sud – vit au rythme des saisons et des produits gorgés de soleil.

L'Amphitryon

pl. 8 Mai 1945 – 04 66 37 05 04 – Fermé mardi sauf juil.-août et merc.

Rest – Menu 45/65 €

Voûtes, pierre brute et touches modernes composent le cadre de cette demeure ancienne. Joli patio pour l'été. Cuisine régionale actualisée, ambiance à la fois chic et conviviale.

à Collias 7 km à l'Ouest par D 981, D 112 et D 3 – 1 002 h. – alt. 45 m – ✉ 30210

Hostellerie Le Castellas

Grand'rue – 04 66 22 88 88 – www.lecastellas.com – Fermé fin janv. à début mars

13 ch – 79/229 € 99/229 € – 2 suites – 20 €

Rest ***Hostellerie Le Castellas*** – voir les restaurants ci-après

Parenthèse de plaisir dans cette hostellerie en pierre du pays (17e s.), qui ouvre sur un jardin verdoyant. Les chambres sont confortables, aux styles variés – provençal, ethnique, moderne, etc. – et d'autant plus bienvenues si l'on souhaite profiter de la table, excellente.

Le Gardon

Campchestève – 04 66 22 80 54 – www.hotel-le-gardon.com – Ouvert 27 fév.-1er nov.

14 ch – 73/83 € 73/83 € – 10 € – ½ P

Rest *(fermé le midi du lundi au vend. et lundi soir sauf du 15 juin au 15 sept.)* – Formule 21 € – Menu 24/35 € – Carte 30/46 €

Agréable refuge dans la garrigue, cet hôtel bordé par une oliveraie respire la sérénité. Les chambres y sont confortables et bien tenues, et il fait bon profiter du jardin et de la piscine. Cuisine régionale au restaurant. Accueil familial.

Hostellerie Le Castellas

Grand'rue – 04 66 22 88 88 – www.lecastellas.com – Fermé 25 janv.-6 mars, mardi et merc.

Rest – Formule 33 € – Menu 43 € (déj. en sem.), 63/175 € – Carte 110/138 €

Le chef, Jérôme Nutile, est maître dans l'art de la composition : ses assiettes, pensées et construites avec grand soin, semblent synthétiser l'essence de chaque saison. La simplicité dans la sophistication !

→ Cannellonis de chair de tourteau en gelée de fenouil, saumon sauvage à la graine de caviar. Médaillon de homard bleu poêlé au beurre demi-sel. Finger fraise des bois et pistache, mousse au thé blanc et jasmin, sorbet avocat. **Vins** Vin de pays des Cévennes.

PONT-EN-ROYANS – 38 Isère – 333 F7 – 853 h. – alt. 197 m – ✉ 38680 — 43 E2

Alpes du Nord

Paris 604 – Grenoble 63 – Lyon 143 – Valence 45

Grande rue, 04 76 36 09 10, www.ot-pont-en-royans.com

Le Musée de l'Eau

pl. Breuil – 04 76 36 15 53 – www.musee-eau.com – Fermé 7-20 janv.

31 ch – 41 € 55/62 € – 8 € – ½ P

Rest *(fermé dim. soir de nov. à mars)* – Formule 13 € – Menu 16/36 € – Carte 25/40 €

Au sein même du musée de l'Eau et surplombant la Bourne, au pied de cet étonnant village accroché à la falaise, des chambres propres et fonctionnelles ; certaines ont vue sur la montagne. Thématique aquatique oblige, on trouve un bar à eaux et une terrasse équipée de brumisateurs.

LE PONTET – 84 Vaucluse – **332** C10 – rattaché à Avignon

PONTGIBAUD – 63 Puy-de-Dôme – **326** E8 – 745 h. – alt. 735 m – ✉ 63230 **5** B2

Auvergne

Paris 432 – Aubusson 68 – Clermont-Ferrand 23 – Le Mont-Dore 37

rue du Commerce, ☎ 04 73 88 90 99, www.tourisme-combrailles.fr

Poste avec ch

pl. de la République – ☎ 04 73 88 70 02 – www.hoteldelaposte-pontgibaud.com – Fermé vacances scolaires de fév., dim. soir, lundi et mardi d'oct. à mai

11 ch – †46/53 € ††46/53 € – ☕ 6,50 € – ½ P

Rest – Formule 13 € – Menu 22/45 € – Carte 31/56 €

Les gourmands, au régime par exemple, pourront toujours cacher leur forfait en disant qu'ils vont à La Poste.... Dans cette maison de pays, au cœur d'un bourg tranquille, on se régale de recettes régionales à l'abri des regards. Chambres pour l'étape.

à La Courteix 4 km à l'Est par D 941^{B} – ✉ 63230 St-Ours :

L'Ours des Roches

– ☎ 04 73 88 92 80 – www.oursdesroches.com – Fermé 2-22 janv., 1 sem. en sept., dim. soir, lundi et mardi sauf fériés

Rest – Formule 21 € bc – Menu 28/69 € – Carte 52/70 €

Non loin de Vulcania, sous les voûtes d'une ancienne bergerie : un cadre de pierre pour une cuisine de douceur, signée par un chef amoureux du produit. Dans l'assiette, le terroir n'est jamais très loin et le rythme des saisons respecté. Une éruption de saveurs !

PONTIVY – 56 Morbihan – **308** N6 – 13 681 h. – alt. 99 m – ✉ 56300 **10** C2

Bretagne Sud

Paris 460 – Lorient 59 – Rennes 110 – St-Brieuc 58

2 quai Niemen, ☎ 02 97 25 04 10, www.pontivy-communaute.fr

de Rimaison, à Bieuzy, S : 15 km par D 768, ☎ 02 97 27 74 03

Maisons anciennes★.

Plan page suivante

Le Rohan sans rest

90 r. Nationale – ☎ 02 97 25 02 01 – www.hotelpontivy.com – Fermé 20 déc.-2 janv. Zu

16 ch – †64/94 € ††74/150 € – ☕ 12 €

Belle demeure fin 19e sur la rue principale de Pontivy. Orientale, marine, romantique, BD ou cinéma : chaque chambre est unique ; toutes sont coquettes...

L'Europe sans rest

12 r. François Mitterrand – ☎ 02 97 25 11 14 – www.hotellerieurope.com – Fermé 27 déc.-2 janv. Zt

17 ch – †68/140 € ††75/140 € – ☕ 10 €

Dans cette maison Napoléon III datant de 1850, les chambres sont classiques, et l'on prend son petit-déjeuner dans un salon à l'élégance bourgeoise (parquet et boiseries) ou sous une jolie véranda.

La Pommeraie

17 quai du Couvent – ☎ 02 97 25 60 09 – Fermé 28 avril-8 mai, 16 août-3 sept., 27 déc.-5 janv., dim. et lundi Ys

Rest – Formule 19 € – Menu 27/56 € – Carte environ 39 €

Cette Pommeraie à la façade framboise et citron ne manque pas de piquant ! Ici, point de pommier mais des plats tout en simplicité et finement cuisinés avec de bons produits du terroir. Une bonne adresse.

PONTIVY

PONT-L'ÉVÊQUE – 14 Calvados – 303 N4 – 4 261 h. – alt. 12 m – ✉ 14130 32 A3

Normandie Vallée de la Seine

Paris 190 – Caen 49 – Le Havre 43 – Rouen 78

16 bis, Place Jean Bureau, ✆ 02 31 64 12 77, www.blangy-pontleveque.com

de Saint-Julien, SE : 3 km par D 579, ✆ 02 31 64 30 30

La belle époque de l'automobile★ au Sud par D 48.

Le Lion d'Or sans rest

8 pl. Calvaire – ✆ 02 31 65 01 55 – www.leliondorhotel.com

25 ch – 78/120 € 104/160 € – 12 €

Cet ancien relais de poste du 17e s. propose des chambres sobres (mobilier en fer forgé), la plupart en duplex. Dans le salon, quelques objets chinés donnent un supplément d'âme au moment du petit-déjeuner.

à St-Martin-aux-Chartrains **3 km par D 677, direction Deauville – 399 h. – alt. 13 m – ✉ 14130**

Mercure

– ✆ 02 31 64 40 40 – www.hoteldeauville.fr

63 ch – 81/131 € 90/145 € – 13 €

Rest *(dîner seult en juil.-août)* – Formule 19 € – Menu 24 €

La clientèle d'affaires traitant dans la région apprécie cet hôtel contemporain aux chambres confortables et bien tenues. Il faut dire qu'il y a une piscine, un restaurant et que l'on est tout près de la Côte Fleurie.

Un classement passé en rouge désigne une maison particulièrement charmante :

Manoir le Mesnil sans rest
rte de Trouville – ✆ 02 31 64 71 01 – www.manoirlemesnil.com – Fermé 1 sem. en mars et 1 sem. en nov.
5 ch – 75/80 € 75/80 €
Une belle demeure bourgeoise de la fin du 19e s., où les chambres sont meublées avec simplicité dans un style cosy. L'accueillante maîtresse de maison prépare des petits-déjeuners gourmands servis dans le salon-bibliothèque.

à Pierrefitte-en-Auge **5 km au Sud-Est par D 48 et D 280A – 152 h. – alt. 59 m – ✉ 14130**

Auberge des Deux Tonneaux
– ✆ 02 31 64 09 31 – www.aubergedesdeuxtonneaux.com – Fermé lundi et mardi
Rest – Carte 34/50 €
On se croirait dans un pub anglais ! Elle a un charme fou, cette ravissante chaumière avec sa terrasse ombragée face à la vallée. Croustillant de cochon, boudin artisanal, tarte aux pommes... la carte est on ne peut plus terroir.

PONTLEVOY – 41 Loir-et-Cher – 318 E7 – 1 570 h. – alt. 99 m – ✉ 41400 — 11 A1

Châteaux de la Loire
Paris 211 – Amboise 25 – Blois 27 – Montrichard 9
5, rue du Collège, ✆ 02 54 71 60 77
Ancienne abbaye★.

Auberge de l'École avec ch
12 rte Montrichard – ✆ 02 54 32 50 30 – www.hotelrestaurantdelecole.com – Fermé 2 sem. en déc., 2 sem. en fév. et 1 sem. en oct.
11 ch – 62/90 € 62/90 € – 10 € – ½ P
Rest *(fermé dim. soir, lundi midi et merc. sauf fériés) (réserver)* – Formule 20 € – Menu 25/58 € – Carte 38/74 €
Cuisine traditionnelle dans une jolie maison ligérienne abritant deux salles rustiques, dont l'une avec cheminée. En été, on s'installe dans le jardin fleuri où murmure une fontaine... Chambres peu à peu rénovées dans un style contemporain ; copieux petit-déjeuner.

PONTOISE – 95 Val-d'Oise – 305 D6 – 106 5 – 101 3 – voir à Paris, Environs (Cergy-Pontoise)

PONT-RÉAN – 35 Ille-et-Vilaine – 309 L6 – ✉ 35580 Guichen — 10 D2

Paris 361 – Châteaubriant 57 – Fougères 67 – Nozay 60

Auberge de Réan
86 rte de Redon – ✆ 02 99 42 24 80 – www.auberge-de-rean.com – Fermé 2-7 janv., dim. soir et lundi
Rest – Formule 15 € – Menu 22/55 € – Carte 33/52 €
Impossible de manquer cette maison en granit et brique rouge, postée à côté du pont du 18e s. qui enjambe la Vilaine ! Dans les coquettes salles ou sur la jolie terrasse tournée vers la rivière, on déguste une cuisine actuelle.

PONT-ST-PIERRE – 27 Eure – 304 H5 – 1 129 h. – alt. 15 m – ✉ 27360 — 33 D2

Normandie Vallée de la Seine
Paris 106 – Les Andelys 20 – Évreux 47 – Louviers 23
Boiseries★ de l'église - Côte des Deux-Amants ≤★★ SO : 4,5 km puis 15 mn - Ruines de l'abbaye de Fontaine-Guérard★ NE : 3 km.

Auberge de l'Andelle
27 Grande Rue – ✆ 02 32 49 70 18 – www.aubergedelandelle.fr – Fermé 21 déc.-4 janv. et mardi soir
Rest – Formule 20 € – Menu 27/66 € – Carte 42/90 €
Une maison à colombages chaleureuse et charmante, dont la belle cheminée ravit les habitués. Dans l'entrée, le patron a installé un vivier, faisant du homard la star d'un menu... qui vient compléter une sympathique carte traditionnelle.

PONT-STE-MARIE – 10 Aube – 313 E4 – rattaché à Troyes

PONT-SCORFF – 56 Morbihan – 308 K8 – 3 167 h. – alt. 42 m – ✉ 56620 9 B2

Bretagne Sud

Paris 503 – Lanester 13 – Lorient 13 – Rennes 152

route de Lorient, ✆ 02 97 84 78 00, www.lorient-tourisme.fr

Laurent Le Berrigaud

Le Moulin des Princes par la rue du Pont-Romain – ✆ 02 97 32 42 07 – www.laurentleberrigaud.com – Fermé dim. soir et lundi

Rest – Formule 22 € – Menu 42/55 €

Un vieux moulin et sa terrasse sur pilotis donnant sur un riant cours d'eau... ce lieu est charmant ! Les gourmands y savourent une cuisine inventive et ludique dans un cadre tout de pierres, poutres et tomettes vêtu. Le must : la belle carte de whiskys.

L'Art Gourmand

14 pl. de la Maison-des-Princes – ✆ 02 97 32 65 08 – www.lartgourmand.com – Fermé 1 sem. en juin, vacances de la Toussaint et de fév., mardi soir et merc.

Rest *(nombre de couverts limité, réserver)* – Formule 13 € – Menu 15 € (déj. en sem.)/28 € – Carte 33/40 €

La maison célèbre l'art sous toutes ses formes. Les artistes locaux sont à l'honneur sur les murs et, en cuisine, le chef s'exprime à travers les bons produits, en particulier le poisson. Beaucoup de simplicité, presque de la modestie, mais également un certain sens du détail, ce qui est loin d'être l'enfance de l'art…

LES PONTS-NEUFS – 22 Côtes-d'Armor – 309 G3 – ✉ 22400 Morieux 10 C2

Paris 441 – Dinan 51 – Dinard 52 – Lamballe 9

La Cascade

4 r. des Ponts Neufs, sur D 786 – ✆ 02 96 32 82 20 – www.restaurantlacascade.com – Fermé mardi soir, merc. soir et jeudi soir du 16 sept. au 14 juin, dim. soir et lundi

Rest – Menu 24 € (déj. en sem.), 35/55 € – Carte 38/63 €

Filet mignon et caramel de cidre, fraîcheur de crabe à la pomme et au céleri... Une cuisine de notre temps, tout à fait en adéquation avec le décor pop et contemporain. Et s'il n'y a pas de cascade, on profite tout de même de la vue sur l'étang.

PORNIC – 44 Loire-Atlantique – 316 D5 – 14 052 h. – alt. 20 m – Casino : le Môle – ✉ 44210 34 A2

Pays de la Loire

Paris 429 – Nantes 49 – La Roche-s-Yon 89 – Les Sables-d'Olonne 93

place de la Gare, ✆ 02 40 82 04 40, www.ot-pornic.fr

18 de Pornic, Avenue Scalby Newby, O : 1km, ✆ 02 40 82 06 69

Alliance

rest,

plage de la Source, 1 km au Sud – ✆ 02 40 82 21 21 – www.thalassopornic.com – Fermé 7-20 janv.

118 ch – †119/289 € ††159/339 € – 2 suites – ☕ 16 €

Rest *La Source* – Formule 22 € – Menu 32/52 € – Carte 51/69 €

Rest *La Terrasse* – Menu 32 € – Carte environ 40 €

Beau programme dans ce complexe hôtelier dressé dans une crique bordée de rochers et de pins : centre de thalasso (large palette de soins), vue sur la mer, calme, lumière et espace... Différentes options pour se restaurer : cuisine traditionnelle à La Source ou menu détox à La Terrasse.

Auberge La Fontaine aux Bretons

chemin des Noëlles, 3 km au Sud-Est par rte de la Bernerie – ✆ 02 51 74 07 07 – www.auberge-la-fontaine.com

11 ch – †93/206 € ††93/206 € – ☕ 13 €

Rest *Auberge La Fontaine aux Bretons* – voir les restaurants ci-après

Entre mer et campagne, cette ancienne ferme (1867) conserve un grand potager et des enclos avec animaux... Idéal avec des enfants ! Les chambres sont rustiques et cosy, le petit-déjeuner excellent.

Pornic (N)

12 r. Jean-Monnet – ✆ 02 40 82 55 55 – www.bestwesternhotelpornic.com
59 ch – 85/145 € 85/145 € – 13 €
Rest *(Fermé le dim. hors saison)* – Formule 13 € – Menu 15 € (déj. en sem.)/22 € – Carte 25/40 €
Certes, sa situation n'est pas des plus idylliques (une zone commerciale et industrielle), mais le golf de Pornic se trouve à 500 m et ses infrastructures se révèlent agréables : des chambres confortables et spacieuses, une ambiance feutrée, avec espace fitness, jacuzzi et hammam. Spécialités de grillades au restaurant.

Beau Soleil sans rest

70 quai Leray – ✆ 02 40 82 34 58 – www.hotel-beausoleil-pornic.com
17 ch – 70/112 € 70/132 € – 11 €
Bâtiment des années 1980 face au port et au château : la plupart des chambres offrent une jolie vue. Décor contemporain, simple et avenant. Faïence de Pornic pour le petit-déjeuner.

Maison Solveig

4 r. Charles-Babin – ✆ 02 40 82 53 62 – www.solveig-pornic.com – Fermé d'oct. à déc.
4 ch – 90/100 € – ½ P **Table d'hôte** – Menu 25 €
Non loin du chemin des douaniers, une demeure originale, construite à la manière d'une maison coloniale entourée de coursives de bois. Chaque chambre possède une identité très marquée : "Val d'Isère" façon chalet, "Victorine" d'esprit Louis XV, etc. Accueil sympathique.

Beau Rivage

plage de la Birochère, 2,5 km au Sud-Est – ✆ 02 40 82 03 08 – www.restaurant-beaurivage.com – Fermé 11-28 mars, 10-19 oct., vacances de Noël, mardi sauf juil.-août et lundi
Rest – Formule 26 € – Menu 40/85 € – Carte 66/120 €
Quel beau rivage ! Sur le chemin côtier, au faîte de la falaise, cette petite maison semble grande ouverte sur l'océan. Elle cache une salle élégante et raffinée, et la carte y décline les produits de la mer à travers des influences méditerranéennes et... nippones. Belles escales !

Auberge La Fontaine aux Bretons – Hôtel Auberge La Fontaine aux Bretons

chemin des Noëlles, 3 km au Sud-Est par rte de la Bernerie – ✆ 02 51 74 07 07 – www.auberge-la-fontaine.com – Fermé dim. soir et lundi hors saison sauf fériés et vacances scolaires
Rest – Formule 17 € – Menu 20 € (sem.), 30/50 € – Carte 34/50 €
Une superbe salle à manger à la mode d'autrefois, pour une cuisine du terroir saine et savoureuse, concoctée avec de bons produits et les légumes bio du jardin. Pot-au-feu, filet de sandre façon grand-mère, ganache vendéenne comme un pain perdu...

La Poissonnerie du Môle (N)

30 r. de la Marine – ✆ 02 40 21 04 86 – Fermé janv., lundi midi en juil.-août, dim. soir et merc. de sept. à juin
Rest – Formule 14 € – Carte 31/51 €
Derrière le port de pêche, un restaurant installé dans l'ancienne poissonnerie des grands-parents de son actuel propriétaire. On y déguste des recettes où, évidemment, le poisson a la part belle. Les amateurs apprécieront la fraîcheur des produits, cuisinés avec un soupçon d'originalité. Cadre épuré.

PORNICHET – 44 Loire-Atlantique – 316 B4 – 10 466 h. – alt. 12 m – Casino 34 A2

– ✉ 44380 Pays de la Loire
Paris 444 – La Baule 6 – Nantes 70 – St-Nazaire 11
3, boulevard de la République, ✆ 02 40 61 33 33, www.pornichet.fr

Sud Bretagne

42 bd de la République – ✆ 02 40 11 65 00 – www.hotelsudbretagne.com
30 ch – 120/180 € 150/220 € – 15 € – ½ P
Rest *(fermé dim. hors saison)* – Formule 29 € – Menu 50/75 € – Carte 45/87 €
Entre port, commerces et plages, hôtel d'un certain cachet : chaque chambre a une vraie personnalité (design, classique, baroque, etc.) ; la moitié ouvre sur le grand jardin avec piscine. Salle à manger soignée, coquette terrasse et cuisine iodée.

Villa Flornoy
7 av. Flornoy, (près de l'hôtel de ville) – 02 40 11 60 00 – www.villa-flornoy.com
30 ch – 99/139 € 99/139 € – 11 € – ½ P
Rest *(fermé dim. soir)* – Formule 15 € – Menu 25/43 € – Carte 37/57 €
Dans un quartier résidentiel proche de l'hôtel de ville, une grande villa de style anglo-normand. Chambres assez spacieuses, colorées ou plus classiques (toile de Jouy), d'un bon rapport confort-prix. Piscine, restaurant.

Escale Océania sans rest
50 av. de la plage – 02 40 11 26 26 – www.oceaniahotels.com
95 ch – 76/142 € 76/142 € – 11 €
Un hôtel né en 2010, très bien situé, entre la place du marché et la plage des Libraires. Au choix : chambres ou appartements, tous bien équipés et confortables.

Le Régent
150 bd des Océanides – 02 40 61 04 04 – www.le-regent.fr
23 ch – 99/179 € 99/179 € – 11 €
Rest ***Grain de Folie*** – voir les restaurants ci-après
Un hôtel-restaurant centenaire, tenu en famille, et un lieu plein de vie ! Les chambres sont chaleureuses, plutôt modernes, certaines avec une terrasse embrassant l'Atlantique... Espace bien-être.

Grain de Folie – Hôtel Le Régent
150 bd des Océanides – 02 40 61 04 04 – www.le-regent.fr – Fermé dim. soir
Rest – Formule 16 € – Menu 26/43 € – Carte 42/57 €
Un grain de folie souffle du côté des fourneaux : le chef concocte une cuisine inventive et originale, très visuelle – à l'unisson du décor de la salle, résolument branché. Une escapade en bord de mer appréciée de la jeunesse bauloise.

PORQUEROLLES (ÎLE DE) – 83 Var – 340 M7 – voir à Île de Porquerolles

PORT-CAMARGUE – 30 Gard – 339 J7 – rattaché au Grau-du-Roi

PORT-CROS (ÎLE DE) – 83 Var – 340 N7 – voir à Île de Port-Cros

PORT-DE-CARHAIX – 29 Finistère – 308 J5 – rattaché à Carhaix

PORT-DE-GAGNAC – 46 Lot – 337 H2 – rattaché à Bretenoux

PORT-DE-SALLES – 86 Vienne – 322 J7 – rattaché à l'Isle-Jourdain

PORT-DE-SECHEX – 74 Haute-Savoie – 328 L2 – rattaché à Thonon-les-Bains

PORT-EN-BESSIN – 14 Calvados – 303 H3 – 2 141 h. – alt. 10 m 32 B2

– 14520 Port en Bessin Huppain Normandie Cotentin
Paris 275 – Bayeux 10 – Caen 41 – Cherbourg 92
Quai Baron Gérard, 02 31 22 45 80, www.bayeux-bessin-tourism.com

La Chenevière
1,5 km au Sud par D 6 – 02 31 51 25 25 – www.lacheneviere.fr – Ouvert mars-nov.
26 ch – 220/390 € 220/390 € – 3 suites – 25 € – ½ P
Rest ***La Chenevière*** – voir les restaurants ci-après
Un havre de paix... Cette demeure normande du 18e s. et ses dépendances entourées d'un parc – lequel mérite une promenade ! – allient grâce et grand confort. Entre tissus imprimés et mobilier de style, il règne même l'esprit d'un manoir anglais...

Mercure
chemin du Colombier, sur le golf, 2 km à l'Ouest par D 514 – 02 31 22 44 44 – www.mercure.com – Fermé 17 déc.-15 janv.
70 ch – 100/195 € 110/195 € – 14 € **Rest** – Formule 18 € – Carte 24/48 €
Un complexe parfait pour les golfeurs, directement situé sur les greens du golf d'Omaha Beach. Chambres spacieuses au style contemporain ; esprit brasserie au restaurant.

XXX **La Chenevière** – Hôtel La Chenevière

1,5 km au Sud par D 6 – ✆ 02 31 51 25 25 – www.lacheneviere.fr – Ouvert mars-nov.
Rest *(dîner seult)* – Menu 35 € (sem.), 50/90 € – Carte 57/95 €
Panneaux de bois sculptés, superbe parquet, mobilier du 18e s. : un cadre plein de noblesse. La cuisine est aussi délicate, avec de jolies variations autour du terroir normand et d'agréables mariages de saveurs.

X **Fleur de Sel**

6 quai Félix Faure – ✆ 02 31 21 73 01 – Fermé 22 déc.-14 fév., mardi et merc. sauf de juin à sept.
Rest – Menu 17 € (déj.), 27/89 € – Carte 24/41 €
Un sympathique restaurant sur le port. À la carte, des propositions simples, des fruits de mer, un menu homard : les must de la côte normande. Belle vue sur la tour Vauban de la salle à l'étage.

PORT-GOULPHAR – 56 Morbihan – 308 L11 – voir à Belle-Ile-en-Mer

PORT-GRIMAUD – 83 Var – 340 O6 – ✉ 83310 Cogolin Côte d'Azur 41 C3

Paris 867 – Brignoles 63 – Fréjus 27 – Hyères 47
★ de la tour de l'Église oecuménique.

Giraglia rest,

pl. du 14-Juin – ✆ 04 94 56 31 33 – www.hotelgiraglia.com – Ouvert mi-mai à fin oct.
48 ch – 330/515 € 330/515 € – 1 suite – 25 € – ½ P
Rest – Menu 59 € (dîner)/85 € – Carte 73/148 €
Face à St-Tropez, un bâtiment imposant en bout de jetée, avec des chambres confortables et lumineuses – d'esprit très Sud –, dont la plupart donnent sur la mer. Pour se détendre, on profite de la plage privée... ou on se restaure devant la Grande Bleue.

Suffren sans rest

16 pl. du Marché – ✆ 04 94 55 15 05 – www.hotelleriedusoleil.com – Ouvert début avril-début nov.
19 ch – 120/275 € 120/275 € – 12 €
Un hôtel moderne au cœur de la "Venise provençale", dans un secteur semi-piéton. Patines à l'ancienne et couleurs vives égayent les chambres, la plupart avec balcon.

PORTICCIO – 2A Corse-du-Sud – 345 B8 – voir à Corse

PORTIRAGNES – 34 Hérault – 339 F9 – 3 102 h. – alt. 10 m – ✉ 34420 23 C2

Languedoc Roussillon
Paris 762 – Agde 13 – Béziers 13 – Montpellier 72
place du Bicentenaire, ✆ 04 67 90 92 51, www.ville-portiragnes.fr

Mirador ch,

4 bd Front-de-Mer, à Portiragnes-Plage – ✆ 04 67 90 91 33 – www.hotel-le-mirador.com – Fermé 11 nov.-7 fév.
16 ch – 53/141 € 53/141 € – 9 € – ½ P
Rest *Saveurs du Sud* ✆ 04 67 90 97 67 *(fermé lundi midi et merc. midi hors saison)* – Formule 16 € – Menu 24/48 € – Carte 30/51 €
Près du rivage, un hôtel familial aux chambres fonctionnelles et bien tenues. Certaines disposent de terrasses orientées vers les flots.

PORTIVY – 56 Morbihan – 308 M9 – rattaché à Quiberon

PORT-JOINVILLE – 85 Vendée – 316 B7 – voir à Île d'Yeu

PORT-LA-NOUVELLE – 11 Aude – 344 J4 – 5 658 h. – alt. 2 m – Casino 22 B3

– ✉ 11210 Languedoc Roussillon
Paris 813 – Carcassonne 81 – Montpellier 120 – Perpignan 49
place Paul Valéry, ✆ 04 68 48 00 51, www.portlanouvelle.com

Méditerranée
bd Front-de-Mer – 04 68 48 03 08 – www.hotelmediterranee.com – *Fermé 2 sem. nov. et janv.*
29 ch – 78/98 € 78/98 € – 9 € – ½ P
Rest *(fermé dim. soir et mardi midi du 28 oct. au 1er avril)* – Menu 14 € (sem.), 24/45 € – Carte 28/64 €
Un hôtel familial idéalement situé face à la plage... Les chambres sont très simples mais bien pratiques et certaines ont même un balcon donnant sur la mer.

PORT-LESNEY – 39 Jura – 321 E4 – 548 h. – alt. 251 m – ✉ 39600 16 B2
Franche-Comté Jura
Paris 401 – Arbois 12 – Besançon 36 – Dole 39

Château de Germigney
r. Edgar-Faure – 03 84 73 85 85 – www.chateaudegermigney.com – *Fermé vacances de fév. et de la Toussaint*
20 ch – 150/280 € 200/280 € – 17 €
Rest *Château de Germigney* – voir les restaurants ci-après
Bucolique ! Un parc superbe, une piscine écologique (l'eau d'un étang filtrée naturellement) et ce joli manoir, avec ses grandes chambres élégantes et pleines de charme. Tissus choisis, raffinement romantique, fumoir avec une cheminée monumentale... Une petite idée de la vie de château.

Château de Germigney
r. Edgar-Faure – 03 84 73 85 85 – www.chateaudegermigney.com – *fermé vacances de fév. et de la Toussaint, lundi midi et mardi midi*
Rest – Menu 41 € (déj.), 69/105 € – Carte 49/86 €
Dans cet élégant Château, cossu et chic comme il se doit, la Provence et le Jura se sont unis pour le meilleur... Dans la salle voûtée, à l'orangerie ou sur la terrasse, on savoure une cuisine d'une belle finesse et vraiment goûteuse.
➜ Raviole de langoustine au beurre de vin jaune, fenouil, pomme verte et caramel salé. Volaille de Bresse cuite en terrine lutée. Sablé chocolat-framboise, sorbet framboise, écrasé au moût de raisin réduit. **Vins** Chardonnay, Arbois-Pupillin.

Le Bistrot Pontarlier
pl. du 8-Mai-1945 – 03 84 37 83 27 – www.bistrotdeportlesney.com – *Fermé vacances de fév. et 2 sem. en nov., lundi soir, mardi soir, merc. et jeudi sauf en juil.-août*
Rest – Menu 26 € – Carte 30/38 €
Au bord de la Loue, un grand bistrot foisonnant de bibelots chinés, une terrasse digne d'une guinguette et... une ode au terroir. Évidemment, c'est sur une nappe à carreaux qu'on savoure un repas généreux et canaille à souhait, à prix d'ami !

PORT-LEUCATE – 11 Aude – 344 J5 – rattaché à Leucate

PORT-LOUIS – 56 Morbihan – 308 K8 – 2 808 h. – alt. 5 m – ✉ 56290 9 B2
Bretagne Sud
Paris 505 – Lorient 19 – Pontivy 61 – Vannes 50
1 rue Marcel Charrier, 02 97 84 78 00, www.ville-portlouis.fr

Avel Vor (Patrice Gahinet) avec ch
rest, rest, ch,
25 r. de Locmalo – 02 97 82 47 59 – www.restaurant-avel-vor.com – *Fermé 1 sem. en juin, 29 sept.-16 oct., 2 sem. en janv., mardi sauf juil.-août, dim. soir et lundi*
3 ch – 110/140 € 110/140 €
Rest – Menu 31 € (déj. en sem.), 53/91 € – Carte 67/88 €
Un Avel Vor ("vent de mer" en breton) souffle sur cette table au cadre contemporain et raffiné. Cet air iodé sied visiblement à la cuisine, pleine de finesse et sublimant, entre autres, les poissons fraîchement pêchés... Belle carte des vins.
➜ Caviar d'aubergine, glace safran-huile d'olive et rouget poêlé. Homard de nos côtes, risoto pané au comté et coulis de homard au safran. Délice choco-passion, sablé à la vanille de Madagascar, glace chocolat et poivre du Sichuan.

PORT-MANECH – 29 Finistère – 308 I8 – ✉ 29920 Nevez Bretagne Sud 9 B2

Paris 545 – Carhaix-Plouguer 73 – Concarneau 18 – Quimper 44

Hôtel du Port et de l'Aven

30 r. Aven – ✆ 02 98 06 82 17 – www.hotelduport.com – Ouvert 1er avril-30 sept.

31 ch – 49/72 € 49/72 € – 9 € – ½ P

Rest ***Restaurant du Port et de l'Aven*** – voir les restaurants ci-après

Près du port, une adresse familiale sympathique et bien tenue. Le genre d'adresse où l'on se sent toujours en vacances dans des chambres simples et gaies, au calme face à la mer. Réjouissante, la cuisine bien iodée du restaurant.

Restaurant du Port et de l'Aven

30 r. Aven – ✆ 02 98 06 82 17 – www.hotelduport.com – Ouvert 1er avril-30 sept.

Rest – Menu 20/45 € – Carte 29/78 €

Ici, poissons et crustacés sont à la fête, fraîchement pêchés et accommodés avec justesse. On commence par des langoustines, puis vient un turbot sauce mousseline, un homard ou encore une crème au lait Ribot : breton, vous avez dit breton ?

PORT-MORT – 27 Eure – 304 I6 – 990 h. – alt. 19 m – ✉ 27940 33 D2

Paris 89 – Les Andelys 11 – Évreux 33 – Rouen 55

Auberge des Pêcheurs

122 Grande Rue – ✆ 02 32 52 60 43 – Fermé 29 juil.-21 août, 6-22 janv., dim. soir, mardi soir et merc.

Rest – Menu 16 € (déj. en sem.), 26/36 € – Carte 38/52 €

Dans cette auberge simple, rustique et accueillante, le chef, présent depuis près de trente ans, concocte de bons petits plats traditionnels. Et dans la véranda, la vue sur le grand jardin est bien agréable...

PORT-NAVALO – 56 Morbihan – 308 N9 – rattaché à Arzon

PORTO – 2A Corse-du-Sud – 345 B6 – voir à Corse

PORTO-POLLO – 2A Corse-du-Sud – 345 B9 – voir à Corse

PORTO-VECCHIO – 2A Corse-du-Sud – 345 E10 – voir à Corse

PORT-ST-PÈRE – 44 Loire-Atlantique – 316 F5 – 2 661 h. – alt. 16 m – ✉ 44710 34 B2

Paris 409 – Angers 114 – Nantes 22 – La Roche-sur-Yon 86

13, rue de Pornic, ✆ 02 40 31 50 13, www.mairie-port-saint-pere.fr

Demeure Les Arabesques sans rest

La Bogetterie, 3 km au Nord-Ouest par D 103, rte du Pellerin – ✆ 02 40 47 80 42 – www.demeure-arabesques.com

3 ch – 88/98 € 88/123 €

Roland Petit, Maurice Béjart et Patrick Dupont : ainsi se prénomment les chambres de ces Arabesques, créées par une ancienne professeur de danse. Entre ces murs du 16e s., l'ambiance est à la grâce et à la douceur... Un beau refuge parmi les bois et les étangs, à mi-chemin entre Nantes et Pornic.

PORTSALL – 29 Finistère – 308 C3 – ✉ 29830 Bretagne Nord 9 A1

Paris 616 – Brest 29 – Quimper 98 – Rennes 263

La Demeure Océane sans rest

20 r. Bar Al Lan – ✆ 02 98 48 77 42 – www.demeure-oceane.fr – Ouvert 15 fév.-10 nov.

5 ch – 62/72 € 65/75 €

Une agréable maison bourgeoise du début 20e s., au-dessus du port. Les chambres sont fraîches et romantiques, un peu rêveuses (Violette, Jeanne et Victor, Napoléon, etc.). Une bonne adresse pour les amoureux de paysages sauvages et naturels.

Les Littorines

8 square de l'Aberic – ✆ 02 98 48 61 85 – www.les-littorines.fr – Ouvert de fév. à oct. et fermé dim. soir, lundi et mardi hors saison
Rest – Formule 14 € – Menu 19 € (sem.), 28/33 € – Carte 32/44 €
Tartare de thon au caramel, chaud froid de Saint-Jacques aux agrumes, lieu de Portsall au beurre blanc, etc. : on sait vivre dans cette maison néobretonne, sur le port. L'affaire est gérée en famille, et toujours avec le sourire !

PORT-SUR-SAÔNE – 70 Haute-Saône – 314 E6 – 3 013 h. – alt. 228 m – ✉ 70170 16 B1

Paris 347 – Besançon 61 – Bourbonne-les-Bains 46 – Épinal 75
67, rue François Mitterrand, ✆ 03 84 78 10 66

à Vauchoux 3 km au Sud par D 6 – 127 h. – alt. 210 m – ✉ 70170

Château de Vauchoux (Jean-Michel Turin)

rte de la vallée de la Saône – ✆ 03 84 91 53 55 – Fermé 25-28 fév., lundi et mardi
Rest *(réserver)* – Menu 75/125 €
Étonnant destin pour ce château, ancien relais de chasse de Louis XV devenu l'une des meilleures tables de la région ! La salle allie mobilier de style et pièces design. Dans l'assiette, en revanche, pas de mélange des genres avec une cuisine de tradition centrée sur le produit. Très belle sélection de vins.
→ Kougelhopf grillé et ballottine de foie gras. Pigeonneau rôti "Edwige Feuillère". Carolines glacées, excellence de chocolat noir et sorbet menthe fraîche. **Vins** Vin de pays de Franche-Comté.

PORT-VENDRES – 66 Pyrénées-Orientales – 344 J7 – 4 279 h. – alt. 3 m – ✉ 66660 Languedoc Roussillon 22 B3

Paris 881 – Montpellier 192 – Perpignan 32
1, quai François Joly, ✆ 04 68 82 07 54, www.port-vendres.com
Tour Madeloc ※★★ SO : 8 km puis 15 mn.

Les Jardins du Cèdre

29 rte Banyuls – ✆ 04 68 82 01 05 – www.lesjardinsducedre.com – Fermé 7 janv.-7 fév.
19 ch – †66/126 € ††66/126 € – 1 suite – ☐ 10 € – ½ P
Rest *(fermé lundi du 15 nov. au 15 mars et mardi)* – Menu 19 € (déj. en sem.)/75 € – Carte 46/68 €
Jolie piscine, palmiers, chambres simples mais fraîches dont certaines donnent sur la mer et... vieux cèdre du Liban : un hôtel agréable, malgré la route toute proche. En haute saison, la demi-pension est obligatoire.

Côte Vermeille

quai du Fanal, direction la criée – ✆ 04 68 82 05 71 – Fermé 15 fév.- 15 mars, 1 sem. en nov., dim. sauf juil.-août et lundi
Rest – Formule 21 € – Menu 38/65 € – Carte 56/64 €
Rest *Côté Terrasse* 1er étage, ✆ 04 68 88 85 05 *(Ouvert avril-oct., fermé le soir en avril et oct., dim. et lundi sauf juil.-août)* – Formule 20 € – Menu 26 € – Carte 38/52 €
Sous l'égide de deux frères, une belle table marine ancrée sur le port. Achetés à la criée voisine, tous les poissons sont sauvages et cuisinés avec goût. Grillades au Côté Terrasse.

LA POTERIE – 22 Côtes-d'Armor – 309 H4 – rattaché à Lamballe

POUANÇAY – 86 Vienne – 322 F2 – 236 h. – alt. 73 m – ✉ 86120 39 C1

Paris 348 – Bressuire 56 – Poitiers 75 – Saumur 29

Trésor Belge

1 allée du Jardin Secret – ✆ 05 49 98 72 25 – www.tresorbelge.com – Fermé 2-11 juil., 3-12 sept., 7-29 janv., lundi et mardi
Rest *(nombre de couverts limité, réserver)* – Formule 20 € – Menu 25 € (déj.), 29/49 € – Carte 37/62 €
Une "ambassade" de la cuisine flamande où l'on déguste en toute convivialité de belles spécialités belges arrosées d'une très belle sélection d'incontournables bières du Plat Pays. Une adresse bien gourmande !

POUGUES-LES-EAUX – 58 Nièvre – 319 B9 – 2 499 h. – alt. 198 m – Casino 7 A2

– ✉ 58320 Bourgogne

Paris 225 – Auxerre 123 – Bourges 65 – Nevers 12

44, avenue de Paris, ✆ 03 86 37 32 91, www.ot-pouguesleseaux.fr

Hôtel des Sources

r. Mignarderie – ✆ 03 86 90 11 90 – www.hoteldessources.fr

29 ch – †65/93 € ††65/93 € – ☕ 9 € – ½ P **Rest** – Menu 15 € (sem.)

Un hôtel familial entouré de verdure. Chambres fonctionnelles et impeccablement tenues, atmosphère conviviale et bons petits-déjeuners... non loin du casino. Esprit "cuisine ménagère" au restaurant.

POUILLON – 40 Landes – 335 F13 – 2 827 h. – alt. 28 m – ✉ 40350 3 B3

Paris 742 – Dax 16 – Mont-de-Marsan 69 – Orthez 28

30 chemin de Lahitte, ✆ 05 58 98 38 93, www.tourisme-landes.com

L'Auberge du Pas de Vent

281 av. du Pas-de-Vent – ✆ 05 58 98 34 65 – www.auberge-dupasdevent.com – Fermé vacances de la Toussaint, de fév., dim. soir, lundi soir, mardi soir et merc.

Rest – Formule 13 € – Menu 25/32 € – Carte 32/52 €

Une chose est sûre, on ne va pas à l'Auberge du Pas de Vent à reculons ! Au cœur des Landes, le cadre champêtre n'a d'égal que la généreuse cuisine du terroir. Le chef, Frédéric Dubern, sélectionne les meilleurs produits locaux – dont un magnifique jambon cru. Une savoureuse adresse, très authentique.

POUILLY-EN-AUXOIS – 21 Côte-d'Or – 320 H6 – 1 540 h. – alt. 390 m 8 C2

– ✉ 21320 Bourgogne

Paris 270 – Avallon 66 – Beaune 42 – Dijon 44

le Colombier, ✆ 03 80 90 74 24, www.pouilly-auxois.com

18 du Château de Chailly, Chailly s/Armançon, O : 6 km par D 977, ✆ 03 80 90 30 40

Restaurant de la Poste avec ch

pl. de la Libération – ✆ 03 80 90 86 44 – www.hoteldelapostepouilly.fr – Fermé 11 nov.-5 déc., dim. soir et lundi

7 ch – †53/60 € ††59/87 € – ☕ 8 € – ½ P

Rest – Formule 15 € – Menu 19 € (déj. en sem.)/36 € – Carte 37/48 €

Sur la place centrale de cette petite localité bourguignonne, cette auberge est tenue par la même famille depuis 1947. Il y règne une sympathique atmosphère champêtre et l'on déguste une cuisine traditionnelle aux accents régionaux. Chambres pratiques pour l'étape.

à Ste-Sabine 8 km au Sud-Est par D 981, D 977bis et D 970 – 190 h. – alt. 365 m

– ✉ 21320

rue Haute, ✆ 03 80 49 28 25

Château Sainte Sabine

– ✆ 03 80 49 22 01 – www.saintesabine.com – Fermé 22 déc.-23 janv.

23 ch – †96/200 € ††96/200 € – ☕ 14 € – ½ P

Rest ***Château Sainte-Sabine*** – voir les restaurants ci-après

L'art de vivre à la française imprègne ce beau château du 17e s., d'architecture classique. Chic et impeccables, les chambres jouent la carte d'une élégance intemporelle, dans une version plus "châtelaine" pour celles de la tour. Et l'on ne se lasse pas des belles échappées sur le parc environnant, où vagabondent des animaux en liberté...

Château Sainte-Sabine

– ✆ 03 80 49 22 01 – www.saintesabine.com – Ouvert 15 mars-21 déc. et fermé mardi et merc. sauf le soir de mai à sept.

Rest – Formule 19 € – Menu 24 € (déj. en sem.), 39/71 € – Carte 47/59 €

Dans le cadre historique du château Sainte-Sabine, né au Grand Siècle, face au parc et à son plan d'eau, une table élégante et raffinée. Le chef a le souci du détail : ses plats se révèlent fins, soignés et parfumés. Excellent rapport plaisir-prix.

à Chailly-sur-Armançon 6,5 km à l'Ouest par D 977bis – 273 h. – alt. 387 m – ✉ 21320

Château de Chailly
– ✆ 03 80 90 30 30 – www.chailly.com
– Ouvert 6 mars-14 déc.
42 ch – 159/569 € 159/569 € – 3 suites – 19 €
Rest ***L'Armançon*** – voir les restaurants ci-après
Rest ***Le Rubillon*** *(déj. seult)* – Formule 20 € – Menu 24 €
Une riche façade Renaissance, une autre grandiose et médiévale : ce château a du style ! Ses hôtes pourront musarder dans le superbe parc, s'adonner aux joies du golf ou de la natation, profiter des deux restaurants... Vous avez dit "vie de château" ?

L'Armançon – Hôtel Château de Chailly
– *✆ 03 80 90 30 30 – www.chailly.com – Ouvert 6 mars-14 déc. et fermé mardi de nov. à mars, dim. et lundi*
Rest *(dîner seult)* – Menu 52/85 € – Carte 65/88 €
Foie gras de canard à l'infusion de litchi, saint-pierre rôti au thym citron, parfait glacé à l'orange et glace cardamome... En ce beau château des 15e-16e s., la cuisine est classique et élégante. À l'unisson du cadre, distingué et évidemment châtelain.

POUILLY-LE-FORT – 77 Seine-et-Marne – 312 E4 – ✉ 77240 19 C2

Paris 57 – Créteil 35 – Évry 23 – Melun 7

Le Pouilly
1 r. de la Fontaine – ✆ 01 64 09 56 64 – www.lepouilly.fr – Fermé 12 août-10 sept., 23-28 déc., dim. soir et lundi
Rest – Menu 27 € (déj. en sem.), 47/85 € – Carte 80/100 €
On se sent bien, dans l'ancienne grange de cette vieille ferme briarde... Le décor est charmant (pierres apparentes, poutres, etc.) et l'on savoure une agréable cuisine d'aujourd'hui.
➜ Foie gras poêlé au citron vert, pastèque caramélisée, cassis et cresson. "Pluma del lomo" à la graisse d'oie, abricots secs, gingembre et risotto au citron confit. Tarte chocolat et cappuccino.

POUILLY-SOUS-CHARLIEU – 42 Loire – 327 D3 – 2 582 h. – alt. 264 m – ✉ 42720 44 A1

Paris 393 – Charlieu 5 – Digoin 43 – Roanne 15

Loire
r. de la Berge – ✆ 04 77 60 81 36 – www.restaurant-loire.fr – Fermé 7-18 oct., 8-26 janv., dim. soir, lundi et mardi
Rest – Formule 16 € – Menu 20 € (sem.), 30/70 € – Carte 34/75 €
Cette auberge, en bord de Loire, servait jadis de la friture... Aujourd'hui, c'est un joli restaurant, avec une terrasse côté jardin. On y apprécie une cuisine traditionnelle et soignée, qui privilégie les produits frais.

POUILLY-SUR-LOIRE – 58 Nièvre – 319 A8 – 1 742 h. – alt. 168 m – ✉ 58150 Bourgogne 7 A2

Paris 200 – Bourges 58 – Clamecy 54 – Cosne-Cours-sur-Loire 18
17, quai Jules Pabiot, ✆ 03 86 39 54 54, www.pouillysurloire.fr

Relais de Pouilly
rte de Mesves-sur-Loire, 3 km au Sud par D 28A – ✆ 03 86 39 03 00 – www.relaisdepouilly.com
23 ch – 68/72 € 75/84 € – 10 € – ½ P
Rest – Formule 15 € – Menu 20/36 € – Carte 23/48 €
Pour l'étape, un hôtel proche de la cité vigneronne et d'une aire d'autoroute (accès piétonnier). Chambres insonorisées tournées vers la réserve naturelle de la Loire ; jardin et aire de jeux. Cuisine traditionnelle, buffets, grillades et sélection de pouillys.

Le Coq Hardi-Relais Fleuri avec ch
42 av. de la Tuilerie – 03 86 39 12 99 – www.lecoqhardi.fr – Fermé 1er-13 mars, 15-26 déc., dim. soir, mardi midi et lundi d'oct. à avril
9 ch – 78 € 78 € – 11 € – ½ P
Rest – Formule 17 € – Menu 24 € (sem.), 38/59 € – Carte 51/68 €
Dans cette vénérable hostellerie, on s'installe dans une salle donnant sur le jardin qui borde la Loire... Le chef concocte une cuisine traditionnelle pleine de saveur. Certaines des chambres ouvrent sur la verdure.

POULDREUZIC – 29 Finistère – 308 E7 – 1 909 h. – alt. 51 m – ✉ 29710 9 A2

Bretagne Sud
Paris 587 – Audierne 17 – Douarnenez 17 – Pont-l'Abbé 15
rue de la Mer, 02 98 54 49 90

à Penhors 4 km à l'Ouest par D 40 – ✉ 29710 Pouldreuzic

Breiz Armor
à la plage – 02 98 51 52 53 – www.breiz-armor.fr – Ouvert 30 mars-13 oct. et 25-31 déc.
36 ch – 84/97 € 84/97 € – 11 € – ½ P
Rest *(fermé lundi sauf le soir en juil.-août)* – Menu 16 € (déj. en sem.), 24/60 € – Carte 28/57 €
Ce grand bâtiment n'a peut-être pas de charme particulier, mais il se trouve près de la plage, face au large. Autres petits plus, hormis les agréables chambres : billard, solarium, fitness, sauna, vélos, buanderie, etc. À table, des recettes presque 100 % mer : c'est iodé et vivifiant !

LE POULDU – 29 Finistère – 308 J8 – ✉ 29360 Clohars Carnoet 9 B2

Bretagne Sud
Paris 521 – Concarneau 37 – Lorient 25 – Moëlan-sur-Mer 10
St-Maurice : site★ et ★ du pont NE : 7 km.

Le Panoramique sans rest
2 r. du Kerou Le Pouldu, au Kérou-plage – 02 98 39 93 49 – www.hotel-panoramique.fr – Ouvert 30 mars-11 nov.
25 ch – 59/75 € 59/75 € – 9 €
Un hôtel tout simple, parfait pour profiter de la plage et du littoral. Les installations sont de qualité, tout est très propre et l'on vous accueille avec un grand sourire. Demandez la vue sur mer, c'est encore mieux.

POULIGNY-NOTRE-DAME – 36 Indre – 323 I8 – rattaché à La Châtre

POURVILLE-SUR-MER – 76 Seine-Maritime – 304 G2 – rattaché à Dieppe

POUZAY – 37 Indre-et-Loire – 317 M6 – rattaché à Ste-Maure-de-Touraine

LE POUZIN – 07 Ardèche – 331 K5 – 2 853 h. – alt. 90 m – ✉ 07250 44 B3

Paris 590 – Lyon 127 – Privas 16 – Valence 28

La Cardinale
quartier Serre-Petou – 04 75 41 20 39 – www.hotellacardinale.com – Fermé 16 oct.-21 nov. et 15 déc.-15 mars
10 ch – 110/195 € 155/245 € – 15 €
Rest *(fermé lundi, mardi et merc. d'oct. à mai sauf résidents) (dîner seult) (réserver)* – Menu 28/38 €
Un beau mas, un parc aux essences choisies, un élégant restaurant, une jolie piscine, des kiosques... c'est charmant ! Les chambres sont raffinées (salles de bains rétro), certaines de plain-pied dans l'annexe récente (avec terrasse). Un établissement de qualité.

PRADES – 66 Pyrénées-Orientales – **344** F7 – **6 308 h.** – **alt. 360 m** **22** B3
– ✉ **66500** Languedoc Roussillon

Paris 892 – Mont-Louis 36 – Olette 16 – Perpignan 46

10, place de la République, ✆ 04 68 05 41 02, www.prades-tourisme.fr

de Marcevol, à Arboussols, Le Hameau de Marcevol, NE : 10 km par D 35, ✆ 04 68 96 18 08

Abbaye St-Michel-de-Cuxa★★ S : 3 km - Village d'Eus★ NE : 7 km.

Pradotel rest,
av. Festival, sur la rocade – ✆ 04 68 05 22 66 – www.hotel-prades.com
39 ch – 55/67 € 60/77 € – 9 € – ½ P
Rest *(fermé janv.)* – Formule 12 € – Menu 15/39 €
En bordure de nationale, un hôtel récent, pratique et familial : abri pour les vélos, terrain de pétanque, grande piscine...

à Clara **5 km au Sud par D 35 – 240 h. – alt. 650 m** – ✉ **66500**

Les Loges du Jardin d'Aymeric avec ch ch,
7 r. du Canigou – ✆ 04 68 96 08 72 – www.logesaymeric.com
– Fermé janv.
3 ch – 125/145 € 125/145 € – ½ P
Rest *(fermé mardi soir et merc. d'oct. à mai) (réservation indispensable)*
– Menu 36/54 €
Dans ce village perché, il fait bon s'attabler dans cette jolie maison traditionnelle, en ayant bien pris soin de réserver ! Le chef concocte une agréable cuisine du marché avec de beaux produits et la décline en deux menus... Et s'il vous prend l'envie de rester, les chambres ont vraiment du cachet (vitraux, salles de bains rétro...).

LE PRADET – **83 Var** – **340** L7 – **11 455 h.** – **alt. 1 m** – ✉ **83220** **41** C3
Côte d'Azur

Paris 842 – Draguignan 76 – Hyères 11 – Toulon 10

place Général-de-Gaulle, ✆ 04 94 21 71 69, www.lepradet-tourisme.fr

Musée de la mine de Cap Garonne : grande salle★, 3 km au Sud par D 86.

aux Oursinières **3 km au Sud par D 86** – ✉ **83220 Le Pradet**

L'Escapade sans rest
1 r. de la Tartane – ✆ 04 94 08 39 39 – www.hotel-escapade.com
– Ouvert 12 mars-4 nov.
9 ch – 125/230 € 125/230 € – 1 suite – 14 €
À 100 m de la mer, un petit nid au calme, idéal pour une escapade sous le soleil... Atmosphère douillette dans les chambres, disséminées à travers le beau jardin.

La Chanterelle
50 r. de la Tartane – ✆ 04 94 08 52 60 – www.hotel-escapade.com
– Fermé nov., janv., fév., lundi et mardi de sept. à avril
Rest – Menu 39/49 € – Carte 50/65 €
Une cuisine provençale délicate et pleine d'arômes, que l'on déguste avec plaisir dans une jolie maison en pierre (plafond en bois sculpté, vitraux colorés, jardin fleuri).

PRALOGNAN-LA-VANOISE – **73 Savoie** – **333** N5 – **754 h.** – **alt. 1 425 m** **45** D2
– **Sports d'hiver : 1 410/2 360 m** 1 11 – ✉ **73710** Alpes du Nord

Paris 634 – Albertville 53 – Chambéry 103 – Moûtiers 28

avenue de Chasseforêt, ✆ 04 79 08 79 08, www.pralognan.com

Site★ - Parc national de la Vanoise★★ - La Chollière★ SO : 1,5 km puis 30 mn - Mont Bochor ★ par téléphérique.

Les Airelles rest,
les Darbelays, 1 km au Nord – ✆ 04 79 08 70 32 – www.hotel-les-airelles.fr
– Ouvert 7 juin-15 sept. et 21 déc.-19 avril
21 ch – 65/80 € 80/100 € – 8,50 € – ½ P
Rest – Menu 22/26 € – Carte 26/33 €
Pralognan est très apprécié par les randonneurs et ces Airelles sont idéales pour un séjour nature ! Dans un hameau à l'orée de la forêt des Granges, on se sent comme chez soi dans ce beau chalet des années 1980, qui allie ambiance familiale, calme et vue sur les montagnes. Restaurant savoyard.

Hôtel de la Vanoise
chemin du Dou-des-Ponts – 04 79 08 70 34 – www.hoteldelavanoise.fr – Ouvert de mi-juin à mi-sept. et 15 déc.-15 avril
32 ch – 93/160 € 93/160 € – 10 € – ½ P
Rest – Formule 19 € – Menu 23 € – Carte 25/40 €
L'aîné des hôtels de cette sympathique station de montagne, au cœur de la Vanoise. Derrière une façade traditionnelle, on découvre des chambres simples et chaleureuses, la plupart avec balcon face aux sommets... Avis aux skieurs : les remontées mécaniques sont toutes proches.

Hôtel du Grand Bec rest,
– 04 79 08 71 10 – www.hoteldugrandbec.fr – Ouvert 1er juin-15 sept. et 20 déc.-14 avril
39 ch – 60/100 € 60/140 € – 10 € – ½ P
Rest – Menu 22/48 € – Carte 25/49 €
La crête du Grand Bec veille sur ce chalet des années 1930, posté à l'entrée de Pralognan. Les chambres se révèlent toutes simples, avec un décor d'esprit montagnard. Autres atouts : une très belle piscine couverte et un restaurant traditionnel dont la terrasse regarde les sommets...

LE PRARION – 74 Haute-Savoie – 328 N5 – rattaché aux Houches

PRATS-DE-MOLLO-LA-PRESTE – 66 Pyrénées-Orientales – 344 F8 — 22 B3
– 1 125 h. – alt. 740 m – ✉ 66230 Languedoc Roussillon
Paris 905 – Céret 32 – Perpignan 64
place du Foiral, 04 68 39 70 83, www.pratsdemollolapreste.com
Ville haute★.

Bellevue
pl. du Foiral – 04 68 39 72 48 – www.hotel-le-bellevue.fr – Ouvert 14 fév.-25 nov. et fermé mardi et merc. de nov. à mars
16 ch – 44/62 € 54/78 € – 10 € – ½ P
Rest *Bellevue* – voir les restaurants ci-après
Au pied des remparts de la cité médiévale, cet hôtel trône sur la place du village. Les chambres, fraîches et modernes, sont soigneusement tenues ; une bonne étape.

Bellevue
pl. du Foiral – 04 68 39 72 48 – www.hotel-le-bellevue.fr – Ouvert 14 fév.-25 nov. et fermé mardi et merc. de nov. à mars
Rest – Formule 20 € – Menu 29 € (sem.), 40/55 € – Carte 44/54 €
Une carte qui fleure bon le terroir et les saveurs régionales, et pour cause : le chef valorise les petits producteurs locaux, qui viennent dans ce village uniquement pour le livrer. Agneau catalan, fromage des Pyrénées...

à La Preste 8 km – Stat. therm. : fin mars-fin nov. – ✉ 66230 Prats de Mollo la Preste

Ribes rest,
– 04 68 39 71 04 – www.hotel-ribes.com – Ouvert 20 avril -19 oct.
16 ch – 49/52 € 49/58 € – 7 € – ½ P
Rest – Formule 11 € – Menu 18/30 € – Carte 30/44 €
Au bout du monde ! Isolée au milieu des prés, cette ferme de montagne s'est offert une nouvelle vie... Place à une hôtellerie familiale sympathique, avec des chambres modestes, un brin désuètes mais très propres.

PRATZ – 39 Jura – 321 E8 – 574 h. – alt. 682 m – ✉ 39170 — 16 B3
Paris 460 – Besançon 130 – Genève 113 – Lons-le-Saunier 47

Les Louvières
– 03 84 42 09 24 – www.leslouvieres.com – Fermé 6-21 sept., 19 déc.-3 fév., dim. soir, lundi et mardi
Rest – Formule 34 € – Menu 42/48 €
Cette ferme de pays a été rénovée dans un esprit chic et contemporain, sans rien renier de son cachet montagnard. Un endroit vraiment sympathique, où l'on savoure une cuisine créative alléchante et de bons vins du monde.

LE PRAZ – 73 Savoie – 333 M5 – rattaché à Courchevel

LES PRAZ-DE-CHAMONIX – 74 Haute-Savoie – **328** O5 – rattaché à Chamonix-Mont-Blanc

PRAZ-SUR-ARLY – 74 Haute-Savoie – **328** M5 – 1 353 h. – alt. 1 036 m – Sports d'hiver : 1 036/2 070 m 26 – ✉ 74120 **46** F1

Paris 602 – Albertville 28 – Chambéry 79 – Chamonix-Mont-Blanc 37

54, Route du Val d'Arly, ✆ 04 50 21 90 57, www.prazsurarly.com

La Griyotire

rte La Tonnaz – ✆ 04 50 21 86 36 – www.griyotire.com – Ouvert 8 juin-30 sept. et 20 déc.-13 avril

16 ch – †90/130 € ††90/130 € – 5 suites – ☕ 14 € – ½ P

Rest *(dîner seult)* – Menu 29/45 € – Carte 31/44 €

Un élégant chalet savoyard, à la fois central et paisible, avec des chambres charmantes et cosy. Hammam, sauna et massages, restaurant montagnard (spécialités traditionnelles et régionales) : les vacances, tout simplement !

PRÉCHACQ-LES-BAINS – 40 Landes – 609 h. – alt. 15 m – ✉ 40465 **3** B2

Paris 746 – Bordeaux 167 – Mont-de-Marsan 44 – Pau 128

route de l'Eglise, ✆ 05 58 57 21 72, www.prechacq-les-bains.org

Hostellerie du Clos Pité

1348 av. des Sources – ✆ 05 58 57 99 15 – www.hotel-clos-pite.com – Fermé 20 déc.-6 janv.

12 ch – †53/75 € ††53/75 € – ☕ 8 € – ½ P

Rest *(Fermé le midi sauf sam. et dim.)* – Menu 19/35 € – Carte 24/47 €

En pleine campagne, sur la route du domaine thermal de Préchacq, une maison blanche où règne une jolie simplicité, un peu comme dans une maison de vacances : vieux mobilier chiné dans les chambres, sympathique salon où l'on peut se documenter sur la région, restaurant digne d'une table familiale...

PREIGNAC – 33 Gironde – **335** J7 – rattaché à Langon

PRÉNERON – 32 Gers – **336** D7 – rattaché à Vic-Fezensac

PRENOIS – 21 Côte-d'Or – **320** J5 – rattaché à Dijon

LE PRÉ-ST-GERVAIS – 93 Seine-Saint-Denis – **305** F7 – **101** 16 – voir à Paris, Environs

LA PRESTE – 66 Pyrénées-Orientales – **344** F8 – rattaché à Prats-de-Mollo

PRINGY – 77 Seine-et-Marne – **312** E4 – 2 537 h. – alt. 70 m – ✉ 77310 **19** C2

Paris 50 – Évry 17 – Melun 11 – Orléans 140

1 bis rue des écoles, ✆ 01 60 65 83 00, www.mairie-pringy77.fr

L'Inédit (Eddy Creuzé)

20 av. de Fontainebleau, D 607 – ✆ 01 60 65 57 75 – www.linedit.fr – Fermé août, vacances de Noël, dim. soir, mardi et merc.

Rest – Formule 25 € – Menu 38/85 € – Carte 70/115 €

Une image de l'Inédit ? Cette entrée : un capuccino de pommes de terre de Noirmoutier bien crémeux, avec un foie gras savamment poêlé et un jus à la truffe noire parfumé. Une belle association, qui illustre l'esprit de création du chef et son goût pour les produits nobles. Élégant décor tout de blanc et de brun.

→ Cappuccino de pomme de terre et foie gras de canard poêlé. Lièvre à la royale. Glace à la truffe noire.

PRIVAS P – 07 Ardèche – **331** J5 – 8 461 h. – alt. 300 m – ✉ 07000 **44** B3

Ardèche Drôme

Paris 596 – Montélimar 34 – Le Puy-en-Velay 91 – Valence 41

3, place du Général-de-Gaulle, ✆ 04 75 64 33 35, www.paysdeprivas.com

Site★.

La Chaumette

av. du Vanel – ✆ 04 75 64 30 66 – www.hotelchaumette.fr – Fermé vacances de la Toussaint et vacances de fév.
36 ch – 🚹50/70 € 🚹🚹55/80 € – ☕ 13 € – ½ P
Rest *(fermé lundi, sam. midi, dim. soir et mardi soir)* – Formule 18 € – Menu 23 € (déj. en sem.), 39/70 € – Carte 59/77 €
Cet hôtel moderne a l'âme voyageuse : les chambres évoquent le Midi, l'Afrique, la Chine... Moins loin, il fait bon lézarder au bord de la piscine ou au Bar des Suds. Agréable terrasse au restaurant, où le chef s'inpire du terroir.

à Rochessauve **11km au Sud-Est par D2 et D 299 – 390 h. – alt. 300 m – ✉ 07210**

Château de Rochessauve

– ✆ 04 75 65 07 06 – www.chateau-de-rochessauve.com – Fermé 1er janv. à Pâques et nov.
5 ch ☕ – 🚹120/130 € 🚹🚹160/260 € **Table d'hôte** *(fermé jeudi)* – Menu 40 € bc
Un château du 13e s. perché sur un piton rocheux... Protégé du mistral par la falaise, on contemple la chaîne des Alpes dans un calme absolu. Les propriétaires sont d'anciens antiquaires (que de beaux objets !) et... de bons cuisiniers (volailles et légumes maison).

PROISSANS – 24 Dordogne – 329 I6 – 894 h. – alt. 188 m – ✉ 24200 4 D3

▶ Paris 524 – Bordeaux 198 – Limoges 135 – Périgueux 75
ℹ le Bourg, ✆ 05 53 59 15 62

Au Puits Gourmand Ⓝ

– ✆ 05 53 29 52 71 – www.aupuitsgourmand.net – Fermé 1er-10 juil., vacances de Noël, sam. midi et merc.
Rest – Formule 19 € – Menu 24/36 € – Carte 34/46 €
Le chef, normand d'origine, puise son inspiration dans les produits frais et cherche à proposer le meilleur rapport qualité-prix : pari réussi, en toute simplicité ! Côté décor : une petite maison de pays, aux murs vert flashy, et une sympathique terrasse.

PROJAN – 32 Gers – 336 A8 – 156 h. – alt. 157 m – ✉ 32400 28 A2

▶ Paris 742 – Pau 42 – Tarbes 60 – Toulouse 169

Le Château de Projan

rest,

– ✆ 05 62 09 46 21 – www.chateau-de-projan.com – Fermé 1 sem. aux vacances de la Toussaint, 19-26 déc., 10 fév.-1er mars et dim. soir
7 ch – 🚹110/135 € 🚹🚹130/200 € – ☕ 14 € – ½ P
Rest *(dîner seult)* – Formule 26 € – Menu 37/80 €
Ambiance de maison d'hôtes dans ce château blotti dans un parc au sommet d'une colline. Beau mobilier ancien et tableaux contemporains ornent chambres et salons. Lumineuse salle à manger prolongée d'une terrasse où l'on sert des plats régionaux. Cours de cuisine.

PROPRIANO – 2A Corse-du-Sud – 345 C9 – voir à Corse

PROVINS (SP) – 77 Seine-et-Marne – 312 I4 – 12 349 h. – alt. 91 m 19 D2
– ✉ 77160 Île-de-France

▶ Paris 88 – Châlons-en-Champagne 98 – Fontainebleau 55 – Sens 47
ℹ rue du vieux chemin de Paris, ✆ 01 64 60 26 26, www.mairie-provins.fr
👁 Ville Haute★★ AV : remparts★★ AY, Tour César★★ : ←★, Grange aux Dîmes★ AV **E** - Place du Chatel★ - Portail central★ et groupe de statues★★ dans l'église St-Ayoul BV - Choeur★ de la collégiale St-Quiriace AV - Musée de Povins et du Provinois : collections de sculptures et de céramiques★ **M.**
👁 St-Loup-de-Naud : portail★★ de l'église★ 7 km par ④.

Plan page suivante

PROVINS

Rue	Carré	N°
Alips (R. Guy)	AX	
Anatole-France (Av.)	AV	2
Arnoul (R. Victor)	BX	3
Balzac (Pl. Honoré-de)	BVX	4
Bellevue (Rampe de)	BX	
Bordes (R. des)	BX	7
Bourquelot (R. Félix)	BV	8
Bray (Rte de)	AX	
Briand (R. Aristide)	BX	
Canal (R. du)	AX	
Carnot (Bd)	BX	
Champbenoist (Rte de)	BX	13
Changis (R. de)	BX	14
Châtel (Pl. du)	AV	18
Chomton (Bd Gilbert)	AX	19
Collège (R. du)	ABV	23
Cordonnerie (R. de la)	BV	24
Courloison (R.)	BV	27
Couverte (R.)	AV	28
Delort (Rue du Gén.)	BVX	29
Desmarets (R. Jean)	AV	30
Dromigny (R. Georges)	AX	
Esternay (R. d')	BX	
Ferté (Av. de la)	BV	33
Fourtier-Masson (R.)	BX	35
Friperie (R. de la)	BV	37
Garnier (R. Victor)	BX	39
Gd-Quartier-Gén. (Bd du)	BX	42
Hugues-le-Grand (R.)	BX	43
Jacobins (R. des)	BV	44
Jean-Jaurès (Av.)	BX	
Leclerc (Pl. du Mar.)	BV	47
Malraux (Av. André)	AVY	
Michelin (R. Maximilien)	AX	
Nanteuil (Rte de)	BV	
Nocard (R. Edmond)	BVX	54
Opoix (R. Christophe)	BV	57
Palais (R. du)	AV	59
Pasteur (Bd)	BV	
Plessier (Bd du Gén.)	BVX	64
Pompidou (Av. G.)	BV	67
Pont-Pigy (R. du)	BV	68
Prés (R. des)	BV	69
Rebais (R.)	BV	
Remparts (Allée des)	AV	72
Ste-Croix (R.)	BV	
St-Ayoul (Pl.)	BV	73
St-Jean (R.)	AV	74
St-Quiriace (Pl.)	AV	77
St-Syllas (Rampe)	BV	
Val (R. du)	BV	79
Voulzie (Av. de la)	BX	85
29e-Dragons (Pl. du)	BV	84

Aux Vieux Remparts

3 r. Couverte - ville haute, Cité Médiévale – ✆ 01 64 08 94 00
– *www.auxvieuxremparts.com* AV**b**

40 ch – 🚹82/267 € 🚹🚹97/277 € – ☕ 17 € – ½ P

Rest *L'Esquisse* – voir les restaurants ci-après

Rest – Formule 29 € – Menu 36 € (sem.)/45 € – Carte 48/60 €

Ces Vieux Remparts évoquent tout le charme de la cité médiévale : dans trois maisons attenantes, les chambres se révèlent raffinées et cosy, certaines dans un esprit contemporain bien agréable. Après la visite de la ville, on apprécie l'espace détente (piscine intérieure, sauna, hammam...).

Demeure des Vieux Bains sans rest

7 r. du Moulin-de-la-Ruelle, (au pied de la cité médiévale) – ✆ 06 74 64 54 00
– *www.demeure-des-vieux-bains.com* BV**d**

5 ch ☕ – 🚹100/290 € 🚹🚹160/290 €

Une belle demeure seigneuriale (12e-17e s.) à flanc de colline. Le nom de chaque chambre évoque son élégant décor : Hortensia, Pleyel (avec hammam), Flamande (avec balnéo)…

L'Esquisse – Hôtel Aux Vieux Remparts
3 r. Couverte - ville haute, Cité Médiévale – ✆ 01 64 08 95 90 – www.auxvieuxremparts.com – Fermé juil.-août, dim. et lundi AVb
Rest *(dîner seult) (nombre de couverts limité, réserver)* – Menu 46 € (sem.), 55/78 € – Carte 54/72 €
L'Esquisse est une jolie maison à colombages, au cadre contemporain et épuré. On y savoure une cuisine innovante et pleine de fraîcheur !

PRUNETE – 2B Haute-Corse – 345 F6 – voir à Corse (Cervione)

PUGET-SUR-ARGENS – 83 Var – 340 P5 – 6 722 h. – alt. 17 m – ✉ 83480 41 C3

Paris 871 – Marseille 143 – Monaco 88 – Toulon 86

Le Clos des Escapades
2323 bd Gén.-Leclerc – ✆ 04 94 45 89 88 – www.leclosdesescapades.com – Ouvert 16 mars-11 nov.
5 ch – †110/195 € ††110/195 €
Table d'hôte – Menu 35 €
Au grand calme, sur les premiers contreforts de l'Esterel, ce grand mas provençal ouvre sur un horizon de mimosas et d'oliviers... "Lune de Miel", "Rêverie", "Perle de Rose" : le nom des chambres dit beaucoup de leur esprit ! Autres atouts : une belle piscine et un espace bien-être pour parfaire la détente.

PUJAUDRAN – 32 Gers – 336 I8 – rattaché à L'Isle-Jourdain

PUJAUT – 30 Gard – 339 N4 – 3 960 h. – alt. 70 m – ✉ 30131 23 D2

Paris 683 – Marseille 117 – Montpellier 95 – Orange 23
Mairie, ✆ 04 90 26 40 20, http://mairiepujaut.fr/fr/tourisme

Entre Vigne et Garrigue (Serge Chenet) avec ch
rte de St-Bruno, 2 km au Sud-Ouest rest, ch,
– ✆ 04 90 95 20 29 – www.vigne-et-garrigue.com – Fermé 1er-10 sept., 5 janv.-5 fév., dim. soir de mai à sept., mardi d'oct. à avril et lundi
4 ch – †115/125 € ††125/155 €
Rest *(nombre de couverts limité, réserver)* – Formule 29 € bc – Menu 44/115 €
Un cadre authentique – une ferme provençale isolée, entre falaises et vignobles – et une savoureuse cuisine du marché, bien dans son époque. Produits nobles, légumes et fruits de saison ont les faveurs du chef... Chambres au décor soigné, dans l'esprit d'une maison d'hôtes.
➜ Foie gras de canard poêlé à l'hypocras, risotto d'épeautre et pain aux épices. Côte de veau fermier rôtie, jus au parfum d'arabica. Fraises et olives confites, madeleine à la tapenade et glace à l'huile d'olive. **Vins** Lirac, Châteauneuf-du-Pape.

PUJOLS – 47 Lot-et-Garonne – 336 G3 – rattaché à Villeneuve-sur-Lot

PUJOLS – 33 Gironde – 335 K6 – 553 h. – alt. 60 m – ✉ 33350 Aquitaine 4 C2

Paris 560 – Bordeaux 51 – Mérignac 68 – Pessac 63

Les Gués Rivières
rest,
5 pl. du Gén. de Gaulle – ✆ 05 57 40 74 73 – www.perso.orange.fr/margotte.olivier/ – Fermé 21 déc.-3 janv.
4 ch – †70/80 € ††75/80 €
Table d'hôte – Menu 20/30 €
Sur la place du village, une maison locale (1854) avec des chambres mignonnes et bien tenues... L'atout charme des lieux ? Une superbe terrasse surplombant les vignes et St-Émilion, sur laquelle on peut prendre le petit-déjeuner – gargantuesque ! – et se restaurer d'une agréable cuisine du Sud-Ouest.

La Poudette
La Rivière, par D 17 – ✆ 05 57 40 71 52 – www.lapoudette.com
– Fermé janv.-fév., dim. soir et mardi sauf le soir de mai à sept. et lundi
Rest – Formule 29 € – Menu 37 € – Carte environ 45 €
Dans le jardin courent poules et oies... Quoi de plus naturel dans une ancienne ferme ? Ici, on est vraiment à la campagne et l'on se régale d'une jolie cuisine de produits, fraîche et fine. Et pour se mettre au vert, il y a aussi deux confortables chambres.

PULIGNY-MONTRACHET – 21 Côte-d'Or – 320 I8 – 424 h. – alt. 227 m 7 A3

– ✉ 21190 Bourgogne

Paris 329 – Dijon 59 – Lons-le-Saulnier 121 – Mâcon 82

Le Montrachet
10 pl. des Marronniers – ✆ 03 80 21 30 06 – www.le-montrachet.com
– Fermé 25 nov.-13 janv.
27 ch – †135/165 € ††135/165 € – 2 suites – ☐ 16 € – ½ P
Rest *Le Montrachet* ✿ – voir les restaurants ci-après
Sur une place tranquille, une belle bâtisse en pierre de pays et ses dépendances ; en fait l'auberge du village peu à peu métamorphosée en hôtel cossu. Les chambres, spacieuses et classiques (plafonds à la française...), sont bien agréables.

La Maison d'Olivier Leflaive
10 pl. du Monument – ✆ 03 80 21 95 27 – www.maison-olivierleflaive.fr
– Fermé 23 déc.-1er fév.
13 ch – †110/170 € ††165/230 € – ☐ 15 €
Rest *La Table d'Olivier Leflaive* – voir les restaurants ci-après
Une vaste maison de village, avec de belles chambres d'esprit baroque, campagnard, pop, romantique ou rétro. Les vins du domaine sont bien sûr à l'honneur : visite des caves et vignes, dégustation dans le beau salon contemporain...

La Chouette sans rest
3 bis r. des Creux-de-Chagny – ✆ 03 80 21 95 60 – www.la-chouette.fr
– Fermé 15 déc.-7 janv.
6 ch ☐ – †125/135 € ††140/150 €
Une maison paisible et chaleureuse, un jardin donnant sur les vignes, de grandes chambres au décor soigné : chouette ! Et le petit-déjeuner est délicieux, avec ses gâteaux et confitures maison, ses charcuteries et ses fromages...

Domaine des Anges
pl. des Marronniers – ✆ 03 80 21 38 28 – www.domainedesangespuligny.com
4 ch ☐ – †80/125 € ††80/125 € **Table d'hôte** – Menu 38 €
D'une propriété viticole au cœur du village, ce couple de la bonne société anglaise a fait un lieu very charming... Meubles d'antiquaire, poutres, moulures, cuisine bourgeoise à la table d'hôte : pittoresque et so french ! Quant au breakfast et à l'afternoon tea, ils séduisent par leur majesté toute britannique.

Le Montrachet – Hôtel Le Montrachet
✿ *10 pl. des Marronniers – ✆ 03 80 21 30 06 – www.le-montrachet.com*
– Fermé 25 nov.-13 janv.
Rest – Menu 30 € (déj. en sem.), 59/85 € – Carte 70/95 €
Classique et raffiné : voilà qui qualifie à merveille ce restaurant – tout de poutre et pierres apparentes – et la cuisine de saison de son chef... Passé par de grandes maisons, celui-ci exécute sa partition avec soin et élégance.
➜ Escargots de Bourgogne en coquilles, beurre émulsionné au vin blanc. Volaille de Bresse en cocotte lutée. Soufflé chaud à la pêche. **Vins** Puligny-Montrachet, Chassagne-Montrachet

La Table d'Olivier Leflaive – Hôtel La Maison d'Olivier Leflaive
10 pl. du Monument – ✆ 03 80 21 95 27
– www.maison-olivierleflaive.fr – Fermé 23 déc.-1er fév. et dim.
Rest – Menu 25 €
La Table d'Olivier a des airs de bistrot de campagne, avenant, chaleureux... On y savoure une cuisine ménagère simple et attrayante, autour d'une belle dégustation de vins.

PUPILLIN – 39 Jura – **321** E5 – rattaché à Arbois

PUTEAUX – 92 Hauts-de-Seine – **311** J2 – **101** 14 – voir à Paris, Environs

PUYCELCI – 81 Tarn – **338** C7 – 488 h. – alt. 258 m – ✉ 81140 **29** C2
Midi Toulousain

Paris 637 – Albi 44 – Gaillac 25 – Montauban 40
Le Roc, ✆ 05 63 33 19 25, www.puycelsi.fr

L'Ancienne Auberge
pl. de l'Eglise – ✆ 05 63 33 65 90 – www.ancienne-auberge.com – Fermé fév.
8 ch – †75/120 € ††75/150 € – ☕ 10 € – ½ P
Rest *(fermé dim. soir et lundi)* – Menu 26/40 € – Carte 25/44 €
Au cœur d'un village fortifié authentique et charmant, ce presbytère du 13e s. s'est mué en une auberge de caractère. Dans les chambres cohabitent meubles anciens et confort d'aujourd'hui et, au bistrot, la cheminée médiévale fait son petit effet : du style, c'est certain !

LE PUY-EN-VELAY P – 43 Haute-Loire – **331** F3 – 18 810 h. – alt. 629 m **6** C3
– ✉ 43000 Ardèche Drôme

Paris 539 – Clermont-Ferrand 129 – Mende 87 – St-Étienne 76
2, place du Clauzel, ✆ 04 71 09 38 41, www.ot-lepuyenvelay.fr
du Puy-en-Velay, à Ceyssac, Sénilhac, O : 7 km par D 590, ✆ 04 71 09 17 77
Site ★★★ - L'île aux trésors ★★★ BY : cathédrale Notre-Dame ★★★ , cloître ★★ - Trésor d'art religieux ★★ dans la salle des États du Velay - St-Michel d'Aiguilhe ★★ AY - Peinture des arts libéraux ★ de la chapelle des Sacrements - Ancienne cité ★ - Musée Crozatier : collection lapidaire ★, dentelles ★
Polignac★ : ☼★ 5 km par ③.

Plan page suivante

Hôtel du Parc
4 av. C.-Charbonnier – ✆ 04 71 02 40 40 – www.hotel-du-parc-le-puy.com
15 ch – †78/199 € ††78/199 € – ☕ 14 € AZ**s**
Rest *François Gagnaire* ✿ – voir les restaurants ci-après
Près du beau jardin Vinay, un hôtel très design ! Mobilier aux lignes géométriques, ambiance zen, sens du confort : les chambres respirent le goût contemporain. Le meilleur établissement de la ville, qui abrite de surcroît une table de qualité.

Regina ch, rest
34 bd Mar. Fayolle – ✆ 04 71 09 14 71 – www.hotelrestregina.com BZ**d**
25 ch – †58/95 € ††65/95 € – 2 suites – ☕ 11 €
Rest *(fermé dim. soir du 15 nov. au 15 mars)* – Formule 19 € – Menu 25 € (sem.), 32/40 € – Carte 49/67 €
Ce bel immeuble (1905) flanqué d'une tourelle possède un indéniable chachet. Ses chambres, chaleureuses et souvent très spacieuses, sont décorées avec goût dans un style contemporain. Restaurant traditionnel. Une bonne adresse au cœur de la ville.

Le Brivas sans rest
2 av. Charles Massot, (réouverture du restaurant printemps 2013), à Vals-près-le-Puy par D 31- AZ ✉ 43750 – ✆ 04 71 05 68 66 – www.lepuy-hotels.com
48 ch – †55/75 € ††55/75 € – ☕ 6,50 €
Cet hôtel moderne d'un quartier résidentiel au sud du Puy a pris un sacré coup de jeune ! Les chambres n'en sont que plus simples et claires, un atout à conjuguer avec l'agréable terrasse au bord de la rivière et avec l'espace bien-être.

Ibis Styles sans rest
47 bd du Maréchal-Fayolle – ✆ 04 71 09 32 36 – www.lepuy-hotels.com
50 ch ☕ – †83/103 € ††93/113 € BZ**a**
Très central, un hôtel de chaîne décoré dans un style contemporain et plutôt vitaminé, avec des chambres bien équipées. Le bon plan : les chambres familiales à prix doux.

LE PUY-EN-VELAY

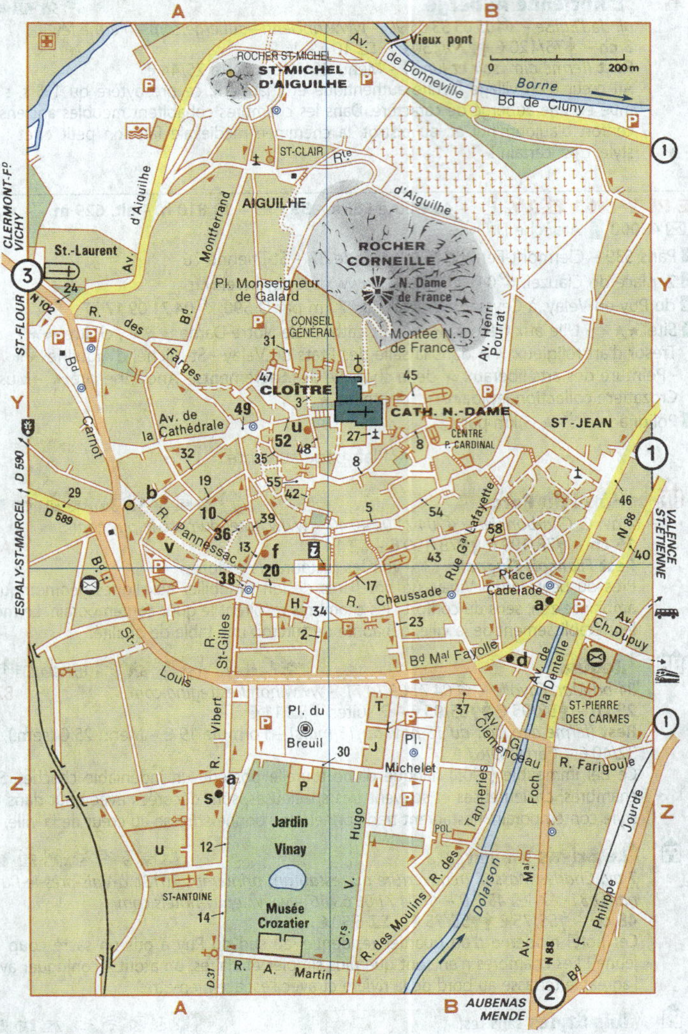

François Gagnaire – Hôtel du Parc
4 av. C.-Charbonnier – 04 71 02 75 55 – www.francoisgagnaire.com – Fermé 1er-11 mars, 24 juin-4 juil., 5-8 nov., dim. midi et lundi midi en juil.-août, dim. soir et lundi de sept. à juin et mardi midi AZa
Rest – Menu 28 € (déj. en sem.), 58/102 € – Carte 76/90 €
Une salle un peu confidentielle, au premier étage de l'hôtel du Parc. Contemporaine et raffinée, elle est ornée de lithographies de Raoul Dufy. Jolies couleurs dans l'assiette également : la cuisine de François Gagnaire, de belle facture, marie terroir et saveurs d'ailleurs...
➜ Caviar du Velay, blinis et bavaroise de lentilles, terre des volcans. Souris d'agneau confite aux écorces d'orange et coriandre. Perles rouges et crémeux à la verveine du Velay. **Vins** Côtes d'Auvergne blanc, Puy-de-Dôme.

Tournayre
12 r. Chênebouterie – 04 71 09 58 94 – www.restaurant-tournayre.com – Fermé 1er-8 sept., 18 déc.-31 janv., merc. soir, dim. soir et lundi AYf
Rest – Menu 26/72 € – Carte 53/78 €
Croisées d'ogives, boiseries, fresques... Le cadre rare et charmant d'une ancienne chapelle du 16e s. ! La cuisine y est gardienne d'une certaine tradition, pour le meilleur (lentilles, veau du Velay, jambon cru d'Auvergne, fromages, etc.).

Le Poivrier
69 r. Pannessac – 04 71 02 41 30 – www.lepoivrier.fr – Fermé dim. soir et lundi
Rest – Formule 18 € – Menu 20 € (déj. en sem.), 24/39 € – Carte 28/52 € AYv
Un design épuré, du skaï, des expositions de photographies, de la musique jazzy : un lieu branché et chaleureux. Agréable paradoxe, on sert de la cuisine du terroir et des spécialités de viande de bœuf de Haute-Loire.

Comme à la Maison
7 r. Séguret – 04 71 02 94 73 – www.restaurant-43.com – Fermé 19-26 avril, 20-30 sept., 2-9 janv., sam. sauf le soir d'oct. à mai, merc. midi et dim. AYu
Rest – Formule 20 € – Menu 28/60 € – Carte 34/57 €
Lieu jaune rôti et son risotto aux asperges vertes, île flottante exotique... Le jeune chef maîtrise ses réalisations ! On vient comme chez des amis – qui sauraient très bien cuisiner – dans ce bistrot contemporain de la vieille ville. Joli patio.

Bambou et Basilic
18 r. Grangevieille – 04 71 09 25 59 – www.bambou-basilic.com – Fermé lundi et mardi AYb
Rest – Formule 20 € – Menu 24/56 € – Carte 37/53 €
Dans une ruelle calme, cette petite maison ancienne, d'esprit rustique, mise tout sur la fraîcheur ! Les jeunes propriétaires réalisent une cuisine traditionnelle à base de produits rigoureusement choisis ; côté prix, on est loin du coup de bambou !

à Espaly-St-Marcel 3 km par ③ – 3 581 h. – alt. 650 m – ✉ 43000

L'Ermitage
73 av. de l'Ermitage, rte de Clermont-Ferrand – 04 71 04 08 99 – Fermé 26 août-2 sept., 21-28 oct., 6-27 janv., dim. soir, merc. soir et lundi
Rest – Formule 20 € – Menu 26 € (sem.), 36/58 € – Carte 34/59 €
Cette ancienne grange joliment restaurée a conservé son cachet rustique et le petit côté nature de ses origines. La terrasse est sympathique et l'on s'attable avec plaisir pour apprécier une cuisine de tradition. Et en hiver, il y a la cheminée...

PUYLAURENS – 81 Tarn – 338 E9 – 3 118 h. – alt. 350 m – ✉ 81700 29 C2

Midi Toulousain
Paris 726 – Albi 62 – Carcassonne 72 – Toulouse 51
1, rue du Marché, 09 75 52 46 85, www.puylaurens-tourisme.fr

Cap de Castel
36 r. Cap-de-Castel – 05 63 70 21 76 – www.capdecastel.com – Fermé janv.
11 ch – †70/140 € ††91/182 € – ☐ 14 € – ½ P
Rest *Cap de Castel* – voir les restaurants ci-après
Ici, tout est beau dans sa simplicité : l'accueil souriant, le charme de maisons du pays, les chambres décorées avec un soin extrême sur le thème du cinéma, de la mer, du Maroc... Sans oublier la jolie piscine et sa vue sur la campagne !

Cap de Castel

36 r. Cap-de-Castel – ✆ 05 63 70 21 76 – www.capdecastel.com – Fermé janv. et dim.
Rest – Menu 29 € – Carte environ 50 €
Ce restaurant est vraiment plein de charme avec son côté bastide. Le chef y concocte chaque soir un menu différent, inspiré par les saveurs occitanes. Quant à la terrasse panoramique, elle ne fait pas mentir l'expression "pays de cocagne".

PUY-L'ÉVÊQUE – 46 Lot – 337 C4 – 2 159 h. – alt. 130 m – ✉ 46700 — 28 B1

Périgord Quercy
Paris 601 – Agen 71 – Cahors 31 – Gourdon 41
12, Grande rue, ✆ 05 65 21 37 63, www.puy-leveque.fr

Côté Lot et Bellevue avec ch

ch, rest,
pl. de la Truffière – ✆ 05 65 36 06 60 – www.hotelbellevue-puyleveque.com – Fermé 18 nov.-2 déc., 5 janv.-4 fév., dim. et lundi
11 ch – †68/96 € ††76/96 € – ☕ 10 € – ½ P
Rest – Menu 18 € (déj. en sem.)/32 € – Carte 40/51 €
Cet établissement mérite bien son nom ! Depuis la salle surplombant le Lot, la vue est à couper le souffle. Côté cuisine, le chef travaille les beaux produits du terroir. Côté hôtel, les chambres sont claires et confortables... et le panorama toujours aussi admirable.

à Mauroux 12 km au Sud-Ouest par D 8 et D 5 – 528 h. – alt. 213 m – ✉ 46700

le Bourg, ✆ 05 65 30 66 70, www.tourisme-mauroux.fr

Hostellerie le Vert

ch, ch,
Lieu dit "Le Vert" – ✆ 05 65 36 51 36 – www.hotellevert.com – Ouvert 1er avril-31 oct.
6 ch – †85/130 € ††85/130 € – ☕ 10 € – ½ P
Rest *(fermé jeudi hors saison) (dîner seult)* – Menu 36/42 €
Ambiance chaleureuse dans cette ferme quercynoise du 14e s. perdue en pleine nature. Dans les chambres, le mobilier de style cohabite avec les meubles campagnards. Cuisine réalisée à quatre mains à partir de produits frais et bio, au gré de l'inspiration.

à Anglars-Juillac 8 km à l'Est par D 811 et D 67 – 349 h. – alt. 98 m – ✉ 46140

Clau del Loup avec ch

Métairie Haute, D 8 – ✆ 05 65 36 76 20 – www.claudelloup.com
5 ch – †75/135 € ††75/135 € – ☕ 12 € – ½ P
Rest – Formule 20 € bc – Menu 29/52 € – Carte 34/53 €
Une belle demeure en pierre (1818), un univers feutré et une cuisine gastronomique aux accents du Sud, juste et savoureuse, signée par un enfant du pays. Conquis ? Si oui, des chambres agréables et soignées permettent de ne pas refermer trop vite cette douce parenthèse.

PUYLOUBIER – 13 Bouches-du-Rhône – 340 J4 – 1 798 h. – alt. 380 m – ✉ 13114 — 40 B3

Paris 783 – Avignon 110 – Digne-les-Bains 133 – Marseille 55
square Jean Casanova, ✆ 04 42 66 36 87, www.si-puyloubier.13.fr

Les Sarments

4 r. Qui Monte – ✆ 04 42 66 31 58 – www.restaurant-sarments.com – Fermé 19 déc.-10 fév., mardi sauf le soir de juin à sept. et lundi
Rest – Menu 34/48 €
Une ancienne bergerie, une terrasse, des figuiers, le tout dans un village pittoresque au pied de la Ste-Victoire : voilà le cadre idéal pour se régaler d'une cuisine du marché savoureuse et inventive, des produits du soleil et des vins du cru...

PUYMIROL – 47 Lot-et-Garonne – 336 G4 – 952 h. – alt. 153 m – ✉ 47270 — 4 C2

Aquitaine
Paris 649 – Agen 17 – Moissac 35 – Villeneuve-sur-Lot 30
49 rue Royale, ✆ 05 53 95 32 10

Michel Trama

52 r. Royale – ✆ 05 53 95 31 46 – www.aubergade.com – Fermé 2 sem. en nov., dim. soir et lundi hors saison, lundi midi en saison et mardi midi

9 ch – 220/380 € 220/380 € – 1 suite – 27 €

Rest *Michel Trama* – voir les restaurants ci-après

Drapés de soie, baldaquins, mobilier 19e s., tons cramoisi et pourpre, etc. : au cœur de la campagne agenaise, ce décor opulent et théâtral est signé Jacques Garcia. Étape luxueuse et onirique entre ces murs superbes des 13e-17e s. !

Michel Trama

52 r. Royale – ✆ 05 53 95 31 46 – www.aubergade.com – fermé 2 sem. en nov., dim. soir et lundi hors saison, lundi midi en saison et mardi midi

Rest – Menu 72 € (sem.), 110 € bc/145 € – Carte 100/158 €

Le hamburger de foie gras – un classique – résume l'esprit du style Michel Trama : entre terroir et invention, artifice et vérité... Sous des voûtes du 13e s., le décor ne laisse pas indifférent : fastueux, dandy, énigmatique !

➜ Papillote de pomme de terre en habit vert à la truffe. Hamburger de foie gras chaud aux cèpes, jus de canard corsé. Cristalline de pomme verte.

PUY-ST-PIERRE – 05 Hautes-Alpes – 334 H3 – rattaché à Briançon

PUY-ST-VINCENT – 05 Hautes-Alpes – 334 G4 – 307 h. – alt. 1 325 m – Sports d'hiver : 1 400/2 750 m 13 – ✉ 05290 Alpes du Sud   41 C1

Paris 700 – L'Argentière-la-Bessée 10 – Briançon 21 – Gap 83

les Alberts, ✆ 08 10 00 11 12, www.paysdesecrins.com

Les Prés ★ SE : 2 km - Église★ de Vallouise N : 4 km.

La Pendine

aux Prés, 1 km à l'Est par D 404 – ✆ 04 92 23 32 62 – www.lapendine.com – Ouvert 28 juin-31 août et 15 déc.-6 avril

25 ch – 57/75 € 78/108 € – ½ P

Rest *La Pendine* – voir les restaurants ci-après

Perché sur les hauteurs, ce beau chalet en bois abrite des chambres agréables, d'esprit montagnard, certaines avec balcon. Espace détente (sauna, jacuzzi). La référence de la station.

La Pendine

aux Prés, 1 km à l'Est par D 404 – ✆ 04 92 23 32 62 – www.lapendine.com – Ouvert le soir en juil.- août et 15 déc.-6 avril

Rest – Menu 28/41 € – Carte 27/45 €

Le panorama sur la Vallouise et les Écrins est magnifique, en terrasse comme en salle ! On y déguste une cuisine plutôt traditionnelle, tel le pot-au-feu, goûteux et parfumé, servi dans une petite marmite en fonte. Authentique et de qualité.

PYLA-SUR-MER – 33 Gironde – 335 D7 – ✉ 33115 Aquitaine   3 B2

Paris 648 – Arcachon 8 – Biscarrosse 34 – Bordeaux 66

2 , avenue Ermitage, ✆ 05 56 54 02 22, www.tourisme-latestedebuch.fr

Dune du Pilat★★.

Voir plan d'Arcachon agglomération.

La Co(o)rniche

46 bd Louis-Gaume – ✆ 05 56 22 72 11 – www.lacoorniche-pyla.com – Fermé 1er janv.-13 fév.

12 ch – 255/595 € 255/595 € – 25 €   **Rest** – Menu 48 € – Carte 58/95 €

Sur les hauteurs – entre sable et pinède – cette villa néobasque des années 1930 a été entièrement rénovée par Philippe Starck. Chambres d'une blancheur immaculée, échappées superbes sur le bassin ou les dunes, brasserie avec une magnifique terrasse panoramique extrêmement animée. Un endroit très en vue !

XX **L'Authentic d'Éric Thore**
35 bd de l'Océan – ✆ 05 56 54 07 94 – www.ericthore-authentic.com – Fermé vacances de la Toussaint, dim. soir et merc. sauf juil.-août AYe
Rest – Menu 22 € (déj. en sem.), 32/65 € – Carte 60/90 €
Une table chaleureuse et élégante, avec un petit salon privé et une jolie pergola. La cuisine privilégie les produits du terroir (caviar d'Aquitaine, viande du Sud-Ouest) et suit les saisons ; le petit menu offre un bon rapport qualité-prix.

QUARRÉ-LES-TOMBES – 89 Yonne – 319 G7 – 720 h. – alt. 457 m – ✉ 89630 Bourgogne 7 B2

Paris 233 – Auxerre 73 – Avallon 18 – Château-Chinon 49
1 rue du Puits, ✆ 03 86 32 22 20

Hôtel du Nord
25 pl. de l'Église – ✆ 03 86 32 29 30 – www.hoteldunord-morvan.com – Ouvert 16 fév.-3 nov. et fermé lundi et jeudi
8 ch – †48/55 € ††58/75 € – ☐ 9 € – ½ P
Rest – Formule 18 € – Menu 24 € (sem.), 30/39 € – Carte 32/45 €
Face à la célèbre église St-Georges, cet ancien relais de poste a été restauré avec goût. Les chambres y sont pratiques et bien tenues. Restauration traditionnelle dans une salle d'esprit bistrot rustique.

XX **Le Morvan** avec ch
6 r. des Écoles, face au Parc Municipal – ✆ 03 86 32 29 29 – www.le-morvan.fr – Fermé 16 déc.-1er mars, merc. midi, lundi et mardi
8 ch – †54/75 € ††60/81 € – ☐ 10 € – ½ P
Rest – Menu 24/52 € – Carte 36/56 €
Un petit salon feutré et une salle cosy, des poutres apparentes, une belle horloge comtoise... Ici, tout invite à la découverte du terroir, joliment revisité par le chef, à l'instar d'un délicieux gâteau d'escargots de Bourgogne. L'été, attablez-vous dans le jardin fleuri et musardez au soleil !

aux Lavaults 5 km au Sud-Est par D 10

XXX **Auberge de l'Âtre** avec ch
✉ 89630 Quarré-les-Tombes – ✆ 03 86 32 20 79 – www.auberge-de-latre.com – Fermé 25 juin-10 juil., 18 fév.-14 mars, mardi et merc.
7 ch – †60/70 € ††88/105 € – ☐ 10 € – ½ P
Rest *(réserver)* – Menu 32/60 € – Carte 44/80 €
Au bord d'une route de campagne, cette ferme distille un charme rustique et authentique... Pour ne rien gâter, la carte célèbre le terroir (spécialité de champignons) et les bons vins. Chambres très bien tenues, agréables pour l'étape.

QUÉDILLAC – 35 Ille-et-Vilaine – 309 J5 – 1 112 h. – alt. 85 m – ✉ 35290 10 C2

Paris 389 – Dinan 30 – Lamballe 45 – Loudéac 57

XX **Le Relais de la Rance** avec ch
6 r. de Rennes – ✆ 02 99 06 20 20 – Fermé 20 déc.-20 janv., vend. soir et dim. soir
13 ch – †57/80 € ††57/80 € – ☐ 10 € – ½ P
Rest – Formule 17 € – Menu 21/70 € – Carte 39/61 €
Dès le printemps, cette maison de granit (1880) croule sous les géraniums. Derrière ce rideau de fleurs se cache un cadre très classique, à l'unisson de la cuisine qui joue la carte de la tradition. Chambres bien tenues aux prix raisonnables. Accueil familial et sympathique.

LES QUELLES – 67 Bas-Rhin – 315 G6 – rattaché à Schirmeck

QUEND – 80 Somme – 301 C6 – 1 383 h. – alt. 5 m – ✉ 80120 36 A1

Paris 209 – Abbeville 35 – Amiens 91 – Boulogne-sur-Mer 58
1, place du 8 mai, ✆ 03 22 23 32 04, www.office-tourisme-quend-plage.com

Les Augustines sans rest
18 rte de la plage Monchaux – ✆ 03 22 23 54 26 – www.hotel-augustines.com – Fermé déc.-janv.
15 ch – †75/87 € ††75/87 € – ☕ 10 €
Ces Augustines-là disposent de chambres confortables, fonctionnelles et de plain-pied. Une adresse bien sympathique pour un séjour dans ce beau coin de nature.

QUESTEMBERT – 56 Morbihan – 308 Q9 – 7 021 h. – alt. 100 m – ✉ 56230 Bretagne Sud 10 C3

Paris 445 – Ploërmel 32 – Redon 34 – Rennes 96

15, rue des Halles, ✆ 02 97 26 56 00, www.questembert.com

Le Bretagne et sa Résidence avec ch
r. St-Michel – ✆ 02 97 26 11 12 – www.residence-le-bretagne.com – Fermé 2-31 janv. et lundi
9 ch – †70/90 € ††120/150 € – ☕ 16 €
Rest *(réserver)* – Menu 25 € (déj. en sem.), 45/115 € – Carte 72/90 €
Cet ancien relais de poste est né en 1875 et il est devenu une institution locale. Boiseries, jardin d'hiver, etc. : le cadre est élégant et classique. Quant à la cuisine, elle joue la carte de la générosité... et des vins du Val de Loire. Côté annexe, des chambres cossues, un brin rétro.

QUETTEHOU – 50 Manche – 303 E2 – 1 576 h. – alt. 14 m – ✉ 50630 Normandie Cotentin 32 A1

Paris 345 – Barfleur 10 – Cherbourg 29 – St-Lô 66

place de la Mairie, ✆ 02 33 43 63 21

Demeure du Perron sans rest
rte de St-Vaast – ✆ 02 33 54 56 09 – www.demeureduperron.com – Fermé dim. soir du 15 nov. au 31 mars
20 ch ☕ – †61/73 € ††67/79 €
À la sortie du village, en direction de St-Vaast, des pavillons dans un agréable jardin, avec des chambres simples et propres. Préférez-les dans les deux bâtiments reliés : elles sont plus récentes et plus agréables.

LA QUEUE-EN-BRIE – 94 Val-de-Marne – 312 E3 – 101 29 – voir à Paris, Environs

QUIBERON – 56 Morbihan – 308 M10 – 5 027 h. – alt. 10 m – Casino – ✉ 56170 Bretagne Sud 9 B3

Paris 505 – Auray 28 – Concarneau 98 – Lorient 47

14, rue de Verdun, BP 20474, ✆ 02 97 50 07 84, www.quiberon.com

Côte sauvage★★ NO : 2,5 km.

Plan page suivante

Sofitel Thalassa
pointe de Goulvars – ✆ 02 97 50 20 00 – www.sofitel.com
110 ch – †120/350 € ††120/350 € – 19 suites – ☕ 25 € – ½ P Ba
Rest *La Presqu'île* – Formule 39 € bc – Menu 58 € – Carte 50/73 €
Rest *L'Océan* *(ouvert avril-oct.) (déj. seult)* – Formule 24 € – Menu 34 €
Pour un séjour iodé et tonique, ce complexe hôtelier fait face à la plage et communique avec l'institut de thalassothérapie. Il a été entièrement rénové en 2011 : décor résolument contemporain et grand confort. Certaines chambres donnent sur les flots, tout comme les deux restaurants (produits de la mer).

Sofitel Diététique
pointe de Goulvars – ✆ 02 97 50 20 00 – www.sofitel.com
74 ch – †220/340 € ††220/340 € – 2 suites – ☕ 25 € Bv
Rest – Menu 58 €
Un hôtel parfait pour retrouver la ligne ! Les chambres, sur le thème de l'eau, sont spacieuses et très confortables. On accède directement au spa de 1 000 m² et le restaurant propose des menus diététiques. Pas une goutte d'alcool, même au bar ! L'établissement a bénéficié d'une rénovation totale en 2011.

Corsaires (R. des)	B 2	Hoëdic (Bd d')	A 8	Peupliers (R. des)	B 19
France (Bd A.)	B 3	Houat (Quai de)	A 9	Port Maria (R. de)	A 20
Gare (R. de la)	AB 4	Korrigans (R. des)	B 10	Repos (Pl. du)	B 23
Genêts (R. des)	A 5	Mané (R. du)	B 15	Sirènes (R. des)	B 25
Golvan (R. V.)	A 6	Marronniers (Av. des)	B 16	Verdun (R. de)	A 28
Goviro (Bd du)	B 7	Petit Pont d'Eau (R. du)	A 18		

Bellevue sans rest
r. de Tiviec – ✆ 02 97 50 16 28 – www.bellevuequiberon.com
– Ouvert d'avril à sept. **Bd**
38 ch – 50/109 € 60/125 € – 11 €
L'architecture est passe-partout, mais les chambres sont accueillantes ; certaines ouvrent sur l'océan, tandis que d'autres ont un accès direct à la piscine. De quoi se réveiller avec une Bellevue !

Ker Noyal sans rest
43 chemin des Dunes – ✆ 02 97 50 33 31 – www.ker-noyal.com
– Ouvert 15 mars-15 nov. **Bp**
17 ch – 68/126 € 68/126 € – 10 €
Un hôtel tout blanc, typique du bord de mer, au calme dans un quartier résidentiel situé près du casino. Les chambres sont décorées avec goût dans un style contemporain.

Ibis Styles N sans rest
43 r. du Port-Haliguen – ✆ 02 97 58 35 80 **Bg**
57 ch – 65/159 € 75/169 €
À deux pas du port de plaisance d'Haliguen, animé l'été par des régates, cet hôtel flambant neuf accueille les amateurs d'air marin. Les chambres y sont confortables et bien tenues, et il fait bon se détendre à l'espace bien-être...

Ibis rest,
av. des Marronniers, (pointe de Goulvars) – 02 97 30 47 72 – www.hotelibis-quiberon.com Br
95 ch – 72/122 € 72/122 € – 11 € – ½ P
Rest – Formule 18 € – Menu 24 € – Carte 25/42 €
Non loin de la côte sauvage, cet hôtel de chaîne propose des chambres fonctionnelles et bien tenues ; certaines sont en duplex... Idéal pour les familles. Agréable espace bien-être. Cuisine traditionnelle sans prétention, également servie en terrasse.

Villa Margot
7 r. de Port Maria – 02 97 50 33 89 – www.villamargot.fr – Ouvert 2 avril-14 nov. et fermé mardi sauf juil.-août et merc. sauf vacances scolaires An
Rest – Menu 30/55 € – Carte 41/57 €
Une jolie demeure en pierre (1872) face à la plage... Aux fourneaux, le chef signe une savoureuse cuisine de la mer où les producteurs locaux ont la part belle. Les amateurs de poissons et autres crustacés prennent place sur la terrasse, quasiment les pieds dans le sable, ou dans l'une des salles sobres et élégantes.

La Chaumine A/C
79 r. de Port-Haliguen – 02 97 50 17 67 – www.restaurant-lachaumine.com – Ouvert mi-mars à mi-nov. et fermé dim. soir sauf juil.-août, mardi midi et lundi
Rest *(réserver)* – Formule 20 € – Menu 28/40 € – Carte 30/56 € Bq
Prenez la route du port : depuis 2010, c'est dans l'ancienne maison familiale qu'officient le chef et sa sœur (qui assure l'accueil). Les habitués découvrent avec plaisir cette demeure qui a l'esprit large (mouettes en bois, coque de bateau, etc.), comme la cuisine, toujours aussi iodée... Une adresse sympathique.

Le Verger de la Mer
bd Goulvars – 02 97 50 29 12 – www.le-verger-de-la-mer.com – Fermé janv., fév., mardi sauf en juil.-août et merc. Bx
Rest – Formule 19 € – Menu 24/38 € – Carte 34/64 €
Dans ce Verger de la Mer, point d'arbres fruitiers mais de bons produits ! On s'y régale d'une cuisine traditionnelle soignée : spécialités de pieds de porc aux langoustines, terrine de foie gras au homard, etc. Le plus : face au centre de thalassothérapie, l'adresse est facile à trouver.

à St-Pierre-Quiberon 5 km au Nord par D 768 – 2 192 h. – alt. 12 m – 56510

Pointe du Percho ★ au NO : 2,5 km.

Hôtel de la Plage ch, rest,
25 quai d'Orange – 02 97 30 92 10 – www.hotel-plage-quiberon.com – Ouvert début avril-fin sept.
30 ch – 58/129 € 58/129 € – 6 suites – 12 € – ½ P
Rest *(fermé le midi sauf week-ends)* – Formule 25 € – Menu 34 € – Carte 37/54 €
L'enseigne de cet hôtel familial dit la vérité : la plage est à vos pieds ! Chambres fonctionnelles et bien tenues, avec balcon côté baie. Cartes et menus typiques de la région ; saveurs iodées et vue superbe sur le large.

à Portivy 6 km au Nord par D 768 et rte secondaire – 56510 St Pierre Quiberon

Le Petit Hôtel du Grand Large (Hervé Bourdon) avec ch
11 quai St-Ivy – 02 97 30 91 61 – www.lepetithoteldugrandlarge.fr – Ouvert mi-mars à mi-nov. rest,
6 ch – 90/130 € 110/130 € – 12 €
Rest *(fermé dim. soir et merc. hors saison et mardi)* – Menu 27 € (déj. en sem.), 45/65 € – Carte 54/66 €
Un étonnant bistrot marin, tenu par un chef autodidacte amoureux de la mer et approvisionné chaque jour par un ami pêcheur ! Le poisson est remarquable de qualité et de fraîcheur, et il est parfaitement cuisiné, non sans originalité. Les chambres, joliment décorées, donnent sur le petit port...
→ Huîtres cuisinées selon la saison. Poissons sauvages. Fruits de saison.

QUILINEN – 29 Finistère – **308** G6 – rattaché à Quimper

QUILLAN – 11 Aude – **344** E5 – 3 352 h. – alt. 291 m – ✉ 11500 **22** A3
Languedoc Roussillon

Paris 797 – Andorra la Vella 113 – Carcassonne 52 – Foix 64

square André Tricoire, ✆ 04 68 20 07 78, www.aude-pyrenees.fr

Défilé de Pierre Lys★ S : 5 km.

La Chaumière ch, ch, VISA AE

25 bd Ch. de Gaulle – ✆ 04 68 20 02 00 – www.pyren.fr

26 ch – †70/85 € ††75/130 € – ☐ 11 € – ½ P

Rest *(fermé lundi midi)* – Menu 19/33 € – Carte 34/58 €

Une Chaumière d'allure rustique – poutres et cheminée dans la salle de restaurant, façade "à l'ancienne" – pour des chambres... contemporaines, simples, fraîches et engageantes ! Un heureux contraste.

Cartier VISA AE

31 bd Ch. de Gaulle – ✆ 04 68 20 05 14 – www.hotelcartier.com – Ouvert 20 mars-15 déc.

27 ch – †59/75 € ††59/75 € – ☐ 9 € – ½ P

Rest – Menu 20/28 € – Carte 24/48 €

Derrière cette jolie façade des années 1950 de style "paquebot", un hôtel bien sympathique, où prendre ses quartiers d'été en famille ! Les chambres sont sobres et bien tenues (plus grandes et calmes sur l'arrière). Restaurant traditionnel.

QUIMPER P – 29 Finistère – **308** G7 – 63 387 h. – Agglo. 78 803 h. **9** B2
– alt. 41 m – ✉ 29000 Bretagne Sud

Paris 564 – Brest 73 – Lorient 67 – Rennes 215

de Quimper-Cornouaille : ✆ 02 98 94 30 30, 8 km par ⑥ AX.

7, rue Déesse, ✆ 02 98 53 04 05, www.quimper-tourisme.com

Cathédrale St-Corentin★★ - Le vieux Quimper★ : Rue Kéréon★ ABY - Jardin de l'Évêché <★ BZ **K** - Mont-Frugy <★ ABZ - Musée des Beaux-Arts★★ BY **M**[1] - Musée départemental breton★ BZ **M**[2] - Musée de la faïence★ AX **M**[3] - Descente de l'Odet★★ en bateau 1 h 30 - Festival de Cornouaille★ (fin juillet).

Plans pages suivantes

Océania rest, P VISA AE

17 r. Poher, zone de Kerdrézec – ✆ 02 98 90 46 26 – www.oceaniahotels.com

92 ch – †80/141 € ††80/141 € – ☐ 15 € – ½ P AX**b**

Rest *(fermé vacances de Noël, sam. et dim. du 15 sept. au 15 mai)* – Menu 22 € – Carte 28/39 €

À proximité du centre-ville et juste derrière un centre commercial, cet hôtel est niché dans un îlot de verdure et propose des chambres spacieuses, dont les "Océane", joliment design et bien équipées. Petits plus : la cuisine traditionnelle du restaurant et la piscine.

Manoir-Hôtel des Indes sans rest P VISA AE

1 allée de Prad-ar-C'hras, par ⑦ et D 765 : 4 km – ✆ 02 98 55 48 40 – www.manoir-hoteldesindes.com

14 ch – †98/186 € ††130/216 € – ☐ 14 €

Les Indes, où voyagea René Madec, aventurier quimpérois et ancien propriétaire du manoir... C'est en souvenir de lui que les propriétaires ont décoré les chambres sur le thème de l'exotisme. Parc, piscine, traiteur : original et dépaysant.

Kregenn sans rest P VISA AE

13 r. des Réguaires – ✆ 02 98 95 08 70 – www.hotel-kregenn.fr BZ**t**

32 ch – †85/135 € ††100/220 € – ☐ 13 €

Kregenn, pour "coquillage" en breton : un joli nom pour cet hôtel contemporain décoré avec goût. Dès la réception, on se sent bien ; impression qui perdure dans les chambres feutrées ou dans la cour, près de la pièce d'eau. Bon accueil !

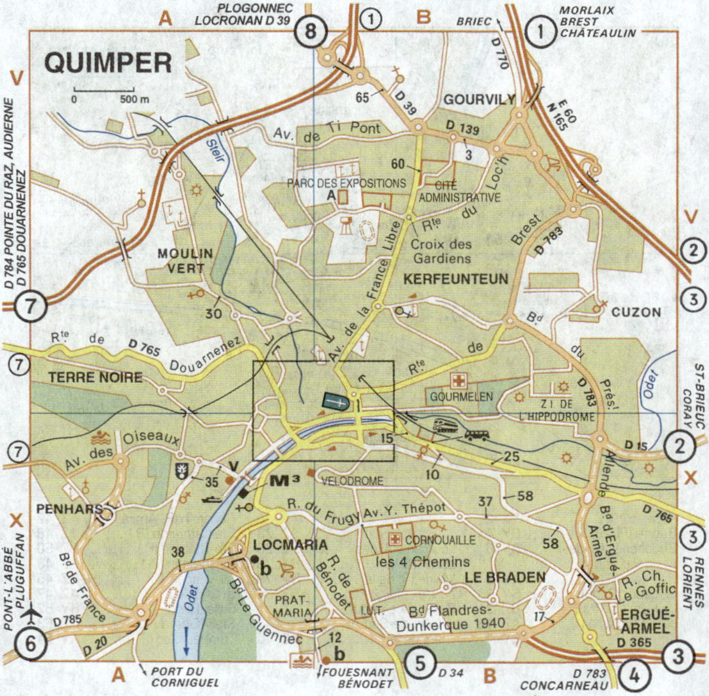

Bécharles (Av. de)	BV	3	Gutenberg (Bd)	BX	17	Potiers (Ch. des)	BX	37
Concarneau (R. de)	BX	10	Libération (Av. de la)	BX	25	Poulguinan (Bd de)	AX	38
Créac'h Gwen (Bd de)	BX	12	Moulin-Vert (R. du)	AV	30	Tour-d'Auvergne (R. de la)	BX	58
Gare (Av. de la)	BX	15	Plogonnec (Rte de)	BV	65	Ty-Nay (Rte de)	BV	60
			Pont-l'Abbé (R. de)	AX	35			

Gradlon sans rest

30 r. de Brest – ✆ 02 98 95 04 39 – www.hotel-gradlon.com BY**a**

20 ch – 🚹80/119 € 🚹🚹89/135 € – ☕ 12 €

On ne dirait pas en voyant cette façade banale, qu'elle dissimule des chambres au style "very british", fleuri et cosy à souhait. Un soin tout particulier est accordé aux détails, des rosiers du jardin à l'agréable véranda. Charming !

Le Logis du Stang sans rest

allée de Stang-Youen, r. Ch.-Le-Goffic et chemin de Linéostic, 4 km à l'Est du plan : **BX** *– ✆ 02 98 52 00 55 – www.logis-du-stang.com – Fermé 10 déc.-15 janv.*

3 ch ☕ – 🚹68/78 € 🚹🚹74/84 €

Il a de l'allure, ce manoir du 19e s., avec son ravissant jardin. Les trois chambres sont réellement délicieuses, et pour s'isoler au calme en pleine campagne, il n'y a pas mieux. Romantique et bucolique.

Les Acacias

85 bd Creac'h Gwen – ✆ 02 98 52 15 20 – www.acacias-quimper.com – Fermé août, dim. soir et sam. BX**b**

Rest – Menu 20 € (sem.), 30/45 € – Carte 40/60 €

Le style de la maison peut surprendre, néanmoins l'intérieur est confortable et bourgeois, avec un jardin fleuri et soigné. Millefeuille de tourteau, croustillant de ris de veau, poire au miel d'acacia : une cuisine de produits, classique et bonne.

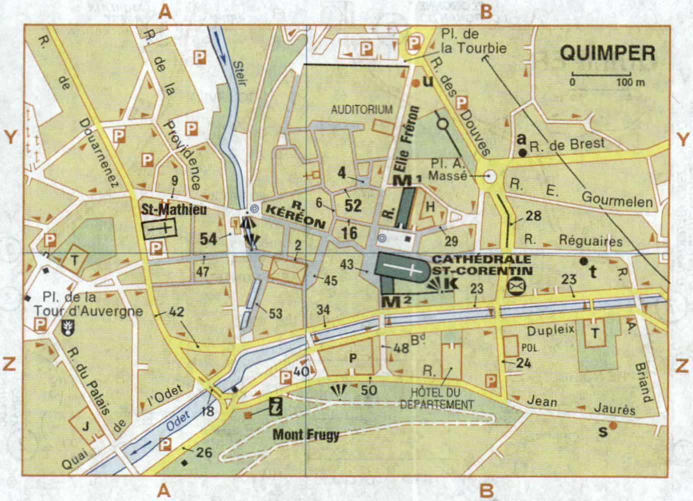

Astor (R.) .... AYZ 2
Beurre (Pl. au) .... BY 4
Boucheries (R. des) .... BY 6
Chapeau-Rouge (R. du) .... AY 9
Guéodet (R. du) .... BY 16
Le Hars (R. Th.) .... BZ 24
Jacob (Pont Max) ...... AZ 18
Kéréon (R.) .... ABY
Kerguélen (Bd Amiral de) .... BZ 23
Locmaria (Allées) .... AZ 26
Luzel (R.) .... BY 28
Mairie (R. de la) .... BY 29
Parc (R. du) .... ABZ 34
Résistance-et-du-Gén.-de-Gaulle (Pl. de la) .... AZ 40
Ronarc'h (R. Amiral) .... AZ 42
Ste-Catherine (R.) ...... BZ 48
Ste-Thérèse (R.) .... BZ 50
St-Corentin (Pl.) .... BZ 43
St-François (R.) .... BZ 45
St-Mathieu (R.) .... AZ 47
Sallé (R. du) .... BY 52
Steir (Quai du) .... AZ 53
Terre-au-Duc (Pl.) .... AY 54

L'Ambroisie (Gilbert Guyon)

49 r. Elie-Fréron – ✆ 02 98 95 00 02 – www.ambroisie-quimper.com – Fermé 21-31 déc., mardi d'oct. à juin, dim. soir et lundi BY**u**

Rest *(nombre de couverts limité, réserver)* – Menu 27 € (déj. en sem.), 39/70 € – Carte 62/71 €

L'ambroisie coule à flots dans ce restaurant de poche à la fois sobre et original. Dès les amuse-bouches, les papilles frémissent. Voilà une cuisine bretonne ancrée dans l'époque, centrée sur des produits locaux de première fraîcheur. Chaque assiette témoigne du même soin !

➜ Tataki de thon blanc en déclinaison de tomates. Turbotin au jus de volaille. Norvégienne au praliné et coulis de chocolat.

Fleur de Sel

1 quai Neuf – ✆ 02 98 55 04 71 – Fermé 24 déc.-2 janv., lundi sauf le soir en juil.-août, sam. midi et dim. AX**v**

Rest – Formule 22 € – Menu 29/40 € – Carte 36/53 €

C'est dans un quartier pittoresque de la ville, près de l'Odet, que l'on trouve cet amusant petit restaurant. Outre des délices typiquement bretons comme la tarte à l'andouille, les beaux produits de la mer s'en donnent à cœur joie !

L'Assiette

5 bis r. Jean Jaurès – ✆ 02 98 53 03 65 – Fermé 15-25 août, jeudi soir et dim.

Rest – Formule 16 € – Menu 21 € (déj.)/26 € BZ**s**

On cuisine en famille dans cette sympathique Assiette proche de la gare. Avec gentillesse et simplicité, la mère accueille en salle, pendant que le père concocte des recettes traditionnelles simples et fraîches, aidé de son fils à la pâtisserie.

à Ty-Sanquer 7 km au Nord par D 770 – ✉ 29000 Quimper

Auberge de Ti-Coz
4 Hent-Coz – ✆ 02 98 94 50 02 – www.restauranticoz.com
– Fermé dim. soir et lundi sauf fériés
Rest – Menu 22 € (déj. en sem.), 29/60 € – Carte 49/65 €
Comme un rêve de Bretagne : une charmante petite auberge en pierre, avec des volets bleus, à la fois rustique, moderne et élégante. Le chef prend le large avec des produits du Sud, des épices... le tout accompagné de vins de petits producteurs.

à Quilinen 11 km par ① et D 770 – ✉ 29510 Landrevarzec

Auberge de Quilinen
– ✆ 02 98 57 93 63 – www.auberge.de.quilinen.monsite.orange.fr
– Fermé 20 août- 2 sept., mardi soir, merc. soir, dim. soir et lundi
Rest – Menu 20 € (déj. en sem.), 28/37 € – Carte 30/46 €
Une coquette maison bretonne, dans un hameau avec une belle chapelle du 15e s. Le genre d'adresse où déguster d'appétissantes recettes du terroir, un kouign amann par exemple, beurré, croustillant, avec de la glace à la vanille parfumée !

à Pluguffan 7 km par ⑥ et D 40 – 3 464 h. – alt. 90 m – ✉ 29700

La Coudraie sans rest
7 r. du Stade – ✆ 02 98 94 31 26 – www.lacoudraie.fr
– Fermé 3 sem. en nov. et dim. hors saison
11 ch – †54/64 € ††64/80 € – ☕ 8,50 €
Une bonne petite adresse pas chère, calme malgré la proximité d'une route fréquentée. Les chambres sont claires et nettes, et il y a un charmant jardin fleuri : parfait pour visiter Quimper et le pays bigouden.

QUIMPERLÉ – 29 Finistère – 308 J7 – 11 384 h. – alt. 30 m – ✉ 29300 — 9 B2

Bretagne Sud

Paris 517 – Carhaix-Plouguer 57 – Concarneau 32 – Pontivy 76

3 place Charles de Gaulle, ✆ 02 98 96 04 32, www.quimperletourisme.com

Église Ste-Croix★★ - Rue Dom-Morice★.

Le Vintage sans rest
20 r. Bremond d'Ars – ✆ 02 98 35 09 10 – www.hotelvintage.fr
– Fermé 25 juin-1er juil.
10 ch – †61/91 € ††91/121 € – ☕ 12 €
Esprit vintage et style, au cœur de la vieille ville, dans cette ancienne Caisse d'Épargne de 1907. Tableaux, sculptures, superbe escalier en bois : un côté arty bien plaisant, surtout dans les chambres, contemporaines et de bon goût.

Le Bistro de la Tour
2 r. Dom Morice – ✆ 02 98 39 29 58 – www.bistrodelatour.fr
– Fermé 23 juin-6 juil., 1er-7 oct., 1er-8 janv., dim. midi en juil.-août, lundi sauf le soir en juil.-août et sam. midi
Rest – Formule 24 € – Menu 35/53 € bc – Carte environ 50 €
Rétro et cossu, volontiers 1930, ce Bistro imagine un bord de mer canaille : la pêche coquine de Philippe, la patate du chef, le rôt du rôtisseur, etc. Les clients apprécient la belle carte des vins et l'épicerie fine : gouleyant !

La Cigale Egarée
Villeneuve-Braouic par rte de Lorient – ✆ 02 98 39 15 53 – www.lacigaleegaree.com
– Fermé 2 sem. en oct. et en fév., dim. et lundi
Rest *(nombre de couverts limité, réserver)* – Formule 19 € – Menu 23 € (déj.), 37/80 € – Carte 47/62 €
Une cigale égarée en Bretagne, qui n'en finit pas de chanter dans son décor néoprovençal atypique : original ! Frivolités de demoiselle langoustine, la cloche de fumée, le black sandwich, etc. On l'aura compris, l'insecte est créatif.

au Nord-Est 6 km par rte d'Arzano et D 22 – ✉ 29300 Arzano

Château de Kerlarec
rte d'Arzano – ✆ 02 98 71 75 06 – www.chateau-de-kerlarec.com – Fermé 21-27 déc.
5 ch – 110/155 € 115/160 € – ½ P **Table d'hôte** – Menu 30/60 €
La quintessence du romantisme : ce petit château de 1834, blotti dans un parc ombragé et fleuri, regorge d'antiquités, d'objets délicats, de décors d'époque, etc. Les amateurs seront comblés. Sur demande, on peut dîner aux chandelles...

QUINCIÉ-EN-BEAUJOLAIS – 69 Rhône – 327 G3 – 1 195 h. – alt. 325 m – ✉ 69430 43 E1

Paris 428 – Beaujeu 6 – Bourg-en-Bresse 55 – Lyon 57

Le Mont-Brouilly
Le Pont des Samsons, 2,5 km à l'Est par D 37 – ✆ 04 74 04 33 73 – www.hotelbrouilly.com – Fermé 21-27 déc., 2 sem. en fév., dim. soir d'oct. à mai, lundi sauf le soir d'oct. à mai et mardi midi
28 ch – 65 € 70/74 € – 9 € – ½ P
Rest – Formule 17 € – Menu 22/45 € – Carte 36/55 €
Au pied du mont Brouilly, un petit hôtel-restaurant entouré de vignes, pratique, propre et accueillant. Dans le grand jardin, on profite de la piscine et il y a même une aire de jeux pour les enfants.

QUINÉVILLE – 50 Manche – 303 E2 – 302 h. – alt. 29 m – ✉ 50310 32 A1

Normandie Cotentin

Paris 338 – Barfleur 21 – Carentan 31 – Cherbourg 37

16, rue de l'église, ✆ 02 33 21 40 29

Château de Quinéville
18 r. de l'Église – ✆ 02 33 21 42 67 – www.chateau-de-quineville.com – Ouvert 1er avril-20 déc.
30 ch – 75/175 € 75/175 € – 12 € – ½ P
Rest *(dîner seult)* – Menu 12 € bc/35 € – Carte 29/52 €
Un beau petit château du 18e s. et son restaurant de tradition, au cœur d'un parc et d'un jardin à la française. Les chambres ont un petit côté bonbonnière et vieille France qui séduira les amateurs du genre ; dans les anciennes écuries, elles sont plus actuelles et plus grandes.

QUINSON – 04 Alpes-de-Haute-Provence – 334 E10 – 446 h. – alt. 370 m – ✉ 04500 41 C2

Alpes du Sud

Paris 804 – Aix-en-Provence 76 – Brignoles 44 – Castellane 72

rue Saint-Esprit, ✆ 04 92 74 01 12, www.quinson.fr

Relais Notre-Dame
– ✆ 04 92 74 40 01 – www.relaisnotredame-04.com – Ouvert 30 mars-15 nov. et fermé lundi et mardi sauf haute saison
13 ch – 60/95 € 76/98 € – 11 € – ½ P
Rest *Relais Notre-Dame* – voir les restaurants ci-après
Sur la route des gorges du Verdon, près du musée de la Préhistoire, un hôtel familial avec jardin et piscine. Les chambres sont décorées dans un style provençal actuel et plaisant.

Relais Notre-Dame
– ✆ 04 92 74 40 01 – www.relaisnotredame-04.com – Fermé 15 déc.-15 fév. et le soir du 15 nov. au 30 mars
Rest – Formule 21 € – Menu 25/42 € – Carte 29/47 €
Une jolie salle champêtre et beaucoup de générosité... Ici, on savoure une cuisine régionale copieuse et bien faite. Sur la carte, les végétariens ne sont pas laissés pour compte et, en saison, on se régale de truffe. Que dire enfin de la ravissante terrasse sous les platanes ? C'est le Sud tout entier !

QUINT-FONSEGRIVES – 31 Haute-Garonne – 343 H3 – rattaché à Toulouse

QUINTIN – 22 Côtes-d'Armor – 309 E4 – 2 833 h. – alt. 180 m – ✉ 22800 10 C2

Bretagne Nord

Paris 463 – Lamballe 35 – Loudéac 31 – St-Brieuc 18

6, place 1830, ✆ 02 96 74 01 51

Hôtel du Commerce
rest,

2 r. Rochonen – ✆ 02 96 74 94 67 – www.hotelducommerce-quintin.com
– Fermé 25-31 août et 22 déc.-7 janv.

11 ch – 61/66 € 75/85 € – ½ P

Rest *(fermé sam. et dim.)* – Menu 18 €

Cette maison de granit, ancien relais de diligence, date probablement du 18e s. Le restaurant a conservé ce charme des vieilles pierres et se révèle être accueillant. Les chambres, simples et bien tenues, portent toutes un nom d'épice exotique...

RABAT-LES-TROIS-SEIGNEURS – 09 Ariège – 343 H7 – rattaché à Tarascon-sur-Ariège

RAGUENÈS-PLAGE – 29 Finistère – 308 I8 – rattaché à Névez

RAMATUELLE – 83 Var – 340 O6 – 2 240 h. – alt. 136 m – ✉ 83350 41 C3

Côte d'Azur

Paris 873 – Fréjus 35 – Le Lavandou 34 – St-Tropez 10

place de l'Ormeau, ✆ 04 98 12 64 00, www.ramatuelle-tourisme.com

Col de Collebasse ★ S : 4 km.

La Réserve Ramatuelle
VISA AE

chemin de la Quessine, au Sud-Est, direction Plage de l'Escalet et rte secondaire – ✆ 04 94 44 94 44 – www.lareserve.ch – Ouvert avril-oct.

16 suites – 900/4000 € – 12 ch

Rest ***La Réserve Ramatuelle*** – voir les restaurants ci-après

Un lieu caché, rare... Dès l'arrivée, le bâtiment éblouit : tout en transparence, comme suspendu au-dessus de la mer, avec la flore méditerranéenne pour écrin. Chaque chambre, au minimalisme racé, est un balcon sur la Grande Bleue ! Un sommet de luxe contemporain, qui capte l'essence de cette côte si azurée...

Le Baou
AC ch, rest, P VISA AE

av. Gustave-Etienne – ✆ 04 98 12 94 20 – www.hostellerielebaou.com
– Ouvert de mi-mai à fin sept.

41 ch – 230/420 € 230/420 € – 25 € – ½ P

Rest ***La Terrasse*** – Formule 39 € – Menu 62 € (dîner) – Carte 66/83 €

Le Baou ("sommet" en provençal) porte bien son nom : cet hôtel-restaurant domine l'anse de Pampelonne à flanc de colline. Cascade de lauriers et d'oliviers, de murets en pierre et de chemins en lacets, de balcons ouverts sur la mer... Pour tutoyer la Méditerranée !

La Vigne de Ramatuelle sans rest
AC P VISA AE

rte de La Croix Valmer sur D93, à 3 km – ✆ 04 94 79 12 50
– www.lavignederamatuelle.com – Ouvert 1er avril-1er nov.

14 ch – 170/380 € 170/380 € – 15 €

Presque une maison d'amis, au milieu des vignes... Cette villa concilie charme, atmosphère contemporaine et tranquillité. Chambres raffinées, avec terrasse. Piscine dans la verdure.

La Bastide de Ramatuelle (N)
ch, AC ch, P VISA AE

La Rouillière Sud, RD 61 – ✆ 04 94 55 23 40 – www.labastideramatuelle.com
– Ouvert de mi-avril à mi-oct.

9 ch – 330/700 € 330/700 € – 1 suite

Rest *(ouvert de mai à sept.)* – Carte 60/100 €

Entre les vignobles et la plage de Pampelonne, cet hôtel-restaurant dispose de chambres contemporaines et confortables. Il fait bon se promener dans le joli jardin ou faire quelques brasses dans la piscine. Un point de chute idéal pour profiter du soleil du Midi !

XXX **La Réserve Ramatuelle** – Hôtel La Réserve Ramatuelle

chemin de la Quessine, au Sud-Est, direction Plage de l'Escalet et rte secondaire – ✆ 04 94 44 94 44 – www.lareserve.ch – Ouvert avril-oct.

Rest – Menu 96 € (dîner) – Carte 88/126 €

La lumière, la nature, la mer... Dans cette Réserve si pétrie d'essentiel, le restaurant ne déroge pas à la règle du raffinement et de la tempérance : produits bio, légumes et herbes du potager, recettes légères... et pureté du plaisir.

XX **L'Écurie du Castellas** avec ch

rte du Moulins-de-Paillas – ✆ 04 94 79 11 59 – www.lecurieducastellas.com – Fermé 25 nov.-20 déc. et 9-23 janv.

14 ch – †76/230 € ††76/230 € – ☕ 15 € – ½ P

Rest – Menu 33/95 € bc – Carte 57/82 €

Belle adresse, où l'on se régale d'une fine cuisine régionale, en profitant d'un superbe panorama : la terrasse domine le village, les pinèdes et, au loin, la Grande Bleue. Décor chic et contemporain. Côté hôtel, chambres apprêtées avec soin.

à la Bonne Terrasse 5 km à l'Est par D 93 et rte de Camarat – ✉ 83350 Ramatuelle

X **Chez Camille**

quartier de Bonne Terrasse – ✆ 04 98 12 68 98 – www.chezcamille.fr – Ouvert 30 mars-6 oct. et fermé vend. midi et mardi

Rest *(réserver)* – Menu 44/79 €

Depuis 1913, pères et fils se succèdent en cuisine. On vient ici pour déguster la "vraie" bouillabaisse et la pêche locale, les pieds dans l'eau... Authentique !

RAMBERVILLERS – 88 Vosges – 314 H2 – 5 633 h. – alt. 287 m – ✉ 88700 27 C3

Alsace Lorraine

▶ Paris 407 – Epinal 27 – Lunéville 36 – Nancy 68

ℹ Quai de la Mortagne, ✆ 03 29 65 49 10, www.ville-rambervillers.fr

XX **Mirabelle**

6 r. de l'Église – ✆ 03 29 65 37 37 – Fermé 15 août-15 sept., 23 déc.-15 janv. et merc.

Rest – Formule 17 € – Menu 38 € – Carte 33/75 €

Chaleureux accueil familial dans ce restaurant intimiste aux couleurs de la Lorraine. Vous aurez droit aux grands classiques, comme la tête de veau qui fait la fierté du chef.

RAMBOUILLET – 78 Yvelines – 311 G4 – 26 065 h. – alt. 160 m 18 A2

– ✉ 78120 Île-de-France

▶ Paris 53 – Chartres 42 – Mantes-la-Jolie 50 – Orléans 93

ℹ place de la Libération, ✆ 01 34 83 21 21, www.rambouillet-tourisme.fr

18 de Forges-les-Bains, à Forges-les-Bains, Route du Général Leclerc, E : 22 km par D 906 et D 24, ✆ 01 64 91 48 18

◉ Boiseries★ du château - Parc★★ : laiterie de la Reine★ Z **B** - chaumière aux coquillages★ Z **E** - Bergerie nationale★ Z - Forêt de Rambouillet★.

Mercure Relays du Château sans rest

1 pl. de la Libération – ✆ 01 34 57 30 00 – www.mercure-rambouillet.com

83 ch – †120/175 € ††120/175 € – ☕ 14 € Zb

Face au château, ancien relais de poste du 17e s. superbement rénové : l'intérieur mêle avec raffinement l'ancien et le moderne. Chambres bien équipées et d'un grand confort.

X **L'Orangerie des Trois Roys** (N)

4 r. Raymond-Poincarré – ✆ 01 30 88 69 95 – www.lorangeriedestroisroys.fr – Fermé dim. soir et lundi Ya

Rest – Formule 22 € – Menu 28 € (déj. en sem.) – Carte 35/60 €

Face aux grilles du château, on savoure aussi bien une cuisine traditionnelle que des recettes plus actuelles : acras de morue à la créole ; blanquette de veau au citron confit et basilic ; etc. On se régale... sous la lumière d'une jolie verrière. Brunch copieux le dimanche.

RAMBOUILLET

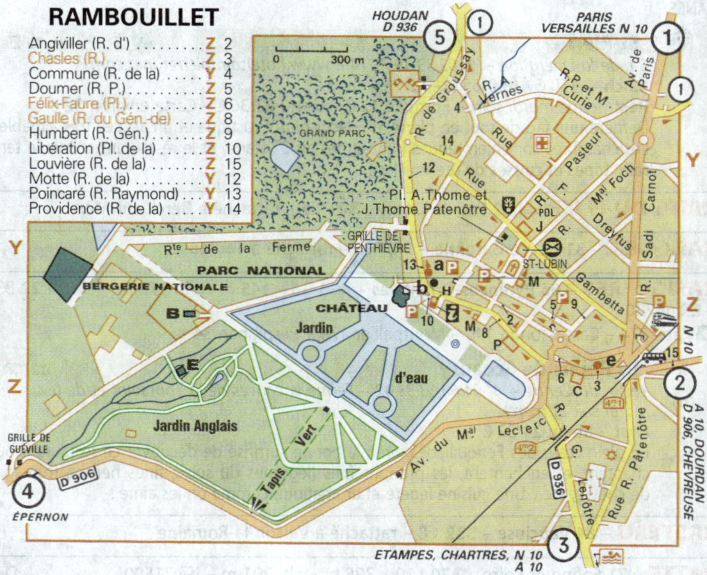

L'Huître sur le Zinc

15 r. Chasles – ✆ 01 30 46 22 58 – www.lhuitresurlezinc.fr – Fermé 7-27 août, dim. et lundi Ze

Rest – Formule 27 € – Menu 35 € (déj.) – Carte environ 50 €

Spécialités exclusivement marines en provenance de… la poissonnerie adjacente tenue par le frère du patron ! Décor original aux couleurs de la mer et beau jardin-terrasse.

à Gazeran 5 km par ④ – 1 212 h. – alt. 162 m – ✉ 78125

Villa Marinette

20 av. du Gén.-de-Gaulle – ✆ 01 34 83 19 01 – www.villamarinette.fr – Fermé dim. soir, lundi et mardi

Rest – Menu 29 € (déj. en sem.)/62 € – Carte 55/66 €

Cette ancienne auberge cache un intérieur cossu, au décor soigné, et, l'été, une agréable terrasse dressée dans le joli jardin clos. Au menu, une cuisine actuelle signée par un jeune chef qui sait faire simple, sans faire simpliste. Accueil souriant.

RANCÉ – 01 Ain – **328** C5 – 644 h. – alt. 282 m – ✉ 01390 **43** E1

Paris 437 – Bourg-en-Bresse 44 – Lyon 32 – Villefranche-sur-Saône 13

Restaurant de Rancé

– ✆ 04 74 00 81 83 – www.restaurantderance.com – Fermé 1 sem. en août et en oct., 2 sem. en fév., jeudi soir et merc. soir de sept. à mai, dim. soir, mardi soir et lundi

Rest – Formule 14 € – Menu 19 € (déj. en sem.), 28/65 € – Carte 30/77 €

Face à la petite église du village, on vient ici pour une généreuse cuisine dombiste (grenouilles, carpe, poulet...). Le décor est rustique et l'accueil chaleureux, que demander de mieux ?

RANCOURT – 80 Somme – **301** K7 – rattaché à Péronne

RÂNES – 61 Orne – **310** H3 – 1 071 h. – alt. 237 m – ✉ 61150 **32** B3

Normandie Cotentin

Paris 212 – Alençon 40 – Argentan 20 – Bagnoles-de-l'Orne 20

Mairie, ✆ 02 33 39 73 87

St-Pierre

6 r. de la Libération – ✆ 02 33 39 75 14 – www.hotelsaintpierreranes.com
12 ch – 50 € 60/65 € – 7 € – ½ P
Rest *(fermé mardi soir)* – Formule 12 € – Menu 22/36 € – Carte environ 32 €
Derrière une façade tout en pierre, un décor plutôt rustique et un accueil très aimable. Les chambres sont bien tenues (mansardes au 2e étage) et le restaurant cultive le terroir : tripes et cuisses de grenouilles !

RANG-DU-FLIERS – **62 Pas-de-Calais** – **301** C5 – **rattaché à Berck-sur-Mer**

RANGUEIL – **31 Haute-Garonne** – **343** G3 – **rattaché à Toulouse**

RASIGUÈRES – **66 Pyrénées-Orientales** – **344** G6 – **145 h.** – **alt. 178 m** – ✉ **66720** **22** B3

Paris 874 – Carcassonne 140 – Montpellier 178 – Perpignan 34

Le Relais de Sceaury

1bis r. du Centre – ✆ 04 68 63 33 42 – Fermé vacances de la Toussaint et de fév., mardi soir et merc.
Rest – Menu 24/32 €
En plein cœur des Fenouillèdes, on a la bonne surprise de découvrir ce restaurant où chantent, et enchantent, les produits frais (légumes du soleil, fines herbes, fromage de chèvre, etc.). Une cuisine légère et aromatique comme on les aime !

RASTEAU – **84 Vaucluse** – **332** C8 – **rattaché à Vaison-la-Romaine**

RATTE – **71 Saône-et-Loire** – **320** L10 – **385 h.** – **alt. 201 m** – ✉ **71500** **8** D3

Paris 386 – Chalon-sur-Saône 47 – Dijon 111 – Mâcon 97

Le Chaudron

71 route de Louhans, (au bourg) – ✆ 03 85 75 57 81 – www.restaurant-lechaudron-louhans.com – Fermé 2 sem. en sept., 2 sem. en janv., lundi soir, mardi et merc.
Rest – Formule 15 € bc – Menu 18 € bc (déj. en sem.), 28/46 € – Carte 33/57 €
L'auberge peut sembler modeste sur cette route qui traverse le hameau, pourtant le cadre est chaleureux. Dans le chaudron, de beaux produits frais et des recettes traditionnelles réinterprétées par la chef.

RAULHAC – **15 Cantal** – **330** D5 – **326 h.** – **alt. 740 m** – ✉ **15800** **5** B3

Paris 571 – Aurillac 31 – Clermont-Ferrand 156 – St-Flour 73

Château de Courbelimagne

4 km au Sud par rte de Mur-de-Barrez (D 600) – ✆ 04 71 49 58 25 – http://courbelimagne.pagesperso-orange.fr/ – Ouvert 2 avril-15 nov.
5 ch – 85 € 110 € **Table d'hôte** – Menu 25 €
Dans son parc romantique, un beau manoir de famille (16e-19e s.), comme un rêve de naturaliste : mobilier d'époque, collection de plantes de la région, soins de naturothérapie, etc. Champignons de la forêt, mûres des haies alentour, herbes et fleurs... la table d'hôte puise dans le terroir local. Quel charme !

RAYOL-CANADEL-SUR-MER – **83 Var** – **340** N7 – **679 h.** – **alt. 100 m** – ✉ **83820** **41** C3

Paris 886 – Fréjus 49 – Hyères 35 – Le Lavandou 13
place Michel Goy, ✆ 04 94 05 65 69, www.lerayolcanadel.fr
Domaine du Rayol Jardin des Méditerranées ★★

Le Bailli de Suffren

– ✆ 04 98 04 47 00 – www.lebaillidesuffren.com – Ouvert mi-avril à mi-oct.
55 ch – 220/440 € 290/520 € – 25 € – ½ P
Rest *La Praya* – voir les restaurants ci-après
Rest *L'Escale* *(ouvert de mai à sept.)* – Carte 40/80 €
Superbe vue sur les îles d'Hyères depuis ce bel hôtel les pieds dans l'eau. Plage privée, balcons et terrasses face aux flots, restaurants panoramiques... Ou comment vivre en intimité avec la mer !

La Praya – Hôtel Le Bailli de Suffren
– 04 98 04 47 00 – www.lebaillidesuffren.com – Ouvert de mi-avril à mi-oct. et fermé le midi en juil.-août
Rest – Formule 42 € – Menu 58 € (dîner)/80 € – Carte 72/103 €
Dans ce restaurant cossu, d'esprit provençal, et sur sa terrasse sous les palmiers, face à la Méditerranée, on déguste une fine cuisine, à l'image de ces blancs de bar, purée de carottes curry, céleris en rémoulade au basilic, émulsion coco.

Le Relais des Maures avec ch
av. Ch.-Koeklin, Le Canadel – 04 94 05 61 27 – www.lerelaisdesmaures.fr – Ouvert 4 mars-30 oct. et fermé le midi en juil.-août, dim. soir et lundi hors saison
10 ch – †75/100 € ††75/100 € – ☐ 9 €
Rest – Menu 29/43 € – Carte 43/56 €
Cette grande auberge, décorée dans un style rétro plutôt chic, cultive le goût du Sud. Le chef y réalise une cuisine fine et délicate, calée sur le marché. Les petites chambres sont sobres et rustiques ; vue sur la mer au deuxième étage.

RÉ (ÎLE DE) – 17 Charente-Maritime – 324 B2 – voir à Île de Ré

RÉALMONT – 81 Tarn – 338 F8 – 3 277 h. – alt. 212 m – ✉ 81120 29 C2

Midi Toulousain

Paris 704 – Albi 21 – Castres 24 – Graulhet 18

8, place de la République, 05 63 79 05 45, http://tourisme.realmont.fr

Les Secrets Gourmands
72 av. Général-de-Gaulle, (D 612) – 05 63 79 07 67 – www.les-secrets-gourmands.fr – Fermé 25-31 août, 10-31 janv., dim. soir et mardi
Rest – Menu 22 € (sem.), 32/52 € – Carte 42/59 €
Tarte feuilletée au fromage de chèvre, pignons et raisins ; mousse à la framboise et son coulis de cacao... Dans cette maison cossue et chaleureuse, le chef prépare des petits plats gourmands et savoureux, en toute simplicité.

REDON – 35 Ille-et-Vilaine – 309 J9 – 9 493 h. – alt. 10 m – ✉ 35600 10 C3

Bretagne Sud

Paris 410 – Nantes 78 – Rennes 65 – St-Nazaire 53

place de la République, 02 99 71 06 04, www.tourisme-pays-redon.com

Tour★ de l'église St-Sauveur.

La Bogue
3 r. des Etats – 02 99 71 12 95 – Fermé dim. soir et lundi
Rest – Formule 17 € – Menu 23/62 € – Carte 33/55 €
Vous pensez avoir l'étoffe d'un parlementaire ? C'est l'occasion ou jamais de le vérifier : ce restaurant prend ses aises dans l'ancien parlement de Redon (18e s.) ! Installé dans un cadre classique (boiseries, moulures, chaises Louis XIII), on apprécie une cuisine du marché évoluant au fil des saisons.

rte de La Gacilly 3 km au Nord par D 873 – ✉ 35600 Redon

Moulin de Via
– 02 99 71 05 16 – www.lemoulindevia.fr – Fermé 18-29 mars, merc. soir et jeudi soir de sept. à juin, dim. soir, lundi et mardi
Rest – Formule 25 € bc – Menu 29/65 €
Au nord de Redon, à l'issue d'un petit sentier, cet ancien moulin à eau du 16e s. apparaît niché dans un écrin de verdure... En cuisine, le chef prépare de bonnes recettes traditionnelles, que l'on déguste dans la salle rustique à souhait ou sur la terrasse ouverte sur le jardin.

REHAUPAL – 88 Vosges – 314 I4 – 193 h. – alt. 510 m – ✉ 88640 27 C3

▶ Paris 424 – Épinal 27 – Metz 151 – Strasbourg 132

Auberge du Haut-Jardin

43 bis Le Village – ✆ 03 29 66 37 06 – www.hautjardin.com – Fermé une sem. en mars, une sem. en nov. et une sem. en janv.

9 ch – †60/170 € ††60/170 € – ☕ 13 € – ½ P

Rest *Auberge du Haut-Jardin* – voir les restaurants ci-après

Dans ce petit village de la campagne vosgienne, cette maison de pays est tenue par un couple accueillant ; les chambres associent esprit rustique et confort, avec un soin notable. Une adresse idéale pour les amateurs d'authenticité et de calme...

Auberge du Haut-Jardin

43 bis Le Village – ✆ 03 29 66 37 06 – www.hautjardin.com – Fermé une sem. en mars, une sem. en nov., une sem. en janv., lundi midi et merc. midi hors vacances scolaires

Rest – Menu 20/40 € – Carte 25/40 €

Poutres, cheminée (difficile de la quitter l'hiver...) et saveurs du terroir : un vrai concentré des Vosges dans cette auberge, dont le chef privilégie au maximum les produits locaux.

REICHSTETT – 67 Bas-Rhin – 315 K5 – rattaché à Strasbourg

REILHAC – 43 Haute-Loire – 331 C3 – rattaché à Langeac

REILHANETTE – 26 Drôme – 332 F8 – 150 h. – alt. 579 m – ✉ 26570 45 C3

▶ Paris 710 – Avignon 78 – Lyon 247 – Valence 149

L'Oustau de la Font avec ch

Le Village – ✆ 04 75 28 83 77 – www.oustaudelafont.com – Fermé déc. et janv.

6 ch – †70/100 € ††70/100 € – ☕ 8 € – ½ P

Rest *(nombre de couverts limité, réserver)* – Formule 16 € – Menu 21 € (déj. en sem.), 33 € bc/50 € – Carte 41/53 €

Ce restaurant, perché sur les hauteurs, offre une jolie vue sur le mont Ventoux. En cuisine, le chef fait la part belle aux produits locaux. À noter, la belle sélection de vins de la vallée du Rhône. Cinq chambres et une maisonnette permettent de prolonger l'étape.

REIMS – 51 Marne – 306 G7 – 180 842 h. – Agglo. 211 966 h. – alt. 85 m – ✉ 51100 Champagne Ardenne 13 B2

▶ Paris 144 – Bruxelles 218 – Châlons-en-Champagne 48 – Lille 208

✈ Reims-Champagne : ✆ 03 26 49 10 92, 7 km par D 74 U.

ℹ 12, Boulevard du Général Leclerc, ✆ 03 26 77 45 00, www.reims-tourisme.com

18 de Reims-Champagne, à Gueux, Château des Dames de France, par rte de Paris : 9 km, ✆ 03 26 05 46 10

◉ Cathédrale Notre-Dame★★★ - Basilique St-Rémi★★ : intérieur★★★ - Palais du Tau★★ BY V - Caves de Champagne★★ BCX, CZ - La Villa Demoiselle★★ CZ - Place Royale★ - Porte Mars★ - Hôtel de la Salle★ BY R - Chapelle Foujita★ - Bibliothèque★ de l'ancien Collège des Jésuites BZ C - Musée St-Rémi★★ CZ M⁴ - Musée-hôtel Le Vergeur★ BX M³ - Musée des Beaux-Arts★ BY M².

◉ Fort de la Pompelle (casques allemands★) 9 km par ③.

Plans pages suivantes

Château Les Crayères

64 bd Henry-Vasnier – ✆ 03 26 24 90 00 – www.lescrayeres.com – Fermé de mi-déc. à début janv. CZa

20 ch – †360/710 € ††360/710 € – ☕ 28 €

Rest *Le Parc Les Crayères* ✿✿ **Rest *Le Jardin Les Crayères*** – voir les restaurants ci-après

Dans un grand parc, un décor brillant comme... du champagne. Faut-il préciser que cette superbe demeure est entourée des caves les plus renommées ? Un vrai symbole du luxe à la française, tout en raffinement, tentures épaisses, mobilier bourgeois...

REIMS

Berthelot (Bd M.) . . . . U 5
Brébant (Av.) . . . . U 8
Brimontel (R. de) . . . . U 10
Carré (R. du Gén.) . . . . UV 20
Champagne (Av. de) . . . . V 22
Cognacq-Jay (R.) . . . . V 25
Danton (R.) . . . . U 30
Dr-Lemoine (R.) . . . . U 35
Europe (Av. de l') . . . . V 42
Farman (Av. Henri) . . . . V 43
Maison-Blanche (R.) . . . . V 64
Paris (Av. de) . . . . V 69
Pompidou (Av. G.) . . . . V 71
Robespierre (Bd) . . . . U 74
Tinqueux (R. de) . . . . V 87
Vaillant-Couturier (Av.) . . . . . . V 89
Witry (Rte de) . . . . U 91
Zola (R. Émile) . . . . U 92

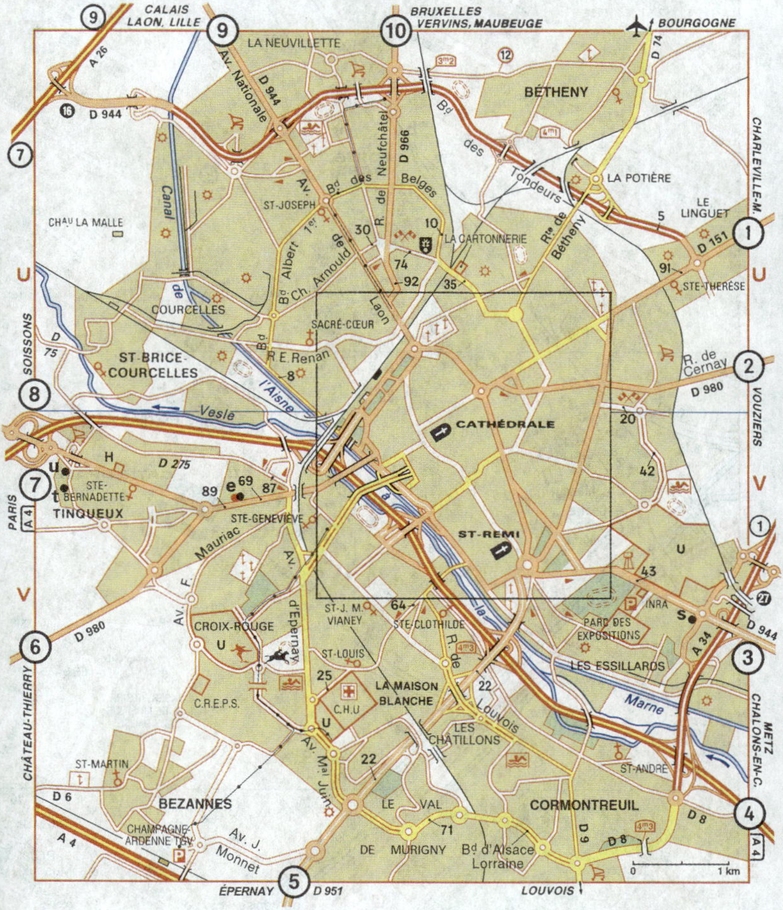

L'Assiette Champenoise

à Tinqueux, 40 av. Paul Vaillant-Couturier ✉ 51430 – ✆ 03 26 84 64 64
– *www.assiettechampenoise.com* – *Fermé 17 fév.-7 mars* **Ve**

27 ch – 🚹165/395 € 🚹🚹165/395 € – 8 suites – ☕ 29 €

Rest ***L'Assiette Champenoise*** ✿✿ – voir les restaurants ci-après

Une élégante maison de maître de la fin du 19e s., dans un grand parc clos. Les chambres, très spacieuses, affichent un style actuel de bon ton. On les regagne avec plaisir après avoir profité des délices de la table...

Petit déjeuner compris ? La tasse ☕ suit directement le nombre de chambres.

A
B
X
Y
Z
0
300 m
ST THOMAS
R. Geruzez
R. M. C.
d'Arène
Av. de Laon
92
R. Lesage
R. Gosset
35
CH LLE FOUJITA
Champ de Cave
Bd Jules César
NORD
R. du Mont d'Arène
D 75
R. des Romains
Fouriaux
b
72
t
73
PORTE MARS
7
Bd Lundy
R. Coquebert
R. E. Mignot
Rue de Courcelles
R. de St-Brice
Bd Joffre
Hautes Promenades
46
82
y
R. de Mars
H
k
85
a
57
57
Pl. A. Briand
Av
Square Colbert
R. Thiers
a
v
r
W
ERLON
Roederer
R. Louis
Basses Promenades
M3
33
26
60
Cérès
Bd
R. Tarbe
POL.
8
R
4
47
26
S
C
R.
60
38
40
Talleyrand
13
59
PL. ROYALE
31
BUIRETTE
38
Voltaire
COUVENT
Cirque
19
P
Manège
12
q
a
St-Jacques
68
J
65
CATHÉDRALE
3
56
Centre des Congrès
60
39
Vesle
T
M2
V
86
75
63
Place Stalingrad
Libergier
R. de Vesle
88
Pont de Vesle
Chanzy
Canal de l'Aisne
R. Payen
Bd
HINCMAR
R.
50
6
Jard
LE BARBATRE
CONSERVATOIRE NAT. DE MUSIQUE ET DE DANSE
53
R. du Barbâtre
R. du Cel Fabien
COMÉDIE DE REIMS
P. V
6
des
R. Gambetta
Gaulle
PORT
Clovis
du
Venise
Doumer
16
A. DELAUNE
R. de Capucins
ST-MAURICE
PARC
Chaussée
Pl. Museux
Gal de
Moulins
Ruisselet
Rue
Pont de Venise
Bd Dr H. Henrot
R. des
LÉO LAGRANGE
Esplanade L. Lagrange
R. du
R. Simon
Av. de
Marchandeau
la Vesle
AUTOROUTE A4
Bocquaine
Bd COURLANCY
FLÉCHAMBAULT
Président
Paul
Courlancy
Chézel
Bd de la Marne
Av.
STE-ANNE
R. Clovis
Dieu-
Pl. Marlin
Wilson
62

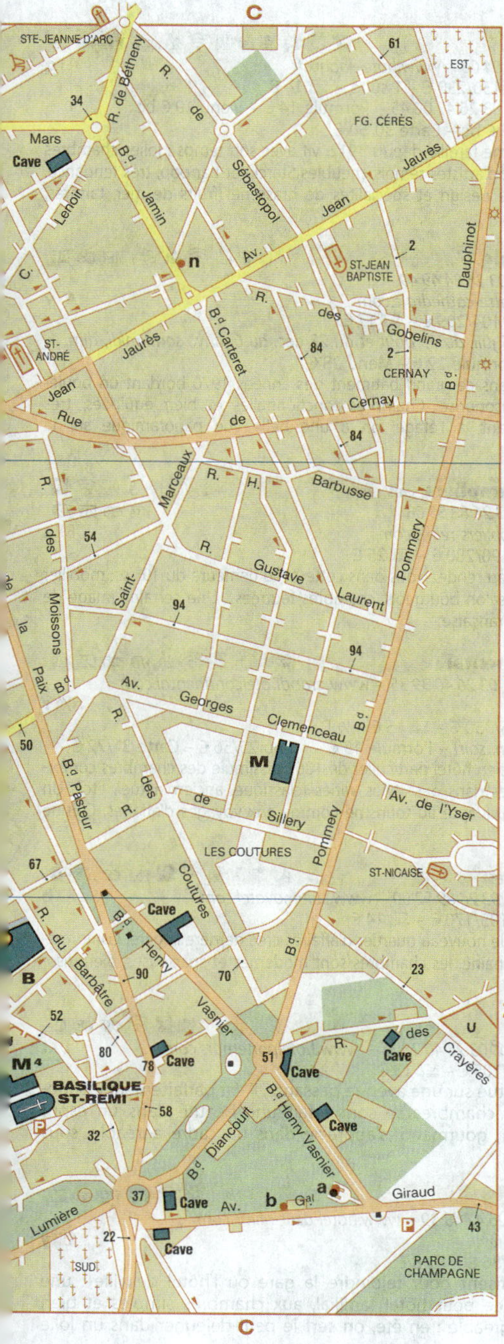
C
STE-JEANNE D'ARC
61
EST
34
R. de Bétheny
R. de Sébastopol
FG. CÉRÈS
Mars
Cave
Bd Jamin
Lenoir
Av. Jean Jaurès
2
ST-JEAN BAPTISTE
Dauphinot
n
R. des Gobelins
ST-ANDRÉ
Bd Carteret
84
2
CERNAY
Rue de Cernay
Jean Jaurès
84
Marceaux
R. H. Barbusse
R. des Moissons
54
R. Gustave Laurent
Pommery
Saint-
94
de la Paix
94
Av. Georges Clemenceau
Bd
50
M
Bd Pasteur
R. des
de Sillery
Av. de l'Yser
LES COUTURES
Pommery
ST-NICAISE
67
Coutures
R. du Barbâtre
Cave
Bd Henry
B
90
70
Bd
23
52
Vasnier
R.
des Crayères
80
M4
78
Cave
51
Cave
Cave
BASILIQUE ST-REMI
58
Bd Henry Vasnier
Cave
32
Bd Diancourt
a
37
Cave
Av.
b
Gal Giraud
Lumière
22
P
43
Cave
SUD
PARC DE CHAMPAGNE
C
X
Y
Z

REIMS

Hôtel de la Paix

9 r. Buirette – ✆ 03 26 40 04 08 – www.hotel-lapaix.fr AYq
164 ch – 130/230 € 130/230 € – 1 suite – 14 €
Rest *Café de la Paix* ✆ 03 26 47 00 45 – Formule 14 € – Menu 19 € bc (déj. en sem.), 34 € bc/37 € bc – Carte 30/60 €
Cet hôtel, tenu par la même famille depuis 1912, vit avec son temps : jolies chambres contemporaines (tableaux d'artistes rémois, meubles Starck) et bar pop, très tendance. Au Café de la Paix, cadre design et spécialités de brasserie (fruits de mer, tartares, choucroutes...).

Mercure - Cathédrale

31 bd Paul Doumer – ✆ 03 26 84 49 49 – www.mercure-reims-centre-cathedrale.com AYv
126 ch – 104/209 € 104/209 € – 17 €
Rest *(fermé le midi du 15 juil. au 25 août et du 23 déc. au 6 janv., sam. midi, dim. midi et fériés le midi)* – Formule 22 € – Menu 28 €
Nuits calmes garanties dans ce grand bâtiment des années 1970 bordant un boulevard mais totalement insonorisé. Chambres fonctionnelles et bien équipées, très confortables. Du restaurant, à l'étage, on a une belle vue panoramique sur le canal et les péniches.

Grand Hôtel des Templiers sans rest

22 r. des Templiers – ✆ 03 26 88 55 08 – www.grandhoteldestempliers-reims.com BXa
18 ch – 190/280 € 190/280 € – 25 €
Luxe et raffinement sont au rendez-vous dans cette belle demeure du 19e s. : mobilier de style, tissus opulents, salon bourgeois, chambres feutrées... Une certaine image de l'hôtellerie classique à la française.

Grand Hôtel Continental

ch,

93 pl. Drouet-d'Erlon – ✆ 03 26 40 39 35 – www.grandhotelcontinental.com – Fermé 22 déc.-3 janv. AXYr
63 ch – 75/350 € 75/350 € – 15 € – ½ P
Rest *Au Conti* *(fermé dim. soir)* – Formule 19 € – Menu 25/56 € – Carte 31/72 €
La belle façade de cet ancien hôtel particulier de 1862 dissimule des chambres confortables, calmes et décorées dans des styles variés (classique, ancien, actuel, etc.). Un ensemble bourgeois bien adapté au tourisme comme aux voyages d'affaires. Cuisine traditionnelle au Conti.

Suite Novotel sans rest

1 r. Édouard Mignot – ✆ 03 26 89 52 00 – www.suitenovotel.com AXb
80 ch – 105/170 € 105/170 € – 14 €
Un hôtel bien situé, dans le nouveau quartier d'affaires créé derrière la gare. Conformément aux normes de la chaîne, les chambres sont modernes et spacieuses, bien insonorisées et équipées.

Porte Mars sans rest

2 pl. de la République – ✆ 03 26 40 28 35 – www.hotelportemars.com BXt
24 ch – 83/93 € 92/105 € – 13 €
Cet hôtel a beau être situé sur une avenue passante, il est parfaitement insonorisé... et climatisé. Les chambres se sont refait une beauté dans un esprit cosy. Le petit-déjeuner, gourmand, s'apprécie dans un cadre agréable, sous une verrière.

Azur sans rest

9 r. des Ecrevées – ✆ 03 26 47 43 39 – www.hotel-azur-reims.com – Fermé dim. en janv. et fév. BXy
19 ch – 62/67 € 76/86 € – 8 €
Quelques minutes suffisent pour rejoindre la gare ou l'hôtel de ville : une bonne situation pour ce petit hôtel familial, aux chambres simples et bien tenues, à prix sage. Agréable : en été, on sert le petit-déjeuner dans une jolie courette.

Le Parc Les Crayères – Hôtel Château Les Crayères

64 bd Henry-Vasnier – ✆ 03 26 24 90 00 – www.lescrayeres.com – Fermé mi-déc. à début janv., lundi et mardi CZa

Rest *(nombre de couverts limité, réserver)* – Menu 65 € (déj. en sem.), 110/250 € – Carte 154/190 €

Un décor magnifique (boiseries, stucs, tapisseries, etc.) pour une cuisine qui ne l'est pas moins. La présentation des plats, la maîtrise dans l'exécution, les produits... tout semble ciselé dans l'émotion. Un beau moment de gastronomie.

➜ Chaud-froid de haddock condimenté d'une réduction de soupe de poisson. Diamant noir, millefeuille de poularde, mousseline de pommes de terre ratte truffées. Poire juste pochée sous sa coque craquante.

L'Assiette Champenoise (Arnaud Lallement) – Hôtel L'Assiette Champenoise

à Tinqueux, 40 av. Paul Vaillant-Couturier

✉ 51430 – ✆ 03 26 84 64 64 – www.assiettechampenoise.com – Fermé 17 fév.-7 mars, merc. midi et mardi Ve

Rest – Menu 65 € (déj. en sem.), 138/198 € – Carte 135/150 €

Le cadre, chic et moderne, un rien lounge, exprime assez bien la personnalité du chef, Arnaud Lallement. Sa cuisine, créative, fait preuve d'une belle subtilité, assemblage complexe de saveurs s'appuyant sur des produits de grande qualité.

➜ Déclinaison de tomates. Cochon noir de Gascogne rôti à la broche. Chocolat-praline. **Vins** Coteaux champenois, Champagne.

Le Foch (Jacky Louazé)

37 bd Foch – ✆ 03 26 47 48 22 – www.lefoch.com – Fermé 28 juil.-26 août, 17 fév.-4 mars, sam. midi, dim. soir et lundi AXa

Rest – Menu 33 € (sem.), 52/85 € – Carte 70/110 €

Le restaurant borde les Promenades, ces cours ombragés dessinés au 18e s. Le cadre, à la fois classique et contemporain, sied à la cuisine volontiers inventive du chef, où les produits de qualité sont rois (homard, beaux poissons).

➜ Raviole virtuelle de Saint-Jacques, huîtres de Marennes-Oléron et caviar d'Aquitaine. Bar cuit en terre d'argile de Vallauris. Banana split revisité. **Vins** Champagne.

Le Millénaire (Laurent Laplaige)

4 r. Bertin – ✆ 03 26 08 26 62 – www.lemillenaire.com – Fermé sam. midi et dim.

Rest – Menu 35 € (sem.), 52/87 € – Carte 80/115 € BYs

Non loin de la place Royale, derrière une façade engageante. Une véritable invitation à découvrir la cuisine, signée par deux chefs qui font rimer piano avec duo. De belles saveurs, bien ancrées dans l'époque... sinon le millénaire.

➜ Langoustines rôties sur un gaspacho de tomates oubliées, sorbet aux herbes fraîches. Ris de veau du Limousin, risotto au parmesan et fleur de courgette farcie. L'intercalé choco-framboise, mousse chocolat et glace nougat. **Vins** Champagne.

La Vigneraie

14 r. Thillois – ✆ 03 26 88 67 27 – www.vigneraie.com – Fermé 29 juil.-19 août, 18 fév.-4 mars, merc. midi, dim. soir et lundi AYa

Rest *(nombre de couverts limité, réserver)* – Formule 16 € – Menu 25 € (déj. en sem.), 33/69 € – Carte 61/76 €

Charmant restaurant qui rend hommage au vin et à la vigne. Les murs s'égayent de toiles d'artistes locaux pendant que les assiettes déclinent pigeon en deux façons, ficelle champenoise aux escargots, etc. Beau choix de vins et de champagnes.

Le Pavillon CG (N)

7 r. Noël – ✆ 03 26 03 15 15 – www.le-pavillon-cg.com – Fermé 2 sem. fin juil., 1 sem. en août, dim. soir et merc. AXw

Rest – Formule 19 € – Menu 39/80 € – Carte 60/100 €

Cette maison bourgeoise (1850) abritait une banque avant d'être transformée en restaurant ! C'est une valeur sûre pour apprécier une cuisine gastronomique réalisée avec des produits de qualité. Élégante salle sous une verrière. Service aimable.

Flo

96 pl. Drouet d'Erlon – ✆ 03 26 91 40 50 – www.floreims.com AXv

Rest – Menu 26 € – Carte 35/67 €

Les amateurs de brasserie apprécieront le joli cadre d'inspiration Art déco (sol en mosaïque d'époque par exemple), les lustres et les belles boiseries. En été, on déguste tartare, foie gras poêlé et baba au rhum en terrasse.

Le Jardin Les Crayères – Hôtel Château Les Crayères
7 av. du Gén.-Giraud – ✆ 03 26 24 90 90 – www.lescrayeres.com
– Fermé de mi-déc. à début janv. CZb
Rest – Formule 28 € – Menu 45 € – Carte 44/70 €
La "petite adresse" du Château Les Crayères, dans une dépendance du parc : une brasserie chic, très contemporaine, élégante avec sa véranda et sa terrasse juste en face du jardin d'herbes aromatiques. Savoureuse cuisine de saison !

Le Jamin
18 bd Jamin – ✆ 03 26 07 37 30 – www.lejamin.com – Fermé 15-19 avril, 16 août-2 sept., 15-29 janv., dim. soir et lundi CXn
Rest – Formule 15 € bc – Menu 22 € bc/34 € – Carte 26/46 €
Un petit restaurant de quartier simple et généreux. On vient là pour la cuisine traditionnelle (cuisses de grenouille à la provençale, rognons aux girolles, etc.) et les suggestions à l'ardoise, à prix doux. Service aimable et efficace.

Le Pré Champenois
1 r. Jean-Jacques-Rousseau – ✆ 03 26 24 27 15 – www.leprechampenois.fr – Fermé 3 sem. en août, 24-31 déc., 1 sem. en fév., dim. et lundi BXk
Rest – Formule 20 € – Menu 26 € (sem.), 33/70 € – Carte 42/59 €
Pré carré des gourmets, ce restaurant créé en 2010 est très sympathique. On s'y sent bien – ambiance feutrée – et les plats de toujours s'habillent d'une belle modernité (calamars à la carbonara, soufflé au Grand Marnier, etc.).

rte de Châlons-en-Champagne 3 km vers ③ – ✉ 51100 Reims

Mercure - Parc des Expositions
2 r. Gabriel-Voisin – ✆ 03 26 05 00 08 – www.accorhotels.com Vs
100 ch – †99/145 € ††109/155 € – ☕ 15 €
Rest *(fermé sam. midi, dim. midi et fériés le midi)* – Formule 25 € – Carte 31/44 €
Toutes les commodités dans ce bâtiment des années 1970 : restaurant, piscine, chambres contemporaines, nombreux salons pour l'organisation de séminaires, etc.

à Sillery 11 km par ③ et D 8^E – 1 590 h. – alt. 90 m – ✉ 51500

Le Relais de Sillery
3 r. de la Gare – ✆ 03 26 49 10 11 – www.relaisdesillery.fr – Fermé 13 août-3 sept., 2-8 janv., 18 fév.-3 mars, dim. soir, lundi et mardi
Rest – Menu 21 € (sem.), 41/68 € – Carte 50/78 €
Une auberge élégante (boiseries, tableaux) dont la terrasse domine la Vesle. Le cadre est bucolique, la gastronomie classique : langoustines en risotto crémeux, gratin de cuisses de grenouille... La cave – aux prix étudiés – impressionne !

à Montchenot 11 km par ⑤ – ✉ 51500 Villers Allerand

Le Grand Cerf (Dominique Giraudeau et Pascal Champion)
50 rte Nationale – ✆ 03 26 97 60 07 – www.le-grand-cerf.fr
– Fermé août, vacances de fév., dim. soir, mardi soir et merc.
Rest – Menu 37 € (déj. en sem.), 78/120 € bc – Carte 88/108 €
Au pied de la montagne de Reims, cette auberge affiche un style cossu... Un écrin élégant pour une belle cuisine classique, concoctée à quatre mains. Les deux chefs aiment travailler les produits nobles.
→ Homard et melon en vinaigrette aigre-douce. Ris de veau, sauce aux truffes. Pamplemousse caramélisé, glace au miel. **Vins** Champagne, Coteaux champenois.

à l'Ouest 6 km par ⑦, autoroute A 4 sortie Tinqueux – ✉ 51430 Tinqueux

Novotel
– ✆ 03 26 08 11 61 – www.novotel.com Vu
127 ch – †115/160 € ††115/160 € – ☕ 15 € **Rest** – Formule 18 € – Carte 20/48 €
Dans une zone commerciale et d'affaires, cet hôtel des années 1970 vit une seconde jeunesse : style épuré et concept Novation dans toutes les chambres, impeccables. Même tendance au restaurant (cuisine à la plancha).

Tip Top sans rest
1 av. d'A.F.N. – ✆ 03 26 83 84 85 – www.tiptop-hotel.com Vt
66 ch – †72/97 € ††77/102 € – ☕ 9 €
Près de l'autoroute, un hôtel récent, fonctionnel et bien tenu, le tout à des prix très raisonnables. "Tip top" pour une étape ou un voyage d'affaires.

REIPERTSWILLER – 67 Bas-Rhin – **315** I3 – 943 h. – alt. 230 m – ✉ 67340 1 A1

Alsace Lorraine

Paris 450 – Bitche 19 – Haguenau 33 – Sarreguemines 48

La Couronne

13 r. Wimmenau – ✆ 03 88 89 96 21 – www.hotel-la-couronne.com – Fermé 17 juin-4 juil., 25 nov.-6 déc. et 28 janv.-13 fév.

16 ch – †49/55 € ††50/66 € – ☕ 12 € – ½ P

Rest ***La Couronne*** – voir les restaurants ci-après

Dans un paisible village du parc naturel des Vosges du Nord, un hôtel confortable aménagé dans un esprit contemporain. Les chambres y sont spacieuses. Accueil familial. Une bonne adresse.

La Couronne

13 r. Wimmenau – ✆ 03 88 89 96 21 – www.hotel-la-couronne.com – Fermé 17 juin-4 juil., 25 nov.-6 déc., 28 janv.-13 fév., merc. midi et jeudi en janv.-fév., dim. soir, merc. soir, lundi et mardi

Rest – Menu 20 € (déj. en sem.), 26/49 € – Carte 43/61 €

Pour sûr, le chef mérite une couronne de laurier – voire tout un bouquet garni – pour sa cuisine classique et raffinée, qui régale (presskopf, tarte chaude aux quetsches...). Le décor est grand ouvert sur la nature – la vraie reine de cette table.

LA REMIGEASSE – 17 Charente-Maritime – **324** C4 – voir à Île d'Oléron

REMIGNY – 71 Saône-et-Loire – **320** I8 – 437 h. – alt. 215 m – ✉ 71150 7 A3

Paris 335 – Dijon 65 – Lons-le-Saunier 127 – Mâcon 82

L'Escale

2 rte de Chassey-le-Camp – ✆ 03 85 87 07 03 – www.restaurant-lescale-remigny.com – Fermé 15-30 sept., 2-25 janv., merc. midi d'avril à nov., lundi soir et jeudi soir de déc. à mars, mardi soir, merc. soir et dim. soir

Rest – Formule 11 € – Menu 18 € (déj. en sem.), 23/42 € – Carte 34/45 €

Sur la route du vignoble, au bord du canal, cette petite auberge semble sourire. Une escale animée où l'accueil est charmant et où l'on vous propose foie gras maison, croustillant d'escargots, coq au chardonnay...

REMIREMONT – 88 Vosges – **314** H4 – 8 042 h. – alt. 400 m – ✉ 88200 27 C3

Alsace Lorraine

Paris 413 – Belfort 70 – Colmar 80 – Épinal 28

4 bis place de l'Abbaye, ✆ 03 29 62 23 70, www.ot-remiremont.fr

Rue Ch.-de-Gaulle★ - Crypte★ de l'abbatiale St-Pierre.

Hôtel du Cheval de Bronze sans rest

59 r. Charles-de-Gaulle – ✆ 03 29 62 52 24 – www.hotechevalbronze.com

35 ch – †35/72 € ††42/72 € – ☕ 8 €

Hôtel aménagé dans un ancien relais de poste, sous les jolies arcades du centre-ville. Chambres un brin désuètes mais en cours de rénovation et bien tenues. Accueil chaleureux.

Le Clos Heurtebise

13 chemin des Capucins, par r. Capit.-Flayelle – ✆ 03 29 62 08 04 – www.leclosheurtebise.com – Fermé 15-31 août, 2-12 janv., lundi sauf le soir de sept. à juin, jeudi soir sauf juil.-août et dim. soir

Rest – Menu 18 € (sem.), 28/65 € – Carte 45/51 €

Sur les hauteurs de la ville, cette engageante maison bourgeoise propose une bonne cuisine classique. De l'agréable terrasse, on aperçoit les Vosges.

La Quarterelle

3 r. de la Carterelle – ✆ 03 29 23 98 69 – Fermé 1 sem. fin mars-début avril, 2 sem. fin juin-début juil., une sem. fin sept.-début oct., 2 sem. fin déc.-début janv., mardi soir, dim., lundi et merc.

Rest *(nombre de couverts limité, réserver)* – Menu 22/31 € – Carte 39/46 €

C'est en couple qu'on préside à la destinée de cette Quarterelle. Monsieur concocte une cuisine mâtinée d'épices et madame vous accueille avec le sourire. Pensez à réserver !

à Girmont-Val-d'Ajol 9 km au Sud-Est par D 23, D 57 et rte secondaire – 231 h. – alt. 650 m – ✉ 88340

La Vigotte rest, VISA
131 lieu-dit la Vigotte – ✆ 03 29 24 01 82 – www.vigotte.com – Fermé 9-29 janv. et lundi midi
24 ch – †36/88 € ††45/110 € – ☕ 8 € – ½ P
Rest – Menu 18/30 € – Carte 26/38 €
Entourée de forêt vosgienne, de prairies et d'étangs, cette ferme de 1750 ravira les amoureux de la nature. Chambres simples et sympathiques. Cuisine de tradition et de terroir servie dans la grande salle rustique ; chaleureuse ambiance montagnarde.

RENAISON – 42 Loire – **327** C3 – 2 818 h. – alt. 387 m – ✉ 42370 **44** A1
Lyon et sa région
Paris 385 – Chauffailles 43 – Lapalisse 39 – Roanne 11
50, route de Roanne, ✆ 04 77 62 17 07, www.leroannais.com
Bourg★ de St-Haon-le-Châtel N : 2 km - Barrage de la Tache : rocher-belvédère★ O : 5 km.

La Ferme d'Irène sans rest
Platelin – ✆ 04 77 64 29 12 – www.lafermedirene.fr – Fermé janv., fév. et mars
3 ch ☕ – †75/90 € ††80/95 €
Calme assuré dans cette ferme du 19e s. cernée par la verdure. Les chambres se répartissent entre la maison et... les anciens poulailler et étables (entrées indépendantes). Autres atouts : une déco à la fois simple et cosy, un étang de pêche, une cabane pour les enfants... Pour une parenthèse champêtre !

Jacques Cœur VISA
15 r. Roanne – ✆ 04 77 64 25 34 – www.restaurant-jacques-coeur.fr – Fermé 12 nov.-3 déc., dim. soir, lundi et mardi
Rest – Menu 22 € bc (sem.), 27/53 € – Carte 37/48 €
"À cœur vaillant, rien d'impossible !" La devise de Jacques Cœur accompagne le chef, qui ne manque pas d'allant lorsqu'il s'agit de mitonner de bons petits plats de tradition : pâté de pigeon en croûte, tête de veau aux herbes, etc.

St-Haon-le-Vieux 3 km au Nord par D 8 – 904 h. – alt. 424 m – ✉ 42370

Auberge du Bon Accueil VISA
La Croix Lucas – ✆ 04 77 64 40 72 – Fermé 1er-8 avril, 24 août-6 sept., vacances de la Toussaint, 7-14 janv., dim. soir, merc. soir et lundi
Rest – Formule 13 € – Menu 21 € (sem.), 29/69 € – Carte 41/58 €
En bordure de route, une agréable auberge avec un petit jardin et une terrasse ombragée. Le chef y concocte une cuisine dans l'air du temps avec des produits de saison. Et ici, le bon accueil n'est pas qu'un simple nom...

RENNES P – 35 Ille-et-Vilaine – **309** L6 – 206 604 h. – Agglo. 304 729 h. **10** D2
– alt. 40 m – ✉ 35000 Bretagne Nord
Paris 349 – Angers 129 – Brest 246 – Caen 185
de Rennes-St-Jacques : ✆ 02 99 29 60 00, 8 km par ⑦.
11, rue Saint-Yves, ✆ 02 99 67 11 11, www.tourisme-rennes.com
18 de la Freslonnière, à Le Rheu, par rte de Ploërmel : 7 km, ✆ 02 99 14 84 09
18 de Cicé Blossac, à Bruz, Domaine de Cicé-Blossac, par rte de Redon : 10 km, ✆ 02 99 52 79 79
9 de Cesson-Sévigné, à Cesson-Sévigné, Ile de Tizé, E : 11 km par D 96, ✆ 02 99 83 26 74
27 de Rennes Saint-Jacques, à Saint-Jacques-de-la-Lande, Le Temple du Cerisier, par rte de Redon : 11 km, ✆ 02 99 30 18 18
Le Vieux Rennes★★ - Jardin du Thabor★★ - Palais de justice★★ - Retable★★ à l'intérieur★ de la cathédrale St-Pierre AY - Musées : de Bretagne★, des Beaux-Arts★ BY **M.**

Plans pages suivantes

RENNES

Novotel Centre Gare ch, A/C VISA

22 av. Janvier – *02 99 84 08 08* BZ**t**

89 ch – 99/350 € 99/350 € – 14 suites – 15 €

Rest *(fermé vend. soir, sam. et dim.)* – Formule 13 € – Menu 18 € – Carte environ 25 €

À 2mn à pied de la gare, ce Novotel créé en 2011 allie esprit contemporain et caractère fonctionnel. Très pratique en centre-ville : le parking dans le sous-sol de l'établissement. Restauration traditionnelle.

Mercure Centre Gare sans rest A/C VISA

1 r. du Cap.-Maignan – *02 99 29 73 73* – *www.mercure.com* ABZ**m**

142 ch – 55/270 € 55/270 € – 17 €

Entre la gare et le centre-ville, ce Mercure des années 1970 est à deux pas des Champs Libres, lieu d'exposition abritant le musée de Bretagne. L'établissement dispose de chambres fonctionnelles. Restauration de type "snacking" pour les résidents.

Un classement passé en rouge désigne une maison particulièrement charmante : XXX.

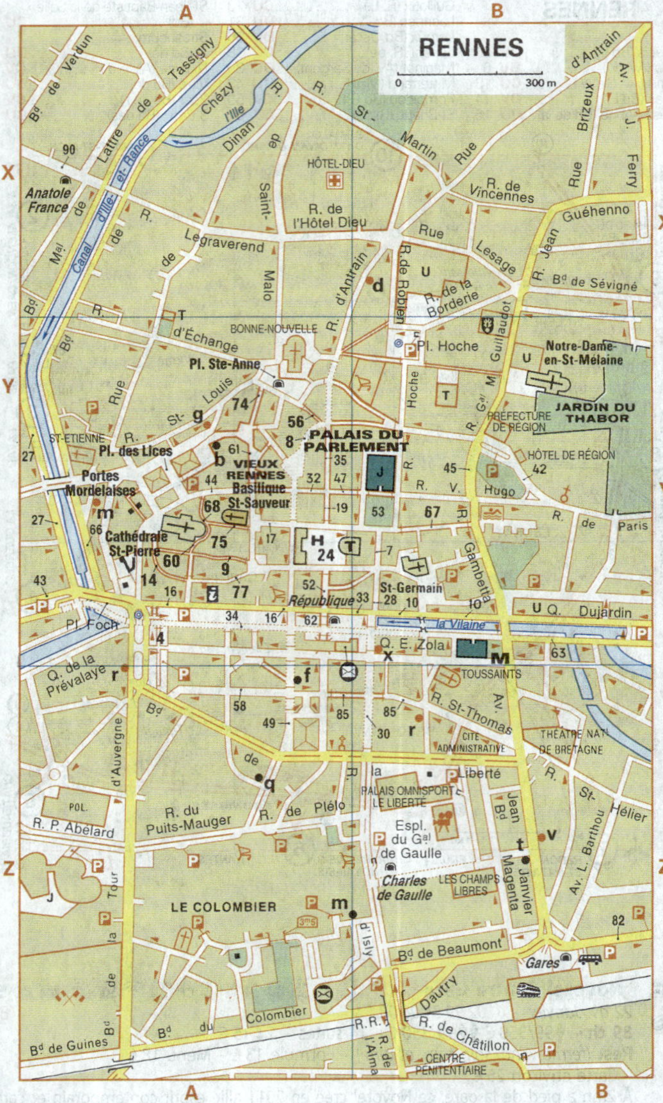

Le-Bastard (R.) . . . . . AY 35
Bretagne (Pl. de) . . . . . AY 4
Cavell (R. Édith) . . . . . BY 7
Champ-Jacquet (R. du) . . . . . AY 8
Chapitre (R. du) . . . . . AY 9
Chateaubriant (Quai) . . . . . BY 10
Dames (R. des) . . . . . AY 14
Duguay-Trouin (Quai) . . . . . AY 16
Du-Guesclin (R.) . . . . . AY 17
Estrées (R. d') . . . . . AY 19
La-Fayette (R.) . . . . . AY 32
Hôtel-de-Ville (Pl. de l') . . . . . AY 24
Ille-et-Rance (Quai) . . . . . AY 27
Jean-Jaurès (R.) . . . . . BY 28
Joffre (R. Mar.) . . . . . BZ 30
Lamartine (Quai) . . . . . ABY 33
Lamennais (Quai) . . . . . AY 34
Liberté (Bd de la) . . . . . ABZ
Martenot (R.) . . . . . BY 42
Mitterrand (Mail F.) . . . . . AY 43
Monnaie (R. de la) . . . . . AY 44
Motte-Fablet (R.) . . . . . AY 46
Motte (Cont. de la) . . . . . BY 45
Nationale (R.) . . . . . ABY 47
Nemours (R. de) . . . . . AZ 49
Orléans (R. d') . . . . . AY 52
Palais (Pl. du) . . . . . BY 53
Pont-aux-Foulons (R. du) . . . . . AY 56
Poullain-Duparc (R.) . . . . . AZ 58
Psalette (R. de la) . . . . . AY 60
Rallier-du-Baty (R.) . . . . . AY 61
République (Pl. de la) . . . . . AY 62
Richemont (Q. de) . . . . . BY 63
St-Cast (Quai) . . . . . AY 66
St-Georges (R.) . . . . . BY 67
St-Guillaume (R.) . . . . . AY 68
St-Michel (R.) . . . . . AY 74
St-Sauveur (R.) . . . . . AY 75
St-Yves (R.) . . . . . AY 77
Solférino (Bd) . . . . . BZ 82
Vasselot (R.) . . . . . AZ 85
41e-d'Infanterie (R.) . . . . . AX 90

Le Coq-Gadby

156 r. d'Antrain – ✆ 02 99 38 05 55 – www.lecoq-gadby.com **DUx**

24 ch – †84/290 € ††84/290 € – 2 suites – ☕ 18 €

Rest *La Coquerie* ✿ – voir les restaurants ci-après

Au 156 rue d'Antrain, on voit la vie en vert ! Dans un jardin, une maison du 17e s. doublée d'une bâtisse en bois conçue selon les dernières normes environnementales. Au choix, chambres cosy et feutrées, ou plus spacieuses et contemporaines. Spa écologique et soins bio.

Anne de Bretagne sans rest

12 r. Tronjolly – ✆ 02 99 31 49 49 – www.hotel-rennes.com – Fermé 20 déc.-2 janv.

42 ch – †89/155 € ††99/165 € – ☕ 12 € **AZq**

Hôtel construit en 1976, au bord d'une rue passante, entre le centre historique et la gare. Les chambres, assez spacieuses, sont bien équipées et parfaitement tenues. Préférez celles – plus calmes – situées sur l'arrière du bâtiment.

Hôtel des Lices sans rest

7 pl. des Lices – ✆ 02 99 79 14 81 – www.hotel-des-lices.com **AYb**

48 ch – †64/91 € ††69/96 € – ☕ 9 €

Jadis, la place des Lices et ses maisons à colombages étaient le théâtre des tournois de chevaliers. Un balcon sur l'histoire, voilà ce que proposent les chambres, modernes et colorées, au cœur du vieux Rennes. Le samedi matin, ne manquez pas le marché, l'un des plus grands de France !

Hôtel de Nemours sans rest

5 r. de Nemours – ✆ 02 99 78 26 26 – www.hotelnemours.com **AZf**

29 ch – †62/91 € ††72/91 € – ☕ 10 €

Non loin de la Vilaine et du centre historique, cet hôtel à la façade noire annonce la couleur. Ici, point d'extravagance mais un intérieur tout en sobriété et élégance : chambres confortables et épurées où domine le mobilier cérusé.

La Fontaine aux Perles

96 r. de la Poterie, (quartier de la Poterie), par ④ – ✆ 02 99 53 90 90 – www.lafontaineauxperles.com – Fermé dim. midi et mardi en août, dim. soir et lundi

Rest – Formule 20 € – Menu 25 € (déj. en sem.), 39/90 € – Carte 65/85 € ✿✿

Au calme d'un jardin arboré, ce petit manoir du 19e s. laisse échapper de savoureux fumets... En cuisine, beaux produits et maîtrise des cuissons sont de mise. Côté décor, les gourmands ont le choix entre trois salles, trois thèmes : champagne, vin ou Stade rennais, dont le chef est un fervent supporter !

La Coquerie – Hôtel Le Coq-Gadby

156 r. d'Antrain – ✆ 02 99 38 05 55 – www.lecoq-gadby.com – Fermé 29 juil.-26 aout, 28 oct.-6 nov., 30 déc.-6 janv., 1 sem. en fév., merc. midi, dim. et lundi **DUx**

Rest – Formule 29 € – Menu 35 € (déj.), 49/75 € – Carte 60/90 €

Cette institution rennaise a vu un nouveau chef reprendre les rênes de ses cuisines en 2012. Un chef jeune mais talentueux, dont le savoir-faire ne demande qu'à s'épanouir... En cette table qui a pour emblème le coq, symbole national, la gastronomie française d'aujourd'hui reste bien défendue !

→ Homard bleu de Chausey, cappuccino céleri-pomme et pistache. Colvert à peine fumé et jus rouge de betterave. Fuseau croustillant chocolat et caramel-anis.

Le Guehennec

33 r. Nantaise – ✆ 02 99 65 51 30 – www.leguehennec.com – Fermé 2 sem. en août, sam. midi, lundi soir et dim. **AYm**

Rest – Menu 23 € (déj. en sem.), 33/43 €

Près de la place des Lices, ce petit restaurant intime propose une cuisine soignée, rythmée par les saisons et les produits du marché. Décor contemporain.

Le Galopin

21 av. Janvier – ✆ 02 99 31 55 96 – www.legalopin.fr – Fermé 2 sem. en août, sam. midi, dim. et fériés **BZv**

Rest – Menu 18 € (sem.), 22/48 € – Carte 31/65 €

Une jolie brasserie à la façade rétro, avec banquettes, vivier, tables serrées, toiles contemporaines... Carte à l'unisson, entre terre et mer, avec notamment un menu homard. Service voiturier.

Les Carmes

2 r. des Carmes – ✆ 02 99 79 28 95 – www.lescarmes-rennes.com – Fermé août, 24-30 déc., dim. et lundi BZr

Rest *(nombre de couverts limité, réserver)* – Formule 15 € – Menu 19 € (déj.), 32/80 € bc – Carte 40/61 €

Derrière la façade de ce bistrot se cache une salle contemporaine. Le chef travaille avec les petits producteurs locaux et propose une cuisine d'aujourd'hui, attentive aux saisons.

Le Cours des Lices

18 pl. des Lices – ✆ 02 99 30 25 25 – www.lecoursdeslices.fr – Fermé 4-22 août, dim. et lundi AYg

Rest – Menu 19 € (déj. en sem.), 29/41 € – Carte 38/59 €

Voilà un chef qui ne manquerait le marché de la place des Lices pour rien au monde ! Pourquoi s'en priver ? Son restaurant – dans une maison de 1629 – est installé à deux pas. De retour en cuisine, il revisite les plats classiques avec les beaux produits de saison tout juste achetés.

Le Quatre B

4 pl. de Bretagne – ✆ 02 99 30 42 01 – www.quatreb.fr – Fermé sam. midi et dim.

Rest – Formule 12 € – Menu 16 € (déj. en sem.), 23/28 € – Carte 33/58 € AYZr

Tout le monde à Rennes connaît Le Quatre B ! Il faut dire que son concept est une réussite, alliance d'un décor branché (objets design, éclairage étudié, etc.) et d'une cuisine à la fois soignée et gourmande. Beaucoup d'invention, beaucoup de succès.

Autre Sens

11 r. Armand Rebillon – ✆ 02 99 14 25 14 – www.autre-sens.fr – Fermé 1er-12 mai, 28 juil.-15 août, 1er-6 janv., sam. midi et dim. CUb

Rest – Menu 20 € (déj. en sem.), 29/37 € – Carte 31/40 €

Sur le pittoresque canal d'Ille-et-Rance, un bâtiment original, tout en verre, avec terrasse sur deux niveaux. La déco, aux tons pastel, est épurée. Quant à la carte, elle propose un alléchant menu contemporain à déguster tout en regardant passer les bateaux.

Léon le Cochon

1 r. du Mar.-Joffre – ✆ 02 99 79 37 54 – www.leonlecochon.com – Fermé dim. en juil.-août BYx

Rest – Menu 15 € bc (déj.), 22/26 € – Carte 23/53 €

Ambiance conviviale et animée dans ce bistrot branché du centre-ville. Ici, le décor est décalé : arbre lumineux, colombages vert pomme... Côté assiette, il y en a pour tous les goûts : cochonnailles, poisson à la plancha et menu du marché !

Au Plaisir des Sens

54 r. d'Antrain – ✆ 02 99 38 67 51 – www.auplaisirdessens.com – Fermé sam. midi dim. soir et lundi BXd

Rest – Menu 18 € (déj. en sem.), 36/46 € – Carte 41/55 €

Aucun doute, les sens sont ici à la fête ! À la carte : une cuisine vive et fraîche, qui revisite la tradition au gré du marché et des saisons. Ainsi, une fricassée de langoustines bretonnes, galette de maïs et légumes bio au wok. Cadre plutôt intime.

à St-Grégoire 3 km au Nord par D82 - CU - 8 333 h. – alt. 45 m – ✉ 35760

Les Patios

1 imp. du Vieux-Bourg, (près de l'église) – ✆ 02 99 68 79 35 – www.le-saison.com – Fermé 1 sem. en avril et 2 sem. en août

5 ch – †175/195 € ††190/210 €

Rest ***Le Saison*** ✿ – voir les restaurants ci-après

Lassé par l'agitation de la ville ? Faites une pause dans cet hôtel situé à 6 km au nord de Rennes. Avec son joli jardin, cette belle construction contemporaine, au décor zen et épuré, respire la sérénité. Évidemment, toutes les chambres s'ouvrent sur... un patio.

XXX **Le Saison** (David Etcheverry) – Hôtel les Patios

1 imp. du Vieux-Bourg, (près de l'église) – ✆ 02 99 68 79 35 – www.le-saison.com – Fermé 1 sem. en avril, 2 sem. en août, dim. soir et lundi

Rest – Menu 28 € (déj. en sem.), 43/85 € – Carte 70/95 €

Ce pourrait être une simple longère aux portes de Rennes, c'est un petit havre de design contemporain, élégant et lumineux... Le repas n'en est que plus agréable. Car le chef signe une cuisine de saison très soignée, centrée sur le produit et subtile dans ses effets !

➜ Langoustines royales, carotte, gingembre et vanille Bourbon. Côte de cochon noir de Bigorre, tatin d'oignons caramélisée et soja. Cubes de chocolat, cerise, hibiscus et coquelicot.

à Cesson-Sévigné 6 km par ③ – 15 194 h. – alt. 28 m – ✉ 35510

Le Germinal

9 cours de la Vilaine, au bourg – ✆ 02 99 83 11 01 – www.legerminal.com – Fermé 29 juil.-18 août et 22 déc.-6 janv.

18 ch – †85/110 € ††97/120 € – ☕ 15 €

Rest ***Le Germinal*** – voir les restaurants ci-après

Ne cherchez pas le lien avec l'œuvre éponyme d'Émile Zola. Ici, pas de bassin minier mais un ancien moulin posé sur un îlot de la Vilaine. Les chambres – entièrement refaites en 2012 – sont cosy et parfaitement tenues. Un lieu bucolique à souhait !

XX **Le Germinal** – Hôtel Le Germinal

9 cours de la Vilaine, au bourg – ✆ 02 99 83 11 01 – www.legerminal.com – Fermé 29 juil.-18 août et 22 déc.-6 janv.

Rest *(fermé dim.)* – Formule 17 € bc – Menu 20 € (déj. en sem.), 30/40 € – Carte 38/62 €

Une terrasse aux airs de pont de bateau avec vue plongeante sur la rivière... Ah, la douceur champêtre d'un moulin sur la Vilaine ! Dans ce très sympathique restaurant, on savoure une cuisine bien tournée et pleine de fraîcheur, mâtinée de touches inventives.

XX **L'Adresse**

32 cours de la Vilaine – ✆ 02 99 83 82 06 – www.restaurant-ladresse.com – Fermé 1 sem. en mai, 5-18 août, 1 sem. en nov., 1 sem. en fév., sam. midi, dim. soir, mardi soir et lundi

Rest – Formule 14 € – Menu 17 € (déj. en sem.), 21/36 € – Carte 31/47 €

Cette maison en granit, bordant la Vilaine, dispose de salles contemporaines, dont une très feutrée. L'été, préférez la terrasse avec sa pergola où grimpe une superbe glycine. Cuisine qui suit la tendance.

à Noyal-sur-Vilaine 12 km par ③ – 5 188 h. – alt. 75 m – ✉ 35530

XXX **Auberge du Pont d'Acigné** (Sylvain Guillemot)

3 km au Nord par rte d'Acigné – ✆ 02 99 62 52 55 – www.auberge-du-pont-dacigne.com – Fermé 21-29 avril, 30 juil.-19 août, vacances de la Toussaint, 2-5 janv., sam. midi, dim. soir et lundi

Rest – Menu 29 € (déj. en sem.), 43/90 €

Voilà ce qu'on appelle une cuisine du terroir maîtrisée et inventive ! Les assiettes se révèlent subtiles, très soignées et parfumées... Le cadre, élégant et lumineux, la terrasse en bord de la Vilaine, comme le service, très agréable, ajoutent au plaisir de cette parenthèse gastronomique. Très beau choix de vins.

➜ Couteaux de Bretagne au citron de Menton. Agneau de pré salé du Mont-Saint-Michel. Émulsion de riz au lait, chips d'endive et framboises.

XX **Les Forges** avec ch — rest, ch,

22 av. du Gén.-de-Gaulle – ✆ 02 99 00 51 08 – Fermé 3 sem. en août, vacances de fév., vend. soir, dim. soir et soirs fériés

12 ch – †44/50 € ††44/65 € – ☕ 7 € – ½ P

Rest – Menu 15 € (déj. en sem.), 21/37 € – Carte 25/40 €

Engageante auberge en bord de route, sur le site d'anciennes forges. Deux salles, l'une contemporaine et épurée, l'autre plus classique. Restauration traditionnelle teintée d'une touche de modernité. Les chambres sont sobres et bien tenues.

rte de St-Nazaire 8 km par ⑦ – ✉35170 Bruz

Kerlann ch,

– ✆ 02 99 05 95 80 – www.hotel-kerlann.com – Fermé vacances de Noël
49 ch – †82/143 € ††82/143 € – 3 suites – ☕ 13 €
Rest *(fermé 1 sem. en août, vacances de Noël, sam. et dim.)* – Menu 20 € (déj.)/26 € – Carte environ 30 €
Entre Rennes et St-Nazaire, non loin de l'aéroport et du golf de Cicé, cet hôtel bénéficie d'une excellente situation. Les chambres, réparties autour d'un patio, sont confortables et bien tenues. Restaurant traditionnel.

Le Rheu 8 km par ⑧ et D 129 – 7 643 h. – alt. 30 m – ✉ 35650

Château d'Apigné

rte de Chavagne – ✆ 02 99 14 80 66 – www.chateau-apigne.fr
16 ch – †110/190 € ††130/250 € – ☕ 16 € – ½ P
Rest ***Château d'Apigné*** – voir les restaurants ci-après
Envie de jouer les aristocrates le temps d'une escapade en Bretagne ? Dans ce cas, cet élégant château néo-Renaissance (1833), au cœur d'un parc immense, est fait pour vous ! Vous apprécierez les chambres alliant classicisme et raffinement : boiseries, moulures, parquet d'époque... Très classe, of course !

Château d'Apigné

rte de Chavagne – ✆ 02 99 14 80 66 – www.chateau-apigne.fr
– Fermé 25 fév.-11 mars,1 sem. vacances de la Toussaint, mardi midi, merc. midi, sam. midi, dim. soir et lundi
Rest – Formule 19 € – Menu 25 € (sem.), 34/52 € – Carte 57/69 €
Le plafond en ogive, les boiseries, les tentures... Il règne ici une atmosphère raffinée, romantique et si châtelaine ! Un décor superbe qui sert à merveille la cuisine gastronomique du chef, créative mêlant sucré et salé.

rte de Lorient 6 km par ⑧, N 24 – ✉ 35650 Le Rheu

Manoir du Plessis avec ch rest,

– ✆ 02 99 14 79 79 – www.manoirduplessis.fr
– Fermé 12-19 août, 30 déc.-6 janv. et 25 fév.-11 mars
6 ch – †100/280 € ††105/280 € – ☕ 12 €
Rest *(fermé sam. midi, dim. soir et lundi)* – Menu 17 € (déj. en sem.), 23/40 € – Carte 46/52 €
Charmante demeure du 18e s., entourée d'un parc, sur la route de Lorient. Dans les salles en enfilade, on savoure une cuisine classique, avec quelques incursions sur le terrain de la création. Si vous avez quelques jours devant vous, profitez des jolies chambres, dignes d'une maison de famille.

LA RÉOLE – 33 Gironde – 335 K7 – 4 278 h. – alt. 44 m – ✉ 33190 4 C2

Aquitaine

▶ Paris 649 – Bordeaux 74 – Casteljaloux 42 – Duras 25
ℹ 15, rue Armand Caduc, ✆ 05 56 61 13 55, www.lareole.fr

Aux Fontaines

8 r. de Verdun – ✆ 05 56 61 15 25 – www.restaurant-aux-fontaines.com – *Fermé 2 sem. en nov., vacances de fév., merc. soir hors saison, dim. soir et lundi*
Rest *(nombre de couverts limité, réserver)* – Menu 24/36 € – Carte 50/65 €
Adossée à une colline, cette grande demeure du centre-ville abrite un restaurant où l'on déjeune l'été sur la terrasse, dressée dans un joli jardin. Cuisine traditionnelle.

LA RÉPARA-AURIPLES – 26 Drôme – 332 D6 – rattaché à Crest

RESTONICA (GORGES DE LA) – 2B Haute-Corse – 345 D6 – voir à Corse (Corte)

RETHONDES – 60 Oise – 305 I4 – rattaché à Compiègne

REUGNY – 03 Allier – 326 C4 – 263 h. – alt. 204 m – ✉ 03190 5 B1

Paris 312 – Bourbon-l'Archambault 43 – Montluçon 15 – Montmarault 45

La Table de Reugny

25 rte de Paris – ✆ 04 70 06 70 06 – www.restaurant-reugny.com
– Fermé 16 août-7 sept., 2-22 janv., dim. soir, lundi et mardi
Rest – Formule 17 € – Menu 22/52 € – Carte environ 36 €
C'est une maison rose aux volets blancs... Façade sage qui contraste avec les couleurs chatoyantes de la salle (rouge, orange, jaune) et nous laisse présager une cuisine tout feu tout flamme ! De fait, le chef signe des plats du terroir très savoureux.

REUILLY-SAUVIGNY – 02 Aisne – 306 D8 – 230 h. – alt. 78 m – ✉ 02850 37 C3

Paris 109 – Château-Thierry 16 – Épernay 34 – Reims 50

Auberge Le Relais (Martial Berthuit) avec ch

2 r. de Paris – ✆ 03 23 70 35 36 – www.relaisreuilly.com
– Fermé 18 août-5 sept., 26 janv.-28 fév., mardi et merc.
7 ch – †84/100 € ††89/107 € – ☕ 17 €
Rest – Menu 34 € (sem.), 55/89 € – Carte 85/105 €
Cette coquette auberge cumule de nombreux atouts : intérieur actuel et élégant, belle véranda entourée de verdure et fine cuisine mariant habilement tradition et modernité. Décor contemporain dans les chambres.
➜ Pressé de foie gras de canard et jambon aux poires confites. Homard aux légumes croquants dans un bouillon d'herbes et nouilles chinoises. Tarte au chocolat noir de Tanzanie. **Vins** Champagne, Coteaux champenois rouge.

REVEL – 31 Haute-Garonne – 343 K4 – 9 253 h. – alt. 210 m – ✉ 31250 29 C2

Midi Toulousain

Paris 727 – Carcassonne 46 – Castelnaudary 21 – Castres 28

place Philippe VI de Valois, ✆ 05 34 66 67 68, www.tourisme-revel.com

Hôtel du Midi

34 bd Gambetta – ✆ 05 61 83 50 50 – www.hotelrestaurantdumidi.com
– Fermé 21-30 nov.
17 ch – †52/74 € ††52/74 € – ☕ 9 € – ½ P
Rest *(fermé 23-30 mars, 12 nov.-6 déc., dim. soir et lundi midi d'oct. à juin sauf fériés)* – Formule 12 € – Menu 25 € (déj. en sem.), 32/50 € bc – Carte 38/48 €
Un relais de poste du 19e s. en centre-ville, dont le patron a pris la suite de ses parents il y a plus de trente ans ! Chambres bien tenues, plus calmes sur l'arrière. Restaurant traditionnel.

Le Comptoir de l'Horte

chemin de l'Horte – ✆ 05 34 66 50 08 – www.comptoir-horte.com
– Fermé 25 fév.-3 mars et merc.
Rest – Formule 12 € – Menu 16 € (déj. en sem.), 25/45 € – Carte 27/59 €
Si la courte carte s'en tient à une description très minimaliste des mets, c'est parce qu'ici, on aime discuter, présenter les produits et susciter l'envie ! Ainsi, derrière ce "pressé de légumes" ou ce "foie gras et mangue" se cachent des petits plats d'aujourd'hui, bien ficelés et savoureux.

REVIGNY-SUR-ORNAIN – 55 Meuse – 307 A6 – 3 145 h. – alt. 144 m – ✉ 55800 26 A2

Paris 239 – Bar-le-Duc 18 – St-Dizier 30 – Vitry-le-François 36

rue du Stade, ✆ 03 29 78 73 34

La Maison Forte sans rest

6 pl. Henriot-du-Coudray – ✆ 03 29 70 78 94 – www.lamaisonforte.fr
– Fermé 15 déc.-15 janv.
5 ch ☕ – †80/130 € ††80/130 €
Cette demeure du 18e s. fut jadis la propriété du duc de Bar, puis du duc de Lorraine. Les chambres sont toutes différentes et ont du caractère ("Maroc", "Tour", "Indigo", etc.) ; au petit-déjeuner, on se régale de confitures et tartes maison.

RÉVILLE – 50 Manche – **303** E2 – 1 186 h. – alt. 12 m – ✉ 50760 **32** A1

Paris 351 – Carentan 44 – Cherbourg 30 – St-Lô 72

La Pernelle ✳★★ du blockhaus O : 3 km - Pointe de Saire : blockhaus ★ SE : 2,5 km

Normandie Cotentin

La Villa Gervaiserie sans rest

17 rte des Monts – ✆ 02 33 54 54 64 – www.lagervaiserie.com – Ouvert avril-sept.

10 ch – †86/128 € ††86/128 € – ☕ 10 €

À la sortie de Réville, un hôtel assez récent (2002) avec un jardin verdoyant. Les chambres, spacieuses et jolies (mobilier chiné, tissus choisis) sont impeccablement tenues et ont toutes un balcon ou une terrasse donnant sur l'île de Tatihou.

Au Moyne de Saire avec ch

15 r. du Général-de-Gaulle – ✆ 02 33 54 46 06 – www.au-moyne-de-saire.com – Fermé jeudi midi et lundi

11 ch – †55/59 € ††70/80 € – ☕ 8 € – ½ P

Rest – Menu 18 € (sem.), 25/33 € – Carte 26/47 €

Une auberge engageante, au cœur du village. On y déguste une sympathique cuisine traditionnelle et l'on peut aussi faire étape dans l'une des chambres, certes assez petites et simples, mais bien tenues.

REY – 30 Gard – **339** G4 – rattaché au Vigan

REZÉ – 44 Loire-Atlantique – **316** G4 – rattaché à Nantes

LE RHEU – 35 Ille-et-Vilaine – **309** L6 – rattaché à Rennes

LE RHIEN – 70 Haute-Saône – **314** H6 – rattaché à Ronchamp

RHINAU – 67 Bas-Rhin – **315** K7 – 2 698 h. – alt. 158 m – ✉ 67860 **1** B2

Paris 525 – Marckolsheim 26 – Molsheim 38 – Obernai 28

35, rue du Rhin, ✆ 03 88 74 68 96, www.grandried.fr

Au Vieux Couvent (Alexis Albrecht)

6 r. des Chanoines – ✆ 03 88 74 61 15 – www.vieuxcouvent.fr – Fermé lundi soir, mardi et merc.

Rest – Menu 35 € (sem.), 49/115 € – Carte 70/110 €

Dans cette engageante maison à colombages, dont la salle est baignée de lumière, le chef utilise les herbes et les fleurs qu'il cultive avec son père ; sa cuisine, pleine d'inventivité, honore la gastronomie !

➜ Carpaccio d'espadon, dés de tomate séchée, valse d'herbes et fleurs sauvages. Filet de brochet et légumes de notre potager. Festival de desserts. **Vins** Pinot gris, Pinot noir.

RIANS – 83 Var – **340** J4 – 4 199 h. – alt. 406 m – ✉ 83560 **40** B3

Paris 770 – Aix-en-Provence 40 – Avignon 100 – Manosque 33

place du Posteuil, ✆ 04 94 80 33 37, www.mairie-rians.fr

La Roquette

1 km par rte de Manosque – ✆ 04 94 80 32 58 – www.laroquette-rians.com – Fermé 2-23 janv., le soir en hiver sauf vend. et sam., dim. soir et merc.

Rest – Formule 21 € – Menu 27/51 € – Carte 39/57 €

Demeure familiale où l'on déguste une cuisine régionale évoluant au fil des saisons. Trois salles en enfilade, discrètement provençales, et une agréable terrasse ombragée.

RIANTEC – 56 Morbihan – **308** L8 – 5 077 h. – alt. 4 m – ✉ 56670 **9** B2

Bretagne Sud

Paris 503 – Lorient 16 – Rennes 152 – Vannes 59

La Chaumière de Kervassal sans rest

3 km au Nord rte de Kervassal – ✆ 02 97 33 58 66 – www.tymaya.com – Ouvert mai-sept.

3 ch ☕ – †80/110 € ††80/110 €

Cette "chaumière du vassal" date du 17e s. ; elle n'a rien perdu de son authenticité (pierres, poutres) et cultive un style champêtre et cosy, ainsi qu'un joli jardin !

RIBEAUVILLÉ – 68 Haut-Rhin – 315 H7 – 4 798 h. – alt. 240 m – Casino 2 C2

– ✉ 68150 Alsace Lorraine

Paris 439 – Colmar 16 – Mulhouse 60 – St-Dié 42

Grand'Rue★★ : tour des Bouchers★.

Riquewihr★★★ - Château du Haut-Ribeaupierre : ※★★ - Château de St-Ullrich★ : ※★★.

Le Clos St-Vincent

chemin Osterbergweg, 1,5 km au Nord-Est par rte secondaire – *☎ 03 89 73 67 65*
– www.leclossaintvincent.com – Ouvert 16 mars-16 déc. **Bu**

19 ch – †110/260 € ††125/260 € – 5 suites – ☕ 18 €

Rest *(fermé mardi) (dîner seult)* – Menu 57 €

Quelle vue sur la plaine d'Alsace ! Des vignes, des montagnes... Devant cette grande et belle maison, elles se déroulent à perte de vue. Les chambres sont vastes et confortables, ce qui ne gâte rien, et l'on peut se détendre à l'espace fitness.

Le Ménestrel sans rest

27 av. Gén. de Gaulle, par ④ – ☎ 03 89 73 80 52 – www.hotel-menestrel.com
– Fermé fév.

29 ch – †72/91 € ††81/101 € – ☕ 12 €

Cet établissement proche du centre-ville a changé de propriétaires en 2011. Le genre d'hôtel fonctionnel et pratique, décoré dans un style contemporain, qui permet de rayonner aux alentours. D'autant que l'on est sur la route des vins...

La Tour sans rest

1 r. de la Mairie – ☎ 03 89 73 72 73 – www.hotel-la-tour.com
– Fermé 1er janv.-14 mars **Aa**

31 ch – †74/98 € ††80/106 € – ☕ 10 €

C'est vrai que cet hôtel est juste en face de la tour, sur la place principale du village ! On se sent bien dans cette maison à colombages au décor d'inspiration alsacienne... et les enfants sont les bienvenus.

RIBEAUVILLÉ

Abbé-Kremp (R. de l') . . . . A 2
Château (R. du) . . . . A 3
Flesch (R.) . . . . B 5
Fontaine (R. de la) . . . . A 6
Frères-Mertian (R. des) . . . . A 7
Gaulle (Av. du Gén.-de) . . . . B 9
Gouraud (Pl.) . . . . B 10
Grand'Rue . . . . AB
Grand'Rue de l' Eglise . . . . A 21
Halle aux Blés (R. de la) . . . . B 12
Hôtel de Ville (Pl. de l') . . . . A 13
Ortlieb (R.) . . . . B 14
Ste-Marie-aux-Mines (Rte) . . . A 15
Sinne (Pl. de la) . . . . A 16
Synagogue (R. de la) . . . . B 17
Tanneurs (R. des) . . . . B 18

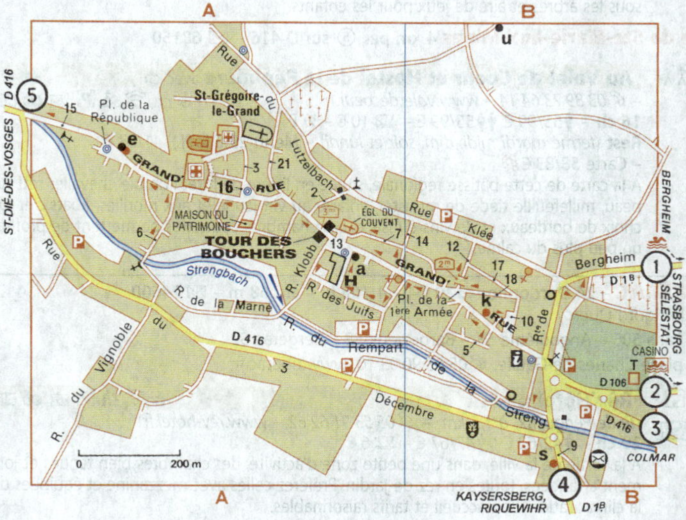

Cheval Blanc
122 Grand'Rue – ✆ 03 89 73 61 38 – www.cheval-blanc-alsace.fr
– Fermé 12-22 nov. et 6 janv.-12 fév. **Ae**
18 ch – 61 € 65/73 € – 8 € – ½ P
Rest *Cheval Blanc* – voir les restaurants ci-après
La façade de cette bâtisse régionale se couvre de fleurs en saison ! Les chambres sont simples et confortables, on vous reçoit en famille ; c'est la bonne affaire du coin, avec un très bon rapport qualité-prix.

Au Relais des Ménétriers
10 av. Gén. de Gaulle – ✆ 03 89 73 64 52 – www.restaurant-menetriers.com
– Fermé 15-30 juil., 17 fév.-4 mars, jeudi soir, dim. soir et lundi **Bs**
Rest – Formule 12 € – Menu 26 € (déj. en sem.)/38 € – Carte 36/59 €
Dans cette maison bleue, à deux pas du centre historique, le chef concocte une vraie cuisine du pays ; il achète même ses légumes chez les paysans du coin ! Pour la déco, c'est rustique ou moderne, au choix, mais toujours charmant.

Wistub Zum Pfifferhüs
14 Grand'Rue – ✆ 03 89 73 62 28 – Fermé 1 sem. vacances de fév., jeudi hors saison et merc. **Bk**
Rest *(réserver)* – Menu 25 € – Carte 31/53 €
Ce charmant wistub est un modèle du genre (boiseries, vieilles poutres, fresques) ; la convivialité règne, surtout lors du Pfifferdaj (fête des ménétriers). Le chef tient à ce que tout soit fait maison et défend avec amour la cuisine du terroir.

Cheval Blanc – Hôtel Cheval Blanc
122 Grand'Rue – ✆ 03 89 73 61 38 – www.cheval-blanc-alsace.fr
– Fermé 12-22 nov. et 6 janv.-12 fév., mardi midi et merc. **Ae**
Rest – Menu 20/44 € – Carte 30/51 €
Ce Cheval Blanc a du caractère. Dans un décor de bistrot contemporain, l'ardoise et la carte mettent en valeur le terroir alsacien : coq au riesling, choucroute, assiette de munster... Bonne sélection de vins d'Alsace au verre.

Auberge du Parc Carola N
41 rte de Bergheim, par ① – ✆ 03 89 86 05 75 – www.auberge-parc-carola.com
– Fermé 19 fév.-19 mars, mardi et merc.
Rest – Formule 18 € – Menu 21 € (déj. en sem.), 28/59 € – Carte 46/64 €
Une nouvelle aventure pour Michaela Peters, jeune chef allemande qui s'était notamment fait connaître au Rendez-vous de Chasse à Colmar. Avec son compagnon pâtissier, elle signe une belle cuisine traditionnelle, aux saveurs flatteuses. Jolie terrasse sous les arbres et aire de jeux pour les enfants.

rte de Ste-Marie-aux-Mines 4 km par ⑤ sur D 416 – ✉ 68150

Au Valet de Coeur et Hostel de la Pépinière avec ch
– ✆ 03 89 73 64 14 – www.valetdecoeur.fr
16 ch – 55/99 € 55/99 € – 10 € – ½ P
Rest *(fermé mardi midi, dim. soir et lundi)* – Menu 29 € (déj.), 41/83 € – Carte 58/83 €
À la carte de cette bâtisse régionale, située en lisière de forêt : omble chevalier rôti sur peau, millefeuille tiède de munster, volaille au vin jaune et aux morilles, abats... et joli choix de bordeaux et de vins d'Alsace. Les chambres coquettes permettent de profiter un peu plus du calme.

RIBÉRAC – 24 Dordogne – 329 D4 – 4 106 h. – alt. 68 m – ✉ 24600 4 C1

Périgord Quercy
Paris 505 – Angoulême 58 – Barbezieux 58 – Bergerac 52
place Charles-de-Gaulle, ✆ 05 53 90 03 10, www.riberac.fr

Rêv'Hôtel sans rest
rte de Périgueux, à 1,5 km – ✆ 05 53 91 62 62 – www.rev-hotel.fr
29 ch – 42/62 € 47/67 € – 6 €
À la sortie de la ville, dans une petite zone d'activité, des chambres bien tenues et joliment arrangées, toutes en rez-de-jardin. Préférez celles avec mezzanine et équipées de la climatisation. Bon accueil et tarifs raisonnables.

LES RICEYS – 10 Aube – 313 G6 – 1 344 h. – alt. 180 m – ✉ 10340 13 B3

Champagne Ardenne

Paris 210 – Bar-sur-Aube 48 – St-Florentin 58 – Tonnerre 37

14, place des Héros de la Résistance, ☎ 03 25 29 15 38, www.lesriceys-champagne.com

Le Marius

2 pl. de l'Église, Ricey-Bas – ☎ 03 25 29 31 65 – www.hotel-le-marius.com – Fermé 24 oct.-11 nov., 16 déc.-14 janv.

11 ch – †60/160 € ††60/160 € – ☐ 10 € – ½ P

Rest ***Le Marius*** – voir les restaurants ci-après

Ces quatre belles maisons du 16e s. ont appartenu à Marius, le grand-père de la propriétaire actuelle. Poutres, cheminées et pierres apparentes donnent un vrai charme aux onze chambres dont les noms sont très... champenois.

Le Magny avec ch

rte de Tonnerre, (D 452) – ☎ 03 25 29 38 39 – www.hotel-lemagny.com – Fermé 25-30 août, 21 janv.-2 mars, mardi et merc.

12 ch – †65/82 € ††65/82 € – ☐ 9 € – ½ P

Rest – Formule 18 € – Menu 16/45 € – Carte 30/56 €

Dans cette belle maison de pierre, le chef propose une cuisine traditionnelle, inspirée par les produits du terroir. Les chambres sont spacieuses et bien tenues. Sympathique, la piscine chauffée.

Le Marius – Hôtel Le Marius

2 pl. de l'Église, Ricey-Bas – ☎ 03 25 29 31 65 – www.hotel-le-marius.com – Fermé 24 oct.-11 nov., 16 déc.-14 janv., 2-21 janv., dim. soir et lundi

Rest – Menu 13 € bc (déj. en sem.), 26/50 € – Carte 28/51 €

Ce Marius-là est à la fois un hôtel et un restaurant. Les spécialités régionales (salade au chaource, andouillette de Troyes) cohabitent dans de belles caves avec des plats plus tendance, tel un requin sauce safranée, par exemple.

RICHELIEU – 37 Indre-et-Loire – 317 K6 – 1 956 h. – alt. 40 m – ✉ 37120 11 A3

Châteaux de la Loire

Paris 299 – Joué-lès-Tours 60 – Orléans 175 – Poitiers 66

7, Place Louis XIII, ☎ 02 47 58 13 62

Le Puits Doré N

24 pl. du Marché – ☎ 02 47 58 16 02 – www.lepuitsdore.fr

25 ch – †59/98 € ††59/98 € – ☐ 8 € – ½ P **Rest** – Menu 14/36 € – Carte 23/44 €

Au cœur de la "ville nouvelle" due au cardinal de Richelieu, ce bel hôtel particulier date de la création même de la cité (1642). Charme historique de l'escalier classé, des chambres avec pierres et poutres – mais on pourra préférer celles récemment créées dans un esprit chic et cosy ! Restaurant traditionnel.

RICHERENCHES – 84 Vaucluse – 332 C7 – 672 h. – alt. 160 m – ✉ 84600 40 A2

Paris 646 – Avignon 66 – Marseille 154 – Valence 85

place Hugues de Bourbouton, ☎ 04 90 28 05 34, www.richerenches.fr

L'Escapade N

av. de la Rabasse – ☎ 04 90 28 01 46 – www.escapade-resto.blogspot.com – Fermé 2 sem. en avril, 2 sem. en oct., lundi et mardi

Rest *(dîner seult en été)* – Formule 28 € – Menu 38/85 €

Voilà une escapade bien agréable ! Dans un décor de bistrot ou sur la terrasse ombragée, le père du chef vous conduit à la table tandis qu'en cuisine, son fils concocte de généreuses recettes traditionnelles : terrine de campagne, jarret de bœuf au vin rouge... Menu truffe en saison.

RIEC-SUR-BELON – 29 Finistère – 308 I7 – 4 148 h. – alt. 65 m – ✉ 29340 9 B2

Paris 529 – Carhaix-Plouguer 61 – Concarneau 20 – Quimper 43

Place docteur Yves Loudoux, ☎ 02 98 06 97 65

au Port de Belon 4 km au Sud par C 3 et C 5 – ✉ 29340 Riec-sur-Belon

Chez Jacky

port du Belon – ✆ 02 98 06 90 32 – www.chez-jacky.com – Ouvert Pâques à fin sept. et fermé dim. soir et lundi sauf fériés

Rest *(réserver)* – Menu 25/87 € – Carte 30/85 €

La fraîcheur à l'état brut. On ne sert que des produits de la mer dans cette avenante maison d'ostréiculteur au bord du Belon ; le bassin d'affinage d'huîtres est juste à côté ! Une adresse bien connue dans la région.

RIEDISHEIM – 68 Haut-Rhin – **315** I10 – rattaché à Mulhouse

RIEUMES – 31 Haute-Garonne – **343** E4 – 3 366 h. – alt. 270 m – ✉ 31370 **28** B2

Paris 712 – Auch 56 – Foix 75 – Toulouse 39

Auberge les Palmiers

ch, rest,

13 pl. du Foirail – ✆ 05 61 91 81 01 – www.auberge-lespalmiers.com – Fermé 22 août-4 sept., vacances de la Toussaint et de Noël

12 ch – 59 € 68 € – 8,50 € – ½ P

Rest *(fermé dim. soir et lundi)* – Formule 11 € – Menu 16 € (déj. en sem.), 24/34 € – Carte 34/47 €

Une grande maison très chaleureuse, tout comme sa propriétaire. L'ancien et le contemporain se mêlent avec douceur ; les chambres sont simples mais joliment décorées. Plats traditionnels et régionaux dans le joli restaurant.

RIEUPEYROUX – 12 Aveyron – **338** F5 – 2 083 h. – alt. 750 m – ✉ 12240 **29** C1

Paris 632 – Albi 54 – Carmaux 38 – Millau 94

28, rue l'Hom, ✆ 05 65 65 60 00, www.rieupeyroux.fr

Hôtel du Commerce

60 r. l'Hom – ✆ 05 65 65 53 06 – www.hotel-commerce-aveyron.com – Fermé 1 sem. en oct., 21 déc.-20 janv., vend. soir de mi-sept. à fin mai et dim. soir

22 ch – 55/78 € 55/78 € – 9 € – ½ P

Rest – Formule 12 € – Menu 20/29 € – Carte 30/44 €

Au cœur du bourg, un hôtel-restaurant familial. Les chambres, pratiques et propres, ont pour la plupart adopté un style contemporain très frais, voire zen et naturel pour certaines.

RIGNY – 70 Haute-Saône – **314** B8 – rattaché à Gray

RILLIEUX-LA-PAPE – 69 Rhône – **327** I5 – rattaché à Lyon

RIMBACH-PRÈS-GUEBWILLER – 68 Haut-Rhin – **315** G9 – rattaché à Guebwiller

RIMONT – 09 Ariège – **343** F7 – 578 h. – alt. 525 m – ✉ 09420 **28** B3

Paris 765 – Auch 136 – Foix 32 – St-Gaudens 56

Domaine de Terrac

4 km à l'Est par D 117 et rte secondaire – ✆ 05 61 96 39 60 – www.chambresdhotesariege.fr

5 ch – 85/95 € 90/100 € **Table d'hôte** – Menu 30 € bc

Cette ferme merveilleusement restaurée n'aura aucun mal à vous séduire. Charme et tranquillité dans les chambres, dont deux avec terrasse dominant la vallée. Côté papilles, la maîtresse de maison concocte ses petits plats au gré du marché (végétariens sur demande).

RIOM – 63 Puy-de-Dôme – **326** F7 – 17 779 h. – alt. 363 m – ✉ 63200 **5** B2

Auvergne

Paris 407 – Clermont-Ferrand 15 – Montluçon 102 – Thiers 45

27 place de la Fédération, ✆ 04 73 38 59 45, www.tourisme-riomlimagne.fr

Église N.-D.-du-Marthuret★ : Vierge à l'Oiseau★★★ - Maison des Consuls★ **K** - Cour★ de l'hôtel Guimeneau **B** - Ste-Chapelle★ du palais de justice **N** - Cour★ de l'hôtel de ville **H** - Tour de l'Horloge★ **R** - Musées : Régional d'Auvergne★ **M**[1], Mandet★ **M**[2].

Mozac : chapiteaux★★, trésor★★ de l'église★ 2 km par ④ - Marsat : Vierge noire★★ dans l'église SO : 3 km par D 83.

RIOM

Bade (Fg de la) 2
Chabrol (R.) 3
Châtelguyon (Av. de) 4
Commerce (R. du) . . . .
Croisier (R.) 6
Daurat (R.) 7
Delille (R.) 8
Fédération (Pl. de la) 9
Hellénie (R.) 10
Horloge (R. de l') . . . .
Hôtel des Monnaies (R. de l') 12
Hôtel de Ville (R. de l') 13
Laurent (Pl. J.-B.) 14
Layat (Fg) 15
Libération (Av. de la) 16
Madeline (Av. du Cdt) 17
Marthuret (R. du) 18
Martyrs de la Résistance (Pl. des) . . 19
Menut (Pl. Marinette) 20
Pré Madame (Promenade du) 21
République (Bd de la) 22
Reynouard (Av. J.) 23
Romme (R. G.) 26
St-Amable (R.) 27
St-Louis (R.) 29
Soanen (Pl. Jean) 32
Soubrany (R.) 34
Taules (Coin des) 36

Le Pacifique sans rest

52 av. de Paris, par ① – ✆ 04 73 38 15 65 – www.hotel-le-pacifique-riom.com – Fermé 20 déc.-10 janv.

16 ch – 🚹59/67 € 🚹🚹67/75 € – ☕ 8,50 €

On est bien loin du Pacifique et pourtant... À la périphérie du centre-ville, cette adresse de style motel présente plusieurs atouts : accueil tout sourire, chambres bien tenues, parking, etc. Parfait pour la clientèle d'affaires.

Le Moulin de Villeroze

144 rte de Marsat, Sud-Ouest du plan par D 83 – ✆ 04 73 38 62 23 – www.le-moulin-de-villeroze.fr – Fermé 16 août-5 sept., dim. soir, merc. soir et lundi

Rest – Menu 26/55 € – Carte 47/77 €

Le meunier a fait place au chef dans ce moulin bâti à la fin du 19e s. Dans une salle des plus sobres ou sur la terrasse, les gourmands apprécient des recettes dans l'air du temps. Et après le repas, il fait bon se promener dans le jardin, au bord du ruisseau de la Palle.

Le Flamboyant

21 bis r. de l'Horloge – ✆ 04 73 63 07 97 – www.restaurant-le-flamboyant.com – Fermé 10 jours en juil., 1 sem. en fév., merc. midi, dim. soir et lundi **a**

Rest – Formule 22 € – Menu 30/80 € bc – Carte 68/81 €

Ce restaurant a été créé dans une ancienne école de filles. Que les gourmands se détendent, les interrogations écrites n'y ont plus cours depuis longtemps ! À présent, installé dans un décor zen, on apprécie une cuisine... aux notes actuelles.

Le Magnolia

11 av. Cdt-Madeline – ✆ 04 73 38 08 25 – www.lemagnolia.fr – Fermé vacances de printemps, 29 juil.-18 août, dim. soir, sam. midi et lundi **v**

Rest – Formule 16 € bc – Menu 23 € (sem.), 30/40 € – Carte 36/42 €

Ici, point de "magnolias par centaines" comme le chantait Claude François mais un restaurant résolument moderne : ciment brossé, boiseries exotiques et mise en place originale. Cuisine dans l'air du temps.

RIOM-ÈS-MONTAGNES – 15 Cantal – 330 D3 – 2 715 h. – alt. 840 m — 5 B3

– ✉ 15400 Auvergne

Paris 506 – Aurillac 80 – Clermont-Ferrand 91 – Ussel 46

1, avenue Fernand Brun, ✆ 04 71 78 07 37

St-Georges

5 r. Cap. Chevalier – ✆ 04 71 78 00 15 – www.hotel-saint-georges.com – Fermé 10-31 janv.

14 ch – †35/46 € ††50/54 € – ☕ 8 € – ½ P

Rest *(fermé vend. soir, dim. soir et lundi midi sauf juil.-août)* – Formule 10 € – Menu 14/26 € – Carte 17/34 €

Amateurs de randonnées parmi les volcans et les gentianes, arrêtez-vous au centre du village dans cette maison en pierre de la fin du 19e s. Les chambres ne sont pas bien grandes mais elles sont fraîches, bien équipées et parfaitement tenues. Restaurant traditionnel.

RIORGES – 42 Loire – **327** D3 – rattaché à Roanne

RIQUEWIHR – 68 Haut-Rhin – **315** H8 – 1 232 h. – alt. 300 m – ✉ 68340 **2** C2

Alsace Lorraine

Paris 442 – Colmar 15 – Gérardmer 52 – Ribeauvillé 5

2, rue de la 1ère Armée, ✆ 03 89 73 23 23, www.ribeauville-riquewihr.com

Village★★★.

Le Schoenenbourg sans rest

2 r. de la Piscine – ✆ 03 89 49 01 11 – www.hotel-schoenenbourg.fr – Fermé 6 janv.-15 fév. **Br**

55 ch – †80/125 € ††85/132 € – 3 suites – ☕ 13 €

Près de la route des vins et du cœur historique de Riquewihr, ces constructions modernes se dressent au pied des vignes, bien au calme. Les chambres sont confortables et le matin, un copieux petit-déjeuner est servi sous forme de buffet.

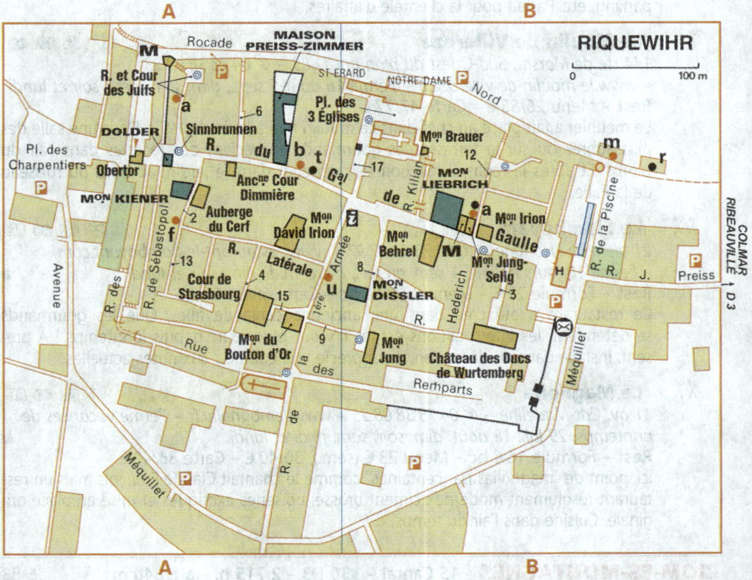

Cerf (R. du)	A 2	Couronne (R. de la)	B 8	St-Nicolas (R.)	A 13
Château (Cour du)	B 3	Dinzheim (R. de)	A 9	Strasbourg (Cour de)	A 15
Cheval (R. du)	A 4	Écuries (R. des)	B 12	3-Églises (R. des)	B 17
Cordiers (R. des)	A 6				

Le Riquewihr sans rest

3 rte de Ribeauvillé – ✆ 03 89 86 03 00 – www.hotel-riquewihr.fr – Fermé de début janv. à mi-fév.

43 ch – †67/113 € ††67/123 € – 6 suites – ☕ 11 €

Une famille de vignerons tient cette vaste maison de style néo-alsacien au bord d'une route traversant les vignes. Les chambres sont méticuleusement tenues et le petit-déjeuner, copieux, ne déçoit pas ; un petit fitness permet de se détendre.

À l'Oriel sans rest

3 r. des Ecuries Seigneuriales – ✆ 03 89 49 03 13 – www.hotel-oriel.com

21 ch – †72/92 € ††72/130 € – 1 suite – ☕ 13 € **Ba**

Il faut se perdre dans les ruelles du village pour trouver cette jolie façade du 16e s. et son... oriel. L'adresse est familiale et propose des chambres au charme rustique. Aux beaux jours, on prend le petit-déjeuner dans un joli patio.

Le B. Espace Suites sans rest

48 r. Gén.-de-Gaulle – ✆ 03 89 86 54 55 – www.jlbrendel.com **At**

6 ch – †109/239 € ††109/239 € – 1 suite – ☕ 17 €

Cette magnifique maison du cœur du village date de la Renaissance ! Le B. Espace Suites est vraiment réussi, séduisant mélange d'ancien et de contemporain. Les familles et les amoureux de charme bucolique préféreront le B. Cottage, un peu en retrait et superbement décoré, avec un jardin luxuriant.

La Table du Gourmet (Jean-Luc Brendel)

5 r. 1ère Armée – ✆ 03 89 49 09 09 – www.jlbrendel.com – Fermé 4 janv.-13 fév., merc. sauf le soir d'avril à mi-nov., jeudi midi et mardi **Au**

Rest – Menu 36 € (déj. en sem.), 68/98 € – Carte 77/96 €

Cette maison a du caractère – poutres et murs rouge vif – comme la cuisine de son chef, Jean-Luc Brendel. Inventif, il met en valeur des produits de qualité, souvent bio et même de son propre potager. De l'originalité et du tempérament.

→ Grenouilles en tempura aérienne. Pigeon d'Alsace, poitrine truffée, cuisse laquée, lait d'amande et pommes de terre ratte fumées. Fraises rôties et lait glacé à l'élixir d'herbes de montagne. **Vins** Pinot blanc, Riesling.

Le Sarment d'Or avec ch

4 r. du Cerf – ✆ 03 89 86 02 86 – www.riquewihr-sarment-dor.fr – Fermé 1 sem. en juil.,1 sem. en nov. et 3 sem. en mars, mardi midi, dim. soir et lundi **Af**

9 ch – †60/70 € ††60/80 € – ☕ 9 € – ½ P

Rest – Formule 20 € – Menu 26/37 € – Carte 38/64 €

Dans cette demeure du 17e s. (poutres apparentes, cheminée), on déguste une savoureuse cuisine classique qui rend hommage au terroir. Que dire d'une entrecôte de veau au pinot noir, à accompagner d'un bon vin alsacien ? On peut profiter ensuite des chambres de l'hôtel, douillettes à souhait.

Le Schoenenbourg

2 r. de la Piscine – ✆ 03 89 47 92 28 – www.auberge-schoenenbourg.com – Fermé dim. soir et lundi **Bm**

Rest – Menu 18 € – Carte 36/57 €

Nouveau départ pour ce restaurant chaleureux qui a changé de propriétaires en 2011. Le cadre est agréable et lumineux, et l'étonnant jardin d'herbes aromatiques est toujours là. La cuisine, du moment, met en valeur le terroir alsacien.

Au Trotthus

9 r. des Juifs – ✆ 03 89 47 96 47 – www.trotthus.com – Fermé 2 sem. en juil., 2 sem. en nov., mardi soir, sam. midi et merc. **Aa**

Rest – Menu 26/37 €

Le chef a vécu plus de 20 ans à Kyoto, où il tenait un restaurant français. De là l'originalité de sa cuisine, qui mêle bons produits locaux et esprit japonisant. Les accords des vins alsaciens se révèlent également intéressants avec ces plats épicés ! Service agréable, joli cadre rustique et coloré.

La Grappe d'Or

1 r. des Ecuries Seigneuriales – ✆ 03 89 47 89 52 – www.restaurant-grappedor.com – Fermé 18 juin-28 juil., 14 janv.-7 fév., merc. sauf le soir d'avril à sept. et jeudi

Rest – Menu 21/37 € – Carte 30/48 € **Ba**

Cette maison de 1554, toute fleurie, semble vous inviter à entrer ; à l'intérieur, la décoration typique a tout le charme d'autrefois. Viennent ensuite les délices du terroir : choucroute, baeckeofe, jambonneau, paupiettes de truite...

d'Brendelstub

48 r. Gén. de Gaulle – ✆ 03 89 86 54 54 – www.jlbrendel.com – Fermé janv.

Rest – Menu 20/38 € – Carte 32/50 € Ab

Dans la rue principale de cette jolie cité, on reconnaît cette maison vigneronne à sa façade lie-de-vin. Surprise, à l'intérieur, c'est très tendance. On sert aussi bien une cuisine ouverte sur le monde que des spécialités : jambon, flammekueche, etc.

à Zellenberg 1 km à l'Est par D 3 – 380 h. – alt. 300 m – ✉ 68340

Maximilien (Jean-Michel Eblin)

19a rte Ostheim – ✆ 03 89 47 99 69 – www.le-maximilien.com – Fermé 26 août-11 sept., 23 déc.-10 janv., vend. midi, dim. soir et lundi

Rest – Formule 32 € – Menu 49/105 € – Carte 85/95 €

Dans cette grande maison adossée à la colline, en bordure de vignoble, le cadre est élégant, tout en boiseries claires. Jean-Michel Eblin réalise une cuisine fine et actuelle, rehaussée d'une belle carte des vins. Un classicisme de bon aloi...

➔ Foie gras d'oie poêlé, rhubarbe confite et fraises aigres-douces. Poitrine de pigeon rôtie et homard, réduction à l'orange safranée. Chaud-froid de fruits rouges, glace aux épices. **Vins** Riesling.

Auberge du Froehn

5 rte Ostheim – ✆ 03 89 47 81 57 – www.auberge-du-froehn.com – Fermé 28 juin-7 juil., 15-24 nov., 1er-15 janv., mardi et merc.

Rest – Menu 13 € (déj. en sem.), 24/45 € bc – Carte 33/44 €

Le nom de cet ancien caveau évoque le vignoble qui surplombe le village. Au menu, plats régionaux et cuisine du marché (foie gras, sandre rôti, agneau en croûte d'herbes) – avec un accueil vraiment charmant.

RISCLE – 32 Gers – **336** B8 – **1 718 h.** – **alt. 105 m** – ✉ **32400** **28** A2

▶ Paris 739 – Aire-sur-l'Adour 17 – Auch 71 – Mont-de-Marsan 49

ℹ place de la libération, ✆ 05 62 69 74 01, www.riscle-canton.com

Le Pigeonneau

36 av. de l'Adour – ✆ 05 62 69 85 64 – Fermé 2 sem. fin juin-début juil., une sem. mi janv., dim. soir, lundi et mardi

Rest *(dîner sur réservation)* – Formule 15 € – Carte 36/47 €

Sol carrelé à l'ancienne et tons ocre renforcent le côté chaleureux de ce restaurant de la vallée de l'Adour. Aux fourneaux œuvre un chef anglais, amoureux des beaux produits locaux... et du pigeonneau, sa spécialité. *So savoury !*

RISOUL – **05 Hautes-Alpes** – **334** H5 – **646 h.** – **alt. 1 117 m** – ✉ **05600** **41** C1

Alpes du Sud

▶ Paris 716 – Briançon 37 – Gap 61 – Guillestre 4

ℹ Risoul 1850, ✆ 04 92 46 02 60, www.risoul1850.com

Belvédère de l'Homme de Pierre ✳★★ S : 15 km Alpes du Sud

La Bonne Auberge rest, rest,

au village – ✆ 04 92 45 02 40 – www.labonneauberge-risoul.com – Ouvert 1er juin-15 sept. et 26 déc.-31 mars

25 ch – †60/72 € ††80/86 € – ☕ 9 € – ½ P **Rest** *(fermé le midi)* – Menu 16/20 €

Auberge familiale en léger retrait du village. Les chambres, bien tenues, offrent une jolie perspective sur la place forte de Mont-Dauphin, créée par Vauban. Grande salle à manger lumineuse tournée vers le paysage du Guillestrois ; carte traditionnelle.

RIVA-BELLA – **14 Calvados** – **303** K4 – **voir à Ouistreham-Riva-Bella**

RIVE-DE-GIER – **42 Loire** – **327** G6 – **15 295 h.** – **alt. 225 m** – ✉ **42800** **44** B2

Lyon Drôme Ardèche

▶ Paris 494 – Lyon 38 – Montbrison 65 – Roanne 105

XXX **Hostellerie La Renaissance** avec ch

41 r. Antoine Marrel – ✆ 04 77 75 04 31 – www.hostellerie-la-renaissance.com – Fermé 2 sem. en août, 2-10 janv., dim. soir, merc. soir et lundi
5 ch – †48/56 € ††48/56 € – ☕ 10 € **Rest** – Menu 29/75 € – Carte 59/91 €
Une table élégante, où l'on déguste une cuisine de belle tenue, soignée et savoureuse : dos de cabillaud étuvé, viennoise aux champignons secs et compression de poireau ; nougat glacé et tartare de fruits, etc. Quelques chambres pour l'étape.

RIVEDOUX-PLAGE – 17 Charente-Maritime – 324 C3 – voir à Île de Ré

RIVESALTES – 66 Pyrénées-Orientales – 344 I6 – 8 299 h. – alt. 13 m 22 B3

– ✉ 66600 Languedoc Roussillon
Paris 842 – Carcassonne 108 – Montpellier 146 – Perpignan 11
9 avenue Ledru-Rollin, ✆ 04 68 64 04 04, www.mairie-rivesaltes.fr

X **La Table d'Aimé**

4 r. Fransisco-Ferrer – ✆ 04 68 34 35 77 – www.cazes-rivesaltes.com – Fermé 24 déc.-10 janv., dim. et lundi d'oct. à avril
Rest – Formule 19 € – Menu 23 € (déj. en sem.), 35/45 € bc
La terrasse a des airs de place de village, la salle a été aménagée dans un pigeonnier... c'est si bucolique ! Idéal pour savourer une cuisine du marché réalisée avec de bons produits bio, ainsi que de jolis vins (également proposés au verre).

LA RIVIÈRE – 33 Gironde – 335 J5 – rattaché à Libourne

LA RIVIÈRE-ST-SAUVEUR – 14 Calvados – 303 N3 – rattaché à Honfleur

LA RIVIÈRE-THIBOUVILLE – 27 Eure – 304 E7 – alt. 72 m – ✉ 27550 33 C2

Nassandres
Paris 140 – Bernay 15 – Évreux 34 – Lisieux 39

XX **Le Manoir du Soleil d'Or**

23 Côte de Paris – ✆ 02 32 44 90 31 – www.manoirdusoleildor.com – Fermé dim. soir et merc.
Rest – Formule 22 € bc – Menu 27/54 € – Carte 43/54 €
À l'issue d'une longue allée forestière, un élégant castel anglo-normand (années 1930) posté au-dessus de la vallée de la Risle et du village... En terrasse, la vue est superbe ! Pour un moment de gastronomie dans un site privilégié.

X **L'Auberge de la Vallée**

7 rte Brionne-Nassandres – ✆ 02 32 44 21 73 – Fermé merc. soir, dim. et lundi
Rest – Menu 15 € (sem.), 23/27 € – Carte environ 30 €
Bien sympathique, cette jolie maison à colombages au cadre champêtre. On y apprécie en toute simplicité une cuisine de saison concoctée avec de beaux produits, comme par exemple une charlotte d'andouille au chou...

RIXHEIM – 68 Haut-Rhin – 315 I10 – rattaché à Mulhouse

ROAIX – 84 Vaucluse – 332 D8 – rattaché à Vaison-la-Romaine

ROANNE – 42 Loire – 327 D3 – 36 866 h. – Agglo. 80 678 h. 44 A1

– alt. 265 m – ✉ 42300 Lyon et sa région
Paris 395 – Clermont-Ferrand 115 – Lyon 84 – St-Étienne 85
Roanne-Renaison : ✆ 04 77 66 83 55, 5 km par D 9 AV.
8, place de Lattre de Tassigny, ✆ 04 77 71 51 77, www.leroannais.com
du Roannais, à Villerest, par rte de Thiers : 7 km, ✆ 04 77 69 70 60
Musée Joseph-Déchelette : Faïences révolutionnaires★.
Belvédère de Commelle-Vernay ★ : 7 km au S par quai Sémard BV.

Plan page suivante

ROANNE

Alsace-Lor. (R.) .... CY 2
Anatole-France (R.) .... CY 3
Benoît (Bd C.) .... AV 5
Cadore (R. de) .... CX 7
Carnot (Av.) .... BV 8
Clemenceau (Pl. G.) .... DX 10
Clermont (R. de) .... CY 12
Dourdein (R. A.) .... AV 14
Edgar-Quinet (Bd) .... BV 15
Foch (R. Mar.) .... CDY
Gaulle (Av. Ch.-de) .... AV 16
Gaulle (R. Ch.-de) .... CY 18
Hoche (R.) .... AV 19
Hôtel de Ville (Pl.) .... DY 20
Jean-Jaurès (R.) .... CDY
Joffre (Bd Mar.) .... BV 21
Lattre-de-T. (Pl. de) .... CX 22
Leclerc (Quai Mar.) .... DY 24
Libération (Av. de la) .... DY 23
Marne (Av. de la) .... BV 26
Renaison (Levée du) .... DY 28
République (Cours de la) .... CXY 32
Roche (R. A.) .... DX 34
Semard (Q. P.) .... BV 35
Thiers (Bd de) .... AV 36
Thomas (R. A.) .... AV 38
Vachet (R. J.) .... AV 40
Villemontais (R. de) .... AV 42

Troisgros

pl. Jean-Troisgros – ✆ 04 77 71 66 97 – www.troisgros.com
– Fermé 6-21 août, 5-20 fév., mardi et merc. CXr
9 ch – 🚹320/430 € 🚹🚹320/430 € – 5 suites – ☕ 28 €
Rest ***Troisgros*** ✿✿✿ – voir les restaurants ci-après
De grandes signatures du design, des œuvres d'art contemporain, un confort pensé dans les moindres détails, etc., sans compter une table qui "vaut le voyage"... L'hôtel de gare créé par la famille Troisgros en 1930 est aujourd'hui un modèle pour la nouvelle hôtellerie française, tout au service de ses hôtes.

Le Grand Hôtel sans rest

54 cours de la République, (face à la gare) – ✆ 04 77 71 48 82
– www.grand-hotel-roanne.com – Fermé 4-18 août CXf
31 ch – 🚹65/80 € 🚹🚹72/92 € – ☕ 10 €
Face à la gare, cet hôtel traditionnel (début du 20e s.) est apprécié des voyageurs comme de la clientèle d'affaires. Cossu – avec un salon à l'accent british au rez-de-chaussée – et bien tenu, il abrite aussi quelques chambres très design.

✿✿✿

Troisgros (Michel Troisgros) – Hôtel Troisgros

pl. Jean-Troisgros – ✆ 04 77 71 66 97 – www.troisgros.com
– Fermé 6-21 août, 5-20 fév., lundi midi d'oct. à fév., mardi et merc. CXr
Rest *(réserver)* – Menu 100 € (déj. en sem.), 175/210 € – Carte 180/220 € ✿
Petit-fils… et grand chef ! Michel Troisgros aura résolument mis Roanne du centre de la France au centre du monde. Dans ce village dialoguent la canette de Challans, le wasabi, la ricotta, le jasmin… tous les terroirs sublimés par l'amour du goût. L'héritage Troisgros – trois étoiles en 1968 – porté avec audace !
→ Verdure d'anguille à la menthe. Oreille et ris de veau à la truffe, inspiré de Mionnay. Il était une feuille, avec la poire. **Vins** Pouilly-Fuissé, Saint-Joseph.

L'Astrée

52 cours de la République, (face à la gare) – ✆ 04 77 72 74 22
– Fermé 26 janv.-10 fév., 27 juil.-19 août, sam. et dim. CXf
Rest – Formule 22 € – Menu 29 € (sem.), 36/89 € – Carte 45/93 €
Boiseries blondes, beaux tissus, couleurs et élégance : le décor n'est pas sans évoquer une salle de théâtre. Ni drame ni comédie dans l'assiette, mais une jolie leçon de choses, où la tradition tient le premier rôle. La carte des vins sait mettre en valeur toutes les régions viticoles françaises.

Le Relais Fleuri

1 allée Claude-Barge – ✆ 04 77 67 18 52 – http://lerelaisfleuri.pagesperso-orange.fr
– Fermé dim. soir, mardi et merc. BVv
Rest – Menu 19/46 € – Carte 31/44 €
Dans ce restaurant des bords de Loire, la tradition domine dans le décor, comme dans l'assiette. Foie gras de canard maison et râble de lapin farci aux ris de veau ravissent une clientèle d'habitués depuis longtemps acquis.

Le Tourdion N

17 r. de Sully – ✆ 04 77 70 84 58 – www.restaurant-letourdion.fr
– Fermé merc. soir et dim. DYb
Rest – Formule 14 € – Menu 17 € (déj.), 28/49 € – Carte 38/52 €
Une déco contemporaine et épurée, bien en phase avec une cuisine qui fait la part belle aux produits, aux saveurs, aux couleurs... Les assiettes sont aussi jolies que bonnes, avec une pointe de raffinement qui achève de séduire. Très recommandable !

Le Central

58 cours de la République, (face à la gare) – ✆ 04 77 67 72 72 – www.troisgros.com
– Fermé 2-22 août, dim. et lundi CXr
Rest *(réserver)* – Formule 25 € – Menu 29 € (déj.)/31 € – Carte 48/70 €
L'annexe de la Maison Troisgros, en forme de "bistrot-épicerie" ! Comme une échoppe d'autrefois – de longs rayonnages garnis de bons produits –, avec des portraits en noir et blanc de producteurs de la région, le décor est parfait pour déguster une cuisine très gourmande. Une belle affaire qui ne désemplit pas.

au Coteau (rive droite de la Loire) – 6 940 h. – alt. 350 m – ✉ 42120

Hôtel des Lys

133 av. de la Libération – ✆ 04 77 68 46 44 – www.hotel-des-lys.com
– Fermé 4-26 août et 22 déc.-3 janv. BVe
17 ch – †68/88 € ††68/88 € – ☕ 8,50 €
Rest *(fermé vend., sam. et dim.) (dîner seult)* – Menu 22/31 €
– Carte 27/35 €
Dans cette localité séparée de Roanne par la Loire, un hôtel traditionnel bien tenu et fonctionnel, aux chambres spacieuses. Pratique pour une étape.

Ibis

ch, rest,
53 bd Ch.-de-Gaulle, ZI Le Coteau - BV – ✆ 04 77 68 36 22
– www.ibishotel.com
72 ch – †62/82 € ††62/82 € – ☕ 9 €
Rest – Menu 15/21 € – Carte 22/32 €
En périphérie de l'agglomération roannaise, un Ibis conforme aux normes de la chaîne, coloré, propre et très fonctionnel.

L'Auberge Costelloise

2 av. de la Libération – ✆ 04 77 68 12 71 – www.auberge-costelloise.fr
– Fermé 3 sem. en août, 1 sem. début janv., dim. soir, lundi et mardi
Rest – Formule 16 € – Menu 27 € (sem.), 39/49 € – Carte 37/55 € DYa
Une déco originale - moderne et très colorée - pour ce restaurant gastronomique qui borde la Loire. La carte, elle aussi, épouse l'air du temps, avec une prédilection pour le poisson.

à Riorges 3 km à l'Ouest par D 31 - AV – 10 697 h. – alt. 295 m – ✉ 42153

Le Marcassin avec ch

rte de St-Alban-les-Eaux – ✆ 04 77 71 30 18 – Fermé vacances de fév.,19-31 août, dim. soir et sam.
9 ch – †63/68 € ††63/68 € – ☕ 8 € – ½ P
Rest – Formule 18 € bc – Menu 24 € bc (sem.), 35/48 € – Carte 43/59 €
Quel sympathique Marcassin ! Par une terrasse ombragée, on accède à la salle, qui se révèle chaleureuse et élégante. La cuisine, traditionnelle, est bien celle d'un chef qui a du métier. Chambres simples et pratiques.

à Villerest 6 km par ③ – 4 427 h. – alt. 363 m – ✉ 42300

plage du Plan d'Eau, Seigne, ✆ 04 77 69 67 21, www.agglo-grandroanne.fr

Château de Champlong avec ch

100 chemin de la Chapelle, (près du golf) – ✆ 04 77 69 69 69
– www.chateau-de-champlong.com – Fermé 18 fév.-12 mars,
28 oct.-12 nov., dim. soir, mardi midi et lundi
12 ch – †125/165 € ††160/205 € – ☕ 16 € – ½ P
Rest – Formule 23 € – Menu 28 € (sem.), 39/85 € – Carte 58/82 €
Moments charmants dans cette demeure du 18e s. nichée dans la verdure. Admirez par exemple la "salle des peintures" : tableaux d'époque, joli parquet et grande cheminée... Les chambres se révèlent aussi d'une belle élégance. Menu gastronomique.

ROCAMADOUR – 46 Lot – 337 F3 – 689 h. – alt. 279 m – ✉ 46500 — 29 C1

Périgord Quercy

Paris 531 – Brive-la-Gaillarde 54 – Cahors 60 – Figeac 47

L'Hospitalet, ✆ 05 65 33 22 00, www.rocamadour.com

Site★★★ - Remparts ✻★★★ - Tapisseries★ dans l'hôtel de ville - Vierge noire★ dans la chapelle Notre-Dame - Musée d'Art sacré★ M1 - Musée du Jouet ancien automobile : voitures à pédales - L'Hospitalet✻★★ : Féerie du rail : maquette★ par ②.

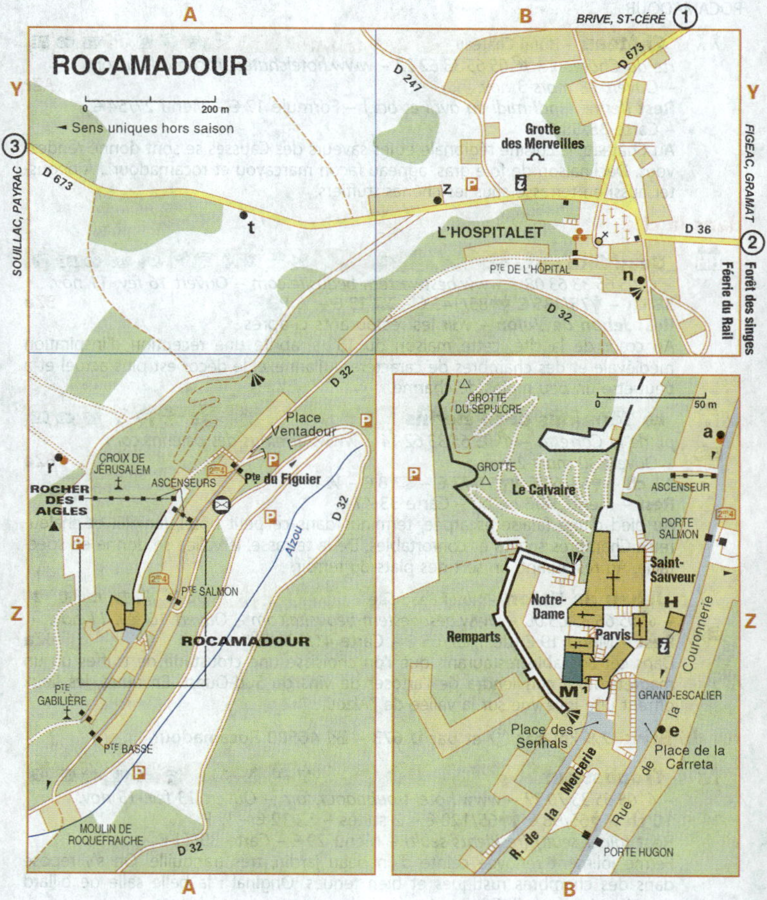

au château

Château

rte du Château – ✆ 05 65 33 62 22 – www.hotelchateaurocamadour.com
– *Ouvert 25 mars-3 nov.* **AZr**

56 ch – 🚹70/90 € 🚹🚹72/114 € – ☕ 10 € – ½ P

Rest ***Château*** – voir les restaurants ci-après

Loin de l'agitation touristique, cet hôtel dispose de chambres spacieuses et fonctionnelles, avec piscine, tennis et jardin. Parfait pour visiter Rocamadour... et ses grottes !

Relais Amadourien

– ✆ 05 65 33 62 22 – www.hotelchateaurocamadour.com
– *Ouvert 1er avril-15 oct.* **AZr**

19 ch – 🚹50/52 € 🚹🚹57/59 € – ☕ 7 €

L'annexe de l'hôtel du Château, de style motel, abrite de belles chambres confortables et bien tenues.

Un classement passé en rouge désigne une maison particulièrement charmante : 🏠 XXX.

XX **Château** – Hôtel Château
rte du Château – ✆ 05 65 33 62 22 – www.hotelchateaurocamadour.com – Ouvert 28 mars-3 nov. AZ**r**
Rest *(fermé lundi midi en avril et oct.)* – Formule 17 € – Menu 27/54 € – Carte 35/58 €
Au Château, la cuisine régionale et les saveurs des Causses se sont donné rendez-vous. Déclinaison de foie gras, agneau façon marcayou et rocamadour... À déguster aussi en terrasse sous les chênes truffiers.

dans la cité

Beau Site
– ✆ 05 65 33 63 08 – www.bestwestern-beausite.com – Ouvert 16 fév.-11 nov.
38 ch – 75/135 € 85/145 € – 13 € – ½ P BZ**a**
Rest *Jehan de Valon* – voir les restaurants ci-après
Au cœur de la cité, cette maison du 15e s. abrite une réception d'inspiration médiévale et des chambres de caractère. À l'annexe, le décor est plus actuel et a peut-être un peu moins de charme.

Le Terminus des Pèlerins
pl. de la Carretta – ✆ 05 65 33 62 14 – www.terminus-des-pelerins.com – Ouvert 30 mars-2 nov. BZ**e**
12 ch – 53/63 € 57/77 € – 8 € – ½ P
Rest – Menu 18/32 € bc – Carte 33/47 €
Au pied d'une falaise escarpée, terminus dans ce petit hôtel, familial et chaleureux. Chambres sobres et confortables. De la terrasse, la vallée se donne en spectacle. Au restaurant, on sert des plats du terroir.

XX **Jehan de Valon** – Hôtel Beau Site
– ✆ 05 65 33 63 08 – www.bestwestern-beausite.com – Ouvert 16 fév.-11 nov.
Rest – Menu 19 € (déj.), 27/65 € – Carte 41/101 € BZ**a**
Dans cet agréable restaurant, que l'on choisisse une croustade de truffes ou un magret rôti, il conviendra de l'arroser de vins du Sud-Ouest. En outre, les lieux offrent une jolie vue sur la vallée de l'Alzou.

rte de Brive **2,5 km par ① et par D 673 – ✉ 46500 Rocamadour**

Troubadour
– ✆ 05 65 33 70 27 – www.hotel-troubadour.com – Ouvert 13 fév.-15 nov.
10 ch – 65/98 € 65/120 € – 2 suites – 12 € – ½ P
Rest *(dîner seult) (résidents seult)* – Menu 29 € – Carte 39/51 €
Ferme joliment rénovée ceinte d'un beau jardin, très tranquille. On s'y repose dans des chambres rustiques et bien tenues. Original : la belle salle de billard dans l'ancien fournil. Cuisine du terroir, le soir, pour les résidents.

à la Rhue **6 km par ① rte de Brive par D 673, D 840 et rte secondaire – ✉ 46500 Rocamadour**

Domaine de la Rhue sans rest
– ✆ 05 65 33 71 50 – www.domainedelarhue.com – Ouvert 30 mars-13 oct.
5 ch – 95/110 € 95/145 €
Insolite ! Ici, les chambres – élégantes et bucoliques – ont été aménagées dans les anciennes écuries du 19e s. L'hiver, il fait bon s'installer devant la cheminée du salon. Et l'été, on prend le petit-déjeuner en terrasse.

rte de Payrac **4 km par ③, D 673 et rte secondaire – ✉ 46500 Rocamadour**

Les Vieilles Tours
– ✆ 05 65 33 68 01 – www.vt-rocamadour.com – Ouvert 29 mars-5 nov. et 26 déc.-8 janv.
15 ch – 73/145 € 73/155 € – 12 € – ½ P
Rest *(dîner seult)* – Menu 25/39 €
Voilà une adresse parfaite pour un week-end au vert ! Dans un site classé Natura 2000, cet ancien relais de chasse dégage une ambiance des plus champêtres. Sachez que le fauconnier (13e s.) abrite la plus belle chambre. Cuisine de produits au restaurant.

à l'Hospitalet – ✉ 46100

Les Esclargies sans rest
rte de Payrac – ✆ *05 65 38 73 23* – *www.esclargies.com* – *Fermé 20-27 decembre, 7-17 janv. et 20 fév.-7 mars* AYt
16 ch – †74/125 € ††76/150 € – ☕ 12 €
Dans une "esclargie" (petite clairière en occitan), bel édifice récent, mêlant le bois et la pierre. Les chambres, soignées et chaleureuses, se déclinent dans un esprit nature (jonc de mer, tons sable).

Le Belvédère
– ✆ *05 65 33 63 25* – *www.hotel-le-belvedere.fr* – *Fermé 1er janv.-6 fév.*
17 ch – †55/76 € ††55/76 € – ☕ 9 € – ½ P BYn
Rest – Menu 18/34 € – Carte 25/40 €
Un hôtel d'esprit familial, frais et sympathique. Les chambres bénéficient presque toutes d'une splendide vue panoramique sur la cité.

Le Bellaroc
rte de la Corniche – ✆ *05 65 33 63 06* – *www.bellaroc.fr* – *Ouvert 15 mars-15 oct.*
12 ch – †50/75 € ††55/75 € – ☕ 8,50 € – ½ P BYz
Rest – Menu 19/25 € – Carte 22/38 €
On l'appelait autrefois le Panoramic. Cet hôtel-restaurant a changé de nom, mais la vue est toujours impressionnante ! Les chambres sont lumineuses et fonctionnelles. Agréable jardin avec piscine et bar (réservé aux clients).

ROCBARON – 83 Var – 340 L6 – 3 544 h. – alt. 376 m – ✉ 83136 41 C3

Paris 832 – Marseille 79 – La Seyne-sur-Mer 43 – Toulon 35

La Maison de Rocbaron
3 r. St-Sauveur, (face à la mairie) – ✆ *04 94 04 24 03*
– *www.maisonderocbaron.com* – *Fermé 1er déc.-28 fév.*
5 ch ☕ – †80/118 € ††80/118 € **Table d'hôte** – Menu 40 € bc
Atmosphère chaleureuse dans cette ancienne bergerie entourée de verdure. Boutis fleuris, mobilier chiné, parquet... Ici on cultive l'esprit "maison de famille" ; piscine et calme jardin. Cuisine du marché à la table d'hôte.

LA ROCHE-BERNARD – 56 Morbihan – 308 R9 – 757 h. – alt. 38 m 10 C3
– ✉ 56130 Bretagne Sud

Paris 444 – Nantes 70 – Ploërmel 55 – Redon 28
14, rue du Docteur Cornudet, ✆ 02 99 90 67 98, www.tourisme-pays-la-roche-bernard.fr
de la Bretesche, à Missillac, Domaine de la Bretesche, SE : 11 km, ✆ 02 51 76 86 86
Pont du Morbihan★.

Le Manoir du Rodoir
rte de Nantes – ✆ *02 99 90 82 68* – *www.lemanoirdurodoir.com*
– *Ouvert 4 mars-29 nov.*
26 ch – †85/130 € ††85/130 € – ☕ 12 € – ½ P
Rest *(fermé le midi en juil.-août, sam. midi et dim.)* – Formule 16 € – Menu 34 € – Carte 33/48 €
Cette ancienne fonderie de 1870 est entourée d'un parc aux chênes centenaires. Les chambres sont spacieuses et confortables, décorées dans un style cosy. Au restaurant, on apprécie la cuisine du terroir.

Le Domaine de Bodeuc
rte de St-Dolay, 6 km au Nord-Est par D 34 et rte secondaire – ✆ *02 99 90 89 63*
– *www.hotel-bodeuc.com* – *Fermé janv.*
13 ch – †70/94 € ††82/220 € – 2 suites – ☕ 13 €
Rest *(dîner seult)* – Menu 30/35 €
Près de La Roche-Bernard, ce petit manoir du 19e s. et ses dépendances se nichent dans un parc aux arbres centenaires, avec piscine ! Piano et cheminée confèrent aux salons un charme intime. Chambres plus spacieuses dans l'annexe. Restauration traditionnelle.

XXX **L'Auberge Bretonne** avec ch

2 pl. Duguesclin – ✆ 02 99 90 60 28 – www.auberge-bretonne.com – Fermé vacances de Noël, dim. soir, mardi midi et lundi sauf hôtel
11 ch – †70/90 € ††70/90 € – ☕ 15 € – ½ P
Rest – Formule 17 € – Menu 25/75 € – Carte 37/70 €
Ne vous fiez pas aux apparences... Cette maison de granit n'a pas un cœur de pierre ! À l'image de la cuisine du chef, dans l'air du temps et respectant les saisons, qui console bien des gourmands. À cela s'ajoute le joli décor de la salle, donnant sur un petit jardin où poussent des herbes aromatiques. Attrayant !

LA ROCHE-CLERMAULT – 37 Indre-et-Loire – 317 K6 – 484 h. – alt. 90 m – ✉ 37500 11 A3

Paris 296 – Nantes 178 – Orléans 172 – Tours 54
route du Coteau, ✆ 02 47 95 90 10, www.cdc-rivegauchevienne.com

Château de Chargé N

2 r. Chargé – ✆ 02 47 95 89 81 – www.loirevalleyretreat.com – Fermé nov. à Pâques
4 ch ☕ – †145 € ††145/190 € **Table d'hôte** – Menu 26 €
Dépaysement garanti dans ce petit manoir de 1429 entouré de douves ! On s'y repose dans des chambres spacieuses et confortables. Le jour venu, on se promène dans le jardin où s'ébattent poules et moutons. Et s'il fait trop froid, on s'installe au coin de la cheminée. Idéal pour un week-end au vert.

ROCHECORBON – 37 Indre-et-Loire – 317 N4 – rattaché à Tours

ROCHEFORT – 17 Charente-Maritime – 324 E4 – 25 317 h. – alt. 12 m – Stat. therm. : fin fév.-début déc. – ✉ 17300 Poitou-Charentes 38 B2

Paris 475 – Limoges 221 – Niort 62 – La Rochelle 38
Accès Pont de Martrou : passage gratuit
10, rue du Docteur Peltier, ✆ 05 46 99 08 60, www.rochefort-ocean.com
du pays Rochefortais, à Saint-Laurent-de-la-Prée, 1608 route Impériale, NO : 7 km par D 137, ✆ 05 46 84 56 36
Quartier de l'Arsenal★ - Corderie royale★★ - Maison de Pierre Loti★ AZ - Musée d'Art et d'Histoire★ AZ **M²** - Les Métiers de Mercure★ (musée) BZ **D.**

La Corderie Royale

r. Audebert – ✆ 05 46 99 35 35 – www.corderieroyale.com – Fermé mi-déc. à mi-janv. et dim. soir de nov. à mars BY**h**
43 ch – †84/190 € ††84/190 € – 2 suites – ☕ 12 € – ½ P
Rest *La Corderie Royale* – voir les restaurants ci-après
Dormir dans une artillerie royale du 17e s. et plonger dans l'histoire... ou la piscine ! Baignade ou repos : les chambres affichent un classicisme de bon aloi.

Les Remparts ch, rest,

43 av. C.-Pelletan, (aux Thermes) – ✆ 05 46 87 12 44 – www.hotel-remparts.com – Fermé 1er-15 janv. BY**s**
71 ch – †55/72 € ††57/74 € – ☕ 8 € – ½ P
Rest – Formule 13 € – Menu 18 € – Carte 18/33 €
Hôtel rénové en 2011 dans un style frais et actuel, avec de grandes chambres fonctionnelles. Le petit plus ? L'accès direct aux thermes et à la source de l'Empereur.

Ibis sans rest

1 r. Bégon – ✆ 05 46 99 31 31 – www.accorhotels.com BY**a**
66 ch – †66/81 € ††66/81 € – ☕ 9 €
Un Ibis agréable et bien tenu, avec des chambres de bonne taille.

ROCHEFORT

Audry-de-Puyravault (R.) . . ABZ
Combes (R. Émile) . . . . ABZ 5
Courbet (R. Amiral) . . . . BZ 2
La-Fayette (Av.) . . . . ABZ
Fosse-aux-Mâts (Av. de la) . . BZ 8
Galliéni (R.) . . . . BY 9
Gaulle (Av. Ch.-de) . . . . ABZ
Grimaux (R. Édouard) . . . . ABZ 10
Laborit (R. Henri) . . . . AY 15
Lesson (R.) . . . . BZ 18
République (R. de la) . . . . . ABZ
Résistance (Bd de la) . . . . . AZ
Rochambeau (Av.) . . . . AZ 23
11-Novembre-1918 (Av. du) . BZ 28
14-Juillet (R. du) . . . . AZ 29

Roca Fortis sans rest

14 r. de la République – ✆ 05 46 99 26 32 – www.hotel-rochefort.fr – Fermé le week-end de nov. à mars sauf vacances scolaires **BYt**

15 ch – 🚹50/99 € 🚹🚹50/99 € – ☕ 10 €

Deux maisons régionales autour d'un petit patio... pour un même hôtel, tenu par un couple charmant. Le petit-déjeuner est copieux et réserve une surprise bien fraîche : de jolis smoothies concoctés par le patron.

XXX **La Corderie Royale** – Hôtel La Corderie Royale

r. Audebert – ✆ 05 46 99 35 35 – www.corderieroyale.com
– Fermé mi-déc. à mi-janv., sam. midi, dim. soir et lundi de nov. à mars
Rest – Formule 17 € – Menu 28 € (déj. en sem.), 36/66 € BYh
– Carte 52/74 €
Une belle bâtisse au bord du fleuve ; installé sur la terrasse, on profite pleinement de la vue sur la Charente. À la carte, huîtres, brochette de cailles aux senteurs des sous-bois, bar en croûte de sel, etc. – l'expression d'un nouveau classicisme.

par ② 3 km rte de Royan avant pont de Martrou – ✉ 17300 Rochefort

La Belle Poule

102 av. du 11-nov.-1918 – ✆ 05 46 99 71 87 – www.hotel-labellepoule.com
– Fermé 1er-22 nov. et 1er-6 janv.
21 ch – †60/67 € ††65/78 € – ☕ 8 € – ½ P
Rest *La Belle Poule* – voir les restaurants ci-après
Près du pont transbordeur de Martrou, une grosse bâtisse des années 1980 avec des chambres confortables, bien tenues, et un agréable restaurant. Les belles maquettes navales (dont La Belle Poule) contribuent à créer une atmosphère marine.

XX **La Belle Poule**

102 av. du 11-nov.-1918 – ✆ 05 46 99 71 87 – www.hotel-labellepoule.com
– Fermé 1er-22 nov., 1er-6 janv., vend. sauf le soir en juil.-août et dim. soir de sept. à juin
Rest – Formule 18 € – Menu 25/45 € – Carte 42/54 €
Sous une belle charpente en bois, face à une imposante cheminée, on se laisse séduire par l'élégant cadre rustique. À la carte : huîtres, foie gras poêlé, agneau de lait à la compotée d'abricots secs, fromages du pays rochefortais, etc.

ROCHEFORT-EN-TERRE – 56 Morbihan – 308 Q8 – 662 h. 10 C2
– alt. 40 m – ✉ 56220 Bretagne Sud

Paris 431 – Ploërmel 34 – Redon 26 – Rennes 82

7, place du Puits, ✆ 02 97 43 33 57, www.rochefortenterre-tourisme.com

Site★ - Maisons anciennes★.

XX **L'Ancolie**

12 r. St-Michel – ✆ 02 97 43 33 09 – Fermé 3 sem. en oct., 3 sem. en janv., mardi et merc.
Rest *(réserver)* – Menu 28/39 € – Carte 30/40 €
Voilà une maison à l'âme musicale ! Accord de vieilles pierres (tour du 14e s.) et de mobilier moderne où les gourmands s'installent pour apprécier une cuisine d'aujourd'hui, bien interprétée. En prime, le maître des lieux, pianiste dans une autre vie, y joue quelques morceaux.

XX **Le Pélican** avec ch

pl. des Halles – ✆ 02 97 43 38 48 – www.hotel-pelican-rochefort.com – Fermé 13-27 fév., dim. soir, merc. soir et lundi
6 ch ☕ – †130/135 € ††130/135 € – ½ P **Rest** – Menu 21 € (sem.), 26/39 €
Ce pélican-là ne manque pas de piquant ! Dans une salle rustique à souhait (poutres apparentes, cheminée monumentale et meubles en bois sculpté), les gourmands savourent une cuisine traditionnelle revisitée et saupoudrée d'épices. Quelques chambres parfaitement tenues à l'étage.

ROCHEFORT-EN-YVELINES – 78 Yvelines – 311 H4 – 950 h. 18 B2
– alt. 140 m – ✉ 78730 Île-de-France

Paris 50 – Chartres 43 – Dourdan 9 – Étampes 26

Site★ - Vaisseau★ de l'église de St-Arnoult-en-Yvelines SO : 3,5 km.

L'Escu de Rohan

15 r. Guy-le-Rouge – ✆ 01 30 41 31 33 – www.lescuderohan.com – Fermé août, vacances de fév., merc. soir, dim. soir et lundi

Rest – Formule 29 € – Menu 37/43 €

Dans les murs d'un relais de poste du 16e s., un charmant restaurant d'esprit rustique : charpente apparente, cheminée monumentale... Au menu, une bonne cuisine traditionnelle, avec pour spécialités la tête de veau sauce gribiche, le gibier en saison et les profiteroles au chocolat. Une adresse sympathique.

ROCHEFORT-SUR-NENON – 39 Jura – 321 D4 – rattaché à Dôle

ROCHEGUDE – 26 Drôme – 332 B8 – 1 451 h. – alt. 121 m – ✉ 26790 44 B3

Paris 641 – Avignon 46 – Bollène 8 – Carpentras 34

Château de Rochegude

– ✆ 04 75 97 21 10 – www.chateauderochegude.com – Fermé dim. soir, mardi midi et lundi de nov. à mars

25 ch – †170/540 € ††170/540 € – ☕ 25 €

Rest *Château de Rochegude* – voir les restaurants ci-après

Pierre blonde et verdure... Ce superbe château du 11e s. – remanié au 18e – domine les vignobles des Côtes-du-Rhône. Daims et biches vagabondent dans l'immense parc et l'on se repose en toute quiétude, dans des chambres de grand caractère !

Château de Rochegude

– ✆ 04 75 97 21 10 – www.chateauderochegude.com – Fermé dim. soir, mardi midi et lundi de nov. à mars

Rest – Formule 26 € bc – Menu 35 € bc (déj. en sem.), 49/95 €
– Carte 78/96 €

Châtelain, classique, élégant... Un cadre plaisant, au service d'une agréable cuisine gastronomique. La carte fait la part belle aux saveurs du Sud et aux bons crus.

LA ROCHE-L'ABEILLE – 87 Haute-Vienne – 325 E7 – 603 h. – alt. 400 m – ✉ 87800 24 B2

Paris 423 – Limoges 34 – Panazol 34 – St-Junien 63

Le Moulin de la Gorce (Pierre Bertranet) avec ch

– ✆ 05 55 00 70 66 – www.moulindelagorce.com – Ouvert 21 mars-11 nov. et fermé jeudi midi en juil.-août, mardi et merc. sauf le soir en juil.-août et lundi

10 ch – †100/180 € ††100/180 € – ☕ 18 € – ½ P **Rest** – Menu 41/99 €

Une institution dans le département. Dans ce moulin du 16e s., le chef réalise une cuisine traditionnelle d'une belle finesse et respectueuse des produits. Pour prolonger l'étape en profitant du cadre bucolique (étang, parc romantique), les chambres sont coquettes.

➜ Œufs brouillés aux truffes, mouillette de pain brioché. Rognon de veau cuit en croûte de sel à la moutarde violette de Brive, girolles du pays. Puits d'amour aux framboises, crème légère à la vanille Bourbon.

La Table du Moulin

3 r. du 8-mai-1945 – ✆ 05 55 00 22 03 – www.moulindelagorce.com – Fermé 23 janv.-8 fév., dim. soir et lundi sauf fériés

Rest – Menu 21/37 €

Repris par le chef du Moulin de la Gorce, ce café de village s'est métamorphosé en charmant bistrot, mêlant joliment la patine rustique et l'élégance contemporaine. Et bien sûr, on se régale de bons petits plats traditionnels et canailles !

ROCHE-LEZ-BEAUPRÉ – 25 Doubs – 321 G3 – rattaché à Besançon

LA ROCHELLE 🅿 – 17 Charente-Maritime – **324** D3 – **74 707 h.** – **38** A2

Agglo. 127 033 h. – alt. 1 m – Casino AX – ✉ 17000 Poitou-Charentes

▶ Paris 472 – Angoulême 150 – Bordeaux 183 – Nantes 141

Accès à l'Île de Ré par le pont par ③. **Péage** en 2012 : auto (AR) 16,00 (saison) 8,00 (hors saison), auto et caravane 16,00 (saison), 8,00 (hors saison), camion 18,00 à 45,00, moto 3,00, gratuit pour piétons et vélos.
Renseignements par Régie d'Exploitation des Ponts : ☎ 05 46 00 51 10, Fax 05 46 43 04 71.

✈ de la Rochelle-Île-de-Ré : ☎ 05 46 42 30 26, NO : 4,5 km AV.

ℹ 2 Quai Georges Simenon, ☎ 05 46 41 14 68, www.larochelle-tourisme.com

⛳18 de La Prée La Rochelle, à Marsilly, N : 11 km par D 105, ☎ 05 46 01 24 42

👁 Vieux Port★★ : tour St-Nicolas★, ☼★★ de la tour de la Lanterne★ - Le quartier ancien★★ : hôtel de ville★ Z **H**, Hôtel de la Bourse★ Z **C**, Porte de la Grosse Horloge★ Z **N**, Grande-rue des Merciers★ - Maison Henry II★, arcades★ de la rue du Minage, rue Chaudrier★, rue du Palais★, rue de l'Escale★ - Aquarium★★ CDZ - Musées : Nouveau Monde★ CDY**M⁷**, Beaux-Arts★ CDY **M²** - d'Orbigny-Bernon★ (histoire rochelaise et céramique) Y **M⁸**, Automates★ (place de Montmartre★★) Z **M¹**, maritime★ : Neptunéa C **M⁵** - Muséum d'Histoire naturelle★★ Y.

LA ROCHELLE

Briand (Av. Aristide) . . . . **AV** 13	Fétilly (Av. de) . . . . **BV** 47	République (Bd de la) . . . . . **BX** 90
Cognehors (Bd de) . . . . **BV** 23	Joffre (Bd du Mar.) . . . . **BV** 61	Robinet (Av. L.) . . . . **BV** 92
Coligny (Av.) . . . . **AVX** 25	Juin (Av. Mar.) . . . . **AV** 62	Saintonge (R. A.-de) . . . . **AV** 103
Crépeau (Av. Michel) . . . . . **ABX** 29	Lysiack (Av. Cdt.) . . . . **BX** 63	Salengro (Av. Roger) . . . . . . **BX** 106
Denfert-Rochereau (Av.) . . . . **AV** 33	Mail (Allées du) . . . . **AX** 64	Sartre (Av. Jean-Paul) . . . . . . **BX** 109
	Marillac (Av.) . . . . **AX** 65	8-Mai-1945 (Av. du) . . . . **BV** 118
	Moulin (Av. Jean) . . . . **BX** 74	11-Novembre-1918 (Av. du) . . . **BV** 121

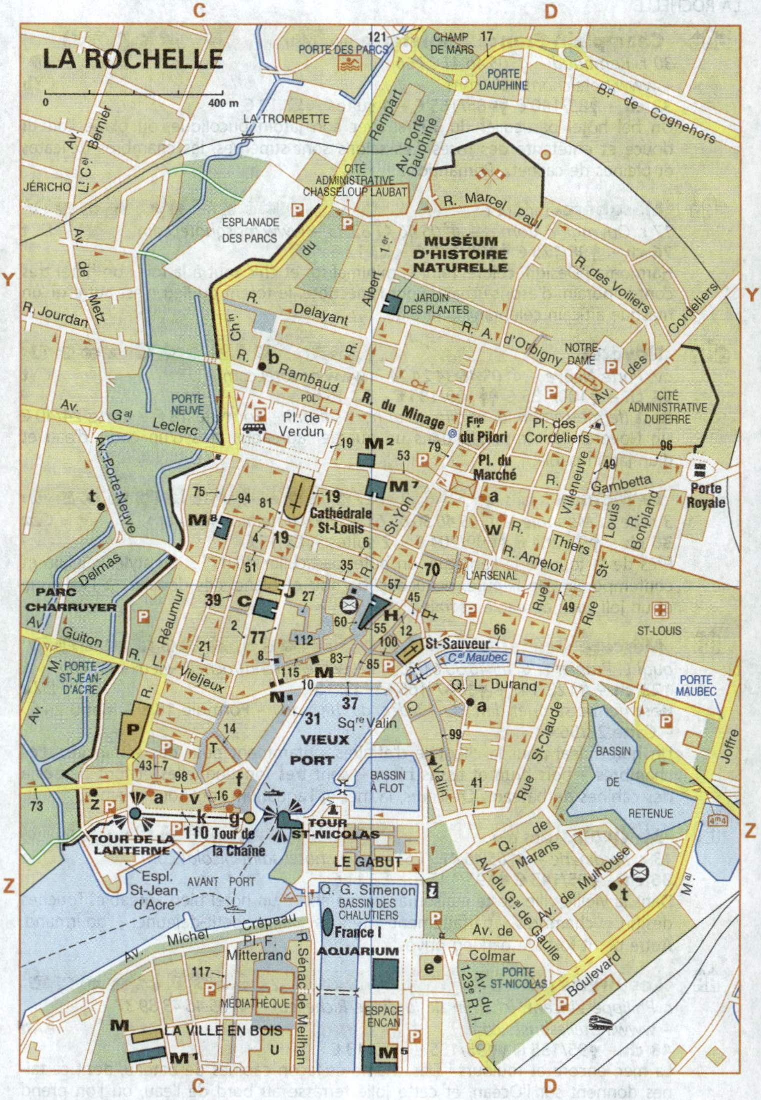

Admyrault (R. G.) . . . . . CYZ 2
Aufrédy (R.) . . . . . CY 4
Augustins (R. des) . . . . . CDY 6
Balangerie (R.) . . . . . CZ 7
Bancs (Pl. des Petits) . . . . . CZ 8
Barentin (Pl.) . . . . . CZ 10
Bletterie (R.) . . . . . DZ 12
Carmes (R. des) . . . . . CZ 14
Chaîne (R. de la) . . . . . CZ 16
Champ-de-Mars (Av. du) . . . . . DY 17
Chaudrier (R.) . . . . . CY 19
Chef-de-Ville (R.) . . . . . CZ 21
Commanderie (Cour de la) . . . . . CZ 27
Dames (Cours des) . . . . . CZ 31
Dupaty (R.) . . . . . CY 35
Duperré (Quai) . . . . . CZ 37
Escale (R. de l') . . . . . CZ 39
Fabrique (R. de la) . . . . . DZ 41
Fagots (R. des) . . . . . CZ 43
Ferté (R. de la) . . . . . DZ 45
Fonderies (R. des) . . . . . DYZ 49
Fromentin (R. E.) . . . . . CY 51
Gargoulleau (R.) . . . . . DY 53
Gentilshommes (R. des) . . . . . CDZ 55
Grille (R. de la) . . . . . DYZ 57
Hôtel-de-Ville (R. de l') . . . . . CDZ 60
Marché (Pl. du) . . . . . DY
Maubec (Quai) . . . . . DZ 66
Merciers (Gde R. des) . . . . . DY 70
Minage (R. du) . . . . . DY
Monnaie (Av. de la) . . . . . CZ 73
Noue (R. de la) . . . . . CY 75
Palais (R. du) . . . . . CZ 77
Pas-du-Minage (R. du) . . . . . DY 79
Pernelle (R.) . . . . . CY 81
Port (Petite R. du) . . . . . CZ 83
Port (R. du) . . . . . CDZ 85
St-Côme (R.) . . . . . CY 94
St-François (R.) . . . . . DY 96
St-Jean-du-Pérot (R.) . . . . . CZ 98
St-Nicolas (R.) . . . . . DZ 99
St-Sauveur (R.) . . . . . DZ 100
St-Yon (R.) . . . . . DY
Sur-les-Murs (R.) . . . . . CZ 110
Temple (Cour du) . . . . . CZ 112
Temple (R. du) . . . . . CZ 115
Vespucci (Av. Amerigo) . . . . . CZ 117
11-Novembre-1918 (Av. du) . . . . . DY 121

Champlain-France Angleterre sans rest
30 r. Rambaud – ✆ 05 46 41 34 66 – www.hotelchamplain.com CYb
32 ch – †85/140 € ††85/165 € – 4 suites – ☐ 12 €
Un bel hôtel particulier du 19e s. avec son jardin bucolique, où plane l'odeur douce et entêtante des roses. Les salons sont superbes, les chambres délicates et pleines de cachet... Romantique !

Masqhôtel sans rest
17 r. Ouvrage à Cornes – ✆ 05 46 41 83 83 – www.masqhotel.com DZt
76 ch – †98/175 € ††98/175 € – ☐ 12 €
Harmonie ! Design, coloré, raffiné, minimaliste et chic tout à la fois : un hôtel très contemporain, d'esprit urbain. Pour l'anecdote, le totem du lieu n'est autre qu'un masque africain célébrant la fertilité.

Novotel
av. Porte Neuve – ✆ 05 46 34 24 24 – www.novotel.com CYt
94 ch – †100/185 € ††100/185 € – ☐ 15 €
Rest *(fermé sam. midi et dim. midi hors saison)* – Formule 18 € – Carte 24/40 €
Un Novotel contemporain dans un quartier agréable, près d'un cours d'eau et d'un jardin public.

La Monnaie sans rest
3 r. de la Monnaie – ✆ 05 46 50 65 65 – www.hotelmonnaie.com CZz
36 ch – †99/204 € ††99/204 € – 2 suites – ☐ 16 €
Près de la tour de la Lanterne, un hôtel particulier du 17e s. au style... design et contemporain. De l'épure, beaucoup de noir et blanc, des douches à l'italienne et un joli spa : agréable et frais.

Mercure Océanide
quai L. Prunier – ✆ 05 46 50 61 50 – www.mercure-la-rochelle-vieux-port.com
123 ch – †128/147 € ††147/165 € – ☐ 15 € DZe
Rest *(fermé sam. et dim. du 1er déc. au 10 mars)* – Formule 18 € – Menu 24 € – Carte 28/56 €
Un hôtel idéal pour la clientèle d'affaires, notamment pour des séminaires. Les chambres – bois brun et tissus bleus – sont très fonctionnelles et font penser à des cabines de bateaux. D'ailleurs, la mer et l'aquarium sont tout proches.

St-Nicolas sans rest
13 r. Sardinerie – ✆ 05 46 41 71 55 – www.hotel-saint-nicolas.com DZa
86 ch – †95/145 € ††95/145 € – ☐ 11 €
Dans la vieille ville, cette maison ancienne abrite un hôtel bien agréable. Touches design, chambres parfaitement tenues et... petit-déjeuner gourmand. Autre point fort : le parking privé.

Les Brises sans rest
r. Philippe Vincent, (chemin de la digue Richelieu) – ✆ 05 46 43 89 37 – www.hotellesbrises.com AXq
48 ch – †95/135 € ††95/135 € – ☐ 13 €
La mer, encore et toujours ! Des chambres façon cabines de bateau, dont certaines donnent sur l'Océan, et cette jolie terrasse au bord de l'eau, où l'on prend son petit-déjeuner dès les premiers beaux jours.

Christopher Coutanceau
plage de la Concurrence – ✆ 05 46 41 48 19 – www.coutanceaularochelle.com – Fermé 17-24 mars, 13-27 janv., lundi du 1er oct. au 13 mai et dim.
Rest – Menu 58/115 € – Carte 115/165 € AXr
Une salle en rotonde, raffinée et contemporaine, grande ouverte sur l'Océan : cet écrin vient sublimer la belle et généreuse cuisine de la mer des Coutanceau (le fils à la suite du père), portée par un sens éclatant du produit et des saveurs.
➜ Salade de homard, dariole d'araignée de mer et asperge en beignet niçois. Civet de homard breton, beurre de crustacés et petits légumes de saison. Arlette croustillante framboise et pistache. **Vins** Vin de pays Charentais, Fiefs Vendéens.

XX **Les Flots**

1 r. de la Chaîne – ✆ 05 46 41 32 51 – www.les-flots.com CZ**g**

Rest – Menu 29 € (sem.), 43/83 € – Carte 70/100 €

Saint-Jacques juste snackées et risotto aux truffes, bar à la plancha : ici, la mer a des reflets d'argent ! Élégance dans l'assiette mais aussi dans le décor, entre authenticité d'un ancien estaminet et sobriété contemporaine.

XX **Les Quatre Sergents**

49 r. St-Jean-du-Pérot – ✆ 05 46 41 35 80 – www.les4sergents.com CZ**a**

Rest – Menu 21 € (déj. en sem.), 27/48 € – Carte 40/80 €

Un charmant jardin d'hiver, à deux pas du port. Le chef et sa brigade y sont très respectueux des saisons et réalisent une sympathique cuisine du moment. Quant à la cave, elle est superbe (900 références, dont quelques raretés).

X **L'Entracte**

35 r. St-Jean-du-Pérot – ✆ 05 46 52 26 69 – www.lentracte.net CZ**v**

Rest – Menu 22/30 € – Carte environ 50 €

Un bistrot chic du "clan" Coutanceau, avec ses cuisines ouvertes sur la salle, ses vieilles affiches publicitaires et... sa carte flirtant avec l'époque. Rideau !

X **André**

pl. Chaîne – ✆ 05 46 41 28 24 – www.barandre.com CZ**f**

Rest – Menu 20/35 € – Carte environ 45 €

Une institution locale pour les amateurs de cuisine iodée et de beaux plateaux de fruits de mer. Voyages transatlantiques, pêche, voiliers : chaque salle – il y en a sept ! – célèbre les flots à sa façon.

X **La Cuisine de Jules**

5 r. Thiers – ✆ 05 46 41 50 91 – www.lacuisinedejules.com – Fermé dim. et lundi

Rest – Formule 24 € – Menu 29 € – Carte 39/64 € DY**a**

Le dada de ce Jules contemporain ? Une agréable cuisine du marché fraîche et pleine de goût, avec des recettes de toujours joliment revisitées. Cerise sur le gâteau : une carte des vins courte mais bien tournée.

X **Les Orchidées**

24 r. Thiers – ✆ 05 46 41 07 63 – www.restaurant-les-orchidees.com – Fermé 29 juil.-10 août DY**w**

Rest – Menu 29 € – Carte 65/104 €

Une table contemporaine du quartier des halles... La cuisine épouse l'air du temps et, chaque jour, le chef propose un appétissant poisson frais. "Côté Jardin", à l'étage, la carte se fait plus élaborée.

LA ROCHE-POSAY – **86 Vienne** – **322** K4 – **1 556 h.** – **alt. 112 m** **39** D1
– **Stat. therm. : mi-janv.-mi-déc.** – **Casino** – ✉ **86270** Poitou-Charentes

Paris 325 – Le Blanc 29 – Châteauroux 76 – Loches 49

14, boulevard Victor Hugo, ✆ 05 49 19 13 00, www.larocheposay.com

du Connetable, Parc Thermal, S : 2 km par D 3, ✆ 05 49 86 25 10

Les Loges du Parc sans rest

10 pl. de la République – ✆ 05 49 19 40 50 – www.resorthotel-larocheposay.info – Fermé de mi-déc. à mi-janv.

42 ch – †92/185 € ††112/185 € – 2 suites – ☕ 16 €

Au cœur de la station thermale, un bel hôtel 1900, d'esprit classique. Escalier d'époque, deux élégantes suites sur les thèmes du jazz et de l'Égypte, billard, piscine, etc. Formule résidence à la semaine, idéale pour les curistes.

St-Roch

4 cours Pasteur – ✆ 05 49 19 49 00 – www.resorthotel-larocheposay.fr – Fermé 8-31 déc.

37 ch – †55/87 € ††74/105 € – ☕ 12 € – ½ P

Rest ***St-Roch*** – voir les restaurants ci-après

Cet établissement central est apprécié pour son accès direct aux thermes St-Roch. Les chambres y sont avant tout pratiques et très bien tenues, certaines donnant sur le jardin.

St-Roch
4 cours Pasteur – 05 49 19 49 45 – www.resorthotel-larocheposay.fr – Fermé 8-31 déc.
Rest – Formule 22 € – Menu 30/42 € – Carte 35/78 €
Croustillant de chèvre, joue de bœuf et ses petits légumes... Le chef réalise une cuisine fine et goûteuse, ainsi que de bons petits plats diététiques adaptés aux curistes. Déco fraîche et contemporaine ; agréable terrasse.

LE ROCHER – 07 Ardèche – 331 H6 – rattaché à Largentière

LES ROCHES-DE-CONDRIEU – 38 Isère – 333 B5 – 1 949 h. – alt. 158 m – ✉ 38370 — 44 B2

Paris 506 – Grenoble 134 – Lyon 43 – Saint-Étienne 63

Le Bellevue
1 pl. Carcan, (quai du Rhône) – 04 74 56 41 42 – www.le-bellevue.net – Fermé 2-15 janv.
16 ch – 78 € 85 € – 1 suite – 11 € – ½ P
Rest *(fermé dim. soir et lundi)* – Formule 28 € – Menu 37/75 € – Carte 49/84 €
Un hôtel très fonctionnel sur les rives du Rhône, dont une partie des chambres offrent une vue dégagée sur les flots. Entretien soigné, bons équipements, restaurant.

ROCHESERVIÈRE – 85 Vendée – 316 G6 – 2 896 h. – alt. 58 m – ✉ 85620 — 34 B3

Paris 415 – Nantes 34 – La Roche-sur-Yon 34 – Saint-Herblain 42
21, rue du Péplu, 02 51 94 94 28, www.cc-canton-rocheserviere.fr

Le Château du Pavillon sans rest
r. Gué-Baron – 06 72 92 37 23 – www.chateau-week-end-vendee.com – Ouvert 4 mai-14 sept.
3 ch – 90/230 € 90/230 € – 10 €
N'est-il pas charmant et romantique, ce joli château du 19e s. ? Le grand parc et son étang ; les chambres si raffinées, élégantes, très confortables et toutes différentes ; la piscine... tout invite à une douce rêverie !

ROCHESSAUVE – 07 Ardèche – 331 J5 – rattaché à Privas

LA ROCHE-SUR-FORON – 74 Haute-Savoie – 328 K4 – 10 345 h. – alt. 548 m – ✉ 74800 Alpes du Nord — 46 F1

Paris 553 – Annecy 34 – Bonneville 8 – Genève 26
place Andrevetan, 04 50 03 36 68, www.larochesurforon.com
Vieille ville★★.

Le Foron sans rest
imp. de l'Étang, (Z.I. du Dragiez), D 1203 – 04 50 25 82 76 – www.hotel-le-foron.com – Fermé 26 déc.-3 janv. et dim.
26 ch – 60/62 € 68/70 € – 8 €
Petit hôtel situé dans la zone industrielle de la Roche-sur-Foron, pour une étape avant tout pratique. Chambres fonctionnelles, insonorisées et bien tenues. Terrasse et piscine.

LA ROCHE-SUR-YON P – 85 Vendée – 316 H7 – 52 234 h. – alt. 75 m – ✉ 85000 Pays de la Loire — 34 B3

Paris 418 – Cholet 69 – Nantes 68 – Niort 91
rue Clemenceau, 02 51 36 00 85, www.ot-roche-sur-yon.fr
18 de La Domangère, à Nesmy, La Roche sur Yon, S : 8 km par D 746 et D 85, 02 51 07 65 90

Mercure
117 bd A. Briand – 02 51 46 28 00 – www.mercure.com — AZ**u**
67 ch – 87/149 € 97/159 € – 15 €
Rest – Formule 14 € – Menu 24 € – Carte environ 31 €
Idéalement situé entre la gare et la place Napoléon, un Mercure de facture contemporaine avec des chambres spacieuses et bien insonorisées.

Albert-1er (Pl.)	BY 3	La-Fayette (R.)	AZ 25	Molière (R.)	AY 31
Allende (R. Salv.)	AY 4	Gambetta (Av.)	AY 18	Poincaré (R. Raymond)	AZ 34
Baudry (R. Paul)	BZ 6	Gén.-de-Castelnau (R.)	AY 19	Pompidou (R. G.)	BY 35
Bérégovoy (R. P.)	AZ 8	Halles (R. des)	BZ 22	Résistance (Pl. de la)	BY 38
Berthelot (R. M.)	BY 9	Manuel (R.)	AY 26	Verdun (R. de)	AY 42
Bossuet (R.)	BY 12	Marché (R. du)	BYZ 27	Victor-Hugo (R.)	BY 43
Carnot (R. Sadi)	BY	Mazurelle (Esplanade J.)	AZ 28	93e-R.I. (R. du)	BZ 50
Clemenceau (R. G.)	AZ 14	Mitterrand (Pl. F.)	AZ 30		

Napoléon sans rest
50 bd A. Briand – ✆ 02 51 05 33 56 – www.hotel-le-napoleon.fr AY**r**
29 ch – †72/120 € ††82/120 € – ☐ 10 €
Sur un grand boulevard du centre-ville, mais au calme ! Les chambres, d'esprit contemporain, sont cosy et impeccablement tenues... Un lieu avenant, idéal pour la clientèle d'affaires.

Hôtel de la Vendée sans rest
4 r. Malesherbes – ✆ 02 51 37 28 67 – www.hotel-vendee.com BZ**a**
32 ch – †60/74 € ††65/79 € – ☐ 8 €
Au cœur du quartier des Halles, hôtel de facture contemporaine, mobilier design et couleurs pastel. Les chambres sont assez petites, mais très fonctionnelles et adaptées à la clientèle business.

Le Rivoli

31 bd A. Briand – 02 51 37 43 41 – Fermé 3 sem. en août, lundi soir, sam. midi et dim. AY**v**

Rest – Formule 22 € – Menu 29 €

Couleurs vives, tête de rhinocéros, banquettes et nappes psychédéliques... Un décor résolument original pour une cuisine traditionnelle sage et bien faite.

ROCHETAILLÉE – 42 Loire – 327 F7 – rattaché à St-Étienne

ROCHETOIRIN – 38 Isère – 333 F4 – rattaché à La Tour-du-Pin

LA ROCHETTE – 73 Savoie – 333 J5 – 3 431 h. – alt. 360 m – ✉ 73110 46 F2

Alpes du Nord

Paris 588 – Albertville 41 – Allevard 9 – Chambéry 28

Maison des Carmes, 04 79 25 53 12, www.tourisme.valgelon.com

Vallée des Huiles★ NE.

Hôtel du Parc

64 r. de la Neuve – 04 79 25 53 37 – www.hotelduparcrochette.com

10 ch – †73/86 € ††83/91 € – ☐ 11 € – ½ P

Rest *(fermé sam. hors saison et dim. soir)* – Formule 15 € – Menu 23/40 € – Carte 36/56 €

Dans ce village situé aux portes des parcs naturels régionaux de Chartreuse et du massif des Bauges, un hôtel tout simple et accueillant, tenu avec soin et aux tarifs mesurés. Au restaurant, cuisine traditionnelle, terrasse et vue magnifique sur la chaîne de Belledonne.

RODEZ P – 12 Aveyron – 338 H4 – 24 358 h. – alt. 635 m – ✉ 12000 29 C1

Midi Toulousain

Paris 623 – Albi 76 – Aurillac 87 – Clermont-Ferrand 213

de Rodez-Aveyron : 05 65 42 20 30, 12 km par ③.

24, boulevard Denys Puech, 05 65 75 76 77, www.ot-rodez.fr

du Grand Rodez, à Onet-le-Château, Route de Marcillac, N : 4 km par D 901, 05 65 78 38 00

Clocher★★★ de la cathédrale N.-Dame★★ - Musée Fenaille★★ BZ **M¹** - Tribunes en bois★ de la chapelle des Jésuites.

La Ferme de Bourran sans rest

r. de Berlin, à Bourran 1,5 km par ③ – 05 65 73 62 62 – www.fermedebourran.com

7 ch – †85/180 € ††85/180 € – ☐ 12 €

Perchée sur la colline, cette ancienne ferme a tout d'une maison de maître du 21e s. : le jardin vit au rythme des expositions, la déco se révèle contemporaine, épurée et très raffinée... Tout est si zen ! Au petit-déjeuner, on se régale de produits régionaux.

Mercure Cathédrale sans rest

1 av. Victor-Hugo – 05 65 68 55 19 – www.mercure-rodez-cathedrale.com

34 ch – †98/125 € ††108/135 € – ☐ 13 € ABY**p**

À deux pas de la cathédrale, un hôtel 1930 dont on a conservé les parties classées : mosaïques Art déco en façade et sur le sol de l'entrée, grand escalier en bois massif, peintures de Maurice Bompard. Les chambres sont agréables et contemporaines.

La Tour Maje sans rest

1 bd Gally – 05 65 68 34 68 – www.hoteltourmaje.fr – Fermé vacances de Noël

40 ch – †60/75 € ††70/99 € – ☐ 12 € BZ**s**

Hôtel des années 1970 adossé à une tour du 15e s. avec des chambres confortables, toutes rénovées en 2011 ; préférez celles du 1er étage, plus spacieuses.

RODEZ

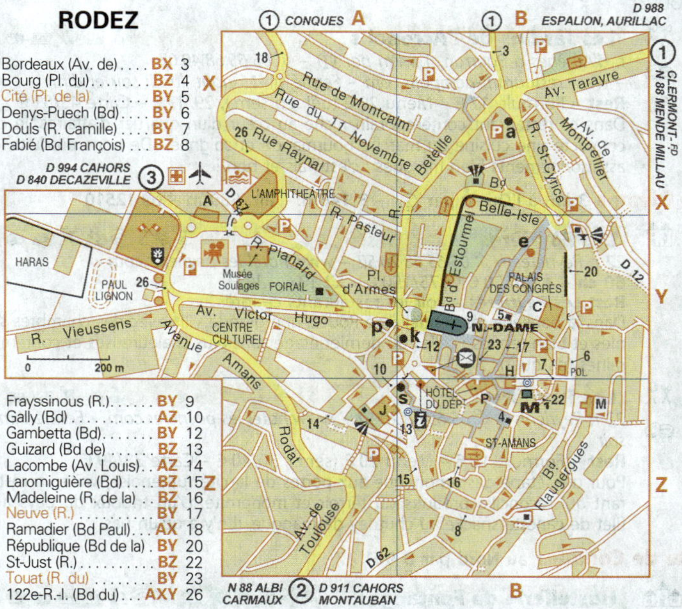

Biney sans rest

r. Victoire-Massol – ✆ 05 65 68 01 24 – www.hotel-biney.com **BYk**

27 ch – †69/89 € ††79/110 € – 1 suite – ☕ 12 €

L'un des plus anciens hôtels de Rodez, en plein centre-ville. Les chambres, certes parfois un peu petites, sont mignonnes et soignées : literie confortable, tissus colorés... À noter : joli jardin fleuri et sauna.

Ibis sans rest

46 r. St-Cyrice – ✆ 05 65 76 10 30 – www.ibis.com **BXa**

45 ch – †52/69 € ††52/69 € – ☕ 9 €

À l'écart du centre-ville, un hôtel d'affaires avec des chambres avant tout pratiques.

Deltour sans rest

6 r. de Bruxelles, à Bourran, 1,5 km par ③ – ✆ 05 65 73 03 03 – www.rodez-bourran.deltourhotel.com – Fermé vacances de Noël

39 ch – †53/59 € ††55/65 € – ☕ 8 €

Cet hôtel récent répond aux attentes de la clientèle business : chambres fonctionnelles, confortables et bien insonorisées ; bon rapport qualité-prix.

Goûts et Couleurs (Jean-Luc Fau)

38 r. Bonald – ✆ 05 65 42 75 10 – www.goutsetcouleurs.com – Fermé 17 mars-10 avril, 1er-18 sept., mardi midi hors saison, dim. et lundi

Rest – Menu 29 € (déj. en sem.), 36/78 € – Carte 55/75 € **BYe**

Goûts et Couleurs : on ne saurait mieux dire ! Dans l'assiette, de belles saveurs mâtinées d'épices et mises en valeur par un chef autodidacte et passionné... Une cuisine voyageuse qui s'accompagne d'une belle sélection de vins du Sud.

➜ Carpaccio de gambas à l'huile de fleur de sureau et dés de mangue. Pigeon cuit rosé, pêche confite au gingembre et capucines. Fenouil confit aux fruits rouges et crème glacée à l'amande amère. **Vins** Marcillac, Entraygues-Le Fel.

XX **Les Jardins de l'Acropolis**

r. d'Athènes à Bourran, 1,5 km par ③ – ✆ 05 65 68 40 07 – www.restaurant-acropolis.com – Fermé 1er-15 août, lundi soir et dim.
Rest – Formule 17 € – Menu 20 € (déj. en sem.), 29/49 € – Carte 45/51 €
Dans ce restaurant contemporain niché au cœur d'un quartier d'affaires, le chef concocte une cuisine du marché gourmande et soignée... De bons produits, des assaisonnements bien marqués : c'est frais et bon !

à Olemps **3 km à l'Ouest par ② – 3 146 h. – alt. 580 m – ✉ 12510**

Les Peyrières

22 r. Peyrières – ✆ 05 65 68 20 52 – www.hotel-les-peyrieres.com
60 ch – †75/150 € ††75/150 € – ☕ 10 € – ½ P
Rest ***Les Peyrières*** – voir les restaurants ci-après
Dans la banlieue résidentielle de Rodez, une grande villa avec des chambres simples et bien tenues ; celles du dernier étage sont plus chaleureuses et contemporaines (parquet).

XX **Les Peyrières**

22 r. Peyrières – ✆ 05 65 68 20 52 – www.hotel-les-peyrieres.com – Fermé dim. soir
Rest – Formule 15 € – Menu 20 € (sem.), 30/40 € – Carte 38/49 €
Pour une étape gastronomique aux portes de la cité ruthénoise, voilà un restaurant qui réconcilie produits du terroir et modernité. D'un tripoux du pays à un filet de canette snacké au chutney de mangue, il n'y a qu'un pas.

rte de Conques **au Nord par D 901 AX**

Hostellerie de Fontanges

rte de Conques, à 4 km – ✆ 05 65 77 76 00 – www.hostellerie-fontanges.com
43 ch – †62/92 € ††72/92 € – 5 suites – ☕ 13 € – ½ P
Rest *(fermé sam. midi et dim. soir de nov. à Pâques)* – Formule 21 € – Menu 24/53 € – Carte 45/55 €
Belle et vaste demeure des 16e et 17e s. blottie dans un parc attenant à un golf. Les chambres sont assez sobres ; quant aux suites, elles sont vraiment raffinées (mobilier de style). Au restaurant, il règne un esprit très châtelain.

Château de Labro

Onet-Village, à 7 km par D 901 et D 568 – ✆ 05 65 67 90 62 – www.chateaulabro.fr
17 ch – †85/105 € ††110/250 € – ☕ 10 € – ½ P
Rest *(fermé dim. et merc.) (dîner seult) (résidents seult)* – Menu 25 €
Un château ravissant, avec des chambres romantiques (beaux meubles chinés) ou, pour les baroudeurs chics, une cabane dans un arbre. Le petit-déjeuner est servi au milieu des objets de brocante, il y a aussi une piscine dans les vignes, un petit spa, un restaurant aux airs de table d'hôte... Un lieu délicieux !

ROGNES – 13 Bouches-du-Rhône – 340 H4 – 4 678 h. – alt. 311 m – ✉ 13840 Provence

40 B3

▶ Paris 734 – Aix-en-Provence 19 – Cavaillon 41 – Marseille 48
ℹ 5, cours Saint-Etienne, ✆ 04 42 50 13 36, www.ville-rognes.fr
◉ Retables★ dans l'église.

Figues et Fugues (N) sans rest

1912 chemin des Garrigues, à 2 km au Sud-Ouest par rte de Lambesc et rte secondaire – ✆ 06 83 884 885 – www.figues-et-fugues.com – Ouvert de mars à mi-nov.
3 ch ☕ – †110/170 € ††110/170 € – 1 suite
Les amateurs de calme apprécieront cette charmante villa au beau milieu des vignobles et des chênes – Rognes est notamment connue pour ses truffes. Les chambres y sont joliment décorées, la suite dispose d'une terrasse privative... Mais le must reste la cabane dans les arbres : vue imprenable garantie !

ROISSY-EN-FRANCE – 95 Val-d'Oise – 305 G6 – 101 – voir à Paris, Environs

ROLLEBOISE – 78 Yvelines – 311 F1 – 411 h. – alt. 20 m – ✉ 78270 18 A1

Paris 65 – Dreux 45 – Mantes-la-Jolie 9 – Rouen 72

Le Domaine de la Corniche

5 rte de la Corniche – ✆ 01 30 93 20 00 – www.domainedelacorniche.com

34 ch – †80/300 € ††80/300 € – ☕ 16 € – ½ P

Rest ***Le Domaine de la Corniche*** – voir les restaurants ci-après

Quelle "folie" Léopold II de Belgique ne fit-il pas pour son dernier amour ! Le résultat est cette jolie demeure dominant la Seine. Les amoureux d'aujourd'hui apprécieront son intérieur design, les chambres avec vue et la piscine... panoramique.

Le Domaine de la Corniche

5 rte de la Corniche – ✆ 01 30 93 20 00 – www.domainedelacorniche.com

Rest – Formule 29 € – Menu 35 € bc (déj.), 41/52 € – Carte 51/81 €

Pas besoin de résider au Domaine de la Corniche pour apprécier ce restaurant contemporain et son belvédère. Plats classiques et préparations plus inventives, tel le vacherin "nouvelle vague", se succèdent face aux méandres de la Seine.

ROMAGNIEU – 38 Isère – 333 G4 – 1 400 h. – alt. 298 m – ✉ 38480 45 C2

Paris 539 – Chambéry 35 – Grenoble 57 – Lyon 109

Auberge les Forges de la Massotte

655 chemin des Forges, 2 km à l'Ouest, sortie ⑩ sur l'A 43 – ✆ 04 76 31 53 00 – www.aubergemassotte.com – Fermé 3 sem. en oct. et dim. soir

5 ch – †65 € ††73 € – ☕ 9 € – ½ P

Rest *(dîner seult) (résidents seult)* – Menu 32 €

Cette ancienne forge transformée en auberge comblera les amoureux de nature et de calme. Les chambres coquettes affirment sans complexe un réconfortant style savoyard. Accueil charmant et petit-déjeuner copieux : on ne veut plus repartir !

ROMANÈCHE-THORINS – 71 Saône-et-Loire – 320 I12 – 1 833 h. – alt. 187 m – ✉ 71570 Bourgogne 8 C3

Paris 406 – Chauffailles 46 – Lyon 55 – Mâcon 17

"Le Hameau du vin" ★★ - Parc zoologique et d'attractions Touroparc★.

Les Maritonnes

513 rte de Fleurie, (près de la gare) – ✆ 03 85 35 51 70 – www.maritonnes.com – Fermé 10-30 déc.

21 ch – †75/190 € ††75/190 € – 2 suites – ☕ 17 € – ½ P

Rest ***Les Maritonnes*** – voir les restaurants ci-après

Dans un élégant parc verdoyant et fleuri aux beaux jours, une imposante maison aux chambres contemporaines, confortables et agréables. Quel plaisir de faire quelques brasses dans la piscine, avant de prendre le soleil sur la terrasse !

Les Maritonnes

rte de Fleurie, (près de la gare) – ✆ 03 85 35 51 70 – www.maritonnes.com – Fermé 10-30 déc.

Rest – Formule 20 € – Menu 25 € (déj. en sem.), 30/65 € – Carte 42/72 €

Quenelles de brochet, œufs en meurette, menu du marché et plats végétariens... Une cuisine fine et bien tournée qui se marie joliment avec le célèbre cru local : le moulin-à-vent.

ROMANS-SUR-ISÈRE – 26 Drôme – 332 D3 – 33 664 h. – alt. 162 m – ✉ 26100 Ardèche Drôme 43 E2

Paris 558 – Die 78 – Grenoble 81 – St-Étienne 121

62, avenue Gambetta, ✆ 04 75 02 28 72, www.romans-tourisme.com

de Valence Saint-Didier, à Saint-Didier-de-Charpey, par rte de Crest : 15 km, ✆ 04 75 59 67 01

Tentures★★ de la collégiale St-Barnard - Collection de chaussures★ du musée international de la chaussure - Musée diocésain d'Art sacré★ à Mours-St-Eusèbe, 4 km au Nord.

L'Orée du Parc sans rest
6 av. Gambetta – ✆ 04 75 70 26 12 – www.hotel-oreeparc.com
– Fermé 26 déc.-6 janv.
10 ch – †84/114 € ††90/125 € – ☕ 13 €
À l'entrée de l'ancienne capitale du soulier, cette belle maison bourgeoise (début 20e s.) est entourée d'un joli jardin avec piscine. Les chambres, de bon confort, sont décorées avec soin. De quoi trouver chaussure à son pied !

Mandrin
70 r. St-Nicolas – ✆ 04 75 02 93 55 – www.lemandrin.fr
– Fermé 28 juil.-19 août, 22 déc.-2 janv., dim. et lundi
Rest – Formule 17 € – Menu 22/39 € – Carte 26/35 €
Du nom du célèbre contrebandier qui y aurait séjourné, cette maison classée (15e s.) a le charme de l'authenticité : murs en galets roulés, bois, tomettes... Le chef y concocte une cuisine traditionnelle aux prix mesurés.

La Romance des Saisons N
pl. du Puits-du-Cheval – ✆ 04 75 05 01 29 – www.laromancedessaisons.fr
– Fermé 3 sem. en août, 2 sem. en fév., merc. soir, dim. soir et lundi
Rest *(nombre de couverts limité, réserver)* – Menu 22 € (déj. en sem.), 29/70 € bc – Carte 46/87 €
Un sympathique bistrot contemporain, au cœur de la vieille ville. Il est tenu par un jeune couple franco-japonais : lui en cuisine, elle en salle (ancienne designer, elle a aussi signé la déco). La carte change cinq fois par an pour... mieux flirter avec les saisons ! Belle sélection de vins au verre.

Nature Gourmande N
37 pl. Jacquemart – ✆ 04 75 05 30 46 – www.restaurant-naturegourmande.com
– Fermé 3 sem. en août, dim. et lundi
Rest *(nombre de couverts limité, réserver)* – Formule 18 € – Menu 22 € (déj. en sem.), 34/58 € – Carte environ 45 €
Entrez donc dans ce restaurant de poche et faites preuve d'une Nature Gourmande ! Madame reçoit avant de rejoindre monsieur, en cuisine, pour préparer les pâtisseries. Dans l'assiette, les bons produits du marché sont à l'honneur. Un régal...

à Granges-lès-Beaumont 6 km à l'Ouest – 947 h. – alt. 155 m – ✉ 26600

Les Vieilles Granges
720 rte des Vieilles-Granges, rte de Romans et chemin secondaire
– ✆ 04 75 71 62 83 – www.vieilles-granges.com
11 ch – †60/65 € ††60/80 € – ☕ 9 €
Rest *(fermé dim. soir, mardi midi et lundi)* – Menu 18/42 € – Carte 28/53 €
Entre les rives de l'Isère et les vergers, ce bâtiment en pierre de pays est bucolique à souhait. Préférez les chambres côté rivière, et laissez-vous bercer par le doux bruit de l'eau... Accueil sympathique.

Les Cèdres (Jacques Bertrand)
25 r. Henri-Machon – ✆ 04 75 71 50 67 – www.restaurantlescedres.fr
– Fermé 22 avril-7 mai, 19 août-3 sept., 23 déc.-7 janv., dim. soir sauf de juin à août, lundi et mardi
Rest *(nombre de couverts limité, réserver)* – Menu 40 € (déj. en sem.), 80/125 € – Carte 75/95 €
Les cèdres dressent leurs ramures aériennes au-dessus de cette demeure éminemment bourgeoise. On y déguste une cuisine pleine de classicisme, à base de très beaux produits travaillés sans fausse note. La carte des vins honore les Côtes du Rhône.
➜ Feuilleté minute de langoustine, pointes d'asperges et sauce hollandaise. Trilogie de chasse. Entremets chocolat manjari, noisettes caramélisées et crème glacée au chocolat. **Vins** Hermitage, Crozes Hermitage.

à St-Paul-lès-Romans **8 km à l'Est – 1 727 h. – alt. 171 m – ✉ 26750**

La Malle Poste

Le village – ✆ 04 75 45 35 43 – www.lamalleposte.fr
– Fermé 1er-22 août, 2-25 janv., dim. soir, lundi et mardi
Rest – Menu 34/64 €
Dans l'ancien café du village, on respecte le terroir et les saisons. Des plats à déguster avec l'un des crus de la belle carte des vins (plus de 350 références). Voilà une Malle Poste dans laquelle on apprécie de faire un bout de chemin...

à Châtillon-St-Jean **11 km au Nord-Est – 1 183 h. – alt. 198 m – ✉ 26750**

Maison Forte de Clérivaux sans rest

2,5 km au Nord par D 123 direction Parnans et D 184 direction St-Michel-sur-Savasse – ✆ 04 75 45 32 53 – www.clerivaux.fr – Fermé 3 janv.-3 mars
4 ch – 60/70 € 65/75 €
Au milieu des champs, cette maison forte du 13e s. a bien traversé les siècles ! Les chambres – mobilier chiné et linge de famille – se trouvent dans de jolies dépendances (16e-17e s.). Tout le cachet, simple et évocateur, des vieilles pierres...

ROMILLY-SUR-SEINE – 10 Aube – 313 C2 – 13 758 h. – alt. 76 m – ✉ 10100 13 B2

Paris 124 – Châlons-en-Champagne 76 – Nogent-sur-Seine 18 – Sens 65
4, rue du Général De Gaulle, ✆ 03 25 24 87 80

Auberge de Nicey

24 r. Carnot – ✆ 03 25 24 10 07 – www.denicey.com – Fermé 21 déc.-6 janv.
23 ch – 113 € 127/143 € – 13 € – ½ P
Rest *(fermé lundi midi en août, sam. midi et dim.)* – Menu 26 € (sem.), 38/50 € – Carte 50/72 €
À deux pas de la gare, cet établissement propose des chambres très confortables et bien insonorisées, rénovées en 2010 dans un style cosy. Autres atouts : l'espace détente (piscine, fitness) et le restaurant où l'on sert de la cuisine traditionnelle.

ROMORANTIN-LANTHENAY – 41 Loir-et-Cher – 318 H7 – 17 092 h. – alt. 93 m – ✉ 41200 Châteaux de la Loire 12 C2

Paris 202 – Blois 42 – Bourges 74 – Orléans 67
place de la Paix, ✆ 02 54 76 43 89, www.tourisme-romorantin.com
Maisons anciennes★ - Vues des ponts★ - Musée de Sologne★ .

Grand Hôtel du Lion d'Or

69 r. Clemenceau – ✆ 02 54 94 15 15 – www.hotel-liondor.fr
– Fermé 17 fév.-29 mars
13 ch – 150/210 € 180/410 € – 3 suites – 24 €
Rest ***Grand Hôtel du Lion d'Or*** – voir les restaurants ci-après
Cette belle demeure Renaissance (avec des encadrements de pierre caractéristiques en façade) est un hôtel depuis 1774 ! Confort exquis, cour intérieure, espace et... sens de l'accueil peaufiné par les siècles.

La Pyramide

r. de la Pyramide – ✆ 02 54 76 26 34 – www.hotellapyramide.com
66 ch – 56 € 66 € – 8,50 € – ½ P
Rest *(fermé 22 déc.-7 janv.)* – Formule 17 € – Menu 23/45 € – Carte 39/56 €
Pour l'étape, un hôtel moderne voisin d'un complexe culturel. Chambres fonctionnelles et bien tenues ; grand parking. Cuisine traditionnelle.

Grand Hôtel du Lion d'Or (Didier Clément)
69 r. Clemenceau – ✆ 02 54 94 15 15 – www.hotel-liondor.fr – Fermé 17 fév.-29 mars et mardi midi
Rest *(réserver)* – Formule 48 € – Menu 63 € (déj. en sem.), 105/140 € – Carte 120/162 €
Une cuisine très joliment ciselée, pleine de saveurs et de subtilité ; un vrai travail au service du produit – mention spéciale pour le pigeon –, toujours très frais et relevé de quelques notes d'ailleurs (épices, condiments...) ; une superbe carte de vins de Loire... Une belle table dans la capitale de la Sologne !
➜ Variation d'asperges blanches. Pigeon farci façon babylonienne. Brioche caramélisée à l'angélique. **Vins** Cour-Cheverny, Bourgueil.

RONCE-LES-BAINS – 17 Charente-Maritime – 324 D5 – ✉ 17390 La Tremblade Poitou-Charentes 38 A2

Paris 505 – Marennes 9 – Rochefort 31 – La Rochelle 68
50, avenue Gabrielle, ✆ 05 46 36 06 02, www.la-tremblade.com

Le Grand Chalet
2 av. La Cèpe – ✆ 05 46 36 06 41 – www.legrandchalet.net – Fermé 4 nov.-9 fév.
26 ch – †55/98 € ††55/98 € – ☕ 10 € – ½ P
Rest ***Le Grand Chalet*** – voir les restaurants ci-après
Un Chalet... surplombant la mer, avec un accès direct à la plage. Les chambres, au décor un brin suranné, sont simples et propres... Préférez-les côté Oléron, pour la vue !

Le Grand Chalet
2 av. La Cèpe – ✆ 05 46 36 06 41 – www.legrandchalet.net – Fermé 4 nov.-9 fév., lundi midi et mardi
Rest – Formule 17 € – Menu 29/39 € – Carte 32/55 €
Sardines marinées dans une bonne sauce à l'escabèche, andouillette de cabillaud... Dans ce restaurant de bord de mer, la cuisine – traditionnelle – se révèle goûteuse, bien faite et tout simplement bonne.

RONCHAMP – 70 Haute-Saône – 314 H6 – 2 899 h. – alt. 380 m – ✉ 70250 Franche-Comté Jura 17 C1

Paris 399 – Belfort 22 – Besançon 88 – Lure 12
14, place du 14 Juillet, ✆ 03 84 63 50 82, www.ot-ronchamp.fr
Chapelle Notre-Dame-du-Haut★★.

au Rhien 3 km au Nord – ✉ 70250 Ronchamp

Rhien Carrer
14 r. d'Orière – ✆ 03 84 20 62 32 – www.ronchamp.com
19 ch – †50/52 € ††64/66 € – ☕ 8,50 € – ½ P
Rest *(fermé dim. soir d'oct. à mars)* – Formule 12 € – Menu 26/45 € – Carte 30/52 €
En pleine nature ! Dans cet agréable hôtel familial, préférez les chambres récemment rénovées dans un plaisant esprit contemporain. À table, le terroir et les spécialités franc-comtoises sont à l'honneur. Terrasse dans un écrin... de verdure.

à Champagney 4,5 km à l'Est par D 4 – 3 728 h. – alt. 370 m – ✉ 70290

Le Pré Serroux
4 av. Gén.-Brosset – ✆ 03 84 23 13 24 – www.lepreserroux.com – Fermé 24 déc.-15 janv.
25 ch – †80/100 € ††85/100 € – ☕ 12 € – ½ P
Rest ***Le Pré Serroux*** – voir les restaurants ci-après
À deux pas de la Maison de la négritude et des Droits de l'homme – à laquelle Léopold Senghor accorda son patronage –, cet hôtel propose des chambres simples mais bien tenues. Les amateurs de brocante apprécieront la décoration, fruit d'un long travail de chine. Agréable piscine couverte.

Le Pré Serroux

4 av. Gén.-Brosset – ✆ 03 84 23 13 24 – www.lepreserroux.com – Fermé 24 déc.-15 janv., sam. midi et dim.

Rest – Menu 15 € (déj.), 32/55 € – Carte 34/51 €

Le Pré Serroux, c'est aussi un restaurant avec sa salle d'inspiration Art nouveau. Les gourmands y apprécient une cuisine à l'accent régional, accompagnée d'une belle sélection de vins. Aux beaux jours, profitez de la terrasse !

ROOST-WARENDIN – 59 Nord – 302 G5 – rattaché à Douai

ROPPENHEIM – 67 Bas-Rhin – 315 M3 – 937 h. – alt. 117 m – ✉ 67480 1 B1

Paris 503 – Haguenau 25 – Karlsruhe 41 – Strasbourg 48

À l'Agneau

11 r. Principale – ✆ 03 88 86 40 08 – www.auberge-agneau.com – Fermé 28 avril-2 mai, 21 juil.-15 août, 22 déc.-6 janv., dim. et lundi

Rest *(dîner seult sauf sam.)* – Carte 29/54 €

Généreuse table que celle de cette maison alsacienne du 18e s. En cuisine, les petits plats mijotent sous l'œil attentif du chef, amoureux de sa région. Dans l'assiette, on apprécie les spécialités du pays et de viandes. Simple et authentique !

ROQUEBRUNE-CAP-MARTIN – 06 Alpes-Maritimes – 341 F5 42 E2

– alt. 257 m – ✉ 06190 Côte d'Azur

Paris 953 – Menton 3 – Monaco 9 – Monte-Carlo 7

218, avenue Aristide Briand, ✆ 04 93 35 62 87, www.roquebrune-cap-martin.com

Village perché★★ : rue Moncollet★, ✳★★ du donjon★ - Cap Martin ←★★ X - ←★★ du belvédère du Vistaëro SO : 4 km.

Site★ de Gorbio N : 8 km par D 50.

Plans : voir à Menton.

Victoria sans rest

7 promenade Cap-Martin – ✆ 04 93 35 65 90 – www.hotel-victoria.fr

32 ch – †89/233 € ††89/233 € – ☕ 12 € AVk

Cet hôtel sympathique a bénéficié d'une cure de jouvence en 2010. Résultat, des chambres design, tout en blanc et bleu. Un bel emplacement sur le front de mer (grands balcons), idéal pour découvrir Menton ou Monaco.

Le Roquebrune

100 av. J. Jaurès, par ③ et rte de Monaco (D 6098) par basse corniche – ✆ 04 93 35 00 16 – www.le-roquebrune.com – Fermé 20 nov.-20 déc.

6 ch – †110/195 € ††115/195 € – ☕ 12 €

Rest *(dîner seult) (réserver)* – Carte 55/151 €

À quelques minutes de la principauté, cet hôtel de charme surplombe la mer. Les chambres sont fraîches et lumineuses et invitent au repos, surtout celles avec une terrasse fleurie. Les résidents peuvent, sur réservation, goûter une cuisine locale qui fait la part belle aux légumes et au poisson.

Les Deux Frères avec ch

pl. des Deux Frères, au village, 3,5 km par ③ – ✆ 04 93 28 99 00 – www.lesdeuxfreres.com – Fermé 1 sem. en mars et 13 nov.-13 déc.

10 ch – †75/110 € ††75/110 € – ☕ 9 € – ½ P

Rest *(fermé dim. soir, mardi midi et lundi)* – Formule 28 € – Menu 48 € – Carte 64/95 €

La vue de la terrasse est à couper le souffle : la mer ondoie au soleil et l'on peut contempler Monaco tout en mangeant... Pour ceux qui ne voudraient plus bouger, l'établissement propose des chambres thématiques ("Afrique", "1 001 nuits", "Nuit de noce", etc.).

L'Hippocampe

44 av. W.-Churchill – ✆ 04 93 35 81 91 – www.l-hippocampe.org – Fermé 12 nov.-27 déc., le soir de nov. à avril, dim. soir et lundi AVh

Rest *(réserver)* – Formule 18 € bc – Menu 35/45 € – Carte 38/95 €

Un emplacement superbe, avec une vue magnifique sur la baie de Menton. On vient là pour déguster, entre autres, du filet de sole en brioche – grand classique de la maison –, de la bouillabaisse ou du coq au vin (sur commande).

LA ROQUE-D'ANTHÉRON – 13 Bouches-du-Rhône – 340 G3 42 E1
– 5 143 h. – alt. 183 m – ✉ 13640 Provence

Paris 726 – Aix-en-Provence 29 – Cavaillon 34 – Manosque 60

3, cours Foch, ✆ 04 42 50 70 74

Abbaye de Silvacane★★ E : 2 km.

Mas de Jossyl
rest,

av. du Parc – ✆ 04 42 50 71 00 – www.masdejossyl.com
– Fermé 19 août-1er sept.

28 ch – †84/151 € ††86/151 € – ☐ 10 € – ½ P

Rest *(fermé le midi sauf de juin à août et dim. soir)* – Formule 12 € – Menu 15 € (déj. en sem.), 20/32 € – Carte 27/54 €

Face au parc du château de Florans (17e s.), un hôtel récent, fonctionnel et bien tenu, pratique pour assister au Festival international de piano. Cuisine régionale au restaurant.

ROQUEFORT – 40 Landes – 335 J10 – 1 908 h. – alt. 69 m – ✉ 40120 3 B2
Aquitaine

Paris 667 – Bordeaux 107 – Mont-de-Marsan 23 – Saint-Pierre-du-Mont 31

1 place Soleil d'Or, Mairie, ✆ 05 58 45 50 46

Le Logis de St-Vincent
rest,

76 r. Laubaner – ✆ 05 58 45 75 36 – www.logis-saint-vincent.com
– Fermé 2-18 mars et 26 oct.-11 nov.

6 ch – †69/117 € ††69/117 € – 1 suite – ☐ 11 €

Rest *(fermé dim. soir) (réserver)* – Menu 30/45 €

Cette maison de maître du 19e s. a du cachet : beaux volumes, carrelages et parquets d'origine, murs en pierre... À noter : les salles de bains sont équipées uniquement d'une douche. Restaurant traditionnel.

ROQUEFORT-LES-PINS – 06 Alpes-Maritimes – 341 D6 – 6 422 h. 42 E2
– alt. 184 m – ✉ 06330

Paris 912 – Cannes 18 – Grasse 14 – Nice 25

Centre Culturel R D 2085, ✆ 04 93 42 48 13, www.ville-roquefort-les-pins.fr

Auberge du Colombier

au Colombier, rte de Nice, sur D 2085 – ✆ 04 92 60 33 00
– www.auberge-du-colombier.com – Ouvert 21 mars à fin oct.

19 ch – †65/110 € ††80/130 € – 2 suites – ☐ 12 € – ½ P

Rest *(fermé merc. midi et mardi)* – Formule 23 € – Menu 30/39 €
– Carte 63/72 €

Devant cette grande maison jaune, un superbe chêne plusieurs fois centenaire, sans même parler du très joli parc dominant la vallée... Ici, les amateurs de nature seront comblés ! Chambres rustiques, très agréable piscine et soirées grillades les vendredis soir en saison.

LA ROQUE-GAGEAC – 24 Dordogne – 329 I7 – 416 h. – alt. 85 m 4 D3
– ✉ 24250 Périgord Quercy

Paris 535 – Brive-la-Gaillarde 71 – Cahors 53 – Périgueux 71

le Bourg, ✆ 05 53 29 17 01, www.cc-perigord-noir.fr

Site★★.

La Belle Étoile avec ch

Le Bourg – ✆ 05 53 29 51 44 – www.belleetoile.fr – Ouvert 1er avril-1er nov. et fermé merc. midi et lundi

14 ch – †55/65 € ††65/75 € – ☐ 10 € – ½ P

Rest – Formule 26 € – Menu 29/52 €

Manger à La Belle Étoile en plein jour, c'est possible ! Rendez-vous donc dans cette demeure tournée vers la Dordogne... La cuisine réserve de belles surprises : savoureuse et gourmande, elle sait mettre le terroir en valeur et régale ! Et de petites chambres permettent de prolonger son séjour dans ce joli village.

rte de Vitrac au Sud-Est par D 703 – ✉ 24250 La-Roque-Gageac

Le Périgord rest,

à 3 km – ✆ 05 53 28 36 55 – www.hotelleperigord.eu – Fermé janv. et fév.

39 ch – 63/83 € 63/83 € – 9 € – ½ P

Rest *(fermé lundi et mardi de mi-oct. à fin avril)* – Formule 18 € – Menu 23/45 € – Carte 42/51 €

Au pied de la bastide de Domme, cette maison d'allure régionale est entourée d'un grand jardin. Chambres confortables et bien tenues ; préférez les plus récentes. Au restaurant : spécialités périgourdines – enseigne oblige !

Les Prés Gaillardou

lieu-dit Gaillardou, D 703 – ✆ 05 53 59 67 89 – www.les-pres-gaillardou.com – Fermé de mi-déc. à mi-fév., mardi soir hors saison, merc. sauf le soir de juin à fin sept. et sam. midi

Rest – Formule 16 € – Menu 21/44 €

Murs en pierre, belle cheminée et poutres font le charme de cette ancienne ferme tenue en famille. L'ambiance est bucolique et les menus font la part belle au terroir.

LA ROQUE-SUR-PERNES – 84 Vaucluse – 332 D10 – 423 h. – alt. 250 m – ✉ 84210 42 E1

Paris 697 – Avignon 34 – Marseille 99 – Salon-de-Provence 49

Château La Roque

263 chemin du Château – ✆ 04 90 61 68 77 – www.chateaularoque.com – Fermé 4 janv.-28 fév.

5 ch – 180/220 € 180/220 € – 20 € – ½ P

Table d'hôte – Menu 35/68 €

Ce château du 11e s. a été magnifiquement restauré. Chambres raffinées et spacieuses ; terrasses en restanques et belle piscine dans la roche. Vue provençale époustouflante ! Repas concoctés par le maître des lieux et pris dans la salle templière ou le jardin.

ROSAY – 78 Yvelines – 311 G2 – rattaché à Mantes-la-Jolie

ROSBRUCK – 57 Moselle – 307 M4 – rattaché à Forbach

ROSCOFF – 29 Finistère – 308 H2 – 3 621 h. – alt. 7 m – Casino – ✉ 29680 Bretagne Nord 9 B1

Paris 563 – Brest 66 – Landivisiau 27 – Morlaix 27

Quai d'Auxerre, ✆ 02 98 61 12 13, www.roscoff-tourisme.com

Église N.-D.-de-Croaz-Batz★ - Jardin exotique★.

Plan page suivante

Le Brittany

bd Ste-Barbe – ✆ 02 98 69 70 78 – www.hotel-brittany.com – Ouvert 15 mars-9 nov. Za

21 ch – 160/275 € 160/275 € – 3 suites – 21 €

Rest ***Le Brittany*** ✿ – voir les restaurants ci-après

Ce beau manoir du 17e s. fut démonté puis reconstruit à l'identique sur le port de la petite cité corsaire ! Chambres au charme discret, salons cossus, spa avec piscine, sens de l'accueil : tout est mis en œuvre pour que l'on se sente bien.

Le Temps de Vivre sans rest

19 pl. Lacaze Duthiers – ✆ 02 98 19 33 19 – www.letempsdevivre.net – Fermé 3 sem. début déc., dim. et lundi en hiver Ye

15 ch – 105/285 € 105/285 € – 15 €

Plusieurs maisons corsaires, pétries du charme âpre de la pierre, pour de grandes chambres épurées. Extrêmement raffinées dans leur dépouillement (pierre, wengé, chêne), elles s'enroulent autour d'un patio fleuri ; certaines regardent la mer.

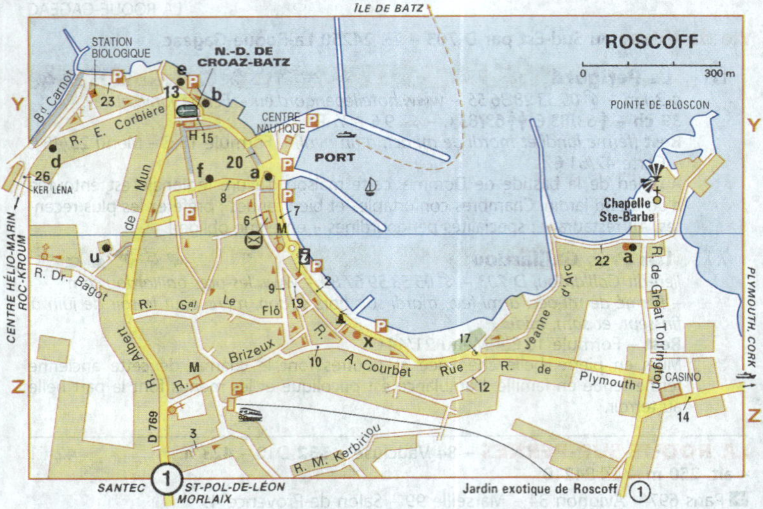

Auxerre (Quai d') .... Z 2
Capucins (R. des) .... Z 3
Gambetta (R.) .... Y 6
Gaulle (Q. Ch.-de) .... Y 7
Johnies (R. des) .... Y 8
Jules-Ferry (R.) .... Z 9
Keranveyer (R. de) .... Z 10
Kléber (R.) .... Z 12
Lacaze-Duthiers (Pl.) .... Y 13
Lannurien (R. G.-de) .... Z 14
Pasteur (R. L.) .... Y 15
Pen al Leur (Pl. de) .... Z 17
République (Pl. de la) .... Z 19
Reveillère (R. Amiral) .... Y 20
Ste-Barbe (Bd) .... Z 22
Tessier (Pl. G.) .... Y 23
Victor-Hugo (R.) .... Y 26

Talabardon

rest,

27 pl. Lacaze Duthiers, (près de l'église) – ✆ 02 98 61 24 95 – www.hotel-talabardon.com – Ouvert 15 fév.-8 nov. **Yb**

37 ch – 81/175 € 95/189 € – 13 € – ½ P

Rest *(fermé dim. soir et jeudi)* – Formule 19 € – Menu 22/53 € – Carte 35/63 €

Bien que situé dans une des rues pittoresques de Roscoff, juste à côté de l'église (superbe !), cet hôtel est un exemple de confort moderne. Bien sûr, les chambres les plus prisées ont vue sur la mer et la jetée. Le restaurant aussi, et c'est un vrai plaisir d'y déguster coquillages, poissons et crustacés.

La Résidence sans rest

14 r. des Johnnies – ✆ 02 98 69 74 85 – www.hotelroscoff-laresidence.fr – Ouvert 4 fév.-30 nov. **Yf**

30 ch – 69/94 € 69/94 € – 10 €

Dans un quartier calme près du port et de l'église, cet hôtel a entamé sa transformation en 2011. Ses chambres sont désormais plus élégantes, contemporaines, dominées par des teintes enveloppantes. L'accueil, lui, est toujours aussi aimable.

Armen Le Triton sans rest

r. du Dr. Bagot – ✆ 02 98 61 24 44 – www.hotel-le-triton.com **Zu**

44 ch – 49/79 € 55/99 € – 9 €

Repos garanti dans cet établissement situé à deux pas du centre-ville et des plages. Une adresse à choisir également pour ses prix raisonnables et ses chambres colorées, pimpantes dans leur esprit déco. Petits-déjeuners face au jardin.

Aux Tamaris sans rest

49 r. Edouard Corbière – ✆ 02 98 61 22 99 – www.hotel-aux-tamaris.com **Yd**

25 ch – 59/109 € 59/109 € – 10 €

Calme et confortable, un hôtel un peu excentré, juste en face de la mer. Les chambres déclinent elles aussi la panoplie du charme marin (voiles, phares, plancher en bois, etc). Et puis, on prend son petit-déjeuner devant l'île de Batz...

Hôtel du Centre
le Port – ✆ 02 98 61 24 25 – www.chezjanie.com
– Ouvert de mi-fév. à mi-nov. **Ya**
16 ch – 🯅59/124 € 🯅🯅59/124 € – ☕ 10 €
Rest *(fermé dim. soir et mardi sauf juil.-août)* – Carte 23/32 €
Pour prendre le premier bateau pour l'île de Batz, c'est parfait ! Les chambres, en gris et rouge, s'exposent côté port ou côté ville ; des poèmes sur les murs veillent sur vos nuits. Crustacés, salades, moules et tartines composées se donnent rendez-vous au restaurant, face à la mer.

XXX ✿ **Le Brittany** – Hôtel Le Brittany
bd Ste-Barbe – ✆ 02 98 69 70 78 – www.hotel-brittany.com
– Ouvert 15 mars-9 nov. et fermé lundi **Za**
Rest *(dîner seult sauf dim.)* – Menu 48 € (sem.), 65/98 € – Carte 72/118 €
Ce Yachtman est bien élégant avec sa grande cheminée en pierre et ses fenêtres voûtées s'ouvrant sur le spectacle splendide de la baie. Gastronomie marine, portée par l'extrême qualité et la fraîcheur tout océane des produits de la région.
➜ Tourteau de Roscoff, salade de haricots verts, émulsion de lait de coco, herbes fraîches. Turbot saisi au beurre de baratte, rémoulade de chou-fleur, girolles et lard paysan. Dessert autour de l'artichaut.

X **L'Écume des Jours**
quai d'Auxerre – ✆ 02 98 61 22 83 – www.ecume-roscoff.fr
– Fermé 15 déc.-31 janv., mardi et merc. sauf juil.-août **Zx**
Rest – Formule 20 € – Menu 31/54 € – Carte 40/62 €
Il faut marcher un peu vers le phare, face au port, pour trouver cette maison d'armateur (16e s.) qui a su conserver tout son charme d'antan. La cuisine est soignée, portée par de belles saveurs marines, délicatement parfumées.

ROSENAU – 68 Haut-Rhin – 315 J11 – 2 084 h. – alt. 230 m – ✉ 68128 1 B3

Paris 492 – Altkirch 25 – Basel 15 – Belfort 70

XX **Au Lion d'Or**
5 r. Village Neuf – ✆ 03 89 68 21 97 – www.auliondor-rosenau.com
– Fermé 29 juil.-11 août, une sem. vacances de fév., lundi et mardi
Rest – Menu 19 € (déj. en sem.), 27/45 € – Carte 26/58 €
Une auberge sympathique et élégante, tenue par la même famille depuis 1928. Le chef mêle avec brio saveurs d'aujourd'hui et richesses du terroir : ici, on mange bien ! La sélection de vins au verre est courte, mais bien ficelée.

ROSHEIM – 67 Bas-Rhin – 315 I6 – 4 803 h. – alt. 190 m – ✉ 67560 1 A2

Alsace Lorraine

Paris 485 – Erstein 20 – Molsheim 9 – Obernai 6

94, rue du Général-de-Gaulle, ✆ 03 88 50 75 38

Église St-Pierre et St-Paul★.

Hostellerie du Rosenmeer
45 av. de la Gare, 2 km au Nord-Est sur D 35 – ✆ 03 88 50 43 29
– www.le-rosenmeer.com – Fermé 22 juil.-7 août et 18 fév.-12 mars
20 ch – 🯅50/88 € 🯅🯅50/98 € – ☕ 10 € – ½ P
Rest ***Hostellerie du Rosenmeer*** ✿ **Rest** ***Winstub d'Rosemer*** – voir les restaurants ci-après
Cet hôtel d'inspiration alsacienne borde le ruisseau qui lui a donné son nom. Les chambres sont de facture classique ou plus contemporaine. Et l'étape gastronomique est tentante...

Hostellerie du Rosenmeer (Hubert Maetz)
45 av. de la Gare, 2 km au Nord-Est sur D 35 – 03 88 50 43 29 – www.le-rosenmeer.com – Fermé 22 juil.-7 août et 18 fév.-12 mars, dim. soir, lundi et merc.
Rest – Menu 34 € bc (déj. en sem.), 49 € bc/116 € bc – Carte 55/75 €
Il fallait un décor sobre et contemporain pour mettre en valeur la cuisine volontiers inventive d'Hubert Maetz. La carte privilégie des produits d'une extrême fraîcheur, travaillés avec finesse, et la terre d'Alsace, y compris sa flore (coulis d'orties, jus de racine de primevère, ail des ours...).
➜ Toast de sardine, salade mêlée d'herbes, lard au pinot noir séché douze mois et bargkaas. Croustillant de caille au foie gras et jus à la marjolaine. Sablé breton aux framboises et crème à l'hysope. **Vins** Riesling, Pinot noir.

Auberge du Cerf
120 r. du Gén.-de-Gaulle – 03 88 50 40 14 – www.aubergeducerf-rosheim.com – Fermé 21 janv.-3 fév., dim. soir et lundi
Rest – Menu 17/40 € – Carte 27/51 €
Au cœur de la cité vigneronne, dégustez une cuisine traditionnelle et régionale dans une auberge à colombages, joliment fleurie.

La Petite Auberge
41 r. du Gén.-de-Gaulle – 03 88 50 40 60 – www.petiteauberge.fr – Fermé 15-30 juin, jeudi soir et merc.
Rest – Menu 22/40 € – Carte 26/63 €
Dans la rue principale, cette maison alsacienne typique cache une salle aux allures de bistrot chic. Nombreux menus traditionnels et, chaque jour, suggestions du marché.

Winstub d'Rosemer – Hostellerie du Rosenmeer
45 av. de la Gare, 2 km au Nord-Est sur D 35 – 03 88 50 43 29 – www.le-rosenmeer.com – Fermé 22 juil.-7 août et 18 fév.-12 mars, dim. soir et lundi
Rest – Menu 35 € bc – Carte 25/45 €
Qui dit winstub dit tradition ! Celle-ci ne déroge pas à la règle... Pâté en croûte et foie gras maison, hareng frais accompagné de munster et d'un verre de gewurztraminer : tout cela attire les gourmands.

LA ROSIÈRE – 14 Calvados – 303 I4 – rattaché à Arromanches-les-Bains

LA ROSIÈRE 1850 – 73 Savoie – 333 O4 – alt. 1 850 m – Sports d'hiver : 1 200/2 650 m 1 34 – ✉ 73700 Montvalezan Alpes du Nord — 45 D2

Paris 657 – Albertville 76 – Bourg-St-Maurice 22 – Chambéry 125

Relais du Petit St-Bernard rest,
– 04 79 06 80 48 – www.petit-saint-bernard.com – Ouvert 22 juin-8 sept. et 14 déc.-22 avril
20 ch – 36/85 € 48/93 € – 9 € – ½ P
Rest – Formule 13 € – Menu 16/22 € – Carte 22/59 €
De retour du col du Petit-St-Bernard (2 188 m), vous pourrez reprendre des forces dans cet hôtel rustique à souhait et fort bien tenu. Préférez les chambres avec balcon : le panorama vaut le coup d'œil... Les fondues et autres raclettes servies au restaurant finiront de vous remettre sur pied !

LES ROSIERS-SUR-LOIRE – 49 Maine-et-Loire – 317 H4 – 2 348 h. – alt. 22 m – ✉ 49350 Châteaux de la Loire — 35 C2

Paris 304 – Angers 32 – Baugé 27 – Bressuire 66

2, rue des ponts, 02 41 51 09 10, www.les-rosiers-sur-loire.com

Au Val de Loire avec ch

pl. de l'Église – ✆ 02 41 51 80 30 – www.au-val-de-loire.com – Fermé 15 fév.-15 mars, jeudi soir, dim. soir et lundi

8 ch – †55/60 € ††57/65 € – ☕ 8 € – ½ P

Rest – Menu 15 € (sem.), 26/44 € – Carte environ 48 €

Plantes aromatiques et fleurs apportent un zeste d'originalité à la cuisine traditionnelle, souvent à base de poisson, de cette hostellerie familiale. Les chambres, elles aussi, portent des noms de fleurs et méritent que l'on s'y arrête pour la nuit.

La Toque Blanche

2 r. Quarte, rte d'Angers – ✆ 02 41 51 80 75 – www.restaurantlatoqueblanche.fr – Fermé 1 sem. en janv., mardi et merc.

Rest – Formule 20 € bc – Menu 25/55 € – Carte 49/59 €

Un nouveau couple de propriétaires a repris cette adresse en 2012 : le décor a été rafraîchi – mais la vue sur le fleuve demeure – et la carte renouvelle l'esprit de tradition de la maison – en conservant néanmoins à la carte le sandre au beurre blanc et la matelote d'anguille !

ROSPEZ – 22 Côtes-d'Armor – **309** B2 – rattaché à Lannion

ROSTRENEN – 22 Côtes-d'Armor – **309** C5 – 3 343 h. – alt. 216 m – ✉ 22110 Bretagne Nord **9** B2

Paris 485 – Carhaix-Plouguer 22 – Quimper 71 – St-Brieuc 58

6, rue Abbé Gilbert, ✆ 02 96 29 02 72, www.tourismekreizbreizh.com

L'Éventail des Saveurs (Laurent Bacquer)

3 pl. Bourg-Coz – ✆ 02 96 29 10 71 – www.restaurant-eventail-des-saveurs.com – Fermé 1er-15 juil., mardi soir, merc. soir, dim. et lundi

Rest – Menu 15 € (déj. en sem.), 38/58 € – Carte 50/59 €

Un véritable éventail de saveurs, de fait, où s'épanouissent avec largesse les arômes de beaux produits de la mer et du terroir régional. Le travail du chef – un passionné – révèle beaucoup de finesse, pour le plaisir des convives. Formule bistrot au déjeuner.

→ Homard rôti et boudin noir, céleri et pomme à l'huile de courge grillée. Ris de veau et crumble de noisettes, fèves au sésame. Mousse de fromage blanc en coque de chocolat ivoire, fraises marinées et sorbet fraise-basilic.

ROUBAIX – 59 Nord – **302** H3 – 95 028 h. – alt. 27 m – ✉ 59100 **31** C2

Nord Pas-de-Calais Picardie

Paris 232 – Kortrijk 23 – Lille 15 – Tournai 20

12, place de la Liberté, ✆ 03 20 65 31 90, www.roubaixtourisme.com

18 du Sart, à Villeneuve-d'Ascq, 5 rue Jean Jaurès, S : 5 km, ✆ 03 20 72 02 51

18 de Brigode, à Villeneuve-d'Ascq, 36 avenue du Golf, S : 6 km, ✆ 03 20 91 17 86

36 de Bondues, à Bondues, Château de la Vigne, par D 9 : 8 km, ✆ 03 20 23 20 62

Centre des archives du monde du travail - La Piscine★★, Musée d'Art et d'Industrie★ - Chapelle d'Hem★ (murs-vitraux★★ de Manessier) 5 km, voir plan de Lille.

Accès et sorties : voir plan de Lille

Le Beau Jardin "Saveurs"

av. Le Nôtre, (Le Parc Barbieux) – ✆ 03 20 20 61 85 – www.lebeaujardin.fr – Fermé le soir sauf sam. **3HSw**

Rest – Formule 29 € – Carte 47/61 €

Au cœur du magnifique parc de Barbieux. La vue sur le plan d'eau est très agréable et, dans l'assiette, c'est un festival de saveurs de saison. Côté brasserie (déjeuner en semaine), honneur aux spécialités régionales.

ROUEN P – 76 Seine-Maritime – **304** G5 – **110 688 h.** – **33** D2
Agglo. 463 681 h. – **alt. 12 m** – ✉ **76000** Normandie Vallée de la Seine

Paris 134 – Amiens 122 – Caen 124 – Le Havre 87

Bac : de **Dieppedalle et de Petit-Couronne** ✆ 0820 076 776.

de Rouen-Vallée de Seine : ✆ 02 35 79 41 00, par ③ : 10 km.

25, place de la Cathédrale, ✆ 02 32 08 32 40, www.rouenvalleedeseine.com

de Rouen Mont-St-Aignan, à Mont-Saint-Aignan, Rue Francis Poulenc, ✆ 02 35 76 38 65

De Léry Poses, à Poses, Base de Loisirs & de Plein Air, ✆ 02 32 59 47 42

de la Forêt-Verte, à Bosc-Guérard-Saint-Adrien, N : 15 km par D 121 et D 3, ✆ 02 35 33 62 94

Cathédrale Notre-Dame★★★ - Le Vieux Rouen★★★ : Église St-Ouen★★, Église St-Maclou★★ Aître St-Maclou★★, palais de justice★★, rue du Gros-Horloge★★, rue St-Romain★★ BZ, place du Vieux-Marché★ AY, Hôtel de Bourgtheroulde★ AY **m**, Verrière★★ de l'église Ste-Jeanne-d'Arc AY **D**, rue Ganterie★, rue Damiette★ CZ, 35, rue Martainville★ CZ, Église St-Godard★ BY - Demeure★ (musée national de l'Éducation) CZ **M15** - Vitraux★ de l'église St-Patrice - Musées : Beaux-Arts★★★ - Le Secq des Tournelles★★ BY **M13** - Céramique★★ BY **M3** - départemental des Antiquités de la Seine-Maritime★★ CY **M1** - Musée national de l'Éducation★ - Muséum d'Histoire naturelle★ AY - Jardin des Plantes★ EX - Corniche★★★ de la Côte Ste-Catherine★★★ - Bonsecours★★ FX, 3 km - Centre Universitaire ✻★★ EV.

St-Martin de Boscherville : anc. abbatiale St-Georges★★, 11 km par ⑦.

Plans pages suivantes

Hôtel de Bourgtheroulde VISA AE
15 pl. de la Pucelle – ✆ 02 35 14 50 50 – www.hotelsparouen.com AY**m**
78 ch – †245/380 € ††245/380 € – ☕ 22 € – ½ P
Rest ***L'Aumale*** *(fermé dim.)* – Menu 55 € – Carte 56/80 €
Rest ***La Brasserie des 2 Rois*** – Carte 19/39 €
En plein cœur du vieux Rouen, cet hôtel particulier du 16e s. est un joyau ! Le bar impressionne, avec une verrière art déco et un plancher en verre dominant la piscine. L'esprit contemporain dans un cadre historique... Cuisine actuelle à l'Aumale ; plats traditionnels à la Brasserie des 2 Rois.

Mercure Champ de Mars rest, VISA AE
12 av. A. Briand – ✆ 02 35 52 42 32 – www.rouen-hotel.fr CZ**j**
121 ch – †90/200 € ††105/250 € – ☕ 17 €
Rest *(fermé le midi du 14 juil. au 25 août et du 21 déc. au 1er janv., dim. midi et sam.)* – Formule 22 € – Menu 27 € – Carte 29/45 €
Un hôtel séparé de la Seine par un boulevard au trafic dense, avec des chambres tout confort, très appréciées de la clientèle d'affaires. Restauration traditionnelle.

Mercure Centre sans rest VISA AE
7 r. de la Croix de Fer – ✆ 02 35 52 69 52 – www.mercure.com BZ**f**
125 ch – †83/161 € ††98/176 € – 1 suite – ☕ 17 €
Un grand bâtiment à colombages dans le quartier piétonnier du vieux Rouen. Certaines chambres donnent sur la cathédrale et, côté déco, la littérature est à l'honneur.

Hôtel du Vieux Marché sans rest P VISA AE
15 r. de la Pie – ✆ 02 35 71 00 88 – www.bestwestern-hotel-vieuxmarche.com AY**h**
48 ch – †122/195 € ††152/195 € – ☕ 15 €
De vieilles maisons à deux pas de la place du Vieux-Marché. Les chambres, rénovées en 2009 dans un esprit contemporain, sont très calmes ; agréable solarium.

Hôtel de Dieppe rest, VISA AE
pl. B. Tissot, (face à la gare) – ✆ 02 35 71 96 00 – www.hotel-dieppe.fr BY**z**
41 ch – †90/110 € ††110/150 € – ☕ 12 € – ½ P
Rest ***Le Quatre Saisons*** *(fermé 28 juil.-18 août et dim. soir)* – Formule 18 € – Menu 25/50 € – Carte 43/77 €
Classicisme et confort de bon aloi dans cet hôtel tenu par la même famille depuis cinq générations ! Pratique (face à la gare) et sympathique. Célèbre pour sa recette de canard à la rouennaise, le Quatre Saisons fait honneur à la tradition.

Suite Novotel sans rest
10 quai de Boisguibert – ✆ 02 32 10 58 68 – www.suitenovotel.com
80 ch – †99/140 € ††99/140 € – ☕ 14 € EV**t**
Un hôtel récent avec des chambres d'esprit contemporain, vastes et claires, conçues aussi bien pour les hommes d'affaires que pour les familles (cuisinettes).

Hôtel de l'Europe rest, ch,
87 r. aux Ours – ✆ 02 32 76 17 76 – www.h-europe.fr – Fermé 20 déc.-5 janv.
24 ch – †85/130 € ††160 € – ☕ 12 € – ½ P AZ**e**
Rest *(Fermé 26 juil.-26 août)* – Formule 14 € – Menu 17 € (déj. en sem.), 25/29 € – Carte 30/47 €
Tout près du Rouen historique, un hôtel sympathique avec des chambres pratiques et très bien tenues, dont certaines thématiques et plus originales. Au dernier étage, belle perspective sur la ville. Restauration traditionnelle soignée.

Le Cardinal sans rest
1 pl. Cathédrale – ✆ 02 35 70 24 42 – www.cardinal-hotel.fr BZ**r**
15 ch – †75/140 € ††85/160 € – ☕ 9 €
Un établissement familial – entièrement rénové en 2012 – voisin de la somptueuse cathédrale Notre-Dame. L'été, on prend son petit-déjeuner en terrasse.

Dandy sans rest
93 bis r. Cauchoise – ✆ 02 35 07 32 00 – www.hotels-rouen.net AY**p**
18 ch – †80/125 € ††105/135 € – ☕ 12 €
Dans une rue piétonne menant à la place du Vieux-Marché, un hôtel aux chambres classiques, mêlant toile de Jouy, style Louis XV ou Louis XVI. Mention spéciale pour l'accueil.

Le Clos Jouvenet sans rest
42 r. Hyacinthe-Langlois – ✆ 02 35 89 80 66 – www.leclosjouvenet.com – Fermé 15 déc.-15 janv. EV**a**
4 ch ☕ – †100 € ††125 €
Sur les hauteurs de la ville, cette belle demeure bourgeoise du 19e s. est blottie dans un paisible jardin. Les chambres, charmantes, donnent sur le verger ou les clochers.

Gill (Gilles Tournadre)
9 quai de la Bourse – ✆ 02 35 71 16 14 – www.gill.fr
– Fermé 14 avril-1er mai, 4-27 août, dim., lundi et fériés BZ**a**
Rest – Menu 37 € (déj. en sem.), 68/95 € – Carte 80/115 €
Un lieu élégant et épuré, sur les quais de Seine. Gilles Tournadre, chef inventif et amoureux de son métier, met admirablement en scène les beaux produits normands, avec un credo : "Une cuisine simple."
➜ Huîtres snackées, vinaigrette aux condiments, espuma de jus d'huîtres et tuile au seigle. Pigeon à la rouennaise, cuisses confites et laquées, sauce au sang. Soufflé au calvados et sorbet pomme verte. **Vins** Vin de pays du Calvados.

Les Nymphéas
9 r. de la Pie – ✆ 02 35 89 26 69 – www.lesnympheas-rouen.com
– Fermé 18 août-9 sept., vacances de fév., dim. et lundi sauf fériés AY**h**
Rest – Menu 34 € (déj. en sem.), 43/53 € – Carte 65/91 €
À deux pas de la place du Vieux-Marché, une maison à colombages au fond d'une courette pavée. Le chef aime son métier et cela se sent : il réalise une belle cuisine classique.

Les P'tits Parapluies
pl. de la Rougemare – ✆ 02 35 88 55 26 – www.lesptits-parapluies.com
– Fermé 3-23 août, sam. midi, dim. soir et lundi CY**e**
Rest – Menu 34 € (sem.), 44/52 € – Carte 51/67 €
Saint-Jacques au topinambour, crème caramel au beurre salé... Dans cette ancienne fabrique de parapluies, la carte épouse l'air du temps, sans intempéries. Joli choix de vins.

ROUEN

DUCLAIR
D
D 927 MALAUNAY
DIEPPE A 151
LE HAVRE, YVETOT D 6015
MAROMME
D 43
A 150
D 51
D 66
DÉVILLE-LÈS-ROUEN
Route de Dieppe
FORÊT DE ROUMARE
D 86
D 94
BAPEAUME
M.I.N.
DUCLAIR, LILLEBONNE
D 94E
PORT
D 982
D 367
CANTELEU
CROISSET
Quai G. Flaubert
ST-MARTIN-DE-BOSCHERVILLE
DIEPPEDALLE
PETIT-QUEVILLY
F. Truffaut
Pl. du 8 Mai
Stalingrad
D 351
BOIS CANY
Ch. de Gaulle
J.-F. Kennedy
Provinces
PARC DES PROVINCES
D492
PARC D'ACTIVITÉS DU GRAND LAUNAY
Boulevard
L. Blum
P. Cézanne
G. Braque
Z.I. PORTUAIRE
GRAND-QUEVILLY
ZENITH
PARC DES EXPOSITIONS
N 338
D 938
POL.
PETIT-COURONNE
Z.I. DU POMMERET
SHELL
D 3
V
X
GRAND-COURONNE
CAEN A 13 LE HAVRE
PARIS

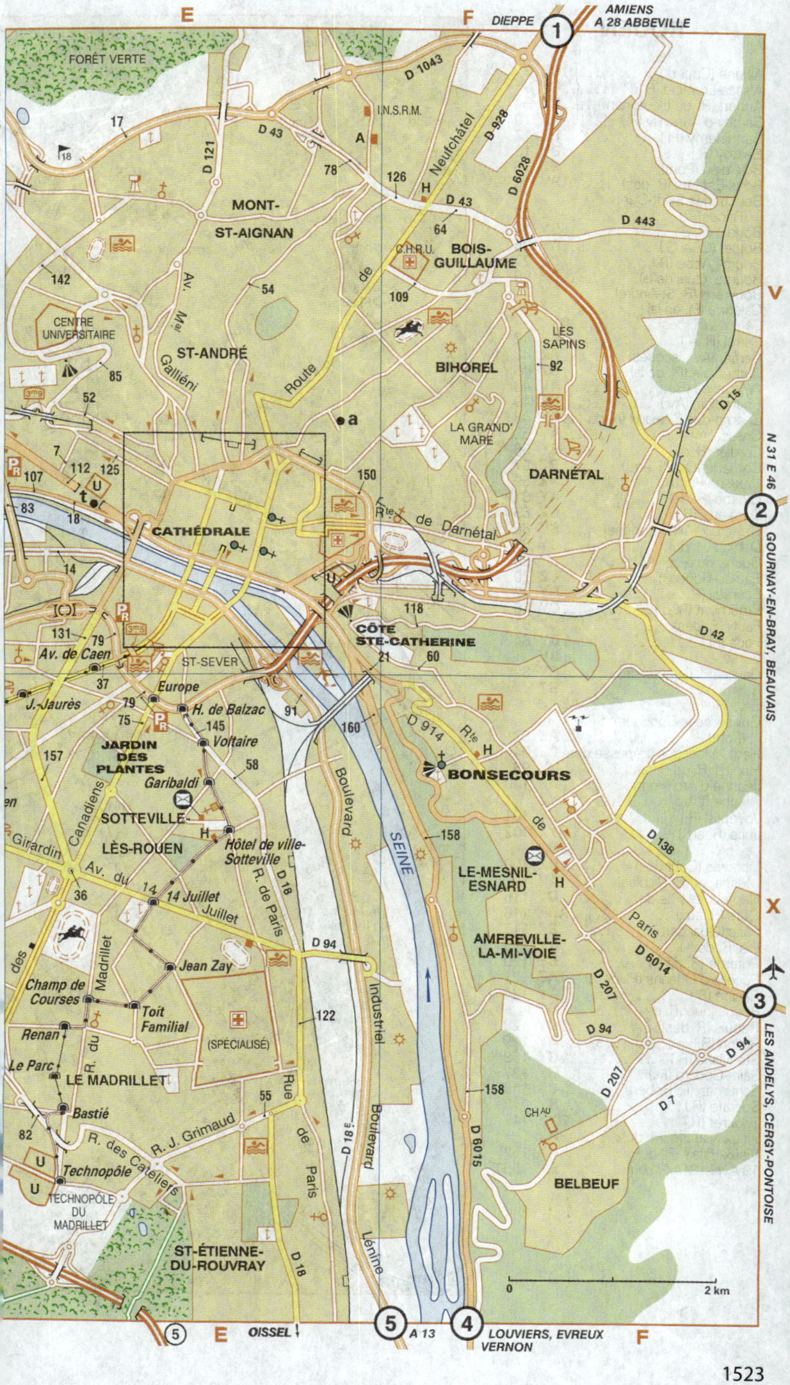
E
F
DIEPPE
AMIENS
A 28 ABBEVILLE
FORÊT VERTE
D 1043
I.N.S.R.M.
D 928
D 43
D 121
Neufchâtel
D 6028
MONT-
ST-AIGNAN
D 443
C.H.R.U.
BOIS-
GUILLAUME
Av. Mal Galliéni
Route de
CENTRE
UNIVERSITAIRE
ST-ANDRÉ
LES SAPINS
BIHOREL
LA GRAND' MARE
DARNÉTAL
D 15
N 31 E 46
Rte de Darnétal
CATHÉDRALE
GOURNAY-EN-BRAY, BEAUVAIS
CÔTE
STE-CATHERINE
D 42
Av. de Caen
ST-SEVER
Europe
J.-Jaurès
H. de Balzac
Voltaire
JARDIN
DES
PLANTES
Garibaldi
D 914
Rte de Paris
BONSECOURS
SOTTEVILLE-
LÈS-ROUEN
Canadiens
Girardin
Av. du 14 Juillet
Hôtel de ville-
Sotteville
14 Juillet
R. de Paris
D 18
Boulevard Industriel
SEINE
LE-MESNIL-
ESNARD
D 138
D 94
AMFREVILLE-
LA-MI-VOIE
D 6014
D 207
Jean Zay
Champ de
Courses
Madrillet
Toit
Familial
(SPÉCIALISÉ)
Renan
Le Parc
LE MADRILLET
R. du Madrillet
Bastié
R. J. Grimaud
Rue de Paris
D 18E
Boulevard Lénine
D 6015
D 7
CHAU
LES ANDELYS, CERGY-PONTOISE
R. des Cateliers
Technopôle
TECHNOPÔLE
DU
MADRILLET
BELBEUF
ST-ÉTIENNE-
DU-ROUVRAY
0
2 km
OISSEL
A 13
LOUVIERS, EVREUX
VERNON
V
X

ROUEN

Albane (Cour d') . . . . BZ 3
Alsace-Lorraine (R. d') . . . . CZ 6
Aubert (Pl. du Lieutenant) . . . . CZ 9
Barbey-d'Aurevilly (R.) . . . . AZ 10
Barthélemy (Pl.) . . . . BZ 12
Belfroy (R.) . . . . BY 13
Boieldieu (Pont) . . . . BZ 16
Bons-Enfants (R. des) . . . . . . ABY 19
Boucheries-Saint-Ouen
(R. des) . . . . CZ 22
Boudin (R. E.) . . . . BY 24
Boulet (Quai G.) . . . . AY 25
Bourg-l'Abbé (R.) . . . . CY 27
Bourse (Quai de la) . . . . BZ 28
Bouvreuil (R. St-André) . . . . . . BY 30
Calende (Pl. de la) . . . . BZ 35
Carmes (R. des) . . . . BYZ
Carrel (R. A.) . . . . CZ 42
Cartier (Av. Jacques) . . . . AZ 43
Cathédrale (Pl. de la) . . . . BZ 45
Cauchoise (R.) . . . . AY 46
Champlain (Av.) . . . . BZ 49
Champ-des-Oiseaux (R. du) . . . BY 48
Chasselièvre (R.) . . . . AY 52
Cordier (R. du) . . . . BY 56
Corneille (Quai Pierre) . . . . BZ 57
Croix-de-Fer (R.) . . . . BYZ 59
Crosne (R. de) . . . . AY 61
Damiette (R.) . . . . CZ 63
Delacroix (Allée Eugène) . . . . . BY 66
Donjon (R. du) . . . . BY 67
Duchamp (Espl. M.) . . . . BY 68
Eau-de-Robec (R.) . . . . CZ 70
Écureuil (R. de l') . . . . BY 72
Ernemont (R. d') . . . . CY 76
Faulx (R. des) . . . . CZ 81
Foch (Pl.) . . . . BY 84
Ganterie (R.) . . . . BY
Gaulle (Pl. Général-de) . . . . CY 89
Grand-Pont (R.) . . . . BZ
Gros-Horloge (R. du) . . . . . . ABYZ
Guillaume-le-Conquérant
(Pont) . . . . AZ 93
Hauts-Mariages (Impasse des) CZ 94
Hôpital (R. de l') . . . . BY 96
Jeanne-d'Arc (Pont) . . . . AZ 100
Jeanne-d'Arc (R.) . . . . BYZ
Joyeuse (R.) . . . . CY 101
Juifs (R. aux) . . . . BYZ 102
Leclerc (R. du Gén.) . . . . BZ
Libraires (Cour des) . . . . BZ 108
Mesnager (R. Nicolas) . . . . AY 111
Neufchatel (Rte de) . . . . CY 115
Ours (R. aux) . . . . ABZ 116
Paris (Quai de) . . . . BZ 117
Pie (R. de la) . . . . AY 119
Poterne (R. de la) . . . . BY 120
Pucelle-d'Orléans (Pl. de la) . . . AZ 121
Racine (R.) . . . . AY 124
République (R. de la) . . . . BZ
Requis (R. des) . . . . CY 128
Rollon (R.) . . . . AY 129
Ste-Marie (R.) . . . . CY 138
Saint-Godard (Pl.) . . . . BY 137
Schuman (R. Robert) . . . . CS 140
Socrate (R.) . . . . BY 143
Thouret (R.) . . . . BYZ 147
Vieux-Marché (Pl. du) . . . . AY
Vieux-Palais (R. du) . . . . AY 152
19-Avril-1944 (Pl. du) . . . . BY 155

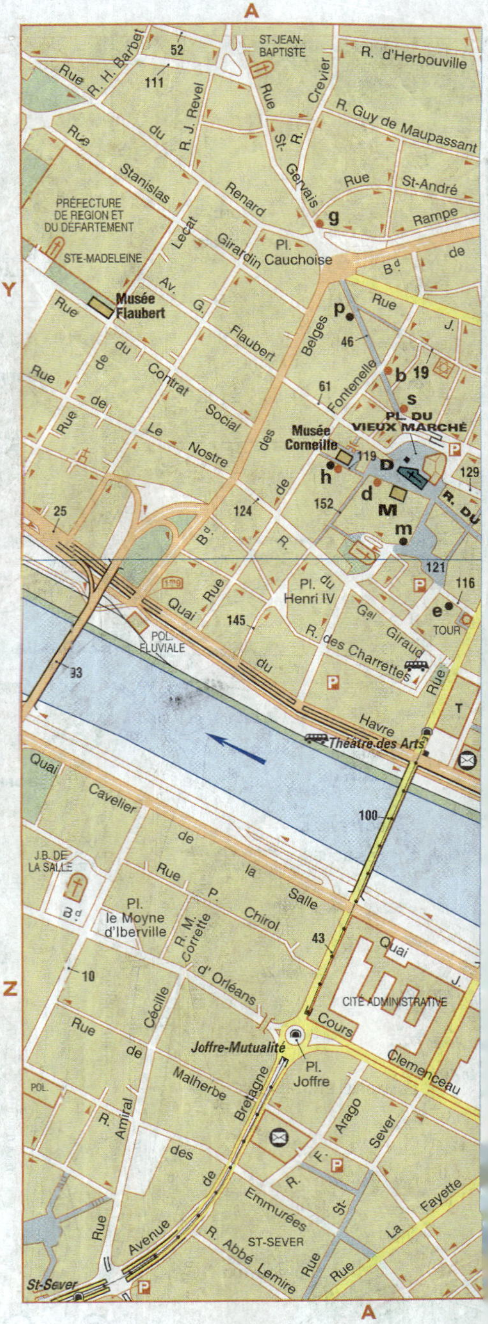

B
C
Y
Z
0
200 m
ROUEN-R.D.
Gare-Rue Verte
St-Romain
Z
48
Rue
St-
Maur
Rue
Bouquet
Bouvreuil
Bd
Marne
la
Tour
Jeanne d'Arc
30
St-Patrice
67
R.
St-
Patrice
d'Arc
M3
MUSÉE DES
BEAUX-ARTS
137
13
57
SQUARE
VERDREL
68
ST-GODARD
M13
Lecanuet
19
Jeanne
R.
66
GANTERIE
Rue
J.
72
Lecanuet
120
Palais de
Justice
155
PALAIS
DE JUSTICE
84
143
Rue
Carmes
96
Pl. des
Carmes
St-Lô
des
GROS
147
24
102
HORLOGE
Beffroi
59
f
R.
ST.
ROMAIN
République
116
Bureau
des Finances
45
3
108
r
CATHÉDRALE
Pont
35
R.
du
Gd
Ga
Leclerc
C
V
a
Rue
de
la
12
ST-MACLOU
28
58
Halle
aux Toiles
e
Rue
16
SEINE
Corneille
117
Pont
Moulin
HÔTEL DU
DÉPARTEMENT
BUREAUX
DU PORT
FLUVIAL
Av.
R. de l'Industrie
49
Quai J. Anquetil
Place
Carnot
ROUEN-R.-G.
Jacques
Chastellain
R. E. Flamand
ÎLE
LACROIX
Rue
Stendhal
Pont
Mathilde
HALTE DE
PLAISANCE
115
76
Beauvoisine
Rue
de
l'Avalasse
l' Yser
Rampe
R. de Bihorel
R. du Nord
Beauvoisine
Bd
de
l' Yser
Boulingrin
M
M1
Ricard
Beauvoisine
R. d'Écosse
Louis
138
Poussin
R.
R. de la Cage
Champs
des
101
des Minimes
R.
e
27
R.
ST-NICAISE
128
Rue
89
H
ST-OUEN
Porte
la
de
Av.
Orbe
81
R. St- Vivien
ST-VIVIEN
22
9
70
M15
R. du Ruissel
Rue
63
94
AÎTRE
ST-MACLOU
R.
d'Amiens
21
Pl.
St-Marc
MARTAINVILLE
6
140
HÔTEL
DE RÉGION
42
Gambetta
Bd
ESPLANADE DU
CHAMP-DE-MARS
Av. A. Briand
j
Pl. St-Paul
ST-PAUL

La Couronne
31 pl. du Vieux Marché – 02 35 71 40 90 – www.lacouronne.com.fr
Rest – Formule 25 € – Menu 35/49 € – Carte 53/86 € AY**d**
Superbement préservée, cette maison normande de 1345 serait la plus vieille auberge de France ! Une institution locale, idéale pour savourer une agréable cuisine classique.

Le Reverbère
5 pl. de la République – 02 35 07 03 14 – Fermé une sem. en avril, 29 juil.-19 août et dim. BZ**e**
Rest – Menu 44 € bc/60 € – Carte 32/67 €
Du rouge, du noir, des meubles Starck : un restaurant design sur les quais. Ici, le patron a la passion du produit et concocte une jolie cuisine du marché. Beau choix de vins, notamment de bordeaux.

Origine (Benjamin Lechevallier)
26 rampe Cauchoise – 02 35 70 95 52 – www.restaurant-origine.com – Fermé 3 sem. en août, sam., dim., et fériés AY**g**
Rest – Formule 24 € – Menu 30 € (déj.), 47/62 €
Mariages de saveurs judicieux, belle maîtrise, fraîcheur et finesse : le jeune chef a fait ses classes chez les plus grands... La force des origines ? Il signe en tout cas une cuisine du marché très personnelle, qui ravit. Menus sans choix.
➜ Grosses langoustines nacrées, légumes et bouillon au yuzu. Quasi de veau cuit doucement, petits pois et pois gourmands. Orange et chocolat blanc, dans l'esprit d'un vacherin.

Minute et Mijoté
58 r. de Fontenelle, (angle rue Cauchoise) – 02 32 08 40 00 – www.minutemijote.canalblog.com – Fermé août et dim. AY**b**
Rest – Formule 16 € – Menu 20 € (déj.), 25/30 € – Carte environ 40 €
Des réclames rétro, des pochettes de disques, des objets anciens : ce bistrot nostalgique est très chaleureux ; on y sert une cuisine inspirée par les saisons.

Le 37
37 r. St-Étienne-des-Tonneliers – 02 35 70 56 65 – www.le37.fr – Fermé 21 avril-1er mai, 28 juil.-20 août, 1er-7 janv., dim., lundi et feriés
Rest – Formule 19 € – Carte 35/44 € BZ**v**
Bistrot tendance, ambiance décontractée et, au piano, un chef qui prépare une cuisine actuelle et des suggestions à l'ardoise changées chaque jour. Le 37 ? Un numéro gagnant !

La Place
26 pl. du Vieux-Marché – 02 35 71 97 06 – Fermé dim. et lundi AY**s**
Rest – Menu 19 € – Carte 25/35 €
Un concept signé Gilles Tournadre, du Gill : un lieu chic et épuré ; une carte traditionnelle patinée d'Asie servie sous forme de petits plats à grignoter. Touche finale : le bar à cocktails.

à Martainville-Épreville 13 km à l'Est par D 13, D 43 et rte secondaire – 725 h. – alt. 152 m – ✉ 76116

Sweet Home
534 r. des Marronniers, accès par imp. Coquetier – 02 35 23 76 05 – jy.aucreterre.free.fr
4 ch – 53/93 € 57/97 € **Table d'hôte** – Menu 26/46 €
Cette maison des années 1970 a des airs de gentilhommière... Chambres douillettes et romantiques, bon petit-déjeuner et accueil chaleureux : idéal pour une retraite bucolique !

au Petit-Quevilly 3 km au Sud-Ouest – 21 745 h. – alt. 5 m – ✉ 76140

Les Capucines
16 r. J. Macé – 02 35 72 62 34 – www.les-capucines.fr – Fermé 3 sem. en août, 1 sem. en janv., sam. midi, dim. soir et lundi DX**s**
Rest *(réserver)* – Menu 28/52 € – Carte 50/80 €
Une maison rouennaise dans laquelle la famille Demoget cultive l'art de recevoir depuis trois générations ! Décor élégant et cuisine généreuse, ancrée dans notre époque.

ROUFFACH – 68 Haut-Rhin – 315 H9 – 4 605 h. – alt. 204 m – ✉ 68250 1 A3
Alsace Lorraine

Paris 479 – Basel 61 – Belfort 57 – Colmar 16

12A place de la République, ✆ 03 89 78 53 15, www.ot-rouffach.com

Alsace Golf Club, Moulin de Biltzheim, E : 2 km par D 8, ✆ 03 89 78 52 12

Château d'Isenbourg

rte de Plaffenheim – ✆ 03 89 78 58 50 – www.isenbourg.com

40 ch – 145/435 € 145/435 € – 1 suite – 24 €

Rest – Formule 26 € – Menu 31 € (déj. en sem.), 58/75 € – Carte 64/86 €

Ce château du 18e s., bordé de vignes, domine la vieille ville. Les chambres sont spacieuses et cossues, mais un peu anciennes. Pour se détendre sereinement, on profite de la piscine, du sauna et du restaurant...

Philippe Bohrer

r. Poincaré – ✆ 03 89 49 62 49 – www.philippe-bohrer.fr – Fermé 11-24 mars et 22 juil.-4 août

Rest *(fermé lundi midi, merc. midi et dim.)* – Formule 31 € bc – Menu 40 € bc (déj.)/94 € – Carte 60/90 €

Rest *Brasserie Chez Julien* ✆ 03 89 49 69 80 – Formule 11 € – Menu 16/28 € – Carte 25/55 €

Une belle demeure régionale à l'élégance bourgeoise et champêtre, pour une cuisine gastronomique associée à un judicieux choix de vins, notamment régionaux. Ambiance conviviale à la Brasserie Chez Julien, aménagée dans un ancien cinéma.

➜ Escalope de foie gras, choucroute virtuelle et vinaigrette aux baies de prunelle. Rossini de mignon de veau, pulpe d'ail noir et truffe noire. Tartelette aux brimbelles, crème brûlée aux noisettes torréfiées. **Vins** Riesling, Pinot noir.

à Bollenberg 6 km au Sud-Ouest par D 83 et rte secondaire – ✉ 68250 Westhalten

Auberge au Vieux Pressoir

– ✆ 03 89 49 60 04 – www.bollenberg.com – Fermé dim. soir de mi-nov. à mi-mars et lundi

Rest – Menu 28 € (sem.)/77 € bc – Carte 26/89 €

Plus qu'une maison de vigneron, un véritable petit musée : armes et objets anciens, trophées de chasse... pour une belle atmosphère d'autrefois, attachante et pleine de cachet. Cuisine du terroir et dégustations de vins de la propriété.

ROUFFIAC-TOLOSAN – 31 Haute-Garonne – 343 H3 – rattaché à Toulouse

ROUFFIGNAC – 24 Dordogne – 329 G5 – 1 552 h. – alt. 300 m 4 D1
– ✉ 24580 Périgord Quercy

Paris 532 – Bordeaux 156 – Limoges 143 – Périgueux 32

Place de la Mairie, ✆ 05 53 05 39 03, www.tourisme-vezere.com

Manoir des Cèdres N sans rest

Tourtel – ✆ 05 53 35 01 60 – www.manoirdescedres.com – Ouvert avril à nov.

23 ch – 45/55 € 65/75 € – 10 €

On se sent comme chez soi dans cette ancienne maison de famille transformée en hôtel ! Les chambres – réparties dans le manoir et ses dépendances – sont confortables et bien tenues ; préférez celles du bâtiment principal. Il fait bon se promener dans le parc ou profiter de la belle piscine. Une bonne adresse.

LE ROUGET – 15 Cantal – 330 B5 – 990 h. – alt. 614 m – ✉ 15290 5 A3

Paris 549 – Aurillac 25 – Figeac 41 – Laroquebrou 15

Hôtel des Voyageurs A/C rest, VISA AE

20 av. du 15-Septembre-1945 – ✆ 04 71 46 10 14 – www.hotel-des-voyageurs.com – Fermé 15 fév.-15 mars

23 ch – †62/77 € ††62/77 € – ☐ 8,50 € – ½ P

Rest *(fermé dim. soir du 15 sept. au 1er mai)* – Menu 13 € (déj. en sem.), 20/39 € – Carte 25/47 €

Cette maison proche de la voie ferrée cultive depuis un demi-siècle la tradition de l'hospitalité. Quoique simples, les chambres adoptent plusieurs styles (campagne, moderne ou british). Restaurant traditionnel, espace bien-être avec douche à chromothérapie : les voyageurs peuvent se détendre.

ROULLET – 16 Charente – 324 K6 – rattaché à Angoulême

ROURE – 06 Alpes-Maritimes – 341 D3 – 216 h. – alt. 1 130 m – ✉ 06420 41 D2

Paris 892 – Digne-les-Bains 145 – Marseille 260 – Nice 70

Auberge le Robur avec ch VISA

r. Centrale, (accès piétonnier) – ✆ 04 93 02 03 57 – www.aubergelerobur.fr – Fermé janv., lundi midi et jeudi midi hors saison, mardi et merc. sauf en juil.-août

7 ch – †64 € ††64 € – ☐ 10 € **Rest** – Menu 27/38 €

Cette auberge vaut bien l'ascension à 1 100 m ! La vue sur la vallée est superbe et la cuisine savoureuse : de beaux produits de saison, une touche de créativité et l'envie de bien faire. Pour l'étape, des chambres confortables et accueillantes.

LE ROURET – 06 Alpes-Maritimes – 341 D5 – 3 826 h. – alt. 350 m – ✉ 06650 42 E2

Paris 913 – Cannes 19 – Grasse 10 – Nice 28

Hôtel du Clos sans rest A/C P VISA AE

3 chemin des Écoles – ✆ 04 93 40 78 85 – www.hotel-du-clos.com – Fermé 23-27 déc.

11 ch – †123/253 € ††123/253 € – ☐ 15 €

Dans le haut du village, voilà bien un hôtel de charme, niché dans un grand jardin planté d'oliviers centenaires et d'arbres fruitiers. Teintes pastel, bois clairs, dallage noir et blanc sont résolument orientés côté Sud.

Le Clos St-Pierre (Daniel Ettlinger) VISA AE

5 pl. de l'Église – ✆ 04 93 77 39 18 – www.le-clos-saint-pierre.com – Fermé 17-28 déc., 11 fév.-7 mars, mardi et merc.

Rest *(nombre de couverts limité, réserver)* – Menu 35 € (déj. en sem.), 49/59 €

Sur la place de l'église de ce village dédié aux parfums, l'auberge est charmante. Le chef Daniel Ettlinger a su y imposer son style, pour le plus grand plaisir des habitués. Une belle adresse aux prix raisonnables, surtout pour la région.

➜ Tartare de loup de pêche locale, salade de haricots verts et vinaigrette à la grecque. Cochon ibérique grillé, légumes de saison et jus au chorizo. Pomme golden rôtie, polenta à la vanille et sauce caramel. **Vins** Côtes de Provence.

LES ROUSSES – 39 Jura – 321 G8 – 3 067 h. – alt. 1 110 m – Sports d'hiver : 1 030/1 680 m 40 – ✉ 39220 Franche-Comté Jura 16 B3

Paris 461 – Genève 45 – Gex 29 – Lons-le-Saunier 64

Fort des Rousses, ✆ 03 84 60 02 55, www.lesrousses.com

18 des Rousses, Route du Noirmont, E : 1 km par D 29, ✆ 03 84 60 06 25

18 du Mont Saint-Jean, E : 1 km par D 29, ✆ 03 84 60 09 71

Gorges de la Bienne★ O : 3 km.

Le Lodge sans rest

309 r. Pasteur – ✆ 03 84 60 50 64 – www.hotellelodge.com

10 ch – ♦94/112 € ♦♦94/112 € – ☕ 10 €

En plein centre-ville, ce relais de poste sur la voie Paris-Genève est né en 1850, mais il a su rester jeune. Des pierres, du bois : un vrai chalet chic – douillet et chaleureux –, et des chambres très confortables (excellente literie).

Chamois

230 montée du Noirmont – ✆ 03 84 60 01 48 – www.lechamois.org – Fermé de mi-avril à début mai et nov.

11 ch – ♦64/120 € ♦♦64/120 € – ☕ 11 € – ½ P

Rest *Chamois* – voir les restaurants ci-après

En retrait de la station et tout près des téléskis... en pleine nature ! Ce grand chalet dissimule des chambres vastes, modernes, chaleureuses et bien équipées.

Hôtel du Village sans rest

344 r. Pasteur – ✆ 03 84 34 12 75 – www.hotelvillage.fr

10 ch – ♦49/66 € ♦♦51/66 € – ☕ 7 €

Dans la rue principale du village, petit hôtel pratique avec des chambres simples et très bien tenues. Possibilité d'accueillir les familles.

La Ferme du Père François

214 r. Pasteur – ✆ 03 84 60 34 62 – www.perefrancois.fr – Ouvert juin-sept. et déc.-mars

7 ch – ♦89/129 € ♦♦89/129 € – ☕ 12 € – ½ P

Rest – Menu 23/32 € – Carte 22/45 €

Au cœur de la station, tenu par un couple sympathique, ce petit hôtel-restaurant a été entièrement rénové en 2011 dans un esprit alpin sobre et élégant. Tenue impeccable, atmosphère conviviale, bon petit-déjeuner et cuisine du terroir (fondues, tartiflettes, etc.) : un lieu attachant.

Chamois – Hôtel Chamois

230 montée du Noirmont – ✆ 03 84 60 01 48 – www.lechamois.org – Fermé de mi-avril à début mai et nov.

Rest – Menu 20/55 € bc – Carte 38/61 €

Avec de bons produits, le chef concocte une cuisine créative très alléchante... Quant au décor, coloré et tendance, il est au diapason : plein de fraîcheur !

ROUSSILLON – 84 Vaucluse – 332 E10 – 1 300 h. – alt. 360 m – ✉ 84220 Provence 42 E1

Paris 720 – Apt 11 – Avignon 46 – Bonnieux 12

place de la poste, ✆ 04 90 05 60 25, www.roussillon-provence.com

Site★★ - Sentier des ocres★★.

Le Clos de la Glycine

pl. de la Poste – ✆ 04 90 05 60 13 – www.luberon-hotel.com

8 ch – ♦110/270 € ♦♦110/270 € – 1 suite – ☕ 13 € – ½ P

Rest *David* – voir les restaurants ci-après

Un hôtel-restaurant plein de charme, avec des chambres confortables et une vue magnifique sur la chaussée des Géants et le Ventoux. Très bon petit-déjeuner (fruits frais, yaourts fermiers).

Les Sables d'Ocre sans rest

rte d'Apt – ✆ 04 90 05 55 55 – www.sablesdocre.com – Ouvert mi-mars à mi-nov.

22 ch – ♦85/135 € ♦♦85/135 € – ☕ 12 €

Au cœur du pays de l'Ocre, ce mas récent à l'aspect engageant allie confort moderne et décoration d'inspiration provençale. Petite restauration prévue pour les résidents.

David – Hôtel Le Clos de la Glycine
pl. de la Poste – ✆ 04 90 05 60 13 – www.luberon-hotel.com
– Fermé 15 nov.-15 déc., merc. sauf le soir en haute saison, jeudi midi et dim. soir en basse saison
Rest *(réserver)* – Menu 29/50 € – Carte 52/65 €
Dans cette belle maison de village, il fait bon se mettre à table ! On y propose en effet une appétissante cuisine provençale, à déguster sous la glycine dès que le temps le permet.

ROUSSILLON – 38 Isère – 333 B5 – 7 961 h. – alt. 200 m – ✉ 38150 — 44 B2

Lyon et sa région

Paris 505 – Annonay 24 – Grenoble 92 – St-Étienne 68
place de l'Edit, ✆ 04 74 86 72 07, www.tourisme-pays-roussillonnais.fr

Médicis sans rest
16 r. Fernand Léger – ✆ 04 74 86 22 47 – www.hotelmedicis.fr
15 ch – †57/60 € ††70/75 € – ☕ 8 €
Dans un quartier pavillonnaire calme, cet hôtel relativement récent propose des chambres claires, spacieuses et fonctionnelles appréciées des hommes d'affaires. L'entretien et l'isolation phonique sont de qualité.

ROUTOT – 27 Eure – 304 E5 – 1 367 h. – alt. 140 m – ✉ 27350 — 33 C2

Normandie Vallée de la Seine

Paris 148 – Bernay 45 – Évreux 68 – Le Havre 57
La Haye-de-Routot : ifs millénaires★ N : 4 km.

Auberge de l'Écurie
pl. de la Mairie – ✆ 02 32 57 30 30 – Fermé dim. soir, mardi soir, merc. soir, jeudi soir et lundi
Rest – Menu 14 € (déj. en sem.), 28/33 € – Carte 41/57 €
Sur la place de la mairie, face aux jolies halles, l'ancien relais de poste cultive le goût de la tradition. Parmi les spécialités : terrine de foie gras, salade de Saint-Jacques, ris de veau, millefeuille pomme...

ROUVRES-EN-XAINTOIS – 88 Vosges – 314 E3 – 291 h. – alt. 330 m – ✉ 88500 — 26 B3

Paris 357 – Épinal 42 – Lunéville 58 – Mirecourt 9

Burnel
22 r. Jeanne-d'Arc – ✆ 03 29 65 64 10 – www.burnel.fr – Fermé 17-31 déc. et dim. soir sauf du 15 juil. au 20 sept.
21 ch – †58/63 € ††69/95 € – 2 suites – ☕ 11 € – ½ P
Rest ***Burnel*** – voir les restaurants ci-après
Certaines chambres, façon chalet, donnent sur le jardin. Les autres, plus contemporaines, adoptent l'esprit "savane" ; enfin, le salon est paré de tissus originaux. Au cœur d'un petit village, une auberge familiale et nullement vieillotte.

Burnel
22 r. Jeanne-d'Arc – ✆ 03 29 65 64 10 – www.burnel.fr – Fermé 17-31 déc., dim. soir sauf du 15 juil. au 20 sept., sam. midi et lundi midi
Rest – Formule 10 € – Menu 15 € (sem.), 19/49 € – Carte 27/68 €
Au bonheur du marché, une cuisine du terroir mêlant civets, foie gras, poissons de lac, andouillette, gibier en saison... Des saveurs classiques, donc, dans un décor néorustique ou en terrasse, face au jardin fleuri.

ROUVROIS-SUR-OTHAIN – 55 Meuse – 307 E2 – rattaché à Longuyon (M.-et-M.)

ROYAN – 17 Charente-Maritime – 324 D6 – 18 259 h. – alt. 20 m – Casino : Royan Pontaillac A – ✉ 17200 Poitou-Charentes 38 A3

Paris 504 – Bordeaux 121 – Périgueux 183 – Rochefort 40

1, Boulevard Grandière, ✆ 05 46 05 04 71, www.royan-tourisme.com

de Royan, à Saint-Palais-sur-Mer, Maine Gaudin, par rte de St-Palais-sur-Mer : 7 km, ✆ 05 46 23 16 24

Front de mer★ - Église Notre-Dame★ E - Corniche★ et Conche★ de Pontaillac.

Plans pages suivantes

Cordouan

6 Allée des Rochers, (Conche du Chay) – ✆ 05 46 39 46 39 – www.hotel-cordouan-royan.com – Fermé 2 sem. en janv. Ab

83 ch – †149/229 € ††179/229 € – ☕ 17 € – ½ P

Rest – Formule 24 € – Menu 32 € – Carte 32/56 €

Un hôtel surplombant la plage avec un beau centre de thalasso. Les chambres, spacieuses et contemporaines, ont toutes un balcon donnant sur la mer... Une belle idée de l'Océan et du confort !

Family Golf Hôtel sans rest

28 bd Garnier – ✆ 05 46 05 14 66 – www.family-golf-hotel.com – Ouvert 15 mars-30 nov. Cm

30 ch – †76/125 € ††76/125 € – ☕ 12 €

Un agréable hôtel du front de mer, avec des chambres fraîches, colorées et impeccablement tenues, donnant pour moitié sur les flots. L'été, on prend son petit-déjeuner sur la terrasse, avant de filer à la plage.

Rêve de Sable sans rest

10 pl. Foch – ✆ 05 46 06 52 25 – www.revedesable.com – Fermé oct.

11 ch ☕ – †66/89 € ††75/118 € Cz

Hôtel familial près de la plage et du centre-ville. Les chambres sont lumineuses, pratiques et donnent en partie sur la mer... Et les touches de déco 100 % marine, certes un peu kitsch, jouent la carte Océan avec fraîcheur. Un bon plan !

Les Filets Bleus

14 r. Notre-Dame – ✆ 05 46 05 74 00 – Fermé 23 juin-7 juil., vacances de Toussaint, 1 sem. vacances de fév., dim. et lundi Bs

Rest – Formule 16 € – Menu 19 € (déj. en sem.), 28/58 € – Carte 31/82 €

Un lieu dédié aux produits de la mer et décoré comme un bateau : tons bleu et blanc, ancres, hublots, lampes-tempête... Il y a évidemment un vivier et, en saison, vive le homard ! Laissez-vous prendre dans ces Filets Bleus.

à Pontaillac – ✉ 17640

Miramar sans rest

173 av. Pontaillac – ✆ 05 46 39 03 64 – www.miramar-pontaillac.com

27 ch – †72/99 € ††79/99 € – ☕ 11 € An

Bâtiment des années 1970 que seule une route sépare de la plage. Chambres de bonne taille et peu à peu rénovées dans un style sobre et naturel, à choisir côté mer.

Belle-Vue sans rest

122 av. Pontaillac – ✆ 05 46 39 06 75 – www.bellevue-pontaillac.com – Ouvert d'avril à nov. Af

22 ch – †54/85 € ††54/85 € – ☕ 8 €

Bordant le front de mer, une vaste villa balnéaire typique des années 1950. Les chambres sont agréables et très bien tenues ; côté plage, elles offrent une bien jolie vue sur les flots.

La Jabotière

espl. Pontaillac – ✆ 05 46 39 91 29 – Fermé 1 sem. en oct., 20-27 déc., janv., merc. soir, dim. soir et lundi Ax

Rest – Menu 20/59 € – Carte 52/70 €

Sur la plage, un restaurant épuré et frais avec une terrasse braquée sur l'Océan... Formules "bistrot" ou "gastro", pour une cuisine traditionnelle réalisée avec de beaux produits.

ROYAN

Alsace-Lorraine (R.) . . . . B 3
Briand (Bd A.) . . . . B 5
Conche-du-Chay (Av. de la). A 6
Desplats (R. du Colonel) . . . B 7
Dr-Audouin (Bd du) . . . . B 8
Dr-Gantier (Pl. du) . . . . C 9
Dugua (R. P.) . . . . B 10
Europe (Cours de l') C
Façade de Foncillon . . . . . . B 12
Foch (Pl. Mar.) . . . . C 15
Foncillon (R. de) . . . . B 16
Font-de-Cherves (R.) . . . . . . B 17
Gambetta (R.) . . . . B
Gaulle (Pl. Ch.-de) . . . . B 19
Germaine-de-la-Falaise (Bd) . . . . AB 20
Grandière (Bd de la). . . . . . . C 21
Leclerc (Av. Mar.). . . . . C 26
Libération (Av. de la) . . . . . . C 28
Loti (R. Pierre) . . . . B
Notre-Dame (R.) . . . . B 32
Parc (Av. du). . . . . C 35
République (Bd de la) . . . . . B 40
Rochefort (Av. de) . . . . B 42
Schuman (Pl. R.) . . . . B 45
Semis (Av. des) . . . . C 46
Thibeaudeau (Rd-Pt du Cdt.) B 48
5-Janvier-1945 (Bd du) . . . . B 52

rte de St-Palais 3,5 km par ④ – ✉ 17640 Vaux-sur-Mer

Résidence de Rohan sans rest
7 av. de Rohan – ✆ 05 46 39 00 75 – www.residence-rohan.com
– Ouvert 23 mars-12 nov.
45 ch – †89/155 € ††89/155 € – ☕ 12 €
Jadis salon littéraire de la duchesse de Rohan, cette jolie demeure du 19e s. est douce et résolument feutrée : mobilier de style, chambres cosy... On se sent bien ! Même atmosphère dans les deux annexes au cœur du parc dominant la plage.

ROYAT – **63 Puy-de-Dôme** – **326** F8 – **4 431 h.** – **alt. 450 m** – **Stat. therm. : début avril-fin oct.** – **Casino** B – ✉ **63130** Auvergne 5 B2

▶ Paris 423 – Aubusson 89 – La Bourboule 47 – Clermont-Ferrand 5
ℹ 1, avenue Auguste Rouzaud, ✆ 04 73 29 74 70, www.ot-royat.com
9 Nouveau Golf de Charade, Village de Charade, SO : 6 km, ✆ 04 73 35 73 09
18 des Volcans, à Orcines, La Bruyère des Moines, N : 9 km, ✆ 04 73 62 15 51
Circuit automobile de Charade, St Genès-Champanelle ✆ 04 73 29 52 95.
◉ Église St-Léger★.

Accès et sorties : voir plan de Clermont-Ferrand agglomération.

Plan page 1534

Princesse Flore
5 pl. Allard – ✆ 04 73 35 63 63 – www.princesse-flore-hotel.com **Be**
33 ch – †180/300 € ††180/300 € – 10 suites – ☕ 19 € – ½ P
Rest *La Table d' Isidore* – voir les restaurants ci-après
Pour un séjour haut de gamme aux portes de Clermont-Ferrand, ce superbe immeuble (1883) évoque les fastes de la cité thermale à la Belle Époque : marbres et décors anciens... mais aussi installations dernier cri, design contemporain et un accès direct au centre thermoludique Royatonic.

Royal St-Mart

av. de la Gare – ✆ 04 73 35 80 01 – www.hotel-auvergne.com **Bn**

55 ch – †67/132 € ††74/140 € – ☕ 12 € – ½ P

Rest – Menu 29 € (dîner en sem.)/40 € – Carte 29/58 €

Depuis 1853, la même famille vous accueille dans cette demeure bourgeoise du Second Empire. Les chambres sont assez simples ; préférez-les côté jardin. Avec ses grands arbres et ses transats, ce dernier séduira curistes et nostalgiques.

Château de Charade sans rest

5 km au Sud-Ouest par D 941 et D 5 – ✆ 04 73 35 91 67 – www.chateau-de-charade.com – Ouvert 30 mars-3 nov.

5 ch ☕ – †84/92 € ††90/99 €

Mon premier est un château du 17e s. Mon second est à la lisière du golf de Royat, avec des chambres face au parc et un beau billard dans le salon. Mon tout est cette Charade !

La Belle Meunière avec ch

rest,

25 av. Vallée – ✆ 04 73 35 80 17 – www.la-belle-meuniere.com – Fermé 16-31 août, 2 sem. en fév., sam. midi, dim. soir et lundi **Ar**

3 ch – †130/180 € ††130/180 € – 1 suite – ☕ 15 €

Rest – Formule 19 € – Menu 35 € – Carte 44/78 €

En bord de Tiretaine, table où fusionnent produits de saison et touches asiatiques, dans un cadre – parquet, moulures, lustres – magnifié par des vitraux contemporains. L'idylle entre la Belle Meunière et le général Boulanger inspire le décor (19e s.) de certaines chambres.

ROYAT

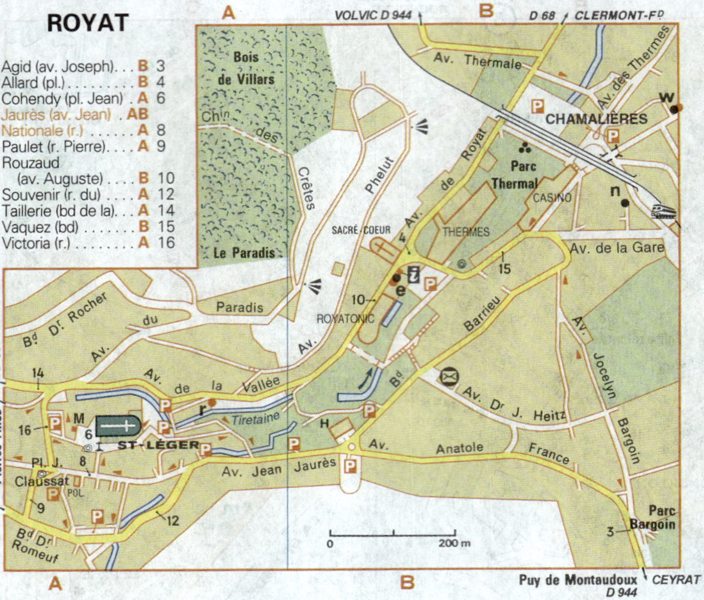

La Table d' Isidore – Hôtel Princesse Flore

5 pl. Allard – ✆ 04 73 35 63 63 – www.princesse-flore-hotel.com **Be**

Rest – Formule 21 € – Menu 39/47 € – Carte 59/75 €

La belle image d'un restaurant de grand hôtel façon Belle Époque : moulures, grandes verrières, rideaux bouillonnés... Dans ce décor intemporel, on déguste une cuisine dans l'air du temps, réalisée avec le souci du beau et du bon.

ROYE – 80 Somme – 301 J9 – 6 155 h. – alt. 88 m – ✉ 80700 36 B2

Nord Pas-de-Calais Picardie

Paris 113 – Amiens 44 – Arras 75 – Compiègne 42

La Flamiche

20 pl. de l'Hôtel-de-Ville – ✆ 03 22 87 00 56 – www.laflamiche.fr
– Fermé 6-22 août, dim. soir, mardi midi et lundi

Rest – Menu 50 € (sem.), 80 € bc/174 € bc – Carte 85/125 €

Rien d'étonnant à ce que ce restaurant, du nom de la fameuse spécialité locale, propose une cuisine gastronomique à l'accent régional ! Les salles distillent une ambiance bourgeoise et classique, et sont meublées dans le style picard... forcément.

Le Florentin Hôtel Central avec ch rest, ch,

36 r. d'Amiens – ✆ 03 22 87 11 05 – www.leflorentin.com
– Fermé 11-30 août, dim. soir et lundi

8 ch – †51/53 € ††51/53 € – ☕ 6,50 €

Rest – Menu 16/38 € – Carte 31/50 €

Ne vous fiez pas à la façade en brique rouge ! Celle-ci cache une salle d'inspiration italienne : colonnes, moulures, marbres et fresques. Dans ce décor pour le moins déroutant, on sert une cuisine de tradition : fricassée d'escargots, tête de veau sauce gribiche, etc.

Le Roye Gourmet

1 pl. de la République – 03 22 87 10 87 – www.restaurant-leroyegourmet.fr – Fermé 1 sem. en mai, 2 sem. en août, 2 sem. en janv., merc. soir, dim. soir et lundi

Rest – Formule 17 € – Menu 21 € (sem.), 27/45 € – Carte 42/61 €

Sur une place sympathique, cette enseigne célèbre le terroir avec une cuisine dans l'air du temps. Deux salles, deux atmosphères : tendance ou plus rustique. Pas étonnant que les gourmets de Roye aient fait de cette adresse leur QG !

ROYE – 70 Haute-Saône – 314 H6 – rattaché à Lure

LE ROZIER – 48 Lozère – 330 H9 – 145 h. – alt. 400 m – ✉ 48150 22 B1

Languedoc Roussillon

Paris 632 – Florac 57 – Mende 63 – Millau 23

Route de Meyrueis, 05 65 62 60 89, www.gorgesdutarn.net

Terrasses du Truel ★ E : 3,5 km - Gorges du Tarn★★★.

Chaos de Montpellier-le-Vieux★★★ S : 11,5 km - Corniche du Causse Noir ★★ SE : 13 km puis 15 mn.

Grand Hôtel de la Muse et du Rozier

rte des Gorges, (D 907), à La Muse (D 907) rive droite du Tarn ✉ 12720 Peyreleau (Aveyron) – 05 65 62 60 01 – www.hotel-delamuse.fr – Ouvert 12 avril-31 oct.

38 ch – †80/155 € ††90/175 € – ☕ 15 € – ½ P

Rest ***Grand Hôtel de la Muse et du Rozier*** – voir les restaurants ci-après

Dans le jardin de ce grand hôtel centenaire, une plage privée au bord du Tarn ! L'esprit des lieux ? Contemporain, sobre et zen, en harmonie avec les sublimes paysages environnants. Une certaine idée de l'élégance...

Doussière

– 05 65 62 60 25 – www.hotel-doussiere.com – Ouvert 15 mars-15 nov.

19 ch – †45/59 € ††49/62 € – ☕ 8 € – ½ P

Rest *(fermé lundi midi)* – Formule 17 € – Menu 23/31 €

Une affaire de famille (reprise en 2011 par la fille et le gendre des anciens patrons), qui, pour l'anecdote, n'est autre que l'ex-auberge de jeunesse du village. Préférez les chambres de la bâtisse principale, plus récentes qu'à l'annexe ; au restaurant, cap sur le terroir et vue sur la Jonte.

Grand Hôtel de la Muse et du Rozier

rte des Gorges, (D 907), à La Muse (D 907) rive droite du Tarn ✉ 12720 Peyreleau (Aveyron) – 05 65 62 60 01 – www.hotel-delamuse.fr – Ouvert 12 avril-31 oct. et fermé mardi et merc. en avril et oct. et le midi sauf dim.

Rest – Menu 35/50 € – Carte 51/63 €

Honneur à la fraîcheur, aux saisons et au terroir, à travers une cuisine dans l'air du temps qui s'accorde à merveille avec le décor, plein de sobriété. Aux beaux jours, on savoure aussi la superbe terrasse donnant sur le Tarn...

RUE – 80 Somme – 301 D6 – 3 095 h. – alt. 9 m – ✉ 80120 36 A1

Nord Pas-de-Calais Picardie

Paris 212 – Abbeville 28 – Amiens 77 – Berck-Plage 22

10, place Anatole Gosselin, 03 22 25 69 94, www.ville-rue.fr

Chapelle du St-Esprit★ : intérieur★★.

Au Petit Chaudron

390 rte d'Abbeville – 03 22 25 80 16 – Fermé 3 sem. en déc. et lundi

Rest – Formule 20 € – Menu 26/30 € – Carte 28/36 €

Tel Obélix tombé petit dans la potion magique, les gourmands ont toujours envie de revenir au Petit Chaudron ! Foie gras mi-cuit à la nougatine et sa tatin d'oignons, côtes d'agneau au thym... Ici, on se régale d'une cuisine bien en prise avec son époque. Cadre champêtre.

à St-Firmin 3 km à l'Ouest par D 4 – ✉ 80550 Le Crotoy

Auberge de la Dune
ch, ch, VISA AE

1352 r. de la Dune – ✆ 03 22 25 01 88 – www.auberge-de-la-dune.com – Fermé 6-20 janv.

11 ch – †75 € ††75 € – ☕ 12 € – ½ P

Rest – Formule 15 € – Menu 18 € (sem.), 25/40 € – Carte 22/48 €

Cette grande maison typiquement picarde, toute proche du parc ornithologique, s'est transformée en auberge champêtre. Labellisée "clef verte", elle propose des chambres très bien tenues, parfaites pour des randos écolos dans le Marquenterre.

RUEIL-MALMAISON – 92 Hauts-de-Seine – 311 J2 – 101 14 – voir à Paris, Environs

---

RUNGIS – 94 Val-de-Marne – 312 D3 – 101 26 – voir à Paris, Environs

---

RUPT-SUR-MOSELLE – 88 Vosges – 314 H5 – 3 582 h. – alt. 424 m – ✉ 88360 27 C3

▶ Paris 423 – Belfort 58 – Colmar 80 – Épinal 38

Centre
rest, AC rest, P VISA AE

30 r. de l'Église – ✆ 03 29 24 34 73 – www.hotelrestaurantducentre.com – Fermé 6-12 mai, 29 juil.-11 août, vacances de Noël, sam. midi, dim. soir et lundi

8 ch – †49/57 € ††60/70 € – ☕ 8,50 € – ½ P

Rest – Menu 14 € (sem.), 25/56 € – Carte 36/86 €

Aux portes du parc régional des ballons des Vosges, cette maison mosellane, proche de l'église du village, abrite des chambres bien entretenues et confortables. Carte traditionnelle de saison et salle à manger toute simple, où trône une rôtissoire décorative.

Relais Benelux-Bâle
P VISA AE

69 r. de Lorraine – ✆ 03 29 24 35 40 – www.benelux-bale.com – Fermé 1 sem. en août, 23 déc.-10 janv. et dim. soir

9 ch – †50/57 € ††55/62 € – ☕ 8 € – ½ P

Rest – Formule 13 € – Menu 23/35 € – Carte 22/53 €

À l'entrée du village, chalet assez avenant, tenu par la même famille depuis 1921. Chambres sobres, lumineuses et bien équipées. Salon bourgeois. Au restaurant, cuisine traditionnelle et régionale servie dans un cadre moderne ou sur l'agréable terrasse.

LES SABLES-D'OLONNE – 85 Vendée – 316 F8 – 14 572 h. – alt. 4 m – Casinos : des Pins CY, des Atlantes AZ – ✉ 85100 Pays de la Loire 34 A3

▶ Paris 456 – Cholet 107 – Nantes 102 – Niort 115

ℹ 1, promenade Joffre, ✆ 02 51 96 85 85, www.lessablesdolonne-tourisme.com

18 des Olonnes, à Olonne-sur-Mer, par rte de la Roche-sur-Yon : 6 km, ✆ 02 51 33 16 16

18 de Port-Bourgenay, à Talmont-Saint-Hilaire, S : 17 km, ✆ 02 51 23 35 45

◉ Le Remblai★.

Plans pages suivantes

Mercure Thalassa
Spa AC ch, rest, P VISA AE

au Lac de Tanchet, 2,5 km par la corniche – ✆ 02 51 21 77 77 – www.thalassa.com – Fermé 6 janv.-3 fév. CYf

94 ch – †90/270 € ††100/520 € – 3 suites – ☕ 18 € – ½ P

Rest – Menu 24/38 € – Carte environ 40 €

Mercure intégré au centre de thalassothérapie. Les chambres, contemporaines et fonctionnelles, donnent sur la pinède ou le lac de Tranchet... Idéal pour les curistes.

LES SABLES D'OLONNE

AE
fr
AYq
et dis-
urquoi

-mars
AZa

dans
nples,

…tic Hôtel

…51 95 37 71 – www.atlantichotel.fr BYe

… ch – 🚹85/165 € 🚹🚹105/205 € – ☕ 13 € – ½ P

…e Sloop *(fermé 20 déc.-2 janv., vend. et dim. d'oct. à mars et le midi hors …)* – Menu 37/60 € – Carte 37/53 €

… front de mer, un hôtel des années 1970 avec des chambres pratiques et …en tenues, dont certaines donnent sur les flots. Et pour les amateurs d'eau …, la piscine couverte est idéale !

AE
BZp

… Roches Noires sans rest

…promenade G. Clemenceau – ✆ 02 51 32 01 71
…w.hotel-lesrochesnoires.com BYs

…h – 🚹75/150 € 🚹🚹95/180 € – ☕ 12 €

bres
buf-

… à la plage, ces Roches Noires ont été rénovées en 2010 dans un style rafraî…ssant : turquoise, blanc, gris, framboise... Chambres fonctionnelles et bien inso…sées. À noter : la salle des petits-déjeuners donne sur la mer.

AE
AYn

…rundel sans rest

…d F. Roosevelt – ✆ 02 51 32 03 77 – www.arundel-hotel.fr AZk

… ch – 🚹79/155 € 🚹🚹79/155 € – ☕ 11 €

avec
bon

… hôtel récent en face du casino, idéalement situé entre plage et ports. …s chambres sont fonctionnelles, confortables et soignées, avec balcon côté mer.

LES SABLES D'OLONNE

Bauduère (R. de la) . . . . BZ 6
Bisson (R.) . . . . AZ 8
Caisse-d'Épargne (R. de la) . . AZ 10
Collineau (Pl. du Gén.) . . . . . . BZ 14
Commerce (Pl. du) . . . . AZ 15
Digue (Pl. de la) . . . . BZ 17
Dingler (Quai) . . . . AZ 18
Église (Pl. de l') . . . . AZ 24
Gabaret (Av. A.) . . . . BZ 27
Gaulle (Av. Gén.-de) . . . . BZ
Guynemer (R.) . . . . BZ
Halles (R. des) . . . . AZ 30
Hôtel-de-Ville (R. de l') . . . . . . AZ
Leclerc (R. Mar.) . . . . ABZ 33
Liberté (Pl. de la) . . . . BZ 35
Louis-XI (Pl.) . . . . BZ 36
Nationale (R.) . . . . BZ
Navarin (Pl.) . . . . AZ 40
Palais-de-Justice (Pl.) . . . . AZ 46
Roosevelt (Bd F.) . . . . AZ 53
Travot (R.) . . . . BZ 60

Admiral's sans rest

pl. Jean-David Nau, à Port Olona – ✆ 02 51 21 41 41 – www.admiralhotel.

33 ch – ♦71/87 € ♦♦71/87 € – ☐ 10 €

À deux pas du port de plaisance. Les chambres sont spacieuses, pratiques posent d'une loggia... Dans certaines, on peut admirer les bateaux et, po pas, le départ du Vendée Globe !

Antoine

60 r. Napoléon – ✆ 02 51 95 08 36 – www.antoinehotel.com – Ouvert de mi à mi-oct.

20 ch – ♦60/85 € ♦♦60/85 € – ☐ 8 € – ½ P

Rest *(fermé le midi) (résidents seult)* – Menu 24 €

Entre le vieux port et la plage, une ancienne propriété d'armateur (18e s.) laquelle règne une atmosphère résolument familiale. Les chambres sont sin mais spacieuses et très bien tenues.

Les Hirondelles sans rest

44 r. Corderie – ✆ 02 51 95 10 50 – www.hotelhirondelles.com – Ouvert 12 avril-23 sept.

31 ch – ♦59/65 € ♦♦66/78 € – ☐ 8,50 €

Non loin d'une longue plage de sable fin, un hôtel pratique avec des cham fonctionnelles, claires et très bien tenues. Agréable petit patio fleuri ; copieux fet au petit-déjeuner.

Les Embruns sans rest

33 r. Lt Anger – ✆ 02 51 95 25 99 – www.hotel-lesembruns.com – Ouvert 26 janv.-3 nov.

20 ch – ♦52/66 € ♦♦55/72 € – ☐ 9 €

Dans le quartier pittoresque de la Chaume, une maison avenante et familiale a des chambres toutes différentes, fraîches et colorées... pour se loger à compte.

Arc en Ciel sans rest

13 r. Chanzy – ✆ 02 51 96 92 50 – www.arcencielhotel.com – Ouvert 29 mars-29 sept. BZt

39 ch – †72/108 € ††78/108 € – ☕ 10 €

À deux pas de la plage, un petit hôtel avenant avec des chambres très colorées et originales... dont le plafond est digne d'un vrai ciel étoilé ! À noter : on peut dîner sur place d'un plateau-repas.

Maison Richet sans rest

25 r. de la Patrie – ✆ 02 51 32 04 12 – www.maison-richet.fr – Fermé janv. AZd

17 ch – †49/75 € ††52/75 € – ☕ 9 €

Il règne ici une agréable et chaleureuse atmosphère de maison d'hôtes. Les chambres sont petites mais douillettes (jonc de mer, tons gris perle et beige...) et il y a même un joli patio, où l'on prend le petit-déjeuner aux beaux jours.

Loulou Côte Sauvage

19 rte Bleue, à La Chaume AY – ✆ 02 51 21 32 32 – www.louloucotesauvage.com – Fermé 19 nov.-17 janv., dim. soir et mardi sauf juil.-août, fériés et lundi

Rest – Menu 26 € (sem.), 36/65 € – Carte 42/97 €

Ce Loulou-là a accroché sa jolie maison aux rochers de la côte sauvage, face à la mer ! Ici, les produits iodés – extrafrais – sont évidemment à l'honneur, pour des plats savoureux et bien tournés.

Le Clipper

19 bis quai Guiné – ✆ 02 51 32 03 61 – www.le-clipper.com – Fermé 21-28 mars, 2-20 déc., jeudi midi en juil.-août, mardi et merc. de sept. à juin AZb

Rest – Menu 16 € (sem.), 26/36 € – Carte 39/80 €

Homard à la chair très fine, Saint-Jacques revenues au beurre demi-sel et leur risotto à l'huile de truffe : dans ce restaurant du port au décor très marin, les beaux produits... de la mer sont à l'honneur !

La Flambée

81 r. des Halles – ✆ 02 51 96 92 35 – Fermé dim. et lundi AZe

Rest – Formule 20 € – Menu 39/51 € – Carte environ 49 €

Un néobistrot épuré du quartier des Halles, où saveur rime avec fraîcheur. Crème de poivron, gambas et glace à l'anis ; noix de ris de veau et émulsion de beurre noisette : le chef se donne du mal pour faire plaisir à ses hôtes... qui apprécient !

La Pilotine

7 et 8 prom. Clemenceau – ✆ 02 51 22 25 25 – Fermé dim. soir et mardi sauf juil.-août et lundi BYa

Rest *(nombre de couverts limité, réserver)* – Menu 16 € (sem.), 27/57 € – Carte 47/90 €

Saumon, palourdes, lotte, crevettes ou homard ? Dans ce restaurant du front de mer, on déguste une cuisine généreuse et soignée, axée sur les produits de la pêche. L'accueil est charmant et les prix doux.

à l'anse de Cayola 7 km au Sud-Est par la Corniche – CY ✉

85180 Château-d'Olonne

Cayola

76 promenade Cayola – ✆ 02 51 22 01 01 – www.le-cayola.com – Fermé 23 déc.-22 janv., dim. soir et lundi sauf fériés et mardi de sept. à mai

Rest – Formule 27 € – Menu 40/90 € – Carte 58/88 €

Dans la salle ou sur la terrasse, la vue sur l'Atlantique est superbe et l'on se prend à rêver de croisières au long cours... Mais ici, l'évasion est déjà dans l'assiette – raffinée et iodée. Un beau voyage immobile !

→ Dégustation de homard breton, mousse de petits pois et saveur amande. Barbue cuite sur l'arête, jambon bellota et pommes de terre grenaille de Noirmoutier. Fraises, arlette de rhubarbe à la vanille et sorbet rhubarbe. **Vins** Fiefs Vendéens.

SABLES-D'OR-LES-PINS – 22 Côtes-d'Armor – 309 H3 – ✉ 22240 10 C1

Frehel Bretagne Nord

Paris 437 – Dinan 42 – Dol-de-Bretagne 60 – Lamballe 26

des Sables-d'Or, à Fréhel, Sables d'Or les Pins, S : 1 km, ✆ 02 96 41 42 57

Diane

12 allée des Acacias – ✆ 02 96 41 42 07 – www.hoteldiane.fr

47 ch – 91/151 € 91/151 € – 12 € – ½ P

Rest – Formule 14 € – Menu 22/65 € – Carte 30/59 €

Sur l'axe principal de la localité et à deux pas de la mer, une grande bâtisse d'esprit local abritant des chambres fraîches et pratiques, ainsi qu'une table respectueuse du marché et des saisons, avec des plats relevés d'herbes du jardin.

Le Manoir St-Michel sans rest

38 r. de la Carquois, 1,5 km à l'Est par D 34 – ✆ 02 96 41 48 87 – www.fournel.de – Ouvert 29 mars-3 nov.

20 ch – 50/110 € 50/110 € – 8,50 €

Ce beau manoir du 16e s. domine la plage et l'on s'y sent vraiment bien : vaste parc avec plan d'eau (pêche autorisée), chambres douillettes au charme d'antan (mobilier rustique et breton)... en toute quiétude !

SABLÉ-SUR-SARTHE – 72 Sarthe – 310 G7 – 12 399 h. – alt. 29 m – ✉ 72300 Pays de la Loire 35 C1

Paris 252 – Angers 64 – La Flèche 27 – Laval 44

Rue du château, ✆ 02 43 95 00 60, www.tourisme.sablesursarthe.fr

de Sablé Solesmes, Domaine de l'Outinière, S : 6 km par D 159, ✆ 02 43 95 28 78

Parfum d'Épices

1 r. Plaisance, rte de Laval (D 306) – ✆ 02 43 92 94 14 – www.parfumdepices.com – Fermé 3-18 avril, 21 août-5 sept. et lundi sauf fériés

Rest – Menu 22/42 € – Carte 33/45 €

Après avoir vécu aux Antilles, le chef est rentré en métropole avec le goût des épices et de la cuisine créole. On voyage en mangeant, dans un décor bigarré... Une sympathique escale !

à Solesmes 3 km au Nord-Est par D 22 – 1 370 h. – alt. 28 m – ✉ 72300

Statues des "Saints de Solesmes"★★ dans l'église abbatiale★ (chant grégorien) - Pont ≤★.

Grand Hôtel

16 pl. Dom Guéranger – ✆ 02 43 95 45 10 – www.grandhotelsolesmes.com – Fermé 26 déc.-5 janv.

28 ch – 90/110 € 100/145 € – 12 € – ½ P

Rest *Grand Hôtel* – voir les restaurants ci-après

Face à la belle abbaye St-Pierre, d'où l'on entend parfois s'échapper les chants grégoriens des moines, cet hôtel est assurément propice au repos : très confortable, avec des chambres originales (classique, ethnique, etc.) et un entretien sans faille. Louange au Grand Hôtel de Solesmes !

Grand Hôtel

16 pl. Dom Guéranger – ✆ 02 43 95 45 10 – www.grandhotelsolesmes.com – Fermé 26 déc.-5 janv., sam. midi et dim. soir de sept. à mars

Rest – Formule 20 € – Menu 26/65 € – Carte 42/90 €

Langoustines à la plancha, perles du Japon ; suprême de volaille de Loué en croûte de noisettes grillées ; cube tout chocolat, noyau coulant... La carte séduit ; les assiettes confirment que l'on a affaire à une bonne table. Ambiance feutrée.

SABLET – 84 Vaucluse – 332 D8 – 1 243 h. – alt. 147 m – ✉ 84110 40 A2

Paris 670 – Avignon 41 – Marseille 127 – Montélimar 67

8, rue du Levant, ✆ 04 90 46 82 46, www.vaison-ventoux-tourisme.com

Les Abeilles avec ch
4 rte de Vaison – ✆ 04 90 12 38 96 – www.abeilles-sablet.com
– Fermé 1er nov.-27 déc., dim. sauf le midi de mai au 15 août et lundi
5 ch – †47/75 € ††95/145 € – ☐ 18 € – ½ P
Rest – Menu 35 € (déj. en sem.), 38/70 € – Carte 70/90 €
Une façade ocre, des volets verts et une charmante terrasse sous les platanes... de jolies Abeilles, piquantes et savoureuses ! Carte traditionnelle privilégiant les produits frais du marché (truffe en saison). Chambres coquettes et bien équipées.

SABRES – 40 Landes – 335 G10 – 1 200 h. – alt. 78 m – ✉ 40630 3 B2

Aquitaine

Paris 676 – Arcachon 92 – Bayonne 111 – Bordeaux 94

Ecomusée★ de la grande Lande NO : 4 km.

Auberge des Pins
r. de la piscine – ✆ 05 58 08 30 00 – www.aubergedespins.fr – Fermé 1 sem. en oct. et 3 sem. en janv.
21 ch – †65/68 € ††70/95 € – ☐ 11 € – ½ P
Rest *Auberge des Pins* – voir les restaurants ci-après
Un bel esprit maison de famille dans cette grande demeure landaise à colombages : joli parc arboré, chambres au décor soigné (meubles rustiques, bois peint...) et salon cosy.

Auberge des Pins
r. de la piscine – ✆ 05 58 08 30 00 – www.aubergedespins.fr – Fermé 1 sem. en oct., 3 sem. en janv., lundi sauf le soir en juil.-août et dim. soir
Rest – Menu 19 € (déj. en sem.), 35/70 € – Carte 46/71 €
Des boiseries, des poutres, une cheminée... Un endroit authentique et chaleureux, idéal pour savourer une cuisine classique qui fait de jolis clins d'œil au terroir.

SACHÉ – 37 Indre-et-Loire – 317 M5 – rattaché à Azay-le-Rideau

SACLAY – 91 Essonne – 312 C3 – 101 24 – voir à Paris, Environs

SAGELAT – 24 Dordogne – 329 H7 – rattaché à Belves

SAIGNON – 84 Vaucluse – 332 F10 – rattaché à Apt

SAILLAGOUSE – 66 Pyrénées-Orientales – 344 D8 – 1 026 h. – alt. 1 309 m – ✉ 66800 22 A3

Languedoc Roussillon

Paris 855 – Bourg-Madame 10 – Font-Romeu-Odeillo-Via 12 – Mont-Louis 12

Place Oliva, ✆ 04 68 04 72 89

Gorges du Sègre★ E : 2 km.

Planes (La Vieille Maison Cerdane)
6 pl. Cerdagne – ✆ 04 68 04 72 08 – www.planotel.fr
19 ch – †54/69 € ††64/79 € – ☐ 8 € – ½ P
Rest *(fermé 12 nov.-20 déc., dim. soir, lundi hors saison et fériés)* – Formule 12 € – Menu 22/45 € – Carte 32/55 €
Avis aux amateurs de rusticité montagnarde : sur l'axe principal du village, cette maison locale tenue de père en fils est une institution. Les chambres, pratiques et impeccables, sont peu à peu rénovées. Un bon plan ! Cuisine régionale au restaurant.

Planotel
5 r. Torrent – ✆ 04 68 04 72 08 – www.planotel.fr – Ouvert 1er juin-30 sept. et vacances scolaires
20 ch – †52/70 € ††62/80 € – ☐ 8 €
En retrait du village, cet hôtel des années 1980 est ouvert uniquement en saison. Les chambres, bien pratiques et un brin rétro, ont toutes un balcon. Et pour la détente : sauna, piscine chauffée...

à Llo 3 km à l'Est par D 33 – 154 h. – alt. 1 424 m – ✉ 66800

Site★.

L'Atalaya sans rest
– ✆ 04 68 04 70 04 – *www.atalaya66.com* – *Fermé hors vacances scolaires*
5 ch – 90/110 € 140 €
Que dire du jardinet fleuri, des chambres romantiques et de tous ces objets chinés par la propriétaire ? Qu'ils ont du charme, tout simplement ! Décidément, cette bergerie perchée sur la montagne cerdane a le cachet des belles maisons d'hôtes...

SAINGHIN-EN-MÉLANTOIS – 59 Nord – 302 G4 – rattaché à Lille

ST-ADJUTORY – 16 Charente – 324 M5 – 381 h. – alt. 192 m – ✉ 16310 39 C3

Paris 472 – Angoulême 33 – Poitiers 48 – Saint-Junien 47

Château du Mesnieux
Le Mesnieux – ✆ *05 45 70 40 18* – *www.chateaudumesnieux.com*
4 ch – 100 € 110 € **Table d'hôte** – Menu 30 € bc
Dans un domaine vallonné propice à la promenade, ce petit château a le charme des gentilhommières chic : mobilier chiné, atmosphère douillette et parquet ancien dans les chambres ; pierres et poutres au salon ; repas de tradition à la table d'hôte. Les amoureux de calme et de nature seront comblés !

ST-AFFRIQUE – 12 Aveyron – 338 J7 – 8 280 h. – alt. 325 m – ✉ 12400 Languedoc Roussillon 29 D2

Paris 662 – Albi 81 – Castres 92 – Lodève 66
boulevard de Verdun, ✆ 05 65 98 12 40, www.ot-dusaintaffricain.com
Roquefort-sur-Soulzon : caves de Roquefort★, rocher St-Pierre ★.

Le Moderne
54 av. Alphonse Pezet – ✆ *05 65 49 20 44* – *www.lemoderne.net*
– *Fermé 12-18 oct. et 21 déc.-17 janv.*
Rest – Formule 15 € – Menu 20/57 € – Carte 31/62 €
Un restaurant rustique où il fait bon se régaler d'une cuisine du terroir authentique. Les amateurs de fromage sont ravis : à la carte, un plateau avec une douzaine de roqueforts issus des différentes caves régionales.

ST-AFFRIQUE-LES-MONTAGNES – 81 Tarn – 338 F9 – 721 h. – alt. 244 m – ✉ 81290 29 C2

Paris 741 – Albi 55 – Carcassonne 53 – Castres 12

Domaine de Rasigous ch,
2 km au Sud par D 85 – ✆ *05 63 73 30 50* – *www.domainederasigous.com*
– *Ouvert 15 mars-15 nov.*
6 ch – 80/200 € 130/200 € – 2 suites – 12 €
Rest *(fermé merc.) (dîner seult) (résidents seult)* – Menu 29 €
En pleine campagne ! Au cœur d'un parc jalonné d'œuvres d'art – le propriétaire est un passionné –, cette demeure du 19e s. est un vrai havre de paix et cultive un bel esprit maison d'hôtes... Parquet ancien, mobilier chiné : les chambres ont beaucoup de caractère ; quant à la bibliothèque, elle est superbe.

ST-AGNAN – 58 Nièvre – 319 H8 – 162 h. – alt. 525 m – ✉ 58230 Bourgogne 7 B2

Paris 242 – Autun 53 – Avallon 33 – Clamecy 63

La Vieille Auberge sans rest
– ✆ *03 86 78 71 36* – *www.vieilleauberge.com* – *Ouvert 1er mars-10 nov.*
8 ch – 55/60 € 55/60 €
Cette vieille auberge de campagne, autrefois café-épicerie, est située près d'un lac. Les chambres, mignonnes et colorées, sont parfaitement tenues, et quel calme ! Le restaurant – réservé aux résidents – revisite la tradition culinaire bourguignonne.

ST-AGRÈVE – 07 Ardèche – **331** I3 – 2 522 h. – alt. 1 050 m – ✉ 07320 **44** A2
Ardèche Drôme

Paris 582 – Aubenas 68 – Lamastre 21 – Privas 64

Grand'Rue, ☎ 04 75 30 15 06, www.pays-saintagreve.fr

Mont Chiniac ≤★★.

Domaine de Rilhac avec ch
2 km au Sud-Est par D 120, D 21 et rte secondaire – ☎ 04 75 30 20 20 – www.domaine-de-rilhac.com – Fermé 20 déc. à mi-mars, mardi soir, jeudi midi et merc.

7 ch – †95 € ††125 € – ☐ 14 € – ½ P

Rest – Formule 20 € – Menu 29/56 € – Carte 50/61 €

Calme assuré dans cette ancienne ferme ardéchoise perdue dans la campagne, où l'on savoure une goûteuse cuisine de saison face au mont Gerbier-de-Jonc. Idéal pour se régaler tout en écoutant le chant des oiseaux ! Quelques chambres, dont certaines mansardées.

Faurie (Philippe Bouissou) avec ch
36 av. des Cévennes – ☎ 04 75 30 11 45 – www.hotelfaurie.fr – Ouvert de mai à nov.

7 ch – †80/130 € ††80/130 € – ☐ 25 €

Rest *(nombre de couverts limité, réserver)* – Menu 90 €

Philippe Bouissou cuisine au gré du marché et de son potager... Une véritable gastronomie de l'instant, très fine et créative, où les produits sont rendus avec pureté ! Menu unique. Le décor des chambres est aussi chic et joli que celui du restaurant.

➜ Les girolles et l'amande. Le pigeon. Feuilleté framboise-marron. **Vins** Saint-Joseph, Vin de pays des Coteaux de l'Ardèche.

Les Cévennes avec ch
rest,

10 pl. de la République – ☎ 04 75 30 10 22 – Fermé 23-30 juin, 12-25 nov. et vend.

6 ch – †55/75 € ††62/80 € – ☐ 11 € – ½ P

Rest *(dîner seult hors sais. et résidents seul.)* – Menu 16 € (déj. en sem.), 22 € bc/28 € bc – Carte 35/49 €

Ambiance conviviale dans ce petit hôtel-restaurant familial au cœur du village. Au menu, de copieux plats du terroir, et, pour passer la nuit, des chambres simples mais bien arrangées.

ST-AIGNAN – 41 Loir-et-Cher – **318** F8 – 3 199 h. – alt. 115 m – ✉ 41110 Châteaux de la Loire **11** A2

Paris 221 – Blois 41 – Châteauroux 65 – Romorantin-Lanthenay 36

60, rue Constant Ragot, ☎ 02 54 75 22 85, www.tourisme-valdecher-staignan.com

Crypte★★ de l'église★ - Zoo Parc de Beauval★ S : 4 km.

Les Jardins de Beauval
(au zoo), parc de Beauval, 4 km par D 675 – ☎ 02 54 75 60 00 – www.lesjardinsdebeauval.com

112 ch – †103/139 € ††103/139 € – ☐ 12 € – ½ P

Rest – Formule 26 € – Menu 37/56 € bc – Carte 33/57 €

Cinq pavillons dans un jardin paysagé, au pied du magnifique parc animalier de Beauval. Source d'inspiration affichée : l'Indonésie... et les chambres – classiques – s'habillent de mobilier en bois exotique. Un lieu atypique et avec un certain cachet.

ST-ALBAN-DE-MONTBEL – 73 Savoie – **333** H4 – rattaché à Aiguebelette-le-Lac

ST-ALBAN-DE-ROCHE – 38 Isère – **333** E4 – 1 807 h. – alt. 284 m – ✉ 38080 **44** B2

Paris 507 – Bourg-en-Bresse 101 – Grenoble 70 – Lyon 49

L'Émulsion

57 rte de Lyon – 04 74 28 19 12 – www.lemulsion-restaurant.com – Fermé 1er-21 août, 24 déc.-2 janv., dim. et lundi
Rest – Formule 18 € – Menu 26/48 € – Carte 33/49 €
Une émulsion à la fois savoureuse et inventive ! Le cadre contemporain et élégant sert à merveille des recettes telles que le foie gras choc-passion, le pigeonneau en croûte ou la brandade revisitée. Une belle alchimie.

ST-ALBAN-LES-EAUX – 42 Loire – 327 C3 – 924 h. – alt. 410 m – 42370 Lyon et sa région 44 A1

Paris 390 – Lapalisse 45 – Montbrison 56 – Roanne 12

Le Petit Prince

Le bourg – 04 77 65 87 13 – www.restaurant-lepetitprince.fr – Fermé mardi de sept. à mai, dim. soir et lundi
Rest – Menu 21 € (déj. en sem.), 29/75 € – Carte 30/70 €
Ce charmant restaurant n'est pas tombé d'un astéroïde : il a été fondé en 1805 par les arrière-grand-tantes de l'actuel patron ! Sa cuisine, fraîche, colorée et inventive, combine légèreté et gourmandise. Ce Petit Prince saura vous apprivoiser...

ST-ALBAN-LEYSSE – 73 Savoie – 333 I4 – rattaché à Chambéry

ST-ALBAN-SUR-LIMAGNOLE – 48 Lozère – 330 I6 – 1 478 h. – alt. 950 m – 48120 Languedoc Roussillon 23 C1

Paris 552 – Espalion 72 – Mende 40 – Le Puy-en-Velay 75
Rue de l'hôpital, 04 66 31 57 01, www.ot-saint-alban-sur-limagnole.fr

Relais St-Roch

chemin du Carreirou – 04 66 31 55 48 – www.relais-saint-roch.fr – Ouvert mi avril-Toussaint
9 ch – 144/234 € 144/234 € – 18 € – ½ P
Rest *La Petite Maison* – voir les restaurants ci-après
"Verveine", "Violette", "Narcisse"... Dans cette gentilhommière du 19e s. en granit rose, les chambres honorent la nature dans un esprit d'antan (lambris vernissé, tissu tendu) qui a fidélisé de nombreux habitués. Agréable piscine dans le beau jardin.

La Petite Maison – Hôtel Relais St-Roch

av. de Mende – 04 66 31 56 00 – www.la-petite-maison.fr – Ouvert mi avril-Toussaint et fermé lundi midi, mardi midi et merc. midi
Rest – Formule 25 € – Menu 29/78 € – Carte 52/113 €
Une table régionale où règne une atmosphère chaleureuse et rustique. Spécialités de la maison ? La viande de bison, la friture de truitelle, le whisky (400 références) et les vins du Languedoc-Roussillon.

ST-AMAND-MONTROND – 18 Cher – 323 L6 – 10 952 h. – alt. 160 m – 18200 Limousin Berry 12 C3

Paris 282 – Bourges 52 – Châteauroux 65 – Montluçon 56
place de la République, 02 48 96 16 86, www.st-amand-tourisme.com
Abbaye de Noirlac★★
Château de Meillant★★

L'Amandois

rest,
7 r. H. Barbusse, (face pl. de la République) – 02 48 63 72 00 – www.hotelamandois.fr
43 ch – 70/72 € 83/85 € – 11 € – ½ P
Rest – Formule 13 € – Menu 18/30 € – Carte 22/41 €
Une adresse fonctionnelle et pratique, où les chambres, modernes et fort bien équipées, sont réparties dans deux bâtiments. Restaurant traditionnel.

à Noirlac 4 km au Nord-Ouest par D 2144 (rte de Bourges) et D 35 – ✉ 18200 Bruere Allichamps

Auberge de l'Abbaye de Noirlac

– ✆ 02 48 96 22 58 – *http://aubergeabbayenoirlac.free.fr* – *Ouvert 25 fév.-30 nov. et fermé mardi soir et merc. sauf juil.-août*

Rest – Menu 22 € (sem.), 27/36 € – Carte 40/65 €

Face à l'abbaye de Noirlac, cette auberge créée dans une chapelle du 12e s. rend hommage à la cuisine du terroir. En digne enfant du pays, le chef orchestre la cérémonie avec les produits de la région : fromage berrichon, pigeonneau fermier de Sologne… et côté vins : châteaumeillant, st-pourçain, sancerre, etc.

à Bruère-Allichamps 8,5 km au Nord-Ouest par rte de Bourges (D 2144) – 619 h. – alt. 170 m – ✉ 18200

Les Tilleuls avec ch

rte de Noirlac – ✆ 02 48 61 02 75 – *www.hotel-restaurant-tilleuls.com* – *Fermé 3-11 mars, 27 oct.-10 nov., 22-30 déc., dim. d'oct. à mars, mardi midi et merc. midi d'avril à sept. et lundi*

9 ch – †56 € ††58 € – ☐ 9 € – ½ P

Rest – Formule 15 € – Menu 20 € (déj. en sem.), 25/70 €

Sur la route touristique longeant le Cher, une construction des années 1960 derrière un rideau de... tilleuls. Au menu : une cuisine dans l'air du temps, avec quelques recettes très originales. Quelques chambres fonctionnelles à l'étage.

ST-AMARIN – 68 Haut-Rhin – **315** G9 – 2 421 h. – alt. 410 m – ✉ 68550 **1** A3

Alsace Lorraine

Paris 461 – Belfort 52 – Colmar 53 – Épinal 76

81, rue Charles-de-Gaulle, ✆ 03 89 82 13 90, www.ot-saint-amarin.com

Auberge du Mehrbächel rest,

4 km à l'Est par rte du Mehrbächel – ✆ 03 89 82 60 68 – *www.auberge-mehrbachel.com* – *Fermé 28 oct.-9 nov.*

23 ch – †60 € ††75 € – ☐ 10 € – ½ P

Rest *(fermé lundi soir, jeudi soir et vend.)* – Formule 14 € – Menu 20/25 € – Carte 20/48 €

En pleine montagne et sur le passage d'un GR, cette auberge (qui est aussi une vraie ferme !) a des airs de refuge rustique et douillet... Au restaurant, on partage quelques spécialités alsaciennes avec des randonneurs affamés et ravis.

ST-AMBROIX – 30 Gard – **339** K3 – 3 349 h. – alt. 142 m – ✉ 30500 **23** C1

Paris 686 – Alès 20 – Aubenas 56 – Mende 111

17, rue de l'hotel de Ville, ✆ 04 66 24 33 36, www.ot-saintambroix.fr

à St-Victor-de-Malcap 2 km au Sud-Est par D 51 – 683 h. – alt. 140 m – ✉ 30500

La Bastide des Senteurs avec ch ch,

5 r. de la Traverse – ✆ 04 66 60 24 45 – *www.bastide-senteurs.com* – *Ouvert d'avril à oct.*

14 ch – †81/103 € ††81/103 € – ☐ 12 € – ½ P

Rest *(fermé lundi midi et sam. midi)* – Formule 18 € bc – Menu 35/85 € – Carte 61/105 €

Dans cette ancienne magnanerie, quel plaisir de s'installer sur la terrasse dominant le vallon ! Les yeux sur l'horizon, on savoure une cuisine empreinte de classicisme et qui porte haut les couleurs de la Méditerranée. Spécialité : la poularde en vessie. Chambres aux noms de cépages, confortables et soignées.

à Larnac 3,5 km au Sud-Ouest par rte d'Alès – ✉ 30960 Les Mages

Le Clos des Arts sans rest

Domaine Villaret – ✆ 04 66 25 40 91 – *www.closdesarts.com*

15 ch – †57/79 € ††57/79 € – ☐ 8 €

Dans une ancienne filature de soie du 17e s., des chambres spacieuses, déclinées en deux thématiques : Inde et design. De nombreuses œuvres d'art donnent du charme à ce clos bien nommé.

ST-AMOUR-BELLEVUE – 71 Saône-et-Loire – 320 I12 – 556 h. 8 C3
– alt. 306 m – ✉ 71570

Paris 402 – Bourg-en-Bresse 48 – Lyon 63 – Mâcon 13

Auberge du Paradis
Le Plâtre Durand – ✆ 03 85 37 10 26 – www.aubergeduparadis.fr
– Fermé vacances de Toussaint et janv.
6 ch – 130/250 € 130/250 € – 2 suites – ☕ 21 €
Rest *Auberge du Paradis* – voir les restaurants ci-après
Un petit paradis en effet, aux chambres originales et contemporaines, décorées avec goût comme l'ensemble de l'établissement. Autres motifs de détente : le couloir de nage, le salon de lecture et un petit-déjeuner assez exceptionnel.

Auberge du Paradis
Le Plâtre Durand – ✆ 03 85 37 10 26 – www.aubergeduparadis.fr
– fermé vacances de Toussaint, janv., lundi, mardi et le midi sauf dim.
Rest *(nombre de couverts limité, réserver)* – Menu 60 €
Une cuisine intelligente et bien ficelée, qui exprime toute sa créativité par de belles notes d'épices associées avec recherche à de superbes produits. Un travail d'équilibriste, comme une invitation à un voyage culinaire "séraphique"...

Chez Jean Pierre
Le Plâtre Durand – ✆ 03 85 37 41 26 – www.restaurant-jeanpierre.fr
– Fermé 23 déc.-8 janv., dim. soir, merc. soir et jeudi
Rest – Menu 20 € (déj. en sem.), 32/45 € – Carte 42/52 €
Une salle champêtre (cheminée en faïence bleue, billot de boucher) et une terrasse fleurie : un cadre assez romantique... On y apprécie une cuisine traditionnelle accompagnée de vins du cru. L'accueil se montre très aimable.

ST-ANDRÉ – 66 Pyrénées-Orientales – 344 I7 – 2 986 h. – alt. 10 m 22 B3
– ✉ 66690 Languedoc Roussillon

Paris 880 – Girona 87 – Montpellier 184 – Perpignan 25

La Table de Cuisine
8a r. de Taxo – ✆ 04 68 95 42 06 – www.latabledecuisine.com
– Fermé sam. midi et merc.
Rest – Formule 19 € bc – Menu 29 €
En reprenant cette maison de village, les propriétaires n'avaient qu'une idée en tête : travailler avec les meilleurs producteurs locaux. Anchois de Collioure, lapin à l'ail et au banyuls blanc... Pari tenu avec authenticité et générosité.

ST-ANDRÉ-DE-NAJAC – 12 Aveyron – 338 E5 – 421 h. – alt. 380 m 29 C2
– ✉ 12270

Paris 664 – Albi 46 – Rodez 74 – Toulouse 103

Relais Mont le Viaur avec ch
La Croix-Grande – ✆ 05 65 65 08 68 – www.montleviaur.fr
– Fermé de mi-déc. à début janv.
7 ch – 54 € 58 € – ☕ 8,50 € – ½ P
Rest *(fermé dim. soir, lundi soir et mardi soir)* – Formule 13 € bc
– Menu 20/36 € – Carte 31/49 €
Dans cette jolie ferme régionale, chaleureuse et conviviale, le chef concocte une cuisine du terroir simple et savoureuse : terrine de jarret de porc, foie gras maison, veau du Ségala... Pour l'étape, des chambres pratiques et agréables.

ST-ANDRÉ-DE-ROQUELONGUE – 11 Aude – 344 I4 – 1 092 h. 22 B3
– alt. 72 m – ✉ 11200

Paris 821 – Béziers 53 – Montpellier 112 – Perpignan 71

Demeure de Roquelongue
53 av. de Narbonne – ✆ 04 68 45 63 57 – www.demeure-de-roquelongue.com
– Ouvert 15 mars-15 nov.
5 ch ☕ – 100 € 100 € **Table d'hôte** – Menu 25 €
En plein cœur du village, cette belle demeure de vigneron (1885) a le charme des maisons de famille : mobilier chiné, patio verdoyant, salles de bains rétro, cuisine traditionnelle à la table d'hôtes... De l'âme et du style !

ST-ANDRÉ-LEZ-LILLE – 59 Nord – **302** G4 – rattaché à Lille

ST-ANDRÉ-LES-VERGERS – 10 Aube – **313** E4 – rattaché à Troyes

ST-ANTOINE-L'ABBAYE – 38 Isère – **333** E6 – 1 000 h. – alt. 339 m **43** E2
– ✉ 38160 Lyon et sa région

Paris 553 – Grenoble 66 – Romans-sur-Isère 26 – St-Marcellin 12

place Ferdinand Gilibert, ✆ 04 76 36 44 46, www.saintantoinelabbaye.fr

Abbatiale★.

Auberge de l'Abbaye

Mail de l'Abbaye – ✆ 04 76 36 42 83 – www.auberge-abbaye.com – Fermé 10 janv.-9 fév., lundi et mardi sauf le midi de juil. à sept. et dim. soir d'oct. à juin

Rest – Formule 20 € – Menu 23 € (sem.)/56 € – Carte 36/83 €

Une jolie maison (14e s.) au cœur du village médiéval. La femme du patron a imaginé un intérieur chaleureux d'inspiration Louis XIII. Au menu, les produits du terroir mènent la danse.

ST-ARCONS-D'ALLIER – 43 Haute-Loire – **331** D3 – 190 h. **6** C3
– alt. 560 m – ✉ 43300 Auvergne

Paris 515 – Brioude 37 – Mende 87 – Le Puy-en-Velay 34

Les Deux Abbesses

– ✆ 04 71 74 03 08 – www.lesdeuxabbesses.com – Ouvert 26 avril-2 oct.

6 ch – 380/580 € 480/680 € – 6 suites – ½ P

Rest ***Les Deux Abbesses*** – voir les restaurants ci-après

Pour les amoureux des vieilles pierres... et les amoureux tout court. "Passion", "Tendresse", etc. : chaque chambre est un programme ! Très confortables, elles se répartissent entre le château du 12e s. et plusieurs demeures médiévales. On laisse sa voiture à l'entrée du hameau, où le temps semble s'être arrêté...

Les Deux Abbesses

– ✆ 04 71 74 03 08 – www.lesdeuxabbesses.com – Ouvert 26 avril-2 oct. et fermé lundi et mardi sauf de juin à août

Rest *(dîner seult) (nombre de couverts limité, réserver)* – Menu 70/98 €

Des pierres, une grande cheminée médiévale, de l'intimité... Avis aux romantiques ! Ici, on conte fleurette en dégustant une jolie cuisine de produits, où le terroir local a toute sa place.

ST-AUBIN – 22 Côtes-d'Armor – **309** H3 – rattaché à Erquy

ST-AUBIN-DE-LANQUAIS – 24 Dordogne – **329** E7 – 287 h. **4** C1
– alt. 110 m – ✉ 24560

Paris 548 – Bergerac 13 – Bordeaux 101 – Périgueux 56

L'Agrybella sans rest

pl. de l'Église – ✆ 05 53 58 10 76 – www.agrybella.fr.st – Fermé janv. et fév.

5 ch – 95 € 95 €

Au cœur d'un village tranquille, une belle demeure (18e s.) dans un jardin clos de murs... Choisissez votre chambre : Coloniale, Rétro, Marine, Périgourdine ou Cirque ! Une réussite, sous l'égide d'un couple charmant.

ST-AUBIN-DE-MÉDOC – 33 Gironde – **335** G5 – 5 989 h. – alt. 29 m **3** B1
– ✉ 33160

Paris 592 – Angoulème 132 – Bayonne 193 – Bordeaux 19

Le Pavillon de St-Aubin-Thierry Arbeau avec ch

Le Hiou, rte de Picot – ✆ 05 56 95 98 68 – www.thierry-arbeau.com

12 ch – 75/85 € 80/90 € – 10 € – ½ P

Rest *(fermé 16-31 août, sam. midi, dim. soir et lundi)* – Menu 26 € (sem.), 39/69 € – Carte 60/78 €

Makis de thon rouge, pigeonneau aux épices douces... Une carte bien dans son époque alliée à une très belle sélection de bordeaux, pour un moment gourmand dans un lieu chaleureux – tons ensoleillés, cheminée et tables bien dressées. Pour l'étape, les chambres sont fonctionnelles et bien tenues.

ST-AUBIN-SUR-GAILLON – 27 Eure – 304 H7 – rattaché à Gaillon

ST-AVÉ – 56 Morbihan – 308 O8 – rattaché à Vannes

ST-AVIT-DE-TARDES – 23 Creuse – 325 K5 – 190 h. – alt. 560 m – ✉ 23200 25 C2

Paris 415 – Guéret 55 – Limoges 151 – Ussel 67

Le Moulin de Teiteix ch,

– ✆ 05 55 67 34 18 – moulin-de-teiteix.pagesperso-orange.fr

5 ch – 59 € 79 € **Table d'hôte** – Menu 27 €

Au pied d'une petite rivière poissonneuse et au grand calme, un moulin du 19e s. rustique et bucolique à souhait, où priment la simplicité et la convivialité. Les chambres, toutes différentes, sont spacieuses et agréables ; à l'heure du repas, la propriétaire concocte une cuisine traditionnelle et familiale.

ST-AVOLD – 57 Moselle – 307 L4 – 16 298 h. – alt. 260 m – ✉ 57500 27 C1

Alsace Lorraine

Paris 372 – Metz 46 – Saarbrücken 33 – Sarreguemines 29

28, rue des Américains, ✆ 03 87 91 30 19, www.mairie-saint-avold.fr

de Faulquemont, à Faulquemont, Avenue Jean Monnet, SO : 16 km par D 20, ✆ 03 87 81 30 52

Groupe sculpté★ dans l'église St-Nabor.

Mine-image★ de Freyming-Merlebach NE : 10 km.

au Nord 2,5 km sur D 633 (près échangeur A 4) – ✉ 57500 St-Avold

Novotel

RN 33 – ✆ 03 87 92 25 93 – www.novotel.com

61 ch – 65/139 € 65/139 € – 16 €

Rest – Formule 14 € – Carte 19/48 €

Dans ce Novotel entre forêt et autoroute (heureusement très calme), l'idéal est de choisir une chambre face à la piscine. Au restaurant, l'étape est pratique et sans surprise, mais la terrasse a vue sur les bois.

ST-AY – 45 Loiret – 318 H4 – 3 097 h. – alt. 100 m – ✉ 45130 12 C2

Paris 140 – Blois 48 – Châteaudun 52 – Orléans 13

Place de la Mairie, ✆ 02 38 88 44 44

La Grande Tour

21 rte Nationale – ✆ 02 38 88 83 70 – www.lagrandetour.com

– Fermé 13 août-3 sept., 14-22 janv., merc. soir, dim. soir et lundi

Rest – Formule 16 € – Menu 27/66 € – Carte 43/68 €

La Pompadour séjourna dans cet ancien et chaleureux relais de poste, situé sur la route des châteaux de la Loire. Cuisine traditionnelle (tête de veau, canette rôtie, sandre au beurre blanc, soufflés en dessert...), servie en terrasse l'été venu.

ST-AYGULF – 83 Var – 340 P5 – ✉ 83370 Côte d'Azur 41 C3

Paris 872 – Brignoles 69 – Draguignan 35 – Fréjus 6

place de la Poste, ✆ 04 94 81 22 09, www.saint-aygulf-tourisme.fr

Cap Riviera sans rest

21 r. de Claviers, (Plage du Grand Boucharel) – ✆ 04 94 81 21 42

– www.frejus-hotel.com – Ouvert 18 mars-17 oct.

20 ch – 64/139 € 64/150 € – 1 suite – 8 €

Petit hôtel familial, sur la route côtière, face à la mer. Chambres coquettes et colorées, plus calmes côté patio ; accueil aimable (petite restauration en saison).

ST-BAZILE-DE-MEYSSAC – 19 Corrèze – 329 L5 – 156 h. – alt. 230 m – ✉ 19500 25 C3

Paris 514 – Brive-la-Gaillarde 28 – Limoges 125 – Tulle 37

Le Manoir de la Brunie sans rest

La Brunie – ✆ 05 55 84 23 07 – www.manoirlabrunie.com

3 ch – 90/110 € 90/130 €

Pour un week-end au calme, ce manoir du 18e s. chargé d'histoire a conservé tout son cachet. Au programme, des promenades dans le jardin, un saut dans la piscine et un repos bien mérité dans les chambres, spacieuses et décorées avec goût.

ST-BEAUZEIL – 82 Tarn-et-Garonne – 337 B5 – 123 h. – alt. 181 m – ✉ 82150 28 B1

Paris 631 – Agen 32 – Cahors 55 – Montauban 64

Château de l'Hoste

rte d'Agen, (D 656) – ✆ 05 63 95 25 61 – www.chateaudelhoste.com – Ouvert fin mars-mi oct.

22 ch – 100/160 € 100/160 € – 15 € – ½ P

Rest *(fermé le midi sauf dim.)* – Menu 29 € (dîner)/38 € – Carte environ 40 €

En pleine campagne quercynoise, au cœur d'un superbe jardin, une gentilhommière du 17e s. pleine de caractère et de confort. Que dire de la bibliothèque, du bar, de la piscine ou encore du restaurant dont le chef privilégie les légumes du potager bio ? Le temps d'un séjour, on se rêve lady et gentleman-farmer...

ST-BÉNIGNE – 01 Ain – 328 C2 – rattaché à Pont-de-Vaux

ST-BENOIT – 86 Vienne – 322 I5 – rattaché à Poitiers

ST-BENOÎT-SUR-LOIRE – 45 Loiret – 318 K5 – 2 024 h. – alt. 126 m – ✉ 45730 Châteaux de la Loire 12 C2

Paris 166 – Bourges 92 – Châteauneuf-sur-Loire 10 – Gien 32

44, rue Orléanaise, ✆ 02 38 35 79 00, www.tourisme-loire-foret.com

Basilique★★.

Germigny-des-Prés : mosaïque★★ de l'église★ NO : 6 km.

Grand St-Benoît

7 pl. St-André – ✆ 02 38 35 11 92 – www.hoteldulabrador.fr – Fermé 19 août-2 sept., 21 déc.-6 janv., dim. et lundi sauf fériés

Rest *(nombre de couverts limité, réserver)* – Formule 19 € – Menu 29/59 € – Carte environ 56 €

Une maison chaleureuse, avec une jolie terrasse, au cœur de ce village où repose le poète Max Jacob. Au menu, de délicieux petits plats joliment cuisinés, avec de subtils mariages de saveurs. De quoi trouver l'inspiration !

ST-BERNARD – 01 Ain – 328 B5 – 1 383 h. – alt. 250 m – ✉ 01600 43 E1

Paris 443 – Bourg-en-Bresse 57 – Lyon 29 – Villeurbanne 37

Le Clos du Chêne

370 chemin du Carré – ✆ 04 74 00 45 39 – www.leclosduchene.com – Fermé 18 août-13 sept. et 3 fév.-15 mars

7 ch – 168 € 168 € – 14 €

Rest *(fermé vend. et sam.) (dîner seult) (résidents seult)* – Menu 34 €

En bordure de Saône, de superbes chambres romantiques et cosy dans une vaste propriété, alliant esprit de maison de famille, équipements modernes et thématique équestre. Raffiné !

ST-BONNET-LE-CHÂTEAU – 42 Loire – 327 D7 – 1 540 h. – alt. 870 m – ✉ 42380 Lyon et sa région 44 A2

Paris 484 – Ambert 48 – Montbrison 31 – Le Puy-en-Velay 66

7, place de la République, ✆ 04 77 50 52 48, www.pays-st-bonnet-le-chateau.fr

Chevet de la collégiale ≤★ - Chemin des Murailles★.

Le Béfranc

7 rte d'Augel – ✆ 04 77 50 54 54 – www.hotel-lebefranc.com – Fermé 1 sem. fin oct., fév., dim. soir et lundi sauf juil.-août
17 ch – 🚹49 € 🚹🚹59 € – ☕8 € – ½ P
Rest – Menu 12 € bc (sem.), 20/38 € – Carte 26/38 €
Nul besoin d'être l'auteur d'une infraction pour dormir dans cette ancienne gendarmerie ! Aux portes de l'Auvergne, cet établissement familial propose des chambres fonctionnelles et bien tenues. Restauration traditionnelle.

La Calèche

2 pl. Cdt Marey – ✆ 04 77 50 15 58 – www.restaurantlacaleche.fr – Fermé 2-16 janv., dim. soir, mardi et merc.
Rest – Formule 17 € – Menu 20 € (déj. en sem.), 30/58 € – Carte 36/55 €
Un restaurant aménagé dans une maison classée (17e s.), où les produits sont bien choisis : escargots, ris de veau, asperges... La carte des vins fait la part belle aux côtes-du-rhône.

ST-BONNET-LE-FROID – 43 Haute-Loire – 331 I3 – 228 h. – alt. 1 126 m – ✉ 43290

6 D3

▶ Paris 555 – Annonay 27 – Le Puy-en-Velay 58 – St-Étienne 51
ℹ 1 chemin de Brard, ✆ 04 71 65 64 41, www.saintbonnetlefroid.com

Le Clos des Cimes

le village – ✆ 04 71 59 93 72 – www.regismarcon.fr – Fermé 23 déc.-31 mars, jeudi soir de nov. à juin, lundi et mardi
12 ch – 🚹175 € 🚹🚹175 € – ☕22 €
Rest ***Bistrot la Coulemelle*** – voir les restaurants ci-après
C'est ici que tout a commencé pour la famille Marcon ! Une maison de pays au cœur du village, des chambres colorées et confortables, avec vue sur la vallée... et les cimes. Petit-déjeuner copieux (viennoiseries, charcuterie locale, etc.).

Le Fort du Pré

rte du Puy – ✆ 04 71 59 91 83 – www.le-fort-du-pre.fr – Fermé 1er-6 sept., 25 nov.-8 mars, dim. soir et lundi sauf le soir en juil.-août
29 ch – 🚹79/89 € 🚹🚹89/139 € – ☕12 € – ½ P
Rest ***Le Fort du Pré*** – voir les restaurants ci-après
Un peu en dehors du village, cette maison de maître abrite des chambres entièrement rénovées en 2012. Pour profiter du calme bien sûr, mais aussi des nombreux loisirs proposés (piscine, fitness, cours de cuisine...).

Régis et Jacques Marcon avec ch

soir,
Larsiallas, sur les hauteurs du village – ✆ 04 71 59 93 72 – www.regismarcon.fr – Ouvert 31 mars-22 déc. et fermé lundi midi de juin à oct., lundi soir de nov. à juin, mardi et merc.
10 ch – 🚹360 € 🚹🚹360 € – ☕25 €
Rest *(réserver)* – Menu 120/180 € – Carte 170/190 €
Viandes du plateau, lentilles vertes du Puy, fromages locaux, etc. : la cuisine des Marcon magnifie le terroir et l'automne est leur saison de prédilection. C'est là, dans l'intimité des sous-bois aux feuilles rougissantes, qu'ils cueillent ces champignons dont ils ont fait... un art ! Le bâtiment, ceint de verre, rend également un superbe hommage à la nature.
➜ Ragoût de lentilles et œuf de poulette fumé. Omble chevalier aux oseilles. Autour du chocolat et de la verveine du Velay. **Vins** Saint-Joseph, Vin de pays des Coteaux de l'Ardèche.

André Chatelard

pl. aux Champignons – ✆ 04 71 59 96 09 – www.restaurant-chatelard.com – Fermé 9-12 sept., janv., fév., mardi sauf août, dim. soir et lundi
Rest – Menu 21 € (sem.), 31/76 € – Carte 30/60 €
Comme une impression de joie de vivre dans cette maison de pays. On peut faire confiance au chef pour dénicher la truite du Lignon, la belle charcuterie, les champignons, les fromages, les bons vins à petits prix... Et c'est un ancien pâtissier !

Bistrot la Coulemelle – Hôtel Le Clos des Cimes
le village – ✆ 04 71 65 63 62 – www.regismarcon.fr
– Fermé 23 déc.-31 mars, jeudi soir de nov. à juin, mardi et merc.
Rest – Menu 27/42 €
Au cœur du joli village, voici la délicieuse "annexe bistrotière" du restaurant de Régis Marcon. Souris d'agneau aux lentilles vertes, composé de cochon, panier de desserts : rien à dire, tout est généreux et gourmand.

Le Fort du Pré – Hôtel Le Fort du Pré
rte du Puy – ✆ 04 71 59 91 83 – www.le-fort-du-pre.fr – Fermé 1er-6 sept., 25 nov.-8 mars, dim. soir et lundi sauf le soir en juil.-août
Rest – Formule 20 € – Menu 27/69 € – Carte 37/62 €
St-Bonnet-le-Froid peut bien se targuer du titre de "village gourmand" ! Jolie démonstration avec ce Fort, qui propose une cuisine d'aujourd'hui avec de beaux produits régionaux, le tout dans un environnement verdoyant... Une valeur sûre.

au Nord-Ouest 6 km par D 44

La Maison d'en Haut sans rest
Malatray – ✆ 04 71 61 96 20 – www.maison-den-haut.com – Ouvert avril-déc.
3 ch – †75/85 € ††75/85 €
Tout est si calme dans ce hameau de quelques âmes ! Cette ancienne ferme en pierres de taille (18e s.), avec ses chambres meublées dans un esprit maison de famille, est comme un refuge contre le temps qui passe. Une adresse de charme.

ST-BONNET-TRONÇAIS – 03 Allier – 326 D3 – 751 h. – alt. 224 m – 5 B1
– ✉ 03360 Auvergne

Paris 313 – Clermont-Ferrand 137 – Moulins 60 – Montluçon 44

à Tronçais 2 km au Sud-Est par D 250 – ✉ 03360

Le Tronçais
12 av. Nicolas-Rambourg, par D 978
– ✆ 04 70 06 11 95 – www.letroncais.com
– Ouvert 15 mars-15 nov. et fermé dim. soir, et lundi sauf de mai à sept.
9 ch – †78 € ††78 € – ☕ 9 € – ½ P
Rest ***Le Tronçais*** – voir les restaurants ci-après
Un parc, un étang, la magnifique forêt de Tronçais à proximité et... cette demeure agréable, avec des chambres classiques et pratiques, au grand calme. Un sympathique esprit familial au cœur d'une nature préservée !

Le Tronçais
12 av. Nicolas-Rambourg, par D 978 – ✆ 04 70 06 11 95 – www.letroncais.com
– Ouvert 15 mars-15 nov. et fermé dim. soir, mardi midi et lundi hors saison
Rest – Menu 18 € (sem.), 28/39 € – Carte 33/42 €
Un restaurant d'hôtel confortable, chaleureux et noyé dans la verdure. Le jeune chef concocte une cuisine traditionnelle bien ficelée et, dès les premiers beaux jours, quoi de plus agréable que de profiter du jardin ?

ST-BRANCHS – 37 Indre-et-Loire – 317 N5 – 2 421 h. – alt. 97 m – 11 B2
– ✉ 37320

Paris 259 – Joué-lès-Tours 19 – Orléans 135 – Tours 24

Le Diable des Plaisirs
2 av. des Marronniers – ✆ 02 47 26 33 44
– www.restaurant-lediabledesplaisirs.com – Fermé 15 août-4 sept., vacances de Noël, dim. soir, lundi et merc.
Rest *(réserver)* – Formule 16 € – Menu 21/40 € – Carte 43/55 €
Au diable les kilos en trop, ici, le plaisir passe avant tout ! Dans cette ancienne école transformée en restaurant, le chef délivre une jolie leçon de cuisine, très originale, privilégiant les produits frais et le tout fait maison. Accueil souriant.

ST-BREVIN-LES-PINS – 44 Loire-Atlantique – 316 C4 – 12 133 h. – alt. 9 m – Casino – ✉ 44250 Pays de la Loire
34 A2

Paris 442 – Nantes 57 – Saint-Herblain 62 – Saint-Nazaire 15

10, rue de l'Église, ☎ 02 40 27 24 32, www.saint-brevin.fr

Hôtel du Beryl

55 bd de l'Océan – ☎ 02 28 53 20 00 – www.hotel-stbrevinlocean.com

99 ch – 🚹99/259 € 🚹🚹99/259 € – ☕ 12 €

Rest *Le Cap* – Formule 16 € – Menu 19/34 € – Carte 30/50 €

Dans cette petite station proche de Pornic, un bel établissement aux chambres spacieuses et lumineuses, ouvrant sur l'océan en façade et les pins à l'arrière... En plus des plaisirs du bord de mer : spa, casino, restaurant face aux flots, etc.

ST-BRICE – 53 Mayenne – 310 G7 – 532 h. – alt. 71 m – ✉ 53290
35 C1

Paris 271 – Laval 43 – Le Mans 70 – Nantes 147

Au Manoir des Forges

0,5 km à l'Est par D 212 – ☎ 02 43 70 84 40 – www.manoirdesforges.fr – Ouvert 13 avril-30 nov. et fermé mardi, merc. et jeudi

5 ch ☕ – 🚹98/178 € 🚹🚹98/178 € **Table d'hôte** – Menu 25/35 € bc

Sur les hauteurs du village, petit manoir de 1550 au charme authentique : parc, plan d'eau où nagent des cygnes noirs... Chambres rustiques et cosy (tomettes, poutres, cheminée). Cuisine provençale et spécialités corses au coin du feu ou sous la tonnelle.

ST-BRICE-EN-COGLÈS – 35 Ille-et-Vilaine – 309 N4 – 2 758 h. – alt. 105 m – ✉ 35460
10 D2

Paris 343 – Avranches 34 – Fougères 17 – Rennes 57

7, place Charles-de-Gaulle, ☎ 02 99 97 85 44, www.coglais.com

Le Lion d'Or

ch, rest,

6-8 r. Chateaubriand – ☎ 02 99 98 61 44 – www.hotel-leliondor.fr – Fermé dim. soir de sept. à juin et fériés

36 ch – 🚹55/82 € 🚹🚹55/82 € – ☕ 9 € – ½ P

Rest – Formule 15 € – Menu 19 € (sem.), 27/35 € – Carte 28/45 €

Dans la rue principale du village, cet ancien relais de diligence en granit abrite des chambres au confort simple, régulièrement rénovées. Restaurant traditionnel et, au déjeuner, espace brasserie.

Manoir de la Branche sans rest

lieu-dit la Branche, 1 km au Nord par D 102 – ☎ 02 99 97 77 95 – www.manoirdelabranche.com – Fermé 20 déc.-6 janv.

5 ch ☕ – 🚹120/180 € 🚹🚹120/180 €

Robuste manoir datant de 1412, en bordure de forêt. Vieilles pierres, poutres de chêne, tomettes, murs à la chaux, mobilier de style : le décor fait remonter le temps !

ST-BRIEUC P – 22 Côtes-d'Armor – 309 F3 – 46 013 h. Agglo. 93 313 h. – alt. 78 m – ✉ 22000 Bretagne Nord
10 C2

Paris 451 – Brest 144 – Quimper 127 – Rennes 101

de St-Brieuc-Armor : ☎ 02 96 94 95 00, 10 km par ①.

Bureau central 7, rue Saint-Gouéno, ☎ 02 96 33 32 50, www.saint-brieuc.fr

Club la Crinière, à Lamballe, Manoir de la Ville Gourio, par rte de Lamballe et D 786 : 15 km, ☎ 02 96 32 72 60

Cathédrale St-Étienne★ - Tertre Aubé ≤★ BV.

Edgar

ch, ch,

15 r. Jouallan – ☎ 02 96 60 27 27 – www.hotel-edgar.fr AYg

28 ch – 🚹62/130 € 🚹🚹62/130 € – ☕ 10 €

Rest *(fermé 3-18 août, sam. et dim.)* – Carte 27/38 €

Une belle maison ancienne en pierre du pays... qui fut la résidence d'un armateur avant de devenir l'hôtel de police. Aujourd'hui, on y fait surtout délit de confort : les chambres sont agréables et contemporaines, dans un esprit cosy.

ST-BRIEUC

Abbé-Garnier (R.) . . . . . AX 2
Armor (Av. d') . . . . . BZ 3
Chapitre (R. du) . . . . . AZ 4
Charbonnerie (R.) . . . . . AY 5
Corderie (R. de la) . . . . . AX 13
Ferry (R. Jules) . . . . . AX 16
Gambetta (Bd) . . . . . AV 17
Gaulle (Pl. Gén.-de) . . . . . AY 18
Glais-Bizoin (R.) . . . . . ABY 20
Le Gorrec (R. P.) . . . . . AZ 28
Hérault (Bd) . . . . . AV 23
Jouallan (R.) . . . . . AY 26
Libération (Av. de la) . . . . . BZ 29
Lycéens-Martyrs (R.) . . . . . AZ 32
Martray (Pl. du) . . . . . AY 33
Quinquaine (R.) . . . . . AY 38
Résistance (Pl. de la) . . . . . AY 39
Rohan (R. de) . . . . . AYZ 40
St-Gilles (R.) . . . . . AY 43
St-Gouéno (R.) . . . . . AY 44
St-Guillaume (R.) . . . . . BZ 46
Victor-Hugo (R.) . . . . . BX 50
3-Frères-Le-Goff (R.) . . . . . AY 52
3-Frères-Merlin (R.) . . . . . AY 53

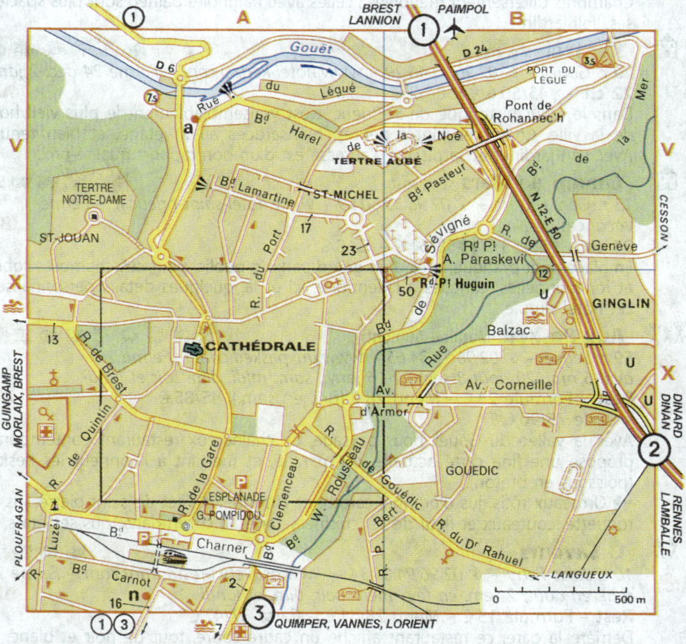

Hôtel de Clisson sans rest
36 r. Gouët – ✆ 02 96 62 19 29 – www.hoteldeclisson.com AYe
25 ch – 62/125 € 79/125 € – 8 €
Cette bâtisse blanche, à l'écart du centre, vous réserve un accueil charmant. Chambres diversement meublées ; celles avec baignoire balnéo sont plus spacieuses. Joli jardin.

Ker Izel sans rest
20 r. Gouët – ✆ 02 96 33 46 29 – www.hotel-kerizel.com – Fermé 24 déc.-2 janv.
22 ch – 45/50 € 58/62 € – 8 € AYa
Dans le cœur historique de St-Brieuc, c'est vraisemblablement le plus vieil hôtel de la ville. Chambres plutôt petites, mansardées au 2e étage, et bien tenues. Avec son jardinet et sa piscine, l'adresse est d'un bon rapport qualité-prix.

Champ de Mars sans rest
13 r. Gén. Leclerc – ✆ 02 96 33 60 99 – www.hotel-saint-brieuc.fr – Fermé vacances de Noël BZs
21 ch – 52/55 € 58/61 € – 8 €
Emplacement pratique, près d'un grand parking public, pour ces chambres sobres et fonctionnelles, conçues à l'identique. Ici et là, quelques détails personnalisent cet hôtel simple.

Aux Pesked (Mathieu Aumont)
59 r. Légué – ✆ 02 96 33 34 65 – www.auxpesked.com – Fermé 29 avril-6 mai, 20 août-8 sept., 2-16 janv., sam. midi, dim. soir et lundi
Rest – Formule 23 € – Menu 28 € (déj. en sem.), 45/85 € AVa
– Carte 75/90 €
Avec la vallée du Gouët pour paysage, ce chaleureux restaurant contemporain propose une fine carte actuelle, du marché, et mettant à l'honneur les Pesked (poissons en breton).
→ Ormeaux rôtis, jus d'orange, carotte et citronnelle. Filet de saint-pierre, jus de roquette, couteaux et fleur de sel cuisinée. Tarte au citron dans tous ses états.

Ô Saveurs
10 r. Jules Ferry – ✆ 02 96 94 05 34 – www.osaveurs-restaurant.com – Fermé 2 sem. en août, 2 sem. en fév., merc. soir, dim. et lundi AXn
Rest – Formule 15 € – Menu 28/51 € – Carte 37/47 €
Derrière la gare, ce restaurant affiche un cadre sobre, tout de noir et blanc, en parfait accord avec les mets proposés. Carte de saison. Accueil et service charmants.

Youpala Bistrot
5 r. Palasne-de-Champeaux, Sud-Ouest par bd Charner – ✆ 02 96 94 50 74 – www.youpala-bistrot.com – Fermé 21 avril-6 mai, 7-22 juil., vacances de Toussaint, dim. et lundi
Rest *(nombre de couverts limité, réserver)* – Formule 23 € – Menu 29 € (déj. en sem.), 35 € bc/45 €
Dans son bistrot contemporain et coloré, le chef élabore un menu unique qui change chaque jour au gré du marché, mettant à l'honneur les légumes et la marée bretonne. Formule bistrot au déjeuner, gastronomique le soir.

L'Air du Temps
4 r. Gouët – ✆ 02 96 68 58 40 – www.airdutemps.fr – Fermé 6-22 juil., vacances de Toussaint, de fév., dim. et lundi AYz
Rest – Formule 13 € – Menu 16 € – Carte 29/62 €
Optez pour l'agréable cadre rustico-contemporain du rez-de-chaussée ou l'atmosphère très épurée de l'étage. Côté cuisine, saveurs ensoleillées relevées d'herbes et d'épices.

à Sous-la-Tour **3 km au Nord-Est par Port Légué et D 24 BV – ✉ 22190 Plerin**

La Maison du Phare sans rest
93 r. de la Tour – ✆ 02 96 33 34 65 – www.maisonphare.com – Fermé 20 août-9 sept. et 1er-15 janv.
5 ch – 80/110 € 80/110 € – 8 €
Adossée à la falaise, près du port, cette maison du 19e s. cultive une certaine douceur de vivre. Selon les chambres – toutes claires, simples et confortables –, on jouit d'un balcon, d'une terrasse ou d'une vue sur la mer.

La Vieille Tour (Nicolas Adam)
75 r. de la Tour – 02 96 33 10 30 – www.la-vieille-tour.com
– Fermé 18 août-10 sept., vacances de fév., sam. midi, dim. et lundi
Rest *(nombre de couverts limité, réserver)* – Formule 20 € – Menu 28 € (sem.), 40/70 € – Carte 60/105 €
Cadre très contemporain jouant sur la lumière et les matières (verre, wengé...), en totale adéquation avec les saveurs fines et iodées de cette maison de pays, face au chenal.
→ Ravioles de langoustine au curry-pesto et écume estragon. Saint-pierre rôti, onctuosité de petits pois, asperge et oignon braisés. Poire Belle-Hélène version 2012.

à Cesson 3 km à l'Est par r. de Genève BV – ✉ 22000 St Brieuc

La Croix Blanche
61 r. de Genève – 02 96 33 16 97 – www.restaurant-lacroixblanche.fr
– Fermé 1er-20 août, 1er-8 janv., vacances de fév., dim. soir et lundi
Rest – Menu 24/90 € – Carte 60/95 €
Tourteau glacé au gaspacho andalou, lieu jaune aux petits pois et beurre frais... Dans ce plaisant restaurant ouvert sur un joli jardin, le chef concocte une cuisine d'aujourd'hui fort gourmande et raffinée, où le poisson tient le premier rôle.

Manoir le Quatre Saisons
61 chemin Courses – 02 96 33 20 38 – www.manoirquatresaisons.fr
– Fermé 5-19 mars, 1er-15 oct., dim. soir et lundi
Rest – Formule 18 € – Menu 25/75 € – Carte 54/68 €
En dehors de la ville... et presque à la campagne. Cette maison typiquement régionale est très accueillante, et le chef concocte une cuisine d'aujourd'hui, renouvelée avec les quatre saisons. Côté nectars, la carte honore la région bordelaise.

ST-CALAIS – 72 Sarthe – 310 N7 – 3 482 h. – alt. 155 m – ✉ 72120 — 35 D1
Pays de la Loire

Paris 188 – La Ferté-Bernard 33 – Le Mans 47 – Tours 66
place de l'Hôtel de ville, 02 43 35 82 95, www.payscalaisien.com
Façade★ de l'église Notre-Dame.

Rte de la Ferté-Bernard 3 km au Nord par D 1

Château de la Barre
– 02 43 35 00 17 – www.chateaudelabarre.com – Fermé 10 janv.-1er mars
5 ch – 150/380 € 250/380 € – 18 € **Table d'hôte** – Menu 65/120 € bc
Le comte et la comtesse de Vanssay, vingtièmes du nom, vous accueillent dans leur château des 15e-18e s. Un bijou d'élégance à la française ! Portraits ancestraux, meubles d'époque, imprimés foisonnants et, dans le parc, des jardins à thème (japonais, italien, inca, etc.). Une villégiature rêvée pour les amateurs !

ST-CANADET – 13 Bouches-du-Rhône – 340 H4 – ✉ 13610 — 40 B3

Paris 765 – Marseille 46 – Aix-en-Provence 18 – Avignon 93

Campagne le Bec sans rest
1,2 km par le chemin St-Pierre – 04 42 61 97 05 – www.campagnelebec.com
4 ch – 140/200 € 140/200 €
En pleine campagne, cette ancienne bergerie mêle avec brio profusion baroque et élégance classique. "Lin", "Portugaise", "Grise", etc. : chaque chambre revêt un charme particulier. Table d'hôte sur demande. Bassin de nage.

ST-CANNAT – 13 Bouches-du-Rhône – 340 G4 – 5 470 h. – alt. 216 m — 40 B3
– ✉ 13760 Provence

Paris 731 – Aix-en-Provence 17 – Cavaillon 39 – Manosque 65
3 avenue Pasteur, 04 42 57 34 65, www.saint-cannat.fr

au Sud 2 km par rte d'Éguilles et rte secondaire – ✉ 13760 St-Cannat

Mas de Fauchon

1666 chemin de Berre – ✆ 04 42 50 61 77 – www.mas-de-fauchon.fr
16 ch – 120/240 € 120/240 € – 2 suites – 15 € – ½ P
Rest – Formule 21 € – Menu 25 € (déj. en sem.), 38 € – Carte 46/76 €
Le calme à l'état pur avec pour seule musique le chant des cigales... En pleine campagne, autour d'une bergerie du 17e s., on découvre de grandes chambres d'un élégant style provençal, de plain-pied avec le jardin. Agréable piscine et espace détente. Restaurant traditionnel dans la bâtisse principale.

ST-CAPRAISE-DE-LALINDE – 24 Dordogne – 329 E6 – rattaché à Lalinde

---

ST-CAST-LE-GUILDO – 22 Côtes-d'Armor – 309 I3 – 3 500 h. – alt. 52 m – ✉ 22380 Bretagne Nord 10 C1

Paris 427 – Avranches 91 – Dinan 32 – St-Brieuc 50
place Charles-de-Gaulle, ✆ 02 96 41 81 52, www.saintcastleguildo.com
de Saint-Cast Pen-Guen, Chemin du Golf, S : 4 km, ✆ 02 96 41 91 20
Pointe de St-Cast ←★★ - Pointe de la Garde ←★★ - Pointe de Bay ←★ S : 5 km.

Ker Flore

40 r. Rioust des Villes Audrains, au bourg, près de l'église – ✆ 02 96 81 03 79 – www.kerflore.com – Fermé 22 déc.-2 fév., dim. soir, mardi soir, merc. soir et lundi sauf juil.-août
Rest – Formule 14 € – Menu 23/29 € – Carte 32/40 €
Monsieur est lyonnais, madame bretonne, et tous deux ont fait de cette charmante maison locale (1786) un repaire champêtre, rétro et gourmand. Au gré des saisons, on s'attablera autour d'un curry d'églefin ou d'une choucroute de la mer...

ST-CÉRÉ – 46 Lot – 337 H2 – 3 563 h. – alt. 152 m – ✉ 46400 29 C1
Périgord Quercy

Paris 531 – Aurillac 62 – Brive-la-Gaillarde 51 – Cahors 80
13, avenue Francois de Maynard, ✆ 05 65 38 11 85, www.tourisme-vallee-dordogne.com
de Montal, à Saint-Jean-Lespinasse, O : 3 km par D 807, ✆ 05 65 10 83 09
Site★ - Tapisseries de Jean Lurçat★ au casino - Atelier-musée Jean Lurçat★ - Château de Montal★★ O : 3 km.
Cirque d'Autoire★ : ←★★ par Autoire (site★) O : 8 km.

Les Trois Soleils de Montal

rte de Gramat, 2 km par D 673 – ✆ 05 65 10 16 16 – www.3soleils.fr – Fermé déc.-janv.
25 ch – 93/119 € 93/119 € – 4 suites – 14 € – ½ P
Rest *Les Trois Soleils de Montal* ✿ – voir les restaurants ci-après
Dans cette campagne lotoise si bucolique, qui plus est dans un parc charmant, à deux pas du château de Montal : l'adresse est idéale pour voir la vie en vert ! Chambres spacieuses et confortables, dans une veine plutôt moderne.

Hôtel de France

av. François-de-Maynard, rte d'Aurillac – ✆ 05 65 38 02 16 – www.lefrance-hotel.com – Fermé 20 déc.-20 janv. et vend. soir de sept. à juin
20 ch – 48/52 € 56/62 € – 10 € – ½ P
Rest *(fermé le midi sauf mardi, merc., jeudi et dim.)* – Formule 22 € – Menu 27/42 € – Carte 34/61 €
À l'entrée de St-Céré, un hôtel aux chambres fonctionnelles, sobres et rustiques ; préférez celles donnant sur le jardin. Au restaurant, plats traditionnels et saveurs du Quercy. Terrasse ombragée.

Villa Ric ch,

rte Leyme, 2,5 km par D 48 – 05 65 38 04 08 – www.villaric.com
– Ouvert 29 mars-10 nov.
5 ch – 79/99 € 79/109 € – 11 € – ½ P
Rest *(dîner seult) (résidents seult)* – Menu 36/52 €
Des chambres cosy dans cette maison accrochée à flanc de colline... On apprécie son cadre reposant et son ambiance guesthouse. Au restaurant, cuisine dans l'air du temps et vue panoramique sur la vallée.

Les Trois Soleils de Montal (Frédérik Bizat)

rte de Gramat, 2 km par D 673 – 05 65 10 16 16
– www.3soleils.fr – Fermé déc.-janv., dim. soir et mardi midi d'oct. à mars, lundi sauf le soir d'avril à sept.
Rest – Menu 30 € (déj. en sem.), 42/78 € – Carte 58/80 €
Un, deux, trois... soleil ! Le décor élégant d'abord, la qualité des produits ensuite, la finesse d'exécution en clap de fin : vous pouvez faire un mouvement et déguster sans craindre, le rapport qualité-plaisir est excellent.
➜ Émincé de homard breton, pomélo et mangue, condiment d'agrumes. Épaule d'agneau fermier en cuisson douce. Soupe de litchis et glace noix de coco. **Vins** Cahors, Duras.

ST-CHAMAS – 13 Bouches-du-Rhône – 340 F4 – 7 781 h. – alt. 15 m 40 A3
– ✉ 13250 Provence

Paris 738 – Arles 43 – Marseille 50 – Martigues 26

17 rue du 4 septembre, 04 90 50 90 54

Le Rabelais avec ch ch,

8 r. Auguste Fabre, (centre ville) – 04 90 50 84 40
– www.restaurant-le-rabelais.com – Fermé merc. soir, dim. soir et lundi
2 ch – 80/100 € 80/100 € – 8 €
Rest – Formule 19 € – Menu 27 € (déj.), 41/65 € – Carte 29/49 €
Installé dans la jolie salle voûtée du 17e s. d'un vieux moulin à blé, un restaurant que n'aurait pas renié le héros de Rabelais, Gargantua, même si on y sert une cuisine du moment, ancrée dans les saisons et osant des associations originales. Pour l'étape, deux jolies chambres à l'étage.

ST-CHAMOND – 42 Loire – 327 G7 – 35 891 h. – alt. 388 m 44 B2
– ✉ 42400 Lyon et sa région

Paris 505 – Feurs 55 – Lyon 50 – Montbrison 53

1 rue de Saint-Etienne, 04 77 22 45 39, www.tourisme-st-etienne.com

Les Ambassadeurs

28 av. de la Libération, (près de la gare) – 04 77 22 85 80
– www.hotel-ambassadeurs.fr – Fermé 4-25 août, 25-30 déc.
16 ch – 58/62 € 58/62 € – 8 €
Rest *Les Ambassadeurs* – voir les restaurants ci-après
Près de la gare de Saint-Chamond, cet hôtel propose des chambres fonctionnelles, claires et bien tenues, parfaites pour une étape entre Lyon et Saint-Étienne – d'autant qu'il abrite une très bonne table !

Les Ambassadeurs (Julien Thomasson)

28 av. de la Libération, (près de la gare) – 04 77 22 85 80
– www.hotel-ambassadeurs.fr – Fermé 4-25 août, 25-30 déc., sam. midi, dim. soir et lundi
Rest – Menu 26 € (déj. en sem.), 34/67 € – Carte environ 61 €
Ces Ambassadeurs-là délivrent aux papilles un joli message : une cuisine fraîche et fine, où les arômes s'épanouissent avec justesse, pour le plaisir de tous. Le choix est limité, mais les menus sont renouvelés régulièrement. Prix mesurés.
➜ Hure de homard breton au basilic, sucs de tomate acidulée et feuille d'huître. Ris de veau croustillant, asperges vertes de Mallemort, jus aux champignons et au savagnin. Soufflé au chocolat et banane caramélisée. **Vins** Côtes Roannaise, Saint-Joseph.

ST-CHÉLY-D'APCHER – 48 Lozère – 330 H6 – 4 455 h. – alt. 1 000 m 22 B1

– ✉ 48200 Languedoc Roussillon

Paris 540 – Aurillac 106 – Mende 45 – Le Puy-en-Velay 85

48 rue Théophile Roussel, ✆ 04 66 31 03 67, www.ot-saintchelydapcher.com

Les Portes d'Apcher

rte de St Flour, 1,5 km au Nord sur D 809 – ✆ 04 66 31 00 46 – www.hotels-brunel.com

17 ch – 64/84 € 64/84 € – 8 € – ½ P

Rest *(fermé dim. soir et lundi midi sauf juil.-août)* – Formule 10 € – Menu 14 € (déj. en sem.), 22/49 € – Carte 36/54 €

Non loin de l'autoroute, un hôtel-restaurant très pratique, avec des chambres entièrement rénovées en 2011 dans un esprit contemporain et cosy (du bois, de la pierre et parfois une douche à l'italienne). Poussez ces Portes !

à La Garde 9 km au Nord par D 809 – ✉ 48200 Albaret Ste Marie

Château d'Orfeuillette

échangeur A 75 sortie 32 puis sur D 809, suivre la Garde – ✆ 04 66 42 65 65 – www.hotels-brunel.com – Fermé 15 nov.-28 mars

9 ch – 150/195 € 150/195 € – 2 suites – 16 € – ½ P

Rest ***Château d'Orfeuillette*** – voir les restaurants ci-après

Dans le parc paressent des ânes et des chevaux... Au cœur du Gévaudan, voilà bien un lieu paisible et raffiné : ce château de la fin du 19e s. mêle charme de l'ancien, mobilier design et touches baroques avec un caractère certain !

L'Orangerie

– ✆ 04 66 42 65 65 – www.hotels-brunel.com

7 ch – 85/100 € 85/100 € – 16 €

L'Orangerie du château ? Une annexe confortable, avec des chambres fonctionnelles et sobres, où dominent les tons clairs.

Le Rocher Blanc

– ✆ 04 66 31 90 09 – www.lerocherblanc.com

19 ch – 57/78 € 57/78 € – 9 € – ½ P

Rest ***Le Rocher Blanc*** – voir les restaurants ci-après

"Mille et une nuits", "Temps modernes", "Masaï", "Campagnarde", etc. La plupart des chambres de cet hôtel déclinent un thème différent, parfaitement mis en scène. Un voyage dans le voyage... et une bonne étape, aux prestations variées et agréables.

Château d'Orfeuillette – Hôtel Château d'Orfeuillette

échangeur A 75 sortie 32 puis sur D 809, suivre la Garde – ✆ 04 66 42 65 65 – www.hotels-brunel.com – Fermé15 nov.-28 mars, le midi sauf dim. et lundi

Rest – Menu 35/61 € – Carte 53/61 €

Atmosphère châtelaine, feutrée et romantique pour une table associant élégance des vieilles pierres et esprit très contemporain. Avec de bons produits locaux, le chef concocte une cuisine d'aujourd'hui, fine et plaisante.

Le Rocher Blanc – Hôtel Le Rocher Blanc

– ✆ 04 66 31 90 09 – www.lerocherblanc.com

Rest – Menu 22 € (sem.), 29/49 € – Carte 30/50 €

Une auberge campagnarde et branchée ! Le chef aime bousculer les habitudes, dans le décor – aux styles mêlés – comme dans l'assiette. À la carte : goût du terroir et zeste d'audace (filet de truite rose en feuille de blette, écume à la gentiane).

ST-CHÉLY-D'AUBRAC – 12 Aveyron – 338 J3 – 551 h. – alt. 700 m 29 D1

– Sports d'hiver : à Brameloup 1 200/1 390 m 4 – ✉ 12470

Midi Toulousain

Paris 589 – Espalion 20 – Mende 74 – Rodez 50

route d'Espalion, ✆ 05 65 44 21 15, www.stchelydaubrac.com

Hôtel des Voyageurs avec ch
av. d'Aubrac – ✆ 05 65 44 27 05 – www.hotel-conserverie-aubrac.com – Ouvert 10 avril-15 oct. et fermé merc. sauf le soir en juil.-août
7 ch – †50/53 € ††50/53 € – ☕ 8 € – ½ P
Rest – Menu 15 € (dîner), 18/25 € – Carte 26/39 €
Les villages perdus dans la campagne réservent de belles surprises ! Ici, on déguste une bonne cuisine familiale à l'accent aveyronnais (tripoux, aligot...) et l'on peut même faire des provisions, car le chef a ouvert une conserverie artisanale. Pour l'étape, des chambres simples et impeccables.

ST-CHRISTOPHE-LA-GROTTE – 73 Savoie – 333 H5 – rattaché aux Échelles

ST-CIERS-DE-CANESSE – 33 Gironde – 335 H4 – 786 h. – alt. 40 m – ✉ 33710 3 B1

Paris 548 – Blaye 10 – Bordeaux 45 – Jonzac 54
Citadelle de Blaye★ NO : 8 km Aquitaine

La Closerie des Vignes
village Les Arnauds, 2 km au Nord par D 250 et D 135 – ✆ 05 57 64 81 90 – www.hotel-restaurant-gironde.com – Ouvert 11 avril-28 oct.
7 ch – †92/98 € ††92/98 € – ☕ 10 € – ½ P
Rest *(fermé mardi) (dîner seult)* – Menu 34 €
Au milieu des vignes de Blaye, ce pavillon est si paisible. Chambres pratiques et fraîches, cuisine familiale simple (confit, tarte maison, etc.), jardin... Pour une retraite au vert !

ST-CIRQ-LAPOPIE – 46 Lot – 337 G5 – 217 h. – alt. 320 m – ✉ 46330 29 C1

Périgord Quercy
Paris 574 – Cahors 26 – Figeac 44 – Villefranche-de-Rouergue 37
place du Sombral, ✆ 05 65 31 31 31, www.saint-cirqlapopie.com
Site★★ - Vestiges de l'ancien château ≤★★ - Le Bancourel ≤★ - Bouziès : chemin de halage du Lot★ NO : 6,5 km.

Auberge du Sombral "Les Bonnes Choses" avec ch
– ✆ 05 65 31 26 08 – www.lesombral.com – Ouvert 1er avril à mi-nov. et fermé jeudi sauf vacances scolaires et sept.
8 ch – †55/80 € ††55/80 € – ☕ 9 €
Rest *(fermé le soir sauf vend. et sam.)* – Formule 16 € – Menu 22 € (déj.)/29 € – Carte 28/55 €
Dans cette maison, au pied du château des Lapopie, on sait ce que sont Les Bonnes Choses ! La preuve : on y savoure une sympathique cuisine du terroir où les produits locaux ont la part belle (agneau, foie gras, fromages...). Quelques jolies chambres pour prolonger la visite de ce village dominant le Lot.

Le Gourmet Quercynois
r. de la Peyrolerie – ✆ 05 65 31 21 20 – www.restaurant-legourmetquercynois.com – Fermé mi-nov. à mi-déc. et janv.
Rest – Formule 15 € – Menu 20/27 € – Carte 30/64 €
Une charmante maison du 17e s., adossée au musée du Vin, voilà une bonne entrée en matière ! Une fois en haut du bel escalier en pierre, on entre dans la jolie salle rustique pour s'installer au coin de la cheminée ou sur la terrasse. Côté cuisine, on déguste des recettes du terroir mettant le canard à l'honneur.

à Tour-de-Faure 2 km à l'Est par D 8 – 387 h. – alt. 137 m – ✉ 46330

Le Saint Cirq sans rest
– ✆ 05 65 30 30 30 – www.hotel-lesaintcirq.com – Fermé de mi-nov. à mi-déc. et janv.
25 ch – †78/170 € ††78/170 € – ☕ 13 €
Face au cirque de Lapopie, cet hôtel récent s'inspire d'un hameau quercynois : accueil dans un ancien séchoir à tabac, matériaux nobles et parc planté d'arbres fruitiers. Authentique !

Les Gabarres sans rest
– 05 65 30 24 57 – www.hotellesgabarres.com – Ouvert 15 avril-15 oct.
28 ch – 58/68 € 58/68 € – 10 €
L'édifice, niché près du Lot, au pied de ce magnifique village perché, invite à une halte touristique. Chambres fonctionnelles et bien tenues. Aux beaux jours, profitez de la piscine.

ST-CLAIR – **83 Var** – **340** N7 – **rattaché au Lavandou**

ST-CLAR – **32 Gers** – **336** G6 – **977 h.** – **alt. 150 m** – **32380** **28** B2
Midi Toulousain
Paris 706 – Agen 49 – Auch 37 – Toulouse 79
place de la Mairie, 05 62 66 34 45

La Garlande sans rest
12 pl. de la Mairie – 05 62 66 47 31 – www.lagarlande.com – Ouvert 29 mars-12 nov.
3 ch – 56 € 65/74 €
Maison du 18e s. pleine de cachet : on accède aux chambres cosy par un escalier ouvert sur un puits de lumière. Moulures, parquet et cheminée ajoutent au charme des lieux.

ST-CLAUD – **16 Charente** – **324** M4 – **1 084 h.** – **alt. 144 m** – **16450** **39** C2
Paris 437 – Angoulême 44 – Poitiers 111 – Saint-Junien 38

Logis de la Broue
r. Abbé-Rousselot – 05 45 71 43 96 – www.logisdelabroue.com
3 ch – 100 € 115 € **Table d'hôte** – Menu 34 € bc
Joliment restaurée, cette propriété viticole est désormais un lieu de villégiature charmant, bucolique et si tranquille. Salon bourgeois orné d'authentiques tapisseries d'Aubusson, chambres classiques d'esprit maison de famille, piscine, billard et plats du terroir à la table d'hôtes : on se sent bien !

ST-CLAUDE – **39 Jura** – **321** F8 – **11 355 h.** – **alt. 450 m** **16** B3
– **39200** Franche-Comté Jura
Paris 465 – Annecy 88 – Genève 60 – Lons-le-Saunier 59
1, avenue de Belfort, 03 84 45 34 24, www.ot-saint-claude.com
de la Valserine, à Mijoux, La Pellagrue, par rte de Genève : 24 km, 04 50 41 31 56
Site★★ - Cathédrale St-Pierre★ : stalles★★ - Musée de l'Abbaye★ - Exposition de pipes, de diamants et de pierres fine.
Georges du Flumen★ - Route de Morez ★★ 7 km.

Jura rest,
40 av. de la Gare – 03 84 45 24 04 – www.jurahotel.com
35 ch – 52/70 € 52/70 € – 8 € – ½ P
Rest – Menu 17 € (sem.), 27/34 € – Carte 27/35 €
Face à la gare, un hôtel qui ne paie pas de mine, mais dispose de chambres pratiques, dont les plus confortables et spacieuses ont vue sur la rivière et la montagne. Au restaurant, cuisine traditionnelle bien sympathique.

ST-CLÉMENT-DES-BALEINES – **17 Charente-Maritime** – **324** A2 – **voir à Île de Ré**

ST-CLÉMENT-LES-PLACES – **69 Rhône** – **327** F5 – **659 h.** **44** A1
– **alt. 625 m** – **69930**
Paris 458 – Lyon 54 – Saint-Étienne 69 – Villeurbanne 63

L'Auberge de Saint-Clément
Le bourg – 04 74 26 03 83 – Fermé 13-30 août et merc.
Rest *(déj. seult) (nombre de couverts limité, réserver)* – Menu 19 €
Dans les monts du Lyonnais, paisible auberge avec vue sur la campagne (belle terrasse). Cuisine de bistrot tout en simplicité, réalisée avec la complicité des producteurs locaux.

ST-CLOUD – **92 Hauts-de-Seine** – **311** J2 – **101** 14 – **voir à Paris, Environs**

ST-CRÉPIN – 05 Hautes-Alpes – 334 H4 – 608 h. – alt. 910 m 41 C1
– ✉ 05600 Alpes du Sud

Paris 759 – Briançon 26 – Digne-les-Bains 140 – Gap 60

Les Tables de Gaspard avec ch

r. Principale – ✆ 04 92 24 85 28 – www.lestablesdegaspard.com – Fermé 3 sem. en déc., mardi hors saison et merc.

3 ch – 45/50 € 45/50 €

Rest *(réserver)* – Formule 18 € – Menu 25 € (déj. en sem.), 29/55 €

Bienvenue chez Gaspard de Rame, châtelain de St-Crépin ! Dans la salle voûtée du 16e s., ne vous attendez pas à un festin digne de la Renaissance. Ici, on apprécie une savoureuse cuisine dans l'air du temps, qui met en valeur les produits du terroir. À l'étage, agréables chambres d'hôtes pour l'étape.

ST-CRÉPIN-ET-CARLUCET – 24 Dordogne – 329 I6 – 493 h. 4 D3
– alt. 262 m – ✉ 24590 Périgord Quercy

Paris 519 – Bordeaux 196 – Brive-la-Gaillarde 40 – Sarlat-la-Canéda 12

Les Charmes de Carlucet sans rest

Carlucet – ✆ 05 53 31 22 60 – www.carlucet.com – Ouvert 1er mars-12 nov.

4 ch – 84/119 € 84/119 € – 5 €

Cette tranquille propriété périgourdine dispose de chambres coquettes et spacieuses, dont deux mansardées. Pour le petit-déjeuner, on s'installe sous la belle véranda. Accueil attentionné.

ST-CYPRIEN – 66 Pyrénées-Orientales – 344 J7 – 10 508 h. – alt. 5 m 22 B3
– Casino – ✉ 66750 Languedoc Roussillon

Paris 859 – Céret 31 – Perpignan 17 – Port-Vendres 20

quai A. Rimbaud, ✆ 04 68 21 01 33, www.tourisme-saint-cyprien.com

de Saint-Cyprien, à Saint-Cyprien-Plage, Mas d'Huston, N : 1 km, ✆ 04 68 37 63 63

L'Atelier

quai Rimbaud – ✆ 04 68 68 06 51 – www.restaurant-atelier.com – Fermé dim. soir et lundi d'oct. à mai

Rest – Menu 24 € (sem.), 40/72 € – Carte 35/66 €

Une terrasse plantée de platanes et cette jolie maison blanche donnant sur le port. Ici, le chef ne transige pas sur la qualité : tomates bio d'un petit producteur voisin, asperges de Narbonne, thon de Barcelone... Dans l'assiette, une cuisine fraîche, franche et goûteuse : il n'y a pas de secret !

à St-Cyprien-Plage 3 km au Nord-Est par D 22 – ✉ 66750 St Cyprien

Mas d'Huston

r. Jouy d'Arnaud, au golf – ✆ 04 68 37 63 63 – www.saintcyprien-golfresort.com – Fermé 18 nov.-13 déc. et 6-31 janv.

46 ch – 125/195 € 125/195 € – 2 suites – 17 € – ½ P

Rest *Le Mas* *(fermé le midi sauf dim.)* – Menu 37/49 € – Carte 49/61 €

Rest *L'Eagle* *(déj. seult)* – Formule 16 € – Carte 24/46 €

À l'entrée du golf, un hôtel récent niché dans la verdure, au calme. La moitié des chambres, sobres et contemporaines, donnent de plain-pied sur le parc et les greens ; sur place, un restaurant gastronomique et une brasserie de type "club-house".

à St-Cyprien-Sud 3 km – ✉ 66750 St-Cyprien

L'Île de la Lagune

bd de l'Almandin, (par av. Armand-Lanoux) – ✆ 04 68 21 01 02 – www.hotel-ile-lagune.com

18 ch – 160/360 € 160/360 € – 6 suites – 22 € – ½ P

Rest *L'Almandin* – voir les restaurants ci-après

Au bout d'une petite route, sur une marina artificielle et... au grand calme ! Le bâtiment, entièrement rénové durant l'hiver 2011-2012, se dresse sur les rives. Au programme : thalasso et plage (l'été, un bateau y conduit les clients).

La Lagune

28 av. Armand Lanoux – 04 68 21 24 24 – www.hotel-lalagune.com – Ouvert 29 mars-11 nov.

49 ch – 97/180 € 97/180 € – 13 € – ½ P

Rest – Formule 19 € – Menu 29/34 € bc

Sur la plage, un hôtel intégré à un vaste complexe résidentiel, idéal pour les familles et les groupes. Esprit club (animations musicales en saison, joli spa, formules buffet...) ; chambres pratiques et mignonnes donnant sur la piscine ou la lagune.

L'Almandin – Hôtel L'Ile de Lagune

bd de l'Almandin, (par av. Armand-Lanoux) – 04 68 21 01 02 – www.hotel-ile-lagune.com

Rest – Menu 30 € (déj. en sem.), 49/98 € – Carte 63/87 €

Au bord de la Méditerranée, dans un cadre contemporain, une cuisine gastronomique qui joue la carte de la créativité – ainsi cette "truffe virtuelle" : une mousse d'aubergine emprisonnée dans une coque de cacao et d'encre de seiche. Des recettes plaisantes et savoureuses. Accueil et service tout sourire.

ST-CYR-AU-MONT-D'OR – 69 Rhône – 327 I5 – rattaché à Lyon

ST-CYR-DU-GAULT – 41 Loir-et-Cher – 318 D6 – 180 h. – alt. 130 m – 41190 11 A1

Paris 222 – Blois 28 – Orléans 98 – Tours 43

place de l'église, 02 54 46 12 81

Château Le Parc sans rest

Le Bourg – 02 54 46 19 58 – www.chateau-leparc.com – Fermé déc. et janv.

3 ch – 130 € 160 €

Un château de 1870 construit sur des ruines du 15e s. Les chambres y sont très spacieuses et joliment décorées de meubles anciens ou contemporains. Mais l'atout majeur de l'adresse est sans aucun doute son superbe parc de 21 ha où il n'est pas rare d'apercevoir une biche ou un chevreuil.

ST-CYR-EN-TALMONDAIS – 85 Vendée – 316 H9 – 364 h. – alt. 31 m – 85540 Pays de la Loire 34 B3

Paris 444 – Luçon 14 – La Rochelle 57 – La Roche-sur-Yon 30

3 rue de la Tillauderie, Mairie, 09 62 09 09 68

Auberge de la Court d'Aron avec ch

1 allée des Tilleuls – 02 51 30 81 80 – www.court-d-aron.com – Fermé 25 nov.-12 déc., 21 janv.-7 fév., dim. soir et mardi soir hors saison et lundi

4 ch – 62/82 € 70/90 € – 10 € – ½ P

Rest – Formule 16 € – Menu 19 € (sem.), 26/48 € – Carte 27/47 €

Seconde vie pour les écuries du château... transformées en charmante auberge rustique ! On y apprécie une cuisine traditionnelle simple mais bien faite et concoctée avec de bons produits. Pour l'étape, quatre très jolies chambres mêlant épure, esprit nature et chaleur du bois.

ST-CYR-SUR-MER – 83 Var – 340 J6 – 11 865 h. – alt. 10 m – 83270 Côte d'Azur 40 B3

Paris 810 – Bandol 8 – Le Beausset 10 – Brignoles 70

place de l'Appel du 18 Juin, les Lecques, 04 94 26 73 73, www.saintcyrsurmer.com

18 de Frégate, Route de Bandol, S : 3 km par D 559, 04 94 29 38 00

Les Lecques – ✉ 83270 St Cyr sur Mer

Grand Hôtel Les Lecques

24 av. du Port – ✆ *04 94 26 23 01*
– *www.grand-hotel-les-lecques.com*
60 ch – 92/172 € 119/199 €
Rest *(ouvert 2 mars-14 nov.) (dîner seult)* – Carte 40/50 €
Élégante demeure Belle Époque au milieu d'un luxuriant parc fleuri. Préférez les chambres situées côté pinède, plus actuelles. Cuisine traditionnelle servie dans une salle aux airs de jardin d'hiver ou sur la belle terrasse.

rte de Bandol 4 km par D 559 – ✉ 83270 St-Cyr-sur-Mer :

Dolce Frégate Provence

– ✆ *04 94 29 39 39*
– *www.dolcefregate.com*
99 ch – 199/379 € 199/379 € – 34 suites – 23 € – ½ P
Rest ***Le Mas des Vignes*** *(dîner seult)* – Formule 36 € – Menu 49 €
Rest ***La Restanque*** ✆ 04 94 29 38 18 *(déj. seult)* – Carte 38/50 €
Calme et verdure dans cet établissement d'esprit resort. Superbe vue sur la mer, chambres de style provençal et espace séminaires. Au Mas des Vignes, cuisine gastronomique et cadre cosy. Repas plus décontracté à la Restanque. Agréable terrasse.

ST-DALMAS-DE-TENDE – 06 Alpes-Maritimes – 341 G3 – rattaché à Tende

ST-DIDIER – 35 Ille-et-Vilaine – 309 N6 – rattaché à Châteaubourg

ST-DIDIER-DE-LA-TOUR – 38 Isère – 333 F4 – rattaché à La Tour-du-Pin

ST-DIDIER-EN-VELAY – 43 Haute-Loire – 331 H2 – 3 313 h. – alt. 830 m – ✉ 43140 6 D3

Paris 538 – Le Puy-en-Velay 55 – St-Étienne 25 – St-Agrève 45
Boulevard Pelissac, ✆ 04 71 61 14 07, www.saint-didier.com

Auberge du Velay

Grand'place – ✆ *04 71 61 01 54* – *www.aubergeduvelay.com* – *Fermé 1 sem. en sept., 1 sem. en janv., dim. soir, mardi soir et lundi*
Rest – Menu 18 € (sem.), 24/53 € – Carte 30/47 €
Couleurs tendance, mise en espace conceptuelle : en 2011, tout a changé. Beaucoup de créativité en cuisine, avec un jeu sur les produits du terroir, le tout présenté sur des matières brutes (bois, galets, ardoise) et dans des tubes à essai. Original !

ST-DIÉ-DES-VOSGES – 88 Vosges – 314 J3 – 21 523 h. – alt. 350 m – ✉ 88100 Alsace Lorraine 27 C3

Paris 397 – Colmar 53 – Épinal 53 – Mulhouse 108
6, quai du Mal Leclerc, ✆ 03 29 42 22 22, www.tourisme.saint-die-des-vosges.fr
Cathédrale St-Dié★ - Cloître gothique★.

Ibis

5 quai Jeanne d'Arc – ✆ *03 29 42 24 22* – *www.ibishotel.com*
58 ch – 61/83 € 61/83 € – 9 €
Rest *(dîner seult)* – Menu 15 € – Carte 20/29 €
Une adresse utile en centre-ville, sur un boulevard bordant la Meurthe.

Les Voyageurs

22 r. Hellieule – ✆ *03 29 56 21 56* – *Fermé 29 juil.-13 août, 1er-7 janv., dim. soir et lundi*
Rest – Formule 19 € – Menu 23 € (déj. en sem.)/35 € – Carte 31/51 €
On y apprécie une cuisine traditionnelle concoctée avec des produits frais scrupuleusement choisis. Sur la carte des vins, l'Alsace figure en tête.

ST-DISDIER – 05 Hautes-Alpes – 334 D4 – 134 h. – alt. 1 024 m – ✉ 05250 Alpes du Nord 40 B1

Paris 643 – Gap 46 – Grenoble 81 – La Mure 41
Défilé de la Souloise★ N.

La Neyrette
– 04 92 58 81 17 – www.la-neyrette.com – *Fermé 8-21 avril et 15 oct.-15 déc.*
11 ch – 63/75 € 76/89 € – 10 €
Rest *(dîner seult hors saison)* – Formule 21 € – Menu 28/40 € – Carte 33/44 €
Une sympathique petite auberge, bordée par un plan d'eau où l'on peut ferrer sa truite pour le dîner ! Les chambres, proprettes et avec un petit côté désuet, arborent chacune le nom d'une fleur locale. Beaucoup de calme.

ST-DONAT-SUR-L'HERBASSE – 26 Drôme – 332 C3 – 3 825 h. – alt. 202 m – 26260 Ardèche Drôme 43 E2

Paris 545 – Grenoble 92 – Hauterives 20 – Romans-sur-Isère 13

32, avenue Georges Bert, 04 75 45 15 32

Chartron (Bruno Chartron) avec ch
1 av. Gambetta – 04 75 45 11 82 – www.restaurant-chartron.com – Fermé 7-17 mai, 2-20 sept., 2-10 janv., mardi et merc.
8 ch – 80/98 € 98/140 € – 14 € **Rest** – Menu 38/85 €
Une institution locale au sein de ce village célèbre pour son festival Jean-Sébastien-Bach (juillet). Est-ce l'inspiration musicale ? Le fait est que la cuisine de cette table élégante se révèle harmonieuse et raffinée, tout en touches délicates. Une belle partition, jouée avec de très bons produits.
→ "Boléro" de fraîcheur de homard breton, pomélo et haricots. Côte de veau rôtie et jarret confit aux cèpes, purée de pomme de terre. Menu truffes.

La Mousse de Brochet
pl. de la Marne – 04 75 45 10 47 – www.lamoussedebrochet.com – Fermé 25 juin-15 juil., 2-8 janv., le soir en sem. de sept. à mai, dim. soir et lundi
Rest – Menu 19/35 € – Carte 31/44 €
Après avoir admiré les orgues de la collégiale, faites une halte dans ce petit restaurant aux airs de bistrot de campagne. Le chef privilégie les produits frais, souvent de la région. Mention spéciale pour... la mousse de brochet, évidemment.

ST-DYÉ-SUR-LOIRE – 41 Loir-et-Cher – 318 F6 – 1 115 h. – alt. 96 m – 41500 Châteaux de la Loire 11 B2

Paris 173 – Beaugency 21 – Blois 17 – Orléans 52

73, rue Nationale, 02 54 81 65 45, www.saint-dye-sur-loire.com

Manoir Bel Air
1 rte d'Orléans – 02 54 81 60 10 – www.manoirbelair.com – Fermé 24 janv.-6 mars
43 ch – 68/88 € 84/104 € – 12 €
Rest – Formule 28 € – Menu 34/58 € – Carte 44/92 €
Cette maison de maître (17e s.) et son jardin sont agréablement posés sur les bords de Loire. Les chambres, de facture classique, sont spacieuses. Au restaurant, on savoure des plats traditionnels et de vieux bordeaux millésimés en regardant couler le fleuve...

SAINTE voir après la nomenclature des Saints

ST-ÉMILION – 33 Gironde – 335 K5 – 2 005 h. – alt. 30 m – 33330 Aquitaine 4 C1

Paris 584 – Bergerac 58 – Bordeaux 40 – Langon 49

place des Créneaux, 05 57 55 28 28, www.saint-emilion-tourisme.com

Site★★ - Église monolithe★ - Cloître des Cordeliers★ - ★ de la tour du château du Roi.

Hostellerie de Plaisance
5 pl. du Clocher – 05 57 55 07 55 – www.hostellerie-plaisance.com – Fermé 22 déc.-13 fév.
17 ch – 380/700 € 380/700 € – 3 suites – 32 €
Rest *Hostellerie de Plaisance* – voir les restaurants ci-après
Au cœur de la cité, cette belle demeure du 14e s. mêle luxe et douceur de vivre. Jardins élégants, vignes alentour : tout est si verdoyant et calme... sans même parler du dîner, époustouflant !

Au Logis des Remparts sans rest

18 r. Guadet – ✆ 05 57 24 70 43 – www.logisdesremparts.com – Fermé 15 déc.-31 janv.

20 ch – †78/250 € ††78/250 € – 3 suites – ☕ 15 €

Le charme des vieilles pierres – l'hôtel se compose de deux maisons des 14e et 17e s. –, la luxuriance d'un beau jardin à la lisière des vignes... Chambres sobres et agréables, dont trois suites contemporaines et luxueuses.

Palais Cardinal

pl. 11-novembre-1918 – ✆ 05 57 24 72 39 – www.palais-cardinal.com – Ouvert mars-nov.

27 ch – †71/142 € ††88/166 € – ☕ 14 € – ½ P

Rest *(ouvert mai-nov. et fermé mardi et merc.)* – Formule 19 € – Menu 30/47 €

Au 14e s., un cardinal vécut dans cette maison... comme un pape. Les chambres sont sympathiques (préférez celles de l'annexe, plus spacieuses et confortables) ; quant au jardin et à la piscine, ils sont vraiment plaisants.

Auberge de la Commanderie sans rest

r. des Cordeliers – ✆ 05 57 24 70 19 – www.aubergedelacommanderie.com – Fermé 20 déc.-20 fév.

17 ch – †82/125 € ††82/125 € – ☕ 11 €

Commanderie du 17e s. avec des chambres pratiques et actuelles ; celles de l'annexe, plus grandes, conviennent bien aux familles. Le plus : un bon petit-déjeuner !

Clos de la Barbanne

à 5 km, rte de St-Christophe-des-Bardes puis rte de Parsac ✉ 33570 Montagne – ✆ 06 27 05 27 13 – www.clos-de-la-barbanne.net

4 ch ☕ – †130/150 € ††150/180 € **Table d'hôte** – Menu 40/80 €

Une maison girondine au milieu des vignes... et des propriétaires vignerons, qui produisent chaque année 3 000 bouteilles de leur nectar. Les chambres sont spacieuses et épurées ; sur demande, la maîtresse des lieux vous régalera de ses petits plats du terroir. Agréable et bucolique.

Hostellerie de Plaisance – Hostellerie de Plaisance

5 pl. du Clocher – ✆ 05 57 55 07 55 – www.hostellerie-plaisance.com – Fermé 22 déc.-13 fév., dim., lundi et le midi sauf sam.

Rest – Menu 107/152 € – Carte 126/176 €

En cuisine règne une véritable osmose entre Philippe Etchebest et son sous-chef : un esprit d'équipe digne d'un rugbyman ! Les menus surprise renouvelés chaque jour relèvent du tour de force ; un tour de force au service de... la plus grande délicatesse.

→ Œuf de poule poché en basse température, asperge, crumble et mousse de lait au parmesan. Homard breton en vapeur de sel aux aromates. Sphère craquante, zéphyr de fraises gariguette, biscuit coco, gelée de citron. **Vins** Saint-Émilion.

Le Tertre

5 r. Tertre de la Tente – ✆ 05 57 74 46 33 – www.restaurant-le-tertre.com – Ouvert 11 fév.-11 nov. et fermé merc. en fév.-mars et jeudi

Rest – Menu 24 € (déj. en sem.), 32/75 € – Carte 58/109 €

Un lieu champêtre et intime, avec un vivier à crustacés et une petite salle creusée dans la roche... Idéal pour déguster une agréable cuisine de tradition accompagnée de bons vins (400 références, dont beaucoup de saint-émilion).

Le Clos du Roy

12 r. de la Petite Fontaine – ✆ 05 57 74 41 55 – www.leclosduroy.fr – Fermé 1er janv.-13 fév., lundi et mardi

Rest – Formule 25 € – Menu 29/90 € – Carte 80/96 €

En contrebas de la cité médiévale se cache cette jolie table bourgeoise dans une jolie maison... Le chef réalise une cuisine dans l'air du temps et ses plats s'accompagnent d'un beau choix de saint-émilion.

à l'Est **2 km par D 243 direction St-Christophe-des-Bardes et St-Emilion Sud**

Les Belles Perdrix à Troplong-Mondot

Château Troplong Mondot ✉ 33330 St-Émilion – ✆ 05 57 55 32 05 – www.chateau-troplong-mondot.com – Fermé 1er janv.-10 fév.

3 ch – 160/195 € 160/290 € – 2 suites **Table d'hôte** – Menu 45 €

Au sein du domaine d'un premier grand cru classé, face au village de St-Émilion, voilà une adresse idéale pour les amoureux de tourisme viticole... et tous les amateurs de charme et de grand confort. On y trouve même une chambre dans une petite maison au milieu des vignes. Table d'hôte sur réservation. Vin sur vin !

rte de Libourne **4 km au Nord-Ouest par D 243**

Château Grand Barrail

✉ 33330 St-Emilion – ✆ 05 57 55 37 00 – www.grand-barrail.com – Fermé 14 déc.-10 fév.

ch, rest,

43 ch – 340/520 € 340/520 € – 3 suites – 24 € – ½ P

Rest – Menu 52/85 € – Carte 53/81 €

Au milieu du vignoble, ce château du 19e s. d'allure si romantique. Le parc verdoyant ; le spa et la piscine pour se prélasser ; les chambres – douillettes, raffinées et pleines de caractère dans la bâtisse principale ; le restaurant gastronomique... tout ici a du cachet !

ST-ÉTIENNE

– 42 Loire – **327** F7 – **171 961 h.** – **Agglo. 372 967 h.** **44** A2 – **alt. 520 m** – ✉ **42000** Lyon et sa région

Paris 517 – Clermont-Ferrand 147 – Grenoble 154 – Lyon 61

de St-Étienne-Bouthéon : ✆ 04 77 55 71 71, 15 km par ⑤.

16, avenue de la Libération, ✆ 04 77 49 39 00, www.tourisme-st-etienne.com

de St-Étienne, 62 rue Saint Simon, par rte d'Annonay et D 501 : 18 km, ✆ 04 77 32 14 63

Le Vieux St-Etienne★ - Musée d'Art moderne★★ T M2 - Puits Couriot, musée de la mine★ AY - Musée d'Art et d'Industrie★★ - Site de la Manufacture des Armes et Cycles de St-Étienne : planétarium★.

Plans pages suivantes

Hôtel du Golf

67 r. St-Simon, face au golf par r. Revollier T – ✆ 04 77 41 41 00 – www.hoteldugolf42.com

48 ch – 115/155 € 130/185 € – 4 suites

Rest – Formule 18 € – Menu 23/38 € – Carte 36/52 €

L'hôtel le plus confortable de St-Étienne, sur les hauteurs de la ville, domine le golf municipal et la plaine du Forez. En ces lieux, un goût avéré de la modernité : mobilier design, couleurs vives, piscine face à la verdure, etc. Un établissement très trendy.

Hôtel du Midi sans rest

19 bd. Pasteur – ✆ 04 77 57 32 55 – www.hotelmidi.fr – Fermé 22 juil.-19 août et 26 déc.-5 janv. **Ve**

33 ch – 65/103 € 65/112 € – 11 €

Un hôtel aussi joli dedans que dehors ! Derrière sa façade du début du 20e s., on découvre un décor charmant, qui revisite l'esprit chic et indémodable des années 1930. Cosy et original, en toute simplicité.

Astoria sans rest

r. Henri Déchaud – ✆ 04 77 25 09 56 – www.hotel-astoria.fr – Fermé 4-25 août

33 ch – 69/89 € 79/89 € – 8,50 € **Vn**

Bon rapport qualité-prix dans cet hôtel proche du centre de congrès, très fonctionnel et bien tenu. Parfait pour la clientèle d'affaires.

ST-ÉTIENNE

- Aciéries (R. des) . . . T 2
- Barrouin (R.) . . . T 13
- Crozet-Boussingault (R.) . . . V 22
- Daguerre (Bd) . . . UV 24
- Déchaud (R. H.) . . . V 25
- Dr-F.-Merlin (R. du) . . . T 30
- Drs-Charcot (R. des) . . . V 31
- Drs-H.-et-B.-Muller (R. des) . . . T 32
- Dunkerque (R. de) . . . V 36
- Fraissinette (Bd A.-de) . . . V 45
- Franchet-d'Esperey (Bd Mar.) U 46
- Gauthier-Dumont (R.) . . . U 48
- Grignard (R. V.) . . . T 55
- Marx (Bd Karl) . . . UV 67
- Oddé (R. C.) . . . T 78
- Ogier (R. J.-B.) . . . U 79
- Paré (R. A.) . . . V 131
- Passementiers (R. des) . . . V 82
- Pasteur (Bd) . . . V 83
- Péri (R. G.) . . . V 84
- Pompidou (Bd G.) . . . T 88
- Revollier (R. J.-F.) . . . T 92
- Robespierre (R.) . . . V 95
- Rochetaillée (Av. de) . . . V 98
- Scheurer-Kestner (R.) . . . T 104
- Terrenoire (R. de) . . . U 110
- Valbenoite (Bd) . . . UV 119
- Verdun (Av. de) . . . T 120
- Vivaraize (R. de la) . . . V 125
- 8-Mai-1945 (Bd du) . . . T 127
- 11-Novembre (R. du) . . . V 128
- 38e-R.-I. (Bd du) . . . U 130

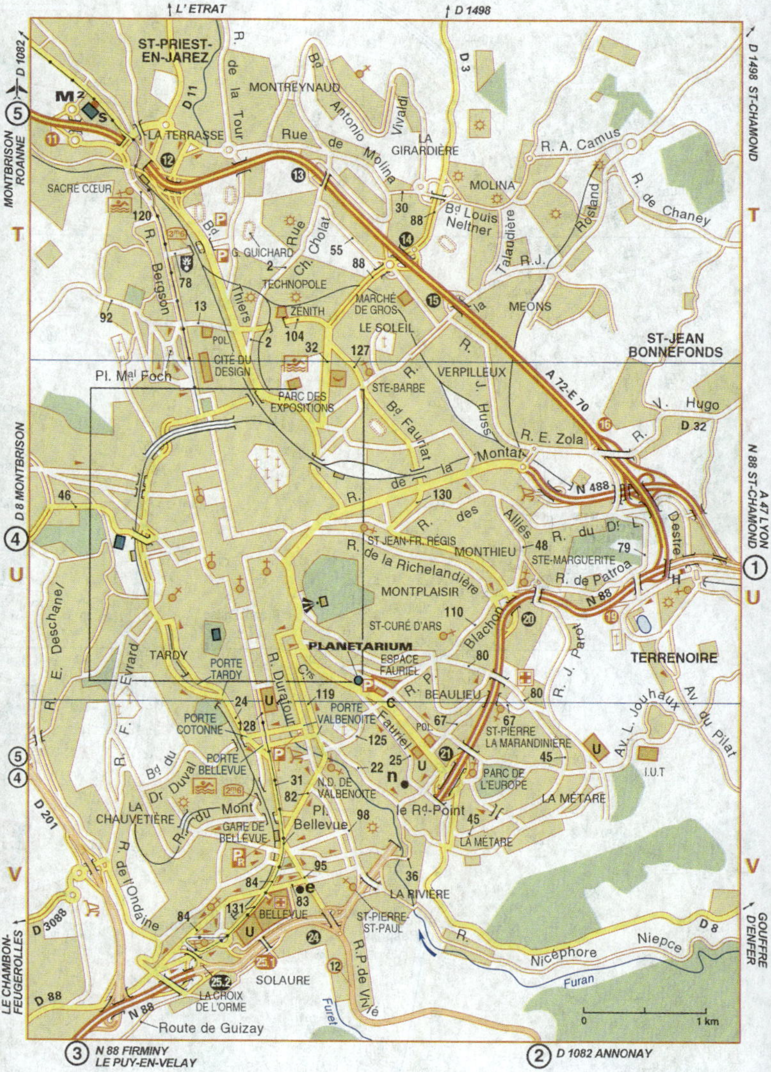

A
B
X
Y
Z
Rue de la Harpe
Avenue
B. Charvet
R. P. Maussier
R. Palluat de Besset
P. Maussier
R. St-Joseph
R. Dumarest
Rue St-Just
R. Ch. Dupuy
Bd Mal Franchet d'Esperey
R. Calixte Plotton
D 8
PUITS COURIOT MUSÉE DE LA MINE
GARE DU CLAPIER
PORTE CLAPIER
PORTE ALMA
PORTE JACQUARD
PORTE MONTAUD
PORTE CARNOT
GARE CARNOT
PORTE BEAUBRUN
ST-JEAN-BAPTISTE
Bd A. de Musset
R. E. Dolet
R. du Coin
R. B. Malon
R. J. Ledin
R. Bourgneuf
R. E. Boisson
Marengo
Grd Gonnet
Rue Thierry
Bd Jules Janin
R. Ampère
R. Lavoisier
R. Ch. de Gaulle
R. Rouget de Lisle
R. Balay
R. Roger Salengro
R. Royet
LA NATIVITÉ
Pl. Jacquard
R. Buisson
R. Praire
Pl. J. Jaurès
ST-CHARLES
R. d'Arcole
R. de l'Alma
Pl. J. Ploton
R. Paix
R. E. Reclus
R. A. Briand et de la Paix
R. M. Rondet
R. G. Teissier
R. Braille
R. L. Blanqui
R. de la République
Bd P. Mendès-France
Av. A. Dupré
H (ANNEXE)
R. Tarentaize
BIBLIOTHÈQUE CINÉMATHÈQUE
Pl. J. Merlat
Grand' Eglise
ST-ENNEMOND
R. de l'Apprentissage
Chemin des Villes
R. P. Sémard
R. Paillon
R. de la Mission
R. Croix de Mission
R. F. Evrard
R. Martin Bernard
D 88
Pl. Raspail
BEAUBRUN
R. Beaubrun
R. de la Sablière
R. de Tardy
TARDY
Pl. des Pères
R. H. Gonnard
R. Franklin
MUSÉE D'ART ET DE L'INDUSTRIE
Crs V. Hugo
Cl. Delaroa
R. D. Claude
R. L. Nautin
ST-LOUIS
Pl. W. Rousseau
R. Gambetta
Michelet
LA
Av. de la Libération
0
200 m
1568

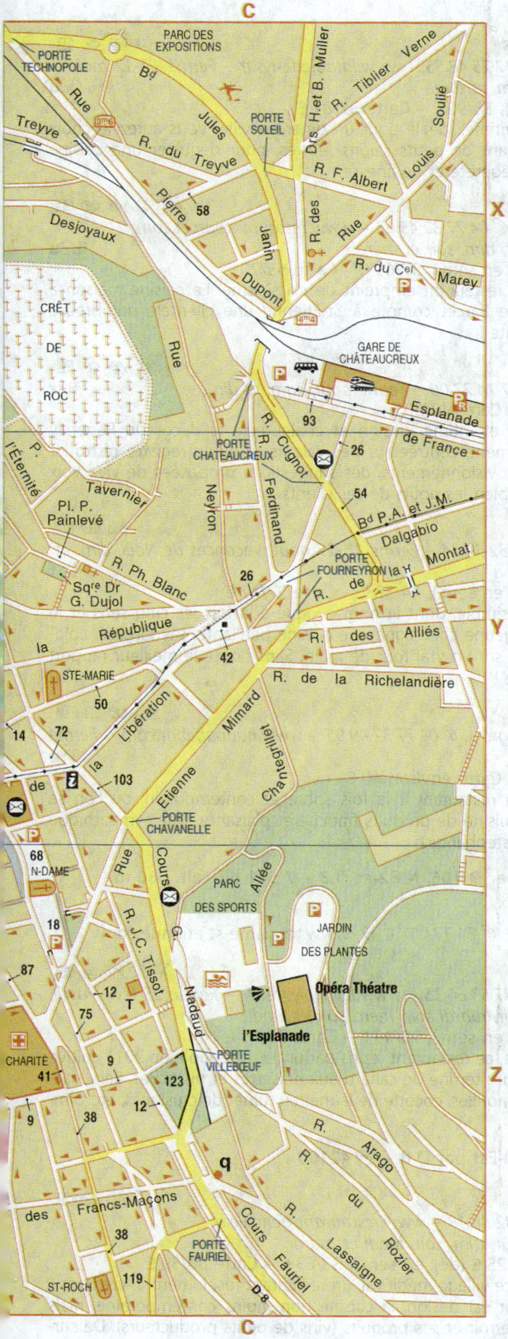

ST-ÉTIENNE

Albert-1er (Bd) . . . . ABX 3
Anatole-France (Pl.) . . . . BZ 7
Badouillère (R. de la) . . . . . . CZ 9
Barbusse (R. H.) . . . . CZ 12
Bérard (R. P.) . . . . BCY 14
Bergson (R.) . . . . BX 16
Boivin (Pl.) . . . . BY 17
Chavanelle (Pl.) . . . . CZ 18
Clovis-Hugues (R.) . . . . BX 20
Comte (Pl. Louis) . . . . BZ 21
Denfert-Rochereau (Av.) . . . . CY 26
Descours (R.) . . . . AZ 27
Dorian (Pl.) . . . . BY 33
Dormoy (R. M.) . . . . BXY 34
Dupré (R. G.) . . . . BY 37
Durafour (R. A.) . . . . CZ 38
Escoffier (R. D.) . . . . BY 39
Fougerolle (R.) . . . . CZ 41
Fourneyron (Pl.) . . . . CY 42
Foy (R. Gén.) . . . . BY 44
Frappa (R. J.) . . . . BZ 47
Gambetta (R.) . . . . BZ
Gaulle (R. Ch.-de) . . . . BXY
Gérentet (R.) . . . . BY 49
Gervais (R. E.) . . . . CY 50
Gillet (R. F.) . . . . BY 52
Grand Moulin (R. du) . . . . . . BY 53
Gris de lin (R. du) . . . . CY 54
Guesde (Pl. J.) . . . . BY 56
Hôtel-de-Ville (Pl. de l') . . . . BY 57
Jacob (R.) . . . . CX 58
Krumnow (Bd F.) . . . . AY 61
Leclerc (R. du Gén.) . . . . . . BZ 62
Libération (Av. de la) . . . . . BCY
Loubet (Av. du Président E.) . BZ 63
Martyrs-de-Vingré (R. des) . BYZ 66
Michelet (R.) . . . . BYZ
Moine (Pl. Antonin) . . . . . . CYZ 68
Moulin (Pl. J.) . . . . CY 72
Mulatière (R. de la) . . . . CZ 75
Neuve (Pl.) . . . . BZ 77
Peuple (Pl. du) . . . . BZ 86
Pointe-Cadet (R.) . . . . BCZ 87
Président-Wilson (R.) . . . . . BY 89
République (R. de la) . . . . . BCY
Résistance (R. de la) . . . . . . BY 91
Rivière (R. du Sergent) . . . . CX 93
Robert (R.) . . . . BY 94
Ruel (R. A.) . . . . AX 99
Sadi-Carnot (Pl.) . . . . BX 100
St-Jean (R.) . . . . BY 102
Sauzéa (Cours H.) . . . . CY 103
Servet (R. M.) . . . . BY 106
Stalingrad (Square de) . . . . CY 109
Théâtre (R. du) . . . . BYZ 112
Thomas (Pl. A.) . . . . BZ 113
Tilleuls (R. des) . . . . AX 116
Ursules (Pl. des) . . . . BZ 117
Valbenoite (Bd) . . . . CZ 119
Villeboeuf (Pl.) . . . . CZ 123
Ville (R. de la) . . . . BY 122
11-Novembre (R. du) . . . . . . BZ 128

XXX **A la Table des Lys**

5 cours Fauriel – ✆ 04 77 25 48 55 – www.latabledeslys.fr – Fermé 1er-12 mai, 3-25 août, 2-5 janv., sam. et dim. CZq

Rest – Menu 27 € (déj.), 38/90 € – Carte 37/81 €

Une table élégante et intime, idéale pour un dîner en ville. Vous aurez le choix entre trois salles évoquant de petits salons feutrés, pour déguster une cuisine éprise de fraîcheur, de légèreté et de finesse.

XXX **André Barcet**

19 bis cours V. Hugo – ✆ 04 77 32 43 63 – www.restaurantbarcet.com – Fermé 14 juil.-11 août, dim. soir et merc. BZu

Rest – Menu 23 € (déj. en sem.), 37/69 € – Carte 55/70 €

Non loin des halles, un restaurant empreint de classicisme. La cuisine maison a fait ses preuves : André Barcet compte à St-Étienne une clientèle nombreuse d'habitués de longue date !

XX **Régency**

17 bd J. Janin – ✆ 04 77 74 27 06 – Fermé août, sam. et dim. BXr

Rest – Menu 35/43 € – Carte 40/60 €

À la fois contemporain et intime, design et chaleureux, le décor du Régency séduit. Sa cuisine également, centrée sur des valeurs sûres du registre bistrotier – avec, au gré des approvisionnements, des suggestions proposées de vive voix par le chef, qui connaît bien les goûts de ses clients.

X **Insens** (N)

10 r. de Lodi – ✆ 04 77 32 34 34 – Fermé 1er-27 août, vacances de Noël, dim. et lundi BYt

Rest – Menu 20 € (déj. en sem.), 24/38 € – Carte 27/47 €

Un joli restaurant, tout simple, dont le nom évoque à la fois les cinq sens et le goût de l'insensé... Son jeune chef signe une cuisine pétillante, savoureuse, colorée et ludique – fondée sur un vrai tour de main. Sans doute le meilleur rapport plaisir-prix de St-Étienne !

X **Nado**

38 r. des Martyrs-de-Vingré – ✆ 04 77 37 49 95 – www.nadoapebar.com – Fermé dim. soir BYe

Rest – Menu 20/45 € – Carte environ 40 €

Au cœur de la ville, un restaurant à la fois sobre et contemporain, où l'on se retrouve autour d'une cuisine de produits franche et plaisante. Une sympathique option pour une soirée stéphanoise.

à Sorbiers 10 km au Nord par D 106, N 82 et D 3 – 7 571 h. – alt. 560 m – ✉ 42290

2, avenue Charles-de-Gaulle, ✆ 04 77 01 11 42, www.tourisme-st-etienne.com

X **Le Valjoly**

9 r. de l'Onzon – ✆ 04 77 53 60 35 – www.levaljoly.free.fr – Fermé 25 fév.-4 avril, 22 juil.-14 août, dim. soir, mardi soir, merc. soir et lundi

Rest – Menu 16 € (déj. en sem.), 20/49 € – Carte 25/44 €

Aux portes de St-Étienne, ce restaurant repris par un jeune couple en 2011 cultive la tradition avec fraîcheur : terrine de canard aux noisettes et pistaches, Saint-Jacques et ris de veau aux morilles, cocotte de la mer au fumet de crustacés, etc. Simple et plaisant !

à Rochetaillée 8 km au Sud-Est par D 8 – ✉ 42100

XX **Yves Genaille**

3 r. du Parc – ✆ 04 77 32 88 48 – www.restaurant-genaille.fr – Fermé 19-27 avril, août, dim. soir, lundi et mardi

Rest *(réserver)* – Menu 25 € (déj. en sem.), 32/63 € – Carte 50/59 €

Au pied du château de ce village médiéval, un restaurant résolument ancré dans... notre époque ! Le décor est design, la cuisine non moins contemporaine, mais elle n'en oublie pas le terroir et ses produits (vins de petits producteurs). De surcroît, la salle offre un panorama superbe sur la campagne alentour.

à St-Priest-en-Jarez **4 km au Nord-Ouest – 6 059 h. – alt. 605 m – ✉ 42270**

Restaurant du Musée
musée d'Art moderne la Terrasse – ✆ 04 77 79 24 52
– www.restaurantdumusee.fr – Fermé le soir sauf vend. et sam. Ts
Rest – Formule 15 € – Menu 20 € – Carte 33/39 €
Nourritures terrestres au sein du musée d'Art moderne de St-Étienne Métropole (l'un des plus importants de France) avec une cuisine épousant les tendances... et nourritures célestes dans les salles d'exposition, à deux pas !

à La Fouillouse **10 km au Nord-Ouest par A 72, D 201 puis D 1082 – 4 422 h. – alt. 438 m – ✉ 42480**

Le 3ème Acte N
7 r. des Grandes-Maisons – ✆ 04 77 30 24 81 – Fermé 16 août-3 sept., 2-16 janv., mardi soir, merc. soir et lundi
Rest – Formule 16 € – Menu 23 € (déj. en sem.)/63 € – Carte 43/61 €
Le "3ème acte", car il s'agit de la troisième affaire des patrons, un couple dynamique qui met ici à profit son expérience. Les lieux se révèlent chaleureux, et la cuisine pleine de sincérité (galantine de biche maison, savarin vanille, etc.).

ST-ÉTIENNE-DE-BAÏGORRY – 64 Pyrénées-Atlantiques – 342 D5 – 1 618 h. – alt. 163 m – ✉ 64430 Pays Basque et Navarre 3 A3

Paris 813 – Biarritz 51 – Cambo-les-Bains 31 – Pau 116
place de l'Église, ✆ 05 59 37 47 28
Église St-Etienne★.

Arcé
rte du col d'Ispéguy – ✆ 05 59 37 40 14 – www.hotel-arce.com
– Ouvert du 31 mars-4 nov.
20 ch – †130/150 € ††130/150 € – 3 suites – ☐ 15 € – ½ P
Rest ***Arcé*** – voir les restaurants ci-après
Une authentique maison basque au pied du col d'Ispéguy et de la Nive. Atout charme : la passerelle métallique au-dessus de la rivière, permettant d'accéder à la piscine.

Arcé
rte du col d'Ispéguy – ✆ 05 59 37 40 14 – www.hotel-arce.com
– Ouvert 31 mars-4 nov. et fermé merc. midi et lundi midi sauf saison et fériés
Rest *(réserver)* – Menu 31/49 € – Carte 39/54 €
Faites donc une halte gourmande au pied du col d'Ispéguy ! Dans ce restaurant – un ancien trinquet (salle de pelote basque) –, on savoure une cuisine du marché bien ancrée dans sa région : tournedos de cochon de lait, boudin noir... L'été, on s'installe sur l'agréable terrasse bordée de platanes.

ST-ÉTIENNE-DE-FURSAC – 23 Creuse – 325 G4 – rattaché à La Souterraine

---

ST-ÉTIENNE-DU-VAUVRAY – 27 Eure – 304 H6 – rattaché à Louviers

---

ST-ÉTIENNE-LÈS-REMIREMONT – 88 Vosges – 314 H4 – rattaché à Remiremont

---

ST-EUTROPE-DE-BORN – 47 Lot-et-Garonne – 336 G2 – rattaché à Cancon

---

ST-EVROULT-NOTRE-DAME-DU-BOIS – 61 Orne – 310 L2 – 452 h. – alt. 355 m – ✉ 61550 Normandie Vallée de la Seine 33 C2

Paris 155 – Argentan 42 – Caen 91 – Lisieux 52

Le Relais de l'Abbaye ch,
r. Principale – ✆ 02 33 84 19 00 – www.abbaye-restaurant61.fr
11 ch – †45/60 € ††55/60 € – ☐ 8 €
Rest *(fermé dim. soir et vend.)* – Formule 13 € – Menu 23/43 €
De l'abbaye – l'un des plus grands centres intellectuels anglo-normands (11-12e s.) – ne subsistent que des ruines... mais le village reste empreint de quiétude. Un hôtel-restaurant tout simple pour une étape loin des sentiers battus.

ST-FARGEAU – 89 Yonne – 319 B6 – 1 798 h. – alt. 175 m – ✉ 89170 7 A2
Bourgogne

Paris 180 – Auxerre 45 – Clamecy 48 – Gien 41

3, place de la République, ✆ 03 86 74 10 07, www.ot-saintfargeau89.fr

Château★.

Les Grands Chênes sans rest

Les Berthes-Bailly, 4,5 km au Sud par D 18 – ✆ 03 86 74 04 05 – www.hotellesgrandschenes.com – Fermé 15 déc.-4 janv. et 16 fév.-4 mars

13 ch – †85/98 € ††85/98 € – ☐ 9 €

En pleine Puisaye, cette jolie demeure bourgeoise est en fait un hôtel, niché dans un grand parc. Le salon avec cheminée et les chambres colorées ont beaucoup de charme.

ST-FÉLIX-LAURAGAIS – 31 Haute-Garonne – 343 J4 – 1 352 h. – alt. 332 m – ✉ 31540 Midi Toulousain 29 C2

Paris 716 – Auterive 46 – Carcassonne 58 – Castres 38

place Guillaume de Nogaret, ✆ 05 62 18 96 99, www.tourisme-revel.com

Site★.

XXX **Auberge du Poids Public** avec ch

rte de Toulouse, fg. St Roch – ✆ 05 62 18 85 00 – www.auberge-du-poids-public.fr – Fermé janv. et dim. soir sauf juil.-août

11 ch – †72/75 € ††86/106 € – 1 suite – ☐ 11 € – ½ P

Rest – Formule 26 € – Menu 36/76 € – Carte 54/89 €

Vous serez accueillis dans un cadre agréable ouvrant sur la plaine du Lauragais (terrasse panoramique) ; décor mi-rustique, mi-contemporain et cuisine de terroir revisitée. Chambres confortables et fraîches.

ST-FIRMIN – 80 Somme – 301 C6 – rattaché à Rue

ST-FLORENT – 2B Haute-Corse – 345 E3 – voir à Corse

ST-FLORENTIN – 89 Yonne – 319 F3 – 4 848 h. – alt. 120 m – ✉ 89600 7 B1
Bourgogne

Paris 169 – Auxerre 32 – Chaumont 145 – Dijon 172

8, rue de la Terrasse, ✆ 03 86 35 11 86, www.saint-florentin-tourisme.fr

Vitraux★ de l'église **E.**

Les Tilleuls

3 r. Descourtive – ✆ 03 86 35 09 09 – www.hotel-les-tilleuls.com – Fermé 1 sem. en nov., 21 déc.-2 janv., 17 fév.-17 mars, dim. soir de mi-sept. à mi-juin et lundi

9 ch – †60/64 € ††67/78 € – ☐ 10 €

Rest *Les Tilleuls* – voir les restaurants ci-après

On pousse la grille et, derrière le jardinet fleuri, on découvre cet ancien couvent de capucins (1635). Le calme règne ! Petites chambres traditionnelles et très bien tenues, donnant pour certaines sur... les tilleuls.

X **Les Tilleuls**

3 r. Descourtive – ✆ 03 86 35 09 09 – www.hotel-les-tilleuls.com – Fermé 1 sem. en nov., 21 déc.-2 janv., 17 fév.-17 mars, dim. soir de mi-sept. à mi-juin et lundi

Rest – Menu 18 € (déj. en sem.), 31/48 € – Carte 46/63 €

Un décor classique (boiseries peintes, nappes) ouvert sur un joli tableau de verdure – dont on profite en terrasse. Un cadre soigné pour une vraie cuisine de tradition : terrine de biche aux champignons, sole meunière, fromages de Bourgogne...

ST-FLOUR – 15 Cantal – 330 G4 – 6 689 h. – alt. 783 m – ✉ 15100 5 B3
Auvergne

Paris 513 – Aurillac 70 – Issoire 67 – Le Puy-en-Velay 94

17 bis, place d'Armes, ✆ 04 71 60 22 50, www.saint-flour.com

Site★★ - Cathédrale★ - Brassard★ dans le musée de la Haute Auvergne H.

Château d'Alleuze★★ : site★★ S : 12 km

Ville basse

Grand Hôtel de l'Étape
18 av. de la République – ✆ 04 71 60 13 03 – www.hotel-etape.com – Fermé dim. soir sauf juil.-août
23 ch – 60/77 € 67/86 € – 10 € – ½ P
Rest ***Grand Hôtel de l'Étape*** – voir les restaurants ci-après
Rien n'a vraiment changé dans cet hôtel familial construit dans les années 1970. Un établissement sérieux, avec des chambres plutôt grandes et bien pratiques ; préférez celles avec vue sur la montagne.

L'Ander
6 av. du Cdt Delorme – ✆ 04 71 60 21 63 – www.hotel-ander.com – Fermé 25 janv.-18 mars et dim. soir d'oct. à mars
22 ch – 53/86 € 53/86 € – 9 € – ½ P
Rest ***L'Ander*** – voir les restaurants ci-après
Au pied de la ville haute juchée sur sa colline, cet hôtel a retrouvé une nouvelle jeunesse, avec des chambres pimpantes et douillettes, parfois ponctuées d'allusions naturelles (des troncs de bouleau, par exemple).

Auberge de la Providence
1 r. Château d'Alleuze, par D 40 (au sud) – ✆ 04 71 60 12 05 – www.auberge-providence.com – Fermé 15 nov.-5 janv.
12 ch – 65/80 € 70/85 € – 10 € – ½ P
Rest *(dîner seult) (résidents seult)* – Menu 28 €
Serait-ce la providence ? Vous voilà accueilli avec le sourire dans cette maison typique de la ville. Les chambres sont modestes mais très bien tenues et insonorisées (deux avec terrasse). Ambiance terroir au restaurant avec le menu du patron.

Grand Hôtel de l'Étape – Grand Hôtel de l'Étape
18 av. de la République – ✆ 04 71 60 13 03 – www.hotel-etape.com – Fermé dim. soir et lundi sauf juil.-août
Rest – Formule 17 € bc – Menu 26/33 € – Carte 38/51 €
Ne vous fiez pas à l'allure "seventies" du restaurant. Il dissimule une authentique table régionale, emmenée par une nouvelle génération de Roux ! Croustillant de cantal, tripoux, entrecôte au bleu... L'Auvergne au bout de la fourchette.

L'Ander – Hôtel L'Ander
6 av. du Cdt Delorme – ✆ 04 71 60 21 63 – www.hotel-ander.com – Fermé 25 janv.-18 mars et dim. soir d'oct. à avril
Rest – Formule 13 € – Menu 19/46 € – Carte 26/53 €
Pourquoi ne pas faire un tour dans la ville basse ? Ce sera l'occasion de découvrir cette table simple et colorée. Les spécialités auvergnates sont à l'honneur et pour le dessert, un soufflé chaud à la mandarine ne devrait pas faire retomber votre plaisir...

à St-Georges 5 km à l'Est par D 909 et rte secondaire – 1 072 h. – alt. 860 m – ✉ 15100

Le Château de Varillettes
dir. Vabre – ✆ 04 71 60 45 05 – www.chateaudevarillettes.com – Ouvert 3 mai-28 sept.
12 ch – 135/210 € 135/210 € – 1 suite – 15 € – ½ P
Rest – Formule 22 € – Menu 36/56 € – Carte 41/57 €
Ce beau château du 15e s. servit de résidence aux évêques de St-Flour. De certaines des jolies chambres (mobilier de style), on contemple le jardin médiéval et son carré des simples ; parfait pour un tourisme vert en quelque sorte.

ST-FORGEUX-LESPINASSE – 42 Loire – 327 C3 – 519 h. – alt. 330 m – ✉ 42640
44 A1

Paris 387 – Clermont-Ferrand 139 – Lyon 100 – St-Étienne 99
le Bourg, ✆ 04 77 65 98 53

L'Assiette Roannaise

pl. de Verdun – 04 77 65 65 99 – www.restaurant-assiette-roannaise.fr – Fermé 21 août-5 sept., 30 oct.-10 nov., vacances de fév., mardi soir et merc.
Rest – Menu 19 € (déj. en sem.), 25/70 € bc – Carte 31/52 €
Voilà une table qui joue la carte de l'originalité ! À l'unisson de la déco, très contemporaine, le chef est à l'affût des nouvelles tendances et techniques : ses assiettes se révèlent très esthétiques, privilégiant créativité et fraîcheur.

ST-FORT-SUR-GIRONDE – 17 Charente-Maritime – 324 F7 – 861 h. – alt. 28 m – 17240 38 B3

Paris 518 – Poitiers 186 – La Rochelle 115 – Saintes 45

Château des Salles

61 r. du Gros Chêne, 1,5 km au Nord-Est par D 125 – 05 46 49 95 10 – www.chateaudessalles.com – Ouvert 1er avril-1er nov.
5 ch – 88/155 € 88/155 € **Table d'hôte** – Menu 29 €
Joli château bâti au 15e s., au cœur du vignoble de Cognac. Les chambres sont feutrées (meubles anciens, parquet...), on s'installe confortablement au salon (piano et livres à disposition), tout comme dans une maison de famille... Cuisine du marché à base de produits du terroir et du potager ; vins du domaine.

ST-FRONT – 43 Haute-Loire – 331 G4 – 471 h. – alt. 1 223 m – 43550 6 C3

Paris 570 – Clermont-Ferrand 156 – Firminy 69 – Le Puy-en-Velay 27
le Bourg, 04 71 59 51 17

La Vidalle d'Eyglet sans rest

Vidalle, 7 km au Sud par D 39, D 500 et rte secondaire – 04 71 59 55 58 – www.vidalle.fr – Ouvert 17 avril-20 oct.
5 ch – 95/125 € 105/135 €
Au bout du monde, jolie ferme restaurée. Chambres très coquettes, salon-bibliothèque, atelier de peinture. Accueil charmant par (et pour) des amoureux de la nature.

ST-FRONT-DE-PRADOUX – 24 Dordogne – 329 D5 – 1 104 h. – alt. 40 m – 24400 4 C1

Paris 582 – Angoulême 83 – Bordeaux 104 – Périgueux 40

Château la Thuilière

La Thuilière – 06 45 35 36 82 – www.lathuiliere.net – Fermé 15 janv.-15 fév.
5 ch – 150/250 € 150/250 € **Table d'hôte** – Menu 39 €
Dans son parc arboré, cet élégant châtelet dévoile de belles ambiances : très 19e s. (boiseries, stucs) ou résolument contemporaines (lignes épurées, grand confort) – tout en grâce et équilibre. Table d'hôte privilégiant les produits locaux.

ST-GALMIER – 42 Loire – 327 E6 – 5 596 h. – alt. 400 m – Casino – 42330 Lyon et sa région 44 A2

Paris 457 – Lyon 82 – Montbrison 25 – Montrond-les-Bains 11
33, avenue Jean Monnet, 04 77 54 06 08, www.paysdesaintgalmier.fr
Vierge du Pilier★ et triptyque★ dans l'église.

La Charpinière

ch,

– 04 77 52 75 00 – www.lacharpiniere.com
46 ch – 90/125 € 100/145 € – 14 € – ½ P
Rest *(fermé dim. soir)* – Menu 34/54 € – Carte 29/56 €
Rest *La Brasserie* – Menu 17 € (déj. en sem.)/25 €
Agréable étape, au calme, dans un environnement verdoyant : cette gentilhommière tapissée de vigne vierge se cache dans un grand parc, avec piscine, tennis et espace détente. Diverses formules aux restaurants : menus gastronomique, du marché ou brasserie.

Hostellerie du Forez

6 r. Didier Guetton – ✆ 04 77 54 00 23 – www.hostelleriedureforez.com

24 ch – †61/77 € ††72/92 € – ☕ 10 € – ½ P

Rest *Hostellerie du Forez* – voir les restaurants ci-après

Près de l'hôtel de ville, ce relais de poste du 19ᵉ s. arbore une façade bien avenante... De fait, les lieux se révèlent agréables pour une étape : les chambres ont été entièrement rénovées en 2012.

Le Bougainvillier avec ch

2 av. de la Coise – ✆ 04 77 54 03 31 – www.restaurant-bougainvillier.com – Fermé 5-25 août, 24 déc.-1er janv., merc. soir, dim. et lundi

4 ch – †85/95 € ††90/100 € – ☕ 12 €

Rest *(réserver)* – Formule 26 € – Menu 44/69 € – Carte environ 63 €

Une jolie demeure couverte de vigne vierge, à deux pas d'une rivière... Ce site verdoyant charme, et le décor très contemporain de la salle ne le dénature en rien, au contraire. Pas plus la cuisine, gastronomique, fraîche et bien travaillée. Esprit design dans les chambres, qui offrent calme et espace.

Hostellerie du Forez – Hostellerie du Forez

6 r. Didier Guetton – ✆ 04 77 54 00 23 – www.hostelleriedureforez.com – Fermé 12 août-1er sept., 24 déc.-2 janv., lundi midi et dim.

Rest – Formule 14 € – Menu 22/55 € – Carte 34/50 €

Un restaurant chaleureux, aux allures de bistrot contemporain, dont le chef affectionne les produits frais et les légumes bio. À noter : trois belles salles voûtées – les anciennes écuries de ce relais de poste – pour les réceptions et cocktails.

ST-GATIEN-DES-BOIS – **14 Calvados** – **303** N3 – **1 359 h.** – **alt. 149 m** – ✉ **14130** **32** A3

▶ Paris 195 – Caen 58 – Deauville 10 – Le Havre 36

Le Clos Deauville St-Gatien

4 r. des Brioleurs – ✆ 02 31 65 16 08 – www.clos-st-gatien.fr

58 ch – †85/206 € ††85/206 € – ☕ 14 € – ½ P

Rest *Le Michels* – voir les restaurants ci-après

Au cœur d'un jardin arboré, cette ancienne ferme et ses dépendances ont été transformées en complexe hôtelier de bon standing, particulièrement adapté pour les séminaires. Plusieurs piscines, espace bien-être, etc.

Le Michels – Hôtel Le Clos Deauville St-Gatien

4 r. des Brioleurs – ✆ 02 31 65 16 08 – www.clos-st-gatien.fr

Rest – Formule 20 € – Menu 33/77 € – Carte 39/76 €

Ce restaurant a su préserver son cachet régional (poutres, colombages) pour mieux faire apprécier les classiques de la cuisine traditionnelle : fruits de mer, pintade au cidre, foie gras poêlé, etc.

ST-GAUDENS – **31 Haute-Garonne** – **343** C6 – **11 225 h.** – **alt. 405 m** – ✉ **31800** Midi Toulousain **28** B3

▶ Paris 766 – Bagnères-de-Luchon 48 – Tarbes 68 – Toulouse 94

ℹ 2, rue Thiers, ✆ 05 61 94 77 61, www.tourisme-stgaudens.com

Boulevards des Pyrénées ≤★ - Belvédères★.

Hôtel du Commerce

2 av. de Boulogne – ✆ 05 62 00 97 00 – www.commerce31.com – Fermé 21 déc.-14 janv.

48 ch – †61/79 € ††61/79 € – ☕ 10 € – ½ P

Rest – Menu 23 € (sem.), 28/39 € – Carte 32/56 €

À deux pas du centre-ville, un hôtel moderne avec des chambres agréables et fonctionnelles (toutes climatisées). Au restaurant, large choix de plats dans un registre traditionnel.

ST-GÉLY-DU-FESC – **34 Hérault** – **339** H6 – **rattaché à Montpellier**

ST-GENIÈS – **24 Dordogne** – **329** I6 – **941 h.** – **alt. 232 m** – ✉ **24590** **4** D1

Périgord Quercy

▶ Paris 527 – Bordeaux 200 – Cahors 94 – Périgueux 71

XX **Le Château** avec ch rest, ch, P VISA AE

Le Bourg – ✆ 05 53 28 36 77 – www.restaurantduchateau.com – Ouvert d'avril à mi-nov. et fermé lundi et mardi sauf le soir en juil.-août
3 ch – 115 € 115 €
Rest – Formule 19 € – Menu 25/34 € – Carte 35/60 €
Envie de festoyer ? Comme au Moyen Âge, ce robuste castel au toit de lauzes (13e-16e s.) satisfait l'appétit des preux chevaliers et des gentes dames ! La cuisine fait évidemment la part belle aux saveurs périgourdines, mais aussi... italiennes. Le tout avec soin et saveurs. Quelques jolies chambres.

ST-GENIS-POUILLY – 01 Ain – 328 J3 – 8 627 h. – alt. 445 m – 46 F1 – ✉ 01630

Paris 524 – Bellegarde-sur-Valserine 28 – Bourg-en-Bresse 100 – Genève 12
11 rue de Gex, ✆ 04 50 42 29 37, www.saintgenispouillytourisme.fr
des Serves, Route de Meyrin, E : 2 km par D 984, ✆ 04 50 42 16 48

XX **L'Amphitryon** P VISA

– ✆ 04 50 20 64 64 – www.saint-genis-pouilly.com/amphitryon – Fermé 1er-20 août, 26 déc.-15 janv., mardi soir, dim. soir et lundi
Rest – Menu 20 € (déj. en sem.), 33/54 € – Carte 49/78 €
Derrière la sage façade de ce pavillon se cache une surprenante salle à manger : fresques, voûtes et statuettes de style antique... Cuisine traditionnelle et jolie terrasse côté jardin.

ST-GENIX-SUR-GUIERS – 73 Savoie – 333 G4 – 2 223 h. – alt. 235 m – 45 C2 – ✉ 73240 Alpes du Nord

Paris 513 – Belley 22 – Chambéry 34 – Grenoble 58
rue du Faubourg, ✆ 04 76 31 63 16, www.valguiers.com

à Champagneux 4 km au Nord-Ouest par D 1516 – 556 h. – alt. 214 m – ✉ 73240

Les Bergeronnettes ch, P VISA

Le Bourg, près de l'église – ✆ 04 76 31 50 30 – www.hotel-bergeronnettes.com – Fermé 26 déc.-1er fév.
18 ch – 78 € 78/125 € – 10 € – ½ P
Rest *(fermé dim. soir)* – Menu 14/37 € – Carte 19/37 €
Un cadre verdoyant et champêtre pour cet hôtel alangui abritant des chambres spacieuses et fonctionnelles. Petit-déjeuner sous forme de buffet. Au restaurant, on apprécie la cuisine régionale (spécialités de cuisses de grenouilles). Terrasse sous un chapiteau.

ST-GEORGES – 15 Cantal – 330 G4 – rattaché à St-Flour

ST-GEORGES-D'ESPÉRANCHE – 38 Isère – 333 D4 – 3 092 h. – 44 B2 – alt. 400 m – ✉ 38790

Paris 496 – Bourgoin-Jallieu 25 – Grenoble 92 – Lyon 40

XX **Castel d'Espéranche** P VISA AE

15 rte Lafayette – ✆ 04 74 59 18 45 – www.restaurant-lecastel.com – Fermé 2 sem. en août, 2 sem. fin janv.-début fév., mardi soir, dim. soir, lundi et merc.
Rest – Formule 15 € – Menu 18 € (déj. en sem.), 24/42 € – Carte 36/50 €
Restaurant installé en partie dans une tour de garde du 13e s. dont quelques vestiges agrémentent les salles à manger. Cuisine régionale et menu "du Moyen Âge".

ST-GEORGES-DES-SEPT-VOIES – 49 Maine-et-Loire – 317 H4 – 35 C2 – 689 h. – alt. 83 m – ✉ 49350

Paris 314 – Angers 30 – Nantes 127 – Saumur 27

XX **Auberge de la Sansonnière** avec ch rest, rest,

La Sansonnière, (près de la mairie) – 02 41 57 57 70 – www.auberge-sansonniere.com – Fermé 5-21 mars, 12 nov.-11 déc., dim. soir et lundi

7 ch – †75/150 € ††80/150 € – 11 € – ½ P

Rest – Formule 12 € – Menu 18/42 € – Carte 40/61 €

La vie s'écoule paisiblement dans cette charmante auberge de campagne, installée dans un ancien prieuré du 17e s. On y savoure une cuisine enlevée et percutante, où les produits de saison ont la part belle. Chambres bien tenues pour l'étape.

ST-GEORGES-SUR-CHER – 41 Loir-et-Cher – 318 D8 – 2 392 h. – alt. 70 m – ✉ 41400 — 11 A1

Paris 225 – Blois 40 – Orléans 102 – Tours 40

Prieuré de la Chaise sans rest

8 r. Prieuré – 02 54 32 59 77 – www.prieuredelachaise.com

5 ch – †70/90 € ††90 €

Un charmant prieuré du 16e s. niché dans un parc... au calme. Tomettes et meubles anciens dans les chambres. L'hiver venu, belles flambées dans la cheminée de la salle à manger.

ST-GERMAIN-DE-BELVÈS – 24 Dordogne – 329 H7 – 143 h. – alt. 230 m – ✉ 24170 — 4 D1

Paris 598 – Bordeaux 197 – Cahors 71 – Périgueux 66

Les Boudines sans rest

Les Boudines – 05 53 29 15 03 – www.lesboudines.com – Fermé mars et déc.

5 ch – †69/105 € ††69/105 €

En lisière de forêt, une ancienne ferme périgourdine en pierres sèches. Les chambres, décorées avec des matières naturelles, ont toutes une terrasse. Piscine à débordement avec vue imprenable sur la campagne.

ST-GERMAIN-DE-JOUX – 01 Ain – 328 H3 – 487 h. – alt. 507 m – ✉ 01130 — 45 C1

Paris 487 – Bellegarde-sur-Valserine 13 – Belley 61 – Bourg-en-Bresse 63

XX **Reygrobellet** avec ch ch,

D 1084 – 04 50 59 81 13 – www.hotel-reygrobellet.com – Fermé 1er-5 mars, 1er-16 juil., 21 oct.-8 nov., dim. soir et lundi

8 ch – †59/71 € ††59/71 € – 9 € – ½ P

Rest – Menu 21 € (sem.), 33/65 € – Carte 38/70 €

Outre son confortable intérieur campagnard, cette maison a pour elle une généreuse cuisine traditionnelle basée sur des produits frais (volailles de Bresse, grenouilles, écrevisses, asperges). Les chambres, plutôt simples, sont progressivement rénovées.

ST-GERMAIN-DES-VAUX – 50 Manche – 303 A1 – 408 h. – alt. 59 m – ✉ 50440 — 32 A1

Paris 383 – Barneville-Carteret 48 – Cherbourg 28 – Nez de Jobourg 7

Baie d'Ecalgrain★★ S : 3 km - Port de Goury★ NO : 2 km.

Nez de Jobourg★★ S : 7,5 km puis 30 mn - ★★ sur anse de Vauville SE : 9,5 km par Herqueville, **Normandie Cotentin.**

L'Erguillère sans rest

Port Racine, 1,8 km à l'Est par D 45 – 02 33 52 75 31 – www.hotel-lerguillere.com – Fermé 22 fév.-10 mars

10 ch – †57/147 € ††57/147 € – 15 €

Direction le bout du monde... À la pointe de la Hague, au-dessus de la mer et de Port-Racine, un hôtel très cosy où se réfugier à la suite de Jacques Prévert, qui le fréquenta.

Le Moulin à Vent

10 rte de Port Racine, (Hameau Danneville), 1,5 km à l'Est par D 45 – ✆ 02 33 52 75 20 – www.le-moulin-a-vent.fr – Fermé 12-30 déc., 20 fév.-11 mars, merc. et jeudi sauf en juil.-août

Rest *(réserver)* – Menu 24/65 € – Carte 42/69 €

Sur une route qui domine la mer, on se réfugie avec plaisir dans cette ancienne auberge de pays : d'abord le bar, façon pub anglais très chaleureux ; puis la salle, toute blanche et élégante. Le jeune chef se fournit auprès des pêcheurs locaux – produits extrafrais – et signe une cuisine assez inventive.

ST-GERMAIN-DU-BOIS – 71 Saône-et-Loire – 320 L9 – 1 935 h. 8 D3

– alt. 210 m – ✉ 71330 Bourgogne

Paris 367 – Chalon-sur-Saône 33 – Dole 58 – Lons-le-Saunier 29

Hostellerie Bressane

2 rte de Sens – ✆ 03 85 72 04 69 – www.giot-hostelleriebressane.fr – Fermé 14-23 avril, dim. soir sauf du 7 juil. au 18 août et lundi

9 ch – †51 € ††57 € – ☕ 8 € – ½ P

Rest *Hostellerie Bressane* – voir les restaurants ci-après

Cet hôtel particulier du 18e s. en briques rouges est un bel exemple du style régional (faïences et tomettes, parquets massifs, plafonds à la française). Les chambres, confortables et très bien rénovées, ont du caractère.

Hostellerie Bressane

2 rte de Sens – ✆ 03 85 72 04 69 – www.giot-hostelleriebressane.fr – Fermé 14-23 avril, dim. soir sauf du 7 juil. au 18 août et lundi

Rest – Menu 15 € (déj. en sem.), 22/52 € – Carte 34/46 €

Un beau filet de rascasse relevé d'une vinaigrette au pesto, un soufflé plein de justesse... Le chef aime la tradition comme les beaux produits, et exprime sa personnalité avec gourmandise et générosité.

ST-GERMAIN-EN-LAYE – 78 Yvelines – 311 I2 – 101 13 – voir à Paris, Environs

---

ST-GERMAIN-LÈS-ARLAY – 39 Jura – 321 D6 – 515 h. – alt. 255 m 16 B3

– ✉ 39210

Paris 398 – Besançon 74 – Chalon-sur-Saône 58 – Dole 46

Hostellerie St-Germain avec ch

635 Grande rue – ✆ 03 84 44 60 91 – www.hostelleriesaintgermain.com

12 ch – †75/120 € ††75/120 € – ☕ 12 € – ½ P

Rest – Formule 18 € – Menu 25/69 € – Carte 44/66 €

Face à l'église, un sympathique relais de poste du 17e s. paré d'atours contemporains. Ici, le chef travaille de bons produits du terroir – souvent bio – et concocte une cuisine fine et gourmande, accompagnée de bons vins du Jura. Pour l'étape, des chambres agréables et cosy, plus calmes côté terrasse.

ST-GERVAIS – 33 Gironde – 335 I4 – 1 514 h. – alt. 39 m – ✉ 33240 3 B1

Paris 543 – Bordeaux 29 – Mérignac 38 – Pessac 44

Au Sarment

50 r. de la Lande – ✆ 05 57 43 44 73 – www.au-sarment.com – Fermé 3-18 mars, sam. midi, dim. soir et lundi

Rest – Formule 20 € bc – Menu 39/59 € – Carte 50/74 €

L'école du village s'est muée en royaume des saveurs, intime et raffiné. Le chef, d'origine martiniquaise, a l'amour du beau produit et concocte de succulents petits plats saupoudrés d'épices des îles. Point d'orgue : la terrasse ombragée !

ST-GERVAIS-D'AUVERGNE – 63 Puy-de-Dôme – 326 D6 – 1 304 h. 5 B2
– alt. 725 m – ✉ 63390 Auvergne

Paris 377 – Aubusson 72 – Clermont-Ferrand 55 – Gannat 41

rue du Général Desaix, 04 73 85 80 94, www.tourisme-combrailles.fr

Castel Hôtel 1904
r. du Castel – 04 73 85 70 42 – www.castel-hotel-1904.com
15 ch – 65/85 € 65/85 € – 10 € – ½ P
Rest *(ouvert 31 mars-11 nov. et fermé lundi, mardi et merc.)* – Menu 35/60 €
Rest *Le Comptoir à Moustaches* – Formule 15 € – Menu 21 € – Carte 29/44 €
Cette demeure du 17e s. a du caractère avec sa déco à l'ancienne et son jardin planté de beaux arbres. Un petit creux ? Vous avez le choix entre le bistrot et le gastro.

ST-GERVAIS-EN-VALLIÈRE – 71 Saône-et-Loire – 320 J8 – 403 h. 7 A3
– alt. 203 m – ✉ 71350

Paris 324 – Beaune 16 – Chalon-sur-Saône 24 – Dijon 57

à Chaublanc 3 km au Nord-Est par D 94 et D 183 – ✉ 71350 St Gervais en Valliere

Le Moulin d'Hauterive
8 r. du Moulin – 03 85 91 55 56 – www.moulinhauterive.com – Fermé 23 déc.-11 fév., mardi d'oct. à mars et merc. d'oct. à mai
10 ch – 70/139 € 70/139 € – 10 suites – 16 € – ½ P
Rest *Le Moulin d'Hauterive* – voir les restaurants ci-après
Isolé en pleine nature, ce vieux moulin à farine bordant la Dheune, bâti au 12e s. par les moines de l'abbaye de Cîteaux, a beaucoup de charme. Les chambres sont décorées avec soin dans un style cosy.

Le Moulin d'Hauterive
8 r. du Moulin – 03 85 91 55 56 – www.moulinhauterive.com – Fermé 23 déc.-11 fév., merc. sauf juil.-août, lundi midi et mardi
Rest – Menu 29 € (déj. en sem.), 39/62 € – Carte environ 60 €
Ici, on travaille en famille pour tirer le meilleur de la tradition bourguignonne. En plus, le patron sélectionne de beaux vins de la région – sa passion – chez les meilleurs producteurs.

ST-GERVAIS-LES-BAINS – 74 Haute-Savoie – 328 N5 – 5 673 h. 46 F1
– alt. 820 m – Sports d'hiver : 1 400/2 000 m 2 25 – Stat. therm. : début fév.-mi-déc. – Casino – ✉ 74170 Alpes du Nord

Paris 597 – Annecy 84 – Bonneville 42 – Chamonix-Mont-Blanc 25

3635 et tapez 42 (0,34 €/mn)

43, rue du Mont-Blanc, 04 50 47 76 08, www.saintgervais.com

Route du Bettex★★★ 8 km par D 909 puis D 43.

Val d'Este sans rest
pl. de l'Église – 04 50 93 65 91 – www.hotel-valdeste.com – Fermé 5 nov.-5 déc.
14 ch – 62/92 € 62/92 € – 10 €
Atmosphère familiale, décor savoyard et vue sur la montagne dans certaines chambres : un accueillant petit hôtel de tradition, au cœur de la station.

Le Sérac
22 r. de la Comtesse – 04 50 93 80 50 – www.serac-restaurant.com – Fermé 15-30 mai, 12-23 nov., merc. hors saison, lundi soir sauf vacances scolaires et lundi midi
Rest – Formule 20 € – Menu 29/70 €
Chic, contemporain, épuré : le Sérac a du style ! Côté papilles, on se régale d'une cuisine mariant habilement les saveurs régionales et méditerranéennes. Croustillant de crabe et concombre mentholé, irrésistibles petits pots au chocolat...

au Fayet 4 km au Nord-Ouest par D 902 – ✉ 74190

49 rue de la Poste, ✆ 04 50 78 27 69, www.saintgervais.com

Hôtel des Deux Gares

50 imp. des Deux-Gares – ✆ 04 50 78 24 75 – www.hotel2gares.com – Fermé 28 avril-11 mai, 28 sept.-5 oct. et 2 nov.-17 déc.

29 ch – 56/62 € 56/62 € – 8 € – ½ P

Rest *(dîner seult) (résidents seult)* – Menu 15 €

Juste en face de la gare de départ du fameux tramway du Mont-Blanc, un châlet familial très sympathique, avec des chambres pimpantes et douillettes, une piscine couverte, un bar, une salle de jeux (billard, babyfoot...), etc. Le rapport qualité-prix est excellent.

au Bettex 8 km au Sud-Ouest par D 43 ou par télécabine, station intermédiaire – ✉ 74170 St Gervais les Bains

Arbois-Bettex

15 rte des Crêtes – ✆ 04 50 93 12 22 – www.hotel-arboisbettex.com – Ouvert 16 juin-14 sept. et 16 déc.-7 avril

32 ch – 65/175 € 90/310 € – 15 € – ½ P

Rest – Menu 25/38 € – Carte 34/57 €

À deux pas des télécabines, ce chalet est pratique et confortable : chambres fonctionnelles et avenantes, vue superbe sur le massif du Mont-Blanc et, pour la détente, piscine couverte, spa, massages et restaurant traditionnel avec sa terrasse exposée au sud.

*Autres ressources hôtelières voir **Les Houches** (au Prarion) et **Megève** (sommet du Mont d'Arbois)*

ST-GILLES – 30 Gard – 339 L6 – 13 735 h. – alt. 10 m – ✉ 30800 — 23 D2

Languedoc Roussillon

Paris 724 – Arles 18 – Beaucaire 27 – Lunel 31

1, place Frédéric Mistral, ✆ 04 66 87 16 28

Façade★★ et crypte★ de l'église - Vis de St-Gilles★.

Domaine de la Fosse

rte de Sylvéréal, 7 km au Sud par D 179, croisement D 202 – ✆ 04 66 87 05 05 – www.domainedelafosse.com

5 ch – 100/115 € 135/145 € **Table d'hôte** – Menu 35 €

Camargue ! Au cœur d'un immense domaine rizicole, cette ancienne commanderie des Templiers (17e s.) abrite des chambres de caractère (mansardes, mobilier chiné). Sauna, hammam, jacuzzi.

ST-GILLES-CROIX-DE-VIE – 85 Vendée – 316 E7 – 7 230 h. – alt. 12 m – Casino : Le Royal Concorde – ✉ 85800 Pays de la Loire — 34 A3

Paris 462 – Cholet 112 – Nantes 79 – La Roche-sur-Yon 44

Place de la Gare, ✆ 02 51 55 03 66, www.payssaintgilles-tourisme.fr

18 des Fontenelles, à L'Aiguillon-sur-Vie, Route de Coëx, E : 11 km par D 6, ✆ 02 51 54 13 94

Edena sans rest

39 bd de Lattre-de-Tassigny – ✆ 02 51 55 30 44 – www.hoteledena.com – Ouvert 29 mars-6 nov.

24 ch – 82/120 € 82/120 € – 10 €

Dans un quartier pavillonnaire de la station, un complexe hôtelier entièrement rénové en 2010. Les chambres sont fraîches, agréables et spacieuses, certaines avec une terrasse privative... Et il y a aussi deux piscines, une aire de jeux pour les enfants et une résidence avec des appartements familiaux.

Boisvinet

2 r. Louis-Cristau – ✆ 02 51 55 51 77 – www.boisvinet.com – Fermé dim. soir, mardi soir et merc.

Rest – Formule 17 € – Menu 20 € (déj. en sem.), 24/50 € – Carte 34/64 €

Une villa de bord de mer à la déco contemporaine et épurée... Un lieu avenant pour une cuisine fort appétissante : homard et risotto au lait de coco, cuisse de lapin aux agrumes, tiramisu au Nutella, etc.

Le Casier

pl. du Vieux Port – ✆ 02 51 55 01 08 – www.lecasier.com – Fermé 20 déc.-26 fév., lundi en mars, nov. et déc.

Rest – Formule 15 € – Menu 19 € – Carte 23/41 €

À deux pas des quais, un bistrot marin très convivial dans... une ancienne charcuterie ! Le chef, jadis propriétaire de la boutique (et donc charcutier), a troqué le tablier pour la toque et concocte désormais des petits plats bien iodés.

La Cotriade

8 r. Louis Cristau – ✆ 02 51 55 09 62 – www.la-cotriade-85.com – Fermé 23 déc.-31 janv., dim. soir et lundi

Rest – Formule 14 € – Menu 20/35 € – Carte 28/51 €

En retrait de l'agitation touristique, une maison rustique et sympathique, où l'on déguste une séduisante cuisine du moment et quelques spécialités plus traditionnelles. Poisson local extrafrais, souci du client : une bonne petite adresse.

à Coëx 14 km à l' Est par D 6 – 2 997 h. – alt. 50 m – ✉ 85220

ℹ 9, rue Jean Mermoz, ✆ 02 28 10 32 32, www.ville-coex.fr

Le Balata

Golf des Fontenelles, 2 km à l'Ouest par D 6 – ✆ 02 28 10 63 96 – www.lebalata.com – Fermé 23 déc.-14 janv., dim. soir et lundi

Rest – Formule 14 € – Menu 18 € (déj. en sem.), 26/45 € – Carte 35/55 €

La tomate se décline en gaspacho, tartare ou sorbet ; la fraise s'allie au romarin... Une cuisine raffinée dans une atmosphère contemporaine feutrée, avec vue sur les greens.

à Sion-sur-l'Océan 5 km à l'Ouest par la Corniche Vendéenne – ✉ 85270

Frédéric sans rest

25 r. des Estivants – ✆ 02 51 54 30 20 – www.hotel-frederic.com

13 ch – †69/135 € ††69/135 € – ☕ 10 €

Dans les années 1930, cette jolie villa était un hôtel chic et dans le vent... Modernisée, elle n'a rien perdu de son charme d'antan : il y règne une vraie atmosphère rétro et cosy, surtout dans les chambres donnant sur la mer. Et il y a même un bar à huîtres !

ST-GINGOLPH – 74 Haute-Savoie – 328 N2 – 758 h. – alt. 385 m – ✉ 74500 Alpes du Nord — 46 F1

▶ Paris 560 – Annecy 102 – Évian-les-Bains 19 – Montreux 21

Aux Ducs de Savoie

r. du 23 Juillet 44 – ✆ 04 50 76 73 09 – www.ducsdesavoie.net – Fermé 23-31 oct., 12-27 janv., mardi sauf juil.-août et lundi

Rest – Formule 19 € – Menu 41/73 € – Carte 38/73 €

Sur les hauteurs du village, ce chalet cossu et bourgeois est bien agréable : le chef concocte une goûteuse cuisine classique (appétissant chariot de desserts). À noter : la terrasse ombragée face au lac, charmante aux beaux jours.

ST-GIRONS – 09 Ariège – 343 E7 – 6 608 h. – alt. 398 m – ✉ 09200 Midi Toulousain — 28 B3

▶ Paris 774 – Auch 123 – Foix 45 – St-Gaudens 43

ℹ place Alphonse Sentein, ✆ 05 61 96 26 60, www.ville-st-girons.fr

Château de Beauregard
av. de la Résistance – ✆ 05 61 66 66 64 – www.chateaubeauregard.net
10 ch – 60/220 € 60/220 € – 3 suites – 13 € – ½ P
Rest ***Auberge d'Antan*** – voir les restaurants ci-après
Dans un parc paisible, un petit château et ses dépendances (19e s.) avec des chambres patinées par les ans, des suites de caractère et un spa dans une ancienne écurie.

Auberge d'Antan – Hôtel Château de Beauregard
av. de la Résistance – ✆ 05 61 64 11 02 – www.chateaubeauregard.net – Fermé sam. midi, dim. et lundi
Rest – Menu 28/38 € – Carte 30/37 €
Jambons suspendus, bois, pierres et poutres : cette Auberge dégage une belle atmosphère campagnarde ; on y déguste des grillades et des petits plats mijotés au feu de bois.

à Lorp-Sentaraille 4 km au Nord-Ouest par D 117 – 1 294 h. – alt. 361 m – ✉ 09190

La Petite Maison
rte de Toulouse – ✆ 05 61 66 54 49 – www.lapetitemaison.pro – Fermé janv., lundi et mardi
Rest – Formule 18 € – Menu 26/50 € – Carte 45/58 €
Une petite maison qui a l'âme d'une grande ! Des saveurs fines et franches, de beaux produits de saison... Le jeune chef crée des assiettes généreuses et gourmandes, dans l'esprit de l'époque.

ST-GRÉGOIRE – 35 Ille-et-Vilaine – 309 L6 – rattaché à Rennes

ST-GUÉNOLÉ – 29 Finistère – 308 E8 – ✉ 29760 Penmarch 9 A2

Bretagne Sud

Paris 587 – Douarnenez 47 – Guilvinec 8 – Pont-l'Abbé 14

Musée préhistorique★ - ★★ du phare d'Eckmühl★ S : 2,5 km - Église★ de Penmarch SE : 3 km - Pointe de la Torche ★ NE : 4 km.

Sterenn
plage de la Joie – ✆ 02 98 58 60 36 – www.hotel-sterenn.com – Fermé 2 sem. en janv. et de mi-nov. à mi-déc.
16 ch – 62/113 € 62/113 € – 11 € – ½ P
Rest ***Sterenn*** – voir les restaurants ci-après
Face à la plage, cette construction néobretonne des années 1970 a le charme des établissements familiaux. Les chambres sont simples, colorées et nettes ; la plupart donnent sur la mer. Pour une grande bouffée d'air iodé !

Les Ondines
90 r. Pasteur, rte du phare d'Eckmühl – ✆ 02 98 58 74 95 – www.hotel-lesondines.net – Ouvert 13 avril-11 nov. et fermé mardi sauf le soir en juil.-août
14 ch – 58/72 € 58/72 € – 9 € – ½ P
Rest – Menu 18/44 € – Carte 29/61 €
À l'extrême pointe du pays bigouden et à deux pas de la mer, un hôtel pour les enfants des ondes. On a parfois l'impression d'être dans un bateau, que ce soit dans les chambres ou sous la véranda, là où l'océan préside aux repas : même la choucroute n'y échappe pas !

Sterenn – Hôtel Sterenn
plage de la Joie – ✆ 02 98 58 60 36 – www.hotel-sterenn.com – Fermé 2 sem. en janv., de mi-nov. à mi-déc. et lundi
Rest – Formule 18 € – Menu 26/47 € – Carte 32/62 €
Tout près du port, ce restaurant met logiquement la pêche côtière à l'honneur. L'occasion de déguster des plateaux de fruits de mer et des poissons ultrafrais pour un bon rapport qualité-prix.

ST-GUILHEM-LE-DESERT – **34 Hérault** – **339** G6 – **263 h.** – **alt. 89 m** **23** C2 – ✉ **34150** Languedoc Roussillon

Paris 726 – Lodève 31 – Millau 90 – Montpellier 41

2 rue Font de Portal, ✆ 04 67 57 44 33, www.saintguilhem-valleeherault.fr

Gorges de l'Hérault★★ - Pont du Diable★.

Le Guilhaume d'Orange ch,

2 av. Guillaume d'Orange – ✆ 04 67 57 24 53 – www.guilhaumedorange.com – Fermé 22 déc.-8 janv. et merc. hors saison

11 ch – 69/80 € 89/99 € – 8 € – ½ P

Rest – Menu 21/29 € – Carte 32/50 €

Face aux gorges de l'Hérault, cette bâtisse restaurée avec goût a su conserver son cachet d'origine. Les chambres sont coquettes et romantiques à souhait. En salle ou sur la belle terrasse, vous apprécierez la cuisine du terroir.

ST-HAON – **43 Haute-Loire** – **331** E4 – **353 h.** – **alt. 1 000 m** – ✉ **43340** **6** C3

Auvergne

Paris 559 – Langogne 25 – Mende 68 – Le Puy-en-Velay 29

Auberge de la Vallée avec ch

– ✆ 04 71 08 20 73 – www.auberge-de-la-vallee43.fr – Fermé 26 déc.-30 mars, dim. soir et lundi d'oct. à avril

10 ch – 38/42 € 44/48 € – 8 € – ½ P

Rest – Menu 18/41 € – Carte 25/46 €

Une auberge familiale modeste, au cœur d'un village d'altitude. Dans la grande salle, les tables sont simplement dressées et les nombreux randonneurs apprécient la cuisine du terroir. Les chambres proprettes permettent de faire le plein d'air pur.

ST-HAON-LE-VIEUX – **42 Loire** – **327** C3 – **rattaché à Renaison**

ST-HERBLAIN – **44 Loire-Atlantique** – **316** G4 – **rattaché à Nantes**

ST-HILAIRE-DE-BRETHMAS – **30 Gard** – **339** J4 – **rattaché à Alès**

ST-HILAIRE-DES-LOGES – **85 Vendée** – **316** L9 – **rattaché à Fontenay-le-Comte**

ST-HILAIRE-DU-HARCOUËT – **50 Manche** – **303** F8 – **4 036 h.** **32** A3 – **alt. 70 m** – ✉ **50600** Normandie Cotentin

Paris 339 – Alençon 100 – Avranches 27 – Caen 102

Place du Bassin, ✆ 02 33 79 38 88, www.st-hilaire.fr

Centre d'Art Sacré★.

Le Cygne et Résidence

99 r. Waldeck Rousseau, rte de Fougères – ✆ 02 33 49 11 84 – www.hotel-le-cygne.fr – Fermé vacances de fév.

28 ch – 59/65 € 75/85 € – 9 € – ½ P

Rest ***Le Cygne*** – voir les restaurants ci-après

Petit carrefour commerçant du sud de la Manche, Saint-Hilaire-du-Harcouët (prononcez "coué") se révèle pratique pour une étape. Cet hôtel traditionnel (avec une annexe créée en 2001) propose des chambres simples et bien tenues.

Le Cygne – Hôtel Le Cygne et Résidence

99 r. Waldeck Rousseau, rte de Fougères – ✆ 02 33 49 11 84 – www.hotel-le-cygne.fr – Fermé vacances de fév., dim. soir et vend. d'oct. à Pâques

Rest – Formule 13 € – Menu 19/75 € bc – Carte 33/55 €

Un cadre classique, pour une cuisine traditionnelle qui fait la part belle au poisson et aux spécialités normandes. À noter : la carte des vins compte plus de 400 références, principalement des bordeaux (saint-émilion).

ST-HILAIRE-LE-CHÂTEAU – 23 Creuse – 325 I5 – 265 h. – alt. 453 m – ✉ 23250 25 C1

Paris 385 – Guéret 27 – Limoges 64 – Le Palais-sur-Vienne 56

à l'Est **3 km par D 941 (rte Aubenas), D10 et rte secondaire ✉ 23250 St-Hilaire-le-Château**

Château de la Chassagne

La Chassagne – ✆ 05 55 64 79 48 – www.chateau-lachassagne.com – Ouvert 16 mars-19 déc.

4 ch – 95/130 € 100/140 € **Table d'hôte** – Menu 30 € bc

Robuste château (15e et 17e s.) isolé dans un parc ravissant, où paissent des chevaux. Un escalier à vis dessert des chambres raffinées, dont une nichée sous une superbe charpente ; on est reçu avec gentillesse et simplicité et, à la table d'hôte, la gérante concocte une cuisine traditionnelle et familiale.

ST-HILAIRE-ST-FLORENT – 49 Maine-et-Loire – 317 I5 – rattaché à Saumur

ST-HIPPOLYTE – 25 Doubs – 321 K3 – 917 h. – alt. 380 m – ✉ 25190 17 C2

Franche-Comté Jura

Paris 490 – Basel 93 – Belfort 48 – Besançon 89

place de l'Hôtel de Ville, ✆ 03 81 96 58 00, www.ville-saint-hippolyte.fr

Site★ - Vallée du Dessoubre★ S.

Le Bellevue

28 Grande Rue – ✆ 03 81 96 51 53 – www.lebellevue-hotel.fr – Fermé 2 sem. en janv., dim. soir et vend. soir de sept. à avril

16 ch – 61/78 € 63/83 € – 12 € – ½ P

Rest *Le Bellevue* – voir les restaurants ci-après

À la sortie du village, dominant le Dessoubre, cette sympathique hostellerie familiale propose des chambres fort bien tenues et cosy, bienvenues pour une étape. Accueil aimable.

Le Bellevue

28 Grande Rue – ✆ 03 81 96 51 53 – www.hotel.bellevue.free.fr – Fermé 2 sem. en janv., dim. soir et vend. soir de sept. à avril

Rest – Formule 12 € – Menu 27/37 € – Carte 31/67 €

Filets de perche, ris de veau, pommes de terre en robe des champs... Une agréable cuisine traditionnelle concoctée à quatre mains par un père et son fils. On la déguste dans un cadre rustique ou sur la terrasse.

ST-HIPPOLYTE – 68 Haut-Rhin – 315 I7 – 1 050 h. – alt. 234 m – ✉ 68590 2 C1

Alsace Lorraine

Paris 439 – Colmar 21 – Ribeauvillé 8 – St-Dié 42

Château du Haut-Koenigsbourg★★ : ★★ NO : 8 km.

Le Parc

6 r. du Parc – ✆ 03 89 73 00 06 – www.le-parc.com – Fermé 6-29 janv.

32 ch – 85/95 € 95/130 € – 3 suites – 15 € – ½ P

Rest *Winstub Rabseppi-Stebel* **Rest *Joséphine*** – voir les restaurants ci-après

Un hôtel cosy, tendance et raffiné. Dans les chambres, de jolis tissus et des papiers peints dans l'air du temps ; pour se détendre, un agréable espace forme, une piscine, un restaurant et une winstub...

Hostellerie Munsch Aux Ducs de Lorraine

16 rte du Vin – ✆ 03 89 73 00 09 ch, rest, ch,

– www.hotel-munsch.com – Fermé 11-29 nov. et 13 janv.-7 mars

40 ch – 50/78 € 85/130 € – 12 € – ½ P

Rest *(fermé 7-18 juil., 11-29 nov., 13 janv.-7 mars, mardi et merc.)* – Formule 16 € – Menu 25/59 € – Carte 27/57 €

Cette imposante auberge d'esprit régional est une institution locale... qui cultive la tradition depuis quatre générations ! Certes les chambres se révèlent un brin désuettes, dans l'esprit des années 1970, mais elles sont d'une tenue irréprochable et donnent sur le château du Haut-Koenigsbourg ou sur les vignes.

Joséphine – Hôtel Le Parc

6 r. du Parc – ✆ 03 89 73 00 06 – www.le-parc.com – Fermé 6-29 janv., lundi et mardi

Rest – Menu 38 € (sem.), 48/70 € – Carte 47/63 €

Pressé d'omble chevalier au foie gras, selle d'agneau en croûte et ses salsifis au vinaigre balsamique, crémeux aux abricots et mousse au lait d'amande : l'élégante Joséphine est la table gastronomique de l'hôtel Le Parc.

Winstub Rabseppi-Stebel – Hôtel Le Parc

6 r. du Parc – ✆ 03 89 73 00 06 – www.le-parc.com – Fermé 6-29 janv., lundi midi et mardi midi

Rest – Formule 10 € – Menu 25/29 € – Carte 37/57 €

Une winstub conviviale, au sein de l'hôtel Le Parc. On s'y régale d'une cuisine authentique, généreuse et respectueuse des saisons, évidemment accompagnée de bons nectars locaux. Gourmand !

ST-HUBERT – 57 Moselle – 307 I3 – 218 h. – alt. 220 m – ✉ 57640 27 C1

Paris 336 – Luxembourg 63 – Metz 21 – Saarbrücken 69

La Ferme de Godchure sans rest

r. Principale – ✆ 03 87 77 03 96 – www.godchure.com

4 ch – 85/95 € 90/100 €

Aux portes d'un petit village – et en pleine campagne –, cette maison d'hôtes n'est autre que la grange d'une ancienne ferme cistercienne ! Les chambres sont décorées dans un style plutôt zen que l'on retrouve au spa.

ST-ISIDORE – 06 Alpes-Maritimes – 341 E5 – rattaché à Nice

ST-JACQUES-DES-BLATS – 15 Cantal – 330 E4 – 324 h. – alt. 990 m 5 B3 – ✉ 15800 Auvergne

Paris 536 – Aurillac 32 – Brioude 76 – Issoire 91

L'Escoundillou

rest,

rte de la gare – ✆ 04 71 47 06 42 – www.hotel-escoundillou.com – Fermé 16 nov.-25 déc. et vend. soir du 10 oct. au 16 nov.

12 ch – 47 € 50 € – 8 € – ½ P **Rest** – Formule 13 € – Menu 16/25 €

Au bord d'une pittoresque route de campagne, cette petite cachette ("escoundillou" en patois) est idéale pour les amoureux de la nature. On vient s'y reposer dans des chambres claires et fonctionnelles, et respirer l'air pur des monts du Cantal.

ST-JEAN – 06 Alpes-Maritimes – 341 C6 – rattaché à Pégomas

ST-JEAN-AUX-AMOGNES – 58 Nièvre – 319 D9 – 459 h. – alt. 230 m 7 B2 – ✉ 58270

Paris 252 – Bourges 81 – Château-Chinon 51 – Clamecy 61

Le Relais de Bourgogne

– ✆ 03 86 58 61 44 – Fermé 1er-21 janv., dim. soir, lundi et merc. sauf juil.-août et fériés

Rest – Menu 25/42 € – Carte 38/48 €

Dans cette maison de village, le décor est champêtre et chaleureux, la véranda ouvre sur un sympathique jardin et les plats respirent la générosité et la tradition.

ST-JEAN-AUX-BOIS – 60 Oise – 305 I4 – rattaché à Pierrefonds

ST-JEAN-CAP-FERRAT – 06 Alpes-Maritimes – 341 E5 – 2 035 h. 42 E2 – alt. 12 m – ✉ 06230 Côte d'Azur

Paris 935 – Menton 25 – Nice 8

59, avenue Denis Semeria, ✆ 04 93 76 08 90, www.saintjeancapferrat.fr

Site de la Villa Ephrussi-de-Rothschild★★ **M** : musée Île de France★★, jardins★★ - Phare ★★ - Pointe de St-Hospice : ★ de la chapelle, sentier★ - Promenade Maurice-Rouvier★.

Plan page suivante

ST-JEAN-CAP-FERRAT

Albert-1er (Av.) 2
Gaulle (Bd Gén.-de) 6
Grasseuil (Av.) 7
Libération (Bd) 9
Mermoz (Av. J.) 12
Passable (Ch. de) 13
Phare (Av. du) 14
Prince-Rainier III de Monaco (Av.) 3
Puncia (Av. de la) 15
Sabatier (Av. Marie-Louise) 5
St-Jean (Pont) 16
Sauvan (Bd H.) 17
Semeria (Av. D.) 18
Verdun (Av. de) 20
Vignon (Av. C.) 21

Les flèches noires indiquent les sens uniques supplémentaires l'été

Grand Hôtel du Cap Ferrat

71 bd du Gén.-de-Gaulle, au Cap-Ferrat – ✆ 04 93 76 50 50 – www.ghcf.fr – Fermé 7 janv.-21 mars **a**

49 ch – 🛉275/1750 € 🛉🛉275/1750 € – 24 suites – ☕ 45 €

Rest *Le Cap* ✿ **Rest *Club Dauphin*** – voir les restaurants ci-après

Rest *La Véranda* ✆ 04 93 76 50 27 – Menu 68 € bc (déj.)/78 € – Carte 82/116 €

Époustouflant ! Le parc divin et ses superbes pins parasols, la vue sur la côte tout simplement sublime, le délicieux bassin à débordement, la gourmandise des restaurants... L'élégance luxueuse d'un grand hôtel mythique, né en 1908. Tout ici est une invivation paradisiaque au farniente !

Royal Riviera

3 av. Jean Monnet – ✆ 04 93 76 31 00 – www.royal-riviera.com – Fermé de fin-nov. à mi-janv. **m**

91 ch – 🛉275/1020 € 🛉🛉275/1020 € – 3 suites – ☕ 35 € – ½ P

Rest *La Table du Royal* Rest *La Pergola* – voir les restaurants ci-après

Un petit palace bâti en 1904 et son beau jardin au bord de l'eau. La plupart des chambres – contemporaines et raffinées – donnent sur la Grande Bleue et, dans l'Orangerie, elles ont adopté un style atypique, provençal et branché... Le charme haut en couleur de la French Riviera !

La Voile d'Or

7 av. Jean Mermoz, au port – ✆ 04 93 01 13 13 – www.lavoiledor.fr – Ouvert de mi-avril à début oct. **f**

45 ch ☕ – 🛉350/910 € 🛉🛉380/910 €

Rest *La Voile d'Or* – voir les restaurants ci-après

Pour l'anecdote, c'est ici que fut tourné le premier épisode de la série Amicalement Vôtre... Ancré sur son rocher, face au port de plaisance, ce superbe hôtel est une ode à la Méditerranée : piscine d'eau de mer, plage et ponton privés... Chic !

Brise Marine sans rest
58 av. J. Mermoz – ✆ 04 93 76 04 36 – www.hotel-brisemarine.com – Ouvert de mars à oct. **x**
16 ch – †172/197 € ††172/197 € – ☕ 15 €
Surplombant une rue calme, cette jolie villa de style italien (1878), chaleureuse et familiale, a ce petit quelque chose des maisons d'hôtes. Les chambres sont sobres (mais non dénuées d'élégance) et donnent sur Beaulieu et Èze ; on prend son petit-déjeuner sur la terrasse, en admirant le jardin en espaliers.

Le Panoramic sans rest
3 av. Albert 1er – ✆ 04 93 76 00 37 – www.hotel-lepanoramic.com – Fermé 15 nov.-25 déc. **s**
20 ch – †145/175 € ††145/175 € – ☕ 11 €
Le Panoramic porte bien son nom : la vue sur le village et la pointe St-Hospice y est exceptionnelle. Mobilier des années 1950, balcon dans toutes les chambres et tenue irréprochable... c'est un brin désuet, mais familial et sympathique !

Le Cap – Grand Hôtel du Cap Ferrat
71 bd du Gén.-de-Gaulle, au Cap-Ferrat – ✆ 04 93 76 50 26 – www.ghcf.fr – Ouvert 25 avril-30 sept. **a**
Rest *(dîner seult)* – Menu 158/198 € – Carte 170/390 €
Cap sur... une belle cuisine d'aujourd'hui, réalisée sur des bases classiques et accompagnée d'une remarquable sélection de grands vins : pour preuve, ces bouteilles du Château d'Yquem de 1893 à nos jours ! Superbe terrasse.
➜ Fine lasagne au caviar d'Aquitaine, jeunes poireaux à la goutte d'huile d'olive. Agneau allaiton de l'Aveyron, piste de tomate, artichaut violet et courgette. Soufflé aux fraises, glace à la réglisse. **Vins** Côtes de Provence, Bellet.

La Table du Royal – Hôtel Royal Riviera
3 av. Jean Monnet – ✆ 04 93 76 31 00 – www.royal-riveria.com – Fermé de fin-nov. à mi-janv. et le midi en juil.-août **m**
Rest – Formule 35 € – Menu 58/90 € – Carte 61/127 €
Le Panorama ? C'est la mer à perte de vue, la somptueuse villa Kerylos et... le ciel bleu. L'assiette, méditerranéenne et pleine de saveur, mérite aussi qu'on la regarde ! Le dimanche, le brunch est très prisé.

La Voile d'Or – Hôtel La Voile d'Or
7 av. Jean Mermoz, au port – ✆ 04 93 01 13 13 – www.lavoiledor.fr – Ouvert de mi-avril à début oct. **f**
Rest – Formule 49 € bc – Menu 85/150 € – Carte 100/190 €
Une belle cuisine méridionale réalisée avec de bons produits et des poissons issus de la pêche locale ; une salle panoramique et une terrasse délicieuse... On n'a guère envie de mettre les voiles ! Également une petite restauration de plage.

La Pergola – Hôtel Royal Riviera
3 av. Jean Monnet – ✆ 04 93 76 31 00 – www.royal-riveria.com – Ouvert de mi-avril à mi-oct. **m**
Rest *(déj. seult)* – Menu 55 € – Carte 47/123 €
Tout près des flots, au bord de la piscine et presque les pieds dans l'eau... Cette pergola a de quoi séduire ! Carte façon brasserie chic et grillades.

Club Dauphin – Grand Hôtel du Cap Ferrat
71 bd du Gén.-de-Gaulle, au Cap-Ferrat – ✆ 04 93 76 50 25 – www.ghcf.fr – Ouvert 29 mars-27 oct. **a**
Rest *(déj. seult)* – Formule 59 € – Carte 100/130 €
Viandes et poissons grillés, saveurs méridionales, vue superbe sur la Grande Bleue et magnifique terrasse face à la piscine... Détail qui a son importance : on accède à ce restaurant par un funiculaire privé !

Capitaine Cook
11 av. J. Mermoz – ✆ 04 93 76 02 66 – Fermé 12 nov.-26 déc., jeudi midi et merc.
Rest – Menu 27/32 € – Carte 37/58 € **n**
Dans un recoin discret du cap, ce petit restaurant rustique est joliment rétro. On savoure des plats traditionnels bien iodés, simples et bons ; aux beaux jours, on profite des deux jolies terrasses.

ST-JEAN-D'ALCAS – 12 Aveyron – 338 K7 – ✉ 12250 29 D2
Languedoc Roussillon

Paris 677 – Millau 35 – Rodez 118 – Toulouse 170

Le Moulin de Gauty sans rest
– ✆ 05 65 97 51 90 – www.moulindegauty.com

4 ch – 75/105 € 85/115 €

En pleine nature, dans un jardin bordé par un cours d'eau, cet ancien moulin est si tranquille... Chambres contemporaines et épurées, dont une familiale ; petit-déjeuner avec de bons produits régionaux et aire de pique-nique avec barbecue.

ST-JEAN-D'ANGÉLY – 17 Charente-Maritime – 324 G4 38 B2
– 7 581 h. – alt. 25 m – ✉ 17400 Poitou-Charentes

Paris 444 – Niort 48 – Royan 69 – Saintes 36

8, rue Grosse Horloge, ✆ 05 46 32 04 72, http://ot.angely.net

Le Scorlion
5 r. de l'Abbaye – ✆ 05 46 32 52 61 – Fermé 2 sem. fin avril-début mai, 2 sem. en oct., 2 sem. début janv., merc. soir d'oct. à mai, dim. soir et lundi

Rest – Formule 16 € – Menu 25/45 € – Carte 30/50 €

Après un détour par l'Irlande, les États-Unis et l'Australie, le chef a posé ses bagages dans la région natale de son épouse... Ensemble, ils ont repris le Scorlion et vous proposent une jolie cuisine d'aujourd'hui. Des saveurs bien maîtrisées, un soupçon de créativité : un bon moment gastronomique.

ST-JEAN-DE-BEAUREGARD – 91 Essonne – 312 C3 – 101 33 – voir à Paris, Environs

ST-JEAN-DE-BLAIGNAC – 33 Gironde – 335 K6 – 380 h. – alt. 50 m 4 C1
– ✉ 33420

Paris 592 – Bergerac 56 – Bordeaux 40 – Libourne 17

Auberge St-Jean
8 r. du Pont – ✆ 05 57 74 95 50 – www.aubergesaintjean.com – Fermé 28 fév.-20 mars, dim. soir, mardi soir et merc.

Rest – Formule 16 € – Menu 41/51 €

Un jeune couple plein d'allant est aux commandes de ce relais de poste niché au bord de la Dordogne... Un court menu qui varie au fil du marché et des saisons, de belles saveurs : ici, on mange bien !

ST-JEAN-DE-BRAYE – 45 Loiret – 318 I4 – rattaché à Orléans

ST-JEAN-DE-LINIERES – 49 Maine-et-Loire – 317 F4 – rattaché à Angers

ST-JEAN-DE-LUZ – 64 Pyrénées-Atlantiques – 342 C4 – 13 742 h. 3 A3
– alt. 3 m – Casino ABY – ✉ 64500 Pays Basque et Navarre

Paris 785 – Bayonne 24 – Biarritz 18 – Pau 129

20, boulevard Victor Hugo, ✆ 05 59 26 03 16, www.saint-jean-de-luz.com

18 de Chantaco, Route d'Ascain, par rte d'Ascain : 2 km, ✆ 05 59 26 14 22

18 de la Nivelle, à Ciboure, Place William Sharp, S : 3 km par D 704, ✆ 05 59 47 18 99

Port★ – Église St-Jean-Baptiste★★ – Maison Louis-XIV★ **N** – Corniche basque★★ par ④ – Sémaphore de Socoa ★★ 5 km par ④.

Grand Hôtel Loreamar Thalasso & Spa
43 bd Thiers – ✆ 05 59 26 35 36 – www.luzgrandhotel.fr BYd

49 ch – 195/355 € 195/355 € – 3 suites – 28 € – ½ P

Rest *Le Rosewood* – Menu 39 € (déj.)/75 € – Carte environ 56 €

Élevé en 1909 face à la baie, cet hôtel balnéaire de la Belle Époque séduit par ses chambres raffinées, son mobilier de style, ses équipements modernes et son spa haut de gamme. Superbe vue sur l'Océan depuis la rotonde du Rosewood, où le terroir basque est à l'honneur (formule bistrot au déjeuner).

Bibal (R. F.) . . . . BZ 3	Infante (Quai de l') . . . . AZ 10	République (R. de la) . . . . . . AZ 17
Chauvin-Dragon (R.) . . . . BZ 4	Jaurréguiberry (Av.) . . . . BZ 12	Salagoity (R. de) . . . . BZ 18
Elizaga (Sq.) . . . . BY 9	Labrouche (Av.) . . . . BZ 13	Verdun (Av. de) . . . . AZ 19
Gambetta (R.) . . . . AZ, BY 6	Louis-XIV (Pl.) . . . . AZ 15	Victor-Hugo (Bd) . . . . BYZ
Garat (R.) . . . . AYZ 7	Pyrénées (Av. des) . . . . BZ 16	

Parc Victoria

5 r. Cépé, par bd Thiers et rte du Quartier du Lac BY – *✆ 05 59 26 78 78 – www.parcvictoria.com – Ouvert 15 mars-14 nov.*

14 ch – 🚹180/360 € 🚹🚹180/395 € – 6 suites – 21 € – ½ P

Rest ***Les Lierres*** – voir les restaurants ci-après

Cette villa fin 19e s. et ses annexes nichent dans un parc luxuriant et très fleuri. Les chambres cultivent un superbe esprit Art déco ou, plus classiques, Napoléon III : ce charme historique séduit et la piscine est superbe !

Zazpi sans rest

21 bd Thiers – ✆ 05 59 26 07 77 – www.zazpihotel.com – Ouvert 1er avril-1er nov. et 23-31 déc. BY**a**

6 ch – 🚹150/450 € 🚹🚹150/450 € – 1 suite – 16 €

Dans les chambres et suites de cet hôtel particulier (1900) du centre-ville, le blanc, le design et les équipements high-tech dominent. Aux beaux jours, le petit-déjeuner est servi en terrasse et l'on peut aussi profiter du solarium.

Un important déjeuner d'affaires ou un dîner entre amis ? Le symbole ⇔ vous signale les salons privés.

Hélianthal rest,
pl. Maurice-Ravel – ✆ 05 59 51 51 51 – www.helianthal.fr – Fermé 30 nov.-20 déc. BY**v**
100 ch – †86/252 € ††120/252 € – ☕ 17 € – ½ P
Rest – Formule 26 € – Menu 40 € – Carte environ 48 €
Hôtel associé à un beau centre de thalassothérapie. L'esprit des années 1930 imprègne les chambres, fonctionnelles et conçues à l'identique. Cuisine au goût du jour dans une salle à manger ornée de fresques représentant un paquebot. Terrasse donnant sur le large.

La Devinière sans rest
5 r. Loquin – ✆ 05 59 26 05 51 – www.hotel-la-deviniere.com BY**f**
8 ch – †120/160 € ††120/160 € – ☕ 12 €
Tableaux, bibelots, photos, tentures et livres anciens participent au charme de cette maison basque. Côté jardin – lequel est très fleuri – les chambres ouvrent sur un balcon... idéal pour conter fleurette. Salon de thé à l'anglaise.

La Réserve
1 av. Gaëtan-de-Bernoville, (rd-pt Ste-Barbe), 2 km au Nord par bd Thiers BY – ✆ 05 59 51 32 00 – www.hotel-lareserve.com – Ouvert 1er mars-11 nov.
37 ch – †100/275 € ††100/275 € – 4 suites – ☕ 17 € – ½ P
Rest – Formule 18 € – Menu 45/70 € – Carte environ 47 €
Au sommet des falaises, le site de cette Réserve est idyllique : parc, jardin fleuri ponctué de sculptures, piscine à débordement face à l'Océan... Chambres pimpantes et fonctionnelles. Restaurant panoramique avec terrasse ; recettes basques actualisées.

La Marisa sans rest
16 r. Sopite – ✆ 05 59 26 95 46 – www.hotel-lamarisa.com – Fermé 18-27 déc. et 2 janv.-10 fév. BY**b**
16 ch – †90/172 € ††90/172 € – ☕ 12 €
Invitation au voyage dans cet hôtel à la décoration soignée : meubles chinés ou rapportés d'Asie. Délicieux petit-déjeuner, pris dans le patio à la belle saison.

Hôtel de la Plage ch, ch, ch,
48 promenade J.-Thibaud – ✆ 05 59 51 03 44 – www.hoteldelaplage.com – Ouvert 2 mars-10 nov. et 21 déc.-5 janv. AY**a**
22 ch – †79/169 € ††79/169 € – ☕ 11 €
Rest *Le Brouillarta* ✆ 05 59 51 29 51 – Formule 19 € – Menu 24 € (déj. en sem.)/49 € – Carte 43/50 €
Comme son nom l'indique, cette grande bâtisse de style régional borde l'Océan. Cadre actuel et fonctionnel dans les chambres ouvrant en majorité sur la plage. Restaurant avec accès indépendant. Cuisine traditionnelle et jolie vue sur la baie de St-Jean-de-Luz.

Les Almadies sans rest
58 r. Gambetta – ✆ 05 59 85 34 48 – www.hotel-les-almadies.com – Fermé 11 nov.-13 déc. BY**x**
7 ch – †85/135 € ††85/135 € – ☕ 12 €
Décor soigné dans ce charmant petit hôtel mêlant touches design et mobilier rustique. Chambres impeccables, terrasse fleurie.

Le Relais Saint-Jacques N sans rest
13 av. de Verdun – ✆ 05 59 26 02 55 – www.hotelstjacques-stjeandeluz.com – Fermé janv. BZ**a**
17 ch – †85/160 € ††85/160 € – ☕ 10 €
Idéalement situé face à la gare et à deux pas du port, cet hôtel dispose de chambres fonctionnelles et bien insonorisées. Buffet au petit-déjeuner. Parfait pour une escapade dans cette jolie ville de la côte basque.

Villa Bel Air sans rest

60 promenade J.-Thibaud – 05 59 26 04 86 – www.hotel-bel-air.com – Ouvert 29 mars-11 nov. BYh

20 ch – 80/170 € 80/190 € – 11 €

Villa basque (1875) située au cœur du centre piétonnier, face à la baie de St-Jean-de-Luz. Petit salon cossu et chambres bien tenues, la plupart tournées vers la plage.

Maison Tamarin sans rest

chemin de Kokotia, (rte des plages), 2,5 km au Nord – 05 59 47 59 60 – www.maisontamarin.com – Fermé déc. et janv.

5 ch – 100/200 € 100/200 €

Il est des destins originaux... À l'image de celui du propriétaire dont les parents, originaires d'Écosse, sont tombés amoureux de la région en faisant du stop ! De la villa basque qu'ils ont construite, près de la plage, leur fils a fait un bien joli lieu de villégiature. Préférez les chambres avec vue sur l'Océan.

Les Lierres – Hôtel Parc Victoria

5 r. Cépé, par bd Thiers et rte du Quartier du Lac BY – 05 59 26 78 78 – www.parcvictoria.com – Ouvert 15 mars-14 nov.

Rest – Menu 49/95 € – Carte 80/102 €

La table de l'hôtel Parc Victoria est à l'image de l'établissement : raffinée et élégante. Dans la salle Art déco ou au bord de la pisine, on savoure une cuisine bien en prise avec son époque. Carte plus simple le midi (grillades, salades).

Le Kaïku

17 r. de la République – 05 59 26 13 20 – www.kaiku.fr – Fermé mardi et merc. sauf juil.-août AZx

Rest – Menu 25 € (déj. en sem.)/55 € – Carte environ 50 €

Dans une rue touristique du centre, on se réfugie avec plaisir dans ce restaurant cosy et élégant, qui s'abrite notamment dans une maison du 16e s. – elle serait la plus vieille de la cité. Rien d'ancien cependant à la carte : le chef signe des recettes originales et soignées, qui valorisent les produits régionaux.

Zoko Moko

6 r. Mazarin – 05 59 08 01 23 – www.zoko-moko.com – Fermé 17-24 mars, 1er-8 déc. et lundi AZa

Rest – Formule 19 € – Menu 25 € (déj. en sem.), 43/66 € bc

Zoko moko, c'est un "coin tranquille" en basque... et pourtant, un tout jeune chef – de retour dans sa ville natale après de belles expériences parisiennes – bouscule ici les papilles. Bien pensées, centrées sur de bons produits locaux travaillés avec soin et relevés par des associations originales, ses assiettes régalent !

➜ Raviole de txangurro en velouté. Merlu de ligne façon koskera et légumes du moment. Txuribeltz de chocolat, feuillantine et praliné.

Petit Grill Basque "Chez Maya"

2 r. St-Jacques – 05 59 26 80 76 – Fermé 20 déc.-25 janv., lundi midi, jeudi midi et merc. AYu

Rest – Menu 21/30 € – Carte 28/47 €

Incontournable, cette auberge basque ! Fresques et assiettes de Louis Floutier, cuivres, amusant système de ventilation manuelle et... plats régionaux dans toute leur authenticité.

Olatua

30 bd Thiers – 05 59 51 05 22 – www.olatua.fr BYm

Rest – Menu 25 € bc (déj. en sem.)/28 € bc

Olatua, c'est la "houle" en basque... et voilà bien, en effet, une adresse toujours en mouvement, largement fréquentée par les Luziens qui apprécient son bon rapport qualité-prix. La carte revisite les classiques de la cuisine basque avec simplicité et goût.

à Urrugne 4 km par ③ – 8 427 h. – alt. 34 m – ✉ 64122

place René Soubelet, 05 59 54 60 80, www.urrugne-tourisme.com

Château d'Urtubie sans rest
1 r. B. de Coral – ✆ 05 59 54 31 15 – www.chateaudurtubie.fr – Ouvert avril-oct.
10 ch – †80/160 € ††85/165 € – ☕ 11 €
Sur la route de l'Espagne, ce château fort du 14e – remanié au cours des siècles – est la propriété de la même famille depuis 24 générations ! Aujourd'hui musée et hôtel, il abrite des chambres de caractère, garnies de mobilier ancien.

Ferme Lizarraga
chemin de Lizarraga – ✆ 05 59 47 03 76 – www.lizarraga.fr – Fermé janv.-fév., le midi en juil.-août et lundi hors saison
Rest – Formule 20 € – Menu 25 € (déj. en sem.)/28 € – Carte 30/45 €
Dans un environnement champêtre, ferme du 17e s. joliment restaurée. Sans esbroufe, le chef réalise une cuisine du marché qui honore la tradition et le terroir.

à Ciboure 1 km par ④ – 6 785 h. – alt. 3 m – ✉ 64500

27, quai Maurice Ravel, ✆ 05 59 47 64 56, www.ciboure.fr
Chapelle N.-D. de Socorri : site★ 5 km par ③.

voir plan de St-Jean-de-Luz

L'Ephémère
15 quai M.-Ravel – ✆ 05 59 47 29 16 – www.lephemere-ciboure.fr – Fermé 12-28 nov., lundi midi et merc. midi du 15 juil. au 15 sept. et pendant les vacances scolaires, mardi et merc. hors saison AZ**y**
Rest – Menu 28 € (déj. en sem.), 45/90 € – Carte 50/84 €
Voiles d'acier, murs gris métallisé, vaisselle design : la version moderniste du style nautique. La cuisine est tendance, foisonnante de saveurs et de contrastes – avec par exemple un très original dessert sans sucre.

Chez Mattin
63 r. E. Baignol – ✆ 05 59 47 19 52 – Fermé 1 sem. en juin et en oct., fév., dim. et lundi AZ**v**
Rest – Carte 29/49 €
Ambiance très familiale dans cette maison de pays rustique à souhait (poutres, cuivres...). Spécialités basques et suggestions au gré du marché ; le poisson est à l'honneur.

à Socoa 3 km par ④ – ✉ 64122

Pantxua
au port de Socoa – ✆ 05 59 47 13 73 – Fermé 2 sem. en nov., janv. et mardi hors saison
Rest – Menu 25 € (sem.) – Carte 35/100 €
Tableaux basques et tresses de piments dans la salle ; agréable vue sur la baie dans la véranda ou sur la terrasse. Dans l'assiette, les poissons frais ont le beau rôle.

ST-JEAN-DE-MAURIENNE – 73 Savoie – 333 L6 – 8 374 h. – alt. 556 m – ✉ 73300 Alpes du Nord — 46 F2

Paris 635 – Albertville 62 – Chambéry 75 – Grenoble 105
place de la Cathédrale, ✆ 04 79 83 51 51, www.saintjeandemaurienne.com
Ciborium★ et stalles★★ de la cathédrale St-Jean-Baptiste.

St-Georges sans rest
334 r. de la République – ✆ 04 79 64 01 06 – www.hotel-saintgeorges.com
30 ch – †60/62 € ††72/74 € – ☕ 11 €
Sur la route de la Croix-de-Fer, cet ancien relais de poste (1866) présente l'avantage d'être au calme et à la fois proche du centre-ville. Il abrite des chambres simples et fonctionnelles, parfaites pour une étape. Un conseil : au petit-déjeuner, goûtez les confitures maison !

Nord rest,

pl. Champ de Foire – ✆ 04 79 64 02 08 – www.hoteldunord.net
– Fermé 20 avril-6 mai, 27 oct.-12 nov., dim. soir sauf juil.-août et lundi midi
19 ch – †48 € ††62/64 € – ☕ 9 € – ½ P
Rest – Formule 15 € – Menu 26/50 € – Carte 31/60 €
Au cœur de la cité, à côté de la cathédrale et du musée Opinel, des chambres toutes simples et bien tenues, aux tarifs mesurés : pratique pour séjourner dans la vallée. On peut également profiter du restaurant, où se mêlent recettes actuelles et produits du terroir.

Le Gavroche N

pl. du Marché – ✆ 04 79 20 49 30 – www.restaurant-le-gavroche.com
– Fermé 6-16 mai, 1 sem. en janv., dim. soir et lundi sauf fériés
Rest – Formule 16 € – Menu 19 € (déj. en sem.), 26/49 €
– Carte 34/49 €
Un Gavroche bien sympathique, ce restaurant, à l'image du personnage de Victor Hugo. Derrière les fourneaux, le chef signe une cuisine d'esprit créatif, très appréciée dans la région. L'hiver, dans la salle sous véranda, on regarde la neige tomber, et l'été, on apprécie la fraîcheur de la terrasse ombragée.

ST-JEAN-DE-MONTS – 85 Vendée – 316 D7 – 8 037 h. – alt. 16 m 34 A3
– Casino : La Pastourelle – ✉ 85160 Pays de la Loire

Paris 451 – Cholet 123 – Nantes 73 – La Roche-sur-Yon 61
67, esplanade de la Mer, ✆ 08 26 88 78 87, www.stjeandemonts.fr
18 de Saint-Jean-de-Monts, Avenue des Pays de la Loire, O : 2 km, ✆ 02 51 58 82 73

Atlantic Hôtel Thalasso ch, rest,

16 av. des Pays-de-Monts – ✆ 02 51 59 15 15
– www.atlantic-thalasso-hotel.com
44 ch – †79/176 € ††79/176 € – ☕ 13 € – ½ P
Rest – Formule 15 € – Menu 28 € (déj. en sem.)/39 € – Carte 30/40 €
Confort et douceur dans cet hôtel qui a fait peau neuve en 2010. Parquet, tons clairs et balcon dans les chambres... le tout à deux pas de la plage, du golf et du centre de thalasso !

Le Robinson

28 bd du Gén.-Leclerc – ✆ 02 51 59 20 20 – www.hotel-lerobinson.com
– Ouvert 8 fév.-17 nov.
58 ch – †61/88 € ††61/88 € – ☕ 9 € – ½ P
Rest *Le Robinson* – voir les restaurants ci-après
En retrait des plages, cet hôtel permet de se loger confortablement et à bon prix. Les chambres, entièrement rénovées en 2010, sont agréables (certaines assez tendance). Belle piscine intérieure et petite salle de musculation.

Hôtel de la Forêt sans rest

13 r. Pouvreau – ✆ 02 51 58 00 36 – www.hotel-de-la-foret.fr
– Ouvert 15 mars-15 déc.
16 ch – †61/105 € ††61/105 € – ☕ 10 €
Un hôtel en lisière de forêt, aux airs de paisible maison de vacances. Les chambres, plaisantes et bien insonorisées, se répartissent dans trois petites bâtisses entourant la piscine.

L'Espadon ch,

8 av. de la forêt – ✆ 02 51 58 03 18 – www.hotel-espadon.com
27 ch – †60/86 € ††60/86 € – ☕ 9 € – ½ P
Rest *(fermé déc.-janv.)* – Menu 16 € (déj. en sem.), 23/30 €
– Carte 27/48 €
Sur une avenue reliant la plage au bourg, un hôtel des années 1970 où règne un esprit familial. Rénovées en 2010, les chambres sont pratiques et fraîches, pour la plupart climatisées et avec balcon.

Le Petit St-Jean

128 rte Notre-Dame-de-Monts – 02 51 59 78 50 – Fermé dim. soir et lundi
Rest – Formule 16 € – Menu 23/59 € – Carte 30/71 €
Pierres, poutres, bibelots et meubles anciens : une auberge vendéenne aussi sympathique que ses propriétaires ! L'endroit est idéal pour déguster une cuisine traditionnelle bien gourmande, qui prend de jolis accents régionaux.

Le Robinson – Hôtel Le Robinson

28 bd du Gén.-Leclerc – 02 51 59 20 20 – www.hotel-lerobinson.com – Ouvert 8 fév.-17 nov.
Rest – Formule 15 € – Menu 18 € (sem.), 25/49 € – Carte 23/46 €
Saumon fumé maison, gigot d'agneau, plateau de fruits de mer... Ce Robinson concocte une sympathique cuisine traditionnelle privilégiant les produits iodés : pas sûr qu'on trouve tout cela sur une île déserte !

à Orouët 7 km au Sud-Est sur D 38 – 85160

La Chaumière

rest,

103 av. Orouët – 02 51 58 67 44 – www.chaumierehotel.fr – Fermé 1er-22 janv.
32 ch – 56/100 € 56/100 € – 8 € – ½ P
Rest *(fermé 21 nov.-9 fév. et dim.) (dîner seult)* – Menu 16/25 € – Carte 22/39 €
Une bien nommée Chaumière, appréciée pour son jardin et sa piscine découvrable. Les chambres sont assez petites, mais pratiques (la moitié avec balcon).

ST-JEAN-DU-BRUEL – **12 Aveyron** – **338** M6 – **695 h.** – **alt. 520 m** **29** D2
– **12230** Languedoc Roussillon

Paris 676 – Lodève 43 – Millau 40 – Montpellier 97

le bourg, 05 65 62 23 64

Gorges de la Dourbie★★ NE : 10 km.

Midi-Papillon

pl. du Manège – 05 65 62 26 04 – Ouvert 23 mars-11 nov.
18 ch – 39/70 € 39/70 € – 6,50 € – ½ P
Rest ***Midi-Papillon*** – voir les restaurants ci-après
Au bord de la Dourbie, maison ancienne romantique et douillette, alliant le charme du bien recevoir au confort de chambres jolies et toutes différentes.

Midi-Papillon

pl. du Manège – 05 65 62 26 04 – Ouvert 23 mars-11 nov.
Rest – Formule 16 € – Menu 25 € (sem.), 30/45 € – Carte 21/46 €
Légumes du potager, lapins et poulets du jardin : le chef travaille de beaux produits et concocte une savoureuse cuisine du terroir... Côté décor, tout le charme d'une maison tenue par la même famille depuis le 19e s. et vue sur la rivière.

ST-JEAN-EN-ROYANS – **26 Drôme** – **332** E3 – **3 022 h.** – **alt. 250 m** **43** E2
– **26190** Alpes du Nord

Paris 584 – Die 62 – Grenoble 71 – Romans-sur-Isère 28

13, place de l'Église, 04 75 48 61 39, www.royans.com

au col de la Machine 11 km au Sud-Est par D 76 – alt. 1 011 m – 26190

Combe Laval★★★.

Hôtel du Col de la Machine

rest, rest,

– 04 75 48 26 36 – www.hotel-coldelamachine.com
– Fermé 19-30 avril, 23 nov.-26 déc., mardi soir et merc. sauf vacances scolaires
11 ch – 58/61 € 64/66 € – 10 € – ½ P **Rest** – Menu 19/44 €
Grande bâtisse tenue par la même famille depuis 1848. Esprit chalet et confort douillet dans les chambres (mobilier en bois brut, lambris...) ; jardin en lisière de forêt. Au restaurant, bonne cuisine traditionnelle dans un cadre montagnard.

ST-JEAN-LE-BLANC – **45 Loiret** – **318** I4 – **rattaché à Orléans**

ST-JEAN-LE-CENTENIER – 07 Ardèche – 331 J6 – 668 h. – alt. 350 m – ✉ 07580 44 B3

Paris 632 – Lyon 169 – Le Puy-en-Velay 109 – Valence 71

Le Mas de Mon Père

quartier Argence, RN 102 – ☎ 04 75 36 71 23 – www.lemasdemonpere.com – Fermé 18 déc.-18 janv.

13 ch – 60/90 € 69/109 € – 9 € – ½ P

Rest – Formule 15 € bc – Menu 17 € bc/47 € – Carte 31/46 €

En bord de route, une bâtisse en pierre idéale pour faire étape : parking, chambres sobres et bien équipées (plus calmes côté jardin), balançoire et piscine. Au restaurant, cuisine traditionnelle sous une belle charpente en bois.

ST-JEAN-LE-COMTAL – 32 Gers – 336 F8 – rattaché à Auch

ST-JEAN-PIED-DE-PORT – 64 Pyrénées-Atlantiques – 342 E6 – 1 477 h. – alt. 159 m – ✉ 64220 Pays Basque et Navarre 3 B3

Paris 817 – Bayonne 54 – Biarritz 55 – Pau 106

14, place Charles-de-Gaulle, ☎ 05 59 37 03 57, www.saintjeanpieddeport-paysbasque-tourisme.com

Trajet des pèlerins★ de St-Jacques.

Les Pyrénées

19 pl. Ch.-de-Gaulle – ☎ 05 59 37 01 01 – www.hotel-les-pyrenees.com – Fermé 11-29 nov., 5 janv.-2 fév., lundi soir de nov. à mars et mardi du 20 sept. au 30 juin sauf fériés

14 ch – 105/185 € 220/255 € – 4 suites – 17 €

Rest ***Les Pyrénées*** ✿ – voir les restaurants ci-après

Au cœur de ce joli village – dernière étape française pour les pèlerins de Compostelle –, ce relais de poste jouit d'un jardin luxuriant (avec piscine) et abrite des chambres sobres et modernes, bien confortables. Une bonne étape avant l'Espagne !

Les Pyrénées (Philippe Arrambide)

19 pl. Ch.-de-Gaulle – ☎ 05 59 37 01 01 – www.hotel-les-pyrenees.com – Fermé 11-29 nov., 5 janv.-2 fév., lundi soir de nov. à mars et mardi du 20 sept. au 30 juin sauf fériés

Rest *(réserver)* – Menu 42/110 € – Carte 81/112 €

De père en fils, une institution à St-Jean-Pied-de-Port. Dans le décor comme dans l'assiette, ces Pyrénées cultivent le classicisme et le goût du Pays basque, le tout avec des produits de grande qualité.

➜ Langoustine en salade, rôtie au lard, ravioli au caviar et beignet au curry. Lasagne de foie gras aux truffes, pomme de terre sacristain, jus émulsionné. Soufflé chaud aux fruits de la passion et sorbet kiwi-passion. **Vins** Irouléguy, Graves.

Iratze Ostatua

11 r. de la Citadelle – ☎ 05 59 49 17 09 – http://iratzeostatua.blogspot.fr – Fermé janv.- fév. et mardi

Rest – Menu 25 € – Carte 35/58 €

"L'auberge des fougères" en basque ! Pour retrouver les saveurs d'antan et la belle simplicité de la cuisine paysanne : gazpatxo, axoa, chipirons à l'encre ou encore etxeko bixkoxka (gâteau basque à la figue – une spécialité maison), etc.

ST-JEAN-SUR-VEYLE – 01 Ain – 328 C3 – 1 077 h. – alt. 200 m – ✉ 01290 44 B1

Paris 402 – Bourg-en-Bresse 32 – Mâcon 12 – Villefranche-sur-Saône 45

La Petite Auberge

Le bourg – ☎ 03 85 31 53 92 – Fermé 2 sem. fin août-début sept., 31 déc.-16 janv., mardi soir, merc. soir, dim. soir et lundi

Rest – Formule 13 € bc – Menu 17 € (déj. en sem.), 23/42 € – Carte 41/50 €

Cette maison à colombages (briquettes rouges, poutres, tableaux d'artistes locaux) a vraiment du charme avec sa salle à manger vitrée si lumineuse. Idéal pour déguster des spécialités régionales.

Le Grand Saint Jean Baptiste

38 r. Chavagnat, (Le Bourg) – ✆ 03 85 36 26 14 – www.legrandsaintjeanbaptiste.com – Fermé 1 sem. en janv., 2 sem. en août, dim. soir, mardi et merc.

Rest – Formule 18 € – Menu 29/44 € – Carte 32/38 €

Cet ancien relais de diligences du 18e s. a été repris par un jeune couple passé par de grandes maisons. Produits du terroir, goûteuses recettes traditionnelles, vins de petits producteurs, accueil souriant : une bonne adresse.

ST-JOACHIM – 44 Loire-Atlantique – 316 C3 – 3 997 h. – alt. 5 m – 34 A2
– ✉ 44720 Pays de la Loire

▶ Paris 435 – Nantes 61 – Redon 40 – St-Nazaire 14

◉ Tour de l'île de Fédrun★ O : 4,5 km - Promenade en chaland★★.

La Mare aux Oiseaux (Eric Guérin) avec ch

223 r. du chef de l'Île Fedrun – ✆ 02 40 88 53 01 – www.mareauxoiseaux.fr – Fermé lundi midi

13 ch – †145/265 € ††145/265 € – 2 suites – ☕ 18 €

Rest – Menu 45/87 € – Carte environ 82 €

Moment de poésie au cœur de la Brière, parmi les oiseaux en liberté... Éric Guérin signe une cuisine ludique et inventive, à base de beaux produits régionaux. Pour prolonger la magie, des chambres luxueuses (certaines dans des bungalows) et un espace bien-être. Une grue viendra peut-être toquer à votre porte...

➜ Pressé de foie gras et noix de macadamia. Ravioles de langoustine et pomme de terre, tranche et consommé de bœuf. Fraise comme un œuf, menthe et sésame blond. **Vins** Muscadet Sèvre et Maine, Montlouis.

ST-JOSSE – 62 Pas-de-Calais – 301 C5 – 1 193 h. – alt. 35 m – ✉ 62170 – 30 A2
Nord Pas-de-Calais Picardie

▶ Paris 223 – Arras 94 – Boulogne-sur-Mer 39 – Lille 144

au Moulinel 2 km au Nord-Est par D 145 – ✉ 62170 St-Josse

Auberge du Moulinel

116 chaussée de l'Avant-Pays – ✆ 03 21 94 79 03 – www.aubergedumoulinel.com – Fermé 3 sem. en janv., lundi et mardi sauf juil.-août et dim. soir

Rest – Formule 20 € – Menu 30 € (sem.), 44/57 € – Carte 61/68 €

Un petit air de campagne chic, non loin du Touquet. Entrez donc dans la salle, un brin rustique avec sa collection de cuivres anciens. Escalope de foie gras chaud, turbot rôti, vacherin, paris-brest... Le chef réalise une alléchante cuisine traditionnelle. Tout est fait maison, y compris le pain et les glaces !

ST-JOUAN-DES-GUÉRETS – 35 Ille-et-Vilaine – 309 K3 – 2 699 h. – 10 D1
– alt. 31 m – ✉ 35430

▶ Paris 398 – Granville 89 – Rennes 65 – Saint-Malo 10

La Malouinière des Longchamps sans rest

1,5 km à l'Est par D 204 – ✆ 02 99 82 74 00 – www.malouiniere.com – Fermé 5 janv.-6 fév.

9 ch – †69/218 € ††79/218 € – ☕ 13 €

Idéal pour un séjour reposant et champêtre ! Cette ancienne ferme et ses dépendances disposent de chambres confortables et bien tenues. Jardin fleuri, piscine, espace beauté et bien-être.

ST-JOUIN-BRUNEVAL – 76 Seine-Maritime – 304 A4 – 1 823 h. – 33 C1
– alt. 110 m – ✉ 76280

▶ Paris 202 – Fécamp 25 – Le Havre 20 – Rouen 92

XX **Le Belvédère**

(rte du Belvédère) – ✆ 02 35 20 13 76 – www.restaurant-lebelvedere.com – Fermé 10 janv.-10 fév., dim. soir, lundi soir et mardi soir d'oct. à avril, merc. soir et jeudi sauf fériés

Rest *(réserver)* – Menu 23 € (sem.), 31/43 € – Carte 37/56 €

Croustillant de camembert chaud, chou farci au haddock... Une cuisine traditionnelle soignée et des spécialités bien iodées, avec une vue à couper le souffle sur les falaises et le grand large. Mer à l'horizon !

ST-JULIEN-AUX-BOIS – 19 Corrèze – 329 N5 – 487 h. – alt. 594 m 25 C3
– ✉ 19220 Limousin Berry

Paris 524 – Aurillac 53 – Brive-la-Gaillarde 66 – Mauriac 29

X **Auberge de St-Julien-aux-Bois** avec ch

1 rte des Pierres Blanches – ✆ 05 55 28 41 94 – www.auberge-saint-julien.com – Fermé vacances de fév. et 22 déc.-6 janv.

6 ch – †48/55 € ††55/62 € – ☕ 8 € – ½ P

Rest *(fermé dim. soir, vend. hors saison et sam. midi)* – Formule 16 € – Menu 20/29 € – Carte 23/41 €

Cette maison de village a l'âme "verte". Les petits producteurs des fermes environnantes sont sollicités pour réaliser une cuisine à la fois saine et originale (terrine de cochon aux herbes, truite en croûte de sésame, parfait de graines de courge...). Pour l'étape, des chambres bien tenues.

ST-JULIEN-CHAPTEUIL – 43 Haute-Loire – 331 G3 – 1 867 h. 6 C3
– alt. 815 m – ✉ 43260 Lyon Drôme Ardèche

Paris 559 – Lamastre 52 – Privas 88 – Le Puy-en-Velay 20

Place Saint-Robert, ✆ 04 71 08 77 70, www.auvergne-paysdumeygal.com

Site★ - Montagne du Meygal★ : Grand Testavoyre ✳★★ NE : 14 km puis 30 mn.

XX **Vidal**

18 pl. du Marché – ✆ 04 71 08 70 50 – www.restaurant-vidal.com – Fermé 1er-4 juil., 2-5 sept., mi-janv. à mi-fév., mardi soir hors saison, dim. soir et lundi

Rest – Menu 29/80 € – Carte 58/80 €

Rest ***Bistrot de Justin*** *(fermé mardi soir hors saison, dim. et lundi)* – Formule 17 € bc – Menu 22 € bc

Dans une ambiance familiale et très sympathique, on profite d'une très savoureuse cuisine tournée vers le terroir local et son célèbre bœuf "Fin Gras du Mézenc". Un style rustique mais contemporain que l'on retrouve au Bistrot de Justin, avec un menu différent chaque semaine.

ST-JULIEN-DE-LAMPON – 24 Dordogne – 329 J6 – 613 h. 4 D1
– alt. 120 m – ✉ 24370

Paris 530 – Bordeaux 253 – Limoges 141 – Périgueux 124

X **La Gabarre**

Le Mondou – ✆ 05 53 29 61 43 – www.restaurantlagabarre.com – Fermé de mi-janv. à mi-mars, sam. midi de mars à oct., lundi et mardi en nov.-déc., dim. soir et merc.

Rest – Menu 13 € (déj. en sem.), 26/35 €

En surplomb de la Dordogne, cette maison du 12e s. a vu passer bien des gabarres... Désormais, elle assiste à un tout autre défilé : celui de bonnes recettes du terroir teintées d'inventivité. Aux premiers rayons de soleil, à la salle rustique à souhait, on préfère la belle terrasse. Accueil tout sourire.

ST-JULIEN-DU-SAULT – 89 Yonne – 319 C3 – 2 347 h. – alt. 82 m 7 A1
– ✉ 89330 Bourgogne

Paris 137 – Auxerre 40 – Dijon 187 – Sens 25

Les Bons Enfants

4 pl. de l'Hôtel de Ville – ✆ 03 86 91 17 38 – www.bonsenfants.fr – Fermé dim. et lundi

Rest – Formule 20 € – Menu 27 € (déj. en sem.), 31/66 € – Carte environ 36 €

Une auberge datant de 1823 avec un bistrot chic d'un côté, une salle cosy et raffinée de l'autre. Dans un cas comme dans l'autre, la carte joue sur plusieurs registres : canaille, terroir et fine gastronomie – le tout signé par un chef d'origine japonaise et... à prix bon enfant !

ST-JULIEN-EN-CHAMPSAUR – 05 Hautes-Alpes – 334 E5 – 302 h. – alt. 1 050 m – ✉ 05500 41 C1

Paris 658 – Gap 17 – Grenoble 95 – La Mure 55

Les Chenets avec ch rest,

Le village – ✆ 04 92 50 03 15 – www.les-chenets.com – Fermé avril, 11 nov.-26 déc., dim. soir et merc. hors saison

16 ch – †31/47 € ††45/61 € – ☕ 8 € – ½ P

Rest – Menu 23/39 € – Carte 33/54 €

Épatant, ce restaurant d'un petit village du Champsaur ! Aux commandes, un chef adepte du fait maison, dans le droit fil de la tradition et des spécialités du terroir. Bons points aussi pour l'accueil et le service, sympathiques et attentionnés. Sans oublier le cadre, avenant et soigné.

ST-JULIEN-EN-GENEVOIS – 74 Haute-Savoie – 328 J4 – 11 598 h. – Agglo. 145 507 h. – alt. 460 m – Casino – ✉ 74160 46 F1

Paris 525 – Annecy 35 – Bonneville 36 – Genève 11

500 route des Envignes, ✆ 04 50 04 71 63, www.tourisme-genevois.fr

à Archamps 5 km à l'Est par A 40, sortie 13.1 – 1 865 h. – alt. 535 m – ✉ 74160

Porte Sud de Genève

parc d'affaires international, (site d'Archamps) – ✆ 04 50 31 16 06 – www.longitudehotels.com

90 ch – †89/149 € ††109/169 € – ☕ 15 € – ½ P

Rest – Formule 18 € – Menu 25 € (déj. en sem.) – Carte 33/45 €

Un hôtel moderne installé au cœur d'une technopole franco-suisse. Les chambres, contemporaines, sont à la fois reposantes et idéalement pensées pour la clientèle d'affaires, tout comme le restaurant et sa terrasse dressée dans le jardin.

à Bossey 7 km à l'Est par D 1206 – 707 h. – alt. 438 m – ✉ 74160

La Ferme de l'Hospital (Jean-Jacques Noguier)

rte du golf – ✆ 04 50 43 61 43 – www.ferme-hospital.com – Fermé 1er-20 août, vacances de fév., dim. et lundi

Rest *(réserver)* – Menu 55/80 € – Carte 85/105 €

Ne vous fiez pas au caractère imposant de cette ferme (ancienne propriété de l'hôpital de Genève), l'intérieur est vraiment chaleureux. Le chef ne travaille que de beaux produits sur des bases traditionnelles : gourmand et plein de finesse.

→ Raviole de foie gras au cèpe et son émulsion des bois. Féra du lac meunière, déclinaison de carotte, jus d'orange au safran. Soufflé au Grand Marnier. **Vins** Mondeuse, Chignin-Bergeron.

ST-JULIEN-EN-VERCORS – 26 Drôme – 332 F3 – 221 h. – alt. 905 m – ✉ 26420 45 C2

Paris 623 – Gap 173 – Grenoble 49 – Valence 69

Café Brochier avec ch

pl. du village – ✆ 04 75 48 20 84 – www.cafebrochier.com – Fermé 1 sem. en oct., 1 sem. en nov., 1 sem. en déc., janv., lundi soir, mardi et merc. sauf vacances scolaires

2 ch ☕ – †55/60 € ††55/60 €

Rest – Menu 14 € (déj. en sem.), 23/37 € – Carte 23/43 €

Une institution locale qui connaît un nouveau souffle depuis que le jeune chef y a posé ses valises en 2006... Sa cuisine, ancrée dans la région, s'aventure aussi du côté de la mer et de l'originalité. Du bio, du beau et de l'inédit ! Pour prolonger cette étape sympathique, deux chambres sobres et confortables.

ST-JULIEN-LE-FAUCON – 14 Calvados – 303 M5 – 713 h. – alt. 40 m – ✉ 14140 33 C2

Paris 192 – Caen 41 – Falaise 32 – Lisieux 14

Auberge de la Levrette

48 r. Lisieux – ✆ 02 31 63 81 20 – Fermé 11-17 mars, 15-21 juil., 4-10 nov., 23-31 déc., lundi sauf fériés le midi, dim. soir et le soir du mardi au vend. de nov. à fin mars

Rest – Menu 22/40 € – Carte 24/42 €

Cette maison à colombages (1550), typique du pays d'Auge, abrite un petit musée dédié à la musique mécanique : juke-box, orgues de Barbarie, phonographes... Un cadre atypique pour une cuisine de tradition. Gourmandise et flonflons !

ST-JULIEN-SUR-CHER – 41 Loir-et-Cher – 318 H8 – 744 h. – alt. 110 m – ✉ 41320 12 C2

Paris 227 – Blois 51 – Bourges 66 – Châteauroux 62

Les Deux Pierrots

9 r. Nationale – ✆ 02 54 96 40 07 – Fermé août, lundi et mardi

Rest – Menu 30/42 € – Carte 34/44 €

Feuilleté d'escargots à la crème d'ail, terrine de foies de volaille, rognons de veau à la moutarde... Dans cette auberge de village, rustique à souhait, on ne plaisante pas avec la tradition. Ici, tout est fait maison et les légumes proviennent du potager. Difficile de faire plus authentique !

ST-JUNIEN – 87 Haute-Vienne – 325 C5 – 11 531 h. – alt. 240 m – ✉ 87200 Limousin Berry 24 A2

Paris 416 – Angoulême 73 – Bellac 34 – Confolens 27

place du Champ de Foire, ✆ 05 55 02 17 93, www.saint-junien.net

de Saint-Junien, Les Jouberties, O : 4 km, ✆ 05 55 02 96 96

Collégiale★.

Le Relais de Comodoliac

rest,

22 av. Sadi-Carnot – ✆ 05 55 02 27 26 – www.comodoliac.fr – Fermé 16-24 fév.

29 ch – †64/74 € ††70/81 € – ☕ 10 € – ½ P

Rest *(fermé dim. soir)* – Formule 13 € bc – Menu 18 € (sem.), 30/40 € – Carte 35/57 €

Un hôtel bien situé, tout près de la route mais néanmoins au calme, dans un joli jardin. Les chambres, d'esprit contemporain, sont agréables et impeccablement tenues. Au restaurant, carte traditionnelle, espace "bistrot" et formule buffet le midi.

au Sud **2 km par rte de Rochechouart, D 675 et rte secondaire – ✉ 87200 St-Junien**

Lauryvan

200 allée du Bois au Bœuf – ✆ 05 55 02 26 04 – www.lauryvan.fr – Fermé dim. soir, lundi et fériés le soir

Rest – Menu 31 € (sem.)/45 € bc – Carte 42/58 €

Rest *L' Auberge* – Formule 12 € – Menu 15 € (déj. en sem.)/20 € bc – Carte environ 25 €

Bistrot côté Auberge ou "gastro" classique ? Le Lauryvan répond à l'appétit et à l'envie du moment. L'été, on s'installe sur la jolie terrasse pour profiter de la vue sur l'étang.

ST-JUST-ET-VACQUIÈRES – 30 Gard – 339 K4 – 288 h. – alt. 190 m – ✉ 30580 23 C1

Paris 699 – Alès 18 – Montpellier 104 – Nîmes 54

Mas Vacquières sans rest

hameau de Vacquières – ✆ 04 66 83 70 75 – www.masvac.com

5 ch ☕ – †85/125 € ††90/135 €

Dans une ruelle du hameau, maison typique blottie dans un jardin fleuri bien au calme. Chambres fraîches et impeccablement tenues. Copieux petit-déjeuner servi en terrasse.

ST-JUSTIN – 40 Landes – **335** J11 – 922 h. – alt. 90 m – ✉ 40240 **3** B2
Aquitaine

Paris 694 – Aire-sur-l'Adour 38 – Casteljaloux 49 – Dax 84

place des Tilleuls, ✆ 05 58 44 86 06

France avec ch

pl. des Tilleuls – ✆ 05 58 44 83 61 – www.hotelrestaurant-landes.com – Fermé 16 déc.-8 janv., lundi sauf en août et dim. soir

8 ch – 45/55 € 45/55 € – 8 € **Rest** – Formule 25 € – Menu 35/45 €

Une belle maison gasconne s'ouvrant sur les arcades de la place médiévale, où l'on installe la terrasse en saison. Deux salles et deux formules : bistrot avec des suggestions à l'ardoise, ou cadre plus cosy avec une carte campagnarde. Le tout dans un registre traditionnel qui respecte les saisons.

ST-JUST-ST-RAMBERT – 42 Loire – **327** E7 – 14 315 h. – alt. 380 m **44** A2 – ✉ 42170 Lyon et sa région

Paris 542 – Lyon 81 – Montbrison 18 – St Etienne 17

7, place de la Paix, ✆ 04 77 52 05 14, www.loireforez.com

Le Neuvième Art (Christophe Roure)

pl. du 19 Mars 1962 – ✆ 04 77 55 87 15 – www.leneuviemeart.com – Fermé 12 août-4 sept., 24-27 déc., 24 fév.-11 mars, dim. et lundi

Rest *(nombre de couverts limité, réserver)* – Menu 75/130 € – Carte environ 105 €

Silence, on tourne ! Dans cette ancienne gare, Christophe Roure met en scène les saveurs. Chef ou réalisateur ? Cet amoureux du produit signe une cuisine créative et très travaillée, excellente dès la première prise : précision des cuissons, finesse des préparations... Un grand moment de gastronomie, sans cinéma aucun.

➜ Cannelloni de tourteau, mousse de riz basmati aux algues nori et caviar. Bar aux asperges et aux morilles, émulsion d'un lait d'amande. Gâteau mousseux poire-chocolat, sorbet poire. **Vins** Saint-Joseph, Côte roannaise.

ST-LARY – 09 Ariège – **343** D7 – 155 h. – alt. 692 m – ✉ 09800 **28** B3

Paris 786 – Bagnères-de-Luchon 48 – St-Gaudens 36 – St-Girons 24

Auberge de l'Isard

r. des Bains – ✆ 05 61 96 72 83 – www.hotel-logis-ariege.com – Fermé 10-14 juin, 22-25 oct., 29 janv.-5 mars et lundi sauf juil.-août

8 ch – 45/50 € 50/65 € – 8 € – ½ P

Rest *(ouvert de mi-mars à nov.)* – Formule 13 € – Menu 19/30 € – Carte 30/48 €

L'authentique auberge de village ! Bar, maison de la presse, boutique de produits du terroir, agréable restaurant traditionnel – auquel on accède en traversant la rivière –, sans compter les chambres fraîches et fonctionnelles et l'accueil charmant... Un vrai poumon pour ce hameau de moyenne montagne.

ST-LARY-SOULAN – 65 Hautes-Pyrénées – **342** N8 – 946 h. **28** A3 – alt. 820 m – Sports d'hiver : 1 680/2 515 m 1 28 – Stat. therm. : fin mars-fin oct. – ✉ 65170 Midi Toulousain

Paris 830 – Arreau 12 – Auch 103 – Bagnères-de-Luchon 44

37, rue Vincent Mir, ✆ 05 62 39 50 81, www.saintlary.com

La Pergola

25 r. Vincent-Mir – ✆ 05 62 39 40 46 – www.hotellapergola.fr

24 ch – 60/75 € 90/114 € – 11 € – ½ P

Rest – Formule 12 € – Menu 20 € (sem.), 27/49 € – Carte 26/48 €

Paisible maison dans un jardin, avec de grandes chambres orientées au sud et ouvertes sur les cimes. Décor traditionnel au restaurant (cuisine actuelle).

Neste de Jade sans rest

lieu-dit Graouès – ✆ 05 62 39 42 79 – www.hotelnestedejade.com – Ouvert 15 juin-15 sept. et 3 déc.-3 avril

19 ch – 50/89 € 50/89 € – 9 €

Authentique et chaleureux : lambris, parquet, tissus chatoyants... Certaines chambres sont mansardées. En bordure de rivière et proche de la télécabine.

Les Arches sans rest
15 av. des Thermes, (près de l'église) – ✆ 05 62 49 10 10 – www.hotel-les-arches.com – Fermé 2 sem. en nov.
30 ch – †50/90 € ††50/90 € – ☕ 9 €
Bâtisse moderne (2000) à deux pas de la télécabine, abritant de petites chambres fonctionnelles et bien tenues. Agréable salon avec cheminée et vue sur la terrasse et la piscine.

Aurélia
à Vielle-Aure, par D 116 et D 19 – ✆ 05 62 39 56 90 – www.hotel-aurelia.com – Ouvert 13 déc.-21 sept.
20 ch – †45/53 € ††54/62 € – ☕ 8 € – ½ P
Rest *(dîner seult) (résidents seult)* – Menu 21/24 €
Près des thermes, un hôtel familial prisé pour ses activités de loisirs, sa piscine et son fitness. Chambres simples et bien tenues, mansardées au 3e étage. Au restaurant, cuisine traditionnelle modernisée.

ST-LATTIER – **38 Isère** – **333** E7 – **1 255 h.** – **alt. 170 m** – ✉ **38840** **43** E2
Paris 571 – Grenoble 67 – Romans-sur-Isère 13 – St-Marcellin 15

Le Lièvre Amoureux
La Gare – ✆ 04 76 64 50 67 – www.lelievreamoureux.com – Fermé 12-27 août et 10-20 fév.
5 ch – †65/85 € ††75/85 € – ☕ 11 € **Table d'hôte** – Menu 35/65 €
Cet ancien relais de chasse propose des chambres et duplex spacieux, au style simple et classique, parfaits pour profiter du calme et de la verdure. Une grande cheminée veille sur la table d'hôte où l'on déguste de savoureux produits du terroir dauphinois préparés par le propriétaire, enfant du pays.

Auberge du Viaduc avec ch
D 1092 (hameau de la rivière) – ✆ 04 76 64 51 65 – www.auberge-du-viaduc.new.fr – Ouvert 13 fév.-28 nov. et fermé dim. soir de nov. à avril, merc. midi de juin à sept., lundi et mardi
6 ch – †95/102 € ††95/102 € – ☕ 12 € – ½ P
Rest *(nombre de couverts limité, réserver)* – Menu 32/62 € – Carte 42/62 €
Non loin d'un viaduc ferroviaire, cette demeure ancienne en pierre abrite un agréable petit restaurant (cuisine traditionnelle) et des chambres fort commodes pour l'étape. Accueillant également, le jardin fleuri avec piscine.

Brun avec ch
Les Fauries, D 1092 – ✆ 04 76 64 54 08 – www.hotel-brun.com – Fermé 14-31 oct., 11-28 fév. et dim. soir
11 ch – †52 € ††62 € – ☕ 8,50 €
Rest – Formule 14 € – Menu 32/48 € – Carte 29/58 €
Couleurs vives et style contemporain se sont invités à cette table traditionnelle. À la belle saison, on profite de la belle terasse sous les tilleuls, au bord de l'Isère. Les chambres se trouvent dans un bâtiment à environ 400 m de là.

ST-LAURENT-DE-CERDANS – **66 Pyrénées-Orientales** – **344** G8 **22** B3
– **1 281 h.** – **alt. 675 m** – ✉ **66260** Languedoc Roussillon
Paris 901 – Céret 28 – Perpignan 60
7, rue Joseph Nivet, ✆ 04 68 39 55 75, www.ville-saint-laurent-de-cerdans.fr

au Sud-Ouest **6,5 km par D 3 et rte secondaire**
– ✉ **66260 St-Laurent-de-Cerdans**

Domaine de Falgos rest,
– ✆ 04 68 39 51 42 – www.falgos.com – Ouvert de mi-mars à mi-nov.
25 ch – †99/145 € ††139/225 € – 7 suites – ☕ 14 € – ½ P
Rest – Menu 31 € – Carte 30/45 €
Isolée sur la frontière espagnole, ancienne ferme d'altitude devenue complexe hôtelier : spacieuses chambres cosy bien équipées, parcours de golf et bel espace remise en forme. Carte brasserie à midi et traditionnelle le soir. Terrasse d'été face aux greens.

ST-LAURENT-DE-LA-SALANQUE – 66 Pyrénées-Orientales 22 B3
– 344 I6 – 8 586 h. – alt. 2 m – ✉ 66250

Paris 845 – Elne 26 – Narbonne 62 – Perpignan 19

2, avenue Urbain Paret, mairie, ✆ 04 68 28 00 30, www.saint-laurent-salanque.fr

Fort de Salses★★ NO : 9 km, Languedoc Roussillon

Le Commerce avec ch
AC rest, VISA

2 bd de la Révolution – ✆ 04 68 28 02 21 – www.lecommerce66.com – Fermé 15 oct.-20 nov., dim. de fin août à mi-juil. et lundi sauf le soir de mi-juil. à fin août

10 ch – †55/64 € ††55/64 € – ☕ 8,50 €

Rest – Formule 14 € – Menu 17 € (sem.), 29/39 € – Carte 40/65 €

Cuisine traditionnelle, plats du terroir catalan et, sur commande, bouillabaisse ou paella : ce Commerce fleure bon le Sud. Petites chambres simples et rustiques, pratiques pour l'étape.

ST-LAURENT-DE-MURE – 69 Rhône – 327 J5 – 5 056 h. – alt. 252 m 43 E1
– ✉ 69720

Paris 478 – Lyon 19 – Pont-de-Chéruy 16 – La Tour-du-Pin 38

Hostellerie Le St-Laurent
VISA AE

8 r. Croix-Blanche – ✆ 04 78 40 91 44 – www.lesaintlaurent.fr – Fermé 6-12 mai, 3-25 août, 24 déc.-2 janv., 25 fév.-3 mars, vend. soir, sam., dim. et fériés

30 ch – †80/125 € ††80/125 € – ☕ 10 €

Rest *Christian Lavault* – voir les restaurants ci-après

Au cœur d'un joli parc arboré, cette demeure dauphinoise (18e s.) a de l'allure. Les chambres sont agréables et très bien tenues, dans un style frais et contemporain... Une bonne adresse, sans parler de l'accueil souriant des propriétaires.

Christian Lavault – Hostellerie Le St-Laurent
VISA AE

8 r. Croix-Blanche – ✆ 04 78 40 91 44 – www.lesaintlaurent.fr – Fermé 6-12 mai, 3-25 août, 24 déc.-2 janv., 25 fév.-3 mars, vend. soir, sam., dim. et fériés

Rest – Formule 19 € – Menu 24 € (déj.), 29/62 € – Carte 45/64 €

Filet de féra à la badiane, foie gras et son pain aux figues... Le chef (et patron) est un passionné et aime cuisiner la tradition ! On passe un bon moment dans ce cadre chaleureux, ou sur la terrasse, à l'ombre d'un tilleul.

ST-LAURENT-DES-ARBRES – 30 Gard – 339 N4 – 2 400 h. 23 D2
– alt. 60 m – ✉ 30126 Languedoc Roussillon

Paris 673 – Alès 70 – Avignon 20 – Nîmes 47

Tour de Ribas, ✆ 04 66 50 10 10

Le Saint-Laurent sans rest
AC VISA AE

pl. de l'Arbre – ✆ 04 66 50 14 14 – www.lesaintlaurent.biz

7 ch ☕ – †99/195 € ††99/195 € – 3 suites

Sur les hauteurs du village, cette ancienne maison de viticulteur est charmante : meubles anciens, chambres-bonbonnières (Liberty, toile de Jouy...), poutres, piscine et solarium.

Felisa sans rest
VISA

6 r. Barris – ✆ 04 66 39 99 84 – www.maison-felisa.com – Fermé 1er janv.-9 fév.

5 ch ☕ – †125/165 € ††125/165 €

Une ancienne maison de vigneron (1830) très zen d'esprit ! Massages, yoga, joli jardin, piscine et déco tendance (béton ciré, carreaux de ciment, fauteuils club, etc.). Table d'hôte en fin de semaine.

ST-LAURENT-DU-PONT – 38 Isère – 333 H5 – 4 496 h. – alt. 410 m 45 C2
– ✉ 38380 Alpes du Nord

Paris 560 – Chambéry 29 – Grenoble 34 – La Tour-du-Pin 42

place de la Mairie, ✆ 04 76 06 22 55, www.chartreuse-tourisme.com

Gorges du Guiers Mort★★ SE : 2 km - Site★ de la Chartreuse de Curière SE : 4 km.

La Blache
2 pl. du 10ème Groupement – ✆ 04 76 55 29 57 – Fermé 2-15 sept., 9-20 janv., 24-30 juin, dim. soir, lundi et mardi
Rest – Formule 19 € – Menu 30/65 € – Carte 35/77 €
Dans ce restaurant proche des gorges du Guiers-Mort, on ne badine pas avec la tradition et les produits frais. En saison de chasse, on vous proposera du gibier accompagné de pâtes fraîches maison. Glaces et sorbets sont aussi réalisés sur place.

ST-LAURENT-DU-VAR – 06 Alpes-Maritimes – 341 E5 – 29 897 h. 42 E2
– alt. 18 m – ✉ 06700 Côte d'Azur
Paris 919 – Antibes 16 – Cagnes-sur-Mer 5 – Cannes 26
1819, route du Bord de Mer, ✆ 04 93 31 31 21, www.saintlaurentduvar.fr
Corniche du Var★ N.

Voir plan de NICE Agglomération

au Cap 3000

Novotel
40 av. de Verdun - AU – ✆ 04 93 19 55 55 – www.novotel.com
103 ch – †121/181 € ††121/181 € – ☕ 15 €
Rest – Formule 18 € – Carte 23/47 €
Les hommes d'affaires choisissent cet établissement pour sa situation en bord de mer, dans une zone commerciale proche de l'aéroport de Nice. Le petit jardin est plutôt agréable aux beaux jours et l'on peut manger en terrasse.

au Port St-Laurent

Holiday Inn Resort
167 promenade des Flots-Bleus - AU – ✆ 04 93 14 80 00 – www.holinice.com
124 ch – †120/800 € ††120/800 € – ☕ 23 €
Rest *Chez Panisse* ✆ 04 93 14 80 25 – Formule 18 € bc – Menu 28/35 € – Carte 37/72 €
Un hôtel moderne qui joint l'utile à l'agréable grâce à des chambres confortables et à un bon emplacement en bord de mer, le long de la plage et de la promenade. Chez Panisse, on peut déguster spécialités provençales et grillades les pieds dans l'eau.

La Mousson
167 promenade des Flots Bleus - AU – ✆ 04 93 31 13 30 – Fermé déc., dim., lundi et fériés
Rest – Menu 48 € – Carte 30/49 €
Les patrons viennent de la région lilloise et sont tombés amoureux de la Thaïlande. Sous le soleil du Midi, ils dédient cette table aux soupes et aux plats pimentés, ce qui change des adresses du port de plaisance.

ST-LAURENT-DU-VERDON – 04 Alpes-de-Haute-Provence 41 C2
– 334 E10 – 92 h. – alt. 468 m – ✉ 04500
Paris 806 – Brignoles 49 – Castellane 70 – Digne-les-Bains 59

Le Moulin du Château
99 chemin d'Albiosc – ✆ 04 92 74 02 47 – www.moulin-du-chateau.com – Ouvert 23 mars-3 nov.
10 ch ☕ – †92/116 € ††110/144 € – 1 suite – ½ P
Rest *(fermé lundi et jeudi) (dîner seult) (résidents seult)* – Menu 31 €
Dans ce charmant moulin à huile du 17e s., l'ancienne meule a toujours sa place dans le décor très soigné ! Farniente au jardin et éthique écologique (citerne d'eau de pluie, produits bio...). Table d'hôte à la provençale (menu unique pour les résidents).

ST-LAURENT-EN-GRANDVAUX – 39 Jura – 321 F7 – 1 779 h. 16 B3
– alt. 904 m – ✉ 39150 Franche-Comté Jura
Paris 442 – Champagnole 22 – Lons-le-Saunier 45 – Morez 11
7, place Charles Thevenin, ✆ 03 84 60 15 25, www.haut-jura-grandvaux.com

Au Moulin des Truites Bleues rest,

4 km au Nord par N5 – 03 84 60 83 03 – www.truites-bleues.com – Fermé 1 sem. en oct., dim. soir et lundi midi hors saison

17 ch – 61/82 € 65/86 € – 10 € – ½ P

Rest – Formule 15 € – Menu 24/42 € – Carte 27/56 €

En bord de nationale, cette grande bâtisse régionale est en fait un ancien moulin. Les chambres, grandes et pratiques, cultivent un certain esprit montagne qui ne manque pas de charme ; au restaurant, rusticité de bon aloi, truites du vivier, spécialités régionales et jolie terrasse dominant la Lemme.

ST-LAURENT-LA-GÂTINE – 28 Eure-et-Loir – 311 F3 – 444 h. – alt. 134 m – 28210 11 B1

Paris 77 – Évreux 66 – Orléans 121 – Versailles 57

Clos St-Laurent sans rest

6 r. de l'Église – 02 37 38 24 02 – www.clos-saint-laurent.com – Fermé 22 déc.-5 janv.

4 ch – 78 € 85 €

Un ancien corps de ferme (19e s.), ravissant et authentique, avec de grandes chambres décorées avec goût dans un style rustique chic. On prend le petit-déjeuner au coin du feu ou dans le jardin d'hiver. Parfait pour un séjour très campagne !

ST-LAURENT-SUR-SAÔNE – 01 Ain – 328 C3 – rattaché à Mâcon

ST-LÉON – 47 Lot-et-Garonne – 336 D4 – 293 h. – alt. 80 m – 47160 4 C2

Paris 667 – Agen 43 – Bordeaux 107 – Villeneuve-sur-Lot 44

Le Hameau des Coquelicots ch,

Lieu dit Goutte-d'Or, 2 km au Sud par D 285 – 05 53 84 06 13 – www.lehameaudescoquelicots.com – Ouvert d'avril à mi-oct.

5 ch – 105/125 € 105/125 € – 12 € **Table d'hôte** – Menu 20 €

En pleine campagne, ces trois maisons ont tout misé sur la quiétude et l'élégance très nature des matériaux bruts. Déco épurée, piscine "verte", légumes du potager au restaurant, massages californiens dans une jolie roulotte et... accueil charmant : zen et plaisant !

ST-LÉONARD-DE-NOBLAT – 87 Haute-Vienne – 325 F5 – 4 665 h. – alt. 347 m – 87400 Limousin Berry 24 B2

Paris 407 – Aubusson 68 – Brive-la-Gaillarde 99 – Guéret 62

place du Champ de Mars, 05 55 56 25 06, www.tourisme-noblat.fr

Église★ : clocher★★.

Le Relais St-Jacques avec ch rest,

6 bd A.-Pressemane – 05 55 56 00 25 – www.lerelaissaintjacques.com – Fermé 23 déc.-5 janv., 15 fév.-10 mars, dim. soir et lundi midi d'oct. à avril

9 ch – 60 € 60 € – 9 € – ½ P

Rest – Menu 20 € (sem.), 28/42 € – Carte 32/47 €

À 300 m de la collégiale des 11e-12e s., un restaurant bien dans son époque tenu par un jeune couple charmant. Au menu : une savoureuse cuisine traditionnelle et, pour l'étape, des chambres agréables.

Le Grand St-Léonard avec ch

23 av. du Champ-de-Mars – 05 55 56 18 18 – www.hotel-restaurant-87.fr – Fermé 20 déc.-20 janv., dim. soir hors saison, mardi midi et lundi

14 ch – 60 € 60/74 € – 11 € – ½ P

Rest – Menu 22 € (sem.), 41/60 € – Carte 53/66 €

Dans cet ancien relais de poste, rustique à souhait, règne une atmosphère vieille France qui ravira les amateurs du genre. On y savoure une bonne cuisine traditionnelle (le chef, natif d'Oléron, affectionne le poisson) et l'on peut prolonger l'étape dans l'une des chambres à l'esprit tout provincial.

ST-LIEUX-LÈS-LAVAUR – 81 Tarn – **338** C8 – **844 h.** – **alt. 125 m** **29** C2
– ✉ **81500** Midi Toulousain

Paris 713 – Albi 44 – Montauban 90 – Toulouse 44

Le Colvert

En Boyer – ✆ 05 63 41 32 47 – www.restaurantlecolvert.com – Fermé 1er-21 janv., sam. midi, dim. soir et lundi

Rest – Menu 13 € (déj. en sem.), 23/45 € – Carte 27/46 €

Longtemps, cette charmante maison ancienne, baignée de verdure, a été une boulangerie-épicerie ; aujourd'hui, c'est toujours un repaire gourmand, mais on y savoure un risotto aux agrumes, un poisson à la plancha avec des petits légumes, ou encore une douce crème brûlée à la banane... Frais, simple et bon !

ST-LIGUAIRE – 79 Deux-Sèvres – **322** C7 – **rattaché à Niort**

ST-LIZIER – 09 Ariège – **343** E7 – **1 480 h.** – **alt. 381 m** – ✉ **09190** **28** B3
Midi Toulousain

Paris 774 – Foix 46 – Ordino 151 – Toulouse 99

place de l'Église, ✆ 05 61 96 77 77, www.st-lizier.fr

Cathédrale★ - Fresques romanes★★ - Cloître★.

Le Carré de l'Ange

Palais des Evêques – ✆ 05 61 65 65 65 – www.lecarredelange.com – Ouvert début avril à mi-nov. et fermé mardi midi d'avril à juin, dim. soir et lundi

Rest – Menu 19 € (déj. en sem.), 29/69 €

On doit laisser sa voiture pour accéder aux caves voûtées du palais épiscopal. Un cadre exceptionnel pour une cuisine tournée vers de beaux produits, souvent régionaux.

ST-LÔ P – 50 Manche – **303** F5 – **18 805 h.** – **alt. 20 m** – ✉ **50000** **32** A2
Normandie Cotentin

Paris 296 – Caen 62 – Cherbourg 80 – Laval 154

60, rue de la Poterne, ✆ 02 14 29 00 17, www.saint-lo.fr

Centre Manche, à Saint-Martin-d'Aubigny, Le Haut Boscq, par D900 : 20 km, ✆ 02 33 45 24 52

Haras national★ - Tenture des Amours de Gombaut et Macée du musée des Beaux-Arts.

Plan page suivante

Mercure

1 av. Briovère – ✆ 02 33 05 10 84 – www.mercure-saint-lo.com **Av**

67 ch – †90/115 € ††90/115 € – ☕ 14 €

Rest *(fermé sam. et dim.)* – Menu 23/29 € – Carte 23/40 €

À côté de la gare, un grand bâtiment moderne aux chambres fonctionnelles et bien tenues. Certaines avisent les remparts, comme la salle du restaurant.

Le Péché Mignon

84 r. Mar. Juin – ✆ 02 33 72 23 77 – www.peche-mignon-saint-lo.fr – Fermé 14 juil.-1er août, 16-22 fév., dim. soir et lundi **Be**

Rest – Formule 13 € – Menu 18 € (sem.), 26/59 € – Carte 34/57 €

L'adresse se trouve à proximité du haras national. Deux petites salles à manger, simples mais confortables, où l'on sert une cuisine traditionnelle avec, pour péché mignon, quelques notes modernes.

au Calvaire 7 km par ② et D 972 – ✉ **50810 St-Pierre-de-Semilly**

La Fleur de Thym

– ✆ 02 33 05 02 40 – www.la-fleur-de-thym.com – Fermé sam. midi, dim. soir et lundi

Rest – Formule 18 € – Menu 35/65 € – Carte 49/77 €

Sur la route de Bayeux, une petite auberge en pierre tenue par une équipe sérieuse. Fleur de Thym : un emblème pour une cuisine de saison mâtinée d'influences du Sud. Agréable terrasse dans le jardin.

ST-LÔ

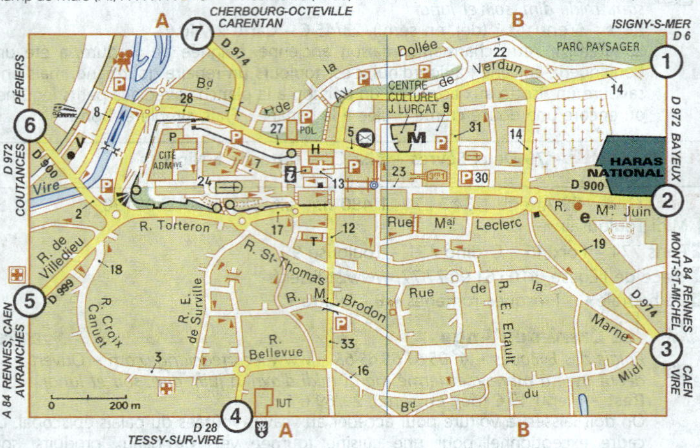

à Agneaux 3 km par ⑥ – 4 087 h. – alt. 60 m – ✉ 50180

Château d'Agneaux

av. Ste-Marie – ☎ 02 33 57 65 88 – www.chateau-agneaux.com – Fermé 21-26 déc. et dim. soir d'oct. à mars

11 ch – †84/212 € ††84/212 € – ☕ 12 €

Rest *La Tour Carrée* – voir les restaurants ci-après

Rest *La Table de Louis* *(fermé dim. soir d'oct. à avril, sam. midi et lundi midi)* – Formule 15 € – Menu 18/36 € – Carte 28/43 €

Escalier en pierre de taille, tomettes, poutres apparentes, mobilier médiéval ou rustique : ce petit château du 13e s. a un certain cachet. Ses abords arborés, non loin du centre de Saint-Lô, sont également appréciables.

La Tour Carrée – Hôtel Château d'Agneaux

av. Ste-Marie – ☎ 02 33 57 65 88 – www.chateau-agneaux.com – Fermé 21-26 déc. et ouvert vend. soir, sam. soir et dim. midi

Rest *(réserver)* – Menu 36/69 €

Le restaurant gastronomique du Château d'Agneaux, installé dans la ferme attenante du 16e s. Sous l'égide d'une imposante cheminée, le décor est intime et soigné.

ST-LOUIS – 68 Haut-Rhin – 315 J11 – 19 761 h. – alt. 250 m – ✉ 68300 1 B3

Alsace Lorraine

Paris 498 – Altkirch 29 – Basel 5 – Belfort 76

La Villa K sans rest

10 av. de Bâle – ☎ 03 89 70 93 40 – www.lavillak.com

41 ch ☕ – †99/355 € ††99/355 €

Cette belle demeure de maître fut l'élégante "maison Katz", dont le claquant K de la raison sociale perpétue le souvenir. Aujourd'hui, place à un décor mêlant très subtilement l'ancien et le contemporain, dans un esprit zen et design.

Ibis

17 r. Gén. de Gaulle – ✆ 03 89 69 06 58 – www.ibishotels.com
65 ch – †49/93 € ††49/93 € – ☐ 9 €
Rest *(fermé dim.)* – Formule 11 € – Menu 13 € (déj.)/17 € bc – Carte environ 18 €
Une bâtisse en brique rouge à deux pas des cinémas. Les chambres sont pratiques et impeccables, le restaurant original – on choisit ses plats sur écran tactile... Et il y a tous ces petits plus qui font la différence : pains et viennoiseries du boulanger voisin, navette gratuite pour l'aéroport, etc.

Berlioz sans rest

r. Henner, (près de la gare) – ✆ 03 89 69 74 44 – www.hotelberlioz.com – Fermé 24 déc.-3 janv.
20 ch – †76/88 € ††76/88 € – ☐ 10 €
Près de la gare, un petit immeuble des années 1930 avec des chambres fonctionnelles et d'une tenue sans faille. Le personnel se montre disponible et prévenant et, au petit-déjeuner, le buffet est copieux.

Le Trianon

46 r. de Mulhouse – ✆ 03 89 67 03 03 – Fermé dim. soir, merc. soir et lundi
Rest – Menu 21 € (sem.), 27/65 € – Carte 37/56 €
Un ancien centre des impôts devenu restaurant... Ici, tout est finesse et élégance ; quant à la cuisine du chef, qui mêle terroir et saveurs d'aujourd'hui, elle se révèle goûteuse et soignée.

à Huningue **2 km à l'Est par D 469 – 6 584 h. – alt. 245 m – ✉ 68330**

Tivoli

15 av. de Bâle – ✆ 03 89 69 73 05 – www.tivoli.fr – Fermé 29 juil.-11 août
39 ch – †69/120 € ††69/120 € – ☐ 12 €
Rest *Philippe Schneider* *(fermé 29 juil.-11 août, 21 déc.-6 janv., sam. et dim.)* – Menu 14/55 € – Carte 36/63 €
À deux pas des frontières suisse et allemande, un hôtel confortable avec des chambres d'esprit fonctionnel (dans un style classique ou plus contemporain) et un restaurant élégant (cuisine actuelle, beaux choix de vins).

à Village-Neuf **3 km au Nord-Est par D 66 et D 21 – 3 649 h. – alt. 240 m – ✉ 68128**

81, rue Vauban, ✆ 03 89 70 04 49, www.alsace-cotesud.com

Au Cerf

72 r. Gén. de Gaulle – ✆ 03 89 67 12 89 – Fermé juil., 24 déc.-1er janv., jeudi soir, dim. soir et lundi
Rest – Formule 10 € – Menu 19/42 € – Carte 25/49 €
Près de la Petite Camargue alsacienne, une auberge rustique tenue en famille, où l'on déguste des petits plats traditionnels et, en saison, du gibier et des asperges.

à Hésingue **4 km à l'Ouest par D 419 – 2 438 h. – alt. 290 m – ✉ 68220**

Au Bœuf Noir

2 r. de Folgensbourg – ✆ 03 89 69 76 40 – www.auboeufnoir.fr – Fermé 18-25 mars, 18-31 août, sam. midi, dim. et lundi
Rest – Menu 29 € (déj.), 37/89 € – Carte 56/73 €
Une bien jolie maison, où règne la douce atmosphère familiale des lieux qui ont leurs habitués. On suit les conseils glissés par le chef entre deux sauts en salle ; on s'émerveille à l'arrivée d'un poisson découpé entier sous les yeux des gourmands... Classique, plein de vie et réconfortant !

ST-LOUP-DE-VARENNES – **71 Saône-et-Loire** – **320** J9 – **rattaché à Chalon-sur-Saône**

ST-LUNAIRE – **35 Ille-et-Vilaine** – **309** J3 – **rattaché à Dinard**

ST-LUPERCE – **28 Eure-et-Loir** – **311** D5 – **rattaché à Chartres**

ST-LYPHARD – 44 Loire-Atlantique – 316 C3 – 4 265 h. – alt. 12 m 34 A2

– ✉ 44410 Pays de la Loire

Paris 447 – La Baule 17 – Nantes 73 – Redon 43

rue de Bretagne, ✆ 02 40 91 41 34, www.saint-lyphard.com

Clocher de l'église ✵★★.

Les Chaumières du Lac et Auberge Les Typhas

rte d'Herbignac – ✆ 02 40 91 32 32 rest,
– www.leschaumieresdulac.com – Fermé 23 déc.-12 janv.

20 ch – †68/118 € ††68/118 € – ☕ 11 € – ½ P

Rest *(fermé merc. midi et mardi midi)* – Formule 15 € – Menu 20 € (sem.), 24/56 € – Carte 35/73 €

Sur l'une des routes principales de la Brière, plusieurs petits bâtiments construits en 1990 dans un esprit traditionnel (toits de chaume). Chambres simples et classiques. Avis aux courageux : on peut se baigner dans le lac contigu.

rte de St-Nazaire 3 km au Sud par D 47 – ✉ 44410 St-Lyphard

Auberge le Nézil

rte de St-Nazaire – ✆ 02 40 91 41 41 – www.aubergelenezil.com – Fermé vacances de la Toussaint, 23-27 déc., merc. soir sauf juil.-août, dim. soir et lundi

Rest – Formule 20 € – Menu 32/39 € – Carte environ 40 €

Une façade blanche percée de petites fenêtres et coiffée d'un lourd toit de chaume : voilà une auberge typique de la Brière ! Rien de passéiste cependant entre ses murs, dans le décor comme dans l'assiette, laquelle met en valeur des recettes originales et de bons produits (dont les inévitables anguilles et grenouilles).

à Bréca 6 km au Sud par D 47 et rte secondaire – ✉ 44410 St Lyphard

Auberge de Bréca

D 47 – ✆ 02 40 91 41 42 – www.auberge-breca.com – Fermé merc. soir de nov. à mars, dim. soir et lundi sauf août

Rest – Formule 20 € – Menu 30/61 € – Carte environ 50 €

Une auberge traditionnelle pleine de chaleur. Comment choisir entre la salle restée dans son jus (cheminée) et la grande véranda sur le jardin ? Anguilles, cuisses de grenouille...

ST-MACAIRE – 33 Gironde – 335 J7 – rattaché à Langon

ST-MACLOU – 27 Eure – 304 C5 – 559 h. – alt. 114 m – ✉ 27210 32 A3

Paris 179 – Le Grand-Quevilly 67 – Le Havre 35 – Rouen 73

Château de Saint-Maclou-la-Campagne sans rest

352 r. Émile-Desson – ✆ 02 32 57 26 62
– www.chateaudesaintmaclou.com

4 ch – †150/220 € ††150/220 € – ☕ 13 €

Un élégant appareillage de pierres et de briques, des toits à la Mansart : une belle illustration de l'architecture française du 17e s. et... une élégance so British ! Sous l'égide d'un sujet de Sa Majesté – ancien antiquaire –, ce château a retrouvé tout son lustre, mêlant meubles d'époque, portraits d'ancêtres... Magnificent !

La Crémaillère

– ✆ 02 32 41 17 75 – www.la-cremaillere.fr – Fermé 1er-10 août, 14-22 nov., 21 fév.-1er mars, mardi soir et merc.

Rest – Formule 14 € – Menu 19 € (sem.), 33/44 € – Carte 30/56 €

L'intérieur de cette charmante petite auberge fleurie, au cœur du village, est pimpant avec ses boiseries et ses couleurs gaies. Un côté chaleureux que l'on retrouve dans la cuisine traditionnelle. Poissons et produits du terroir sont à la fête !

ST-MAIXENT-L'ÉCOLE – 79 Deux-Sèvres – 322 E6 – 7 490 h. 38 B2
– alt. 85 m – ✉ 79400 Poitou-Charentes

Paris 383 – Angoulême 106 – Niort 24 – Parthenay 30

porte Châlon, avenue Gambetta, ✆ 05 49 05 54 05, www.saint-maixent-lecole.fr

du Petit Chêne, à Mazières-en-Gâtine, O : 20 km par D 6, ✆ 05 49 63 20 95

Église abbatiale★ - Musée du sous-officier (série d'uniformes★).

Le Logis St-Martin
chemin de Pissot – ✆ 05 49 05 58 68 – www.logis-saint-martin.com
13 ch – †95/320 € ††95/320 € – ☕ 16 €
Rest *Le Logis St-Martin* – voir les restaurants ci-après
Au cœur d'un parc bordé par la Sèvre, voilà une gentilhommière du 17e s. bien agréable. Les chambres sont chaleureuses ; la literie de qualité conjuguée au calme garantissent une bonne nuit de repos. Le copieux petit-déjeuner ne gâte rien !

Le Logis St-Martin
chemin de Pissot – ✆ 05 49 05 58 68 – www.logis-saint-martin.com – Fermé lundi hors saison et sam. midi
Rest – Formule 18 € bc – Menu 35/79 € – Carte 44/79 €
La jeune chef élabore une cuisine saine qui redonne de la vigueur au terroir régional. Le soir, la lueur des chandelles et la belle cheminée ajoutent au caractère intime du lieu. Formule bistrot au déjeuner.

ST-MAIXME-HAUTERIVE – 28 Eure-et-Loir – 311 D4 – 441 h. 11 B1
– alt. 194 m – ✉ 28170

Paris 105 – Chartres 31 – Évreux 61 – Orléans 112

La Rondellière sans rest
11 r. de la Mairie – ✆ 02 37 51 68 26 – www.ferme-rondelliere.com
4 ch ☕ – †36 € ††45 €
Désormais, les anciens greniers à foin abritent les chambres, bien confortables, et les étables accueillent des réceptions, mais pas de doute, on est bien à la ferme ! Calme garanti donc... Pour goûter les produits de l'exploitation, réservez la table d'hôte. Accueil très sympathique.

ST-MALO – 35 Ille-et-Vilaine – 309 J3 – 47 045 h. – alt. 5 m 10 D1
– Casino AXY – ✉ 35400 Bretagne Nord

Paris 404 – Avranches 68 – Dinan 32 – Rennes 70

de Dinard-Pleurtuit-St-Malo : ✆ 02 99 46 18 46, 14 km par ③.

esplanade Saint-Vincent, ✆ 08 25 13 52 00, www.saint-malo-tourisme.com

Remparts★★★ - Château★★ : musée d'Histoire de la ville et d'Ethnographie du pays malouin★ M², tour Quic-en-Groigne★ DZ E - Fort national★ : ≤★★ 15 mn - Vitraux★ de la cathédrale St-Vincent - Mystères de la mer★★ (aquarium) par ③ - Rothéneuf : musée-manoir Jacques-Cartier★, 3 km par ① - St Servan sur Mer : corniche d'Aleth ≤★, tour Solidor★,échapées du parc des Corbières★, belvédère du Rosais★.

Plans pages suivantes

Intra muros

La Maison des Armateurs sans rest
6 Grand-Rue – ✆ 02 99 40 87 70 – www.maisondesarmateurs.com DZg
45 ch – †90/230 € ††90/230 € – 7 suites – ☕ 12 €
Inutile d'avoir le pied marin pour apprécier les charmes de La Maison des Armateurs ! Au cœur de St-Malo, les chambres sont baptisées – selon leur taille – Matelot, Major ou Amiral, et les étages portent les noms de personnalités locales : Surcouf, Cartier... Ici, on ne badine pas avec le patrimoine.

Ajoncs d'Or sans rest
10 r. des Forgeurs – ✆ 02 99 40 85 03 – www.st-malo-hotel-ajoncs-dor.com DZa
22 ch – †60/115 € ††80/150 € – ☕ 11 €
Un hôtel situé dans une rue tranquille de la vieille ville ; les chambres, confortables et bien tenues, distillent une atmosphère feutrée. Touches rétro dans la salle des petits-déjeuners.

Hôtel du Louvre sans rest

2 r. des Marins – ✆ 02 99 40 86 62
– *www.hoteldulouvre-saintmalo.com* **DZb**

50 ch – †78/130 € ††88/144 € – ☐ 12 €

Au cœur de la cité corsaire, cet hôtel dispose de chambres sobres et fonctionnelles. Copieux petit-déjeuner proposé dans une salle ornée de toiles d'un artiste local.

En saison: zone piétonne intra-muros.

Bardelière (R. M. de la)	CZ	2
Bas-Sablons (R. des)	AZ	3
Broussais (R.)	DZ	
Cartier (R. J.)	DZ	5
Chartres (R. de)	DZ	6
Chateaubriand (Pl.)	DZ	8
Clemenceau (R. Georges)	AZ	12
Cordiers (R. des)	DZ	13
Dauphine (R.)	AZ	15
Dinan (R. de)	DZ	
Doutreleau (R.)	BZ	16
Flaubert (R. G.)	CX	17
Forgeurs (R. du)	DZ	18
Fosse (R. de la)	DZ	19
Herbes (Pl. aux)	DZ	25
Lamennais (Pl. Fr.)	DZ	28
Mettrie (R. de la)	DZ	35
Mgr-Duchesne (Pl.)	AZ	36
Pilori (Pl. du)	DZ	38
Poids-du-Rois (Pl. du)	DZ	39
Poissonnerie (Pl. de la)	DZ	42
Porcon-de-la-Barbinais (R.)	DZ	43
République (Bd de la)	BY	50
Roosevelt (Av. F.)	BY	53
St-Benoist (R.)	DZ	56
St-Vincent (R.)	DZ	57
Schuman (R. du Président-Robert)	CX	58
Tabarly (Chaussée Eric)	AY	63
Trichet (Q. de)	AY	68
Umbricht (R. du R. P.)	CX	69
Vauban (Pl.)	DZ	70
Ville-Pépin (R.)	ABZ	71

Quic en Groigne sans rest

8 r. d'Estrées – ✆ 02 99 20 22 20 – www.quic-en-groigne.com
– Fermé 23-26 déc. et 5-30 janv. **DZu**

15 ch – †63/105 € ††69/105 € – ☕ 10 €

Quic-en-Groigne ? Le nom de la tour accolée au château... et de cet hôtel abritant des chambres actuelles et de bonne tenue. Petit-déjeuner sous la véranda ; accueil souriant.

Le Nautilus sans rest

9 r. de la Corne-de-Cerf – 02 99 40 42 27 – www.lenautilus.com – Fermé 11 nov.-11 fév. DZ**q**

15 ch – 45/60 € 62/75 € – 8 €

Dans une ruelle typique, cette maison érigée en 1692 (classée) abrite de petites chambres colorées, bien tenues et cosy. Décor marin au bar et bon accueil de l'équipage.

San Pedro sans rest

1 r. Ste-Anne – 02 99 40 88 57 – www.sanpedro-hotel.com – Ouvert 11 mars-30 nov. DZ**f**

12 ch – 51/57 € 61/77 € – 9 €

À deux pas de la plage de Bon-Secours, un hôtel de poche dont l'accueil est incomparable. Petites chambres impeccablement tenues et petit-déjeuner très soigné.

À la Duchesse Anne N

5 pl. Guy-La-Chambre – 02 99 40 85 33 – www.restaurant-duchesse-anne.com – Fermé janv., mardi hors saison et merc. DZ**e**

Rest – Formule 18 € – Menu 79 € – Carte 40/92 €

Dans cette institution (1945) de la cité corsaire, le temps semble s'être arrêté ! Dans la salle, rétro à souhait, la valse des serveurs en veste blanche et nœud papillon bat son plein. À table, la cuisine fait la part belle aux produits de la mer. Pas de doute, la duchesse Anne est dignement représentée.

Le Chalut (Jean-Philippe Foucat)

8 r. de la Corne-de-Cerf – 02 99 56 71 58 – Fermé mardi sauf le soir en juil.-août et lundi DZ**d**

Rest *(nombre de couverts limité, réserver)* – Menu 27 € (sem.), 41/70 € – Carte 45/65 €

En direct... du chalut ! Derrière cette façade bleu océan, on se régale de produits de la mer au top de leur fraîcheur. Le chef signe des préparations raffinées et savoureuses, dont un menu "tout homard" qui ravira les amateurs.

➜ Saint-Jacques et truffe blanche à l'huile de noix. Turbot aux jeunes girolles et cocos à la bretonne. Moelleux chaud au chocolat et sa glace pistache.

L'Éveil des Sens N

6 r. Sainte-Barbe – 02 99 40 92 46 – www.leveildessens.fr – Fermé 3 sem. en fév., dim. soir de sept. à mai et lundi DZ**x**

Rest – Formule 20 € – Menu 25 € (déj. en sem.)/35 € – Carte 37/58 €

Depuis juin 2012, un jeune couple fait souffler un vent de nouveauté sur ce restaurant ! Le chef propose notamment un menu du marché qui change tous les jours. On se régale ainsi d'un savoureux millefeuille de sardines et de poivrons, et d'un merlu rôti et artichauts. Bon rapport qualité-prix.

Gilles

2 r. de la Pie-qui-Boit – 02 99 40 97 25 – www.restaurant-gilles-saint-malo.com – Fermé 25 nov.-15 déc., jeudi d'oct. à mai sauf vacances scolaires et merc.

Rest *(nombre de couverts limité, réserver)* – Formule 18 € – Menu 28/40 € DZ**t**

La superbe promenade sur les remparts vous a ouvert l'appétit ? Dans ce cas, savourez l'agréable cuisine de saison du chef... qui ne s'appelle pas Gilles ! Et entre les plats, contemplez les belles lithographies marines qui ornent les murs. Ambiance conviviale.

L'Ancrage

7 r. Jacques-Cartier – 02 99 40 15 97 – Fermé 7 janv.-8 fév., merc. hors saison et mardi DZ**r**

Rest – Menu 18 € (déj.), 22/39 € – Carte 39/55 €

Jetez l'ancre dans ce restaurant digne d'une cabine de bateau (boiseries sombres, lampes en laiton) ou dans sa salle voûtée ! Le chef prépare des recettes résolument tournées vers la mer. Une bonne adresse pour faire le plein d'iode sur les remparts.

St-Malo Est et Paramé – ✉ 35400 St-Malo

Grand Hôtel des Thermes

100 bd Hébert – ✆ 02 99 40 75 75 – www.thalassotherapie.com – Fermé 6-19 janv. BX**n**

167 ch – †127/390 € ††165/530 € – 7 suites – ☕ 22 € – ½ P

Rest *Le Cap Horn* – voir les restaurants ci-après

Rest *La Verrière* – Formule 25 € – Menu 33/43 € – Carte 44/62 €

Sur le front de mer, le palace de Saint-Malo a le charme rétro des villégiatures bourgeoises du 19e s. Ses chambres et suites sont très douillettes (classiques ou contemporaines) ; quant à son centre de thalasso (six piscines à l'eau de mer, soins de qualité), il est superbe !

Le Nouveau Monde

64 chaussée du Sillon – ✆ 02 99 40 40 00 – www.hotel-le-nouveau-monde.fr BX**v**

83 ch – †135/620 € ††135/620 € – ☕ 18 €

Rest *Les 7 Mers* – voir les restaurants ci-après

Face à l'Océan, cet établissement créé en 2012 conjugue beaux espaces, confort et élégance contemporaine. Pour tenter d'apercevoir le Nouveau Monde, préférez une chambre avec vue sur le large ! Bel espace bien-être.

Océania sans rest

2 r. Joseph-Loth – ✆ 02 99 56 84 84 – www.oceaniahotels.com AY**b**

78 ch – †100/406 € ††100/406 € – ☕ 15 €

Situé aux portes de la vieille ville, cet hôtel rénové en 2008 jouxte le palais du Grand Large et le casino. Chambres sobres et épurées, avec vue sur la mer ou le port.

Balmoral sans rest

24 r. Théodore-Monod, (face à la gare) – ✆ 02 99 56 16 73 – www.balmoral-saintmalo.fr BY**q**

77 ch – †65/145 € ††80/145 € – ☕ 11 €

À deux pas de la nouvelle gare, un hôtel résolument contemporain, dont les chambres – très confortables – arborent des photographies de la cité corsaire signées Georgi Lazarevski. Salles de réunion, parking souterrain... Cette adresse s'adapte aussi bien à la clientèle d'affaires que touristique.

La Villefromoy sans rest

7 bd Hébert – ✆ 02 99 40 92 20 – www.villefromoy.fr – Fermé 12 nov.-8 fév.

26 ch – †99/209 € ††99/209 € – ☕ 15 € CX**s**

Une belle bâtisse de 1880 et une villa balnéaire d'esprit 1900 mais datant en réalité de 1980 : deux lieux, une même atmosphère feutrée. Chambres confortables et cosy (mobilier en acajou) ; accueil charmant.

Alexandra

138 bd Hébert – ✆ 02 99 56 11 12 – www.hotelalexandra.com – Fermé janv.

33 ch – †115/170 € ††140/205 € – ☕ 16 € – ½ P BX**h**

Rest – Formule 19 € – Menu 25/78 € – Carte 40/80 €

Hôtel situé sur la digue de St-Malo, face à la mer. Les chambres sont fonctionnelles et bien tenues (la plupart avec terrasse ou bow-window). Au restaurant, belle vue sur le large. La carte, traditionnelle, privilégie les poissons et fruits de mer.

Grand Hôtel Courtoisville

69 bd Hébert – ✆ 02 99 40 83 83 – www.hotel-saint-malo-courtoisville.com BX**a**

46 ch – †99/199 € ††99/199 € – ☕ 14 € – ½ P

Rest – Formule 18 € – Menu 24/34 € – Carte 31/50 €

Au calme ! Près des thermes marins, belle pension familiale du début du 20e s. entourée d'un beau jardin. Chambres spacieuses, toutes équipées de lits de relaxation automatisés. Au restaurant, plats traditionnels et produits de la mer.

Beaufort sans rest

25 chaussée du Sillon – ✆ 02 99 40 99 99 – www.hotel-beaufort.com – Fermé 3-13 fév. BX**x**

22 ch – †89/249 € ††89/249 € – ☕ 13 €

Belle demeure malouine (1860) aux chambres cosy décorées dans un esprit colonial – la moitié côté mer. On prend son petit-déjeuner les yeux rivés sur le large.

Mercure sans rest
36 chaussée du Sillon – ✆ 02 23 18 47 47 – www.mercure.com AY**z**
51 ch – 🚹82/143 € 🚹🚹99/149 € – ☕ 15 €
Un Mercure idéalement situé sur le Sillon, face à la mer. Aménagements fonctionnels et décoration contemporaine. Buffet pour le petit-déjeuner, servi également en chambre.

Aubade sans rest
8 pl. Duguesclin – ✆ 02 99 40 47 11 – www.aubade-hotel.com – Fermé 19 nov. -2 déc. et 7-31 janv. BXY**g**
20 ch – 🚹70/89 € 🚹🚹76/129 € – ☕ 12 €
Ce bâtiment de 1910, en pierre de pays, fait face à l'ancien port industriel. Style design épuré ; chambres feutrées. Petite bibliothèque dédiée à St-Malo et au Québec.

Les 7 Mers N – Hôtel Le Nouveau Monde
64 chaussée du Sillon – ✆ 02 99 40 40 00 – www.hotel-le-nouveau-monde.fr
Rest – Formule 27 € – Menu 34 € (déj. en sem.), 39/89 € BX**v**
– Carte 50/90 €
Sur la plage du Sillon, face à la baie de St-Malo, la salle panoramique donne envie de parcourir les mers... C'est chose faite au cours du repas, où le terroir marin – mais aussi terrestre – est subtilement mis en valeur. Fraîcheur, soin, saveurs : une jolie échappée gastronomique.

Le Cap Horn – Grand Hôtel des Thermes
100 bd Hébert – ✆ 02 99 40 75 40 – www.thalassotherapie.com – Fermé 6-19 janv. BX**n**
Rest – Menu 33/60 € – Carte 48/113 €
Au sein du Grand Hôtel des Thermes, un Cap Horn cossu, avec une jolie vue sur la mer, très loin des quarantièmes rugissants ! L'endroit idéal pour savourer une cuisine dans l'air du temps ou des recettes plus traditionnelles. Belle carte de bordeaux.

à St-Servan-sur-Mer – ✉ 35400 St Malo

Manoir du Cunningham sans rest
9 pl. Mgr-Duchesne – ✆ 02 99 21 33 33 – www.st-malo-hotel-cunningham.com – Ouvert de mi-fév. à début déc. AZ**a**
13 ch – 🚹69/210 € 🚹🚹69/210 € – ☕ 13 €
Belle demeure du 17e s., aux allures de manoir anglo-normand, face à l'anse des Sablons. Grandes chambres cosy aux charmants noms d'îles paradisiaques, la plupart donnant sur la mer...

Malouinière Le Valmarin sans rest
7 r. Jean-XXIII – ✆ 02 99 81 94 76 – www.levalmarin.com AZ**n**
12 ch – 🚹100/165 € 🚹🚹100/165 € – ☕ 12 €
Parquet d'origine, trumeaux, moulures : une authentique malouinière de la fin du 17e s., au charme raffiné. Les plus belles chambres s'ouvrent sur le paisible parc arboré.

L'Ascott sans rest
35 r. du Chapitre – ✆ 02 99 81 89 93 – www.ascotthotel.com BZ**s**
10 ch – 🚹75/95 € 🚹🚹85/155 € – ☕ 13 €
Heureux mariage de meubles contemporains et d'objets chinés (lustres à pendeloques, trumeaux) en cette demeure bourgeoise de 1890. Les chambres sont petites mais confortables. Et l'été, on prend le petit-déjeuner au jardin.

La Rance sans rest
15 quai Sébastopol, (port Solidor) – ✆ 02 99 81 78 63 – www.larancehotel.com – Ouvert de début fév. à mi-nov. AZ**k**
11 ch – 🚹60/88 € 🚹🚹60/88 € – ☕ 8,50 €
Dans cet hôtel donnant sur la mer et la tour Solidor, les propriétaires vous reçoivent en amis. Les chambres sont petites, mais cosy ; préférez celles en façade, avec balcon.

Le St-Placide (Luc Mobihan)

6 pl. du Poncel – ✆ 02 99 81 70 73 – www.st-placide.com
– Fermé mardi sauf le soir en juil.-août et lundi BZa

Rest – Menu 25 € (déj. en sem.), 47/130 € – Carte 64/104 €

Si vous errez le ventre en peine, fiez-vous à saint Placide, patron des naufragés ! Dans le décor contemporain de ce restaurant de poche, le chef laisse libre cours à son imagination, concoctant une jolie cuisine en prise avec son époque. Accueil prévenant et belle carte des vins (Loire et Bourgogne).

➜ Homard, chantilly de combava, bouillon vanille et gingembre. Bar de ligne, fève tonka et coquillages. La route du rhum.

La Gourmandise

2 r. des Bas-Sablons – ✆ 02 99 21 93 53 – www.lagourmandise.book.fr
– Fermé mardi soir hors saison, sam. midi et dim. AZg

Rest – Menu 19 € (déj. en sem.)/28 € – Carte 40/71 €

Qui a dit que la gourmandise était un vilain défaut ? Dans ce restaurant du quartier St-Servan, personne n'en pense un traître mot ! Le chef réalise une agréable cuisine de saison teintée d'un léger accent méditerranéen... Du soleil dans l'assiette. Accueil souriant.

Bistrot Le Poncel

3 pl. du Poncel – ✆ 02 99 19 57 26 – Fermé 23 déc.-15 janv., dim. et lundi

Rest *(déj. seult du mardi au vend.) (nombre de couverts limité, réserver)* – Formule 17 € – Menu 22 € (sem.) – Carte 35/50 € le soir BZv

Ce restaurant bien connu des Malouins affiche souvent complet ! Il faut dire qu'au menu (le midi) comme à l'ardoise (le soir), fraîcheur des produits, simplicité et saveurs sont au rendez-vous. Le tout à savourer dans un décor résolument bistrot. Un bon moment en perspective...

rte de Rennes 3 km par ③ et av. Gén. de Gaulle – ✉ 35400 St-Malo

La Grassinais

12 allée de la Grassinais – ✆ 02 99 81 33 00 – www.saint-malo-hebergement.com
– Fermé fin déc.-janv.

29 ch – †59/89 € ††59/97 € – ☕ 9 € – ½ P

Rest ***La Grassinais*** – voir les restaurants ci-après

En périphérie de St-Malo, au cœur d'une zone artisanale, on ne s'attend pas à trouver cette jolie ferme en pierre du pays du 17e s., restaurée avec soin. Les chambres sont simples, mais très bien tenues... Une bonne étape !

La Grassinais

12 allée de la Grassinais – ✆ 02 99 81 33 00 – www.saint-malo-hebergement.com
– Fermé fin déc.-janv., dim. soir hors saison, mardi midi de mi-juil. à fin août, sam. midi et lundi

Rest – Formule 17 € – Menu 27/39 € – Carte 35/52 €

Agneau de sept heures, queue de lotte accompagnée d'une crème de courgette... Une cuisine traditionnelle sympathique, dans un cadre mêlant charme rustique (poutres, boiseries) et touches plus contemporaines. Accueil et service aux petits soins.

ST-MANDÉ – **94 Val-de-Marne** – **312** D2 – **101** 27 – **voir à Paris, Environs**

ST-MARC – **44 Loire-Atlantique** – **316** C4 – **rattaché à St-Nazaire**

ST-MARCEL-DU-PÉRIGORD – **24 Dordogne** – **329** F6 – **148 h.** – **alt. 160 m** – ✉ **24510** **4 C1**

Paris 538 – Bergerac 26 – Périgueux 58 – Bordeaux 144

Auberge Lou Peyrol avec ch

au bourg – ✆ 05 53 24 09 71 – www.loupeyrol.com – Fermé 1 sem. en mars, 2 sem. en nov. , 2 sem. en janv., mardi , merc. en hiver et lundi

3 ch – †75 € ††90 € – ☕ 6 € – ½ P **Rest** – Menu 37 € – Carte 38/55 €

Une auberge périgourdine au charme on ne peut plus rustique, avec sa terrasse à l'ombre d'un vénérable tilleul. On y déguste une cuisine régionale de saison avec de beaux produits du terroir. Sous les toits, les chambres, spacieuses et confortables, sont des plus romantiques. Accueil sympathique.

ST-MARCEL-LÈS-ANNONAY – 07 Ardèche – rattaché à Annonay

ST-MARCEL-LÈS-SAUZET – 26 Drôme – 332 B6 – rattaché à Montélimar

ST-MARCELLIN – 38 Isère – 333 E7 – 8 041 h. – alt. 282 m – ✉ 38160 43 E2

Lyon et sa région

Paris 570 – Die 76 – Grenoble 55 – Valence 46

2, avenue du Collège, ✆ 04 76 38 53 85, http://ot.saintmarcellin.perso.sfr.fr

La Tivollière

Château du Mollard – ✆ 04 76 38 21 17 – www.lativolliere.com
– Fermé 2-22 janv., mardi soir, merc. soir, dim. soir et lundi
Rest – Formule 17 € – Menu 23 € (sem.), 35/57 € – Carte 31/62 €
Aménagé dans un château du 15e s. dominant la ville, ce restaurant présente un joli cadre contemporain, assorti d'une belle terrasse donnant sur le Vercors. Au menu, une sympathique cuisine d'aujourd'hui.

ST-MARTIAL-DE-NABIRAT – 24 Dordogne – 329 I7 – 666 h. – alt. 175 m – ✉ 24250 4 D2

Paris 556 – Cahors 43 – Périgueux 82 – Bordeaux 213

Le St-Martial

au bourg – ✆ 05 53 29 18 34 – www.lesaintmartial.com
– Fermé 4-14 mars, 27 juin-4 juil., lundi, mardi et merc. sauf le soir en juil. -août
Rest – Menu 33/83 € – Carte 52/85 €
Une belle maison périgourdine à la décoration contemporaine. Ou comment un zeste de modernité magnifie l'authenticité des vieilles pierres ! Derrière les fourneaux, le chef réalise une cuisine en prise avec son époque, appuyée sur de bons produits.

ST-MARTIN-AUX-BOIS – 60 Oise – 305 G3 – 289 h. – alt. 100 m 36 B2 – ✉ 60420 Nord Pas-de-Calais Picardie

Paris 108 – Amiens 85 – Beauvais 50 – Pontoise 114

543, rue de l'Abbaye, ✆ 03 44 51 03 55, http://saint.martin60.pagesperso-orange.fr

Clos de l'Abbaye sans rest

520 r. de l'Abbaye – ✆ 06 80 68 09 53 – www.clos-de-labbaye.com
3 ch – †85/100 € ††85/100 €
Voilà une adresse qui fleure bon le terroir ! À côté de l'abbaye du 12e s., une belle maison de caractère et son jardin, tenus par un agriculteur. On s'y repose dans de jolies chambres au charme champêtre ; deux d'entre elles sont aménagées dans l'ancien pigeonnier. Idéal pour un séjour au grand calme.

ST-MARTIN-AUX-CHARTRAINS – 14 Calvados – 303 N4 – rattaché à Pont-L'Évêque

ST-MARTIN-DE-BELLEVILLE – 73 Savoie – 333 M5 – 2 461 h. 46 F2 – alt. 1 450 m – Sports d'hiver : 1 450/2 850 m 9 29 – ✉ 73440

Alpes du Nord

Paris 624 – Albertville 44 – Chambéry 93 – Moûtiers 20

Place de l'église, ✆ 04 79 00 20 00, www.st-martin-belleville.com

Saint-Martin

ch, ch,

r. des Grangeraies – ✆ 04 79 00 88 00 – www.hotel-stmartin.com
– Ouvert 21 déc.-13 avril
27 ch – ½ P seult 120/205 € – 4 suites
Rest *Le Grenier* – voir les restaurants ci-après
Rest – Formule 21 € – Menu 29 € – Carte 34/55 €
Sur les hauteurs de ce village de montagne, un plaisant chalet au toit de lauzes, à deux pas des pistes. Les chambres, d'esprit savoyard, jouissent toutes d'un balcon. Restauration traditionnelle.

L'Edelweiss sans rest
r. St-François – ✆ 04 79 08 96 67 – www.hotel-edelweiss73.com – Ouvert 10 juil.-31 août et 20 déc.-26 avril
16 ch – 95/110 € 130/200 €
L'esprit montagnard fleurit à l'Edelweiss : logique, le maître des lieux est un enfant du pays. Les chambres, petites et au décor alpestre, sont bien tenues. Possibilité de demi-pension avec l'Étoile des Neiges. Navettes gratuites pour la télécabine.

La Bouitte (René et Maxime Meilleur) avec ch
rest,
à St-Marcel, 2 km au Sud-Est – ✆ 04 79 08 96 77 – www.la-bouitte.com – Ouvert fin juin à début sept. et début déc. à fin avril
10 ch – 209/236 € 245/297 € – 5 suites – 22 €
Rest *(fermé lundi en été)* – Menu 99/209 € – Carte 135/190 €
À la croisée des générations – René et Maxime Meilleur sont père et fils –, une fort belle table, où l'art d'inventer et l'amour de la Savoie constituent une histoire d'échanges... avec tous les hôtes. Produits de choix, herbes des alpages, exécution très fine, etc. : une montagne d'émotion ! Charmante étape côté hôtel également : ce chalet est un vrai cocon.
➜ Escalope de foie gras de canard, galette de maïs, miel d'acacia et chapelure végétale. Ris de veau, pomme de terre agria et cigarette russe au raifort. Fraises mara des bois, yaourt, crème brûlée et sorbet. **Vins** Mondeuse, Savoie.

Étoile des Neiges
r. St-Martin – ✆ 04 79 08 92 80 – www.hotel-edelweiss73.com – Ouvert 15 déc.-30 avril
Rest – Formule 26 € – Menu 33/52 € – Carte 57/81 €
Si vous aimez le foie de veau persillé, cette table – dont c'est la spécialité – est faite pour vous ! Dans la salle, de style montagnard, on savoure des plats traditionnels devant la cheminée. Ambiance familiale.

Le Grenier – Hôtel Saint-Martin
r. des Grangeraies – ✆ 04 79 00 88 00 – www.hotel-stmartin.com – Ouvert 21 déc.-13 avril
Rest – Menu 29/38 € – Carte 34/50 €
Voilà une adresse qui n'est pas à remiser au grenier ! Dans la salle sous charpente, le décor, un brin rustique, colle à merveille avec les recettes savoyardes et autres spécialités fromagères du chef. Terrasse en front de neige.

Le Montagnard
– ✆ 04 79 01 08 40 – www.le-montagnard.com – Ouvert 1er juil.-31 août et 10 déc.-1er mai
Rest – Carte 31/66 €
Murs chaulés, mobilier en pin, vieux skis et photos des aïeux composent le sympathique décor de cette ancienne étable. Le chef concocte une cuisine traditionnelle avec les produits du marché, sans oublier les spécialités fromagères.

ST-MARTIN-DE-LONDRES – 34 Hérault – 339 H6 – 2 267 h. – alt. 194 m – ✉ 34380 Languedoc Roussillon
23 C2

Paris 744 – Montpellier 25 – Le Vigan 37

Maison de Pays, ✆ 04 67 55 09 59, www.tourisme-picsaintloup.fr

au Sud 12 km par D 32, D 127 et D 127E6 – ✉ 34380 Argelliers

Auberge de Saugras avec ch
ch,
Domaine de Saugras – ✆ 04 67 55 08 71 – www.aubergedesaugras.fr – Fermé 8-24 août, 19 déc.-11 janv., lundi midi en juil.-août, mardi sauf le soir en juil.-août et merc.
7 ch – 45/85 € 45/85 € – 9 € – ½ P
Rest *(réserver)* – Formule 17 € – Menu 21 € (sem.), 29/69 € – Carte 39/159 €
N'hésitez pas à braver la garrigue sauvage ! Avec à la clé, la découverte de ce mas en pierre du 12e s. Généreuse cuisine du terroir, jolie terrasse et chambres fonctionnelles.

ST-MARTIN-D'ENTRAUNES – 06 Alpes-Maritimes – 341 B3 – 83 h. 41 C2
– alt. 1 050 m – ✉ 06470

Paris 778 – Barcelonnette 50 – Castellane 66 – Digne-les-Bains 104

Hostellerie la Vallière

le village – ✆ 04 93 05 59 59 – www.hotel-lavalliere.com – Ouvert 15 avril-30 oct., vacances de Noël et de fév.

12 ch – †47 € ††47 € – ☐ 8 € – ½ P **Rest** – Menu 20 € – Carte environ 26 €

Face au massif du Mercantour, une auberge champêtre, à la jolie façade colorée. Confort simple dans les chambres (sans TV) et cuisine sans prétention avec quelques plats niçois en saison : une adresse très pratique et bon marché.

ST-MARTIN-DE-LA-PLACE – 49 Maine-et-Loire – 317 I5 – 1 162 h. 35 C2
– alt. 80 m – ✉ 49160

Paris 314 – Nantes 147 – Angers 60 – Saumur 11

Mairie, ✆ 02 41 38 43 06

Domaine de la Blairie

5 r. de la Mairie – ✆ 02 41 38 42 98 – www.hotel-blairie.com – Fermé 15 déc.-1er fév. et dim. soir de nov. à mars

44 ch – †65/80 € ††71/86 € – ☐ 10 € – ½ P

Rest – Formule 12 € – Menu 16/21 € – Carte environ 30 €

Rien ne vaut le calme de cette demeure du Saumurois (18e s.) et de ses dépendances, dans leur grand jardin avec piscine, au cœur de ce village des bords de Loire. Chambres fonctionnelles et confortables. Restaurant traditionnel au cadre chaleureux.

ST-MARTIN-DE-RÉ – 17 Charente-Maritime – 324 B2 – voir à Île de Ré

ST-MARTIN-DE-VALGALGUES – 30 Gard – 339 J3 – rattaché à Alès

ST-MARTIN-DU-FAULT – 87 Haute-Vienne – 325 E5 – rattaché à Limoges

ST-MARTIN-DU-TOUCH – 31 Haute-Garonne – 343 G3 – rattaché à Toulouse

ST-MARTIN-EN-BRESSE – 71 Saône-et-Loire – 320 K9 – 1 845 h. 8 C3
– alt. 192 m – ✉ 71620 Bourgogne

Paris 353 – Beaune 48 – Chalon-sur-Saône 18 – Dijon 86

Au Puits Enchanté avec ch

1 pl. René-Cassin – ✆ 03 85 47 71 96 – www.aupuitsenchante.com – Fermé 9-15 mars, 16-25 sept., 18-27 nov., 1er-27 janv., dim. soir, lundi et mardi

11 ch – †61/70 € ††61/70 € – ☐ 10 € – ½ P

Rest – Formule 17 € – Menu 22/52 € – Carte 30/49 €

Au cœur de ce bourg de la Bresse bourguignonne, une maison de pays joliment modernisée où l'on passe un délicieux moment. Le chef est passionné par son métier : sa cuisine, concoctée avec de bons produits du terroir, est généreuse et fine, à prix doux. Chambres pratiques pour l'étape.

ST-MARTIN-LA-MÉANNE – 19 Corrèze – 329 M4 – 365 h. 25 C3
– alt. 500 m – ✉ 19320

Paris 510 – Aurillac 67 – Brive-la-Gaillarde 54 – Mauriac 48

Barrage du Chastang★ SE : 5 km, Limousin Berry

Les Voyageurs

pl. Mairie – ✆ 05 55 29 11 53 – www.hotellesvoyageurs.com – Ouvert 1er avril-15 nov. et fermé dim. soir et lundi sauf de mai à sept.

Rest – Formule 17 € – Menu 24/37 € – Carte 43/51 €

Charmante auberge en pierre où le temps s'arrête à la faveur d'une cuisine du terroir servie dans un cadre campagnard ou, en été, dans le jardin prolongé d'un étang (pêche).

ST-MARTIN-LE-GAILLARD – 76 Seine-Maritime – 304 I2 – 307 h. 33 D1
– alt. 60 m – ✉ 76260 Normandie Vallée de la Seine

▶ Paris 168 – Amiens 99 – Dieppe 27 – Eu 12

Moulin du Becquerel

2 r. des Moulins, 1,5 km au Nord-Ouest sur D 16 – ☎ 02 35 86 74 94 – www.moulindubecquerel.fr – Fermé fin janv. à début mars, dim. soir, lundi, mardi et merc. sauf fériés

Rest – Formule 20 € – Menu 29/45 € – Carte 32/49 €

Cette longère normande, bercée par le chant d'une petite rivière, est charmante. Un lieu bucolique, où l'on organise aussi de belles réceptions : il faut dire que la cuisine traditionnelle mitonnée par le jeune chef est bien sympathique.

ST-MARTIN-LESTRA – 42 Loire – 327 F5 – 897 h. – alt. 550 m 44 A2
– ✉ 42110

▶ Paris 450 – Clermont 118 – Lyon 53 – St-Étienne 60

ℹ place de l'Eglise, ☎ 04 77 28 50 84, www.saintmartinlestra.com

L'École Ⓝ

Bouchala – ☎ 04 77 27 25 87 – www.lecoledebouchala.com

Rest – Formule 17 € – Menu 22/25 €

Sortez vos stylos, on retourne à l'école ! Ce bistrot/bouchon joue la thématique jusqu'au bout : ancien préau, marelle, cahiers, équerres... Au menu, nulle punition, mais des petits plats bien mijotés et des spécialités : museau vinaigrette, jambon persillé, tête de veau, etc. Une sympathique leçon !

ST-MARTIN-VÉSUBIE – 06 Alpes-Maritimes – 341 E3 – 1 325 h. 41 D2
– alt. 1 000 m – ✉ 06450 Côte d'Azur

▶ Paris 845 – Antibes 73 – Barcelonnette 111 – Cannes 83

ℹ place Félix Faure, ☎ 04 93 03 21 28, www.saintmartinvesubie.fr

Venanson : ≤★, fresques★ de la chapelle St-Sébastien S : 4,5 km.

Le Boréon★★ (cascade★) N : 8 km - Cirque★★ du vallon de la Madone de Fenestre NE : 12 km.

Le Boréon

ch,

hameau du Boéron, (quartier le Boéron la Cascade), 13 km au Nord-Est – ☎ 04 93 03 20 35 – www.hotel-boreon.com – Ouvert avril-oct.

13 ch – †68/72 € ††68/72 € – ☕ 10 € – ½ P

Rest *(fermé mardi sauf juil.-août)* – Menu 23/36 € – Carte 31/51 €

Un beau chalet aux abords d'un charmant petit lac : ce cadre bucolique ravira les amoureux de la nature. Les chambres sont douillettes et bien équipées ; dans la salle à manger – joliment rustique avec sa cheminée monumentale – ou sur l'agréable terrasse, on sert des petits plats traditionnels.

ST-MAUR-DES-FOSSÉS – 94 Val-de-Marne – 312 D3 – 101 27 – voir à Paris, Environs

ST-MAURICE-DE-SATONNAY – 71 Saône-et-Loire – 320 I11 – 418 h. 8 C3
– alt. 250 m – ✉ 71260

▶ Paris 400 – Chalon-sur-Saône 61 – Mâcon 17 – Dijon 129

Auberge des Grenouillats

Le Bourg – ☎ 03 85 33 40 50 – Fermé 27 août-5 sept., vacances de Noël, mardi soir et merc.

Rest *(nombre de couverts limité, réserver)* – Menu 22 € – Carte 28/40 €

Un petit bistrot avenant et un brin rétro tenu par un couple sympathique. Le chef travaille de beaux produits frais et concocte de jolis plats faisant honneur à la région : bœuf charolais, grenouilles, jambon persillé à la bourguignonne...

ST-MÉDARD – **46 Lot** – **337** D4 – **166 h.** – **alt. 170 m** – ✉ **46150** **28** B1

Paris 571 – Cahors 17 – Gourdon 34 – Villeneuve-sur-Lot 59

Gindreau (Alexis Pélissou)

– *✆ 05 65 36 22 27 – www.legindreau.com – Fermé 6-27 mars, 21 oct.-6 nov., merc. midi de janv. à mars, dim. soir d'oct. à mars, lundi et mardi*

Rest *(réserver)* – Menu 39 € (sem.), 54/120 € – Carte 63/109 €

Goûteuse cuisine contemporaine qui met en valeur le terroir, à découvrir dans cette ancienne école de village. Salles aux couleurs pastel et terrasse sous les marronniers.

➜ Foie gras de canard confit, crème brûlée, crème glacée et cornet au foie gras. Agneau fermier du Quercy rôti, pomme au rocamadour et couenne confite au vin de Cahors. Soufflé au Grand Marnier. **Vins** Cahors, Vin de pays du Lot.

ST-MICHEL-D'EUZET – **30 Gard** – **339** M3 – **582 h.** – **alt. 110 m** **23** D1

– ✉ **30200**

Paris 667 – Avignon 43 – Montpellier 113 – Nîmes 64

La Table de Marine

pl. Jean-Jaurès – ✆ 04 66 33 13 89 – Fermé 1 sem. vacances de Pâques et de la Toussaint, 1 sem. en janv., sam. midi, dim. et lundi

Rest – Menu 25 € (déj. en sem.), 36/55 €

Un bon rapport qualité-prix dans ce restaurant traditionnel à l'ambiance rustique : saucisson lyonnais et salade de lentilles, pintade fermière et sauce au homard (association terre-mer), etc. Une adresse qui met en appétit.

ST-MICHEL-EN-L'HERM – **85 Vendée** – **316** I9 – **2 129 h.** – **alt. 9 m** **34** B3

– ✉ **85580** Pays de la Loire

Paris 453 – Luçon 15 – La Rochelle 46 – La Roche sur Yon 47

5, place de l'Abbaye, ✆ 02 51 30 21 89, www.paysnedelamer.fr

La Rose Trémière

4 r. de l'Église – ✆ 02 51 30 25 69 – www.maitresrestaurateurs.com/rosetremiere/ – Fermé mardi sauf juil.-août, dim. soir et lundi

Rest – Menu 28/52 € – Carte 38/54 €

Rest *L' Atelier* *(fermé le soir et lundi sauf juil.-août)* – Carte 15/24 €

Deux en un : côté gastronomique, une table pleine de cachet (pierres, poutres, parquet) au service d'une jolie cuisine traditionnelle ; côté bistrot, déco contemporaine, convivialité et bons petits plats... pour les gourmets pressés qui peuvent en prime observer la brigade s'activer en cuisine.

ST-MICHEL-ESCALUS – **40 Landes** – **335** D11 – **289 h.** – **alt. 23 m** **3** B2

– ✉ **40550**

Paris 721 – Bayonne 67 – Bordeaux 135 – Dax 30

La Bergerie-St-Michel sans rest

50 chemin du Plomb, à St-Michel le Bourg, par D 142, rte de Castets – ✆ 05 58 48 74 04 – www.bergeriestmichel.fr

4 ch – 95/105 € 105/160 €

La forêt landaise entoure cette ancienne ferme à colombages magnifiquement restaurée. Chambres de grand confort mariant meubles anciens et contemporains. Copieux petits-déjeuners.

ST-MICHEL-MONT-MERCURE – **85 Vendée** – **316** K7 – **1 981 h.** **34** B3

– **alt. 284 m** – ✉ **85700** Pays de la Loire

Paris 383 – Bressuire 36 – Cholet 35 – Nantes 85

☼★★ du clocher de l'église.

Château de la Flocellière

La Flocellière, 2 km à l'Est – ✆ 02 51 57 22 03 – www.chateaudelaflocelliere.com – Fermé janv.-fév.

5 ch – 155/210 € 185/210 € **Table d'hôte** – Menu 50 € bc

Un château superbe, mêlant harmonieusement les styles et les siècles (12e, 15e, 17e et 19e s.) : de quoi se rêver preux chevalier ou gente dame ! Les chambres, raffinées, donnent sur le parc ; dans le donjon, la "Médiévale" est splendide. Et pour festoyer dignement, les propriétaires organisent des dîners thématiques dans une époustouflante salle du 16e s.

Auberge du Mont Mercure

8 r. l'Orbrie, (près de l'église) – 02 51 57 20 26 – www.aubergemontmercure.com – Fermé 1er-15 août, vacances de fév., lundi soir sauf juil.-août, mardi soir et merc.

Rest – Menu 15 € (sem.), 24/37 € – Carte 25/40 €

Au sommet du village le plus haut de Vendée, cette auberge rustique et familiale réserve deux surprises : une vue superbe sur le bocage... et une plongée gourmande dans la tradition. Les plats, copieux et bien faits, sont tout simplement bons !

ST-MIHIEL – 55 Meuse – 307 E5 – 4 761 h. – alt. 228 m – ✉ 55300 — 26 B2

Alsace Lorraine

Paris 287 – Bar-le-Duc 35 – Nancy 66 – Metz 63

rue du Palais de Justice, 03 29 89 06 47, http://otsisaintmihiel.e-monsite.com

de Madine, à Nonsard, Base de Loisirs, NE : 25 km par D 901 et D 179, 03 29 89 56 00

Sépulcre★★ dans l'église St-Étienne - Pâmoison de la Vierge★ dans l'église St-Michel.

à Heudicourt-sous-les-Côtes 15 km au Nord-Est par D 901 et D 133 – 184 h. – alt. 240 m – ✉ 55210

Butte de Montsec : ★★, monument★ S : 13 km.

Lac de Madine

22 r. Charles-de-Gaulle – 03 29 89 34 80 – www.hotel-lac-madine.com – Fermé 20 déc.-20 janv.

44 ch – 59/99 € 59/99 € – 11 € – ½ P

Rest *(fermé dim. soir du 12 nov. au 31 mars et lundi midi)* – Formule 20 € – Menu 28/39 € – Carte 40/62 €

Près du lac, une auberge familiale avec des chambres fonctionnelles et bien tenues, dont la plupart se trouvent dans une annexe aux airs de motel. Pratique aussi, le restaurant de tradition sous une belle charpente en bois.

ST-MONT – 32 Gers – 336 B8 – 300 h. – alt. 133 m – ✉ 32400 — 28 A2

Paris 719 – Auch 84 – Bordeaux 160 – Mont-de-Marsan 47

Château Monastère de Saint-Mont sans rest

(près de l'église) – 05 62 09 53 01 – www.chateau-monastere-de-saint-mont.com – Ouvert 14 mars-11 nov.

5 ch – 90/130 € 90/130 €

Sur les hauteurs du village, cet ancien monastère du 11e s. assure d'un séjour au calme dans ses chambres pleines de charme (cheminée, tommettes). Grand parc, piscine, billard...

ST-NAZAIRE – 44 Loire-Atlantique – 316 C4 – 66 348 h. – Agglo. 148 578 h. – alt. 4 m – ✉ 44600 — 34 A2

Pays de la Loire

Paris 435 – La Baule 19 – Nantes 61 – Vannes 79

Accès Pont de Saint-Nazaire : passage gratuit

boulevard de la Légion d'Honneur, 02 40 22 40 65, www.saint-nazaire-tourisme.com

18 de Savenay, à Savenay, Le Chambeau, par rte de Nantes : 27km, 02 40 56 88 05

9 de Guérande, à Guérande, Ville Blanche, par rte de Guérande : 22 km, 02 40 60 24 97

Base de sous-marins★ - Escal'Atlantic★★ BYZ- Forme-écluse "Louis-Joubert"★ - Terrasse panoramique★ B - Pont routier de St-Nazaire-St-Brévin★ par ①.

Plan page suivante

Le Berry

1 pl. Pierre Semard – ✆ 02 40 22 42 61 – www.hotel-du-berry.fr – Fermé 24 déc.-2 janv. AYr

27 ch – 88/138 € 98/148 € – 12 €

Rest *(fermé dim. midi et sam.)* – Menu 17 € (déj.)/25 € – Carte 21/51 €

Accueil chaleureux dans cet hôtel installé dans un bâtiment de l'après-guerre, face à la gare. Autres atouts : un entretien sans défaut et une bonne insonorisation. Au choix, des chambres très modernes ou plus classiques. Restaurant traditionnel.

Holiday Inn Express sans rest

1 r. de la Floride – ✆ 02 40 19 01 01 – www.hotelsaintnazaire.com BZa

75 ch – 91/150 € 91/150 €

Un établissement moderne créé en 2008 dans le nouveau cœur de la ville, face à l'ancienne base sous-marine transformée en centre culturel. Une bonne option pour une étape à St-Nazaire.

Le Sabayon

7 r. de la Paix – 02 40 01 88 21 – Fermé 1er- 11 mars, 3 sem. en août, dim. et lundi AZ**b**

Rest – Menu 19/53 € – Carte 32/55 €

Sur une rue semi-piétonne, cette petite adresse familiale propose, dans un décor tout simple, une cuisine respectueuse de la tradition (préparations maison, produits frais).

à St-Marc 5 km à l'Ouest par ② – ✉ 44600

Hôtel de la Plage

37 r. du Cdt-Charcot, (plage de Monsieur Hulot) – 02 40 91 99 01 – www.hotel-delaplage.fr

30 ch – †94/204 € ††94/204 € – ☕ 15 €

Rest *(fermé lundi hors saison)* – Formule 15 € – Menu 18 € (déj. en sem.) – Carte 35/100 €

Jacques Tati filma *Les Vacances de Monsieur Hulot* dans cette grande bâtisse blanche posée sur la plage ! Une certaine poésie se poursuit aujourd'hui : les chambres, séduisantes, cultivent un esprit "bord de mer" contemporain et discret (avec terrasse au 1er étage, en mansarde au 3e). Belle terrasse également à la brasserie.

ST-NECTAIRE – 63 Puy-de-Dôme – 326 E9 – 732 h. – alt. 700 m – Stat. therm. – Casino – ✉ 63710 Auvergne 5 B2

Paris 453 – Clermont-Ferrand 43 – Issoire 27 – Le Mont-Dore 24

les Grands Thermes, 04 73 88 50 86, www.sancy.com/commune/saint-nectaire

Église★★ : trésor★★ - Puy de Mazeyres ★ E : 3 km puis 30 mn.

Mercure

Les Bains Romains – 04 73 88 57 00 – www.hotel-bains-romains.com

71 ch – †75/140 € ††75/140 € – ☕ 14 € – ½ P

Rest – Menu 26/30 € – Carte environ 38 €

Installé dans les anciens thermes de la cité, cet hôtel créé en 1850 offre de belles prestations. Grande hauteur sous plafond, parquet, chambres spacieuses, espace détente, restaurant...

ST-NEXANS – 24 Dordogne – 329 E7 – rattaché à Bergerac

ST-NIZIER-SOUS-CHARLIEU – 42 Loire – 327 D3 – 1 671 h. – alt. 260 m – ✉ 42190 44 A1

Paris 406 – Clermont-Ferrand 140 – Mâcon 113 – Saint-Étienne 98

Aux Forêts sans rest

996 rte de Fleury – 06 22 48 75 95 – www.aux-forets.fr – Ouvert 13 avril-3 nov.

4 ch ☕ – †70/78 € ††85/98 €

Sur les hauteurs du village, cette ancienne maison de vigneron (1785), avec son parc arboré et fleuri, a tout pour plaire ! Les chambres y sont confortables et décorées avec du mobilier chiné ou de famille. Autre atout : un petit musée de la vigne ouvert à la visite.

ST-OMER – 62 Pas-de-Calais – 301 G3 – 14 893 h. – alt. 23 m – ✉ 62500 Nord Pas-de-Calais Picardie 30 B2

Paris 257 – Arras 77 – Boulogne-sur-Mer 52 – Calais 43

4, rue du Lion d'Or, 03 21 98 08 51, www.tourisme-saintomer.com

Saint-Omer Golf Club, à Acquin, Chemin des Bois, par rte de Boulogne-sur-Mer : 15 km, 03 21 38 59 90

Quartier de la cathédrale★★ : cathédrale Notre-Dame★★ - Hôtel Sandelin et musée★ AZ - Anc. chapelle des Jésuites★ AZ **B** - Jardin public★ AZ.

Ascenseur à bateaux des Fontinettes★ SE : 5,5 km - Coupole d'Helfaut-Wizernes★★, S : 5 km.

Plan page suivante

Arras (R. d') .... BZ	Esplanade .... AY 10	Perpignan (Pl. de) .... BZ 21
Bonhomme (Pl. P.) .... AZ 2	Faidherbe (R.) .... BY 13	Ringot (R. François) .... BY 22
Calais (R. de) .... AY	Foch (Pl. Mar.) .... AZ 14	Ste-Croix (R.) .... AZ 26
Clouteries (R. des) .... AZ 3	Gaîté (R. de la) .... BY 15	St-Bertin (R.) .... BZ 24
Courteville (R.) .... AY 4	Griffon (R. du) .... ABZ 16	St-Martin (R.) .... BY 25
Dunkerque (R. de) .... ABY	Lion-d'Or (R. du) .... AYZ 17	Sithieu (Pl.) .... AZ 27
Dupuis (R. Henri) .... AZ 6	Lycée (R. du) .... AZ 18	Vainquai (Pl. du) .... BY 31
Écusserie (R. de l') .... AZ 8	Martel (R. Louis) .... AZ 19	Victor-Hugo (Pl.) .... AZ 32
Epeers (R. des) .... AZ 9		

St-Louis

rest, rest, VISA

25 r. d'Arras – ✆ 03 21 38 35 21 – www.hotel-saintlouis.com – Fermé 20 déc.-6 janv.

30 ch – †64/76 € ††64/76 € – ☕ 10 € – ½ P **BZs**

Rest *(fermé le midi du 13 juil. au 31 août, sam. midi et dim. midi)* – Menu 17 € – Carte 24/33 €

À proximité de la cathédrale, dans un ancien relais de poste, un hôtel simple, typique de la région. Les chambres sont propres et bien entretenues, plus récentes dans l'annexe. Pratique pour découvrir le pays de Saint-Omer.

Le Bretagne

ch, VISA

2 pl. du Vainquai – ✆ 03 21 38 25 78 – www.hotellebretagne.com **BYr**

69 ch – †70/120 € ††90/120 € – ☕ 10 € – ½ P

Rest *(fermé 1er-13 janv., sam. midi et dim.)* – Menu 21/36 € bc – Carte 22/57 €

La Bretagne dans le Nord-Pas-de-Calais ? Il y a de quoi en perdre son accent ch'ti ! Cette grande maison abrite des chambres confortables et des appartements pour les longs séjours. Intéressant pour visiter la "ville aux briques jaunes" à petits prix.

Le Cygne

8 r. Caventou – ✆ 03 21 98 20 52 – www.restaurantlecygne.fr – Fermé 3 sem. en août, 2 sem. en fév., dim. soir et lundi sauf fériés AZe

Rest – Formule 17 € – Menu 20 € (sem.), 29/57 € – Carte 30/66 €

C'est la meilleure table de la ville ! Dans un cadre agréablement bourgeois, on apprécie une cuisine de saison qui fait des clins d'œil aux différentes régions, dont le Nord... évidemment.

à Blendecques 4 km par ② et D 211 – 5 171 h. – alt. 25 m – ✉ 62575

Le St-Sébastien avec ch

rest, VISA

2 pl. de la Libération – ✆ 03 21 38 13 05 – www.lesaintsebastien.fr – Fermé 20-31 déc., dim. soir et fériés le soir

7 ch – †53 € ††65/73 € – ☕ 8 € – ½ P

Rest – Formule 15 € – Menu 18 € (sem.), 32/40 € – Carte 34/49 €

Une sympathique auberge de l'agglomération audomaroise, dans une jolie maison de pays : accueil familial, coquet décor rustique et bonnes recettes traditionnelles. Quelques chambres à l'étage, décorées avec goût et simplicité, parfaites pour se reposer.

à Tilques 6 km par ④, D 943 et rte secondaire – 1 083 h. – alt. 27 m – ✉ 62500

Château Tilques

P VISA AE

– ✆ 03 21 88 99 99 – www.chateautilques.com

53 ch – †105/350 € ††105/350 € – ☕ 15 €

Rest *Château Tilques* – voir les restaurants ci-après

Ne soyez pas surpris de voir des paons se promener dans le parc de ce château du 19e s. ! Quiétude et nature sont les maîtres mots de cette adresse à deux pas du parc naturel des Caps et Marais d'Opale. Tentures fleuries et meubles de style dans les chambres ; décoration plus contemporaine dans l'annexe.

Château Tilques

P VISA AE

– ✆ 03 21 88 99 99 – www.chateautilques.com

Rest – Formule 18 € bc – Menu 37/53 € – Carte 55/70 €

Les anciennes écuries du château de Tilques se sont transformées en un beau restaurant cossu. L'établissement propose des formules attractives avec un service rapide au déjeuner. Un conseil : goûtez les pâtisseries maison !

ST-OUEN – 93 Seine-Saint-Denis – 305 F7 – 101 16 – voir à Paris, Environs

---

ST-OUEN – 41 Loir-et-Cher – 318 D5 – rattaché à Vendôme

ST-OUEN-LES-VIGNES – 37 Indre-et-Loire – 317 O4 – rattaché à Amboise

---

ST-OUEN-SUR-MORIN – 77 Seine-et-Marne – 312 I2 – 562 h. – alt. 67 m – ✉ 77750 19 D1

▶ Paris 76 – Amiens 170 – Bobigny 74 – Melun 77

ℹ avenue de Saint-Cyr, ✆ 01 60 23 81 84, www.um77.asso.fr

Auberge de la Source (N) avec ch

rest, P VISA AE

8 pl. St-Barthélémy – ✆ 01 60 24 80 61 – www.aubergedelasource.fr – Fermé fév.

12 ch – †85/169 € ††85/169 € – ☕ 14 € – ½ P

Rest *(fermé lundi et mardi sauf le soir de juin à sept.)* – Formule 25 € – Menu 30/42 € – Carte 40/62 €

Les gourmands s'abreuvent à la source de cette auberge depuis 1763 ! Mais point de nostalgie du 18e siècle : le cadre se révèle sobre et élégant, dans un esprit contemporain, et la cuisine invite à un véritable voyage des saveurs, tout en fraîcheur et métissage. Les joies du 21e siècle... à prix doux.

ST-OUTRILLE – 18 Cher – 323 H4 – 219 h. – alt. 108 m – ✉ 18310 12 C3

Limousin Berry

▶ Paris 233 – Blois 71 – Bourges 46 – Châteaudun 39

ℹ rue de l'église, ✆ 02 48 51 29 05, www.communesaintoutrille.fr

La Grange aux Dîmes

2 pl. de l'église – 02 48 71 84 93 – www.lagrangeauxdimes.com – Fermé 16-30 sept., lundi soir d'oct. à avril, mardi et merc.

Rest – Formule 16 € bc – Menu 23/36 €

Une ancienne grange sur la place de la collégiale du 11e s. Le lieu a du cachet, sinon du charme. En cuisine, le jeune chef concocte des recettes dans l'air du temps, bien ficelées. Les beaux produits sont là, les saveurs aussi. Ainsi ne rechigne-t-on pas à verser la dîme à la fin du repas !

ST-PALAIS – 64 Pyrénées-Atlantiques – 342 F5 – 1 869 h. – alt. 50 m 3 B3

– ✉ 64120 Pays Basque et Navarre

Paris 788 – Bayonne 52 – Biarritz 63 – Dax 60

14, place Charles-de-Gaulle, 05 59 65 71 78, www.saintpalais-tourisme.com

La Maison d'Arthezenea

42 r. du Palais de Justice – 05 59 65 85 96 – www.gites64.com/maison-darthezenea

4 ch – 65/70 € 70/75 € **Table d'hôte** – Menu 28 € bc

Dans cette demeure en pierre et son jardin verdoyant, on se sent comme chez soi. Élégante atmosphère "maison de famille" : parquet, gravures et mobilier ancien... À la table d'hôte, belles spécialités (foie gras maison, ris d'agneau et palombe flambée en saison).

ST-PALAIS-SUR-MER – 17 Charente-Maritime – 324 D6 – 3 926 h. 38 A3

– alt. 5 m – ✉ 17420 Poitou-Charentes

Paris 512 – La Rochelle 82 – Royan 6

1, avenue de la République, 05 46 23 22 58, www.saint-palais-sur-mer.com

La Grande Côte★★ NO : 3 km - Zoo de la Palmyre★★ NO : 10 km.

Hôtel de la Plage

1 pl. de l'Océan – 05 46 23 10 32 – www.hoteldelaplage-stpalais.fr – Ouvert 15 fév.-1er nov.

29 ch – 55/120 € 55/120 € – 10 € – ½ P

Rest ***Restaurant de la Plage*** – voir les restaurants ci-après

Un hôtel familial du centre-ville avec des chambres simples et pratiques, certes petites mais très bien tenues. Dans la courette, une piscine très sympathique... Esprit vacances !

Ma Maison de Mer

21 av. du Platin – 05 46 23 64 86 – www.mamaisondemer.com

5 ch – 75/100 € 75/155 € **Table d'hôte** – Menu 35 € bc

Ma maison de mer ? Plutôt celle d'une sympathique Britannique, peintre à ses heures... Au charme de cette demeure des années 1930 s'ajoute celui d'un intérieur élégant. Du blanc, du gris, des marines... Apaisant et frais ! Cerises sur le cake : le beau jardin et le petit-déjeuner avec des produits du marché.

Les Agapes

8 r. M.-Vallet – 05 46 23 10 23 – www.les-agapes.fr – Fermé vacances de la Toussaint, janv., mardi et merc. de nov. à mars, dim. soir sauf en juil.-août et lundi

Rest – Formule 16 € bc – Menu 26/49 € – Carte 56/67 €

Dans cette maison face au marché, le chef concocte des plats traditionnels bien tournés, avec une pointe d'invention : ris de veau braisés au pineau, filet de bar en croûte d'épices... De belles agapes dans un cadre accueillant !

Le Flandre

av. Tamaris, rte de la Palmyre – 05 46 23 36 16 – www.leflandre.com – Fermé 12 nov.-31 janv., dim. soir, mardi et merc. hors saison

Rest – Menu 24/43 € – Carte 29/61 €

Plafond façon coque de bateau renversée, vivier à homards et produits de la mer dans l'assiette : ce restaurant niché dans une forêt de pins affirme un bel ancrage maritime.

Restaurant de la Plage – Hôtel de la Plage
1 pl. de l'Océan – ✆ 05 46 23 10 32 – www.hoteldelaplage-stpalais.fr
– Ouvert 15 fév.-1er nov. et fermé dim. soir et lundi sauf de mai à sept.
Rest – Formule 16 € bc – Menu 28/38 € – Carte 37/47 €
Aile de raie cuite à la perfection et ses pommes de terre et tomates confites, délicieuse crème brûlée... Le chef concocte une cuisine simple et juste, où fraîcheur rime avec saveur. Un rendez-vous gourmand, avec vue sur la mer !

ST-PAL-DE-MONS – 43 Haute-Loire – 331 H2 – 2 060 h. – alt. 840 m – 6 D3
– ✉ 43620

Paris 516 – Clermont-Ferrand 177 – Le Puy-en-Velay 57 – Saint-Étienne 35

Les Feuillantines rest,
La Vialatte – ✆ 04 71 75 63 25 – www.lesfeuillantines.com
– Fermé 27 avril-6 mai, 3 août-2 sept. et 31 déc.-7 janv.
16 ch – †64/72 € ††64/72 € – ☕ 8,50 € – ½ P
Rest *(fermé dim. soir et vend.)* – Formule 18 € – Menu 21 € (sem.), 29/38 € – Carte 35/60 €
Sur les hauteurs du village, un établissement contemporain au cœur d'un superbe environnement : les chambres, spacieuses et confortables – certaines avec balcon –, donnent majoritairement sur la vallée et les massifs. Une jolie vue dont on profite également du restaurant (carte traditionnelle).

ST-PATERNE – 72 Sarthe – 310 J4 – rattaché à Alençon

ST-PATRICE – 37 Indre-et-Loire – 317 K5 – rattaché à Langeais

ST-PAUL – 06 Alpes-Maritimes – 341 D5 – 3 481 h. – alt. 125 m – 42 E2
– ✉ 06570 Côte d'Azur

Paris 922 – Antibes 18 – Cagnes-sur-Mer 7 – Cannes 28

2, rue Grande, ✆ 04 93 32 86 95, www.saint-pauldevence.com

Site★ - Remparts★ - Fondation Maeght★★.

Le Saint-Paul
86 r. Grande, (au village) – ✆ 04 93 32 65 25 – www.lesaintpaul.com
– Fermé 1er nov.-15 mars
15 ch – †300/570 € ††300/570 € – 1 suite – ☕ 22 €
Rest *Le Saint-Paul* – voir les restaurants ci-après
Belles pierres, fresques champêtres, fontaine, chambres au charme feutré... Voilà le décor élégant de cette demeure du 16e s. perchée dans le village médiéval.

La Colombe d'Or ch,
pl. Ch. de Gaulle – ✆ 04 93 32 80 02 – www.la-colombe-dor.com
– Fermé 29 oct.-21 déc. et 5-17 janv.
13 ch – †310 € ††310 € – 12 suites – ☕ 15 € – ½ P
Rest – Carte 37/92 €
Prisé des célébrités, cet hôtel-restaurant est un vrai musée ! Il abrite une superbe collection de peintures et de sculptures d'artistes ayant séjourné ici, tels Braque, Léger, Ben... Cadre "vieille Provence" et chambres au décor romantique ; terrasse délicieusement ombragée.

Le Mas de Pierre
2320 rte des Serres, 2 km au Sud – ✆ 04 93 59 00 10 – www.lemasdepierre.com
46 ch – †210/637 € ††210/637 € – 2 suites – ☕ 28 € – ½ P
Rest *La Table de Pierre* – voir les restaurants ci-après
Au cœur d'un jardin méridional enchanteur, de superbes bastides avec des chambres au luxe raffiné. Ici, tout est reposant : le spa, la jolie piscine... Quoi de mieux que de musarder en laissant le temps filer ?

Le Saint-Paul – Hôtel Le Saint-Paul

86 r. Grande, (au village) – ✆ 04 93 32 65 25 – www.lesaintpaul.com – Fermé 1er nov.-1er mars, lundi hors saison

Rest – Menu 38 € (déj.), 60/110 € – Carte 52/87 €

Dans ce restaurant cossu et cosy – la délicieuse terrasse joue les romantiques –, le chef a œuvré dans une grande maison transalpine : ses plats, frais et contemporains, se parent des belles influences de la Botte.

La Table de Pierre – Hôtel Le Mas de Pierre

2320 rte des Serres, 2 km au Sud – ✆ 04 93 59 00 10 – www.lemasdepierre.com

Rest *(dîner seult)* – Formule 42 € bc – Menu 52 € bc/75 € – Carte 48/85 €

Asperges vertes du pays au jambon de Parme, filet de pagre piqué de belles olives noires et son sorbet de parmesan... Une jolie cuisine de la Méditerranée dans un élégant mas !

Toile Blanche avec ch

826 chemin Pounchounière – ✆ 04 93 32 74 21 – www.toileblanche.com – Fermé 9 janv.-9 fév. et 15 nov.-15 déc.

7 ch – †165/350 € ††165/350 € – ☕ 15 €

Rest *(fermé le midi hors saison) (nombre de couverts limité, réserver)* – Menu 30 € (déj.), 35/55 € – Carte 56/78 €

En contrebas du village, dans le vallon, cette Toile Blanche ne manque ni de couleur ni de piquant ! Dans l'assiette, la cuisine se fait inventive ; la piscine est ravissante, le jardin verdoyant et calme... Quant aux chambres, elles cultivent un style contemporain "trendy".

Le Tilleul

pl. du Tilleul – ✆ 04 93 32 80 36 – www.restaurant-letilleul.com

Rest – Menu 29 € (déj. en sem.) – Carte 31/60 €

Sur une petite place, la terrasse de ce bistrot chic est tout simplement superbe... Ah ! qu'il fait bon y savourer la jolie cuisine traditionnelle aux parfums de Provence qu'on vous propose à l'ardoise.

Le Vieux Moulin

rte de Vence, lieu-dit Sainte-Claire – ✆ 04 93 58 36 76 – www.levieuxmoulinsaintpaul.fr – Ouvert 2 mars-31 oct. et fermé dim. soir et lundi en mars et en nov.

Rest – Carte 38/55 €

Fleur de courgette et aubergine en beignets, filet de bœuf sauce béarnaise... Le chef réalise une cuisine traditionnelle et méridionale 100 % maison, ou plutôt 100 % moulin à huile du 17e s. ! Dans la salle, admirez la meule et le pressoir.

par rte de La Colle-sur-Loup – ✉ 06570 St-Paul

Le Hameau sans rest

528 rte de la Colle, à 500 m. – ✆ 04 93 32 80 24 – www.le-hameau.com – Ouvert 14 fév.-15 nov.

15 ch – †105/280 € ††105/280 € – 2 suites – ☕ 15 €

Dans un jardin planté d'orangers et de cédrats, ce Hameau tout blanc a le charme douillet de l'authenticité. Murs à la chaux, faïence locale : rien ne manque ! Sans parler des bonnes confitures maison dont on se régale au petit-déjeuner...

La Grande Bastide sans rest

1350 rte de la Colle – ✆ 04 93 32 50 30 – www.la-grande-bastide.com – Fermé 18 nov.-24 déc. et 13 janv.-17 fév.

12 ch – †135/285 € ††145/285 € – 2 suites – ☕ 20 €

En pleine verdure, ce mas du 18e s. a été rénové avec goût. Toutes les chambres ont un balcon donnant sur le village et la mer ; avec leurs tissus élégants, leur charme romantique et méridional, elles ne manquent pas de caractère !

Les Vergers de St Paul sans rest

940 rte de la Colle – ✆ 04 93 32 94 24 – www.vergersdesaintpaul.com

17 ch – †125/160 € ††125/265 € – ☕ 14 €

À l'entrée du village, un hôtel niché dans un petit jardin. Du blanc, des moulures, des rayures pour un esprit assez cosy : les chambres (avec terrasse ou balcon) sont agréables et certaines donnent de plain-pied sur la piscine.

Hostellerie des Messugues sans rest
allée des Lavandes, 500 m, quartier Gardettes par rte de la Fondation Maeght – ✆ 04 93 32 53 32 – www.hotel-messugues-saintpaul.com – Ouvert 1er avril-30 oct.
15 ch – †95/170 € ††95/170 € – ☕ 14 €
Une villa provençale dans une pinède... au calme. Parmi les curiosités du lieu, il y a la jolie piscine circulaire et les portes des chambres, qui proviennent d'une prison du 19e s. ! Méridional, plaisant et très bien tenu.

ST-PAUL-DOUEIL – 31 Haute-Garonne – 343 B8 – rattaché à Bagnères-de-Luchon

ST-PAUL-LÈS-DAX – 40 Landes – 335 E12 – rattaché à Dax

ST-PAUL-LÈS-ROMANS – 26 Drôme – 332 D3 – rattaché à Romans-sur-Isère

ST-PAUL-TROIS-CHATEAUX – 26 Drôme – 332 B7 – 8 590 h. 44 B3 – alt. 90 m – ✉ 26130 Ardèche Drôme

Paris 628 – Montélimar 28 – Nyons 39 – Orange 33
le Courreau, ✆ 04 75 96 59 60, www.office-tourisme-tricastin.com
Cathédrale St-Paul★ - Barry ≤★★ S : 8 km.

Villa Augusta
14 r. Serre Blanc – ✆ 04 75 97 29 29 – www.villaaugusta.fr – Fermé 2-23 janv.
21 ch – †140/250 € ††140/360 € – 2 suites – ☕ 18 €
Rest *David Mollicone* – voir les restaurants ci-après
Au pays des oliviers et de la lavande, cette jolie villa du 19e s., avec son jardin arboré, est parfaite pour une escapade provençale. Côté déco, couleurs vives, esprit méridional et style contemporain se succèdent dans les chambres cosy...

David Mollicone – Hôtel Villa Augusta
14 r. Serre-Blanc – ✆ 04 75 97 29 29 – www.villaaugusta.fr – Fermé 2-23 janv., dim. soir sauf juil.-août , sam. midi et lundi
Rest – Menu 28 € (déj. en sem.), 49/82 € – Carte environ 72 €
Du blanc, du gris : un lieu lumineux, élégant et reposant, au service d'une cuisine fine. Le chef n'est jamais à court d'idées lorsqu'il s'agit de faire preuve d'inventivité et de marier de beaux produits...

Vieille France-Jardin des Saveurs
chemin des Goudessards, 1,2 km rte La Garde Adhémar – ✆ 04 75 96 70 47 – www.restaurant-vieillefrance-jardindessaveurs.com – Fermé 1 sem. en avril, 1 sem. en oct., le midi en juil.-août sauf dim., dim. soir, merc. et jeudi de la Toussaint à Paques, lundi et mardi
Rest *(nombre de couverts limité, réserver)* – Formule 29 € – Menu 42/55 €
Dans un beau jardin planté d'essences méridionales, ce mas – de construction récente – cache un beau décor provençal. On y déguste une goûteuse cuisine du Sud (menu truffe en saison), préparé par monsieur. Le tout accompagné d'un superbe choix de côtes-du-rhône, conseillé par madame. Une bonne adresse.

L et Lui
2 r. Charles-Chaussy – ✆ 04 75 46 61 14 – www.letlui.com – Fermé merc. soir hors saison et dim., lundi
Rest – Formule 22 € – Menu 27 € (déj. en sem.), 45/52 €
L jardine et Lui cuisine... les produits de son potager bio, à travers des menus "Improvisations" ! Chaque mois, la cave met à l'honneur un vigneron. Décor acidulé, comme le concept.

ST-PÉE-SUR-NIVELLE – 64 Pyrénées-Atlantiques – 342 C4 – 5 550 h. 3 A3 – alt. 30 m – ✉ 64310 Pays Basque et Navarre

Paris 785 – Bayonne 22 – Biarritz 17 – Cambo-les-Bains 17
place du Fronton, ✆ 05 59 54 11 69, www.saint-pee-sur-nivelle.com

L' Auberge Basque (Cédric Béchade) avec ch

quartier Helbarron, D 307 (ancienne rte de St-Pée à St-Jean-de-Luz) – ✆ 05 59 51 70 00 – www.aubergebasque.com – Fermé 3-24 janv.

12 ch – 96/196 € 96/196 € – 16 €

Rest *(fermé lundi sauf le soir en saison, vend. midi en saison, sam. midi et mardi midi)* – Formule 29 € – Menu 39/109 € – Carte 52/72 €

Cette ferme du 17e s. cache une aile très contemporaine, ouverte sur la Rhune et la campagne... Même alliage en cuisine : le chef signe des mets très inventifs, dont les racines plongent dans le terroir. Assiettes pleines de saveurs et de couleurs ! Chambres confortables ; "grand" petit-déjeuner tout en gourmandises...

➜ Piperade et copeaux d'épaule de jambon ibérique. Merlu de ligne, artichaut, olive et feuille de menthe. Tatin de tomate, piment d'Espelette, tamarin et basilic. Vins Irouléguy, Jurançon.

Ttotta (N)

quartier Ibarron, (Espace Ibarrondoan), rte de St-Jean-de-Luz, 1 km à l'Ouest par D918 – ✆ 05 59 47 03 55 – www.ttotta.fr – Fermé 12-25 nov., mardi soir hors saison et merc.

Rest – Formule 13 € – Menu 19/26 € – Carte 30/41 €

Sur la route de St-Jean-de-Luz, ce sympathique restaurant fait honneur au Pays basque ! Dans un décor contemporain, on déguste une cuisine du terroir avec de beaux produits du marché. Mention spéciale pour la viande et la charcuterie locales. Le tout accompagné de vins du Sud-Ouest. Une bonne adresse.

Le Fronton

quartier Ibarron, rte de St-Jean-de-Luz – ✆ 05 59 54 10 12 – Fermé 1er fév.-12 mars, dim. soir, lundi, mardi, merc. et jeudi

Rest – Menu 39 € – Carte 43/55 €

Un jardin d'hiver tout droit sorti des années 1970 : la déco de cette jolie maison basque ne manque pas de surprendre ! Côté cuisine, le chef vous concocte des plats traditionnels goûteux et copieux avec de beaux produits du marché.

ST-PÉRAY – 07 Ardèche – 331 L4 – 7 281 h. – alt. 124 m – ✉ 07130 — 43 E2

Paris 562 – Lamastre 35 – Privas 39 – Tournon-sur-Rhône 15

1, rue la République, ✆ 04 75 40 46 75, www.rhone-crussol-tourisme.com

Ruines du château de Crussol : site★★★ et ★★ SE : 2 km.

Saint-Romain-de-Lerps ★★★ NO : 9,5 km par D 287, Lyon Drôme Ardèche

à Soyons 7 km au Sud par D 86 – 1 934 h. – alt. 106 m – ✉ 07130

Domaine de Soyons rest,

D 86, 670 rte de Nîmes – ✆ 04 75 60 83 55 – www.ledomainedesoyons.com – Fermé 29 oct.-11 nov., 2-13 janv. et 18-24 fév.

28 ch – 99/156 € 115/194 € – 19 € – ½ P

Rest – Menu 28 € (déj.), 35/65 € – Carte 54/68 €

Une chaleureuse atmosphère règne dans cette belle demeure du 19e s. entourée d'un parc verdoyant (cèdre tricentenaire). Chambres de style Empire ou d'esprit provençal. Goûteuses recettes actuelles servies dans une salle à manger bourgeoise prolongée d'une véranda.

ST-PÈRE – 89 Yonne – 319 F7 – rattaché à Vézelay

ST-PHILBERT-DE-GRAND-LIEU – 44 Loire-Atlantique – 316 G5 — 34 B2

– 7 806 h. – alt. 10 m – ✉ 44310 Pays de la Loire

Paris 405 – Nantes 27 – Niort 150 – Rennes 138

place de l'Abbatiale, ✆ 02 40 78 73 88, www.stphilbert.fr

Abbatiale St-Philbert ★

La Bosselle rest, ch,

8 r. du Port – ✆ 02 40 78 73 47 – www.la-bosselle.fr

14 ch – †60 € ††73 € – ☕ 8 € – ½ P

Rest *(fermé dim. soir)* – Menu 14 € (déj. en sem.), 20/29 € – Carte 24/42 €

Étape utile que cet hôtel créé en 2001 à deux pas de l'abbatiale de St-Philbert (9e s.), au sud de la réserve naturelle du lac de Grand-Lieu. Chambres toutes simples et bien tenues, plus calmes sur l'arrière. Au restaurant, poissons du lac et grillades au feu de bois.

ST-PHILIBERT – 56 Morbihan – 308 N9 – 1 520 h. – alt. 15 m — 9 A3

– ✉ 56470

Paris 489 – Lorient 50 – Rennes 137 – Vannes 29

Le Galet sans rest

rte de la Trinité-sur-Mer, 1,2 km au Nord par D 28 et D 781 – ✆ 02 97 55 00 56 – www.legalet.fr

19 ch – †80/112 € ††96/215 € – 2 suites – ☕ 14 €

Pour une escale tranquille à deux minutes de la Trinité-sur-Mer : un hôtel design entouré d'un joli jardin. Espace bien-être parfaitement conçu (soins du corps, sauna, jacuzzi).

ST-PIERRE-CANIVET – 14 Calvados – 303 K6 – rattaché à Falaise

ST-PIERRE-D' ALBIGNY – 73 Savoie – 333 J4 – 3 702 h. – alt. 410 m — 46 F2

– ✉ 73250 Alpes du Nord

Paris 596 – Annecy 77 – Chambéry 29 – Lyon 137

Rue Auguste Domenget, ✆ 04 79 25 19 38, www.saintpierredalbigny.fr

Château des Allues

Lieu-dit les Allues – ✆ 06 75 38 61 56 – www.chateaudesallues.com – Fermé 1er nov.-15 déc.

5 ch ☕ – †110 € ††140 € **Table d'hôte** *(fermé lundi)* – Menu 48 € bc

Ce manoir du 19e s. a été rénové avec goût, dans un esprit mêlant subtilement ancien et contemporain : superbes boiseries, mobilier chiné, tissus raffinés... À la table d'hôte, on déguste les légumes du superbe potager bio – lequel est à découvrir.

ST-PIERRE-DE-JARDS – 36 Indre – 323 H4 – 120 h. – alt. 148 m — 12 C3

– ✉ 36260

Paris 232 – Bourges 35 – Issoudun 22 – Romorantin-Lanthenay 40

Les Saisons Gourmandes

pl. des Tilleuls – ✆ 02 54 49 37 67 – www.lessaisonsgourmandes.fr – Fermé 21 oct.-7 nov., 2-23 janv., lundi soir, mardi soir et merc. de sept. à juin, dim. soir et lundi en juil.-août

Rest – Menu 22 € (sem.), 36/48 € – Carte 25/46 €

Une terrasse fleurie, des poutres peintes en "bleu berrichon" : l'endroit est bien sympathique ! Qu'il s'agisse d'une gibelotte de lapin sauce camembert et reuilly ou d'une mousse coco, gourmandise et convivialité sont au rendez-vous.

ST-PIERRE-DE-MANNEVILLE – 76 Seine-Maritime – 304 F5 — 33 C2

– 735 h. – alt. 6 m – ✉ 76113 Normandie Vallée de la Seine

Paris 150 – Évreux 72 – Rouen 18 – Sotteville-lès-Rouen 20

Manoir de Villers sans rest

30 rte de Sahurs – ✆ 02 35 32 07 02 – www.manoirdevillers.com

3 ch – †140/160 € ††140/160 € – ☕ 10 €

Ce fabuleux manoir normand (16e-19e s.) appartient à la même famille depuis le 18e s. Parquet, toile de Jouy, meubles anciens : un vrai musée qui ravira les amateurs !

ST-PIERRE-DES-CHAMPS – 11 Aude – 344 G4 – 171 h. – alt. 146 m — 22 B3

– ✉ 11220

Paris 808 – Carcassonne 41 – Narbonne 41 – Perpignan 84

La Fargo ch, ch, VISA

– ✆ *04 68 43 12 78 – www.lafargo.fr – Ouvert mi-mars-mi-nov.*
12 ch – 85/150 € 85/150 € – 10 € – ½ P
Rest *(fermé le midi sauf week-ends et lundi sauf résidents)* – Menu 30/45 € – Carte 37/60 €
En pleine garrigue, cette jolie maison de pierre est un havre de paix… La terrasse ombragée, les chambres à l'élégance épuré (matériaux bruts, mobilier ancien ou indonésien), le restaurant et sa sympathique cuisine du marché : tout ici est plaisant !

ST-PIERRE-D'OLÉRON – **17 Charente-Maritime** – **324** C4 – **voir à Île d'Oléron**

ST-PIERRE-DU-MONT – **14 Calvados** – **303** G3 – **76 h.** – **alt. 25 m** **32** B2
– ✉ **14450**
Paris 291 – Bayeux 29 – Caen 58 – St-Lô 58

Le Château Saint Pierre sans rest VISA

1 km à l'Ouest par D 514 – ✆ 02 31 22 63 79
– www.chambresdhotes-bayeuxarromanchesgrancamp.com
5 ch – 55/60 € 68/85 €
L'adresse idéale pour visiter les plages du Débarquement tout en profitant des charmes d'une demeure normande du 16e s., classique et de bon goût. Au petit-déjeuner, on vous sert confitures maison et lait de ferme tout frais !

ST-PIERRE-LA-NOAILLE – **42 Loire** – **327** D2 – **rattaché à Charlieu**

ST-PIERREMONT – **88 Vosges** – **314** H2 – **156 h.** – **alt. 251 m** **27** C2
– ✉ **88700**
Paris 366 – Lunéville 24 – Nancy 56 – St-Dié 43

Le Relais Vosgien VISA AE

9 Grande Rue – ✆ 03 29 65 02 46 – www.relais-vosgien.fr – Fermé 22 déc.-10 janv.
19 ch – 79/120 € 92/150 € – 1 suite – 14 € – ½ P
Rest *Le Relais Vosgien* – voir les restaurants ci-après
Une grande maison – ancienne ferme – au cœur du bourg, tenue à ce jour par la quatrième génération Thénot, famille d'hôteliers dévoués ! Chambres confortables, au décor sobre et soigné, et petit espace bien-être.

Le Relais Vosgien A/C VISA AE

9 Grande Rue – ✆ 03 29 65 02 46 – www.relais-vosgien.fr – Fermé 22 déc.-10 janv. et dim. soir
Rest – Menu 18 € (déj. en sem.), 32/65 € – Carte 44/74 €
Nage de Saint-Jacques, tournedos Rossini, magret de canard aux mirabelles, assiette de ris de veau… La carte égrène les classiques, mais l'atmosphère n'est nullement compassée, avec un décor bourgeois relevé d'une pointe de baroque.

ST-PIERRE-QUIBERON – **56 Morbihan** – **308** M9 – **rattaché à Quiberon**

ST-PIERRE-SUR-DIVES – **14 Calvados** – **303** L5 – **3 611 h.** – **alt. 30 m** **33** C2
– ✉ **14170** Normandie Cotentin
Paris 194 – Caen 35 – Hérouville-Saint-Clair 34 – Lisieux 27
23, rue Saint-Benoist, ✆ 02 31 20 97 90, www.mairie-saint-pierre-sur-dives.fr

Auberge de la Dives VISA

27 bd Collas – ✆ 02 31 20 50 50 – Fermé 15 nov.-2 déc., 28 janv.-10 fév., dim. soir, lundi soir et mardi
Rest – Formule 16 € – Menu 20/35 € – Carte 37/56 €
Cette auberge champêtre, dont la terrasse borde la Dives, propose des plats traditionnels faisant la part belle aux produits du terroir. Les plats mijotent sur le feu, ça sent bon…

ST-POL-DE-LÉON – 29 Finistère – 308 H2 – 7 043 h. – alt. 60 m 9 B1
– ✉ 29250 Bretagne Nord

Paris 557 – Brest 62 – Brignogan-Plages 31 – Morlaix 21

place Evêché, ✆ 02 98 69 05 69, www.saintpoldeleon.fr

de Carantec, à Carantec, Rue de Kergrist, S : 10 km par D 58, ✆ 02 98 67 09 14

Clocher★★ de la chapelle du Kreisker★ : ✳★★ de la tour - Ancienne cathédrale★ - Rocher Ste-Anne : ≤★ dans la descente.

France sans rest

29 r. des Minimes – ✆ 02 98 29 14 14 – www.hotel-saint-pol.com – Fermé 7-27 janv.

22 ch – †50/60 € ††60/72 € – ☐ 8 €

Presque confidentielle, cette élégante demeure régionale des années 1930 est vraiment au calme ! Les chambres sont fonctionnelles et bien tenues ; optez pour celles ouvrant sur le Kreisker ou le jardin. Petit plus appréciable : le parking.

Auberge La Pomme d'Api

49 r. Verderel – ✆ 02 98 69 04 36 – www.aubergelapommedapi.com – Fermé dim. soir hors saison et lundi

Rest – Formule 18 € bc – Menu 25 € bc (déj. en sem.), 50/75 € – Carte 50/64 €

Une nouvelle équipe, à la fois jeune et expérimentée, a repris les rênes de cette auberge en 2012. Si la maison conserve le cachet breton de ses murs anciens (1562) et de sa cheminée, la cuisine joue la carte des recettes d'aujourd'hui, de la fraîcheur et des produits régionaux...

ST-PONS – 07 Ardèche – 331 J6 – 265 h. – alt. 350 m – ✉ 07580 44 B3

Paris 621 – Aubenas 24 – Montélimar 21 – Privas 24

Hostellerie Gourmande Mère Biquette

Les Allignols, 4 km au Nord par rte secondaire – ✆ 04 75 36 72 61 – www.merebiquette.fr – Fermé 12 nov.-10 fév.

15 ch – †74/117 € ††74/117 € – ☐ 13 € – ½ P

Rest ***Hostellerie Gourmande Mère Biquette*** – voir les restaurants ci-après

Les amoureux de nature et de grand calme apprécieront cette ferme ardéchoise nichée entre vignes et châtaigniers. Chambres pratiques, plus spacieuses dans l'aile récente.

Hostellerie Gourmande Mère Biquette

Les Allignols, 4 km au Nord par rte secondaire – ✆ 04 75 36 72 61 – www.merebiquette.fr – Fermé 12 nov.-10 fév., dim. soir d'oct. à mars, lundi midi, mardi midi et merc. midi

Rest – Formule 20 € – Menu 26/44 € – Carte 38/55 €

Rustique et chaleureux : aucun doute, il fait bon s'installer chez cette Mère Biquette et savourer ses petits plats régionaux et traditionnels. L'hiver, on trouve refuge près de la cheminée...

ST-PONS – 04 Alpes-de-Haute-Provence – 334 H6 – rattaché à Barcelonnette

ST-PORCHAIRE – 17 Charente-Maritime – 324 E5 – 1 626 h. 38 B2
– alt. 16 m – ✉ 17250

Paris 474 – Niort 77 – Rochefort 27 – La Rochelle 56

Le Bruant avec ch

76 r. Nationale – ✆ 05 46 94 65 36 – www.lebruant.com – Fermé dim. soir et lundi

4 ch ☐ – †68 € ††76 € – ½ P

Rest – Formule 15 € – Menu 20/48 € – Carte 30/46 €

Une maison de pays au cœur du village, son beau jardin à l'ombre des platanes, ses airs de maison de vacances chic et cosy, son charme bucolique et... son agréable cuisine traditionnelle ! Comme si cela ne suffisait pas, les chambres sont de vrais petits nids douillets.

ST-PORQUIER – 82 Tarn-et-Garonne – 337 D7 – 1 340 h. – alt. 95 m – ✉ 82700 28 B2

▶ Paris 651 – Colomiers 60 – Montauban 18 – Toulouse 55

Les Hortensias sans rest

18 r. Ste-Catherine – ✆ 06 77 46 88 98 – www.chambres-hotes-leshortensias.com

3 ch – 65/85 € 65/85 €

Dans cette jolie maison en brique rose avec son grand jardin et son potager, les propriétaires sont aux petits soins pour leurs hôtes. Monsieur est ancien pâtissier et prépare souvent des douceurs sucrées... Les chambres sont simples et coquettes, dans un esprit champêtre.

ST-PÔTAN – 22 Côtes-d'Armor – 309 I3 – 795 h. – alt. 55 m – ✉ 22550 10 C1

▶ Paris 429 – Rennes 79 – Saint-Brieuc 46 – Saint-Malo 35

Auberge du Manoir

31 r. du 19 mars 1962 – ✆ 02 96 83 72 58 – www.auberge-du-manoir.pays-de-matignon.net – Fermé 2 sem. en nov., 2 sem. en fév., mardi soir, dim. soir et merc.

Rest – Formule 13,50 € – Menu 28/49 € – Carte 30/52 €

Une étape gourmande dans cette auberge de village... Le midi, le chef propose un attrayant menu du jour à savourer côté bar, mais on peut aussi s'attabler dans la salle rustique, autour de plats traditionnels plus élaborés.

ST-POURÇAIN-SUR-SIOULE – 03 Allier – 326 G5 – 5 030 h. – alt. 234 m – ✉ 03500 Auvergne 5 B1

▶ Paris 325 – Montluçon 66 – Moulins 33 – Riom 61

ℹ 29, rue Marcellin Berthelot, ✆ 04 70 45 32 73, www.tourismesaintpourcinois.com

⛳ de Briailles, chemin du Château, E : 3 km, ✆ 04 70 45 49 49

◉ Église Ste-Croix★ - Musée de la Vigne et du Vin★.

Le Chêne Vert

35 bd Ledru-Rollin – ✆ 04 70 47 77 00 – www.hotel-restaurant-chene-vert.com

29 ch – 62 € 68/72 € – 8 € **Rest** – Menu 19/41 € – Carte 29/47 €

À deux pas du centre historique, un hôtel de tradition, formé de deux maisons séparées par la rue. Préférez les chambres rénovées. Cet établissement s'adapte aussi bien à la clientèle d'affaires que touristique. Cuisine traditionnelle au restaurant et terrasse ombragée.

ST-PRIEST – 69 Rhône – 327 I5 – rattaché à Lyon

ST-PRIEST-BRAMEFANT – 63 Puy-de-Dôme – 326 H6 – 860 h. – alt. 290 m – ✉ 63310 6 C2

▶ Paris 365 – Clermont-Ferrand 49 – Riom 34 – Thiers 26

Château de Maulmont ch, rest,

1,5 km au Sud sur D 59 – ✆ 04 70 59 14 95 – www.chateau-maulmont.com – Ouvert de fin mars à début nov.

18 ch – 135/195 € 135/195 € – 1 suite – 16 € – ½ P

Rest *(fermé le midi en sem.)* – Menu 30/90 € bc – Carte 52/63 €

On goûte la tranquillité de ce château en faisant un saut dans le 19e s., époque où Madame Adélaïde, sœur de Louis-Philippe, le redécora. Meubles de style, boiseries, jardin à la française...

ST-PRIEST-EN-JAREZ – 42 Loire – 327 F7 – rattaché à St-Étienne

ST-PRIEST-TAURION – 87 Haute-Vienne – 325 F5 – 2 736 h. – alt. 255 m – ✉ 87480 Limousin Berry 24 B2

▶ Paris 387 – Bellac 47 – Bourganeuf 33 – Limoges 15

◉ - ≤★ du parc de Montméry N : 9 km par D 44.

Relais du Taurion
2 chemin des Contamines – ✆ 05 55 39 70 14 – www.relais-taurion.fr – Fermé 7-22 oct., 16-27 déc., 21 janv.-5 fév., dim. soir, mardi midi et lundi
Rest – Menu 23 € (sem.), 31/42 € – Carte 30/52 €
Non loin de la rivière, ce sympathique restaurant rustique – un ancien relais de poste – a été repris par un jeune couple en 2009. On y apprécie une généreuse cuisine traditionnelle, en toute simplicité.

ST-PRIVAT-DES-VIEUX – **30 Gard** – **339** J4 – **rattaché à Alès**

ST-PRIX – **71 Saône-et-Loire** – **320** E8 – **213 h.** – **alt. 464 m** – ✉ **71990** **7** B2
Paris 308 – Le Creusot 41 – Dijon 107 – Montceau-les-Mines 54

Chez Franck et Francine
Le bourg – ✆ 03 85 82 45 12 – www.chez-franck-et-francine.fr.st – Fermé janv., dim. soir et lundi
Rest *(nombre de couverts limité, réserver)* – Menu 45/53 €
Ici, tout est fait maison, de l'amuse-bouche au dessert ! Les légumes viennent du jardin, volailles et lapins de la ferme familiale. Parmi les spécialités du chef, le filet de bœuf Rossini.

ST-PRIX – **95 Val-d'Oise** – **305** E6 – **101** 5 – **voir à Paris, Environs**

ST-PUY – **32 Gers** – **336** E6 – **586 h.** – **alt. 171 m** – ✉ **32310** **28** A2
Paris 731 – Agen 52 – Auch 32 – Toulouse 107

La Lumiane
Grande rue – ✆ 05 62 28 95 95 – www.lalumiane.com
5 ch – 49/60 € 58/69 € **Table d'hôte** – Menu 24 € bc
Cette maison de notable du 17e s., voisine de l'église du 12e s., abrite de belles chambres rustiques (poutres, tomettes), un salon de lecture empreint de sérénité et un agréable jardin fleuri.

ST-QUAY-PORTRIEUX – **22 Côtes-d'Armor** – **309** F3 – **3 060 h.** **10** C1
– **alt. 25 m** – **Casino** – ✉ **22410** Bretagne Nord
Paris 470 – Étables-sur-Mer 3 – Guingamp 29 – Lannion 54
17 bis, rue Jeanne d'Arc, ✆ 02 96 70 40 64, www.saintquayportrieux.com
18 des Ajoncs d'Or, O : 7 km, ✆ 02 96 71 90 74

Ker Moor sans rest
13 r. Prés. Le Sénécal – ✆ 02 96 70 52 22 – www.ker-moor.com
30 ch – 89/129 € 109/169 € – 14 €
Surprenant ! Une villa d'inspiration mauresque perchée au sommet d'une petite falaise face à la baie, le long du chemin des douaniers. Attention, les chambres avec balcon sont dans un bâtiment plus récent ; elles donnent toutes sur la mer.

Gerbot d'Avoine rest,
2 bd Littoral – ✆ 02 96 70 40 09 – www.gerbotdavoine.com
19 ch – 52/62 € 58/88 € – 10 € – ½ P
Rest *(fermé d'oct. à fin mars, lundi hors saison et le midi sauf sam. et dim.)* – Menu 18 € (sem.), 26/55 € – Carte 28/48 €
Dans la station balnéaire, cette ancienne maison bourgeoise (1894) est désormais un hôtel familial. Les chambres sont fonctionnelles, très bien tenues, et devraient bientôt prendre un coup de jeune. Une adresse classique de bord de mer.

ST-QUENTIN SP – **02 Aisne** – **306** B3 – **55 971 h.** – **Agglo. 65 175 h.** **37** C2
– **alt. 74 m** – ✉ **02100** Nord Pas-de-Calais Picardie
Paris 165 – Amiens 81 – Charleroi 161 – Lille 113
espace Victor Basch, ✆ 03 23 67 05 00, www.saint-quentin-tourisme.fr
9 de Saint-Quentin-Mesnil, à Mesnil-Saint-Laurent, Rue de Chêne de Cambrie, SE : 10 km par D 12, ✆ 03 23 68 19 48
Basilique★ - Hôtel de ville★ - Collection de portraits de Maurice Quentin de La Tour★★ au musée Antoine-Lécuyer.

Plan page suivante

ST-QUENTIN

Aumale (R. d') . . . . AZ 2
Basch (R. Victor) . . . . AYZ 3
Basilique (Pl. de la) . . . . ABY 4
Campions (Pl. des) . . . . AZ 5
Croix-Belle-Porte (R.) . . . . . . AY 6
Dufour-Denelle (Pl.) . . . . AZ 7
États-Généraux (R. des) . . . . AY 8
Foy (R. du Gén.) . . . . AZ 10
Gaulle (Av. du Gén.-de) . . . . . BZ 13
Gouvernement (R. du) . . . . . BY 15
Héros-du-2-Septembre-1945 (Pl. des) . . . . BZ 16
Herriot (R. Édouard) . . . . BZ 17
Hôtel-de-Ville (Pl. de l') . . . . AZ 18
Isle (R. d') . . . . BZ
Leclerc (R. Gén.) . . . . BZ 21
Lyon (R. de) . . . . BZ 24
Mulhouse (Pl.) . . . . BY 25
Ovres (R. E.) . . . . BY 26
Paringault (R.) . . . . ABY 27
Pompidou (R. G.) . . . . AY 28
Prés.-J.-F.-Kennedy (R. du) . . AY 29
Raspail (R.) . . . . AY
Rémicourt (Av. de) . . . . BY 31
St-André (R.) . . . . AY 32
Sellerie (R. de la) . . . . BZ 33
Le Sérurier (R.) . . . . AY 23
Sous-Préfecture (R. de la) . . BZ 34
Thomas (R. A.) . . . . AY 36
Toiles (R. des) . . . . BZ 37
Verdun (Bd) . . . . AZ 38
Zola (R. Émile) . . . . AZ
8-Octobre (Pl. du) . . . . BZ 41

Le Grand Hôtel sans rest
6 r. Dachery – ✆ 03 23 62 69 77 – www.hotel-saint-quentin-aisne.com
– Fermé 3 sem. en août, 1 sem. en déc. en 1 sem. en janv. BZn
24 ch – †120/129 € ††130/139 € – ☕ 12 €
Cette grande bâtisse construite au pied de la colline propose des chambres de tailles variées, fonctionnelles et desservies par un ascenseur panoramique. Parking privé gratuit.

Mémorial sans rest
8 r. Comédie – ✆ 03 23 67 90 09 – www.hotel-memorial.com AZb
18 ch – †60/132 € ††60/132 € – ☕ 9 €
Cet ancien hôtel particulier jouit d'une grande cour intérieure arborée. Chaque chambre a été rénovée avec goût : mobilier rustique, de style ou plus actuel.

Ibis sans rest
14 pl. Basilique – ✆ 03 23 67 40 40 – www.ibishotels.com ABZr
76 ch – 60/81 € 60/81 € – 9 €
Des chambres simples et bien tenues, derrière une élégante façade en briques rouges. Situation idéale pour une visite de la ville, face à la basilique.

Auberge de l'Ermitage
331 rte de Paris, 3 km par ⑤ – ✆ 03 23 62 42 80 – Fermé 2 sem. en août, 1 sem. en fév., sam. midi, dim. soir, lundi soir, mardi soir et merc.
Rest – Formule 24 € bc – Menu 28 € (sem.), 44/58 €
Cette auberge a fière allure avec sa façade, sa terrasse et ses extérieurs joliment rénovés. Plaisante salle à manger mi-classique mi-champêtre, petits plats traditionnels.

Le Rouget Noir
19 r. Victor-Basch – ✆ 03 23 62 44 44 – www.lerougetnoir.com – Fermé dim. soir
Rest – Formule 16 € bc – Menu 28/35 € – Carte 38/65 € AYZa
Face aux halles de la ville, un restaurant contemporain tout en... "rouge et noir". Cuisine traditionnelle concoctée avec de bons produits.

à Neuville-St-Amand 3 km par ③ et D 12 – 875 h. – alt. 82 m – ✉ 02100

Château
11 r. de la Fontaine – ✆ 03 23 68 41 82 – www.chateauneuvillestamand.com – Fermé 29 juil.-19 août, 23 déc.-5 janv., sam. midi, dim. soir, lundi et fériés
15 ch – 81 € 92 € – 12 €
Rest *Château* – voir les restaurants ci-après
Quel calme... Le grand parc pour flâner et cette jolie maison de maître, accueillante et chaleureuse. Les chambres sont rustiques et propres, avec de grandes salles de bains.

Château
11 r. de la Fontaine – ✆ 03 23 68 41 82 – www.chateauneuvillestamand.com – Fermé 29 juil.-19 août, 23 déc.-5 janv., sam. midi, dim. soir, lundi et fériés
Rest – Menu 32 € bc (déj.), 61/69 € – Carte 40/72 €
Une demeure bourgeoise en pleine verdure : le lieu idéal pour savourer une cuisine traditionnelle de qualité. Tête de veau, rognons cuits dans leur graisse... Immuable certes, mais goûteux !

à Holnon 6 km par ⑥ et D 1029 – 1 426 h. – alt. 102 m – ✉ 02760

Le Pot d'Étain
D 1029 – ✆ 03 23 09 34 35 – www.lepotdetain.fr
30 ch – 63/72 € 85/110 € – 10 € – ½ P
Rest *(fermé dim. soir)* – Formule 18 € bc – Menu 22 € bc/42 € – Carte 36/73 €
À l'entrée du bourg, un hôtel-restaurant traditionnel fort bien tenu. Les chambres, toutes de plain-pied, donnent sur le jardin, au calme.

ST-QUENTIN-EN-YVELINES – 78 Yvelines – **311** H3 – **106** 29 – **101** 21 – voir à Paris, Environs

---

ST-QUENTIN-LA-POTERIE – 30 Gard – **339** L4 – rattaché à Uzès

---

ST-QUIRIN – 57 Moselle – **307** N7 – 795 h. – alt. 305 m – ✉ 57560 **27** D2
Alsace Lorraine
Paris 433 – Baccarat 40 – Lunéville 56 – Phalsbourg 34
170, rue du Général de Gaulle, ✆ 03 87 08 60 34

XX **Hostellerie du Prieuré** avec ch

163 r. du Gén.-de-Gaulle – ✆ 03 87 08 66 52 – www.saintquirin.com – Fermé vacances de la Toussaint et de fév., 1 sem. en août, sam. midi, mardi soir et merc.

8 ch – †52/55 € ††60/65 € – ☐ 8,50 € – ½ P

Rest – Formule 13 € – Menu 30/68 € – Carte 35/77 €

Les randonneurs du GR 5 apprécient cet ancien couvent du 18e s. où ils ne viennent plus faire pénitence... mais bombance ! Le chef s'en donne à cœur joie avec les produits du terroir (mirabelles, perche du Hampont, etc.) et les portions sont généreuses. Les chambres, peu à peu rénovées, sont bien pratiques.

ST-RAMBERT-D'ALBON – 26 Drôme – 332 B2 – 5 679 h. – alt. 142 m – ✉ 26140 43 E2

Paris 522 – Grenoble 93 – Lyon 59 – Valence 53

Golf d'Albon

au golf d'Albon-Senaud, 4 km au Sud par N 7 et D 122 A – ✆ 04 75 03 03 90 – www.golf-albon.com

30 ch ☐ – †109/124 € ††118/134 € – ½ P

Rest *(fermé le dim. soir)* – Formule 17 € – Menu 20/32 € – Carte 21/56 €

À proximité immédiate du golf, cet hôtel est parfait pour ceux dont la main est greffée à un club ! Les chambres sont spacieuses ; certaines disposent même de lits king size. Au restaurant, cuisine traditionnelle face au green.

Domaine des Buis

5 km au Sud par N 7 et D 132, rte de St-Martin-des-Rosiers – ✆ 04 75 03 14 14 – www.domaine-des-buis.com – Fermé 15 déc.-15 fév.

8 ch – †95/110 € ††105/120 € – ☐ 12 € **Table d'hôte** – Menu 30 €

Une demeure du 18e s. au milieu des collines... La nuit venue, le calme est absolu. Fenêtres ouvertes sur le parc, l'odeur des magnolias pénètre dans les chambres, spacieuses et confortables. Dans le salon, le billard américain promet de beaux moments – tout comme les repas, concoctés par la maîtresse de maison.

ST-RAPHAËL – 83 Var – 340 P5 – 34 269 h. – Casino Z – ✉ 83700 41 C3

Côte d'Azur

Paris 870 – Aix-en-Provence 121 – Cannes 42 – Fréjus 4

Quai Albert 1er, ✆ 04 94 19 52 52, www.saint-raphael.com

Esterel Latitudes, 745 Boulevard Darby, E : 5 km, ✆ 04 94 52 68 30

de Cap Estérel, E : 3 km, ✆ 04 94 82 55 00

Collection d'amphores★ dans le musée archéologique **M.**

Accès et sorties : voir plan de Fréjus.

Continental sans rest

100 promenade René-Coty – ✆ 04 94 83 87 87 – www.hotels-continental.com – Ouvert de mars à début nov. Ze

44 ch – †85/135 € ††115/159 € – ☐ 15 €

Pour poser ses valises face à la plage, au cœur de l'animation de la station, l'établissement est tout indiqué. Spacieuses, lumineuses et d'un bel esprit contemporain, les chambres se prêtent à de douces nuits... surtout côté mer !

Santa Lucia sans rest

418 Corniche-D'Or, par ① – ✆ 04 94 95 23 00 – www.hotelsantalucia.fr – Fermé 9 déc.-1er fév.

12 ch – †70/140 € ††85/155 € – ☐ 8 €

Un établissement charmant, non seulement "tiré à quatre épingles" (l'entretien est très soigné) mais aussi décoré avec goût : chaque chambre évoque l'atmosphère d'un pays lointain, de la Chine au Kenya, en passant par Bali... Une réussite, qui ravira les âmes voyageuses !

ST-RAPHAËL

Aicard (R. J.) Z 2	Baux (R. Amiral) Y 9	Libération (Bd de la) Z 22
Albert-1er (Quai) Z 3	Carnot (Pl.) Y 10	Liberté (R. de la) Y 23
Allongue (R. Marius) Y 5	Coty (Promenade René) Z 13	Martin (Bd Félix) YZ 24
Barbier (R. J.) Z 6	Doumer (Av. Paul) Z 14	Péri (Pl. Gabriel) Y 26
Basso (R. Léon) Y 7	Gambetta (R.) Y 15	Remparts (R. des) Y 28
	Gounod (R. Ch.) Z 17	Rousseau (R. W.) Y 30
	Guilbaud (Cours Cdt) Y 18	Vadon (R. H.) Z 31
	Karr (R. A.) Y 21	

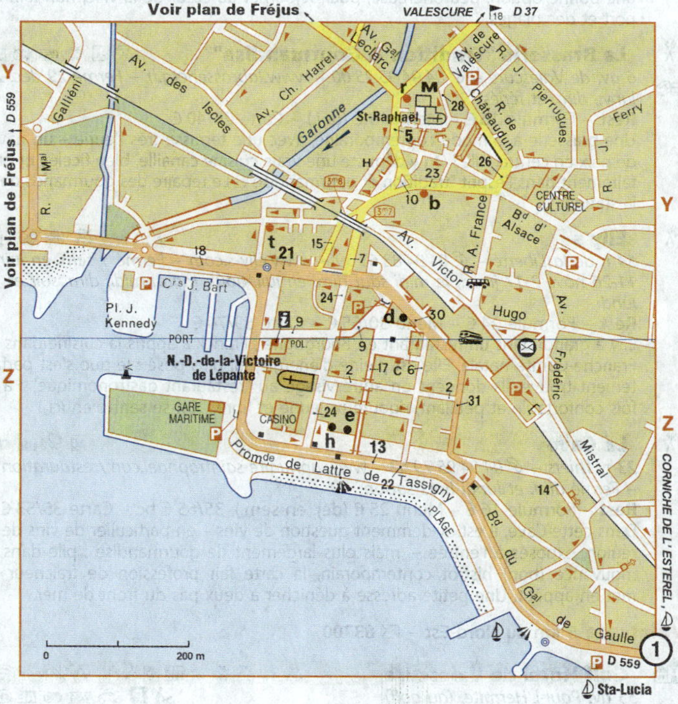

La Marina

port Santa-Lucia, (Palais des Congrès), par ① – *✆ 04 94 95 31 31 – www.hotel-lamarina.fr*

100 ch – †135/245 € ††135/245 € – ☕ 15 € – ½ P

Rest *(fermé sam. et dim. de nov. à mars)* – Formule 21 € – Menu 28 € – Carte 29/53 €

Bel emplacement sur le port pour cet établissement, dont la plupart des chambres ouvrent sur le bassin de plaisance et sa myriade de mâts... L'hébergement est à la fois fonctionnel et confortable : un bon point de chute, qui donne envie de prendre le large !

Excelsior

193 bd Félix-Martin, (prom. René-Coty) – ✆ 04 94 95 02 42 – www.excelsior-hotel.com Zh

34 ch – †70/90 € ††125/305 € – ☕ 13 €

Rest – Formule 23 € – Menu 33 € (déj. en sem.), 35/43 € – Carte 40/70 €

L'esprit de villégiature règne sur cette grande bâtisse blanche, née à la fin du 19e s. face à la plage... Très "classique contemporain", les chambres allient caractère et confort, et l'on peut profiter du bar de l'hôtel – une belle illustration du genre – et de la terrasse du restaurant, face à la Grande Bleue.

Le 21 N sans rest

21 pl. Gallieni – ✆ 04 94 19 21 21 – www.le21-hotel.com **Yj**

28 ch – †70/130 € ††70/130 € – ☕ 10 €

Au n° 21 de la place Gallieni, un hôtel tout simple, fonctionnel et fort bien tenu : une bonne option, peu onéreuse, pour séjourner au cœur de la ville, non loin du port et des plages.

La Brasserie "Tradition & Gourmandise"

6 av. de Valescure – ✆ 04 94 95 25 00 – www.labrasserietg.fr – Fermé 29 déc.-22 janv., dim. et fériés **Yr**

Rest – Formule 16 € – Menu 19 € (déj.) – Carte 26/40 €

Une brasserie à la mode contemporaine, avec une terrasse très fleurie – un havre de paix en centre-ville ! On y déguste une vraie cuisine canaille, bien ficelée et parfaitement dans l'esprit "tradition et gourmandise"... Le repaire des gourmands dans la station.

Elly's

54 r. de la Liberté – ✆ 04 94 83 63 39 – www.elly-s.com – Fermé 1 sem. en juin, 11-26 nov., 2-17 janv., le midi sauf dim. en juil.-août, mardi midi, dim. soir et lundi **Yb**

Rest – Formule 24 € – Menu 30/65 € – Carte 59/74 €

Elly a grandi dans un restaurant en Bourgogne ; Franck a appris la cuisine dans sa Franche-Comté natale. Elle est pleine d'énergie, lui plus posé : le duo s'est parfaitement trouvé. Ils donnent un autre visage au "restaurant gastronomique" : à la fois confortable et pétillant, rigoureux, jeune et libre... On se sent bien ici !

La Cave

23 r. Thiers – ✆ 04 94 95 79 62 – www.annuaire-saintraphael.com/restauration – Fermé dim. et lundi hors saison **Yt**

Rest – Formule 16 € – Menu 25 € (déj. en sem.), 35/65 € bc – Carte 35/53 €

Dans cette Cave, il est évidemment question de vins – en particulier de vins de la région, exposés à l'entrée –, mais plus largement de gourmandise : pile dans la mouvance (bon) bistrot contemporain, la carte fait profession de fraîcheur et met en appétit. Une petite adresse à dénicher à deux pas du front de mer.

à Valescure 5 km au Nord-Est – ✉ 83700

Golf Hôtel de Valescure ch, rest,

55 av. Paul-L'Hermite, (au golf) – ✆ 04 94 52 85 00 – www.valescure.com

62 ch – †215 € ††215/275 € – 8 suites – ☕ 20 € – ½ P

Rest *Les Pins Parasols* – voir les restaurants ci-après

Rest *Club House* ✆ 04 94 52 85 03 *(déj. seult)* – Menu 21 € bc/27 € bc

Pour un séjour golf – mais pas seulement –, ce complexe hôtelier moderne, tout près des greens, propose de belles prestations : chambres spacieuses, décor contemporain, grande piscine... et deux restaurants, dont le Club House établi dans l'ancien pavillon de la Norvège pour l'Exposition universelle de 1900 !

La Chêneraie sans rest

167 av. des Gondins – ✆ 04 94 44 48 84 – www.lacheneraie.com – Ouvert début mars à mi-nov.

10 ch – †100/190 € ††100/190 € – ☕ 15 €

Cette demeure de 1890 aurait presque des allures de maison d'hôtes. Décorées avec goût, les chambres mêlent ancien, moderne et tons reposants. Piscine et beau jardin au calme.

Le Jardin de Sébastien

599 av. des Golfs – ✆ 04 94 44 66 56 – Fermé 3 sem. en nov., mardi midi et sam. midi en juil.-août, dim. soir et merc. midi de sept. à juin et lundi

Rest – Formule 23 € – Menu 29/48 € – Carte 40/57 €

Près des golfs de Valescure, une villa méditerranéenne cernée par les pins et les mimosas... Un couple charmant préside à ses destinées, madame en salle, monsieur aux fourneaux, avec le souci de la qualité chevillé au corps : sa cuisine exhale les doux et frais parfums de la Provence...

Les Pins Parasols – Golf Hôtel de Valescure
55 av. Paul-L'Hermite, (au golf) – ✆ 04 94 52 85 00
– www.valescure.com
Rest *(dîner seult)* – Menu 38/100 € – Carte 70/100 €
Une terrasse sous les pins, face à la piscine, et une salle qui réinvente le répertoire provençal dans un camaïeu de gris et d'aubergine... Un peu à l'image de la carte, qui mêle tradition et invention, tel un foie gras en escalope pressée aux pépites de chocolat, caramel au beurre salé.

La Table d'Emi
rte des Golfs, (angle r. Jean-Rostand) – ✆ 04 94 44 63 44 – www.latabledemi.fr
– Fermé 31 déc.-23 janv., merc. soir et dim. soir de sept. à juin et lundi
Rest – Formule 19 € – Menu 26 € (déj. en sem.), 34/50 € – Carte 40/53 €
Dans un quartier résidentiel, au bord d'une route bordée de mimosas, le nom de cette ancienne maison particulière rend hommage à Emilia, la fille des propriétaires. En retour de cette belle attention, celle-ci a notamment signé les grands tableaux colorés qui ornent les murs. La cuisine, elle, rend hommage au Sud...

ST-RÈGLE – 37 Indre-et-Loire – 317 P4 – rattaché à Amboise

ST-RÉMY – 71 Saône-et-Loire – 320 J9 – rattaché à Chalon-sur-Saône

ST-RÉMY – 21 Côte-d'Or – 320 G4 – rattaché à Montbard

ST-RÉMY-DE-CHARGNAT – 63 Puy-de-Dôme – 326 G9 – rattaché à Issoire

ST-RÉMY-DE-PROVENCE – 13 Bouches-du-Rhône – 340 D3 42 E1

– 10 458 h. – alt. 59 m – ✉ 13210 Provence

Paris 702 – Arles 25 – Avignon 20 – Marseille 89

place Jean Jaurès, ✆ 04 90 92 05 22, www.saintremy-de-provence.com

de Servanes, à Mouriès, Domaine de Servanes, SE : 17 km, ✆ 04 90 47 59 95

Le plateau des Antiques★★ : Mausolée★★, Arc municipal★, Glanum★ 1km par ③ - Cloître★ de l'ancien monastère de St-Paul-de-Mausole par ③ - Hôtel de Sade : dépôt lapidaire★ **L** - Donation Mario Prassinos★ **S.**

✻★★ de la Caume 7 km par ③.

Plan page suivante

Le Château des Alpilles
2 km à l'Ouest par D 31 – ✆ 04 90 92 03 33
– www.chateaudesalpilles.com – Fermé 3 janv.-13 mars
18 ch – †203/273 € ††203/333 € – 3 suites – ☕ 23 €
Rest *Le Château des Alpilles* – voir les restaurants ci-après
Superbe demeure du 19e s. décorée avec goût, dans un parc aux platanes centenaires. Chambres classiques au château, contemporaines dans les annexes : mas, lavoir, chapelle... Impossible de ne pas trouver son bonheur !

Château de Roussan
rte de Tarascon, 3 km par D 99 – ✆ 04 90 90 79 00
– www.chateauderoussan.com
16 ch – †185/305 € ††185/305 € – 4 suites – ☕ 20 €
Rest *La Table de Roussan* – voir les restaurants ci-après
Les cactus prennent le soleil dans la magnifique serre du 19e s., tandis que les carpes ondoient dans le bassin... Raffinement, élégance et douceur de vivre dans ce beau château des 17e et 18e s. !

ST-RÉMY-DE-PROVENCE

Commune (R.) . . . . Z 2
Estrine (R.) . . . . YZ 3
La-Fayette (R.) . . . . Z 6
Hoche (R.) . . . . Z 4
Libération (Av. de la) . . . . Y 7
Mauron (Av. Ch.) . . . . Y 8
Mirabeau (Bd) . . . . YZ 9
Nostradamus (R.) . . . . Y 10
Parage (R.) . . . . Y 12
Pelletan (R. C.) . . . . YZ 14
Résistance (Av.) . . . . Z 15
Roux (R.) . . . . Z 16
Salengro (R. R.) . . . . Y 18
8 Mai 1945 (R. du) . . . . Z 20

Hostellerie du Vallon de Valrugues

chemin Canto Cigalo, 1 km par ② – ✆ 04 90 92 04 40 – www.vallondevalrugues.com
48 ch – 🛉215/490 € 🛉🛉215/490 € – 1 suite – ☐ 23 € – ½ P
Rest *Marc de Passorio* – voir les restaurants ci-après
Rest *Bistrot Gourmand* *(fermé le soir et lundi du 15 oct. au 31 mars)* – Menu 35 € – Carte 58/73 €
Dans un quartier résidentiel, une grande villa entourée d'un beau jardin arboré avec piscine. Les chambres, provençales ou contemporaines, le spa et les restaurants participent au sentiment d'exclusivité...

Hôtel de l'Image

36 bd Victor-Hugo – ✆ 04 90 92 51 50 – www.hoteldelimage.com – Ouvert de fin mars à début nov. Z**x**
25 ch – 🛉195/490 € 🛉🛉195/490 € – 7 suites – ☐ 19 € – ½ P
Rest *Les Terrasses de l'Image* – Formule 29 € – Menu 35 € – Carte 39/66 €
Drôle de destin que celui de cet ancien cinéma et music-hall devenu un hôtel design ! Les chambres, aux lignes épurées, disposent pour la moitié d'une terrasse. À noter : une originale suite-cabane dans un arbre et un amusant labyrinthe dans le joli parc. Cuisine régionale au restaurant.

Gounod sans rest

18 pl. de la République – ✆ 04 90 92 06 14 – www.hotel-gounod.com – Ouvert d'avril à oct. Z**a**
30 ch ☐ – 🛉93/110 € 🛉🛉125/230 €
Charles Gounod composa ici son opéra Mireille. Décor d'inspiration baroque, exubérant et haut en couleurs. Jardin, piscine et bon petit-déjeuner servi dans le salon de thé cosy.

Le Mas des Carassins

1 chemin Gaulois, 1 km par ③ – ✆ 04 90 92 15 48 – www.masdescarassins.com – Fermé 2-14 déc. et 5 janv.-1er mars
19 ch ☐ – 🛉84/198 € 🛉🛉99/213 € – 3 suites **Rest** *(dîner seult)* – Menu 34 €
Lavandes, citronniers, oliviers, fontaines et bassins, piscines... Dans un beau jardin se dressent ce mas du 19e s. aménagé avec goût – jolies chambres provençales – et son annexe contemporaine, très confortable ("La Résidence"). Menu unique le soir au restaurant.

Sous les Figuiers sans rest
3 av. Taillandier – ✆ 04 32 60 15 40 – www.hotel-charme-provence.com – Fermé 6 janv.-18 mars Yb
14 ch – †72/180 € ††92/180 € – ☕ 13 €
Un petit hôtel de charme aux chambres raffinées (boutis, meubles chinés – le tout sans télévision), certaines avec terrasse... sous les figuiers. Le petit-déjeuner est délicieux ! À noter : la piscine est petite. Cours de peinture.

Hôtel du Soleil sans rest
35 av. Pasteur – ✆ 04 90 92 00 63 – www.hotelsoleil.com Zz
24 ch ☕ – †89/119 € ††89/119 € – 3 suites
Du soleil, du calme, des toits de tuiles, quelques murs en pierre... et l'esprit de la Provence. L'établissement s'organise autour d'une vaste cour, arborée et avec piscine. Chambres coquettes et confortables.

Canto Cigalo sans rest
8 chemin Canto-Cigalo, 1 km par ② – ✆ 04 90 92 14 28 – www.cantocigalo.com – Fermé 2 sem. en nov. et 3 sem. en janv.
20 ch – †69/93 € ††69/93 € – ☕ 8,50 €
Dans un quartier résidentiel calme, un petit hôtel à la tenue irréprochable. Il fait bon profiter de la piscine et de la terrasse face aux Alpilles. Une adresse idéale pour entendre... le chant des cigales.

L'Amandière sans rest
av. Théodore-Aubanel, (dite plaisance du Touch), 1 km par ① puis rte Noves – ✆ 04 90 92 41 00 – www.hotel-amandiere.com
26 ch – †72/95 € ††72/95 € – ☕ 8 €
Villa moderne de style provençal dans un agréable jardin arboré et fleuri. Chambres paisibles et pimpantes avec balcon ou terrasse. Petit-déjeuner servi dans le jardin d'hiver.

Le Mas St-Joseph Ⓝ sans rest
271 rte de Maillane, par D 5 – ✆ 04 90 92 13 43 – www.hotel-mas-saint-joseph.com
11 ch – †79/150 € ††79/150 € – 2 suites – ☕ 10 €
Ne vous arrêtez pas à l'environnement – à côté d'un supermarché – de cet hôtel, une fois à l'intérieur vous aurez tôt fait de l'oublier ! L'établissement, entièrement rénové ces dernières années, dispose de chambres charmantes et bien insonorisées. Et pour se détendre, rien de mieux qu'un plongeon dans la piscine.

La Maison du Village sans rest
10 r. du 8-mai-1945 – ✆ 04 32 60 68 20 – www.lamaisonduvillage.com – fermé nov. Zb
5 ch – †170/210 € ††170/240 € – ☕ 15 €
Un havre de paix au cœur de la cité... Cette jolie maison du 18e s. abrite de belles suites au charme rétro, décorées de teintes chaleureuses (écru, parme, pourpre). Pour réinventer le passé...

Mas des Figues
Vieux-Chemin-d'Arles, 3 km par chemin de la Combette – ✆ 04 32 60 00 98 – www.masdesfigues.com – Ouvert d'avril à oct.
5 ch – †95/250 € ††140/250 € – ☕ 15 € **Table d'hôte** – Menu 28 €
Plus de trois mille rosiers, mille oliviers, des parterres de lavande, un vaste potager... les richesses de cette belle propriété, également ornée des sculptures du maître des lieux. La demeure est pleine de charme et regarde les Alpilles. Quant à la table d'hôte, elle met en valeur les produits maison !

Marc de Passorio – Hostellerie du Vallon de Valrugues
chemin Canto Cigalo, 1 km par ② – ✆ 04 90 92 04 40 – www.restaurant-marcdepassorio.com – Fermé dim. soir, mardi midi et lundi hors saison
Rest *(nombre de couverts limité, réserver)* – Menu 59/108 € – Carte 105/124 €
Un cadre élégant et empreint d'une certaine fraîcheur, en particulier sur la belle terrasse face à la verdure... La douceur de la Provence imprègne les lieux et inspire la carte, au fil d'assiettes très esthétiques.

XX **Le Château des Alpilles**

2 km à l'Ouest par D 31 – ✆ 04 90 92 03 33 – www.chateaudesalpilles.com – Fermé 3 janv. au 13 mars

Rest *(fermé jeudi midi hors saison et merc.)* – Formule 24 € – Menu 31 € (déj. en sem.)/47 € – Carte 34/63 €

Entre chic bourgeois et design seventies, la table du Château des Alpilles mêle les styles ! Sur la carte, recettes classiques et inspiration méridionale font bon ménage. L'été, on mange au bord de la piscine.

XX **La Table de Roussan** – Hôtel Château de Roussan

rte de Tarascon, 3 km par D 99 – ✆ 04 90 90 79 03 – www.chateauderoussan.com – Fermé 1 sem. en nov., dim. soir et lundi hors saison

Rest – Formule 23 € – Menu 43/67 € – Carte 45/55 €

Gaspacho de petits pois, carré d'agneau en croûte de cacahuète, homard bleu rôti à la vanille... Dans cet élégant restaurant au cadre intime, on fait une plongée gourmande dans l'air du temps !

XX **La Maison Jaune** (François Perraud)

✿ *15 r. Carnot – ✆ 04 90 92 56 14 – www.lamaisonjaune.info – Fermé 11 nov.-31 janv., dim. soir en hiver, lundi sauf le soir de juin à août et mardi midi de juin à août* Ys

Rest – Menu 32 € (déj. en sem.), 42/72 € – Carte 58/80 €

Une cuisine provençale lumineuse et précise, les beaux parfums des produits de la région, des desserts délicats... François Perraud est un chef passionné, guidé par le souci de satisfaire les clients ! Joli décor et agréable terrasse à l'ombre d'un toit de tuiles du pays.

➜ Filets d'anchois frais de Méditerranée, basilic et poivron grillé. Carré d'agneau de Provence, riste d'aubergine à la marjolaine. Gâteau au chocolat amer, parfait glacé au citron. **Vins** Luberon, Les Baux de Provence.

X **L'Aile ou la Cuisse**

5 r. de la Commune – ✆ 04 32 62 00 25 – Fermé 1er janv.-10 fév., dim. et lundi de nov. à mars Zg

Rest – Formule 19 € – Menu 25 € (déj. en sem.), 37/47 € – Carte 45/61 €

Hier réfectoire d'un couvent, aujourd'hui bistrot avec comptoir en bois, mobilier ciré et joli petit patio. Une grande affiche de *L'Aile ou la Cuisse* trône sur l'un des murs de la salle... mais point de cuisine à la Tricatel dans l'assiette !

à Eyragues 6,5 km par ①, D 571 – 4 241 h. – alt. 23 m – ✉ 13630

XX **Le Pré Gourmand**

175 av. Marx-Dormoy – ✆ 04 90 94 52 63 – www.restaurant-lepregourmand.com – Fermé vacances de la Toussaint et de fév., sam. midi, dim. soir et lundi

Rest – Menu 27 € (sem.), 45/70 € – Carte 63/74 €

De la terrasse, on aperçoit un pré fleuri, tandis que la carte, alléchante, rend gourmand ! Cuisine soignée, à base de produits de saison, relevée d'herbes et de fleurs.

au Domaine de Bournissac 11 km par ②, D 30 et D 29 – ✉ 13550 Paluds-des-Noves

La Maison de Bournissac

montée d'Eyragues – ✆ 04 90 90 25 25 – www.lamaison-a-bournissac.com – Fermé 2-18 janv.

10 ch – †145/165 € ††145/165 € – 3 suites – ☕ 17 € – ½ P

Rest ***La Maison de Bournissac*** ✿ – voir les restaurants ci-après

Un long chemin serpentant parmi vignes et oliviers... et tout en haut, ce mas du 14e s. qui domine le Luberon, les Alpilles et le Ventoux. Un ravissement ! Les chambres offrent le charme simple – et si séduisant – de la Provence.

La Maison de Bournissac (Christian Peyre)

montée d'Eyragues – ✆ 04 90 90 25 25 – www.lamaison-a-bournissac.com – Fermé 2-18 janv., lundi et mardi d'oct. à avril

Rest – Formule 33 € bc – Menu 47/160 € – Carte 74/100 €

Pour déguster une belle cuisine du Sud dans le calme de la campagne provençale, loin de tout... Les sens en éveil – sous les figuiers l'été –, on se grise de saveurs méridionales raffinées et de produits de grande qualité. Décor élégant.

➜ Langoustine rôtie en croûte de pistou, pinces en nem fin et gaspacho. Pigeon des Costières cuit sur coffre, mousseline de carotte et glace carotte-ginger. Macaron framboise et rhubarbe, jus de grenadine. **Vins** Cairanne, Vin de pays des Alpilles.

à Verquières **11 km par ②, D 30 et D 29 – 791 h. – alt. 48 m – ✉ 13670**

Le Croque Chou - La Table de Verquières

pl. de l'Église – ✆ 04 90 95 18 55 – www.le-croque-chou.fr – Fermé 17 fév.-8 mars, mardi midi du 25 juin au 3 sept., dim. soir et merc. soir du 3 sept. au 22 juin et lundi

Rest *(réserver)* – Formule 24 € – Menu 29 € (sem.), 40/52 € – Carte 49/92 €

On vous reçoit en famille, avec le sourire, dans cette ancienne bergerie transformée en auberge. Ici, on vient pour la cuisine du Sud, les produits bio et la belle carte de vins qui met en avant des domaines méconnus.

à Maillane **7 km au Nord-Ouest par D 5 – 2 283 h. – alt. 14 m – ✉ 13910**

L'Oustalet Maïanen

16 av. Lamartine – ✆ 04 90 95 74 60 – Fermé 23-26 juin, 28 oct.-1er fév., mardi midi en juil.-août, sam. midi et dim. soir sauf juil.-août et lundi

Rest – Formule 19 € – Menu 29/49 € – Carte 40/55 €

Face à la maison de Frédéric Mistral, un restaurant discret et agréable. Sous la tonnelle de vigne vierge ou dans le patio, les Mireille d'aujourd'hui savourent une cuisine gorgée de soleil, qui fait la part belle aux produits régionaux !

ST-RÉMY-DU-PLAIN – 35 Ille-et-Vilaine – 309 M4 – 758 h. – alt. 108 m – ✉ 35560 — 10 D2

Paris 383 – Rennes 38 – Saint-Malo 58 – Fougères 40

La Haye d'Irée

1,5 km au Sud par D 90 puis D 12 – ✆ 02 99 73 62 07 – www.chateaubreton.com – Ouvert d'avril à oct.

4 ch – 80/120 € 90/140 € **Table d'hôte** – Menu 25 €

Dans un grand parc (étang, piscine, roseraie), ce manoir en granit vous plonge dans une atmosphère typique : salon avec cheminée, pierres, poutres, chambres au mobilier ancien. Repas traditionnel (sur réservation) servi dans une salle rustique.

ST-RIQUIER – 80 Somme – 301 E7 – rattaché à Abbeville

ST-ROMAIN – 21 Côte-d'Or – 320 I8 – 240 h. – alt. 350 m – ✉ 21190 — 7 A3

Bourgogne

Paris 330 – Dijon 59 – Chalon-sur-Saône 41 – Le Creusot 50

Domaine Corgette sans rest

r. de la Perrière – ✆ 03 80 21 68 08 – www.domainecorgette.com

5 ch – 85/95 € 85/95 €

Au cœur de ce village typique, au cachet préservé, une maison de vigneron rénovée avec goût. Les chambres sont charmantes et claires : jolis tissus, mobilier patiné... Au petit-déjeuner, on se régale de confitures maison, puis on peut se faire masser (sur rendez-vous) et acheter les vins nature du domaine.

Les Roches avec ch — ch,
pl. de la Mairie – ✆ 03 80 21 21 63 – www.les-roches.fr – Fermé 21 déc.-7 janv., 15 fév.-7 mars, mardi et merc.
8 ch – †48/68 € ††48/68 € – ☕ 10 € – ½ P
Rest – Menu 29 € – Carte 25/44 €
Un bistrot simple et accueillant, pour savourer une cuisine du terroir bien copieuse et des plats canailles soignés, le tout à l'ardoise. Ici, on mange bien et il y a même quelques chambres sobres et pratiques pour l'étape.

ST-ROMAIN-LE-PUY – **42 Loire** – **327** D6 – **rattaché à Montbrison**

ST-ROME-DE-TARN – **12 Aveyron** – **338** J6 – **853 h.** – **alt. 360 m** **29** D2
– ✉ 12490 Languedoc Roussillon
Paris 660 – Millau 21 – Rodez 68 – Toulouse 170
place Ravelin, ✆ 05 65 62 50 89

Les Raspes
av. Denis Affre – ✆ 05 65 58 11 44 – Fermé 15-30 nov. et 20 janv.-3 fév.
17 ch – †68/88 € ††68/88 € – ☕ 10 € – ½ P
Rest *(fermé mardi midi et vend. midi de mai à août, lundi midi, merc. midi et jeudi midi)* – Menu 25/38 € – Carte 41/59 €
Une maison traditionnelle en pierre dans un village perché ? Oui, mais aussi un ancien couvent !En lieu et place des cellules, des chambres douillettes, sobres et soignées. Le jardin est charmant – tout comme la piscine – et l'on se sent tellement au calme...

ST-SATUR – **18 Cher** – **323** N2 – **rattaché à Sancerre**

ST-SATURNIN – **63 Puy-de-Dôme** – **326** F9 – **1 063 h.** – **alt. 520 m** **5** B2
– ✉ 63450 Auvergne
Paris 438 – Clermont-Ferrand 24 – Cournon-d'Auvergne 18 – Riom 37

Château Royal de Saint-Saturnin sans rest
pl. de l'Ormeau – ✆ 04 73 39 39 64 – www.chateaudesaintsaturnin.com – Ouvert 22 mars-11 nov.
5 ch – †170/210 € ††170/210 € – ☕ 15 €
L'histoire reste bien vivante dans ce noble château du 13e s. qui domine le village et la campagne auvergnate. Point de mœurs guerrières aujourd'hui, mais un cadre propice à chanter l'amour courtois : vieilles pierres, mobilier ancien, art contemporain...

ST-SATURNIN – **72 Sarthe** – **310** J6 – **rattaché au Mans**

ST-SATURNIN-DE-LUCIAN – **34 Hérault** – **339** F6 – **rattaché à Clermont-l'Hérault**

ST-SATURNIN-LÈS-APT – **84 Vaucluse** – **332** F10 – **2 648 h.** **42** E1
– **alt. 420 m** – ✉ 84490 Provence
Paris 728 – Apt 9 – Avignon 55 – Carpentras 44

Domaine des Andéols avec ch — ch,
D2 – ✆ 04 90 75 50 63 – www.andeols.com – Ouvert 15 mars-31 oct.
10 ch – †230/1200 € ††230/1200 € – ☕ 25 €
Rest – Menu 35 € (déj.) – Carte environ 45 €
Un lieu magique au cœur du Luberon : cadre ultrachic et belles saveurs italiennes réinventées avec maestria. Appartements-maisons spectaculaires (œuvres d'art et mobilier design), certaines avec piscine privative. Espace détente haut de gamme.

ST-SAUD-LACOUSSIÈRE – 24 Dordogne – 329 F2 – 864 h. – alt. 370 m – ✉ 24470 4 C1

Paris 443 – Brive-la-Gaillarde 105 – Châlus 23 – Limoges 57

Hostellerie St-Jacques

10 rte du Grand Etang – ☎ 05 53 56 97 21 – http://st.jacques.pagesperso-orange.fr/ – Ouvert 26 fév.-28 nov. et 25 déc.-1er janv.

12 ch – †78/158 € ††78/158 € – 1 suite – ☐ 13 € – ½ P

Rest *Hostellerie St-Jacques* – voir les restaurants ci-après

Ancienne halte des pèlerins de Compostelle, cette maison tapissée de lierre n'est en rien austère : chambres au décor précieux, piscine et jardin fleuri... Du caractère !

Hostellerie St-Jacques

10 rte du Grand Etang – ☎ 05 53 56 97 21 – fermé 28 nov.-24 déc., 2 janv.-25 fév., lundi (sauf le soir en saison), dim. soir et mardi hors saison

Rest – Menu 27 € (sem.), 39/67 €

Carpaccio de veau, cubisme de coq au vin, espuma de choux fleurs, etc. Le chef réalise une cuisine du moment parfois un peu complexe, mais pleine de saveur... et accompagnée de bien jolis nectars. Aux beaux jours, direction la terrasse ombragée.

ST-SAUVANT – 17 Charente-Maritime – 324 G5 – rattaché à Saintes

ST-SAUVEUR-DE-MONTAGUT – 07 Ardèche – 331 J5 – 1 144 h. – alt. 218 m – ✉ 07190 Ardèche Drôme 44 B3

Paris 597 – Le Cheylard 24 – Lamastre 29 – Privas 24

quartier de la Tour, ☎ 04 75 65 43 13

Le Montagut

pl. de l'Église – ☎ 04 75 65 40 31 – www.lemontagut.fr – Fermé vacances de fév., mardi soir et merc. sauf juil.-août

Rest – Formule 13 € – Menu 14 € (déj. en sem.), 26/36 € – Carte 27/43 €

Auberge familiale où l'on propose une cuisine traditionnelle et quelques plats actuels. En décor, une salle colorée et une sympathique terrasse avec un coin jeux pour les enfants.

ST-SAVIN – 65 Hautes-Pyrénées – 342 L7 – rattaché à Argelès-Gazost

ST-SEINE-L'ABBAYE – 21 Côte-d'Or – 320 I5 – 363 h. – alt. 451 m – ✉ 21440 Bourgogne 8 C2

Paris 289 – Autun 78 – Châtillon-sur-Seine 57 – Dijon 28

place de l'Église, ☎ 03 80 35 00 44

Dolce Chantilly, à Salives, Larçon, N : 32 km par D 16, ☎ 03 80 75 68 54

Hôtel de La Poste

17 r. Carnot – ☎ 03 80 35 00 35 – www.postesoleildor.fr – Fermé 23 déc.-6 janv. et 17 fév.-3 mars

15 ch – †57/60 € ††65/89 € – ☐ 10 € – ½ P

Rest *(fermé lundi midi d'oct. à juin, sam. midi et dim. sauf fériés)* – Formule 16 € – Menu 24/40 € – Carte 28/48 €

Louis XIV aurait séjourné dans ce paisible relais de poste ; apprécierait-il aujourd'hui l'agréable piscine chauffée, les chambres fraîchement rénovées dans un joli style contemporain (à préférer aux plus anciennes, un peu vieille France) et le restaurant traditionnel au vrai cachet bourguignon ?

ST-SERNIN-SUR-RANCE – 12 Aveyron – 338 H7 – 675 h. – alt. 300 m – ✉ 12380 Languedoc Roussillon 29 D2

Paris 694 – Albi 50 – Castres 69 – Lacaune 29

avenue d'Albi, ☎ 05 65 99 29 13

Carayon
pl. du Fort – 05 65 98 19 19 – www.hotel-carayon.fr
55 ch – 45/55 € 45/55 € – 8 €
Rest *(Fermé dim. soir, mardi midi et lundi sauf juil.-août et fériés)* – Formule 12 € – Menu 14 € (déj. en sem.), 25/69 € – Carte 28/84 €
Sports, loisirs, cuisine du terroir ; tout est prévu dans cet hôtel familial. On a le choix entre les chambres simples et fonctionnelles du bâtiment principal ou les annexes du parc, plus originales (pigeonnier, maison de pêcheur, chalet et pavillon). Une bonne adresse pour un séjour prolongé dans la région.

ST-SERVAN-SUR-MER – **35 Ille-et-Vilaine** – **309** K3 – **rattaché à St-Malo**

ST-SILVAIN-BELLEGARDE – **23 Creuse** – **325** K5 – **217 h.** – **alt. 535 m** – ✉ **23190** **25** D1

Paris 413 – Guéret 53 – Limoges 148 – Montluçon 75

Les Trois Ponts
D 9 – 05 55 67 12 14 – www.lestroisponts.nl
5 ch – 65 € 90 € **Table d'hôte** – Menu 30 € bc
Les propriétaires ? De sympathiques Hollandais qui ont eu un vrai coup de foudre pour ce moulin des bords de la Tardes... Ils l'ont rénové avec goût et souci de l'authenticité, pour en faire un lieu douillet et charmant. Atmosphère conviviale garantie autour de la superbe table d'hôte (légumes du potager).

ST-SORNIN – **17 Charente-Maritime** – **324** E5 – **303 h.** – **alt. 16 m** – ✉ **17600** Poitou-Charentes **38** B2

Paris 500 – Poitiers 167 – Rochefort 26 – La Rochelle 56

La Caussolière sans rest
10 r. du Petit Moulin – 05 46 85 44 62 – www.caussoliere.com – Ouvert d'avril à oct.
4 ch – 63/77 € 70/89 €
Cette belle maison en pierre – une ferme du 19e s. typiquement charentaise – s'ouvre sur un superbe jardin avec piscine ; les chambres sont chaleureuses (poutres, parquet ou terre cuite) et disposent toutes d'une entrée indépendante. Charme !

ST-SOZY – **46 Lot** – **337** F2 – **498 h.** – **alt. 104 m** – ✉ **46200** **29** C1

Paris 519 – Cahors 75 – Limoges 130 – Toulouse 178
le Bourg, 05 65 32 23 06, www.saint-sozy.fr

Grangier N
– 05 65 32 20 14 – www.hotel-grangier.com
12 ch – ½ P seult 61 € **Rest** *(déj. seult)* – Menu 18/29 €
Une belle maison en pierre flanquée d'une tour, abritant des chambres bien tenues et confortables... L'été, on profite de la jolie piscine. Restaurant traditionnel.

ST-SULIAC – **35 Ille-et-Vilaine** – **309** K3 – **937 h.** – **alt. 30 m** – ✉ **35430** Bretagne Nord **10** D1

Paris 396 – Rennes 62 – Saint-Malo 14 – Granville 87

La Ferme du Boucanier
2 r. de l'Hôpital – 02 23 15 06 35 – www.boucanier-et-cie.fr – Fermé fin déc. à début fév., merc. soir sauf de mai à sept. et mardi
Rest *(réserver)* – Formule 17 € – Menu 30/40 € – Carte 38/56 €
Étonnante adresse que cette auberge de pays au décor de brocante. Dans sa cuisine ouverte sur la salle, le chef d'origine belge revisite les plats du terroir grâce aux épices et autres marinades, sans pour autant oublier quelques spécialités de son pays. Voilà un digne boucanier, non pas des mers mais des saveurs !

ST-SULPICE – 81 Tarn – 338 C8 – 7 921 h. – alt. 112 m – ✉ 81370 29 C2

Paris 666 – Albi 46 – Castres 54 – Montauban 44

Rue du 3 Mars 1930, ✆ 05 63 41 89 50, www.bastidecocagne-tarn.com

de Palmola, à Buzet-sur-Tarn, Route d'Albi, O : 9km par N 88, ✆ 05 61 84 20 50

Auberge de la Pointe

108 rte de Toulouse, D 988 – ✆ 05 63 41 80 14 – www.aubergedelapointe.fr – Fermé 1 sem. en mars, 2-16 sept., 2-16 déc., jeudi midi en juil.-août, mardi soir de sept. à juin, dim. soir et merc.

Rest – Formule 18 € – Menu 26/55 € – Carte 35/58 €

Une grande bâtisse blanche entre Albi et Toulouse : briques, poutres, carrelages anciens... avec une jolie terrasse qui paresse au bord du Tarn. Le cadre idéal pour découvrir une cuisine respectueuse du produit, savoureuse et légère.

ST-SULPICE-LE-VERDON – 85 Vendée – 316 H6 – 852 h. – alt. 65 m 34 B3 – ✉ 85260 Poitou Vendée Charentes

Paris 430 – Nantes 45 – Angers 130 – Cholet 51

Logis de la Chabotterie, ✆ 02 51 42 81 00, www.saintsulpiceleverdon.fr

Thierry Drapeau

Le Logis de la Chabotterie – ✆ 02 51 09 59 31 – www.restaurant-thierrydrapeau.com – Fermé 25 fév.-5 mars, 1er-23 juil., 28 oct.-12 nov., 26-30 déc., dim. soir, lundi et mardi

Rest – Menu 38 € (déj. en sem.), 75/200 € bc – Carte environ 120 €

La guerre de Vendée prit fin près de cette belle demeure historique (musée). Point de heurts aujourd'hui en ces lieux, qui conjuguent même révolution et aristocratie : Thierry Drapeau met son sens de l'invention au service de saveurs… faites reines.

➜ Artichaut de Macau en fine flammekueche à la truffe d'été. Poitrine de poularde sauce Albufera, sushi de légumes à pot-au-feu. Millefeuille à la vanille Bourbon. **Vins** Fiefs Vendéens.

ST-SULPICE-SUR-LÈZE – 31 Haute-Garonne – 343 F5 – 1 832 h. 28 B2 – alt. 200 m – ✉ 31410

Paris 709 – Auterive 14 – Foix 53 – St-Gaudens 66

La Commanderie

pl. de l'Hôtel de Ville – ✆ 05 61 97 33 61 – www.lacommanderie.venez.fr – Fermé vacances de la Toussaint, de Noël, de fév., dim. soir, lundi en janv.-fév., mardi sauf juil.-août et merc.

Rest – Menu 20 € (déj. en sem.), 35/60 €

Dans cette commanderie des Templiers du 13e s., on s'imprègne des splendeurs du passé en savourant une agréable cuisine d'aujourd'hui. Aux beaux jours, cap sur le jardin !

ST-SYMPHORIEN – 72 Sarthe – 310 I6 – 563 h. – alt. 135 m 35 C1 – ✉ 72240

Paris 231 – Laval 65 – Le Mans 28 – Nantes 201

Relais de la Charnie

4 pl. Louis des Cars – ✆ 02 43 20 72 06 – Fermé 24 fév.-4 mars, 28 juil.-12 août, dim. soir et lundi

Rest – Formule 10 € – Menu 18/32 € – Carte 35/53 €

Le temps ne semble pas avoir prise sur cette auberge : façade en pierre, poutres, mobilier rustique, cheminée (allumée l'hiver) et... une cuisine pétrie de tradition. Pour les nostalgiques et... tous les autres.

ST-THÉGONNEC – 29 Finistère – 308 H3 – 2 664 h. – alt. 83 m 9 B1 – ✉ 29410 Bretagne Nord

Paris 549 – Brest 50 – Châteaulin 50 – Morlaix 13

Enclos paroissial★★ - Guimiliau : Enclos paroissial★★ , SO : 7,5 km.

Auberge Saint-Thégonnec

6 pl. de la Mairie – ✆ 02 98 79 61 18 – www.aubergesaintthegonnec.com – Fermé 1er-7 juil., 21 déc.-7 janv. et dim. de sept. à mars

19 ch – †75/85 € ††88/98 € – ☕ 10 € – ½ P

Rest ***Auberge Saint-Thégonnec*** – voir les restaurants ci-après

Une situation privilégiée, presque en face de l'église et de son célèbre enclos paroissial, fleurons du patrimoine breton. L'auberge a un vrai air bonhomme avec son toit mansardé. Chambres fonctionnelles et bien tenues, la plupart côté jardin.

Auberge Saint-Thégonnec

6 pl. de la Mairie – ✆ 02 98 79 61 18 – www.aubergesaintthegonnec.com – Fermé 1er-7 juil., 21 déc.-7 janv., dim. midi de sept. à mars, lundi soir d'avril à août, sam. midi, dim. soir et lundi midi

Rest – Formule 18 € – Menu 24 € (déj. en sem.), 28/46 € – Carte 34/66 €

Après avoir admiré l'enclos paroissial de la cité, il est peu probable que vous restiez sur votre faim... mais sachez que cette auberge invite à une plaisante pause gourmande. Au menu : simplicité et tradition.

ST-THIBAULT – 18 Cher – 323 N2 – rattaché à Sancerre

ST-THIERRY – 51 Marne – 306 F7 – 624 h. – alt. 140 m – ✉ 51220 13 B2

Champagne Ardenne

Paris 149 – Châlons-en-Champagne 64 – Reims 18 – Soissons 66

Le Clos du Mont d'Hor sans rest

8 r. du Mont d'Hor – ✆ 03 26 03 12 42 – www.leclosmh.com – Fermé 24 déc.-2 janv.

6 ch ☕ – †80/110 € ††90/120 €

Pour une immersion dans le monde du champagne et découvrir tous ses procédés de fabrication, cette belle ferme au cœur d'une propriété viticole. De grandes chambres confortables, des vignes... idéal pour "buller" !

ST-THOMÉ – 07 Ardèche – 331 J6 – 384 h. – alt. 140 m – ✉ 07220 44 B3

Paris 628 – Lyon 165 – Privas 46 – Montélimar 19

Bastide Saint Thomé sans rest

à Chasser, 1,5 km au Sud-Est par D 107 – ✆ 06 34 65 45 02 – www.bastide-saint-thome.com – Fermé mars

4 ch ☕ – †65/90 € ††70/95 €

Maison perchée sur une colline, avec une belle vue sur Saint-Thomé. Chambres claires, spacieuses et bien tenues. Petit-déjeuner en terrasse, piscine avec transats...

ST-TROJAN-LES-BAINS – 17 Charente-Maritime – 324 C4 – voir à Île d'Oléron

---

ST-TROPEZ – 83 Var – 340 O6 – 4 903 h. – alt. 4 m – ✉ 83990 41 C3

Côte d'Azur

Paris 872 – Aix-en-Provence 123 – Cannes 73 – Draguignan 47

40, rue Gambetta, ✆ 08 92 68 48 28, www.office-de-tourisme-de-saint-tropez.fr

de Sainte-Maxime, à Sainte-Maxime, Route du Débarquement, par rte de Ste-Maxime : 16 km, ✆ 04 94 55 02 02

Gassin Golf Country Club, à Gassin, Route de Ramatuelle, S : 9 km par D 93, ✆ 04 94 55 13 44

Port★★ - Musée de l'Annonciade★★ - Môle Jean Réveille ≤★ - Citadelle★ : ≤★ des remparts, ☼★★ du musée de la Citadelle - Chapelle Ste-Anne ≤★ S : 1 km par av. P. Roussel.

En saison: zone piétonne dans la vieille ville.

Aire du Chemin (R.) . . . . Y 2	Herbes (Pl. aux) . . . . Y 17	Péri (Quai Gabriel) . . . . Z 32
Aumale (Bd d') . . . . Y 3	Hôtel de ville (Pl. de l') . . . . Y 18	Ponche (R. de la) . . . . Y 33
Belle Isnarde (Rte de la) . . . . Z 5	Laugier (R. V.) . . . . Y 22	Portail Neuf (R. du) . . . . YZ 35
Blanqui (Pl. Auguste) . . . . Z 7	Leclerc (Av. Général) . . . . Z 23	Remparts (R. des) . . . . Y 38
Clocher (R. du) . . . . Y 9	Marché (R. du) . . . . Y 25	Roussel (Av. Paul) . . . . Z 40
Commerçants (R. des) . . . . Y 10	Miséricorde (R.) . . . . Z 26	Suffren (Quai) . . . . Y 42
Grangeon (Av.) . . . . Z 14	Mistral (Quai Frédéric) . . . . Y 28	8-Mai-1945 (Av. du) . . . . Z 48
Guichard (R. du Cdt) . . . . Y 15	Ormeau (Pl. de l') . . . . Y 30	11-Novembre (Av. du) . . . . Z 50

Byblos

Spa ch,

av. Paul-Signac – ✆ 04 94 56 68 00 – www.byblos.com – Ouvert 17 avril-27 oct.

91 ch – 🚹330/560 € 🚹🚹420/825 € – 45 suites – ☕ 32 € **Zd**

Rest *Rivéa* – voir les restaurants ci-après

Rest *Le B.* ✆ 04 94 56 68 19 – Menu 69 € (dîner) – Carte 59/95 €

Maisons colorées entrelacées de jardins et de patios : un village dans le village, un mythe à St-Tropez. Le spa est superbe, la boîte de nuit incontournable ; on peut "snacker" ou s'offrir un beau dîner. L'alliance du luxe et de la convivialité !

Résidence de la Pinède

1 km par ①, à la plage de la Bouillabaisse – ✆ 04 94 55 91 00 – www.residencepinede.com – Ouvert 20 avril-12 oct.

35 ch – 🚹450/1140 € 🚹🚹450/1140 € – 4 suites – ☕ 40 €

Rest *Résidence de la Pinède* ✿✿✿ – voir les restaurants ci-après

Un beau bouquet de pins maritimes bien sûr, mais aussi une vue superbe sur le golfe, une plage privée avec son ponton, des chambres d'un confort imparable… Tous les délices de la Côte d'Azur, vécus dans la plus douce intimité.

La Bastide de St-Tropez

ch,

rte de Carles : 1 km par av. P. Roussel – Z – ✆ 04 94 55 82 55 – www.bastidesaint-tropez.com – Fermé 2 janv.-9 fév.

16 ch – 🚹296/1255 € 🚹🚹296/1255 € – 10 suites – ☕ 29 € – ½ P

Rest *L'Olivier* – voir les restaurants ci-après

Rest *Le Bistr'o* – Menu 36 €

Atmosphère chic et feutrée dans cette maison tropézienne et ses quatre mas : mobilier chiné, pointe de baroque et soupçon provençal relevés d'un luxuriant jardin méditerranéen. Un havre de paix et de charme à l'écart du centre-ville.

04 94 17 71 71 – www.pandei.com

déc. **Zv**

670 € ⚲⚲200/1670 € – 2 suites – ☐ 32 €

Palais – voir les restaurants ci-après

construite en 1835, présent d'un général napoléonien à son épouse règne un élégant parfum d'exotisme : tissus chamarrés, bois prémam... Sérénité !

ca

umale – ✆ 04 94 55 81 00 – www.hotel-le-yaca.fr

vert 25 avril-6 oct. **Ye**

h – ⚲275/375 € ⚲⚲295/795 € – 2 suites – ☐ 35 €

st *(fermé lundi sauf de juil. à sept.) (dîner seult)* – Carte 60/82 €

et hôtel de charme (18ᵉ s.), le premier de St-Tropez, fut et demeure le refuge des artistes (P. Signac, Colette, B. Bardot, etc.). Chambres soignées : tomettes, meubles anciens... Inventive cuisine italienne servie sur une terrasse intime, autour de la piscine.

Kube

2 km par ① – ✆ 04 94 97 20 00 – www.kubehotel.com
– Fermé de mi-nov. à fin janv.

39 ch – ⚲265/975 € ⚲⚲265/975 € – 2 suites – ☐ 30 € **Rest** – Carte 60/80 €

Face au golfe de St-Tropez, un hôtel design (mobilier en forme de cube) réservé à une clientèle ultrabranchée ! Enseigne lumineuse de trois mètres dans le jardin, piscine à débordement, DJ... Deux restaurants et quatre bars, dont le "Ice Kube" à - 7° C.

Villa Cosy sans rest

chemin de la Belle-Isnarde, par r. de la Résistance Z – ✆ 04 94 97 57 18
– www.villacosy.com

11 ch – ⚲170/490 € ⚲⚲170/490 € – 1 suite – ☐ 25 €

Sur les hauteurs, un hôtel d'esprit maison d'hôte, dont les chambres, minimalistes (béton ciré, tons beige et chocolat), ouvrent sur la piscine. Petite restauration au bar.

Mas de Chastelas (N)

quartier Bertaud, 4 km par ① – ✆ 04 94 56 71 71 – www.chastelas.com
– Ouvert avril-oct.

14 ch – ⚲280/650 € ⚲⚲280/650 € – 9 suites – ☐ 30 € – ½ P

Rest – Carte 50/80 €

Voilà un endroit où il fait bon apprécier l'art de vivre provençal ! Dans un parc de 3 ha aux senteurs d'arbousiers, la bastide (18ᵉ s.) et ses deux villas abritent des chambres calmes et très cosy. Piscine, restaurant... Parfait pour une escapade romantique.

La Ponche

5 r. des Remparts, (pl. Revelin) – ✆ 04 94 97 02 53 – www.laponche.com
– Ouvert 14 fév.-1ᵉʳ nov. **Yv**

15 ch – ⚲170/260 € ⚲⚲195/320 € – 3 suites – ☐ 20 €

Rest ***La Ponche*** – voir les restaurants ci-après

Ces anciennes maisons de pêcheurs, dans le pittoresque quartier de la Ponche, firent le bonheur de Romy Schneider, entre autres personnalités. Mobilier, tissus, vue sur les toits de tuiles... l'esprit de la région s'exprime dans chaque chambre.

Y sans rest

2 av. Paul-Signac – ✆ 04 94 55 55 15 – www.hotel-le-yaca.fr
– Ouvert 19 mai-8 oct. **Yz**

11 ch – ⚲295/445 € ⚲⚲385/555 € – 2 suites – ☐ 35 €

Jolie bâtisse ocre postée au pied de la citadelle... Chambres contemporaines très confortables (meubles d'inspiration années 1960 du designer italien Gio Ponti).

Domaine de l'Astragale ch,
1,5 km par ①, chemin de la Gassine ✉ 83580 Gassin
– ✆ 04 94 97 48 98 – www.lastragale.com – Ouvert de mi-mai à début oct.
34 ch – 330/500 € 330/500 € – 16 suites – 25 € – ½ P
Rest – Menu 60 € (dîner) – Carte 90/105 €
Dans cette jolie villa colorée et ses annexes, on peut paresser au bord de trois piscines ! Chambres vastes, avec balcon ou terrasse. Agréables suites, certaines avec jacuzzi. Cuisine traditionnelle servie dans une salle bourgeoise ou sous un pavillon ouvert.

Pastis sans rest
61 av. Gén.-Leclerc, par ① – ✆ 04 98 12 56 50 – www.pastis-st-tropez.com
– Fermé 29 nov.-27 déc.
9 ch – 175/750 € 175/750 € – 20 €
Chaque pièce de cet hôtel est superbe : mobilier ancien, provençal, contemporain, tableaux, objets d'art. Chambres plus calmes côté piscine et jardin avec palmiers centenaires.

Le Mandala sans rest
av. Paul-Signac Z, (angle av. Foch) – ✆ 04 94 97 68 22 – www.lemandala.net
– Fermé 10-25 déc.
15 ch – 190/1190 € 190/1190 € – 1 suite – 20 €
Design contemporain aux lignes épurées, tons blanc et gris, terrasse paysagère et petit bassin de nage : un Mandala très zen, propice au repos et à la médidation.

Hôtel des Lices sans rest
av. Augustin-Grangeon – ✆ 04 94 97 28 28 – www.hoteldeslices.com
– Ouvert 22 mars-11 nov. et 26 déc.-4 janv. Zn
40 ch – 140/400 € 195/400 € – 1 suite – 17 €
Près de la place des Lices, cette adresse familiale distille une atmosphère délicieusement provençale, pleine de cachet et de vie. Sous le soleil exactement.

La Bastide du Port sans rest
Port du Pilon, par ① – ✆ 04 94 97 87 95 – www.bastideduport.com
– Fermé 5 nov.-31 déc. et 5 janv.-25 mars
27 ch – 135/230 € 135/230 € – 15 €
De l'ocre, de la terre cuite, des palmiers : la Provence patinée d'Amérique du Sud, propice aux siestes languides. Vue sur la mer dans certaines chambres... Lumineux !

Le Mouillage sans rest
port du Pilon, par ① – ✆ 04 94 97 53 19 – www.hotelmouillage.fr
– Ouvert mi-fevrier à mi-nov.
14 ch – 100/290 € 100/290 € – 19 €
Jetez l'ancre à une encablure du port du Pilon, dans cet hôtel aux chatoyantes couleurs du Sud. La décoration joue la carte du voyage : Maroc, Asie, etc.

La Villa sans rest
6 av. du Rivalet, 3 km par ① – ✆ 04 94 97 70 14 – www.la-villa-hotel.com
– Ouvert avril-oct.
21 ch – 130/320 € 150/320 € – 16 €
Contemporaines ou traditionnelles, les chambres cossues de cet hôtel fleurent bon la Provence. La plupart profitent d'une vue sur le golfe de St-Tropez.

Playa sans rest
57 r. Allard – ✆ 04 98 12 94 44 – www.playahotelsttropez.com
– Ouvert d'avril à oct. Zs
16 ch – 95/140 € 95/260 € – 10 €
Au cœur de St-Tropez, dans une rue commerçante et pleine de vie. Confort méridional dans les chambres... Pour vous préserver une plage de tranquillité, logez plutôt à l'arrière.

Lou Cagnard sans rest
18 av. P.-Roussel – ✆ 04 94 97 04 24 – www.hotel-lou-cagnard.com – Fermé 1er nov.-27 déc. Zr
19 ch – 77/161 € 77/161 € – 11 €
Cette maison ancienne s'est dorée sous le cagnard et a pris de belles couleurs provençales. L'été, on prend le petit-déjeuner à l'ombre des mûriers et figuiers, à la fraîche.

Résidence de la Pinède – Hôtel Résidence de la Pinède
1 km par ①, à la plage de la Bouillabaisse – ✆ 04 94 55 91 00 – www.residencepinede.com – Ouvert 20 avril-12 oct.
Rest *(dîner seult)* – Menu 120/295 € – Carte 175/255 €
Parcours fulgurant que celui d'Arnaud Donckele ! Ce jeune Normand rend aujourd'hui l'un des plus beaux hommages qui soient à... la Méditerranée. Comment rester insensible devant tant d'inspiration et d'exigence ? Des accords de saveurs enivrants, des produits rares qui sont la quintessence de la région, un service remarquable... La table d'un chef passionné par son art !
➜ Sériole et chair d'esquinado marinées à la mandarine, feuilles de farigoulette. Tronçon de loup en pâte à sel, perles potagères aux langues de palourdes et tellines. Compromis chocolat noir extrême et framboises. **Vins** Côtes de Provence.

Pan Deï Palais – Hôtel Pan Deï Palais
52 r. Gambetta – ✆ 04 94 17 71 71 – www.pandei.com – Fermé 4 nov.-19 déc., le midi (sauf résidents), lundi et mardi de janv. à mars Zv
Rest – Menu 55 € (sem.), 70/115 € – Carte 69/116 €
Dans ce palais placé sous le vocable de l'Asie, la cuisine se teinte d'exotisme et cultive un raffinement non dénué de grâce. Même inspiration côté décor, qui emprunte l'élégance de ses lignes à l'esthétique indienne.

L'Olivier – Hôtel La Bastide de St-Tropez
rte de Carles : 1 km par av. P. Roussel - Z – ✆ 04 94 55 82 55 – www.bastidesaint-tropez.com – Fermé 2 janv.-9 fév.
Rest – Menu 74 € – Carte 68/90 €
Ravioles de homard et bouillon de favouilles (crabes) ; lotte rôtie, légumes printaniers, jus de crustacé légèrement crémé... De belles saveurs dans le cadre feutré de l'hôtel La Bastide. Dans son genre très classique, la véranda est superbe !

La Ponche – Hôtel La Ponche
3 r. des Remparts, (pl. Revelin) – ✆ 04 94 97 09 29 – www.laponche.com – Ouvert 14 fév.-1er nov. Yv
Rest – Formule 29 € – Menu 34/40 € – Carte 51/87 €
Soupe de poissons frais du bateau ; moules sauce provençale ; poêlée de ris de veau aux pleurotes ; tarte aux fruits de saison... On célèbre la tradition dans ce bel établissement qui cultive l'esprit provençal sans nostalgie.

Le Girelier
quai Jean-Jaurès – ✆ 04 94 97 03 87 – www.legirelier.fr – Ouvert 20 mars-30 oct. et 18 déc.-2 janv. Yu
Rest – Menu 32 € (déj.)/39 € – Carte 50/90 €
Sur le port, cette cabane de pêcheur au décor rajeuni a atteint sa vitesse de croisière : poissons et crustacés ultrafrais simplement cuisinés à la plancha, bouillabaisse.

La Table du Polo
1999 rte du Bourrian, Haras de Gassin, 5 km par ① – ✆ 04 94 55 22 14 – www.polo-st-tropez.com – Ouvert 30 mars-14 oct. et fermé lundi sauf juil.-août
Rest – Formule 28 € bc – Menu 45/80 € – Carte 36/135 €
Au vert ! Loin de l'agitation tropézienne, un cadre reposant et chic en bordure des gazons du Polo Club, où savourer une fine cuisine italienne. Charmante terrasse.

Rivéa – Hôtel Byblos
av. du Mar.-Foch – ✆ 04 94 56 68 20 – Ouvert 17 avril-27 oct. Zt
Rest *(dîner seult)* – Carte environ 100 €
Au sein du Byblos, palace capital pour la chronique tropézienne, une table griffée Alain Ducasse, instigateur d'une cuisine ludique et contemporaine. Cadre design, éclairage tamisé et séduisante terrasse sous les platanes...

Le Banh Hoï
12 r. Petit-St-Jean – ✆ 04 94 97 36 29 – www.banhhoi.fr – Ouvert 2 avril-5 oct. Ya
Rest *(dîner seult)* – Carte 54/62 €
Feutré... Lumière tamisée, murs et plafonds laqués de noir, bouddhas stylisés servent d'écrin à une sympathique cuisine parfumée, vietnamienne et thaïlandaise.

au Sud-Est par av. Foch - Z – ✉ 83990 St-Tropez

Sezz
151 rte des Salins, à 2 km – ✆ 04 94 55 31 55 – www.hotelsezz-sainttropez.com – Ouvert 26 avril-13 oct.
35 ch – †290/900 € ††405/900 € – 2 suites – ☕ 38 € – ½ P
Rest *Colette* – voir les restaurants ci-après
Le Sezz parisien s'exporte à St-Tropez : ultramoderne, design et ouvert au maximum sur l'extérieur pour profiter du climat... Dans chaque chambre : matériaux naturels et terrasse (avec douche extérieure). Un art de vivre très tendance !

La Tartane Saint-Amour ch, rest,
rte des Salins – ✆ 04 94 97 21 23 – www.saintamour-hotel.com – Ouvert de mai à début oct.
24 ch – †290/650 € ††290/950 € – 4 suites – ☕ 29 € – ½ P
Rest *(fermé le midi)* – Carte 52/76 €
Chic, précieux, raffiné : un lieu idéal pour se ressourcer... Tons chauds, chambres thématiques (Afrique, Provence...) et beau hammam en mosaïque. Au restaurant, l'Asie se déguste dans un esprit lounge et baroque. Carte actuelle en terrasse ; bar à sushi le soir.

Benkiraï ch,
11 chemin du Pinet, à 3 km – ✆ 04 94 97 04 37 – www.charmandmore.com – Ouvert de Pâques à mi-oct.
38 ch – †210/730 € ††210/730 € – 1 suite – ☕ 28 € – ½ P
Rest – Menu 45 € (dîner) – Carte 46/64 € le midi
Le designer Patrick Jouin a signé la déco du Benkiraï, mêlant lignes pures, blancheur immaculée, béton ciré et jeux de lumière... Même cadre minimaliste au restaurant, face à la piscine.

Le Pré de la Mer sans rest
2 km rte des Salins – ✆ 04 94 97 12 23 – www.lepredelamer.fr – Ouvert de Pâques à mi-oct.
13 ch – †230/410 € ††265/440 € – 1 suite – ☕ 22 €
Il y a le ciel, le soleil et le Pré de la Mer. Un endroit nature et cosy, où se ressourcer. Galets, boiseries, terrasses privatives, jardin fleuri, belle piscine et hammam : zen !

La Bastide des Salins sans rest
chemin des Salins, à 4 km – ✆ 04 94 97 24 57 – www.bastidedessalins.com – Ouvert avril-oct.
14 ch – †210/720 € ††270/720 € – ☕ 18 €
Un jardin et ses senteurs du Sud, le bleu saisissant de la piscine, la fraîcheur reposante du lin quand on regagne sa chambre... Les vacances rêvées dans une bien belle bastide.

Colette – Hôtel Sezz
151 rte des Salins, à 2 km – ✆ 04 94 44 53 11 – www.hotelsezz-sainttropez.com – Ouvert 26 avril-13 oct.
Rest *(fermé lundi soir et mardi soir sauf juil.-août et le midi sauf dim.)* – Menu 69/96 € – Carte 89/136 €
Colette, qui avait une propriété à St-Tropez, aurait sans doute aimé cette table. Produits méditerranéens, épices lointaines, notes d'Asie : un panaché très subtil, dans un élégant décor contemporain (charmante terrasse).

au Sud-Est par av. Paul Roussel et rte de Tahiti

Château de la Messardière
rte de Tahiti, à 2 km – 04 94 56 76 00 – www.messardiere.com – Ouvert 29 mars-27 oct.
73 ch – 300/1040 € 300/1040 € – 45 suites
Rest *Les Trois Saisons* – voir les restaurants ci-après
Rest *La Terrasse* *(déj. seult)* – Carte 70/127 €
Niché dans un parc de 10 ha dominant la baie, un château de conte de fées (1890) aux teintes ensoleillées. Tout y est si brillant et impeccable, que l'on voudrait y pénétrer avec des patins de feutre ! Mention spéciale au magnifique spa.

La Ferme d'Augustin sans rest
plage de Tahiti, à 4 km ✉ 83350 Ramatuelle – 04 94 55 97 00 – www.fermeaugustin.com – Ouvert 20 mars-20 oct.
44 ch – 200/540 € 200/540 € – 2 suites – 20 €
Bien-être et authenticité provençale à 100 m de la plage de Tahiti. Chambres au décor soigné (boutis, mobilier chiné) et pleines de cachet. Jardin ombragé, petite restauration.

St-Vincent
à 4 km ✉ 83350 Ramatuelle – 04 94 97 36 90 – www.hotelsaintvincent.com – Ouvert 28 mars-13 oct.
20 ch – 145/300 € 145/300 €
Rest *(Ouvert mai-sept.) (résidents seult)* – Carte 40/59 €
Quatre maisons provençales au milieu des vignes et des lauriers-roses ! Quiétude, convivialité et touche de rusticité : un petit paradis bucolique... Saveurs ensoleillées, grillades et salades à déguster au bord de la piscine.

Mas Bellevue
à 2 km – 04 94 97 07 21 – www.masbellevue.com – Ouvert 27 avril-13 oct.
43 ch – 115/345 € 115/345 € – 7 suites – ½ P
Rest – Formule 33 € – Carte 38/63 €
Mas Bellevue... Peut-on être plus explicite ? Sur les hauteurs de la baie de Pampelonne, quiétude provençale dans de grandes chambres (balcon) ou des roulottes. Minicarte à l'heure du déjeuner et choix plus étoffé le soir. Terrasse au bord de la piscine.

Les Trois Saisons – Hôtel Château de la Messardière
rte de Tahiti, à 2 km – 04 94 56 76 00 – www.messardiere.com – Ouvert 29 mars-27 oct.
Rest *(dîner seult)* – Menu 60/108 € – Carte 91/135 €
Moment de gastronomie dans le cadre très chic du Château de la Messardière. La carte épouse toutes les saisons et met en valeur des produits de choix (homard français, langouste royale...). Superbe panorama sur la baie de Pampelonne.

rte de Ramatuelle par ① et D 93le – ✉ 83350 Ramatuelle

Villa Marie
chemin Val Rian – 04 94 97 40 22 – www.villamarie.fr – Ouvert début mai-début oct.
43 ch – 380/820 € 380/820 € – 2 suites – 32 € **Rest** – Carte 80/120 €
Raffinement, luxe et charme réunis sous le même toit en cette villa enchanteresse nichée dans une pinède dominant la baie de Pampelonne. Au séduisant restaurant : camaïeu de beige, touche baroque, vue sur les cuisines, terrasse ombragée et plats ensoleillés.

Muse
rte des Marres – 04 94 43 04 40 – www.muse-hotels.com – Ouvert de fin mars à oct.
12 suites – 370/3600 € – 2 ch – 32 €
Rest *M* – Carte 60/120 €
Les Muses pourraient élire domicile dans ce domaine au charme infini ! Architecture en pierres sèches, jardin au naturel, aménagements ultradesign : un sommet d'élégance contemporaine et la dernière enclave... exclusive, aux portes de St-Tropez.

Les Bouis ch, ch,

6 km par rte des plage et rte secondaire – ✆ 04 94 79 87 61 – www.hotel-les-bouis.com – Ouvert 1er avril-15 oct.

23 ch – 180/250 € 180/290 € – 15 €

Rest *(ouvert 1er mai-15 sept.) (déj. seult) (résidents seult)* – Carte 32/38 €

Un décor de carte postal ! La baie de Pampelonne pour tout horizon et l'ombre des pins parasols... Chambres au calme, d'esprit provençal, avec terrasse ou balcon. En saison, plats familiaux et grillades à apprécier près de la piscine.

au Sud-Ouest par ① et rte secondaire – ✉ 83580 Gassin

Villa Belrose

bd des Crêtes, à 3 km – ✆ 04 94 55 97 97 – www.villabelrose.com – Ouvert 19 avril-14 oct.

37 ch – 320/610 € 420/1210 € – 3 suites – 35 €

Rest *Villa Belrose* – voir les restaurants ci-après

Cette grande villa contemporaine embrasse la baie de St-Tropez ! Colorée et lumineuse, elle semble tutoyer le soleil... Les prestations sont superbes, soignées jusqu'au moindre détail (marbre italien, mobilier de style, grand confort, etc.).

Villa Belrose

bd des Crêtes, à 3 km – ✆ 04 94 55 97 97 – www.villabelrose.com – Ouvert 19 avril-14 oct.

Rest *(dîner seult sauf dim. et fériés)* – Menu 105/125 € – Carte 105/195 €

Dans un décor classique d'esprit italien, face à la mer... Le cadre est très agréable pour déguster une belle cuisine méditerranéenne, aux fines associations niçoises, transalpines et provençales.

➜ Poulpe, girolles et truffe d'été. Ris, foie et tête de veau fermier caramélisés au sautoir, céleri-rave et jus de truffe. Cœur de chocolat guanaja et piment de la Jamaïque. **Vins** Côtes de Provence.

ST-UZE – 26 Drôme – 332 C2 – rattaché à St-Vallier

ST-VAAST-LA-HOUGUE – 50 Manche – 303 E2 – 2 091 h. – alt. 4 m – ✉ 50550 Normandie Cotentin 32 A1

Paris 347 – Carentan 41 – Cherbourg 31 – St-Lô 68

1, place Général de Gaulle, ✆ 02 33 23 19 32, www.saint-vaast-reville.com

La Granitière sans rest

74 r. du Mar.-Foch – ✆ 02 33 54 58 99 – www.hotel-la-granitiere.com

9 ch – 65/99 € 83/119 € – 10 €

Station balnéaire et port de pêche, "St-Va" abrite cette jolie demeure en granit gris, où l'on est reçu en ami. Les chambres, de facture classique, sont avenantes et très bien tenues.

France et Fuchsias

20 r. du Mar.-Foch – ✆ 02 33 54 40 41 – www.france-fuchsias.com – Fermé 1er-11 déc., 2 janv.-21 fév., lundi d'oct. à mai et mardi de nov. à mars

35 ch – 56/135 € 56/135 € – 11 € – ½ P

Rest *France et Fuchsias* – voir les restaurants ci-après

Fuchsias, palmiers, mimosas et eucalyptus : un bien joli jardin ! Dans ce petit hôtel tenu en famille, les chambres, au confort simple, sont plus spacieuses et récentes à l'annexe.

France et Fuchsias – Hôtel France et Fuchsias

20 r. du Mar.-Foch – ✆ 02 33 54 40 41 – www.france-fuchsias.com – Fermé 1er-11 déc., 2 janv.-21 fév., mardi sauf le soir d'oct. à mai et lundi

Rest – Formule 19 € – Menu 29/60 € – Carte 46/80 €

Dans cet accueillant restaurant, le chef concocte une cuisine actuelle inspirée par le terroir normand... Et l'été, on profite de la terrasse, très généreusement fleurie.

Le Chasse Marée

8 pl. du Gén.-de-Gaulle – ✆ 02 33 23 14 08 – www.chassemaree.com – Fermé janv. à mi-fév., lundi et mardi hors saison
Rest – Menu 18 € (déj. en sem.), 24/37 € – Carte 30/68 €
Photos de bateaux, fanions laissés par les clients navigateurs, terrasse sur le port et bons produits de la pêche locale : un charmant petit bistrot marin où l'on se sent bien, tout simplement.

ST-VALENTIN – 36 Indre – 323 H5 – rattaché à Issoudun

ST-VALERY-EN-CAUX – 76 Seine-Maritime – 304 E2 – 4 463 h. 33 C1
– alt. 5 m – Casino – ✉ 76460 Normandie Vallée de la Seine

Paris 190 – Bolbec 46 – Dieppe 35 – Fécamp 33
quai Amont, ✆ 02 35 97 00 63, www.ville-saint-valery-en-caux.fr
Falaise d'Aval ≤★ O : 15 mn.

Hôtel du Casino

14 av. Clemenceau – ✆ 02 35 57 88 00 – www.hotel-casino-saintvalery.com
76 ch – †81/102 € ††91/140 € – ☕ 12 €
Rest *(fermé dim. soir de nov. à mars)* – Formule 16 € – Menu 24/40 € – Carte environ 35 €
Face au port de plaisance, cet hôtel récent abrite des chambres contemporaines et fonctionnelles, appréciées par la clientèle d'affaires et touristique.

Le Port

18 quai d'Amont – ✆ 02 35 97 08 93 – Fermé dim. soir, jeudi soir et lundi
Rest – Menu 26/46 € – Carte 45/81 €
Ce restaurant du port domine le quai, où oscillent les bateaux. La salle est charmante, avec ses photos noir et blanc des falaises du pays de Caux ; quant à la cuisine de la mer, elle est réalisée avec de bons produits locaux...

au Sud-Est 7 km par D 20 et D 70 - ✉ 76740 Ermenouville

Château de Mesnil Geoffroy sans rest

2 chemin Dame Blanche – ✆ 02 35 57 12 77 – www.chateau-mesnil-geoffroy.com
5 ch – †90/130 € ††90/130 € – ☕ 13 €
Ce château du 18e s. est d'un grand raffinement. Le jardin à la française, la superbe roseraie, le mobilier d'époque, le calme olympien, tout participe à un merveilleux voyage dans le temps. Victor Hugo y a séjourné, c'est dire...

ST-VALERY-SUR-SOMME – 80 Somme – 301 C6 – 2 873 h. 36 A1
– alt. 27 m – ✉ 80230 Nord Pas-de-Calais Picardie

Paris 206 – Abbeville 18 – Amiens 71 – Blangy-sur-Bresle 45
2, place Guillaume-Le-Conquérant, ✆ 03 22 60 93 50, www.saint-valery-sur-somme.fr
Digue-promenade★ - Chapelle des Marins ≤★ - Ecomusée Picarvie★ - La baie de Somme★★.

Les Corderies

214 r. des Moulins – ✆ 03 22 61 30 61 – www.lescorderies.com
18 ch – †160/250 € ††160/250 € – ☕ 14 € – ½ P
Rest – Formule 25 € – Menu 39 € – Carte 40/50 €
Un hôtel récent, d'inspiration régionale. Sobriété, design et confort : quel plaisir de regagner sa chambre après un passage à l'espace bien-être ou une balade sur la plage... surtout si l'on a opté pour la vue sur la baie !

Les Pilotes N

62 r. de la Ferté – ✆ 03 22 60 80 39 – www.lespilotes.fr
25 ch – †100/130 € ††140/210 € – ☕ 8 €
Rest *Bistrot des Pilotes* – voir les restaurants ci-après
Nouveau départ pour cet hôtel entièrement rénové en 2012. Les chambres, petites mais bien aménagées, sont rétro à souhait avec leurs références aux années 1930 et 1960. Préférez celles côté baie : la vue y est superbe. Métamorphose réussie !

Hôtel du Cap Hornu

Au Cap Hornu, 2 km au Nord – 03 22 60 24 24 – www.baiedesomme.fr/cap-hornu-hotel-restaurant

91 ch – 82/153 € 102/166 € – ½ P

Rest – Formule 16 € – Menu 25/50 € – Carte 25/65 €

On a parfois besoin de calme et de dépaysement et c'est ce qu'offre cet immense parc surplombant la baie de Somme. L'hôtel est constitué de maisons de style régional, respectueuses de l'environnement. De bien belles balades en perspective !

Picardia sans rest

41 quai Romerel – 03 22 60 32 30 – www.picardia.fr – Fermé 7-13 janv.

18 ch – 75/98 € 98/110 € – 14 €

Sympathique maison de pays à deux pas du petit quartier médiéval et des quais. Chambres spacieuses et cosy ; certaines, avec mezzanine, accueillent volontiers les familles.

Le Relais Guillaume de Normandy

46 quai Romerel – 03 22 60 82 36 – www.relais-guillaume-de-normandy.com – Fermé mi déc.-mi janv. et mardi sauf de mi juil. à fin août

14 ch – 60/65 € 70/88 € – 11 € – ½ P

Rest *Le Relais Guillaume de Normandy* – voir les restaurants ci-après

C'est du port valéricain que Guillaume partit conquérir l'Angleterre. Face à la baie, ce joli manoir en brique semble attendre le retour du Conquérant. Ses chambres, claires et apaisantes, elles, vous attendent.

Le Castel N sans rest

r. du Castel – 03 22 60 45 79 – www.castel-baie-de.somme.com – Ouvert 15 mars-17 nov.

5 ch – 175/200 € 175/200 €

À deux pas de la ville haute, cette magnifique propriété est un ravissement... Son parc de 2 ha s'abrite derrière les anciens remparts du château médiéval, d'où l'on jouit d'une vue superbe sur la baie de Somme. La demeure (19e s.) a un charme fou : parquet à chevrons, cheminées, moulures, etc. Et l'accueil est charmant !

Bistrot des Pilotes N – Hôtel Les Pilotes

37 quai Blavet – 03 22 60 38 95 – www.lespilotes.fr – Fermé 23 déc.-24 janv.

Rest – Formule 16 € – Carte 25/43 €

Il y a bien un pilote dans l'avion... ou plutôt le bistrot ! Derrière les fourneaux, le chef signe une belle cuisine du marché, travaillant de beaux produits frais : rognons de veau, crevettes grises, poisson en fonction de la marée... Et l'on se régale les yeux tournés vers la baie.

Le Relais Guillaume de Normandy

46 quai Romerel – 03 22 60 82 36 – www.relais-guillaume-de-normandy.com – Fermé mi déc.-mi janv. et mardi sauf de mi juil. à fin août

Rest – Menu 20/46 € – Carte 27/61 €

De la salle ou de la terrasse de ce manoir, on contemple le doux clapotis des vagues. Une bonne mise en appétit avant de savourer poulet au camembert, pâté aux salicornes, parmentier d'agneau de pré-salé, etc. Terroir et tradition !

ST-VALLIER – 26 Drôme – 332 B2 – 4 000 h. – alt. 135 m – 26240 — 43 E2

Ardèche Drôme

Paris 526 – Annonay 21 – St-Étienne 61 – Tournon-sur-Rhône 16

avenue Désiré Valette, 04 75 23 45 33, www.saintvallier.com

18 d'Albon, à Saint-Rambert-d'Albon, Château de Senaud, N : 9 km par N 7 et D 122, 04 75 03 03 90

Le Bistrot d'Albert

116 av. Jean-Jaurès, rte de Lyon – ✆ 04 75 23 01 12 – Fermé 2 sem. en août, 2 sem. en fév., dim. soir, mardi soir et merc.

Rest – Menu 17/30 € – Carte 25/45 €

Dans ce bistrot voisin de la gare, on mange au coude à coude sur de petites tables nappées de blanc. L'ambiance est conviviale, et pour cause, les habitués viennent en nombre ! On s'y régale d'une goûteuse cuisine du marché accompagnée de crus locaux. Petits prix en prime.

à St-Uze 6 km à l'Est par D 51 – 1 920 h. – alt. 189 m – ✉ 26240

Philip Liversain

23 r. Pierre-Sémard – ✆ 04 75 03 52 58 – www.philip-liversain.com – Fermé 2 sem. en juil., 1 sem. en août et 3 sem. en janv., dim. soir et lundi

Rest – Formule 13 € – Menu 17 € (déj. en sem.), 30/40 €

Le soleil et la fraîcheur se donnent rendez-vous dans cet ancien relais de poste (19e s.). Fer forgé, nappes colorées et... carte inspirée du marché. En salle, les plats traditionnels swinguent sur fond de musique jazz.

ST-VALLIER-DE-THIEY – 06 Alpes-Maritimes – 341 C5 – 3 254 h. – alt. 730 m – ✉ 06460 Côte d'Azur 42 E2

Paris 907 – Cannes 29 – Castellane 52 – Draguignan 57

10, place du Tour, ✆ 04 93 42 78 00, www.saintvallierdethiey.com

Pas de la Faye ★★ NO : 5 km - Grotte de Beaume Obscure★ S : 2 km - Col de la Lèque ★ SO : 5 km.

Le Relais Impérial

2 et 4 pl. Cavalier Fabre, rte Napoléon – ✆ 04 92 60 36 36 – www.relaisimperial.com

29 ch – 55/75 € 65/85 € – 9 € – ½ P

Rest – Formule 17 € – Menu 21 € (sem.), 29/45 € – Carte 28/50 €

Rest *Le Grill du Relais* ✆ 04 92 60 36 30 – Formule 15 € – Menu 19 € – Carte 27/52 €

Une adresse utile sur la route Napoléon – l'Empereur s'est d'ailleurs arrêté ici le 2 mars 1815, sans y dormir, comme le précise le sympathique propriétaire ! Deux options pour se restaurer sur place : la tradition au restaurant ou la simplicité au Grill.

ST-VIANCE – 19 Corrèze – 329 J4 – 1 662 h. – alt. 119 m – ✉ 19240 24 B3

Périgord Quercy

Paris 479 – Brive-la-Gaillarde 12 – Limoges 90 – Tulle 45

Auberge sur Vézère

rest,

23 r. du Pontel – ✆ 05 55 84 28 23 – www.aubergesurvezere.com – Fermé 24 déc.-26 janv., dim. soir hors saison et lundi midi

10 ch – 68/74 € 74/84 € – 8,50 €

Rest *(réserver)* – Formule 18 € – Menu 22/52 € – Carte 45/58 €

À l'entrée du village, on remarque sa jolie terrasse à l'ombre des platanes... Dans cette auberge de pays, qui abrite des chambres fonctionnelles et bien équipées, il règne une atmosphère familiale bien sympathique.

ST-VIATRE – 41 Loir-et-Cher – 318 I6 – 1 273 h. – alt. 107 m – ✉ 41210 Châteaux de la Loire 12 C2

Paris 179 – Blois 106 – Orléans 53 – Vierzon 53

Villepalay sans rest

Lieu-dit Villepalay, 2 km par rte de Nouan le Fuzelier – ✆ 02 54 88 22 35 – www.villepalay.com – Fermé mars sauf vacances scolaires

3 ch – 70/80 € 75/85 €

Cette ferme solognote au charme bucolique – étang pour la pêche et le canotage – vous réserve le meilleur accueil. Les chambres y sont confortables et bien tenues. Petit-déjeuner bio avec confitures maison.

ST-VICTOR – 03 Allier – **326** C4 – rattaché à Montluçon

ST-VICTOR-DE-MALCAP – 30 Gard – **339** K3 – rattaché à St-Ambroix

ST-VINCENT – 43 Haute-Loire – **331** F3 – 974 h. – alt. 605 m – ✉ 43800 **6** C3

Paris 543 – La Chaise-Dieu 37 – Le Puy-en-Velay 18 – St-Étienne 76

La Renouée

à Cheyrac, 2 km au Nord par D 103 – ✆ 04 71 08 55 94 – www.larenouee.fr – Ouvert 8 mars-1er janv. et fermé 1ère sem. vacances de la Toussaint, mardi soir, merc. soir et jeudi soir du 15 oct. au 31 mars, dim. soir et lundi

Rest *(nombre de couverts limité, réserver)* – Formule 15 € – Menu 27/47 € – Carte 37/49 €

Cette maison familiale est bien sympathique, avec sa grande cheminée en pierre, son joli vaisselier et son atmosphère rustique. On y savoure une cuisine assez actuelle, qui fait la part belle au terroir.

ST-VINCENT-DE-TYROSSE – 40 Landes – **335** D13 – 7 373 h. – alt. 24 m – ✉ 40230 **3** B3

Paris 743 – Anglet 32 – Bayonne 29 – Bordeaux 157

placette du Midi, ✆ 05 58 77 12 00, www.tourisme-paystyrossais.fr

Le Hittau

1 r. du Nouaou – ✆ 05 58 77 11 85 – Fermé 1er-7 juil., vacances de la Toussaint, de fév., mardi sauf du 14 juil. au 30 août et merc.

Rest – Menu 22/75 € – Carte environ 50 €

Cette ancienne bergerie ne manque pas de cachet avec sa charpente apparente et sa cheminée monumentale, et sa terrasse se révèle agréable. Au menu, une cuisine d'aujourd'hui qui fait la part belle aux bons produits de saison, aux recettes landaises et surtout au poisson de la criée de Capbreton.

ST-WITZ – 95 Val-d'Oise – **305** G6 – 2 554 h. – alt. 180 m – ✉ 95470 **19** C1

Paris 41 – Amiens 123 – Bobigny 28 – Pontoise 48

Villa 1865

3 r. C.-Peguy – ✆ 01 34 68 30 98 – www.villa1865.com – Fermé 2 sem. en août

3 ch – †90/110 € ††99/130 € – ½ P **Table d'hôte** – Menu 38/45 €

C'est en 1865 bien sûr que naquit cette villa toute blanche, nichée en lisière de forêt. Ses chambres, claires et spacieuses, sont d'une élégance simple. Autour de sa table d'hôte, on profite de la patte ensoleillée du propriétaire, d'origine italienne. Une agréable halte tout au nord de l'Île-de-France.

ST-YBARD – 19 Corrèze – **329** K3 – rattaché à Uzerche

STE-ANNE-D'AURAY – 56 Morbihan – **308** N8 – 2 347 h. – alt. 42 m **9** A3 – ✉ 56400 Bretagne Sud

Paris 475 – Auray 7 – Hennebont 33 – Locminé 27

9 rue de Vannes, ✆ 02 97 24 34 94, http://sainte-anne-auray.net

Trésor★ de la basilique - Pardon (26 juil.).

L'Auberge

56 r. de Vannes – ✆ 02 97 57 61 55 – www.auberge-sainte-anne.com – Fermé 7-15 oct., 18-26 nov. et 2-22 janv.

14 ch – †60/95 € ††60/95 € – 2 suites – 10 € – ½ P

Rest ***L'Auberge*** – voir les restaurants ci-après

L'hôtel joue la carte Art nouveau : palissandre, loupe d'orme, reproductions de Mucha, pâtes de verre Lalique. Les chambres sont douillettes, avec de spacieuses salles de bains en marbre.

L'Auberge

56 r. de Vannes – ✆ 02 97 57 61 55 – www.auberge-sainte-anne.com – Fermé 7-15 oct., 18-26 nov., 2-22 janv., mardi midi, merc. midi et lundi

Rest – Menu 28/85 € – Carte 43/97 €

Saint-Anne d'Auray est une ville pieuse et Jean-Paul II se serait arrêté au restaurant de l'Auberge en 1996. Contentons-nous d'un pèlerinage devant ses assiettes joliment présentées et ses produits de la mer de qualité...

STE-ANNE-LA-PALUD (Chapelle de) – 29 Finistère – 308 F6 9 A2
– alt. 65 m – ✉ 29550 Bretagne Sud

Paris 584 – Brest 68 – Châteaulin 20 – Crozon 27

Pardon (fin août).

La Plage
– ✆ 02 98 92 50 12 – www.plage.com – *Ouvert 30 mars-3 nov.*

22 ch – 192/362 € 192/362 € – 20 € – ½ P

Rest ***La Plage*** – voir les restaurants ci-après

Un emplacement superbe ! Directement sur la plage, au pied de la chapelle. Les chambres, cossues comme toute la demeure, donnent sur la baie ou sur le jardin fleuri. Mobilier de famille, antiquités, esprit contemporain... Le charme opère.

La Plage
– ✆ 02 98 92 50 12 – www.plage.com – *Ouvert 30 mars-3 nov. et fermé lundi midi, mardi midi, merc. midi et vend. midi*

Rest – Menu 54/96 € – Carte 75/127 €

Devant le spectacle sans cesse renouvelé de la mer, on apprécie une cuisine qui retient tout ce que l'océan livre de plus noble, préparé avec soin et raffinement. Chic et sobre.

STE-CÉCILE-LES-VIGNES – 84 Vaucluse – 332 C8 – 2 268 h. 40 A2
– alt. 108 m – ✉ 84290

Paris 646 – Avignon 47 – Bollène 13 – Nyons 26

Campagne, Vignes et Gourmandises
rte de Suze-la-Rousse – ✆ 04 90 63 40 11 – *www.restaurant-cvg.com* – *Fermé 1 sem. fin mars, vacances de Toussaint, de Noël, dim. soir d'oct. à avril, mardi sauf juil.-août et lundi*

Rest *(nombre de couverts limité, réserver)* – Formule 18 € – Menu 23/40 € – Carte 40/51 €

Dans un paisible quartier résidentiel, ce petit mas respire l'air des vignes. Salle champêtre complétée par une jolie terrasse ; cuisine goûteuse aux accents du Sud.

STE-COLOMBE – 84 Vaucluse – 332 E9 – rattaché à Bédoin

STE-CROIX – 01 Ain – 328 D5 – rattaché à Montluel

STE-CROIX-EN-PLAINE – 68 Haut-Rhin – 315 I8 – rattaché à Colmar

STE-ÉNIMIE – 48 Lozère – 330 I8 – 525 h. – alt. 470 m – ✉ 48210 23 C1
Languedoc Roussillon

Paris 612 – Florac 27 – Mende 28 – Meyrueis 30

village, ✆ 04 66 48 53 44, www.gorgesdutarn.net

★★ sur le canyon du Tarn S : 6,5 km par D 986.

Auberge du Moulin
r. Combe – ✆ *04 66 48 53 08* – *www.aubergedumoulin.free.fr* – *Ouvert 11 avril -1er nov. et fermé dim. soir sauf juil.-août et sauf fériés*

10 ch – 60/70 € 60/75 € – 9 € – ½ P

Rest *(fermé dim. soir et lundi sauf juil.-août et sauf fériés)* – Formule 14 € – Menu 19/37 € – Carte 20/40 €

Un hôtel-restaurant de tradition dans une jolie demeure en pierre, au cœur de l'un des plus beaux villages de France. Chambres sobres, dont la moitié avec terrasse donnant sur le Tarn.

STE-EULALIE – 07 Ardèche – 331 H5 – 230 h. – alt. 1 233 m 44 A3
– ✉ 07510 Ardèche Drôme

Paris 587 – Aubenas 47 – Langogne 47 – Privas 51

Mairie, ✆ 04 75 38 81 05, www.ardeche-sources-loire.com

Hôtel du Nord
– 04 75 38 80 09 – www.hoteldunord-ardeche.com – Ouvert 12 mars-11 nov.
15 ch – 60/70 € 60/70 € – 9 € – ½ P
Rest *(fermé mardi soir et merc.)* – Formule 19 € – Menu 29/44 € – Carte 32/49 €
Sympathique hostellerie appréciée des pêcheurs qui viennent ferrer le poisson dans la Loire, qui prend sa source à 5 km ! Chambres sobres, régulièrement rénovées. Cuisine du terroir au restaurant.

STE-FLORINE – 43 Haute-Loire – **331** B1 – 3 134 h. – alt. 440 m – 43250 **6** C2
Paris 465 – Brioude 16 – Clermont-Fd 55 – Issoire 19

Le Florina
pl. Hôtel de Ville – 04 73 54 04 45 – www.hotel-leflorina.com – Fermé 21 déc.-12 janv.
14 ch – 42/60 € 48/60 € – 8 € – ½ P
Rest *(fermé dim. soir)* – Menu 17/30 € – Carte 20/45 €
En plein centre-ville, cette adresse familiale propose des chambres fonctionnelles, pratiques et bien tenues ; celles du deuxième étage étant mieux équipées (bain bouillonnant, douche à jets, etc.) mais plus chères. Restaurant traditionnel.

STE-FOY-LA-GRANDE – 33 Gironde – **335** M5 – 2 544 h. – alt. 10 m – 33220 Aquitaine **4** C1
Paris 555 – Bordeaux 71 – Langon 59 – Marmande 44
102, rue de la République, 05 57 46 03 00, www.tourisme-dordogne-paysfoyen.com
Chateau des Vigiers Golf Club, à Monestier, SE : 9 km par D 18, 05 53 61 50 33

Côté Bastide
4 r. de l'Abattoir, (près hôpital) – 05 57 46 14 02 – Fermé lundi soir d'oct. à avril et fériés, dim. et merc.
Rest – Formule 17 € bc – Menu 25/42 € – Carte 37/48 €
Dans cette agréable maison, madame est aux fourneaux et monsieur en salle. Sommelier, ce dernier propose de délicats accords mets-vins et met en valeur les bons petits plats de sa compagne, fins et légers. L'été, jolie terrasse sous la tonnelle.

STE-FOY-TARENTAISE – 73 Savoie – **333** O4 – 786 h. – alt. 1 050 m – 73640 Alpes du Nord **45** D2
Paris 647 – Albertville 66 – Chambéry 116 – Moûtiers 40
Bon conseil, 04 79 06 95 19, www.saintefoy-tarentaise.com

Le Monal
– 04 79 06 90 07 – www.le-monal.com
19 ch – 60/90 € 80/140 € – 10 € – ½ P
Rest – Formule 16 € – Menu 35/40 € – Carte 46/69 €
Ce relais de poste appartient à la même famille depuis 1888 ! Cependant, il n'a cessé d'évoluer avec son temps ; résultat : les lieux mêlent modernité et authenticité, confort et fraîcheur. Restaurant traditionnel.

L'Épicerie
6 ch – 70/110 € 80/150 € – 10 €
Plus question de conserves ni de paquets de pâtes ! Devenue hôtel, cette ancienne épicerie allie esprit contemporain et charme alpin. Pratique : chaque chambre est équipée d'une petite cuisine. Local à skis.

STE-GEMME-MORONVAL – 28 Eure-et-Loir – **311** E3 – **rattaché à Dreux**

STE-GENEVIÈVE-DES-BOIS – 91 Essonne – **312** C4 – **101** 35 – **voir à Paris, Environs**

STE-HERMINE – 85 Vendée – **316** J8 – 2 584 h. – alt. 28 m – 85210 **34** B3
Paris 433 – Nantes 93 – La Rochelle 59 – La Roche-sur-Yon 35
35 route de Nantes, 02 51 27 39 32, www.paysdesaintehermine.fr

Clem'otel

parc Atlantique Vendée, 2 km au Sud sur D 137 – ✆ 02 51 28 46 94 – www.clemotel.com – Fermé 24 déc.-6 janv.

49 ch – †55/60 € ††67/75 € – ☕ 8 € – ½ P

Rest *(fermé dim. d' oct. à fin mars)* – Formule 12 € – Menu 15/20 € – Carte 19/32 €

À la sortie de l'autoroute, hôtel récent au cœur d'une zone artisanale, avec des chambres fonctionnelles, agréables et bien insonorisées... Pratique, économique et confortable !

STE-LUCIE-DE-PORTO-VECCHIO – **2A Corse-du-Sud** – **345** F9 – **voir à Corse**

STE-MAGNANCE – **89 Yonne** – **319** H7 – **424 h.** – **alt. 310 m** **7** B2
– ✉ **89420** Bourgogne

Paris 224 – Auxerre 65 – Avallon 15 – Dijon 68

Tombeau★ dans l'église.

Auberge des Cordois

D 606 – ✆ 03 86 33 11 79 – www.lescordois.fr – Fermé 1er-10 juil., 2 janv.-2 fév., lundi soir, mardi et merc.

Rest – Formule 15 € – Menu 29/36 € – Carte 32/53 €

En bord de route, cette auberge du 18e s. ne passe pas inaperçue avec sa façade jaune ! Et dans cet établissement tenu par la même famille depuis 1910, la tradition est sacrée, même si elle est joliment revisitée. Formule bistrot dans l'ancien bar.

STE-MARGUERITE (ÎLE) – **06 Alpes-Maritimes** – **341** D6 – **voir à Île Sainte-Marguerite**

STE-MARIE-DE-RÉ – **17 Charente-Maritime** – **324** C3 – **voir à Île de Ré**

STE-MARIE-DE-VARS – **05 Hautes-Alpes** – **334** I5 – **rattaché à Vars**

STES-MARIES-DE-LA-MER – **voir après Saintes**

STE-MARIE-SICCHÉ – **2A Corse-du-Sud** – **345** C8 – **voir à Corse**

STE-MARINE – **29 Finistère** – **308** G7 – **rattaché à Bénodet**

STE-MAURE – **10 Aube** – **313** E3 – **rattaché à Troyes**

STE-MAURE-DE-TOURAINE – **37 Indre-et-Loire** – **317** M6 **11** B3
– **4 072 h.** – **alt. 85 m** – ✉ **37800** Châteaux de la Loire

Paris 273 – Le Blanc 71 – Châtellerault 39 – Chinon 32

77, avenue du Général De Gaulle, ✆ 02 47 65 66 20, www.tourisme-saintemauredetouraine.fr

Auberge de la Diligence

4 av. Gén.-de-Gaulle – ✆ 02 47 65 50 93 – Fermé janv. et dim. d'oct. à mai

9 ch – †119/139 € ††119/139 € – ☕ 12 € – ½ P

Rest *La Poste* – voir les restaurants ci-après

Ce relais de poste du 16e s., organisé autour d'une paisible cour, abrite des chambres confortables et joliment décorées avec du mobilier ancien. Pour l'agrément : jardin et piscine intérieure avec balnéo.

Le Grand Menasson sans rest

lieu dit Le Grand Menasson, 2 km par r. de Loches et rte secondaire – ✆ 06 11 08 51 80 – www.augrandmenasson.fr

5 ch ☕ – †70/95 € ††70/95 €

Pour les amoureux du calme et de la nature, une ferme et sa tour couverte de vigne vierge, avec parc et étang, où l'on vous accueille avec chaleur. Les chambres sont avenantes.

La Poste – Auberge de la Diligence
2 av. Gén.-de-Gaulle – ✆ 02 47 65 50 93 – Fermé janv., lundi midi et dim. d'oct. à mai
Rest – Formule 28 € – Menu 38/48 €
À la carte de ce restaurant rustique, peu de choix, mais un menu unique qui varie selon l'inspiration du chef et qui naît de bons produits, dont une partie issue du potager. Une cuisine gourmande et soignée, accompagnée d'une belle carte des vins.

à Pouzay 8 km au Sud-Ouest – 800 h. – alt. 51 m – ✉ 37800

Au Gardon Frit
16 pl. de l'Église – ✆ 02 47 65 21 81 – www.au-gardon-frit.com – Fermé 1 sem. vacances de Pâques, 15-30 sept., 17-30 janv., mardi et merc. sauf jours fériés
Rest – Formule 10 € – Menu 14 € (déj. en sem.), 19/40 € – Carte 29/54 €
Point de "gardon frit" sur la carte de ce restaurant familial, mais des produits de la mer tout juste pêchés (moules, saumon à l'aneth, lotte, rougets à la provençale...) et un décor ad hoc. Terrasse sous un préau.

rte de Chinon 2,5 km à l'Ouest par D 760 – ✉ 37800 Noyant-de-Touraine :

La Ciboulette
78 rte de Chinon, face à l'échangeur A 10, sortie n° 25 – ✆ 02 47 65 84 64 – www.laciboulette.fr – Fermé le soir d'oct. à mars sauf vend. soir, sam. soir et fériés
Rest – Formule 23 € – Menu 29/45 € – Carte 30/51 €
L'attrait de cette grande maison couverte de vigne vierge ? Ses formules et ses menus à prix plutôt sages ! Les gourmands y viennent pour les bonnes recettes servies dans un intérieur chaleureux ou sur la terrasse bordée d'un jardinet où vous trouverez peut-être... de la ciboulette.

STE-MAXIME – 83 Var – 340 O6 – 13 441 h. – alt. 10 m – Casino — 41 C3
– ✉ 83120 Côte d'Azur

Paris 872 – Cannes 59 – Draguignan 34 – Fréjus 20
1, promenade Simon-Loriere, ✆ 04 94 55 75 55, www.ste-maxime.net
de Sainte-Maxime, Route du Débarquement, N : 2 km, ✆ 04 94 55 02 02
de Beauvallon, Boulevard des Collines, par rte de Toulon : 4 km, ✆ 04 94 96 16 98

Plan page suivante

Hostellerie la Belle Aurore
5 bd Jean Moulin, par ③ – ✆ 04 94 96 02 45 – www.belleaurore.com – Ouvert 6 avril-13 oct.
16 ch – †145/450 € ††145/450 € – 1 suite – ☕ 20 €
Rest *Hostellerie la Belle Aurore* – voir les restaurants ci-après
La Grande Bleue vient caresser ses murs, face à St-Tropez, et chaque chambre dispose d'une terrasse ou d'un balcon. L'impression d'avoir la mer pour soi ! Teintes chaleureuses, grand confort, ambiance paisible : une Belle Aurore...

Villa les Rosiers
4 chemin de Guerrevieille Beauvallon-Grimaud, 5 km par ③ – ✆ 04 94 55 55 20 – www.villa-les-rosiers.com – Ouvert 29 mars-3 nov. et 20 déc.-9 janv.
12 ch – †180/410 € ††180/410 € – ☕ 24 €
Rest *(ouvert 1er avril-31 oct.)* – Menu 58 € (dîner), 65/85 € – Carte 58/88 €
Une villa provençale aux murs roses, dans un jardin fleuri de... rosiers. De quoi embaumer la vue superbe sur le golfe de St-Tropez ! Sculptures et tableaux contemporains, tons clairs : beaucoup de raffinement. Élégant décor immaculé au restaurant ; cuisine actuelle.

Martinengo sans rest
34 bd Jean-Moulin, par ③ – ✆ 04 94 55 09 09 – www.hotel-martinengo.com – Ouvert 2 avril-5 oct.
9 ch – †65/183 € ††65/183 € – 1 suite – ☕ 15 €
Face à la mer, dans un jardin planté d'imposants pins parasols... Son architecture ne manque pas de cachet ; ses chambres offrent simplicité et chaleur. Accueil familial.

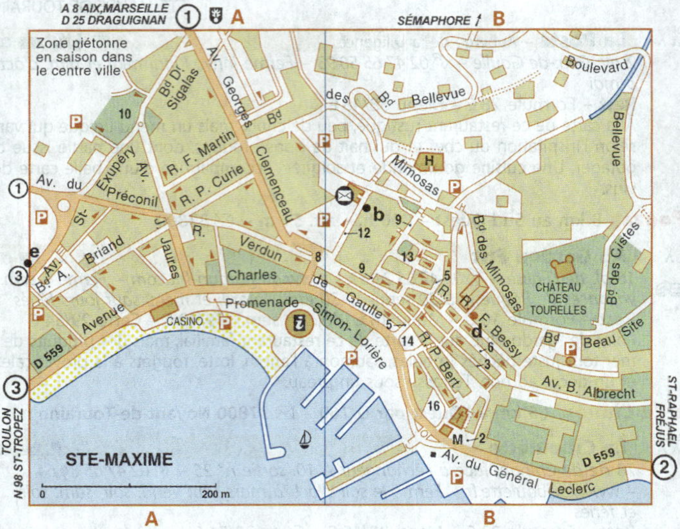

Les Santolines

la Croisette par ③ – ✆ 04 94 96 31 34 – www.hotel-les-santolines.com

13 ch – †60/158 € ††60/158 € – 1 suite – ☕ 12 €

Rest *Le Sarment de Vigne* – voir les restaurants ci-après

D'un côté la route, assez passante... mais de l'autre, les eaux azurées de la Méditerranée ! Heureusement bien isolé, ce mas provençal est résolument tourné vers la mer. Chambres d'esprit provençal, avec balcon face aux flots à l'étage.

Montfleuri

3 av. Montfleuri, par ② – ✆ 04 94 55 75 10 – www.montfleuri.com – Fermé 3 nov.-19 déc. et 2 janv.-28 fév.

32 ch – †65/325 € ††65/325 € – ☕ 13 € – ½ P

Rest *(dîner seult)* – Menu 29/37 € – Carte 43/60 €

Dans un quartier résidentiel, adresse familiale abritant des chambres confortables, certaines avec balcon côté mer. Petit jardin aux essences méditerranéennes. Repas traditionnel servi dans une salle aux notes coloniales ou en plein air.

Le Mas des Oliviers sans rest

quartier de la Croisette, 1 km par ③ – ✆ 04 94 96 13 31 – www.hotellemasdesoliviers.com – Fermé déc., janv. et fév.

20 ch – †70/199 € ††70/199 € – ☕ 12 €

Au calme sur une colline de pins parasols, hôtel familial aux couleurs du Sud proposant des chambres spacieuses, avec loggias tournées sur le golfe ou sur le jardin.

Le Petit Prince sans rest

11 av. St-Exupéry – ✆ 04 94 96 44 47 – www.hotellepetitprince.com

31 ch – †65/160 € ††65/160 € – ☕ 10 € **Ae**

Chambres actuelles et bien insonorisées, avec balcons (sauf deux), donnant sur une avenue passante proche des plages et du centre. Solarium et terrasse pour les petits-déjeuners.

Hôtellerie de la Poste sans rest
11 bd F. Mistral – ✆ 04 94 96 18 33 – www.hotelleriedusoleil.com – Fermé 5-27 déc. Bb
28 ch – †75/150 € ††75/240 € – ☕ 10 €
Face à la poste, cet hôtel bien rénové vous accueille dans un décor d'inspiration cubaine. Chambres aux tons chauds, plus calmes sur l'arrière. Petit patio avec piscine.

Hostellerie la Belle Aurore – Hôtel Hostellerie la Belle Aurore
5 bd Jean Moulin, par ③ – ✆ 04 94 96 02 45 – www.belleaurore.com – Ouvert 6 avril-13 oct. et fermé lundi midi et merc. sauf juil.-août
Rest – Formule 26 € – Menu 40/88 € – Carte 98/125 €
La salle embrasse si joliment le golfe de St-Tropez qu'on a envie de le croquer ! Et ce n'est pas la moindre gourmandise promise par cette belle table provençale (filet de dorade, poivron confit et jus de veau à l'huile d'olive).

La Badiane (Geoffrey Poësson)
6 r. Fernand-Bessy – ✆ 04 94 96 53 93 – Fermé 3-9 juin, 19 nov.-9 déc., 14 janv.-3 fév. et dim. soir Bd
Rest *(dîner seult) (nombre de couverts limité, réserver)* – Menu 50/85 € – Carte 80/115 €
Un cadre épuré pour une cuisine soignée et sophistiquée : le jeune chef fait son marché chaque matin, avant d'élaborer "à l'instinct" les mets du soir... Les assiettes sont très graphiques !
➜ Cannellonis de fenouil, truffe et foie gras gratinés au parmesan. Pavé de loup de ligne laqué dans une eau de tomate réduite et sifflets de légumes. Citron comme un vacherin, gelée de galanga. **Vins** Côtes de Provence, Cassis.

Le Sarment de Vigne – Hôtel Les Santolines
la Croisette par ③ – ✆ 04 94 96 34 99 – www.hotel-les-santolines.com – Fermé 1er nov.-28 fév.
Rest – Formule 18 € bc – Menu 45 € – Carte 34/108 €
Pause repas sur la route de la Croisette, à deux pas de la mer. À la carte : spécialités régionales et grillades – à déguster idéalement en terrasse, au bord de la piscine.

au Nord-Est par ①, av. Clemenceau et rte du Débarquement – ✉ 83120 Ste-Maxime

Jas Neuf sans rest
112 av. du Débarquement – ✆ 04 94 55 07 30 – www.hotel-jasneuf.com – Fermé 26 nov.-14 déc. et 2-25 janv.
24 ch – †71/173 € ††71/173 € – ☕ 11 €
Un ensemble de jolies petites maisons méridionales en retrait de la ville. Chambres fraîches et coquettes aux couleurs de la Provence, la plupart avec terrasse et balcon.

à la Nartelle 4 km par ② – ✉ 83120 Ste Maxime

La Plage sans rest
36 av. Gén.-Touzet-du-Vigier – ✆ 04 94 96 14 01 – www.hotel-plage-ste-maxime.com
18 ch – †69/175 € ††69/175 € – ☕ 11 €
Agréable hôtel rénové, bordant la route et la plage. Agréable esprit contemporain, bons équipements. Toutes les chambres offrent un balcon face au large...

à Val d'Esquières 6 km au Nord-Ouest par ② et rte des Issambres – ✉ 83120 Ste-Maxime

La Villa sans rest
122 av. Croiseur-Léger-Le-Malin, à la Garonnette, D 559 – ✆ 04 94 49 40 90 – www.hotellavilla.fr – Ouvert 1er avril-15 oct.
8 ch – †85/150 € ††99/175 € – 4 suites – ☕ 9 €
Face à la plage (il faut simplement traverser la route), cet établissement familial abrite de charmantes chambres d'esprit provençal ; certaines donnent sur la mer.

STE-MENÉHOULD – 51 Marne – 306 L8 – 4 537 h. – alt. 137 m 14 C2
– ✉ 51800 Champagne Ardenne

Paris 221 – Bar-le-Duc 50 – Châlons-en-Champagne 48 – Reims 80

5, place du Général Leclerc, ✆ 03 26 60 85 83, www.argonne.fr

★ de la butte appelée "Le château" - Château de Braux-Ste-Cohière★ O : 5,5 km.

Le Cheval Rouge

1 r. Chanzy – ✆ 03 26 60 81 04 – www.lechevalrouge.com

24 ch – 55/65 € 55/65 € – 7 € – ½ P

Rest *Le Cheval Rouge* – voir les restaurants ci-après

Rest *Brasserie* – Menu 13 € (sem.) – Carte 22/35 €

À deux pas de l'hôtel de ville, cette auberge ancienne, aux chambres fonctionnelles et bien tenues, vous assurera des nuits paisibles. L'occasion aussi de découvrir les spécialités gastronomiques du restaurant, bien connues dans la région (pour les plus pressés à la Brasserie).

Le Cheval Rouge

1 r. Chanzy – ✆ 03 26 60 81 04 – www.lechevalrouge.com – Fermé dim. soir et lundi

Rest – Menu 20/60 € – Carte 53/73 €

Connaissez-vous le pied de cochon "à la Sainte-Ménehould" ? C'est en tout cas le moment de découvrir LA spécialité culinaire de cette véritable institution du coin. Un lieu bien sympathique !

à Futeau 13 km à l'Est par D 603 et D 2 – 163 h. – alt. 190 m – ✉ 55120

L'Orée du Bois

1 km au Sud – ✆ 03 29 88 28 41 – www.aloreedubois.fr – fermé 24 nov.-24 janv., lundi midi, mardi midi de Pâques à fin sept.

14 ch – 85/100 € 115/155 € – 14 € – ½ P

Rest *L'Orée du Bois* – voir les restaurants ci-après

Voilà une auberge accueillante, délicieusement isolée à la lisière de la forêt d'Argonne. Avec ses chambres où le calme n'est rompu que par le chant des oiseaux, son charmant petit espace détente, c'est l'endroit idéal pour se mettre au vert !

L'Orée du Bois

1 km au Sud – ✆ 03 29 88 28 41 – www.aloreedubois.fr – Fermé 24 nov.-24 janv., lundi midi, mardi midi de Pâques à fin sept.

Rest – Menu 30 € (sem.), 45/75 € – Carte 58/80 €

Il règne une belle ambiance rustique dans cette auberge familiale. Avec des produits frais et de saison, le chef concocte des spécialités traditionnelles : écrevisses, pigeonneau aux champignons sauvages, foie gras poêlé... Une étape sympathique.

STE-MÈRE-ÉGLISE – 50 Manche – 303 E3 – 1 643 h. – alt. 28 m 32 A2
– ✉ 50480 Normandie Cotentin

Paris 321 – Bayeux 57 – Cherbourg 39 – St-Lô 42

6, rue Eisenhower, ✆ 02 33 21 00 33, www.sainte-mere-eglise.info

Musée Airborne★ - Musée d'Utah Beach★★.

au Sud-Ouest 6 km par D 67 et D 70 – ✉ 50360 Picauville

Château de L'Isle Marie sans rest

(entre Chef-du-Pont et Picauville) – ✆ 02 33 21 37 25 – www.islemarie.com

5 ch – 170/180 € 180/200 €

Évidemment, il y a ce somptueux château médiéval entièrement remanié en 1903, mais aussi le jardin à la française, l'immense domaine, les chambres de style (mobilier ancien, lits à baldaquin, etc.). Romantisme et authenticité : un lieu unique.

STE-NATHALÈNE – 24 Dordogne – 329 I6 – 568 h. – alt. 145 m 4 D3
– ✉ 24200

Paris 538 – Bordeaux 205 – Brive-la-Gaillarde 63 – Périgueux 74

La Roche d'Esteil

La Croix d'Esteil – 05 53 29 14 42 – www.larochedesteil.com
5 ch – 70/105 € 70/105 € – 7 € **Table d'hôte** – Menu 25 €
Un domaine restauré avec goût par des propriétaires passionnés, dans le respect de la tradition périgourdine. Les chambres, au charme rustique, sont installées dans les anciennes granges. Le soir, décor plus contemporain et ambiance conviviale à la table d'hôte.

STE-PREUVE – 02 Aisne – 306 F5 – 85 h. – alt. 115 m – ✉ 02350 37 D2

Paris 188 – Laon 29 – Reims 49 – Saint-Quentin 69

Domaine du Château de Barive

3 km au Sud-Ouest – 03 23 22 15 15 – www.chateau-de-barive.com
VISA AE
18 ch – 135/280 € 165/450 € – 4 suites – 17 € – ½ P
Rest *Les Epicuriens* – voir les restaurants ci-après
Une superbe bâtisse du 19e s. dans un immense parc : calme champêtre... Les chambres sont cosy (mansardées au 2e étage) et décorées avec soin, dans une veine contemporaine ou classique, les suites très jolies et l'accueil prévenant.

Le Prieuré sans rest

– 03 23 22 15 15 – www.ferme-du-prieure.com
VISA AE
5 ch – 115/135 € 135/175 €
Calme et détente assurés en cette ancienne ferme qui allie beaux volumes, éléments rustiques et confort contemporain. Les chambres, joliment décorées, sont toutes mansardées et donnent sur la nature environnante. Idéal pour un week-end au vert.

Les Epicuriens – Hôtel Domaine du Château de Barive

3 km au Sud-Ouest – 03 23 22 15 15 – www.chateau-de-barive.com
VISA AE
Rest – Formule 30 € – Menu 40/95 € – Carte 77/109 €
Voilà bien une table destinée aux épicuriens ! Sérieux professionnel, le chef signe une cuisine raffinée, mêlant inspiration traditionnelle et méridionale : les assiettes ravissent l'œil comme le palais... Quant au cadre, il est élégant et ouvre sur la verdure. Service attentif.

SAINTES – 17 Charente-Maritime – 324 G5 – 26 335 h. – alt. 15 m – ✉ 17100 Poitou-Charentes 38 B3

Paris 469 – Bordeaux 117 – Poitiers 138 – Rochefort 42
Place Bassompierre, 05 46 74 23 82, www.saintes-tourisme.fr
de Saintonge, 43, route du Golf, par rte de Niort : 5 km, 05 46 74 27 61
Abbaye aux Dames : église abbatiale★ - Vieille ville★ - Arc de Germanicus★ **B** - Église St-Eutrope : église inférieure★ **E** - Amphithéâtre gallo-romain★ - Musée des Beaux-Arts★ : Musée Archéologique : char de parade★.

Plan page suivante

Relais du Bois St-Georges

132 cours Genet, (Parc Atlantique) – 05 46 93 50 99 – www.relaisdubois.com
VISA AE
Yd
30 ch – 120/195 € 120/370 € – 20 €
Rest – Carte 52/97 €
Rest *La Table du Bois* – Formule 24 € – Menu 31 € – Carte environ 36 €
Banquise, Tombouctou, Monte Cristo... des chambres originales pour se reposer et rêver ; un parc superbe et des étangs pour flâner : du cachet ! Côté papilles, on peut opter pour un vrai moment gastronomique, ou un repas plus bistrotier à La Table du Bois.

Hôtel des Messageries sans rest

r. des Messageries – 05 46 93 64 99 – www.hotel-des-messageries.com – Fermé vacances de Noël
AZr
32 ch – 65/91 € 71/91 € – 2 suites – 9 €
Un relais de poste (1792) du quartier historique, où règne une quiétude très "maison de famille". Les chambres sont confortables, dans une veine romantique. Au petit-déjeuner, on se régale de bons produits charentais.

SAINTES

Allende (Av. Salvador) . . . . Y 2
Alsace-Lorraine (R.) . . . . AZ 3
Arc-de-Triomphe (R.) . . . . . . BZ 4
Bassompierre (Pl.) . . . . BZ 5
Berthonnière (R.) . . . . AZ 7
Blair (Pl.) . . . . AZ 9
Bois d'Amour (R.) . . . . AZ 10
Bourignon (R.) . . . . Y 12
Brunaud (R. A.) . . . . AZ 13
Clemenceau (R.) . . . . AZ 15
Denfert-Rochereau (R.) . . . . BZ 16
Dufaure (Av. J.) . . . . Y 18
Foch (Pl. Mar.) . . . . AZ 20
Gambetta (Av.) . . . . BZ
Jacobins (R. des) . . . . AZ 25
Jean (R. du Dr) . . . . Y 27
Kennedy (Av. J.-F.) . . . . Y 31
Lacurie (R.) . . . . Y 33
Leclerc (Crs Mar.) . . . . Y 34
Lemercier (Cours) . . . . AZ 35
Marne (Av. de la) . . . . BZ 37
Mestreau (R. F.) . . . . BZ 38
Monconseil (R.) . . . . AZ 39
National (Cours) . . . . AZ
République (Quai) . . . . AZ 41
St-Eutrope (R.) . . . . AZ 42
St-François (R.) . . . . AZ 43
St-Macoult (R.) . . . . AZ 45
St-Pierre (R.) . . . . AZ 46
St-Vivien (Pl.) . . . . AZ 47
Victor-Hugo (R.) . . . . AZ 49

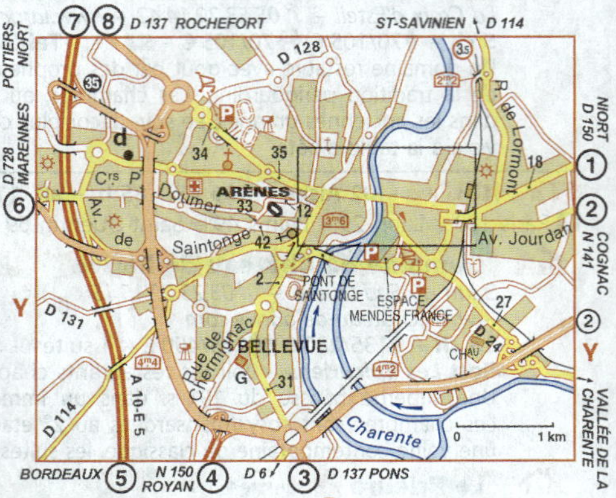

L'Avenue sans rest

114 av. Gambetta – ✆ 05 46 74 05 91 – www.hoteldelavenue.com – Fermé 22 déc.-7 janv. et 23 fév.-3 mars BZs

15 ch – †64/73 € ††66/75 € – ☕ 8 €

Un hôtel des années 1970 en bord de route, mais des chambres au calme, impeccables, chaleureuses et colorées – certes parfois un peu kitsch. Pratique et sympathique !

Le Parvis

12-12 bis quai de l'Yser, (Petite-Rue-du-Bois-d'Amour) – ✆ 05 46 97 78 12 – www.restaurant-le-parvis.fr – Fermé vacances de printempes, merc. midi, dim. et lundi

Rest – Formule 23 € – Menu 27/48 € AZt

Cabillaud en croûte de tandoori et son risotto de potiron, figues rôties au beurre salé... De beaux produits pour une cuisine pleine de charme, dans une maison de ville qui n'en manque pas.

Saveurs de l'Abbaye avec ch

rest,

1 pl. St Palais – ✆ 05 46 94 17 91 – www.saveurs-abbaye.com – Fermé 2 sem. fin sept.-début oct. BZt

8 ch – †50 € ††53 € – ☕ 8,50 € **Rest** – Formule 17 € – Menu 27/46 €

À deux pas de l'abbaye aux Dames, un restaurant dans l'air du temps, tant par son décor épuré et chaleureux que sa carte mêlant épices et terroir. Pour l'étape, les chambres, sobres et agréables, cultivent un certain esprit maison d'hôtes.

Clos des Cours

2 pl. du Théâtre – 05 46 74 62 62 – www.closdescours.com
– Fermé 28 oct.-12 nov., 24 déc.-6 janv. et dim. AZb
Rest – Formule 15 € – Menu 28/40 € – Carte 33/40 €
Décor contemporain, terrasse spacieuse où il faut bon musarder l'été venu et cuisine du marché savamment mâtinée de saveurs d'ici et d'ailleurs... Tout près du théâtre, cette table est charmante !

La Table de Marion (Marion Monnier)

10 pl. Blair – 05 46 74 16 38 – www.latabledemarion.unblog.fr
– Fermé mardi et merc. AZa
Rest *(nombre de couverts limité, réserver)* – Formule 20 €
– Menu 25 € (déj. en sem.), 37/55 €
Comme son prénom ne l'indique pas, le jeune chef est un homme. Au gré du marché, il concocte une cuisine savoureuse et raffinée, jouant sur les textures, les parfums... pour le bonheur du produit. Créativité et délicatesse ! Service charmant.
→ Fraîcheur de maquereau et tourteau, quinoa aux herbes. Saint-Jacques au beurre mousseux, légumes anciens rôtis en croûte de sel. Nuage mousseux d'aloe vera, biscuit gourmand à l'huile d'amandon.

L'Adresse

48 r. St-Eutrope – 05 46 94 51 62 – www.adresserestosaintes.fr
– Fermé 2-16 janv., 25 août-8 sept., dim. et lundi AZd
Rest *(nombre de couverts limité, réserver)* – Formule 15 €
– Menu 29/42 €
Produits du marché et légumes de producteurs locaux, sans oublier... l'adresse du chef : tous les ingrédients sont réunis pour un repas très gourmand. Décor actuel, atmosphère douce.

à St-Sauvant 13 km à l'Est par ② et N 141 – 514 h. – alt. 18 m – ✉ 17610

Design Hôtel des Francs Garçons

rest,
1 r. des Francs-Garçons – 05 46 90 33 93
– www.francsgarcons.com
10 ch – †80/150 € ††88/180 € – 3 suites – ☐ 12 € – ½ P
Rest *(dîner seult) (résidents seult)* – Menu 25 € – Carte 30/44 €
Design, couleurs acidulées et vieilles pierres : au cœur d'un village médiéval, cet hôtel d'esprit contemporain et international est une réussite. Quelques brasses dans la piscine en plongeant son regard sur la vieille église... et, pour les résidents, dîner traditionnel. Franc et... beau !

à Thénac 10 km au Sud par ③ et D 6 – 1 631 h. – alt. 62 m – ✉ 17460

Domaine les Chais de Thénac sans rest

41 r. de la République – 05 46 91 05 74
– www.domainedeschais.com
6 ch ☐ – †85/120 € ††85/120 €
Quiétude et charme de la campagne pour ce chai du 18e s. restauré et décoré avec goût, à la manière d'une maison d'hôtes. Quel plaisir de paresser dans le jardin, au bord de la piscine...

L'Atelier Gourmand de Jean-Yves

41 r. de la République – 05 46 97 84 26 – www.l-ateliergourmand.fr
– Fermé 2 sem. en janv., 1 sem. en oct., dim. soir et lundi
Rest – Formule 20 € – Menu 24 € (déj. en sem.), 28/69 € bc
– Carte 41/64 €
Rendez-vous dans les anciennes écuries des chais. Au programme : authenticité rustique, cuisines ouvertes pour plus de convivialité et bons petits plats régionaux. Un samedi par mois, le chef assure aussi un cours de cuisine. Sympathique !

STE-SABINE – 24 Dordogne – 329 F7 – 380 h. – alt. 133 m – ✉ 24440 4 C2

Paris 565 – Bergerac 32 – Bordeaux 130 – Périgueux 79

Étincelles-La Gentilhommière (Vincent Lucas) avec ch

– ✆ 05 53 74 08 79 – www.gentilhommiere-etincelles.com
– *Fermé vacances de printemps, 1er-8 juil., 20-30 sept., vacances de la Toussaint, vacances de fév., mardi sauf le soir en juil.-août, vend. midi et merc. sauf juil.-août, dim. soir, lundi midi, jeudi midi et sam. midi*

4 ch – 101/115 € 101/165 €

Rest *(nombre de couverts limité, réserver)* – Formule 31 € – Menu 49 € (dîner)/ 101 €

Une chaleureuse maison périgourdine, dans un jardin aux arbres majestueux. Le concept : on réserve au plus tard la veille, car le chef ne travaille que des produits frais. Il propose un menu unique et sa créativité fait des étincelles ! Chambres thématiques (romantique, orientale, montagnarde...).

➜ Pan bagnat d'esturgeon au foie gras. Pigeon rôti au bouillon de gambas, tartine de salicornes et bourrache. Meringue de foie gras au poivre de Tasmanie, soupe de reines-claudes et glace à la badiane. Vins Bergerac.

STE-SAVINE – 10 Aube – 313 E4 – rattaché à Troyes

STES-MARIES-DE-LA-MER – 13 Bouches-du-Rhône – 340 B5 40 A3
– 2 308 h. – alt. 1 m – ✉ 13460 Provence

Paris 778 – Arles 39 – Marseille 129 – Nîmes 67

5, avenue Van Gogh, ✆ 04 90 97 82 55, www.saintesmaries.com

Mas de Cocagne sans rest

rte d'Arles – ✆ 04 90 97 96 17 – www.mas-cocagne.com
– Ouvert 26 mars-12 nov.

18 ch – 99/259 € 119/259 € – 15 €

Sur la route d'Arles, cet hôtel de standing moderne propose des chambres fort bien tenues, au décor contemporain et coloré, avec terrasse privative. Agréable piscine. Des prestations de qualité.

Le Fangassier sans rest

12 rte de Cacharel – ✆ 04 90 97 85 02 – www.fangassier.camargue.fr
– Ouvert 15 fév.-17 nov. Be

22 ch – 48/66 € 48/66 € – 7 €

Non loin du centre-ville et de la mer, une maison traditionnelle aux volets bleus, sobre et rustique. Certaines chambres disposent d'une petite terrasse, d'autres sont mansardées. Simplicité et prix sages.

Les Arcades (N) sans rest

5 r. Paul-Hermann – ✆ 04 90 97 73 10 – www.lesarcades.camargue.fr
– Ouvert 15 fév.-10 nov. Ba

19 ch – 46/91 € 46/91 € – 7 €

À deux pas de la plage et du centre-ville, dans une rue assez calme, cet hôtel abrite des chambres simples, fonctionnelles et bien insonorisées. Le tout à prix doux. Un pied-à-terre parfait pour les vacances !

Casa Romãna (N)

6 r. Joseph-Romanille – ✆ 04 90 97 83 33 – Fermé 4 janv.-7 fév., mardi midi et lundi Bd

Rest *(nombre de couverts limité, réserver)* – Formule 19 € bc – Menu 23 € – Carte 28/40 €

Voilà une Casa qu'on aimerait faire sienne ! Derrière les fourneaux, le chef concocte de généreuses recettes régionales, telles la daube de taureau aux olives, la soupe de poisson ou la bourride de baudroie... Un conseil : pensez à réserver, c'est souvent complet !

STES-MARIES -DE-LA-MER

rte de Cacharel **6 km au Nord 6 km par D 85A**
– ✉ 13460 Les Saintes-Maries-de-la-Mer

Mas de Calabrun Ⓝ
rte de Cacharel – ✆ 04 90 97 82 21 – www.mas-de-calabrun.fr – Fermé 12 nov.-25 déc. et 5 janv.-10 fév.
31 ch – 105/135 € 135/165 € – ½ P
Rest ***La Coursejade*** – voir les restaurants ci-après
Un hôtel-restaurant dans une bâtisse typiquement régionale, isolée en pleine Camargue. Les chambres – confortables et bien tenues – portent des noms tels que Gitane, Gardian, Torero, etc. Préférez celles, plus calmes, donnant sur le jardin ou derrière le mas. Idéal pour les amateurs de grands espaces !

La Coursejade Ⓝ – Hôtel Mas de Calabrun
rte de Cacharel – ✆ 04 90 97 82 21 – www.mas-de-calabrun.fr – Fermé 12 nov.-25 déc., 5 janv.-10 fév., dim. et lundi hors saison
Rest – Formule 24 € – Menu 30 € (déj.)/38 €
Du nom d'une épreuve d'équitation camarguaise, ce restaurant propose une cuisine soignée et parfumée : pressé de champignons, quasi de veau aux girolles, etc. Le tout à savourer dans un décor rustique (dont une salle avec cheminée). De quoi adopter le mode de vie des gardians !

rte du Bac du Sauvage **4 km au Nord-Ouest par D 38**
– ✉ 13460 Les Stes-Maries-de-la-Mer

Mas de la Fouque
rte du Petit-Rhône – ✆ 04 90 97 81 02 – www.masdelafouque.com – Fermé 2 janv.-12 fév.
20 ch – 260/560 € 260/560 € – 6 suites – 22 € – ½ P
Rest ***Mas de la Fouque*** – voir les restaurants ci-après
Des étangs, des chevaux, des flamants roses... Une Camargue enchanteresse tout autour de ce domaine qui joue, à l'écart de tout, la carte de la décontraction chic pour une clientèle discrète. On s'installe ici comme dans une très belle maison de vacances, et il n'est qu'à profiter de la douceur de vivre des lieux !

L'Estelle ch, rest,
rte du Petit-Rhône, D 38 – ✆ 04 90 97 89 01 – www.hotelestelle.com – Ouvert 23 mars-12 nov. et 21 déc.-4 janv.
17 ch – 270/320 € 290/440 € – 3 suites – ½ P
Rest *(fermé lundi midi et mardi midi)* – Menu 25 € (déj. en sem.), 40/95 € – Carte 55/103 €
Un hôtel-restaurant plein de charme, au bord du Petit-Rhône, avec la Camargue pour horizon. Les chambres, de style provençal, ont vue sur l'étang ou le jardin ; préférez les plus récentes. Belle terrasse face à la piscine.

Mas de la Fouque – Mas de la Fouque
rte du Petit-Rhône – ✆ 04 90 97 81 02 – www.masdelafouque.com – Fermé 2 janv.-12 fév.
Rest – Menu 38 € (déj.)/65 € – Carte 65/75 €
Le soir, dans cette magnifique Camargue sauvage, on se croirait à Bali. Dîner les pieds dans l'eau sous un gazebo en se régalant d'une cuisine fine et inventive, n'est-ce pas déjà le paradis ?

rte d'Arles **Nord-Ouest par D 570 – ✉ 13460 Les Stes-Maries-de-la-Mer**

Les Rizières sans rest
rte d'Arles, à 3 km – ✆ 04 90 97 91 91 – www.lesrizieres-camargue.com – Fermé 12 nov.-1er fév.
27 ch – 70/130 € 70/130 € – 10 €
Dans une ancienne manade (élevage camarguais) près d'un charmant étang. Les chambres, simples et nettes, s'organisent autour d'un patio ; certaines, avec mezzanine, sont parfaites pour les familles.

STE-VERGE – **79 Deux-Sèvres** – **322** E2 – **rattaché à Thouars**

LES SAISIES – 73 Savoie – 333 M3 – Sports d'hiver : 1 600/1 950 m 45 D1

30 – ✉ 73620 Alpes du Nord

Paris 597 – Albertville 29 – Annecy 61 – Bourg-St-Maurice 53

316 avenue des Jeux Olympiques, ✆ 04 79 38 90 30, www.lessaisies.com

Le Calgary

ch, rest, VISA AE

73 r. des Periots – ✆ 04 79 38 98 38 – www.hotelcalgary.com – Ouvert 16 juin-9 sept. et 15 déc.-27 avril

39 ch – †85/130 € ††105/190 € – 1 suite – ☐ 14 € – ½ P

Rest *(dîner seult)* – Formule 23 € – Menu 28/45 € – Carte environ 40 €

Son nom rappelle les exploits de Franck Piccard, originaire de la station et médaillé d'or aux Jeux olympiques de Calgary en 1988 : de fait, le skieur est propriétaire des lieux ! Évidemment, ce beau chalet, très confortable, est idéal pour profiter des joies de la montagne, que l'on soit sportif... ou non.

SALBRIS – 41 Loir-et-Cher – 318 J7 – 5 682 h. – alt. 104 m – ✉ 41300 12 C2

Châteaux de la Loire

Paris 187 – Blois 65 – Bourges 62 – Montargis 102

27, boulevard de la République, ✆ 02 54 97 22 27, www.tourisme-solognedesrivieres.fr

de Nançay, à nançay, Domaine de Samord, SE : 15 km, ✆ 02 48 51 86 55

Le Parc

P VISA AE

8 av. d'Orléans – ✆ 02 54 97 18 53 – www.leparcsalbris.com – Fermé 21 déc.-13 janv.

26 ch – †78/105 € ††90/115 € – ☐ 9,50 € – ½ P

Rest *(fermé dim. de nov. à mars) (dîner seult)* – Menu 25/39 € – Carte 45/60 €

Grande demeure bourgeoise dans un beau jardin arboré. Les chambres, sobres et élégantes, sont bien tenues. Au restaurant, ambiance rustique, cuisine traditionnelle et vaste cheminée pour réchauffer les rudes journées d'hiver de la Sologne...

Domaine de Valaudran (N)

AC ch, ch, P VISA AE

av. de Romoratin, 1,5 km au Sud-Ouest par rte de Romorantin (proche sortie ④ A71) – ✆ 02 54 97 20 00 – www.hotelvalaudran.com – Fermé 23-30 déc.

31 ch – †72/95 € ††95/115 € – ☐ 12 € – ½ P

Rest *(fermé lundi midi, sam. midi et dim.)* – Menu 23 € (sem.), 35/50 € – Carte 43/64 €

Au cœur de la Sologne, laissez-vous charmer par cette gentilhommière du 19e s. avec son parc de 2 ha et sa piscine. Les chambres y sont confortables et très bien tenues ; certaines mansardées. Le soir, il fait bon prendre un cocktail au salon assis dans un fauteuil club. Restaurant traditionnel.

SALERS – 15 Cantal – 330 C4 – 361 h. – alt. 950 m – ✉ 15140 5 B3

Auvergne

Paris 509 – Aurillac 43 – Brive-la-Gaillarde 100 – Mauriac 20

rue du château, ✆ 04 71 40 58 08, www.salers-tourisme.fr

Grande-Place★★ - Église★ - Esplanade de Barrouze ★.

Le Bailliage

Spa P VISA AE

r. Notre-Dame – ✆ 04 71 40 71 95 – www.salers-hotel-bailliage.com – Fermé 15 nov.-6 fév.

22 ch – †75/88 € ††75/110 € – 2 suites – ☐ 13 € – ½ P

Rest *Le Bailliage* – voir les restaurants ci-après

Cette grande demeure régionale constitue un point de chute plein de vie pour découvrir le village, si pittoresque. Les chambres, spacieuses et décorées avec goût, donnent sur le jardin ou la campagne ; certaines arborent un style plus moderne ("Zen", "Marilyn"...).

Saluces sans rest
r. Martille – ✆ 04 71 40 70 82 – www.hotel-salers.fr – Fermé 12 nov.-20 déc. et 2 janv.-5 fév.
8 ch – 70/89 € 70/89 € – 12 €
Cette propriété appartenait au marquis de Lur Saluces, gouverneur de la cité au 16e s. Aujourd'hui, la maison affiche un style épuré : mobilier chiné et matériaux naturels (bois, marbre, ardoise). Petit-déjeuner – avec confitures maison – sous le vieux marronnier !

Le Bailliage – Hôtel Le Bailliage
r. Notre-Dame – ✆ 04 71 40 71 95 – www.salers-hotel-bailliage.com – Fermé 15 nov.-6 fév. et lundi midi
Rest – Menu 23/49 € – Carte 28/58 €
Dans la région, tout le monde connaît ce Bailliage gourmand ! Les meilleurs éleveurs fournissent le restaurant en viande... de salers, et l'on se presse pour goûter pounti, truffade, tripoux, etc., et de délicieux fromages auvergnats.

à Fontanges 5 km au Sud par D 35 – 217 h. – alt. 692 m – ✉ 15140

Auberge de l'Aspre ch,
– ✆ 04 71 40 75 76 – www.auberge-aspre.fr – Fermé 20 nov.-25 mars, dim. soir et lundi d'oct. à mai
8 ch – 60/70 € 60/70 € – 9 € – ½ P
Rest – Formule 15 € – Menu 22/35 € – Carte 27/44 €
En pleine nature, cette ancienne ferme abrite des chambres simples et fonctionnelles (salles de bains en mezzanine). Avec vue sur le verger, la piscine ou bien la chapelle monolithe, elles permettent de se ressourcer en pleine campagne.

Château de la Fromental rest,
par D 35 – ✆ 04 71 40 77 20 – www.chateaulafromental.com – Fermé 3-29 janv.
5 ch – 133/163 € 140/170 € **Table d'hôte** – Menu 35 € bc
Ce château de 1890 a été restauré avec goût : plafond peint et moulures dans le hall, mobilier original et objets chinés dans les chambres, baptisées Victoria, Hortense, Angélique, etc. Parmi les activités proposées, des cours de cuisine et des ateliers de faïence, pour explorer tous les arts de la table.

au Theil 6 km au Sud-Ouest par D 35 et D 37 – ✉ 15140 St Martin Valmeroux

Hostellerie de la Maronne rest,
– ✆ 04 71 69 20 33 – www.maronne.com
– Ouvert 30 mars-12 nov.
15 ch – 90/180 € 90/180 € – 4 suites – 14 € – ½ P
Rest *(fermé lundi sauf juil.-août) (dîner seult)* – Menu 35/45 €
Quelle vue ! Les pâturages se déroulent à perte de vue devant cette belle maison de maître (19e s.) en pierres et lauzes. Chambres et salons élégants, piscine, tennis : un ensemble très confortable et un bon point de départ pour de superbes randonnées.

SALIES-DE-BÉARN – 64 Pyrénées-Atlantiques – 342 G4 – 4 886 h. – alt. 50 m – Stat. therm. : fin fév.-mi-déc. – Casino – ✉ 64270 Aquitaine   3 B3

Paris 762 – Bayonne 60 – Dax 36 – Orthez 17
rue des Bains, ✆ 05 59 38 00 33, www.tourisme-bearn-gaves.com
Sauveterre-de-Béarn : site★, ★★ du vieux pont, S : 10 km.

Hôtel du Parc
bd Saint-Guily – ✆ 05 59 38 31 27 – www.hotelsalies.com
51 ch – 79/109 € 89/119 € – 10 € – ½ P
Rest – Formule 13 € – Menu 22/29 € – Carte 20/40 €
L'entrée impressionne, avec ses galeries à l'italienne et sa verrière... sans oublier le casino ! Heureusement, l'isolation est parfaite, y compris dans les chambres, modernes et bien agencées. Restauration traditionnelle.

Hôtel du Golf Le Lodge
chemin de Labarthe – ✆ 05 59 67 75 23 – www.le-lodge-salies.com – Fermé 22 déc.-6 janv.
29 ch – †79/89 € ††88/98 € – ☕ 10 € – ½ P
Rest *(fermé sam. midi et dim. soir)* – Formule 15 € – Menu 26/38 € – Carte 31/46 €
La construction peut sembler somme toute banale, mais ses propriétaires en ont soigné la décoration, dans un style lodge : plantes exotiques, bambou, portraits d'animaux africains... Certaines chambres donnent sur le golf. Cuisine régionale au restaurant.

Maison Léchémia ch,
quartier du Bois, 3 km au Nord-Ouest par rte de Caresse et rte secondaire – ✆ 05 59 38 08 55 – www.chambresdhoteslechemia.com
3 ch ☕ – †45 € ††58/68 € **Table d'hôte** – Menu 17/30 € bc
Cette ferme isolée dans la campagne conjugue accueil chaleureux et confort. Petites chambres décorées avec goût, dont une familiale, disposant d'une mezzanine. À table, produits du potager servis sur la terrasse ou devant la cheminée. Bon petit-déjeuner.

Restaurant des Voisins
12 r. des Voisins – ✆ 05 59 38 01 79 – Fermé 20 juin-4 juil., 21 nov.-5 déc., mardi d'oct. à juin et lundi
Rest – Formule 25 € – Menu 29/54 €
Voici une adresse où l'on aimerait toujours pouvoir venir en voisin ! Objets chinés, piano, œuvres contemporaines, etc. : le décor éclectique séduit dans cette maison qui passe pour être la plus ancienne du village. Quant à l'assiette, elle ne triche pas avec le produit : les plats sont savoureux, en prise sur le marché !

à Castagnède 8 km au Sud-Ouest par D 17, D 27 et D 384 – 195 h. – alt. 38 m – ✉ 64270

La Belle Auberge avec ch rest, ch, ch,
– ✆ 05 59 38 15 28 – Fermé 3-16 juin, mi déc.-fin janv., dim. soir et lundi soir
14 ch – †47/74 € ††47/74 € – ☕ 8 € – ½ P
Rest – Formule 15 € – Menu 20/26 € – Carte 18/39 €
Dans ce paisible hameau du Béarn, impossible de ne pas remarquer cette auberge aux volets rouges ! On y savoure une cuisine où les spécialités régionales ont la part belle. Aux beaux jours, profitez de la terrasse sous les tilleuls. Chambres fonctionnelles pour prolonger le séjour.

SALIES-DU-SALAT – 31 Haute-Garonne – 343 D6 – 1 998 h. – alt. 300 m – Stat. therm. – Casino – ✉ 31260 Midi Toulousain 28 B3

Paris 751 – Bagnères-de-Luchon 73 – St-Gaudens 27 – Toulouse 79
boulevard Jean Jaurès, ✆ 05 61 90 53 93, http://salinea.free.fr/salies-salat

Hôtel du Parc sans rest
6 r. d'Austerlitz – ✆ 05 61 90 51 99 – www.hotelduparcsaliesdusalat.com – Fermé 23 déc.-5 janv.
21 ch – †45/50 € ††50/60 € – ☕ 7 €
Face au casino, cet hôtel des années 1920 dispose de chambres assez simples. Formule snacking.

SALINS-LES-BAINS – 39 Jura – 321 F5 – 2 987 h. – alt. 340 m – Stat. therm. : mi-fév.-début déc. – Casino – ✉ 39110 Franche-Comté Jura 16 B2

Paris 419 – Besançon 41 – Dole 43 – Lons-le-Saunier 52
place des alliés, ✆ 03 84 73 01 34, www.salins-les-bains.com
Fort Belin ★★

Grand Hôtel des Bains
pl. des Alliés – ✆ 03 84 37 90 50 – www.hotel-des-bains.fr – Fermé 6-20 janv.
31 ch – 76/99 € 76/99 € – 11 € – ½ P
Rest *Grand Hôtel des Bains* – voir les restaurants ci-après
Villégiature thermale... Cet hôtel de 1860 a revêtu des atours contemporains, mais conserve un salon classé. Les chambres sont agréables, tout comme la piscine des thermes accessible aux hôtes.

Charles Sander sans rest
26 r. de la République – ✆ 03 84 73 36 40 – www.residencesander.com
14 ch – 69/82 € 73/91 € – 10 €
Dans cette maison vigneronne, les chambres sont chaleureuses et pratiques (souvent avec kitchenette). Et pour les amateurs de produits régionaux, une halte à l'épicerie fine s'impose !

Hôtel des Deux Forts
5 pl. du Vigneron – ✆ 03 84 73 70 40 – www.hoteldesdeuxforts.com
23 ch – 68/98 € 68/98 € – 10 € – ½ P
Rest – Formule 15 € – Menu 18/35 € – Carte 36/50 €
Face aux Salines, cette jolie maison traditionnelle a été rénovée de fond en comble en 2009 et semble vivre une deuxième jeunesse : chambres de style contemporain, colorées et sobres ; joli hall avec son bel escalier à l'ancienne... Frais !

Grand Hôtel des Bains – Grand Hôtel des Bains
pl. des Alliés – ✆ 03 84 37 90 50 – www.hotel-des-bains.fr – Fermé 6-20 janv., dim. soir et lundi de nov. à mars
Rest – Formule 14 € – Menu 23/54 € bc – Carte 36/64 €
Pour les petits et grands creux, rendez-vous dans ce restaurant au cadre contemporain. Féra du Léman aux petits légumes, bœuf sauce à la moelle ou morilles, cancoillotte au vin jaune : la vraie tradition est toujours à la carte.

SALLANCHES – 74 Haute-Savoie – 328 M5 – 15 619 h. – alt. 550 m — 46 F1

– ✉ 74700 Alpes du Nord

Paris 585 – Annecy 72 – Bonneville 29 – Chamonix-Mont-Blanc 28
31, quai de l'Hôtel de Ville, ✆ 04 50 58 04 25, www.sallanches.com
✻★★ sur le Mt-Blanc - Chapelle de Médonnet : ✻★★ - Cascade d'Arpenaz★ N : 5 km.

Les Prés du Rosay
285 rte de Rosay – ✆ 04 50 58 06 15 – www.lespresdurosay.com
15 ch – 78/84 € 89/95 € – 10 € – ½ P
Rest *(fermé sam. sauf le soir vacances de fév., juil.-août et dim.)* – Formule 16 € – Carte 28/41 €
Cet hôtel traditionnel situé dans un quartier résidentiel a tous les atouts pour un séjour à la montagne : des chambres simples et fonctionnelles (écran plat, wifi) avec vue sur les sommets, un restaurant traditionnel et un espace forme complet.

Auberge de l'Orangerie
carrefour de la Charlotte, 2,5 km par rte Passy (D 13) – ✆ 04 50 58 49 16 – www.orangeriemontblanc.fr – Fermé 24 juin-8 juil.
18 ch – 65/75 € 80/90 € – 11 €
Rest *Auberge de l'Orangerie* – voir les restaurants ci-après
Dans cette maison coquette, l'accueil est charmant et dans les chambres douillettes et lambrissées, on se repose en regardant le mont Blanc. Un petit tour au hammam et la détente est totale.

Auberge de l'Orangerie
carrefour de la Charlotte, 2,5 km par rte Passy (D 13) – ✆ 04 50 58 49 16 – www.orangeriemontblanc.fr – Fermé 24 juin-8 juil., 6-27 janv., dim. soir et lundi
Rest *(dîner seult, sauf dim.)* – Menu 29 € (en sem.), 33/59 € – Carte 47/60 €
Le cadre est lumineux, la carte alléchante, avec quelques spécialités locales (péla, tartiflette). Que l'on soit client de l'hôtel ou pas, voir travailler le chef ses produits avec autant de passion est bien agréable.

SALLELES-D'AUDE – 11 Aude – **344** I3 – 2 466 h. – alt. 18 m **22** B2
– ✉ 11590 Languedoc Roussillon

Paris 794 – Carcassonne 73 – Montpellier 98 – Perpignan 77

Mairie, ✆ 04 68 46 68 46, www.sallelesdaude.fr

Les Écluses

20 Grand'Rue – ✆ 04 68 46 94 47 – Fermé 2 sem. en nov., fév., merc., dim. soir, le soir de nov. à avril sauf vend. et sam.

Rest – Formule 15 € bc – Menu 20 € (déj. en sem.)/31 € – Carte 32/45 €

Il ne faut pas s'arrêter à la façade un peu vieillotte de cette maison et en franchir le seuil. Le chef, un vrai passionné de gastronomie, réalise une cuisine de produits, pas chichiteuse mais vraiment bonne...Cette adresse gagne à être connue !

SALLES-LA-SOURCE – 12 Aveyron – **338** H4 – 2 075 h. – alt. 450 m **29** C1
– ✉ 12330 Midi Toulousain

Paris 670 – Rodez 13 – Toulouse 160 – Villefranche-de-Rouergue 71

Gîtes de Cougousse sans rest

r. du Père Colombier, à Cougousse 4 km au Nord Ouest par D 901 – ✆ 05 65 71 85 52 – www.gites.cougousse.free.fr – Ouvert 1er avril-15 oct.

4 ch ☕ – 🚹55 € 🚹🚹60 €

Une demeure du 15e s. rustique à souhait, un jardin, un potager et une rivière : tout est bucolique et charmant. Ciels de lit, linge brodé à l'ancienne et mobilier chiné : les chambres sont douillettes et invitent à la rêverie !

LES SALLES-SUR-VERDON – 83 Var – **340** M3 – 231 h. – alt. 440 m **41** C2
– ✉ 83630 Alpes du Sud

Paris 790 – Brignoles 57 – Digne-les-Bains 60 – Draguignan 49

place Font Freye, ✆ 04 94 70 21 84, www.sallessurverdon.com

Lac de Ste-Croix★★.

Auberge des Salles sans rest

18 r. Ste-Catherine – ✆ 04 94 70 20 04 – www.aubergedessalles.com – Ouvert 1er avril-1er oct.

30 ch – 🚹60/80 € 🚹🚹60/80 € – ☕ 8 €

Paisible hôtel surplombant les rives du lac de Ste-Croix. Mobilier rustique dans les chambres, lumineuses et presque toutes avec balcon. Agréable salon avec cheminée.

SALON-DE-PROVENCE – 13 Bouches-du-Rhône – **340** F4 **40** B3
– 42 440 h. – alt. 80 m – ✉ 13300 Provence

Paris 720 – Aix-en-Provence 37 – Arles 46 – Avignon 50

56, cours Gimon, ✆ 04 90 56 27 60, www.visitsalondeprovence.com

de Miramas, à Miramas, Mas de Combe, SO : 10 km, ✆ 04 90 58 56 55

Pont Royal Country Club, à Mallemort, Domaine de Pont Royal, NE : 16 km par D 538 et D 17, ✆ 04 90 57 40 79

Musée de l'Empéri★★.

Angleterre sans rest

98 cours Carnot – ✆ 04 90 56 01 10 – www.hotel-dangleterre.biz – Fermé 15 déc.-3 janv.

26 ch – 🚹54/60 € 🚹🚹59/70 € – ☕ 8 €

Un hôtel familial et tout simple, en centre-ville. Les chambres sont quelque peu désuètes, mais parfaitement tenues. Pratique pour une étape.

Le Mas du Soleil avec ch

38 chemin St-Côme, Est par D 17 – ✆ 04 90 56 06 53 – www.lemasdusoleil.com

10 ch – 🚹120/280 € 🚹🚹145/300 € – ☕ 15 € – ½ P

Rest *(fermé dim. soir et lundi sauf fériés)* – Formule 25 € – Menu 35 € (déj. en sem.), 48 € bc/82 € bc – Carte 81/130 €

Villa méridionale où l'on goûte des plats aux saveurs du Sud dans un cadre lumineux et élégant, face au jardin. Chambres vastes et confortables, donnant pour certaines sur la piscine.

au Nord-Est **5 km par D 17 puis D 16 (direction Aurons) – ✉ 13300 Salon-de-Provence**

Abbaye de Sainte-Croix
rte du Val de Cuech – ☎ 04 90 56 24 55 – www.hotels-provence.com – Fermé sam. et dim. de nov. à mars sauf vacances scolaires
21 ch – †210/330 € ††210/330 € – 4 suites – ☐ 23 € – ½ P
Rest *La Table de l'Abbaye* – voir les restaurants ci-après
Dans un parc isolé sur les hauteurs de Salon, parmi les cyprès et les pieds de lavande, cette abbaye du 12e s. n'a rien d'ascétique ! Chambres confortables, certaines dans d'anciennes cellules...

La Table de l'Abbaye – Hôtel Abbaye de Sainte-Croix
rte du Val de Cuech – ☎ 04 90 56 24 55 – www.hotels-provence.com – Fermé sam. et dim. de nov. à mars sauf vacances scolaires
Rest – Menu 48 € (déj. en sem.), 70/90 € – Carte 72/90 €
Il règne une belle atmosphère provençale dans ce restaurant, et la cuisine n'y est pas pour rien ! Classique et régionale, elle privilégie les producteurs locaux et met en appétit. Également une formule bistrot. Terrasse panoramique.

au Sud **5 km par N 538, N 113 et D 19 (direction Grans) – ✉ 13250 Cornillon-Confoux**

Devem de Mirapier sans rest
rte de Grans, D 19 – ☎ 04 90 55 99 22 – www.mirapier.com – Fermé 20 déc.- 2 janv.
13 ch – †82/98 € ††102/128 € – 2 suites – ☐ 10 €
Au milieu des pins et de la garrigue, une adresse parfaite pour se reposer et sillonner la région. Accueil sympathique, chambres douillettes au décor soigné, terrasse autour de la piscine...

SALT-EN-DONZY – 42 Loire – 327 E5 – rattaché à Feurs

LES SALVAGES – 81 Tarn – 338 F9 – rattaché à Castres

SALVAGNAC – 81 Tarn – 338 C7 – 1 061 h. – alt. 231 m – ✉ 81630 29 C2

Paris 657 – Albi 44 – Montauban 33 – Toulouse 49

Le Relais des Deux Vallées
Grand'rue – ☎ 05 63 33 61 90 – Fermé 29 août-13 sept. et 3-10 janv.
10 ch – †46 € ††49 € – ☐ 8 €
Rest *(fermé lundi)* – Formule 12 € – Menu 19 € (sem.)/39 € – Carte 24/55 €
Sur la place du village, un petit hôtel-restaurant tenu par deux frères, avec des chambres simples et fonctionnelles (certaines avec une terrasse commune) et une cuisine traditionnelle sans chichi. Une étape pratique et économique.

SALZUIT – 43 Haute-Loire – 331 C2 – 360 h. – alt. 590 m – ✉ 43230 6 C3

Paris 500 – Aurillac 129 – Clermont-Ferrand 85 – Le Puy-en-Velay 47

Domaine St Roch sans rest
Le Château – ☎ 04 71 74 04 23 – www.hotel-auvergne-saintroch.com
21 ch – †90/115 € ††90/115 € – ☐ 11 €
Ce château du 12e s. domine le village, en lisière de forêt. Les chambres sont décorées avec goût et simplicité dans un style un peu rétro. Pour se détendre vraiment, le joli spa et ses soins à base d'argile, et la vue de la terrasse !

SAMATAN – 32 Gers – 336 H9 – 2 297 h. – alt. 170 m – ✉ 32130 28 B2

Paris 703 – Auch 37 – Gimont 18 – L'Isle-Jourdain 21
3, rue du chamoine Dieuzaide, ☎ 05 62 62 55 40
du Château de Barbet, à Lombez, Route de Sauveterre, SO : 5 km, ☎ 05 62 66 44 49

Au Canard Gourmand avec ch rest, ch, VISA

La Rente, par D 632 – ✆ 05 62 62 49 81 – www.aucanardgourmand.com
6 ch – 86 € 96 € – 10 € – ½ P
Rest *(fermé lundi soir et mardi) (nombre de couverts limité, réserver)* – Menu 14 € bc (déj. en sem.), 35/43 € bc – Carte 40/53 € le soir
Le cadre, design et ultravitaminé, accompagne bien la cuisine gasconne – véritable ode au canard – ainsi qu'une carte un peu plus tendance. Les chambres jouent leurs thèmes et variations (Sienne, Lolypop, Voyage...) avec raffinement ; une invitation au cocooning.

SAMAZAN – 47 Lot-et-Garonne – 336 C3 – rattaché à Marmande

LE SAMBUC – 13 Bouches-du-Rhône – 340 D4 – ✉ 13200 40 A3

Paris 742 – Arles 25 – Marseille 117 – Stes-Marie-de-la-Mer 50

Le Mas de Peint VISA AE

2,5 km par rte Salins – ✆ 04 90 97 20 62 – www.masdepeint.com – Ouvert 15 mars-12 nov. et 21 déc.-15 janv.
13 ch – 235/435 € 235/435 € – 22 €
Rest ***Le Mas de Peint*** – voir les restaurants ci-après
Dans un vaste domaine, ce superbe mas du 17e s. cultive la tradition camarguaise (promenades à cheval, arènes privées). La décoration est réussie, les chambres raffinées... Beaucoup d'élégance !

Le Mas de Peint VISA AE

2,5 km par rte Salins – ✆ 04 90 97 20 62 – www.masdepeint.com – Ouvert 15 mars-12 nov. et 21 déc.-15 janv. et fermé le midi en sem. hors saison et jeudi
Rest *(nombre de couverts limité, réserver)* – Formule 41 € – Menu 55 €
Avec de bons produits, les légumes du potager ou même le riz de la propriété, le chef concocte une belle cuisine du marché (menu unique le soir). La terrasse sous la glycine est ravissante et ce Mas tellement charmant... Une bonne adresse !

SAMER – 62 Pas-de-Calais – 301 D4 – 3 554 h. – alt. 70 m – ✉ 62830 30 A2

Nord Pas-de-Calais Picardie

Paris 244 – Arras 112 – Calais 50 – Lille 132
44, Place Foch, ✆ 03 21 87 10 42, www.ville-samer.fr

Le Clos des Trois Tonneaux VISA

73 r. de Montreuil – ✆ 03 21 92 33 33 – www.leclosdes3tonneaux.com – Fermé dim. soir, lundi, mardi et merc.
Rest – Formule 17 € – Menu 29 € – Carte 35/53 €
Revue à la mode contemporaine, cette ancienne distillerie du 18e s. n'a rien perdu de sa superbe ! On y savoure une cuisine bien en prise avec son époque, mais qui n'oublie pas le terroir. Et après le repas, on se rend dans la belle cave voûtée pour le digestif. Également une "taverne" pour un repas plus simple mais aussi sympathique.

SAMOËNS – 74 Haute-Savoie – 328 N4 – 2 311 h. – alt. 710 m – Sports d'hiver : 720/2 480 m 14 68 – ✉ 74340 Alpes du Nord 46 F1

Paris 581 – Annecy 75 – Chamonix-Mont-Blanc 60 – Genève 53
Gare Routière, ✆ 04 50 34 40 28, www.samoens.com
Place du Gros Tilleul★ - Jardin alpin Jaÿsinia★.
La Rosière ★★ N : 6 km - Cascade du Rouget★★ S : 10 km - Cirque du Fer à Cheval★★ E : 13 km.

Neige et Roc rest, VISA AE

rte de Taninges – ✆ 04 50 34 40 72 – www.neigeetroc.com – Ouvert 15 juin-15 sept. et 15 déc.-15 avril
48 ch – 85/166 € 85/166 € – 15 € – ½ P
Rest *(dîner seult)* – Menu 35/60 € – Carte 57/74 €
Légèrement excentré, un imposant chalet à la mode des années 1970, chaleureux et accueillant. Les chambres, spacieuses, jolies et montagnardes comme il se doit, ont toutes un balcon ; à l'annexe, on propose des studios avec cuisinette. En outre : piscines, espace bien-être, restaurant régional, etc.

Gai Soleil rest,
26 rte de Taninges – ✆ 04 50 34 40 74 – www.hotel-samoens.com – Ouvert 1er juin-15 sept. et 21 déc.-19 avril
22 ch – 67/130 € 67/130 € – 11 € – ½ P
Rest *(fermé merc.) (dîner seult)* – Menu 24/39 € – Carte 22/47 €
À l'entrée du village, un petit chalet tenu en famille. Accueil aimable, chambres d'esprit savoyard – sobres et impeccables –, bar au coin du feu, spécialités régionales au restaurant, salle de jeux, sauna et piscine... Chaleureux et gai !

Edelweiss
La Piaz, 1,5 km au Nord-Ouest par rte de Plampraz – ✆ 04 50 34 41 32 – www.edelweiss-samoens.com – Fermé 20 avril-5 mai, 1-12 juil. et 25 oct.-21 déc.
20 ch – 60/75 € 70/90 € – 10 € – ½ P
Rest *(dîner seult)* – Menu 20/46 € – Carte 33/44 €
Edelweiss, l'éternelle des neiges et... ce joli chalet, convivial, bien tenu et au grand calme. Les chambres sont simples mais ont un certain cachet montagnard ; quant à la vue sur la vallée, elle est superbe ! Petits plats régionaux au restaurant.

à Morillon 4,5 km à l'Ouest – 557 h. – alt. 687 m – Sports d'hiver : 700/2 500 m 12 65 – ✉ 74440

Chef-lieu, ✆ 04 50 90 15 76, www.ot-morillon.fr

Le Morillon
– ✆ 04 50 90 10 32 – www.hotellemorillon.com – Ouvert 5 juin-18 sept. et 20 déc.-7 avril
22 ch – 85/135 € 95/135 € – 15 € – ½ P
Rest *(dîner seult)* – Carte 34/50 €
Il règne une douce atmosphère familiale dans ce chalet ! Les chambres sont sobres, petites mais bien tenues, ou (catégorie supérieure) très cosy, dans un bel esprit montagnard d'aujourd'hui. Pour la détente, charmant espace balnéo.

SAMOUSSY – 02 Aisne – 306 E5 – rattaché à Laon

SAMPANS – 39 Jura – 321 C4 – rattaché à Dole

SANARY-SUR-MER – 83 Var – 340 J7 – 16 806 h. – alt. 1 m 40 B3
– ✉ 83110 Côte d'Azur

Paris 824 – Aix-en-Provence 75 – La Ciotat 23 – Marseille 55

Chapelle N.-D.-de-Pitié ★.

Hostellerie La Farandole rest,
140 chemin de la Plage de la Gorguette – ✆ 04 94 90 30 20 – www.hostellerielafarandole.com
22 ch – 245/840 € 245/840 € – 5 suites – 28 €
Rest *La Gorguette* *(fermé le midi en juil.-août)* – Menu 32 € (déj.), 68/83 € – Carte 85/100 €
Face aux rondeurs de la baie, sur la plage de la Gorguette (entre Sanary et Bandol), un bâtiment géométrique, tout en pierre, bois et verre. Inaugurée en 2011, cette luxueuse hostellerie associe esprit Côte d'Azur et art de vivre contemporain, entre plage et spa. Restaurant gastronomique.

Soleil et Jardin sans rest
445 av. Europe-Unie, par ② – ✆ 04 94 25 80 08 – www.sanary-hotel-soleiljardin.com
36 ch – 85/150 € 110/250 € – 4 suites – 15 €
Non loin de la plage, bâtiment régional et son extension récente abritant des chambres de qualité et bien équipées. Excellente insonorisation. Accueil tout sourire.

Avenir (Bd de l') 3
Blanc (R. Louis) 4
Clemenceau (Av. G.) 7
Esménard (Quai M.) 8
Europe-Unie (Av. de l') 9
Galliéni (Av. du Mar.) 11
Gaulle (Quai Charles-de) 12
Giboin (R.) 13
Granet (R.) 15
Gueirard (R. L.) 16
Jean-Jaurès (R.) 17
Lyautey (Av. Mar.) 18
Pacha (Pl. Michel) 19
Péri (R. Gabriel) 20
Prudhomie (R. de la) 21
Sœur-Vincent (Montée) 22
Tour (Pl. de la) 23

Hôtel de la Tour

quai Gén. de Gaulle – 04 94 74 10 10 – www.sanary-hoteldelatour.com – Fermé 1er-15 déc. n

24 ch – 71/108 € 80/140 € – ½ P

Rest ***Restaurant de la Tour*** – voir les restaurants ci-après

Au cœur de Sanary, un charmant hôtel tenu par toute une famille très accueillante ! La plupart des chambres arborent un style chaleureux (mobilier chiné, boutis) et donnent sur le port. Tout en haut : toit-terrasse panoramique.

Synaya sans rest

92 chemin Olive – 04 94 74 10 50 – www.hotelsynaya.fr – Ouvert 22 mars-6 nov.

11 ch – 95/190 € 95/190 € – 12 € r

Dans un quartier résidentiel, ce petit hôtel est agrémenté d'un jardin planté de palmiers. Chambres sobres et fonctionnelles ; belles salles de bains.

Restaurant de la Tour – Hôtel de la Tour

quai Gén. de Gaulle – 04 94 74 10 10 – www.sanary-hoteldelatour.com – Fermé 15-23 oct., 18 nov.-15 déc., 18 fév.-6 mars, merc. sauf le soir en juil.-août et mardi n

Rest – Menu 34/48 € – Carte 41/61 €

Sur les quais : une situation idéale pour observer les bateaux... La carte elle-même varie au gré des marées – et des saisons. Bourride ou bouillabaisse : l'adresse respire l'esprit des ports de la région !

SANCERRE – 18 Cher – 323 M3 – 1 667 h. – alt. 342 m – ✉ 18300 — 12 D2

Limousin Berry

Paris 198 – Bourges 46 – La Charité-sur-Loire 30 – Salbris 69

Esplanade Porte César, 02 48 54 08 21, www.tourisme-sancerre.com

du Sancerrois, 6 km par D 9 et D4, 02 48 54 11 22

Esplanade de la porte César ★★ - Carrefour D 923 et D 7 ★★ O : 4 km par D955.

Plan page suivante

SANCERRE

Abreuvoirs (Remp. des)	2	Paix (R. de la)	8	Puits-des-Fins (R. du)	16
Marché-aux-Porcs (R. du)	5	Panneterie (R. de la)	9	St-André (R.)	18
Nouvelle Place	6	Pavé-Noir (R. du)	12	St-Jean (R.)	20
		Porte-César (R.)	13	St-Père (R.)	22
		Porte-Serrure (R.)	15	Trois-Piliers (R. des)	23

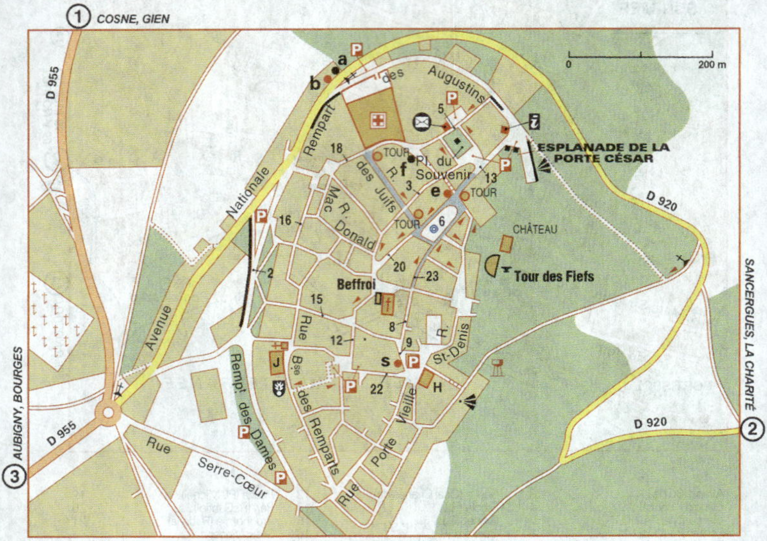

Panoramic sans rest

rempart des Augustins – ✆ 02 48 54 22 44 – www.panoramicotel.com

55 ch – †76/108 € ††88/121 € – 2 suites – ☐ 12 € **a**

Le Panoramic n'a pas volé son nom ! Il offre un superbe point de vue sur le vignoble. Chambres fonctionnelles, plus agréables côté vignes ; boutique de vins.

Le Clos Saint-Martin sans rest

10 r. St Martin – ✆ 02 48 54 21 11 – www.leclos-saintmartin.com – Ouvert de fin mars à mi-nov. **f**

41 ch – †62/89 € ††72/96 € – ☐ 11 €

Au cœur du village, cet ancien relais de poste (19e s.) dispose de chambres fonctionnelles, sobres et agréables. Petit salon cosy de style napoléonien... Un endroit coquet !

La Tour (Baptiste Fournier)

31 Nouvelle Place – ✆ 02 48 54 00 81 – www.la-tour-sancerre.fr – Fermé dim. soir et lundi **e**

Rest – Menu 25 € (déj. en sem.), 37/100 € bc – Carte 54/62 €

Saveurs et fraîcheur, au pied d'une tour du 14e s. ! Un jeune chef œuvre ici et concocte, avec de beaux produits, une cuisine non dénuée de finesse, de goût et de caractère... Deux ambiances : chaleur des colombages en bas ; cadre contemporain et vue sur les vignobles en haut.

➜ Coques juste ouvertes, acini di pepe et caviar d'aubergine, légumes croquants. Agneau grillé, girolles de Sologne à l'estragon et abricot. Profiteroles à la vanille de Madagascar et chocolat manjari. **Vins** Sancerre.

La Pomme d'Or

r. de la Panneterie – ✆ 02 48 54 13 30 – Fermé vacances de Noël, dim. soir d'oct. à mars, mardi et merc. **s**

Rest *(nombre de couverts limité, réserver)* – Formule 20 € – Menu 29/45 €

N'hésitez pas à croquer dans cette pomme ! Ici, le chef joue la carte de la tradition pour le plus grand bonheur des gourmands. Dans l'assiette, c'est parfumé et coloré. Le tout accompagné, cela va de soi, d'un verre de sancerre blanc, rosé ou rouge... selon votre envie.

Les Augustins

113 rempart des Augustins – ✆ 02 48 54 01 44 – www.restaurant-traiteur-lesaugustins.com – Fermé 1 sem. en déc., 1 sem. en janv. et merc. midi

b

Rest – Menu 26/54 €

Quelle vue ! Dans la salle de ce restaurant, on est aux premières loges pour admirer le vignoble de Sancerre. Trinquez donc à tant de beauté en savourant les bonnes recettes traditionnelles du chef... Une sympathique adresse familiale.

à St-Satur 3 km par ① et D 955 – 1 627 h. – alt. 155 m – ✉ 18300

25, rue du Commerce, ✆ 02 48 54 01 30, www.saint-satur-tourisme.com

La Chancelière sans rest

5 r. Hilaire-Amagat – ✆ 02 48 54 01 57 – www.la-chanceliere.com

5 ch – 115 € 150 €

La terrasse de cette maison de maître (18e s.) jouit du panorama sur Sancerre et son vignoble. Tomettes, poutres apparentes et meubles anciens donnent du caractère aux chambres.

à Chavignol 4 km par ① et D 183 – ✉ 18300

La Côte des Monts Damnés

– ✆ 02 48 54 01 72 – www.montsdamnes.com

12 ch – 82/140 € 99/160 € – 2 suites – 14 €

Rest *Le Bistrot de Damnés* Rest *La Côte des Monts Damnés* – voir les restaurants ci-après

Un charmant hôtel au cœur de Chavignol, village vénéré pour son fameux "crottin". Les chambres, spacieuses et chaleureuses, adoptent une déco résolument contemporaine... Une adresse de caractère !

La Côte des Monts Damnés

– ✆ 02 48 54 01 72 – www.montsdamnes.com – Fermé1 sem. en juil., 2 sem. en fév., mardi et merc.

Rest *(réserver)* – Menu 35/65 €

Filet de lapereau, magret de canard et sa purée de panais... Ces Damnés-là – chaleureux, élégants et actuels – vous régalent d'une cuisine traditionnelle et régionale qui donne dans la belle générosité.

Le Bistrot de Damnés – Hôtel La Côte des Monts Damnés

– ✆ 02 48 54 01 72 – www.montsdamnes.com

Rest – Formule 14 € – Menu 18 € (déj. en sem.), 23/28 € – Carte 24/34 €

Honneur au célébrissime chavignol et aux belles viandes. Ici, on savoure moult plats du terroir dans une atmosphère conviviale et il y a aussi le petit menu du jour à l'ardoise, comme dans tout bistrot qui se respecte. Des Damnés... élus !

à St-Thibault 4 km par ① et D 4 – ✉ 18300

Hôtel de la Loire sans rest

2 quai de Loire – ✆ 02 48 78 22 22 – www.hotel-de-la-loire.fr

11 ch – 72/95 € 72/95 € – 10 €

Original et confortable ! Des chambres décorées sur le thème du voyage, en bord de Loire... Ici, Georges Simenon écrivit deux romans. Grand choix de pains et confitures maison.

SANCOINS – 18 Cher – 323 N6 – 3 279 h. – alt. 210 m – ✉ 18600 12 D3

Paris 284 – Bourges 51 – Nevers 46 – Orléans 172

13, place du Commerce, ✆ 02 48 74 65 85

Le St-Joseph

pl. de la Libération – ✆ 02 48 74 61 21

16 ch – 49 € 49/58 € – 8 € – ½ P

Rest *(fermé 2 sem. en mars, 2 sem. en oct., dim. soir et jeudi)* – Formule 13 € – Menu 16 € (sem.), 26/33 € – Carte 12/45 €

Sur la place principale du village, cette grande maison propose des chambres fonctionnelles et confortables. Au restaurant, cuisine traditionnelle et crêperie. Une adresse sympathique.

SANCY – 77 Seine-et-Marne – **312** G2 – 383 h. – alt. 142 m – ✉ 77580 19 C2

Paris 55 – Château-Thierry 48 – Coulommiers 14 – Meaux 13

Château de Sancy

1 pl. de l'Église – ✆ 01 60 25 77 77 – www.chateaudesancy.com

21 ch – 129/190 € 129/270 € – 16 € – ½ P

Rest *La Catounière* *(fermé en août sauf résidents)* – Formule 28 € – Menu 38/42 €

Cette gentilhommière du 18e s. invite à la détente, avec son grand parc, ses deux catégories de chambres (les plus luxueuses "au château") et de nombreuses activités proposées : équitation, tennis, piscine, etc.

SAND – 67 Bas-Rhin – **315** J6 – 1 149 h. – alt. 159 m – ✉ 67230 1 B2

Paris 501 – Barr 15 – Erstein 7 – Molsheim 26

La Charrue

A/C rest,

4 r. du 1er-Décembre – ✆ 03 88 74 42 66 – www.lacharrue.com

21 ch – 60/85 € 70/85 € – 10 € – ½ P

Rest *(fermé dim. soir, lundi et le midi sauf dim.)* – Menu 25/35 € – Carte 32/43 €

Une auberge familiale et conviviale, en lieu et place d'un ancien relais de charretiers (d'où l'enseigne). Les chambres sont bien tenues, dans des styles variés : moderne, classique ou plus rustique. Sympathique bar-winstub ; cuisine régionale au restaurant, d'esprit bistrot chic.

SANDARVILLE – 28 Eure-et-Loir – **311** E5 – 396 h. – alt. 171 m – ✉ 28120 11 B1

Paris 105 – Brou 23 – Chartres 16 – Châteaudun 36

Auberge de Sandarville

14 r. Sente-aux-Prêtres, (près de l'église) – ✆ 02 37 25 33 18 – Fermé 29 juil.-9 août, 21 janv.-9 fév., mardi soir en hiver, dim. soir et lundi

Rest – Formule 33 € – Menu 35 € (déj. en sem.)/56 € – Carte 55/66 €

Poutres, cheminée, meubles chinés et tableaux composent le cadre de cette ferme beauceronne (1850), au charme bucolique. Aux beaux jours, on profite de la terrasse fleurie et on se dit que la tradition a du bon !

SANDILLON – 45 Loiret – **318** J4 – 3 802 h. – alt. 101 m – ✉ 45640 12 C2

Paris 148 – Châteaudun 65 – Châteauneuf-sur-Loire 16 – Orléans 13

à l'Est 2 km par D 951 et rte secondaire

Château de Champvallins sans rest

1079 r. de Champvallins – ✆ 02 38 41 16 53 – www.chateaudechampvallins.com

5 ch – 140/220 € 140/220 € – 14 €

Êtes-vous prêt à remonter le temps ? Si oui, passez le portail sécurisé de ce superbe château du 18e s., environné d'un parc de 10 ha. Dans les chambres, classicisme rime avec raffinement. Douceur et charme bucolique...

SANILHAC – 07 Ardèche – **331** H6 – rattaché à Largentière

SAN-MARTINO-DI-LOTA – 2B Haute-Corse – **345** F3 – Voir à Corse (Bastia)

SAN-PEIRE-SUR-MER – 83 Var – **340** P5 – rattaché aux Issambres

SANTA-GIULIA (GOLFE DE) – 2A Corse-du-Sud – **345** E10 – voir à Corse (Porto-Vecchio)

SANT'ANTONINO – 2B Haute-Corse – **345** C4 – voir à Corse

SANTENAY – 21 Côte-d'Or – **320** I8 – 827 h. – alt. 225 m – Casino – ✉ 21590 Bourgogne 7 A3

Paris 330 – Autun 39 – Beaune 18 – Chalon-sur-Saône 25

gare SNCF, ✆ 03 80 20 63 15, www.beaune-tourisme.fr

Le Terroir

pl. du Jet-d'Eau – ✆ 03 80 20 63 47 – www.restaurantleterroir.com – Fermé 6 déc.-10 janv., merc. soir de nov. à mars, dim. soir et jeudi
Rest – Formule 20 € – Menu 24/50 € – Carte 40/56 €
Au cœur du village, une maison pimpante et chaleureuse au service d'une cuisine régionale appétissante. Joli choix de vins au verre.

LE SAPPEY-EN-CHARTREUSE – 38 Isère – 333 H6 – 1 069 h. – 45 C2

– alt. 1 014 m – Sports d'hiver : au Sappey et au Col de Porte 1 000/1 700 m 11
– ✉ 38700 Alpes du Nord

Paris 577 – Chambéry 61 – Grenoble 14 – St-Pierre-de-Chartreuse 14
Le Bourg, ✆ 04 76 88 84 05, www.sappey-tourisme.com
Charmant Som ★★★ NO : 9 km puis 1 h.

Les Skieurs avec ch

– ✆ 04 76 88 82 76 – www.lesskieurs.com – Fermé vacances de Pâques, de la Toussaint, de Noël, mardi midi, dim. soir et lundi
11 ch – 87 € 87 € – 12 € – ½ P
Rest – Formule 17 € – Menu 28 € (sem.)/35 € – Carte 42/65 €
Une bonne auberge pour les skieurs certes, mais aussi pour les marmottes – le feu de cheminée crépite tout l'hiver – et plus encore pour les gourmands ! Dans un décor tout en bois, on déguste de solides assiettes pleines des saveurs du terroir. Et pour vraiment jouer les marmottes, il y a quelques chambres.

SARE – 64 Pyrénées-Atlantiques – 342 C5 – 2 434 h. – alt. 70 m 3 A3

– ✉ 64310 Pays Basque et Navarre

Paris 794 – Biarritz 26 – Cambo-les-Bains 19 – Pau 138
Herriko Etxea, Quartier Bourg, ✆ 05 59 54 20 14, www.sare.fr

Arraya

ch,

pl. du village – ✆ 05 59 54 20 46 – www.arraya.com – Ouvert 30 mars-2 nov.
20 ch – 94/140 € 94/140 € – 11 € – ½ P
Rest *(fermé lundi midi, jeudi midi et dim. soir sauf du 3 juil. au 9 sept. et fériés)* – Formule 17 € – Menu 19 € (sem.), 23/35 € – Carte 40/49 €
Cet ancien relais de Compostelle, d'architecture traditionnelle, abrite des chambres coquettes (mobilier en bois, tissus cousus main), certaines ouvrant sur le jardin classé. Décor basque au restaurant, avec terrasse ombragée : plats régionaux et boutique gourmande.

Lastiry N

ch, ch,

pl. du village – ✆ 05 59 54 20 07 – www.hotel-lastiry.com – Ouvert 15 mars-15 nov.
11 ch – 80/100 € 95/125 €
Rest *(fermé mardi et merc. sauf de mi-juil. à fin août)* – Menu 19/35 € – Carte 40/55 €
Derrière une façade typiquement basque, un hôtel chaleureux et familial. Les chambres sont confortables et soignées, certaines avec un petit cachet ancien. Au restaurant, recettes du terroir et ambiance rustique.

Pikassaria

rest,

à Lehenbiscay 2 km au Sud par D 409 – ✆ 05 59 54 21 51 – www.hotel-pikassaria.com – Ouvert 15 mars-11 nov.
17 ch – 55/60 € 60/70 € – ½ P
Rest *(fermé le midi sauf dim.)* – Menu 16/20 € – Carte 24/41 €
Bâtisse d'aspect régional située dans la campagne, sur la route de l'Espagne. Chambres propres et fonctionnelles, mais anciennes pour la plupart. Au restaurant, décor rustique et cuisine traditionnelle. Une adresse appréciée notamment des randonneurs.

Olhabidea
quartier Sainte-Catherine, 2 km à l'Est par D 4 – ✆ 05 59 54 21 85 – www.olhabidea.com
5 ch – 75 € 80 €
Table d'hôte *(fermé dim. soir, mardi de sept. à juin, lundi et le midi sauf dim.) (nombre de couverts limité, réserver)* – Menu 39 €
Un charme fou... Cette ferme basque du 16e s., dans un parc de 4 ha, est une vraie maison de famille, regorgeant d'objets personnels et de souvenirs. Le menu du jour (choix unique) est réalisé selon le marché et le potager. Superbe esprit champêtre !

SARLAT-LA-CANÉDA – 24 Dordogne – 329 I6 – 9 541 h. – alt. 145 m – ✉ 24200 Périgord Quercy

4 D3

Paris 526 – Bergerac 74 – Brive-la-Gaillarde 52 – Cahors 60
3, rue Tourny, ✆ 05 53 31 45 45, www.sarlat-tourisme.com
du Domaine de Rochebois, Route de Montfort, S : 8 km par D 46, ✆ 05 53 31 52 52
Vieux Sarlat★★★ : place du marché aux trois Oies★ Y, hôtel Plamon★ Y, hôtel de Maleville★ Y - Maison de La Boétie★ Z - Quartier Ouest★.
Décor★ et mobilier★ du château de Puymartin NO : 7 km.

Clos La Boëtie sans rest
97 av. de Selves – ✆ 05 53 29 44 18 – www.closlaboetie-sarlat.com – Ouvert 29 mars-16 nov. Vb
8 ch – 230/295 € 230/295 € – 3 suites – 20 €
Cette belle demeure bourgeoise, superbement conçue, associe l'ancien et le contemporain. Chambres très confortables à l'ambiance romantique et raffinée.

Plaza Madeleine sans rest
1 pl. Petite-Rigaudie – ✆ 05 53 59 10 41 – www.hoteldelamadeleine-sarlat.com
39 ch – 99/143 € 99/143 € – 13 € Ye
Cure de jouvence pour cette belle demeure (19e s.) située aux portes de la vieille ville. Styles contemporain et baroque dans les chambres ; piscine à débordement et espace bien-être.

Hôtel de Selves sans rest
93 av. de Selves – ✆ 05 53 31 50 00 – www.selves-sarlat.com – Fermé 5 janv.-12 fév. Vv
40 ch – 88/135 € 98/155 € – 12 €
Bâtiment moderne aux chambres fonctionnelles et bien tenues ; certaines avec une loggia plutôt originale donnant sur le jardin. Piscine chauffée – découverte l'été – et sauna.

Le Renoir sans rest
2 r. Abbé-Surgier – ✆ 05 53 59 35 98 – www.hotel-renoir-sarlat.com
36 ch – 82/139 € 82/170 € – 13 € Xu
À deux pas de la cité médiévale, deux maisons traditionnelles, séparées par une terrasse et une piscine. Les chambres y sont confortables. Grande salle de petit-déjeuner.

Compostelle sans rest
66 av. de Selves – ✆ 05 53 59 08 53 – www.hotel-compostelle-sarlat.com – Ouvert 30 mars-15 nov. Vr
23 ch – 85/98 € 85/98 € – 10 €
À 400 m du centre historique, un établissement familial progressivement rénové. Préférez les chambres récentes, d'esprit plus contemporain.

Le Mas del Pechs sans rest
10 rte des Pechs, 1,5 km à l'Est, par chemin des Monges -VX – ✆ 05 53 31 12 11 – www.sarlat-hotel.com – Fermé 4 janv.-28 fév.
18 ch – 60/80 € 60/80 € – 9 €
Sur les hauteurs de Sarlat, au grand calme, une demeure entourée d'un jardin très fleuri (avec piscine). Les chambres, simples et bien tenues, sont toutes de plain-pied ; pour encore plus de tranquillité, préférez celles avec un accès indépendant.

SARLAT-LA-CANÉDA

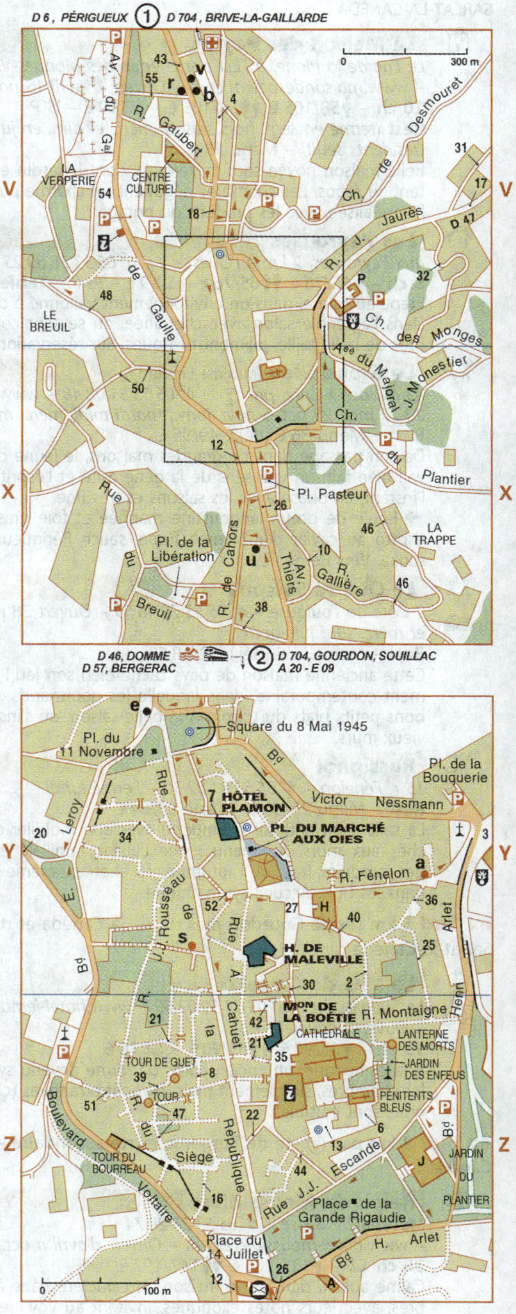

La Maison des Peyrat

Le Lac de la Plane, à l'Est par chemin des Monges-VX – ✆ 05 53 59 00 32 – www.maisondespeyrat.com – Ouvert 1er avril-15 nov.
10 ch – †58/105 € ††58/105 € – ☕ 10 € – ½ P
Rest *(fermé en sem. hors saison, merc. et dim. en juil.-août) (dîner seult) (résidents seult)* – Menu 25 €
Belle maison noyée sous la verdure, dont le jardin et la piscine d'eau salée invitent au repos. Les chambres dégagent un charme bucolique. Bonne cuisine familiale réalisée avec les produits du potager.

Les Peyrouses

ch, ch,

aux Peyrouses, 2 km à l'Ouest - V – ✆ 05 53 28 89 25 – www.lespeyrouses-24.com
5 ch – †65/76 € ††65/76 € – ☕ 9 € – ½ P **Table d'hôte** – Menu 28 €
Étape au calme, dans un environnement vallonné à deux pas du centre de Sarlat. Dans l'agréable salon avec cheminée, on se sent comme chez des amis. Chambres de belle taille, joliment rustiques. Sur réservation, table d'hôte le soir.

Le Grand Bleu (Maxime Lebrun)

43 av. de la Gare, par ② – ✆ 05 53 31 08 48 – www.legrandbleu.eu – Fermé 20-27 mai, 28 oct.-5 nov., janv., mardi midi, merc. midi, dim. soir et lundi
Rest – Menu 36 € (déj.), 49/95 €
De son passage dans de grandes maisons, le jeune chef a retenu l'amour du travail bien fait, un vrai sens de la générosité et l'esprit d'invention. Une cuisine de l'instant, en phase avec les saisons et très fine.
→ Roulé de bœuf, langoustine marinée et foie gras poêlé. Homard rôti et son risotto au caviar d'aubergine fumé, sauce Périgueux. Opéra et glace à la fève tonka. **Vins** Bergerac.

Le Quatre Saisons

2 Côte de Toulouse – ✆ 05 53 29 48 59 – Ouvert 28 mars-15 nov. et fermé mardi et merc. sauf juil.-août **Ys**
Rest – Menu 16 € (déj.), 32/38 €
Cette ancienne maison de pays cache bien son jeu ! À l'image de sa salle résolument contemporaine, dans laquelle les gourmands s'attablent pour savourer de bons petits plats du terroir. À la belle saison, on s'installe sur la terrasse entre de vieux murs.

Rossignol

15 r. Fénelon – ✆ 05 53 31 02 30 – Fermé lundi **Ya**
Rest – Menu 23/60 € – Carte 33/64 €
La salle a un petit air champêtre avec son mobilier en bois et ses cuivres accrochés aux murs. Au menu : une cuisine familiale et régionale concoctée avec des produits frais. À l'automne, le chef va même ramasser ses champignons dans les bois. Accueil sympathique.

au Sud 5 km rte de Gourdon puis rte de la Canéda et rte secondaire – ✉ **24200 Sarlat-la-Canéda :**

Le Mas de Castel sans rest

Le Sudalissant – ✆ 05 53 59 02 59 – www.hotel-lemasdecastel.com – Ouvert Pâques-11 nov.
13 ch – †65/90 € ††65/90 € – ☕ 10 €
À la campagne, un ancien corps de ferme devenu sympathique hostellerie. Dans les chambres, simplement mais joliment arrangées (certaines en rez-de-jardin), les nuits sont paisibles.

au Sud 3 km par ② rte de Bergerac et rte secondaire – ✉ **24200 Sarlat-la-Canéda :**

Relais de Moussidière sans rest

Moussidière Basse – ✆ 05 53 28 28 74 – www.hotel-moussidiere.com – Ouvert d'avril à oct.
35 ch ☕ – †135/185 € ††147/197 €
Calme absolu dans cette maison de caractère bâtie à flanc de rocher. Les chambres, avec leurs notes exotiques, invitent au voyage. Dans la journée ou le soir venu, on se promène dans le parc en terrasse qui descend jusqu'à un étang. Un établissement idéal pour visiter les joyaux du Périgord noir !

SARPOIL – 63 Puy-de-Dôme – 326 H10 – rattaché à Issoire

SARRAS – 07 Ardèche – 331 K2 – 2 066 h. – alt. 133 m – ✉ 07370 43 E2

Paris 527 – Annonay 20 – Lyon 72 – St-Étienne 60

De la D 506 coup d'oeil★★ sur le défilé de St-Vallier★ S : 5 km, Lyon et sa région

Le Vivarais avec ch — rest,
– ✆ *04 75 23 01 88 – Fermé 1er-25 août, vacances de fév., dim. soir, lundi soir et mardi*
6 ch – †50/68 € ††50/68 € – ☕ 7 €
Rest – Menu 18 € (sem.), 29/56 € – Carte 39/54 €
Dans cette auberge familiale, on déguste une généreuse cuisine classique dans une élégante salle à manger aux couleurs vives. Le chariot de desserts est très appétissant ! Chambres pratiques pour une étape sur la route des vacances...

SARREGUEMINES – 57 Moselle – 307 N4 – 21 965 h. 27 D1
– alt. 210 m – ✉ 57200 Alsace Lorraine

Paris 396 – Metz 70 – Nancy 96 – Saarbrücken 18

11, rue rue du Maire Massing, ✆ 03 87 98 80 81, www.ot-sarreguemines.fr

de Sarreguemines, Chemin Départemental n 81 A, O : 3 km par D 81, ✆ 03 87 27 22 60

Musée : jardin d'hiver★★, collection de céramiques★ BZ **M.**

Parc archéologique européen de Bliesbruck-Reinheim : thermes★, 9,5 km par ①.

Plan page suivante

Auberge St-Walfrid
58 r. de Grosbliederstroff, 2 km par ③ et rte de Grosbliederstroff – ✆ 03 87 98 43 75 – www.stwalfrid.com – Fermé 27 juil.-12 août et 24 fév.-11 mars
11 ch – †108/158 € ††108/158 € – ☕ 15 €
Rest *Auberge St-Walfrid* ✿ – voir les restaurants ci-après
Belle maison en pierre où, depuis cinq générations, la même famille cultive l'art de recevoir. Dans les belles et grandes chambres au parquet de chêne, on respire le charme discret de la bourgeoisie...

Amadeus sans rest
7 av. de la Gare – ✆ 03 87 98 55 46 – www.amadeus-hotel.fr – Fermé 21 déc.-2 janv. BZ**r**
39 ch – †59/65 € ††65/75 € – ☕ 8,50 €
Un immeuble des années 1930 près de la gare. Les chambres sont avant tout fonctionnelles, équipées de bonnes literies. Une adresse adaptée à la clientèle d'affaires.

Les Chalands sans rest
8 r. des Chalands, 1,5 km par ③ – ✆ 03 87 26 34 10 – www.les-chalands.com
5 ch ☕ – †55/75 € ††70/90 €
Des grandes chambres au parquet de bois blond de cet ancien presbytère, on contemple la Sarre et le canal, espérant de mystérieux chalands. Le charme se prolonge au jardin ou sur la terrasse sur pilotis pour un copieux petit-déjeuner...

Auberge St-Walfrid (Stephan Schneider)
58 r. de Grosbliederstroff, 2 km par ③ et rte de Grosbliederstroff – ✆ 03 87 98 43 75 – www.stwalfrid.com – Fermé 27 juil.-12 août et 24 fév.-11 mars, lundi midi, sam. midi et dim.
Rest – Menu 35 € (sem.), 62/98 € – Carte 64/94 €
Une bien belle auberge, où l'on s'attable parmi les vitrines où brillent la faïence de Sarreguemines et le Saint-Louis. Le chef Stephan Schneider réalise une cuisine traditionnelle savoureuse et tire le meilleur des productions locales.
➜ Foie gras de canard poelé au vin de noix. Tronçon de grosse sole rôtie meunière. Clafouti à la mirabelle de Lorraine, crème glacée à la bergamote. **Vins** Moselle blanc et rouge.

SARREGUEMINES

Chamborand (R. du Marquis-de) . . . . BZ 2
Chapelle (R. de la) . . . . BZ 3
Cremer (R. des Généraux) ABZ 6
Faïenceries (Bd des) . . . . BZ 7
France (R. de) . . . . AZ 8
Gare (Av. de la) . . . . BZ 12
Louvain (Chaussée de) . . . BYZ 15
Marché (Pl. du) . . . . AZ 17
Nationale (R.) . . . . ABZ 20
Or (R. d') . . . . AZ 22
Paix (R. de la) . . . . AY 23
Pasteur (R. L.) . . . . BZ 24
Ste-Croix (R.) . . . . BZ 27
St-Nicolas (R.) . . . . AZ 26
Sibille (Pl. du Gén.) . . . . BZ 28
Utzschneider (R.) . . . . BZ 30
Verdun (R. de) . . . . AZ 33

Le Petit Thierry

135 r. de France, 1,5 km par ③ – ✆ 03 87 98 22 59 – Fermé merc. soir

Rest – Formule 23 € – Menu 35 € – Carte 30/40 €

À la sortie de la ville, cette auberge fait face à la Sarre. Le chef a donné un coup de jeune à l'établissement : un style simple et plus design, des formules efficaces et abordables pour une cuisine actuelle toujours aussi goûteuse.

Brasserie du Casino

4 r. Col.-Édouard-Cazal, (casino des Faïenciers) – ✆ 03 87 09 59 78
– www.brasserie-du-casino.com BZe

Rest – Formule 17 € bc – Menu 20 € (déj. en sem.)/32 € – Carte 29/51 €

Sur les bords de la Sarre, l'ancienne faïencerie de Sarreguemines transformée en restaurant ! On y savoure des recettes régionales concoctées avec des produits de qualité. Et confortablement installé dans la salle, on peut admirer la belle collection de... faïences. Prix raisonnables.

rte de Bitche 11 km par ① sur D 662 – ✉ 57200 Sarreguemines

XX **Pascal Dimofski** P VISA AE
– ✆ *03 87 02 38 21 – Fermé 3 sem. en août, 2 sem. en fév., sam. midi, dim. soir, lundi et mardi*
Rest – Menu 29 € (déj. en sem.), 30/86 € – Carte 58/90 €
Il serait dommage de ne pas s'arrêter dans cet ancien relais routier. Tout y a changé : le cadre est plutôt original et on y mange fort bien (tartare de dorade aux saveurs iodées, Saint-Jacques et chips de vitelotte...).

SARRE-UNION – 67 Bas-Rhin – 315 G3 – 3 128 h. – alt. 240 m 1 A1
– ✉ 67260

Paris 407 – Metz 81 – Nancy 84 – St-Avold 37

rte de Strasbourg 10 km au Sud-Est par N 61 – ✉ 67260 Burbach

XXX **Windhof** A/C P VISA
lieu-dit Windhof – ✆ 03 88 01 72 35 – www.windhof.fr – Fermé 3 sem. en août, 2 sem. début janv., dim. soir, mardi soir et lundi
Rest – Formule 15 € – Menu 25 € (sem.), 36/55 € – Carte 40/60 €
Cabillaud au chorizo, agneau en croûte d'herbes, glace maison... Quittez l'autoroute (sortie 43) pour une halte gourmande dans cette sympathique et imposante bâtisse isolée.

SARTÈNE – 2A Corse-du-Sud – 345 C10 – voir à Corse

SARZEAU – 56 Morbihan – 308 O9 – 7 659 h. – alt. 30 m – ✉ 56370 9 A3
Bretagne Sud

Paris 478 – Nantes 111 – Redon 62 – Vannes 23

rue du Père Coudrain, ✆ 02 97 41 82 37, www.tourisme-sarzeau.com

18 de Rhuys, à Saint-Gildas-de-Rhuys, O par D 780 : 7 km, ✆ 02 97 45 30 09

Ruines★ du château de Suscinio SE : 3,5 km - Presqu'île de Rhuys★.

à Penvins 7 km au Sud-Est par D 198 – ✉ 56370 Sarzeau

XX **Le Mur du Roy** avec ch rest, P VISA
43 chemin du Mur du Roy Penvins – ✆ 02 97 67 34 08 – www.lemurduroy.com – Fermé 16 déc.-31 janv.
10 ch – †56/90 € ††56/90 € – ☕ 10 € – ½ P
Rest *(fermé vend. midi,dim. soir et jeudi)* – Menu 25/45 € – Carte 35/60 €
Les yeux dans le bleu... On savoure une cuisine iodée servie dans l'une des deux vérandas au décor marin ou sur la terrasse face à l'océan. Pas de fausse note, tout est raccord ! Petites chambres fonctionnelles pour prolonger l'étape.

SASSENAY – 71 Saône-et-Loire – 320 J9 – rattaché à Chalon-sur-Saône

---

SASSETOT-LE-MAUCONDUIT – 76 Seine-Maritime – 304 D3 33 C1
– 980 h. – alt. 89 m – ✉ 76540

Paris 198 – Bolbec 29 – Fécamp 16 – Le Havre 55

Impasse de l'église, ✆ 02 35 29 79 88, www.sassetot-le-mauconduit.com

Château de Sissi rest, P VISA
– ✆ *02 35 28 00 11 – www.chateau-de-sassetot.com – Fermé janv.*
28 ch – †75/199 € ††75/199 € – 3 suites – ☕ 15 € – ½ P
Rest – Formule 20 € – Menu 29/59 € – Carte 46/58 €
Point de cinéma, mais une réalité historique : l'impératrice Sissi séjourna trois mois dans ce beau château du 18e s., qui lui rend aujourd'hui hommage. Photos et tableaux permettent de se confronter à la vérité du mythe, tout en cultivant l'art de vivre... à la viennoise !

Le Relais des Dalles avec ch

6 r. Élisabeth-d'Autriche, (près du château) – ✆ 02 35 27 41 83 – www.relais-des-dalles.fr – Fermé 16 déc.-8 janv., lundi et mardi sauf le soir du 15 juil. au 18 août, merc. midi et jeudi midi

4 ch – †76 € ††92 € – ☕ 12 € – ½ P

Rest *(pour le week-end, réserver)* – Menu 30/55 € – Carte 45/71 €

Un Relais qui fleure bon la Normandie... La maison est rustique à souhait, mais notre préférence va au jardin, charmant (terrasse). La carte cultive la tradition, avec un beau choix de vins de Loire et de bordeaux. Quelques jolies chambres dans la maison attenante.

SAUBUSSE – **40 Landes** – **335** D13 – **805 h.** – **alt. 10 m** – **Stat. therm. : début mars-mi-nov.** – ✉ **40180** **3** B3

Paris 736 – Bayonne 43 – Biarritz 50 – Dax 19

9 quai de L'Adour, ✆ 05 58 57 76 68, www.saubusse-les-bains.com

Villa Stings

9 r. du Port – ✆ 05 58 57 70 18 – Fermé 2 sem. en nov., 2 sem. en fév., merc. soir d'oct. à avril, dim. soir sauf en août, sam. midi et lundi

Rest – Menu 35/80 € – Carte 43/69 €

Non, il n'y a pas de "s" en trop et, non, le chanteur Sting n'est jamais venu dans cette demeure du 19e s. au bord de l'Adour ! Derrière les fourneaux, le chef signe une cuisine mêlant répertoire classique et créativité. À déguster dans la vaste salle ou en terrasse, sur le perron.

SAUGUES – **43 Haute-Loire** – **331** D4 – **1 873 h.** – **alt. 960 m** – ✉ **43170** **6** C3
Auvergne

Paris 529 – Brioude 51 – Mende 72 – Le Puy-en-Velay 43

Cours Dr Gervais, ✆ 04 71 77 71 38

La Terrasse

cours du Dr-Gervais – ✆ 04 71 77 83 10 – www.hotellaterrasse-saugues.com – Fermé 15 nov.-15 fév., dim. soir et lundi hors saison

9 ch – †65 € ††73 € – ☕ 12 € – ½ P

Rest ***La Terrasse*** – voir les restaurants ci-après

Au centre du village dominé par la tour des Anglais, maison ancienne tenue par la même famille depuis 1795. Chambres d'esprit contemporain, fraîches et bien équipées.

La Terrasse

cours du Dr-Gervais – ✆ 04 71 77 83 10 – www.hotellaterrasse-saugues.com – Fermé 15 nov.-15 fév., dim. soir, lundi et mardi hors saison

Rest – Menu 23 € (sem.), 29/56 €

La bête du Gévaudan n'est plus, mais vous pouvez avoir conservé un appétit de loup ! Voici l'adresse qu'il vous faut : un cadre cosy, une cuisine bien dans son époque et de beaux produits locaux.

SAUJON – **17 Charente-Maritime** – **324** E5 – **6 636 h.** – **alt. 7 m** – ✉ **17600 Saujon** Poitou-Charentes **38** B3

Paris 499 – Poitiers 165 – La Rochelle 71 – Saintes 28

22, place du Général-de-Gaulle, ✆ 05 46 02 83 77, www.otsisaujon.com

Le Richelieu

pl. Richelieu – ✆ 05 46 02 82 43 – www.hotel-lerichelieu-saujon.com – Fermé 3-24 janv.

20 ch – †57/82 € ††57/82 € – ☕ 10 € – ½ P

Rest ***Le Ménestrel*** – voir les restaurants ci-après

Sur la place du village, une belle maison en pierre (18e s.) avec des chambres contemporaines, engageantes et parfaitement tenues. Un bon plan !

Le Ménestrel

pl. Richelieu – ✆ 05 46 06 92 35 – Fermé 3-13 juin, 30 sept.-14 oct., 7-23 janv., mardi midi, dim. soir sauf août et lundi

Rest – Formule 16 € – Menu 29/99 € – Carte 35/55 €

Du nom de son patron, cette table chante les plaisirs de recettes d'aujourd'hui bien tournées et parfumées. Le cadre, contemporain et élégant, ajoute à l'agrément du moment.

SAULES – **25 Doubs** – **321** G4 – **rattaché à Ornans**

SAULGES – **53 Mayenne** – **310** G7 – **312 h.** – **alt. 97 m** – ✉ **53340** **35** C1

Pays de la Loire

Paris 249 – Château-Gontier 37 – La Flèche 48 – Laval 33

4, place Jacques Favrot, ✆ 02 43 90 49 81, www.coevrons-tourisme.com

L'Ermitage

3 pl. St-Pierre – ✆ 02 43 64 66 00 – www.hotel-ermitage.fr – Fermé 25 oct.-3 nov., 20 déc.-13 janv., 22 fév.-3 mars , vend. soir, sam. midi et dim. soir d'oct. à avril

34 ch – †79/87 € ††79/87 € – ☕ 11 € – ½ P

Rest – Formule 20 € – Menu 25/62 € – Carte environ 49 €

Cette maison ancienne se trouve dans un petit village connu pour ses grottes et son canyon. Les chambres sont coquettes et donnent sur la campagne ou le village ; celles du "Relais" sont plus actuelles. Piscine, minigolf, jardin.

SAULIEU – **21 Côte-d'Or** – **320** F6 – **2 574 h.** – **alt. 535 m** – ✉ **21210** **8** C2

Bourgogne

Paris 248 – Autun 40 – Avallon 39 – Beaune 65

24, rue d'Argentine RN6, ✆ 03 80 64 00 21

Basilique St-Andoche★ : chapiteaux★★ .

Plan page suivante

Le Relais Bernard Loiseau

2 r. d'Argentine – ✆ 03 80 90 53 53

– www.bernard-loiseau.com – Fermé 21 janv.-27 fév., mardi et merc. sauf fériés

23 ch – †178/368 € ††178/368 € – 9 suites – ☕ 30 € **e**

Rest *Le Relais Bernard Loiseau* ✿✿✿ – voir les restaurants ci-après

Un Relais dans la grande tradition française, qui fait honneur à l'hospitalité bourguignonne. Murs du 18e s., poutres et colombages patinés par les ans, sols en terre cuite, mobilier ancien... mais aussi spa de rêve et piscine idyllique. L'intemporel est furieusement chic et contemporain, c'est certain !

Hostellerie de la Tour d'Auxois

square Alexandre-Dumaine – ✆ 03 80 64 36 19

– www.tourdauxois.com – Fermé 6 janv.-5 fév. **r**

31 ch – †85/115 € ††85/115 € – ☕ 13 € – ½ P

Rest *(fermé lundi et mardi sauf le soir d'avril à sept. et sam. midi)* – Formule 17 € – Menu 24/37 € – Carte 26/51 €

Un couvent ? Oui... et non ! Il y a bien longtemps que les cellules ont fait place à des chambres cosy et à de jolis duplex, mais le charme bucolique du lieu est demeuré intact. Jardin paysager, piscine, restaurant bourguignon : une halte sympathique.

Le Relais Bernard Loiseau – Hôtel Le Relais Bernard Loiseau

✿✿✿ *2 r. d'Argentine – ✆ 03 80 90 53 53*

– www.bernard-loiseau.com – Fermé 21 janv.-27 fév., mardi et merc. sauf fériés

Rest – Menu 70 € (déj.), 150/215 € – Carte 136/214 € **e**

Durant vingt ans, Patrick Bertron fut le second de Bernard Loiseau... Aujourd'hui, il interprète avec une sensibilité toute personnelle les classiques du "maître de Saulieu" et réinvente chaque jour la "grande" cuisine française. Une bouchée, une gorgée, un instant... et la magie éternelle de la belle gastronomie.

→ Jambonnettes de grenouilles à la purée d'ail et au jus de persil. Blanc de volaille fermière et foie gras de canard poêlé à la purée de pomme de terre truffée. Rose des sables, glace chocolat et coulis d'orange confite. **Vins** Chassagne-Montrachet, Gevrey-Chambertin.

SAULIEU

- Argentine (R. d') ... 3
- Bertin (R. J.) ... 4
- Collège (R. du) ... 6
- Courtépée (R.) ... 7
- Foire (R. de la) ... 8
- Fours (R. des) ... 9
- Gambetta (R.) ... 10
- Gare (Av. de la) ... 12
- Gaulle (Pl. Ch.-de) ... 14
- Grillot (R.) ... 15
- Marché (R. du) ... 17
- Parc des Sports (R. du) ... 18
- Sallier (R.) ... 19
- Tanneries (R. des) ... 20
- Vauban (R.) ... 21

La Borne Impériale avec ch

16 r. d'Argentine – ✆ 03 80 64 19 76 – www.borne-imperiale.com – Fermé 10 janv.-10 fév., mardi sauf juil.-août et lundi **v**

6 ch – 38 € 62/82 € – 10 €

Rest – Formule 19 € bc – Menu 25/49 € – Carte 41/60 €

Il règne ici une atmosphère délicieusement rétro, et le chef vous régale d'une cuisine classique copieuse, soignée et parée de jolies teintes régionales. Pour prolonger l'étape, les chambres sont bien agréables ; deux d'entre elles, très contemporaines, comptent parmi les plus jolies de la ville.

Auberge du Relais

8 r. d'Argentine – ✆ 03 80 64 13 16 – Fermé 18 nov.-15 déc. **a**

Rest – Formule 21 € – Menu 24/35 € – Carte 28/38 €

Sur la rue principale de Saulieu, une auberge traditionnelle au décor un brin désuet... À la carte, honneur au terroir et prix doux !

La Vieille Auberge

15 r. Grillot – ✆ 03 80 64 13 74 – Fermé 2-12 juil., 16-31 janv., mardi soir et merc. du 1er sept. au 14 juil. **n**

Rest – Menu 13/43 € – Carte 25/45 €

Une petite auberge rustique, non loin du centre-ville. On vient ici pour déguster une cuisine régionale simple ; l'été on profite de la terrasse, à l'ombre d'un cerisier et d'un mirabellier.

SAULON-LA-RUE – 21 Côte-d'Or – 320 K6 – 595 h. – alt. 215 m – ✉ 21910 8 D1

Paris 324 – Beaune 43 – Dijon 12 – Gevrey-Chambertin 9

Château de Saulon

67 r de Dijon, (rte de Seurre) – ✆ 03 80 79 25 25 – www.chateau-saulon.com – Fermé 17 fév.-10 mars

32 ch – 86/152 € 101/152 € – 15 € – ½ P

Rest *(fermé dim. soir d'oct. à mai)* – Menu 23 € (déj. en sem.), 33/57 € – Carte 58/70 €

Dans son parc arboré où rien ne manque (piscine, étang...), ce joli petit château du 17e s. joue les dandys du 21e s. Salons, véranda : la déco design fait des étincelles ! Plus de sobriété et de classicisme côté chambres, mais autant de confort.

SAULT – 84 Vaucluse – 332 F9 – 1 366 h. – alt. 765 m – ✉ 84390 42 E1

Provence

Paris 718 – Aix-en-Provence 86 – Apt 31 – Avignon 69

avenue de la Promenade, ✆ 04 90 64 01 21, www.saultenprovence.com

Gorges de la Nesque★★ : belvédère★★ SO : 11 km par D 942 - Mont Ventoux ★★★ NO : 26 km.

Hostellerie du Val de Sault

2 km, rte St-Trinit et rte secondaire – ✆ 04 90 64 01 41 – www.valdesault.com – Ouvert 1er avril-5 nov.

14 suites – 180/295 € – 6 ch – 17 € – ½ P

Rest *(dîner seult sauf week-end et fériés)* – Menu 43/99 € – Carte environ 60 €

Original : à la manière d'un hameau dans la pinède, les chambres se répartissent dans plusieurs bungalows. Spacieuses, avec coin salon et terrasse, certaines en duplex avec des salles de bains panoramiques ! Symbiose avec la Provence...

SAULT-DE-NAVAILLES – 64 Pyrénées-Atlantiques – 342 H1 – 816 h. – alt. 65 m – ✉ 64300 3 B3

Paris 756 – Bordeaux 177 – Mont-de-Marsan 44 – Pau 58

La Tour Galante

699 r. de France, (à côté de l'Église) – ✆ 05 59 67 55 29 – www.latourgalante.com – Fermé 5-22 mars, 8-24 oct., lundi soir, mardi et merc.

Rest – Menu 12 € (déj. en sem.), 25/38 € – Carte 29/50 €

La façade pimpante de ce restaurant donne sur la tour de Gaston Fébus. Ici, tout est frais et fait maison : garbure, foie gras, salade landaise et volaille basquaise. Voilà une adresse où l'on cultive l'art de vivre made in Sud-Ouest !

SAULX-LES-CHARTREUX – 91 Essonne – 312 C3 – 101 35 – voir à Paris, Environs (Longjumeau)

SAULXURES – 67 Bas-Rhin – 315 G6 – 536 h. – alt. 535 m – ✉ 67420 1 A2

Paris 407 – Épinal 71 – Lunéville 65 – Strasbourg 67

La Belle Vue

36 r. Principale – ✆ 03 88 97 60 23 – www.la-belle-vue.com – Fermé 3 sem. en janv.

9 ch – 96/127 € 96/127 € – 2 suites – 13 € – ½ P

Rest ***La Belle Vue*** – voir les restaurants ci-après

La même famille tient cette auberge depuis quatre générations. Point trop de tradition cependant : dans ce village vosgien, l'adresse surprend par son décor contemporain, tout en beaux matériaux ! Suites et duplex sont très agréables à vivre.

La Belle Vue

36 r. Principale – ✆ 03 88 97 60 23 – www.la-belle-vue.com – Fermé 3 sem. en janv., mardi et merc. de sept. à juin

Rest – Menu 16 € (déj. en sem.), 22/61 € – Carte 35/60 €

Lambris et plancher blond le disputent aux paravents peints ; la terrasse domine la forêt des Vosges... Un bel endroit, pour sûr ! Et comme un souvenir de la bonne cuisine d'antan, la carte fait œuvre de simplicité, avec une pointe d'exotisme.

Envie de partir à la dernière minute ?
Visitez les sites Internet des hôtels pour bénéficier de promotions tarifaires.

SAUMUR – 49 Maine-et-Loire – 317 I5 – 28 070 h. – alt. 30 m 35 C2
– ✉ 49400 Châteaux de la Loire

Paris 300 – Angers 67 – Le Mans 124 – Poitiers 97

place de la Bilange, ✆ 02 41 40 20 60, www.ot-saumur.fr

de Saumur, 2, route des Mortins, O : 5 km par D 751 et D 161, ✆ 02 41 50 87 00

Château★★ : musée d'Arts décoratifs★★, musée du Cheval★, tour du Guet ✳★ - Église N.-D.-de-Nantilly★ : tapisseries★★ - Vieux quartier★ BY : Hôtel de ville★ H ,tapisseries★ de l'église St-Pierre - Musée de l'école de Cavalerie★ M[1] - Musée des Blindés★★ au Sud.

Château de Verrières sans rest

53 r. d'Alsace – ✆ 02 41 38 05 15 – www.chateau-verrieres.com AYv

10 ch – †170/310 € ††170/310 € – ☕ 15 €

Un lieu idéal pour un séjour romantique : un bel édifice Napoléon III, des boiseries aux teintes chaudes, un décor Belle Époque et un grand parc... Accueil amical des châtelains.

Anne d'Anjou sans rest

32 quai Mayaud – ✆ 02 41 67 30 30 – www.hotel-anneanjou.com BYk

42 ch – †95/160 € ††120/260 € – ☕ 14 €

Un bel édifice classé (escalier en pierre), comme un lys dans la vallée... Les chambres, de style Empire ou plus fonctionnelles, donnent sur la Loire ou le château.

St-Pierre sans rest

8 r. Haute-St-Pierre – ✆ 02 41 50 33 00 – www.saintpierresaumur.com BYb

14 ch – †110/180 € ††120/185 € – ☕ 14 €

Poutres massives, colombages, hautes cheminées en tuffeau, escalier à vis et meubles de style : un bien charmant hôtel installé dans des maisons du 17e s. joliment restaurées.

Adagio sans rest

94 av. du Gén.-de-Gaulle – ✆ 02 41 67 45 30 – www.hoteladagio.com – Fermé 23 déc.-2 janv. BXt

39 ch – †74/93 € ††84/124 € – ☕ 12 €

Au cœur de l'île d'Offard, des chambres contemporaines et feutrées, tenues avec soin. Beau buffet au petit-déjeuner (produits bio et régionaux). Une bonne option pour découvrir la ville.

Mercure Bord de Loire sans rest

r. du vieux-Pont – ✆ 02 41 67 22 42 – www.mercure.com

44 ch – †76/191 € ††76/191 € – 1 suite – ☕ 14 € BYg

Sur l'île d'Offard, un hôtel moderne aux chambres fonctionnelles bien équipées. Atout de choix : certaines offrent un beau panorama sur la Loire et le centre historique.

Kyriad sans rest

23 r. Daillé – ✆ 02 41 51 05 78 – www.central-kyriad.com BYd

29 ch – †59/79 € ††79/99 € – ☕ 10 €

Situation centrale et calme assuré en cet établissement abritant de petites chambres confortables. Le décor est agréable : meubles de style ancien et teintes claires pour certaines ; épure contemporaine pour les autres…

Hôtel de Londres sans rest

48 r. d'Orléans – ✆ 02 41 51 23 98 – www.lelondres.com BYt

27 ch – †53/93 € ††61/125 € – ☕ 9 €

Depuis quelques années, ses propriétaires ont su donner de la personnalité et un véritable coup de jeune à cet hôtel de 1837. Deux appartements (avec kitchenettes) conviendront particulièrement aux familles.

Les Ménestrels

11 r. Raspail – ✆ 02 41 67 71 10 – www.restaurant-les-menestrels.com – Fermé 1 sem. en déc., 1 sem. en mars, lundi sauf le soir d'avril à nov. et dim.

Rest – Formule 26 € – Menu 34/66 € BZu

Près du château, troubadours de passage et autres trouvères apprécieront le raffinement de cette demeure ancienne. De beaux vins de Loire accompagnent la carte – une savoureuse cuisine de saison – ou la formule rapide.

SAUMUR

Rue	Carreau	N°
Anjou (R. d')	BZ	2
Beaurepaire (R.)	AY	3
Bilange (Pl. de la)	BY	4
Cadets (Ponts des)	BX	5
Dr-Bouchard (R. du)	AZ	6
Dupetit-Thouars (Pl.)	BZ	7
Fardeau (R.)	AZ	9
Gaulle (Av. Général-de)	BX	
Leclerc (R. du Mar.)	AZ	
Nantilly (R. de)	BZ	10
Orléans (R. d')	ABY	
Poitiers (R. de)	AZ	12
Portail-Louis (R. du)	BY	13
République (Pl. de la)	BY	15
Roosevelt (R. Fr.)	BY	16
St-Jean (R.)	BY	18
St-Pierre (Pl.)	BY	19
Tonnelle (R. de la)	BY	20
Vieux-Pont (R. du)	BY	22

Le Gambetta (Mickael Pihours)

12 r. Gambetta – ✆ 02 41 67 66 66 – www.restaurantlegambetta.com – Fermé 29 juil.-22 août, 20 janv.-5 fév., dim. soir, lundi et merc. AYw

Rest – Menu 24 € (déj. en sem.), 30/96 € – Carte 66/91 €

Jeux sur les textures, les associations de saveurs et les présentations ; le jeune chef bouscule la tradition. Menu de saison, espumas en petites touches, fleurs et fruits, clins d'œil à l'Asie : les sens sont ravis...

➜ Homard breton en deux cuissons, textures de fenouil. Pigeonneau aux saveurs orientales, jus à la bergamote et pain pita. Légo réglisse-chocolat, carotte en reflets. **Vins** Saumur, Saumur-Champigny.

L'Escargot

30 r. du Mar.-Leclerc – ✆ 02 41 51 20 88 – Fermé 16-31 août, vacances de fév., sam. midi, mardi et merc. AZa

Rest *(nombre de couverts limité, réserver)* – Formule 13 € – Menu 18 € (déj. en sem.), 25/33 €

Un joli petit Escargot où prendre le temps de se restaurer ! Décor feutré et cuisine traditionnelle élaborée à partir de bons produits. Agréable terrasse ; tarifs mesurés.

L'Alchimiste
6 r. de Lorraine – ✆ 02 41 67 65 18 – lalchimiste-saumur.fr – Fermé 1 sem. en fév., vacances de la Toussaint, dim. et lundi AY**b**
Rest *(nombre de couverts limité, réserver)* – Formule 17 € – Menu 20 € – Carte 25/50 €
Dans ce petit restaurant contemporain, pas de cuisine moléculaire ou alchimiste, mais de bons petits plats cuisinés avec savoir-faire. Le rapport saveurs-prix est bon ! Mieux vaut réserver car l'établissement, bien que discret, est souvent complet...

L'Aromate N
42 r. du Mar.-Leclerc – ✆ 02 41 51 31 45 – www.laromate-restaurant.com – Fermé dim. et lundi AZ**f**
Rest – Formule 15 € – Menu 19 € (sem.), 28/30 € – Carte 44/54 €
Herbes, épices... voilà une adresse où les aromates ont la part belle ! Dans cette affaire familiale, le chef – revenu dans sa région natale – travaille avec son fils qui s'occupe de la pâtisserie. Au menu : un joli morceau de bistronomie, calée sur les saisons. Bon rapport qualité-prix.

à St-Hilaire-St-Florent 3 km par av. Foch AXY et D 751 – ✉ 49400 Saumur

École nationale d'Équitation★.

Les Terrasses de Saumur ch,
chemin de l'Alat – ✆ 02 41 67 28 48 – www.lesterrassesdesaumur.fr – Fermé 22 déc.-7 janv.
20 ch – †85/195 € ††85/195 € – ☕ 12 € – ½ P
Rest *(fermé lundi midi et mardi midi)* – Formule 22 € – Menu 29/49 € – Carte 48/67 €
Tout près du Cadre noir, cet hôtel joue la carte des tendances : couleurs tranchées, lumière travaillée, espace bien-être… sans oublier la piscine et la terrasse en bois exotique ! Le restaurant propose une cuisine classique, avec une vue superbe sur la ville.

à Chênehutte-les-Tuffeaux 8 km par av. Foch AXY et D 751 – 1 045 h. – alt. 29 m – ✉ 49350

Le Prieuré
– ✆ 02 41 67 90 14 – www.prieure.com
19 ch – †120/355 € ††120/355 € – 3 suites – ☕ 21 € – ½ P
Rest ***Le Prieuré*** – voir les restaurants ci-après
La quiétude reste entière dans ce prieuré du 12e s. d'un grand charme ; les chambres, pleines de cachet, ouvrent sur la Loire. Pour ceux qui souhaitent allier à la paix de l'âme l'exercice du corps : tennis, grande piscine et parcours santé.

Les Résidences du Prieuré
15 ch – †110/138 € ††110/138 € – ☕ 21 €
Chambres avec terrasse et jardinet privé, nichées dans six bungalows disséminés dans un immense parc boisé.

Le Prieuré
– ✆ 02 41 67 90 14 – www.prieure.com
Rest – Formule 26 € – Menu 33 € (déj. en sem.)/72 € – Carte 40/64 €
Dans cet ancien édifice ecclésiastique dominant la Loire (superbe salle panoramique), on apprécie une cuisine traditionnelle rehaussée d'épices. Ode aux saveurs et aux vins du cru...

LA SAUSSAYE – **27 Eure** – **304** F6 – **1 915 h.** – **alt. 137 m** – ✉ **27370** **33** D2
Normandie Vallée de la Seine
Paris 130 – Évreux 40 – Louviers 20 – Pont-Audemer 49

Manoir des Saules

2 pl. St-Martin – ✆ 02 35 87 25 65 – www.manoirdessaules.com – Fermé 3 sem. en nov., 15 fév.-3 mars, dim. soir, lundi et mardi

9 ch – †180/310 € ††210/350 € – ☕ 25 €

Rest ***Manoir des Saules*** ✿ – voir les restaurants ci-après

Ferronneries, cheminées, meubles anciens (dont quelques belles armoires normandes) : cet authentique manoir allie cachet et élégance, et l'on y fait étape comme dans une jolie gravure ancienne... Parfaitement tenu et charmant !

Manoir des Saules (Jean-Paul Monnaie)

2 pl. St-Martin – ✆ 02 35 87 25 65 – www.manoirdessaules.com – Fermé 3 sem. en nov., 15 fév.-3 mars, dim. soir, lundi et mardi

Rest *(nombre de couverts limité, réserver)* – Menu 70 € (sem.)/90 € – Carte 95/130 €

Les lieux évoquent à la fois une bonbonnière et un musée, mêlant œuvres d'art, objets décoratifs, recoins richement ornés... Beaucoup de charme au service d'une cuisine qui ne séduit pas moins, en étant réalisée dans les règles de l'art.

→ Saumon fumé maison. Turbot sauvage, purée de pomme de terre aux herbes. Baba au rhum.

SAUSSET-LES-PINS – 13 Bouches-du-Rhône – 340 F6 – 7 471 h. – alt. 15 m – ✉ 13960 Provence — 40 B3

Paris 768 – Aix-en-Provence 41 – Marseille 37 – Martigues 13

Bureau Municipal de Tourisme - 16, avenue du Port, ✆ 04 42 45 60 65

Les Girelles

r. Frédéric-Mistral – ✆ 04 42 45 26 16 – www.restaurant-les-girelles.com – Fermé 22-30 oct., 9-31 janv., dim. soir, merc. midi et lundi

Rest – Formule 20 € bc – Menu 30/65 € – Carte 47/79 €

Simplement séparé de la Méditerranée par la route, un restaurant de bord de mer des plus classiques et de qualité. Crustacés et poissons – homard, loup, dorade – sont ses spécialités, sans oublier la bourride et la bouillabaisse (sur commande).

SAUTERNES – 33 Gironde – 335 I7 – 721 h. – alt. 50 m – ✉ 33210 Aquitaine — 3 B2

Paris 624 – Bazas 24 – Bordeaux 49 – Langon 11

11, rue Principale, ✆ 05 56 76 69 13, www.sauternais-graves-langon.com

Relais du Château d'Arche sans rest

0,5 km au Nord, rte de Bommes – ✆ 05 56 76 67 67 – www.chateaudarche-sauternes.com

9 ch – †120/160 € ††140/160 € – ☕ 10 €

Une charmante chartreuse du 17e s. au cœur du domaine viticole du château d'Arche, dont on peut déguster les grands crus après une visite. Chambres classiques et cosy, avec une vue superbe sur les vignes alentour.

Saprien

14 r. Principale – ✆ 05 56 76 60 87 – www.saprien.free.fr/ – Fermé 28 janv.-11 fév., dim. soir et lundi

Rest – Menu 16 € (déj. en sem.), 27/39 € – Carte 39/55 €

Un village réputé, une maison typique de vigneron, une terrasse pavée au pied des vignes du château Guiraud, des recettes créatives, savoureuses et bien tournées, pensées autour du célèbre vin liquoreux... Au Saprien, on est au cœur du sujet !

SAUVETERRE – 30 Gard – 339 N4 – 1 815 h. – alt. 23 m – ✉ 30150 — 23 D2

Paris 669 – Alès 77 – Avignon 15 – Nîmes 49

Château de Varenne sans rest

pl. St-Jean – ✆ 04 66 82 59 45 – www.chateaudevarenne.com – Ouvert avril-oct.

13 ch – †78/188 € ††98/248 € – ☕ 19 €

Le parc à la française, où trône un superbe cèdre du Liban, ajoute au charme de cette élégante demeure du 18e s. Chambres raffinées, décorées de riches tissus et objets anciens.

SAUVETERRE-DE-BÉARN – 64 Pyrénées-Atlantiques – **342** G2 **3** B3
– **1 355 h.** – **alt. 69 m** – ✉ **64390** Aquitaine

Paris 777 – Bayonne 60 – Orthez 22 – Pau 64

place Royale, ✆ 05 59 38 32 86, www.tourisme-bearn-gaves.com

Domaine de Bétouzet sans rest

Andrein, 3 km à l'Est par D 27 – ✆ 05 59 38 91 40 – www.betouzet.com – Ouvert de Pâques à la Toussaint

5 ch – 140/220 € 140/220 € – 15 €

Arbres centenaires et haies de buis bien taillées parent le parc de cette jolie gentilhommière. Chambres calmes et confortables. Sauna et jacuzzi en bois dans l'orangeraie.

SAUVETERRE-DE-COMMINGES – 31 Haute-Garonne – **343** C6 **28** B3
– **724 h.** – **alt. 480 m** – ✉ **31510**

Paris 777 – Bagnères-de-Luchon 36 – Lannemezan 31 – Tarbes 71

Hostellerie des 7 Molles

à Gesset – ✆ 05 61 88 30 87 – www.hotel7molles.com – Fermé 15 fév.-15 mars, mardi et merc. d'oct. à juin

18 ch – 92/146 € 108/146 € – 14 € – ½ P

Rest *(fermé le midi en sem.)* – Menu 30/48 € – Carte 44/68 €

Une grande maison dans une vallée calme, en pleine nature. Tranquillité, atmosphère familiale, restaurant traditionnel et... confort douillet ! Certaines chambres ont même un balcon donnant sur les citronniers et les orangers du jardin.

SAUVETERRE-DE-ROUERGUE – 12 Aveyron – **338** F5 – **803 h.** **29** C1
– **alt. 460 m** – ✉ **12800** Midi Toulousain

Paris 652 – Albi 52 – Millau 88 – Rodez 30

Boulevard Laperouse, ✆ 05 65 72 02 52

Place centrale★.

Le Sénéchal

Le bourg – ✆ 05 65 71 29 00 – www.hotel-senechal.fr – Fermé 1er janv.-15 mars, dim. soir, lundi soir et mardi midi sauf juil.-août et lundi midi

8 ch – 150 € 150 € – 3 suites – 16 €

Rest *Le Sénéchal* ✿ – voir les restaurants ci-après

Une auberge reconstruite dans le style du pays au sein d'une bastide royale du 13e s. : cossu et rare. L'ancien et le contemporain se mêlent avec raffinement ; les chambres sont spacieuses... Et au restaurant, que de saveurs !

Le Sénéchal (Michel Truchon)

✿

Le bourg – ✆ 05 65 71 29 00 – www.hotel-senechal.fr – Fermé 1er janv.-15 mars, dim. soir, lundi soir et mardi midi sauf juil.-août et lundi midi

Rest *(nombre de couverts limité, réserver)* – Menu 29 € (sem.), 58/120 € – Carte 76/86 €

Un poisson rouge en bocal sur chaque table, des œuvres d'art... Un cadre contemporain au service d'une cuisine de produits – savoureux et excellents. Le chef est généreux et n'a qu'une envie : vous faire plaisir.

➜ Gnocchis de pomme de terre à la truffe. Viandes et volailles de pays. Desserts aux fruits de saison. **Vins** Marcillac, Gaillac.

SAUVIAT-SUR-VIGE – 87 Haute-Vienne – **325** G5 – **929 h.** **24** B2
– **alt. 450 m** – ✉ **87400**

Paris 404 – Guéret 49 – Limoges 34 – Panazol 30

Auberge de la Poste

141 r. Emile Dourdet – ✆ 05 55 75 30 12 – www.aubergedelaposte.fr – Fermé 11 déc.-11 janv.

10 ch – 47/58 € 47/58 € – 7 € – ½ P

Rest *(fermé dim. soir et lundi)* – Formule 15 € – Menu 19/36 € – Carte 24/50 €

Sur l'axe principal du village, cette chaleureuse auberge tenue en famille. Les chambres sont pratiques, impeccablement tenues et se trouvent à l'écart des nuisances de la route ; quant au restaurant, il a un vrai cachet rustique et l'on y déguste des petits plats traditionnels.

SAUVIGNY-LES-BOIS – 58 Nièvre – **319** C10 – rattaché à Nevers

SAUXILLANGES – 63 Puy-de-Dôme – 326 H9 – 1 162 h. – alt. 460 m 6 C2
– ✉ 63490 Auvergne

Paris 455 – Ambert 46 – Clermont-Ferrand 45 – Issoire 14

2 place Saint-Martin, ☎ 04 73 96 37 62, www.cc-sauxillanges.fr

Pic d'Usson ☀★ SO : 4 km.

Restaurant de la Mairie
11-17 pl. St-Martin – ☎ 04 73 96 80 32 – www.fontbonne.fr – Fermé 17-28 juin, 23 sept.-4 oct., 2-20 janv., mardi soir et merc. soir de la Toussaint à Pâques, dim. soir et lundi

Rest – Menu 19 € (sem.), 29/68 € – Carte 28/65 €

Face à la mairie de Sauxillanges, la cuisine est une affaire de femmes. Mère et fille œuvrent ensemble au piano, concoctant une belle cuisine régionale, authentique et savoureuse. C'est ce que l'on appelle un "travail bien fait" !

LE SAUZE – 04 Alpes-de-Haute-Provence – 334 I6 – rattaché à Barcelonnette

SAUZET – 46 Lot – 337 D5 – 508 h. – alt. 282 m – ✉ 46140 28 B1

Paris 600 – Cahors 22 – Montauban 75 – Toulouse 127

le Bourg, ☎ 05 65 24 22 24

Auberge de la Tour (N)
– ☎ 05 65 36 90 05 – www.aubergedelatour.com

8 ch – †55/80 € ††55/80 € – ☕ 8,50 € – ½ P

Rest – Formule 12 € – Menu 17 € (sem.), 25/30 € – Carte 29/43 €

Dormir dans une demeure du 13e s. avec le confort du 21e s., c'est ce que propose cette auberge ! Pour monter dans les chambres, vous emprunterez un bel escalier en pierre, mais la décoration est contemporaine. Bon accueil et ambiance familiale.

SAUZON – 56 Morbihan – 308 L10 – voir à Belle-Ile-en-Mer

SAVERNE – 67 Bas-Rhin – 315 I4 – 12 046 h. – alt. 200 m 1 A1
– ✉ 67700 Alsace Lorraine

Paris 450 – Lunéville 88 – St-Avold 89 – Sarreguemines 65

37, Grand'Rue, ☎ 03 88 91 80 47, www.ot-saverne.fr

Château★ : façade★★ - Maisons anciennes à colombage★ **N.**

Plan page suivante

Chez Jean
3 r. de la Gare – ☎ 03 88 91 10 19 – www.chez-jean.com – Fermé 23-26 déc. **Av**

40 ch – †68/85 € ††85/105 € – ☕ 10 € – ½ P

Rest *(fermé 22 déc.-8 janv., dim. soir et lundi)* – Formule 13 € – Menu 29 € (sem.)/41 € – Carte 30/54 €

Rest *Winstub s'Rosestiebel* *(fermé 22 déc.-9 janv.)* – Menu 15 € (sem.), 29/41 € – Carte 29/54 €

Entre le château et la roseraie, des chambres très confortables et spacieuses, décorées dans un style alsacien ou contemporain. Bel espace détente (hammam, jacuzzi, salle de soins, etc.). Carte traditionnelle au restaurant, spécialités régionales à la Winstub s'Rosestiebel.

Le Clos de la Garenne
88 rte du Haut-Barr, 1,5 km par rte de Haut-Barr – ☎ 03 88 71 20 41 – www.closgarenne.unblog.fr

14 ch – †40/65 € ††55/96 € – ☕ 12 € – ½ P

Rest *Le Clos de la Garenne* – voir les restaurants ci-après

Au pied des Vosges, cet hôtel abrite des chambres cosy à souhait. Bois, petits cœurs rouges, le charme est résolument montagnard... Une bonne adresse, chaleureuse comme on les aime !

SAVERNE

Bouxwiller (R. de) .... B 2
Clés (R. des) .... B 3
Côte (R. de la) .... B 5
Dettwiller (R. de) .... B 6
Églises (R. des) .... B 8
Foch (R. Mar.) .... A 12
Gare (R. de la) .... A 13
Gaulle (Pl. Gén.-de) .... B 14
Grand'Rue .... AB
Joffre (R. Mar.) .... B 15
Murs (R. des) .... AB 16
Pères (R. des) .... B 17
Poincaré (R.) .... A 20
Poste (R. de la) .... B 22
Tribunal (R. du) .... B 24
19-Novembre (R. du) .... A 26

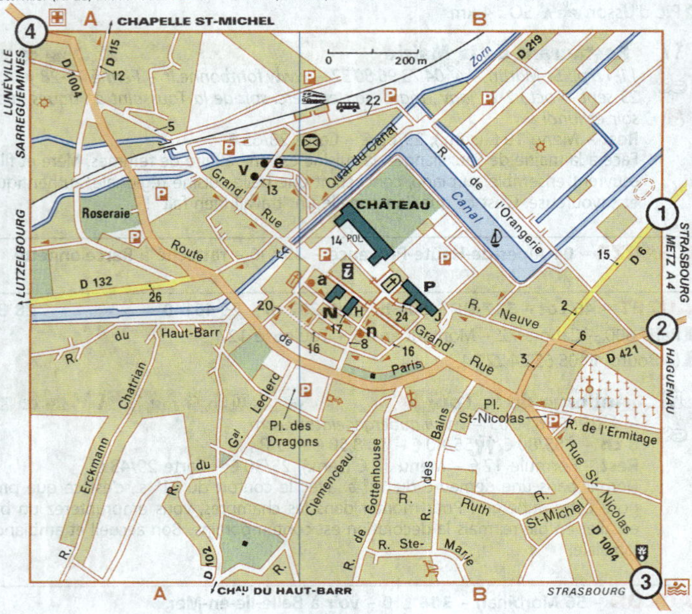

Europe sans rest

7 r. de la Gare – ✆ 03 88 71 12 07 – www.hotel-europe-fr.com
– Fermé 23 déc.-5 janv. **Ae**
28 ch – †67/78 € ††73/101 € – ☕ 11 €
Derrière une belle façade en brique du début du 20e s., à deux pas du château des Rohan, un hôtel cossu et confortable, tenu avec soin et qui sait vivre avec son temps : voyez le décor de la réception et le salon attenant, très design !

Le Clos de la Garenne – Hôtel le Clos de la Garenne

88 rte du Haut-Barr, 1,5 km par rte de Haut-Barr – ✆ 03 88 71 20 41
– www.closgarenne.fr – Fermé 29 juil.-4 août, 25 fév.- 2 mars, merc., sam. midi et dim. soir
Rest – Menu 18 € (déj. en sem.), 31/80 € – Carte 39/81 €
Il suffit parfois de prendre de la hauteur pour se croire à la montagne ! À l'image de ce restaurant, dominant la ville, avec sa salle à la décoration alpine. On y déguste de beaux produits travaillés dans un esprit gastronomique ou winstub (deux cartes distinctes). Accueil et service aux petits soins.

Zum Staeffele

1 r. Poincaré – ✆ 03 88 91 63 94 – www.strasnet.com/staeffele.htm
– Fermé 29 juil.-21 août, 23 déc.-3 janv., dim. soir, merc. et jeudi **Ba**
Rest – Menu 25 € (déj. en sem.), 38/59 € – Carte environ 52 €
St-Pierre braisé à la crème, fraises marinées à la vanille meringue et menthe, tartelette de morilles et ris de veau... Une cuisine dans l'air du temps, proposée dans un cadre contemporain. Louis XV, Louis XVI ou encore Goethe – hôtes du château tout proche – auraient sans doute apprécié !

Taverne Katz
80 Grand'Rue – ✆ 03 88 71 16 56 – www.tavernekatz.com – Fermé 10 jours en janv.
Rest – Menu 15 € (déj. en sem.), 25/58 € – Carte 36/61 € **Bn**
Pour trouver ce restaurant, rien de plus simple : rendez-vous à l'hôtel de ville, c'est juste à côté ! Dans cette superbe maison à colombages (1605), on défend la cuisine locale dans une atmosphère conviviale. Chambres pour l'étape.

à l'Est par ② 3 km sur D 421 – ✉ 67700 Monswiller

Kasbür (Yves Kieffer)
8 r. de Dettwiller – ✆ 03 88 02 14 20 – www.restaurant-kasbur.fr
– Fermé 22 juil.-22 août, vacances d'hiver, dim. soir, merc. soir et lundi
Rest – Menu 21 € (déj. en sem.), 48/75 € – Carte 50/70 €
Né en 1932, le Kasbür est lié à la famille Kieffer depuis trois générations. Force de l'héritage ou fruit d'une exigence jamais démentie ? Yves Kieffer écrit aujourd'hui une nouvelle page de son histoire : produits de qualité, sauces pleines de parfums, pointe d'inédit... Une valeur sûre.
➜ Tarte fine aux cuisses de grenouilles. Faux-filet de bœuf Angus cuit minute, joue en cuisson longue, pommes soufflées et sauce bordelaise. Mousse au café, glace au Baileys et granité café.

SAVIGNEUX – 42 Loire – 327 D6 – rattaché à Montbrison

SAVIGNÉ-L'ÉVÊQUE – 72 Sarthe – 310 K6 – rattaché au Mans

SAVIGNY-LÈS-BEAUNE – 21 Côte-d'Or – 320 I7 – rattaché à Beaune

SAVONNIÈRES – 37 Indre-et-Loire – 317 M4 – 3 041 h. – alt. 47 m 11 B2
– ✉ 37510 Châteaux de la Loire
Paris 263 – Blois 88 – Orléans 139 – Tours 17

La Maison Tourangelle
9 rte des Grottes-Pétrifiantes – ✆ 02 47 50 30 05 – www.lamaisontourangelle.com
– Fermé 16 août-3 sept., 17 fév.-11 mars, lundi de sept. à juin, dim. soir et merc.
Rest – Menu 29/69 € bc
Le rustique marié au moderne, une délicieuse terrasse sur le Cher et une belle cuisine de produits, gourmande et précise : voilà les atouts – et non des moindres – de cette maison tourangelle du 18e s.

SAZILLY – 37 Indre-et-Loire – 317 L6 – rattaché à L'Île-Bouchard

SCEAUX-SUR-HUISNE – 72 Sarthe – 310 M6 – 587 h. – alt. 93 m 35 D1
– ✉ 72160
Paris 173 – Châteaudun 75 – La Ferté-Bernard 12 – Mamers 41

Le Panier Fleuri
1 av. Bretagne – ✆ 02 43 93 40 08 – restaurant-le-panier-fleuri-sceaux-sur-huisne.fr – Fermé 19 août-4 sept., 1er-8 janv., dim. soir, lundi soir, mardi soir et merc.
Rest – Formule 15 € – Menu 26/39 € – Carte 25/47 €
Au cœur de ce village à mi-chemin entre Le Mans et Nogent-le-Rotrou, une adresse rustique et champêtre. Aux commandes, un vrai chef qui respecte la tradition culinaire et concocte une cuisine appétissante.

SCHERWILLER – 67 Bas-Rhin – 315 I7 – 3 064 h. – alt. 185 m 2 C1
– ✉ 67750 Alsace Lorraine
Paris 439 – Barr 21 – Colmar 27 – St-Dié 42
30, rue de la Mairie, ✆ 03 88 92 25 62, www.chatenois-scherwiller.net

Auberge Ramstein
1 r. Riesling, (direction Dambach-la-Ville) – ✆ 03 88 82 17 00
– www.hotelramstein.fr – Fermé 23 déc.-15 janv. et 1 sem. en mars
21 ch – †62/78 € ††72/88 € – ☕ 10 € – ½ P
Rest *Auberge Ramstein* – voir les restaurants ci-après
"L'Alsace m'a adoptée !" affirme avec le sourire la patronne autrichienne... Cette demeure régionale, ouverte sur le vignoble, est très accueillante. Les chambres y sont spacieuses et soignées.

Auberge Ramstein

1 r. Riesling, (direction Dambach-la-Ville) – ✆ 03 88 82 17 00 – www.hotelramstein.fr – Fermé 23 déc.-15 janv., 1 sem. en mars, dim. soir et lundi

Rest *(dîner seult sauf dim. de mi-nov. à mi-avril)* – Menu 31/68 € bc

Priorité à la tradition ! Foie gras et son chutney de prunes d'Alsace, filet de sandre au riesling : dans cette auberge au goût d'antan, les produits sont frais et de saison. Quant à la carte des vins, elle se montre digne de ce village vinicole.

SCHILTIGHEIM – 67 Bas-Rhin – 315 K5 – rattaché à Strasbourg

SCHIRMECK – 67 Bas-Rhin – 315 H6 – 2 455 h. – alt. 315 m – ✉ 67130 1 A2

Alsace Lorraine

Paris 412 – Nancy 101 – St-Dié 41 – Saverne 48

114, Grand'Rue, ✆ 03 88 47 18 51, www.hautebruche.com

Vallée de la Bruche★ N et S.

aux Quelles 7,5 km au Sud-Ouest par D 1420, D 261 et rte forestière – ✉ 67130 La Broque

Neuhauser

– ✆ 03 88 97 06 81 – www.hotel-neuhauser.com – Fermé 2 sem. fin nov. et 2 sem. fin fév.-début mars

17 ch – †82/133 € ††91/133 € – ☕ 14 € – ½ P

Rest – Formule 12 € – Menu 23/48 € – Carte 36/55 €

Calme garanti dans cette auberge tapie dans un vallon de la forêt vosgienne. Chambres confortables (mobilier en bois clair) ; quelques chalets individuels sur le terrain. Au restaurant, cuisine régionale et... eau-de-vie de la distillerie familiale en digestif !

LA SCHLUCHT (COL DE) – 88 Vosges – 314 K4 – voir à Col de la Schlucht

SECLIN – 59 Nord – 302 G4 – 12 436 h. – alt. 30 m – ✉ 59113 31 C2

Nord Pas-de-Calais Picardie

Paris 212 – Lens 26 – Lille 17 – Tournai 33

70, rue Roger Bouvry, ✆ 03 20 90 12 12, www.seclin-tourisme.com

Cour★ de l'hôpital.

Auberge du Forgeron avec ch — rest,

17 r. Roger Bouvry – ✆ 03 20 90 09 52 – www.aubergeduforgeron.com – Fermé 28 juil.-18 août et 24-30 déc.

16 ch – †89/113 € ††89/113 € – ☕ 13 €

Rest *(fermé sam. midi et dim.)* – Formule 28 € – Menu 42/87 € – Carte 62/92 €

Une auberge familiale pleine de charme. Côté restaurant gastronomique, la carte épouse l'air du temps ; côté brasserie, honneur au terroir et à la tradition. Et à l'heure du repos, on profite de chambres confortables et bien tenues.

SEDAN – 08 Ardennes – 306 L4 – 18 895 h. – alt. 154 m – ✉ 08200 14 C1

Champagne Ardenne

Paris 246 – Charleville-Mézières 25 – Metz 134 – Reims 101

35 rue du Menil, ✆ 03 24 27 73 73, www.tourisme-sedan.fr

Château fort★★.

Hôtellerie le Château Fort

dans le château fort : accès Porte des Princes – ✆ 03 24 26 11 00 – www.hotels-francepatrimoine.fr BYa

44 ch – †89/119 € ††89/119 € – 10 suites – ☕ 13 € – ½ P

Rest *(fermé lundi midi)* – Menu 24/41 € – Carte 36/59 €

Cet impressionnant château fort du 15e s., aujourd'hui classé, surplombe la ville. Son ancien magasin à poudre s'est transformé en hôtel ! Dans les élégantes chambres et suites, de discrètes allusions médiévales évoquent le temps jadis. Quant aux repas, ils se déroulent dans l'ex-logis du lieutenant du roi.

SEDAN

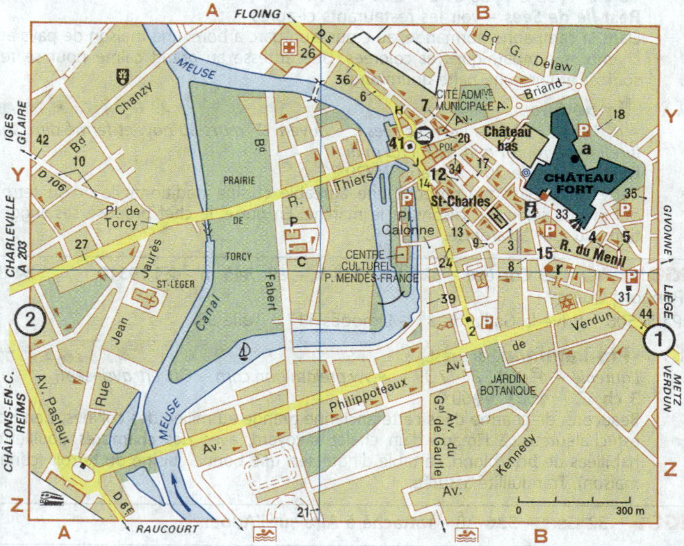

Au Bon Vieux Temps

3 pl. de la Halle – ✆ 03 24 29 03 70 – www.restaurant-aubonvieuxtemps.com – Fermé 26 août-9 sept., 15 fév.-11 mars, dim. soir, merc. soir et lundi

Rest – Menu 27/49 € – Carte 33/64 € BYZr

Rest *Marmiton* – Menu 15 € (sem.)/17 € – Carte 16/30 €

Une maison du 17e s. avec, comme au bon vieux temps, des murs ornés de fresques représentant Sedan dans les années 1900. Foie gras maison, suprême de turbot béarnaise : les amateurs de registre classique ne seront pas déçus. Ambiance plus décontractée, façon bistrot de terroir, au Marmiton.

à Donchery 10 km par ② puis D 334 – 2 393 h. – alt. 150 m – ✉ 08350

Domaine Château du Faucon

rte de Vrigne-aux-Bois – ✆ 03 24 41 87 83 – www.domaine-chateaufaucon.com

13 ch – †85/375 € ††130/375 € – 5 suites – ☕ 15 € – ½ P

Rest – Formule 25 € bc – Menu 35/65 € – Carte 44/62 €

Ce joli château du 17e s, entouré d'un beau parc de 28 ha, a entièrement fait peau neuve en 2011 ; un cadre feutré, où les chambres élégantes n'hésitent pas à mêler classique et contemporain. Centre équestre haut de gamme et restaurant.

SÉES – 61 Orne – **310** K3 – 4 515 h. – alt. 186 m – ✉ 61500 **33** C3

Normandie Cotentin

Paris 183 – L'Aigle 42 – Alençon 22 – Argentan 24

place du Général-de-Gaulle, ✆ 02 33 28 74 79, www.paysdalencontourisme.com

Cathédrale Notre-Dame★ : choeur et transept★★ - Forêt d'Ecouves★★ SO : 5 km.

à Macé **5,5 km par rte d'Argentan, D 303 et D 747 – 488 h. – alt. 173 m – ✉ 61500**

Château d'O★ NO : 5 km.

Île de Sées

– *02 33 27 98 65 – www.ile-sees.fr – Ouvert mars-nov. et fermé dim. soir*
16 ch – 55 € 60/69 € – 9 € – ½ P
Rest *Île de Sées* – voir les restaurants ci-après
Dans la campagne normande, au cœur d'un parc arboré, une maison de pays aux chambres sympathiques et colorées. Une adresse au grand calme pour se ressourcer et faire une halte gourmande.

Île de Sées

– *02 33 27 98 65 – www.ile-sees.fr – ouvert 1er mars-30 nov. et fermé dim. soir, lundi midi, mardi midi et merc. midi*
Rest – Formule 20 € – Menu 25/29 €
Cette table classique propose une agréable cuisine traditionnelle et du terroir, qui évolue selon les saisons et le marché. En outre, le chef propose ses suggestions du jour à l'ardoise.

SEGONZAC – 19 Corrèze – 329 I4 – 235 h. – alt. 345 m – ✉ 19310 — 24 B3

Périgord Quercy

Paris 506 – Brive-la-Gaillarde 31 – Limoges 117 – Tulle 58

Pré Laminon sans rest

Laurégie – 05 55 84 17 39 – www.prelaminon.com – Ouvert avril-sept.
3 ch – 50 € 60 €
Beaucoup de charme dans cette ancienne grange au milieu des collines. L'endroit est chaleureux, à l'image d'un chalet savoyard, avec des chambres douillettes habillées de bois blond. La table d'hôte sert une bonne cuisine du terroir (confits maison). Tranquillité assurée.

SÉGOS – 32 Gers – 336 A8 – rattaché à Aire-sur-l'Adour

SEGRÉ – 49 Maine-et-Loire – 317 D2 – 6 681 h. – alt. 40 m – ✉ 49500 — 34 B2

Pays de la Loire

Paris 334 – Angers 44 – Laval 55 – Nantes 83

5, rue David d'Angers, 02 41 92 86 83, www.ville-segre.fr

Ibis Styles

r. Gustave-Eiffel – 02 41 94 81 81 – www.accorhotels.com
48 ch – 65/115 € 75/115 €
Rest *(fermé dim.)* – Formule 13 € – Menu 16 € (déj. en sem.)/34 € – Carte 25/37 €
À côté d'une zone artisanale à la sortie de la ville, un complexe moderne abritant des chambres confortables, dans un esprit contemporain. Buffet et grillades sont proposés au restaurant.

SÉGURET – 84 Vaucluse – 332 D8 – rattaché à Vaison-la-Romaine

---

SEIGNOSSE – 40 Landes – 335 C12 – 3 307 h. – alt. 15 m – ✉ 40510 — 3 A3

Paris 747 – Biarritz 36 – Dax 32 – Mont-de-Marsan 85

avenue des Lacs, 05 58 43 32 15, www.tourisme-seignosse.com

de Seignosse, Avenue du Belvédère, O : 4 km par D 86, 05 58 41 68 30

Villa de l'Étang Blanc

2265 rte de l'Étang Blanc, 2,5 Km au Nord par D 185 et D 432 – 05 58 72 80 15 – www.villaetangblanc.fr – Fermé nov. et janv.
7 ch – 80/160 € 80/160 € – 12 €
Rest *Villa de l'Étang Blanc* – voir les restaurants ci-après
Dans la forêt, à deux pas de l'Étang Blanc, une jolie villa landaise idéale pour une escapade romantique : dans ce site naturel privilégié, d'une grande quiétude, la demeure joue la carte d'un esprit contemporain empreint de douceur... Un bel endroit !

Villa de l'Étang Blanc

2265 rte de l'Étang Blanc, 2,5 Km au Nord par D 185 et D 432 – ✆ 05 58 72 80 15 – www.villaetangblanc.fr – Fermé nov. et janv., lundi et mardi de sept. à juin

Rest – Menu 28 € – Carte 34/53 €

Une salle grande ouverte sur l'étang, une jolie terrasse... Les joies de la nature autour d'une belle cuisine du moment – ravioles de foie gras fumé aux sarments de vigne, filet de bœuf à la plancha, poisson du jour, etc. Priorité est donnée aux produits du terroir landais et au bio.

SEILH – 31 Haute-Garonne – 343 G2 – rattaché à Toulouse

SEILLANS – 83 Var – 340 O4 – 2 553 h. – alt. 350 m – ✉ 83440 41 C3

Côte d'Azur

Paris 890 – Antibes 54 – Marseille 142 – Toulon 106

Place Thouron, ✆ 04 94 76 85 91, www.seillans.fr

Hôtel des Deux Rocs

1 pl. Font-d'Amont – ✆ 04 94 76 87 32 – www.hoteldeuxrocs.com – Fermé 2 janv.-13 fév.

13 ch – †68/73 € ††75/135 € – ☐ 15 € – ½ P

Rest ***Restaurant des Deux Rocs*** – voir les restaurants ci-après

Il règne dans cette belle bastide du 18e s. postée sur les hauteurs du bourg l'atmosphère et le charme des maisons d'antan : mobilier ancien, jolis objets chinés, salles de bains rétro... Pour une escapade dans la Provence d'autrefois !

La Gloire de mon Père

pl. du Thouron – ✆ 04 94 76 98 68 – www.lagloiredemonpere.fr – Fermé 5 janv.-5 fév.

Rest – Formule 23 € bc – Menu 29/39 € – Carte 31/58 €

L'atout de ce restaurant : sa terrasse dressée sur la place du village, entourant la belle fontaine et le lavoir. Au frais sous les vieux platanes, les plats traditionnels n'en ont que plus de relief...

Restaurant des Deux Rocs – Hôtel Des Deux Rocs

1 pl. Font-d'Amont – ✆ 04 94 76 87 32 – www.hoteldeuxrocs.com – Fermé 2 janv.-13 fév., dim. soir et mardi midi d'oct. à mai et lundi

Rest – Menu 42/70 € – Carte 70/84 €

La salle a le charme de la région, la terrasse prend ses aises sur les pavés et... sous les platanes, et la cuisine honore la gastronomie provençale. Ces Deux Rocs cultivent une vraie douceur de vivre, avec une pointe de raffinement.

SEIN (ÎLE DE) – 29 Finistère – 308 B6 – voir à Île de Sein

SÉLESTAT – 67 Bas-Rhin – 315 I7 – 19 332 h. – alt. 170 m – ✉ 67600 2 C1

Alsace Lorraine

Paris 441 – Colmar 24 – Gérardmer 65 – St-Dié 44

10 boulevard Leclerc, ✆ 03 88 58 87 20, www.selestat-tourisme.com

Vieille ville★ : église Ste-Foy★ , église St-Georges★ , Bibliothèque humaniste★ **M.**

Ebermunster : intérieur★★ de l'église abbatiale★, 9 km par ①.

Plan page suivante

Hostellerie Abbaye de la Pommeraie

8 bd du Mar.-Foch – ✆ 03 88 92 07 84 – www.relaischateaux.com/pommeraie BYa

12 ch – †150/264 € ††150/264 € – 2 suites – ☐ 18 € – ½ P

Rest ***Le Prieuré*** **Rest** ***S'Apfelstuebel*** – voir les restaurants ci-après

Au cœur de la vieille ville, cette noble demeure du 17e s. distille une atmosphère feutrée et élégante... Dans une veine classique, les chambres sont spacieuses, toutes différentes et décorées avec du beau mobilier ancien ou de style.

Armes (Pl. d') ..... BY 2
Babil (R. du) ..... BY 4
Bibliothèque (R. de la) ..... BY 5
Charlemagne (Bd) ..... BY 7
Chevaliers (R. des) ..... BYZ 9
Clefs (R. des) ..... BYZ 10
Église (R. de l') ..... BY 12
Gallieni (R. du Gén.) ..... AZ 14
Hôpital (R. de l') ..... BZ 15
Lattre-de-Tassigny (Pl. du Mar.de) ..... BY 17
Maire-Knol (Allée du) ..... BY 19
Marché-Vert (Pl. du) ..... BY 20
Paix (R. de la) ..... AY 22
Prés.-Poincaré (R. du) ..... BZ
Sainte-Barbe (R.) ..... BZ 26
Schweisguth (Av.) ..... ABY 27
Serruriers (R. des) ..... BY 28
Strasbourg (Pl. Pte-de) ..... BY 30
Tanneurs (Quai des) ..... BZ 33
Victoire (Pl. de la) ..... BZ 35
Vieux-Marché aux Vins (R. du) ..... BY 36
4e-Zouaves (R. du) ..... BZ 38
17-Novembre (R. du) ..... BZ 39

Vaillant

7 r. Ignace-Spiess – ✆ 03 88 92 09 46 – www.hotel-vaillant.com AZe

47 ch – 85/125 € 85/125 € – 10 €

Rest *(fermé 22 déc.-5 janv., sam. midi et dim. soir)* – Menu 16 € (sem.), 32/44 € – Carte 33/44 €

De nombreuses œuvres d'artistes locaux sont exposées dans cet hôtel moderne bordant une placette ombragée. Spacieuses chambres d'esprit actuel, très soignées. Salles design ou classique, proposant plats de brasserie et spécialités régionales.

Le Prieuré – Hostellerie Abbaye de la Pommeraie

8 bd du Mar.-Foch – ✆ 03 88 92 07 84 – www.relaischateaux.com/pommeraie – Fermé dim. soir et lundi midi BYa

Rest – Formule 52 € bc – Menu 68/99 € – Carte 74/92 €

Une vraie table gastronomique, où règne un esprit bourgeois et raffiné. Le jeune chef compose une cuisine d'aujourd'hui, réalisée avec des produits nobles, tels le foie gras, le bar sauvage, les Saint-Jacques, etc.

La Vieille Tour

8 r. de la Jauge – ✆ 03 88 92 15 02 – www.vieille-tour.com – Fermé 15 juil.-5 août, 18 fév.-4 mars et lundi BYs

Rest *(réserver)* – Menu 13 € (déj. en sem.), 29/44 € – Carte 36/56 €

Au cœur du vieux Sélestat, dans cette chaleureuse maison alsacienne flanquée d'une tour (13e-15e s.), deux frères exécutent à quatre mains une partition généreuse, qui dévoile de jolis accords : tradition et notes plus actuelles, produits simples – mais de qualité – et prix raisonnables. Une adresse prisée !

S'Apfelstuebel – Hostellerie Abbaye de la Pommeraie
8 bd du Mar.-Foch – ✆ 03 88 92 07 84 – www.relaischateaux.com/pommeraie BYa
Rest – Menu 29 € (déj. en sem.), 39 € bc/52 € bc – Carte 45/67 €
Tradition ! Au S'Apfelstuebel, la carte fleure bon le terroir alsacien et cultive une ambiance "brasserie" à la fois chic et conviviale...

Au Bon Pichet
pl. du Marché-aux-Choux – ✆ 03 88 82 96 65 – Fermé 5-15 juil., 25 déc.-5 janv., dim. et lundi BZn
Rest – Menu 22 € (déj. en sem.)/29 € – Carte 39/59 €
Il fait bon se restaurer dans cette maison tenue par la même famille depuis quatre générations ! Comme hier, le chef concocte de bonnes recettes traditionnelles : jarret de porc fumé en choucroute de pommes de terre, quenelles de sandre et sauce matelote... L'accueil convivial et le décor de winstub confirment que les règles du bien vivre sont indémodables !

à Rathsamhausen 5 km à l'Est par D 21 et D 209 – ✉ 67600 Muttersholtz

Les Prés d'Ondine ch, rest,
5 rte Baldenheim – ✆ 03 88 58 04 60 – www.presdondine.com – Fermé mi-fév. à mi-mars
12 ch – †72/141 € ††72/141 € – ☕ 12 €
Rest *(fermé le midi, dim. soir et merc. soir) (réserver) (résidents seult)* – Menu 35 € bc
Atmosphère bucolique et cosy dans cette ancienne maison forestière transformée en hôtel de caractère : salon feutré, bibliothèque et chambres raffinées (mobilier chiné). À la table d'hôte, vue sur l'Ill – qui borde le jardin – et plats inspirés du marché.

Le Schnellenbuhl 8 km par ②, D 159 et D 424 – ✉ 67600 Mussig

Hôtel de l'Illwald
– ✆ 03 90 56 11 40 – www.illwald.fr – Fermé 24 déc.-16 janv.
16 ch – †85 € ††105 € – ☕ 15 €
Rest *Auberge de l'Illwald* – voir les restaurants ci-après
Ces jolies bâtisses régionales se trouvent en pleine forêt de l'Illwald, réserve naturelle depuis 1995. Les chambres, très confortables, sont décorées avec goût, mélange de boiseries et de meubles design. Authentique !

Auberge de l'Illwald – Hôtel de l'Illwald
– ✆ 03 90 56 11 40 – www.illwald.fr – Fermé 27 juin-10 juil., 24 déc.-16 janv., mardi et merc.
Rest – Formule 13 € – Menu 38/46 € – Carte 30/53 €
Il règne ici une atmosphère de pavillon de chasse ; des bois de cerf servent de plafonnier et des scènes de chasse naïves et fantastiques ornent les murs. La cuisine honore le terroir (civet de daim, terrines, etc.) et ose la modernité.

SELONNET – **04 Alpes-de-Haute-Provence – 334 F6 – rattaché à Seyne**

SEMBLANÇAY – **37 Indre-et-Loire – 317 M4 – 2 057 h. – alt. 100 m** 11 B2
– ✉ **37360**
Paris 248 – Angers 96 – Blois 77 – Le Mans 70

La Mère Hamard avec ch
pl. de l'Église – ✆ 02 47 56 62 04 – www.lamerehamard.com – Fermé 2 janv.-13 fév., 1er-6 juil., dim. soir, mardi midi et lundi
11 ch – †83/108 € ††89/115 € – ☕ 14 € – ½ P
Rest – Menu 20 € (sem.), 29/63 € – Carte 65/85 €
Une petite auberge chaleureuse, une terrasse charmante, un accueil des plus attentionnés, une cuisine généreuse, pleine de saveurs, sûre de ses classiques et aux prix doux : cette institution née en 1903 connaît la recette du bonheur !

SEMÈNE – 43 Haute-Loire – **331** H1 – rattaché à Aurec-sur-Loire

SEMNOZ (MONTAGNE DU) – 74 Haute-Savoie – **328** J6 – Voir à Montagne du Semnoz

SEMUR-EN-AUXOIS – 21 Côte-d'Or – **320** G5 – 4 260 h. – alt. 286 m – ✉ 21140 Bourgogne **8** C2

Paris 246 – Auxerre 87 – Avallon 42 – Beaune 78

2, place Gaveau, ✆ 03 80 97 05 96, www.ville-semur-en-auxois.fr

du Pré-Lamy, à Précy-sous-Thil, Le Brouillard, S : 18 km par D 980, ✆ 03 80 64 46 83

Église N.-Dame★ - Pont Joly ≤★.

Hostellerie d'Aussois

rte de Saulieu – ✆ 03 80 97 28 28 – www.hostellerie.fr

42 ch – †80/97 € ††90/120 € – ☐ 12 € – ½ P

Rest ***La Table de l'Hostellerie*** – voir les restaurants ci-après

Probablement le meilleur hôtel de la ville : les chambres, contemporaines, pratiques et bien insonorisées, sont vraiment reposantes... Et on peut travailler (bel espace séminaire) comme se détendre (piscine, bar, restaurant).

La Côte d'Or sans rest

1 r. de la Liberté – ✆ 03 80 97 24 54 – www.auxois.fr

15 ch – †85/108 € ††85/127 € – 1 suite – ☐ 10 €

Cette maison de caractère fut jadis le relais de poste de Semur. Entièrement rénovée en 2008, elle arbore un style frais, soigné et plaisant, mêlant joliment l'ancien et le contemporain... Quant à l'insonorisation, elle est très bonne.

Les Cymaises sans rest

7 r. Renaudot – ✆ 03 80 97 21 44 – www.hotelcymaises.com

18 ch – †63/73 € ††73 € – ☐ 9 €

Au cœur de la cité médiévale, une demeure cossue (18-19e s.) à l'indéniable cachet vieille France... Les chambres sont classiques et très calmes ; on prend son petit-déjeuner dans la véranda et l'on peut aussi se reposer au jardin.

La Table de l'Hostellerie – Hostellerie d'Aussois

rte de Saulieu – ✆ 03 80 97 28 28 – www.hostellerie.fr

– Fermé sam. midi et vend. de nov. à mars

Rest – Formule 20 € – Menu 25/32 € – Carte 28/48 €

Pleine vue sur la piscine, la terrasse et les remparts de Semur... Un cadre plutôt sympathique pour savourer une cuisine traditionnelle remise au goût du jour.

SÉNART – 77 Île-de-France – **312** E4 – **101** 39 – voir à Paris, Environs

SENLIS – 60 Oise – **305** G5 – 16 250 h. – alt. 76 m – ✉ 60300 **36** B3

Île-de-France

Paris 52 – Amiens 102 – Beauvais 56 – Compiègne 33

place du Parvis Notre Dame, ✆ 03 44 53 06 40, www.senlis-tourisme.fr

d'Apremont, à Apremont, CD 606, NO : 5 km par D 1330, ✆ 03 44 25 61 11

Dolce Chantilly, à Vineuil-Saint-Firmin, Route d'Apremont, par rte de Chantilly : 8 km, ✆ 03 44 58 47 74

Château Raray Paris Golf Club, à Raray, Domaine de Raray, par rte de Compiègne : 26 km, ✆ 03 44 54 70 61

Cathédrale N.-Dame★★ - Vieilles rues★ ABY - Place du Parvis★ BY - Chapelle royale St-Frambourg★ **B** - Jardin du Roy ≤★ - Musée d'Art et d'Archéologie★.

Parc Astérix★★ S : 12 km par autoroute A1.

SENLIS

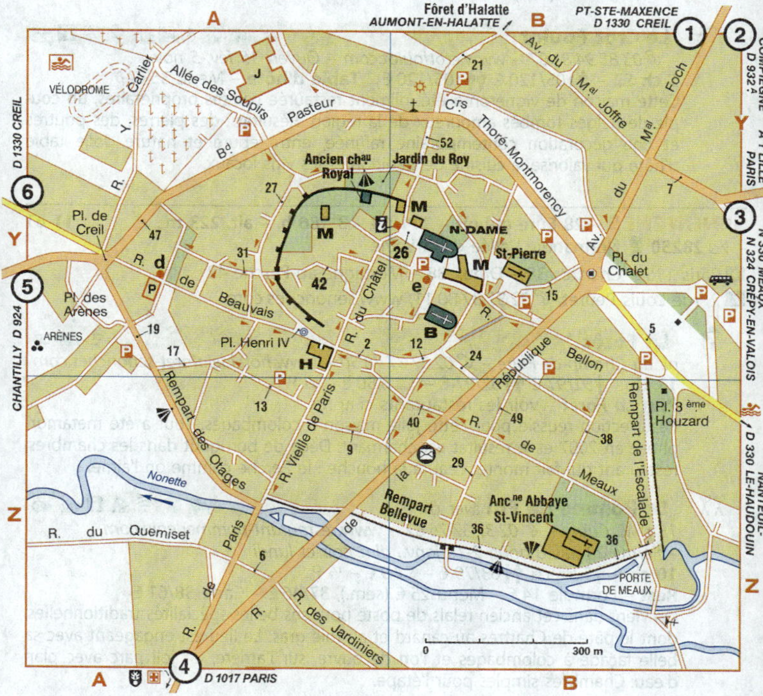

Le Julianon

5 pl. G.-de-Nerval – ✆ 03 44 32 12 05 – www.le-julianon.fr – Fermé fin juil.-mi août, lundi, sam. midi et dim. AY**d**

Rest *(nombre de couverts limité, réserver)* – Formule 14 € bc – Menu 24 € (déj.), 45/55 € – Carte 42/58 €

Crème de marron aux coques ; turbot cuit à basse température, câpres et noisettes ; sabayon aux poires... Une cuisine inventive, en prise sur les saisons, en cette maison du 17e s.

Le Scaramouche

4 pl. Notre-Dame – ✆ 03 44 53 01 26 – www.le-scaramouche.fr – Fermé 17 août-2 sept., mardi et merc. BY**e**

Rest – Menu 32/42 € – Carte 53/102 €

Du nom du personnage de la Commedia dell'arte... À chaque repas, il se joue ici une sympathique pièce ! Au programme de ce "bistrot gourmand" revendiqué : bruschetta aux légumes et jambon cru, joue de porc confite et haricots coco, mousse au chocolat, etc. Accueil et service tout sourire.

SENNECÉ-LÈS-MÂCON – 71 Saône-et-Loire – 320 J11 – rattaché à Mâcon

SENNECEY-LE-GRAND – 71 Saône-et-Loire – 320 J10 – 3 062 h. 8 C3
– alt. 200 m – ✉ 71240 Bourgogne

Paris 359 – Chalon-sur-Saône 18 – Dijon 89 – Mâcon 42

place de l'hôtel de ville, ✆ 03 85 44 82 54

à Jugy 4 km au Sud par D 182 – 304 h. – alt. 230 m – ✉ 71240

Le Crot Foulot
ch,

– ✆ 03 85 94 81 07 – www.crotfoulot.com – Ouvert 15 fév.-5 nov.

5 ch – 105/120 € 105/120 € **Table d'hôte** – Menu 35 €

Cette maison de vigneron a été joliment restaurée par ses propriétaires, un couple de Belges tombés amoureux de la région. Résultat : des pierres, des poutres et une décoration contemporaine raffinée, entre épure et nature. Jolie table d'hôte qui valorise la cuisine de tradition et les vins locaux.

SENONCHES – 28 Eure-et-Loir – 311 C4 – 3 186 h. – alt. 223 m 11 B1
– ✉ 28250 Normandie Vallée de la Seine

Paris 115 – Chartres 38 – Dreux 38 – Mortagne-au-Perche 42

2, rue Louis Peuret, ✆ 02 37 37 80 11, www.senonches.com

La Forêt
VISA

pl. du Champ-de-Foire – ✆ 02 37 37 78 50 – www.hoteldelaforet-senonches.com

13 ch – 52/97 € 62/97 € – 8,50 € – ½ P

Rest *La Forêt* – voir les restaurants ci-après

Résurrection réussie pour cette jolie maison à colombages. Tout a été métamorphosé en 2007 et le résultat est charmant. Déco de bon goût dans les chambres, restaurant qui fait monter l'eau à la bouche : le Perche comme on l'aime.

La Pomme de Pin avec ch
P VISA

15 r. M. Cauty – ✆ 02 37 37 76 62 – www.restaurant-pommedepin.com
– Fermé 23 juil.-8 août, 2-18 janv., dim. soir et lundi

10 ch – 52/55 € 63/79 € – 9 € – ½ P

Rest – Formule 14 € – Menu 25 € (sem.), 37/46 € – Carte 38/61 €

On vient dans cet ancien relais de poste pour ses belles spécialités traditionnelles, dont le pâté de Chartres au canard et au foie gras. Le lieu est engageant avec sa belle façade à colombages et l'on découvre, sur l'arrière, un joli parc avec plan d'eau. Chambres simples pour l'étape.

La Forêt – Hôtel La Forêt
VISA

pl. du Champ-de-Foire – ✆ 02 37 37 78 50 – www.hoteldelaforet-senonches.com
– Fermé dim. soir

Rest – Formule 12 € – Menu 15 € (déj. en sem.), 29/59 € – Carte 38/69 €

Œuf mollet de la ferme fumé sous cloche, jus de veau infusé au foin bio... Ici, la tradition prend un sacré coup de jeune. Et ce restaurant est à la fois rustique et élégant, ce qui ne gâte rien !

SENONES – 88 Vosges – 314 J2 – 2 712 h. – alt. 340 m – ✉ 88210 27 C2
Alsace Lorraine

Paris 392 – Épinal 57 – Lunéville 50 – St-Dié 23

17, place Dom Calmet, ✆ 03 29 57 91 03, www.paysdesabbayes.com

Route de Senones au col du Donon★ NE : 20 km.

Au Bon Gîte avec ch
P VISA AE

3 pl. Vaultrin – ✆ 03 29 57 92 46 – www.aubongite.fr – Fermé 27 fév.-19 mars, 3-24 sept., jeudi soir, dim. soir et lundi

7 ch – 50/58 € 50/58 € – 7 € – ½ P

Rest – Formule 15 € – Menu 18/38 € bc – Carte 33/55 €

Une bâtisse rose sur la place centrale de cette bourgade, ancienne capitale de la principauté de Salm. La salle de restaurant est constellée de photographies et de bibelots divers ; cuisine actuelle. Chambres simples.

SENS – 89 Yonne – **319** C2 – 25 885 h. – alt. 70 m – ✉ 89100 **7** B1
Bourgogne

Paris 116 – Auxerre 59 – Fontainebleau 54 – Montargis 50
place Jean Jaurès, ✆ 03 86 65 19 49, www.office-de-tourisme-sens.com
du Senonais, à Lixy, Les Ursules, O : 22 km par D 26, ✆ 03 86 66 58 46
Cathédrale St-Étienne★ - Trésor★★ - Musée et palais synodal★ **M¹**.

La Madeleine (Patrick Gauthier)

1 r. Alsace-Lorraine, (1er étage) – ✆ 03 86 65 09 31 – www.restaurant-lamadeleine.fr – Fermé 2 sem. en juin, 2 sem. en août, 2 sem. en déc., mardi midi, dim. et lundi **d**
Rest *(nombre de couverts limité, réserver)* – Menu 49 € (déj. en sem.), 63/110 €
Dans le vestibule, un ancien fourneau et des rayonnages d'épicerie réveillent tous nos souvenirs de gourmandise... Produits de qualité, compositions originales : le chef signe une vraie cuisine d'aujourd'hui, parfumée sans nostalgie !
➜ Foie gras poêlé au cassis d'Arcenant. Bar de ligne à l'huile d'olive et aux aromates. Chocolat guanaja mi-cuit, mi-fondant. **Vins** Côtes d'Auxerre, Épineuil.

Le Clos des Jacobins

49 Gde-Rue – ✆ 03 86 95 29 70 – www.restaurantlesjacobins.com – Fermé 9 juil.-1er août, 24 déc.-8 janv., dim. soir, mardi soir et merc.
Rest – Formule 22 € bc – Menu 30/43 € – Carte 37/66 € **t**
Croustillant de camembert au caramel poivré, joues de porc façon tajine... De bons petits plats à savourer dans un cadre cosy, à deux pas de l'Yonne et de la cathédrale.

Miyabi

1 r. Alsace-Lorraine – ✆ 03 86 95 00 70 – www.patrickgauthier.fr – Fermé 2 sem. en juin, 2 sem. en août, 22 déc.-8 janv., dim. soir et lundi **d**
Rest *(nombre de couverts limité, réserver)* – Menu 24 € (déj. en sem.), 36/75 €
Beau mariage des cultures culinaires japonaise et française dans un cadre zen : comptoir occupant une étroite salle tout en épure, musique nippone... Dépaysant.

SENS

Alsace-Lorraine (R. d') 2
Beaurepaire (R.) 3
Chambonas (Cours) 8
Cornet (Av. Lucien) 9
Cousin (Square J.) 10
Déportés-et-de-la-Résistance (R. des)
Foch (Bd Mar.) 12
Garibaldi (Bd des) 13
Gateau (R. A.) 15
Grande-R. 16
Leclerc (R. du Gén.) 19
Maupéou (Bd de) 21
Moulin (Quai J.) 23
République (Pl. de la) 27
République (R. de la) 28

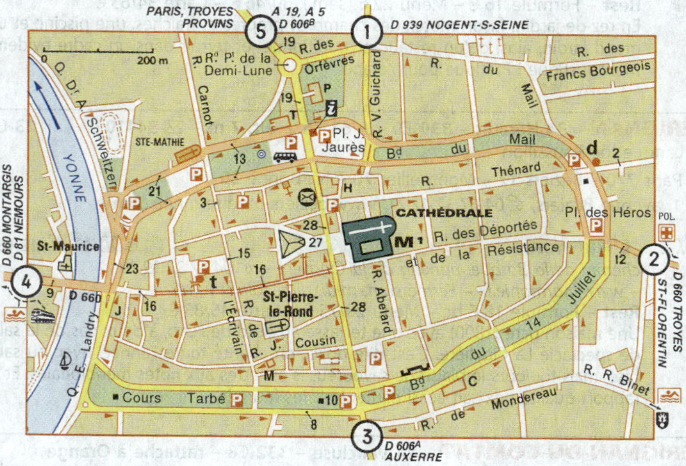

Au Crieur de Vin

1 r. Alsace-Lorraine – ✆ 03 86 65 92 80 – www.patrickgauthier.fr – Fermé 2 sem. en juin, 2 sem. en août, 22 déc.-8 janv., mardi midi, dim., lundi et fériés
Rest – Menu 25/42 € – Carte environ 48 € **d**
Un bistrot typique, où tradition et convivialité sont de mise. La carte fait honneur aux viandes à la broche ; petite sélection de vins proposée à l'ardoise.

à Subligny **7 km par ④ et D 660 – 487 h. – alt. 150 m – ✉ 89100**

La Haie Fleurie

30 rte de Courtenay, 2 km au Sud-Ouest – ✆ 03 86 88 84 44 – Fermé 1 sem. fin juil. et 1 sem. début août, 25 déc.-1er janv., dim. soir, merc. soir et jeudi
Rest – Menu 19 € (sem.), 28/42 € – Carte 50/60 €
La cuisine traditionnelle s'est invitée dans cette auberge de campagne nichée au cœur du hameau ; on la déguste dans la salle rustique ou sur la terrasse... fleurie.

à Villeroy **7 km par ④ et D 81 – 309 h. – alt. 184 m – ✉ 89100**

Relais de Villeroy avec ch

rte de Nemours – ✆ 03 86 88 81 77 – www.relais-de-villeroy.com – Fermé 7-18 juil., 20 déc.-8 janv., 17 fév.-7 mars, dim. soir et lundi
8 ch – †52/62 € ††52/62 € – ☕ 9 €
Rest – Menu 30/65 € bc – Carte 32/75 €
Rest *Bistro Chez Clément* ✆ 03 86 88 86 73 *(fermé sam., dim. et lundi)* – Menu 19/21 €
Coquette maison régionale aux petites chambres confortables. Dans la véranda, on apprécie des plats ancrés dans la tradition et le classicisme, les yeux rivés sur l'agréable jardin fleuri. Chez Clément, cuisine de bistrot, cadre rustique et ambiance conviviale.

SÉREILHAC – 87 Haute-Vienne – 325 D6 – 1 811 h. – alt. 322 m – ✉ 87620 24 B2

▶ Paris 405 – Confolens 50 – Limoges 19 – Périgueux 77

Le Relais des Tuileries

aux Betoulles, 2 km au Nord-Est sur N 21 – ✆ 05 55 39 10 27 – www.relais-tuileries.fr – Fermé 11-27 nov., 7-30 janv., dim. soir et lundi sauf juil.-août
10 ch – †65 € ††68/72 € – ☕ 10 € – ½ P
Rest – Formule 16 € – Menu 22 € (sem.), 30/46 € – Carte 34/63 €
En rez-de-jardin, façon motel, des chambres propres et fraîches, une piscine et un grand jardin, ainsi qu'un restaurant traditionnel et terroir dans un cadre évidemment rustique ! Pratique pour l'étape.

SÉRIGNAN – 34 Hérault – 339 E9 – 6 631 h. – alt. 7 m – ✉ 34410 23 C2

Languedoc Roussillon

▶ Paris 770 – Béziers 12 – Montpellier 70 – Narbonne 39

ℹ 1, avenue Béziers, ✆ 04 67 32 42 21, www.beziers-mediterranee.com

L'Harmonie

chemin de la Barque, parking de la Cigalière – ✆ 04 67 32 39 30 – www.lharmonie.fr – Fermé sam. midi, dim. soir et lundi
Rest – Formule 18 € bc – Menu 29/75 € – Carte 45/83 €
Une maison ocre (1800) avec une terrasse au bord de l'Orb, à deux pas de la salle de spectacle La Cigalière. C'est dire qu'ici, on chante toute l'année, avec ou sans bise, mais toujours le plaisir de savoureuses assiettes aux notes méridionales. Et le rapport qualité-prix sait aussi contenter... les fourmis.

SÉRIGNAN-DU-COMTAT – 84 Vaucluse – 332 C8 – rattaché à Orange

SERMERSHEIM – 67 Bas-Rhin – 315 J6 – 796 h. – alt. 160 m – ✉ 67230 2 C1

Paris 506 – Lahr/Schwarzwald 41 – Obernai 21 – Sélestat 14

Au Relais de l'Ill sans rest

11 r. des Remparts – ✆ 03 88 74 31 28 – www.hotel-au-relais-de-lill.fr – Fermé 24 déc.-2 janv.

22 ch – †57/67 € ††67/77 € – ☕ 6 €

À l'entrée du village et non loin de la voie rapide (qui se fait vite oublier), cet hôtel familial aux abords fleuris dispose de chambres spacieuses et bien tenues. Accueil chaleureux.

SERRE-CHEVALIER – 05 Hautes-Alpes – 334 H3 – alt. 2 483 m 41 C1

– Sports d'hiver : 1 200/2 800 m 10 54 – ✉ 05330 Alpes du Sud

Paris 678 – Briançon 7 – Gap 95 – Grenoble 110

Chantemerle, ✆ 04 92 24 98 98, www.serre-chevalier.com

✱★★.

à Chantemerle – alt. 1 350 m – ✉ 05330 St Chaffrey

Col de Granon ✱★★ N : 12 km.

Les Marmottes

22 r. du Centre – ✆ 04 92 24 11 17 – www.chalet-marmottes.com

5 ch ☕ – †61/103 € ††81/138 € **Table d'hôte** – Menu 24 € bc

Une maison d'hôtes dans une station de montagne, ce n'est pas si courant ! Il fait bon hiberner dans cette ancienne ferme au cœur du vieux village : un salon au coin du feu, une grande table d'hôte en bois, de jolies chambres dans l'esprit de la région... Pourquoi skier ou randonner ?

à Villeneuve-la-Salle – ✉ 05240 La Salle les Alpes

Eglise St-Marcellin★ de La-Salle-les-Alpes.

Christiania

rest,

23 rte de Briançon – ✆ 04 92 24 76 33 – www.le-christiania.com – Ouvert de mi-juin à mi-sept. et de mi-déc. à mi-avril

26 ch ☕ – †146/186 € ††146/186 € – ½ P

Rest *(dîner seult)* – Menu 27/32 € – Carte 42/49 €

L'un de ces hôtels familiaux (3e génération aux commandes) qui ont une âme et savent recevoir ! L'établissement est confortable, mais surtout accueillant, avec ses chambres au joli esprit montagnard, son restaurant à l'âme rustique, son espace bien-être, etc.

Le Mont Thabor sans rest

1 bis chemin Envers – ✆ 04 92 24 74 41 – www.mont-thabor.com – Ouvert 2 déc.-25 avril et 7 juin-7 sept.

27 ch ☕ – †92/152 € ††102/188 €

Sur la route principale du village, un hôtel récent et fonctionnel, au décor sobre, d'inspiration montagnarde : on ne vient pas ici pour jouir du charme de l'ancien, mais d'un bon niveau de confort.

au Monêtier-les-Bains – 1 062 h. – alt. 1 480 m – ✉ 05220

L'Auberge du Choucas

17 r. de la Fruitière – ✆ 04 92 24 42 73 – www.aubergeduchoucas.com – Fermé en mai, 4 nov.-1er déc.

8 ch – †80/220 € ††100/250 € – 4 suites – ☕ 18 € – ½ P

Rest ***L'Auberge du Choucas*** – voir les restaurants ci-après

Authentique et rustique, cette maison de 1780 ne manque pas de caractère, mêlant charme typiquement alpin et esprit douillet. On y accède, derrière la vieille église du village, par des ruelles étroites : seuls les choucas arrivent par les airs !

Alliey

11 r. Ecole – 04 92 24 40 02 – www.alliey.com – Ouvert de mi-juin à mi-sept. et de mi-déc. à fin avril

21 ch – 88/149 € 88/149 € – 16 € – ½ P

Rest *Maison Alliey* – voir les restaurants ci-après

Une simple maison de village ? Un véritable refuge, charmant et très chaleureux, tout en bois blond... En termes d'agrément, l'espace balnéo n'est pas en reste. Une adresse très recommandable pour un séjour dans cette belle station des Alpes du Sud !

L'Auberge du Choucas – L'Auberge du Choucas

17 r. de la Fruitière – 04 92 24 42 73 – www.aubergeduchoucas.com – Fermé 15 avril-31 mai, 14 oct.-14 déc. et le midi en sem. sauf juil.-août

Rest – Formule 29 € – Menu 37/89 € – Carte 56/81 €

Une belle salle voûtée où crépite un feu, un cadre élégant... Cette table a bien du cachet ! Et l'on s'y régale d'une jolie cuisine traditionnelle concoctée avec de bons produits, ainsi que de plats plus sophistiqués, dans l'air du temps.

La Table du Chazal

Les Guibertes, 2,5 km au Sud-Est par rte de Briançon – 04 92 24 45 54 – Fermé 2 sem. en juin, 15 nov.-15 déc., le midi sauf dim., dim. soir, mardi hors saison et lundi

Rest *(réserver)* – Menu 29 €

Une table chaleureuse dont le décor mêle épure et zen avec élégance. Saint-Jacques et leur réduction de bière d'hiver, croustillant de lapin à la tapenade, soufflé à l'orange... le chef aime son métier et cela se sent !

Maison Alliey – Hôtel Alliey

11 r. Ecole – 04 92 24 40 02 – www.alliey.com – Ouvert de fin juin à début sept. et de mi-déc. à fin avril

Rest *(dîner seult)* – Menu 34 € – Carte 29/47 €

Soupe glacée, fumaisons maison, marmite de cochon, clafoutis de légumes de saison... Une cuisine du moment, pleine de parfums, dans un joli restaurant tout en bois. De plus, l'accueil est sympathique : le repas est agréable !

SERRIÈRES – 07 Ardèche – 331 K2 – 1 131 h. – alt. 140 m – 07340 — 43 E2

Ardèche Drôme

Paris 514 – Annonay 16 – Privas 91 – St-Étienne 55

83 quai Jule Roche, 04 75 34 06 01

Schaeffer avec ch

D 86 – 04 75 34 00 07 – www.hotel-schaeffer.com – Fermé 2-17 août, 1er-9 nov., 2-17 janv., sam. midi, dim. soir et lundi

15 ch – 65/100 € 75/120 € – 10 €

Rest – Formule 24 € – Menu 36/95 € – Carte 58/80 €

Une bonne table face au pont à haubans qui enjambe le Rhône : dans un élégant décor d'inspiration contemporaine, on déguste des recettes réalisées avec savoir-faire, accompagnées d'une magnifique sélection de côtes-du-rhône. Chambres confortables pour l'étape.

SERVON – 50 Manche – 303 D8 – 263 h. – alt. 25 m – 50170 — 32 A3

Paris 352 – Avranches 15 – Dol-de-Bretagne 30 – St-Lô 72

Auberge du Terroir avec ch

Le Bourg – 02 33 60 17 92 – www.aubergeduterroirservon.fr – Fermé 25-30 juin, 18 nov.-10 déc., 1er-14 mars, jeudi midi, sam. midi et merc.

6 ch – 68 € 68/75 € – 10 € – ½ P

Rest *(réserver)* – Menu 21/45 € – Carte 32/70 €

L'ancienne école de filles et l'ex-presbytère de Servon (fin 18e s.) prêtent désormais leurs murs à cette charmante auberge champêtre, où l'on se régale d'une cuisine traditionnelle bien gourmande. Pour l'étape, chambres coquettes et champêtres.

SERVOZ – 74 Haute-Savoie – 328 N5 – 916 h. – alt. 816 m – ✉ 74310 46 F1
Alpes du Nord

Paris 598 – Annecy 85 – Bonneville 43 – Chamonix-Mont-Blanc 14

Le Bouchet, ✆ 04 50 47 21 68, www.servoz.com

Les Gorges de la Diosaz avec ch
rest, VISA AE

Le Bouchet, (Sous le Roc) – ✆ 04 50 47 20 97 – www.hoteldesgorges.com – Fermé 1er-10 juin,12 nov.-9 déc., dim. soir et lundi

6 ch – †75 € ††75 € – ☕ 11 € – ½ P

Rest – Formule 21 € – Menu 25 € (déj. en sem.), 29/39 € – Carte 38/57 €

Sur la route menant aux gorges de la Diosaz, un chalet typique avec ses belles boiseries montagnardes. On vient ici pour la généreuse et savoureuse cuisine du chef, respectueuse des saisons et rehaussée de touches régionales, mais on peut aussi faire étape dans l'une des chambres, coquettes et plaisantes.

SESSENHEIM – 67 Bas-Rhin – 315 L4 – 2 090 h. – alt. 120 m – ✉ 67770 1 B1
Alsace Lorraine

Paris 497 – Haguenau 18 – Strasbourg 39 – Wissembourg 44

L'Auberge au Boeuf
A/C P VISA AE

1 r. de l'Église – ✆ 03 88 86 97 14 – www.auberge-au-boeuf.com – Fermé lundi et mardi

Rest – Formule 18 € – Menu 28 € (sem.), 46/60 € – Carte 46/60 €

Un musée dans un restaurant, voilà qui n'a rien de commun ! Côté assiette, on se régale d'une agréable cuisine aux accents du terroir. Et après le repas, on se rend dans une pièce dédiée à Goethe... Une adresse surprenante.

SÈTE – 34 Hérault – 339 H8 – 42 496 h. – alt. 4 m – Casino – ✉ 34200 23 C2
Languedoc Roussillon

Paris 787 – Béziers 48 – Lodève 63 – Montpellier 35

60, Grand'Rue Mario Roustan, ✆ 04 99 04 71 71, www.tourisme-sete.com

Mont St-Clair★ : terrasse du presbytère de la chapelle N.-D. de la Salette ✻★★ AZ - Le Vieux Port★ - Cimetière marin★.

Plan page suivante

Le Grand Hôtel
A/C VISA AE

17 quai Mar.-de-Lattre-de-Tassigny – ✆ 04 67 74 71 77 – www.legrandhotelsete.com – Fermé 20 déc.-1er janv. AYt

42 ch – †85/140 € ††85/140 € – 1 suite – ☕ 11 €

Rest *Quai 17* ✆ *04 67 74 71 91 (fermé le midi en août, sam. midi et dim.)* – Formule 20 € – Menu 29/47 € – Carte 41/75 €

Près de la maison natale de Brassens et face au canal, un élégant hôtel (1882) de style Belle Époque. Chambres raffinées mêlant ancien et moderne, joli patio sous verrière. Cuisine actuelle au restaurant décoré de fresques retraçant l'histoire maritime sétoise.

Hôtel de Paris N
A/C VISA AE

2 r. Frédéric-Mistral – ✆ 04 67 18 00 18 – www.hoteldeparis-sete.com – Fermé 27 janv.-10 fév. AZa

36 ch – †109/259 € ††109/259 € – ☕ 12 €

Rest *Café de Paris* ✆ *04 67 43 59 25 (fermé dim. soir et lundi hors saison)* – Formule 16 € – Menu 20 € (déj. en sem.), 29/39 € – Carte 32/53 €

Avec des œuvres de Robert Combas et une sirène signée Pierre Nocca, cet hôtel-restaurant a des allures de galerie ! Les chambres jouent la carte de la zen attitude : matériaux bruts, couleurs minérales... Espace détente. Cuisine traditionnelle au Café de Paris.

Alsace-Lorraine (R. d') .... AZ 2
Arabes (Rampe des)........ AZ 3
Blum (Pl. Léon)........ AZ 4
Casanova (Bd D.)........ AY 5
Consigne (Quai de la)........ AZ 6
Danton (R.)........ AY 7
Delille (Pl.)........ BY 9
Durand (Quai Gén.)........ AZ 10
Euzet (R. H.)........ BY
Franklin (R.)........ AZ 12
Gambetta (R.)........ AZ 13
Garenne (R.)........ AZ 14
Gaulle (R. Général-de)........ AY 16
Guignon (Quai N.)........ AY 18
Jardins (R. des)........ AY 22
Lattre-de-Tassigny (Quai Mar.-de)........ AY 23
Marty (Prom. J.-B.)........ AZ 24
Mistral (R. F.)........ AZ 27
Palais (R. du)........ AZ 29
Péri (R. G.)........ AY 30
Résistance (Quai de la)........ AZ 33
Rhin-et-Danube (Quai)........ BY 34
Roustan (Gd-R.-Mario)........ AZ 36
Savonnerie (R. de la)........ BZ 38
Stalingrad (Pl.)........ AY 39
Valéry (Rampe P.)........ AZ 40
Villaret-Joyeuse (R.)........ AZ 43

Port Marine

Môle St-Louis – ✆ 04 67 74 92 34 – www.hotel-port-marine.com AZ**d**

46 ch – †78/177 € ††78/177 € – 6 suites – ☕ 11 € – ½ P

Rest *(fermé dim. et lundi d'oct. à juin)* – Formule 18 € – Menu 28 € – Carte 30/42 €

Architecture moderne face au môle St-Louis d'où L'Exodus prit la mer en 1947. Chambres fonctionnelles au mobilier de style bateau. Solarium sur le toit. Cuisine traditionnelle servie au restaurant ou sur la terrasse avec vue sur la Grande Bleue.

L'Orque Bleue sans rest

10 quai Aspirant-Herber – ✆ 04 67 74 72 13 – www.hotel-orquebleue-sete.com – Fermé janv. BZ**e**

30 ch – †70/130 € ††70/130 € – ☕ 9 €

Sur les quais, bel immeuble en pierre avec des balcons en fer forgé. Chambres confortables à choisir au calme côté patio ou côté canal pour découvrir les joutes sétoises !

La Coquerie (Anne Majourel)

1 chemin du Cimetière-Marin, (2 r. Jean-Villar) – ✆ 06 47 06 71 38 – www.annemajourel.fr – Fermé déc., fév., lundi, mardi et merc. d'oct. à mai, le midi de juin à sept. et dim. soir AZ**s**

Rest *(nombre de couverts limité, réserver) (menu unique)* – Formule 38 € – Menu 58 €

Une petite maison chic et contemporaine, avec la Méditerranée pour horizon… Tel est le repaire d'Anne Majourel, qui prend toujours plaisir à nous régaler d'une cuisine délicate et savoureuse – en lien direct avec le marché et la criée. Que de parfums !

➜ Bonite fumée, roquette du jardin, glace au parmesan et huile de pistache. Comme une bouillabaisse de dorade, grondin et baudroie. Petit baba siroté de verveine, salade d'orange et glace au yaourt et thym. **Vins** Picpoul de Pinet, Vin de pays des Côtes de Thongue.

Le Petit Bistrot

14 rte de la Corniche-de-Neubourg – ✆ 04 99 02 43 89 – Fermé dim. soir et lundi

Rest – Menu 18 € bc – Carte 35/102 €

Non loin des plages, un petit bistrot d'aujourd'hui, simple et convivial, où les habitués aiment à se retrouver autour d'un patron plein de verve et de plats traditionnels (huîtres du bassin, supions à la plancha, etc.). Une bonne cantine !

Paris Méditerranée

47 r. Pierre-Semard – ✆ 04 67 74 97 73 – Fermé 25 juin-8 juil., 1 sem. en fév., dim. et lundi BY**p**

Rest – Formule 25 € – Menu 30/45 €

Une enseigne à la Brassens et un décor hors des conventions, dû à la patronne, formée aux Beaux-Arts... Son époux signe une cuisine gourmande et inventive ! Décalé et séduisant.

SEUILLY – 37 Indre-et-Loire – **317** K6 – rattaché à Chinon

SEVENANS – 90 Territoire de Belfort – **315** F11 – rattaché à Belfort

SÉVÉRAC-LE-CHÂTEAU – 12 Aveyron – **338** K5 – 2 438 h. – alt. 735 m – ✉ 12150 Languedoc Roussillon **29** D1

Paris 605 – Espalion 46 – Florac 74 – Mende 64

5, rue des Douves, ✆ 05 65 47 67 31, www.aveyron-tourisme.fr

Restaurant des Causses

38 av. Aristide Briand – ✆ 05 65 70 23 00 – www.hotel-causses.com – Fermé 23-30 sept., janv., dim. soir de sept. à juin et lundi sauf le soir en juil.-août

Rest – Menu 14 € (sem.), 19/38 € – Carte 20/50 €

Cheminée, poutres... Dans cet agréable restaurant rustique, le chef travaille des produits du marché et concocte des plats copieux qui fleurent bon le terroir et la tradition. Aux beaux jours, installez-vous sur la terrasse ombragée !

SÉVRIER – 74 Haute-Savoie – 328 J5 – rattaché à Annecy

rattaché à Annecy

SEYNE – 04 Alpes-de-Haute-Provence – 334 G6 – 1 434 h. – alt. 1 200 m 41 C2

– ✉ 04140 Alpes du Sud

Paris 719 – Barcelonnette 43 – Digne-les-Bains 43 – Gap 54

place d'Armes, ✆ 04 92 35 11 00, www.valleedelablanche.com

Col du Fanget ≤★ SO : 5 km.

à Selonnet 4 km au Nord-Ouest par D 900 – 431 h. – alt. 1 060 m – Sports d'hiver : 1 500/2 050 m 12 – ✉ 04140

Relais de la Forge

– ✆ 04 92 35 16 98 – www.relaisdelaforge.fr – Fermé 16-24 avril, 11 nov.-20 déc., dim. soir et lundi hors vacances scolaires

14 ch – 45/60 € 52/66 € – 9 € – ½ P

Rest *(fermé dim. soir et lundi hors saison)* – Menu 17/30 € – Carte 24/42 €

Bâti sur le site d'une ancienne forge, cet hôtel familial, aux chambres simples et bien tenues, comprend un espace sauna et une piscine couverte (toit amovible). Restaurant de style rustique, avec une cheminée ; le chef concocte une généreuse cuisine traditionnelle.

LA SEYNE-SUR-MER – 83 Var – 340 K7 – 61 514 h. – alt. 3 m 40 B3

– ✉ 83500 Côte d'Azur

Paris 830 – Aix-en-Provence 81 – La Ciotat 32 – Marseille 60

corniche Georges Pompidou, ✆ 04 98 00 25 70, www.ot-la-seyne-sur-mer.fr

≤★ de la terrasse du fort Balaguier E : 3 km.

Voir plan de Toulon

Kyriad Prestige sans rest

1 quai du 19-Mars-1962 – ✆ 04 94 05 34 00
– www.hotel-kyriad-prestige-toulon-lssm.com AVk

93 ch – 75/132 € 75/132 € – 1 suite – 14 €

Parfait pour un séjour professionnel ou un week-end en dehors d'une grande ville, cet hôtel contemporain (2010), ancré sur le port, mêle verre et bois. Inspirés par les anciens chantiers navals de la cité, ses décors se révèlent chaleureux, mais son principal atout, c'est la vue sur la rade de Toulon !

à Fabrégas 4 km au Sud par rte de St-Mandrier et rte secondaire – ✉ 83500 La Seyne sur Mer

Chez Daniel et Julia - Restaurant du Rivage

– ✆ 04 94 94 85 13 – Fermé nov., dim. soir et lundi hors saison sauf fériés

Rest – Menu 42/80 € – Carte 52/97 €

Au bout du monde... et au cœur du Midi ! Dans une crique isolée, cette table familiale digne de Pagnol propose une savoureuse cuisine axée sur la marée et, en saison, sur la truffe. Une institution dans la région.

SÉZANNE – 51 Marne – 306 E10 – 5 268 h. – alt. 137 m – ✉ 51120 13 B2

Champagne Ardenne

Paris 116 – Châlons-en-Champagne 59 – Meaux 78 – Melun 89

place de la République, ✆ 03 26 80 54 13, www.sezanne-tourisme.fr

Le Relais Champenois

157 r. Notre-Dame – ✆ 03 26 80 58 03 – www.relaischampenois.com – Fermé 15-31 août, 22 déc.-5 janv. et dim. soir

19 ch – 45/48 € 85/90 € – 11 € – ½ P

Rest *Le Relais Champenois* – voir les restaurants ci-après

De relais de poste, cet établissement est devenu auberge de campagne – et joliment fleurie ! Les chambres sont fraîches et bien meublées ; sous les combles, elles sont climatisées. Pour plus de calme, demandez l'annexe.

Le Relais Champenois

157 r. Notre-Dame – 03 26 80 58 03 – www.relaischampenois.com
– Fermé 15-31 août, 22 déc.-5 janv. et dim. soir
Rest – Formule 19 € – Menu 24/60 € – Carte 31/58 €
Gourmande et rustique, c'est ainsi qu'on découvre la Champagne dans ce Relais. Filets de rouget au ratafia, andouillette de Troyes à la moutarde, gratin de fruits au sabayon de champagne : le chef défend la tradition régionale.

à Mondement-Montgivroux 12 km par D 951 et D 439 – 46 h. – alt. 188 m – ✉ 51120

Domaine de Montgivroux sans rest

– 03 26 42 06 93 – www.audomainedemontgivroux.com
21 ch – 70/100 € 80/110 € – 3 suites – 11 €
Les magifiques bâtiments de cette ancienne ferme champenoise (17e s.) en imposent. Et il faut bien avouer que tout ici a fière allure : la cour pavée, la jolie piscine, les jardins... Spacieux et reposant, à proximité des domaines viticoles.

SIERCK-LES-BAINS – 57 Moselle – 307 J2 – 1 720 h. – alt. 147 m   27 C1

– ✉ 57480 Alsace Lorraine

Paris 355 – Luxembourg 40 – Metz 46 – Thionville 17
3 place Jean de Morbach, 03 82 83 74 14, www.otsierck.com
≤★ du château fort.

à Montenach 3,5 km au Sud-Est sur D 956 – 442 h. – alt. 200 m – ✉ 57480

Auberge de la Klauss

1 rte de Kirschnaumen – 03 82 83 72 38 – www.auberge-de-la-klauss.com
– Fermé 24 déc.-7 janv. et lundi
Rest – Menu 17/55 € – Carte 31/62 €
Un délicieux petit coin de campagne ! Dans cette ferme du 19e s., palmipèdes et cochons s'ébattent en plein air... avant de finir en cochonailles, foie gras, magret, etc. Une cuisine du terroir que l'on retrouve dans la boutique attenante.

à Manderen 7 km à l'Est par D 654 et D 64 – 420 h. – alt. 290 m – ✉ 57480

Relais du Château Mensberg

15 r. du Château – 03 82 83 73 16 – www.relais-mensberg.com
– Fermé 27 déc.-11 janv.
16 ch – 46/54 € 57/64 € – 8 € – ½ P
Rest ***Relais du Château Mensberg*** – voir les restaurants ci-après
Cette ancienne ferme monte la garde au pied du château fort de Malbrouck (15e s.). Pour une visite ou une étape gourmande à la découverte des spécialités lorraines, ses petites chambres s'avèrent bien pratiques.

Relais du Château Mensberg

15 r. du Château – 03 82 83 73 16 – www.relais-mensberg.com
– Fermé 27 déc.-11 janv., lundi midi et mardi
Rest – Menu 16 € (déj. en sem.), 28/60 € – Carte 20/62 €
D'emblée, le ton est donné : une salle à manger rustique où trône une cheminée, cadre idéal pour s'adonner aux délices du terroir. Parmi les spécialités, la côte de bœuf et le foie gras de canard. La tradition a du bon.

SIERENTZ – 68 Haut-Rhin – 315 I11 – 2 847 h. – alt. 270 m – ✉ 68510   1 A3

Paris 487 – Altkirch 19 – Basel 18 – Belfort 65
1 place du Gén de Gaulle, mairie, 03 89 81 51 11, www.mairie-sierentz.fr

XXX **Auberge St-Laurent** (Marco et Laurent Arbeit) avec ch

1 r. Fontaine – ✆ 03 89 81 52 81 – www.auberge-saintlaurent.fr – Fermé 2 sem. en juil., 2 sem. en sept., 2 sem. en fév., lundi et mardi

10 ch – 100/120 € 120/135 € – 13 € – ½ P

Rest – Formule 32 € – Menu 38/85 € – Carte 62/78 €

Ce relais de poste du 18e s. est une institution locale, authentique et élégante. Aux fourneaux, père et fils composent une cuisine harmonieuse et fine, aux saveurs bien équilibrées. Du travail d'orfèvre... non, de chef ! Et pour prolonger l'étape, les chambres sont mignonnes et douillettes.

➜ Foie gras de canard laqué à la bière, marmelade de griotte et crème d'amande. Blanc de turbot rôti en cocotte, foie gras, gnocchis et truffe d'été. Soufflé chaud et glace au Grand Marnier. **Vins** Muscat, Riesling.

SIGNY-L'ABBAYE – **08 Ardennes** – **306** I4 – **1 361 h.** – **alt. 240 m** – ✉ **08460** Champagne Ardenne **13** B1

Paris 208 – Charleville-Mézières 31 – Hirson 41 – Laon 74

2, place de l'hotel de ville, ✆ 03 24 52 81 25, www.sud-ardennes-tourisme.com

X **Auberge de l'Abbaye** avec ch

2 pl. Aristide Briand – ✆ 03 24 52 81 27 – www.auberge-de-labbaye.com – Fermé 20 janv.-6 mars

7 ch – 47/61 € 56/61 € – 9 € – ½ P

Rest *(fermé merc. midi)* – Formule 14 € – Menu 16/31 € – Carte 25/38 €

Dans cet ancien relais de poste, la même famille cultive la tradition depuis 1803. Viandes et légumes bio viennent directement de la ferme, de quoi se régaler de fondue vigneronne, tartine au maroilles, tripes au jus de pommes... Les chambres, simples et agréables, permettent de profiter de la campagne.

SIGNY-LE-PETIT – **08 Ardennes** – **306** H3 – **1 307 h.** – **alt. 238 m** – ✉ **08380** Champagne Ardenne **13** B1

Paris 228 – Châlons-en-Champagne 168 – Charleville-Mézières 37 – Hirson 15

1 place de l'Église, ✆ 03 24 53 55 44

Au Lion d'Or ch, ch,

pl. de l'Église – ✆ 03 24 53 51 76 – www.lahulotte-auliondor.fr – Fermé 1er-16 août, 20 déc.-12 janv. et dim.

18 ch – 71/85 € 71/85 € – 10 € – ½ P

Rest *(fermé dim. sauf le midi de mars à fin sept., mardi midi, merc. midi et sam. midi) (réserver)* – Formule 15 € – Menu 20/40 € – Carte 24/54 €

Un ancien relais de poste, face à l'église de Signy. Les chambres, réparties entre la bâtisse principale et une dépendance, sont classiques et bien tenues, avec un petit côté rustique que l'on retrouve aussi au restaurant. Chouette (l'emblème de la maison), on est tout près de la forêt !

SILLÉ-LE-GUILLAUME – **72 Sarthe** – **310** I5 – **2 361 h.** – **alt. 161 m** – ✉ **72140** Pays de la Loire **35** C1

Paris 230 – Alençon 39 – Laval 55 – Le Mans 35

place de la Résistance, ✆ 02 43 20 10 32, www.tourisme.sille-le-guillaume.fr

XX **Le Bretagne** avec ch rest,

pl. Croix-d'Or – ✆ 02 43 20 10 10 – www.hotelsarthe.com – Fermé 22 juil.-12 août, vend. soir, sam. midi et dim. soir

15 ch – 66 € 71/85 € – 8 € – ½ P

Rest – Menu 18 € (sem.), 29/50 € – Carte 54/65 €

Entre Normandie, Maine et Bretagne, ce relais de diligences du 19e s. perpétue une longue tradition d'étape. La table est un vrai argument pour y faire une halte, car le chef mitonne de jolies assiettes, tout en fraîcheur et saveurs ! Et l'on peut retenir l'une des chambres – traditionnelles – pour la nuit...

SILLERY – **51 Marne** – **306** G7 – **rattaché à Reims**

SIMORRE – 32 Gers – **336** G9 – 678 h. – alt. 200 m – ✉ 32420 **28** B2
Midi Toulousain
Paris 749 – Auch 34 – Tarbes 76 – Toulouse 77
rue de la Mairie, ✆ 05 62 65 36 34, www.simorre.com

Les Rendez-vous d'Eole
lieu-dit Burgelles, 2,5 km à l'Est par D 129 et rte secondaire – ✆ 05 62 06 28 24 – www.rendezvousdeole.canalblog.com – Fermé 10-19 sept., sam. midi, dim. soir, merc. et jeudi du 15 oct. au 1er avril, lundi et mardi
Rest – Formule 17 € – Menu 30/38 € – Carte environ 40 €
Une jolie propriété en pleine nature, sous l'égide des vents. Ambiance champêtre et produits de qualité (canard, foie gras, brebis fermier), mis en valeur avec générosité.

SION-SUR-L'OCÉAN – 85 Vendée – **316** E7 – rattaché à St-Gilles-Croix-de-Vie

SIORAC-EN-PÉRIGORD – 24 Dordogne – **329** G7 – 1 015 h. **4** C3
– alt. 77 m – ✉ 24170 Périgord Quercy
Paris 548 – Bergerac 45 – Brive-la-Gaillarde 73 – Sarlat-la-Canéda 29
place de Siorac, ✆ 05 53 31 63 51
de Lolivarie, S : 5km par D 51, ✆ 05 53 30 22 69

Relais du Périgord Noir
pl. de la Poste – ✆ 05 53 31 60 02 – www.relais-perigord-noir.fr – Ouvert 30 avril-30 sept.
43 ch – 78/98 € 78/98 € – 10 € – ½ P
Rest *(dîner seult) (résidents seult)* – Menu 29 € – Carte 46/55 €
Ce beau relais de poste du 19e s. dispose de chambres fonctionnelles. Côté loisirs, le choix est cornélien : jouer au billard, se détendre à l'espace bien-être ou aller nager ? Au restaurant, les résidents découvrent les recettes périgourdines.

SISTERON – 04 Alpes-de-Haute-Provence – **334** D7 – 7 427 h. **40** B2
– alt. 490 m – ✉ 04200 Alpes du Sud
Paris 704 – Barcelonnette 100 – Digne-les-Bains 40 – Gap 52
1, place de la République, ✆ 04 92 61 36 50, www.sisteron.fr
Vieux Sisteron★ - Site★★ - Citadelle★ : ≤★ - Cathédrale Notre-Dame-des-Pommiers★.

Grand Hôtel du Cours
pl. de l'Église – ✆ 04 92 61 04 51 – www.hotel-lecours.com – Ouvert mi-mars à fin nov.
45 ch – 71/82 € 81/97 € – 5 suites – 12 € – ½ P
Rest – Formule 15 € – Menu 25/35 € – Carte 34/46 €
Tenu par la même famille depuis 1900, cet hôtel se trouve en plein centre historique, entre deux tours d'enceinte du 14e s. ! Préférez les chambres, plus calmes et spacieuses, sur l'arrière du bâtiment. Au restaurant, on apprécie la cuisine traditionnelle.

SIZUN – 29 Finistère – **308** G4 – 2 221 h. – alt. 112 m – ✉ 29450 **9** B2
Bretagne Nord
Paris 572 – Brest 37 – Châteaulin 36 – Landerneau 16
3, rue de l'Argoat, ✆ 02 98 68 88 40
Enclos paroissial★ - Bannières★ dans l'église de Locmélar N : 5 km.

Les Voyageurs
2 r. Argoat – ✆ 02 98 68 80 35 – www.hotelvoyageur.fr – Fermé 8 sept.-1er oct., vend. soir, dim. soir et sam. d'oct. à juin
22 ch – 56/58 € 56/60 € – 8,50 € – ½ P **Rest** – Carte 26/48 €
Hôtel familial voisin de l'enclos paroissial du village. Les chambres, simples et bien tenues, bénéficient de plus d'ampleur dans le bâtiment principal. Menus traditionnels à prix sages servis près de la cheminée, dans une salle à manger au décor classique.

SOCCIA – 2A Corse-du-Sud – **345** C6 – voir à Corse

SOCHAUX – 25 Doubs – 321 L1 – 4 152 h. – alt. 310 m – ✉ 25600 17 C1

Franche-Comté Jura

Paris 478 – Audincourt 5 – Belfort 18 – Besançon 77

Musée de l'Aventure Peugeot★★ AX.

Voir plan de Montbéliard agglomération.

Arianis

11 av. du Gén. Leclerc – ✆ 03 81 32 17 17 – www.arianis.fr Xu

65 ch – 57/78 € 68/85 € – 10 € – ½ P

Rest *(fermé dim. soir et sam.)* – Menu 17/60 € – Carte 45/78 €

Rest *Brasserie de l'Arianis* *(fermé dim. soir et sam.)* – Menu 17 € bc/23 € bc – Carte 22/47 €

À deux pas du musée Peugeot, cette construction des années 1990 abrite des chambres relativement spacieuses et bien équipées (coin bureau dans les chambres). Deux points de restauration : brasserie ou classique.

à Étupes 3 km par ③ et D 463 – 3 509 h. – alt. 337 m – ✉ 25460

Au Fil des Saisons

3 r. de la Libération – ✆ 03 81 94 17 12 – www.aufildessaisons.eu – Fermé 3-19 août, 23 déc.-5 janv., sam. midi, dim., lundi et fériés

Rest – Menu 25/37 € – Carte 33/56 €

Le fil des saisons est bien sûr le leitmotiv de la carte, qui fait aussi la part belle aux crustacés et au poisson. Surprise côté décor : derrière une façade traditionnelle, on découvre une salle très moderne, alliant verre et bois clair.

SOCOA – 64 Pyrénées-Atlantiques – 342 B2 – rattaché à St-Jean-de-Luz

SOCX – 59 Nord – 302 C2 – 971 h. – alt. 24 m – ✉ 59380 30 B1

Paris 287 – Calais 52 – Dunkerque 20 – Lille 64

Au Steger

27 rte de St-Omer – ✆ 03 28 68 20 49 – www.restaurant-lesteger.com – Fermé 1er-20 août et le soir sauf sam.

Rest – Menu 17 € (déj. en sem.), 25/35 € – Carte 26/51 €

De génération en génération, cette table s'est forgée une belle réputation dans la région. Le chef est passionné par le vin et les terroirs, et il aime partager ses découvertes...

SOISSONS SP – 02 Aisne – 306 B6 – 28 845 h. – alt. 47 m – ✉ 02200 37 C2

Nord Pas-de-Calais Picardie

Paris 102 – Compiègne 39 – Laon 37 – Reims 59

16, place Fernand Marquigny, ✆ 03 23 53 17 37, www.tourisme-soissons.fr

Anc. Abbaye de St-Jean-des-Vignes★★ - Cathédrale St-Gervais-et-St-Protais★★.

Hôtel des Francs

62 bd Jeanne-d'Arc – ✆ 03 60 71 40 00 – www.hoteldesfrancs.fr AZa

70 ch – 100/135 € 100/135 € – 14 € – ½ P

Rest *Relais des Vignes* – voir les restaurants ci-après

Inauguré fin 2010 sur les hauteurs de Soissons, face à l'ancienne abbaye de St-Jean-des-Vignes, il allie démarche écologique (normes HQE), décor contemporain et bons équipements. Une nouvelle étape originale et tout à fait séduisante.

Relais des Vignes

62 bd Jeanne-d'Arc – ✆ 03 60 71 40 00 – www.hoteldesfrancs.fr – Fermé le midi du 29 juil.-18 août, sam. midi et dim. soir AZa

Rest – Formule 18 € – Menu 24/44 € – Carte 38/55 €

Dans un agréable décor façon brasserie chic, on apprécie une bonne cuisine de saison avec, par exemple, un menu du marché et des spécialités bistrotières concoctés avec des produits frais.

SOISSONS

Arquebuse (R. de l') .... BZ 2
Château-Thierry (Av.) .... BZ 4
Collège (R. du) .... AY 5
Commerce (R. du) .... BY 6
Compiègne (Av.) .... AY 8
Desmoulins (Bd C.) .... ABZ 12
Gambetta (Bd L.) .... BY 14
Intendance (R. de l') .... BY 15
Leclerc (Av. Gén.) .... BZ 22
Marquigny (Pl. F.) .... BY 23
Paix (R. de la) .... BY 24
Panleu (R. de) .... AY 25
Prés.-Kennedy (Av.) .... AZ 26
Quinquet (R.) .... ABY 28
Racine (R.) .... BZ 29
République (Pl. de la) .... BZ 30
St-Antoine (R.) .... BY 31
St-Christophe (Pl.) .... AY 32
St-Christophe (R.) .... AY 33
St-Jean (R.) .... AZ 34
St-Martin (R.) .... BY 35
St-Quentin (R.) .... BY 36
St-Rémy (R.) .... AY 37
Strasbourg (Bd de) .... BY 38
Villeneuve (R. de) .... BZ 39

à Belleu **3 km au Sud par D 1 et D 690 – 3 895 h. – alt. 55 m – ✉ 02200**

Le Grenadin

19 rte de Fère-en-Tardenois – ☎ 03 23 73 20 57 – Fermé dim. soir, lundi et fériés

Rest – Formule 15 € – Menu 19 € (déj. en sem.), 25/45 € – Carte 31/52 € BZf

Perché sur la façade, un angelot veille sur cette sympathique maison régionale. Cuisine traditionnelle soignée variant avec les saisons. L'été, on se régale au jardin.

SOLAIZE – **69 Rhône** – **327** I6 – **2 754 h.** – **alt. 232 m** – ✉ **69360** **44** B2

▶ Paris 472 – Lyon 17 – Rive-de-Gier 25 – La Tour-du-Pin 58

Soleil et Jardin

44 r. de la République – ✆ 04 78 02 44 90 – www.soleiletjardin.fr
22 ch – †85/180 € ††85/180 € – ☕ 10 € – ½ P
Rest *(fermé 20 déc.-2 janv., sam. et dim.)* – Menu 26/34 €
– Carte 32/47 €
Sur la place centrale du village, cette maison abrite des chambres spacieuses et colorées ; trois d'entre elles avec terrasse. Un ensemble fonctionnel, bien tenu, et l'on se croirait à la campagne près de Lyon. Cuisine traditionnelle au restaurant, dont des formules grenouilles-frites !

SOLENZARA – **2A Corse-du-Sud** – **345** F8 – **voir à Corse**

SOLESMES – **72 Sarthe** – **310** H7 – **rattaché à Sablé-sur-Sarthe**

SOLIGNAC – **87 Haute-Vienne** – **325** E6 – **1 501 h.** – **alt. 251 m** **24** B2
– ✉ **87110** Limousin Berry

▶ Paris 400 – Bourganeuf 55 – Limoges 10 – Nontron 70

ℹ place Georges Dubreuil, ✆ 05 55 00 42 31, www.tourisme-solignac.com

St-Éloi

ch, ch,

66 av. St-Éloi – ✆ 05 55 00 44 52 – www.lesainteloi.fr
– Fermé 2-12 août, 7-22 sept., 21 déc.-13 janv., sam. midi, dim. sauf le midi hors vacances scolaires et lundi sauf fériés
15 ch – †65/99 € ††65/99 € – ☕ 11 € – ½ P
Rest – Formule 15 € – Menu 18 € (sem.), 25/46 € – Carte 34/55 €
À côté de l'abbaye du village, une jolie maison ancienne – pierres et colombages – fort avenante... Du caractère, des chambres aux teintes ensoleillées (deux avec terrasse et bain balnéo) et une atmosphère familiale : très sympathique !

SOLUTRÉ-POUILLY – **71 Saône-et-Loire** – **320** I12 – **377 h.** **8** C3
– **alt. 495 m** – ✉ **71960**

▶ Paris 409 – Dijon 139 – Lyon 76 – Mâcon 10

La Courtille de Solutré

Le bourg – ✆ 03 85 35 80 73 – www.lacourtilledesolutre.fr – Fermé 1 sem. en août, 1 sem. en nov., 3 sem. en janv., merc. midi de mi-nov. à fin fév., mardi sauf le soir en juil.-août, dim. soir de sept. à juin et lundi
Rest – Menu 23 € (déj.)/38 € – Carte 31/55 €
Une jolie maison de pays, sa terrasse à l'ombre d'un vieux marronnier... et ce jeune chef basque dynamique, qui travaille avec passion de fort beaux produits. Ris de veau en émulsion de foie gras, dos de cabillaud sauvage et velouté de crevettes... Bistronomique !

SOMMIÈRES – **30 Gard** – **339** J6 – **4 496 h.** – **alt. 34 m** – ✉ **30250** **23** C2
Languedoc Roussillon

▶ Paris 734 – Montpellier 35 – Nîmes 29

ℹ 5, quai Frédéric Gaussorgues, ✆ 04 66 80 99 30, www.ot-sommieres.fr

Auberge du Pont Romain

2 r. Emile-Jamais – ✆ 04 66 80 00 58 – www.aubergedupontromain.com
– Ouvert 15 mars-31 oct. et 1er déc.-15 janv.
15 ch – †85/135 € ††85/135 € – ☕ 13 € – ½ P
Rest ***Auberge du Pont Romain*** – voir les restaurants ci-après
Au 19e s., cette belle demeure en pierre du Gard était... une fabrique de draps de laine. Aujourd'hui, il règne dans les chambres une belle atmosphère provençale, cosy et sobre. Aucun doute, on est dans de beaux draps !

Auberge du Pont Romain – Hôtel Auberge du Pont Romain
2 r. Emile-Jamais – ✆ 04 66 80 00 58
– www.aubergedupontromain.com – Ouvert 15 mars-31 oct. et 1er déc.-15 janv.
Rest – Formule 30 € – Menu 40/62 € – Carte 58/75 €
Soupe froide d'asperges, épaule de lapin confite et sa polenta aux olives noires... Dans cette charmante auberge, chic et champêtre, le chef privilégie les produits du terroir et les légumes bio. Résultat : une cuisine fraîche et sympathique.

Chez Tibère (N)
1 r. Compane, (parking du Vidourle) – ✆ 04 66 51 32 72 – Fermé vacances de la Toussaint, dim. soir et lundi sauf juil.-août et le soir en sem. hors saison
Rest – Formule 15 € – Menu 27 € – Carte 35/48 €
Machines à coudre, tables de tailleur... Ce bistrot contemporain joue la carte post-industrielle version textile ! Point de cuisine cousue de fil blanc pour autant ; au contraire, des spécialités de brasserie concoctées à grand renfort de produits frais. Un conseil : ne passez pas à côté des pâtisseries maison.

SONDERNACH – 68 Haut-Rhin – 315 G9 – 659 h. – alt. 540 m – ✉ 68380 1 A2

Paris 466 – Colmar 27 – Gérardmer 41 – Guebwiller 39

À l'Orée du Bois avec ch
4 rte du Schnepfenried – ✆ 03 89 77 70 21 – www.oredubois.com – Fermé 22-31 juin et 6 janv.-7 fév.
7 ch – 60 € 78 € – ½ P
Rest *(fermé merc. midi et mardi)* – Menu 17/38 € – Carte 26/44 €
Au-dessus du village, ce restaurant rustique (boiseries, poêle en faïence) vaut pour sa cuisine traditionnelle simple (tartes flambées, fondues...) et sa grande terrasse donnant sur la vallée. Pour l'étape, on propose des chambres d'esprit chalet, un peu vieillottes mais très bon marché.

SONNAZ – 73 Savoie – 333 I4 – rattaché à Chambéry

SOPHIA-ANTIPOLIS – 06 Alpes-Maritimes – 341 D6 – rattaché à Valbonne

SORBIERS – 42 Loire – 327 F7 – rattaché à St-Étienne

SORÈZE – 81 Tarn – 338 E10 – 2 564 h. – alt. 272 m – ✉ 81540 29 C2

Midi Toulousain

Paris 732 – Carcassonne 44 – Castelnaudary 26 – Toulouse 59

rue Saint-Martin, ✆ 05 63 74 16 28, www.tourisme-revel.com

Hotellerie de L' Abbaye Ecole de Sorèze
18 r. Lacordaire – ✆ 05 63 74 44 80 ch, rest,
– www.hotelfp-soreze.com
52 ch – 69/149 € 69/149 € – 12 €
Rest *(fermé dim. soir d'oct. à mars)* – Menu 26/57 € – Carte 50/60 €
Hôtel-restaurant installé dans une aile de la célèbre abbaye-école des bénédictins (17e s.), fondée en 754 par Pépin le Bref. Les chambres sont simples, mais joliment décorées ; quant au parc arboré (6 ha), il est si reposant...

Le Pavillon des Hôtes
– ✆ 05 63 74 44 80 – www.hotelfp-soreze.com
20 ch – 59/89 € 59/89 € – 12 €
Chambres simples, réparties autour d'une cour intérieure.

SORGES – 24 Dordogne – 329 G4 – 1 314 h. – alt. 178 m – ✉ 24420 4 C1

Périgord Quercy

Paris 463 – Brantôme 24 – Limoges 77 – Nontron 36

écomusée de la Truffe, ✆ 05 53 46 71 43, www.sorges-perigord.com

Auberge de la Truffe

par N 21 – 05 53 05 02 05 – www.auberge-de-la-truffe.com
20 ch – 57/66 € 60/81 € – 7 suites – 12 € – ½ P
Rest *Auberge de la Truffe* – voir les restaurants ci-après
À proximité de la Maison de la Truffe, une auberge villageoise accueillante, aux chambres confortables, grandes et classiques. À noter : certaines ouvrent de plain-pied sur le jardin.

Auberge de la Truffe

par N 21 – 05 53 05 02 05 – www.auberge-de-la-truffe.com – Fermé dim. soir du 04 nov. au 17 mars et merc. midi
Rest – Formule 12 € – Menu 19 € (sem.), 26/110 € – Carte 30/81 €
Le "diamant noir" est roi en Périgord blanc, et plus encore ici où il bénéficie même d'un menu qui lui est entièrement dédié ! Plus largement, le terroir est à l'honneur dans ce restaurant confortable, avec une jolie salle et une terrasse.

SORGUES – 84 Vaucluse – 332 C9 – 18 040 h. – alt. 24 m – 84700 42 E1

Paris 672 – Avignon 12 – Carpentras 20 – Cavaillon 34

La Table de Sorgues

12 r. du 19-Mars-1962, (pl. de l'Hôtel-de-Ville) – 04 90 39 11 02 – www.latabledesorgues.com – Fermé 20 août-3 sept., 25 déc.-7 janv., dim. et lundi
Rest *(nombre de couverts limité, réserver)* – Menu 36/51 €
Une belle maison de maître, sa jolie terrasse sous les pins... L'endroit idéal pour savourer une cuisine de saison pleine de fraîcheur et sans cesse renouvelée (menu unique annoncé de vive voix).

SOTTEVILLE-SUR-MER – 76 Seine-Maritime – 304 E2 – 358 h. – alt. 60 m – 76740 33 C1

Paris 191 – Dieppe 26 – Fontaine-le-Dun 11 – Rouen 60

Les Embruns

4 pl. de la Libération, (près de l'église) – 02 35 97 77 99 – www.restaurantlesembruns.fr – Fermé 18 fév.-8 mars, 8-30 oct., mardi d'oct. à mars, dim. soir et lundi
Rest – Menu 31/46 €
Lorsqu'il y a trop d'embruns, trouvez refuge dans cette petite maison typique, juste à côté de l'église. Sous les poutres brillantes, la salle est pimpante ! La cuisine, traditionnelle, est orientée terroir (huîtres, poissons, etc.).

SOUILLAC – 46 Lot – 337 E2 – 3 864 h. – alt. 104 m – 46200 28 B1

Périgord Quercy

Paris 516 – Brive-la-Gaillarde 39 – Cahors 68 – Figeac 74

boulevard Louis-Jean Malvy, 05 65 37 81 56, www.tourisme-souillac.com

Souillac Country Club, à Lachapelle-Auzac, N : 8 km par D 15, 05 65 27 56 00

Anc. église abbatiale : bas-relief "Isaïe"★★, revers du portail★ - Musée national de l'Automate et de la Robotique★.

Le Pavillon St-Martin sans rest

5 pl. St-Martin – 05 65 32 63 45 – www.hotel-saint-martin-souillac.com
10 ch – 78 € 78/105 € – 11 €
Une maison de caractère (16e s.) face au beffroi. Dans les chambres, style classique et touches actuelles se côtoient. Belle salle voûtée pour le petit-déjeuner.

Le Quercy sans rest

1 r. Récège – 05 65 37 83 56 – www.le-quercy.fr – Ouvert 1er mars-12 nov.
25 ch – 54/58 € 67/75 € – 11 €
Accueil familial dans cet hôtel confortable, à l'écart du centre. Les chambres y sont confortables et bien tenues. Préférez celles avec balcon.

Le Redouillé

28 av. de Toulouse – 05 65 37 87 25 – www.leredouille.c.la – Fermé 6 mars-1er avril, 7 janv.-4 fév., dim. soir, mardi midi et lundi

Rest – Menu 21/31 € bc – Carte 34/86 €

Sur la route entre Cahors et Brive-la-Gaillarde, faites un crochet par Souillac ! Au Redouillé, le chef prépare de bonnes recettes traditionnelles. À déguster, au choix, dans un cadre bourgeois ou méridional.

SOULAC-SUR-MER – 33 Gironde – 335 E1 – 2 711 h. – alt. 7 m – Casino : de la Plage – 33780 Aquitaine

3 B1

Paris 515 – Bordeaux 99 – Lesparre-Médoc 31 – Royan 12

68, rue de la plage, 05 56 09 86 61, www.soulac.com

à l'Amélie-sur-Mer 5 km au Sud-Ouest par D 101E – 33780 Soulac sur Mer

Hôtel des Pins

92 bd de l'Amélie – 05 56 73 27 27 – www.hotel-des-pins.com – Ouvert 30 mars-2 nov.

29 ch – 58/125 € 58/135 € – 10 € – ½ P

Rest ***Restaurant des Pins*** – voir les restaurants ci-après

À 100 m de la plage – sable fin à perte de vue – et en lisière des pins, un hôtel balnéaire au milieu d'un grand jardin, avec des chambres accueillantes et cosy. Et ici, les propriétaires sont aux petits soins !

Restaurant des Pins

92 bd de l'Amélie – 05 56 73 27 27 – www.hotel-des-pins.com – Ouvert 30 mars-2 nov. et fermé lundi midi et vend. midi sauf du 15 juin au 15 sept.

Rest – Formule 18 € – Menu 29/42 € – Carte 30/64 €

De beaux produits au service d'une carte qui privilégie le terroir et la région... Un restaurant traditionnel sympathique et bon. Les nombreux fidèles (de toutes nationalités) ne laisseraient leur place pour rien au monde !

SOULAGES-BONNEVAL – 12 Aveyron – 338 I2 – rattaché à Laguiole

---

LA SOURCE – 45 Loiret – 318 I5 – rattaché à Orléans

SOUSCEYRAC – 46 Lot – 337 I2 – 910 h. – alt. 559 m – 46190

29 C1

Paris 548 – Aurillac 47 – Cahors 96 – Figeac 41

place de l'Église, 05 65 33 02 20

Au Déjeuner de Sousceyrac (Patrick Lagnès) avec ch

Le Bourg – 05 65 33 00 56 – www.au-dejeuner-de-sousceyrac.com – Ouvert 1er mars-15 nov. et fermé dim. soir, lundi et mardi

10 ch – 50 € 50 € – 10 €

Rest *(nombre de couverts limité, réserver)* – Menu 36/70 €

Beaucoup de générosité, des produits qui honorent le terroir, des assiettes pleines de saveurs, un excellent rapport qualité-prix... Décidément, on quitte cette maison avec l'envie d'y revenir très vite ! À moins de prolonger le séjour dans l'une des chambres, bien tenues et abordables.

→ Tarte feuilletée aux cèpes, émulsion d'ail aux herbes. Ris de veau fermier, mousse d'oignon blanc. Sabayon glacé au citron, confiture de tomate à la vanille. **Vins** Cahors.

SOUS-LA-TOUR – 22 Côtes-d'Armor – 309 F3 – rattaché à St-Brieuc

---

SOUSTONS – 40 Landes – 335 D12 – 7 240 h. – alt. 9 m – 40140 Aquitaine

3 B2

Paris 736 – Anglet 51 – Bayonne 47 – Bordeaux 150

Grange de Labouyrie, 05 58 41 52 62, www.soustons.fr

Domaine de Bellegarde

23 av. Ch. de Gaulle, dir. N 10 – 05 58 41 24 06 – www.qsun.co.uk – ouvert de Pâques à nov.

5 ch – 90/110 € 100/130 € – 15 € **Table d'hôte** – Menu 45 € bc

Dans un parc aux arbres centenaires, cette grande villa 1900 propose des chambres décorées avec goût (sol en coco, lit en fer forgé, couettes blanches...). L'une d'elles possède une terrasse, une autre un sauna privatif. Cuisine familiale au gré du marché.

Auberge Batby avec ch

63 av. Galleben – 05 58 41 18 80 – www.aubergebatby.fr – Fermé 23-26 déc., dim. soir et lundi hors saison

6 ch – 85/150 € 85/150 € – 12 €

Rest – Menu 26 € bc (déj. en sem.), 39/57 € – Carte 43/76 €

Cette ancienne pension de famille, située au bord du lac, propose une plaisante cuisine du terroir, telle cette pintade fermière farcie à l'ancienne... Quelques chambres agréables permettent de prolonger l'étape.

LA SOUTERRAINE – 23 Creuse – 325 F3 – 5 496 h. – alt. 390 m – 23300 Limousin Berry — 24 B1

Paris 344 – Bellac 41 – Châteauroux 79 – Guéret 35

place de la Gare, 05 55 63 10 06, www.cirquevaldi.org

Église★.

Alexia

19 ZA la Prade – 05 55 63 01 01 – www.hotelalexia.com

31 ch – 60/85 € 60/85 € – 8,50 € – ½ P

Rest – Formule 12 € – Menu 20/30 € – Carte 26/51 €

Ouvert en 2010, cet établissement de prime abord assez impersonnel affiche un style chaleureux : chambres douillettes et bien conçues décorées sur le thème du voyage, petite restauration... Une étape bien pratique.

à l'Est 7 km par N 145, D 74 et rte secondaire – 23300 La Souterraine

Château de la Cazine

Domaine de la Fôt – 05 55 63 97 10 – www.chateaulacazine.fr – Fermé 23 déc.-14 janv.

18 ch – 100/300 € 100/300 € – 1 suite – 13 €

Rest – Menu 28 € (déj. en sem.), 42/65 € – Carte 75/90 €

Charmant château du 18e s., en briques rouges et calcaire crème, dans un parc de 90 ha, promesse d'un séjour au grand calme.

à St-Étienne-de-Fursac 11 km au Sud par rte de Fursac (D 1) – 848 h. – alt. 322 m – 23290

Nougier avec ch

2 pl. de l'Église – 05 55 63 60 56 – www.hotelnougier.fr – Ouvert mi-mars à mi-déc. ; fermé dim. soir de sept. à juin, lundi sauf le soir en été et mardi midi

12 ch – 58/62 € 68/90 € – 10 € – ½ P

Rest – Formule 14 € – Menu 24/53 € – Carte 41/63 €

Dans cette auberge de village, on cultive l'art du bon accueil et du bien manger depuis trois générations. Le chef concocte des plats gourmands et soignés, qui honorent le terroir tout en sortant des sentiers battus. Chambres plaisantes.

SOUVIGNY – 03 Allier – 326 G3 – 1 935 h. – alt. 242 m – 03210 Auvergne — 5 B1

Paris 301 – Bourbon-l'Archambault 16 – Montluçon 70 – Moulins 13

Prieuré St-Pierre★★ - Calendrier★★ dans l'église-musée St-Marc.

Auberge des Tilleuls

pl. St-Éloi – 04 70 43 60 70 – www.auberge-tilleuls.com – Fermé 23 août-6 sept., 30 déc.-5 janv., vacances de fév., mardi soir de sept. à mars, dim. soir et lundi

Rest – Formule 13 € – Menu 19/47 € – Carte 30/53 €

Non loin du célèbre prieuré St-Pierre (11e-15e s.), cette auberge traditionnelle joue la carte du terroir avec beaucoup de goût : aiguillettes de canard aux figues, terrine de pot-au-feu au foie gras, dessert émotion au chocolat blanc et passion...

SOYAUX – 16 Charente – **324** L6 – rattaché à Angoulême

SOYONS – 07 Ardèche – **331** L4 – rattaché à St-Péray

STEENVOORDE – 59 Nord – **302** D3 – 4 040 h. – alt. 50 m – ✉ 59114 **30** B1

Nord Pas-de-Calais Picardie

Paris 259 – Calais 73 – Dunkerque 33 – Hazebrouck 12

place Jean-Marie Ryckewaert BP 10, ✆ 03 28 42 97 98, www.pays-des-geants.com

XX **Auprès de mon Arbre**

932 rte d'Eecke – ✆ 03 28 49 79 49 – www.aupresdemonarbre.fr – Fermé dim. soir, mardi soir, merc. soir et lundi

Rest – Formule 19 € – Menu 30 € – Carte 38/55 €

Dans cette jolie ferme, la cuisine est authentique et soignée... Et il fait si bon s'attabler près du poêle ou, dès les premiers beaux jours, dans le délicieux jardin.

STELLA-PLAGE – 62 Pas-de-Calais – **301** C5 – rattaché au Touquet

STIRING-WENDEL – 57 Moselle – **307** M3 – rattaché à Forbach

STRASBOURG

Plans de la ville pages suivantes **1** B1

© S. Sonnet/Hemis.fr

P – **67 – Bas-Rhin – 271 708 h. – Agglo. 449 798 h. – alt. 143 m** – ✉ **67000**
– **315** K5 – Alsace Lorraine

Paris 489 – Basel 141 – Karlsruhe 81 – Stuttgart 149

17, place de la Cathédrale, ✆ 03 88 52 28 28, www.otstrasbourg.fr

place Gare Port du Rhin, ✆ 03 88 32 51 49, www.otstrasbourg.fr

Aéroport

Strasbourg-International ✆ 03 88 64 67 67 **1**AT

Quelques golfs

de La Wantzenau, à La Wantzenau, C.D. 302, ✆ 03 88 96 37 73

Le Kempferhof Golf Club, à Plobsheim, 351 rue du Moulin, S : 15 km par D 468, ✆ 03 88 98 72 72

A VOIR

Quartier de la cathédrale **6**KZ **:** cathédrale Notre-Dame★★★ (horloge astronomique★ et vue ★ du haut de la flèche) • Place de la cathédrale★, avec la maison Kammerzell★ et le musée du palais Rohan★★ • Musée alsacien★★**6**KZ**M**[1] • Musée de l'Œuvre Notre-Dame★★**6**KZ**M**[6] • Musée historique★**6**KZ**M**[5]

La Petite France : rue du Bains-aux-Plantes★★**5**HJZ • Les ponts couverts★**5**HZ • Barrage Vauban★★et savue panoramique**5**HZ • Mausolée du maréchal de Saxe★★, dans l'église St-Thomas **5**JZ • Musée d'Art moderne et contemporain★★**5**HZ**M**[3] • Promenade en vedette sur l'Ill

Toujours dans la vieille ville : place Kléber★**5**JY • Place Broglie★, avec l'Hôtel de Ville★**6**KY**H**

L'Europe à Strasbourg : palais de l'Europe★**4**FGU • Nouveau palais des Droits de l'Homme**4**GU • Orangerie★**4**FGU

Régent Petite France

5 r. des Moulins – ✆ 03 88 76 43 43 – www.regent-petite-france.com
72 ch – †165/520 € ††165/520 € – 8 suites – ☕ 23 € **5JZf**
Rest *(fermé le midi sauf de juin à sept., dim. et lundi)* – Menu 38 € – Carte 52/66 €
Dans la Petite France, une grande et belle adresse, aménagée dans les ex-glacières des bords de l'Ill. Intérieurs confortables, modernes et chic, sans ostentation ; chambres agréablement feutrées. Carte actuelle au restaurant, bar lounge et terrasse sur la rivière.

Hilton

ch, rest,

av. Herrenschmidt – ✆ 03 88 37 10 10 – www.strasbourg.hilton.fr **3EUe**
245 ch – †299/369 € ††299/369 € – 6 suites – ☕ 21 €
Rest *Carvi* ✆ 03 88 37 41 42 – Formule 27 € – Carte 34/60 €
Face au palais des congrès, bâtiment de verre et d'acier parfaitement conçu, idéal pour la clientèle d'affaires internationale : chambres très confortables, salles de séminaire, nombreux services, bars et restaurant, etc.

Sofitel

4 pl. St-Pierre-le-Jeune – ✆ 03 88 15 49 00 – www.sofitel-strasbourg.com
151 ch – †115/445 € ††115/445 € – 2 suites – ☕ 24 € **5JYs**
Rest *Goh* – voir les restaurants ci-après
Dans un quartier calme, au nord de la cathédrale, cet établissement moderne conjugue espace, esprit contemporain et tenue impeccable. À quinze minutes de la gare, ses chambres agréables à vivre invitent à faire une étape reposante.

Cour du Corbeau sans rest

6 r. des Couples – ✆ 03 90 00 26 26 – www.cour-corbeau.com **6KZh**
57 ch – †165/520 € ††165/520 € – 8 suites – ☕ 23 €
Près du pont du Corbeau, l'alliance du confort le plus contemporain et du charme des vieilles pierres : cet hôtel s'épanouit dans plusieurs superbes maisons anciennes (16e-19e s.).

Le Bouclier d'Or N sans rest

1 r. du Bouclier – ✆ 03 88 13 73 55 – www.lebouclierdor.com **5JZn**
21 ch – †190/250 € ††295/325 € – 1 suite – ☕ 22 €
Ouvert en 2012, cet établissement prend ses aises dans un ancien hôtel particulier dont la partie la plus ancienne remonte au 16e s. Dans les chambres, le luxe le dispute au raffinement. Et ne passez pas à côté du spa – de 150 m^2 – aménagé dans une superbe cave voûtée.

Régent Contades sans rest

8 av. de la Liberté – ✆ 03 88 15 05 05 – www.regent-contades.com **6LYf**
48 ch – †115/455 € ††115/455 € – 2 suites – ☕ 20 €
Derrière la belle façade de cet hôtel particulier du 19e s., on évolue dans un décor empreint de raffinement et de classicisme (boiseries, tableaux). Les chambres du 5e étage ont été rénovées dans un esprit Art déco. Prestations à l'unisson.

Beaucour sans rest

5 r. des Bouchers – ✆ 03 88 76 72 00 – www.hotel-beaucour.com **6KZk**
49 ch – †77/112 € ††139/169 € – ☕ 14 €
Deux maisons alsaciennes du 18e s. autour d'une charmante cour fleurie. Les lieux dégagent un réel cachet, en revisitant notamment le style alsacien traditionnel (notez cependant que certaines chambres sont plus classiques). Chaleur et confort.

Maison Rouge sans rest

4 r. des Francs-Bourgeois – ✆ 03 88 32 08 60 – www.maison-rouge.com
140 ch – †70/185 € ††70/185 € – 2 suites – ☕ 15 € **5JZg**
Au cœur de la ville, à deux pas de la place Kléber, cet hôtel de tradition associe confort et service de standing. Chambres spacieuses et soignées (tissus griffés, mobilier de qualité), desservies par des paliers ornés d'objets d'art.

BISCHHEIM

Marais (R. du) . . . . CS 121
Périgueux (Av. de) . . . . BS 159
Robertsau (R. de la) . . . . BS 179
Triage (R. du) . . . . BS 219

ECKBOLSHEIM

Gaulle (Av. du Gén.-de) . . . . BS 67
Wasselonne (Rte de) . . . . BS 237

HŒNHEIM

Fontaine (R. de la) . . . . BR 55
République (R. de la) . . . . BR 174

ILLKIRCH-GRAFFENSTADEN

Bürkell (Rte) . . . . BT 24
Ceinture (R. de la) . . . . BT 27
Faisanderie (R. de la) . . . . BT 48
Industrie (R. de l') . . . . BT 97
Kastler (R. Alfred) . . . . BT 99
Lixenbühl (R.) . . . . BT 115
Messmer (Av.) . . . . BT 138
Neuhof (Rte de) . . . . BT 144
Strasbourg (Rte de) . . . . BT 207
Vignes (R. des) . . . . BT 233

LINGOLSHEIM

Eckbolsheim (R. d') . . . . BS 44
Ostwald (R. d') . . . . BT 152
Près (R. des) . . . . BS 168

OBERHAUSBERGEN

Mittelhausbergen (Rte de) . . . . . BS 139
Oberhausbergen (Rte de) . . . . . BS 149

OSTWALD

Foch (R. du Maréchal) . . . . BT 50
Gelspolsheim (R. de) . . . . BT 73
Leclerc (R. du Gén.) . . . . BT 112
Vosges (R. des) . . . . BT 232
23-Novembre (R. du) . . . . BT 246

SCHILTIGHEIM

Bischwiller (Rte de) . . . . BS 18
Gaulle (Rte du Gén.-de) . . . . . . BS 70
Hausbergen (Rte de) . . . . BS 81
Mendès-France (Av. P.) . . . . BS 132
Pompiers (R. des) . . . . BS 164

STRASBOURG

Atenheim (Rte d') . . . . CT 8
Austerlitz (Pont d') . . . . BS 9
Bauerngrund (R. de) . . . . CT 15
Ganzau (R. de la) . . . . BT 66
Holtzheim (R. de) . . . . AS 88
Ill (R. de l') . . . . CS 96
Neuhof (Rte de) . . . . CT 144
Plaine des Bouchers (R. de la) . . BS 163
Polygone (Rte du) . . . . BS 165
Pont (R. du) . . . . BT 166
Ribeauvillé (R. de) . . . . CS 177
Romains (Rte des) . . . . BS 180
Schirmeck (Rte de) . . . . BS 198

WOLFISHEIM

Oberhausbergen (R. d') . . . . AS 148
Seigneurs (R. des) . . . . AS 204

METZ
HAGUENAU
LAUTERBOURG
ACHERN
ECKWERSHEIM
VENDENHEIM
LAMPERTHEIM
MUNDOLSHEIM
NIEDERHAUSBERGEN
MITTELHAUSBERGEN
ESPACE EUROPEEN DE L'ENTREPRISE
OBER-HAUSBERGEN
C.N.R.S.
CRONENBOURG
PARC DES SPORTS ZENITH
PARC DES POTERIES
KOENIGSHOFFEN
ECKBOLSHEIM
ROETHIG
LINGOLSHEIM
OSTWALD
GEISPOLSHEIM GARE
FEGERSHEIM
OHNHEIM
ESCHAU
ILLKIRCH-GRAFFENSTADEN
PARC D'INNOVATION
KILSTETT
LA WANTZENAU
RAFFINERIE DE PÉTROLE
REICHSTETT
SOUFFELWEYERSHEIM
Av. de l'Énergie
HŒNHEIM
BISCHHEIM
SCHILTIGHEIM
FUCHS-AM-BUCKEL
LA ROBERTSAU
PALAIS DE L'EUROPE
Pont J. Millot
CATHÉDRALE
Q. L. Pasteur
PORT AUTONOME
Rte du Rhin
JARDIN DES DEUX RIVES
PLAINE DES BOUCHERS
NEUDORF
LA MEINAU
AÉRODROME DU POLYGONE
Av. de Colmar
NEUHOF
STOCKFELD
CENTRE EUROFRET
E.D.F.
FORÊT DE NEUHOF
Rhin Tortu
GÉNÉRAL MOTORS
ILE DU ROHRSCHOLLEN (réserve naturelle)
Canal de la Marne au Rhin
Canal du Rhône au Rhin
ILL
Gerig
RHIN
LEUTESHEIM
AUENHEIM
NEUMÜHL
Pont de l'Europe
KEHL
SUNDHEIM
DEUTSCHLAND
ECKARTSWEIER
MARLEN
GOLDSCHEUER
KITTERSBURG
RHEINAU
KARLSRUHE, BASEL
A5 : FREIBURG I. BR.
A 5 OFFENBURG
MARCKOLSHEIM
FREIBURG I. BR.
B
C
R
S
T
2

Bach (Bd J. S.) . . . . GUV 13
Bischwiller (R. de) . . . . EU 16
Boussingault (R.) . . . . GU 21
Brigade Alsace-Lorraine
(R. de la) . . . . FU 22
Dordogne (Bd de la) . . . . EX 39
Fustel-de-Coulanges (Quai) . . EX 64
Gaulle (Rte du Gén.-de) . . . . DEU 70
Grand-Pont (R. du) . . . . GV 75
Haguenau (R. de) . . . . EU 79
Humann (R.) . . . . DX 94
Koenig (Quai du Gén.) . . . . . . FX 103
Koenigshoffen (R. de) . . . . . DV 105
Lattre-de-Tassigny
(Pl. du Mar.-de) . . . . EX 110
Massenet (R.) . . . . FUV 130
Mendès-France (Rd-Pt. P.) . . . FX 133
Mittelhausbergen (Rte de) . . DU 139

F
G
ROBERTSAU
Pl. de la Foire Exposition
PARC DES EXPOSITIONS
Canal de
Bd Nord
Bd de Dresde
HÔTEL DE RÉGION
PALAIS DE LA MUSIQUE ET DES CONGRÈS
Parlement Européen
PALAIS DES DROITS DE L'HOMME
ST-LOUIS
Boecklin
Herrenschmidt
200
Bassin de l'Ill
ILL
Carpe Haute
Square de Tivoli
Pl. de Bordeaux
T.D.F.
Rue Lauth
PALAIS DE L'EUROPE
Av. de l'Europe
Quai
R. de la
la Marne au
Jacoutot
Chemin Goeb
U
151
Mullenheim
ORANGERIE
Bd J. Preiss
169
Robertsau
Bd de l'Orangerie
21
Rhin
CONTADES
Av. de la Paix
Aar
39
Bd Tauler
178
BON PASTEUR
Quinze
Conrad
Vosges
Q.
de
Allée de la
130
Verdun
13
R. Wagner
ST-BERNARD
Pl. S. Brant
201
Rue
Conseil des
d'Ypres
R. du Gal
Remparts
Avenue
de
Pl. Arnold
Bd
ST-MAURICE
la
R. de l'Yser
Rotterdam
des
Naviscope (M)
V
U
Bd
M
de la Victoire
JARDIN BOTANIQUE
Bd Leblois
Forêt Noire
d'Anvers
R. du Gal Picquart
Bassin
CENTRE UNIVERSITAIRE
Pl. du Foin
R.
de Zurich
Gal
Gaulle
Rue Vauban
ST-MATHIEU
75
Pl. de Kehl
Pont d'Anvers
R. de Londres
210
R. Mal Juin
R. de Rome
Av.
CITÉ ADMINISTRATIVE
TRÈS-STE-TRINITÉ
R. de Boston
Belges
Route du Petit Rhin
e
CHRIST RESSUSCITÉ
CITÉ ADMINISTRATIVE
PARC DE LA CITADELLE
103
Pont D'Austerlitz
Q. des Alpes
Quai des Alpes
Q. des
Dusuzeau
Bassin Vauban
CONSERVATOIRE DE MUSIQUE
Cal de Jonction
Bassin d'Austerlitz
226
Pont W. Churchill
Pt du Danube
Bassin
Parc de l'Étoile
Route
CITÉ DES SCIENCES LE VAISSEAU
Bassin de la Citadelle
R. de Nantes
X
133
ST-URBAIN
du
R.
Rhin
Pont Vauban
Avenue
Landsberg
R. du
Rte du Polygone
Jean
R. de Lièpvre
R. de Metzeral
de Bâle
ST-URBAIN
Jaurès
Av. A. Briand
Rue du Havre
4
F
G

STRASBOURG

H
J
Y
Z
0
100 m
242
Wilson
Prés !
du
Bd
Rue du Fg de Saverne
R. du Marais Vert
Place des Halles
19
Rue des Mineurs
160
Pl. Clément
Kléber
Faux
202
k
St-Pierre-le-Jeune
100
s
190
q
Paris
147
217
82
du
Quai
de
Kageneck
R.
p
Kuhn
Pl. de la Gare
Rue
a
ST-JEAN-BAPTISTE
195
230
St-Jean
Fossé
Q. Desaix
90
p
L'AUBETTE
Pl. Kléber
des Enfants
Jeu
POL
120
e
Bd de Metz
Pte rue de la Course
108
R. du
57
a
6
Rue du 22 Novembre
60
St-Pierre-le-Vieux
Grand' Rue
g
231
Rue du Fg National
Q. Ch. Altorffer
225
187
TOUR DU BOURREAU
R. DU BAIN AUX - PLANTES
29
57
h
Rue Ste-Marguerite
e
v
t
Pl. B. Zix
a
45
20
60
78
PETITE FRANCE
47
AUDITORIUM
E.N.A.
Q. de la Pte France
R. des Moulins
f
b
36
n
193
R. de la
CITÉ
r
141
Molsheim
Pl. Hans Jean Arp
PONTS COUVERTS
Pont St-Martin
117
St-Thomas
M3
Barrage Vauban
Pl. des Moulins
Pont St-Thomas
238
95
Q.
St-
de
Pl. H. Dunant
v
x
Q. Finkwiller
6
ILL
150
HÔTEL DU DÉPARTEMENT
ST-LOUIS
63
43
ILL
Rue
R. des Frères
Malthis
d
94
U
Haras National
5

Marché-aux-Poissons (Pl. du) .... KZ 125
Marché-Gayot (Pl. du) ... KYZ 126
Marché-Neuf (Pl. du) .... KYZ 127
Maroquin (R. du) .... KZ 129
Mercière (R.) .... KZ 135
Mésange (R. de la) ...... JKY 136
Monnaie (R. de la) .... JZ 141
Munch (R. Ernest) .... LZ 142
Noyer (R. du) .... JY 147
Nuée-Bleue (R. de la) ..... KY
Obernai (R. d') .... HZ 150
Outre (R. de l') .... KY 153
Paix (Av. de la) .... KLY 154
Parchemin (R. du) .... KY 156
Pierre (R. du Fg-de) .... JY 160
Pontonniers (R. des) ...... LY 167
Récollets (R. des) .... KLY 172
Ste-Madeleine (Pont et R.) KLZ 192
St-Étienne (Quai) .... LY 183
St-Michel (R.) .... HZ 187
St-Nicolas (Pont) .... KZ 189
St-Pierre-le-Jeune (Pl.) ... JKY 190
Salzmann (R.) .... JZ 193
Sanglier (R. du) .... KY 194
Saverne (Pont de) .... HY 195
Schoelcher (Av. Victor) .... LY 199
Sébastopol (R. de) .... JY 202
Serruriers (R. des) .... JKZ 205
Temple-Neuf (Pl. du) ...... KY 213
Temple-Neuf (R. du) ...... KY 214
Théâtre (Pont du) .... KY 216
Thomann (R. des) .... JY 217
Tonneliers (R. des) .... KZ 220
Turckheim (Quai) .... HZ 225
Vieil-Hôpital (R. du) ...... KZ 228
Vieux-Marché-aux-Poissons (R. du) .... KZ 229
Vieux-Marché-aux-Vins (R. et Pl. du) .... JY 230
Vieux-Seigle (R. du) .... JZ 231
Wasselonne (R.) .... HZ 238
Wodli (R. Georges) .... HY 242
22-Novembre (R. du) .... HJYZ

Monopole-Métropole sans rest

16 r. Kuhn – ✆ 03 88 14 39 14 – www.bw-monopole.com **5HYp**

81 ch – 85/250 € 92/250 €

Entre gare et Petite France, immeuble bourgeois dégageant un certain charme : antiquités alsaciennes, tableaux de maîtres régionaux... Chambres classiques ou plus contemporaines.

Hannong sans rest

15 r. du 22-Novembre – ✆ 03 88 32 16 22 – www.hotel-hannong.com – Fermé 1er-6 janv. **5JYa**

72 ch – 69/119 € 89/209 € – 16 €

Sur le site de la faïencerie Hannong (18e s.), un hôtel qui a une âme : objets d'art et agencement contemporain, matériaux de qualité, tenue méticuleuse. Agréable espace terrasse.

Le Grand Hôtel sans rest

12 pl. de la Gare – ✆ 03 88 52 84 84 – www.le-grand-hotel.com **5HYa**

83 ch – 79/355 € 79/355 €

Face à la gare TGV, cet hôtel n'a pas raté le train de la modernité : décor design, ambiance zen, mobilier à la fois sobre et cossu, tenue minutieuse. Le centre-ville est à 5mn.

Novotel Centre Halles

4 quai Kléber – ✆ 03 88 21 50 50 – www.novotel.com **5JYk**

96 ch – 87/300 € 87/300 € – 15 € – ½ P

Rest *(fermé dim. midi)* – Formule 18 € – Carte 22/40 €

Dans le centre commercial des Halles, hôtel moderne proposant des chambres claires et spacieuses. Fitness avec vue sur la cathédrale au dernier étage.

Royal Lutetia sans rest

2 bis r. du Gén.-Rapp – ✆ 03 88 35 20 45 – www.royal-lutetia.fr **3EUt**

39 ch – 72/135 € 72/180 € – 10 €

Cette façade évoquant le style Art déco cache de plaisantes chambres contemporaines, garnies de mobilier clair ou foncé et très bien tenues. Confortable bar-salon anglais.

Gutenberg N sans rest

31 r. des Serruriers – ✆ 03 88 32 17 15 – www.hotel-gutenberg.com

42 ch – 89/159 € 89/159 € – 11 € **6KZf**

Rénové en 2011, l'hôtel Gutenberg écrit une nouvelle page de son histoire. Dans ce bâtiment qui date de 1745, au cœur du vieux Strasbourg, les chambres affichent dorénavant un bel esprit contemporain, osant même les touches design. Cure de jouvence réussie !

Diana Dauphine sans rest

30 r. de la 1ère-Armée – ✆ 03 88 36 26 61 – www.hotel-diana-dauphine.com – Fermé 23 déc.-2 janv. **3EXa**

45 ch – 79/149 € 79/149 € – 11 €

Au pied du tramway menant à la vieille ville. Hall-salon moderne, chambres d'esprit contemporain (et donc sobres), pour la plupart spacieuses. Garage fermé accessible 24h/24.

Mercure St-Jean sans rest

3 r. du Maire-Kuss – ✆ 03 88 32 80 80 – www.mercure.com **5HYe**

63 ch – 79/199 € 79/199 € – 16 €

Entre gare et vieille ville, hôtel moderne aux chambres agréables (confort actuel). À tenter, la "chambre 2030", avec tous les équipements du futur, parfois très... imaginatifs !

Dragon sans rest

12 r. du Dragon – ✆ 03 88 35 79 80 – www.dragon.fr **5JZd**

32 ch – 79/159 € 89/159 € – 12 €

Dans un quartier calme à deux pas du centre-ville, deux demeures du 17e s. autour d'un patio fleuri (où le petit-déjeuner est servi l'été). Chambres confortables et actuelles, mansardées au dernier étage.

Mercure Centre sans rest
25 r. Thomann – ☎ 03 90 22 70 70 – www.mercure-strasbourg-centre.com
98 ch – 🚹89/230 € 🚹🚹89/230 € – ☕ 17 € **5JYq**
Situation centrale pour cet établissement rénové avec des tons vifs et un mobilier design. Au 7e étage, la salle des petits-déjeuners jouit d'une petite vue sur la cathédrale.

Comfort Athéna Ⓝ sans rest
10 r. Thomas-Mann, 5 km au Nord-Ouest par A35 direction Nancy par RN puis Haute-Pierre sortie CHU et Athéna – ☎ 03 88 30 10 30 – www.athenaspahotel.com
69 ch – 🚹79/135 € 🚹🚹79/135 € – ☕ 13 €
Athéna a beau être la déesse de la guerre, vous dormirez ici en paix ! L'établissement, flambant neuf, a été créé dans d'anciens locaux de France Télécom. Les chambres sont décorées dans un esprit design et coloré. Bel espace détente.

Chut - Au Bain aux Plantes
4 r. Bain-aux-Plantes – ☎ 03 88 32 05 06 – www.hote-strasbourg.fr **5HZv**
8 ch – 🚹95/200 € 🚹🚹95/200 € – 1 suite – ☕ 12 €
Rest *(fermé 29 avril-8 mai, 12-21 août, 28 oct.-6 nov., 23-27 déc., dim. et lundi)* – Formule 16 € – Menu 22 € (déj. en sem.)/38 € – Carte 36/54 €
Dans une rue pittoresque près de la Petite France, hôtel digne d'une maison d'hôtes, charme compris : objets et mobilier design ou chinés, ambiance zen... La cuisine, mâtinée d'épices, fuit la routine et change chaque jour ; salle intime, avec cour-terrasse.

Le Kléber sans rest
29 pl. Kléber – ☎ 03 88 32 09 53 – www.hotel-kleber.com **5JYp**
37 ch – 🚹65/90 € 🚹🚹75/100 € – ☕ 8,50 €
"Meringue", "Fraise", "Cannelle", etc. : ici, toutes les chambres se prêtent à une thématique sucrée-salée, richement colorée. Situation imparable sur la célèbre place Kléber.

Couvent du Franciscain sans rest
18 r. du Fg-de-Pierre – ☎ 03 88 32 93 93 – www.hotel-franciscain.com
43 ch – 🚹50/80 € 🚹🚹80/90 € – ☕ 10 € **5JYe**
Au fond d'une impasse, ce "Couvent" propose des chambres simples et nettes, à des tarifs compétitifs. Petits-déjeuners dans un caveau aux airs de winstub (fresque amusante).

Aux Trois Roses sans rest
7 r. de Zürich – ☎ 03 88 36 56 95 – www.hotel3roses-strasbourg.com
32 ch – 🚹59/99 € 🚹🚹77/105 € – ☕ 10 € **6LZy**
Immeuble classique engageant, proche de l'Ill : salon bourgeois près de l'accueil, chambres simples (mobilier en pin) et d'une propreté méticuleuse, à prix doux. Sauna.

Au Crocodile (Philippe Bohrer)
10 r. de l'Outre – ☎ 03 88 32 13 02 – www.au-crocodile.com – Fermé 15-29 juil., dim. et lundi **6KYx**
Rest – Formule 39 € – Menu 64 € (sem.), 92/129 € – Carte 90/170 €
Élégance feutrée et harmonie règnent dans cette institution strasbourgeoise, chantre d'un certain classicisme. La table est à l'unisson : beaux produits de saison, préparations flatteuses et pleines de justesse.
→ Jambonnettes de cuisses de grenouille et chlorophylle d'ortie. Homard bleu rôti, cannelloni aux morilles et sauce à l'américaine. Streusel chocolat, crème glacée au Carambar et granité à la liqueur de cannelle. **Vins** Riesling, Muscat.

1741 Ⓝ
22 quai des Bateliers – ☎ 03 88 35 50 50 – www.1741.fr – Fermé dim.
Rest – Formule 37 € – Menu 57/97 € – Carte 25/50 € **6KZp**
Une demeure construite sous le Premier Empire face au château des Rohan. Dans un élégant décor d'esprit boudoir, on déguste une cuisine savoureuse, maîtrisée et parfumée, qui augure de beaux moments... Intéressante sélection de vins d'Alsace.

Buerehiesel (Eric Westermann)
dans le parc de l'Orangerie – 03 88 45 56 65 – www.buerehiesel.com – Fermé 28 juil.-20 août, 31 déc.-15 janv., 17-25 fév., dim. et lundi **4GUa**
Rest – Menu 35 € (déj. en sem.), 68/90 € – Carte 65/95 €
Adresse exquise, sise dans une belle ferme à colombages du 17e s., remontée dans le parc de l'Orangerie (vue bucolique de la salle en verrière et de la terrasse). Cuisine très fine et sûre, ancrée dans la région ; superbe choix de vins alsaciens. Service agréable.
➜ Schniederspaetzle et cuisses de grenouilles poêlées au cerfeuil. Poulette pattes noires cuite entière comme un baeckeofe. Brioche caramélisée à la bière, glace à la bière et poire rôtie. **Vins** Riesling, Pinot gris.

Maison des Tanneurs dite Gerwerstub
42 r. Bain-aux-Plantes – 03 88 32 79 70 – www.maison-des-tanneurs.com – Fermé 28 juil.-12 août, 30 déc.-23 janv., dim. et lundi **5JZt**
Rest – Menu 20 € (déj. en sem.), 26/45 € – Carte 34/52 €
Au bord de l'Ill, dans la Petite France, cette maison alsacienne pleine de caractère (1572) est une institution de la choucroute, parmi d'autres célèbres spécialités régionales.

Goh – Hôtel Sofitel
4 pl. St-Pierre-le-Jeune – 03 88 15 49 10 – www.sofitel-strasbourg.com – Fermé 3 sem. en août, 1 sem. en janv., sam. midi, dim. et fériés **5JYs**
Rest – Menu 34/89 € bc – Carte 47/71 €
C'est l'un des atouts majeurs de l'hôtel Sofitel ! Le cadre est contemporain et élégant, parfaitement en accord avec une cuisine réconciliant terroir et modernité. Et ce avec beaucoup de goût.

La Cambuse (Elisabeth Lefebvre)
1 r. des Dentelles – 03 88 22 10 22 – Fermé 28 avril-13 mai, 28 juil.-19 août, 22 déc.-6 janv., dim. et lundi **5JZa**
Rest *(nombre de couverts limité, réserver)* – Carte 50/58 €
La salle, intime, évoque une cabine de yacht... On y déguste une cuisine de la mer qui marie avec finesse et simplicité saveurs françaises et notes d'Asie (épices, cuissons courtes).
➜ Tartare de crabe, écrevisse et dorade au wasabi. Bar coco à la feuille de banane. Tarte au chocolat amer et crème à la noix de coco. **Vins** Riesling.

L'Atable 77
77 Grand'Rue – 03 88 32 23 37 – www.latable77.com – Fermé 29 avril-8 mai, 29 juil.-20 août, 1er-10 janv., dim., lundi et fériés le midi **5JZh**
Rest – Formule 28 € – Menu 36/85 € bc
Un séduisant restaurant tendance revendiquant de bout en bout sa modernité : décor épuré égayé de tableaux, vaisselle design et très appétissante cuisine au goût du jour. À table !

Girardin - La Casserole (Éric Girardin)
24 r. des Juifs – 03 88 36 49 68 – www.restaurantlacasserole.fr – Fermé 29 mars-1er avril, 5-13 mai, 4-25 août, mardi midi, dim. et lundi **6KYb**
Rest *(nombre de couverts limité, réserver)* – Menu 39 € (déj.), 75/95 € – Carte environ 85 €
Derrière la cathédrale, un cadre contemporain et feutré, qui se prête à un moment délicieux et délicat. Éric Girardin crée des plats nobles et harmonieux, avec une dextérité saisissante. Et l'accueil est charmant...
➜ Émietté de tourteau et céleri, pomme fruit et nage de crustacés. Poitrine de cochon confite, fromage blanc à la gentiane. Vanille de Madagascar en "crousti'-feuillage". **Vins** Riesling, Pinot blanc.

Le Violon d'Ingres
1 r. Chevalier-Robert, à La Robertsau – 03 88 31 39 50 – www.violondingres.com – Fermé sam. midi, dim. soir et lundi **2CSz**
Rest – Menu 32/65 € – Carte 54/66 €
Cuisine actuelle fort soignée en cette vieille maison alsacienne du quartier de la Robertsau, par-delà le Parlement Européen. Élégante salle à manger et terrasse ombragée.

Maison Kammerzell et Hôtel Baumann avec ch
16 pl. de la Cathédrale – ✆ 03 88 32 42 14
– www.maison-kammerzell.com **6KZe**
9 ch – 110/145 € 135/175 € – 10 €
Rest – Menu 28/46 € – Carte 29/50 €
À côté de la cathédrale, maison strasbourgeoise du 16ᵉ s. dégageant une authentique ambiance moyenâgeuse : vitraux, peintures, bois sculpté, voûtes gothiques. Cuisine du terroir et carte de brasserie, avec en spécialité la choucroute. Chambres sobres.

Gavroche (Benoit Fuchs)
4 r. Klein – ✆ 03 88 36 82 89 – www.restaurant-gavroche.com
– Fermé 27 juil.-13 août, 23 déc.-3 janv., sam. et dim. **6KZg**
Rest – Formule 32 € – Menu 42/62 € – Carte 65/80 €
On sent ici le souci de satisfaire les clients, en salle comme en cuisine... Le moment est agréable au fil du repas, qui ne manque ni de finesse ni de caractère. Les assiettes se concentrent sur de bons produits et on se régale !
➜ Foie gras de canard poêlé aux amandes grillées. Selle et carré d'agneau rôtis, charlotte à la coriandre et artichaut poivrade. Douceur café-caramel, sorbet caramel.

Umami (René Fieger)
8 r. des Dentelles – ✆ 03 88 32 80 53 – www.restaurant-umami.com
– Fermé 1er-9 mai , 4-19 sept., 31 déc.-16 janv., merc., jeudi, dim. soir et le midi sauf sam. et fériés **5JZb**
Rest *(nombre de couverts limité, réserver)* – Menu 48/65 €
Sucré, salé, acide, amer... et *umami*, la 5ᵉ saveur dans la gastronomie japonaise. Une signature pour une cuisine qui croise les goûts d'ici et d'ailleurs. Séduisant cadre moderne.
➜ Menu du marché.

Le Pont aux Chats
42 r. de la Krutenau – ✆ 03 88 24 08 77 – Fermé vacances de printemps, 2 sem. en août, sam. midi et merc. **6LZt**
Rest – Formule 22 € – Menu 62 € – Carte 48/61 €
Mariage de colombages anciens et de mobilier contemporain, terrasse sur cour, produits de saison cuisinés dans l'air du temps : une petite adresse qui fait ronronner de plaisir.

Pont des Vosges
15 quai Koch – ✆ 03 88 36 47 75 – www.lepont-des-vosges.fr
– Fermé dim. **6LYh**
Rest – Carte 38/58 €
À l'angle d'un immeuble ancien, cette brasserie, dont la réputation n'est plus à faire, régale de bons plats généreux. Vieilles affiches publicitaires et miroirs en décor. Accueil et service agréables.

L'Amuse Bouche
3a r. de Turenne – ✆ 03 88 35 72 82 – www.lamuse-bouche.fr
– Fermé une sem. en mars, 15-31 août, dim. et lundi **6LYt**
Rest – Menu 37/76 € bc – Carte 46/54 €
Restaurant discret hors de l'animation du centre-ville. Salle classique aux tons pastel, pour une cuisine dans l'air du temps, fraîche et sans fausse note.

Villa Casella N
5 r. du Paon – ✆ 03 88 32 50 50 – Fermé 1 sem. en avril, 1 sem. en août, sam. midi, dim. et fériés **6KZa**
Rest – Menu 20 € (déj.) – Carte environ 45 €
Fermez les yeux, vous voilà en Italie ! Derrière les fourneaux, le chef, venu du sud de la Botte, met beaucoup de cœur à défendre la cuisine de ses origines. Pour preuve, il réalise lui-même ses pâtes... À déguster dans une salle aux murs en pierres apparentes ou en terrasse. Ambiance conviviale.

L'Atelier du Goût

17 r. des Tonneliers – 03 88 21 01 01 – www.atelier-du-gout.fr – Fermé 1 sem. vacances de fév., 2 sem. en août, dim. et fériés **6KZd**

Rest – Formule 23 € – Menu 36 € – Carte 42/58 €

Dans un quartier pittoresque, sympathique adresse d'esprit design. Les murs sont ornés d'ardoises pédagogiques (morceaux du bœuf, légumes...). Cuisine créative de saison.

La Cuiller à Pot

18b r. Finkwiller – 03 88 35 56 30 – www.lacuillerapot.fr – Fermé lundi soir, sam. midi et dim. **5JZv**

Rest – Carte 33/47 €

À deux pas de la Petite France, plongez allègrement votre cuiller dans ce Pot tout simple et gourmand : le jeune chef concocte une cuisine généreuse et soignée, qui a la fraîcheur de l'instant. Une carte courte, peu de tables : la formule du plaisir.

La Table de Christophe

28 r. des Juifs – 03 88 24 63 27 – www.tabledechristophe.com – Fermé 6-13 mai, 29 juil.-20 août, 25 fév.-4 mars, dim., lundi et fériés

Rest *(réserver)* – Formule 13 € – Carte 29/49 € **6KYa**

À deux pas de la cathédrale de Strasbourg, on s'invite à La Table de Christophe ! En cuisine, le chef signe de savoureuses recettes traditionnelles avec de bons produits du marché. Mention spéciale pour les rognons de veau... une pure merveille. Autre avantage : les prix sont très raisonnables.

La Vignette

29 r. Mélanie, à la Robertsau – 03 88 31 38 10 – www.lavignette-strasbourg-robertsau.com – Fermé 1er-15 août, 23 déc.-4 janv., sam. midi, dim. et fériés **2CSt**

Rest – Formule 15 € – Menu 28 € – Carte 31/43 €

Il flotte comme un air de guinguette dans cette charmante maison à l'esprit rétro. En cuisine, le chef concocte de généreuses recettes bistrot aux saveurs bien marquées. Accueil sympathique et prix raisonnables : voilà une vignette à coller dans votre carnet d'adresses gourmandes !

La Vieille Tour

1 r. A.-Seyboth – 03 88 32 54 30 – Fermé dim. sauf le midi en déc., lundi et fériés **5HZe**

Rest *(nombre de couverts limité, réserver)* – Formule 21 € – Menu 40 € – Carte 44/66 €

Cette adresse, toute proche de la Petite France, cultive le goût de la tradition, au gré du marché (ardoise). Décor simple, relevé d'affiches humoristiques sur l'Alsace.

Kobus

7 r. des Tonneliers – 03 88 32 59 71 – www.restaurantkobus.com – Fermé 24 juin-15 juil., 4-11 nov., dim. et lundi **6KZz**

Rest – Formule 20 € bc – Menu 24 € bc (déj. en sem.), 42/59 € bc – Carte 43/54 €

Dans une rue piétonne du centre, sympathique restaurant contemporain : la salle, tout en longueur et claire, mêle bois et pierre ; les produits du marché inspirent la cuisine.

Lucullus N

15 r. J.-Peirotes – 03 88 37 11 07 – Fermé sam. et dim. **4FXe**

Rest – Menu 17 € (déj.) – Carte 31/51 €

Dans ce restaurant de poche, on s'assoit au coude-à-coude avant de faire son choix parmi les suggestions de l'ardoise. Que choisir ? Derrière les fourneaux, le chef réalise une appétissante cuisine du marché axée sur les beaux produits frais. Accueil sympathique.

Le Bistrot du Boulanger

42 r. de Zürich – 03 88 37 95 95 – www.aupaindemongrandpere.com – Fermé 4-25 août, 24 déc.-1er janv., dim. soir et lundi **6LZn**

Rest – Formule 12 € – Menu 29 € – Carte 30/49 €

Dans le quartier de la Krutenau, un maître-boulanger s'est associé au chef Alexandre Nicola pour revisiter la cuisine bistrotière. Objectif atteint ! Les recettes proposées sont enlevées, généreuses, savoureuses… et le pain, fait maison, digne des plus grandes maisons. Une belle interprétation du genre.

LES WINSTUBS : *dégustation de vins et cuisine du pays, ambiance typiquement alsacienne*

L'Ami Schutz

1 r. des Ponts-Couverts – 03 88 32 76 98 – www.ami-schutz.com – Fermé vacances scolaires de Noël **5HZr**

Rest – Formule 15 € – Menu 18 € (déj. en sem.), 31/46 € – Carte 45/55 €

Dans le décor intemporel de la Petite France, au bord de l'Ill, une délicieuse terrasse ombragée et deux salles typiques (l'une rustique, l'autre plus raffinée). Carte à l'unisson.

Le Clou

3 r. du Chaudron – 03 88 32 11 67 – www.le-clou.com – Fermé dim.

Rest *(réserver)* – Formule 15 € – Menu 19 € (déj. en sem.) – Carte 28/55 € **6KYn**

À deux pas de la cathédrale, une winstub pleine d'authenticité, regorgeant d'objets d'antan et de scènes d'autrefois (belles marqueteries). Cuisine généreuse. L'Alsace éternelle !

Le Tire Bouchon

5 r. des Tailleurs-de-Pierre – 03 88 22 16 32 – www.letirebouchon.fr

Rest – Formule 10 € – Menu 23/28 € – Carte 20/39 € **6KZt**

Dans une ruelle pittoresque à deux pas de la cathédrale, ne passez pas à côté de cette winstub représentative de l'art de vivre alsacien ! Un cadre chaleureux (boiseries, lumière tamisée...), une jolie cuisine du pays, des crus locaux : rien ne manque.

Fink'Stuebel avec ch

26 r. Finkwiller – 03 88 25 07 57 – www.finkstuebel.free.fr – Fermé 9-30 août, dim. et lundi **5JZx**

5 ch – 79 € 88 € **Rest** – Formule 20 € – Carte 33/61 €

Colombages, parquet brut, bois peints, mobilier régional et nappes fleuries : cet endroit a tout de l'image d'Épinal. Cuisine du terroir évidemment, foie gras à l'honneur. Quelques chambres au-dessus de la winstub (une par étage !), décorées à l'alsacienne.

Au Pont du Corbeau

21 quai St-Nicolas – 03 88 35 60 68 – Fermé août, vacances de fév., dim. midi et sam. sauf en déc. **6KZb**

Rest – Formule 13 € – Carte 25/40 €

À côté du Musée Alsacien dédié à l'art populaire, une savoureuse manière de passer à la pratique : spécialités du terroir et décor traditionnel (éléments Renaissance, affiches).

S'Muensterstuewel

8 pl. du Marché-aux-Cochons-de-Lait – 03 88 32 17 63 – www.muensterstuewel.fr – Fermé 3 sem. en janv., 1 sem. fin oct. et dim.

Rest – Formule 15 € – Menu 23/35 € – Carte 30/48 € **6KZn**

Dans le vieux Strasbourg, avec une terrasse sur la pittoresque place du Marché-aux-Cochons-de-Lait, cette winstub chaleureuse propose une carte séduisante, fidèle au genre. Dans l'assiette, c'est généreux, soigné et sans fausses notes. Accueil tout sourire.

S'Burjerstuewel - Chez Yvonne Ⓝ

10 r. du Sanglier – ✆ 03 88 32 84 15 – www.chez-yvonne.net **6KYZe**

Rest – Carte 27/56 €

Atmosphère chic dans cette winstub qui fait figure d'institution (photos et dédicaces de stars à l'appui). On y mange au coude à coude et la carte respecte la plus pure tradition alsacienne. Ne passez pas à côté de l'une des spécialités maison : le coq au riesling. Une belle adresse.

Environs

à Schiltigheim 4 km au Nord par A 4 sortie n° 50 – 31 148 h. – alt. 140 m – ✉ 67300

Kyriad Prestige sans rest

2 av. de l'Europe, Espace Européen de l'Entreprise – ✆ 03 90 22 60 60 – www.kyriad.fr **2BSb**

66 ch – †75/158 € ††75/158 € – ☕ 14 €

En périphérie, dans l'Espace Européen de l'Entreprise (accès facile de l'autoroute), hôtel né en 2006, associant fonctionnalité et confort. Salle de petit-déjeuner avec terrasse.

La Carambole Ⓝ

12 av. Pierre-Mendes-France – ✆ 03 90 23 92 64 – www.restaurant-lacarambole.com – Fermé 25 mars-7 avril, 24 déc.-1er janv., sam. et dim.

Rest – Formule 25 € – Menu 30 € (déj.), 51/67 € – Carte 60/70 €

Dans ce quartier d'affaires, l'établissement est tout indiqué pour reprendre des forces entre deux réunions – et en bien d'autres occasions. Le chef, passé notamment par le restaurant Le Cerf à Marlenheim, signe des recettes dans l'air du temps, avec des produits de qualité. Cadre contemporain.

Côté Lac

2 pl. de Paris, Espace Européen de l'Entreprise – ✆ 03 88 83 82 81 – www.cote-lac.com – Fermé 22 déc.-6 janv., sam. midi, lundi soir, dim. et fériés

Rest – Formule 27 € – Menu 32 € (déj.), 45/65 € **2BSt**

En dehors du centre, dans une zone d'activité plutôt avenante, une table au cadre tendance, avec de grandes baies vitrées ouvrant côté lac (terrasse). Cuisine actuelle soignée.

à Reichstett 7 km au Nord par D 468 et D 37 ou par A 4 et D 63 – 4 411 h. – alt. 141 m – ✉ 67116

L'Aigle d'Or sans rest

5 r. de la Wantzenau, (près de l'église) – ✆ 03 88 20 07 87 – www.aigledor.com – Fermé 2-18 août et 24 déc.-5 janv. **2BRa**

17 ch – †62/99 € ††62/99 € – ☕ 11 €

Belle façade à colombages au cœur d'un village pittoresque. Chambres sans ampleur mais assez coquettes, aux tons chaleureux. Salle des petits-déjeuners façon jardin d'hiver.

à La Wantzenau 12 km au Nord-Est par D 468 – 5 963 h. – alt. 130 m – ✉ 67610

Relais de la Poste

21 r. du Gén.-de-Gaulle – ✆ 03 88 59 24 80 – www.relais-poste.com – Fermé 1er-10 août **2CRa**

18 ch – †78/98 € ††85/155 € – ☕ 15 € – ½ P

Rest *Relais de la Poste* ✿ – voir les restaurants ci-après

Une imposante et belle maison alsacienne dans cette localité du nord de Strasbourg. Les chambres – peu à peu rénovées – sont cosy, d'esprit rustique ou moderne. Buffet au petit-déjeuner, sous la véranda. Un établissement tenu avec soin.

Le Moulin de la Wantzenau

3 impasse du Moulin, 1,5 km au Sud par D 468 – 03 88 59 22 22 – www.moulin-wantzenau.com – Fermé 24 déc.-3 janv. **2CRz**

20 ch – 77/103 € 92/129 € – 13 € – ½ P

Rest *Au Moulin* – voir les restaurants ci-après

Ancien moulin isolé dans la campagne, sur une rive de l'Ill. La bâtisse, d'apparence robuste, abrite des chambres colorées et design, pleines de fraîcheur. Original et sympathique dans un tel environnement !

Relais de la Poste – Hôtel Relais de la Poste

21 r. du Gén.-de-Gaulle – 03 88 59 24 80 – www.relais-poste.com – Fermé 1er-10 août, sam. midi, dim. soir et lundi **2CRa**

Rest – Formule 27 € – Menu 31 € (déj. en sem.), 49/95 € – Carte 60/110 €

Une partition classique fort bien exécutée, fine et flatteuse : cette maison alsacienne, tout en colombages et toits de tuile, honore la tradition du goût – et aussi de l'accueil. Décor élégant : boiseries, véranda face à la verdure.

➜ Salade de homard bleu, chou-rave et pommes acidulées à l'huile de colza. Timbale de ris de veau et œuf poché, crème au vermouth et girolles. Crêpes Suzette flambées au Grand Marnier. **Vins** Riesling, Gewurztraminer.

Zimmer

23 r. Héros – 03 88 96 62 08 – www.restaurant-zimmer.fr – Fermé 25 juil.-12 août, 25 fév.-12 mars, dim. soir et lundi sauf fériés

Rest – Formule 20 € – Menu 30 € (sem.), 39/64 € – Carte 40/64 € **2CRr**

Trois salons élégants, agrémentés de lambris blanc et de poutres colorées, où l'on sert une cuisine conjuguant terroir et notes actuelles (menus d'un bon rapport qualité-prix).

Les Semailles

10 r. Petit-Magmod – 03 88 96 38 38 – www.semailles.fr – Fermé 15 août-1er sept., dim. soir, merc. et jeudi **2CRs**

Rest – Formule 24 € – Menu 30 € (déj. en sem.), 40/65 € – Carte 45/54 €

Jolie graine que cette maison alsacienne chatoyante, dressée dans une petite rue calme. Aux beaux jours, profitez de la terrasse ombragée sous une glycine centenaire... Au menu : des produits au-dessus de tout soupçon, parfaitement cuisinés, avec personnalité.

Au Moulin – Hôtel Au Moulin

2 impasse du Moulin, 1,5 km au Sud par D 468 – 03 88 96 20 01 – www.restaurant-moulin-wantzenau.fr – Fermé 11 juil.-2 août, 26 déc.-10 janv., 16 fév.-4 mars, dim. soir et fériés le soir

Rest – Formule 18 € – Menu 23 € (sem.), 29/67 € – Carte 36/74 € **2CRz**

Un cadre élégant et lumineux, dans les dépendances d'un ancien moulin posté au bord de l'Ill. La terrasse profite du calme de la campagne environnante. Cuisine classique.

Le Jardin Secret

32 r. de la Gare – 03 88 96 63 44 – www.restaurant-jardinsecret.fr – Fermé 9-19 mars, 12-19 août, 26 déc.-5 janv., sam. midi, dim. soir et lundi

Rest – Formule 21 € – Menu 26 € (sem.), 39/75 € bc – Carte 43/51 € **2CRv**

Face à la petite gare, accueillant restaurant tenu par une jeune équipe. Le cadre est contemporain (tons blanc et taupe, tableaux), la cuisine... bien d'aujourd'hui et ambitieuse. Et pour jardin secret, une terrasse sur l'arrière de la maison.

Au Pont de l'Ill

2 r. Gén.-Leclerc – 03 88 96 29 44 – www.aupontdelill.com – Fermé août et sam. midi **2CRu**

Rest – Formule 11 € – Menu 24/40 € – Carte 25/53 €

Fruits de mer et poissons jouent les vedettes sur la carte de cette brasserie très fréquentée, abritant pas moins de cinq salles (au choix : style marin, Art nouveau, etc.). À deux pas de Strasbourg, vous voilà au bord de la mer ! Le tout à prix doux.

à Illkirch-Graffenstaden 5 km par rte de Colmar BST ou par A 35 (sortie n° 7) – 26 793 h. – alt. 140 m – ✉ 67400

À l'Agneau

185 rte de Lyon – ✆ 03 88 66 06 58 – www.agneau-illkirch.fr
– Fermé 8-26 août, 23 déc.-6 janv., sam. midi, dim. soir et lundi **2BTa**
Rest – Menu 18 € (sem.), 28/45 € – Carte 32/48 €
Derrière une jolie façade peinte, deux salles contemporaines (écran diffusant des recettes) et un petit salon baroque, plus intime. La carte mêle recettes créatives et spécialités bistrotières d'antan – celles qui ont fait la réputation de la maison.

à Fegersheim 14 km vers ④ par A 35 (sortie n° 7), N 283 et D 1083 – 5 314 h. – alt. 145 m – ✉ 67640

Auberge du Bruchrhein

24 r. de Lyon – ✆ 03 88 64 17 77 – Fermé dim. soir, lundi soir et jeudi soir
Rest – Formule 12 € – Menu 16 € (déj. en sem.), 24/29 € **1ATx**
– Carte 28/46 €
Maison alsacienne colorée, simple et conviviale. Salle d'esprit contemporain, où est servie une cuisine sans chichis, teintée d'influences régionales.

à Entzheim 12 km par A 35 (sortie n° 8), D 400 et D 392 – 1 767 h. – alt. 150 m – ✉ 67960

Père Benoit

34 rte de Strasbourg – ✆ 03 88 68 98 00 – www.hotel-perebenoit.com
– Fermé 28 juil.-18 août et 22 déc.-2 janv. **1ATh**
60 ch – 🚹63/85 € 🚹🚹69/91 € – ☕ 9 €
Rest *Steinkeller* – voir les restaurants ci-après
Le village est coquet et cette ferme à colombages du 18e s. est alsacienne dans l'âme ! Après le porche, on découvre d'une part le restaurant, d'autre part l'hôtel avec ses chambres simples et chaleureuses. Le petit-déjeuner est un pur régal.

Steinkeller

34 rte de Strasbourg – ✆ 03 88 68 91 65 – www.hotel-perebenoit.com
– Fermé 28 juil.-18 août et 22 déc.-2 janv., sam. midi, lundi midi et dim.
Rest – Formule 17 € – Menu 19/22 € – Carte 22/47 € **1ATh**
Une salle voûtée en pierre, une belle winstub, une grande véranda, etc. : un vrai univers alsacien, regorgeant de bois sculpté, de vitraux, de mobilier traditionnel... Flammekueche maison, presskopf et autres recettes traditionnelles portent aussi haut les couleurs de la région ! Prix mesurés.

à Ostwald 7 km par rte Schirmeck D 392 et D 484 ou par A35 (sortie n° 7) et D 484 – 10 937 h. – alt. 140 m – ✉ 67540

Château de l'Ile

4 quai Heydt – ✆ 03 88 66 85 00 – www.chateau-ile.com **2BTr**
60 ch – 🚹145/540 € 🚹🚹145/540 € – 2 suites – ☕ 23 € – ½ P
Rest *Winstub de l'Ile* – voir les restaurants ci-après
Rest *(fermé dim. soir, lundi, mardi et merc. et le midi sauf dim.)*
– Menu 57/99 € bc – Carte 64/79 €
Dans un parc baigné par l'Ill, ce petit château à l'architecture éclectique (19e s.) entouré de grandes dépendances à colombages (construction moderne). Ils abritent des chambres spacieuses, tout en tissus imprimés et mobilier de style : excellent confort. À l'heure du repas, restaurant classique ou winstub.

Winstub de l'Ile – Hôtel Château de l'Ile

4 quai Heydt – ✆ 03 88 66 85 00 – www.chateau-ile.com **2BTr**
Rest – Formule 25 € – Menu 31 € (déj.)/43 € bc – Carte 32/52 €
Son décor revisite l'imaginaire d'Hansi : tables et chaises en bois, panneaux marquetés, détails coquets... Le célèbre illustrateur aurait-il aimé la carte, où dominent les spécialités alsaciennes, de la salade de munster au kougelhopf ?

à Lingolsheim **5 km par rte de Schirmeck (D 392) – 16 718 h. – alt. 140 m – ✉ 67380**

Kyriad sans rest
59 r. Mar.-Foch – ✆ 03 88 76 11 00 – www.kyriad-strasbourg-sud-lingolsheim.fr
37 ch – †60/98 € ††60/98 € – ☕ 10 € **2BSa**
Hôtel intégré à un ensemble résidentiel et commercial, à mi-chemin de l'aéroport et du centre de Strasbourg. Chambres confortables, fonctionnelles et bien équipées.

à Pfulgriesheim **10 km au Nord-Ouest par D 31 – 1 273 h. – alt. 135 m – ✉ 67370**

Bürestubel
8 r. Lampertheim – ✆ 03 88 20 01 92 – www.burestubel.com – Fermé 4-23 août, 17 fév.-4 mars, dim., lundi et fériés le midi **1ARa**
Rest – Menu 19 € (sem.), 35/19 € – Carte 25/43 €
Cette ferme à colombages respire l'Alsace ! Joli décor régional et spécialités (très) locales : flammekueche, tartes flambées, sirops et sorbets réalisés avec les fruits du verger...

à Plobsheim **17 km par A35 (sortie n° 7) N 283, N 353 et D 468 – 3 887 h. – alt. 150 m – ✉ 67115**

Le Kempferhof
351 r. du Moulin, au golf – ✆ 03 88 98 72 72 – www.golf-kempferhof.com – Fermé 24 déc.-28 fév.
26 ch – †205/300 € ††280/300 € – 7 suites – ☕ 22 € – ½ P
Rest *Le Kempf* Rest *Le Bistrot* – voir les restaurants ci-après
Une demeure d'exception (19e s.) dans un domaine boisé de 85 ha, incluant un golf 18 trous : la nature à perte de vue ! Dans les chambres (plus simples à l'annexe), épure contemporaine de bon ton et... sérénité.

Le Kempf – Hôtel Le Kempferhof
351 r. du Moulin, au golf – ✆ 03 88 98 71 82 – www.golf-kempferhof.com – Fermé 24 déc.-28 fév.
Rest *(dîner seult)* – Menu 58 € – Carte 53/80 €
Le Kempf ? Un restaurant élégant pour une cuisine d'une belle créativité, placée sous la houlette du chef colmarien Jean-Yves Schillinger. La carte suit les saisons et ravit les gourmets.

Le Bistrot – Hôtel Le Kempferhof
351 r. du Moulin, au golf – ✆ 03 88 98 72 72 – www.golf-kempferhof.com – Fermé 24 déc.-28 fév.
Rest *(déj. seult)* – Formule 19 € – Menu 27/35 € bc – Carte 27/49 €
Un élégant Bistrot sous la véranda du Kempferhof, avec une terrasse donnant sur les greens : une jolie façon de faire une pause entre deux putt.

STURZELBRONN – 57 Moselle – 307 Q4 – 190 h. – alt. 250 m – ✉ 57230 27 D1

▶ Paris 449 – Bitche 13 – Haguenau 39 – Strasbourg 68

Au Relais des Bois
13 r. Principale – ✆ 03 87 06 20 30 – www.aurelaisdesbois.fr – Fermé janv.-fév. sauf week-ends, lundi et mardi
Rest – Formule 11 € – Menu 19/29 € – Carte 20/38 €
Une petite adresse familiale nichée au cœur d'un village du parc naturel régional des Vosges du Nord. À la carte : poulet au gris de Toul, ragoût de gibier à l'ancienne, rognons aux girolles... Traditionnel !

SUBLIGNY – 89 Yonne – 319 C2 – rattaché à Sens

SUCÉ-SUR-ERDRE – 44 Loire-Atlantique – 316 G3 – rattaché à Nantes

SUCY-EN-BRIE – 94 Val-de-Marne – **312** E3 – **101** 28 – voir à Paris, Environs

SULLY-SUR-LOIRE – 45 Loiret – **318** L5 – 5 556 h. – alt. 115 m **12** C2
– 45600 Châteaux de la Loire

Paris 149 – Bourges 84 – Gien 25 – Montargis 40

place de Gaulle, 02 38 36 23 70, www.sully-sur-loire.fr

de Sully-sur-Loire, Domaine de l'Ousseau, par rte de Bourges : 4 km, 02 38 36 52 08

Château★ : charpente★★.

Burgevin (N) sans rest
r. du Faubourg-Saint-Germain – 02 38 38 13 12 – www.hotelburgevin.com – Fermé dim. de nov. à mars
14 ch – 98/135 € 98/135 € – 2 suites – 13 €
À 200 m du château de Sully-sur-Loire, cet hôtel familial existe depuis 1898 ! Pas de quoi concurrencer le monument historique, mais idéal pour poser ses bagages, d'autant que l'ensemble a été rénové en 2011 dans une veine cosy et confortable. Très bon petit-déjeuner.

Hostellerie du Château
4 rte de Paris, à St-Père-sur-Loire, Nord 1 km par D 948 – 02 38 36 24 44 – www.hostellerie-du-chateau.fr
42 ch – 50/73 € 50/73 € – 8,50 € – ½ P
Rest *(fermé dim. soir)* – Menu 31/55 € – Carte 43/58 €
Grand bâtiment récent abritant des chambres fonctionnelles et très bien tenues, dont la moitié donne sur le château de Sully. Espace loisirs avec bowling, billard, etc. Cuisine traditionnelle actualisée.

La Closeraie sans rest
14 r. Porte-Berry – 02 38 05 10 90 – www.hotel-la-closeraie.com
9 ch – 67 € 70 € – 9 €
Dans cette maison du 19e s., on peut jouer sur le vieux piano ou bouquiner dans la bibliothèque en attendant le soir. Les chambres, romantiques à souhait, sont décorées avec goût et simplicité. Parfait pour un week-end en amoureux.

aux Bordes Nord-Est 6 km par D 948 et D 961 – 1 732 h. – alt. 132 m – 45460

La Bonne Étoile
D 952 – 02 38 35 52 15 – www.restaurant-labonneetoile.fr – Fermé dim. soir et lundi
Rest – Menu 17 € (sem.), 28/39 €
Votre bonne étoile vous conduira peut-être dans cette engageante petite auberge. Les gourmands y savourent une cuisine traditionnelle faisant la part belle aux produits du marché, lesquels sont sélectionnés avec le plus grand soin. Une fois votre repas terminé, promenez-vous dans la forêt d'Orléans toute proche.

SURESNES – 92 Hauts-de-Seine – **311** J2 – **101** 14 – voir à Paris, Environs

SUZE-LA-ROUSSE – 26 Drôme – **332** C8 – 1 886 h. – alt. 92 m **44** B3
– 26790 Ardèche Drôme

Paris 641 – Avignon 59 – Bollène 7 – Nyons 28

le village, 04 75 04 81 41, www.ot-suze-la-rousse.fr

La Bastide Saint Bach (N)
rte de Bollène, 2 km à l'Ouest par D 94 – 04 75 04 85 67 – www.saint-bach.com
13 ch – 55 € 64 € – 8 € – ½ P
Rest *(fermé lundi midi)* – Formule 12 € bc – Menu 22 €
À la sortie de la ville, cette bastide du 18e s., au cœur des vignes, regarde le mont Ventoux. Les chambres, simples et spacieuses, s'ouvrent sur la piscine... Idéal pour un plongeon au saut du lit ou un bain de minuit !

Les Aiguières

r. Fontaine-d'Argent – ✆ 04 75 98 40 80 – www.les-aiguieres.com
5 ch – 75 € 85 € **Table d'hôte** – Menu 25 € bc
À deux pas du château et de son université du vin, une maison du 18e s. avec jardin, piscine, grand salon (feu de cheminée en hiver) et chambres d'esprit provençal. Table d'hôte sur réservation (spécialités du Sud).

TAILLECOURT – 25 Doubs – 321 L2 – rattaché à Audincourt

TAIN-L'HERMITAGE – 26 Drôme – 332 C3 – 5 883 h. – alt. 124 m 43 E2

– ✉ 26600 Ardèche Drôme

Paris 545 – Grenoble 97 – Le Puy-en-Velay 105 – St-Étienne 76

place du 8 mai 1945, ✆ 04 75 08 06 81, www.ot.payshermitage.com

Belvédère de Pierre-Aiguille★ N : 4 km par D 241.

Les 2 Coteaux sans rest

18 r. J.-Péala – ✆ 04 75 08 33 01 – www.hotel-les-2-coteaux-26.com – Fermé 27 déc.-15 janv.
18 ch – 62/65 € 65/75 € – 10 €
Dans cet hôtel familial, vous pourrez admirer le Rhône ! Les chambres sont sobres, calmes et lumineuses ; préférez celles avec vue sur le fleuve.

Le Castel sans rest

16 r. Paul-Durand – ✆ 04 75 08 04 53 – www.hotel-lecastel.fr
14 ch – 65/75 € 65/75 € – 8 €
À deux pas de la gare, cet hôtel a pris ses quartiers – en 2009 – dans une ancienne école ! Révisez vos leçons en dormant, dans des chambres petites mais fonctionnelles. Décor sobre et contemporain.

Umia

2 r. de la Petite-Pierrelle, rte de Chantemerle-les-Blés – ✆ 04 75 09 19 85 – www.umia.fr – Fermé mi-août à mi-sept., 25 déc.-1er janv., sam. midi, dim. et lundi
Rest – Formule 21 € – Menu 38/70 € – Carte 36/54 €
Umia, c'est "délicieux" en japonais... Cette table gastronomique, tenue par un couple franco-nippon, allie délicatesse et finesse en un subtil métissage. Frédéric Bau est aussi l'inspirateur de l'École du Grand Chocolat. Ses desserts au chocolat sont incontournables !

Le Quai

17 r. J.-Péala – ✆ 04 75 07 05 90 – www.michelchabran.fr
Rest – Formule 20 € – Menu 29/35 € – Carte 38/48 €
On pourrait rester à quai pendant des heures, à admirer le Rhône et les vignobles... En terrasse ou dans la salle, très lumineuse, on se croirait presque sur un paquebot ! Et dans ce bistrot des temps modernes, les assiettes sont généreuses et soignées. Une bonne adresse.

Le Mangevins N

6 av. du Dr.-Paul Durand – ✆ 04 75 08 00 76 – www.mangevins.com – Fermé 2 sem. en avril, 2 sem. en août, 1er-7 janv., sam. et dim.
Rest *(nombre de couverts limité, réserver)* – Menu 30 € (dîner) – Carte 26/30 € le midi
Il n'est pas vain de s'arrêter au Mangevins... Ce petit bistrot contemporain, tenu par un jeune couple franco-japonais, propose une cuisine du marché très soignée ! On y mange au coude-à-coude, servi par monsieur – et parfois madame qui quitte son "piano" pour voir si la musique vous plaît. Belle carte des vins.

TALANT – 21 Côte-d'Or – 320 J5 – rattaché à Dijon

TALLOIRES – 74 Haute-Savoie – 328 K5 – 1 658 h. – alt. 470 m – ✉ 74290 Alpes du Nord

46 F1

Paris 551 – Albertville 34 – Annecy 13 – Megève 49

27 rue A. Theuriet, ✆ 04 50 60 70 64, www.talloires-lac-annecy.com

Site★★ - Site★★ de l'Ermitage St-Germain★ E : 4 km.

L'Auberge du Père Bise

303 rte du Port – ✆ 04 50 60 72 01 – www.perebise.com – Fermé mi-déc. à mi-fév.

19 ch – 177/400 € 177/400 € – 4 suites – 22 €

Rest *L'Auberge du Père Bise* ✿ – voir les restaurants ci-après

Un environnement féerique, au pied du lac... Depuis plus d'un siècle, cette belle maison accueille les grands de ce monde. Tout y est feutré, et les chambres – classiques ou plus contemporaines – sont d'un luxe sobre et de bon ton.

Le Cottage

Le Port – ✆ 04 50 60 71 10 – www.cottagebise.com – Ouvert fin avril-début oct.

28 ch – 140/250 € 140/400 € – 6 suites – 19 € – ½ P

Rest *Le Cottage* – voir les restaurants ci-après

Face à l'embarcadère, ces maisons des années 1930 ont des airs de... cottage chic. Vue sur le lac, le jardin ou la montagne ; décor soigné et frais : les chambres, si douillettes, ont toutes ce petit quelque chose qu'on nomme le charme !

L'Abbaye

chemin des Moines – ✆ 04 50 60 77 33 – www.abbaye-talloires.com – Ouvert mi-fév. à mi-nov.

32 ch – 180/555 € 180/555 € – 1 suite – 25 € – ½ P

Rest *Aux Jardins des Délices* – voir les restaurants ci-après

Cette abbaye bénédictine du 17e s. aurait accueilli Cézanne... Et pour cause, tout y est si calme et la vue sur le lac est un vrai tableau ! Chambres d'un classicisme raffiné, jardin face aux flots avec ponton privé et... dépaysement.

La Charpenterie

72 r. A. Theuriet – ✆ 04 50 60 70 47 – www.la-charpenterie.com – Fermé 4 nov.-6 avril

18 ch – 81/88 € 95/122 € – 11 € – ½ P

Rest – Formule 14 € – Menu 26 € (déj. en sem.), 32/42 € – Carte 36/55 €

Dans ce charmant chalet récent (jolis balcons ouvragés) règne une sympathique atmosphère familiale. Intérieur chaleureux et confortable, où le bois s'impose partout ; nombreuses chambres avec terrasse et restaurant ancré dans la tradition (spécialités fromagères)... Un lieu bien charpenté !

Golf et Montagne sans rest

151 chemin des Sablons, Echarvines – ✆ 04 50 05 35 35 – www.hotel-golf-montagne.fr

15 ch – 85/125 € 85/125 € – 13 €

Un joli lodge de montagne, créé en 2010 à l'entrée du golf. Les chambres sont sobres, fraîches et très pratiques, et toutes ont une terrasse (certaines donnant sur le lac) ; le petit-déjeuner se révèle copieux et bon.

L'Auberge du Père Bise (Sophie Bise)

✿

303 rte du Port – ✆ 04 50 60 72 01 – www.perebise.com – Fermé mi-déc. à mi-fév., mardi et merc. d'oct. à mai, mardi midi et vend. midi de juin à sept.

Rest – Menu 80/175 € – Carte 110/170 €

Plus qu'une maison de tradition au charme fou, une institution ! Aux fourneaux, la brigade fourmille, s'activant autour de mille superbes produits... Et dans l'assiette, le grand classicisme le dispute à la modernité avec finesse, saveur et justesse. Sans parler de l'idyllique terrasse tournée vers les flots.

➜ Féra du lac d'Annecy fumée en duo de foie gras de canard et pomme granny smith. Poulette de Bresse braisée à l'estragon. Soufflé chaud "Marguerite Bise".

Vins Roussette de Savoie, Mondeuse.

XXX **Le Cottage** – Hôtel Le Cottage

Le Port – ✆ 04 50 60 71 10 – www.cottagebise.com – Ouvert fin avril-début oct.
Rest – Formule 30 € bc – Menu 48/74 € – Carte 59/78 €
Un restaurant cossu et bourgeois, une terrasse avec le lac pour horizon et de belles saveurs classiques, préparées avec d'excellents produits... On passe ici un moment gastronomique bien sympathique !

XXX **Aux Jardins des Délices** – Hôtel L'Abbaye

chemin des Moines – ✆ 04 50 60 77 33 – www.abbaye-talloires.com – Fermé mi-nov. à mi-fév., jeudi midi et merc. d'oct. à mai, lundi et mardi sauf juil.-août
Rest – Menu 50/95 € – Carte 68/83 €
Agneau au piment d'Espelette et légumes du Sud, filets de rouget à la coriandre : le chef concocte une cuisine gorgée de soleil (en saison, formule déjeuner plus simple) accompagnée de très bons vins. L'été, il fait bon la savourer en terrasse, face au lac.

XX **Villa des Fleurs** avec ch

119 rte du Port – ✆ 04 50 60 71 14 – www.hotel-lavilladesfleurs74.com – Fermé 30 nov.-1er fév., dim. soir, lundi et mardi
7 ch – †88/98 € ††98/145 € – ☐ 14 € – ½ P
Rest – Menu 38/52 € – Carte environ 60 €
Dans le bourg mais entourée de verdure, cette confortable auberge savoyarde est idéale pour savourer une cuisine régionale tout en générosité (poissons du lac d'Annecy, entre autres). Chambres très calmes et deux appartements dans l'annexe.

à Angon 2 km au Sud par D 909a – ✉ 74290 Talloires

Les Grillons rest, rest, P VISA AE

– ✆ 04 50 60 70 31 – www.hotel-grillons.com – Ouvert 2 mai-17 oct.
32 ch ☐ – ††116/174 € – ½ P **Rest** – Menu 25/48 € – Carte 29/54 €
Un hôtel-restaurant traditionnel tenu par la même famille depuis trois générations. Accueil charmant, belle piscine et chambres fraîches donnant presque toutes sur le lac : aucun doute, ces Grillons portent bonheur !

TALUYERS – 69 Rhône – 327 H6 – 2 014 h. – alt. 340 m – ✉ 69440 44 B2

▶ Paris 485 – Bourg-en-Bresse 102 – Lyon 22 – St-Étienne 41

Château Talluy ch, P VISA AE

144 r. du Pensionnat – ✆ 04 78 19 19 00 – www.chateautalluy.com
10 ch – †95/196 € ††95/196 € – ☐ 12 €
Rest *(fermé dim. soir et lundi)* – Formule 14 € – Menu 18 € (déj. en sem.), 27/50 € – Carte 41/51 €
Flambant neuf : tel est cet hôtel confortable créé en 2012 dans un ancien pensionnat de jeunes filles – le bâtiment date du 18e s. Les chambres, originales, sont toutes décorées sur le thème d'un art : cinéma, théâtre, peinture, sculpture, etc. Cuisine de tradition au restaurant.

TAMNIÈS – 24 Dordogne – 329 H6 – 335 h. – alt. 200 m – ✉ 24620 4 D3

Périgord Quercy

▶ Paris 522 – Brive-la-Gaillarde 47 – Périgueux 60 – Sarlat-la-Canéda 14

Laborderie rest, P VISA

Le Bourg – ✆ 05 53 29 68 59 – www.hotel-laborderie.com – Ouvert 30 mars-3 nov.
44 ch – †48/100 € ††53/105 € – ☐ 10 €
Rest *(fermé lundi midi, mardi midi et merc. midi)* – Formule 21 € – Menu 25/48 € – Carte 29/69 €
Dans cette maison périgourdine, tout est paisible ! Vaste parc tourné vers la vallée et chambres d'esprit rustique ou plus moderne. Au restaurant, on apprécie une cuisine régionale à l'ancienne dans une atmosphère campagnarde. Et à la belle saison, on profite de la terrasse.

TANCARVILLE – 76 Seine-Maritime – **304** C5 – 1 319 h. – alt. 10 m – ✉ 76430 Normandie Vallée de la Seine **33** C2

Paris 175 – Caen 86 – Le Havre 32 – Pont-Audemer 24

Accès Pont de Tancarville : péage en 2012 : autos 2,50 €, auto et caravane 3,10 €, camions et autocars 3,70 à 6,30 €, gratuit pour motos ✆ 02 35 24 64 90.

≤★ sur estuaire.

XXX **La Marine** avec ch

10 rte du Havre, au pied du pont (D 982) – ✆ 02 35 39 77 15 – www.lamarine-tancarville.com – Fermé 26 juil.-6 août, sam. midi, dim. soir et lundi

9 ch – †75/90 € ††75/90 € – ☕ 10 € – ½ P

Rest – Menu 14 € (sem.), 22/50 € – Carte 46/80 €

Tout près du célèbre pont de Tancarville et déjà un peu les pieds dans l'eau. La table fait la part belle aux produits de la mer ; quant aux chambres ("France", "Normandie"...), elles évoquent les mythiques paquebots transatlantiques.

LA TANIA – 73 Savoie – **333** M5 – rattaché à Courchevel

TANNERON – 83 Var – **340** Q4 – 1 471 h. – alt. 376 m – ✉ 83440 **42** E2
Côte d'Azur

Paris 903 – Cannes 20 – Draguignan 53 – Grasse 20

place de la Mairie, ✆ 04 93 60 71 73, www.tourisme83.com/tanneron.htm

XX **Le Champfagou** avec ch

au Village – ✆ 04 93 60 68 30 – www.lechampfagou.fr – Fermé 23 oct.-15 nov., mardi soir et merc.

9 ch – †55 € ††55 € – ☕ 8 € – ½ P

Rest – Formule 22 € bc – Menu 29/40 € – Carte 38/61 €

Un restaurant niché au milieu des mimosas... Ici, le chef réinterprète les classiques provençaux. L'été, on s'installe sur la terrasse fleurie. Petites chambres simples.

TANTONVILLE – 54 Meurthe-et-Moselle – **307** H8 – 653 h. – alt. 300 m – ✉ 54116 **26** B2

Paris 327 – Épinal 48 – Lunéville 35 – Nancy 29

XX **La Commanderie**

1 r. Pasteur – ✆ 03 83 52 49 83 – www.restaurant-la-commanderie.com – Fermé 17 août-2 sept., 2-8 janv., mardi soir, merc. soir, dim. soir et lundi

Rest – Formule 12 € – Menu 15 € (déj. en sem.), 23/55 € – Carte 34/60 €

Dans une autre vie, le bâtiment (début 20e s.) a abrité le siège social de la brasserie Tourtel puis... une discothèque ! Deux jeunes frère et sœur y ont créé ce restaurant d'esprit traditionnel, tout indiqué pour un repas entre Nancy et Épinal.

TANUS – 81 Tarn – **338** F6 – 514 h. – alt. 439 m – ✉ 81190 **29** C2

Paris 668 – Albi 33 – Rodez 46 – St-Affrique 62

24, avenue Paul Bodin, ✆ 05 63 76 36 79, www.ville-tanus.fr

Viaduc du Viaur★ NE : 7 km,.

Hôtel des Voyageurs A/C rest,

11 av. Paul Bodin – ✆ 05 63 76 30 06 – www.hoteldesvoyageurs-tarn.com – Fermé dim. soir et lundi sauf juil.-août

15 ch – †45/56 € ††45/56 € – ☕ 8 € – ½ P

Rest – Menu 16 € (sem.), 26/32 € – Carte 25/48 €

Près de l'église, un endroit tout simple, avec un petit jardin ombragé d'un saule pleureur et des chambres sobres. Atmosphère familiale, restaurant traditionnel sans prétention : l'hôtel de village par excellence.

TARARE – 69 Rhône – **327** F4 – 10 180 h. – alt. 383 m – ✉ 69170 **44** A1
Lyon et sa région

Paris 463 – Lyon 45 – Montbrison 60 – Roanne 40

place Madeleine, ✆ 04 74 63 06 65, www.ot-paystarare.com

Burnichon

1,5 km à l'Est par D 307 – ✆ 04 74 63 44 01 – www.hotel-burnichon.com – Fermé 21-30 déc.

34 ch – †48/56 € ††57/66 € – ☕ 8 € – ½ P

Rest *(fermé sam. soir et dim.)* – Formule 16 € – Menu 23/38 € – Carte 26/38 €

À l'entrée de la ville, une grosse bâtisse avec de jolies petites chambres, fraîches et pimpantes, un restaurant traditionnel et une piscine entourée de verdure... Un hôtel simple et sympathique, tenu en famille.

Jean Brouilly (Eric Lambolez)

3 ter r. de Paris – ✆ 04 74 63 24 56 – www.restaurant-brouilly.com – Fermé 29 juil.-12 août, dim. soir, lundi et soirs fériés

Rest – Menu 28 € (sem.), 38/72 € – Carte 45/80 €

Au cœur d'un parc sur la route de Roanne, cette maison bourgeoise et cossue (1906) vous convie à une halte classique, autour d'une cuisine très délicate et de beaux vins de Bourgogne. Une valeur sûre dans la région.

➜ Salade tiède de homard au vinaigre de mangue. Chevreau en trois cuissons. Soufflé léger au chocolat et cœur coulant au lait glacé. **Vins** Beaujolais.

TARASCON – 13 Bouches-du-Rhône – 340 C3 – 13 152 h. – alt. 8 m 42 E1 – ✉ 13150 Provence

Paris 702 – Arles 20 – Avignon 24 – Marseille 102

Avenue de la République, ✆ 04 90 91 03 52, www.tarascon.fr

Château du roi René★★ : ✳★★ - Église Ste-Marthe★ - Musée Charles-Deméry★ (Souleïado).

Méo (N) (Émilie Delouye et Johan Thyriot)

1 pl. du Colonel-Berrurier, (face à la gare) – ✆ 04 90 91 47 74 – www.meo-tarascon.fr – Fermé fév., lundi et mardi

Rest *(nombre de couverts limité, réserver)* – Formule 24 € – Menu 29 € (déj. en sem.), 38/68 € – Carte environ 52 €

Après plusieurs voyages dont une expérience au Japon, ce jeune couple a posé ses valises dans cet ancien café juste à côté de la gare. Lui s'occupe des saveurs salées, elle du sucré. Dans l'assiette, c'est original et soigné, tel ce foie gras parfumé au pain d'épice. Une cuisine inventive à prix raisonnable.

➜ Risotto crémeux au poulpe, encre de seiche et parmesan. Longe de cochon poêlée au poivre de Jamaïque, haricots à l'ail et navets rôtis. Chocolat au lait en biscuit et crémeux.

TARASCON-SUR-ARIÈGE – 09 Ariège – 343 H7 – 3 515 h. – alt. 474 m – ✉ 09400 Midi Toulousain 29 C3

Paris 777 – Ax-les-Thermes 27 – Foix 18 – Lavelanet 30

Avenue Paul Joucla, ✆ 05 61 05 94 94, www.tarascon-vicdessos.com

Parc pyrénéen de l'art préhistorique★★ O : 3 km - Grotte de Niaux★★ (dessins préhistoriques) SO : 4 km - Grotte de Lombrives★ S : 3 km par N 20.

Le Manoir d'Agnès

2 r. St-Roch – ✆ 05 61 02 32 81 – www.manoiragnes.com

15 ch – †85/120 € ††95/120 € – ☕ 10 €

Rest *Saveurs du Manoir* – voir les restaurants ci-après

Beau manoir du 19e s. sur la route menant en Andorre. Les chambres, de facture sobre et contemporaine, sont claires et agréables (plus calmes sur l'arrière). Au restaurant, même atmosphère épurée pour une cuisine actuelle plutôt bien troussée.

Saveurs du Manoir – Hôtel Le Manoir d'Agnès

2 r. St-Roch – ✆ 05 61 64 76 93 – www.manoiragnes.com – Fermé 1 sem. en janv. et en nov., dim. soir et lundi

Rest – Formule 14 € – Menu 18 € (déj. en sem.), 27/50 € – Carte 30/57 €

Surprise, les Saveurs du Manoir se la jouent bistrot moderne ! Du relief, de textures affirmées ; on sent l'envie de faire plaisir. C'est léger, coloré ! Une nouvelle approche de la gastronomie ariégeoise, à prix doux...

à Rabat-les-Trois-Seigneurs 5,5 km au Nord-Ouest par D 618 et D 223 – 321 h. – alt. 625 m – ✉ 09400

La Table de la Ramade

r. des Écoles – ✆ 05 61 64 94 32 – www.latabledelaramade.com – Fermé 15 oct.-10 nov., merc. sauf juil.-août et mardi

Rest – Menu 19/36 € – Carte 29/50 €

Un restaurant niché au cœur d'un village ariégeois. On y vient à pied et l'on n'est pas déçu : rillettes de maquereau aux épices, millefeuille de bœuf et ses légumes croquants... Cela met l'eau à la bouche !

TARBES P – 65 Hautes-Pyrénées – 342 M5 – 43 686 h. – Agglo. 77 305 h. – alt. 320 m – ✉ 65000 Midi Toulousain 28 A3

Paris 831 – Bordeaux 218 – Lourdes 19 – Pau 44

de Tarbes-Lourdes-Pyrénées : ✆ 05 62 32 92 22, 9 km par ④.

✆ 3635 et tapez 42 (0,34 €/mn)

3, cours Gambetta, ✆ 05 62 51 30 31, www.tarbes.com

de Tarbes les Tumulus, à Laloubère, 1 rue du Bois, par rte de Bagnères-de-Bigorre : 2 km, ✆ 05 62 45 14 50

Hippodrome de La Loubère, à Laloubère, Rue de la Châtaigneraie, par rte de Bagnères-de-Bigorre : 3 km, ✆ 05 62 45 07 10

Cathédrale N.-D.-de-la-Sède★★ AY - Jardin Massey★ ABY - Haras★ AZ.

Le Rex Hôtel

10 cours Gambetta – ✆ 05 62 54 44 44 – www.lerexhotel.com AZb

98 ch – †75/380 € ††95/380 € – ☕ 18 €

Rest *(fermé dim. et fériés)* – Formule 22 € – Menu 25/45 € – Carte 38/64 €

Envie d'une nuit très branchée ? L'adresse est toute trouvée avec cette audacieuse architecture en verre qui s'anime de jeux de lumière la nuit. Dans les chambres cohabitent créations design et confort dernier cri. Une réussite.

Ibis sans rest

61 av. de Lourdes, par ④ – ✆ 05 62 93 51 18 – www.ibishotel.com

76 ch – †59/90 € ††59/90 € – ☕ 9 €

Hôtel situé aux portes de la ville. Chambres confortables (avec balcon donnant sur la piscine côté sud) et salon-bar lumineux (mobilier en bois clair).

Foch sans rest

18 pl. de Verdun – ✆ 05 62 93 71 58 – www.hotel-foch.eu AYZe

29 ch – †60/85 € ††70/85 € – 1 suite – ☕ 8 €

En plein centre-ville, établissement bordant une place animée. Chambres simples et bien insonorisées, plus spacieuses et dotées d'agréables balcons aux deux derniers étages.

La Renaissance de l'Ambroisie

48 r. de l'Abbé-Torné – ✆ 05 62 93 09 34 – www.restaurant-lambroisie.com – Fermé 23-30 déc., dim. soir, mardi midi et lundi AYn

Rest – Formule 25 € – Menu 38/99 € bc – Carte 82/92 €

Cet ancien presbytère de 1882 abrite une salle à manger au décor classique, assortie d'une agréable terrasse face au jardin pour les beaux jours. Gastronomie française.

Le Petit Gourmand

62 av. B.-Barère – ✆ 05 62 34 26 86 – Fermé 2 sem. en août, début janv., sam. midi, dim. soir et lundi AYb

Rest – Menu 19/33 € – Carte environ 33 €

Dans une ruelle tranquille et un peu excentrée du centre-ville de Tarbes, ce restaurant porte bien son nom. Derrière les fourneaux, le chef réalise une savoureuse cuisine du marché avec de beaux produits du terroir. On se régale du début à la fin !

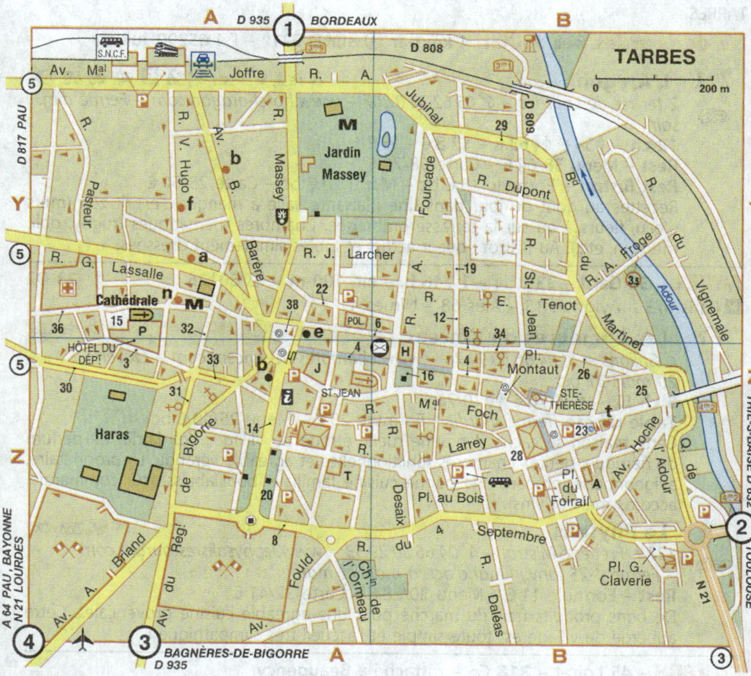

Brauhauban (R.)	ABZ	4
Clemenceau (R. G.)	ABY	6
Cronstadt (R. de)	AZ	8
Deville (R.)	BY	12
Foch (R. Maréchal)	ABZ	
Fourcade (R. A.)	BY	
Gambetta (Cours)	AZ	14
Gaulle (Pl. Gén.-de)	AY	15
Jean-Jaurès (Pl.)	BZ	16
Laporte (R. H.)	BY	19
Larcher (R. J.)	ABY	
Leclerc (Allées Gén.)	AZ	20
Magnoac (R. G.)	AY	22
Manent (R.)	AZ	3
Marcadieu (Pl.)	BZ	23
Marne (Av. de la)	BZ	25
Michelet (R.)	BZ	26
Parmentier (Pl.)	BZ	28
Péreire (R.)	BY	29
Pradeau (Prom. du)	AZ	30
Pyrénées (R. des)	AZ	31
Ramond (R.)	AYZ	32
Reffye (Cours)	AZ	33
St-Frai (R. Marie)	BYZ	34
Sède (R. de la)	AY	36
Verdun (Pl. de)	AYZ	38

Le Fil à la Patte

30 r. Georges-Lassalle – ✆ 05 62 93 39 23 – Fermé 2 sem. en août, sam. midi, dim. et lundi AY**a**

Rest – Formule 12 € – Menu 24 € (déj.) – Carte 28/35 €

L'atmosphère est conviviale et sans chichis dans ce restaurant où l'on s'attable coude à coude autour de plats du marché et de saveurs qui fleurent bon le terroir. Le chef puise son inspiration dans les produits de qualité.

Trait Blanc

9 r. Victor-Hugo – ✆ 05 62 38 11 87 – Fermé 1er-20 août, 2-20 janv., dim. soir et lundi AY**f**

Rest – Formule 18 € – Menu 22 € (déj. en sem.), 28/39 € – Carte 51/70 €

Une salle immaculée et tout en longueur : un Trait Blanc original et sympathique, signé par deux jeunes amis d'enfance. Cuisine du marché haute en… couleurs et sans ratures !

L'Étoile

1 av. de la Marne – ✆ 05 62 93 09 30 – Fermé 24 juil.-14 août, merc. soir, dim. et lundi BZ**t**

Rest – Formule 15 € – Menu 28 € – Carte 41/67 €

Quartier animé, intérieur et accueil pleins de simplicité… et pour l'assiette, un chef qui aime mêler saveurs du Sud, herbes et épices. Ce petit restaurant est tenu par un frère et sa sœur – lui aux fourneaux, elle en salle.

rte de Lourdes par Juillan 4 km par ④ sur D 921^A – ✉ 65290 Juillan

XXX **L'Aragon** avec ch
2 ter rte de Lourdes – ✆ 05 62 32 07 07 – www.hotel-aragon.com – Fermé dim. soir
12 ch – †54 € ††63 € – ☐ 8 € – ½ P
Rest – Menu 38/64 € – Carte 58/76 €
Rest *Bistrot* – Formule 15 € bc – Menu 20 € bc – Carte 25/50 €
Recettes au goût du jour dans une plaisante salle à manger d'esprit zen (murs d'eau, fleurs...) ou sur la terrasse ombragée. Chambres thématiques (rugby, golf, mer, vin, etc.). Au Bistrot : décor actuel et tables simplement dressées.

TAVEL – 30 Gard – **339** N4 – 1 746 h. – alt. 100 m – ✉ 30126 **23** D2
Paris 673 – Avignon 15 – Alès 68 – Nîmes 41

Les Chambres de Vincent
r. Grillons – ✆ 04 66 50 94 76 – www.chambres-de-vincent.com – Ouvert 20 mars-31 oct.
5 ch ☐ – †65/70 € ††70/75 €
Table d'hôte *(fermé mardi)* – Formule 25 € – Menu 25/40 € bc
Cette maison se cache dans une ruelle étroite du village... Joli jardin au parfum de garrigue, petites chambres fonctionnelles et agréable véranda. La propriétaire, avignonnaise, prépare une bonne cuisine familiale (bouillabaisse sur commande, accords mets et vins).

X **Le Physalis**
127 r. Frédéric-Mistral – ✆ 04 66 50 29 53 – www.lephysalisrestaurant.com – Fermé 4-25 janv., lundi d'oct. à mars et mardi
Rest – Formule 11 € – Menu 20/28 € – Carte 32/41 €
De bons produits frais du marché pour une agréable cuisine provençale... Cette auberge de village est toute simple et l'accueil très sympathique !

TAVERS – 45 Loiret – **318** G5 – rattaché à Beaugency

TENCE – 43 Haute-Loire – **331** H3 – 3 232 h. – alt. 840 m – ✉ 43190 **6** D3
Lyon Drôme Ardèche
Paris 564 – Lamastre 38 – Le Puy-en-Velay 46 – St-Étienne 52
8, place de l'esplanade, ✆ 04 71 59 81 99, www.ot-hautlignon.com

Les Prairies sans rest
1 r. du Prè-Long, (rte de St-Etienne) – ✆ 04 71 56 35 80 – www.lesprairies.com – Ouvert 15 avril-15 nov.
4 ch ☐ – †67/75 € ††67/75 €
Agréable maison bourgeoise en pierre (1850) dans un beau parc arboré. Grandes chambres fraîches, lumineuses, au décor soigné. Tenue impeccable et accueil charmant.

TENCIN – 38 Isère – **333** I6 – 1 212 h. – alt. 257 m – ✉ 38570 **46** F2
Paris 604 – Chambéry 38 – Grenoble 25 – Lyon 137
route du Lac - Grangeneuve, ✆ 04 76 13 00 00

XX **La Tour des Sens**
La Tour, 1 km rte de Theys – ✆ 04 76 04 79 67 – www.latourdessens.fr – Fermé 28 avril- 6 mai, 10 août-3 sept., 22 déc.-6 janv., dim., lundi et fériés
Rest – Menu 24 € (déj. en sem.), 44/79 € – Carte 40/60 €
Pour la vue, ce sera la terrasse face au massif de la Chartreuse ou la salle contemporaine et chaleureuse. Pour le goût, l'odorat et le toucher, la cuisine inventive du chef, féru de produits nobles. Quant à l'ouïe... convivialité ou mots doux ?

TENDE – 06 Alpes-Maritimes – **341** G3 – 2 054 h. – alt. 815 m **41** D2
– ✉ 06430 Côte d'Azur
Paris 888 – Cuneo 47 – Menton 56 – Nice 78
avenue du 16 septembre 1947, ✆ 04 93 04 73 71, www.tendemerveilles.com
18 de Vievola, Hameau de Vievola, N : 5 km par D 6204, ✆ 04 93 04 88 91
Site★ - veille ville★ - Fresques★★★ de la chapelle Notre-Dame des fontaines★★ SE : 11 km.

à St-Dalmas-de-Tende **4 km au Sud par D 6204 – ✉ 06430**

Le Prieuré rest, ch,
r. J. Médecin – ✆ 04 93 04 75 70 – www.leprieure.org – Fermé 21-25 déc.
24 ch – †48/65 € ††56/75 € – ☕ 8 € – ½ P
Rest – Menu 22 € – Carte 23/36 €
Le hameau est célèbre pour sa gare monumentale bâtie sur les ordres de Mussolini. Original, cet ancien prieuré est aussi un ESAT, qui œuvre à l'insertion des personnes handicapées par le travail. Chambres simples, meublées à la provençale ; restaurant traditionnel, avec une agréable terrasse sous la treille.

à la Brigue **6,5 km au Sud-Est par D 6204 et D 43 – 665 h. – alt. 810 m – ✉ 06430**

Place Saint Martin, ✆ 04 93 79 09 34, www.labrigue.fr
Collégiale St-Martin★.

Mirval
3 r. Ferrier – ✆ 04 93 04 63 71 – www.lemirval.com – Ouvert 1er avril-2 nov.
18 ch – †49/80 € ††49/80 € – ☕ 9 € – ½ P
Rest *(fermé le midi sauf week-ends et fériés)* – Menu 20/25 €
Une auberge de montagne (19e s.) tenue en famille, où les randonneurs aiment à faire étape. Le soir, on propose une agréable petite cuisine régionale... Pratique, propre et accueillant.

à Casterino **15 km au Nord-Ouest par D 91 – ✉ 06430 Tende**

Chamois d'Or
– ✆ 04 93 04 66 66 – www.hotelchamoisdor.net – Ouvert janv.-mars et mai-oct.
22 ch – †75/90 € ††85/120 € – ☕ 13 € – ½ P
Rest – Menu 24 € (dîner)/45 € – Carte 29/47 €
Au cœur de la vallée des Merveilles, ce chalet fait face à la montagne et au torrent. Intérieur cossu et élégant avec des chambres spacieuses et bien équipées (balcon dans certaines) ; pour se restaurer, plats italiens et locaux.

Les Mélèzes avec ch ch,
– ✆ 04 93 04 95 95 – www.hotelrestaurant-lesmelezes.fr – Fermé 18 nov.-27 déc., mardi soir et merc. hors saison
10 ch – †60 € ††60 € – ☕ 8 € – ½ P **Rest** – Menu 23 € – Carte 28/53 €
Une petite adresse au décor régional, idéalement située pour randonner dans le massif du Mercantour. On y déguste une cuisine du terroir goûteuse et très soignée, à prix doux. Accueil charmant et, pour l'étape, des chambres modestes mais bien tenues.

TERRASSON-LAVILLEDIEU – 24 Dordogne – 329 I5 – 6 222 h. – alt. 90 m – ✉ 24120 Périgord Quercy

4 D1

Paris 497 – Brive-la-Gaillarde 22 – Lanouaille 44 – Périgueux 53
place Voltaire, ✆ 05 53 50 37 56, www.ot-terrasson.com
Les jardins de l'imaginaire★.

L'Imaginaire (Vincent Laval) avec ch ch, rest,
pl. du Foirail, (direction église St-Sour) – ✆ 05 53 51 37 27 – www.l-imaginaire.com – Fermé 12 nov.-5 déc., lundi sauf le soir en juil.-août, mardi midi et dim. soir de sept. à juin.
7 ch – †85/125 € ††85/125 € – ☕ 13 €
Rest – Formule 25 € – Menu 31 € (sem.), 48/75 € – Carte environ 57 €
Où sont les portes de L'Imaginaire ? À l'entrée de la vallée de la Vézère, dans cet ancien hospice du 17e s. qui cache une jolie salle voûtée en pierre... Un nouveau chef en a repris les rênes en 2012, proposant une cuisine toujours inspirée et fine. Original et malin : le menu dégustation composé de plusieurs plats à la carte.
➜ Foie gras de canard fumé, tartare de langoustines et gelée de pomme verte. Saint-pierre cuit à la vapeur de citronnelle, jus de tomate verte à l'huile de sureau. Vertige autour de la fraise de pays. **Vins** Côtes de Bergerac blanc, Vin de pays du Périgord.

TERRAUBE – 32 Gers – **336** F6 – 398 h. – alt. 150 m – ✉ 32700 **28** B2
Midi Toulousain
Paris 721 – Agen 48 – Auch 43 – Toulouse 114

Maison Ardure rest,
2 km par D 42 rte de Lectoure – ✆ 05 62 68 59 56 – www.ardure.fr – Fermé 1er-27 oct., 11 nov.-22 déc. et 2 janv.-1er avril
5 ch – †84/89 € ††89/94 € **Table d'hôte** – Menu 30 € bc
Superbe manoir gascon du 17e s. entouré d'un joli parc planté d'arbres fruitiers. Chambres décorées avec goût selon des thèmes régionaux ou voyageurs. Beaux espaces de détente. Le soir, découvrez à la table d'hôte une cuisine créative inspirée du terroir.

TERTENOZ – 74 Haute-Savoie – **328** K6 – **rattaché à Faverges**

TÉTEGHEM – 59 Nord – **302** C1 – **rattaché à Dunkerque**

TEYSSODE – 81 Tarn – **338** D9 – 358 h. – alt. 270 m – ✉ 81220 **29** C2
Paris 699 – Albi 54 – Castres 27 – Toulouse 51

Domaine d'En Naudet sans rest
D 43 – ✆ 05 63 70 50 59 – www.domainenaudet.com
5 ch – †82/95 € ††95 €
Perchée sur sa colline, cette demeure de caractère domine la campagne. Belles chambres au chic champêtre, nombreuses activités pour les enfants, bon petit-déjeuner avec des œufs de la ferme... Quiétude bucolique et charmant accueil en prime !

THANN – 68 Haut-Rhin – **315** G10 – 7 985 h. – alt. 343 m **1** A3
– ✉ 68800 Alsace Lorraine
Paris 464 – Belfort 42 – Colmar 44 – Épinal 87
7, rue de la 1ère Armée, ✆ 03 89 37 96 20, www.ot-thann.fr
Collégiale St-Thiébaut★★ - Grand Ballon ✲★★★ N : 19 km.

Le Parc
23 r. Kléber – ✆ 03 89 37 37 47 – www.alsacehotel.com
21 ch – †59/159 € ††69/199 € – 16 € – ½ P
Rest – Formule 19 € bc – Menu 29/42 € – Carte 36/60 €
Dans un parc arboré, une belle maison bourgeoise du 19e s. aux allures de petit palais : salon noble et raffiné ; fresques, statues, lustres italiens ; jolies chambres cossues (toutes différentes) et restaurant classique.

Aux Sapins ch,
3 r. Jeanne d'Arc – ✆ 03 89 37 10 96 – www.auxsapinshotel.fr – Fermé 24 déc.-8 janv.
17 ch – ½ P seult 58/60 €
Rest *(fermé 4-19 août, 24 déc.-8 janv.)* – Formule 11 € – Menu 19/35 € – Carte 27/48 €
Un endroit simple, mais joli et accueillant ! Les chambres sont pimpantes et, en cas de fringale, l'on se restaure d'une cuisine traditionnelle sans chichis, ainsi que de tartes flambées (salle contemporaine et coquet bistrot façon winstub).

THANNENKIRCH – 68 Haut-Rhin – **315** H7 – 492 h. – alt. 520 m **2** C2
– ✉ 68590 Alsace Lorraine
Paris 436 – Colmar 25 – St-Dié 40 – Sélestat 17
Route★ de Schaentzel (D 48[1]) N : 3 km.

Touring-Hôtel Le Clos des Sources rest,
2 rte du Haut Koenigsbourg – ✆ 03 89 73 10 01 – www.leclosdessources.com – Fermé 6 janv.-29 mars
35 ch – †75/115 € ††107/148 € – 12 € – ½ P
Rest *(fermé lundi, mardi et merc. midi)* – Menu 19/68 € bc – Carte 25/47 €
Le nom de l'hôtel, quelque peu impersonnel, ne reflète en rien l'esprit chaleureux des lieux. Du lambris, de beaux tissus : un vrai chalet douillet et tranquille, au pied du massif du Taennchel... Quant à l'espace balnéo, il est superbe. Un vrai coup de cœur !

Auberge La Meunière
30 r. Ste-Anne – ✆ 03 89 73 10 47 – www.aubergelameuniere.com – Ouvert 25 mars-22 déc.
25 ch – 70 € 80/125 € – ½ P
Rest – Formule 14 € – Menu 18 € (sem.), 20/39 € – Carte 32/57 €
Une auberge ravissante, avec des chambres mignonnes – du bois, parfois des pierres apparentes – offrant de belles échappées sur la campagne ; la plupart d'entre elles ont d'ailleurs un balcon.

LE THEIL – 15 Cantal – 330 C4 – rattaché à Salers

LE THEIL – 03 Allier – 326 F4 – 415 h. – alt. 450 m – ✉ 03240 5 B1

Paris 343 – Clermont-Ferrand 92 – Montluçon 46 – Vichy 43

Château du Max
2 km au Nord-Ouest par D 129 – ✆ 04 70 42 35 23 – www.chateaudumax.com
4 ch – 75/90 € 80/105 € **Table d'hôte** – Menu 28 € bc
Château des 13e et 15e s. entouré de douves. Les chambres et suites ont été aménagées avec goût par la propriétaire, ancienne décoratrice de théâtre. À table, plats du terroir servis dans un cadre médiéval.

THÉNAC – 17 Charente-Maritime – 329 D7 – rattaché à Saintes

THENAY – 36 Indre – 323 E7 – 887 h. – alt. 120 m – ✉ 36800 11 B3

Paris 299 – Le Blanc 30 – Châteauroux 33 – Limoges 104

Auberge de Thenay avec ch
23 r. R. d'Helbingue – ✆ 02 54 47 99 00 – www.auberge-de-thenay.fr – Fermé 1er-17 sept., 21 janv.-5 fév., dim. soir et lundi
3 ch – 70/75 € 70/75 € – 6 €
Rest *(nombre de couverts limité, réserver)* – Menu 13 € (déj. en sem.), 27/37 €
Une véritable auberge, accueillante et chaleureuse. On s'y régale de viandes rôties à la broche et le propriétaire organise régulièrement des soirées irlandaises et écossaises (jolie carte de whiskys). Pour l'étape, les chambres sont agréables et... très originales !

THÉOULE-SUR-MER – 06 Alpes-Maritimes – 341 C6 – 1 559 h. – ✉ 06590 Côte d'Azur 42 E2

Paris 895 – Cannes 11 – Draguignan 58 – Nice 42
1, corniche d'Or, ✆ 04 93 49 28 28, www.theoule-sur-mer.org
Massif de l'Estérel★★★.

à Miramar 5 km par D 6098 - rte de St-Raphaël – ✉ 06590 Theoule sur Mer

Côte d'Azur
Pointe de l'Esquilon ★★ NE : 1 km puis 15 mn.

Tiara Yaktsa
6 bd de l'Esquillon – ✆ 04 92 28 60 30 – www.tiara-hotels.com
20 ch – 110/660 € 110/660 € – 1 suite – 29 €
Rest – Menu 59 € – Carte environ 70 €
Accrochée à la falaise, cette demeure abrite des chambres luxueuses qui marient l'Orient et la Méditerranée. Un cadre sublime : jardin luxuriant, piscine à débordement... Cuisine inspirée par les saveurs du monde et jolie vue sur l'Esterel de la terrasse.

Jilali B
16 av. du Trayas – ✆ 04 93 75 19 03 – www.jilalib.com – Fermé de mi-nov. à début fév., mardi sauf le soir de juin à août et lundi
Rest – Formule 28 € – Menu 35/59 € – Carte 44/73 €
Face à la mer, avec une grande terrasse verdoyante et très méditerranéenne. De bien jolis poissons issus de la pêche locale s'invitent à la carte, cuisinés sans chichis et avec beaucoup de fraîcheur – une simplicité appréciable dans la région.

THÉRONDELS – 12 Aveyron – **338** I1 – **461 h.** – **alt. 965 m** – ✉ **12600** **29** D1

Paris 561 – Aurillac 44 – Chaudes-Aigues 48 – Murat 43

Miquel

le bourg – ✆ 05 65 66 02 72 – www.hotel-miquel.com – Fermé sam. et dim. du 1er avril au 30 sept.

15 ch – 65/80 € 65/80 € – 8 €

Rest – Menu 18 € (déj. en sem.), 28/36 €

Au cœur du village, sur la place bordée de tilleuls, une bâtisse régionale avec des chambres reposantes et confortables, dans un esprit assez nature (lambris blancs, tons doux) ; certaines donnent sur le jardin et la piscine.

THIBIVILLERS – 60 Oise – **305** C5 – **204 h.** – **alt. 110 m** – ✉ **60240** **36** A3

Paris 78 – Amiens 87 – Beauvais 26 – Rouen 77

Le Puits d'Angle

2 r. des Tilleuls – ✆ 03 44 84 31 10 – www.lepuitsdangle.com

5 ch – 70 € 90 € **Table d'hôte** – Menu 30 € bc

Profitez d'un séjour au calme dans cette belle ferme picarde du 18e s. La décoration des chambres marie avec goût mobiliers ancien et contemporain. Piscine couverte et hammam.

THIERS – 63 Puy-de-Dôme – **326** I7 – **11 531 h.** – **alt. 420 m** **6** C2

– ✉ **63300** Auvergne

Paris 388 – Clermont-Ferrand 43 – Lyon 133 – St-Étienne 108

1 place Pirou, ✆ 04 73 80 65 65, www.thiers-tourisme.fr

Site★★ - Le Vieux Thiers★ : Maison du Pirou★ **N** - Terrasse du Rempart ★ - Rocher de Borbes ★ S : 3,5 km par D 102.

L'Aigle d'Or

8 r. de Lyon – ✆ 04 73 80 00 50 – www.aigle-dor.com – Fermé 22 oct.-14 nov., 26 fév.-14 mars, lundi midi, sam. midi et dim.

19 ch – 59/69 € 59/80 € – 8 €

Rest – Formule 13 € – Menu 19/28 € – Carte 29/43 €

Établissement fondé en 1836, au cœur de la cité dédiée à la coutellerie... Empruntez le bel escalier en bois : à l'étage, les chambres sont simples et confortables. Parfait pour les collectionneurs de belles lames... et les autres. Restaurant traditionnel.

à Pont-de-Dore **Sud-Ouest 6 km par D 2089 – ✉ 63920 Peschadoires**

Eliotel

rte de Maringues – ✆ 04 73 80 10 14 – www.eliotel.fr – Fermé 6-19 août et 21 déc.-15 janv.

13 ch – 60/86 € 60/86 € – 8,50 € – ½ P

Rest – Formule 17 € – Menu 19 € bc (sem.), 23/40 € – Carte 35/55 €

Voyez la vie en rose ! À l'image de la façade de cet hôtel-restaurant où les chambres sont spacieuses et bien tenues (préférez les plus récentes). Côté restaurant, le chef mitonne recettes auvergnates et... spécialités bretonnes.

LE THILLOT – 88 Vosges – **314** I5 – **3 711 h.** – **alt. 495 m** – ✉ **88160** **27** C3

Alsace Lorraine

Paris 434 – Belfort 46 – Colmar 72 – Épinal 49

1 place Mar de L. de Tassigny, ✆ 03 29 25 00 59, www.ville-lethillot88.fr

au Ménil **3,5 km au Nord-Est par D 486 – 1 163 h. – alt. 524 m – ✉ 88160**

Les Sapins

60 Gde-Rue – ✆ 03 29 25 02 46 – www.hotel-les-sapins.fr – Fermé 27 juin-11 juil., 22 nov.-12 déc., dim. soir et lundi midi

22 ch – 52/73 € 61/75 € – 9 € – ½ P

Rest ***Les Sapins*** – voir les restaurants ci-après

Il n'est pas rare de surprendre la propriétaire en train de mettre ses confitures en pot : sa boutique artisanale remporte un vif succès ! Accueil souriant, chambres aux notes exotiques, bonne literie... une adresse sucrée.

Les Sapins

60 Gde-Rue – ✆ 03 29 25 02 46 – www.hotel-les-sapins.fr – Fermé 27 juin-11 juil., 22 nov.-12 déc., dim. soir et lundi midi

Rest – Formule 13 € – Menu 21/47 € – Carte 33/47 €

Bois, plantes vertes, tons clairs et de grandes baies vitrées : un cadre très lumineux et assez nature, pour une cuisine qui explore le terroir avec une prédilection pour la truite (vapeur, meunière, en écailles de pomme de terre, etc.). Générosité et gourmandise au menu !

THIONNE – 03 Allier – 326 I4 – 319 h. – alt. 275 m – ✉ 03220 — 6 C1

Paris 333 – Clermont-Ferrand 101 – Moulins 36 – Nevers 89

La Maison du Lac

Les Clayeux, 4 km au Nord par D 161, rte de Chapeau – ✆ 04 70 34 74 23 – www.hotel-maisondulac.com – Fermé 25 déc.-15 fév. et dim.

7 ch – †56/68 € ††56/68 € – ☕ 7 € – ½ P

Rest *(fermé dim. soir sauf juil.-août et lundi)* – Menu 19 € (sem.), 29/38 € – Carte 31/50 €

Du calme et de la verdure en cette bien nommée Maison du Lac, une jolie bâtisse aux allures de fermette. Chambres sobres, fonctionnelles et lumineuses. Au restaurant, le patron concocte une sympathique cuisine traditionnelle... Agréable terrasse face à l'étang.

THIONVILLE – 57 Moselle – 307 I2 – 41 564 h. – Agglo. 130 922 h. – alt. 155 m – ✉ 57100 Alsace Lorraine — 26 B1

Paris 339 – Luxembourg 32 – Metz 30 – Nancy 84

16, rue du Vieux collège, ✆ 03 82 53 33 18, www.ot-thionville.com

Château de la Grange★.

Plans pages suivantes

Hôtel des Oliviers sans rest

1 r. du Four-Banal – ✆ 03 82 53 70 27 – www.hoteldesoliviers.com – Fermé 22 déc.-6 janv. **DYn**

26 ch – †50/61 € ††50/63 € – ☕ 8,50 €

Un petit hôtel familial dans une rue piétonne du centre, à quelques minutes de la gare et des commerces. L'accueil est charmant et les chambres sont d'une tenue irréprochable. L'été, on prend le petit-déjeuner en terrasse.

Kyriad Design Enzo sans rest

96 rte du Buchel, par A 31 sortie n° 43 – ✆ 03 82 82 10 07 – www.enzo-hotels.com **AVv**

72 ch – †68/82 € ††68/82 € – ☕ 12 €

Certes, l'hôtel se trouve au bord de l'autoroute, mais il est bien pratique pour faire une étape et... il est décoré sur le thème de la Formule 1 ! Chambres fonctionnelles, sauna, douche "sensorielle" : pour se détendre et mieux repartir.

Aux Poulbots Gourmets

9 pl. aux Fleurs – ✆ 03 82 88 10 91 – www.poulbotsgourmets.com – Fermé 1-8 avril, 29 juil.-19 août, 1er-15 janv., sam. midi, dim. soir, merc. soir et lundi **AVp**

Rest – Menu 47/66 € – Carte 45/75 €

La réputation de cette table d'inspiration classique (pigeon, bar aux girolles, sandre sauce vin jaune, etc.) n'est plus à faire ! Grandes baies vitrées, chaises Lloyd Loom et lustres modernes participent au charme contemporain du lieu.

Au Petit Chez Soi

23 r. du Luxembourg – ✆ 03 82 53 62 96 – Fermé 2 sem. en avril, 3 sem. en août, 24 déc.-3 janv., merc. soir, dim. et lundi **DYt**

Rest – Formule 23 € bc – Menu 38 € – Carte 58/69 €

Un sympathique petit restaurant façon bistrot, dans une maison du 18e s. du vieux Thionville. Ambiance conviviale, cuisine traditionnelle et fraîche (tartare de bœuf, baba à l'armagnac, etc.) et boutique-traiteur juste en face.

THIONVILLE

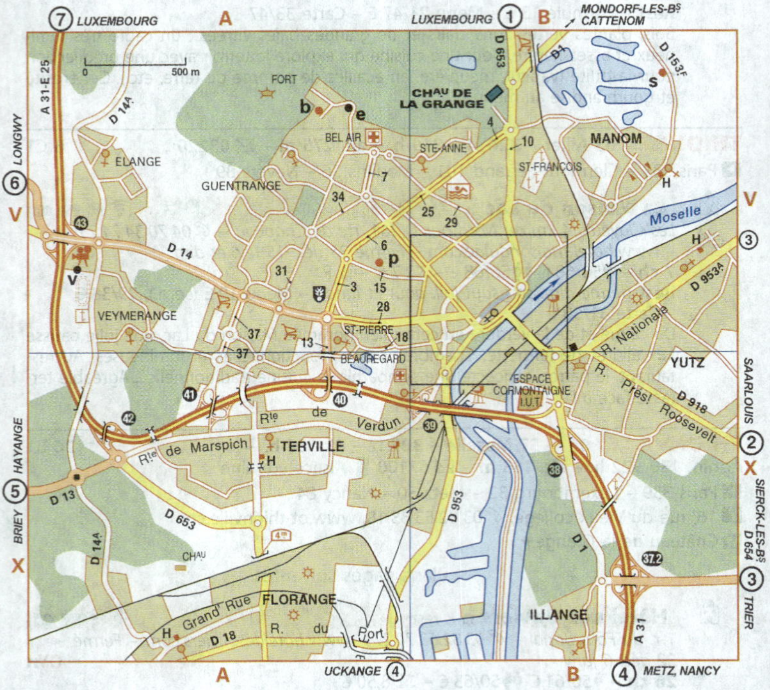

au Crève-Coeur – ✉ 57100 Thionville

L'Horizon

50 rte du Crève-Coeur – ✆ *03 82 88 53 65* – *www.lhorizon.fr*
– Fermé 20 déc.-20 janv. et dim. soir de nov. à mars **AVe**
13 ch – 98/125 € 98/150 € – ☕ 12 € – ½ P
Rest *(fermé le midi sauf merc., jeudi et dim.)* – Formule 28 € – Menu 36/55 € – Carte 56/65 €
Classiques, cette belle demeure tapissée de vigne vierge et son jardin fleuri. Une ambiance feutrée que l'on retrouve dans les chambres au cachet rétro, au bar et au restaurant. Pour ceux qui voudraient loger un peu en dehors de Thionville.

Auberge du Crève-Cœur

9 Le Crève-Coeur – ✆ *03 82 88 50 52* – *www.aubergeducrevecoeur.com*
– Fermé dim. soir, lundi soir et merc. soir **AVb**
Rest – Menu 26 € (déj.), 34/54 € – Carte 45/77 €
Il y a fort à parier que vous ne ressortirez pas le cœur brisé de cette auberge familiale. Bacchus préside à la décoration et la cuisine du terroir se fait généreuse : pâté d'oie à la mode lorraine, lapin à la moutarde, etc.

Le symbole signale une carte des vins particulièrement séduisante.

THIONVILLE

Berthe-au-Grand-Pied (R.) . . DY 8
Ditsch (R. G.) . . . . DZ 12
Hoche (R. Lazare) . . . . DY 16
Luxembourg (R. du) . . . . DY 19
Marchal (Quai P.) . . . . DY 21
Marché (Pl. du) . . . . DY 22
Marie-Louise (Pl.) . . . . CZ 24
Paris (R. de) . . . . DZ 27
République (Pl.) . . . . CZ 30
St-Pierre (R. de) . . . . CZ 33

C D

Y Y

Z Z

C D

à Manom 4 km au Nord-Est – 2 666 h. – alt. 153 m – ✉ 57100

XX **Les Étangs**

rte de Garche – ✆ 03 82 53 26 92 – www.restaurantlesetangs.com – Fermé vacances de fév., dim. soir, lundi et merc. BV5

Rest – Menu 29 € (déj. en sem.), 36/65 € – Carte 50/67 €

À la sortie de Manom, prenez donc la route de Garche, vous tomberez sur cette bâtisse des années 1970 et sa terrasse au bord de l'eau. L'accueil est souriant ; quant à la cuisine, soignée et précise, elle explore les nouvelles tendances.

THIRON-GARDAIS – 28 Eure-et-Loir – 311 C6 – 1 101 h. – alt. 237 m 11 B1

– ✉ 28480 Normandie Vallée de la Seine

Paris 148 – Chartres 48 – Lucé 46 – Orléans 95

18 rue de l'Abbaye, ✆ 02 37 49 49 49

X **La Forge**

1 r. Alfred Chasseriaud – ✆ 02 37 49 42 30 – www.a-la-forge.com – Fermé lundi et le soir sauf vend. et sam.

Rest – Menu 12 € (sem.), 20/32 € – Carte 29/50 €

Les habitués ne s'y trompent pas : on se régale à prix doux dans cette ancienne forge... très chaleureuse. Le décor est coquet dans sa simplicité, pendant agréable d'une cuisine généreuse. À noter : une délicieuse tarte aux quetsches.

THIVIERS – 24 Dordogne – 329 G3 – 3 121 h. – alt. 273 m – ✉ 24800 4 C1

Périgord Quercy

Paris 449 – Brive-la-Gaillarde 81 – Limoges 62 – Périgueux 34

place du Marechal Foch, ✆ 05 53 55 12 50, www.pays-thiberien.fr

Hôtel de France et de Russie sans rest

51 r. du Gén.-Lamy – ✆ 05 53 55 17 80 – www.thiviers-hotel.com

12 ch – 56/70 € 56/80 € – 8 €

Le foie gras de Thiviers faisait jadis la joie des tsars... Aujourd'hui, on cultive ce souvenir dans cette jolie maison où flotte comme un parfum d'antan. Les chambres y sont bien tenues. Accueil pour les pèlerins en route vers St-Jacques-de-Compostelle. Une adresse à la croisée des chemins et de l'histoire.

THIZY – 69 Rhône – 327 E3 – 2 397 h. – alt. 553 m – ✉ 69240 44 A1

Paris 414 – Lyon 65 – Montbrison 74 – Roanne 22

rue Eugène Déchavanne, ✆ 04 74 64 35 23, www.lacdessapins.fr

La Terrasse

Le bourg Marnand, 2 km au Nord-Est par D 94 – ✆ 04 74 64 19 22 – www.laterrasse-marnand.com – Fermé vacances de la Toussaint, de fév. et dim. soir sauf été

10 ch – 61 € 61 € – 6,50 € – ½ P

Rest *(fermé lundi sauf été)* – Menu 15 € (déj. en sem.), 20/43 € – Carte 24/50 €

Une ancienne usine textile dans un village perché, cela donne parfois un bien agréable hôtel, avec de jolies chambres décorées – et parfumées – sur le thème des plantes aromatiques et ouvertes sur le jardin. Frais, coloré et chaleureux !

THOIRY – 01 Ain – 328 I3 – 5 031 h. – alt. 500 m – ✉ 01710 45 C1

Paris 523 – Bellegarde-sur-Valserine 27 – Bourg-en-Bresse 99 – Gex 13

Holiday Inn

67 av. du Mont-Blanc – ✆ 04 50 99 19 99 – www.holiday-inn.com/thoiryfrance

93 ch – 102/250 € 102/250 € – 2 suites – 16 €

Rest *(fermé sam. midi)* – Formule 18 € – Menu 25/65 € – Carte 36/60 €

Jouxtant la frontière suisse et l'aéroport de Genève, cet hôtel de chaîne,classique et confortable, constitue une bonne étape pour la clientèle d'affaires internationale.

Les Cépages (Jean-Pierre Delesderrier)

465 r. Briand-Stresemann – ✆ 04 50 20 83 85 – www.lescepages.com – Fermé 1 sem. en janv., 2 sem. en oct., dim. soir, lundi et mardi

Rest *(réserver)* – Menu 39 € (déj. en sem.), 59/135 € – Carte 70/120 €

Dans cette maison bourgeoise des années 1830, le chef élabore une cuisine de facture classique, en accord avec des crus choisis – 1 200 références en cave ! Le cadre est élégant et le service, tout sourire.

→ Homard aux arômes d'Asie. Dos de bar aux morilles et vin du Jura. Palette des petits desserts. **Vins** Bugey.

THOISSEY – 01 Ain – 328 B3 – 1 519 h. – alt. 175 m – ✉ 01140 43 E1

Paris 407 – Bourg-en-Bresse 35 – Lyon 55 – Mâcon 19

37, Grande Rue, ✆ 04 74 04 90 17, www.cc-valdesaonechalaronne.com

Côté Saône

au port – ✆ 04 74 06 62 31 – www.restaurantcotesaone.fr – Fermé janv., 22 sept.-6 oct., dim. soir, mardi soir et lundi

Rest – Formule 14 € – Menu 26/40 € – Carte 28/58 €

Une généreuse cuisine traditionnelle qui rend hommage au terroir : terrine de foies de volaille, quenelle de brochet, vacherin à la framboise... Mention spéciale à la terrasse en bord de Saône, à l'ombre de platanes centenaires.

THONES – 74 Haute-Savoie – 328 K5 – 5 896 h. – alt. 650 m – ✉ 74230 46 F1

Alpes du Nord

Paris 560 – Annecy 21 – Genève 59 – Lyon 171

4 place Avet, ✆ 04 50 02 00 26, www.thones-valsulens.com

Le Clos Zénon

rte de Bellossier – ✆ 04 50 02 10 86 – www.thones-chalet-gite.com – Ouvert fin avril-début déc.

5 ch – 60/80 € 70/100 € **Table d'hôte** – Menu 32 € bc

Une bonne adresse pour les amoureux de la nature ! Dans ce chalet récent au milieu d'un joli jardin avec piscine, les chambres sont douillettes et l'accueil chaleureux... Côté gourmandises : confitures maison au petit-déjeuner et table d'hôte d'inspiration régionale dans un décor savoyard (sur réservation).

THONON-LES-BAINS – 74 Haute-Savoie – 328 L2 – 33 516 h. 46 F1

– alt. 431 m – Stat. therm. : fin août-mi-déc. – ✉ 74200 Alpes du Nord

Paris 568 – Annecy 75 – Chamonix-Mont-Blanc 99 – Genève 34

2 Rue Michaud, ✆ 04 50 71 55 55, www.thononlesbains.com

Évian Masters Golf Club, à Évian-les-Bains, Rive Sud du Lac de Genève, par rte d'Évian : 8 km, ✆ 04 50 75 46 66

Les Belvédères sur le lac Léman★★ ABY - Voûtes★ de l'église St-Hippolyte - Domaine de Ripaille★ N : 2 km.

Plan page suivante

Savoie Léman

40 bd Carnot – ✆ 04 50 81 13 50 – www.hotel-savoieleman.eu – Fermé vacances scolaires, sam. et dim. AYa

30 ch – 65/90 € 65/90 € – 2 suites – 10 €

Rest *Savoie Léman* – voir les restaurants ci-après

L'hôtel d'application de l'École hôtelière de Thonon est né en1935, mais n'a pas pris une ride : jolie vue sur le lac, grandes chambres fraîches et bien équipées (à préférer côté Léman) et restaurant traditionnel. Une institution locale !

Arc en Ciel sans rest

18 pl. Crête – ✆ 04 50 71 90 63 – www.hotelarcencielthonon.com – Fermé 21 déc.-6 janv. BZk

37 ch – 61/79 € 65/85 € – 8,50 €

Près du centre-ville, des chambres pratiques, spacieuses et bien équipées (kitchenette dans certaines), avec balcon ou terrasse. Pour l'agrément, il y a une petite piscine dans le jardinet.

À l'Ombre des Marronniers

17 pl. Crête – ✆ 04 50 71 26 18 – www.hotellesmarronniers.com – Fermé 26 avril-6 mai et 20 déc.-5 janv. BZt

17 ch – 52/65 € 59/67 € – 8 € – ½ P

Rest *(fermé dim. soir du 15 nov. au 21 mai)* – Menu 14/35 € – Carte 33/53 €

Un hôtel des années 1960 aux airs de chalet, avec des chambres un peu désuètes mais propres, fonctionnelles et bon marché. Au restaurant, cuisine traditionnelle et spécialités montagnardes.

Le Prieuré (Charles Plumex)

68 Gde rue – ✆ 04 50 71 31 89 – Fermé 13-30 avril, 4-19 nov., dim. soir, lundi et mardi AYf

Rest – Menu 45 € bc (déj. en sem.), 68/85 € – Carte 85/105 €

De très beaux produits, de la subtilité, de la finesse et de l'inventivité : le chef, travailleur passionné, réalise une délicieuse cuisine du moment. Quant à son Prieuré, cossu et feutré, c'est un véritable havre de paix.

➜ Foie gras en fausse poire masqué de pistaches, acidulée de mûres et de canneberges. Pièce de veau fondante en cuisson longue, légumes de saison. Lingot aux trois chocolats noirs et crème de citron. **Vins** Vin de Savoie.

THONON-LES-BAINS

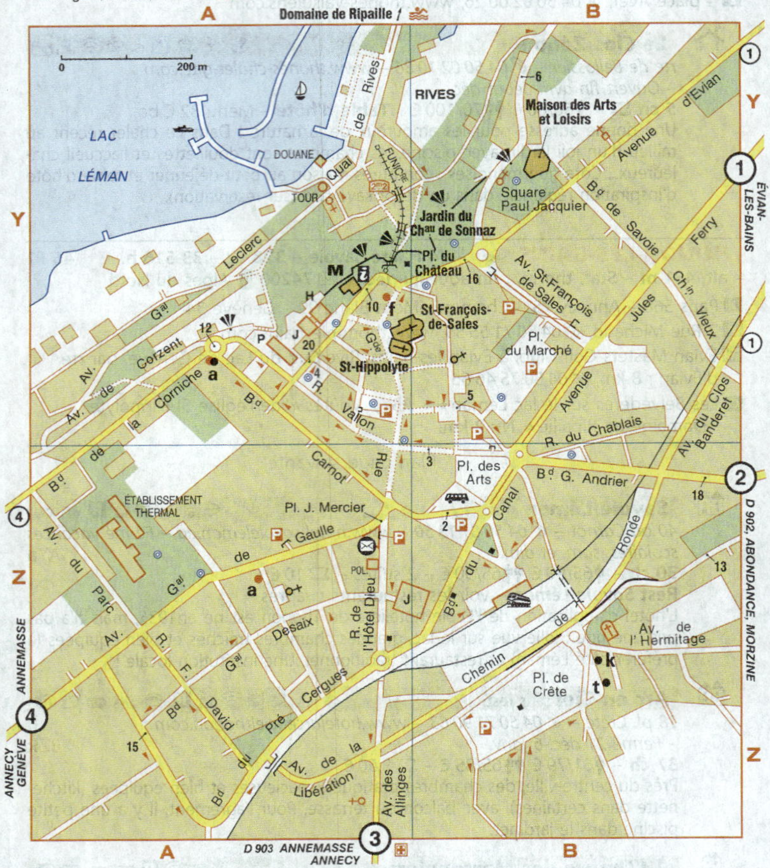

Les Alpes du Léman

3 bis r. des Italiens – ✆ 04 50 26 51 24 – Fermé 20 juil.-14 août, dim. soir et merc.

Rest *(nombre de couverts limité, réserver)* – Formule 18 € – Menu 27/63 € – Carte 43/65 € AZ**a**

Un restaurant sobre et contemporain (tons beige et chocolat) dans une rue commerçante de la station thermale. On y savoure une cuisine du marché soignée, concoctée avec de beaux produits et des poissons du lac.

Savoie Léman – Hôtel Savoie Léman

40 bd Carnot – ✆ 04 50 81 13 50 – www.hotel-savoieleman.eu – Fermé vacances scolaires, sam. soir et dim. AY**n**

Rest – Menu 20/30 €

Omble du Léman, selle d'agneau rôtie... Une agréable cuisine traditionnelle à déguster dans un cadre original : ce restaurant élégant n'est autre que celui de l'École hôtelière de Thonon, centenaire en 2012.

à Anthy-sur-Léman 6 km par ④ et D 33 – 1 966 h. – alt. 400 m – ✉ 74200

L'Auberge d'Anthy

2 r. des Écoles – ✆ 04 50 70 35 00 – www.auberge-anthy.com – Fermé 11-21 mars et 30 sept.-10 oct.

13 ch – 56/73 € 69/85 € – 8,50 € – ½ P

Rest *L'Auberge d'Anthy* – voir les restaurants ci-après

"Ici, on mange, on boit et on dort !" Telle est la devise de cette sympathique auberge de village refusant tout superflu : petites chambres sobres, bistrot campagnard et restaurant du terroir. Le plaisir est complet, en toute simplicité.

L'Auberge d'Anthy

2 r. des Écoles – ✆ 04 50 70 35 00 – www.auberge-anthy.com – Fermé 11-21 mars, 30 sept.-10 oct., dim. soir et lundi sauf juil.-août

Rest – Formule 15 € – Menu 18 € (déj. en sem.), 30/43 € – Carte 30/58 €

Ce petit hôtel-restaurant-café traditionnel mise tout sur des joies simples ! C'est sans doute l'une des meilleures adresses autour de Thonon pour apprécier le poisson du lac Léman (féra et omble), fourni par des pêcheurs locaux. Et le chef aime mettre en valeur les charcuteries et fromages du terroir chablaisien !

aux Cinq Chemins 7 km par ④ – ✉ 74200 Margencel

Denarié

25 r. de Séchex – ✆ 04 50 72 63 45 – www.hotel-denarie.fr – Fermé 10-24 juin, 9-16 sept., 22 déc.-20 janv. et dim. soir sauf juil.-août

14 ch – 82/110 € 82/110 € – 10 € – ½ P

Rest *Les Cinq Chemins* *(fermé dim. soir et lundi sauf en juil.-août)* – Formule 16 € – Menu 19 € (déj. en sem.), 26/38 € – Carte 48/60 €

Près de la route mais néanmoins au calme, cet hôtel-restaurant distille un charme savoyard simple et chaleureux. Les chambres sont décorées avec goût et l'on peut se restaurer d'une cuisine régionale copieuse.

au Port-de-Séchex 7 km par ④ – ✉ 74200

Le Clos du Lac avec ch

rest, ch,

Port de Séchex – ✆ 04 50 72 48 81 – www.restaurant-leclosdulac.com – Fermé 1er-10 juil., vacances de la Toussaint, 2-24 janv., dim. soir, lundi et mardi

3 ch – 73 € 73 € – 12 €

Rest – Formule 24 € – Menu 32/64 € – Carte 52/70 €

Dans cette vieille ferme restaurée, on a certes conservé les mangeoires en pierre, mais tout est feutré et élégant. Le chef réalise une cuisine soignée et bien sentie, mettant en avant ses trouvailles du marché et les beaux produits régionaux. Les chambres, coquettes et toutes différentes, sont bien agréables.

à Bonnatrait 9 km par ④ – ✉ 74140 Sciez

Hôtellerie du Château de Coudrée

– ✆ 04 50 72 62 33 – www.coudree.fr – Fermé nov.

17 ch – 120/390 € 120/390 € – 15 € – ½ P

Rest *Hôtellerie du Château de Coudrée* – voir les restaurants ci-après

Au bord du lac et dans un beau parc, ce château est un majestueux témoin du Moyen Âge. Baldaquins, commodes antiques... Les chambres ont du caractère et invitent à une douce rêverie – celle du donjon se révèle d'ailleurs particulièrement insolite !

Hôtellerie du Château de Coudrée

– ✆ 04 50 72 62 33 – www.coudree.fr – Fermé nov., mardi et merc.

Rest – Formule 32 € bc – Menu 42/92 € – Carte 67/91 €

Boiseries, tapisseries et splendeurs médiévales : voilà pour le passé. Quant à l'assiette, d'une belle finesse, elle est bien de notre temps. Légumes bio du potager, poissons du lac et... saveur !

LE THOR – 84 Vaucluse – 332 C10 – 8 099 h. – alt. 50 m – ✉ 84250 42 E1
Provence

Paris 696 – Arles 84 – Avignon 21 – Marseille 89

La Bastide Rose ch, rest,
99 chemin des Croupières – ✆ 04 90 02 14 33 – www.bastiderose.com – Fermé de mi-janv. à mi mars
5 ch – †150/210 € ††150/210 € – 2 suites – ☕ 18 €
Rest *(réserver)* – Menu 25 € (déj.)/50 €
Cette belle bastide est un vrai lieu culturel – musée à la mémoire du journaliste Pierre Salinger, expos – avec le charme d'une maison de famille : élégance, confort, vue sur le parc. Sous la verrière ou en terrasse, cuisine provençale inspirée par le terroir.

THORÉ-LA-ROCHETTE – 41 Loir-et-Cher – 318 C5 – 899 h. – alt. 75 m – ✉ 41100 11 B2
Châteaux de la Loire

Paris 176 – Blois 42 – La Flèche 94 – Le Mans 72

Restaurant du Pont
15 r. du Mar.-de-Rochambeau – ✆ 02 54 72 80 62 – Fermé 16 août-2 sept., 24-31 déc., 19 janv.-12 fév., mardi soir, dim. soir et lundi
Rest – Menu 20/50 € – Carte 41/56 €
Sur le trajet du train touristique de la vallée du Loir, arrêtez-vous dans ce coquet petit restaurant. On y déguste une appétissante cuisine traditionnelle où le terroir a la part belle. Mais gare ensuite à ne pas manquer le départ !

THORIGNÉ-SUR-DUÉ – 72 Sarthe – 310 M6 – 1 629 h. – alt. 82 m – ✉ 72160 35 D1

Paris 178 – Châteaudun 80 – Mamers 44 – Le Mans 30
Mairie, ✆ 02 43 89 05 13

Le St-Jacques
pl. du Monument – ✆ 02 43 89 95 50 – www.hotel-sarthe.fr – Fermé 2 sem. en août et 1 sem. en nov.
15 ch – †55/82 € ††65/90 € – ☕ 10 € – ½ P
Rest *Le St-Jacques* – voir les restaurants ci-après
À l'entrée du village, cet hôtel-restaurant doit beaucoup à ses propriétaires, très attachés à satisfaire les clients. Les chambres sont simples et bien tenues ; le grand jardin à l'arrière bien agréable. Une sympathique petite étape.

Le St-Jacques
pl. du Monument – ✆ 02 43 89 95 50 – www.hotel-sarthe.fr – Fermé 2 sem. fin nov.
Rest – Menu 19 € (déj. en sem.), 26/52 € – Carte 43/51 €
Un jeune couple plein d'allant fait souffler un vent de fraîcheur sur ce restaurant classique : nappes blanches, tables bien dressées et saveurs nouvelles, telles ces ravioles de tourteaux aux épices, émulsion de langoustines et petits légumes.

LE THORONET – 83 Var – 340 M5 – 2 216 h. – alt. 120 m – ✉ 83340 41 C3

Paris 831 – Brignoles 24 – Draguignan 21 – St-Raphaël 51
boulevard du 17 août 1944, ✆ 04 94 60 10 94, www.tourisme-lethoronet.com
Abbaye du Thoronet★★ O : 4,5 km Côte d'Azur

Hostellerie de l'Abbaye ch, ch,
r. Claudius-Camail – ✆ 04 94 73 88 81 – www.hotelthoronet.fr – Fermé 20 déc.-1er fév.
23 ch – †65/90 € ††65/90 € – ☕ 10 € – ½ P
Rest *Les Restanques de Thoronet* – Formule 21 € – Menu 30/40 € – Carte 37/47 €
Pour une étape à deux pas de la magnifique abbaye cistercienne du Thoronet (12e-13e s.), une grande bâtisse d'esprit méridional, aux chambres sobres et bien tenues, avec une piscine où il fait bon se rafraîchir. Recettes provençales au restaurant.

THOUARS – 79 Deux-Sèvres – 322 E3 – 9 822 h. – alt. 102 m 38 B1
– ✉ 79100 Poitou-Charentes

Paris 336 – Angers 71 – Bressuire 31 – Châtellerault 72

3 bis, boulevard Pierre Curie, ☎ 05 49 66 17 65, www.tourisme-pays-thouarsais.fr

Façade★★ de l'église St-Médard★ - Site★ - Maisons anciennes★.

Hôtellerie St-Jean

25 rte de Parthenay – ☎ 05 49 96 12 60 – www.hotellerie-st-jean.com – Fermé 1 sem. vacances de fév., lundi en juil.-août et dim. soir

18 ch – †50 € ††50 € – ☕ 7 € – ½ P

Rest *Hôtellerie St-Jean* – voir les restaurants ci-après

Cette bâtisse des années 1970 n'a rien de remarquable, mais elle offre une jolie vue sur la vieille ville. Les chambres, fonctionnelles et impeccablement tenues, sont aussi plus calmes sur l'arrière.

Hôtellerie St-Jean

25 rte de Parthenay – ☎ 05 49 96 12 60 – www.hotellerie-st-jean.com – Fermé vacances de fév., lundi en juil.-août et dim. soir

Rest – Formule 18 € – Menu 24/40 € – Carte 40/53 €

Comment imaginer que cet hôtel traditionnel cache une table très gourmande ? Le mérite en revient au chef, homme passionné, soucieux de dénicher les meilleurs produits et de les cuisiner avec soin. Son père cultive un grand potager dans les environs et lui fournit fruits et légumes. Excellent rapport tradition-prix !

à Ste-Verge 4 km au nord – 1 455 h. – alt. 65 m – ✉ 79100

Le Logis de Pompois

13 r. de la Gosselinière – ☎ 05 49 96 27 84 – www.logis-de-pompois.com – Fermé de fin juil. à mi-août, de fin déc. à mi-janv., dim. soir, lundi et mardi

Rest – Menu 29/49 €

Domaine viticole des 18e-19e s. abritant un centre d'aide par le travail où l'on réalise et sert une sérieuse cuisine traditionnelle. Salle chaleureuse aménagée dans l'ancien chai.

THOURON – 87 Haute-Vienne – 325 E5 – 506 h. – alt. 374 m 24 B1
– ✉ 87140

Paris 380 – Bellac 23 – Guéret 79 – Limoges 28

La Pomme de Pin

rest, ch,

Étang de Tricherie, 2,5 km au Nord-Est par D 225 – ☎ 05 55 53 43 43 – Fermé 1er-27 sept., 24 déc.-5 janv. et lundi

6 ch – †59/69 € ††59/69 € – ☕ 7 € – ½ P

Rest *(fermé mardi midi)* – Formule 18 € bc – Menu 20 € – Carte 32/52 €

Champêtre et rustique à souhait ! Au bord d'un étang où l'on peut pêcher la carpe, cet ancien moulin en pierre est avenant... Les chambres sont chaleureuses et bien tenues, et l'on peut se restaurer de plats du terroir et de grillades.

THUIR – 66 Pyrénées-Orientales – 344 H7 – 7 319 h. – alt. 99 m 22 B3
– ✉ 66300 Languedoc Roussillon

Paris 897 – Figueres 56 – Montpellier 168 – Perpignan 16

boulevard Violet, ☎ 04 68 53 45 86, www.aspres-thuir.com

Le Patio Catalan

4 pl. du Gén.-de-Gaulle – ☎ 04 68 53 57 28 – Fermé vacances de Toussaint, 25 déc.-20 janv., merc. et jeudi

Rest – Menu 14 € (déj. en sem.), 29/44 € – Carte 24/49 €

De la tradition, de la simplicité, des produits bien choisis : voilà la recette du chef. Les habitués ont investi ce charmant restaurant rustique (juste en face des caves de Byrrh) et ne le quittent plus !

La Casa Dalie
21 r. de la République – ✆ 04 68 53 03 92 – www.casa-dalie.fr – Fermé vacances de la Toussaint et de Noël
Rest – Formule 14 € – Menu 16 € (déj. en sem.), 20/42 € – Carte 45/69 €
Côté déco, beaucoup de clins d'œil à Salvador Dalí et, dans l'assiette, une cuisine du terroir revue et corrigée par un chef inventif, qui décline un même produit en cinq préparations, réalise de jolies tapas sucrées et salées... Convivial !

THURET – 63 Puy-de-Dôme – 326 G7 – 788 h. – alt. 330 m – ✉ 63260 5 B2

Auvergne

Paris 379 – Clermont-Ferrand 32 – Cournon-d'Auvergne 35 – Vichy 24

Château la Canière
r. de la Croix Blanche, 2 km au Nord par D 212 et D 12 – ✆ 04 73 97 98 44 – www.chateau-la-caniere.com
26 ch – †130/150 € ††180/270 € – 1 suite – ☕ 21 € – ½ P
Rest ***Le Lavoisier*** *(fermé lundi, mardi et le midi sauf sam., dim. et fériés)* – Menu 48 € (dîner), 65/90 € – Carte 76/99 €
Entouré d'un parc, ce château du 19e s. aux chambres spacieuses ose le mélange des styles et c'est réussi ! Au dernier étage, on profite de l'ambiance raffinée de la bibliothèque et, le soir venu, dîner au restaurant se révèle très romantique...

THURY – 21 Côte-d'Or – 320 H7 – 297 h. – alt. 382 m – ✉ 21340 8 C2

Paris 303 – Autun 25 – Avallon 80 – Beaune 33

Manoir Bonpassage
5 r. du Moulin, 1 km au Sud par D 36 et rte secondaire – ✆ 03 80 20 26 16 – www.bonpassage.com – Ouvert Pâques-1er nov.
9 ch – †60/85 € ††60/85 € – ☕ 9 €
Rest *(fermé dim., mardi et jeudi) (dîner seult) (résidents seult)* – Menu 25 €
Une ferme en pleine campagne tenue par un couple hollandais très accueillant. De vrais airs de maison d'hôtes (dîner sans chichis pour les résidents), une jolie piscine et des chambres d'une tenue parfaite... Sympathique !

THURY-HARCOURT – 14 Calvados – 303 J6 – 1 968 h. – alt. 45 m – ✉ 14220 32 B2

Normandie Cotentin

Paris 257 – Caen 28 – Condé-sur-Noireau 20 – Falaise 27

2, place Saint-Sauveur, ✆ 02 31 79 70 45, www.suisse-normande.com

Parc et jardins du château★ - Boucle du Hom★ NO : 3 km.

Le Relais de la Poste avec ch
7 r. de Caen – ✆ 02 31 79 72 12 – www.hotel-relaisdelaposte.com – Fermé 20 déc.-4 janv., sam. midi, dim. soir et vend. d' oct. à mai, jeudi midi et vend. midi de juin à sept.
10 ch – †67/142 € ††67/142 € – ☕ 11 € – ½ P
Rest – Formule 16 € – Menu 21 € (déj. en sem.), 28/64 € – Carte 44/61 €
Au cœur de la Suisse normande, cet ancien relais de poste et sa cour intérieure font d'emblée bonne impression. Les chambres, fraîches et colorées, ont été décorées avec goût. Le restaurant, quant à lui, cultive la tradition.

TIFFAUGES – 85 Vendée – 316 J5 – 1 450 h. – alt. 77 m – ✉ 85130 34 B3

Pays de la Loire

Paris 374 – Angers 85 – Cholet 20 – Clisson 19

Manoir de la Barbacane sans rest
pl. de l'Église – ✆ 02 51 65 75 59 – www.hotel-barbacane.com – Fermé 24 déc.-6 janv.
16 ch – †69/109 € ††69/109 € – ☕ 10 €
Un beau manoir du 19e s, un jardin fleuri et sa piscine : le calme. Et dire que le château de Barbe-Bleue est à deux pas ! N'ayez crainte et dormez sur vos deux oreilles... les chambres sont confortables et coquettes.

TIGNES – 73 Savoie – **333** O5 – 2 154 h. – alt. 2 100 m – Sports d'hiver : 1 550/3 450 m 10 80 – ✉ 73320 Alpes du Nord **45** D2

Paris 665 – Albertville 85 – Bourg-St-Maurice 31 – Chambéry 134

Le Lac, ☎ 04 79 40 04 40, www.tignes.net

du Lac de Tignes, Le Val Claret, S : 2 km, ☎ 04 79 06 37 42

Site★★ - Barrage★★ NE : 5 km - Panorama de la Grande Motte★★ SO.

Les Suites du Montana

Les Almes – ☎ 04 79 40 01 44 – www.vmontana.com – Ouvert mi-déc. à mi-avril

27 suites – ½ P seult 440/620 € – 1 ch

Rest ***Les Suites du Montana*** – voir les restaurants ci-après

Sur les hauteurs de la station, ce "hameau" de cinq chalets allie tranquillité et proximité des pistes du fameux Espace Killy. De grandes suites – de style savoyard, tyrolien ou provençal – vous y attendent, avec balcon et même sauna ou jacuzzi ! Le plus bel hôtel de Tignes.

Village Montana

Les Almes – ☎ 04 79 40 01 44 – www.vmontana.com – Ouvert fin juin à mi-sept. et fin nov. à début mai

78 ch – ½ P seult 220/390 € – 4 suites

Rest *(dîner seult)* – Menu 32 € – Carte 48/62 €

Rest ***La Chaumière*** *(ouvert début déc. à début mai)* – Carte 27/44 €

Ces splendides chalets conjuguent tradition, calme et confort. Les chambres, spacieuses et familiales, disposent d'un balcon ouvert sur les pistes. Autre atout : pendant les vacances scolaires, des activités sont proposées aux enfants. Carte de brasserie et spécialités savoyardes à La Chaumière.

Les Campanules

– ☎ 04 79 06 34 36 – www.campanules.com – Ouvert 8 juil.-26 août et 28 nov.-5 mai

23 ch – 🚹110/220 € 🚹🚹150/360 € – 14 suites – ½ P

Rest – Formule 28 € – Menu 39 € (dîner), 48/55 € – Carte 54/67 €

Ce chalet propose des chambres spacieuses et très confortables. Le must : se baigner dans la piscine extérieure – chauffée à 32° – en regardant les pistes ! Au restaurant, où l'on sert des plats traditionnels, une fresque évoque l'ancien village englouti sous les eaux lors de la création du barrage (1952).

Le Paquis

rest,

Le Rosset – ☎ 04 79 06 37 33 – www.hotel-lepaquis.fr – Ouvert 2 juil.-30 août et 11 nov.-4 mai

32 ch – 🚹88/151 € 🚹🚹88/151 € – 1 suite – ½ P

Rest – Formule 18 € – Menu 23/30 € – Carte 23/39 €

Dans ce chalet des années 1960, où domine l'esprit savoyard, des chambres bien tenues, et surtout une douceur de vivre omniprésente. À l'image de son bar chaleureux, en bois et lauze, et de son restaurant qui propose une cuisine traditionnelle et régionale.

Le Lévanna

Le Rosset – ☎ 04 79 06 32 94 – www.levanna.com – Ouvert d'oct. à mai

40 ch – 🚹78/209 € 🚹🚹116/244 €

Rest – Menu 35 € (dîner) – Carte 31/60 €

Du nom d'un sommet à la frontière franco-italienne, ce chalet récent abrite des chambres cosy, dont certaines aménagées en duplex. Au restaurant, la carte, traditionnelle, s'agrémente de spécialités fromagères. Agréable terrasse côté pistes.

L'Arbina

Le Rosset – ☎ 04 79 06 34 78 – www.hotel-arbina.com – Ouvert 1er juil.-31 août et 28 oct.-10 mai

22 ch – 🚹45/110 € 🚹🚹65/150 € – 12 € – ½ P

Rest – Menu 30 € – Carte 45/66 €

L'arbina désigne la perdrix des Alpes. À deux pas des télécabines et face au glacier de la Grande-Motte, cet hôtel familial dispose de chambres à la fois simples et chaleureuses : mobilier en bois, tissus coordonnés... Au restaurant, une fois n'est pas coutume en montagne, le poisson est à l'honneur !

XXX **Les Suites du Montana** – Hôtel Les Suites du Montana

Les Almes – *04 79 40 01 44* – *www.vmontana.com*
– *Ouvert de mi-déc. à mi-avril*
Rest *(dîner seult)* – Menu 48 € – Carte 55/68 €
Pas besoin d'être résident des Suites du Montana pour profiter de cet élégant restaurant, où les produits nobles sont à l'honneur : homard, turbot, bœuf charolais, belles volailles... En prime, les viandes rôtissent sous vos yeux !

X **La Ferme des 3 Capucines**

– *04 79 06 35 10* – *www.lafermedes3capucines.com* – *Ouvert juil.- août et déc.-avril*
Rest *(réserver)* – Menu 29 € – Carte 30/39 €
Cette ferme-laiterie atypique mérite qu'on s'y attarde... même s'il n'est pas possible d'admirer les vaches en hiver, car elles sont alors en fermage du côté d'Albertville. Au menu : une copieuse cuisine du terroir. Et bien sûr, l'on peut acheter le fromage maison !

au Val Claret 2 km au Sud-Ouest – alt. 2 100 m – ✉ 73320 Tignes

Les Suites du Nevada

Le Val Claret – *04 79 41 68 30* – *www.les-suites-du-nevada.com*
– *Ouvert 15 déc.-10 mai*
25 suites – 450/722 € – ½ P
Rest *La Table en Montagne* – voir les restaurants ci-après
Original, cet hôtel donne à voir l'univers montagnard dans le plus pur style contemporain : tronçons de bois massif, blocs de pierre, béton, tons sombres, etc. Le luxe à l'état brut, pour amateurs avertis.

Le Ski d'Or

r. du Val Claret – *04 79 06 51 60* – *www.hotel-skidor.com*
– *Ouvert 2 déc.-4 mai*
27 ch – 130/273 € 200/420 € – ½ P **Rest** *(dîner seult)* – Menu 39/43 €
Cet hôtel, au décor sobre et contemporain, respire la douceur de vivre. Les chambres, toutes avec balcon, sont confortables et raffinées. Cuisine du marché au restaurant, ouvert sur la Grande Motte et les pistes.

XXX **La Table en Montagne** – Hôtel Les Suites du Nevada

– *04 79 41 68 30* – *www.les-suites-du-nevada.com*
– *Ouvert 8 juil.-28 août et 15 déc.-10 mai*
Rest *(dîner seult)* – Menu 38 € – Carte 42/76 €
Chaleur du bois, tons dorés et verts, comme autant d'emprunts à l'univers de la forêt. Ici, la décoration est élégante et feutrée. Dans l'assiette, les produits du terroir et de brasserie – telles les huîtres Gillardeau – ont la part belle.

TILQUES – 62 Pas-de-Calais – **301** G3 – **rattaché à St-Omer**

LES TINES – 74 Haute-Savoie – **328** O5 – **rattaché à Chamonix-Mont-Blanc**

TONNEINS – 47 Lot-et-Garonne – **336** D3 – **9 063 h. – alt. 26 m** 4 C2
– ✉ **47400** Aquitaine

Paris 683 – Agen 44 – Nérac 38 – Villeneuve-sur-Lot 37
3, avenue Charles-de-Gaulle, 05 53 79 22 79
de Barthe, à Tombeboeuf, Route de Villeneuve, NE : 20 km par D 120, 05 53 88 83 31

Hôtel des Fleurs sans rest

66 r. Colisson, rte de Bordeaux – *05 53 79 10 47* – *www.hoteldesfleurs47.com*
– *Fermé 1 sem. vacances de Noël, 1 sem. vacances de fév., vend. et sam. de mi-nov. à fin mars*
26 ch – 43/73 € 43/75 € – 8 €
Sur l'axe principal de la ville, un hôtel tout simple et bon marché. Les chambres sont certes petites, mais bien aménagées (certaines très colorées) et d'une tenue irréprochable. Une étape fort commode.

Quai 36

36 cours de l'Yser – ✆ 05 53 94 36 38 – www.quai36.fr – Fermé 3 sem. en août, 1er-8 janv., sam. midi, dim. soir, mardi soir, merc. soir et lundi

Rest – Formule 17 € – Menu 19 € (déj. en sem.), 25/51 € – Carte 40/60 €

L'enseigne fait référence à l'adresse, au bord de la Garonne. L'établissement est mené par une équipe jeune et dynamique ; on y apprécie une cuisine de produits assez fraîche, tout en profitant de la jolie vue.

TONNERRE – 89 Yonne – 319 G4 – 5 246 h. – alt. 156 m – ✉ 89700 7 B1

Bourgogne

Paris 199 – Auxerre 38 – Châtillon-sur-Seine 49 – Montbard 45

place Marguerite de Bourgogne, ✆ 03 86 55 14 48, www.tourisme-tonnerre.fr

de Tanlay, à Tanlay, Parc du Château, par rte de Châtillon-s-Seine : 9 km, ✆ 03 86 75 72 92

Fosse Dionne★ - Intérieur★ de l'ancien hôpital : mise au tombeau★ - Château de Tanlay★★.

L'Auberge de Bourgogne

rest,

D 905, 2 km par rte de Dijon – ✆ 03 86 54 41 41 – www.aubergedebourgogne.com – Fermé 15 déc.-15 janv.

40 ch – †68/72 € ††82 € – ½ P

Rest *(fermé lundi midi, sam. midi et dim.)* – Menu 20/30 € – Carte 29/41 €

Tout près des vignobles d'Épineuil, un hôtel des années 1990 disposant de chambres simples et mignonnes. Préférez-les sur l'arrière, pour la jolie vue champêtre. Cuisine régionale au restaurant.

TORCY – 71 Saône-et-Loire – 320 G9 – rattaché au Creusot

TORNAC – 30 Gard – 339 I4 – rattaché à Anduze

TOUL – 54 Meurthe-et-Moselle – 307 G6 – 15 939 h. – alt. 209 m 26 B2 – ✉ 54200

Alsace Lorraine

Paris 291 – Bar-le-Duc 62 – Metz 75 – Nancy 23

1, place Charles De Gaulle, ✆ 03 83 64 90 60, www.lepredenancy.fr

Cathédrale St-Étienne★★ et cloître★ - Église St-Gengoult : cloître★★ - Façade★ de l'ancien palais épiscopal **H** - Musée municipal★ : salle des malades★ **M.**

Plan page suivante

L'Europe sans rest

373 av. Victor Hugo – ✆ 03 83 43 00 10 – www.hotel-europe54.com – Fermé 4-25 août et vacances de Noël AYs

21 ch – †53/62 € ††53/62 € – 6,50 €

Voilà une adresse pratique pour ceux qui prennent le train : la gare est à côté. Autres atouts, ses chambres joliment rétro et bien tenues (parquet d'origine et mobilier Art déco) et l'accueil familial.

La Villa Lorraine sans rest

15 r. Gambetta – ✆ 03 83 43 08 95 – www.hotel-la-villa-lorraine.com – Fermé vacances de fév. et de la Toussaint AZa

21 ch – †52 € ††58/68 € – 7 €

Surprenant, ce petit hôtel du cœur de la cité était autrefois un théâtre. Derrière sa belle façade sur laquelle on peut encore lire "La Comédie", des chambres très simples, fonctionnelles et propres. Une adresse familiale, qui dépanne bien.

Albert-1er (Av.)	BY	2	Gambetta (R.)	AZ	19	Pont-de-Bois (R.)	BY	44
Anciens-Combattants d'Afrique-du-Nord (R.)	BZ	3	Gengoult (R. du Gén.)	AZ	20	Porte-de-Metz (R.)	BY	47
Baron-Louis (R.)	BY	5	Gouvion-St-Cyr (R.)	BY	24	Qui-Qu'en-Grogne (R.)	BY	48
Carnot (R.)	ABZ	7	Hôpital-Militaire (R.)	AYZ	25	République (Pl. de la)	BZ	50
Châtelet (R. du)	BZ	10	Jeanne-d'Arc (R.)	ABZ	27	République (R. de la)	BZ	51
Clemenceau (Av.)	AY	12	Joly (R.)	AYZ	29	St-Waast (R.)	BZ	56
Corne-de-Cerf (R.)	BZ	13	Lafayette (R.)	BZ	30	Schmidt (Pl. P.)	BZ	58
Dr-Chapuis (R. du)	BZ	14	Liouville (R.)	BZ	34	Tanneurs (R. des)	BY	59
Écuries-de-Bourgogne (R. des)	BY	16	Ménin (R. du)	BY	36	Thiers (R.)	AZ	60
Foy (R. du Gén.)	BY	18	Michâtel (R.)	BZ		Vauban (R.)	AZ	61
			Petite-Boucherie (R.)	ABZ	42	3-Évêchés (Pl. des)	BZ	62
			Pont-des-Cordeliers (R.)	BY	45			

Le Commerce

10 pl. de la République – ✆ 03 83 43 00 41 – www.restaurant-le-commerce.fr – Fermé dim. soir et lundi BZ**b**

Rest – Menu 18 € bc (déj. en sem.), 20 € bc/30 € bc – Carte 23/43 €

Cette brasserie née en 1895 a su conserver son esprit Belle Époque : superbes faïences murales, tables au coude à coude et... cuisine traditionnelle, dont les incontournables tête de veau et langue à la sauce ravigote.

à Lucey **5 km par ⑤ et D 908 – 575 h. – alt. 260 m – ✉ 54200**

Auberge du Pressoir

7 r. des Pachenottes – ✆ 03 83 63 81 91 – www.aubergedupressoir.com – Fermé 16-30 août, dim. soir, merc. soir et lundi

Rest – Menu 14 € (déj. en sem.), 18/39 € – Carte 40/54 €

L'ancienne gare du village est devenue un restaurant simple et moderne, bien en phase avec la cuisine du chef. Les menus ("Vigneron", "Pressoir", "Vendange") donnent un peu de peps à la tradition. En été, on se presse en terrasse !

TOULON 🅿 – **83 Var** – **340** K7 – **165 514 h.** – **Agglo. 556 538 h.** **41** C3
– **alt. 10 m** – ✉ **83000** Côte d'Azur

Paris 835 – Aix-en-Provence 86 – Marseille 66

de Toulon-Hyères : ✆ 0 825 01 83 87, 21 km par ①.

✆ 3635 (dîtes auto-train - 0,34 €/mn)

pour la Corse : SNCM (avr.-oct.) 49 av. Infanterie de Marine ✆ 3260 dites "SNCM" (0,15 €/mn).

9, place Louis Blanc, ✆ 04 94 18 53 00, www.toulon.com

de Valgarde, à La Garde, Chemin de Rabasson, E : 10 km par D 29, ✆ 04 94 14 01 05

Rade★★ - Port★ - Vieille ville★ GYZ : Atlantes★ de la mairie d'honneur **F**, Musée de la marine★ - Porte★ de la Corderie.

Corniche du Mont Facon ≤★ du téléphérique - Musée-mémorial du Débarquement en Provence★ et ≤★★★ au Nord.

Plans pages suivantes

Ibis Styles

ch, rest, VISA

pl. Besagne – ✆ 04 98 00 81 00 – www.ibis.com
– Fermé 21 déc.-2 janv. GZ**r**
139 ch – 84/104 € 94/114 €
Rest *(fermé sam. et dim. sauf juil.-août) (dîner seult)* – Menu 15 € bc – Carte 18/41 €
Un emplacement idéal, à proximité du port, du palais des congrès, de la vieille ville et même du stade Mayol, célèbre enceinte rugbystique. Le confort et l'entretien de l'établissement sont très satisfaisants, et l'on a le choix entre deux types de chambres : les unes plutôt sobres, les autres très colorées, voire psychédéliques !

Grand Hôtel de la Gare sans rest

VISA

14 bd Tessé – ✆ 04 94 24 10 00 – www.grandhotelgare.com FX**a**
39 ch – 64/86 € 69/86 € – 9 €
Un bon hôtel, face à la gare – on ne peut plus commode si l'on voyage en train – et non dénué d'agrément pour un séjour à deux pas du centre-ville, car le décor des chambres évite le simplisme (mobilier cérusé, tons clairs, etc.).

Dauphiné sans rest

VISA

10 r. Berthelot – ✆ 04 94 92 20 28 – www.grandhoteldauphine.com
55 ch – 59/77 € 59/81 € – 9 € GY**s**
Dans le centre piétonnier, non loin du port, cet établissement respire le sérieux : entretien de qualité, bons équipements... Un point de chute tout trouvé pour qui souhaite sillonner les ruelles enchevêtrées de la vieille ville.

Bonaparte sans rest

VISA

16 r. Anatole-France – ✆ 04 94 93 07 51 – www.hotel-bonaparte.com
22 ch – 54/59 € 56/72 € – 3 suites – 8,50 € FY**f**
Rien de design ou de contemporain dans cet établissement proche du port, mais un esprit provençal coloré et chaleureux. Près du parking municipal et du port, l'adresse est parfaite pour passer la nuit avant d'embarquer, pourquoi pas, pour l'île de Beauté, berceau de Bonaparte. Petit-déjeuner très copieux.

La Promesse Ⓝ

VISA

250 r. Jean-Jaurès – ✆ 04 94 98 79 39 – www.restaurant-lapromesse.fr
– Fermé 3 sem. en août, 3 sem. en janv., dim. et lundi FY**j**
Rest – Formule 21 € – Menu 25 € (sem.), 42/59 € – Carte 54/68 €
La Promesse... d'un joli moment ! Aux commandes de ce petit restaurant qui sort du lot à Toulon : Valérie Costa, chef passionnée par les produits, le vin... et les voyages – d'où sa carte métissée de notes provençales et asiatiques (gyozas au porc et aux herbes, filet de loup à la bouillabaisse, etc.). Accueil charmant.

Le Pointilliste

43 r. Picot – ✆ 04 94 71 06 01 – www.lepointilliste.com
– Fermé sam. midi, dim. et lundi GY**p**

Rest – Formule 15 € – Carte 39/73 €

Une bonne adresse ! Cette table est celle d'un jeune chef toulonnais, Christophe Janvier, qui a choisi de se référer aux peintres pointillistes, tels Seurat et Signac, qui ont immortalisé la région. Comme des tableaux, ses assiettes se révèlent fines et délicates, mettant en valeur légumes et herbes de Provence.

Carré 2 Vigne Ⓝ

14 r. du Pomet – ✆ 04 94 92 98 21 – www.carre2vigne.com
– fermé dim. et lundi GY**x**

Rest – Menu 26/35 € – Carte 38/47 €

L'adresse passe presque inaperçue dans la vieille ville, mais une fois la porte franchie, on est conquis par son esprit accueillant... Aux commandes : un jeune couple voyageur, installé ici après avoir notamment travaillé en Italie. L'Italie : c'est elle qui inspire la carte, éprise également de fraîcheur et des saisons !

Au Sourd

10 r. Molière – ✆ 04 94 92 28 52 – www.ausourd.com
– Fermé dim. et lundi GYw

Rest – Menu 28 € (sem.)/35 € – Carte 36/111 €

Une institution à Toulon, créée par un artilleur de Napoléon III... rendu sourd au combat ! Ce n'est pas une raison pour rester sourd aux arguments du chef : la maison est connue pour ses poissons, de très belles pièces de la pêche locale.

au Mourillon – ✉ 83000 Toulon

Tour royale ❊★.

La Corniche sans rest

17 littoral F. Mistral – ✆ 04 94 41 35 12 – www.bestwestern-hotelcorniche.com

30 ch – †109/179 € ††119/219 € – 3 suites – ☕ 14 € CVa

Près du port St-Louis et des plages du Mourillon, au départ de la route de la Corniche qui domine la baie, un hôtel toujours en ville mais déjà à la mer... La plupart des chambres, élégantes et confortables, ouvrent sur la Méditerranée. Le tout fort bien tenu : on sent que la famille propriétaire s'investit beaucoup !

E
F
X
Y
Z
TOULON
0
200 m
Rue A. Bonnet
Av. de Claret
Av. E. Vincent
Pl. L. Armand
SQUARE DE BROGLIE
Bd Dr. Ch. Barnier
Av. de la
R. Dr. Fontan
Av. de St-Roch
R. Henri Vienne
Av. Amiral Collet
Av. des Dardanelles
Av. L. de la Touche
Bd P. Toesca
Pl. Albert 1er
a
Av. Gal Noguès
Av. Mal Lyautey
MARITIME
Av. Rageot
Chalucet
Av.
TUNNEL NORD
Carnot
Jardin Alexandre 1er
R. Vauban
R. Peyresc
Av. Mal Foch
M
Bd. du Mar. Leclerc
Pl. G. Péri
J
36
Pl. de la Liberté
CENTRE MEDITERRANEEN D'ART
C
POL.
Av. J. Moulin
Rue J.
Rue R. Guillemard
Pl. Léon Blum
Corderie
94
Pl. d'Armes
b
Av. de France
118
Rue de la Corderie
Arsenal
Maritime
Porte
f
St-Louis
DARSE DE CASTIGNEAU
MUSÉE DE LA MARINE
108
102
Av.
PREFECTURE MARITIME
Quai
PORT
DARSE VAUBAN
DARSE VIEILLE

G
H
X
Y
Z
Victoire
146
Av. de la Victoire
Rue Rebufat
Fraize
Richard
Impasse
Rue
Centrale
Siblas
CONSEIL GÉNÉRAL
Av. des Lices
IMMACULÉE CONCEPTION
R. Grandual
G.
Louvois Bd
P
SALLE OMEGA ZENITH
du 112e Régt d'Infanterie
ESPACE CULTUREL DES LICES
CENTRAL
Bd Ferdinand de Lesseps
R. Delpech
Bd
22
Bd Commandant Nicolas
Bd de Tessé
P
Bd de la Démocratie
Chin de la Loubière
R. Victor
Colbert
Clappier
Pl. du Souvenir français
175
Bd Raynouard
Bd de Strasbourg
Av.
128
p
R. F. Fabié
Av. Cdt Marchand
TUNNEL NORD
Pl. Noël Blache
Av. G. Clemenceau
R. Philippe Lebon
Pl. Victor Hugo
Jaurès
12
T
W
S
Pl. Amiral Senès
114
168
X
R. P. Landrin
R. de Lorgues
CITÉ ADMINISTRATIVE
R.
Pl. Puget
Hoche
R. Baudin
178
R. P. Sémard
VIEILLE VILLE
72
M
Lafayette
180
R. St-Bernard
U
Rond-Point Bir Hakeim
Av. F. Cuzin
SQUARE DU PRÉSt KENNEDY
120
70
R. d'Alger
142
20
Ste-Marie
M
Pl. A. Vallée
68
43
Av. A. Juin
140
87
65
de
R.
124
25
134
32
R. du Murier
Porte d'Italie
I. S. E. M.
ST-PIE X
152
132
80
Cours
R. de Besagne
Roosevelt
Poincaré
CENTRE MAYOL
F
H
la
97
St-François-de-Paule
92
i
r
PALAIS DES CONGRÈS
STADE MAYOL
Av. Franklin
Av. E.
LA RODE
R. H.
Cronstadt
République
Q. de la Sinse
Rond-Point de la 9ème D. I. C.
Bd Paul Bert
Îles d'Hyères
La Seyne
Tamaris
Les Sablettes
St-Mandrier
Rond-Point Bonaparte
Place Pasteur
Jaujard
Amiral
Le Bellegou
GARE MARITIME
82
S. N. C. M.
88
Rue
G
H

RÉPERTOIRE DES RUES DE TOULON

LA SEYNE-SUR-MER

LA VALETTE-DU-VAR

TOULON

XX **Le Gros Ventre**

279 littoral F. Mistral – ✆ 04 94 42 15 42 – www.legrosventre.net – Fermé vend. midi, merc. et jeudi de sept. à juin, le midi et mardi soir en juil.-août

Rest – Menu 28/54 € – Carte 44/86 € CVe

Un peu comme Jonas dans le ventre de la baleine, on vit ici en symbiose avec la mer ! La spécialité du lieu, c'est le poisson, livré chaque jour par un pêcheur du cru, qui officie du côté des îles d'Hyères. L'adresse est une institution depuis 1975, aujourd'hui reprise par la fille de son créateur, sommelière passionnée.

au Cap Brun – ✉ 83000 Toulon

XXX **Les Pins Penchés**

3182 av. de la Résistance – ✆ 04 94 27 98 98 – www.lespinspenches.com – Fermé vacances de la Toussaint, de fév., dim. soir, mardi midi et lundi DVa

Rest – Formule 38 € – Menu 68/78 €

Un must : la terrasse en balcon au-dessus de la mer et du cap Brun, bordée par un simple rideau de pins. Enchanteur ! Ce n'est pas le moindre attrait de cette élégante villa du 19e s., parfaite pour un repas gastronomique et... très romantique.

TOULOUSE

Plans de la ville pages suivantes **28** B2

© A. Johnstone/Axiom Photographic Agency/Age fotostock

P – **31 – Haute-Garonne – 440 204 h. – Agglo. 859 338 h. – alt. 146 m – ✉ 31000 – 343** G3 – Midi-Toulousain

Paris 677 – Barcelona 320 – Bordeaux 244 – Lyon 535

Square Charles De Gaulle, Donjon du Capitole, ☎08 92 180 1 80, www.toulouse-tourisme.com

Transports

Auto-train ☎ 3635 (dîtes auto-train - 0,34 €/mn)

Aéroport

Toulouse-Blagnac ☎ 0 825 380 000 (0,15 €/mn) 1AS

Quelques golfs

18 de Toulouse La Ramée, à Tournefeuille, Ferme du Cousturier, ☎05 61 07 09 09
18 de Toulouse, à Vieille-Toulouse, S : 9 km par D 4, ☎05 61 73 45 48
9 Saint-Gabriel, à Montrabé, par rte de Lavaur : 10 km, ☎05 61 84 16 65
36 Seilh Toulouse, à Seilh, Route de Grenade, par rte de Seilh : 12 km, ☎05 62 13 14 14
9 de Borde-Haute, à Drémil-Lafage, Borde-Haute, par rte de Castres (N126) : 15 km, ☎05 62 18 84 00
18 de Teoula, à Plaisance-du-Touch, 71, avenue des Landes, SO : 20 km par D 632, ☎05 61 91 98 80
18 de Palmola, à Buzet-sur-Tarn, rte d'Albi, NE : 22 km par A 68, sortie N°4, ☎05 61 84 20 50

Casino

Du théâtre, Île du Ramier, 18 chemin de la Loge, ☎ 05 61 33 37 77

Hippodrome

Hippodrome de la Cépière 1 chemin des Courses ☎ 05 61 49 27 24

A VOIR

Le centre : basilique St-Sernin★★★ • Musée St-Raymond★★ • Église les Jacobins★★ • Capitole★ • Tour d'escalier de l'hôtel de Bernuy★4EY

De la place de la Daurade à la cathédrale : hôtel d'Assézat et Fondation Bemberg★★4EY • Cathédrale St-Étienne★ • Musée des Augustins★★ (dont ses magnifiques sculptures★★★)4FY

Autres curiosités : muséum d'histoire naturelle★★4FZ • Musée Paul-Dupuy★4FZ • Musée Georges-Labit★3DVM² • Les Abattoirs★3DV

Toulouse et l'aéronautique : cité de L'Espace★2CU • Usine Clément-Ader à Colomiers, dans la banlieue Ouest (par ⑦)

RÉPERTOIRE DES RUES DE TOULOUSE

Agde (Rte d') CS
Albi (Rte d') CS
Alsace-Lorraine (R. d') EXY
Arcole (Bd) EX
Arcs-St-Cyprien (R. des) DV
Arènes-Romaines (Av.) AT 3
Arnaud-Bernard (Pl.) EX
Arnaud-Bernard (R.) EX 4
Arts (R. des) FY
Astorg (R. d') FY 5
Aubuisson (R. d') FY
Austerlitz (R. d') FX
Barcelone (Allée) DV
Baronie (R.) EY 9
Bayard (R. de) FX
Bayonne (Rte de) AT
Béarnais (R. du) DV
Belfort (R.) FX
Biarritz (Av. de) AT 12
Billières (Av. E.) DV 13
Blagnac (Rte de) AST
Bonnefoy (R. Fg) CS 15
Bonrepos (Bd) DV 16
Bordebasse (R. de) AS
Born (R. B. de) FX
Boulbonne (R.) FY 18
Bouquières (R.) FZ 19
Bourse (Pl. de la) EY 20
Bourse (R. de la) EY
Brienne (Allée de) DV
Brunaud (Av.) CT
Cantegril (R.) FY 23
Capitole (Pl. du) EY
Carmes (Pl. des) EZ
Carnot (Bd L.) FY
Cartailhac (R. E.) EX 26
Casselardit (Av. de) AT 28
Castres (Av. de) CT
Chaîne (R. de la) EX 31
Changes (R. des) EY
Château d'Eau (Av. du) BT 32
Chaubet (Av. Jean) CT
Colombette (R. de la) FZ
Concorde (R. de la) FZ
Cornebarrieu (Av. de) AS 33
Couteliers (R. des) EYZ
Crêtes (Bd des) CT
Croix-Baragnon (R.) FY
Cugnaux (R. de) DV 35
Cujas (R.) EY 36
Dalbade (R. de la) EZ
Daurade (Pl. de la) EY
Daurade (Quai de la) EY 38
Demoiselles (Allée des) DV 40
Denfert-Rochereau (R.) FX
Déodat-de-Sév. (Bd) BU 43
Déville (R.) EX
Dr-Baylac (Pl. du) AT 47
Duméril (R. A.) DV
Duportal (Bd A.) DV
Eisenhower (Av. du Gén.) AU
Embouchure (Bd de l') DV
Espagne (Rte d') BU
Espinasse (R.) FZ
Esquirol (Pl.) EY 54
Etats-Unis (Av. des) BS 55
Europe (Pl. de l') DV
La-Fayette (R.) EY
Fermat (R.) FYZ
Fer-à-Cheval (Pl. du) DV
Feuga (Allée P.) EZ
Filatiers (R. des) EYZ
Fitte (Allée Ch.-de) DV
Fonderie (R. de la) EZ 60
Fonvielle (R. M.) FY
France (Pl. A.) EX
Frères-Lion (R. des) FY 62
Frizac (Av.) DV
Fronton (Av. de) BS
Gambetta (R.) EY
Gare (Bd de la) DV
Garonnette (R. de la) EZ
Gatien-Arnoult (R.) EX
Gloire (Av. de la) CT
Gonin (Av. Cl.) AS
Grande-Bretagne (Av. de) AT 67
Grand-Rond FZ
Grenade (Rte de) AS
Griffoul-Dorval (Bd) DV 72
Guesde (Allée J.) FZ
Hauriou (Av. M.) EZ
Henry-de-Gorsse (R.) EZ 76
Jeanne-d'Arc (Pl.) FX
Jean-Jaurès (Allées) FX
Jules-Chalande (R.) EY 79
Julien (Av. J.) BU 80
Lafourcade (Pl. A.) EZ
Laganne (R.) DV
Lakanal (R.) EY
Langer (Av. M.) BU 84
Languedoc (R. du) EZ
Lapeyrouse (R.) FY 85
Lardenne (Av. de) AT
Lascrosses (Bd) DV
Lautmann (R.) EX
Leclerc (Bd Mar.) DV 87
Lois (R. des) EX
Lombez (Av. de) AT 88
Lyon (Av. de) DV
Mage (R.) FZ
Magre (R. Genty) EY 91
Malcousinat (R.) EY 92
Marchands (R. des) EY 95
Marquette (Bd de la) DV
Matabiau (Bd) DV
Matabiau (R.) DV
May (R. du) EY
Mercié (R. A.) EY 103
Merly (R.) FZ
Metz (R. de) EFY
Minimes (Av. des) BS 104
Minimes (Bd des) DV
Mirail (Av. du) AU
Mistral (Allées-F.) FZ
Montoulieu (Pl.) FZ
Muret (Av. de) DV
Narbonne (Rte de) BCU
Nazareth (Gde-R.) EFZ
Ninau (R.) FZ
Occitane (Pl.) FY
Ozenne (R.) FZ
Pargaminières (R.) EY
Paris (Barrière de) BS 109
Parlement (Pl. du) EZ
Pauilhac (R. C.) EFX
Perchepinte (R.) FZ
Périgord (R. du) EX
Péri (R. G.) FX
Peyras (R.) EY 113
Peyrolières (R.) EY
Pharaon (R.) EZ
Pleau (R. de la) FZ 114
Poids-de-l'Huile (R.) EY 115
Polinaires (R. des) EZ 116
Pomme (R. de la) EFY 117
Pompidou (Allée) DV 118
Potiers (R. des) FZ
Pt-Guilheméry (R.) CT 119
Pujol (Av. C.) CT 121
Ramelet-Moundi (Ch. de) AU
Raymond IV (R.) FX
Récollets (Bd des) BU 123
Rémusat (R. de) EX
République (R. de la) DV 124
Revel (Rte de) CU 125
Rieux (Av. J.) DV
Riguepels (R.) FY 127
Riquet (Bd) DV
Romiguières (R.) EY 129
Roosevelt (Allées) FXY 130
Rouaix (Pl.) EY
Ste-Lucie (R.) DV
Ste-Ursule (R.) EY 137
St-Antoine-du-T. (R.) FY
St-Bernard (R.) EX
St-Etienne (Port) DV 133
Saint-Exupéry (Av.) CU
St-Georges (Pl.) FY
St-Jacques (R.) FZ
St-Michel (Gde-R.) DV 134
St-Pierre (Pl.) DV
St-Rome (R.) EY
St-Sernin (Pl.) EX
St-Simon (Rte de) AU 136
Salin (Pl. du) EZ
Sébastopol (R. de) DV 139
Ségoffin (Av. V.) BU 140
Séjourné (Av. P.) DV
Semard (Bd P.) DV 142
Serres (Av. H.) DV
Seysses (Rte de) AU
Strasbourg (Bd de) FX
Suau (R. J.) EY 146
Suisse (Bd de) BST
Taur (R. du) EX
Temponières (R.) EY 147
Tolosane (R.) FYZ
Tounis (Quai de) EZ
Trentin (Bd S.) BS 148
Trinité (R. de la) EY 149
U.R.S.S. (Av. de l') BU 154
Vélane (R.) FZ 158
Verdier (Allées F.) FZ
Victor-Hugo (Pl.) FX
Wagner (Bd Richard) BT 160
Wilson (Pl. Prés.) FY
3-Journées (R. des) FY 162
3-Piliers (R. des) EX 164

8 GRENADE
A
1
TOULOUSE
0
1 km
GARONNE
S
T
U
7 COLOMIERS, AUCH
LOMBEZ
D 902
D 1
R. de Bordebasse
Gonin
PARC DU RITOURET
Grenade
BLAGNAC
TOULOUSE BLAGNAC
A 621
EADS
ANCELY
Rte de Blagnac
E.A.D.S.
ST-MARTIN DU TOUCH
A 624
D 901
PURPAN
Rte de Bayonne
FLEURANCE
D 980
MAUBEC
ÉCOLE VÉTÉRINAIRE
Cappelles
Toec
ZÉNITH
Touch
Lardenne
Av. de Lardenne
LARDENNE
D 632
D 82
LA CÉPIÈRE
T.D.F.
Moundi
Ramelet
D 50
PRATS
LE MIRAIL
A 620
MÉTÉOROLOGIE NATLE
D 23
Mirail-Université
Basso-Cambo
Reynerie
Av. du Mirail
Bellefontaine
BELLEFONTAINE
Eisenhower
Seysses
ST-SIMON
LARRIEU
A 64
D 15
D 63
THIBAUD
CENTRE DE GROS
A
ST-GAUDENS D 817
TARBES
6
D 820 FOIX

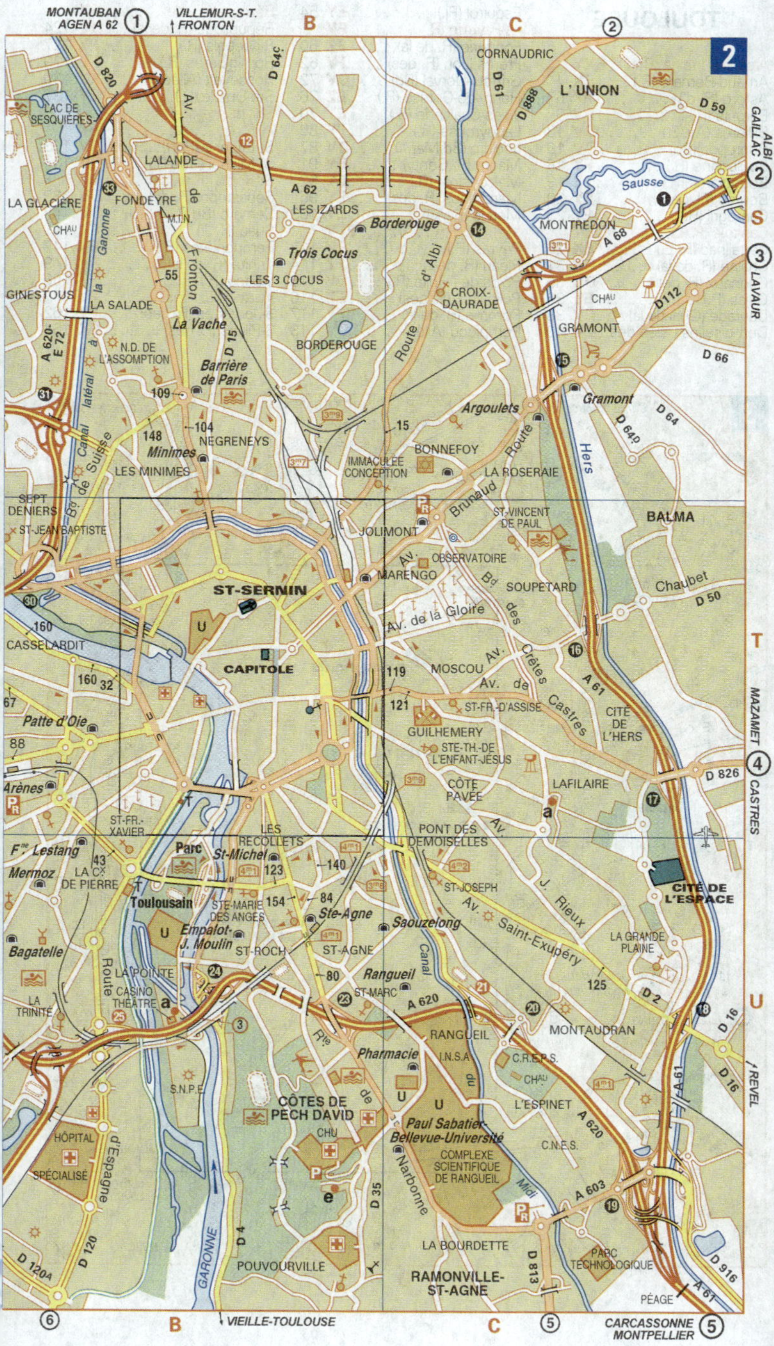
MONTAUBAN AGEN A 62 1
VILLEMUR-S-T. FRONTON
B
C
2
2
L' UNION
CORNAUDRIC
LAC DE SESQUIÈRES
LALANDE
A 62
LES IZARDS
Borderouge
Trois Cocus
LES 3 COCUS
FONDEYRE
LA GLACIÈRE
GINESTOUS
LA SALADE
La Vache
N.D. DE L'ASSOMPTION
Barrière de Paris
BORDEROUGE
CROIX-DAURADE
MONTREDON
Sausse
ALBI GAILLAC 2
S
3 LAVAUR
GRAMONT
Gramont
Argoulets
BONNEFOY
IMMACULÉE CONCEPTION
NEGRENEYS
Minimes
LES MINIMES
LA ROSERAIE
Hers
SEPT DENIERS
ST-JEAN BAPTISTE
JOLIMONT
ST-VINCENT DE PAUL
BALMA
OBSERVATOIRE
MARENGO
SOUPETARD
Chaubet
ST-SERNIN
CAPITOLE
Av. de la Gloire
CASSELARDIT
MOSCOU
Av. de Castres
Bd des Crêtes
ST-FR.-D'ASSISE
GUILHEMERY
STE-TH.-DE L'ENFANT-JÉSUS
CITÉ DE L'HERS
T
MAZAMET 4 CASTRES
Patte d'Oie
Arènes
ST-FR.-XAVIER
CÔTE PAVÉE
LAFILAIRE
LES RECOLLETS
PONT DES DEMOISELLES
F.ne Lestang
Mermoz
LA C.X DE PIERRE
Parc
St-Michel
ST-JOSEPH
CITÉ DE L'ESPACE
Toulousain
STE-MARIE DES ANGES
Ste-Agne
Saouzelong
Empalot-J. Moulin
ST-ROCH
ST-AGNE
Av. Saint-Exupéry
J. Rieux
LA GRANDE PLAINE
Bagatelle
LA POINTE
CASINO THÉATRE
LA TRINITÉ
Rangueil
ST-MARC
A 620
RANGUEIL
MONTAUDRAN
U
I.N.S.A.
C.R.E.P.S.
L'ESPINET
REVEL
Pharmacie
S.N.P.E.
CÔTES DE PECH DAVID
CHU
Paul Sabatier Bellevue-Université
COMPLEXE SCIENTIFIQUE DE RANGUEIL
C.N.E.S.
A 603
HÔPITAL SPÉCIALISÉ
Route d'Espagne
Route de Narbonne
Canal du Midi
GARONNE
POUVOURVILLE
LA BOURDETTE
RAMONVILLE-ST-AGNE
PARC TECHNOLOGIQUE
PÉAGE
A 61
6
B
VIEILLE-TOULOUSE
C
5
CARCASSONNE MONTPELLIER 5

TOULOUSE

Alsace-Lorraine (R. d') . EXY
Arnaud-Bernard (R.) . . . . EX 4
Astorg (R. d') . . . . FY 5
Baronie (R.) . . . . EY 9
Billières (Av. E.). . . . . DV 13
Bonrepos (Bd) . . . . DV 16
Boulbonne (R.) . . . . FY 18
Bouquières (R.) . . . . FZ 19
Bourse (Pl. de la). . . . . . . EY 20
Cantegril (R.) . . . . FY 23
Capitole (Pl. du) . . . . EY
Cartailhac (R. E.) . . . . EX 26
Chaîne (R. de la) . . . . EX 31
Cugnaux (R. de) . . . . DV 35
Cujas (R.). . . . . EY 36
Daurade (Quai de la). . . . EY 38
Demoiselles (Allée des). DV 40

Esquirol (Pl.) . . . . EY 54
La-Fayette (R.) . . . . EY
Fonderie (R. de la). . . . . . EZ 60
Frères-Lion (R. des) . . . . FY 62
Griffoul-Dorval (Bd) . . . . DV 72
Henry-de-Gorsse (R.) . . . EZ 76
Jules-Chalande (R.). . . . . EY 79
Lapeyrouse (R.). . . . . FY 85
Leclerc (Bd Mar.) . . . . . . DV 87
Magre (R. Genty) . . . . . . EY 91
Malcousinat (R.) . . . . EY 92
Marchands (R. des) . . . . EY 95
Mercié (R. A.) . . . . EY 103
Metz (R. de) . . . . EFY
Peyras (R.). . . . . EY 113
Pleau (R. de la) . . . . FZ 114
Poids-de-l'Huile (R.) . . . . EY 115
Polinaires (R. des) . . . . . . EZ 116
Pomme (R. de la) . . . . . EFY 117
Pompidou (Allée) . . . . . . DV 118

Rémusat (R. de) . . . . EX
République (R. de la) . . . DV 124
Riguepels (R.) . . . . FY 127
Romiguières (R.). . . . . EY 129
Roosevelt (Allées) . . . . FXY 130
Ste-Ursule (R.). . . . . EY 137
St-Antoine-du-T. (R.) . . . . FY
St-Etienne (Port). . . . . . . DV 133
St-Michel (Gde-R.) . . . . . DV 134
St-Rome (R.) . . . . EY
Sébastopol (R. de) . . . . . DV 139
Semard (Bd P.). . . . . DV 142
Suau (R. J.) . . . . EY 146
Temponières (R.) . . . . . . EY 147
Trinité (R. de la). . . . . EY 149
Vélane (R.) . . . . FZ 158
Wilson (Pl. Prés.). . . . . . . FY
3-Journées (R. des) . . . . FY 162
3-Piliers (R. des) . . . . EX 164

D

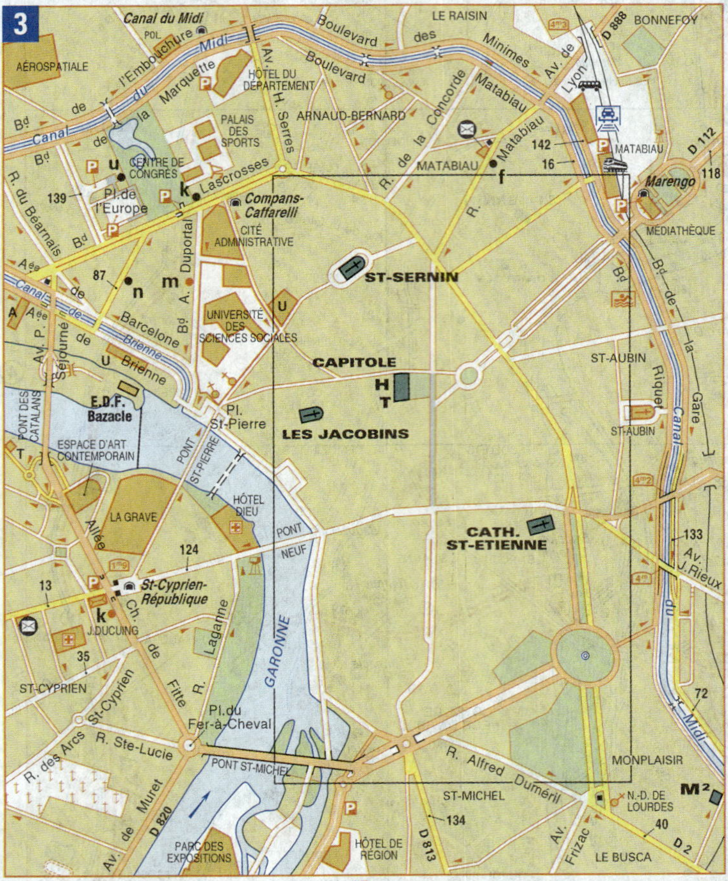

V V

D

E
F
4
X
Y
Z
Pl. Arnaud Bernard
Bd d'Arcole
R. de la Concorde
R. C. Pauilhac
Matabiau
MATABIAU
Raymond IV
Bayard
Merly
R. Gatien-Arnoult
BASILIQUE ST-SERNIN
MUSÉE ST-RAYMOND
Pl. St-Sernin
Pl. Jeanne d'Arc
Jeanne d'Arc
Rue de Belfort
R. B. de Born
Pl. de Belfort
R. Denfert-Rochereau
Jaurès
R. Lautmann
R. du Périgord
R. de Rémusat
Lorraine
Pl. V. Hugo
R. d'Austerlitz
Strasbourg
Allées J. Jaurès
Pl. A. France
R. des Lois
R. du Taur
N.-Dame-du-Taur
Jean Jaurès
R. Deville
R. La Fayette
Place Wilson
Gabriel Péri
R. Pargaminières
CAPITOLE
Capitole
Pl. du Capitole
Donjon
LES JACOBINS
R. Gambetta
R. Lakanal
R. St Rome
R. St-Antoine du T.
R. de la Colombette
R. Fonvielle
Rue d'Aubuisson
Place Occitane
ST-GEORGES
Lazare
Hôtel de Bernuy
R. Peyrolières
R. du May
Pl. St.Georges
POL.
Pl. de la Daurade
R. de la Bourse
R. des Changes
MUSÉE DES AUGUSTINS
R. des Arts
R. de Metz
Carnot
F. Verdier
HÔTEL D'ASSÉZAT
Esquirol
Pont Neuf
R. de Metz
R. des Couteliers
Croix-Baragnon
CATH. ST-ÉTIENNE
Pl. Rouaix
R. des Filatiers
R. Languedoc
R. Tolosane
R. Fermat
Allées François Verdier
R. des Potiers
Quai de Tounis
R. de la Garonnette
N.-D. la Dalbade
R. de la Dalbade
Pl. des Carmes
Carmes
R. Mage
Mée PAUL DUPUY
R. Perchepinte
R. St-Jacques
R. Ninau
GARONNE
R. Pharaon
R. du Gd-R. Nazareth
R. Ozenne
R. Espinasse
Pl. Montoulieu
Grand Rond
Jardin Royal
Pl. du Salin
Guesde
Av. M. Hauriou
Allées Jules
Pl. du Parlement
ST-EXUPÉRE
MUSÉUM D'HISTOIRE NATURELLE
Allées Frédéric Mistral
Allées P. Feuga
Pont St-Michel
Palais de Justice
Pl. A. Lafourcade
R. Alfred Duméril
Jardin des Plantes
Mt de la Résistance
0
200 m

Pullman Centre

84 allées Jean-Jaurès – 𝒞 05 61 10 23 10 – www.pullmanhotels.com – Fermé 15 juil.-18 août **4FXv**

119 ch – 156/350 € 156/350 € – 6 suites – 25 €

Rest *S W Café* *𝒞 05 61 10 23 40 (fermé sam. midi et dim. midi)* – Formule 17 € bc – Menu 23 € – Carte 31/48 €

En léger retrait du centre-ville, cet hôtel contemporain se distingue par son style épuré et ses équipements high-tech, qui savent séduire la clientèle internationale, en particulier les hommes d'affaires. Il dispose d'ailleurs de nombreuses salles pour les séminaires.

Crowne Plaza

ch,

7 pl. du Capitole – 𝒞 05 61 61 19 19 – www.crowne-plaza-toulouse.com

162 ch – 110/375 € 110/375 € – 3 suites – 24 € **4EYt**

Rest *(fermé août)* – Formule 18 € – Menu 27/46 € – Carte 40/62 €

Idéalement situé sur la place du Capitole, ce vaste hôtel répond parfaitement aux besoins de la clientèle d'affaires : centre business très complet ; chambres de facture classique ou plus contemporaine. Le restaurant donne sur un superbe patio.

Grand Hôtel de l'Opéra sans rest

1 pl. du Capitole – 𝒞 05 61 21 82 66 – www.grand-hotel-opera.com

44 ch – 190/490 € 220/490 € – 6 suites – 19 € **4EYa**

Ce couvent du 17e s. a du style ! Tentures, boiseries en acajou, velours... La décoration n'est pas sans rappeler le style "opéra" et cela tombe bien : ce dernier est à deux pas !

Mercure Atria

8 espl. Compans Caffarelli – 𝒞 05 61 11 09 09 – www.mercure-toulouse-compans-caffarelli.com **3DVk**

134 ch – 85/190 € 85/190 € – 2 suites – 17 €

Rest *(fermé 22 juil.-18 août)* – Menu 20 € – Carte 24/44 €

Ce Mercure ménage un accès direct au centre des congrès. Après une dure journée, on apprécie le calme des chambres, qui donnent toutes sur le patio ou le jardin.

Novotel Centre

ch,

5 pl. A. Jourdain – 𝒞 05 61 21 74 74 – www.novotel.com **3DVu**

135 ch – 78/195 € 78/195 € – 2 suites – 15 €

Rest – Formule 18 € – Carte 20/45 €

En centre-ville mais au calme, un Novotel propre à satisfaire la clientèle d'affaires comme les familles (offres spéciales pour ces dernières).

Le Grand Balcon sans rest

10 r. Romiguière – 𝒞 05 34 25 44 09 – www.grandbalconhotel.com **4EYx**

47 ch – 170/400 € 170/400 € – 18 €

Adresse mythique, qui abrita les plus grandes légendes de l'Aéropostale. La déco – design et créative – leur rend hommage et la chambre n° 32 reproduit fidèlement celle qu'occupait Saint-Exupéry dans les années 1930 !

Garonne sans rest

22 descente de la Halle-aux-Poissons – 𝒞 05 34 31 94 80 – www.hotelgaronne.com **4EYd**

14 ch – 95/260 € 95/260 € – 15 €

Un boutique-hôtel de caractère dans une venelle du vieux Toulouse. Très contemporain (du bois, de la couleur, des touches chinoises), il est élégant et chaleureux, tout simplement.

Citiz sans rest

18 allées Jean-Jaurès – 𝒞 05 61 11 18 18 – www.citizhotel.com **4FXb**

56 ch – 100/240 € 115/255 € – 18 €

En plein centre (près de la place Wilson), un hôtel urbain et très design – il a été inauguré en 2010 –, avec un salon de thé pour grignoter. La clientèle d'affaires apprécie, mais pas seulement elle.

Hôtel des Beaux Arts sans rest
1 pl. du Pont-Neuf – ✆ 05 34 45 42 42 – www.hoteldesbeauxarts.com
19 ch – 🕴120/255 € 🕴🕴120/255 € – ☕ 14 € **4EYv**
De la toile de Jouy d'esprit bonbonnière, ou de le paille de riz pour l'exotisme... le décor est soigné. Et il y a même une petite terrasse dans la n° 42 ! Pour ne rien gâcher, l'accueil est charmant.

Les Capitouls sans rest
29 allées Jean-Jaurès – ✆ 05 34 41 31 21
– www.bestwestern-capitouls.com **4FXg**
53 ch – 🕴130/181 € 🕴🕴130/181 € – 2 suites – ☕ 15 €
Au cœur de la Ville rose, un immeuble bourgeois. On loge dans une chambre classique, fonctionnelle et très bien insonorisée.

Mercure Wilson sans rest
7 r. Labéda – ✆ 05 34 45 40 60 – www.mercure-toulouse-wilson.com
95 ch – 🕴88/190 € 🕴🕴88/190 € – 4 suites – ☕ 16 € **4FYm**
Une façade typiquement toulousaine et des chambres agréables. Aux beaux jours, le petit-déjeuner est servi sur la terrasse. Petit plus : le garage, pratique en ville.

Hôtel de Brienne sans rest
20 bd du Mar.-Leclerc – ✆ 05 61 23 60 60 – www.hoteldebrienne.com
77 ch – 🕴90/140 € 🕴🕴90/140 € – ☕ 12 € **3DVn**
Près du palais des congrès et du cœur de Toulouse, hôtel idéal pour la clientèle d'affaires... Chambres petites mais propres et fonctionnelles (rénovation entamée en 2010) ; parking gratuit.

Mermoz sans rest
50 r. Matabiau – ✆ 05 61 63 04 04 – www.hotel-mermoz.com **3DVf**
53 ch – 🕴110/235 € 🕴🕴110/235 € – ☕ 15 €
Mermoz, héros de l'Aéropostale... Dans cet hôtel bien situé (entre gare et centre-ville), la décoration, actuelle et épurée, évoque par touches cette grande aventure du 20e s.

Athénée sans rest
13 bis r. Matabiau – ✆ 05 61 63 10 63
– www.hotel-toulouse-athenee.com **4FXa**
35 ch ☕ – 🕴79/147 € 🕴🕴79/157 €
À deux pas de la gare routière et du centre-ville. Les chambres sont avant tout pratiques et bien insonorisées... Pour l'agrément, le petit salon est vraiment joli.

Le Clos des Potiers sans rest
12 r. des Potiers – ✆ 05 61 47 15 15 – www.le-clos-des-potiers.com **4FZe**
10 ch – 🕴105/150 € 🕴🕴105/150 € – ☕ 14 €
Près du centre-ville, cette demeure bourgeoise cultive avec bonheur un certain esprit maison d'hôtes... Classicisme de bon ton dans les chambres et atmosphère très cosy.

St-Claire sans rest
29 pl. N.-Bachelier – ✆ 05 34 40 58 88 – www.stclairehotel.fr **4FXu**
16 ch – 🕴52/77 € 🕴🕴71/139 € – ☕ 10 €
Des chambres simples mais joliment arrangées (certaines avec des meubles réalisés par un artisan) : une adresse sympathique, familiale et idéalement située.

Albert 1er sans rest
8 r. Rivals – ✆ 05 61 21 17 91 – www.hotel-albert1.com **4EXr**
47 ch – 🕴55/99 € 🕴🕴69/120 € – ☕ 10 €
Hôtel pratique à deux pas de la place du Capitole. Les chambres sont fonctionnelles et très bien entretenues ; préférez-les sur l'arrière, au calme.

Les Loges de St-Sernin sans rest
12 r. St-Bernard – ✆ 05 61 24 44 44 – www.leslogesdesaintsernin.com
– Fermé 23 oct.- 2 nov. **4EXt**
4 ch – 125/140 € 125/140 €
Sylviane Tatin a le sens de l'accueil... Ses chambres, situées au 2e étage d'un bel immeuble bourgeois, évoquent la Ville rose avec élégance et raffinement. Et au petit-déjeuner, on se régale de ses confitures et gâteaux maison. Tatin, comme les sœurs Tatin ?

Michel Sarran
21 bd A. Duportal – ✆ 05 61 12 32 32 – www.michel-sarran.com
– Fermé août, vacances de Noël, merc. midi, sam. et dim. **3DVm**
Rest *(réserver)* – Menu 49 € bc (déj.), 98/165 € bc
– Carte 100/145 €
Michel Sarran a créé un lieu hors du temps. Au charme de cette maison de maître du 19e s., il a su insuffler une touche contemporaine et épurée, élégante sans être guindée. L'atmosphère est conviviale et l'on savoure pleinement ce beau moment d'émotion culinaire.
➜ Fenouil en crème onctueuse à l'œuf, râpée de truffe et graines de maracuja. Foie gras aux pommes en cuisson basse température. Haricots tarbais en mousse légère au vieux rhum et lait de coco. **Vins** Fronton, Corbières.

Stéphane Tournié Les Jardins de l'Opéra
1 pl. du Capitole – ✆ 05 61 23 07 76 – www.lesjardinsdelopera.com
– Fermé 1er-7 janv., midi fériés, dim. et lundi **4EYq**
Rest – Menu 29 € (sem.), 56/99 €
– Carte 80/90 €
Stéphane Tournié va à l'essentiel et le fait bien : de beaux produits (bio de préférence), des cuissons maîtrisées, de la finesse et du goût... À deux pas de la place du Capitole – dans une belle cour intérieure coiffée d'une verrière –, sa table est une valeur sûre.
➜ Foie gras de canard poché dans un bouillon onctueux à la citronnelle et huître. Pigeon en deux cuissons fumé minute. Douceur litchi-rose, pomme verte et son sorbet. **Vins** Gaillac, Madiran.

Metropolitan
2 pl. Auguste-Albert – ✆ 05 61 34 63 11 – www.metropolitan-restaurant.fr
– Fermé 3-18 août et dim. **2CTa**
Rest – Menu 32 € (sem.), 45/110 € – Carte 85/115 €
De la passion et du professionnalisme : voilà qui caractérise le jeune chef et son équipe. Dans les cuisines, en partie ouvertes sur la salle, ce joli monde mitonne des plats du moment, avec de très beaux produits. Confortablement installé dans un Chesterfield, on apprécie...
➜ Fricassée de légumes oubliés en cocotte lutée. Truffe fraîche et poitrine de cochon confite. Barre glacée à la violette et chocolat ivoire. **Vins** Marcillac, Malepère.

Le Bibent
5 pl. du Capitole – ✆ 05 34 30 18 37 – www.maisonconstant.com **4EYm**
Rest – Formule 21 € – Carte 33/53 €
Un emplacement privilégié, au cœur de la Ville rose, et un superbe décor Belle Époque : en 2011, Christian Constant (originaire de Montauban) a rendu à l'établissement tout son lustre de brasserie historique. On s'y presse pour ses grands classiques : haricots montalbanais, œufs mimosa...

PY-R
19 r. des Paradoux – ✆ 05 61 25 51 52 – www.py-r.com
– Fermé 2 sem. en août, 1 sem. en janv., dim. et lundi **4EZf**
Rest – Formule 26 € – Menu 42/58 €
De l'inventivité, du goût, beaucoup d'envie, une vitalité débordante – et parfois un brin débordée... Misez sur le meilleur de cette table lancée en 2010 par un tout jeune chef toulousain !

XX **Le Fouquet's**

18 chemin de la Loge – ✆ 05 61 33 37 77 – www.lucienbarriere.com

Rest – Formule 22 € – Menu 32 € bc/36 € – Carte 38/75 € **2BUa**

Dans cet immeuble de verre et d'acier, un casino, un théâtre et... le Fouquet's ! Feuilles d'or, acajou, cuir et photos de stars : un cadre opulent pour une carte brasserie.

XX **Le L**

24 pl. de la Bourse – ✆ 05 61 21 69 05 – www.restaurantlel.com – Fermé 12-20 août, dim. et lundi **4EYc**

Rest – Formule 18 € – Carte 34/68 €

Un lieu contemporain et design au cœur de la vieille ville : tons chauds, bois sombre, belle table d'hôte près de la cave à vins. Une carte qui se veut créative, mais surtout une atmosphère.

XX **Anges et Démons**

1 r. Perchepinte – ✆ 05 61 52 66 69 – www.restaurant-angesetdemons.com – Fermé 1er-15 juil., 1er-15 janv., dim. soir, lundi et le midi sauf dim.

Rest – Menu 48 € (sem.), 55/75 € **4FZa**

De beaux murs en brique apparente et de superbes voûtes du 16e s. au sous-sol : nous ne sommes ni au paradis ni en enfer, mais au cœur de Toulouse, à laquelle le rose va si bien ! Au menu, une cuisine recherchée, pour les péchés de gourmandise.

XX **7 Place St-Sernin**

7 pl. St-Sernin – ✆ 05 62 30 05 30 – www.7placesaintsernin.com – Fermé 3-18 août, lundi midi, sam. midi et dim. **4EXv**

Rest – Formule 24 € – Menu 27/58 € – Carte 54/74 €

Une belle toulousaine, colorée et chaleureuse, dont la terrasse donne sur la basilique chère à Nougaro. Pour les papilles : tradition et terroir revus et corrigés.

XX **Émile**

13 pl. St-Georges – ✆ 05 61 21 05 56 – www.restaurant-emile.com – Fermé vacances de Noël, lundi sauf le soir de mai à sept. et dim. **4FYr**

Rest – Menu 22 € (déj.), 37/57 € – Carte 46/63 €

Belle carte des vins, solide cuisine traditionnelle 100 % maison – les produits frais sont à l'honneur – et, cerise sur le gâteau, jolie terrasse sur une agréable place. Quant à la vedette des lieux, c'est le cassoulet, évidemment !

X **L'Empereur de Huê**

17 r. des Couteliers – ✆ 05 61 53 55 72 – www.empereurdehue.com – Fermé dim. et lundi **4EZa**

Rest *(dîner seult) (réserver)* – Menu 39 € – Carte 47/60 €

Bœuf à la citronnelle et au gros sel ; porc au caramel : les classiques de la maison. Dans ce restaurant très zen, la chef concocte une cuisine vietnamienne fraîche et colorée.

X **Chez Fifi** N

17 r. Croix-Baragnon – ✆ 05 61 53 34 24 – Fermé août, dim. et lundi

Rest – Menu 21 € (déj.), 41 € **FYb**

Poussez la porte de ce sympathique restaurant du vieux Toulouse : un chef plein de métier y officie, signant une cuisine du marché savoureuse et joliment maîtrisée. Ainsi ce carpaccio de bar bien parfumé et cette tarte au chocolat noir amer très soignée.

X **Le Pic Saint Loup**

7 r. St-Léon-BU – ✆ 05 61 53 81 51 – www.restaurantlepicsaintloup.com – Fermé 2 sem. en mai, 3 sem. en août, dim. et lundi

Rest – Formule 15 € – Menu 17 € (déj. en sem.), 28/55 € – Carte 42/61 €

Le cadre est volontairement dépouillé, car ici c'est l'assiette qui est reine. Le chef aime faire son marché avec ses amis cuisiniers et cela se sent : de bons produits travaillés dans les règles de l'art et... du goût !

La Folie d'en Marge

8 r. Mage – ☎ 05 61 25 77 01 – www.lafoliedenmarge.com – Fermé août, dim. et lundi **4FZv**

Rest *(nombre de couverts limité, réserver)* – Menu 14 € bc (déj.), 29/49 €

La table gastronomique de Frank Renimel (En Marge) a déménagé en 2012 en périphérie de Toulouse, mais le jeune chef a conservé ce petit grain de folie au cœur de la ville : au menu, une cuisine toujours audacieuse, mais plus simple, parfaite pour un petit dîner en ville.

L'Air de Famille

20 pl. Victor-Hugo – ☎ 05 61 21 93 29 – www.lairdefamille-restaurant.com – Fermé 3 sem. en août, 1 sem. à Noël, mardi soir, merc. soir, dim. et lundi

Rest – Menu 18 € (déj. en sem.) – Carte 35/50 € le soir **4FXt**

C'est vrai, il y a ici comme un air de bistrot de famille avec ces tables serrées, ces vieilles affiches, ces vins à l'ardoise. On sent la patte du vrai cuisinier qui respecte les produits (du Sud jusqu'à la Loire !), en toute simplicité.

L'Atelier 65

65 allées Charles-de-Fitte – ☎ 05 61 59 77 11 – www.restaurant-atelier65.com – Fermé 3 sem. en août, 1 sem. fin déc., dim. et lundi **3DVk**

Rest – Formule 14 € – Menu 17 € (déj. en sem.), 32/58 € – Carte 39/69 €

Dans ce lieu chaleureux et tendance, mêlant briques et esprit contemporain, le chef concocte une cuisine d'aujourd'hui teintée de touches terroir... Il a déjà un joli parcours gastronomique derrière lui et cela se sent !

Casanou

22 r. des Couteliers – ☎ 05 61 25 69 89 – www.casanou.fr – Fermé 23 août-7 sept., dim. et lundi **4EZs**

Rest *(dîner seult et déj. le vend. et sam.)* – Menu 35 € – Carte 30/60 €

Retour aux sources pour ce Toulousain de naissance, après de longues expériences à travers la France et jusqu'en Thaïlande. Sa spécialité ? Le poisson (très frais), mêlé d'épices, d'herbes asiatiques... Une cuisine métissée, aux jolis dégradés de saveurs, et accompagnée de petits vins "coup de cœur".

Brasserie du Stade

114 r. Troënes – ☎ 05 34 42 24 20 – www.stadetoulousain.fr – Fermé mi-juil. à mi-août, 20 déc.-1er janv., lundi soir, mardi soir, sam. et dim. **1ASx**

Rest – Menu 22 € (déj.)/29 € – Carte 38/51 €

Une vaste brasserie à la gloire du ballon ovale, dans l'enceinte même du stade. Entre maillots et trophées, on savoure une cuisine du marché simple et plaisante : essai transformé.

Rôtisserie des Carmes

38 r. Polinaires – ☎ 05 61 53 34 88 – Fermé 27 juil.-26 août, 21-25 déc., 28 déc.-1er janv., sam., dim. et fériés **4EZx**

Rest – Formule 17 € – Menu 23 € (déj. en sem.), 29/34 € bc – Carte 31/68 €

Sympathique : le truculent patron officie dans des cuisines ouvertes et concocte une carte d'esprit bistrot. Celle-ci varie selon les arrivages, proximité du marché des Carmes oblige.

à Gratentour 15 km au Nord par D 4 et D 14 - BS - 3 585 h. - alt. 174 m – ✉ 31150

Le Barry

47 r. Barry – ☎ 05 61 82 22 10 – www.lebarry.fr – Fermé 21 déc.-6 janv., vend., sam. et dim. d'oct. à mars

22 ch – †54 € ††61/65 € – ☕ 8,50 € – ½ P

Rest *(fermé 27 juil.-18 août et vend. sauf le soir de mai à sept.)* – Formule 11 € – Menu 24 € (sem.), 27/32 € – Carte 19/42 €

Une ferme de brique rose et son extension, dans un village de la grande banlieue toulousaine. Les chambres sont simples mais très propres (rafraîchies en 2010), et l'accueil familial. Restaurant traditionnel.

à l'Union 7 km au Nord-Est - CS – 12 026 h. – alt. 146 m – ✉ 31240

La Bonne Auberge
2 bis r. Autan-Blanc, (N 88) – ✆ 05 61 09 32 26 – www.bonneauberge31.fr
– Fermé 7-30 août, 24 déc.-3 janv., dim. et lundi
Rest – Menu 20 € (déj. en sem.), 29/54 € – Carte 45/55 €
Une grange devenue repaire de gourmands ! Le chef, soucieux de bien faire, cuisine de beaux produits et cela se sent... L'assiette est colorée, généreuse et goûteuse.

à Rouffiac-Tolosan 12 km par ② – 1 729 h. – alt. 210 m – ✉ 31180

Ô Saveurs (Daniel Gonzalez et David Biasibetti)
8 pl. Ormeaux, (au village) – ✆ 05 34 27 10 11 – www.o-saveurs.com
– Fermé 1 sem. en mai, 15-31 août, 1 sem. en sept. et en fév., sam. midi, dim. soir et lundi
Rest – Menu 34 € bc (déj. en sem.), 44/95 € – Carte 74/98 €
Belle maison de pays sur une petite place pavée où chante une fontaine. Deux chefs réalisent ici une cuisine à quatre mains avec une bonne dose de tradition relevée d'un zeste de créativité...
➜ Fricassée de langoustines au foie gras et aux pleurotes. Bœuf de l'Aubrac en deux cuissons, paleron braisé et filet rôti. Barre noisette et chocolat guanaja, crème glacée caramel au beurre salé. **Vins** Fronton, Gaillac.

à Montrabé 9 km par ③ et D 112 – 3 442 h. – alt. 150 m – ✉ 31850

L'Instant...
chemin du Logis-Vieux – ✆ 05 61 48 25 24 – www.restaurant-linstant.fr
– Fermé dim., lundi soir et mardi soir
Rest – Formule 14 € – Menu 18/29 € – Carte 38/52 €
L'Instant... d'une parenthèse gourmande non loin de Toulouse ! Dans un décor zen et épuré, on s'installe à l'une des tables d'un blanc immaculé pour manger au coude à coude. Derrière les fourneaux, le chef signe une cuisine dans l'air du temps avec quelques touches méridionales et asiatiques. Une bonne adresse.

Les prix indiqués devant le symbole 🚹 correspondent au prix le plus bas en basse saison puis au prix le plus élevé en haute saison, pour une chambre single. Même principe avec le symbole 🚹🚹, cette fois pour une chambre double.

à Rangueil 5 km au Sud-Est – ✉ 31400

Mas de Dardagna
1 chemin de Dardagna, près de l'hôpital Rangueil – ✆ 05 61 14 09 80
– www.masdedardagna.com – Fermé août, 26-31 déc., sam., dim. et fériés
Rest *(réserver)* – Menu 21 € (déj. en sem.), 38/51 € **2BUe**
Voilà une cuisine respectueuse des produits, simple et bien faite... Aucun doute, cette ancienne ferme – typiquement toulousaine – est un joli repaire gourmand ! Et aux beaux jours, on peut même s'installer sous les canisses...

à Castanet-Tolosan 12 km par ⑤ et N 113 – 11 049 h. – alt. 164 m – ✉ 31320

La Table des Merville
3 pl. Richard – ✆ 05 62 71 24 25 – www.table-des-merville.fr
– Fermé 6-17 août, 23-28 déc., dim. et lundi
Rest – Formule 17 € – Menu 29/42 € – Carte 41/72 €
"Mervilleuse" petite adresse familiale au cœur du village, où gastronomie et convivialité font bon ménage. Sous les yeux des gourmets, le chef réalise de savoureux plats bistrotiers aux accents méditerranéens.

à Vigoulet-Auzil 13 km au Sud par D4 et D35^{e} - BU – 946 h. – alt. 290 m – ✉ 31320

Château d'Arquier sans rest

17 av. des Pyrénées – ✆ 05 61 75 80 76 – www.arquier.com

3 ch – 90/95 € 95/100 €

Sur un coteau arboré, cette bâtisse typiquement toulousaine recèle le charme bourgeois des maisons de famille (mobilier de style, peintures murales de Marc Saint-Saëns...), la quiétude en prime !

à Aureville 16 km au Sud par D 4 et D 4 ^{c}- BU – 707 h. – alt. 260 m – ✉ 31320

En Marge (Frank Renimel) avec ch ch,

1204 rte de la Croix-Falgarde, (lieu-dit Birol) – ✆ 05 61 53 07 24 – www.restaurantenmarge.com

6 ch – 170 € 350 € – 19 €

Rest – Menu 30 € (déj. en sem.), 49/150 €

Nouvelle aventure pour Frank Renimel, qui a déménagé en 2012 son En Marge du centre-ville vers cette ferme du 19e s. transformée en élégant hôtel-restaurant... en marge de Toulouse. Aux commandes, toujours la même envie de surprendre : avec talent et audace, le chef jongle avec les saveurs et les textures... et fait mouche, sans dérouter !

➜ Cappuccino de champignons et foie gras à la truffe noire. Homard, pigeon et crème de topinambour, sauce à fève de tonka. Sphère chocolat, sorbet au persil et lait de poule. **Vins** Irouléguy blanc, Gaillac rouge.

à Lacroix-Falgarde 13 km au Sud par D 4 - BU – 1 972 h. – alt. 154 m – ✉ 31120

Le Bellevue

1 av. des Pyrénées – ✆ 05 61 76 94 97 – www.restolebellevue.free.fr – Fermé 15 oct.-15 nov., 28 fév.-9 mars, merc. de sept. à avril et mardi

Rest – Menu 18 € (déj. en sem.), 28/41 € – Carte 46/58 €

Une partie de campagne ! Dans cette ancienne guinguette, on vient savourer des plats de terroir et de tradition, mais aussi profiter de la grande terrasse bordant l'Ariège.

à Villeneuve-Tolosane 12 km au Sud-Ouest par D 15 – 8 609 h. – alt. 158 m – ✉ 31270

D'Cadei

8 pl. de l'Hôtel-de-Ville – ✆ 05 61 92 72 68 – www.dcadei.fr

Rest – Formule 15 € – Menu 21 € (déj. en sem.), 29/48 € – Carte 39/57 €

Des produits frais, du fait maison, tel est le credo du jeune chef. Sa cuisine, il la veut méditerranéenne, colorée, parfumée d'herbes aromatiques, d'ail, de légumes du soleil. Sans oublier la tradition régionale : foie gras, cassoulet...

Envie de partir à la dernière minute ?
Visitez les sites Internet des hôtels pour bénéficier de promotions tarifaires.

à Tournefeuille 10 km à l'Ouest par D 632 AT – 25 286 h. – alt. 155 m – ✉ 31170

L'Art de Vivre

279 chemin Ramelet-Moundi – ✆ 05 61 07 52 52 – www.lartdevivre.fr – Fermé vacances de Pâques, 3 sem. en août, vacances de Noël, dim. soir, lundi et mardi

Rest – Formule 20 € – Menu 25 € (déj. en sem.), 39/62 € – Carte environ 53 €

Une maison noyée dans la verdure, une terrasse donnant sur un petit cours d'eau... Bucolique, n'est-ce pas ? Quant à la carte, elle révèle un Art de Vivre dans l'air du temps.

à Purpan 6 km à l'Ouest par N 124 – ✉ 31300 Toulouse

Palladia
271 av. de Grande Bretagne – ✆ 05 62 12 01 20 – www.hotelpalladia.com
89 ch – †91/280 € ††91/280 € – 1 suite – ☕ 18 € **1ATe**
Rest *(fermé dim. et fériés)* – Menu 25 € bc (déj. en sem.), 33/66 €
– Carte 43/69 €
Hôtel d'affaires tout de verre et béton, situé entre l'aéroport et le centre-ville. Les chambres sont douillettes, spacieuses et bien insonorisées et il y a même un amphithéâtre ! Carte actuelle au restaurant.

Novotel Aéroport
23 impasse Maubec – ✆ 05 61 15 00 00 – www.novotel.com/0445 **1ATa**
123 ch – †85/192 € ††85/192 € – ☕ 16 € – ½ P
Rest *(fermé sam. midi et dim. midi)* – Formule 18 € – Carte 23/50 €
Idéal pour la clientèle d'affaires, mais aussi pour les familles : chambres fonctionnelles entièrement rénovées en 2010, jeux pour enfants et... terrain de pétanque.

à St-Martin-du-Touch vers ⑦ – ✉ 31300 Toulouse

Airport Hôtel sans rest
176 rte de Bayonne – ✆ 05 61 49 68 78 – www.airport-hotel-toulouse.com
45 ch – †74 € ††88 € – 3 suites – ☕ 10 € **1ATs**
À proximité de l'aéroport, hôtel des années 1980 où règne une atmosphère familiale. Chambres simples et chaleureuses, rafraîchies en 2011 ; plateaux repas.

Le Cantou
98 r. Velasquez, (D 2B) – ✆ 05 61 49 20 21 – www.cantou.fr
– Fermé 15 août-3 sept., 21 déc.-7 janv., sam. et dim. **1ATh**
Rest – Menu 33 € (sem.), 41/61 € – Carte 40/65 €
La campagne à la ville ! Découvrez cette ferme et son immense jardin. Cuisine calée sur le marché et remarquable sélection de vins (1 300 références).

à Colomiers 10 km par ⑦, sortie n° 3 puis direction Cornebarrieu par D 63 – 34 306 h. – alt. 182 m – ✉ 31770

L'Amphitryon (Yannick Delpech)
chemin de Gramont – ✆ 05 61 15 55 55 – www.lamphitryon.com
– Fermé 2 sem. en août, 1 sem. vacances de la Toussaint, 2-7 janv. et sam. midi
Rest – Menu 33 € (déj. en sem.), 74/125 € – Carte 102/147 €
Près du site aéronautique, un bel endroit cerné par la verdure, lumineux et au chic très contemporain... C'est ici qu'exerce Yannick Delpech, jeune chef dont le talent n'a pas attendu le nombre des années : très fines et soignées, ses assiettes sont à la fois inventives et solidement ancrées dans le classicisme et le Sud-Ouest. Un travail de haut vol !
➜ Caviar bio des Pyrénées, sardine taillée au couteau, crème de morue, raifort et vinaigre balsamique. Merlu de ligne à la poutargue, bouillon dashi aux légumes croquants. Bouchées gasconnes, glace pruneau et armagnac.

à Pibrac 12 km par ⑦, sortie n° 6 – 7 995 h. – alt. 157 m – ✉ 31820

Le Pavillon St-Jean
1 chemin Beauregard – ✆ 05 61 06 71 71 – www.lepavillonstjean.fr
– Fermé 4-11 mars, 5-27 août, 26 déc.-2 janv., sam. midi, dim. soir et lundi
Rest – Menu 20 € (déj. en sem.), 27 € bc/50 €
Légèrement excentré, un restaurant au décor coloré et facétieux... Une passoire ? Non, un abat-jour ! Et la cuisine est à l'avenant : dans l'air du temps, fraîche et de saison.

à Blagnac 7 km au Nord-Ouest – 21 764 h. – alt. 135 m – ✉ 31700

Radisson Blu rest,

2 r. Dieudonné-Costes – ✆ 05 61 16 18 30 – www.lavieenrose-restaurant.com

200 ch – †110/320 € ††145/370 € – ☐ 25 € 1 ASx

Rest – Formule 20 € – Menu 27 € (déj. en sem.) – Carte 34/48 €

Tout près de l'aéroport, cet hôtel a l'âme résolument urbaine... Chambres colorées, design et high-tech ; superbe patio planté de ceps de vigne et de lauriers roses. Au restaurant, la carte est courte mais originale et l'on propose un brunch tous les premiers dimanches du mois (animations pour les enfants).

Pullman

2 av. Didier Daurat, dir. aéroport (sortie n° 3) – ✆ 05 34 56 11 11 – www.pullmanhotels.com 1 ASe

100 ch – †150/300 € ††150/300 € – ☐ 22 €

Rest *Le Corridor* *(fermé 27 juil.-18 août, vend. soir, sam., dim. et fériés)* – Formule 20 € – Menu 25 € – Carte 50/65 €

Dans cet hôtel d'affaires, des espaces communs cosy, une vingtaine de chambres d'esprit contemporain (les autres classiques), ainsi que de bons équipements. Carte traditionnelle et petite restauration façon tapas au bar.

Jin Ji

23 r. des Mines – ✆ 05 61 15 71 00 – www.jinjiresto.com – Fermé août, sam. midi, dim. et lundi

Rest – Formule 14 € – Menu 16 € (déj.), 31/42 €

Un restaurant coréen où officie une jeune chef... coréenne. Ici, honneur à la tradition en toute simplicité : le chou mariné (kimchi) est affiné sur place et on n'utilise pas d'exhausteurs de goût.

à Seilh 15 km par ⑧ – 3 095 h. – alt. 133 m – ✉ 31840

Mercure Golf de Seilh ch,

rte de Grenade – ✆ 05 62 13 14 15 – www.mercure-toulouse-golf-de-seilh.com

170 ch – †100/185 € ††100/185 € – 2 suites – ☐ 16 €

Rest – Formule 17 € – Menu 19 € – Carte 30/65 €

Resort d'esprit loisirs et affaires, au milieu de deux parcours de golf (18-trous). Chambres actuelles et fonctionnelles ; studios et appartements bien pratiques pour les longs séjours. Au restaurant, carte d'esprit méridional.

à Quint-Fonsegrives 12 km par ④ et D 826 – 4 714 h. – alt. 153 m – ✉ 31130

En Pleine Nature N

6 pl. de la Mairie – ✆ 05 61 45 42 12 – Fermé août, sam. midi, dim., lundi et fériés

Rest – Formule 21 € – Menu 26 € (sem.), 40/55 €

Ici, pas de menu : le chef – qui s'est installé fin 2011 – se laisse la liberté de cuisiner selon ses envies ! Il puise dans la nature, invite à une balade sur terre ou en mer... Le voyage séduit. De la finesse, du goût, de l'enthousiasme ! Un plaisir pour les papilles et les pupilles.

TOUQUES – **14 Calvados – 303** M3 – **rattaché à Deauville**

LE TOUQUET-PARIS-PLAGE – **62 Pas-de-Calais – 301** C4 – **4 785 h.** **30** A2
– **alt. 5 m – Casino : du Palais BZ, les 4 Saisons AYZ, le Touquet's AY – ✉ 62520**

Nord Pas-de-Calais Picardie

Paris 242 – Abbeville 58 – Arras 99 – Boulogne-sur-Mer 30

place de l'Hermitage, ✆ 03 21 06 72 00, www.letouquet.com

du Touquet, Avenue du Golf, S : 2 km, ✆ 03 21 06 28 00

Westminster

av. du Verger – ✆ 03 21 05 48 48 – www.westminster.fr BZa

115 ch – †145/265 € ††145/400 € – 1 suite – ☐ 21 €

Rest *Le Pavillon* ✿ **Rest *Les Cimaises*** – voir les restaurants ci-après

Ce séduisant palace de style anglo-normand est posté entre la mer et la pinède. L'intérieur est du même acabit : superbes ascenseurs dans le hall ; chambres de style Art déco et bar rétro chic. Sans oublier le très beau spa !

Aboudaram (Av. L.) . . . . **BZ** 2
Atlantique (Av. de l') . . . . . . **ABZ** 4
Bardol (R. E.) . . . . **BY** 6
Bourdonnais (Av. de la) . . . **ABY** 10
Bruxelles (R. de) . . . . **AYZ** 12
Calais (R. de) . . . . **BY** 15
Desvres (R. de) . . . . **ABY** 18
Docteur-J.-Pouget (Bd du) . . . . **AYZ** 19
Dorothée (R.) . . . . **AZ** 21
Duboc (Av. et R. J.) . . . . **ABY** 23
Garet (Av. et R. L.) . . . . **ABY** 26
Genets (Av. des) . . . . **ABZ** 27
Hubert (Av. L.) . . . . **ABY** 29
Londres (R. de) . . . . **AYZ** 31
Metz (R. de) . . . . **AYZ** 33
Monnet (R. J.) . . . . **AZ** 34
Moscou (R. de) . . . . **AYZ** 35
Oyats (Av. et R. des) . . . . . . **ABZ** 37
Paix (Av. et R. de la) . . . . . . **ABZ** 38
Paris (R. de) . . . . **AYZ** 39
Pins (Av. des) . . . . **BZ** 40
Recoussine (Av. F.) . . . . **BZ** 42
Reine-May (Av. de la) . . . . . **ABZ** 43
St-Amand (R.) . . . . **AZ** 45
St-Jean (Av. et R.) . . . . **ABZ** 46
St-Louis (R.) . . . . **AZ** 47
Tourville (Av. de l'Amiral) . . **ABY** 50
Troènes (Av. des) . . . . **BZ** 52
Verger (Av. du) . . . . **BZ** 54
Whitley (Av. J.) . . . . **BZ** 56

Holiday Inn

ch, rest,

av. Mar.-Foch – ✆ 03 21 06 85 85 – *www.holidayinnletouquet.com* **BZn**

88 ch – †129/269 € ††129/269 € – 2 suites – ☐ 17 €

Rest ***Le Picardy*** – Formule 28 € – Menu 35 € – Carte 35/65 €

À deux pas du casino, ce bel établissement dispose de chambres fonctionnelles, desservies par une galerie fleurie. Une adresse pratique pour profiter de la plage ou flâner devant les boutiques de la rue Saint-Jean.

Le Manoir Hôtel
av. du Golf, 2,5 km par ② – ✆ 03 21 06 28 28 – www.manoirhotel.com – Fermé janv.
40 ch – †115/230 € ††130/230 € – 1 suite – ☐ 15 € – ½ P
Rest – Formule 25 € – Menu 36/55 € – Carte 54/67 €
Beaucoup de golfeurs aiment à séjourner dans ce beau manoir du début du 20e s. entouré d'un jardin fleuri. La raison de cet engouement ? La proximité immédiate de la forêt et des greens, mais aussi les chambres coquettes et le bar cultivant sa petite touche "british".

Mercure Grand Hôtel (N) rest, rest,
4 bd de la Canche – ✆ 03 21 06 88 88 – www.mercure.com BYa
124 ch – †110/220 € ††110/220 € – 6 suites – ☐ 17 €
Rest *(dîner seult)* – Carte 25/65 €
Face à la baie de la Canche, ce Mercure a été entièrement rénové en 2012 : espace et confort au programme – avec un espace détente et un restaurant traditionnel. Un conseil : préférez une chambre avec vue sur la rivière.

Bristol sans rest
17 r. Jean-Monnet – ✆ 03 21 05 49 95 – www.hotelbristol.fr AZx
49 ch – †95/200 € ††95/250 € – ☐ 12 €
Entre plage et centre-ville, une coquette villa des années 1920 aux chambres petit à petit redécorées dans un style contemporain ; préférez donc les plus récentes. Bar feutré et agréable patio intérieur.

Castel Victoria (N) sans rest
11 r. de Paris – ✆ 03 21 90 01 00 – www.castel-victoria.com – Fermé janv.
25 ch – †85/195 € ††85/195 € – ☐ 12 € AZm
Non loin du front de mer, un bel hôtel du début du 20e s. Dans les chambres, jolies et contemporaines, les petits feront des rêves de châteaux de sable et les grands de bains de soleil sur la plage. Agréable bar lounge.

Jules (N) sans rest
73 r. de Moscou – ✆ 03 21 05 09 88 – www.hoteljules.eu AZf
11 ch – †50/120 € ††50/120 € – ☐ 9 €
Voilà un Jules qui a toutes les qualités ! À deux pas du centre-ville et de la plage, ce petit établissement a connu une véritable cure de jouvence en 2012, version look moderne. Ajoutez à cela un accueil charmant par ses jeunes propriétaires et des prix attractifs... Impossible de lui résister.

Flavio
1 av. du Verger – ✆ 03 21 05 10 22 – www.flavio.fr – Fermé 10 janv.-10 fév. et lundi sauf juil.-août BZr
Rest – Carte 63/110 €
Une institution du Touquet, connue pour ses beaux produits (langoustine royale, turbot, foie gras, soupe de truffe). Le poisson reste la spécialité du chef, les amateurs sont donc prévenus ! Piano, lustres et meubles de style pour le décor.

Le Pavillon – Hôtel Westminster
av. du Verger – ✆ 03 21 05 48 48 – www.westminster.fr – Ouvert fin mars-début janv. et fermé merc. sauf juil.-août et mardi BZa
Rest *(dîner seult)* – Menu 60 € (sem.)/145 € bc – Carte 85/115 €
Dans le cadre chic et classique de l'hôtel Westminster, beau palace des années 1930, on déguste une cuisine volontiers inventive, mettant en valeur des produits de qualité. La carte des vins, remarquable, est bien digne d'une bonne table.
➜ Asperges, coquillages et infusion de feuilles de kaffir. Homard, chou-fleur et arabica. Framboise, betterave rouge au siphon et croquant pistache.

Le Village Suisse
52 av. St-Jean – ✆ 03 21 05 69 93 – www.levillagesuisse.fr – Fermé 2 sem. fin nov.-début déc., dim. soir d'oct. à avril, mardi midi et lundi
Rest – Menu 26 € (sem.), 38/80 € bc – Carte 44/72 € BZe
Cette jolie villa, construite en 1905, surplombe des boutiques d'antiquités (terrasse sur les toits de ces dernières)... On y savoure une cuisine traditionnelle réalisée avec de beaux produits frais. C'est goûteux et soigné. L'adresse idéale pour les gourmands chineurs !

Le Paris

88 r. de Metz – ✆ 03 21 05 79 33 – Fermé 1 sem. fin juin, 1 sem. mi-déc., 2 sem. en fév., dim. soir hors saison, mardi et merc. AZ**p**

Rest – Formule 18 € – Menu 20 € (sem.)/32 € – Carte 43/53 €

En prise sur le marché et les saisons, une table bien appréciée dans la station. Décor contemporain, en rouge et chocolat, à quelques rues du bord de mer.

Côté Sud

187 bd du Dr-Pouget – ✆ 03 21 05 41 24 – www.le-touquet-cote-sud.com – Fermé 17 fév.-6 mars, 17-26 juin, 25 nov.-11 déc., dim. soir, lundi midi et merc. hors saison AZ**n**

Rest – Formule 16 € – Menu 19 € (sem.), 32/57 € – Carte 43/64 €

On a beau être au Nord, on n'en a pas moins le soleil dans le cœur : la preuve avec Côté Sud ! Accueil sympathique dans ce restaurant situé le long de la digue du Touquet, face à la mer. Les gourmands y savourent une cuisine dans l'air du temps, honorant le poisson, dans un cadre balnéaire, tout de blanc vêtu.

Les Cimaises – Hôtel Westminster

av. du Verger – ✆ 03 21 06 74 95 – www.westminster.com BZ**a**

Rest – Formule 33 € – Menu 40 € – Carte 50/70 €

Cette brasserie a été décorée dans l'esprit des années 1930. On y vient pour les buffets d'entrées et de desserts, les plats de poisson et la cuisine d'inspiration régionale.

TOURCOING – 59 Nord – 302 G3 – 92 389 h. – alt. 37 m – ✉ 59200 — 31 C2

Nord Pas-de-Calais Picardie

Paris 234 – Kortrijk 19 – Gent 61 – Lille 17

9, rue de Tournai, ✆ 03 20 26 89 03, www.tourcoing-tourisme.com

des Flandres, à Marcq-en-Baroeul, 159 boulevard Clémenceau, par D 670 : 9 km, ✆ 03 20 72 20 74

Accès et sorties : voir plan de Lille

Altia

4 r. Vertuquet, au Nord, près échangeur de Neuville-en-Ferrain (sortie 18) – ✆ 03 20 28 88 00 – www.altia-hotel.com **plan de Lille 3HRe**

108 ch – †71/155 € ††71/155 € – ☕ 15 € – ½ P **Rest** – Carte 23/55 €

Tout près de l'autouroute et de la frontière belge, un hôtel pratique pour la clientèle d'affaires ; préférez les chambres rénovées (2007). Au restaurant, carte traditionnelle.

La Baratte

395 r. du Clinquet – ✆ 03 20 94 45 63 – www.la-baratte.com – Fermé sam. midi, dim. soir et lundi **plan de Lille 3HRd**

Rest – Menu 20 € (déj. en sem.), 31/67 € – Carte 57/73 €

Une valeur sûre de la gastronomie tourquennoise. Résolument contemporain, le décor joue la carte de l'élégance (murs gris taupe, agréable vue sur le jardin et sa terrasse en teck), comme la cuisine : le chef ne manque pas de manière pour accommoder les beaux produits. Générosité et gourmandise au programme.

LA TOUR-D'AIGUES – 84 Vaucluse – 332 G11 – 3 945 h. – alt. 250 m — 40 B2 – ✉ 84240

Provence

Paris 752 – Aix-en-Provence 29 – Apt 35 – Avignon 81

le Château, ✆ 04 90 07 50 29, www.souriredeluberon.com

Le Petit Mas de Marie

quartier Revol – ✆ 04 90 07 48 22 – www.lepetitmasdemarie.com – Fermé vacances de la Toussaint et de fév., vend., sam. et dim. du 15 oct. au 15 avril

15 ch – †52/77 € ††67/87 € – ☕ 12 € – ½ P

Rest *(dîner seult) (résidents seult)*

Cette accueillante maison du pays d'Aigues est ceinte d'un jardin fleuri. Les chambres, provençales, sont impeccablement tenues. Cuisine aux accents du Sud au restaurant.

TOUR-DE-FAURE – 46 Lot – 337 G5 – rattaché à St-Cirq-Lapopie

LA TOUR-DU-PIN – 38 Isère – 333 F4 – 7 793 h. – alt. 350 m – ✉ 38110 Lyon et sa région 45 C2

Paris 516 – Aix-les-Bains 57 – Chambéry 51 – Grenoble 67

6, rue de l'hotel de ville, ✆ 04 74 97 14 87, www.latourdupin.fr

du Château de Faverges, à Faverges-de-la-Tour, E : 9 km par D 1516, ✆ 04 74 88 89 51

Le Bec Fin

1 pl. Alfred Boucher – ✆ 04 74 97 58 79 – www.le-bec-fin-restaurant.com – Fermé 4-25 août, dim. soir et lundi

Rest – Formule 18 € – Menu 29/49 €

Cette ancienne maison de négociant, jaune et pimpante, semble vous attendre en souriant. C'est un jeune couple qui vous accueille et les menus sont tentants : pâté de lapin aux morilles, volaille farcie aux écrevisses, etc. Vive la tradition !

à St-Didier-de-la-Tour 3 km à l'Est par N 6 – 1 778 h. – alt. 380 m – ✉ 38110

Ambroisie

64 rte du lac – ✆ 04 74 97 25 53 – www.restaurant-ambroisie.com – Fermé vacances de fév., dim. soir, mardi et merc.

Rest *(nombre de couverts limité, réserver)* – Menu 29 € (sem.), 45/70 € – Carte 56/67 €

Une vue sur le lac, une ambiance feutrée (salle aux tons grège et chocolat), une terrasse entourée de beaux platanes... Quoi de plus apaisant ? sinon une belle cuisine actuelle, ambroisie gourmande du moment.

à Montagnieu 5 km au Sud par D 17 – 862 h. – alt. 500 m – ✉ 38110

Le Petit Dauphinois

1 rte de Virieu – ✆ 04 74 97 27 23 – www.lepetitdauphinois.com – Fermé 15-30 août, 15-31 déc. et merc.

Rest *(nombre de couverts limité, réserver)* – Menu 19/32 € – Carte 25/38 €

Dans cette maison traditionnelle, la cuisine est délicate, féminine, avec un penchant pour les jolis produits. Le cadre, quant à lui, est délicieusement rétro. La formule brasserie met de bonne humeur avec des plats efficaces à prix doux.

à Rochetoirin 4 km au Nord-Ouest par N 6 et D 92 – 1 011 h. – alt. 449 m – ✉ 38110

Le Rochetoirin

10 rte de la Tour-du-Pin, (au village) – ✆ 04 74 97 60 38 – www.lerochetoirin.fr – Fermé 27 août-10 sept., 24 déc.-16 janv., merc. soir, sam. midi, dim. soir et lundi

Rest – Formule 16 € – Menu 29/58 € – Carte 41/52 €

Non pas un, mais deux restaurants : bistrot (le "Tradi") et table de chef (le "Gastro"). Deux faces d'une même envie pour cette équipe jeune et décomplexée ! Tartare de flétan au poivre de Madagascar, pigeon et bonbon au chèvre bio, cuisses de grenouilles – le dada du chef... Fraîcheur, couleur et mouvement.

TOURNEFEUILLE – 31 Haute-Garonne – 343 G3 – rattaché à Toulouse

TOURNON-SUR-RHÔNE – 07 Ardèche – 332 B3 – 10 674 h. – alt. 125 m – ✉ 07300 Ardèche Drôme 43 E2

Paris 545 – Grenoble 98 – Le Puy-en-Velay 104 – St-Étienne 77

2, place Saint-Julien, ✆ 04 75 08 10 23, www.ardeche-decouvrir.com

Terrasses★ du château B - Route panoramique★★★ B.

Plan : voir à Tain-l'Hermitage

Les Amandiers sans rest

13 av. de Nîmes – ✆ 04 75 07 24 10 – www.hotel-amandiers.com – Fermé vacances de Noël Cn

25 ch – †66 € ††75 € – ☕ 9 €

Bâtisse moderne fréquentée par la clientèle d'affaires en semaine. Les chambres y sont climatisées et bien insonorisées, avec de grandes salles de bains. Une adresse pratique à prix doux.

Azalées

6 av. de la Gare – 04 75 08 05 23 – www.hotel-azalees.com – Fermé 15 déc.-6 janv. **Bs**

39 ch – 67/90 € 67/90 € – 8,50 € – ½ P

Rest *Azalées* – voir les restaurants ci-après

Entre la gare et le centre-ville, deux bâtiments autour d'une cour, avec de petites chambres propres et bien conçues.

Tournesol

44 av. du Mar.-Foch, par ④ – 04 75 07 08 26 – www.letournesol.net – Fermé 1 sem. vacances de Pâques, 3 sem. en août, 1 sem. vacances de la Toussaint, 3 sem. en fév., dim. soir, mardi et merc.

Rest – Formule 19 € – Menu 27/36 € – Carte 30/42 €

Un restaurant chaleureux, aux murs habillés de pierre ou de bois. Comme le tournesol, ici, la carte suit le soleil et les saisons. Les amateurs de vins apprécieront la belle sélection de côtes-du-rhône exposés dans une cave vitrée. Prix attractifs.

Azalées

6 av. de la Gare – 04 75 08 05 23 – www.hotel-azalees.com – Fermé 15 déc.-6 janv. et dim. soir du 15 oct. au 15 mars **Bs**

Rest – Formule 9 € bc – Menu 13 € bc (déj. en sem.), 23/34 € – Carte 25/37 €

Tomates, poireaux, haricots vert, pommes de terre... Ici, les gourmands se régalent d'une cuisine traditionnelle faisant la part belle aux légumes du potager familial. Prix raisonnables.

Le Chaudron

7 r. St-Antoine – 04 75 08 17 90 – Fermé 2 sem. en août, 24 déc.-2 janv., mardi soir, jeudi soir et dim. **Br**

Rest – Menu 22/38 € – Carte 30/55 €

Un petit bistrot sympathique, dans une ruelle du centre-ville. Boiseries, banquettes... et dans le chaudron du chef, les produits du marché. Joli choix de vins du Rhône. Aux beaux jours, on profite de la terrasse ombragée.

TOURNUS – 71 Saône-et-Loire – 320 J10 – 5 884 h. – alt. 193 m – ✉ 71700 Bourgogne **8 C3**

Paris 360 – Bourg-en-Bresse 70 – Chalon-sur-Saône 28 – Mâcon 37

2, place de l'Abbaye, 03 85 27 00 20, www.tournugeois.fr

Abbaye★★.

Plan page suivante

Greuze

5 pl. de l'Abbaye – 03 85 51 77 77 – www.hotelgreuze.fr **e**

19 ch – 100/210 € 145/225 € – 2 suites – 16 €

Rest *Greuze* – voir les restaurants ci-après

Entre l'abbaye St-Philibert (10e-11e s.) et le centre-ville, une belle demeure bressane avec une agréable terrasse où l'on prend son petit-déjeuner aux beaux jours. Chambres spacieuses et raffinées, d'esprit Louis XVI, Directoire, Empire...

Le Rempart

2 av. Gambetta – 03 85 51 10 56 – www.lerempart.com **x**

28 ch – 84/180 € 99/195 € – 5 suites – 16 €

Rest *Quartier Gourmand* – voir les restaurants ci-après

Rest *Le Bistrot* – Menu 20/30 € – Carte 30/48 €

En 1956, lorsque le père du propriétaire a fondé cet hôtel sur les anciens remparts de Tournus, ce n'était qu'une affaire familiale toute simple... qui a crû et embelli au fil des ans. Aujourd'hui, cette maison du 15e s. affiche un bel esprit contemporain (sauf quelques chambres plus anciennes). Tradition... et modernité !

La Tour du Trésorier

9 pl. de l'Abbaye – ✆ 03 85 27 00 47 – www.tour-du-tresorier.com – Fermé vacances de la Toussaint n

5 ch – 135/185 € 135/185 € **Table d'hôte** – Menu 35 €

Dans cette belle maison médiévale, flanquée d'une superbe tour, le charme historique le dispute à l'épure contemporaine. Raffinement... Accueil charmant, magnifique jardin et, à l'heure des gourmandises, cuisine du marché et dégustation de vins.

Greuze (Yohann Chapuis) – Hôtel Greuze

1 r. Albert Thibaudet – ✆ 03 85 51 13 52 – Fermé 19 nov.-5 déc., 21 janv.-6 fév., mardi sauf le soir d'avril à oct., jeudi midi et merc. e

Rest – Menu 39/95 €

Pour l'anecdote, cette jolie maison fut d'abord un orphelinat fréquenté par Jean Ducloux... Ce dernier s'était promis d'en faire un restaurant et a tenu son pari avec le succès que l'on sait. Depuis, la tradition se perpétue ! Aujourd'hui, on y savoure une cuisine fine et délicate, signée par un jeune chef qui jongle entre saveurs régionales et modernité.

➜ Cuisses de grenouilles en deux façons. Lièvre à la royale. Soufflé chaud au Grand Marnier. **Vins** Rully, Pouilly-Fuissé.

Quartier Gourmand – Hôtel Le Rempart

2 av. Gambetta – ✆ 03 85 51 10 56 – www.lerempart.com x

Rest *(fermé 2-16 avril, 24 nov.- 10 déc., jeudi midi de mai à oct., lundi et mardi)* – Menu 35/77 € – Carte 60/80 €

Un décor cossu pour une belle table gastronomique. Le chef a le souci du travail bien fait : il signe une cuisine de qualité, au classicisme soigné, où transparaît le souci de faire plaisir... Voilà bien un Quartier Gourmand !

➜ Canneloni d'escargots de Bourgogne farci de blette et champignons sauvages. Quenelle de brochet, morilles braisées, févettes et queues d'écrevisses sauce Nantua. Soufflé chaud au Grand Marnier.

XX **Aux Terrasses** (Jean-Michel Carrette) avec ch

18 av. du 23 Janvier – 03 85 51 01 74 – www.aux-terrasses.com – Fermé 26 mai-6 juin, dim. soir, mardi midi et lundi **d**

25 ch – 75 € 90/140 € – 15 €

Rest – Menu 24 € (déj. en sem.), 35/80 € – Carte 65/80 €

Une étape de charme ! Une salle chic, confortable et tendance, un jardin paisible, un accueil attentionné... pour une cuisine du moment tout en subtilité, entretenant une jolie complicité avec le terroir. Pour prolonger l'évasion, des chambres agréables.

➜ Gros escargots de Bourgogne en tempura. Piccatta d'aloyau de bœuf de Charolles, légumes bio sautés et bouillon aux saveurs d'Asie du Sud-Est. Le 104 : glace au chèvre frais, fraise et betterave rouge. **Vins** Pouilly-Fuissé, Mâcon Cruzille.

XX **Meulien** (Valéry Meulien)

1 bis av. des Alpes – 03 85 51 20 86 – www.meulien.com – Fermé 18 fév.-7 mars, dim. soir, mardi midi et lundi **t**

Rest – Menu 24 € (déj. en sem.), 33/72 € – Carte 60/70 €

Un cadre design et chaleureux... pour une cuisine au diapason ! Gingembre, combava, coriandre, etc. Le chef a le goût des voyages et livre une cuisine subtile, parfumée d'épices enivrantes. Les légumes sont succulents, les produits bourguignons habilement mis en valeur, les saveurs pleines de peps. Voilà qui enchante...

➜ Flan chaud au parmesan, jambon de Parme et trompettes-de-la-mort. Poulette de Bresse façon poule au pot, morilles et crème de vin jaune. Soufflé chaud au Grand Marnier.

XX **Le Terminus** avec ch

21 av. Gambetta – 03 85 51 05 54 – www.hotel-terminus-tournus.com – Fermé dim. midi, jeudi midi et merc. **s**

11 ch – 70 € 70 € – 11 € – ½ P **Rest** – Formule 15 € – Carte 28/54 €

À la carte de cet ancien buffet de gare 1900 : soupe froide de petits pois, filet de lieu jaune et ses belles asperges, paris-brest (esprit ferroviaire oblige !), etc. Les propositions du chef mettent en appétit. À l'étage, quelques chambres agréables et bien équipées.

à Le Villars 4 km au Sud par N 6 et D 210 – 259 h. – alt. 184 m – ✉ 71700

X **L'Auberge des Gourmets**

9 pl. de l'Église – 03 85 32 58 80 – www.aubergedesgourmets.fr – Fermé 3-12 juin, 4-13 nov., 7-30 janv., dim. soir, mardi et merc.

Rest – Menu 25 € (sem.), 31/58 € – Carte 40/61 €

Une jolie petite auberge jaune aux volets bleus, cosy avec ses pierres et ses poutres apparentes. Par la lucarne, on observe le chef s'affairer aux fourneaux... avant de se lécher les babines : sa cuisine, classique et fine, est délicieuse !

à Ozenay 6 km au Sud-Ouest par D 14 – 215 h. – alt. 250 m – ✉ 71700

XX **Le Relais d'Ozenay**

Le Bourg – 03 85 32 17 93 – www.le-relais-dozenay.com – Fermé 30 oct.-2 nov., 1er-21 janv., mardi hors saison et merc.

Rest – Menu 19 € (déj. en sem.), 29/49 € – Carte 47/71 €

Un restaurant feutré et son agréable terrasse, dans un village pittoresque. Le chef, au joli parcours, travaille de beaux produits (bio et locaux). Résultat : une cuisine savoureuse accompagnée de bons vins du Mâconnais, le tout à prix sage.

à Mancey 5 km à l'Ouest par D 215 – 391 h. – alt. 280 m – ✉ 71240

X **Auberge du Col des Chèvres**

Dulphey – 03 85 51 06 38 – www.aubergeducoldeschevres.fr – Fermé 2-9 juil., 1 sem. en fév., dim. soir d'oct. à juin, mardi et merc.

Rest – Menu 19 € (sem.), 27/33 € – Carte environ 33 €

Le goût du terroir, le sens des produits et le charme de la campagne... L'enseigne évoque tout cela à la fois et ne trompe pas : le chef concocte une cuisine fine et savoureuse qui ravit les gourmands.

à Brancion 14 km à l'Ouest par D 14 - ✉71700 Martailly-les-Brancion

Donjon du château ≤★.

La Montagne de Brancion

au col de Brancion – ☎ 03 85 51 12 40 – www.brancion.com – Fermé janv. et fév.
12 ch – †115/240 € ††150/240 € – 4 suites – ☐ 18 € – ½ P
Rest *La Montagne de Brancion* – voir les restaurants ci-après
Les vignes et les monts du Mâconnais à perte de vue : cette charmante demeure est si paisible... Et côté déco, un esprit zen et contemporain pour des chambres aussi exquises que le petit-déjeuner. Trop de quiétude ? Le propriétaire, pilote d'ULM, organise des baptêmes de l'air !

La Montagne de Brancion

au col de Brancion – ☎ 03 85 51 12 40 – www.brancion.com – Fermé janv.-fév., lundi midi, mardi midi, merc. midi et jeudi midi
Rest – Formule 20 € – Menu 25 € (déj. en sem.), 35/75 € – Carte 54/88 €
Tartare de crabe et crémeux de courgette, épaule d'agneau confite et son lit d'épeautre, sorbet à la pêche de vigne... Une cuisine fine et fraîche dans un cadre contemporain. L'été, on file sur la divine terrasse, presque au cœur des vignes.

TOURRETTES – 83 Var – 340 P4 – 2 697 h. – alt. 350 m – ✉ 83440 41 C3

Côte d'Azur

Paris 884 – Castellane 56 – Draguignan 31 – Fréjus 35

au Sud 6 km sur D 56 – ✉ 83440 Tourrettes

Terre Blanche

3100 rte de Bagnols-en-Forêt, (Domaine de Terre Blanche) – ☎ 04 94 39 90 00 – www.terre-blanche.com
115 suites – ††335/2105 € – ☐ 46 €
Rest *Faventia* – voir les restaurants ci-après
Rest *Gaudina Lounge* – Carte 61/99 €
Rest *Les Caroubiers* – Formule 29 € – Menu 39 € (déj.)/51 €
Sentiment d'exclusivité sur les hauteurs de l'arrière-pays, entre St-Raphaël et Cannes... Tout semble idyllique dans ce domaine de 265 ha, dédié au repos des sens : luxe sans ostentation (beaux matériaux naturels), espace (vastes suites disséminées dans 45 villas), piscines, golf 18 trous, plusieurs restaurants... Mention spéciale au spa, sommet du genre !

Faventia – Hôtel Terre Blanche

3100 rte de Bagnols-en-Forêt, (Domaine de Terre Blanche) – ☎ 04 94 39 90 00 – www.terre-blanche.com – Ouvert 21 mars-2 nov. et fermé dim. et lundi
Rest *(dîner seult)* – Menu 120/170 € – Carte 145/196 €
Au sein du luxueux domaine hôtelier de Terre Blanche, qui semble si protégé du monde extérieur, on dîne en tête-à-tête avec la Provence : en terrasse, le panorama est superbe et les assiettes, jolies, embaument les parfums de la région...

TOURRETTES-SUR-LOUP – 06 Alpes-Maritimes – 341 D5 – 4 110 h. – alt. 400 m – ✉ 06140 42 E2

Côte d'Azur

Paris 929 – Grasse 18 – Nice 29 – Vence 6

2, place de la Libération, ☎ 04 93 24 18 93, www.tourrettessurloup.com

Vieux village★ - ≤★ sur le village de la route des Quenières.

Résidence des Chevaliers sans rest

521 rte du Caire – ☎ 04 93 59 31 97 – www.hoteldeschevaliers06.monsite.wanadoo.fr – Ouvert 1er avril-1er oct.
12 ch – †100/210 € ††130/210 € – ☐ 14 €
Vue splendide sur la côte et le village, grande quiétude, jardin, jolie piscine : l'endroit idéal pour se reposer. Dans une veine rustique et provençale, cet hôtel ne manque pas de cachet ; les chambres sont simples – presque monacales – et bien agréables...

Histoires de Bastide sans rest
chemin du Moulin à Farine – 04 93 59 08 46 – www.histoiresdebastide.com
5 ch – 140/210 € 140/210 € – 15 €
Au bout d'un petit chemin, une belle bastide du 18e s. typiquement méridionale... La preuve ? Les chambres, au style provençal raffiné, rendent hommage à Pagnol ("Château de ma mère", etc.) et, dans le superbe jardin, on peut faire la sieste à l'ombre des oliviers... Joli hammam, massages sur réservation.

Clovis (Julien Bousseau)
21 Grand-Rue – 04 93 58 87 04 – www.clovis-gourmand.fr – Fermé 2 sem. en déc., 3 sem. en fév., lundi et mardi
Rest *(nombre de couverts limité, réserver)* – Formule 22 € – Menu 35/85 € bc – Carte 48/60 €
Dans ce bistrot contemporain plutôt intime, le jeune chef maîtrise... l'art de la simplicité ! Respectueux des saisons, il aime décliner un même produit (fenouil, veau, etc.) autour d'une entrée et d'un plat. Originalité, grande fraîcheur, exécution soignée : la formule du plaisir.
→ Tomates anciennes de Tourrettes au gingembre, avocat, coriandre et amande. Saint-pierre mi-fumé, mi-confit et purée de fenouil à la pomme granny smith. Cerises au kirsch, financier pistache, noisettes et glace au lait. **Vins** Vin de pays des Alpes Maritimes.

Le Médiéval
6 Grand-Rue – 04 93 59 31 63 – Fermé 5-20 déc., 5-15 janv., merc. soir et jeudi
Rest – Menu 20/35 € – Carte 41/77 €
Un restaurant tout simple tenu par deux frères avenants... Son atmosphère rustique, sa jolie terrasse ombragée le rendent bien sympathique ; on y savoure une cuisine traditionnelle copieuse et sans chichis.

TOURS P – 37 Indre-et-Loire – 317 N4 – 135 218 h. – 11 B2
Agglo. 344 739 h. – alt. 60 m – 37000 Châteaux de la Loire

Paris 237 – Angers 124 – Bordeaux 346 – Le Mans 84
de Tours-Val de Loire 02 47 49 37 00, 7 km au NE U.
78-82, rue Bernard Palissy, 02 47 70 37 37, www.tours-tourisme.fr
de Touraine, à Ballan-Miré, Château de la Touche, SO : 10 km par D 751, 02 47 53 20 28
d'Ardrée, à Saint-Antoine-du-Rocher, N : 12 km par D 2, 02 47 56 77 38
Quartier de la cathédrale★★ : cathédrale St-Gatien★★, musée des Beaux-Arts★★ - La Psalette (cloître St-Gratien)★, Place Grégoire-de-Tours★ - Vieux Tours★★★ : place Plumereau★ , hôtel Gouin★, rue Briçonnet★ - Quartier de St-Julien★ : musée du Compagnonnage★★, Jardin de Beaune-Semblançay★ BY K - Musée des Équipages militaires et du Train★ V M5 - Prieuré de St-Cosme★ O : 3 km V.

Plans pages 1810, 1811, 1812

L'Univers
5 bd Heurteloup – 02 47 05 37 12 – www.oceaniahotels.com CZu
82 ch – 215/295 € 215/295 € – 3 suites – 15 €
Rest *(fermé le midi du 14 juil. au 22 août, sam. et dim.)* – Formule 22 € – Menu 29 € – Carte 29/49 €
Accueil en grande pompe, dans le hall, avec une fresque représentant les plus célèbres clients de l'hôtel : Churchill, Hemingway... Depuis 1846, le meilleur établissement de Tours reçoit dans un esprit "petit palace" : marbre, boiseries, etc. Le must : siroter un cocktail au bar qui propose, en outre, une belle carte de whiskys.

Château Belmont
57 r. Groison – 02 47 46 65 00 – www.chateaubelmont.com Uv
56 ch – 200/355 € 200/355 € – 9 suites – 19 €
Rest – Formule 20 € – Menu 24 € (déj.), 34/39 €
Se croire à la campagne tout en étant en ville ! Cet hôtel, abrité dans un parc de 2,5 ha, est un véritable havre de paix. De surcroît, l'établissement – entièrement rénové en 2011 – offre un cadre épuré et chic.

TOURS

A
B
Y
Z
Pont
0
300 m
ÎLE SIMON
Pont Wilson
BIBLIOTHÈQUE
Gabares
Pl. A. France
MUSÉE DU COMPAGNONNAGE
Napoléon
Promenade
des
Quai du Pont Neuf
Tanneurs
Jardin François 1er
HÔTEL GOUIN
St-Julien
Commerce
R. Cerisiers
Bretonneau
PL. PLUMEREAU
N. D. LA RICHE
du Grd Marché
Victoire
Pl. de la Résistance
Halles
R. des Déportés
Foch
Basilique St-Martin
Destouches
Pl. Rouget de l'Isle
Pl. des Halles
Néricault
Clocheville
Nationale
Pl. du 14 Juillet
Rouget de l'Isle
Bourde
Pl. G. Paillhou
Rue H. Barbusse
Charpentier
Pl. J. Meunier
CLOCHEVILLE
R. de Courset
Rue Chanoineau
R. de la Grandière
Marceau
Rue E. Pallu
Cité A. Mame
Delperier
Pl. N. Frumeaud
Boulevard Béranger
Rue Hugo
Pl. St Eloi
Victor-
Rue Simier
G. d'Entraigues
Rue Georget
R. Jehan Fouquet
Sébastopol
Sand

Grand Passage .... CZ 50
Grégoire-de-Tours (Pl.) .... DY 52
Grosse-Tour (R. de la) ..... AY 55
Halles (Pl. des) .... AZ
Halles (R. des) .... BY
Herbes (Carroi aux) .... AY 56
Lavoisier (R.) .... CY 60
Manceau (R.) .... DY 61
Marceau (R.) .... BYZ
Merville (R. du Prés.) ...... BY 65
Meusnier (R. Gén.) .... DY 66
Monnaie (R. de la) .... BY 68
Mûrier (R. du) .... AY 71
Nationale (R.) .... BYZ
Paix (R. de la) .... BY 73
Petites-Boucheries (Pl. des) .... DY 80
Petit-Cupidon (R. du) ..... DY 77
Petit-St-Martin (R. du) ..... AY 78
Racine (R.) .... DY 84
Rapin (R.) .... AZ 85
St-Pierre-le-Puellier (Pl.) .... ABY 93
Scellerie (R. de la) ...... BCY
Sully (R. de) .... BZ 96
Victoire (Pl. de la) .... AY 103
Vinci (R. Léonard de) ...... BZ 104

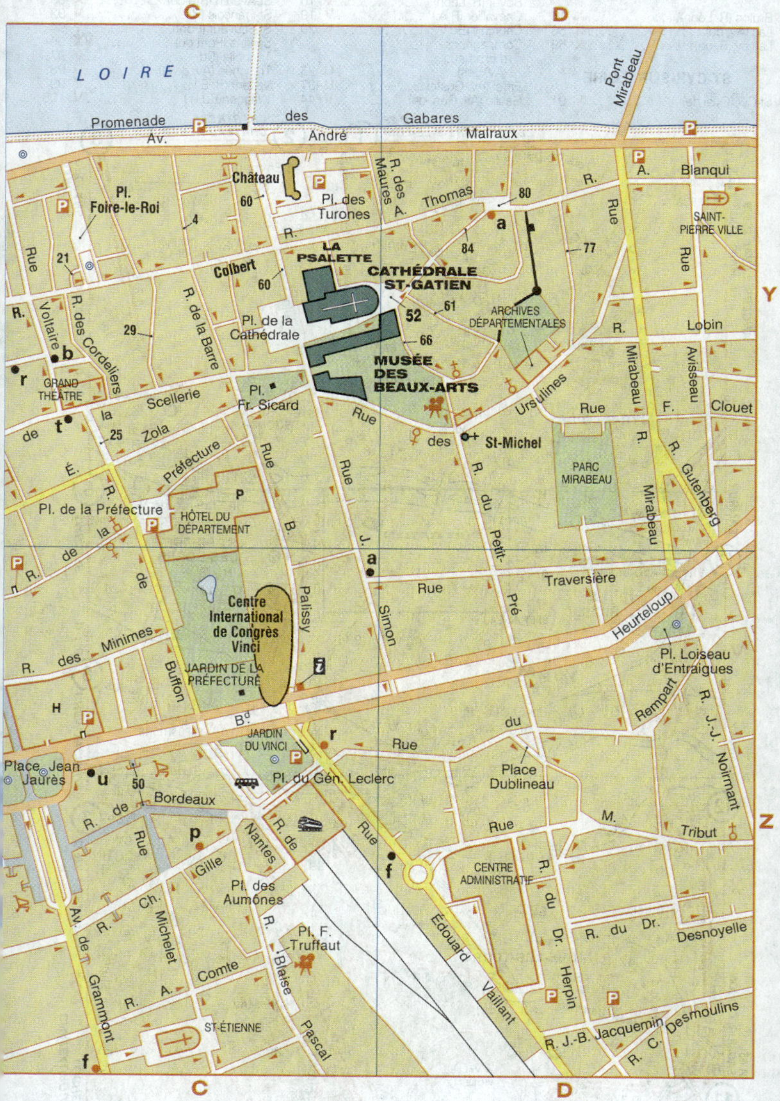

CHAMBRAY-LÈS-TOURS

République (Av. de la) . . . . X 88

JOUÉ-LÈS-TOURS

Martyrs (R. des) . . . . X 64
Verdun (R. de) . . . . X 102

ST-AVERTIN

Brulon (R. Léon) . . . . X 14
Lac (Av. du) . . . . X 58
Larçay (R. de) . . . . X 59

ST-CYR-SUR -LOIRE

St-Cyr (Quai de) . . . . V 91

ST-PIERRE-DES-CORPS

Jaurès (Boulevard Jean) . . . . V 57
Moulin (R. Jean) . . . . V 70

TOURS

Alouette (Av. de l') . . . . X 2
Bordeaux (Av. de) . . . . X 51
Bordiers (R. des) . . . . U 9
Boyer (R. Léon) . . . . V 10
Chevallier (R.A.) . . . . V 19
Churchill (Bd W.) . . . . V 20
Compagnons
d'Emmaüs
(Av. des) . . . . U 23
Eiffel (Av. Gustave) . . . . U 37
Gaulle (Av. Gén.-de) . . . . V 44
Giraudeau (R.) . . . . V 46
Grammont (Av. de) . . . . V 47
Groison (R.) . . . . U 54
Marmoutier
(Quai de) . . . . U 63
Monnet (Bd J.) . . . . V 69
Portillon (Quai de) . . . . U 81
Proud'hon (Av.) . . . . V 82
République
(Av. de la) . . . . X 88
St-Avertin (Rte de) . . . . X 89
St-François (R.) . . . . V 92
St-Sauveur (Pont) . . . . V 94
Sanitas (Pont du) . . . . VX 95
Tonnellé (Bd) . . . . V 97
Tranchée (Av. de la) . . . . U 98
Vaillant (R. E.) . . . . V 99
Wagner (Bd R.) . . . . V 105

Central Hôtel sans rest

21 r. Berthelot – ✆ 02 47 05 46 44 – www.bestwesterncentralhoteltours.com – Fermé 24 déc.-2 janv. CYr

35 ch – †110/122 € ††122/155 € – 2 suites – ☐ 15 €

Central, tel est le moins que l'on puisse dire pour cet hôtel – bâtisse du 19e s. – proche du musée du Compagnonnage, du Grand Théâtre, etc. Chambres classiques, bien tenues. Aux beaux jours, le petit-déjeuner se prend en terrasse !

Mercure Centre sans rest

29 r. Edouard-Vaillant – ✆ 02 47 60 40 60 – www.mercure.com DZf

92 ch – †105/165 € ††105/165 € – ☐ 14 €

Parfait pour une étape, ce Mercure a l'avantage d'être à deux pas de la gare. Les chambres donnent sur la rue ou la voie ferrée, mais l'insonorisation est excellente.

Kyriad sans rest

65 av. de Grammont – ✆ 02 47 64 71 78 – www.kyriad-tours-centre.fr

50 ch – †95/105 € ††95/105 € – ☐ 10 € Vs

Ici, aucun problème pour se garer ! Situé sur un grand boulevard, cet hôtel proche du centre-ville dispose d'un parking souterrain. Les chambres sont fonctionnelles, le buffet du petit-déjeuner copieux.

Hôtel du Manoir sans rest

2 r. Traversière – ✆ 02 47 05 37 37 – http://site.voila.fr/hotel.manoir.tours

20 ch – †58/66 € ††64/74 € – ☐ 10 € CZa

Pour accéder à l'hôtel, poussez la grille verte et traversez la petite cour... Cette demeure du 19e s., proche de la cathédrale, propose des chambres confortables dont certaines sont mansardées. Produits bio et locaux composent le petit-déjeuner. Ambiance familiale.

L'Adresse sans rest

12 r. de la Rôtisserie – ✆ 02 47 20 85 76 – www.hotel-ladresse.com AYu

17 ch – †55 € ††75/100 € – ☐ 8,50 €

Dans le quartier historique du Plumereau, l'adresse est incontournable ! Ses chambres cosy (dessus-de-lit en boutis, tons pastel, fauteuils en rotin, poutres apparentes...) en font un lieu parfait pour une escapade.

Ronsard sans rest

2 r. Pimbert – ✆ 02 47 05 25 36 – www.hotel-ronsard.com – Fermé 23 déc.-6 janv. CYb

20 ch – †60/74 € ††75/81 € – ☐ 8,50 €

L'histoire ne dit pas si l'auteur des Sonnets pour Hélène aurait aimé l'endroit, lui qui vécut et mourut tout près, au Prieuré de St-Cosme. Quoi qu'il en soit, cet hôtel – entièrement rénové en 2009 – est parfait pour découvrir la ville. Accueil très aimable.

Hôtel du Théâtre sans rest

57 r. de la Scellerie – ✆ 02 47 05 31 29 – www.hotel-du-theatre37.com

14 ch – †65/74 € ††70/90 € – ☐ 8,50 € CYt

Dans cette maison du 15e s., face au Grand Théâtre, les trois coups du brigadier se font peut-être entendre ! Le cadre est intime. Rue animée, préférez les chambres – plus calmes – côté cour.

Châteaux de la Loire sans rest

12 r. Gambetta – ✆ 02 47 05 10 05 – www.hoteldeschateaux.fr – Ouvert 25 mars- 20 déc. BZx

30 ch – †52/72 € ††52/82 € – ☐ 8,50 €

Cet hôtel, entre la gare et le vieux Tours, dispose de chambres fonctionnelles assez confortables et d'un parking à proximité. Accueil sympathique et familial.

XXX **La Roche Le Roy** (Alain Couturier)

55 rte St-Avertin – ✆ 02 47 27 22 00 – www.rocheleroy.com
– Fermé 3-26 août, vacances de fév., dim. et lundi Xr

Rest – Menu 35 € (déj.), 60/95 € bc – Carte 65/85 €

À deux minutes du centre-ville, dans cette charmante gentilhommière tourangelle, on met un point d'honneur à réaliser une belle cuisine classique, avec maîtrise et soin. Accueil et service sont des plus charmants.

➜ Asperges vertes à l'œuf cassé, dentelle de parmesan et lard paysan. Dos de sandre rôti en croûte de pain d'épice au beurre blanc. Soufflé au Grand Marnier. **Vins** Vouvray, Saint Nicolas-de-Bourgueil.

XXX **Charles Barrier** (Hervé Lussault)

101 av. de la Tranchée – ✆ 02 47 54 20 39 – www.charles-barrier.fr – Fermé sam. midi et dim. sauf fériés Ue

Rest – Menu 37 € (sem.), 57/105 € – Carte 79/153 €

De très beaux produits pour cette cuisine classique que le chef revisite avec succès ! Les cuissons, sauces et jus sont parfaitement maîtrisés. Dans les assiettes, gourmandes et savoureuses, c'est un festival pour les papilles...

➜ Langoustines croustillantes aux épices douces et légumes confits. Cœur de ris de veau doré, fricassée de champignons et artichauts, jus de veau aux truffes. Soufflé chaud au Grand Marnier et sorbet pamplemousse. **Vins** Vouvray, Chinon.

XX **Le Thélème**

30 r. Charles-Gille – ✆ 02 47 61 28 40 – www.letheleme.com – Fermé 2 sem. en août, sam. midi et dim. CZp

Rest – Formule 20 € – Menu 26/36 € – Carte 36/50 €

Chaises en simili cuir, murs recouverts de faïence, tables en bois : ce restaurant – sur trois niveaux façon mezzanine – joue avec les matières. La carte, elle, varie au rythme des saisons. Une cuisine aux saveurs marquées, gourmande et parfumée.

XX **La Chope**

25 bis av. de Grammont – ✆ 02 47 20 15 15 – www.lachope.info
– Fermé 22 juil.-5 août CZf

Rest – Formule 18 € – Menu 20/24 € – Carte 30/52 €

L'écailler de Tours depuis 1902, avec son décor Belle Époque : banquettes en velours rouge, comptoir en zinc, miroirs et lampes tulipe. Grand choix d'huîtres (Gillardeau, Cancale), de poissons et de fruits de mer. Une belle et bonne brasserie.

XX **L'Odéon**

10 pl. du Gén.-Leclerc – ✆ 02 47 20 12 65 – www.restaurant-lodeon.com – Fermé 6-19 août, 1er-15 janv. et dim. CZr

Rest – Formule 27 € – Menu 29/57 € – Carte 49/78 €

Ce restaurant est l'un des plus anciens de la capitale tourangelle – il est né en 1893 – mais il vit avec son temps, dans le décor comme dans l'assiette. Le chef signe une cuisine traditionnelle teintée d'originalité, exécutée avec soin. Bon choix de vins au verre.

X **Le Saint-Honoré**

7 pl. des Petites-Boucheries – ✆ 02 47 61 93 82 – Fermé 5-20 août, 22 déc.-2 janv., 1 sem. vacances de fév., sam. et dim. DYa

Rest (*nombre de couverts limité, réserver*) – Menu 27/45 € – Carte 42/53 €

Installé dans une ancienne boulangerie de 1625, qui a conservé son four, ce restaurant a tout pour plaire aux amateurs d'authenticité. Le chef fait pousser ses légumes dans son potager et signe une cuisine délicate, gourmande, pleine de saveurs...

X **Barju**

15 r. du Change – ✆ 02 47 64 91 12 – www.barju.fr – Fermé 1 sem. vacances de printemps, 2 sem. en août, 1 sem. vacances de la Toussaint et de Noël, 1 sem. vacances de fév., dim. et lundi ABYt

Rest (*réserver*) – Formule 22 € bc – Menu 51 € (dîner) – Carte 48/66 €

Ambiance animée et conviviale dans ce sympathique restaurant du vieux Tours ! La patte du chef ? Le goût des épices – acquis chez Roellinger – et la priorité aux saveurs de la mer. Une cuisine goûteuse et généreuse.

La Deuvalière

18 r. de la Monnaie – ✆ 02 47 64 01 57 – www.restaurant-ladeuvaliere.com – Fermé sam. midi, dim. et lundi BYe

Rest – Formule 16 € – Menu 31/35 €

Parcours atypique pour ce chef, originaire de Jérusalem, ex-officier de marine, formé à l'institut Bocuse... Une reconversion réussie : au fil des saisons, il signe des plats fort appétissants, toujours bien construits. Autre atout : le cadre chaleureux de cette maison du 15ᵉ s. (tuffeau, cheminée, etc.).

La Famille By Bardet

10 r. Grosse-Tour – ✆ 02 47 39 24 83 – www.restaurant-lafamille.fr – Fermé dim. soir et merc. AYf

Rest – Formule 19 € – Menu 24 € – Carte 46/62 €

Un restaurant arty et branché au cœur du vieux Tours. Derrière les fourneaux, le chef – un ancien autodidacte qui a épousé la fille de Jean Bardet, figure de la cuisine locale – a la passion de la cuisine chevillée au corps : son investissement paie dans l'assiette, savoureuse, colorée et parfumée ! Accueil très aimable.

La Trattoria des Halles

31 pl. Gaston-Pailhou – ✆ 02 47 64 26 64 – www.latrattoriadeshalles.com – Fermé août AZb

Rest – Carte 32/48 €

Ambiance branchée et déco design dans ce restaurant situé face aux Halles. La chef, d'origine russe, prépare une cuisine fusion d'inspiration italienne... Les assiettes sont gourmandes et bien dressées. C'est coloré et parfumé.

Le Bistrot de la Tranchée

103 av. de la Tranchée – ✆ 02 47 41 09 08 – www.charles-barrier.fr – Fermé 23 juil.-20 août, dim. et lundi Us

Rest – Formule 10 € – Menu 15 € (déj. en sem.), 20/27 € – Carte 28/36 €

On y mange au coude-à-coude tant il attire de monde ! Aux fourneaux de ce sympathique bistrot, une équipe jeune et dynamique signe une belle cuisine canaille et gourmande. Le rapport qualité-prix est excellent ! À savoir : cette table dépend du fameux restaurant Charles Barrier, mitoyen.

Casse-Cailloux

26 r. Jehan-Fouquet – ✆ 02 47 61 60 64 – www.casse-cailloux.fr – Fermé 1 sem. vacances de printemps, 3 sem. en août, 24-31 déc., merc. midi, sam. et dim. BZd

Rest *(nombre de couverts limité, réserver)* – Formule 24 € – Menu 29 €

Pas besoin de voir grand pour faire de la belle cuisine ! La preuve avec ce bistrot de poche, où l'on sait ce que "bien manger" veut dire... Sur l'ardoise, le choix du chef est ciblé et saisonnier ; dans l'assiette, cuissons et assaisonnements sont impeccables.

L'Atelier Gourmand

37 r. Étienne-Marcel – ✆ 02 47 38 59 87 – www.lateliergourmand.fr – Fermé 23 déc.-15 janv., sam. midi, dim. et lundi AYz

Rest – Formule 12 € – Menu 23 € – Carte 33/42 €

Couleurs pétantes, chaises en plexi, tables inox... Entre ses murs du 15ᵉ s., ce restaurant arbore une déco qui décoiffe. Côté assiettes, l'adresse, tenue par deux frères, semble démontrer que la gourmandise est une affaire de gènes !

Les Linottes

22 r. Georges-Courteline – ✆ 02 47 38 34 82 – www.leslinottesgourmandes.com – Fermé 2 sem. fin juil.-début août, 1 sem. début janv., sam. et dim.

Rest *(nombre de couverts limité, réserver)* – Formule 13 € – Menu 30/49 € AYb

Ambiance bistrot dans le cadre chaleureux (pierres et poutres apparentes, cheminée) de cette maison à colombages du vieux Tours. Réjouissant menu à l'ardoise. Les têtes de linotte – et les autres – apprécieront !

L'Arôme

26 r. Colbert – ✆ 02 47 05 99 81 – Fermé 2 sem. fin août-début sept., 3 sem. fin fév. à mi-mars, dim. et lundi BY**m**

Rest *(nombre de couverts limité, réserver)* – Formule 12 € – Menu 22 € (déj. en sem.)/29 € – Carte 26/37 €

Le bouche-à-oreille le dit à juste titre : l'endroit est jeune, dynamique, sérieux et fait la part belle à la cuisine du marché. On se régale à prix doux, par exemple d'un marbré de cèpes accompagné de vins bien choisis. Une bonne adresse.

Le Rif

12 av. Maginot – ✆ 02 47 51 12 44 – www.le-rif.fr – Fermé 20 juil.-20 août, merc. soir du 20 sept. au 20 juin, dim. sauf le midi du 20 juin au 20 sept. et lundi.

Rest – Formule 15 € – Menu 27 € bc/32 € bc – Carte 22/36 € U**f**

Bricks, couscous et tajines (aux pruneaux, aux olives...) sont, avec l'accueil, les vedettes de ce restaurant marocain tenu en famille depuis plus de 20 ans. Ici, le soleil brille dans les cœurs comme dans les assiettes !

à Rochecorbon 6 km par ④ – 3 282 h. – alt. 58 m – ✉ 37210

place observatoire, ✆ 02 47 52 80 22, www.mairie-rochecorbon.fr

Les Hautes Roches

86 quai de Loire – ✆ 02 47 52 88 88 – www.leshautesroches.com – Fermé 10 fév.-29 mars

14 ch – 190/295 € 220/295 € – 20 €

Rest ***Les Hautes Roches*** – voir les restaurants ci-après

Installé dans un ancien monastère en partie troglodyte, face à la Loire, cet hôtel creusé dans le tuffeau a du caractère ! Seules les fenêtres percées dans la falaise indiquent la présence de chambres. Une adresse insolite pour une expérience inédite.

Les Hautes Roches

86 quai de Loire – ✆ 02 47 52 88 88 – www.leshautesroches.com – Fermé 10 fév.-29 mars, dim. soir et lundi

Rest – Menu 56/95 € – Carte 71/89 €

Aux beaux jours, la terrasse qui domine le "fleuve royal" est incontournable, et rivalise avec l'élégance épurée de la salle. Le chef, breton d'origine, marie les influences océanes aux produits régionaux. Une cuisine franche et maîtrisée.

➜ Foie gras de canard cuit au vin du coteau "comme un nougat" et fruits tapés. Dos de sandre au beurre blanc nantais, légumes en saugrenée. Tarte fine aux pommes caramélisées au fer, glace au lait d'amande. **Vins** Vouvray, Bourgueil.

L'Oubliette

34 r. des Clouets – ✆ 02 47 52 50 49 – www.restaurant-loubliette.com – Fermé 23 août-9 sept., dim. soir, lundi et merc.

Rest – Formule 20 € – Menu 25 € (sem.), 34/49 € – Carte 37/61 €

Dans une maison troglodytique, avec une cour fleurie, ce restaurant intime est parfait pour un dîner en amoureux et pour apprécier une cuisine soignée. Tout est fait maison sauf le pain... de quoi ne pas passer aux oubliettes !

à Joué-lès-Tours 5 km au Sud-Ouest, par rte de Chinon – 36 000 h. – alt. 65 m – ✉ 37300

39, avenue de la République, ✆ 02 47 80 05 97, www.ville-jouelestours.fr

Château de Beaulieu

67 r. de Beaulieu – ✆ 02 47 53 20 26 – www.chateaudebeaulieu37.com

18 ch – 97/197 € 97/197 € – 14 € – ½ P X**b**

Rest ***Château de Beaulieu*** – voir les restaurants ci-après

Pour ceux qui aiment la vie de château, cette belle gentilhommière du 18e s. dégage un charme sûr : moulures, mobilier de style, tissus choisis... Depuis le parc, soigneusement entretenu, la vue porte jusqu'à la cité tourangelle.

Mercure rest,
parc des Bretonnières – ✆ 02 47 53 16 16 – www.mercure.com Xu
75 ch – 🚹90/140 € 🚹🚹90/140 € – ☕ 15 € – ½ P
Rest *(fermé sam. midi et dim. midi)* – Formule 19 € – Menu 23 € – Carte 27/39 €
Jouxtant le centre des congrès Malraux, des chambres fonctionnelles, bien insonorisées, et un espace de remise en forme : fitness, sauna, hammam, etc. Restaurant traditionnel. Une adresse parfaite pour la clientèle d'affaires.

Chéops ch, rest,
75 bd Jean Jaurès – ✆ 02 47 67 72 72 – http://hotel-tours.brithotel.fr/
58 ch – 🚹82/112 € 🚹🚹82/112 € – ☕ 9 € – ½ P Xa
Rest *(fermé 23 déc.-6 janv., vend., sam. et dim. d'oct. à avril) (dîner seult)* – Menu 18 € – Carte 26/36 €
Près du centre de Joué, cet hôtel est intégré à un ensemble résidentiel. Parfait pour un déplacement professionnel, il propose des chambres à la décoration contemporaine, des salles de séminaire et un service de restauration.

L'Escurial N ch,
4-8 r. Edouard-Branly – ✆ 02 47 53 60 00 – www.hotelescurial.com Xe
59 ch – 🚹95/135 € 🚹🚹95/165 € – ☕ 15 € – ½ P
Rest – Formule 20 € – Menu 27/35 € – Carte 35/50 €
Un grand bâtiment des années 1980, au bord d'une avenue menant à Tours. Les chambres se révèlent confortables et chaleureuses ; idéalement, préférez celles côté jardin (et courts de tennis), elles sont plus calmes et spacieuses.

XXX **Château de Beaulieu** – Hôtel Château de Beaulieu
67 r. de Beaulieu – ✆ 02 47 53 20 26 – www.chateaudebeaulieu37.com Xb
Rest – Menu 29 € (déj. en sem.), 42/75 € – Carte 53/72 €
Dans ce ravissant manoir, la salle distille un charme bourgeois à la fois sage et élégant. Avec des grands classiques comme le pigeonneau du pays de Racan ou le soufflé chaud au Grand Marnier, on y célèbre la cuisine de saison.

à Fondettes 8 km par ⑬, rte de Langeais – 10 466 h. – alt. 95 m – ✉ 37230
ℹ 9, rue Alfred Baugé, ✆ 02 47 55 77 14, www.tourisme-valdeluynes.com

XX **Auberge de Port Vallières**
D 952, rte des bords de Loire – ✆ 02 47 42 24 04 – www.auberge-de-port-vallieres.fr – Fermé 20 août-7 sept., 2-9 janv., mardi hors saison, dim. soir et lundi
Rest – Formule 18 € – Menu 20 € (déj. en sem.), 29/58 € – Carte 45/62 €
Entre Tours et Angers, voici une halte toute trouvée ! Une savoureuse cuisine d'inspiration tourangelle vous attend dans ce restaurant élégant et chaleureux, dont le chef affectionne les beaux produits, telles les Saint-Jacques de plongée ou le civet de homard au citron vert. Service attentionné et prix doux.

au Nord 9 km par ②

XX **L'Arche de Meslay**
14 r. des Ailes ✉ 37210 Parçay-Meslay – ✆ 02 47 29 00 07 – www.larchedemeslay.fr – Fermé 3 sem. en août, dim. et lundi sauf fériés
Rest – Menu 17 € (déj. en sem.), 26/48 € – Carte 43/63 €
Un décor pseudo-antique près d'un grand rond-point, il en faut plus pour arrêter les gourmands ! On vient ici pour la spécialité du chef, la bouillabaisse à la tourangelle – rouget, rascasse, rillons et andouillette ! – et bien d'autres mets savoureux, le tout à petits prix.

TOURTOUR – 83 Var – **340** M4 – **569 h.** – **alt. 652 m** – ✉ **83690** **41** C3
Côte d'Azur

▶ Paris 827 – Aups 10 – Draguignan 17 – Salernes 11
ℹ Château Rasphelis, ✆ 04 94 70 59 47, www.tourtour.org
◉ Église ✳★.

La Bastide de Tourtour

rte de Flayosc, (au village) – ✆ 04 98 10 54 20 – www.bastidedetourtour.com

25 ch – 120/360 € 160/360 € – 17 € – ½ P

Rest ***La Bastide de Tourtour*** – voir les restaurants ci-après

Quel site ! Cette bastide – aux allures de château – domine le massif des Maures et... toute la région. Une partie des chambres, avec balcon, ouvrent sur ce fabuleux panorama. Cependant, beaux matériaux et grand confort dessinent une dimension... toute humaine.

La Petite Auberge

rte de Flayosc, 1,5 km par D 77 – ✆ 04 98 10 26 16 – www.petiteauberge.net – Ouvert 15 mars-27 oct.

11 ch – 80/138 € 96/178 € – 13 € – ½ P

Rest *(fermé lundi et le midi sauf dim.)* – Menu 28/38 €

En retrait du village, face au massif des Maures, un mas entouré de végétation... et ouvert sur l'horizon côté piscine. Les chambres ne sont pas dénuées de romantisme ! On dîne dans un décor élégant d'une savoureuse cuisine traditionnelle.

Auberge St-Pierre

534 chemin de Fonfiguière, 3 km à l'Est par D 51 et rte secondaire – ✆ 04 94 50 00 50 – www.aubergesaintpierre.com – Ouvert 29 mars-15 oct.

16 ch – 93/114 € 93/126 € – 13 € – ½ P

Rest *(dîner seult)* – Menu 27/60 €

Passez le bonjour aux chèvres et aux moutons ! Au cœur d'une ferme de 90 ha, cette bâtisse du 16e s. (poutres, pierres, mobilier rural) ne manque pas de cachet. Chambres confortables et piscine assez originale. Cuisine du terroir face à la campagne...

La Bastide de Tourtour – Hôtel La Bastide de Tourtour

rte de Flayosc – ✆ 04 98 10 54 20 – www.bastidedetourtour.com – Fermé le midi en sem. sauf juil.-août

Rest – Menu 28/69 € – Carte 57/78 €

Des voûtes de pierre, du marbre, des drapés à l'ancienne, de grandes natures mortes... Un décor éminemment bourgeois pour une cuisine gastronomique soignée, qui exhale de beaux arômes provençaux.

Les Chênes Verts (Paul Bajade) avec ch

rte de Villecroze, 2 km par D 51 – ✆ 04 94 70 55 06 – Fermé 1er juin-14 juil., mardi et merc.

3 ch – 110 € 110 € – 20 €

Rest *(nombre de couverts limité, réserver)* – Menu 60/145 € – Carte 95/160 €

Maison provençale isolée dans un joli cadre forestier. Cuisine régionale forte en caractère (spécialités de truffes) servie dans deux confortables salles à manger ou en terrasse.

➜ Brouillade aux truffes. Noisettes d'agneau aux truffes et purée de truffe. Le Grand Dessert. **Vins** Côtes de Provence.

La Table

1 Traverse du Jas, Les Ribas – ✆ 04 94 70 55 95 – www.latable.fr – Fermé 23 juin-2 juil., lundi de mi-déc. à mi-avril et mardi sauf du 3 juil. au 14 août

Rest *(nombre de couverts limité, réserver)* – Menu 28/41 € – Carte 47/73 €

Charmant petit restaurant contemporain (tableaux, chaises design) situé à l'étage d'une maison en pierre. La cuisine, savoureuse, valorise les produits du marché, notamment les légumes.

LA TOUSSUIRE – 73 Savoie – 333 K6 – alt. 1 690 m – Sports d'hiver : 1 800/2 620 m 20 – ✉ 73300 Alpes du Nord

46 F2

Paris 651 – Albertville 78 – Chambéry 91 – St-Jean-de-Maurienne 16

Les Soldanelles rest,

r. des Chasseurs Alpins – ✆ 04 79 56 75 29 – www.hotelsoldanelles.com – Ouvert 28 juin-31 août et 18 déc.-fin avril

38 ch – †63/155 € ††63/155 € – ☕ 11 € – ½ P

Rest – Menu 19 € (sem.), 25/36 € – Carte 30/50 €

Du nom d'une fleur qui apparaît à la fonte des neiges... Perchée sur les hauteurs de la station, face aux sommets, cette imposante bâtisse se prête à un séjour très montagne : les pistes de ski sont toutes proches, et pour se revigorer, on peut profiter de la piscine et de l'espace bien-être.

TRACY-SUR-MER – **14 Calvados** – **303** I3 – **rattaché à Arromanches-les-Bains**

TRAENHEIM – **67 Bas-Rhin** – **315** I5 – **686 h.** – **alt. 200 m** – ✉ **67310** **1** A1

▶ Paris 471 – Haguenau 54 – Molsheim 8 – Saverne 22

Zum Loejelgucker

17 r. Principale – ✆ 03 88 50 38 19 – www.loejelgucker-auberge-traenheim.com – Fermé 24 déc.-5 janv., lundi soir et mardi soir

Rest – Formule 12 € – Menu 23/43 € – Carte 28/50 €

Dans un village au pied des Vosges, cette ferme alsacienne du 18e s. ne manque pas de charme : bons plats régionaux, boiseries sombres, fresques et cour fleurie l'été.

LA TRANCHE-SUR-MER – **85 Vendée** – **316** H9 – **2 715 h.** – **alt. 4 m** **34** B3 – ✉ **85360** Pays de la Loire

▶ Paris 459 – La Rochelle 64 – La Roche-sur-Yon 40 – Les Sables-d'Olonne 39

ℹ place de la Liberté, ✆ 02 51 30 33 96, www.ot-latranchesurmer.fr

Parc de Californie★ (parc ornithologique) E : 9 km.

Les Dunes rest, ch,

68 av. M. Samson – ✆ 02 51 30 32 27 – www.hotel-les-dunes.com – Ouvert 30 mars-30 sept.

45 ch – †50/70 € ††65/115 € – ☕ 10 € – ½ P

Rest *(ouvert 11 juin-18 sept.) (résidents seult)*

Une grande maison face aux flots. Certaines chambres ont un balcon donnant sur la mer ; toutes sont fraîches et impeccables. Quant à la piscine, abritée dans une jolie véranda et comme posée sur la plage, elle est très agréable...

à la Grière **2 km à l'Est par D 46** – ✉ **85360 La Tranche sur Mer**

Les Cols Verts rest,

48 r. de Verdun – ✆ 02 51 27 49 30 – www.hotelcolsverts.com – Ouvert 1er avril-30 sept.

29 ch – †55/105 € ††69/105 € – ☕ 10 € – ½ P

Rest *(résidents seult)* – Menu 26 €

Près de la plage, un hôtel-restaurant d'esprit familial, avec des chambres simples et bien tenues, plus petites mais plus au calme à l'annexe. Pour l'agrément, une piscine couverte dans un bâtiment voisin.

TRAVEXIN – **88 Vosges** – **314** I5 – **rattaché à Ventron**

TRÉBEURDEN – **22 Côtes-d'Armor** – **309** A2 – **3 714 h.** – **alt. 81 m** **9** B1 – ✉ **22560** Bretagne Nord

▶ Paris 525 – Lannion 10 – Perros-Guirec 14 – St-Brieuc 74

ℹ place de Crec'h Héry, ✆ 02 96 23 51 64, www.tourisme-trebeurden.com

Le Castel ←★ 30 mn - Pointe de Bihit ←★ SO : 2 km - Pleumeur-Bodou : Radôme et musée des Télécommunications★, Planétarium du Trégor★, NE : 5,5 km.

Ti al Lannec

14 allée de Mezo Guen – ✆ 02 96 15 01 01 – www.tiallannec.com – Ouvert de mars à mi-nov.

26 ch – †130/335 € ††185/335 € – 7 suites – ☕ 17 € – ½ P

Rest ***Ti al Lannec*** – voir les restaurants ci-après

C'est l'adresse idéale pour profiter de Trébeurden dans une atmosphère luxueuse et feutrée. Juchée sur une colline face à la mer, cette grande villa Belle Époque distille un charme sûr. Des meubles anciens, des tentures fleuries, un spa : délicieux.

Manoir de Lan-Kerellec

Allée de Lan-Kerellec – ✆ 02 96 15 00 00 – www.lankerellec.com – Ouvert de mi-mars à mi-nov.

19 ch – 130/398 € 150/398 € – 20 € – ½ P

Rest *Manoir de Lan-Kerellec* – voir les restaurants ci-après

Dominant les îles de la côte de granit rose, ce noble manoir breton du début du 20e s. est bourré de charme : vastes chambres aux tissus chatoyants avec balcon ou terrasse, jardin luxuriant et restaurant spectaculaire... Rien que ça !

Toëno sans rest

56 corniche de Goas-Treiz, 1,5 km par rte de Trégastel – ✆ 02 96 23 68 78 – www.hoteltoeno.com – Fermé janv.

17 ch – 60/112 € 60/112 € – 11 €

La route n'est pas loin mais, face à la mer, le ressac prend le dessus. C'est le genre de construction des années 1980, fonctionnelle et très confortable ; les balcons des chambres font face à la Manche. Pour découvrir le coin, c'est très bien.

Manoir de Lan-Kerellec – Hôtel Manoir de Lan-Kerellec

Allée de Lan-Kerellec – ✆ 02 96 15 00 00 – www.lankerellec.com – Ouvert de mi-mars à mi-nov. et fermé lundi midi, mardi midi et merc. midi

Rest – Menu 27 € (déj. en sem.), 52/83 € – Carte 75/100 €

On lève la tête et l'on reste bouche bée. Le plafond de la salle à manger est une splendide charpente en carène de bateau. Un navire suspendu invite au voyage... gastronomique. Avec la mer comme source d'inspiration bien entendu.

➜ Maki de blé noir et langoustine, lait ribot et wasabi. Homard breton en nage de légumes et combava. Feuilletine au praliné, tube choco-framboise.

Ti al Lannec – Hôtel Ti al Lannec

14 allée de Mezo Guen – ✆ 02 96 15 01 01 – www.tiallannec.com – Ouvert de mars à fin nov.

Rest – Menu 22 € (déj. en sem.), 42/83 € – Carte 52/137 €

Un restaurant bourré de charme avec ses beaux salons bourgeois. Dans la salle à manger panoramique, le spectacle vaut le coup d'œil et les produits de la mer valent... le coup de fourchette ! Judicieuse sélection de vins (bordeaux, appellations du Val de Loire...).

Le Quellen avec ch

18 corniche Goas-Treiz – ✆ 02 96 15 43 18 – www.le-quellen.com – Fermé 7 janv.-25 mars, dim. soir, lundi et mardi hors saison

10 ch – 50/65 € 50/65 € – 8 € – ½ P

Rest – Formule 16 € – Menu 20 € (déj. en sem.), 30/60 € – Carte 39/62 €

Sur la route principale de Trébeurden, un bâtiment moderne tout blanc comme on en voit souvent en Bretagne. Selon les saisons, on peut y déguster des terrines, des poissons frais, des coquillages et de bons desserts. Il y a même un menu homard ! Des chambres toutes simples invitent au repos.

TRÉBOUL – 29 Finistère – 308 E6 – rattaché à Douarnenez

TREFFORT – 38 Isère – 333 G8 – 237 h. – alt. 618 m – ✉ 38650 — 45 C2

Paris 598 – Grenoble 36 – Monestier-de-Clermont 9 – La Mure 43

au bord du lac 3 km au Sud par D 110E – ✉ 38650 Treffort

Le Château d'Herbelon

– ✆ 04 76 34 02 03 – www.chateau-herbelon.fr – Ouvert 1er avril-31 oct. et fermé dim. soir, lundi, mardi et merc.

10 ch – 90/110 € 90/110 € – 13 € – ½ P

Rest – Menu 34/55 € – Carte 40/60 €

Au bord du lac de Monteynard, demeure du 17e s. à la façade recouverte de vigne vierge et de rosiers grimpants. Chambres spacieuses. L'hiver, une imposante cheminée réchauffe la salle à manger rustique ; aux beaux jours, on dresse des tables sur la pelouse.

TREFFORT – 01 Ain – 328 F3 – 2 137 h. – alt. 280 m – ✉ 01370 44 B1

Lyon et sa région

Paris 436 – Bourg-en-Bresse 18 – Lons-le-Saunier 57 – Mâcon 51

L'Embellie

9 pl. du Champ-de-Foire – ✆ 04 74 42 35 64 – www.lembellie.org – Fermé 3-14 janv.

8 ch – 45/50 € 55/65 € – 8 € – ½ P

Rest *(fermé dim. soir et lundi)* – Formule 10 € – Menu 28/32 € – Carte 27/47 €

Cette petite maison en pierre se trouve sur la place centrale du village. L'accueil est sympathique, les chambres sont simples et bien tenues. Au restaurant, cuisine traditionnnelle et plats bressans.

TRÉGASTEL – 22 Côtes-d'Armor – 309 B2 – 2 435 h. – alt. 58 m 9 B1

– ✉ 22730 Bretagne Nord

Paris 526 – Lannion 11 – Perros-Guirec 9 – St-Brieuc 75

place Sainte-Anne, ✆ 02 96 15 38 38, www.ville-tregastel.fr

de Saint-Samson, à Pleumeur-Bodou, Avenue Jacques Ferronière, S : 3 km, ✆ 02 96 23 87 34

Rochers★★ - Ile Renote★★ NE - Table d'Orientation ★.

Park Hôtel Bellevue sans rest

20 r. Calculots – ✆ 02 96 23 88 18 – www.hotelbellevuetregastel.com – Ouvert 15 mars-11 nov.

31 ch – 84/164 € 84/164 € – 14 €

Cette grande bâtisse a conservé un petit quelque chose des années 1930, période qui l'a vue naître. On vient s'y reposer au calme, dans des chambres simples et bien tenues (plus petites dans l'annexe). Puis, on se prélasse au jardin...

Beau Séjour

5 plage du Coz-Pors – ✆ 02 96 23 88 02 – www.beausejoursarl.com – Fermé 5 janv.-5 fév.

15 ch – 55/165 € 55/165 € – 9 € – ½ P

Rest *(fermé lundi)* – Formule 15 € – Menu 19/54 € – Carte 30/62 €

Une situation idéale, près du Forum et de la plage. Des chambres toutes bleues face à la mer, un petit-déjeuner buffet et un bar très prisé : un beau séjour en perspective ! Au restaurant aussi, on fait le plein d'iode.

Hôtel de la Mer et de la Plage sans rest

plage du Coz-Pors – ✆ 02 96 15 60 00 – www.hoteldelamer-tregastel.com – Ouvert 1er avril-12 nov.

19 ch – 60/130 € 60/130 € – 9 €

Sur la plage et près du Forum, une bonne petite adresse abordable et qui dépanne bien. Demandez les chambres du troisième étage, on se croirait dans une cabine de bateau !

à la plage de Landrellec 3 km au Sud par D 788 et route secondaire – ✉ 22560 Pleumeur-Bodou

Le Macareux

21 r. des Plages – ✆ 02 96 23 87 62 – www.lemacareux.com – Fermé 28 nov.-13 fév., dim. soir, mardi midi sauf juil.-août et lundi

Rest – Menu 29 € (sem.), 32/58 € – Carte 33/92 €

Rendez-vous dans cette auberge bretonne pour déguster des spécialités (homards, ormeaux) et d'autres produits issus de la pêche locale. Terrasse face à la mer ; ambiance conviviale.

TRÉGUIER – 22 Côtes-d'Armor – 309 C2 – 2 732 h. – alt. 40 m 9 B1

– ✉ 22220 Bretagne Nord

Paris 509 – Guingamp 28 – Lannion 19 – Paimpol 15

rue du port, ✆ 02 96 92 22 33

Cathédrale St-Tugdual★★ : cloître★.

Aigue Marine

5 r. M.-Berthelot, (sur le port) – ✆ 02 96 92 97 00 – www.aiguemarine-hotel.com – Fermé 11-20 nov., 22-26 déc., 1er janv.-28 fév. et dim. de nov. à mars

48 ch – 74/99 € 74/105 € – 15 suites – 15 € – ½ P

Rest *Aigue Marine* – voir les restaurants ci-après

Les familles apprécieront à coup sûr cet hôtel aux chambres fonctionnelles – souvent avec balcon –, à choisir côté port ou côté piscine et jardin. Le matin, le petit-déjeuner est soigné et copieux !

Aigue Marine

5 r. M.-Berthelot, (sur le port) – ✆ 02 96 92 97 00 – www.aiguemarine-hotel.com – Ouvert 16 mars-10 nov. et fermé dim. soir hors saison, mardi midi, jeudi midi et vend. midi de juin à sept., sam. midi et lundi

Rest – Formule 21 € – Menu 41/85 € – Carte 61/83 €

L'aigue-marine : une pierre fine... et cette table océane, dont le chef, enfant du pays, livre une jolie interprétation de la cuisine de la mer. Le poisson, parfaitement cuisiné et parfumé, brille du beau reflet de la fraîcheur.

➜ Langoustines du Guilvinec et tomates anciennes. Lieu jaune du pays doré en croûte de chorizo. Pêche blanche pochée à basse température, parfait glacé à la verveine du jardin.

rte de Lannion **2 km au Sud-Ouest par D 786 et rte secondaire – ✉22220 Tréguier**

Kastell Dinec'h

lieu-dit le Castel, rte de Lannion – ✆ 02 96 92 92 92 – www.kastelldinech.com – Fermé 16 déc.-3 mars

16 ch – 60/80 € 60/110 € – 13 € – ½ P

Rest *(dîner seult) (résidents seult)* – Menu 25 €

Une maison en pierre comme on les aime, tout droit sortie du 17e s., hésitant entre la ferme et le manoir... Les chambres, cosy et soignées, sont réparties dans la maison principale et ses dépendances. En cuisine, madame mise sur la qualité (producteurs locaux, bio, etc.).

TRÉGUNC – **29 Finistère** – **308** H7 – **6 785 h.** – **alt. 45 m** – **✉ 29910** **9** B2

Paris 543 – Concarneau 7 – Pont-Aven 9 – Quimper 29

Kérambourg, ✆ 02 98 50 22 05, www.treguncturisme.com

Auberge Les Grandes Roches

r. des Grandes Roches, 0,6 km au Nord-Est par rte secondaire – ✆ 02 98 97 62 97 – www.hotel-lesgrandesroches.com – Ouvert de début fév. à fin oct.

16 ch – 95/145 € 95/155 € – 1 suite – 13 € – ½ P

Rest *Auberge Les Grandes Roches* – voir les restaurants ci-après

Une ferme du 19e s. et des chaumières avec des chambres ravissantes, dans un parc de 5 ha où se dressent dolmens et menhirs. C'est idéal pour flâner, se reposer et découvrir ce pays de légendes.

Auberge Les Grandes Roches

r. des Grandes Roches, 0,6 km au Nord-Est par rte secondaire – ✆ 02 98 97 62 97 – www.hotel-lesgrandesroches.com – Ouvert de début fév. à fin oct. et fermé mardi et merc. d'oct. à avril

Rest – Formule 17 € – Menu 26/46 € – Carte 52/60 €

Un restaurant joliment isolé, où, près de la cheminée en granit, on goûte le meilleur des produits régionaux et de la tradition, mêlé aux saveurs méditerranéennes. À l'apéritif et pour le café, on profite de la belle terrasse.

TREIGNAC – **19 Corrèze** – **329** L2 – **1 383 h.** – **alt. 500 m** – **✉ 19260** **25** C2

Limousin Berry

Paris 490 – Brive-la-Gaillarde 74 – Limoges 102 – Tulle 40

1, place de la République, ✆ 05 55 98 15 04, www.tourisme-treignac.fr

Maison Grandchamp ch,

9 pl. des Pénitents – ✆ 05 55 98 10 69 – www.hotesgrandchamp.com – Ouvert 1er avril-15 déc.

3 ch – 80/90 € 80/90 € **Table d'hôte** – Menu 35 € bc

Dans cette superbe maison familiale de la fin du 17e s., tout n'est que meubles anciens, portraits d'aïeux, souvenirs de voyages... Dans la cuisine, près du cantou, on savoure le menu du terroir concocté par Marielle. Beaucoup de charme et de coquetterie !

TREILLES – 11 Aude – 344 I5 – 180 h. – alt. 103 m – ✉ 11510 22 B3

Paris 823 – Carcassonne 89 – Montpellier 127 – Perpignan 37

L'Atelier de Claude Giraud

6 rte des Corbières – ✆ 04 68 33 08 59

Rest – Menu 16 € (déj. en sem.) – Carte 35/54 €

Dans un petit village des Corbières, un endroit improbable, meublé de bric et de broc mais attachant et très convivial ! Ici, c'est l'assiette qui compte : le chef concocte une belle cuisine de produits, simple, savoureuse et bien faite.

TRÉLAZÉ – 49 Maine-et-Loire – 317 G4 – rattaché à Angers

TRÉLON – 59 Nord – 302 M7 – 3 063 h. – alt. 188 m – ✉ 59132 31 D3

Nord Pas-de-Calais Picardie

Paris 218 – Avesnes-sur-Helpe 15 – Charleroi 53 – Lille 115

3, rue Clavon Collignon, ✆ 03 27 57 08 18, www.cc-paysdetrelon.fr

Le Framboisier

rte du Val-Joly – ✆ 03 27 59 73 34 – Fermé 17 août-2 sept., 16 fév.-3 mars, dim. soir, mardi soir et lundi sauf fériés

Rest – Formule 14 € – Menu 36 € bc/43 € – Carte 33/60 €

Un joli corps de ferme sur la route principale. Côté déco, on mêle le rustique et les touches plus actuelles ; côté papilles, on n'a d'yeux que pour la tradition aux accents régionaux.

TREMBLAY-EN-FRANCE – 93 Seine-Saint-Denis – 305 G7 – 101 18 – voir à Paris, Environs

LE TREMBLAY-SUR-MAULDRE – 78 Yvelines – 311 H3 – 958 h. – alt. 132 m – ✉ 78490 18 A2

Paris 42 – Houdan 24 – Mantes-la-Jolie 32 – Rambouillet 18

du Domaine du Tremblay, Place de l'Eglise, S : par D 34, ✆ 01 34 94 25 70

Numéro 3 (Laurent Trochain)

3 r. du Gén.-de-Gaulle – ✆ 01 34 87 80 96 – www.restaurant-numero3.fr – Fermé 2 sem. en août, 2 sem. en janv., lundi, mardi et merc.

Rest – Menu 48/100 € bc – Carte 65/75 €

Rest *Le Bar à Fromages* *(fermé 2 sem. en août et 2 sem. en janv.)* – Carte 25/39 €

Une métamorphose ! Oubliées les poutres, la cheminée et même la façade traditionnelle : depuis 2011, place à un cadre éminemment contemporain, géométrique et design. La cuisine respecte ses fondamentaux : beaux produits, geste soigné et recettes nouvelles. À noter : épicerie fine et... inédit "bar à fromages".

→ Foie gras de canard poêlé au vinaigre de mangue, taboulé et épine-vinette. Homard au beurre d'algues, jus crémé de carcasse et coco. Plateau de fromages affinés et marinés dans des huiles différentes.

TRÉMOLAT – 24 Dordogne – 329 F6 – 606 h. – alt. 53 m – ✉ 24510 4 C3

Périgord Quercy

Paris 532 – Bergerac 34 – Brive-la-Gaillarde 87 – Périgueux 46

Mairie, ✆ 05 53 22 89 33, www.pays-des-bastides.com

Belvédère de Racamadou★★ N : 2 km.

Le Vieux Logis

Le Bourg – ✆ 05 53 22 80 06 – www.vieux-logis.com
23 ch – 195/440 € 195/440 € – 25 €
Rest *Le Vieux Logis* – voir les restaurants ci-après
Cet ancien prieuré est le vivant récit de l'histoire de la famille des propriétaires, vieille de presque cinq siècles ! Les chambres sont meublées avec goût et le jardin est superbe. Un Logis extrêmement chaleureux.

Le Vieux Logis

Le Bourg – ✆ 05 53 22 80 06 – www.vieux-logis.com – Fermé merc. et jeudi du 15 oct. au 15 avril
Rest – Formule 46 € – Menu 50 € (dîner en sem.), 60/100 € – Carte 90/115 €
Une valeur sûre que cette table de tradition, qui sait choisir ses produits et les accommoder avec justesse. De la belle gastronomie, classique sans être figée. Le cadre – un ancien séchoir à tabac, tout en pierre et bois peint – est tout à fait charmant.
➔ Foie gras de canard mariné et cuit à la betterave, suprême de pigeon fumé. Filet mignon de veau truffé et rôti, raviole de jaune d'œuf coulant. Fruits rouges comme un vacherin, sorbet fraise-hibiscus. **Vins** Montravel, Bergerac.

Bistrot d'en Face

Le Bourg – ✆ 05 53 22 80 69 – www.vieux-logis.com – Fermé lundi et mardi du 15 oct. au 15 avril
Rest – Formule 16 € – Menu 21/27 € – Carte 30/43 €
Une adresse pour se restaurer dans le village où Claude Chabrol tourna le film Le Boucher (1970). Vieilles pierres, poutres et cuisine de bistrot mettant en avant les produits du terroir : andouillette, confit de canard...

TRÉMONT-SUR-SAULX – 55 Meuse – 307 B6 – rattaché à Bar-le-Duc

LE TRÉPORT – 76 Seine-Maritime – 304 I1 – 5 416 h. – alt. 12 m – Casino – ✉ 76470 Normandie Vallée de la Seine

33 D1

Paris 180 – Abbeville 37 – Amiens 92 – Blangy-sur-Bresle 26
quai Sadi Carnot, ✆ 02 35 86 05 69, www.ville-le-treport.fr
Calvaire des Terrasses ≤★.

Le St-Yves sans rest

7 pl. Pierre Sémard – ✆ 02 35 86 34 66 – www.hotellesaintyves.com
20 ch – 60/75 € 62/90 € – 3 suites – 9 €
Sur l'avant-port (il suffit d'emprunter la passerelle pour rejoindre le centre-ville), un hôtel traditionnel où l'on vous reçoit avec la plus grande amabilité. L'intérieur, de style bourgeois, est particulièrement net et soigné.

Villa Marine

1 pl. Pierre-Sémard – ✆ 02 35 86 02 22 – www.hotel-lavillamarine.com – Fermé 24-29 déc.
33 ch – 59/105 € 59/105 € – 10 € – ½ P
Rest *(fermé dim. midi de mi-nov. à fin mars, dim. soir sauf juil.-août et sam. midi)* – Formule 13 € bc – Menu 20/38 € – Carte 24/46 €
Pour prendre une belle bouffée d'air iodé, un hôtel à la mine modeste qui se révèle très agréable. Les chambres – presque toutes en blanc et bleu – ne sont pas très grandes mais vraiment plaisantes.

TRIEL-SUR-SEINE – 78 Yvelines – 311 I2 – 101 10 – voir à Paris, Environs

TRIGANCE – 83 Var – 340 N3 – 161 h. – alt. 800 m – ✉ 83840 Alpes du Sud

41 C2

Paris 817 – Castellane 20 – Digne-les-Bains 74 – Draguignan 43
Place Saint-Michel, ✆ 04 94 76 91 01, www.trigance.fr

Château de Trigance

rte du château, accès par voie privée – ✆ 04 94 76 91 18 – www.chateau-de-trigance.fr – Ouvert avril-oct.

10 ch – †117 € ††130/180 € – ☕ 15 € – ½ P

Rest – Menu 28/50 € – Carte 52/70 €

Cet hôtel occupe les murs d'un château fort dominant la vallée, et les chambres ont des lits à baldaquin ! Une adresse originale à l'esprit médiéval. Le restaurant prend ses aises dans une salle sarrasine du 12e s. et propose... une cuisine bien d'aujourd'hui.

Le Vieil Amandier

ch,

montée de St-Roch – ✆ 04 94 76 92 92 – http://levieilamandier.free.fr – Ouvert 20 avril-11 nov.

12 ch – †65/99 € ††65/99 € – ☕ 11 € – ½ P

Rest *(résidents seult)* – Menu 25/39 € – Carte 34/55 €

Au pied du village, construction récente entourée d'un jardin méditerranéen. Chambres impeccables, certaines avec terrasse. Sauna et jacuzzi à disposition. Une belle charpente coiffe la salle à manger ; cuisine traditionnelle méridionale.

TRILBARDOU – 77 Seine-et-Marne – **312** F2 – **rattaché à Meaux**

LA TRINITÉ-SUR-MER – 56 Morbihan – **308** M9 – 1 622 h. – alt. 20 m 9 B3
– Casino – ✉ 56470 Bretagne Sud

Paris 488 – Auray 13 – Carnac 4 – Lorient 52

30, cours des Quais, ✆ 02 97 55 72 21, www.ot-trinite-sur-mer.fr

Pont de Kerisper ★.

Le Lodge Kerisper sans rest

4 r. du Latz – ✆ 02 97 52 88 56 – www.lodge-kerisper.com

18 ch – †88/248 € ††88/248 € – 2 suites – ☕ 14 €

Les bâtiments de cette ancienne ferme du 19e s. ont beaucoup de cachet : intérieur tout en matériaux nobles, meubles chinés et parquets bruts... Un véritable "boutique hôtel" !

Le Petit Hôtel des Hortensias

4 pl. Yvonne Sarcey – ✆ 02 97 30 10 30 – www.leshortensias.info

6 ch – †99/170 € ††99/170 € – ☕ 13 €

Rest *L'Arrosoir* – voir les restaurants ci-après

La silhouette nordique de cette charmante villa (1880) domine le port. Ambiance guesthouse, tissus tendus, tons chauds... Un vrai cocon face au va-et-vient des bateaux de plaisance.

L'Azimut

1 r. du Men-Dû – ✆ 02 97 55 71 88 – www.lazimut-latrinite.com – Fermé mardi et merc. sauf juil.-août

Rest – Menu 17 € bc (sem.), 20/60 € – Carte 42/64 €

Ambiance maritime tous azimuts dans la salle à manger et agréable terrasse offrant une échappée sur le port... À la carte, alliances terre et mer et recherche esthétique.

L'Arrosoir – Le Petit Hôtel des Hortensias

4 pl. Yvonne Sarcey – ✆ 02 97 30 13 58 – www.leshortensias.info – Ouvert de début avril à mi-nov. et fermé mardi midi, merc. midi et lundi

Rest – Formule 18 € – Carte 30/45 €

On entre dans ce restaurant par sa terrasse en teck grande ouverte sur la mer. À l'intérieur, c'est un coquet décor de bistrot marin qui sert d'écrin à une jolie cuisine océane.

TRIZAY – 17 Charente-Maritime – **324** E4 – 1 303 h. – alt. 20 m 38 B2
– ✉ 17250 Poitou-Charentes

Paris 475 – Rochefort 13 – La Rochelle 52 – Royan 36

Esplanade de l'Abbaye, ✆ 05 46 82 34 25, www.trizay.com

au Lac du Bois Fleuri 2,5 km à l'Ouest par D 238, D 123 et rte secondaire – ✉ 17250 Trizay

Les Jardins du Lac avec ch

ch, rest,

3 chemin Fontchaude – ✆ 05 46 82 03 56 – www.jardins-du-lac.com – Fermé fév., dim. soir et lundi de nov. à mars

15 ch – †125/165 € ††125/165 € – 1 suite – ☐ 15 € – ½ P

Rest – Menu 29/60 € – Carte 46/77 €

Un grand jardin, un lac sur la route de Compostelle... Dans ce restaurant, les Suire ont été rejoints par leur fils Johann, jeune chef qui fait merveille : cagouilles aux champignons sauvages, soupe de fèves, rognons... Quant aux chambres, toutes face au lac, elles ont un charme indéniable.

LES TROIS-ÉPIS – 68 Haut-Rhin – 315 H8 – alt. 658 m – ✉ 68410 2 C2

Alsace Lorraine

▶ Paris 445 – Colmar 11 – Gérardmer 51 – Munster 18

Villa Rosa

rest,

4 r. Thierry Schoeré – ✆ 03 89 49 81 19 – www.villarosa.fr – Fermé 3 janv.-10 fév. et 3-25 nov.

8 ch – †63 € ††65/67 € – ☐ 9 € – ½ P

Rest *(dîner seult) (résidents seult)* – Menu 27 €

Le jardin de curé, les chambres si mignonnes et l'esprit "guesthouse" qui règne ici font vite oublier la route toute proche... À table, Anne-Rose concocte une bonne petite cuisine familiale et parfumée, essentiellement à base de produits bio et du potager (menu unique).

TRONÇAIS – 03 Allier – 326 D3 – rattaché à St-Bonnet-Tronçais

---

LE TRONCHET – 35 Ille-et-Vilaine – 309 K4 – 1 016 h. – alt. 65 m 10 D2

– ✉ 35540 Bretagne Nord

▶ Paris 391 – Dinan 19 – Fougères 56 – Saint-Malo 27

Golf & Country Club

rest,

Domaine St-Yvieux – ✆ 02 99 58 96 69 – www.saintmalogolf.com – Ouvert de fin fév. à nov.

29 ch – †90/136 € ††90/136 € – ☐ 12 € – ½ P

Rest *(dîner seult)* – Menu 27 € – Carte 25/40 €

Dans un golf, cet ancien prieuré du 19ᵉ s. abrite de grandes chambres aux tons clairs, disposant d'une loggia ou d'une petite terrasse, face à l'étang ou aux greens. Restaurant gastronomique et club-house.

Le Mesnil des Bois sans rest

2 km au Sud-Ouest par D 9 et D 73 – ✆ 02 99 58 97 12 – www.le-mesnil-des-bois.com – Ouvert de mi-mars à mi-nov.

5 ch ☐ – †110/150 € ††110/150 €

Ce beau manoir (16ᵉ s.) isolé dans la campagne, en lisière de forêt, appartenait aux descendants du corsaire Surcouf. Jolies chambres aux meubles de famille ou chinés.

TROO – 41 Loir-et-Cher – 318 B5 – rattaché à Montoire-sur-le-Loir

---

TROUVILLE-SUR-MER – 14 Calvados – 303 M3 – 4 836 h. – alt. 2 m 32 A3

– Casino AY – ✉ 14360 Normandie Vallée de la Seine

▶ Paris 201 – Caen 51 – Le Havre 43 – Lisieux 30

✈ de Deauville-Normandie : ✆ 02 31 65 65 65, 7 km par ② BZ.

ℹ 32, boulevard Fernand-Moureaux, ✆ 02 31 14 60 70, www.trouvillesurmer.org

⛳18 de l'Amirauté, à Tourgéville, Route Départementale 278, par rte de Pont-L'Évêque et D 278 : 5 km, ✆ 02 31 14 42 00

◉ Corniche ★.

TROUVILLE-SUR-MER

Bains (R. des) . . . . AY 3
Carnot (R.) . . . . AY 5
Chalet-Cordier (R.) . . . . BY 6
Chapelle (R. de la) . . . . AY 7
Foch (Pl. Mar.) . . . . AY 9
Gaulle (R. Gén.-de) . . . . BZ 10
Lattre-de-Tassigny (Pl. Mar.-de) . . . . AY 12
Maigret (R. A.-de) . . . . AY 20
Moureaux (Bd F.) . . . . BZ
Moureaux (Pl. F.) . . . . BZ 22
Notre-Dame (R.) . . . . BY 23
Plage (R. de la) . . . . AY 26
Verdun (R. de) . . . . BY 29
Victor-Hugo (R.) . . . . AY 31

Hostellerie du Vallon sans rest

12 r. Sylvestre Lasserre – ✆ 02 31 98 35 00 – www.hostellerie-du-vallon.fr

64 ch – †135/260 € ††135/260 € – ☕ 15 € BZ**v**

L'endroit est peut-être un peu difficile d'accès en voiture, mais quel calme ! En outre, cette hostellerie de style normand (colombages, balcons) offre un joli panorama sur la ville. Chambres spacieuses, piscine, fitness, hammam...

Le Flaubert sans rest

2 r. Gustave Flaubert – ✆ 02 31 88 37 23 – www.flaubert.fr – Ouvert de mi-fév. à mi-nov. AY**t**

32 ch – †95/175 € ††95/175 € – ☕ 12 €

Il suffit de poser un pied dehors pour fouler... les célèbres "planches" : cette villa à colombages très romantique (1936) est quasiment posée sur la plage ! Les chambres sont plutôt classiques et la moitié a vue sur la mer. Chabadabada...

Le Fer à Cheval sans rest

11 r. Victor Hugo – ✆ 02 31 98 30 20 – www.hotel-trouville.com AY**u**

34 ch – †56/100 € ††81/106 € – ☕ 11 €

On reconnaît cet établissement familial au cœur de Trouville à sa jolie façade typique. Les chambres sont bien agréables ; de plus, le casino et la plage sont tout proches. Sans oublier l'accueil, plein de gentillesse...

St-James sans rest

16 r. de la Plage – ✆ 02 31 88 05 23 – www.hotel-saint-james.fr – Fermé janv. et fév. AY**a**

9 ch – †70/105 € ††110/155 € – ☕ 14 €

La plage n'est pas loin, les chambres sont bien tenues, il y a un salon style british et, l'hiver, de belles flambées dans la cheminée : pas de doute, ce petit hôtel de charme a bien des atouts !

Le Central

ch,

5 et 7 r. des Bains – ✆ 02 31 88 80 84 – www.le-central-trouville.com

23 ch – †93/101 € ††93/125 € – ☕ 10 € – ½ P AY**n**

Rest – Menu 20/30 € – Carte 21/66 €

La halle aux poissons est en face ! Les chambres jouent la sobriété (tons harmonieux, mobilier en bois blanc patiné) ; au choix : vue sur le port, la rue ou les hauteurs de la station. La brasserie, très touristique, s'inspire des années 1930. L'hiver, les plus courageux peuvent manger sur la terrasse... chauffée.

Kyriad Prestige sans rest

4 pl. Foch – ✆ 02 31 87 38 38 – www.kyriadprestige.com AY**r**

80 ch – †106/174 € ††106/174 € – ☕ 15 €

Hommes d'affaires et touristes apprécient cet hôtel fonctionnel mais gai : il fait face au casino et la plage est à deux pas ! De plus, l'établissement compte de nombreuses chambres, ce qui est bien pratique en période d'affluence.

La Régence

132 bd Fernand-Moureaux – ✆ 02 31 88 10 71 – www.la-regence.com

Rest – Formule 25 € – Menu 35/95 € – Carte 38/81 € BY**a**

En passant sur le quai, on aperçoit les fastes de son superbe décor Napoléon III ; de nombreuses célébrités d'après-guerre appréciaient le lieu et on les comprend. Homards, langoustes et beaux poissons frais sont à l'honneur.

La Petite Auberge

7 r. Carnot – ✆ 02 31 88 11 07 – www.lapetiteaubergesurmer.fr – Fermé 20-30 juin, 20-30 janv., mardi et merc. AY**f**

Rest *(nombre de couverts limité, réserver)* – Formule 26 € – Menu 36/55 € – Carte 56/71 €

On se sent tout de suite bien dans cette Petite Auberge conviviale et toute mignonne. La table valorise le terroir et les produits régionaux ; c'est vraiment appétissant.

Les Mouettes

11 r. Bains – ✆ 02 31 98 06 97 – www.brasserie-les-mouettes.com AY**d**

Rest – Menu 15/31 € bc – Carte 25/44 €

Imaginez... Marguerite Duras était une habituée ! Elle devait aimer cette ambiance de bistrot, le joli plafond peint et la terrasse sur le trottoir, sans oublier le pot-au-feu de la mer, le grand aïoli, la fricassée de bulots. Aimer, forcément.

TROYES 🅿 – 10 Aube – **313** E4 – **61 188 h.** – **Agglo. 133 279 h.** **13** B3
– **alt. 113 m** – ✉ **10000** Champagne Ardenne

Paris 170 – Dijon 185 – Nancy 186

de Troyes-Barberey ✆ 03 25 71 79 00, 5 km au NO AV

16, boulevard Carnot, ✆ 03 25 82 62 70, www.tourisme-troyes.com

de la Forêt d'Orient, à Rouilly-Sacey, Route de Geraudot, par rte de Nancy : 11 km, ✆ 03 25 43 80 80

de Troyes, à Chaource, Château de la Cordelière, par rte de Tonnerre (D 444) : 31 km, ✆ 03 25 40 18 76

Le Vieux Troyes★★ BZ : Ruelle des Chats★ - Cathédrale St-Pierre-et-St-Paul★★ - Jubé★★ de l'église Ste-Madeleine★ - Basilique St-Urbain★ BCY **B** - Église St-Pantaléon★ - Apothicairerie★ de l'Hôtel-Dieu CY **M**[4] - Musée d'Art Moderne★★ CY **M**[3] - Maison de l'Outil et de la Pensée ouvrière★★ dans l'hôtel de Mauroy★★ BZ **M**[2] - Musée historique de Troyes et de Champagne★ et musée de la Bonneterie dans l'hôtel de Vauluisant★ BZ **M**[1] - Musée des Beaux-Arts et d'Archéologie★ dans l'abbaye St-Loup.

Plans pages 1830, 1831

La Maison de Rhodes ch, ch, VISA AE
18 r. Linard Gonthier – ✆ 03 25 43 11 11 – www.maisonderhodes.com
8 ch – †189/255 € ††230/255 € – 3 suites – ☕ 18 € CY**e**
Rest *(fermé janv., dim. et lundi) (dîner seult)* – Carte 60/71 €
Ces belles demeures du 17e s. nichent dans une ruelle pavée du vieux Troyes. Poutres, pierres, torchis, tomettes, mobilier ancien ou contemporain s'y marient avec élégance. Une ambiance délicieuse dont on peut profiter au restaurant si l'on est résident.

Le Champ des Oiseaux sans rest VISA AE
20 r. Linard Gonthier – ✆ 03 25 80 58 50 – www.champdesoiseaux.com
12 ch – †172/215 € ††172/215 € – 2 suites – ☕ 18 € CY**e**
Dans ces trois maisons des 15e-16e s., on aime à s'attarder près du feu qui crépite en hiver ou dans la ravissante cour pavée aux beaux jours. La magie se prolonge dans les chambres : pierre de Bourgogne, tomettes, linge de qualité...

Mercure sans rest AC VISA AE
11 r. des Bas-Trévois – ✆ 03 25 46 28 28 – www.mercure-troyes.com
70 ch – †109/179 € ††109/179 € – ☕ 15 € CZ**h**
Non loin du centre-ville et de ses rues piétonnes, cet hôtel de chaîne, bâti sur les fondations d'une ancienne bonneterie, a un certain charme. Un compromis qui séduira à la fois la clientèle d'affaires et les touristes de passage.

Le Relais St-Jean sans rest AC VISA AE
51 r. Paillot-de-Montabert – ✆ 03 25 73 89 90 – www.relais-st-jean.com
24 ch – †95/210 € ††95/210 € – ☕ 15 € BZ**s**
Une jolie ruelle, une bâtisse ancienne à colombages du 16e s., voilà qui a du cachet. Sous les poutres, les chambres, modernes, ont un charme feutré. Les petits plus : le jacuzzi dans une charmante cave voûtée et l'accueil prévenant.

Hôtel de la Poste sans rest AC P VISA AE
35 r. Emile-Zola – ✆ 03 25 73 05 05 – www.hotel-de-la-poste.com BZ**a**
32 ch – †91/134 € ††122/148 € – 2 suites – ☕ 15 €
Au cœur de la ville, près du secteur piétonnier, un ancien relais de poste presque entièrement rénové. Du coup, la plupart des chambres sont plus actuelles et cosy. Même ambiance feutrée au salon et au petit-déjeuner.

Ibis Styles sans rest AC VISA AE
r. Camille-Claudel – ✆ 03 25 43 24 24 – www.ibishotel.com CZ**w**
77 ch ☕ – †95/133 € ††105/133 €
Cet hôtel de chaîne, situé un peu en retrait du centre-ville, répond aux dernières normes HQE (Haute Qualité Environnementale). Un parti pris qui colle à son style très design. Sympathique, la terrasse sur un bras de la Seine.

TROYES

Boucherat (R.) . . . . CY 4
Champeaux (R.) . . . . BZ 12
Charbonnet (R.) . . . . BZ 13
Clemenceau (R. G.) . . . . . BCY 15
Comtes-de-Champagne (Q. des) . . . . CY 16
Dampierre (Quai) . . . . BCY 17
Delestraint (Bd Gén.-Ch.) . . . BZ 18
Driant (R. COl.) . . . . BZ 20
Girardon (R.) . . . . CY 22
Hennequin (R.) . . . . CY 23
Huez (R. Claude) . . . . BYZ 27
Israël (Pl. Alexandre) . . . . BZ 28
Jaillant-Deschaînets (R.) . . . . BZ 29
Jean-Jaurès (Pl.) . . . . BZ 31
Joffre (Av. Mar.) . . . . BZ 33
Langevin (Pl. du Prof.) . . . . . BZ 35
Libération (Pl. de la) . . . . CZ 49
Marché aux Noix (R. du) . . . . . BZ 36
Michelet (R.) . . . . CY 39
Molé (R.) . . . . BZ 44
Monnaie (R. de la) . . . . BZ 45
Paillot-de-Montabert (R.) . . . . BZ 47
Palais-de-Justice (R.) . . . . BZ 48
République (R. de la) . . . . . . BZ 51
St-Pierre (Pl.) . . . . CY 52
St-Rémy (Pl.) . . . . BY 53
Siret (R. Nicolas) . . . . CZ 79
Synagogue (R. de la) . . . . BZ 54
Tour-Boileau (R. de la) . . . . . . BZ 59
Trinité (R. de la) . . . . BZ 60
Turenne (R. de) . . . . BZ 61
Voltaire (R.) . . . . BZ 64
Zola (R. Émile) . . . . BCZ
1er-R.A.M. (Bd du) . . . . BZ 69

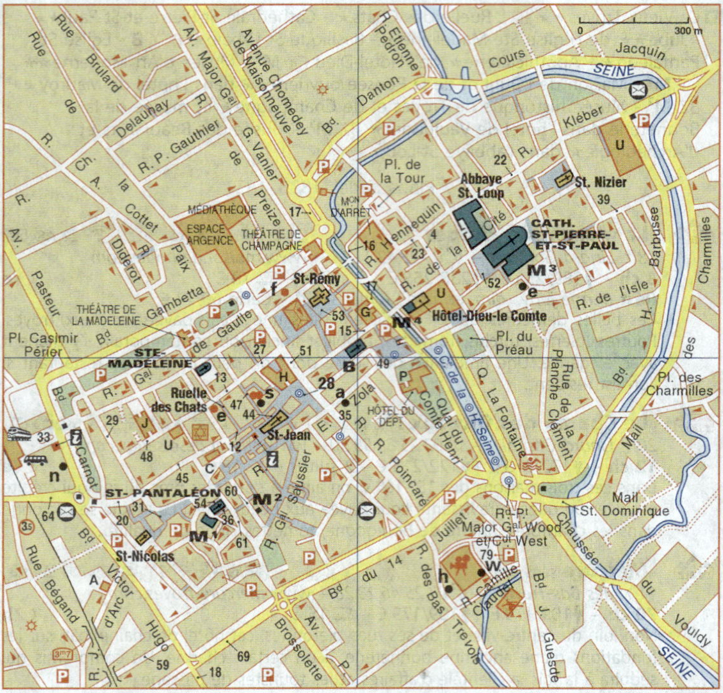

Le Royal
22 bd Carnot – ✆ *03 25 73 19 99* – *www.royalhoteltroyes.fr* BZn
40 ch – †72/97 € ††85/120 € – ☐ 11 €
Rest *(fermé sam. midi)* – Menu 19 € (déj. en sem.), 25/33 € – Carte 46/59 €
Bien situé près de la gare, cet hôtel dispose de chambres simples, fonctionnelles et bien tenues. Celles de la catégorie supérieure, au décor classique, sont plus spacieuses. Ambiance feutrée au bar pour se reposer du voyage.

Ibis sans rest
r. Camille-Claudel – ✆ *03 25 75 99 99* – *www.ibishotel.com* CZw
77 ch – †69/84 € ††69/84 € – ☐ 9 €
Au cœur d'un espace de loisirs (bowling, patinoire, cinéma), cet hôtel de chaîne typique propose des chambres plutôt vastes. C'est sérieux, fonctionnel, juste ce qu'il faut lorsqu'on travaille ou voyage en famille.

TROYES

Anatole-France (Av.) . . . . AX 2
Brossolette (Av. Pierre) . . . . AX 6
Buffard (Av. M.) . . . . AV 8
Chanteloup (R. de) . . . . AX 9
Clemenceau (R. G.) . . . . AV 12
Croix-Blanche (R. de la) . . . . AX 13
Croncels (R. du Faubourg) . . AX 14
Jean-Jaurès (Av.) . . . . AV 18
Lattre-de-Tassigny (Av. Mar.-de) . . . . AV 21
Leclerc (Av. Gén.) . . . . AV 22
Marots (R. des) . . . . AV 24
Noës (R. des) . . . . AX 26
Notre-Dame-des-Prés (R.) . . . . AX 27
Pasteur (R.) . . . . AV 32
Salengro (Av. Roger) . . . . AV 36
Salengro (R. Roger) . . . . AV 37
Schuman (Av. Robert) . . . . . . AV 38
Vouldy (Chaussée du) . . . . . . AX 42
1er Mai (Av. du) . . . . AV 48

XX **Valentino**

35 r. Paillot-de-Montabert – ✆ 03 25 73 14 14 – Fermé 18 août-9 sept., 2 sem. en janv., dim. et lundi BZs

Rest – Menu 26 € (déj. en sem.), 35/56 € – Carte 54/71 €

On sert dans cette maison à colombages une cuisine du moment, qui privilégie les produits de la mer. Les Troyens apprécient le cadre et la jolie terrasse dans la cour pavée.

Les bonnes adresses à petit prix ? Suivez les Bibs : «Bib Gourmand» rouge pour les tables, et «Bib Hôtel» bleu pour les chambres.

La Mignardise

1 ruelle des Chats – 03 25 73 15 30 – www.lamignardise.net – Fermé dim. soir et lundi BZe

Rest – Formule 24 € – Menu 30 € (déj. en sem.), 36/146 € bc – Carte 63/105 €

Nouvelle formule depuis 2011 dans cette maison à colombages du 16e s. Le cadre a conservé son cachet rustique mais dans un style moins formel, les menus affichent des tarifs accessibles et la cuisine s'est assagie au profit du traditionnel.

Au Jardin Gourmand

31 r. Paillot-de-Montabert – 03 25 73 36 13 – Fermé 2 sem. en mars, 3 sem. en sept., lundi midi et dim. BZs

Rest – Menu 23 € (déj. en sem.)/35 € – Carte 32/50 €

Dans cette ruelle pittoresque du vieux Troyes, le patron vous accueille avec bonne humeur. Il sait vous conseiller de bons plats du terroir – dont l'andouillette – ou des recettes plus actuelles. Sous les glycines, la terrasse !

à Ste-Maure **7 km au Nord par D 78 – 1 417 h. – alt. 111 m – ✉ 10150**

Auberge de Ste-Maure avec ch

rest, ch,

99 rte de Mery – 03 25 76 90 41 – www.auberge-saintemaure.fr – Fermé 23 déc.-17 janv., dim. soir et lundi AVg

3 ch – 135 € 145 € – ½ P

Rest – Menu 24 € (déj. en sem.), 50/60 € – Carte 49/78 €

Cette auberge près de la rivière a évolué avec son époque. Le cadre est élégant sans être compassé et sur des bases classiques, la cuisine flirte avec la modernité : tartare de Saint-Jacques, veau en croûte d'argile... Original pour passer la nuit, trois superbes roulottes en bois blond invitent à un voyage immobile.

à Pont-Ste-Marie **3 km au Nord-Est par D 77 – 4 791 h. – alt. 110 m – ✉ 10150**

Bistrot DuPont

5 pl. Ch.-de-Gaulle – 03 25 80 90 99 – www.bistrotdupont.com – Fermé 1 sem. à Pâques, 3 sem. en août, 24 déc.-3 janv., jeudi soir, dim. soir et lundi AVs

Rest *(réserver)* – Menu 19 € (sem.), 26/33 € – Carte 35/55 €

Tout à côté de la Seine, ce sympathique établissement de type bistrot propose une cuisine copieuse et soignée, avec de bonnes recettes à l'ancienne : blanquette, coq au vin... Ne ratez pas la spécialité maison : l'andouillette.

à Creney-près-Troyes **6 km au Nord-Est par D 960 – 1 586 h. – alt. 118 m – ✉ 10150**

Le Céladon

28 r. de la République – 03 25 81 08 54 – www.celadon-cote-restaurant.fr – Fermé 4-27 août, 30 oct.-6 nov., 3-9 mars, merc. et le soir sauf vend. et sam.

Rest – Formule 22 € – Menu 29 € (déj.), 33/50 € – Carte 53/73 € AVt

Au cœur du village, l'ambiance de ce restaurant est feutrée, en partie grâce à son agréable décor contemporain. La cuisine est savoureuse et l'on se régale à bon prix d'un quasi de veau aux pleurotes ou d'un baba et sa crème de coco...

à Moussey **10 km par ④, D 671 et D 444 – 545 h. – alt. 131 m – ✉ 10800**

Domaine de la Creuse sans rest

– 03 25 41 74 01 – www.domainedelacreuse.com – Fermé 20 déc.-5 janv.

5 ch – 105/125 € 110/130 €

Dans cette ferme champenoise du 18e s. perdue en pleine nature, les chambres qui entourent la cour intérieure aménagée en jardin sont vraiment adorables. Délicieux petits-déjeuners, accueil parfait, tout est très "campagne chic".

à St-André-les-Vergers 5 km au Sud-Ouest – 11 296 h. – alt. 112 m – ✉ 10120

24, rue Agenor Cortier, ✆ 03 25 71 91 11

La Gentilhommière
180 rte d'Auxerre – ✆ 03 25 49 35 64 – www.lagentilhommiere10.fr
– Fermé 3 sem. en août, vacances de fév., sam. midi, dim. soir et lundi
Rest – Formule 19 € – Menu 23 € (sem.), 27/38 € – Carte 43/57 € AX**r**
Ce pavillon moderne offre un cadre confortable, parfait pour un dîner en toute intimité. La cuisine est traditionnelle, avec pour spécialité l'œuf poché au champagne, mais fait aussi des clins d'œil à la modernité (un chou farci destructuré !).

à Ste-Savine 3 km à l'Ouest – 10 176 h. – alt. 116 m – ✉ 10300

Motel Savinien
87 r. Jean de la Fontaine – ✆ 03 25 79 24 90 – www.motelsavinien.com
– Fermé 21 déc.-7 janv. AX**d**
49 ch – 72/89 € – 10 € – ½ P
Rest *(fermé dim. soir et lundi)* – Formule 15 € – Menu 17/34 €
Rénovation de qualité (style contemporain, bois foncé, salles de bains bien équipées) dans la plupart des chambres de ce motel un peu excentré. On profite du confort moderne et d'un espace détente complet avec piscine et jacuzzi.

TRUN – 61 Orne – 310 J1 – 1 313 h. – alt. 90 m – ✉ 61160 33 C2

Paris 198 – Alençon 60 – Caen 63 – Lisieux 47

place Charles-de-Gaulle, ✆ 02 33 36 93 55

La Villageoise
66 r. de la République – ✆ 09 71 38 56 87 – www.lavillageoise.fr
4 ch – 65/85 € 65/85 € **Table d'hôte** – Menu 22 € bc (dîner)
Ses origines se perdent entre le 13e et le 17e s., mais sa vocation reste intacte : cet ancien relais de poste se montre très accueillant – de surcroît avec un vrai esprit de maison de famille, simple et frais. Voyez la chambre "Tourterelle"...

TULETTE – 26 Drôme – 332 C8 – 1 915 h. – alt. 147 m – ✉ 26790 44 B3

Paris 657 – Avignon 56 – Lyon 195 – Valence 95

place des Tisserands, ✆ 04 75 98 34 53, www.tulette-tourisme.com

K-Za
rte du Moulin – ✆ 04 75 98 34 88 – www.maison-hotes-k-za.com
– Fermé 25 août-2 sept. et 24 fév.-3 mars
5 ch – 145/170 € 145/170 € **Table d'hôte** – Menu 37/120 € bc
Che bella casa ! Anne-Élisabeth, la maîtresse des lieux, est d'origine italienne. Et c'est en véritable *mamma*, passionnée par la gastronomie, qu'elle vous reçoit dans sa maison du 17e s. en galets roulés du Rhône, au superbe intérieur design. À table, on savoure une cuisine inventive et des vins locaux.

TULLE P – 19 Corrèze – 329 L4 – 15 396 h. – alt. 210 m – ✉ 19000 25 C3

Limousin Berry

Paris 475 – Aurillac 83 – Brive-la-Gaillarde 27 – Clermont-Ferrand 141

place jean Tavé, ✆ 05 55 26 59 61

Maison de Loyac★ - Clocher★ de la Cathédrale Notre-Dame.

Mercure sans rest
16 quai de la République – ✆ 05 55 26 42 00 – www.mercure.com
49 ch – 65/77 € 75/88 € – 1 suite – 14 €
En centre-ville, le long de la Corrèze, des chambres confortables, spacieuses – surtout côté quai – et bien insonorisées. On profite également de la rivière depuis la salle des petits-déjeuners.

La Toque Blanche
pl. M. Brigouleix – ✆ 05 55 26 75 41 – www.hotel-latoqueblanche.com – Fermé dim. soir et lundi
Rest – Formule 19 € – Menu 29/45 € – Carte 33/47 €
Ce restaurant a récemment fait peau neuve et n'en est que plus avenant. La cuisine apporte une touche de modernité aux classiques, avec un médaillon de porc aux fruits secs par exemple...

TUNNEL DU MONT-BLANC – **74 H.-Savoie** – **328** O5 – **voir à Chamonix-Mont-Blanc**

TUNNEL SOUS LA MANCHE – **62 Pas-de-Calais** – **voir à Calais.**

LA TURBALLE – 44 Loire-Atlantique – 316 A3 – 4 515 h. – alt. 6 m   34 A2

– ✉ 44420 Pays de la Loire
Paris 457 – La Baule 13 – Guérande 7 – Nantes 84
place du Général-de-Gaulle, ✆ 02 40 23 39 87, www.tourisme-laturballe.fr

Le Terminus
18 quai St-Paul – ✆ 02 40 23 30 29 – www.laturballe.free.fr/restaurant-terminus – Fermé 1 sem. en oct., 2 sem. en fév., dim. soir, mardi soir et merc. hors saison
Rest – Formule 18 € – Menu 28/58 € – Carte 33/66 €
On y descend pour la vue sur le port de La Turballe, dont on jouit depuis toutes les tables ! La cuisine explore évidemment les produits de la mer.

à Pen-Bron 3 km au Sud par D 92 – ✉ 44420 La Turballe

Pen Bron
– ✆ 02 28 56 77 99 – www.hotels-aptitudes.com – Fermé 16 déc.-6 janv.
43 ch – †79/195 € ††79/195 € – ☕ 12 € – ½ P
Rest *(fermé lundi et mardi en hiver)* – Formule 20 € – Menu 30 € – Carte 30/60 €
Tout à la pointe de la presqu'île guérandaise, face au Croisic... L'atout de cette maison bretonne : son aménagement moderne, pensé en détail pour les personnes à mobilité réduite. Restauration traditionnelle avec vue sur les flots.

LA TURBIE – 06 Alpes-Maritimes – 341 F5 – 3 170 h. – alt. 495 m   42 E2

– ✉ 06320 Côte d'Azur
Paris 943 – Monaco 8 – Menton 13 – Nice 16

Hostellerie Jérôme (Bruno Cirino) avec ch
20 r. Comte-de-Cessole – ✆ 04 92 41 51 51 – www.hostelleriejerome.com – Ouvert 14 fév.-1er nov. et fermé lundi et mardi d'oct. à juin
6 ch – †110/160 € ††110/160 € – ☕ 16 €
Rest *(dîner seult)* – Menu 80/138 € – Carte 100/150 €
Un superbe réfectoire cistercien (13e s.) au service d'une délicate cuisine méridionale. Épris de produits, le chef travaille les plus beaux poissons et légumes de la région. Sa femme, autodidacte passionnée, a étoffé sa magnifique cave au fil des ans – plus de 20 000 bouteilles ! Pour l'étape, les chambres sont spacieuses ; l'une d'elles aurait hébergé Napoléon.
➜ Gamberoni "il violetto d'Oneglia", au cœur de fenouil sauvage confit. Langoustines de Méditerranée en croûte d'amande nouvelle et datte. Figues blanches du pays rôties, olives noires au sucre, sorbet au lait de bufflonne. **Vins** Bellet, Bandol.

Café de la Fontaine
4 av. du Gén.-de-Gaulle – ✆ 04 93 28 52 79 – www.hostelleriejerome.com
Rest – Menu 28/33 € – Carte 27/33 €
Atmosphère très conviviale, beau choix de vins simples et abordables et, à l'ardoise, savoureuse et généreuse cuisine du marché aux jolies nuances provençales : pas de doute, on passe ici un très bon moment gourmand !

TURCKHEIM – 68 Haut-Rhin – 315 H8 – 3 747 h. – alt. 225 m 2 C2

– ✉ 68230 Alsace Lorraine

Paris 471 – Colmar 7 – Gérardmer 47 – Munster 14

6, rue du Conseil, ✆ 03 89 27 38 44, www.turckheim.com

À l'Homme Sauvage

19 Grand'Rue – ✆ 03 89 27 56 15 – www.restaurant-hommesauvage.com – Fermé mardi soir de nov. à avril, dim. soir et merc.

Rest – Menu 16 € (déj. en sem.), 29/53 € – Carte 44/54 €

Maryon et John tiennent une maison comme on les aime ! Bien sûr il y a la belle cuisine "ni trop gastro ni trop tradi" de John, gourmande et fine, mais aussi cette belle convivialité, cette atmosphère rustique et bigarrée, très village mais pas du tout vieille France...

TURENNE – 19 Corrèze – 329 K5 – 796 h. – alt. 350 m – ✉ 19500 24 B3

Périgord Quercy

Paris 496 – Brive-la-Gaillarde 15 – Cahors 91 – Figeac 76

place du Belvédère, ✆ 05 55 24 12 95

Site★ du château et ✳★★ de la tour de César.

Collonges-la-Rouge : village★★ E : 10 km.

Maison des Chanoines

rest,

r. Joseph Rouveyrol – ✆ 05 55 85 93 43 – www.maison-des-chanoines.com – Ouvert 13 avril-13 oct.

7 ch – †70/100 € ††80/105 € – ☕ 10 € – ½ P

Rest *(dîner seult) (résidents seult)* – Menu 36/52 €

Au cœur de ce beau village corrézien, cette demeure du 16e s. allie charme historique et confort, non sans évoquer une véritable maison d'hôtes (mobilier ancien, tableaux, etc.). Avis aux résidents : la table gastronomique est très soignée, ne vous en privez pas...

TURQUANT – 49 Maine-et-Loire – 317 J5 – 552 h. – alt. 68 m 35 C2

– ✉ 49730 Pays de la Loire

Paris 294 – Angers 76 – Châtellerault 68 – Chinon 21

Demeure de la Vignole sans rest

imp. Marguerite-d'Anjou – ✆ 02 41 53 67 00 – www.demeure-vignole.com – Ouvert 1er mars-15 nov.

8 ch – †125 € ††125/150 € – 4 suites – ☕ 16 €

Ambiance guesthouse dans cette belle demeure bâtie à flanc de coteau. Chambres décorées avec goût – dont plusieurs troglodytiques, comme la piscine ! Terrasse face au vignoble.

TUSSON – 16 Charente – 324 K4 – 274 h. – alt. 125 m – ✉ 16140 39 C2

Poitou-Charentes

Paris 421 – Angoulême 41 – Cognac 49 – Poitiers 83

le bourg, ✆ 05 45 31 70 49

Le Compostelle

– ✆ 05 45 31 15 90 – www.lecompostelle-tusson.fr – Fermé 29 sept.-14 oct., 1er-24 janv., dim. soir, lundi et jeudi

Rest – Formule 22 € – Menu 29/50 € – Carte 40/56 €

Au cœur du village et sur l'antique route des pèlerins, un sympathique restaurant où la rusticité des lieux se mêle à un style plus contemporain. Le chef réalise une jolie cuisine de produits et revisite avec simplicité la tradition régionale...

TY-SANQUER – 29 Finistère – 308 G6 – rattaché à Quimper

UBERACH – 67 Bas-Rhin – 315 J3 – 1 195 h. – alt. 175 m – ✉ 67350 1 B1

Paris 473 – Baden-Baden 59 – Offenburg 64 – Strasbourg 38

Restaurant de la Forêt

94 Grande Rue – ✆ 03 88 07 73 17 – www.restaurant-de-la-foret-uberach.com – Fermé 1er-15 août, vacances de fév., lundi soir, mardi soir et merc.

Rest – Formule 10 € – Menu 16 € (déj. en sem.)/65 € bc – Carte 40/52 €

Un accueil charmant, une cuisine traditionnelle concoctée avec les légumes et les herbes aromatiques du jardin... une Forêt très chaleureuse !

UCHAUD – 30 Gard – 339 K6 – 4 028 h. – alt. 26 m – ✉ 30620 23 C2

Paris 726 – Avignon 57 – Montpellier 42 – Nîmes 13

Le Huit

8 pl. de l'Église – ✆ 06 17 95 49 15 – www.le-huit.com – Fermé déc. et janv.

5 ch – †130/250 € ††130/250 € **Table d'hôte** – Menu 48/65 €

Face à l'église, une façade discrète cache ce petit havre de paix et de confort... Murs anciens, chambres spacieuses, décor contemporain, belles salles de bains et invitations à la détente (minispa, piscine). La table d'hôte propose une cuisine assez moderne (cuissons vapeur).

UCHAUX – 84 Vaucluse – 332 B8 – 1 377 h. – alt. 80 m – ✉ 84100 40 A2

Paris 645 – Avignon 40 – Montélimar 45 – Nyons 37

Château de Massillan

Hauteville, 3 km au Nord par D 11 et rte secondaire – ✆ 04 90 40 64 51 – www.chateau-de-massillan.com – Ouvert 1er avril-30 oct.

13 ch – †195/535 € ††195/535 € – 1 suite – ☕ 19 €

Rest *(fermé le midi) (réserver)* – Menu 35/65 €

L'ancien relais de chasse de Diane de Poitiers (16e s.) niché au cœur d'un magnifique parc entouré de vignes... Design contemporain, pierres et poutres d'époque se mêlent : c'est splendide !

Côté Sud

rte d'Orange – ✆ 04 90 40 66 08 – www.restaurantcotesud.com – Fermé 2-11 avril, 28 oct.-15 nov., 23 déc.-16 janv., lundi soir et mardi sauf juil.-août et merc.

Rest *(nombre de couverts limité, réserver)* – Menu 24/39 € – Carte 46/56 €

Garrigue, colline... Les noms des menus, tout comme la cuisine, célèbrent la Provence. Ambiance cosy dans cette charmante maison en pierre et son ravissant jardin.

Le Temps de Vivre

322 route de Bollène, (Les Farjons), 3,5 km au Nord par D 11 – ✆ 04 90 40 66 00 – Fermé 7-23 nov., 24 déc.-11 janv., jeudi sauf le soir en juil.-août, mardi midi en juil.-août et merc.

Rest – Menu 18 € (déj. en sem.), 32/41 € – Carte 42/52 €

Chant des cigales, garrigue, vignes... Cette maison en pierre du 18e s. invite à prendre le temps de vivre – en particulier sur sa terrasse ombragée. Le chef est un sérieux professionnel : il suffit de le voir préparer un fond de veau. Au menu : la générosité de la Provence, avec les légumes du beau-père en saison !

UGINE – 73 Savoie – 333 L3 – 7 041 h. – alt. 484 m – ✉ 73400 45 C1

Alpes du Nord

Paris 581 – Annecy 37 – Chambéry 63 – Lyon 162

185 Route d'Annecy, ✆ 04 79 37 56 33, http://ot-ugine.e-monsite.com

La Châtelle

3 r. P.-Proust – ✆ 04 79 37 30 02 – www.lachatelle.com – Fermé sam. midi, dim. soir et lundi

Rest – Menu 20 € (déj. en sem.), 30/52 € – Carte 40/66 €

Une maison forte du 13e s. tout en vieilles pierres, un lieu de caractère pour un repas gastronomique. Sous les voûtes de la salle principale, on aurait célébré la messe sous la Révolution... Aujourd'hui, on y glorifie les saveurs et les bons vins ! Également une agréable salle vitrée face au jardin.

L'UNION – 31 Haute-Garonne – **343** G3 – rattaché à Toulouse

UNTERMUHLTHAL – 57 Moselle – **307** Q5 – rattaché à Baerenthal

URÇAY – 03 Allier – **326** C3 – 291 h. – alt. 169 m – ✉ 03360 **5** B1

Paris 297 – La Châtre 55 – Montluçon 34 – Moulins 66

L'Étoile d'Urçay

42 rte Nationale – ✆ 04 70 06 92 66 – Fermé 26 nov.-10 déc., 15 fév.-6 mars, mardi soir, merc. soir et jeudi soir d'oct. à juin, dim. soir et lundi

Rest – Menu 12 € (sem.), 27/34 € – Carte 35/46 €

Après une balade dans la forêt de Tronçais toute proche, arrêtez-vous dans ce restaurant familial. Au son de la musique d'ambiance, on s'installe dans un décor classique pour apprécier des recettes traditionnelles bien ficelées. Le chef sélectionne les meilleurs produits et, dans l'assiette, cela se sent !

URIAGE-LES-BAINS – 38 Isère – **333** H7 – alt. 414 m – Stat. therm. : mi-janv.-fin déc. – Casino : Palais de la Source – ✉ 38410 Alpes du Nord **45** C2

Paris 576 – Grenoble 11 – Vizille 11

5, avenue des Thermes, ✆ 04 76 89 10 27, www.uriage-les-bains.com

Uriage, à Vaulnaveys-le-Haut, Les Alberges, au Sud, ✆ 04 76 89 03 47

Forêt de Prémol★ SE : 5 km par D 111.

Grand Hôtel

pl. Déesse Hygie – ✆ 04 76 89 10 80 – www.grand-hotel-uriage.com – Fermé 22 déc.-6 janv.

39 ch – †122/212 € ††152/245 € – 3 suites – ☕ 21 €

Rest *Les Terrasses* ✿✿ – voir les restaurants ci-après

Naguère fréquenté par Coco Chanel, ce bel hôtel Napoléon III, relié au centre thermal, propose des chambres d'un grand raffinement. Répondant aux noms de Colette ou Mistinguett, elles invitent à un voyage au pays des arts.

Les Terrasses – Grand Hôtel

pl. Déesse-Hygie – ✆ 04 76 89 10 80 – www.grand-hotel-uriage.com – Fermé 18 août-4 sept., 22 déc.-23 janv., merc. midi, jeudi midi, dim. soir, lundi et mardi

Rest – Menu 58 € (déj.), 99/185 € – Carte environ 130 €

Une cuisine millimétrée, précise jusque dans les détails et sans sophistication inutile : Christophe Aribert a le don de rendre lisible chacune de ses recettes ! L'excellence des produits (en particulier du Vercors et du Dauphiné), l'esthétisme des assiettes, la force des saveurs : tout ici incarne la belle gastronomie…

➜ Homard rôti, coriandre, mélisse, amandes et sel fumé. Pintade rôtie, côtes de blette, citron, cassis, noisette et jus. Chocolat, olive et pamplemousse confit. **Vins** Vin de pays des Coteaux du Grésivaudan Verdesse, Chignin-Bergeron.

au Sud 2 km par D 524 – ✉ 38410 Uriage-les-Bains

Le Manoir des Alberges

251 chemin des Alberges – ✆ 04 76 51 92 11 – www.lemanoirdesalberges.com

5 ch ☕ – †115/135 € ††115/135 € – ½ P **Table d'hôte** – Menu 35 € bc

Cette maison, construite à partir de 1903, surplombe un golf. Les cinq chambres très différentes (styles bavarois, indien, ethnique, Art déco, etc.) sont à la fois chaleureuses et soignées. Toute aussi colorée, la grande salle à manger où la propriétaire propose une cuisine inventive.

URMATT – 67 Bas-Rhin – **315** H5 – 1 445 h. – alt. 240 m – ✉ 67280 **1** A2

Alsace Lorraine

Paris 487 – Molsheim 15 – Saverne 37 – Sélestat 49

Église★ de Niederhaslach NE : 3 km Alsace Lorraine

Clos du Hahnenberg

65 r. du Gén.-de-Gaulle – ✆ 03 88 97 41 35

42 ch – †43/69 € ††49/75 € – ☕ 12 € – ½ P

Rest *Chez Jacques* – voir les restaurants ci-après

Ce petit immeuble, en retrait de la rue principale du village, abrite des chambres confortables et bien insonorisées. Leur décor, sobre et contemporain, se révèle séduisant.

La Poste
74 r du Gén.-de-Gaulle – ✆ 03 88 97 40 55 – www.hotel-rest-laposte.fr – Fermé 15 fév.-28 mars, 15-29 juil., 18-26 nov.
14 ch – †46/56 € ††55/67 € – ☕ 9 € – ½ P
Rest *(fermé dim. soir et lundi)* – Formule 11 € – Menu 19/41 € – Carte 25/54 €
Ambiance familiale dans cette auberge villageoise centenaire. Chambres confortables et bien tenues ; certaines ont été soigneusement rénovées. Vitraux et boiseries rehaussent le décor des salles à manger ; cuisine régionale.

L' Ermitage du Rebberg N
49 r de la Hoube – ✆ 03 88 47 33 31 – www.ermitagedurebberg.com – Fermé 4-11 nov., 6-24 janv. et 21 fév.-4 mars
5 ch ☕ – †125/195 € ††125/195 € **Table d'hôte** – Menu 45 € bc
Entre vignobles et montagnes, cette maison couverte de vigne vierge domine la vallée de la Bruche. Les chambres y sont particulièrement spacieuses – environ 50 m^2 – et confortables. Superbe jardin et piscine à débordement. Voilà un ermitage dans lequel on se retire avec plaisir...

Chez Jacques – Hôtel le Clos de Hahnenberg
– *✆ 03 88 97 41 35 – www.closhahnenberg.com*
Rest – Formule 11 € – Menu 22/38 € – Carte 27/53 €
Le cadre de Chez Jacques a fait sa révolution en 2012 : place à des lignes très modernes, tout en pierre et bois au naturel. Une réussite, pour une cuisine qui demeure sûre de ses classiques : priorité aux produits du terroir et aux spécialités alsaciennes !

URRUGNE – **64 Pyrénées-Atlantiques** – **342** B4 – **rattaché à St-Jean-de-Luz**

USCLADES-ET-RIEUTORD – **07 Ardèche** – **331** G5 – **123 h.** – **alt. 1 270 m** – ✉ **07510** **44** A3
Paris 590 – Aubenas 45 – Langogne 41 – Privas 59

à Rieutord – ✉ **07510 Usclades et Rieutord**

Ferme de la Besse
– *✆ 04 75 38 80 64 – www.aubergedelabesse.com – Fermé 20 déc.-1er mars*
Rest *(réserver)* – Menu 26/30 €
Une authentique ferme du 15e s. au toit de lauzes... Dans son décor rustique superbement préservé (pierres, poutres, cheminée), on apprécie charcuterie, cèpes, viandes locales...

USSAC – **19 Corrèze** – **329** K4 – **rattaché à Brive-La-Gaillarde**

USSEAU – **86 Vienne** – **322** J3 – **rattaché à Châtellerault**

USSEL – **19 Corrèze** – **329** O2 – **10 226 h.** – **alt. 631 m** – ✉ **19200** **25** D2
Limousin Berry
Paris 444 – Aurillac 99 – Clermont-Ferrand 83 – Guéret 101
place Voltaire, ✆ 05 55 72 11 50, www.ot-ussel.fr
de Neuvic, à Neuvic, Legta Henri Queuille, S : 14 km, ✆ 05 55 95 98 89
du Chammet, à Peyrelevade, Geneyte, NO : 42 km, ✆ 05 55 94 77 54

Auberge de l'Empereur
La Goudouneche, (parc d'activité de l'Empereur), 5 km au Sud-Ouest par D 1089 – ✆ 05 55 46 04 30 – www.aubergedelempereur.com – Fermé dim. soir et lundi
Rest *(réserver)* – Formule 20 € – Menu 26 € (déj. en sem.), 29/62 € – Carte 32/57 €
Le restaurant se trouve dans une ancienne grange, bien au calme. Plafond en bois blond, meubles et couverts chinés lui confèrent un charme original. Morilles de l'empereur, bœuf au caramel d'ail, etc. : la carte a ses fidèles !

UTELLE – **06 Alpes-Maritimes** – **341** E4 – **698 h.** – **alt. 800 m** – ✉ **06450** **41** D2
Côte d'Azur
Paris 883 – Levens 24 – Nice 51 – Puget-Théniers 53
Retable★ dans l'église St-Véran - Madone d'Utelle ✳★★★ SO : 6 km.

Bellevue

rte de la Madone – ✆ 04 93 03 17 19 – Fermé en janv. et merc. sauf juil.-août
Rest *(déj. seult)* – Menu 17/34 € – Carte 20/55 €
Perchée dans un village d'altitude, une maison familiale avenante... Jolie terrasse à l'ombre des platanes, salle à manger rustique et petits plats du terroir de l'arrière-pays niçois.

UZER – 07 Ardèche – 331 H6 – 428 h. – alt. 165 m – ✉ 07110 — 44 A3

Paris 663 – Alès 63 – Lyon 196 – Privas 44

Château d'Uzer

– ✆ 04 75 36 89 21 – www.chateau-uzer.com – Fermé 20 déc.-4 fév.
5 ch – 110/120 € 120/145 €
Table d'hôte *(fermé mardi, jeudi, sam. et dim.)* – Menu 35 € bc
La fibre décorative des propriétaires, leur belle hospitalité, le mélange des styles ancien et moderne, le jardin semi-sauvage, la piscine, le petit-déjeuner maison... Ce château médiéval a tout pour plaire. Plats régionaux servis en terrasse aux beaux jours.

UZERCHE – 19 Corrèze – 329 K3 – 3 226 h. – alt. 380 m – ✉ 19140 — 24 B3

Limousin Berry

Paris 444 – Brive-la-Gaillarde 38 – Limoges 57 – Périgueux 106
place de la Libération, ✆ 05 55 73 15 71, www.pays-uzerche.fr
Ste-Eulalie ★ E : 1 km.

Teyssier

r. Pont Turgot – ✆ 05 55 73 10 05 – www.hotel-teyssier.com – Fermé vacances de Noël, mardi midi et merc. midi sauf de juil. à sept.
14 ch – 55/79 € 55/79 € – 8 € – ½ P
Rest – Menu 20/27 € – Carte 30/45 €
Pour faire étape dans cette "perle du Limousin" qu'est Uzerche, près de la Vézère, cette auberge du 18e s., à la façade blanche, propose des chambres confortables ; certaines avec vue sur la rivière. Restaurant traditionnel.

à St-Ybard 6 km au Nord-Ouest par D 920 et D 54 – 657 h. – alt. 320 m – ✉ 19140

Auberge Saint-Roch

2 r. du Château – ✆ 05 55 73 09 71 – www.auberge-saint-roch.fr – Fermé 21 juin-8 juil., 7-14 oct., 20 déc.-20 janv., le soir d'oct. à mai (sauf sam. soir), dim. soir et lundi
Rest – Formule 10 € – Menu 13 € (déj. en sem.), 21/40 € – Carte 25/64 €
Que diriez-vous d'un magret de canard au miel ou d'une croustade aux pommes ? Cette auberge campagnarde, au cœur du village, cultive des plaisirs simples... et les produits de son jardin ! La terrasse face à l'église est bien agréable.

UZÈS – 30 Gard – 339 L4 – 8 339 h. – alt. 138 m – ✉ 30700 Provence — 23 D2

Paris 682 – Avignon 39 – Montpellier 93 – Nîmes 38
place Albert 1er, ✆ 04 66 22 68 88, www.uzes-tourisme.com
d'Uzès, Mas de la Place, par rte d'Avignon : 5 km, ✆ 04 66 22 40 03
Ville ancienne★★ - Duché★ : ★★ de la Tour Bermonde - Tour Fenestrelle★★ - Place aux Herbes★ - Orgues★ de la Cathédrale St-Théodorit .

Hostellerie Provençale

1-3 r. Grande-Bourgade – ✆ 04 66 22 11 06 – www.hostellerieprovencale.com
9 ch – 87/118 € 99/149 € – 13 € – ½ P
Rest *(fermé dim. soir et lundi hors saison)* – Menu 18 € (déj. en sem.), 36/41 € – Carte environ 45 €
À deux pas de la place aux Herbes, une maison ancienne très joliment rénovée : mobilier et tissus provençaux, pierres et poutres apparentes, tomettes, etc. Il règne ici une ambiance des plus cosy. Restaurant traditionnel.

Le Patio de Violette rest,

chemin Trinquelaïgues, lieu-dit la Perrine, au Nord – ✆ 04 66 01 09 83 – www.hotel-uzes-pontdugard.com
25 ch – 60/92 € 60/92 € – 10 € – ½ P
Rest *(ouvert d'avril à oct.) (dîner seult)* – Menu 25/28 €
À l'écart du centre-ville, une villa contemporaine aux formes géométriques, abritant des chambres bien tenues, au décor épuré – certaines avec une terrasse privative. Même esprit minimaliste dans le cadre du restaurant, pour un repas au sein de l'établissement.

L'Artemise avec ch rest, ch,

chemin de la Fontaine-aux-Bœufs, par r. du Collège – ✆ 04 66 63 94 14 – www.lartemise.com – Fermé de Noël à mi mars, lundi midi, merc., jeudi midi en hiver et mardi
8 ch – 175/350 € 175/350 € – 10 €
Rest – Menu 35 € (déj. en sem.), 55/70 €
Avec son mobilier design et ses œuvres d'artistes contemporains, ce mas du 16e s. est plus que jamais dans le vent ! Aux commandes, un jeune chef inspiré qui signe, au gré du marché, de savoureux menus surprises. Magnifiques chambres, piscine et spa... pour transformer l'étape gourmande en séjour de charme.

Le 80 Jours

2 pl. Albert-1er – ✆ 04 66 22 09 89 – Fermé fév., lundi de sept. à mai et dim.
Rest – Formule 16 € – Menu 23 € (déj.), 29/39 € – Carte 43/54 €
Voûtes et vieilles pierres, décor ethnique, joli patio ombragé : il fait bon s'attabler dans cette brasserie moderne dont l'enseigne évoque Jules Verne et... les voyages du maître des lieux. De quoi donner envie de voguer, à son tour, vers d'autres horizons – mais seulement après un bon repas.

à St-Quentin-la-Poterie 5 km au Nord par D 5 – 2 942 h. – alt. 113 m – ✉ 30700

Clos de Pradines ch, ch,

pl. du Pigeonnier – ✆ 04 66 20 04 89 – www.clos-de-pradines.com – Fermé 18 nov.-1er déc. et 6 janv.-2 fév.
20 ch – 79/130 € 79/130 € – 13 € – ½ P
Rest – Menu 28/40 € – Carte 29/44 €
Sur les hauteurs du village, un hôtel paisible proposant de jolies chambres de style néoprovençal, avec miniterrasse ou balcon orienté plein sud. Au restaurant, belle terrasse dominant la vallée et cuisine traditionnelle.

à Montaren-et-St-Médiers 6 km au Nord-Ouest et D 337 – 1 454 h. – alt. 115 m – ✉ 30700

Clos du Léthé sans rest

Hameau de St-Médiers – ✆ 04 66 74 58 37 – www.closdulethe.com – Ouvert 2 avril-31 oct.
5 ch – 170/320 € 180/320 €
Cet ancien prieuré mêle l'ancien et le contemporain. On s'y repose, au grand calme, dans des chambres où authenticité et sérénité se confondent. Superbe piscine à débordement, hammam, et accueil adorable viennent compléter ce tableau déjà séduisant.

Mas d'Oléandre

Hameau de St-Médiers – ✆ 04 66 22 63 43 – www.masoleandre.com – Ouvert mars à nov.
4 ch – 77/112 € 77/112 € **Table d'hôte** – Menu 30 €
Sur les hauteurs du hameau, cette ancienne bergerie abrite des chambres bien tenues, décorées dans un esprit provençal. Toutes de plain-pied, elles ouvrent sur un écrin de verdure... Le soir, à la table d'hôte, on sert une cuisine familiale sous une terrasse couverte.

VAAS – 72 Sarthe – 310 K8 – 1 596 h. – alt. 41 m – ✉ 72500 35 D2
Pays de la Loire

Paris 237 – Angers 77 – Château-du-Loir 8 – Château-la-Vallière 15

Le Vedaquais
pl. de la Liberté – ✆ 02 43 46 01 41 – www.vedaquais-72.com
12 ch – 53/63 € 53/63 € – 8 € – ½ P
Rest *(fermé vend. soir, dim. soir et lundi)* – Formule 13 € bc – Menu 17 € (sem.), 20/33 € bc – Carte 42/57 €
Le bâtiment abritait autrefois la mairie et l'école du village : rien de plus normal s'il porte le nom de ses habitants ! Le restaurant a été créé dans l'ancienne salle de classe (collection d'objets anciens) ; les chambres sont simples mais n'ont rien de punitions. TV et wifi pour la récré.

LA VACHETTE – 05 Hautes-Alpes – 334 I3 – rattaché à Briançon

VACQUEYRAS – 84 Vaucluse – 332 C9 – 1 053 h. – alt. 117 m 42 E1
– ✉ 84190 Provence

Paris 662 – Avignon 35 – Nyons 34 – Orange 19
place de la Mairie, ✆ 04 90 12 39 02, www.vacqueyras.tm.fr

Le Pradet sans rest
rte de Vaison – ✆ 04 90 65 81 00 – www.hotellepradet.fr – Ouvert de mars à nov.
32 ch – 68/73 € 76/85 € – 9 €
À l'entrée du village, un hôtel construit à la fin des années 1980 dans l'esprit de l'architecture régionale. Chambres simples et fonctionnelles, certaines avec balcon. Tarifs raisonnables pour cette région très touristique, non loin des Dentelles de Montmirail.

L'Éloge
rte de Vaison-la-Romaine – ✆ 04 90 62 64 81 – www.leloge.fr
– Fermé 1er-14 janv., dim. soir et lundi
Rest *(nombre de couverts limité, réserver)* – Formule 19 € – Menu 28/78 € bc – Carte 35/65 €
Éloge de la chère, mais aussi de la robe, car nous sommes dans les anciens chais de la coopérative locale. La carte des vins fait évidemment la part belle à la production du village (à petits prix), mais aussi aux "amis vignerons d'ailleurs". Cuisine au goût du jour. Original : le décor est digne d'un lounge contemporain !

à Montmirail 2 km à l' Est par rte secondaire – ✉ 84190

Montmirail
Château des Eaux – ✆ 04 90 65 84 01 – www.hotelmontmirail.com
– Ouvert 10 avril-20 oct.
39 ch – 63/128 € 91/128 € – 13 € – ½ P
Rest *(fermé jeudi midi et sam. midi)* – Menu 25 € (déj. en sem.), 30/40 € – Carte 33/47 €
Au pied des célèbres Dentelles de Montmirail, demeure de caractère (19e s.) au milieu d'un plaisant jardin planté de pins et de platanes. Chambres bien tenues. Au restaurant, l'ambiance est cosy... c'est idéal pour déguster une appétissante cuisine traditionnelle.

VACQUIERS – 31 Haute-Garonne – 343 G2 – 1 313 h. – alt. 200 m 28 B2
– ✉ 31340

Paris 658 – Albi 71 – Castres 80 – Montauban 35

La Villa les Pins sans rest
1660 rte de Bouloc, 2 km à l'Ouest par D 30 – ✆ 05 61 84 96 04
– www.lavillalespins.com
5 ch – 70/85 € 85/90 €
Il y a le parc arboré, le calme et... cette villa, où règne une plaisante atmosphère familiale. Les chambres sont confortables, d'esprit maison bourgeoise (deux suites).

VAGNAS – 07 Ardèche – 331 I7 – 521 h. – alt. 200 m – ✉ 07150 44 A3

▶ Paris 678 – Alès 38 – Aubenas 37 – Mende 112

La Bastide d'Iris sans rest

D 579 – ✆ 04 75 88 44 77 – www.labastidediris.com

12 ch – †82/112 € ††88/112 € – ☕ 13 €

Un jardin de roses, de lavande et d'oliviers ; une terrasse où l'on peut prendre son petit-déjeuner ; des chambres coquettes et colorées (dont deux familiales) : tels sont les atouts de cette bastide de construction récente, située à la sortie du village.

VAGNEY – 88 Vosges – 314 I4 – 4 014 h. – alt. 412 m – ✉ 88120 27 C3

▶ Paris 437 – Belfort 99 – Épinal 40 – Metz 163

ℹ 11, place Caritey, ✆ 03 29 24 88 69, www.ot-vagney.fr

Les Lilas

12 r. du Général-de-Gaulle – ✆ 03 29 23 69 47 – www.restaurantleslilas.fr – Fermé 27 mai-5 juin, 14 août-4 sept., 16-30 janv., lundi soir, mardi soir et merc.

Rest *(nombre de couverts limité, réserver)* – Formule 13 € – Menu 18 € (sem.), 23/40 € – Carte 31/54 €

Une décoration tout en douceur, aux tons parme ; une cuisine traditionnelle et créative... Enfin, pour ne rien gâter, une plaisante terrasse. On voit la vie en lilas !

VAIGES – 53 Mayenne – 310 G6 – 1 170 h. – alt. 90 m – ✉ 53480 35 C1

▶ Paris 255 – Château-Gontier 35 – Laval 24 – Le Mans 61

Hôtel du Commerce

r. du Fief-aux-Moines – ✆ 02 43 90 50 07 – www.hotelcommerce.fr – Fermé 1 sem. en août, 21 déc.-13 janv., dim. soir et vend. soir de sept. à mai

32 ch – †68/99 € ††72/105 € – ☕ 10 € – ½ P

Rest – Formule 14 € – Menu 21/55 € – Carte 36/53 €

Dans un village du bocage mayennais, cet hôtel est tenu par la même famille depuis 1883 ; les chambres y sont propres et fonctionnelles. Billard, sauna. Cuisine traditionnelle servie dans un cadre rustique (poutres, cheminée) ou sous la véranda.

VAILHAN – 34 Hérault – 339 E7 – 166 h. – alt. 181 m – ✉ 34320 23 C2

▶ Paris 740 – Albi 173 – Carcassonne 127 – Montpellier 71

L'Auberge du Presbytère

4 r. de l'Église – ✆ 04 67 24 76 49 – www.aubergedupresbytere.fr – Fermé janv., lundi de nov. à fév., mardi et merc.

Rest *(nombre de couverts limité, réserver)* – Menu 29/45 €

Un presbytère du 17e s. tout en vieilles pierres, dominant le lac des Olivettes : le jeune couple maître des lieux en est tombé amoureux, on le comprend ! À l'unisson de la nature environnante, la cuisine cultive le goût des choses vraies : produits locaux, saisonnalité, fraîcheur... et prix doux.

VAISON-LA-ROMAINE – 84 Vaucluse – 332 D8 – 6 153 h. – alt. 193 m – ✉ 84110 Provence 40 B2

▶ Paris 664 – Avignon 51 – Carpentras 27 – Montélimar 64

ℹ place du Chanoine-Sautel, ✆ 04 90 36 02 11, www.vaison-la-romaine.com

👁 Les vestiges gallo-romains★★ : théâtre antique★ , musée archéologique Théo-Desplans★ **M** - Haute Ville★ - cloître★ **B.**

Hostellerie le Beffroi

2 r. de l'Evêché, (Haute Ville) – ✆ 04 90 36 04 71 – www.le-beffroi.com – Fermé 22-26 déc. et 22 janv.-30 mars Za

22 ch – †76/150 € ††76/180 € – ☕ 12 € – ½ P

Rest *(ouvert 31 mars à fin oct. ; fermé mardi et le midi en sem.)* – Menu 28/45 € – Carte 33/52 €

Au pied du château et dominant la cité, deux demeures des 16e et 17e s. au cachet préservé. Chambres joliment décorées (mobilier d'époque) ; jardin ombragé et fleuri. Dans la salle rustique, cuisine classique, mais aussi saladerie et salon de thé.

VAISON-LA-ROMAINE

Aubanel (Pl.) . . . . Z 2
Bon Ange (Chemin du) . . . . . . Y 3
Brusquet (Chemin du). . . . . . . Y 4
Burrus (R.) . . . . Y 5
Chanoine-Sautel (Pl.) . . . . Y 7
Coudray (Av.). . . . . Y 8
Daudet (R. A.) . . . . Y 9
Église (R. de l') . . . . Z 10
Évêché (R. de l') . . . . Z 12
Fabre (Cours H.) . . . . Y 13
Foch (Quai Maréchal) . . . . Z 14
Géoffray (Av. C.). . . . . Z 15
Gontard (Quai P.) . . . . Z 17
Grande-Rue . . . . Y 18
Jean-Jaurès (R.). . . . . Y 22
Mazen (Av. J.) . . . . Y 23
Meffre (Espl. Y.). . . . . Y 6
Mistral (R. Frédéric). . . . . Y 24
Montée du Château . . . . Z 25
Montfort (Pl.) . . . . Y 26
Noël (R. B.). . . . . Y 27
Poids (Pl. du) . . . . Z 29
République (R.) . . . . Y 32
St-Quenin (Av.). . . . . Y 33
Sus Auze (Pl.) . . . . Y 34
Taulignan (Crs). . . . . Y 35
Victor-Hugo (Av.) . . . . Y 36
Vieux Marché (Pl. du) . . . . . . Z 38
11 Novembre (Pl. du) . . . . Y 40

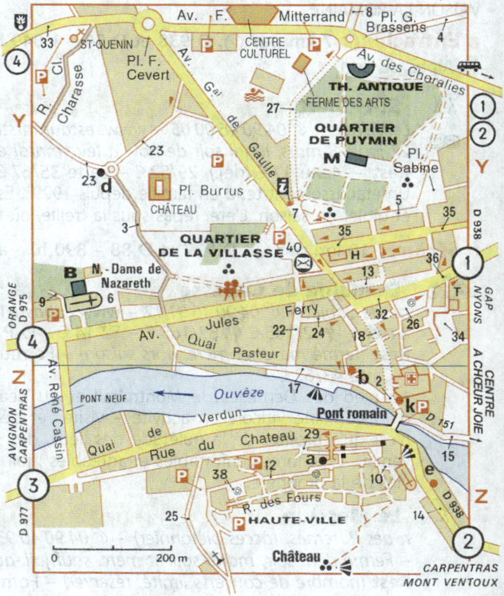

Les Tilleuls d'Élisée sans rest

1 av. Jules-Mazen, (chemin du Bon-Ange) – ✆ 04 90 35 63 04 – www.vaisonchambres.info – Fermé 22 déc.-4 janv. **Yd**

5 ch – 70/75 € 70/75 €

Entre le site antique et la cathédrale, une belle ferme de 1880 entourée d'oliviers et d'arbres fruitiers ; on loge dans des chambres simples et fraîches. Confitures maison.

Le Moulin à Huile (Robert Bardot) avec ch

quai du Mar.-Foch – ✆ 04 90 36 20 67 – www.moulin-huile.com – Fermé dim. soir et lundi sauf fériés et sauf hôtel **Ze**

3 ch – 140/160 € 140/160 € – 20 €

Rest *(réserver)* – Menu 39 € (déj. en sem.), 59/69 € – Carte 110/125 €

Charmant moulin à huile des bords de l'Ouvèze ! Au programme : une généreuse cuisine à l'ancienne, servie dans la véranda ou l'élégante cave voûtée. Chambres décorées avec soin, dans un esprit "maison de famille". Petite piscine.

➜ Bouillon glacé de homard, crème du jardin et gelée de caviar de hareng. Filet de bœuf Angus au poivre torréfié de Penja et foie de canard. Millefeuille. **Vins** Cairanne, Saint-Joseph.

Le Brin d'Olivier

4 r. du Ventoux – ✆ 04 90 28 74 79 – www.restaurant-lebrindolivier.com – Fermé 4-11 nov., sam. midi et merc. de juil. à sept. et mardi soir d'oct. à juin

Rest – Formule 18 € – Menu 29/48 € – Carte 46/57 € **Zb**

Estragon, basilic, romarin.... l'assiette fleure bon la Provence et met en appétit ! Décor tout en douceur champêtre (poutres, cheminée) et patio planté d'un bel olivier.

Le Bateleur

1 pl. Théodore-Aubanel – ✆ 04 90 36 28 04 – www.le-bateleur.com – Fermé jeudi soir sauf juil.-août, dim. soir et lundi **Zk**

Rest – Formule 17 € – Menu 27 € (déj. en sem.), 29/44 € – Carte 33/47 €

Tirez la carte du Bateleur... Au menu, spécialités du Sud relevées d'épices ; herbes et légumes du potager familial. Certaines tables ont vue sur l'Ouvèze.

à Entrechaux **7 km par ②, D 938 et D 54 – 1 049 h. – alt. 280 m – ✉ 84340**

Alpes du Sud

St-Hubert

Le Village – ✆ 04 90 46 00 05 – www.restaurantsthubert.free.fr – Fermé 7-19 oct., 27 janv.-8 mars, lundi soir de nov. à fév., mardi et merc.

Rest – Menu 17 € (déj.), 29/52 € – Carte 35/67 €

Un établissement tenu en famille depuis 1929... Esprit rustique, cuisine généreuse et gibier en saison. L'été, repas sous la treille, où fleurit la glycine.

à Séguret **10 km par ③, D 977 et D 88 – 890 h. – alt. 250 m – ✉ 84110**

Domaine de Cabasse

rte de Sablet – ✆ 04 90 46 91 12 – www.cabasse.fr

21 ch – †82/165 € ††82/165 € – ☕ 14 € – ½ P

Rest *(fermé mardi et merc. hors saison)* – Formule 15 € – Menu 25/45 € – Carte 43/62 €

Au pied des Dentelles de Montmirail et du beau village de Séguret, au cœur d'un domaine viticole en activité – visites et dégustations sont proposées –, il n'est qu'à profiter de la quiétude des lieux, des senteurs et du soleil de la Provence... Chambres confortables et agréables ; joli restaurant où sont proposés les vins de la propriété.

Le Mesclun

r. des Poternes, (accès piétonnier) – ✆ 04 90 46 93 43 – www.lemesclun.com – Fermé dim. soir, mardi soir et merc. sauf juil.-août

Rest *(nombre de couverts limité, réserver)* – Formule 19 € – Menu 29/48 € – Carte 40/57 €

Sympathique adresse nichée au cœur d'un ravissant village. Ambiance provençale et douce terrasse ombragée. Les plats, joliment présentés, sont teintés de notes exotiques. Une invitation au voyage...

à Rasteau **9 km par ④, D 975 et D 69 – 781 h. – alt. 200 m – ✉ 84110**

place Apparent, ✆ 04 90 46 18 73, www.rasteau.fr

Bellerive

rte de Violès – ✆ 04 90 46 10 20 – www.hotel-bellerive.fr – Ouvert 29 avril-14 oct.

20 ch – †90/185 € ††90/185 € – ☕ 15 € – ½ P

Rest *(fermé mardi midi, vend. midi et lundi)* – Menu 29/59 € – Carte 47/78 €

Au milieu des vignes, cette grande villa vous invite à la détente autour de sa piscine. Chambres avec terrasse ou loggia donnant sur la vallée de l'Ouvèze. Au menu, une cuisine ensoleillée à déguster face au vignoble, accompagnée d'un cru local.

à Roaix **5 km par ④ et D 975 – 644 h. – alt. 168 m – ✉ 84110**

Le Grand Pré (Raoul Reichrath)

rte de Vaison-la-Romaine – ✆ 04 90 46 18 12 – www.legrandpre.com – Fermé vacances de Noël et de fév., merc. midi, sam. midi et mardi

Rest *(réserver)* – Menu 37 € (déj. en sem.), 59/85 € – Carte environ 95 €

Rest *Bistro Préface* – voir les restaurants ci-après

Un Grand Pré ? Plutôt une corne d'abondance où s'épanouit une cuisine gorgée de soleil et de beaux produits, préparés avec soin et raffinement. Le tout rehaussé de subtils accords mets et vins (beaux côtes-du-rhône). Et le repas est très agréable en terrasse, sous la treille, bercé par le murmure de la fontaine...

➜ Poulpe de roche en carpaccio à l'huile de coriandre. Pigeonneau sur une pissaladière aux oignons des Cévennes, jus au café turc. Épices orientales sur une mousse d'écorces d'orange, glace cardamome. **Vins** Cairanne, Côtes du Rhône Séguret.

Bistro Préface – Restaurant Le Grand Pré

rte de Vaison-la-Romaine – ✆ 04 90 36 07 95 – www.legrandpre.com – Fermé vacances de Noël et de fév., merc. midi, sam. midi et mardi

Rest – Formule 21 € – Menu 29/39 € – Carte 38/56 €

Bistrot contemporain rattaché au Grand Pré. Belles variations autour de produits fétiches de la maison mère (asperges, figues) et subtiles saveurs méridionales. Ne passez pas à côté des tapas et autres mezze !

VAÏSSAC – 82 Tarn-et-Garonne – **337** F7 – 775 h. – alt. 134 m – ✉ 82800 **29** C2

▶ Paris 620 – Albi 60 – Montauban 23 – Toulouse 76

Terrassier

– ✆ 05 63 30 94 60 – www.chezterrassier.net – Fermé 1 sem. en nov., 1er-15 janv., vend. soir, sam. midi et dim. soir

18 ch – †55/90 € ††55/90 € – ☕ 9 € – ½ P

Rest – Formule 13 € bc – Menu 23/45 € – Carte 34/66 €

Cette auberge tenue en famille est très pratique pour rayonner dans le Quercy et l'Albigeois... Les chambres sont bien tenues (plus récentes et spacieuses à l'annexe) ; au restaurant, madame concocte une sympathique cuisine traditionnelle et du terroir. Tarifs mesurés.

LE VAL – 83 Var – **340** L5 – 4 022 h. – alt. 242 m – ✉ 83143 **41** C3

Côte d'Azur

▶ Paris 818 – Marseille 70 – La Seyne-sur-Mer 63 – Toulon 55

ℹ Couvert de la Dime, ✆ 09 61 33 53 15, www.ot-leval.provenceverte.fr

La Crémaillère

23 r. Nationale – ✆ 04 94 86 40 00 – Fermé 28 juin-3 juil., 22 nov.-11 déc., vacances de fév., dim. soir d'oct. à Pâques, merc. sauf le soir en juil.-août et lundi

Rest – Formule 19 € bc – Menu 28 € – Carte 31/46 €

Dans cet accueillant restaurant familial situé au cœur du village, la Provence est reine : lapereau en gelée, filet de loup, légumes du soleil... et on peut dîner sous les étoiles !

VALADY – 12 Aveyron – **338** G4 – 1 512 h. – alt. 350 m – ✉ 12330 **29** C1

▶ Paris 625 – Decazeville 20 – Rodez 20

Auberge de l'Ady

1 av. du Pont-de-Malakoff, (près de l'église) – ✆ 05 65 72 70 24 – www.auberge-ady.com – Fermé 3 sem. en janv., merc. soir d'oct. à avril, dim. soir, mardi soir et lundi

Rest – Menu 17 € (déj. en sem.), 28/65 € – Carte 48/67 €

Une auberge au cœur d'un village rural de l'Aveyron... qui n'a rien de rustique ! Tout est épuré, contemporain et sert à merveille une cuisine de produits (priorité au bio) fraîche, savoureuse et bien dans son époque.

LE VAL-ANDRÉ – 22 Côtes-d'Armor – **309** G3 – voir à Pléneuf-Val-André

VALAURIE – 26 Drôme – **332** B7 – 531 h. – alt. 162 m – ✉ 26230 **44** B3

▶ Paris 622 – Montélimar 21 – Nyons 33 – Pierrelatte 14

Le Moulin de Valaurie

Le Foulon – ✆ 04 75 97 21 90 – www.lemoulindevalaurie.com – Fermé vacances de la Toussaint et 10 fév.-10 mars

16 ch – †135/215 € ††135/215 € – ☕ 14 € – ½ P

Rest *(fermé mardi midi, merc. midi, jeudi midi, vend. midi et lundi)* – Menu 36/38 € – Carte environ 40 €

À l'extérieur du village, prenez un chemin bordé de vignes pour accéder à ce beau moulin du 19e s. Les chambres, décorées dans un esprit provençal (objets et meubles chinés), sont des plus charmantes. Restaurant traditionnel.

Les Mejeonnes

9 chemin de la Méjeonne, 2 km rte de Montélimar – ✆ 04 75 98 60 60 – www.mejeonnes.com

26 ch – †75/160 € ††75/160 € – ☕ 12 € – ½ P

Rest *(fermé sam. midi et dim. midi)* – Formule 21 € – Menu 26 €

C'est une charmante ferme en pierre, posée sur un coteau. On y loge dans des chambres sobres et épurées. Et quel plaisir de lézarder près de la piscine ! Cuisine du marché dans un agréable décor de bistrot.

VALBERG – 06 Alpes-Maritimes – 341 C3 – alt. 1 669 m – Sports d'hiver : 1 430/2 100 m 23 – ✉ 06470 Peone Alpes du Sud 41 D2

Paris 803 – Barcelonnette 75 – Castellane 67 – Nice 84

Les ancolies Plaza, ✆ 04 93 23 24 25, www.valberg.com

Valberg Golf Club, Route de la Colle, ✆ 06 86 69 97 26

Intérieur★ de la chapelle N.-D.-des-Neiges.

Le Chalet Suisse

4 av. Valberg – ✆ 04 93 03 62 62 – www.chaletsuisse.fr – Ouvert de juin à mi-sept. et de début déc. à mi-avril

23 ch – †76/95 € ††96/128 € – ☕ 12 € – ½ P

Rest *Le Chalet Suisse* – voir les restaurants ci-après

Un vrai chalet de montagne au cœur de la station. Confort et détente au hammam et au sauna après une journée de balade ou de ski, bain de soleil sur la terrasse, pause au bar ou au restaurant, puis repos douillet... Les vacances !

L'Adrech de Lagas

63 av. Valberg – ✆ 04 93 02 51 64 – www.adrech-hotel.com – Ouvert juin-sept. et déc.-mars

20 ch – †76/116 € ††82/127 € – ☕ 11 € – ½ P

Rest – Menu 15 (déj.) € – Carte 23/44 €

Au pied des pistes, un chalet avec un restaurant traditionnel et des chambres très spacieuses, majoritairement avec loggia exposée plein sud. Pour les familles, il y a aussi des duplex.

Blanche Neige

10 av. Valberg – ✆ 04 93 02 50 04 – www.hotelblancheneige.fr – Fermé avril, mai, oct. et nov.

17 ch – †65/74 € ††75/88 € – ☕ 11 € – ½ P **Rest** (*dîner seult*) – Menu 25 €

Un chalet sympathique sur la rue principale menant à la station, avec de petites chambres colorées... En saison, possibilité de dîner (uniquement pour les hôtes).

Le Chalet Suisse – Hôtel Le Chalet Suisse

4 av. Valberg – ✆ 04 93 03 62 62 – www.chaletsuisse.fr – Ouvert de juin à mi-sept. et de début déc. à mi-avril

Rest – Menu 25 € (déj.)/45 € – Carte 32/68 €

Ce Chalet pas si suisse que cela a beau afficher un style traditionnel montagnard, la cuisine proposée y est plutôt tendance. Les influences méditerranéennes cohabitent avec des spécialités comme la tartiflette ou la croûte au fromage.

VALBONNE – 06 Alpes-Maritimes – 341 D6 – 12 054 h. – alt. 250 m – ✉ 06560 Côte d'Azur 42 E2

Paris 907 – Antibes 14 – Cannes 13 – Grasse 11

1, place de l'Hôtel de Ville, ✆ 04 93 12 34 50, www.tourisme-valbonne.com

Victoria Golf Club, Chemin du Val Martin, S : 4 km, ✆ 04 93 12 23 26

Opio Valbonne, à Opio, Route de Roquefort les Pins, N : 1 km, ✆ 04 93 12 00 08

La Bastide de Valbonne sans rest

107 rte Cannes – ✆ 04 93 12 33 40 – www.bastidevalbonne.com

34 ch – †95/165 € ††95/165 € – ☕ 12 €

La demeure provençale typique, fleurie et pimpante, avec ses murs jaunes et ses volets bleus. On se repose sur des lits en fer forgé ou en bois clair avant de grignoter un croissant au bord de la piscine. Parfait pour le farniente.

Les Armoiries sans rest

pl. des Arcades – ✆ 04 93 12 90 90 – www.hotellesarmoiries.com

16 ch – †98/169 € ††98/169 € – ☕ 13 €

C'est en marchant, quartier piéton oblige, que l'on arrive à cette bâtisse du 17e s. aux belles arcades, aussi pittoresque que le village lui-même. Le petit-déjeuner se prend sur la place baignée de lumière : tout le charme de l'arrière-pays grassois.

au golf d'Opio-Valbonne 2 km au Nord-Est par rte de Biot (D 4 et D 204) – ✉ 06650 Opio :

Château de la Bégude
rte de Roquefort les Pins – ✆ 04 93 12 37 00
– www.chateau-begude.com – Fermé 24 nov.-26 déc.
38 ch – 120/280 € 190/350 € – 3 suites – ☕ 20 € – ½ P
Rest *(fermé dim. soir du 1er oct. au 31 mars)* – Formule 21 € – Menu 34 € (dîner)/65 € – Carte 35/60 €
Les amateurs de swing vont se régaler ! Cette bastide du 17 es., flanquée de sa bergerie, est située au beau milieu du très réputé golf d'Opio. Les chambres, tout en harmonie de beiges, ont un certain cachet. Entre deux drive, direction le restaurant pour une formule rapide ou un repas plus traditionnel.

rte d'Antibes au Sud par D 3 – ✉ 06560 Valbonne

Castel Provence sans rest
30 chemin Pinchinade, à 2,5 km – ✆ 04 93 12 11 92
– www.hotelcastelprovence.com
36 ch – 86/180 € 99/180 € – ☕ 15 €
Cet hôtel récent, de style provençal, est parfait pour une courte escapade ou un voyage d'affaires. L'endroit est plutôt calme, les équipements fonctionnels, et la piscine et le jardin invitent à la détente.

Daniel Desavie
1360 rte d'Antibes – ✆ 04 93 12 29 68 – www.restaurantdanieldesavie.fr
– Fermé dim. et lundi
Rest – Menu 37 € (sem.), 42/57 € – Carte 53/90 €
La clientèle locale apprécie sa cuisine provençale. Le soir, c'est aux chandelles, face au jardin, que l'on déguste fleurs de courgettes, plats en sauce, champignons de la région ou nougat glacé aux fruits confits...

à Sophia-Antipolis 7 km au Sud-Est par D 3 et D 103 – ✉ 06560 Valbonne

Sophia Country Club
Les Lucioles 2, 3550 rte Dolines – ✆ 04 92 96 68 78
– www.sophiacountryclub.com
155 ch – 170/280 € 170/280 € – ☕ 19 €
Rest *Le Live and Life Caffé* ✆ 04 92 96 68 86 – Carte 33/51 €
En plein cœur du parc de Sophia-Antipolis, ce complexe hôtelier propose de nombreux équipements sportifs, un restaurant-brasserie assez cossu, plusieurs bars et d'importantes salles de séminaire : business as usual.

Novotel
Les Lucioles 1, 290 r. Dostoievski – ✆ 04 92 38 72 38 – www.novotel.com
97 ch – 100/200 € 100/200 € – ☕ 16 € – ½ P
Rest – Formule 18 € – Menu 25/35 € – Carte 22/49 €
Un Novotel pratique et fonctionnel, où l'on peut même louer une voiture. Le petit plus : un cadre verdoyant et des parcours de santé tout proches. Plaisant, on dîne face aux pins parasols.

Mercure
Les Lucioles 2, r. Albert Caquot – ✆ 04 92 96 04 04
– www.mercure-antibes-sophia-antipolis.com
104 ch – 99/169 € 99/169 € – ☕ 18 €
Rest – Formule 19 € – Menu 31/33 € – Carte 32/48 €
La technopole de Sophia-Antipolis fournit l'essentiel de la clientèle de cet hôtel confortable auquel on peut accéder en évitant les embouteillages de l'A8. Les essences méridionales du jardin, le calme, la piscine, le font sortir du lot. Côté restaurant : salades estivales et spécialités du coin.

Relais Omega rest,
Les Lucioles 1, 49 r. L. Van Beethoven – ✆ 04 92 96 07 07 – www.hotelomega.com – Fermé 14 déc.-2 janv.
60 ch – 106/116 € 116/126 € – 4 suites – 15 €
Rest *(fermé vend. soir, sam. et dim.)* – Formule 19 € – Menu 25 € (sem.) – Carte 29/50 €
L'hôtel a beau être presque entièrement dédié à une clientèle d'affaires, d'où une salle luxueuse réservée aux conseils d'administration, le style provençal est au rendez-vous. Tout est net et pratique, y compris au restaurant où l'on sert des buffets de hors-d'œuvre et de desserts.

VALCEBOLLÈRE – 66 Pyrénées-Orientales – **344** D8 – 42 h. – alt. 1 470 m – ✉ 66340 Languedoc Roussillon **22** A3
Paris 856 – Bourg-Madame 9 – Font-Romeu-Odeillo-Via 27 – Perpignan 107

Auberge Les Ecureuils
Carrer Gorro Blanc – ✆ 04 68 04 52 03 – www.aubergeecureuils.com – Fermé 12 nov.-5 déc.
15 ch – 72/90 € 75/95 € – 10 € – ½ P
Rest *(fermé mardi midi et lundi hors saison)* – Formule 19 € – Menu 25/52 € – Carte 28/54 €
Dans un petit hameau au bout du monde, une bergerie authentique et charmante... mais non, c'est une auberge chaleureuse au cœur des Pyrénées ! Cheminée, murs en pierre, piscine à la romaine, hammam et restaurant traditionnel : quel cachet !

VAL-CLARET – 73 Savoie – **333** O5 – rattaché à Tignes

VALDAHON – 25 Doubs – **321** I4 – 4 938 h. – alt. 645 m – ✉ 25800 **17** C2
Paris 436 – Besançon 33 – Morteau 33 – Pontarlier 32

Relais de Franche Comté
1 r. Charles-Schmitt – ✆ 03 81 56 23 18 – www.relais-de-franche-comte.com – Fermé 26 avril-3 mai, 26 août-1er sept., 20 déc.-12 janv., vend. soir sauf du 10 juil. au 25 août et dim. soir de sept. à juin
20 ch – 53/56 € 63/68 € – 9 € – ½ P
Rest ***Relais de Franche Comté*** – voir les restaurants ci-après
À l'entrée de la ville, cet hôtel-restaurant très fréquenté est un véritable lieu de vie, géré en famille. Chambres modernes et bien tenues. Un vrai relais en Franche-Comté.

Relais de Franche Comté
1 r. Charles-Schmitt – ✆ 03 81 56 23 18 – www.relais-de-franche-comte.com – Fermé 26 avril-3 mai, 26 août-1er sept., 20 déc.-12 janv., vend. soir, sam. midi sauf du 10 juil. au 25 août et dim. soir de sept. à juin
Rest – Formule 12 € – Menu 15 € (sem.), 18/53 € – Carte 23/47 €
La gastronomie franc-comtoise à portée de bourse : terrines maison, gibier, sauce au vin jaune et aux morilles, fromages locaux (comté, bleu de Gex), vins d'Arbois... Dans cet hôtel-restaurant, l'étape prend l'allure de gueuleton !

LE VAL-D'AJOL – 88 Vosges – **314** G5 – 4 069 h. – alt. 380 m – ✉ 88340 Alsace Lorraine **27** C3
Paris 382 – Épinal 41 – Luxeuil-les-Bains 18 – Plombières-les-Bains 10
17, rue de Plombières, ✆ 03 29 30 61 55, www.vosgesmeridionales.com

La Résidence
5 r. des Mousses, par rte de Hamanxard – ✆ 03 29 30 68 52 – www.la-residence.com – Fermé 26 nov.-26 déc.
49 ch – 55/70 € 68/98 € – 11 € – ½ P
Rest ***La Résidence*** – voir les restaurants ci-après
Adossée à un beau parc arboré et fleuri, une grande maison bourgeoise du milieu du 19e s. et deux pavillons indépendants. Les chambres sont spacieuses et confortables, les installations bien pensées (piscine couverte, sauna, etc.).

La Résidence

5 r. des Mousses, par rte de Hamanxard – ☎ 03 29 30 68 52 – www.la-residence.com – Fermé 26 nov.-26 déc., dim. soir d'oct. à mai sauf vacances scolaires et fériés

Rest – Formule 13 € – Menu 28/60 € – Carte 40/65 €

La Lorraine au menu (poulet flambé au kirsch et griottines, croustillant de munster au miel de forêt), mais aussi des accords plus audacieux, comme le sandre à l'andouille. La tradition et son contraire dans cette belle maison de maître !

VAL-D'ESQUIÈRES – 83 Var – 340 P5 – rattaché à Ste-Maxime

VAL-D'ISÈRE – 73 Savoie – 333 O5 – 1 601 h. – alt. 1 850 m – Sports d'hiver : 1 850/3 450 m 10 39 – ✉ 73150 Alpes du Nord

45 D2

Paris 667 – Albertville 86 – Chambéry 135

Immeuble le Thovex, ☎ 04 79 06 06 60, www.valdisere.com

du Lac de Tignes, à Tignes, Le Val Claret, par rte de Bourg-St-Maurice : 14km, ☎ 04 79 06 37 42

Rocher de Bellevarde ★★★ par téléphérique - Route de l'Iseran★★★.

Les Barmes de l'Ours

chemin des Carats – ☎ 04 79 41 37 00 – www.hotel-les-barmes.com – Ouvert 6 déc.-14 avril

Ab

56 ch – 295/1435 € 325/1465 € – 20 suites

Rest ***La Table de l'Ours*** – voir les restaurants ci-après

Rest ***La Rôtisserie des Barmes*** – Menu 55/75 € – Carte 50/135 €

Dans ce vaste hôtel, vous avez le choix du décor : scandinave, lodge américain, chalet d'alpage ou contemporain. Partout, les aménagements sont luxueux, le confort à son apogée. Restaurant gastronomique ou rôtisserie.

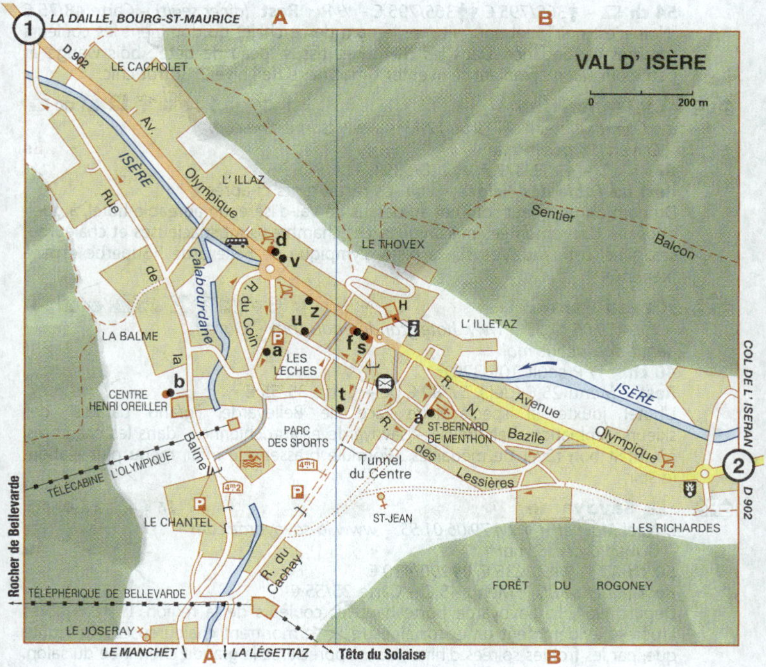

Le Savoie

av. Olympique – 04 79 00 01 15 – www.lesavoie.com – Ouvert déc.-avril
14 ch – 390/720 € 390/720 € – 11 suites – ½ P **Ad**
Rest *Le Grain de Sel* – voir les restaurants ci-après
Rest *Le Wine Not* – Carte 28/59 €
Ce chalet joue la carte du luxe discret : salons intimes, bar à champagne, chambres au style montagnard épuré – dont une suite "royale" sous une superbe charpente – et très beau spa. Un bel endroit pour des moments d'exception.

Christiania

r. du Parc des Sports – 04 79 06 08 25 – www.hotel-christiania.com – Ouvert de déc. à avril **Aa**
68 ch – 302/892 € 316/942 € – 1 suite – ½ P
Rest – Formule 36 € – Menu 65 € (dîner) – Carte 50/154 €
Charme indéniable pour ce chalet dont les chambres, de grand confort, sont décorées dans un élégant style alpin. Après quelques descentes sur les pistes, vous aimerez vous installer devant la cheminée du salon ou sur la belle terrasse panoramique.

Le Blizzard

r. Principale – 04 79 06 02 07 – www.hotelblizzard.com – Ouvert de début déc. à début mai **Bf**
64 ch – 325/735 € 430/1020 € – 6 suites – ½ P
Rest *La Luge* – voir les restaurants ci-après
Rest – Menu 64 € (dîner) – Carte 65/96 €
Blizzard, vous avez dit Blizzard ? Ici, point de tempête de neige, mais des chambres cosy, la plupart rénovées dans un esprit contemporain (certaines avec cheminée ou poêle). Très beau spa. Carte classique au restaurant, spécialités fromagères à La Luge.

Avenue Lodge

av. Olympique – 04 79 00 67 67 – www.hotelavenuelodge.com – Ouvert 13 déc.-22 avril **Az**
54 ch – 365/795 € 365/795 € – ½ P **Rest** *(dîner seult)* – Carte 48/75 €
"Noir, c'est noir" : tel pourrait être le nom de ce chalet où dominent les couleurs sombres et tendance. Dans les chambres, tissus "peau de bête", bois wengé et petit coin salon semblent réinventer l'imaginaire de l'hiver... Bistrot chic.

Le Tsanteleina

av. Olympique – 04 79 06 12 13 – www.tsanteleina.com – Ouvert 1er déc.-5 mai **Bs**
62 ch – 153/377 € 218/539 € – ½ P
Rest *La Table des Neiges* – voir les restaurants ci-après
Du nom du plus haut sommet au-dessus de Val-d'Isère, un agréable hôtel, à quelques pas des remontées mécaniques. Les chambres sont spacieuses et chaleureuses, avec, côté sud, vue sur la piste olympique de Bellevarde ! Superbe espace bien-être.

Grand Paradis

– 04 79 06 11 73 – www.hotelgrandparadis.com – Ouvert début déc.-début mai **Bt**
40 ch – ½ P seult 105/320 €
Rest – Menu 25 € (déj.), 57/80 € bc – Carte 35/55 €
L'hôtel jouxte la spectaculaire face de Bellevarde, "grand paradis" des skieurs. Ambiance chaleureuse – savoyarde et autrichienne – dans les chambres, où il fait bon rêver de médailles... Formule brasserie le midi, menu plus élaboré le soir.

La Savoyarde

r. Noël Machet – 04 79 06 01 55 – www.la-savoyarde.com – Ouvert 6 déc.-5 mai **Au**
50 ch – 160/235 € 290/430 €
Rest *(dîner seult)* – Menu 45 € – Carte 35/55 €
Depuis 1954, La Savoyarde porte haut les couleurs de la région. Les chambres arborent évidemment un décor alpestre et se montrent chaleureuses. Nul doute que, par les froides soirées d'hiver, vous apprécierez la grande cheminée du salon.

Kandahar

av. Olympique – ✆ 04 79 06 02 39 – www.hotel-kandahar.com – Ouvert de début déc. à début mai **Av**

41 ch – 🚹140/210 € 🚹🚹180/300 € – ½ P **Rest** *(dîner seult)* – Carte 29/68 €

Kandahar... un nom qui évoque les splendeurs de l'Orient et la mythique épreuve de ski autrichienne. Les chambres, typiquement montagnardes, sont coquettes et très chaleureuses. À la taverne, toute de bois vêtue, l'Alsace et la Savoie sont à l'honneur.

Les Lauzes sans rest

pl. de l'Église – ✆ 04 79 06 04 20 – www.hotel-lauzes.com – Ouvert 30 nov.-5 mai

23 ch – 🚹118/184 € 🚹🚹140/194 € **Ba**

Un charmant chalet au cœur du village, à deux pas de l'église baroque (18e s.). Les chambres sont toutes bien tenues et confortables, mais préférez celles du dernier étage, qui donnent sur les toits ! Une adresse sympathique.

La Table des Neiges – Hôtel Tsanteleina

av. Olympique – ✆ 04 79 06 12 13 – www.tsanteleina.com – Ouvert 1er déc.-5 mai et fermé le midi **Bs**

Rest – Menu 52/80 € – Carte 59/75 €

Les gourmands de Val-d'Isère connaissent bien cette adresse ! Dans la belle salle sous charpente, les spécialités fromagères côtoient des recettes plus actuelles, et les produits frais sont à l'honneur. La carte est renouvelée régulièrement.

La Table de l'Ours – Hôtel Les Barmes de l'Ours

chemin des Carats – ✆ 04 79 41 37 00 – www.hotel-les-barmes.com – ouvert 6 déc.-14 avril **Ab**

Rest *(dîner seult)* – Menu 85/185 € – Carte 135/200 €

La table des Barmes de l'Ours est à l'unisson de ce luxueux hôtel. Avec sa grande cheminée, la salle arbore un style montagnard chic. La cuisine s'appuie sur de beaux produits, faisant montre du sens de l'invention et plus encore de l'esthétisme...

➜ Tartiflette de la Table de l'Ours à la truffe. Ris de veau croustillant, mousseline d'artichaut, perle de Savoie. Cascade de myrtilles dans une cage meringuée au yaourt fermier.

Le Grain de Sel – Hôtel Le Savoie

av. Olympique – ✆ 04 79 00 01 15 – www.lesavoie.com – Ouvert déc.-avril

Rest *(dîner seult)* – Menu 75/95 € – Carte 62/98 € **Ad**

Sous une belle véranda, dans un décor sobre et contemporain, on déguste une cuisine raffinée, voire sophistiquée, après avoir débuté la soirée – pourquoi pas ? – au très chic bar à champagne.

L'Atelier d'Edmond

au Fornet, 2 km par ②, rte de l'Iseran – ✆ 04 79 00 00 82 – www.atelier-edmond.com – Ouvert début déc. à fin avril et fermé lundi midi et mardi midi

Rest – Formule 55 € – Menu 72/125 € – Carte 80/110 €

Un beau chalet à l'ancienne, tout en bois, avec vieux outils et lampes à pétrole créant un joli éclairage la nuit venue : nostalgie et chaleur... On vient ici avec bonheur, à la découverte d'une cuisine fine et subtile, dont l'originalité est de s'ancrer pleinement dans le présent. Séduisant contraste !

➜ Écrevisses et pommes de terre fondantes, pulpe d'oignon au reblochon. Suprême de pigeon mi-fumé et jus aux fèves de cacao. Coque de chocolat aux cèpes au goût d'une poire Belle-Hélène. **Vins** Vin de pays des Allobroges, Chignin-Bergeron.

La Luge – Hôtel Le Blizzard

r. Principale – ✆ 04 79 06 68 58 – www.hotelblizzard.com – Ouvert de début déc. à début mai **Bf**

Rest *(dîner seult)* – Carte 44/65 €

Quoi de plus amusant qu'une descente en luge ? Belle ambiance dans cette auberge typiquement savoyarde, où l'on déguste évidemment... des spécialités fromagères, mais aussi des viandes rôties à la broche devant les clients. Effet garanti !

à la Daille 2 km par ① – ✉ 73150 Val-d'Isère – ✉ 73150

Le Samovar

– ✆ 04 79 06 13 51 – *www.lesamovar.com* – *Ouvert 10 déc.-18 avril*
18 ch – 130/280 € 130/350 €
Rest *(fermé lundi midi, merc. midi et mardi)* – Formule 14 € – Menu 24 € (déj.), 30/42 € – Carte 32/69 €
Drôle de nom pour un chalet typiquement savoyard ! Au pied des pistes, on découvre des chambres très cosy, dont certaines familiales. Au restaurant, plats traditionnels, spécialités locales et pizzas.

VALENÇAY – 36 Indre – 323 F4 – 2 617 h. – alt. 140 m – ✉ 36600 11 B3

Châteaux de la Loire

Paris 233 – Blois 59 – Bourges 73 – Châteauroux 42
2, avenue de la Résistance, ✆ 02 54 00 04 42, www.pays-de-valencay.fr
Château★★★.

à Veuil 6 km au Sud par D 15 et rte secondaire – 379 h. – alt. 140 m – ✉ 36600

Auberge St-Fiacre

5 r. de la Fontaine – ✆ 02 54 40 32 78 – *Fermé 31 août-24 sept., janv., mardi de sept. à juin, dim. soir et lundi*
Rest – Menu 22 € (sem.), 31/46 € – Carte 33/46 €
Tomettes, cheminée, terrasse sous les marronniers et murmure d'un doux ruisseau : le charme d'une belle auberge rustique et plus encore... Ici, le chef concocte une cuisine élégante, maîtrisée et pleine de saveurs : on se régale !

VALENCE P – 26 Drôme – 332 C4 – 64 364 h. – Agglo. 126 832 h. – alt. 126 m – ✉ 26000 43 E2

Ardèche Drôme

Paris 558 – Avignon 126 – Grenoble 96 – St-Étienne 121
de Valence-Chabeuil : ✆ 04 75 85 26 26, 5 km par ③ AX.
11, boulevard Bancel, ✆ 04 75 44 90 40, www.valencetourisme.com
des Chanalets, à Bourg-lès-Valence, Route de Châteauneuf sur Isère, par rte de Lyon : 6km, ✆ 04 75 83 16 23
New Golf du Bourget, à Montmeyran, S : 17 km par D 538, ✆ 04 75 59 48 18
Maison des Têtes★ CY - Intérieur★ de la cathédrale St-Apollinaire BZ - Champ de Mars ≤★ BZ - Sanguines de Hubert Robert★★ au musée des Beaux-Arts BZ.
Site★★★ de Cruzol 5 km O.

Plans pages suivantes

Pic

285 av. Victor-Hugo – ✆ 04 75 44 15 32 – *www.anne-sophie-pic.com* – *Fermé 2-21 janv.* AXf
16 ch – 260/320 € 290/440 € – 1 suite – 30 €
Rest ***Pic*** ✿✿✿ **Rest** ***Le 7*** – voir les restaurants ci-après
L'une des grandes maisons nées avec la nationale 7 et qui accueille aujourd'hui... une clientèle internationale, entre New York et Tokyo ! Aura d'une cuisine d'exception et d'un art de l'accueil sans cesse renouvelé : les lieux sont d'un chic extrême, valant un précis de style(s) contemporain(s).

Novotel

217 av. de Provence – ✆ 04 75 82 09 09 – *www.novotelvalence.com*
106 ch – 108/158 € 108/158 € – 1 suite – 15 € AXa
Rest – Formule 13 € – Carte 19/45 €
Un bâtiment des années 1970 entre l'autoroute A 7 et un parc boisé – avec ruisseau et cascade –, lequel offre un cadre apaisant. Chambres très fonctionnelles et confortables.

VALENCE

André (Bd G.) . . . . **AV** 3
Beaumes (Av. des). . . . . **AX** 8
Belle Meunière (R.) . . . . **AV** 10
Bonnet (R. G.). . . . . **AV** 13
Châteauvert (R.) . . . . **AX** 18
Grand Charran (Av. du). . . . . **AX** 34
Kennedy (Bd J.-F.). . . . . **AV** 40
Lattre-de-Tassigny (Av. Mar. de). . . . . **AV** 41
Libération (Av. de la). . . . . . . **AX** 44
Montplaisir (R.) . . . . **AVX** 52
Roosevelt (Bd Franklin) . . . . **AX** 67

Hôtel de France sans rest
16 bd du Gén.-de-Gaulle – ✆ 04 75 43 00 87 – www.hotel-valence.com
46 ch – 🛉89/135 € 🛉🛉100/135 € – ☕ 14 € CZ**w**
Joli immeuble moderne situé sur un grand boulevard du centre-ville et à deux pas de l'office de tourisme. Dans les chambres, cosy et à l'insonorisation sans faille, on se sent comme dans un cocon. De même dans le salon, où l'on peut se lover devant la cheminée !

Clos Syrah
quartier Maninet, bd Pierre-Tézier, rte de Montéléger – ✆ 04 75 55 52 52 – www.clos-syrah.com AX**b**
38 ch – 🛉85/89 € 🛉🛉93/110 € – ☕ 11 €
Rest *Clos Syrah* – voir les restaurants ci-après
En périphérie de Valence, cet hôtel-restaurant est apprécié de la clientèle d'affaires pour ses chambres pratiques, bien tenues... et disposant d'un juke-box. Comme quoi la fonctionnalité n'empêche pas l'originalité !

Hévéa N sans rest

83 av. de la Marne – ✆ 04 75 25 61 60 – www.hevea-residence.com

46 ch – †68/100 € ††83/115 € – ☕ 10 € **DYc**

Dans un quartier d'affaires non loin du centre-ville, un établissement né en 2011, fonctionnel comme il se doit (toutes les chambres disposent d'un coin kitchenette ; quelques familiales). Au petit-déjeuner, admirez la vue panoramique sur les toits de la ville ! Prix raisonnables.

VALENCE

Alsace (Bd d') . . . . DY
Arménie (R. d') . . . . DY 4
Augier (R. Émile) . . . . CYZ
Balais (R. des) . . . . BCY 5
Bancel (Bd) . . . . CY 6
Barrault (R. J.-L.) . . . . . DY 7
Belle Image (R.) . . . . . . CY 9
Bonaparte (R. du Lieutenant) . . BCY 12
Chambaud (R. Mirabel) BZ 15
Championnet (Pl.) . . . . BCZ 16
Chapeliers (Côte des) BCY 17
Clercs (Pl. des) . . . . . . BCZ 23
Clerc (Bd M.) . . . . DYZ 22
Docteur-Schweitzer (R. du) . . . . BY 25
Dragonne (Pl. de la) . . . DY 26
Dupré-de-Loire (Av.) . . . DY 27
Farre (R. du Gén.) . . . . CZ 29
Félix-Faure (Av.) . . . . . DYZ
Gaulle (Bd du Gén.-de) CDZ 32
Huguenel (Pl. Ch.) . . . . . CY 36
Jacquet (R. V.) . . . . . . BYZ 37
Jeu-de-Paume (R. du) CYZ 39
Lecardonnel (Pl. L.) . . . . CY 42
Leclerc (Pl. Gén.) . . . . . DY 43
Liberté (Pl. de la) . . . . . CY 45
Madier-de-Montjau (R.) . . . . CDY 47
Mistral (Pont Frédéric) . BZ 50
Montalivet (Pl. de) . . . . DY 51
Ormeaux (Pl. des) . . . . . BZ 55
Palais (Pl. du) . . . . CZ 56
Paré (R. Ambroise) . . . . BY 57
Pérollerie (R.) . . . . BY 59
Petit Paradis (R.) . . . . . BY 60
Pierre (Pl. de la) . . . . . . BY 62
Repenties (R. des) . . . . BZ 65
République (Pl. de la) . . CZ
Sabaterie (R.) . . . . BY 68
St-Didier (R.) . . . . BCZ 71
St-Estève (Côte) . . . . . BYZ 72
St-Jacques (Faubourg) . DY 75
St-Martin (Côte et R.) . . BY 77
St-Nicolas (Q.) . . . . BY 78
Saunière (R.) . . . . CZ 80
Semard (Av.) . . . . CZ
Sylvante (Côte) . . . . BY 84
Temple (R. du) . . . . . . BCY 85
Université (Pl. de l') . . . . CZ 88
Vernoux (R.) . . . . CY 90
Victor-Hugo (Av.) . . . . . . CZ

Les Négociants

27 av. Pierre-Sémard – ✆ 04 75 44 01 86 – www.hotel-lesnegociantsvalence.com

37 ch – †42/65 € ††50/65 € – ☕ 7 € – ½ P CZa

Rest *(fermé 26-31 déc., sam., dim. et fériés)* – Formule 12 € – Menu 14 € (sem.) – Carte environ 31 €

Pas de négoce en vue, mais la gare toute proche pour ce sympathique hôtel qui se situe aussi non loin du vieux Valence ! Ses jolies chambres contemporaines sont certes un peu petites mais bien tenues. Restaurant traditionnel.

XXXXX **Pic** (Anne-Sophie Pic) – Hôtel Pic
✿✿✿ *285 av. Victor-Hugo – ✆ 04 75 44 15 32 – www.anne-sophie-pic.com – Fermé 30 déc.-21 janv., dim. et lundi* AXf
Rest *(réserver)* – Menu 90 € (déj. en sem.), 220/330 € – Carte 145/365 €
1934, 1973, 2007. Après André et Jacques, Anne-Sophie atteint l'excellence et confirme que l'histoire de la famille Pic est aussi celle de la plus grande cuisine. Toujours le même souci de la perfection, du meilleur produit et de l'assemblage inédit – à la pointe du goût de l'époque. Impeccable et impeccablement servi.
➜ Poireaux crayons et anchois de Méditerranée, bouillon au thé vert et caviar d'Aquitaine. Turbot côtier, consommé de tomate à la vanille de Tahiti et vieux rhum agricole. Framboise et cannelle en combinaison crémeuse à la bière. **Vins** Saint-Péray, Saint-Joseph.

XXX **Flaveurs** (Baptiste Poinot)
✿ *32 Grande-Rue – ✆ 04 75 56 08 40 – www.flaveurs-restaurant.com – Fermé 1er-24 août, 1er-7 janv., dim. et lundi* CYb
Rest *(nombre de couverts limité, réserver)* – Menu 38 € (déj. en sem.), 54/92 €
Dans un décor coloré et chaleureux, une belle table gastronomique où chaque assiette atteste une réflexion mûrie, avec des produits excellents et une technique soignée. Ces flaveurs sont flatteuses !
➜ Homard bleu en vapeur douce, onctueux d'artichaut au jus de carapace. Omble chevalier fondant, jus de poulet aux champignons sauvages. Jeu de textures chocolat-mandarine et effluve de poivre des cimes. **Vins** Vin de pays des Collines Rhodaniennes, Crozes-Hermitage blanc.

XX **L'Épicerie**
18 pl. St-Jean – ✆ 04 75 42 74 46 – www.pierre.seve.free.fr – Fermé 1er-10 mai, 1 sem. mi-août, 22-31 déc., sam., dim. et fériés
Rest – Formule 16 € – Menu 27 €, 39/70 € – Carte 36/57 € CYv
Au rayon épicerie, comptez désormais cette maison du 16e s. et son agréable terrasse ! Côté assiettes, le chef signe une cuisine traditionnelle. Côté salle, vous avez le choix entre un décor rustique ou design... de quoi satisfaire tout le monde !

XX **La Cachette** (Masashi Ijichi)
✿ *16 r. des Cévennes – ✆ 04 75 55 24 13 – Fermé 28 avril-6 mai, 25 août-9 sept., 2-18 janv., dim. et lundi* BYx
Rest *(nombre de couverts limité, réserver)* – Menu 30 € (déj. en sem.), 50/70 €
Dans la ville basse, une Cachette qui gagne à être découverte ! Le chef, d'origine japonaise, prépare une cuisine inventive, fine et délicate. Quand le terroir drômois rencontre l'esprit d'Asie... les papilles frétillent !
➜ Saumon cuit à basse température, tomate en soupe, sorbet et gelée. Pigeon rôti sauce salmis, tourte de gibier sauce au vin rouge. Soufflé chaud au chocolat. **Vins** Cornas, Saint-Péray.

XX **Clos Syrah** – Hôtel Clos Syrah
quartier Maninet, bd Pierre-Tézier, rte de Montéléger – ✆ 04 75 55 52 52 – www.clos-syrah.com – Fermé 21 déc.-3 janv., sam. sauf le soir de juin à août et dim. de sept. à mai et le midi en août sauf le dim. AXb
Rest – Formule 22 € – Menu 25 € (sem.), 35 € bc/80 € bc – Carte 35/47 €
Un restaurant traditionnel et régional qui met également... la mer à l'honneur : on présente un chariot de poissons entiers aux clients et on les découpe devant eux ! Quant à la carte des côtes-du-rhône, elle est joliment étoffée.

X **Le Bistrot des Clercs**
48 Grande Rue – ✆ 04 75 55 55 15 – www.bistrotdesclercs.com CYd
Rest – Menu 23 € (sem.)/33 € – Carte 35/71 €
Près de la belle maison des Têtes (1532), un bistrot à la parisienne, cuisine copieuse et décor nostalgique compris. Pour l'anecdote, Napoléon Bonaparte séjourna dans ces murs !

Le 7 – Hôtel Pic

285 av. Victor-Hugo – 04 75 44 53 86 – www.anne-sophie-pic.com – Fermé 30 déc.-21 janv. AX**f**

Rest – Formule 18 € – Menu 30 € – Carte 50/66 €

Sur l'historique N 7, nouvelle étape gourmande avec cet excellent bistrot estampillé Pic. Le décor fait des clins d'œil à la "route des vacances" (bandes blanches au sol, bornes kilométriques) : une ambiance à la fois chic et canaille, pour des plats bistrotiers de belle tenue... qui ne laissent pas la modernité en panne !

Epithèque N

3 r. Pelleterie – 04 75 56 08 40 – www.epitheque.com – Fermé 1er-24 août, 1er-7 janv., dim. et lundi CY**c**

Rest – Formule 17 € – Carte 26/65 €

Jolie formule que celle de cette "bibliothèque pour épicuriens", annexe du restaurant Flaveurs, version décontraction et découverte. Au menu : charcuteries ibériques, huîtres, éclairs salés, plat du jour (issu des cuisines de la maison mère), fromages, etc., accompagnés d'une belle sélection de vins. Formule tapas le soir.

à Pont de l'Isère 9 km par ① – 2 792 h. – alt. 120 m – ✉ 26600

Michel Chabran

N 7 – 04 75 84 60 09 – www.michelchabran.fr

11 ch – †110/175 € ††130/350 € – ☕ 23 €

Rest ***Michel Chabran*** ✿ – voir les restaurants ci-après

Depuis plus de 40 ans, sur la N 7... Les vacances ne sont plus très loin lorsque l'on fait une pause dans cette confortable maison qui propose des chambres cossues et contemporaines. Et si vous prolongiez l'étape ?

Michel Chabran

N 7 – 04 75 84 60 09 – www.michelchabran.fr

Rest – Menu 39/169 € – Carte 90/170 €

Une table de tradition bien connue dans la région. Le classicisme y est maître, ainsi que les vins des côtes du Rhône, ce qui ne gâche rien. Décor bourgeois, avec véranda côté jardin.

➜ Pommes de terre ratte écrasées à la truffe. Pigeon cuit en cocotte, ailes rôties et cuisses en nem aux herbes "façon caillette". Palet au chocolat manjari, cœur fondant à la framboise et son sorbet. **Vins** Hermitage, Cornas.

VALENCE-D'AGEN – 82 Tarn-et-Garonne – 337 B7 – 5 107 h. – alt. 69 m – ✉ 82400 28 B2

Paris 645 – Bordeaux 167 – Montauban 64 – Toulouse 93

27, bis rue de la République, 05 63 39 61 67, www.valencedagen.fr

L'Entracte N

20 r. des Limousins – 05 63 39 06 02 – www.restaurant-47.com – Fermé 15-30 août , vacances de Noël, sam. midi, dim. et lundi

Rest – Formule 13 € – Menu 16 € (déj. en sem.) – Carte 29/54 €

Un bistrot aux allures de bodega, voilà qui augure un Entracte des plus agréables ! Sur le devant de la scène : une généreuse cuisine du marché où les produits régionaux ont la part belle et sont travaillés avec savoir-faire... Ambiance conviviale en prime. Une bonne adresse.

VALENCIENNES – 59 Nord – 302 J5 – 42 649 h. – Agglo. 333 492 h. – alt. 22 m – ✉ 59300 Nord Pas-de-Calais Picardie 31 C2

Paris 208 – Arras 68 – Bruxelles 105 – Lille 54

1 r Askièvre, 0 825 059 3 00, www.tourismevalenciennes.fr

18 de Mormal, à Preux-au-Sart, Bois Saint Pierre, par rte de Maubeuge : 13 km, 03 27 63 07 00

9 de Valenciennes, à Marly, Rue du Chemin Vert, E : 1 km, 03 27 46 30 10

Musée des Beaux-Arts★ BY **M** - Bibliothèque des Jésuites★.

Plan page suivante

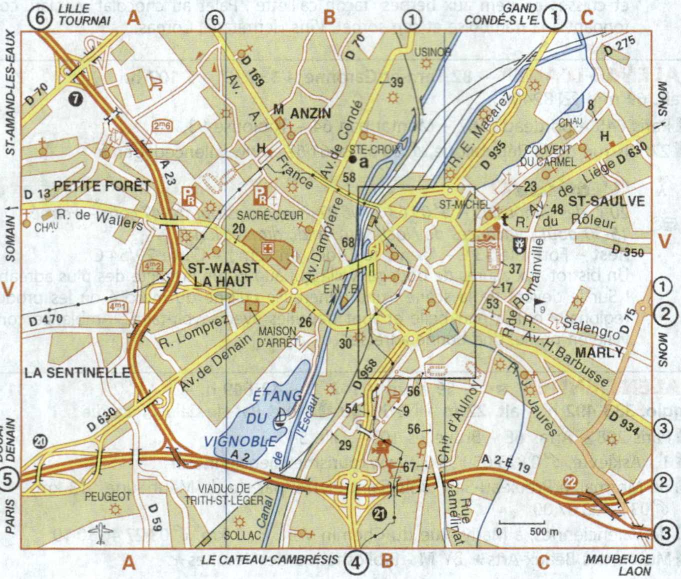

VALENCIENNES

Albert-1er (Av.)	BY	2
Amsterdam (Av. d')	BY	5
Armes (Pl. d')	AY	6
Barbusse (R. H.)	CV	8
Bourgeois (Ch. des)	BV	9
Cairns (Av. Serg.)	ABZ	13
Capucins (R. des)	BY	15
Cardon (Pl.)	BZ	16
Charles-Quint (R.)	CV	17
Clemenceau (Av. G.)	AX	18
Desandrouin (Av.)	BV	20
Digue (R. de la)	AZ	22
Duchesnois (Av.)	CV	23
Dunkerque (Av. de)	AX	25
Faidherbe (Av.)	BV	26
Famars (R. de)	AYZ	
Ferrand (R.)	AY	33
Fg de Cambrai (R.)	BV	29
Fg de Paris (R. du)	BV	30
Foch (Av. Mar.)	AX	34
Froissart (Pl. J.)	BY	35
Gaulle (Pl. Gén.-de)	BY	36
Glacis (R. des)	CV	37
Jacob (Pont)	AX	38
Jean-Jaurès (R.)	BV	39
Juin (Av. du Mar.)	AX	40
Lattre-de-Tassigny (Av. Mar.-de)	AX	42
Leclerc (Av. Mar.)	AX	43
Liège (Av. de)	BX	44
Lille (R. de)	AX	46
Marquis (R. du)	CV	48
Paix (R. de la)	BY	50
Paris (R. de)	AY	52
Perdrix (R. J.)	CV	53
Pompidou (Av. G.)	AZ	54
Reims (Av. de)	BZ	56
St-Amand (Av. de)	BV	58
St-Géry (R.)	BY	59
Sénateur-Girard (Av.)	AX	63
Tholozé (R.)	AX	65
Vaillant-Couturier (R. Paul)	BV	67
Vauban (Av.)	BV	68
Verdun (Av. de)	BZ	69
Vieille-Poissonnerie (R.)	AY	73
Villars (Av.)	AY	74
Watteau (Square)	AY	76

Le Grand Hôtel
8 pl. de la Gare – ✆ 03 27 46 32 01 – www.grand-hotel-de-valenciennes.fr
85 ch – 🚹85/132 € 🚹🚹98/145 € – 6 suites – ☕ 16 € – ½ P **AXd**
Rest ***Le Hans'*** – Formule 16 € – Menu 32 € (sem.), 37/42 € – Carte 27/60 €
Un établissement des années 1920 appartenant à la famille de la propriétaire depuis 1936 ! Les chambres sont confortables et classiques, peu à peu rénovées dans un style contemporain. Côté papilles, Hans' vous régale de choucroute et de viandes à la rôtissoire.

Auberge du Bon Fermier
64 r. de Famars – ✆ 03 27 46 68 25 – www.bonfermier.com **AYn**
16 ch – 🚹115 € 🚹🚹140 € – ☕ 10 € **Rest** – Menu 28/54 € – Carte 35/75 €
Vieilles pierres et briques : un authentique relais de poste du 17e s. ! Les chambres ont du caractère (meubles chinés) et, quand l'heure gourmande a sonné, on file aux écuries... enfin, au restaurant ! Nous y attend une bonne cuisine traditionnelle aux accents régionaux (rôtisserie et gibier en saison).

Le Chat Botté sans rest
25 r. Tholozé – ✆ 03 27 14 58 59 – www.hotel-lechatbotte.com – Fermé 24 déc.-1erjanv. **AXp**
33 ch – 🚹76/85 € 🚹🚹76/95 € – ☕ 12 €
Avantages : un Chat Botté très bien tenu, fonctionnel et agréable, juste en face de la gare. Inconvénient de ces avantages : juste en face de la gare, donc un peu bruyant...

Le Grand Duc
104 av. de Condé – ✆ 03 27 46 40 30 – www.legrandduc.fr – Fermé août
5 ch – 🚹92 € 🚹🚹100 € – ☕ 10 € **BVa**
Table d'hôte *(fermé sam. midi et dim. soir)* – Menu 35 € (sem.)/42 €
Cette maison bourgeoise a une âme d'artiste, comme son propriétaire. Non seulement elle mélange les styles avec goût (seventies, baroque...), mais elle accueille en son sein des soirées jazz, théâtre, sans oublier les cours de cuisine et la table d'hôte (sur réservation). Et le parc à l'anglaise est si joli !

L'Endroit
69 r. du Quesnoy – ✆ 03 27 42 99 23 – www.restaurant-lendroit.fr – Fermé sam. midi, dim. soir et lundi **BYf**
Rest – Menu 34 €, 44 € bc – Carte 39/61 €
Dans cet Endroit élégant et contemporain, on observe la brigade s'activer aux fourneaux... sur écran plat ! Et l'on savoure une agréable cuisine du marché et de saison.

Le Musigny (Emmanuel Hernandez)
90 av. de Liège – ✆ 03 27 41 49 30 – www.lemusigny.fr – Fermé 3 sem. en août, vacances de Noël, sam. midi, dim. soir et lundi **CVt**
Rest – Formule 29 € bc – Menu 43/70 € – Carte 50/105 €
Si le jeune chef, passé par de grandes maisons, a choisi ce discret point de chute valenciennois, au décor sobre et épuré, un peu à l'écart du centre historique, sa cuisine délicate a rapidement conquis la ville. Produits choisis, tour de main précis et recettes nouvelles : la clé de son succès.
➜ Soupe d'artichaut et tartine de campagne au beurre de truffe. Ris de veau poêlé, linguine fraîches et crème aux morilles. Dessert du Ch'ti.

à Artres **11 km par ④, D 958 et D 400 – 1 040 h. – alt. 65 m – ✉ 59269**

La Gentilhommière
2 r. de l'Eglise – ✆ 03 27 28 18 80 – www.hotel-lagentilhommiere.com – Fermé dim. soir et fériés
10 ch – 🚹75/85 € 🚹🚹85/100 € – ☕ 11 €
Rest *(Fermé 29 juil.-23 août, dim. soir et fériés)* – Menu 37/64 € – Carte 40/86 €
Passé le porche, on découvre cette jolie ferme seigneuriale de 1756. Les chambres, spacieuses et agréables, donnent sur le jardin intérieur... Évidemment, on vient d'abord pour la quiétude, mais on apprécie aussi la sympathique cuisine actuelle du chef.

VALESCURE – **83 Var** – **340** P5 – **rattaché à St-Raphaël**

VALGORGE – 07 Ardèche – **331** G6 – 470 h. – alt. 560 m – ✉ 07110 **44** A3
Ardèche Drôme

Paris 614 – Alès 76 – Aubenas 37 – Langogne 46

Le Tanargue
– *✆ 04 75 88 98 98 – www.hotel-le-tanargue.com – Ouvert 23 mars-18 nov. et fermé dim. soir et lundi sauf du 8 avril au 30 sept.*
22 ch – †42/53 € ††52/65 € – ☕ 9 € – ½ P
Rest – Formule 12 € – Menu 13/34 € – Carte 30/45 €
Un hôtel familial au pied du massif du Tanargue. Les chambres sont cossues et scrupuleusement tenues, à des tarifs compétitifs ! Quelques balcons face au jardin ou à la vallée. Salle à manger d'inspiration rustique (vieux objets) ; vente de produits du terroir.

VALIGNAT – 03 Allier – **326** F5 – rattaché à Charroux

VALLAURIS – 06 Alpes-Maritimes – **341** D6 – rattaché à Golfe-Juan

VALLERAUGUE – 30 Gard – **339** G4 – 1 070 h. – alt. 346 m **23** C2
– ✉ 30570 Languedoc Roussillon

Paris 684 – Mende 100 – Millau 75 – Nîmes 86
quartier des Horts, ✆ 04 67 82 25 10

Hostellerie Les Bruyères rest,
Quai A. Chamson – ✆ 04 67 82 20 06 – www.hotelvalleraugue.com – Ouvert 1er mai-30 sept.
20 ch – †50/65 € ††50/65 € – ☕ 8 € – ½ P
Rest – Menu 18/40 € – Carte 30/44 €
Ancien relais de poste situé dans un pittoresque village cévenol. Un bel escalier dessert les chambres, rustiques, simples et très propres. Restaurant au décor champêtre, avec une charmante terrasse en surplomb de la rivière. Plats traditionnels.

rte du Mont-Aigoual 4 km sur D 986 – ✉ 30570

Auberge Cévenole
La Pénarié – ✆ 04 67 82 25 17 – Fermé 30 nov.-10 déc., lundi soir et mardi sauf juil.-août
6 ch – †42 € ††42 € – ☕ 7 € – ½ P
Rest – Formule 13 € – Menu 18/34 € – Carte 23/92 €
L'Hérault musarde au pied de cette sympathique auberge de pays, située sur la route du mont Aigoual. Petites chambres fraîches et rustiques. Coquette salle à manger (poutres, cheminée, objets agricoles) et terrasse au-dessus de la rivière ; cuisine régionale.

VALLOIRE – 73 Savoie – **333** L7 – 1 299 h. – alt. 1 430 m – Sports d'hiver : 1 430/2 600 m 2 31 – ✉ 73450 Alpes du Nord **45** D2

Paris 664 – Albertville 91 – Briançon 52 – Chambéry 104
rue des Grandes Alpes, ✆ 04 79 59 03 96, www.valloire.net
Col du Télégraphe ★ N : 5 km.
St-Michel-de-Maurienne : Espace Alu - Musée de l'Aluminium★, NE : 18 km par D 902.

Christiania
av. de la Vallée d'Or – ✆ 04 79 59 00 57 – www.christiania-hotel.com – Ouvert 12 juin-13 sept. et 20 déc.-20 avril
23 ch – †70/120 € ††70/120 € – 3 suites – ☕ 12 € – ½ P
Rest – Menu 21/42 € – Carte 30/60 €
Belle situation au pied des pistes pour ce chalet, sans doute l'hôtel le plus confortable de la station. Une partie des chambres a été redécorée dans un esprit contemporain original. Autre atout : d'ici, on peut partir explorer aussi bien le parc national de la Vanoise que celui des Écrins !

Grand Hôtel de Valloire et du Galibier

r. des Grandes-Alpes – ✆ 04 79 59 00 95 – www.grand-hotel-valloire.com – Ouvert 15 juin-15 sept. et 21 déc.-13 avril
41 ch – 🚹70/95 € 🚹🚹95/105 € – ☕ 10 € – ½ P
Rest ***L'Escarnavé*** – Menu 25/48 € – Carte 44/74 €
Oubliez la façade un peu défraîchie ; face aux pistes, cet hôtel abrite des chambres lumineuses, plutôt spacieuses et bien tenues, une piscine, un espace fitness et restaurant traditionnel. Une bonne adresse.

aux Verneys **2 km au Sud – ✉ 73450 Valloire**

Relais du Galibier

Les Verneys – ✆ 04 79 59 00 45 – www.relais-galibier.com – Ouvert 10 juin-9 sept. et 22 déc.-2 avril
26 ch – 🚹55/65 € 🚹🚹64/75 € – ☕ 10 € – ½ P
Rest – Menu 16/35 € – Carte 28/37 €
Un hôtel-restaurant tout indiqué pour une étape sur la célèbre route du col du Galibier, tant redoutée des cyclistes. Certaines chambres offrent une vue sur le sommet... et cela sans fatigue ! Des prestations toutes simples, en accord avec les prix, très bon marché.

VALLON-EN-SULLY – 03 Allier – 326 C3 – 1 693 h. – alt. 192 m 5 B1

– ✉ 03190 Auvergne

Paris 318 – Bourges 86 – Clermont-Ferrand 119 – Moulins 89

Auberge des Ris

Les Ris, 2 km par D 2144, rte de Bourges – ✆ 04 70 06 51 12 – www.aubergedesris.com – Fermé en mars, en sept., en janv., lundi soir, mardi et merc.
Rest – Formule 19 € – Menu 25/49 € – Carte 32/50 €
Bacchus n'aurait pas renié cette salle aux allures de chai, où tonneaux et pressoir font partie du décor. Derrière les fourneaux, un jeune chef dynamique concocte une cuisine savoureuse, mêlant tradition et recettes dans l'air du temps. Du goût, du parfum, de savoureux nectars : le dieu du vin est heureux, nous aussi.

VALLON-PONT-D'ARC – 07 Ardèche – 331 I7 – 2 337 h. – alt. 117 m 44 A3

– ✉ 07150 Ardèche Drôme

Paris 658 – Alès 47 – Aubenas 32 – Avignon 81

5, place de l'ancienne gare, ✆ 04 75 88 04 01, www.vallon-pont-darc.com

Gorges de l'Ardèche★★★ au SE - Arche★★ de Pont d'Arc SE : 5 km.

Le Clos des Bruyères

rte des Gorges – ✆ 04 75 37 18 85 – www.closdesbruyeres.fr – Ouvert avril-sept.
32 ch ☕ – 🚹77/95 € 🚹🚹88/110 € – ½ P
Rest *(fermé merc. midi et mardi midi en basse saison)* – Formule 12 € – Menu 17/30 € – Carte 27/36 €
Hôtel récent situé à 100 m de l'Ardèche (location de canoës). Les chambres, avec balcon ou terrasse en rez-de-jardin, sont spacieuses et décorées sobrement. Sous la charpente apparente du restaurant, on savoure une cuisine traditionnelle assez simple.

Le Manoir du Raveyron

r. Henri Barbusse – ✆ 04 75 88 03 59 – www.manoir-du-raveyron.com – Ouvert de fin-mars à mi-oct.
8 ch ☕ – 🚹60/75 € 🚹🚹70/100 € – ½ P
Rest *(dîner seult) (résidents seult)* – Menu 28/50 € – Carte 36/60 €
Cette demeure du 16e s., située dans une rue calme du centre-ville, est vraiment sympathique ! Chambres coquettes et agréable cour ombragée. Cuisine de tradition et du terroir pour les clients de l'hôtel.

VALLOUX – 89 Yonne – 319 G6 – rattaché à Avallon

VALMONT – 76 Seine-Maritime – 304 D3 – 1 017 h. – alt. 60 m – ✉ 76540 Normandie Vallée de la Seine 33 C1

Paris 193 – Bolbec 22 – Dieppe 58 – Fécamp 11

Rue d'Estouteville, ✆ 02 35 10 08 12, www.normandie-littoral.com

Abbaye★.

Le Bec au Cauchois (Pierre Caillet) avec ch

22 r. A.-Fiquet, 1,5 km à l'Ouest par rte de Fécamp – ✆ 02 35 29 77 56 – www.lebecaucauchois.com – Fermé 24 déc.-24 janv., dim. soir d'oct. à avril, mardi et merc. sauf juil.-août

5 ch – 85/115 € 85/115 € – 12 €

Rest *(réserver)* – Formule 25 € – Menu 33/72 € – Carte 60/70 €

Meilleur Ouvrier de France 2011, le jeune chef s'avère évidemment un excellent technicien, qui dévoile aussi une belle sensibilité. Jeux sur les textures et les saveurs, produits d'ici et d'ailleurs, etc. : dans cette auberge du 19e s. bordée par un étang, le terroir normand arbore de nouvelles couleurs.

➔ Pressé de foie gras, lotte fumée et céleri branche. Ris de veau, légumes de saison et jus aux primevères. Entremets chocolat noir, faisselle de fromage de chèvre et sorbet menthe.

VALOGNES – 50 Manche – 303 D2 – 7 214 h. – alt. 35 m – ✉ 50700 Normandie Cotentin 32 A1

Paris 336 – Caen 103 – Cherbourg 19 – St-Lô 64

place du Château, ✆ 02 33 40 11 55, www.ot-cotentin-bocage-valognais.fr

de Fontenay-sur-Mer, à Fontenay-sur-Mer, E : 18 km par N 13 et D 42, ✆ 02 33 21 44 27

Agriculture

18 r. L.-Delisle – ✆ 02 33 95 02 02 – www.hotel-agriculture.com – Fermé 23 déc.-7 janv.

30 ch – 52/55 € 59/66 € – 8 € – ½ P

Rest *Agriculture* – voir les restaurants ci-après

Une longue façade à l'air bonhomme, couverte de vigne vierge : un hôtel-restaurant traditionnel du centre de Valognes, avec des chambres simples et bien tenues. Pratique pour une étape au cœur de la presqu'île du Cotentin.

Manoir de Savigny sans rest

lieu-dit Savigny, au Sud-Est : 3 km par D 976 et rte secondaire – ✆ 02 33 08 37 75 – www.manoir-de-savigny.com

5 ch – 80/115 € 85/120 €

Dans la campagne valognaise, une allée de peupliers mène à cette ferme-manoir du 16e s. nichée dans un vaste parc. On emprunte un bel escalier de pierre pour gagner les chambres, toutes charmantes ("Rustique", "Baroque", etc.). Quiétude...

Agriculture – Hôtel Agriculture

18 r. L.-Delisle – ✆ 02 33 95 02 02 – www.hotel-agriculture.com – Fermé 23 déc.-3 janv.

Rest – Menu 15 € (déj. en sem.), 18/30 € – Carte 22/51 €

Pause tradition... Pierres et poutres apparentes, cheminée, mobilier en bois : le décor est rustique, comme la cuisine. Spécialités de la maison : les grillades au feu de bois et surtout la tête de veau !

VALRAS-PLAGE – 34 Hérault – 339 E9 – 4 649 h. – alt. 1 m – Casino – ✉ 34350 Languedoc Roussillon 23 C2

Paris 767 – Agde 25 – Béziers 16 – Montpellier 76

5 square René Cassin, ✆ 04 67 32 36 04, www.beziers-mediterranee.com

Mira-Mar

bd Front de Mer – ✆ 04 67 32 00 31 – www.hotel-miramar.org – Ouvert mars-oct.

27 ch – 64/108 € 64/108 € – 2 suites – 9 € – ½ P

Rest *(fermé dim. soir sauf juil.-août et merc. en mars et oct.)* – Menu 19 € (sem.), 29/38 € – Carte 32/59 €

Les hispanophones auront compris que cet hôtel regarde la mer... Les chambres sont agréables, d'esprit méridional ou plus contemporain, avec balcon côté plage. Trois appartements pour les familles. À table, recettes dans l'air du temps faisant la part belle aux poissons, avec vue sur la Grande Bleue.

Albizzia sans rest

bd Chemin Creux – ✆ 04 67 37 48 48 – www.hotelalbizzia34.com

27 ch – 52/86 € 56/86 € – 8 €

À 200 m de la plage, un hôtel familial, d'architecture récente : la façade est scandée d'arceaux et de loggias. Des plantes méditerranéennes s'épanouissent autour de la piscine.

Le Delphinium

av. des Élysées, (face au casino) – ✆ 04 67 32 73 10 – Fermé jeudi d'oct. à juin

Rest – Menu 20 € (sem.), 29/40 € – Carte environ 36 €

Brandade de cabillaud, noix de Saint-Jacques poêlées aux poireaux, crème catalane : à deux pas du casino, ce restaurant discret cultive des plaisirs simples, sous l'égide d'une chef d'expérience.

La Méditerranée

32 r. Charles-Thomas – ✆ 04 67 32 38 60 – fermé 12-30 nov., 5-23 janv., mardi sauf le soir en saison, dim. soir hors saison et lundi

Rest – Menu 18/45 € – Carte 31/64 €

Petit restaurant familial situé dans une rue piétonne tout près de l'embouchure de l'Orb... et donc non loin de La Méditerranée ! On y apprécie une cuisine traditionnelle, orientée poisson, dans un cadre rustique. Aux beaux jours, profitez de la grande terrasse.

VALS-LES-BAINS – **07 Ardèche – 331** I6 – **3 769 h. – alt. 210 m – Stat. therm. : fin fév.-fin déc. – Casino – ✉ 07600** Ardèche Drôme **44** A3

Paris 629 – Aubenas 6 – Langogne 58 – Privas 33

7, rue Jean Jaurès, ✆ 04 75 89 14 97, www.ardeche-booking.com

Grand Hôtel de Lyon

11 av. P. Ribeyre – ✆ 04 75 37 43 70 – www.grandhoteldelyon.fr – Ouvert 29 mars-6 oct.

34 ch – 65/78 € 76/100 € – 10 € – ½ P

Rest – Formule 24 € – Menu 28/50 € – Carte 33/60 €

Situation très centrale, à 100 m du parc de la source intermittente, pour cet hôtel familial abritant des chambres spacieuses et bien tenues. Piscine et solarium. De grandes baies vitrées éclairent l'agréable salle à manger ornée d'une fresque originale.

Helvie

5 av. Claude-Expilly – ✆ 04 75 94 65 85 – www.hotel-helvie.com – Fermé 15 fév.-7 mars et nov.

27 ch – 80/140 € 80/140 € – 12 € – ½ P

Rest ***Le Vivarais*** – voir les restaurants ci-après

À proximité du parc et du casino, cet hôtel Belle Époque a retrouvé tout son éclat d'antan, chic et feutré. Chambres confortables, salon cossu et belle piscine.

Château Clément

La Châtaigneraie – ✆ 04 75 87 40 13 – www.chateauclement.com – Fermé 15 nov.-15 mars

5 ch – 150/250 € 170/250 € **Table d'hôte** – Menu 70 € bc/75 € bc

Sur les hauteurs de la ville, cette belle maison de maître est avant tout une demeure de famille... celle de Marie-Antoinette, Éric et leurs enfants. Leurs chambres d'hôtes comptent parmi les plus charmantes qui soient : superbes décors 19e s., jardin de rocailles, terrasse panoramique, table bio... Un lieu rare !

Villa Aimée
8 montée des Aulagniers – ✆ 06 81 44 96 66 – www.villaaimee.com
4 ch – 79/145 € 89/155 € **Table d'hôte** – Menu 35 €
Cette grande villa bourgeoise sur les hauteurs de la station (vue superbe) est une mer de tranquillité... Ses propriétaires : un commandant de marine (parfois à quai) et son épouse australienne. Cuisine internationale – principalement d'Asie – à la table d'hôte.

Le Vivarais – Hôtel Helvie
5 av. Claude-Expilly – ✆ 04 75 94 65 85 – www.hotel-helvie.com
– Fermé 15 fév.-7 mars, nov., dim. soir sauf juil.-août et lundi
Rest – Formule 21 € – Menu 34/89 € – Carte 57/105 €
Le restaurant de l'hôtel Helvie, tout près du casino, réserve de beaux moments de gastronomie : homard bleu et salpicon de granny smith, côte de veau en croûte de thym, tartelette au citron sorbet orange... Cadre élégant, terrasse sous les platanes.

VAL-THORENS – 73 Savoie – 333 M6 – alt. 2 300 m – Sports d'hiver : 2 300/3 200 m 12 20 – ✉ 73440 St Martin de Belleville 46 F2

Alpes du Nord

Paris 640 – Albertville 60 – Chambéry 109 – Moûtiers 36

Immeuble Eskival, ✆ 04 79 00 08 08, www.valthorens.com

Cime de Caron ★★★ (accès par le téléphérique de Caron).

Altapura (N)
rte du Soleil, (à l'entrée de la station) – ✆ 04 80 36 80 36 – www.altapura.fr
– Ouvert 30 nov.-28 avril
72 ch – 200/715 € 200/715 € – 16 suites – 25 €
Rest *Les Enfants Terribles* *(dîner seult)* – Carte 50/104 €
Rest *2 Mille 3* – Formule 26 € – Carte 41/93 €
Rest *La Laiterie* *(dîner seult)* – Carte 45/61 €
Le dernier-né de la station – fin 2011 – rivalise de luxe et d'élégance. Dans les chambres, le charme montagnard côtoie l'épure contemporaine. Le must : un spa de 1 000 m², où une salle igloo permet de goûter aux bienfaits des soins nordiques. Pour une délicieuse parenthèse au pays des neiges...

Fitz Roy
– ✆ 04 79 00 04 78 – www.hotelfitzroy.com – Ouvert de mi-déc. à mi-avril
55 ch – ½ P seult 178/307 € – 1 suite
Rest *La Table du Roy* – voir les restaurants ci-après
Il vous faudra monter à plus de 2 000 m d'altitude pour atteindre ce grand chalet. Les chambres, de style savoyard, sont très confortables, et certaines regardent les pistes. Un endroit skis aux pieds !

Le Val Thorens
Pl.de l'Eglise – ✆ 04 79 00 04 33 – www.levalthorens.com
– Ouvert 30 nov.-28 avril
82 ch – 120/390 € 120/390 € – 1 suite – 15 € – ½ P
Rest *La Fondue* *(ouvert 3 déc.-23 avril) (dîner seult)* – Menu 24 €
– Carte 28/49 €
Au cœur de la station, ce bâtiment des années 1970 abrite des chambres spacieuses, toutes avec balcon, où l'esprit de la montagne se décline à travers de belles lignes contemporaines. L'espace bien-être ajoute à l'esprit chic et sport des lieux.

Mercure
– ✆ 04 79 00 04 04 – www.mercurevalthorens.com – Ouvert déc.-avril
105 ch – 120/235 € 140/280 € – ½ P
Rest – Formule 17 € – Menu 30 € (dîner) – Carte 34/52 €
Au pied des pistes, un hôtel confortable dont les chambres offrent de belles échappées sur les glaciers. Bar avec cheminée, espace bien-être, location d'équipements de ski et espace jeux pour les enfants en font un établissement attrayant.

Le Sherpa
rest,
r. de Gébroulaz – ✆ 04 79 00 00 70 – www.lesherpa.com – Ouvert de mi-nov. au 8 mai
52 ch – 76/300 € 110/320 € – 4 suites – ½ P
Rest – Formule 20 € – Menu 35 € (dîner) – Carte 32/49 €
Ici, les pistes de ski sont à portée de bâton ! Dans les chambres la décoration est au diapason : lambris et meubles en pin. Au restaurant, on apprécie l'ambiance savoyarde et les recettes de tradition, sauf le jeudi soir : fondue chinoise.

Trois Vallées
Grande Rue – ✆ 04 79 00 01 86 – www.hotel3vallees.com – Ouvert 24 nov.-12 mai
29 ch – ½ P seult 96/162 €
Rest *(ouvert 1er déc.-12 mai et fermé le midi)* – Menu 29/32 € – Carte 32/75 €
Un petit hôtel moderne bien tenu et fort commode pour profiter du domaine des Trois-Vallées. Au bar, on sirote un verre en admirant les sommets, tandis qu'au restaurant on fait un repas traditionnel dans un décor dédié aux Jeux olympiques.

L'Oxalys (Jean Sulpice)
(entrée station) – ✆ 04 79 40 00 71 – www.jean-sulpice.fr – Ouvert juil.-août, déc. à avril et fermé mardi midi et lundi en juil.-août
Rest – Menu 67/140 € – Carte 90/130 €
À 2 300 m d'altitude, cette cuisine atteint des sommets : produits savoyards d'exception, jeux de textures (mousse, croustillant, velouté), cuissons et assaisonnements parfaits, harmonie des saveurs... Sous la baguette de Jean Sulpice et de son épouse, excellente sommelière, la magie opère !
➜ Velouté de châtaigne en chaud-froid de parmesan et truffe. Râble de lapin infusé au serpolet, jus de moules au chorizo et salicornes. Pomme meringuée, miel de montagne et Antésite. **Vins** Ayze, Chignin-Bergeron.

La Table du Roy – Hôtel Fitz Roy
– ✆ 04 79 00 04 78 – www.hotelfitzroy.com – Ouvert de mi-déc. à mi-avril
Rest – Menu 30/60 € – Carte 70/140 €
Au sein de l'hôtel de luxe Fitz Roy, ce restaurant est au diapason... Dans un esprit gastronomique, la chef réalise une cuisine soignée où la fraîcheur des produits ne fait aucun doute. Formule brasserie "chic" le midi, à apprécier sur la terrasse face aux pistes.

Chalet de la Marine (N)
sur la piste des Dalles, accès à ski par le télésiège des Cascades – ✆ 04 79 00 01 86 – www.chaletmarine.com – Ouvert 8 déc.-12 mai
Rest *(déj. seult)* – Formule 36 € – Carte 55/90 €
Impossible de rester insensible au charme de ce chalet situé à 2 400 m d'altitude : jolie salle tout en bois, objets agrestes, flambée dans la cheminée... Dans ce restaurant, tout est fait maison et on se régale de bons plats traditionnels. Il est des endroits qui ont une âme, celui-ci en est un.

L'Épicurien
r. du Soleil, (Résidence le Montana) – ✆ 04 79 00 21 30 – www.restaurantmontana.fr – Ouvert 21 déc.-19 avril , fermé sam.
Rest *(dîner seult)* – Menu 49/90 € – Carte 43/95 €
Étonnant de trouver dans une imposante résidence, au cœur des montagnes, un restaurant au décor ethnique. D'autant plus qu'on y apprécie une cuisine fusion invitant au voyage. Dépaysant !

LE VALTIN – 88 Vosges – 314 K4 – 91 h. – alt. 751 m – ✉ 88230 27 D3
Paris 440 – Colmar 46 – Épinal 55 – Guebwiller 55

Auberge du Val Joli avec ch
12 bis le Village – ✆ 03 29 60 91 37 – www.levaljoli.com – Fermé dim. soir, lundi soir et mardi midi sauf vacances scolaires et lundi midi sauf fériés
10 ch – 82/140 € 82/140 € – 3 suites – 12 € – ½ P
Rest – Formule 20 € – Menu 23/65 € – Carte 36/73 €
Petite hostellerie vosgienne tenue par la même famille depuis 1968. Atmosphère rustique dans la salle principale, ou nature devant la large verrière donnant sur la terrasse. Généreuse cuisine mettant joliment le terroir à l'honneur. Chambres pour l'étape.

LA VANCELLE – 67 Bas-Rhin – 315 H7 – rattaché à Lièpvre

VANDOEUVRE-LÈS-NANCY – 54 Meurthe-et-Moselle – 307 H7 – rattaché à Nancy

VANNES P – 56 Morbihan – 308 O9 – 52 683 h. – Agglo. 75 980 h. 9 A3

– alt. 20 m – ✉ 56000 Bretagne Sud

Paris 459 – Quimper 122 – Rennes 110 – St-Brieuc 107

quai Tabarly, ✆ 08 25 13 56 10, www.tourisme-vannes.com

de Baden, à Baden, Kernic, par rte d'Auray et D 101 : 14 km, ✆ 02 97 57 18 96

Vieille ville★★ AZ : Place Henri-IV★ AZ 10, Cathédrale St-Pierre★ B, Remparts★, Promenade de la Garenne ←★★ - La Cohue★ (anciennes halles) - Musée archéologique★ - Aquarium océanographique et tropical★ - Golfe du Morbihan★★ en bateau.

Villa Kerasy sans rest

20 av. Favrel et Lincy – ✆ 02 97 68 36 83 – www.villakerasy.com – Fermé janv. et 15 nov.-15 déc. BYr

15 ch – †98/210 € ††113/239 € – ☕ 15 €

Pondichéry, Cadix... les chambres évoquent les différentes escales de la légendaire Compagnie des Indes. Jardin japonais, espace bien-être, etc. Voilà un agréable établissement où l'élégance le dispute à la sérénité !

Best Western Vannes Centre

rest,

6 pl. de la Libération – ✆ 02 97 63 20 20 – www.bestwestern-vannescentre.com AYt

58 ch – †99/129 € ††99/129 € – ☕ 15 € – ½ P

Rest – Formule 23 € – Carte 27/39 €

Hôtel récent à deux pas du centre historique, idéal pour une clientèle d'affaires. Chambres sobres et contemporaines ; salle de réunion et espace fitness. Au restaurant, on apprécie la cuisine traditionnelle.

Marébaudière sans rest

4 r. Aristide Briand – ✆ 02 97 47 34 29 – www.marebaudiere.com BZr

41 ch – †83/110 € ††83/110 € – ☕ 12 €

En bordure du centre-ville, une bâtisse bretonne des années 1970. Les chambres, fonctionnelles, spacieuses et confortables, déclinent le thème des quatre saisons... Cet établissement s'adapte aussi bien à la clientèle d'affaires que touristique.

Manche-Océan sans rest

31 r. du Lt-Col. Maury – ✆ 02 97 47 26 46 – www.manche-ocean.com – Fermé 19 déc.-6 janv. AYa

42 ch – †55/77 € ††55/97 € – ☕ 9 €

Atmosphère familiale dans cet hôtel idéalement situé aux portes de la vieille ville. Chambres fonctionnelles, colorées et bien tenues.

Hôtel de France sans rest

57 av. Victor Hugo – ✆ 02 97 47 27 57 – www.hotelfrance-vannes.com – Fermé 21 déc.-3 janv. AYd

29 ch – †55/68 € ††60/85 € – 1 suite – ☕ 8,50 €

Avec sa jolie façade en bois et zinc, cet hôtel – jouxtant la Banque de France – ne passe pas inaperçu ! Les chambres y sont sobres et bien tenues. Prix raisonnables.

Roscanvec

17 r. des Halles – ✆ 02 97 47 15 96 – www.roscanvec.com – Fermé mardi midi, dim. soir et lundi AZs

Rest *(nombre de couverts limité, réserver)* – Formule 25 € – Menu 30 € (déj.), 45/65 € – Carte 49/69 €

Dans une ruelle piétonne, cette maison à colombages, près de la cathédrale, cache un décor contemporain et épuré. Pour observer le travail du chef, préférez la salle du rez-de-chaussée : ouverte sur les cuisines. Ici, on savoure des recettes créatives avec de beaux produits du terroir. Une bonne adresse.

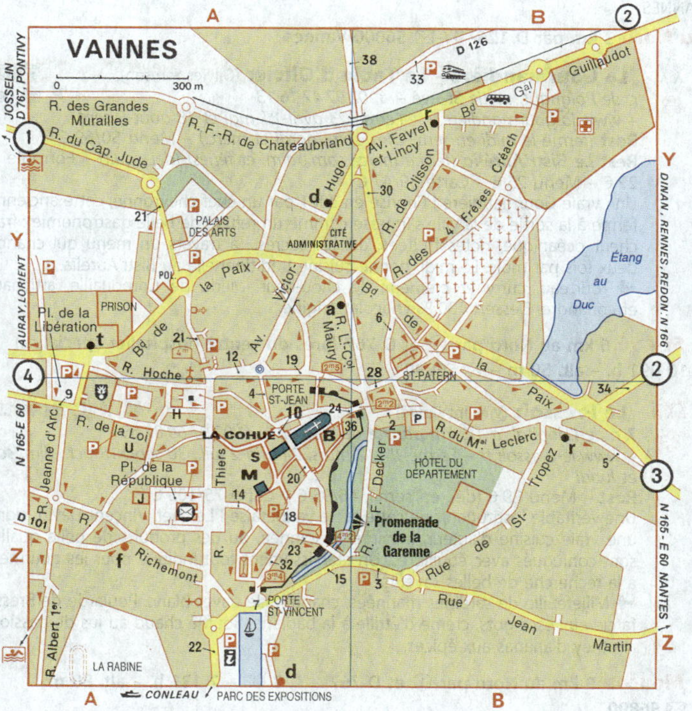

Allain Legrand (R.)	BZ	2	Henri-IV (Pl.)	AZ	10	Port (R. du)	AZ	22
Bazvalan (R. J. de)	BZ	3	Lices (Pl. des)	AZ	18	St-Nicolas (R.)	BZ	28
Billault (R.)	AZ	4	Mené (R. du)	AY	19	St-Symphorien (Av.)	BY	30
Briand (R. A.)	BZ	5	Monnaie (R. de la)	AZ	20	St-Vincent-Ferrier (R.)	AZ	32
Le Brix (R. J.)	AY	12	Monnet (Av. J.)	AY	21	Strasbourg (R. de)	BY	33
Fontaine (R. de la)	BY	6	Le Pontois (R. A.)	AZ	15	Verdun (Av. de)	BZ	34
Gambetta (Pl.)	AZ	7	Porte-Poterne (R.)	AZ	23	Vierges (R. des)	AZ	36
Gougaud (R. J.)	AZ	9	Porte-Prison (R.)	AZ	24	Wilson (Av.)	ABY	38
Le Hellec (R.)	AZ	14						

Le Vent d'Est

23 r. Ferdinand-Le-Dressay – ✆ 02 97 01 34 53
– Fermé 20 avril-6 mai, 15 juil.-10 août, dim. sauf le midi d'oct. à mars et lundi AZ**d**

Rest – Formule 16 € – Menu 25 € – Carte 25/47 €

Un Vent d'Est souffle sur la côte Ouest : face au port, cette véritable winstub transporte en Alsace ! Flammekueche, choucroute, kougelhopf, etc. Les spécialités de la région trônent à la carte, avec quelques incursions dans le terroir breton. Ou comment deux régions se rencontrent... à petits prix et avec gourmandise.

L'Éden

3 r. Pasteur – ✆ 02 97 46 42 62 – www.ledenrestaurant.fr
– Fermé merc. soir hors saison, sam. midi et dim. AZ**f**

Rest – Menu 18 € (déj. en sem.), 27/37 €

Voilà un jardin où les gourmands aiment se promener... à côté de l'ancien cinéma Éden. Les habitués viennent y savourer une cuisine dans l'air du temps, qui ose les associations originales.

au Nord 3 km par D 126- BY- ✉ 56000 Vannes

XX ✿ **La Gourmandière - La Table d'Olivier** (Olivier Samson)

r. de Poignant, sortie St-Avé – ✆ 02 97 47 16 13 – www.la-gourmandiere.fr – Fermé 23 avril-1er mai et 18 août-5 sept.

Rest *(fermé le midi en sem., dim. soir, mardi et merc.)* – Menu 50/69 €

Rest ***Le Bistr'Aurélia*** *(fermé merc., sam., dim. et fériés) (déj. seult)* – Formule 22 € – Menu 25 € – Carte 39/47 €

Une vraie Gourmandière ! Reprise en 2011 par un chef chevronné, cette ancienne ferme à la sortie de la ville s'impose comme un refuge de belle gastronomie : fraîcheur océanique, notes fruitées, délices sucrés... à travers un menu qui change deux fois par mois. Le midi, bonne cuisine traditionnelle au Bistr'Aurélia.

➜ Tourteau, curry et crémeux de chou-fleur. Merlu de Cornouaille, artichaut et coriandre. Dessert 100 % chocolat origine.

à St-Avé **6 km au Nord par ① et D 767 (près du centre hospitalier spécialisé) – 10 091 h. – alt. 50 m – ✉ 56890**

XXX ✿ **Le Pressoir** (Vincent David)

7 r. de l'Hôpital, à 1,5 km par rte de Plescop – ✆ 02 97 60 87 63 – www.le-pressoir.fr – Fermé 1er-12 mars, 24 juin-2 juil., 30 sept.-15 oct., dim. soir et lundi

Rest – Menu 29 € (déj. en sem.), 46/95 € – Carte 75/105 €

Une véritable institution que cette table vannetaise ! Le chef, Vincent David, signe une vraie cuisine d'auteur, inspirée et soignée, où des produits de belle qualité sont conjugués avec équilibre... Un établissement tout indiqué pour les gourmets à la recherche de belles saveurs.

➜ Millefeuille de sardines marinées, chantilly de navet blanc. Poularde de Bresse farcie aux escargots, crème d'étrille à la badiane. Soufflé chaud au jus de passion, chutney d'ananas aux épices.

à Meucon **9 km au Nord par ① et D 767 – 308 O8 – 2 131 h. – alt. 80 m – ✉ 56890**

XX **Le Tournesol**

20 rte de Vannes – ✆ 02 97 44 50 50 – www.restaurant-le-tournesol.com – Fermé 8-17 juil., 4-10 mars, dim. soir, merc. soir et lundi

Rest – Formule 16 € – Menu 24 € (déj. en sem.), 31/54 € – Carte 30/49 €

Un soupçon de charme rustique (pierres apparentes), deux cuillerées contemporaines et quelques notes de verdure avec un joli jardin... Ici, le décor est plaisant et la cuisine dans l'air du temps.

à Conleau **4,5 km au Sud-Est - AZ – ✉ 56000 Vannes**

Presqu'île de Conleau★ 30 mn.

Le Roof

10 allée des Frères Cadoret – ✆ 02 97 63 47 47 – www.le-roof.com

40 ch – 79/144 € 89/175 € – 13 € – ½ P

Rest ***Le Roof*** – Formule 26 € bc – Menu 31/61 € – Carte 43/71 €

Rest ***Café de Conleau*** – Formule 16 € – Menu 21 € – Carte 24/48 €

La presqu'île de Conleau domine une anse peuplée de voiliers... et c'est là que se niche le Roof. Chambres fonctionnelles, certaines avec vue sur le golfe du Morbihan.

rte d'Arradon **5 km par ④ et D 101 – ✉ 56610 Arradon :**

XX **L'Arlequin**

parc d'activités de Botquelen, (3 allée D. Papin) – ✆ 02 97 40 41 41 – Fermé sam. midi, dim. soir et lundi

Rest – Formule 18 € – Menu 21/41 € – Carte 33/48 €

Cet Arlequin-là nous en fait voir de toutes les saveurs ! Sur des bases traditionnelles, le chef concocte une cuisine ancrée dans son époque et variant avec les saisons. Salle agréable, ouverte sur la terrasse et le jardin fleuri.

à Arradon **7 km par ④, D 101, D 101^A et D 127 – 5 301 h. – alt. 40 m – ✉ 56610**

r Bouruet Aubertot, ✆ 02 97 44 77 44, www.arradon.com
★.

Le Parc er Gréo sans rest
9 r. Mané Guen, au Gréo, 2 km à l'Ouest (dir. le Moustoir) – ✆ 02 97 44 73 03 – www.parcergreo.com – Fermé 11 nov.-20 déc. et 5 janv.-14 fév.
13 ch – 73/149 € 96/149 € – 1 suite – 14 €
On se sent bien dans cette jolie maison entourée de verdure. Maquettes de bateaux et mobilier chiné dans le salon, chambres raffinées et coquettes, piscine couverte. Charmant !

Les Vénètes
à la pointe, 2 km – ✆ 02 97 44 85 85 – www.lesvenetes.com
10 ch – 100/230 € 100/230 € – 15 € – ½ P
Rest ***Les Vénètes*** – voir les restaurants ci-après
Ce petit hôtel des années 1960 est vraiment bien placé, pour ainsi dire les pieds dans l'eau ! Dans les chambres, joliment aménagées, on jouit d'une vue exceptionnelle sur le golfe (balcons au 1er étage).

Les Vénètes
à la pointe, 2 km – ✆ 02 97 44 85 85 – www.lesvenetes.com – Fermé dim. soir
Rest – Formule 28 € – Menu 45/75 € – Carte 60/88 €
Pour manger les pieds dans l'eau ! On s'installe dans la salle, superbement située au bord de la *mor bihan* ("petite mer" en breton). Une vue qui met en valeur de beaux produits iodés (huîtres et palourdes du golfe, poissons du jour, etc.).

LES VANS – **07 Ardèche** – **331** G7 – **2 805 h.** – **alt. 170 m** – ✉ **07140** **44** A3
Ardèche Drôme
Paris 663 – Alès 44 – Aubenas 37 – Pont-St-Esprit 66
place Ollier, ✆ 04 75 37 24 48

Le Carmel
montée du Carmel – ✆ 04 75 94 99 60 – www.le-carmel.com – Ouvert debut mars à mi-oct.
26 ch – 40/55 € 59/89 € – 10 € – ½ P
Rest *(ouvert 1^{er}avril-30 sept.)* – Menu 15 € (déj. en sem.), 28/42 € – Carte 42/54 €
Dominant le bourg médiéval, cet ancien couvent carmélite (1847) abrite des chambres de style provençal (murs ocres, mobilier en fer forgé). Joli jardin avec piscine. Restaurant aux couleurs ensoleillées et terrasse ombragée pour apprécier des plats du marché.

VANVES – **92 Hauts-de-Seine** – **311** J3 – **101** 25 – **voir à Paris, Environs**

VARADES – **44 Loire-Atlantique** – **316** J3 – **3 518 h.** – **alt. 13 m** – ✉ **44370** **34** B2
Paris 333 – Angers 40 – Cholet 42 – Laval 95
place Jeanne d'Arc, ✆ 02 40 83 41 88, www.pays-ancenis-tourisme.fr

La Closerie des Roses
La Haute Meilleraie, 1,5 km au Sud par rte de Cholet – ✆ 02 40 98 33 30 – www.lacloseriedesroses.com – Fermé 26 août-1^{er}sept., 28 oct.-13 nov.,17 fév.-5 mars, dim. soir, lundi soir, mardi soir et merc.
Rest – Menu 18 € (déj. en sem.), 29/60 € – Carte 44/54 €
Table ancrée depuis 1938 face à la Loire et à l'abbatiale de St-Florent-le-Vieil. Le chef achète son poisson aux pêcheurs du coin et concocte une délicieuse cuisine régionale.

VARENGEVILLE-SUR-MER – **76 Seine-Maritime** – **304** F2 – **1 032 h.** – **alt. 80 m** – ✉ **76119** Normandie Vallée de la Seine **33** D1
Paris 199 – Dieppe 10 – Fécamp 57 – Fontaine-le-Dun 18
Site★ de l'église - Parc des Moustiers★ - Colombier★ du manoir d'Ango★, S : 1 km - Ste-Marguerite : arcades★ de l'église O : 4,5 km - Phare d'Ailly ★ NO : 4 km.

à Vasterival 3 km au Nord-Ouest par D 75 et rte secondaire – ✉ 76119 Varengeville sur Mer

La Terrasse rest, **P** VISA

rte de Vasterival – ✆ 02 35 85 12 54 – www.hotel-restaurant-la-terrasse.com – Ouvert mi-mars à mi-oct.
22 ch – ½ P seult 59/68 €
Rest – Formule 17 € – Menu 22/36 € – Carte 26/45 €
Au bout d'une route bordée de pins, cette maison du début du siècle (1902) est entourée d'un grand et beau jardin. La moitié des chambres offrent une vue plongeante sur la mer, tout comme la salle à manger !

VARENNES – 58 Nièvre – **319** B9 – rattaché à Nevers

LA VARENNE-ST-HILAIRE – 94 Val-de-Marne – **312** E3 – **101** 28 – voir à Paris, Environs (St-Maur-des-Fossés)

VARETZ – 19 Corrèze – **329** J4 – rattaché à Brive-la-Gaillarde

---

VARS – 05 Hautes-Alpes – **334** I5 – 646 h. – alt. 1 650 m – ✉ 05560 **41** C1
Alpes du Sud
Paris 726 – Barcelonnette 41 – Briançon 46 – Digne-les-Bains 126
Cours Fontanarosa, ✆ 04 92 46 51 31, www.vars.com

aux Claux – Sports d'hiver : 1 650/2 750 m 2 49 – ✉ 05560 Vars

L'Écureuil sans rest **P** VISA

Les Claux – ✆ 04 92 46 50 72 – www.hotelecureuil.fr – Ouvert 29 juin-31 août et 13 déc.-20 avril
21 ch – 69/200 € 70/205 €
À 150 m des pistes, un beau chalet de bois blond, noyé sous les fleurs l'été... et la neige l'hiver. On est tout de suite conquis par l'ambiance chaleureuse des lieux, du salon avec cheminée jusqu'aux chambres très cosy. Une adresse qui sort du lot.

Les Escondus **P** VISA

Les Claux – ✆ 04 92 46 67 00 – www.hotel-les-escondus.com – Ouvert 1er juil.-31 août et 1er déc.-30 avril
21 ch – 69/145 € 85/155 € **Rest** – Menu 19 € – Carte 27/47 €
Tout pour se ressourcer : un accès direct aux pistes, un espace détente, un piano-bar et des chambres simples et bien tenues. Les amateurs d'insolite choisiront celle occupant une cabane dans les arbres ! Restaurant traditionnel.

à Ste-Marie-de-Vars – ✉ 05560 Vars

Alpage **P** VISA

– ✆ 04 92 46 50 52 – www.hotel-alpage.com – Ouvert 15 juin-31 août et 15 déc.-20 avril
17 ch – 52/80 € 74/140 € – 10 € – ½ P
Rest – Menu 23/30 € – Carte 27/37 €
L'esprit des alpages habite cette ferme villageoise joliment rénovée, tout en pierre et bois. Des lieux spacieux et agréables à vivre : salons avec cheminée, billard, espace bien-être, restaurant traditionnel sous les voûtes de l'ancienne étable, etc.

Le Vallon rest, **P** VISA

– ✆ 04 92 46 54 72 – www.hotelvallon.com – Ouvert juil.-août et 19 déc.-19 avril
31 ch – 47/78 € 71/116 € – 8 € – ½ P
Rest *(fermé le midi en été)* – Formule 14 € – Menu 20/25 € – Carte 20/32 €
Un séjour tout schuss ! Emplacement idéal à deux pas des pistes, accueil convivial, ambiance et décor montagnards, chambres ouvertes sur la nature, sauna, billard et ping-pong, restaurant traditionnel... Les vacances à la montagne, en toute simplicité.

VASTERIVAL – 76 Seine-Maritime – **304** F2 – rattaché à Varengeville-sur-Mer

---

VAUCHOUX – 70 Haute-Saône – **314** E7 – rattaché à Port-sur-Saône

VAUCHRÉTIEN – 49 Maine-et-Loire – 317 G5 – 1 472 h. – alt. 67 m – ✉ 49320 35 C2

Paris 313 – Angers 22 – Cholet 66 – Nantes 119

Mairie, ☎ 02 41 91 24 18

Le Moulin de Clabeau sans rest

5 km au Nord par D 55 puis D 123 – ☎ 02 41 91 22 09 – www.gite-brissac.com

3 ch – 70 € 75 €

Pour les amoureux de la nature, des vignobles et des vieilles pierres, un moulin à eau de 1320 et sa belle maison de meunier du 19e s. Confitures et gâteaux maison au petit-déjeuner.

VAUCRESSON – 92 Hauts-de-Seine – 311 I2 – 101 23 – voir à Paris, Environs

VAUDEVANT – 07 Ardèche – 331 J3 – 208 h. – alt. 600 m – ✉ 07410 44 B2

Paris 558 – Lyon 96 – Privas 89 – Saint-Étienne 67

La Récré

– ☎ 04 75 06 08 99 – www.restaurant-la-recre.com – Fermé déc., janv. et le soir sauf sam. de sept. à mars, dim. soir, lundi et mardi

Rest *(nombre de couverts limité, réserver)* – Formule 13 € – Menu 24/59 €

Tableau noir, photos d'écoliers, cartes de géographie : jadis, ce restaurant était... une école ! À l'heure de la récré, on vient y savourer une cuisine bien dans son époque.

VAULT-DE-LUGNY – 89 Yonne – 319 G7 – rattaché à Avallon

VAULX – 74 Haute-Savoie – 328 I5 – 838 h. – alt. 530 m – ✉ 74150 46 F1

Paris 539 – Annecy 19 – Genève 50 – Lyon 158

Par Monts et Par Vaulx

Chef-Lieu – ☎ 04 50 60 57 20 – www.restaurant-vaulx.fr – Fermé 15-30 août, 1er-10 janv., dim. soir, lundi soir, mardi soir et merc.

Rest *(nombre de couverts limité, réserver)* – Menu 15 € (déj. en sem.), 29/40 €

Une bonne auberge de village, champêtre comme il se doit ! Le jeune chef concocte une cuisine bistrotière goûteuse et vous régale d'une terrine de canard maison bien gourmande, d'une tête de veau ou d'un délicieux paris-brest... à prix doux !

VAUX-EN-BEAUJOLAIS – 69 Rhône – 327 G3 – 1 023 h. – alt. 360 m – ✉ 69460 Lyon et sa région 43 E1

Paris 443 – Lyon 49 – Villeurbanne 58

Auberge de Clochemerle (Romain Barthe) avec ch

r. Gabriel-Chevallier – ☎ 04 74 03 20 16 – www.aubergedeclochemerle.fr – Fermé 3-12 sept. et 2-25 janv.

7 ch – 70/75 € 75/80 € – 12 € – ½ P

Rest *(fermé lundi et mardi)* – Menu 37/72 €

Gabriel Chevallier s'inspira de Vaux-en-Beaujolais pour le décor de son roman Clochemerle, célèbre portrait de déchirements villageois. Mais fi des luttes intestines : aujourd'hui, tout le monde se retrouve autour de cette table élégante, où les saveurs s'accordent à merveille. Quelques jolies chambres pour l'étape.

→ Épaule de cabri cuite lentement, crème mousseuse de topinambour. Ris de veau, blette et bergamote. Fondant chocolat guanaja aux clémentines et à l'ananas, dentelle et glace au pain d'épice. **Vins** Beaujolais, Côte de Brouilly.

VAUX-LE-PÉNIL – 77 Seine-et-Marne – 312 F4 – rattaché à Melun

VAUX-SOUS-AUBIGNY – 52 Haute-Marne – 313 L8 – 686 h. – alt. 275 m – ✉ 52190 14 C3

Paris 304 – Dijon 44 – Gray 43 – Langres 25

XX **Auberge des Trois Provinces** VISA

r. de Verdun – ✆ 03 25 88 31 98 – www.levauxois.fr – Fermé 1 sem. en oct., 3 sem. en janv., dim. soir sauf juil.-août et lundi

Rest *(réserver)* – Menu 21/31 € – Carte 43/64 €

Derrière l'église, cette auberge sous une glycine cache bien son jeu ! Les lieux ont en effet abrité un cabaret jusqu'en 1938. Désormais, dans la salle au décor sagement rustique, on déguste une bonne cuisine traditionnelle. Accueil charmant.

Le Vauxois VISA

6 r. de l'Église – ✆ 03 25 84 36 74 – www.levauxois.fr – Fermé 1 sem. en oct., déc., janv., dim. soir sauf juil.-août et lundi

9 ch – †48 € ††58 € – ☕ 7 €

L'Auberge des Trois Provinces, c'est aussi cette annexe hôtelière qui abrite des chambres lumineuses et parfaitement tenues. En retrait de la route, vous passerez des nuits au calme. Parfait pour l'étape.

VELARS-SUR-OUCHE – 21 Côte-d'Or – 320 J6 – rattaché à Dijon

VÉLIZY-VILLACOUBLAY – 78 Yvelines – 311 J3 – 101 24 – voir à Paris, Environs

---

VELLÈCHES – 86 Vienne – 322 J3 – 380 h. – alt. 69 m – ✉ 86230 39 C1

▶ Paris 302 – Châtellerault 21 – Joué-lès-Tours 60 – Poitiers 58

X **La Table des Écoliers** VISA

1 bis r. de l'Étang – ✆ 05 49 93 35 51 – www.latabledesecoliers.com – Fermé vacances de la Toussaint, dim. soir, mardi et merc.

Rest – Menu 17 € (sem.), 30/50 € bc – Carte environ 41 €

Sur la route entre Tours et Poitiers ? Faites un détour par votre enfance : pupitres, cartes de géographie, etc., une vraie salle de classe pour... une authentique leçon de gourmandise ! Les légumes proviennent d'une ferme toute proche.

VELLUIRE – 85 Vendée – 316 K9 – rattaché à Fontenay-le-Comte

VENAREY-LES-LAUMES – 21 Côte-d'Or – 320 G4 – 2 981 h. – alt. 235 m – ✉ 21150 Bourgogne 8 C2

▶ Paris 259 – Avallon 54 – Dijon 66 – Montbard 15

ℹ place Bingerbrück, ✆ 03 80 96 89 13, www.alesia-tourisme.net

X **Le Bistrot de Louise** VISA

7 r. Eugène-Edon – ✆ 03 80 89 69 94 – www.regis-bolatre.com – Fermé 19 août-1er sept., dim. sauf le midi en été, lundi soir et mardi soir

Rest – Menu 14 € bc (déj. en sem.)/17 € – Carte 27/37 €

Ce bistrot contemporain n'est autre que le poulain "urbain" de l'Auberge du Cheval Blanc, à Alise-Ste-Reine. On y déguste de bons petits plats traditionnels et régionaux à prix doux ; quant à la sélection de vins au verre, elle ne déçoit pas.

à Alise-Ste-Reine 2 km à l'Est – 624 h. – alt. 415 m – ✉ 21150

MuséoParc Alésia★- Mont Auxois : ✳★ - Château de Bussy-Rabutin★.

XX **Auberge du Cheval Blanc** VISA

r. du Miroir – ✆ 03 80 96 01 55 – www.regis-bolatre.com – Fermé 26 août-10 sept., 26 déc.-10 fév., dim. soir, lundi et mardi

Rest – Formule 16 € – Menu 19 € (déj. en sem.), 24/47 € – Carte 41/53 €

Ah, qu'il est plaisant ce "petit" Cheval Blanc rustique, accueillant et agréablement réchauffé l'hiver par un bon feu de bois. Côté papilles, l'alléchante petite carte va à l'essentiel, avec des recettes traditionnelles et bourguignonnes.

à Mussy-la-Fosse **3 km à l'Ouest par rte secondaire – 320 G4 – 77 h. – alt. 280 m – ✉ 21150**

Clos Mussy

8 r. du Château – ✆ 03 80 96 97 87 – www.closmussy.fr – Ouvert fév.-oct.

3 ch – 70/85 € 80/95 € **Table d'hôte** – Menu 38 € bc

Face au site d'Alésia, cette maison forte (16e s.) témoigne de l'architecture militaire du Moyen Âge. Chambres spacieuses au décor soigné pour des nuits très paisibles ; festin à la table d'hôte dans une grande salle au charme tout médiéval (cheminée monumentale) : retour vers le passé !

VENCE – 06 Alpes-Maritimes – 341 D5 – 19 183 h. – alt. 325 m – ✉ 06140 Côte d'Azur 42 E2

Paris 923 – Antibes 20 – Cannes 30 – Grasse 24

8, place du Grand Jardin, ✆ 04 93 58 06 38, www.ville-vence.fr

Chapelle du Rosaire★ (chapelle Matisse) - Place du Peyra★ B 13 - Stalles★ de la cathédrale B E - ★ de la terrasse du château N. D. des Fleurs NO : 2,5 km par D 2210.

Col de Vence ★★ NO : 10 km par D 2 - St-Jeannet : site★, ★ 8 km par ③.

Château Saint-Martin & Spa

av. des Templiers, 2,5 km par rte du col de Vence (D 2) A – ✆ 04 93 58 02 02 – www.chateau-st-martin.com – Ouvert 30 mars-31 oct.

51 ch – 360/2070 € 360/2070 € – 12 suites

Rest *Le Saint-Martin* ✿✿

Rest *La Rosticerria* – voir les restaurants ci-après

Rest *L'Oliveraie* – Carte 70/100 €

Cadre d'exception pour ce luxueux palace provençal dominant Vence et la mer depuis son vaste parc planté d'oliviers. Décor classique, d'un parfait confort ; villas nichées dans la verdure ; superbe piscine et spa délicieux... Un endroit divin.

Cantemerle

258 chemin Cantemerle, au Sud-Est par av. Col. Meyère B – ✆ 04 93 58 08 18 – www.hotelcantemerle.com – Ouvert d'avril à mi-oct.

26 ch – 220/290 € 220/290 € – 1 suite – 19 €

Rest *Cantemerle* – voir les restaurants ci-après

Un jardin du Sud calme et délicat, deux piscines – dont une couverte, pour les frileux –, de grandes chambres à l'élégance épurée (souvent en duplex) et un bel espace bien-être... Les vacances et le farniente, tout simplement.

Alsace Lorr. (R.)	B 3	Place Vieille (R. de la)	B 14
Évêché (R. de l')	B 5	Poilus (Av. des)	A 15
Hôtel de Ville (R.)	B 6	Portail Levis (R. du)	B 16
Leclerc (Av. Gén.)	A 9	Résistance (Av. de la)	A, B 17
Marché (R. du)	B 10	Rhin et Danube (Av.)	A 18
Meyère (Av. Col.)	B 12	St-Lambert (R.)	B 19
Peyra (Pl. du)	B 13	Tuby (Av.)	A 21

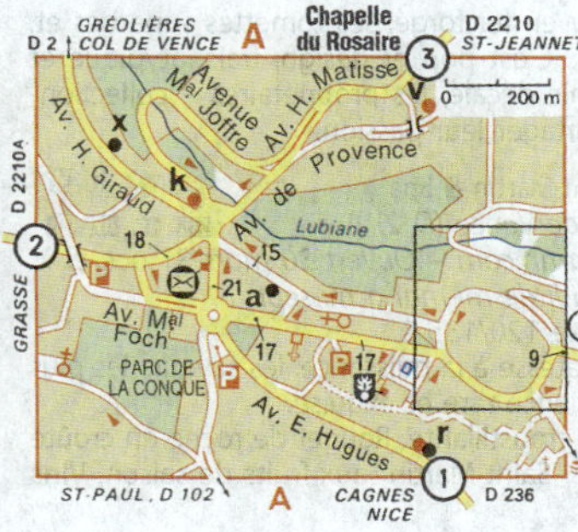

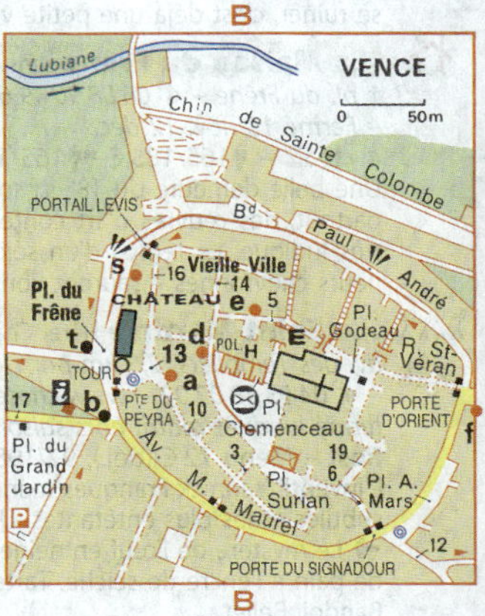

Floréal
rest.
440 av. Rhin et Danube, par ② – 04 93 58 64 40 – www.hotel-floreal.fr
41 ch – 60/124 € 78/137 € – 12 € – ½ P
Rest *(fermé dim. hors saison) (dîner seult)* – Menu 23 € (sem.)/26 €
Aux portes de Vence, cet hôtel-restaurant possède un atout indéniable : son jardin méditerranéen, où il fait bon savourer des grillades en saison. Les chambres, pratiques et propres, ont toutes un balcon.

Diana sans rest
79 av. des Poilus – 04 93 58 28 56 – www.hotel-diana.fr **Aa**
27 ch – 75/120 € 95/160 € – 12 €
Hôtel central et confortable, dont les chambres – de style provençal ou plus contemporain – ont été rénovées en 2010. Belle véranda ; fitness, solarium et jacuzzi sur le toit.

Mas de Vence
539 av. E. Hugues – 04 93 58 06 16 – masdevence.azurline.com **Ar**
41 ch – 60/95 € 85/124 € – 11 € – ½ P
Rest *La Table du Mas* – voir les restaurants ci-après
Accueil charmant, très joli jardin avec ses oliviers et son beau lavoir, chambres bien tenues : une maison à l'ancienne – aux airs de pension de famille – qui ravira les amateurs du genre !

Miramar sans rest
167 av. Bougearel, au Sud-Est par av. Col. Meyère, plateau St-Michel **B**
– 04 93 58 01 32 – www.hotel-miramar-vence.com
18 ch – 68/88 € 78/158 € – 12 €
Près du centre historique, cette maison des années 1920 a vraiment l'esprit Sud ! Les chambres, provençales, sont cosy ; au petit-déjeuner, on s'installe sur la belle terrasse pour admirer les baous et la vallée.

Villa Roseraie sans rest
128 av. Henri Giraud – 04 93 58 02 20 – www.villaroseraie.com – Fermé de mi-nov. à fin-fév. **Ax**
10 ch – 87/157 € 87/157 € – 12 €
Un jardin aux airs d'oasis, une jolie piscine en forme de haricot et cette agréable villa 1900, un peu chargée mais tellement Provence ! Dans les chambres, tissus Souleiado, lits ouvragés et fleurs séchées...

La Victoire sans rest
4 pl. du Grand-Jardin – 04 93 24 15 54 – www.hotel-victoire.com – Fermé 14 nov.-15 déc. **Bb**
15 ch – 59/119 € 69/119 € – 9 €
Un hôtel en plein centre-ville, avec des chambres propres, bien insonorisées et mignonnes ; au dernier étage, elles sont même mansardées... Visiter Vence sans se ruiner, c'est déjà une petite victoire !

La Maison du Frêne sans rest
1 pl. du Frêne – 06 88 90 49 69 – www.lamaisondufrene.com – Fermé 18 nov.-12 déc. **Bt**
4 ch – 165/185 € 165/185 €
Une belle demeure du 18e s., son escalier en fer forgé, ses tomettes superbes et, partout, des œuvres d'art contemporain... C'est pop et design, frais, atypique et très ludique. Le temps d'un séjour au chic décalé, les propriétaires – collectionneurs chevronnés – sauront vont faire partager leur passion.

Le Saint-Martin – Hôtel Château Saint-Martin & Spa
av. des Templiers, 2,5 km par rte du col de Vence (D 2) **A**
– 04 93 58 02 02 – www.chateau-st-martin.com – Ouvert 30 mars-31 oct. et fermé lundi et mardi hors saison et le midi de mi-mai à mi-sept.
Rest – Menu 72 € (déj.), 92/198 € – Carte 120/185 €
L'inventif Yannick Franques marie la délicatesse à la puissance, les saveurs les plus subtiles et les plus entêtantes. Une expérience rare et exquise.
➜ Le mystère de l'œuf en neige, brioche croustillante. Rouget de roche en croûte de pain à l'encre de seiche. Tarte soufflée "Saint-Martin" aux fruits de saison. **Vins** Bandol, Bellet.

XXX **Les Templiers**

39 av. Joffre – ✆ 04 93 58 06 05 – www.restaurant-vence.com – Fermé 5-18 nov. et lundi **Ak**

Rest – Menu 29/39 € – Carte 48/68 €

Velouté de petits pois au lard, rognons de veau à la graine de moutarde : dans cette auberge au charme résolument provençal, on savoure une sympathique cuisine du marché. Et pour déjeuner avec les cigales, la terrasse est idéale.

XXX **La Rosticerria** – Hôtel Château Saint-Martin & Spa

av. des Templiers, 2,5 km par rte du col de Vence (D 2) A *– ✆ 04 93 58 02 02 – www.chateau-st-martin.com – Ouvert 30 mars-31 oct. et fermé merc. et jeudi sauf du 16 mai au 30 sept.*

Rest – Carte 70/100 €

De grandes salles d'esprit châtelain, ouvertes sur le paysage méditerranéen : ainsi se présente cette "rosticerria", au sein du luxueux Château St-Martin. De belles saveurs italiennes à la carte : charcuteries, pâtes et autres plats emblématiques...

XX **Le Vieux Couvent**

37 av. Alphonse-Toreille – ✆ 04 93 58 78 58 – www.restaurant-levieuxcouvent.com – Fermé 5 janv.-5 fév., merc. sauf le soir en juil.-août et jeudi sauf le soir d'avril à oct. **Bf**

Rest *(nombre de couverts limité, réserver)* – Formule 27 € – Menu 29 € – Carte 43/59 €

Pierres et voûtes séculaires dans la chapelle d'un séminaire du 17e s. Les petits plats du chef, inspirés par la région et les saisons, ne manquent pas de saveur.

XX **Cantemerle** – Hôtel Cantemerle

258 chemin Cantemerle, au Sud-Est par av. Col. Meyère B *– ✆ 04 93 58 08 18 – www.hotelcantemerle.com – Ouvert d'avril à mi-oct. et fermé mardi midi et lundi de sept. à mi-juin, et dim. soir*

Rest – Formule 22 € – Menu 32/45 € – Carte 37/67 €

Un Cantemerle chic, contemporain et raffiné. La terrasse est exquise et donne sur la piscine ; l'assiette se pare de jolies couleurs méridionales... Esprit Sud !

X **Les Bacchanales** (Christophe Dufau)

247 av. de Provence – ✆ 04 93 24 19 19 – www.lesbacchanales.com – Fermé 12-28 déc., 7-31 janv., merc. sauf le soir en juil.-août, le midi en sem. en juil.-août et mardi **Av**

Rest – Formule 28 € – Menu 35 € (déj. en sem.)/85 €

Une cuisine du marché créative, pleine de fraîcheur et sans cesse renouvelée ; une atmosphère décontractée et contemporaine : est-il vraiment besoin de préciser que le chef est un passionné talentueux et que son restaurant lui ressemble ?

➜ Brandade de morue et truffe des collines. Poisson sauvage de Méditerranée, carottes et coquelicot. Petits pois et citron du pays. **Vins** Côtes de Provence.

X **Auberge des Seigneurs** avec ch

1 r. du Dr-Binet – ✆ 04 93 58 04 24 – www.auberge-seigneurs.com – Fermé de mi-déc. à mi-janv. **Bs**

6 ch – †70 € ††90 € – ☕ 9 € – ½ P

Rest *(fermé dim. et lundi)* – Formule 24 € – Menu 33/39 € – Carte 44/55 €

Dans une aile du château de Villeneuve, cette authentique auberge rustique est... hors du temps ! On se régale de plats provençaux et de viandes à la broche et, pour l'étape, les chambres sont simples et bien tenues. Pas étonnant que Dufy, Modigliani ou encore Bonnard aient séjourné ici.

X **La Litote**

5 r. de l'Évêché – ✆ 04 93 24 27 82 – www.lalitote.com – Fermé 12 nov.-16 déc., 14 janv.-5 fév., mardi d'oct. à avril, dim. soir et lundi **Be**

Rest – Formule 18 € – Menu 21 € (déj. en sem.), 28/35 €

En été, le jeudi, la musique classique s'invite sur la placette où se niche ce restaurant. Cuisine du marché à base de produits frais, à la fois généreuse et soignée... Pas besoin d'en dire plus ; une vraie litote !

Les Agapes
4 pl. Clemenceau – ✆ 04 93 58 50 64 – www.les-agapes.net – Fermé 1 sem. en mai, 2 sem. en nov., 3 sem. en janv., dim. hors saison et lundi **Bd**
Rest – Formule 16 € – Menu 27/37 € – Carte 39/60 €
Nems de langoustine aux petits légumes, carré d'agneau aux herbes, crémeux au chocolat et sa compotée de mangue... à l'ardoise, toute la fraîcheur des saisons. De belles agapes dans un petit restaurant sympathique et contemporain !

La Table du Mas – Hôtel Mas de Vence
539 av. E. Hugues – ✆ 04 93 58 06 16 – masdevence.azurline.com **Ar**
Rest – Formule 17 € bc – Menu 33/48 € – Carte 29/48 €
Décor régional, vue sur le jardin planté d'essences méridionales et atmosphère vieille France non dénuée de charme... Évidemment, la cuisine fleure bon la Provence !

VENDÔME – 41 Loir-et-Cher – 318 D5 – 16 971 h. – alt. 82 m – 11 B2 – ✉ 41100 Châteaux de la Loire

Paris 169 – Blois 34 – Le Mans 78 – Orléans 91
47, rue de la poterie, ✆ 02 54 77 05 07, www.vendome.eu
de La Bosse, à Oucques, La Guignardière, par rte de Beaugency : 20 km, ✆ 02 54 23 02 60

Anc. abbaye de la Trinité★ : église abbatiale★★, musée★ BZ **M** - Château : terrasses ★.

Le St-Georges
14 r. Poterie – ✆ 02 54 67 42 10 – www.hotel-saint-georges-vendome.com
27 ch – †72/120 € ††83/120 € – ☕ 10 € – ½ P **AZt**
Rest *(fermé dim. sauf fériés)* – Formule 18 € bc – Menu 32/45 € – Carte 40/55 €
En centre-ville, le meilleur hôtel du secteur, fonctionnel et confortable (certaines chambres avec baignoire balnéo). Surprise côté restaurant, avec un beau décor ethnique ; quant au bar, il joue la carte cubaine !

Mercator
rte de Blois, 2 km par ③ – ✆ 02 54 89 08 08 – www.hotelmercator.fr – Fermé 24 déc.-1er janv.
56 ch – †55/65 € ††60/76 € – ☕ 9,50 €
Rest *(fermé 3-26 août, 24 déc.-1er janv., vend. soir, sam. et dim.)* – Menu 18/25 €
Près d'un rond-point (mais bordé d'espaces verts), cet hôtel se révèle, malgré les apparences, sympathique et chaleureux. L'accueil familial et l'entretien très poussé ajoutent encore à l'intérêt de l'étape.

Le Vendôme sans rest
15 fg Chartrain – ✆ 02 54 77 02 88 – www.hotelvendomefrance.com
35 ch – †72/78 € ††82/95 € – ☕ 10 € **BYe**
À deux pas de la vieille ville, un hôtel traditionnel à la fois coquet et cosy (mobilier chiné, mansardes au dernier étage, piano à queue dans le salon, etc.). Autre atout : un buffet de qualité au petit-déjeuner. On apprécie également l'accueil, très aimable.

Le Terre à TR
14 r. du Mar.-de-Rochambeau – ✆ 02 54 89 09 09 – www.le-terre-a-tr.fr – Fermé dim. soir **AYv**
Rest – Formule 17 € bc – Menu 20/28 €
Un restaurant… sous la terre, car caché dans une cave troglodytique, à la fois originale et pleine de caractère. Au menu, des saveurs alléchantes, avec la touche inventive qui va bien. Rien de terre à terre dans le travail de ce chef !

Envie de partir à la dernière minute ?
Visitez les sites Internet des hôtels pour bénéficier de promotions tarifaires.

Abbaye (R. de l') .... BZ 2	États-Unis (R. des) .... AY 10	Rochambeau (R. Mar.) ..... AY 19
Béguines (R. des) .... BY 3	Gaulle (R. Gén.-de) .... BZ 12	St-Bié (R.) .... BZ 20
Bourbon (R. A) .... BZ 5	Italie (R. d') .... BX 14	St-Martin (Pl.) .... BZ 22
Change (R. du) .... BY 7	Poterie (R.) .... AZ	Saulnerie (R.) .... AZ 23
Clemenceau (Av. G.) ...... BX 8	République (Pl. de la) ...... BZ 17	Verrier (R. Cdt) .... AXY 25

à St-Ouen **4 km au Nord-Est par D 92 et rte secondaire BX – 3 452 h. – alt. 81 m – ✉ 41100**

XX **La Vallée**

34 r. Barré-de-St-Venant – ✆ 02 54 77 29 93 – www.restaurant-la-vallee.com – Fermé 6-22 mars, 3-20 sept., 2-12 janv., dim. soir, lundi et mardi sauf fériés

Rest – Formule 19 € – Menu 26/39 € – Carte 41/53 €

Une bonne table traditionnelle, à l'abri des regards et du bruit. Au menu : rognons de veau aux cèpes, plateau de fromages (dont le chef surveille l'affinage avec grand soin), charlotte au cassis, etc. De beaux produits et un vrai travail maison.

VENOSC – **38 Isère** – **333** J8 – **812 h.** – **alt. 1 000 m** – **Sports d'hiver : 1 650/3 420 m** 1 **(voir les Deux-Alpes)** – ✉ **38520** Alpes du Nord — **45** C2

Paris 633 – Gap 105 – Grenoble 66 – Lyon 166

La Condamine, ✆ 04 76 80 06 82, www.venosc.com

Château de la Muzelle rest, VISA

Bourg d'Arud – 04 76 80 06 71 – www.chateaudelamuzelle.com – Ouvert 1er juin-15 sept.

21 ch – 65/69 € 69 € – 10 € **Rest** – Menu 25 € – Carte 31/57 €

De pimpants volets rouges égayent la sobre façade de ce petit château du 17e s. Chambres fonctionnelles et bien tenues, mansardées au deuxième étage. Ambiance familiale. Bonne cuisine traditionnelle mettant à profit les légumes du potager.

VENTABREN – 13 Bouches-du-Rhône – **340** G4 – **4 674 h. – alt. 210 m** **40** B3 – 13122 Provence

Paris 746 – Aix-en-Provence 14 – Marseille 33 – Salon-de-Provence 27

4, boulevard de Provence, 04 42 28 76 47, www.ventabren.fr

★ des ruines du Château.

La Table de Ventabren (Dan Bessoudo) VISA

r. F.-Mistral – 04 42 28 79 33 – www.latabledeventabren.com – Fermé 23 déc.-31 janv., merc. soir et dim. soir d'oct. à avril, mardi midi de mai à sept. et lundi

Rest *(réserver)* – Menu 45/54 € – Carte 50/90 €

Au cœur d'un village pittoresque, une belle occasion de faire une pause gourmande sur une terrasse dominant la vallée. La cuisine est fraîche, parfumée et met en relief avec justesse les saveurs franches de bons produits.

→ Maquereau cuit au sel, fenouil au citron et écrasé de tomate. Filet de bœuf rôti, macaronis à l'anchois et poivron en friture. Crème dessert au chocolat, mousse de banane et sucette glacée coco-rhum. **Vins** Coteaux d'Aix-en-Provence, Les Baux de Provence.

VENTRON – 88 Vosges – **314** J5 – **926 h. – alt. 630 m – Sports d'hiver : 800/1 150 m** **8** – 88310 **27** C3

Paris 441 – Épinal 56 – Gérardmer 25 – Mulhouse 51

4, place de la Mairie, 03 29 24 07 02, http://ot-ventron.com

Grand Ventron ★★ NE : 7 km Alsace Lorraine

à l'Ermitage-du-Frère-Joseph **5 km au Sud par D 43 et D 43E – Sports d'hiver : 800/1 150 m** **8** – **88310 Ventron**

Les Buttes rest, VISA AE

Ermitage Frère Joseph – 03 29 24 18 09 – www.ermitage-resort.com – Fermé 4 nov.-20 déc.

27 ch – 148/251 € 148/251 € – 1 suite – 16 € – ½ P

Rest *(fermé le midi sauf dim. et fériés)* – Menu 31/45 € – Carte 36/47 €

Cadre montagnard chic, chambres douillettes (certaines avec jacuzzi) égayées d'images d'Épinal et salon cossu tapissé de dessins de Claudon : un chalet bien agréable ! Restaurant chaleureux et élégant, face aux pistes. Carte traditionnelle souvent renouvelée.

à Travexin **3 km à l'Ouest – 88310 Cornimont**

Le Géhan VISA

9 rte de Travexin – 03 29 24 10 71 – www.legehan-charlemagne.com

11 ch – 60 € 65 € – ½ P

Rest *Le Charlemagne* *(fermé sam. midi et dim. soir)* – Formule 12 € – Menu 17/37 € – Carte 23/53 €

Derrière la façade colorée de cette maison de pays, des chambres bien insonorisées et joliment agrémentées de meubles de famille. Tenue exemplaire et accueil attentionné. Salle à manger lumineuse où l'on sert des menus traditionnels et quelques plats régionaux.

VERDUN – 55 Meuse – **307** D4 – **18 557 h.** – **alt. 198 m** – ✉ **55100** **26** A1

Alsace Lorraine

Paris 263 – Bar-le-Duc 56 – Châlons-en-Champagne 89 – Metz 78

Avenue du Général Mangin, ☎ 03 29 84 55 55, www.tourisme-verdun.fr

Ville Haute★ : Cathédrale Notre-Dame★, BYZ Palais épiscopal★ (Centre mondial de la paix) BZ - Citadelle souterraine★ : circuit★★ BZ - Les champs de bataille★★★ : Mémorial de Verdun, Fort et Ossuaire de Douaumont, Tranchée des Baïonnettes, le Mort-Homme, la Cote 304.

Hostellerie du Coq Hardi

8 av. de la Victoire – ☎ 03 29 86 36 36 – www.coq-hardi.com CY**v**

33 ch – 78/100 € 98/150 € – 2 suites – 18 € – ½ P

Rest ***Hostellerie du Coq Hardi*** **Rest** ***Le Chantaco*** – voir les restaurants ci-après

Maison de tradition (1827) au charme rétro : collection de coqs dans le hall, feu de cheminée crépitant dans le salon, mobilier lorrain (quelques chambres avec de superbes lits à baldaquin), restaurant gastronomique et brasserie, etc.

VERDUN

Alsace-Lorraine (Av.) CZ 2
Beaurepaire (R.) CZ 3
Belle-Vierge (R. de la) BY 4
Chevert (Pl.) CZ 5
Douaumont (Av. de) CY 6
Foch (Pl. Mar.) CY 7
Fort de Vaux (R. du) CZ 8
Frères-Boulhaut (R. des) CY 9
Lattre-de-Tassigny (Av. Mar.-de) CY 10
Maurtoté (R.) BY 13
Mazel (R.) CY 14
Prés.-Poincaré (R.) CZ 17
République (Quai de la) CY 18
Rû (R. de) BZ 19
St-Paul (R.) CY 20
St-Pierre (R.) BY 21
Soupirs (Allée des) BY 24

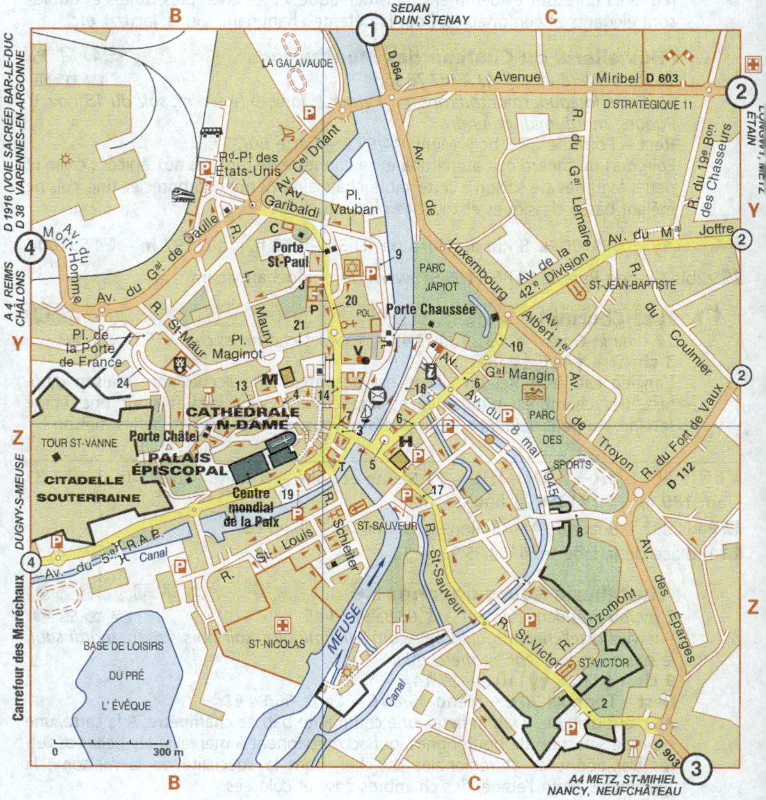

Hostellerie du Coq Hardi
8 av. de la Victoire – 03 29 86 36 36
– Fermé de mi-fév. à mi-mars, sam. midi, dim. soir et vend. CY**v**
Rest – Carte 45/75 €
Un restaurant cossu et classique, pour une cuisine qui l'est aussi... Le chef travaille d'excellents produits et concocte des plats raffinés, accompagnés de nectars bien choisis.

Le Chantaco – Hostellerie du Coq Hardi
8 av. de la Victoire – 03 29 86 36 36 – www.coq-hardi.com
– Fermé dim. soir et lundi hors saison CY**v**
Rest – Formule 15 € bc – Menu 23 € (sem.)/44 € bc – Carte 39/66 €
Une brasserie moderne et épurée, avec ses belles cuisines (plancha, rôtissoire...) ouvertes sur la salle pour plus de convivialité. Chaque jour, le chef propose une viande à la broche et un menu à l'ardoise.

aux Monthairons **13 km par ④ et D 34 – 376 h. – alt. 200 m – 55320**

Hostellerie du Château des Monthairons
26 rte de Verdun – 03 29 87 78 55
– www.chateaudesmonthairons.fr – Fermé 1er janv.-9 fév., dim. soir et lundi du 15 nov. à Pâques
22 ch – 75/220 € 75/220 € – 3 suites – 17 € – ½ P
Rest ***Hostellerie du Château des Monthairons*** – voir les restaurants ci-après
La Meuse forme un joli méandre au bord du parc qui entoure ce château (19e s.). Il règne ici un esprit évidemment... aristocratique, et les chambres, suites et duplex sont élégants et confortables. Pour la détente : hammam, sauna, jacuzzi, etc.

Hostellerie du Château des Monthairons
26 rte de Verdun – 03 29 87 78 55
– www.chateaudesmonthairons.fr – Fermé 1er janv.-9 fév., dim. soir du 15 nov. à Paques, mardi midi et lundi
Rest – Formule 27 € bc – Menu 44/97 € – Carte 60/75 €
Foie gras de canard cuit au naturel et sa confiture de tomates aux épices ; caille et petits légumes de saison : cette table châtelaine permet d'apprécier une cuisine mêlant bases classiques et touches plus actuelles.

à Charny-sur-Meuse **8 km au Nord par D 38 – 558 h. – alt. 197 m – 55100**

22bis Grande Rue, 03 86 63 65 51, www.ot-regioncharny.com

Les Charmilles sans rest
12 r. de la Gare – 03 29 86 93 49 – www.les-charmilles.com – Fermé janv.
3 ch – 48 € 58 €
L'ancien café et hôtel du village est désormais une accueillante maison d'hôtes... Les chambres, pimpantes et impeccables, sont idéales pour une étape sereine. Au petit-déjeuner, la propriétaire vous prépare des pâtisseries maison !

VERDUN-SUR-LE-DOUBS – 71 Saône-et-Loire – 320 K8 – 1 132 h. – alt. 180 m – 71350 Bourgogne
7 B3

Paris 332 – Beaune 24 – Chalon-sur-Saône 24 – Dijon 65
1, place de la Liberté, 03 85 91 87 52

Hostellerie Bourguignonne avec ch
2 av. du Président Borgeot – 03 85 91 51 45
– www.hostelleriebourguignonne.com – Fermé dim. soir hors saison, mardi sauf le soir de mai à sept. et merc. midi
9 ch – 110 € 110 € – 14 € – ½ P
Rest – Formule 20 € – Menu 45/80 € – Carte 66/84 €
Au cœur d'un beau jardin fleuri, une charmante bâtisse champêtre. À la carte, une superbe sélection de bourgognes, qui accompagnent à merveille les belles assiettes traditionnelles et régionales du chef, dont la spécialité de la maison : la "pôchouse". Pour l'étape, des chambres cosy et colorées.

VERGÈZE – 30 Gard – 339 K6 – 4 247 h. – alt. 30 m – ✉ 30310 23 C2

Languedoc Roussillon

Paris 724 – Montpellier 43 – Nîmes 20

mairie, ✆ 04 66 35 80 00, www.tourismegard.com

La Passiflore

1 r. Neuve – ✆ 04 66 35 00 00 – www.lapassiflore.com

11 ch – †65/75 € ††72/88 € – ☕ 8 €

Rest *(dîner seult dîner seult)* – Menu 25/30 € – Carte 34/40 €

Façade avenante pour cette ancienne ferme du 18e s. Elle abrite de petites chambres simples, tournées vers une jolie cour où se dresse aussi la terrasse du restaurant aux beaux jours (carte régionale).

VERGISSON – 71 Saône-et-Loire – 320 I12 – 246 h. – alt. 320 m – ✉ 71960 8 C3

Paris 410 – Dijon 139 – Lyon 76 – Mâcon 10

Auberge de la Patte d'Oie

rte des Allemands, D 54 – ✆ 03 85 35 86 50 – www.lapattedoie.net – Fermé 1 sem. en avril, 2 sem. en août, 1 sem. en oct., 26 déc.-9 janv., lundi soir d'oct. à Pâques, mardi soir et merc.

Rest Formule 12 € – Menu 15 € (sem.), 23/34 € – Carte 38/58 €

Au cœur de ce charmant village vigneron, voici la jolie maison d'Estelle et David, un jeune couple épatant. Estelle réalise une cuisine de saison fine et goûteuse et fait tout maison, même le pain. Une sympathique adresse !

VERGONCEY – 50 Manche – 303 D8 – 213 h. – alt. 70 m – ✉ 50240 32 A3

Paris 352 – Caen 120 – Saint-Lô 86 – Saint-Malo 60

Château de Boucéel sans rest

Lieu-dit Boucéel, 4 km à l'Est par D 108, D 40 et D 308 – ✆ 02 33 48 34 61 – www.chateaudebouceel.com – Fermé janv.

5 ch ☕ – †165/185 € ††165/185 €

En pleine campagne normande, un très beau château (1763) au cœur d'un parc à l'anglaise. Pour les âmes romantiques, rien de tel qu'une balade autour des étangs avant de regagner la quiétude raffinée des chambres... Mobilier ancien, superbe parquet, portraits d'ancêtres : du style !

VERGONGHEON – 43 Haute-Loire – 331 B1 – 1 835 h. – alt. 440 m – ✉ 43360 6 C2

Paris 470 – Clermont-Ferrand 60 – Le Puy-en-Velay 72 – St-Flour 51

La Petite École

à Rilhac, 3 km au Sud-Est par D 174 – ✆ 04 71 76 97 43 – www.restaurant-lapetiteecole.com – Fermé 2 sem. en juin, de mi-sept. à début oct., 2 sem. en janv., mardi midi, sam. midi, dim. soir et lundi

Rest *(réserver)* – Menu 29/37 €

Bureau de la maîtresse, plumiers et ardoises sont encore là... Dans cette ancienne école, la cuisine, fine et savoureuse, mérite un A sans hésitation. Et l'accueil, un bon point !

VERN-D'ANJOU – 49 Maine-et-Loire – 317 E3 – 2 071 h. – alt. 50 m – ✉ 49220 35 C2

Paris 327 – Angers 36 – Laval 68 – Nantes 77

Le Pigeon Blanc

13 r. de l'Église – ✆ 02 41 61 41 25 – www.lepigeonblanc.com – Fermé 23 juil.-8 août, 20 fév.-14 mars, dim. soir, mardi soir et merc.

Rest – Formule 16 € – Menu 20 € (sem.), 28/74 € bc – Carte 44/82 €

Créé en 1962, ce Pigeon Blanc n'a pas fini de voltiger... Avec Sylvain, c'est aujourd'hui la troisième génération de la famille Belouin qui en prend la tête. Le jeune homme est tombé du nid très tôt pour aller se former chez les plus grands (Troisgros, Coutanceau) : sa cuisine, créative et généreuse, séduit !

VERNET-LES-BAINS – 66 Pyrénées-Orientales – 344 F7 – 1 432 h. 22 B3
– alt. 650 m – Stat. therm. : mi-mars-fin nov. – Casino – ✉ 66820
Languedoc Roussillon

Paris 904 – Mont-Louis 36 – Perpignan 57 – Prades 11

2, rue de la Chapelle, ✆ 04 68 05 55 35, www.vernet-les-bains.fr

Site★ - Abbaye Saint-Martin-du-Canigou 2,5 km S★★.

Princess

r. des Lavandières – ✆ 04 68 05 56 22 – www.hotel-princess.fr – Ouvert 6 mars-20 nov.
38 ch – †50/120 € ††62/120 € – ☕ 10 € – ½ P
Rest – Formule 14 € – Menu 19/35 € – Carte 28/45 €
Au pied du vieux Vernet, cette bâtisse un peu quelconque dévoile un intérieur chaleureux et coloré... Les chambres, simples mais joliment décorées, ont presque toutes un balcon donnant sur la montagne.

VERNEUIL-SUR-AVRE – 27 Eure – 304 F9 – 6 371 h. – alt. 155 m 33 C3
– ✉ 27130 Normandie Vallée de la Seine

Paris 114 – Alençon 77 – Argentan 77 – Chartres 57

129, place de la Madeleine, ✆ 02 32 32 17 17, www.tourisme-avre-eure-iton.fr

de Center Parcs, Center Parcs, par rte de Mortagne : 9 km, ✆ 02 32 60 50 02

Église de la Madeleine★ - Statues★ de l'église Notre-Dame.

Le Clos

98 r. de la Ferté-Vidame – ✆ 02 32 32 21 81 – www.leclos-normandie.com
8 ch – †210/420 € ††210/420 € – 3 suites – ☕ 23 € – ½ P
Rest ***Le Clos*** – voir les restaurants ci-après
Un vrai petit bijou ! De ce castel normand en briques rouges et son parc délicieux émanent raffinement et luxe discret. Un soin particulier est apporté aux détails, garantie d'un excellent séjour.

Hôtel du Saumon

89 pl. de la Madeleine – ✆ 02 32 32 02 36 – www.hoteldusaumon.fr – Fermé 17 déc.-10 janv. et dim. soir de nov. à mars
29 ch – †50/75 € ††50/75 € – ☕ 9 €
Rest *(Fermé 1ère sem. d'août, 22 déc.-10 janv. et dim. soir de nov. à mars)* – Formule 11 € – Menu 18/52 € – Carte 41/54 €
Cet ancien relais de poste (18e s.) dégage un certain charme, un peu rétro. Les chambres du bâtiment principal sont plus grandes et, rénovées avec simplicité, elles plairont aux amateurs de contemporain. Côté restaurant, inutile de préciser que le saumon est ici chez lui.

Le Clos – Hôtel Le Clos

98 r. de la Ferté-Vidame – ✆ 02 32 32 21 81 – www.leclos-normandie.com – Fermé mardi sauf le soir d'avril à sept. et lundi sauf fériés
Rest – Formule 35 € – Menu 45 € (déj. en sem.), 60/95 € – Carte 80/95 €
En ce Clos, le chef se plaît à revisiter le terroir normand : au menu, classicisme et mets plus audacieux. Quant au décor, il est élégant, les deux beaux salons bourgeois comme les tables dressées dans les règles de l'art...

à Bâlines 4 km par rte de Dreux – 448 h. – alt. 150 m – ✉ 27130

Le Moulin de Bâlines avec ch

rte de Courteilles, RN 12 – ✆ 02 32 39 40 78 – www.moulindebalines.com – Fermé 1er-15 oct. et 2 sem. en janv.
11 ch ☕ – †82 € ††92 €
Rest – Formule 20 € – Menu 27 € (déj.), 37/57 € – Carte 40/64 €
Agréable cadre bucolique pour ce moulin du 18e s. au bord de l'Avre. La cuisine, à déguster en terrasse près de la rivière aux beaux jours, met l'accent sur la présentation des plats et suit la tendance. Les chambres sont confortables, joliment rustiques et bien tenues.

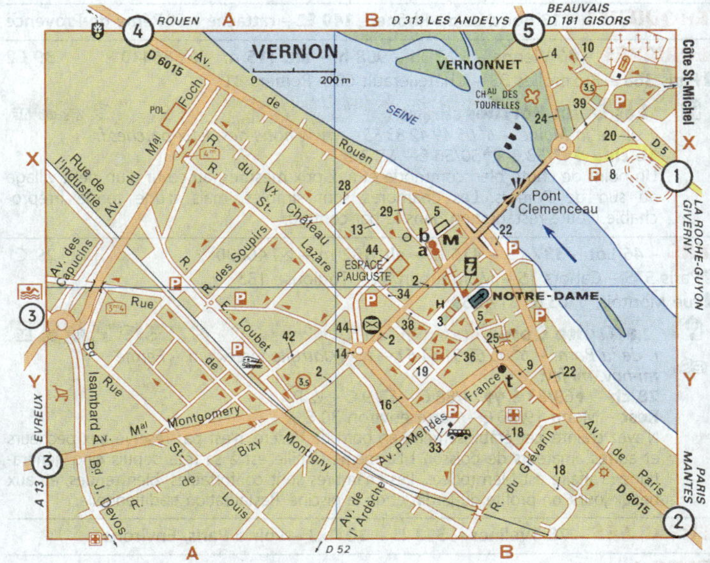

Albuféra (R. d') .... BXY 2
Barette (Pl.) .... BY 3
Bonnard (R. P.) .... BX 4
Carnot (R.) .... BXY 5
Combattants-d'Indochine (R. des) .... BX 8
Dr-Burnet (R.) .... BY 9
Dr-Chanoine (R. du) .... BX 10
Écuries-des-Gardes (R.) .... BX 13
Évreux (Pl. d') .... BY 14
Gambetta (Av.) .... BY 16
Gamilly (R. de) .... BY 18
Gaulle (Pl. Charles-de) .... BY 19
Giverny (R. de) .... BX 20
Leclerc (Bd du Mar.) .... BXY 22
Ogereau (R. F.) .... BX 24
Paris (Pl. de) .... BY 25
Point-du-Jour (R. du) .... ABX 28
Potard (R.) .... BX 29
République (Pl. de la) .... BY 33
Riquier (R. Ch.-J.) .... BXY 34
Ste-Geneviève (R.) .... BY 38
St-Jacques (R.) .... BY 36
Soret (R. Jules) .... BX 39
Steiner (R. E.) .... AY 42
Victor-Hugo (Av.) .... BX 44

VERNON – 27 Eure – 304 I7 – 25 323 h. – alt. 32 m – ✉ 27200 33 D2

Normandie Vallée de la Seine

Paris 77 – Beauvais 66 – Évreux 34 – Mantes-la-Jolie 25

36, rue Carnot, ✆ 02 32 51 39 60, www.cape-tourisme.fr

Église Notre-Dame★ - Château de Bizy★ 2 km par ③ - Giverny★ 3 km.

Normandy sans rest

1 av. P.-Mendès-France – ✆ 02 32 51 97 97 – www.le-normandy.net

50 ch – †74/86 € ††74/86 € – ☕ 10 € **BYt**

Un hôtel de centre-ville, avec des chambres sobres, pratiques et toutes identiques. Après une balade à Giverny – la maison de Monet est toute proche ! – ou un séminaire, il fait bon se prélasser au salon, très cosy.

Le Bistro

73 r. Carnot – ✆ 02 32 21 29 19 – Fermé 1er-9 mars, 25 juil.-19 août, dim. et lundi

Rest – Menu 19/36 € bc – Carte 22/36 € **BXb**

Il porte bien son nom ! De son passé bistrotier, il a conservé son bar rustique, où s'accoudent les clients pressés ; quant à l'ardoise du jour, elle est courte, traditionnelle et... alléchante. Excellent choix de vins au verre.

L'Envie

71 r. Carnot – ✆ 02 32 51 16 80 – lenvie-restaurantlounge.fr – Fermé 29 juil.-19 août, 1er-10 janv., dim. soir et lundi **BXa**

Rest – Formule 17 € – Menu 23 € – Carte 29/36 €

Tables basses et fauteuils en cuir : l'ambiance est résolument lounge. Aux commandes, la chef concocte une cuisine généreuse, affirmée : terrine de queue de bœuf, risotto aux girolles... Bon rapport envie-prix !

VERNOUILLET – 28 Eure-et-Loir – 311 E3 – rattaché à Dreux

VERQUIÈRES – 13 Bouches-du-Rhône – **340** E2 – rattaché à St-Rémy-de-Provence

VERRIERES – 86 Vienne – **322** J6 – 908 h. – alt. 115 m – ✉ 86410 **39** C2

Paris 368 – Buxerolles 33 – Châtellerault 68 – Poitiers 31

Les Deux Porches sans rest

1 pl. de la Mairie – 05 49 42 83 85 – www.hotel-des-deux-porches.fr

16 ch – 47/53 € 50/56 € – 7 €

Un point de chute bien commode et aux prix mesurés, au cœur d'un petit village au sud de Poitiers. Les chambres sont simples, mais d'une tenue irréprochable. Petite restauration dans le bar contigu.

VERS – 46 Lot – **337** F5 – 415 h. – alt. 132 m – ✉ 46090 **29** C1

Paris 575 – Cahors 15 – Montauban 84 – Toulouse 135

rue Montois, 05 65 31 42 59

La Truite Dorée

r. de la Barre – 05 65 31 41 51 – www.latruitedoree.com – Fermé mi-nov.-mi-fév.

28 ch – 69/83 € 74/88 € – 9 € – ½ P

Rest – Menu 19/40 € – Carte environ 30 €

N'ayez crainte, cet établissement, en bord de Vézère, n'est pas réservé aux pêcheurs et autres amateurs de poisson ! La même famille est à sa tête depuis cinq générations : l'affaire est bien rodée... Les chambres sont confortables, bien tenues, et, aux beaux jours, on profite du jardin et de la piscine. Restauration traditionnelle.

VERSAILLES – 78 Yvelines – **311** I3 – **101** 23 – voir à Paris, Environs

VERTOU – 44 Loire-Atlantique – **316** H4 – rattaché à Nantes

VERTUS – 51 Marne – **306** G9 – 2 600 h. – alt. 85 m – ✉ 51130 **13** B2

Champagne Ardenne

Paris 139 – Châlons-en-Champagne 30 – Épernay 21 – Montmirail 39

à Bergères-les-Vertus 3,5 km au Sud par D 9 – 563 h. – alt. 108 m – ✉ 51130

Hostellerie du Mont-Aimé

4-6 r. de Vertus – 03 26 52 21 31 – www.hostellerie-mont-aime.com – Fermé 24 déc.-4 janv., dim. soir de nov. à fin mars

43 ch – 85/95 € 115/160 € – 13 € – ½ P

Rest *Hostellerie du Mont-Aimé* – voir les restaurants ci-après

Au pied du mont Aimé, en plein cœur du vignoble champenois, cet hôtel propose des chambres de belle ampleur, confortables et régulièrement rénovées pour un maximum de confort. Les plus : une piscine couverte et un espace détente.

Hostellerie du Mont-Aimé

4-6 r. de Vertus – 03 26 52 21 31 – www.hostellerie-mont-aime.com – Fermé 24 déc.-4 janv., dim. soir de nov. à fin mars

Rest – Menu 28 € (sem.), 45/90 € – Carte 57/80 €

Un cadre cossu et bourgeois, pour une cuisine traditionnelle généreuse qui valorise notamment les produits nobles. Autre plaisir, la belle carte des vins et ses nombreuses références de champagne.

LES VERTUS – 76 Seine-Maritime – **304** G2 – rattaché à Dieppe

VESC – 26 Drôme – **332** D6 – 284 h. – alt. 601 m – ✉ 26220 **44** B3

Paris 628 – Lyon 165 – Marseille 183 – Valence 66

1, place de l'Abbé Magnet, 04 75 46 42 49, www.paysdedieulefit.eu

Chez Mon Jules avec ch

rest,

5 r. Etienne-de-Vesc – 04 75 04 20 74 – www.chezmonjules.com – Fermé janv., dim. soir et merc. sauf juil.-août

3 ch – 65/75 € 65/75 €

Rest – Menu 15 € (déj. en sem.) – Carte 30/50 €

Au cœur du village, voilà une sympathique adresse ! Dans la salle où objets chinés, vieilles affiches, tables et chaises en bois font bon ménage, on se régale d'une savoureuse cuisine du terroir. Aux beaux jours, on profite de la terrasse à l'ombre des canisses. On passerait bien la bague au doigt de ce Jules-là !

VESCOUS – 06 Alpes-Maritimes – 341 D4 – rattaché à Gilette

VESOUL P – 70 Haute-Saône – 314 E7 – 15 920 h. – alt. 221 m 16 B1

– ✉ 70000 Franche-Comté Jura

Paris 360 – Belfort 68 – Besançon 47 – Épinal 91

2,rue Gevrey, ✆ 03 84 97 10 85, www.ot-vesoul.fr

Hôtel du Lion sans rest

4 pl. de la République – ✆ 03 84 76 54 44 – www.hoteldulion.fr – Fermé 4-18 août et 26 déc.-5 janv. **a**

18 ch – †59 € ††59/67 € – ☕ 7 €

Dans cet hôtel au cœur de Vesoul, vous ne tournerez pas comme un lion en cage ! Les chambres sont simples mais parfaitement tenues, et l'établissement dispose, en outre, d'un parking. Une adresse des plus pratiques pour découvrir la cité.

Le Caveau du Grand Puits

r. Mailly – ✆ 03 84 76 66 12 – Fermé 9-12 mai, 12 août-2 sept., 24 déc.-3 janv., merc. soir, sam. midi, dim. et fériés **u**

Rest – Menu 18 € (sem.), 23/37 € – Carte 22/40 €

Dans cet ancien relais de diligence, nul besoin de voyager pour être le bienvenu ! Entrez donc dans la salle voûtée ou faufilez-vous dans la cour intérieure pour apprécier la goûteuse cuisine traditionnelle du chef. Accueil chaleureux.

VESOUL

Aigle-Noir (R. de l') 2
Alsace-Lorraine (R. d') 3
Annonciades (R. des). 4
Bains (R. des) 6
Banque (R. de la) 7
Châtelet (R. du) 8
Faure (R. Edgar) 10
Fleurier (R. de) 12
Gare (Av. de la). 13
Gaulle (Bd Ch.-de) 14
Genoux (R. Georges). 15
Gevrey (R.) 16
Girardot (R. du Cdt) 20
Grandes-Faulx (R. des) 22
Grand-Puits (Pl. du) 21
Ilottes (R. des) 23
Kennedy (Bd) 24
Leblond (R.) 25
Maginot (R. A.) 26
Moilly (R. de) 36
Morel (R. Paul) 27
Moulin-des-Prés (Pl. du) 28
République (Pl. de la) 29
St-Georges (R.) 30
Salengro (R. Roger) 31
Tanneurs (R. des). 32
Vendémiaire (R.) 33
Verlaine (R.) 35

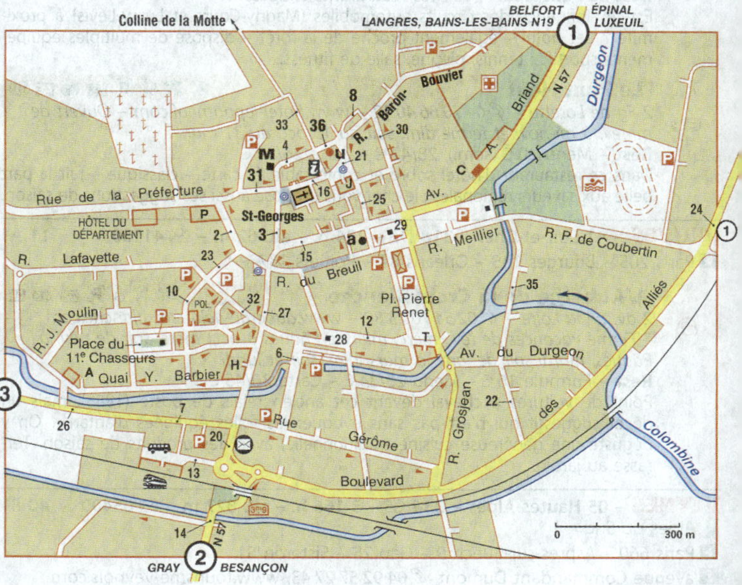

à Épenoux 5 km par ①, rte de St-Loup-sur-Semouse et D10 – 479 h. alt. 240 – 539 h. – alt. 240 m – ✉ 70000 Pusy et Epenoux

Château d'Épenoux
5 r. Ruffier-d'Épenoux – 03 84 75 19 60 – www.chateau-epenoux.com – Fermé 2-15 janv.
5 ch – 103 € 115/125 € **Table d'hôte** – Menu 29 €
Petit château du 18e s. dans un parc planté d'arbres centenaires. Dans les chambres, à la tenue irréprochable, rien ne semble avoir changé depuis le Siècle des lumières : parquet, boiseries, moulures... La quintessence d'un cadre bourgeois.

VEUIL – 36 Indre – **323** F4 – rattaché à Valençay

VEULES-LES-ROSES – 76 Seine-Maritime – **304** E2 – 561 h. – alt. 15 m – Casino – ✉ 76980 Normandie Vallée de la Seine **33** C1
Paris 188 – Dieppe 27 – Fontaine-le-Dun 8 – Rouen 57
27, rue Victor-Hugo, 02 35 97 63 05, www.plateaudecauxmaritime.com

Les Galets
3 r. Victor-Hugo, (près de la plage) – 02 35 97 61 33 – www.restaurant-lesgalets-veuleslesroses.com – Fermé janv., merc. sauf août et mardi
Rest *(réserver)* – Formule 30 € – Menu 37/90 € – Carte 51/76 €
Pour un joli moment gastronomique, arrêtez-vous dans cette maison en brique toute proche d'une plage... de galets. La salle et la véranda sont élégantes et lumineuses, et le chef privilégie les produits locaux. Cave judicieuse.

LE VEURDRE – 03 Allier – **326** F2 – 536 h. – alt. 190 m – ✉ 03320 **5** B1
Auvergne
Paris 272 – Bourges 66 – Montluçon 73 – Moulins 36

Le Pont Neuf
2 Fg de Lorette – 04 70 66 40 12 – www.hotel-lepontneuf.com – Ouvert de mi-fév. à mi-nov. et fermé dim. soir du 15 oct. au 31 mars
46 ch – 60/79 € 60/79 € – 9 € – ½ P
Rest ***Le Pont Neuf*** – voir les restaurants ci-après
Est-ce l'influence des circuits automobiles (Magny-Cours et Lurcy-Lévis) à proximité ? Cet hôtel – également proche de la forêt – dispose de multiples équipements sportifs : tennis, piscine, salle de fitness...

Le Pont Neuf
2 Fg de Lorette – 04 70 66 40 12 – www.hotel-lepontneuf.com – Ouvert de mi-fév. à mi-nov. et fermé dim. soir du 15 oct. au 31 mars
Rest – Menu 20 € (sem.), 28/42 € – Carte 26/59 €
Dans ce restaurant d'hôtel sobre et confortable, la carte – classique – fait la part belle aux saveurs régionales ; le chef vous propose aussi ses suggestions de saison.

VEUVES – 41 Loir-et-Cher – **318** D7 – 224 h. – alt. 62 m – ✉ 41150 **11** A1
Paris 205 – Bourges 135 – Orléans 84 – Poitiers 137

L'Auberge de la Croix Blanche
2 av. de la Loire – 02 54 70 23 80 – www.auberge-dela-croixblanche.com – Fermé vacances de fév., merc. midi de Pâques à oct., merc. soir de nov. à Pâques, mardi soir de janv. à mars, dim. soir et lundi
Rest – Formule 16 € – Menu 25/34 € – Carte 30/45 €
Point de voitures à cheval devant cet ancien relais de poste (1888), mais un décor suggestif qui n'est pas sans évoquer les folles équipées d'antan... On y déguste une généreuse cuisine traditionnelle, avec des produits de saison. Terrasse au jardin.

VEYNES – 05 Hautes-Alpes – **334** C5 – 3 166 h. – alt. 827 m – ✉ 05400 **40** B1
Alpes du Sud
Paris 660 – Aspres-sur-Buëch 9 – Gap 25 – Sisteron 51
avenue Commandant Dumont, 04 92 57 27 43, www.tourisme-veynois.com

La Sérafine

Les Paroirs, 2 km à l'Est par rte Gap et D 20 – ✆ 04 92 58 06 00 – www.restaurantserafine.com – Fermé mardi et merc. sauf fériés et juil.-août

Rest *(nombre de couverts limité, réserver)* – Menu 26/34 €

Dans un hameau, cette jolie bergerie tout en pierre, datée du 18e s., conserve le nom de sa propriétaire... Ici, on fait profession de tradition ! Pour preuve, la cuisine est composée chaque jour au gré du marché. Agréable terrasse sous les arbres.

VEYRIER-DU-LAC – **74 Haute-Savoie** – **328** K5 – **rattaché à Annecy**

VÉZAC – **15 Cantal** – **330** D5 – **rattaché à Aurillac**

VÉZELAY – **89 Yonne** – **319** F7 – **461 h.** – **alt. 285 m** **7** B2
– **Pèlerinage (22 juillet).** – ✉ **89450** Bourgogne

Paris 221 – Auxerre 52 – Avallon 16 – Château-Chinon 58

10, rue Saint-Etienne, ✆ 03 86 33 23 69, www.vezelaytourisme.com

Basilique Ste-Madeleine★★★ : tympan du portail central★★★, chapiteaux★★★.

Poste et Lion d'Or

pl. du Champ-de-Foire – ✆ 03 86 33 21 23 – www.laposte-liondor.com – Fermé janv. et fév.

38 ch – 85/129 € 85/129 € – 13 €

Rest ***Poste et Lion d'Or*** – voir les restaurants ci-après

Au pied de la colline de Vézelay, cet ancien relais de poste accueille les voyageurs depuis plus de 200 ans ! Bon niveau de confort dans les chambres, dont certaines – très prisées – donnent sur la campagne.

Poste et Lion d'Or – Hôtel Poste et Lion d'Or

pl. du Champ-de-Foire – ✆ 03 86 33 21 23 – www.laposte-liondor.com – Fermé janv., fév., dim. soir, mardi midi et lundi

Rest – Formule 20 € – Menu 24 € (déj. en sem.), 28/60 € – Carte 30/80 €

Vézelay demeure un haut lieu de pèlerinage spirituel... où l'on sait aussi cultiver des nourritures bien terrestres ! Ainsi cet ancien relais de poste, posé au pied de la colline, où l'on savoure une cuisine originale, fort bien ficelée et aux prix mesurés.

Le St-Étienne

39 r. St-Étienne – ✆ 03 86 33 27 34 – www.le-saint-etienne.fr – Fermé de mi-déc. à fin fév., dim. soir, merc. et jeudi

Rest – Carte 10/30 €

Dans cette jolie maison en pierre du 18e s., on déguste une agréable cuisine traditionnelle. Chaleureuse salle rustique (belles poutres peintes).

Le Bougainville

28 r. St-Etienne – ✆ 03 86 33 27 57 – Ouvert de mi-fév. à mi-nov. et fermé lundi hors saison, mardi et merc.

Rest – Menu 26/31 € – Carte environ 38 €

Ce restaurant familial – une maison ancienne – est idéalement situé sur la rue principale menant à la basilique. On y savoure une généreuse cuisine du terroir.

à St-Père **3 km au Sud-Est par D 957** – **370 h.** – **alt. 148 m** – ✉ **89450**

Église N.-Dame★.

L'Espérance rest,

rte de Vézelay – ✆ 03 86 33 39 10 – www.marc-meneau-esperance.com – Fermé de mi-janv. à début mars

21 ch – 180/310 € 180/310 € – 10 suites – 28 €

Rest ***L'Espérance*** ✿✿ – voir les restaurants ci-après

Rest ***Le Bistrot de Gainsbourg*** *(fermé dim., lundi, mardi et merc.) (déj. seult) (réserver)* – Menu 39 € bc

Serge Gainsbourg aimait à séjourner dans cette belle maison de maître tout en pierre, située au pied de Vézelay. Esprit cottage, classique ou contemporain : plusieurs atmosphères et un seul cap... le raffinement.

L'Espérance (Marc Meneau)

rte de Vézelay – ✆ 03 86 33 39 10 – www.marc-meneau-esperance.com
– Fermé de mi-janv. à début mars, lundi midi, merc. midi et mardi sauf fériés
Rest *(réserver)* – Menu 60 € (déj. en sem.), 135/198 € – Carte 135/190 €
Dans un décor champêtre parmi les plus séduisants qui soient, Marc Meneau délivre une véritable leçon de cuisine. Savamment composées, tout en effets puissants ou subtils, avec des produits de premier ordre, ses assiettes prennent la dimension de classiques. La table d'un grand chef.
➜ Huîtres creuses en gelée d'eau de mer. Pigeon de Bresse et homard rôtis à l'estragon. Fraises "Marie-Antoinette". **Vins** Bourgogne Vézelay, Chablis.

à Fontette 5 km à l'Est par D 957 – ✉ 89450 St Pere

Crispol ch, ch,

rte d'Avallon – ✆ 03 86 33 26 25 – www.crispol.com – Ouvert mars-nov.
12 ch – 88 € 88 € – 12 € – ½ P
Rest *(fermé mardi midi et lundi)* – Menu 26/58 € – Carte 30/51 €
Maison en pierre à l'entrée du village, avec la Colline éternelle en toile de fond. L'annexe abrite de vastes chambres, datant des années 1990 et bien tenues. Au restaurant, les baies ménagent une belle vue sur la basilique. Plats de tradition.

à Pierre-Perthuis 6 km au Sud-Est par D 957 et D 958 – 125 h. – alt. 220 m – ✉ 89450

Les Deux Ponts avec ch rest,

1 rte de Vézelay – ✆ 03 86 32 31 31 – www.lesdeuxponts.com
– Ouvert 15 mars-15 nov. et fermé merc. d'oct. à mai et mardi
7 ch – 60 € 60/65 € – 8 € – ½ P
Rest *(nombre de couverts limité, réserver)* – Menu 24/30 € – Carte 32/45 €
Le cadre est rustique, mais relevé d'une pointe d'originalité : notez les amusants lustres hollandais en verre... Côté saveurs, priorité au terroir de l'Yonne, avec quelques ponts jetés vers les dernières tendances. Les chambres sont calmes, simples et bien tenues.

VIA – **66 Pyrénées-Orientales** – **344** D8 – **rattaché à Font-Romeu**

VIADUC DE GARABIT ★★ – **15 Cantal** – **330** H5 – ✉ **15100** **5** B3

Auvergne

Paris 520 – Aurillac 84 – Mende 74 – Le Puy-en-Velay 90

Maison du paysan★ à Loubaresse S : 7 km - Belvédère de Mallet ★★ SO : 13 km puis 10 mn.

Beau Site rest, rest,

N 9 – ✆ 04 71 23 41 46 – www.beau-site-hotel.com – Ouvert début mars-fin nov.
15 ch – 68/78 € 68/78 € – 5 suites – 11 € – ½ P
Rest – Formule 17 € – Menu 21 € (sem.), 27/56 € – Carte 28/50 €
Le célèbre ouvrage de Gustave Eiffel, le lac ou le jardin : à vous de choisir la vue ! Les chambres, coquettes et confortables, osent une déco moderne et colorée. Pour le reste, c'est cuisine régionale, tennis, piscine et aire de jeux pour les enfants.

Anglards-de-St-Flour 3 km au Nord – 329 h. – alt. 840 m – ✉ 15100

La Méridienne

– ✆ 04 71 23 40 53 – www.hoteldelameridienne.com – Fermé 21 déc.-13 janv.
16 ch – 52/59 € 52/59 € – 8,50 € – ½ P
Rest – Menu 15 € (déj. en sem.), 19/38 € – Carte 31/44 €
Un jeune couple a repris cet établissement en 2011. C'est toujours avec le sourire que l'on vous mène aux chambres, pratiques, sans fioritures et très bien tenues (celles avec terrasse donnent sur le grand jardin). Une étape sympathique.

VIBRAC – **16 Charente** – **324** J6 – **rattaché à Jarnac**

VIC-EN-BIGORRE – 65 Hautes-Pyrénées – 342 M4 – 5 200 h. – alt. 216 m – ✉ 65500 Midi Toulousain   28 A2

Paris 775 – Aire sur l'Adour 53 – Auch 62 – Pau 47

Réverbère
rest,

29 bd d'Alsace – ✆ 05 62 96 78 16 – www.lereverbere.fr
9 ch – †53/56 € ††56/59 € – ☕ 7 € – ½ P
Rest *(fermé sam. sauf le soir de juin à août et dim. soir)* – Formule 11 € – Menu 14 € (sem.) – Carte environ 35 €
En léger retrait de la route, maison bigourdanne dont les chambres sont fonctionnelles et bien tenues. Cuisine traditionnelle servie dans une salle lumineuse et égayée de touches colorées.

La Maison d'Anaïs

3 r. Pasteur – ✆ 05 62 96 84 04 – www.chambres-d-hotes-pyrenees.com
3 ch ☕ – †70 € ††75 € – ½ P **Table d'hôte** – Menu 28 € bc/40 € bc
Jolie ferme régionale aux faux airs de mas (façade saumon, volets bleus) dans un jardin verdoyant. Chambres au décor raffiné (meubles anciens, beaux tissus...) ; salon et bibliothèque. Petit-déjeuner et dîner en cuisine, autour de la grande table en bois.

VIC-FEZENSAC – 32 Gers – 336 D7 – 3 637 h. – alt. 110 m – ✉ 32190   28 A2
Midi Toulousain

Paris 778 – Auch 32 – Bordeaux 182 – Toulouse 106
22, place Julie-Saint-Avit, ✆ 05 62 06 34 90, www.vic-fezensac.com

à Préneron 6 km au Sud-Ouest par N 124, D 157 et rte secondaire – 143 h. – alt. 173 m – ✉ 32190

Auberge La Baquère

lieu-dit la Baquère – ✆ 05 62 06 42 75 – Fermé 1 sem. début déc., 1 sem. début fév., dim. soir et lundi
Rest – Menu 18/44 € – Carte 30/45 €
Cette ferme-auberge a beau être isolée en pleine campagne, les clients sont nombreux. Et pour cause : canard, ramier, truite et anguille y sont cuisinés avec style.

VICHY – 03 Allier – 326 H6 – 25 090 h. – alt. 340 m – Stat. therm. : début fév.-fin déc. – Casinos : Le Grand Café BZ, Les 4 Chemins – ✉ 03200   6 C1
Auvergne

Paris 353 – Clermont-Ferrand 55 – Montluçon 99 – Moulins 57
19, rue du Parc, ✆ 04 70 98 71 94, www.vichy-tourisme.com
18 du Sporting Club de Vichy, à Bellerive-sur-Allier, Allée Georges Baugnies, ✆ 04 70 32 39 11
18 la Forêt de Montpensier, à Bellerive-sur-Allier, Domaine du château de Rilhat, par rte de Clermont-Ferrand : 8 km, ✆ 04 70 56 58 39
Parc des Sources★ - Les Parcs d'Allier★ - Chalets★ (boulevard des États-Unis) BYZ - Le quartier thermal★ - Grand casino-théâtre★.

Plan page suivante

Vichy Spa Hôtel Les Célestins
ch,

111 bd des États-Unis – ✆ 04 70 30 82 00 – www.vichy-spa-hotel.fr   BYe
131 ch – †210/340 € ††250/390 € – 5 suites – ☕ 21 € – ½ P
Rest *N 3* – Formule 33 € – Menu 39 € (déj. en sem.)/140 € bc – Carte 78/113 €
Rest *Le Bistrot des Célestins* – Formule 21 € – Menu 28 € – Carte 34/55 €
Hôtel moderne, au milieu du parc des Sources, à recommander aux curistes pour son accès direct au spa Vichy. Chambres très spacieuses et piscine panoramique. Gastronomie et diététique sont à l'honneur au N 3, qui bénéficie d'une jolie terrasse. Plats traditionnels et grillades au Bistrot.

BELLERIVE-SUR-ALLIER

VICHY

Aletti Palace
3 pl. Joseph Aletti – ✆ 04 70 30 20 20 – www.hotel-aletti.fr BZu
129 ch – 152/202 € 152/202 € – 15 € – ½ P
Rest – Formule 17 € – Menu 23/36 € – Carte 26/53 €
Face au Grand Casino-Théâtre, cet hôtel élégant fut construit en 1906. Avec ses chambres spacieuses, ses décors classiques, ses grands salons pour les séminaires et les banquets, l'ensemble dégage une impression de luxe cossu.

Pavillon d'Enghien
32 r. Callou – ✆ 04 70 98 33 30 – www.pavillondenghien.com
– Fermé 20 déc.-1er fév. BYb
20 ch – 65 € 92 € – ½ P
Rest ***Les Jardins d'Enghien*** *(fermé vend. soir de nov. à avril, dim. soir et lundi)* – Formule 16 € – Menu 21/32 € – Carte 32/47 €
Sympathique adresse dans un bâtiment du début du 20e s. disposant de chambres coquettes, décorées façon maison de famille. Accueillant !

Les Nations
13 bd de Russie – ✆ 04 70 98 21 63 – www.lesnations.com
– Ouvert 29 mars-19 oct. BZc
71 ch – 69/99 € 69/115 € – 11,50 € – ½ P
Rest *(fermé dim. soir)* – Formule 16 € – Menu 24/35 € – Carte 31/39 €
Situation centrale pour ce bel immeuble 1900 à la façade ouvragée. Le hall et les salons sont confortables ; les chambres sont spacieuses et bien tenues.

Chambord
82 r. de Paris – ✆ 04 70 30 16 30 – www.hotel-chambord-vichy.com
– Fermé 20-30 juil. et 20 déc.-30 janv. CYk
27 ch – 49/59 € 60/72 € – 10 € – ½ P
Rest ***L'Escargot qui Tette*** – voir les restaurants ci-après
Depuis 1930, l'affaire est tenue par la même famille. Chambres confortables et chaleureuses, parfaites pour une étape.

Arverna sans rest
12 r. Desbrest – ✆ 04 70 31 31 19 – www.arverna-hotels-vichy.com
– Fermé 15 fév.-10 mars et 27 déc.-2 janv. CYg
23 ch – 57/72 € 65/86 € – 8,50 €
Un hôtel familial en plein centre, dans une rue calme. Chambres entièrement rénovées (2011), idéales pour une bonne nuit de repos. Accueil charmant.

Central Spa Hôtel Kyriad
6 av. du Prés.-Doumer – ✆ 04 70 31 45 00 – www.centralh.fr CZh
35 ch – 55/125 € 79/125 € – 10 € – ½ P
Rest – Formule 12 € bc – Carte 26/37 €
Dans le quartier commerçant de la ville, à deux pas du parc des Sources, hôtel proposant des chambres de taille modeste, pratiques et bien insonorisées. Espace détente (jacuzzi, sauna, etc.).

Maison Decoret (Jacques Decoret) avec ch
15 r. du Parc – ✆ 04 70 97 65 06 – www.jacquesdecoret.com
– Fermé de mi-août à début sept., vacances de fév., mardi et merc.
5 ch – 165/195 € 165/195 € – 21 € BZb
Rest – Formule 40 € – Menu 68/170 € bc
Une bâtisse du 19e s., une grande véranda cubique jouant sur la transparence : tel est le décor voulu par Jacques Decoret. Recherche esthétique et finesse sont au rendez-vous dans l'assiette, autour de très beaux produits. Et quelques chambres style maison d'hôtes rappelle l'esprit contemporain du lieu.
➜ Filet de maquereau croustillant, soja émulsionné et fils de betterave à la coriandre. Bar cuit très doucement, jaune d'œuf qui mousse, vert et blanc de blette. Dragée comme une farce et attrape. **Vins** Saint-Pourçain, Côtes d'Auvergne.

XX **L'Alambic**

8 r. N.-Larbaud – ✆ 04 70 59 12 71 – Fermé 7-30 août, 22 déc.-4 janv., 24 fév.-13 mars, dim. soir, lundi et mardi CYu

Rest *(nombre de couverts limité, réserver)* – Menu 28/69 € bc – Carte 37/47 €

Jean-Jacques et Marie-Ange se l'étaient promis : dans leur restaurant, il y aurait peu de couverts, pour pouvoir mieux régaler les clients. Pari réussi ! Sur une base traditionnelle, le chef marie les produits de saison avec gourmandise. C'est goûteux, parfumé et généreux... sans être alambiqué.

XX **La Table d'Antoine**

8 r. Burnol – ✆ 04 70 98 99 71 – www.latabledantoine.com – Fermé 20 fév.-12 mars, jeudi soir de nov. à mars, dim. soir et lundi sauf fériés

Rest – Formule 20 € – Menu 31/65 € – Carte 48/75 € BZd

Voyageur invétéré, le chef aime manier les épices et livre une cuisine gourmande et parfumée. On sent la générosité du passionné... Quant au décor, entre pierre de Volvic, verrière inscrustée de motifs végétaux et cuir de Salers, il joue sur une évocation contemporaine de l'Auvergne. Original !

XX **La Table de Marlène**

bd de Lattre-de-Tassigny, La Rotonde – ✆ 04 70 97 85 42 – www.restaurantlarotonde-vichy.com – Fermé 7 janv.-5 fév., lundi et mardi

Rest – Formule 25 € – Menu 30/60 € – Carte 56/72 € BYa

Rest *Le Bistrot de la Rotonde* – Menu 18/28 € – Carte environ 32 €

Une soucoupe posée sur un lac, voilà qui n'est pas banal ! À fleur d'eau, dans un décor de verre et d'acier, on se régale d'une cuisine dans l'air du temps. Les bons produits sont préparés avec justesse et les saveurs au rendez-vous. L'été, on peut même profiter de la terrasse. Alors, prêt pour le décollage ?

XX **Brasserie du Casino**

4 r. du Casino – ✆ 04 70 98 23 06 – www.brasserie-du-casino.fr – Fermé 1 sem. en juin, 1 sem. en sept., vacances de fév., mardi et merc.

Rest – Formule 18 € – Menu 28 € – Carte 27/68 € BZa

Face à l'opéra, cette brasserie a conservé son cadre 1920 tout en boiseries et miroirs. On y retrouve toutes les spécialités du genre, auxquelles le chef ajoute sa propre patte : tête de veau sauce gribiche, mignon de porc à la moutarde, etc.

XX **L'Escargot qui Tette** – Hôtel Chambord

82 r. de Paris – ✆ 04 70 30 16 30 – www.hotel-chambord-vichy.com – Fermé 20-30 juil. et 20 déc.-30 janv., dim. soir et lundi CYk

Rest – Formule 22 € – Menu 30 € (sem.), 40/65 € – Carte 37/59 €

À la table de l'hôtel Chambord, l'escargot est la vedette d'une carte qui privilégie les recettes traditionnelles. Que les plus pressés se rassurent : le service tout comme les saveurs ne sont pas à la traîne... Une bonne adresse, au décor chaleureux.

XX **L'Hippocampe**

3 bd de Russie – ✆ 04 70 97 68 37 – Fermé 30 juin-10 juil., 20 nov.-5 déc., mardi midi, dim. soir et lundi BZz

Rest – Formule 20 € bc – Menu 29/56 € – Carte 35/55 €

Près du parc des Sources, cet Hippocampe-là est un digne représentant de la mer ! Homard breton, médaillon de lotte, bouillabaisse... Tout est frais et bien préparé. Joli décor contemporain avec vue directe sur les cuisines.

X **Le Pyl-Pyl** N

pl. de la Gare – ✆ 04 70 97 51 74 – www.pylpyl.fr CYp

Rest – Menu 20 € bc (déj. en sem.)/42 € – Carte 30/40 €

Ici, pas question de jouer à Pyl ou face avec les saveurs ! Dans sa cuisine ouverte sur la salle, assez design, le chef – dont les initiales sont "Pyl" – concocte des recettes canailles, goûteuses et parfumées... Un conseil : pensez à réserver, c'est souvent complet.

à Creuzier-le-Vieux 4 km au Nord – 3 208 h. – alt. 400 m – ✉ 03300

La Fontaine
16 r. de la Fontaine – ✆ 04 70 31 37 45 – www.lafontainevichy.fr – Fermé 27 juin-10 juil., 26 août-12 sept., 22 déc.-7 janv., dim. soir, mardi soir et merc.
Rest – Formule 18 € – Menu 26/42 € – Carte 36/55 €
Voilà une sympathique petite auberge, à 10mn de Vichy, où il fait bon s'arrêter quelle que soit la saison. L'été on y mange au bord d'un ruisseau, sous une jolie glycine. Et l'hiver, on s'installe au coin du feu pour savourer viandes grillées et autres recettes traditionnelles. Ambiance conviviale.

VICQ – 03 Allier – **326** F6 – 326 h. – alt. 350 m – ✉ 03450 **5** B1

Paris 391 – Clermont-Ferrand 52 – Guéret 110 – Moulins 59

5, place de la Mairie, ✆ 04 70 58 50 22, www.tourisme-valdesioule.fr

Sur le Chemin des Buvats N rest, VISA
8 chemin des Buvats – ✆ 04 70 41 26 75 – www.chemindesbuvats.com
5 ch – 85 € 110 € **Table d'hôte** – Menu 40 € bc
En pleine nature, cette ferme du 19e s respire la quiétude ! Sa transformation en maison d'hôtes est l'œuvre d'un chef qui souhaitait se reconvertir et de sa compagne. Une réussite : la maison a été remarquée dans plusieurs magazines de déco (esprit zen, belle piscine, bain norvégien, etc.) et sa table d'hôte, avec les légumes du jardin, est très gourmande !

VIC-SUR-CÈRE – 15 Cantal – **330** D5 – 1 988 h. – alt. 678 m – Casino **5** B3
– ✉ 15800 Auvergne

Paris 549 – Aurillac 19 – Murat 29

avenue André Mercier, ✆ 04 71 47 50 68, www.carlades.fr

Beauséjour ch, VISA AE
4 av. André-Mercier – ✆ 04 71 47 50 27 – www.beausejour-vic.fr – Ouvert 8 mai-30 sept.
41 ch – 65/108 € 65/130 € – 4 suites – 11 € – ½ P
Rest – Formule 15 € – Menu 26/32 € – Carte 27/38 €
Parfait pour se mettre au vert, même si on est là pour affaires. Bien que datant des années 1830, ce grand établissement est toujours aussi pimpant, avec des chambres et des suites spacieuses, tout en sobriété. Le parc est bien agréable.

Bel Horizon P VISA
r. Paul-Doumer – ✆ 04 71 47 50 06 – www.hotel-bel-horizon.com – Fermé 13 nov.-16 déc., dim. soir et lundi hors vacances scolaires de nov. à avril
24 ch – 54/60 € 54/60 € – 8,50 € – ½ P
Rest *Bel Horizon* – voir les restaurants ci-après
La perspective sur le Carladès justifie à elle seule le nom cet établissement traditionnel, proche de la gare d'où l'on peut rejoindre les pistes de ski. Les chambres sont chaleureuses et, à l'heure des repas, le restaurant est bien tentant.

Family Hôtel ch, P VISA AE
av. E. Duclaux – ✆ 04 71 47 50 49 – www.family-hotel.fr
55 ch – 49/59 € 59/85 € – 9 € – ½ P
Rest *(fermé 12 nov.-16 déc.)* – Menu 19/32 € – Carte 20/31 €
Idéal pour les familles, cet ensemble hôtelier propose au choix des chambres fonctionnelles ou des studios, et diverses activités : piscines, tennis, animations, excursions... Sympathique pour un séjour sport et nature.

Bel Horizon – Hôtel Bel Horizon P VISA
r. Paul-Doumer – ✆ 04 71 47 50 06 – www.hotel-bel-horizon.com – Fermé 13 nov.-16 déc., dim. soir et lundi de nov. à avril sauf vacances scolaires
Rest – Formule 15 € – Menu 20/47 € – Carte 30/59 €
Les larges baies vitrées offrent pour horizon les monts environnants... Un cadre propice à la cuisine régionale d'Éric Bouyssou, dont les propositions alléchantes et généreuses cultivent le goût du terroir.

au Col de Curebourse 6 km au Sud-Est par D 54 – alt. 994 m – ✉ 15800 St Clement

Hostellerie Saint-Clément
– ✆ 04 71 47 51 71 – www.hotelstclementcantal.com – Femé 6 nov.-17 mars, dim. soir et lundi sauf juil.-août
21 ch – 65/75 € 65/75 € – 9 € – ½ P
Rest *Hostellerie Saint-Clément* – voir les restaurants ci-après
Il faut aller à 1 000 m d'altitude pour trouver cette grande bâtisse dans le style du pays. Depuis les chambres – certaines avec un balcon en bois –, on jouit d'une vue plongeante sur la vallée ou sur le jardin. Bien loin des bruits de la ville...

Hostellerie Saint-Clément
– ✆ 04 71 47 51 71 – www.hotelstclementcantal.com – Femé 6 nov.-17 mars, dim. soir et lundi sauf juil.-août
Rest – Menu 29/96 € – Carte 50/73 €
Un panorama spectaculaire sur le col de Curebourse ! Aucun bandit de grand chemin à l'horizon, mais des mets appétissants, réalisés dans un esprit classique. La terrine de porc au foie gras sauce gribiche pourrait amadouer les plus durs...

VIDAUBAN – 83 Var – 340 N5 – 9 958 h. – alt. 60 m – ✉ 83550 41 C3

Paris 841 – Cannes 63 – Draguignan 19 – Fréjus 29
56, avenue du Président Wilson, ✆ 04 94 73 10 28, www.ot-vidauban.fr

La Bastide des Magnans avec ch
32 av. Galliéni, rte La Garde-Freinet – ✆ 04 94 99 43 91 – www.bastidedesmagnans.com – Fermé 27 juin-4 juil., 24-31 déc., dim. soir, merc. soir hors saison et lundi
5 ch – 75/85 € 85/115 € – 10 €
Rest – Formule 19 € – Menu 30/75 € – Carte 66/121 €
Malgré la proximité de la route, comment résister à cette charmante bastide du 18e s. et à son jardin, où l'on s'attable à l'ombre des platanes ? L'esprit de la région habite également la carte (poisson en arrivage direct de la côte, par exemple) et le choix de vins ! Mention spéciale aux chambres, toutes séduisantes.

Concorde
11 pl. Georges Clemenceau – ✆ 04 94 73 01 19 – www.le-concorde-alexandre-viale.com – Fermé mardi soir en hiver et merc.
Rest – Formule 18 € bc – Menu 26/49 € – Carte 34/71 €
Sur la place du village – où s'étend la terrasse aux beaux jours –, un restaurant aussi provençal que convivial... Au menu, une cuisine généreuse et 100 % terroir avec, en saison, des spécialités de gibier et de champignons. Le chef est un passionné, soucieux du travail bien fait et de fraîcheur !

VIEILLEVIE – 15 Cantal – 330 C7 – 113 h. – alt. 220 m – ✉ 15120 5 B3

Auvergne
Paris 600 – Aurillac 45 – Entraygues-sur-Truyère 15 – Figeac 44

La Terrasse
Le Bourg – ✆ 04 71 49 94 00 – www.hotel-terrasse.com – Ouvert de fin mars à mi-nov.
23 ch – 51/71 € 51/71 € – 10 € – ½ P
Rest *La Terrasse* – voir les restaurants ci-après
En été, la terrasse face à la piscine embaume du parfum des glycines sur la treille. Dans cet hôtel familial (depuis 1870) sur les rives du Lot, les chambres ne sont pas toutes jeunes mais quelle vue sur les vertes collines !

La Terrasse
Le Bourg – ✆ 04 71 49 94 00 – www.hotel-terrasse.com – Ouvert de fin mars à mi-nov. et fermé dim. soir et lundi sauf le soir en juil.-août
Rest – Menu 27 € (sem.), 29/31 € – Carte 28/43 €
Que l'on soit en salle ou sur la terrasse sous la glycine, la cuisine fait la part belle au poisson et flirte avec les épices et les légumes méditerranéens. Attention, le terroir n'est pas oublié pour autant. Et au loin ondule le Lot...

VIENNE – 38 Isère – **333** C4 – 29 619 h. – alt. 160 m – ✉ 38200 **44** B2
Lyon et sa région
Paris 486 – Grenoble 89 – Lyon 31 – St-Étienne 49
Cours Brillier, ✆ 04 74 53 80 30, www.vienne-tourisme.com
Cathédrale St-Maurice★★ - Temple d'Auguste et de Livie★★ **R** - Théâtre romain★ - Église★ et cloître★ de St-André-le-Bas - Esplanade du Mont Pipet ★ - Anc. église St-Pierre★ - Groupe sculpté★ de l'église de Ste-Colombe AY - Cité gallo-romaine de St-Romain-en-Gal★★ (musée★, site★).

Plans pages suivantes

La Pyramide

14 bd Fernand-Point, cours de Verdun, Sud du plan - AZ – ✆ 04 74 53 01 96 – www.lapyramide.com – Fermé 17 fév.-11 mars et 12-21 août
20 ch – 170/225 € 180/240 € – 4 suites – 22 €
Rest *La Pyramide* – voir les restaurants ci-après
Rest *L'Espace PH3* – Formule 24 € bc – Carte 40/55 €
Une étape historique sur la mythique N 7 : comme à la grande époque, on fait un "stop over" à la Pyramide, moins par nécessité que par plaisir ! Haute gastronomie au restaurant (également un bistrot, le PH3, où l'on cuisine devant vous) et confort bourgeois dans les chambres. Pourquoi repartir ?

La Pyramide (Patrick Henriroux)

14 bd Fernand-Point, cours de Verdun, Sud du plan - AZ – ✆ 04 74 53 01 96 – www.lapyramide.com – Fermé 17 fév.-11 mars, 12-21 août, mardi et merc.
Rest – Menu 62 € bc (déj. en sem.), 118/175 € – Carte 120/190 €
Une institution sur la route du Midi, en son temps fief du célèbre Fernand Point ! Pas de nostalgie pour autant : dans un décor très design et extrêmement élégant, Patrick Henriroux fait preuve d'un savoir-faire aussi discret qu'imparable. Justesse, invention, subtilité...
➜ Crème soufflée de dormeur au caviar, émietté de tourteau et croquant d'artichaut. Bœuf de Salers, millefeuille de pomme de terre et queue de bœuf à la syrah. Piano au chocolat praliné, sauce café. **Vins** Vin de pays des Collines Rhodaniennes, Condrieu.

Le Bec Fin

7 pl. St-Maurice – ✆ 04 74 85 76 72 – Fermé mardi soir, merc. soir, jeudi soir, dim. soir et lundi AY**r**
Rest – Menu 26 € (sem.), 36/46 € – Carte 35/76 €
À l'image de son patron, ce restaurant ne manque pas de caractère avec son décor classique et ses alléchantes recettes traditionnelles. Pieds et paquets, grenouilles, belle viande de bœuf : Lyon n'est pas loin !

Le Cloître

2 r. Cloîtres – ✆ 04 74 31 93 57 – www.le-cloitre.net – Fermé dim. BY**n**
Rest – Formule 15 € – Menu 19 € (déj. en sem.)/28 € – Carte 33/41 €
Un restaurant de caractère à l'heure du jazz... à Vienne, au pied de la cathédrale St-Maurice. Tajine de cabillaud citron épices, raviolis aux chanterelles, etc. Sans oublier un beau choix de vins : ne restez pas cloîtré !

Saveurs du Marché

34 cours de Verdun - AZ – ✆ 04 74 31 65 65 – www.lessaveursdumarche.fr – Fermé 6 juil.-12 août, 23 déc.-2 janv., sam., dim. et fériés
Rest – Menu 15 € (déj. en sem.), 25/40 € – Carte 42/56 €
Joliment dynamique, ce restaurant où tables et chaises immaculées tranchent sur des murs en pierre ; un décor contemporain qui met en valeur de belles saveurs du marché, bien entendu !

L'Estancot

4 r. Table Ronde – ✆ 04 74 85 12 09 – Fermé 1er-16 sept., de Noël à mi-janv., dim., lundi et fériés BY**e**
Rest – Formule 18 € – Menu 23/32 € – Carte 28/43 €
Un bistrot contemporain sympathique et généreux. Les habitués apprécient les criques (des galettes de pommes de terre), spécialités de la maison, à déguster avec, au choix, des foies de volaille, des rognons, des cailles, etc.

STE-COLOMBE

Briand (Pl. A.) . . . . AY
Cochard (R.) . . . . AY
Égalité (Pl. de l') . . . . AY
Garon (R.) . . . . AY
Herbouville (Q. d') . . . . AY
Joubert (Av.) . . . . AY
Nationale (R.) . . . . AY
Petits Jardins (R. des) . . . . AY

VIENNE

Allmer (R.) . . . . BZ 2
Allobroges (Pl. des) . . . . AZ
Anatole-France (Quai) . . . . BCY
Aqueducs (Ch. des) . . . . CY
Asiaticus (Bd) . . . . AZ
Beaumur (Montée) . . . . BCZ
Boson (R.) . . . . AZ
Bourgogne (R. de) . . . . BY
Brenier (R. J.) . . . . BY
Briand (Pl. A.) . . . . BY 3
Brillier (Cours) . . . . ABZ
Capucins (Pl. des) . . . . BCY
Célestes (R. des) . . . . CY 4
Chantelouve (R.) . . . . BY 5
Charité (R. de la) . . . . BCY 6
Cirque (R. du) . . . . CY 7
Clémentine (R.) . . . . BY 8
Clercs (R. des) . . . . BY 9
Collège (R. du) . . . . BY 10
Coupe-Jarret (Montée) . . . . BZ
Éperon (R. de l') . . . . BY 12
Gère (R. de) . . . . CY
Jacquier (R. H.) . . . . BY
Jean-Jaurès (Q.) . . . . AYZ
Jeu-de-Paume (Pl. du) . . . . BY 15
Jouffray (Pl. C.) . . . . AZ
Juiverie (R. de la) . . . . BZ 16
Lattre-de-Tassigny (Pont de) . . . ABY
Laurent (R. Florentin) . . . . AZ
Marchande (R.) . . . . BY
Miremont (Pl. de) . . . . BY 18
Mitterrand (Pl. F.) . . . . BY 19
Orfèvres (R. des) . . . . BY 20
Pajot (Quai) . . . . BY 22
Palais (Pl. du) . . . . BY 23
Peyron (R.) . . . . BZ 24
Pilori (Pl. du) . . . . BY 25
Pipet (R.) . . . . CY
Pompidou (Bd Georges) . . . . AZ
Ponsard (R.) . . . . BY 28
République (Bd et Pl.) . . . . ABZ 29
Riondet (Quai) . . . . AZ
Rivoire (Pl. A.) . . . . CY
Romanet (R. E.) . . . . ABZ
Romestang (Cours) . . . . BZ
St-André-le-Haut (R.) . . . . CY 34
St-Louis (Pl.) . . . . BY
St-Marcel (Montée) . . . . CYZ
St-Maurice (Pl.) . . . . AY
St-Paul (Pl.) . . . . BY
St-Pierre (Pl.) . . . . AZ
Schneider (R.) . . . . CY 37
Sémard (Pl. P.) . . . . BZ
Table-Ronde (R. de la) . . . . BY 38
Thomas (R. A.) . . . . CY
Tupinières (Montée des) . . . . CZ
Ursulines (R. des) . . . . CY 39
Verdun (Cours de) . . . . AZ
Victor-Hugo (R.) . . . . BCYZ
11-Novembre (R. du) . . . . AZ 43

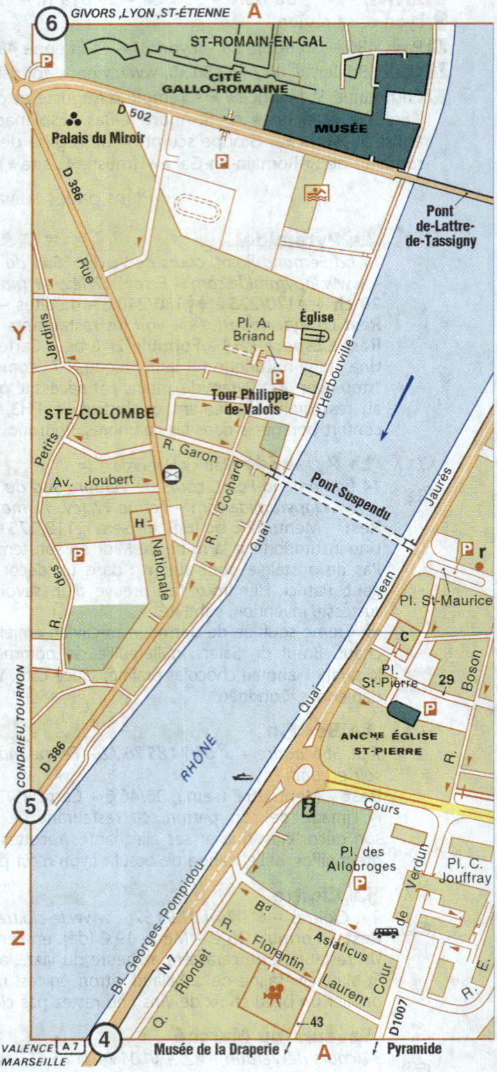

à Chasse-sur-Rhône 8 km par ① (Échangeur A7 - sortie Chasse-sur-Rhône) – 5 153 h. – alt. 180 m – ✉ 38670

Ibis Styles

1363 av F.-Mistral – ✆ 04 72 49 58 68 – http://www.ibisstyleslyonsud.com/
115 ch – 🚹79/129 € 🚹🚹89/139 €
Rest *(fermé août, sam. midi, dim. midi et fériés)* – Menu 22 € – Carte 25/38 €
Une adresse proche de l'autoroute, qui conviendra aussi bien aux hommes d'affaires qu'aux voyageurs désireux de faire une étape. Les chambres sont décorées dans un style minimaliste, gai et coloré.

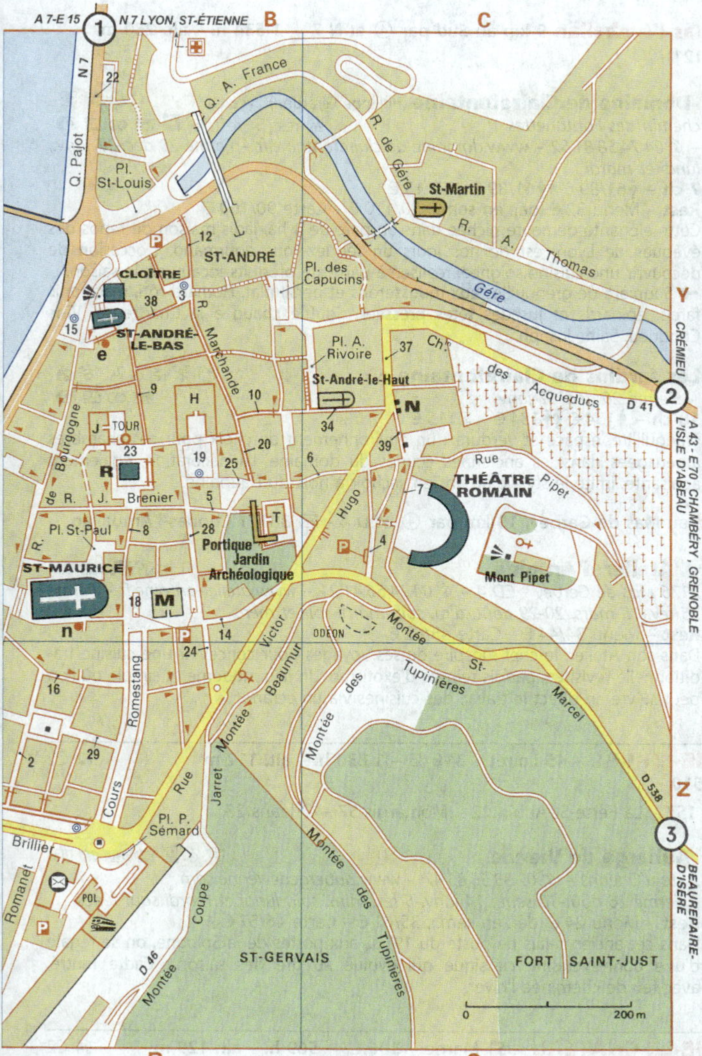

à Estrablin 8 km par ② et D 41 – 3 280 h. – alt. 223 m – ✉ 38780

La Gabetière sans rest

269 Le Logis Neuf, sur D 502 – ✆ 04 74 58 01 31 – www.la-gabetiere.com – Fermé 25 déc.-17 janv.

12 ch – †60 € ††68/80 € – ☕ 10 €

Dans leur parc, ce charmant manoir du 16e s. et ses annexes ont un petit air bucolique. Les chambres adoptent des styles variés et soignés (bonbonnière, provençal, ancien...). Pour les loisirs : une piscine et une aire de jeux.

à Chonas-l'Amballan 9 km au Sud par ④ et N 7 – 1 534 h. – alt. 250 m – ✉ 38121

XXX ✿ **Domaine de Clairefontaine** (Philippe Girardon) avec ch
chemin des Fontanettes AC rest, rest, P VISA AE
– ✆ 04 74 58 81 52 – www.domaine-de-clairefontaine.fr – Fermé 20 déc.-17 janv., lundi et mardi
7 ch – †61/89 € ††61/89 € – ☕ 15 €
Rest – Menu 32 € (déj. en sem.), 50/110 € – Carte 90/100 €
Cette élégante demeure nichée dans un parc de 3 ha, jadis maison de repos des évêques de Lyon, est de nos jours un rendez-vous gourmand. L'occasion de découvrir une cuisine soignée, réalisée à partir de produits locaux et de saison.
➜ Soupière de grenouilles aux mousserons et persil plat. Homard rôti, macaronis farcis, épinards et jus des têtes pressées. Soufflé chaud à la Chartreuse. **Vins** Condrieu, Saint-Joseph.

Les Jardins de Clairefontaine AC VISA AE
– Fermé 20 déc.-17 janv.
18 ch – †134 € ††134 € – ☕ 15 €
Tranquillité, espace et verdure : un environnement de choix pour ces chambres aménagées dans les anciennes écuries du domaine. La décoration, également apaisante, imite le style d'un ancien séchoir à noix du Dauphiné.

au Sud au Mas de Gerbey, 10 km par ④ et D 4 - ✉ 38121 Chonas-l'Amballan

X **L'Atelier d'Antoine** P VISA
2176 Mas de Gerbey - CD 4 – ✆ 04 74 56 41 21 – www.atelier-antoine.fr – Fermé 25 fév.-15 mars, 20-29 août, dim. soir, mardi soir et merc.
Rest – Menu 34/44 € – Carte 45/62 €
Dans son Atelier, le chef s'inspire de ses voyages pour concevoir une cuisine traditionnelle revisitée, parfois teintée d'exotisme. Un lieu moderne et simple où l'on peut suivre en direct le travail des cuisines via un écran.

VIENNE-EN-VAL – 45 Loiret – 318 J5 – 1 830 h. – alt. 112 m – ✉ 45510 12 C2

▶ Paris 157 – La Ferté-St-Aubin 22 – Montargis 57 – Orléans 23

XX **Auberge de Vienne** AC VISA AE
2 rte d'Orléans – ✆ 02 38 58 85 47 – www.aubergedevienne.com – Fermé 26 août-10 sept., 14 janv.-5 fév., dim. soir, lundi et mardi sauf fériés
Rest – Menu 24 € (déj. en sem.), 35/61 € – Carte 46/57 €
Dans cet ancien relais de poste du 19e s., aux portes de la Sologne, on se régale d'une bonne cuisine classique qui évolue au gré des saisons. Cadre feutré, avec feu de cheminée l'hiver.

VIENNE-LE-CHÂTEAU – 51 Marne – 306 L7 – 569 h. – alt. 129 m – ✉ 51800 14 C2

▶ Paris 236 – Châlons-en-Champagne 52 – Saint-Memmie 50 – Verdun 49

rte de Binarville 1 km au Nord par D 63 – ✉ 51800 Vienne-le-Château

Le Tulipier AC rest, P VISA AE
r. St-Jacques – ✆ 03 26 60 69 90 – www.letulipier.com – Fermé le week-end de déc. à mars
38 ch – †74 € ††84 € – ☕ 9 € – ½ P
Rest *(fermé dim. en hiver)* – Menu 15 € (sem.), 27/56 € – Carte 40/55 €
Les amateurs de calme et de nature apprécieront cet hôtel bordant la forêt d'Argonne. Avec ses chambres fonctionnelles, son restaurant, sa piscine couverte et sa salle de fitness, c'est un bon point de chute pour des activités de plein air.

VIERZON – 18 Cher – 323 I3 – 27 020 h. – alt. 122 m – ✉ 18100 12 C2

Limousin Berry

Paris 207 – Bourges 39 – Châteauroux 58 – Orléans 84

11, rue de la Société Française, ✆ 02 48 53 06 14, www.officedetourismedevierzon.com

de la Picardière, Chemin de la Picardière, par rte de Gien : 8 km, ✆ 02 48 75 21 43

de Nançay, à Nançay, Domaine de Samord, NE : 18 km par D 926 et D944, ✆ 02 48 51 86 55

Continental sans rest

104 bis av. Ed.-Vaillant, 1,5 km au Nord – ✆ 02 48 75 35 22 – www.hotelcontinental18.com – Fermé 24-31 déc.

37 ch – 52/58 € 64/69 € – 8 €

En sortie de ville, dans une construction moderne, une adresse familiale pratique pour l'étape. Préférez les chambres, plus calmes, sur l'arrière du bâtiment. Petite restauration type snack.

Les Petits Plats de Célestin

20 av. Pierre Sémard, (face à la gare) – ✆ 02 48 83 01 63 – www.lamaisondecelestin.com – Fermé 21 avril-2 mai, 18 août-3 sept., 27 oct.-5 nov., dim. et lundi

Rest – Formule 19 € – Menu 24/28 € – Carte 30/44 €

"Des petits plats réconfortants, qu'on aime retrouver" : voilà ce que défend ce Célestin ! La terrine et le saumon fumé comptent parmi les incontournables de la maison, et l'on peut aussi se régaler d'un sandre au beurre rouge, d'une duxelles d'escargots ou d'une terrine de campagne aux champignons... Épatant.

à Méreau 4 km au Sud par D 918, rte d'Issoudun – 2 340 h. – alt. 106 m – ✉ 18120

Château le Briou d'Autry sans rest

31 r. d'Autry – ✆ 06 88 49 98 98 – www.lebrioudautry.fr – Fermé 2 sem. en août

5 ch – 88/118 € 88/118 €

Cette gentilhommière du 19e s. cultive l'esprit maison de famille. "Rodin", "George Sand"... chaque chambre honore la mémoire d'un artiste. Aux beaux jours, on profite du parc.

rte de Tours 2,5 km au Nord-Ouest – ✉ 18100 Vierzon :

Le Champêtre

89 rte de Tours – ✆ 02 48 75 87 18 – Fermé 20-30 août, 1 sem. en fév., dim. soir, lundi soir, mardi soir et merc.

Rest – Formule 19 € – Menu 23 € (sem.), 26/40 € – Carte 34/49 €

Une petite maison sympathique à la sortie de la ville. On y apprécie de savoureuses recettes du terroir dans un cadre un rien champêtre. Une adresse familiale où se restaurer à prix raisonnables.

VIEUX-MOULIN – 60 Oise – 305 I4 – rattaché à Compiègne

VIEUX-VILLEZ – 27 Eure – 304 H6 – rattaché à Gaillon

LE VIGAN – 30 Gard – 339 G5 – 3 959 h. – alt. 221 m – ✉ 30120 23 C2

Languedoc Roussillon

Paris 707 – Alès 66 – Lodève 50 – Mende 108

place du Marché, ✆ 04 67 81 01 72, www.cevennes-meridionales.com

Musée Cévenol★.

au Rey 5 km à l' Est par D 999 – ✉ 30570 St Andre de Majencoules

Château du Rey

Le Rey – ✆ 04 67 82 40 06 – www.chateaudurey.fr – Ouvert 25 mars-30 sept.
12 ch – †78/99 € ††78/99 € – 1 suite – ☕ 10 € – ½ P
Rest *(fermé dim. soir et lundi sauf juil.-août)* – Formule 13 € – Menu 15 € (déj. en sem.), 24/44 € – Carte 34/63 €
Tours et mâchicoulis... cette forteresse médiévale a été restaurée par Viollet-le-Duc ! Un certain raffinement a percé les murs : chambres cosy, avec un joli décor à l'ancienne (mobilier de famille, notes rétro). Le restaurant est logé sous les voûtes d'une bergerie du 13e s. Priorité au terroir !

VIGNOUX-SUR-BARANGEON – 18 Cher – 323 J3 – 2 088 h. – alt. 157 m – ✉ 18500 12 C3

▶ Paris 215 – Bourges 26 – Cosne-Cours-sur-Loire 69 – Gien 70

ℹ 23, rue de la République, ✆ 02 48 51 11 41

Le Prieuré avec ch

r. Jean Graczyk – ✆ 02 48 51 58 80 – www.leprieurehotel.com – Fermé 26 août-1er sept., vacances de la Toussaint et de fév., mardi et merc. hors saison
5 ch – †74/92 € ††74/92 € – ☕ 9 € – ½ P
Rest – Formule 20 € – Menu 28 € (déj. en sem.), 38/66 € – Carte 41/57 €
Dans cet ancien presbytère du 19e s., la gourmandise est loin d'être un péché ! On y apprécie une cuisine dans l'air du temps : râble de lapin au romarin et son caviar d'aubergines, meringue glacée à l'arabica et mousse vanille… À déguster dans un décor clair, presque monacal. Belle terrasse.

VILLAGE-NEUF – 68 Haut-Rhin – 315 J11 – rattaché à St-Louis

VILLAINES-LA-JUHEL – 53 Mayenne – 310 H4 – 3 084 h. – alt. 185 m – ✉ 53700 35 C1

▶ Paris 222 – Alençon 32 – Bagnoles-de-l'Orne 31 – Le Mans 58

ℹ 26, rue Jules Doitteau, ✆ 02 43 03 78 88, www.cc-villaines-juhel.fr

Oasis sans rest

La Sourderie, 1 km par rte de Javron – ✆ 02 43 03 28 67 – www.oasis.fr
14 ch – †49/75 € ††61/105 € – ☕ 8 €
Cette ferme au cachet rustique dispose de chambres ornées de poutres et de murs en briquette. Petit parc (plan d'eau, minigolf).

VILLARD-DE-LANS – 38 Isère – 333 G7 – 4 031 h. – alt. 1 040 m – Sports d'hiver : 1 050/2 050 m 2 20 – Casino – ✉ 38250 45 C2

Alpes du Nord

▶ Paris 584 – Die 67 – Grenoble 34 – Lyon 123

ℹ 101, place Mure Ravaud, ✆ 04 76 95 10 38, www.villarddelans.com

18 de Corrençon-en-Vercors, S : 6 km par D 215, ✆ 04 76 95 80 42

◉ Gorges de la Bourne★★★ – Route de Valchevrière★ O par D 215c.

La Roseraie

309 av. Nobecourt – ✆ 04 76 95 11 99 – www.hotellaroseraie.com – Fermé 5-20 avril et 5 nov.-15 déc.
20 ch – †80/150 € ††90/150 € – ☕ 12 € – ½ P
Rest *La Roseraie* – voir les restaurants ci-après
Un grand chalet moderne, un peu à l'écart du village. Les étages ménagent de belles échappées sur le Vercors – vert s'il en est –, ce qui invite à profiter de la montagne... Le niveau de confort est tout à fait satisfaisant (bonne literie).

Les Trente Pas

16 r. des Francs-Tireurs – ✆ 04 76 94 06 75 – Fermé avril, mi-nov. à mi-déc., jeudi soir, lundi et mardi sauf fériés

Rest *(nombre de couverts limité, réserver)* – Menu 17 € (déj. en sem.), 30/57 € bc – Carte 45/60 €

À quelques pas – une trentaine ? – de l'église de Villard, un restaurant de poche simple et agréable. Derrière ses fourneaux, le chef honore les bons produits (notamment du Vercors) au gré du marché et de son inspiration. Un travail soigné.

La Roseraie – Hôtel La Roseraie

309 av. Nobecourt – ✆ 04 76 95 11 99 – www.hotellaroseraie.com – Fermé 5-20 avril et 15 sept.-15 déc.

Rest – Menu 25 € (déj.), 40/45 € – Carte 44/57 €

Sous l'égide d'un jeune chef autodidacte, une petite table qui invente et s'invente. Le décor allie montagne et modernité, de même la carte : pièce de veau bio et ses ravioles de Romans, "cèpes du Vercors" (ces délicieuses meringues), etc.

au Sud-Ouest par D 215 et rte du col du Liorin – ✉38250 Villard-de-Lans

Auberge des Montauds

aux Montauds : 4 km – ✆ 04 76 95 17 25 – www.auberge-des-montauds.fr – Fermé 14 avril-8 mai et 15 oct.-17 déc.

10 ch – 56/64 € 65/72 € – 8 € – ½ P

Rest *(fermé lundi et mardi sauf juil.-août)* – Menu 18 € (déj. en sem.), 23/38 € – Carte 28/51 €

Posée sur les alpages, en altitude, cette ancienne ferme semble vivre en symbiose avec la nature... Les chambres sont typiquement régionales et, à l'heure des repas, on peut manger raclette, fondue, truite fumée ou tête de veau. Une bouffée de Vercors.

La Ferme du Bois Barbu avec ch

à Bois- Barbu : 3 km – ✆ 04 76 95 13 09 – www.fermeboisbarbu.com – Fermé 22 oct.-6 nov.

8 ch – 59 € 68 € – 9 € – ½ P

Rest *(fermé merc. midi)* – Menu 15/26 € – Carte environ 35 €

Non loin des pistes de ski de fond et des chemins de randonnée, dans un environnement préservé – que la région est pittoresque ! –, une adresse sympathique, montagnarde mais nullement rude : feu de cheminée l'hiver, cuisine du terroir, etc.

Envie de partir à la dernière minute ?
Visitez les sites Internet des hôtels pour bénéficier de promotions tarifaires.

au Balcon de Villard rte Côte 2000, 4 km au Sud-Est par D 215 et D 215B – ✉ 38250 Villard-de-Lans :

Les Playes

Les Pouteils Côte 2000 – ✆ 04 76 95 14 42 – www.hotel-playes.com – Ouvert 8 mai-30 sept. et 14 déc.-10 avril

22 ch – 65/85 € 80/110 € – 11 € – ½ P

Rest *(ouvert 15 juin-2 sept. et 23 déc.-30 mars) (dîner seult en hiver)* – Formule 25 € – Menu 29 € – Carte 35/53 €

Aux commandes de ce chalet voisin du domaine skiable, deux frères dont la famille serait sur le plateau depuis plus de 800 ans ! En héritage : souci de bien faire et ambiance montagnarde, non dénuée de fraîcheur... Avis aux skieurs, randonneurs et autres vététistes : cuisine solide au restaurant.

à Corrençon-en-Vercors 6 km au Sud par D 215 – 359 h. – alt. 1 105 m – ✉ 38250

place du Village, ✆ 04 76 95 81 75, www.correncon.com

Hôtel du Golf

Les Ritons – ✆ 04 76 95 84 84 – www.hotel-du-golf-vercors.fr – Ouvert 1er mai-21 oct. et 21 déc.-28 mars
17 ch – †85/110 € ††110/210 € – 5 suites – ☕ 14 €
Rest *Le Bois Fleuri* ✿ – voir les restaurants ci-après
Quelle métamorphose pour ce qui n'était il y a cinquante ans qu'une minuscule auberge... L'œuvre de trois générations successives, qui ont créé un bel établissement sans perdre l'esprit de famille (aujourd'hui, le benjamin de la fratrie, menuisier, assure le travail du bois !). Espace, calme, grand confort, prestations variées : on quitte les lieux à regret...

Le Bois Fleuri – Hôtel du Golf

Les Ritons – ✆ 04 76 95 84 84 – www.hotel-du-golf-vercors.fr – Ouvert 1er mai-21 oct. et 21 déc.-28 mars et fermé le midi sauf sam., dim. et fériés
Rest – Menu 40/102 €
Point de ski de fond dans ce restaurant gastronomique : le chef aime sortir des sentiers déjà tracés, mêler les saveurs et bousculer les papilles... Belle sélection de produits – notamment du Vercors.
➜ Veau bio de Méaudre et crevettes bleues de France, brocoli, amande marcona et fleur d'oranger. Pigeon de la Drôme autour des céréales, abats en royale, nuage de maïs. Chartreuse, chocolat et noix de Vinay. **Vins** Châtillon-en-Diois, Balmes dauphinoises.

LE VILLARS – 71 Saône-et-Loire – 320 J10 – rattaché à Tournus

---

VILLARS – 84 Vaucluse – 332 F10 – 744 h. – alt. 330 m – ✉ 84400 — 42 E1

▶ Paris 739 – Aix-en-Provence 96 – Avignon 58 – Marseille 112

La Table de Pablo

Hameau des Petits-Cléments – ✆ 04 90 75 45 18 – www.latabledepablo.com – Fermé 1er janv.-14 fév., merc. sauf le soir en juil.-août, jeudi midi de sept. à juin et sam. midi
Rest *(nombre de couverts limité, réserver)* – Formule 17 € – Menu 29/55 € – Carte 33/50 €
Pour goûter une cuisine délicate et volontiers créative, à base de beaux produits régionaux, ce restaurant entre vignes et cerisiers est tout trouvé. Mention spéciale pour la paisible terrasse bercée par le chant des cigales...

VILLARS-LES-DOMBES – 01 Ain – 328 D4 – 4 328 h. – alt. 281 m — 43 E1
– ✉ 01330 Lyon et sa région

▶ Paris 433 – Bourg-en-Bresse 29 – Lyon 37 – Villefranche-sur-Saône 29
ℹ 3, place de l'Hôtel de Ville, ✆ 04 74 98 06 29, www.villars-les-dombes.com
18 du Clou, RN 83, S : 3 km par D 1083, ✆ 04 74 98 19 65
36 du Gouverneur, à Monthieux, Château du Breuil, SO : 8 km par D 904 et D 6, ✆ 04 72 26 40 34
◉ Parc des oiseaux★★ : Spectacle d'oiseaux en vol★★ S : 1 km.

Ribotel sans rest

rte de Lyon – ✆ 04 74 98 08 03 – www.ribotel.fr – Fermé 20 déc.-10 janv.
45 ch – †52/58 € ††62/68 € – ☕ 9 €
Une adresse qui dépanne aux portes du parc ornithologique, avec des chambres fonctionnelles et un petit salon pour la détente (fauteuils club, écran LCD).

à Bouligneux 4 km au Nord-Ouest par D 2 – 308 h. – alt. 282 m – ✉ 01330

Le Thou

Le Village – ✆ 04 74 98 15 25 – www.lethou.com – Fermé 1 sem. fin nov., 1 sem. fin janv., mardi d'oct. à avril, dim. soir et lundi
Rest – Menu 29/55 € – Carte 41/56 €
Dès l'entrée de cette ancienne auberge de village superbement fleurie, on est séduit par sa charpente vitrée. La carte célèbre les terroirs de la Bresse et de la Dombes (cuisses de grenouilles fraîches, quenelles de volaille).

VILLÉ – 67 Bas-Rhin – **315** H6 – 1 856 h. – alt. 260 m – ✉ 67220 **2** C1
Alsace Lorraine

Paris 445 – Lunéville 82 – St-Dié 48 – Ste-Marie-aux-Mines 27

14, place du Marché, ✆ 03 88 57 11 69

La Bonne Franquette ch, VISA

6 pl. Marché – ✆ 03 88 57 14 25 – www.hotel-bonne-franquette.com – Fermé 6-12 juil., 25 oct.-11 nov. et 16 fév.-4 mars

9 ch – †52/57 € ††57/62 € – ☐ 8 € – ½ P

Rest *(fermé sam. midi, dim. soir et lundi)* – Formule 9 € – Menu 21/40 € – Carte 27/36 €

Sur une placette du centre-ville, une auberge familiale abondamment fleurie en saison. Les chambres sont bien tenues, fonctionnelles et confortables. Accueil chaleureux. Restauration traditionnelle.

LA VILLE-AUX-CLERCS – 41 Loir-et-Cher – **318** D4 – 1 333 h. – alt. 143 m – ✉ 41160 **11** B2

Paris 159 – Brou 41 – Châteaudun 29 – Le Mans 74

Mairie, ✆ 02 54 80 62 35

Manoir de la Forêt P VISA AE

r. Françoise-de-Lorraine, à Fort-Girard : 1,5 km à l'Est par rte secondaire – ✆ 02 54 80 62 83 – www.manoirdelaforet.fr – Fermé 1 sem. en nov., 2-18 janv., dim. soir et lundi d'oct. à avril

13 ch – ††60/80 € – ☐ 10 € – ½ P

Rest ***Manoir de la Forêt*** – voir les restaurants ci-après

Promenons-nous dans les bois... pour y trouver ce beau pavillon de chasse du 19e s. ! Les chambres au mobilier de style (préférez celles du 1er étage, plus récentes) et le salon avec sa cheminée composent un intérieur des plus cossus. Idéal pour un week-end forestier.

XX **Manoir de la Forêt** P VISA AE

r. Françoise-de-Lorraine, à Fort-Girard : 1,5 km à l'Est par rte secondaire – ✆ 02 54 80 62 83 – www.manoirdelaforet.fr – Fermé 2-18 janv., dim. soir et mardi midi d'oct. à avril, lundi sauf le soir en saison

Rest – Formule 22 € bc – Menu 27/51 € – Carte 48/62 €

Au cœur de la forêt, cette table chic cultive joliment le goût de la nature... et de l'époque : beaux produits et préparations maison, esprit terroir et recettes originales – à l'instar d'une tête de veau en millefeuille ou d'un roulé d'agneau rôti et ses légumes au bouillon de couscous. Agréable terrasse.

LA VILLE-BLANCHE – 22 Côtes-d'Armor – **309** B2 – rattaché à Lannion

VILLECHAUD – 58 Nièvre – **319** A7 – rattaché à Cosne-Cours-sur-Loire

VILLECOMTAL-SUR-ARROS – 32 Gers – **336** D9 – 858 h. – alt. 177 m – ✉ 32730 **28** A2

Paris 760 – Aire-sur-l'Adour 67 – Auch 48 – Pau 70

XXX **Le Rive Droite** VISA

1 chemin Saint Jacques – ✆ 05 62 64 83 08 – www.lerivedroite.com – Fermé 11-26 nov., merc. midi, lundi et mardi sauf du 14 juil. au 18 août

Rest – Formule 25 € bc – Menu 35/40 €

George Sand séjourna dans cette élégante chartreuse (18e s.) située au bord de la rivière. L'ancien et le contemporain s'y mêlent avec brio ; belle cuisine dans l'air du temps.

VILLECROZE – 83 Var – **340** M4 – 1 128 h. – alt. 300 m – ✉ 83690 **41** C3
Côte d'Azur

Paris 835 – Aups 8 – Brignoles 38 – Draguignan 21

Place Victor Espitalier, ✆ 04 94 67 50 00, www.mairie-villecroze.com

Belvédère★ : ☼★ N : 1 km.

XX **Le Colombier** avec ch

185 rte de Draguignan – ✆ 04 94 70 63 23 – www.lecolombier-var.com
– Fermé 20 nov.-15 déc.
6 ch – †90/139 € ††90/139 € – ☕ 11 €
Rest *(fermé jeudi soir en hiver, dim. soir et lundi)* – Formule 20 €
– Menu 29/85 € – Carte 41/100 €
Un accueil d'une grande gentillesse, un décor qui a la douceur de la Provence (mobilier traditionnel, fleurs fraîches, etc.) et une cuisine sûre de ses classiques, en toute simplicité... Et l'on peut nicher dans ce Colombier, en profitant de l'une des chambres d'esprit régional.

au Sud-Est 3 km par rte de Draguignan et rte secondaire – ✉ 83690 Salernes

X **Au Bien Être** avec ch

chemin du Bien-être – ✆ 04 94 70 67 57 – www.aubienetre.com
– Ouvert mars-sept., fermé lundi midi, mardi midi et merc. midi
8 ch – †49/88 € ††49/88 € – ☕ 9 € – ½ P
Rest – Formule 19 € – Menu 29/42 € – Carte 36/52 €
Coquette salle à manger dans les tons bordeaux et blanc, cheminée, agréable terrasse sous les chênes et cuisine du terroir avec un menu spécifique dédié à la truffe : bien-être assuré ! Pour l'étape, chambres fraîches ouvertes sur la piscine.

VILLE D'AVRAY – 92 Hauts-de-Seine – 311 J3 – voir à Paris, Environs

VILLEDIEU-LES-POÊLES – 50 Manche – 303 E6 – 3 882 h. – alt. 105 m – ✉ 50800 Normandie Cotentin 32 A2

Paris 314 – Alençon 122 – Avranches 26 – Caen 82
Place des Costils, ✆ 02 33 61 05 69, www.ot-villedieu.fr
Fonderie de cloches★.

Le Fruitier

pl. Costils – ✆ 02 33 90 51 00 – www.le-fruitier.com
48 ch – †59/79 € ††59/113 € – ☕ 10 € – ½ P
Rest *Le Fruitier* – voir les restaurants ci-après
Rest *La Poêle de Gargantua* ✆ 02 33 90 51 03 – Menu 14 € (déj. en sem.), 17/27 € – Carte 18/38 €
Dans le centre de la "cité du cuivre", cette hôtellerie familiale a su donner à la plupart de ses chambres un look contemporain et vitaminé. Pour se détendre, un fitness et une piscine couverte sont à disposition.

XXX **La Ferme de Malte**

11 r. Jules Tétrel – ✆ 02 33 91 35 91 – www.lafermedemalte.fr
– Fermé 13 déc.-16 janv., dim. soir, merc. soir et lundi
Rest – Menu 20/40 € – Carte 35/55 €
Cette ancienne ferme de l'ordre de Malte abrite des salles à manger chaleureuses donnant sur une terrasse. Cuisine traditionnelle et quelques préparations dans l'air du temps.

XX **Manoir de l'Acherie** avec ch

37 r. Michel-de-l'Épinay, à l'Acherie, 3,5 km à l'Est par D 975 et D 554 (autoroute A 84 sortie 38) – ✆ 02 33 51 13 87 – www.manoir-acherie.fr
– Fermé 1er-11 mars, 15 nov.-6 déc., dim. soir du 10 oct. au 10 avril et lundi
18 ch – †65/120 € ††65/120 € – ☕ 10 € – ½ P
Rest – Formule 16 € – Menu 20/42 € – Carte 30/77 €
Au cœur du bocage normand, un manoir du 17e s. et sa petite chapelle groupés autour d'un jardin. Un cadre authentique pour se régaler de plats du terroir et de grillades sur la braise. Les chambres, très bien tenues et au calme, garantissent un séjour serein. Accueil très aimable.

Le Fruitier – Hôtel Le Fruitier

pl. Costils – ✆ 02 33 90 51 00 – www.le-fruitier.com – Fermé 23 déc.-20 janv., dim. soir d'oct. à mars et le midi en sem.

Rest – Menu 27/35 € – Carte 32/51 €

Dans ce cadre moderne à la fois sobre et chic, la cuisine de la mer est à l'honneur. Logique, dans la région de la baie du Mont-St-Michel ! Cassolette de la mer, sole aux petits légumes, feuilleté aux poires, etc. : traditionnel et soigné.

VILLEDIEU-SUR-INDRE – 36 Indre – 323 F5 – 2 738 h. – alt. 135 m – ✉ 36320 11 B3

Paris 280 – Bourges 80 – Châteauroux 14 – Orléans 155

La Gourmandine

1 av. de la Gare – ✆ 02 54 29 87 91 – Fermé 2 sem. en mars, 2 sem. en aout, 1 sem. en janv., merc. soir, dim. soir et lundi

Rest – Menu 17 € (déj. en sem.), 28/48 € – Carte 34/56 €

Quinze ans passés dans le Puy-de-Dôme, puis retour au pays natal... Le patron, seul aux fourneaux, donne beaucoup et concocte une cuisine très alléchante. Un lieu chaleureux, une carte volontairement courte, de beaux produits : bon appétit !

VILLEFARGEAU – 89 Yonne – 319 E5 – rattaché à Auxerre

VILLEFORT – 48 Lozère – 330 L8 – 618 h. – alt. 600 m – ✉ 48800 23 C1

Languedoc Roussillon

Paris 616 – Alès 52 – Aubenas 61 – Florac 63

43, place Bosquet, ✆ 04 66 46 87 30, www.villefort-cevennes.com

Balme

pl. du Portalet – ✆ 04 66 46 80 14 – www.hotelbalme.free.fr – Fermé 15-20 oct., 15 nov.-15 fév., dim. soir, mardi midi et lundi sauf juil.-août

Rest – Menu 24/39 €

Au pied du mont Lozère, le chef explore les possibilités du terroir cévenol en y mêlant les souvenirs de ses voyages lointains. Cochon ibérique au satay, agneau au citron "façon Marrakech" : simple, frais et soigné !

VILLEFRANCHE-DE-CONFLENT – 66 Pyrénées-Orientales – 344 F7 – 232 h. – alt. 435 m – ✉ 66500 22 B3

Languedoc Roussillon

Paris 898 – Mont-Louis 31 – Olette 11 – Perpignan 51

2, rue Saint Jean, ✆ 04 68 96 22 96, www.villefranchedeconflent.com

Ville forte★ - Fort Liberia : ≤★★.

Auberge Saint-Paul

7 pl. de l'Église – ✆ 04 68 96 30 95 – Fermé 20-27 juin, 2 sem. fin nov., 3-27 janv., mardi hors saison, dim. soir et lundi

Rest – Menu 21 € (sem.), 27/85 € – Carte 52/68 €

Poutres, pierres apparentes et terrasse sous un tilleul... du cachet ! Quant à la cuisine, subtile et gourmande, elle révèle la passion de la chef pour la gastronomie et s'accompagne de crus bien choisis (bourgognes et vins locaux).

VILLEFRANCHE-DE-ROUERGUE – 12 Aveyron – 338 E4 – 12 213 h. – alt. 230 m – ✉ 12200 29 C1

Midi Toulousain

Paris 614 – Albi 68 – Cahors 61 – Montauban 80

Maison du tourisme promenade du Guiraudet, ✆ 05 65 45 13 18, www.villefranche.com

La Bastide★ : place Notre-Dame★, église Notre-Dame★ - Ancienne chartreuse St-Sauveur★ .

Les Fleurines sans rest

17 bd Haute-Guyenne – ✆ 05 65 45 86 90 – www.lesfleurines.com – Fermé 1er sem. janv.

18 ch – †64/98 € ††64/98 € – ☕ 10 €

À deux pas de la chapelle des Pénitents-Noirs, une engageante bâtisse en pierre, avec des chambres contemporaines. Sobre et design, mais néanmoins très cosy : le meilleur hôtel du centre-ville.

L'Épicurien
8 bis av. Raymond-St-Gilles – ✆ 05 65 45 01 12 – www.restaurant-lepicurien-villefranche.fr – Fermé dim. soir et lundi
Rest – Formule 18 € – Menu 32/52 € – Carte 38/55 €
Une ancienne droguerie reconvertie en restaurant rustique et chaleureux, pour une cuisine traditionnelle et régionale. Les amateurs de fraîcheur apprécieront la terrasse, idéale en fin de journée...

Côté Saveurs
5 r. Belle-Isle – ✆ 05 65 65 83 64 – www.cote-saveurs.fr – Fermé 1er-17 juil., dim. et lundi
Rest – Menu 17 € (déj. en sem.), 29/58 € – Carte 48/62 €
Un lieu dans l'air du temps, cosy et contemporain (pierres apparentes, touches pop). La cuisine, colorée, fraîche et goûteuse, sait mettre en valeur le terroir aveyronnais.

L'Assiette Gourmande
pl. André Lescure – ✆ 05 65 45 25 95 – Fermé dim. sauf le midi de sept. à juin, mardi soir et merc. sauf juil.-août
Rest – Formule 12 € – Menu 16 € (sem.), 20/38 € – Carte 24/52 €
Au cœur de la vieille ville, cette maison du 13e s., rustique à souhait, est l'endroit idéal pour savourer des grillades et de bons petits plats régionaux.

au Farrou Nord 4 km par D 1E – ✉ 12200 Villefranche de Rouergue

Relais de Farrou
– ✆ 05 65 45 18 11 – www.relaisdefarrou.com – Fermé 25 janv.-7 fév., 3-14 nov., 19-26 déc.
26 ch – †68/108 € ††78/112 € – ☕ 11 € – ½ P
Rest *Relais de Farrou* – voir les restaurants ci-après
Entre route et rivière, ce relais de poste né en 1792 a su rester jeune et frais ! Les chambres sont contemporaines et confortables, et tout ici invite à se détendre : le tennis, le minigolf, la piscine, ou encore le fitness...

Relais de Farrou
– ✆ 05 65 45 18 11 – www.relaisdefarrou.com – Fermé 25 janv.-7 fév., 3-14 nov., 19-26 déc., sam. midi, dim. soir et lundi hors saison
Rest – Formule 15 € – Menu 23/51 € – Carte 50/63 €
Tagliatelles à l'encre de seiche, bœuf de l'Aubrac et sa poêlée de légumes oubliés, millefeuille aux fraises : de jolis petits plats accompagnés de vins bien choisis. Cadre accueillant (cheminée dans la salle d'hiver ; véranda).

VILLEFRANCHE-SUR-MER – 06 Alpes-Maritimes – 341 E5 — 42 E2

– 5 831 h. – alt. 30 m – ✉ 06230 Côte d'Azur
Paris 932 – Beaulieu-sur-Mer 3 – Nice 5
jardin François Binon, ✆ 04 93 01 73 68, www.villefranche-sur-mer.com
Rade★★ - Vieille ville★ - Chapelle St-Pierre★ - Musée Volti★.

Accès et sorties : Voir plan de Nice

Versailles rest, ch,
7 bd Princesse Grace de Monaco – ✆ 04 93 76 52 52 – www.hotelversailles.com – Ouvert du 1er avril à fin oct. **k**
46 ch – †140/160 € ††150/180 € – ☕ 15 € – ½ P
Rest *(fermé lundi et mardi)* – Formule 31 € – Menu 44 € – Carte 48/90 €
Quelle vue idyllique sur le golfe ! Dans cet agréable hôtel familial, les chambres – de style contemporain et épuré – ont toutes un balcon ou une terrasse donnant sur la rade. Pour un séjour au rythme de la Grande Bleue...

Welcome sans rest
3 quai Courbet – ✆ 04 93 76 27 62 – www.welcomehotel.com – Fermé 12 nov.-21 déc. **n**
33 ch – †135/425 € ††135/425 € – 2 suites – ☕ 17 €
Welcome : un nom tout trouvé pour cet hôtel accueillant, jadis fréquenté par Jean Cocteau. D'esprit méridional, les chambres sont soignées, avec balcon donnant sur la mer ; quant au petit-déjeuner (buffet), il se révèle délicieux.

VILLEFRANCHE-SUR-MER

Cauvin (Av. V.) 2
Corderie (Quai de la) 3
Corne d'Or (Bd de la) 5
Courbet (Quai Amiral) 6
Église (R. de l') 7
Foch (Av. du Maréchal) 8
Gallieni (Av. Général) 9
Gaulle (Av. Général-de) 10
Grande-Bretagne (Av. de) 12
Joffre (Av. Maréchal) 14
Leclerc (Av. Général) 15
Marinières (Promenade des) . . . 16
May (R. de) 18
Obscure (R.) 19
Paix (Pl. de la) 20
Poilu (R. du) 22
Pollonais (Pl. A.) 24
Ponchardier (Quai Amiral) 25
Poullan (Pl. F.) 26
Sadi-Carnot (Av.) 28
Settimelli-Lazare (Bd) 30
Soleil d'Or (Av. du) 31
Verdun (Av. de) 32
Victoire (R. de la) 34
Wilson (Pl.) 35

La Fiancée du Pirate sans rest

8 bd de la Corne d'Or – ✆ 04 93 76 67 40
– www.fianceedupirate.com
– Fermé 21 nov.-15 déc. et 9-26 janv. **b**

15 ch – †95/150 € ††95/150 € – ☕ 12 €

À l'écart de l'agitation portuaire, un hôtel familial des plus sympathiques : les chambres, provençales, sont simples et propres ; la vue sur la baie est ravissante et, pour l'anecdote, le propriétaire est un ancien footballeur !

La Flore sans rest

5 bd Princesse Grace de Monaco – ✆ 04 93 76 30 30
– www.hotel-la-flore.fr **e**

31 ch – †76/230 € ††76/230 € – ☕ 12 €

Sur la corniche, cette bâtisse ocre domine la rade de Villefranche. Les chambres, coquettes et peu à peu rénovées, ont très souvent une agréable loggia donnant sur les flots. Aux beaux jours, on prend son petit-déjeuner en terrasse.

La Mère Germaine

9 quai Courbet – ✆ 04 93 01 71 39 – www.meregermaine.com
– Fermé 4 nov.-24 déc. **a**

Rest – Menu 44 € – Carte 68/104 €

Poisson frais et fruits de mer depuis 1938 : la Mère Germaine est une institution locale et Cocteau venait manger ici. Ah, qu'il fait bon s'installer en terrasse, face au port !

VILLEFRANCHE-SUR-SAÔNE – 69 Rhône – 327 H4 43 E1
– 34 686 h. – alt. 190 m – ✉ 69400 Lyon et sa région

Paris 432 – Bourg-en-Bresse 54 – Lyon 33 – Mâcon 47

96, rue de la sous-préfecture, ☎ 04 74 07 27 40, www.villefranche-beaujolais.fr

18 du Beaujolais, à Lucenay, S : 8 km par D 306 et D 30, ☎ 04 74 67 04 44

Ici & Là (N)

384 bd Louis-Blanc – ☎ 04 37 55 09 09 – www.hotelicietla.com BZ**a**

78 ch – †95/180 € ††95/180 € – ☕ 15 €

Rest *Belooga* – Formule 21 € – Menu 26/40 € – Carte 36/66 €

Un hôtel flambant neuf, créé à deux pas du centre-ville. Le bâtiment, très contemporain, répond aux normes HQE ; les chambres se révèlent fonctionnelles et bien insonorisées. Quant au restaurant, façon brasserie chic, il est tout indiqué pour un sympathique repas. Une bonne nouvelle adresse !

Plaisance sans rest

96 av. de la Libération – ☎ 04 74 65 33 52 – www.hotel-plaisance.com – Fermé 22 déc.-2 janv. AZ**n**

68 ch – †79/115 € ††79/115 € – 5 suites – ☕ 11 €

Hôtel d'affaires au cœur de la capitale du Beaujolais, avec de jolies chambres et suites qui mêlent confort et esprit contemporain. Petit plus bien pratique en centre-ville : le parking et le garage.

VILLEFRANCHE-SUR-SAÔNE

VILLEFRANCHE-SUR-SAÔNE

Arts (Pl. des) . . . . AZ 49
Belleville (R. de) . . . . BY 5
Carnot (Pl.) . . . . BZ 9
Faucon (R. du) . . . . BY 19
Fayettes (R. des) . . . . BZ 20
Grange-Blazet (R.) . . . . BZ 23
Marais (Pl. des) . . . . BZ 32
Nationale (R.) . . . . BYZ
République (R. de la) . . . . . . AZ 41
Salengro (Bd Roger) . . . . AY 46
Savigny (R. J.-M.) . . . . AZ 47
Sous-Préfecture (R.) . . . . AZ 50
Stalingrad (R. de) . . . . BZ 52

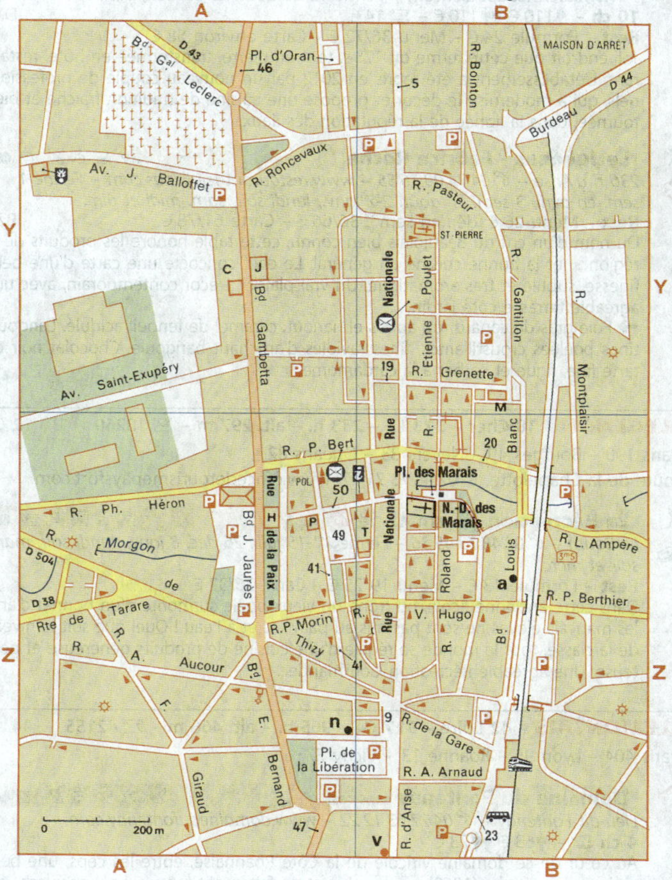

🏠 **Newport** ch, rest,

610 av. de l'Europe, (Z.I. Nord-Est) – *04 74 68 75 59* – *newport-en-beaujolais*

48 ch – †65 € ††77 € – ☕ 8 € – ½ P **DXv**

Rest *(fermé 2 sem. en août et 24 déc.-1er janv., sam., dim. et fériés)* – Formule 16 € – Menu 25/40 € – Carte 26/42 €

Jouxtant le parc des expositions, près d'une route très passante, cet hôtel-restaurant est certes sans charme notable, mais très bien insonorisé, frais et soigneusement tenu. Bienvenu lors d'un déplacement professionnel ou autre.

Ne confondez pas les couverts ✗ et les étoiles ✿ ! Les couverts définissent une catégorie de confort et de service, tandis que l'étoile couronne uniquement la qualité de la cuisine, quel que soit le standing de la maison.

XXX **La Ferme du Poulet** avec ch
180 r. Mangin, Z.I. Nord-Est – 04 74 62 19 07
– www.lafermedupoulet.com – Fermé 12-26 août, 23-30 déc., dim. soir et lundi
10 ch – †110 € ††110 € – ☐ 14 € DX**s**
Rest – Formule 24 € – Menu 36/72 € – Carte environ 58 €
Joli endroit que cette ferme du 17e s. tout en pierre, transformée en hôtel-restaurant. L'établissement a été repris en 2012 par un nouveau couple de professionnels, qui a modernisé le décor et propose une cuisine de tradition fraîche et bien tournée, dans la lignée de la réputation des lieux.

X **Le Juliénas - Fabrice Roche**
236 r. d'Anse – 04 74 09 16 55 – www.restaurant-lejulienas.com – Fermé 1 sem. en avril, 3 sem. en août, 2-7 janv., lundi soir, sam. midi et dim.
Rest – Menu 26 € (déj. en sem.), 36/66 € – Carte 61/78 € BZ**v**
Du nom d'un cru du Beaujolais bien connu, cette table honore les produits de la région… et la bonne cuisine en général. Le chef concocte une carte d'une belle finesse, subtile et très aromatique. Un vrai plaisir ! Décor contemporain, avec une agréable terrasse côté jardin.
→ Foie gras de canard rôti au ras-el-hanout, caramel de fenouil acidulé. Langoustines poêlées croustillantes, fines ravioles d'artichaut barigoule. Chocolat noir en tarte fine, figue et sorbet à la cardamome.

VILLEGENON – 18 Cher – 323 L2 – 233 h. – alt. 297 m – ✉ 18260 12 C2

Paris 190 – Bourges 49 – Nevers 83 – Orléans 82
route de la Chapelotte, 02 48 73 71 77, www.officedetourismepaysfort.com

X **La Récréation Gourmande** N
Le Bourg – 02 48 73 45 36 – Fermé 1er-15 juil., 26 déc.-8 janv., lundi soir, mardi soir et merc.
Rest – Formule 13 € – Menu 19/25 € – Carte 26/37 €
Dans cette ancienne école, où trône un vieux poêle surmonté d'un bonnet d'âne, les mauvais élèves ne sont pas mis au pain sec et à l'eau ! Quel que soit le niveau de la classe, tout le monde se régale d'une cuisine de produits généreuse et goûteuse. Une agréable Récréation Gourmande…

VILLEMONTAIS – 42 Loire – 327 C4 – 965 h. – alt. 466 m – ✉ 42155 44 A1

Paris 404 – Lyon 95 – Roanne 13 – Vichy 77

Domaine du Fontenay sans rest
Lieu-dit Fontenay – 04 77 63 12 22 – www.domainedufontenay.com
4 ch ☐ – †63 € ††73 €
Au cœur de ce domaine viticole de la Côte Roannaise, entre les ceps, une belle maison de métayer (1869), confortable et parfaitement tenue : on y pose ses valises avec plaisir. Les propriétaires aiment partager avec leurs hôtes leur passion de la vigne !

VILLEMOYENNE – 10 Aube – 313 F4 – 719 h. – alt. 130 m – ✉ 10260 13 B3

Paris 184 – Troyes 21 – Bar-sur-Aube 46 – Châtillon-sur-Seine 51

X **La Parentèle**
32 r. Marcellin Lévêque – 03 25 43 68 68 – www.la-parentele-caironi.com – Fermé 2-11 janv., vacances de fév., dim. soir, merc. soir, jeudi soir, lundi et mardi
Rest – Formule 20 € – Menu 29 €, 50 € bc/60 € bc – Carte 29/48 €
Le café de la place du village s'est transformé en sympathique néobistrot et l'on y sert une cuisine dans l'air du temps, sans bouder pour autant quelques plats plus traditionnels… dont la fameuse tête de veau ravigote !

VILLENEUVE-D'ASCQ – 59 Nord – 302 G4 – rattaché à Lille

VILLENEUVE-DE-BERG – 07 Ardèche – 331 J6 – 2 835 h. 44 B3

– alt. 320 m – ✉ 07170 Ardèche Drôme

▶ Paris 628 – Aubenas 16 – Largentière 27 – Montélimar 27

ℹ Grande Rue, ✆ 04 75 94 89 28, www.berg-coiron-tourisme.com

XX **Auberge de Montfleury**

à la gare, 4 km à l'Ouest par N 102, rte d'Aubenas – ✆ 04 75 94 74 13 – www.auberge-de-montfleury.fr – Fermé 3 mars-19 avril, 28 oct.-12 nov., dim. soir, lundi et mardi

Rest – Formule 18 € – Menu 29/78 € bc – Carte environ 48 €

Dans cette sympathique auberge, on savoure une généreuse cuisine qui varie avec les saisons. Le chef affectionne les bons produits locaux et concocte un petit menu terroir.

XX **La Table de Léa**

Le Petit Tournon, 1,5 km au Sud-Ouest par D 558 – ✆ 04 75 94 70 36 – www.restaurant-table-lea.com – Fermé 11-21 mars, nov., merc. et le midi du lundi au jeudi

Rest *(nombre de couverts limité, réserver)* – Menu 26/55 € – Carte environ 55 €

Dans cette ancienne grange, la chef élabore une cuisine du marché assez personnelle. Pendant ce temps-là, on profite de la belle terrasse sous les marronniers...

VILLENEUVE-LA-GARENNE – 92 Hauts-de-Seine – 311 J2 – 101 15 – voir à Paris, Environs

VILLENEUVE-LA-SALLE – 05 Hautes-Alpes – 334 H3 – rattaché à Serre-Chevalier

VILLENEUVE-LE-COMTE – 77 Seine-et-Marne – 312 F3 – 1 772 h. 19 C2

– alt. 126 m – ✉ 77174

▶ Paris 40 – Lagny-sur-Marne 13 – Meaux 19 – Melun 38

XXX **A la Bonne Marmite**

15 r. Gén.-de-Gaulle – ✆ 01 60 43 00 10 – www.restaurant-labonnemarmite.com – Fermé 5-27 août, 15 fév.-6 mars, dim. soir, lundi et mardi

Rest – Formule 27 € – Menu 36 € (sem.), 49/78 € – Carte 60/97 €

Superbe ferme briarde du 16e s., devenue ensuite relais de poste. Salles bourgeoises, belle terrasse d'été fleurie sous une treille, cuisine actuelle et beau choix de vins.

VILLENEUVE-LE-ROI – 94 Val-de-Marne – 312 D3 – 101 26 – voir à Paris, Environs

VILLENEUVE-LÈS-AVIGNON – 30 Gard – 339 N5 – 12 463 h. 23 D2

– alt. 23 m – ✉ 30400 Provence

▶ Paris 678 – Avignon 8 – Nîmes 46 – Orange 28

ℹ 1, place Charles David, ✆ 04 90 25 61 33, www.tourisme-villeneuvelezavignon.fr

👁 Fort et Abbaye St-André★ : ≤★★ AV - Tour Philippe-le-Bel ≤★★ AV - Vierge★★ au musée municipal Pierre de Luxembourg★ AV M - Chartreuse du Val-de-Bénédiction★ AV.

Plan : voir à Avignon

Le Prieuré

7 pl. du Chapitre – ✆ 04 90 15 90 15 – www.leprieure.com – Fermé de nov. à mi-mars AVt

25 ch – †180/650 € ††180/650 € – 13 suites – ☕ 25 €

Rest ***Le Prieuré*** ✿ – voir les restaurants ci-après

Le palais des Papes n'est pas si loin... Au cœur de la cité médiévale de Villeneuve, ce prieuré du 14e s. distille un je-ne-sais-quoi d'exclusivité. Vieilles pierres, dernier chic contemporain, superbe jardin... à l'écart du monde.

La Magnaneraie

37 r. Camp-de-Bataille – ✆ 04 90 25 11 11 – www.hostellerie-la-magnaneraie.com – fermé 3-28 fév. AV**b**

30 ch – †214/269 € ††214/269 € – 2 suites – ☕ 15 €

Rest *(fermé merc. midi et dim. d'oct. à avril et sam. midi)* – Formule 18 € – Menu 35/89 € – Carte 62/82 €

Cette élégante demeure du 15e s. propose des chambres contemporaines (styles romantique, colonial...). Bar ouvert sur une terrasse ombragée de platanes, jardin fleuri. Restaurant rehaussé de fresques et de colonnes ; cuisine provençale.

La Suite N sans rest

65-67 r. de la République – ✆ 04 90 21 51 07 – www.hotellasuite.fr – Ouvert de début avril à mi-oct. AV**a**

7 ch – †139/219 € ††139/219 € – 2 suites – ☕ 15 €

Au cœur de la ville, ce petit hôtel de charme a été créé en 2011 dans une ancienne biscuiterie du 17e s. Les chambres et les suites ont chacune leur univers : ethnique, années pop, urbain... Bel espace détente et joli jardin. Une adresse à croquer !

L'Atelier sans rest

5 r. de la Foire – ✆ 04 90 25 01 84 – www.hoteldelatelier.com AV**e**

20 ch – †79/99 € ††89/149 € – ☕ 10 €

Une vraie maison de charme (16e s.) : bel escalier, chambres dotées de meubles anciens, poutres apparentes, objets d'art et, aux beaux jours, petit-déjeuner dans le joli patio.

Le Prieuré – Hôtel Le Prieuré

7 pl. du Chapitre – ✆ 04 90 15 90 15 – www.leprieure.com – Fermé de nov. à mi-mars, dim. soir, mardi midi et lundi sauf de juin à sept. AV**t**

Rest – Formule 39 € bc – Menu 72/132 € – Carte 100/115 €

Une seule prière pour cette table bucolique : des produits de saison, mis en valeur au fil du calendrier... Les préparations sont fines et délibérément simples. Entre rosiers et glycine séculaire, la terrasse se révèle charmante.

➜ Blanc de cabillaud servi cru et confit, pomme de terre tiède à l'huile d'olive et truffe blanche. Saint-pierre sauvage snacké et mousseline de fenouil à la graine de caviar. Fraises des bois et géranium odorant au parfum rose-citron.

VILLENEUVE-LÈS-BÉZIERS – 34 Hérault – 339 E9 – rattaché à Béziers

VILLENEUVE-LOUBET – 06 Alpes-Maritimes – 341 D6 – 15 091 h. 42 E2

– alt. 10 m – ✉ 06270 Côte d'Azur

Paris 915 – Antibes 12 – Cannes 22 – Grasse 24

16, avenue de la Mer, ✆ 04 92 02 66 16, www.ot-villeneuveloubet.org

de Villeneuve-Loubet, Route de Grasse, par D 2085 : 4 km, ✆ 04 93 22 52 25

Musée de l'Art culinaire★ AX **M**2.

Voir plan de Cagnes-sur-Mer

La Flibuste-Martin's

Chemin de la Batterie, (Port Marina Baie des Anges) – ✆ 04 93 20 59 02 – www.lerepairedelaflibuste.fr – Fermé dim. soir et lundi en nov. et déc.

Rest – Formule 27 € – Menu 32 € – Carte 43/106 € AY**e**

Sur la marina, les flibustiers d'un jour se donnent rendez-vous dans cet endroit plutôt chic pour déguster les produits de la pêche du jour : loups, turbots, chapons... Bourride et bouillabaisse sont bien entendu à la carte.

L'Auberge Fleurie

au village, 13 r. Mesures – ✆ 04 93 73 90 92 – www.laubergefleurievilleneuveloubetvillage.com – Fermé 29 oct.-15 nov., jeudi midi et lundi AX**u**

Rest *(réserver)* – Formule 15 € – Menu 25/34 € – Carte 47/66 €

Le célèbre cuisinier Auguste Escoffier naquit dans ce charmant village médiéval. Juste à côté de son musée, cette petite auberge couverte de vigne vierge propose des pâtes, des risottos et une cuisine de saison plutôt traditionnelle.

à Villeneuve-Loubet-Plage – ✉ 06270

Galoubet sans rest

174 av. Castel – ✆ 04 92 13 59 00 – www.hotellegaloubet.com
– Fermé 22-26 déc. AYs

22 ch – †85/104 € ††85/104 € – ☕ 9 €

Le son du galoubet ne résonne pas dans ce petit hôtel récent, mais la mer n'est pas loin... Les chambres sont simples, avec des meubles en rotin, un petit balcon ou une terrasse.

VILLENEUVE-SUR-LOT – 47 Lot-et-Garonne – 336 G3 4 C2

– 23 536 h. – alt. 51 m – ✉ 47300 Aquitaine

Paris 622 – Agen 29 – Bergerac 60 – Bordeaux 146

3, place de la Libération, ✆ 05 53 36 17 30, www.tourisme-villeneuvois.fr

de Villeneuve-sur-Lot, à Castelnaud-de-Gratecambe, par rte de Bergerac : 12 km, ✆ 05 53 01 60 19

Bernard-Palissy (Bd)	BY 2	Goudounèche (Av. A.)	BY 10	Paris (R. de)	BY 25
Darfeuille (R.)	BY 3	Jeanne-de-France (Av.)	BZ 12	République (Bd de la)	BY 26
Droits-de-l'Homme (Pl. des)	AYZ 5	Lamartine (Allée)	BY 16	Ste-Catherine (R.)	BY 29
La-Fayette (Pl.)	BY 13	Lattre-de-T. (Av. Mar.-de)	BY 17	St-Cyr-Cocquard (Bd)	BY 27
Fraternité (R. de la)	BY 6	Leclerc (Av. Gén.)	BZ 19	St-Etienne (R.)	AY 28
Gambetta (Av.)	BY 8	Leygues (Bd G.)	BY 22	Valmy (Allées de)	BZ 30
Gaulle (Av. Gén.-de)	BY 9	Libération (Pl. de la)	BY 23	Victor-Hugo (Cours)	BY 31
		Marine (Bd de la)	BY 24		

La Résidence sans rest
17 av. L. Carnot – ✆ 05 53 40 17 03 – www.hotellaresidence47.com – Fermé 27 déc.-10 janv. BZs
17 ch – 36/57 € 36/57 € – 8 €
Aux portes de la bastide médiévale, un hôtel sympathique, convivial et très bien tenu offrant un hébergement simple. Les chambres côté cour, claires et calmes, ont l'avantage de donner sur les jardins voisins.

La Table des Sens (Hervé Sauton)
8 r. de Penne – ✆ 05 53 36 97 04 – www.latabledessens.com – Fermé 1 sem. en mai, 2 sem. en sept., 28 janv.-5 fév., dim. soir, lundi et mardi BYa
Rest – Formule 20 € – Menu 24 € (déj. en sem.), 36/70 € – Carte 58/93 €
Le chef a un joli parcours derrière lui et cela se sent. De beaux produits travaillés avec moult épices et aromates, quelques saveurs venues d'ailleurs... pour des plats subtils et personnels, dans un décor qui rend zen.
→ Raviole de homard bleu aux épices vadouvan. Ris de veau caramélisé à la truffe noire. Tartelette croustillante aux prunes d'Ente, glace à la vanille Bourbon. Vins Côtes du Marmandais, Bergerac.

à Pujols 4 km au Sud-Ouest par D 118 – 3 645 h. – alt. 180 m – ✉ 47300

place Saint Nicolas, ✆ 05 53 36 78 69, www.tourisme-villeneuvois.fr
★.

Hotel des Chênes sans rest
Bel Air – ✆ 05 53 49 04 55 – www.hoteldeschenes.com – Fermé 20 déc.-12 janv. et dim. de nov. à avril
21 ch – 57/83 € 73/99 € – 11 €
Face au village perché, une bâtisse d'esprit régional avec des chambres fraîches, pratiques et bien tenues. Petits plus sympathiques : la terrasse, la piscine et... la quiétude !

La Toque Blanche
– ✆ 05 53 49 00 30 – www.la-toque-blanche.com – Fermé 24 juin-8 juil., 3 sem. en nov., vacances de fév., dim. et lundi
Rest – Formule 23 € – Menu 39/85 € – Carte 62/123 €
À l'écart de ce pittoresque village, une auberge au décor classique et cossu, où l'on savoure une cuisine traditionnelle fort bien troussée. Jolie terrasse panoramique.

VILLENEUVE-SUR-TARN – 81 Tarn – 338 G7 – alt. 272 m – ✉ 81250 Curvalle 29 C2

Paris 714 – Albi 33 – Castres 67 – Lacaune 44

Hostellerie des Lauriers ch,
– ✆ 05 63 55 84 23 – www.leslauriers.net – Ouvert de mi-mars à mi-oct.
9 ch – 49/60 € 60/74 € – 9 € – ½ P
Rest *(fermé dim. soir et lundi hors saison) (dîner seult)* – Menu 19 € (sem.), 28/34 € – Carte 33/51 €
Dans un petit village, cette maison en pierre du pays (18e s.) est idéale pour se mettre au vert : parc au bord du Tarn, randonnées, cuisine du terroir réalisée par la propriétaire avec des produits du cru et des herbes du potager... Quant aux chambres, elles sont simples et fraîches. Accueillant et familial !

VILLENEUVE-TOLOSANE – 31 Haute-Garonne – 343 G3 – rattaché à Toulouse

VILLENY – 41 Loir-et-Cher – 318 H6 – 391 h. – alt. 132 m – ✉ 41220 12 C2

Châteaux de la Loire

Paris 162 – Blois 38 – Orléans 37 – Romorantin-Lanthenay 32

place de l'église, ✆ 02 54 98 35 25

Auberge de Villeny (N)

6 Grand-Rue – ✆ 02 54 83 60 73 – www.villeny.com – Fermé dim. soir, lundi soir, mardi soir et merc.

Rest – Formule 13 € – Menu 23/33 € – Carte 25/47 €

Une coquette maison solognote à deux pas de l'église du village... logique puisqu'il s'agit de l'ancien presbytère ! Le chef fait plaisir avec sa cuisine assez savoureuse, qui mêle tradition, terroir, idées originales et générosité. Accueil et service aux petits soins.

VILLEREST – 42 Loire – 327 D4 – rattaché à Roanne

VILLEROY – 89 Yonne – 319 C2 – rattaché à Sens

VILLERS-BOCAGE – 14 Calvados – 303 I5 – 2 994 h. – alt. 140 m 32 B2

– ✉ 14310 Normandie Cotentin

Paris 262 – Argentan 83 – Avranches 77 – Bayeux 26

place du Général de Gaulle, ✆ 02 31 77 16 14, www.bocage-normand.com

Les Trois Rois avec ch

2 pl. Jeanne d'Arc – ✆ 02 31 77 00 32 – www.trois-rois.fr – Fermé dim. soir et lundi

13 ch – †76/89 € ††78/92 € – ☕ 12 € – ½ P

Rest – Formule 19 € – Menu 29/61 € – Carte environ 60 €

Dans cette maison familiale, plutôt classique et discrètement bourgeoise, le chef, véritable passionné, ose une cuisine recherchée, en phase avec la tendance. Avis aux gourmands qui voudraient prolonger l'étape, les chambres sont fraîchement rénovées (style sobre et actuel).

VILLERS-COTTERÊTS – 02 Aisne – 306 A7 – 10 242 h. – alt. 126 m 37 C3

– ✉ 02600 Nord Pas-de-Calais Picardie

Paris 81 – Compiègne 32 – Laon 61 – Meaux 41

6, place Aristide Briand, ✆ 03 23 96 55 10, www.tourisme.cc-villers-cotterets.fr

Château de François 1er : grand escalier★.

Forêt de Retz★.

Le Régent sans rest

26 r. du Gén. Mangin – ✆ 03 23 96 01 46 – www.hotel-leregent.com – Fermé 11-18 août et 22-29 déc.

30 ch – †78/85 € ††95/110 € – ☕ 8 €

Relais de poste du 18e s., organisé autour d'une cour pavée où trône un bel abreuvoir. Chambres au charme d'antan (meubles anciens) agrémentées de petites touches contemporaines.

VILLERSEXEL – 70 Haute-Saône – 314 G7 – 1 472 h. – alt. 287 m 17 C1

– ✉ 70110 Franche-Comté Jura

Paris 386 – Belfort 41 – Besançon 59 – Lure 18

33, rue des Cités, ✆ 03 84 20 59 59

Le Relais des Moines

1 r. du 13-Septembre-1944 – ✆ 03 84 20 50 50 – www.lerelaisdesmoines.fr – Fermé 24 déc.-6 janv. et dim. soir

24 ch – †68/81 € ††68/81 € – ☕ 8,50 € – ½ P

Rest – Formule 13 € – Menu 27/34 € – Carte 31/57 €

Ne vous attendez pas à voir des moines faire une course de relais ! Ils ont bien vécu ici, aux 18e et 19e s., mais s'occupaient des voyageurs. Ainsi donc, le sens de l'hospitalité se perpétue avec les chambres, bien tenues, de cet hôtel-restaurant.

La Terrasse

1 r. du quai Militaire, rte de Lure – ✆ 03 84 20 52 11 – www.laterrasse-villersexel.com – Fermé vend. soir et dim. soir d'oct. à mars

11 ch – †47/55 € ††62/75 € – ☕ 8,50 € – ½ P

Rest ***La Terrasse*** – voir les restaurants ci-après

À deux pas de l'office de tourisme, cette coquette maison appartient à la même famille depuis 1921. Les chambres, simples et parfaitement tenues, se parent de mille couleurs... Comme autant de rayons de soleil résistant au mauvais temps !

La Terrasse

1 r. du quai Militaire, rte de Lure – ✆ 03 84 20 52 11 – www.laterrasse-villersexel.com – Fermé vend. soir et dim. soir d'oct. à mars

Rest – Formule 13 € – Menu 15/37 € – Carte 27/52 €

Comment résister à l'agréable terrasse ombragée de ce restaurant ? D'autant qu'on y déguste une goûteuse cuisine traditionnelle où les beaux produits ont la part belle. Et par mauvais temps, installez-vous dans la chaleureuse salle rustique.

VILLERS-LE-LAC – 25 Doubs – 321 K4 – 4 424 h. – alt. 730 m – 17 C2

– ✉ 25130 Franche-Comté Jura

Paris 471 – Basel 116 – Besançon 68 – La Chaux-de-Fonds 18

rue Pierre Berçot, ✆ 03 81 68 00 98, www.villers-le-lac-info.org

Saut du Doubs★★★ NE : 5 km - Lac de Chaillexon★ NE : 2 km - Musée de la montre★.

Le France

8 pl. Cupillard – ✆ 03 81 68 00 06 – www.hotel-restaurant-lefrance.com – Fermé 29 oct.-9 nov. et 23 déc.-23 janv.

12 ch – †56/68 € ††66/78 € – ☕ 10 €

Rest *Le France* ✿ – voir les restaurants ci-après

Cet établissement accueillant perpétue la tradition familiale : quatre générations s'y sont succédé depuis 1900 et l'adresse continue de vivre avec son temps. Espace bien-être avec des soins d'inspiration asiatique. Les prix sont mesurés.

Le France (Hugues Droz)

8 pl. Cupillard – ✆ 03 81 68 00 06 – www.hotel-restaurant-lefrance.com – Fermé 29 oct.-9 nov., 23 déc.-23 janv., mardi midi d'oct. à mai, dim. soir et lundi

Rest – Formule 20 € – Menu 29 € (déj.), 59/78 € – Carte 40/97 € ✿

Maîtrise technique, justesse des associations de saveurs, terroir et invention : Hugues Droz délivre une jolie leçon de cuisine. En salle, son épouse assure un accueil des plus charmants. Une valeur sûre.

➜ Foie chaud de canard caramélisé aux pommes et vinaigre. Menu tout morilles. Le grand dessert. **Vins** Arbois.

VILLERS-SUR-MER – 14 Calvados – 303 L4 – 2 707 h. – alt. 10 m – 32 A3

– Casino – ✉ 14640 Normandie Vallée de la Seine

Paris 208 – Caen 35 – Deauville 8 – Le Havre 52

place Jean Mermoz, ✆ 02 31 87 01 18, www.villers-sur-mer.fr

Domaine de Villers

chemin Belvédère – ✆ 02 31 81 80 80 – www.domainedevillers.fr

17 ch – †160/265 € ††160/265 € – ☕ 19 €

Rest *Domaine de Villers* – voir les restaurants ci-après

Une situation idéale entre Deauville et Cabourg, sur les hauteurs, avec vue sur la baie... Ce manoir récent, entouré d'un parc, recèle des chambres luxueuses, déclinant les styles contemporain, marin, Art déco... Agréable spa (massages, sauna, etc.).

Domaine de Villers

chemin Belvédère – ✆ 02 31 81 80 80 – www.domainedevillers.fr – Fermé le midi du lundi au vend.

Rest – Menu 36 € (sem.)/59 € – Carte 53/76 €

On y vient pour sa terrasse panoramique et son cadre cossu, mais aussi sa cuisine de bonne facture, qui valorise les poissons et fruits de mer de la pêche côtière, les volailles et fromages fermiers...

VILLERVILLE – 14 Calvados – 303 M3 – rattaché à Honfleur

VILLETOUREIX – 24 Dordogne – 329 D4 – 875 h. – alt. 67 m – 4 C1

– ✉ 24600 Périgord Quercy

Paris 510 – Angoulême 59 – Bordeaux 119 – Périgueux 35

Le Moulin de Larcy
– 05 53 91 23 89 – www.le-moulin-de-larcy.com
3 ch – 170/260 € 170/260 € **Table d'hôte** – Menu 25 €
Le murmure de la rivière, la végétation luxuriante, l'intérieur élégant mis en scène par un propriétaire décorateur : ce moulin du 19e s. est un havre de paix ! Chambres avec salon et cuisine privée. À la table d'hôte, menu suggéré la veille pour le lendemain.

VILLIÉ-MORGON – 69 Rhône – 327 H3 – 1 886 h. – alt. 262 m 43 E1
– 69910 Lyon et sa région
Paris 412 – Lyon 54 – Mâcon 23 – Villefranche-sur-Saône 22
La Terrasse ★★ près du col du Fût d'Avenas NO : 7 km Lyon Drôme Ardèche

L'Atelier du Cuisinier
17 r. Baudelaire – 04 74 62 20 76
Rest – Menu 14 € (déj. en sem.)/26 € – Carte 25/35 €
À l'ardoise de ce charmant bistrot à l'ancienne, des suggestions appétissantes aux couleurs du terroir (pâté maison) et un grand choix de vins locaux. L'été, on profite avec plaisir de la grande terrasse ombragée.

à Morgon 2 km au Sud par D 68 – 69910

Le Morgon
– 04 74 69 16 03 – Fermé 15 déc.-1er fév., fériés le soir, mardi soir, dim. soir et merc.
Rest – Menu 21/42 € – Carte 23/45 €
Une halte de terroir et de tradition dans une sympathique auberge, au cœur du hameau viticole. L'hiver, réservez une table au coin du feu !

VILLIERS-LE-MAHIEU – 78 Yvelines – 311 G2 – 709 h. – alt. 127 m 18 A2
– 78770
Paris 53 – Dreux 37 – Évreux 63 – Mantes-la-Jolie 18

Château de Villiers-le-Mahieu
r. du Centre – 01 34 87 44 25
– www.chateauvilliers.com – Fermé 23 déc.-1er janv.
95 ch – 245/440 € 245/440 € – 21 €
Rest – Menu 39 € bc (sem.)/47 € – Carte 41/57 €
Cerné de tours et de douves en eau, ce château du 17e s. (fondations du 13e s.) mêle charme du passé et goût du confort. Belles prestations dans les chambres (plusieurs annexes aux styles variés), spa de 700 m². Ambiance lounge au restaurant, cuisine actuelle.

VILLIERS-SOUS-GREZ – 77 Seine-et-Marne – 312 E6 – 760 h. 19 C3
– alt. 86 m – 77760
Paris 75 – Corbeil-Essonnes 42 – Évry 43 – Savigny-sur-Orge 52

La Cerisaie sans rest
10 r. Larchant – 01 64 24 23 71 – www.cerisaie.fr
4 ch – 70/80 € 75/85 €
Remarquablement restaurée, cette ferme du 19e s. est un vrai paradis. Meubles chinés et objets coup de cœur ornent les chambres aux noms évocateurs : Photographe, Orientale...

VILLIERS-SUR-MARNE – 52 Haute-Marne – 313 K4 – 52320 14 C3
Paris 282 – Bar-sur-Aube 41 – Chaumont 31 – Neufchâteau 52

La Source Bleue
2 km au Sud par D 194 – 03 25 94 70 35 – www.hotelsourcebleue.com
– Fermé 23 déc.-10 janv.
11 ch – 75/130 € 75/130 € – 1 suite – 12 €
Rest ***La Source Bleue*** – voir les restaurants ci-après
Moulin du 18e s. entouré d'un grand parc longeant la rivière. Les chambres, décorées dans un esprit Art déco, sont très spacieuses et bien tenues. Toutes disposent d'une terrasse donnant sur le lac ou la nature environnante ! Idéal pour se mettre au vert.

XX **La Source Bleue**

2 km au Sud par D 194 – ✆ 03 25 94 70 35 – www.hotelsourcebleue.com – Fermé 23 déc.-10 janv., dim. soir, lundi et mardi

Rest – Formule 22 € – Menu 29/50 € – Carte 46/65 €

On peut aimer les retours aux sources sans pour autant rejeter son époque ! Ici, les gourmands savourent une cuisine traditionnelle revisitée. Les recettes sont bien maîtrisées et accompagnées d'un joli choix de vins. Aux beaux jours, profitez de la terrasse les pieds dans l'eau. Service prévenant.

VINAY – 51 Marne – **306** F8 – rattaché à Épernay

VINCELOTTES – 89 Yonne – **319** E5 – rattaché à Auxerre

VINCENNES – 94 Val-de-Marne – **312** D2 – **101** 17 – voir à Paris, Environs

---

VINCEY – 88 Vosges – **314** F2 – rattaché à Charmes

VINON-SUR-VERDON – 83 Var – **340** J3 – 4 051 h. – alt. 280 m – ✉ 83560 **40** B2

Paris 775 – Aix-en-Provence 47 – Brignoles 52 – Digne-les-Bains 70

66 avenue de la Libération, ✆ 04 92 74 04 39, http://tourisme.vinon-sur-verdon.fr

X **Relais des Gorges** avec ch

230 av. de la République – ✆ 04 92 78 80 24 – Fermé vacances de Toussaint, 20-30 déc. et dim. soir

9 ch – †46 € ††55/65 € – ☕ 8 € – ½ P

Rest – Menu 18 € (sem.), 32/42 € – Carte 41/87 €

Aux portes des grandioses gorges du Verdon, faites halte dans cette auberge où l'on sert une appétissante cuisine traditionnelle. Petites chambres sobres et pratiques.

VIRE – 14 Calvados – **303** G6 – 12 183 h. – alt. 275 m – ✉ 14500 **32** B2

Normandie Cotentin

Paris 296 – Caen 64 – Flers 31 – Laval 103

square de la Résistance, ✆ 02 31 66 28 50, www.bocage-normand.com

de Vire la Dathée, à Saint-Manvieu-Bocage, Ferme de la Basse Haie, SE : 8 km par D 150, ✆ 02 31 67 71 01

Hôtel de France

4 r. d'Aignaux – ✆ 02 31 68 00 35 – www.hoteldefrancevire.com – fermé 5-12 août, 14 déc.-5 janv. et dim. soir

20 ch – †60/70 € ††60/70 € – ☕ 9 € – ½ P

Rest *(fermé lundi midi)* – Formule 17 € – Menu 28/30 € – Carte 29/48 €

Extérieurement, cette bâtisse en pierre du centre-ville a tout d'une maison de tradition. Néanmoins, les chambres, contemporaines et épurées, ont sérieusement changé de look. Idem au restaurant... mais l'andouille de Vire y est toujours à l'honneur !

rte de Flers 2,5 km par D 524 – ✉ 14500 Vire

XX **Manoir de la Pommeraie**

L'Auverre – ✆ 02 31 68 07 71 – www.manoirdelapommeraie.com – Fermé 2 sem. en août, 3 sem. en janv., dim. soir et lundi

Rest – Formule 19 € bc – Menu 29/51 € – Carte environ 42 €

Non loin de Vire, une maison du 18e s. rustique en apparence, délicate en réalité... Aux fourneaux œuvre un couple à la scène comme à la ville : Masako, japonaise et pâtissière, et Julien, formé comme elle dans plusieurs grandes maisons. Salée et sucrée, une bonne table !

VIRÉ – 71 Saône-et-Loire – 320 J11 – 1 097 h. – alt. 225 m – ✉ 71260 8 C3

▶ Paris 378 – Cluny 23 – Mâcon 20 – Tournus 19

Frédéric Carrion Cuisine Hôtel

pl. A. Lagrange – ✆ 03 85 33 10 72 – www.relais-de-montmartre.fr – Fermé 12-30 janv.

10 ch – †150/220 € ††160/280 € – ☕ 22 €

Rest *Frédéric Carrion Cuisine Hôtel* ✿ – voir les restaurants ci-après

Au cœur du village, une belle bâtisse en pierre très élégante. Déco contemporaine pop ou baroque ; charme d'un lieu authentique : tout ici est cossu ! En complément du restaurant gastronomique, l'espace bien-être est très agréable avec son hammam et son jacuzzi...

Frédéric Carrion Cuisine Hôtel

pl. A. Lagrange – ✆ 03 85 33 10 72 – www.relais-de-montmartre.fr – Fermé 1er-6 sept., 12-30 janv., sam. midi, mardi midi et lundi

Rest – Formule 30 € – Menu 52/80 € – Carte 70/100 €

Un lieu chic (drapés, lustres de Murano) pour une assiette fraîche et fine. Le chef travaille de beaux produits régionaux et revisite avec soin les saveurs traditionnelles, rehaussées ici et là de créativité...

➜ Raviole de homard dans un chou fondant et chutney au gingembre. Volaille de Bresse cuisinée en cocotte, poivre vert de Penja et parfum de truffe. Soufflé chaud au Grand Marnier. **Vins** Viré-Clessé, Mâcon-Burgy.

VIRY-CHÂTILLON – 91 Essonne – 312 D3 – 101 36 – voir à Paris, Environs

VISAN – 84 Vaucluse – 332 C8 – 1 956 h. – alt. 218 m – ✉ 84820 40 A2

▶ Paris 652 – Avignon 61 – Marseille 148 – Valence 92

ℹ 178, rue de la Congrégation, ✆ 04 90 41 97 25, www.visan-tourisme.com

Hôtel du Midi Ⓝ

5 av. des Alliés – ✆ 04 90 41 90 05 – www.hotelrestaurantmidi.fr

11 ch – †57/82 € ††57/82 € – ☕ 8 € **Rest** – Formule 13 € – Menu 18/25 €

Au pied du village et en bord de route, cette grande bâtisse en pierre abrite des chambres spacieuses, confortables et cosy. Cuisine traditionnelle au restaurant. Idéal pour visiter les ruines du château médiéval ou la chapelle Notre-Dame-des-Vignes.

VISCOS – 65 Hautes-Pyrénées – 342 L7 – 44 h. – alt. 800 m – ✉ 65120 28 A3

▶ Paris 880 – Pau 75 – Tarbes 50 – Argelès-Gazost 17

La Grange aux Marmottes

au village – ✆ 05 62 92 88 88 – www.grangeauxmarmottes.com – Fermé 1er nov.-15 déc.

15 ch – †70/130 € ††70/130 € – ☕ 11 € – ½ P

Rest *La Grange aux Marmottes* – voir les restaurants ci-après

À la recherche du calme absolu ? Vous serez séduit par cette ancienne grange en pierre située aux portes du parc national des Pyrénées. Les chambres sont douillettes et mignonnes : idéal pour dormir comme une marmotte en pays toy.

La Grange aux Marmottes

au village – ✆ 05 62 92 88 88 – www.grangeauxmarmottes.com – Fermé 1er nov.-15 déc.

Rest – Formule 12 € – Menu 21/52 € – Carte 27/52 €

La déco de ce restaurant est adorable ! Des objets en faïence, des fleurs séchées, du chêne massif ; pas de doute on est bien à la montagne. À table, la Gascogne épouse la Bigorre en noces gourmandes.

VITERBE – 81 Tarn – 338 D8 – 354 h. – alt. 141 m – ✉ 81220 29 C2

▶ Paris 693 – Albi 62 – Castelnaudary 52 – Castres 31

Les Marronniers

2 Grand Rue – ✆ 05 63 70 64 96 – www.lesmarronniers-viterbe.com – Fermé 9-15 sept., 4-21 nov., lundi soir d'oct. à mars, mardi soir et merc.

Rest – Formule 12 € – Menu 19 € (sem.), 29 € bc/45 € bc – Carte 28/46 €

À la sortie du village, cette jolie maison est idéale pour une étape gourmande... Salle bourgeoise, jolie terrasse grande ouverte sur la campagne : on en oublierait presque de parler de la cuisine du chef, traditionnelle et bien ficelée.

VITRAC – 24 Dordogne – 329 I7 – 870 h. – alt. 150 m – ✉ 24200 4 D3

Paris 541 – Brive-la-Gaillarde 64 – Cahors 54 – Périgueux 85

lieu-dit le bourg, ☎ 05 53 28 57 80

du Domaine de Rochebois, à Sarlat-la-Canéda, Route de Montfort, SE : 2 km, ☎ 05 53 31 52 52

Château de Montfort★ NE : 2 km - Cingle de Montfort★ NE : 3,5 km Périgord Quercy

Domaine de Rochebois

rte de Montfort, 2 km à l'Est par D 703 – ☎ 05 53 31 52 52 – www.rochebois.com – Ouvert mi avril à fin sept.

20 ch – †100/270 € ††100/270 € – 2 suites – ☕ 15 €

Rest *(dîner seult)* – Menu 56/62 €

Un grand parc, un 9-trous, des jardins en terrasse et une décoration intérieure raffinée : cette demeure du 19e s. est un petit paradis au cœur du Périgord noir !

Plaisance

au port – ☎ 05 53 31 39 39 – www.hotelplaisance.com – Ouvert 10 mars-11 nov.

48 ch – †59/67 € ††59/112 € – ☕ 10 € – ½ P

Rest *(fermé sam. midi de mai à sept., vend. soir et dim. soir d'oct. à avril et vend. midi)* – Menu 16 € (déj. en sem.)/40 € – Carte 31/56 €

Bâtisse régionale construite en 1808 à flanc de rocher, aux chambres bien tenues. L'annexe se trouve dans un ancien moulin et le jardin longe la Dordogne. Copieuse cuisine de pays au restaurant.

Le Clos Roussillon sans rest

1 km à l'Ouest par D 703 et rte secondaire – ☎ 05 53 28 13 00 – www.closroussillon-perigord.com – Ouvert 12 avril-31 oct.

31 ch – †59/79 € ††59/79 € – ☕ 9 €

Sur les hauteurs de Vitrac, un hôtel des années 1980 au milieu d'un parc. Les chambres sont fonctionnelles et confortables ; certaines avec terrasse et kitchenette. Parfait pour un séjour en famille.

La Treille avec ch

Le Port – ☎ 05 53 28 33 19 – www.latreille-perigord.com – Fermé mi nov.-mi déc., lundi, mardi hors saison et lundi midi, mardi midi en saison

8 ch – †55/57 € ††55/59 € – ☕ 9 € – ½ P

Rest – Formule 24 € – Menu 29/50 € – Carte 48/73 €

En toute logique, la maison est recouverte de vigne vierge et une treille orne sa terrasse... mais le nom de l'établissement vient du nom des propriétaires, les Latreille ! On y apprécie une copieuse cuisine traditionnelle.

VITRAC – 15 Cantal – 330 B6 – 301 h. – alt. 490 m – ✉ 15220 5 A3

Paris 561 – Aurillac 26 – Figeac 44 – Rodez 77

Auberge de la Tomette

– ☎ 04 71 64 70 94 – www.auberge-la-tomette.com – Ouvert 1er avril-11 nov.

17 ch – †86/95 € ††86/95 € – ☕ 10 € – ½ P

Rest *(dîner seult) (résidents seult)* – Formule 25 € – Menu 34 €

Une agréable auberge appréciée pour ses chambres claires et actuelles, son environnement fleuri, ses jeux pour enfants et son espace relaxation (sauna, hammam). Originale, la chambre dans une roulotte au fond du jardin !

VITRÉ – 35 Ille-et-Vilaine – 309 O6 – 16 712 h. – alt. 106 m – ✉ 35500 10 D2

Bretagne Sud

Paris 310 – Châteaubriant 52 – Fougères 30 – Laval 38

place Général de Gaulle, ☎ 02 99 75 04 46, www.ot-vitre.fr

des Rochers Sévigné, Château des Rochers, par rte d'Argentré : 6 km, ☎ 02 99 96 52 52

Château★★ : tour de Montalifant ←★, tryptique★ - La Ville★ : rue Baudrairie★★, remparts★, église Notre-Dame★ - Tertres noirs ←★★ - Jardin du parc★ - ←★★ des D 178 et D 857 - Champeaux : place★, stalles★ et vitraux★ de l'église.

Ibis sans rest
1 bd de Châteaubriant, 1 km par rte de Châteaubriant et Redon – ✆ 02 99 75 51 70 – www.ibishotel.com
62 ch – †59/95 € ††59/95 € – ☕ 9 €
Non loin du centre médiéval, un hôtel récent proposant des chambres fonctionnelles et bien tenues. Préférez celles situées sur l'arrière, plus au calme.

VITRY-LE-FRANÇOIS – 51 Marne – 306 J10 – 13 686 h. – alt. 105 m – ✉ 51300 Champagne Ardenne 13 B2

Paris 181 – Bar-le-Duc 55 – Châlons-en-Champagne 33 – Verdun 96
6, Boulevard François 1er, ✆ 03 26 74 45 30, www.vitry-le-francois.net

La Poste ch,
pl. Royer-Collard – ✆ 03 26 74 02 65 – www.hotellaposte.com
27 ch – †54/78 € ††62/86 € – ☕ 9 € – ½ P
Rest *(fermé dim.)* – Formule 20 € – Menu 23 € (sem.), 38/75 € bc – Carte 48/71 €
Face à la collégiale Notre-Dame, cet hôtel propose des chambres avant tout pratiques et bien entretenues (certaines avec baignoire balnéo). On pourra découvrir la gastronomie régionale au restaurant avant une bonne nuit de repos !

Hôtel de la Cloche rest,
34 r. Aristide-Briand – ✆ 03 26 74 03 84 – www.hotel-de-la-cloche.com – Fermé dim. soir du 1er nov. au 30 avril
22 ch – †54/61 € ††60/66 € – ☕ 8 €
Rest *Jacques Sautet* – Menu 30/60 € – Carte 57/104 €
Rest *Vieux Briscard* – Formule 13 € – Menu 20 € (sem.), 22/26 € – Carte 37/75 €
Un hôtel-restaurant de tradition, à la fois fonctionnel et bien tenu. En complément des chambres, cuisine classique au Jacques Sautet et option brasserie au Vieux Briscard.

VITTEL – 88 Vosges – 314 D3 – 5 434 h. – alt. 347 m – Stat. therm. : mi-mars-mi-déc. – Casino – ✉ 88800 Alsace Lorraine 26 B3

Paris 342 – Belfort 129 – Chaumont 84 – Épinal 43
place de la Marne, ✆ 03 29 08 08 88, www.vitteltourisme.com
36 de Vittel Ermittage, Hôtel Ermitage, ✆ 03 29 08 81 53
9 du Bois de Hazeau, Centre Préparation Olympique, SO : 1 km, ✆ 03 29 08 20 85
Parc★.

Providence
125 av. de Châtillon – ✆ 03 29 08 08 27 – www.hotelvittel.com – Fermé vacances de Noël
26 ch – †49/80 € ††49/90 € – ☕ 9 € – ½ P
Rest *L'Avenue* – voir les restaurants ci-après
La providence vous fera peut-être vous arrêter dans cet hôtel... et profiter de ses jolies petites chambres aux tons chauds, ou encore de ses junior suites assez spacieuses. Offres conjointes avec les thermes.

XX **L'Avenue** – Hôtel Providence
125 av. de Châtillon – ✆ 03 29 08 08 27 – www.hotelvittel.com – Fermé vacances de Noël, lundi midi, sam. midi et dim.
Rest – Formule 15 € – Menu 25/39 € – Carte 30/48 €
Terrine de lapin aux pruneaux, suprême de poulet cuit sur la peau, tarte aux abricots, etc. Cette table traditionnelle se distingue en ville et l'on peut y faire un bon repas à prix doux. Cadre contemporain.

L'Appart (N)

227 r. de Verdun – ✆ 03 29 08 42 91 – www.vittelappart.com – Fermé 19-31 déc., mardi soir, merc. et sam.

Rest *(nombre de couverts limité, réserver)* – Formule 22 € – Menu 29/39 € – Carte 35/85 €

Le bouche-à-oreille a dépassé les seules frontières de la ville : ce restaurant, créé par deux autodidactes – aujourd'hui rompus au métier –, propose une appétissante cuisine du terroir, concoctée avec de beaux produits dénichés aux quatre coins de la France. Un conseil : réservez, c'est souvent complet !

à l'Ouest **3 km par r. de la Vauviard – ✉ 88800 Vittel**

L'Orée du Bois

– ✆ 03 29 08 88 88 – www.loreeduboisvittel.fr

52 ch – 80/100 € 90/110 €

Rest ***L'Orée du Bois*** – voir les restaurants ci-après

Face à l'hippodrome, dans un environnement arboré, un établissement conçu pour la détente : balnéothérapie, massages, hammam, soins esthétiques... Agréable décor contemporain dans les chambres ; testez les "Bio" !

L'Orée du Bois

– ✆ 03 29 08 88 88 – www.loreeduboisvittel.fr

Rest – Formule 14 € – Menu 17 € (sem.), 26/38 € – Carte 31/51 €

Un cadre moderne, assez feutré, pour une cuisine qui honore la tradition, spécialités régionales en tête... Fromage blanc aux fines herbes, salade vosgienne, munster, chaud-froid de mirabelles, etc.

VIUZ-LA-CHIÉSAZ – 74 Haute-Savoie – 328 J6 – 1 278 h. – alt. 585 m – ✉ 74540 Alpes du Nord 46 F1

Paris 575 – Annecy 16 – Bourg-en-Bresse 143 – Chambéry 43

Domaine du Chainet

1421 rte du Chainet – ✆ 06 60 67 18 92 – www.domaine-du-chainet.fr

5 ch – 85/96 € 85/110 € **Table d'hôte** – Menu 25/34 €

Au bout d'un petit chemin au cœur des prés et des bois, où l'on peut parfois apercevoir des biches... Entièrement rénovée en 2011, cette grande ferme en pierre se révèle confortable et douillette. Piscine, espace bien-être et, à la table d'hôte, agréable cuisine concoctée par la fille des propriétaires : du cachet, du charme et... la nature.

VIVÈS – 66 Pyrénées-Orientales – 344 H7 – rattaché au Boulou

VIVIERS – 07 Ardèche – 331 K7 – 3 864 h. – alt. 65 m – ✉ 07220 Ardèche Drôme 44 B3

Paris 618 – Lyon 163 – Marseille 167 – Montpellier 158

2, avenue Pierre Mendès France, ✆ 04 75 49 86 61

Le Relais du Vivarais avec ch

31 fbg les Sautelles, D 86 – ✆ 04 75 52 60 41 – www.relaisduvivarais.fr – Fermé 17 mars-4 avril et 23 déc.-5 janv.

6 ch – 75/85 € 78/96 € – 10 €

Rest *(fermé dim. soir et lundi midi)* – Formule 18 € – Menu 26/44 € – Carte 30/64 €

Dans cette sympathique auberge familiale, la cuisine met en valeur le terroir et les produits régionaux, ne dédaignant pas, çà et là, quelques détours exotiques. Jolies chambres au décor sobre ; pain et confitures maison au petit-déjeuner.

VIVONNE – 86 Vienne – 322 H6 – 3 197 h. – alt. 103 m – ✉ 86370 Poitou-Charentes 39 C2

Paris 354 – Angoulême 94 – Confolens 62 – Niort 67

place du Champ de Foire, ✆ 05 49 43 47 88, www.vivonne.fr

Le St-Georges

Grande Rue, (près de l'église) – *05 49 89 01 89* – *www.hotel-st-georges.com* – *Fermé 21 déc.-7 janv.*

30 ch – 55/65 € 65/77 € – 7 € – ½ P

Rest *(fermé dim. soir, sam. midi et vend. d' oct. à mars sauf résidents)* – Formule 12 € – Menu 24/32 € – Carte 29/41 €

Ravaillac eut à Vivonne la terrible vision qui le conduisit au régicide... mais n'ayez crainte et dormez tranquille ! Dans cet hôtel, les chambres sont pratiques et bien tenues ; on peut aussi se restaurer d'une cuisine traditionnelle sans prétention.

VIVY – **49 Maine-et-Loire** – **317** I5 – **2 364 h.** – **alt. 29 m** – **49680** **35** C2

Paris 311 – Angers 57 – Nantes 144 – Saumur 12

Château de Nazé sans rest

– *02 41 51 80 91* – *www.chateau-de-naze.com*

4 ch – 120/130 € 120/130 €

Voilà un bel exemple de néogothique angevin, entouré de douves soit, mais avec piscine. Le parc est très fleuri. Chambres spacieuses et petit-déjeuner maison.

VOIRON – **38 Isère** – **333** G5 – **20 206 h.** – **alt. 290 m** – **38500** **45** C2

Alpes du Nord

Paris 546 – Chambéry 43 – Grenoble 29 – Lyon 85

30, cours Becquart Castelbon, 04 76 05 00 38, www.paysvoironnais.info

Caves de la Chartreuse★ - Massif de la Chartreuse★★.

près échangeur A 48 **3 km par sortie n° 10**

Palladior

4 r. A. Bouffard Roupé – *04 76 06 47 47* – *www.hotel-palladior-voiron.fr*

82 ch – 74/94 € 74/94 € – 11 €

Rest *(Fermé dim.)* – Formule 19 € – Menu 24/39 € – Carte 32/47 €

À proximité de l'échangeur autoroutier, ce bâtiment récent – et cubique – abrite des chambres contemporaines, fonctionnelles et très bien équipées. Un petit côté design que l'on retrouve également au restaurant (menu terroir).

VOISINS-LE-BRETONNEUX – **78 Yvelines** – **311** I3 – **101** 22 – **voir à Paris, Environs (St-Quentin-en-Yvelines)**

VOITEUR – **39 Jura** – **321** D6 – **763 h.** – **alt. 260 m** – **39210** **16** B3

Paris 409 – Besançon 79 – Dole 51 – Lons-le-Saunier 12

3, place de la Mairie, 03 84 44 62 47, www.tourisme-hauteseille.fr

Château Saint-Martin sans rest

par route de Lons-le-Saunier – *03 84 44 91 87* – *www.juranatura.fr* – *Ouvert Pâques-Toussaint*

4 ch – 100 € 110 €

Un petit château champêtre, des animaux dans le jardin, des propriétaires artistes (sculpture pour monsieur ; violon pour madame) : atmosphère conviviale garantie ! Les chambres cultivent leur élégance sobre, façon maison de famille (parquet, cheminées en marbre et meubles anciens) : on se sent bien.

VOLLORE-VILLE – **63 Puy-de-Dôme** – **326** I8 – **716 h.** – **alt. 540 m** – 63120 **6** C2

Paris 408 – Clermont-Ferrand 58 – Roanne 63 – Vichy 52

Château de Vollore sans rest

– *04 73 53 71 06* – *www.chateauvollore.com*

5 ch – 130/230 € 150/250 €

Bienvenue dans la demeure du général de La Fayette ! Aujourd'hui propriété de ses descendants, le château offre une belle vue sur le Sancy. Salons en enfilade, plafond vertigineux et chambres avec lits à baldaquin... Les historiens, chevronnés ou non, apprécieront.

VOLMUNSTER – 57 Moselle – 307 P4 – 875 h. – alt. 250 m – ✉ 57720 27 D1

Alsace Lorraine

Paris 431 – Metz 106 – Strasbourg 87

L'Argousier

1 r. de Sarreguemines – ✆ 03 87 96 28 99 – www.largousier.fr
– Fermé mardi et merc.

Rest *(nombre de couverts limité, réserver)* – Formule 18 € – Menu 28/53 € – Carte 44/54 €

Dans ce restaurant contemporain, la cuisine du jeune chef valorise joliment les produits de saison et se révèle très convaincante. Les cuissons et assaisonnements sont justes, les présentations soignées ; quant au service, il est aux petits oignons !

VONNAS – 01 Ain – 328 C3 – 2 735 h. – alt. 200 m – ✉ 01540 43 E1

Bourgogne

Paris 409 – Bourg-en-Bresse 23 – Lyon 69 – Mâcon 21

60, rue Claude Morel, ✆ 04 74 50 04 47, www.vonnas.com

Georges Blanc

pl. du Marché – ✆ 04 74 50 90 90
– www.georgesblanc.com – Fermé janv.

30 ch – †180/400 € ††180/400 € – 12 suites – ☕ 28 €

Rest *Georges Blanc* ✿✿✿ – voir les restaurants ci-après

D'une génération à l'autre, Vonnas est devenu... Blanc. Cette hôtellerie de grande tradition cultive l'art de recevoir à la bressanne ! Luxe sans ostentation, bois, pierre, superbe parc : une image du terroir qui sait vivre avec son temps.

Résidence des Saules sans rest

pl. du Marché – ✆ 04 74 50 90 90 – www.georgesblanc.com
– Fermé janv.

16 ch – †160/240 € ††160/240 € – 4 suites – ☕ 28 €

Cette très jolie maison fleurie de géraniums est un peu l'annexe de l'hôtel Georges Blanc situé de l'autre côté de la place. Au-dessus de la boutique, les chambres sont confortables et ont même un balcon.

Georges Blanc – Hôtel Georges Blanc

pl. du Marché – ✆ 04 74 50 90 90 – www.georgesblanc.com
– fermé janv., merc. midi, jeudi midi, lundi et mardi

Rest *(nombre de couverts limité, réserver)* – Menu 135/225 € – Carte 160/280 €

Sa propre grand-mère avait été sacrée "meilleure cuisinière du monde" par Curnonsky. La tradition reste reine à Vonnas, sans être figée ! L'inspiration de Georges Blanc, c'est la Bresse et sa poularde, les sauces aux goûts profonds, les cuissons savantes qui révèlent les saveurs... Le plaisir de manger, tout simplement.

➜ Embrouillade de cuisses de grenouilles au basilic pourpre, céleri et safran. Éclaté de homard confit au vin jaune, raviole à l'oseille et parure sylvestre. Florentin au chocolat pur Caraïbes praliné-feuilleté. **Vins** Mâcon-Azé, Moulin à Vent.

L'Ancienne Auberge

pl. du Marché – ✆ 04 74 50 90 50 – www.georgesblanc.com
– Fermé janv.

Rest – Formule 22 € – Menu 34/55 € – Carte 42/69 €

Bistrot au décor rétro en mémoire de l'auberge – ex-fabrique de limonade – ouverte par la famille Blanc à la fin du 19e s. (photos et affiches anciennes). Cuisine régionale.

VOSNE-ROMANEE – 21 Côte-d'Or – 320 J7 – 419 h. – alt. 242 m – ✉ 21700 8 D1

Bourgogne

Paris 330 – Chalon-sur-Saône 49 – Dijon 21 – Dole 71

Le Richebourg
ruelle du Pont – ✆ 03 80 61 59 59 – www.hotel-lerichebourg.com
– Fermé 23-27 déc.
24 ch – †179/349 € ††179/349 € – 2 suites – ☕ 16 € – ½ P
Rest *Le Vintage* *(fermé 17-31 mars, 19 août-1er sept., dim. et lundi)* – Formule 20 € – Menu 29 € (déj.), 42/58 € – Carte 31/54 €
Au cœur de ce village aux crus si célèbres, un hôtel actuel avec des chambres spacieuses et sobres. Côté détente, rien ne manque : institut de beauté, sauna, hammam... et caviste.

VOUGEOT – 21 Côte-d'Or – 320 J6 – 193 h. – alt. 239 m – ✉ 21640 — 8 D1

Bourgogne

Paris 325 – Beaune 27 – Dijon 17

Château du Clos de Vougeot★ O.

Le Clos de la Vouge
1 r. du Moulin – ✆ 03 80 62 89 65 – www.hotel-closdelavouge.com
– Fermé 20 déc.-3 fév.
10 ch – †75/115 € ††75/115 € – ☕ 10 €
Rest *(fermé mardi midi, merc. midi et lundi)* – Formule 14 € – Menu 24 € (sem.), 30/39 € – Carte 31/58 €
Une ancienne ferme à l'entrée du village. Les chambres, petites mais coquettes, sont toutes différentes ("Savane", "Marine"...) et donnent de plain-pied sur la cour ; l'atmosphère est familiale et la tenue parfaite.

Vougeot sans rest
18 r. du Vieux-Château – ✆ 03 80 62 01 15 – www.hotel-vougeot.com
– Fermé 22 déc.-17 janv.
16 ch – †64/79 € ††64/79 € – ☕ 11 €
Au cœur d'un domaine viticole, ce petit hôtel a du charme. Chambres sobres et agréables, dont quelques-unes avec terrasse sur les vignes ; cave de dégustation, assiettes de charcuterie et fromages régionaux sur demande... convivialité !

à Gilly-lès-Cîteaux 2 km à l'Est par D 251 – 628 h. – alt. 227 m – ✉ 21640

Château de Gilly
– ✆ 03 80 62 89 98 – www.chateau-gilly.com
37 ch – †132/360 € ††132/360 € – 11 suites – ☕ 24 € – ½ P
Rest *Clos Prieur* – voir les restaurants ci-après
Dans cet ensemble cistercien des 14e-17e s. règne la plus grande quiétude ! On musarde dans le parc à la française, on fait quelques brasses, puis on paresse près du bassin à truites... avant de trouver un parfait repos dans l'une des chambres – charmantes et raffinées – ou même les somptueuses suites.

L'Orée des Vignes sans rest
6 rte d'Épernay – ✆ 03 80 62 49 77 – www.oreedesvignes.com
– Fermé 16 déc.-14 janv.
26 ch – †74/128 € ††74/128 € – ☕ 10 €
Dans cette ferme du 16e s. entièrement rénovée, les chambres sont assez spacieuses, fonctionnelles et bien tenues, à prix doux... Et il y a même un bar à vins dans le caveau.

XXX **Clos Prieur** – Hôtel Château de Gilly
– ✆ 03 80 62 89 98 – www.chateau-gilly.com
Rest – Menu 29 € (déj.), 48/74 € – Carte 67/86 €
Dans cette belle salle voûtée d'ogives – jadis cellier des moines (14e s.) –, on savoure une agréable cuisine gastronomique et l'on se sent vite d'humeur romantique et châtelaine.

à Flagey-Échezeaux 3 km au Sud-Est par D 971 et D 109 – 501 h. – alt. 227 m – ✉ 21640

Losset sans rest
10 pl. de l'Église – ✆ 03 80 62 46 00 – www.hotel-losset-bourgogne.com
7 ch – 🚹85/110 € 🚹🚹85/140 € – ☕ 10 €
Face à l'église, un hôtel familial avec des chambres confortables, dans un style rustique et chaleureux (poutres, mobilier d'ébéniste, parquet...). Note gourmande : le petit-déjeuner est très copieux.

Petit Paris sans rest
6 r. du Petit-Paris – ✆ 03 80 62 84 09 – www.petitparis.bourgogne.free.fr
4 ch ☕ – 🚹85/90 € 🚹🚹85/90 €
Un grand parc, une atmosphère bucolique et un accueil charmant : une vraie maison de campagne que cette bâtisse du 17e s. Artiste, la propriétaire organise des ateliers de peinture et mosaïque pour enfants et adultes... Mettez-vous au vert !

Simon
12 pl. de l'Église – ✆ 03 80 62 88 10 – www.restaurant-simon.fr
– Fermé 1er-14 août, 21-28 déc., 15 fév.-5 mars, dim. soir, mardi soir en hiver et merc.
Rest *(nombre de couverts limité, réserver)* – Menu 18 € (déj. en sem.), 38/85 € – Carte 44/76 €
Dans cette sympathique auberge au cœur du village, on mange bien et à bon compte. Le chef concocte une appétissante cuisine traditionnelle à base de beaux produits, qui ravit touristes et fidèles.

VOUGY – 74 Haute-Savoie – 328 L4 – rattaché à Bonneville

VOUHÉ – 17 Charente-Maritime – 324 F3 – 628 h. – alt. 22 m – ✉ 17700 38 B2

▶ Paris 444 – Niort 35 – Poitiers 111 – La Rochelle 36

Villa Cécile sans rest
1 r. de Puyravault – ✆ 05 46 00 61 50 – www.lavillacecile.fr
3 ch ☕ – 🚹90/120 € 🚹🚹100/130 €
Un sympathique petit village et cette belle maison d'architecte, respectueuse du style local et très cosy... Béton ciré, mobilier contemporain et grand confort dans les chambres, sauna et jacuzzi dans le jardin : idéal pour se ressourcer !

VOUILLÉ – 86 Vienne – 322 G5 – 3 498 h. – alt. 118 m – ✉ 86190 39 C1

▶ Paris 345 – Châtellerault 46 – Parthenay 34 – Poitiers 18
ℹ 10, place de l'Eglise, ✆ 05 49 51 06 69, www.tourisme-vouille.fr

Cheval Blanc avec ch
3 r. de la Barre – ✆ 05 49 51 81 46 – www.cheval-blanc-clovis.fr
– Fermé 24 juin-7 juil. et vacances de fév.
13 ch – 🚹59/74 € 🚹🚹59/74 € – ☕ 7 € – ½ P
Rest – Formule 14 € – Menu 20 € (sem.), 28/46 € – Carte 27/47 €
Sablé d'escargot, noisette d'agneau, crème au chocolat amer... Étape revigorante dans cet hôtel-restaurant traditionnel, grand ouvert sur la rivière voisine.

Le Clovis
29 ch – 🚹59/74 € 🚹🚹59/74 € – ☕ 7 €
À 100 m de la maison mère, des chambres très simples mais bien tenues.

VOUTENAY-SUR-CURE – 89 Yonne – 319 F6 – 218 h. – alt. 130 m – ✉ 89270 Bourgogne 7 B2

▶ Paris 206 – Auxerre 37 – Avallon 15 – Vézelay 15

Auberge Le Voutenay avec ch
– 03 86 33 51 92 – www.aubergelevoutenay.com
– *Fermé 25 juin-3 juil., 1er-19 janv., dim. soir, lundi et mardi*
7 ch – 50/70 € 50/70 € – 9 € – ½ P
Rest *(nombre de couverts limité, réserver)* – Formule 10 € – Menu 28/48 €
Dans cette auberge du 18e s. bordant la route, il règne une plaisante atmosphère rustique, propice à la dégustation d'une sympathique cuisine de saison. Joli parc, coin bistrot et petite boutique de produits du terroir. Chambres simples et bien tenues.

VOUVRAY – **37 Indre-et-Loire** – **317** N4 – **3 076 h.** – **alt. 55 m** — **11** B2
– ✉ **37210** Châteaux de la Loire
Paris 240 – Amboise 18 – Blois 51 – Château-Renault 25
12, rue Rabelais, 02 47 52 68 73, www.tourismevouvray-valdeloire.com

Domaine des Bidaudières sans rest
r. de Peu-Morier, rte de Vernou-sur-Brenne, par D 46
– 02 47 52 66 85 – www.bidaudieres.com
5 ch – 110/130 € 130/150 €
Quel charme ! Ce beau castel en tuffeau du 18e s. domine la vallée de son parc somptueux. Toile de Jouy et meubles chinés dans les chambres, belle piscine et orangerie.

VOVES – **28 Eure-et-Loir** – **311** F6 – **2 904 h.** – **alt. 146 m** – ✉ **28150** — **12** C1
Paris 99 – Ablis 36 – Bonneval 23 – Chartres 25

Le Quai Fleuri
15 r. Texier Gallas – 02 37 99 15 15 – www.quaifleuri.com
20 ch – 73/93 € 83/133 € – 4 suites – 13 € – ½ P
Rest *(fermé dim. soir)* – Menu 15 € (déj. en sem.), 25/80 € bc – Carte 45/70 €
Bonne surprise, ce village verdoyant tranche au milieu de la plaine beauceronne, si uniforme... On y trouve cet hôtel récent, flanqué d'un moulin reconstitué, emblème de la région, et son restaurant. Pour plus d'espace et un accès sur le parc, préférez les chambres de l'annexe.

VRON – **80 Somme** – **301** D6 – **854 h.** – **alt. 15 m** – ✉ **80120** — **36** A1
Paris 211 – Abbeville 27 – Amiens 76 – Berck-sur-Mer 17

L'Hostellerie du Clos du Moulin
1 r. Maréchal Leclerc – 03 22 23 74 75 – www.leclosdumoulin.fr
15 ch – 79/99 € 139 € – ½ P
Rest – Formule 24 € – Menu 31/64 € – Carte 37/66 €
Un beau jardin, des poutres et des vieilles pierres... du cachet ! Les chambres de ce joli domaine allient douceur champêtre et confort moderne. Pour rêver "de la Picardie et des roses que l'on trouve là-bas"...

WAHLBACH – **68 Haut-Rhin** – **315** I11 – **rattaché à Altkirch**

WAILLY-BEAUCAMP – **62 Pas-de-Calais** – **301** D5 – **986 h.** — **30** A2
– **alt. 39 m** – ✉ **62170**
Paris 214 – Amiens 86 – Arras 89 – Lille 139

La Prairière sans rest
– 03 21 81 02 99 – http://laprairiere.com – *Fermé 15 nov.-20 fév.*
4 ch – 100/115 € 100/120 €
Une ancienne ferme (15e s.) réhabilitée avec goût. On s'y repose dans de jolies chambres mêlant mobilier ancien et contemporain. En fin de journée, il fait bon se détendre dans le salon feutré où trône une superbe cheminée en brique et pierre. Au petit-déjeuner, on savoure les confitures maison.

WANGENBOURG – **67 Bas-Rhin** – **315** H5 – **1 376 h.** – **alt. 452 m** — **1** A1
– ✉ **67710** Alsace Lorraine
Paris 469 – Molsheim 30 – Sarrebourg 36 – Saverne 19
Région de Dabo-Wangenbourg★★.

Parc Hôtel
39 r. du Gén.-de-Gaulle – ✆ 03 88 87 31 72 – www.parchotelalsace.com – Ouvert 25 mars-5 nov.
29 ch – †76/105 € ††76/105 € – ☐ 12 € – ½ P
Rest *(fermé le midi en sem.)* – Menu 18/45 € – Carte 34/51 €
Cette grande maison vosgienne se dresse dans un parc peuplé d'arbres centenaires, propice à la sérénité... Accueil chaleureux, chambres spacieuses et confortables (modernes ou de style). Cuisine traditionnelle dans un cadre cossu.

LA WANTZENAU – 67 Bas-Rhin – 315 K5 – rattaché à Strasbourg

WENGELSBACH – 67 Bas-Rhin – 315 K2 – rattaché à Niedersteinbach

WESTHALTEN – 68 Haut-Rhin – 315 H9 – 939 h. – alt. 240 m 1 A3

– ✉ 68250 Alsace Lorraine

▶ Paris 480 – Colmar 22 – Guebwiller 11 – Mulhouse 28

Auberge du Cheval Blanc avec ch
20 r. de Rouffach – ✆ 03 89 47 01 16 – www.auberge-chevalblc.com – Fermé 29 juin-12 juil., 2-25 janv., lundi et mardi
11 ch – †85/110 € ††95/130 € – ☐ 14 € – ½ P
Rest – Menu 26 € bc (déj. en sem.), 38/87 € – Carte 53/84 €
Une maison cossue, tenue par la même famille de vignerons depuis 1785. Le repas s'accompagne évidemment de beaux vins d'Alsace, dont ceux de la propriété. Les chambres sont confortables, spacieuses et calmes.

WETTOLSHEIM – 68 Haut-Rhin – 315 H8 – rattaché à Colmar

WEYERSHEIM – 67 Bas-Rhin – 315 K4 – 3 350 h. – alt. 140 m 1 B1

– ✉ 67720

▶ Paris 486 – Haguenau 18 – Saverne 49 – Strasbourg 21

Auberge du Pont de la Zorn
2 r. République – ✆ 03 88 51 36 87 – Fermé 16 août-4 sept., 18 fév.-3 mars, merc. soir et le midi sauf dim.
Rest *(réserver)* – Menu 28/36 € – Carte 26/46 €
Reproductions de dessins signés Hansi, objets anciens, spécialités régionales et tartes flambées servies le soir : un concentré d'Alsace ! Bucolique terrasse en bord de Zorn.

WIERRE-EFFROY – 62 Pas-de-Calais – 301 D3 – 794 h. – alt. 28 m 30 A2

– ✉ 62720

▶ Paris 262 – Abbeville 88 – Boulogne-sur-Mer 14 – Calais 29

La Ferme du Vert
r. du Vert – ✆ 03 21 87 67 00 – www.fermeduvert.com – Fermé 21 déc.-15 janv. et dim. sauf juil.-août
16 ch – †70/130 € ††75/130 € – 1 suite – ☐ 13 € – ½ P
Rest *La Ferme du Vert* – voir les restaurants ci-après
Le calme et la campagne réunis dans ce corps de ferme typiquement boulonnais (1809). Les chambres sont décorées avec goût et simplicité : idéal pour un séjour au vert. À noter pour les amateurs : on y vend la production de la fromagerie voisine !

Le Beaucamp sans rest
1 km au Sud par D 232 (rte de Wimille) – ✆ 03 21 30 56 13 – www.lebeaucamp.com – Ouvert de début mars à mi-nov.
5 ch ☐ – †90 € ††120 €
Un manoir familial (19e s.) au milieu d'un grand parc aux arbres centenaires. Vieux objets, tableaux et mobilier ancien forment un ensemble tout à fait charmant... et d'un grand confort.

La Ferme du Vert – Hôtel La Ferme du Vert

r. du Vert – ✆ 03 21 87 67 00 – www.fermeduvert.com – Fermé 21 déc.-15 janv., sam. midi, lundi midi et dim. sauf juil.-août

Rest – Formule 19 € – Menu 26/50 € – Carte 31/50 €

Dans le cadre de cette ancienne ferme du 19e s., sous l'égide de trois frères, une fromagerie artisanale en activité (vente à emporter) et cet agréable restaurant où l'on déguste des petits plats traditionnels soignés et savoureux ! Le tout à petits prix.

WIHR-AU-VAL – 68 Haut-Rhin – 315 H8 – rattaché à Munster

WILLGOTTHEIM – 67 Bas-Rhin – 315 J4 – 1 086 h. – alt. 240 m – ✉ 67370 1 A1

Paris 463 – Metz 138 – Saarbrücken 94 – Strasbourg 33

La Cour de Lise avec ch rest, ch,

26 r. Principale – ✆ 03 88 64 93 36 – www.lacourdelise.fr – Fermé lundi et mardi

5 ch – 80/120 € 90/130 €

Rest *(fermé 1 sem. en mars, 1 sem. en juin, 1 sem. en sept. et 1 sem. en fév.) (nombre de couverts limité, réserver)* – Formule 15 € – Menu 29 € (déj. en sem.), 39/50 € – Carte 30/54 €

Une auberge devenue ferme, puis retournée à ses premières amours. Dans une salle coquette, on savoure une cuisine traditionnelle, tout en raffinement ; l'accueil est charmant. Pour l'étape, chambres d'esprit contemporain.

WILLIERS – 08 Ardennes – 306 N4 – 45 h. – alt. 277 m – ✉ 08110 14 C1

Paris 277 – Arlon 44 – Châlons-en-Champagne 174 – Charleville-Mézières 57

Chez Odette

18 r. de l'Ancien Lavoir – ✆ 03 24 55 49 55 – www.chez-odette.com – Fermé 2 sem. en mars, 20 août-4 sept., merc. sauf juil.-août, lundi et mardi

9 ch – 175/265 € 175/265 € – 19 € **Rest** – Carte 40/60 €

Odette tenait autrefois cette auberge, devenue aujourd'hui un hôtel plein de charme. Luxueuses, design, embellies d'objets chinés, les chambres surprennent dans ce petit village. À noter : au restaurant et au café, on sert les mêmes plats et boissons qu'à l'époque d'Odette...

WIMEREUX – 62 Pas-de-Calais – 301 C3 – 7 443 h. – alt. 7 m – ✉ 62930 Nord Pas-de-Calais Picardie 30 A2

Paris 269 – Arras 125 – Boulogne-sur-Mer 7 – Calais 33

quai Alfred Giard, ✆ 03 21 83 27 17, www.wimereux-tourisme.fr

Atlantic Hôtel ch,

digue de mer – ✆ 03 21 32 41 01 – www.atlantic-delpierre.com – Fermé 20 janv.-25 fév.

18 ch – 140/250 € 140/250 € – 15 €

Rest ***La Liégeoise*** – voir les restaurants ci-après

Rest ***L'Aloze*** *(fermé dim. soir et lundi)* – Formule 19 € – Menu 24/30 €

Sur la digue du front de mer, cet hôtel toise la Manche ! On observe les flots à loisir depuis toutes les chambres, qu'elles soient romantiques, de style balnéaire chic ou très contemporaines. Restaurant et brasserie de la mer.

Saint-Jean N sans rest

1 r. Georges-Romain – ✆ 03 21 83 57 40 – www.hotel-saint-jean.fr

24 ch – 75/92 € 82/102 € – 12 €

À 300 m de la digue et de sa promenade, cet hôtel permet de prendre un grand bol d'air au bord de la mer ! Les chambres sont fonctionnelles et de bon confort. Petit espace détente (sauna, jacuzzi) et bar cosy où il fait bon se reposer.

Hôtel du Centre

rest, rest,

78 r. Carnot – ✆ 03 21 32 41 08 – www.hotelducentre-wimereux.fr – Fermé 17 déc.-27 janv.

23 ch – †72/92 € ††75/95 € – ☕ 10 €

Rest *(fermé lundi sauf fériés)* – Formule 20 € – Menu 25/31 € – Carte 27/47 €

Sur la rue principale de cette station balnéaire de la Côte d'Opale, on reconnaît cet hôtel à sa façade ancienne. Les chambres, rénovées progressivement, sont fonctionnelles et correctement insonorisées... Fenêtres ouvertes, on sent l'air iodé de la mer ! Restaurant traditionnel.

La Liégeoise

digue de mer – ✆ 03 21 32 41 01 – www.atlantic-delpierre.com – Fermé 20 janv.-25 fév., dim. soir et lundi

Rest – Formule 29 € – Menu 37/78 € – Carte 63/86 €

En étage, sur la digue : impossible d'échapper au panorama sur la mer ! L'élégant décor contemporain, tout en gris et vert, rappelle les tons de la Manche... On y apprécie huîtres chaudes, turbot grillé ou poché, bar à la plancha, etc.

Épicure

1 r. Pompidou – ✆ 03 21 83 21 83 – Fermé 30 août-13 sept., 22 déc.-4 janv., merc. soir et dim.

Rest *(nombre de couverts limité, réserver)* – Menu 26 € (sem.)/42 € – Carte 54/70 €

La façade blanc et bleu a des airs de cabine de plage, la salle se révèle intime et bourgeoise... Côté cuisine, priorité aux produits de la mer – d'une belle fraîcheur –, à l'unisson de la Côte d'Opale.

WINKEL – 68 Haut-Rhin – 315 H12 – 348 h. – alt. 575 m – ✉ 68480 1 A3

Alsace Lorraine

Paris 466 – Altkirch 23 – Basel 35 – Belfort 50

Au Cerf avec ch

3 r. Principale – ✆ 03 89 40 85 05

6 ch – †49/52 € ††54/56 € – ☕ 8 € – ½ P

Rest *(fermé dim. soir, lundi et jeudi)* – Menu 35 € – Carte 41/69 €

À deux pas de la source de l'Ill, cette auberge accueillante prend des allures de winstub cossue. On y savoure une agréable cuisine traditionnelle ; pour l'étape, les chambres, situées sous les combles, sont plaisantes.

WISSEMBOURG – 67 Bas-Rhin – 315 L2 – 7 830 h. – alt. 157 m – ✉ 67160 1 B1

Alsace Lorraine

Paris 512 – Haguenau 33 – Karlsruhe 42 – Sarreguemines 80

11, place de la République, ✆ 03 88 94 10 11, www.ot-wissembourg.fr

Vieille ville★ : église St-Pierre et St-Paul★.

Village★★ d'Hunspach 11 km par ②.

Au Moulin de la Walk

2 r. de la Walk – ✆ 03 88 94 06 44 – www.moulin-walk.com – Fermé 4-31 janv.

25 ch – †65 € ††72/78 € – ☕ 9 € – ½ P As

Rest *Au Moulin de la Walk* – voir les restaurants ci-après

Au bord d'une rivière, ces trois bâtiments ont été aménagés sur les vestiges d'un moulin dont la roue tourne encore. Dans les chambres, le bois brut donne un côté chaleureux à la déco : une adresse sympathique pour une étape comme pour un séjour.

Hostellerie du Cygne

3 r. du Sel – ✆ 03 88 94 00 16 – www.hostellerie-cygne.com – Fermé 8-22 juil., 11-25 nov. et 17 fév.-3 mars Ba

23 ch – †55/80 € ††55/90 € – 1 suite – ☕ 11 € – ½ P

Rest *Hostellerie du Cygne* – voir les restaurants ci-après

Au cœur de Wissembourg, la ville pittoresque de Hans Trapp – le père Fouettard alsacien –, une hostellerie familiale où l'on n'est pas obligé de jouer les enfants sages ! Les chambres, agréables et confortables (dont une suite avec sauna), sont parfaitement tenues. Une bonne adresse.

XX **Hostellerie du Cygne** – Hostellerie du Cygne AC VISA AE

3 r. du Sel – ☎ 03 88 94 00 16 – www.hostellerie-cygne.com
– Fermé 8-22 juil., 11-25 nov. et 17 fév.-3 mars, jeudi midi, dim. soir et merc. **Ba**

Rest – Formule 15 € – Menu 30/68 € – Carte 40/64 €

Une winstub d'un côté, une salle de style alsacien Renaissance de l'autre, et dans les deux cas, une savoureuse cuisine traditionnelle. Une chose est sûre, le chant du cygne n'est pas près de se faire entendre... et ce ne sont pas les gourmands qui s'en plaindront.

XX **L'Ange** VISA AE

2 r. de la République – ☎ 03 88 94 12 11 – www.restaurant-ange.com
– Fermé 15-30 juin, 5-12 sept., 16 fév.-4 mars, dim. soir sauf juil.-août, lundi et mardi **Bu**

Rest – Menu 29/40 € – Carte 38/51 €

Spécialité de cette maison de 1617 ? Les recettes du terroir local... revues et corrigées à la mode contemporaine ! En revanche, le cadre joue la carte de la tradition, entre esprit alsacien et classicisme.

XX **Au Moulin de la Walk** – Hôtel Au Moulin de la Walk P

2 r. de la Walk – ☎ 03 88 94 06 44 VISA AE
– www.moulin-walk.com – Fermé 5-19 juil., 4-31 janv., vend. midi, dim. soir et lundi **As**

Rest – Menu 35/52 € – Carte 33/57 €

Dans ce restaurant élégant, on n'hésite pas à décliner le foie gras sous toutes ses formes et à honorer la cuisine traditionnelle (côte de veau et spaetzle, saumon, käseknepfle et beurre blanc, etc.), tout comme le bon vin.

XX **Au Pont M** N AC VISA

3 r. de la République – ☎ 03 88 63 56 68 – www.aupontm.com **Be**

Rest – Menu 19 € (déj. en sem.), 26/50 € – Carte 39/51 €

Au cœur du quartier de la "Petite Venise", on se régale d'une belle cuisine dans l'air du temps. Derrière les fourneaux, le chef, un amoureux du produit, concocte des recettes aux saveurs franches. Dans la salle, on profite de la vue sur l'eau et l'église St-Pierre-et-St-Paul. Service prévenant.

à Altenstadt 2 km par ② – ✉ 67160

XX **Rôtisserie Belle Vue**

1 r. Principale – ✆ 03 88 94 02 30 – www.bellevue-wiss.fr
– Fermé 5-29 août, 18 fév.-7 mars, dim. soir, lundi et mardi
Rest – Menu 27/58 € – Carte 34/59 €
Dans cette grande maison familiale, on est reçu chaleureusement et on savoure une cuisine traditionnelle dans une atmosphère cossue. Plats du jour servis au bar-winstub.

WISSOUS – 91 Essonne – **312** C3 – **101** 25 – voir à Paris, Environs

---

XONRUPT-LONGEMER – 88 Vosges – **314** J4 – rattaché à Gérardmer

---

YERVILLE – 76 Seine-Maritime – **304** F4 – 2 285 h. – alt. 156 m – ✉ 76760 **33** C1

Paris 164 – Dieppe 44 – Fécamp 48 – Le Havre 69
de Yerville, 367 rue des Acacias, NO : 0,5 km, ✆ 02 32 70 15 49

XX **Hostellerie des Voyageurs**

3 r. Jacques Ferny – ✆ 02 35 96 82 55 – www.hostellerie-voyageurs.com – Fermé dim. soir et lundi sauf fériés
Rest – Menu 17 € (sem.), 27/49 € – Carte 45/53 €
Voilà une belle maison du 19e s., engageante avec ses colombages peints en bleu et son intérieur joliment rustique. Le chef (et patron) concocte une cuisine traditionnelle. Pour l'apéritif et le café, profitez de la terrasse côté jardin.

YEU (ÎLE D') – 85 Vendée – **361** BC7 – voir à Île d'Yeu

YGRANDE – 03 Allier – **326** E3 – 760 h. – alt. 333 m – ✉ 03160 **5** B1
Auvergne

Paris 310 – Clermont-Ferrand 111 – Moulins 34 – Montluçon 41

Château d'Ygrande

Le Mont, 4 km à l'Est par D 192 et rte secondaire – ✆ (00-33) 04 70 66 33 11 – www.chateauygrande.fr – Fermé janv., fév., mardi midi, dim. soir et lundi sauf juil.-août
19 ch – 143/264 € 143/264 € – 16 €
Rest *Château d'Ygrande* – voir les restaurants ci-après
Charme et élégance règnent dans ce château des années 1830. Des séjours à thème sont proposés (équitation, randonnée) et le panorama sur la campagne est exquis.

XX **Château d'Ygrande**

Le Mont, 4 km à l'Est par D 192 et rte secondaire – ✆ 04 70 66 33 11 – www.chateauygrande.fr – Fermé janv., fév., mardi midi, dim. soir et lundi sauf juil.-août
Rest – Menu 32/75 € – Carte environ 62 €
Du style ! Directoire pour être exact et... vraiment élégant. Le chef réalise une cuisine dans l'air du temps, valorisant le terroir. Pour l'anecdote : les légumes proviennent du potager du château. Un bon moment en perspective.

YSSINGEAUX – 43 Haute-Loire – **331** G3 – 6 946 h. – alt. 829 m – ✉ 43200 **6** C3
Lyon Drôme Ardèche

Paris 565 – Ambert 73 – Privas 98 – Le Puy-en-Velay 27
16, place Foch, ✆ 04 71 59 10 76, www.cc-des-sucs.fr

Le Bourbon rest, ch, VISA AE

5 pl. de la Victoire – ✆ 04 71 59 06 54 – www.le-bourbon.com – Fermé 20 juin-3 juil., 5-16 oct., 21 déc.-16 janv., vend. soir sauf juil.-août, dim. soir et lundi

11 ch – 68/83 € 68/83 € – 12 € – ½ P

Rest – Formule 15 € – Menu 22/56 € – Carte 46/55 €

Sur une agréable place du village, cette auberge est bien accueillante. À l'intérieur : une véritable explosion de couleurs, avec des chambres gaies et bien équipées. Le petit-déjeuner, à base de produits locaux, est très copieux ! Le restaurant privilégie également les petits producteurs.

YVETOT – 76 Seine-Maritime – 304 E4 – 11 935 h. – alt. 147 m – ✉ 76190 Normandie Vallée de la Seine — 33 C1

Paris 171 – Dieppe 57 – Fécamp 35 – Le Havre 58

8, place Maréchal Joffre, ✆ 02 35 95 08 40, www.tourisme-yvetot.fr

de Yerville, à Yerville, 367 rue des Acacias, NE: 13 km, ✆ 02 32 70 15 49

Verrières★★ de l'église St-Pierre.

L'OH VISA AE

2 r. Guy-de-Maupassant – ✆ 02 35 95 16 77 – www.hotel-du-havre.fr

23 ch – 57/81 € 57/81 € – 11 € – ½ P

Rest *(fermé vend. soir, sam. soir de nov. à Paques et dim.)* – Menu 24/28 € – Carte 30/48 €

Une ambiance conviviale vous attend dans cet hôtel familial du centre-ville. Les chambres, toutes différentes, sont de bon confort et décorées avec soin.

Le Manoir aux Vaches P VISA AE

8 r. Felix-Faure – ✆ 02 35 95 65 65 – www.lemanoirauxvaches.com

9 ch – 92 € 102 € – 15 €

Normande, Limousine, Charolaise... De belles chambres avec une mezzanine, toutes décorées avec goût et originalité sur le thème de la vache !

au Sud-Est 5 km sur D 5 – ✉ **76190 Yvetot**

Auberge du Val au Cesne avec ch P VISA AE

rte Duclair – ✆ 02 35 56 63 06 – www.valaucesne.fr

5 ch – 90 € 90 € – 10 € – ½ P

Rest – Menu 28/60 € bc – Carte 46/63 €

En pleine campagne, cette ravissante auberge normande du 17e s. propose, dans six petites salles rustiques (meubles anciens, cheminées), sa cuisine traditionnelle du marché (terrine maison, canette à l'orange, sole meunière...). Les chambres, tendues de tissus à motifs anciens, sont douillettes à souhait.

à Motteville **9 km à l'Est par D 929 et D 20 – 752 h. – alt. 160 m – ✉ 76970**

Auberge du Bois St-Jacques P VISA AE

à la gare – ✆ 02 35 96 83 11 – www.aubergebsj.com – Fermé 3 sem. en août, 1 sem. en fév., dim. soir, lundi soir et mardi

Rest – Formule 10 € – Menu 18 € (sem.), 27/48 € – Carte environ 42 €

Ancien buffet de gare (1850), ce restaurant traditionnel et régional possède deux salles : rustique (poutres, cuivres) ou en rotonde, plus actuelle et lumineuse. La spécialité du fils du patron, peintre à ses heures : les macarons.

YVOIRE – 74 Haute-Savoie – 328 K2 – 820 h. – alt. 380 m – ✉ 74140 Alpes du Nord — 46 F1

Paris 563 – Annecy 71 – Bonneville 41 – Genève 26

place de la Mairie, ✆ 04 50 72 80 21, www.yvoiretourism.com

Village médiéval★★ : jardin des Cinq Sens★.

Villa Cécile
156 rte de Messery, par D 25 – ✆ 04 50 72 27 40 – www.villacecile.com – Fermé 3 janv.-7 fév.
15 ch – †150/260 € ††150/260 € – ☕ 17 € – ½ P
Rest *(fermé lundi)* – Menu 39/68 € – Carte 47/76 €
Non loin de la cité médiévale, une villa créée en 2008, fraîche et cossue. Piscines, jacuzzi, sauna, hammam et sympathique restaurant : détente assurée et... repos mérité dans l'une des très confortables chambres (lits king size) d'esprit marin ou "campagne chic".

Le Jules Verne
r. du Port – ✆ 04 50 72 80 08 – www.hoteljulesverne.com – Ouvert fév. à nov.
17 ch – †150/170 € ††150/170 € – ☕ 15 € – ½ P
Rest – Menu 25 € (déj. en sem.), 37/89 € – Carte 42/85 €
Vue imparable sur le lac Léman, terrasse ou balcon, raffinement (parquet, mobilier en bois), équipements et confort au top : les chambres de cet hôtel élégant ne manquent pas d'atouts.

Le Pré de la Cure
pl. de la Mairie – ✆ 04 50 72 83 58 – www.pre-delacure.com – Ouvert 7 mars-3 nov.
25 ch – †77/104 € ††88/120 € – ☕ 11 € – ½ P
Rest ***Le Pré de la Cure*** – voir les restaurants ci-après
À l'entrée de la cité médiévale. De grandes chambres contemporaines et épurées, avec vue sur le lac ou le jardin ; une piscine couverte et un jacuzzi... Un lieu agréable et vraiment reposant. Et pour déjeuner ou dîner, le restaurant est épatant !

Le Pré de la Cure – Hôtel Le Pré de la Cure
pl. de la Mairie – ✆ 04 50 72 83 58 – www.pre-delacure.com – Ouvert 7 mars-3 nov.
Rest – Menu 20 € (sem.), 28/52 € – Carte 39/54 €
Une plongée dans le Léman ! Évidemment, il y a la vue, superbe, mais pas seulement... Le chef réalise une cuisine axée sur les produits de la pêche du lac et concocte des petits plats régionaux bien gourmands.

Vieille Porte
2 pl. de la Mairie – ✆ 04 50 72 80 14 – www.la-vieille-porte.com – Fermé 11 nov.-10 fév. et lundi sauf juil.-août
Rest – Menu 27/40 € – Carte 38/57 €
Maison du 14e s. appartenant à la même famille depuis 1587. Tomettes, poutres et pierres, terrasse à l'ombre des remparts : rien ne manque, et tout cela accompagne à merveille la sympathique cuisine traditionnelle et régionale du chef.

Du Port avec ch
r. du Port – ✆ 04 50 72 80 17 – www.hotelrestaurantduport-yvoire.com – Ouvert 1er mars-31 oct.
7 ch – †125/225 € ††125/225 € – ☕ 17 € – ½ P
Rest *(fermé merc. sauf de mai à sept.)* – Menu 38/56 € – Carte 53/67 €
Plat phare de la maison ? La perche du Léman... Les autres poissons du lac ne sont évidemment pas en reste, et il fait bon les savourer dans cette jolie auberge du port de plaisance. Dans l'une des salles, on a presque les pieds dans l'eau ! Belles chambres de style lacustre.

YVOY-LE-MARRON – 41 Loir-et-Cher – **318** I6 – 622 h. – alt. 129 m **12** C2
– ✉ 41600
Paris 163 – Blois 45 – La Ferté-St-Aubin 13 – Orléans 35
route de Chaumont, ✆ 02 54 88 51 11

Auberge du Cheval Blanc
1 pl. du Cheval-Blanc – ✆ 02 54 94 00 00 – www.aubergeduchevalblanc.com – Fermé 26 fév.-17 mars et 18 déc.-5 janv.
15 ch – †78 € ††100/105 € – ☕ 14 € – ½ P
Rest ***Auberge du Cheval Blanc*** – voir les restaurants ci-après
Au cœur de ce village solognot, un hôtel-restaurant à l'architecture locale, fort bien tenu. Les chambres sont chaleureuses et confortables, dans une veine classique soignée. Une bonne adresse.

Auberge du Cheval Blanc

1 pl. du Cheval-Blanc – ✆ 02 54 94 00 00 – www.aubergeduchevalblanc.com – Fermé 26 fév.-17 mars, 18 déc.-5 janv., mardi midi, merc. midi et lundi
Rest – Menu 29/51 € – Carte 43/81 €
Après une balade en forêt solognote, installez à la table du Cheval Blanc... Tomettes, poutres, trophées de chasse et bois sombre : tout un idéal champêtre ressuscité ! La tradition est à l'honneur en cette auberge, où père et fils cuisinent à quatre mains. Beaucoup de soin et quelques jolis plats plus exotiques.

YZEURES-SUR-CREUSE – 37 Indre-et-Loire – 317 O8 – 1 469 h. – alt. 74 m – ✉ 37290 — 11 B3

Paris 318 – Châteauroux 72 – Châtellerault 28 – Poitiers 65
Place Mado Robin, ✆ 02 47 94 55 01, www.yzeuressurcreuse.com

Relais de La Mothe (N)

1 pl. du 11-Novembre – ✆ 02 47 91 49 00 – www.relaisdelamothe.com – Fermé 20 déc.-25 janv.
22 ch – †69/82 € ††73/86 € – ☕ 10 € – ½ P
Rest *(fermé lundi et mardi)* – Formule 14 € – Menu 18/32 €
Nouveau départ pour ce relais de poste de 1880 redevenu... flambant neuf ! Parfaitement rénovées, les chambres sont spacieuses et confortables, et il fait bon se ressourcer à l'espace détente ou prendre un verre dans le salon au coin de la cheminée. Idéal pour un séjour au vert.

ZELLENBERG – 68 Haut-Rhin – 315 H7 – rattaché à Riquewihr

ZIMMERBACH – 68 Haut-Rhin – 315 H8 – 860 h. – alt. 300 m – ✉ 68230 — 2 C2

Paris 491 – Belfort 78 – Colmar 14 – Épinal 137

Au Raisin d'Or

1 r. de l'Église – ✆ 03 89 71 05 69 – www.raisindor.fr – Fermé 19 avril-2 mai, 2-16 août, 27 déc.-9 janv., mardi et merc.
Rest – Formule 12 € – Menu 23/38 € – Carte 26/45 €
Dans cette sympathique auberge "à la bonne franquette", les habitués sont nombreux et ne tarissent pas d'éloge sur les propositions du jour et les classiques du chef (tête de veau, quenelles de foie, bœuf gros sel, etc.). Généreux et délicieux !

ZIMMERSHEIM – 68 Haut-Rhin – 315 I10 – rattaché à Mulhouse

ZONZA – 2A Corse-du-Sud – 345 E9 – voir à Corse

ZOUFFTGEN – 57 Moselle – 307 H2 – 811 h. – alt. 250 m – ✉ 57330 — 26 B1

Paris 341 – Luxembourg 20 – Metz 48 – Thionville 18

La Lorraine (Marcel Keff) avec ch

rest, rest, P VISA

80 r. Principale – ✆ 03 82 83 40 46 – www.la-lorraine.fr – Fermé lundi et mardi
3 ch – †115 € ††150 € – ☕ 22 €
Rest – Menu 33 € (déj. en sem.), 42/120 € bc – Carte 80/105 €
Agréable moment dans cette belle maison bourgeoise : sous la grande véranda aux airs de jardin d'hiver, dont le sol vitré laisse apparaître la cave à vin, on apprécie une cuisine fine et ciselée, qui tire notamment le meilleur du terroir lorrain. Pour prolonger le plaisir : des chambres très confortables...
→ Cocotte d'escargots de Cleurie, coulis de persil plat et émulsion de pomme de terre ratte. Cochon de lait de Kanfen rôti dans sa peau croustillante. L'œuf de poule au chocolat noir, sabayon au rhum. **Vins** Moselle rouge et blanc.

Principauté d'Andorre

ANDORRE - 343 H9 - 85 082 h. Midi-Toulousain

Carrer Prat de la Creu 59-65, Andorre-la-Vieille, ✆ (00-376) 875 7 00

La Principauté d'Andorre, d'une superficie de 464 km^2, est située au cœur des Pyrénées, entre la France et l'Espagne. Depuis 1993, la Principauté est un État souverain membre de l'ONU. La langue officielle est le catalan mais la majorité de la population parle aussi le français et l'espagnol. La monnaie locale est l'euro. Pour se rendre en Andorre, les citoyens de l'Union Européenne ont besoin d'un passeport ou d'une carte d'identité en cours de validité.

Transports

Accès depuis la France : RN 22 passant par le tunnel d'Envalira.

Liaison par autocars : depuis l'aéroport de Toulouse-Blagnac par la Cie Novatel, renseignements ✆(00-376) 803 789 et la Cie Nadal ✆(00-376) 805 151.

Depuis les gares SNCF de l'Hospitalet et Latour-de-Carol par la Cie Hispano-Andorrane, renseignements ✆(00-376) 807 000.

ANDORRA-LA-VELLA Capitale de la Principauté - AND Andorra 28 B3

- **343** H9 - **22 256 h. - alt. 1 029 m** - ✉ **AD500**

Paris 861 - Carcassonne 165 - Foix 102 - Perpignan 170

rue du Dr-Vilanova, Andorre-la-Vieille, ✆ (00-376) 82 02 14

Vallée du Valira del Nord★ N.

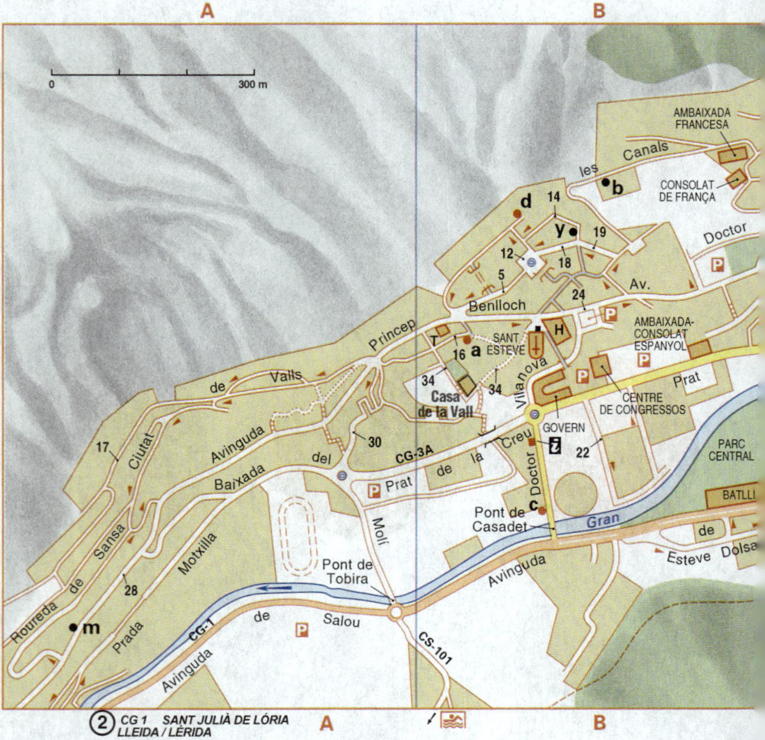

Andorra Park H.

ch, rest

Les Canals 24 ✉ *AD500* – ✆ *(00-376) 87 77 77*
– *www.parkhotelandorra.com* **Bb**
89 ch – 110/225 € 125/324 € – 1 suite – ½ P
Rest *És Andorra* – Menu 20 € – Carte 45/55 €
Dans la ville haute, un établissement entouré de jardins, doté de parties communes spacieuses et de chambres d'excellent confort, toutes avec terrasse. Spa complet. Le restaurant gastronomique És Andorra offre une vue sur le jardin et propose une carte traditionnelle actualisée ainsi qu'un bon menu dégustation.

Plaza

ch, rest, VISA AE

María Pla 19 ✉ *AD500* – ✆ *(00-376) 87 94 44* – *www.plazandorra.com*
45 ch – 115/240 € 153/320 € – 45 suites – 18 € – ½ P **Ca**
Rest *La Cupula* *(fermé lundi soir et mardi)* – Menu 28/57 € – Carte 41/58 €
Cet hôtel à l'élégance classique se distingue par son emplacement en plein centre ainsi que par son lumineux hall de réception doté de deux ascenseurs panoramiques. Spa complet. Le restaurant propose une cuisine actuelle de saison qui joue avec les quatre éléments (terre, eau, feu et air).

Arthotel

ch, VISA AE

Prat de la Creu 15-25 ✉ *AD500* – ✆ *(00-376) 76 03 03* **Cd**
125 ch – 81/198 € 102/244 € – ½ P
Rest *Plató* – Menu 15/20 € – Carte 30/45 €
Grand professionnalisme pour cet établissement d'esprit actuel qui surprend par ses chambres plutôt fonctionnelles mais très spacieuses. Une cafétéria vient compléter les parties communes. Le restaurant Plató, décoré de photographies cinématographiques, propose une carte traditionnelle avec une belle sélection de riz.

ANDORRA LA VELLA

Baixada del Molí	A	
Bonaventura Armengol	C	2
Bonaventura Riberaygua	C	
Canals	BC	
Casadet (Pont de)	B	
Ciutat de Valls	A	
Consell d'Europa (Av. del)	C	
Creu Grossa	C	4
Doctor Mitjavila (Av.)	C	
Doctor Molines	BC	
Doctor Néqui	B	5
Doctor Vilanova	B	
Escaler (Pl.)	C	
Esteve Dolça Pujal	BC	
Fener	C	
Fiter i Rossell	C	10
Guillemó (Pl.)	B	12
Joan Maragall	C	
Llacuna	B	14
Major (Antic Carrer)	B	16
Maria Pla	C	
Meritxell (Av.)	C	
Mestre Xavier Plana	A	17
Mossèn Cinto Verdaguer	B	18
Mossèn Tremosa	B	19
Obac	C	
Pere d'Urg	C	
Pompeu Fabra	C	20
Prada Casadet	B	22
Prada de la Creu	BC	
Prada Motxilla	A	
Prat de la Creu (Pont)	C	
Princep Benlloch (Av. de)	AB	
Rebés (Pl.)	B	24
Roda	C	26
Rotonda (Pont de la)	C	
Roureda de Sansa	A	
Salou (Av.)	A	
Santa Coloma (Av. de)	A	28
Sant Andreu	C	
Sardana	C	
Tarragona (Av. de)	BC	
Toriba	A	30
Toriba (Pont de)	A	
Unió	C	
Vall	B	34

President rest, VISA

av. Santa Coloma 44 ✉ *AD500 – ✆ (00-376) 87 72 77 – www.janhotels.com*
100 ch – 🛉45/124 € 🛉🛉59/165 € – ½ P **Rest** – Carte 25/46 € **Am**
Un peu éloigné du centre, ce complexe propose des chambres confortables ; aux 8e et 9e étages, les suites junior sont plus actuelles et spacieuses. Belle salle de jeux pour les enfants et piscine couverte au dernier étage. Cuisine traditionnelle au restaurant.

Diplomatic ch, rest, VISA AE

av. Tarragona ✉ *AD500 – ✆ (00-376) 80 27 80 – www.diplomatichotel.com*
83 ch – 🛉53/107 € 🛉🛉67/130 € – 2 suites – ½ P **Cm**
Rest *(dîner seult)* – Menu 11/15 € – Carte 48/69 €
Situé à proximité d'un centre commercial et d'affaires, cet établissement abrite des chambres fonctionnelles qui conviendront aussi bien à une clientèle d'affaires qu'aux touristes. Plusieurs espaces sont dédiés à la détente, y compris des jeux d'eau et un salon de massage. Cuisine internationale sans prétention servie dans un cadre discret.

Florida sans rest VISA AE

Llacuna 15 ✉ *AD500 – ✆ (00-376) 82 01 05 – www.hotelflorida.ad*
27 ch – 🛉43/90 € 🛉🛉56/104 € **By**
Accueil résolument familial pour cet hôtel situé en plein centre et entouré de boutiques. Peu de parties communes mais des chambres simples et confortables. Petit gymnase et sauna.

La Borda Pairal 1630 P VISA

Doctor Vilanova 7 ✉ *AD500 – ✆ (00-376) 86 99 99*
– www.labordapairal1630.com – Fermé dim. soir et lundi **Bc**
Rest – Menu 16/50 € – Carte 25/57 €
Avez-vous déjà mangé dans une borda en pierre typique ? Celle-ci dispose d'un bar, d'une salle à manger avec cave vitrée et, à l'étage, d'une salle plus spacieuse que l'on peut aménager en trois salons. Carte traditionnelle et suggestions du jour.

Taberna Ángel Belmonte VISA

Ciutat de Consuegra 3 ✉ *AD500 – ✆ (00-376) 82 24 60*
– www.tabernaangelbelmonte.com **Cb**
Rest – Carte 40/60 €
En plein centre, un restaurant agréable aux allures de taverne, qui arbore une mise en place impeccable et un beau décor où domine le bois. Côté assiette, cuisine du marché, carte traditionnelle et intéressantes suggestions du jour déclinées à l'oral.

Can Benet VISA

antic carrer Major 9 ✉ *AD500 – ✆ (00-376) 82 89 22*
– www.restaurant_canbenet.com – Fermé 15-30 juin **Ba**
Rest – Menu 20/30 € – Carte 34/54 €
Une affaire familiale logée dans une vieille maison en pierre, avec un bar d'attente et, à l'étage, une salle principale qui, avec ses murs de pierre et son plafond en bois, arbore un style andorran. Carte traditionnelle et suggestions du jour.

Celler d'en Toni N VISA

Verge del Pilar 4 ✉ *AD500 – ✆ (00-376) 82 12 52 – www.cellerdentoni.com*
– Fermé 1er-15 juil. et dim. soir **Cd**
Rest – Menu 28/32 € – Carte 40/60 €
Ce restaurant central de longue tradition familiale vous accueille dans une salle à manger à l'ambiance rustique et propose une cuisine de marché riche en produits de saison ainsi que des plats traditionnels. Les "Canelones Rossini" sont un classique !

CANILLO – AND Andorra – 343 H9 – 4 826 h. – alt. 1 531 m **29 C3**
– ✉ AD100

▶ Andorra la Vella 12

◉ Crucifixion★ dans l'église de Sant Joan de Caselles NE : 1 km – Sanctuaire de Meritxell★ SE : 3 km.

Ski Plaza

carret. General ✉ *AD100 – ✆ (00-376) 73 94 44 – www.plazandorra.com*
111 ch – 98/224 € 131/298 € – 18 € – ½ P
Rest – Menu 18 €
Perché à 1600 m d'altitude, cet établissement assez bien équipé (petit spa) propose des chambres de style montagnard extrêmement confortables, dont certaines possèdent un jacuzzi et d'autres sont destinées aux familles avec enfants. Le restaurant, de mise simple, propose principalement un buffet complet.

ENCAMP – AND Andorra – 343 H9 – 13 521 h. – alt. 1 313 m – ✉ AD200 29 C3

Andorra la Vella 8
Casa Cristo★ - Musée National de l'Automobile★.

Coray

Caballers 38 ✉ *AD200 – ✆ (00-376) 83 15 13 – www.hotelcoray.com – Fermé nov.*
85 ch – 24/39 € 48/68 €
Rest – Menu 11 €
Bel emplacement pour cet hôtel perché sur les hauteurs de la localité. Parties communes actuelles et chambres fonctionnelles donnant, pour la plupart, sur la campagne environnante. Dans la vaste salle à manger, les repas sont principalement servis sous forme de buffet.

Univers

René Baulard 13 ✉ *AD200 – ✆ (00-376) 73 11 05 – www.hoteluniversandorra.com – Fermé nov.*
31 ch – 38/45 € 55/83 € – ½ P
Rest – Menu 12 € – Carte environ 29 €
Posé sur les berges du Valira d'Orient, cet hôtel familial a décoré ses couloirs et ses chambres simples de photographies de paysages voisins réalisées par le propriétaire. Un menu du jour et une petite carte aux saveurs traditionnelles sont proposés dans une salle à manger convenable.

ERTS – ver La Massana

ESCALDES-ENGORDANY – AND Andorra – 343 H9 – 14 395 h. – alt. 1 105 m – ✉ AD700 28 B3

Andorra-la-Vella 2
place Santa Anna, ✆ (00-376) 890 8 81, www,e-e,ad

Plan page suivante

Roc Blanc

pl. dels Coprínceps 5 ✉ *AD700 – ✆ (00-376) 87 14 00 – www.rocblanchotels.com*
154 ch – 84/135 € 112/179 € – 3 suites – ½ P Da
Rest *L'Entrecôte* – Menu 20 € – Carte 24/42 €
Situé au centre de la localité, ce complexe composé de trois bâtiments reliés entre eux propose des espaces communs complets, un centre thermal et des chambres accueillantes au mobilier mi-classique, mi-actuel. Le restaurant l'Entrecôte affiche un décor fonctionnel et met à l'honneur l'entrecôte de veau français.

Casa Canut

av. Carlemany 107 ✉ *AD700 – ✆ (00-376) 73 99 00 – www.acasacanuthotel.com* Ds
33 ch – 120/160 € 120/200 € – 15 €
Rest *Casa Canut* – voir les restaurants ci-après
Ceux qui passeront le seuil de cet hôtel familial à la façade rénovée et situé en plein centre ne pourront qu'être séduits par son raffinement. Très bien équipées, les chambres arborent toutes un décor personnalisé... ce qui explique pourquoi chacune porte le nom d'un créateur. Les plus luxueuses sont les Top Class !

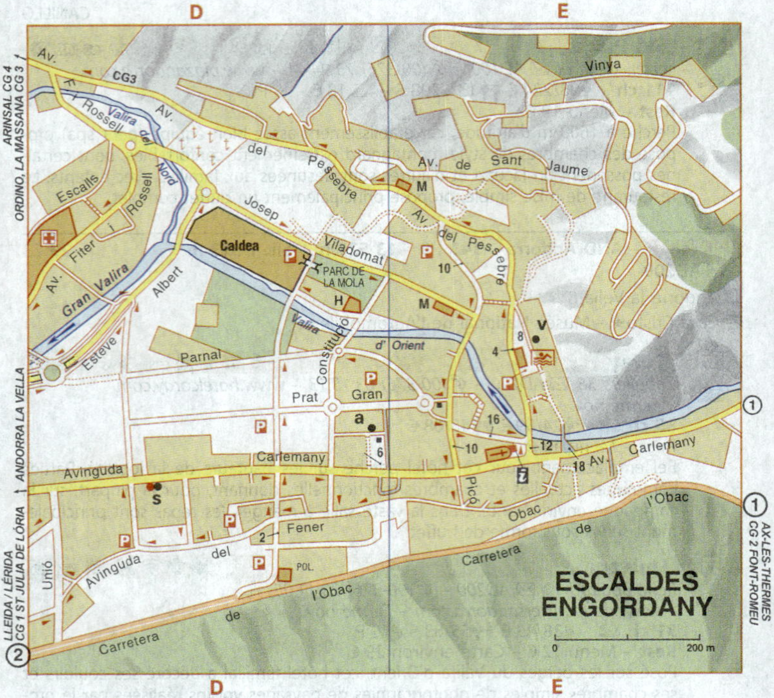

Carlemany (Av.) . . . . DE
Ciutat de Sabadell . . . . D 2
Constitució . . . . D
Coprínceps (Pl.) . . . . D 6
Copríncep de Gaulle (Av.) . . . . . . E 4
Creu Blanca (Pl.) . . . . E 8
Escalls . . . . D
Escoles (Av. de les) . . . . E 10
Església de l' . . . . E 12
Esteve Albert . . . . D
Fener del (Av.) . . . . D
Fiter i Rossell (Av.) . . . . D
Josep Viladomat . . . . DE
l'Obac . . . . E
Obac (Ctra de l') . . . . DE
Pessebre del (Av.) . . . . DE
Picó . . . . E
Santa Anna . . . . E 16
Santa Anna (Pl.) . . . . E 18
Sant Jaume (Av.) . . . . E
Unió . . . . D
Vinya . . . . E

Espel

pl. Creu Blanca 1 ✉ *AD700 – ✆ (00-376) 82 08 55 – www.hotelespel.com – Fermé 2 mai-2 juil.* **Ev**

84 ch – 🛉49/71 € 🛉🛉68/102 € – ½ P **Rest** *(menu unique)* – Menu 15 €

Géré par deux sœurs, cet établissement rend par son nom hommage à leur famille. Chambres au décor fonctionnel et restaurant au style sagement classique proposant exclusivement un honnête menu du jour.

Casa Canut – Hotel Casa Canut

av. Carlemany 107 ✉ *AD700 – ✆ (00-376) 73 99 00 – www.acasacanut.com* **Ds**

Rest – Menu 28/59 € – Carte 47/76 €

Plusieurs salles à l'élégance classique accueillent une carte très complète, divisée en une partie "poissons et fruits de mer", une autre pour les plats mijotés et les riz, et une dernière consacrée aux grandes spécialités de la Casa Canut. Les menus ne manquent pas d'intérêt !

INCLES – **AND Andorra** – **voir à Soldeu**

LLORTS – **AND Andorra** – **voir à Ordino**

LA MASSANA – AND Andorra – **343** H9 – **9 744 h.** – **alt. 1 241 m** – ✉ AD400 **28** B3

Andorra la Vella 7

avenue Sant-Antoni, ☎ (00-376) 83 56 93, test

Casa Areny-Plandolit★.

Rutllan ch, rest, rest,

av. del Ravell 3 ✉ AD400 – ☎ (00-376) 73 87 38 – www.hotelrutllan.com – Fermé mai

96 ch – 40/128 € 90/256 € – ½ P

Rest – Menu 28/32 €

Une adresse familiale, logée dans un bâtiment où le bois est omniprésent. Chambres confortables, dotées de balcons joliment fleuris à la belle saison. Restaurant de mise classique, décoré de nombreux vases en cuivre ou en céramique.

Abba Xalet Suites H. rest,

carret. de Sispony, Sud : 1,8 km ✉ AD400 – ☎ (00-376) 73 73 00 – www.abbaxaletsuiteshotel.com

47 ch – 78/167 € 88/208 € – 36 suites – ½ P

Rest – Menu 23 € – Carte 35/50 €

La particularité de cet établissement composé de deux bâtiments : l'un ouvre toute l'année et dispose de chambres classiques, tandis que l'autre, fermé hors saison, propose exclusivement des suites. Chaque bâtiment possède son propre restaurant, tous deux correctement aménagés et servant matin, midi et soir.

Molí dels Fanals N

av. las Comes (Sispony), 1,3 km au Sud ✉ AD400 – ☎ (00-376) 83 53 80 – www.molidelsfanals.com – Fermé dim. soir et lundi

Rest – Menu 40/80 € – Carte 29/62 €

Un restaurant charmant qui occupe une ancienne "borda" en pierre. Le spacieux bar de l'entrée cède le pas à une salle à manger principale d'esprit rustique et à deux autres salles. Carte étoffée de cuisine traditionnelle faisant la part belle aux viandes.

Borda Raubert N

carret. de Arinsal ✉ AD400 – ☎ (00-376) 83 54 20 – www.bordaraubert.com – Fermé 3 sem. en juin, lundi soir et mardi

Rest – Menu 24 € – Carte 25/35 €

Installé dans une typique "borda" andorrane en pierre, ce restaurant résolument rustique a aménagé sa salle à manger principale dans l'ancien grenier à paille et une seconde dans les anciennes étables. Carte régionale composée de viandes, charcuteries et plats de grillades.

à Erts

Palomé N ch, ch, rest,

carret de Arinsal ✉ AD400 – ☎ (00-376) 73 85 00 – www.palomehotel.com

35 ch – 71/88 € 77/116 € – 5 suites

Rest *Émo* – Menu 25 € – Carte 40/50 €

Ocupa un antiguo hotel que ha sido completamente reformado y con su nombre ensalza el pico de una montaña cercana. Aquí encontrará unas habitaciones de línea urbana-moderna, todas con cama de matrimonio, y hasta 10 tipos diferentes de suites. En su restaurante sirven cocina tradicional actualizada.

MERITXELL – AND Andorra – **343** H9 – **69 h.** – **alt. 1 527 m** – ✉ **AD100** **28** B3

Andorra la Vella 11

L'Ermita ch,

Meritxell ✉ AD100 – ☎ (00-376) 75 10 50 – www.hotelermita.com – Fermé 6 juin-12 juil. et 17 oct.-21 nov.

27 ch – 36/57 € 62/102 € – ½ P **Rest** – Menu 15/24 € – Carte 25/38 €

Joli cadre montagnard pour cet hôtel familial, situé à proximité du sanctuaire de Meritxell. Agréables espaces communs et chambres classiques en grande partie rénovées. Le restaurant arbore un style à la fois rustique et actualisé, et propose une carte traditionnelle ainsi que plusieurs menus.

ORDINO – AND Andorra – **343** H9 – 4 322 h. – alt. 1 304 m – Sports d'hiver : 1940/2 640 m 14 – ✉ AD300 **28** B3

Andorra la Vella 9

Coma
ch, rest, rest, VISA
Camp de la Tenada ✉ AD300 – ✆ (00-376) 73 61 00 – www.hotelcoma.com
48 ch – 38/85 € 75/110 €
Rest – Menu 12/38 € – Carte 25/50 €
Une même famille gère cet hôtel accueillant depuis 1932 ! Derrière sa façade typiquement montagnarde, découvrez des chambres fonctionnelles avec baignoire à hydromassage et, pour la plupart, terrasse. Le restaurant, spacieux, lumineux et polyvalent, sert une savoureuse cuisine traditionnelle.

à Llorts – 163 h. – ✉ AD300

La Neu
VISA
carret. General, 5,5 km au Nord-Ouest ✉ AD300 – ✆ (00-376) 85 06 50 – www.restaurant-laneu.com – Fermé 2 sem. en mai, 2 sem. en nov., lundi et mardi
Rest – Menu 15/40 € – Carte 27/36 €
Géré par un jeune couple, ce petit restaurant offre une ravissante vue sur les montagnes depuis sa salle vitrée au remarquable cadre rustique dominé par le bois. Cuisine traditionnelle catalane.

PAS-DE-LA-CASA – AND Andorra – **343** I9 – 3 063 h. – alt. 2 085 m – Sports d'hiver : 2050/2640 m 4 48 – ✉ AD200 **29** C3

Andorra-la-Vella 29

Site★

Col d'Envalira★★

rte de Soldeu Sud-Est : 10 km

Grau Roig
VISA AE
Grau Roig ✉ AD200 – ✆ (00-376) 75 55 56 – www.hotelgrauroig.com – Fermé 7 avril-21 juin et 13 oct.-29 nov.
42 ch – 97/261 € 116/332 € – ½ P
Rest – Carte 30/63 €
Le cirque de Pessons sert de cadre à cette typique construction montagnarde idéale pour un petit séjour sous l'enseigne du ski ou de la randonnée. Plusieurs types de chambres, toutes coquettes et bien équipées, et une offre gastronomique assez variée.

SANT JULIÀ DE LÒRIA – AND Andorra – **343** G10 – 9 051 h. – alt. 909 m – ✉ AD600 **28** B3

Andorra-la-Vella 7

Musée du Tabac★.

au Sud-Est : 7 km

Coma Bella
rest, VISA
bosque de La Rabassa - alt. 1 300 ✉ AD600 – ✆ (00-376) 74 20 30 – www.hotelcomabella.com – Fermé 14-25 avril et 3-21 nov.
30 ch – 38/58 € 58/98 € – ½ P
Rest – Menu 13/35 € – Carte 22/42 €
Belle situation en pleine forêt de la Rabassa pour cet hôtel très reposant. Vastes parties communes et chambres fonctionnelles, dotées de salles de bain actuelles. Un honnête restaurant qui offre une vue magnifique sur les montagnes environnantes.

Ne confondez pas les couverts et les étoiles ! Les couverts définissent une catégorie de confort et de service, tandis que l'étoile couronne uniquement la qualité de la cuisine, quel que soit le standing de la maison.

SOLDEU - AND Andorra - 343 H9 - 998 h. - alt. 1 826 m - Sports d'hiver : 1710/2640 m 4 48 - ✉ AD100 29 C3

Andorra la Vella 20

Sport Hotel Hermitage

carret. de Soldeu ✉ AD100 – ✆ (00-376) 87 06 70 – www.sporthotels.ad – Fermé 15 avril-15 juin

114 ch – 155/785 € – 6 suites **Rest** – Menu 80 € – Carte 43/68 €

Perché à 1850 m d'altitude et offrant un accès direct aux pistes de Grandvalira, cet hôtel à la façade typiquement montagnarde affiche un intérieur au goût du jour ponctué d'éléments zen. Vue sur les montagnes depuis l'immense spa et les chambres. Plusieurs restaurants dont les préparations culinaires reposent sur les conseils avisés de chefs renommés.

Xalet Montana

carret. General ✉ AD100 – ✆ (00-376) 73 93 33 – www.xaletmontana.net – Ouvert 20 déc.-15 avril

40 ch – 88/120 € 119/161 € **Rest** *(dîner seult)* – Menu 18 €

Hôtel à la décoration soignée dont toutes les chambres offrent une vue sur les pistes de ski. Cadre nordique au salon et agréable espace de détente.

Sol i Neu

Dels Vaquers ✉ AD100 – ✆ (00-376) 85 13 25 – www.sporthotels.ad – Fermé 15 avril-15 juin et lundi

Rest – Carte 28/48 €

Ce restaurant incontournable au pied des pistes affiche un style montagnard fait de moult boiseries et d'objets anciens sur le thème du ski. Cuisine traditionnelle mâtinée de touches actuelles.

à Incles Ouest : 1,5 km – 663 h. – ✉ AD100

Galanthus

carret. General ✉ AD100 – ✆ (00-376) 75 33 00 – www.somriuhotels.com – Fermé 1er mai-30 juin et 14 oct.-30 nov.

53 ch – 45/160 € 60/220 € – 2 suites – ½ P

Rest – Menu 25 € – Carte 38/55 €

Plusieurs salons viennent compléter les parties communes de cet établissement aux lignes actuelles, qui porte le nom d'une jolie fleur de montagne. Les chambres parquetées sont pourvues d'un mobilier fonctionnel et d'une douche à l'italienne. Carte actuelle agrémentée de quelques spécialités japonaises au restaurant.

à El Tarter Ouest : 3 km – 1 527 h. – ✉ AD100

Nordic

✉ AD100 – ✆ (00-376) 73 95 00 – www.grupnordic.com – Fermé 1er-15 mai et nov.

120 ch – 60/205 € 80/274 € – ½ P

Rest *(dîner seult) (buffet seult)* – Menu 15/25 €

Cet hôtel surprend par son vaste hall décoré d'une collection de voitures et de motos anciennes. Toutes dotées d'une terrasse, les chambres offrent une vue sur le village ou sur les montagnes. Spa convenable et restaurant classique assez spacieux dont les repas sont principalement servis sous forme de buffets.

EL TARTER - AND Andorra - voir à Soldeu

Principauté de Monaco

MONACO – 341 F5 – 115 J27 J28 – 36 371 h. – alt. 163 m Côte d'Azur

État souverain enclavé dans le département français des Alpes-Maritimes et bordant la Méditerranée, la principauté de Monaco s'étend sur 1,5 km². Elle comprend le Rocher de Monaco (la vieille ville) et Monte-Carlo (la ville neuve), réunis par la Condamine (le port), Fontvieille à l'Ouest (l'industrie) et Larvotto à l'Est (la plage). Depuis 1993, la principauté est un état souverain membre de l' ONU.

Transports

Depuis l'héliport de Monaco-Fontvieille, liaisons quotidiennes avec l'aéroport de Nice-Côte d'Azur. Renseignements : Héli Air Monaco ✆ (00-377) 92 050 050

MONACO Capitale de la Principauté – MCO Monaco – 341 F5 42 E2 – 36 371 h. – alt. 163 m – ✉ 98000

Paris 949 – Menton 11 – Nice 23 – San Remo 41

2A, boulevard des Moulins, Monte Carlo, ✆ (00-377) 92 16 61 66

Circuit automobile urbain.

Jardin exotique★★ CZ : ≤★ - Grotte de l'Observatoire★ CZ **D** - Jardins St-Martin★ DZ - Ensemble de primitifs niçois★★ dans la cathédrale DZ - Christ gisant★ dans la chapelle de la Miséricorde D **B** - Place du Palais★ CZ - Palais du Prince★ : musée napoléonien et des Archives du palais★ CZ - Musées : océanographique★★ DZ (aquarium★★, ≤★★ de la terrasse), d'anthropologie préhistorique★ CZ **M³**, - Collection des voitures anciennes★ CZ **M¹**.

à Fontvieille

Columbus

23 av. Papalins – ✆ (00-377) 92 05 90 00 – www.columbusmonaco.com

167 ch – 145/520 € 145/520 € – 14 suites – 25 € – ½ P AVs

Rest – Formule 25 € bc – Carte 35/72 €

Entre le port et la roseraie Princesse Grace, un hôtel de style contemporain, cultivant une ambiance lounge. Chambres contemporaines, certaines avec balcon, et piscine avec vue sur la mer. Cuisine aux influences multiples (française, provençale, italienne) dans un cadre chic ou sur l'agréable terrasse.

Beefbar

42 quai Jean-Charles-Rey – ✆ (00-377) 97 77 09 29 – www.beefbar.com

Rest – Formule 17 € bc – Menu 39 € bc (dîner) – Carte 53/105 € AVa

Un "bar à viandes"... de bœuf (en provenance d'Europe, d'Amérique du Sud ou des États-Unis) réservé aux carnivores. Cadre tendance, très prisé de la clientèle locale.

MONTE-CARLO Centre Mondain de la Principauté – MCO Monaco 42 E2 – 341 F5 – 15 507 h. – Casinos : Grand Casino DY, Monte-Carlo Sporting Club BU, Sun Casino DX

Paris 947 – Menton 9 – Monaco 2 – Nice 20

Monte-Carlo, , par rte de la Turbie : 11 km, ✆ (33) (0)4 92 41 50 70

Terrasse★★ du Grand casino DXY - Musée de poupées et automates★ DX **M⁵** - Jardin japonais★ U.

Hôtel de Paris

pl. du Casino – ✆ (00-377) 98 06 30 00 – www.hoteldeparismontecarlo.com

143 ch – 435/1300 € 435/1300 € – 39 suites – 43 € DYy

Rest *Le Louis XV-Alain Ducasse* ✿✿✿

Rest *Grill de l'Hôtel de Paris*

Rest *Côté Jardin* – voir les restaurants ci-après

Rest *Salle Empire* ✆ (00-377) 98 06 89 89 *(ouvert juil.-août et fermé le midi)* – Carte 95/185 €

Situation idyllique, aménagements somptueux, luxe sans fausse note, espace bien-être fabuleux : le plus prestigieux des palaces monégasques, l'un des plus beaux hôtels sur la Côte d'Azur... une légende !

Albert II (Av.)	AV	42
Larvotto (Bd du)	BU	25
Moulins (Bd des)	BU	32
Papalins (Av. des)	AV	36
Pasteur (Av.)	AV	39
Princesse-Grace (Av.)	BU	52
Rainier III (Bd)	AV	56
Turbie (Bd de la)	BU	65
Verdun (Bd de)	BU	66
Victor-Hugo (R.)	AV	67
Villaine (Av. de)	AU	68

Hermitage

square Beaumarchais – (00-377) 98 06 40 00 – www.montecarloresort.com

252 ch – 395/1520 € 395/1520 € – 28 suites – 39 € DY**r**

Rest *Vistamar* – voir les restaurants ci-après

Rest *Limun Bar* (00-377) 98 06 98 48 – Carte 50/80 €

Derrière une foisonnante façade 1900, une coupole signée Eiffel, un déluge de mosaïques, moulures, pampilles... Confort extrême, à la pointe de l'élégance contemporaine dans les deux ailes récemment rénovées. Beaux équipements pour séminaires. Petite restauration et salon de thé au Limun Bar.

MONACO MONTE-CARLO

Albert II (Av.) . . . . CZ 42
Albert I (Bd) . . . . CYZ
Armes (Pl. d') . . . . CZ 2
Basse (R.) . . . . CDZ 3
Castro (R. Col.-de) . . . . . CZ 7
Comte-Félix-Gastaldi (R.) . . . . DZ 10
Crovetto-Frères (Av.) . . . CZ 12
Gaulle (Av. du Gén.-de) DX 14
Grimaldi (R.) . . . . CYZ
Kennedy (Av. J.-F.) . . . . DY 23
Larvotto (Bd du) . . . . . . DX 25
Leclerc (Bd du Gén.) . . DX 26
Libération (Pl. de la) . . . DX 27
Madone (Av. de la) . . . . DX 28
Major (Rampe) . . . . CZ 29
Monte-Carlo (Av. de) . . . DY 30
Moulins (Bd des) . . . . . DX 32
Notari (R. L.) . . . . CYZ 33
Ostende (Av. d') . . . . . . DY 34
Palais (Pl. du) . . . . CZ 35
Papalins (Av. des) . . . . . CZ 36
Pêcheurs (Ch. des) . . . . DZ 40
Porte-Neuve (Av. de la) . . . . . DZ 41
Princesse-Antoinette (Av.) . . CY 46
Princesse-Caroline (R.) . . . . . CZ 48
Princesse-Charlotte (Bd) . . DXY
Princesse-Marie-de-Lorraine (R.) . . . . DZ 54
Prince-Pierre (Av.) . . . . CZ 44
République (Bd de la) . . . . . . DX 58
Ste-Dévote (Pl.) . . . . CY 63
Spélugues (Av. des) . . . . DX 62
Suffren-Reymond (R.) . . . . . CZ 64

Monte Carlo Bay Hotel and Resort

40 av. Princesse-Grace – ✆ *(00-377) 98 06 02 00* – *www.montecarlobay.com* ch, VISA **BUr**

334 ch – †219/615 € ††219/615 € – 21 suites – ☐ 32 €

Rest *Le Blue Bay* – voir les restaurants ci-après

Rest *L'Orange Verte* ✆ (00-377) 98 06 03 60 – Carte 45/74 €

Rest *Las Brisas* ✆ (00-377) 98 06 03 60 *(ouvert de mai à sept.) (déj. seult)* – Formule 27 € – Menu 37 € bc (sem.) – Carte 53/117 €

Né en 2005, ce palace monégasque s'étend sur 4 ha gagnés sur la mer... Un univers en soi, avec une extraordinaire "piscine-lagon" (bassin à fond de sable), des jardins méditerranéens, de superbes chambres contemporaines, plusieurs restaurants et un casino !

Métropole

4 av. de la Madone – ✆ (00-377) 93 15 15 15 – www.metropole.com
133 ch – 450/900 € 450/900 € – 15 suites – 40 € **DXz**
Rest *Joël Robuchon Monte-Carlo* ✿✿ **Rest *Yoshi*** ✿ – voir les restaurants ci-après
Luxe et raffinement à tous les étages de ce palace (1886) relooké par Jacques Garcia. Beaux salons, bar feutré et magnifique spa.

Méridien Beach Plaza

22 av. Princesse Grace, à la plage du Larvotto – ✆ (00-377) 93 30 98 80 – www.lemeridienmontecarlo.com **BUb**
403 ch – 179/1549 € 179/1549 € – 12 suites – 35 € – ½ P
Rest *L'Intempo* ✆ (00-377) 93 15 78 88 – Formule 29 € – Menu 42 € (déj.)/69 € – Carte 75/100 €
Rest *Muse* ✆ (00-377) 93 15 78 50 *(Ouvert 1er juin-15 sept.) (déj. seult)* – Carte 62/96 €
Grand hôtel de style moderne avec sa plage privée. Les chambres les plus agréables sont panoramiques et donnent sur la mer. Superbes suites design, belles piscines et centre de conférences. Cuisine méditerranéenne à L'Intempo (ouvert 24 h/24). Espace plein air et ambiance balnéaire au Muse.

Fairmont Monte-Carlo

12 av. Spélugues – ✆ (00-377) 93 50 65 00 – www.fairmont.com/montecarlo
576 ch – 279/629 € 279/629 € – 26 suites – 36 € **DYf**
Rest *L'Argentin Monte Carlo* Rest *Horizon* – voir les restaurants ci-après
Un immense complexe hôtelier avec centre de conférences, galerie marchande, spa, restaurants et casino. Toutes les chambres sont parées de couleurs fraîches, avec une vue superbe côté mer.

Port Palace

7 av. J.-F.-Kennedy – ✆ (00-377) 97 97 90 00 – www.portpalace.com
50 ch – 239/299 € 259/389 € – 9 suites **DYt**
Rest *Mandarine* – voir les restaurants ci-après
Hôtel intime et luxueux, en face du port et de ses yachts. Grandes chambres élégantes (cuir piqué, tissus italiens, teintes apaisantes). Minispa au sous-sol.

Novotel

16 bd Princesse-Charlotte – ✆ (00-377) 99 99 83 00 – www.novotel.com
218 ch – 130/365 € 130/365 € – 11 suites – 19 € **CYk**
Rest *Novotel Café* ✆ (00-377) 99 99 83 20 – Formule 25 € bc – Menu 35 € bc (dîner) – Carte 36/56 €
Sur les hauteurs de la principauté, les anciens studios de RMC ont laissé place à cet hôtel contemporain. Préférez les chambres côté jardin, plus calmes. Solarium au 7e étage.

Le Louis XV-Alain Ducasse – Hôtel de Paris

✿✿✿ *pl. du Casino – ✆ (00-377) 98 06 88 64 – www.alain-ducasse.com – Fermé 1er-6 mars, 24 nov.-27 déc., 25-28 fév., merc. sauf le soir du 19 juin au 4 sept. et mardi* **DYy**
Rest – Menu 145 € bc (déj.), 230/310 € – Carte 190/270 €
Une harmonie parfaite entre un somptueux décor classique et des saveurs méditerranéennes sublimées ; même la simplicité atteint la perfection... Cave exceptionnelle.
➜ Légumes des jardins de Provence à la truffe noire, huile d'olive taggiasche. Poitrine de pigeonneau et foie gras de canard sur la braise. Fraises des bois dans leur jus tiède et sorbet au mascarpone. **Vins** Côtes de Provence, Coteaux varois en Provence.

Joël Robuchon Monte-Carlo – Hôtel Métropole

✿✿ *4 av. de la Madone – ✆ (00-377) 93 15 15 10 – www.metropole.com – Fermé 18 fév.-5 mars et le midi du 15 juil. au 20 août*
Rest – Menu 49 € (déj.)/199 € – Carte 80/265 € **DXz**
La luxueuse salle à colonnades offre une vue sur les cuisines. À la carte, associations de saveurs inventives basées sur des produits nobles.
➜ Homard au coulis rafraîchi d'avocat à l'huile épicée et burrata. "El arroz bomba" dans un bouillon aux saveurs de paella. Onctuosité à la mangue et au coulis exotique. **Vins** Côtes de Provence, Bellet.

XXXX **Grill de l'Hôtel de Paris** – Hôtel de Paris
pl. du Casino – ✆ (00-377) 98 06 88 88 – www.hoteldeparismontecarlo.com – Fermé 14 janv.-24 fév. et le midi en juil.-août DYy
Rest – Menu 75 € bc (déj.) – Carte 100/185 €
Du 8e étage de l'hôtel de Paris, entre ciel et mer, la vue sur la principauté est à couper le souffle ! La cuisine est classique, avec des viandes et des poissons au gril ou à la broche.

XXX **Vistamar** – Hôtel Hermitage
square Beaumarchais – ✆ (00-377) 98 06 98 98 – www.montecarloresort.com – Fermé le midi en juil.-août et dim. d'oct. à avril DYr
Rest – Formule 42 € – Menu 65/120 € – Carte 85/120 €
Votre plat idéal ? Produits, cuissons, garnitures : ici, le chef et sa brigade vous composent une assiette "sur mesure"... et savent exaucer vos souhaits ! Beau décor moderne : teintes douces et terrasse regardant le port.
➜ Soupe de petits poissons de roche. Bouillabaisse Vistamar. Soufflé au Grand Marnier. **Vins** Bellet, Côtes de Provence.

XXX **Mandarine** – Hôtel Port Palace
7 av. J.-F.-Kennedy – ✆ (00-377) 97 97 80 00 – www.portpalace.com – Fermé nov. DYt
Rest – Formule 37 € – Carte 56/85 €
Au 6e étage de l'hôtel Port Palace, la salle, bordée de grandes baies vitrées et par une agréable terrasse, offre une vue imprenable sur le bassin et ses yachts. Cuisine au goût du jour.

XXX **Le Blue Bay** – Monte Carlo Bay Hotel and Resort
40 av. Princesse-Grace – ✆ (00-377) 98 06 03 60 – www.montecarlobay.com – Fermé 11-27 nov., 2-18 déc., 17 fév.-12 mars, dim. soir, lundi et mardi d'oct. à avril BUr
Rest *(dîner seult)* – Menu 75/85 € – Carte 61/115 €
Une grande terrasse face à la mer et un décor élégant, ludique avec sa myriade de touches colorées. Bel écho à la cuisine, inventive, métissée et soignée...

XXX **L'Argentin Monte Carlo** – Hôtel Fairmont Monte-Carlo
12 av. Spélugues – ✆ (00-377) 93 30 93 30 – www.fairmont.com/montecarlo – Fermé 8-22 juil. DYf
Rest *(diner seult de mi-mars à fin oct. et fermé dim. hors saison)* – Carte 81/115 €
La vue sur la mer est splendide ! Pas au point d'apercevoir l'Argentine au loin, à moins que... L'âme du pays est bien présente dans l'assiette : tout le savoir-faire d'un grill de qualité, avec de bonnes viandes et même une carte de moutardes.

XX **Yoshi** – Hôtel Métropole
4 av. de la Madone – ✆ (00-377) 93 15 13 13 – www.metropole.com – Fermé 3-18 fév., lundi et le midi du 15 juil. au 26 août DXz
Rest – Menu 29 € (déj.), 49/195 € – Carte 65/205 €
La seconde table de Joël Robuchon au Métropole rend hommage à la cuisine nippone. Bouillons parfumés, sushis et makis y sont traités avec Yoshi ("bonté").
➜ Boulette de crevette au kombu. Black cod mariné et cuit. Kudamono aux fruits frais rafraîchis d'un sorbet shiso. **Vins** Côtes de Provence, Bandol.

XX **Café de Paris**
pl. du Casino – ✆ (00-00 377) 98 06 76 23 – www.montecarloresort.com DYn
Rest – Formule 35 € bc – Menu 42 € (déj.), 46/115 € – Carte 51/69 €
Un lieu mythique sur la place du casino. Le décor est Belle Époque et l'on y inventa la recette des crêpes Suzette ! Cuisine de brasserie inspirée par la Méditerranée.

Maya Bay

24 av. Princesse-Grace – ✆ (00-377) 97 70 74 67 – www.mayabay.mc – Fermé nov., dim. et lundi **BUd**

Rest – Formule 18 € – Menu 35 € (déj.) – Carte 50/75 €

Rest *Sushi Bar* – Formule 18 € – Menu 30 € (déj.) – Carte 35/75 €

Dans un même lieu, un restaurant japonais au cadre inventif et ultramoderne, et un restaurant thaïlandais, plus cosy, décoré de kimonos et d'orchidées. Une même gamme de prix et de qualité ; il ne reste qu'à choisir entre le parfumé et l'épure.

La Trattoria

Sporting d'été - 26 av. Princesse-Grace – ✆ (00-377) 98 06 71 71 – www.alain-ducasse.com – Ouvert 16 mai-28 sept. et fermé le midi

Rest – Carte 70/110 € **BUm**

Les atouts de cette trattoria chic montée sous la houlette d'Alain Ducasse ? Sa terrasse face à la mer bien sûr, et ses antipasti, pâtes fraîches et poissons, cuisinés à la toscane.

La Romantica

3 av. Saint-Laurent – ✆ (00-377) 93 25 65 66 – Fermé 15-25 fév., dim.

Rest – Menu 20 € (déj.), 35/55 € – Carte 44/65 € **DXb**

Un sympathique restaurant familial en plein centre-ville. Un cadre élégant pour savourer une authentique cuisine du Nord italien, agrémentée de saveurs marines.

Le Saint-Benoit

10 ter av. Costa – ✆ (00-377) 93 25 02 34 – www.monte-carlo.mc/lesaintbenoit – Fermé 20 déc.-6 janv., dim. soir et lundi **DYb**

Rest – Formule 22 € – Menu 30/41 € – Carte 42/104 €

Saint Benoît vous aidera dans votre quête gastronomique... Jolie vue sur le port et le Rocher. Carte traditionnelle avec de belles spécialités de poisson, à prix raisonnable.

Côté Jardin – Hôtel de Paris

pl. du Casino – ✆ (00-377) 98 06 39 39 – www.hoteldeparismontecarlo.com – Fermé le soir **DYy**

Rest – Menu 55 € – Carte 72/100 €

Parfait pour un déjeuner sous le soleil, dans un environnement privilégié : ce Côté Jardin permet de profiter d'un nid de verdure, au pied du luxueux hôtel de Paris, avec vue sur le port et le Rocher... Formule buffet méditerranéen.

Horizon – Hôtel Fairmont Monte-Carlo

12 av. Spélugues – ✆ (00-377) 93 50 65 00 – www.fairmont.com/montecarlo – Ouvert mars-oct. et fermé le soir en mars **DYf**

Rest – Formule 40 € – Carte 62/101 €

Au dernier étage de l'hôtel Fairmont, on se croirait sur un paquebot : décor de yacht et surtout... la mer pour tout horizon ! Navigue-t-on ? Cuisine méditerranéenne, buffet au déjeuner.

La Chaumière

rond-point du Jardin-Exotique – ✆ (00-377) 97 70 04 92 – www.la-chaumiere.mc – Fermé dim. et fériés **CZa**

Rest – Menu 45 € (dîner) – Carte 40/52 €

Entre le Jardin exotique et le Musée national, un sympathique restaurant contemporain, avec une vue à couper le souffle sur Monaco et Monte-Carlo. Le chef concocte une jolie cuisine bistrotière aux accents de Provence : frais et savoureux !

Loga

25 bd des Moulins – ✆ (00-377) 93 30 87 72 – www.leloga.com – Fermé 10-26 août, merc. soir et dim. **DXv**

Rest – Formule 14 € bc – Menu 16 € bc (déj. en sem.)/38 € bc – Carte 38/64 €

Une bonne petite adresse familiale proposant au déjeuner salades, pâtes et suggestions du jour, tandis que la carte est plus étoffée le soir – avec en particulier une escalope milanaise succulente ! Salon de thé l'après-midi.

à Monte-Carlo-Beach (France Alpes-Mar.) 2,5 km au Nord-Est BU – ✉ 06190 Roquebrune-Cap-Martin

Monte-Carlo Beach Hôtel
av. Princesse-Grace – ✆ (00-377) 98 06 52 65 – www.monte-carlo-beach.com – Ouvert 7 mars-27 oct.
26 ch – †320/990 € ††320/990 € – 14 suites – ☕ 34 €
Rest *Elsa*
Rest *La Vigie* – voir les restaurants ci-après
Rest *Le Deck* ✆ (00-377) 98 06 51 00 *(ouvert 20 avril-20 oct. et fermé le soir)* – Carte 42/112 €
Rest *Le Sea Lounge* ✆ (00-377) 98 06 54 54 *(ouvert 17 mai-1er septembe et fermé le midi)* – Carte 54/101 €
Petit hôtel de luxe entièrement rénové en 2009... Sa belle couleur terracotta lui sied à merveille et... c'est tellement Sud ! Dans les chambres, ouvertes sur la mer, atmosphère croisière (tons bleu et blanc, mobilier sur mesure) ; impressionnant complexe balnéaire pour la détente.

Elsa – Monte-Carlo Beach Hôtel
av. Princesse-Grace – ✆ (00-377) 98 06 50 05 – www.monte-carlo-beach.com – Ouvert 7 mars-27 oct.
Rest – Menu 42 € bc (déj. en sem.)/95 € – Carte 59/144 €
De beaux produits préparés avec simplicité... On ne se noie pas dans les yeux de cette Elsa-là, mais on s'y régale d'une cuisine méditerranéenne fine et de poisson frais.

La Vigie – Monte-Carlo Beach Hôtel
av. Princesse-Grace – ✆ (00-377) 98 06 52 52 – www.monte-carlo-beach.com – Ouvert 28 juin-25 août, fermé mardi midi et lundi
Rest – Menu 50 € (déj.)/70 €
Une Vigie évidemment face à la mer, sur un piton rocheux. Un cadre raffiné et envoûtant, sous le soleil exactement ! Au déjeuner, on se restaure autour d'un buffet ; le soir, honneur au poisson grillé.

*Voir aussi ressources hôtelières à **Beausoleil** et **Cap d'Ail***

→ Localité possédant au moins...

- ● un hôtel ou un restaurant
- une table étoilée
- un restaurant « Bib Gourmand »
- un hôtel « Bib Hôtel »
- un restaurant agréable
- une maison d'hôte agréable
- un hôtel agréable
- un hôtel très tranquille

→ Place with at least...

- ● a hotel or a restaurant
- a starred establishment
- a restaurant « Bib Gourmand »
- a hotel « Bib Hôtel »
- a particularly pleasant restaurant
- a particularly pleasant guesthouse
- a particularly pleasant hotel
- a particularly quiet hotel

La France en 46 cartes

Cartes régionales des localités citées

→ France in 46 maps

Regional Map of listed towns

La France en 46 cartes

BELGIË
BRUXELLES
BRUSSEL
LILLE
30
31
NORD-PAS-DE-CALAIS
BELGIQUE
BUNDESREPUBLIK
DEUTSCHLAND
LUXEMBOURG
LUXEMBOURG
AMIENS
PICARDIE
36
37
METZ
CHÂLONS-
EN-CHAMPAGNE
26
27
LORRAINE
PARIS
ÎLE-DE-FRANCE
13
14
18
19
20
21
CHAMPAGNE-
ARDENNE
STRASBOURG
ALSACE
1
2
ORLÉANS
12
16
17
FRANCHE-COMTÉ
DIJON
BOURGOGNE
7
8
BESANÇON
BERN
SCHWEIZ
SUISSE
5
6
AUVERGNE
25
CLERMONT-
FERRAND
LYON
RHÔNE-ALPES
43
44
45
46
ITALIA
29
PYRÉNÉES
PROVENCE-ALPES-
CÔTE-D'AZUR
40
41
42
MONTPELLIER
LANGUEDOC-
ROUSSILLON
22
23
MARSEILLE
MER
MÉDITERRANÉE
CORSE
AJACCIO
15

1
A
B
Obersteinbach
Gimbelhof
Wissembourg
Niedersteinbach
Lembach
Niederbronn-les-Bains
Merkwiller-Pechelbronn
Reipertswiller
Morsbronn-les-Bains
Hinsingen
Sarre-Union
Gundershoffen
Hegeney
Altwiller
Leutenheim
Uberach
Roppenheim
La-Petite-Pierre
Pfaffenhoffen
Haguenau
Sessenheim
Graufthal
Niederschaeffolsheim
Marienthal
Drusenheim
A 4
E 25
Weyersheim
Sarrebourg
Saverne
Mittelhausen
Offendorf
Kilstett
Gambsheim
LORRAINE
(plans 26 27)
Willgottheim
La Wantzenau
Birkenwald
Obersteigen
Marlenheim
Schiltigheim
Wangenbourg
Traenheim
D 1004
Strasbourg
Molsheim
Dachstein
Oberhaslach
Mutzig
Entzheim
Ostwald
Urmatt
Innenheim
Col du Donon
Mollkirch
Fegersheim
Schirmeck
Rosheim
Plobsheim
Ottrott
A 35
Les Quelles
Erstein
Fouday
Obernai
Osthouse
Saulxures
Sand
DEUTSCHLAND
Colroy-la-Roche
Rhinau
St-Dié-des-Vosges
La Vancelle
Diebolsheim
N 59
ILLHAEUSERN
Riquewihr
Zellenberg
Lapoutroie
Kaysersberg
Orbey
Wihr-au-Val
Colmar
Hohrodberg
D 415
FREIBURG IM BREISGAU
Muhlbach-s-Munster
Munster
Metzeral
Ste-Croix-en-Plaine
Sondernach
Gueberschwihr
Westhalten
Rouffach
Kruth
Murbach
Bergholtz
Guebwiller
Jungholtz
St-Amarin
Ensisheim
Moosch
Berrwiller
Cernay
Thann
Illzach
Bourbach-le-Bas
Mulhouse
Rixheim
Guewenheim
Riedisheim
Burnhaupt-le-Haut
E 60
Diefmatten
Frœningen
Kembs-Loéchlé
Sierentz
Rosenau
Altkirch
Dannemarie
St-Louis
BELFORT
BASEL
FRANCHE-COMTÉ
(plans 16 17)
Feldbach
Ferrette
Montbéliard
Winkel
Lucelle
SUISSE
RHIN
Localité possédant au moins :
un hébergement ou un restaurant
une table étoilée
un restaurant "Bib Gourmand"
un hôtel "Bib Hôtel"
un restaurant agréable
une maison d'hôte agréable
un hôtel agréable
un hôtel très tranquille

Alsace 2

c
1
2
Natzwiller
Barr
Le Hohwald
Mittelbergheim
Andlau
Eichhoffen
Itterswiller
Sermersheim
Villé
Blienschwiller
Dambach-la-Ville
Ebersmunster
Dieffenbach-au-Val
Dieffenthal
Scherwiller
La Vancelle
Rathsamhausen
Lièpvre
Sélestat
N 59
St-Hippolyte
Thannenkirch
Le Schnellenbuhl
E 25
Bergheim
Ribeauvillé
ILLHAEUSERN
Fréland
Zellenberg
Riquewihr
Beblenheim
Mittelwihr
Kaysersberg
Ammerschwihr
Labaroche
Katzenthal
Les Trois-Épis
Ingersheim
Turckheim
Colmar
Zimmerbach
Wihr-au-Val
D 415
Eguisheim
Husseren-les-Châteaux
Neuf-Brisach

3 Aquitaine

Localité possédant au moins :
un hébergement ou un restaurant
une table étoilée
un restaurant "Bib Gourmand"
un hôtel "Bib Hôtel"
un restaurant agréable
une maison d'hôte agréable
un hôtel agréable
un hôtel très tranquille
1
2
3
A
B
POITOU -
Jonzac
GIRONDE
GOLFE DE GASCOGNE
ESPAÑA
DONOSTIA-S. SEBASTIAN
PAMPLONA
Soulac-sur-Mer
Pauillac
St-Ciers-de-Canesse
Listrac-Médoc
Libourne
Avensan
Margaux
St-Gervais
Le Pian-Médoc
La Rivière
St-Aubin-de-Médoc
Lormont
Bordeaux
Cenon
Génissac
Arès
Bouliac
Camblanes-et-Meynac
Créon
Arcachon
Martillac
Cap-Ferret
Cadillac
Pyla-sur-Mer
Le Barp
St-Macaire
Gujan-Mestras
Langon
Eyre
Sauternes
Biscarrosse
Bazas
Parentis-en-Born
Bernos-Beaulac
Mimizan
Sabres
Mézos
Roquefort
Lesperon
St-Justin
St-Michel-Escalus
Léon
Mont-de-Marsan
Messanges
Magescq
Préchacq-les-Bains
Seignosse
Soustons
Montfort-en-Chalosse
Aire-s-l'Adour
St-Vincent-de-Tyrosse
Dax
Duhort-Bachen
Hossegor
Saubusse
Hagetmau
Capbreton
Peyrehorade
Brassempouy
EUGÉNIE-LES-BAINS
Biarritz
Anglet
Orthevielle
Pouillon
Amou
Arcangues
Bayonne
Sault-de-Navailles
Bidart
Guiche
Orthez
Morlanne
Guéthary
La Bastide-Clairence
Salies-de-Béarn
St-Jean-de-Luz
Hasparren
Sauveterre-de-Béarn
Lacq
Hendaye
Ahetze
Cambo-les-Bains
Monein
Sare
Itxassou
St-Palais
St-Pée-s-Nivelle
Bidarray
Moumour
Pau
Ainhoa
Ossès
L'Hôpital-Saint-Blaise
Lasseube
Espelette
Barcus
Bosdarros
St-Étienne-de-Baïgorry
St-Jean-Pied-de-Port
Oloron-Ste-Marie
Lestelle-Bétharram
Larrau
Bielle
Gourette
Gave
Gave d'Aspe
A 10
A 63
A 660
A 64
N 10
E 5-E 70
D 824
D 30
N 134
N 141
AP 8
A 8
A 1
A 15
N 1

4
C
D
ANGOULÊME
CHARENTES
(plans 38 39)
LIMOUSIN
(plans 24 25)
St-Saud-Lacoussière
Nontron
Champagnac-de-Belair
Thiviers
Isle
Brantôme
Petit-Bersac
Bourdeilles
Sorges
Dronne
Champcevinel
Hautefort
Ribérac
Villetoureix
TULLE
1
Chancelade
Escoire
Vézère
Dordogne
Annesse-et-Beaulieu
Périgueux
Le Lardin-St-Lazare
Montpon-Ménestérol
St-Front-de-Pradoux
Coursac
Terrasson-Lavilledieu
Ménestérol
Manzac-s-Vern
Rouffignac
Montignac
Coly
St-Marcel-du-Périgord
Plazac
Montagne
Ste-Foy-la-Grande
St-Geniès
Campsegret
St-Émilion
Trémolat
Sarlat-la-Canéda
Bergerac
Branne
St-Aubin-de-Lanquais
St-Julien-de-Lampon
Pujols
Gensac
St-Nexans
Domme
St-Jean-de-Blaignac
Monestier
Issigeac
Beaumont-du-Périgord
Belvès
Cénac-et-St-Julien
St-Martial-de-Nabirat
Moulon
Coirac
Ste-Sabine
Duras
Daglan
Eymet
St-Germain-de-Belvès
La Réole
Monpazier
Biron
Marmande
Cancon
St-Eutrope-de-Born
GARONNE
Villeneuve-sur-Lot
CAHORS
Lot
Tonneins
Clairac
Casteljaloux
St-Léon
Pont-du-Casse
Agen
2
Barbaste
Puymirol
Aveyron
Moirax
Francescas
Astaffort
Créon-d'Armagnac
MONTAUBAN
Baïse
Tarn
MIDI-PYRÉNÉES
(plans 28 29)
Gers
AUCH
TOULOUSE
Adour
Save
TARBES
Tamniès
St-Crépin-et-Carlucet
Les Eyzies-de-Tayac
Marquay
Proissans
Le Bugue
Ste-Nathalène
3
Trémolat
Sarlat-la-Canéda
Mauzac-et-St-Meyme-de-Rozens
Carsac-Aillac
Vitrac
Paleyrac
Siorac-en-Périgord
La Roque-Gageac
C
D

5 Auvergne

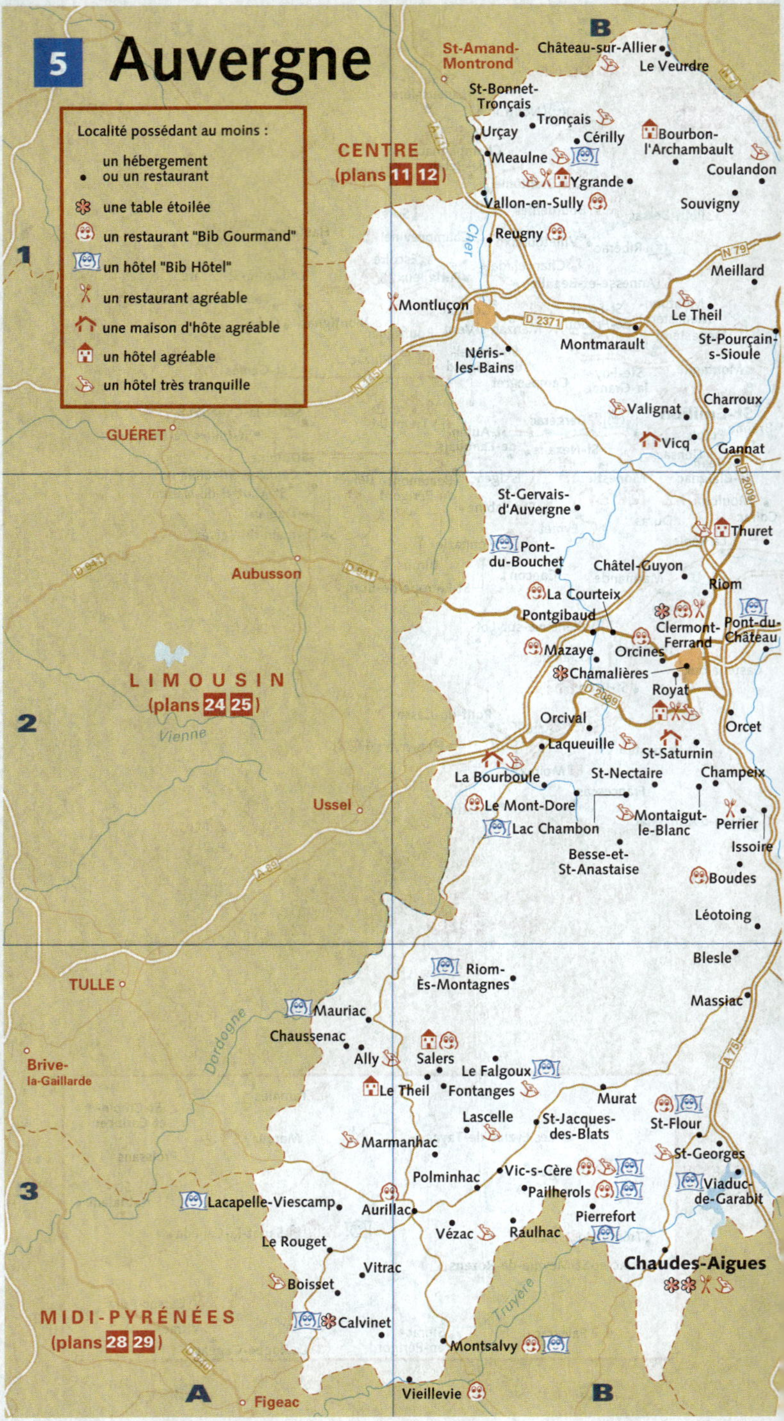
Localité possédant au moins :
un hébergement ou un restaurant
une table étoilée
un restaurant "Bib Gourmand"
un hôtel "Bib Hôtel"
un restaurant agréable
une maison d'hôte agréable
un hôtel agréable
un hôtel très tranquille
CENTRE (plans 11 12)
LIMOUSIN (plans 24 25)
MIDI-PYRÉNÉES (plans 28 29)
A
B
1
2
3
St-Amand-Montrond
Château-sur-Allier
Le Veurdre
St-Bonnet-Tronçais
Tronçais
Urçay
Cérilly
Bourbon-l'Archambault
Meaulne
Ygrande
Coulandon
Vallon-en-Sully
Souvigny
Reugny
Cher
N 79
Meillard
Montluçon
Le Theil
D 2371
Montmarault
St-Pourçain-s-Sioule
Néris-les-Bains
N 145
Charroux
Valignat
GUÉRET
Vicq
Gannat
D 2009
St-Gervais-d'Auvergne
Thuret
Pont-du-Bouchet
Châtel-Guyon
D 941
Aubusson
Riom
La Courteix
Pontgibaud
Clermont-Ferrand
Pont-du-Château
Mazaye
Orcines
Chamalières
Royat
D 2089
Vienne
Orcival
Orcet
Laqueuille
St-Saturnin
La Bourboule
St-Nectaire
Champeix
Ussel
Le Mont-Dore
Montaigut-le-Blanc
Perrier
Lac Chambon
Issoire
Besse-et-St-Anastaise
A 89
Boudes
Léotoing
Blesle
Riom-Ès-Montagnes
TULLE
Massiac
Mauriac
Dordogne
Chaussenac
Brive-la-Gaillarde
Ally
Salers
Le Falgoux
A 75
Le Theil
Fontanges
Murat
Lascelle
St-Jacques-des-Blats
St-Flour
Marmanhac
St-Georges
Polminhac
Vic-s-Cère
Pailherols
Viaduc-de-Garabit
Lacapelle-Viescamp
Aurillac
Pierrefort
Vézac
Raulhac
Le Rouget
Chaudes-Aigues
Vitrac
Boisset
Truyère
Calvinet
Montsalvy
Figeac
Vieillevie

6
C
D
BOURGOGNE
(plans 7 8)
1
2
3
La Chapelle-aux-Chasses
Chevagnes
Moulins
E 62
Dompierre-s-Besbre
Neuilly-le-Réal
Thionne
Jaligny-sur-Besbre
Charolles
N 79
N 70
E 607
N 80
MÂCON
A 40
E 21
A 6
E 15
N 7
Lapalisse
Vichy
St-Priest-Bramefant
Roanne
Villefranche-
s-Saône
A 46
D 1083
Maringues
A 89
Lezoux
Thiers
Celles-sur-Durolle
Bouzel
Vollore-Ville
Bort-l'Étang
Glaine-
Montaigut
Augerolles
LYON
A 72
RHÔNE-ALPES
(plans 43 44 45 46)
A 43
A 46
Ceilloux
Montbrison
A 47
Sauxillanges
Ambert
Vienne
Sarpoil
ST-ÉTIENNE
Ste-Florine
Chassignolles
Aurec-s-Loire
Vergongheon
La Chaise-
Dieu
Craponne-sur-Arzon
Brioude
St-Didier-en-Velay
Beauzac
St-Pal-de-Mons
Lavaudieu
Chomelix
Bransac
Dunières
Allier
Salzuit
ST-BONNET-
LE-FROID
Yssingeaux
N 102
N 88
St-Vincent
Tence
Langeac
Le Chambon-s-Lignon
Tournon-
s-Rhône
St-Arcons-
d'Allier
Le Puy-en-Velay
St-Julien-Chapteuil
Saugues
St-Front
Moudeyres
VALENCE
Alleyras
St-Haon
PRIVAS
LANGUEDOC-
ROUSSILLON
(plans 22 23)
N 102

7 Bourgogne

Localité possédant au moins :
un hébergement ou un restaurant
une table étoilée
un restaurant "Bib Gourmand"
un hôtel "Bib Hôtel"
un restaurant agréable
une maison d'hôte agréable
un hôtel agréable
un hôtel très tranquille
B
TROYES
Sens
St-Julien-du-Sault
JOIGNY
St-Florentin
Armançon
Yonne
Aillant-sur-Tholon
Appoigny
Montigny-la-Resle
Tonnerre
Auxerre
Chablis
Bléneau
Leugny
Cravant
Nitry
Noyers
Accolay
Massangis
LOIRE
St-Fargeau
Voutenay-sur-Cure
L'Isle-sur-Serein
Merry-sur-Yonne
Valloux
Vault-de-Lugny
Avallon
Clamecy
Vézelay
Pontaubert
Ste-Magnance
CENTRE
(plans 11 12)
Cosne-Cours-sur-Loire
St-Père
Quarré-les-Tombes
Donzy
Villechaud
Les Lavaults
Corvol-d'Embernard
St-Agnan
Pouilly-sur-Loire
N 151
Corbigny
2
La Charité-sur-Loire
BOURGES
Pougues-les-Eaux
St-Jean-aux-Amognes
Nevers
St-Prix
Allier
Decize
Luzy
St-Amand-Montrond
N 7
A 71
A 6
A 19
Bourbon-Lancy
Pernand-Vergelesses
Ladoix-Serrigny
Savigny-lès-Beaune
Aloxe-Corton
Nantoux
3
Beaune
Challanges
Digoin
St-Romain
Montagny-lès-Beaune
Levernois
Paray-le-Monial
Meursanges
AUVERGNE
(plans 5 6)
Meursault
Nolay
Chaublanc
Puligny-Montrachet
St-Gervais-en-Vallière
Chassagne-Montrachet
Santenay
Verdun-sur-le-Doubs
Remigny
CHAGNY
Iguerande
A
B

8
C
D
CHAMPAGNE-ARDENNE
(plans 13 14)
Bar-s-Aube
Velars-sur-Ouche
Dijon
Arc-sur-Tille
Chenôve
Gevrey-Chambertin
Saulon-la-Rue
Chambolle-Musigny
Morey-St-Denis
Vougeot
Gilly-lès-Cîteaux
Flagey-Echézeaux
Curtil-Vergy
Vosne-Romanée
Nuits-St-Georges
Courban
Châtillon-sur-Seine
Balot
Seine
Saône
St-Rémy
Montbard
Venarey-les-Laumes
Alise-Ste-Reine
Mussy-la-Fosse
Semur-en-Auxois
Is-sur-Tille
St-Seine-l'Abbaye
Prenois
FRANCHE-COMTÉ
(plans 16 17)
BESANÇON
Mont-St-Jean
Chailly-sur-Armançon
SAULIEU
Pouilly-en-Auxois
La Bussière-sur-Ouche
Ste-Sabine
Bouilland
Arnay-le-Duc
Pernand-Vergelesses
Dole
Thury
Beaune
Levernois
Puligny-Montrachet
Autun
Chassagne-Montrachet
CHAGNY
Doubs
Pierre-de-Bresse
Bellevesvre
Mercurey
Le Creusot
Chalon-sur-Saône
St-Martin-en-Bresse
Montcenis
St-Rémy
St-Germain-du-Bois
Blanzy
Marigny
Buxy
St-Loup-de-Varennes
Montceau-les-Mines
Germagny
Ratte
Sennecey-le-Grand
LONS-LE-SAUNIER
Louhans
Jugy
Mancey
Tournus
Bruailles
Brancion
Cuisery
Ozenay
Le Villars
Cuiseaux
Charolles
Mirande
Viré
Fleurville
Cluny
St-Claude
Igé
St-Maurice-de-Satonnay
Chevagny-les-Chevrières
Montmelard
Vergisson
Mâcon
Solutré-Pouilly
Leynes
Briant
Chaintré
St-Amour-Bellevue
BOURG-EN-BRESSE
La Chapelle-de-Guinchay
Romanèche-Thorins
RHÔNE-ALPES
(plans 43 44 45 46)
Nantua
1
2
3

9 Bretagne

A
B
1
2
3
la Ville Blanche
Perros-Guirec
Ploumanach
Trégastel
Plougrescant
Penvénan
Roscoff
Île-de-Batz
Trébeurden
Tréguier
Lannion
St-Pol-de-Léon
Guissény
Locquirec
Carantec
Plouescat
Plestin-les-Grèves
Brélidy
Portsall
Lannilis
Plouider
Morlaix
Plouigneau
Île d'Ouessant
Brélès
E 50
Lampaul-Plouarzel
N12
St-Thégonnec
Pleyber-Christ
Plougonven
Guingamp
Brest
Plougastel-Daoulas
Le Conquet
Sizun
Logonna-Daoulas
E 60
Hanvec
Camaret-sur-Mer
Crozon
Le Faou
Morgat
Aulne
Carhaix-Plouguer
N 165
Plomodiern
N 164
N 164
Rostrenen
Ste-Anne-la-Palud
Châteauneuf-du-Faou
Tréboul
Pointe-du-Raz
Locronan
Douarnenez
Île-de-Sein
Pont-Croix
Ty-Sanquer
Plogoff
Audierne
Quimper
La Forêt-Fouesnant
Pont-Aven
Pouldreuzic
Fouesnant
Bannalec
Bénodet
Quimperlé
Blavet
Ste-Marine
Concarneau
Riec-sur-Belon
Plomeur
Pont-Scorff
St-Guénolé
Loctudy
Névez
Trégunc
Hennebont
Guidel
Raguenès-Plage
Port-Manech
Lorient
Ploemeur
Moëlan-sur-Mer
Riantec
Lomener
Le Pouldu
Larmor-Plage
Étel
N 165
Île de Groix
Plouharnel
Port-Louis
Carnac
Portivy
Quiberon
La Trinité-sur-Mer
Sauzon
BELLE-ÎLE
Le Palais
Port-Goulphar
Bangor
Ste-Anne-d'Auray
St-Avé
Auray
Vannes
Bono
Baden
Arradon
Île-d'Arz
St-Philibert
Noyalo
Larmor-Baden
Île-aux-Moines
Locmariaquer
Arzon
Sarzeau
Damgan

10
C
D
1
2
3
BASSE NORMANDIE
(plans 32 33)
PAYS DE LA LOIRE
(plans 34 35)
ST-LÔ
Coutances
Avranches
Châteaubriant
St-Nazaire
Ploubazlanec
Île de Bréhat
Paimpol
St-Quay-Portrieux
Plélo
Sous-la-Tour
St-Brieuc
Quintin
Le-Val-André
Cesson
Erquy
Sables-d'Or-les-Pins
St-Cast-le-Guildo
N.-D.-du-Guildo
Fréhel
St-Aubin
Pléneuf-Val-André
St-Pôtan
Lancieux
Ploubalay
Plancoët
Pléven
Plouër-sur-Rance
Les-Ponts-Neufs
La Poterie
Planguenoual
St-Aaron
Lamballe
St-Lunaire
Dinard
St-Malo
St-Servan-sur-Mer
Cancale
St-Jouan-des-Guérets
La Gouesnière
St-Suliac
Dol-de-Bretagne
Pleudihen-sur-Rance
Dinan
Le Tronchet
Combourg
Bazouges-la-Pérouse
Saint-Rémy-du-Plain
St-Brice-en-Coglès
Fougères
Hédé
Caurel
Mûr-de-Bretagne
Loudéac
Quédillac
Liffré
St-Grégoire
Noyal-sur-Vilaine
Rennes
Châteaubourg
Vitré
Pontivy
Crédin
Guilliers
Paimpont
Josselin
Ploërmel
Locminé
Pont-Réan
La Guerche-de-Bretagne
Gennes-sur-Seiche
Lohéac
Pluvigner
La Gacilly
Rochefort-en-Terre
Grand-Fougeray
St-Avé
Vannes
Questembert
Redon
Noyal-Muzillac
Billiers
La Roche-Bernard
Rance
Ille
Vilaine
Vire
N 12
E 50
N 176
E 401
D 137
A 84
E 3
N 164
N 157
N 24
N 166
N 165
E 60
Localité possédant au moins :
un hébergement ou un restaurant
une table étoilée
un restaurant "Bib Gourmand"
un hôtel "Bib Hôtel"
un restaurant agréable
une maison d'hôte agréable
un hôtel agréable
un hôtel très tranquille

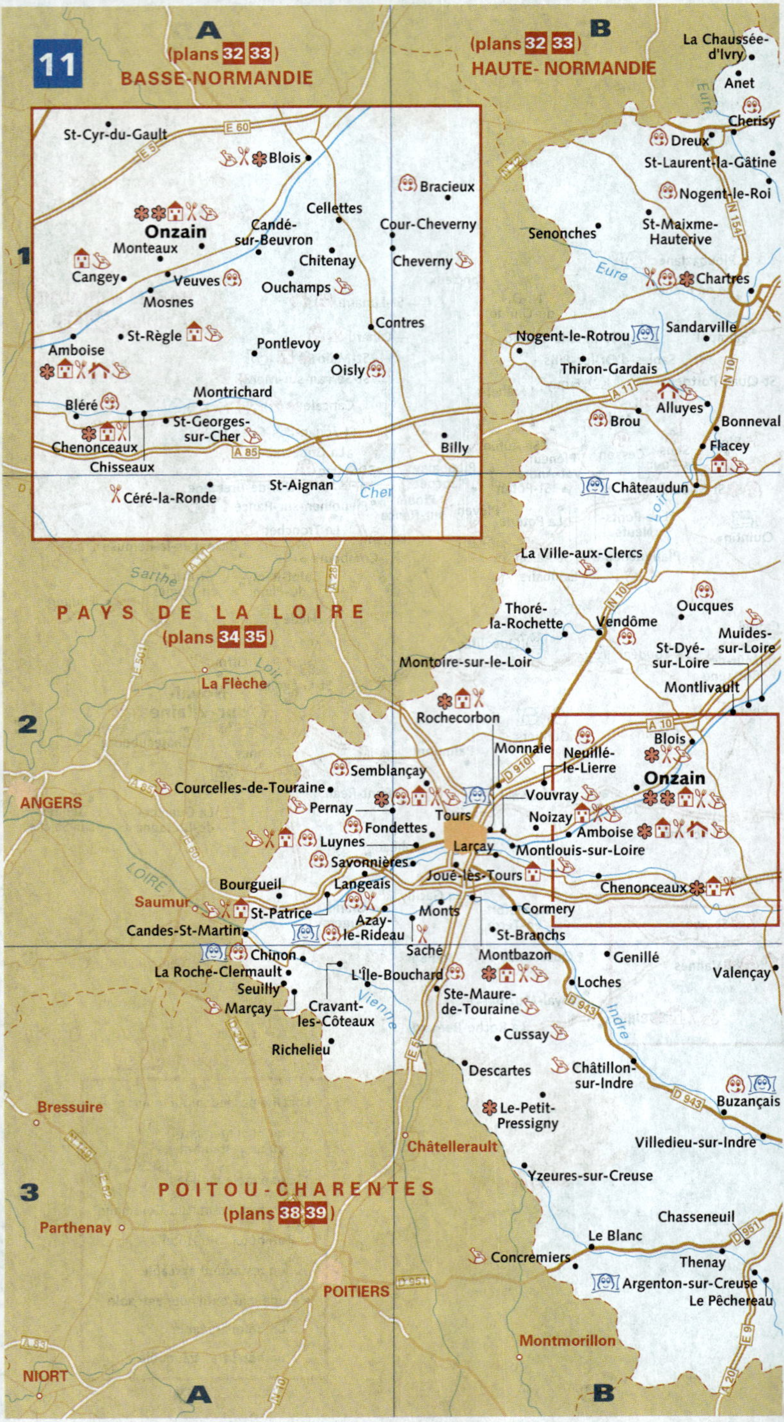
11
A
(plans 32 33)
BASSE-NORMANDIE
B
(plans 32 33)
HAUTE- NORMANDIE
La Chaussée-d'Ivry
Anet
Cherisy
Dreux
St-Laurent-la-Gâtine
Nogent-le-Roi
Senonches
St-Maixme-Hauterive
Chartres
Sandarville
Nogent-le-Rotrou
Thiron-Gardais
Alluyes
Brou
Bonneval
Flacey
Châteaudun
La Ville-aux-Clercs
Oucques
Thoré-la-Rochette
Vendôme
Muides-sur-Loire
St-Dyé-sur-Loire
Montlivault
Montoire-sur-le-Loir
St-Cyr-du-Gault
Blois
Bracieux
Onzain
Cellettes
Candé-sur-Beuvron
Cour-Cheverny
Monteaux
Chitenay
Cheverny
Cangey
Veuves
Mosnes
Ouchamps
Contres
Amboise
St-Règle
Pontlevoy
Oisly
Montrichard
Bléré
St-Georges-sur-Cher
Chenonceaux
Chisseaux
Billy
St-Aignan
Céré-la-Ronde
Cher
E 60
E 5
A 85
1
PAYS DE LA LOIRE
(plans 34 35)
La Flèche
2
Rochecorbon
Monnaie
Neuillé-le-Lierre
Semblançay
Vouvray
Courcelles-de-Touraine
Pernay
Tours
Noizay
Fondettes
Luynes
Larçay
Montlouis-sur-Loire
Savonnières
Joué-lès-Tours
Chenonceaux
ANGERS
Bourgueil
Langeais
Saumur
St-Patrice
Azay-le-Rideau
Monts
Cormery
Candes-St-Martin
Saché
St-Branchs
Chinon
Montbazon
Genillé
La Roche-Clermault
L'Île-Bouchard
Valençay
Seuilly
Ste-Maure-de-Touraine
Loches
Marçay
Cravant-les-Côteaux
Richelieu
Cussay
Descartes
Châtillon-sur-Indre
Buzançais
Le-Petit-Pressigny
Bressuire
Châtellerault
Villedieu-sur-Indre
Yzeures-sur-Creuse
3
POITOU-CHARENTES
(plans 38 39)
Chasseneuil
Parthenay
Le Blanc
Concremiers
Thenay
Argenton-sur-Creuse
Le Pêchereau
POITIERS
Montmorillon
NIORT
A
B
Eure
Loir
Sarthe
LOIRE
Vienne
Indre
A 10
A 11
A 28
N 10
N 154
D 910
D 943
D 951
E 9
A 20

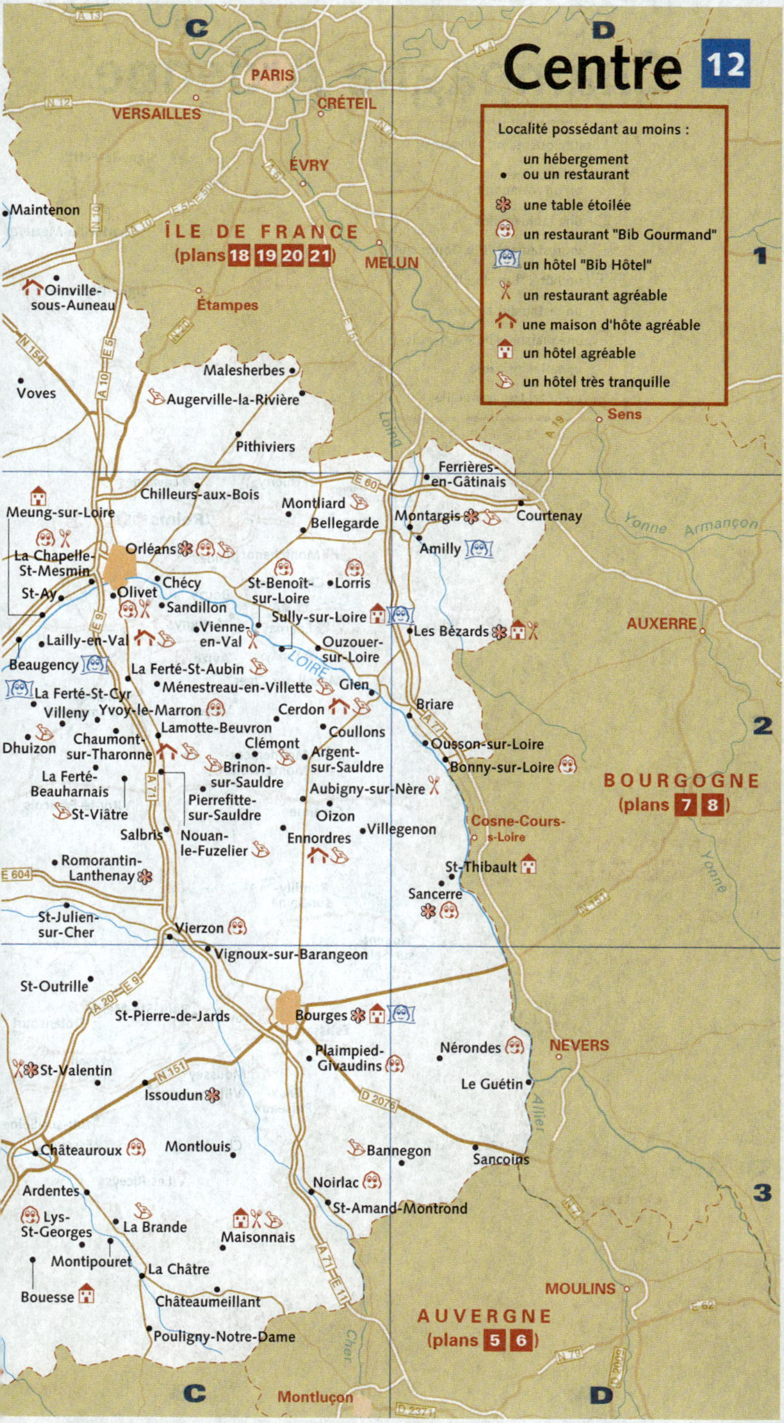
Centre 12
Localité possédant au moins :
un hébergement ou un restaurant
une table étoilée
un restaurant "Bib Gourmand"
un hôtel "Bib Hôtel"
un restaurant agréable
une maison d'hôte agréable
un hôtel agréable
un hôtel très tranquille
C
D
1
2
3
PARIS
VERSAILLES
CRÉTEIL
ÉVRY
MELUN
ÎLE DE FRANCE
(plans 18 19 20 21)
Maintenon
Oinville-sous-Auneau
Étampes
Malesherbes
Augerville-la-Rivière
Voves
Pithiviers
Sens
Ferrières-en-Gâtinais
Chilleurs-aux-Bois
Montliard
Bellegarde
Montargis
Courtenay
Meung-sur-Loire
Amilly
Orléans
La Chapelle-St-Mesmin
Chécy
St-Benoît-sur-Loire
Lorris
St-Ay
Olivet
Sandillon
Sully-sur-Loire
Vienne-en-Val
Les Bézards
AUXERRE
Lailly-en-Val
Ouzouer-sur-Loire
Beaugency
La Ferté-St-Aubin
Ménestreau-en-Villette
Gien
La Ferté-St-Cyr
Villeny
Yvoy-le-Marron
Cerdon
Briare
Lamotte-Beuvron
Coullons
Dhuizon
Chaumont-sur-Tharonne
Clémont
Argent-sur-Sauldre
Ousson-sur-Loire
Bonny-sur-Loire
La Ferté-Beauharnais
Brinon-sur-Sauldre
BOURGOGNE
(plans 7 8)
Aubigny-sur-Nère
St-Viâtre
Pierrefitte-sur-Sauldre
Oizon
Cosne-Cours-s-Loire
Salbris
Nouan-le-Fuzelier
Ennordres
Villegenon
Romorantin-Lanthenay
St-Thibault
Sancerre
St-Julien-sur-Cher
Vierzon
Vignoux-sur-Barangeon
St-Outrille
St-Pierre-de-Jards
Bourges
Plaimpied-Givaudins
Nérondes
NEVERS
St-Valentin
Le Guétin
Issoudun
Châteauroux
Montlouis
Bannegon
Sancoins
Noirlac
Ardentes
St-Amand-Montrond
Lys-St-Georges
La Brande
Maisonnais
Montipouret
La Châtre
Bouesse
Châteaumeillant
MOULINS
AUVERGNE
(plans 5 6)
Pouligny-Notre-Dame
Montluçon
Loire
Loing
Yonne
Armançon
Allier
Cher
A 10
E 5
N 154
E 60
A 77
A 71
E 9
A 20
N 151
D 2076
E 11
E 604

13 Champagne Ardenne

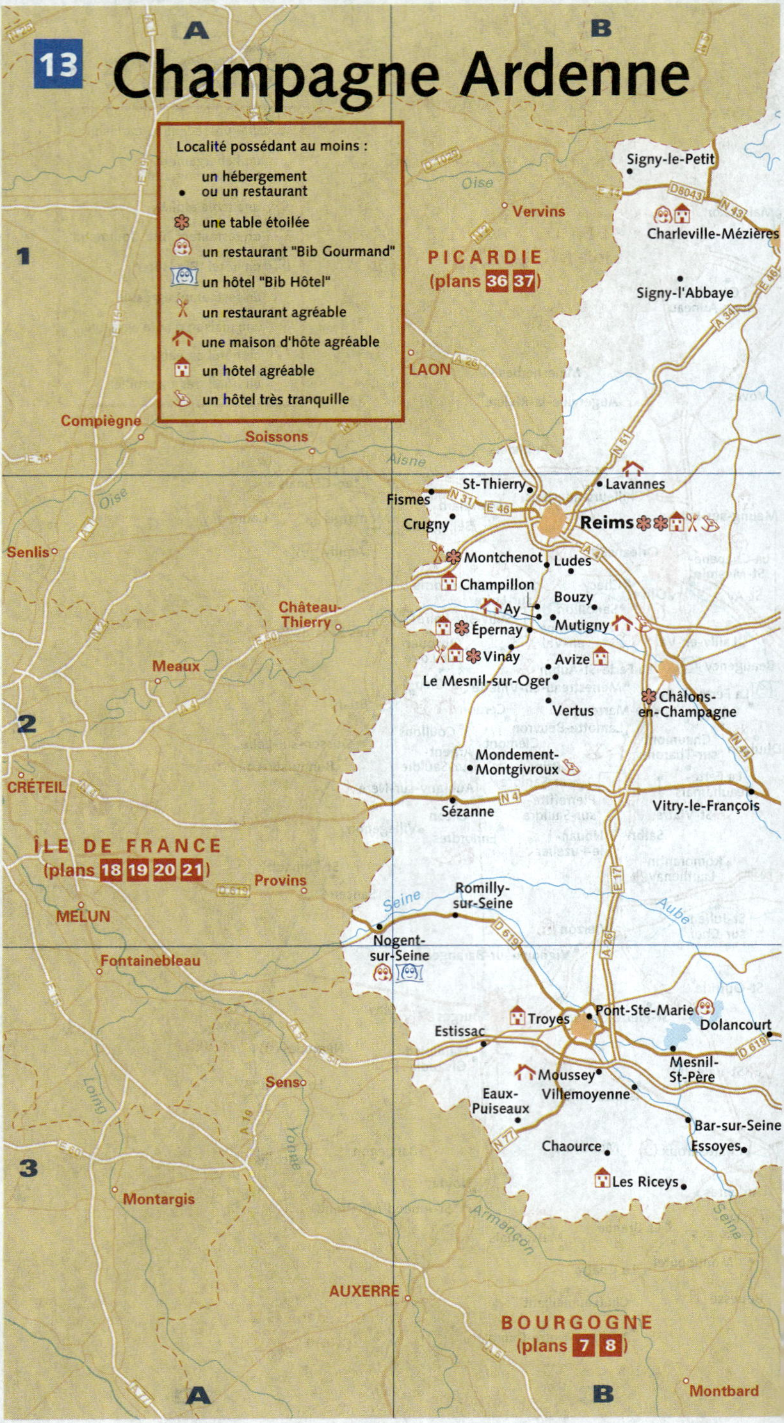

C
D
14
Givet
BELGIQUE
DEUTSCHLAND
Les Hautes-Rivières
LUXEMBOURG
TRIER
ARLON
(AARLEN)
1
Sedan
Donchery
Williers
Carignan
LUXEMBOURG
Meuse
Thionville
Harricourt
Moselle
Forbach
Vienne-le-Château
Verdun
Aisne
METZ
Ste-Menéhould
LORRAINE
(plans 26 27)
2
BAR-LE-DUC
NANCY
Toul
Moselle
Meurthe
Giffaumont-
Champaubert
Joinville
Neufchâteau
Villiers-sur-Marne
Colombey-
les-Deux-Églises
Bar-
sur-Aube
ÉPINAL
Chaumont
Marne
Nogent
Arc-
en-Barrois
Montigny-
le-Roi
Bourbonne-les-Bains
3
Langres
Bay-
sur-Aube
Saône
FRANCHE-COMTÉ
(plans 16 17)
VESOUL
Vaux-sous-Aubigny
Seine
C
D

15 Corse

Localité possédant au moins :
un hébergement ou un restaurant
une table étoilée
un restaurant "Bib Gourmand"
un hôtel "Bib Hôtel"
un restaurant agréable
une maison d'hôte agréable
un hôtel agréable
un hôtel très tranquille
A
B
1
2
3
Barcaggio
Ersa
Macinaggio
Marine d'Albo
Nonza
Erbalunga
San-Martino-di-Lota
Patrimonio
Bastia
Saint-Florent
Oletta
L'Île-Rousse
Monticello
Algajola
Pigna
Lumio
Sant'Antonino
Calvi
Muro
Feliceto
N 1197
N 193
Casamozza
Cervione
Prunete
Calacuccia
Corte
Porto
Évisa
Piana
Soccia
N 198
Aléria
Cargèse
Bastelica
Peri
Eccica-Suarella
Ajaccio
N 196
Sta-Maria-Sicché
Porticcio
Solenzara
Favone
Aullène
Zonza
Coti-Chiavari
Olmeto
Levie
Ste-Lucie-de-Porto-Vecchio
Porto-Pollo
Propriano
Cala Rossa
Sartène
Porto-Vecchio
Bonifacio

16 Franche-Comté

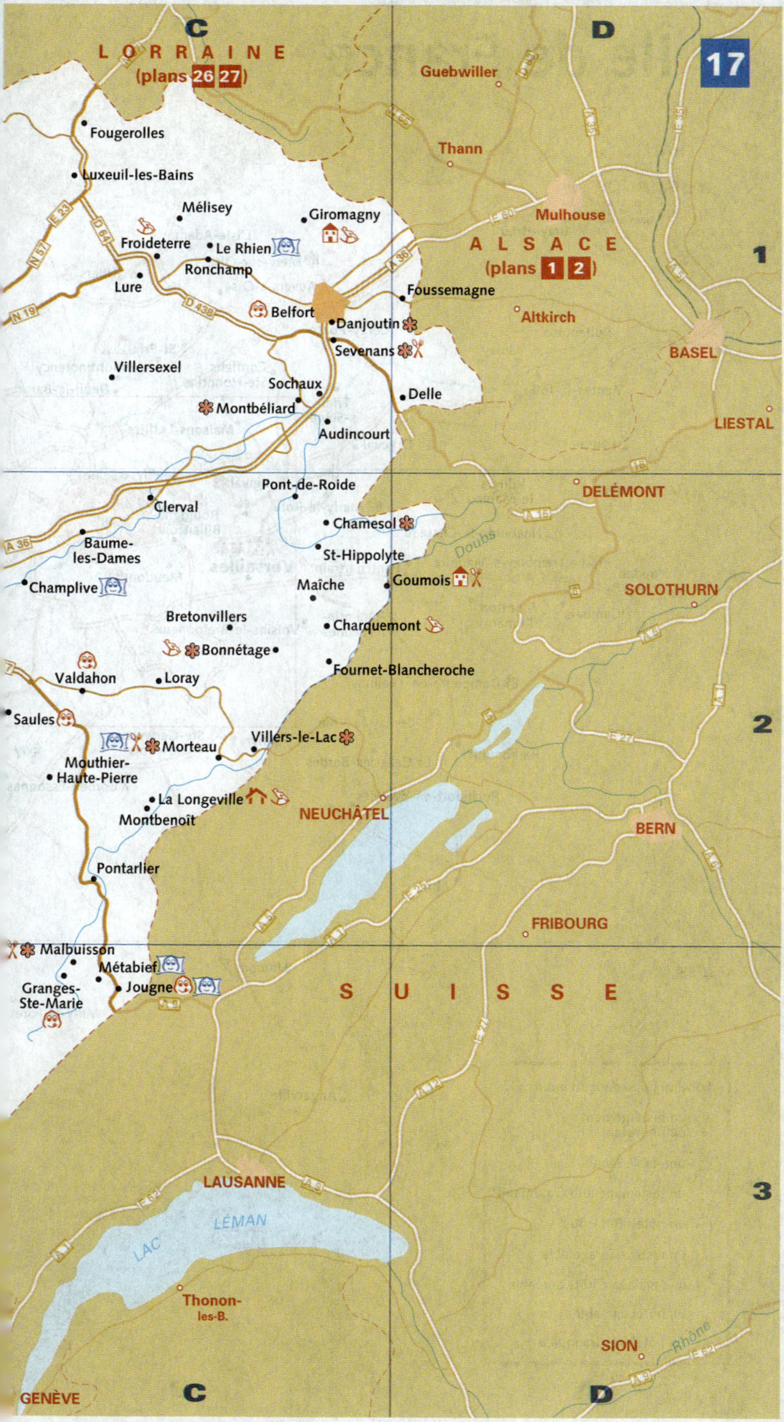
17
C
D
LORRAINE
(plans 26 27)
ALSACE
(plans 1 2)
SUISSE
Guebwiller
Thann
Mulhouse
Foussemagne
Altkirch
BASEL
LIESTAL
Fougerolles
Luxeuil-les-Bains
Mélisey
Giromagny
Froideterre
Le Rhien
Ronchamp
Lure
Belfort
Danjoutin
Sevenans
Villersexel
Sochaux
Montbéliard
Delle
Audincourt
Pont-de-Roide
Clerval
Chamesol
Baume-les-Dames
St-Hippolyte
Champlive
Goumois
Maîche
Bretonvillers
Charquemont
Bonnétage
Fournet-Blancheroche
Valdahon
Loray
Saules
Morteau
Villers-le-Lac
Mouthier-Haute-Pierre
La Longeville
Montbenoît
Pontarlier
Malbuisson
Métabief
Granges-Ste-Marie
Jougne
DELÉMONT
Doubs
SOLOTHURN
NEUCHÂTEL
BERN
FRIBOURG
LAUSANNE
LAC LÉMAN
Thonon-les-B.
SION
Rhône
GENÈVE
1
2
3

18 Île de France

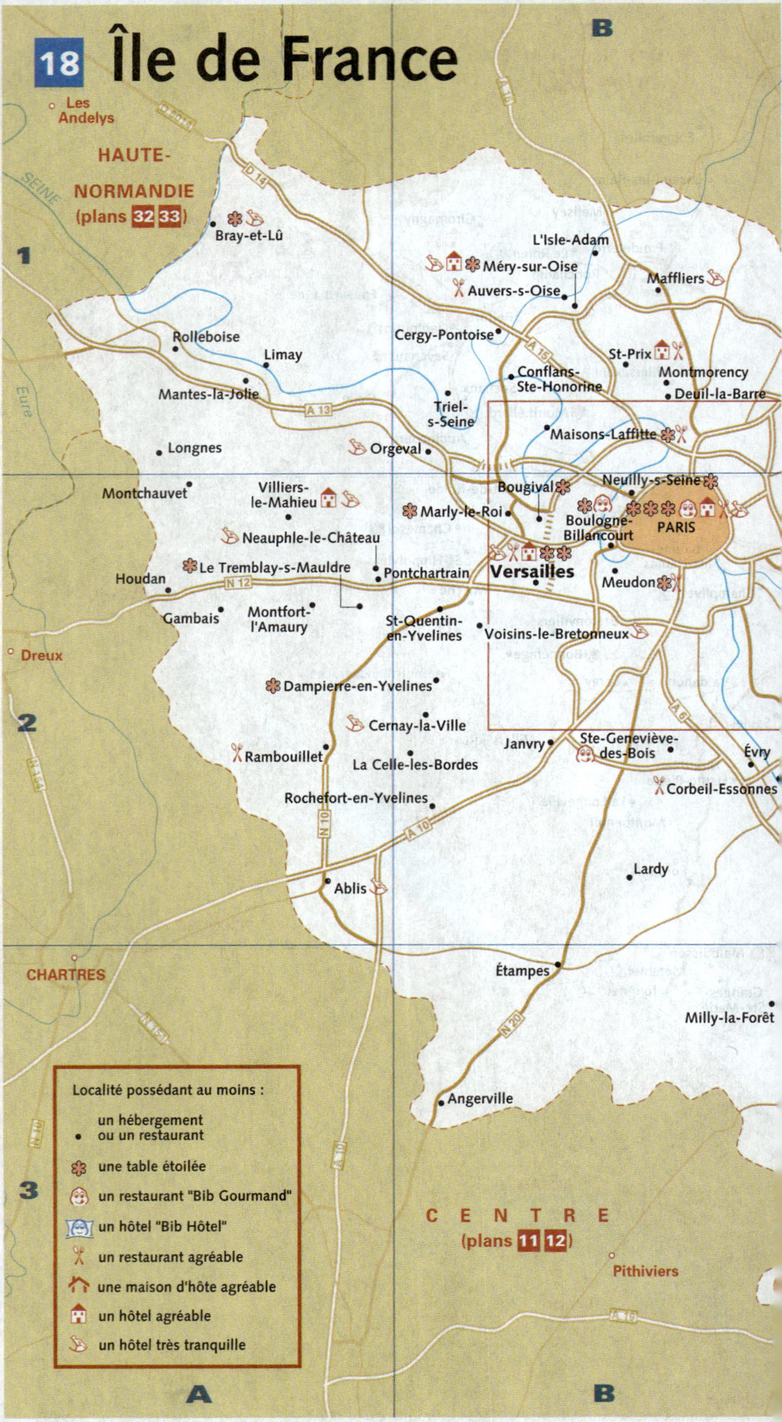

19
C
D
Oise
Senlis
P I C A R D I E
(plans 36 37)
1
Saint-Witz
Château-Thierry
Le Mesnil-Amelot
Roissy-en-France
Gressy
Meaux
La Ferté-s/s-Jouarre
Aulnay-s/s-Bois
Trilbardou
Couilly-Pont-aux-Dames
Sancy
St-Ouen-sur-Morin
Marne-la-Vallée
Le Perreux-s-Marne
Villeneuve-le-Comte
Coulommiers
Ozoir-la-Ferrière
CHAMPAGNE-
Châtres
Brie-Comte-Robert
2
Sénart
Pouilly-le-Fort
Provins
D 619
Melun
Pringy
Seine
Nainville-les-Roches
Chartrettes
Jutigny
Donnemarie-Dontilly
Nogent-s-Seine
Bois-le-Roi
Barbizon
ARDENNE
(plans 13 14)
Fontainebleau
Moret-s-Loing
Bourron-Marlotte
Villiers-s/s-Grez
3
Loing
Sens
B O U R G O G N E
(plans 7 8)
Yonne
C
D

20 Île-de-France

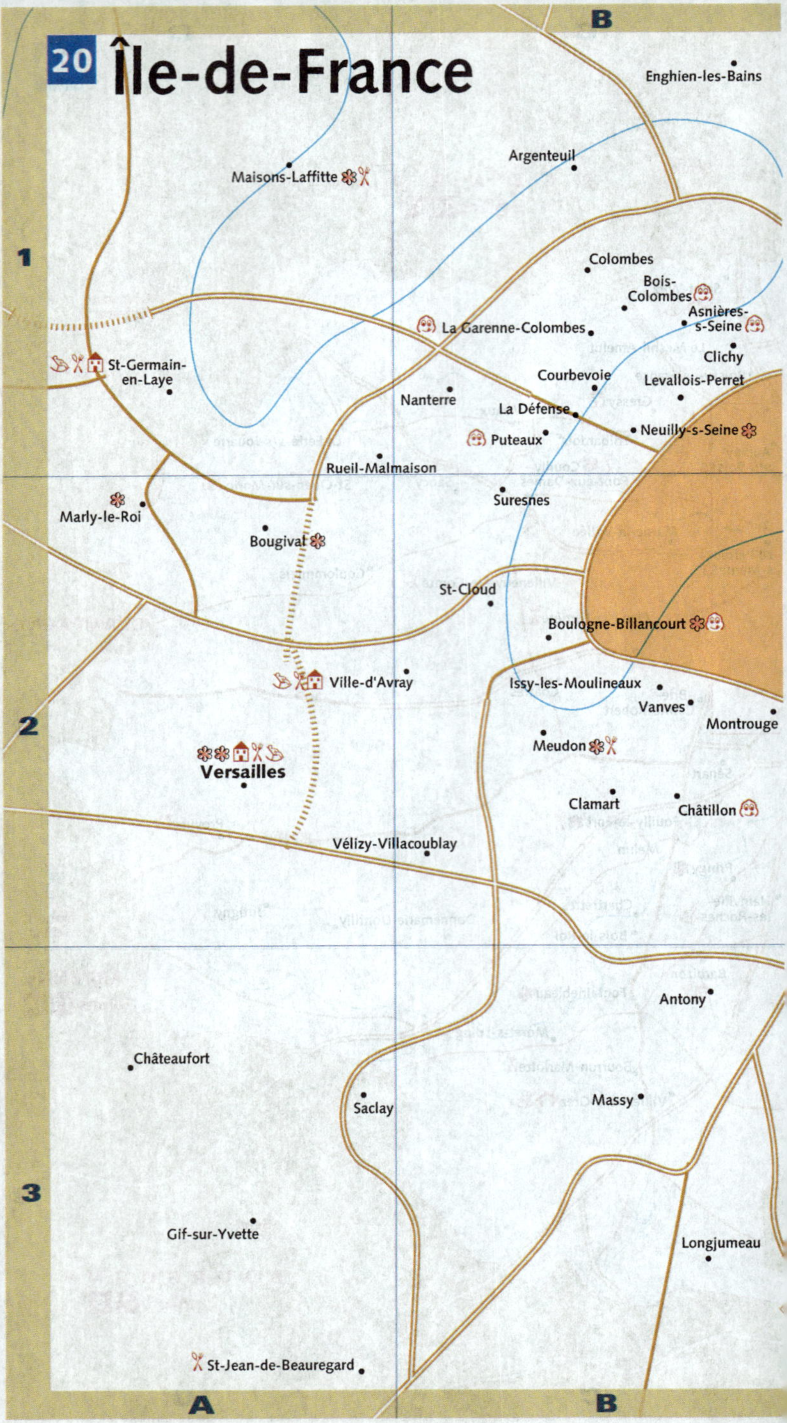

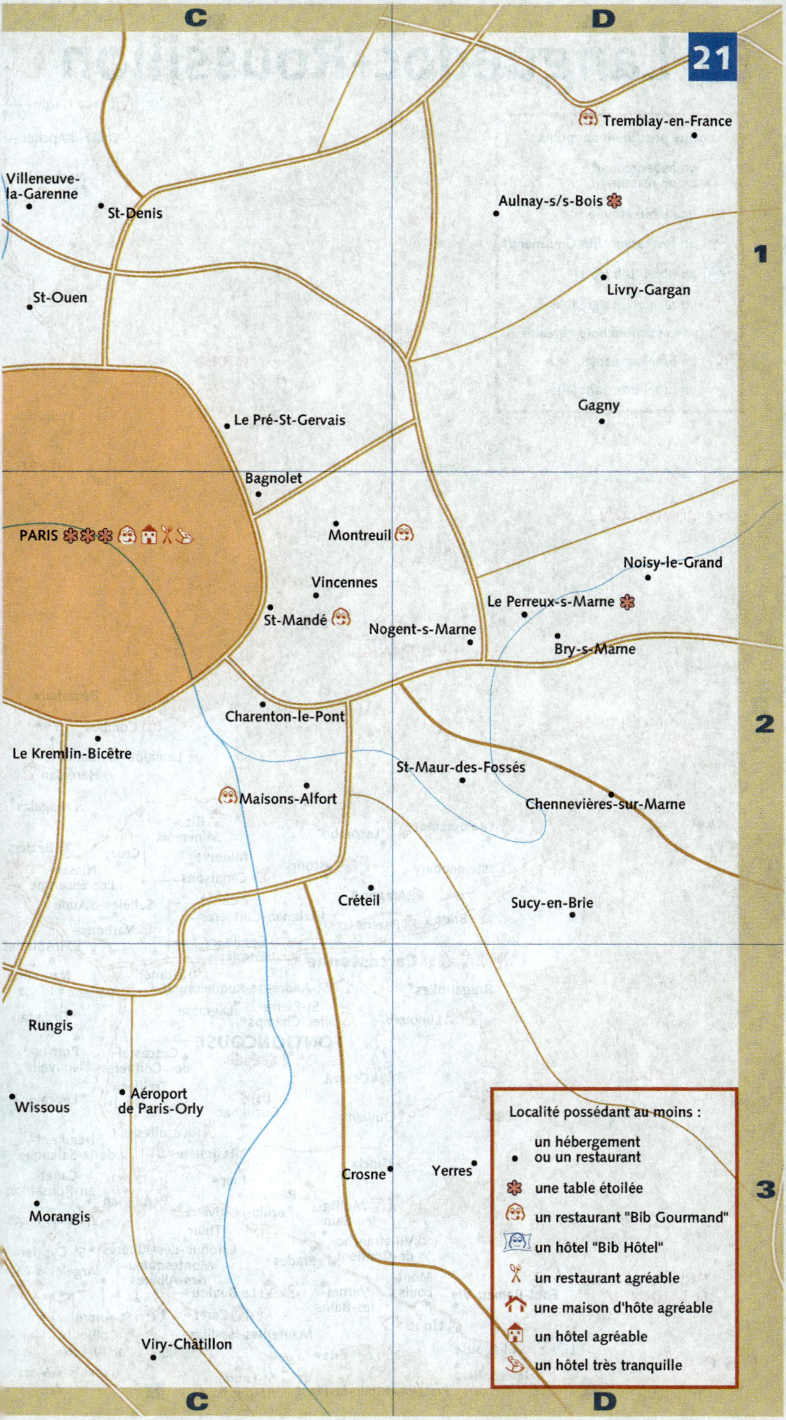
C
D
1
2
3
Tremblay-en-France
Villeneuve-la-Garenne
St-Denis
Aulnay-s/s-Bois
St-Ouen
Livry-Gargan
Gagny
Le Pré-St-Gervais
Bagnolet
PARIS
Montreuil
Noisy-le-Grand
Vincennes
Le Perreux-s-Marne
St-Mandé
Nogent-s-Marne
Bry-s-Marne
Charenton-le-Pont
Le Kremlin-Bicêtre
St-Maur-des-Fossés
Maisons-Alfort
Chennevières-sur-Marne
Créteil
Sucy-en-Brie
Rungis
Wissous
Aéroport de Paris-Orly
Crosne
Yerres
Morangis
Viry-Châtillon
Localité possédant au moins :
un hébergement ou un restaurant
une table étoilée
un restaurant "Bib Gourmand"
un hôtel "Bib Hôtel"
un restaurant agréable
une maison d'hôte agréable
un hôtel agréable
un hôtel très tranquille
C
D

22 Languedoc-Roussillon

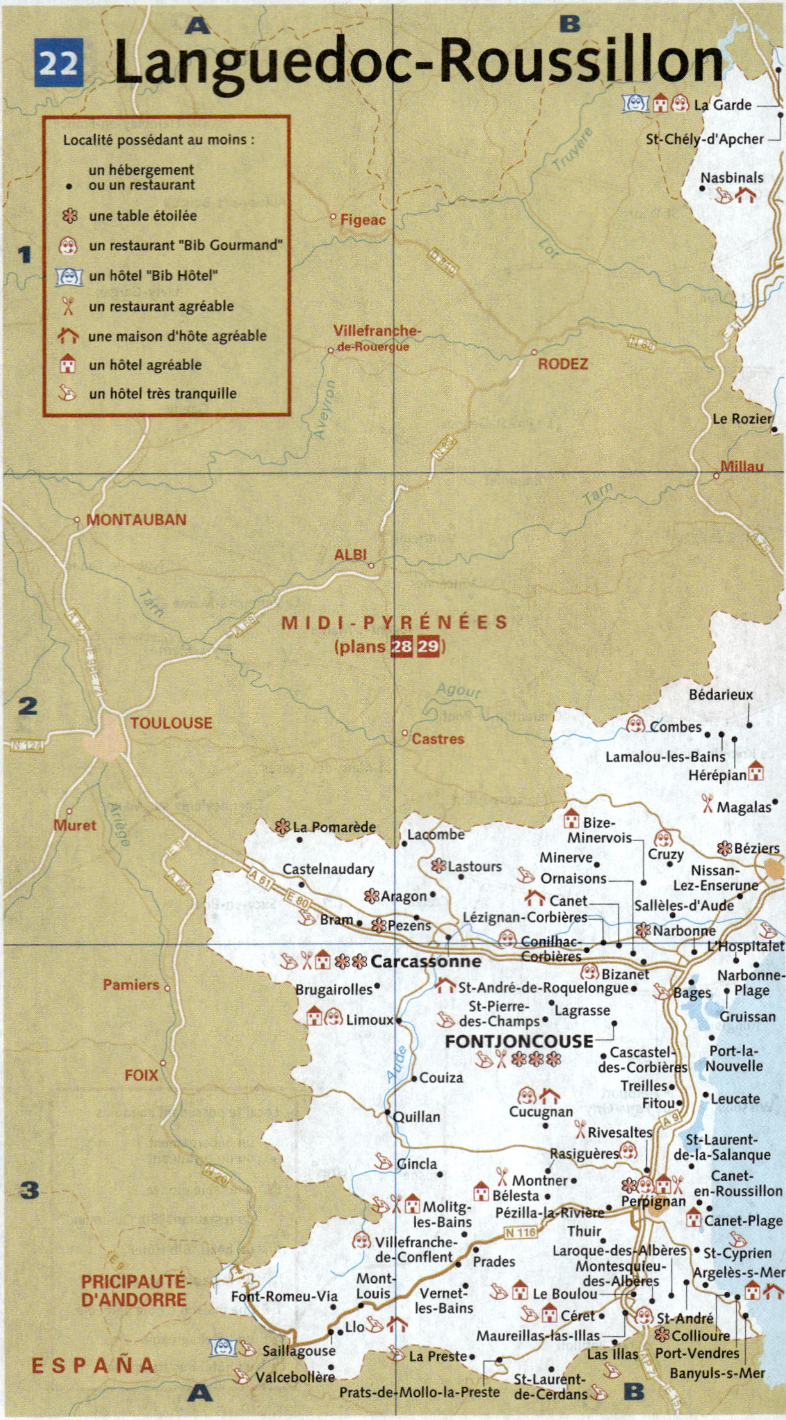

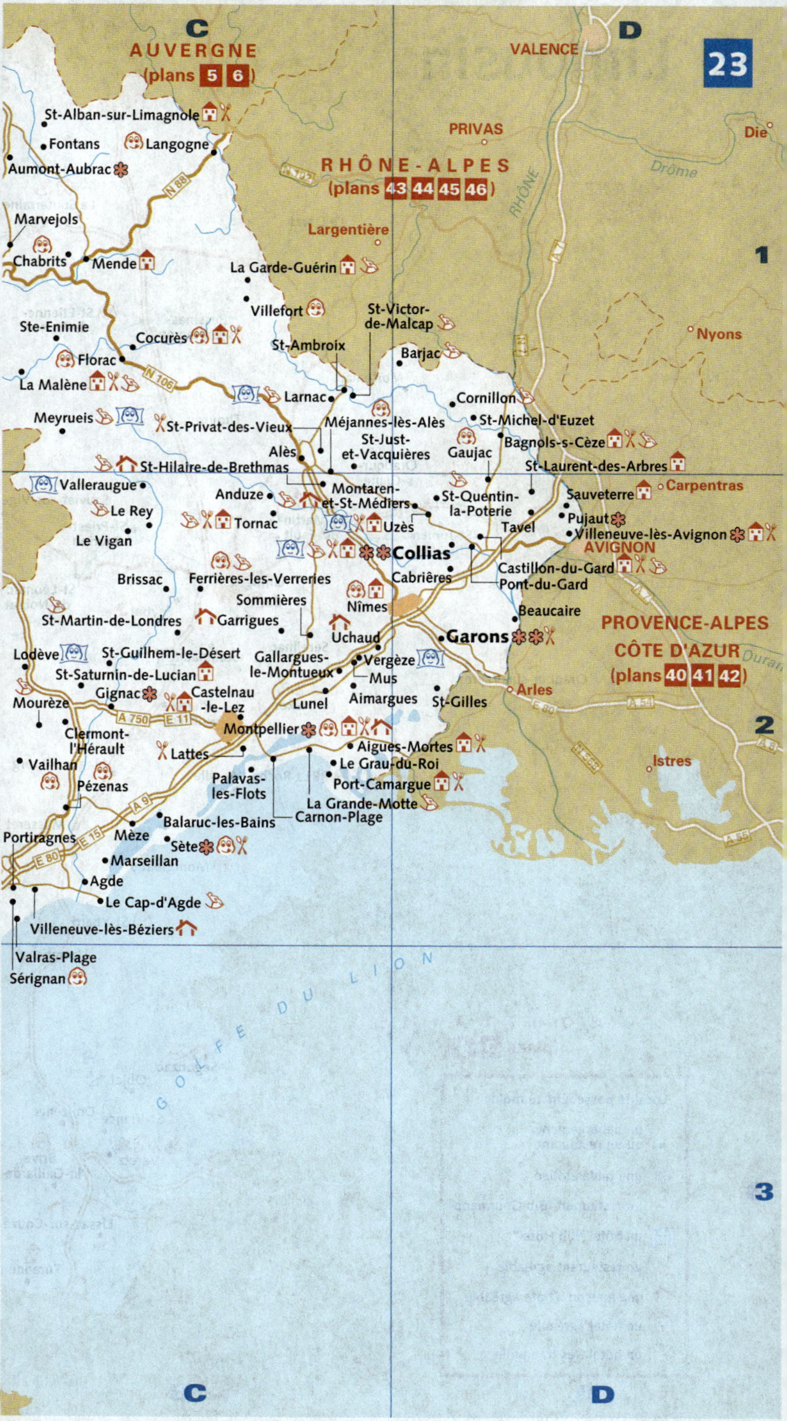
23
C
D
AUVERGNE
(plans 5 6)
RHÔNE-ALPES
(plans 43 44 45 46)
PROVENCE-ALPES
CÔTE D'AZUR
(plans 40 41 42)
VALENCE
PRIVAS
Die
Drôme
RHÔNE
Largentière
Nyons
Carpentras
AVIGNON
Arles
Istres
1
2
3
St-Alban-sur-Limagnole
Fontans
Langogne
Aumont-Aubrac
N 88
Marvejols
Chabrits
Mende
La Garde-Guérin
Villefort
St-Victor-
de-Malcap
Ste-Enimie
Cocurès
St-Ambroix
Barjac
Florac
La Malène
N 106
Larnac
Cornillon
Meyrueis
St-Privat-des-Vieux
Méjannes-lès-Alès
St-Michel-d'Euzet
Alès
St-Just-
et-Vacquières
Gaujac
Bagnols-s-Cèze
St-Hilaire-de-Brethmas
St-Laurent-des-Arbres
Valleraugue
Anduze
Montaren-
et-St-Médiers
St-Quentin-
la-Poterie
Sauveterre
Le Rey
Tornac
Uzès
Tavel
Pujaut
Le Vigan
Villeneuve-lès-Avignon
Collias
Castillon-du-Gard
Brissac
Ferrières-les-Verreries
Cabrières
Pont-du-Gard
Sommières
Nîmes
Beaucaire
St-Martin-de-Londres
Garrigues
Uchaud
Garons
Lodève
St-Guilhem-le-Désert
Gallargues-
le-Montueux
Vergèze
St-Saturnin-de-Lucian
Mus
Gignac
Castelnau
-le-Lez
Aimargues
St-Gilles
Mourèze
Lunel
Clermont-
l'Hérault
A 750
E 11
Montpellier
Aigues-Mortes
Lattes
Vailhan
Le Grau-du-Roi
Pézenas
Palavas-
les-Flots
Port-Camargue
La Grande-Motte
Carnon-Plage
Balaruc-les-Bains
A 9
Portiragnes
E 15
Mèze
Sète
E 80
Marseillan
Agde
Le Cap-d'Agde
Villeneuve-lès-Béziers
Valras-Plage
Sérignan
GOLFE DU LION
C
D

24 Limousin
B CENTRE
POITOU-CHARENTES
(plans 38 39)
1
2
3
A
B
La Souterraine
Le Dorat
N 145
E 62
St-Étienne-de-Fursac
Bessines-s-Gartempe
Gartempe
Vienne
Mortemart
Thouron
Confolens
Oradour-s-Glane
Sauviat-sur-Vige
St-Priest-Taurion
St-Martin-du-Fault
St-Junien
E 603
N 141
D 941
A 20
Limoges
St-Léonard-de-Noblat
Feytiat
Séreilhac
Solignac
Oradour-sur-Vayres
Nexon
Pierre-Buffière
Magnac-Bourg
La Roche-l'Abeille
Nontron
Masseret
Montgibaud
Isle
St-Ybard
Uzerche
AQUITAINE
(plans 3 4)
Dronne
Segonzac
Objat
Vézère
St-Viance
Donzenac
Varetz
Brive-la-Gaillarde
Lissac-sur-Couze
Turenne
A 89
Localité possédant au moins :
un hébergement ou un restaurant
une table étoilée
un restaurant "Bib Gourmand"
un hôtel "Bib Hôtel"
un restaurant agréable
une maison d'hôte agréable
un hôtel agréable
un hôtel très tranquille

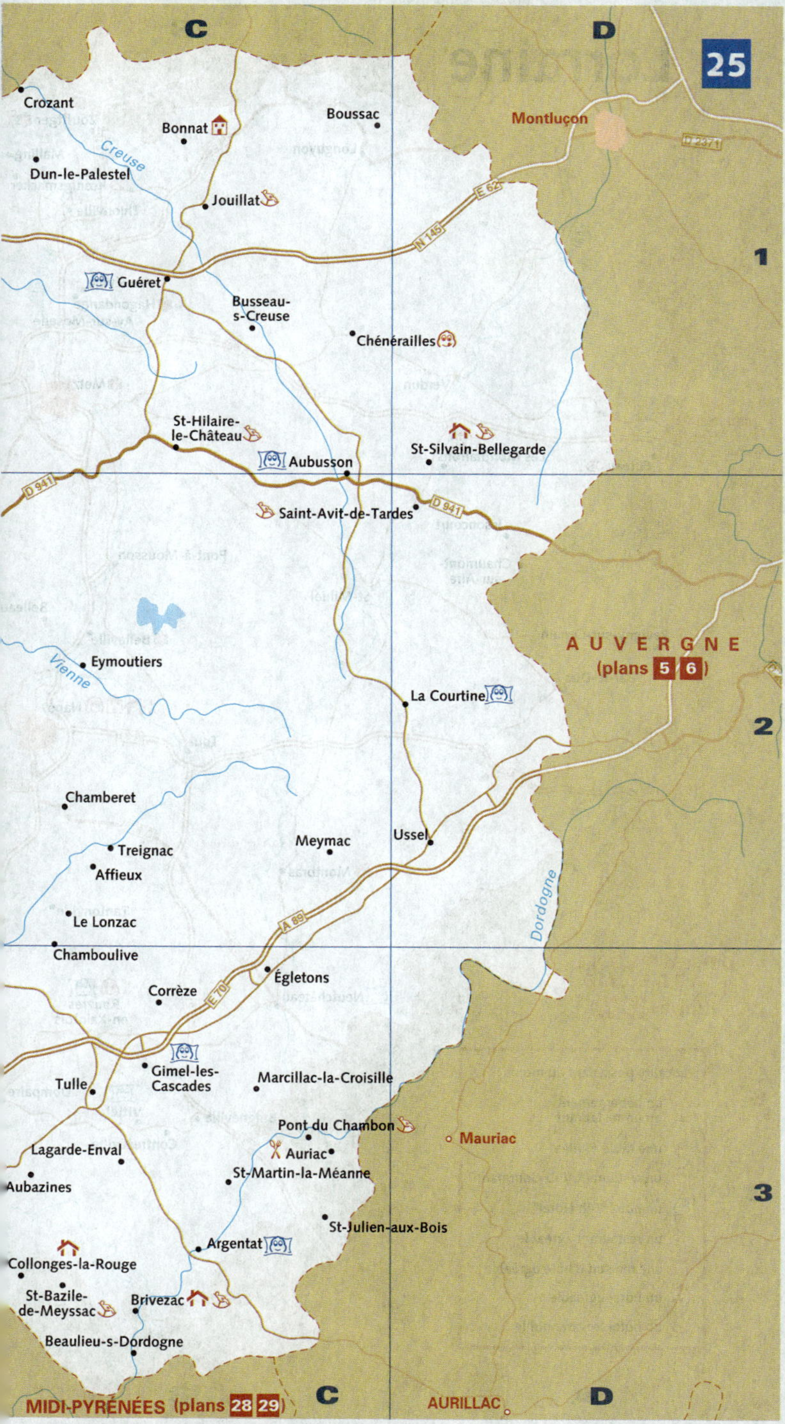
C
D
25
Montluçon
D 2371
Crozant
Bonnat
Boussac
Creuse
Dun-le-Palestel
Jouillat
E 62
N 145
1
Guéret
Busseau-
s-Creuse
Chénérailles
St-Hilaire-
le-Château
St-Silvain-Bellegarde
Aubusson
D 941
D 941
Saint-Avit-de-Tardes
AUVERGNE
(plans 5 / 6)
Eymoutiers
Vienne
La Courtine
2
Chamberet
Meymac
Ussel
Treignac
Affieux
Le Lonzac
A 89
Dordogne
Chamboulive
Égletons
Corrèze
E 70
Gimel-les-
Cascades
Tulle
Marcillac-la-Croisille
Pont du Chambon
Mauriac
Lagarde-Enval
Auriac
St-Martin-la-Méanne
Aubazines
3
St-Julien-aux-Bois
Argentat
Collonges-la-Rouge
St-Bazile-
de-Meyssac
Brivezac
Beaulieu-s-Dordogne
MIDI-PYRÉNÉES (plans 28 29)
C
AURILLAC
D

26 Lorraine

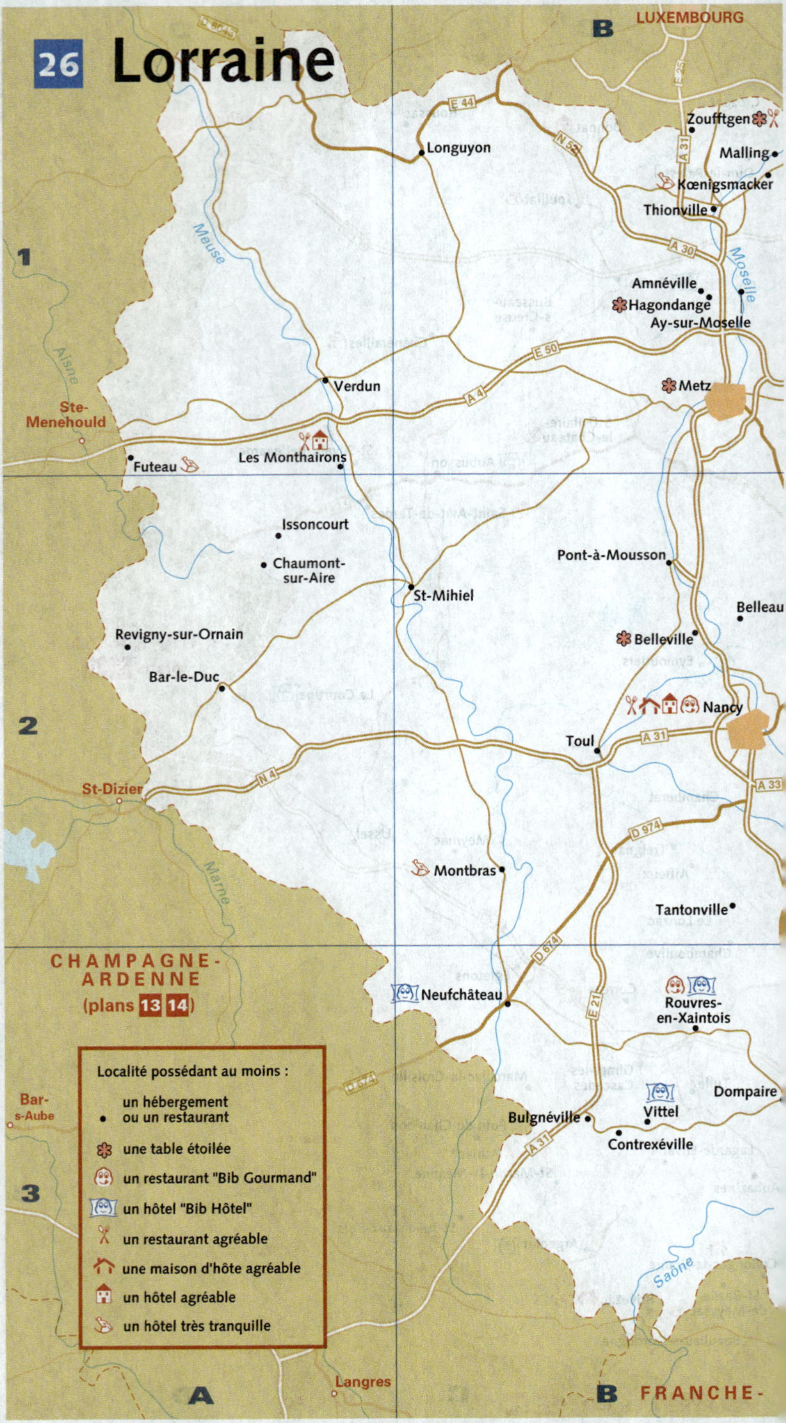
LUXEMBOURG
B
Zoufftgen
Malling
Kœnigsmacker
Thionville
Longuyon
E 44
N 52
A 31
A 30
Moselle
Amnéville
Hagondange
Ay-sur-Moselle
Meuse
Aisne
1
Ste-Menehould
Verdun
E 50
A 4
Metz
Futeau
Les Monthairons
Issoncourt
Chaumont-sur-Aire
Pont-à-Mousson
St-Mihiel
Belleau
Revigny-sur-Ornain
Belleville
Bar-le-Duc
Nancy
2
Toul
A 31
N 4
St-Dizier
A 33
D 974
Marne
Montbras
Tantonville
CHAMPAGNE-ARDENNE
(plans 13 14)
D 674
Neufchâteau
E 21
Rouvres-en-Xaintois
Localité possédant au moins :
un hébergement ou un restaurant
une table étoilée
un restaurant "Bib Gourmand"
un hôtel "Bib Hôtel"
un restaurant agréable
une maison d'hôte agréable
un hôtel agréable
un hôtel très tranquille
Bar-s-Aube
D 674
Dompaire
Vittel
Bulgnéville
Contrexéville
A 31
3
Saône
Langres
A
B
FRANCHE-

C
D
DEUTSCHLAND
1
2
3
Sierck-les-Bains
SAARBRÜCKEN
St-Hubert
Creutzwald
Stiring-Wendel
Forbach
Condé-Northen
Sarreguemines
Volmunster
St-Avold
Bitche
Sturzelbronn
Hambach
Laquenexy
Faulquemont
Philippsbourg
Baerenthal
Meisenthal
UNTERMUHLTHAL
Delme
Bénestroff
Phalsbourg
Saverne
Languimberg
Plaine-de-Walsch
La Hoube
Abreschviller
St-Quirin
STRASBOURG
Lunéville
Molsheim
Moselle
Meurthe
Sarre
ALSACE
(plans 1 2)
St-Pierremont
Senones
Charmes
Rambervillers
St-Dié-des-Vosges
Sélestat
Fontenay
Ban-de-Laveline
Grandvillers
Ribeauvillé
Épinal
Rehaupal
Xonrupt-Longemer
Le Valtin
Gérardmer
COLMAR
Col de la Schlucht
Bas-Rupts
Remiremont
Vagney
La Bresse
Plombières-les-Bains
Girmont-Val-d'Ajol
Ventron
Ermitage-du-Frère-Joseph
Guebwiller
Le-Val-d'Ajol
Rupt-sur-Moselle
Le Ménil
Le Thillot
Thann
COMTÉ (plans 16 17)
C
D

28 Midi-Pyrénées

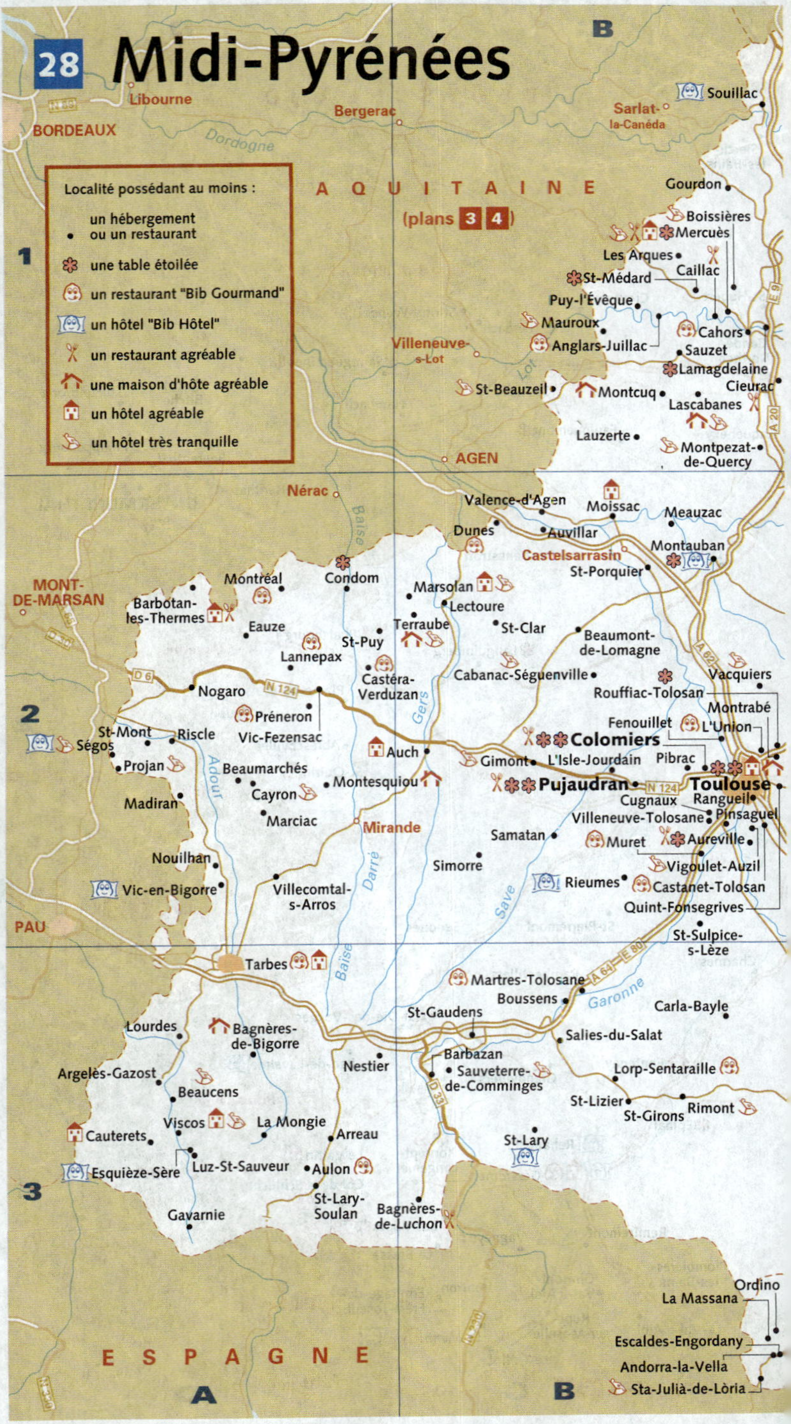

C
D
AUVERGNE
(plans 5 6)
St-Flour
AURILLAC
Cuzance
Martel
Port-de-Gagnac
St-Sozy
Bretenoux
Loubressac
Sousceyrac
Meyronne
St-Céré
Alvignac
Gramat
Rocamadour
Lacave
Calès
Fons
Labastide-Murat
Grèzes
Figeac
Tour-de-Faure
Vers
Cajarc
St-Cirq-Lapopie
Limogne-en-Quercy
Aujols
Martiel
Bach
Villefranche-de-Rouergue
Monteils
Sauveterre-de-Rouergue
Najac
Caussade
Bioule
Montricoux
Vaïssac
Puycelci
Castelnau-de-Montmiral
Salvagnac
Gaillac
Cordes-s-Ciel
Campes
Donnazac
Cestayrols
Cahuzac-s-Vère
Lagrave
Albi
St-Sulpice
St-Lieux-lès-Lavaur
Lavaur
Garidech
Viterbe
Teyssode
Cuq-Toulza
Puylaurens
Labastide-Beauvoir
Garrevaques
Revel
St-Félix-Lauragais
Sorèze
Dourgne
Ayguesvives
Thérondels
Mur-de-Barrez
Truyère
Le Fel
Entraygues-s-Truyère
LAGUIOLE
Aubrac
St-Chély-d'Aubrac
Conques
Estaing
Lot
Muret-le-Château
Espalion
Valady
Bozouls
Salles-la-Source
Belcastel
Rieupeyroux
Rodez
Sévérac-le-Château
Comps-la-Grand-Ville
St-André-de-Najac
Arvieu
Aveyron
Tanus
Aguessac
Millau
St-Jean-du-Bruel
Tarn
St-Rome-de-Tarn
Ambialet
Villeneuve-s-Tarn
St-Affrique
St-Jean-d'Alcas
Alban
St-Sernin-s-Rance
Fondamente
Réalmont
Les Salvages
Lacaune
Agout
Burlats
Castres
Noailhac
St-Affrique-les-Montagnes
Mazamet
Lacabarède
1
2
3
MENDE
Florac
Le Vigan
Lodève
LANGUEDOC-ROUSSILLON
(plans 22 23)
Béziers
CARCASSONNE
Narbonne
Aude
Pamiers
Mirepoix
Limoux
Camon
Foix
Lavelanet
Rabat-les-Trois-Seigneurs
Tarascon-s-Ariège
Ax-les-Thermes
PERPIGNAN
Meritxell
Canillo
Soldeu
Encamp
Pas-de-la-Casa
Prades
Céret
PRICIPAUTÉ-D'ANDORRE
D 840
N 88
E 11
A 75
A 68
A 61
A 66
E 80
E 9
N 20
A 9
N 116
E 15

30 Nord Pas-de-Calais

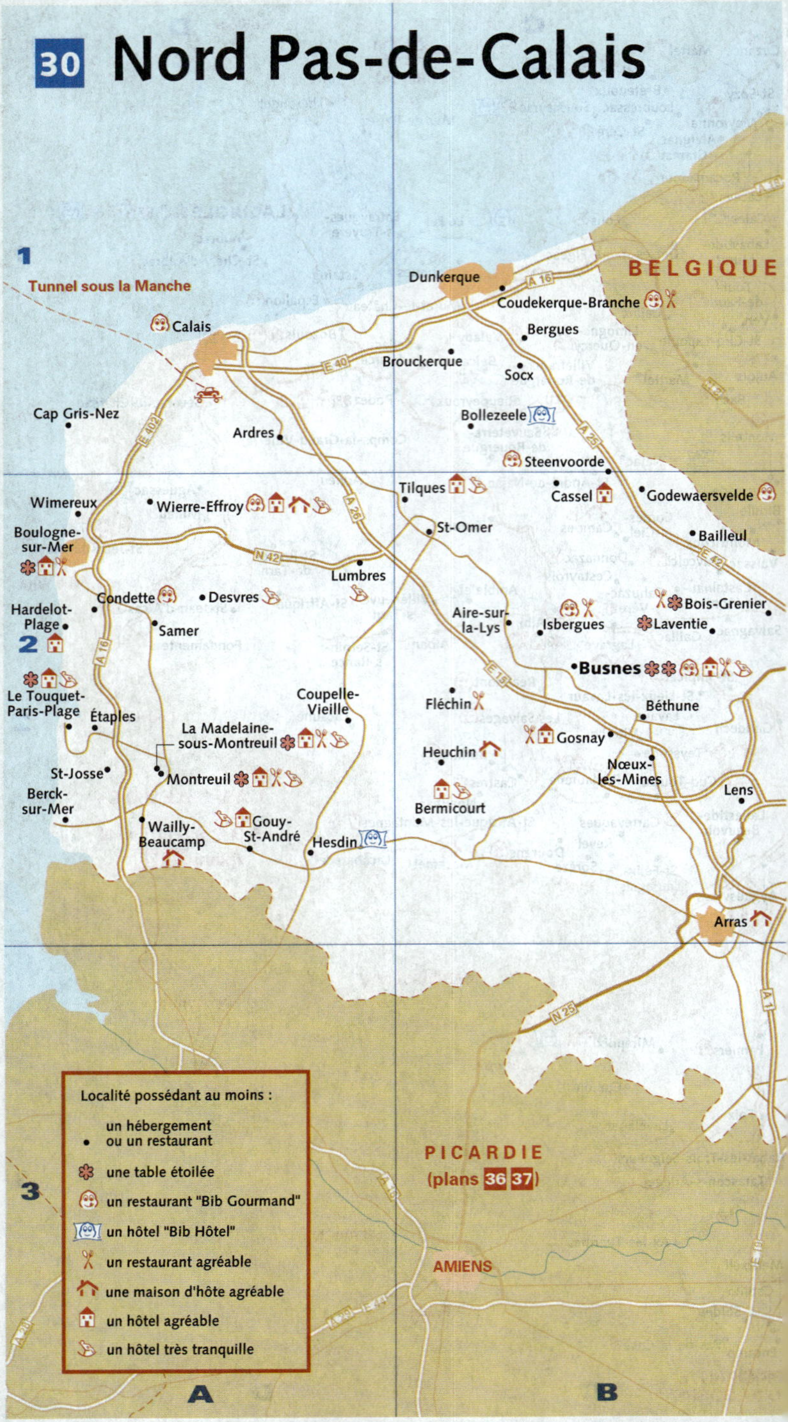

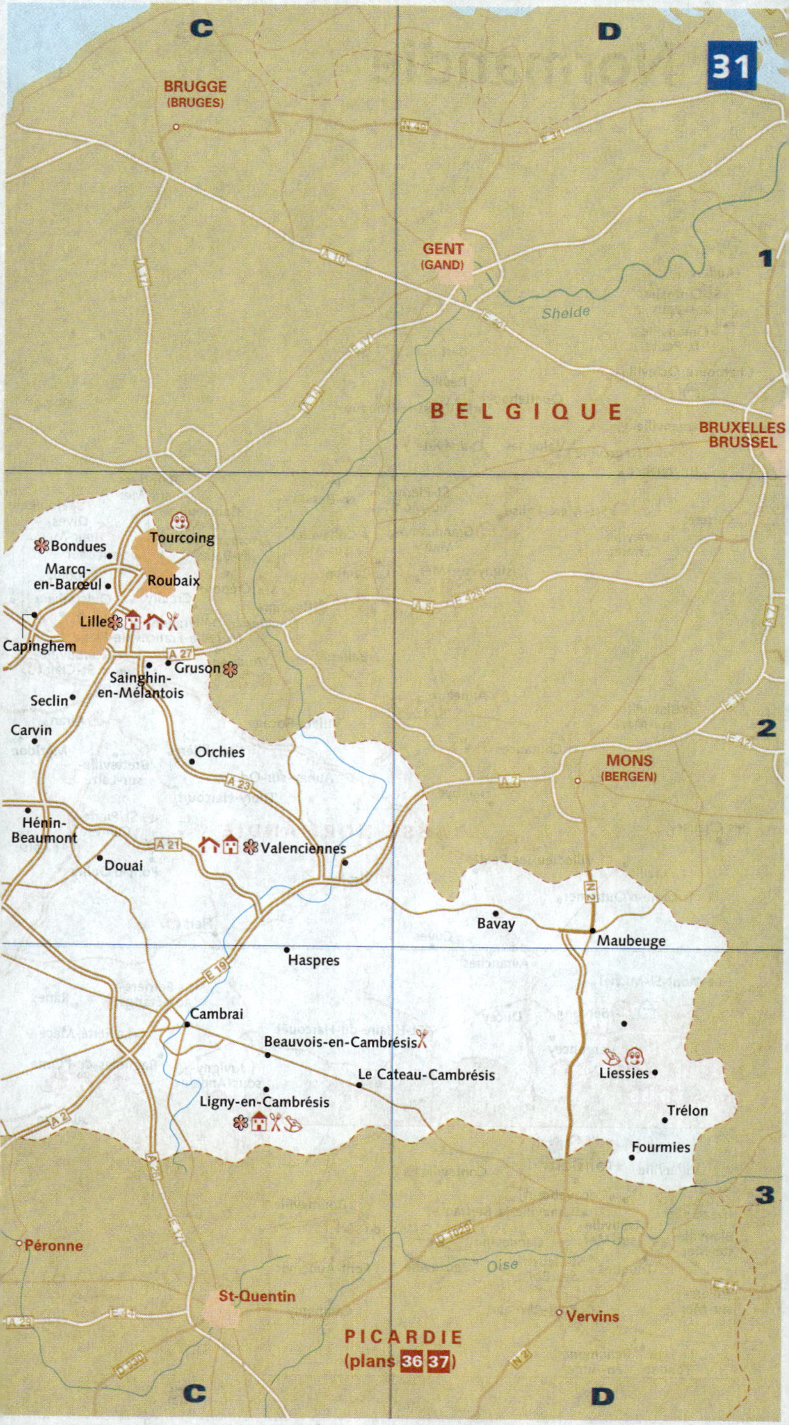
C
D
BRUGGE
(BRUGES)
GENT
(GAND)
Shelde
BELGIQUE
BRUXELLES
BRUSSEL
1
Tourcoing
Bondues
Marcq-en-Barœul
Roubaix
Lille
Capinghem
A 27
Gruson
Sainghin-en-Mélantois
Seclin
Carvin
Orchies
A 23
2
MONS
(BERGEN)
A 7
Hénin-Beaumont
A 21
Valenciennes
Douai
Bavay
Maubeuge
Haspres
E 19
Cambrai
Beauvois-en-Cambrésis
Le Cateau-Cambrésis
Liessies
Ligny-en-Cambrésis
Trélon
Fourmies
A 2
3
Péronne
Oise
St-Quentin
Vervins
PICARDIE
(plans 36 37)
C
D

32 Normandie
MANCHE
BASSE NORMANDIE
BRETAGNE (plans 9 10)
PAYS DE LA LOIRE (plans 34 35)
Auderville
St-Germain-des-Vaux
Omonville-la-Petite
Cherbourg-Octeville
Barfleur
Réville
Quettehou
St-Vaast-la-Hougue
Flamanville
Valognes
Quinéville
Négreville
Bricquebec
Carteret
Barneville-Carteret
Ste-Mère-Église
St-Pierre-du-Mont
Port-en-Bessin
Grandcamp-Maisy
Colleville-sur-Mer
Isigny-sur-Mer
La Cambe
Bernières-sur-Mer
Courseulles-sur-Mer
Arromanches-les-Bains
Houlgate
Dives-sur-Mer
Luc-sur-Mer
Cabourg
Ouistreham
Crépon
Creully
Bayeux
Douvres-la-Délivrande
Merville-Franceville-Plage
Balleroy
Audrieu
Hérouville-St-Clair
Caen
Agneaux
St-Lô
Blainville-sur-Mer
Villers-Bocage
Airan
Mézidon
Coutances
Goupillières
Bretteville-sur-Laize
Aunay-sur-Odon
Thury-Harcourt
Hambye
Îles Chausey
St-Pierre-Canivet
Falaise
Clécy
Villedieu-les-Poêles
Granville
Vire
Pont-d'Ouilly
La Lucerne-d'Outremer
Flers
Cuves
Avranches
Le Mont-St-Michel
La Ferrière-aux-Étangs
Rânes
Servon
Ducey
St-Hilaire-du-Harcouët
La Ferté-Macé
Vergoncey
Juvigny-sous-Andaine
Bagnoles-de-l'Orne
Lalacelle
Mayenne
Villerville
Honfleur
Conteville
Deauville
Cricquebœuf
Barneville-la-Bertran
Bourneville
Trouville-sur-Mer
Blonville-sur-Mer
St-Maclou
Genneville
Touques
St-Gatien-des-Bois
Beuzeville
Pont-Audemer
Villers-sur-Mer
Pont-l'Évêque
Campigny
La Haie Tondue
Beaumont-en-Auge
Cormeilles
Vire
Orne
N 13
E 3
E 46
N 174
E 401
A 84
D 958
N 175
N 176
A 29
A 13
A 28
D 57
A 1
B
1
2
3
A
B

33
C
D
Abbeville
PICARDIE
(plans 36 37)
Le Tréport
Mesnil-Val
Eu
St-Martin-le-Gaillard
Varengeville-sur-Mer
Dieppe
Derchigny
Sotteville-sur-Mer
Veules-les-Roses
Vastérival
St-Valery-en-Caux
Offranville
Le Bourg-Dun
Londinières
Sassetot-le-Mauconduit
Néville
Fécamp
Aumale
Étretat
Valmont
Neufchâtel-en-Bray
St-Jouin-Bruneval
Gonfreville-Caillo
Yerville
Yvetot
Forges-les-Eaux
Frichemesnil
Clères
HAUTE NORMANDIE
Le Havre
Notre-Dame-de-Gravenchon
Caudebec-en-Caux
Tancarville
St-Pierre-de-Manneville
Martainville-Épreville
Gournay-en-Bray
Honfleur
Jumièges
Rouen
Lyons-la-Forêt
Fleury-la-Forêt
Conteville
Routot
Pont-St-Pierre
Ménesqueville
Bourg-Achard
La Bouille
Bazincourt-sur-Epte
Pont-de-l'Arche
La Saussaye
Gisors
Le Bec-Hellouin
Connelles
Le Breuil-en-Auge
Les Andelys
Beuvron-en-Auge
Louviers
St-Étienne-du-Vauvray
Cambremer
Fresne-Cauverville
Brionne
Acquigny
Port-Mort
Lisieux
Le Neubourg
Gaillon
Notre-Dame-de-Livaye
La Rivière-Thibouville
La Croix-St-Leufroy
Gasny
St-Julien-le-Faucon
Bernay
Vernon
Giverny
St-Pierre-sur-Dives
Orbec
Évreux
Fontaine-sous-Jouy
Mantes-la-Jolie
Pacy-sur-Eure
Conches-en-Ouche
Notre-Dame-du-Hamel
ÎLE DE FRANCE
(plans 18 19 20 21)
Trun
St-Evroult-Notre-Dame-du-Bois
Le Pin-au-Haras
Argentan
Bourth
Nonancourt
Aube
Chandai
Verneuil-sur-Avre
Dreux
Macé
Rambouillet
Sées
Moulins-la-Marche
CENTRE
(plans 11 12)
Moulicent
Mortagne-au-Perche
Moutiers-au-Perche
Alençon
Le Pin-la-Garenne
Bellême
Nocé
Mamers
Nogent-le-Rotrou
LE MANS
Seine
Epte
Eure
Loir
A 131
A 29
A 28
A 151
A 13
A 88
A 11
D 927
D 6015
D 6014
D 613
D 14
E 44
E 46
E 402
E 5
N 31
N 13
N 12
N 154
1
2
3
Localité possédant au moins :
un hébergement ou un restaurant
une table étoilée
un restaurant "Bib Gourmand"
un hôtel "Bib Hôtel"
un restaurant agréable
une maison d'hôte agréable
un hôtel agréable
un hôtel très tranquille

Pays de la Loire

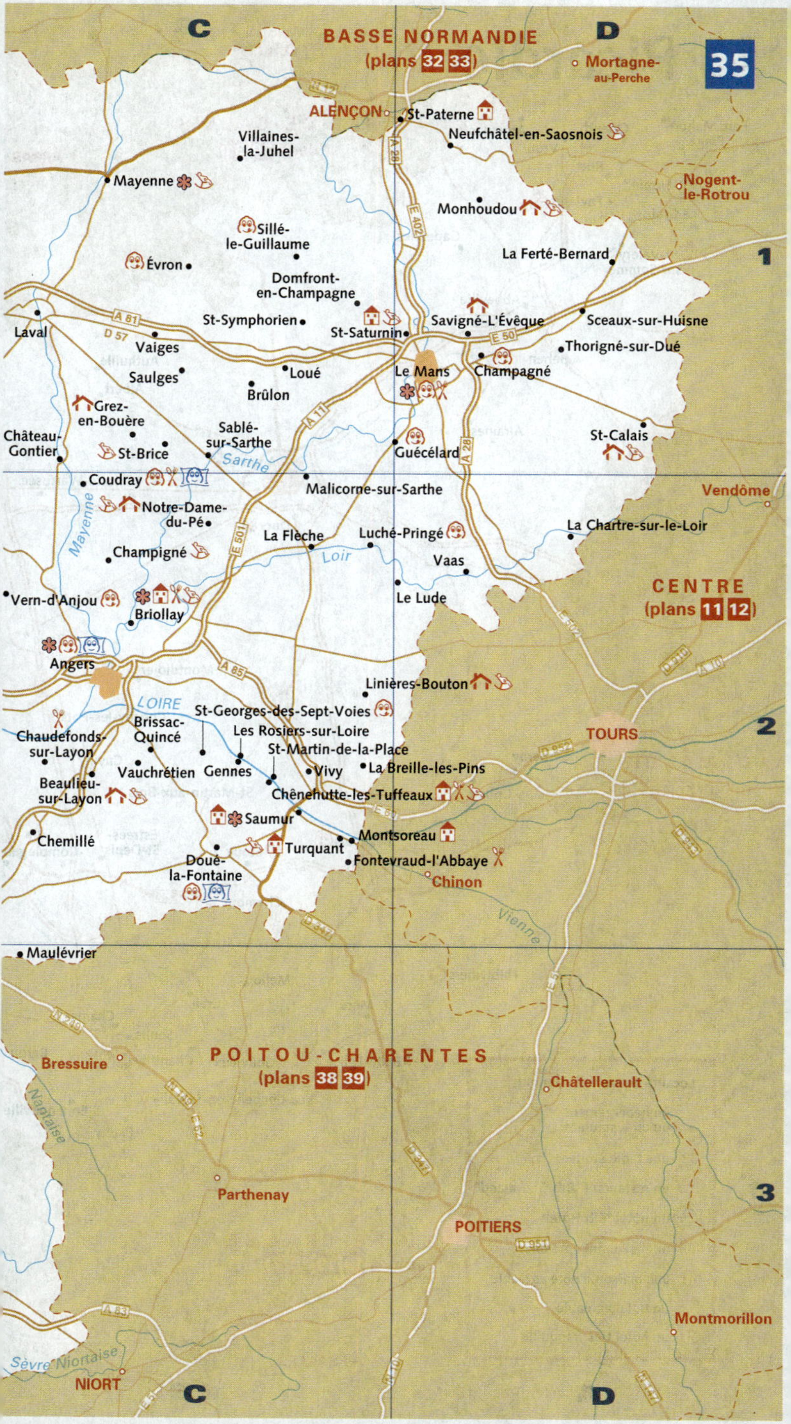

C
D
BASSE NORMANDIE
(plans 32 33)
Mortagne-au-Perche
ALENÇON
St-Paterne
Neufchâtel-en-Saosnois
Villaines-la-Juhel
Mayenne
Nogent-le-Rotrou
Monhoudou
Sillé-le-Guillaume
Évron
La Ferté-Bernard
1
Domfront-en-Champagne
Laval
St-Symphorien
St-Saturnin
Savigné-L'Évêque
Sceaux-sur-Huisne
Vaiges
Thorigné-sur-Dué
Saulges
Loué
Le Mans
Champagné
Brûlon
Grez-en-Bouère
Sablé-sur-Sarthe
St-Calais
Château-Gontier
St-Brice
Guécélard
Sarthe
Coudray
Malicorne-sur-Sarthe
Vendôme
Notre-Dame-du-Pé
La Flèche
Luché-Pringé
La Chartre-sur-le-Loir
Mayenne
Loir
Champigné
Vaas
CENTRE
(plans 11 12)
Le Lude
Vern-d'Anjou
Briollay
Angers
Linières-Bouton
LOIRE
St-Georges-des-Sept-Voies
Brissac-Quincé
TOURS
2
Chaudefonds-sur-Layon
Les Rosiers-sur-Loire
St-Martin-de-la-Place
Vivy
La Breille-les-Pins
Beaulieu-sur-Layon
Vauchrétien
Gennes
Chênehutte-les-Tuffeaux
Saumur
Chemillé
Montsoreau
Turquant
Doué-la-Fontaine
Fontevraud-l'Abbaye
Chinon
Vienne
Maulévrier
POITOU-CHARENTES
(plans 38 39)
Bressuire
Châtellerault
Parthenay
3
POITIERS
Montmorillon
Sèvre Niortaise
NIORT
C
D

36 Picardie
A
B
1
2
3
NORD
PAS-DE-CALAIS
(plans 30 31)
ARRAS
HAUTE
NORMANDIE
(plans 32 33)
ILE DE FRANCE
(plans 18 19 20 21)
PARIS
PONTOISE
VERSAILLES
CRÉTEIL
Les Andelys
Fort-Mahon-Plage
Quend
Argoules
Vron
Rue
St-Firmin
Favières
Le Crotoy
Gapennes
St-Valery-sur-Somme
Abbeville
Béhen
Somme
Airaines
Authuille
Albert
Amiens
Lamotte-Warfusée
Dury
Roye
Montdidier
Conchy-les-Pots
Cuvilly
Gerberoy
Crillon
St-Martin-aux-Bois
Estrées-St-Denis
Compiègne
Beauvais
Étouy
Clermont
Epte
Thibivillers
Mello
Oise
Méru
Creil
Chamant
Senlis
Belle-Église
Gouvieux
Chantilly
Baron
La Chapelle-en-Serval
Ermenonville
Plailly
SEINE
Eure
A 16
A 29
E 44
E 15
N 31
E 46
A 1
A 15
N 25
Localité possédant au moins :
un hébergement ou un restaurant
une table étoilée
un restaurant "Bib Gourmand"
un hôtel "Bib Hôtel"
un restaurant agréable
une maison d'hôte agréable
un hôtel agréable
un hôtel très tranquille

C
D
A 23
A 7
A 21
Douai
Valenciennes
NORD
PAS-DE-CALAIS
(plans 30 31)
Cambrai
1
Avesnes-
s-Helpe
A 2
Le Nouvion-
en-Thiérache
Le Catelet
A 26
E 19
E 17
D 1029
Péronne
Étréaupont
Oise
E 44
St-Quentin
E 44
A 29
Neuville-St-Amand
Omiécourt
D 930
N 2
Danizy
Ste-Preuve
Chauny
2
Noyon
Laon
A 26
Cuts
D 1032
Chamouille
Neufchâtel-
sur-Aisne
Rethondes
N 2
Attichy
Bourg-
et-Comin
Soissons
Aisne
Pierrefonds
Courcelles-sur-Vesle
St-Jean-aux-Bois
N 31
E 46
Villers-
Cotterêts
Fère-
en-Tardenois
Reims
A 4
E 50
Marne
Mézy-
Moulins
Château-Thierry
E 50
Épernay
Reuilly-
Sauvigny
3
CHAMPAGNE-ARDENNE
(plans 13 14)
Meaux
A 4
C
D

38 Poitou-Charentes

C
D
Chinon
Loches
Pouançay
Loudun
Vellèches
CENTRE
(plans 11 12)
Châtellerault
La Roche-Posay
Neuville-de-Poitou
Bonneuil-Matours
Angles-s-l'Anglin
Vouillé
Latillé
Le Blanc
Poitiers
Chauvigny
St-Benoît
Curzay-s-Vonne
Coulombiers
Aslonnes
Vivonne
Verrières
Montmorillon
Lussac-les-Châteaux
Melle
L'Isle-Jourdain
Availles-Limouzine
Bellac
LIMOUSIN
(plans 24 25)
Tusson
Luxé
St-Claud
Nieuil
Mansle
Rochechouart
LIMOGES
St-Adjutory
Massignac
Bassac
Angoulême
Bonneuil
Dirac
Nontron
Chadurie
Aubeterre-s-Dronne
AQUITAINE
(plans 3 4)
PÉRIGUEUX
Vienne
Indre
Charente
Gartempe
Dronne
Vézère
D 347
D 951
N 10
N 147
N 145
N 141
E 603
D 941
A 20
1
2
3
Localité possédant au moins :
un hébergement ou un restaurant
une table étoilée
un restaurant "Bib Gourmand"
un hôtel "Bib Hôtel"
un restaurant agréable
une maison d'hôte agréable
un hôtel agréable
un hôtel très tranquille

Provence Alpes Côte d'Azur

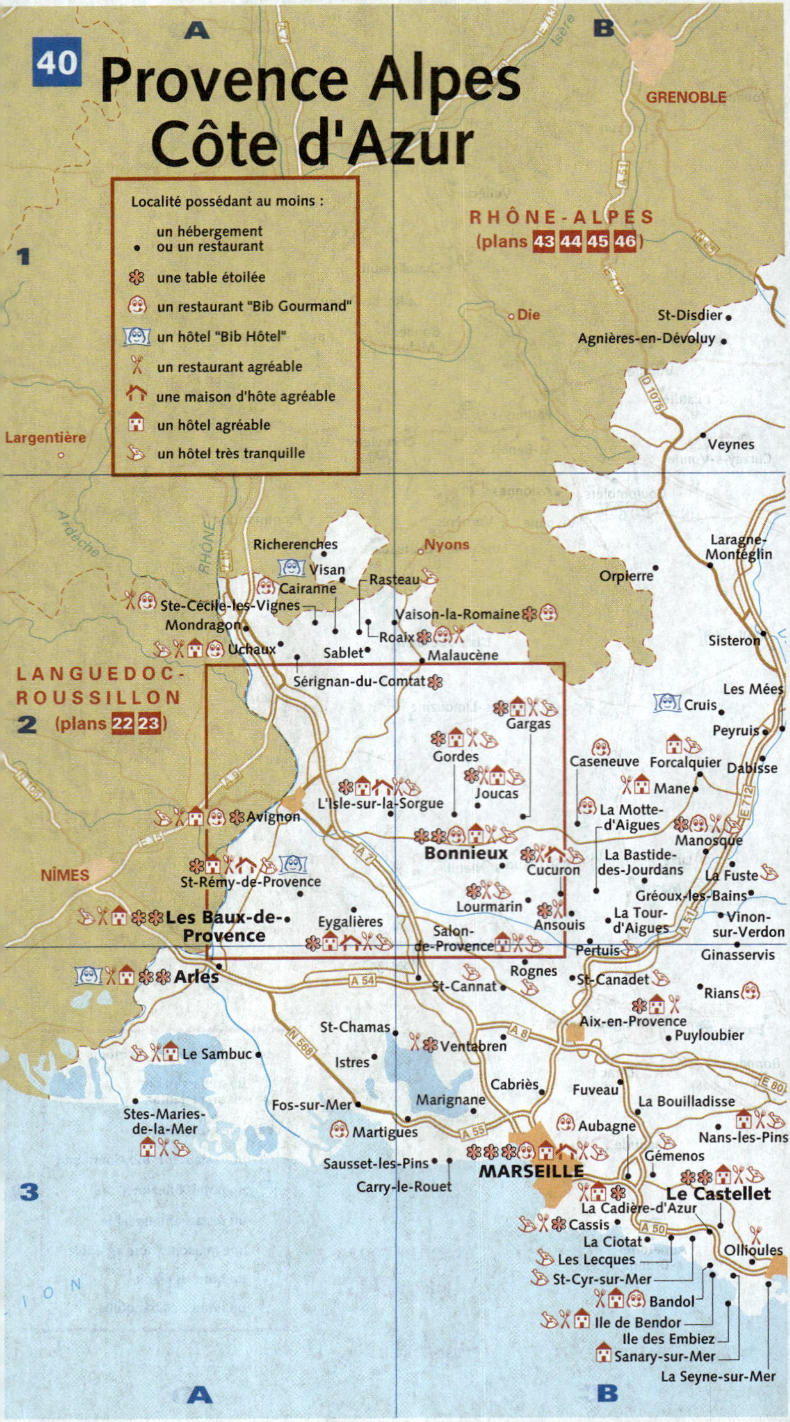

41
C
D
TORINO
ITALIA
CUNEO
1
2
3
La Grave
Névache
Le Monêtier-les-Bains
Montgenèvre
Serre-Chevalier
Briançon
Puy-St-Pierre
Puy-St-Vincent
Arvieux
Drac
St-Crépin
Poligny
Orcières
Guillestre
Ceillac
St-Julien-en-Champsaur
Risoul
Ancelle
Vars
Col Bayard
Embrun
La Bâtie-Neuve
Gap
Baratier
Chorges
Jausiers
St-Pons
Barcelonnette
Seyne
Stura
Auron
Château-Arnoux-St-Auban
St-Martin-d'Entraunes
Beuil
Roure
Casterino
Tende
Valberg
St-Martin-Vésubie
Digne-les-Bains
N 85
Plan-du-Var
D 6204
Annot
Gilette
Utelle
Moustiers-Ste-Marie
Castellane
Vescous
Châteauneuf-Villevieille
La Turbie
La Palud-sur-Verdon
La Garde
Le Bar-sur-Loup
Contes
Point Sublime
Vence
Menton
Peillon
Les Salles-sur-Verdon
La Martre
La Colle-sur-Loup
Montagnac
Tourrettes-sur-Loup
MONTE-CARLO
Trigance
D 6085
Le Rouret
Nice
St-Laurent-du-Verdon
Verdon
Magagnosc
Èze
Comps-sur-Artuby
Fayence
Grasse
St-Jean-Cap-Ferrat
Èze-Bord-de-Mer
Quinson
Seillans
Moissac-Bellevue
Tourrettes
Biot
Beaulieu-sur-Mer
Aups
Tourtour
Mougins
Antibes
Callas
Villecroze
Cap d'Antibes
Draguignan
Montauroux
A 8
Cannes
Lorgues
Flayosc
La Motte
Le Muy
Le Cannet
Bras
La Napoule
Le Thoronet
Valescure
Les Arcs
Le-Val
Le Luc
St-Raphaël
Vidauban
Fréjus
Puget-sur-Argens
St-Aygulf
La Celle
Les Issambres
Plan-de-la-Tour
Le Val d'Esquières
Ste-Maxime
Rocbaron
Grimaud
Port-Grimaud
ST-TROPEZ
Belgentier
A 57
Cogolin
Gassin
Cuers
La Croix-Valmer
Ramatuelle
La Londe-les-Maures
Gigaro
Cavalaire-sur-Mer
Toulon
La Crau
Rayol-Canadel-sur-Mer
Hyères
Cavalière
Carqueiranne
Le Lavandou
Giens
Bormes-les-Mimosas
Île de Port-Cros
Le Pradet
Île de Porquerolles
Les Oursinières

Provence Alpes Côte d'Azur

E

E

Rhône-Alpes

Localité possédant au moins :

- un hébergement ou un restaurant
- une table étoilée
- un restaurant "Bib Gourmand"
- un hôtel "Bib Hôtel"
- un restaurant agréable
- une maison d'hôte agréable
- un hôtel agréable
- un hôtel très tranquille

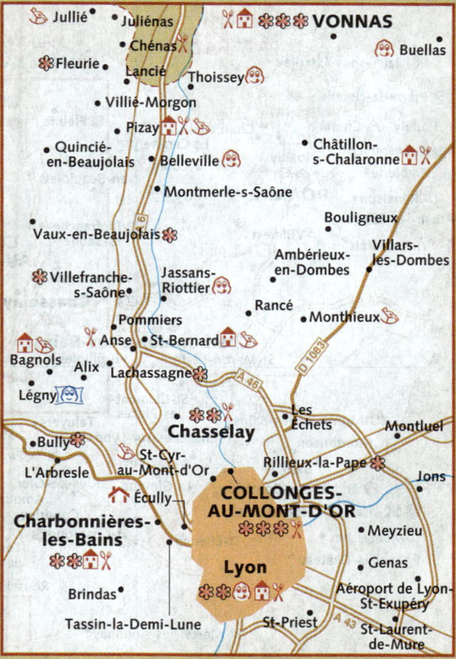

44 Rhône-Alpes

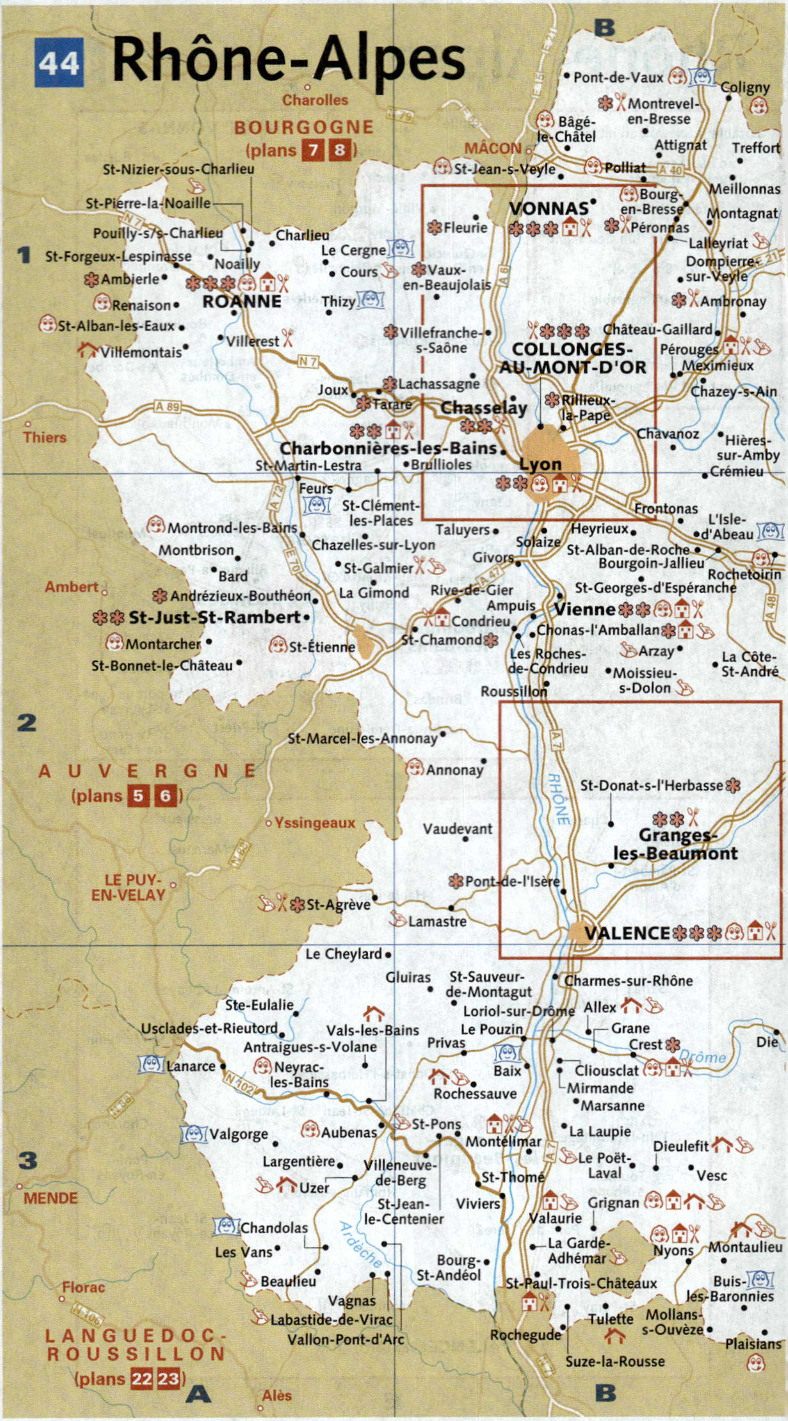

45
C
D
FRANCHE-COMTÉ
(plans 16 17)
LÉMAN
LAC
Thonon-les-Bains
Douvaine
Thoiry
GENÈVE
Oyonnax
Chézery-Forens
Nantua
St-Germain-de-Joux
Lalleyriat
Bossey
Bellegarde-s-Valserine
SION
SUISSE
1
Argentière
Le Lavancher
Les Praz-de-Chamonix
Les Tines
Chamonix-Mont-Blanc
Évosges
Annecy
Veyrier-du-Lac
MEGÈVE
AOSTA/AOSTE
Contrevoz
Talloires
Les Saisies
Hauteluce
Belley
Jongieux
Faverges
Ugine
Beaufort
RHÔNE
Groslée
Tertenoz
Arèches
Morestel
Les Catons
Albertville
Bourg-St-Maurice
La Rosière-1850
St-Genix-s-Guiers
Champagneux
Le-Bourget-du-Lac
Ste-Foy-Tarentaise
Aoste
Peisey-Nancroix
Chambéry
Plagne-Bellecôte
La Tour-du-Pin
Romagnieu
La Plagne
Tignes
La Bâtie-Divisin
Champagny-en-Vanoise
Val-d'Isère
La Tania
Le Praz
Les Échelles
Pralognan-la-Vanoise
St-Laurent-du-Pont
St-Martin-de-Belleville
Bonneval-s-Arc
Voiron
Courchevel 1850
Val-Thorens
Le Sappey-en-Chartreuse
Aussois
Arc
2
Isère
Grenoble
Autrans
Valloire
Uriage-les-Bains
Lans-en-Vercors
St-Julien-en-Vercors
Alpe-d'Huez
Villard-de-Lans
Mizoën
ITALIA
Corrençon-en-Vercors
Le Freney-d'Oisans
Venosc
Les Deux-Alpes
La Chapelle-en-Vercors
Treffort
Briançon
Gresse-en-Vercors
Monestier-de-Clermont
Corps
Drac
Les Nonières
PROVENCE-ALPES-CÔTE D'AZUR
(plans 40 41 42)
GAP
3
Reilhanette
Durance
A 41
A 43
A 40
E 712
A 51
N 85
Localité possédant au moins :
un hébergement ou un restaurant
une table étoilée
un restaurant "Bib Gourmand"
un hôtel "Bib Hôtel"
un restaurant agréable
une maison d'hôte agréable
un hôtel agréable
un hôtel très tranquille

F

46
LÉMAN
LAC
Amphion-les-Bains
Évian-les-Bains
St-Gingolph
Yvoire
Thonon-les-Bains
La Beunaz
Messery
Anthy-sur-Léman
Bernex
Col de La Faucille
Divonne-les-Bains
Bonnatrait
La Chapelle-d'Abondance
Gex
Échenevex
Douvaine
La Baume
Châtel
Crozet
Bellevaux
Ferney-Voltaire
Machilly
Habère-Poche
St-Genis-Pouilly
GENÈVE
Annemasse
Morzine
Bonne
Pont de Fillinges
Les Gets
Bossey
Mieussy
St-Julien-en-Genevois
A 40
A 41
La Muraz
Samoëns
Vougy
Bonneville
E 25
Cluses
La Roche-s-Foron
Mont-Saxonnex
Les Carroz-d'Arâches
Cruseilles
Groisy
A 40
Le Chinaillon
Le Grand-Bornand
Sallanches
Le Fayet
Servoz
Pringy
Cordon
St-Gervais-les-Bains
Vaulx
Combloux
Annecy
Veyrier-du-Lac
La Clusaz
Les Houches
Thônes
Le Bettex
Manigod
Le Prarion
Menthon-St-Bernard
Marigny-St-Marcel
Praz-s-Arly
MEGÈVE
Talloires
Flumet
Duingt
Viuz-la-Chiésaz
N-D-de-Bellecombe
Montagne du Semnoz
Doussard
Crest-Voland
Les Contamines-Montjoie

1 1

F

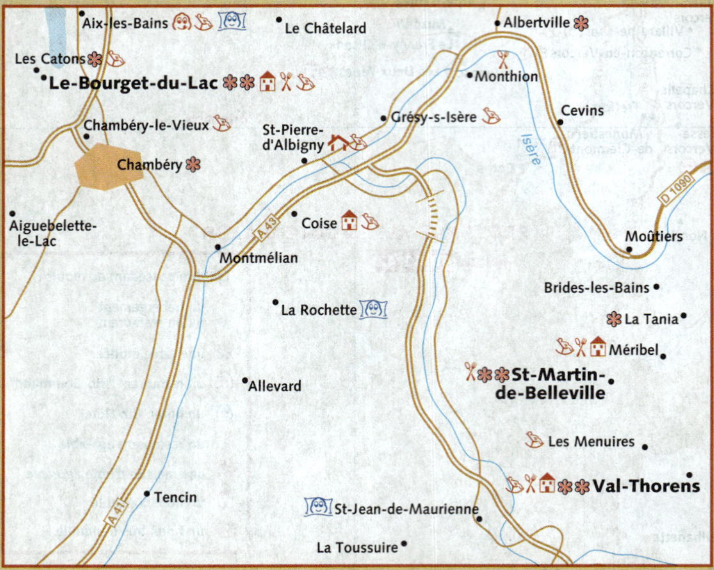
Aix-les-Bains
Le Châtelard
Albertville
Les Catons
Le-Bourget-du-Lac
Monthion
Chambéry-le-Vieux
Grésy-s-Isère
Cevins
St-Pierre-d'Albigny
Isère
Chambéry
D 1090
Aiguebelette-le-Lac
Coise
A 43
Moûtiers
Montmélian
Brides-les-Bains
La Rochette
La Tania
Méribel
St-Martin-de-Belleville
Allevard
Les Menuires
Val-Thorens
Tencin
A 41
St-Jean-de-Maurienne
La Toussuire

2 2

F

→ Distances entre principales villes
→ Distances between major towns

Marseille - Strasbourg **807 km**

	Amiens	Angers	Bayonne	Besançon	Bordeaux	Brest	Caen	Calais	Cherbourg	Clermont-Ferrand	Dijon	Grenoble	Le Havre	Lille	Limoges	Lyon	Le Mans	Marseille	Metz	Montpellier	Mulhouse	Nancy	Nantes	Nice	Orléans	Paris	Perpignan	Reims	Rennes	Rouen	Saint-Etienne	Strasbourg	Toulon	Toulouse
Angers	418																																	
Bayonne	908	529																																
Besançon	557	650	890																															
Bordeaux	722	343	185	712																														
Brest	618	378	813	962	627																													
Caen	246	252	794	644	608	376																												
Calais	159	512	1054	656	868	712	339																											
Cherbourg	367	371	846	765	660	409	124	461																										
Clermont-Ferrand	562	448	555	369	368	823	594	712	717																									
Dijon	474	551	827	97	641	862	542	573	665	298																								
Grenoble	708	685	821	315	679	1061	800	870	923	297	303																							
Le Havre	181	301	843	606	657	461	88	275	211	572	506	763																						
Lille	122	513	987	584	801	755	382	114	505	641	502	798	319																					
Limoges	531	266	406	499	220	606	484	680	606	223	437	534	540	609																				
Lyon	600	578	741	229	555	953	692	762	815	172	195	105	656	692	409																			
Le Mans	331	96	637	578	450	397	160	425	282	442	479	678	214	425	332	572																		
Marseille	912	907	697	541	648	1267	1004	1074	1127	477	507	309	967	1004	600	316	898																	
Metz	367	619	1093	268	907	917	570	466	693	559	267	563	541	364	670	456	532	769																
Montpellier	890	775	531	526	482	1102	926	1060	1044	337	493	294	899	990	428	301	766	169	754															
Mulhouse	553	731	1013	137	827	1028	708	652	831	484	222	426	671	582	621	381	643	694	234	679														
Nancy	382	591	1036	209	850	888	546	481	669	505	213	509	509	411	642	403	503	715	56	700	191													
Nantes	504	89	515	737	329	298	292	598	325	535	638	771	378	599	310	664	186	971	706	807	819	677												
Nice	1068	1063	852	697	804	1423	1160	1230	1283	633	663	329	1123	1160	756	472	1054	188	924	325	681	874	1127											
Orléans	271	245	647	403	461	545	306	421	428	299	304	561	281	350	269	454	139	760	450	624	530	386	334	914										
Paris	135	297	771	415	585	594	234	297	357	425	316	573	197	226	395	466	209	778	333	764	473	312	386	933	135									
Perpignan	986	755	496	676	448	1067	972	1135	1103	434	643	444	996	1065	494	451	817	320	904	155	832	853	771	475	724	848								
Reims	172	431	905	380	719	728	382	271	505	534	298	594	346	200	529	488	343	800	192	786	393	206	520	955	269	145	935							
Rennes	431	129	630	718	444	242	188	524	221	589	619	826	274	567	418	719	155	1050	673	914	786	643	109	1205	299	350	886	484						
Rouen	118	299	840	541	654	501	127	211	250	508	442	699	91	254	478	593	211	905	470	833	610	449	388	1060	218	133	932	282	313					
Saint-Etienne	622	579	718	288	532	955	726	821	848	149	254	154	678	751	386	63	570	335	515	321	444	465	668	490	431	488	470	548	721	614				
Strasbourg	523	775	1126	250	940	1072	726	622	849	597	335	531	697	520	734	495	687	807	163	792	116	156	864	788	534	489	942	349	829	636	553			
Toulon	975	970	759	603	711	1330	1067	1137	1190	540	570	329	1030	1067	663	378	961	65	831	232	760	781	1034	149	822	840	382	864	1112	966	397	870		
Toulouse	817	552	298	720	245	864	769	966	900	376	657	531	826	895	291	539	614	407	918	243	847	868	568	562	554	679	208	813	682	762	419	957	470	
Tours	377	127	534	521	348	497	258	523	380	340	422	576	312	456	230	469	102	800	563	665	648	504	216	955	117	240	718	374	253	310	468	657	863	515

Michelin Travel Partner

Société par actions simplifiées au capital de 11 629 590 EUR
27 Cours de l'Île Seguin - 92100 Boulogne Billancourt (France)
R.C.S. Nanterre 433 677 721

Dépôt légal janvier 2013

Printed in FRANCE, 01-2013

Sur du papier issu de forêts gérées durablement

Compogravure : JOUVE, Saran (France)

Impression : ROTOFRANCE, Lognes (France)

Reliure : S.I.R.C., Marigny-le-Châtel (France)

Parution 2013